DICTIONNAIRE
FRANÇAIS - ITALIEN
ITALIEN - FRANÇAIS

DIZIONARIO
FRANCESE - ITALIANO
ITALIANO - FRANCESE

COLLINS MONDADORI

DIZIONARIO FRANCESE

FRANCESE ▸ ITALIANO ITALIANO ▸ FRANCESE

Collins
An Imprint of HarperCollins*Publishers*

LE ROBERT & COLLINS

« les pratiques »

DICTIONNAIRE
FRANÇAIS-ITALIEN
ITALIEN-FRANÇAIS

Seconda edizione 1999/Deuxième édition 1999

Ristampa/Réimpression 2000

HarperCollins Publishers
Westerhill Road, Bishopbriggs, Glasgow G64 2QT,
Great Britain

The HarperCollins website address is
www.**fire**and**water**.com

Dictionnaires Le Robert
ISBN 2-85036-590-4

Arnoldo Mondadori Editore
ISBN 88-04-38426-3
http://www.mondadori.com/libri

A cura di/Chef de projet
Michela Clari

Redazione/Rédaction
Nathalie Ferretto • Nadine Celotti
Valentina Vasini • Marie-Thérèse Cohade • Roberta Dariol • Donatella Boi
Cécile Aubinière-Robb • Jean-François Allain

Collana a cura di/Collection dirigée par
Lorna Sinclair Knight

Segreteria di redazione/Secrétariat de rédaction
Diana Feri
Jacqueline Gregan • Janice McNeillie • Anne Convery
Val McNulty • Lorella Loftus • Maggie Seaton

Coordinamento/Coordination
Vivian Marr

Elaborazione automatica dei dati/Informatique éditoriale
André Gautier

Si ringrazia il Prof. John M. Dodds della Scuola Superiore per Interpreti e Traduttori dell'Università degli Studi di Trieste.

Avec tous nos remerciements au Prof. John M. Dodds de la Scuola Superiore per Interpreti e Traduttori de l'Université de Trieste.

Dépôt légal janvier 2000
Achevé d'imprimer en janvier 2000

Fotocomposizione/Photocomposition Morton Word Processing Ltd, Scarborough
Stampato da/Imprimé par Caledonian International Book Manufacturing Ltd, Glasgow, G64

INDICE

TABLE DES MATIÈRES

INTRODUZIONE

Se desiderate imparare il francese o approfondire le conoscenze già acquisite, se volete leggere o redigere dei testi in francese, oppure conversare con interlocutori di madrelingua francese, se siete studenti, turisti, segretarie, uomini o donne d'affari, avete scelto il compagno di viaggio ideale per esprimervi e comunicare in francese, sia a voce che per iscritto. Strumento pratico e moderno, il vostro dizionario dà largo spazio al linguaggio quotidiano in campi come l'attualità, gli affari, la gestione d'ufficio, l'informatica e il turismo. Come in tutti i nostri dizionari, grande importanza è stata data alla lingua contemporanea e alle espressioni idiomatiche.

COME USARE IL DIZIONARIO

Troverete qui di seguito alcune spiegazioni sul modo in cui le informazioni sono state presentate nel dizionario. L'obiettivo del dizionario è quello di darvi il maggior numero possibile di informazioni senza tuttavia sacrificare la chiarezza all'interno delle voci.

Le voci

Qui di seguito verranno descritti i vari elementi di cui si compone una voce tipo del vostro dizionario.

La trascrizione fonetica

Sia le parole francesi che quelle italiane sono seguite dalla pronuncia che si trova tra parentesi quadre, subito dopo il lemma. Come nella maggior parte dei dizionari moderni, è stato adottato il sistema noto come "alfabeto fonetico internazionale". Troverete qui di seguito, a pagina xii e xiii, un elenco completo dei caratteri utilizzati in questo sistema.

Le categorie grammaticali

Tutte le parole appartengono ad una categoria grammaticale, cioè possono essere sostantivi, verbi, aggettivi, avverbi, pronomi, articoli, congiunzioni o abbreviazioni. I sostantivi possono essere maschili o femminili, singolari o plurali, sia in italiano che in francese. I verbi possono essere transitivi, intransitivi, pronominali (o riflessivi), o anche impersonali. La categoria grammaticale è stata introdotta in *corsivo* subito dopo la pronuncia od eventuali informazioni di tipo morfologico (plurali irregolari ecc.).

Numerose voci sono state suddivise in varie categorie grammaticali. Per esempio, la parola italiana **bene** può essere sia un avverbio che un aggettivo o un sostantivo, e la parola francese **creux** può essere sia un aggettivo ("cavo, a") che un sostantivo maschile ("cavità"). Analogamente il verbo italiano **correre** può essere usato sia come verbo intransitivo ("correre alla stazione") che come transitivo ("correre un rischio").

Per presentare la voce con maggiore chiarezza e permettervi di trovare rapidamente i significati che cercate, è stato introdotto il simbolo ♦ per contrassegnare il passaggio da una categoria grammaticale ad un'altra.

Suddivisioni semantiche

La maggior parte delle parole ha più di un significato. Per esempio la parola **fiocco** può essere sia un'annodatura di un nastro che una falda di neve. Molte parole si traducono in modo diverso a seconda del contesto in cui sono usate: per esempio **gamba** si tradurrà in francese con "jambe" nel senso anatomico, e con "pied" se ci si riferisce alla gamba di una sedia o di un tavolo. Per permettervi di scegliere la traduzione giusta per ciascuno dei contesti in cui la parola si può trovare, le voci sono state suddivise in categorie di significato. Ciascuna suddivisione è introdotta da un "indicatore d'uso" tra parentesi in *corsivo*. Le voci **fiocco** e **gamba** compariranno quindi nel testo nel modo seguente:

fiocco, chi *sm* (*di nastro*) nœud *m*; (*di lana, stoffa, neve*) flocon *m*
gamba *sf* jambe *f*; (*di sedia, tavolo*) pied *m*

Per segnalare la traduzione appropriata sono stati introdotti anche degli indicatori d'ambito d'uso in *CORSIVO MAIUSCOLO* tra parentesi, spesso in forma abbreviata, come per esempio nel caso della voce **disturbo**:

disturbo *sm* dérangement *m*; (*MED*) trouble *m*; (*RADIO, TV*) brouillage *m*

Troverete un elenco completo delle abbreviazioni adottate all'interno del dizionario a pagina x e xi.

Le traduzioni

La maggior parte delle parole francesi si traducono con una sola parola italiana e viceversa, come risulta dagli esempi riportati fin qui. A volte, tuttavia, le parole non hanno un preciso equivalente nella lingua d'arrivo: in questi casi è stato fornito un equivalente approssimativo, preceduto dal segno ≈, come ad esempio per la parola **cinquième** (*SCOL*), per cui è stato dato l'equivalente italiano "seconda media", dal momento che non esiste una traduzione vera e propria dato che i sistemi scolastici dei due paesi sono differenti.

cinquième ... *nf* (*SCOL*) ≈ seconda media

A volte è persino impossibile trovare un equivalente approssimativo. Questo è il caso, per esempio, di piatti tipici di un certo paese, come ad esempio **panforte**:

panforte *sm* *gâteau typique de Sienne à base de fruits secs, de fruits confits et d'épices*

In questi casi, al posto della traduzione, che non esiste, comparirà una spiegazione; per maggiore chiarezza, questa spiegazione, o glossa, è stata messa in *corsivo*.

Molto spesso la traduzione di una parola può non funzionare all'interno di una data locuzione. Ad esempio alla voce **mancare**, spesso tradotta con "manquer" in francese, troviamo varie locuzioni in cui le traduzioni fornite all'inizio della voce non si possono utilizzare: **mancare di parola** "ne pas tenir parole", **mancò poco che morisse** "il s'en est fallu de peu qu'il ne meure", **manca poco alle sei** "il n'est pas loin de six heures", e così via.

Ed è proprio in questi casi che potrete verificare l'utilità e la completezza del dizionario, che contiene una ricca gamma di composti, locuzioni e frasi idiomatiche.

Il registro linguistico

In italiano sapete istintivamente scegliere l'espressione corretta da usare a seconda del contesto in cui vi esprimete. Per esempio saprete quando dire **Non me ne importa!** e quando invece potete dire **Chi se ne frega?**. Più difficile sarà farlo in francese, dove avrete minore consapevolezza delle sfumature di registro linguistico. Per questo motivo, nel dizionario sono stati inseriti indicatori di registro (*fam*), per quelle parole ed espressioni che sono di uso più colloquiale. L'indicatore (*fam!*) in particolare segnala parole od espressioni in entrambe le lingue che, in quanto particolarmente volgari, sono per lo più da evitarsi.

Parole chiave

Come vedrete, ad alcune voci è stato riservato un trattamento particolare sia dal punto di vista grafico che da quello linguistico. Si tratta di voci come **essere** o **fare**, o i loro equivalenti francesi **être** e **faire**, che per la loro importanza e complessità meritano una strutturazione più articolata ed un maggior numero di locuzioni illustrative.

Come potrete osservare, queste voci sono strutturate in diverse categorie di significato contrassegnate da numeri, e le costruzioni sintattiche e locuzioni che illustrano quel particolare significato sono riportate all'interno della relativa categoria.

INTRODUCTION

Vous désirez apprendre l'italien ou approfondir des connaissances déjà solides. Vous voulez vous exprimer en italien, lire ou rédiger des textes italiens ou converser avec des interlocuteurs italiens. Que vous soyez lycéen, étudiant, touriste, secrétaire ou homme d'affaires, vous venez de choisir le compagnon de travail idéal pour vous exprimer et pour communiquer en italien, oralement ou par écrit. Résolument pratique et moderne, votre dictionnaire fait une large place au vocabulaire de tous les jours, aux domaines de l'actualité, des affaires, de la bureautique et du tourisme. Comme dans tous nos dictionnaires, nous avons mis l'accent sur la langue contemporaine et sur les expressions idiomatiques.

MODE D'EMPLOI

Vous trouverez ci-dessous quelques explications sur la manière dont les informations sont présentées dans votre dictionnaire. Notre objectif: vous donner un maximum d'informations dans une présentation aussi claire que possible.

Les articles

Voici les différents éléments dont est composé un article type dans votre dictionnaire:

Transcription phonétique

La prononciation figure, entre crochets, immédiatement après l'entrée. Comme la plupart des dictionnaires modernes, nous avons opté pour le système dit "alphabet phonétique international". Vous trouverez ci-dessous, aux pages xii et xiii, une liste complète des caractères utilisés dans ce système.

Données grammaticales

Les mots appartiennent tous à une catégorie grammaticale donnée: substantif, verbe, adjectif, adverbe, pronom, article, conjonction, abréviation. Les substantifs peuvent être masculins ou féminins, singuliers ou pluriels. Les verbes peuvent être transitifs, intransitifs, pronominaux (ou réfléchis) ou encore impersonnels. La catégorie grammaticale des mots est indiquée en *italiques*, immédiatement après le mot.

Souvent un mot se subdivise en plusieurs catégories grammaticales. Ainsi le français **creux** peut-il être un adjectif ou un nom masculin; l'italien **fondo** peut-il être soit un nom ("fond"), soit un adjectif ("profond"). De même le verbe **fumer** est parfois transitif ("fumer un cigare"), parfois intransitif ("défense de fumer"). Pour vous permettre de trouver plus rapidement le sens que vous cherchez et pour aérer la présentation, nous avons séparé les différentes catégories grammaticales par un losange noir ♦.

Subdivisions sémantiques

La plupart des mots ont plus d'un sens; ainsi **bouchon** peut être un objet servant à boucher une bouteille, ou, dans un sens figuré, un embouteillage. D'autres mots se traduisent différemment selon le contexte dans lequel ils sont employés. Par exemple **défendre** se traduira en italien "difendere" ou "proibire" selon qu'il s'agit de prendre la défense de quelqu'un ou d'interdire quelque chose. Pour vous permettre de choisir la bonne traduction dans tous les contextes, nous avons subdivisé les articles en catégories de sens: chaque catégorie est introduite par une "indication d'emploi" entre parenthèses et en *italiques*. Pour les exemples ci-dessus, les articles se présenteront donc comme suit:

bouchon *nm* tappo; (*fig*) ingorgo

défendre *vi* difendere; (*interdire*) proibire

De même, certains mots changent de sens lorsqu'ils sont employés dans un domaine spécifique, comme par exemple **devoir** qui se traduit généralement par "dovere", mais qui devient "compito" dans un contexte scolaire. Pour montrer à l'utilisateur quelle traduction choisir, nous avons donc ajouté, en *ITALIQUES MAJUSCULES* entre parenthèses, une indication de domaine, à savoir dans ce cas particulier (*SCOLAIRE*), que nous avons abrégé pour gagner de la place en (*SCOL*):

devoir *nm* dovere *m*; (*SCOL*) compito

Une liste complète des abréviations dont nous nous sommes servis dans ce dictionnaire figure ci-dessous, aux pages x et xi.

Traductions

La plupart des mots français se traduisent par un seul mot italien, et vice-versa, comme dans les exemples ci-dessus. Parfois cependant il n'y a pas d'équivalent exact dans la langue d'arrivée et nous avons donné un équivalent approximatif, indiqué par le signe ≈; c'est le cas par exemple pour le mot **collège** (*école*) dont l'équivalent italien est "scuola media": il ne s'agit pas d'une traduction à proprement parler puisque nos deux systèmes scolaires sont différents:

collège *nm* (*école*) ≈ scuola media

Parfois, il est même impossible de trouver un équivalent approximatif. C'est le cas par exemple pour l'expression française **prérentrée**:

prérentrée *nf rientro in servizio degli insegnanti dopo la pausa estiva*

L'explication remplace ici une traduction (qui n'existe pas); pour plus de clarté, cette explication, ou glose, est donnée en *italiques*.

Souvent aussi, on ne peut traduire isolément un mot, ou une acception particulière d'un mot. La traduction italienne d'**aimer**, par exemple, est "amare"; cependant **bien aimer qn** se traduit, non pas "amare bene qn", mais "voler bene a qn". Même une expression toute simple comme **le petit doigt** nécessite une traduction séparée, en l'occurrence "il mignolo" (et non "il piccolo dito"). C'est là que votre dictionnaire se révélera particulièrement utile et complet, car il contient un maximum de composés, de phrases et d'expressions idiomatiques.

Registre

En français, vous saurez instinctivement quand dire **j'en ai assez** et quand dire **j'en ai marre** ou **j'en ai ras le bol**. Mais lorsque vous essayez de comprendre quelqu'un qui s'exprime en italien, ou de vous exprimer vous-même en italien, il est particulièrement important de savoir ce qui est poli et ce qui l'est moins. Nous avons donc ajouté l'indication (*fam*) aux expressions de langue familière; les expressions particulièrement grossières se voient dotées d'un point d'exclamation supplémentaire (*fam!*) dans la langue de départ comme dans la langue d'arrivée, vous incitant à une prudence accrue. Notez que l'indication (*fam*) n'est pas répétée dans la langue d'arrivée lorsque le registre de la traduction est le même que celui du mot ou de l'expression traduits.

Mots-clés

Vous constaterez que certains mots apparaissent dans des encadrés. Il s'agit de mots particulièrement complexes ou importants, comme **être** et **faire** ou leurs équivalents italiens **essere** et **fare**, que nous avons traités d'une manière plus approfondie parce que ce sont des éléments de base de la langue.

ABBREVIAZIONI / ABRÉVIATIONS

Italiano	Abbreviazione	Français
abbreviazione	***abbr, abr***	abréviation
aggettivo	***adj***	adjectif
amministrazione	***ADMIN***	administration
avverbio	***adv***	adverbe
aeronautica, trasporti aerei	***AER***	aviation
aggettivo	***agg***	adjectif
agricoltura	***AGR***	agriculture
amministrazione	***AMM***	administration
anatomia	***ANAT***	anatomie
architettura	***ARCHIT***	architecture
articolo	***art***	article
astrologia	***ASTROL***	astrologie
astronomia	***ASTRON***	astronomie
ausiliare	***aus, aux***	auxiliaire
automobile, automobilismo	***AUT, AUTO***	automobile
aeronautica, trasporti aerei	***AVIAT***	aviation
avverbio	***avv***	adverbe
biologia	***BIOL***	biologie
botanica	***BOT***	botanique
chimica	***CHIM***	chimie
cinema	***CINE, CINÉ***	cinéma
commercio	***COMM***	commerce
congiunzione	***cong, conj***	conjonction
edilizia	***CONSTR***	construction
cucina	***CUC***	cuisine
cucina	***CULIN***	cuisine
davanti a	***dav***	devant
definito	***def, déf***	défini
determinativo	***det, dét***	déterminant
diritto	***DIR***	juridique
economia	***ECON, ÉCON***	économie
edilizia	***EDIL***	construction
elettricità, elettronica	***ELETTR, ÉLEC***	électricité, électronique
esclamazione	***escl***	exclamation
eccetera	***etc***	et cetera
eufemismo	***euph***	euphémisme
esclamazione	***excl***	exclamation
femminile	***f***	féminin
familiare	***fam***	familier
da evitare	***fam!***	vulgaire
ferrovia	***FERR***	chemins de fer
figurato	***fig***	figuré
finanza	***FIN***	finance
fisica	***FIS***	physique
fisiologia	***FISIOL***	physiologie
fotografia	***FOT***	photographie
in generale, generalmente	***gen, gén***	en général, généralement
geografia	***GEO, GÉO***	géographie
geometria	***GEOM, GÉOM***	géométrie
scherzoso	***hum***	humoristique
industria	***IND***	industrie
indefinito	***indef, indéf***	indéfini
informatica	***INFORM***	informatique
interrogativo	***interrog***	interrogatif

ABBREVIAZIONI		ABRÉVIATIONS
invariabile	***inv***	invariable
ironico	***iron***	ironique
diritto	***JUR***	juridique
letteratura	***LETT***	littérature
linguistica	***LING***	linguistique
letteratura	***LITT***	littérature
letterario	***litt***	littéraire
maschile	***m***	masculin
matematica	***MAT, MATH***	mathématiques
medicina	***MED, MÉD***	médecine
meteorologia	***METEOR, MÉTÉO***	météorologie
militare	***MIL***	domaine militaire
musica	***MUS***	musique
sostantivo	***n***	nom
nautica	***NAUT***	nautisme
peggiorativo	***peg, péj***	péjoratif
fotografia	***PHOTO***	photographie
fisica	***PHYS***	physique
fisiologia	***PHYSIOL***	physiologie
plurale	***pl***	pluriel
politica	***POL***	politique
participio passato	***pp***	participe passé
prefisso	***pref, préf***	préfixe
preposizione	***prep, prép***	préposition
pronome	***pron***	pronom
psicologia	***PSIC, PSYCH***	psychologie
qualcosa	***qc, qch***	quelque chose
qualcuno	***qn***	quelqu'un
ferrovia	***RAIL***	chemins de fer
religione	***REL***	religion
relativo	***rel***	relatif
sostantivo	***s***	substantif
scherzoso	***scherz***	humoristique
sistema scolastico	***SCOL***	enseignement
singolare	***sg***	singulier
soggetto	***sogg, suj***	sujet
congiuntivo	***subj***	subjonctif
tecnica, tecnologia	***TECN, TECH***	technique
telefono	***TEL, TÉL***	télécommunications
tipografia	***TIP***	typographie
televisione	***TV***	télévision
tipografia	***TYPO***	typographie
università	***UNIV***	université
vedi	***v***	voir
verbo	***vb***	verbe
verbo intransitivo	***vi***	verbe intransitif
verbo intransitivo pronominale	***vip***	verbe intransitif pronominal
verbo pronominale	***vpr***	verbe pronominal
verbo riflessivo	***vr***	verbe réfléchi
verbo transitivo	***vt***	verbe transitif
zoologia	***ZOOL***	zoologie
marchio registrato	®	marque déposée
introduce un'equivalenza culturale	≈	indique une équivalence culturelle

TRASCRIZIONE FONETICA

NB: L'accostamento di certi suoni indica solo una rassomiglianza approssimativa.

NB: La mise en équivalence de certains sons n'indique qu'une ressemblance approximative.

Consonanti		*Consonnes*
*p*adre	p	*p*ou*p*ée
*b*am*b*ino	b	*b*om*b*e
*t*u*tt*o	t	*t*en*t*e *th*ermal
*d*a*d*o	d	*d*in*d*e
*c*ane *ch*e	k	*c*o*q* *qu*i *k*épi
*g*ola *gh*iro	g	*g*a*g* ba*gu*e
*s*ano	s	*s*ale *c*e na*t*ion
*s*vago e*s*ame	z	*z*éro ro*s*e
*sc*ena	ʃ	ta*ch*e *ch*at
	ʒ	*g*ilet *j*u*g*e
pe*c*e lan*c*iare	tʃ	*tch*ao
*g*iro *g*ioco	dʒ	*j*ean
a*f*a *f*aro	f	*f*er *ph*are
*v*ero bra*v*o	v	*v*al*v*e
*l*etto a*l*a	l	*l*ent sa*ll*e
*gl*i	ʎ	
	ʀ	*r*a*r*e *r*ent*r*e*r*
*r*ete a*r*co	r	
*m*adre ra*m*o	m	*m*a*m*an fe*mm*e
fuma*n*te	n	*n*o*n* *n*o*nn*e
*gn*omo	ɲ	a*gn*eau vi*gn*e
	ŋ	parki*ng*
	h	*h*op!
bu*i*o p*i*acere	j	*y*eux pa*ill*e p*i*ed
*u*omo g*u*aio	w	n*ou*er *ou*i
	ɥ	*hu*ile l*u*i

TRANSCRIPTION PHONÉTIQUE

Vocali		*Voyelles*
v*i*no *i*deale	i	*i*c*i* v*i*e l*y*re
st*e*lla *e*dera	e	jou*er* *é*t*é*
*e*poca ecc*e*tto	ɛ	l*ai*t jou*et* m*e*rci
m*a*mm*a*	a æ	pl*a*t *a*mour
	ɑ	b*as* p*â*te
	ə	l*e* premier
	œ	b*eu*rre p*eu*r
	ø	p*eu* d*eu*x
r*o*sa *o*cchio	ɔ	*o*r h*o*mme
mim*o*	o	m*o*t *eau* g*au*che
*u*tile z*u*cca	u	gen*ou* r*ou*e
	y	r*u*e *u*rne

Vocali Nasali		*Nasales*
	ɛ̃	mat*in* pl*ein*
	œ̃	br*un*
	ɑ̃	g*en*s j*am*be d*an*s
	ɔ̃	n*on* p*on*t p*om*pe

Varie		*Divers*
per il francese: indica "h" aspirata	ˈ	pour l'italien: précède la syllabe accentuée

VERBES ITALIENS

1 Gerundio ***2*** Participio passato ***3*** Presente ***4*** Imperfetto ***5*** Passato remoto ***6*** Futuro ***7*** Condizionale ***8*** Congiuntivo presente ***9*** Congiuntivo passato ***10*** Imperativo

accadere *comme* **cadere**
accedere *comme* **concedere**
accendere ***2*** acceso ***5*** accesi, accendesti
accludere *comme* **alludere**
accogliere *comme* **cogliere**
accondiscendere *comme* **scendere**
accorgersi *comme* **scorgere**
accorrere *comme* **correre**
accrescere *comme* **crescere**
addirsi *comme* **dire**
addurre *comme* **ridurre**
affiggere ***2*** affisso ***5*** affissi, affiggesti
affliggere ***2*** afflitto ***5*** afflissi, affliggesti
aggiungere *comme* **giungere**
alludere ***2*** alluso ***5*** allusi, alludesti
ammettere *comme* **mettere**
andare ***3*** vado, vai, va, andiamo, andate, vanno ***6*** andrò *etc* ***8*** vada ***10*** va'!, vada!, andate!, vadano!
annettere ***2*** annesso ***5*** annessi *o* annettei, annettesti
apparire ***2*** apparso ***3*** appaio, appari *o* apparisci, appare *o* apparisce, appaiono *o* appariscono ***5*** apparvi *o* apparsi, apparisti, apparve *o* apparì *o* apparse, apparvero *o* apparirono *o* apparsero ***8*** appaia *o* apparisca
appartenere *comme* **tenere**
appendere ***2*** appeso ***5*** appesi, appendesti
apporre *comme* **porre**
apprendere *comme* **prendere**
aprire ***2*** aperto ***3*** apro ***5*** aprii *o* apersi, apristi ***8*** apra
ardere ***2*** arso ***5*** arsi, ardesti
ascendere *comme* **scendere**
aspergere ***2*** asperso ***5*** aspersi, aspergesti
assalire *comme* **salire**
assistere ***2*** assistito
assolvere ***2*** assolto ***5*** assolsi *o* assolvei *o* assolvetti, assolvesti
assumere ***2*** assunto ***5*** assunsi, assumesti
astenersi *comme* **tenere**
attendere *comme* **tendere**
attingere *comme* **tingere**
AVERE ***3*** ho, hai, ha, abbiamo, avete, hanno ***5*** ebbi, avesti, ebbe, avemmo, aveste, ebbero ***6*** avrò *etc* ***8*** abbia *etc* ***10*** abbi!, abbia!, abbiate!, abbiano!
avvedersi *comme* **vedere**
avvenire *comme* **venire**
avvincere *comme* **vincere**
avvolgere *comme* **volgere**
benedire *comme* **dire**
bere ***1*** bevendo ***2*** bevuto ***3*** bevo *etc* ***4*** bevevo *etc* ***5*** bevvi *o* bevetti, bevesti ***6*** berrò *etc* ***8*** beva *etc* ***9*** bevessi *etc*
cadere ***5*** caddi, cadesti ***6*** cadrò *etc*
chiedere ***2*** chiesto ***5*** chiesi, chiedesti
chiudere ***2*** chiuso ***5*** chiusi, chiudesti
cingere ***2*** cinto ***5*** cinsi, cingesti
cogliere ***2*** colto ***3*** colgo, colgono ***5*** colsi, cogliesti ***8*** colga
coincidere ***2*** coinciso ***5*** coincisi, coincidesti
coinvolgere *comme* **volgere**
commettere *comme* **mettere**
commuovere *comme* **muovere**
comparire *comme* **apparire**
compiacere *comme* **piacere**
compiangere *comme* **piangere**
comporre *comme* **porre**
comprendere *comme* **prendere**
comprimere ***2*** compresso ***5*** compressi, comprimesti
compromettere *comme* **mettere**
concedere ***2*** concesso *o* conceduto ***5*** concessi *o* concedei *o* concedetti, concedesti
concludere *comme* **alludere**
concorrere *comme* **correre**
condurre *comme* **ridurre**
confondere *comme* **fondere**
congiungere *comme* **giungere**
connettere *comme* **annettere**
conoscere ***2*** conosciuto ***5*** conobbi, conoscesti
consistere *comme* **assistere**
contendere *comme* **tendere**
contenere *comme* **tenere**
contorcere *comme* **torcere**
contraddire *comme* **dire**
contraffare *comme* **fare**
contrarre *comme* **trarre**
convenire *comme* **venire**
convincere *comme* **vincere**
coprire *comme* **aprire**
correggere *comme* **reggere**
correre ***2*** corso ***5*** corsi, corresti
corrispondere *comme* **rispondere**
corrompere *comme* **rompere**
costringere *comme* **stringere**
costruire ***5*** costrussi, costruisti
crescere ***2*** cresciuto ***5*** crebbi, crescesti
cuocere ***2*** cotto ***3*** cuocio, cociamo, cuociono ***5*** cossi, cocesti
dare ***3*** do, dai, dà, diamo, date, danno ***5*** diedi *o* detti, desti ***6*** darò *etc* ***8*** dia *etc* ***9*** dessi *etc* 10 da'!, dai!, date!, diano!
decidere ***2*** deciso ***5*** decisi, decidesti
decrescere *comme* **crescere**

dedurre *comme* **ridurre**
deludere *comme* **alludere**
deporre *comme* **porre**
deprimere *comme* **comprimere**
deridere *comme* **ridere**
descrivere *comme* **scrivere**
desumere *comme* **assumere**
detergere *comme* **tergere**
devolvere ***2*** devoluto
difendere ***2*** difeso ***5*** difesi, difendesti
diffondere *comme* **fondere**
dipendere *comme* **appendere**
dipingere *comme* **tingere**
dire ***1*** dicendo ***2*** detto ***3*** dico, dici, dice, diciamo, dite, dicono ***4*** dicevo *etc* ***5*** dissi, dicesti ***6*** dirò *etc* ***8*** dica, diciamo, diciate, dicano ***9*** dicessi *etc* ***10*** di'!, dica!, dite!, dicano!
dirigere ***2*** diretto ***5*** diressi, dirigesti
discendere *comme* **scendere**
dischiudere *comme* **chiudere**
disciogliere *comme* **sciogliere**
discorrere *comme* **correre**
discutere ***2*** discusso ***5*** discussi, discutesti
disfare *comme* **fare**
disilludere *comme* **alludere**
disperdere *comme* **perdere**
dispiacere *comme* **piacere**
disporre *comme* **porre**
dissolvere ***2*** dissolto *o* dissoluto ***5*** dissolsi *o* dissolvetti *o* dissolvei, dissolvesti
dissuadere *comme* **persuadere**
distendere *comme* **tendere**
distinguere ***2*** distinto ***5*** distinsi, distinguesti
distogliere *comme* **togliere**
distrarre *comme* **trarre**
distruggere *comme* **struggere**
divenire *comme* **venire**
dividere ***2*** diviso ***5*** divisi, dividesti
dolere ***3*** dolgo, duoli, duole, dolgono ***5*** dolsi, dolesti ***6*** dorrò *etc* ***8*** dolga
DORMIRE ***1*** *GERUNDIO* dormendo
2 *PARTICIPIO PASSATO* dormito
3 *PRESENTE* dormo, dormi, dorme, dormiamo, dormite, dormono
4 *IMPERFETTO* dormivo, dormivi, dormiva, dormivamo, dormivate, dormivano
5 *PASSATO REMOTO* dormii, dormisti, dormì, dormimmo, dormiste, dormirono
6 *FUTURO* dormirò, dormirai, dormirà, dormiremo, dormirete, dormiranno
7 *CONDIZIONALE* dormirei, dormiresti, dormirebbe, dormiremmo, dormireste, dormirebbero
8 *CONGIUNTIVO PRESENTE* dorma, dorma, dorma, dormiamo, dormiate, dormano
9 *CONGIUNTIVO PASSATO* dormissi, dormissi, dormisse, dormissimo, dormiste, dormissero
10 *IMPERATIVO* dormi!, dorma!, dormite!, dormano!
dovere ***3*** devo *o* debbo, devi, deve, dobbiamo, dovete, devono *o* debbono ***6*** dovrò *etc* ***8*** debba, dobbiamo, dobbiate, devano *o* debbano
eccellere ***2*** eccelso ***5*** eccelsi, eccellesti
eludere *comme* **alludere**
emergere ***2*** emerso ***5*** emersi, emergesti
emettere *comme* **mettere**
erigere *comme* **dirigere**
escludere *comme* **alludere**
esigere ***2*** esatto
esistere ***2*** esistito
espellere ***2*** espulso ***5*** espulsi, espellesti
esplodere ***2*** esploso ***5*** esplosi, esplodesti
esporre *comme* **porre**
esprimere *comme* **comprimere**
ESSERE ***2*** stato ***3*** sono, sei, è, siamo, siete, sono ***4*** ero, eri, era, eravamo, eravate, erano ***5*** fui, fosti, fu, fummo, foste, furono ***6*** sarò *etc* ***8*** sia *etc* ***9*** fossi, fossi, fosse, fossimo, foste, fossero ***10*** sii!, sia!, siate!, siano!
estendere *comme* **tendere**
estinguere *comme* **distinguere**
estrarre *comme* **trarre**
evadere ***2*** evaso ***5*** evasi, evadesti
evolvere ***2*** evoluto
fare ***1*** facendo ***2*** fatto ***3*** faccio, fai, fa, facciamo, fate, fanno ***4*** facevo *etc* ***5*** feci, facesti ***6*** farò *etc* ***8*** faccia *etc* ***9*** facessi *etc* ***10*** fa'!, faccia!, fate!, facciano!
fingere *comme* **cingere**
FINIRE ***1*** *GERUNDIO* finendo
2 *PARTICIPIO PASSATO* finito
3 *PRESENTE* finisco, finisci, finisce, finiamo, finite, finiscono
4 *IMPERFETTO* finivo, finivi, finiva, finivamo, finivate, finivano
5 *PASSATO REMOTO* finii, finisti, finì, finimmo, finiste, finirono
6 *FUTURO* finirò, finirai, finirà, finiremo, finirete, finiranno
7 *CONDIZIONALE* finirei, finiresti, finirebbe, finiremmo, finireste, finirebbero
8 *CONGIUNTIVO PRESENTE* finisca, finisca, finisca, finiamo, finiate, finiscano
9 *CONGIUNTIVO PASSATO* finissi, finissi, finisse, finissimo, finiste, finissero
10 *IMPERATIVO* finisci!, finisca!, finite!, finiscano!
flettere ***2*** flesso
fondere ***2*** fuso ***5*** fusi, fondesti
friggere ***2*** fritto ***5*** frissi, friggesti
fungere ***2*** funto ***5*** funsi, fungesti
giacere ***3*** giaccio, giaci, giace, giac(c)iamo, giacete, giacciono ***5*** giacqui, giacesti ***8*** giaccia *etc* ***10*** giaci!, giaccia!, giac(c)iamo!, giacete!, giacciano!
giungere ***2*** giunto ***5*** giunsi, giungesti
godere ***6*** godrò *etc*
illudere *comme* **alludere**
immergere *comme* **emergere**
immettere *comme* **mettere**
imporre *comme* **porre**
imprimere *comme* **comprimere**
incidere *comme* **decidere**

includere *comme* **alludere**
incorrere *comme* **correre**
incutere *comme* **discutere**
indulgere ***2*** indulto ***5*** indulsi, indulgesti
indurre *comme* **ridurre**
inferire[1] ***2*** inferto ***5*** infersi, inferisti
inferire[2] ***2*** inferito ***5*** inferii, inferisti
infliggere *comme* **affliggere**
infrangere ***2*** infranto ***5*** infransi, infrangesti
infondere *comme* **fondere**
insistere *comme* **assistere**
intendere *comme* **tendere**
interdire *comme* **dire**
interporre *comme* **porre**
interrompere *comme* **rompere**
intervenire *comme* **venire**
intraprendere *comme* **prendere**
introdurre *comme* **ridurre**
invadere *comme* **evadere**
irrompere *comme* **rompere**
iscrivere *comme* **scrivere**
istruire *comme* **costruire**
ledere ***2*** leso ***5*** lesi, ledesti
leggere ***2*** letto ***5*** lessi, leggesti
maledire *comme* **dire**
mantenere *comme* **tenere**
mettere ***2*** messo ***5*** misi, mettesti
mordere ***2*** morso ***5*** morsi, mordesti
morire ***2*** morto ***3*** muoio, muori, muore, moriamo, morite, muoiono ***6*** morirò *o* morrò *etc* ***8*** muoia
mungere ***2*** munto ***5*** munsi, mungesti
muovere ***2*** mosso ***5*** mossi, movesti
nascere ***2*** nato ***5*** nacqui, nascesti
nascondere ***2*** nascosto ***5*** nascosi, nascondesti
nuocere ***2*** nuociuto ***3*** nuoccio, nuoci, nuoce, nociamo *o* nuociamo, nuocete, nuocciono ***4*** nuocevo *etc* ***5*** nocqui, nuocesti ***6*** nuocerò *etc* ***7*** nuoccia
occorrere *comme* **correre**
offendere *comme* **difendere**
offrire ***2*** offerto ***3*** offro ***5*** offersi *o* offrii, offristi ***8*** offra
omettere *comme* **mettere**
opporre *comme* **porre**
opprimere *comme* **comprimere**
ottenere *comme* **tenere**
parere ***2*** parso ***3*** paio, paiamo, paiono ***5*** parvi *o* parsi, paresti ***6*** parrò *etc* ***8*** paia, paiamo, paiate, paiano
PARLARE ***1*** *GERUNDIO* parlando
2 *PARTICIPIO PASSATO* parlato
3 *PRESENTE* parlo, parli, parla, parliamo, parlate, parlano
4 *IMPERFETTO* parlavo, parlavi, parlava, parlavamo, parlavate, parlavano
5 *PASSATO REMOTO* parlai, parlasti, parlò, parlammo, parlaste, parlarono
6 *FUTURO* parlerò, parlerai, parlerà, parleremo, parlerete, parleranno
7 *CONDIZIONALE* parlerei, parleresti, parlerebbe, parleremmo, parlereste, parlerebbero
8 *CONGIUNTIVO PRESENTE* parli, parli, parli, parliamo, parliate, parlino
9 *CONGIUNTIVO PASSATO* parlassi, parlassi, parlasse, parlassimo, parlaste, parlassero
10 *IMPERATIVO* parla!, parli!, parlate!, parlino!
percorrere *comme* **correre**
percuotere ***2*** percosso ***5*** percossi, percotesti
perdere ***2*** perso *o* perduto ***5*** persi *o* perdei *o* perdetti, perdesti
permettere *comme* **mettere**
persuadere ***2*** persuaso ***5*** persuasi, persuadesti
pervenire *comme* **venire**
piacere ***2*** piaciuto ***3*** piaccio, piacciamo, piacciono ***5*** piacqui, piacesti ***8*** piaccia *etc*
piangere ***2*** pianto ***5*** piansi, piangesti
piovere ***5*** piovve
porgere ***2*** porto ***5*** porsi, porgesti
porre ***1*** ponendo ***2*** posto ***3*** pongo, poni, pone, poniamo, ponete, pongono ***4*** ponevo *etc* ***5*** posi, ponesti ***6*** porrò *etc* ***8*** ponga, poniamo, poniate, pongano ***9*** ponessi *etc*
posporre *comme* **porre**
possedere *comme* **sedere**
potere ***3*** posso, puoi, può, possiamo, potete, possono ***6*** potrò *etc* ***8*** possa, possiamo, possiate, possano
prediligere ***2*** prediletto ***5*** predilessi, prediligesti
predire *comme* **dire**
prefiggersi *comme* **affiggere**
preludere *comme* **alludere**
prendere ***2*** preso ***5*** presi, prendesti
preporre *comme* **porre**
prescrivere *comme* **scrivere**
presiedere *comme* **sedere**
presumere *comme* **assumere**
pretendere *comme* **tendere**
prevalere *comme* **valere**
prevedere *comme* **vedere**
prevenire *comme* **venire**
produrre *comme* **ridurre**
proferire *comme* **inferire**[2]
profondere *comme* **fondere**
promettere *comme* **mettere**
promuovere *comme* **muovere**
proporre *comme* **porre**
prorompere *comme* **rompere**
proscrivere *comme* **scrivere**
proteggere ***2*** protetto ***5*** protessi, proteggesti
provenire *comme* **venire**
provvedere *comme* **vedere**
pungere ***2*** punto ***5*** punsi, pungesti
racchiudere *comme* **chiudere**
raccogliere *comme* **cogliere**
radere ***2*** raso ***5*** rasi, radesti
raggiungere *comme* **giungere**

rapprendere *comme* **prendere**
ravvedersi *comme* **vedere**
recidere *comme* **decidere**
redigere ***2*** redatto
redimere ***2*** redento ***5*** redensi, redimesti
reggere ***2*** retto ***5*** ressi, reggesti
rendere ***2*** reso ***5*** resi, rendesti
reprimere *comme* **comprimere**
rescindere *comme* **scindere**
respingere *comme* **spingere**
restringere *comme* **stringere**
ricadere *comme* **cadere**
richiedere *comme* **chiedere**
riconoscere *comme* **conoscere**
ricoprire *comme* **coprire**
ricorrere *comme* **correre**
ridere ***2*** riso ***5*** risi, ridesti
ridire *comme* **dire**
ridurre ***1*** riducendo ***2*** ridotto ***3*** riduco *etc* ***4*** riducevo *etc* ***5*** ridussi, riducesti ***6*** ridurrò *etc* ***8*** riduca *etc* ***9*** riducessi *etc*
riempire ***1*** riempiendo ***3*** riempio, riempi, riempie, riempiono
rifare *comme* **fare**
riflettere ***2*** riflettuto *o* riflesso
rifrangere *comme* **infrangere**
rimanere ***2*** rimasto ***3*** rimango, rimangono ***5*** rimasi, rimanesti ***6*** rimarrò *etc* ***8*** rimanga
rimettere *comme* **mettere**
rimpiangere *comme* **piangere**
rinchiudere *comme* **chiudere**
rincrescere *comme* **crescere**
rinvenire *comme* **venire**
ripercuotere *comme* **percuotere**
riporre *comme* **porre**
riprendere *comme* **prendere**
riprodurre *comme* **ridurre**
riscuotere *comme* **scuotere**
risolvere *comme* **assolvere**
risorgere *comme* **sorgere**
rispondere ***2*** risposto ***5*** risposi, rispondesti
ritenere *comme* **tenere**
ritrarre *comme* **trarre**
riuscire *comme* **uscire**
rivedere *comme* **vedere**
rivivere *comme* **vivere**
rivolgere *comme* **volgere**
rodere ***2*** roso ***5*** rosi, rodesti
rompere ***2*** rotto ***5*** ruppi, rompesti
salire ***3*** salgo, sali, salgono ***8*** salga
sapere ***3*** so, sai, sa, sappiamo, sapete, sanno ***5*** seppi, sapesti ***6*** saprò *etc* ***8*** sappia *etc* ***10*** sappi!, sappia!, sappiate!, sappiano!
scadere *comme* **cadere**
scegliere ***2*** scelto ***3*** scelgo, scegli, sceglie, scegliamo, scegliete, scelgono ***5*** scelsi, scegliesti ***8*** scelga, scegliamo, scegliate, scelgano ***10*** scegli!, scelga!, scegliamo!, scegliete!, scelgano!
scendere ***2*** sceso ***5*** scesi, scendesti
schiudere *comme* **chiudere**
scindere ***2*** scisso ***5*** scissi, scindesti
sciogliere ***2*** sciolto ***3*** sciolgo, sciolgi, scioglie, sciogliamo, sciogliete, sciolgono ***5*** sciolsi, sciogliesti ***8*** sciolga, sciogliamo, sciogliate, sciolgano ***10*** sciogli!, sciolga!, sciogliamo!, sciogliete!, sciolgano!
scommettere *comme* **mettere**
scomparire *comme* **apparire**
scomporre *comme* **porre**
sconfiggere ***2*** sconfitto ***5*** sconfissi, sconfiggesti
sconvolgere *comme* **volgere**
scoprire *comme* **aprire**
scorgere ***2*** scorto ***5*** scorsi, scorgesti
scorrere *comme* **correre**
scrivere ***2*** scritto ***5*** scrissi, scrivesti
scuotere ***2*** scosso ***3*** scuoto, scuoti, scuote, scotiamo, scotete, scuotono ***5*** scossi, scotesti ***6*** scoterò *etc* ***8*** scuota, scotiamo, scotiate, scuotano ***10*** scuoti!, scuota!, scotiamo!, scotete!, scuotano!
sedere ***3*** siedo, siedi, siede, siedono ***8*** sieda
seppellire ***2*** sepolto
smettere *comme* **mettere**
smuovere *comme* **muovere**
socchiudere *comme* **chiudere**
soccorrere *comme* **correre**
soddisfare *comme* **fare**
soffriggere *comme* **friggere**
soffrire ***2*** sofferto ***5*** soffersi *o* soffrii, soffristi
soggiungere *comme* **giungere**
solere ***2*** solito ***3*** soglio, suoli, suole, sogliamo, solete, sogliono ***8*** soglia, sogliamo, sogliate, sogliano
sommergere *comme* **emergere**
sopprimere *comme* **comprimere**
sorgere ***2*** sorto ***3*** sorsi, sorgesti
sorprendere *comme* **prendere**
sorreggere *comme* **reggere**
sorridere *comme* **ridere**
sospendere *comme* **appendere**
sospingere *comme* **spingere**
sostenere *comme* **tenere**
sottintendere *comme* **tendere**
spandere ***2*** spanto
spargere ***2*** sparso ***5*** sparsi, spargesti
sparire ***5*** sparii *o* sparvi, sparisti
spegnere ***2*** spento ***3*** spengo, spengono ***5*** spensi, spegnesti ***8*** spenga
spendere ***2*** speso ***5*** spesi, spendesti
spingere ***2*** spinto ***5*** spinsi, spingesti
sporgere *comme* **porgere**
stare ***2*** stato ***3*** sto, stai, sta, stiamo, state, stanno ***5*** stetti, stesti ***6*** starò *etc* ***8*** stia *etc* ***9*** stessi *etc* ***10*** sta'!, stia!, state!, stiano!
stendere *comme* **tendere**
storcere *comme* **torcere**
stringere ***2*** stretto ***5*** strinsi, stringesti
struggere ***2*** strutto ***5*** strussi, struggesti
succedere *comme* **concedere**
supporre *comme* **porre**
svenire *comme* **venire**

svolgere *comme* **volgere**
tacere ***2*** taciuto ***3*** taccio, tacciono ***5*** tacqui, tacesti ***8*** taccia
tendere ***2*** teso ***5*** tesi, tendesti *etc*
tenere ***3*** tengo, tieni, tiene, tengono ***5*** tenni, tenesti ***6*** terrò *etc* ***8*** tenga
tingere ***2*** tinto ***5*** tinsi, tingesti
togliere ***2*** tolto ***3*** tolgo, togli, toglie, togliamo, togliete, tolgono ***5*** tolsi, togliesti ***8*** tolga, togliamo, togliate, tolgano ***10*** togli!, tolga!, togliamo!, togliete!, tolgano!
torcere ***2*** torto ***5*** torsi, torcesti
tradurre *comme* **ridurre**
trafiggere *comme* **sconfiggere**
transigere *comme* **esigere**
trarre ***1*** traendo ***2*** tratto ***3*** traggo, trai, trae, traiamo, traete, traggono ***4*** traevo *etc* ***5*** trassi, traesti ***6*** trarrò *etc* ***8*** tragga ***9*** traessi *etc*
trascorrere *comme* **correre**
trascrivere *comme* **scrivere**
trasmettere *comme* **mettere**
trasparire *comme* **apparire**
trattenere *comme* **tenere**
uccidere ***2*** ucciso ***5*** uccisi, uccidesti
udire ***3*** odo, odi, ode, odono ***8*** oda
ungere ***2*** unto ***5*** unsi, ungesti
uscire ***3*** esco, esci, esce, escono ***8*** esca
valere ***2*** valso ***3*** valgo, valgono ***5*** valsi, valesti ***6*** varrò *etc* ***8*** valga
vedere ***2*** visto *o* veduto ***5*** vidi, vedesti ***6*** vedrò *etc*

VENDERE ***1*** *GERUNDIO* vendendo
2 *PARTICIPIO PASSATO* venduto
3 *PRESENTE* vendo, vendi, vende, vendiamo, vendete, vendono
4 *IMPERFETTO* vendevo, vendevi, vendeva, vendevamo, vendevate, vendevano
5 *PASSATO REMOTO* vendei *o* vendetti, vendesti, vendé *o* vendette, vendemmo, vendeste, venderono *o* vendettero
6 *FUTURO* venderò, venderai, venderà, venderemo, venderete, venderanno
7 *CONDIZIONALE* venderei, venderesti, venderebbe, venderemmo, vendereste, venderebbero
8 *CONGIUNTIVO PRESENTE* venda, venda, venda, vendiamo, vendiate, vendano
9 *CONGIUNTIVO PASSATO* vendessi, vendessi, vendesse, vendessimo, vendeste, vendessero
10 *IMPERATIVO* vendi!, venda!, vendete!, vendano!

venire ***2*** venuto ***3*** vengo, vieni, viene, vengono ***5*** venni, venisti ***6*** verrò *etc* ***8*** venga
vincere ***2*** vinto ***5*** vinsi, vincesti
vivere ***2*** vissuto ***5*** vissi, vivesti
volere ***3*** voglio, vuoi, vuole, vogliamo, volete, vogliono ***5*** volli, volesti ***6*** vorrò *etc* ***8*** voglia *etc* ***10*** vogli!, voglia!, vogliate!, vogliano!
volgere ***2*** volto ***5*** volsi, volgesti

VERBI FRANCESI

1 Participe présent ***2*** Participe passé ***3*** Présent ***4*** Imparfait ***5*** Futur ***6*** Conditionnel ***7*** Subjonctif présent

acquérir ***1*** acquérant ***2*** acquis ***3*** acquiers, acquérons, acquièrent ***4*** acquérais ***5*** acquerrai ***7*** acquière

ALLER ***1*** allant ***2*** allé ***3*** vais, vas, va, allons, allez, vont ***4*** allais ***5*** irai ***6*** irais ***7*** aille

asseoir ***1*** asseyant ***2*** assis ***3*** assieds, asseyons, asseyez, asseyent ***4*** asseyais ***5*** assiérai ***7*** asseye

atteindre ***1*** atteignant ***2*** atteint ***3*** atteins, atteignons ***4*** atteignais ***5*** atteindrai ***7*** atteigne

AVOIR ***1*** ayant ***2*** eu ***3*** ai, as, a, avons, avez, ont ***4*** avais ***5*** aurai ***6*** aurais ***7*** aie, aies, ait, ayons, ayez, aient

battre ***1*** battant ***2*** battu ***3*** bats, bat, battons ***4*** battais ***7*** batte

boire ***1*** buvant ***2*** bu ***3*** bois, buvons, boivent ***4*** buvais ***5*** boirai ***7*** boive

bouillir ***1*** bouillant ***2*** bouilli ***3*** bous, bouillons ***4*** bouillais ***7*** bouille

conclure ***1*** concluant ***2*** conclu ***3*** conclus, concluons ***4*** concluais ***7*** conclue

conduire ***1*** conduisant ***2*** conduit ***3*** conduis, conduisons ***4*** conduisais ***7*** conduise

connaître ***1*** connaissant ***2*** connu ***3*** connais, connaît, connaissons ***4*** connaissais ***5*** connaîtrai ***7*** connaisse

coudre ***1*** cousant ***2*** cousu ***3*** couds, cousons, cousez, cousent ***4*** cousais ***7*** couse

courir ***1*** courant ***2*** couru ***3*** cours, courons ***4*** courais ***5*** courrai ***7*** coure

couvrir ***1*** couvrant ***2*** couvert ***3*** couvre, couvrons ***4*** couvrais ***7*** couvre

craindre ***1*** craignant ***2*** craint ***3*** crains, craignons ***4*** craignais ***7*** craigne

croire ***1*** croyant ***2*** cru ***3*** crois, croyons, croient ***4*** croyais ***7*** croie

croître ***1*** croissant ***2*** crû, crue, crus, crues ***3*** croîs, croissons ***4*** croissais ***7*** croisse

cueillir ***1*** cueillant ***2*** cueilli ***3*** cueille, cueillons ***4*** cueillais ***5*** cueillerai ***7*** cueille

devoir ***1*** devant ***2*** dû, due, dus, dues ***3*** dois, devons, doivent ***4*** devais ***5*** devrai ***7*** doive

dire ***1*** disant ***2*** dit ***3*** dis, disons, dites, disent ***4*** disais ***5*** dirai ***7*** dise

dormir ***1*** dormant ***2*** dormi ***3*** dors, dormons ***4*** dormais ***7*** dorme

écrire ***1*** écrivant ***2*** écrit ***3*** écris, écrivons ***4*** écrivais ***7*** écrive

ÊTRE ***1*** étant ***2*** été ***3*** suis, es, est, sommes, êtes, sont ***4*** étais ***5*** serai ***6*** serais ***7*** sois, sois, soit, soyons, soyez, soient

FAIRE ***1*** faisant ***2*** fait ***3*** fais, fais, fait, faisons, faites, font ***4*** faisais ***5*** ferai ***6*** ferais ***7*** fasse

falloir ***2*** fallu ***3*** faut ***4*** fallait ***5*** faudra ***7*** faille

FINIR ***1*** finissant ***2*** fini ***3*** finis, finis, finit, finissons, finissez, finissent ***4*** finissais ***5*** finirai ***6*** finirais ***7*** finisse

fuir ***1*** fuyant ***2*** fui ***3*** fuis, fuyons, fuient ***4*** fuyais ***7*** fuie

joindre ***1*** joignant ***2*** joint ***3*** joins, joignons ***4*** joignais ***7*** joigne

lire ***1*** lisant ***2*** lu ***3*** lis, lisons ***4*** lisais ***5*** lirai ***7*** lise

luire ***1*** luisant ***2*** lui ***3*** luis, luisons ***4*** luisais ***7*** luise

maudire ***1*** maudissant ***2*** maudit ***3*** maudis, maudissons ***4*** maudissait ***7*** maudisse

mentir ***1*** mentant ***2*** menti ***3*** mens, mentons ***4*** mentais ***7*** mente

mettre ***1*** mettant ***2*** mis ***3*** mets, mettons ***4*** mettais ***5*** mettrai ***7*** mette

mourir ***1*** mourant ***2*** mort ***3*** meurs, mourons, meurent ***4*** mourais ***5*** mourrai ***7*** meure

naître ***1*** naissant ***2*** né ***3*** nais, naît, naissons 4 naissais ***7*** naisse

offrir ***1*** offrant ***2*** offert ***3*** offre, offrons ***4*** offrais ***7*** offre

PARLER ***1*** parlant ***2*** parlé ***3*** parle, parles, parle, parlons, parlez, parlent ***4*** parlais, parlais, parlait, parlions, parliez, parlaient ***5*** parlerai, parleras, parlera, parlerons, parlerez, parleront ***6*** parlerais, parlerais, parlerait, parlerions, parleriez, parleraient ***7*** parle, parles, parle, parlions, parliez, parlent *impératif* parle! parlez!

partir ***1*** partant ***2*** parti ***3*** pars, partons ***4*** partais ***7*** parte

plaire ***1*** plaisant ***2*** plu ***3*** plais, plaît, plaisons ***4*** plaisais ***7*** plaise

pleuvoir ***1*** pleuvant ***2*** plu ***3*** pleut, pleuvent ***4*** pleuvait ***5*** pleuvra ***7*** pleuve

pourvoir ***1*** pourvoyant ***2*** pourvu ***3*** pourvois, pourvoyons, pourvoient ***4*** pourvoyais ***7*** pourvoie

pouvoir ***1*** pouvant ***2*** pu ***3*** peux, peut, pouvons, peuvent ***4*** pouvais ***5*** pourrai ***7*** puisse

prendre ***1*** prenant ***2*** pris ***3*** prends, prenons, prennent ***4*** prenais ***5*** prendrai ***7*** prenne

prévoir *come* **voir** ***5*** prévoirai

RECEVOIR ***1*** recevant ***2*** reçu ***3*** reçois, reçois, reçoit, recevons, recevez, reçoivent ***4*** recevais ***5*** recevrai ***6*** recevrais ***7*** reçoive

RENDRE ***1*** rendant ***2*** rendu ***3*** rends, rends, rend, rendons, rendez, rendent ***4*** rendais ***5*** rendrai ***6*** rendrais ***7*** rende

résoudre ***1*** résolvant ***2*** résolu ***3*** résous, résout, résolvons ***4*** résolvais ***7*** résolve

rire ***1*** riant ***2*** ri ***3*** ris, rions ***4*** riais ***7*** rie

savoir ***1*** sachant ***2*** su ***3*** sais, savons, savent ***4*** savais ***5*** saurai ***7*** sache *impératif* sache, sachons, sachez

servir ***1*** servant ***2*** servi ***3*** sers, servons ***4*** servais ***7*** serve

sortir ***1*** sortant ***2*** sorti ***3*** sors, sortons ***4*** sortais ***7*** sorte

souffrir ***1*** souffrant ***2*** souffert ***3*** souffre, souffrons ***4*** souffrais ***7*** souffre

suffire ***1*** suffisant ***2*** suffi ***3*** suffis, suffisons ***4*** suffisais ***7*** suffise

suivre ***1*** suivant ***2*** suivi ***3*** suis, suivons ***4*** suivais ***7*** suive

taire ***1*** taisant ***2*** tu ***3*** tais, taisons ***4*** taisais ***5*** tairai ***7*** taise

tenir ***1*** tenant ***2*** tenu ***3*** tiens, tenons, tiennent ***4*** tenais ***5*** tiendrai ***7*** tienne

vaincre ***1*** vainquant ***2*** vaincu ***3*** vaincs, vainc, vainquons ***4*** vainquais ***7*** vainque

valoir ***1*** valant ***2*** valu ***3*** vaux, vaut, valons ***4*** valais ***5*** vaudrai ***7*** vaille

venir ***1*** venant ***2*** venu ***3*** viens, venons, viennent ***4*** venais ***5*** viendrai ***7*** vienne

vivre ***1*** vivant ***2*** vécu ***3*** vis, vivons ***4*** vivais ***7*** vive

voir ***1*** voyant ***2*** vu ***3*** vois, voyons, voient ***4*** voyais ***5*** verrai ***7*** voie

vouloir ***1*** voulant ***2*** voulu ***3*** veux, veut, voulons, veulent ***4*** voulais ***5*** voudrai ***7*** veuille *impératif* veuillez

I NUMERI		*LES NOMBRES*
uno	**1**	un(e)
due	**2**	deux
tre	**3**	trois
quattro	**4**	quatre
cinque	**5**	cinq
sei	**6**	six
sette	**7**	sept
otto	**8**	huit
nove	**9**	neuf
dieci	**10**	dix
undici	**11**	onze
dodici	**12**	douze
tredici	**13**	treize
quattordici	**14**	quatorze
quindici	**15**	quinze
sedici	**16**	seize
diciassette	**17**	dix-sept
diciotto	**18**	dix-huit
diciannove	**19**	dix-neuf
venti	**20**	vingt
ventuno	**21**	vingt et un(e)
ventidue	**22**	vingt-deux
ventitré	**23**	vingt-trois
ventotto	**28**	vingt-huit
trenta	**30**	trente
quaranta	**40**	quarante
cinquanta	**50**	cinquante
sessanta	**60**	soixante
settanta	**70**	soixante-dix
settantuno	**71**	soixante et onze
settantadue	**72**	soixante-douze
ottanta	**80**	quatre-vingts
ottantuno	**81**	quatre-vingt-un(e)
novanta	**90**	quatre-vingt-dix
novantuno	**91**	quatre-vingt-onze
cento	**100**	cent
cento uno	**101**	cent un(e)
trecento	**300**	trois cents
trecento uno	**301**	trois cent un(e)

I NUMERI		*LES NOMBRES*
mille	**1 000**	mille
milleduecentodue	**1 202**	mille deux cent deux
cinquemila	**5 000**	cinq mille
un milione	**1 000 000**	un million

primo(-a), 1º(1ª)	premier (première), 1er (1ère)
secondo(-a), 2º(2ª)	deuxième, 2e, 2ème
terzo(-a), 3º(3ª)	troisième, 3e, 3ème
quarto(-a)	quatrième
quinto(-a)	cinquième
sesto(-a)	sixième
settimo(-a)	septième
ottavo(-a)	huitième
nono(-a)	neuvième
decimo(-a)	dixième
undicesimo(-a)	onzième
dodicesimo(-a)	douzième
tredicesimo(-a)	treizième
quattordicesimo(-a)	quatorzième
quindicesimo(-a)	quinzième
sedicesimo(-a)	seizième
diciassettesimo(-a)	dix-septième
diciottesimo(-a)	dix-huitième
diciannovesimo(-a)	dix-neuvième
ventesimo(-a)	vingtième
ventunesimo(-a)	vingt et unième
ventiduesimo(-a)	vingt-deuxième
ventitreesimo(-a)	vingt-troisième
ventottesimo(-a)	vingt-huitième
trentesimo(-a)	trentième
centesimo(-a)	centième
centunesimo(-a)	cent-unième
millesimo(-a)	millième

## L'ORA	## L'HEURE
che ora è?, che ore sono?	quelle heure est-il?
è ..., sono ...	il est ...
mezzanotte	minuit
l'una (del mattino)	une heure (du matin)
l'una e cinque	une heure cinq
l'una e dieci	une heure dix
l'una e un quarto, l'una e quindici	une heure et quart
l'una e venticinque	une heure vingt-cinq
l'una e mezzo *o* mezza, l'una e trenta	une heure et demie, une heure trente
l'una e trentacinque	deux heures moins vingt-cinq, une heure trente-cinq
le due meno venti, l'una e quaranta	deux heures moins vingt, une heure quarante
le due meno un quarto, l'una e quarantacinque	deux heures moins le quart, une heure quarante-cinq
le due meno dieci, l'una e cinquanta	deux heures moins dix, une heure cinquante
mezzogiorno	midi
le tre, le quindici	trois heures (de l'après-midi), quinze heures
le sette (di sera), le diciannove	sept heures (du soir), dix-neuf heures
a che ora?	à quelle heure?
a mezzanotte	à minuit
alle sette	à sept heures
fra venti minuti	dans vingt minutes
venti minuti fa	il y a vingt minutes

## LA DATA	## LA DATE
oggi	aujourd'hui
domani	demain
dopodomani	après-demain
ieri	hier
l'altro ieri	avant-hier
il giorno prima	la veille
il giorno dopo	le lendemain
la mattina	le matin
la sera	le soir
stamattina	ce matin
stasera	ce soir
questo pomeriggio	cet après-midi
ieri mattina	hier matin
ieri sera	hier soir
domani mattina	demain matin
domani sera	demain soir

nella notte tra sabato e domenica	dans la nuit de samedi à dimanche
viene sabato	il viendra samedi
il sabato	le samedi
tutti i sabati	tous les samedis
sabato scorso, lo scorso sabato	samedi dernier
il prossimo sabato	samedi prochain
fra due sabati	samedi en huit
fra tre sabati	samedi en quinze
da lunedì a sabato	du lundi au samedi
tutti i giorni	tous les jours
una volta alla settimana	une fois par semaine
una volta al mese	une fois par mois
due volte alla settimana	deux fois par semaine
una settimana fa	il y a une semaine *ou* huit jours
quindici giorni fa	il y a quinze jours
l'anno scorso *o* passato	l'année passée *ou* dernière
fra due giorni	dans deux jours
fra una settimana	dans huit jours *ou* une semaine
fra quindici giorni	dans quinze jours
il mese prossimo	le mois prochain
l'anno prossimo	l'année prochaine
che giorno è oggi?	quel jour sommes-nous?
il primo/24 ottobre 1995	le 1er/24 octobre 1995
Parigi, 24 ottobre 1995	Paris, le 24 octobre 1995 (*lettre*)
nel 1995	en 1995
il millenovecentonovantacinque	mille neuf cent quatre-vingt-quinze
44 a.C.	44 av. J.-C.
14 d.C.	14 apr. J.-C.
nel diciannovesimo secolo, nel XIX secolo, nell'Ottocento	au XIXe (siècle)
negli anni trenta	dans les années trente
c'era una volta ...	il était une fois ...

Français-Italien
Francese-Italiano

A, a

A, a [a] *nm inv* (*lettre*) A, a *f ou m inv*; ~ **comme Anatole** ≈ A come Ancona; **de ~ à z** dalla a alla zeta; **prouver qch par ~ + b** dimostrare qc matematicamente.

A [ɑ] *abr* (= *ampère, autoroute*) A.

a [a] *vb voir* **avoir**.

a *abr* (= *are*) a.

MOT-CLÉ

à [a] (*à + le* = **au**, *à + les* = **aux**) *prép* **1** (*endroit, situation*) a, in; **à Paris/au Portugal** a Parigi/in Portogallo; **à la maison/à l'école/au bureau** a casa/a scuola/in ufficio; **à la campagne** in campagna; **à cinq minutes de la gare** a cinque minuti dalla stazione; **c'est à 10 km/à 20 minutes (d'ici)** è a 10 km/a 20 minuti (da qui); **à la radio/télévision** alla radio/televisione

2 (*temps*) a; **à 3 heures** alle 3; **à minuit** a mezzanotte; **à demain/lundi!** a domani/lunedì!; **à la semaine prochaine!** alla prossima settimana!; **au printemps** in primavera; **au mois de juin** nel mese di giugno; **à Noël/Pâques** a Natale/Pasqua

3 (*attribution, appartenance*) di; **le livre est à lui/à nous/à Paul** il libro è suo/nostro/di Paul; **un ami à moi** un mio amico; **donner qch à qn** dare qc a qn

4 (*moyen*): **à bicyclette** in bicicletta; **à pied** a piedi; **à la main/machine** a mano/macchina; **se chauffer au gaz** avere il riscaldamento a gas

5 (*provenance*) da; **boire à la bouteille** bere dalla bottiglia; **prendre de l'eau à la fontaine** prendere acqua alla fontana

6 (*caractérisation, manière*): **l'homme aux yeux bleus/à la veste rouge** l'uomo dagli occhi azzurri/con la giacca rossa; **à sa grande surprise** con sua grande sorpresa; **à ce qu'il prétend** a quanto dice; **à l'européenne/la russe** all'europea/alla russa; **à nous trois nous n'avons pas su le faire** in tre non siamo riusciti a farlo

7 (*but, destination*): **tasse à café** tazzina da caffè; **maison à vendre** casa in vendita; **je n'ai rien à lire** non ho niente da leggere; **à bien réfléchir** a ben pensarci, pensandoci bene

8 (*rapport, évaluation, distribution*): **100 km/unités à l'heure** 100 km/unità all'ora; **payé au mois/à l'heure** pagato al mese/all'ora; **cinq à six** cinque a sei; **ils sont arrivés à quatre** sono arrivati in quattro.

AB [ɑbe] *abr* = *assez bien*.

abaissement [abɛsmɑ̃] *nm* abbassamento.

abaisser [abese] *vt* abbassare; (*fig*) umiliare; **s'abaisser** *vr* (*aussi fig*) abbassarsi; **s'~ à faire/à qch** abbassarsi a fare/a qc.

abandon [abɑ̃dɔ̃] *nm* (*aussi SPORT*) abbandono; **être/laisser à l'~** (*sans entretien*) essere/lasciare in abbandono; **dans un moment d'~** in un momento di abbandono.

abandonné, e [abɑ̃dɔne] *adj* abbandonato(-a).

abandonner [abɑ̃dɔne] *vt* abbandonare; (*lieu, possessions*) lasciare ♦ *vi* (*SPORT*) abbandonare; (*INFORM*) uscire; **s'abandonner** *vr*: **s'~ (à)** abbandonarsi (a); **~ qch à qn** (*céder*) lasciare qc a qn.

abaque [abak] *nm* abaco.

abasourdi, e [abazuʀdi] *adj* sbalordito(-a), stupefatto(-a).

abasourdir [abazuʀdiʀ] *vt* (*de surprise*) sbalordire, lasciare stupefatto(-a).

abat [aba] *vb voir* **abattre**.

abat-jour [abaʒuʀ] *nm inv* paralume *m*, abat-jour *m inv*.

abats [aba] *vb voir* **abattre** ♦ *nmpl* frattaglie *fpl*.

abattage [abataʒ] *nm* (*du bois*) abbatti-

mento; (*d'un animal*) macellazione *f*; (*entrain, brio*) brio, vivacità *f*.
abattant [abatɑ̃] *vb voir* **abattre** ♦ *nm* ribalta, piano ribaltabile.
abattement [abatmɑ̃] *nm* abbattimento, prostrazione *f*; (*déduction*) riduzione *f*; ▶ **abattement fiscal** sgravio fiscale.
abattis [abati] *vb voir* **abattre** ♦ *nmpl* rigaglie *fpl*.
abattoir [abatwaʀ] *nm* mattatoio, macello.
abattre [abatʀ] *vt* abbattere; (*personne*) far fuori; (*fig*) abbattere, prostrare; **s'abattre** *vr* abbattersi; **s'~ sur** (*suj*: *pluie*) abbattersi su; (: *coups, injures*) piovere su, abbattersi su; **~ ses cartes** (*aussi fig*) scoprire le carte; **~ du travail** *ou* **de la besogne** lavorare sodo.
abattu, e [abaty] *pp de* **abattre** ♦ *adj* (*déprimé*) abbattuto(-a); (*fatigué*) prostrato(-a), debole; **à bride ~e** a briglia sciolta.
abbatiale [abasjal] *nf* chiesa abbaziale.
abbaye [abei] *nf* abbazia.
abbé [abe] *nm* (*d'une abbaye*) abate *m*; (*de paroisse*) prete *m*; **M. l'~** Padre *m*; **l'~ Dubois** don Dubois, il reverendo Dubois.
abbesse [abɛs] *nf* badessa.
abc, ABC [ɑbese] *nm* (*petit livre*) abbiccì *m inv*, sillabario; (*rudiments*) abbiccì.
abcès [apsɛ] *nm* (*MÉD*) ascesso.
abdication [abdikasjɔ̃] *nf* abdicazione *f*.
abdiquer [abdike] *vi* (*POL*) abdicare ♦ *vt* rinunciare a.
abdomen [abdɔmɛn] *nm* addome *m*.
abdominal, e, -aux [abdɔminal, o] *adj* addominale; **abdominaux** *nmpl* addominali *mpl*; **faire des abdominaux** fare addominali.
abécédaire [ɑbesedɛʀ] *nm* abbecedario, sillabario.
abeille [abɛj] *nf* ape *f*.
aberrant, e [abeʀɑ̃, ɑ̃t] *adj* aberrante.
aberration [abeʀasjɔ̃] *nf* aberrazione *f*.
abêtir [abetiʀ] *vt* istupidire; **s'abêtir** *vr* istupidirsi.
abêtissant, e [abetisɑ̃, ɑ̃t] *adj* che istupidisce.
abhorrer [abɔʀe] *vt* aborrire.
abîme [abim] *nm* (*GÉO, fig*) abisso, baratro; **être au bord de l'~** (*fig*) essere sull'orlo dell'abisso *ou* del baratro.
abîmer [abime] *vt* rovinare, sciupare; **s'abîmer** *vr* rovinarsi, sciuparsi; (*fruits*) guastarsi; (*navire*: *disparaître en mer*) inabissarsi; (*fig*: *dans des pensées*) sprofondarsi; **s'~ les yeux** rovinarsi gli occhi.
abject, e [abʒɛkt] *adj* abietto(-a), spregevole.
abjurer [abʒyʀe] *vt* abiurare.
ablatif [ablatif] *nm* ablativo.
ablation [ablasjɔ̃] *nf* (*MÉD*) ablazione *f*, asportazione *f*.
ablutions [ablysjɔ̃] *nfpl*: **faire ses ~** lavarsi.
abnégation [abnegasjɔ̃] *nf* abnegazione *f*.
aboie [abwa] *vb voir* **aboyer**.
aboiement [abwamɑ̃] *nm* abbaio, abbaiare *m inv*.
abois [abwa] *nmpl*: **être aux ~** (*fig*) essere con le spalle al muro.
abolir [abɔliʀ] *vt* (*JUR*) abolire, abrogare.
abolition [abɔlisjɔ̃] *nf* abolizione *f*, abrogazione *f*.
abolitionniste [abɔlisjɔnist] *adj* abolizionistico(-a) ♦ *nm/f* abolizionista *m/f*.
abominable [abɔminabl] *adj* abominevole.
abomination [abɔminasjɔ̃] *nf* abominio.
abondamment [abɔ̃damɑ̃] *adv* abbondantemente.
abondance [abɔ̃dɑ̃s] *nf* abbondanza; **en ~** in abbondanza; **société d'~** società *f inv* del benessere.
abondant, e [abɔ̃dɑ̃, ɑ̃t] *adj* abbondante.
abonder [abɔ̃de] *vi* abbondare; **~ en** abbondare di; **~ dans le sens de qn** essere completamente d'accordo con qn.
abonné, e [abɔne] *nm/f* abbonato(-a) ♦ *adj*: **être ~ à un journal/au téléphone** essere abbonato(-a) ad un giornale/al telefono.
abonnement [abɔnmɑ̃] *nm* abbonamento.
abonner [abɔne] *vt*: **~ qn à** abbonare qn a; **s'abonner à** *vr* abbonarsi a.
abord [abɔʀ] *nm* (*à un lieu*) approdo; **~s** *nmpl* (*d'un lieu*) vicinanze *fpl*, adiacenze *fpl*; **être d'un ~ facile/difficile** (*personne*) essere/non essere alla mano; (*lieu*) essere facile/difficile da raggiungere; **d'~** (*en premier*) prima, dapprima; **tout d'~** innanzi tutto, prima di tutto; **de prime ~, au premier ~** di primo acchito.
abordable [abɔʀdabl] *adj* (*personne*) alla mano; (*prix, marchandise*) accessibile, abbordabile.
abordage [abɔʀdaʒ] *nm* (*collision*) collisione *f*, speronamento; (*assaut*) abbordaggio, arrembaggio.
aborder [abɔʀde] *vi* (*NAUT*) approdare ♦ *vt* (*NAUT, fig*) abbordare; (*heurter*) speronare; (*vie*) affrontare.
aborigène [abɔʀiʒɛn] *nm/f* aborigeno.
Abou Dhabī [abudabi] *nm* Abu Dhabi *f*.
aboulique [abulik] *adj* abulico(-a).
aboutir [abutiʀ] *vi* avere un esito positivo; **~ à/dans/sur** (*lieu*) terminare *ou* sboccare a/in/su; **~ à** (*fig*) portare *ou* approdare a.
aboutissants [abutisɑ̃] *nmpl voir* **tenant**.
aboutissement [abutismɑ̃] *nm* (*d'un projet*) esito; (*d'années de travail*) risultato.
aboyer [abwaje] *vi* abbaiare.
abracadabrant, e [abʀakadabʀɑ̃, ɑ̃t] *adj* inverosimile.
abrasif, -ive [abʀɑzif, iv] *adj* abrasivo(-a).

abrégé [abʀeʒe] *nm* compendio; **en ~** in breve, per sommi capi.
abréger [abʀeʒe] *vt* abbreviare, accorciare; (*mot*) abbreviare.
abreuver [abʀœve] *vt* abbeverare; **s'abreuver** *vr* abbeverarsi; **~ qn de** (*fig*: *d'injures etc*) coprire qn di.
abreuvoir [abʀœvwaʀ] *nm* abbeveratoio.
abréviation [abʀevjasjɔ̃] *nf* abbreviazione *f*.
abri [abʀi] *nm* riparo; (*cabane*) baracca; (*MIL, en montagne*) rifugio; **être/se mettre à l'~** essere/mettersi al riparo; **à l'~ de** (*aussi fig*) al riparo da; (*protégé par*) al riparo di.
abribus [abʀibys] *nm* pensilina (*alla fermata dell'autobus*).
abricot [abʀiko] *nm* albicocca.
abricotier [abʀikɔtje] *nm* albicocco.
abrité, e [abʀite] *adj* riparato(-a).
abriter [abʀite] *vt* riparare; (*recevoir, loger*) ospitare; **s'abriter** *vr* ripararsi; (*fig*: *derrière la loi*) trincerarsi.
abrogation [abʀɔgasjɔ̃] *nf* abrogazione *f*.
abroger [abʀɔʒe] *vt* abrogare.
abrupt, e [abʀypt] *adj* scosceso(-a), ripido(-a); (*personne, ton*) brusco(-a).
abruti, e [abʀyti] (*fam*) *nm/f* imbecille *m/f*, cretino(-a).
abrutir [abʀytiʀ] *vt* (*fatiguer*) abbrutire; (*abêtir*) istupidire.
abrutissant, e [abʀytisɑ̃, ɑ̃t] *adj* (*v vt*) che abbrutisce; che istupidisce.
abscisse [apsis] *nf* ascissa.
absence [apsɑ̃s] *nf* assenza; (*défaillance, d'attention*) disattenzione *f*; **en l'~ de** in assenza di.
absent [apsɑ̃] *adj, nm/f* assente *m/f*.
absentéisme [apsɑ̃teism] *nm* assenteismo.
absenter [apsɑ̃te]: **s'~** *vr* assentarsi.
abside [apsid] *nf* abside *f*.
absinthe [apsɛ̃t] *nf* assenzio.
absolu, e [apsɔly] *adj* assoluto(-a); (*personne*) intransigente ♦ *nm* assoluto; **dans l'~** in assoluto.
absolument [apsɔlymɑ̃] *adv* (*oui*) certamente, senz'altro; (*tout à fait, complètement*) assolutamente; **~ pas** assolutamente no.
absolution [apsɔlysjɔ̃] *nf* assoluzione *f*.
absolutisme [apsɔlytism] *nm* assolutismo.
absolvais [apsɔlvɛ] *vb voir* **absoudre**.
absolve *etc* [apsɔlv] *vb voir* **absoudre**.
absorbant, e [apsɔʀbɑ̃, ɑ̃t] *adj* assorbente; (*tâche, travail*) impegnativo(-a).
absorbé, e [apsɔʀbe] *adj* assorto(-a).
absorber [apsɔʀbe] *vt* assorbire; (*manger, boire*) ingerire.
absorption [apsɔʀpsjɔ̃] *nf* assorbimento; (*d'un médicament*) ingerimento.
absoudre [apsudʀ] *vt* (*REL*) assolvere.
absous, absoute [apsu, ut] *pp de* **absoudre**.
abstenir [apstəniʀ]: **s'~** *vr* astenersi; **s'~ de qch/de faire** astenersi da qc/dal fare.
abstention [apstɑ̃sjɔ̃] *nf* astensione *f*.
abstentionnisme [apstɑ̃sjɔnism] *nm* astensionismo.
abstentionniste [apstɑ̃sjɔnist] *nm/f* astensionista *m/f*.
abstenu, e [apstəny] *pp de* **abstenir**.
abstiendrai *etc* [apstjɛ̃dʀe] *vb voir* **abstenir**.
abstiens *etc* [apstjɛ̃] *vb voir* **abstenir**.
abstinence [apstinɑ̃s] *nf* (*REL*) astinenza; **faire ~** fare astinenza.
abstint [apstɛ̃] *vb voir* **abstenir**.
abstraction [apstʀaksjɔ̃] *nf* astrazione *f*; **faire ~ de** prescindere da; **~ faite de ...** a prescindere da ... .
abstraire [apstʀɛʀ] *vt* astrarre; **s'abstraire (de)** *vr* astrarsi (da).
abstrait, e [apstʀɛ, ɛt] *pp de* **abstraire** ♦ *adj* astratto(-a) ♦ *nm*: **dans l'~** in astratto; **art ~** arte *f* astratta.
abstrayais *etc* [apstʀɛjɛ] *vb voir* **abstraire**.
absurde [apsyʀd] *adj* assurdo(-a) ♦ *nm* assurdo; **raisonnement par l'~** ragionamento per assurdo.
absurdité [apsyʀdite] *nf* assurdità *f inv*.
Abū Dhabī [abudabi] *nm* = **Abou Dhabī**.
abus [aby] *nm* abuso; (*détournement de fonds*) appropriazione *f* indebita; **il y a de l'~** (*fam*) questo è troppo; ▸ **abus de confiance** abuso di fiducia; ▸ **abus de pouvoir** abuso di potere.
abuser [abyze] *vi* esagerare ♦ *vt* ingannare; (*violer*: *femme*) abusare di; **s'abuser** *vr* sbagliare, sbagliarsi; **si je ne m'abuse!** se non erro *ou* sbaglio!; **~ de** (*force, droit, alcool*) abusare di.
abusif, -ive [abyzif, iv] *adj* abusivo(-a); (*prix*) eccessivo(-a).
abusivement [abyzivmɑ̃] *adv* abusivamente.
AC [ɑse] *sigle f* (= *appellation contrôlée*) ≈ D.O.C. *f*.
acabit [akabi] *nm*: **de cet ~** di quella risma, di quello stampo; **du même ~** della stessa risma, dello stesso stampo.
acacia [akasja] *nm* acacia.
académicien, ne [akademisjɛ̃, jɛn] *nm/f* accademico(-a).
académie [akademi] *nf* accademia; (*ART*: *nu*) nudo; (*SCOL*) *circoscrizione amministrativa scolastica e universitaria francese*; **l'A~ (française)** l'Académie *f* française, l'Accademia di Francia.
académique [akademik] *adj* accademico (-a).
acajou [akaʒu] *nm* mogano.
acariâtre [akaʀjɑtʀ] *adj* scontroso(-a).
accablant, e [akɑblɑ̃, ɑ̃t] *adj* (*témoignage,*

preuve) schiacciante; (*chaleur, poids*) opprimente.
accablement [akɑbləmɑ̃] *nm* prostrazione *f*.
accabler [akɑble] *vt* prostrare, opprimere; (*suj: preuves, témoignage*) schiacciare; ~ **qn d'injures** coprire qn di ingiurie; ~ **qn de travail** oberare qn di lavoro; **accablé de dettes/de soucis** assillato dai debiti/dalle preoccupazioni.
accalmie [akalmi] *nf* bonaccia; (*fig*) tregua.
accaparant, e [akapaʀɑ̃, ɑ̃t] *adj* impegnativo(-a).
accaparer [akapaʀe] *vt* (*produits, marché*) fare incetta di, accaparrare; (*pouvoir, voix*) accaparrarsi; (*suj: travail etc*) assorbire (completamente).
accéder [aksede] *vt*: ~ **à** accedere a; (*indépendance*) ottenere; (*requête, désirs*) acconsentire a.
accélérateur [akseleʀatœʀ] *nm* acceleratore *m*.
accélération [akseleʀasjɔ̃] *nf* accelerazione *f*.
accéléré [akseleʀe] *nm* (*CINÉ*): **en** ~ in accelerazione.
accélérer [akseleʀe] *vt, vi* accelerare.
accent [aksɑ̃] *nm* accento; **aux ~s de** (*musique*) alle note di; **mettre l'~ sur** (*fig*) porre l'accento su; ▸ **accent aigu** accento acuto; ▸ **accent circonflexe** accento circonflesso; ▸ **accent grave** accento grave.
accentuation [aksɑ̃tɥasjɔ̃] *nf* (*d'un mot*) accentazione *f*; (*d'une note, aussi fig*) accentuazione *f*; **l'~ de l'inflation** l'accentuarsi *m* dell'inflazione.
accentué, e [aksɑ̃tɥe] *adj* (*voir nf*) accentato(-a); accentuato(-a).
accentuer [aksɑ̃tɥe] *vt* accentare; (*fig*) accentuare; **s'accentuer** *vr* accentuarsi.
acceptable [aksɛptabl] *adj* accettabile.
acceptation [aksɛptasjɔ̃] *nf* accettazione *f*.
accepter [aksɛpte] *vt* accettare; ~ **de faire** accettare di fare; ~ **que/que qn fasse** accettare che/che qn faccia; ~ **que** (*reconnaître*) riconoscere che; **j'accepte!** accetto!; **je n'accepterai pas cela** questo non lo accetterò.
acception [aksɛpsjɔ̃] *nf* accezione *f*; **dans toute l'~ du terme** nel vero senso della parola.
accès [aksɛ] *nm* (*aussi INFORM*) accesso; (*MÉD*) attacco ♦ *nmpl* (*routes, entrées etc*) vie *fpl* d'accesso; **d'~ facile/malaisé** (*lieu*) di facile/difficile accesso; (*personne*) alla mano/poco alla mano; **l'~ aux quais est interdit** è vietato l'accesso ai binari; **donner ~ à** dare accesso a, permettere di accedere a; **avoir ~ auprès de qn** essere introdotto(-a) presso qn; ▸ **accès de colère** accesso di collera; ▸ **accès de joie** impeto di gioia; ▸ **accès de toux** accesso di tosse.
accessible [aksesibl] *adj*: ~ **(à)** (*livre, sujet*) accessibile (a); **être ~ à la pitié/l'amour** essere sensibile alla pietà/all'amore.
accession [aksesjɔ̃] *nf* (*au pouvoir*) ascesa; (*à un poste*) accesso; (*JUR*) accessione *f*.
accessit [aksesit] *nm* (*SCOL*) *nella premiazione di fine anno, menzione concessa agli studenti che seguono immediatamente i premiati nella graduatoria di ciascuna materia.*
accessoire [akseswaʀ] *adj* accessorio(-a) ♦ *nm* accessorio; (*THÉÂTRE*) materiale *m* scenico.
accessoirement [akseswaʀmɑ̃] *adv* accessoriamente.
accessoiriste [akseswaʀist] *nm/f* (*TV, CINÉ*) trovarobe *m/f inv*.
accident [aksidɑ̃] *nm* incidente *m*; (*événement fortuit*) caso; **par** ~ per caso; ▸ **accident de la route** incidente stradale; ▸ **accident de parcours** incidente di percorso; ▸ **accidents de terrain** irregolarità *fpl ou* asperità *fpl* del terreno; ▸ **accident du travail** infortunio sul lavoro.
accidenté, e [aksidɑ̃te] *adj* (*relief, terrain*) accidentato(-a); (*voiture, personne*) sinistrato(-a); (*du travail*) infortunato(-a) ♦ *nm/f* sinistrato(-a); (*du travail*) infortunato(-a); **un ~ de la route** una vittima della strada.
accidentel, le [aksidɑ̃tɛl] *adj* (*mort, chute*) accidentale; (*rencontre*) casuale.
accidentellement [aksidɑ̃tɛlmɑ̃] *adv* accidentalmente.
accidenter [aksidɑ̃te] *vt* (*personne*) investire; (*véhicule*) danneggiare.
accise [aksiz] *nf* accisa.
acclamation [aklamasjɔ̃] *nf*: **par** ~ (*vote*) per acclamazione; **~s** *nfpl* (*hourras*) acclamazioni *fpl*.
acclamer [aklame] *vt* acclamare.
acclimatation [aklimatasjɔ̃] *nf* acclimatazione *f*.
acclimater [aklimate] *vt* acclimatare; **s'acclimater** *vr* acclimatarsi.
accointances [akwɛ̃tɑ̃s] *nfpl* conoscenze *fpl*.
accolade [akɔlad] *nf* abbraccio; (*signe typographique*) graffa; **donner l'~ à qn** abbracciare qn.
accoler [akɔle] *vt* accostare, affiancare.
accommodant, e [akɔmɔdɑ̃, ɑ̃t] *adj* accomodante, conciliante.
accommodement [akɔmɔdmɑ̃] *nm* accomodamento.
accommoder [akɔmɔde] *vt* (*plat*) preparare ♦ *vi* (*MÉD*) accomodarsi; ~ **qch à**

adattare qc a, adeguare qc a; **s'accommoder** *vr*: **s'~ de** (*accepter*) accontentarsi di; **s'~ à** adattarsi a.
accompagnateur, -trice [akɔ̃paɲatœʀ, tʀis] *nm/f* accompagnatore(-trice).
accompagnement [akɔ̃paɲmɑ̃] *nm* (*MUS*) accompagnamento; (*CULIN*) contorno; (*MIL*) scorta.
accompagner [akɔ̃paɲe] *vt* accompagnare; **s'accompagner** *vr* (*MUS*) accompagnarsi; **s'~ de** accompagnarsi a, essere accompagnato(-a) da; **vous permettez que je vous accompagne?** permette che l'accompagni?
accompli, e [akɔ̃pli] *adj* (*musicien, talent*) consumato(-a); **le fait ~** il fatto compiuto.
accomplir [akɔ̃pliʀ] *vt* (*tâche*) compiere, adempiere; (*souhait, projet*) realizzare; **s'accomplir** *vr* realizzarsi.
accomplissement [akɔ̃plismɑ̃] *nm* (*d'une obligation*) adempimento; (*d'un rêve*) realizzazione *f*.
accord [akɔʀ] *nm* accordo; (*consentement, autorisation*) consenso; (*LING*) accordo, concordanza; **mettre deux personnes d'~** mettere d'accordo due persone; **se mettre d'~** mettersi d'accordo; **être d'~** essere d'accordo; **être d'~ (pour faire/que)** essere d'accordo (di fare/che); **d'~!** d'accordo!; **d'un commun ~** di comune accordo; **en ~ avec qn** d'accordo con qn; **être d'~ (avec qn)** essere d'accordo (con qn); **donner son ~** dare il proprio consenso; **~ en genre et en nombre** (*LING*) accordo *ou* concordanza di genere e numero; ▸ **accord parfait** (*MUS*) accordo perfetto.
accord-cadre [akɔʀkɑdʀ] (*pl* **~s-~s**) *nm* accordo *m* quadro *inv*.
accordéon [akɔʀdeɔ̃] *nm* (*MUS*) fisarmonica; **en ~** (*papier plié*) a fisarmonica.
accordéoniste [akɔʀdeɔnist] *nm/f* fisarmonicista *m/f*.
accorder [akɔʀde] *vt* accordare; **s'accorder** *vr* accordarsi; (*être d'accord*) concordare; (*un moment de répit*) concedersi; **~ de l'importance/de la valeur à qch** attribuire importanza/valore a qc; **je vous accorde que ...** le concedo che ... .
accordeur [akɔʀdœʀ] *nm* accordatore *m*.
accoster [akɔste] *vt* (*NAUT*) accostare; (*personne*) avvicinare, abbordare ♦ *vi* (*NAUT*) accostare, attraccare.
accotement [akɔtmɑ̃] *nm* banchina; ▸ **accotement non stabilisé** banchina non percorribile, ciglio cedevole; ▸ **accotement stabilisé** banchina percorribile.
accoter [akɔte] *vt*: **~ qch à/contre** appoggiare qc a/contro; **s'accoter** *vr*: **s'~ à/contre** appoggiarsi a/contro.
accouchement [akuʃmɑ̃] *nm* parto; **~ à terme** parto a termine; **~ sans douleur** parto indolore.
accoucher [akuʃe] *vi, vt* partorire; **~ d'une fille** partorire una bambina.
accoucheur [akuʃœʀ] *nm*: **(médecin) ~** ostetrico.
accoucheuse [akuʃøz] *nf* levatrice *f*.
accouder [akude]: **s'~** *vr*: **s'~ à/contre/sur** appoggiarsi (con i gomiti) a/contro/su; **accoudé à la fenêtre** appoggiato (con i gomiti) alla finestra.
accoudoir [akudwaʀ] *nm* bracciolo.
accouplement [akupləmɑ̃] *nm* accoppiamento.
accoupler [akuple] *vt* abbinare, mettere insieme; (*animaux*: *faire copuler*) accoppiare; **s'accoupler** *vr* (*copuler*) accoppiarsi.
accourir [akuʀiʀ] *vi* accorrere.
accoutrement [akutʀəmɑ̃] (*péj*) *nm* abbigliamento ridicolo *ou* bizzarro; **regarde-le, quel ~ ridicule!** guarda com'è ridicolo così conciato!
accoutrer [akutʀe] (*péj*) *vt* conciare; **s'accoutrer** *vr* conciarsi.
accoutumance [akutymɑ̃s] *nf* assuefazione *f*.
accoutumé, e [akutyme] *adj* solito(-a), consueto(-a); **être ~ à qch/à faire** essere abituato(-a) a qc/a fare; **comme à l'~e** come al solito.
accoutumer [akutyme] *vt*: **~ qn à qch/à faire** abituare qn a qc/a fare; **s'accoutumer** *vr*: **s'~ à qch/à faire** abituarsi a qc/a fare.
accréditer [akʀedite] *vt* accreditare; **~ qn (auprès de)** accreditare qn (presso).
accro [akʀo] (*fam*) *adj* (*du jazz etc*) fanatico(-a); (*d'une drogue*): **être ~** essere tossicodipendente ♦ *nm/f* (*v adj*) fanatico(-a); tossicodipendente *m/f*.
accroc [akʀo] *nm* strappo; **sans ~s** (*fig, anicroche*) senza intoppi; **faire un ~ à** (*vêtement*) farsi uno strappo a; (*fig*: *règle etc*) fare uno strappo a.
accrochage [akʀɔʃaʒ] *nm* (*d'une remorque*) agganciamento; (*AUTO, MIL*) scontro; (*dispute*) scontro, battibecco; **l'~ d'un tableau** l'appendere un quadro.
accroche-cœur [akʀɔʃkœʀ] (*pl* **~-~s**) *nm* tirabaci *m inv*.
accrocher [akʀɔʃe] *vt* (*vêtement, tableau*) appendere; (*wagon, remorque*) agganciare; (*heurter*) urtare; (*déchirer*: *robe*) impigliare; (*MIL*) scontrarsi con; (*fig*: *attention, client*) attirare, attrarre ♦ *vi* (*fermeture éclair*) incepparsi; (*fig*: *pourparlers etc*) incagliarsi; (*disque, slogan*) far presa, colpire; **s'accrocher** *vr* scontrarsi; (*ne pas céder*) tener duro; **s'~ à** restare

impigliato(-a) in; (*agripper, aussi espoir, idée*) aggrapparsi a; (*fig*: *personne*) appiccicarsi a; **il faut s'~** (*fam*) bisogna tener duro.

accrocheur, -euse [akʀɔʃœʀ, øz] *adj* (*vendeur*) persuasivo(-a); (*concurrent*) tenace; (*publicité, titre*) che colpisce.

accroire [akʀwaʀ] *vt*: **faire** *ou* **laisser ~ à qn qch/que** far credere a qn qc/che, dare a intendere a qn qc/che.

accrois *etc* [akʀwa] *vb voir* **accroître**.

accroissais *etc* [akʀwasɛ] *vb voir* **accroître**.

accroissement [akʀwasmɑ̃] *nm* (*de la population*) incremento, aumento; (*d'un sentiment*) aumento, crescita.

accroître [akʀwatʀ] *vt* incrementare, accrescere; **s'accroître** *vr* aumentare.

accroupi, e [akʀupi] *adj* accovacciato(-a).

accroupir [akʀupiʀ]: **s'~** *vr* accovacciarsi, accoccolarsi.

accru, e [akʀy] *pp de* **accroître**.

accu [aky] (*fam*) *nm* = **accumulateur**.

accueil [akœj] *nm* accoglienza; (*endroit*) accettazione *f*; (: *dans une gare etc*) (servizio) informazioni *fpl*; **centre/comité d'~** centro/comitato di accoglienza.

accueillant, e [akœjɑ̃, ɑ̃t] *adj* accogliente.

accueillir [akœjiʀ] *vt* (*aussi fig*) accogliere; (*loger*) ospitare.

acculer [akyle] *vt*: **~ à/dans/contre** spingere a/in/contro; **~ qn à** (*faillite, suicide*) spingere qn sull'orlo di.

accumulateur [akymylatœʀ] *nm* accumulatore *m*.

accumulation [akymylasjɔ̃] *nf* accumulazione *f*; **une ~ de ...** (*tas, quantité*) un cumulo di ...; **chauffage/radiateur à ~** riscaldamento per/radiatore ad accumulazione.

accumuler [akymyle] *vt* accumulare; **s'accumuler** *vr* accumularsi.

accusateur, -trice [akyzatœʀ, tʀis] *nm/f* accusatore(-trice) ♦ *adj* (*document, preuve*) accusatorio(-a).

accusatif [akyzatif] *nm* accusativo.

accusation [akyzasjɔ̃] *nf* accusa; **l'~** (*partie*) l'accusa; **mettre en ~** mettere in stato d'accusa; **acte d'~** atto d'accusa.

accusé, e [akyze] *nm/f* (*JUR*) imputato(-a), accusato(-a); ▸ **accusé de réception** *nm* (*POSTES*) avviso di ricevimento; **lettre recommandée avec ~ de réception** raccomandata con ricevuta di ritorno.

accuser [akyze] *vt* accusare; (*fig*: *souligner*) mettere in risalto; (: *rendre manifeste*) rivelare; **s'accuser** *vr* accusarsi; **~ qn/qch de qch** accusare qn/qc di qc; **~ réception de** accusare ricevuta di; **~ le coup** (*aussi fig*) accusare il colpo; **s'~ de qch/d'avoir fait qch** accusarsi di qc/di aver fatto qc.

acerbe [asɛʀb] *adj* aspro(-a).

acéré, e [aseʀe] *adj* affilato(-a), appuntito(-a); (*fig*: *plume*) tagliente.

acétate [asetat] *nm* acetato.

acétique [asetik] *adj* (*CHIM*): **acide ~** acido acetico.

acétone [asetɔn] *nf* acetone *m*.

acétylène [asetilɛn] *nm* acetilene *m*.

achalandé, e [aʃalɑ̃de] *adj*: **bien/mal ~** ben/mal fornito(-a).

acharné, e [aʃaʀne] *adj* accanito(-a).

acharnement [aʃaʀnəmɑ̃] *nm* accanimento.

acharner [aʃaʀne]: **s'~** *vr*: **s'~ contre/sur** accanirsi contro/su; **s'~ à faire** (*persister à*) ostinarsi a fare.

achat [aʃa] *nm* acquisto; **faire l'~ de** acquistare; **faire des ~s** fare compere *ou* acquisti.

acheminement [aʃ(ə)minmɑ̃] *nm* (*POSTES*) inoltro.

acheminer [aʃ(ə)mine] *vt* (*courrier*) inoltrare; (*troupes, train*) avviare; **s'~ vers** (*aller vers, aussi fig*) avviarsi verso.

acheter [aʃ(ə)te] *vt* comprare, acquistare; (*soudoyer*) comprare; **~ à crédit** comprare a credito; **~ qch à qn** (*marchand*) comprare qc da qn; (*ami etc*: *offrir*) comprare qc a qn.

acheteur, -euse [aʃ(ə)tœʀ, øz] *nm/f* compratore(-trice), acquirente *m/f*; (*COMM*: *professionnel*) compratore(-trice).

achevé, e [aʃ(ə)ve] *adj* (*gén*) finito(-a), compiuto(-a); **d'un ridicule/comique ~** di una ridicolaggine/comicità unica.

achèvement [aʃɛvmɑ̃] *nm* completamento, ultimazione *f*.

achever [aʃ(ə)ve] *vt* terminare; (*tuer*) finire; **s'achever** *vr* terminare; **~ de faire qch** terminare di fare qc; **ses remarques achevèrent de l'irriter** le sue osservazioni finirono per irritarlo del tutto.

achoppement [aʃɔpmɑ̃] *nm*: **pierre d'~** scoglio, ostacolo.

acide [asid] *adj* acido(-a) ♦ *nm* acido.

acidifier [asidifje] *vt* acidificare.

acidité [asidite] *nf* acidità.

acidulé [asidyle] *adj* acidulo(-a); (*qu'on a acidulé*) acidulato(-a); **bonbons ~s** *caramelle dure alla frutta*.

acier [asje] *nm* acciaio; ▸ **acier inoxydable** acciaio inossidabile.

aciérie [asjeʀi] *nf* acciaieria.

acné [akne] *nf* (*MÉD*) acne *f*; ▸ **acné juvénile** acne giovanile.

acolyte [akɔlit] (*péj*) *nm* accolito, tirapiedi *m inv*.

acompte [akɔ̃t] *nm* acconto.

acoquiner [akɔkine]: **s'~ avec** (*péj*) *vr* far comunella con.

Açores [asɔʀ] *nfpl* Azzorre *fpl*.

à-côté [akote] (*pl* ~-~**s**) *nm* (*question*) aspetto secondario; (*argent*) extra *m inv*.
à-coup [aku] (*pl* ~-~**s**) *nm* sobbalzo, scossa; (*de l'économie*) sbalzo; **sans** ~-~ senza scosse; **par** ~-~**s** a sbalzi; (*travailler*) a periodi.
acoustique [akustik] *nf* acustica ♦ *adj* (*ANAT, PHYS*) acustico(-a).
acquéreur [akeʀœʀ] *nm* acquirente *m/f*; **se porter/rendre** ~ **de qch** acquistare qc.
acquérir [akeʀiʀ] *vt* (*biens, valeur*) acquistare; (*droit, habitude, certitude*) acquisire; (*résultats*) raggiungere.
acquiers *etc* [akjɛʀ] *vb voir* **acquérir**.
acquiescement [akjɛsmɑ̃] *nm* assenso, consenso; **en signe d'**~ in segno d'assenso.
acquiescer [akjese] *vi*: ~ **(à)** acconsentire (a).
acquis, e [aki, iz] *pp de* **acquérir** ♦ *nm* vantaggio; (*expérience*) esperienza (acquisita) ♦ *adj* acquisito(-a); **tenir qch pour** ~ (*comme allant de soi*) dare qc per scontato; **son aide nous est** ~**e** possiamo contare sul suo aiuto; **caractère** ~ carattere *m* acquisito; **vitesse** ~**e** velocità *f inv* acquisita.
acquisition [akizisjɔ̃] *nf* acquisto; (*connaissances*) acquisizione *f*; **faire l'**~ **de** acquistare.
acquit [aki] *vb voir* **acquérir** ♦ *nm* quietanza; **pour** ~ (*COMM*) per quietanza; **par** ~ **de conscience** per scrupolo di coscienza.
acquittement [akitmɑ̃] *nm* assoluzione *f*; (*droits de douane, dette*) saldo, pagamento; (*tâche*) adempimento.
acquitter [akite] *vt* (*JUR*: *accusé*) assolvere, prosciogliere; (*droits de douane*) pagare; (*facture*) quietanzare; **s'acquitter de** *vr* (*tâche, promesse*) adempiere a; (*dette*) liberarsi da.
âcre [ɑkʀ] *adj* acre.
âcreté [ɑkʀəte] *nf* asprezza.
acrimonie [akʀimɔni] *nf* acrimonia.
acrobate [akʀɔbat] *nm/f* acrobata *m/f*.
acrobatie [akʀɔbasi] *nf* (*aussi fig*) acrobazia; ▸ **acrobatie aérienne** acrobazia aerea.
acrobatique [akʀɔbatik] *adj* acrobatico(-a).
acronyme [akʀɔnim] *nm* acronimo.
Acropole [akʀɔpɔl] *nf* Acropoli *f*.
acrylique [akʀilik] *nm* acrilico.
acte [akt] *nm* atto; ~**s** *nmpl* (*compte-rendu, procès-verbal*) atti *mpl*; **prendre (bon)** ~ **de** prendere atto di; **faire** ~ **de présence** fare atto di presenza; **faire** ~ **de candidature** candidarsi nominalmente; ▸ **acte d'accusation** atto d'accusa; ▸ **acte de baptême/mariage/naissance** atto di battesimo/matrimonio/nascita; ▸ **acte de vente** atto di vendita.
acteur, -trice [aktœʀ] *nm/f* attore(-trice).
actif, -ive [aktif, iv] *adj* attivo(-a); (*remède*) efficace ♦ *nm* (*COMM, LING*) attivo; **prendre une part active à qch** partecipare attivamente a qc; **l'**~ **et le passif** (*COMM*) l'attivo e il passivo.
action [aksjɔ̃] *nf* azione *f*; **une bonne/mauvaise** ~ una buona/cattiva azione; **mettre en** ~ (*réaliser*) mettere in atto; **passer à l'**~ passare all'azione; **un homme d'**~ un uomo d'azione; **sous l'**~ **de** sotto l'azione di; **un film d'**~ un film d'azione; ▸ **action de grâce(s)** (*REL*) azione di grazie, ringraziamento; ▸ **action en diffamation** (*JUR*) azione per diffamazione.
actionnaire [aksjɔnɛʀ] *nm/f* azionista *m/f*.
actionner [aksjɔne] *vt* azionare.
active [aktiv] *adj voir* **actif**.
activement [aktivmɑ̃] *adv* attivamente; **participer** ~ **à qch** partecipare attivamente a qc.
activer [aktive] *vt* accelerare, attivare; (*CHIM*) attivare; **s'activer** *vr* (*personne*) darsi da fare.
activisme [aktivism] *nm* attivismo.
activiste [aktivist] *nm/f* attivista *m/f*.
activité [aktivite] *nf* attività *f inv*; **cesser toute** ~ cessare ogni attività; **en** ~ (*fonctionnaire militaire*) in servizio; (*industrie, volcan*) in attività; ▸ **activités subversives** (*POL*) attività *fpl* sovversive.
actrice [aktʀis] *nf voir* **acteur**.
actualiser [aktɥalize] *vt* aggiornare.
actualité [aktɥalite] *nf* attualità *f inv*; ~**s** *nfpl* (*TV*) telegiornale *msg*; **l'**~ **politique/sportive** l'attualità politica/sportiva; **d'**~ d'attualità.
actuariel, le [aktɥaʀjɛl] *adj* (*ÉCON*): **taux** ~ tasso attuariale.
actuel, le [aktɥɛl] *adj* attuale; **à l'heure** ~**le** al momento attuale.
actuellement [aktɥɛlmɑ̃] *adv* attualmente.
acuité [akɥite] *nf* (*des sens*) acuità; (*d'une crise, douleur*) acutezza, acuità.
acuponcteur [akypɔ̃ktœʀ] *nm* agopuntore *m*.
acuponcture [akypɔ̃ktyʀ] *nf* agopuntura.
acupuncteur [akypɔ̃ktœʀ] *nm* = **acuponcteur**.
acupuncture [akypɔ̃ktyʀ] *nf* = **acuponcture**.
adage [adaʒ] *nm* adagio.
adagio [ada(d)ʒjo] *nm* (*MUS*) adagio.
adaptable [adaptabl] *adj* adattabile.
adaptateur, -trice [adaptatœʀ, tʀis] *nm/f* (*THÉÂTRE etc*) riduttore(-trice) ♦ *nm* (*ÉLEC*) adattatore *m*.
adaptation [adaptasjɔ̃] *nf* (*v vt*) adattamento; arrangiamento.
adapter [adapte] *vt* (*aussi THÉÂTRE, CINÉ,*

TV) adattare; (*MUS*) arrangiare; ~ **qch à** adattare qc a; ~ **qch sur/dans/à** adattare qc a; **s'adapter (à)** *vr* adattarsi (a).
addenda [adɛ̃da] *nm* addenda *mpl*.
Addis-Ababa [adisababa] *n* Addis Abeba *f*.
Addis-Abeba [adisabəba] *n* = **Addis-Ababa**.
additif [aditif] *nm* (*note, clause*) aggiunta; (*substance*) additivo; ▸ **additif alimentaire** additivo alimentare.
addition [adisjɔ̃] *nf* (*d'une clause*) aggiunta; (*MATH*: *opération*) addizione *f*; (*au café, restaurant*) conto.
additionnel, le [adisjɔnɛl] *adj* aggiuntivo(-a), addizionale.
additionner [adisjɔne] *vt* (*MATH*) sommare; **s'additionner** *vr* aggiungersi; ~ **un vin d'eau** aggiungere acqua ad un vino.
adduction [adyksjɔ̃] *nf* derivazione *f*.
adepte [adɛpt] *nm/f* adepto(-a).
adéquat, e [adekwa(t), at] *adj* adeguato (-a), adatto(-a).
adéquation [adekwasjɔ̃] *nf* adeguatezza.
adhérence [adeʀɑ̃s] *nf* aderenza; **assurer une bonne** ~ (*colle*) assicurare una buona aderenza.
adhérent, e [adeʀɑ̃, ɑ̃t] *adj* aderente ♦ *nm/f* (*de club*) socio(-a); (*parti, syndicat*) aderente *m/f*, iscritto(-a).
adhérer [adeʀe] *vi* aderire ♦ *vt*: ~ **à** aderire a; (*être membre de*) essere iscritto (-a) a; (*club*) essere socio(-a) *ou* membro(-a) di.
adhésif, -ive [adezif, iv] *adj* adesivo(-a) ♦ *nm* adesivo.
adhésion [adezjɔ̃] *nf* adesione *f*.
ad hoc [adɔk] *adj inv* ad hoc.
adieu [adjø] *excl, nm* addio; ~**x** *nmpl*: **faire ses** ~**x à qn** congedarsi *ou* accomiatarsi da qn; **dire** ~ **à qn** salutare qn; **dire** ~ **à qch** dire addio a qc.
adipeux, -euse [adipø, øz] *adj* adiposo(-a).
adjacent, e [adʒasɑ̃, ɑ̃t] *adj*: ~ **(à)** adiacente (a); **angles** ~**s** angoli *mpl* adiacenti.
adjectif, -ive [adʒɛktif, iv] *adj* aggettivale ♦ *nm* aggettivo; ▸ **adjectif attribut** aggettivo attributo; ▸ **adjectif démonstratif** aggettivo dimostrativo; ▸ **adjectif épithète** aggettivo epiteto; ▸ **adjectif numéral/possessif/qualificatif** aggettivo numerale/possessivo/qualificativo.
adjectival, e, -aux [adʒɛktival, o] *adj* aggettivale.
adjoignais *etc* [adʒwaɲɛ] *vb voir* **adjoindre**.
adjoindre [adʒwɛ̃dʀ] *vt*: ~ **qch à qch** aggiungere qc a qc; ~ **qn à qn** (*personne*) affiancare qn a qn; **s'**~ **un collaborateur** prendere un collaboratore.
adjoint, e [adʒwɛ̃, wɛ̃t] *nm/f* vice *m/f inv*; (*aide*) assistente *m/f*; **directeur** ~ vicedirettore *m*; ▸ **adjoint au maire** vicesindaco.
adjonction [adʒɔ̃ksjɔ̃] *nf* aggiunta; **sans** ~ **de sucre/conservateur** senza aggiunta di zucchero/conservanti.
adjudant [adʒydɑ̃] *nm* maresciallo.
adjudant-chef [adʒydɑ̃ʃɛf] (*pl* ~**s-**~**s**) *nm* maresciallo *m* capo *inv*.
adjudicataire [adʒydikatɛʀ] *nm/f* (*aux enchères*) aggiudicatario(-a); (*pour travaux*) appaltatore(-trice).
adjudicateur, -trice [adʒydikatœʀ, tʀis] *nm/f* (*aux enchères*) aggiudicante *m/f*.
adjudication [adʒydikasjɔ̃] *nf* (*vente aux enchères*) aggiudicazione *f*; (*pour travaux*) appalto.
adjuger [adʒyʒe] *vt* aggiudicare; (*ADMIN*: *contrat*) appaltare; **s'adjuger** *vr* aggiudicarsi; **adjugé!** aggiudicato!
adjurer [adʒyʀe] *vt*: ~ **qn de faire** scongiurare *ou* supplicare qn di fare.
adjuvant [adʒyvɑ̃] *nm* (*médicament*) coadiuvante *m*; (*additif*) additivo; (*stimulant*) ausilio, contributo.
ad libitum [adlib(itɔm)] *adv* (*à volonté*) ad libitum.
admettre [admɛtʀ] *vt* ammettere; (*candidat*: *SCOL, gén*) ammettere, promuovere; (*gaz, eau, air*) immettere; **je n'admets pas ce genre de conduite/que tu fasses cela** non ammetto questo genere di comportamento/che tu lo faccia; **admettons** (*approbation faible*) può anche darsi; **admettons que** ammettiamo che.
administrateur, -trice [administʀatœʀ, tʀis] *nm/f* amministratore(-trice); ▸ **administrateur délégué** amministratore delegato; ▸ **administrateur judiciaire** amministratore giudiziario.
administratif, -ive [administʀatif, iv] *adj* amministrativo(-a); (*style, paperasserie etc*) burocratico(-a).
administration [administʀasjɔ̃] *nf* amministrazione *f*; **l'A**~ l'amministrazione pubblica.
administré, e [administʀe] *nm/f*: **le maire s'adresse à ses** ~**s** il sindaco si rivolge ai suoi concittadini.
administrer [administʀe] *vt* amministrare; (*remède, sacrement*) somministrare.
admirable [admiʀabl] *adj* (*moralement*) ammirevole; (*esthétiquement*) stupendo(-a).
admirablement [admiʀabləmɑ̃] *adv* mirabilmente, stupendamente.
admirateur, -trice [admiʀatœʀ, tʀis] *nm/f* ammiratore(-trice).
admiratif, -ive [admiʀatif, iv] *adj* ammirato(-a).
admiration [admiʀasjɔ̃] *nf* ammirazione *f*; **être en** ~ **devant** essere in ammirazione davanti a.
admirer [admiʀe] *vt* ammirare.

admis, e [admi, iz] *pp de* **admettre**.

admissibilité [admisibilite] *nf*: **liste d'~** elenco degli ammessi (alla prova successiva).

admissible [admisibl] *adj* (*candidat*) ammesso(-a); (*comportement, attitude*) ammissibile.

admission [admisjɔ̃] *nf* ammissione *f*; (*d'un liquide*) immissione *f*; **tuyau d'~** tubo d'immissione; **demande d'~** domanda d'ammissione; **le service des ~s** l'accettazione *f*.

admonester [admɔnɛste] *vt* ammonire.

ADN [ɑdeɛn] *sigle m* (= *acide désoxyribonucléique*) DNA *m*.

ado [ado] (*fam*) *nm/f* = **adolescent**.

adolescence [adɔlesɑ̃s] *nf* adolescenza.

adolescent, e [adɔlesɑ̃, ɑ̃t] *nm/f* adolescente *m/f*.

adonner [adɔne]: **s'~ à** *vr* (*sport*) dedicarsi a; (*boisson*) darsi a.

adopter [adɔpte] *vt* adottare.

adoptif, -ive [adɔptif, iv] *adj* adottivo(-a).

adoption [adɔpsjɔ̃] *nf* adozione *f*; **son pays/sa ville d'~** il suo paese/la sua città d'adozione.

adorable [adɔʀabl] *adj* adorabile, delizioso(-a).

adoration [adɔʀasjɔ̃] *nf* adorazione *f*; **être en ~ devant** essere in adorazione davanti a.

adorer [adɔʀe] *vt* adorare.

adosser [adose] *vt*: **~ qch à/contre** addossare qc a/contro; **s'adosser à/contre** *vr* (*suj*: *personne*) addossarsi *ou* appoggiarsi a/contro; **être adossé à** essere addossato(-a) *ou* appoggiato(-a) a.

adoucir [adusiʀ] *vt* addolcire; (*peau*) ammorbidire; (*fig*: *mœurs, caractère*) raddolcire; (*peine, douleur*) lenire, mitigare; **s'adoucir** *vr* (*v vt*) addolcirsi; ammorbidirsi; raddolcirsi; mitigarsi.

adoucissement [adusismɑ̃] *nm* (*de la température*) mitigarsi *m inv*.

adoucisseur [adusisœʀ] *nm*: **~ (d'eau)** addolcitore *m* (per acqua).

adr. *abr* (= *adresse*) ind.

adrénaline [adʀenalin] *nf* adrenalina.

adresse [adʀɛs] *nf* destrezza, abilità *f inv*; (*domicile*) indirizzo, recapito; (*INFORM*) indirizzo; **à l'~ de** (*fig*) indirizzato(-a) a, rivolto(-a) a; **partir sans laisser d'~** partire senza lasciare l'indirizzo.

adresser [adʀese] *vt* indirizzare; (*injure, compliments*) rivolgere; **~ qn à un docteur/bureau** indirizzare qn a un medico/ufficio; **~ la parole à qn** rivolgere la parola a qn; **s'adresser à** rivolgersi a; (*suj*: *livre, conseil*) essere destinato(-a) a.

Adriatique [adʀijatik] *nf* Adriatico.

adroit, e [adʀwa, wat] *adj* abile.

adroitement [adʀwatmɑ̃] *adv* abilmente.

aduler [adyle] *vt* vezzeggiare.

adulte [adylt] *nm/f, adj* adulto(-a); **l'âge ~** l'età adulta; **film pour ~s** film *m inv* per adulti; **formation des/pour ~s** (corsi *mpl* di) formazione *f* per adulti.

adultère [adyltɛʀ] *adj* adultero(-a) ♦ *nm* adulterio.

adultérin, e [adylteʀɛ̃, in] *adj* adulterino(-a).

advenir [advəniʀ] *vi* accadere, succedere; **qu'adviendra-t-il/qu'est-il advenu de ...?** che ne sarà/che ne è stato di ...?; **quoi qu'il advienne** qualunque cosa accada.

adventice [advɑ̃tis] *adj* avventizio(-a).

adventiste [advɑ̃tist] *nm/f* (*REL*) avventista *m/f*.

adverbe [advɛʀb] *nm* avverbio; ▸ **adverbe de manière** avverbio di modo *ou* maniera.

adverbial, e, -aux [advɛʀbjal, jo] *adj* avverbiale.

adversaire [advɛʀsɛʀ] *nm/f* avversario(-a).

adverse [advɛʀs] *adj* avversario(-a); **la partie ~** (*JUR*) l'imputato(-a).

adversité [advɛʀsite] *nf* avversità *f inv*.

AELE [aəɛlə] *sigle f* (= *Association européenne de libre-échange*) EFTA *f*.

AEN [aəɛn] *sigle f* = *Agence pour l'énergie nucléaire*.

aérateur [aeʀatœʀ] *nm* (*TECH*) aeratore *m*.

aération [aeʀasjɔ̃] *nf* aerazione *f*; **conduit d'~** condotto di aerazione; **bouche d'~** bocca d'aerazione.

aéré, e [aeʀe] *adj* (*pièce, local*) aerato(-a), ventilato(-a); (*tissu*) rado(-a); **centre ~** *centro di attività ricreative per bambini*.

aérer [aeʀe] *vt* (*pièce*) arieggiare, ventilare; (*literie*) far prendere aria a; (*fig*: *style*) alleggerire; **s'aérer** *vr* prendere aria.

aérien, ne [aeʀjɛ̃, jɛn] *adj* aereo(-a); (*métro*) soprelevato(-a); (*fig*: *édifice*) slanciato(-a); (: *grâce*) leggiadro(-a); **compagnie ~ne** compagnia aerea; **ligne ~ne** linea aerea.

aéro- [aeʀo] *préf* aero-.

aérobic [aeʀɔbik] *nm* aerobica.

aérobie [aeʀɔbi] *adj* aerobico(-a).

aéro-club [aeʀoklœb] (*pl* **~-~s**) *nm* aeroclub *m inv*.

aérodrome [aeʀodʀom] *nm* aerodromo.

aérodynamique [aeʀodinamik] *adj* aerodinamico(-a) ♦ *nf* aerodinamica.

aérofrein [aeʀofʀɛ̃] *nm* aerofreno.

aérogare [aeʀogaʀ] *nf* aerostazione *f*; (*en ville*) (air) terminal *m inv*.

aéroglisseur [aeʀoglisœʀ] *nm* hovercraft *m inv*.

aérogramme [aeʀɔgʀam] *nm* aerogramma *m*.

aéromodélisme [aeRomɔdelism] *nm* aeromodellismo.
aéronaute [aeRonot] *nm* aeronauta *m*.
aéronautique [aeRonotik] *adj* aeronautico(-a) ♦ *nf* aeronautica.
aéronaval, e, -aux [aeRonaval, o] *adj* aeronavale ♦ *nf*: **l'A~e** l'aviazione *f ou* l'Aeronautica navale.
aéronef [aeRɔnɛf] *nm* aeromobile *m*.
aérophagie [aeRɔfaʒi] *nf* aerofagia.
aéroport [aeRɔpɔR] *nm* aeroporto; ▸ **aéroport d'embarquement** aeroporto d'imbarco.
aéroporté, e [aeRopɔRte] *adj* aerotrasportato(-a).
aéroportuaire [aeRopɔRtɥɛR] *adj* aeroportuale.
aéropostal, e, -aux [aeRopɔstal, o] *adj* aeropostale.
aérosol [aeRɔsɔl] *nm* (*MÉD*) aerosol *m inv*; (*bombe*) spray *m inv*.
aérospatial, e, -aux [aeRospasjal, jo] *adj* aerospaziale.
aérospatiale [aeRɔspasjal] *nf* industria aerospaziale.
aérostat [aeRɔsta] *nm* aerostato.
aérotrain [aeRotRɛ̃] *nm* aerotreno.
AF [ɑɛf] *sigle fpl* (= *allocations familiales*) *voir* **allocation**.
AFAT [afat] *sigle f* = *Auxiliaire féminin de l'armée de terre*.
affabilité [afabilite] *nf* affabilità.
affable [afabl] *adj* affabile.
affabulation [afabylasjɔ̃] *nf* invenzione *f*, trama.
affabuler [afabyle] *vi* costruire intrecci, inventare storie.
affacturage [afaktyRaʒ] *nm* riscossione *f* crediti *inv*, factoring *m inv*.
affadir [afadiR] *vt* (*aussi fig*) rendere insipido(-a).
affaiblir [afebliR] *vt* indebolire; **s'affaiblir** *vr* indebolirsi.
affaiblissement [afeblismɑ̃] *nm* indebolimento.
affaire [afɛR] *nf* (*problème, question*) affare *m*, faccenda; (*scandale, criminelle*) caso, affare; (*criminelle, judiciaire*) causa; (*entreprise, magasin*) impresa, azienda; (*marché, transaction, occasion*) affare; **~s** *nfpl* (*intérêts privés ou publics, COMM*) affari *mpl*; (*objets, effets personnels*) roba *fsg*, cose *fpl*; **c'est mon ~** sono affari miei; **occupe-toi de tes ~s** occupati degli affari *ou* dei fatti tuoi; **tirer qn d'~** cavare *ou* togliere qn dagli impicci; **se tirer d'~** trarsi d'impiccio *ou* d'impaccio; **en faire une ~** farne tutta una questione; **j'en fais mon ~** lascia fare a me; **tu auras ~ à moi!** te la vedrai con me!; **ceci fera l'~** questo andrà benissimo; **avoir ~ à qn/qch** avere a che fare con qn/qc; **c'est une ~ de goût/d'argent** è una questione di gusto/di soldi; **c'est l'~ d'une minute/d'une heure** è questione di un minuto/di un'ora; **les A~s étrangères** (*POL*) gli (Affari) Esteri.
affairé, e [afeRe] *adj* indaffarato(-a), affaccendato(-a).
affairer [afeRe]: **s'~** *vr* affaccendarsi, darsi da fare.
affairisme [afeRism] *nm* affarismo.
affaissement [afɛsmɑ̃] *nm* cedimento.
affaisser [afese]: **s'~** *vr* (*terrain, immeuble*) cedere, sprofondare; (*personne*) accasciarsi.
affaler [afale]: **s'~** *vr*: **s'~ dans/sur** lasciarsi cadere in/su, accasciarsi in/su.
affamé, e [afame] *adj* affamato(-a).
affamer [afame] *vt* affamare.
affectation [afɛktasjɔ̃] *nf* (*v adj*) affettazione *f*; ostentazione *f*; (*de crédits, à un poste*) destinazione *f*, assegnazione *f*.
affecté, e [afɛkte] *adj* (*prétentieux*) affettato(-a); (*feint*) ostentato(-a).
affecter [afɛkte] *vt* (*émouvoir*) toccare, colpire; (*feindre*) ostentare, affettare; (*telle ou telle forme etc*) assumere; **~ qch à** (*allouer: crédits etc*) destinare qc a; **~ qn à** (*employé etc*) destinare *ou* assegnare qn a; **~ qch d'un coefficient/indice** attribuire a qc un coefficente/indice.
affectif, -ive [afɛktif, iv] *adj* affettivo(-a).
affection [afɛksjɔ̃] *nf* (*tendresse, amitié*) affetto; (*MÉD*) affezione *f*; **avoir de l'~ pour** nutrire *ou* provare affetto per; **prendre en ~** affezionarsi a.
affectionner [afɛksjɔne] *vt* essere affezionato(-a) a.
affectueusement [afɛktɥøzmɑ̃] *adv* affettuosamente; (*formule épistolaire*) con affetto.
affectueux, -euse [afɛktɥø, øz] *adj* affettuoso(-a).
afférent, e [afeRɑ̃, ɑ̃t] *adj* (*ADMIN*): **~ à** afferente a.
affermir [afɛRmiR] *vt* (*sol*) rinforzare; (*muscles, chairs*) rassodare; (*fig: position, pouvoir*) consolidare, rafforzare.
affichage [afiʃaʒ] *nm* (*des prix*) affissione *f*; (*électronique*) visualizzazione *f*; **"~ interdit"** "divieto di affissione"; **tableau d'~** tabellone *m*; ▸ **affichage à cristaux liquides** display *m inv* a cristalli liquidi; ▸ **affichage digital** *ou* **numérique** visualizzazione digitale.
affiche [afiʃ] *nf* (*de publicité, parti politique*) manifesto; (*officielle*) avviso; **être à l'~** (*THÉÂTRE, CINÉ*) essere in programma; **tenir l'~** tenere il cartellone.
afficher [afiʃe] *vt* (*prix, résultat*) affiggere; (*résultat*) pubblicare; (*réunion*) convoca-

re; (*électroniquement*) visualizzare; (*fig*: *péj*) ostentare; **s'afficher** *vr* (*péj*) farsi notare; (*électroniquement*) visualizzarsi; **"défense d'~"** "divieto d'affissione".
affichette [afiʃɛt] *nf* locandina.
affilé, e [afile] *adj* affilato(-a).
affilée [afile]: **d'~** *adv* di fila.
affiler [afile] *vt* affilare.
affiliation [afiljasjɔ̃] *nf* affiliazione *f*.
affilié, e [afilje] *adj*: **être ~ à** essere affiliato(-a) a ♦ *nm/f* affiliato(-a).
affilier [afilje]: **s'~ à** *vr* affiliarsi a.
affiner [afine] *vt* affinare; (*fromage*) stagionare; **s'affiner** *vr* (*manières*) affinarsi; (*fromage*) stagionare.
affinité [afinite] *nf* affinità *f inv*.
affirmatif, -ive [afirmatif, iv] *adj* (*réponse*) affermativo(-a); (*personne*) categorico (-a).
affirmation [afirmasjɔ̃] *nf* affermazione *f*.
affirmative [afirmativ] *nf*: **répondre par l'~** rispondere affermativamente; **dans l'~** in caso affermativo.
affirmativement [afirmativmɑ̃] *adv* affermativamente.
affirmer [afirme] *vt* (*prétendre*) affermare, asserire; (*désir, autorité*) affermare; **s'affirmer** *vr* affermarsi.
affleurer [aflœre] *vi* affiorare.
affliction [afliksjɔ̃] *nf* afflizione *f*.
affligé, e [afliʒe] *adj* afflitto(-a); **~ d'une maladie/tare** afflitto(-a) da una malattia/tara.
affligeant, e [afliʒɑ̃, ɑ̃t] *adj* affliggente.
affliger [afliʒe] *vt* affliggere, addolorare.
affluence [aflyɑ̃s] *nf* affluenza; **heure/jour d'~** ora/giorno di punta.
affluent [aflyɑ̃] *nm* affluente *m*.
affluer [aflye] *vi* affluire.
afflux [afly] *nm* afflusso.
affolant, e [afɔlɑ̃, ɑ̃t] *adj* sconvolgente.
affolé, e [afɔle] *adj* sconvolto(-a), in preda al panico.
affolement [afɔlmɑ̃] *nm* panico.
affoler [afɔle] *vt* sconvolgere; **s'affoler** *vr* perdere la testa.
affranchir [afrɑ̃ʃir] *vt* affrancare; (*fig*) liberare; **s'affranchir de** *vr* liberarsi da.
affranchissement [afrɑ̃ʃismɑ̃] *nm* affrancatura; (*fig*) liberazione *f*; **tarifs d'~** tariffe *fpl* postali; ▸ **affranchissement insuffisant** affrancatura insufficiente.
affres [ɑfr] *nfpl*: **(dans) les ~ de** (fra) i tormenti di.
affréter [afrete] *vt* noleggiare, prendere a nolo.
affreusement [afrøzmɑ̃] *adv* orribilmente; (*extrêmement*) terribilmente, tremendamente.
affreux, -euse [afrø, øz] *adj* orribile.
affriolant, e [afrijɔlɑ̃, ɑ̃t] *adj* allettante.
affront [afrɔ̃] *nm* affronto.
affrontement [afrɔ̃tmɑ̃] *nm* scontro.
affronter [afrɔ̃te] *vt* affrontare; **s'affronter** *vr* affrontarsi; (*théorie*) scontrarsi.
affubler [afyble] (*péj*) *vt*: **~ qn de** (*accoutrement*) conciare qn con; (*surnom*) affibbiare a qn.
affût [afy] *nm* (*de canon*) affusto; **être à l'~ (de)** fare la posta (a); (*fig*) essere a caccia di.
affûter [afyte] *vt* affilare.
afghan, e [afgɑ̃, an] *adj* afgano(-a).
Afghanistan [afganistɑ̃] *nm* Afganistan *m*.
afin [afɛ̃]: **~ que** *conj* affinché; **~ de faire** allo scopo di fare.
AFNOR [ɑfnɔr] *sigle f* = *Association française de normalisation*.
a fortiori [afɔrsjɔri] *adv* a maggior ragione, a fortiori.
AFP [aɛfpe] *sigle f* (= *Agence France-Presse*) ≈ ANSA *f*.
AFPA [afpa] *sigle f* = *Association pour la formation professionnelle des adultes*.
africain, e [afrikɛ̃, ɛn] *adj* africano(-a) ♦ *nm/f*: **A~, e** africano(-a).
afrikaans [afrikɑ̃s] *adj inv* afrikaans *inv*.
Afrikaner [afrikanɛr] *nm/f* africander *m/f inv*, afrikander *m/f inv*.
Afrique [afrik] *nf* Africa; ▸ **Afrique australe** Africa australe; ▸ **Afrique du Nord** Nordafrica; ▸ **Afrique du Sud** Sudafrica *m*.
afro [afro] *adj inv*: **coiffure ~** pettinatura *f* afro *inv*.
afro-américain, e [afroamerikɛ̃, ɛn] (*pl* **~-~s, –es**) *adj* afroamericano(-a).
AG [aʒe] *sigle f* (= *assemblée générale*) **assemblée**.
agaçant, e [agasɑ̃, ɑ̃t] *adj* seccante, irritante.
agacement [agasmɑ̃] *nm* irritazione *f*.
agacer [agase] *vt* dare fastidio a, infastidire; (*aguicher*) stuzzicare.
agapes [agap] *nfpl* (*hum*: *festin*) banchetto *msg*.
agate [agat] *nf* agata.
AGE [aʒeə] *sigle f* = *assemblée générale extraordinaire*.
âge [ɑʒ] *nm* età *f inv*; **quel ~ as-tu?** quanti anni hai?; **une femme d'un certain ~** una donna di una certa età; **bien porter son ~** portar bene i propri anni; **prendre de l'~** avanzare negli anni; **limite d'~** limite *m* d'età; **troisième ~** terza età; ▸ **âge de raison** età della ragione; ▸ **l'âge ingrat** l'età ingrata; ▸ **âge légal** maggiore età; ▸ **âge mental** età mentale; ▸ **l'âge mûr** la maturità.
âgé, e [ɑʒe] *adj* anziano(-a); **~ de 10 ans** di 10 anni.
agence [aʒɑ̃s] *nf* agenzia; ▸ **agence de**

placement agenzia di collocamento; ▸ **agence de publicité** agenzia pubblicitaria; ▸ **agence de voyages** agenzia di viaggi; ▸ **agence immobilière** agenzia immobiliare; ▸ **agence matrimoniale** agenzia matrimoniale.
agencé, e [aʒɑ̃se] *adj*: **bien/mal** ~ sistemato(-a) *ou* disposto(-a) bene/male; (*de texte*) strutturato(-a) bene/male.
agencement [aʒɑ̃smɑ̃] *nm* sistemazione *f*, disposizione *f*; (*de texte*) struttura.
agencer [aʒɑ̃se] *vt* sistemare, disporre; (*texte*) strutturare.
agenda [aʒɛ̃da] *nm* agenda.
agenouiller [aʒ(ə)nuje]: **s'**~ *vr* inginocchiarsi.
agent [aʒɑ̃] *nm* (*ADMIN*) funzionario; (*fig*: *élément, facteur*) agente *m*, fattore *m*; ▸ **agent commercial/d'assurances** agente di commercio/di assicurazioni; ▸ **agent de change** agente di cambio; ▸ **agent (de police)** agente (di polizia); ▸ **agent immobilier** agente immobiliare; ▸ **agent (secret)** agente (segreto).
agglo [aglo] *nm* = **aggloméré**.
agglomérat [aglɔmeʀa] *nm* agglomerato.
agglomération [aglɔmeʀasjɔ̃] *nf* (*village, ville*) agglomerato urbano; (*AUTO*) centro abitato; **l'**~ **parisienne** l'area metropolitana parigina.
aggloméré [aglɔmeʀe] *nm* agglomerato, conglomerato.
agglomérer [aglɔmeʀe] *vt* agglomerare; **s'agglomérer** *vr* agglomerarsi.
agglutiner [aglytine] *vt* agglutinare; **s'agglutiner** *vr* agglutinarsi; (*fig*) accalcarsi, ammassarsi.
aggravant, e [agʀavɑ̃, ɑ̃t] *adj*: **circonstance** ~**e** circostanza aggravante.
aggravation [agʀavasjɔ̃] *nf* aggravamento.
aggraver [agʀave] *vt* aggravare; **s'aggraver** *vr* aggravarsi; ~ **son cas** aggravare la propria situazione.
agile [aʒil] *adj* agile.
agilement [aʒilmɑ̃] *adv* agilmente.
agilité [aʒilite] *nf* agilità.
agio [aʒjo] *nm* (*COMM*) aggio.
agir [aʒiʀ] *vi* agire; **il s'agit de/de faire** si tratta di/di fare; **de quoi s'agit-il?** di cosa si tratta?; **s'agissant de** trattandosi di.
agissements [aʒismɑ̃] *nmpl* (*gén péj*) maneggi *mpl*, intrighi *mpl*.
agitateur, -trice [aʒitatœʀ, tʀis] *nm/f* agitatore(-trice).
agitation [aʒitasjɔ̃] *nf* agitazione *f*.
agité, e [aʒite] *adj* agitato(-a).
agiter [aʒite] *vt* agitare; (*fig*: *question, problème*) discutere, dibattere; **s'agiter** *vr* (*aussi fig, POL*) agitarsi; **"~ avant l'emploi"** "agitare prima dell' uso".
agneau [aɲo] *nm* agnello.
agnelet [aɲ(ə)lɛ] *nm* agnellino.
agnostique [agnɔstik] *adj, nm/f* agnostico (-a).
agonie [agɔni] *nf* (*aussi fig*) agonia.
agonir [agɔniʀ] *vt*: ~ **qn d'injures** coprire qn di ingiurie.
agoniser [agɔnize] *vi* (*malade, fig*) agonizzare.
agrafe [agʀaf] *nf* (*de vêtement*) gancio; (*de bureau*) punto metallico; (*MÉD*) agrafe *f*.
agrafer [agʀafe] *vt* agganciare; (*des feuilles de papier*) cucire (*con cucitrice*).
agrafeuse [agʀaføz] *nf* (*de bureau*) cucitrice *f*.
agraire [agʀɛʀ] *adj* agrario(-a).
agrandir [agʀɑ̃diʀ] *vt* ingrandire; **s'agrandir** *vr* ingrandirsi; **(faire)** ~ **sa maison** (fare) ampliare la propria casa.
agrandissement [agʀɑ̃dismɑ̃] *nm* ampliamento; (*PHOTO*) ingrandimento.
agrandisseur [agʀɑ̃disœʀ] *nm* (*PHOTO*) ingranditore *m*.
agréable [agʀeabl] *adj* gradevole, piacevole.
agréablement [agʀeabləmɑ̃] *adv* gradevolmente, piacevolmente.
agréé, e [agʀee] *adj*: **magasin/concessionnaire** ~ negozio/concessionario autorizzato.
agréer [agʀee] *vt* (*demande, requête*) accogliere favorevolmente; ~ **à qn** (*plaire à*) essere gradito(-a) a; **veuillez** ~**, Monsieur, mes salutations distinguées** distinti saluti.
agrég [agʀɛg] *abr* = **agrégation**.
agrégat [agʀega] *nm* aggregato.
agrégation [agʀegasjɔ̃] *nf* (*UNIV*) *titolo e concorso a cattedra per l'insegnamento nelle scuole secondarie e nelle facoltà universitarie*.
agrégé, e [agʀeʒe] *nm/f* (*UNIV*) *titolare dell'aggrégation*.
agréger [agʀeʒe]: **s'**~ *vr* aggregarsi.
agrément [agʀemɑ̃] *nm* (*accord*) consenso; (*attraits*) fascino; (*plaisir*) piacere *m*; **voyage d'**~ viaggio di piacere; **jardin d'**~ giardino ornamentale.
agrémenter [agʀemɑ̃te] *vt*: ~ **(de)** abbellire (con), ornare (con).
agrès [agʀɛ] *nmpl* (*SPORT*) attrezzi *mpl*.
agresser [agʀese] *vt* aggredire.
agresseur [agʀesœʀ] *nm* aggressore *m*.
agressif, -ive [agʀesif, iv] *adj* aggressivo (-a); (*couleur*) violento(-a).
agression [agʀesjɔ̃] *nf* aggressione *f*; **instinct d'**~ (*PSYCH*) istinto d'aggressività.
agressivement [agʀesivmɑ̃] *adv* aggressivamente.
agressivité [agʀesivite] *nf* aggressività.
agreste [agʀɛst] *adj* agreste.
agricole [agʀikɔl] *adj* agricolo(-a).
agriculteur, -trice [agʀikyltœʀ, tʀis] *nm/f*

agricoltore *m*.
agriculture [agʀikyltyʀ] *nf* agricoltura.
agripper [agʀipe] *vt* afferrare; **s'agripper à** *vr* aggrapparsi a.
agro-alimentaire [agʀoalimɑ̃tɛʀ] (*pl* **~-~s**) *adj* agro-alimentare.
agronome [agʀɔnɔm] *nm/f* agronomo(-a).
agronomie [agʀɔnɔmi] *nf* agronomia.
agronomique [agʀɔnɔmik] *adj* agronomico(-a).
agrumes [agʀym] *nmpl* agrumi *mpl*.
aguerrir [ageʀiʀ] *vt* agguerrire; **s'aguerrir** *vr*: **s'~ (contre)** agguerrirsi (contro).
aguets [agɛ]: **aux ~** *adv*: **être aux ~** essere in agguato.
aguichant, e [agiʃɑ̃, ɑ̃t] *adj* provocante.
aguicher [agiʃe] *vt* provocare.
aguicheur, -euse [agiʃœʀ, øz] *adj* provocante.
ah ['ɑ] *excl* ah!; **~ bon?** davvero?; **~ mais ...** ah ma ...; **~ non!** oh no!
ahuri, e [ayʀi] *adj* (*stupéfait*) attonito(-a); (*stupide*) imbecille, stupido(-a).
ahurir [ayʀiʀ] *vt* sbalordire.
ahurissant, e [ayʀisɑ̃, ɑ̃t] *adj* sbalorditivo(-a); (*excessif*) spaventoso (-a).
ai [ɛ] *vb voir* **avoir**.
aide [ɛd] *nf* aiuto, soccorso ♦ *nm/f* assistente *m/f*, aiutante *m/f*; **à l'~ de** con l'aiuto di, servendosi di; **à l'~!** aiuto!; **appeler qn à l'~** chiamare qn in aiuto; **appeler à l'~** gridare aiuto; **venir/aller à l'~ de qn** venire/andare in aiuto *ou* soccorso di qn; **venir en ~ à qn** venire in aiuto di qn; ▸ **aide de camp** *nm* aiutante *m* di campo; ▸ **aide de laboratoire** *nm/f* assistente *m/f* di laboratorio; ▸ **aide familiale** *nf* collaboratrice *f* familiare, *diplomata, retribuita dallo Stato per assistere le famiglie bisognose*; ▸ **aide judiciaire** *nf* assistenza legale; ▸ **aide ménagère** *nf* collaboratrice *f* familiare; ▸ **aide sociale** *nf* assistenza sociale; ▸ **aide technique** *nf* assistenza tecnica.
aide-comptable [ɛdkɔ̃tabl(ə)] (*pl* **~s-~s**) *nm* aiuto *inv* contabile *m*.
aide-électricien [ɛdeleltʀisjɛ̃] (*pl* **~s-~s**) *nm* aiuto *inv* elettricista *m*.
aide-mémoire [ɛdmemwaʀ] *nm inv* tavola sinottica.
aider [ede] *vt* aiutare; **s'aider de** *vr* aiutarsi con, servirsi di; **~ qn à faire qch** aiutare qn a fare qc; **~ à** facilitare, favorire.
aide-soignant, e [ɛdswaɲɑ̃, ɑ̃t] (*pl* **~s-~s, -es**) *nm/f* aiuto-infermiere(-a).
aie *etc* [ɛ] *vb voir* **avoir**.
aïe [aj] *excl* ahi!
AIEA [aiəa] *sigle f* (= *Agence internationale de l'énergie atomique*) AIEA *f*.
aïeul, e [ajœl] *nm/f* nonno(-a).
aïeux [ajø] *nmpl* avi *mpl*, antenati *mpl*.
aigle [ɛgl] *nm* aquila.
aiglefin [egləfɛ̃] *nm* = **églefin**.
aigre [ɛgʀ] *adj* aspro(-a), acido(-a); **tourner à l'~** (*discussion*) degenerare.
aigre-doux, -douce [ɛgʀədu, dus] (*pl* **~s-~, -douces**) *adj* agrodolce.
aigrefin [ɛgʀəfɛ̃] *nm* imbroglione *m*.
aigrelet, te [ɛgʀəlɛ, ɛt] *adj* asprigno(-a); (*voix, son*) stridulo(-a).
aigrette [ɛgʀɛt] *nf* ciuffo, pennacchio.
aigreur [ɛgʀœʀ] *nf* acidità; (*d'un propos*) asprezza; ▸ **aigreurs d'estomac** acidità di stomaco.
aigri, e [egʀi] *adj* inasprito(-a).
aigrir [egʀiʀ] *vt* inasprire; **s'aigrir** *vr* inacidire; (*personne, caractère*) inasprirsi.
aigu, -uë [egy] *adj* acuto(-a); (*objet, arête*) aguzzo(-a), acuminato(-a).
aigue-marine [ɛgmaʀin] (*pl* **~s-~s**) *nf* acquamarina.
aiguillage [egɥijaʒ] *nm* (*RAIL*) scambio.
aiguille [egɥij] *nf* ago; (*de réveil, montre, compteur*) lancetta; (*montagne*) picco; ▸ **aiguille à tricoter** ferro da maglia *ou* calza.
aiguiller [egɥije] *vt* indirizzare; (*RAIL*) deviare.
aiguillette [egɥijɛt] *nf* lombo di manzo.
aiguilleur [egɥijœʀ] *nm* (*RAIL*) deviatore *m*, scambista *m*; ▸ **aiguilleur du ciel** controllore *m* di volo.
aiguillon [egɥijɔ̃] *nm* (*d'abeille*) pungiglione *m*; (*fig*) pungolo, stimolo.
aiguillonner [egɥijɔne] *vt* (*fig*) spronare.
aiguiser [egize] *vt* affilare; (*fig: appétit*) stuzzicare; (*: esprit*) aguzzare; (*: douleur, désir*) acuire.
aiguisoir [egizwaʀ] *nm* affilatoio.
aïkido [aikido] *nm* aikido.
ail [aj] *nm* aglio.
aile [ɛl] *nf* ala; (*de moulin*) pala; (*de voiture*) fiancata; **battre de l'~** (*fig*) essere mal messo(-a); **voler de ses propres ~s** volare con le proprie ali; ▸ **aile libre** deltaplano.
ailé, e [ele] *adj* alato(-a).
aileron [ɛlʀɔ̃] *nm* (*de requin*) pinna; (*d'avion, de voiture*) alettone *m*.
ailette [ɛlɛt] *nf* aletta.
ailier [elje] *nm* (*SPORT*) ala; ▸ **ailier droit/gauche** ala destra/sinistra.
aille *etc* [aj] *vb voir* **aller**.
ailleurs [ajœʀ] *adv* altrove; **partout/nulle part ~** in qualsiasi/nessun altro posto; **d'~** del resto, d'altronde; **par ~** peraltro.
ailloli [ajɔli] *nm* maionese *f* all'aglio.
aimable [ɛmabl] *adj* garbato(-a), cortese; **vous êtes bien ~** molto cortese da parte sua.

aimablement [ɛmabləmɑ̃] *adv* gentilmente, cortesemente.
aimant, e [ɛmɑ̃, ɑ̃t] *nm* calamita ♦ *adj* affettuoso(-a).
aimanté, e [ɛmɑ̃te] *adj* calamitato(-a).
aimanter [ɛmɑ̃te] *vt* calamitare.
aimer [eme] *vt* amare; (*d'amitié, affection*) voler bene a; **s'aimer** *vr* (*v vt*) amarsi; volersi bene; **j'aimerais** ... mi piacerebbe ...; **j'aime faire du ski** mi piace sciare; **j'aime que l'on soit gentil avec moi** mi fa piacere che gli altri siano gentili con me; **bien ~ qn** voler bene a qn; **j'aime bien ton pantalon** mi piacciono i tuoi pantaloni; **aimeriez-vous que je vous accompagne?** desidera che l'accompagni?; **j'aimerais (bien) m'en aller** mi piacerebbe andarmene; **j'aimerais te demander de ...** vorrei chiederti di ...; **j'aimerais que la porte soit fermée** vorrei che la porta fosse chiusa; **tu aimerais que je fasse quelque chose pour toi?** desideri che faccia qualcosa per te?; **j'aime mieux** *ou* **autant vous dire que ...** preferisco dirle che ...; **j'aimerais mieux** *ou* **autant y aller maintenant** preferirei andarci ora; **j'aime assez aller au cinéma** mi piace abbastanza andare al cinema; **j'aimerais avoir ton avis** desidererei avere il tuo parere; **j'aime mieux Paul que Pierre** mi piace più Paul di Pierre; **j'aime bien Pierre** voglio bene *ou* sono affezionato a Pierre; **je n'aime pas beaucoup Paul** Paul non mi piace molto.
aine [ɛn] *nf* inguine *m*.
aîné, e [ene] *adj* più vecchio(-a); (*le plus âgé*) maggiore ♦ *nm/f* maggiore *m/f*, primogenito(-a); **~s** *nmpl* (*fig*: *anciens*) antenati *mpl*; **il est mon ~ (de 2 ans)** è più vecchio di me (di 2 anni).
aînesse [ɛnɛs] *nf*: **droit d'~** diritto di primogenitura.
ainsi [ɛ̃si] *adv* così ♦ *conj* (*en conséquence*) così; **~ que** (*comme*) come; (*et aussi*) così come; **pour ~ dire** per così dire; **~ donc** (e) così; **~ soit-il** (*REL*) così sia; **et ~ de suite** e così via.
aïoli [ajɔli] *nm* = **ailloli**.
air [ɛʀ] *nm* aria; **dans l'~** (*atmosphère, ambiance*) nell'aria; **mettre une pièce en l'~** buttare all'aria una stanza; **regarder/tirer en l'~** guardare/sparare in aria; **parole/menace en l'~** parole *fpl*/minacce *fpl* campate in aria; **prendre l'~** prendere aria; **en plein ~** all'aria aperta; **avoir l'~ triste** aver l'aria *ou* un'aria triste; **il a l'~ de dormir** sembra che dorma; **il a l'~ malade** sembra malato; **prendre de grands ~s (avec qn)** darsi delle arie (con qn); **sans avoir l'~ de rien** facendo finta di niente; **ils ont un ~ de famille** tra loro c'è una certa somiglianza; **courant d'~** corrente *f* d'aria; **mal de l'~** mal *m* d'aria; **être tête en l'~** avere la testa tra le nuvole; ▸**air comprimé/conditionné** aria compressa/condizionata; ▸**air liquide** aria liquida.
aire [ɛʀ] *nf* (*aussi fig*) area; (*nid*) nido; ▸**aire d'atterrissage** area d'atterraggio; ▸**aire de jeu** area di gioco; ▸**aire de lancement** piattaforma di lancio; ▸**aire de stationnement** area di parcheggio.
airelle [ɛʀɛl] *nf* mirtillo.
aisance [ɛzɑ̃s] *nf* (*facilité*) facilità *f*; (*grâce, adresse*) naturalezza, spigliatezza; (*richesse*) agiatezza; (*COUTURE*) libertà di movimenti; **être dans l'~** vivere nell'agiatezza.
aise [ɛz] *nf* (*confort*) agio, comodità *f inv*; (*financière*) agi *mpl* ♦ *adj*: **être bien ~ de/que** essere lieto(-a) di/che; **prendre ses ~s** mettersi comodo(-a); **aimer ses ~s** amare le comodità; **soupirer/frémir d'~** sospirare/fremere di gioia; **être à l'~** *ou* **à son ~** essere a proprio agio; (*financièrement*) essere benestante; **être mal à l'~** *ou* **à son ~** essere a disagio; **mettre qn à l'~/mal à l'~** mettere qn a proprio agio/a disagio; **se mettre à l'~** mettersi a proprio agio; **à votre ~** come preferisce; **en faire à son ~** fare i propri comodi; **en prendre à son ~ avec qch** prendersela comoda con qc.
aisé, e [eze] *adj* (*facile*) agevole; (*naturel*) sciolto(-a), disinvolto(-a); (*assez riche*) agiato(-a).
aisément [ezemɑ̃] *adv* (*sans peine*) agevolmente, facilmente; (*dans la richesse*) agiatamente.
aisselle [ɛsɛl] *nf* ascella.
ait [ɛ] *vb voir* **avoir**.
ajonc [aʒɔ̃] *nm* ginestrone *m*.
ajouré, e [aʒuʀe] *adj* (*dentelle, drap*) (ricamato(-a)) a giorno; (*ARCHIT*) traforato(-a).
ajournement [aʒuʀnəmɑ̃] *nm* rinvio, aggiornamento.
ajourner [aʒuʀne] *vt* rinviare, aggiornare; (*candidat*) rimandare; (*conscrit*) dichiarare rivedibile.
ajout [aʒu] *nm* aggiunta.
ajouter [aʒute] *vt* aggiungere; **~ que** (*dire*) aggiungere; **~ foi à** prestar fede a; **~ à** (*augmenter, accroître*) aumentare, accrescere; **s'ajouter à** *vr* aggiungersi a.
ajustage [aʒystaʒ] *nm* (*TECH*) aggiustaggio.
ajusté, e [aʒyste] *adj* (*vêtement*) attillato (-a).
ajustement [aʒystəmɑ̃] *nm* adattamento.
ajuster [aʒyste] *vt* aggiustare; (*TECH*: *régler*) regolare; (*cible*) aggiustare la mira a; (*fig*: *adapter*) adattare.
ajusteur [aʒystœʀ] *nm* aggiustatore *m*.

alaise [alɛz] *nf voir* **alèse.**
alambic [alɑ̃bik] *nm* alambicco.
alambiqué, e [alɑ̃bike] *adj* lambiccato(-a).
alangui, e [alɑ̃gi] *adj* languido(-a).
alanguir [alɑ̃giʀ] *vt* illanguidire, infiacchire; **s'alanguir** *vr* illanguidirsi, infiacchirsi.
alarmant, e [alaʀmɑ̃, ɑ̃t] *adj* allarmante.
alarme [alaʀm] *nf* allarme *m*; **donner l'~** dare l'allarme; **jeter l'~** lanciare l'allarme; **à la première ~** al primo allarme.
alarmer [alaʀme] *vt* allarmare; **s'alarmer** *vr* allarmarsi.
alarmiste [alaʀmist] *adj* allarmista.
Alaska [alaska] *nm* Alasca.
albanais, e [albanɛ, ɛz] *adj* albanese ♦ *nm* (*LING*) albanese *m* ♦ *nm/f*: **A~, e** albanese *m/f*.
Albanie [albani] *nf* Albania.
albâtre [albɑtʀ] *nm* alabastro.
albatros [albatʀos] *nm* albatro, albatros *m inv*.
albigeois, e [albiʒwa, waz] *adj* albigese ♦ *nm*: **A~, e** (*REL*) Albigese.
albinos [albinos] *nm/f* albino(-a).
album [albɔm] *nm* album *m inv*; (*livre*) albo; ▸ **album à colorier** album da colorare; ▸ **album de timbres** album di francobolli.
albumen [albymɛn] *nm* albume *m*.
albumine [albymin] *nf* albumina; **avoir** *ou* **faire de l'~** (*MÉD*) presentare albuminuria.
alcalin, e [alkalɛ̃, in] *adj* alcalino(-a).
alchimie [alʃimi] *nf* alchimia.
alchimiste [alʃimist] *nm* alchimista *m*.
alcool [alkɔl] *nm* alcol *m inv*; **un ~** un alcolico; ▸ **alcool à 90°** (*MÉD*) alcol a 90°; ▸ **alcool à brûler** spirito; ▸ **alcool camphré** spirito canforato; ▸ **alcool de poire/de prune** acquavite *f* di pere/di prugne.
alcoolémie [alkɔlemi] *nf*: **taux d'~** tasso di alcolemia.
alcoolique [alkɔlik] *adj* alcolico(-a); (*personne*) alcolizzato(-a) ♦ *nm/f* alcolista *m/f*, alcolizzato(-a).
alcoolisé, e [alkɔlize] *adj* alcolico(-a); **fortement/peu ~** fortemente/poco alcolico(-a).
alcoolisme [alkɔlism] *nm* alcolismo.
alco(o)test ® [alkɔtɛst] *nm* alcoltest *m inv*; (*épreuve*) test *m inv* alcolometrico; **faire subir l'~ à qn** sottoporre qn al test alcolometrico.
alcôve [alkov] *nf* alcova.
aléas [alea] *nmpl* incognite *fpl*.
aléatoire [aleatwaʀ] *adj* aleatorio(-a).
alémanique [alemanik] *adj* alemanno(-a).
alentour [alɑ̃tuʀ] *adv* intorno; **~s** *nmpl* (*environs*) dintorni *mpl*; **aux ~s de** (*espace*) in prossimità di, nelle vicinanze di; (*temps*) verso, intorno a.
Aléoutiennes [aleusjɛn] *nfpl*: **les îles ~** le isole aleutine.
alerte [alɛʀt] *adj* vivace ♦ *nf* allarme *m*; **donner l'~** dare l'allarme; **à la première ~** al primo allarme.
alerter [alɛʀte] *vt* (*pompiers etc*) avvertire; (*informer, prévenir*: *l'opinion*) mettere in guardia.
alésage [alezaʒ] *nm* (*opération*) alesatura; (*diamètre intérieur*) alesaggio.
alèse [alɛz] *nf* (*drap*) traversa (incerata).
aléser [aleze] *vt* alesare.
alevin [alvɛ̃] *nm* avannotto.
alevinage [alvinaʒ] *nm* ripopolamento delle acque; (*élevage*) piscicoltura.
Alexandrie [alɛksɑ̃dʀi] *n* Alessandria.
alexandrin [alɛksɑ̃dʀɛ̃] *nm* (*vers*) alessandrino.
alezan, e [alzɑ̃, an] *adj* sauro; ▸ **alezan clair** castano chiaro.
algarade [algaʀad] *nf* battibecco.
algèbre [alʒɛbʀ] *nf* algebra.
algébrique [alʒebʀik] *adj* algebrico(-a).
Alger [alʒe] *n* Algeri *f*.
Algérie [alʒeʀi] *nf* Algeria.
algérien, ne [alʒeʀjɛ̃, jɛn] *adj* algerino(-a) ♦ *nm/f*: **A~, ne** algerino(-a).
algérois, e [alʒeʀwa, waz] *nm/f* algerese *m/f* ♦ *nm*: **l'A~** la zona di Algeri.
algorithme [algɔʀitm] *nm* algoritmo.
algue [alg] *nf* alga.
alias [aljas] *adv* alias.
alibi [alibi] *nm* alibi *m inv*.
aliénation [aljenasjɔ̃] *nf* alienazione *f*; (*de droit*) rinuncia; ▸ **aliénation mentale** alienazione mentale.
aliéné, e [aljene] *nm/f* alienato(-a).
aliéner [aljene] *vt* alienare; (*liberté, indépendance*) rinunciare a; **s'aliéner** *vt* (*perdre*: *un ami*) alienarsi.
alignement [aliɲ(ə)mɑ̃] *nm* (*v vb*) allineamento; schieramento; **à l'~** in riga.
aligner [aliɲe] *vt* allineare; (*équipe*) schierare; (*idées, chiffres*) presentare; **s'aligner** *vr* allinearsi; **~ qch sur** (*adapter*) allineare qc a; **s'~ (sur)** (*POL*: *pays*) allinearsi (a).
aliment [alimɑ̃] *nm* alimento; ▸ **aliment complet** alimento completo.
alimentaire [alimɑ̃tɛʀ] *adj* alimentare; (*péj*: *besogne*) di (pura) sussistenza; **produits/denrées ~s** prodotti *mpl*/generi *mpl* alimentari.
alimentation [alimɑ̃tasjɔ̃] *nf* alimentazione *f*; (*produits*) (generi *mpl*) alimentari *mpl*; ▸ **alimentation de base** alimenti *mpl* base *inv*; ▸ **alimentation en continu** alimentazione continua; ▸ **alimentation (en) papier** alimentazione carta; ▸ **ali-**

mentation à feuille alimentazione di moduli singoli; ▸ **alimentation générale** alimentari *m inv*.

alimenter [alimɑ̃te] *vt* alimentare; **s'alimenter** *vr* alimentarsi; ~ **(en)** (*TECH*) alimentare (con).

alinéa [alinea] *nm* capoverso; **"nouvel ~"** "nuovo paragrafo".

aliter [alite]: **s'~** *vr* mettersi a letto (per malattia); **infirme alité** infermo costretto a letto.

alizé [alize] *adj, nm*: **(vent)** ~ (vento) aliseo.

allaitement [alɛtmɑ̃] *nm* allattamento; ▸ **allaitement au biberon** allattamento col biberon; ▸ **allaitement maternel/mixte** allattamento materno/misto.

allaiter [alete] *vt* allattare; ~ **au biberon** allattare col biberon.

allant [alɑ̃] *nm* vitalità, dinamismo.

alléchant, e [aleʃɑ̃, ɑ̃t] *adj* allettante.

allécher [aleʃe] *vt* allettare.

allée [ale] *nf* viale *m*; **~s** *nfpl*: **~s et venues** andirivieni *msg*.

allégation [a(l)legasjɔ̃] *nf* asserzione *f* (gratuita), affermazione *f* (gratuita).

allégeance [aleʒɑ̃s] *nf* fedeltà.

alléger [aleʒe] *vt* (*voiture, chargement*) alleggerire; (*dette, impôt, souffrance*) ridurre; (*souffrance*) alleviare.

allégorie [a(l)legɔʀi] *nf* allegoria.

allégorique [a(l)legɔʀik] *adj* allegorico(-a).

allègre [a(l)lɛgʀ] *adj* (*vif*) allegro(-a).

allégresse [a(l)legʀɛs] *nf* esultanza, allegria.

allegretto [al(l)egʀ(ɛt)to] *nm* allegretto.

allegro [a(l)legʀo] *nm* allegro.

alléguer [a(l)lege] *vt* (*fait, texte*) allegare, citare; (*prétexte*) addurre.

Allemagne [almaɲ] *nf* Germania; ▸ **l'Allemagne de l'Est** la Germania orientale *ou* Est; ▸ **l'Allemagne de l'Ouest** la Germania occidentale *ou* Ovest; ▸ **l'Allemagne fédérale** la Repubblica Federale Tedesca.

allemand, e [almɑ̃, ɑ̃d] *adj* tedesco(-a) ♦ *nm/f*: **A~, e** tedesco(-a) ♦ *nm* tedesco; ▸ **allemand de l'Est** tedesco(-a) orientale *ou* dell'Est; ▸ **allemand de l'Ouest** tedesco(-a) occidentale *ou* de l'Ovest.

aller [ale] *nm* andata ♦ *vi* andare; (*fonction d'auxiliaire*): **je vais y ~** ci vado, ci andrò; (*progresser*): ~ **en empirant** andar peggiorando; **s'en aller** *vr* (*partir*) andarsene; ~ **(simple)** (sola) andata; **je vais me fâcher** sto per arrabbiarmi; ~ **à** (*convenir*) essere adatto(-a) a; ~ **avec** (*couleurs, style etc*) star bene con; ~ **voir/chercher qn** andare a trovare/a prendere qn; **comment allez-vous?, comment ça va?** come sta?; **comment ça va?** (*affaires etc*) come va?; **il va bien/mal** sta bene/male; **ça va bien/mal** va bene/male; **ça ne va pas sans difficultés** questo comporta inevitabilmente delle difficoltà; **il y va de leur vie** ne va della loro vita; **se laisser ~** lasciarsi andare; ~ **à la chasse/pêche** andare a caccia/pesca; ~ **au théâtre/au concert/au cinéma** andare a teatro/a un concerto/al cinema; ~ **à l'école** andare a scuola; **je vais m'en occuper demain** me ne occuperò domani; **cela me va** (*couleur, vêtement*) mi sta bene; **ça va? – oui (ça va)!** come va? – non c'è male!; **tout va bien** va tutto bene; **ça ne va pas du tout** non va per niente bene; **ça va** (*approuver*) va bene; **ça ira** (*comme ça*) così può andare; **cette robe vous va très bien** questo vestito le sta molto bene; ~ **jusqu'à** andare fino a; **ça va de soi** va da sé; **ça va sans dire** va da sé; **il va sans dire que** va da sé *ou* è chiaro che; **il n'y est pas allé par quatre chemins** è andato dritto allo scopo; **tu y vas un peu fort** esageri un po'; **allons!, allez!** su!, dài!; **allons-y!** forza!, coraggio!; **allons donc!** suvvia!; ~ **mieux** (*personne*) stare meglio; (*affaires etc*) andare meglio; **je vais mieux** sto meglio; **allez, fais un effort** dài, fai uno sforzo; **allez, je m'en vais** beh, io vado; **allez, au revoir** arrivederci.

allergène [alɛʀʒɛn] *nm* allergene *m*.

allergie [alɛʀʒi] *nf* allergia.

allergique [alɛʀʒik] *adj* allergico(-a).

alliage [aljaʒ] *nm* lega.

alliance [aljɑ̃s] *nf* (*MIL, POL*) alleanza; (*mariage*) matrimonio; (*bague*) fede *f*, vera; **neveu par ~** nipote *m* acquisito.

allié, e [alje] *adj, nm/f* alleato(-a); **les A~s** gli Alleati; **parents et ~s** parenti *mpl* e affini *mpl*.

allier [alje] *vt* (*aussi fig*) unire; (*métaux*) legare; **s'allier** *vr* (*pays, personnes*) allearsi; (*éléments, caractéristiques*) unirsi, associarsi; **s'~ à** allearsi con *ou* a.

alligator [aligatɔʀ] *nm* alligatore *m*.

allitération [a(l)liteʀasjɔ̃] *nf* allitterazione *f*.

allô [alo] *excl* pronto!

allocataire [alɔkatɛʀ] *nm/f* beneficiario(-a).

allocation [alɔkasjɔ̃] *nf* (*d'un prêt*) assegnazione *f*; (*somme allouée*) sussidio, indennità *f inv*; ▸ **allocation (de) chômage** sussidio di disoccupazione; ▸ **allocation (de) logement** indennità di alloggio; ▸ **allocation de maternité** indennità di maternità; ▸ **allocations familiales** assegni *mpl* familiari.

allocution [a(l)lɔkysjɔ̃] *nf* allocuzione *f*; ▸ **allocution télévisée** allocuzione trasmessa per televisione.

allongé, e [alɔ̃ʒe] *adj* allungato(-a); **être/rester ~** (*étendu*) essere/restare disteso(-a); **avoir une mine ~e** avere il muso lungo.

allonger [alɔ̃ʒe] *vt* allungare; **s'allonger** *vr* allungarsi; (*personne*) stendersi; ~ **le pas** allungare il passo.

allouer [alwe] *vt*: ~ **qch à** assegnare qc a.

allumage [alymaʒ] *nm* (*AUTO*) accensione *f*; (*d'un réacteur*) innesco.

allume-cigare [alymsigaʀ] *nm inv* accendisigari *m inv*.

allume-gaz [alymgɑz] *nm inv* accendigas *m inv*.

allumer [alyme] *vt* accendere; (*pièce*) illuminare; **s'allumer** *vr* accendersi; ~ **(la lumière** *ou* **l'électricité)** accendere la luce; ~ **le/un feu** accendere il/un fuoco.

allumette [alymɛt] *nf* fiammifero; (*morceau de bois*) stecchino; ▸ **allumette au fromage** (*CULIN*) sfogliatina al formaggio.

allumeur [alymœʀ] *nm* (*AUTO*) spinterogeno.

allumeuse [alymøz] (*péj*) *nf* civetta (*riferito a donna*).

allure [alyʀ] *nf* andatura; (*vitesse*) velocità *f inv*; (*aspect, air*) aria; **avoir de l'~** aver stile *ou* classe; **à toute ~** a tutta velocità.

allusion [a(l)lyzjɔ̃] *nf* allusione *f*; **faire ~ à** fare allusione a, alludere a.

alluvions [a(l)lyvjɔ̃] *nfpl* deposito *msg* alluvionale.

almanach [almana] *nm* almanacco.

aloès [alɔɛs] *nm* (*BOT*) aloe *m inv*.

aloi [alwa] *nm*: **de bon/mauvais ~** di buona/bassa lega.

alors [alɔʀ] *adv, conj* allora; **il habitait ~ à Paris** allora abitava a Parigi; **et ~?** e allora?; ~ **que** *conj* mentre; **il est arrivé ~ que je partais** è arrivato mentre io partivo; ~ **qu'il était à Paris** ... mentre era a Parigi ... .

alouette [alwɛt] *nf* (*ZOOL*) allodola.

alourdir [aluʀdiʀ] *vt* appesantire; **s'alourdir** *vr* appesantirsi.

aloyau [alwajo] *nm* lombata.

alpaga [alpaga] *nm* alpaca.

alpage [alpaʒ] *nm* alpeggio.

Alpes [alp] *nfpl*: **les ~** le Alpi *fpl*.

alpestre [alpɛstʀ] *adj* alpestre.

alphabet [alfabɛ] *nm* alfabeto; (*livre*) sillabario.

alphabétique [alfabetik] *adj* alfabetico; **par ordre ~** in ordine alfabetico.

alphabétisation [alfabetizasjɔ̃] *nf* alfabetizzazione *f*.

alphabétiser [alfabetize] *vt* alfabetizzare.

alphanumérique [alfanymeʀik] *adj* alfanumerico(-a).

alpin, e [alpɛ̃, in] *adj* alpino(-a).

alpinisme [alpinism] *nm* alpinismo.

alpiniste [alpinist] *nm/f* alpinista *m/f*.

Alsace [alzas] *nf* Alsazia.

alsacien, ne [alzasjɛ̃, jɛn] *adj* alsaziano(-a) ♦ *nm/f*: **A~, ne** alsaziano(-a).

altercation [altɛʀkasjɔ̃] *nf* alterco.

alter ego [altɛʀego] *nm* alter ego *m inv*.

altérer [alteʀe] *vt* alterare; (*donner soif à*) far venire sete a; **s'altérer** *vr* alterarsi.

alternance [altɛʀnɑ̃s] *nf* alternanza; **en ~** alternativamente.

alternateur [altɛʀnatœʀ] *nm* alternatore *m*.

alternatif, -ive [altɛʀnatif, iv] *adj* alternativo(-a).

alternative [altɛʀnativ] *nf* alternativa.

alternativement [altɛʀnativmɑ̃] *adv* alternativamente.

alterner [altɛʀne] *vt* alternare ♦ *vi*: ~ **(avec qch)** alternarsi (con qn).

Altesse [altɛs] *nf*: **son ~ le ...** sua Altezza il ... .

altier, -ière [altje, jɛʀ] *adj* altero(-a).

altimètre [altimɛtʀ] *nm* altimetro.

altiport [altipɔʀ] *nm* altiporto.

altiste [altist] *nm/f* (*MUS*) violista *m/f*.

altitude [altityd] *nf* (*par rapport à la mer*) altitudine *f*; (*par rapport au sol*) altezza; **à 500 m d'~** a 500 m di altezza; **en ~** in quota; **perdre/prendre de l'~** (*avion*) perdere/prendere quota; **voler à haute/à basse ~** (*avion*) volare ad alta/a bassa quota.

alto [alto] *nm* (*instrument*) viola ♦ *nf* (*chanteuse*) contralto.

altruisme [altʀɥism] *nm* altruismo.

altruiste [altʀɥist] *adj* altruista.

aluminium [alyminjɔm] *nm* alluminio.

alun [alœ̃] *nm* allume *m*.

alunir [alyniʀ] *vi* allunare.

alunissage [alynisaʒ] *nm* allunaggio.

alvéole [alveɔl] *nf* alveolo.

alvéolé, e [alveɔle] *adj* alveolato(-a).

AM [aɛm] *sigle f* (= *assurance maladie*) **assurance**.

amabilité [amabilite] *nf* amabilità, cortesia; **il a eu l'~ de ...** ha avuto la cortesia di ... .

amadou [amadu] *nm* esca.

amadouer [amadwe] *vt* rabbonire, addolcire.

amaigrir [amegʀiʀ] *vt* far dimagrire.

amaigrissant, e [amegʀisɑ̃, ɑ̃t] *adj*: **régime ~** dieta dimagrante.

amalgame [amalgam] *nm* amalgama *m*; (*fig*: *mélange*) miscuglio; **pratiquer l'~** fare d'ogni erba un fascio.

amalgamer [amalgame] *vt* amalgamare.

amande [amɑ̃d] *nf* mandorla; (*de noyau de fruit*) nocciolo, seme *m*; **en ~** (*yeux*) a mandorla.

amandier [amɑ̃dje] *nm* mandorlo.

amanite [amanit] *nf* amanita.

amant, e [amɑ̃, ɑ̃t] *nm/f* amante *m/f*.

amarre [amaʀ] *nf* (*NAUT*) cima, ormeggio; **~s** *nfpl* (*d'un navire*) ormeggi *mpl*.
amarrer [amaʀe] *vt* (*fixer*) assicurare; (*NAUT*) ormeggiare.
amaryllis [amaʀilis] *nf* amarillide *f*.
amas [amɑ] *nm* ammasso, cumulo.
amasser [amɑse] *vt* ammassare; **s'amasser** *vr* ammassarsi; (*preuves*) accumularsi.
amateur [amatœʀ] *nm* dilettante *m/f*, amatore *m*; **en ~** (*péj*) da dilettante; **musicien/sportif ~** musicista *m*/sportivo dilettante; ▸ **amateur de musique/sport** appassionato di musica/sport.
amateurisme [amatœʀism] *nm* dilettantismo.
Amazone [amazon] *nf* Rio delle Amazzoni.
amazone [amazon] *nf*: **en ~** all'amazzone.
Amazonie [amazɔni] *nf* Amazzonia.
ambages [ɑ̃baʒ]: **sans ~** *adv* senza mezzi termini.
ambassade [ɑ̃basad] *nf* ambasciata; **en ~** (*mission*) in ambasciata, in delegazione; **secrétaire/attaché d'~** segretario/addetto d'ambasciata.
ambassadeur, -drice [ɑ̃basadœʀ, dʀis] *nm/f* ambasciatore(-trice).
ambiance [ɑ̃bjɑ̃s] *nf* atmosfera, ambiente *m*; **il y a de l'~** c'è una bella atmosfera.
ambiant, e [ɑ̃bjɑ̃, jɑ̃t] *adj* (*air, température*) ambiente *inv*; (*milieu*) circostante.
ambidextre [ɑ̃bidɛkstʀ] *adj* ambidestro (-a).
ambigu, -uë [ɑ̃bigy] *adj* ambiguo(-a).
ambiguïté [ɑ̃bigɥite] *nf* ambiguità *f inv*.
ambitieux, -euse [ɑ̃bisjø, jøz] *adj, nm/f* ambizioso(-a).
ambition [ɑ̃bisjɔ̃] *nf* ambizione *f*.
ambitionner [ɑ̃bisjɔne] *vt* ambire a.
ambivalent, e [ɑ̃bivalɑ̃, ɑ̃t] *adj* ambivalente.
amble [ɑ̃bl] *nm*: **aller l'~** andare d'ambio, ambiare.
ambre [ɑ̃bʀ] *nm*: **~ jaune** ambra gialla; ▸ **ambre gris** ambra grigia.
ambré, e [ɑ̃bʀe] *adj* ambrato(-a).
ambulance [ɑ̃bylɑ̃s] *nf* ambulanza.
ambulancier, -ière [ɑ̃bylɑ̃sje, jɛʀ] *nm/f* autista *m/f* di ambulanza.
ambulant, e [ɑ̃bylɑ̃, ɑ̃t] *adj* ambulante.
AME [aɛmə] *sigle m* (= *Accord monétaire européen*) AME *m*.
âme [ɑm] *nf* anima; (*conscience morale*) animo; **un village de 200 ~s** un paesino di 200 anime; **rendre l'~** rendere l'anima (a Dio); **joueur/tricheur dans l'~** giocatore *m*/imbroglione *m* nato; **bonne ~** (*aussi iron*) anima pia; ▸ **âme sœur** anima gemella.
amélioration [ameljɔʀasjɔ̃] *nf* miglioramento.
améliorer [ameljɔʀe] *vt* migliorare; **s'améliorer** *vr* migliorare.
aménagement [amenaʒmɑ̃] *nm* sistemazione *f*; **l'~ du territoire** la pianificazione del territorio; ▸ **aménagements fiscaux** adeguamento fiscale.
aménager [amenaʒe] *vt* (*espace, local, terrain*) sistemare; (*territoire*) pianificare; (*transformer*) trasformare.
amende [amɑ̃d] *nf* ammenda, multa; **mettre à l'~** punire; **faire ~ honorable** fare ammenda.
amendement [amɑ̃dmɑ̃] *nm* emendamento.
amender [amɑ̃de] *vt* (*JUR*) emendare; (*AGR*) ammendare; **s'amender** *vr* (*coupable*) emendarsi, correggersi.
amène [amɛn] *adj* amabile, piacevole; **peu ~** scostante.
amener [am(ə)ne] *vt* (*faire venir, apporter, conduire*) portare; (*occasionner*) provocare; (*baisser*: *drapeau, voiles*) ammainare; **s'amener** (*fam*) *vr* arrivare; **~ qn à qch/à faire** portare qn a qc/a fare.
amenuiser [amənɥize]: **s'~** *vr* (*chances, ressources*) assottigliarsi.
amer, amère [amɛʀ] *adj* (*aussi fig*) amaro(-a).
américain, e [ameʀikɛ̃, ɛn] *adj* americano(-a) ♦ *nm* americano ♦ *nm/f*: **A~, e** americano(-a); **vedette ~e** *artista che si esibisce prima dello spettacolo principale*.
américaniser [ameʀikanize] *vt* americanizzare.
américanisme [ameʀikanism] *nm* americanismo.
amérindien, ne [ameʀɛ̃djɛ̃, jɛn] *adj* amerindiano(-a).
Amérique [ameʀik] *nf* America; ▸ **Amérique centrale/latine** America centrale/latina; ▸ **Amérique du Nord** Nordamerica *m*; ▸ **Amérique du Sud** Sudamerica *m*.
Amerloque [amɛʀlɔk] (*péj*) *nm/f* americano(-a), yankee *m/f inv*.
amerrir [ameʀiʀ] *vi* ammarare.
amerrissage [ameʀisaʒ] *nm* ammaraggio.
amertume [amɛʀtym] *nf* amarezza.
améthyste [ametist] *nf* ametista.
ameublement [amœbləmɑ̃] *nm* mobilio, arredamento; **articles d'~** articoli *mpl* d'arredamento; **tissu d'~** tessuto d'arredamento; **papier d'~** carta da parati.
ameublir [amœbliʀ] *vt* (*sol*) dissodare.
ameuter [amøte] *vt* (*badauds*) richiamare; (*peuple*) aizzare.
ami, e [ami] *nm/f* amico(-a); (*amant, maîtresse*) amico(-a), amante *m/f* ♦ *adj*: **famille ~e** famiglia amica; **pays/groupe ~** paese *m*/gruppo amico; **être (très) ~ avec qn** essere (molto) amico(-a) di qn; **être ~**

de l'ordre/de la précision essere amante dell'ordine/della precisione; **un ~ des arts/des chiens** un amico *ou* amante dell'arte/dei cani; **petit ~/petite ~e** (*fam*) ragazzo/ragazza.

amiable [amjabl] *adj* amichevole; **à l'~** *adv* (*JUR*) in via amichevole.

amiante [amjɑ̃t] *nm* amianto.

amibe [amib] *nf* ameba.

amical, e, -aux [amikal, o] *adj* amichevole.

amicale [amikal] *nf* associazione *f*.

amicalement [amikalmɑ̃] *adv* amichevolmente; (*formule épistolaire*) cordiali saluti.

amidon [amidɔ̃] *nm* amido.

amidonner [amidɔne] *vt* inamidare.

amincir [amɛ̃siʀ] *vt* (*objet*) assottigliare; (*personne*) snellire; **s'amincir** *vr* (*objet*) assottigliarsi; (*personne*) snellirsi.

amincissant, e [amɛ̃sisɑ̃, ɑ̃t] *adj* (*régime, crème*) dimagrante; (*crème*) snellente.

aminé, e [amine] *adj*: **acide ~** amminoacido.

amiral, -aux [amiʀal, o] *nm* ammiraglio.

amirauté [amiʀote] *nf* ammiragliato.

amitié [amitje] *nf* amicizia; **prendre en ~** prendere a benvolere, affezionarsi a; **avoir de l'~ pour qn** provare amicizia per qn; **faire** *ou* **présenter ses ~s à qn** portare *ou* porgere i propri (cordiali) saluti a qn; **~s** (*formule épistolaire*) (cordiali) saluti.

ammoniac, -aque [amɔnjak] *adj, nm*: **(gaz) ~** ammoniaca ♦ *nf* ammoniaca.

amnésie [amnezi] *nf* amnesia.

amnésique [amnezik] *adj* amnesico(-a), colpito(-a) da amnesia.

amniocentèse [amnjosɛ̃tɛz] *nf* amniocentesi *f inv*.

amnistie [amnisti] *nf* amnistia.

amnistier [amnistje] *vt* amnistiare.

amocher [amɔʃe] (*fam*) *vt* (*paysage, objet*) conciare; (*qn en le frappant*) conciare, malmenare.

amoindrir [amwɛ̃dʀiʀ] *vt* ridurre.

amollir [amɔliʀ] *vt* rammollire.

amonceler [amɔ̃s(ə)le] *vt* ammucchiare; (*fig*: *travail, fortune*) accumulare; **s'amonceler** *vr* ammucchiarsi; (*nuages, fig*) accumularsi.

amoncellement [amɔ̃sɛlmɑ̃] *nm* (*tas*) mucchio, cumulo.

amont [amɔ̃] *adv*: **en ~** (*aussi fig*) a monte; **en ~ de** a monte di; *prép* a monte di.

amoral, e, -aux [amɔʀal, o] *adj* amorale.

amorce [amɔʀs] *nf* (*sur un hameçon*) pastura, esca; (*d'une cartouche, d'un obus*) innesco, detonatore *m*; (*tube*) capsula; (: *contenu*) carica; (*fig*: *début*) avvio, inizio.

amorcer [amɔʀse] *vt* innescare; (*fig*: *négociations*) iniziare; (*geste*) abbozzare.

amorphe [amɔʀf] *adj* amorfo(-a); (*regard*) inespressivo(-a).

amortir [amɔʀtiʀ] *vt* (*choc, bruit, douleur*) attutire; (*COMM*) ammortare, ammortizzare; **~ un abonnement** ammortizzare un abbonamento.

amortissable [amɔʀtisabl] *adj* (*COMM*) ammortizzabile.

amortissement [amɔʀtismɑ̃] *nm* ammortamento.

amortisseur [amɔʀtisœʀ] *nm* ammortizzatore *m*.

amour [amuʀ] *nm* amore *m*; (*statuette etc*) amorino; **filer le parfait ~** filare in perfetto amore; **faire l'~** fare l'amore; **un ~ de** un amore di; **l'~ libre** l'amore libero; ▸ **amour platonique** amore platonico.

amouracher [amuʀaʃe]: **s'~ de** (*péj*) *vr* infatuarsi di.

amourette [amuʀɛt] *nf* flirt *m inv*.

amoureusement [amuʀøzmɑ̃] *adv* amorosamente, con amore.

amoureux, -euse [amuʀø, øz] *adj* amoroso(-a); (*tempérament*) passionale; (*vie, problèmes*) amoroso(-a), sentimentale ♦ *nm/f* innamorato(-a) ♦ *nmpl* (*amants*) innamorati *mpl*; **être ~ de** essere innamorato(-a) di; **tomber ~ (de qn)** innamorarsi (di qn); **un ~ des bêtes/de la nature** un amante degli animali/della natura.

amour-propre [amuʀpʀɔpʀ] (*pl* **~s-~s**) *nm* amor proprio.

amovible [amɔvibl] *adj* (*accessoire, doublure etc*) staccabile; (*ADMIN*: *fonctionnaire*) amovibile, trasferibile.

ampère [ɑ̃pɛʀ] *nm* ampere *m inv*.

ampèremètre [ɑ̃pɛʀmɛtʀ] *nm* amperometro.

amphétamine [ɑ̃fetamin] *nf* anfetamina.

amphi [ɑ̃fi] (*fam*) *nm* (*UNIV*) ≈ aula magna; **suivre un ~** seguire una lezione.

amphibie [ɑ̃fibi] *adj* anfibio(-a).

amphibien [ɑ̃fibjɛ̃] *nm* anfibio.

amphithéâtre [ɑ̃fiteɑtʀ] *nm* (*UNIV*) ≈ aula magna; (*romain, grec, fig*) anfiteatro.

amphore [ɑ̃fɔʀ] *nf* anfora.

ample [ɑ̃pl] *adj* ampio(-a).

amplement [ɑ̃pləmɑ̃] *adv* ampiamente; **~ suffisant** più che sufficiente.

ampleur [ɑ̃plœʀ] *nf* ampiezza; (*d'un désastre*) ampiezza, vastità; (*d'une manifestation*) importanza.

ampli [ɑ̃pli] *nm* (*fam*) amplificatore *m*.

amplificateur [ɑ̃plifikatœʀ] *nm* amplificatore *m*.

amplification [ɑ̃plifikasjɔ̃] *nf* amplificazione *f*.

amplifier [ɑ̃plifje] *vt* amplificare.

amplitude [ɑ̃plityd] *nf* ampiezza; (*des températures*) escursione *f*.

ampoule [ɑ̃pul] *nf* (*ÉLEC*) lampadina; (*de médicament*) fiala; (*aux mains, pieds*) vescica.
ampoulé, e [ɑ̃pule] (*péj*) *adj* ampolloso (-a).
amputation [ɑ̃pytasjɔ̃] *nf* amputazione *f*; (*fig*: *crédits*) taglio.
amputer [ɑ̃pyte] *vt* (*MÉD, fig*: *texte, budget*) amputare; (*budget*) tagliare; ~ **qn (d'un bras/pied)** amputare (un braccio/piede a) qn.
Amsterdam [amstɛʀdam] *n* Amsterdam *f*.
amulette [amylɛt] *nf* amuleto.
amusant, e [amyzɑ̃, ɑ̃t] *adj* divertente.
amusé, e [amyze] *adj* divertito(-a).
amuse-gueule [amyzgœl] *nm inv* salatino, stuzzichino.
amusement [amyzmɑ̃] *nm* divertimento.
amuser [amyze] *vt* divertire; (*détourner l'attention de*) distrarre; **s'amuser** *vr* (*jouer*) giocare; (*s'égayer, se divertir*) divertirsi; **s'~ de qch** trovare qc divertente; **s'~ à faire** divertirsi a fare; **s'~ de qn** divertirsi alle spalle *ou* a spese di qn.
amusette [amyzɛt] *nf* passatempo, giochetto.
amuseur [amyzœʀ] *nm* persona che diverte *ou* intrattiene; (*péj*) buffone *m*.
amygdale [amidal] *nf* tonsilla; **opérer qn des ~s** operare qn di tonsille.
amygdalite [amidalit] *nf* amigdalite *f*, tonsillite *f*.
AN [aɛn] *sigle f* (= *Assemblée nationale*) **assemblée**.
an [ɑ̃] *nm* anno; **être âgé de** *ou* **avoir 3 ~s** avere 3 anni; **en l'~ 1980** nell'anno 1980, nel 1980; **le jour de l'~, le premier de l'~** il capodanno; **le nouvel ~** l'anno nuovo.
anabolisant [anabɔlizɑ̃] *nm* anabolizzante *m*.
anachronique [anakʀɔnik] (*péj*) *adj* anacronistico(-a).
anachronisme [anakʀɔnism] *nm* anacronismo.
anaconda [anakɔ̃da] *nm* anaconda *m inv*.
anaérobie [anaeʀɔbi] *adj* anaerobio(-a), anaerobico(-a).
anagramme [anagʀam] *nf* anagramma *m*.
anal, e, -aux [anal, o] *adj* anale.
analgésique [analʒezik] *nm* analgesico.
anallergique [analɛʀʒik] *adj* anallergico (-a).
analogie [analɔʒi] *nf* analogia.
analogique [analɔʒik] *adj* analogico(-a).
analogiquement [analɔʒikmɑ̃] *adv* analogicamente.
analogue [analɔg] *adj*: ~ **(à)** analogo(-a) (a).
analphabète [analfabɛt] *nm/f* analfabeta *m/f*.
analphabétisme [analfabetism] *nm* analfabetismo.
analyse [analiz] *nf* analisi *f inv*; **faire l'~ de** fare l'analisi di; **une ~ approfondie** un'analisi approfondita; **en dernière ~** in ultima analisi; **avoir l'esprit d'~** avere una mente analitica; ▶ **analyse grammaticale/logique** analisi grammaticale/logica.
analyser [analize] *vt* analizzare; (*PSYCH*) psicanalizzare.
analyste [analist] *nm/f* analista *m/f*.
analyste-programmeur, -euse [analist-pʀɔgʀamœʀ, øz] *nm/f* analista *m/f* programmatore(-trice).
analytique [analitik] *adj* analitico(-a).
analytiquement [analitikmɑ̃] *adv* analiticamente.
ananas [anana(s)] *nm* ananas *m inv*.
anarchie [anaʀʃi] *nf* anarchia.
anarchique [anaʀʃik] *adj* anarchico(-a).
anarchisme [anaʀʃism] *nm* anarchismo.
anarchiste [anaʀʃist] *adj, nm/f* anarchico (-a).
anathème [anatɛm] *nm*: **jeter l'~ sur** gettare l'anatema su.
anatomie [anatɔmi] *nf* anatomia.
anatomique [anatɔmik] *adj* anatomico(-a).
ancestral, e, -aux [ɑ̃sɛstʀal, o] *adj* ancestrale, atavico(-a).
ancêtre [ɑ̃sɛtʀ] *nm/f* antenato(-a); **~s** *nmpl* (*aïeux*) antenati *mpl*; **l'~ de** (*fig*) il precursore di.
anche [ɑ̃ʃ] *nf* anca.
anchois [ɑ̃ʃwa] *nm* acciuga.
ancien, ne [ɑ̃sjɛ̃, jɛn] *adj* antico(-a); (*dans une fonction*) anziano(-a); (*précédent, ex-*) ex *inv* ♦ *nm* (*mobilier ancien*): **l'~** l'antico ♦ *nm/f* anziano(-a); **un ~ ministre** un ex ministro; **mon ~ne voiture** la macchina che avevo prima; **être plus ~ que qn** (*dans la hiérarchie, par l'expérience*) essere più anziano(-a) di qn; ▶ **ancien combattant** ex combattente *m*; ▶ **ancien (élève)** (*SCOL*) ex allievo.
anciennement [ɑ̃sjɛnmɑ̃] *adv* anticamente.
ancienneté [ɑ̃sjɛnte] *nf* antichità; (*ADMIN*) anzianità.
ancrage [ɑ̃kʀaʒ] *nm* ancoraggio.
ancre [ɑ̃kʀ] *nf* ancora; **jeter/lever l'~** gettare/levare l'ancora; **à l'~** ancorato (-a).
ancrer [ɑ̃kʀe] *vt* (*câble etc*) ancorare; (*fig*: *idée etc*) radicare, ancorare; **s'ancrer** *vr* (*NAUT*) ancorarsi; (*fig*) radicarsi, ancorarsi.
andalou, se [ɑ̃dalu, uz] *adj* andaluso(-a).
Andalousie [ɑ̃daluzi] *nf* Andalusia.
andante [ɑ̃dɑ̃t] *adv* andante ♦ *nm* andante *m*.
Andes [ɑ̃d] *nfpl*: **les ~** le Ande.
Andorre [ɑ̃dɔʀ] *nf* Andorra.

andouille [ɑ̃duj] *nf* (*CULIN*) *salsicciotto di trippa*; (*fam*) salame *m* (*péj*).
andouiller [ɑ̃duje] *nm* ramificazione *f* (*di corna di cervo*).
andouillette [ɑ̃dujɛt] *nf salsiccia di trippa (che deve essere cotta)*.
âne [ɑn] *nm* (*aussi péj*) asino.
anéantir [aneɑ̃tiʀ] *vt* annientare, distruggere.
anecdote [anɛkdɔt] *nf* aneddoto.
anecdotique [anɛkdɔtik] *adj* aneddotico (-a).
anémie [anemi] *nf* anemia.
anémié, e [anemje] *adj* anemico(-a); (*fig*) indebolito(-a).
anémique [anemik] *adj* anemico(-a).
anémone [anemɔn] *nf* anemone *m*; ▸ **anémone de mer** (*ZOOL*) anemone di mare.
ânerie [ɑnʀi] *nf* asinata.
anéroïde [aneʀɔid] *adj voir* **baromètre**.
ânesse [ɑnɛs] *nf* asina.
anesthésie [anɛstezi] *nf* anestesia; **sous ~** sotto anestesia; ▸ **anesthésie générale/ locale** anestesia totale/locale.
anesthésier [anɛstezje] *vt* anestetizzare.
anesthésique [anɛstezik] *nm* anestetico.
anesthésiste [anɛstezist] *nm/f* anestesista *m/f*.
anévrisme [anevʀism] *nm*: **rupture d'~** rottura di aneurisma.
anfractuosité [ɑ̃fʀaktɥozite] *nf* anfrattuosità *f inv*, anfratto.
ange [ɑ̃ʒ] *nm* (*aussi fig*) angelo; **être aux ~s** essere al settimo cielo; ▸ **ange gardien** (*aussi fig*) angelo custode.
angélique [ɑ̃ʒelik] *adj* angelico(-a) ♦ *nf* (*BOT, CULIN*) angelica.
angelot [ɑ̃ʒ(ə)lo] *nm* angioletto.
angélus [ɑ̃ʒelys] *nm* angelus *m inv*.
angevin, e [ɑ̃ʒ(ə)vɛ̃, in] *adj* dell'Anjou; (*d'Angers*) di Angers ♦ *nm/f*: **A~, e** (*v adj*) abitante *m/f* dell'Anjou; abitante *m/f* di Angers.
angine [ɑ̃ʒin] *nf* angina; ▸ **angine de poitrine** angina pectoris.
angiome [ɑ̃ʒjom] *nm* angioma *m*.
anglais, e [ɑ̃glɛ, ɛz] *adj* inglese ♦ *nm* inglese ♦ *nm/f*: **A~, e** inglese *m/f*; **~es** *nfpl* (*cheveux*) boccoli *mpl*; **filer à l'~e** andarsene *ou* filarsela all'inglese; **à l'~e** (*CULIN*) all'inglese.
angle [ɑ̃gl] *nm* angolo; (*prise de vue*) angolazione *f*; (*fig: point de vue*) angolazione *f*, prospettiva; ▸ **angle aigu/obtus** angolo acuto/ottuso; ▸ **angle droit** angolo retto; ▸ **angle mort** angolo morto.
Angleterre [ɑ̃glətɛʀ] *nf* Inghilterra.
anglican, e [ɑ̃glikɑ̃, an] *adj, nm/f* anglicano(-a).
anglicanisme [ɑ̃glikanism] *nm* anglicanesimo.
anglicisme [ɑ̃glisism] *nm* anglicismo.
angliciste [ɑ̃glisist] *nm/f* anglista *m/f*.
anglo- [ɑ̃glɔ] *préf* anglo-.
anglo-américain, e [ɑ̃gloameʀikɛ̃, ɛn] (*pl* **~-~s, -es**) *adj* angloamericano(-a) ♦ *nm* (*LING*) angloamericano.
anglo-arabe [ɑ̃gloaʀab] (*pl* **~-~s**) *adj* anglo-arabo(-a).
anglo-canadien, ne [ɑ̃glokanadjɛ̃, jɛn] (*pl* **~-~s, -iennes**) *adj* anglo-canadese ♦ *nm* (*LING*) inglese *m* parlato in Canada.
anglo-normand, e [ɑ̃glonɔʀmɑ̃, ɑ̃d] (*pl* **~-~s, -es**) *adj* anglo-normanno(-a); **les îles ~-~es** le isole normanne.
anglophile [ɑ̃glɔfil] *adj* anglofilo(-a).
anglophobe [ɑ̃glɔfɔb] *adj* anglofobo(-a).
anglophone [ɑ̃glɔfɔn] *adj* anglofono(-a).
anglo-saxon, ne [ɑ̃glosaksɔ̃, ɔn] (*pl* **~-~s, -onnes**) *adj* anglosassone.
angoissant, e [ɑ̃gwasɑ̃, ɑ̃t] *adj* angoscioso(-a), angosciante.
angoisse [ɑ̃gwas] *nf* angoscia; **avoir des ~s** essere angosciato(-a).
angoissé, e [ɑ̃gwase] *adj* angosciato(-a).
angoisser [ɑ̃gwase] *vt* angosciare ♦ *vi* angosciarsi.
Angola [ɑ̃gɔla] *nm* Angola.
angolais, e [ɑ̃gɔlɛ, ɛz] *adj* angolano(-a).
angora [ɑ̃gɔʀa] *adj* (*chat, lapin*) d'angora ♦ *nm* angora.
anguille [ɑ̃gij] *nf* anguilla; **il y a ~ sous roche** (*fig*) gatta ci cova; ▸ **anguille de mer** gongro.
angulaire [ɑ̃gylɛʀ] *adj* angolare.
anguleux, -euse [ɑ̃gylø, øz] *adj* angoloso(-a).
anhydride [anidʀid] *nm* anidride *f*.
anicroche [anikʀɔʃ] *nf* contrattempo, intoppo.
animal, e, -aux [animal, o] *adj* animale ♦ *nm* animale *m*; (*fam*) animale, bestia; ▸ **animal domestique/sauvage** animale domestico/selvatico.
animalier [animalje] *adj*: **peintre ~** animalista *m/f*.
animateur, -trice [animatœʀ, tʀis] *nm/f* animatore(-trice); (*de télévision, de music-hall*) presentatore(-trice).
animation [animasjɔ̃] *nf* (*aussi CINÉ*) animazione *f*; **~s** *nfpl* (*activités*) attività *fsg*.
animé, e [anime] *adj* animato(-a).
animer [anime] *vt* animare; (*sentiment etc*) infondere; **s'animer** *vr* animarsi.
animisme [animism] *nm* animismo.
animosité [animozite] *nf* animosità *f inv*.
anis [ani(s)] *nm* (*BOT, CULIN*) anice *m*.
anisette [anizɛt] *nf* anisetta.
Ankara [ɑ̃kaʀa] *n* Ankara.
ankyloser [ɑ̃kiloze]: **s'~** *vr* anchilosarsi.
annales [anal] *nfpl* annali *mpl*.
anneau, x [ano] *nm* anello; **~x** *nmpl*

(*SPORT*) anelli *mpl*; **exercices aux ~x** esercizi *mpl* agli anelli.

année [ane] *nf* anno; **souhaiter la bonne ~ à qn** augurare (il) buon anno a qn; **tout au long de l'~** per tutto l'anno; **d'une ~ à l'autre** da un anno all'altro; **d'~ en ~** di anno in anno; **l'~ scolaire/fiscale** l'anno scolastico/fiscale.

année-lumière [anelymjɛʀ] (*pl* **~s-~**) *nf* anno *m* luce *inv*.

annexe [anɛks] *adj* (*problème*) connesso (-a), annesso(-a); (*document*) allegato(-a); (*salle*) attiguo(-a), contiguo(-a) ♦ *nf* (*bâtiment*) dépendance *f inv*, annessi *mpl*; (*de document, ouvrage, jointe à une lettre, un dossier*) allegato.

annexer [anɛkse] *vt* annettere; (*texte, document*): ~ **qch à** allegare qc a; **s'annexer** *vr* (*s'approprier: pays, biens*) annettersi.

annexion [anɛksjɔ̃] *nf* annessione *f*.

annihiler [aniile] *vt* annichilire.

anniversaire [anivɛʀsɛʀ] *adj*: **fête/jour ~** anniversario ♦ *nm* compleanno; (*d'un événement, bâtiment*) anniversario.

annonce [anɔ̃s] *nf* annuncio; (*CARTES*) dichiarazione *f*; ~ **(publicitaire)** annuncio (pubblicitario), inserzione *f*; **les petites ~s** gli annunci economici.

annoncer [anɔ̃se] *vt* annunciare; (*CARTES*) dichiarare; **s'annoncer** *vr*: **s'~ bien/difficile** preannunciarsi bene/difficile; **~ la couleur** (*fig*) mettere le carte in tavola; **je vous annonce que ...** le annuncio che ... .

annonceur, -euse [anɔ̃sœʀ, øz] *nm/f* (*TV, RADIO*) annunciatore(-trice); (*publicitaire*) inserzionista *m/f*.

annonciateur, -trice [anɔ̃sjatœʀ, tʀis] *adj*: **ce calme est ~ de tempête** questa calma è foriera di tempesta.

Annonciation [anɔ̃sjasjɔ̃] *nf*: **l'~** l'Annunciazione *f*.

annotation [anɔtasjɔ̃] *nf* annotazione *f*.

annoter [anɔte] *vt* annotare.

annuaire [anɥɛʀ] *nm* annuario; ▸ **annuaire électronique** ≈ pagine *fpl* gialle elettroniche; ▸ **annuaire téléphonique** elenco telefonico.

annuel, le [anɥɛl] *adj* annuale.

annuellement [anɥɛlmɑ̃] *adv* annualmente.

annuité [anɥite] *nf* annualità *f inv*.

annulaire [anylɛʀ] *nm* anulare *m*.

annulation [anylasjɔ̃] *nf* annullamento.

annuler [anyle] *vt* annullare; **s'annuler** *vr* annullarsi.

anoblir [anɔbliʀ] *vt* nobilitare.

anode [anɔd] *nf* anodo.

anodin, e [anɔdɛ̃, in] *adj* insignificante.

anomalie [anɔmali] *nf* anomalia.

ânon [ɑnɔ̃] *nm* asinello, somarello.

ânonner [anɔne] *vi, vt* recitare stentatamente.

anonymat [anɔnima] *nm* anonimato; **garder l'~** mantenere l'anonimato.

anonyme [anɔnim] *adj* anonimo(-a).

anonymement [anɔnimmɑ̃] *adv* anonimamente.

anorak [anɔʀak] *nm* giacca a vento.

anorexie [anɔʀɛksi] *nf* anoressia.

anormal, e, -aux [anɔʀmal, o] *adj* anormale; (*injuste*) assurdo(-a) ♦ *nm/f* anormale *m/f*.

anormalement [anɔʀmalmɑ̃] *adv* in modo anormale *ou* anomalo.

ANPE [aɛnpe] *sigle f* = *Agence nationale pour l'emploi*.

anse [ɑ̃s] *nf* (*de panier, tasse*) manico; (*GÉO*) insenatura.

ANSEA [ɑ̃sea] *sigle f* (= *Association des Nations du Sud-Est asiatique*) ANSEA *f*.

antagonisme [ɑ̃tagɔnism] *nm* antagonismo.

antagoniste [ɑ̃tagɔnist] *adj, nm/f* antagonista *m/f*.

antan [ɑ̃tɑ̃]: **d'~** *adj* di un tempo, di una volta.

antarctique [ɑ̃taʀktik] *adj* antartico(-a) ♦ *nm* Antartide *f*; **le cercle ~** il circolo antartico; **l'océan ~** l'oceano antartico.

antécédent [ɑ̃tesedɑ̃] *nm* (*LING*) antecedente *m*; **~s** *nmpl* (*MÉD*) precedenti *mpl*; (*d'une personne*) precedenti *mpl*, trascorsi *mpl*; (*d'une affaire*) antecedenti *mpl*; ▸ **antécédents professionnels** precedenti esperienze *fpl* lavorative *ou* professionali.

antédiluvien, ne [ɑ̃tedilyvjɛ̃, jɛn] *adj* antidiluviano(-a).

antenne [ɑ̃tɛn] *nf* antenna; (*poste avancé*) avamposto; (*petite succursale ou agence*) sede *f* distaccata; **sur l'~** in onda; **avoir l'~** essere in onda; **passer à l'~** andare in onda; **prendre l'~** prendere la linea; **2 heures d'~** 2 ore di trasmissione; **hors ~** non in onda; ▸ **antenne chirurgicale** (*MIL*) avamposto (medico); ▸ **antenne parabolique** antenna parabolica.

antépénultième [ɑ̃tepenyltjɛm] *adj* terzultimo(-a).

antérieur, e [ɑ̃teʀjœʀ] *adj* anteriore; **~ à** anteriore a; **passé ~** (*LING*) trapassato remoto; **futur ~** (*LING*) futuro anteriore.

antérieurement [ɑ̃teʀjœʀmɑ̃] *adv* anteriormente.

antériorité [ɑ̃teʀjɔʀite] *nf* anteriorità.

anthologie [ɑ̃tɔlɔʒi] *nf* antologia.

anthracite [ɑ̃tʀasit] *nm* antracite *f* ♦ *adj*: **(gris) ~** (grigio) antracite *inv*.

anthropocentrisme [ɑ̃tʀɔpɔsɑ̃tʀism] *nm* antropocentrismo.

anthropologie [ɑ̃tʀɔpɔlɔʒi] *nf* antropologia.
anthropologue [ɑ̃tʀɔpɔlɔg] *nm/f* antropologo(-a).
anthropométrie [ɑ̃tʀɔpɔmetʀi] *nf* antropometria.
anthropométrique [ɑ̃tʀɔpɔmetʀik] *adj* antropometrico(-a).
anthropomorphisme [ɑ̃tʀɔpɔmɔʀfism] *nm* antropomorfismo.
anthropophage [ɑ̃tʀɔpɔfaʒ] *adj, nm/f* antropofago(-a).
anthropophagie [ɑ̃tʀɔpɔfaʒi] *nf* antropofagia.
anti- [ɑ̃ti] *préf* anti-.
antiaérien, ne [ɑ̃tiaeʀjɛ̃, jɛn] *adj* antiaereo(-a); **abri** ~ rifugio antiaereo.
antialcoolique [ɑ̃tialkɔlik] *adj* antialcolico(-a); **ligue** ~ lega antialcolica.
antiatomique [ɑ̃tiatɔmik] *adj*: **abri** ~ rifugio antiatomico.
antibiotique [ɑ̃tibjɔtik] *nm* antibiotico ♦ *adj* antibiotico(-a).
antibrouillard [ɑ̃tibʀujaʀ] *adj*: **phare** ~ faro *m* antinebbia *inv*.
antibruit [ɑ̃tibʀɥi] *adj inv*: **mur** ~ (*sur autoroute*) parete *f* fonoassorbente.
antibuée [ɑ̃tibɥe] *adj inv*: **dispositif** ~ dispositivo antiappannante.
anticancéreux, -euse [ɑ̃tikɑ̃seʀø, øz] *adj* anticanceroso(-a); **centre** ~ centro per la lotta contro il cancro.
anticasseur [ɑ̃tikasœʀ] *adj*: **loi/mesure anticasseur(s)** legge/misura contro i danni causati dai dimostranti.
antichambre [ɑ̃tiʃɑ̃bʀ] *nf* anticamera; **faire** ~ fare anticamera.
antichar [ɑ̃tiʃaʀ] *adj* anticarro.
antichoc [ɑ̃tiʃɔk] *adj* antiurto *inv*.
anticipation [ɑ̃tisipasjɔ̃] *nf* anticipazione *f*; **par** ~ (*COMM*: *rembourser etc*) in anticipo; **livre/film d'**~ libro/film fantascienza.
anticipé, e [ɑ̃tisipe] *adj* (*règlement, paiement*) anticipato(-a); (*joie etc*) pregustato(-a); **avec mes remerciements** ~**s** ringraziando anticipatamente.
anticiper [ɑ̃tisipe] *vt* anticipare; (*prévoir*) prevedere, anticipare ♦ *vi*: **n'anticipons pas** non anticipiamo i tempi; ~ **sur** fare anticipazioni su.
anticlérical, e, -aux [ɑ̃tikleʀikal, o] *adj* anticlericale.
anticléricalisme [ɑ̃tikleʀikalism] *nm* anticlericalismo.
anticoagulant, e [ɑ̃tikɔagylɑ̃, ɑ̃t] *adj, nm* anticoagulante *m*.
anticolonialisme [ɑ̃tikɔlɔnjalism] *nm* anticolonialismo.
anticonceptionnel, le [ɑ̃tikɔ̃sɛpsjɔnɛl] *adj* anticoncezionale.
anticonformisme [ɑ̃tikɔ̃fɔʀmism] *nm* anticonformismo.
anticonstitutionnel, le [ɑ̃tikɔ̃stitysjɔnɛl] *adj* anticostituzionale.
anticorps [ɑ̃tikɔʀ] *nm* anticorpo.
anticyclone [ɑ̃tisiklon] *nm* anticiclone *m*.
antidater [ɑ̃tidate] *vt* retrodatare, antidatare.
antidémocratique [ɑ̃tidemɔkʀatik] *adj* antidemocratico(-a).
antidérapant, e [ɑ̃tideʀapɑ̃, ɑ̃t] *adj* (*semelle, produit*) antisdrucciolo *inv*; (*pneu*) antislittamento *inv*.
antidopage [ɑ̃tidɔpaʒ] *adj* antidoping *inv*.
antidote [ɑ̃tidɔt] *nm* antidoto.
antienne [ɑ̃tjɛn] *nf* (*aussi fig*) antifona.
antigang [ɑ̃tigɑ̃g] *adj inv*: **brigade** ~ squadra *f* anticrimine *inv*.
antigel [ɑ̃tiʒɛl] *nm* antigelo.
antigène [ɑ̃tiʒɛn] *nm* antigene *m*.
antigouvernemental, e, -aux [ɑ̃tiguvɛʀnəmɑ̃tal, o] *adj* antigovernativo(-a).
Antigua et Barbuda [ɑ̃tigwaebaʀbyda] *nf* Antigua e Barbuda.
antihistaminique [ɑ̃tiistaminik] *nm* antistaminico.
anti-inflammatoire [ɑ̃tiɛ̃flamatwaʀ] (*pl* ~-~**s**) *nm, adj* antinfiammatorio(-a), antiflogistico(-a).
anti-inflationniste [ɑ̃tiɛ̃flasjɔnist] (*pl* ~-~**s**) *adj* antinflazionistico(-a).
antillais, e [ɑ̃tijɛ, ɛz] *adj* antillano(-a) ♦ *nm/f*: **A**~, **e** antillano(-a).
Antilles [ɑ̃tij] *nfpl* delle Antille *fpl*; **les grandes/petites** ~ le grandi/piccole Antille.
antilope [ɑ̃tilɔp] *nf* antilope *f*.
antimilitarisme [ɑ̃timilitaʀism] *nm* antimilitarismo.
antimilitariste [ɑ̃timilitaʀist] *adj* antimilitarista.
antimissile [ɑ̃timisil] *adj* antimissila *inv*.
antimite(s) [ɑ̃timit] *adj* antitarmico(-a) ♦ *nm* antitarmico.
antinomique [ɑ̃tinɔmik] *adj* antinomico(-a).
antioxydant [ɑ̃tiɔksidɑ̃] *nm* antiossidante *m*.
antiparasite [ɑ̃tipaʀazit] *adj* (*RADIO, TV*) antidisturbo *inv*; **dispositif** ~ dispositivo antidisturbo.
antipathie [ɑ̃tipati] *nf* antipatia.
antipathique [ɑ̃tipatik] *adj* antipatico(-a).
antipelliculaire [ɑ̃tipelikylɛʀ] *adj* antiforfora *inv*.
antiphrase [ɑ̃tifʀɑz] *nf*: **par** ~ per antifrasi.
antipodes [ɑ̃tipɔd] *nmpl* antipodi *mpl*; **être aux** ~ **de** (*fig*) essere agli antipodi di.
antipoison [ɑ̃tipwazɔ̃] *adj inv*: **centre** ~ centro di disintossicazione.
antipoliomyélitique [ɑ̃tipɔljɔmjelitik] *adj*

antipolio *inv*, antipoliomielitico(-a).
antiquaire [ɑ̃tikɛʀ] *nm/f* antiquario(-a).
antique [ɑ̃tik] *adj* antico(-a); (*démodé*) antiquato(-a).
antiquité [ɑ̃tikite] *nf* antichità *f inv*; (*péj*) anticaglia; **l'A~** (*HISTOIRE*) l'antichità; **magasin/marchand d'~s** negozio/commerciante *m* di antichità *ou* antiquariato.
antirabique [ɑ̃tiʀabik] *adj* antirabbico(-a).
antiraciste [ɑ̃tiʀasist] *adj* antirazzista.
antireflet [ɑ̃tiʀəflɛ] *adj*: **verre ~** lente *f* antiriflesso *inv*.
antirépublicain, e [ɑ̃tiʀepyblikɛ̃, ɛn] *adj* antirepubblicano(-a).
antirides [ɑ̃tiʀid] *adj* antirughe *inv*.
antirouille [ɑ̃tiʀuj] *adj inv*: **peinture ~** vernice *f* antiruggine *inv*; **traitement ~** trattamento *m* antiruggine *inv*.
antisémite [ɑ̃tisemit] *adj, nm/f* antisemita *m/f*.
antisémitisme [ɑ̃tisemitism] *nm* antisemitismo.
antiseptique [ɑ̃tisɛptik] *adj* antisettico(-a) ♦ *nm* antisettico.
antisocial, e, -aux [ɑ̃tisɔsjal, jo] *adj* antisociale.
antispasmodique [ɑ̃tispasmɔdik] *adj* antispastico(-a), antispasmodico(-a).
antisportif, -ive [ɑ̃tispɔʀtif, iv] *adj* antisportivo(-a).
antitétanique [ɑ̃titetanik] *adj* antitetanico(-a).
antithèse [ɑ̃titɛz] *nf* antitesi *f inv*.
antitrust [ɑ̃titʀœst] *adj inv* antitrust *inv*.
antituberculeux, -euse [ɑ̃titybɛʀkylø, øz] *adj* antitubercolare.
antitussif, -ive [ɑ̃titysif, iv] *adj* antitussigeno(-a).
antivariolique [ɑ̃tivaʀjɔlik] *adj* antivaioloso(-a).
antivol [ɑ̃tivɔl] *adj* (*dispositif*) antifurto *inv* ♦ *nm* antifurto; (*pour vélo*) lucchetto.
antonyme [ɑ̃tɔnim] *nm* antonimo.
antre [ɑ̃tʀ] *nm* tana, antro; (*fig*) antro.
anus [anys] *nm* ano.
Anvers [ɑ̃vɛʀ] *n* Anversa.
anxiété [ɑ̃ksjete] *nf* ansia, ansietà *f inv*.
anxieusement [ɑ̃ksjøzmɑ̃] *adv* ansiosamente.
anxieux, -euse [ɑ̃ksjø, jøz] *adj* ansioso(-a); **être ~ de faire** essere ansioso(-a) di fare.
AOC [aose] *sigle f* (= *Appellation d'origine contrôlée*) ≈ DOC *f*.
aorte [aɔʀt] *nf* aorta.
août [u(t)] *nm* agosto; *voir aussi* **juillet**.
aoûtien, ne [ausjɛ̃, jɛn] *nm/f chi va in vacanza in agosto*.
AP [ape] *sigle f* (= *Assistance publique*) *voir* **assistance**.
apaisant, e [apɛzɑ̃, ɑ̃t] *adj* tranquillizzante, rassicurante.
apaisement [apɛzmɑ̃] *nm* placarsi *m*, acquietamento; (*POL*) appeasement *m inv*; **~s** *nmpl* (*déclarations rassurantes*) rassicurazioni *fpl*.
apaiser [apeze] *vt* placare; **s'apaiser** *vr* placarsi.
apanage [apanaʒ] *nm*: **être l'~ de** essere appannaggio di.
aparté [apaʀte] *nm* (*THÉÂTRE*) a parte *m inv*; (*entretien*) conversazione *f* confidenziale, confabulazione *f*; **en ~** confidenzialmente, in confidenza.
apartheid [apaʀtɛd] *nm* apartheid *m*.
apathie [apati] *nf* apatia.
apathique [apatik] *adj* apatico(-a).
apatride [apatʀid] *nm/f* apolide *m/f*.
Apennins [apɛnɛ̃] *nmpl*: **les ~** gli Appennini.
apercevoir [apɛʀsəvwaʀ] *vt* scorgere, intravedere; (*constater, percevoir*) cogliere, vedere; **s'~ de/que** accorgersi di/che; **sans s'en ~** senza accorgersene.
aperçu [apɛʀsy] *pp de* **apercevoir** ♦ *nm* quadro sommario, (prima) idea; (*intuition*) intuizione *f*.
apéritif, -ive [apeʀitif, iv] *adj* aperitivo(-a) ♦ *nm* aperitivo; **prendre l'~** prendere l'aperitivo.
apesanteur [apəzɑ̃tœʀ] *nf* assenza di peso.
à-peu-près [apøpʀɛ] (*péj*) *nm inv* approssimazione *f*.
apeuré, e [apœʀe] *adj* impaurito(-a).
aphasie [afazi] *nf* afasia.
aphone [afɔn] *adj* afono(-a).
aphorisme [afɔʀism] *nm* aforisma *m*.
aphrodisiaque [afʀɔdizjak] *adj* afrodisiaco(-a) ♦ *nm* afrodisiaco.
aphte [aft] *nm* afta.
aphteuse [aftøz] *adj*: **fièvre ~** afta epizootica.
à-pic [apik] *nm inv* parete *f* (a picco).
apicole [apikɔl] *adj* apistico(-a).
apiculteur, -trice [apikyltœʀ, tʀis] *nm/f* apicoltore(-trice).
apiculture [apikyltyʀ] *nf* apicoltura.
apitoiement [apitwamɑ̃] *nm* compassione *f*.
apitoyer [apitwaje] *vt* impietosire; **s'apitoyer** *vr* impietosirsi; **s'~ (sur qch)** impietosirsi (per qc); **s'~ sur qn** impietosirsi per la sorte di qn, avere pietà di qn; **~ qn sur qch** impietosire qn per qc; **~ qn sur qn** far provare a qn pietà per qn.
ap. J.-C. *abr* (= *après Jésus-Christ*) d.C.
aplanir [aplaniʀ] *vt* spianare; (*fig*) appianare.
aplati, e [aplati] *adj* appiattito(-a), schiacciato(-a).
aplatir [aplatiʀ] *vt* (*fig: vaincre, écraser*) schiacciare; **s'aplatir** *vr* (*devenir plus*

plat) appiattirsi; (*être écrasé*) schiacciarsi; (*fig*) distendersi (per terra); (: *fam*) cadere lungo(-a) disteso(-a); (: *péj*) strisciare; **s'~ contre** (*fam*: *entrer en collision*) spiaccicarsi contro.
aplomb [aplɔ̃] *nm* appiombo; (*fig*) sangue *m* freddo, sicurezza; (*péj*) faccia tosta; **d'~** in equilibrio; *adv* (*CONSTR*) a piombo, a perpendicolo.
apocalypse [apɔkalips] *nf* apocalisse *f*.
apocalyptique [apɔkaliptik] *adj* apocalittico(-a).
apocryphe [apɔkʀif] *adj* apocrifo(-a).
apogée [apɔʒe] *nm* apogeo.
apolitique [apɔlitik] *adj* apolitico(-a).
apologie [apɔlɔʒi] *nf* apologia.
apoplexie [apɔplɛksi] *nf* apoplessia.
a posteriori [apɔsteʀjɔʀi] *adv* a posteriori.
apostolat [apɔstɔla] *nm* apostolato.
apostolique [apɔstɔlik] *adj* apostolico(-a).
apostrophe [apɔstʀɔf] *nf* (*signe*) apostrofo; (*interpellation*) apostrofe *f*.
apostropher [apɔstʀɔfe] *vt* apostrofare.
apothéose [apɔteoz] *nf* apoteosi *f inv*.
apothicaire [apɔtikɛʀ] *nm* farmacista *m*.
apôtre [apotʀ] *nm* apostolo; **se faire l'~ de** (*fig*) farsi apostolo *ou* paladino di.
Appalaches [apalaʃ] *nmpl*: **les ~** gli Appalachi.
appalachien, ne [apalaʃjɛ̃, jɛn] *adj* degli Appalachi.
apparaître [apaʀɛtʀ] *vi* apparire; (*avec attribut*) apparire, sembrare; **il apparaît que** risulta che; **il m'apparaît que** mi risulta che.
apparat [apaʀa] *nm*: **tenue/dîner d'~** tenuta/pranzo di gala.
appareil [apaʀɛj] *nm* apparecchio; (*politique, syndical*) apparato; **qui est à l'~?** chi parla?; **dans le plus simple ~** in costume adamitico; ▸ **appareil digestif/reproducteur** apparato digestivo/riproduttore; ▸ **appareil 24x36** *ou* **petit format** macchina fotografica da 35 mm; ▸ **appareil de photographie** macchina fotografica; ▸ **appareil productif** apparato produttivo.
appareillage [apaʀɛjaʒ] *nm* apparecchiatura, attrezzatura; (*NAUT*) partenza.
appareiller [apaʀeje] *vi* (*NAUT*) salpare ♦ *vt* appaiare.
appareil(-photo) [apaʀɛjfɔto] *nm* (= *appareil de photographie*) *voir* **appareil**.
apparemment [apaʀamɑ̃] *adv* apparentemente.
apparence [apaʀɑ̃s] *nf* apparenza; **malgré les ~s** malgrado le apparenze; **en ~** in apparenza.
apparent, e [apaʀɑ̃, ɑ̃t] *adj* (*visible*) apparente; (*évident*) appariscente; **coutures ~es** cuciture *fpl* in risalto; **poutres/pierres ~es** travi *fpl*/pietre *fpl* a vista.
apparenté, e [apaʀɑ̃te] *adj* (*aussi fig*) imparentato(-a) con.
apparenter [apaʀɑ̃te]: **s'~ à** *vt* (*ressembler à*) essere simile a.
apparier [apaʀje] *vt* appaiare.
appariteur [apaʀitœʀ] *nm* (*UNIV*) bidello.
apparition [apaʀisjɔ̃] *nf* apparizione *f*, comparsa; (*surnaturelle*) apparizione *f*; **faire une ~** fare un'apparizione; **faire son ~** fare la propria comparsa.
appartement [apaʀtəmɑ̃] *nm* appartamento.
appartenance [apaʀtənɑ̃s] *nf*: **~ à** appartenenza a.
appartenir [apaʀtəniʀ]: **~ à** *vt* appartenere a; **il lui appartient de ...** tocca *ou* spetta a lui ...; **il ne m'appartient pas de (faire)** non tocca *ou* spetta a me (fare).
appartiendrai *etc* [apaʀtjɛ̃dʀe] *vb voir* **appartenir**.
appartiens *etc* [apaʀtjɛ̃] *vb voir* **appartenir**.
apparu, e [apaʀy] *pp de* **apparaître**.
appas [apɑ] *nmpl* fascino *msg*.
appât [apɑ] *nm* (*aussi fig*) esca.
appâter [apɑte] *vt* adescare; (*fig*) allettare, adescare.
appauvrir [apovʀiʀ] *vt* impoverire; **s'appauvrir** *vr* impoverirsi.
appauvrissement [apovʀismɑ̃] *nm* impoverimento.
appeau [apo] *nm* richiamo (per uccelli).
appel [apɛl] *nm* (*aussi SCOL, JUR*) appello; (*cri*) richiamo; (*MIL*: *recrutement*) chiamata; **faire ~ à** fare appello a; **faire** *ou* **interjeter ~** (*JUR*) ricorrere in appello; **faire l'~** (*MIL, SCOL*) fare l'appello; **sans ~** (*fig*) senza appello; **faire un ~ de phares** lampeggiare; **indicatif d'~** segnale *m* di chiamata; **numéro d'~** (*TÉL*) numero; ▸ **appel d'air** tiraggio, presa d'aria; ▸ **appel d'offres** (*COMM*) gara di appalto; ▸ **appel (téléphonique)** chiamata (telefonica).
appelé [ap(ə)le] *nm* (*MIL*) coscritto, soldato di leva.
appeler [ap(ə)le] *vt* chiamare; (*fig*: *nécessiter*) richiedere; **s'appeler** *vr* chiamarsi; **~ qn à l'aide** *ou* **au secours** chiamare in aiuto qn; **~ qn à un poste/des fonctions** chiamare qn a ricoprire un posto/delle funzioni; **être appelé à** (*fig*) essere chiamato(-a) a; **~ qn à comparaître** (*JUR*) citare qn in giudizio; **en ~ à qn/qch** fare appello a qn/qc; **comment ça s'appelle?** come si chiama (questo)?; **il s'appelle** si chiama; **je m'appelle** mi chiamo; **~ police-secours** ≈ chiamare il 113; **ça s'appelle un(e) ...** si chiama ... .
appellation [apelasjɔ̃] *nf* denominazione *f*; **vin d'~ contrôlée** vino a denominazione

d'origine controllata.
appelle [apɛl] *vb voir* **appeler**.
appendice [apɛ̃dis] *nm* (*ANAT, d'un livre*) appendice *f.*
appendicite [apɛ̃disit] *nf* appendicite *f.*
appentis [apɑ̃ti] *nm* rimessa.
appert [apɛʀ] *vb*: **il ~ que ...** risulta che ... .
appesantir [apəzɑ̃tiʀ]: **s'~** *vr* appesantirsi; **s'~ sur** (*fig*) insistere troppo su.
appétissant, e [apetisɑ̃, ɑ̃t] *adj* appetitoso(-a).
appétit [apeti] *nm* appetito; **avoir un gros/petit ~** avere molto/poco appetito; **couper l'~ de qn** togliere l'appetito a qn; **bon ~!** buon appetito!
applaudimètre [aplodimɛtʀ] *nm* applausometro.
applaudir [aplodiʀ] *vt* applaudire ♦ *vi* applaudire; **~ à** (*décision, mesure, projet*) plaudire a; **~ à tout rompre** applaudire fragorosamente.
applaudissements [aplodismɑ̃] *nmpl* applausi *mpl.*
applicable [aplikabl] *adj* applicabile.
applicateur [aplikatœʀ] *nm* applicatore *m.*
application [aplikasjɔ̃] *nf* applicazione *f*; **mettre en ~** applicare; **avec ~** con applicazione.
applique [aplik] *nf* (*ÉLEC*) applique *f inv.*
appliqué, e [aplike] *adj* (*élève, ouvrier*) diligente; (*science*) applicato(-a).
appliquer [aplike] *vt* applicare; (*gifle, châtiment*) appioppare, affibbiare; **s'appliquer** *vr* (*élève, ouvrier*) applicarsi; **s'~ à** (*loi, remarque*) riguardare; **s'~ à faire qch** applicarsi a fare qc; **s'~ sur** (*coïncider avec*) combaciare con; **il s'est beaucoup appliqué** si è applicato molto.
appoggiature [apɔ(d)ʒjatyʀ] *nm* (*MUS*) appoggiatura.
appoint [apwɛ̃] *nm* (*fig*) contributo; **avoir/faire l'~** (*en payant*) avere/dare i soldi giusti; **chauffage/lampe d'~** riscaldamento/lampada integrativa.
appointements [apwɛ̃tmɑ̃] *nmpl* stipendio *msg*, retribuzione *fsg.*
appontage [apɔ̃taʒ] *nm* appontaggio.
appontement [apɔ̃tmɑ̃] *nm* ponte *m* di volo.
apponter [apɔ̃te] *vi* appontare.
apport [apɔʀ] *nm* apporto; (*contribution: argent, biens etc*) apporto, contributo.
apporter [apɔʀte] *vt* portare; (*preuve*) fornire, addurre; (*produire: soulagement*) recare, portare; (*suj: remarque: ajouter*) fornire.
apposer [apoze] *vt* apporre.
apposition [apozisjɔ̃] *nf* apposizione *f*; **en ~** (*LING*) come apposizione.
appréciable [apʀesjabl] *adj* (*important*) apprezzabile, notevole.
appréciation [apʀesjasjɔ̃] *nf* (*v vb*) apprezzamento; valutazione *f*; **~s** *nfpl* (*commentaire, avis*) apprezzamenti *mpl.*
apprécier [apʀesje] *vt* apprezzare; (*évaluer*) valutare.
appréhender [apʀeɑ̃de] *vt* (*craindre*) temere; (*aborder*) afferrare; (*JUR*) arrestare; **~ que/de faire** temere che/di fare.
appréhensif, -ive [apʀeɑ̃sif, iv] *adj* apprensivo(-a).
appréhension [apʀeɑ̃sjɔ̃] *nf* apprensione *f.*
apprendre [apʀɑ̃dʀ] *vt* (*nouvelle, résultat*) sapere; (*leçon, texte*) imparare, apprendere; (*langue, métier, fig*) imparare; **~ qch à qn** informare qn di qc; **~ à faire qch** imparare a fare qc; **~ à qn à faire qch** insegnare a qn a fare qc; **tu me l'apprends!** questa è bella!
apprenti, e [apʀɑ̃ti] *nm/f* apprendista *m/f*; (*fig*) principiante *m/f.*
apprentissage [apʀɑ̃tisaʒ] *nm* apprendistato; (*COMM, SCOL*) formazione *f*; **faire l'~ de qch** (*fig*) fare le prime esperienze di qc; **école** *ou* **centre d'~** scuola *ou* centro di formazione professionale.
apprêt [apʀɛ] *nm* appretto; (*sur un mur*) preparazione *f*; **sans ~** (*fig*) senza affettazione.
apprêté, e [apʀete] *adj* (*fig*) affettato(-a).
apprêter [apʀete] *vt* apprettare; **s'apprêter** *vr*: **s'~ à qch** prepararsi a qc; **s'~ à faire qch** prepararsi *ou* apprestarsi a fare qc.
appris, e [apʀi, iz] *pp de* **apprendre**.
apprivoisé, e [apʀivwaze] *adj* addomesticato(-a).
apprivoiser [apʀivwaze] *vt* addomesticare.
approbateur, -trice [apʀɔbatœʀ, tʀis] *adj* (*regard, parole*) di approvazione.
approbatif, -ive [apʀɔbatif, iv] *adj* approvatore(-trice).
approbation [apʀɔbasjɔ̃] *nf* approvazione *f*; **digne d'~** degno di approvazione.
approchant, e [apʀɔʃɑ̃, ɑ̃t] *adj* simile; **quelque chose d'~** qualcosa di simile.
approche [apʀɔʃ] *nf* (*arrivée*) arrivo; (*attitude*) approccio; **~s** *nfpl* (*abords*) approcci *mpl*; **à l'~ de** (*anniversaire, date*) all'approssimarsi di; **à l'~ du bateau/de l'ennemi** all'avvicinarsi della barca/del nemico; **travaux d'~** (*fig*) lavori *mpl* d'approccio.
approché, e [apʀɔʃe] *adj* approssimativo(-a).
approcher [apʀɔʃe] *vi* avvicinarsi ♦ *vt* avvicinare; (*objet: rapprocher*) avvicinare, accostare; **s'approcher de** *vr* avvicinarsi a; **~ de** (*moment, nombre etc*) avvicinarsi a; **approchez-vous** si avvicini.
approfondi, e [apʀɔfɔ̃di] *adj* approfondi-

to(-a).
approfondir [apRɔfɔ̃diR] *vt* (*aussi fig*) approfondire.
appropriation [apRɔpRijasjɔ̃] *nf* appropriazione *f*.
approprié, e [apRɔpRije] *adj*: ~ **(à)** adeguato(-a) (a), appropriato(-a) (a).
approprier [apRɔpRije] *vt* rendere appropriato(-a); **s'approprier** *vr* appropriarsi.
approuver [apRuve] *vt* approvare; **je vous approuve entièrement** ha tutta la mia approvazione; **lu et approuvé** letto e approvato.
approvisionnement [apRɔvizjɔnmɑ̃] *nm* approvvigionamento, rifornimento; (*provisions*) provviste *fpl*, scorte *fpl*.
approvisionner [apRɔvizjɔne] *vt* rifornire; (*compte bancaire*) versare dei soldi su; ~ **qn en** rifornire qn di; **s'~ dans un certain magasin/au marché** rifornirsi in un certo negozio/al mercato; **s'~ en** rifornirsi di.
approximatif, -ive [apRɔksimatif, iv] *adj* approssimativo(-a).
approximation [apRɔksimasjɔ̃] *nf* approssimazione *f*.
approximativement [apRɔksimativmɑ̃] *adv* approssimativamente.
appt *abr* = **appartement**.
appui [apɥi] *nm* appoggio; (*de fenêtre*) davanzale *m*; (*d'escalier, fig*) sostegno; **prendre ~ sur** appoggiarsi su; **point d'~** punto d'appoggio; **à l'~ de** a sostegno di.
appuie [apɥi] *vb voir* **appuyer**.
appuie-tête [apɥitɛt] (*pl* **~-~s**) *nm* appoggiatesta *m inv*.
appuyé, e [apɥije] *adj* insistente; (*excessif*) eccessivo(-a).
appuyer [apɥije] *vt* (*soutenir*) sostenere, appoggiare; ~ **sur** (*presser sur*) premere; (*fig*) insistere su; (*suj*: *chose*) poggiare su; **s'~ sur** appoggiarsi su *ou* a; (*fig*: *se baser sur*) basarsi su; (: *compter sur*) fare affidamento su; ~ **à droite** *ou* **sur sa droite** portarsi a destra *ou* sulla propria destra; ~ **sur le champignon** dare gas, dare un'accelerata.
apr. *abr* = **après**.
âpre [ɑpR] *adj* (*aussi fig*) aspro(-a); ~ **au gain** avido(-a) di guadagno.
après [apRɛ] *prép, adv* dopo; **2 heures** ~ 2 ore dopo; ~ **qu'il est parti** dopo che è partito; ~ **avoir fait** dopo aver fatto; **courir/crier** ~ **qn** correre/gridare dietro a qn; **être toujours** ~ **qn** (*critiquer etc*) essere sempre alle costole di qn; ~ **quoi** dopo di che; **d'~** (*selon*) secondo; (*œuvre d'art*) alla maniera di; **d'~ lui/moi** secondo lui/me; ~ **coup** in seguito; ~ **tout** *adv* dopo tutto; **et (puis)** ~! e con questo?
après-demain [apRɛdmɛ̃] *adv* dopodomani.
après-guerre [apRɛgɛR] (*pl* **~-~s**) *nm* dopoguerra *m inv*; **d'~-~** del dopoguerra.
après-midi [apRɛmidi] *nm ou f inv* pomeriggio.
après-rasage [apRɛRazaʒ] (*pl* **~-~s**) *nm*: **lotion ~-~** dopobarba *m inv*.
après-ski [apRɛski] (*pl* **~-~s**) *nm* doposci *m inv*.
après-vente [apRɛvɑ̃t] *adj inv* di assistenza tecnica.
âpreté [ɑpRəte] *nf* asprezza.
a priori [apRijɔRi] *adv* a priori.
à-propos [apRɔpo] *nm inv* pertinenza *f*; **faire preuve d'~-~** mostrare presenza di spirito; **avec ~-~** (*répondre etc*) con pertinenza, a proposito.
apte [apt] *adj*: ~ **(à)** adatto(-a) (a); ~ **(au service)** (*MIL*) idoneo(-a) (al servizio).
aptitude [aptityd] *nf* attitudine *f*; (*MIL*) idoneità; **avoir des ~s pour** essere portato (-a) per.
apurer [apyRe] *vt* (*COMM*) verificare.
aquaculture [akwakyltyR] *nf* acquacoltura.
aquaplanage [akwaplanaʒ] *nm* aquaplaning *m inv*.
aquaplane [akwaplan] *nm* acquaplano; (*SPORT*) aquaplaning *m inv*.
aquaplaning [akwaplaniŋ] *nm* = **aquaplanage**.
aquarelle [akwaRɛl] *nf* acquerello.
aquarelliste [akwaRelist] *nm/f* acquarellista *m/f*.
aquarium [akwaRjɔm] *nm* acquario.
aquatique [akwatik] *adj* acquatico(-a).
aqueduc [ak(ə)dyk] *nm* acquedotto.
aqueux, -euse [akø, øz] *adj* acquoso(-a).
aquilin [akilɛ̃] *adj m*: **nez** ~ naso aquilino.
AR [aɛR] *sigle m* (*AVIAT, RAIL etc* = *aller (et) retour*) A.R.
arabe [aRab] *adj* arabo(-a) ♦ *nm/f*: **A~** arabo(-a) ♦ *nm* arabo.
arabesque [aRabɛsk] *nf* arabesco.
Arabie [aRabi] *nf* Arabia; **l'~ Saoudite** *ou* **Séoudite** l'Arabia Saudita.
arable [aRabl] *adj* arabile.
arachide [aRaʃid] *nf* arachide *f*.
araignée [aReɲe] *nf* ragno; ▸ **araignée de mer** grancevola.
araser [aRɑze] *vt* livellare; (*en rabotant*) piallare.
aratoire [aRatwaR] *adj*: **instrument** ~ strumento aratorio.
arbalète [aRbalɛt] *nf* balestra.
arbitrage [aRbitRaʒ] *nm* arbitraggio.
arbitraire [aRbitRɛR] *adj* arbitrario(-a).
arbitrairement [aRbitRɛRmɑ̃] *adv* arbitrariamente.
arbitre [aRbitR] *nm* arbitro.
arbitrer [aRbitRe] *vt* arbitrare.
arborer [aRbɔRe] *vt* (*drapeau, enseigne*)

inalberare; (*vêtement, sourire*) sfoggiare; (*fig*) ostentare.
arborescence [aRbɔResɑ̃s] *nf* arborescenza.
arboricole [aRbɔRikɔl] *adj* arboricolo(-a).
arboriculture [aRbɔRikyltyR] *nf* arboricoltura; ▶ **arboriculture fruitière** arboricoltura fruttifera.
arbre [aRbR] *nm* (*BOT, TECH*) albero; ▶ **arbre à cames** albero a camme; ▶ **arbre de Noël** albero di Natale; ▶ **arbre de transmission** albero di trasmissione; ▶ **arbre fruitier** albero da frutto; ▶ **arbre généalogique** albero genealogico.
arbrisseau [aRbRiso] *nm* arboscello.
arbuste [aRbyst] *nm* arbusto.
arc [aRk] *nm* arco; ▶ **arc de cercle** semicerchio; **en ~ de cercle** a semicerchio; ▶ **Arc de triomphe** Arco di trionfo.
arcade [aRkad] *nf* arcata; **~s** *nfpl* (*d'un pont etc*) arcate *fpl*; (*d'une rue*) portici *mpl*; ▶ **arcade sourcilière** arcata sopraccigliare.
arcanes [aRkan] *nmpl* arcani *mpl*.
arc-boutant [aRkbutɑ̃] (*pl* **~s-~s**) *nm* (*ARCHIT*) arco rampante.
arc-bouter [aRkbute] *vr*: **s'~-~ (de** *ou* **avec/contre)** puntarsi (con/contro).
arceau [aRso] *nm* (*ARCHIT*) arco; (*métallique etc*) archetto.
arc-en-ciel [aRkɑ̃sjɛl] (*pl* **~s-~-~**) *nm* arcobaleno.
archaïque [aRkaik] *adj* arcaico(-a).
archaïsme [aRkaism] *nm* arcaismo.
archange [aRkɑ̃ʒ] *nm* arcangelo.
arche [aRʃ] *nf* (*ARCHIT*) arcata; ▶ **arche de Noé** arca di Noé.
archéologie [aRkeɔlɔʒi] *nf* archeologia.
archéologique [aRkeɔlɔʒik] *adj* archeologico(-a).
archéologue [aRkeɔlɔg] *nm/f* archeologo (-a).
archer [aRʃe] *nm* arciere *m*.
archet [aRʃɛ] *nm* (*MUS*) archetto.
archétype [aRketip] *nm* archetipo.
archevêché [aRʃəveʃe] *nm* arcivescovado.
archevêque [aRʃəvɛk] *nm* arcivescovo.
archi- [aRʃi] *préf* (*très*) arci-.
archibondé, e [aRʃibɔ̃de] *adj* strapieno(-a).
archiduc [aRʃidyk] *nm* arciduca *m*.
archiduchesse [aRʃidyʃɛs] *nf* arciduchessa.
archipel [aRʃipɛl] *nm* arcipelago.
archisimple [aRʃisɛ̃pl] *adj* semplicissimo (-a).
architecte [aRʃitɛkt] *nm* architetto; (*fig*) artefice *m*.
architectural, e, -aux [aRʃitɛktyRal, o] *adj* architettonico(-a).
architecture [aRʃitɛktyR] *nf* architettura.
archiver [aRʃive] *vt* archiviare.
archives [aRʃiv] *nfpl* archivio *msg*.
archiviste [aRʃivist] *nm/f* archivista *m/f*.
arçon [aRsɔ̃] *nm voir* **cheval**.
arctique [aRktik] *adj* artico(-a) ♦ *nm*: **l'A~** l'Artico; **le cercle ~** il circolo artico; **l'océan A~** l'oceano Artico.
ardemment [aRdamɑ̃] *adv* ardentemente.
ardent, e [aRdɑ̃, ɑ̃t] *adj* ardente; (*lutte*) acceso(-a).
ardeur [aRdœR] *nf* (*aussi fig*) ardore *m*; **son ~ au travail** il suo fervore nel lavoro.
ardoise [aRdwaz] *nf* ardesia; (*d'écolier*) lavagna; **avoir une ~** (*fig*) avere un debito.
ardu, e [aRdy] *adj* arduo(-a); (*pente*) ripido(-a).
are [aR] *nm* (*mesure*) ara.
arène [aRɛn] *nf* arena; **~s** *nfpl* (*de corrida*) arena *fsg*.
arête [aRɛt] *nf* (*de poisson*) lisca; (*d'une montagne*) crinale *m*; (*d'un solide etc*) spigolo; (*CONSTR*) colmo.
argent [aRʒɑ̃] *nm* (*métal, couleur*) argento; (*monnaie*) denaro, soldi *mpl*; **en avoir pour son ~** spendere bene il proprio denaro *ou* i propri soldi; **gagner beaucoup d'~** guadagnare molto denaro *ou* molti soldi; **changer de l'~** cambiare del denaro *ou* dei soldi; ▶ **argent comptant** denaro contante; ▶ **argent de poche** soldi per le piccole spese; ▶ **argent liquide** denaro liquido.
argenté, e [aRʒɑ̃te] *adj* argentato(-a); (*couleur, cheveux*) argenteo(-a).
argenter [aRʒɑ̃te] *vt* argentare.
argenterie [aRʒɑ̃tRi] *nf* argenteria.
argentin, e [aRʒɑ̃tɛ̃, in] *adj* argentino(-a) ♦ *nm/f*: **A~, e** argentino(-a).
Argentine [aRʒɑ̃tin] *nf* Argentina.
argile [aRʒil] *nf* argilla.
argileux, -euse [aRʒilø, øz] *adj* argilloso (-a).
argot [aRgo] *nm* gergo.
argotique [aRgɔtik] *adj* gergale.
arguer [aRgɥe]: **~ de** *vt* addurre come argomento; **~ que** addurre come argomento che.
argument [aRgymɑ̃] *nm* argomentazione *f*; (*sommaire*) sunto.
argumentaire [aRgymɑ̃tɛR] *nm* elenco di argomenti; (*brochure*) catalogo.
argumentation [aRgymɑ̃tasjɔ̃] *nf* argomentazione *f*.
argumenter [aRgymɑ̃te] *vi* argomentare.
argus [aRgys] *nm* (*AUTO*) listino dell'usato.
arguties [aRgysi] (*péj*) *nfpl* cavilli *mpl*.
aride [aRid] *adj* arido(-a).
aridité [aRidite] *nf* aridità.
arien, ne [aRjɛ̃, ɛn] *adj* ariano(-a).
aristocrate [aRistɔkRat] *nm/f* aristocratico(-a).
aristocratie [aRistɔkRasi] *nf* aristocrazia.

aristocratique [aristɔkratik] *adj* aristocratico(-a).

arithmétique [aritmetik] *adj* aritmetico (-a) ♦ *nf* aritmetica.

armada [armada] *nf* armata.

armagnac [armaɲak] *nm* armagnac *m inv*.

armateur [armatœr] *nm* armatore *m*.

armature [armatyr] *nf* (*CONSTR, fig*) struttura portante; (*de tente etc*) armatura; (*de soutien-gorge*) sostegno; (*MUS*) schema *m*

arme [arm] *nf* (*aussi fig*) arma; **~s** *nfpl* (*blason*) arme *fsg*; **à ~s égales** ad armi pari; **ville/peuple en ~s** città/popolo in armi; **passer par les ~s** passare per le armi; **prendre/présenter les ~s** prendere/presentare le armi; ▸ **arme blanche/à feu** arma bianca/da fuoco.

armé, e [arme] *adj* armato(-a); **~ de** (*garni, équipé*) munito(-a) di, armato(-a) di.

armée [arme] *nf* (*MIL, fig*) esercito; ▸ **armée de l'air** aereonautica militare; ▸ **armée de terre** esercito; ▸ **armée du Salut** esercito della salvezza.

armement [arməmɑ̃] *nm* armamento; **course aux ~s** corsa agli armamenti; ▸ **armements nucléaires** armamenti nucleari.

Arménie [armeni] *nf* Armenia.

arménien, ne [armenjɛ̃, jɛn] *adj* armeno(-a) ♦ *nm/f*: **A~, ne** armeno (-a).

armer [arme] *vt* armare; (*appareil-photo*) caricare; **~ qch/qn de** (*renforcer*) armare qc/qn di; **s'~ de** (*aussi fig*) armarsi di.

armistice [armistis] *nm* armistizio; **l'A~** l'Armistizio.

armoire [armwar] *nf* armadio; ▸ **armoire à glace** armadio a specchi; ▸ **armoire à pharmacie** armadietto dei medicinali.

armoiries [armwari] *nfpl* arme *fsg*, stemma *msg*.

armure [armyr] *nf* armatura.

armurerie [armyrri] *nf* fabbrica di armi; (*magasin*) armeria.

armurier [armyrje] *nm* armaiolo.

ARN [aɛrɛn] *sigle m* (= *acide ribonucléique*) RNA *m*.

arnaque [arnak] *nf*: **de l'~** una truffa.

arnaquer [arnake] *vt*: **se faire ~** farsi truffare.

arnaqueur [arnakœr] *nm* truffatore (-trice).

arnica [arnika] *nm*: **(teinture d')~** arnica.

aromates [arɔmat] *nmpl* spezie *fpl*.

aromatique [arɔmatik] *adj* aromatico(-a).

aromatisé, e [arɔmatize] *adj* aromatizzato(-a).

aromatiser [arɔmatize] *vt* aromatizzare.

arôme [arom] *nm* aroma *m*.

arpège [arpɛʒ] *nm* arpeggio.

arpentage [arpɑ̃taʒ] *nm* misurazione *f*.

arpenter [arpɑ̃te] *vt* (*salle, couloir*) percorrere in su e in giù.

arpenteur [arpɑ̃tœr] *nm* agrimensore *m*.

arqué, e [arke] *adj* (*jambe*) arcuato(-a); (*dos*) inarcato(-a).

arr. *abr* = **arrondissement**.

arrachage [araʃaʒ] *nm*: **~ des mauvaises herbes** estirpazione *f* delle erbacce.

arraché [araʃe] *nm* (*SPORT*) strappato; **obtenir à l'~** (*fig*) ottenere con molti sforzi.

arrachement [araʃmɑ̃] *nm* (*affectif: séparation*) lacerazione *f*.

arrache-pied [araʃpje]: **d'~-~** *adv* indefessamente.

arracher [araʃe] *vt* (*aussi fig*) strappare; (*clou, dent*) estrarre; (*légume*) raccogliere; (*herbe, souche*) estirpare; **s'arracher** *vr* (*article très recherché*) contendersi; **~ qch à qn** strappare qc a qn; **~ qn à** (*solitude, famille*) strappare qn a; **s'~ de** (*lieu*) staccarsi da; (*habitude*) liberarsi di.

arraisonner [arɛzɔne] *vt* (*bateau*) fermare (per un'ispezione).

arrangeant, e [arɑ̃ʒɑ̃, ɑ̃t] *adj* accomodante.

arrangement [arɑ̃ʒmɑ̃] *nm* sistemazione *f*; (*compromis*) accordo; (*MUS*) arrangiamento.

arranger [arɑ̃ʒe] *vt* sistemare; (*voyage, rendez-vous*) organizzare; (*MUS*) arrangiare; (*convenir à*): **cela m'arrange** mi sta bene; **s'arranger** *vr* (*se mettre d'accord*) mettersi d'accordo; (*querelle*) risolversi; (*situation*) aggiustarsi; **s'~ pour que** fare in modo che; **je vais m'~** mi arrangerò; **ça va s'~** la cosa si sistemerà; **s'~ pour faire** vedere di riuscire a fare; **si cela peut vous ~** se può andarvi bene.

arrangeur [arɑ̃ʒœr] *nm* (*MUS*) arrangiatore *m*.

arrestation [arɛstasjɔ̃] *nf* arresto.

arrêt [arɛ] *nm* arresto; (*de bus etc*) fermata; (*JUR: décision*) sentenza; (*FOOTBALL*) stop *m inv*; **~s** *nmpl* (*MIL*) arresti *mpl*; **être à l'~** stare fermo(-a); **rester** *ou* **tomber en ~ devant ...** stare in ammirazione davanti a ...; **sans ~** senza sosta; ▸ **arrêt d'autobus** fermata d'autobus; ▸ **arrêt de mort** sentenza capitale *ou* di morte; ▸ **arrêt de travail** sospensione *f* del lavoro; ▸ **arrêt facultatif** fermata facoltativa.

arrêté, e [arete] *adj* (*volonté, projet*) irrevocabile ♦ *nm* (*JUR*) ordinanza; ▸ **arrêté municipal** ordinanza comunale.

arrêter [arete] *vt* fermare; (*chauffage etc*) spegnere; (*compte*) chiudere; (*date, choix*) fissare; (*suspect, criminel*) arrestare; **s'arrêter** *vr* fermarsi; (*pluie, bruit*) smettere; **~ de faire qch** smettere di fare qc; **arrête de te plaindre** smettila di lamentarti; **s'~ de faire** smettere di fare; **s'~ sur** (*suj: regard*) fermarsi su; (: *choix*) cadere su; **s'~ court** *ou* **net** fermarsi di colpo.

arrhes [aʀ] *nfpl* caparra *fsg*.

arrière [aʀjɛʀ] *adj inv* posteriore ♦ *nm* (*d'une voiture, maison*) retro; (*SPORT*) terzino; **~s** *nmpl* (*fig*): **protéger ses ~s** proteggere le retrovie; **à l'~** (*derrière*) dietro; **en ~** (*regarder*) indietro; (*tomber, aller*) all'indietro; **en ~ de** (*derrière*) dietro a.

arriéré, e [aʀjeʀe] (*péj*) *adj* (*personne*) ritardato(-a); (*pays*) arretrato(-a) ♦ *nm* (*d'argent*) arretrati *mpl*.

arrière-boutique [aʀjɛʀbutik] (*pl* **~-~s**) *nf* retrobottega *m inv*.

arrière-cour [aʀjɛʀkuʀ] (*pl* **~-~s**) *nf* cortile *m* di servizio.

arrière-cuisine [aʀjɛʀkɥizin] (*pl* **~-~s**) *nf* retrocucina *m inv*.

arrière-garde [aʀjɛʀgaʀd] (*pl* **~-~s**) *nf* retroguardia.

arrière-goût [aʀjɛʀgu] (*pl* **~-~s**) *nm* sapore *m*; (*de vin*) retrogusto.

arrière-grand-mère [aʀjɛʀgʀɑ̃mɛʀ] (*pl* **~-~s-~s**) *nf* bisnonna.

arrière-grand-père [aʀjɛʀgʀɑ̃pɛʀ] (*pl* **~-~s-~s**) *nm* bisnonno.

arrière-grands-parents [aʀjɛʀgʀɑ̃paʀɑ̃] *nmpl* bisnonni *mpl*.

arrière-pays [aʀjɛʀpei] *nm inv* entroterra *m inv*.

arrière-pensée [aʀjɛʀpɑ̃se] (*pl* **~-~s**) *nf* riserva, reticenza; **sans ~-~s** senza riserve, francamente.

arrière-petite-fille [aʀjɛʀpətitfij] (*pl* **~-~s-~s**) *nf* pronipote *f*.

arrière-petit-fils [aʀjɛʀpətifis] (*pl* **~-~s-~**) *nm* pronipote *m*.

arrière-petits-enfants [aʀjɛʀpətizɑ̃fɑ̃] *nmpl* pronipoti *mpl*.

arrière-plan [aʀjɛʀplɑ̃] (*pl* **~-~s**) *nm* sfondo; **à l'~-~** (*fig*) in secondo piano.

arrière-saison [aʀjɛʀsɛzɔ̃] (*pl* **~-~s**) *nf* autunno inoltrato.

arrière-salle [aʀjɛʀsal] (*pl* **~-~s**) *nf* sala interna.

arrière-train [aʀjɛʀtʀɛ̃] (*pl* **~-~s**) *nm* (*d'un animal*) treno posteriore.

arrimer [aʀime] *vt* stivare.

arrivage [aʀivaʒ] *nm* sistemazione *f*.

arrivant, e [aʀivɑ̃, ɑ̃t] *nm/f* chi arriva; **les premiers ~s** i(le) primi(-e) ad arrivare.

arrivée [aʀive] *nf* arrivo; (*ligne d'arrivée*) arrivo, traguardo; **à mon ~** al mio arrivo; **courrier à l'~** posta in arrivo; ▸ **arrivée d'air** (*TECH*) presa d'aria; ▸ **arrivée de gaz** sfogo del gas.

arriver [aʀive] *vi* arrivare; (*événement, fait*) succedere, accadere; **~ à** (*atteindre*) arrivare a; **~ à faire qch** arrivare *ou* riuscire a fare qc; **j'arrive!** arrivo!; **il arrive à Paris à 8 h** arriva a Parigi alle 8; **~ à destination** arrivare a destinazione; **il arrive que ...** succede che ...; **il lui arrive de faire** gli capita di fare; **je n'y arrive pas** (*incapacité*) non ci riesco; **~ à échéance** scadere; **en ~ à faire** essere arrivato(-a) al punto di fare.

arrivisme [aʀivism] *nm* arrivismo.

arriviste [aʀivist] *nm/f* arrivista *m/f*.

arrogance [aʀɔgɑ̃s] *nf* arroganza.

arrogant, e [aʀɔgɑ̃, ɑ̃t] *adj* arrogante.

arroger [aʀɔʒe]: **s'~** *vr* arrogarsi; **s'~ le droit de ...** arrogarsi il diritto di ... .

arrondi, e [aʀɔ̃di] *adj* (*rond*) arrotondato (-a) ♦ *nm* (*d'une robe*) scollo; (*d'une voûte*) tondo.

arrondir [aʀɔ̃diʀ] *vt* (*forme, somme*) arrotondare; **s'arrondir** *vr* (*dos*) curvarsi; (*ventre*) arrotondarsi; **~ ses fins de mois** arrotondare lo stipendio.

arrondissement [aʀɔ̃dismɑ̃] *nm* circoscrizione *f* (amministrativa).

arrosage [aʀozaʒ] *nm* annaffiatura; **tuyau d'~** manichetta dell'acqua.

arroser [aʀoze] *vt* annaffiare, innaffiare; (*CULIN, GÉO, fig*) bagnare.

arroseur [aʀozœʀ] *nm* (*tourniquet*) irrigatore *m*.

arroseuse [aʀozøz] *nf* (autobotte *f*) annaffiatrice *f*.

arrosoir [aʀozwaʀ] *nm* annaffiatoio.

arrt *abr* = **arrondissement**.

arsenal, -aux [aʀsənal, o] *nm* (*aussi fig*) arsenale *m*.

arsenic [aʀsənik] *nm* arsenico.

art [aʀ] *nm* arte *f*; **avoir l'~ de faire** (*fig*) avere l'arte di fare; **livre/critique d'~** libro/critico d'arte; **les ~s et métiers** le arti e i mestieri; ▸ **art dramatique** arte drammatica; ▸ **arts ménagers** arti domestiche; ▸ **arts plastiques** arti figurative.

art. *abr* (= *article*) art.

artère [aʀtɛʀ] *nf* (*ANAT, rue*) arteria.

artériel, le [aʀteʀjɛl] *adj* arterioso(-a).

artériosclérose [aʀteʀjoskleʀoz] *nf* arteriosclerosi *f*.

arthrite [aʀtʀit] *nf* artrite *f*.

arthrose [aʀtʀoz] *nf* artrosi *f*.

artichaut [aʀtiʃo] *nm* carciofo.

article [aʀtikl] *nm* articolo; **faire l'~** (*COMM, fig*) decantare la propria merce; **à l'~ de la mort** in punto di morte; ▸ **article défini/indéfini** articolo determinativo/indeterminativo; ▸ **article de fond** articolo di fondo; ▸ **articles de bureau** articoli da ufficio; ▸ **articles de voyage** articoli da viaggio.

articulaire [artikylɛr] *adj* articolare.
articulation [artikylasjɔ̃] *nf* (*aussi fig*) articolazione *f*.
articulé, e [artikyle] *adj* (*membre*) articolato(-a); (*poupée*) snodato(-a).
articuler [artikyle] *vt* (*mot, phrase*) articolare; (*pièce, élément*) snodare; **s'articuler** *vr* articolarsi; **s'~ autour de** (*fig*) articolarsi intorno a.
artifice [artifis] *nm* artificio.
artificiel, le [artifisjɛl] *adj* artificiale.
artificiellement [artifisjɛlmɑ̃] *adv* artificialmente.
artificier [artifisje] *nm* artificiere *m*.
artificieux, -euse [artifisjø, jøz] *adj* artificioso(-a).
artillerie [artijri] *nf* artiglieria.
artilleur [artijœr] *nm* artigliere *m*.
artimon [artimɔ̃] *nm* artimone *m*.
artisan [artizɑ̃] *nm* artigiano; **l'~ de la victoire/du malheur** l'artefice della vittoria/della disgrazia.
artisanal, e, -aux [artizanal, o] *adj* artigianale.
artisanalement [artizanalmɑ̃] *adv* artigianalmente.
artisanat [artizana] *nm* artigianato.
artiste [artist] *nm/f* (*aussi fig*) artista *m/f*.
artistique [artistik] *adj* artistico(-a).
aryen, ne [arjɛ̃, jɛn] *adj* ariano(-a).
AS [aɛs] *sigle fpl* (*ADMIN* = *assurances sociales*) *voir* **assurance** ♦ *sigle f* = *Association sportive*.
as [ɑs] *vb voir* **avoir** ♦ *nm* (*carte, personne*) asso.
ASBL [aɛsbeɛl] *sigle f* = *association sans but lucratif*.
ascendance [asɑ̃dɑ̃s] *nf* ascendenza.
ascendant, e [asɑ̃dɑ̃, ɑ̃t] *adj* ascendente ♦ *nm* ascendente *m*; **~s** *nmpl* (*parents*) ascendenti *mpl*.
ascenseur [asɑ̃sœr] *nm* ascensore *m*.
ascension [asɑ̃sjɔ̃] *nf* ascensione *f*; (*d'un ballon etc*) ascesa; **(île de) l'A~** (isola di) Ascensione; **l'A~** (*REL*) l'Ascensione.
ascète [asɛt] *nm/f* asceta *m/f*.
ascétique [asetik] *adj* ascetico(-a).
ascétisme [asetism] *nm* ascetismo.
ascorbique [askɔrbik] *adj*: **acide ~** acido ascorbico.
ASE [aɛsə] *sigle f* (= *Agence spatiale européenne*) ESA *m*.
asepsie [asɛpsi] *nf* asepsi *f*.
aseptique [asɛptik] *adj* (*pansement etc*) asettico(-a).
aseptiser [asɛptize] *vt* sterilizzare; (*plaie*) disinfettare.
asexué, e [asɛksɥe] *adj* asessuato(-a).
Asiate [azjat] *nm/f* asiatico(-a).
asiatique [azjatik] *adj* asiatico(-a) ♦ *nm/f*: **A~** asiatico(-a).
Asie [azi] *nf* Asia.
asile [azil] *nm* (*refuge, abri*) asilo, rifugio; (*pour malades mentaux*) manicomio; (*pour vieillards*) ospizio; **droit d'~** (*POL*) diritto d'asilo; **accorder l'~ politique à qn** concedere l'asilo politico a qn; **chercher/trouver ~ quelque part** cercare/trovare rifugio da qualche parte.
asocial, e, -aux [asɔsjal, jo] *adj* asociale.
aspect [aspɛ] *nm* aspetto; **à l'~ de ...** alla vista di ... .
asperge [aspɛrʒ] *nf* asparago.
asperger [aspɛrʒe] *vt* spruzzare.
aspérité [asperite] *nf* asperità *f inv*.
aspersion [aspɛrsjɔ̃] *nf* spruzzata.
asphalte [asfalt] *nm* asfalto.
asphalter [asfalte] *vt* asfaltare.
asphyxiant, e [asfiksjɑ̃, jɑ̃t] *adj* asfissiante.
asphyxie [asfiksi] *nf* (*aussi fig*) asfissia.
asphyxier [asfiksje] *vt* (*fig*: *pays, économie*) asfissiare; **mourir asphyxié** morire asfissiato.
aspic [aspik] *nm* (*ZOOL*) aspide *m*; (*CULIN*) aspic *m*.
aspirant, e [aspirɑ̃, ɑ̃t] *adj*: **pompe ~e** pompa aspirante ♦ *nm* (*NAUT*) aspirante *m*.
aspirateur [aspiratœr] *nm* aspiratore *m*; (*électroménager*) aspirapolvere *m inv*.
aspiration [aspirasjɔ̃] *nf* aspirazione *f*.
aspirer [aspire] *vt*: **~ (à)** aspirare (a); **~ à faire** aspirare a fare.
aspirine [aspirin] *nf* aspirina.
assagir [asaʒir] *vt* far mettere giudizio a; **s'assagir** *vr* mettere giudizio.
assaillant, e [asajɑ̃, ɑ̃t] *nm/f* assalitore (-trice).
assaillir [asajir] *vt* assalire; (*fig*: *de questions, reproches*) subissare.
assainir [asenir] *vt* (*quartier, fig*: *FIN*) risanare; (*logement*) disinfettare; (*air, eau*) depurare.
assainissement [asenismɑ̃] *nm* (*v vb*) risanamento; disinfezione *f*; depurazione *f*.
assaisonnement [asɛzɔnmɑ̃] *nm* condimento.
assaisonner [asɛzɔne] *vt* condire; **bien assaisonné** ben condito.
assassin [asasɛ̃] *nm* assassino.
assassinat [asasina] *nm* assassinio.
assassiner [asasine] *vt* assassinare.
assaut [aso] *nm* (*MIL, fig*) assalto; **prendre d'~** prendere d'assalto; **donner l'~ (à)** dare l'assalto (a); **faire ~ de** (*rivaliser*) gareggiare in.
assèchement [asɛʃmɑ̃] *nm* prosciugamento.
assécher [aseʃe] *vt* prosciugare.
ASSEDIC [asedik] *sigle f* = *Association pour l'emploi dans l'industrie et le commerce*.
assemblage [asɑ̃blaʒ] *nm* raccolta; (*menui-*

serie) montaggio; **un ~ de** (*fig*) un insieme di; **langage d'~** (*INFORM*) linguaggio di assemblaggio.
assemblée [asɑ̃ble] *nf* (*public, assistance*) pubblico; (*réunion, POL*) assemblea; **~ des fidèles** (*REL*) assemblea dei fedeli; **~ générale** assemblea generale; **l'A~ nationale** ≈ la Camera dei deputati.
assembler [asɑ̃ble] *vt* mettere insieme, riunire; (*TECH*) assemblare; (*voiture, meuble*) montare; (*amasser*) riunire; **s'assembler** *vr* (*personnes*) riunirsi.
assembleur [asɑ̃blœʀ] *nm* (*INFORM*) assemblatore *m*.
assener [asene] *vt*: **~ un coup à qn** assestare un colpo a qn; **~ la verité à qn** spiattellare la verità in faccia a qn.
asséner [asene] *vt* = **assener**.
assentiment [asɑ̃timɑ̃] *nm* assenso.
asseoir [aswaʀ] *vt* mettere a sedere; (*autorité, réputation*) consolidare; **s'asseoir** *vr* sedersi; **faire ~ qn** far sedere qn; **~ qch sur** (*aussi fig*) basare qc su; (*appuyer*) appoggiare qc su.
assermenté, e [asɛʀmɑ̃te] *adj* (*JUR*) giurato(-a), sotto giuramento.
assertion [asɛʀsjɔ̃] *nf* asserzione *f*.
asservir [asɛʀviʀ] *vt* asservire.
asservissement [asɛʀvismɑ̃] *nm* asservimento.
assesseur [asesœʀ] *nm* (*JUR*) aggiunto giudiziario.
asseyais [asɛjɛ] *vb voir* **asseoir**.
assez [ase] *adv* abbastanza; **~!** basta (così)!; **~/pas ~ cuit** abbastanza/non abbastanza cotto; **est-il ~ fort/rapide?** è abbastanza forte/rapido?; **il est passé ~ vite** è passato abbastanza in fretta; **~ de pain/livres** abbastanza pane/libri; **vous en avez ~** ne avete abbastanza; **en avoir ~ de qch** (*en être fatigué*) averne abbastanza di qc.
assidu, e [asidy] *adj* assiduo(-a); (*élève, employé*) ligio(-a); **~ auprès de qn** seguire assiduamente qn.
assiduité [asidɥite] *nf* (*v adj*) assiduità; zelo; **~s** *nfpl* (*attentions inlassables*) premure *fpl*.
assidûment [asidymɑ̃] *adv* assiduamente.
assied *etc* [asje] *vb voir* **asseoir**.
assiégé, e [asjeʒe] *adj* assediato(-a).
assiéger [asjeʒe] *vt* assediare.
assiérai *etc* [asjeʀe] *vb voir* **asseoir**.
assiette [asjɛt] *nf* piatto; (*d'un cavalier, d'un navire*) assetto; (*d'une colonne*) fondamento; ▸ **assiette à dessert** piatto da dessert; ▸ **assiette anglaise** (*CULIN*) piatto freddo; ▸ **assiette creuse/plate** piatto fondo/(piano); ▸ **assiette de l'impôt** imponibile *m*.
assiettée [asjete] *nf* piatto.
assignation [asiɲasjɔ̃] *nf* assegnazione *f*; (*JUR*) citazione *f*; ▸ **assignation à résidence** consegna al soggiorno obbligatorio.
assigner [asiɲe] *vt* assegnare; (*valeur, importance, cause*) attribuire; (*somme, crédit*) destinare; (*limites*) fissare; **~ qn à** (*à un poste*) assegnare qn a; **~ qn à résidence** (*JUR*) consegnare qn al soggiorno obbligato.
assimilable [asimilabl] *adj* assimilabile.
assimilation [asimilasjɔ̃] *nf* assimilazione *f*.
assimiler [asimile] *vt* (*aussi fig*) assimilare; (*comparer*): **~ qch/qn à** equiparare qc/qn a; **s'assimiler** *vr* (*s'intégrer*) assimilarsi; **ils sont assimilés aux infirmiers** (*ADMIN: classés comme*) sono equiparati agli infermieri.
assis, e [asi, iz] *pp de* **asseoir** ♦ *adj* seduto(-a); **~ en tailleur** seduto a gambe incrociate.
Assise [asiz] *n* Assisi *f*.
assise [asiz] *nf* (*CONSTR*) corso; (*GÉO*) assisa; (*fig: d'un régime etc*) fondamento; **~s** *nfpl* (*JUR, congrès*) assise *fpl*.
assistanat [asistana] *nm* assistentato.
assistance [asistɑ̃s] *nf* (*public*) astanti *mpl*; (*aide*) assistenza; **porter** *ou* **prêter ~ à qn** prestare assistenza a qn; ▸ **Assistance (publique)** *ente pubblico per l'assistenza ai minori*; **enfant de l'A~ (publique)** bimbo senza famiglia; ▸ **assistance technique** assistenza tecnica.
assistant, e [asistɑ̃, ɑ̃t] *nm/f* assistente *m/f*; **~s** *nmpl* (*auditeurs etc*) astanti *mpl*; ▸ **assistante sociale** assistente sociale.
assisté, e [asiste] *nm/f* assistito(-a) ♦ *adj* (*AUTO*): **direction ~e** servosterzo; **freins ~s** servofreno *msg*.
assister [asiste] *vt* (*personne*) assistere; **~ à** (*scène, match*) assistere a.
associatif, -ive [asɔsjatif, iv] *adj* associativo(-a).
association [asɔsjasjɔ̃] *nf* associazione *f*; ▸ **association d'idées** associazione d'idee.
associé, e [asɔsje] *adj* associato(-a) ♦ *nm/f* socio(-a).
associer [asɔsje] *vt* associare; **s'associer** *vr* associarsi; **~ qn à** (*projets, profits, joie*) far qn partecipe di; (*affaire*) prendere qn come socio(-a) di; **~ qch à** (*joindre, allier*) unire qc a; **s'~ à** (*s'allier avec*) mettersi in società con; (*opinions, joie de qn*) associarsi a.
assoie [aswa] *vb voir* **asseoir**.
assoiffé, e [aswafe] *adj* (*aussi fig*) assetato(-a).
assoirai *etc* [asware] *vb voir* **asseoir**.
assois *etc* [aswa] *vb voir* **asseoir**.
assolement [asɔlmɑ̃] *nm* (*AGR*) avvicendamento.

assombrir [asɔ̃bʀiʀ] *vt* (*ciel, pièce*) oscurare; (*couleur*) scurire; (*fig*) rattristare; **s'assombrir** *vr* (*ciel*) oscurarsi; (*fig: visage*) farsi cupo(-a); (*: avenir etc*) rabbuiarsi.

assommer [asɔme] *vt* ammazzare; (*suj: médicament etc*) stordire; (*fam: importuner*) scocciare.

Assomption [asɔ̃psjɔ̃] *nf*: **l'~** l'Assunzione *f*.

assorti, e [asɔʀti] *adj* (*couleurs*) intonato (-a); (*partenaires*) assortito(-a); **fromages ~s** formaggi *mpl* assortiti; **~ à** (*en harmonie avec*) in armonia con; **~ de** (*conditions, conseils*) accompagnato(-a) da; **bien/mal ~** ben/mal assortito.

assortiment [asɔʀtimɑ̃] *nm* assortimento; (*harmonie de couleurs, formes*) accostamento.

assortir [asɔʀtiʀ] *vt* (*aussi fig*) assortire; (*couleurs*) intonare; **s'assortir** *vr* (*aller ensemble*) andare d'accordo; **~ qch à** intonare qc con; **~ qch de** accompagnare qc con.

assoupi, e [asupi] *adj* assopito(-a); (*fig*) sopito(-a).

assoupir [asupiʀ]: **s'~** *vr* assopirsi.

assoupissement [asupismɑ̃] *nm* assopimento.

assouplir [asupliʀ] *vt* (*cuir, fig: caractère*) ammorbidire; (*membres, corps*) sciogliere; (*fig: règlement, discipline*) rendere meno rigido(-a), rilassare; **s'assouplir** *vr* (*v vt*) ammorbidirsi; sciogliersi; divenire meno rigido(-a).

assouplissement [asuplismɑ̃] *nm* (*v vt*) ammorbidimento; scioglimento; rilassamento; **exercices d'~** esercizi *mpl* di scioglimento.

assourdir [asuʀdiʀ] *vt* attutire; (*suj: bruit*) assordare.

assourdissant, e [asuʀdisɑ̃, ɑ̃t] *adj* assordante.

assouvir [asuviʀ] *vt* (*faim*) saziare; (*désir*) appagare.

assoyais [aswajɛ] *vb voir* **asseoir**.

ASSU [asy] *sigle f* = *Association du sport scolaire et universitaire*.

assujetti, e [asyʒeti] *adj* assoggettato(-a); **~ à l'impôt** (*ADMIN*) soggetto(-a) ad imposta.

assujettir [asyʒetiʀ] *vt* (*peuple, pays*) assoggettare; (*planches, tableau*) fissare; **~ qn à** (*règle, impôt*) assoggettare qn a.

assujettissement [asyʒetismɑ̃] *nm* assoggettamento.

assumer [asyme] *vt* assumere; (*conséquence, situation*) accettare (consapevolmente); **s'assumer** *vr* assumersi.

assurance [asyʀɑ̃s] *nf* certezza; (*fig: confiance en soi*) sicurezza; (*contrat, secteur commercial*) assicurazione *f*; **prendre une ~ contre** stipulare un'assicurazione contro; **~ contre l'incendie/le vol** assicurazione contro gli incendi/i furti; **société d'~** società di assicurazioni; **compagnie d'~s** compagnia di assicurazioni; ▶ **assurance au tiers** assicurazione terzi; ▶ **assurance maladie** assicurazione contro le malattie; ▶ **assurance tous risques** (*AUTO*) polizza *f* casco *inv*; ▶ **assurances sociales** ≈ previdenza sociale.

assurance-vie [asyʀɑ̃svi] (*pl* **~s-~**) *nf* assicurazione *f* sulla vita.

assurance-vol [asyʀɑ̃svɔl] (*pl* **~s-~**) *nf* assicurazione *f* contro i furti.

assuré, e [asyʀe] *adj* (*sûr: victoire etc*) assicurato(-a); (*démarche, voix*) sicuro (-a) ♦ *nm/f* (*couvert par une assurance*) assicurato(-a); **~ de** (*certain de*) sicuro (-a) di; **être ~** (*assurance*) essere assicurato(-a); ▶ **assuré social** assistito(-a).

assurément [asyʀemɑ̃] *adv* sicuramente.

assurer [asyʀe] *vt* (*COMM*) assicurare; (*démarche, construction*) stabilizzare; (*frontières, pouvoir*) proteggere; (*service, garde*) prestare; (*certifier: fait etc*) certificare; **s'assurer** *vr* (*COMM: par une assurance*): **s'~ (contre)** assicurarsi (contro); **~ qch à qn/que** (*garantir*) assicurare qc a qn/che; **~ qn de qch** (*confirmer, garantir*) assicurare qc a qn; **je vous assure que non/si** vi assicuro di no/sì; **~ ses arrières** (*fig*) proteggere le retrovie; **s'~ de/que** (*vérifier*) assicurarsi di/che; **s'~ (de)** assicurarsi (di); **s'~ sur la vie** stipulare un'assicurazione sulla vita; **s'~ le concours/la collaboration de qn** assicurarsi la partecipazione/la collaborazione di qn.

assureur [asyʀœʀ] *nm* (*COMM*) assicuratore *m*.

assyrien, ne [asiʀjɛ̃, jɛn] *adj* assiro(-a) ♦ *nm/f*: **A~, ne** assiro(-a).

astérisque [asteʀisk] *nm* asterisco.

astéroïde [asteʀɔid] *nm* asteroide *m*.

asthénique [astenik] *adj* astenico(-a).

asthmatique [asmatik] *adj* asmatico(-a).

asthme [asm] *nm* asma.

asticot [astiko] *nm* verme *m*.

asticoter [astikɔte] *vt* stuzzicare.

astigmate [astigmat] *adj* astigmatico(-a).

astiquer [astike] *vt* lucidare.

astrakan [astʀakɑ̃] *nm* astrakan *m inv*.

astral, e, -aux [astʀal, o] *adj* astrale.

astre [astʀ] *nm* astro.

astreignant, e [astʀɛɲɑ̃, ɑ̃t] *adj* (*tâche*) impegnativo(-a); (*règle*) costrittivo(-a).

astreindre [astʀɛ̃dʀ] *vt*: **~ (à)** costringere (a); **s'~ à** imporsi di.

astringent, e [astʀɛ̃ʒɑ̃, ɑ̃t] *adj* astringente.

astrologie [astʀɔlɔʒi] *nf* astrologia.

astrologique [astʀɔlɔʒik] *adj* astrologico (-a).
astrologue [astʀɔlɔg] *nm/f* astrologo(-a).
astronaute [astʀonot] *nm/f* astronauta *m/f*.
astronautique [astʀonotik] *nf* astronautica.
astronome [astʀɔnɔm] *nm/f* astronomo(-a).
astronomie [astʀɔnɔmi] *nf* astronomia.
astronomique [astʀɔnɔmik] *adj* (*aussi fig*) astronomico(-a).
astrophysicien, ne [astʀofizisjɛ̃, jɛn] *nm/f* astrofisico(-a).
astrophysique [astʀofizik] *nf* astrofisica.
astuce [astys] *nf* astuzia; (*plaisanterie*) trucco.
astucieusement [astysjøzmɑ̃] *adv* astutamente.
astucieux, -euse [astysjø, jøz] *adj* astuto (-a).
asymétrique [asimetʀik] *adj* asimmetrico(-a).
AT *sigle m* (= *Ancien Testament*) A.T.
atavisme [atavism] *nm* atavismo.
atelier [atəlje] *nm* (*d'artisan*) laboratorio; (*de couturière*) atelier *m inv*; (*de peintre*) studio, atelier; (*d'usine*) reparto; ~ **de musique/poterie** (*groupe de travail*) gruppo *ou* workshop *m inv* di musica/ceramica.
atermoiements [atɛʀmwamɑ̃] *nmpl* indugi *mpl*.
atermoyer [atɛʀmwaje] *vi* indugiare.
athée [ate] *adj, nm/f* ateo(-a).
athéisme [ateism] *nm* ateismo.
Athènes [atɛn] *n* Atene *f*.
athénien, ne [atenjɛ̃, jɛn] *adj* ateniese ♦ *nm/f*: **A~, ne** ateniese *m/f*.
athlète [atlɛt] *nm/f* atleta *m/f*.
athlétique [atletik] *adj* atletico(-a).
athlétisme [atletism] *nm* atletica leggera; **tournoi d'~** gara di atletica; **faire de l'~** fare atletica.
Atlantide [atlɑ̃tid] *nf* Atlantide *m*.
atlantique [atlɑ̃tik] *adj* atlantico(-a) ♦ *nm*: **l'(océan) A~** l'(oceano) Atlantico.
atlantiste [atlɑ̃tist] *adj, nm/f* atlantista *m/f*.
Atlas [atlɑs] *nm* Atlante *m*.
atlas [atlɑs] *nm* atlante *m*.
atmosphère [atmɔsfɛʀ] *nf* (*aussi fig*) atmosfera.
atmosphérique [atmɔsfeʀik] *adj* atmosferico(-a).
atoll [atɔl] *nm* atollo.
atome [atom] *nm* atomo.
atomique [atɔmik] *adj* atomico(-a).
atomiseur [atɔmizœʀ] *nm* spray *m inv*, nebulizzatore *m*.
atomiste [atɔmist] *nm/f* scienziato(-a) atomico(-a).
atone [atɔn] *adj* (*regard*) inespressivo(-a); (*LING*) atono(-a).
atours [atuʀ] *nmpl* ghingheri *mpl*.
atout [atu] *nm* (*aussi fig*) atout *m inv*; ▸ **atout pique/trèfle** atout di picche/di fiori.
âtre [ɑtʀ] *nm* focolare *m*.
atroce [atʀɔs] *adj* atroce.
atrocement [atʀɔsmɑ̃] *adv* atrocemente.
atrocité [atʀɔsite] *nf* atrocità *f inv*; (*calomnie*) infamie *fpl*.
atrophie [atʀɔfi] *nf* atrofia.
atrophier [atʀɔfje]: **s'~** *vr* atrofizzarsi.
attabler [atable]: **s'~** *vr* mettersi a tavola; **s'~ à la terrasse** sedersi ai tavolini all'aperto di un caffè.
attachant, e [ataʃɑ̃, ɑ̃t] *adj* (*ami, animal*) caro(-a).
attache [ataʃ] *nf* fermaglio; (*fig*) legame *m*; **~s** *nfpl* (*relations*) legami *mpl*; **à l'~** (*chien*) alla catena.
attaché, e [ataʃe] *adj*: **être ~ à** (*aimer*) essere attaccato(-a) a ♦ *nm* (*ADMIN*) addetto; ▸ **attaché commercial** addetto commerciale; ▸ **attaché d'ambassade** addetto d'ambasciata; ▸ **attaché de presse** addetto(-a) stampa *inv*.
attaché-case [ataʃekɛz] (*pl* **~s-~s**) *nm* valigetta ventiquattr'ore.
attachement [ataʃmɑ̃] *nm* attaccamento.
attacher [ataʃe] *vt* (*lier*) legare; (*bateau*) ormeggiare; (*étiquette etc*) attaccare; (*ceinture, souliers*) allacciare ♦ *vi* (*poêle, riz*) attaccare; **s'attacher** *vr* (*robe etc*) chiudersi; **s'~ à** (*par affection*) attaccarsi a; **s'~ à faire qch** impegnarsi a fare qc; **~ qch à** attaccare qc a; **~ qn à** (*fig*: *lier*) legare qn a; **~ du prix/de l'importance à** attribuire valore/importanza a; **~ son regard/ses yeux sur** fissare lo sguardo/gli occhi su.
attaquant [atakɑ̃] *nm* (*MIL, SPORT*) attaccante *m*.
attaque [atak] *nf* attacco; (*MÉD*: *cardiaque*) crisi *f inv*; (: *cérébrale*) ictus *m inv*; **être/se sentir d'~** essere/sentirsi in forma; ▸ **attaque à main armée** aggressione *f* a mano armata.
attaquer [atake] *vt* attaccare; (*suj*: *rouille, acide*) intaccare; (*travail*) intraprendere ♦ *vi* (*SPORT*) attaccare; **~ qn en justice** intentare causa a qn; **s'~ à** affrontare; (*épidémie, misère*) combattere.
attardé, e [ataʀde] *adj* (*passants*) ritardatario(-a); (*enfant*) ritardato(-a); (*conceptions etc*) retrogrado(-a).
attarder [ataʀde]: **s'~** *vr* attardarsi.
atteignais *etc* [ateɲɛ] *vb voir* **atteindre**.
atteindre [atɛ̃dʀ] *vt* raggiungere; (*blesser, fig*) colpire; (*contacter*) rintracciare, raggiungere.
atteint, e [atɛ̃, ɛ̃t] *pp de* **atteindre** ♦ *adj* (*MÉD*): **être ~ de** essere affetto(-a) da.
atteinte [atɛ̃t] *nf* attacco; (*à l'honneur*) of-

fesa; **hors d'~** (*aussi fig*) fuori portata; **porter ~ à** attentare a.

attelage [at(ə)laʒ] *nm* (*de remorque, animaux*) tiro.

atteler [at(ə)le] *vt* attaccare; **s'~ à** (*fig*) dedicarsi a.

attelle [atɛl] *nf* stecca.

attenant, e [at(ə)nɑ̃, ɑ̃t] *adj*: **~ (à)** attiguo(-a) (a).

attendant [atɑ̃dɑ̃] *adv*: **en ~** nell'attesa.

attendre [atɑ̃dʀ] *vt* aspettare; (*être destiné ou réservé à*) attendere ♦ *vi* aspettare; **s'attendre** *vr*: **s'~ à (ce que)** (*escompter, prévoir*) aspettarsi (che); **~ qch de qn/qch** (*espérer*) aspettarsi qc da qn/qc; **je n'attends plus rien de la vie** non mi aspetto più nulla dalla vita; **attendez que je réfléchisse** mi faccia riflettere; **je ne m'y attendais pas** non me l'aspettavo; **ce n'est pas ce à quoi je m'attendais** non è ciò che mi aspettavo; **~ un enfant** aspettare un bambino; **~ de pied ferme** aspettare con risoluzione; **~ de faire/d'être** aspettare di fare/di essere; **faire ~ qn** far aspettare qn; **se faire ~** farsi aspettare; **j'attends vos excuses** aspetto le vostre scuse.

attendri, e [atɑ̃dʀi] *adj* intenerito(-a).

attendrir [atɑ̃dʀiʀ] *vt* intenerire; (*viande*) rendere più tenero(-a); **s'attendrir** *vr*: **s'~ (sur)** intenerirsi (per).

attendrissant, e [atɑ̃dʀisɑ̃, ɑ̃t] *adj* commovente, toccante.

attendrissement [atɑ̃dʀismɑ̃] *nm* (*tendre*) intenerimento; (*apitoyé*) commozione *f*.

attendrisseur [atɑ̃dʀisœʀ] *nm* batticarne *m inv*.

attendu, e [atɑ̃dy] *pp de* **attendre** ♦ *adj* atteso(-a); **~s** *nmpl* (*JUR*) motivazione *fsg*; **~ que** visto che.

attentat [atɑ̃ta] *nm* attentato; ▸ **attentat à la pudeur** oltraggio al pudore.

attente [atɑ̃t] *nf* attesa; (*espérance*) aspettativa; **contre toute ~** contrariamente ad ogni aspettativa.

attenter [atɑ̃te]: **~ à** *vt* attentare a; **~ à ses jours** attentare alla propria vita.

attentif, -ive [atɑ̃tif, iv] *adj* (*auditeur, élève*) attento(-a); (*soins*) premuroso(-a); (*travail*) accurato(-a), attento(-a); **~ à/à faire** attento(-a) a/a fare.

attention [atɑ̃sjɔ̃] *nf* attenzione *f*; **à l'~ de** (*ADMIN*) all'attenzione di; **porter qch à l'~ de qn** portare qc all'attenzione di qn; **attirer l'~ de qn sur qch** attirare l'attenzione di qn su qc; **faire ~ à** fare attenzione a; **faire ~ que/à ce que** stare attento(-a) che; **~, respectez les consignes de sécurité** attenzione, rispettate le norme di sicurezza; **~ à la voiture!** attento alla macchina!

attentionné, e [atɑ̃sjɔne] *adj* premuroso (-a).

attentisme [atɑ̃tism] *nm* attendismo.

attentiste [atɑ̃tist] *adj, nm/f* attendista *m/f*.

attentivement [atɑ̃tivmɑ̃] *adv* attentamente.

atténuant, e [atenɥɑ̃, ɑ̃t] *adj*: **circonstances ~es** circostanze *fpl* attenuanti.

atténuer [atenɥe] *vt* attenuare; (*force*) moderare; **s'atténuer** *vr* attenuarsi; (*violence*) placarsi.

atterrer [ateʀe] *vt* costernare.

atterrir [ateʀiʀ] *vi* atterrare.

atterrissage [ateʀisaʒ] *nm* atterraggio; ▸ **atterrissage forcé** atterraggio forzato; ▸ **atterrissage sans visibilité** atterraggio in condizioni di scarsa visibilità.

attestation [atɛstasjɔ̃] *nf* attestato; ▸ **attestation d'un médecin** certificato medico.

attester [atɛste] *vt* attestare.

attiédir [atjediʀ] *vt* (*aussi fig*) intiepidire.

attifé, e [atife] (*fam*) *adj* agghindato(-a).

attifer [atife] *vt* agghindare.

attique [atik] *nm*: **appartement en ~** attico.

attirail [atiʀaj] *nm* attrezzatura; (*péj*) armamentario.

attirance [atiʀɑ̃s] *nf* fascino; (*vers qch*) attrazione *f*.

attirant, e [atiʀɑ̃, ɑ̃t] *adj* seducente.

attirer [atiʀe] *vt* attirare; (*magnétiquement etc*) attrarre; **~ qn dans un coin/vers soi** attirare qn in un angolo/verso di sé; **~ l'attention de qn sur qch** attirare l'attenzione di qn su qc; **~ des louanges/ennuis à qn** procurare delle lodi/grane a qn; **s'~ des ennuis** procurarsi delle grane.

attiser [atize] *vt* (*aussi fig*) attizzare.

attitré, e [atitʀe] *adj* autorizzato(-a); (*agréé*) accreditato(-a).

attitude [atityd] *nf* atteggiamento.

attouchements [atuʃmɑ̃] *nmpl* carezze *fpl*.

attractif, -ive [atʀaktif, iv] *adj* attraente.

attraction [atʀaksjɔ̃] *nf* attrazione *f*.

attrait [atʀɛ] *nm* fascino, attrattiva; **~s** *nmpl* (*d'une femme*) grazie *fpl*; **éprouver de l'~ pour** provare attrazione per.

attrape [atʀap] *nf voir* **farce**.

attrape-nigaud [atʀapnigo] (*pl* **~-~s**) *nm* specchietto per le allodole.

attraper [atʀape] *vt* afferrare; (*voleur, animal*) catturare; (*fig: train, habitude*) prendere; (*fam: réprimander*) sgridare; (*: duper*) infinocchiare.

attrayant, e [atʀɛjɑ̃, ɑ̃t] *adj* attraente.

attribuer [atʀibɥe] *vt* (*prix, rôle*) assegnare; (*conséquence, importance*) attribuire; **s'attribuer** *vr* (*s'approprier*) appropriarsi.

attribut [atʀiby] *nm* attributo; (*LING*) predicato.

attribution [atʀibysjɔ̃] *nf* (*d'un prix*) assegnazione *f*; **~s** *nfpl* (*ADMIN*) competenze

fpl; **complément d'~** (*LING*) complemento di termine.
attristant, e [atʀistɑ̃, ɑ̃t] *adj* rattristante.
attrister [atʀiste] *vt* rattristare; **s'attrister** *vr*: **s'~ de qch** rattristarsi per qc.
attroupement [atʀupmɑ̃] *nm* assembramento.
attrouper [atʀupe]: **s'~** *vr* assembrarsi.
au [o] *prép + art déf voir* **à**.
aubade [obad] *nf* mattinata (*canto*).
aubaine [obɛn] *nf* fortuna insperata; (*COMM*) occasione *f*.
aube [ob] *nf* alba; **à l'~** all'alba; **à l'~ de** all'alba di; (*fig*) agli albori di.
aubépine [obepin] *nf* biancospino.
auberge [obɛʀʒ] *nf* locanda; ▶ **auberge de jeunesse** ostello della gioventù.
aubergine [obɛʀʒin] *nf* melanzana.
aubergiste [obɛʀʒist] *nm/f* locandiere(-a).
auburn [obœʀn] *adj inv* mogano *inv*.
aucun, e [okœ̃, yn] *dét* alcuno(-a), alcun(alcun'), nessuno(-a), nessun'(alcun') ♦ *pron* nessuno(-a); **il le fera mieux qu'~ de nous** lo farà meglio di chiunque di noi.
aucunement [okynmɑ̃] *adv* per niente.
audace [odas] *nf* (*aussi péj*) audacia; **il a eu l'~ de** ha avuto l'audacia di; **vous ne manquez pas d'~!** non le manca la faccia tosta!
audacieux, -euse [odasjø, jøz] *adj* audace.
au-dedans [odədɑ̃] *adv* dentro, all'interno ♦ *prép* dentro.
au-dehors [odəɔʀ] *adv* fuori, all'esterno ♦ *prép* fuori.
au-delà [od(ə)la] *adv* al di là, oltre ♦ *nm inv*: **l'~-~** l'aldilà *m inv*; **~-~ de** al di là di, oltre; (*limite, somme etc*) al di sopra di, oltre.
au-dessous[odsu] *adv* al di sotto, sotto; **~-~ de** (*personne, zéro, genou*) al di sotto di, sotto; (*fig*: *peu digne de*) non all'altezza di; **~-~ de tout** inetto(a); (*cosa*) indegno(a).
au-dessus [odsy] *adv* sopra; (*limite, somme*) oltre; **~-~ de** sopra, al di sopra di; (*limite, somme*) oltre; (*fig*: *des lois*) al di sopra di.
au-devant [od(ə)vɑ̃]: **~-~ de** *prép* incontro a; **aller ~-~ de** (*personne, danger*) andare incontro a; (*désirs*) venire incontro a.
audible [odibl] *adj* udibile.
audience [odjɑ̃s] *nf* udienza; (*auditeurs, lecteurs*) pubblico; (*intérêt, succès*) interesse *m*, accoglienza favorevole; **trouver ~ auprès de** trovare un'accoglienza favorevole presso.
audiométrie [odjometʀi] *nf* audiometria.
audiovisuel, le [odjovizɥɛl] *adj* audiovisivo(-a) ♦ *nm* audiovisivo; **l'~** i mezzi audiovisivi.
auditeur, -trice [oditœʀ, tʀis] *nm/f* (*à la radio*) ascoltatore(-trice); ▶ **auditeur libre** (*UNIV*) uditore(-trice).
auditif, -ive [oditif, iv] *adj* (*mémoire*) uditivo(-a); **appareil ~** apparecchio uditivo.
audition [odisjɔ̃] *nf* udito; (*d'un disque, d'une pièce*) ascolto; (*JUR, MUS, THÉÂTRE*) audizione *f*.
auditionner [odisjɔne] *vt* far fare un'audizione a ♦ *vi* dare un'audizione.
auditoire [oditwaʀ] *nm* pubblico, auditorio.
auditorium [oditɔʀjɔm] *nm* auditorio.
auge [oʒ] *nf* trogolo.
augmentation [ɔgmɑ̃tasjɔ̃] *nf* aumento; ▶ **augmentation (de salaire)** aumento (di stipendio).
augmenter [ɔgmɑ̃te] *vt, vi* aumentare; **~ de poids/volume** aumentare di peso/volume.
augure [ogyʀ] *nm* (*prophète*) indovino; **de bon/mauvais ~** di buon/cattivo auspicio.
augurer [ogyʀe] *vt*: **~ de** far presagire; **je n'augure rien de bon pour l'avenir** non prevedo nulla di buono per l'avvenire.
auguste [ogyst] *adj* augusto(-a).
aujourd'hui [oʒuʀdɥi] *adv* oggi; **~ en huit/en quinze** oggi a otto/a quindici; **à dater** *ou* **partir d'~** a partire da oggi.
aumône [omon] *nf* elemosina; **faire l'~ (à qn)** fare l'elemosina (a qn); **faire l'~ de qch à qn** (*fig*) fare l'elemosina di qc a qn.
aumônerie [omonʀi] *nf* cappellanato.
aumônier [omonje] *nm* cappellano.
aune [on] *nf*: **mesurer les autres à son ~** giudicare gli altri secondo il proprio metro.
auparavant [opaʀavɑ̃] *adv* prima.
auprès [opʀɛ]: **~ de** *prép* vicino a; (*ADMIN*: *recourir, s'adresser*) presso; (*en comparaison de*) in confronto a; (*dans l'opinion de*) agli occhi di.
auquel [okɛl] *prép + pron voir* **lequel**.
aurai *etc* [ɔʀe] *vb voir* **avoir**.
auréole [ɔʀeɔl] *nf* (*aussi fig*) aureola; (*tache*) alone *m*.
auréolé, e [ɔ(o)ʀeɔle] *adj*: **~ de gloire** adornato(-a) di un'aureola di gloria.
auriculaire [ɔʀikylɛʀ] *nm* mignolo.
aurons *etc* [orɔ̃] *vb voir* **avoir**.
aurore [ɔʀɔʀ] *nf* aurora; ▶ **aurore boréale** aurora boreale.
ausculter [ɔskylte] *vt* auscultare.
auspices [ɔspis] *nmpl*: **sous les ~ de** sotto gli auspici di; **sous de bons/mauvais ~** sotto dei buoni/cattivi auspici.
aussi [osi] *adv* anche; (*de comparaison*: *avec adj, adv*) così; (*si, tellement*) tanto, così ♦ *conj* così; **~ fort/rapidement que** tanto forte/rapidamente quanto; **lui ~** anche lui; **~ bien que** (*de même que*) così

come, come pure; **il l'a fait - moi** ~ lui l'ha fatto - e io pure; **je le pense** ~ anch'io lo penso.
aussitôt [osito] *adv* (*immédiatement*) subito; ~ **que** non appena; ~ **dit,** ~ **fait** detto fatto; ~ **envoyé** appena inviato.
austère [ostɛʀ] *adj* austero(-a).
austérité [osteʀite] *nf* austerità; **plan/budget d'**~ piano/bilancio di austerità.
austral, e [ɔstʀal] *adj* australe; **l'océan A**~ l'oceano Australe; **les terres A~es** le terre Australi.
Australie [ostʀali] *nf* Australia.
australien, ne [ostʀaljɛ̃, jɛn] *adj* australiano(-a) ♦ *nm/f*: **A~, ne** australiano(-a).
autant [otɑ̃] *adv* (*travailler, manger etc*) tanto; ~ **que** (*comparatif*) (tanto) quanto; ~ **(de)** tanto(-a); **n'importe qui aurait pu en faire** ~ chiunque avrebbe potuto fare altrettanto; ~ **partir/ne rien dire** tanto vale partire/non dire niente; ~ **dire que** tanto vale dire che; **fort** ~ **que courageux** forte quanto coraggioso; **il n'est pas découragé pour** ~ non per questo è scoraggiato; **pour** ~ **que** per quanto; **d'**~ (*à proportion*) in proporzione; **d'**~ **plus (que)** tanto più (che); **on travaille d'**~ **mieux qu'on réussit à se concentrer** più si riesce a concentrarsi meglio si lavora; ~ ... ~ ... tanto ... quanto ...; **il en a fait tout** ~ ha fatto altrettanto; **ce sont** ~ **d'erreurs** sono altrettanti errori; **y en a-t-il** ~ **(qu'avant)?** ce ne sono tanti quanti ce n'erano prima?; **il y a** ~ **de garçons que de filles** ci sono tanti ragazzi quante ragazze; **pourquoi en prendre** ~**?** perché prenderne così tanto?
autarcie [otaʀsi] *nf* autarchia.
autarcique [otaʀsik] *adj* autarchico(-a).
autel [otɛl] *nm* altare *m*.
auteur [otœʀ] *nm* autore(-trice); **droit d'**~ diritto d'autore.
auteur-compositeur [otœʀkɔ̃pozitœʀ] *nm* cantautore *m*.
authenticité [otɑ̃tisite] *nf* autenticità.
authentifier [otɑ̃tifje] *vt* autenticare.
authentique [otɑ̃tik] *adj* autentico(-a).
authentiquement [otɑ̃tikmɑ̃] *adv* autenticamente.
autiste [otist] *adj* autistico(-a).
auto [oto] *nf* auto; ▸ **autos tamponneuses** autoscontri *mpl*.
auto... [oto] *préf* auto... .
autobiographie [otobjɔgʀafi] *nf* autobiografia.
autobiographique [otobjɔgʀafik] *adj* autobiografico(-a).
autobus [ɔtɔbys] *nm* autobus *m inv*; **ligne d'**~ linea dell'autobus.
autocar [ɔtɔkaʀ] *nm* corriera, pullman *m inv*.
autocensure [otosɑ̃syʀ] *nf* autocensura.
autochtone [ɔtɔktɔn] *adj, nm/f* autoctono (-a).
autoclave [otoklav] *nm* autoclave *f*.
autocollant, e [otokɔlɑ̃, ɑ̃t] *adj* autoadesivo(-a) ♦ *nm* autoadesivo.
auto-couchettes [ɔtɔkuʃɛt] *adj inv*: **train** ~**-**~ treno con auto al seguito *ou* auto accompagnate.
autocratique [otokʀatik] *adj* autocratico (-a).
autocritique [otokʀitik] *nf* autocritica.
autocuiseur [otokɥizœʀ] *nm* pentola a pressione.
autodafé [otodafe] *nm* autodafé *m inv*.
autodéfense [otodefɑ̃s] *nf* autodifesa; **groupe d'**~ gruppo di autodifesa.
autodétermination [otodetɛʀminasjɔ̃] *nf* autodeterminazione *f*.
autodidacte [otodidakt] *nm/f* autodidatta *m/f*.
autodiscipline [ɔtɔdisiplin] *nf* autodisciplina.
autodrome [otodʀom] *nm* autodromo.
auto-école [otoekɔl] (*pl* ~**-**~**s**) *nf* autoscuola, scuola guida.
autofinancement [otofinɑ̃smɑ̃] *nm* autofinanziamento.
autogéré, e [ɔtɔʒeʀe] *adj* autogestito(-a).
autogestion [otoʒɛstjɔ̃] *nf* autogestione *f*.
autographe [ɔtɔgʀaf] *nm* autografo.
autoguidé, e [otogide] *adj* autoguidato(-a).
automate [ɔtɔmat] *nm* (*aussi fig*) automa *m*.
automatique [ɔtɔmatik] *adj* automatico(-a) ♦ *nm* (*pistolet*) automatica; **l'**~ (*téléphone*) la teleselezione.
automatiquement [ɔtɔmatikmɑ̃] *adv* automaticamente.
automatisation [ɔtɔmatizasjɔ̃] *nf* automazione *f*.
automatiser [ɔtɔmatize] *vt* automatizzare.
automatisme [ɔtɔmatism] *nm* automatismo.
automédication [otomedikasjɔ̃] *nf* automedicazione *f*.
automitrailleuse [otomitʀɑjøz] *nf* autoblindo *f inv* mitragliatrice.
automnal, e, -aux [ɔtɔnal, o] *adj* autunnale.
automne [ɔtɔn] *nm* autunno.
automobile [ɔtɔmɔbil] *nf* automobile *f* ♦ *adj* automobilistico(-a); **l'**~ (*industrie*) l'industria automobilistica.
automobiliste [ɔtɔmɔbilist] *nm/f* automobilista *m/f*.
autonettoyant, e [otonetwajɑ̃, ɑ̃t] *adj*: **four** ~ forno autopulente.
autonome [ɔtɔnɔm] *adj* autonomo(-a); **en mode** ~ (*INFORM*) in modalità autonoma.
autonomie [ɔtɔnɔmi] *nf* autonomia; ~ **de**

vol autonomia di volo.
autonomiste [ɔtɔnɔmist] *nm/f* autonomista *m/f*.
autoportrait [otopɔʀtʀɛ] *nm* autoritratto.
autopsie [ɔtɔpsi] *nf* autopsia.
autopsier [ɔtɔpsje] *vt* fare l'autopsia su.
autoradio [otoʀadjo] *nm* autoradio *f inv*.
autorail [otoʀaj] *nm* automotrice *f*.
autorisation [ɔtɔʀizasjɔ̃] *nf* autorizzazione *f*; **donner à qn l'~ de** dare a qn l'autorizzazione a; **avoir l'~ de faire** avere l'autorizzazione a fare.
autorisé, e [ɔtɔʀize] *adj* (*digne de foi*) autorevole; (*permis*) autorizzato(-a); ~ **(à faire)** autorizzato(-a) (a fare); **dans les milieux ~s** negli ambienti ufficiali.
autoriser [ɔtɔʀize] *vt* autorizzare; ~ **qn à faire** autorizzare qn a fare.
autoritaire [ɔtɔʀitɛʀ] *adj* autoritario(-a).
autoritairement [ɔtɔʀitɛʀmɑ̃] *adv* autoritariamente.
autoritarisme [ɔtɔʀitaʀism] *nm* autoritarismo.
autorité [ɔtɔʀite] *nf* autorità *f inv*; **les ~s** (*MIL, POL etc*) le autorità; **faire ~** (*personne, livre*) fare testo; **d'~** d'autorità; (*sans réflexion*) senza discutere.
autoroute [otoʀut] *nf* autostrada; ~ **de l'information** autostrada informatica.
autoroutier, -ière [otoʀutje, jɛʀ] *adj* autostradale.
autosatisfaction [otosatisfaksjɔ̃] *nf* autocompiacimento.
auto-stop [otostɔp] *nm inv* autostop *m*; **faire de l'~-~** fare l'autostop; **prendre qn en ~-~** far salire qn che fa l'autostop.
auto-stoppeur, -euse [otostɔpœʀ, øz] (*pl* **~-~s, –euses**) *nm/f* autostoppista *m/f*.
autosuffisant, e [otosyfizɑ̃, ɑ̃t] *adj* autosufficiente.
autosuggestion [otosygʒɛstjɔ̃] *nf* autosuggestione *f*.
autour [otuʀ] *adv* intorno; ~ **de** intorno a; (*environ, à peu près*) circa, intorno a; **tout ~** (*de tous côtés*) tutt'intorno.
autre [otʀ] *adj* altro(-a) ♦ *pron*: **un/l'~** un/l'altro; **je préférerais un ~ verre** preferirei un altro bicchiere; **je voudrais un ~ verre d'eau** vorrei un altro bicchiere d'acqua; ~ **chose** un'altra cosa, qualcos'altro, altro; ~ **part** altrove; **d'~ part** d'altra parte; **nous/vous ~s** noialtri(-e)/voialtri(-e); **d'~s** altri(-e); **les ~s** gli altri(le altre); **se détester l'un l'~/les uns les ~s** odiarsi a vicenda *ou* l'un l'altro; **la difficulté est ~** la difficoltà è un'altra; **d'une semaine à l'~** da una settimana all'altra; (*constamment*) una settimana dopo l'altra; **entre ~s** (*gens*) fra gli altri; (*choses*) fra cui; **j'en ai vu d'~s** (*indifférence*) ho visto ben altro; **à d'~s!** raccontalo a un altro!; **de temps à ~** di tanto in tanto; **se sentir ~** sentirsi diverso(-a); *voir aussi* **part**; **temps**; **un**.
autrefois [otʀəfwa] *adv* un tempo, una volta.
autrement [otʀəmɑ̃] *adv* altrimenti; **je n'ai pas pu faire ~** non ho potuto fare altrimenti; ~ **dit** (*en d'autres mots*) in altre parole; (*c'est-à-dire*) ossia.
Autriche [otʀiʃ] *nf* Austria.
autrichien, ne [otʀiʃjɛ̃, jɛn] *adj* austriaco(-a) ♦ *nm/f*: **A~, ne** austriaco(-a).
autruche [otʀyʃ] *nf* struzzo; **faire l'~** (*fig*) fare lo struzzo.
autrui [otʀɥi] *pron* altri *mpl*.
auvent [ovɑ̃] *nm* (*de maison*) pensilina; (*de tente*) tettoia.
auvergnat, e [ovɛʀɲa, at] *adj* alverniate.
Auvergne [ovɛʀɲ] *nf* Alvernia.
aux [o] *prép + art déf voir* **à**.
auxiliaire [ɔksiljɛʀ] *adj* ausiliario(-a) ♦ *nm* (*LING*) ausiliare *m* ♦ *nm/f* (*ADMIN*) avventizio(-a); (*aide, adjoint*) aiutante *m/f*, collaboratore(-trice).
auxquelles [okɛl] *prép + pron voir* **lequel**.
auxquels [okɛl] *prép + pron voir* **lequel**.
av. *abr* (= *avenue*) V.le.
avachi, e [avaʃi] *adj* sformato(-a); ~ **sur qch** (*personne*) accasciato(-a) su qc.
aval [aval] *nm* avallo; **en ~ (de)** (*aussi fig*) a valle (di).
avalanche [avalɑ̃ʃ] *nf* (*aussi fig*) valanga.
avaler [avale] *vt* inghiottire, mandar giù; (*roman*) divorare; (*croire*) bere.
avaliser [avalize] *vt* avallare.
avance [avɑ̃s] *nf* (*de troupes etc*) avanzata; (*progrès*) avanzamento; (*opposé à retard, d'argent*) anticipo; **~s** *nfpl* (*ouvertures*) proposte *fpl*; (: *amoureuses*) avances *fpl*; **une ~ de 300 m/4 h** (*SPORT*) un vantaggio di 300 m/4 h; **(être) en ~** (essere) in anticipo; **être en ~ sur qn** essere in vantaggio su qn; **à l'~, d'~** in anticipo; **par ~** in anticipo; **payer d'~** pagare in anticipo; **~ (du) papier** (*INFORM*) avanzamento della carta.
avancé, e [avɑ̃se] *adj* avanzato(-a); (*fruit*) maturo(-a); (*fromage*) stagionato(-a); **il est ~ pour son âge** è precoce per la sua età.
avancée [avɑ̃se] *nf* (*de maison*) aggetto; (*falaise*) sporgenza.
avancement [avɑ̃smɑ̃] *nm* avanzamento.
avancer [avɑ̃se] *vi* avanzare; (*être en saillie, surplomb*) sporgere; (*montre, réveil*) essere avanti ♦ *vt* portare in avanti; (*date, rencontre, argent*) anticipare; (*hypothèse, idée*) avanzare; (*pendule, montre*) mettere avanti; (*travail etc*) far avanzare; **s'avancer** *vr* avvicinarsi; (*fig: se hasarder*) spingersi; (*être en saillie, sur-*

plomb) sporgere; **j'avance (d'une heure)** sono avanti (di un'ora).
avanies [avani] *nfpl* soprusi *mpl*.
avant [avɑ̃] *prép* prima di ♦ *adv*: **trop/plus ~** troppo/più avanti ♦ *adj inv*: **siège/roue ~** sedile *m*/ruota davanti ♦ *nm* (*d'un véhicule, bâtiment*) davanti *m inv*, parte *f* anteriore; (*SPORT*) attaccante *m*; **~ qu'il parte/de faire** prima che parta/di fare; **~ tout** innanzitutto; **à l'~** davanti; **marcher en ~** camminare davanti; **en ~ de** davanti a; **aller de l'~** agire con risolutezza; **~ qu'il (ne) pleuve** prima che piova.
avantage [avɑ̃taʒ] *nm* (*aussi SPORT*) vantaggio; **à l'~ de qn** a vantaggio di qn; **être à son ~** essere al proprio meglio; **tirer ~ de** trarre vantaggio da; **vous auriez ~ à faire** vi converrebbe fare; ▶ **avantages en nature** pagamento in natura; ▶ **avantages sociaux** contributi *mpl* sociali.
avantager [avɑ̃taʒe] *vt* avvantaggiare; (*embellir*) donare.
avantageux, -euse [avɑ̃taʒø, øz] *adj* vantaggioso(-a); (*portrait, coiffure*) che dona.
avant-bras [avɑ̃bʀa] *nm inv* avambraccio.
avant-centre [avɑ̃sɑ̃tʀ] (*pl* **~-~s**) *nm* (*FOOTBALL*) centravanti *m inv*.
avant-coureur [avɑ̃kuʀœʀ] *adj inv* precursore(precorritrice); (*bruit etc*) premonitore(-trice); **signe ~-~** segno premonitore.
avant-dernier, -ière [avɑ̃dɛʀnje, jɛʀ] (*pl* **~-~s, -ières**) *adj, nm/f* penultimo(-a).
avant-garde [avɑ̃gaʀd] (*pl* **~-~s**) *nf* (*aussi fig*) avanguardia; **d'~-~** d'avanguardia.
avant-goût [avɑ̃gu] (*pl* **~-~s**) *nm* anticipazione *f*, presentimento.
avant-hier [avɑ̃tjɛʀ] *adv* l'altro ieri.
avant-poste [avɑ̃pɔst] (*pl* **~-~s**) *nm* avamposto.
avant-première [avɑ̃pʀəmjɛʀ] (*pl* **~-~s**) *nf* anteprima; **en ~-~** in anteprima.
avant-projet [avɑ̃pʀɔʒɛ] (*pl* **~-~s**) *nm* progetto preliminare.
avant-propos [avɑ̃pʀɔpo] *nm inv* prefazione *f*.
avant-veille [avɑ̃vɛj] (*pl* **~-~s**) *nf*: **l'~-~** l'antivigilia.
avare [avaʀ] *adj, nm/f* avaro(-a); **~ de compliments/caresses** avaro(-a) di complimenti/carezze.
avarice [avaʀis] *nf* avarizia.
avarié, e [avaʀje] *adj* avariato(-a); (*NAUT*) in avaria.
avaries [avaʀi] *nfpl* avaria.
avatar [avataʀ] *nm* disavventura; (*transformation*) metamorfosi *f inv*.
avec [avɛk] *prép* con; **~ habilité/lenteur** con abilità/lentezza; **~ eux/ces maladies** (*en ce qui concerne*) con loro/queste malattie; **~ ça** *ou* **ces qualités** (*malgré ça*) malgrado ciò; **et ~ ça?** (*dans un magasin*) serve altro?; **~ l'été ...** con l'estate ...; **~ cela que ...** senza contare che ... .
avenant, e [av(ə)nɑ̃, ɑ̃t] *adj* affabile ♦ *nm* (*assurance*) clausola aggiuntiva; **et le reste à l'~** e il resto pure.
avènement [avɛnmɑ̃] *nm* avvento.
avenir[avniʀ] *nm* avvenire *m*, futuro; **l'~ du monde** il futuro del mondo; **à l'~** in avvenire *ou* futuro; **sans ~** senza avvenire; **c'est une idée sans ~** è un'idea che non ha futuro; **carrière d'~** carriera del futuro; **politicien d'~** politico di sicuro avvenire.
Avent [avɑ̃] *nm*: **l'~** l'Avvento.
aventure [avɑ̃tyʀ] *nf* avventura; **partir à l'~** (*au hasard*) partire all'avventura; **roman/film d'~** romanzo/film di avventura.
aventurer [avɑ̃tyʀe] *vt* (*somme, réputation, vie*) rischiare; (*remarque, opinion*) azzardare; **s'aventurer** *vr* avventurarsi; **s'~ à faire qch** avventurarsi a fare qc.
aventureux, -euse [avɑ̃tyʀø, øz] *adj* avventuroso(-a).
aventurier, -ière [avɑ̃tyʀje, jɛʀ] *nm/f* (*aussi péj*) avventuriero(-a).
avenu, e [av(ə)ny] *adj*: **nul et non ~** nullo(-a).
avenue [avny] *nf* viale *m*, corso.
avéré, e [aveʀe] *adj* (*fait*) accertato(-a); **il est ~ que** è appurato che.
avérer [aveʀe]: **s'~** *vr* (*avec attribut*) rivelarsi.
averse [avɛʀs] *nf* acquazzone *m*, rovescio; (*fig*: *d'insultes*) pioggia.
aversion [avɛʀsjɔ̃] *nf* avversione *f*.
averti, e [avɛʀti] *adj* competente.
avertir [avɛʀtiʀ] *vt*: **~ qn (de qch/que)** avvertire *ou* avvisare qn (di qc/che).
avertissement [avɛʀtismɑ̃] *nm* avvertimento; (*à un élève, sportif*) ammonimento; (*d'un livre*) avvertenza.
avertisseur [avɛʀtisœʀ] *nm* segnalatore *m*.
aveu [avø] *nm* confessione *f*; **passer aux ~x** finire per confessare; **de l'~ de** secondo.
aveuglant, e [avœglɑ̃, ɑ̃t] *adj* accecante.
aveugle [avœgl] *adj* (*aussi fig*) cieco(-a) ♦ *nm/f* cieco(-a); **les ~s** i ciechi; **mur ~** muro cieco; **test en (double) ~** test *m inv* a doppio cieco.
aveuglement [avœgləmɑ̃] *nm* (*fig*) accecamento.
aveuglément [avœglemɑ̃] *adv* ciecamente.
aveugler [avœgle] *vt* accecare.
aveuglette [avœglɛt]: **à l'~** *adv* a tastoni; (*fig*) alla cieca.
avez [ave] *vb voir* **avoir**.
aviateur, -trice [avjatœʀ, tʀis] *nm/f* aviatore(-trice).
aviation [avjasjɔ̃] *nf* aviazione *f*;

compagnie/ligne d'~ compagnia/linea aerea; **terrain d'~** campo d'aviazione; ▶ **aviation de chasse** aviazione da caccia.
avicole [avikɔl] *adj* avicolo(-a).
aviculture [avikyltyʀ] *nf* avicultura.
avide [avid] *adj* avido(-a); ~ **d'honneurs/d'argent** avido(-a) di onori/di denaro; ~ **de sang** assetato(-a) di sangue; ~ **de connaître/d'apprendre** assetato(-a) di sapere.
avidité [avidite] *nf* avidità *f inv*.
avilir [aviliʀ] *vt* avvilire.
avilissant, e [avilisɑ̃, ɑ̃t] *adj* avvilente.
aviné [avine] *adj* avvinazzato(-a).
avion [avjɔ̃] *nm* aereo; **par** ~ posta aerea; **aller (quelque part) en** ~ andare (da qualche parte) in aereo; ▶ **avion à réaction** aereo a reazione; ▶ **avion de chasse** aereo da caccia; ▶ **avion de ligne** aereo di linea; ▶ **avion supersonique** aereo supersonico.
avion-cargo [avjɔ̃kaʀgo] (*pl* **~s-~s**) *nm* aereo per trasporto merci.
avion-citerne [avjɔ̃sitɛʀn] (*pl* **~s-~s**) *nm* aereo *m* cisterna *inv*.
aviron [aviʀɔ̃] *nm* remo; **l'~** (*SPORT*) il canottaggio.
avis [avi] *nm* parere *m*; (*conseil*) consiglio; (*notification*) avviso; **à mon** ~ secondo me, a mio avviso; **j'aimerais avoir l'~ de Paul** mi piacerebbe sentire l'opinione di Paul; **je suis de votre** ~ la penso come voi; **vous ne me ferez pas changer d'~** non mi farete cambiare idea; **être d'~ que** essere dell'avviso che; **changer d'~** cambiare idea; **sauf ~ contraire** salvo avviso contrario; **sans ~ préalable** senza preavviso; **jusqu'à nouvel ~** fino a nuovo ordine; ~ **de concours** bando di concorso; ▶ **avis de décès** avviso di decesso; ▶ **avis de crédit/débit** (*COMM*) avviso di accredito/addebito.
avisé, e [avize] *adj* (*sensé*) accorto(-a); **être bien ~ de faire** avere il buon senso di fare; **être mal ~ de faire** avere la cattiva idea di fare.
aviser [avize] *vt* (*voir*) scorgere; (*informer*): ~ **qn de qch/que** avvisare qn di qc/che ♦ *vi* (*réfléchir*) decidere; **s'~ de qch/que** (*remarquer*) accorgersi di qc/che; **s'~ de faire qch** (*s'aventurer à*) azzardarsi a fare qc.
aviver [avive] *vt* (*querelle*) inasprire; (*intérêt, désir*) ravvivare.
av. J.-C. *abr* (= *avant Jésus-Christ*) a.C.
avocat, e [avɔka, at] *nm/f* (*aussi fig*) avvocato, avvocatessa ♦ *nm* (*BOT, CULIN*) avocado *m inv*; **se faire l'~ du diable** fare l'avvocato del diavolo; **l'~ de la défense/de la partie civile** l'avvocato della difesa/di parte civile; ▶ **avocat d'affaires** avvocato civilista; ▶ **avocat général** sostituto procuratore generale.
avocat-conseil [avɔkakɔ̃sɛj] (*pl* **~s-~s**) *nm* consulente *m* legale.
avocat-stagiaire [avɔkastaʒjɛʀ] (*pl* **~s-~s**) *nm* praticante *m* procuratore.
avoine [avwan] *nf* avena.

MOT-CLÉ

avoir [avwaʀ] *vt* **1** (*posséder*) avere; **elle a 2 enfants/une belle maison** ha due bambini/una bella casa; **il a les yeux gris** ha gli occhi grigi; **vous avez du sel?** ha del sale?; **avoir du courage/de la patience** avere coraggio/pazienza
2 (*âge, dimensions*) avere; **il a 3 ans** ha 3 anni; **le mur a 3 mètres de haut** il muro è alto 3 metri, il muro ha 3 metri d'altezza
3 (*fam: duper*) farla a; **on vous a eu!** ve l'abbiamo fatta!; **on l'a bien eu!** ci è cascato!
4: **en avoir après** *ou* **contre qn** avercela con qn; **en avoir assez** averne abbastanza; **j'en ai pour une demi-heure** ne ho per una mezz'ora
5 (*obtenir, attraper*) prendere, ricevere; **j'ai réussi à avoir mon train** sono riuscito a prendere il treno; **j'ai réussi à avoir le renseignement qu'il me fallait** sono riuscito ad ottenere le informazioni di cui avevo bisogno
♦ *vb aux* **1** avere; **avoir mangé/dormi** aver mangiato/dormito
2 (+ *à* + *infinitif*): **avoir à faire qch** aver da fare qc, dover fare qc; **vous n'avez qu'à lui demander** non ha che da chiederglielo; **tu n'as pas à me poser de questions** non devi farmi domande; **tu n'as pas à le savoir** non è necessario che tu lo sappia
♦ *vb impers* **1**: **il y a** (+ *sing*) c'è; (+ *pl*) ci sono; **il y a du sable/un homme** c'è sabbia/un uomo; **il y a des hommes** ci sono degli uomini; **qu'y a-t-il?, qu'est-ce qu'il y a?** che c'è?; **il doit y avoir une explication** deve esserci una spiegazione; **il n'y a qu'à ...** non resta che ...; **il ne peut y en avoir qu'un** può essercene solo uno
2 (*temporel*): **il y a 10 ans** dieci anni fa; **il y a 10 ans/longtemps que je le sais** sono 10 anni/è molto tempo che lo so, lo so da 10 anni/da molto tempo; **il y a 10 ans qu'il est arrivé** sono 10 anni che è arrivato, è arrivato 10 anni fa
♦ *nm* averi *mpl*; (*COMM*) avere *m*; **avoir fiscal** (*FIN*) credito d'imposta.

avoisinant, e [avwazinɑ̃, ɑ̃t] *adj* vicino(-a).
avoisiner [avwazine] *vt* essere vicino(-a) a; (*fig: limite, nombre*) sfiorare; (: *l'indiffé-*

rence, l'insolence) rasentare.
avons [avɔ̃] *vb voir* **avoir**.
avortement [avɔʀtəmɑ̃] *nm* aborto.
avorter [avɔʀte] *vi* (*aussi fig*) abortire; **se faire ~** abortire.
avorton [avɔʀtɔ̃] (*péj*) *nm* aborto.
avouable [avwabl] *adj* confessabile.
avoué, e [avwe] *adj* riconosciuto(-a) ♦ *nm* (*JUR*) *pubblico ufficiale con funzioni di procuratore legale.*
avouer [avwe] *vt* confessare ♦ *vi* confessare; (*admettre*) ammettere; **~ avoir fait/être/que** confessare di aver fatto/di essere/che; **s'~ vaincu/incompétent** riconoscersi sconfitto/incompetente; **~ que oui/non** ammettere di sì/no.
avril [avʀil] *nm* aprile *m*; *voir aussi* **juillet**.
axe [aks] *nm* asse *m*; ▶**axe de symétrie** asse di simmetria; ▶**axe routier** asse stradale.
axer [akse] *vt* (*fig*): **~ qch sur** imperniare qc su.
axial, e, -aux [aksjal, jo] *adj* assiale.
axiome [aksjom] *nm* assioma *m*.
ayant [ɛjɑ̃] *vb voir* **avoir**.
ayant droit [ɛjɑ̃dʀwa] (*pl* **~s ~**) *nm* (*JUR*): **~ ~ (à)** avente *m* diritto (a).
ayons *etc* [ɛjɔ̃] *vb voir* **avoir**.
azalée [azale] *nf* azalea.
Azerbaïdjan [azɛʀbaidʒɑ̃] *nm* Azerbaigian *m*.
azimut [azimyt] *nm* azimut *m inv*; **tous ~s** (*fig*) in ogni direzione.
azote [azɔt] *nm* azoto.
azoté, e [azɔte] *adj* azotato(-a).
aztèque [astɛk] *adj* azteco(-a).
azur [azyʀ] *nm* azzurro; (*ciel*) cielo.
azyme [azim] *adj*: **pain ~** pane *m* azzimo.

B, b

B, b [be] *nm inv* (*lettre*) B, b *f ou m inv*; **~ comme Berthe** ≈ B come Bologna.
B [be] *abr* (= *bien*) ≈ buono.
BA [bea] *sigle f* (= *bonne action*) buona azione *f*.
baba [baba] *adj inv*: **en être ~** (*fam*) rimanerci di stucco ♦ *nm*: **~ au rhum** babà *m inv* al rum.
babil [babil] *nm* balbettio.
babillage [babijaʒ] *nm* (*v vi*) cicaleccio; balbettio.
babiller [babije] *vi* cicalare; (*bébé*) balbettare.
babines [babin] *nfpl* labbra *fpl*.
babiole [babjɔl] *nf* (*bibelot*) cosina, sciocchezzuola; (*vétille*) inezia.
bâbord [bɑbɔʀ] *nm*: **à** *ou* **par ~** a babordo.
babouin [babwɛ̃] *nm* babbuino.
baby-foot [babifut] *nm inv* (*jeu*) calcetto.
Babylone [babilɔn] *nf* Babilonia.
babylonien, ne [babilɔnjɛ̃, jɛn] *adj* babilonese.
baby-sitter [babisitœʀ] (*pl* **~-~s**) *nm/f* baby-sitter *m/f inv*.
baby-sitting [babisitiŋ] (*pl* **~-~s**) *nm* babysitteraggio.
bac[1] [bak] *nm* (*bateau*) chiatta; (*récipient*) vasca, vaschetta; (: *PHOTO etc*) vaschetta; (: *IND*) vasca; ▶**bac à glace** vaschetta del ghiaccio; ▶**bac à légumes** cassetto per le verdure.
bac[2] [bak] *abr* = **baccalauréat**.
baccalauréat [bakalɔʀea] *nm* baccalaureato.
bâche [bɑʃ] *nf* telone *m*.
bachelier, -ère [baʃəlje, jɛʀ] *nm/f chi ha conseguito il baccalaureato*, ≈ diplomato(-a).
bâcher [bɑʃe] *vt* coprire con un telone.
bachotage [baʃɔtaʒ] *nm* (*SCOL*) *preparazione di un esame superficiale ed affrettata.*
bachoter [baʃɔte] (*fam*) *vi preparare un esame in modo superficiale ed affrettato.*
bacille [basil] *nm* bacillo.
bâcler [bɑkle] *vt* sbrigare alla bell'e meglio.
bacon [bekɔn] *nm* bacon *m inv*, pancetta affumicata.
bactéricide [bakteʀisid] *nm* battericida *m*.
bactérie [bakteʀi] *nf* batterio.
bactérien, ne [bakteʀjɛ̃, jɛn] *adj* batterico(-a).
bactériologique [bakteʀjɔlɔʒik] *adj* batteriologico(-a).
bactériologiste [bakteʀjɔlɔʒist] *nm/f* batteriologo(-a).
badaud, e [bado, od] *nm/f* curioso(-a), sfaccendato(-a).
baderne [badɛʀn] (*péj*) *nf*: **vieille ~** vecchio rimbambito.
badge [badʒ] *nm* spilla, badge *m inv*.
badigeon [badiʒɔ̃] *nm* (*peinture*) bianco, imbiancatura.
badigeonner [badiʒɔne] *vt* (*peindre*) imbiancare; (*MÉD*: *de désinfectant etc*) spennellare.
badin, e [badɛ̃, in] *adj* faceto(-a), spiritoso(-a).
badinage [badinaʒ] *nm* scherzo.
badine [badin] *nf* bacchetta sottile.
badiner [badine] *vi* scherzare.
badminton [badmintɔn] *nm* volano, bad-

minton *m inv*.
baffe [bɑf] (*fam*) *nf* sberla, sventola.
baffle [bafl] *nm* (*haut-parleur*) cassa acustica.
bafouer [bafwe] *vt* schernire, beffeggiare; (*conventions*) farsi beffe di.
bafouillage [bafujaʒ] *nm* farfugliamento.
bafouiller [bafuje] *vi, vt* farfugliare.
bâfrer [bɑfʀe] (*fam*) *vi* ingozzarsi.
bagage [bagaʒ] *nm* (*aussi*: ~**s**) bagaglio; ▸**bagage littéraire** bagaglio letterario; ▸**bagages à main** bagaglio a mano.
bagarre [bagaʀ] *nf* zuffa, rissa; **il aime la** ~ è un tipo rissoso.
bagarrer [bagaʀe]: **se** ~ *vr* azzuffarsi; (*discuter*) litigare.
bagarreur, -euse [bagaʀœʀ, øz] *adj* rissoso(-a) ♦ *nm/f* attaccabrighe *m/f inv*; **il est** ~ è un tipo rissoso.
bagatelle [bagatɛl] *nf* bazzecola; (*vétille*) sciocchezza.
Bagdad [bagdad] *n* Bagdad *f*.
Baghdād [bagdad] *n* = **Bagdad**.
bagnard [baɲaʀ] *nm* forzato.
bagne [baɲ] *nm* lavori *mpl* forzati; **c'est le** ~ (*fig*) è una galera.
bagnole [baɲɔl] *nf* (*fam*) macchina; (*péj*) macinino, carretta.
bagout [bagu] *nm* parlantina; **avoir du** ~ avere una bella parlantina.
bague [bag] *nf* anello; ▸**bague de fiançailles** anello di fidanzamento; ▸**bague de serrage** (*TECH*) anello di chiusura.
baguenauder [bagnode] *vi* bighellonare.
baguer [bage] *vt* inanellare.
baguette [bagɛt] *nf* (*petit bâton, MUS*) bacchetta; (*cuisine chinoise*) bastoncino; (*pain*) filoncino, baguette *f inv*; (*CONSTR*: *moulure*) tondino; **mener qn à la** ~ comandare qn a bacchetta; ▸**baguette de sourcier** bacchetta da rabdomante; ▸**baguette de tambour** bacchetta da tamburo; ▸**baguette magique** bacchetta magica.
Bahamas [baamas] *nfpl*: **les (îles)** ~ le (isole) Bahamas.
Bahreïn [baʀɛn] *nm* Barein *m*.
bahut [bay] *nm* (*coffre*) cassapanca; (*buffet*) credenza.
bai, e [bɛ] *adj* (*cheval*) baio(-a).
baie [bɛ] *nf* baia; (*fruit*) bacca; ▸**baie (vitrée)** vetrata, finestrone *m*.
baignade [bɛɲad] *nf* bagno; (*endroit*) stabilimento balneare; ~ **interdite** divieto di balneazione.
baigné, e [beɲe] *adj*: ~ **de** bagnato(-a) di; (*inondé*) inondato(-a) di.
baigner [beɲe] *vt* fare il bagno a ♦ *vi*: ~ **dans son sang** essere tutto(-a) coperto (-a) di sangue; **se baigner** *vr* fare il bagno; ~ **dans la brume** essere immerso(-a) nella nebbia; **"ça baigne!"** (*fam*) "va benissimo!".
baigneur, -euse [bɛɲœʀ, øz] *nm/f* bagnante *m/f* ♦ *nm* bambolotto.
baignoire [bɛɲwaʀ] *nf* vasca (da bagno); (*THÉÂTRE*) palco di platea.
bail [baj] (*pl* **baux**) *nm* affitto; **donner** *ou* **prendre qch à** ~ dare *ou* prendere qc in affitto; ▸**bail commercial** affitto commerciale.
bâillement [bɑjmɑ̃] *nm* sbadiglio.
bâiller [bɑje] *vi* sbadigliare; (*être ouvert*) essere socchiuso(-a).
bailleur [bajœʀ] *nm* locatore *m*; ▸**bailleur de fonds** (*COMM*) finanziatore *m*.
bâillon [bɑjɔ̃] *nm* bavaglio.
bâillonner [bɑjɔne] *vt* (*aussi fig*) imbavagliare.
bain [bɛ̃] *nm* (*aussi TECH, PHOTO*) bagno; **se mettre dans le** ~ (*fig*) compromettersi; **prendre un** ~ fare un bagno; **prendre un** ~ **de soleil** prendere il sole; ▸**bain de bouche** collutorio; ▸**bain de foule** bagno di folla; ▸**bain de pieds** pediluvio; (*au bord de la mer*) (il) bagnare i piedi; ▸**bain de siège** semicupio; ▸**bain de soleil** bagno di sole; ▸**bain moussant** bagnoschiuma *m inv*; ▸**bains de mer** bagno di mare; ▸**bains(-douches) municipaux** bagni(-docce) pubblici.
bain-marie [bɛ̃maʀi] (*pl* ~**s**-~) *nm* bagnomaria *m*; **faire chauffer au** ~-~ (*boîte etc*) riscaldare a bagnomaria.
baïonnette [bajɔnɛt] *nf* baionetta; **douille/ ampoule à** ~ portalampada/lampadina a baionetta.
baisemain [bɛzmɛ̃] *nm* baciamano.
baiser [beze] *nm* bacio ♦ *vt* baciare; (*fam!*: *duper*) fottere; (: *sexuellement*) scopare (*fam!*).
baisse [bɛs] *nf* (*de température, des prix*) calo, diminuzione *f*; **"~ sur la viande"** (*COMM*) "sconto sulla carne"; **en** ~ in ribasso; **à la** ~ al ribasso.
baisser [bese] *vt* abbassare; (*prix*) abbassare, ribassare ♦ *vi* (*niveau, température*) calare, abbassarsi; (*vue, jour, lumière*) calare; (*santé*) peggiorare; (*cours, prix*) essere in ribasso; **se baisser** *vr* chinarsi, abbassarsi.
bajoues [baʒu] *nfpl* guance *fpl*; (*péj*) guance cascanti.
bakchich [bakʃiʃ] (*fam*) *nm* mancia; (*pot-de-vin*) bustarella.
bal [bal] *nm* ballo; ▸**bal costumé** ballo in costume; ▸**bal masqué** ballo in maschera; ▸**bal musette** balera.
balade [balad] *nf* passeggiata; (*en voiture*) gita; **faire une** ~ fare una passeggiata; (*en voiture*) fare una gita.
balader [balade] *vt* portare in giro *ou* a

spasso; **se balader** *vr* passeggiare; (*en voiture*) andare a fare un giro (in macchina).
baladeur [baladœʀ] *nm* walkman ® *m inv.*
baladeuse [baladøz] *nf* lampada portatile.
baladin [baladɛ̃] *nm* saltimbanco.
balafre [balɑfʀ] *nf* sfregio.
balafrer [balɑfʀe] *vt* sfregiare.
balai [balɛ] *nm* scopa; (*AUTO, MUS*) spazzola; **donner un coup de ~** dare una scopata.
balai-brosse [balɛbʀɔs] (*pl* **~s-~s**) *nm* spazzolone *m.*
balance [balɑ̃s] *nf* bilancia; (*ASTROL*): **B~** Bilancia; **être (de la) B~** essere della Bilancia; ▸ **balance commerciale** bilancia commerciale; ▸ **balance des paiements** bilancia dei pagamenti; ▸ **balance romaine** stadera.
balancelle [balɑ̃sɛl] *nf* dondolo.
balancer [balɑ̃se] *vt* dondolare, far oscillare; (*lancer*) scaraventare; (*renvoyer, jeter*) buttar via ♦ *vi* (*fig*) esitare; **se balancer** *vr* dondolarsi; (*bateau*) ondeggiare; (*branche*) agitarsi; **se ~ de qch** (*fam*) infischiarsene *ou* fregarsene di qc.
balancier [balɑ̃sje] *nm* bilanciere *m.*
balançoire [balɑ̃swaʀ] *nf* altalena.
balayage [balɛjaʒ] *nm* scopata, spazzata; (*électronique*) esplorazione *f.*
balayer [baleje] *vt* spazzare, scopare; (*suj: vent, torrent etc*) spazzare; (: *radar, phares*) esplorare; (*soucis etc*) spazzar via, scacciare.
balayette [balɛjɛt] *nf* scopino.
balayeur, -euse [balɛjœʀ, øz] *nm/f* spazzino(-a).
balayeuse [balɛjøz] *nf* (*engin*) spazzatrice *f.*
balayures [balejyʀ] *nfpl* spazzatura *fsg.*
balbutiement [balbysimɑ̃] *nm* balbettio; **~s** *nmpl* (*fig: débuts*) primi passi *mpl.*
balbutier [balbysje] *vi, vt* balbettare.
balcon [balkɔ̃] *nm* balcone *m*; (*THÉÂTRE*) balconata, galleria.
baldaquin [baldakɛ̃] *nm* baldacchino.
Bâle [bɑl] *n* Basilea.
Baléares [baleɑʀ] *nfpl*: **les (îles) ~** le (isole) Baleari.
baleine [balɛn] *nf* balena; (*de parapluie*) stecca.
baleinier [balenje] *nm* baleniera.
baleinière [balɛnjɛʀ] *nf* (*NAUT*) baleniera.
balisage [balizaʒ] *nm* segnalazione *f.*
balise [baliz] *nf* segnalazione *f*; (*NAUT: flottant*) galleggiante *m*; (: *émettant signaux optiques etc*) radiofaro; (*AVIAT*) faro di atterraggio; (*AUTO, SKI*) paletto.
baliser [balize] *vt* segnare; **rue balisée** strada munita di segnaletica.
balistique [balistik] *adj* balistico(-a) ♦ *nf* balistica.
balivernes [balivɛʀn] *nfpl* sciocchezze *fpl*, scempiaggini *fpl.*
balkanique [balkanik] *adj* balcanico(-a).
Balkans [balkɑ̃] *nmpl*: **les ~** i Balcani.
ballade [balad] *nf* ballata.
ballant, e [balɑ̃, ɑ̃t] *adj*: **les bras ~s** con le braccia a ciondoloni; **les jambes ~es** con le gambe a penzoloni.
ballast [balast] *nm* zavorra; (*RAIL*) massicciata.
balle [bal] *nf* (*de fusil*) pallottola; (*de tennis, golf, ping-pong*) palla, pallina; (*du blé*) pula; (*paquet*) balla; **cent ~s** (*fam*) cento franchi *mpl*; ▸ **balle perdue** tiro a vuoto, proiettile *m* fuori traiettoria.
ballerine [bal(ə)ʀin] *nf* ballerina.
ballet [balɛ] *nm* balletto; ▸ **ballet diplomatique** (*fig*) balletto diplomatico.
ballon [balɔ̃] *nm* (*de sport, AVIAT, jouet*) pallone *m*; (*de vin*) bicchiere *m*; ▸ **ballon d'essai** (*MÉTÉO*) pallone stratosferico; (*fig*) sondaggio; ▸ **ballon de football** pallone da calcio; ▸ **ballon d'oxygène** bombola d'ossigeno.
ballonner [balɔne] *vt*: **j'ai le ventre ballonné** ho la pancia gonfia.
ballon-sonde [balɔ̃sɔ̃d] (*pl* **~s-~s**) *nm* pallone *m* sonda *inv.*
ballot [balo] *nm* pacco, fagotto; (*péj*) imbecille *m.*
ballottage [balɔtaʒ] *nm* (*POL*) ballottaggio.
ballotter [balɔte] *vi* ballonzolare ♦ *vt* sballottare; **être ballotté entre ...** (*fig: indécis*) essere combattuto(-a) tra ... .
ballottine [balɔtin] *nf* (*CULIN*): **~ de volaille** galantina di pollo.
ball-trap [baltʀap] (*pl* **~-~s**) *nm* (*appareil*) lanciapiattello; (*tir*) tiro al piattello.
balluchon [balyʃɔ̃] *nm* fagotto.
balnéaire [balneɛʀ] *adj* balneare.
balnéothérapie [balneoteʀapi] *nf* balneoterapia.
balourd, e [baluʀ, uʀd] *adj* goffo(-a), maldestro(-a) ♦ *nm/f* maldestro(-a).
balourdise [baluʀdiz] *nf* goffaggine *f*; (*gaffe*) gaffe *f inv.*
balte [balt] *adj* baltico(-a) ♦ *nm/f*: **B~** baltico(-a).
baltique [baltik] *adj* baltico(-a) ♦ *nf*: **la (mer) ~** il (mar) baltico.
baluchon [balyʃɔ̃] *nm* = **balluchon**.
balustrade [balystʀad] *nf* balaustra.
bambin [bɑ̃bɛ̃] *nm* bimbo.
bambou [bɑ̃bu] *nm* bambù *m inv.*
ban [bɑ̃] *nm*: **ouvrir/fermer le ~** aprire/chiudere la cerimonia; **~s** *nmpl* (*de mariage*) pubblicazioni *fpl*; **être/mettre au ~ de** essere/mettere al bando di; **le ~ et l'arrière-~ de sa famille** tutta la parentela al completo.

banal, e [banal] *adj* banale; **four ~** (*HISTOIRE*) forni *mpl* comuni.
banalement [banalmɑ̃] *adv* banalmente.
banalisé, e [banalize] *adj* banalizzato(-a); **voiture ~e** auto civetta.
banaliser [banalize] *vt* banalizzare.
banalité [banalite] *nf* banalità *f inv*.
banane [banan] *nf* banana.
bananeraie [bananʀɛ] *nf* bananeto.
bananier [bananje] *nm* banano; (*cargo*) bananiera.
banc [bɑ̃] *nm* panca, panchina; (*de poissons*) banco; ▸**banc d'essai** (*fig*) banco di prova; ▸**banc de sable** banco di sabbia; ▸**banc des accusés/des témoins** banco degli accusati/dei testimoni.
bancaire [bɑ̃kɛʀ] *adj* bancario(-a).
bancal, e [bɑ̃kal] *adj* (*personne*) dalle gambe storte; (*meuble*) sbilenco(-a), zoppicante; (*fig: projet*) zoppicante.
bandage [bɑ̃daʒ] *nm* benda; (*pansement*) fasciatura.
bande [bɑ̃d] *nf* (*de tissu etc*) fascia, striscia; (*MÉD*) fascia; (*magnétique*) nastro, banda; (*INFORM*) nastro; (*CINÉ*) film *m inv*, pellicola; (*motif, dessin*) striscia; (*RADIO, groupe*) banda; (*péj*): **une ~ de ...** una banda di ...; **donner de la ~** (*NAUT*) sbandare; **par la ~** (*fig*) per vie traverse; **faire ~ à part** fare gruppo a parte; ▸**bande dessinée** fumetto; ▸**bande perforée** banda perforata; ▸**bande de roulement** (*de pneu*) battistrada *m inv*; ▸**bande sonore** colonna sonora; ▸**bande de terre** striscia di terra; ▸**bande Velpeau** ® (*MÉD*) fascia per medicazioni.
bandé, e [bɑ̃de] *adj*: **les yeux ~s** con gli occhi bendati; **la main ~e** con la mano bendata.
bande-annonce [bɑ̃danɔ̃s] (*pl* **~s-~s**) *nf* (*CINÉ*) provino, trailer *m inv*.
bandeau [bɑ̃do] *nm* fascia; (*sur les yeux*) benda; (*MÉD*) fasciatura.
bandelette [bɑ̃dlɛt] *nf* benda.
bander [bɑ̃de] *vt* fasciare; (*muscle, arc*) tendere ♦ *vi* (*fam!*) averlo duro (*fam!*); **~ les yeux à qn** bendare gli occhi a qn.
banderille [bɑ̃dʀij] *nf* banderilla.
banderole [bɑ̃dʀɔl] *nf* banderuola; (*dans un défilé etc*) striscione *m*.
bande-son [bɑ̃dsɔ̃] (*pl* **~s-~**) *nf* (*CINÉ*) colonna sonora.
bande-vidéo [bɑ̃dvideo] (*pl* **~s-~**) *nf* videonastro, videotape *m inv*.
bandit [bɑ̃di] *nm* bandito.
banditisme [bɑ̃ditism] *nm* banditismo.
bandoulière [bɑ̃duljɛʀ] *nf*: **en ~** a tracolla.
Bangkok [bɑ̃ŋkɔk] *n* Bangkok *f*.
Bangladesh [bɑ̃gladɛʃ] *nm* Bangladesh *m*.
banjo [bɑ̃(d)ʒo] *nm* banjo.
banlieue [bɑ̃ljø] *nf* periferia; **quartier de ~** quartiere *m* periferico; **lignes de ~** linee *fpl* extraurbane; **trains de ~** treni *mpl* extraurbani.
banlieusard, e [bɑ̃ljøzaʀ, aʀd] *nm/f* abitante *m/f* della periferia.
bannière [banjɛʀ] *nf* insegna, stendardo.
bannir [baniʀ] *vt* bandire.
banque [bɑ̃k] *nf* banca; (*au jeu*) banco; ▸**banque d'affaires** banca d'affari; ▸**banque de dépôt** banca di depositi; ▸**banque de données** (*INFORM*) banca (di) dati; ▸**banque d'émission** banca d'emissione; ▸**banque des yeux/du sang** banca degli occhi/del sangue.
banqueroute [bɑ̃kʀut] *nf* bancarotta.
banquet [bɑ̃kɛ] *nm* banchetto.
banquette [bɑ̃kɛt] *nf* banchina; (*d'auto*) sedile *m*.
banquier [bɑ̃kje] *nm* banchiere *m*.
banquise [bɑ̃kiz] *nf* banchisa.
bantou, e [bɑ̃tu] *adj* bantù *inv*.
baptême [batɛm] *nm* (*aussi fig*) battesimo; ▸**baptême de l'air** battesimo dell'aria.
baptiser [batize] *vt* battezzare.
baptiste [batist] *adj* battista.
baquet [bakɛ] *nm* mastello, tinozza.
bar [baʀ] *nm* (*établissement, meuble*) bar *m inv*; (*comptoir*) bancone *m*; (*poisson*) branzino.
baragouin [baʀagwɛ̃] *nm* biascicamento.
baragouiner [baʀagwine] *vi* farfugliare ♦ *vt* biascicare.
baraque [baʀak] *nf* baracca; (*fam*) catapecchia; ▸**baraque foraine** baraccone *m*.
baraqué, e [baʀake] (*fam*) *adj* ben piantato(-a).
baraquements [baʀakmɑ̃] *nmpl* baraccamenti *mpl*.
baratin [baʀatɛ̃] (*fam*) *nm* chiacchiere *fpl*.
baratiner [baʀatine] (*fam*) *vt* riempire di chiacchiere.
baratte [baʀat] *nf* zangola.
Barbade [baʀbad] *nf*: **la ~** le Barbados.
barbant, e [baʀbɑ̃, ɑ̃t] (*fam*) *adj* barboso (-a).
barbare [baʀbaʀ] *adj, nm/f* barbaro(-a).
Barbarie [baʀbaʀi] *nf* Barberia.
barbarie [baʀbaʀi] *nf* barbarie *f inv*.
barbarisme [baʀbaʀism] *nm* (*LING*) barbarismo.
barbe [baʀb] *nf* barba; **au nez et à la ~ de qn** (*fig*) sotto il naso di qn; **quelle ~!** (*fam*) che barba!; ▸**barbe à papa** zucchero filato.
barbecue [baʀbəkju] *nm* barbecue *m inv*.
barbelé [baʀbəle] *nm* filo spinato.
barber [baʀbe] (*fam*) *vt* scocciare.
barbiche [baʀbiʃ] *nf* pizzo, barbetta.
barbichette [baʀbiʃɛt] *nf* pizzo, barbetta.
barbiturique [baʀbityʀik] *nm* barbiturico.

barboter [barbɔte] *vi* sguazzare ♦ *vt* (*fam*: *voler*) fregare.
barboteuse [barbɔtøz] *nf* pagliaccetto.
barbouiller [barbuje] *vt* (*couvrir, salir*) insudiciare; (*péj*: *mur, toile*) imbrattare; (: *écrire, dessiner*) scarabocchiare; **avoir l'estomac barbouillé** avere la nausea.
barbu, e [barby] *adj* barbuto(-a).
barbue [barby] *nf* (*poisson*) rombo.
Barcelone [barsəlɔn] *n* Barcellona.
barda [barda] (*fam*) *nm* armamentario.
barde [bard] *nf* (*CULIN*) lardello ♦ *nm* (*poète*) bardo.
bardé, e [barde] *adj*: ~ **de** bardato(-a) di; (*fig*) pieno(-a) di.
bardeaux [bardo] *nmpl* assicelle *fpl*.
barder [barde] *vi* (*fam*): **ça va** ~ si mette male ♦ *vt* (*CULIN*) ricoprire di sottili fette di lardo.
barème [barɛm] *nm* (*des prix, des tarifs*) tabella; (*cotisations, notes*) prontuario; ▶ **barème des salaires** tabella salariale.
barge [barʒ] *nf* chiatta.
barguigner [bargiɲe] *vi*: **sans** ~ senza esitare.
baril [bari(l)] *nm* barile *m*.
barillet [barijɛ] *nm* (*de revolver*) tamburo.
bariolé, e [barjɔle] *adj* variopinto(-a), multicolore.
barman [barman] *nm* barista *m*, barman *m inv*.
baromètre [barɔmɛtr] *nm* (*aussi fig*) barometro; ▶ **baromètre anéroïde** barometro aneroide.
baron [barɔ̃] *nm* (*aussi fig*) barone *m*.
baronne [barɔn] *nf* baronessa.
baroque [barɔk] *adj* (*ART*) barocco(-a); (*fig*) bizzarro(-a).
baroud [barud] *nm*: ~ **d'honneur** tentativo disperato (per salvare l'onore).
baroudeur [barudœr] (*fam*) *nm* amante *m* del combattimento.
barque [bark] *nf* barca.
barquette [barkɛt] *nf* (*tartelette, récipient*) barchetta.
barrage [baraʒ] *nm* sbarramento, diga; (*sur route, rue*) sbarramento; ▶ **barrage de police** cordone *m* di polizia.
barre [bar] *nf* (*de fer etc*) sbarra, barra; (*NAUT*) barra del timone; (*de la houle*) barra; (*écrite*) sbarra, asta; (*danse*) sbarra; (*JUR*): **comparaître à la** ~ comparire in giudizio; **être à** *ou* **tenir la** ~ (*NAUT*) essere *ou* stare al timone; ▶ **barre fixe** (*GYMNASTIQUE*) sbarra (fissa); ▶ **barre de mesure** (*MUS*) stanghetta; ▶ **barre à mine** barramina; ▶ **barres parallèles** (*GYMNASTIQUE*) parallele *fpl*.
barreau, x [baro] *nm* barra; **le** ~ (*JUR*) il foro, l'avvocatura.
barrer [bare] *vt* sbarrare; (*mot*) sbarrare, cancellare; (*NAUT*) tenere il timone di; **se barrer** *vr* (*fam*) svignarsela, tagliare la corda; ~ **le passage** *ou* **la route à qn** sbarrare il passaggio *ou* la strada a qn.
barrette [barɛt] *nf* (*pour les cheveux*) fermacapelli *m inv*; (*REL*) berretto; (*broche*) barretta.
barreur [barœr] *nm* timoniere *m*.
barricade [barikad] *nf* barricata.
barricader [barikade] *vt* barricare; **se** ~ **chez soi** (*fig*) barricarsi in casa.
barrière [barjɛr] *nf* (*aussi fig*) barriera; (*porte*) steccato, staccionata; (*de passage à niveau*) barriera, sbarra; ▶ **barrière de dégel** (*AUTO*) segnale *m* di divieto di transito causa disgelo; ▶ **barrières douanières** barriere doganali.
barrique [barik] *nf* barile *m*, botte *f*.
barrir [barir] *vi* barrire.
baryton [baritɔ̃] *nm* baritono.
bas, basse [bɑ, bɑs] *adj* basso(-a); (*vue*) corto(-a); (*action*) vile ♦ *nm* (*chaussette*) calzino; (*de femme*) calza; (*partie inférieure*): **le** ~ **de** ... il fondo di ... ♦ *adv* giù, in fondo; (*à l'étage inférieur*) giù, da basso; **plus** ~ più in basso; (*dans un texte*) oltre; (*parler*) più piano; **la tête** ~**se** a testa bassa; **avoir la vue** ~**se** avere la vista corta; **au** ~ **mot** come minimo; **enfant en** ~ **âge** bambino in tenera età; **en** ~ giù, in basso; (*dans une maison*) giù, da basso; **en** ~ **de** in fondo a; **de** ~ **en haut** dal basso in alto; **des hauts et des** ~ degli alti e bassi; **un** ~ **de laine** (*fam*: *économies*) risparmi (sotto il materasso); **mettre** ~ (*accoucher*) figliare; **"à** ~ **la dictature!"** "abbasso la tirannide!"; ▶ **bas morceaux** (*viande*) carne *f* di secondo taglio.
basalte [bazalt] *nm* basalto.
basané, e [bazane] *adj* abbronzato(-a), scuro(-a); (*immigré etc*) dalla pelle scura.
bas-côté [bakote] (*pl* ~**-**~**s**) *nm* (*de route*) banchina; (*d'église*) navata.
bascule [baskyl] *nf*: **(jeu de)** ~ altalena (a bilico); **(balance à)** ~ bascula, bilancia a bilico; **fauteuil à** ~ sedia a dondolo.
basculer [baskyle] *vi* precipitare; (*benne etc*) oscillare; (*camion etc*): ~ **dans** rovesciarsi in ♦ *vt* (*faire basculer*) (far) ribaltare; (*poutre*) far oscillare.
base [bɑz] *nf* base *f*; (*POL*): **la** ~ la base; **jeter les** ~**s de** porre le basi di; **à la** ~ **de** (*fig*) alla base di; **sur la** ~ **de** (*fig*) in base a; **à** ~ **de café** a base di caffè; ▶ **base de données** (*INFORM*) base di dati, database *m inv*; ▶ **base de lancement** base di lancio.
base-ball [bɛzbol] (*pl* ~**-**~**s**) *nm* baseball *m inv*.

baser [baze] *vt* basare; **se ~ sur** basarsi su; **être basé à/dans** (*MIL*) essere dislocato(-a) a.
bas-fond [bafɔ̃] (*pl* **~-~s**) *nm* (*NAUT*) bassofondo; **~-~s** *nmpl* (*fig*) bassifondi *mpl*.
BASIC [bazik] *sigle m* (= *Beginner's All-Purpose Symbolic Instruction Code*) BASIC *m*.
basilic [bazilik] *nm* basilico.
basilique [bazilik] *nf* basilica.
basket [baskɛt] *nm* = **basket-ball**.
basket-ball [baskɛtbol] *nm* pallacanestro *f*.
baskets [baskɛt] *nfpl* scarpe *fpl* da ginnastica.
basketteur, -euse [basketœʀ, øz] *nm/f* giocatore(-trice) di pallacanestro.
basquaise [baskɛz] *adj f* basca ♦ *nf*: **B~** basca.
basque [bask] *adj* basco(-a) ♦ *nm* (*LING*) basco ♦ *nm/f*: **B~** basco(-a); **le Pays ~** i Paesi baschi.
basques [bask] *nfpl* falde *fpl*; **pendu aux ~ de qn** (*mère etc*) attaccato alle sottane di qn.
bas-relief [baʀəljɛf] (*pl* **~-~s**) *nm* bassorilievo.
basse [bas] *adj f voir* **bas** ♦ *nf* (*MUS*) basso.
basse-cour [baskuʀ] (*pl* **~s-~s**) *nf* cortile *m*; (*animaux*) animali *mpl* da cortile.
bassement [basmɑ̃] *adv* bassamente, vilmente.
bassesse [basɛs] *nf* bassezza.
basset [basɛ] *nm* (*ZOOL*) bassotto.
bassin [basɛ̃] *nm* (*aussi ANAT*) bacino; (*cuvette*) catino, bacinella; (*de fontaine*) vasca; ▸ **bassin houiller** bacino carbonifero.
bassine [basin] *nf* bacinella, catino.
bassiner [basine] *vt* (*plaie*) inumidire, umettare; (*lit*) scaldare con uno scaldaletto; (*fam*) scocciare.
bassiste [basist] *nm/f* bassista *m/f*.
basson [basɔ̃] *nm* (*MUS*) fagotto.
bastide [bastid] *nf* (*maison*) casetta di campagna (*in Provenza*); (*ville*) bastia.
bastingage [bastɛ̃gaʒ] *nm* (*NAUT*) parapetto.
bastion [bastjɔ̃] *nm* bastione *m*; (*fig*: *POL*) baluardo.
bas-ventre [bavɑ̃tʀ] (*pl* **~-~s**) *nm* basso ventre *m*.
bat [ba] *vb voir* **battre**.
bât [ba] *nm* basto.
bataille [bataj] *nf* (*aussi fig*) battaglia; **en ~** (*cheveux*) arruffato(-a); (*chapeau*) sulle ventitrè; ▸ **bataille rangée** ordine *m* di combattimento.
bataillon [batajɔ̃] *nm* battaglione *m*.
bâtard, e [bataʀ, aʀd] *adj* (*solution*) spurio(-a); (*fig*) bastardo(-a) ♦ *nm/f* bastardo(-a) ♦ *nm* (*boulangerie*) filone *m*, filoncino; **chien ~** cane *m* bastardo.
batavia [batavja] *nf* lattuga crespa.
bateau, x [bato] *nm* barca, imbarcazione *f*; (*grand*) nave *f*; (*abaissement du trottoir*) abbassamento del marciapiede (*in prossimità di un portone*) ♦ *adj* (*banal, rebattu*) trito(-a); ▸ **bateau à moteur** barca a motore; ▸ **bateau de pêche** peschereccio.
bateau-citerne [batositɛʀn] (*pl* **~x-~s**) *nm* nave *f* cisterna *inv*.
bateau-mouche [batomuʃ] (*pl* **~x-~s**) *nm* vaporetto.
bateau-pilote [batopilɔt] (*pl* **~x-~s**) *nm* nave *f* pilota *inv*.
bateleur, -euse [batlœʀ, øz] *nm/f* saltimbanco.
batelier, -ière [batəlje, jɛʀ] *nm/f* (*de bac*) traghettatore(-trice).
bat-flanc [baflɑ̃] *nm inv* (*pour dormir*) parete *f* divisoria.
bâti, e [bati] *adj*: **terrain ~** area fabbricata ♦ *nm* (*armature*) telaio; (*COUTURE*) imbastitura; **bien ~** (*personne*) ben piantato (-a).
batifoler [batifɔle] *vi* folleggiare.
batik [batik] *nm* batic.
bâtiment [batimɑ̃] *nm* edificio, costruzione *f*; (*NAUT*) nave *f*; **le ~** (*industrie*) l'edilizia.
bâtir [batiʀ] *vt* (*aussi fig*) costruire; (*COUTURE*) imbastire; **fil à ~** (*COUTURE*) filo per imbastire.
bâtisse [batis] *nf* costruzione *f*.
bâtisseur, -euse [batisœʀ, øz] *nm/f* costruttore(-trice).
batiste [batist] *nf* (*COUTURE*) batista.
bâton [batɔ̃] *nm* bastone *m*; (*d'agent de police*) sfollagente *m inv*; **mettre des ~s dans les roues à qn** mettere i bastoni tra le ruote a qn; **parler à ~s rompus** chiacchierare spaziando su vari argomenti; ▸ **bâton de rouge (à lèvres)** rossetto; ▸ **bâton de ski** bastone *ou* bastoncino (da sci).
bâtonnet [batɔnɛ] *nm* bastoncino.
bâtonnier [batɔnje] *nm* (*JUR*) presidente *m* dell'ordine degli avvocati.
batraciens [batʀasjɛ̃] *nmpl* batraci *mpl*.
bats [ba] *vb voir* **battre**.
battage [bataʒ] *nm* (*publicité*) battage *m inv*, campagna.
battant, e [batɑ̃, ɑ̃t] *vb voir* **battre** ♦ *adj*: **pluie ~e** pioggia battente ♦ *nm* (*de cloche*) battaglio, battacchio; (*de volet, de porte*) anta, battente *m*; (*fig*: *personne*) tipo combattivo; **porte à double ~** porta a doppio battente; **tambour ~** tamburo battente.
batte [bat] *nf* (*SPORT*) mazza.
battement [batmɑ̃] *nm* (*de cœur*) battito; (*intervalle*) intervallo, pausa; **10 minutes**

de ~ 10 minuti di pausa; ▸**battement de mains** battimano; ▸**battement de paupières** battito di palpebre.
batterie [batʀi] *nf* (*MIL, ÉLEC, MUS*) batteria; ~ **de tests** batteria di test; ▸**batterie de cuisine** batteria da cucina.
batteur [batœʀ] *nm* (*MUS*) batterista *m/f*; (*appareil*) frullatore *m*.
batteuse [batøz] *nf* trebbiatrice *f*.
battoir [batwaʀ] *nm* (*à linge*) mestola (*di lavandaie*).
battre [batʀ] *vt* battere; (*frapper*) picchiare; (*œufs etc*) sbattere; (*blé*) trebbiare; (*cartes*) mescolare ♦ *vi* (*cœur*) battere; (*volets etc*) sbattere; **se battre** *vr* (*aussi fig*) battersi; (*venir aux mains*) picchiarsi; ~ **des mains** battere le mani; ~ **de l'aile** (*fig*) essere ridotto(-a) male; ~ **des ailes** sbattere le ali; ~ **froid à qn** trattare freddamente qn; ~ **la mesure** battere il tempo; ~ **en brèche** (*MIL, fig*) demolire; ~ **son plein** essere al culmine; ~ **pavillon britannique** battere bandiera britannica; ~ **la semelle** battere i piedi per terra (per scaldarsi); ~ **en retraite** battere in ritirata.
battu, e [baty] *pp de* **battre**.
battue [baty] *nf* battuta.
baud [bo] *nm* baud *m inv*.
baudruche [bodʀyʃ] *nf*: **ballon en** ~ pallone *m*; (*fig*) pallone gonfiato.
baume [bom] *nm* (*aussi fig*) balsamo.
bauxite [boksit] *nf* bauxite *f*.
bavard, e [bavaʀ, aʀd] *adj* chiacchierone(-a).
bavardage [bavaʀdaʒ] *nm* chiacchiere *fpl*.
bavarder [bavaʀde] *vi* chiacchierare.
bavarois, e [bavaʀwa, waz] *adj* bavarese ♦ *nm ou f* (*CULIN*) bavarese *f*.
bave [bav] *nf* bava.
baver [bave] *vi* sbavare; **en** ~ (*fam*) passarne di cotte e di crude.
bavette [bavɛt] *nf* (*de bébé*) bavaglino; (*de tablier, salopette*) pettino.
baveux, -euse [bavø, øz] *adj* bavoso(-a); (*omelette*) poco cotto(-a).
Bavière [bavjɛʀ] *nf* Baviera.
bavoir [bavwaʀ] *nm* (*de bébé*) bavaglino.
bavure [bavyʀ] *nf* sbavatura; (*fig*) pecca.
bayadère [bajadɛʀ] *adj* baiadero(-a).
bayer [baje] *vi*: ~ **aux corneilles** stare col naso per aria.
bazar [bazaʀ] *nm* emporio; (*fam*) roba, armamentario.
bazarder [bazaʀde] (*fam*) *vt* sbarazzarsi di, svendere.
BCBG [besebeʒe] *adj* (= *bon chic bon genre*) perbenino *inv*.
BCE [beseə] *sigle f* (= *Banque centrale européenne*) BCE *f*.
BCG [beseʒe] *sigle m* = *bacille Calmette-Guérin*.
bcp *abr* = **beaucoup**.
BD [bede] *sigle f* (= *bande dessinée*) **bande**; (= *base de données*) D.B. *f*.
bd *abr* = **boulevard**.
b.d.c. *abr* (*TYPO* = *bas de casse*) cassa bassa.
béant, e [beɑ̃, ɑ̃t] *adj* spalancato(-a), aperto(-a).
béarnais, e [beaʀnɛ, ɛz] *adj, nm/f* bearnese *m/f*.
béat, e [bea, at] *adj* beato(-a).
béatitude [beatityd] *nf* beatitudine *f*.
beau (bel), belle, beaux [bo, bɛl] *adj* bello(-a) ♦ *nm* bello ♦ *adv*: **il fait** ~ fa bel tempo, fa bello; **le temps est au** ~ il tempo si mette al bello; **un** ~ **geste** un bel gesto; **un** ~ **salaire** un buono stipendio; **un** ~ **gâchis/rhume** (*iron*) un bel pasticcio/raffreddore; **le** ~ **monde** il bel mondo; **un** ~ **jour** ... un bel giorno ...; **de plus belle** ancora di più; **bel et bien** proprio; **le plus** ~ **c'est que** ... il bello è che ...; **"c'est du** ~**!"** "bella roba!"; **on a** ~ **essayer** ... si ha un bel provare ...; **il a** ~ **jeu de protester** ha un bel protestare, è facile per lui protestare; **en faire/dire de belles** farne/dirne delle belle; **faire le** ~ (*chien*) rizzarsi sulle zampe posteriori.
beauceron, ne [bosʀɔ̃, ɔn] *adj* della Beauce.
beaucoup [boku] *adv* molto; **il boit** ~ beve molto; **il ne rit pas** ~ non ride molto; ~ **plus grand** molto più grande; **il en a** ~ **plus** ne ha molti di più; ~ **trop de** ... troppo(-a) ...; ~ **de** (*nombre*) molti(-e), parecchi(-e); (*quantité*) molto(-a), parecchio(-a); ~ **d'étudiants** molti studenti; ~ **de courage** molto coraggio; **il n'a pas** ~ **d'argent** non ha molto denaro; **de** ~ *adv* di molto.
beau-fils [bofis] (*pl* ~**x**-~) *nm* genero; (*remariage*) figliastro(-a).
beau-frère [bofʀɛʀ] (*pl* ~**x**-~**s**) *nm* cognato.
beau-père [bopɛʀ] (*pl* ~**x**-~**s**) *nm* suocero; (*remariage*) patrigno.
beauté [bote] *nf* bellezza; **de toute** ~ di grande bellezza; **finir en** ~ chiudere in bellezza.
beaux-arts [bozaʀ] *nmpl* belle arti *fpl*.
beaux-parents [bopaʀɑ̃] *nmpl* suoceri *mpl*.
bébé [bebe] *nm* bambino, bebè *m inv*.
bébé-éprouvette [bebeepʀuvɛt] (*pl* ~**s**-~) *nm* bambino in provetta.
bec [bɛk] *nm* (*d'oiseau*) becco; (*de cafetière, de plume*) beccuccio; (*d'une clarinette etc*) bocchino; **clouer le** ~ **à qn** (*fam*) chiudere il becco a qn; **ouvrir le** ~ aprir becco; ▸**bec de gaz** lampione *m* (a gas), fanale *m* (a gas); ▸**bec verseur** beccuccio versatore.

bécane [bekan] (*fam*) *nf* (*vélo*) bici *f inv*.
bécarre [bekaʀ] *nm* (*MUS*) bequadro.
bécasse [bekas] *nf* beccaccia; (*fam*: *personne*) oca.
bec-de-cane [bɛkdəkan] (*pl* **~s-~-~**) *nm* (*poignée*) maniglia (di serratura a scatto).
bec-de-lièvre [bɛkdəljɛvʀ] (*pl* **~s-~-~**) *nm* labbro leporino.
béchamel [beʃamɛl] *nf*: **(sauce)** ~ (salsa) besciamella.
bêche [bɛʃ] *nf* vanga.
bêcher [beʃe] *vt* (*terre*) vangare ♦ *vi* darsi delle arie.
bêcheur, -euse [bɛʃœʀ, øz] (*fam*) *adj* maldicente ♦ *nm/f* borioso(-a); (*snob*) snob *m/f*.
bécoter [bekɔte]: **se** ~ *vr* sbaciucchiarsi.
becquée [beke] *nf*: **donner la** ~ **à** imbeccare.
becqueter [bɛkte] (*fam*) *vt* mangiare.
bedaine [bədɛn] *nf* pancia, trippa.
bédé [bede] (*fam*) *nf* (= *bande dessinée*) **bande**.
bedeau, x [bədo] *nm* sacrestano.
bedonnant, e [bədɔnɑ̃, ɑ̃t] *adj* panciuto (-a).
bée [be] *adj*: **bouche** ~ a bocca aperta.
beffroi [befʀwa] *nm* torre *f* civica; (*église*) campanile *m*.
bégaiement [begɛmɑ̃] *nm* balbettamento.
bégayer [begeje] *vi, vt* balbettare.
bégonia [begɔnja] *nm* begonia.
bègue [bɛg] *nm/f*: **être** ~ essere balbuziente.
bégueule [begœl] *adj* pudibondo(-a).
béguin [begɛ̃] *nm* (*toquade*): **avoir le** ~ **de** *ou* **pour** avere una cotta per.
beige [bɛʒ] *adj* beige *inv*.
beignet [bɛɲɛ] *nm* frittella.
bel [bɛl] *adj m voir* **beau**.
bêler [bele] *vi* belare.
belette [bəlɛt] *nf* donnola.
belge [bɛlʒ] *adj* belga ♦ *nm/f*: **B~** belga *m/f*.
Belgique [bɛlʒik] *nf* Belgio.
Belgrade [bɛlgʀad] *n* Belgrado *f*.
bélier [belje] *nm* montone *m*; (*engin*) ariete *m*; (*ASTROL*): **B~** Ariete; **être (du) B~** essere dell'Ariete.
Belize [beliz] *nm* Belice *m*.
bellâtre [bɛlɑtʀ] *nm* bellimbusto.
belle [bɛl] *adj f voir* **beau** ♦ *nf* (*SPORT*): **la** ~ la bella.
belle-famille [bɛlfamij] (*pl* **~s-~s**) (*fam*) *nf* parenti *mpl* acquisiti (per matrimonio).
belle-fille [bɛlfij] (*pl* **~s-~s**) *nf* nuora; (*remariage*) figliastra.
belle-mère [bɛlmɛʀ] (*pl* **~s-~s**) *nf* suocera; (*remariage*) matrigna.
belle-sœur [bɛlsœʀ] (*pl* **~s-~s**) *nf* cognata.
belliciste [belisist] *adj* bellicista.
belligérant, e [beliʒeʀɑ̃, ɑ̃t] *nm/f* belligerante *m/f*.
belliqueux, -euse [belikø, øz] *adj* bellicoso(-a).
belote [bəlɔt] *nf* belote *f* (*gioco di carte*).
belvédère [bɛlvedɛʀ] *nm* belvedere *m inv*.
bémol [bemɔl] *nm* bemolle *m*.
ben [bɛ̃] (*fam*) *excl* ebbene.
bénédiction [benediksjɔ̃] *nf* benedizione *f*.
bénéfice [benefis] *nm* (*COMM*) utile *m*; (*avantage*) beneficio, vantaggio; **au** ~ **de** a beneficio di.
bénéficiaire [benefisjɛʀ] *nm/f* beneficiario(-a).
bénéficier [benefisje] *vi*: ~ **(de)** beneficiare (di).
bénéfique [benefik] *adj* benefico(-a).
Benelux [benelyks] *nm* Benelux *m*.
benêt [bənɛ] *adj m* sempliciotto(-a), babbeo(-a).
bénévolat [benevɔla] *nm* volontariato.
bénévole [benevɔl] *adj* volontario(-a).
bénévolement [benevɔlmɑ̃] *adv* volontariamente.
bénin, -igne [benɛ̃, iɲ] *adj* benigno(-a), benevolo(-a); (*tumeur, mal*) benigno(-a).
bénir [beniʀ] *vt* benedire.
bénit, e [beni, it] *adj* benedetto(-a); **eau ~e** acqua santa.
bénitier [benitje] *nm* acquasantiera.
benjamin, e [bɛ̃ʒamɛ̃, min] *nm/f* ultimogenito(-a); (*SPORT*) favorito(-a).
benne [bɛn] *nf* (*de camion*) cassone *m*; (*de téléphérique*) cabina; ▶ **benne basculante** cassone ribaltabile.
benzine [bɛ̃zin] *nf* benzina (*per smacchiare*).
béotien, ne [beɔsjɛ̃, jɛn] *nm/f* beota *m/f*.
BEP [beøpe] *sigle m* = *Brevet d'études professionnelles*.
BEPC [beəpese] *sigle m* (= *Brevet d'études du premier cycle*) *certificato di corso di studi rilasciato a conclusione della scuola d'obbligo*.
béquille [bekij] *nf* stampella; (*de bicyclette*) cavalletto.
berbère [bɛʀbɛʀ] *adj* berbero(-a) ♦ *nm* (*LING*) berbero ♦ *nm/f*: **B~** berbero(-a).
bercail [bɛʀkaj] *nm* ovile *m*; **rentrer au** ~ (*fig*) tornarsene a casa.
berceau, x [bɛʀso] *nm* (*aussi fig*) culla.
bercer [bɛʀse] *vt* cullare.
berceur, -euse [bɛʀsœʀ, øz] *adj* che culla.
berceuse [bɛʀsøz] *nf* ninnananna.
béret (basque) [beʀɛ (bask(ə))] *nm* basco.
bergamote [bɛʀgamɔt] *nf* bergamotto.
berge [bɛʀʒ] *nf* sponda, argine *m*; (*fam*) anno.
berger, -ère [bɛʀʒe, ɛʀ] *nm/f* pastore (-pastorella); ▶ **berger allemand** (*chien*) pastore *m* tedesco.

bergerie [bɛʀʒəʀi] *nf* ovile *m*.
bergeronnette [bɛʀʒəʀɔnɛt] *nf* (*ZOOL*) cutrettola.
béribéri [beʀibeʀi] *nm* beriberi *m*.
Berlin [bɛʀlɛ̃] *n* Berlino *f*; ▸**Berlin Est/Ouest** Berlino Est/Ovest.
berline [bɛʀlin] *nf* (*AUTO*) berlina.
berlingot [bɛʀlɛ̃go] *nm* (*emballage*) cartone *m*; (*bonbon*) caramella.
berlinois, e [bɛʀlinwa, waz] *adj* berlinese ♦ *nm/f*: **B~, e** berlinese *m/f*.
berlue [bɛʀly] *nf*: **avoir la ~** avere le traveggole.
bermuda [bɛʀmyda] *nm* (*short*) bermuda *mpl*.
Bermudes [bɛʀmyd] *nfpl*: **les (îles) ~** le (isole) Bermuda.
Berne [bɛʀn] *n* Berna.
berne [bɛʀn] *nf*: **en ~** a mezz'asta; **mettre en ~** mettere in ridicolo.
berner [bɛʀne] *vt* imbrogliare, prendere in giro.
bernois, e [bɛʀnwa, waz] *adj* bernese.
berrichon, ne [bɛʀiʃɔ̃, ɔn] *adj* del Berry ♦ *nm/f*: **B~, ne** abitante *m/f* del Berry.
besace [bəzas] *nf* bisaccia.
besogne [bəzɔɲ] *nf* lavoro, compito.
besogneux, -euse [bəzɔɲø, øz] *adj* povero(-a).
besoin [bəzwɛ̃] *nm* bisogno; (*pauvreté*): **le ~** l'indigenza ♦ *adv*: **au ~** all'occorrenza; **il n'y a pas ~ de (faire)** non c'è bisogno di (fare), non occorre (fare); **les ~s (naturels)** i bisogni; **faire ses ~s** fare i bisogni; **avoir ~ de qch/de faire qch** aver bisogno di qc/di fare qc; **pour les ~s de la cause** per avvalorare la propria tesi.
bestial, e, -aux [bɛstjal, o] *adj* bestiale.
bestiaux [bɛstjo] *nmpl* bestiame *msg*.
bestiole [bɛstjɔl] *nf* bestiola, bestiolina.
bétail [betaj] *nm* bestiame *m*.
bétaillère [betajɛʀ] *nf* carro *m* bestiame *inv*.
bête [bɛt] *nf* animale *m*, bestia; (*insecte, bestiole*) bestiolina ♦ *adj* (*stupide*) stupido(-a); **chercher la petite ~** cercare il pelo nell'uovo; **les ~s** il bestiame; ▸**bête noire** bestia nera; ▸**bête de somme** bestia da soma; ▸**bêtes sauvages** belve *fpl*.
bêtement [bɛtmɑ̃] *adv* stupidamente; **tout ~** semplicemente.
Bethléem [bɛtleɛm] *n* Betlemme *f*.
bêtifier [betifje] *vi* fare lo stupido(-a).
bêtise [betiz] *nf* (*défaut d'intelligence*) stupidità *f*; (*action, remarque*) stupidaggine *f*; **faire/dire une ~** fare/dire una stupidaggine; **~ de Cambrai** caramella alla menta.
béton [betɔ̃] *nm* (calcestruzzo di) cemento; **en ~** (*fig*: *alibi, argument*) di ferro; ▸**béton armé** cemento armato; ▸**béton précontraint** cemento armato precompresso.
bétonner [betɔne] *vt* gettare il calcestruzzo.
bétonnière [betɔnjɛʀ] *nf* betoniera.
bette [bɛt] *nf* bietola.
betterave [bɛtʀav] *nf* barbabietola; ▸**betterave fourragère** barbabietola da foraggio; ▸**betterave sucrière** barbabietola da zucchero.
beuglement [bøgləmɑ̃] *nm* (*v vb*) muggito; urlo.
beugler [bøgle] *vi* muggire; (*péj*: *personne, radio*) sbraitare ♦ *vt* (*péj*: *chanson etc*) urlare.
Beur [bœʀ] *nm/f* *magrebino nato in Francia da genitori immigrati*.
beurre [bœʀ] *nm* burro; **mettre du ~ dans les épinards** (*fig*) migliorare la situazione; ▸**beurre de cacao** burro di cacao; ▸**beurre noir** burro fritto.
beurrer [bœʀe] *vt* imburrare.
beurrier [bœʀje] *nm* burriera.
beuverie [bøvʀi] *nf* orgia; **cela a dégénéré en ~** alla fine è stata una sbronza collettiva.
bévue [bevy] *nf* cantonata, gaffe *f inv*.
Beyrouth [beʀut] *n* Beirut *f*.
bi- [bi] *préf* bi-.
biais [bjɛ] *nm* (*d'un tissu*) sbieco; (*fig*: *moyen*) espediente *m*, scappatoia; **en ~, de ~** di sbieco, di traverso; (*fig*) in modo indiretto.
biaiser [bjeze] *vi* (*fig*) tergiversare.
bibelot [biblo] *nm* gingillo, suppellettile *f*.
biberon [bibʀɔ̃] *nm* biberon *m inv*; **nourrir au ~** allattare al biberon.
bible [bibl] *nf* bibbia.
biblio... [biblijɔ] *préf* biblio... .
bibliobus [biblijobys] *nm* bibliobus *m inv*.
bibliographie [biblijɔgʀafi] *nf* bibliografia.
bibliophile [biblijɔfil] *nm/f* bibliofilo(-a).
bibliothécaire [biblijɔtekɛʀ] *nm/f* bibliotecario(-a).
bibliothèque [biblijɔtɛk] *nf* (*meuble*) libreria; (*institution, collection*) biblioteca; ▸**bibliothèque municipale** biblioteca comunale.
biblique [biblik] *adj* biblico(-a).
bicarbonate [bikaʀbɔnat] *nm*: **~ (de soude)** bicarbonato (di sodio).
bicentenaire [bisɑ̃t(ə)nɛʀ] *nm* bicentenario.
biceps [bisɛps] *nm* bicipite *m*.
biche [biʃ] *nf* cerva.
bichonner [biʃɔne] *vt* agghindare; (*prendre soin de*: *personne*) essere pieno(-a) di premure per.
bicolore [bikɔlɔʀ] *adj* bicolore.
bicoque [bikɔk] (*péj*) *nf* bicocca.

bicorne [bikɔRn] *nm* bicorno.
bicross [bikrɔs] *nm* ciclocross *m inv*.
bicyclette [bisiklɛt] *nf* bicicletta.
bidasse [bidas] (*fam*) *nm* (*soldat*) marmittone *m*.
bide [bid] *nm* (*fam*: *ventre*) trippa; (*THÉÂTRE*) fiasco.
bidet [bidɛ] *nm* bidè *m inv*.
bidoche [bidɔʃ] (*fam*) *nf* carne *f*.
bidon [bidɔ̃] *nm* bidone *m* ♦ *adj inv* (*fam*: *combat, élections*) fasullo(-a).
bidonnant, e [bidɔnɑ̃, ɑ̃t] *adj* spassoso(-a).
bidonville [bidɔ̃vil] *nm* bidonville *f inv*.
bidule [bidyl] *nm* coso, affare *m*.
bielle [bjɛl] *nf* biella.
Biélorussie [bjelɔRysi] *nf* Bielorussia.

MOT-CLÉ

bien [bjɛ̃] *nm* **1** (*avantage, profit, moral*) bene *m*; **faire du bien à qn** fare del bene a qn; **faire le bien** fare del bene; **dire du bien de** parlare bene di; **c'est pour son bien que ...** è per il suo bene che ...; **changer en bien** migliorare; **mener à bien** portare a buon fine; **je te veux du bien** ti voglio bene; **le bien public** il bene pubblico
2 (*possession, patrimoine*) beni *mpl*; **son bien le plus précieux** il suo bene più prezioso; **avoir du bien** avere dei beni; **biens (de consommation)** beni (di consumo)
♦ *adv* **1** (*de façon satisfaisante*) bene; **elle travaille/mange bien** lavora/mangia bene; **vite fait, bien fait** bene; **croyant bien faire, je ...** credendo di far bene, io ...; **tiens-toi bien!** stai composto!; (*prépare-toi!*) tienti forte!
2 (*valeur intensive*) molto; **bien jeune/mieux/souvent** molto giovane/meglio/spesso; **j'en ai bien assez** ne ho più che a sufficienza; **c'est bien fait!** (*mérité*) è quel che si merita!; **j'espère bien y aller** spero proprio di andarci; **je veux bien le faire** (*concession*) lo faccio volentieri; **il faut bien le faire** bisogna pur farlo; **il y a bien 2 ans** sono almeno 2 anni; **Paul est bien venu, n'est-ce pas?** Paul è venuto, vero?; **j'ai bien téléphoné** ho telefonato; **il faut bien l'admettre** bisogna proprio ammetterlo; **se donner bien du mal** darsi un gran daffare; **où peut-il bien être passé?** dove sarà mai andato?
3 (*beaucoup*): **bien du temps/des gens** molto tempo/molta gente
♦ *adj inv* **1** (*en bonne forme, à l'aise*): **être/se sentir bien** stare/sentirsi bene; **je ne me sens pas bien** non mi sento bene; **on est bien dans ce fauteuil** si sta bene in questa poltrona
2 (*joli, beau*) bello(-a); **tu es bien dans cette robe** stai bene con quel vestito; **elle est bien, cette femme** è una bella donna
3 (*satisfaisant*): **c'est bien?** va bene?; **mais non, c'est très bien** ma no, va bene; **c'est très bien (comme ça)** va benissimo (così); **elle est bien, cette maison/secrétaire** questa casa è bella/questa segretaria è brava
4 (*juste, moral*) giusto(-a); (*personne*: *respectable*) perbene *inv*; **des gens biens** (*parfois péj*) delle persone perbene
5 (*en bons termes*): **être bien avec qn** essere in buoni rapporti con qn; **si bien que** tanto che; **tant bien que mal** alla meno peggio
6: **bien que** *conj* benché, sebbene
7: **bien sûr** *adv* certo, certamente
♦ *préf*: **bien-aimé, e** *adj, nm/f* prediletto(-a), beneamato(-a).

bien-être [bjɛ̃nɛtR] *nm* benessere *m*.
bienfaisance [bjɛ̃fəzɑ̃s] *nf* beneficenza.
bienfaisant, e [bjɛ̃fəzɑ̃, ɑ̃t] *adj* benefico (-a).
bienfait [bjɛ̃fɛ] *nm* beneficio.
bienfaiteur, -trice [bjɛ̃fɛtœR, tRis] *nm/f* benefattore(-trice).
bien-fondé [bjɛ̃fɔ̃de] *nm* fondatezza.
bien-fonds [bjɛ̃fɔ̃] *nm* bene *m* immobile.
bienheureux, -euse [bjɛ̃nœRø, øz] *adj* felice; (*REL*) beato(-a).
biennal, e, -aux [bjenal, o] *adj* biennale.
bien-pensant, e [bjɛ̃pɑ̃sɑ̃, ɑ̃t] (*pl* **~-~s, -es**) (*péj*) *adj* benpensante ♦ *nm/f*: **les ~-~s** i benpensanti.
bienséance [bjɛ̃seɑ̃s] *nf* buona creanza, buona educazione *f*; **~s** *nfpl* (*convenances*) convenevoli *mpl*.
bienséant, e [bjɛ̃seɑ̃, ɑ̃t] *adj* conforme alla buona creanza.
bientôt [bjɛ̃to] *adv* presto; **à ~** a presto.
bienveillance [bjɛ̃vɛjɑ̃s] *nf* benevolenza.
bienveillant, e [bjɛ̃vɛjɑ̃, ɑ̃t] *adj* benevolo (-a).
bienvenu, e [bjɛ̃vny] *adj* gradito(-a) ♦ *nm/f*: **être le ~/la ~e** essere il benvenuto/la benvenuta.
bienvenue [bjɛ̃vny] *nf*: **souhaiter la ~ à** dare il benvenuto a.
bière [bjɛR] *nf* (*boisson*) birra; (*cercueil*) bara; ▸ **bière blonde/brune** birra chiara/scura; ▸ **bière (à la) pression** birra alla spina.
biffer [bife] *vt* cancellare, depennare.
bifteck [biftɛk] *nm* bistecca.
bifurcation [bifyRkasjɔ̃] *nf* biforcazione *f*; (*fig*) bivio.
bifurquer [bifyRke] *vi* (*route*) biforcarsi; (*véhicule, fig*) deviare.
bigame [bigam] *adj* bigamo(-a).
bigamie [bigami] *nf* bigamia.

bigarré, e [bigaʀe] *adj* variegato(-a); (*disparate*) eterogeneo(-a), vario(-a).
bigarreau, x [bigaʀo] *nm* ciliegia duracina.
bigleux, -euse [bigløz, øz] *adj* miope, orbo(-a); (*qui louche*) strabico(-a).
bigorneau, x [bigɔʀno] *nm* lumaca di mare.
bigot, e [bigo, ɔt] (*péj*) *adj, nm/f* bigotto(-a).
bigoterie [bigɔtʀi] *nf* bigotteria.
bigoudi [bigudi] *nm* bigodino.
bigrement [bigʀəmɑ̃] (*fam*) *adv* terribilmente, tremendamente.
bijou, x [biʒu] *nm* (*aussi fig*) gioiello.
bijouterie [biʒutʀi] *nf* gioielli *mpl*; (*magasin*) gioielleria.
bijoutier, -ière [biʒutje, jɛʀ] *nm/f* gioielliere(-a).
bikini [bikini] *nm* bikini *m inv*.
bilan [bilɑ̃] *nm* (*COMM, fig*) bilancio; **faire le ~ de** fare il bilancio di; **déposer son ~** (*COMM*) dichiarare fallimento; ▸ **bilan de santé** bollettino medico.
bilatéral, e, -aux [bilateʀal, -o] *adj* (*stationnement*) su ambo i lati; (*contrat*) bilaterale.
bilboquet [bilbɔkɛ] *nm* (*jouet*) *giocattolo composto da una pallina forata e da un bastoncino.*
bile [bil] *nf* bile *f*; **se faire de la ~** (*fam*) rodersi il fegato.
biliaire [biljɛʀ] *adj* biliare.
bilieux, -euse [biljø, øz] *adj* (*aussi fig*) bilioso(-a).
bilingue [bilɛ̃g] *adj* bilingue.
bilinguisme [bilɛ̃gɥism] *nm* bilinguismo.
billard [bijaʀ] *nm* biliardo; **c'est du ~** (*fam*) è facilissimo; **passer sur le ~** passare sotto i ferri del chirurgo; ▸ **billard électrique** flipper *m inv*.
bille [bij] *nf* biglia; (*de bois*) tronco; **jouer aux ~s** giocare a biglie.
billet [bijɛ] *nm* biglietto; (*aussi*: **~ de banque**) banconota; ▸ **billet à ordre** (*COMM*) effetto a vista; ▸ **billet circulaire** biglietto di andata e ritorno; ▸ **billet d'avion/de train** biglietto aereo/ferroviario; ▸ **billet de commerce** effetto (commerciale); ▸ **billet de faveur** biglietto *m* omaggio *inv*; ▸ **billet de loterie** biglietto della lotteria; ▸ **billet doux** biglietto galante.
billetterie [bijɛtʀi] *nf* biglietteria; (*BANQUE*) sportello automatico.
billion [biljɔ̃] *nm* bilione *m*.
billot [bijo] *nm* ceppo.
bimbeloterie [bɛ̃blɔtʀi] *nf* ninnoli *mpl*.
bimensuel, le [bimɑ̃sɥɛl] *adj* bimensile.
bimestriel, le [bimɛstʀijɛl] *adj* bimestrale.
bimoteur [bimɔtœʀ] *adj* bimotore.
binaire [binɛʀ] *adj* binario(-a).
biner [bine] *vt* sarchiare.
binette [binɛt] *nf* (*outil*) zappa (*per sarchiare*).
binoclard, e [binɔklaʀ, aʀd] (*fam*) *adj* occhialuto(-a) ♦ *nm/f* quattrocchi *m/f inv*.
binocle [binɔkl] *nm* binocolo.
binoculaire [binɔkylɛʀ] *nf* binoculare.
binôme [binom] *nm* binomio.
bio... [bjɔ] *préf* bio... .
biochimie [bjoʃimi] *nf* biochimica.
biochimique [bjoʃimik] *adj* biochimico(-a).
biochimiste [bjoʃimist] *nm/f* biochimico (-a).
biodégradable [bjodegʀadabl] *adj* biodegradabile.
bioéthique [bjoetik] *adj* bioetico(-a) ♦ *nf* bioetica.
biographe [bjɔgʀaf] *nm/f* biografo(-a).
biographie [bjɔgʀafi] *nf* biografia.
biographique [bjɔgʀafik] *adj* biografico (-a).
biologie [bjɔlɔʒi] *nf* biologia.
biologique [bjɔlɔʒik] *adj* biologico(-a).
biologiste [bjɔlɔʒist] *nm/f* biologo(-a).
biomasse [bjomas] *nf* biomassa.
biopsie [bjɔpsi] *nf* biopsia.
biosphère [bjɔsfɛʀ] *nf* biosfera.
biotope [bjɔtɔp] *nm* biotopo.
bipartisme [bipaʀtism] *nm* bipartitismo.
bipartite [bipaʀtit] *adj* bipartitico(-a).
bipède [bipɛd] *nm* bipede *m*.
biphasé [bifɑze] *adj* (*ÉLEC*) bifase.
biplace [biplas] *adj* (*avion*) biposto *inv*.
biplan [biplɑ̃] *nm* biplano.
bique [bik] *nf* capra; (*péj*) vecchia strega.
biquet, te [bikɛ, ɛt] *nm/f* capretto; **mon ~** tesoro, cocco(-a).
biréacteur [biʀeaktœʀ] *nm* bireattore *m*.
birman, e [biʀmɑ̃, an] *adj* birmano(-a) ♦ *nm* (*LING*) birmano ♦ *nm/f*: **B~, e** birmano(-a).
Birmanie [biʀmani] *nf* Birmania.
bis, e [*adj* bi, biz, *adv, excl, nm* bis] *adj* grigio(-a) ♦ *adv, excl, nm* bis *m inv*.
bisaïeul, e [bizajœl] *nm/f* bisnonno(-a).
bisannuel, le [bizanɥɛl] *adj* biennale.
bisbille [bisbij] *nf*: **être en ~ avec qn** essere in urto con qn.
Biscaye [biske] *nf*: **le golfe de ~** il golfo di Biscaglia.
biscornu, e [biskɔʀny] *adj* sbilenco(-a); (*bizarre*) strampalato(-a).
biscotte [biskɔt] *nf* fetta biscottata.
biscuit [biskɥi] *nm* biscotto; (*porcelaine*) biscuit *m*; ▸ **biscuit à la cuiller** savoiardo.
biscuiterie [biskɥitʀi] *nf* biscotteria.
bise [biz] *adj f voir* **bis** ♦ *nf* (*baiser*) bacio; (*vent*) tramontana.
biseau, x [bizo] *nm* smussamento; **en ~** smussato(-a).
biseauter [bizote] *vt* smussare.

bisexué, e [bisɛksɥe] *adj* bisessuato(-a), bisessuale.
bismuth [bismyt] *nm* bismuto.
bison [bizɔ̃] *nm* bisonte *m.*
bisou [bizu] (*fam*) *nm* (*baiser*) bacino.
bisque [bisk] *nf* (*CULIN*) passato.
bissectrice [bisɛktʀis] *nf* bisettrice *f.*
bisser [bise] *vt* (*faire rejouer*) chiedere il bis a; (*rejouer*) bissare.
bissextile [bisɛkstil] *adj*: **année** ~ anno bisestile.
bistouri [bistuʀi] *nm* bisturi *m inv.*
bistre [bistʀ] *adj* bruno(-a).
bistro(t) [bistʀo] *nm* caffè *m inv*, bar *m inv.*
BIT [beite] *sigle m* (= *Bureau international du travail*) U.I.L. *m.*
bit [bit] *nm* (*INFORM*) bit *m inv.*
biterrois, e [bitɛʀwa, waz] *adj* di Béziers.
bitte [bit] *nf* (*fam!*) cazzo (*fam!*); ~ **d'amarrage** bitta da ormeggio.
bitume [bitym] *nm* bitume *m*, asfalto.
bitumer [bityme] *vt* asfaltare.
bivalent, e [bivalɑ̃, ɑ̃t] *adj* bivalente.
bivouac [bivwak] *nm* bivacco.
bivouaquer [bivwake] *vi* bivaccare.
bizarre [bizaʀ] *adj* bizzarro(-a), strano(-a).
bizarrement [bizaʀmɑ̃] *adv* in modo bizzarro, stranamente.
bizarrerie [bizaʀʀi] *nf* stranezza.
blackbouler [blakbule] *vt* respingere col voto; (*à un examen*) bocciare.
blafard, e [blafaʀ, aʀd] *adj* smorto(-a).
blague [blag] *nf* (*propos*) panzana, balla; (*farce*) scherzo; **"sans ~!"** (*fam*) "davvero!"; ▶ **blague à tabac** borsa del tabacco.
blaguer [blage] *vi* scherzare ♦ *vt* prendere in giro.
blagueur, -euse [blagœʀ, øz] *adj* burlone(-a) ♦ *nm/f* burlone(-a).
blair [blɛʀ] (*fam*) *nm* naso, muso.
blaireau, x [blɛʀo] *nm* (*ZOOL*) tasso; (*brosse*) pennello da barba.
blairer [bleʀe] *vt*: **je ne peux pas le** ~ non lo posso vedere.
blâmable [blɑmabl] *adj* biasimevole.
blâme [blɑm] *nm* biasimo; (*sanction*) nota di biasimo.
blâmer [blɑme] *vt* biasimare.
blanc, blanche [blɑ̃, blɑ̃ʃ] *adj* bianco(-a); (*innocent*) pulito(-a) ♦ *nm/f* bianco(-a) ♦ *nm* bianco; (*aussi*: ~ **d'œuf**) albume *m*; (*aussi*: ~ **de poulet**) petto di pollo; (*aussi*: **vin** ~) (vino) bianco; **à** ~ (*tirer, charger*) a salve; **d'une voix blanche** con una voce spenta; **aux cheveux ~s** dai capelli bianchi; **le ~ de l'œil** il bianco dell'occhio; **laisser en** ~ (*ne pas écrire*) lasciare in bianco; **chèque en** ~ assegno in bianco; **chauffer à** ~ (*métal*) arroventare; **saigner à** ~ salassare; ~ **cassé** bianco sporco.
blanc-bec [blɑ̃bɛk] (*pl* **~s-~s**) *nm* pivello, sbarbatello.
blanchâtre [blɑ̃ʃɑtʀ] *adj* biancastro(-a).
blanche [blɑ̃ʃ] *adj f voir* **blanc** ♦ *nf* (*MUS*) minima.
blancheur [blɑ̃ʃœʀ] *nf* bianchezza, candore *m.*
blanchir [blɑ̃ʃiʀ] *vt* imbiancare; (*linge*) candeggiare, sbiancare; (*CULIN*) sbollentare; (*fig*: *disculper*) scagionare; (: *argent*) riciclare ♦ *vi* sbiancare; (*cheveux*) diventare bianco(-a); **blanchi à la chaux** imbiancato a calce.
blanchissage [blɑ̃ʃisaʒ] *nm* (*du linge*) lavaggio.
blanchisserie [blɑ̃ʃisʀi] *nf* lavanderia.
blanchisseur, -euse [blɑ̃ʃisœʀ, -øz] *nm/f* lavandaio(-a).
blanc-seing [blɑ̃sɛ̃] (*pl* **~s-~s**) *nm* biancosegno.
blanquette [blɑ̃kɛt] *nf* (*CULIN*): ~ **de veau** spezzatino di carne di vitello.
blasé, e [blɑze] *adj* indifferente, blasé *inv.*
blaser [blɑze] *vt* rendere indifferente.
blason [blɑzɔ̃] *nm* blasone *m.*
blasphématoire [blasfematwaʀ] *adj* blasfemo(-a).
blasphème [blasfɛm] *nm* bestemmia.
blasphémer [blasfeme] *vi, vt* bestemmiare.
blatte [blat] *nf* blatta.
blazer [blazɛʀ] *nm* blazer *m inv.*
blé [ble] *nm* grano; ▶ **blé en herbe** grano verde; ▶ **blé noir** grano saraceno.
bled [blɛd] *nm* (*péj*: *lieu isolé*) buco (*fig*); **le** ~ (*en Afrique du nord*) l'entroterra.
blême [blɛm] *adj* (*visage*) smorto(-a), livido(-a); (*lueur*) pallido(-a).
blêmir [blemiʀ] *vi* illividire.
blennorragie [blenɔʀaʒi] *nf* blenorragia.
blessant, e [blesɑ̃, ɑ̃t] *adj* offensivo(-a).
blessé, e [blese] *adj, nm/f* ferito(-a); **un ~ grave, un grand** ~ un ferito grave.
blesser [blese] *vt* ferire; (*suj*: *souliers etc*) far male; **se blesser** *vr* ferirsi; **se ~ au pied** ferirsi al piede.
blessure [blesyʀ] *nf* (*aussi fig*) ferita.
blet, te [blɛ, blɛt] *adj* troppo maturo(-a).
blette [blɛt] *nf* (*BOT*) = **bette**.
bleu, e [blø] *adj* blu *inv*; (*bifteck*) molto al sangue ♦ *nm* (*couleur*) blu *m inv*; (*novice*) matricola; (*contusion*) livido; (*vêtement*: *aussi*: **~s**) tuta; **au** ~ (*cuire*) in brodo; **une peur ~e** una fifa blu; **zone ~e** zona *f* disco *inv*; **fromage** ~ *formaggio tipo gorgonzola*; ▶ **bleu de méthylène** blu di metilene; ▶ **bleu marine** blu scuro; ▶ **bleu nuit** blu notte; ▶ **bleu roi** blu Savoia.
bleuâtre [bløɑtʀ] *adj* azzurrognolo(-a), bluastro(-a).
bleuet [bløɛ] *nm* fiordaliso.

bleuir [bløiʀ] *vt* rendere blu ♦ *vi* diventare blu.
bleuté, e [bløte] *adj* azzurrognolo(-a), azzurrino(-a).
blindage [blɛ̃daʒ] *nm* corazzatura, corazza; (*ÉLEC, PHYS*) schermo.
blindé, e [blɛ̃de] *adj* blindato(-a); (*fig*) temprato(-a) ♦ *nm* mezzo corazzato; **les ~s** (*MIL*) i reparti corazzati.
blinder [blɛ̃de] *vt* (*engin, porte, coffre*) blindare; (*ÉLEC, PHYS*) schermare; (*NAUT*) corazzare; (*fig*) temprare.
blizzard [blizaʀ] *nm* blizzard *m inv*.
bloc [blɔk] *nm* blocco; **serré à ~** stretto(-a) a fondo, avvitato(-a) a fondo; **en ~** in blocco; **faire ~** fare blocco; ▸**bloc opératoire** (*MÉD*) blocco operatorio.
blocage [blɔkaʒ] *nm* blocco.
bloc-cuisine [blɔkkɥizin] (*pl* **~s-~s**) *nm* monoblocco.
bloc-cylindres [blɔksilɛ̃dʀ] (*pl* **~s-~**) *nm* (*AUTO*) blocco *m* cilindri *inv*.
bloc-évier [blɔkevje] (*pl* **~s-~s**) *nm* blocco-lavello.
bloc-moteur [blɔkmɔtœʀ] (*pl* **~s-~s**) *nm* (*AUTO*) blocco *m* motore *inv*.
bloc-notes [blɔknɔt] (*pl* **~s-~**) *nm* blocco per appunti, bloc-notes *m inv*.
blocus [blɔkys] *nm* blocco.
blond, e [blɔ̃, blɔ̃d] *adj* biondo(-a); (*sable, blés*) dorato(-a) ♦ *nm/f* biondo(-a) ♦ *nm* biondo; **~ cendré** biondo cenere.
blondeur [blɔ̃dœʀ] *nf* biondezza.
blondinet, te [blɔ̃dinɛ, ɛt] *nm/f* biondino(-a).
blondir [blɔ̃diʀ] *vi* imbiondire.
bloquer [blɔke] *vt* bloccare; (*grouper*) raggruppare; **~ les freins** bloccare i freni.
blottir [blɔtiʀ] *vt* nascondere; **se blottir** *vr* rannicchiarsi.
blousant, e [bluzɑ̃, ɑ̃t] *adj* blusante.
blouse [bluz] *nf* camice *m*; (*de femme*) camicetta.
blouser [bluze] *vi* essere blusante.
blouson [bluzɔ̃] *nm* giubbotto; ▸**blouson noir** (*fig*) teppista *m*.
blue-jean(s) [bludʒin(s)] *nm* blue-jeans *m inv*.
blues [bluz] *nm* blues *m inv*.
bluet [blyɛ] *nm* = **bleuet**.
bluff [blœf] *nm* bluff *m inv*.
bluffer [blœfe] *vi* bluffare ♦ *vt* imbrogliare.
BN [beɛn] *sigle f* = *Bibliothèque nationale*.
BNP [beɛnpe] *sigle f* = *Banque nationale de Paris*.
boa [bɔa] *nm* (*ZOOL*): **~ (constricteur)** boa *m inv* (costrittore); (*tour de cou*) boa *m inv*.
bobard [bɔbaʀ] (*fam*) *nm* balla.
bobèche [bɔbɛʃ] *nf* piattello (*di candeliere*).
bobine [bɔbin] *nf* (*de fil, de film, ÉLEC*) bobina; ▸**bobine (d'allumage)** (*AUTO*) bobina (d'accensione); ▸**bobine de pellicule** (*PHOTO*) bobina di pellicola.
bobo [bobo] *nm* (*langage enfantin*) bua.
bob(sleigh) [bɔbslɛg] *nm* (*engin, SPORT*) bob *m inv*.
bocage [bɔkaʒ] *nm* *tipo di paesaggio in cui i campi sono separati da siepi o file di alberi*; (*bois*) boschetto.
bocal, -aux [bɔkal, o] *nm* barattolo (di vetro), vaso.
bock [bɔk] *nm* boccale *m* di birra.
bœuf [bœf] *nm* bue *m*; (*CULIN*) manzo.
bof [bɔf] (*fam*) *excl* boh!
Bogota [bɔgɔta] *n* Bogotà.
bogue [bɔg] *nf* (*BOT*) riccio (di castagna) ♦ *nm* (*INFORM*) bug *m inv*; **~ de l'an 2000** baco di fine millennio.
bohème [bɔɛm] *adj* boemo(-a).
bohémien, ne [bɔemjɛ̃, jɛn] *nm/f* bohémien *m/f inv*.
boire [bwaʀ] *vt* bere; (*s'imprégner de*) assorbire ♦ *vi* (*alcoolique*) bere; **~ un coup** bere un bicchiere.
bois [bwɑ] *vb voir* **boire** ♦ *nm* legno; (*forêt*) bosco; (*ZOOL*) corna *fpl*; **les ~** (*MUS*) i legni; **de/en ~** di/in legno; ▸**bois de lit** intelaiatura del letto; ▸**bois mort** legna secca; ▸**bois vert** legno verde.
boisé, e [bwɑze] *adj* boscoso(-a).
boiser [bwɑze] *vt* (*chambre*) rivestire di legno; (*galerie de mine*) armare; (*terrain*) rimboschire.
boiseries [bwazʀi] *nfpl* rivestimenti *mpl* di legno.
boisson [bwasɔ̃] *nf* bevanda, bibita; **pris de ~** brillo(-a); ▸**boissons alcoolisées** bevande alcoliche; ▸**boissons gazeuses** bibite gassate.
boit [bwa] *vb voir* **boire**.
boîte [bwat] *nf* scatola; (*fam: entreprise*) ditta, ufficio; **aliments en ~** cibi *mpl* in scatola; **mettre qn en ~** (*fam*) prendere in giro qn; ▸**boîte à gants** vano *m* portaoggetti *inv*; ▸**boîte à musique** carillon *m inv*; ▸**boîte à ordures** pattumiera; ▸**boîte aux lettres** (*d'immeuble*) cassetta delle lettere; (*de rue, poste*) buca delle lettere; ▸**boîte crânienne** scatola cranica; ▸**boîte d'allumettes** scatola di fiammiferi; ▸**boîte de conserves** scatola di conserve; ▸**boîte (de nuit)** locale *m* notturno; ▸**boîte de petits pois** scatola di piselli; ▸**boîte de sardines** scatoletta di sardine; ▸**boîte de vitesses** (*AUTO*) cambio; ▸**boîte noire** (*AVIAT*) scatola nera; ▸**boîte postale** casella postale; ▸**boîte vocale** (*dispositif*) servizio di segreteria telefonica.
boiter [bwate] *vi* (*aussi fig*) zoppicare.
boiteux, -euse [bwatø, øz] *adj* zoppo(-a); (*fig: raisonnement*) zoppicante.

boîtier [bwatje] *nm* (*d'appareil-photo*) corpo; ▸ **boîtier de montre** cassa di orologio.
boitiller [bwatije] *vi* zoppicare leggermente.
boive *etc* [bwav] *vb voir* **boire**.
bol [bɔl] *nm* scodella, ciotola; **un ~ d'air** una boccata d'aria; **en avoir ras le ~** (*fam*) averne fin sopra i capelli.
bolée [bɔle] *nf* ciotola.
boléro [bɔleʀo] *nm* (*vêtement*) bolero.
bolet [bɔlɛ] *nm* porcino.
bolide [bɔlid] *nm* bolide *m*.
Bolivie [bɔlivi] *nf* Bolivia.
bolivien, ne [bɔlivjɛ̃, jɛn] *adj* boliviano(-a) ♦ *nm/f*: **B~, ne** boliviano(-a).
bolognais, e [bɔlɔɲɛ, ɛz] *adj* bolognese.
Bologne [bɔlɔɲ] *n* Bologna.
bolonais, e [bɔlɔnɛ, ɛz] *adj* = **bolognais, e**.
bombance [bɔ̃bɑ̃s] *nf*: **faire ~** fare baldoria.
bombardement [bɔ̃baʀdəmɑ̃] *nm* bombardamento.
bombarder [bɔ̃baʀde] *vt* bombardare; **~ qn de** (*cailloux, lettres*) bombardare qn di; **~ qn directeur** nominare inaspettatamente qn direttore.
bombardier [bɔ̃baʀdje] *nm* bombardiere *m*.
bombe [bɔ̃b] *nf* bomba; (*atomiseur*) bomboletta; (*ÉQUITATION*) berretto da fantino; **faire la ~** (*fam*) fare baldoria; ▸ **bombe à retardement** bomba a scoppio ritardato; ▸ **bombe atomique** bomba atomica.
bombé, e [bɔ̃be] *adj* bombato(-a); (*mur*) convesso(-a).
bomber [bɔ̃be] *vi* gonfiarsi; (*route*) incurvarsi ♦ *vt* (*couvrir de graffiti*) scrivere con bombolette spray su; **~ le torse** mettere il petto in fuori.

MOT-CLÉ

bon, bonne [bɔ̃, bɔn] *adj* **1** (*agréable, satisfaisant*) buono(-a); (*élève, conducteur etc*) bravo(-a); **un bon repas/restaurant** un buon pasto/ristorante; **vous êtes trop bon** lei è troppo buono; **avoir bon goût** avere buon gusto; **être bon en maths** essere bravo(-a) in matematica
2 (*bienveillant, charitable*): **être bon (envers)** essere buono(-a) (verso)
3 (*correct*) giusto(-a), esatto(-a); **le bon numéro** il numero esatto; **le bon moment** il momento giusto *ou* buono
4 (*souhaits*): **bon anniversaire!** buon compleanno!; **bon voyage!** buon viaggio!; **bonne chance!** buona fortuna!; **bonne année!** buon anno!; **bonne nuit!** buona notte!
5 (*approprié, apte*): **bon à/pour** buono(-a) per; **bon pour le service** (*militaire*) idoneo al servizio militare
6: **bon enfant** bonaccione(-a); **de bonne heure** di buon'ora; **bon marché** a buon mercato; **bon mot** battuta (di spirito); **bon sens** buon senso; **bon vivant** buontempone *m*; **bon à tirer** visto, si stampi; **faire bon poids** abbondare sul peso
♦ *nm* **1** (*billet*) buono; (*aussi*: **bon cadeau**) buono *m* regalo *inv*; **bon d'essence** buono di benzina; **bon de caisse** scontrino di cassa; **bon du Trésor** buono del Tesoro
2: **avoir du bon** avere del buono; **pour de bon** (per) davvero; **il y a du bon dans ce qu'il dit** non ha tutti i torti
♦ *adv*: **il fait bon** si sta bene; **sentir bon** avere un buon profumo; **tenir bon** tener duro; **à quoi bon?** a che pro?
♦ *excl*: **bon!** bene!; **ah bon?** ah sì?; **bon, je reste** va bene, rimango; *voir aussi* **bonne**.

bonasse [bɔnas] *adj* bonaccione(-a).
bonbon [bɔ̃bɔ̃] *nm* caramella.
bonbonne [bɔ̃bɔn] *nf* damigiana.
bonbonnière [bɔ̃bɔnjɛʀ] *nf* bomboniera.
bond [bɔ̃] *nm* balzo; (*d'une balle*) rimbalzo; **faire un ~** fare un balzo; **d'un seul ~** in un balzo solo; **~ en avant** (*fig*) balzo in avanti.
bonde [bɔ̃d] *nf* (*d'évier etc*) tappo; (: *trou*) buco di scarico; (*de tonneau*) cocchiume *m*.
bondé, e [bɔ̃de] *adj* pieno(-a) zeppo(-a).
bondieuserie [bɔ̃djøzʀi] (*péj*) *nf* oggetti *mpl* religiosi di cattivo gusto.
bondir [bɔ̃diʀ] *vi* balzare; **~ de joie** (*fig*) saltare dalla gioia; **~ de colère** (*fig*) scattare per la collera.
bonheur [bɔnœʀ] *nm* felicità *f inv*; **avoir le ~ de** avere la fortuna di; **porter ~ (à qn)** portare fortuna (a qn); **au petit ~** a caso; **par ~** per fortuna.
bonhomie [bɔnɔmi] *nf* bonomia.
bonhomme [bɔnɔm] (*pl* **bonshommes**) *nm* tizio, uomo ♦ *adj* bonario(-a); **un vieux ~** un vecchietto; **aller son ~ de chemin** proseguire tranquillamente per la propria strada; ▸ **bonhomme de neige** pupazzo di neve.
boni [bɔni] *nm* eccedenza.
bonification [bɔnifikasjɔ̃] *nf* abbuono.
bonifier [bɔnifje] *vt* abbuonare; **se bonifier** *vr* migliorare.
boniment [bɔnimɑ̃] *nm* imbonimento.
bonjour [bɔ̃ʒuʀ] *excl, nm* buongiorno *m inv*; **donner** *ou* **souhaiter le ~ à qn** dare il buongiorno a qn, salutare qn; **~ Monsieur** buongiorno signore; **dire ~ à qn** salutare qn.
Bonn [bɔn] *n* Bonn *f*.
bonne [bɔn] *adj f voir* **bon** ♦ *nf* domestica,

cameriera.
bonne-maman [bɔnmamɑ̃] (*pl* **~s-~s**) *nf* nonnina.
bonnement [bɔnmɑ̃] *adv*: **tout ~** semplicemente; (*franchement*) davvero, veramente.
bonnet [bɔnɛ] *nm* berretto; (*de soutien-gorge*) coppa; ▸**bonnet d'âne** berretto d'asino; ▸**bonnet de bain** cuffia da bagno.
bonneterie [bɔnɛtʀi] *nf* maglieria.
bon-papa [bɔ̃papa] (*pl* **~s-~s**) *nm* nonnino.
bonsoir [bɔ̃swaʀ] *excl, nm* buonasera *m inv*; *voir aussi* **bonjour**.
bonté [bɔ̃te] *nf* bontà *f inv*; (*attention, gentillesse*) gentilezza; **avoir la ~ de ...** avere la cortesia di ... .
bonus [bɔnys] *nm* bonus *m inv*, premio assicurativo.
bonze [bɔ̃z] *nm* bonzo.
boomerang [bumʀɑ̃g] *nm* boomerang *m inv*.
boots [buts] *nmpl* stivaletti *mpl*.
borborygme [bɔʀbɔʀigm] *nm* borborigmo.
bord [bɔʀ] *nm* (*de table, verre*) bordo, orlo; (*de rivière, lac, falaise*) riva, sponda; (*de route*) ciglio; (*de vêtement*) orlo; (*de chapeau*) tesa, falda; (*NAUT*): **à ~** a bordo; **monter à ~** salire a bordo; **jeter par-dessus ~** gettare in *ou* a mare; **le commandant/les hommes du ~** il comandante/gli uomini di bordo; **du même ~** (*fig*) della stessa opinione; **au ~ de la mer** in riva al mare; **au ~ de la route** sul ciglio della strada; **être au ~ des larmes** (*fig*) stare per piangere; **sur les ~s** (*fig*) appena appena; **de tous ~s** di ogni parte; ▸**bord du trottoir** bordo del marciapiede.
bordages [bɔʀdaʒ] *nmpl* (*NAUT*) tavole *fpl* (del fasciame).
bordeaux [bɔʀdo] *nm* (*vin*) bordeaux *m inv* ♦ *adj inv* (*couleur*) bordò *inv*.
bordée [bɔʀde] *nf* (*salve*) bordata; **tirer une ~** tirare una bordata; **une ~ d'injures** una bordata di ingiurie.
bordel [bɔʀdɛl] (*fam*) *nm* (*aussi fig*) bordello, casino ♦ *excl* merda (*fam!*); **mettre le ~** fare casino.
bordelais, e [bɔʀdəlɛ, ɛz] *adj, nm/f* bordolese *m/f*.
bordélique [bɔʀdelik] (*fam*) *adj* incasinato(-a).
border [bɔʀde] *vt* fiancheggiare; **~ qch de** orlare qc di, bordare qc di; **~ qn dans son lit** *ou* **le lit de qn** rincalzare *ou* rimboccare le coperte a qn.
bordereau, x [bɔʀdəʀo] *nm* distinta, borderò *m inv*; (*facture*) bolla.
bordure [bɔʀdyʀ] *nf* bordo; (*sur un vêtement*) orlo; **en ~ de** sul bordo di; (*de route*) sul ciglio di; ▸**bordure de trottoir** bordo di marciapiede.
boréal, e [bɔʀeal, o] *adj* boreale.
borgne [bɔʀɲ] *adj* guercio(-a); (*fenêtre*) senza vista; **hôtel ~** albergo malfamato.
bornage [bɔʀnaʒ] *nm* (*d'un terrain*) picchettazione *f*.
borne [bɔʀn] *nf* (*pour délimiter*) limite *m*; **~s** *nfpl* (*fig*: *limites*) limiti *mpl*, confini *mpl*; **dépasser les ~s** superare ogni limite; **sans borne(s)** senza limite(-i); ▸**borne (kilométrique)** pietra miliare.
borné, e [bɔʀne] *adj* limitato(-a).
Bornéo [bɔʀneo] *nm* Borneo.
borner [bɔʀne] *vt* (*terrain, horizon*) delimitare; (*fig*: *désirs, ambition*) limitare; **se ~ à faire** limitarsi a fare.
bosniaque [bɔznjak] *adj* bosniaco(-a).
Bosnie-Herzégovine [bɔsniɛʀzegɔvin] *nf* Bosnia Erzegovina.
bosnien, ne [bɔznjɛ̃, jɛn] *adj* bosniaco(-a).
Bosphore [bɔsfɔʀ] *nm* Bosforo.
bosquet [bɔskɛ] *nm* boschetto.
bosse [bɔs] *nf* (*de terrain etc*) protuberanza; (*enflure*) bernoccolo; (*du bossu, du chameau etc*) gobba; **avoir la ~ des maths** avere il bernoccolo della matematica; **rouler sa ~** vagabondare.
bosseler [bɔsle] *vt* (*ouvrer*) lavorare a sbalzo; (*abîmer*) ammaccare.
bosser [bɔse] (*fam*) *vt* lavorare, sgobbare.
bosseur, -euse [bɔsœʀ, øz] *nm/f* sgobbone(-a).
bossu, e [bɔsy] *adj, nm/f* gobbo(-a).
bot [bo] *adj m*: **pied ~** piede deforme.
botanique [bɔtanik] *nf* botanica ♦ *adj* botanico(-a).
botaniste [bɔtanist] *nm/f* botanico(-a).
Botswana [bɔtswana] *nm* Botswana *m*.
botte [bɔt] *nf* (*soulier*) stivale *m*; (*ESCRIME*) botta; (*gerbe*): **~ de paille** balla di paglia; ▸**botte d'asperges/de radis** mazzo di asparagi/di ravanelli; ▸**bottes de caoutchouc** stivali di gomma.
botter [bɔte] *vt* mettere gli stivali a; **~ le derrière à qn** dare un calcio nel sedere a qn; **ça me botte** (*fam*) mi va bene.
bottier [bɔtje] *nm* calzolaio.
bottillon [bɔtijɔ̃] *nm* stivaletto.
bottin [bɔtɛ̃] *nm* elenco telefonico, guida del telefono.
bottine [bɔtin] *nf* stivaletto.
botulisme [bɔtylism] *nm* botulismo.
bouc [buk] *nm* caprone *m*; (*barbe*) pizzetto; ▸**bouc émissaire** capro espiatorio.
boucan [bukɑ̃] *nm* baccano.
bouche [buʃ] *nf* bocca; **les ~s inutiles** (*fig*) i membri non produttivi della popolazione; **une ~ à nourrir** (*fig*) una bocca da sfamare; **de ~ à oreille** in confidenza; **pour la bonne ~** per la fine; **faire du ~-à-**

~ **à qn** fare la respirazione bocca a bocca a qn; **faire venir l'eau à la** ~ far venire l'acquolina in bocca; **"~ cousue!"** "acqua in bocca!"; ▸**bouche d'aération** condotto di aerazione; ▸**bouche de chaleur** bocca dell'aria calda; ▸**bouche d'égout** tombino; ▸**bouche d'incendie** idrante *m*; ▸**bouche de métro** entrata del metrò.

bouché, e [buʃe] *adj* (*flacon etc*) tappato (-a); (*vin, cidre*) in bottiglia; (*temps, ciel*) coperto(-a); (*carrière*) senza sbocco, senza avvenire; (*péj*: *personne*) ottuso(-a); (*JAZZ*: *trompette*) con la sordina; **avoir le nez** ~ avere il naso tappato.

bouchée [buʃe] *nf* boccone *m*; **ne faire qu'une** ~ **de** (*fig*) far fuori in un batter d'occhio; **pour une** ~ **de pain** (*fig*) per un boccone di pane; ▸**bouchées à la reine** (*CULIN*) vol-au-vent *mpl* di pollo (o vitello).

boucher [buʃe] *nm* macellaio ♦ *vt* tappare; (*colmater*) turare; (*obstruer*) ostruire; **se boucher** *vr* otturarsi, intasarsi; **se** ~ **le nez** tapparsi il naso.

bouchère [buʃɛʀ] *nf* macellaia.

boucherie [buʃʀi] *nf* macelleria; (*fig*) macello.

bouche-trou [buʃtʀu] (*pl* **~-~s**) *nm* (*fig*) tappabuchi *m inv*.

bouchon [buʃɔ̃] *nm* tappo; (*fig*) ingorgo; (*PÊCHE*) galleggiante *m*; ▸**bouchon doseur** tappo dosatore.

bouchonner [buʃɔne] *vt* strofinare, sfregare ♦ *vi* formare un ingorgo.

bouchot [buʃo] *nm* vivaio (di molluschi e mitili).

bouclage [buklaʒ] *nm* (*d'un quartier*) accerchiamento; (*d'un journal*) chiusura.

boucle [bukl] *nf* anello; (*d'un fleuve*) ansa; (*INFORM*) circolo completo, loop *m inv*; (*de ceinture*) fibbia; ▸**boucle (de cheveux)** ricciolo (di capelli), boccolo; ▸**boucles d'oreilles** orecchini *mpl*.

bouclé, e [bukle] *adj* riccio(-a); (*tapis*) bouclé *inv*.

boucler [bukle] *vt* (*ceinture etc*) allacciare; (*magasin, affaire, circuit*) chiudere; (*budget*) far quadrare; (*enfermer*) rinchiudere; (: *condamné*) metter dentro; (: *quartier*) accerchiare ♦ *vi*: **faire** ~ (*cheveux*) far arricciare; ~ **la boucle** (*AVIAT*) fare un cerchio completo, fare un looping; **arriver à** ~ **ses fins de mois** riuscire a far quadrare il proprio bilancio.

bouclette [buklɛt] *nf* ricciolino.

bouclier [buklije] *nm* scudo.

bouddha [buda] *nm* budda *m inv*.

bouddhisme [budism] *nm* buddismo.

bouddhiste [budist] *nm/f* buddista *m/f*.

bouder [bude] *vi* fare il muso ♦ *vt* (*personne*) tenere il broncio a; (*fig*) evitare.

bouderie [budʀi] *nf* broncio.

boudeur, -euse [budœʀ, øz] *adj* imbronciato(-a).

boudin [budɛ̃] *nm* (*CULIN*) sanguinaccio; (*TECH*) spirale *f*, tubolare *m*; ▸**boudin blanc** *salume fatto con latte e carni bianche*.

boudiné, e [budine] *adj* (*doigt*) grassoccio(-a); **être** ~ **dans une robe** portare un vestito troppo attillato.

boudoir [budwaʀ] *nm* salottino; (*biscuit*) *biscotto ricoperto di granelli di zucchero*.

boue [bu] *nf* melma, fango; ▸**boues industrielles** fanghi industriali.

bouée [bwe] *nf* (*balise*) boa; (*de baigneur*) salvagente *m*; ▸**bouée (de sauvetage)** salvagente *m*; (*fig*) ancora di salvezza.

boueux, -euse [bwø, øz] *adj* fangoso(-a), melmoso(-a) ♦ *nm/f* spazzino(-a), netturbino(-a).

bouffant, e [bufɑ̃, ɑ̃t] *adj* a sbuffo.

bouffarde [bufaʀd] *nf* pipa.

bouffe [buf] (*fam*) *nf* roba da mangiare.

bouffée [bufe] *nf* (*d'air*) ventata; (*de pipe*) boccata; ▸**bouffée de chaleur** vampata di calore; ▸**bouffée de fièvre** accesso di febbre; ▸**bouffée de honte** vampata di vergogna; ▸**bouffée d'orgueil** accesso di orgoglio.

bouffer [bufe] *vi* (*fam*) mangiare, sbafare; (*COUTURE*) gonfiarsi ♦ *vt* mangiare, sbafare.

bouffi, e [bufi] *adj* gonfio(-a).

bouffon, ne [bufɔ̃, ɔn] *adj* buffone(-a) ♦ *nm* buffone *m*.

bouge [buʒ] *nm* tugurio; (*bar louche*) bar *m inv* malfamato.

bougeoir [buʒwaʀ] *nm* candeliere *m*.

bougeotte [buʒɔt] *nf*: **avoir la** ~ avere l'argento vivo addosso.

bouger [buʒe] *vi* muoversi; (*dent etc*) dondolare; (*voyager*) spostarsi; (*changer*) cambiare, alterarsi ♦ *vt* muovere, spostare; **se bouger** *vr* (*fam*) darsi una mossa.

bougie [buʒi] *nf* (*pour éclairer, AUTO*) candela.

bougon, ne [bugɔ̃, ɔn] *adj* brontolone(-a).

bougonner [bugɔne] *vi* brontolare.

bougre [bugʀ] *nm* elemento, tipaccio; **ce** ~ **de ...** (*fam*) quel diavolo di ...; **un bon** ~ un buon diavolo.

boui-boui [bwibwi] (*pl* **~s-~s**) (*fam*) *nm* bettola.

bouillabaisse [bujabɛs] *nf* zuppa di pesce alla provenzale.

bouillant, e [bujɑ̃, ɑ̃t] *adj* bollente; (*fig*) fremente; ~ **de colère** fremente di collera.

bouille [buj] (*fam*) *nf* faccia.

bouilleur [bujœʀ] *nm*: ~ **de cru** distillatore *m* in proprio.
bouillie [buji] *nf* poltiglia; (*de bébé*) pappa; **en** ~ (*fig*) in poltiglia.
bouillir [bujiʀ] *vi* bollire; (*fig*) ribollire ♦ *vt* bollire; ~ **de colère** bollire di rabbia.
bouilloire [bujwaʀ] *nf* bollitore *m*.
bouillon [bujɔ̃] *nm* (*CULIN*) brodo; (*bulles, écume*) bollore *m*; ▸**bouillon de culture** brodo di coltura.
bouillonnement [bujɔnmɑ̃] *nm* (*d'un liquide*) ribollio; (*des idées*) fermento.
bouillonner [bujɔne] *vi* (*aussi fig*) ribollire; (*torrent*) gorgogliare.
bouillotte [bujɔt] *nf* borsa dell'acqua calda.
boulanger, -ère [bulɑ̃ʒe, ɛʀ] *nm/f* panettiere(-a).
boulangerie [bulɑ̃ʒʀi] *nf* panetteria, panificio; (*commerce, branche*) panificazione *f*.
boulangerie-pâtisserie [bulɑ̃ʒʀipɑtisʀi] (*pl* ~**s-**~**s**) *nf* panificio-pasticceria *m*.
boule [bul] *nf* (*gén, pour jouer*) palla; (*de machine à écrire*) sfera; **roulé en** ~ raggomitolato(-a); **se mettre en** ~ (*fig*) perdere le staffe; **perdre la** ~ (: *fam*) perdere la testa; **faire** ~ **de neige** (*fig*) crescere a valanga; ▸**boule de gomme** pasticca gommosa; ▸**boule de neige** palla di neve.
bouleau, x [bulo] *nm* betulla.
bouledogue [buldɔg] *nm* bulldog *m inv*.
bouler [bule] *vt*: **envoyer** ~ **qn** mandare qn a quel paese.
boulet [bulɛ] *nm* (*aussi*: ~ **de canon**) palla; (*de bagnard*) palla (al piede); (*charbon*) ovulo.
boulette [bulɛt] *nf* pallina; (*fig*) cantonata.
boulevard [bulvaʀ] *nm* viale *m*, corso.
bouleversant, e [bulvɛʀsɑ̃, ɑ̃t] *adj* sconvolgente.
bouleversé, e [bulvɛʀse] *adj* sconvolto(-a).
bouleversement [bulvɛʀsəmɑ̃] *nm* sconvolgimento.
bouleverser [bulvɛʀse] *vt* sconvolgere; (*papiers, objets*) mettere sottosopra.
boulier [bulje] *nm* pallottoliere *m*.
boulimie [bulimi] *nf* bulimia.
boulimique [bulimik] *adj* bulimico(-a).
bouliste [bulist] *nm/f* giocatore(-trice) di bocce.
boulocher [bulɔʃe] *vi* infeltrire.
boulodrome [bulodʀom] *nm* bocciodromo.
boulon [bulɔ̃] *nm* bullone *m*.
boulonner [bulɔne] *vt* (im)bullonare.
boulot[1] [bulo] (*fam*) *nm* lavoro.
boulot[2], **te** [bulo, ɔt] *adj* tracagnotto(-a).
boum [bum] *nm* boom *m inv* ♦ *nf* party *m inv*, festa.
bouquet [bukɛ] *nm* (*de fleurs*) mazzo; (*de persil etc*) mazzetto; (*parfum*) aroma *m*; **"c'est le** ~**!"** (*fig*) "ci mancava solo quello!"; ▸**bouquet garni** (*CULIN*) mazzetto di odori.
bouquetin [buk(ə)tɛ̃] *nm* stambecco.
bouquin [bukɛ̃] *nm* libro.
bouquiner [bukine] *vi* leggere.
bouquiniste [bukinist] *nm/f* venditore (-trice) di libri d'occasione.
bourbeux, -euse [buʀbø, øz] *adj* melmoso(-a), fangoso(-a).
bourbier [buʀbje] *nm* pantano.
bourbonnais, e [burbɔnɛ, ɛz] *adj* borbonese.
bourde [buʀd] *nf* (*erreur*) sproposito; (*gaffe*) errore *m*.
bourdon [buʀdɔ̃] *nm* calabrone *m*; **avoir le** ~ essere giù di corda.
bourdonnement [buʀdɔnmɑ̃] *nm* ronzio; **avoir des** ~**s d'oreilles** avere un ronzio nelle orecchie.
bourdonner [buʀdɔne] *vi* ronzare.
bourg [buʀ] *nm* borgo.
bourgade [buʀgad] *nf* paesino.
bourgeois, e [buʀʒwa, waz] *adj* borghese *m/f*.
bourgeoisie [buʀʒwazi] *nf* borghesia; **petite** ~ piccola borghesia.
bourgeon [buʀʒɔ̃] *nm* gemma, germoglio.
bourgeonner [buʀʒɔne] *vi* gemmare, germogliare.
bourgmestre [buʀgmɛstʀ] *nm* borgomastro.
Bourgogne [buʀgɔɲ] *nf* Borgogna ♦ *nm*: **b**~ (*vin*) borgogna *m*.
bourguignon, ne [buʀgiɲɔ̃, ɔn] *adj, nm/f* borgognone(-a); **(bœuf)** ~ ≈ brasato.
bourlinguer [buʀlɛ̃ge] *vi* girare il mondo.
bourrade [buʀad] *nf* spintone *m*.
bourrage [buʀaʒ] *nm* (*papier*) imbottitura; ▸**bourrage de crâne** lavaggio del cervello.
bourrasque [buʀask] *nf* burrasca.
bourratif, -ive [buʀatif, iv] *adj* che riempie.
bourre [buʀ] *nf* lanugine *f*; **être à la** ~ (*fam*) essere in ritardo.
bourré, e [buʀe] *adj* (*rempli*): ~ **de** pieno (-a) zeppo(-a) di; (*fam*) ubriaco(-a) fradicio(-a).
bourreau [buʀo] *nm* boia *m inv*; (*fig*) seviziatore *m*; ▸**bourreau de travail** stacanovista *m*.
bourreler [buʀle] *vt*: **être bourrelé de remords** essere tormentato(-a) dai rimorsi.
bourrelet [buʀlɛ] *nm* guarnizione *f*; (*de graisse*) cuscinetto.
bourrer [buʀe] *vt* (*pipe, poêle*) caricare; (*valise*) riempire; (*personne*: *de nourriture*): ~ **de** rimpinzare di; ~ **qn de coups** riempire qn di botte; ~ **le crâne à qn** riempire la testa a qn.

bourrichon [buRiʃɔ̃] (*fam*) *nm*: **se monter le ~** montarsi la testa.
bourricot [buRiko] *nm* asinello, somarello.
bourrique [buRik] *nf* (*âne*) asina.
bourru, e [buRy] *adj* burbero(-a).
bourse [buRs] *nf* (*subvention*) borsa di studio; (*porte-monnaie*) borsellino; **la B~** la Borsa; **sans ~ délier** senza spendere un soldo; ▶**Bourse du travail** ≈ Camera del lavoro.
boursicoter [buRsikɔte] *vi* (*COMM*) fare piccole operazioni di Borsa.
boursier, -ière [buRsje, jɛR] *adj* borsistico(-a) ♦ *nm/f* (*SCOL*) borsista *m/f*.
boursouflé, e [buRsufle] *adj* gonfio(-a); (*fig*) ampolloso(-a).
boursoufler [buRsufle] *vt* gonfiare; **se boursoufler** *vr* gonfiarsi.
boursouflure [buRsuflyR] *nf* gonfiore *m*; (*de la peinture*) rigonfiamento; (*fig*) ampollosità *f inv*.
bous [bu] *vb voir* **bouillir**.
bousculade [buskylad] *nf* parapiglia *m inv*; (*mouvements de foule*) calca.
bousculer [buskyle] *vt* urtare, spingere; (*fig*) sollecitare, far premura a.
bouse [buz] *nf*: **~ (de vache)** sterco (bovino).
bousiller [buzije] (*fam*) *vt* scassare.
boussole [busɔl] *nf* bussola.
bout [bu] *vb voir* **bouillir** ♦ *nm* pezzo; (*extrémité*: *de pied, bâton*) punta; (: *de ficelle, table, rue, période*) fine *f*; **au ~ de** (*après*) in capo a; **au ~ du compte** in fin dei conti; **être à ~** essere allo stremo, non poterne più; **pousser qn à ~** far perdere la pazienza a qn; **venir à ~ de qch** venire a capo di qc; **venir à ~ de qn** spuntarla su qn; **~ à ~** da capo a capo; **à tout ~ de champ** ad ogni piè sospinto; **d'un ~ à l'autre, de ~ en ~** da cima a fondo; **à ~ portant** a bruciapelo; **un ~ de chou** (*enfant*) un bambino; ▶**bout filtre** con filtro.
boutade [butad] *nf* battuta di spirito.
boute-en-train [butɑ̃tRɛ̃] *nm inv* buontempone *m*, allegrone *m*.
bouteille [butɛj] *nf* bottiglia; (*de gaz butane*) bombola; **il a pris de la ~** non è più un giovanotto.
boutique [butik] *nf* negozio; (*de grand couturier*) sartoria; (*de mode*) boutique *f inv*.
boutoir [butwaR] *nm*: **coup de ~** colpo violento; (*fig*) frecciata.
bouton [butɔ̃] *nm* (*BOT*) bocciolo, gemma; (*sur la peau*) foruncolo, brufolo; (*de vêtements*) bottone *m*; (*électrique etc*) pulsante *m*; (*de porte*) campanello; ▶**bouton de manchette** gemelli *mpl*; ▶**bouton d'or** (*BOT*) botton *m* d'oro.
boutonnage [butɔnaʒ] *nm* abbottonatura.
boutonner [butɔne] *vt* abbottonare; **se boutonner** *vr* abbottonarsi.
boutonneux, -euse [butɔnø, øz] *adj* foruncoloso(-a), brufoloso(-a).
boutonnière [butɔnjɛR] *nf* occhiello.
bouton-poussoir [butɔ̃puswaR] (*pl* **~s-~s**) *nm* pulsante *m*.
bouton-pression [butɔ̃pResjɔ̃] (*pl* **~s-~s**) *nm* (bottone *m*) automatico.
bouture [butyR] *nf* talea; **faire des ~s** riprodurre per mezzo di talee.
bouvreuil [buvRœj] *nm* (*ZOOL*) ciuffolotto.
bovidés [bɔvide] *nmpl* bovidi *mpl*.
bovin, e [bɔvɛ̃, in] *adj* (*aussi fig*) bovino (-a); **~s** *nmpl* (*ZOOL*) bovini *mpl*.
bowling [buliŋ] *nm* bowling *m inv*.
box [bɔks] *nm* box *m inv*; **le ~ des accusés** la gabbia degli imputati.
box(-calf) [bɔks(kalf)] *nm inv* pelle *f* di vitello al cromo.
boxe [bɔks] *nf* boxe *f inv*, pugilato.
boxer [*vb* bɔkse; *n* bɔksɛR] *vi* boxare, fare pugilato ♦ *nm* (*chien*) boxer *m inv*.
boxeur [bɔksœR] *nm* pugile *m*.
boyau, x [bwajo] *nm* (*de raquette etc*): **corde de ~** corda di budello; (*galerie*) cunicolo; (*pneu de bicyclette*) tubolare *m*; **~x** *nmpl* (*viscères*) budella *fpl*.
boycottage [bɔikɔtaʒ] *nm* boicottaggio.
boycotter [bɔjkɔte] *vt* boicottare.
BP [bepe] *sigle f* (= *boîte postale*) C.P. *f*.
bracelet [bRaslɛ] *nm* braccialetto.
bracelet-montre [bRaslɛmɔ̃tR] (*pl* **~s-~s**) *nm* orologio da polso.
braconnage [bRakɔnaʒ] *nm* bracconaggio.
braconner [bRakɔne] *vt* cacciare di frodo.
braconnier [bRakɔnje] *nm* bracconiere *m*.
brader [bRade] *vt* svendere.
braderie [bRadRi] *nf* svendita.
braguette [bRagɛt] *nf* brachetta.
braillard, e [bRɑjaR, aRd] *adj* che strilla, che urla.
braille [bRɑj] *nm* braille *m inv*.
braillement [bRɑjmɑ̃] *nm* urlo.
brailler [bRɑje] *vi, vt* strillare, urlare.
braire [bRɛR] *vi* ragliare.
braise [bRɛz] *nf* brace *f*.
braiser [bReze] *vt* brasare; **bœuf braisé** brasato di manzo.
bramer [bRɑme] *vi* bramire; (*fig*) urlare.
brancard [bRɑ̃kaR] *nm* (*civière*) barella; (*bras, perche*) stanga.
brancardier [bRɑ̃kaRdje] *nm* barelliere *m*.
branchages [bRɑ̃ʃaʒ] *nmpl* ramaglia *fsg*.
branche [bRɑ̃ʃ] *nf* ramo; (*de lunettes*) stanghetta; (*enseignement, science*) ramo, branca.
branché, e [bRɑ̃ʃe] (*fam*) *adj*: **être ~** essere alla moda.
branchement [bRɑ̃ʃmɑ̃] *nm* (*v vt*) collegamento; allacciamento.

brancher [bʀɑ̃ʃe] *vt* (*appareil électrique*) collegare; (*téléphone etc*) collegare, allacciare; (: *en mettant la prise*) inserire la spina di; ~ **qn sur** (*fig*) mettere qn al corrente di.
branchies [bʀɑ̃ʃi] *nfpl* branchie *fpl*.
brandade [bʀɑ̃dad] *nf* merluzzo alla provenzale.
brandebourgeois, e [bʀɑ̃dbuʀʒwa, waz] *adj* brandeburghese.
brandir [bʀɑ̃diʀ] *vt* brandire.
brandon [bʀɑ̃dɔ̃] *nm* tizzone *m*.
branlant, e [bʀɑ̃lɑ̃, ɑ̃t] *adj* traballante.
branle [bʀɑ̃l] *nm*: **mettre en** ~ mettere in movimento; **donner le** ~ **à** dare il via a.
branle-bas [bʀɑ̃lbɑ] *nm inv* trambusto.
branler [bʀɑ̃le] *vi* traballare ♦ *vt*: ~ **la tête** scuotere la testa.
braquage [bʀakaʒ] *nm* (*fam*) sterzata; **rayon de** ~ (*AUTO*) raggio di sterzo.
braque [bʀak] *nm* (*ZOOL*) bracco.
braquer [bʀake] *vi* (*AUTO*) sterzare ♦ *vt* (*revolver, regard etc*): ~ **qch sur** puntare qc su; (*mettre en colère*): ~ **qn** aizzare qn; **se braquer (contre)** *vr* impuntarsi (su).
bras [bʀɑ] *nm* braccio; (*de fauteuil*) bracciolo ♦ *nmpl* (*fig*) manodopera *fsg*, braccia *fpl*; ~ **dessus** ~ **dessous** a braccetto; **avoir le** ~ **long** (*fig*) avere le mani in pasta; **à** ~ **raccourcis** a tutta forza, selvaggiamente; **à tour de** ~ a tutta forza; **baisser les** ~ arrendersi; **une partie de** ~ **de fer** (*fig*) un braccio di ferro, una prova di forza; ▸ **bras droit** (*fig*) braccio destro; ▸ **bras de fer** braccio di ferro; ▸ **bras de levier** braccio di leva; ▸ **bras de mer** braccio di mare.
brasero [bʀɑzeʀo] *nm* braciere *m*.
brasier [bʀɑzje] *nm* rogo; (*fig*) focolaio.
Brasilia [bʀazilja] *n* Brasilia.
bras-le-corps [bʀalkɔʀ] *adv*: **à** ~-~-~ alla vita.
brassage [bʀasaʒ] *nm* preparazione *f* (della birra); (*fig*) mescolanza.
brassard [bʀasaʀ] *nm* bracciale *m*.
brasse [bʀas] *nf* (*nage*) rana; (*mesure*) braccio; ▸ **brasse papillon** farfalla.
brassée [bʀase] *nf* bracciata.
brasser [bʀase] *vt* (*bière*) fabbricare; (*salade, cartes etc*) mescolare; (*affaires*) trattare; ~ **l'argent** maneggiare soldi.
brasserie [bʀasʀi] *nf* ristorante *m*, trattoria; (*usine*) fabbrica di birra.
brasseur [bʀasœʀ] *nm* (*de bière*) birraio; ▸ **brasseur d'affaires** grosso uomo d'affari.
brassière [bʀasjɛʀ] *nf* (*de bébé*) coprifasce *m inv*; (*de sauvetage*) giubbotto salvagente.
bravache [bʀavaʃ] *nm* spaccone *m*.
bravade [bʀavad] *nf*: **par** ~ per fare una bravata.
brave [bʀav] *adj* (*courageux*) coraggioso (-a); (*bon, gentil*) bravo(-a); (*péj*) gradasso(-a).
bravement [bʀavmɑ̃] *adv* coraggiosamente; (*résolument*) risolutamente.
braver [bʀave] *vt* sfidare.
bravo [bʀavo] *excl* bravo ♦ *nm* applauso.
bravoure [bʀavuʀ] *nf* coraggio.
break [bʀɛk] *nm* (*AUTO*) familiare *f*, giardinetta.
brebis [bʀəbi] *nf* pecora; ▸ **brebis galeuse** pecora nera.
brèche [bʀɛʃ] *nf* breccia; **être sur la** ~ (*fig*) essere sulla breccia; **battre en** ~ battere in breccia.
bredouille [bʀəduj] *adj* a mani vuote.
bredouiller [bʀəduje] *vi, vt* farfugliare, biascicare.
bref, brève [bʀɛf, ɛv] *adj* breve ♦ *adv* insomma, a dirla breve; **d'un ton** ~ con un tono secco; **en** ~ in breve; **à** ~ **délai** a breve termine.
brelan [bʀəlɑ̃] *nm* tris *m inv*; **un** ~ **d'as** un tris d'assi.
breloque [bʀəlɔk] *nf* ciondolo.
Brême [bʀɛm] *n* Brema.
brème [bʀɛm] *nf* abramide *f*.
Brésil [bʀezil] *nm* Brasile *m*.
brésilien, ne [bʀeziljɛ̃, jɛn] *adj* brasiliano(-a) ♦ *nm/f*: **B~, ne** brasiliano (-a).
bressan, e [bʀɛsɑ̃, an] *adj* della Bresse ♦ *nm/f* abitante *m/f* della Bresse.
Bretagne [bʀətaɲ] *nf* Bretagna.
bretelle [bʀətɛl] *nf* (*de fusil etc*) tracolla; (*de vêtement*) spallina; (*d'autoroute*) raccordo, bretella; ~**s** *nfpl* (*pour pantalons*) bretelle *fpl*; ▸ **bretelle de contournement** (*AUTO*) svincolo; ▸ **bretelle de raccordement** (*AUTO*) raccordo.
breton, ne [bʀətɔ̃, ɔn] *adj* bretone ♦ *nm* (*LING*) bretone *m* ♦ *nm/f*: **B~, ne** bretone *m/f*.
breuvage [bʀœvaʒ] *nm* beveraggio.
brève [bʀɛv] *adj f voir* **bref** ♦ *nf* (*voyelle, nouvelle*) breve *f*.
brevet [bʀəvɛ] *nm* brevetto; ▸ **brevet (d'invention)** brevetto (di invenzione); ▸ **brevet d'apprentissage** certificato di apprendista(to); ▸ **brevet (des collèges)** diploma *m* (di scuola media); ▸ **brevet d'études du premier cycle** diploma di licenza media.
breveté, e [bʀəv(ə)te] *adj* (*invention*) brevettato(-a); (*diplômé*) diplomato(-a).
breveter [bʀəv(ə)te] *vt* brevettare.
bréviaire [bʀevjɛʀ] *nm* breviario.
briard, e [bʀijaʀ, aʀd] *adj* della Brie ♦ *nm* (*chien*) cane *m* pastore (della Brie).

bribes [bʀib] *nfpl* frammenti *mpl*; **par ~** a spizzichi.
bric [bʀik] *adv*: **de ~ et de broc** prendendo un po' qua e un po' là, come capita.
bric-à-brac [bʀikabʀak] *nm inv* cianfrusaglie *fpl*.
bricolage [bʀikɔlaʒ] *nm* bricolage *m inv*, fai-da-te *m inv*; (*péj*) riparazione *f* fatta alla bell'e meglio.
bricole [bʀikɔl] *nf* (*babiole*) schiocchezza; (*chose insignifiante*) inezia; (*petit travail*) lavoretto.
bricoler [bʀikɔle] *vi* fare lavoretti; (*passetemps*) dedicarsi al bricolage ♦ *vt* riparare; (*mal réparer*) riparare alla bell'e meglio; (*voiture etc*) trafficare.
bricoleur, -euse [bʀikɔlœʀ, øz] *nm/f, adj* appassionato(-a) di bricolage.
bride [bʀid] *nf* briglia; (*d'un bonnet*) nastro; **à ~ abattue** a briglia sciolta; **tenir en ~** tenere a freno; **lâcher la ~ à, laisser la ~ sur le cou à** allentare la briglia a.
bridé, e [bʀide] *adj*: **yeux ~s** occhi a mandorla.
brider [bʀide] *vt* (*réprimer*) trattenere, tenere a freno; (*cheval*) mettere la briglia a; (*CULIN*: *volaille*) legare.
bridge [bʀidʒ] *nm* bridge *m inv*; (*dentaire*) ponte *m*.
bridger [bʀidʒe] *vi* giocare a bridge.
brie [bʀi] *nm* formaggio della Brie.
brièvement [bʀijɛvmɑ̃] *adv* brevemente.
brièveté [bʀijɛvte] *nf* brevità.
brigade [bʀigad] *nf* squadra; (*MIL*) brigata.
brigadier [bʀigadje] *nm* (*POLICE*) brigadiere *m*; (*MIL*) caporale *m*.
brigadier-chef [bʀigadjeʃɛf] (*pl* **~s-~s**) *nm* caporal *m* maggiore.
brigand [bʀigɑ̃] *nm* brigante *m*.
brigandage [bʀigɑ̃daʒ] *nm* brigantaggio.
briguer [bʀige] *vt* brigare per (ottenere).
brillamment [bʀijamɑ̃] *adv* brillantemente.
brillant, e [bʀijɑ̃, ɑ̃t] *adj, nm* brillante *m*.
briller [bʀije] *vi* (*aussi fig*) brillare.
brimade [bʀimad] *nf* vessazione *f*, angheria.
brimbaler [bʀɛ̃bale] *vb* = **bringuebaler**.
brimer [bʀime] *vt* sottoporre ad angherie.
brin [bʀɛ̃] *nm* filo; (*fig*): **un ~ de** un briciolo di; **un ~ mystérieux** (*fam*) con un pizzico di mistero; ▸**brin d'herbe** filo d'erba; ▸**brin de muguet** stelo di mughetto; ▸**brin de paille** festuca di paglia.
brindille [bʀɛ̃dij] *nf* ramoscello.
bringue [bʀɛ̃g] (*fam*) *nf*: **faire la ~** fare baldoria.
bringuebaler [bʀɛ̃g(ə)bale] *vi* traballare ♦ *vt* far traballare.
brio [bʀijo] *nm* (*aussi MUS*) brio; **avec ~** con brio.
brioche [bʀijɔʃ] *nf dolce di pasta lievitata a base di farina, uova e burro*; (*fam*: *ventre*) pancia.
brioché, e [bʀijɔʃe] *adj* tipo brioche *inv*.
brique [bʀik] *nf* mattone *m* ♦ *adj inv* (color) mattone *inv*.
briquer [bʀike] (*fam*) *vt* lustrare.
briquet [bʀikɛ] *nm* accendino.
briqueterie [bʀik(ə)tʀi] *nf* fabbrica di laterizi.
bris [bʀi] *nm*: **~ de clôture** (*JUR*) effrazione *f*; **~ de glaces** (*AUTO*) rottura dei vetri.
brisant [bʀizɑ̃] *nm* scogliera; (*vague*) frangente *m*.
brise [bʀiz] *nf* brezza.
brisé, e [bʀize] *adj* (*ligne, arc*) spezzato(-a); **d'une voix ~e** con la voce rotta; **~ (de fatigue)** sfiancato(-a) (dalla stanchezza); **pâte ~e** pasta brisé.
brisées [bʀize] *nfpl*: **aller** *ou* **marcher sur les ~ de qn** rivaleggiare con qn nel suo stesso campo; **suivre les ~ de qn** seguire le orme di qn.
brise-glace(s) [bʀizglas] *nm inv* rompighiaccio *m inv*.
brise-jet [bʀizʒɛ] *nm inv* rompigetto *m inv*.
brise-lames [bʀizlam] *nm* frangiflutti *m inv*.
briser [bʀize] *vt* rompere, spezzare; (*fig*: *carrière, vie, amitié*) stroncare; (: *volonté, résistance*) spezzare; (: *grève*) sabotare; (: *fatiguer*) distruggere, sfinire; **se briser** *vr* rompersi, spezzarsi; (*fig*) spezzarsi.
brise-tout [bʀiztu] *nm inv* fracassone(-a).
briseur, -euse [bʀizœʀ, øz] *nm/f*: **~ de grève** crumiro(-a).
brise-vent [bʀizvɑ̃] *nm* parabrezza *m inv*.
bristol [bʀistɔl] *nm* (*carte de visite*) biglietto da visita.
britannique [bʀitanik] *adj* britannico(-a) ♦ *nm/f*: **B~** britannico(-a); **les B~s** i britannici.
broc [bʀo] *nm* brocca.
brocante [bʀɔkɑ̃t] *nf* (*objets*) rigatteria; (*commerce*) negozio di anticaglie.
brocanteur, -euse [bʀɔkɑ̃tœʀ, øz] *nm/f* rigattiere(-a).
brocart [bʀɔkaʀ] *nm* broccato.
broche [bʀɔʃ] *nf* (*bijou*) spilla; (*CULIN*) spiedo; (*MÉD*) chiodo; **à la ~** (*CULIN*) allo spiedo.
broché, e [bʀɔʃe] *adj* (*livre*) rilegato(-a) in brossura ♦ *nm* (*tissu*) broccato.
brochet [bʀɔʃɛ] *nm* luccio.
brochette [bʀɔʃɛt] *nf* spiedino; ▸**brochette de décorations** sfilza di decorazioni.
brochure [bʀɔʃyʀ] *nf* opuscolo.
brocoli [bʀɔkɔli] *nm* broccolo.
brodequins [bʀɔdkɛ̃] *nmpl* (*de marche*) scarponi *mpl*.
broder [bʀɔde] *vt* ricamare ♦ *vi*: **~ (sur des faits/une histoire)** ricamare (sui fatti/una

storia).
broderie [bRɔdRi] *nf* ricamo.
bromure [bRɔmyR] *nm* bromuro.
broncher [bRɔ̃ʃe] *vi*: **sans ~** senza batter ciglio.
bronches [bRɔ̃ʃ] *nfpl* bronchi *mpl*.
bronchite [bRɔ̃ʃit] *nf* bronchite *f*.
broncho-pneumonie [bRɔ̃kopnømɔni] (*pl* **~-~s**) *nf* broncopolmonite *f*.
bronzage [bRɔ̃zaʒ] *nm* (*hâle*) abbronzatura.
bronze [bRɔ̃z] *nm* bronzo.
bronzé, e [bRɔ̃ze] *adj* (*hâlé*) abbronzato (-a).
bronzer [bRɔ̃ze] *vt* (*peau*) abbronzare; (*métal*) bronzare ♦ *vi* abbronzarsi; **se bronzer** *vr* abbronzarsi.
brosse [bRɔs] *nf* spazzola; **donner un coup de ~ à** dare una spazzolata a; **coiffé en ~** con i capelli a spazzola; ▶ **brosse à cheveux/à habits** spazzola per capelli/per vestiti; ▶ **brosse à dents** spazzolino (da denti).
brosser [bRɔse] *vt* spazzolare; (*fig*: *tableau, bilan etc*) dipingere, abbozzare; **se brosser** *vr* spazzolarsi; **tu peux te ~!** (*fam*) puoi farci una croce sopra!
brou de noix [bRud(ə)nwa] *nm* (*pour bois*) tintura di mallo di noce; (*liqueur*) nocino.
brouette [bRuɛt] *nf* carriola.
brouhaha [bRuaa] *nm* vocio.
brouillage [bRujaʒ] *nm* disturbo.
brouillard [bRujaR] *nm* nebbia; **être dans le ~** (*fig*) brancolare nel buio.
brouille [bRuj] *nf* dissidio, dissapore *m*.
brouillé, e [bRuje] *adj* (*œufs*) strapazzato(-a); **il est ~ avec ses parents** (*fâché*) è in rotta con i suoi genitori.
brouiller [bRuje] *vt* scompigliare; (*embrouiller*) imbrogliare; (*RADIO*) disturbare; (*rendre trouble, confus*) annebbiare, confondere; (*désunir*: *amis*) mettere contro; **se brouiller** *vr* (*ciel, temps*) guastarsi; (*vue*) annebbiarsi; (*détails*) offuscarsi; **se ~ (avec)** rompere (con); **~ les pistes** confondere le piste.
brouillon, ne [bRujɔ̃, ɔn] *adj* confusionario(-a) ♦ *nm* minuta; **cahier de ~** quaderno di brutta copia.
broussailles [bRusɑj] *nfpl* cespugli *mpl*.
broussailleux, -euse [bRusɑjø, øz] *adj* cespuglioso(-a).
brousse [bRus] *nf* savana.
brouter [bRute] *vt* brucare ♦ *vi* (*AUTO, TECH*) andare a scatti.
broutille [bRutij] *nf* bazzecola, inezia.
broyer [bRwaje] *vt* stritolare, triturare; **~ du noir** essere di umore nero.
bru [bRy] *nf* nuora.
brugnon [bRyɲɔ̃] *nm* nocepesca.
bruine [bRɥin] *nf* acquerugiola.
bruiner [bRɥine] *vb*: **il bruine** pioviggina.
bruire [bRɥiR] *vi* (*eau*) mormorare; (*feuilles, étoffe*) frusciare.
bruissement [bRɥismɑ̃] *nm* fruscio.
bruit [bRɥi] *nm* rumore *m*; (*fig*) notizia, voce *f*; **pas/trop de ~** nessun/troppo rumore; **sans ~** senza rumore; **faire du ~** fare rumore; **faire grand ~ de** (*fig*) fare molto rumore per; ▶ **bruit de fond** rumore di fondo.
bruitage [bRɥitaʒ] *nm* effetti *mpl* sonori.
bruiter [bRɥite] *vt* (*film*) produrre gli effetti sonori di.
bruiteur [bRɥitœR] *nm* rumorista *m*.
brûlant, e [bRylɑ̃, ɑ̃t] *adj* bruciante; (*liquide*) bollente; (*regard*) ardente; (*sujet*) scottante.
brûlé, e [bRyle] *adj* (*fig*: *démasqué*) bruciato(-a), smascherato(-a); (: *homme politique etc*) bruciato(-a) ♦ *nm*: **odeur de ~** odore *m* di bruciato; **les grands ~s** gli ustionati gravi.
brûle-pourpoint [bRylpuRpwɛ̃] *adv*: **à ~-~** a bruciapelo.
brûler [bRyle] *vt* bruciare; (*suj*: *eau bouillante, soleil*) scottare; (*électricité, essence*) consumare ♦ *vi* bruciare; (*combustible, feu*) ardere; (*lampe, bougie*) bruciare; **tu brûles!** (*jeu*) fuoco!; **se brûler** *vr* scottarsi, ustionarsi; **se ~ la cervelle** farsi saltare le cervella; **~ les étapes** bruciare le tappe; **~ un feu rouge** passare col rosso; **~ (d'impatience) de faire qch** bruciare dall'impazienza di fare qc.
brûleur [bRylœR] *nm* bruciatore *m*.
brûlot [bRylo] *nm* (*CULIN*) *acquavite flambée zuccherata*.
brûlure [bRylyR] *nf* ustione *f*, scottatura; (*sensation*) bruciore *m*; ▶ **brûlures d'estomac** bruciore *msg* di stomaco.
brume [bRym] *nf* nebbia, foschia.
brumeux, -euse [bRymø, øz] *adj* nebbioso(-a); (*fig*) nebuloso(-a), oscuro (-a).
brumisateur [bRymizatœR] *nm* nebulizzatore *m*.
brun, e [bRœ̃, bRyn] *adj* bruno(-a) ♦ *nm* (*couleur*) bruno.
brunâtre [bRynɑtR] *adj* brunastro(-a).
brunch [bRœnʃ] *nm* *colazione abbondante fatta al mattino che sostituisce anche il pranzo*.
brune [bRyn] *nf*: **à la ~** all'imbrunire.
brunette [bRynɛt] *nf* brunetta.
brunir [bRyniR] *vi* abbronzarsi ♦ *vt* abbronzare.
brushing [bRœʃiŋ] *nm* messa in piega a fon; **se faire faire un ~** farsi fare una messa in piega a fon.
brusque [bRysk] *adj* brusco(-a); (*soudain*)

brusco(-a), improvviso(-a).
brusquement [bʀyskəmɑ̃] *adv* (*soudainement*) all'improvviso.
brusquer [bʀyske] *vt* (*personne*) trattare bruscamente; (*événements etc*) affrettare, precipitare.
brusquerie [bʀyskəʀi] *nf* bruschezza.
brut, e [bʀyt] *adj* grezzo(-a); (*soie, minéral*) greggio(-a); (*INFORM: données*) non elaborato(-a); (*COMM: bénéfice, salaire, poids*) lordo(-a) ♦ *nm*: **(champagne)** ~ (champagne) brut *m inv*; **(pétrole)** ~ (petrolio) greggio.
brutal, e, -aux [bʀytal, o] *adj* brutale.
brutalement [bʀytalmɑ̃] *adv* brutalmente.
brutaliser [bʀytalize] *vt* maltrattare.
brutalité [bʀytalite] *nf* brutalità *f inv*.
brute [bʀyt] *adj f voir* **brut** ♦ *nf* bruto.
Bruxelles [bʀysɛl] *n* Bruxelles *f*.
bruxellois, e [bʀysɛlwa, waz] *adj* bruxellese.
bruyamment [bʀɥjamɑ̃] *adv* rumorosamente.
bruyant, e [bʀɥjɑ̃, ɑ̃t] *adj* rumoroso(-a).
bruyère [bʀyjɛʀ] *nf* brughiera.
BT [bete] *sigle m* (= *Brevet de technicien*) *diploma di perito tecnico*.
BTA [betea] *sigle m* (= *Brevet de technicien agricole*) *diploma di perito agrario*.
BTP [betepe] *sigle mpl* = *Bâtiments et travaux publics*.
BTS [beteɛs] *sigle m* (= *Brevet de technicien supérieur*) *diploma rilasciato dopo due anni di corso negli istituti di specializzazione superiore*.
BU [bey] *sigle f* = *Bibliothèque universitaire*.
bu, e [by] *pp de* **boire**.
buanderie [bɥɑ̃dʀi] *nf* lavanderia.
Bucarest [bykaʀɛst] *n* Bucarest *f*.
buccal, e, -aux [bykal, o] *adj*: **par voie ~e** per via orale.
bûche [byʃ] *nf* ceppo; **prendre une** ~ (*fig*) fare un capitombolo; ▸ **bûche de Noël** *dolce natalizio a forma di ceppo*.
bûcher [byʃe] *nm* rogo ♦ *vi* (*fam: étudier*) sgobbare ♦ *vt* (*fam*) sgobbare su.
bûcheron [byʃʀɔ̃] *nm* boscaiolo, taglialegna *m inv*.
bûchette [byʃɛt] *nf* (*de bois*) legna minuta; (*pour compter*) legnetto.
bûcheur, -euse [byʃœʀ, øz] (*fam*) *adj, nm/f* (*étudiant*) sgobbone(-a).
bucolique [bykɔlik] *adj* bucolico(-a).
Budapest [bydapɛst] *n* Budapest *f*.
budget [bydʒɛ] *nm* (*FIN, de ménage*) bilancio (preventivo).
budgétaire [bydʒetɛʀ] *adj* di bilancio.
budgétiser [bydʒetize] *vt* iscrivere al bilancio.
buée [bɥe] *nf* (*sur une vitre*) condensa; (*de l'haleine*) vapore *m*.
Buenos Aires [bwenɔzɛʀ] *n* Buenos Aires *f*.
buffet [byfɛ] *nm* (*meuble*) credenza; (*de réception*) buffet *m inv*; ▸ **buffet (de gare)** buffet (di stazione).
buffle [byfl] *nm* bufalo.
buis [bɥi] *nm* bosso.
buisson [bɥisɔ̃] *nm* cespuglio.
buissonnière [bɥisɔnjɛʀ] *adj f*: **faire l'école** ~ marinare la scuola.
bulbe [bylb] *nm* (*BOT, ANAT*) bulbo; (*coupole*) cupola a bulbo.
bulgare [bylgaʀ] *adj* bulgaro(-a) ♦ *nm* bulgaro ♦ *nm/f*: **B~** bulgaro(-a).
Bulgarie [bylgaʀi] *nf* Bulgaria.
bulldozer [buldozɛʀ] *nm* bulldozer *m inv*.
bulle [byl] *adj m, nm*: **(papier)** ~ carta da imballaggio ♦ *nf* (*dans un liquide, du verre, papale*) bolla; (*de bande dessinée*) fumetto; ▸ **bulle de savon** bolla di sapone.
bulletin [byltɛ̃] *nm* bollettino; (*papier*) bolletta, bolla; (*: de bagages*) scontrino; (*SCOL*) pagella; ▸ **bulletin météorologique/d'informations** bollettino meteorologico/di informazioni; ▸ **bulletin de naissance** certificato di nascita; ▸ **bulletin de salaire** foglio *m* paga *inv*; ▸ **bulletin de santé** bollettino medico; ▸ **bulletin (de vote)** scheda elettorale; ▸ **bulletin réponse** tagliando per la risposta.
buraliste [byʀalist] *nm/f* (*de bureau de tabac*) tabaccaio(-a); (*de poste*) impiegato(-a).
bure [byʀ] *nf* saio.
bureau, x [byʀo] *nm* (*meuble*) scrivania, scrittoio; (*pièce, service*) ufficio; (*responsables d'une association*) comitato di presidenza; ▸ **bureau de change** ufficio di cambio; ▸ **bureau d'embauche** ufficio di assunzione; ▸ **bureau de location** botteghino; ▸ **bureau de placement** ufficio di collocamento; ▸ **bureau de poste** ufficio postale; ▸ **bureau de tabac** tabaccheria; ▸ **bureau de vote** seggio elettorale.
bureaucrate [byʀokʀat] *nm/f* burocrate *m*.
bureaucratie [byʀokʀasi] *nf* burocrazia.
bureaucratique [byʀokʀatik] *adj* burocratico(-a).
bureautique [byʀotik] *nf* burotica.
burette [byʀɛt] *nf* (*de mécanicien*) oliatore *m*; (*de chimiste*) ampolla.
burin [byʀɛ̃] *nm* bulino; (*ART*) bulino, incisione *f*.
buriné, e [byʀine] *adj* (*fig: visage*) dai lineamenti marcati.
Burkina(-Faso) [byʀkina(faso)] *nm* Burkina *m*.
burlesque [byʀlɛsk] *adj* burlesco(-a).

burnous [byʀnu(s)] *nm* burnus *m inv*.
bus [bys] *vb voir* **boire** ♦ *nm* (*véhicule*) (auto)bus *m inv*; (*INFORM*) bus *m inv*.
busard [byzaʀ] *nm* albanella.
buse [byz] *nf* poiana.
busqué, e [byske] *adj*: **nez** ~ naso aquilino.
buste [byst] *nm* busto; (*de femme*) petto, seno.
bustier [bystje] *nm* (*soutien-gorge*) bustino.
but [by(t)] *vb voir* **boire** ♦ *nm* (*cible*) bersaglio; (*fig*) meta; (: *d'une entreprise, d'une action*) scopo, obiettivo; (*FOOTBALL etc*) porta; (: *point*) rete *f*, goal *m inv*; **de** ~ **en blanc** di punto in bianco; **avoir pour** ~ **de faire** avere come scopo di fare; **dans le** ~ **de** allo scopo di; **gagner par 3** ~**s à 2** vincere per 3 (reti) a 2.
butane [bytan] *nm* butano.
buté, e [byte] *adj* caparbio(-a), testardo (-a).
butée [byte] *nf* (*TECH*) cuscinetto; (*ARCHIT*) spalla.
buter [byte] *vi*: ~ **contre/sur qch** (*aussi fig*) inciampare in qc ♦ *vt* (*mur etc*) puntellare; (*fig*: *personne*) far intestardire; **se buter** *vr* impuntarsi.
buteur [bytœʀ] *nm* cannoniere *m*.
butin [bytɛ̃] *nm* bottino.
butiner [bytine] *vi* bottinare.
butor [bytɔʀ] *nm* (*fig*) cafone *m*.
butte [byt] *nf* collinetta, altura; **être en** ~ **à** fare da bersaglio a.
buvable [byvabl] *adj* (*eau, vin*) bevibile; (*PHARMACIE*: *ampoule etc*) per via orale; (*fig*: *roman etc*) passabile.
buvais *etc* [byvɛ] *vb voir* **boire**.
buvard [byvaʀ] *nm* carta assorbente.
buvette [byvɛt] *nf* bar *m inv*.
buveur, -euse [byvœʀ, øz] *nm/f* (*aussi péj*) bevitore(-trice).
buvons [byvɔ̃] *vb voir* **boire**.
BVP [bevepe] *sigle m* (= *Bureau de vérification de la publicité*) commissione di controllo della pubblicità.
Byzance [bizɑ̃s] *nf* Bisanzio *f*.
byzantin, e [bizɑ̃tɛ̃, in] *adj* bizantino(-a).
BZH *abr* (= *Breizh*) Bretagna.

C, c

C, c [se] *nm inv* (*lettre*) C, c *f ou m inv*; ~ **comme Célestin** ≈ C come Como.
C [se] *abr* (= *Celsius*) C.
c' [s] *dét voir* **ce**.
c *abr* (= *centime*) c.
CA [sea] *sigle m* (= *chiffre d'affaires*) *voir* **chiffre**; (= *conseil d'administration*) *voir* **conseil**.
ça [sa] *pron* questo, ciò; (*pour désigner*) questo(-a); (*plus loin*) quello(-a); ~ **m'étonne que ...** mi stupisce che ...; ~ **va?** come va?; (*d'accord?*) va bene?; ~ **alors!** questa poi!; **c'est** ~ proprio così, sì; ~ **fait une heure que j'attends** è un'ora che aspetto.
çà [sa] *adv*: ~ **et là** qua e là.
cabale [kabal] *nf* cabala; (*complot*) complotto, cabala.
cabalistique [kabalistik] *adj* cabalistico(-a).
caban [kabɑ̃] *nm* giaccone *m* (da marinaio).
cabane [kaban] *nf* capanna; (*de skieurs, de montagne*) rifugio.
cabanon [kabanɔ̃] *nm* cella di isolamento (*per pazzi*); (*remise*) capanno, casotto; (*en Provence*) piccola casa di campagna.
cabaret [kabaʀɛ] *nm* cabaret *m inv*.
cabas [kabɑ] *nm* (*sac à provision*) sporta, borsa (della spesa).
cabestan [kabɛstɑ̃] *nm* argano.
cabillaud [kabijo] *nm* merluzzo.
cabine [kabin] *nf* cabina; ▸ **cabine (d'ascenseur)** cabina (di ascensore); ▸ **cabine d'essayage** cabina di prova; ▸ **cabine de projection** cabina di proiezione; ▸ **cabine spatiale** cabina spaziale; ▸ **cabine (téléphonique)** cabina (telefonica).
cabinet [kabinɛ] *nm* stanzino; (*de médecin, d'avocat*) studio; (: *clientèle*) clientela; (*POL*) gabinetto, governo; (*d'un ministre*) gabinetto; ~**s** *nmpl* (*W.C.*) gabinetto *msg*; ▸ **cabinet d'affaires** studio commerciale; ▸ **cabinet de toilette** toilette *f inv*; ▸ **cabinet de travail** studio.
câble [kɑbl] *nm* cavo; (*télégramme*) cablo(gramma) *m*; **TV par** ~ TV *f inv* via cavo.
câblé, e [kable] (*fam*) *adj* in *inv*; (*fil*) ritorto(-a).

câbler [kable] *vt* telegrafare, cablare; (*quartier: TV*) cablare.
cabosser [kabɔse] *vt* ammaccare.
cabot [kabo] *nm* (*péj: chien*) cagnaccio.
cabotage [kabɔtaʒ] *nm* cabotaggio.
caboteur [kabɔtœʀ] *nm* (*bateau*) nave *f* cabotiera.
cabotin, e [kabɔtɛ̃, in] (*péj*) *nm/f* guitto(-a).
cabotinage [kabɔtinaʒ] *nm* istrionismo.
cabrer [kabʀe] *vt* (*cheval*) far impennare; (*avion*) far cabrare; **se cabrer** *vr* impennarsi; cabrare; (*fig*) inalberarsi.
cabri [kabʀi] *nm* capretto.
cabriole [kabʀijɔl] *nf* capriola; (*culbute: d'un clown, gymnaste*).
cabriolet [kabʀijɔlɛ] *nm* (*voiture*) cabriolet *f inv*.
CAC [kak] *sigle f* = *Compagnie des agents de change*.
caca [kaka] *nm* cacca; **faire ~** fare la cacca; ▶**caca d'oie** (*couleur*) giallo verdastro.
cacahuète [kakaɥɛt] *nf* nocciolina americana, arachide *f*.
cacao [kakao] *nm* cacao; (*boisson*) cioccolata.
cachalot [kaʃalo] *nm* capodoglio.
cache [kaʃ] *nm* (*pour texte, photo*) mascherino; (*pour l'objectif*) copriobbiettivo; (*pour diapositives*) telaio ♦ *nf* nascondiglio.
caché, e [kaʃe] *adj* nascosto(-a).
cache-cache [kaʃkaʃ] *nm inv*: **jouer à ~-~** giocare a nascondino.
cache-col [kaʃkɔl] *nm inv* sciarpa.
cachemire [kaʃmiʀ] *nm* cachemire *m inv* ♦ *adj* cachemire *inv*; **C~** Kashmir *m*.
cache-nez [kaʃne] *nm inv* sciarpa.
cache-pot [kaʃpo] *nm inv* portavasi *m inv*.
cache-prise [kaʃpʀiz] *nm inv* copripresa *m inv*.
cacher [kaʃe] *vt* nascondere; **se cacher** *vr* nascondersi; (*être caché*) essere nascosto(-a); **~ qch à qn** nascondere qc a qn; **je ne vous cache pas que ...** non le nascondo che ...; **~ ses cartes** (*fig*) nascondere le proprie intenzioni; **se ~ de qn pour faire qch** fare qc di nascosto da qn; **il ne s'en cache pas** non ne fa un segreto.
cache-sexe [kaʃsɛks] *nm inv* cache-sexe *m inv*, perizoma *m*.
cachet [kaʃɛ] *nm* (*MÉD*) cachet *m inv*; (*comprimé*) compressa; (*sceau*) sigillo; (*de la poste*) timbro; (*d'artiste*) cachet *m inv*; (*fig*) impronta caratteristica.
cacheter [kaʃte] *vt* sigillare; (*enveloppe: par collage*) chiudere; **vin cacheté** vino d'annata.
cachette [kaʃɛt] *nf* nascondiglio; **en ~** di nascosto.
cachot [kaʃo] *nm* cella (*di prigione*).
cachotterie [kaʃɔtʀi] *nf*: **faire des ~s** fare tanti misteri.
cachottier, -ière [kaʃɔtje, jɛʀ] *adj* che fa tanti misteri.
cachou [kaʃu] *nm*: **pastilles de ~** pastiglie *fpl* di catecù.
cacophonie [kakɔfɔni] *nf* cacofonia.
cacophonique [kakɔfɔnik] *adj* cacofonico(-a).
cactus [kaktys] *nm inv* cactus *m inv*.
c.-à.-d. *abr* (= *c'est-à-dire*) cioè.
cadastral, e, -aux [kadastʀal, o] *adj* catastale.
cadastre [kadastʀ] *nm* catasto.
cadavérique [kadaveʀik] *adj* cadaverico (-a).
cadavre [kadavʀ] *nm* cadavere *m*.
caddie [kadi] *nm* caddie *m inv*, carrello.
caddy [kadi] *nm* = **caddie**.
cadeau, x [kado] *nm* regalo; **faire un ~ à qn** fare un regalo a qn; **ne pas faire de ~ à qn** (*fig*) rendere la vita difficile a qn; **faire ~ de qch à qn** regalare qc a qn.
cadenas [kadna] *nm* lucchetto.
cadenasser [kadnase] *vt* chiudere con il lucchetto.
cadence [kadɑ̃s] *nf* (*MUS*) cadenza; (*de travail etc*) ritmo; **~s** *nfpl* (*en usine*) ritmi *mpl* di lavoro; **en ~** regolarmente; (*ensemble, en mesure*) a ritmo cadenzato; **à la ~ de 10 par jour** al ritmo di 10 al giorno.
cadencé, e [kadɑ̃se] *adj* cadenzato(-a); **au pas ~** a passo cadenzato.
cadet, te [kadɛ, ɛt] *adj* minore ♦ *nm/f* (*de la famille*): **le ~/la cadette** il minore/la minore, il più piccolo/la più piccola; **il est mon ~ de deux ans** è più giovane di me di due anni; **les ~s** (*SPORT*) *atleti di età compresa tra i 16 e i 18 anni*; **le ~ de mes soucis** la cosa che mi preoccupa meno.
cadrage [kadʀaʒ] *nm* inquadratura.
cadran [kadʀɑ̃] *nm* quadrante *m*; (*du téléphone*) disco; ▶**cadran solaire** quadrante solare, meridiana.
cadre [kadʀ] *nm* (*de tableau*) cornice *f*; (*de vélo*) telaio; (*sur formulaire*) riquadro; (*fig: environnement*) ambiente *m*; (*: limites*) ambito ♦ *nm/f* (*ADMIN*) quadro, funzionario(-a) (*con mansioni organizzative e di controllo*) ♦ *adj*: **loi-~** legge *f* quadro *inv*; **rayer qn des ~s** (*MIL, ADMIN*) radiare qn dai quadri; **dans le ~ de** (*fig*) nel quadro *ou* nell'ambito di; ▶**cadre moyen** (*ADMIN*) quadro intermedio; ▶**cadre supérieur** (*ADMIN*) dirigente *m/f*.
cadrer [kadʀe] *vi*: **~ (avec)** quadrare (con), concordare (con) ♦ *vt* (*CINÉ*) inquadrare.
cadreur, -euse [kadʀœʀ, øz] *nm/f* (*CINÉ*) *tecnico addetto all'inquadratura*.
caduc, caduque [kadyk] *adj* (*théorie*) su-

perato(-a); (*loi*) non più in vigore; (*BOT*) caduco(-a).

CAF [seaɛf] *sigle f* (= *Caisse d'allocations familiales*) *fondi per gli assegni familiari* ♦ *abr* (= *coût, assurance, fret*) CAN.

cafard [kafaʀ] *nm* scarafaggio; **avoir le ~** essere giù di corda.

cafardeux, -euse [kafaʀdø, øz] *adj* abbattuto(-a), depresso(-a); (*ambiance*) deprimente.

café [kafe] *nm* caffè *m inv*; (*bistro*) caffè, bar *m inv* ♦ *adj* (*couleur*) caffè *inv*; ▸ **café au lait** caffellatte *m inv*; ▸ **café crème** cappuccino; ▸ **café en grains/en poudre** caffè in grani/macinato; ▸ **café liégeois** gelato al caffè con panna; ▸ **café noir** caffè nero; ▸ **café tabac** bar *m inv* tabaccheria.

café-concert [kafekɔ̃sɛʀ] (*pl* **~s-~s**) *nm* (*aussi*: **caf' conc'**) caffè *m inv* concerto *inv*.

caféine [kafein] *nf* caffeina.

cafétéria [kafeteʀja] *nf* caffetteria.

café-théâtre [kafeteɑtʀ] (*pl* **~s-~s**) *nm* (*lieu*) *caffè dove si danno spettacoli teatrali*; (*genre*) *genere teatrale che era all'origine rappresentato solo nei café-théâtre.*

cafetier, -ière [kaftje, jɛʀ] *nm/f* barista *m/f*.

cafetière [kaftjɛʀ] *nf* caffettiera.

cafouillage [kafujaʒ] *nm* pasticcio.

cafouiller [kafuje] *vi* fare pasticci *ou* confusione; (*appareil*) funzionare male; (*projet*) procedere male.

cage [kaʒ] *nf* gabbia; **en ~** in gabbia; ▸ **cage d'ascenseur** gabbia dell'ascensore; ▸ **cage (d'escalier)** tromba delle scale; ▸ **cage (des buts)** (*FOOTBALL*) porta, rete *f*; ▸ **cage thoracique** gabbia toracica.

cageot [kaʒo] *nm* cassetta.

cagibi [kaʒibi] *nm* sgabuzzino.

cagneux, -euse [kaɲø, øz] *adj* (*cheval*) cagnolo(-a); (*personne*) con le gambe a x.

cagnotte [kaɲɔt] *nf* (*tirelire*) piatto; (*argent*) cassa.

cagoule [kagul] *nf* passamontagna *m inv*; (*de moine*) cocolla.

cahier [kaje] *nm* quaderno; ▸ **cahier d'exercices** quaderno di esercizi; ▸ **cahier de brouillon** quaderno di brutta; ▸ **cahier de doléances/de revendications** elenco di lagnanze/di rivendicazioni; ▸ **cahier des charges** capitolato d'appalto.

cahin-caha [kaɛ̃kaa] *adv* (*fig*) alla meno peggio.

cahot [kao] *nm* sobbalzo.

cahoter [kaɔte] *vi* sobbalzare ♦ *vt* sballottare.

cahoteux, -euse [kaɔtø, øz] *adj* accidentato(-a).

cahute [kayt] *nf* tugurio.

caïd [kaid] *nm* (*meneur*) capoccia *m inv*.

caillasse [kajas] *nf* (*pierraille*) pietraia, sassi *mpl*.

caille [kaj] *nf* quaglia.

caillé, e [kaje] *adj*: **lait ~** latte *m* cagliato.

caillebotis [kajbɔti] *nm* graticcio.

cailler [kaje] *vi* (*lait*) cagliare; (*sang*) coagularsi; (*fam*: *avoir froid*) gelare; **il caille** si gela.

caillot [kajo] *nm* (*de sang*) coagulo, grumo.

caillou, x [kaju] *nm* sasso, ciottolo.

caillouter [kajute] *vt* massicciare.

caillouteux, -euse [kajutø, øz] *adj* sassoso(-a).

cailloutis [kajuti] *nm* brecciame *m*.

caïman [kaimɑ̃] *nm* caimano.

Caïmans [kaimɑ̃] *nfpl*: **les ~** le (isole) Cayman.

Caire [kɛʀ] *n*: **Le ~** il Cairo.

caisse [kɛs] *nf* cassa; **faire sa ~** (*COMM*) contare il denaro in cassa; ▸ **caisse claire** (*MUS*) piccolo tamburo; ▸ **caisse d'épargne** cassa di risparmio; ▸ **caisse de retraite** cassa *f* pensioni *inv*; ▸ **caisse de sortie** cassa (*all'uscita di supermercato*); ▸ **caisse enregistreuse** registratore *m* di cassa; ▸ **caisse noire** fondi *mpl* neri.

caissier, -ière [kesje, jɛʀ] *nm/f* cassiere (-a).

caisson [kɛsɔ̃] *nm* cassone *m*; (*de décompression*) camera.

cajoler [kaʒɔle] *vt* coccolare.

cajoleries [kaʒɔlʀi] *nfpl* coccole *fpl*.

cajou [kaʒu] *nm* anacardio.

cake [kɛk] *nm* plum cake *m inv*.

CAL [seaɛl] *sigle m* (= *Comité d'action lycéen*) *associazione di studenti per la promozione di riforme del sistema scolastico.*

cal¹ [kal] *nm* callo.

cal² [kal] *abr* = **calorie**.

calamar [kalamaʀ] *nm* = **calmar**.

calaminé, e [kalamine] *adj* (*AUTO*: *bougies*) incrostato(-a).

calamité [kalamite] *nf* calamità *f inv*.

calandre [kalɑ̃dʀ] *nf* calandra.

calanque [kalɑ̃k] *nf* calanca, cala.

calcaire [kalkɛʀ] *nm* calcare *m* ♦ *adj* calcareo(-a).

calciné, e [kalsine] *adj* carbonizzato(-a).

calcium [kalsjɔm] *nm* calcio.

calcul [kalkyl] *nm* conto, calcolo; (*SCOL*) aritmetica; (*fig*) calcolo; **d'après mes ~s** secondo i miei calcoli; ▸ **calcul (biliaire)/rénal** calcolo biliare/renale; ▸ **calcul différentiel/intégral** calcolo differenziale/integrale; ▸ **calcul mental** calcolo mentale.

calculateur [kalkylatœʀ] *nm* calcolatore *m*.

calculatrice [kalkylatʀis] *nf* calcolatrice *f*.

calculé, e [kalkyle] *adj*: **risque ~** rischio calcolato.
calculer [kalkyle] *vt, vi* calcolare; **~ qch de tête** calcolare qc mentalmente *ou* a mente.
calculette [kalkylɛt] *nf* calcolatrice *f* tascabile.
cale [kal] *nf* (*de bateau*) stiva; (*en bois*) zeppa; ▸**cale de construction** bacino di costruzione; ▸**cale sèche** *ou* **de radoub** bacino di carenaggio *ou* di raddobbo.
calé, e [kale] *adj* (*fixé*) fissato(-a), bloccato(-a); (*voiture*) bloccato(-a); (*fam*: *personne*) ferrato(-a), bravo(-a); (: *problème*) difficile.
calebasse [kalbɑs] *nf* zucca (allungata).
calèche [kalɛʃ] *nf* calesse *m* (*a quattro ruote*), boxer *m inv*.
caleçon [kalsɔ̃] *nm* mutande *fpl* (*da uomo*), boxer *m inv*; (*de femme*) fuseaux *mpl* (*senza staffa*); **~s longs** mutandoni *mpl*.
calembour [kalɑ̃buʀ] *nm* gioco di parole.
calendes [kalɑ̃d] *nfpl*: **renvoyer qch aux ~ grecques** rimandare qc alle calende greche.
calendrier [kalɑ̃dʀije] *nm* calendario.
cale-pied [kalpje] *nm inv* (*vélo*) fermapiedi *m inv*.
calepin [kalpɛ̃] *nm* taccuino.
caler [kale] *vt* fissare, bloccare; (*avec des coussins*) sistemare; (*fig*) cedere, arrendersi; **se caler** *vr*: **se ~ dans un fauteuil** sprofondare in una poltrona; **j'ai encore calé** mi si è spento il motore di nuovo.
calfater [kalfate] *vt* calafatare.
calfeutrer [kalføtʀe] *vt* tappare le fessure di; **se calfeutrer** *vr*: **se ~ chez soi** tapparsi in casa.
calibre [kalibʀ] *nm* (*aussi fig*) calibro; (*d'un fruit*) grossezza.
calibrer [kalibʀe] *vt* calibrare.
calice [kalis] *nm* calice *m*.
calicot [kaliko] *nm* calicò *m inv*.
calife [kalif] *nm* califfo.
Californie [kalifɔʀni] *nf* California.
californien, ne [kalifɔʀnjɛ̃, jɛn] *adj* californiano(-a).
califourchon [kalifuʀʃɔ̃]: **à ~ (sur)** *adv* a cavalcioni (di).
câlin, e [kɑlɛ̃, in] *adj* affettuoso(-a), coccolone(-a).
câliner [kɑline] *vt* coccolare.
câlineries [kɑlinʀi] *nfpl* coccole *fpl*.
calisson [kalisɔ̃] *nm* *pasticcino di pasta di mandorle con glassa.*
calleux, -euse [kalø, øz] *adj* calloso(-a).
calligraphie [ka(l)ligʀafi] *nf* calligrafia.
calligraphier [ka(l)ligʀafje] *vt* scrivere in bella calligrafia.
callosité [kalozite] *nf* callosità *f inv*.
calmant, e [kalmɑ̃, ɑ̃t] *adj, nm* calmante *m*.
calmar [kalmaʀ] *nm* calamaro.
calme [kalm] *adj* calmo(-a) ♦ *nm* calma; **sans perdre son ~** senza perdere la calma; ▸**calme plat** (*NAUT, fig*) bonaccia.
calmement [kalməmɑ̃] *adv* con calma.
calmer [kalme] *vt* calmare; (*colère, jalousie*) calmare, placare; **se calmer** *vr* calmarsi; (*colère etc*) calmarsi, placarsi.
calomniateur, -trice [kalɔmnjatœʀ, tʀis] *nm/f* calunniatore(-trice).
calomnie [kalɔmni] *nf* calunnia.
calomnier [kalɔmnje] *vt* calunniare.
calomnieux, -euse [kalɔmnjø, jøz] *adj* calunnioso(-a).
calorie [kalɔʀi] *nf* caloria.
calorifère [kalɔʀifɛʀ] *nm* calorifero.
calorifique [kalɔʀifik] *adj* calorifico(-a).
calorifuge [kalɔʀifyʒ] *adj* coibente ♦ *nm* coibente *m*, isolante *m* termico.
calot [kalo] *nm* (*MIL*) bustina.
calotte [kalɔt] *nf* (*coiffure*) zucchetto, calotta; (*gifle*) sberla; **la ~** (*péj*) la pretaglia; ▸**calotte glaciaire** calotta polare.
calque [kalk] *nm* (*aussi*: **papier ~**) carta lucida; (*dessin*) calco; (*fig*) imitazione *f*.
calquer [kalke] *vt* (*dessin etc*) ricalcare; (*personne*) imitare; **~ qch sur qch** (*fig*) modellare qc su qc.
calvados [kalvados] *nm* calvados *m inv*.
calvaire [kalvɛʀ] *nm* calvario.
calvitie [kalvisi] *nf* calvizie *f*.
camaïeu [kamajø] *nm*: **(motif en) ~** motivo monocromatico.
camarade [kamaʀad] *nm/f* compagno(-a), camerata *m/f*; (*POL, SYNDICATS*) compagno(-a); ▸**camarade d'école** compagno(-a) di scuola; ▸**camarade de jeu** compagno(-a) di giochi.
camaraderie [kamaʀadʀi] *nf* cameratismo.
camarguais, e [kamaʀgɛ, ɛz] *adj* della Camargue.
Camargue [kamaʀg] *nf* Camargue *f*.
cambiste [kɑ̃bist] *nm* cambiavalute *m inv*.
Cambodge [kɑ̃bɔdʒ] *nm* Cambogia.
cambodgien, ne [kɑ̃bɔdʒjɛ̃, jɛn] *adj* cambogiano(-a) ♦ *nm/f*: **C~, ne** cambogiano(-a).
cambouis [kɑ̃bwi] *nm* morchia.
cambré, e [kɑ̃bʀe] *adj*: **avoir les reins ~s** avere il dorso inarcato; **avoir le pied très ~** avere il piede molto arcuato.
cambrer [kɑ̃bʀe] *vt* inarcare; **se cambrer** *vr* arcuarsi, inarcarsi; **~ la taille** *ou* **les reins** inarcare il dorso.
cambriolage [kɑ̃bʀijɔlaʒ] *nm* furto (con scasso).
cambrioler [kɑ̃bʀijɔle] *vt* (*maison, magasin*) svaligiare; (*personne*) derubare.
cambrioleur, -euse [kɑ̃bʀijɔlœʀ, øz] *nm/f* ladro(-a), scassinatore(-trice).
cambrure [kɑ̃bʀyʀ] *nf* (*du pied*) arco; (*de*

la route) curvatura; ▸**cambrure des reins** insellatura lombare.
cambuse [kɑ̃byz] *nf* cambusa.
came [kam] *nf* (*fam*: *drogue*) roba; ~**s** *nfpl* camme *fpl*, eccentrici *mpl*; **arbre à** ~**s** (*TECH*) albero a camme.
camée [kame] *nm* cammeo.
caméléon [kameleɔ̃] *nm* camaleonte *m*.
camélia [kamelja] *nm* camelia.
camelot [kamlo] *nm* (venditore *m*) ambulante *m*.
camelote [kamlɔt] *nf* paccottiglia, robaccia.
camembert [kamɑ̃bɛʀ] *nm* camembert *m inv*.
caméra [kameʀa] *nf* cinepresa; (*TV*) telecamera.
caméraman [kameʀaman] *nm* cameraman *m inv*.
Cameroun [kamʀun] *nm* Camerun *m*.
camerounais, e [kamʀunɛ, ɛz] *adj* del Camerun.
caméscope [kameskɔp] *nm* videocamera.
camion [kamjɔ̃] *nm* camion *m inv*.
camion-citerne [kamjɔ̃sitɛʀn] (*pl* ~**s**-~**s**) *nm* autocisterna, autobotte *f*.
camionnage [kamjɔnaʒ] *nm*: **frais/entreprise de** ~ spese *fpl*/impresa di autotrasporto.
camionnette [kamjɔnɛt] *nf* camioncino.
camionneur [kamjɔnœʀ] *nm* (*entrepreneur*) autotrasportatore *m*; (*chauffeur*) camionista *m*.
camisole [kamizɔl] *nf*: ~ **(de force)** camicia di forza.
camomille [kamɔmij] *nf* camomilla.
camouflage [kamuflaʒ] *nm* mimetizzazione *f*.
camoufler [kamufle] *vt* mimetizzare, camuffare; (*fig*) mascherare.
camouflet [kamuflɛ] *nm* umiliazione *f*.
camp [kɑ̃] *nm* campo; (*fig, POL*) parte *f*; (*SPORT*) squadra; ▸**camp de concentration** campo di concentramento; ▸**camp de nudistes** campeggio *ou* campo di nudisti; ▸**camp de vacances** campo estivo.
campagnard, e [kɑ̃paɲaʀ, aʀd] *adj* campagnolo(-a), rustico(-a) ♦ *nm/f* campagnolo(-a).
campagne [kɑ̃paɲ] *nf* (*aussi MIL, POL, fig*) campagna; **à la** ~ in campagna; **faire** ~ **pour** far propaganda per; ▸**campagne de publicité** campagna pubblicitaria; ▸**campagne électorale** campagna elettorale.
campanile [kɑ̃panil] *nm* campanile *m*, torre *f* campanaria.
campé, e [kɑ̃pe] *adj*: **bien** ~ ben fatto(-a).
campement [kɑ̃pmɑ̃] *nm* accampamento.
camper [kɑ̃pe] *vi* accamparsi; (*en vacances*) campeggiare ♦ *vt* (*chapeau etc*) calcare; (*dessin, personnage*) dare vita a; **se camper** *vr*: **se** ~ **devant qn/qch** piazzarsi davanti a qn/qc.
campeur, -euse [kɑ̃pœʀ, øz] *nm/f* campeggiatore(-trice).
camphre [kɑ̃fʀ] *nm* canfora.
camphré, e [kɑ̃fʀe] *adj* canforato(-a).
camping [kɑ̃piŋ] *nm* campeggio; **(terrain de)** ~ campeggio; **faire du** ~ andare in *ou* fare campeggio; **faire du** ~ **sauvage** fare campeggio libero.
camping-car [kɑ̃piŋkaʀ] (*pl* ~-~**s**) *nm* camper *m inv*.
campus [kɑ̃pys] *nm* campus *m inv*.
camus, e [kamy, yz] *adj*: **nez** ~ naso camuso.
Canada [kanada] *nm* Canada *m*.
canadair ® [kanadɛʀ] *nm* aereo *m* antincendio *inv* (*dotato di serbatoi d'acqua*).
canadien, ne [kanadjɛ̃, jɛn] *adj* canadese ♦ *nm/f*: **C**~, **ne** canadese *m/f*.
canadienne [kanadjɛn] *nf* giaccone *m* imbottito.
canaille [kanɑj] *nf* canaglia ♦ *adj* da canaglia; (*chanson*) spinto(-a).
canal, -aux [kanal, o] *nm* canale *m*; **par le** ~ **de** (*ADMIN*) tramite; ▸**canal de distribution** (*COMM*) canale di distribuzione; ▸**canal de Panama/de Suez** canale di Panama/di Suez; ▸**canal de télévision** (*au Canada*) canale televisivo.
canalisation [kanalizasjɔ̃] *nf* canalizzazione *f*.
canaliser [kanalize] *vt* canalizzare; (*fig*: *efforts, foule*) incanalare.
canapé [kanape] *nm* divano; (*CULIN*) tartina, canapé *m inv*.
canapé-lit [kanapeli] (*pl* ~**s**-~**s**) *nm* divano *m* letto *inv*.
canaque [kanak] *adj* canaco(-a), della Nuova Caledonia ♦ *nm/f*: **C**~ canaco(-a).
canard [kanaʀ] *nm* anatra; (*fam*: *journal*) giornale *m*.
canari [kanaʀi] *nm* canarino.
Canaries [kanaʀi] *nfpl*: **les (îles)** ~ le (isole) Canarie.
cancaner [kɑ̃kane] *vi* spettegolare; (*canard*) anatrare.
cancanier, -ière [kɑ̃kanje, jɛʀ] *adj* pettegolo(-a).
cancans [kɑ̃kɑ̃] *nmpl* (*ragots*) pettegolezzi *mpl*, chiacchiere *fpl*.
cancer [kɑ̃sɛʀ] *nm* cancro; (*ASTROL*): **C**~ Cancro; **être (du) C**~ essere del Cancro.
cancéreux, -euse [kɑ̃seʀø, øz] *adj* canceroso(-a) ♦ *nm/f* malato(-a) di cancro.
cancérigène [kɑ̃seʀiʒɛn] *adj* cancerogeno(-a).
cancérologue [kɑ̃seʀɔlɔg] *nm/f* cancerologo(-a).

cancre [kɑ̃kʀ] *nm* (*élève*) scaldabanchi *m inv*.
cancrelat [kɑ̃kʀəla] *nm* blatta.
candélabre [kɑ̃delɑbʀ] *nm* candelabro.
candeur [kɑ̃dœʀ] *nf* candore *m*.
candi [kɑ̃di] *adj inv*: **sucre** ~ zucchero candito.
candidat, e [kɑ̃dida, at] *nm/f* candidato(-a); **être** ~ **à** essere candidato(-a) a.
candidature [kɑ̃didatyʀ] *nf* candidatura; **poser sa** ~ presentare la propria candidatura.
candide [kɑ̃did] *adj* candido(-a).
cane [kan] *nf* anatra (femmina).
caneton [kantɔ̃] *nm* anatroccolo.
canette [kanɛt] *nf* bottiglia (di birra); (*de machine à coudre*) spoletta.
canevas [kanvɑ] *nm* canovaccio.
caniche [kaniʃ] *nm* barboncino.
caniculaire [kanikylɛʀ] *adj* canicolare.
canicule [kanikyl] *nf* canicola.
canif [kanif] *nm* coltellino (a serramanico), temperino.
canin, e [kanɛ̃, in] *adj* canino(-a); **exposition** ~**e** mostra canina.
canine [kanin] *nf* canino.
caniveau [kanivo] *nm* canaletto di scolo.
cannabis [kanabis] *nm* canapa.
canne [kan] *nf* bastone *m*; ▸ **canne à pêche** canna da pesca; ▸ **canne à sucre** canna da zucchero.
canné, e [kane] *adj* impagliato(-a).
cannelé, e [kanle] *adj* scanalato(-a).
cannelle [kanɛl] *nf* cannella.
cannelure [kan(ə)lyʀ] *nf* scanalatura.
canner [kane] *vt* (*chaise*) impagliare.
cannibale [kanibal] *adj, nm/f* cannibale *m/f*.
cannibalisme [kanibalism] *nm* cannibalismo.
canoë [kanɔe] *nm* canoa; ▸ **canoë (kayak)** kayak *m inv*.
canon [kanɔ̃] *nm* cannone *m*; (*d'une arme*) canna; (*MUS, fig*) canone *m*; (*fam*) bicchiere *m* (di vino) ♦ *adj*: **droit** ~ diritto canonico; ▸ **canon rayé** canna rigata.
cañon [kaɲɔ̃] *nm* canyon *m inv*.
canonique [kanɔnik] *adj*: **âge** ~ (*REL*) età canonica; (*fig*) età rispettabile.
canoniser [kanɔnize] *vt* canonizzare.
canonnade [kanɔnad] *nf* cannonate *fpl*.
canonnier [kanɔnje] *nm* cannoniere *m*.
canonnière [kanɔnjɛʀ] *nf* cannoniera.
canot [kano] *nm* barca; ▸ **canot de sauvetage** scialuppa di salvataggio; ▸ **canot pneumatique** gommone *m*, canotto (pneumatico).
canotage [kanɔtaʒ] *nm* canottaggio.
canoter [kanɔte] *vi* fare canottaggio.
canotier [kanɔtje] *nm* (*chapeau*) paglietta.
Cantal [kɑ̃tal] *nm* Cantal *m*.
cantate [kɑ̃tat] *nf* cantata.
cantatrice [kɑ̃tatʀis] *nf* cantante *f*; (*d'opéra*) cantante (lirica).
cantilène [kɑ̃tilɛn] *nf* cantilena.
cantine [kɑ̃tin] *nf* (*malle*) baule *m*; (*réfectoire*) mensa; **manger à la** ~ mangiare in *ou* alla mensa.
cantique [kɑ̃tik] *nm* cantico.
canton [kɑ̃tɔ̃] *nm* (*en France*) ≈ circoscrizione *f*; (*en Suisse*) cantone *m*.
cantonade [kɑ̃tɔnad]: **à la** ~ *adv* senza rivolgersi a nessuno in particolare.
cantonais, e [kɑ̃tɔnɛ, ɛz] *adj* cantonese ♦ *nm* (*LING*) cantonese *m*.
cantonal, e, -aux [kɑ̃tɔnal, o] *adj* (*en France*) circoscrizionale; (*en Suisse*) cantonale.
cantonnement [kɑ̃tɔnmɑ̃] *nf* (*MIL*) alloggiamento, acquartieramento.
cantonner [kɑ̃tɔne] *vt* (*MIL*) alloggiare, acquartierare; (*personne*) isolare; **se cantonner dans** *vr* rinchiudersi in; (*dans ses études*) immergersi completamente in.
cantonnier [kɑ̃tɔnje] *nm* cantoniere *m*.
canular [kanylaʀ] *nm* scherzo, burla.
canule [kanyl] *nf* cannula.
CAO [seao] *sigle f* = *conception assistée par ordinateur*.
caoutchouc [kautʃu] *nm* gomma; (*bande élastique*) elastico; **en** ~ di gomma; ▸ **caoutchouc mousse** gommapiuma ®.
caoutchouté, e [kautʃute] *adj* impermeabilizzato(-a), gommato(-a).
caoutchouteux, -euse [kautʃutø, øz] *adj* gommoso(-a).
CAP [seape] *sigle m* = *Certificat d'aptitude professionnelle*.
cap [kap] *nm* capo; **changer de** ~ (*NAUT*) cambiare rotta; **doubler** *ou* **passer le** ~ **de** (*fig: de la quarantaine etc*) aver superato la soglia di; (*: de somme, d'argent etc*) superare il tetto di; **doubler** *ou* **passer le** ~ (*fig*) aver superato il peggio; **mettre le** ~ **sur** fare rotta verso *ou* su; **le C**~ Città del Capo; ▸ **le Cap de Bonne Espérance** il Capo di Buona Speranza; ▸ **le Cap Horn** Capo Horn.
capable [kapabl] *adj* capace; ~ **de faire** capace di fare; **il est** ~ **d'oublier** è capace di dimenticarsene; **spectacle/livre** ~ **d'intéresser** spettacolo/libro che può interessare.
capacité [kapasite] *nf* capacità *f inv*; (*d'un récipient*) capacità, capienza; ▸ **capacité (en droit)** *diploma conferito dalla facoltà di legge dopo due anni di studi e un esame*.
caparaçonner [kapaʀasɔne] *vt* (*fig*): **caparaçonné d'indifférence** protetto da una corazza di indifferenza.
cape [kap] *nf* cappa; **rire sous** ~ (*fig*) ridere sotto i baffi.
capeline [kaplin] *nf* cappellina.

CAPES [kapes] *sigle m* (= *Certificat d'aptitude au professorat de l'enseignement de second degré*) *diploma di abilitazione all'insegnamento nelle scuole secondarie.*
capésien, ne [kapesjɛ̃, jɛn] *nm/f titolare di un CAPES.*
CAPET [kapɛt] *sigle m* (= *Certificat d'aptitude au professorat de l'enseignement technique*) *diploma di abilitazione all'insegnamento negli istituti tecnici.*
capharnaüm [kafaʀnaɔm] *nf* babele *f.*
capillaire [kapilɛʀ] *adj* (*soins, lotion*) per capelli; (*vaisseau etc*) capillare ♦ *nm* (*BOT*) capelvenere *m.*
capillarité [kapilaʀite] *nf* capillarità.
capilliculteur [kapilikyltœʀ] *nm* specialista *m* dei capelli.
capilotade [kapilɔtad]: **en** ~ *adv* a pezzi.
capitaine [kapitɛn] *nm* capitano; (*de gendarmerie*) ≈ maresciallo; (*de pompiers*) comandante *m*; ▸ **capitaine au long cours** capitano di lungo corso.
capitainerie [kapitɛnʀi] *nf* capitaneria.
capital, e, -aux [kapital, o] *adj* essenziale; (*découverte, importance, JUR*) capitale ♦ *nm* capitale *m*; **capitaux** *nmpl* (*fonds*) capitali *mpl*; **les sept péchés capitaux** i sette peccati capitali; **exécution/peine** ~**e** esecuzione *f*/pena capitale; ▸ **capital d'exploitation** capitale d'esercizio; ▸ **capital (social)** capitale sociale.
capitale [kapital] *nf* (*ville*) capitale *f*; (*lettre*) maiuscola.
capitaliser [kapitalize] *vt* accumulare; (*COMM*) capitalizzare.
capitalisme [kapitalism] *nm* capitalismo.
capitaliste [kapitalist] *adj* capitalista, capitalistico(-a) ♦ *nm/f* capitalista *m/f.*
capiteux, -euse [kapitø, øz] *adj* (*parfum*) inebriante; (*vin*) che dà alla testa; (*sensuel*) sensuale.
capitonnage [kapitɔnaʒ] *nm* imbottitura trapuntata, capitonné *m inv.*
capitonné, e [kapitɔne] *adj* imbottito(-a).
capitonner [kapitɔne] *vt* imbottire.
capitulation [kapitylasjɔ̃] *nf* capitolazione *f.*
capituler [kapityle] *vi* capitolare.
caporal, -aux [kapɔʀal, o] *nm* caporale *m.*
caporal-chef [kapɔʀalʃɛf] (*pl* **caporaux-chefs**) *nm* caporalmaggiore *m.*
capot [kapo] *nm* (*de voiture*) cofano ♦ *adj inv* (*CARTES*): **faire qn** ~ dare cappotto a qn.
capote [kapɔt] *nf* (*de voiture, de landau*) capote *f inv*; (*de soldat*) cappotto; ▸ **capote anglaise** (*fam*) preservativo.
capoter [kapɔte] *vi* ca(p)pottare, ribaltarsi; (*négociations*) naufragare.
câpre [kɑpʀ] *nf* cappero.
caprice [kapʀis] *nm* capriccio; ~**s** *nmpl* (*de la mode etc*) capricci *mpl*; **faire des** ~**s** fare i capricci.
capricieux, -euse [kapʀisjø, jøz] *adj* capriccioso(-a).
Capricorne [kapʀikɔʀn] *nm* (*ASTROL*) Capricorno; **être (du)** ~ essere del Capricorno.
capsule [kapsyl] *nf* capsula.
captage [kaptaʒ] *nm* captazione *f.*
capter [kapte] *vt* captare; (*eau*) canalizzare.
capteur [kaptœʀ] *nm*: ~ **solaire** collettore *m* solare.
captieux, -euse [kapsjø, jøz] *adj* capzioso(-a).
captif, -ive [kaptif, iv] *adj, nm/f* prigioniero(-a).
captivant, e [kaptivɑ̃, ɑ̃t] *adj* avvincente.
captiver [kaptive] *vt* avvincere, appassionare.
captivité [kaptivite] *nf* prigionia; **en** ~ (*animaux*) in cattività; (*soldat*) prigioniero (-a).
capture [kaptyʀ] *nf* cattura.
capturer [kaptyʀe] *vt* catturare.
capuche [kapyʃ] *nf* cappuccio.
capuchon [kapyʃɔ̃] *nm* cappuccio.
capucin [kapysɛ̃] *nm* cappuccino.
capucine [kapysin] *nf* (*BOT*) cappuccina.
Cap-Vert [kabvɛʀ] *nm*: **le** ~-~ il Capo Verde; **les îles du** ~ ~ le isole del Capo Verde.
caquelon [kaklɔ̃] *nm* tegame *m* per fonduta.
caquet [kakɛ] *nm*: **rabattre le** ~ **à qn** far chiudere il becco a qn.
caqueter [kakte] *vi* chiocciare; (*fig*) cicalare.
car [kaʀ] *nm* pullman *m inv* ♦ *conj* perché, poiché; ▸ **car de police** furgone *m* di polizia; ▸ **car de reportage** furgone attrezzato per le riprese televisive.
carabine [kaʀabin] *nf* carabina; ▸ **carabine à air comprimé** carabina ad aria compressa.
carabiné, e [kaʀabine] *adj* (*fam*) violento (-a).
Caracas [kaʀakas] *n* Caracas *f.*
caraco [kaʀako] *nm* casacchina.
caracoler [kaʀakɔle] *vi* caracollare; (*fig*) saltellare.
caractère [kaʀaktɛʀ] *nm* carattere *m*; **avoir bon/mauvais** ~ avere un buon/cattivo carattere; **avoir du** ~ avere carattere; ~**s/seconde** caratteri al secondo; **en** ~**s gras** in grassetto; **en petits** ~**s** a caratteri minuti, in piccolo; **en** ~**s d'imprimerie** in stampatello.
caractériel, le [kaʀakteʀjɛl] *adj, nm/f* caratteriale *m/f*; **troubles** ~**s** disturbi *mpl* caratteriali.

caractérisé, e [kaʀakteʀize] *adj*: **c'est de l'insubordination ~e** questa è insubordinazione bella e buona.
caractériser [kaʀakteʀize] *vt* caratterizzare; **se caractériser par** *vr* distinguersi per, essere caratterizzato(-a) da.
caractéristique [kaʀakteʀistik] *adj* caratteristico(-a) ♦ *nf* caratteristica.
caractérologie [kaʀakteʀɔlɔʒi] *nf* caratterologia.
carafe [kaʀaf] *nf* caraffa.
carafon [kaʀafɔ̃] *nm voir* **carafe**.
caraïbe [kaʀaib] *adj* caribico(-a), caraibico(-a); **les C~s** *nfpl* i Caraibi *mpl*; **la mer des C~s** il mar dei Caraibi.
carambolage [kaʀɑ̃bɔlaʒ] *nm* tamponamento a catena.
caramel [kaʀamɛl] *nm* caramello ♦ *adj inv* (*couleur*) caramello *inv*; **~ mou** caramella mou ®.
caraméliser [kaʀamelize] *vt* (*sucre*) caramellare; (*moule*) rivestire di caramello.
carapace [kaʀapas] *nf* corazza, carapace *m*; (*fig*) corazza.
carapater [kaʀapate] *vi*: **se ~** svignarsela.
carat [kaʀa] *nm* carato; **or à 18 ~s** oro a 18 carati; **pierre de 12 ~s** pietra da 12 carati.
caravane [kaʀavan] *nf* carovana; (*camping*) roulotte *f inv*, caravan *m inv*.
caravanier [kaʀavanje] *nm* roulottista *m/f*, caravanista *m/f*.
caravaning [kaʀavaniŋ] *nm* caravanning *m inv*; (*terrain*) campeggio per roulotte *ou* caravan.
caravelle [kaʀavɛl] *nf* caravella.
carbonate [kaʀbɔnat] *nm*: **~ de soude** carbonato di sodio.
carbone [kaʀbɔn] *nm* carbonio; (*aussi*: **papier ~**) carta *f* carbone *inv*; (*document*) copia.
carbonique [kaʀbɔnik] *adj* carbonico(-a); **gaz ~** gas *m inv* carbonico; **neige ~** ghiaccio secco, neve *f* carbonica.
carbonisé, e [kaʀbɔnize] *adj* (*rôti*) carbonizzato(-a); **mourir ~** morire carbonizzato(-a).
carboniser [kaʀbɔnize] *vt* carbonizzare.
carburant [kaʀbyʀɑ̃] *nm* carburante *m*.
carburateur [kaʀbyʀatœʀ] *nm* carburatore *m*.
carburation [kaʀbyʀasjɔ̃] *nf* carburazione *f*.
carburer [kaʀbyʀe] *vi* carburare.
carcan [kaʀkɑ̃] *nm* (*fig*) morsa *f*.
carcasse [kaʀkas] *nf* carcassa.
carcéral, e, -aux [kaʀseʀal, o] *adj* carcerario(-a).
carcinogène [kaʀsinɔʒɛn] *adj* cancerogeno(-a).
cardan [kaʀdɑ̃] *nm* cardano.
carder [kaʀde] *vt* cardare.
cardiaque [kaʀdjak] *adj* cardiaco(-a) ♦ *nm/f* cardiopatico(-a); **être ~** soffrire di mal di cuore.
cardigan [kaʀdigɑ̃] *nm* cardigan *m inv*.
cardinal, e, -aux [kaʀdinal, o] *adj, nm* (*nombre, REL*) cardinale *m*.
cardiologie [kaʀdjɔlɔʒi] *nf* cardiologia.
cardiologue [kaʀdjɔlɔg] *nm/f* cardiologo (-a).
cardio-vasculaire [kaʀdjovaskylɛʀ] (*pl* **~-~s**) *adj* cardiovascolare.
cardon [kaʀdɔ̃] *nm* cardo.
carême [kaʀɛm] *nm* quaresima.
carénage [kaʀenaʒ] *nm* (*NAUT*) carenaggio; (*AUTO*) carenatura.
carence [kaʀɑ̃s] *nf* carenza; ▸**carence vitaminique** carenza vitaminica.
carène [kaʀɛn] *nf* carena.
caréner [kaʀene] *vt* carenare.
caressant, e [kaʀesɑ̃, ɑ̃t] *adj* (*enfant, animal*) affettuoso(-a); (*voix, regard*) carezzevole.
caresse [kaʀɛs] *nf* carezza.
caresser [kaʀese] *vt* accarezzare.
cargaison [kaʀgɛzɔ̃] *nf* carico.
cargo [kaʀgo] *nm* nave *f* da carico, cargo *m*.
cari [kaʀi] *nm* = **curry**.
caricatural, e, -aux [kaʀikatyʀal, o] *adj* caricaturale.
caricature [kaʀikatyʀ] *nf* caricatura.
caricaturer [kaʀikatyʀe] *vt* fare la caricatura di; (*politique etc*) ridicolizzare, caricaturare.
caricaturiste [kaʀikatyʀist] *nm/f* caricaturista *m/f*.
carie [kaʀi] *nf* carie *f inv*; **~ (dentaire)** carie (dentaria).
carié, e [kaʀje] *adj* cariato(-a).
carillon [kaʀijɔ̃] *nm* (*d'église*) scampanio; (*pendule*) orologio a carillon; **~ (électrique)** campanello (elettrico).
carillonner [kaʀijɔne] *vi* (*cloches*) suonare a concerto; (*à la porte*) scampanellare ♦ *vt* (*heure*) suonare; (*fig: nouvelle*) strombazzare.
caritatif, -ive [kaʀitatif, iv] *adj* caritatevole.
carlingue [kaʀlɛ̃g] *nf* carlinga.
carmélite [kaʀmelit] *nf* carmelitana.
carmin [kaʀmɛ̃] *adj inv* carminio *inv*.
carnage [kaʀnaʒ] *nm* carneficina.
carnassier, -ière [kaʀnasje, jɛʀ] *adj* carnivoro(-a) ♦ *nm* carnivoro.
carnation [kaʀnasjɔ̃] *nf* carnagione *f*.
carnaval [kaʀnaval] *nm* carnevale *m*.
carné, e [kaʀne] *adj* a base di carne.
carnet [kaʀnɛ] *nm* (*calepin*) taccuino; (*de tickets, timbres etc*) blocchetto; (*d'école*) pagella; (*journal intime*) diario; ▸**carnet**

à **souches** blocco a madre e figlia; ▸ **carnet d'adresses** rubrica; ▸ **carnet de chèques** libretto degli assegni; ▸ **carnet de commandes** (*COMM*) copia-commissione *m inv*; ▸ **carnet de notes** (*SCOL*) pagella.
carnier [kaʀnje] *nm* carniere *m*.
carnivore [kaʀnivɔʀ] *adj* carnivoro(-a); **~s** *nmpl* (*espèce*) carnivori *mpl*.
Carolines [kaʀɔlin] *nfpl*: **les ~** le (isole) Caroline.
carotide [kaʀɔtid] *nf* carotide *f*.
carotte [kaʀɔt] *nf* (*aussi fig*) carota.
Carpates [kaʀpat] *nfpl*: **les ~** i Carpazi.
carpe [kaʀp] *nf* carpa.
carpette [kaʀpɛt] *nf* tappetino.
carquois [kaʀkwa] *nm* faretra.
carre [kaʀ] *nf* lamina.
carré, e [kaʀe] *adj* quadrato(-a); (*fig*) franco(-a), diretto(-a) ♦ *nm* quadrato; **~ de soie** fazzoletto *ou* foulard *m inv* di seta; **~ d'agneau** lombata *ou* carré *m inv* d'agnello; **le ~ (d'un nombre)** il quadrato (di un numero); **élever un nombre au ~** elevare un numero al quadrato; **mètre/kilomètre ~** metro/chilometro quadrato; ▸ **carré d'as/de rois** (*CARTES*) poker *m inv* d'assi/di re.
carreau, x [kaʀo] *nm* piastrella, mattonella; (*de fenêtre*) vetro; (*dessin*) quadro, quadretto; (*CARTES: couleur*) quadri *mpl*; (*: carte*) carta di quadri; **papier/tissu à ~x** carta/tessuto a quadri *ou* quadretti.
carrefour [kaʀfuʀ] *nm* incrocio, crocevia; (*fig*) punto d'incontro.
carrelage [kaʀlaʒ] *nm* piastrellamento; (*revêtement*) rivestimento di piastrelle; (*sol*) pavimento di piastrelle.
carreler [kaʀle] *vt* piastrellare.
carrelet [kaʀlɛ] *nm* bilancia (*da pesca*); (*poisson*) passera di mare.
carreleur [kaʀlœʀ] *nm* piastrellista *m*.
carrément [kaʀemɑ̃] *adv* (*franchement*) francamente; (*sans détours, intensif*) decisamente, chiaramente; **il l'a ~ mis à la porte** l'ha messo alla porta senza tanti complimenti.
carrer [kaʀe]: **se ~** *vr*: **se ~ dans un fauteuil** sistemarsi comodamente in poltrona.
carrière [kaʀjɛʀ] *nf* (*de craie, sable*) cava; (*métier*) carriera; **militaire de ~** militare *m* di carriera; **faire ~ dans** fare carriera in.
carriériste [kaʀjeʀist] *nm/f* carrierista *m/f*.
carriole [kaʀjɔl] (*péj*) *nf* carretta.
carrossable [kaʀɔsabl] *adj* carrozzabile.
carrosse [kaʀɔs] *nm* carrozza.
carrosserie [kaʀɔsʀi] *nf* carrozzeria; **atelier de ~** carrozzeria.
carrossier [kaʀɔsje] *nm* carrozziere *m*; (*dessinateur*) disegnatore *m* di automobili.
carrousel [kaʀuzɛl] *nm* carosello.
carrure [kaʀyʀ] *nf* spalle *fpl*; (*fig*) levatura; **de ~ athlétique** di corporatura atletica.
cartable [kaʀtabl] *nm* cartella.
carte [kaʀt] *nf* carta; (*de fichier*) scheda; (*d'abonnement, de parti*) tessera; (*au restaurant*) lista; (*aussi*: **~ postale**) cartolina; (*aussi*: **~ de visite**) biglietto da visita; **avoir/donner ~ blanche** avere/dare carta bianca; **jouer aux ~s** giocare a carte; **jouer ~s sur table** (*fig*) giocare a carte scoperte; **tirer les ~s à qn** fare le carte a qn; **à la ~** alla carta; ▸ **carte à puce** *carta contenente un microprocessore ed una memoria elettronica*; ▸ **carte bancaire** (tesserino) Bancomat *m inv*; ▸ **carte d'électeur** certificato elettorale; ▸ **carte d'état-major** carta militare; ▸ **carte d'identité** carta d'identità; ▸ **carte de crédit** carta di credito; ▸ **carte de fidélité** *carta che offre sconti a clienti abituali*; ▸ **carte de séjour** permesso di soggiorno; ▸ **carte des vins** lista dei vini; ▸ **carte grise** libretto di circolazione; ▸ **carte orange** *tessera d'abbonamento ai trasporti della zona di Parigi*; ▸ **carte perforée** scheda perforata; ▸ **carte routière** carta stradale; ▸ **carte vermeille** ≈ carta d'argento; ▸ **carte verte** carta verde.
cartel [kaʀtɛl] *nm* (*ÉCON, POL*) cartello.
carte-lettre [kaʀtəlɛtʀ] (*pl* **~s-~s**) *nf* biglietto postale.
carte-mère [kaʀtəmɛʀ] (*pl* **~s-~s**) *nf* (*INFORM*) scheda madre.
carter [kaʀtɛʀ] *nm* (*AUTO*) carter *m inv*.
carte-réponse [kaʀt(ə)ʀepɔ̃s] (*pl* **~s-~**) *nf* scheda allegata (*a questionario*).
cartésien, ne [kaʀtezjɛ̃, jɛn] *adj* cartesiano(-a).
Carthage [kaʀtɑʒ] *n* Cartagine *f*.
carthaginois, e [kaʀtaʒinwa, waz] *adj* cartaginese.
cartilage [kaʀtilaʒ] *nm* cartilagine *f*.
cartilagineux, -euse [kaʀtilaʒinø, øz] *adj* cartilaginoso(-a).
cartographe [kaʀtɔgʀaf] *nm* cartografo.
cartographie [kaʀtɔgʀafi] *nf* cartografia.
cartomancie [kaʀtɔmɑ̃si] *nf* cartomanzia.
cartomancien, ne [kaʀtɔmɑ̃sjɛ̃, jɛn] *nm/f* cartomante *m/f*.
carton [kaʀtɔ̃] *nm* cartone *m*; (*boîte*) scatolone *m*; (*d'invitation*) cartoncino, biglietto; **faire un ~** (*au tir*) tirare al bersaglio; ▸ **carton (à dessin)** cartella.
cartonnage [kaʀtɔnaʒ] *nm* imballaggio.
cartonné, e [kaʀtɔne] *adj* cartonato(-a).
carton-pâte [kaʀtɔ̃pɑt] (*pl* **~s-~s**) *nm* (*aussi fig*) cartapesta.
cartouche [kaʀtuʃ] *nf* cartuccia; (*de ciga-*

rettes) stecca; (*de film, de ruban encreur*) caricatore *m*.
cartouchière [kaʀtuʃjɛʀ] *nf* cartucciera.
cas [kɑ] *nm* caso; **faire peu de ~/grand ~ de** dare poca/molta importanza a; **le ~ échéant** eventualmente; **en aucun ~** in nessun caso; **au ~ où** nel caso in cui, qualora; **dans ce ~** in questo caso; **en ~ de** in caso di; **en ~ de besoin** in caso di necessità *ou* bisogno; **en ~ d'urgence** in caso d'emergenza; **en ce ~** in tal caso; **en tout ~** ad ogni modo; **▸cas de conscience** caso di coscienza; **▸cas de force majeure** caso di forza maggiore; **▸cas limite** caso *m* limite *inv*; **▸cas social** problema *m* sociale.
Casablanca [kazablɑ̃ka] *n* Casablanca.
casanier, -ière [kazanje, jɛʀ] *adj* casalingo(-a).
casaque [kazak] *nf* (*de jockey*) casacca.
cascade [kaskad] *nf* cascata; (*fig*) valanga.
cascadeur, -euse [kaskadœʀ, øz] *nm/f* cascatore(-trice).
case [kɑz] *nf* (*hutte*) capanna; (*compartiment*) scomparto; (*sur un formulaire, de mots croisés, pour le courrier*) casella; (*d'échiquier*) casa; **cochez la ~ réservée à cet effet** sbarrare la casella appropriata.
caséine [kazein] *nf* caseina.
casemate [kazmat] *nf* casamatta.
caser [kɑze] *vt* sistemare; **se caser** *vr* sistemarsi.
caserne [kazɛʀn] *nf* caserma.
casernement [kazɛʀnəmɑ̃] *nm* accasermamento.
cash [kaʃ] *adv*: **payer ~** pagare in contanti.
casier [kɑzje] *nm* scaffale *m*; (*à cases*) casellario; (*case*) casella, scomparto; (: *à clef*) casella; (*PÊCHE*) nassa; **▸casier à bouteilles** portabottiglie *m inv*; **▸casier judiciaire** fedina penale; (*lieu*) casellario giudiziale.
casino [kazino] *nm* casinò *m inv*.
casque [kask] *nm* (*de pompier, soldat*) elmetto; (*de motocycliste, chez le coiffeur*) casco; (*pour audition*) cuffia; **les C~s bleus** i Caschi blu.
casquer [kaske] (*fam*) *vt* sganciare, sborsare.
casquette [kaskɛt] *nf* berretto.
cassable [kɑsabl] *adj* fragile.
cassant, e [kɑsɑ̃, ɑ̃t] *adj* fragile; (*fig*) secco(-a).
cassate [kasat] *nf*: **(glace) ~** cassata.
cassation [kɑsasjɔ̃] *nf* (*JUR*) cassazione *f*; **se pourvoir en ~** ricorrere in cassazione; **recours en ~** ricorso in cassazione; **Cour de ~** Corte *f* di Cassazione.
casse [kɑs] *nf* (*pour voitures*): **mettre à la ~** portare dallo sfasciacarrozze; **il y a eu de la ~** (*dégâts*) ci sono stati dei danni; **en haut/bas de ~** (*TYPO*) in maiuscolo/minuscolo.
cassé, e [kɑse] *adj* (*voix*) rauco(-a); (*vieillard*) incurvato(-a); **blanc ~** bianco sporco.
casse-cou [kɑsku] *adj inv* (*dangereux*) pericoloso(-a); (*imprudent*) spericolato (-a) ♦ *nm inv* (*personne*) scavezzacollo; **crier ~-~ à qn** avvertire qn di un pericolo.
casse-croûte [kɑskʀut] *nm inv* spuntino.
casse-noisette(s) [kɑsnwazɛt] *nm inv* schiaccianoci *m inv*.
casse-noix [kɑsnwa] *nm inv* schiaccianoci *m inv*.
casse-pieds [kɑspje] (*fam*) *adj, nm/f inv*: **il est ~-~, c'est un ~-~** è uno scocciatore *ou* un rompiscatole.
casser [kɑse] *vt* rompere; (*ADMIN, MIL*) degradare; (*JUR*) annullare, cassare; (*COMM*: *prix*) far scendere ♦ *vi* rompersi; **se casser** *vr* rompersi; (*fam*: *partir*) tagliare la corda; **se ~ une jambe** rompersi una gamba; **à tout ~** (*film, repas*) fantastico(-a); (*tout au plus*) al massimo; **se ~ net** rompersi di netto.
casserole [kasʀɔl] *nf* pentola, casseruola; **à la ~** (*CULIN*) in casseruola.
casse-tête [kɑstɛt] *nm inv* (*fig*) rompicapo.
cassette [kasɛt] *nf* cassetta; (*coffret*) cofanetto.
casseur [kɑsœʀ] *nm* sfasciacarrozze *m*; (*POL*) teppista *m* (*in manifestazioni politiche*).
cassis [kasis] *nm* ribes *m inv* nero; (*liqueur*) liquore *m* di ribes nero; (*de la route*) cunetta.
cassonade [kasɔnad] *nf* zucchero non raffinato.
cassoulet [kasulɛ] *nm* *stufato di carne con fagioli bianchi*.
cassure [kɑsyʀ] *nf* spaccatura.
castagnettes [kastaɲɛt] *nfpl* nacchere *fpl*.
caste [kast] *nf* casta.
castillan, e [kastijɑ̃, an] *adj* castigliano(-a) ♦ *nm* castigliano.
Castille [kastij] *nf* Castiglia.
castor [kastɔʀ] *nm* castoro.
castrer [kastʀe] *vt* castrare.
cataclysme [kataklism] *nm* cataclisma *m*.
catacombes [katakɔ̃b] *nfpl* catacombe *fpl*.
catadioptre [katadjɔptʀ] *nm* = **cataphote**.
catafalque [katafalk] *nm* catafalco.
catalan, e [katalɑ̃, an] *adj* catalano(-a) ♦ *nm* (*LING*) catalano.
catalepsie [katalɛpsi] *nf*: **tomber en ~** cadere in catalessi.
Catalogne [katalɔɲ] *nf* Catalogna.
catalogue [katalɔg] *nm* catalogo.
cataloguer [katalɔge] *vt* catalogare; (*péj*: *personne*) classificare.

catalyse [kataliz] *nf* catalisi *f inv.*
catalyser [katalize] *vt* (*fig*) catalizzare.
catalyseur [katalizœʀ] *nm* catalizzatore *m.*
catalytique [katalitik] *adj*: **pot ~** marmitta catalitica.
catamaran [katamaʀɑ̃] *nm* catamarano.
cataphote [katafɔt] *nm* catarifrangente *m.*
cataplasme [kataplasm] *nm* cataplasma *m.*
catapulte [katapylt] *nf* catapulta.
catapulter [katapylte] *vt* catapultare.
cataracte [kataʀakt] *nf* cateratta; **opérer qn de la ~** operare qn di cateratta.
catarrhe [kataʀ] *nm* catarro.
catarrheux, -euse [kataʀø, øz] *adj* catarroso(-a).
catastrophe [katastʀɔf] *nf* catastrofe *f*; **atterrir en ~** fare un atterraggio d'emergenza; **partir en ~** partire in tutta fretta.
catastrophé, e [katastʀɔfe] (*fam*) *adj* costernato(-a).
catastrophique [katastʀɔfik] *adj* catastrofico(-a).
catch [katʃ] *nm* (*SPORT*) catch *m.*
catcheur, -euse [katʃœʀ, øz] *nm/f* lottatore(-trice) (di catch).
catéchiser [kateʃize] *vt* catechizzare.
catéchisme [kateʃism] *nm* catechismo.
catéchumène [katekymɛn] *nm/f* catecumeno(-a).
catégorie [kategɔʀi] *nf* categoria; **morceaux de première/deuxième ~** (*BOUCHERIE*) tagli *mpl* di prima/seconda scelta.
catégorique [kategɔʀik] *adj* categorico(-a).
catégoriquement [kategɔʀikmɑ̃] *adv* categoricamente.
catégoriser [kategɔʀize] *vt* dividere per categorie.
caténaire [katenɛʀ] *nf* (*RAIL*) catenaria.
cathédrale [katedʀal] *nf* cattedrale *f.*
cathéter [katetɛʀ] *nm* catetere *m.*
cathode [katɔd] *nf* catodo.
cathodique [katɔdik] *adj*: **rayons ~s** raggi *mpl* catodici; **tube/écran ~** tubo/schermo catodico.
catholicisme [katɔlisism] *nm* cattolicesimo.
catholique [katɔlik] *adj, nm/f* cattolico(-a); **pas très ~** (*fig*) poco raccomandabile.
catimini [katimini]: **en ~** *adv* di soppiatto, alla chetichella.
catogan [katɔgɑ̃] *nm nastro per fissare i capelli alla nuca*; (*coiffure*) chignon *m inv.*
Caucase [kɔkɑz] *nm* Caucaso.
caucasien, ne [kɔkɑzjɛ̃, jɛn] *adj* caucasico(-a).
cauchemar [koʃmaʀ] *nm* incubo.
cauchemardesque [koʃmaʀdɛsk] *adj* da incubo *inv.*
causal, e, -aux [kozal, o] *adj* causale.
causalité [kozalite] *nf* causalità.
causant, e [kozɑ̃, ɑ̃t] (*fam*) *adj* chiacchierone(-a).
cause [koz] *nf* causa; **faire ~ commune avec qn** fare causa comune con qn; **être ~ de** essere causa di; **à ~ de** a causa di; **pour ~ de décès/réparations** per lutto/lavori; **(et) pour ~** per dei buoni motivi; **être en ~** (*personne*) essere parte in causa; (*intérêts, qualité*) essere in discussione; **mettre en ~** chiamare in causa; **remettre en ~** rimettere in discussione; **être hors de ~** essere fuori questione; **en tout état de ~** ad ogni modo.
causer [koze] *vt* causare, provocare ♦ *vi* chiacchierare, parlare.
causerie [kozʀi] *nf* chiacchierata; (*littéraire etc*) dibattito.
causette [kozɛt] *nf*: **faire la** *ou* **un brin de ~** fare quattro chiacchiere.
caustique [kostik] *adj* (*aussi fig*) caustico(-a).
cauteleux, -euse [kotlø, øz] *adj* subdolo (-a).
cautère [kɔtɛʀ] *nm*: **c'est un ~ sur une jambe de bois** è un rimedio inutile.
cautériser [kɔteʀize] *vt* cauterizzare.
caution [kosjɔ̃] *nf* cauzione *f*; (*JUR*: *personne*) garante *m/f*; (*fig*) appoggio; **payer la ~ de qn** pagare la cauzione per qn; **se porter ~ pour qn** rendersi garante per qn; **libéré sous ~** (*JUR*) rilasciato dietro cauzione; **sujet à ~** dubbio(-a).
cautionnement [kosjɔnmɑ̃] *nm* malleveria; (*somme*) cauzione *f.*
cautionner [kosjɔne] *vt* (*honnêteté etc*) farsi garante di; **~ qn** garantire per qn; (*soutenir*) appoggiare qn.
cavalcade [kavalkad] *nf* (*fig*) galoppata.
cavale [kaval] *nf*: **en ~** in fuga e ricercato(-a) dalla polizia.
cavalerie [kavalʀi] *nf* cavalleria.
cavalier, -ière [kavalje, jɛʀ] *adj* (*désinvolte*) impertinente, sfrontato(-a) ♦ *nm/f* (*à cheval, au bal*) cavaliere *m* ♦ *nm* (*ÉCHECS*) cavallo; **faire ~ seul** agire per conto proprio; **allée** *ou* **piste cavalière** pista riservata all'equitazione (*in un parco*).
cavalièrement [kavaljɛʀmɑ̃] *adv* sfrontatamente, in modo impertinente.
cave [kav] *nf* (*pièce, réserve de vins*) cantina; (*cabaret*) cave *f inv*, cantina ♦ *adj*: **yeux ~s** occhi *mpl* infossati; **joues ~s** guance *fpl* infossate.
caveau, x [kavo] *nm* cripta; **~ de famille** tomba di famiglia.
caverne [kavɛʀn] *nf* caverna.
caverneux, -euse [kavɛʀnø, øz] *adj* cavernoso(-a).
caviar [kavjaʀ] *nm* caviale *m.*
cavité [kavite] *nf* cavità *f inv.*
Cayenne [kajɛn] *n* Caienna.
CB [sibi] *sigle f* (= *citizens' band, canaux ba-*

nalisés) CB.
CC [sese] *sigle m* (= *corps consulaire*) CC; (= *compte courant*) c.c.
CCI [sesei] *sigle f* (= *Chambre de commerce et d'industrie*) *voir* **chambre**.
CCP [sesepe] *sigle m* (= *compte chèque postal*) *voir* **compte**.
CD [sede] *sigle m* (= *compact disc*) CD *m inv*; (*POL* = *corps diplomatique*) CD *m*.
CDI [sedei] *sigle m* = *Centre de documentation et d'information*.
CD-Rom [sedeʀɔm] *abr m* (= *Compact Disc Read Only Memory*) CD-Rom *m inv*.
CDS [sedeɛs] *sigle m* = *Centre des démocrates sociaux*.
CE [seə] *sigle f* (= *Communauté européenne*) CE *f* ♦ *sigle m* (= *Conseil de l'Europe*) CE *m*; (*IND* = *comité d'entreprise*) *voir* **comité**; (*SCOL* = *cours élémentaire*) *voir* **cours**.

MOT-CLÉ

ce, c', cette [s] (*devant nm* **cet** + *voyelle ou h aspiré*) (*pl* **ces**) *dét* (*proximité*) questo(-a); (*non-proximité*) quello(-a); **cette maison-ci/là** questa/quella casa; **cette nuit** stanotte
♦ *pron* **1**: **c'est** è; **c'est un peintre** è un pittore; **ce sont des peintres** sono pittori; **c'est le facteur** (*à la porte*) è il postino; **qui est-ce?** chi è?; **qu'est-ce?** che cos'è?; **c'est toi qui le dis** lo dici tu; **c'est toi qui lui as parlé** sei stato tu a parlargli; **sur ce** detto ciò; **c'est qu'il est lent/a faim** è perché è lento/ha fame; **si ce n'est** ... se non ..., eccetto ...
2: **ce qui, ce que** ciò *ou* quello che; (*chose qui*): **il est parti, ce qui me chagrine** se n'è andato, e ciò mi dispiace; **tout ce qui bouge** tutto ciò che si muove; **tout ce que je sais** tutto quello che so; **ce dont j'ai parlé** ciò di cui ho parlato; **ce que c'est grand!** com'è grande!; *voir aussi* **-ci**; **est-ce que**; **n'est-ce pas**; **c'est-à-dire**.

CEA [seəa] *sigle m* (= *Commissariat à l'énergie atomique*) ≈ CNEN *m*.
CECA [seka] *sigle f* (= *Communauté européenne du charbon et de l'acier*) CECA *f*.
ceci [səsi] *pron* questo, ciò.
cécité [sesite] *nf* cecità *f*.
céder [sede] *vt, vi* cedere; ~ **à** (*tentation, personne*) cedere a.
CEDEX [sedɛks] *sigle m* = *courrier d'entreprise à distribution exceptionnelle*.
cédille [sedij] *nf* cediglia.
cédrat [sedʀa] *nm* (*fruit*) cedro.
cèdre [sɛdʀ] *nm* (*arbre*) cedro.
CEE [seəə] *sigle f* (= *Communauté économique européenne*) CEE *f*.
CEI [seəi] *sigle f* (= *Communauté des États indépendants*) CSI *f*.
ceindre [sɛ̃dʀ] *vt* cingere; ~ **qch de qch** (*entourer*) cingere qc di *ou* con qc.
ceinture [sɛ̃tyʀ] *nf* cintura; (*fig*: *de remparts*) cinta; ►**ceinture de sauvetage** cintura di salvataggio; ►**ceinture de sécurité** cintura di sicurezza; ►**ceinture (de sécurité) à enrouleur** cintura (di sicurezza) avvolgibile; ►**ceinture noire** (*JUDO*) cintura nera; ►**ceinture verte** zona verde.
ceinturer [sɛ̃tyʀe] *vt* (*saisir*) cinturare; (*entourer*) cingere.
ceinturon [sɛ̃tyʀɔ̃] *nm* cinturone *m*.
cela [s(ə)la] *pron* questo, ciò; ~ **m'étonne que** ... mi stupisce che ...; **quand/où** ~? quando/dove?
célébrant [selebʀɑ̃] *nm* celebrante *m*.
célébration [selebʀasjɔ̃] *nf* celebrazione *f*.
célèbre [selɛbʀ] *adj* celebre, famoso(-a).
célébrer [selebʀe] *vt* celebrare.
célébrité [selebʀite] *nf* celebrità *f inv*.
céleri [sɛlʀi] *nm*: ~**(-rave)** sedano *m* rapa *inv*; ►**céleri en branche** sedano a costola.
célérité [seleʀite] *nf* celerità *f inv*.
céleste [selɛst] *adj* (*royaume*) dei cieli; (*voix*) celeste.
célibat [seliba] *nm* (*prêtre, d'homme*) celibato; (*de femme*) nubilato.
célibataire [selibatɛʀ] *adj* (*homme*: *gén*) scapolo, celibe; (: *ADMIN*) celibe; (*femme*: *aussi ADMIN*) nubile ♦ *nm* (*homme*) scapolo; (*ADMIN*) celibe *m* ♦ *nf* donna nubile; (*ADMIN*) nubile *f*.
celle, celles [sɛl] *pron voir* **celui**.
cellier [selje] *nm* cantina.
cellophane ® [selɔfan] *nf* cellofan ® *m inv*.
cellulaire [selylɛʀ] *adj* cellulare; **voiture** *ou* **fourgon** ~ vettura *ou* furgone *m* cellulare; **régime** ~ sistema *m* cellulare.
cellule [selyl] *nf* (*ANAT, BIOL, de parti*) cellula; (*de prisonnier, moine*) cella; (*familiale*) nucleo; ►**cellule (photo-électrique)** cellula fotoelettrica; (*PHOTO*) esposimetro.
cellulite [selylit] *nf* cellulite *f*.
celluloïd [selylɔid] *nm* celluloide ® *f*.
cellulose [selyloz] *nf* cellulosa.
celte [sɛlt] *adj* celtico(-a).
celtique [sɛltik] *adj voir* **celte**.
celui, celle [səlɥi] (*mpl* **ceux**, *fpl* **celles**) *pron*: ~**-ci/là, celle-ci/là** quello(-a); **ceux-ci/là, celles-ci/là** questi(-e); ~ **de mon frère** quello di mio fratello; ~ **du salon/du dessous** quello del salotto/di sotto; ~ **qui bouge** quello che si muove; ~ **que je vois** quello che vedo; ~ **dont je parle** quello di cui parlo; ~ **qui veut** chi vuole.
cénacle [senakl] *nm* cenacolo.
cendre [sɑ̃dʀ] *nf* cenere *f*; ~**s** *nfpl* (*volcanique, d'un défunt*) ceneri *fpl*; **sous la** ~

(*CULIN*) sotto la brace.
cendré, e [sɑ̃dʀe] *adj* (*couleur*) cenere *inv*.
cendrier [sɑ̃dʀije] *nm* portacenere *m inv*, posacenere *m inv*.
cène [sɛn] *nf*: **la C~** l'Ultima Cena; (*protestant*) la Sacra Cena.
censé, e [sɑ̃se] *adj*: **je suis/tu es ~ faire ...** si presume *ou* si ritiene che io/tu faccia ... .
censément [sɑ̃semɑ̃] *adv* presumibilmente.
censeur [sɑ̃sœʀ] *nm* censore *m*; (*du lycée*) ≈ vicepreside *m/f* (*con mansioni disciplinari*).
censure [sɑ̃syʀ] *nf* censura; **motion de ~** (*POL*) voto di sfiducia.
censurer [sɑ̃syʀe] *vt* censurare; (*gouvernement*) dare il voto di sfiducia.
cent [sɑ̃] *adj inv*, *nm inv* cento; **pour ~** per cento; **faire les ~ pas** camminare su e giù; *voir aussi* **cinq**.
centaine [sɑ̃tɛn] *nf*: **une ~ (de)** un centinaio (di); **plusieurs ~s (de)** molte centinaia (di); **des ~s (de)** centinaia (di); **dépasser la ~** superare i cent'anni di età.
centenaire [sɑ̃t(ə)nɛʀ] *adj*, *nm/f* centenario(-a) ♦ *nm* centenario.
centième [sɑ̃tjɛm] *adj*, *nm/f* centesimo(-a) ♦ *nm* centesimo; *voir aussi* **cinquième**.
centigrade [sɑ̃tigʀad] *nm* centigrado.
centigramme [sɑ̃tigʀam] *nm* centigrammo.
centilitre [sɑ̃tilitʀ] *nm* centilitro.
centime [sɑ̃tim] *nm* centesimo.
centimètre [sɑ̃timɛtʀ] *nm* centimetro.
centrafricain, e [sɑ̃tʀafʀikɛ̃, ɛn] *adj* centrafricano(-a).
central, e, -aux [sɑ̃tʀal, o] *adj* centrale ♦ *nm*: **~ (téléphonique)** centrale *f* telefonica.
centrale [sɑ̃tʀal] *nf* centrale *f*; (*prison*) carcere *m*; ▸ **centrale d'achat** (*COMM*) centrale d'acquisto; ▸ **centrale électrique** centrale elettrica; ▸ **centrale nucléaire** centrale nucleare; ▸ **centrale syndicale** sindacato nazionale.
centralisation [sɑ̃tʀalizasjɔ̃] *nf* centralizzazione *f*.
centraliser [sɑ̃tʀalize] *vt* centralizzare.
centralisme [sɑ̃tʀalism] *nm* centralismo.
centraméricain, e [sɑ̃tʀameʀikɛ̃, ɛn] *adj* centroamericano(-a).
centre [sɑ̃tʀ] *nm* centro; (*FOOTBALL*: *homme*) centravanti *m inv*; (*passe*) cross *m inv*, traversone *m*; ▸ **centre aéré** *centro ricreativo per bambini*; ▸ **centre commercial/culturel/sportif** centro commerciale/culturale/sportivo; ▸ **centre d'appels** centro informazioni telefoniche; ▸ **centre d'apprentissage** centro di addestramento professionale; ▸ **centre d'attractions** centro di attrazione; ▸ **centre d'éducation surveillée** *centro per il recupero dei minori*; ▸ **centre de détention** istituto di pena; ▸ **centre de gravité** baricentro; ▸ **centre de semi-liberté** *centro per detenuti in semilibertà*; ▸ **centre de tri** (*POSTES*) centro di smistamento; ▸ **centre hospitalier** complesso ospedaliero; ▸ **centres nerveux** centri nervosi.
centrer [sɑ̃tʀe] *vt* centrare; (*fig*): **~ sur** incentrare su ♦ *vi* (*FOOTBALL*) centrare (il pallone), crossare.
centre-ville [sɑ̃tʀəvil] (*pl* **~s-~s**) *nm* centro città *m inv*.
centrifuge [sɑ̃tʀifyʒ] *adj*: **force ~** forza centrifuga.
centrifuger [sɑ̃tʀifyʒe] *vt* centrifugare.
centrifugeuse [sɑ̃tʀifyʒøz] *nf* centrifuga.
centripète [sɑ̃tʀipɛt] *adj*: **force ~** forza centripeta.
centrisme [sɑ̃tʀism] *nm* centrismo.
centriste [sɑ̃tʀist] *adj*, *nm/f* (*POL*) centrista *m/f*.
centuple [sɑ̃typl] *nm* centuplo; **au ~** cento volte.
centupler [sɑ̃typle] *vi* centuplicarsi ♦ *vt* centuplicare.
CEP [seəpe] *sigle m* (= *Certificat d'études primaires*) *voir* **certificat**.
cep [sɛp] *nm*: **~ (de vigne)** ceppo di vite.
cépage [sepaʒ] *nm* vitigno.
cèpe [sɛp] *nm* porcino.
cependant [s(ə)pɑ̃dɑ̃] *conj* tuttavia, ciononostante.
céramique [seʀamik] *nf* ceramica.
céramiste [seʀamist] *nm/f* ceramista *m/f*.
cerbère [sɛʀbɛʀ] (*péj*) *nm* (*fig*) cerbero.
cerceau, x [sɛʀso] *nm* cerchio.
cercle [sɛʀkl] *nm* cerchio; (*club*) circolo; ▸ **cercle d'amis** cerchia d'amici; ▸ **cercle de famille** cerchia familiare; ▸ **cercle vicieux** circolo vizioso.
cercler [sɛʀkle] *vt*: **lunettes cerclées d'or** occhiali *mpl* bordati d'oro.
cercueil [sɛʀkœj] *nm* bara.
céréale [seʀeal] *nf* cereale *m*.
céréalier, -ière [seʀealje, jɛʀ] *adj* cerealicolo(-a).
cérébral, e, -aux [seʀebʀal, o] *adj* cerebrale.
cérémonial [seʀemɔnjal] *nm* cerimoniale *m*.
cérémonie [seʀemɔni] *nf* cerimonia; **~s** *nfpl* (*péj*: *façons, chichis*) cerimonie *fpl*.
cérémonieux, -euse [seʀemɔnjø, jøz] (*péj*) *adj* cerimonioso(-a).
cerf [sɛʀ] *nm* cervo.
cerfeuil [sɛʀfœj] *nm* cerfoglio.
cerf-volant [sɛʀvɔlɑ̃] (*pl* **~s-~s**) *nm* cervo volante; **jouer au ~-~** giocare con l'aquilone.
cerise [s(ə)ʀiz] *nf* ciliegia ♦ *adj inv* (color) ciliegia *inv*.

cerisier [s(ə)ʀizje] *nm* ciliegio.
CERN [sɛʀn] *sigle m* (= *Centre européen de recherche nucléaire*) CERN *m*.
cerné, e [sɛʀne] *adj* (*ville, armée*) accerchiato(-a), circondato(-a); **avoir les yeux ~s** avere le occhiaie.
cerner [sɛʀne] *vt* circondare; (*fig*) circoscrivere.
cernes [sɛʀn] *nmpl* occhiaie *fpl*.
certain, e [sɛʀtɛ̃, ɛn] *adj, dét* certo(-a); **un ~ Georges** un certo Georges; **un ~ courage** un certo coraggio; **~s cas** certi *ou* alcuni casi; **d'un ~ âge** d'una certa età; **un ~ temps** un certo tempo; **sûr et ~** più che certo.
certainement [sɛʀtɛnmɑ̃] *adv* certamente.
certains [sɛʀtɛ̃] *pron pl* (*plusieurs*) certi *mpl*, taluni *mpl*.
certes [sɛʀt] *adv* certo, certamente.
certificat [sɛʀtifika] *nm* certificato; (*diplôme*) diploma *m*, licenza; **le ~ d'études primaires** ≈ la licenza elementare; ▶ **certificat de fin d'études secondaires** *attestato di frequenza della scuola superiore*; ▶ **certificat de vaccination** certificato di vaccinazione; ▶ **certificat médical** certificato medico.
certifié, e [sɛʀtifje] *adj*: **professeur ~** professore *m* abilitato; **copie ~e conforme (à l'original)** (*ADMIN*) copia autentica conforme all'originale.
certifier [sɛʀtifje] *vt* certificare, garantire; (*JUR*) autenticare; **~ à qn que** garantire a qn che; **~ qch à qn** garantire qc a qn.
certitude [sɛʀtityd] *nf* certezza.
cérumen [seʀymɛn] *nm* cerume *m*.
cerveau, x [sɛʀvo] *nm* cervello.
cervelas [sɛʀvəlɑ] *nm* (*CULIN*) cervellata.
cervelle [sɛʀvɛl] *nf* cervello; (*CULIN*) cervella.
cervical, e, -aux [sɛʀvikal, o] *adj* cervicale.
cervidés [sɛʀvide] *nmpl* cervidi *mpl*.
Cervin [sɛʀvɛ̃] *nm* Monte *m* Cervino.
CES [seəɛs] *sigle m* (= *Collège d'enseignement secondaire*) *voir* **collège**.
ces [se] *dét voir* **ce**.
césarienne [sezaʀjɛn] *nf* taglio cesareo.
cessantes [sɛsɑ̃t] *adj fpl*: **toutes affaires ~** con assoluta priorità, immediatamente.
cessation [sesasjɔ̃] *nf* cessazione *f*; ▶ **cessation de commerce** cessazione dell'attività; ▶ **cessation de paiements** cessazione dei pagamenti; ▶ **cessation des hostilités** cessazione delle ostilità.
cesse [sɛs]: **sans ~** *adv* senza posa; **n'avoir de ~ que** non darsi tregua finché.
cesser [sese] *vt* cessare ♦ *vi* cessare, smettere; **~ de faire** cessare *ou* smettere di fare.
cessez-le-feu [sesel(ə)fø] *nm inv* cessate il fuoco *m inv*.
cession [sesjɔ̃] *nf* cessione *f*.
c'est [sɛ] *pron + vb voir* **ce**.
c'est-à-dire [sɛtadiʀ] *adv* cioè, vale a dire, ossia; **~-~-~?** (*demander de préciser*) vale a dire?; **~-~-~ que** (*en conséquence*) vuol dire che; (*manière d'excuse*) veramente.
CET [seəte] *sigle m* (= *Collège d'enseignement technique*) *istituto professionale equiparato alla scuola dell'obbligo*.
cet [sɛt] *dét voir* **ce**.
cétacé [setase] *nm* cetaceo.
cette [sɛt] *dét voir* **ce**.
ceux [sø] *pron voir* **celui**.
cévenol, e [sevnɔl] *adj* delle Cevenne.
cf. [seɛf] *abr* (= *confer*) Cfr.
CFAO [seɛfao] *sigle f* = *conception et fabrication assistées par ordinateur*.
CFDT [seɛfdete] *sigle f* = *Confédération française et démocratique du travail*.
CFF [seɛfɛf] *sigle m* (= *Chemins de fer fédéraux*) *ferrovie svizzere*.
CFP [seɛfpe] *sigle m* (= *Centre de formation professionnelle*) ≈ CAP *m*.
CFTC [seɛftese] *sigle f* = *Confédération française des travailleurs chrétiens*.
CGA [seʒea] *sigle f* (= *Confédération générale de l'agriculture*) ≈ Confagricoltura *f*.
CGC [segese] *sigle f* = *Confédération générale des cadres*.
CGPME [seʒepeɛmə] *sigle f* (= *Confédération générale des petites et moyennes entreprises*) ≈ CONFAPI *f*.
CGT [seʒete] *sigle f* = *Confédération générale du travail*.
ch. *abr* = **charges**; **chauffage**.
chacal [ʃakal] *nm* sciacallo.
chacun, e [ʃakœ̃, yn] *pron* ognuno(-a), ciascuno(-a).
chagrin, e [ʃagʀɛ̃, in] *nm* dispiacere *m* ♦ *adj* triste; **avoir du ~** essere triste.
chagriner [ʃagʀine] *vt* addolorare, rattristare; (*contrarier*) contrariare.
chahut [ʃay] *nm* baccano, cagnara.
chahuter [ʃayte] *vt* disturbare (facendo baccano) ♦ *vi* fare baccano *ou* cagnara.
chahuteur, -euse [ʃaytœʀ, øz] *nm/f* scalmanato(-a).
chai [ʃɛ] *nm* cantina.
chaîne [ʃɛn] *nf* catena; (*RADIO, TV*) canale *m*; (*INFORM*) stringa; **~s** *nfpl* (*liens, asservissement, AUTO*) catene *fpl*; **travail à la ~** lavorazione *f* a catena; **réactions en ~** reazioni *mpl* a catena; **faire la ~** fare la catena; ▶ **chaîne audio** *ou* **stéréo** impianto stereo; ▶ **chaîne de solidarité** catena di solidarietà; ▶ **chaîne (de fabrication** *ou* **de montage)** catena di montaggio; ▶ **chaîne (de montagnes)** catena (di montagne *ou* montuosa); ▶ **chaîne (hi-fi)** impianto *m* hi-fi *inv*.
chaînette [ʃɛnɛt] *nf* catenina, catenella.

chaînon [ʃɛnɔ̃] *nm* (*fig*) anello.
chair [ʃɛʀ] *nf* carne *f*; (*de fruit, tomate*) polpa ♦ *adj*: **(couleur)** ~ color carne *inv*; **avoir la ~ de poule** avere la pelle d'oca; **être bien en ~** essere ben in carne *ou* ben messo(-a); **en ~ et en os** in carne e ossa; ▸**chair à saucisses** carne tritata per salsicce.
chaire [ʃɛʀ] *nf* (*d'église*) pulpito; (*UNIV*) cattedra.
chaise [ʃɛz] *nf* sedia; ▸**chaise de bébé** seggiolone *m*; ▸**chaise électrique** sedia elettrica; ▸**chaise longue** sedia a sdraio, sdraio *f inv*.
chaland [ʃalɑ̃] *nm* chiatta.
châle [ʃɑl] *nm* scialle *m*.
chalet [ʃalɛ] *nm* chalet *m inv*.
chaleur [ʃalœʀ] *nf* (*aussi fig*) calore *m*; (*température*) caldo; **en ~** (*ZOOL*) in calore.
chaleureusement [ʃalœʀøzmɑ̃] *adv* calorosamente.
chaleureux, -euse [ʃalœʀø, øz] *adj* caloroso(-a).
challenge [ʃalɑ̃ʒ] *nm* (*SPORT*) challenge *m inv*.
challenger [ʃalɑ̃ʒœʀ] *nm* (*SPORT*) challenger *m inv*.
chaloupe [ʃalup] *nf* scialuppa.
chalumeau, x [ʃalymo] *nm* cannello.
chalut [ʃaly] *nm* rete a strascico; **pêcher au ~** pescare con la rete a strascico.
chalutier [ʃalytje] *nm* peschereccio (*per la pesca a strascico*); (*pêcheur*) pescatore *m* (*che usa la rete a strascico*).
chamade [ʃamad] *nf*: **mon cœur bat la ~** ho il cuore in gola.
chamailler [ʃamɑje]: **se ~** *vr* bisticciare.
chamarré, e [ʃamaʀe] *adj* vistosamente ornato(-a).
chambard [ʃɑ̃baʀ] *nm* trambusto.
chambardement [ʃɑ̃baʀdəmɑ̃] *nm*: **c'est le grand ~** è il finimondo.
chambarder [ʃɑ̃baʀde] *vt* (*objets*) buttare all'aria; (*projets*) mandare all'aria.
chamboulement [ʃɑ̃bulmɑ̃] *nm* scombussolamento.
chambouler [ʃɑ̃bule] *vt* (*objets*) buttare all'aria; (*projets*) mandare all'aria.
chambranle [ʃɑ̃bʀɑ̃l] *nm* cornice *f*.
chambre [ʃɑ̃bʀ] *nf* camera; (*JUR*: *d'un tribunal*) sezione *f*; **faire ~ à part** dormire in camere separate; **stratège en ~** stratega *m* da caffè; ▸**chambre à air** (*de pneu*) camera d'aria; ▸**chambre à coucher** camera da letto; ▸**chambre à gaz** camera a gas; ▸**chambre à un lit/à deux lits** (*à l'hôtel*) camera singola/a due letti; ▸**chambre d'accusation** sezione *f* istruttoria (della Corte d'Appello); ▸**chambre d'agriculture** camera dell'agricoltura; ▸**chambre d'amis** camera degli ospiti; ▸**chambre d'hôte** camera in affitto (*in casa privata*); ▸**chambre de combustion** camera di combustione; ▸**chambre de commerce et d'industrie** camera di commercio (e dell'industria); ▸**Chambre des députés** camera dei deputati; ▸**chambre des machines** sala *f* macchine *inv*; ▸**chambre des métiers** camera dell'artigianato; ▸**chambre forte** camera blindata; ▸**chambre froide** *ou* **frigorifique** cella frigorifera; ▸**chambre meublée** camera ammobiliata; ▸**chambre noire** camera oscura; ▸**chambre pour une/deux personne(s)** camera singola/doppia.
chambrée [ʃɑ̃bʀe] *nf* camerata.
chambrer [ʃɑ̃bʀe] *vt* (*vin*) portare a temperatura ambiente.
chameau, x [ʃamo] *nm* cammello.
chamois [ʃamwa] *nm* (*ZOOL*) camoscio ♦ *adj inv*: **(couleur)** ~ color cuoio.
champ [ʃɑ̃] *nm* (*aussi fig*) campo; **dans le ~** (*PHOTO*) nell'inquadratura, in campo; **prendre du ~** indietreggiare (*per ottenere una visuale più ampia*); **laisser le ~ libre à qn** lasciare libero il campo a qn; **mourir au ~ d'honneur** morire sul campo (dell'onore); ▸**champ d'action** campo d'azione; ▸**champ de bataille** campo di battaglia; ▸**champ de courses** ippodromo; ▸**champ de manœuvre/de tir** campo di manovre/di tiro; ▸**champ de mines** campo minato; ▸**champ visuel** campo visivo.
Champagne [ʃɑ̃paɲ] *nf* Champagne *f*.
champagne [ʃɑ̃paɲ] *nm* (*vin*) champagne *m inv*; **fine ~** *acquavite pregiata prodotta nella Charente*.
champenois, e [ʃɑ̃pənwa, waz] *adj* della Champagne ♦ *nm/f*: **C~, e** abitante *m/f* della Champagne; **méthode ~e** (*vin*) metodo champenois.
champêtre [ʃɑ̃pɛtʀ] *adj* campestre.
champignon [ʃɑ̃piɲɔ̃] *nm* fungo; (*fam*: *accélérateur*) acceleratore *m*; ▸**champignon de Paris** *ou* **de couche** champignon *m inv*, fungo coltivato; ▸**champignon vénéneux** fungo velenoso.
champion, ne [ʃɑ̃pjɔ̃, jɔn] *adj* fenomenale ♦ *nm/f* campione(-essa); ▸**champion du monde** campione(-essa) del mondo.
championnat [ʃɑ̃pjɔna] *nm* campionato.
chance [ʃɑ̃s] *nf* fortuna; **~s** *nfpl* (*probabilités*) probabilità *fpl*; **il y a de fortes ~s pour que Paul soit malade** è molto probabile che Paul sia malato; **une ~** una fortuna; (*occasion*) un'occasione *f*, una possibilità; **bonne ~!** buona fortuna!; **avoir de la ~** essere fortunato(-a), avere fortuna; **il a des ~s de gagner** ha buone pro-

babilità di vincere; **je n'ai pas de ~** sono sfortunato, non ho fortuna; **encore une ~ que tu viennes!** fortuna *ou* meno male che tu vieni!; **donner sa ~ à qn** offrire un'opportunità a qn.
chancelant, e [ʃɑ̃s(ə)lɑ̃, ɑ̃t] *adj* barcollante, vacillante.
chanceler [ʃɑ̃s(ə)le] *vi* barcollare, vacillare.
chancelier [ʃɑ̃səlje] *nm* cancelliere *m*.
chancellerie [ʃɑ̃sɛlʀi] *nf* cancelleria.
chanceux, -euse [ʃɑ̃sø, øz] *adj* fortunato(-a).
chancre [ʃɑ̃kʀ] *nm* ulcera.
chandail [ʃɑ̃daj] *nm* maglione *m*, pullover *m inv*.
Chandeleur [ʃɑ̃dlœʀ] *nf*: **la ~** la Candelora.
chandelier [ʃɑ̃dəlje] *nm* candeliere *m*; (*à plusieurs branches*) candelabro.
chandelle [ʃɑ̃dɛl] *nf* candela; **faire une ~** (*SPORT*) tirare la palla a candela; **monter en ~** (*AVIAT*) salire a candela; **dîner aux ~s** cena a lume di candela; **tenir la ~** tenere la candela.
change [ʃɑ̃ʒ] *nm* (*COMM*) cambio; **opérations de ~** operazioni *mpl* di cambio; **le contrôle des ~s** il controllo dei cambi; **gagner/perdre au ~** guadagnare/perdere nel cambio; **donner le ~ à qn** (*fig*) imbrogliare qn.
changeant, e [ʃɑ̃ʒɑ̃, ɑ̃t] *adj* incostante; (*humeur*) mutevole, incostante.
changement [ʃɑ̃ʒmɑ̃] *nm* cambiamento; ▸**changement de vitesses** cambio di marcia.
changer [ʃɑ̃ʒe] *vt* cambiare ♦ *vi* cambiare; **se changer** *vr* cambiarsi; **~ de** (*adresse, nom, voiture, place*) cambiare; **~ de métier** cambiare mestiere; **~ d'air** cambiare aria; **~ d'idée** cambiare idea; **~ de couleur/direction** cambiare colore/direzione; **~ de vêtements** cambiarsi (d'abito); **~ de place avec qn** fare cambio di posto con qn; **~ de vitesse** (*AUTO*) cambiare marcia; **~ qn/qch de place** cambiare qn/qc di posto; **~ qch en** trasformare qc in; **~ (de train)** cambiare (treno); **il faut ~ à Lyon** bisogna cambiare a Lione; **cela me change** tanto per cambiare.
changeur [ʃɑ̃ʒœʀ] *nm* cambiavalute *m inv*; ▸**changeur automatique** cambiamoneta *m inv*.
chanoine [ʃanwan] *nm* canonico.
chanson [ʃɑ̃sɔ̃] *nf* canzone *f*.
chansonnette [ʃɑ̃sɔnɛt] *nf* canzonetta.
chansonnier [ʃɑ̃sɔnje] *nm* (*de cabaret*) chansonnier *m inv*; (*livre*) canzoniere.
chant [ʃɑ̃] *nm* canto; (*TECH*): **posé de** *ou* **sur ~** messo(-a) di taglio *ou* costa; ▸**chant de Noël** canto natalizio.
chantage [ʃɑ̃taʒ] *nm* ricatto; **faire du ~** ricattare.
chantant, e [ʃɑ̃tɑ̃, ɑ̃t] *adj* (*accent*) cantilenante; (*voix*) melodioso(-a).
chanter [ʃɑ̃te] *vt* cantare ♦ *vi* cantare; **~ juste/faux** essere intonato(-a)/stonato(-a); **si cela lui chante** (*fam*) se gli gira.
chanterelle [ʃɑ̃tʀɛl] *nf* (*champignon*) cantarello, gallinaccio.
chanteur, -euse [ʃɑ̃tœʀ, øz] *nm/f* cantante *m/f*; ▸**chanteur de charme** cantante di canzoni sentimentali.
chantier [ʃɑ̃tje] *nm* cantiere *m*; **être/mettre en ~** essere/mettere in cantiere; ▸**chantier naval** cantiere navale.
chantilly [ʃɑ̃tiji] *nf voir* **crème**.
chantonner [ʃɑ̃tɔne] *vi, vt* canticchiare, canterellare.
chantre [ʃɑ̃tʀ] *nm* (*fig*) cantore *m*.
chanvre [ʃɑ̃vʀ] *nm* canapa.
chaos [kao] *nm* caos *m*.
chaotique [kaɔtik] *adj* caotico(-a).
chapardage [ʃapaʀdaʒ] *nm* furtarello.
chaparder [ʃapaʀde] *vt* rubacchiare.
chapeau, x [ʃapo] *nm* cappello; **~!** complimenti!; **partir sur les ~x de roues** partire a tutta velocità; ▸**chapeau melon** bombetta; ▸**chapeau mou** cappello floscio.
chapeauter [ʃapote] *vt* essere responsabile *ou* a capo di
chapelain [ʃaplɛ̃] *nm* cappellano.
chapelet [ʃaplɛ] *nm* rosario; **un ~ de** (*fig*: *ail*) una filza di; (: *d'îles*) una serie di; **dire son ~** dire il rosario.
chapelier, -ère [ʃapəlje, jɛʀ] *nm/f* cappellaio(-a).
chapelle [ʃapɛl] *nf* cappella; ▸**chapelle ardente** camera ardente.
chapellerie [ʃapɛlʀi] *nf* cappelleria.
chapelure [ʃaplyʀ] *nf* pangrattato.
chaperon [ʃapʀɔ̃] *nm* (*femme*) chaperon *m inv*.
chaperonner [ʃapʀɔne] *vt* fare da chaperon a, chaperonnare.
chapiteau, x [ʃapito] *nm* (*ARCHIT*) capitello; (*de cirque*) tendone *m*.
chapitre [ʃapitʀ] *nm* capitolo; (*fig*) argomento; **avoir voix au ~** avere voce in capitolo.
chapitrer [ʃapitʀe] *vt* fare la paternale a.
chapon [ʃapɔ̃] *nm* cappone *m*.
chaque [ʃak] *dét* ogni *inv*; (*indéfini*) ognuno(-a), ciascuno(-a).
char [ʃaʀ] *nm* carro; (*aussi*: **~ d'assaut**) carro armato.
charabia [ʃaʀabja] (*péj*) *nm* linguaggio incomprensibile.
charade [ʃaʀad] *nf* sciarada.
charbon [ʃaʀbɔ̃] *nm* carbone *m*; ▸**charbon**

de bois carbone di legna.
charbonnage [ʃaʀbɔnaʒ] *nm*: **les C~s de France** *ente nazionale francese per il carbone.*
charbonnier, -ière [ʃaʀbɔnje, jɛʀ] *adj* carboniero(-a) ♦ *nm/f* carbonaio(-a).
charcuterie [ʃaʀkytʀi] *nf* (*magasin*) salumeria; (*produits*) salumi *mpl.*
charcutier, -ière [ʃaʀkytje, jɛʀ] *nm/f* salumiere(-a); (*traiteur*) rosticciere(-a).
chardon [ʃaʀdɔ̃] *nm* cardo.
chardonneret [ʃaʀdɔnʀɛ] *nm* cardellino.
charentais, e [ʃaʀɑ̃tɛ, ɛz] *adj* della Charente ♦ *nm/f*: **C~, e** abitante *m/f* della Charente.
charentaise [ʃaʀɑ̃tɛz] *nf* pantofola.
charge [ʃaʀʒ] *nf* (*fardeau*) carico; (*ÉLEC, explosif, MIL, rôle*) carica; (*mission*) incarico; (*JUR*) indizio a carico; **~s** *nfpl* (*du loyer*) spese *fpl*; **à la ~ de** a carico di; **pris en ~ (par la Sécurité Sociale)** (*personne*) ≈ assistito; (*cure thermale etc*) a carico della Previdenza Sociale; **à ~ de revanche** a buon rendere; **prendre en ~** prendersi la responsabilità di; (*dépenses*) accollarsi; **revenir à la ~** tornare alla carica; ▸ **charges sociales** oneri *mpl* sociali.
chargé, e [ʃaʀʒe] *adj* carico(-a); (*journée*) pieno(-a); (*estomac*) appesantito(-a); (*langue*) impastato(-a); (*décoration, style*) pesante; **~ de** (*responsable de*) incaricato (-a) di; ▸ **chargé d'affaires** *nm* incaricato d'affari; ▸ **chargé de cours** *nm* professore *m* incaricato.
chargement [ʃaʀʒəmɑ̃] *nm* (*action*) carico, caricamento; (*objets, marchandise*) carico.
charger [ʃaʀʒe] *vt* caricare; (*JUR*) deporre a carico di; (*un portrait, une description*) caricare le tinte di ♦ *vi* caricare; **~ qn de qch/faire qch** (*fig*) incaricare qn di qc/fare qc; **se ~ de** occuparsi di; **se ~ de faire qch** assumersi l'incarico di fare qc.
chargeur [ʃaʀʒœʀ] *nm* (*d'arme, PHOTO*) caricatore *m*; **~ de batterie** (*ÉLEC*) caricabatteria *m inv.*
chariot [ʃaʀjo] *nm* carrello; (*charrette*) carro; ▸ **chariot élévateur** carrello elevatore.
charisme [kaʀism] *nm* carisma *m.*
charitable [ʃaʀitabl] *adj* caritatevole; (*gentil*) buono(-a).
charité [ʃaʀite] *nf* carità; **faire la ~ (à)** fare la carità (a); **fête/vente de ~** festa/vendita di beneficenza.
charivari [ʃaʀivaʀi] *nm* baccano.
charlatan [ʃaʀlatɑ̃] *nm* ciarlatano.
charlotte [ʃaʀlɔt] *nf* charlotte *f inv.*
charmant, e [ʃaʀmɑ̃, ɑ̃t] *adj* affascinante; (*délicieux*) delizioso(-a), incantevole.
charme [ʃaʀm] *nm* (*BOT*) carpine *m*; (*d'une personne, d'une activité*) fascino; (*envoûtement*) incantesimo; **~s** *nmpl* (*appâts*) grazie *fpl*; **c'est ce qui en fait le ~** quello è il suo fascino; **faire du ~ à qn** cercare di sedurre qn; **aller** *ou* **se porter comme un ~** stare benone.
charmer [ʃaʀme] *vt* affascinare, incantare; (*envoûter*) incantare; **je suis charmé de** sono felice di.
charmeur, -euse [ʃaʀmœʀ, øz] *adj* affascinante ♦ *nm/f* tipo affascinante; ▸ **charmeur de serpents** incantatore(-trice) di serpenti.
charnel, le [ʃaʀnɛl] *adj* carnale.
charnier [ʃaʀnje] *nm* carnaio.
charnière [ʃaʀnjɛʀ] *nf* cerniera; **à la ~ de deux siècles** a cavallo di due secoli.
charnu, e [ʃaʀny] *adj* carnoso(-a).
charogne [ʃaʀɔɲ] *nf* carogna.
charolais, e [ʃaʀɔlɛ, ɛz] *adj* del Charolais ♦ *nm*: **le C~** lo Charolais ♦ *nm/f* (*bétail*) bue(mucca) di razza charolaise.
charpente [ʃaʀpɑ̃t] *nf* struttura; (*carrure*) corporatura.
charpenté, e [ʃaʀpɑ̃te] *adj*: **bien/solidement ~** (*personne*) ben piantato(-a); (*fig: texte*) ben costruito(-a).
charpenterie [ʃaʀpɑ̃tʀi] *nf* carpenteria.
charpentier [ʃaʀpɑ̃tje] *nm* carpentiere *m.*
charpie [ʃaʀpi] *nf*: **en ~** a brandelli.
charretier [ʃaʀtje] *nm* carrettiere *m*; **de ~** (*péj: langage, manières*) da carrettiere.
charrette [ʃaʀɛt] *nf* carretta, carretto.
charrier [ʃaʀje] *vt* trasportare; (*fam*) prendere in giro.
charroyer [ʃaʀwaje] *vt* carreggiare, trasportare col carro.
charrue [ʃaʀy] *nf* aratro.
charte [ʃaʀt] *nf* carta.
charter [ʃaʀtɛʀ] *nm* volo *m* charter *inv*; (*avion*) charter *m inv.*
chas [ʃɑ] *nm* cruna.
chasse [ʃas] *nf* caccia; (*aussi*: **~ d'eau**) sciacquone *m*; **la ~ est ouverte/fermée** la (stagione della) caccia è aperta/chiusa; **aller à la ~** andare a caccia; **prendre en ~, donner la ~ à** dare la caccia a; **tirer la ~ (d'eau)** tirare l'acqua; ▸ **chasse à courre** caccia a inseguimento; ▸ **chasse à l'homme** caccia all'uomo; ▸ **chasse aérienne** inseguimento aereo; ▸ **chasse gardée** (*fig*) riserva di caccia; ▸ **chasse sous-marine** pesca subacquea.
châsse [ʃas] *nf* teca, reliquiario.
chassé-croisé [ʃasekʀwaze] (*pl* **~s-~s**) *nm* (*DANSE*) *l'incrociarsi dei due ballerini*; (*fig*) alternarsi *m inv*; **un ~-~ de démarches** tutta una trafila.
chasse-neige [ʃasnɛʒ] *nm inv* spazzaneve *m inv.*
chasser [ʃase] *vt* cacciare; (*expulser, dissi-*

per) cacciare, scacciare ♦ *vi* cacciare; (*AUTO*) slittare.

chasseur, -euse [ʃasœʀ, øz] *nm/f* cacciatore(-trice) ♦ *nm* (*avion*) caccia *m inv*; (*domestique*) portiere *m*; ▸ **chasseur d'images** fotografo (*a caccia di luoghi o soggetti originali*); ▸ **chasseur de son** *appassionato della registrazione di suoni dal vivo*; ▸ **chasseur de têtes** (*fig*) cacciatore di teste; ▸ **chasseurs alpins** (*MIL*) alpini *mpl*.

chassieux, -euse [ʃasjø, jøz] *adj* cisposo (-a).

châssis [ʃɑsi] *nm* (*de voiture, cadre*) telaio; (*de jardin*) serra.

chaste [ʃast] *adj* casto(-a).

chasteté [ʃastəte] *nf* castità.

chasuble [ʃazybl] *nf* casula, pianeta.

chat [ʃa] *nm* gatto; **avoir un** ~ **dans la gorge** avere la raucedine; **avoir d'autres** ~**s à fouetter** avere altre gatte da pelare; ▸ **chat sauvage** gatto selvatico.

châtaigne [ʃɑtɛɲ] *nf* castagna.

châtaignier [ʃɑteɲe] *nm* castagno.

châtain [ʃɑtɛ̃] *adj inv* castano(-a).

château, x [ʃɑto] *nm* castello; ▸ **château d'eau** serbatoio d'acqua; ▸ **château de sable** castello di sabbia; ▸ **château fort** fortezza.

châtelain, e [ʃɑt(ə)lɛ̃] *nm/f* castellano(-a) ♦ *nf* châtelaine *f inv*.

châtier [ʃɑtje] *vt* (*aussi fig*) castigare.

chatière [ʃatjɛʀ] *nf* gattaiola.

châtiment [ʃɑtimɑ̃] *nm* castigo, punizione *f*; ▸ **châtiment corporel** pena corporale.

chatoiement [ʃatwamɑ̃] *nm* riverbero.

chaton [ʃatɔ̃] *nm* (*ZOOL*) gattino, micino; (*BOT*) amento; (*de bague*) castone *m*.

chatouillement [ʃatujmɑ̃] *nm* solletico.

chatouiller [ʃatuje] *vt* (*suj*: *personne*) fare il solletico a; (*tissu*) pizzicare; (*fig*: *l'odorat, le palais*) stuzzicare; **ça chatouille**! fa il solletico!

chatouilleux, -euse [ʃatujø, øz] *adj* che soffre il solletico; (*fig*) suscettibile.

chatoyant, e [ʃatwajɑ̃, ɑ̃t] *adj* cangiante.

chatoyer [ʃatwaje] *vi* avere riflessi cangianti.

châtrer [ʃɑtʀe] *vt* castrare; (*fig*) mutilare.

chatte [ʃat] *nf* gatta.

chatterton [ʃatɛʀtɔn] *nm* (*ÉLEC*) nastro isolante.

chaud, e [ʃo, ʃod] *adj* caldo(-a); (*fig*: *félicitations*) caloroso(-a); (: *discussion*) accanito(-a) ♦ *nm* caldo; **il fait** ~ fa caldo; **manger/boire** ~ mangiare/bere caldo; **avoir** ~ avere caldo; **tenir** ~ tenere caldo; **tenir au** ~ tenere al caldo; **ça me tient** ~ (questo) mi tiene caldo; **rester au** ~ restare al caldo; ▸ **chaud et froid** *nm* (*MÉD*) colpo di freddo.

chaudement [ʃodmɑ̃] *adv* (*s'habiller*) con indumenti caldi; (*féliciter, recommander*) caldamente; (*avec passion, acharnement*) con passione.

chaudière [ʃodjɛʀ] *nf* caldaia.

chaudron [ʃodʀɔ̃] *nm* paiolo.

chaudronnerie [ʃodʀɔnʀi] *nf* (*usine*) industria per la produzione di caldaie; (*activité*) commercio di caldaie.

chauffage [ʃofaʒ] *nm* riscaldamento; **arrêter le** ~ spegnere il riscaldamento; ▸ **chauffage à l'électricité** riscaldamento elettrico; ▸ **chauffage au charbon** riscaldamento a carbone; ▸ **chauffage au gaz** riscaldamento a gas; ▸ **chauffage central** riscaldamento centrale *ou* centralizzato; ▸ **chauffage par le sol** riscaldamento sottopavimento.

chauffagiste [ʃofaʒist] *nm* installatore *m* di impianti di riscaldamento.

chauffant, e [ʃofɑ̃, ɑ̃t] *adj*: **couverture** ~**e** termocoperta; **plaque** ~**e** piastra.

chauffard [ʃofaʀ] (*péj*) *nm* guidatore (-trice) da strapazzo; (*après un accident*) pirata *m* della strada.

chauffe-bain [ʃofbɛ̃] (*pl* ~-~**s**) *nm* = **chauffe-eau**.

chauffe-biberon [ʃofbibʀɔ̃] *nm inv* scaldabiberon *m inv*.

chauffe-eau [ʃofo] *nm inv* scaldabagno *m inv*, scaldacqua *m inv*.

chauffe-plats [ʃofpla] *nm inv* scaldavivande *m inv*.

chauffer [ʃofe] *vt* scaldare, riscaldare ♦ *vi* scaldarsi; (*moteur*) scaldare; **se chauffer** *vr* (*se mettre en train*) fare riscaldamento; (*au soleil*) scaldarsi.

chaufferie [ʃofʀi] *nf* sala *f* caldaie *inv*.

chauffeur [ʃofœʀ] *nm* (*de taxi, d'autobus*) autista *m/f*; (*privé*) automobilista *m/f*; **voiture avec/sans** ~ macchina con/senza autista.

chauffeuse [ʃoføz] *nf* sedia (*bassa per scaldarsi accanto al fuoco*).

chauler [ʃole] *vt* (*mur*) imbiancare a calce; (*terre*) calcinare.

chaume [ʃom] *nm* (*du toit*) paglia; (*tiges*) stoppia.

chaumière [ʃomjɛʀ] *nf* casa con il tetto di paglia.

chaussée [ʃose] *nf* fondo stradale; (*digue*) argine *m*.

chausse-pied [ʃospje] (*pl* ~-~**s**) *nm* calzascarpe *m inv*.

chausser [ʃose] *vt* (*bottes, skis*) mettere, infilare; (*enfant*) mettere le scarpe a; (*suj*: *soulier*) calzare; **se chausser** *vr* mettersi le scarpe; ~ **du 38/42** portare il 38/42; ~ **grand/bien** calzare grande/bene.

chausse-trappe [ʃostʀap] (*pl* ~-~**s**) *nf* trappola.

chaussette [ʃosɛt] *nf* calzino.
chausseur [ʃosœʀ] *nm* commerciante *m* di calzature.
chausson [ʃosɔ̃] *nm* pantofola; (*de bébé*) scarpina; ▸ **chausson (aux pommes)** ≈ sfogliatella farcita alle mele.
chaussure [ʃosyʀ] *nf* scarpa; **la ~** (*COMM*) l'industria calzaturiera; ▸ **chaussures basses** scarpe *fpl* basse; ▸ **chaussures de ski** scarponi *mpl* da sci; ▸ **chaussures montantes** scarponcini *mpl*.
chaut [ʃo] *vt*: **peu me ~** poco m'importa.
chauve [ʃov] *adj* calvo(-a).
chauve-souris [ʃovsuʀi] (*pl* **~s-~**) *nf* pipistrello.
chauvin, e [ʃovɛ̃, in] *adj, nm/f* sciovinista *m/f*.
chauvinisme [ʃovinism] *nm* sciovinismo.
chaux [ʃo] *nf* calce *f*; **blanchi à la ~** imbiancato a calce.
chavirer [ʃaviʀe] *vi* (*bateau*) scuffiare, rovesciarsi.
chef [ʃɛf] *nm* capo; (*de cuisine*) chef *m inv*; **au premier ~** estremamente, sommamente; **de son propre ~** di propria iniziativa; **commandant en ~** comandante in capo; ▸ **chef d'accusation** (*JUR*) capo d'accusa; ▸ **chef d'atelier** capofficina *m*; ▸ **chef d'entreprise** dirigente *m* d'azienda; ▸ **chef d'équipe** (*SPORT*) caposquadra *m*; ▸ **chef d'État** capo di Stato; ▸ **chef d'orchestre** direttore *m* d'orchestra; ▸ **chef de bureau** capufficio; ▸ **chef de clinique** professore *m* di clinica (*presso un ospedale*); ▸ **chef de famille** capofamiglia *m*; ▸ **chef de file** capofila *m*; ▸ **chef de gare** capostazione *m*; ▸ **chef de rayon** caporeparto; ▸ **chef de service** caposervizio.
chef-d'œuvre [ʃɛdœvʀ] (*pl* **~s-~**) *nm* capolavoro.
chef-lieu [ʃɛfljø] (*pl* **~s-~x**) *nm* capoluogo.
cheftaine [ʃɛftɛn] *nf* capo *f* scout *inv*.
cheikh [ʃɛk] *nm* sceicco.
chemin [ʃ(ə)mɛ̃] *nm* (*sentier*) sentiero, strada; (*itinéraire, direction*) strada, direzione *f*; (*trajet, fig*) strada, cammino; **en ~** per strada; **~ faisant** strada facendo; **par ~ de fer** per ferrovia; **les ~s de fer** (*organisation*) le ferrovie; ▸ **chemin de fer** ferrovia; ▸ **chemin de terre** strada.
cheminée [ʃ(ə)mine] *nf* (*sur le toit*) comignolo; (*d'usine, de bateau*) ciminiera; (*à l'intérieur*) camino, caminetto.
cheminement [ʃ(ə)minmɑ̃] *nm* (*d'une idée*) evoluzione *f*.
cheminer [ʃ(ə)mine] *vi* camminare, avanzare (a piedi); (*fig: idée, projet*) farsi strada.
cheminot [ʃ(ə)mino] *nm* ferroviere *m*.
chemise [ʃ(ə)miz] *nf* (*vêtement*) camicia; (*dossier*) cartella; ▸ **chemise de nuit** camicia da notte.
chemiserie [ʃ(ə)mizʀi] *nf* camiceria.
chemisette [ʃ(ə)mizɛt] *nf* camicia, camicetta (*a maniche corte*).
chemisier [ʃ(ə)mizje] *nm* camicetta.
chenal, -aux [ʃənal, o] *nm* canale *m*.
chenapan [ʃ(ə)napɑ̃] *nm* monellaccio; (*péj: vaurien*) furfante *m*, mascalzone *m*.
chêne [ʃɛn] *nm* quercia.
chenet [ʃ(ə)nɛ] *nm* alare *m*.
chenil [ʃ(ə)nil] *nm* canile *m*.
chenille [ʃ(ə)nij] *nf* (*ZOOL*) bruco; (*de char, chasse-neige*) cingolo; **véhicule à ~s** mezzo cingolato.
chenillette [ʃ(ə)nijɛt] *nf* cingoletta.
cheptel [ʃɛptɛl] *nm* bestiame *m*.
chèque [ʃɛk] *nm* assegno; **faire/toucher un ~** emettere/riscuotere un assegno; **par ~** con assegno; ▸ **chèque au porteur** assegno al portatore; ▸ **chèque barré** assegno sbarrato; ▸ **chèque de voyage** traveller's cheque *m inv*; ▸ **chèque en blanc** assegno in bianco; ▸ **chèque postal** assegno di conto corrente postale; ▸ **chèque sans provision** assegno scoperto.
chèque-cadeau [ʃɛkkado] (*pl* **~s-~x**) *nm* buono.
chèque-repas [ʃɛkʀəpɑ] (*pl* **~s-~**) *nm* buono *m* pasto *inv*.
chèque-restaurant [ʃɛkʀɛstɔʀɑ̃] (*pl* **~s-~**) *nm* buono *m* pasto *inv*.
chéquier [ʃekje] *nm* libretto di assegni.
cher, chère [ʃɛʀ] *adj* caro(-a) ♦ *adv*: **coûter/payer ~** costare/pagare caro; **mon ~, ma chère** mio caro, mia cara; **cela coûte ~** è caro; *voir aussi* **chère**.
chercher [ʃɛʀʃe] *vt* cercare; (*INFORM*) ricercare; **~ des ennuis/la bagarre** cercare rogne; **aller ~** andare a prendere; (*docteur*) andare a cercare *ou* chiamare; **~ à faire** cercare di fare.
chercheur, -euse [ʃɛʀʃœʀ, øz] *nm/f* ricercatore(-trice); ▸ **chercheur d'or** cercatore *m* d'oro.
chère [ʃɛʀ] *adj voir* **cher** ♦ *nf*: **la bonne ~** la buona tavola.
chèrement [ʃɛʀmɑ̃] *adv* caramente.
chéri, e [ʃeʀi] *adj* (*aimé*) caro(-a), amato(-a); **(mon) ~** (mio) caro, tesoro.
chérir [ʃeʀiʀ] *vt* (*personne*) amare teneramente; (*liberté etc*) amare.
cherté [ʃɛʀte] *nf*: **la ~ de la vie** il carovita.
chérubin [ʃeʀybɛ̃] *nm* cherubino.
chétif, -ive [ʃetif, iv] *adj* gracile.
cheval, -aux [ʃ(ə)val, o] *nm* cavallo; **~ vapeur** cavallo *m* vapore *inv*; **faire du ~** fare equitazione; **à ~** a cavallo; **à ~ sur** (*mur etc*) a cavalcioni di *ou* su; (*fig: périodes*) a cavallo tra; **monter sur ses grands che-**

vaux andare su tutte le furie; **10 chevaux (fiscaux)** 10 cavalli (fiscali); ▶ **cheval à bascule** cavallo a dondolo; ▶ **cheval d'arçons** (*SPORT*) cavallo; ▶ **cheval de bataille** (*fig*) cavallo di battaglia; ▶ **chevaux de bois** cavalli di legno (della giostra); (*manège*) giostra; ▶ **cheval de course** cavallo da corsa; ▶ **chevaux de frise** cavalli di Frisia.
chevaleresque [ʃ(ə)valʀɛsk] *adj* cavalleresco(-a).
chevalerie [ʃ(ə)valʀi] *nf* cavalleria.
chevalet [ʃ(ə)valɛ] *nm* cavalletto.
chevalier [ʃ(ə)valje] *nm* cavaliere *m*; ▶ **chevalier servant** cavalier servente.
chevalière [ʃ(ə)valjɛʀ] *nf anello con sigillo.*
chevalin, e [ʃ(ə)valɛ̃, in] *adj* (*air, profil*) cavallino(-a); (*race*) equino(-a); **boucherie ~e** macelleria equina.
cheval-vapeur [ʃəvalvapœʀ] (*pl* **chevaux-vapeur**) *nm voir* **cheval**.
chevauchée [ʃ(ə)voʃe] *nf* cavalcata.
chevauchement [ʃ(ə)voʃmɑ̃] *nm* (*fig*) accavallamento, sovrapposizione *f*.
chevaucher [ʃ(ə)voʃe] *vi* (*aussi*: **se ~**) sovrapporsi, accavallarsi ♦ *vt* (*cheval, âne*) cavalcare.
chevaux [ʃəvo] *nmpl voir* **cheval**.
chevelu, e [ʃəv(ə)ly] *adj* capelluto(-a); (*péj*) capellone(-a).
chevelure [ʃəv(ə)lyʀ] *nf* capigliatura.
chevet [ʃ(ə)vɛ] *nm* (*d'église*) abside *f*; **au ~ de qn** al capezzale di qn; **lampe de ~** lampada da notte; **livre de ~** libro prediletto; **table de ~** comodino.
cheveu, x [ʃ(ə)vø] *nm* capello; **~x** *nmpl* (*chevelure*) capelli *mpl*; **se faire couper les ~x** farsi tagliare i capelli, tagliarsi i capelli; **avoir les ~x courts/en brosse** avere i capelli corti/a spazzola; **tiré par les ~x** (*histoire*) tirato(-a) per i capelli; ▶ **cheveux d'ange** (*vermicelle*) capelli d'angelo; (*décoration*) filo argentato (*per l'albero di Natale*).
cheville [ʃ(ə)vij] *nf* (*ANAT, de bois*) caviglia; **être en ~ avec qn** fare lega con qn; ▶ **cheville ouvrière** (*fig*) perno, fulcro.
chèvre [ʃɛvʀ] *nf* capra ♦ *nm* formaggio di capra; **ménager la ~ et le chou** salvare capra e cavoli.
chevreau, x [ʃəvʀo] *nm* capretto.
chèvrefeuille [ʃɛvʀəfœj] *nm* caprifoglio.
chevreuil [ʃəvʀœj] *nm* capriolo.
chevron [ʃəvʀɔ̃] *nm* (*poutre*) capriata; (*galon*) gallone *m*; (*motif*) spina di pesce.
chevronné, e [ʃəvʀɔne] *adj* provetto(-a).
chevrotant, e [ʃəvʀɔtɑ̃, ɑ̃t] *adj* tremulo (-a).
chevroter [ʃəvʀɔte] *vi* (*parler*) parlare con voce tremula; (*chanter*) cantare con voce tremula; (*voix*) tremolare.
chevrotine [ʃəvʀɔtin] *nf* pallettone *m*.
chewing-gum [ʃwiŋgɔm] (*pl* **~-~s**) *nm* gomma da masticare, chewing gum *m inv*.
chez [ʃe] *prép* (*à la demeure de*) a casa di, da; (*direction*) da; (*auprès de*) presso; **~ Nathalie** a casa di Nathalie, da Nathalie; **~ moi** a casa mia, da me; **~ le boulanger/le dentiste** dal fornaio/dal dentista; **il travaille ~ Renault** lavora alla Renault; **~ ce poète** in questo poeta, nelle opere di questo poeta; **~ les Français** nei francesi.
chez-soi [ʃeswa] *nm*: **elle voudrait avoir un ~-~** vorrebbe una casa tutta sua.
chf. cent. *abr* (= *chauffage central*) *voir* **chauffage**.
chiader [ʃjade] (*fam*) *vt* sgobbare su.
chialer [ʃjale] (*fam*) *vt* piangere.
chiant, e [ʃjɑ̃, ʃjɑ̃t] (*fam*) *adj* scocciante.
chic [ʃik] *adj inv* elegante, chic *inv*; (*dîner, gens*) raffinato(-a), chic *inv*; (*généreux*) generoso(-a) ♦ *nm* classe *f*, eleganza; **avoir le ~ de** *ou* **pour** avere il dono *ou* l'arte di; **faire qch de ~** fare qc seguendo l'ispirazione; **c'était ~ de sa part** è stato gentile da parte sua; **~!** che bello!, magnifico!
chicane [ʃikan] *nf* (*obstacle*) chicane *f inv*; (*querelle*) bega.
chicaner [ʃikane] *vi* cavillare.
chiche [ʃiʃ] *adj* avaro(-a) ♦ *excl* (*en réponse à un défi*) scommettiamo!; **tu n'es pas ~ de lui parler!** non hai il coraggio di parlargli!
chichement [ʃiʃmɑ̃] *adv* (*pauvrement*) poveramente; (*mesquinement*) in modo meschino.
chichis [ʃiʃi] *nmpl*: **faire des ~** fare smancerie.
chicorée [ʃikɔʀe] *nf* cicoria; ▶ **chicorée frisée** indivia riccia.
chicot [ʃiko] *nm* (*dent*) resto di dente spezzato (*ou* cariato).
chien [ʃjɛ̃] *nm* cane *m*; **temps de ~** tempo da cani; **vie de ~** vita da cani; **couché en ~ de fusil** raggomitolato(-a); **entre ~ et loup** all'imbrunire; ▶ **chien d'aveugle** cane per ciechi; ▶ **chien de chasse/de garde** cane da caccia/da guardia; ▶ **chien de race** cane di razza; ▶ **chien de traîneau** cane da slitta; ▶ **chien policier** cane *m* poliziotto *inv*.
chiendent [ʃjɛ̃dɑ̃] *nm* gramigna.
chien-loup [ʃjɛ̃lu] (*pl* **~s-~s**) *nm* cane *m* lupo.
chienne [ʃjɛn] *nf* cagna.
chier [ʃje] (*fam!*) *vi* cagare (*fam!*); **faire ~ qn** rompere le palle a qn; **se faire ~** rompersi (le palle).
chiffe [ʃif] *nf*: **il est mou comme une ~,**

c'est une ~ **molle** (*fig*) è una pappa molle.
chiffon [ʃifɔ̃] *nm* straccio.
chiffonné, e [ʃifɔne] *adj* (*fatigué*: *visage*) stanco(-a), segnato(-a).
chiffonner [ʃifɔne] *vt* spiegazzare; (*tracasser*) infastidire.
chiffonnier [ʃifɔnje] *nm* straccivendolo; (*meuble*) cassettiera.
chiffrable [ʃifʀabl] *adj* quantificabile, traducibile in cifre.
chiffre [ʃifʀ] *nm* cifra; **en** ~**s ronds** in cifra tonda; **écrire un nombre en** ~**s** scrivere un numero in cifre; ▸**chiffres arabes** numeri *mpl* arabi; ▸**chiffre d'affaires** (*COMM*) giro d'affari; ▸**chiffre de ventes** volume *m* delle vendite; ▸**chiffres romains** numeri *mpl* romani.
chiffrer [ʃifʀe] *vt* calcolare, valutare; (*message*) cifrare ♦ *vi*: ~ **à** ammontare a; **se chiffrer à** *vr* ammontare a.
chignole [ʃiɲɔl] *nf* trapano.
chignon [ʃiɲɔ̃] *nm* chignon *m inv*.
chiite [ʃiit] *adj* sciita.
Chili [ʃili] *nm* Cile *m*.
chilien, ne [ʃiljɛ̃, jɛn] *adj* cileno(-a) ♦ *nm/f*: **C**~**, ne** cileno(-a).
chimère [ʃimɛʀ] *nf* chimera.
chimérique [ʃimeʀik] *adj* chimerico(-a).
chimie [ʃimi] *nf* chimica.
chimio [ʃimjɔ] *nf voir* **chimiothérapie**.
chimiothérapie [ʃimjoteʀapi] *nf* chemioterapia.
chimique [ʃimik] *adj* chimico(-a); **produits** ~**s** prodotti *mpl* chimici.
chimiste [ʃimist] *nm/f* chimico(-a).
chimpanzé [ʃɛ̃pɑ̃ze] *nm* scimpanzé *m inv*.
chinchilla [ʃɛ̃ʃila] *nm* cincillà *m inv*.
Chine [ʃin] *nf* Cina; **la** ~ **libre, la république de** ~ il Taiwan, la Repubblica della Cina Nazionalista.
chine [ʃin] *nm* carta di riso; (*porcelaine*) porcellana cinese ♦ *nf* anticaglie *fpl*.
chiné, e [ʃine] *adj* (*laine*) di filo di diversi colori.
chiner [ʃine] *vt* prendere in giro.
chinois, e [ʃinwa, waz] *adj* cinese ♦ *nm* cinese *m* ♦ *nm/f*: **C**~**, e** cinese *m/f*.
chinoiserie(s) [ʃinwazʀi] (*péj*) *nf* cineseria.
chiot [ʃjo] *nm* cucciolo.
chiper [ʃipe] (*fam*) *vt* fregare, sgraffignare.
chipie [ʃipi] *nf* megera.
chipolata [ʃipɔlata] *nf piccola salsiccia di maiale*.
chipoter [ʃipɔte] *vi* (*manger*) mangiucchiare, piluccare; (*ergoter*) cavillare; (*marchander*) mercanteggiare.
chips [ʃips] *nfpl* (*aussi*: **pommes** ~) patatine *fpl*.
chique [ʃik] *nf* tabacco da masticare.
chiquenaude [ʃiknod] *nf* buffetto.
chiquer [ʃike] *vi* ciccare ♦ *vt* masticare.
chiromancie [kiʀɔmɑ̃si] *nf* chiromanzia.
chiromancien, ne [kiʀɔmɑ̃sjɛ̃, jɛn] *nm/f* chiromante *m/f*.
chiropracteur [kiʀɔpʀaktœʀ] *nm voir* **chiropraticien**.
chiropraticien, ne [kiʀɔpʀatisjɛ̃, jɛn] *nm/f* chiroterapeuta *m/f*.
chirurgical, e, -aux [ʃiʀyʀʒikal, o] *adj* chirurgico(-a).
chirurgie [ʃiʀyʀʒi] *nf* chirurgia; ▸**chirurgie esthétique** chirurgia estetica.
chirurgien, ne [ʃiʀyʀʒjɛ̃, jɛn] *nm/f* chirurgo(-a); ▸**chirurgien dentiste** medico dentista.
chiure [ʃjyʀ] *nf*: ~**s de mouche** escrementi *mpl* di mosche.
ch.-l. *abr* = **chef-lieu**.
chlore [klɔʀ] *nm* cloro.
chloroforme [klɔʀɔfɔʀm] *nm* cloroformio.
chlorophylle [klɔʀɔfil] *nf* clorofilla.
chlorure [klɔʀyʀ] *nm* cloruro.
choc [ʃɔk] *nm* scontro, urto; (*bruit d'impact*) colpo; (*moral*) shock *m inv*, colpo; (*affrontement*) conflitto ♦ *adj*: **prix** ~ prezzo eccezionale; **de** ~ (*troupe*) d'assalto; (*traitement*) d'urto; (*patron etc*) d'assalto; ▸**choc en retour** (*fig*) contraccolpo; ▸**choc nerveux** shock nervoso; ▸**choc opératoire** shock *ou* trauma *m* operatorio.
chocolat [ʃɔkɔla] *nm* cioccolato; (*bonbon*) cioccolatino; (*boisson*) cioccolata; ▸**chocolat à croquer** cioccolato fondente in tavolette; ▸**chocolat à cuire** cioccolato fondente per dolci; ▸**chocolat au lait** cioccolato al latte; ▸**chocolat en poudre** cacao in polvere.
chocolaté, e [ʃɔkɔlate] *adj* al cioccolato.
chocolaterie [ʃɔkɔlatʀi] *nf* fabbrica di cioccolato.
chocolatier, -ière [ʃɔkɔlatje, jɛʀ] *nm/f* cioccolataio(-a).
chœur [kœʀ] *nm* coro; **en** ~ in coro.
choir [ʃwaʀ] *vi*: **laisser** ~ abbandonare; (*laisser tomber*) lasciar perdere.
choisi, e [ʃwazi] *adj* scelto(-a); **textes** ~**s** brani *mpl* scelti.
choisir [ʃwaziʀ] *vt* scegliere; ~ **de faire qch** scegliere di fare qc.
choix [ʃwa] *nm* scelta; **avoir le** ~ poter scegliere; **de premier** ~ di prima scelta; **de** ~ di qualità; **je n'avais pas le** ~ non avevo scelta; **au** ~ a scelta.
choléra [kɔleʀa] *nm* colera *m*.
cholestérol [kɔlɛsteʀɔl] *nm* colesterolo.
chômage [ʃomaʒ] *nm* disoccupazione *f*; **mettre au** ~ licenziare, lasciare senza lavoro; **être au** ~ essere disoccupato(-a); ▸**chômage partiel/technique** ≈ cassa

integrazione; ▶ **chômage structurel** disoccupazione strutturale.
chômé, e [ʃome] *adj*: **jour** ~ giorno non lavorativo.
chômer [ʃome] *vi* essere disoccupato(-a); (*équipements*) essere inattivo(-a).
chômeur, -euse [ʃomœʀ, øz] *nm/f* disoccupato(-a).
chope [ʃɔp] *nf* boccale *m*.
choquant, e [ʃɔkɑ̃, ɑ̃t] *adj* scioccante.
choquer [ʃɔke] *vt* urtare; (*commotionner*) scioccare.
choral, e [kɔʀal] *adj* corale ♦ *nm* corale.
chorale [kɔʀal] *nf* coro.
chorégraphe [kɔʀegʀaf] *nm/f* coreografo (-a).
chorégraphie [kɔʀegʀafi] *nf* coreografia.
choriste [kɔʀist] *nm/f* corista *m/f*.
chorus [kɔʀys] *nm*: **faire** ~ **(avec)** fare coro (con).
chose [ʃoz] *nf* cosa ♦ *nm* (*fam*: *machin*) coso; ~**s** *nfpl* (*situation*) cose *fpl*; **être/se sentir tout** ~ sentirsi strano(-a); (*malade*) sentirsi poco bene; **dire bien des** ~**s à qn** fare i propri saluti a qn; **faire bien les** ~**s** fare le cose in grande; **parler de** ~**s et d'autres** parlare del più e del meno; **c'est peu de** ~ non è un granché.
chou, x [ʃu] *nm* (*BOT*) cavolo ♦ *adj inv* carino(-a); **mon petit** ~ tesorino mio; **faire** ~ **blanc** fare fiasco; **bout de** ~ piccolino(-a); **feuille de** ~ (*fig*) giornalucolo; ▶ **chou (à la crème)** bignè *m inv* (alla crema); ▶ **chou de Bruxelles** cavolino di Bruxelles.
choucas [ʃuka] *nm* taccola.
chouchou, te [ʃuʃu, ut] *nm/f* (*SCOL*: *protégé*) cocco(-a).
chouchouter [ʃuʃute] *vt* coccolare.
choucroute [ʃukʀut] *nf* crauti *mpl*; ▶ **choucroute garnie** *piatto a base di crauti, salsicce e carne di maiale.*
chouette [ʃwɛt] *nf* civetta ♦ *adj* (*fam*) carino(-a); ~! che bello!
chou-fleur [ʃuflœʀ] (*pl* ~**x**-~**s**) *nm* cavolfiore *m*.
chou-rave [ʃuʀav] (*pl* ~**x**-~**s**) *nm* cavolo *m* rapa *inv*.
choyer [ʃwaje] *vt* coccolare, vezzeggiare.
chrétien, ne [kʀetjɛ̃, jɛn] *adj*, *nm/f* cristiano(-a).
chrétiennement [kʀetjɛnmɑ̃] *adv* cristianamente.
chrétienté [kʀetjɛ̃te] *nf* cristianità.
Christ [kʀist] *nm* Cristo; (*crucifix, peinture*): **c**~ cristo; **Jésus** ~ Gesù Cristo.
christianiser [kʀistjanize] *vt* cristianizzare.
christianisme [kʀistjanism] *nm* cristianesimo.
Christmas [kʀistmas] *nf*: **(l'île)** ~ (l'isola di) Christmas *f*.
chromatique [kʀɔmatik] *adj* cromatico(-a).
chrome [kʀom] *nm* cromo; (*objet*) oggetto cromato.
chromé, e [kʀome] *adj* cromato(-a).
chromosome [kʀomozom] *nm* cromosoma *m*.
chronique [kʀɔnik] *adj* cronico(-a) ♦ *nf* cronaca; ▶ **chronique sportive/théâtrale** cronaca sportiva/teatrale; ▶ **chronique locale** cronaca locale.
chroniqueur [kʀɔnikœʀ] *nm* cronista *m*.
chronologie [kʀɔnɔlɔʒi] *nf* cronologia.
chronologique [kʀɔnɔlɔʒik] *adj* cronologico(-a); **tableau** ~ tavola cronologica.
chronologiquement [kʀɔnɔlɔʒikmɑ̃] *adv* cronologicamente.
chrono(mètre) [kʀɔnɔ(mɛtʀ)] *nm* cronometro.
chronométrer [kʀɔnɔmetʀe] *vt* cronometrare.
chronométreur [kʀɔnɔmetʀœʀ] *nm* cronometrista *m*.
chrysalide [kʀizalid] *nf* crisalide *f*.
chrysanthème [kʀizɑ̃tɛm] *nm* crisantemo.
CHU [seaʃy] *sigle m* = *Centre hospitalier universitaire.*
chuchotement [ʃyʃɔtmɑ̃] *nm* bisbiglio.
chuchoter [ʃyʃɔte] *vt*, *vi* bisbigliare.
chuintement [ʃɥɛ̃tmɑ̃] *nm* fischio.
chuinter [ʃɥɛ̃te] *vi* fischiare.
chut [ʃyt] *excl* zitto!
chute [ʃyt] *nf* caduta; (*fig*: *des prix, salaires*) crollo; (*de température, pression*) calo; (*de bois, papier*: *déchet*) scarto; **la** ~ **des cheveux** la caduta dei capelli; ▶ **chute (d'eau)** cascata; ▶ **chute des reins** reni *fpl*; ▶ **chute libre** caduta libera; ▶ **chutes de neige** nevicate *fpl*; ▶ **chutes de pluie** piogge *fpl*.
Chypre [ʃipʀ] *n* Cipro *f*.
chypriote [ʃipʀiɔt] *adj*, *nm/f* = **cypriote**.
ci-, -ci [si] *adv voir* **par; comme; ci-contre; ci-joint** *etc* ♦ *dét*: **ce garçon/cet homme-ci** questo ragazzo/uomo; **cette femme-ci** questa donna; **ces hommes/femmes-ci** questi uomini/queste donne.
CIA [seia] *sigle f* (= *Central Intelligence Agency*) CIA *f*.
ciao [tʃao] (*fam*) *excl* ciao.
ci-après [siapʀɛ] *adv* più avanti, oltre.
cibiste [sibist] *nm* radioamatore *m* (*che utilizza la CB*).
cible [sibl] *nf* (*aussi fig*) bersaglio; (*d'une campagne publicitaire*) target *m inv*.
cibler [sible] *vt* individuare come target.
ciboire [sibwaʀ] *nm* (*REL*) ciborio.
ciboule [sibul] *nf* cipolletta, cipolla.
ciboulette [sibulɛt] *nf* erba cipollina.
ciboulot [sibulo] (*fam*) *nm* zucca, capoccia.
cicatrice [sikatʀis] *nf* cicatrice *f*.
cicatriser [sikatʀize] *vt* cicatrizzare; **se ci-**

catriser *vr* cicatrizzarsi.

ci-contre [sikɔ̃tʀ] *adv* (qui) a lato, a fianco, di fronte.

CICR [seiseɛʀ] *sigle m* = *Comité international de la Croix-Rouge*.

ci-dessous [sidəsu] *adv* (qui) sotto.

ci-dessus [sidəsy] *adv* (qui) sopra.

ci-devant [sidəvɑ̃] *nm/f inv appellativo dato agli aristocratici durante la rivoluzione francese*.

CIDEX [sidɛks] *sigle m* (= *Courrier individuel à distribution exceptionnelle*) *sistema di distribuzione postale a privati*.

CIDJ [seideʒi] *sigle m* = *Centre d'information et de documentation de la jeunesse*.

cidre [sidʀ] *nm* sidro.

cidrerie [sidʀəʀi] *nf* fabbrica di sidro.

Cie *abr* (= *compagnie*) C.ia.

ciel [sjɛl] (*pl* **~s** *ou* (*litt*) **cieux**) *nm* cielo; **cieux** *nmpl* (*litt, REL*) cieli *mpl*; **à ~ ouvert** a cielo aperto; **tomber du ~** (*être stupéfait*) cadere dalle nuvole; (*arriver à l'improviste*) piovere dal cielo; **~!** oh, cielo!; ▸ **ciel de lit** cielo del letto (a baldacchino).

cierge [sjɛʀʒ] *nm* cero; ▸ **cierge pascal** cero pasquale.

cieux [sjø] *nmpl voir* **ciel**.

cigale [sigal] *nf* cicala.

cigare [sigaʀ] *nm* sigaro.

cigarette [sigaʀɛt] *nf* sigaretta; ▸ **cigarette (à) bout filtre** sigaretta con filtro.

ci-gît [siʒi] *adv* qui giace.

cigogne [sigɔɲ] *nf* cicogna.

ciguë [sigy] *nf* cicuta.

ci-inclus, e [siɛ̃kly, yz] *adj* allegato(-a), accluso ♦ *adv* qui accluso, in allegato.

ci-joint, e [siʒwɛ̃, ɛ̃t] *adj* allegato(-a) ♦ *adv* in allegato; **veuillez trouver ~-~** ... si allega ... .

cil [sil] *nm* ciglio.

ciller [sije] *vi* battere ciglio.

cimaise [simɛz] *nf* cimasa.

cime [sim] *nf* cima.

ciment [simɑ̃] *nm* cemento; ▸ **ciment armé** cemento armato.

cimenter [simɑ̃te] *vt* (*aussi fig*) cementare.

cimenterie [simɑ̃tʀi] *nf* cementificio.

cimetière [simtjɛʀ] *nm* cimitero; ▸ **cimetière de voitures** cimitero di macchine.

cinéaste [sineast] *nm/f* cineasta *m/f*.

ciné-club [sineklœb] (*pl* **~-~s**) *nm* cineclub *m inv*.

cinéma [sinema] *nm* cinema *m inv*; **aller au ~** andare al cinema; ▸ **cinéma d'animation** cinema d'animazione.

cinémascope ® [sinemaskɔp] *nm* cinemascope *m*.

cinémathèque [sinematɛk] *nf* cineteca.

cinématographie [sinematɔgʀafi] *nf* cinematografia.

cinématographique [sinematɔgʀafik] *adj* cinematografico(-a).

cinéphile [sinefil] *nm/f* cinefilo(-a).

cinétique [sinetik] *adj* cinetico(-a).

cinglant, e [sɛ̃glɑ̃, ɑ̃t] *adj* (*froid, propos, ironie*) pungente; (*vent*) sferzante; (*échec*) cocente.

cinglé, e [sɛ̃gle] (*fam*) *adj* tocco(-a), picchiato(-a).

cingler [sɛ̃gle] *vt* sferzare ♦ *vi* (*NAUT*): **~ vers** fare vela verso.

cinq [sɛ̃k] *adj, nm inv* cinque *m inv*; **avoir ~ ans** (*âge*) avere cinque anni; **le ~ décembre 1989** il cinque dicembre 1989; **à ~ heures** alle cinque; **nous sommes ~** siamo in cinque.

cinquantaine [sɛ̃kɑ̃tɛn] *nf*: **une ~ (de)** una cinquantina (di); **avoir la ~** essere sulla cinquantina.

cinquante [sɛ̃kɑ̃t] *adj inv, nm inv* cinquanta *m inv*; *voir aussi* **cinq**.

cinquantenaire [sɛ̃kɑ̃tnɛʀ] *adj, nm/f* cinquantenne *m/f* ♦ *nm* (*anniversaire*) cinquantenario.

cinquantième [sɛ̃kɑ̃tjɛm] *adj, nm/f* cinquantesimo(-a) ♦ *nm* cinquantesimo; *voir aussi* **cinquième**.

cinquième [sɛ̃kjɛm] *adj, nm/f* quinto(-a) ♦ *nm* quinto ♦ *nf* (*SCOL*) ≈ seconda media; **un ~ de la population** un quinto della popolazione; **trois ~s** tre quinti.

cinquièmement [sɛ̃kjɛmmɑ̃] *adv* in quinto luogo.

cintre [sɛ̃tʀ] *nm* gruccia, ometto; **en plein ~** (*ARCHIT*) a tutto sesto.

cintré, e [sɛ̃tʀe] *adj* (*chemise*) attillato(-a) in vita; (*bois*) curvo(-a), incurvato(-a).

CIO [seio] *sigle m* (= *Comité international olympique*) CIO *m*.

cirage [siʀaʒ] *nm* lucido.

circoncire [siʀkɔ̃siʀ] *vt* circoncidere.

circoncis, e [siʀkɔ̃si] *adj* circonciso(-a).

circoncision [siʀkɔ̃sizjɔ̃] *nf* circoncisione *f*.

circonférence [siʀkɔ̃feʀɑ̃s] *nf* circonferenza; (*d'un parc*) perimetro.

circonflexe [siʀkɔ̃flɛks] *adj*: **accent ~** accento circonflesso.

circonlocution [siʀkɔ̃lɔkysjɔ̃] *nf* circonlocuzione *f*.

circonscription [siʀkɔ̃skʀipsjɔ̃] *nf*: **~ électorale** circoscrizione *f* elettorale.

circonscrire [siʀkɔ̃skʀiʀ] *vt* circoscrivere.

circonspect, e [siʀkɔ̃spɛ(kt), ɛkt] *adj* circospetto(-a).

circonspection [siʀkɔ̃spɛksjɔ̃] *nf* circospezione *f*.

circonstance [siʀkɔ̃stɑ̃s] *nf* circostanza; **poème de ~** poesia d'occasione; **air de ~** aria di circostanza; **tête de ~** espressione *f* di circostanza; ▸ **circonstances atténuantes** (*JUR*) circostanze attenuanti.

circonstancié, e [siʀkɔ̃stɑ̃sje] *adj* circostanziato(-a).
circonstanciel, le [siʀkɔ̃stɑ̃sjɛl] *adj* (*LING*) circostanziale.
circonvenir [siʀkɔ̃v(ə)niʀ] *vt* raggirare, circuire.
circonvolutions [siʀkɔ̃vɔlysjɔ̃] *nfpl* circonvoluzioni *fpl*.
circuit [siʀkɥi] *nm* circuito; (*ÉCON*: *des capitaux*) circolazione *f*; ▶ **circuit automobile** circuito automobilistico; ▶ **circuit de distribution** circuito di distribuzione; ▶ **circuit fermé** circuito chiuso; ▶ **circuit intégré** circuito integrato.
circulaire [siʀkylɛʀ] *adj* circolare ♦ *nf* circolare *f*; **jeter un regard** ~ volgere intorno lo sguardo.
circulation [siʀkylasjɔ̃] *nf* circolazione *f*; (*AUTO*) circolazione, traffico; **bonne/mauvaise** ~ (*du sang*) buona/cattiva circolazione; **il y a beaucoup de** ~ c'è molto traffico; **mettre en** ~ mettere in circolazione.
circulatoire [siʀkylatwaʀ] *adj*: **avoir des troubles ~s** avere dei disturbi circolatori.
circuler [siʀkyle] *vi* circolare; **faire** ~ far circolare.
cire [siʀ] *nf* cera; (*cérumen*) cerume *m*; ▶ **cire à cacheter** ceralacca.
ciré, e [siʀe] *adj* (*parquet*) lucidato(-a) a cera, lucido(-a) ♦ *nm* cerata.
cirer [siʀe] *vt* (*parquet*) lucidare, dare la cera a.
cireur, -euse [siʀœʀ, øz] *nm/f* lustrascarpe *m/f inv*.
cireuse [siʀøz] *nf* (*appareil*) lucidatrice *f*.
cireux, -euse [siʀø, øz] *adj* (*fig*: *teint*) cereo(-a).
cirque [siʀk] *nm* circo; (*fig*) baraonda.
cirrhose [siʀoz] *nf*: ~ **du foie** cirrosi *f inv* epatica.
cisailler [sizɑje] *vt* tranciare.
cisaille(s) [sizɑj] *nf(pl)* cesoie *fpl*.
ciseau, x [sizo] *nm*: ~ **(à bois)** scalpello; **~x** *nmpl* (*gén, de tailleur*) forbici *fpl*; (*GYMNASTIQUE*) sforbiciata *fsg*; **sauter en ~x** saltare a forbice.
ciseler [siz(ə)le] *vt* (*bijou, métal*) cesellare; (*pierre*) intagliare.
ciselure [siz(ə)lyʀ] *nf* (*argenterie*) cesellatura; (*bois*) intaglio.
citadelle [sitadɛl] *nf* (*aussi fig*) cittadella.
citadin, e [sitadɛ̃, in] *nm/f, adj* cittadino(-a).
citation [sitasjɔ̃] *nf* citazione *f*.
cité [site] *nf* città *f inv*; ▶ **cité ouvrière** quartiere *m* operaio; ▶ **cité universitaire** città universitaria.
cité-dortoir [sitedɔʀtwaʀ] (*pl* **~s-~s**) *nf* città *f inv* dormitorio *inv*.
cité-jardin [siteʒaʀdɛ̃] (*pl* **~s-~s**) *nf* città *f inv* giardino *inv*.
citer [site] *vt* citare; ~ **(en exemple)** citare (a esempio); **je ne veux** ~ **personne** non voglio fare nomi.
citerne [sitɛʀn] *nf* cisterna.
cithare [sitaʀ] *nf* cetra.
citoyen, ne [sitwajɛ̃, jɛn] *nm/f* cittadino(-a).
citoyenneté [sitwajɛnte] *nf* cittadinanza.
citrique [sitʀik] *adj*: **acide** ~ acido citrico.
citron [sitʀɔ̃] *nm* limone *m*; ▶ **citron pressé** spremuta di limone; ▶ **citron vert** limetta.
citronnade [sitʀɔnad] *nf* limonata.
citronné, e [sitʀɔne] *adj* al limone.
citronnelle [sitʀɔnɛl] *nf* *varietà di piante dal caratteristico aroma di limone*; (*liqueur*) *liquore preparato con la buccia del limone*.
citronnier [sitʀɔnje] *nm* limone *m* (*pianta*).
citrouille [sitʀuj] *nf* zucca.
cive(s) [siv] *nf(pl)* erba cipollina.
civet [sivɛ] *nm* (*CULIN*) civet *m inv*; ~ **de lièvre** civet di lepre.
civette [sivɛt] *nf* (*BOT, CULIN*) = **cive(s)**; (*ZOOL*) zibetto.
civière [sivjɛʀ] *nf* barella.
civil, e [sivil] *adj* civile ♦ *nm* (*MIL*) civile *m*; **habillé en** ~ in borghese; **dans le** ~ da borghese; **mariage/enterrement** ~ matrimonio/funerale civile.
civilement [sivilmɑ̃] *adv* civilmente; **se marier** ~ sposarsi civilmente.
civilisation [sivilizasjɔ̃] *nf* civiltà *f inv*.
civilisé, e [sivilize] *adj* civilizzato(-a), civile; (*bien élevé*) civile.
civiliser [sivilize] *vt* civilizzare.
civilité [sivilite] *nf* buona creanza; **présenter ses ~s** presentare i propri ossequi.
civique [sivik] *adj* civico(-a); **instruction** ~ (*SCOL*) educazione civica.
civisme [sivism] *nm* civismo.
cl *abr* (= *centilitre*) cl.
clafoutis [klafuti] *nm* *dolce ripieno di crema e frutta*.
claie [klɛ] *nf* graticcio; (*crible*) setaccio.
clair, e [klɛʀ] *adj* chiaro(-a); (*pièce*) luminoso(-a); (*peu consistant*: *sauce, soupe*) liquido(-a) ♦ *adv*: **voir** ~ vedere chiaro ♦ *nm*: ~ **de lune** chiaro di luna; **pour être** ~ per essere chiaro; **y voir** ~ vederci chiaro; **bleu/rouge** ~ azzurro/rosso chiaro; **par temps** ~ quando non ci sono nuvole; **tirer qch au** ~ mettere in chiaro qc; **il ne voit plus très** ~ non ci vede più bene; **mettre au** ~ mettere in bella copia; **le plus** ~ **de son temps/de son argent** la maggior parte del suo tempo/dei suoi soldi; **en** ~ (*non codé*) non cifrato(-a); (*c'est-à-dire*) in altre parole.
claire [klɛʀ] *nf*: **(huître de)** ~ ostrica da allevamento.

clairement [klɛʀmɑ̃] *adv* chiaramente.
claire-voie [klɛʀvwa] *adv*: **à ~-~** a giorno.
clairière [klɛʀjɛʀ] *nf* radura.
clair-obscur [klɛʀɔpskyʀ] (*pl* **~s-~s**) *nm* chiaroscuro.
clairon [klɛʀɔ̃] *nm* tromba.
claironner [klɛʀɔne] *vt* (*fig*) strombazzare.
clairsemé, e [klɛʀsəme] *adj* (*cheveux, herbe*) rado(-a); (*maisons*) sparso(-a); (*applaudissements, population*) scarso(-a).
clairvoyance [klɛʀvwajɑ̃s] *nf* chiaroveggenza.
clairvoyant, e [klɛʀvwajɑ̃, ɑ̃t] *adj* (*perspicace*) perspicace; (*doué de vision*) veggente.
clam [klam] *nm* (*ZOOL*) venere *f*.
clamer [klɑme] *vt* urlare.
clameur [klɑmœʀ] *nf* clamore *m*.
clan [klɑ̃] *nm* (*aussi fig*) clan *m inv*.
clandestin, e [klɑ̃dɛstɛ̃, in] *adj* clandestino(-a); **passager ~** (passeggero) clandestino; **immigration ~e** immigrazione *f* clandestina.
clandestinement [klɑ̃dɛstinmɑ̃] *adv* clandestinamente.
clandestinité [klɑ̃dɛstinite] *nf* clandestinità; **dans la ~** nella clandestinità, clandestinamente; **entrer dans la ~** entrare in clandestinità.
clapet [klapɛ] *nm* (*TECH*) valvola.
clapier [klapje] *nm* conigliera.
clapotement [klapɔtmɑ̃] *nm* sciabordio.
clapoter [klapɔte] *vi* sciabordare.
clapotis [klapɔti] *nm* sciabordio.
claquage [klakaʒ] *nm* (*blessure*) stiramento.
claque [klak] *nf* (*gifle*) schiaffo, sberla ♦ *nm* (*chapeau*) gibus *m inv*; **la ~** (*THÉÂTRE*) la claque.
claquement [klakmɑ̃] *nm* (*de porte: bruit répété*) sbattere *m inv*; (*: bruit isolé*) colpo (della porta che sbatte).
claquemurer [klakmyʀe]: **se ~** *vr* tapparsi in casa.
claquer [klake] *vi* (*drapeau, porte*) sbattere; (*coup de feu*) produrre un rumore secco ♦ *vt* (*porte*) sbattere; (*doigts*) schioccare; (*gifler*) schiaffeggiare; **elle claquait des dents** batteva i denti; **se ~ un muscle** stirarsi un muscolo.
claquettes [klakɛt] *nfpl* tip tap *m inv*.
clarification [klaʀifikasjɔ̃] *nf* (*fig*) chiarificazione *f*, chiarimento.
clarifier [klaʀifje] *vt* (*fig*) chiarire, chiarificare.
clarinette [klaʀinɛt] *nf* clarinetto.
clarinettiste [klaʀinetist] *nm/f* clarinettista *m/f*.
clarté [klaʀte] *nf* chiarezza; (*d'une pièce*) luminosità, chiarezza; (*de l'eau*) trasparenza, chiarezza.
classe [klɑs] *nf* (*SCOL: RAIL, fig*) classe *f*; (*leçon*) lezione *f*; **un (soldat de) deuxième ~** un soldato semplice; **1ère/2ème ~** 1ª/2ª classe; **de ~** di classe; **faire la ~** fare lezione; **aller en ~** andare a scuola; **faire ses ~s** (*MIL*) fare il corso addestramento reclute *ou* CAR; **aller en ~ verte/de neige/de mer** andare in campagna/a sciare/al mare con la scuola; ▸ **classe dirigeante/ouvrière** classe dirigente/operaia; ▸ **classe grammaticale** classe grammaticale; ▸ **classe sociale** classe *ou* ceto sociale; ▸ **classe touriste** classe turistica.
classement [klɑsmɑ̃] *nm* classificazione *f*; (*liste, rang: SCOL*) graduatoria, classifica; (*: SPORT*) classifica; **premier au ~ général** (*SPORT*) primo nella classifica generale.
classer [klɑse] *vt* classificare; (*idées*) riordinare; (*JUR: affaire*) archiviare; **se ~ premier/dernier** classificarsi primo/ultimo.
classeur [klɑsœʀ] *nm* (*cahier*) classificatore *m*, raccoglitore *m*; (*meuble*) classificatore *m*; ▸ **classeur à feuillets mobiles** raccoglitore *m* a fogli mobili.
classification [klasifikasjɔ̃] *nf* classificazione *f*.
classifier [klasifje] *vt* classificare.
classique [klasik] *adj* classico(-a) ♦ *nm* (*œuvre, auteur*) classico; **études ~s** studi *mpl* classici.
claudication [klodikasjɔ̃] *nf* claudicazione *f*.
clause [kloz] *nf* clausola.
claustrer [klostʀe] *vt* rinchiudere.
claustrophobie [klostʀɔfɔbi] *nf* claustrofobia.
clavecin [klav(ə)sɛ̃] *nm* clavicembalo.
claveciniste [klav(ə)sinist] *nm/f* clavicembalista *m/f*.
clavicule [klavikyl] *nf* clavicola.
clavier [klavje] *nm* tastiera.
clé [kle] *nf* = **clef**.
clef [kle] *nf* chiave *f* ♦ *adj*: **problème/position ~** problema *m*/posizione *f* chiave *inv*; **mettre sous ~** mettere sotto chiave; **prendre la ~ des champs** svignarsela; **prix ~s en main** prezzo chiavi in mano; **livre/film à ~** *libro/film che contiene allusioni velate a personaggi o fatti reali*; **à la ~** alla fine; ▸ **clef anglaise** *ou* **à molette** chiave inglese; ▸ **clef d'ut** chiave di contralto; ▸ **clef de contact** chiave di accensione; ▸ **clef de fa/de sol** chiave di basso/di sol; ▸ **clef de voûte** chiave di volta.
clématite [klematit] *nf* clematide *f*.
clémence [klemɑ̃s] *nf* clemenza.
clément, e [klemɑ̃, ɑ̃t] *adj* clemente.
clémentine [klemɑ̃tin] *nf* clementina.

cleptomane [klɛptɔman] *nm/f* = **kleptomane**.
clerc [klɛʀ] *nm*: ~ **de notaire** *ou* **d'avoué** impiegato di studio notarile *ou* legale.
clergé [klɛʀʒe] *nm* clero.
clérical, e, -aux [kleʀikal, o] *adj* clericale.
cliché [kliʃe] *nm* (*PHOTO*) negativo; (*TYPO*) cliché *m inv*; (*LING*) luogo comune, cliché.
client, e [klijɑ̃, klijɑ̃t] *nm/f* cliente *m/f*; (*du docteur*) paziente *m/f*.
clientèle [klijɑ̃tɛl] *nf* (*du magasin, restaurant, d'un hôtel, de l'avocat*) clientela; (*du docteur*) pazienti *mpl*; **accorder sa ~ à** diventare cliente di; **retirer sa ~ à une maison** smettere di fare acquisti presso una ditta.
cligner [kliɲe] *vi*: ~ **des yeux** strizzare gli occhi; ~ **de l'œil** fare l'occhiolino.
clignotant, e [kliɲɔtɑ̃, ɑ̃t] *adj* lampeggiante ♦ *nm* (*AUTO*) lampeggiatore *m*, freccia; (*ÉCON, fig*: *indice de danger*) spia.
clignoter [kliɲɔte] *vi* lampeggiare; ~ **des yeux** sbattere le palpebre.
climat [klima] *nm* (*aussi fig*) clima.
climatique [klimatik] *adj* climatico(-a).
climatisation [klimatizasjɔ̃] *nf* climatizzazione *f*, condizionamento dell'aria.
climatisé, e [klimatize] *adj* con aria condizionata.
climatiser [klimatize] *vt* climatizzare.
climatiseur [klimatizœʀ] *nm* condizionatore *m* d'aria.
clin [klɛ̃] *nm*: ~ **d'œil** strizzatina d'occhio; **en un ~ d'œil** in un batter d'occhio.
clinique [klinik] *adj* clinico(-a) ♦ *nf* clinica.
cliniquement [klinikmɑ̃] *adv* clinicamente.
clinquant, e [klɛ̃kɑ̃, ɑ̃t] *adj* (*voyant*) vistoso(-a), chiassoso(-a).
clip [klip] *nm* (*pince*) clip *f inv*; (*vidéo*) clip *m inv*.
clique [klik] *nf* (*péj*: *bande*) cricca, combriccola; **prendres ses ~s et ses claques** far fagotto.
cliquet [klikɛ] *nm* nottolino.
cliqueter [klik(ə)te] *vi* (*ferraille, monnaie*) tintinnare; (*moteur*) ticchettare, emettere un ticchettio.
cliquetis [klik(ə)ti] *nm* (*de ferraille, de clefs, de la monnaie*) tintinnio; (*de moteur*) ticchettio.
clitoris [klitɔʀis] *nm* clitoride *m ou f*.
clivage [klivaʒ] *nm* (*GÉO*) clivaggio, sfaldatura; (*fig*: *social, politique*) divario.
cloaque [klɔak] *nm* (*fig*) cloaca.
clochard, e [klɔʃaʀ, aʀd] *nm/f* barbone(-a), vagabondo(-a).
cloche [klɔʃ] *nf* campana; (*fam*: *niais*) stupido, salame *m*; (: *les clochards*) barboni *mpl*; (*chapeau*) cloche *f inv*; **se faire sonner les ~s** (*fam*) farsi sgridare; ▸**cloche à fromage** copriformaggio *m inv*.
cloche-pied [klɔʃpje]: **à ~-~** *adv* a piè zoppo.
clocher [klɔʃe] *nm* campanile *m* ♦ *vi* (*fam*) non andare, zoppicare; **de ~** (*péj*: *rivalités etc*) di campanile.
clocheton [klɔʃtɔ̃] *nm* guglia.
clochette [klɔʃɛt] *nf* (*d'église, fleur*) campanella; (*de vache*) campanaccio.
clodo [klodo] (*fam*) *nm* = **clochard**.
cloison [klwazɔ̃] *nf* (*CONSTR*) parete *f* divisoria, tramezzo; (*fig*) barriera; ▸**cloison étanche** (*fig*) compartimento stagno.
cloisonner [klwazɔne] *vt* (*TECH*) tramezzare; (*fig*) dividere, separare.
cloître [klwatʀ] *nm* chiostro.
cloîtrer [klwatʀe]: **se ~** *vr* isolarsi, segregarsi; (*REL*) rinchiudersi in convento.
clone [klon] *nm* clone *m*.
clope [klɔp] (*fam*) *nm* cicca.
clopin-clopant [klɔpɛ̃klɔpɑ̃] *adv* zoppicando.
clopiner [klɔpine] *vi* zoppicare.
cloporte [klɔpɔʀt] *nm* (*ZOOL*) onisco.
cloque [klɔk] *nf* bolla, vescica.
cloqué, e [klɔke] *adj* goffrato(-a).
cloquer [klɔke] *vi* formare bolle.
clore [klɔʀ] *vt* chiudere; ~ **une session** (*INFORM*) chiudere una sessione.
clos, e [klo, kloz] *adj* chiuso(-a) ♦ *nm* terreno, podere *m*; **la séance est ~e** la seduta è chiusa.
clôt [klo] *vb voir* **clore**.
clôture [klotyʀ] *nf* chiusura; (*barrière*) recinzione *f*.
clôturer [klotyʀe] *vt* (*terrain*) recintare; (*festival, débats*) chiudere.
clou [klu] *nm* chiodo; (*MÉD*) foruncolo; **~s** *nmpl* (= *passage clouté*) *voir* **passage**; **pneus à ~s** pneumatici *mpl* chiodati; **le ~ du spectacle** (*fig*) il clou dello spettacolo; ▸**clou de girofle** chiodo di garofano.
clouer [klue] *vt* (*aussi fig*) inchiodare.
clouté, e [klute] *adj* (*semelle*) chiodato(-a); (*ceinture*) borchiato(-a).
clown [klun] *nm* clown *m inv*, pagliaccio; **faire le ~** (*fig*) fare il buffone.
clownerie [klunʀi] *nf*: **faire des ~s** fare pagliacciate.
club [klœb] *nm* circolo, club *m inv*.
CM [seɛm] *sigle m* (*SCOL* = *cours moyen*) **cours**.
cm *abr* (= *centimètre*) cm.
CNC [seɛnse] *sigle m* (= *Conseil national de la consommation*) *consiglio nazionale per la difesa del consumatore*.
CNCL [seɛnseɛl] *sigle f* = *Commission nationale de la communication et des libertés*.
CNDP [seɛndepe] *sigle m* = *Centre national de documentation pédagogique*.
CNED [knɛd] *sigle m* = *Centre national de*

l'enseignement à distance.
CNIT [knit] *sigle m* (= *Centre national des industries et des techniques*) *centro per esposizioni a Parigi.*
CNPF [seɛnpeɛf] *sigle m* (= *Conseil national du patronat français*) ≈ Confindustria *f.*
CNRS [seɛnɛʀɛs] *sigle m* (= *Centre national de la recherche scientifique*) ≈ CNR *m inv.*
c/o *abr* (= *care of*) c/o.
coagulant [kɔagylɑ̃] *nm* coagulante *m.*
coaguler [kɔagyle] *vi* (*aussi*: **se** ~) coagularsi.
coalition [kɔalisjɔ̃] *nf* coalizione *f.*
coasser [kɔase] *vi* gracidare.
coauteur [kootœʀ] *nm* coautore *m.*
coaxial, e, o [koaksjal] *adj* coassiale.
cobalt [kɔbalt] *nm* cobalto.
cobaye [kɔbaj] *nm* (*ZOOL, fig*) cavia.
COBOL [kɔbɔl] *nm* (*INFORM*) COBOL *m.*
cobol [kɔbɔl] *nm* (*INFORM*) = **COBOL**.
cobra [kɔbʀa] *nm* cobra *m inv.*
coca [kɔka] *nm* coca.
cocagne [kɔkaɲ] *nf*: **pays de** ~ paese *m* di cuccagna; **mât de** ~ albero della cuccagna.
cocaïne [kɔkain] *nf* cocaina.
cocarde [kɔkaʀd] *nf* coccarda.
cocardier, -ère [kɔkaʀdje, jɛʀ] *adj* militarista, sciovinista.
cocasse [kɔkas] *adj* buffo(-a), comico(-a).
coccinelle [kɔksinɛl] *nf* coccinella.
coccyx [kɔksis] *nm* coccige *m.*
coche [kɔʃ] *nm*: **manquer/louper le** ~ (*fig*) lasciarsi sfuggire un'occasione.
cocher [kɔʃe] *nm* vetturino, cocchiere *m* ♦ *vt* spuntare, segnare.
cochère [kɔʃɛʀ] *adj f*: **porte** ~ portone *m.*
cochon, ne [kɔʃɔ̃, ɔn] *nm* maiale *m* ♦ *nm/f* (*péj*) sporcaccione(-a), maiale(-a) ♦ *adj* (*livre, histoire*) sporco(-a), sconcio(-a); **avoir une tête de** ~ essere una testa dura; ▸**cochon d'Inde** porcellino d'India; ▸**cochon de lait** porcellino da latte.
cochonnaille [kɔʃɔnaj] (*fam*) *nf* salumi *mpl.*
cochonnerie [kɔʃɔnʀi] (*fam*) *nf* porcheria.
cochonnet [kɔʃɔnɛ] *nm* boccino.
cocker [kɔkɛʀ] *nm* cocker *m inv.*
cocktail [kɔktɛl] *nm* cocktail *m inv.*
coco [koko] *nm voir* **noix**; (*fam*: *individu*): **un sale** ~ un tipaccio.
cocon [kɔkɔ̃] *nm* bozzolo.
cocorico [kɔkɔʀiko] *excl, nm* chicchirichì *m inv.*
cocotier [kɔkɔtje] *nm* palma da cocco.
cocotte [kɔkɔt] *nf* (*en fonte*) pentola di ghisa; **ma** ~ (*fam*) cocca mia; ▸**cocotte en papier** ochetta di carta; ▸**cocotte (minute)** ® pentola a pressione.
cocu, e [kɔky] (*fam*) *adj* cornuto(-a) ♦ *nm* cornuto.
codage [kɔdaʒ] *nm* codificazione *f.*
code [kɔd] *nm* codice *m*; (*AUTO*) anabbagliante *m*; **se mettre en** ~**(s)** (*AUTO*) accendere gli anabbaglianti; **éclairage** ~ luci *fpl* anabbaglianti; **phares** ~**(s)** fari *mpl* anabbaglianti; ▸**code à barres** codice a barre; ▸**code civil** codice civile; ▸**code de caractère** (*INFORM*) codice di carattere; ▸**code de la route** codice della strada; ▸**code machine** codice *m* macchina *inv*; ▸**code pénal** codice penale; ▸**code postal** codice postale; ▸**code secret** codice segreto.
codéine [kɔdein] *nf* codeina.
coder [kɔde] *vt* cifrare, codificare.
codétenu, e [kodet(ə)ny] *nm/f* compagno (-a) di cella.
codicille [kɔdisil] *nm* codicillo.
codifier [kɔdifje] *vt* codificare.
codirecteur, -trice [kodiʀɛktœʀ, tʀis] *nm/f* condirettore(-trice).
coéditeur, -trice [koeditœʀ, tʀis] *nm/f* coeditore(-trice).
coefficient [kɔefisjɑ̃] *nm* coefficiente *m*; ▸**coefficient d'erreur** margine *m* d'errore.
coéquipier, -ière [koekipje, jɛʀ] *nm/f* compagno(-a) di squadra.
coercition [kɔɛʀsisjɔ̃] *nf* coercizione *f.*
cœur [kœʀ] *nm* cuore *m*; (*CARTES*) cuori *mpl*; **affaire de** ~ affare *m* di cuore; **avoir bon/du** ~ avere (buon) cuore; **avoir mal au** ~ (*estomac*) avere la nausea; **contre son** ~ (*poitrine*) al cuore; **opérer qn à** ~ **ouvert** operare qn a cuore aperto; **recevoir qn à** ~ **ouvert** accogliere qn a braccia aperte; **parler à** ~ **ouvert** parlare a cuore aperto; **de tout son** ~ con tutto il cuore; **avoir le** ~ **gros** *ou* **serré** avere il cuore gonfio; **en avoir le** ~ **net** vederci chiaro; **avoir le** ~ **sur la main** avere il cuore in mano; **par** ~ a memoria; **de bon/grand** ~ di cuore; **avoir à** ~ **de faire** tenerci a fare; **cela lui tient à** ~ (ciò) gli sta a cuore; **prendre les choses à** ~ prendersela a cuore; **s'en donner à** ~ **joie** (*s'amuser*) divertirsi come pazzi; **je suis de tout** ~ **avec toi** ti sono vicino; ▸**cœur d'artichaut** cuore di carciofo; (*fig*) rubacuori *m inv*; ▸**cœur de l'été** cuore dell'estate; ▸**cœur de la forêt** cuore della foresta; ▸**cœur de laitue** cuore di lattuga; ▸**cœur du débat** (*fig*) cuore del dibattito.
coexistence [kɔɛgzistɑ̃s] *nf* coesistenza; ▸**coexistence pacifique** coesistenza pacifica.
coexister [kɔɛgziste] *vi* coesistere.
coffrage [kɔfʀaʒ] *nm* (*CONSTR*) armatura.
coffre [kɔfʀ] *nm* (*meuble*) cassapanca;

(*coffre-fort*) cassaforte *f*; (*d'auto*) bagagliaio; **avoir du ~** (*fam*) avere buoni polmoni.
coffre-fort [kɔfʀəfɔʀ] (*pl* **~s-~es**) *nm* cassaforte *f*.
coffrer [kɔfʀe] (*fam*) *vt* schiaffare dentro.
coffret [kɔfʀɛ] *nm* cofanetto; ▶ **coffret à bijoux** portagioie *m inv*.
cogérant, e [koʒeʀɑ̃, ɑt] *nm/f* cogerente *m/f*.
cogestion [koʒɛstjɔ̃] *nf* cogestione *f*.
cogiter [kɔʒite] *vi, vt* cogitare.
cognac [kɔɲak] *nm* cognac *m inv*.
cognement [kɔɲmɑ̃] *nm* colpo.
cogner [kɔɲe] *vt* (*heurter*: *verres etc*) urtare ♦ *vi* (*personne*) battere; (*volet, battant*) battere; (*moteur*) picchiare in testa; **se cogner à** *vr* urtare contro; **~ sur/contre** battere su/contro; **~ à la porte/fenêtre** battere *ou* picchiare alla porta/finestra.
cohabitation [kɔabitasjɔ̃] *nf* coabitazione *f*.
cohabiter [kɔabite] *vi* coabitare.
cohérence [kɔeʀɑ̃s] *nf* coerenza.
cohérent, e [kɔeʀɑ̃, ɑ̃t] *adj* coerente.
cohésion [kɔezjɔ̃] *nf* coesione *f*.
cohorte [kɔɔʀt] *nf* coorte *f*; (*fig*) schiera.
cohue [kɔy] *nf* folla, ressa.
coi, coite [kwa, kwat] *adj*: **rester ~** starsene quieto(-a); **en rester ~** restare a bocca aperta.
coiffe [kwaf] *nf* cuffia.
coiffé, e [kwafe] *adj*: **bien/mal ~** pettinato(-a)/spettinato(-a); **~ d'un chapeau** con in testa un cappello; **~ en arrière** con i capelli all'indietro; **~ en brosse** con i capelli a spazzola.
coiffer [kwafe] *vt* (*personne*) pettinare; (*colline, sommet*) ricoprire; (*ADMIN*: *sections, organismes*) controllare; (*fig*: *dépasser*) superare; **se coiffer** *vr* pettinarsi; (*se couvrir*) coprirsi il capo; **~ qn d'un béret** mettere un berretto in testa a qn.
coiffeur, -euse [kwafœʀ, øz] *nm/f* parrucchiere(-a).
coiffeuse [kwaføz] *nf* (*table*) toeletta.
coiffure [kwafyʀ] *nf* (*cheveux*) pettinatura, acconciatura; (*chapeau*) copricapo *m*, cappello; **la ~** l'arte dell'acconciatura.
coin [kwɛ̃] *nm* (*de page, pièce, rue*) angolo; (*caisse*) spigolo; (*pour caler, fendre le bois*) cuneo; (*endroit*) posto; (*poinçon*) punzone *m*; **l'épicerie du ~** il negozio di alimentari all'angolo; **dans le ~** in zona; **au ~ du feu** accanto al focolare; **du ~ de l'œil** con la coda dell'occhio; **regard/sourire en ~** sguardo/sorriso di sottecchi.
coincé, e [kwɛ̃se] *adj* bloccato(-a), incastrato(-a); (*fig*: *inhibé*) bloccato(-a).
coincer [kwɛ̃se] *vt* bloccare, incastrare; (*fam*: *par une question*) incastrare; **se coincer** *vr* bloccarsi, incastrarsi.
coïncidence [kɔɛ̃sidɑ̃s] *nf* coincidenza.
coïncider [kɔɛ̃side] *vi* coincidere; (*dans l'espace*) sovrapporsi.
coin-coin [kwɛ̃kwɛ̃] *nm inv* qua qua *m inv*.
coing [kwɛ̃] *nm* mela cotogna.
coït [kɔit] *nm* coito.
coite [kwat] *adj f voir* **coi**.
coke[1] [kɔk] *nm* coke *m inv*.
coke[2] [kok] *nf* (*fam*) cocaina.
col [kɔl] *nm* (*de chemise*) collo, colletto; (*encolure, cou, de bouteille*) collo; (*de montagne*) valico, passo; (*de verre*) orlo; ▶ **col de l'utérus** collo dell'utero; ▶ **col du fémur** collo del femore; ▶ **col roulé** collo a dolcevita.
coléoptère [kɔleɔptɛʀ] *nm* coleottero.
colère [kɔlɛʀ] *nf* collera, ira; **une ~** un accesso *ou* attacco di collera; **être en ~ (contre qn)** essere in collera *ou* arrabbiato(-a) con qn; **mettre qn en ~** fare arrabbiare qn; **se mettre en ~** arrabbiarsi.
coléreux, -euse [kɔleʀø, øz] *adj* collerico(-a), irascibile.
colérique [kɔleʀik] *adj voir* **coléreux**.
colibacille [kɔlibasil] *nm* colibacillo.
colibacillose [kɔlibasiloz] *nf* colibacillosi *f inv*.
colifichet [kɔlifiʃɛ] *nm* gingillo, fronzolo.
colimaçon [kɔlimasɔ̃] *nm* chiocciola; **escalier en ~** scala a chiocciola.
colin [kɔlɛ̃] *nm* nasello.
colin-maillard [kɔlɛ̃majaʀ] (*pl* **~-~s**) *nm* mosca cieca.
colique [kɔlik] *nf* (*MÉD*) diarrea; (*douleurs*) colica; (*personne*) rompiscatole *m/f inv*; (*chose*) rottura (di scatole); ▶ **colique néphrétique** colica renale.
colis [kɔli] *nm* pacco, collo; **par ~ postal** come pacco postale.
colistier [kolistje] *nm* (*POL*) *candidato iscritto con altri nella stessa lista.*
colite [kɔlit] *nf* colite *f*.
collaborateur, -trice [kɔ(l)labɔʀatœʀ, tʀis] *nm/f* collaboratore(-trice); (*POL*) collaborazionista *m/f*.
collaboration [kɔ(l)labɔʀasjɔ̃] *nf* collaborazione *f*; (*POL*) collaborazionismo; **en ~ avec** in collaborazione con.
collaborer [kɔ(l)labɔʀe] *vi*: **~ (à)** collaborare (a).
collage [kɔlaʒ] *nm* collage *m inv*.
collagène [kɔlaʒɛn] *nm* collagene *m*.
collant, e [kɔlɑ̃, ɑ̃t] *adj* adesivo(-a); (*robe etc*) aderente; (*péj*: *personne*) appiccicoso(-a) ♦ *nm* calzamaglia; (*en nylon*) collant *m inv*.
collatéral, e, -aux [kɔ(l)lateʀal, o] *adj*: **les collatéraux** i (parenti) collaterali.
collation [kɔlasjɔ̃] *nf* (*repas*) spuntino.
colle [kɔl] *nf* colla; (*devinette*) indovinello, domanda difficile; (*SCOL*) punizione *f*, castigo; ▶ **colle de bureau** colla (da

ufficio); ▸ **colle forte** colla forte.
collecte [kɔlɛkt] *nf* colletta; **faire une** ~ fare una colletta.
collecter [kɔlɛkte] *vt* raccogliere.
collecteur [kɔlɛktœʀ] *nm* collettore *m*.
collectif, -ive [kɔlɛktif, iv] *adj* collettivo (-a) ♦ *nm* collettivo; **immeuble** ~ condominio; ▸ **collectif budgétaire** progetto di bilancio.
collection [kɔlɛksjɔ̃] *nf* collezione *f*; (*ÉDITION*) collana; (*COMM*: *échantillons*) campionario; **pièce de** ~ pezzo da collezione; **faire (la)** ~ **de** fare collezione di; **(toute) une** ~ **de** (*fig*) una (bella) collezione di; ▸ **collection (de mode)** collezione.
collectionner [kɔlɛksjɔne] *vt* collezionare.
collectionneur, -euse [kɔlɛksjɔnœʀ, øz] *nm/f* collezionista *m/f*.
collectivement [kɔlɛktivmɑ̃] *adv* collettivamente.
collectiviser [kɔlɛktivize] *vt* collettivizzare.
collectivisme [kɔlɛktivism] *nm* collettivismo.
collectivité [kɔlɛktivite] *nf* (*groupement*) gruppo, comunità *f inv*; **la** ~ (*le public, l'ensemble des citoyens*) la collettività; (*vie en communauté*) la vita in comune; ▸ **collectivités locales** (*ADMIN*) enti *mpl* locali.
collège [kɔlɛʒ] *nm* (*école*) ≈ scuola media; (*assemblée*) collegio; ▸ **collège d'enseignement secondaire** ≈ scuola media (*da 11 a 15 anni*); ▸ **collège électoral** collegio elettorale.
collégial, e, -aux [kɔleʒjal, o] *adj* collegiale.
collégien, ne [kɔleʒjɛ̃, ɛn] *nm/f* collegiale *m/f*.
collègue [kɔ(l)lɛg] *nm/f* collega *m/f*.
coller [kɔle] *vt* incollare; (*fam*: *mettre, fourrer*) sbattere, ficcare; (*SCOL*: *fam*) punire; (*à un examen*) bocciare ♦ *vi* (*être collant*) appiccicare, attaccare; (*adhérer*) aderire; ~ **qch sur** incollare qc su; ~ **son front à la vitre** incollare la fronte al vetro; ~ **à** (*aussi fig*) aderire a; ~ **qn** (*par une question*) fare a qn una domanda cui non sa rispondere.
collerette [kɔlʀɛt] *nf* collaretto; (*TECH*) flangia.
collet [kɔlɛ] *nm* (*piège*) laccio; **prendre qn au** ~ (*cou*) aggredire qn; ▸ **collet monté** impettito(-a).
colleter [kɔlte] *vt* prendere per il collo; **se** ~ **avec les difficultés** lottare contro le difficoltà.
colleur, -euse [kɔlœʀ, øz] *nm/f*: ~ **d'affiches** attacchino(-a).
collier [kɔlje] *nm* (*bijou*) collana; (*de chien, de tuyau*) collare *m*; ~ **(de barbe), barbe en** ~ barba alla Cavour.
collimateur [kɔlimatœʀ] *nm*: **être dans le** ~ (*fig*) essere nel mirino; **avoir qn/qch dans le** ~ (*fig*) tenere d'occhio qn/qc.
colline [kɔlin] *nf* collina.
collision [kɔlizjɔ̃] *nf* collisione *f*; **entrer en** ~ **(avec)** entrare in collisione (con).
colloque [kɔ(l)lɔk] *nm* simposio.
collusion [kɔlyzjɔ̃] *nf* collusione *f*.
collutoire [kɔlytwaʀ] *nm* collutorio; (*en bombe*) collutorio *m* spray *inv*.
collyre [kɔliʀ] *nm* collirio.
colmater [kɔlmate] *vt* (*fuite*) tappare; (*brèche*) chiudere.
Cologne [kɔlɔɲ] *n* Colonia.
colombage [kɔlɔ̃baʒ] *nm* intelaiatura lignea a vista (*comune nelle case del nord Europa*).
colombe [kɔlɔ̃b] *nf* colomba.
Colombie [kɔlɔ̃bi] *nf* Colombia.
colombien, ne [kɔlɔ̃bjɛ̃, jɛn] *adj* colombiano(-a) ♦ *nm/f*: **C~, ne** colombiano(-a).
colon [kɔlɔ̃] *nm* colono; (*enfant*: *en vacances*) *bambino ospite di una colonia estiva*.
côlon [kolɔ̃] *nm* colon *m inv*.
colonel [kɔlɔnɛl] *nm* colonnello.
colonial, e, -aux [kɔlɔnjal, o] *adj* coloniale.
colonialisme [kɔlɔnjalism] *nm* colonialismo.
colonialiste [kɔlɔnjalist] *adj* colonialistico(-a) ♦ *nm/f* colonialista *m/f*.
colonie [kɔlɔni] *nf* colonia; ▸ **colonie (de vacances)** colonia.
colonisation [kɔlɔnizasjɔ̃] *nf* colonizzazione *f*.
coloniser [kɔlɔnize] *vt* colonizzare.
colonnade [kɔlɔnad] *nf* colonnato.
colonne [kɔlɔn] *nf* colonna; **en** ~ **par deux** in fila per due; **se mettre en** ~ **par deux/quatre** mettersi in fila per due/quattro; ▸ **colonne de secours** squadra di soccorso; ▸ **colonne (vertébrale)** colonna vertebrale.
colophane [kɔlɔfan] *nf* colofonia.
colorant, e [kɔlɔʀɑ̃, ɑ̃t] *adj* colorante ♦ *nm* colorante *m*.
coloration [kɔlɔʀasjɔ̃] *nf* colorazione *f*, colore *m*; **se faire faire une** ~ (*chez le coiffeur*) farsi fare la tinta.
coloré, e [kɔlɔʀe] *adj* (*fig*: *style, description etc*) colorito(-a).
colorer [kɔlɔʀe] *vt* colorare; **se colorer** *vr* colorarsi, colorirsi.
coloriage [kɔlɔʀjaʒ] *nm* colorazione *f*; (*dessin*) figura *ou* disegno da colorare.
colorier [kɔlɔʀje] *vt* colorare; **album à** ~ album da colorare.
coloris [kɔlɔʀi] *nm* tinta.
coloriste [kɔlɔʀist] *nm/f* colorista *m/f*.
colossal, e, -aux [kɔlɔsal, o] *adj* colossa-

le.
colosse [kɔlɔs] *nm* colosso.
colostrum [kɔlɔstʀɔm] *nm* colostro.
colporter [kɔlpɔʀte] *vt* (*marchandises*) fare il venditore ambulante di; (*fig*: *nouvelle*) divulgare.
colporteur, -euse [kɔlpɔʀtœʀ, øz] *nm/f* (venditore(-trice)) ambulante *m/f*.
colt [kɔlt] *nm* pistola.
coltiner [kɔltine] *vt* portare a spalle; **se coltiner** *vr* sobbarcarsi.
colza [kɔlza] *nm* colza.
coma [kɔma] *nm* coma *m inv*; **être dans le ~** essere in coma.
comateux, -euse [kɔmatø, øz] *adj* comatoso(-a).
combat [kɔ̃ba] *vb voir* **combattre** ♦ *nm* (*MIL*) combattimento; (*fig*) lotta; ▶ **combat de boxe** incontro di pugilato; ▶ **combat de rues** rissa, zuffa (*per la strada*).
combatif, -ive [kɔ̃batif, iv] *adj* combattivo(-a).
combativité [kɔ̃bativite] *nf* combattività.
combattant, e [kɔ̃batɑ̃, ɑ̃t] *adj* combattente ♦ *nm* combattente *m*; (*d'une rixe*) avversario, contendente *m*; **ancien ~** ex combattente.
combattre [kɔ̃batʀ] *vt, vi* combattere.
combien [kɔ̃bjɛ̃] *adv* (*interrogatif*: *quantité*) quanto; (*nombre*) quanti; (*exclamatif*: *comme, que*) quanto, come; **~ de** quanto(-a); **~ de temps** quanto tempo; **~ coûte/pèse ceci?** quanto costa/pesa questo?; **vous mesurez ~?** che taglia porta?; **ça fait ~?** (*prix*) quant'è?; **ça fait ~ en largeur?** quanto è largo?
combinaison [kɔ̃binɛzɔ̃] *nf* combinazione *f*; (*vêtement*: *spatiale, d'aviateur, de ski etc*) tuta; (*de femme*: *sous-vêtement*) sottoveste *f*; (*astuce*) espediente *m*.
combine [kɔ̃bin] *nf* espediente *m*, trucco; (*péj*) raggiro, intrallazzo.
combiné [kɔ̃bine] *nm* (*aussi*: **~ téléphonique**) microtelefono, ricevitore *m*; (*SKI*) combinata; (*vêtement de femme*) guaina, modellatore *m*.
combiner [kɔ̃bine] *vt* combinare; (*projet*) elaborare.
comble [kɔ̃bl] *adj* (*salle, maison*) pieno(-a) zeppo(-a), colmo(-a) ♦ *nm* (*du bonheur, plaisir*) colmo; **~s** *nmpl* (*CONSTR*) sottotetto *msg*; **de fond en ~** da cima a fondo; **pour ~ de malchance** per colmo di sfortuna; **c'est le ~!** è il colmo!; **sous les ~s** nel sottotetto.
combler [kɔ̃ble] *vt* colmare; (*désirs*) appagare, esaudire; (*personne*) appagare; **~ qn de joie/d'honneurs** colmare qn di gioia/di onori.
combustible [kɔ̃bystibl] *adj* combustibile ♦ *nm* combustibile *m*.
combustion [kɔ̃bystjɔ̃] *nf* combustione *f*.
Côme [kom] *nm*: **lac de ~** lago di Como.
COMECON [komekɔn] *sigle m* (= *Conseil d'assistance économique mutuelle*) COMECON *m*.
comédie [kɔmedi] *nf* commedia; **jouer la ~** (*fig*) fare *ou* recitare la commedia; ▶ **comédie musicale** commedia musicale.
comédien, ne [kɔmedjɛ̃, jɛn] *nm/f* (*THÉÂTRE*) attore(-trice); (*comique*) attore(-trice) comico(-a); (*fig*: *simulateur*) commediante *m/f*; (: *pitre*) buffone(-a).
comédon [kɔmedɔ̃] *nm* comedone *m*.
comestible [kɔmɛstibl] *adj* commestibile; **~s** *nmpl* (*aliments*) (generi *mpl*) alimentari *mpl*.
comète [kɔmɛt] *nf* cometa.
comice [kɔmis] *nm*: **~s agricoles** *assemblea di coltivatori per l'incremento della produzione agricola.*
comique [kɔmik] *adj* comico(-a) ♦ *nm* (*artiste*) comico; **le ~ de l'histoire, c'est ...** il comico della storia è ... .
comité [kɔmite] *nm* comitato; **en petit ~** tra pochi intimi; ▶ **comité d'entreprise** consiglio di fabbrica; ▶ **comité des fêtes** comitato organizzativo *ou* promotore; ▶ **comité directeur** comitato direttivo.
commandant [kɔmɑ̃dɑ̃] *nm* (*gén, armée de l'air, NAUT*) comandante *m*; (*MIL*: *grade*) maggiore *m*; ▶ **commandant (de bord)** (*AVIAT*) comandante *m* (pilota).
commande [kɔmɑ̃d] *nf* (*COMM*) ordine *m*, ordinazione *f*; (*INFORM*) comando; **~s** *nfpl* (*de voiture, d'avion*) comandi *mpl*; **passer une ~ (de)** fare un ordine (di); **sur ~** su ordinazione; **véhicule à double ~** veicolo a doppi comandi; ▶ **commande à distance** telecomando.
commandement [kɔmɑ̃dmɑ̃] *nm* comando; (*REL*) comandamento.
commander [kɔmɑ̃de] *vt* comandare; (*COMM*) ordinare; (*fig*: *nécessiter*) imporre; **~ à** (*MIL*) comandare; (*contrôler, maîtriser*) dominare; **~ à qn de faire qch** ordinare a qn di fare qc.
commanditaire [kɔmɑ̃ditɛʀ] *nm* accomandante *m*.
commandite [kɔmɑ̃dit] *nf*: **(société en) ~** società *f inv* in accomandita.
commanditer [kɔmɑ̃dite] *vt* finanziare.
commando [kɔmɑ̃do] *nm* commando *m inv*.

MOT-CLÉ

comme [kɔm] *prép* **1** (*comparaison*) come; **tout comme son père** proprio come suo padre, tutto suo padre; **fort comme un**

bœuf forte come un toro; **il est petit comme tout** è proprio piccolo; **comme c'est pas possible** (*fam*) non è possibile; **comme c'est pas permis** (*fam*) non è possibile
2 (*manière*) come; **comme ça** così; **comment ça va? – comme ça** come va? – così così; **comme ci, comme ça** così così; **faites comme cela** *ou* **ça** fate così; **on ne parle pas comme ça à ...** non si parla così a ...
3 (*en tant que*) come; **donner comme prix/heure** stabilire come prezzo/ora; **travailler comme secrétaire** lavorare come segretaria
♦ *conj* **1** (*ainsi que*) come; **elle écrit comme elle parle** scrive come parla; **comme on dit** come si dice; **comme si** come se; **comme quoi ...** (*disant que*) perciò ..., per cui ...; (*d'où il s'ensuit que ...*) ne consegue che ...; **comme de juste** come è giusto (che sia); **comme il faut** come si deve
2 (*au moment où, alors que*) mentre, nel momento in cui; **il est parti comme j'arrivais** è partito mentre arrivavo
3 (*parce que, puisque*) siccome; **comme il était en retard, ...** siccome era in ritardo, ...
♦ *adv* (*exclamation*): **comme c'est bon/il est fort!** com'è buono/forte!

commémoratif, -ive [kɔmemɔʀatif, iv] *adj* commemorativo(-a).
commémoration [kɔmemɔʀasjɔ̃] *nf* commemorazione *f*.
commémorer [kɔmemɔʀe] *vt* commemorare.
commencement [kɔmɑ̃smɑ̃] *nm* inizio; ~**s** (*débuts*) inizi *mpl*.
commencer [kɔmɑ̃se] *vt* iniziare, cominciare ♦ *vi* iniziare, cominciare; **une citation commence l'article** l'articolo inizia con una citazione; ~ **à** *ou* **de faire** iniziare *ou* cominciare a fare; ~ **par qch/par faire qch** iniziare *ou* cominciare con qc/col fare qc.
commensal, e, -aux [kɔmɑ̃sal, o] *nm/f* commensale *m/f*.
comment [kɔmɑ̃] *adv* come; ~? (*que dites-vous?*) come?; ~! (*affirmatif: de quelle façon*) come!; **et** ~! eccome!; ~ **donc!** certamente!, come no!; ~ **aurais-tu fait?** come avresti fatto?; ~ **tu t'y serais pris?** come *ou* cosa avresti fatto?; ~ **faire?** come fare?; ~ **se fait-il que ...?** com'è che ...?; ~ **est-ce que ça s'appelle?** come si chiama?; ~ **est-ce qu'on ...?** come si ...?; **le** ~ **et le pourquoi** il come e il perché.
commentaire [kɔmɑ̃tɛʀ] *nm* commento; ▸**commentaire (de texte)** (*SCOL*) commento; ▸**commentaire sur image** commento parlato.
commentateur, -trice [kɔmɑ̃tatœʀ, tʀis] *nm/f* (*RADIO, TV*) commentatore(-trice).
commenter [kɔmɑ̃te] *vt* commentare.
commérages [kɔmeʀaʒ] *nmpl* pettegolezzi *mpl*.
commerçant, e [kɔmɛʀsɑ̃, ɑ̃t] *adj* commerciale; (*personne*) portato(-a) per il commercio ♦ *nm/f* commerciante *m/f*.
commerce [kɔmɛʀs] *nm* commercio; **le petit** ~ il commercio al minuto; **faire** ~ **de** commerciare in; (*fig: péj*) fare commercio di; **chambre de** ~ camera di commercio; **livres de** ~ libri contabili; **vendu dans le** ~ in commercio; **vendu hors-**~ fuori commercio; ▸**commerce en** *ou* **de gros** commercio all'ingrosso; ▸**commerce extérieur** commercio (con l')estero; ▸**commerce intérieur** commercio interno.
commercer [kɔmɛʀse] *vi*: ~ **avec** commerciare con.
commercial, e, -aux [kɔmɛʀsjal, o] *adj* (*aussi péj*) commerciale ♦ *nm*: **les commerciaux** l'ufficio commerciale.
commerciale [kɔmɛʀsjal] *nf* (*véhicule*) giardinetta.
commercialisable [kɔmɛʀsjalizabl] *adj* commercializzabile.
commercialisation [kɔmɛʀsjalizasjɔ̃] *nf* commercializzazione *f*, marketing *m inv*.
commercialiser [kɔmɛʀsjalize] *vt* commercializzare.
commère [kɔmɛʀ] *nf* comare *f*.
commettant [kɔmetɑ̃] *vb voir* **commettre** ♦ *nm* (*JUR*) committente *m*.
commettre [kɔmɛtʀ] *vt* commettere; **se commettre** *vr* compromettersi; **avocat commis d'office** avvocato nominato d'ufficio.
commis [kɔmi] *vb voir* **commettre** ♦ *nm* commesso; ▸**commis voyageur** commesso viaggiatore.
commisération [kɔmizeʀasjɔ̃] *nf* commiserazione *f*.
commissaire [kɔmisɛʀ] *nm* commissario; ▸**commissaire aux comptes** revisore *m* dei conti; ▸**commissaire du bord** commissario di bordo.
commissaire-priseur [kɔmisɛʀpʀizœʀ] (*pl* ~**s-**~**s**) *nm* banditore *m* (di asta).
commissariat [kɔmisaʀja] *nm* commissariato; (*ADMIN*) funzione *f* di commissario.
commission [kɔmisjɔ̃] *nf* commissione *f*; ~**s** *nfpl* (*achats*) compere *fpl*, commissioni *fpl*; ▸**commission d'examen** commissione d'esame.

commissionnaire [kɔmisjɔnɛʀ] *nm* (*livreur*) fattorino; (*messager*) corriere *m*; (*TRANSPORTS*) spedizioniere *m*.
commissure [kɔmisyʀ] *nf*: **la ~ des lèvres** l'angolo della bocca.
commode [kɔmɔd] *adj* comodo(-a); (*air, personne*) conciliante, accomodante; (*personne*): **pas ~** esigente, difficile ♦ *nf* cassettone *m*, comò *m inv*.
commodément [kɔmɔdemɑ̃] *adv* comodamente.
commodité [kɔmɔdite] *nf* comodità *f inv*; **~s** *nfpl* (*aise, confort*) comodità *fpl*.
commotion [komosjɔ̃] *nf* (*MÉD*) commozione *f*; **~ (cérébrale)** commozione cerebrale.
commotionné, e [kɔmosjɔne] *adj* traumatizzato(-a).
commuer [kɔmɥe] *vt* commutare.
commun, e [kɔmœ̃, yn] *adj* comune; (*identique*) identico(-a); (*péj*) ordinario(-a) ♦ *nm*: **cela sort du ~** è fuori del comune; **~s** *nmpl* (*bâtiments*) dipendenze *fpl*; **le ~ des mortels** i comuni mortali; **sans ~e mesure** senza paragone; **bien ~** bene *m* comune; **être ~ à** essere comune a; **en ~** in comune; **peu ~** poco comune; **d'un ~ accord** di comune accordo.
communal, e, -aux [kɔmynal, o] *adj* comunale.
communard, e [kɔmynaʀ, aʀd] *nm/f* comunardo(-a).
communautaire [kɔmynotɛʀ] *adj* comunitario(-a).
communauté [kɔmynote] *nf* comunità *f inv*; **régime de la ~** (*JUR*) regime *m* di comunione dei beni.
commune [kɔmyn] *adj f voir* **commun** ♦ *nf* comune *m*.
communément [kɔmynemɑ̃] *adv* comunemente.
Communes [kɔmyn] *nfpl* (*Grande Bretagne*) Comuni *mpl*.
communiant, e [kɔmynjɑ̃, jɑ̃t] *nm/f* comunicando(-a).
communicant, e [kɔmynikɑ̃, ɑ̃t] *adj* comunicante.
communicatif, -ive [kɔmynikatif, iv] *adj* comunicativo(-a).
communication [kɔmynikasjɔ̃] *nf* comunicazione *f*; (*de demande, dossier*) trasmissione *f*; **~s** *nfpl* (*routes, téléphone etc*) comunicazioni *fpl*; **vous avez la ~** è in linea; **donnez-moi la ~ avec** mi passi la comunicazione con; **avoir la ~ (avec)** avere la comunicazione (con); **mettre qn en ~ avec qn** mettere qn in comunicazione con qn; ▸**communication avec préavis** comunicazione con preavviso; ▸**communication interurbaine** comunicazione interurbana; ▸**communication en PCV** telefonata a carico del destinatario.
communier [kɔmynje] *vi* comunicarsi, fare la comunione; (*fig*) essere in comunione spirituale.
communion [kɔmynjɔ̃] *nf* (*REL, fig*) comunione *f*; **première ~, ~ solennelle** prima comunione.
communiqué [kɔmynike] *nm* comunicato; ▸**communiqué de presse** comunicato stampa.
communiquer [kɔmynike] *vt* comunicare; (*demande, dossier*) trasmettere ♦ *vi* comunicare; **se communiquer à** *vr* comunicarsi a; **~ avec** (*suj: salle*) comunicare con.
communisme [kɔmynism] *nm* comunismo.
communiste [kɔmynist] *adj, nm/f* comunista *m/f*.
commutateur [kɔmytatœʀ] *nm* (*ÉLEC*) commutatore *m*.
commutation [kɔmytasjɔ̃] *nf* (*INFORM*) commutazione *f*; ▸**commutation de messages** commutazione di messaggi.
compact, e [kɔ̃pakt] *adj* compatto(-a).
compagne [kɔ̃paɲ] *nf* compagna.
compagnie [kɔ̃paɲi] *nf* compagnia; **tenir ~ à qn** tenere *ou* fare compagnia a qn; **fausser ~ à qn** piantare in asso qn; **en ~ de** in compagnia di; **Dupont et ~** (*COMM*) Dupont e soci; **... et ~** ... e compagnia bella; ▸**compagnie aérienne** compagnia aerea.
compagnon [kɔ̃paɲɔ̃] *nm* compagno; (*autrefois: ouvrier*) artigiano.
comparable [kɔ̃paʀabl] *adj*: **~ (à)** paragonabile (a).
comparaison [kɔ̃paʀɛzɔ̃] *nf* paragone *m*, confronto; **en ~ de, par ~ à** in confronto a; **en ~** in confronto; **par ~** in base a un confronto *ou* paragone; **sans ~** (*indubitablement*) sicuramente; **cet ouvrage est sans ~ avec les autres** non c'è paragone tra quest'opera e le altre.
comparaître [kɔ̃paʀɛtʀ] *vi* (*JUR*): **~ (devant)** comparire (davanti).
comparatif [kɔ̃paʀatif] *adj* comparativo(-a) ♦ *nm* comparativo.
comparativement [kɔ̃paʀativmɑ̃] *adv* relativamente; **~ à** relativamente *ou* rispetto a.
comparé, e [kɔ̃paʀe] *adj*: **littérature/grammaire ~e** letteratura/grammatica comparata.
comparer [kɔ̃paʀe] *vt* paragonare, confrontare; **~ qch/qn à** *ou* **et qch/qn** paragonare qc/qn a qc/qn, confrontare qc/qn con qc/qn.
comparse [kɔ̃paʀs] (*péj*) *nm/f* comparsa.

compartiment [kɔ̃paRtimɑ̃] *nm* (*de train*) scompartimento; (*case*) scomparto.
compartimenté, e [kɔ̃paRtimɑ̃te] *adj* a scomparti; (*fig*) a compartimenti stagni.
comparu [kɔ̃paRy] *pp de* **comparaître**.
comparution [kɔ̃paRysjɔ̃] *nf* comparizione *f*.
compas [kɔ̃pɑ] *nm* (*GÉOM*) compasso; (*NAUT*) bussola.
compassé, e [kɔ̃pɑse] *adj* compassato(-a).
compassion [kɔ̃pasjɔ̃] *nf* compassione *f*.
compatibilité [kɔ̃patibilite] *nf* compatibilità.
compatible [kɔ̃patibl] *adj*: ~ **(avec)** compatibile (con).
compatir [kɔ̃patiR] *vi*: ~ **(à)** aver compassione (di), compatire.
compatissant, e [kɔ̃patisɑ̃, ɑ̃t] *adj* compassionevole.
compatriote [kɔ̃patRijɔt] *nm/f* compatriota *m/f*.
compensateur, -trice [kɔ̃pɑ̃satœR, tRis] *adj* compensatore(-trice).
compensation [kɔ̃pɑ̃sasjɔ̃] *nf* (*dédommagement*) compenso, risarcimento; (*BANQUE, d'une dette*) compensazione *f*; **en** ~ in compenso.
compensé, e [kɔ̃pɑ̃se] *adj*: **semelle ~e** *suola che fa tutt'uno con il tacco*.
compenser [kɔ̃pɑ̃se] *vt* compensare.
compère [kɔ̃pɛR] *nm* compare *m*.
compétence [kɔ̃petɑ̃s] *nf* competenza.
compétent, e [kɔ̃petɑ̃, ɑ̃t] *adj* competente.
compétitif, -ive [kɔ̃petitif, iv] *adj* competitivo(-a).
compétition [kɔ̃petisjɔ̃] *nf* competizione *f*; (*SPORT*) competizione, gara; **la** ~ (*SPORT: activité*) l'agonistica; **être en** ~ **avec** essere in competizione con; ▸ **compétition automobile** corse *fpl* automobilistiche.
compétitivité [kɔ̃petitivite] *nf* competitività *f inv*.
compilateur [kɔ̃pilatœR] *nm* (*INFORM*) compilatore *m*.
compiler [kɔ̃pile] *vt* compilare.
complainte [kɔ̃plɛ̃t] *nf* nenia.
complaire [kɔ̃plɛR]: **se** ~ *vr*: **se** ~ **dans/parmi** cullarsi *ou* crogiolarsi in/tra.
complaisais [kɔ̃plɛzɛ] *vb voir* **complaire**.
complaisamment [kɔ̃plɛzamɑ̃] *adv* con compiacenza.
complaisance [kɔ̃plɛzɑ̃s] *nf* (*amabilité*) compiacenza, gentilezza; (*péj: indulgence*) compiacenza; (*fatuité*) compiacimento; **attestation de** ~ *certificato emesso per compiacere un paziente etc*; **pavillon de** ~ bandiera *f* ombra *inv*.
complaisant, e [kɔ̃plɛzɑ̃, ɑ̃t] *vb voir* **complaire** ♦ *adj* (*aimable*) compiacente, gentile; (*péj: indulgent*) compiacente; (*fat*) compiaciuto(-a).
complaît [kɔ̃plɛ] *vb voir* **complaire**.
complément [kɔ̃plemɑ̃] *nm* (*aussi LING*) complemento; (*surplus*) supplemento; (*reste*) resto; ▸ **complément (circonstanciel) de lieu/d'agent** complemento di luogo/d'agente; ▸ **complément d'information** (*ADMIN*) supplemento d'informazione; ▸ **complément (d'objet) direct** complemento oggetto *ou* diretto; ▸ **complément (d'objet) indirect** complemento indiretto; ▸ **complément de nom** complemento di specificazione.
complémentaire [kɔ̃plemɑ̃tɛR] *adj* complementare.
complet, -ète [kɔ̃plɛ, ɛt] *adj* completo(-a); (*hôtel, cinéma*) completo(-a), al completo ♦ *nm* (*costume: aussi:* **~-veston**) completo; **au (grand)** ~ al (gran) completo.
complètement [kɔ̃plɛtmɑ̃] *adv* completamente; (*étudier etc*) a fondo.
compléter [kɔ̃plete] *vt* completare; **se compléter** *vr* completarsi.
complexe [kɔ̃plɛks] *adj* complesso(-a) ♦ *nm* (*PSYCH*) complesso; ▸ **complexe industriel/portuaire/hospitalier** complesso industriale/portuale/ospedaliero.
complexé, e [kɔ̃plɛkse] *adj* complessato (-a).
complexité [kɔ̃plɛksite] *nf* complessità *f inv*.
complication [kɔ̃plikasjɔ̃] *nf* (*d'une situation*) complessità *f inv*; (*difficulté, ennui*) complicazione *f*; **~s** *nfpl* (*MÉD*) complicazioni *fpl*.
complice [kɔ̃plis] *nm/f* complice *m/f*.
complicité [kɔ̃plisite] *nf* complicità *f inv*.
compliment [kɔ̃plimɑ̃] *nm* complimento; **~s** *nmpl* (*félicitations*) complimenti *mpl*, congratulazioni *fpl*.
complimenter [kɔ̃plimɑ̃te] *vt*: ~ **qn (sur** *ou* **de)** complimentarsi *ou* congratularsi con qn (per).
compliqué, e [kɔ̃plike] *adj* complicato(-a), complesso(-a).
compliquer [kɔ̃plike] *vt* complicare; **se compliquer** *vr* complicarsi; **se** ~ **la vie** complicarsi la vita.
complot [kɔ̃plo] *nm* (*aussi POL*) complotto.
comploter [kɔ̃plɔte] *vi* complottare ♦ *vt* ordire, tramare.
complu [kɔ̃ply] *pp de* **complaire**.
comportement [kɔ̃pɔRtəmɑ̃] *nm* comportamento.
comporter [kɔ̃pɔRte] *vt* comprendere; (*impliquer*) comportare; **se comporter** *vr* comportarsi.
composant [kɔ̃pozɑ̃] *nm* componente *m*.
composante [kɔ̃pozɑ̃t] *nf* componente *f*.
composé, e [kɔ̃poze] *adj* composto(-a) ♦ *nm* (*CHIM, LING*) composto.
composer [kɔ̃poze] *vt* comporre ♦ *vi*

(*SCOL*) fare un compito in classe; (*transiger*) venire a patti; **se ~ de** essere composto(-a) di, comporsi di; **~ un numéro** comporre un numero.

composite [kɔ̃pozit] *adj* composito(-a).

compositeur, -trice [kɔ̃pozitœʀ, tʀis] *nm/f* (*MUS, TYPO*) compositore(-trice).

composition [kɔ̃pozisjɔ̃] *nf* composizione *f*; (*SCOL*) compito in classe, prova scritta; **de bonne ~** accomodante; ▸ **composition française** (*SCOL*) tema in francese.

compost [kɔ̃pɔst] *nm* composta.

composter [kɔ̃pɔste] *vt* (*dater*) datare; (*poinçonner*) forare.

composteur [kɔ̃pɔstœʀ] *nm* (*timbre dateur*) datario; (*poinçon*) perforatrice *f* (di biglietti).

compote [kɔ̃pɔt] *nf* frutta cotta, composta; ▸ **compote de pommes** mele *fpl* cotte, composta di mele.

compotier [kɔ̃pɔtje] *nm* compostiera, terrina (*per composta*).

compréhensible [kɔ̃pʀeɑ̃sibl] *adj* comprensibile.

compréhensif, -ive [kɔ̃pʀeɑ̃sif, iv] *adj* comprensivo(-a).

compréhension [kɔ̃pʀeɑ̃sjɔ̃] *nf* comprensione *f*.

comprendre [kɔ̃pʀɑ̃dʀ] *vt* capire, comprendere; (*se composer de, inclure*) comprendere; **se faire ~** farsi capire; **mal ~** capire male.

compresse [kɔ̃pʀɛs] *nf* compressa.

compresseur [kɔ̃pʀesœʀ] *adj m voir* **rouleau** ♦ *nm* compressore *m*.

compressible [kɔ̃pʀesibl] *adj* compressibile, comprimibile; (*dépenses*) riducibile.

compression [kɔ̃pʀesjɔ̃] *nf* compressione *f*; (*d'un crédit etc*) riduzione *f*.

comprimé, e [kɔ̃pʀime] *adj*: **air ~** aria compressa ♦ *nm* (*MÉD*) compressa.

comprimer [kɔ̃pʀime] *vt* comprimere; (*fig*: *crédit, effectifs*) ridurre; (: *larmes, sentiments*) reprimere.

compris, e [kɔ̃pʀi, iz] *pp de* **comprendre** ♦ *adj* (*inclus*) compreso(-a), incluso(-a); **~ entre ...** (*situé*) situato(-a) tra ...; **~?** capito?; **y/non ~ la maison** compresa/esclusa la casa; **la maison ~e/non ~e** compresa/esclusa la casa; **service ~** servizio compreso; **100 F tout ~** 100 franchi tutto compreso.

compromettant, e [kɔ̃pʀɔmetɑ̃, ɑ̃t] *adj* compromettente.

compromettre [kɔ̃pʀɔmɛtʀ] *vt* compromettere.

compromis [kɔ̃pʀɔmi] *vb voir* **compromettre** ♦ *nm* compromesso.

compromission [kɔ̃pʀɔmisjɔ̃] *nf* compromissione *f*.

comptabiliser [kɔ̃tabilize] *vt* contabilizzare.

comptabilité [kɔ̃tabilite] *nf* contabilità *f inv*; ▸ **comptabilité en partie double** contabilità in partita doppia.

comptable [kɔ̃tabl] *nm/f* ragioniere(-a), contabile *m/f* ♦ *adj* contabile; **~ de** responsabile di.

comptant [kɔ̃tɑ̃] *adv*: **payer/acheter ~** pagare/comprare in contanti.

compte [kɔ̃t] *nm* conto; **~s** *nmpl* (*comptabilité*) conti *mpl*; **ouvrir un ~** aprire un conto; **rendre des ~s à qn** (*fig*) rendere conto a qn; **faire le ~ de** fare il conto di; **tout ~ fait** a conti fatti; **à ce ~-là** (*dans ce cas*) in questo caso; (*à ce train-là*) di questo passo; **en fin de ~, au bout du ~** (*fig*) in fin dei conti; **à bon ~** a buon mercato; **avoir son ~** (*fig, fam*: *ivre*) essere completamente sbronzo(-a); (*à bout de force*) non poterne proprio più; **pour le ~ de qn** per conto di qn; **pour son propre ~** per conto proprio; **sur le ~ de qn** sul conto di qn; **travailler à son ~** lavorare in proprio; **au bout du ~** in fin dei conti; **mettre qch sur le ~ de qn** (*le rendre responsable*) ritenere qn responsabile per qc; **prendre qch à son ~** assumersi la responsabilità di qc; **trouver son ~ à** trovare il proprio tornaconto a; **régler un ~** regolare un conto; **rendre ~ (à qn) de qch** rendere conto (a qn) di qc; **tenir ~ de qch/que** tenere conto di qc/che; **~ tenu de** tenuto conto di; **il a fait cela sans avoir tenu ~ de ...** l'ha fatto senza tenere conto di ...; ▸ **compte à rebours** conto alla rovescia; ▸ **compte chèque postal** conto corrente postale; ▸ **compte chèques** conto corrente; ▸ **compte client** conto attivo; ▸ **compte courant** conto corrente; ▸ **compte d'exploitation** conto commerciale; ▸ **compte de dépôt** conto di deposito; ▸ **compte fournisseur** conto passivo; ▸ **compte rendu** resoconto; (*de film, livre*) recensione *f*.

compte-gouttes [kɔ̃tgut] *nm inv* contagocce *m inv*.

compter [kɔ̃te] *vt* contare; (*facturer*) conteggiare, mettere in conto ♦ *vi* contare; (*être économe*) essere economo(-a); (*figurer*): **~ parmi** figurare tra; **~ réussir/revenir** contare di riuscire/tornare; **~ sur** contare su; **~ avec qch/qn** tenere conto di qc/qn; **~ sans qch/qn** non tenere conto di qc/qn; **sans ~ que** senza contare che; **à ~ du 10 janvier** a partire dal 10 gennaio; **ça compte beaucoup pour moi** conta molto per me; **cela compte pour rien** non ha importanza; **je compte bien que** conto *ou* spero che.

compte-tours [kɔ̃ttuʀ] *nm inv* contagiri *m inv*.

compteur [kɔ̃tœʀ] *nm* contatore *m*; ▸ **compteur de vitesse** tachimetro.
comptine [kɔ̃tin] *nf* filastrocca (*per fare la conta*).
comptoir [kɔ̃twaʀ] *nm* banco; (*ville coloniale*) impresa commerciale (*in possedimento coloniale*).
compulser [kɔ̃pylse] *vt* consultare.
comte, comtesse [kɔ̃t, kɔ̃tɛs] *nm/f* conte(-essa).
con, conne [kɔ̃, kɔn] (*fam!*) *adj* coglione (-a) (*fam!*).
concasser [kɔ̃kɑse] *vt* (*pierre, sucre*) frantumare; (*poivre*) macinare.
concave [kɔ̃kav] *adj* concavo(-a).
concéder [kɔ̃sede] *vt* (*défaite*) ammettere; (*avantage, droit, point*) concedere; ~ **que** ammettere che.
concélébrer [kɔ̃selebʀe] *vt* concelebrare.
concentration [kɔ̃sɑ̃tʀasjɔ̃] *nf* concentrazione *f*.
concentrationnaire [kɔ̃sɑ̃tʀasjɔnɛʀ] *adj* dei campi di concentramento.
concentré, e [kɔ̃sɑ̃tʀe] *adj* concentrato(-a) ♦ *nm* concentrato.
concentrer [kɔ̃sɑ̃tʀe] *vt* concentrare; **se concentrer** *vr* concentrarsi.
concentrique [kɔ̃sɑ̃tʀik] *adj* concentrico(-a).
concept [kɔ̃sɛpt] *nm* concetto.
concepteur [kɔ̃sɛptœʀ] *nm* disegnatore *m* grafico, designer *m inv*.
conception [kɔ̃sɛpsjɔ̃] *nf* ideazione *f*; (*d'un enfant*) concepimento.
concernant [kɔ̃sɛʀnɑ̃] *prép* riguardante, concernente; (*en ce qui concerne*) riguardo a.
concerner [kɔ̃sɛʀne] *vt* riguardare, concernere; **en ce qui me concerne** per quanto mi riguarda; **en ce qui concerne ceci** per quanto riguarda questo.
concert [kɔ̃sɛʀ] *nm* (*MUS*) concerto; (*fig: de protestations etc*) coro; **de** ~ (*ensemble*) insieme; (*d'un commun accord*) d'intesa.
concertation [kɔ̃sɛʀtasjɔ̃] *nf* (*échange de vues*) dialogo; (*rencontre*) incontro.
concerter [kɔ̃sɛʀte] *vt* concertare; **se concerter** *vr* accordarsi.
concertiste [kɔ̃sɛʀtist] *nm/f* concertista *m/f*.
concerto [kɔ̃sɛʀto] *nm* concerto.
concession [kɔ̃sesjɔ̃] *nf* concessione *f*.
concessionnaire [kɔ̃sesjɔnɛʀ] *nm/f* concessionario(-a).
concevable [kɔ̃s(ə)vabl] *adj* concepibile.
concevoir [kɔ̃s(ə)vwaʀ] *vt* concepire, ideare; (*enfant*) concepire.
concierge [kɔ̃sjɛʀʒ] *nm/f* portinaio(-a), custode *m/f*; (*d'hôtel*) portiere(-a).
conciergerie [kɔ̃sjɛʀʒəʀi] *nf* portineria.
concile [kɔ̃sil] *nm* concilio.
conciliable [kɔ̃siljabl] *adj* conciliabile.
conciliabules [kɔ̃siljabyl] *nmpl* conciliaboli *mpl*.
conciliant, e [kɔ̃siljɑ̃, jɑ̃t] *adj* conciliante.
conciliateur, -trice [kɔ̃siljatœʀ, tʀis] *nm/f* conciliatore(-trice).
conciliation [kɔ̃siljasjɔ̃] *nf* conciliazione *f*.
concilier [kɔ̃silje] *vt* conciliare; **se** ~ **qn/l'appui de qn** accattivarsi *ou* conciliarsi qn/l'appoggio di qn.
concis, e [kɔ̃si, iz] *adj* conciso(-a).
concision [kɔ̃sizjɔ̃] *nf* concisione *f*.
concitoyen, ne [kɔ̃sitwajɛ̃, jɛn] *nm/f* concittadino(-a).
conclave [kɔ̃klav] *nm* conclave *m*.
concluant, e [kɔ̃klyɑ̃, ɑ̃t] *vb voir* **conclure** ♦ *adj* concludente, convincente.
conclure [kɔ̃klyʀ] *vt* concludere; ~ **qch de qch** (*déduire*) concludere *ou* dedurre qc da qc; ~ **au suicide** concludere che si tratta di suicidio; ~ **à l'acquittement** pronunciarsi per l'assoluzione; ~ **un marché** concludere un affare; **j'en conclus que** ne concludo che.
conclusion [kɔ̃klyzjɔ̃] *nf* conclusione *f*; ~**s** *nfpl* (*JUR*) conclusioni *fpl*; **en** ~ in conclusione.
concocter [kɔ̃kɔkte] *vt* escogitare.
conçois *etc* [kɔ̃swa] *vb voir* **concevoir**.
conçoive *etc* [kɔ̃swav] *vb voir* **concevoir**.
concombre [kɔ̃kɔ̃bʀ] *nm* cetriolo.
concomitant, e [kɔ̃kɔmitɑ̃, ɑ̃t] *adj* concomitante.
concordance [kɔ̃kɔʀdɑ̃s] *nf* (*aussi LING*) concordanza.
concordant, e [kɔ̃kɔʀdɑ̃, ɑ̃t] *adj* concordante, concorde.
concorde [kɔ̃kɔʀd] *nf* concordia.
concorder [kɔ̃kɔʀde] *vi* concordare.
concourir [kɔ̃kuʀiʀ] *vi*: ~ **(à)** concorrere (a).
concours [kɔ̃kuʀ] *vb voir* **concourir** ♦ *nm* concorso; (*SCOL*) esame *m*; (*aide, participation: de personne*) contributo; **recrutement par voie de** ~ assunzione *f* mediante concorso; **apporter son** ~ **à** dare il proprio contributo a; ▸ **concours de circonstances** concorso di circostanze; ▸ **concours hippique** concorso ippico.
concret, -ète [kɔ̃kʀɛ, ɛt] *adj* concreto(-a); **musique concrète** musica concreta.
concrètement [kɔ̃kʀɛtmɑ̃] *adv* concretamente.
concrétisation [kɔ̃kʀetizasjɔ̃] *nf* concretizzazione *f*.
concrétiser [kɔ̃kʀetize] *vt* concretizzare, concretare; **se concrétiser** *vr* concretizzarsi.
conçu, e [kɔ̃sy] *pp de* **concevoir**.
concubin, e [kɔ̃kybɛ̃, in] *nm/f* concubino (-a).
concubinage [kɔ̃kybinaʒ] *nm* concubinato.

concupiscence [kɔ̃kypisɑ̃s] *nf* concupiscenza.
concurremment [kɔ̃kyʀamɑ̃] *adv* congiuntamente; (*en même temps*) contemporaneamente.
concurrence [kɔ̃kyʀɑ̃s] *nf* concorrenza; **en ~ avec** in concorrenza con; **jusqu'à ~ de** sino alla concorrenza di; ▶ **concurrence déloyale** concorrenza sleale.
concurrencer [kɔ̃kyʀɑ̃se] *vt* fare concorrenza a.
concurrent, e [kɔ̃kyʀɑ̃, ɑ̃t] *adj* concorrente ♦ *nm/f* concorrente *m/f*; (*SCOL*) candidato(-a).
concurrentiel, le [kɔ̃kyʀɑ̃sjɛl] *adj* concorrenziale.
conçus [kɔ̃sy] *vb voir* **concevoir**.
condamnable [kɔ̃dɑnabl] *adj* condannabile, riprovevole.
condamnation [kɔ̃dɑnasjɔ̃] *nf* condanna; ▶ **condamnation à mort** condanna a morte.
condamné, e [kɔ̃dɑne] *nm/f* (*JUR*) condannato(-a).
condamner [kɔ̃dɑne] *vt* condannare; (*porte, ouverture*) sopprimere, condannare; **~ qn à qch/faire** condannare qn a qc/fare; **~ qn à 2 ans de prison** condannare qn a 2 anni di prigione; **~ qn à une amende** condannare qn ad una multa.
condensateur [kɔ̃dɑ̃satœʀ] *nm* condensatore *m*.
condensation [kɔ̃dɑ̃sasjɔ̃] *nf* condensazione *f*.
condensé, e [kɔ̃dɑ̃se] *adj* condensato(-a) ♦ *nm* riassunto.
condenser [kɔ̃dɑ̃se] *vt* condensare; **se condenser** *vr* condensarsi.
condescendance [kɔ̃desɑ̃dɑ̃s] *nf* condiscendenza.
condescendant, e [kɔ̃desɑ̃dɑ̃, ɑ̃t] *adj* condiscendente.
condescendre [kɔ̃desɑ̃dʀ] *vi*: **~ à qch** accondiscendere a qc; **~ à faire qch** degnarsi di fare qc.
condiment [kɔ̃dimɑ̃] *nm* condimento.
condisciple [kɔ̃disipl] *nm/f* compagno(-a) (di studi).
condition [kɔ̃disjɔ̃] *nf* condizione *f*; **en bonne ~** in buone condizioni; **~s** *nfpl* (*tarif, prix, circonstances*) condizioni *fpl*; **sans ~** senza condizioni; **à/sous ~ que** a condizione che; **à/sous ~ de** a patto di; **mettre en ~** (*SPORT*) mettere in forma; (*PSYCH*) condizionare; ▶ **conditions atmosphériques** condizioni atmosferiche; ▶ **conditions de vie** condizioni di vita.
conditionné, e [kɔ̃disjɔne] *adj* condizionato(-a).
conditionnel, le [kɔ̃disjɔnɛl] *adj* condizionale ♦ *nm* (*LING*) condizionale *m*.
conditionnement [kɔ̃disjɔnmɑ̃] *nm* condizionamento.
conditionner [kɔ̃disjɔne] *vt* condizionare; **réflexe conditionné** riflesso condizionato.
condoléances [kɔ̃dɔleɑ̃s] *nfpl* condoglianze *fpl*.
conducteur, -trice [kɔ̃dyktœʀ, tʀis] *adj* conduttore(-trice) ♦ *nm* conduttore *m* ♦ *nm/f* (*AUTO etc*) conducente *m/f*, guidatore(-trice); (*machine*) manovratore(-trice), conducente *m/f*.
conduire [kɔ̃dɥiʀ] *vt* (*véhicule, délégation, troupeau, société*) guidare; (*passager, enquête, chaleur, électricité*) condurre; (*orchestre*) dirigere; **se conduire** *vr* comportarsi; **~ vers/à** condurre *ou* portare verso/a; **~ qn quelque part** condurre *ou* portare qn da qualche parte; **se ~ bien/mal** comportarsi bene/male.
conduit [kɔ̃dɥi] *pp de* **conduire** ♦ *nm* (*TECH, ANAT*) condotto.
conduite [kɔ̃dɥit] *nf* (*en auto*) guida; (*comportement*) condotta; (*d'eau, gaz*) conduttura; **sous la ~ de** sotto la guida di; ▶ **conduite à gauche** (*AUTO*) guida a sinistra; ▶ **conduite forcée** condotta forzata; ▶ **conduite intérieure** berlina.
cône [kon] *nm* cono; **en forme de ~** a forma di cono; ▶ **cône d'avalanche** *massa di detriti trasportati da una valanga*; ▶ **cône de déjection** cono di deiezione.
confection [kɔ̃fɛksjɔ̃] *nf* preparazione *f*; (*COUTURE*) confezione *f*; **vêtement de ~** vestito confezionato.
confectionner [kɔ̃fɛksjɔne] *vt* (*gén*) preparare; (*vêtement*) confezionare.
confédération [kɔ̃fedeʀasjɔ̃] *nf* confederazione *f*.
conférence [kɔ̃feʀɑ̃s] *nf* conferenza; ▶ **conférence au sommet** conferenza al vertice; ▶ **conférence de presse** conferenza *f* stampa *inv*.
conférencier, -ère [kɔ̃feʀɑ̃sje, jɛʀ] *nm/f* conferenziere(-a).
conférer [kɔ̃feʀe] *vt*: **~ à** conferire a.
confesser [kɔ̃fese] *vt* confessare; **se confesser** *vr* (*REL*) confessarsi.
confesseur [kɔ̃fesœʀ] *nm* confessore *m*.
confession [kɔ̃fesjɔ̃] *nf* confessione *f*.
confessionnal, -aux [kɔ̃fesjɔnal, o] *nm* confessionale *m*.
confessionnel, le [kɔ̃fesjɔnɛl] *adj* confessionale.
confetti [kɔ̃feti] *nm* coriandolo.
confiance [kɔ̃fjɑ̃s] *nf* fiducia; **avoir ~ en** avere fiducia in; **faire ~ à** confidare in; **en toute ~** con la massima fiducia; **mettre qn en ~** guadagnarsi la fiducia di qn; **de ~** di fiducia; **question/vote de ~** questione *f*/voto di fiducia; **inspirer ~ à** ispirare fiducia a; **digne de ~** degno di fidu-

cia; ▸ **confiance en soi** fiducia in se stessi.
confiant, e [kɔ̃fjɑ̃, jɑ̃t] *adj* fiducioso(-a); (*en soi-même*) sicuro(-a) di sé.
confidence [kɔ̃fidɑ̃s] *nf* confidenza.
confident, e [kɔ̃fidɑ̃, ɑ̃t] *nm/f* confidente *m/f*.
confidentiel, le [kɔ̃fidɑ̃sjɛl] *adj* confidenziale.
confidentiellement [kɔ̃fidɑ̃sjɛlmɑ̃] *adv* confidenzialmente.
confier [kɔ̃fje] *vt*: ~ **à qn** affidare a qn ♦ *vt* (*travail, responsabilité*) affidare; (*secret, pensée*) confidare; **se** ~ **à qn** confidarsi con qn.
configuration [kɔ̃figyʀasjɔ̃] *nf* configurazione *f*.
configurer [kɔ̃figyʀe] *vt* (*INFORM*) configurare.
confiné [kɔ̃fine] *adj* (*atmosphère, air*) viziato(-a).
confiner [kɔ̃fine] *vt*: ~ **à** confinare con; **se confiner dans** *ou* **à** *vr* (*s'enfermer*) confinarsi in; (*se limiter*) limitarsi a.
confins [kɔ̃fɛ̃] *nmpl*: **aux** ~ **de** ai confini di.
confire [kɔ̃fiʀ] *vt* (*au sucre*) candire; (*au vinaigre*) conservare.
confirmation [kɔ̃fiʀmasjɔ̃] *nf* conferma; (*REL*) cresima.
confirmer [kɔ̃fiʀme] *vt* confermare; ~ **qn dans ses fonctions** (ri)confermare qn nell'incarico; ~ **qn dans une croyance** rafforzare qn nel suo convincimento; ~ **qch à qn** confermare qc a qn.
confiscation [kɔ̃fiskasjɔ̃] *nf* (*v confisquer*) confisca; sequestro.
confiserie [kɔ̃fizʀi] *nf* pasticceria, confetteria; ~**s** *nfpl* (*bonbons*) dolciumi *mpl*.
confiseur, -euse [kɔ̃fizœʀ, øz] *nm/f* pasticciere(-a), confettiere(-a).
confisquer [kɔ̃fiske] *vt* (*JUR*) confiscare; (*objet: provisoirement: à un enfant*) sequestrare.
confit, e [kɔ̃fi, it] *adj*: **fruits** ~**s** frutta candita; ▸ **confit d'oie** *nm carne d'oca cotta e conservata nel grasso di cottura.*
confiture [kɔ̃fityʀ] *nf* confettura, marmellata; ▸ **confiture d'oranges** marmellata d'arance.
conflagration [kɔ̃flagʀasjɔ̃] *nf* conflagrazione *f*.
conflictuel, le [kɔ̃fliktɥɛl] *adj* conflittuale.
conflit [kɔ̃fli] *nm* conflitto; ▸ **conflit armé** conflitto armato.
confluent [kɔ̃flyɑ̃] *nm* confluenza.
confondre [kɔ̃fɔ̃dʀ] *vt* confondere; **se confondre** *vr* confondersi; **se** ~ **en excuses/remerciements** profondersi in scuse/ringraziamenti; ~ **qch/qn avec** confondere qc/qn con.
confondu, e [kɔ̃fɔ̃dy] *pp de* **confondre** ♦ *adj* sconcertato(-a); **toutes catégories** ~**es** senza distinzione di categoria.
conformation [kɔ̃fɔʀmasjɔ̃] *nf* conformazione *f*.
conforme [kɔ̃fɔʀm] *adj*: ~ **à** conforme a; ~ **à la commande** come da ordine.
conformé, e [kɔ̃fɔʀme] *adj*: **bien** ~ ben proporzionato(-a).
conformément [kɔ̃fɔʀmemɑ̃] *adv*: ~ **à** conformemente a.
conformer [kɔ̃fɔʀme] *vt*: ~ **qch à** conformare qc a; **se conformer à** *vr* conformarsi a.
conformisme [kɔ̃fɔʀmism] *nm* conformismo.
conformiste [kɔ̃fɔʀmist] *adj* conformistico(-a) ♦ *nm/f* conformista *m/f*.
conformité [kɔ̃fɔʀmite] *nf* conformità; **en** ~ **avec** in conformità a, conformemente a.
confort [kɔ̃fɔʀ] *nm* comodità *fpl*, comfort *m inv*; **tout** ~ con tutti i comfort.
confortable [kɔ̃fɔʀtabl] *adj* comodo(-a); (*fig: salaire*) buono(-a).
confortablement [kɔ̃fɔʀtabləmɑ̃] *adv* comodamente; (*dans la richesse*) agiatamente.
conforter [kɔ̃fɔʀte] *vt* rafforzare.
confrère [kɔ̃fʀɛʀ] *nm* (*dans une profession*) collega *m*.
confrérie [kɔ̃fʀeʀi] *nf* confraternita.
confrontation [kɔ̃fʀɔ̃tasjɔ̃] *nf* confronto.
confronté, e [kɔ̃fʀɔ̃te] *adj*: ~ **à** di fronte a.
confronter [kɔ̃fʀɔ̃te] *vt* confrontare; (*témoins, accusés*) mettere a confronto.
confus, e [kɔ̃fy, yz] *adj* confuso(-a).
confusément [kɔ̃fyzemɑ̃] *adv* confusamente.
confusion [kɔ̃fyzjɔ̃] *nf* confusione *f*; ▸ **confusion des peines** (*JUR*) cumulo di pene.
congé [kɔ̃ʒe] *nm* (*vacances*) ferie *fpl*, vacanza; (*arrêt de travail, MIL*) congedo; (*avis de départ*) commiato, congedo; **en** ~ (*en vacances*) in ferie *ou* vacanza; (*en arrêt de travail, soldat*) in congedo; **semaine/jour de** ~ settimana/giorno di vacanza *ou* ferie; **prendre** ~ **de qn** prendere congedo *ou* congedarsi da qn; **donner son** ~ **à qn** licenziare qn; ▸ **congé de maladie** congedo per malattia; ▸ **congé de maternité** congedo per maternità; ▸ **congés payés** ferie pagate.
congédier [kɔ̃ʒedje] *vt* (*employé*) licenziare.
congélateur [kɔ̃ʒelatœʀ] *nm* congelatore *m*.
congélation [kɔ̃ʒelasjɔ̃] *nf* congelamento.
congeler [kɔ̃ʒ(ə)le] *vt* congelare.
congénère [kɔ̃ʒenɛʀ] *nm/f* simile *m/f*.
congénital, e, -aux [kɔ̃ʒenital, o] *adj* con-

genito(-a).
congère [kɔ̃ʒɛʀ] *nf* cumulo di neve.
congestion [kɔ̃ʒɛstjɔ̃] *nf* congestione *f*; ▸ **congestion cérébrale** congestione cerebrale; ▸ **congestion pulmonaire** congestione polmonare.
congestionner [kɔ̃ʒɛstjɔne] *vt* congestionare.
conglomérat [kɔ̃glɔmeʀa] *nm* conglomerato.
Congo [kɔ̃gɔ] *nm* Congo.
congolais, e [kɔ̃gɔlɛ, ɛz] *adj* congolese ♦ *nm/f*: **C~, e** congolese *m/f*.
congratuler [kɔ̃gʀatyle] *vt* congratulare.
congre [kɔ̃gʀ] *nm* grongo.
congrégation [kɔ̃gʀegasjɔ̃] *nf* congregazione *f*.
congrès [kɔ̃gʀɛ] *nm* congresso.
congressiste [kɔ̃gʀesist] *nm/f* congressista *m/f*.
congru, e [kɔ̃gʀy] *adj*: **la portion ~e** lo stretto necessario.
conifère [kɔnifɛʀ] *nm* conifera.
conique [kɔnik] *adj* conico(-a).
conjecture [kɔ̃ʒɛktyʀ] *nf* congettura.
conjecturer [kɔ̃ʒɛktyʀe] *vt, vi* congetturare.
conjoint, e [kɔ̃ʒwɛ̃, wɛ̃t] *adj* congiunto(-a) ♦ *nm/f* coniuge *m/f*.
conjointement [kɔ̃ʒwɛ̃tmɑ̃] *adv* congiuntamente.
conjonctif, -ive [kɔ̃ʒɔ̃ktif, iv] *adj*: **tissu ~** tessuto connettivo.
conjonction [kɔ̃ʒɔ̃ksjɔ̃] *nf* congiunzione *f*.
conjonctivite [kɔ̃ʒɔ̃ktivit] *nf* congiuntivite *f*.
conjoncture [kɔ̃ʒɔ̃ktyʀ] *nf* congiuntura; ▸ **la conjoncture économique** la congiuntura (economica).
conjoncturel, le [kɔ̃ʒɔ̃ktyʀɛl] *adj* congiunturale.
conjugaison [kɔ̃ʒygɛzɔ̃] *nf* coniugazione *f*.
conjugal, e, -aux [kɔ̃ʒygal, o] *adj* coniugale.
conjugué, e [kɔ̃ʒyge] *adj* congiunto(-a).
conjuguer [kɔ̃ʒyge] *vt* (*LING*) coniugare; (*fig*: *efforts*) unire.
conjuration [kɔ̃ʒyʀasjɔ̃] *nf* congiura.
conjuré, e [kɔ̃ʒyʀe] *nm/f* congiurato(-a).
conjurer [kɔ̃ʒyʀe] *vt* scongiurare; **~ qn de faire qch** scongiurare qn di fare qc.
connais [kɔnɛ] *vb voir* **connaître**.
connaissais [kɔnɛsɛ] *vb voir* **connaître**.
connaissance [kɔnɛsɑ̃s] *nf* conoscenza; (*personne connue*) conoscente *m/f*; **~s** *nfpl* (*savoir*) conoscenze *fpl*, cognizioni *fpl*; **être sans ~** (*MÉD*) essere privo di conoscenza; **perdre/reprendre ~** perdere/riprendere conoscenza; **à ma/sa ~** che io/lui sappia; **faire ~ avec qn** *ou* **la ~ de qn** fare conoscenza con qn *ou* la conoscenza di qn; **c'est une vieille ~** è una vecchia conoscenza; **avoir ~ de** essere a conoscenza di; **prendre ~ de** esaminare; **en ~ de cause** con cognizione di causa; **de ~** conosciuto(-a).
connaissant [kɔnɛsɑ̃] *vb voir* **connaître**.
connaissement [kɔnɛsmɑ̃] *nm* (*COMM*) polizza di carico.
connaisseur, -euse [kɔnɛsœʀ, øz] *nm/f* intenditore(-trice), conoscitore(-trice) ♦ *adj* da intenditore *inv*.
connaître [kɔnɛtʀ] *vt* conoscere; **se connaître** *vr* conoscersi; **~ qn de nom/vue** conoscere qn di nome/vista; **ils se sont connus à Genève** si sono conosciuti a Ginevra; **s'y ~ en qch** essere esperto (-a) di qc.
connasse [kɔnas] (*fam!*) *nf* cogliona (*fam!*).
connecté, e [kɔnɛkte] *adj* (*INFORM*) collegato(-a).
connecter [kɔnɛkte] *vt* collegare, connettere.
connerie [kɔnʀi] (*fam!*) *nf* stronzata (*fam!*).
connexe [kɔnɛks] *adj* connesso(-a).
connexion [kɔnɛksjɔ̃] *nf* connessione *f*, collegamento.
connivence [kɔnivɑ̃s] *nf* connivenza.
connotation [kɔ(n)nɔtasjɔ̃] *nf* connotazione *f*.
connu, e [kɔny] *pp de* **connaître** ♦ *adj* noto(-a), conosciuto(-a).
conque [kɔ̃k] *nf* (*ZOOL*) conca.
conquérant, e [kɔ̃keʀɑ̃, ɑ̃t] *adj* conquistatore(-trice).
conquérir [kɔ̃keʀiʀ] *vt* conquistare.
conquerrai [kɔ̃kɛʀʀe] *vb voir* **conquérir**.
conquête [kɔ̃kɛt] *nf* conquista.
conquière *etc* [kɔ̃kjɛʀ] *vb voir* **conquérir**.
conquiers *etc* [kɔ̃kjɛʀ] *vb voir* **conquérir**.
conquis, e [kɔ̃ki, iz] *pp de* **conquérir**.
consacré, e [kɔ̃sakʀe] *adj* consacrato(-a).
consacrer [kɔ̃sakʀe] *vt* consacrare; **se consacrer à qch** dedicarsi a qc; **~ son temps/argent à faire** dedicare il proprio tempo/denaro a fare.
consanguin, e [kɔ̃sɑ̃gɛ̃, in] *adj*: **frère ~** fratello consanguineo; **mariage ~** matrimonio fra consanguinei.
consciemment [kɔ̃sjamɑ̃] *adv* coscientemente.
conscience [kɔ̃sjɑ̃s] *nf* coscienza; **avoir/prendre ~ de** avere/prendere coscienza di; **avoir qch sur la ~** avere qc sulla coscienza; **perdre/reprendre ~** perdere/riacquistare la coscienza; **avoir bonne/mauvaise ~** avere/non avere la coscienza tranquilla; **en (toute) ~** in (tutta) coscienza; ▸ **conscience professionnelle** coscienza professionale.
consciencieux, -euse [kɔ̃sjɑ̃sjø, jøz] *adj* coscienzioso(-a).
conscient, e [kɔ̃sjɑ̃, jɑ̃t] *adj* (*MÉD, délibéré*)

cosciente; ~ **de** conscio(-a) di, consapevole di, cosciente di.

conscription [kɔ̃skʀipsjɔ̃] *nf* coscrizione *f*.

conscrit [kɔ̃skʀi] *nm* coscritto.

consécration [kɔ̃sekʀasjɔ̃] *nf* consacrazione *f*.

consécutif, -ive [kɔ̃sekytif, iv] *adj* consecutivo(-a); **être ~ à** essere conseguenza di.

consécutivement [kɔ̃sekytivmɑ̃] *adv* consecutivamente; ~ **à** in conseguenza di.

conseil [kɔ̃sɛj] *nm* consiglio; (*expert*): ~ **en recrutement** consulente *m* di reclutamento del personale ♦ *adj*: **ingénieur-~** ingegnere *m* consulente; **tenir ~** tenere consiglio; **je n'ai pas de ~ à recevoir de vous** non sta a lei darmi consigli; **donner un ~/des ~s à qn** dare un consiglio/dei consigli a qn; **demander ~ à qn** chiedere consiglio a qn; **prendre ~ (auprès de qn)** farsi consigliare (da qn); ▸**conseil d'administration** consiglio d'amministrazione; ▸**conseil de classe/de discipline** consiglio di classe/di disciplina; ▸**conseil de guerre** consiglio di guerra; ▸**conseil de révision** consiglio di leva; ▸**conseil des ministres** consiglio dei ministri; ▸**conseil général** ≈ consiglio provinciale; ▸**conseil municipal** consiglio comunale; ▸**conseil régional** consiglio regionale.

conseiller [kɔ̃seje] *vt* consigliare; ~ **qch à qn** consigliare qc a qn; ~ **à qn de faire qch** consigliare a qn di fare qc.

conseiller, -ère [kɔ̃seje, jɛʀ] *nm/f* consulente *m/f*; ▸**conseiller matrimonial** consulente matrimoniale; ▸**conseiller municipal** consigliere *m* comunale.

consensuel, le [kɔ̃sɑ̃sɥɛl] *adj* consociativo(-a).

consensus [kɔ̃sɛ̃sys] *nm* consenso.

consentement [kɔ̃sɑ̃tmɑ̃] *nm* consenso.

consentir [kɔ̃sɑ̃tiʀ] *vt*: ~ **(à qch/faire)** acconsentire (a qc/fare); ~ **qch à qn** concedere *ou* consentire qc a qn.

conséquence [kɔ̃sekɑ̃s] *nf* conseguenza; **~s** *nfpl* (*effet, répercussion*) conseguenze *fpl*; **en ~** di conseguenza; **ne pas tirer à ~** non essere grave; **sans ~** senza importanza; **lourd de ~** di grande importanza.

conséquent, e [kɔ̃sekɑ̃, ɑ̃t] *adj* coerente; (*fam: important*) importante; **par ~** di conseguenza.

conservateur, -trice [kɔ̃sɛʀvatœʀ, tʀis] *adj* conservatore(-trice) ♦ *nm/f* (*POL*) conservatore(-trice); (*de musée*) conservatore *m* ♦ *nm* (*de produit*) conservante *m*.

conservation [kɔ̃sɛʀvasjɔ̃] *nf* conservazione *f*.

conservatisme [kɔ̃sɛʀvatism] *nm* conservatorismo.

conservatoire [kɔ̃sɛʀvatwaʀ] *nm* (*de musique*) conservatorio; (*de comédiens*) ≈ accademia d'arte drammatica; (*ÉCOLOGIE*) area protetta.

conserve [kɔ̃sɛʀv] *nf* (*gén pl: aliments*) scatolame *m*; **en ~** in scatola; **de ~** (*ensemble*) insieme; (*naviguer*) di conserva; ▸**conserves de poisson** pesce *m* in scatola.

conservé, e [kɔ̃sɛʀve] *adj*: **bien ~** (*personne*) giovanile.

conserver [kɔ̃sɛʀve] *vt* conservare; **se conserver** *vr* conservarsi; **"~ au frais"** "conservare al fresco".

conserverie [kɔ̃sɛʀvəʀi] *nf* conservificio.

considérable [kɔ̃sideʀabl] *adj* considerevole, notevole.

considérablement [kɔ̃sideʀabləmɑ̃] *adv* considerevolmente, notevolmente.

considération [kɔ̃sideʀasjɔ̃] *nf* considerazione *f*; **~s** *nfpl* (*remarques, réflexions*) considerazioni *fpl*; **prendre en ~** prendere in considerazione; **ceci mérite ~** questo merita di essere preso in considerazione; **en ~ de** considerato(-a), dato(-a).

considéré, e [kɔ̃sideʀe] *adj* rispettato(-a); **tout bien ~** tutto considerato.

considérer [kɔ̃sideʀe] *vt* considerare; ~ **que** (*estimer*) ritenere che; ~ **qch comme** (*juger*) considerare qc.

consigne [kɔ̃siɲ] *nf* (*de bouteilles, emballages*) deposito, cauzione *f*; (*de gare*) deposito *m* bagagli *inv*; (*SCOL*) punizione *f*; (*MIL*) consegna; (*ordre, instruction*) ordine *m*, consegna; ▸**consigne automatique** armadietti *mpl* per deposito bagagli (*a gettone*); ▸**consignes de sécurité** istruzioni *fpl* per la sicurezza.

consigné, e [kɔ̃siɲe] *adj* (*bouteille, emballage*) a rendere; **non ~** a perdere.

consigner [kɔ̃siɲe] *vt* (*note, pensée*) annotare; (*marchandises, MIL*) consegnare; (*élève*) punire; (*COMM: emballage*) far pagare il deposito per.

consistance [kɔ̃sistɑ̃s] *nf* consistenza.

consistant, e [kɔ̃sistɑ̃, ɑ̃t] *adj* consistente.

consister [kɔ̃siste] *vi*: ~ **en/dans** consistere in; (*être formé de*) essere costituito(-a) di, consistere di; ~ **à faire** consistere nel fare.

consœur [kɔ̃sœʀ] *nf* (*dans une profession*) collega.

consolation [kɔ̃sɔlasjɔ̃] *nf*: **avoir la ~ de** avere la consolazione di; **lot/prix de ~** premio di consolazione.

console [kɔ̃sɔl] *nf* (*table, INFORM, TECH*) console *f inv*; (*CONSTR*) mensola; ▸**console de visualisation** *ou* **graphique** unità di visualizzazione a schermo televisivo, display *m inv*.

consoler [kɔ̃sɔle] *vt* consolare; **se ~ (de**

qch) consolarsi (di qc).
consolider [kɔ̃sɔlide] *vt* (*maison, meuble*) rinforzare; (*fig*: *position, avance*) consolidare; **bilan consolidé** bilancio consolidato.
consommateur, -trice [kɔ̃sɔmatœʀ, tʀis] *nm/f* consumatore(-trice); (*dans un café*) cliente *m/f*.
consommation [kɔ̃sɔmasjɔ̃] *nf* consumo; (*JUR, boisson*) consumazione *f*; **de** ~ (*biens*) di consumo; (*société*) dei consumi; ~ **aux 100 km** (*AUTO*) consumo ogni 100 km.
consommé, e [kɔ̃sɔme] *adj* (*art, talent*) consumato(-a) ♦ *nm* consommé *m inv*, brodo ristretto.
consommer [kɔ̃sɔme] *vt, vi* consumare.
consonance [kɔ̃sɔnɑ̃s] *nf* consonanza; **nom à** ~ **étrangère** nome che suona straniero.
consonne [kɔ̃sɔn] *nf* consonante *f*.
consortium [kɔ̃sɔʀsjɔm] *nm* consorzio.
consorts [kɔ̃sɔʀ] (*péj*) *nmpl*: **et** ~ e soci.
conspirateur, -trice [kɔ̃spiʀatœʀ, tʀis] *nm/f* cospiratore(-trice).
conspiration [kɔ̃spiʀasjɔ̃] *nf* cospirazione *f*.
conspirer [kɔ̃spiʀe] *vi* cospirare; ~ **à** (*tendre à*) cospirare a.
conspuer [kɔ̃spɥe] *vt* coprire di improperi.
constamment [kɔ̃stamɑ̃] *adv* costantemente.
Constance [kɔ̃stɑ̃s] *nf*: **lac de** ~ lago di Costanza.
constance [kɔ̃stɑ̃s] *nf* costanza.
constant, e [kɔ̃stɑ̃, ɑ̃t] *adj* costante.
constante [kɔ̃stɑ̃t] *nf* costante *f*.
Constantinople [kɔ̃stɑ̃tinɔpl] *n* Costantinopoli *f*.
constat [kɔ̃sta] *nm* constatazione *f*; (*de police*: *après un accident*) processo verbale; ▸**constat (à l'amiable)** constatazione amichevole; ▸**constat d'échec** constatazione di fallimento.
constatation [kɔ̃statasjɔ̃] *nf* constatazione *f*.
constater [kɔ̃state] *vt* constatare; ~ **que** constatare che.
constellation [kɔ̃stelasjɔ̃] *nf* costellazione *f*.
constellé, e [kɔ̃stele] *adj*: ~ **de** costellato(-a) di.
consternant, e [kɔ̃stɛʀnɑ̃, ɑ̃t] *adj* costernante.
consternation [kɔ̃stɛʀnasjɔ̃] *nf* costernazione *f*.
consterner [kɔ̃stɛʀne] *vt* costernare.
constipation [kɔ̃stipasjɔ̃] *nf* stitichezza.
constipé, e [kɔ̃stipe] *adj* stitico(-a); (*fig*) impacciato(-a).
constiper [kɔ̃stipe] *vt* rendere stitico(-a).
constituant, e [kɔ̃stitɥɑ̃, ɑ̃t] *adj* costituente; **assemblée** ~**e** assemblea costituente.
constitué, e [kɔ̃stitɥe] *adj*: ~ **de** costituito(-a) da; **bien/mal** ~ di sana/debole costituzione.
constituer [kɔ̃stitɥe] *vt* costituire; **se** ~ **partie civile** costituirsi parte civile; **se** ~ **prisonnier** costituirsi.
constitution [kɔ̃stitysjɔ̃] *nf* costituzione *f*.
constitutionnel, le [kɔ̃stitysjɔnɛl] *adj* costituzionale.
constructeur [kɔ̃stʀyktœʀ] *nm* costruttore *m*; ▸**constructeur automobile** costruttore d'automobili.
constructible [kɔ̃stʀyktibl] *adj* fabbricabile.
constructif, -ive [kɔ̃stʀyktif, iv] *adj* costruttivo(-a).
construction [kɔ̃stʀyksjɔ̃] *nf* costruzione *f*; (*de phrase, roman*) struttura.
construire [kɔ̃stʀɥiʀ] *vt* costruire; **se construire** *vr*: **ça s'est beaucoup construit dans la région** si è costruito molto in questa zona.
consul [kɔ̃syl] *nm* console *m*.
consulaire [kɔ̃sylɛʀ] *adj* consolare.
consulat [kɔ̃syla] *nm* consolato.
consultant, e [kɔ̃syltɑ̃, ɑ̃t] *adj* consulente.
consultatif, -ive [kɔ̃syltatif, iv] *adj* consultivo(-a).
consultation [kɔ̃syltasjɔ̃] *nf* (*d'un expert*) consulenza; (*d'un dictionnaire*) consultazione *f*; (*séance*: *médicale*) visita; ~**s** *nfpl* (*POL*: *pourparlers*) consultazioni *fpl*; **être en** ~ essere in riunione; **le médecin est en** ~ il medico sta visitando un paziente; **aller à la** ~ (*MÉD*) andare dal medico; **heures de** ~ (*MÉD*) orario di visita.
consulter [kɔ̃sylte] *vt* consultare; (*montre*) guardare ♦ *vi* (*médecin*) ricevere; **se consulter** *vt* consultarsi.
consumer [kɔ̃syme] *vt* (*brûler*) bruciare, divorare; **se consumer** *vr* (*feu*) bruciare; **se** ~ **de chagrin/douleur** (*fig*) consumarsi di dolore.
consumérisme [kɔ̃symeʀism] *nm* consumerismo.
contact [kɔ̃takt] *nm* contatto; **au** ~ **de** a contatto con; **mettre/couper le** ~ (*AUTO*) mettere/togliere il contatto; **entrer en** ~ venire a contatto; **se mettre en** ~ **avec qn** mettersi in contatto con qn; **prendre** ~ **avec** (*relation d'affaires*) prendere contatto con; (*connaissance*) contattare.
contacter [kɔ̃takte] *vt* contattare.
contagieux, -euse [kɔ̃taʒjø, jøz] *adj* contagioso(-a).
contagion [kɔ̃taʒjɔ̃] *nf* contagio.
contamination [kɔ̃taminasjɔ̃] *nf* contaminazione *f*.
contaminer [kɔ̃tamine] *vt* contaminare.
conte [kɔ̃t] *nm* racconto; ▸**conte de fées**

fiaba.

contemplatif, -ive [kɔ̃tɑ̃platif, iv] *adj* contemplativo(-a).

contemplation [kɔ̃tɑ̃plasjɔ̃] *nf* contemplazione *f*; **être en ~ devant** essere in contemplazione davanti.

contempler [kɔ̃tɑ̃ple] *vt* contemplare.

contemporain, e [kɔ̃tɑ̃pɔʀɛ̃, ɛn] *adj, nm/f* contemporaneo(-a).

contenance [kɔ̃t(ə)nɑ̃s] *nf* (*d'un récipient*) capienza, capacità *f inv*; (*attitude*) contegno; **perdre ~** confondersi; **se donner une ~** darsi un contegno; **faire bonne ~ devant** mantenere il sangue freddo di fronte a.

conteneur [kɔ̃t(ə)nœʀ] *nm* container *m inv*.

conteneurisation [kɔ̃tnœʀizasjɔ̃] *nf* containerizzazione *f*.

contenir [kɔ̃t(ə)niʀ] *vt* contenere; **se contenir** *vr* contenersi, dominarsi.

content, e [kɔ̃tɑ̃, ɑ̃t] *adj* contento(-a); **~ de qn/qch** contento(-a) di qn/qc; **~ de soi** contento(-a) di sé; **je serais ~ que tu ...** sarei felice che tu ... .

contentement [kɔ̃tɑ̃tmɑ̃] *nm* soddisfazione *f*.

contenter [kɔ̃tɑ̃te] *vt* accontentare; **se contenter de** *vr* accontentarsi di.

contentieux [kɔ̃tɑ̃sjø] *nm* contenzioso.

contenu, e [kɔ̃t(ə)ny] *pp de* **contenir** ♦ *adj* contenuto(-a) ♦ *nm* contenuto; (*d'un camion, bateau*) carico.

conter [kɔ̃te] *vt* raccontare; **en ~ de(s) belles à qn** raccontarne delle belle a qn.

contestable [kɔ̃tɛstabl] *adj* contestabile.

contestataire [kɔ̃tɛstatɛʀ] *adj, nm/f* contestatore(-trice).

contestation [kɔ̃tɛstasjɔ̃] *nf* contestazione *f*.

conteste [kɔ̃tɛst]: **sans ~** *adv* senza dubbio.

contesté, e [kɔ̃tɛste] *adj* contestato(-a), discusso(-a).

contester [kɔ̃tɛste] *vt, vi* contestare.

conteur, -euse [kɔ̃tœʀ, øz] *nm/f* scrittore(-trice) di racconti; (*narrateur*) narratore(-trice).

contexte [kɔ̃tɛkst] *nm* contesto.

contiendrai *etc* [kɔ̃tjɛ̃dʀe] *vb voir* **contenir**.

contiens *etc* [kɔ̃tjɛ̃] *vb voir* **contenir**.

contigu, -uë [kɔ̃tigy] *adj* contiguo(-a), attiguo(-a); (*fig: domaines, sujets*) affine.

continent [kɔ̃tinɑ̃] *nm* continente *m*.

continental, e, -aux [kɔ̃tinɑ̃tal, o] *adj* continentale.

contingences [kɔ̃tɛ̃ʒɑ̃s] *nfpl* contingenze *fpl*.

contingent [kɔ̃tɛ̃ʒɑ̃] *nm* (*MIL, COMM*) contingente *m*; (*part*) quota ♦ *adj* contingente.

contingenter [kɔ̃tɛ̃ʒɑ̃te] *vt* contingentare.

contins *etc* [kɔ̃tɛ̃] *vb voir* **contenir**.

continu, e [kɔ̃tiny] *adj* continuo(-a); **(courant) ~** corrente *f* continua.

continuation [kɔ̃tinɥasjɔ̃] *nf* continuazione *f*.

continuel, e [kɔ̃tinɥɛl] *adj* continuo(-a).

continuellement [kɔ̃tinɥɛlmɑ̃] *adv* continuamente.

continuer [kɔ̃tinɥe] *vt* (*gén*) continuare ♦ *vi* continuare; **se continuer** *vr* continuare; **vous continuez tout droit** continui diritto; **~ à** *ou* **de faire** continuare a fare.

continuité [kɔ̃tinɥite] *nf* continuità *f inv*.

contondant, e [kɔ̃tɔ̃dɑ̃, ɑ̃t] *adj*: **arme ~e** corpo contundente.

contorsion [kɔ̃tɔʀsjɔ̃] *nf* contorsione *f*.

contorsionner [kɔ̃tɔʀsjɔne]: **se ~** *vr* contorcersi; (*péj*) fare salamelecchi.

contorsionniste [kɔ̃tɔʀsjɔnist] *nm/f* contorsionista *m/f*.

contour [kɔ̃tuʀ] *nm* contorno; **~s** *nmpl* (*d'une rivière etc*) meandri *mpl*.

contourner [kɔ̃tuʀne] *vt* aggirare.

contraceptif, -ive [kɔ̃tʀasɛptif, iv] *adj* contraccettivo(-a) ♦ *nm* contraccettivo.

contraception [kɔ̃tʀasɛpsjɔ̃] *nf* contraccezione *f*.

contracté, e [kɔ̃tʀakte] *adj* contratto(-a); (*personne*) teso(-a); **article ~** (*LING*) preposizione *f* articolata.

contracter [kɔ̃tʀakte] *vt* contrarre; (*assurance*) stipulare; (*fig*) rendere teso(-a) *ou* nervoso(-a); **se contracter** *vr* contrarsi; (*fig*) innervosirsi.

contraction [kɔ̃tʀaksjɔ̃] *nf* contrazione *f*; **~s** *nfpl* (*de l'accouchement*) contrazioni *fpl*.

contractuel, le [kɔ̃tʀaktɥɛl] *adj* contrattuale ♦ *nm/f* (*agent*) vigile(-essa) urbano(-a) (*esclusivamente per infrazioni al divieto di sosta*); (*employé*) impiegato(-a) avventizio.

contradicteur, -trice [kɔ̃tʀadiktœʀ, tʀis] *nm/f* avversario(-a).

contradiction [kɔ̃tʀadiksjɔ̃] *nf* contraddizione *f*; **en ~ avec** in contraddizione con.

contradictoire [kɔ̃tʀadiktwaʀ] *adj* contraddittorio(-a); **débat ~** dibattito in contraddittorio.

contraignant, e [kɔ̃tʀɛɲɑ̃, ɑ̃t] *vb voir* **contraindre** ♦ *adj* restrittivo(-a); (*engagement*) vincolante.

contraindre [kɔ̃tʀɛ̃dʀ] *vt*: **~ qn à qch/faire qch** costringere qn a qc/fare qc.

contraint, e [kɔ̃tʀɛ̃, ɛ̃t] *pp de* **contraindre** ♦ *adj* impacciato(-a), imbarazzato(-a).

contrainte [kɔ̃tʀɛ̃t] *nf* costrizione *f*, obbligo; **sans ~** liberamente.

contraire [kɔ̃tʀɛʀ] *adj* contrario(-a) ♦ *nm* contrario; **~ à** (*loi, raison*) contrario(-a) a; (*santé*) nocivo per; **au ~** al contrario,

invece; **je ne peux pas dire le** ~ non posso negarlo; **le** ~ **de** il contrario di.
contrairement [kɔ̃tʀɛʀmɑ̃] *adv*: ~ **à** contrariamente a.
contralto [kɔ̃tʀalto] *nm* contralto.
contrariant, e [kɔ̃tʀaʀjɑ̃, jɑ̃t] *adj* (*personne*) polemico(-a); (*incident*) contrariante, irritante.
contrarier [kɔ̃tʀaʀje] *vt* contrariare; (*mouvement, action*) ostacolare.
contrariété [kɔ̃tʀaʀjete] *nf* contrarietà *f inv*.
contraste [kɔ̃tʀast] *nm* contrasto.
contraster [kɔ̃tʀaste] *vi*: ~ **(avec)** contrastare (con).
contrat [kɔ̃tʀa] *nm* contratto; ▸ **contrat de mariage** contratto di matrimonio; ▸ **contrat de travail** contratto di lavoro.
contravention [kɔ̃tʀavɑ̃sjɔ̃] *nf* contravvenzione *f*; (*P.V. pour stationnement interdit*) multa per sosta vietata; **dresser** ~ **à** fare una contravvenzione a.
contre [kɔ̃tʀ] *prép* contro; **par** ~ invece.
contre-amiral [kɔ̃tʀamiʀal] (*pl* **contre-amiraux**) *nm* contrammiraglio.
contre-attaque [kɔ̃tʀatak] (*pl* **~-~s**) *nf* contrattacco.
contre-attaquer [kɔ̃tʀatake] *vi* contrattaccare.
contre-balancer [kɔ̃tʀəbalɑ̃se] *vt* controbilanciare.
contrebande [kɔ̃tʀəbɑ̃d] *nf* contrabbando; (*marchandise*) merce *f* di contrabbando; **faire la** ~ **de** fare contrabbando di.
contrebandier, -ière [kɔ̃tʀəbɑ̃dje, jɛʀ] *nm/f* contrabbandiere(-a).
contrebas [kɔ̃tʀəbɑ]: **en** ~ *adv* più in basso.
contrebasse [kɔ̃tʀəbɑs] *nf* contrabbasso.
contrebassiste [kɔ̃tʀəbɑsist] *nm/f* contrabbassista *m/f*.
contre-braquer [kɔ̃tʀəbʀake] *vi* controsterzare.
contrecarrer [kɔ̃tʀəkaʀe] *vt* contrastare, ostacolare.
contrechamp [kɔ̃tʀəʃɑ̃] *nm* controcampo.
contrecœur [kɔ̃tʀəkœʀ]: **à** ~ *adv* controvoglia.
contrecoup [kɔ̃tʀəku] *nm* contraccolpo; **par** ~ di riflesso.
contre-courant [kɔ̃tʀəkuʀɑ̃] (*pl* **~-~s**) *nm* controcorrente *f*; **à** ~-~ (*NAUT*) controcorrente.
contredire [kɔ̃tʀədiʀ] *vt* contraddire; **se contredire** *vr* contraddirsi.
contredit, e [kɔ̃tʀədi] *pp de* **contredire** ♦ *nm*: **sans** ~ incontestabilmente, senza alcun dubbio.
contrée [kɔ̃tʀe] *nf* regione *f*, contrada.
contre-écrou [kɔ̃tʀekʀu] (*pl* **~-~s**) *nm* controdado.
contre-enquête [kɔ̃tʀɑ̃kɛt] (*pl* **~-~s**) *nf* controinchiesta.
contre-espionnage [kɔ̃tʀɛspjɔnaʒ] (*pl* **~-~s**) *nm* controspionaggio.
contre-exemple [kɔ̃tʀɛgzɑ̃pl(ə)] (*pl* **~-~s**) *nm* controesempio.
contre-expertise [kɔ̃tʀɛkspɛʀtiz] (*pl* **~-~s**) *nf* controperizia.
contrefaçon [kɔ̃tʀəfasɔ̃] *nf* contraffazione *f*; (*faux: produit*) imitazione *f*; (*: billet, signature*) falso; ▸ **contrefaçon de brevet** contraffazione di brevetto.
contrefaire [kɔ̃tʀəfɛʀ] *vt* (*document, signature etc*) contraffare; (*personne, démarche*) imitare; (*son écriture*) alterare.
contrefait, e [kɔ̃tʀəfɛ, ɛt] *pp de* **contrefaire** ♦ *adj* deforme.
contrefasse *etc* [kɔ̃tʀəfas] *vb voir* **contrefaire**.
contreferai *etc* [kɔ̃tʀəfʀe] *vb voir* **contrefaire**.
contre-filet [kɔ̃tʀəfilɛ] (*pl* **~-~s**) *nm* controfiletto.
contreforts [kɔ̃tʀəfɔʀ] *nmpl* contrafforte *msg*.
contre-haut [kɔ̃tʀəo]: **en** ~-~ *adv* più in alto.
contre-indication [kɔ̃tʀɛ̃dikasjɔ̃] (*pl* **~-~s**) *nf* controindicazione *f*.
contre-indiqué, e [kɔ̃tʀɛ̃dike] (*pl* **~-~s, -es**) *adj* controindicato(-a).
contre-indiquer [kɔ̃tʀɛ̃dike] *vt* controindicare.
contre-interrogatoire [kɔ̃tʀɛ̃teʀɔgatwaʀ] (*pl* **~-~s**) *nm* controinterrogatorio; **faire subir un** ~-~ **à qn** sottoporre qn a un controinterrogatorio.
contre-jour [kɔ̃tʀəʒuʀ]: **à** ~-~ *adv* (in) controluce.
contremaître [kɔ̃tʀəmɛtʀ] *nm* caporeparto; (*CONSTR*) capomastro.
contre-manifestant, e [kɔ̃tʀəmanifɛstɑ̃, ɑ̃t] (*pl* **~-~s, -es**) *nm/f* contromanifestante *m/f*.
contre-manifestation [kɔ̃tʀəmanifɛstasjɔ̃] (*pl* **~-~s**) *nf* contromanifestazione *f*.
contremarque [kɔ̃tʀəmaʀk] *nf* contromarca.
contre-offensive [kɔ̃tʀɔfɑ̃siv] (*pl* **~-~s**) *nf* controffensiva.
contre-ordre [kɔ̃tʀɔʀdʀ] (*pl* **~-~s**) *nm* = **contrordre**.
contrepartie [kɔ̃tʀəpaʀti] *nf* contropartita; **en** ~ come contropartita; (*en revanche*) in compenso.
contre-performance [kɔ̃tʀəpɛʀfɔʀmɑ̃s] (*pl* **~-~s**) *nf* cattiva prestazione *f*.
contrepèterie [kɔ̃tʀəpetʀi] *nf* *inversione di lettere o suoni in una frase, che ne altera il senso con effetto comico*.
contre-pied [kɔ̃tʀəpje] (*pl* **~-~s**) *nm*: **le** ~-

~ **de ...** il contrario di ...; **prendre le ~-~ de** fare il contrario di; **prendre qn à ~-~** prendere qn in contropiede.
contre-plaqué [kɔ̃tʀəplake] (*pl* **~-~s**) *nm* compensato.
contre-plongée [kɔ̃tʀəplɔ̃ʒe] (*pl* **~-~s**) *nf* *ripresa dal basso in alto.*
contrepoids [kɔ̃tʀəpwɑ] *nm* contrappeso; **faire ~** fare da contrappeso.
contre-poil [kɔ̃tʀəpwal]: **à ~-~** *adv* (in) contropelo.
contrepoint [kɔ̃tʀəpwɛ̃] *nm* contrappunto.
contrepoison [kɔ̃tʀəpwazɔ̃] *nm* contravveleno, antidoto.
contrer [kɔ̃tʀe] *vt* (*adversaire*) opporsi con successo a; (*au bridge*) contrare.
contre-révolution [kɔ̃tʀəʀevɔlysjɔ̃] (*pl* **~-~s**) *nf* controrivoluzione *f.*
contre-révolutionnaire [kɔ̃tʀəʀevɔlysjɔnɛʀ] (*pl* **~-~s**) *n* controrivoluzionario(-a).
contresens [kɔ̃tʀəsɑ̃s] *nm* controsenso; (*de traduction*) errore *m* (di interpretazione), controsenso; **à ~** a rovescio, in senso contrario.
contresigner [kɔ̃tʀəsiɲe] *vt* controfirmare.
contretemps [kɔ̃tʀətɑ̃] *nm* contrattempo; **à ~** (*MUS*) fuori tempo; (*fig*) a sproposito.
contre-terrorisme [kɔ̃tʀətɛʀɔʀism] (*pl* **~-~s**) *nm* lotta contro il terrorismo (*con l'adozione degli stessi metodi*).
contre-terroriste [kɔ̃tʀətɛʀɔʀist(ə)] (*pl* **~-~s**) *nm/f* aderente *m/f* alla lotta contro il terrorismo.
contre-torpilleur [kɔ̃tʀətɔʀpijœʀ] (*pl* **~-~s**) *nm* cacciatorpediniere *m.*
contrevenant, e [kɔ̃tʀəv(ə)nɑ̃, ɑ̃t] *vb voir* **contrevenir** ♦ *nm/f* trasgressore(trasgreditrice).
contrevenir [kɔ̃tʀəv(ə)niʀ]: **~ à** *vt* contravvenire a, trasgredire.
contre-voie [kɔ̃tʀəvwa]: **à ~-~** *adv* (*en sens inverse*) contromano; **descendre à ~-~** scendere dal treno dalla parte opposta del marciapiede.
contribuable [kɔ̃tʀibɥabl] *nm/f* contribuente *m/f.*
contribuer [kɔ̃tʀibɥe]: **~ à** *vt* contribuire a.
contribution [kɔ̃tʀibysjɔ̃] *nf* contributo; **les ~s** *nfpl* (*ADMIN*: *bureaux*) ufficio *msg* delle imposte; **mettre à ~** ricorrere a; ▸ **contributions directes/indirectes** imposte *fpl* dirette/indirette.
contrit, e [kɔ̃tʀi, it] *adj* contrito(-a).
contrôlable [kɔ̃tʀolabl] *adj* controllabile.
contrôle [kɔ̃tʀol] *nm* controllo; **perdre/garder le ~ de son véhicule** perdere/mantenere il controllo del veicolo; ▸ **contrôle continu** (*SCOL*) *sistema di valutazione del profitto basato su controlli periodici oltre che sull'esame di fine anno*; ▸ **contrôle d'identité** accertamento di identità; ▸ **contrôle des changes** (*COMM*) controllo dei cambi; ▸ **contrôle des naissances** controllo delle nascite; ▸ **contrôle des prix** controllo dei prezzi.
contrôler [kɔ̃tʀole] *vt* controllare; **se contrôler** *vr* controllarsi.
contrôleur, -euse [kɔ̃tʀolœʀ, øz] *nm/f* (*de train, bus*) controllore *m*; ▸ **contrôleur aérien** controllore di volo; ▸ **contrôleur de la navigation aérienne** controllore del traffico aereo; ▸ **contrôleur des postes** ispettore *m* delle poste.
contrordre [kɔ̃tʀɔʀdʀ] *nm* contrordine *m*; **sauf ~** salvo contrordine.
controverse [kɔ̃tʀɔvɛʀs] *nf* controversia.
controversé, e [kɔ̃tʀɔvɛʀse] *adj* controverso(-a).
contumace [kɔ̃tymas]: **par ~** *adv* in contumacia.
contusion [kɔ̃tyzjɔ̃] *nf* contusione *f.*
contusionné, e [kɔ̃tyzjɔne] *adj* contuso (-a).
conurbation [kɔnyʀbasjɔ̃] *nf* conurbazione *f.*
convaincant, e [kɔ̃vɛ̃kɑ̃, ɑ̃t] *vb voir* **convaincre** ♦ *adj* convincente.
convaincre [kɔ̃vɛ̃kʀ] *vt* (*aussi JUR*): **~ (de)** convincere (di); **~ qn (de faire)** convincere qn (a fare).
convaincu, e [kɔ̃vɛ̃ky] *pp de* **convaincre** ♦ *adj*: **~ (de)** convinto(-a) (di); **d'un ton ~** in tono convinto.
convainquais [kɔ̃vɛ̃kɛ] *vb voir* **convaincre**.
convalescence [kɔ̃valesɑ̃s] *nf* convalescenza; **maison de ~** convalescenziario.
convalescent, e [kɔ̃valesɑ̃, ɑ̃t] *adj, nm/f* convalescente *m/f.*
convecteur [kɔ̃vɛktœʀ] *nm* convettore *m.*
convenable [kɔ̃vnabl] *adj* (*personne*) per bene; (*tenue, manières*) decente, corretto(-a); (*moment, endroit*) opportuno(-a); (*salaire, travail*) accettabile.
convenablement [kɔ̃vnabləmɑ̃] *adv* (*placé, choisi*) opportunamente; (*s'habiller, s'exprimer*) decorosamente; (*payé, logé*) adeguatamente.
convenance [kɔ̃vnɑ̃s] *nf*: **à ma/votre ~** di mio/suo gusto; **~s** *nfpl* (*bienséance*) buone maniere *fpl*; **pour ~s personnelles** per motivi personali.
convenir [kɔ̃vniʀ] *vi* convenire; **~ à** (*être approprié à*) addirsi *ou* confarsi a; (*être utile à*) convenire a; (*arranger, plaire à*) andare (bene) a; **il convient de** (*bienséant*) è bene; **~ de** (*admettre*: *vérité, bien-fondé de qch*) ammettere; (*fixer*: *date, somme etc*) fissare, stabilire; **~ que** (*admettre*) convenire che; **~ de faire qch** decidere

di fare qc; **il a été convenu que/de faire ...** è stato deciso che/di fare ...; **comme convenu** come convenuto *ou* stabilito.

convention [kɔ̃vɑ̃sjɔ̃] *nf* convenzione *f*; **~s** *nfpl* (*règles, convenances*) convenzioni *fpl*; **de ~** convenzionale; ▶ **convention collective** contratto collettivo.

conventionnalisme [kɔ̃vɑ̃sjɔnalism(ə)] *nm* convenzionalismo.

conventionné, e [kɔ̃vɑ̃sjɔne] *adj* convenzionato(-a).

conventionnel, le [kɔ̃vɑ̃sjɔnɛl] *adj* convenzionale.

conventionnellement [kɔ̃vɑ̃sjɔnɛlmɑ̃] *adv* convenzionalmente.

conventuel, le [kɔ̃vɑ̃tɥɛl] *adj* conventuale.

convenu, e [kɔ̃vny] *pp, adj* convenuto(-a).

convergent, e [kɔ̃vɛʀʒɑ̃, ɑ̃t] *adj* convergente.

converger [kɔ̃vɛʀʒe] *vi* convergere; **~ vers** *ou* **sur** convergere verso *ou* su.

conversation [kɔ̃vɛʀsasjɔ̃] *nf* conversazione *f*; (*politique, diplomatique*) colloquio; **avoir de la ~** saper conversare.

converser [kɔ̃vɛʀse] *vi* conversare.

conversion [kɔ̃vɛʀsjɔ̃] *nf* conversione *f*; (*SKI*) dietrofront *m inv*.

convertible [kɔ̃vɛʀtibl] *adj* (*ÉCON*) convertibile; (*canapé*) trasformabile.

convertir [kɔ̃vɛʀtiʀ] *vt*: **~ qn à** convertire qn (a); **se convertir (à)** *vr* convertirsi (a); **~ qch en** convertire qc in.

convertisseur [kɔ̃vɛʀtisœʀ] *nm* convertitore *m*.

convexe [kɔ̃vɛks] *adj* convesso(-a).

conviction [kɔ̃viksjɔ̃] *nf* convinzione *f*; **sans ~** senza convinzione.

conviendrai *etc* [kɔ̃vjɛ̃dʀe] *vb voir* **convenir**.

convienne *etc* [kɔ̃vjɛn] *vb voir* **convenir**.

conviens *etc* [kɔ̃vjɛ̃] *vb voir* **convenir**.

convier [kɔ̃vje] *vt*: **~ qn à** invitare qn a; **~ qn à faire** invitare qn a fare.

convint [kɔ̃vɛ̃] *vb voir* **convenir**.

convive [kɔ̃viv] *nm/f* commensale *m/f*.

convivial, e [kɔ̃vivjal] *adj* conviviale; (*INFORM*) facile da usare.

convocation [kɔ̃vɔkasjɔ̃] *nf* convocazione *f*.

convoi [kɔ̃vwa] *nm* convoglio; **~ (funèbre)** convoglio *ou* corteo funebre.

convoiter [kɔ̃vwate] *vt* bramare, agognare a.

convoitise [kɔ̃vwatiz] *nf* brama, bramosia; (*sexuelle*) concupiscenza.

convoler [kɔ̃vɔle] *vi*: **~ en justes noces** convolare a giuste nozze.

convoquer [kɔ̃vɔke] *vt* convocare; **~ qn (à)** convocare qn (a).

convoyer [kɔ̃vwaje] *vt* scortare.

convoyeur [kɔ̃vwajœʀ] *nm* (*NAUT*) nave *f* scorta *inv*; (*bande de transport*) nastro trasportatore; ▶ **convoyeur de fonds** agente *m* di scorta.

convulsé, e [kɔ̃vylse] *adj* (*visage*) contratto(-a).

convulsif, -ive [kɔ̃vylsif, iv] *adj* convulso (-a), convulsivo(-a).

convulsions [kɔ̃vylsjɔ̃] *nfpl* convulsioni *fpl*.

coopérant, e [kɔɔpeʀɑ̃, ɑ̃t] *nm/f* *chi presta servizio in paesi stranieri in via di sviluppo*.

coopératif, -ive [kɔɔpeʀatif, iv] *adj* cooperativo(-a).

coopération [kɔɔpeʀasjɔ̃] *nf* cooperazione *f*; **la C~ militaire/technique** la cooperazione militare/tecnica (*nell'ambito di accordi bilaterali tra la Francia e paesi in via di sviluppo*).

coopérative [kɔɔpeʀativ] *nf* cooperativa.

coopérer [kɔɔpeʀe] *vi*: **~ (à)** cooperare (a).

coordination [kɔɔʀdinasjɔ̃] *nf* coordinamento; (*de mouvements*) coordinazione *f*.

coordonnateur, -trice [kɔɔʀdɔnatœʀ, tʀis] *nm/f* coordinatore(-trice).

coordonné, e [kɔɔʀdɔne] *adj* coordinato (-a); **~s** *nmpl* (*vêtements*) coordinati *mpl*.

coordonnée [kɔɔʀdɔne] *nf* (*LING*) coordinata; **~s** *nfpl* (*MATH, gén*) coordinate *fpl*; (*détails personnels*) recapito *msg*.

coordonner [kɔɔʀdɔne] *vt* coordinare.

copain, copine [kɔpɛ̃, kɔpin] *nm/f* amico (-a) ♦ *adj*: **être ~ avec** essere in buoni rapporti con.

copeau, x [kɔpo] *nm* truciolo.

Copenhague [kɔpənag] *n* Copenaghen *f*.

copie [kɔpi] *nf* copia; (*SCOL*: *feuille d'examen*) foglio; (*devoir*) compito; (*TYPO*) manoscritto; **journaliste en mal de ~** giornalista a corto di ispirazione; ▶ **copie certifiée conforme** copia autenticata; ▶ **copie papier** (*INFORM*) documento stampato, hard copy *f inv*.

copier [kɔpje] *vt* copiare ♦ *vi* (*SCOL*) copiare; **~ sur** copiare da.

copieur [kɔpjœʀ] *nm* (*SCOL*) copione(-a); (*aussi*: **photocopieur**) fotocopiatrice *f*.

copieusement [kɔpjøzmɑ̃] *adv* copiosamente.

copieux, -euse [kɔpjø, jøz] *adj* (*repas, portion*) abbondante; (*notes, exemples*) copioso(-a).

copilote [kopilɔt] *nm* (*AVIAT*) copilota *m*; (*AUTO*) navigatore *m*.

copinage [kɔpinaʒ] (*péj*) *nm*: **obtenir un poste par ~** ottenere un posto di lavoro tramite conoscenze.

copine [kɔpin] *nf voir* **copain**.

copiste [kɔpist] *nm/f* copista *m/f*.

coproduction [kopʀɔdyksjɔ̃] *nf* coproduzione *f*.

copropriétaire [kopʀɔpʀijetɛʀ] *nm/f* comproprietario(-a); (*d'un immeuble*) condomino(-a).

copropriété [kopʀɔpʀijete] *nf* comproprietà *f inv*; **acheter un appartement en ~** comprare un appartamento in un condominio.
copulation [kɔpylasjɔ̃] *nf* copulazione *f*.
copuler [kɔpyle] *vi* copulare.
copyright [kɔpiʀajt] *nm* copyright *m inv*.
coq [kɔk] *nm* gallo ♦ *adj inv*: **poids ~** (*BOXE*) peso gallo; ▸ **coq au vin** (*CULIN*) galletto al vino; ▸ **coq de bruyère** (*ZOOL*) gallo cedrone; ▸ **coq de village** (*fig, péj*) rubacuori *m inv*.
coq-à-l'âne [kɔkalɑn] *nm inv*: **faire des ~-~-~** saltare di palo in frasca.
coque [kɔk] *nf* (*de noix*) guscio; (*de bateau*) scafo; (*d'auto*) scocca; (*d'avion*) carcassa; (*mollusque*) tellina; **à la ~** (*CULIN*) alla coque.
coquelet [kɔklɛ] *nm* (*CULIN*) galletto.
coquelicot [kɔkliko] *nm* papavero.
coqueluche [kɔklyʃ] *nf* pertosse *f*; **être la ~ de** (*fig*) essere il(la) beniamino(-a) di.
coquet, te [kɔkɛ, ɛt] *adj* civettuolo(-a), frivolo(-a); (*bien habillé*) elegante; (*joli*) grazioso(-a); (*somme, salaire etc*) bello (-a).
coquetier [kɔk(ə)tje] *nm* portauovo *m inv*.
coquettement [kɔkɛtmɑ̃] *adv* (*sourire, regarder*) in modo civettuolo; (*s'habiller*) in modo elegante; (*meubler*) in modo grazioso.
coquetterie [kɔkɛtʀi] *nf* civetteria.
coquillage [kɔkijaʒ] *nm* mollusco; (*coquille*) conchiglia.
coquille [kɔkij] *nf* (*de mollusque*) conchiglia; (*de noix, d'œuf*) guscio; (*de beurre*) noce *f*; (*TYPO*) refuso; **~ d'œuf** *adj inv* (*couleur*) beige *inv* (molto chiaro); ▸ **coquille de noix** guscio di noce; ▸ **coquille St Jacques** cappa santa.
coquillettes [kɔkijɛt] *nfpl* (*pâte*) conchiglie *fpl*.
coquin, e [kɔkɛ̃, in] *adj* (*enfant, sourire*) birichino(-a); (*histoire*) piccante, spinto(-a); (*regard*) malizioso(-a) ♦ *nm/f* (*péj*) furfante *m/f*, briccone(-a).
cor [kɔʀ] *nm* (*MUS*) corno; (*MÉD*): **~ (au pied)** callo; **réclamer à ~ et à cri** (*fig*) invocare a gran voce *ou* con insistenza; ▸ **cor anglais** corno inglese; ▸ **cor de chasse** corno da caccia.
corail, -aux [kɔʀaj, o] *nm* corallo.
Coran [kɔʀɑ̃] *nm*: **le ~** il Corano.
coraux [kɔʀo] *nmpl de* **corail**.
corbeau, x [kɔʀbo] *nm* (*aussi fig*) corvo.
corbeille [kɔʀbɛj] *nf* (*panier*) cestino; (*THÉÂTRE*) palco; (*à la Bourse*): **la ~** la corbeille; ▸ **corbeille à ouvrage** cestino da lavoro; ▸ **corbeille à pain** cestino del pane; ▸ **corbeille à papiers** cestino della carta straccia; ▸ **corbeille de mariage** (*fig*) regali *mpl* di matrimonio.
corbillard [kɔʀbijaʀ] *nm* carro funebre.
cordage [kɔʀdaʒ] *nm* corda; **~s** *nmpl* (*de voilure*) cordame *msg*.
corde [kɔʀd] *nf* corda; (*de tissu*) corda, trama; **les ~s** (*BOXE*) le corde; **la ~ sensible** il tasto giusto; **les (instruments à) ~s** (*MUS*) gli strumenti a corda; **tapis/semelles de ~** tappeto/suole *fpl* di corda; **tenir la ~** (*ATHLÉTISME, AUTO*) correre nella corsia interna; **tomber des ~s** piovere a catinelle; **tirer sur la ~** tirare la corda; **usé jusqu'à la ~** (*habit etc*) liso(-a); (*histoire etc*) troppo sfruttato(-a); **être sur la ~ raide** (*fig*) camminare sul filo del rasoio; ▸ **corde à linge** corda per stendere; ▸ **corde à nœuds** (*à la gym*) fune *f* con nodi; ▸ **corde à sauter** corda per saltare; ▸ **corde lisse** fune *f*; ▸ **cordes vocales** corde vocali.
cordeau, x [kɔʀdo] *nm* cordicella, funicella; **tracé au ~** tracciato a regola d'arte.
cordée [kɔʀde] *nf* cordata.
cordelette [kɔʀdəlɛt] *nf* cordicella, funicella.
cordelière [kɔʀdəljɛʀ] *nf* cordiglio.
cordial, e, -aux [kɔʀdjal, o] *adj* cordiale ♦ *nm* cordiale *m*.
cordialement [kɔʀdjalmɑ̃] *adv* cordialmente.
cordialité [kɔʀdjalite] *nf* cordialità *f inv*.
cordillère [kɔʀdijɛʀ] *nf*: **la ~ des Andes** la cordigliera delle Ande.
cordon [kɔʀdɔ̃] *nm* cordone *m*; ▸ **cordon de police** cordone di polizia; ▸ **cordon littoral** cordone litoraneo; ▸ **cordon ombilical** cordone ombelicale; ▸ **cordon sanitaire** cordone sanitario.
cordon-bleu [kɔʀdɔ̃blø] (*pl* **~s-~s**) *adj* cordon-bleu *inv* ♦ *nm* cuoca provetta.
cordonnerie [kɔʀdɔnʀi] *nf* bottega del calzolaio.
cordonnet [kɔʀdɔnɛ] *nm* cordoncino.
cordonnier [kɔʀdɔnje] *nm* calzolaio.
Cordoue [kɔʀdu] *n* Cordova.
Corée [kɔʀe] *nf* Corea; **la ~ du Sud/du Nord** la Corea del Sud/del Nord; **la République (démocratique populaire de) ~** la Repubblica democratica popolare della Corea.
coréen, ne [kɔʀeɛ̃, ɛn] *adj* coreano(-a) ♦ *nm* (*LING*) coreano ♦ *nm/f*: **C~, ne** coreano(-a).
coreligionnaire [koʀ(ə)liʒjɔnɛʀ] *nm/f* correligionario(-a).
Corfou [kɔʀfu] *nf* Corfù *f*.
coriace [kɔʀjas] *adj* coriaceo(-a); (*adversaire*) duro(-a); (*problème*) arduo(-a).
coriandre [kɔʀjɑ̃dʀ] *nf* (*BOT*) coriandolo.
Corinthe [kɔʀɛ̃t] *n* Corinto *f*.
cormoran [kɔʀmɔʀɑ̃] *nm* cormorano.

cornac [kɔʀnak] *nm* cornac *m inv.*
corne [kɔʀn] *nf* corno; (*de la peau*) callo; ▶ **corne d'abondance** corno dell'abbondanza; ▶ **corne de brume** corno da nebbia.
cornée [kɔʀne] *nf* cornea.
corneille [kɔʀnɛj] *nf* cornacchia.
cornélien, ne [kɔʀneljɛ̃, jɛn] *adj* (*débat etc*) in cui dovere e passione sono in conflitto.
cornemuse [kɔʀnəmyz] *nf* cornamusa; **joueur de** ~ suonatore *m* di cornamusa.
corner [*n* kɔʀnɛʀ, *vb* kɔʀne] *nm* (*FOOTBALL*) corner *m inv*, calcio d'angolo ♦ *vt* (*pages*) fare un orecchio a ♦ *vi* (*klaxonner*) strombazzare.
cornet [kɔʀnɛ] *nm* (*de glace*) cono; (*de frites, dragées*) cartoccio; ▶ **cornet à piston** (*MUS*) cornetta.
cornette [kɔʀnɛt] *nf* (*coiffure*) cornetta.
corniaud [kɔʀnjo] *nm* (*chien*) bastardo; (*péj*) imbecille *m/f.*
corniche [kɔʀniʃ] *nf* (*d'armoire, neigeuse*) cornice *f*; (*route*) strada panoramica.
cornichon [kɔʀniʃɔ̃] *nm* cetriolino (sott'aceto).
Cornouailles [kɔʀnwaj] *nf(pl)* Cornovaglia.
cornue [kɔʀny] *nf* (*CHIM*) storta.
corollaire [kɔʀɔlɛʀ] *nm* corollario.
corolle [kɔʀɔl] *nf* corolla.
coron [kɔʀɔ̃] *nm* casa di minatori; (*quartier*) quartiere *m* di minatori.
coronaire [kɔʀɔnɛʀ] *adj* coronario(-a), coronarico(-a).
corporation [kɔʀpɔʀasjɔ̃] *nf* (*d'artisans etc*) corporazione *f*, categoria; (*au moyen âge*) corporazione *f.*
corporel, le [kɔʀpɔʀɛl] *adj* corporale; (*odeurs*) corporeo(-a); **soins** ~**s** cura del corpo.
corps [kɔʀ] *nm* corpo; **à son** ~ **défendant** suo malgrado; **à** ~ **perdu** a corpo morto; **le** ~ **diplomatique** il corpo diplomatico; **navire perdu** ~ **et biens** nave *f* perduta corpo e beni; **prendre** ~ prendere corpo; **faire** ~ **avec** fare tutt'uno con; ~ **et âme** anima e corpo; ▶ **corps à corps** *nm, adv* corpo a corpo; ▶ **corps constitués** organi *mpl* costituzionali; ▶ **corps consulaire** corpo consolare; ▶ **corps d'armée** corpo d'armata; ▶ **corps de ballet** corpo di ballo; ▶ **corps de garde** corpo di guardia; ▶ **corps du délit** corpo del reato; ▶ **corps électoral** corpo elettorale; ▶ **corps enseignant** corpo insegnante; ▶ **corps étranger** corpo estraneo; ▶ **corps expéditionnaire** task force *f inv*; ▶ **corps législatif** organo legislativo; ▶ **corps médical** corpo medico.
corpulence [kɔʀpylɑ̃s] *nf* corpulenza; **de forte** ~ corpulento(-a).
corpulent, e [kɔʀpylɑ̃, ɑ̃t] *adj* corpulento(-a).
corpus [kɔʀpys] *nm* corpus *m inv.*
corpusculaire [kɔʀpyskylɛʀ] *adj* corpuscolare.
correct, e [kɔʀɛkt] *adj* corretto(-a); (*passable*) decente.
correctement [kɔʀɛktəmɑ̃] *adv* correttamente.
correcteur, -trice [kɔʀɛktœʀ, tʀis] *nm/f* (*SCOL*) esaminatore(-trice); (*TYPO*) correttore(-trice), revisore *m.*
correctif, -ive [kɔʀɛktif, iv] *adj* correttivo(-a) ♦ *nm* rettifica.
correction [kɔʀɛksjɔ̃] *nf* correzione *f*; (*qualité*) correttezza; (*coups*) lezione *f*; ▶ **correction (des épreuves)** correzione di bozze; ▶ **correction sur écran** (*INFORM*) editing *m inv* allo schermo.
correctionnel, le [kɔʀɛksjɔnɛl] *adj*: **tribunal** ~ ≈ tribunale *m* penale.
corrélation [kɔʀelasjɔ̃] *nf* correlazione *f.*
correspondance [kɔʀɛspɔ̃dɑ̃s] *nf* corrispondenza; (*de train, d'avion*) coincidenza; **cours/vente par** ~ corso/vendita per corrispondenza.
correspondancier, -ère [kɔʀɛspɔ̃dɑ̃sje, jɛʀ] *nm/f* corrispondente *m/f.*
correspondant, e [kɔʀɛspɔ̃dɑ̃, ɑ̃t] *adj* corrispondente ♦ *nm/f* corrispondente *m/f*; (*au téléphone*) interlocutore(-trice) (telefonico(-a)).
correspondre [kɔʀɛspɔ̃dʀ] *vi* corrispondere; (*chambres*) comunicare; ~ **à** corrispondere a; ~ **avec qn** corrispondere con qn.
Corrèze [kɔʀɛz] *nf* Corrèze *f.*
corrézien, ne [kɔʀezjɛ̃, jɛn] *adj* del dipartimento della Corrèze.
corrida [kɔʀida] *nf* corrida.
corridor [kɔʀidɔʀ] *nm* corridoio.
corrigé [kɔʀiʒe] *nm* (*SCOL*) versione *f* corretta; (*TYPO*) bozza corretta.
corriger [kɔʀiʒe] *vt* correggere; (*punir*) castigare; ~ **qn d'un défaut** (*défaut*) correggere un difetto di qn; **il l'a corrigé** l'ha picchiato; **se** ~ **de** correggersi da.
corroborer [kɔʀɔbɔʀe] *vt* corroborare.
corroder [kɔʀɔde] *vt* corrodere.
corrompre [kɔʀɔ̃pʀ] *vt* corrompere.
corrompu, e [kɔʀɔ̃py] *adj* corrotto(-a).
corrosif, -ive [kɔʀozif, iv] *adj* corrosivo (-a).
corrosion [kɔʀozjɔ̃] *nf* corrosione *f.*
corruption [kɔʀypsjɔ̃] *nf* corruzione *f.*
corsage [kɔʀsaʒ] *nm* (*d'une robe*) corpetto, corpino; (*chemisier*) camicetta.
corsaire [kɔʀsɛʀ] *nm* corsaro.
corse [kɔʀs] *adj* corso(-a) ♦ *nm/f*: **C**~ corso(-a) ♦ *nf*: **la C**~ la Corsica.
corsé, e [kɔʀse] *adj* (*café etc*) forte; (*pro-

blème etc) complicato(-a); (*scabreux*: *histoire*) piccante, scabroso(-a).

corselet [kɔʀsəlɛ] *nm* (*vêtement*) giubbetto; (*ZOOL*) corsaletto.

corser [kɔʀse] *vt* (*difficulté*) aggravare; (*histoire, intrigue*) dare maggior consistenza a; (*sauce*) rendere più saporito (-a).

corset [kɔʀsɛ] *nm* corsetto; (*d'une robe*) corpino; ▶ **corset orthopédique** busto ortopedico.

corso [kɔʀso] *nm*: ~ **fleuri** *sfilata di carri infiorati*.

cortège [kɔʀtɛʒ] *nm* corteo.

corticostéroïde [kɔʀtikosteʀɔid] *nm* corticosteroide *m*.

cortisone [kɔʀtizɔn] *nf* cortisone *m*.

corvée [kɔʀve] *nf* faticaccia, corvé *f inv*; (*MIL*) corvé *f inv*.

cosaque [kɔzak] *nm* cosacco.

cosignataire [kosiɲatɛʀ] *adj, nm/f* cofirmatario(-a).

cosinus [kɔsinys] *nm* coseno.

cosmétique [kɔsmetik] *nm* cosmetico; (*pour cheveux*) fissatore *m*.

cosmétologie [kɔsmetɔlɔʒi] *nf* cosmesi *f inv*.

cosmique [kɔsmik] *adj* cosmico(-a).

cosmonaute [kɔsmɔnot] *nm/f* cosmonauta *m/f*.

cosmopolite [kɔsmɔpɔlit] *adj* cosmopolita.

cosmos [kɔsmos] *nm* cosmo.

cosse [kɔs] *nf* (*BOT*) baccello; (*ÉLEC*) capocorda *m*.

cossu, e [kɔsy] *adj* (*maison*) sontuoso(-a).

Costa Rica [kɔstaʀika] *nm* Costa Rica.

costaricien, ne [kɔstaʀisjɛ̃, jɛn] *adj* costaricano(-a) ♦ *nm/f*: **C~, ne** costaricano(-a).

costaud, e [kɔsto, od] *adj* (*personne*) robusto(-a); (*objet*) solido(-a).

costume [kɔstym] *nm* (*régional, de théâtre*) costume *m*; (*d'homme*) vestito, abito.

costumé, e [kɔstyme] *adj* in costume; (*bal*) in maschera; **être ~ en** essere vestito(-a) da.

costumer [kɔstyme] *vt* travestire; **se costumer** *vr* travestirsi; **se ~ en qn/qch** travestirsi da qn/qc.

costumier, -ière [kɔstymje, jɛʀ] *nm/f* (*THÉÂTRE*) costumista *m/f*; (*fabricant, loueur*) *chi confeziona (o affitta) costumi*.

cotangente [kotɑ̃ʒɑ̃t] *nf* cotangente *f*.

cotation [kɔtasjɔ̃] *nf* quotazione *f*.

cote [kɔt] *nf* (*d'une valeur boursière, d'un candidat etc*) quotazione *f*; (*d'une voiture*) prezzo di listino; (*d'un cheval, mesure*) quota; (*de classement, d'un document*) segnatura; **avoir la ~** essere molto quotato(-a); **inscrit à la ~** quotato in Borsa; ▶ **cote d'alerte** livello di guardia; ▶ **cote de popularité** (livello di) popolarità; ▶ **cote mal taillée** (*fig*) compromesso.

côte [kot] *nf* (*rivage, d'un tricot*) costa; (*pente*) pendio; (: *sur une route*) salita; (*ANAT*) costola; (*BOUCHERIE*: *d'agneau, de porc*) costoletta; **point de ~s** (*TRICOT*) punto a costa; **~ à ~** fianco a fianco; ▶ **la côte (d'Azur)** la Costa Azzurra; ▶ **la Côte d'Ivoire** la Costa d'Avorio.

côté [kote] *nm* (*du corps*) fianco; (*d'une boîte, feuille, direction*) parte *f*; (*de la route, d'un solide*) lato; (*fig*: *d'une affaire, d'un individu*) aspetto; **de 10 m de ~** con un lato di 10 m; **des deux ~s de la route** sui due lati della strada; **des deux ~s de la frontière** da una parte e dall'altra della frontiera; **de tous les ~s** da tutte le parti; **de quel ~ est-il parti?** da che parte è andato?; **de ce/de l'autre ~** da questa/dall'altra parte; **d'un ~ ... de l'autre ~** (*alternative*) da un lato ... dall'altro; **du ~ de** dalle parti di; **du ~ de Lyon** dalle parti di Lione; **de ~** (*marcher, regarder*) di traverso; (*être, se tenir*) di fianco *ou* lato; **laisser/mettre de ~** lasciare/mettere da parte; **sur le ~ de** sul lato di; **de chaque ~** da ogni parte; **de chaque ~ (de)** da ogni parte (di); **du ~ gauche** sul lato sinistro; **de mon ~** (*quant à moi*) da *ou* per parte mia; **regarder de ~** guardare di traverso; **à ~** accanto; **à ~ de** accanto *ou* vicino a; (*fig*) rispetto a; **à ~ (de la cible)** fuori bersaglio; **être aux ~s de** (*aussi fig*) essere al fianco di.

coté, e [kɔte] *adj*: **être ~** essere quotato (-a); **être ~ en Bourse** essere quotato(-a) in Borsa; **être bien/mal ~** essere molto/poco quotato(-a).

coteau [kɔto] *nm* collinetta, collina.

côtelé, e [kot(ə)le] *adj* a coste *inv*; **pantalons en velours ~** pantaloni di velluto a coste.

côtelette [kotlɛt] *nf* co(s)toletta.

coter [kɔte] *vt* quotare.

coterie [kɔtʀi] *nf* consorteria.

côtier, -ière [kotje, jɛʀ] *adj* costiero(-a).

cotillons [kɔtijɔ̃] *nmpl* cotillon *m inv*.

cotisation [kɔtizasjɔ̃] *nf* (*à un club, syndicat*) quota; (*pour une pension etc*) contributo.

cotiser [kɔtize] *vi*: ~ **(à)** versare la propria quota (a); **se cotiser** *vr* fare la colletta.

coton [kɔtɔ̃] *nm* cotone *m*; **drap/robe de ~** lenzuolo/vestito di cotone; ▶ **coton hydrophile** cotone idrofilo.

cotonnade [kɔtɔnad] *nf* stoffa di cotone.

Coton-Tige ® [kɔtɔ̃tiʒ] (*pl* **~s-~s**) *nm* cotton fioc ® *m inv*.

côtoyer [kotwaje] *vt* (*rencontrer*) frequentare; (*longer*) costeggiare; (*fig*: *friser*) rasentare.

cotte [kɔt] *nf*: ~ **de mailles** cotta di maglia.

cou [ku] *nm* collo.

couac [kwak] (*fam*) *nm* stecca.

couard, e [kwaʀ, kwaʀd] *adj* codardo(-a).

couchage [kuʃaʒ] *nm* (*matériel pour coucher*) coperte *fpl* e lenzuola *fpl*; ~ **pour 6 personnes** sei posti *mpl* letto.

couchant [kuʃɑ̃] *adj*: **soleil** ~ tramonto, calar *m inv* del sole.

couche [kuʃ] *nf* strato; (*de bébé*) pannolino; ~**s** *nfpl* (*MÉD*) parto *msg*; ▸ **couches sociales** strati sociali.

couché, e [kuʃe] *adj* disteso(-a); (*au lit*) a letto, coricato(-a).

couche-culotte [kuʃkylɔt] (*pl* ~**s**-~**s**) *nf* pannolino (per bambini).

coucher [kuʃe] *nm*: ~ **de soleil** tramonto ♦ *vt* (*personne*: *mettre au lit*) mettere a letto; (: *étendre*) coricare, adagiare; (: *loger*) alloggiare; (*objet*) distendere; (*écrire*: *idées*) scrivere ♦ *vi* dormire; (*fam*): ~ **avec qn** andare a letto con qn; **se coucher** *vr* (*pour dormir*) coricarsi, andare a letto *ou* a dormire; (*pour se reposer*) distendersi; (*se pencher*) inclinarsi; (*soleil*) tramontare; **à prendre avant le** ~ da prendere prima di coricarsi.

couchette [kuʃɛt] *nf* cuccetta.

coucheur [kuʃœʀ] *nm*: **mauvais** ~ tipo scontroso.

couci-couça [kusikusa] (*fam*) *adv* così così.

coucou [kuku] *nm* cuculo, cucù *m inv* ♦ *excl* cucù.

coude [kud] *nm* gomito; ~ **à** ~ gomito a gomito.

coudée [kude] *nf*: **avoir les** ~**s franches** (*fig*) avere libertà d'azione.

cou-de-pied [kudpje] (*pl* ~**s**-~-~) *nm* collo del piede.

coudoyer [kudwaje] *vt* essere gomito a gomito con; (*fig*) rasentare.

coudre [kudʀ] *vt, vi* cucire.

couenne [kwan] *nf* cotenna, cotica.

couette [kwɛt] *nf* (*édredon*) piumone *m*; ~**s** *nfpl* (*cheveux*) codini *mpl*.

couffin [kufɛ̃] *nm* (*de bébé*) culla (portatile).

couilles [kuj] (*fam!*) *nfpl* coglioni *mpl* (*fam!*).

couiner [kwine] *vi* squittire.

coulage [kulaʒ] *nm* (*COMM*) perdita.

coulant, e [kulɑ̃, ɑ̃t] *adj* (*indulgent*) accomodante; (*fromage etc*) molle; (*fig*: *style*) scorrevole.

coulée [kule] *nf* colata; ▸ **coulée de neige** slavina.

couler [kule] *vi* (*fleuve, liquide, sang*) scorrere; (*stylo, récipient*) perdere, colare; (*nez*) colare; (*bateau*) affondare, colare a picco ♦ *vt* (*cloche, sculpture*) fondere; (*bateau*) affondare; (*fig*: *magasin, entreprise*) rovinare; (: *candidat*) silurare; (: *passer*): ~ **une vie heureuse** trascorrere una vita felice; **se couler** *vr*: **se** ~ **dans** (*interstice etc*) infilarsi in; **faire** ~ far scorrere; **faire** ~ **un bain** far scendere l'acqua per il bagno; ~ **une bielle** (*AUTO*) fondere una bronzina; ~ **de source** essere la logica conseguenza; ~ **à pic** colare a picco; **laisser** ~ lasciar correre.

couleur [kulœʀ] *nf* colore *m*; (*fig*) aspetto; (*CARTES*) colore *m*, seme *m*; ~**s** *nfpl* (*du teint*) colorito *msg*; (*dans un tableau*) colori *mpl*; (*MIL*) bandiera *fsg*; **film/télévision en** ~**s** film/televisione *f* a colori; **de** ~ di colore; **sous** ~ **de faire** col pretesto di fare.

couleuvre [kulœvʀ] *nf* biscia.

coulissant, e [kulisɑ̃, ɑ̃t] *adj* (*porte*) scorrevole.

coulisse [kulis] *nf* (*TECH*) guida (di scorrimento), scanalatura; ~**s** *nfpl* (*THÉÂTRE*) quinte *fpl*; **dans les** ~**s** (*fig*) dietro le quinte; **porte à** ~ porta scorrevole.

coulisser [kulise] *vi* scorrere.

couloir [kulwaʀ] *nm* (*de maison, de bus*) corridoio; (*sur la route*) corsia riservata agli autobus; (*SPORT*) corsia; (*GÉO*) gola; ▸ **couloir aérien** corridoio aereo; ▸ **couloir d'avalanche** canalone *m*; ▸ **couloir de navigation** rotta.

coulpe [kulp] *nf*: **battre sa** ~ battersi il petto.

coup [ku] *nm* colpo; (*avec arme à feu*) sparo, colpo; (*frappé par une horloge*) rintocco; (*fam*: *fois*) volta; (*ÉCHECS*) mossa; **à** ~**s de hache** a colpi di scure; **à** ~**s de marteau** a martellate; **être sur un** ~ avere qualcosa per le mani; **en** ~ **de vent** veloce come il vento; **donner un** ~ **de corne à qn** dare una cornata a qn; **donner un** ~ **de chiffon** dare una passata con lo straccio; **avoir le** ~ (*fig*) saperci fare; **boire un** ~ bere (un bicchiere); **à tous les** ~**s** tutte le volte, ogni volta; **être dans le** ~ essere al corrente della situazione; **être hors du** ~ (*fig*) non averci niente a che fare; **il a raté son** ~ ha fallito il colpo; **du** ~ stando così le cose; **pour le** ~ per una volta; **d'un seul** ~ (*subitement*) di colpo; (*à la fois*) in una volta sola; **du premier** ~ al primo colpo; **faire un** ~ **bas à qn** (*fig*) rifilare un colpo basso a qn; **et du même** ~ **je** ... e già che ci sono, ...; **à** ~ **sûr** a colpo sicuro; **après** ~ a cose fatte, dopo; ~ **sur** ~ uno(-a) dopo l'altro(-a); **sur le** ~ sul momento; **sous le** ~ **de** sotto l'effetto di; **tomber sous la** ~ **de la loi** incorrere in una sanzione penale; ▸ **coup bas** colpo basso; ▸ **coup d'éclat** azione *f* brillante; ▸ **coup d'envoi** calcio d'inizio (della partita); ▸ **coup d'essai** tentativo;

▸ **coup d'État** colpo di Stato; ▸ **coup d'œil** colpo d'occhio; ▸ **coup de chance** colpo di fortuna; ▸ **coup de chapeau** (*fig*) congratulazioni *fpl*; ▸ **coup de coude** gomitata; ▸ **coup de couteau** coltellata; ▸ **coup de crayon** tratto di matita; ▸ **coup de feu** sparo; ▸ **coup de filet** retata; ▸ **coup de foudre** (*fig*) colpo di fulmine; ▸ **coup de frein** frenata; ▸ **coup de fusil** colpo di fucile, fucilata; ▸ **coup de genou** ginocchiata; ▸ **coup de grâce** colpo di grazia; ▸ **coup de main** :(*aide*) **donner un ~ de main à qn** dare una mano a qn; ▸ **coup de maître** colpo da maestro; ▸ **coup de pied** calcio, pedata; ▸ **coup de pinceau** pennellata; ▸ **coup de poing** pugno; ▸ **coup de soleil** colpo di sole; ▸ **coup de sonnette** scampanellata; ▸ **coup de téléphone** telefonata; ▸ **coup de tête** (*fig*) colpo di testa; ▸ **coup de théâtre** (*fig*) colpo di scena; ▸ **coup de tonnerre** tuono; ▸ **coup de vent** colpo di vento; ▸ **coup du lapin** colpo di frusta *ou* della strega; ▸ **coup dur** brutto colpo; ▸ **coup fourré** brutto tiro *ou* tiro mancino; ▸ **coup franc** calcio di punizione; ▸ **coup sec** colpo secco.

coupable [kupabl] *adj* colpevole ♦ *nm/f* colpevole *m/f*; ~ **de** colpevole di.

coupant, e [kupɑ̃, ɑ̃t] *adj* (*aussi fig*) tagliente.

coupe [kup] *nf* coppa; (*de cheveux, de vêtement, pièce de tissu*) taglio; (*graphique, plan*) sezione *f*, spaccato; **machine vue en ~** macchina vista in sezione; **être sous la ~ de** essere in balia di; **faire des ~s sombres dans** operare tagli drastici in.

coupé, e [kupe] *adj* (*communications, route*) interrotto(-a) ♦ *nm* (*AUTO*) coupé *m inv*; **bien/mal ~** (*vêtement*) ben/mal tagliato.

coupe-circuit [kupsiʀkɥi] *nm inv* valvola di sicurezza.

coupe-feu [kupfø] *nm inv* tagliafuoco *m inv*.

coupe-gorge [kupgɔʀʒ] *nm inv* postaccio, luogo malfamato.

coupelle [kupɛl] *nf* coppetta.

coupe-ongles [kupɔ̃gl] *nm inv* (*pince*) tagliaunghie *m inv*; (*ciseaux*) forbicine *fpl* da unghie.

coupe-papier [kuppapje] *nm inv* tagliacarte *m inv*.

couper [kupe] *vt* tagliare; (*livre broché*) tagliare le pagine di; (*appétit, eau*) togliere; (*fièvre*) stroncare; (*ajouter de l'eau: vin*) allungare, annacquare ♦ *vi* tagliare; (*CARTES*) alzare; (: *avec l'atout*) prendere con la briscola; **se couper** *vr* tagliarsi; (*se contredire en témoignant etc*) contraddirsi; **se faire ~ les cheveux** farsi tagliare i capelli; ~ **l'appétit à qn** togliere l'appetito a qn; ~ **la parole à qn** interrompere qn; ~ **les vivres à qn** tagliare i viveri a qn; ~ **le contact** *ou* **l'allumage** (*AUTO*) togliere il contatto; ~ **les ponts (avec qn)** tagliare i ponti (con qn).

couperet [kupʀɛ] *nm* coltella.

couperosé, e [kupʀoze] *adj* affetto(-a) da couperose.

couple [kupl] *nm* coppia; ▸ **couple de torsion** coppia di torsione.

coupler [kuple] *vt* (*TECH*) accoppiare.

couplet [kuplɛ] *nm* (*MUS*) strofa; (*péj*) ritornello.

coupleur [kuplœʀ] *nm*: ~ **acoustique** accoppiatore *m* acustico.

coupole [kupɔl] *nf* cupola.

coupon [kupɔ̃] *nm* (*ticket*) buono, tagliando; (*de tissu*) rotolo; (: *reste*) scampolo.

coupon-réponse [kupɔ̃ʀepɔ̃s] (*pl* **~s-~s**) *nm* coupon *m inv*, tagliando.

coupure [kupyʀ] *nf* taglio; (*fig: entaille, brèche*) frattura; (*de journal, de presse*) ritaglio; ▸ **coupure d'eau** interruzione *f* dell'acqua; ▸ **coupure de courant** interruzione *f* della corrente.

cour [kuʀ] *nf* (*de ferme, jardin, d'immeuble*) cortile *m*; (*JUR, royale*) corte *f*; **faire la ~ à qn** fare la corte a qn; ▸ **cour d'appel** corte d'appello; ▸ **cour d'assises** corte *f* d'assise; ▸ **cour de cassation** corte di cassazione; ▸ **cour de récréation** (*SCOL*) cortile della scuola; ▸ **cour des comptes** (*ADMIN*) corte dei conti; ▸ **cour martiale** corte marziale.

courage [kuʀaʒ] *nm* coraggio; (*ardeur*) impegno, volontà; **un peu de ~** un po' di coraggio; **je n'ai pas le ~** (*énergie*) non ne ho la forza; **bon ~!** coraggio!

courageusement [kuʀaʒøzmɑ̃] *adv* coraggiosamente.

courageux, -euse [kuʀaʒø, øz] *adj* coraggioso(-a).

couramment [kuʀamɑ̃] *adv* correntemente.

courant, e [kuʀɑ̃, ɑ̃t] *adj* corrente ♦ *nm* corrente *f*; **être/mettre au ~ (de)** essere/mettere al corrente (di); **se tenir au ~ (de)** tenersi al corrente (di); **dans le ~ de** nel corso di; ~ **octobre** durante il mese di ottobre; **le 10 ~** il 10 corrente mese; ▸ **courant d'air** corrente d'aria; ▸ **courant électrique** corrente elettrica.

courbature [kuʀbatyʀ] *nf* indolenzimento.

courbaturé, e [kuʀbatyʀe] *adj* indolenzito(-a).

courbe [kuʀb] *adj* curvo(-a) ♦ *nf* curva; ▸ **courbe de niveau** curva di livello.

courber [kuʀbe] *vt* curvare, piegare; **se courber** *vr* curvarsi, piegarsi; ~ **la tête** piegare la testa.

courbette [kuʀbɛt] *nf* salamelecco.
coure [kuʀ] *vb voir* **courir**.
coureur, -euse [kuʀœʀ, øz] *nm/f* corridore(-trice); (*à pied*) podista *m/f* ♦ *adj m* (*péj*) donnaiolo ♦ *adj f* (*péj*) cacciatrice di uomini; ▶**coureur automobile** corridore automobilista; ▶**coureur cycliste** corridore ciclista.
courge [kuʀʒ] *nf* zucca.
courgette [kuʀʒɛt] *nf* zucchino, zucchina.
courir [kuʀiʀ] *vi* correre; (*eau*) scorrere; (*COMM*: *intérêt*) decorrere ♦ *vt* (*épreuve, danger, risque*) correre; ~ **les cafés/bals** frequentare i caffè/balli; ~ **les magasins** girare per i negozi; **le bruit court que ...** corre voce che ...; **par les temps qui courent** coi tempi che corrono; ~ **après qn** correre dietro a qn; **laisser** ~ **qn/qch** lasciar perdere qn/qc; **faire** ~ **qn** fare correre qn; **tu peux (toujours)** ~! toglitelo (pure) dalla testa!
couronne [kuʀɔn] *nf* corona; ~ **(funéraire** *ou* **mortuaire)** corona (funebre *ou* mortuaria).
couronnement [kuʀɔnmɑ̃] *nm* incoronazione *f*; (*fig*) coronamento.
couronner [kuʀɔne] *vt* incoronare; (*lauréat, livre, ouvrage*) premiare; (*fig*: *carrière, efforts*) coronare.
courons *etc* [kuʀɔ̃] *vb voir* **courir**.
courrai *etc* [kuʀe] *vb voir* **courir**.
courre [kuʀ] *vb voir* **chasse**.
courrier [kuʀje] *nm* posta; (*rubrique*) rubrica; **qualité** ~ tipo lettera; **long/moyen** ~ (*AVIAT*) aereo a lungo/medio raggio; ▶**courrier du cœur** posta del cuore; ▶**courrier électronique** posta elettronica.
courroie [kuʀwa] *nf* cinghia; ▶**courroie de transmission/de ventilateur** cinghia di trasmissione/del ventilatore.
courrons *etc* [kuʀɔ̃] *vb voir* **courir**.
courroucé, e [kuʀuse] *adj* corrucciato(-a).
cours [kuʀ] *vb voir* **courir** ♦ *nm* corso; (*leçon: heure*) lezione *f*; (*COMM*) prezzo; (*fig*: *d'une maladie, des saisons*) decorso; **donner libre** ~ **à** dare libero sfogo a; **avoir** ~ (*monnaie*) avere corso legale; (*fig*) essere in uso; (*SCOL*) avere lezione; **en** ~ (*année, travaux*) in corso; **en** ~ **de route** strada facendo; **au** ~ **de** nel corso di; **le** ~ **du change** il (corso *ou* tasso di) cambio; ▶**cours d'eau** corso d'acqua; ▶**cours du soir** corso serale; ▶**cours élémentaire** *2° e 3° anno della scuola elementare francese*; ▶**cours moyen** *4° e 5° anno della scuola elementare francese*; ▶**cours préparatoire** ≈ prima elementare; ▶**cours supérieur** corso superiore.
course [kuʀs] *nf* corsa; (*trajet*: *du soleil*) corso; (: *d'un projectile*) traiettoria; (*excursion en montagne*) ascensione *f*, scalata; (*petite mission*) commissione *f*; ~**s** *nfpl* (*achats*) compere *fpl*, commissioni *fpl*; **faire les** *ou* **ses** ~**s** fare la spesa; (*ÉQUITATION*) corse *fpl*; **jouer aux** ~**s** giocare alle corse; **à bout de** ~ esausto(-a); ▶**course à pied** gara podistica; ▶**course automobile** corsa automobilistica; ▶**course d'étapes** *ou* **par étapes** corsa a tappe; ▶**course d'obstacles** corsa a ostacoli; ▶**course de côte** (*AUTO*) gara in salita; ▶**course de vitesse** gara di velocità; ▶**courses de chevaux** corse dei cavalli.
coursier, -ière [kuʀsje, jɛʀ] *nm/f* fattorino(-a).
coursive [kuʀsiv] *nf* (*NAUT*) corsia.
court, e [kuʀ, kuʀt] *adj* corto(-a) ♦ *adv* corto ♦ *nm* (*de tennis*) campo; **tourner** ~ (*action, projet*) arenarsi; **couper** ~ **à ...** tagliare corto ...; **à** ~ **de** a corto di; **prendre qn de** ~ cogliere qn di sorpresa; **ça fait** ~ è un po' corto; **pour faire** ~ per farla corta *ou* breve; **avoir le souffle** ~ aver il fiato corto; **tirer à la** ~**e paille** tirare a sorte; **faire la** ~**e échelle à qn** aiutare qn a salire; ▶**court métrage** corto metraggio.
courtage [kuʀtaʒ] *nm* (*COMM*) mediazione *f*, commissione *f*.
court-bouillon [kuʀbujɔ̃] (*pl* ~**s**-~**s**) *nm* brodo ristretto di pesce.
court-circuit [kuʀsiʀkɥi] (*pl* ~**s**-~**s**) *nm* cortocircuito.
court-circuiter [kuʀsiʀkɥite] *vt* (*fig*) scavalcare, saltare.
courtier, -ière [kuʀtje, jɛʀ] *nm/f* (*COMM*) mediatore(-trice), agente *m*.
courtisan [kuʀtizɑ̃] *nm* cortigiano.
courtisane [kuʀtizan] *nf* cortigiana.
courtiser [kuʀtize] *vt* corteggiare.
courtois, e [kuʀtwa, waz] *adj* cortese.
courtoisement [kuʀtwazmɑ̃] *adv* cortesemente.
courtoisie [kuʀtwazi] *nf* cortesia.
couru [kuʀy] *pp de* **courir** ♦ *adj* (*spectacle etc*) di successo; **c'est** ~ **(d'avance)!** (*fam*) andiamo sul sicuro!
cousais *etc* [kuzɛ] *vb voir* **coudre**.
couscous [kuskus] *nm* cuscus *m inv*.
cousin, e [kuzɛ̃, in] *nm/f* cugino(-a); (*ZOOL*) zanzara; ▶**cousin germain** primo cugino; ▶**cousin issu de germain** cugino di secondo grado.
cousons [kuzɔ̃] *vb voir* **coudre**.
coussin [kusɛ̃] *nm* cuscino; (*TECH*) cuscinetto; ▶**coussin d'air** cuscino d'aria.
cousu, e [kuzy] *pp de* **coudre** ♦ *adj*: ~ **d'or** ricco(-a) sfondato(-a).
coût [ku] *nm* costo; **le** ~ **de la vie** il costo

della vita.
coûtant [kutɑ̃] *adj m*: **au prix ~** a prezzo di costo.
couteau, x [kuto] *nm* coltello; ▸**couteau à cran d'arrêt** coltello a serramanico; ▸**couteau à pain/de cuisine** coltello da pane/da cucina; ▸**couteau de poche** coltello da tasca.
couteau-scie [kutosi] (*pl* **~x-~s**) *nm* coltello seghettato.
coutelier, -ière [kutəlje, jɛʀ] *nm/f* coltellinaio(-a).
coutellerie [kutɛlʀi] *nf* coltelleria.
coûter [kute] *vt* costare ♦ *vi*: **~ à qn** costare a qn; **~ cher à qn** (*fig*) costare caro a qn; **combien ça coûte?** quanto costa?; **coûte que coûte** a tutti i costi.
coûteusement [kutøzmɑ̃] *adv* costosamente.
coûteux, -euse [kutø, øz] *adj* costoso(-a).
coutume [kutym] *nf* costume *m*; (*JUR*) consuetudine *f*; **de ~** di solito.
coutumier, -ière [kutymje, jɛʀ] *adj* consueto(-a), abituale; **être ~ de** (*péj*): **elle est coutumière du fait** non è la prima volta che lo fa.
couture [kutyʀ] *nf* cucito; (*art, activité*) sartoria; (*points*) cucitura.
couturier [kutyʀje] *nm* sarto.
couturière [kutyʀjɛʀ] *nf* sarta.
couvée [kuve] *nf* covata.
couvent [kuvɑ̃] *nm* convento.
couver [kuve] *vt* covare ♦ *vi* covare; **~ qn/qch des yeux** covare qn/qc con gli occhi.
couvercle [kuvɛʀkl] *nm* coperchio.
couvert, e [kuvɛʀ, ɛʀt] *pp de* **couvrir** ♦ *adj* coperto(-a); (*coiffé d'un chapeau*) col cappello in testa ♦ *nm* coperto; **~s** *nmpl* (*ustensiles*) coperti *mpl*; (*cuiller, couteau, fourchette*) posate *fpl*; **~ de** coperto(-a) di; **bien ~** ben coperto(-a); **mettre le ~** apparecchiare; **service de 12 ~s en argent** servizio di posate d'argento da 12; **à ~** al coperto, al riparo; **sous le ~ de** sotto la responsabilità di; (*sous l'apparence de*) con il pretesto di.
couverture [kuvɛʀtyʀ] *nf* (*de lit*) coperta; (*de bâtiment, ASSURANCES, PRESSE*) copertura; (*de livre, cahier*) copertina; (*fig*: *d'un espion*) copertura; **de ~** (*lettre etc*) d'accompagnamento; ▸**couverture chauffante** termocoperta.
couveuse [kuvøz] *nf* incubatrice *f*.
couvre [kuvʀ] *vb voir* **couvrir**.
couvre-chef [kuvʀəʃɛf] (*pl* **~-~s**) *nm* copricapo *m*.
couvre-feu [kuvʀəfø] (*pl* **~-~x**) *nm* coprifuoco.
couvre-lit [kuvʀəli] (*pl* **~-~s**) *nm* copriletto *m inv*.
couvre-pieds [kuvʀəpje] *nm inv* copriletto *m inv* (imbottito).
couvreur [kuvʀœʀ] *nm operaio che costruisce o ripara i tetti*.
couvrir [kuvʀiʀ] *vt* coprire; (*ZOOL*) coprire, montare; **se couvrir** *vr* coprirsi; (*temps*) guastarsi; (*se coiffer*) mettersi il cappello; **~ qn/qch de** coprire qn/qc di; **se ~ de** coprirsi di.
cover-girl [kɔvœʀgœʀl] (*pl* **~-~s**) *nf* cover girl *f inv*.
cow-boy [kobɔj] (*pl* **~-~s**) *nm* cow-boy *m inv*.
coyote [kɔjɔt] *nm* coiote *m*.
CP [sepe] *sigle m* (= *cours préparatoire*) **cours**.
CPAM [sepeaɛm] *sigle f* (= *Caisse primaire d'assurances maladie*) ≈ SSN *m*.
CQFD [sekyɛfde] *abr* (= *ce qu'il fallait démontrer*) c.v.d.
crabe [kʀɑb] *nm* granchio.
crachat [kʀaʃa] *nm* sputo.
craché, e [kʀaʃe] *adj*: **c'est son père tout ~** è sputato suo padre.
cracher [kʀaʃe] *vi* sputare ♦ *vt* sputare; (*fig*: *lave, injures*) vomitare; **~ du sang** sputare sangue.
crachin [kʀaʃɛ̃] *nm* pioggerella, acquerugiola.
crachiner [kʀaʃine] *vi* piovigginare.
crachoir [kʀaʃwaʀ] *nm* (*de dentiste*) piccolo lavandino (*per sciacquarsi la bocca*).
crachotement [kʀaʃɔtmɑ̃] *nm* crepitio.
crachoter [kʀaʃɔte] *vi* (*haut-parleur, radio*) emettere crepitii.
crack [kʀak] *nm* asso; (*poulain*) crack *m inv*.
Cracovie [kʀakɔvi] *n* Cracovia.
cradingue [kʀadɛ̃g] (*fam*) *adj* lurido(-a), sozzo(-a).
craie [kʀɛ] *nf* gesso.
craignais [kʀɛɲɛ] *vb voir* **craindre**.
craindre [kʀɛ̃dʀ] *vt* temere; **je crains que vous (ne) fassiez erreur** temo che si sbagli; **~ de/que** temere di/che; **crains-tu d'avoir tort?** temi di avere torto?
crainte [kʀɛ̃t] *nf* timore *m*; **soyez sans ~** non temete; **(de) ~ de/que** per timore di/che.
craintif, -ive [kʀɛ̃tif, iv] *adj* timoroso(-a).
craintivement [kʀɛ̃tivmɑ̃] *adv* timorosamente.
cramer [kʀame] (*fam*) *vi* (*brûler*) bruciare.
cramoisi, e [kʀamwazi] *adj* cremisi.
crampe [kʀɑ̃p] *nf* crampo; ▸**crampe d'estomac** crampo allo stomaco.
crampon [kʀɑ̃pɔ̃] *nm* chiodo; (*ALPINISME*) rampone *m*.
cramponner [kʀɑ̃pɔne]: **se ~ (à)** *vr* aggrapparsi (a).
cran [kʀɑ̃] *nm* (*entaille, trou*) buco; (*de courroie*) tacca; (*courage*) fegato; **être à ~**

avere i nervi a fior di pelle; ▸ **cran de sûreté** sicura.
crâne [kRɑn] *nm* cranio.
crâner [kRɑne] (*fam*) *vi* fare il gradasso, darsi delle arie.
crânien, ne [kRɑnjɛ̃, jɛn] *adj* cranico(-a).
crapaud [kRapo] *nm* rospo.
crapule [kRapyl] *nf* mascalzone *m*, canaglia.
crapuleux, -euse [kRapylø, øz] *adj*: **crime** ~ delitto a scopo di lucro.
craquelure [kRaklyR] *nf* screpolatura.
craquement [kRakmɑ̃] *nm* scricchiolio.
craquer [kRake] *vi* (*bruit*) scricchiolare; (*se briser*) rompersi, cedere ♦ *vt*: ~ **une allumette** accendere un fiammifero; **j'ai craqué!** sono crollato!; (*enthousiasmé*) mi ha fatto morire!
crasse [kRas] *nf* sporcizia, sudiciume *m* ♦ *adj* (*fig*: *ignorance*) crasso(-a).
crasseux, -euse [kRasø, øz] *adj* sudicio (-a), sozzo(-a).
crassier [kRasje] *nm* cumulo di residui industriali.
cratère [kRatɛR] *nm* cratere *m*.
cravache [kRavaʃ] *nf* frustino, scudiscio.
cravacher [kRavaʃe] *vt* frustare.
cravate [kRavat] *nf* cravatta.
cravater [kRavate] *vt* incravattare; (*fig*) prendere per il collo.
crawl [kRol] *nm* stile *m* libero, crawl *m inv*.
crawlé, e [kRole] *adj*: **dos** ~ dorso.
crayeux, -euse [kRɛjø, øz] *adj* gessoso(-a); (*fig*) terreo(-a).
crayon [kRɛjɔ̃] *nm* matita; **écrire au** ~ scrivere a matita; ▸ **crayon à bille** biro *f inv*; ▸ **crayon de couleur** matita colorata; ▸ **crayon optique** penna ottica.
crayon-feutre [kRɛjɔ̃føtR] (*pl* ~**s**-~**s**) *nm* pennarello ®.
crayonnage [kRɛjɔnaʒ] *nm* (*dessin*) disegno a matita.
crayonner [kRɛjɔne] *vt* (*notes*) scribacchiare; (*croquis*) abbozzare.
CRDP [seɛRdepe] *sigle m* = *Centre régional de documentation pédagogique*.
créance [kReɑ̃s] *nf* credito; **donner** ~ **à qch** dare credito a qc.
créancier, -ière [kReɑ̃sje, jɛR] *nm/f* creditore(-trice).
créateur, -trice [kReatœR, tRis] *adj* creativo(-a) ♦ *nm/f* creatore(-trice); (*de mode*) stilista *m/f*; **le C**~ il Creatore.
créatif, -ive [kReatif, iv] *adj* creativo(-a).
création [kReasjɔ̃] *nf* creazione *f*; (*univers*) creato.
créativité [kReativite] *nf* creatività.
créature [kReatyR] *nf* creatura.
crécelle [kResɛl] *nf* (*MUS*) raganella.
crèche [kRɛʃ] *nf* (*de Noël*) presepio; (*garderie*) (asilo) nido.
crédence [kRedɑ̃s] *nf* credenza.
crédibilité [kRedibilite] *nf* credibilità.
crédible [kRedibl] *adj* credibile.
crédit [kRedi] *nm* (*confiance, autorité*) considerazione *f*, credito; (*ÉCON*) credito; (*d'un compte bancaire*) avere *m*; ~**s** *nmpl* (*fonds*) sovvenzioni *fpl*; **payer/acheter à** ~ pagare/comprare a rate; **faire** ~ **à qn** fare credito a qn.
crédit-bail [kRedibɑj] (*pl* ~**s**-~**s**) *nm* (*ÉCON*) leasing *m inv*.
créditer [kRedite] *vt*: ~ **un compte d'une somme** accreditare una somma su un conto.
créditeur, -trice [kReditœR, tRis] *adj, nm/f* creditore(-trice).
credo [kRedo] *nm* credo.
crédule [kRedyl] *adj* credulo(-a).
crédulité [kRedylite] *nf* credulità.
créer [kRee] *vt* creare; (*THÉÂTRE*) portare sulle scene.
crémaillère [kRemajɛR] *nf* (*aussi RAIL*) cremagliera; **direction à** ~ (*AUTO*) sterzo a cremagliera; **pendre la** ~ fare una festa per inaugurare la casa nuova.
crémation [kRemasjɔ̃] *nf* cremazione *f*.
crématoire [kRematwaR] *adj*: **four** ~ forno crematorio(-a).
crématorium [kRematɔRjɔm] *nm* crematorio.
crème [kRɛm] *nf* crema; (*du lait*) panna ♦ *adj inv* (color) crema *inv*; **un (café)** ~ ≈ un cappuccino; ▸ **crème à raser** crema da barba; ▸ **crème Chantilly** panna montata; ▸ **crème fouettée** panna montata; ▸ **crème glacée** gelato.
crémerie [kRɛmRi] *nf* (*magasin*) latteria.
crémeux, -euse [kRemø, øz] *adj* cremoso(-a).
crémier, -ière [kRemje, jɛR] *nm/f* lattaio(-a).
créneau, x [kReno] *nm* (*de fortification*) merlo; (*fig*: *espace disponible*) spazio libero; (*COMM*: *de vente*) nicchia di mercato; **faire un** ~ (*AUTO*) posteggiare (*a marcia indietro tra due auto*).
créole [kReɔl] *adj* creolo(-a) ♦ *nm* creolo ♦ *nm/f*: **C**~ creolo(-a).
crêpe [kRɛp] *nf* (*galette*) crêpe *f inv*, crespella ♦ *nm* (*tissu*) crêpe *m inv*; (*de deuil*) fascia (di lutto); **semelle (de)** ~ suola di para; ▸ **crêpe de Chine** crêpe de Chine *m inv*.
crêpé, e [kRepe] *adj* (*cheveux*) cotonato (-a).
crêperie [kRɛpRi] *nf* crêperie *f inv*.
crépi [kRepi] *nm* intonaco.
crépir [kRepiR] *vt* intonacare.
crépitement [kRepitmɑ̃] *nm* crepitio.
crépiter [kRepite] *vi* crepitare; (*radio*) frusciare.
crépon [kRepɔ̃] *nm* crépon *m inv*; **papier cré-**

pon carta crespata.
crépu, e [kRepy] *adj* crespo(-a).
crépuscule [kRepyskyl] *nm* crepuscolo.
crescendo [kReʃɛndo] *nm* (*MUS, fig*) crescendo ♦ *adv* in crescendo; (*fig*): **aller ~** andare aumentando.
cresson [kResɔ̃] *nm* crescione *m*.
Crète [kRɛt] *nf* Creta.
crête [kRɛt] *nf* cresta.
crétin, e [kRetɛ̃, in] *nm/f* cretino(-a).
crétois, e [kRetwa, waz] *adj* cretese ♦ *nm/f*: **C~, e** cretese *m/f*.
cretonne [kRətɔn] *nf* cretonne *f inv*.
Creuse [kRøz] *nf* Creuse *f*.
creuser [kRøze] *vt* scavare; (*fig*: *problème, idée*) approfondire; **cela creuse** (*l'estomac*) mette appetito; **se ~ (la cervelle** *ou* **la tête)** spremersi le meningi.
creuset [kRøzɛ] *nm* crogiolo.
creusois, e [kRøzwa, waz] *adj* del dipartimento della Creuse.
creux, -euse [kRø, kRøz] *adj* (*évidé*) cavo(-a), vuoto(-a); (*concave*) incavato(-a), cavo(-a); (*son, voix*) cavernoso(-a); (*fig*: *paroles, discours*) vuoto(-a) ♦ *nm* incavo, cavità *f inv*; (*fig*: *sur graphique, dans statistique*) abbassamento; **heures creuses** (*gén*) ore *fpl* calme *ou* morte; (*pour électricité, téléphone*) ore *fpl* di minore utenza; **mois/jours ~** mesi *mpl*/giorni *mpl* calmi *ou* di scarsa attività; **j'ai un ~ dans l'estomac** ho un buco allo stomaco.
crevaison [kRəvɛzɔ̃] *nf* foratura.
crevant, e [kRəvɑ̃, ɑ̃t] *adj* (*fatigant*) faticosissimo(-a); (*amusant*) spassoso(-a).
crevasse [kRəvas] *nf* (*dans le sol*) crepa; (*de glacier*) crepaccio; (*sur la peau*) screpolatura.
crevé, e [kRəve] *adj* (*pneu*) forato(-a); (*fam*: *fatigué*): **je suis ~** sono distrutto *ou* stanco morto.
crève-cœur [kRɛvkœR] *nm inv* crepacuore *m inv*.
crever [kRəve] *vt* bucare, forare ♦ *vi* (*pneu, automobiliste*) forare; (*abcès, outre, nuage*) scoppiare; (*fam*: *mourir*) crepare; **~ d'envie/de peur/de faim** crepare d'invidia/di paura/di fame; **~ l'écran** dominare lo schermo; **cela lui a crevé un œil** l'ha accecato ad un occhio.
crevette [kRəvɛt] *nf*: **~ rose/grise** gamberetto.
cri [kRi] *nm* grido; (*d'animal*: *spécifique*) verso; **à grands ~s** a gran voce; **~s d'enthousiasme/de protestation** grida d'entusiasmo/di protesta; **c'est le dernier ~** è l'ultimo grido.
criant, e [kRijɑ̃, ɑ̃t] *adj* (*injustice*) palese, lampante.
criard, e [kRijaR, aRd] *adj* (*couleur*) chiassoso(-a); (*voix*) stridulo(-a), stridente.
crible [kRibl] *nm* setaccio; (*mécanique*) vaglio; **passer qch au ~** (*aussi fig*) passare qc al vaglio.
criblé, e [kRible] *adj*: **~ de** (*de trous*) coperto(-a) di; (*de dettes*) oberato(-a) di; (*de balles*) crivellato(-a) di.
cric [kRik] *nm* cric *m inv*.
cricket [kRikɛt] *nm* cricket *m*.
criée [kRije] *nf*: **(vente à la) ~** vendita all'asta.
crier [kRije] *vi* gridare; (*fig*: *grincer*) cigolare ♦ *vt* (*ordre, injure*) gridare; **sans ~ gare** senza preavviso; **~ au secours** gridare aiuto; **~ famine** piangere miseria; **~ grâce** implorare mercé; **~ au scandale/meurtre** gridare allo scandalo/all'assassino.
crieur de journaux [kRijœRdəʒuRno] *nm* strillone *m*.
crime [kRim] *nm* (*JUR*) crimine *m*; (*meurtre*) delitto; (*fig*) delitto, crimine.
Crimée [kRime] *nf* Crimea.
criminalité [kRiminalite] *nf* criminalità.
criminel, le [kRiminɛl] *adj* (*JUR*) penale; (*fig*: *blâmable*) criminale ♦ *nm/f* criminale *m/f*; ▸ **criminel de guerre** criminale di guerra.
criminologie [kRiminɔlɔʒi] *nf* criminologia.
criminologue [kRiminɔlɔg] *nm/f* criminologo(-a).
crin [kRɛ̃] *nm* crine *m*; **à tous ~s, à tout ~** a oltranza.
crinière [kRinjɛR] *nf* criniera.
crique [kRik] *nf* cala.
criquet [kRikɛ] *nm* cavalletta.
crise [kRiz] *nf* (*MÉD*) crisi *f inv*, attacco; (*POL, REL, ÉCON*) crisi *f inv*; ▸ **crise cardiaque/de foie** attacco cardiaco/di fegato; ▸ **crise de la foi** crisi religiosa; ▸ **crise de nerfs** crisi di nervi.
crispant, e [kRispɑ̃, ɑ̃t] *adj* irritante.
crispation [kRispasjɔ̃] *nf* contrazione *f*; (*fig*) (moto d')impazienza.
crispé, e [kRispe] *adj* teso(-a).
crisper [kRispe] *vt* contrarre; (*poings*) stringere; **se crisper** *vr* contrarsi; stringersi.
crissement [kRismɑ̃] *nm* (*des pneus*) stridio.
crisser [kRise] *vi* (*neige*) scricchiolare; (*pneu*) stridere; (*tissu*) frusciare.
cristal, -aux [kRistal, o] *nm* cristallo; **cristaux** *nmpl* (*objets de verre*) cristalleria; ▸ **cristal de plomb** cristallo di piombo; ▸ **cristal de roche** cristallo di rocca; ▸ **cristaux de soude** carbonato di sodio (in cristalli).
cristallin, e [kRistalɛ̃, in] *adj* cristallino(-a) ♦ *nm* (*ANAT*) cristallino.
cristalliser [kRistalize] *vi* (*aussi*: **se ~**) cristallizzarsi ♦ *vt* cristallizzare.

critère [kRitɛR] *nm* criterio.
critérium [kRiteRjɔm] *nm* (*SPORT*) criterium *m inv*.
critiquable [kRitikabl] *adj* criticabile.
critique [kRitik] *adj* critico(-a) ♦ *nf* critica ♦ *nm* critico; **la** ~ (*activité, personne*: *d'art, littéraire*) la critica.
critiquer [kRitike] *vt* criticare.
croasser [kRɔase] *vi* gracchiare.
croate [kRɔat] *adj* croato(-a) ♦ *nm* croato.
Croatie [kRɔasi] *nf* Croazia.
croc [kRo] *nm* (*dent*) dente *m*, zanna; (*de boucher*) gancio, uncino.
croc-en-jambe [kRɔkɑ̃ʒɑ̃b] (*pl* **~s-~-~**) *nm*: **faire un ~-~-~ à qn** fare lo sgambetto a qn.
croche [kRɔʃ] *nf* (*MUS*) croma; **double/triple ~** biscroma/semibiscroma.
croche-pied [kRɔʃpje] (*pl* **~-~s**) *nm* = **croc-en-jambe**.
crochet [kRɔʃɛ] *nm* (*pour suspendre, accrocher*) gancio; (*tige, clef*) grimaldello; (*détour*) deviazione *f*; (*TRICOT*) uncinetto; **~s** *nmpl* (*TYPO*) parentesi *fsg* quadra; **vivre aux ~s de qn** vivere alle spalle di qn; **~ du gauche** (*BOXE*) gancio sinistro.
crocheter [kRɔʃte] *vt* (*serrure*) scassinare.
crochu, e [kRɔʃy] *adj* adunco(-a).
crocodile [kRɔkɔdil] *nm* coccodrillo.
crocus [kRɔkys] *nm* croco.
croire [kRwaR] *vt* credere; **se ~ fort** credersi forte; **~ à/en/que** credere a/in/che; **~ être/faire** credere di essere/di fare; **j'aurais cru que si ...** credevo che se ...; **je n'aurais pas cru cela (de lui)** non me lo sarei mai aspettato; **vous croyez?** crede?; **vous ne croyez pas?** non crede?; **~ (en Dieu)** credere (in Dio).
croîs [kRwa] *vb voir* **croître**.
croisade [kRwazad] *nf* crociata.
croisé, e [kRwaze] *adj* incrociato(-a); (*pull, veste*) a doppiopetto ♦ *nm* crociato.
croisée [kRwaze] *nf* (*fenêtre*) finestra; **à la ~ des chemins** all'incrocio delle strade; ▸ **croisée d'ogives** volta a crociera.
croisement [kRwazmɑ̃] *nm* incrocio; (*BIOL*) incrocio.
croiser [kRwaze] *vt* incrociare ♦ *vi* (*NAUT*) incrociare; **se croiser** *vr* incrociarsi; **~ les jambes** incrociare le gambe; **se ~ les bras** (*aussi fig*) incrociare le braccia.
croiseur [kRwazœR] *nm* (*NAUT*) incrociatore *m*.
croisière [kRwazjɛR] *nf* crociera; **vitesse de ~** (*AUTO etc*) velocità di crociera.
croisillon [kRwazijɔ̃] *nm*: **motif/fenêtre à ~s** motivo/finestra a crociera.
croissais [kRwasɛ] *vb voir* **croître**.
croissance [kRwasɑ̃s] *nf* crescita; **troubles de la/maladie de ~** disturbi *mpl*/malattia della crescita; ▸ **croissance économique** crescita economica.
croissant, e [kRwasɑ̃, ɑ̃t] *vb voir* **croître** ♦ *adj* crescente ♦ *nm* (*gâteau*) croissant *m inv*, cornetto; (*motif*) mezzaluna; ▸ **croissant de lune** spicchio di luna.
croître [kRwatR] *vi* crescere; (*jours*) allungarsi.
croix [kRwa] *nf* croce *f*; **en ~** *adj, adv* a *ou* in croce; ▸ **la Croix Rouge** la Croce Rossa.
croquant, e [kRɔkɑ̃, ɑ̃t] *adj* croccante ♦ *nm* (*péj*) bifolco.
croque-madame [kRɔkmadam] *nm inv* *toast con sopra un uovo al tegame*.
croque-mitaine [kRɔkmitɛn] (*pl* **~-~s**) *nm* babau *m inv*.
croque-monsieur [kRɔkməsjø] *nm inv* ≈ toast *m inv*.
croque-mort [kRɔkmɔR] (*pl* **~-~s**) (*péj*) *nm* becchino.
croquer [kRɔke] *vt* masticare; (*fruit*) mordere; (*dessiner*) schizzare ♦ *vi* essere croccante.
croquet [kRɔkɛ] *nm* (*jeu*) croquet *m inv*.
croquette [kRɔkɛt] *nf* crocchetta.
croquis [kRɔki] *nm* schizzo.
cross(-country) [kRɔs(kuntRi)] (*pl* **cross(-countries)**) *nm* (*SPORT*) cross-country *m inv*.
crosse [kRɔs] *nf* (*de fusil, revolver*) calcio; (*d'évêque*) pastorale *m*; (*de hockey*) mazza.
crotale [kRɔtal] *nm* crotalo.
crotte [kRɔt] *nf* sterco, escrementi *mpl*; ~! (*fam*) accidenti!
crotté, e [kRɔte] *adj* infangato(-a).
crottin [kRɔtɛ̃] *nm*: **~ (de cheval)** sterco (di cavallo); (*fromage*) (piccolo) formaggio di capra.
croulant, e [kRulɑ̃, ɑ̃t] (*fam*) *nm/f* matusa *m/f inv*.
crouler [kRule] *vi* crollare; **~ sous (le poids de) qch** crollare sotto il peso di qc.
croupe [kRup] *nf* groppa; **en ~** in groppa.
croupi, e [kRupi] *adj* putrido(-a).
croupier [kRupje] *nm* croupier *m inv*.
croupion [kRupjɔ̃] *nm* (*d'une volaille*) codrione *m*.
croupir [kRupiR] *vi* marcire.
CROUS [kRus] *sigle m* (= *Centre régional des œuvres universitaires et scolaires*) *organismo di rappresentanza degli studenti*.
croustade [kRustad] *nf* crostata.
croustillant, e [kRustijɑ̃, ɑ̃t] *adj* croccante; (*fig*) piccante, salace.
croustiller [kRustije] *vi* essere croccante.
croûte [kRut] *nf* crosta; (*de vol-au-vent*) pasta sfoglia; **en ~** (*CULIN*) in crosta; ▸ **croûte au fromage/aux champignons** crostone *m* al formaggio/ai funghi; ▸ **croûte de pain** crosta di pane; ▸ **croûte terrestre** crosta terrestre.

croûton [kʀutɔ̃] *nm* (*CULIN*) crostino; (*extrémité: du pain*) cantuccio.
croyable [kʀwajabl] *adj* credibile.
croyais [kʀwajɛ] *vb voir* **croire**.
croyance [kʀwajɑ̃s] *nf* credenza.
croyant, e [kʀwajɑ̃, ɑ̃t] *vb voir* **croire** ♦ *adj, nm/f* (*REL*) credente *m/f*.
Crozet [kʀɔzɛ] *n*: **les îles** ~ le isole Crozet.
CRS [seɛʀɛs] *sigle fpl* (= *Compagnies républicaines de sécurité*) *forza di polizia per la sicurezza nazionale* ♦ *sigle m membro delle CRS*.
cru, e [kʀy] *pp de* **croire** ♦ *adj* crudo(-a); (*grossier*) spinto(-a) ♦ *nm* (*vignoble*) vigneto; (*vin*) vino; **monter à** ~ (*cheval*) cavalcare senza sella *ou* a pelo; **de son (propre)** ~ (*fig*) di propria invenzione; **du** ~ del luogo.
crû [kʀy] *pp de* **croître**.
cruauté [kʀyote] *nf* crudeltà *f inv*.
cruche [kʀyʃ] *nf* brocca; (*fam*) scemo(-a).
crucial, e, -aux [kʀysjal, o] *adj* cruciale.
crucifier [kʀysifje] *vt* crocifiggere.
crucifix [kʀysifi] *nm* crocifisso.
crucifixion [kʀysifiksjɔ̃] *nf* crocifissione *f*.
cruciforme [kʀysifɔʀm] *adj* cruciforme.
cruciverbiste [kʀysivɛʀbist] *nm/f* cruciverbista *m/f*.
crudité [kʀydite] *nf* crudezza; (*d'une couleur*) violenza; ~**s** *nfpl* (*CULIN*) verdure *fpl* crude.
crue [kʀy] *adj f voir* **cru** ♦ *nf* piena; **en** ~ in piena.
cruel, le [kʀyɛl] *adj* crudele.
cruellement [kʀyɛlmɑ̃] *adv* crudelmente.
crûment [kʀymɑ̃] *adv* crudamente.
crus *etc* [kʀy] *vb voir* **croire**.
crûs *etc* [kʀy] *vb voir* **croître**.
crustacés [kʀystase] *nmpl* crostacei *mpl*.
crypte [kʀipt] *nf* cripta.
crypté, e [kʀipte] *adj* in codice.
CSA [seɛsa] *sigle m* = *Conseil supérieur de l'audiovisuel*.
CSCE [seɛssea] *sigle f* (= *Conférence sur la sécurité et la coopération en Europe*) Csce *f*.
CSG [seɛsʒe] *sigle f* = *Contribution sociale généralisée*.
CSM [seɛsɛm] *sigle m* (= *Conseil supérieur de la magistrature*) Csm *m*.
Cuba [kyba] *nm* Cuba.
cubage [kybaʒ] *nm* cubatura.
cubain, e [kybɛ̃, ɛn] *adj* cubano(-a) ♦ *nm/f*: **C~, e** cubano(-a).
cube [kyb] *nm* cubo; **gros** ~ motocicletta di grossa cilindrata; **mètre** ~ metro cubo; **2 au** ~ **= 8** 2 al cubo = 8; **élever au** ~ (*MATH*) elevare al cubo.
cubique [kybik] *adj* cubico(-a).
cubisme [kybism] *nm* cubismo.
cubiste [kybist] *nm/f* cubista *m/f*.
cubitus [kybitys] *nm* ulna.
cueillette [kœjɛt] *nf* raccolta.
cueillir [kœjiʀ] *vt* cogliere; (*fig*) acciuffare.
cuiller [kɥijɛʀ] *nf* cucchiaio; ▸ **cuiller à café** cucchiaino (da caffè); ▸ **cuiller à soupe** cucchiaio.
cuillère [kɥijɛʀ] *nf* = **cuiller**.
cuillerée [kɥijʀe] *nf* cucchiaiata; (*CULIN*): ~ **à soupe/café** cucchiaio/cucchiaino.
cuir [kɥiʀ] *nm* cuoio, pelle *f*; (*avant tannage*) pelle *f*; ▸ **cuir chevelu** cuoio cappelluto.
cuirasse [kɥiʀas] *nf* corazza.
cuirassé [kɥiʀase] *nm* (*NAUT*) corazzata.
cuire [kɥiʀ] *vt* cuocere ♦ *vi* cuocere; (*picoter*) bruciare; **bien/trop cuit** ben/troppo cotto; **pas assez cuit** poco cotto; **cuit à point** cotto a puntino.
cuisant, e [kɥizɑ̃, ɑ̃t] *vb voir* **cuire** ♦ *adj* (*douleur*) pungente; (*fig*) cocente.
cuisine [kɥizin] *nf* cucina; **faire la** ~ cucinare.
cuisiné, e [kɥizine] *adj*: **plat** ~ piatto pronto (*da asporto*).
cuisiner [kɥizine] *vt* cucinare, preparare; (*fam*) torchiare ♦ *vi* cucinare.
cuisinette [kɥizinɛt] *nf* cucinino.
cuisinier, -ière [kɥizinje, jɛʀ] *nm/f* cuoco (-a).
cuisinière [kɥizinjɛʀ] *nf* cucina (economica).
cuissardes [kɥisaʀd] *nfpl* stivali *mpl* a mezza coscia.
cuisse [kɥis] *nf* coscia; (*mouton*) cosciotto.
cuisson [kɥisɔ̃] *nf* cottura.
cuissot [kɥiso] *nm* cosciotto.
cuistre [kɥistʀ] *nm* pedante *m*.
cuit, e [kɥi, kɥit] *pp de* **cuire** ♦ *adj* cotto (-a); **bien/très** ~**e** ben cotta.
cuite [kɥit] *nf* (*fam*) sbornia, sbronza.
cuivre [kɥivʀ] *nm* rame *m*; **les** ~**s** (*MUS*) gli ottoni; ▸ **cuivre jaune** ottone *m*; ▸ **cuivre (rouge)** rame.
cuivré, e [kɥivʀe] *adj* ramato(-a); (*peau*) abbronzato(-a).
cul [ky] (*fam!*) *nm* culo (*fam!*); ▸ **cul de bouteille** fondo *ou* culo di bottiglia.
culasse [kylas] *nf* (*AUTO*) testa; (*de fusil*) culatta.
culbute [kylbyt] *nf* capriola; (*accidentelle*) capitombolo.
culbuter [kylbyte] *vi* cadere (all'indietro) ♦ *vt* rovesciare.
culbuteur [kylbytœʀ] *nm* (*AUTO*) bilanciere *m*.
cul-de-jatte [kydʒat] (*pl* ~**s**-~-~) *nm persona senza gambe*.
cul-de-sac [kydsak] (*pl* ~**s**-~-~) *nm* strada senza uscita, vicolo cieco.
culinaire [kylinɛʀ] *adj* culinario(-a).
culminant [kylminɑ̃] *adj*: **point** ~ punto

culminante.
culminer [kylmine] *vi* (*sommet, massif*) dominare; ~ **à** (*fig*) culminare in.
culot [kylo] *nm* (*d'ampoule*) attacco; (*effronterie*) faccia tosta, sfacciataggine *f*; **il a du** ~ ha una bella faccia tosta.
culotte [kylɔt] *nf* (*pantalon*) calzoni *mpl*, pantaloni *mpl*; (*de femme*): **(petite)** ~ mutandine *fpl*, slip *m inv*; (*d'homme*) mutande *fpl*; ▶ **culotte de cheval** calzoni da equitazione.
culotté, e [kylɔte] *adj* (*pipe*) ingrommato(-a); (*cuir*) annerito(-a); (*effronté*) sfacciato(-a), sfrontato(-a).
culpabiliser [kylpabilize] *vt*: ~ **qn** colpevolizzare qn.
culpabilité [kylpabilite] *nf* colpevolezza.
culte [kylt] *nm* culto.
cultivable [kyltivabl] *adj* coltivabile.
cultivateur, -trice [kyltivatœʀ, tʀis] *nm/f* coltivatore(-trice).
cultivé, e [kyltive] *adj* (*terre*) coltivato(-a); (*personne*) colto(-a).
cultiver [kyltive] *vt* coltivare.
culture [kyltyʀ] *nf* (*du blé etc*) coltivazione *f*, coltura; (*connaissances etc*) cultura; (*BIOL*) coltura; **(champs de)** ~**s** coltivazioni; ▶ **culture physique** cultura fisica.
culturel, le [kyltyʀɛl] *adj* culturale.
culturisme [kyltyʀism] *nm* culturismo.
culturiste [kyltyʀist] *nm/f* culturista *m/f*.
cumin [kymɛ̃] *nm* cumino.
cumul [kymyl] *nm* cumulo; ▶ **cumul de peines** cumulo di pene.
cumulable [kymylabl] *adj* cumulabile.
cumuler [kymyle] *vt* cumulare.
cupide [kypid] *adj* avido(-a).
cupidité [kypidite] *nf* cupidigia.
curable [kyʀabl] *adj* curabile.
curaçao [kyʀaso] *nm* curaçao *m inv*.
curare [kyʀaʀ] *nm* curaro.
curatif, -ive [kyʀatif, iv] *adj* curativo(-a).
cure [kyʀ] *nf* cura; (*REL*: *fonction*) funzione *f* di parroco; (: *paroisse*) parrocchia; (: *maison*) presbiterio; **faire une** ~ **de fruits** fare una cura a base di frutta; **n'avoir** ~ **de** non curarsi di; ▶ **cure d'amaigrissement** cura dimagrante; ▶ **cure de repos** periodo di riposo; ▶ **cure de sommeil** cura del sonno.
curé [kyʀe] *nm* parroco, curato; **M. le** ~ il (signor) parroco.
cure-dent [kyʀdɑ̃] (*pl* ~-~**s**) *nm* stuzzicadenti *m inv*.
curée [kyʀe] *nf* (*fig*) corsa; **la** ~ **des places** la corsa ai posti.
cure-ongles [kyʀɔ̃gl] *nm inv* pulisciunghie *m inv*.
cure-pipe [kyʀpip] (*pl* ~-~**s**) *nm* curapipe *m inv*.
curer [kyʀe] *vt* pulire, nettare; **se curer** *vr*: **se** ~ **les dents** pulirsi i denti con lo stuzzicadenti.
curetage [kyʀtaʒ] *nm* raschiamento.
curieusement [kyʀjøzmɑ̃] *adv* curiosamente.
curieux, -euse [kyʀjø, jøz] *adj* curioso(-a) ♦ *nmpl* (*badauds*) curiosi *mpl*.
curiosité [kyʀjozite] *nf* curiosità *f inv*.
curiste [kyʀist] *nm/f* chi fa una cura termale.
curriculum vitae [kyʀikylɔm vite] *nm inv* curriculum vitae *m inv*.
curry [kyʀi] *nm* curry *m inv*; **poulet au** ~ pollo al curry.
curseur [kyʀsœʀ] *nm* cursore *m*.
cursif, -ive [kyʀsif, iv] *adj*: **écriture cursive** corsivo.
cursus [kyʀsys] *nm* corso di laurea.
cutané, e [kytane] *adj* cutaneo(-a).
cuti-réaction [kytiʀeaksjɔ̃] (*pl* ~-~**s**) *nf* cutireazione *f*.
cuve [kyv] *nf* tino, vasca; (*à mazout etc*) cisterna.
cuvée [kyve] *nf* *quantità di vino proveniente dallo stesso vigneto*; *quantità di vino fatto fermentare in un tino*; **une bonne** ~ un vino di buona qualità.
cuvette [kyvɛt] *nf* catinella, bacinella; (*du lavabo*) vaschetta; (*des w-c*) tazza; (*GÉO*) conca.
CV [seve] *sigle m* (*AUTO* = *cheval vapeur*) CV *m inv*; (*ADMIN* = *curriculum vitae*) CV *m inv*.
cyanure [sjanyʀ] *nm* cianuro.
cybercafé [sibɛʀkafe] *nm* cybercaffè *m inv*.
cybernétique [sibɛʀnetik] *nf* cibernetica.
cyclable [siklabl] *adj*: **piste** ~ pista ciclabile.
cyclamen [siklamɛn] *nm* ciclamino.
cycle [sikl] *nm* (*vélo*) ciclo, bicicletta; (*naturel, biologique*) ciclo; (*SCOL*): **1er** ~ *scuola media e primo anno delle scuole superiori*; **2ème** ~ *ultimi tre anni delle scuole superiori*.
cyclique [siklik] *adj* ciclico(-a).
cyclisme [siklism] *nm* ciclismo.
cycliste [siklist] *nm/f* ciclista *m/f*.
cyclo-cross [siklokʀɔs] *nm inv* ciclocross *m inv*.
cyclomoteur [siklomɔtœʀ] *nm* ciclomotore *m*.
cyclomotoriste [siklomɔtɔʀist] *nm/f* ciclomotorista *m/f*.
cyclone [siklon] *nm* ciclone *m*.
cyclotourisme [sikloturism(ə)] *nm* cicloturismo.
cygne [siɲ] *nm* cigno.
cylindre [silɛ̃dʀ] *nm* cilindro; **moteur à 4** ~**s** motore *m* a 4 cilindri.
cylindrée [silɛ̃dʀe] *nf* cilindrata; **une (voiture de) grosse** ~ un'auto di grossa cilin-

drata.
cylindrique [silɛ̃dʀik] *adj* cilindrico(-a).
cymbale [sɛ̃bal] *nf* piatti *mpl*.
cynique [sinik] *adj* cinico(-a).
cyniquement [sinikmɑ̃] *adv* cinicamente.
cynisme [sinism] *nm* cinismo.
cyprès [sipʀɛ] *nm* cipresso.
cypriote [sipʀijɔt] *adj* cipriota ♦ *nm/f*: **C~** cipriota *m/f*.
cyrillique [siʀilik] *adj* cirillico(-a).
cystite [sistit] *nf* cistite *f*.
cytise [sitiz] *nm* citiso.
cytologie [sitɔlɔʒi] *nf* citologia.

D, d

D, d [de] *nm inv* (*lettre*) D, d *f ou m inv*; **~ comme Désiré** ≈ D come Domodossola.
d' [d] *prép voir* **de**.
Dacca [daka] *n* Dacca.
dactylo [daktilo] *nf* (*aussi*: **dactylographe**) dattilografa; (*aussi*: **dactylographie**) dattilografia.
dactylographier [daktilɔgʀafje] *vt* dattilografare.
dada [dada] *nm* pallino, chiodo fisso (*fig*).
dadais [dadɛ] *nm* babbeo.
dague [dag] *nf* daga.
dahlia [dalja] *nm* dalia.
dahoméen, ne [daɔmeɛ̃, ɛn] *adj* del Dahomey.
Dahomey [daɔme] *nm* Dahomey *m*.
daigner [deɲe] *vt* degnarsi di.
daim [dɛ̃] *nm* (*ZOOL, peau*) daino; (*imitation*) pelle *f* scamosciata.
dais [dɛ] *nm* baldacchino.
Dakar [dəkəʀ] *n* Dakar *f*.
dallage [dalaʒ] *nm* pavimentazione *f*.
dalle [dal] *nf* lastra.
daller [dale] *vt* pavimentare.
dalmate [dalmat] *adj* dalmata.
dalmatien [dalmasjɛ̃] *nm* (*chien*) dalmata *m*.
daltonien, ne [daltɔnjɛ̃, jɛn] *adj, nm/f* daltonico(-a).
daltonisme [daltɔnism] *nm* daltonismo.
dam [dɑ̃] *nm*: **au grand ~ de** a gran danno di, a scapito di.
damas [dama(s)] *nm* (*étoffe*) damasco.
damassé, e [damase] *adj* damascato(-a).
dame [dam] *nf* signora; (*CARTES*) donna, regina; (*ÉCHECS*) regina; **~s** *nfpl* (*jeu*) dama *fsg*; **les (toilettes des) ~s** la toilette delle signore; ▸**dame de charité** dama di carità; ▸**dame de compagnie** dama di compagnia.
dame-jeanne [damʒɑn] (*pl* **~s-~s**) *nf* damigiana.
damer [dame] *vt* spianare; (*piste*) battere; **~ le pion à qn** avere la meglio su qn.
damier [damje] *nm* scacchiera; (*dessin*) motivo a scacchi; **en ~** a scacchi.
damner [dɑne] *vt* dannare.
dancing [dɑ̃siŋ] *nm* dancing *m inv*.
dandinement [dɑ̃dinmɑ̃] *nm* dondolamento.
dandiner [dɑ̃dine]: **se ~** *vr* dondolarsi.
dandy [dɑ̃di] *nm* dandy *m inv*.
Danemark [danmaʀk] *nm* Danimarca.
danger [dɑ̃ʒe] *nm* pericolo; **être/mettre en ~** essere/mettere in pericolo; **être en ~ de mort** essere in pericolo di vita; **être hors de ~** essere fuori pericolo; **un ~ public** un pericolo pubblico.
dangereusement [dɑ̃ʒʀøzmɑ̃] *adv* pericolosamente; **~ blessé/malade** gravemente ferito/malato.
dangereux, -euse [dɑ̃ʒʀø, øz] *adj* pericoloso(-a); (*maladie*) grave.
danois, e [danwa, waz] *adj* danese ♦ *nm* (*LING*) danese *m*; (*chien*) alano (tedesco), danese ♦ *nm/f*: **D~, e** danese *m/f*.

MOT-CLÉ

dans [dɑ̃] *prép* **1** (*position, direction*) in; **c'est dans le tiroir/dans le salon** è nel cassetto/in salotto; **dans la boîte** nella scatola; **marcher dans la ville** camminare in città; **je l'ai lu dans le journal** l'ho letto sul giornale; **monter dans une voiture/le bus** salire in una macchina/sull'autobus; **dans la rue** per (la) strada; **elle a couru dans le salon** è corsa in salotto
2 (*provenance*) da; **je l'ai pris dans le tiroir/salon** l'ho preso dal cassetto/salotto; **boire dans un verre** bere da un bicchiere
3 (*temps*) tra, fra; **dans 2 mois** tra *ou* fra due mesi; **dans quelques jours** tra *ou* fra qualche giorno
4 (*approximation*) circa; **dans les 20 F/4 mois** circa *ou* sui 20 franchi/4 mesi.

dansant, e [dɑ̃sɑ̃, ɑ̃t] *adj*: **soirée ~e** serata danzante.
danse [dɑ̃s] *nf* danza; ▸**danse du ventre** danza del ventre; ▸**danse moderne** danza moderna.
danser [dɑ̃se] *vt* ballare ♦ *vi* ballare; (*art*) danzare, ballare.
danseur, -euse [dɑ̃sœʀ, øz] *nm/f* ballerino(-a); **en danseuse** (*cyclisme*) in piedi sui pedali; ▸**danseur de claquettes**

ballerino(-a) di tip tap; ▶ **danseuse du ventre** danzatrice *f* del ventre.
Danube [danyb] *nm* Danubio.
DAO [deao] *sigle m* = *dessin assisté par ordinateur.*
dard [daʀ] *nm* pungiglione *m.*
Dardanelles [daʀdanɛl] *nfpl*: **les** ~ i Dardanelli.
darder [daʀde] *vt* lanciare.
dare-dare [daʀdaʀ] *adv* alla svelta.
Dar es-Sala(a)m [daʀɛsalam] *n* Dar-es-Salaam *m.*
darne [daʀn] *nf* trancio.
darse [daʀs] *nf* darsena.
dartre [daʀtʀ] *nf* (*MÉD*) pitiriasi *f.*
DASS [das] *sigle f* = *Direction de l'action sanitaire et sociale.*
datation [datasjɔ̃] *nf* datazione *f.*
date [dat] *nf* data; **de longue/vieille/fraîche** ~ di lunga/vecchia/fresca data; **ils se connaissent de longue** ~ si conoscono da lunga data; **premier/dernier en** ~ primo/ultimo in ordine di tempo; **prendre** ~ **avec qn** fissare (la data di) un appuntamento con qn; **faire** ~ fare epoca; ▶ **date de naissance** data di nascita; ▶ **date limite** data di scadenza.
dater [date] *vt* datare ♦ *vi* essere datato (-a); ~ **de** risalire a; **à** ~ **de** a decorrere da.
dateur [datœʀ] *nm* datario.
datif [datif] *nm* dativo.
datte [dat] *nf* dattero.
dattier [datje] *nm* palma da datteri.
daube [dob] *nf*: **bœuf en** ~ stufato di manzo.
dauphin [dofɛ̃] *nm* (*aussi fig*) delfino.
Dauphiné [dofine] *nm*: **le** ~ il Delfinato.
dauphinois, e [dofinwa, waz] *adj* del Delfinato.
daurade [dɔʀad] *nf* orata.
davantage [davɑ̃taʒ] *adv* di più; (*plus longtemps*) più a lungo; ~ **de** più; ~ **que** più di *ou* che.
dB *abr* (= *décibel*) db.
DCA [desea] *sigle f* (= *défense contre avions*) *voir* **défense**.
DDT [dedete] *sigle m* (= *dichloro-diphényltrichloréthane*) DDT *m inv.*

MOT-CLÉ

de, d' [d] (*de* + *le* = **du**, *de* + *les* = **des**) *prép*
1 (*appartenance*) di; **le toit de la maison** il tetto della casa; **la voiture d'Élisabeth/de mes parents** l'auto di Élisabeth/dei miei genitori
2 (*moyen*) con; **suivre des yeux** seguire con gli occhi
3 (*provenance*) da; **il vient de Londres** viene da Londra; **elle est sortie du cinéma** è uscita dal cinema
4 (*caractérisation, mesure*): **un mur de brique** un muro di mattoni; **un billet de 50 F** un biglietto da 50 franchi; **une pièce de deux mètres de large** *ou* **large de deux mètres** una stanza di due metri di larghezza *ou* larga due metri; **un bébé de 10 mois** un bambino di 10 mesi; **12 mois de crédit/travail** 12 mesi di credito/lavoro; **de 14 à 18** da 14 a 18; **3 jours de libres** 3 giorni liberi; **de nos jours** ai giorni nostri; **être payé 20 F de l'heure** essere pagato 20 franchi all'ora
5 (*cause*): **mourir de faim** morire di fame; **rouge de colère** rosso dalla *ou* per la collera
6 (*devant infinitif*): **il est impossible de partir aujourd'hui** è impossibile partire oggi
♦ *dét* (*partitif*) del(lo)(della) (*spesso omesso*); **du vin** del vino; **des pommes de terre** delle patate; **des enfants sont venus** sono venuti dei bambini; **pendant des mois** per mesi; **il mange de tout** mangia di tutto; **a-t-il du vin?** ha (del) vino?; **il n'a pas de chance/d'enfants** non ha fortuna/bambini.

dé [de] *nm* (*à jouer*) dado; (*aussi*: ~ **à coudre**) ditale *m*; ~**s** *nmpl* (*jeu*) dadi *mpl*; **couper en** ~**s** (*CULIN*) tagliare a dadi; **les** ~**s sont jetés** (*fig*) il dado è tratto.
DEA [deəɑ] *sigle m* (= *Diplôme d'études approfondies*) *diploma post-universitario.*
déambuler [deɑ̃byle] *vi* deambulare.
débâcle [debɑkl] *nf* disgelo (*di fiumi con rottura dei ghiacci*); (*armée*) disfatta; (*financière*) disastro.
déballage [debalaʒ] *nm* (*de marchandises*) sballatura; (: *étalage*) esposizione *f*; **un** ~ **de sentiments** un mettere in piazza i sentimenti.
déballer [debale] *vt* (*marchandise*) sballare; (*fam*) mettere in piazza, spiattellare.
débandade [debɑ̃dad] *nf* fuggifuggi *m inv*; (*déroute*) sbandamento.
débander [debɑ̃de] *vt* (*yeux, plaie*) togliere la benda a.
débaptiser [debatize] *vt* ribattezzare.
débarbouillage [debaʀbujaʒ] *nm* lavata.
débarbouiller [debaʀbuje] *vt* lavare la faccia a; **se débarbouiller** *vr* lavarsi la faccia.
débarcadère [debaʀkadɛʀ] *nm* imbarcadero.
débardeur [debaʀdœʀ] *nm* scaricatore *m*; (*maillot*) canottiera.
débarquement [debaʀkəmɑ̃] *nm* sbarco; **le D**~ lo sbarco in Normandia.
débarquer [debaʀke] *vt* sbarcare ♦ *vi* sbarcare; ~ **chez qn** (*fam*) piombare da qn.
débarras [debaʀɑ] *nm* ripostiglio, sgabuz-

zino; **bon** ~! che liberazione!
débarrasser [debaʀɑse] *vt*: ~ **(de)** (*local*) sgomberare (da); (*personne*) sbarazzare (di); **se débarrasser de** *vr* sbarazzarsi di; ~ **(la table)** sparecchiare (la tavola).
débat [deba] *nm* dibattito; ~**s** *nmpl* (*POL*) dibattito *msg.*
débattre [debatʀ] *vt* (*question*) dibattere; (*prix*) discutere; **se débattre** *vr* dibattersi.
débauchage [deboʃaʒ] *nm* licenziamento.
débauche [deboʃ] *nf* (*libertinage*) dissolutezza; (*profusion*) profusione *f*; **une** ~ **de** (*fig*) un uso sfrenato di.
débauché, e [deboʃe] *adj* debosciato(-a), dissoluto(-a) ♦ *nm/f* debosciato(-a).
débaucher [deboʃe] *vt* licenziare; (*entraîner*) distogliere, sviare; (*ouvrier*) incitare allo sciopero.
débile [debil] *adj* debole, gracile; (*fam*) idiota ♦ *nm/f*: ~ **mental, e** ritardato(-a) mentale.
débilitant, e [debilitɑ̃, ɑ̃t] *adj* debilitante; (*fig*: *atmosphère*) demoralizzante.
débilité [debilite] *nf* debolezza; (*fam*) stupidità; ▸**débilité mentale** debilità mentale.
débit [debi] *nm* (*d'un liquide*) erogazione *f*; (*d'un fleuve*) portata; (*élocution*) eloquio; (*d'un magasin*) smercio; (*du trafic*) flusso; (*bancaire*) addebito; **avoir un** ~ **de 10F** avere un debito di 10 franchi; **le** ~ **et le crédit** il dare e l'avere; ▸**débit de boissons** spaccio di bevande; ▸**débit de données** (*INFORM*) flusso di dati; ▸**débit de tabac** tabaccheria.
débiter [debite] *vt* (*compte*) addebitare su; (*liquide, gaz*) erogare; (*bois, viande*) tagliare; (*vendre*) smerciare; (*péj*: *discours*) sciorinare.
débiteur, -trice [debitœʀ, tʀis] *adj, nm/f* debitore(-trice).
déblai [deblɛ] *nm* (*terre, gravats*) materiale *m* di riporto.
déblaiement [deblɛmɑ̃] *nm* sgombero; **travaux de** ~ lavori *mpl* di sterro *ou* sbancamento.
déblatérer [deblateʀe] *vi*: ~ **contre** inveire contro.
déblayage [deblɛjaʒ] *nm* sgombero.
déblayer [debleje] *vt* sgomberare; (*fig*: *affaires, travail*) sbrigare; ~ **le terrain** (*fig*) spianare il terreno.
déblocage [deblɔkaʒ] *nm* sblocco.
débloquer [deblɔke] *vt* sbloccare ♦ *vi* (*fam*) blaterare; ~ **le crédit** (*FIN*) sbloccare il credito.
débobiner [debɔbine] *vt* srotolare.
déboires [debwaʀ] *nmpl* (*désillusion*) delusioni *fpl.*
déboisement [debwazmɑ̃] *nm* diboscamento.
déboiser [debwaze] *vt* diboscare; **se déboiser** *vr* impoverirsi di alberi.
déboîter [debwate] *vi* (*AUTO*) uscire dalla fila; **se déboîter** *vr* (*genou etc*) slogarsi, lussarsi.
débonnaire [debɔnɛʀ] *adj* bonario(-a), bonaccione(-a).
débordant, e [debɔʀdɑ̃, ɑ̃t] *adj* (*joie*) traboccante; (*activité*) frenetico(-a).
débordé, e [debɔʀde] *adj* (*fig*: *personne*) stracarico(-a) di impegni.
débordement [debɔʀdəmɑ̃] *nm* straripamento; (*MIL, SPORT*) aggiramento; ▸**débordement d'enthousiasme/de vitalité** esplosione *f* di entusiasmo/di vitalità.
déborder [debɔʀde] *vi* (*rivière*) straripare; (*eau, lait*) traboccare ♦ *vt* (*MIL, SPORT*: *un concurrent*) aggirare; ~ **(de) qch** spingersi troppo al di là di qc; ~ **de joie/zèle** (*fig*) traboccare di gioia/zelo.
débouché [debuʃe] *nm* sbocco; **au** ~ **de la vallée** allo sbocco della valle.
déboucher [debuʃe] *vt* (*évier, tuyau etc*) sturare; (*bouteille*) stappare ♦ *vi* (*aboutir*) sboccare; ~ **de/sur** sbucare da/in; ~ **sur** (*fig*) sfociare in.
débouler [debule] *vi* rotolare giù ♦ *vt*: ~ **l'escalier** scendere le scale a precipizio.
déboulonner [debulɔne] *vt* sbullonare; (*fig*: *renvoyer*) spodestare; (: *homme politique etc*) demolire.
débours [debuʀ] *nmpl* esborso *msg.*
débourser [debuʀse] *vt* sborsare.
déboussoler [debusɔle] *vt* sconcertare.
debout [d(ə)bu] *adv*: **être** ~ essere in piedi; **être encore** ~ (*fig*: *en état*) stare ancora in piedi; **se mettre** ~ mettersi in piedi, alzarsi; **se tenir** ~ stare in piedi; **"~!"** "in piedi!"; **cette histoire ne tient pas** ~ questa storia non sta in piedi *ou* non regge.
débouter [debute] *vt* (*JUR*): ~ **qn de sa demande** respingere l'istanza di qn.
déboutonner [debutɔne] *vt* sbottonare; **se déboutonner** *vr* (*aussi fig*) sbottonarsi.
débraillé, e [debʀɑje] *adj* trasandato(-a).
débrancher [debʀɑ̃ʃe] *vt* disinnestare; (*prise, fer à repasser*) staccare.
débrayage [debʀɛjaʒ] *nm* (*AUTO*) messa in folle; (*grève*) sospensione *f* del lavoro.
débrayer [debʀeje] *vi* (*AUTO*) mettere in folle; (*cesser le travail*) smontare, staccare; (*fam*) entrare in sciopero.
débridé, e [debʀide] *adj* sbrigliato(-a), sfrenato(-a).
débrider [debʀide] *vt* (*cheval*) sbrigliare, togliere le briglie a; (*CULIN*: *volaille*) tagliare i fili a (*dopo la cottura*); **sans** ~ senza interruzione.
débris [debʀi] *nm* coccio ♦ *nmpl* resti *mpl.*

débrouillard, e [debʀujaʀ, aʀd] *adj* sveglio(-a).
débrouillardise [debʀujaʀdiz] *nf* abilità di cavarsela.
débrouiller [debʀuje] *vt* sbrogliare; **se débrouiller** *vr* cavarsela, sbrogliarsela.
débroussailler [debʀusɑje] *vt* liberare dagli sterpi.
débusquer [debyske] *vt* stanare, snidare.
début [deby] *nm* inizio; **~s** *nmpl* (*CINÉ, SPORT etc*) esordio *msg*, debutto *msg*; (*carrière*) inizi *mpl*; **un bon/mauvais** ~ un buon/cattivo inizio; **faire ses ~s** fare il proprio debutto; **au** ~ all'inizio; **dès le** ~ fin dall'inizio.
débutant, e [debytɑ̃, ɑ̃t] *adj, nm/f* esordiente *m/f*, principiante *m/f*; (*THÉÂTRE*) debuttante *m/f*.
débuter [debyte] *vi* debuttare; (*dans une activité*) esordire; (*spectacle, cours etc*) iniziare.
deçà [dəsa] *prép*: **en** ~ **de** al di qua di.
décacheter [dekaʃ(ə)te] *vt* aprire.
décade [dekad] *nf* (*10 jours*) decade *f*; (*10 ans*) decennio.
décadence [dekadɑ̃s] *nf* decadenza.
décadent, e [dekadɑ̃, ɑ̃t] *adj* decadente.
décaféiné, e [dekafeine] *adj* decaffeinato(-a).
décalage [dekalaʒ] *nm* spostamento; (*écart*) differenza, scarto; (*désaccord*) disaccordo; (*temporel*) sfasamento; (*fig*) divario; ▶ **décalage horaire** differenza di fuso orario.
décalaminer [dekalamine] *vt* disincrostare.
décalcifiant, e [dekalsifjɑ̃] *adj* decalcificante.
décalcification [dekalsifikasjɔ̃] *nf* decalcificazione *f*.
décalcifier [dekalsifje] *vt* decalcificare; **se décalcifier** *vr* decalcificarsi.
décalcomanie [dekalkɔmani] *nf* decalcomania.
décaler [dekale] *vt* spostare; ~ **de 10 cm/2 h** spostare di 10 cm/2 h.
décalitre [dekalitʀ] *nm* decalitro.
décalogue [dekalɔg] *nm* decalogo.
décalque [dekalk] *nm* ricalco.
décalquer [dekalke] *vt* ricalcare; (*par pression*) decalcare.
décamètre [dekamɛtʀ] *nm* decametro.
décamper [dekɑ̃pe] *vi* filare, svignarsela.
décan [dekɑ̃] *nm* (*ASTROL*) decade *f*.
décanter [dekɑ̃te] *vt* (*liquide*) decantare; **se décanter** *vr* decantare; (*fig: idées, problèmes*) chiarirsi.
décapage [dekapaʒ] *nm* decapaggio.
décapant [dekapɑ̃] *nm* (*de peinture*) sostanza sverniciante; (*de métal*) sostanza per decapaggio; **c'est un vrai** ~! (*fig: alcool*) è come fuoco!
décaper [dekape] *vt* (*meuble*) sverniciare; (*métal*) pulire tramite decapaggio; (*avec papier de verre*) raschiare.
décapiter [dekapite] *vt* decapitare.
décapotable [dekapɔtabl] *adj* decappottabile.
décapoter [dekapɔte] *vt* decappottare.
décapsuler [dekapsyle] *vt* aprire, togliere il tappo a.
décapsuleur [dekapsylœʀ] *nm* apribottiglie *m inv*.
décarcasser [dekaʀkase] *vt*: **se** ~ darsi molto da fare.
décathlon [dekatlɔ̃] *nm* decathlon *m inv*.
décati, e [dekati] *adj* (*tissu*) decatizzato (-a); (*fig*) sfiorito(-a).
décatir [dejatiʀ] *vt*: **se** ~ (*fig*) sfiorire.
décédé, e [desede] *adj* deceduto(-a).
décéder [desede] *vi* decedere.
décelable [des(ə)labl] *adj* (*v vb*) scopribile; rivelabile.
déceler [des(ə)le] *vt* scoprire; (*révéler*) rivelare.
décélération [deseleʀasjɔ̃] *nf* decelerazione *f*.
décélérer [deseleʀe] *vi* decelerare.
décembre [desɑ̃bʀ] *nm* dicembre *m*; *voir aussi* **juillet**.
décemment [desamɑ̃] *adv* decentemente.
décence [desɑ̃s] *nf* decenza.
décennal, e, -aux [desenal, o] *adj* decennale.
décennie [deseni] *nf* decennio.
décent, e [desɑ̃, ɑ̃t] *adj* decente.
décentralisation [desɑ̃tʀalizasjɔ̃] *nf* decentramento.
décentraliser [desɑ̃tʀalize] *vt* decentrare.
décentrer [desɑ̃tʀe] *vt* scentrare; **se décentrer** *vr* spostarsi dal centro.
déception [desɛpsjɔ̃] *nf* delusione *f*.
décerner [desɛʀne] *vt* (*mandat*) spiccare; (*récompense*) assegnare.
décès [desɛ] *nm* decesso; **acte de** ~ atto di morte *ou* di decesso.
décevant, e [des(ə)vɑ̃, ɑ̃t] *adj* deludente.
décevoir [des(ə)vwaʀ] *vt* deludere.
déchaîné, e [deʃene] *adj* scatenato(-a); (*passions*) sfrenato(-a).
déchaînement [deʃɛnmɑ̃] *nm* scatenamento, scatenarsi *m inv*; (*de la colère*) esplosione *f*.
déchaîner [deʃene] *vt* scatenare; **se déchaîner** *vr* scatenarsi; (*se mettre en colère*) infuriarsi.
déchanter [deʃɑ̃te] *vi* (*fam*) cambiare tono, smontarsi.
décharge [deʃaʀʒ] *nf* (*dépôt d'ordures*) discarica; (*JUR*) discarico, discolpa; (*électrique, salve*) scarica; **à la** ~ **de** a discarico di.
déchargement [deʃaʀʒəmɑ̃] *nm* scarico;

(*d'une arme*: *neutralisation*) scaricamento; (*JUR*) scagionamento.
décharger [deʃaʀʒe] *vt* scaricare; (*JUR*) scagionare; **se décharger** *vr* scaricarsi; ~ **qn de** (*responsabilité, tâche*) sollevare qn da; ~ **sa colère (sur)** (*fig*) sfogare la propria collera (su); ~ **sa conscience** (*fig*) scaricare la propria coscienza; **se** ~ **dans** (*se déverser*) scaricarsi in; **se** ~ **d'une affaire sur qn** scaricare una faccenda su qn.
décharné, e [deʃaʀne] *adj* scarno(-a); (*fig*: *arbre etc*) spoglio(-a).
déchaussé, e [deʃose] *adj* scalzo(-a); (*dent*) scalzato(-a).
déchausser [deʃose] *vt* (*personne*) togliere le scarpe a; (*skis*) togliere; **se déchausser** *vr* togliersi le scarpe; (*dent*) scalzarsi.
dèche [dɛʃ] (*fam*) *nf*: **être dans la** ~ essere in bolletta *ou* al verde.
déchéance [deʃeɑ̃s] *nf* decadenza.
déchet [deʃɛ] *nm* scarto; ~**s** *nmpl* (*ordures*) rifiuti *mpl*; ▶ **déchets radiocatifs** scorie *fpl* radioattive.
déchiffrage [deʃifʀaʒ] *nm* lettura a vista.
déchiffrement [deʃifʀəmɑ̃] *nm* (*d'un texte*) decifrazione *f*.
déchiffrer [deʃifʀe] *vt* decifrare; (*musique, partition*) leggere a vista.
déchiqueté, e [deʃik(ə)te] *adj* a brandelli.
déchiqueter [deʃik(ə)te] *vt* ridurre a brandelli.
déchirant, e [deʃiʀɑ̃, ɑ̃t] *adj* (*situation, nouvelle*) straziante; (*bruit, cri*) lacerante.
déchiré, e [deʃiʀe] *adj* strappato(-a); (*fig*) straziato(-a), lacerato(-a).
déchirement [deʃiʀmɑ̃] *nm* strappo; (*chagrin*) lacerazione *f*, strazio; (*gén pl*: *conflit*) lacerazione.
déchirer [deʃiʀe] *vt* strappare; (*fig*: *personne, cœur*) straziare; (: *pays, peuple*) lacerare, dilaniare; **se déchirer** *vr* strapparsi; (*fig*: *peuple, amants*) dilaniarsi; **se** ~ **un muscle/un tendon** subire uno strappo muscolare/del tendine.
déchirure [deʃiʀyʀ] *nf* strappo; ▶ **déchirure musculaire** strappo muscolare.
déchoir [deʃwaʀ] *vi* decadere.
déchu, e [deʃy] *pp de* **déchoir** ♦ *adj* decaduto(-a).
décibel [desibɛl] *nm* decibel *m inv*.
décidé, e [deside] *adj* deciso(-a); **c'est** ~ è deciso; **être** ~ **à faire** essere deciso(-a) a fare.
décidément [desidemɑ̃] *adv* decisamente.
décider [deside] *vt* decidere; **se décider** *vr* (*personne*) decidersi; (*suj*: *problème, affaire*) risolversi; (*départ*) essere deciso(-a); ~ **que/de faire** decidere che/di fare; ~ **qn (à faire qch)** convincere qn (a fare qc); ~ **de qch** decidere di qc; **se** ~ **pour qch/à qch/a faire** decidersi per qc/a qc/a fare; **"décide-toi!"** "deciditi!".
décideur [desidœʀ] *nm* che ha potere decisionale.
décilitre [desilitʀ] *nm* decilitro.
décimal, e, -aux [desimal, o] *adj* decimale.
décimale [desimal] *nf* decimale *m*.
décimaliser [desimalize] *vt* decimalizzare.
décimer [desime] *vt* decimare.
décimètre [desimɛtʀ] *nm* decimetro; **double** ~ doppio decimetro (*righello*).
décisif, -ive [desizif, iv] *adj* decisivo(-a).
décision [desizjɔ̃] *nf* decisione *f*; **prendre la/une** ~ **de faire** prendere la decisione di fare; **emporter** *ou* **faire la** ~ avere l'ultima parola.
déclamation [deklamasjɔ̃] *nf* declamazione *f*.
déclamatoire [deklamatwaʀ] *adj* declamatorio(-a).
déclamer [deklame] *vt* declamare.
déclarable [deklaʀabl] *adj* dichiarabile.
déclaration [deklaʀasjɔ̃] *nf* dichiarazione *f*; ▶ **déclaration (d'amour)** dichiarazione (d'amore); ▶ **déclaration (de changement de domicile)** dichiarazione (di cambio di domicilio); ▶ **déclaration de décès** denuncia di decesso; ▶ **déclaration de guerre** dichiarazione di guerra; ▶ **déclaration (de perte)** denuncia (di smarrimento); ▶ **déclaration (de sinistre)/(de vol)** denuncia (di sinistro)/(di furto); ▶ **déclaration d'impôts/de revenus** dichiarazione *ou* denuncia dei redditi; ▶ **déclaration de naissance** denuncia di nascita.
déclaré, e [deklaʀe] *adj* dichiarato(-a).
déclarer [deklaʀe] *vt* dichiarare; (*vol etc*: *à la police*) denunciare; (*ADMIN*: *employés*) dichiarare; (: *revenus*) dichiarare, denunciare; (: *décès, naissance*) denunciare; **se déclarer** *vr* (*feu*) divampare; (*maladie*) manifestarsi; (*amoureux*) dichiararsi; **se** ~ **favorable/prêt à** dichiararsi favorevole/disposto a; ~ **la guerre** dichiarare guerra.
déclassé, e [deklɑse] *adj* declassato(-a).
déclassement [deklɑsmɑ̃] *nm* declassamento.
déclasser [deklɑse] *vt* declassare; (*sportif, cheval*) retrocedere; (*déranger*) spostare, mettere fuori posto.
déclenchement [deklɑ̃ʃmɑ̃] *nm* azionamento; (*fig*: *d'événements*) scoppio.
déclencher [deklɑ̃ʃe] *vt* (*aussi fig*) far scattare, azionare; **se déclencher** *vr* scattare.
déclencheur [deklɑ̃ʃœʀ] *nm* dispositivo di disinnesto; ▶ **déclencheur automatique** autoscatto.

déclic [deklik] *nm* meccanismo di scatto; (*bruit*) scatto, clic *m*.
déclin [deklɛ̃] *nm* declino.
déclinaison [deklinɛzɔ̃] *nf* declinazione *f*.
décliner [dekline] *vi* declinare ♦ *vt* (*aussi* LING) declinare; (*nom, adresse*) dichiarare, declinare; **se décliner** *vr* (LING) declinarsi.
déclivité [deklivite] *nf* declivio, pendenza; **en** ~ in pendenza.
décloisonner [deklwazɔne] *vt* (*fig*) sopprimere *ou* abbattere le barriere in.
déclouer [deklue] *vt* schiodare.
décocher [dekɔʃe] *vt* sferrare; (*flèche*) scoccare; (*regard*) lanciare.
décoction [dekɔksjɔ̃] *nf* decozione *f*; (*liquide*) decotto.
décodage [dekɔdaʒ] *nm* decodificazione *f*.
décoder [dekɔde] *vt* decodificare.
décodeur [dekɔdœʀ] *nm* (TV) decodificatore *m*.
décoiffé, e [dekwafe] *adj*: **elle est toute ~e** è tutta spettinata.
décoiffer [dekwafe] *vt* (*enlever le chapeau*) togliere il cappello a; (*déranger la coiffure*) spettinare; **se décoiffer** *vr* (*v vt*) togliersi il cappello; spettinarsi.
décoincer [dekwɛ̃se] *vt* sbloccare.
déçois *etc* [deswa] *vb voir* **décevoir**.
déçoive *etc* [deswav] *vb voir* **décevoir**.
décolérer [dekɔleʀe] *vi*: **il ne décolère pas** non si calma, non si rabbonisce.
décollage [dekɔlaʒ] *nm* (AVIAT, ÉCON) decollo.
décollé, e [dekɔle] *adj*: **oreilles ~es** orecchie *fpl* a sventola.
décollement [dekɔlmɑ̃] *nm*: ~ **de la rétine** (MÉD) distacco dalla retina.
décoller [dekɔle] *vt* staccare ♦ *vi* (AVIAT, ÉCON) decollare; (*discipline, science*) decollare, affermarsi; **se décoller** *vr* staccarsi.
décolletage [dekɔltaʒ] *nm* tornitura.
décolleté, e [dekɔlte] *adj* (*robe, femme*) scollato(-a) ♦ *nm* scollatura; (*épaules*) décolleté *m inv*.
décolleter [dekɔlte] *vt* (*vêtement*) scollare; (TECH) tornire.
décolonisation [dekɔlɔnizasjɔ̃] *nf* decolonizzazione *f*.
décoloniser [dekɔlɔnize] *vt* decolonizzare.
décolorant, e [dekɔlɔʀɑ̃, ɑ̃t] *adj, nm* decolorante *m*.
décoloration [dekɔlɔʀasjɔ̃] *nf* (*v vb*) scolorimento; decolorazione *f*; **se faire faire une** ~ (*chez le coiffeur*) farsi decolorare i capelli.
décoloré, e [dekɔlɔʀe] *adj* (*vêtement*) scolorito(-a); (*cheveux*) decolorato(-a).
décolorer [dekɔlɔʀe] *vt* (*tissu*) scolorire; (*cheveux*) decolorare; **se décolorer** *vr* scolorirsi.
décombres [dekɔ̃bʀ] *nmpl* macerie *fpl*.
décommander [dekɔmɑ̃de] *vt* (*marchandise*) annullare l'ordinazione di; (*réception*) disdire; **se décommander** *vr* declinare un invito; ~ **des invités** disdire un invito.
décomposable [dekɔ̃pozabl] *adj* scomponibile.
décomposé, e [dekɔ̃poze] *adj* (*pourri*) decomposto(-a); (*visage*) alterato(-a).
décomposer [dekɔ̃poze] *vt* scomporre; (CHIM, *pourrir*) decomporre; (*problème, question*) analizzare; (*fig*: *visage, traits*) alterare; **se décomposer** *vr* (*pourrir*) decomporsi; (*fig*: *visage, traits*) alterarsi; (: *société*) disgregarsi.
décomposition [dekɔ̃pozisjɔ̃] *nf* (*v vb*) scomposizione *f*; decomposizione *f*; analisi *f inv*; alterazione *f*; **en** ~ (*organisme*) in decomposizione.
décompresser [dekɔ̃pʀese] *vi* (*se détendre*) distendersi.
décompresseur [dekɔ̃pʀesœʀ] *nm* decompressore *m*.
décompression [dekɔ̃pʀesjɔ̃] *nf* decompressione *f*.
décomprimer [dekɔ̃pʀime] *vt* decomprimere.
décompte [dekɔ̃t] *nm* sconto, detrazione *f*; (*facture détaillée*) conteggio.
décompter [dekɔ̃te] *vt* detrarre.
déconcentration [dekɔ̃sɑ̃tʀasjɔ̃] *nf* decentramento; ~ **des pouvoirs** decentramento dei poteri.
déconcentré, e [dekɔ̃sɑ̃tʀe] *adj* (*sportif etc*) deconcentrato(-a).
déconcentrer [dekɔ̃sɑ̃tʀe] *vt* (ADMIN) decentrare; **se déconcentrer** *vr* (*sportif etc*) deconcentrarsi.
déconcertant, e [dekɔ̃sɛʀtɑ̃, ɑ̃t] *adj* sconcertante.
déconcerter [dekɔ̃sɛʀte] *vt* sconcertare.
déconditionner [dekɔ̃disjɔne] *vt* decondizionare.
déconfit, e [dekɔ̃fi, it] *adj* avvilito(-a), abbattuto(-a).
déconfiture [dekɔ̃fityʀ] *nf* rovina; (*morale*) disfatta.
décongélation [dekɔ̃ʒelasjɔ̃] *nf* scongelamento.
décongeler [dekɔ̃ʒ(ə)le] *vt* scongelare.
décongestionner [dekɔ̃ʒɛstjɔne] *vt* decongestionare.
déconnecter [dekɔnɛkte] *vt* disconnettere.
déconner [dekɔne] (*fam*) *vi* (*en parlant*) sparare fesserie; (*faire des bêtises*) fare idiozie; **sans** ~ scherzi a parte.
déconseiller [dekɔ̃seje] *vt*: ~ **qch (à qn)** sconsigliare qc (a qn); ~ **à qn de faire** sconsigliare a qn di fare; **c'est déconseillé** è sconsigliabile.

déconsidérer [dekɔ̃sideʀe] *vt* screditare.
déconsigner [dekɔ̃siɲe] *vt* (*valise*) ritirare (dal deposito bagagli); ~ **une bouteille** rimborsare il deposito del vuoto a rendere.
décontamination [dekɔ̃taminasjɔ̃] *nf* decontaminazione *f*.
décontaminer [dekɔ̃tamine] *vt* decontaminare.
décontenancer [dekɔ̃t(ə)nɑ̃se] *vt* sconcertare.
décontracté, e [dekɔ̃tʀakte] *adj* disteso (-a), rilassato(-a).
décontracter [dekɔ̃tʀakte] *vt* (*muscle*) rilassare, distendere; **se décontracter** *vr* rilassarsi, distendersi.
décontraction [dekɔ̃tʀaksjɔ̃] *nf* rilassamento, distensione *f*; (*fig*) disinvoltura.
déconvenue [dekɔ̃v(ə)ny] *nf* delusione *f*.
décor [dekɔʀ] *nm* (*d'un palais etc*) arredo; (*paysage, THÉÂTRE*) scenario; **changement de** ~ (*fig*) cambio di scena; **entrer dans le** ~ (*fig*) uscire di strada; **en** ~ **naturel** (*CINÉ*) all'esterno.
décorateur, -trice [dekɔʀatœʀ, tʀis] *nm/f* decoratore(-trice); (*CINÉ*) scenografo(-a).
décoratif, -ive [dekɔʀatif, iv] *adj* decorativo(-a); **arts** ~**s** arti *fpl* decorative.
décoration [dekɔʀasjɔ̃] *nf* decorazione *f*.
décorer [dekɔʀe] *vt* decorare.
décortiqué, e [dekɔʀtike] *adj* (*amandes, crevettes*) sgusciato(-a).
décortiquer [dekɔʀtike] *vt* (*riz*) mondare; (*amandes, arachides*) sgusciare; (*fig*) analizzare minuziosamente.
décorum [dekɔʀɔm] *nm* (*cérémonial*) cerimoniale *m*.
décote [dekɔt] *nf* detrazione *f*.
découcher [dekuʃe] *vi* passare la notte fuori.
découdre [dekudʀ] *vt* scucire; **se découdre** *vr* scucirsi; **en** ~ (*fig*) darsele, venire alle mani.
découler [dekule] *vi*: ~ **de** derivare da, conseguire da.
découpage [dekupaʒ] *nm* taglio; (*gén pl*: *image*) ritaglio; ▸**découpage électoral** suddivisione *f* in seggi elettorali.
découper [dekupe] *vt* tagliare; (*article de journal*) ritagliare; **se** ~ **sur** stagliarsi su.
découplé, e [dekuple] *adj*: **bien** ~ aitante.
découpure [dekupyʀ] *nf*: ~**s** (*d'une étoffe, du papier*) ritagli *mpl*; (*d'une côte, arête*) frastagliatura *fsg*.
décourageant, e [dekuʀaʒɑ̃, ɑ̃t] *adj* scoraggiante.
découragement [dekuʀaʒmɑ̃] *nm* scoraggiamento.
décourager [dekuʀaʒe] *vt* scoraggiare; **se décourager** *vr* scoraggiarsi; ~ **qn de faire/de qch** dissuadere qn dal fare/da qc.
décousu, e [dekuzy] *pp de* **découdre** ♦ *adj* scucito(-a); (*fig*) sconclusionato(-a).
découvert, e [dekuvɛʀ, ɛʀt] *pp de* **découvrir** ♦ *adj* scoperto(-a) ♦ *nm* (*bancaire*) scoperto; **à** ~ (*MIL, fig*) allo scoperto; (*COMM*) scoperto(-a); **à visage** ~ (*franchement*) apertamente.
découverte [dekuvɛʀt(ə)] *nf* scoperta; **aller à la** ~ **(de)** andare alla scoperta (di).
découvrir [dekuvʀiʀ] *vt* scoprire; (*casserole*) scoperchiare, scoprire; (*apercevoir*) scorgere; (*voiture*) decappottare; (*dévoiler, fig*) svelare ♦ *vi* (*mer*) ritirarsi (*per effetto della marea*); **se découvrir** *vr* (*ôter le chapeau*) scoprirsi il capo; (*se déshabiller, au lit*) scoprirsi; (*ciel*) schiarirsi; ~ **que** scoprire che; **se** ~ **des talents** scoprire di avere *ou* scoprirsi dei talenti.
décrasser [dekʀase] *vt* pulire.
décrêper [dekʀepe] *vt* (*cheveux*) stirare.
décrépi, e [dekʀepi] *adj* scalcinato(-a).
décrépit, e [dekʀepi, it] *adj* decrepito(-a).
décrépitude [dekʀepityd] *nf* decrepitezza; (*institution, quartier*) decadenza.
decrescendo [dekʀeʃɛndo] *nm* (*MUS*) decrescendo; **aller** ~ (*fig*) andar riducendosi.
décret [dekʀɛ] *nm* decreto.
décréter [dekʀete] *vt* decretare.
décret-loi [dekʀɛlwa] (*pl* ~**s**-~**s**) *nm* decreto *m* legge *inv*.
décrié, e [dekʀije] *adj* denigrato(-a), screditato(-a).
décrire [dekʀiʀ] *vt* descrivere.
décrochement [dekʀɔʃmɑ̃] *nm* dislivello.
décrocher [dekʀɔʃe] *vt* staccare; (*fig*: *récompense, contrat etc*) (riuscire a) strappare ♦ *vi* alzare il ricevitore; (*abandonner*) ritirarsi; (*perdre sa concentration*) distrarsi; **se décrocher** *vr* (*tableau, rideau*) staccarsi; ~ **(le téléphone)** (*pour répondre*) alzare il ricevitore.
décroîs *etc* [dekʀwa] *vb voir* **décroître**.
décroiser [dekʀwaze] *vt* disincrociare.
décroissant, e [dekʀwasɑ̃, ɑ̃t] *vb voir* **décroître** ♦ *adj* decrescente; **par ordre** ~ in ordine decrescente.
décroître [dekʀwatʀ] *vi* calare, diminuire.
décrotter [dekʀɔte] *vt* disincrostare (dal fango).
décru [dekʀy] *pp de* **décroître**.
décrue [dekʀy] *nf* (*eau*) abbassamento.
décrypter [dekʀipte] *vt* decifrare.
déçu, e [desy] *pp de* **décevoir** ♦ *adj* deluso(-a).
déculotter [dekylɔte] *vt*: ~ **qn** togliere i pantaloni a qn; (*culotte*) togliere le mutande a qn; **se déculotter** *vr* (*v vt*) togliersi i pantaloni; togliersi le mutande.
déculpabiliser [dekylpabilize] *vt* liberare

da un senso di colpa.
décuple [dekypl] *nm*: **le ~ de** il decuplo di; **au ~** dieci volte tanto.
décupler [dekyple] *vt* decuplicare ♦ *vi* decuplicarsi.
déçut *etc* [desy] *vb voir* **décevoir**.
dédaignable [dedɛɲabl] *adj*: **pas ~** non disprezzabile.
dédaigner [dedeɲe] *vt* disdegnare; **~ de faire** non degnarsi di fare.
dédaigneusement [dedɛɲøzmɑ̃] *adv* sdegnosamente, sprezzantemente.
dédaigneux, -euse [dedɛɲø, øz] *adj* sdegnoso(-a).
dédain [dedɛ̃] *nm* sdegno.
dédale [dedal] *nm* dedalo.
dedans [dədɑ̃] *adv* dentro ♦ *nm* interno; **là-~** là dentro; **au ~** dentro; **en ~** (*vers l'intérieur*) in dentro.
dédicace [dedikas] *nf* dedica.
dédicacer [dedikase] *vt* (*livre*): **~ (à qn)** fare una dedica (a qn) su; **envoyer sa photo dédicacée** mandare la propria foto con dedica.
dédié, e [dedje] *adj*: **ordinateur ~** computer *m inv* dedicato.
dédier [dedje] *vt*: **~ à** dedicare a.
dédire [dediʀ]: **se ~** *vr* (*se rétracter*) ritrattare.
dédit [dedi] *pp de* **dédire** ♦ *nm* (*aussi COMM*) disdetta.
dédommagement [dedɔmaʒmɑ̃] *nm* risarcimento.
dédommager [dedɔmaʒe] *vt*: **~ qn (de)** risarcire qn (di); (*fig*) ripagare qn (di).
dédouaner [dedwane] *vt* sdoganare.
dédoublement [dedubləmɑ̃] *nm* sdoppiamento; **~ de la personnalité** sdoppiamento della personalità; **~ d'un train** formazione *f* di un treno bis.
dédoubler [deduble] *vt* sdoppiare, dividere in due; (*couverture etc*) sfoderare; **se dédoubler** *vr* (*PSYCH*) sdoppiarsi; **~ un train/les trains** formare un treno/dei treni bis.
dédramatiser [dedʀamatize] *vt* sdrammatizzare.
déductible [dedyktibl] *adj* detraibile.
déduction [dedyksjɔ̃] *nf* (*d'argent*) deduzione *f*, detrazione *f*; (*raisonnement*) deduzione *f*.
déduire [dedɥiʀ] *vt*: **~ qch (de)** (*ôter*) detrarre *ou* dedurre qc (da); (*conclure*) dedurre qc (da).
déesse [deɛs] *nf* dea.
défaillance [defajɑ̃s] *nf* (*syncope*) svenimento, mancamento; (*fatigue*) debolezza; (*technique*) mancato funzionamento; (*morale*) cedimento; ▶ **défaillance cardiaque** collasso cardiaco.
défaillant, e [defajɑ̃, ɑ̃t] *adj* (*mémoire*) che viene meno; (*personne*) che sviene; (*JUR*: *témoin*) contumace.
défaillir [defajiʀ] *vi* (*s'évanouir*) svenire; (*mémoire etc*) venire meno.
défaire [defɛʀ] *vt* disfare; (*installation, échafaudage*) smontare; (*vêtement*) slacciare; (*cheveux*) spettinare; **se défaire** *vr* (*cheveux*) spettinarsi; (*fig*: *mariage etc*) sciogliersi; **se ~ de** disfarsi di; **~ ses bagages** disfare le valige; **~ le lit** disfare il letto.
défait, e [defɛ, ɛt] *pp de* **défaire** ♦ *adj* disfatto(-a).
défaite [defɛt] *nf* disfatta.
défaites [defɛt] *vb voir* **défaire**.
défaitisme [defetism] *nm* disfattismo.
défaitiste [defetist] *adj, nm/f* disfattista *m/f*.
défalcation [defalkasjɔ̃] *nf* defalco, detrazione *f*.
défalquer [defalke] *vt* defalcare, detrarre.
défasse [defas] *vb voir* **défaire**.
défausser [defose] *vt* sbarazzarsi di; **se défausser de** *vr* (*CARTES*) scartare.
défaut [defo] *nm* difetto; **~ de** (*manque, carence*) mancanza *ou* carenza di; **~ de la cuirasse** (*fig*) punto debole, tallone *m* d'Achille; **en ~** in fallo; **faire ~** (*manquer*) mancare; **à ~ de** in mancanza di; **par ~** (*JUR*) in contumacia; (*INFORM*) per predefinizione *ou* default.
défaveur [defavœʀ] *nf* sfavore *m*; **être en ~** essere in disgrazia.
défavorable [defavɔʀabl] *adj* sfavorevole.
défavorablement [defavɔʀabləmɑ̃] *adv* sfavorevolmente.
défavoriser [defavɔʀize] *vt* sfavorire, penalizzare.
défécation [defekasjɔ̃] *nf* defecazione *f*.
défectif, -ive [defɛktif, iv] *adj*: **verbe ~** verbo difettivo.
défection [defɛksjɔ̃] *nf* defezione *f*; **faire ~** (*d'un parti etc*) disertare.
défectueux, -euse [defɛktɥø, øz] *adj* difettoso(-a).
défectuosité [defɛktɥozite] *nf* difettosità; (*défaut*) difetto.
défendable [defɑ̃dabl] *adj* difendibile.
défendeur, -eresse [defɑ̃dœʀ, dʀɛs] *nm/f* (*JUR*) convenuto(-a).
défendre [defɑ̃dʀ] *vt* (*aussi JUR, fig*) difendere; (*interdire*) proibire, vietare; **se défendre** *vr* difendersi; **~ à qn qch/de faire** proibire *ou* vietare a qn qc/di fare; **il est défendu de cracher** è vietato sputare; **c'est défendu** è proibito *ou* vietato; **il se défend** (*fig*) si difende, se la cava; **ça se défend** (*fig*) mi pare che regga; **se ~ de/contre** difendersi da/contre; **se ~ de** (*nier*) negare; **se ~ de faire qch** guardarsi bene dal fare qc.
défendu, e [defɑ̃dy] *adj voir* **défendre**.

défenestrer [defənɛstʀe] *vt* defenestrare.
défense [defɑ̃s] *nf* difesa; (*d'éléphant etc*) zanna; **ministre de la** ~ ministro della difesa; **la** ~ **nationale** la difesa nazionale; **la** ~ **contre avions** la difesa contraerea; **"~ de fumer/cracher"** "vietato fumare/sputare"; **"~ d'afficher/de stationnement"** "divieto di affissione/di sosta"; **prendre la** ~ **de qn** prendere le difese di qn; ▸ **défense des consommateurs** tutela del consumatore.
défenseur [defɑ̃sœʀ] *nm* difensore *m*.
défensif, -ive [defɑ̃sif, iv] *adj* difensivo (-a).
défensive [defɑ̃siv] *nf*: **être sur la** ~ essere *ou* stare sulla difensiva.
déféquer [defeke] *vi* defecare.
déferai [defʀe] *vb voir* **défaire**.
déférence [defeʀɑ̃s] *nf* deferenza; **par** ~ **pour** per rispetto di.
déférent, e [defeʀɑ̃, ɑ̃t] *adj* deferente.
déférer [defeʀe] *vt* (*JUR*) deferire; ~ **à** (*requête*) conformarsi a, rimettersi a; ~ **qn à la justice** deferire qn all'autorità giudiziaria.
déferlant, e [defɛʀlɑ̃, ɑ̃t] *adj*: **vague** ~**e** frangente *m*.
déferlement [defɛʀləmɑ̃] *nm* (*v vb*) (in)frangersi *m*; irruzione *f*.
déferler [defɛʀle] *vi* (*vagues*) (in)frangersi; (*fig*: *foule*) irrompere.
défi [defi] *nm* sfida; **mettre qn au** ~ **de faire qch** sfidare qn a fare qc; **relever un** ~ accettare una sfida.
défiance [defjɑ̃s] *nf* diffidenza.
déficeler [defis(ə)le] *vt* slegare, disfare.
déficience [defisjɑ̃s] *nf* deficienza.
déficient, e [defisjɑ̃, jɑ̃t] *adj* deficiente, debole.
déficit [defisit] *nm* (*COMM*) deficit *m*; (*PSYCH etc*) carenza; **être en** ~ essere in deficit; ▸ **déficit budgétaire** deficit di bilancio.
déficitaire [defisitɛʀ] *adj* (*année, récolte*) scarso(-a); **entreprise** ~ azienda in deficit; **budget** ~ bilancio deficitario.
défier [defje] *vt* sfidare; **se défier de** *vr* (*se méfier*) diffidare di; ~ **qn de faire qch** sfidare qn a fare qc; ~ **qn à** (*jeu etc*) sfidare qn a; ~ **toute comparaison** non temere confronti; ~ **toute concurrence** non temere la concorrenza.
défigurer [defigyʀe] *vt* sfigurare; (*fig*: *œuvre*) travisare; (: *vérité*) travisare, falsare.
défilé [defile] *nm* (*GÉO*) gola, stretta; (*soldats*) sfilata; (*manifestants*) corteo; **un** ~ **de** (*voitures, visiteurs etc*) un corteo di.
défiler [defile] *vi* sfilare; **se défiler** *vr* svignarsela; **faire** ~ far scorrere.
défini, e [defini] *adj* definito(-a).
définir [definiʀ] *vt* definire.
définissable [definisabl] *adj* definibile.
définitif, -ive [definitif, iv] *adj* definitivo (-a).
définition [definisjɔ̃] *nf* definizione *f*.
définitive [definitiv] *nf*: **en** ~ in definitiva.
définitivement [definitivmɑ̃] *adv* definitivamente.
déflagration [deflagʀasjɔ̃] *nf* (*explosion*) deflagrazione *f*.
déflation [deflasjɔ̃] *nf* deflazione *f*.
déflationniste [deflasjɔnist] *adj* deflazionistico(-a).
déflecteur [deflɛktœʀ] *nm* deflettore *m*.
déflorer [deflɔʀe] *vt* (*jeune fille*) deflorare; (*fig*) rovinare, svilire.
défoncé, e [defɔ̃se] *adj* sfondato(-a); (*route*) dissestato(-a); (*sous l'effet d'une drogue*) fatto(-a), sballato(-a).
défoncer [defɔ̃se] *vt* sfondare; (*terrain*) scavare; (*route*) scassare; **se défoncer** *vr* (*se donner à fond*) mettercela tutta, darci dentro; **se** ~ **à** (*se droguer*) farsi di; (*atteindre un état d'ivresse*) sballare con.
défont [defɔ̃] *vb voir* **défaire**.
déformant, e [defɔʀmɑ̃, ɑ̃t] *adj*: **glace** ~**e** *ou* **miroir** ~ specchio deformante.
déformation [defɔʀmasjɔ̃] *nf* (*v vb*) deformazione *f*; travisamento; ▸ **déformation professionnelle** deformazione professionale.
déformer [defɔʀme] *vt* deformare; (*pensée, fait*) travisare; **se déformer** *vr* deformarsi.
défoulement [defulmɑ̃] *nm* sfogo.
défouler [defule]: **se** ~ *vr* sfogarsi.
défraîchi, e [defʀeʃi] *adj* (*peinture*) sbiadito(-a); (*article*) sciupato(-a).
défraîchir [defʀeʃiʀ]: **se** ~ *vr* (*couleur*) sbiadire, sbiadirsi; (*tissu*) sciuparsi.
défrayer [defʀeje] *vt*: ~ **qn (de)** spesare qn (di); (*fig*): ~ **la chronique** essere al centro della cronaca.
défrichement [defʀiʃmɑ̃] *nm* dissodamento.
défricher [defʀiʃe] *vt* dissodare; ~ **le terrain** (*fig*) preparare il terreno.
défriser [defʀize] *vt* (*cheveux*) stirare; (*fig*) scocciare.
défroisser [defʀwase] *vt* togliere le spiegazzature di *ou* a.
défroque [defʀɔk] *nf* abiti *mpl* smessi.
défroqué [defʀɔke] *nm* spretato.
défroquer [defʀɔke] *vt* spretare ♦ *vi* spretarsi.
défunt, e [defœ̃, œ̃t] *adj*: **son** ~ **père** il suo defunto padre ♦ *nm/f* defunto(-a).
dégagé, e [degaʒe] *adj* (*ciel*) sereno(-a), terso(-a); (*vue*) libero(-a); (*ton, air*) disinvolto(-a), spigliato(-a).
dégagement [degaʒmɑ̃] *nm* (*v vb*) emana-

zione *f*; liberazione *f*; (*espace libre*) spazio libero *ou* aperto; (*couloirs*) disimpegno; (*FOOTBALL*) rinvio; **voie de** ~ binario morto; **itinéraire de** ~ itinerario alternativo (*per evitare ingorghi*).

dégager [degaʒe] *vt* (*exhaler*) emanare, sprigionare; (*zone etc*) liberare; (*responsabilité*) declinare; (*troupes*) disimpegnare; (*désencombrer*) sgomberare; (*idée, aspect etc*) evidenziare; (*crédits*) sbloccare, liberare; **se dégager** *vr* (*odeur*) sprigionarsi; (*passage bloqué*) liberarsi, sgomberarsi; (*ciel*) schiarirsi; **se** ~ **de** (*se libérer*) liberarsi da; ~ **sa parole** ritirare la parola data; ~ **qn de** (*parole, engagement etc*) liberare qn da; **dégagé des obligations militaires** esentato dall'obbligo militare.

dégaine [degɛn] *nf*: **quelle** ~! ma guarda come cammina!

dégainer [degene] *vt* sfoderare.

dégarni, e [degaʀni] *adj* calvo(-a); **son front** ~ la fronte stempiata.

dégarnir [degaʀniʀ] *vt* svuotare; **se dégarnir** *vr* svuotarsi; (*tempes, crâne*) perdere i capelli.

dégâts [degɑ] *nmpl*: **faire des** ~ fare *ou* causare danni.

dégauchir [degoʃiʀ] *vt* (*TECH*) spianare.

dégazage [degɑzaʒ] *nm* degassamento.

dégazer [degɑze] *vt* degassare.

dégel [deʒɛl] *nm* disgelo; (*fig*: *des prix etc*) scongelamento, sblocco; (: *des relations*) distensione *f*.

dégeler [deʒ(ə)le] *vt* (*fig*: *prix etc*) scongelare, sbloccare; (: *atmosphère*) distendere ♦ *vi* sgelare; **se dégeler** *vr* (*fig*) distendersi.

dégénéré, e [deʒeneʀe] *adj* degenerato (-a), degenere ♦ *nm/f* degenerato(-a).

dégénérer [deʒeneʀe] *vi* degenerare.

dégénérescence [deʒeneʀesɑ̃s] *nf* degenerazione *f*.

dégingandé, e [deʒɛ̃gɑ̃de] *adj* dinoccolato(-a).

dégivrage [deʒivʀaʒ] *nm* sbrinamento.

dégivrer [deʒivʀe] *vt* sbrinare.

dégivreur [deʒivʀœʀ] *nm* sbrinatore *m*.

déglinguer [deglɛ̃ge] *vt* sfasciare, scassare.

déglutir [deglytiʀ] *vi* deglutire.

déglutition [deglytisjɔ̃] *nf* deglutizione *f*.

dégonflé, e [degɔ̃fle] *adj* sgonfio(-a) ♦ *nm/f* (*fam*) fifone(-a).

dégonfler [degɔ̃fle] *vt* sgonfiare ♦ *vi* sgonfiarsi; **se dégonfler** *vr* (*fam*) tirarsi indietro per la fifa.

dégorger [degɔʀʒe] *vi* (*CULIN*: *concombres*): **faire** ~ far uscire l'acqua da; (: *escargots*) spurgare ♦ *vt* scaricare in; ~ **dans** (*aussi*: **se** ~: *rivière*) riversarsi in.

dégoter [degɔte] *vt* scoprire, scovare.

dégouliner [deguline] *vi* sgocciolare, colare.

dégoupiller [degupije] *vt* innescare.

dégourdi, e [deguʀdi] *adj* sveglio(-a), svelto(-a).

dégourdir [deguʀdiʀ] *vt* (*sortir de l'engourdissement*) sgranchire; (*faire tiédir*) intiepidire; (*fig*: *personne*) svegliare, scaltrire; **se dégourdir** *vr*: **se** ~ **(les jambes)** sgranchirsi (le gambe).

dégoût [degu] *nm* disgusto.

dégoûtant, e [degutɑ̃, ɑ̃t] *adj* (*aussi fig*) disgustoso(-a).

dégoûté, e [degute] *adj* schizzinoso(-a), schifiltoso(-a); **il n'est pas** ~ è di bocca buona; ~ **de** disgustato(-a) *ou* nauseato (-a) da.

dégoûter [degute] *vt* (*aussi fig*) disgustare; ~ **qn de qch** (*aussi fig*) far passare a qn la voglia di qc; **se** ~ **de** (*se lasser de*) stancarsi di.

dégoutter [degute] *vi* gocciolare, colare.

dégradant, e [degʀadɑ̃, ɑ̃t] *adj* degradante.

dégradation [degʀadasjɔ̃] *nf* degradazione *f*; (*de relations, situation*) deterioramento; (*gén pl*: *dégâts*) degrado, degradazione *f*.

dégradé, e [degʀade] *adj* (*couleur*) sfumato(-a); (*cheveux*) scalato(-a) ♦ *nm* (*en peinture*) gradazione *f*.

dégrader [degʀade] *vt* degradare; **se dégrader** *vr* degradarsi; (*relations, situation*) deteriorarsi.

dégrafer [degʀafe] *vt* slacciare.

dégraissage [degʀɛsaʒ] *nm* sgrassaggio; (*d'un vêtement*) smacchiatura; (*ÉCON*) riduzione *f* degli effettivi.

dégraissant [degʀɛsɑ̃] *nm* sgrassante *m*.

dégraisser [degʀese] *vt* sgrassare; (*vêtement*) smacchiare; (*ÉCON*: *personnel*) ridurre.

degré [dəgʀe] *nm* grado; (*escalier*) gradino; **brûlure au 1er/2ème** ~ ustione *f* di primo/secondo grado; **équation du 1er/2ème** ~ equazione *f* di primo/secondo grado; **le premier** ~ (*SCOL*) l'istruzione *f* elementare; **alcool à 90** ~**s** alcol *m* a 90 gradi; **vin de 10** ~**s** vino di 10 gradi; **par degré(s)** per gradi, gradualmente.

dégressif, -ive [degʀesif, iv] *adj* decrescente, scalare; **tarif** ~ tariffa decrescente.

dégrèvement [degʀɛvmɑ̃] *nm* sgravio.

dégrever [degʀəve] *vt* sgravare.

dégriffé, e [degʀife] *adj* (*vêtement*) *in svendita perché privo di etichetta originale*.

dégringolade [degʀɛ̃gɔlad] *nf* ruzzolone *m*; (*fig*: *prix, Bourse etc*) crollo.

dégringoler [degʀɛ̃gɔle] *vi* ruzzolare; (*fig*: *prix, Bourse etc*) crollare ♦ *vt* (*escalier*)

scendere a precipizio.
dégriser [degʀize] *vt* far smaltire la sbornia a; (*fig*) far tornare rapidamente alla realtà.
dégrossir [degʀosiʀ] *vt* sgrossare; (*fig*: *ébaucher*) sbozzare.
déguenillé, e [deg(ə)nije] *adj* cencioso(-a), sbrindellato(-a).
déguerpir [degɛʀpiʀ] *vi* filarsela.
dégueulasse [degœlas] (*fam*) *adj* schifoso(-a).
dégueuler [degœle] (*fam*) *vi* vomitare.
déguisé, e [degize] *adj* (*v vr*): ~ **(en)** mascherato(-a) (da); travestito(-a) (da).
déguisement [degizmɑ̃] *nm* travestimento.
déguiser [degize] *vt* travestire; (*fig*: *réalité, fait*) mascherare; **se déguiser (en)** *vr* (*se costumer*) mascherarsi da; (*pour tromper*) travestirsi da.
dégustation [degystasjɔ̃] *nf* (*v vb*) degustazione *f*, assaggio; assaporamento.
déguster [degyste] *vt* degustare, assaggiare; (*fig*) assaporare, gustare; **qu'est-ce qu'il a dégusté!** (*fam*: *injures*) se l'è proprio sentite!; (: *coups*) quante se n'è buscate!
déhancher [deɑ̃ʃe]: **se** ~ *vr* ancheggiare.
dehors [dəɔʀ] *adv* (*en plein air*) fuori ♦ *nm* esterno ♦ *nmpl* apparenze *fpl*; **mettre** *ou* **jeter** ~ buttar fuori; **au** ~ fuori; (*en apparence*) dal di fuori; **au** ~ **de** fuori da; **de** ~ dal di fuori; **en** ~ (*vers l'extérieur*) in fuori; **en** ~ **de** (*hormis*) all'infuori di, oltre a.
déifier [deifje] *vt* deificare.
déiste [deist] *adj* deista.
déjà [deʒa] *adv* già; **quel nom,** ~? che nome, scusi?; **c'est** ~ **pas mal** già non è male; **as-tu** ~ **été en France?** sei già stato in Francia?; **c'est** ~ **quelque chose** è già qualcosa.
déjanter [deʒɑ̃te] *vr*: **se** ~ (*pneu*) uscire dal cerchione.
déjà-vu [deʒavy] *nm inv*: **c'est du** ~-~ è un déjà-vu.
déjeuner [deʒœne] *vi* (*matin*) far colazione; (*à midi*) pranzare ♦ *nm* (*petit déjeuner*) (prima) colazione *f*; (*à midi*) pranzo; ▸ **déjeuner d'affaires** colazione d'affari.
déjouer [deʒwe] *vt* (*personne*) sviare; (*attention*) eludere; (*complot*) sventare.
déjuger [deʒyʒe]: **se** ~ *vr* rivedere i propri giudizi.
delà [dəla] *prép, adv*: **par-**~ al di là di, oltre; **en** ~ più in là, oltre; **en** ~ **de** più in là di, oltre; (*à l'extérieur de*) al di là di, oltre; **au-**~ **(de)** al di là (di), oltre.
délabré, e [delɑbʀe] *adj* (*maison, mur*) scalcinato(-a); (*mobilier, matériel*) malandato(-a).
délabrement [delɑbʀəmɑ̃] *nm* rovina; (*santé*) deperimento.
délabrer [delɑbʀe]: **se** ~ *vr* andare in rovina.
délacer [delase] *vt* slacciare.
délai [delɛ] *nm* (*attente*) termine *m*; (*sursis*) dilazione *f*; (*temps accordé*: *aussi*: ~**s**) proroga; **sans** ~ subito, immediatamente; **à bref** ~ a breve scadenza, entro breve tempo; **dans les** ~**s** entro i termini previsti; **un** ~ **de 30 jours** una proroga di 30 giorni; **compter un** ~ **de livraison de 10 jours** calcolare un tempo di consegna di 10 giorni; ▸ **délai de livraison** termine *m* di consegna.
délaissé, e [delese] *adj* (*personne*) solo(-a), abbandonato(-a); (*négligé*) trascurato(-a); **mourir** ~ morire solo(-a).
délaisser [delese] *vt* abbandonare; (*négliger*) trascurare.
délassant, e [delɑsɑ̃, ɑ̃t] *adj* rilassante.
délassement [delɑsmɑ̃] *nm* rilassamento.
délasser [delɑse] *vt* (*membres*) distendere; (*personne, esprit*) rilassare; **se délasser** *vr* rilassarsi, distendersi.
délateur, -trice [delatœʀ, tʀis] *nm/f* delatore(-trice).
délation [delasjɔ̃] *nf* delazione *f*.
délavé, e [delave] *adj* sbiadito(-a), scolorito(-a); (*terrain*) inzuppato(-a).
délayage [delɛjaʒ] *nm* stemperamento.
délayer [deleje] *vt* (*CULIN*) stemperare; (*fig*: *discours, devoir*) diluire.
delco ® [dɛlko] *nm* (*AUTO*) bobina.
délectation [delɛktasjɔ̃] *nf* diletto, vivo piacere *m*; **savourer avec** ~ assaporare con gusto.
délecter [delɛkte]: **se** ~ *vr*: **se** ~ **de** dilettarsi in.
délégation [delegasjɔ̃] *nf* delega; (*groupe*) delegazione *f*; ▸ **délégation de pouvoir** (*document*) delega di poteri.
délégué, e [delege] *adj* delegato(-a) ♦ *nm/f* delegato(-a); (*de la classe*) rappresentante *m/f*; (*du personnel*) ≈ membro della commissione interna; **ministre** ~ **à** ≈ sottosegretario a; ▸ **délégué médical** rappresentante *m* di prodotti farmaceutici.
déléguer [delege] *vt* delegare.
délestage [delɛstaʒ] *nm* scarico della zavorra; **itinéraire de** ~ itinerario alternativo (*per evitare il traffico*).
délester [delɛste] *vt* (*navire*) alleggerire dalla zavorra; ~ **une route** deviare la circolazione (*per alleggerire il traffico*).
Delhi [dɛli] *n* Deli *f*.
délibérant, e [delibeʀɑ̃, ɑ̃t] *adj*: **assemblée** ~**e** assemblea deliberante.
délibératif, -ive [delibeʀatif, iv] *adj*: **avoir voix délibérative** avere diritto di delibera.
délibération [delibeʀasjɔ̃] *nf* delibera; ~s

nfpl (*décisions*) delibere *fpl*.
délibéré, e [delibeʀe] *adj* deliberato(-a); (*déterminé*) risoluto(-a); **de propos ~** con deliberato proposito.
délibérément [delibeʀemɑ̃] *adv* deliberatamente; (*résolument*) risolutamente.
délibérer [delibeʀe] *vi*: **~ (de)** deliberare (su).
délicat, e [delika, at] *adj* delicato(-a); (*attentionné*) premuroso(-a); **procédés peu ~s** metodi *mpl* poco delicati.
délicatement [delikatmɑ̃] *adv* delicatamente; (*subtilement*) con delicatezza.
délicatesse [delikatɛs] *nf* (*v adj*) delicatezza; premurosità; (*gén pl*: *attentions*) premura.
délice [delis] *nm* delizia.
délicieusement [delisjøzmɑ̃] *adv* deliziosamente.
délicieux, -euse [delisjø, jøz] *adj* delizioso(-a).
délictueux, -euse [deliktɥø, øz] *adj* delittuoso(-a).
délié, e [delje] *adj* slegato(-a), sciolto(-a); (*mince*) sottile, fine; (*agile*: *doigts etc*) agile; **avoir la langue ~e** avere la lingua sciolta ♦ *nm* (*écriture*): **les ~s** i filetti.
délier [delje] *vt* slegare, sciogliere; **~ qn d'un serment/vœu** sciogliere qn da un giuramento/voto.
délimitation [delimitasjɔ̃] *nf* delimitazione *f*.
délimiter [delimite] *vt* delimitare.
délinquance [delɛ̃kɑ̃s] *nf* delinquenza; ▸ **délinquance juvénile** delinquenza minorile.
délinquant, e [delɛ̃kɑ̃, ɑ̃t] *adj, nm/f* delinquente *m/f*.
déliquescence [delikesɑ̃s] *nf*: **en ~** in decadenza.
déliquescent, e [delikesɑ̃, ɑ̃t] *adj* decadente.
délirant, e [deliʀɑ̃, ɑ̃t] *adj* (*fam*) pazzesco(-a).
délire [deliʀ] *nm* delirio.
délirer [deliʀe] *vi* delirare.
délirium tremens [deliʀjɔmtʀemɛ̃s] *nm* delirium tremens *m inv*.
délit [deli] *nm* reato; ▸ **délit de droit commun** reato comune; ▸ **délit de fuite** (reato di) omissione *f* di soccorso; ▸ **délit politique** reato politico; ▸ **délit de presse** reato di stampa.
délivrance [delivʀɑ̃s] *nf* rilascio; (*sentiment*) liberazione *f*.
délivrer [delivʀe] *vt* rilasciare; **~ qn de** (*ennemis*) liberare qn da; (*fig*) sollevare *ou* liberare qn da.
déloger [delɔʒe] *vt* sloggiare; (*objet coincé*) tirar fuori.
déloyal, e, -aux [delwajal, o] *adj* sleale; **concurrence ~e** (*COMM*) concorrenza sleale.
Delphes [dɛlf] *n* Delfi *f*.
delta [dɛlta] *nm* delta *m inv*.
deltaplane ® [dɛltaplan] *nm* deltaplano.
déluge [delyʒ] *nm* (*aussi fig*) diluvio.
déluré, e [delyʀe] *adj* sveglio(-a); (*péj*) sfacciato(-a).
démagnétiser [demaɲetize] *vt* smagnetizzare.
démagogie [demagɔʒi] *nf* demagogia.
démagogique [demagɔʒik] *adj* demagogico(-a).
démagogue [demagɔg] *adj* demagogico(-a) ♦ *nm* demagogo.
démaillé, e [demɑje] *adj* smagliato(-a).
démailloter [demajɔte] *vt* (*enfant*) sfasciare.
demain [d(ə)mɛ̃] *adv* domani; **~ matin/soir** domani mattina/sera; **~ midi** domani a mezzogiorno; **à ~** a domani.
demande [d(ə)mɑ̃d] *nf* (*gén, ADMIN, ÉCON*) domanda; (*revendication*) richiesta, domanda; (*JUR*) istanza; **à la ~ générale** a generale richiesta; **faire sa ~ (en mariage)** fare una proposta di matrimonio; ▸ **demande d'emploi** domanda d'impiego; **"~s d'emploi"** "richieste di lavoro"; ▸ **demande de naturalisation** richiesta di naturalizzazione; ▸ **demande de poste** domanda d'assunzione.
demandé, e [d(ə)mɑ̃de] *adj* (*article etc*): **très ~** molto richiesto(-a).
demander [d(ə)mɑ̃de] *vt* chiedere, domandare; (*un médecin, plombier*) chiamare; (*vouloir engager*: *personnel*) cercare; (*exiger, requérir, nécessiter*) richiedere; **~ qch à qn** chiedere *ou* domandare qc a qn; **~ à qn de faire** chiedere *ou* domandare a qn di fare; **~ de la ponctualité de qn** esigere puntualità da qn; **~ la main de qn** (*fig*) chiedere la mano di qn; **~ des nouvelles de qn** chiedere notizie di qn; **~ l'heure/son chemin** chiedere l'ora/la strada; **~ pardon à qn** chiedere scusa a qn; **~ à** *ou* **de voir/faire** chiedere di vedere/fare; **se ~ si/pourquoi** chiedersi *ou* domandarsi se/perché; **ils demandent 2 secrétaires et un ingénieur** cercano 2 segretarie e un ingegnere; **~ la parole** chiedere la parola; **~ la permission de** chiedere il permesso di; **je n'en demandais pas davantage** non chiedevo *ou* domandavo di più; **je me demande comment tu as pu** mi chiedo come tu abbia potuto; **je me le demande** me lo chiedo; **on vous demande au téléphone** la vogliono al telefono; **il ne demande que ça/qu'à faire ...** non chiede altro/che di fare ...; **je ne demande pas mieux que ...** non chiedo di meglio che ... .

demandeur, -euse [dəmɑ̃dœʀ, øz] *nm/f*: ~ **d'emploi** ≈ iscritto(-a) alle liste di collocamento.
démangeaison [demɑ̃ʒɛzɔ̃] *nf* prurito.
démanger [demɑ̃ʒe] *vi* prudere; **la main me démange** (*fig*) mi sento prudere le mani; **l'envie** *ou* **ça le démange de faire ...** muore dalla voglia di fare ... .
démantèlement [demɑ̃tɛlmɑ̃] *nm* smantellamento.
démanteler [demɑ̃t(ə)le] *vt* smantellare.
démaquillant, e [demakijɑ̃, ɑ̃t] *adj, nm* detergente *m*.
démaquiller [demakije] *vt* struccare; **se démaquiller** *vr* struccarsi.
démarcage [demaʀkaʒ] *nm* = **démarquage**.
démarcation [demaʀkasjɔ̃] *nf* demarcazione *f*; **ligne de** ~ linea di demarcazione.
démarchage [demaʀʃaʒ] *nm* (*COMM*) vendita a domicilio.
démarche [demaʀʃ] *nf* (*allure*) andatura, portamento; (*intervention*) passo, intervento; (*fig: intellectuelle etc*) percorso; (*requête, tractation*) pratica; **faire** *ou* **entreprendre des ~s (auprès de qn)** avviare delle pratiche (presso qn).
démarcheur, -euse [demaʀʃœʀ, øz] *nm/f* (*COMM*) piazzista *m/f*; (*POL etc*) propagandista *m/f*.
démarquage [demaʀkaʒ] *nm* (*SPORT*) marcatura.
démarque [demaʀk] *nf* (*COMM*) ribasso.
démarqué, e [demaʀke] *adj* (*FOOTBALL*) smarcato(-a); (*article*) scontato(-a) (*perché privo di marca*); **prix ~s** (*COMM*) prezzi *mpl* ribassati.
démarquer [demaʀke] *vt* (*prix*) ribassare; (*SPORT*) smarcare; **se démarquer** *vr* (*SPORT*) smarcarsi.
démarrage [demaʀaʒ] *nm* partenza; (*AUTO*) avviamento; (*SPORT*) scatto; (*fig*) avvio, inizio; ~ **en côte** partenza in salita.
démarrer [demaʀe] *vi* partire; (*véhicule*) mettersi in moto; (*coureur: accélérer*) scattare; (*travaux, affaire*) iniziare, avviarsi ♦ *vt* (*voiture*) mettere in moto; (*travail*) iniziare.
démarreur [demaʀœʀ] *nm* (*AUTO*) (motorino d') avviamento.
démasquer [demaske] *vt* smascherare; **se démasquer** *vr* (*fig*) smascherarsi.
démâter [demɑte] *vt* disalberare ♦ *vi* perdere l'alberatura.
démêlant, e [demɛlɑ̃, ɑ̃t] *adj*: **crème ~e, baume** ~ balsamo (per capelli).
démêler [demele] *vt* districare; (*fig*) sbrogliare.
démêlés [demele] *nmpl* noie *fpl*, grane *fpl*.
démembrement [demɑ̃bʀəmɑ̃] *nm* smembramento.
démembrer [demɑ̃bʀe] *vt* (*fig*) smembrare.
déménagement [demenaʒmɑ̃] *nm* trasloco; **entreprise/camion de** ~ impresa/camion *m inv* di trasloco.
déménager [demenaʒe] *vt* (*meubles*) spostare ♦ *vi* traslocare.
déménageur [demenaʒœʀ] *nm* traslocatore(-trice); (*entrepreneur*) titolare *m* di impresa di traslochi.
démence [demɑ̃s] *nf* (*MÉD*) demenza; (*fig*) follia.
démener [dem(ə)ne]: **se** ~ *vr* dimenarsi; (*fig*) darsi da fare.
dément[1], **e** [demɑ̃, ɑ̃t] *vb voir* **démentir**.
dément[2], **e** [demɑ̃, ɑ̃t] *adj* demente; **c'est ~!** (*fam*) (è) pazzesco!
démenti [demɑ̃ti] *nm* smentita.
démentiel, le [demɑ̃sjɛl] *adj* demenziale.
démentir [demɑ̃tiʀ] *vt* (*nouvelle etc*) smentire; **ne pas se** ~ (*ne pas cesser*) non venir meno.
démerder [demɛʀde] (*fam!*) *vi*: **démerde-toi!** arrangiati come cazzo vuoi! (*fam!*).
démériter [demeʀite] *vi*: ~ **(auprès de qn)** rendersi immeritevole (agli occhi di qn).
démesure [dem(ə)zyʀ] *nf* mancanza di limiti *ou* misura; **la ~ de son ambition ...** la sua ambizione smisurata ... .
démesuré, e [dem(ə)zyʀe] *adj* smisurato (-a).
démesurément [dem(ə)zyʀemɑ̃] *adv* a dismisura, smisuratamente.
démettre [demɛtʀ] *vt*: ~ **qn de** dimettere qn da; **se démettre** *vr* (*épaule etc*) lussarsi, slogarsi; **se ~ (de ses fonctions)** dimettersi (dalle proprie funzioni).
demeurant [d(ə)mœʀɑ̃]: **au** ~ *adv* del resto; (*tout bien considéré*) tutto sommato.
demeure [d(ə)mœʀ] *nf* dimora; **dernière** ~ (*fig*) ultima dimora; **mettre qn en ~ de faire ...** ingiungere a qn di fare ...; **à** ~ definitivamente, stabilmente.
demeuré, e [d(ə)mœʀe] *adj, nm/f* ritardato(-a).
demeurer [d(ə)mœʀe] *vi* abitare, dimorare; (*fig*) rimanere, restare; **en ~ là** non andare avanti.
demi, e [dəmi] *adj* mezzo(-a) ♦ *nm* (*FOOTBALL*) mediano; **un** ~ (*bière*) una birra; **il est 2 heures et ~e** sono le due e mezza; **il est midi et** ~ è mezzogiorno e mezzo; **à** ~ a metà; (*sourd, idiot*) mezzo(-a); **fini/corrigé à** ~ (*fig*) mezzo finito/corretto; **à la ~e** (*heure*) alla mezza; ▶**demi de mêlée/d'ouverture** (*RUGBY*) mediano di spinta/d'apertura.
demi... [dəmi] *préf voir* **demi**.
demi-bas [dəmibɑ] *nm inv* calzino.

demi-bouteille [dəmibutɛj] (*pl* **~-~s**) *nf* bottiglia da mezzo (litro).
demi-cercle [dəmisɛʀkl] (*pl* **~-~s**) *nm* semicerchio; **en ~-~** *adj, adv* a semicerchio.
demi-douzaine [dəmiduzɛn] (*pl* **~-~s**) *nf* mezza dozzina.
demi-finale [dəmifinal] (*pl* **~-~s**) *nf* semifinale *f*.
demi-finaliste [dəmifinalist] (*pl* **~-~s**) *nm/f* semifinalista *m/f*.
demi-fond [dəmifɔ̃] *nm inv* (*SPORT*) mezzofondo.
demi-frère [dəmifʀɛʀ] (*pl* **~-~s**) *nm* fratellastro.
demi-gros [dəmigʀo] *nm inv vendita da produttore a rivenditore.*
demi-heure [dəmijœʀ] (*pl* **~-~s**) *nf* mezz'ora.
demi-jour [dəmiʒuʀ] (*pl* **demi-jour(s)**) *nm* penombra.
demi-journée [dəmiʒuʀne] (*pl* **~-~s**) *nf* mezza giornata.
démilitariser [demilitaʀize] *vt* smilitarizzare.
demi-litre [dəmilitʀ] (*pl* **~-~s**) *nm* mezzo litro.
demi-livre [dəmilivʀ] (*pl* **~-~s**) *nf* 250 grammi *mpl*, due etti e mezzo.
demi-longueur [dəmilɔ̃gœʀ] (*pl* **~-~s**) *nf* (*SPORT*) mezza lunghezza.
demi-lune [dəmilyn]: **en ~-~** *adj inv* a mezzaluna.
demi-mal [dəmimal] (*pl* **demi-maux**) *nm*: **il n'y a que ~-~** poteva andare peggio.
demi-mesure [dəmimzyʀ] (*pl* **~-~s**) *nf* mezza misura.
demi-mot [dəmimo]: **à ~-~** *adv* al volo.
déminer [demine] *vt* sminare.
démineur [deminœʀ] *nm* sminatore *m*.
demi-pension [dəmipɑ̃sjɔ̃] (*pl* **~-~s**) *nf* mezza pensione *f*; (*lycée*) semiconvitti *mpl*; **être en ~-~** essere a mezza pensione.
demi-pensionnaire [dəmipɑ̃sjɔnɛʀ] (*pl* **~-~s**) *nm/f* (*lycée*) semiconvittore(-trice).
demi-place [dəmiplas] (*pl* **~-~s**) *nf* biglietto a metà prezzo.
démis, e [demi, iz] *pp de* **démettre** ♦ *adj* (*épaule etc*) lussato(-a).
demi-saison [dəmisɛzɔ̃] (*pl* **~-~s**) *nf*: **vêtements de ~-~** vestiti *mpl* di mezza stagione.
demi-sel [dəmisɛl] *adj inv* leggermente salato(-a).
demi-sœur [dəmisœʀ] (*pl* **~-~s**) *nf* sorellastra.
demi-sommeil [dəmisɔmɛj] (*pl* **~-~s**) *nm* dormiveglia *m inv*.
demi-soupir [dəmisupiʀ] (*pl* **~-~s**) *nm* (*MUS*) pausa di croma.
démission [demisjɔ̃] *nf* dimissioni *fpl*; **donner sa ~** dare le dimissioni.
démissionnaire [demisjɔnɛʀ] *adj, nm/f* dimissionario(-a).
démissionner [demisjɔne] *vi* dimettersi, rassegnare le dimissioni.
demi-tarif [dəmitaʀif] (*pl* **~-~s**) *nm*: **voyager à ~-~** viaggiare con lo sconto del 50%.
demi-ton [dəmitɔ̃] (*pl* **~-~s**) *nm* (*MUS*) semitono.
demi-tour [dəmituʀ] (*pl* **~-~s**) *nm* dietro front *m inv*; **faire un ~-~** (*MIL etc*) fare dietro front; **faire ~-~** fare marcia indietro.
démobilisation [demɔbilizasjɔ̃] *nf* smobilitazione *f*.
démobiliser [demɔbilize] *vt* smobilitare.
démocrate [demɔkʀat] *adj* democratico (-a).
démocrate-chrétien, ne [demɔkʀatkʀetjɛ̃, jɛn] (*pl* **~s-~s, -ennes**) *adj, nm/f* democristiano(-a).
démocratie [demɔkʀasi] *nf* democrazia; ▶ **démocratie libérale/populaire** democrazia liberale/popolare.
démocratique [demɔkʀatik] *adj* democratico(-a); (*sport, moyen de transport etc*) popolare.
démocratiquement [demɔkʀatikmɑ̃] *adv* democraticamente.
démocratisation [demɔkʀatizasjɔ̃] *nf* democratizzazione *f*.
démocratiser [demɔkʀatize] *vt* democratizzare.
démodé, e [demɔde] *adj* fuori moda *inv*, superato(-a).
démoder [demɔde]: **se ~** *vr* passare di moda.
démographe [demɔgʀaf] *nm/f* demografo(-a).
démographie [demɔgʀafi] *nf* demografia.
démographique [demɔgʀafik] *adj* demografico(-a); **poussée ~** spinta demografica.
demoiselle [d(ə)mwazɛl] *nf* signorina; (*vendeuse*) commessa, signorina; ▶ **demoiselle d'honneur** damigella d'onore.
démolir [demɔliʀ] *vt* (*aussi fig*) demolire.
démolisseur [demɔlisœʀ] *nm* demolitore *m*.
démolition [demɔlisjɔ̃] *nf* demolizione *f*; **entreprise de ~** impresa di demolizione.
démon [demɔ̃] *nm* demonio; **le D~** il Demonio; **le ~ du jeu** il demone del gioco.
démonétiser [demɔnetize] *vt* demonetizzare.
démoniaque [demɔnjak] *adj* demoniaco (-a); (*ruse*) diabolico(-a).
démonstrateur, -trice [demɔ̃stʀatœʀ, tʀis] *nm/f* dimostratore(-trice).
démonstratif, -ive [demɔ̃stʀatif, iv] *adj*

(*affectueux*) espansivo(-a); (*LING*) dimostrativo(-a) ♦ *nm* dimostrativo.
démonstration [demɔ̃stʀasjɔ̃] *nf* dimostrazione *f*.
démontable [demɔ̃tabl] *adj* smontabile.
démontage [demɔ̃taʒ] *nm* smontaggio.
démonté, e [demɔ̃te] *adj* (*aussi fig*) smontato(-a); (*mer*) grosso(-a).
démonte-pneu [demɔ̃t(ə)pnø] (*pl* **~-~s**) *nm* smontapneumatici *m inv*.
démonter [demɔ̃te] *vt* (*aussi fig*) smontare; (*cavalier*) disarcionare; **se démonter** *vr* (*personne*) smontarsi.
démontrable [demɔ̃tʀabl] *adj* dimostrabile.
démontrer [demɔ̃tʀe] *vt* dimostrare.
démoralisant, e [demɔʀalizɑ̃, ɑ̃t] *adj* demoralizzante.
démoralisateur, -trice [demɔʀalizatœʀ, tʀis] *adj* demoralizzante.
démoraliser [demɔʀalize] *vt* demoralizzare.
démordre [demɔʀdʀ] *vi* demordere; **ne pas ~ de** non rinunciare a, non demordere da; **ne pas ~ de son avis** non cambiare idea, non mollare.
démoulage [demulaʒ] *nm* sformatura.
démouler [demule] *vt* (*gâteau*) sformare.
démultiplicateur, -trice [demyltiplikatœʀ, tʀis] *adj* (*effet*) demoltiplicatore(-trice).
démultiplication [demyltiplikasjɔ̃] *nf* demoltiplicazione *f*.
démuni, e [demyni] *adj* (*sans argent*) a corto di denaro; **~ de** sprovvisto(-a) di.
démunir [demyniʀ] *vt* privare; **se ~ de** privarsi di.
démuseler [demyzle] *vt* togliere la museruola a.
démystifier [demistifje] *vt* demistificare.
démythifier [demitifje] *vt* smitizzare.
dénatalité [denatalite] *nf* decremento delle nascite, denatalità.
dénationalisation [denasjɔnalizasjɔ̃] *nf* snazionalizzazione *f*.
dénationaliser [denasjɔnalize] *vt* snazionalizzare.
dénaturé, e [denatyʀe] *adj* (*alcool*) denaturato(-a); (*goûts*) alterato(-a); (*parents*) snaturato(-a).
dénaturer [denatyʀe] *vt* (*CHIM*) denaturare; (*goût*) alterare; (*pensée, fait*) snaturare.
dénégations [denegasjɔ̃] *nfpl*: **signe de ~** segno di diniego.
déneigement [denɛʒmɑ̃] *nm* sgombero dalla neve.
déneiger [deneʒe] *vt* liberare dalla neve.
déni [deni] *nm*: **~ (de justice)** rifiuto di rendere giustizia.
déniaiser [denjeze] *vt* smaliziare.
dénicher [deniʃe] *vt* stanare.
dénicotinisé, e [denikɔtinize] *adj*: **cigarette ~e** sigaretta senza nicotina.
denier [dənje] *nm* denaro; **de ses (propres) ~s** di tasca propria; ▶ **denier du culte** obolo dei fedeli; ▶ **deniers publics** entrate *fpl* dello stato.
dénier [denje] *vt* negare; **~ qch à qn** negare qc a qn.
dénigrement [denigʀəmɑ̃] *nm* denigrazione *f*; **campagne de ~** campagna denigratoria.
dénigrer [denigʀe] *vt* denigrare.
dénivelé, e [denivle] *adj* diseguale; (*chaussée*) dissestato(-a) ♦ *nm* dislivello.
déniveler [deniv(ə)le] *vt* rendere ineguale.
dénivellation [denivelasjɔ̃] *nf* dislivello.
dénivellement [denivɛlmɑ̃] *nm* = **dénivellation**.
dénombrer [denɔ̃bʀe] *vt* contare; (*énumérer*) calcolare.
dénominateur [denɔminatœʀ] *nm* denominatore *m*; ▶ **dénominateur commun** comune denominatore.
dénomination [denɔminasjɔ̃] *nf* (*nom*) denominazione *f*.
dénommé, e [denɔme] *adj*: **le ~ Dupont** quel tale Dupont.
dénommer [denɔme] *vt* denominare, chiamare.
dénoncer [denɔ̃se] *vt* denunciare; **se dénoncer** *vr* (auto)denunciarsi.
dénonciateur, -trice [denɔ̃sjatœʀ, tʀis] *nm/f* denunciatore(-trice).
dénonciation [denɔ̃sjasjɔ̃] *nf* denuncia.
dénoter [denɔte] *vt* denotare.
dénouement [denumɑ̃] *nm* conclusione *f*; (*THÉÂTRE*) finale *m*.
dénouer [denwe] *vt* sciogliere; (*cravate*) slacciare; (*fig*) risolvere.
dénoyauter [denwajote] *vt* snocciolare; **appareil à ~** snocciolatoio.
dénoyauteur [denwajotœʀ] *nm* snocciolatoio.
denrée [dɑ̃ʀe] *nf* derrata; ▶ **denrées alimentaires** derrate alimentari.
dense [dɑ̃s] *adj* denso(-a), fitto(-a); (*population, trafic*) denso(-a); (*fig: style*) conciso(-a), stringato(-a).
densité [dɑ̃site] *nf* densità *f inv*.
dent [dɑ̃] *nf* (*ANAT, d'une machine*) dente *m*; **avoir/garder une ~ contre qn** avere il dente avvelenato contro qn; **avoir les ~s longues** avere grosse ambizioni; **se mettre qch sous la ~** mettere qc sotto i denti; **être sur les ~s** essere molto occupato(-a); **faire ses ~s** mettere i denti; **à belles ~s** con grande appetito; **en ~s de scie** dentato(-a); **ne pas desserrer les ~s** non aprir bocca; ▶ **dent de lait** dente di latte; ▶ **dent de sagesse** dente del giudizio.

dentaire [dɑ̃tɛʀ] *adj* (*soins, hygiène*) dentale; (*prothèse*) dentario(-a); **cabinet** ~ studio odontoiatrico, gabinetto dentistico; **école** ~ scuola odontoiatrica.
denté, e [dɑ̃te] *adj*: **roue** ~**e** ruota dentata.
dentelé, e [dɑ̃t(ə)le] *adj* (*côte*) frastagliato(-a); (*feuille*) dentellato(-a); (*ANAT*) dentato(-a).
dentelle [dɑ̃tɛl] *nf* merletto, pizzo.
dentelure [dɑ̃t(ə)lyʀ] *nf* dentellatura, frastagliatura.
dentier [dɑ̃tje] *nm* dentiera.
dentifrice [dɑ̃tifʀis] *adj* dentifricio(-a) ♦ *nm* dentifricio.
dentiste [dɑ̃tist] *nm/f* dentista *m/f*.
dentition [dɑ̃tisjɔ̃] *nf* (*dents*) dentatura; (*formation*) dentizione *f*.
dénucléariser [denykleaʀize] *vt* denuclearizzare.
dénudé, e [denyde] *adj* (*sol*) brullo(-a); (*fil électrique*) scoperto(-a); (*tête*) calvo(-a).
dénuder [denyde] *vt* denudare; (*sol*) rendere brullo(-a); (*fil électrique*) scoprire; **se dénuder** *vr* denudarsi, spogliarsi.
dénué, e [denɥe] *adj*: ~ **de** privo(-a) di.
dénuement [denymɑ̃] *nm* indigenza.
dénutrition [denytʀisjɔ̃] *nf* denutrizione *f*.
déodorant [deɔdɔʀɑ̃] *nm* deodorante *m*.
déontologie [deɔ̃tɔlɔʒi] *nf* deontologia.
dep. *abr* = **département**; **départ**.
dépannage [depanaʒ] *nm* riparazione *f*; **service de** ~ servizio di assistenza (tecnica); (*AUTO*) servizio di soccorso; **camion de** ~ (*AUTO*) carro *m* attrezzi *inv*.
dépanner [depane] *vt* riparare; (*fig*) dare una mano a, aiutare.
dépanneur [depanœʀ] *nm* tecnico; (*AUTO*) meccanico.
dépanneuse [depanøz] *nf* carro *m* attrezzi *inv*.
dépareillé, e [depaʀeje] *adj* scompagnato(-a).
déparer [depaʀe] *vt* deturpare, rovinare.
départ [depaʀ] *nm* partenza; (*d'un employé: démission*) dimissioni *fpl*; (*: licenciement*) licenziamento; **à son** ~ alla sua partenza; **au** ~ (*au début*) in partenza, all'inizio; **courrier au** ~ posta in partenza.
départager [depaʀtaʒe] *vt* assegnare la vittoria a; ~ **les votes** dare il voto determinante.
département [depaʀtəmɑ̃] *nm* (*administratif*) dipartimento, ≈ provincia; (*d'université*) istituto; (*de magasin*) reparto; ▶**département ministériel** ministero; ▶**département d'outre-mer** dipartimento d'oltremare.
départemental, e, -aux [depaʀtəmɑ̃tal, o] *adj* dipartimentale; **la (route)** ~**e** ≈ la (strada) provinciale.
départementaliser [depaʀtəmɑ̃talize] *vt* dividere in dipartimenti.
départir [depaʀtiʀ]: **se** ~ **de** *vr* abbandonare.
dépassé, e [depɑse] *adj* superato(-a); (*fig*) sopraffatto(-a).
dépassement [depɑsmɑ̃] *nm* superamento; (*AUTO*) sorpasso.
dépasser [depɑse] *vt* superare; (*être en saillie sur*) sporgere ♦ *vi* (*AUTO*) sorpassare; (*ourlet, jupon*) pendere; **se dépasser** *vr* (*se surpasser*) superare se stesso(-a); **être dépassé** essere superato(-a); **être dépassé par les événements** essere travolto(-a) dagli avvenimenti; **cela me dépasse** (*dérouter*) sono sconcertato, non riesco a capire.
dépassionner [depasjɔne] *vt* sdrammatizzare.
dépaver [depave] *vt* disselciare.
dépaysé, e [depeize] *adj* spaesato(-a).
dépaysement [depeizmɑ̃] *nm* spaesamento, disorientamento; (*changement agréable*) (piacevole) cambiamento.
dépayser [depeize] *vt* spaesare, disorientare.
dépecer [depəse] *vt* fare a pezzi.
dépêche [depɛʃ] *nf* dispaccio; ▶**dépêche (télégraphique)** telegramma *m*.
dépêcher [depeʃe] *vt* inviare con urgenza; **se dépêcher** *vr* sbrigarsi; **se** ~ **de faire qch** sbrigarsi a fare qc.
dépeindre [depɛ̃dʀ] *vt* descrivere.
dépendance [depɑ̃dɑ̃s] *nf* dipendenza; (*bâtiment*) dépendance *f inv*.
dépendant, e [depɑ̃dɑ̃, ɑ̃t] *vb voir* **dépendre** ♦ *adj* dipendente; (*fig: position*) di dipendenza.
dépendre [depɑ̃dʀ] *vt* staccare; ~ **de** dipendere da; **ça dépend** dipende.
dépens [depɑ̃] *nmpl*: **aux** ~ **de** a spese di.
dépense [depɑ̃s] *nf* spesa; (*comptabilité*) uscita; (*de gaz, eau*) consumo; (*de temps, de forces*) dispendio; **une** ~ **de 100 F** una spesa di 100 franchi; **pousser qn à la** ~ far fare una spesa a qn; ▶**dépenses de fonctionnement** spese di funzionamento; ▶**dépense de temps** dispendio di tempo; ▶**dépenses d'investissement** spese di investimento; ▶**dépense physique** dispendio fisico; ▶**dépenses publiques** spesa *fsg* pubblica.
dépenser [depɑ̃se] *vt* (*argent*) spendere; (*gaz, eau, énergie*) consumare; **se dépenser** *vr* affaticarsi.
dépensier, -ière [depɑ̃sje, jɛʀ] *adj*: **il est** ~ è uno spendaccione.
déperdition [depɛʀdisjɔ̃] *nf* perdita; (*PHYS*) dispersione *f*.
dépérir [depeʀiʀ] *vi* deperire.
dépersonnaliser [depɛʀsɔnalize] *vt* sperso-

nalizzare.

dépêtrer [depetʀe] *vt* liberare; **se ~ de** tirarsi fuori da.

dépeuplé, e [depœple] *adj* spopolato(-a).

dépeuplement [depœpləmɑ̃] *nm* spopolamento.

dépeupler [depœple] *vt* spopolare; **se dépeupler** *vr* spopolarsi.

déphasage [defɑzaʒ] *nm* (*fig*) sfasatura.

déphasé, e [defɑze] *adj* (*PHYS*) sfasato(-a); (*fig*: *personne*) sfasato(-a), fuori fase *inv*.

déphaser [defɑze] *vt* (*fig*) sfasare.

dépilation [depilasjɔ̃] *nf* depilazione *f*.

dépilatoire [depilatwaʀ] *adj*: **crème ~** crema depilatoria.

dépistage [depistaʒ] *nm* (*MÉD*) depistage *m inv*.

dépister [depiste] *vt* scoprire, individuare; (*voleur*) rintracciare; (*poursuivants*) depistare, mettere fuori strada.

dépit [depi] *nm* dispetto; **en ~ de** (*malgré*) a dispetto di; **en ~ du bon sens** contro ogni logica.

dépité, e [depite] *adj* indispettito(-a), stizzito(-a).

dépiter [depite] *vt* indispettire.

déplacé, e [deplase] *adj* (*propos*) fuori posto *ou* luogo; **personne ~e** profugo(-a).

déplacement [deplasmɑ̃] *nm* spostamento; (*voyage*) viaggio, trasferta; (*de fonctionnaire*) trasferimento; (*NAUT*) dislocamento; **en ~** in trasferta; ▸ **déplacement d'air** spostamento d'aria; ▸ **déplacement de vertèbre** spostamento di vertebra.

déplacer [deplase] *vt* spostare; (*employé*) trasferire; (*fig*: *conversation, sujet*) spostare i termini di; **se déplacer** *vr* spostarsi; **se ~ en voiture/avion** spostarsi in auto/aereo.

déplaire [deplɛʀ] *vi*: **~ (à qn)** non piacere (a qn); **se déplaire** *vr* (*quelque part*) non trovarsi bene; **ceci me déplaît** questo non mi piace; **il cherche à nous ~** sta cercando di irritarci.

déplaisant, e [deplɛzɑ̃, ɑ̃t] *vb voir* **déplaire** ♦ *adj* sgradevole, poco piacevole.

déplaisir [deplezirʀ] *nm* disappunto, dispiacere *m*.

déplaît [deplɛ] *vb voir* **déplaire**.

dépliant [deplijɑ̃] *nm* prospetto, opuscolo.

déplier [deplije] *vt* aprire, spiegare; **se déplier** *vr* aprirsi, spiegarsi.

déplisser [deplise] *vt* togliere le pieghe a; **se déplisser** *vr* perdere la piega.

déploiement [deplwamɑ̃] *nm* spiegamento.

déplomber [deplɔ̃be] *vt* spiombare.

déplorable [deplɔʀabl] *adj* (*triste*) penoso (-a); (*blâmable*) deplorevole.

déplorer [deplɔʀe] *vt* deplorare; (*compatir à*) compiangere.

déployer [deplwaje] *vt* (*aile, troupes*) spiegare; (*fig*: *force, courage*) mostrare, dar prova di.

déplu [deply] *pp de* **déplaire**.

dépointer [depwɛ̃te] *vi* spostare dalla posizione di puntamento (un pezzo di artiglieria).

dépoli, e [depɔli] *adj*: **verre ~** vetro smerigliato.

dépolitiser [depɔlitize] *vt* spoliticizzare.

dépopulation [depɔpylasjɔ̃] *nf* spopolamento.

déportation [depɔʀtasjɔ̃] *nf* deportazione *f*.

déporté [depɔʀte] *nm/f* deportato(-a).

déporter [depɔʀte] *vt* (*POL*) deportare; (*voiture*) far sbandare; **se déporter** *vr* (*voiture*) sbandare.

déposant, e [depozɑ̃, ɑ̃t] *nm/f* (*épargnant*) depositante *m/f*.

dépose [depoz] *nf* smontaggio.

déposé, e [depoze] *adj* depositato(-a); (*passager*) lasciato(-a).

déposer [depoze] *vt* (*mettre, poser*) posare, (de)porre; (*à la banque, caution*) depositare; (*passager*) lasciare; (*serrure, rideau*) smontare; (*roi*) deporre; (*ADMIN*: *dossier etc*) presentare; (*JUR*: *plainte, réclamation*) sporgere ♦ *vi* (*vin etc*) sedimentare; (*JUR*): **~ (contre)** deporre (contro); **se déposer** *vr* depositarsi; **~ son bilan** (*COMM*) dichiarare fallimento.

dépositaire [depozitɛʀ] *nm/f* (*d'un secret*) depositario(-a); (*COMM*) rivenditore (-trice) autorizzato(-a); ▸ **dépositaire agréé** rivenditore(-trice) autorizzato(-a).

déposition [depozisjɔ̃] *nf* (*JUR*) deposizione *f*.

déposséder [depɔsede] *vt* (*roi*) spodestare; (*héritier*) spossessare.

dépôt [depo] *nm* deposito; (*de candidature*) presentazione *f*; (*prison*) cella; **mandat de ~** mandato di carcerazione; ▸ **dépôt bancaire** deposito bancario; ▸ **dépôt de bilan** dichiarazione *f* di fallimento; ▸ **dépôt légal** deposito legale; ▸ **dépôt d'ordures** deposito di rifiuti.

dépoter [depɔte] *vt* svasare.

dépotoir [depɔtwaʀ] *nm* immondezzaio.

dépouille [depuj] *nf* (*d'animal*) spoglia; (*humaine*): **~ (mortelle)** salma, spoglie *fpl* (mortali).

dépouillé, e [depuje] *adj* spoglio(-a); (*style*) scarno(-a), sobrio(-a); **~ de** spogliato(-a) di.

dépouillement [depujmɑ̃] *nm* spoglio.

dépouiller [depuje] *vt* (*animal*) spellare, scuoiare; (*fig*: *personne*) spogliare; (*résultats, documents*) fare lo spoglio di, spogliare; **~ qn/qch de** spogliare qn/qc di; **~ le scrutin** fare lo spoglio delle schede.

dépourvu, e [depuʀvy] *adj*: ~ **de** sprovvisto(-a) di, privo(-a) di; **prendre qn au ~** prendere qn alla sprovvista.
dépoussiérer [depusjeʀe] *vt* spolverare.
dépravation [depʀavasjɔ̃] *nf* depravazione *f*.
dépravé, e [depʀave] *adj* depravato(-a).
dépraver [depʀave] *vt* depravare.
dépréciation [depʀesjasjɔ̃] *nf* deprezzamento.
déprécier [depʀesje] *vt* (*personne*) sminuire; (*chose*) deprezzare; **se déprécier** *vr* deprezzarsi.
déprédations [depʀedasjɔ̃] *nfpl* saccheggi *mpl*.
dépressif, -ive [depʀesif, iv] *adj* depressivo(-a).
dépression [depʀesjɔ̃] *nf* (*aussi MÉTÉO*) depressione *f*; ▶ **dépression (nerveuse)** esaurimento (nervoso).
déprimant, e [depʀimɑ̃, ɑ̃t] *adj* deprimente.
déprime [depʀim] *nf* depressione *f*.
déprimé, e [depʀime] *adj* depresso(-a).
déprimer [depʀime] *vt* deprimere.
déprogrammer [depʀɔgʀame] *vt* eliminare dal programma.
dépuceler [depys(ə)le] (*fam*) *vt* sverginare.
depuis [dəpɥi] *prép* da ♦ *adv* (*temps*) da allora; ~ **que** da quando; ~ **qu'il m'a dit ça** da quando me l'ha detto; ~ **quand?** da quando in qua?; **il habite Paris ~ 1983/depuis 5 ans** abita a Parigi dal 1983/da 5 anni; ~ **quand le connaissez-vous?** da quando lo conoscete?; **je le connais ~ 9 ans** lo conosco da 9 anni; **elle a téléphoné ~ Valence** ha telefonato da Valenza; ~ **les plus petits jusqu'aux plus grands** dai più piccoli ai più grandi; **je ne lui ai pas parlé ~** da allora non gli ho più parlato; ~ **lors** da allora.
dépuratif, -ive [depyʀatif, iv] *adj* depurativo(-a).
députation [depytasjɔ̃] *nf* deputazione *f*; (*fonction*) mandato parlamentare; **candidat à la ~** candidato alla Camera (dei deputati).
député [depyte] *nm* (*POL*) deputato.
députer [depyte] *vt* deputare, delegare; ~ **qn auprès de** delegare qn presso.
déraciné, e [deʀasine] *adj* (*aussi fig*) sradicato(-a).
déracinement [deʀasinmɑ̃] *nm* (*aussi fig*) sradicamento.
déraciner [deʀasine] *vt* (*aussi fig*) sradicare.
déraillement [deʀɑjmɑ̃] *nm* deragliamento.
dérailler [deʀɑje] *vi* deragliare; (*fam*) dare i numeri (*fig*).
dérailleur [deʀɑjœʀ] *nm* (*de vélo*) cambio; (*RAIL*) scambio.
déraison [deʀɛzɔ̃] *nf* insensatezza.
déraisonnable [deʀɛzɔnabl] *adj* irragionevole, insensato.
déraisonner [deʀɛzɔne] *vi* sragionare.
dérangement [deʀɑ̃ʒmɑ̃] *nm* disturbo; (*désordre*) disordine *m*; **en ~** (*téléphone*) fuori servizio.
déranger [deʀɑ̃ʒe] *vt* (*personne*) disturbare; (*projet*) scombussolare; (*objets, vêtements*) spostare, mettere in disordine; **se déranger** *vr* disturbarsi; **est-ce que cela vous dérange si ...?** vi disturba se ...?; **ça te dérangerait de faire ...?** ti dispiacerebbe fare ...?; **ne vous dérangez pas** non si disturbi.
dérapage [deʀapaʒ] *nm* (*aussi fig*) slittamento; (*SKI*) derapage *m inv*; ▶ **dérapage contrôlé** (*AUTO*) controsterzo.
déraper [deʀape] *vi* (*aussi fig*) slittare; (*personne*) scivolare.
dératé, e [deʀate] *nm/f*: **courir comme un ~** correre a rotta di collo.
dératiser [deʀatize] *vt* derattizzare.
derby [dɛʀbi] *nm* derby *m inv*.
déréglé, e [deʀegle] *adj* guasto(-a); (*estomac*) in disordine; (*mœurs, vie*) sregolato(-a); (*ambition*) sfrenato(-a).
dérèglement [deʀɛgləmɑ̃] *nm* irregolarità.
dérégler [deʀegle] *vt* (*mécanisme*) guastare; (*estomac*) causar disturbi a; (*habitudes, vie*) scombinare; **se dérégler** *vr* guastarsi.
dérider [deʀide] *vt* rallegrare; **se dérider** *vr* sorridere.
dérision [deʀizjɔ̃] *nf* derisione *f*; **par ~** per scherno; **tourner en ~** deridere, prendersi gioco di.
dérisoire [deʀizwaʀ] *adj* (*prix*) irrisorio(-a); (*solution*) ridicolo(-a).
dérivatif [deʀivatif] *nm* diversivo.
dérivation [deʀivasjɔ̃] *nf* derivazione *f*.
dérive [deʀiv] *nf* deriva; **aller à la ~** (*NAUT, fig*) andare alla deriva; ▶ **dérive des continents** deriva dei continenti.
dérivé, e [deʀive] *adj* derivato(-a).
dérivée [deʀive] *nf* (*MATH*) derivata.
dériver [deʀive] *vt* (*MATH, ÉLEC*) derivare; (*cours d'eau etc*) deviare ♦ *vi* (*bateau, avion*) andare alla deriva; ~ **de** derivare da.
dériveur [deʀivœʀ] *nm* (*NAUT*) deriva.
dermatite [dɛʀmatit] *nf* dermatite *f*.
dermato [dɛʀmato] (*fam*) *nm/f* = **dermatologue**.
dermatologie [dɛʀmatɔlɔʒi] *nf* dermatologia.
dermatologue [dɛʀmatɔlɔg] *nm/f* dermatologo(-a).
dermatose [dɛʀmatoz] *nf* dermatosi *f*.
dermite [dɛʀmit] *nf* = **dermatite**.

dernier, -ière [dɛʀnje, jɛʀ] *adj, nm/f* ultimo(-a); **lundi/le mois** ~ lunedì/il mese scorso; **du** ~ **chic** all'ultimo grido; **le** ~ **cri** l'ultimo grido; **les** ~**s honneurs** gli estremi onori; **rendre le** ~ **soupir** esalare l'ultimo respiro; **en** ~ per ultimo; **en** ~ **ressort** in ultima analisi; **avoir le** ~ **mot** avere l'ultima parola; **ce** ~**, cette dernière** quest'ultimo, quest'ultima.

dernièrement [dɛʀnjɛʀmɑ̃] *adv* ultimamente.

dernier-né, dernière-née [dɛʀnjene, dɛʀnjɛʀne] (*pl* ~**s**-~**s**) *nm/f* ultimogenito (-a); (*fig*: *voiture*) ultimo modello.

dérobade [deʀɔbad] *nf* fuga; (*ÉQUITATION*) scarto; (*fig*) scappatoia.

dérobé, e [deʀɔbe] *adj* nascosto(-a); **à la** ~**e** di nascosto.

dérober [deʀɔbe] *vt* rubare; **se dérober** *vr* (*s'esquiver*) dileguarsi; (*fig*) sottrarsi; ~ **qch à qn/à la vue de qn** nascondere qc a qn/alla vista di qn; **se** ~ **à** (*justice, regards*) sottrarsi a.

dérogation [deʀɔgasjɔ̃] *nf* deroga.

déroger [deʀɔʒe] *vi*: ~ **à** derogare a, contravvenire a.

dérouiller [deʀuje] *vt*: **se** ~ **les jambes** sgranchirsi le gambe.

déroulement [deʀulmɑ̃] *nm* svolgimento.

dérouler [deʀule] *vt* svolgere, srotolare; **se dérouler** *vr* (*avoir lieu*) svolgersi.

déroutant, e [deʀutɑ̃, ɑ̃t] *adj* sconcertante.

déroute [deʀut] *nf* (*MIL*) rotta; (*manifestants*) scompiglio; (*fig*) sfacelo; **en** ~ in rotta; **mettre en** ~ mettere in rotta.

dérouter [deʀute] *vt* dirottare; (*fig*) disorientare.

derrick [deʀik] *nm* derrik *m inv*, torre *f* di trivellazione.

derrière [dɛʀjɛʀ] *prép, adv* dietro ♦ *nm* (*d'une maison*) retro; (*postérieur*) sedere *m*; **les pattes/roues de** ~ le zampe/ruote di dietro; **par** ~ da dietro; (*fig*) alle spalle.

derviche [dɛʀviʃ] *nm* derviscio(-a).

DES [deəɛs] *sigle m* (= *diplôme d'études supérieures*) *voir* **diplôme**.

des [de] *dét voir* **de** ♦ *prép + art déf voir* **de**.

dès [dɛ] *prép* fin da; ~ **que** (*aussitôt que*) da quando, (non) appena; ~ **à présent** da ora in poi; ~ **réception** dal momento del ricevimento; ~ **son retour** dal suo ritorno; ~ **lors** da allora in poi; ~ **lors que** (*aussitôt que*) (non) appena; (*puisque, étant donné que*) poiché, dato che.

désabusé, e [dezabyze] *adj* disincantato (-a).

désaccord [dezakɔʀ] *nm* disaccordo.

désaccordé, e [dezakɔʀde] *adj* scordato (-a).

désacraliser [desakʀalize] *vt* dissacrare.

désaffecté, e [dezafɛkte] *adj* (*gare etc*) adibito(-a) ad altro uso; (*église*) sconsacrato(-a).

désaffection [dezafɛksjɔ̃] *nf* disaffezione *f*.

désagréable [dezagʀeabl] *adj* sgradevole.

désagréablement [dezagʀeabləmɑ̃] *adv* sgradevolmente.

désagrégation [dezagʀegasjɔ̃] *nf* disgregazione *f*.

désagréger [dezagʀeʒe]: **se** ~ *vr* disgregarsi.

désagrément [dezagʀemɑ̃] *nm* fastidio, noie *fpl*.

désaltérant, e [dezalteʀɑ̃, ɑ̃t] *adj* dissetante.

désaltérer [dezalteʀe] *vt, vi* dissetare; **se désaltérer** *vr* dissetarsi; **ça désaltère** è dissetante.

désamorcer [dezamɔʀse] *vt* disinnescare; (*fig*) rendere innocuo(-a).

désappointé, e [dezapwɛ̃te] *adj* deluso(-a).

désappointement [dezapwɛ̃tmɑ̃] *nm* disappunto.

désappointer [dezapwɛ̃te] *vt* deludere.

désapprobateur, -trice [dezapʀɔbatœʀ, tʀis] *adj* (*regard, ton*) di disapprovazione.

désapprobation [dezapʀɔbasjɔ̃] *nf* disapprovazione *f*.

désapprouver [dezapʀuve] *vt* disapprovare.

désarçonner [dezaʀsɔne] *vt* disarcionare; (*fig*) sconcertare.

désargenté, e [dezaʀʒɑ̃te] *adj* squattrinato(-a).

désarmant, e [dezaʀmɑ̃, ɑ̃t] *adj* disarmante.

désarmé, e [dezaʀme] *adj* (*fig*) disarmato(-a).

désarmement [dezaʀməmɑ̃] *nm* disarmo.

désarmer [dezaʀme] *vt, vi* (*aussi fig*) disarmare.

désarroi [dezaʀwa] *nm* smarrimento.

désarticulé, e [dezaʀtikyle] *adj* snodato (-a).

désarticuler [dezaʀtikyle]: **se** ~ *vr* contorcersi; (*pantin, corps*) snodarsi.

désassorti, e [dezasɔʀti] *adj* sfornito(-a); (*mal assorti*: *couple*) mal assortito(-a).

désastre [dezastʀ] *nm* disastro.

désastreux, -euse [dezastʀø, øz] *adj* disastroso(-a).

désavantage [dezavɑ̃taʒ] *nm* svantaggio.

désavantager [dezavɑ̃taʒe] *vt* sfavorire, svantaggiare.

désavantageux, -euse [dezavɑ̃taʒø, øz] *adj* svantaggioso(-a).

désaveu [dezavø] *nm* ritrattazione *f*; (*JUR*) disconoscimento; (*blâme*) riprovazione *f*.

désavouer [dezavwe] *vt* (*opinion*) ritratta-

re; (*JUR*) disconoscere.
désaxé, e [dezakse] *adj, nm/f* (*fig*) squilibrato(-a).
désaxer [dezakse] *vt* (*roue*) far uscire dall'asse; (*personne*) disorientare.
desceller [desele] *vt* (*pierre*) svellere.
descendance [desɑ̃dɑ̃s] *nf* discendenza.
descendant, e [desɑ̃dɑ̃, ɑ̃t] *vb voir* **descendre** ♦ *nm/f* discendente *m/f*.
descendeur, -euse [desɑ̃dœʀ, øz] *nm/f* (*cycliste, skieur*) discesista *m/f*.
descendre [desɑ̃dʀ] *vt* (*escalier, montagne, rivière*) scendere; (*rue*) percorrere, scendere; (*valise, paquet*) portare giù; (*étagère etc*) abbassare; (*fam*: *personne*) far fuori; (: *avion*) abbattere; (: *boire*) scolarsi ♦ *vi* (*gén*) scendere; (*voix*) abbassarsi, calare di volume; ~ **à pied/en voiture** scendere a piedi/in macchina; ~ **du train/d'un arbre/de cheval** scendere dal treno/da un albero/da cavallo; ~ **de** (*famille*) discendere da; ~ **à l'hôtel** scendere all'albergo; ~ **dans l'estime de qn** scendere nella stima di qn; ~ **dans la rue** (*manifester*) scendere in piazza; ~ **dans le Midi** scendere al sud; ~ **en ville** scendere in città.
descente [desɑ̃t] *nf* (*aussi SKI*) discesa; **au milieu de la** ~ a metà discesa; **freiner dans les** ~**s** frenare in discesa; ▶**descente de lit** scendiletto *m inv*; ▶**descente (de police)** irruzione *f* (di polizia).
descriptif, -ive [dɛskʀiptif, iv] *adj* descrittivo(-a) ♦ *nm* nota descrittiva.
description [dɛskʀipsjɔ̃] *nf* descrizione *f*.
désembourber [dezɑ̃buʀbe] *vt* (*voiture etc*) tirar fuori dal pantano.
désembuer [dezɑ̃bɥe] *vt* disappannare.
désemparé, e [dezɑ̃paʀe] *adj* smarrito(-a), sperduto(-a); (*bateau, avion*) in avaria.
désemparer [dezɑ̃paʀe] *vi*: **sans** ~ ininterrottamente.
désemplir [dezɑ̃pliʀ] *vi*: **ne pas** ~ essere sempre pieno(-a).
désenchanté, e [dezɑ̃ʃɑ̃te] *adj* (*personne*) disincantato(-a), disilluso(-a).
désenchantement [dezɑ̃ʃɑ̃tmɑ̃] *nm* disincanto.
désenclaver [dezɑ̃klave] *vt* (*région, ville*) far uscire dall'isolamento (*ampliando le vie di comunicazione*).
désencombrer [dezɑ̃kɔ̃bʀe] *vt* sgomberare.
désenfler [dezɑ̃fle] *vi* sgonfiarsi.
désengagement [dezɑ̃gaʒmɑ̃] *nm* (*POL*) disimpegno.
désensabler [dezɑ̃sɑble] *vt* disincagliare (dalla sabbia).
désensibiliser [desɑ̃sibilize] *vt* (*MÉD, fig*) desensibilizzare.
désenvenimer [dezɑ̃vnime] *vt* (*plaie*) togliere il veleno da; (*fig*) eliminare le tensioni in.
désépaissir [dezepesiʀ] *vt* sfoltire.
déséquilibre [dezekilibʀ] *nm* (*aussi fig*) squilibrio; **en** ~ in bilico; **un budget en** ~ un bilancio che non quadra.
déséquilibré, e [dezekilibʀe] *nm/f* (*PSYCH*) squilibrato(-a).
déséquilibrer [dezekilibʀe] *vt* sbilanciare; (*émotionnellement*) sconvolgere.
désert, e [dezɛʀ, ɛʀt] *adj* deserto(-a) ♦ *nm* deserto.
déserter [dezɛʀte] *vi* (*MIL*) disertare ♦ *vt* (*la salle, école*) abbandonare.
déserteur [dezɛʀtœʀ] *nm* disertore *m*.
désertion [dezɛʀsjɔ̃] *nf* (*MIL*) diserzione *f*.
désertique [dezɛʀtik] *adj* desertico(-a).
désescalade [dezɛskalad] *nf* (*MIL*) deescalation *f inv*; (*sociale*) *abbandono progressivo di misure prese in precedenza*.
désespérant, e [dezɛspeʀɑ̃, ɑ̃t] *adj* scoraggiante, sconfortante.
désespéré, e [dezɛspeʀe] *adj, nm/f* disperato(-a); **état** ~ (*MÉD*) caso disperato.
désespérément [dezɛspeʀemɑ̃] *adv* disperatamente.
désespérer [dezɛspeʀe] *vi* disperare; **se désespérer** *vr* disperarsi; ~ **de qch** disperare di qc; ~ **de qn** aver perso le speranze per quanto riguarda qn; ~ **de (pouvoir) faire qch** disperare di (poter) fare qc.
désespoir [dezɛspwaʀ] *nm* disperazione *f*; **être/faire le** ~ **de qn** essere la disperazione di qn; **en** ~ **de cause** come ultima risorsa.
déshabillé, e [dezabije] *adj* svestito(-a) ♦ *nm* négligé *m inv*.
déshabiller [dezabije] *vt* svestire, spogliare; **se déshabiller** *vr* svestirsi, spogliarsi.
déshabituer [dezabitɥe] *vt*: **se** ~ **de qch/de faire qch** disabituarsi a qc/a fare qc.
désherbant [dezɛʀbɑ̃] *nm* diserbante *m*.
désherber [dezɛʀbe] *vt* diserbare.
déshérité, e [dezeʀite] *adj, nm/f* diseredato(-a).
déshériter [dezeʀite] *vt* diseredare.
déshonneur [dezɔnœʀ] *nm* disonore *m*.
déshonorant, e [dezɔnɔʀɑ̃, ɑ̃t] *adj* disonorevole.
déshonorer [dezɔnɔʀe] *vt* disonorare; **se déshonorer** *vr* disonorarsi.
déshumaniser [dezymanize] *vt* disumanizzare.
déshydratation [dezidʀatasjɔ̃] *nf* disidratazione *f*.
déshydraté, e [dezidʀate] *adj* disidratato(-a).
déshydrater [dezidʀate] *vt* disidratare.
desiderata [dezideʀata] *nmpl* desiderata

mpl.

design [dizajn] *nm* design *m inv* ♦ *adj* di design.

désignation [deziɲasjɔ̃] *nf* (*à un poste*) designazione *f*; (*signe, mot*) termine *m*.

designer [dizajnœʀ] *nm* designer *m inv*.

désigner [deziɲe] *vt* designare; (*montrer*) indicare.

désillusion [dezi(l)lyzjɔ̃] *nf* disillusione *f*.

désillusionner [dezi(l)lyzjɔne] *vt* disilludere.

désincarné, e [dezɛ̃kaʀne] *adj* disincarnato(-a); (*fig*) etereo(-a).

désinence [dezinɑ̃s] *nf* desinenza.

désinfectant, e [dezɛ̃fɛktɑ̃, ɑ̃t] *adj, nm* disinfettante *m*.

désinfecter [dezɛ̃fɛkte] *vt* disinfettare.

désinfection [dezɛ̃fɛksjɔ̃] *nf* disinfezione *f*.

désinformation [dezɛ̃fɔʀmasjɔ̃] *nf* disinformazione *f*.

désintégration [dezɛ̃tegʀasjɔ̃] *nf* disintegrazione *f*.

désintégrer [dezɛ̃tegʀe] *vt* disintegrare; **se désintégrer** *vr* disintegrarsi.

désintéressé, e [dezɛ̃teʀese] *adj* (*généreux, bénévole*) disinteressato(-a).

désintéressement [dezɛ̃teʀɛsmɑ̃] *nm* (*générosité*) disinteresse *m*; **avec ~** disinteressatamente.

désintéresser [dezɛ̃teʀese] *vt*: **se ~ (de)** disinteressarsi (di).

désintérêt [dezɛ̃teʀɛ] *nm* disinteresse *m*.

désintoxication [dezɛ̃tɔksikasjɔ̃] *nf* (*MÉD*) disintossicazione *f*; **faire une cure de ~** fare una cura disintossicante.

désintoxiquer [dezɛ̃tɔksike] *vt* disintossicare.

désinvolte [dezɛ̃vɔlt] *adj* disinvolto(-a).

désinvolture [dezɛ̃vɔltyʀ] *nf* disinvoltura.

désir [deziʀ] *nm* desiderio.

désirable [deziʀabl] *adj* desiderabile.

désirer [deziʀe] *vt* desiderare; **je désire ...** (*formule de politesse*) gradirei ...; **~ faire qch** desiderare (di) fare qc; **il désire que tu l'aides** desidera che tu l'aiuti; **ça laisse à ~** lascia a desiderare.

désireux, -euse [deziʀø, øz] *adj*: **~ de faire** desideroso(-a) di fare.

désistement [dezistəmɑ̃] *nm* rinuncia; (*de candidat*) ritiro (della candidatura).

désister [deziste]: **se ~** *vr* desistere; (*candidat*) ritirarsi.

désobéir [dezɔbeiʀ] *vi*: **~ (à)** disobbedire (a).

désobéissance [dezɔbeisɑ̃s] *nf* disubbidienza.

désobéissant, e [dezɔbeisɑ̃, ɑ̃t] *adj* disubbidiente.

désobligeant, e [dezɔbliʒɑ̃, ɑ̃t] *adj* scortese, sgarbato(-a).

désobliger [dezɔbliʒe] *vt* contrariare.

désodorisant, e [dezɔdɔʀizɑ̃, ɑ̃t] *adj, nm* deodorante *m*.

désodorisé, e [dezɔdɔʀize] *adj* deodorato(-a).

désodoriser [dezɔdɔʀize] *vt* deodorare.

désœuvré, e [dezœvʀe] *adj* sfaccendato(-a), sfaticato(-a).

désœuvrement [dezœvʀəmɑ̃] *nm* ozio.

désolant, e [dezɔlɑ̃, ɑ̃t] *adj* desolante, sconfortante; **"c'est ~!"** "che delusione!".

désolation [dezɔlasjɔ̃] *nf* desolazione *f*; **scène de ~** scena di desolazione; **paysage de ~** paesaggio desolato.

désolé, e [dezɔle] *adj* desolato(-a); **je suis ~, il n'y en a plus** sono desolato, non ce n'è più.

désoler [dezɔle] *vt* affliggere; **se désoler** *vr* rattristarsi.

désolidariser [desɔlidaʀize] *vt*: **se ~ de** *ou* **d'avec** dissociarsi da.

désopilant, e [dezɔpilɑ̃, ɑ̃t] *adj* spassoso(-a), esilarante.

désordonné, e [dezɔʀdɔne] *adj* disordinato(-a).

désordre [dezɔʀdʀ] *nm* disordine *m*; **~s** *nmpl* (*POL: troubles, manifestations*) disordini *mpl*; **en ~** in disordine; **dans le ~** (*tiercé*) non in ordine di arrivo.

désorganisation [dezɔʀganizasjɔ̃] *nf* disorganizzazione *f*.

désorganiser [dezɔʀganize] *vt* disorganizzare.

désorienté, e [dezɔʀjɑ̃te] *adj* disorientato(-a).

désorienter [dezɔʀjɑ̃te] *vt* (*aussi fig*) disorientare.

désormais [dezɔʀmɛ] *adv* ormai.

désosser [dezɔse] *vt* disossare; **côtelette désossée** cotoletta disossata.

désoxyder [dezɔkside] *vt* disossidare.

despote [dɛspɔt] *nm* (*aussi fig*) despota *m*.

despotique [dɛspɔtik] *adj* dispotico(-a).

despotisme [dɛspɔtism] *nm* dispotismo.

desquamer [dɛskwame]: **se ~** *vr* squamarsi.

desquelles [dekɛl] *prép + pron voir* **lequel**.

desquels [dekɛl] *prép + pron voir* **lequel**.

DESS [deəɛsɛs] *sigle m = Diplôme d'études supérieures spécialisées.*

dessaisir [deseziʀ] *vt*: **~ un tribunal d'une affaire** dichiarare un tribunale incompetente a conoscere una controversia; **se ~ de** disfarsi di.

dessaler [desale] *vt* desalinizzare; (*fig fam: délurer: personne*) svegliare; (*CULIN: morue etc*) dissalare ♦ *vi* scuffiare.

desséché, e [deseʃe] *adj* rinsecchito(-a).

dessèchement [desɛʃmɑ̃] *nm* disseccazione *f*.

dessécher [deseʃe] *vt* (*plante, peau*) seccare; (*terre, fig*) inaridire; (*volontairement: aliments etc*) essiccare; **se dessécher** *vr* (*plante, peau*) seccarsi; (*terre*) inaridirsi.

dessein [desɛ̃] *nm* disegno, intento; **dans le ~ de** nell'intento di; **à ~** di proposito.

desseller [desele] *vt* dissellare.

desserrer [deseʀe] *vt* (*aussi fig*) allentare; (*poings, dents*) schiudere; (*objets alignés*) distanziare; (*ÉCON*) aprire; **ne pas ~ les dents** non aprire bocca.

dessert [desɛʀ] *vb voir* **desservir** ♦ *nm* (*plat*) dessert *m inv*.

desserte [desɛʀt] *nf* (*table*) tavolino; **le bus assure la ~ du village** c'è un servizio regolare di autobus al paese; **chemin/voie de ~** strada/via di comunicazione.

desservir [desɛʀviʀ] *vt* (*ville, quartier*) servire; (*suj: vicaire: paroisse*) prestare servizio presso; (*nuire à: personne*) nuocere a; **~ la table** sparecchiare la tavola.

dessiccation [desikasjɔ̃] *nf* essiccazione *f*.

dessiller [desije] *vt* (*fig*): **~ les yeux à qn** aprire gli occhi a qn.

dessin [desɛ̃] *nm* (*aussi ART*) disegno; **le ~ industriel** il disegno tecnico; ▶ **dessin animé** cartone *m* animato; ▶ **dessin humoristique** vignetta umoristica.

dessinateur, -trice [desinatœʀ, tʀis] *nm/f* disegnatore(-trice); (*de bandes dessinées*) vignettista *m/f*; ▶ **dessinateur industriel** disegnatore *m* tecnico; ▶ **dessinatrice de mode** disegnatrice *f* di moda.

dessiner [desine] *vt* disegnare; (*suj: robe*) segnare; **se dessiner** *vr* (*forme, solution*) delinearsi.

dessoûler [desule] *vt* far smaltire la sbornia a ♦ *vi* smaltire la sbornia.

dessous [d(ə)su] *adv* sotto ♦ *nm* (*de table, voiture*) sotto, parte *f* inferiore; (*étage inférieur*): **les voisins/l'appartement du ~** i vicini/l'appartamento (del piano) di sotto ♦ *nmpl* (*fig: de la politique, d'une affaire*) retroscena *mpl*, risvolti *mpl*; (*sous-vêtements*) biancheria *fsg* intima; **en ~** (*sous*) sotto; (*plus bas*) sotto; (*fig: en catimini*) di nascosto; **par ~** *prép* sotto; **de ~** da sotto; **de ~ le lit** da sotto il letto; **avoir le ~** avere la peggio.

dessous-de-bouteille [dəsudbutɛj] *nm inv* sottobottiglia.

dessous-de-plat [dəsudpla] *nm inv* sottopiatto.

dessous-de-table [dəsudtabl] *nm inv* bustarella.

dessus [d(ə)sy] *adv* sopra ♦ *nm* (*de table, voiture*) parte *f* superiore, sopra *m inv*; **les voisins/l'appartement du ~** i vicini/l'appartamento di sopra; **en ~**, **par ~** sopra; **de ~** (da) sopra; **avoir/prendre/reprendre le ~** avere/prendere/riprendere il sopravvento; **bras ~ bras dessous** a braccetto, sottobraccio; **sens ~ dessous** sottosopra.

dessus-de-lit [dəsydli] *nm inv* copriletto *m inv*.

déstabiliser [destabilize] *vt* (*POL*) destabilizzare.

destin [dɛstɛ̃] *nm* destino.

destinataire [dɛstinatɛʀ] *nm/f* (*POSTES*) destinatario(-a); **aux risques et périls du ~** a rischio e pericolo del destinatario.

destination [dɛstinasjɔ̃] *nf* destinazione *f*; **à ~ de ...** (*avion, train, bateau*) con destinazione ...; (*voyageur*) diretto(-a) ... .

destiné, e [dɛstine] *adj*: **~ à** destinato(-a) a.

destinée [dɛstine] *nf* destino.

destiner [dɛstine] *vt*: **~ à** (*poste, personne, lettre*) destinare a; **se ~ à l'enseignement** avviarsi all'insegnamento; **être destiné à** (*sort, usage*) essere destinato(-a) a; (*suj: sort*) essere riservato(-a) a.

destituer [dɛstitɥe] *vt* destituire; **~ qn de ses fonctions** destituire qn dalle proprie funzioni.

destitution [dɛstitysjɔ̃] *nf* destituzione *f*.

destroyer [dɛstʀwaje] *nm* destroyer *m inv*, cacciatorpediniere *m*.

destructeur, -trice [dɛstʀyktœʀ, tʀis] *adj* distruttore(-trice).

destructif, -ive [dɛstʀyktif, iv] *adj* distruttivo(-a).

destruction [dɛstʀyksjɔ̃] *nf* distruzione *f*.

déstructuré, e [destʀyktyʀe] *adj*: **vêtements ~s** vestiti *mpl* sformati.

déstructurer [destʀyktyʀe] *vt* distruggere la struttura di.

désuet, -ète [dezɥɛ, ɛt] *adj* antiquato(-a).

désuétude [desɥetyd] *nf*: **tomber en ~** cadere in disuso.

désuni, e [dezyni] *adj* disunito(-a).

désunion [dezynjɔ̃] *nf* mancanza di unione.

désunir [dezyniʀ] *vt* causare discordia a; **se désunir** *vr* (*athlète*) perdere la coordinazione.

détachable [detaʃabl] *adj* staccabile.

détachant [detaʃɑ̃] *nm* (*nettoyant*) smacchiatore *m*.

détaché, e [detaʃe] *adj* (*fig: air, ton*) distaccato(-a).

détachement [detaʃmɑ̃] *nm* (*aussi fig*) distacco; (*MIL*) distaccamento; **être en ~** (*fonctionnaire, employé*) essere distaccato(-a).

détacher [detaʃe] *vt* (*enlever, ôter*) staccare; (*délier*) slegare; (*MIL*) distaccare; (*vêtement: nettoyer*) smacchiare; **se détacher** *vr* (*gén, SPORT*) staccarsi; (*chien, prisonnier*) slegarsi; **~ qn (auprès de/à)** (*ADMIN*) distaccare qn (presso/a); **se ~ (de qn** *ou* **qch)** staccarsi (da qn *ou* qc); **se**

~ **sur** stagliarsi su, spiccare su.

détail [detaj] *nm* dettaglio; **prix de** ~ prezzo al dettaglio; **au** ~ al dettaglio; **faire/donner le** ~ **de** fare un elenco dettagliato di; (*compte, facture*) fare la specifica di; **en** ~ nei dettagli.

détaillant, e [detajɑ̃, ɑ̃t] *nm/f* dettagliante *m/f*.

détaillé, e [detaje] *adj* dettagliato(-a).

détailler [detaje] *vt* (*COMM*) vendere al dettaglio; (*énumérer*) elencare dettagliatamente; (*examiner*) esaminare nei dettagli.

détaler [detale] *vi* (*lapin*) scappare; (*fam*: *personne*) tagliare la corda.

détartrant [detaʀtʀɑ̃] *nm* (*produit*) disincrostante *m*; (*dents*) prodotto *m* antitartaro *inv*.

détartrer [detaʀtʀe] *vt* (*radiateur*) disincrostare; (*dents*) asportare il tartaro da.

détaxe [detaks] *nf* (*réduction*) riduzione *f* d'imposta; (*suppression*) soppressione *f* d'imposta; (*remboursement*) rimborso d'imposta.

détaxer [detakse] *vt* (*réduire*) ridurre l'imposta su; (*supprimer*) sopprimere l'imposta su.

détecter [detɛkte] *vt* rivelare.

détecteur [detɛktœʀ] *nm* (*TECH*: *de bruit, lumière*) rivelatore *m*; ▸ **détecteur de mensonges** macchina della verità; ▸ **détecteur (de mines)** cercamine *m inv*.

détection [detɛksjɔ̃] *nf* rivelazione *f*.

détective [detɛktiv] *nm* (*GRANDE BRETAGNE*: *policier*) investigatore *m*; ▸ **détective (privé)** detective *m inv* (privato).

déteindre [detɛ̃dʀ] *vi* (*tissu*) stingere, scolorire; (*couleur*) sbiadire; ~ **sur** stingere e macchiare; (*fig*: *influencer*) influenzare.

déteint, e [detɛ̃, ɛ̃t] *pp de* **déteindre**.

dételer [det(ə)le] *vt* (*cheval*) staccare; (*voiture, wagon*) sganciare ♦ *vi* (*fig*: *s'arrêter*) staccare.

détendeur [detɑ̃dœʀ] *nm* riduttore *m* di pressione.

détendre [detɑ̃dʀ] *vt* (*fil, élastique*) allentare; (*lessive, linge*) stendere; (*PHYS*: *gaz*) far espandere; (*relaxer*) rilassare, distendere; **se détendre** *vr* (*ressort*) scattare; (*se reposer*) distendersi; (*se décontracter*) rilassarsi.

détendu, e [detɑ̃dy] *adj* (*personne, atmosphère*) rilassato(-a), disteso(-a).

détenir [det(ə)niʀ] *vt* detenere; (*objet*) possedere; ~ **le pouvoir** (*POL*) detenere il *ou* essere al potere.

détente [detɑ̃t] *nf* (*aussi fig*) distensione *f*; (*d'une arme*) grilletto; (*SPORT*) scatto.

détenteur, -trice [detɑ̃tœʀ, tʀis] *nm/f* detentore(-trice).

détention [detɑ̃sjɔ̃] *nf* detenzione *f*; ▸ **détention préventive** custodia cautelare; ▸ **détention provisoire** detenzione provvisoria.

détenu, e [det(ə)ny] *pp de* **détenir** ♦ *nm/f* detenuto(-a).

détergent [detɛʀʒɑ̃] *nm* detersivo.

détérioration [deteʀjɔʀasjɔ̃] *nf* deterioramento.

détériorer [deteʀjɔʀe] *vt* deteriorare, danneggiare; **se détériorer** *vr* (*aussi fig*) deteriorarsi.

déterminant, e [detɛʀminɑ̃, ɑ̃t] *adj* determinante ♦ *nm* (*LING*) *categoria grammaticale che comprende l'articolo e gli aggettivi possessivi, dimostrativi, numerali etc*; **un facteur** ~ un fattore determinante.

détermination [detɛʀminasjɔ̃] *nf* determinazione *f*.

déterminé, e [detɛʀmine] *adj* determinato(-a); (*fixé*) stabilito(-a), determinato(-a).

déterminer [detɛʀmine] *vt* stabilire, determinare; ~ **qn à faire qch** far decidere a qn di fare qc; **se** ~ **à faire qch** decidersi a fare qc.

déterminisme [detɛʀminism] *nm* determinismo.

déterministe [detɛʀminist] *adj, nm/f* determinista *m/f*.

déterré, e [deteʀe] *nm/f*: **avoir une mine de** ~ avere un'aria cadaverica.

déterrer [deteʀe] *vt* disotterrare; (*arbre*) sradicare.

détersif, -ive [detɛʀsif, iv] *adj* detergente ♦ *nm* detersivo.

détestable [detɛstabl] *adj* pessimo(-a), detestabile.

détester [detɛste] *vt* odiare, detestare.

détiendrai *etc* [detjɛ̃dʀe] *vb voir* **détenir**.

détiens *etc* [detjɛ̃] *vb voir* **détenir**.

détonant, e [detɔnɑ̃, ɑ̃t] *adj*: **mélange** ~ miscela detonante.

détonateur [detɔnatœʀ] *nm* detonatore *m*.

détonation [detɔnasjɔ̃] *nf* detonazione *f*.

détoner [detɔne] *vi* detonare.

détonner [detɔne] *vi* (*MUS, fig*) stonare.

détortiller [detɔʀtije] *vt* svolgere, sbrogliare.

détour [detuʀ] *nm* deviazione *f*; (*tournant, courbe*) svolta; (*fig*: *subterfuge*) sotterfugio; **au** ~ **du chemin** alla svolta del sentiero; **sans** ~ (*fig*) senza giri di parole.

détourné, e [detuʀne] *adj* indiretto(-a).

détournement [detuʀnəmɑ̃] *nm* deviazione *f*; ▸ **détournement d'avion** dirottamento aereo; ▸ **détournement (de fonds)** distrazione *f* di fondi; ▸ **détournement de mineur** sottrazione *f* di minore; (*corruption*) corruzione *f* di minorenne.

détourner [detuʀne] *vt* (*rivière, trafic*) deviare; (*avion*) dirottare; (*yeux, tête*) voltare (dall'altra parte); (*de l'argent*) sottrarre; (*conversation, attention*) sviare; **se détourner** *vr* (*tourner la tête*) voltarsi (dall'altra parte); ~ **qn de son devoir/travail** distogliere qn dal suo dovere/lavoro.

détracteur, -trice [detʀaktœʀ, tʀis] *nm/f* detrattore(-trice).

détraqué, e [detʀake] *adj* (*appareil*) guasto(-a); (*santé*) malfermo(-a) ♦ *nm/f* squilibrato(-a).

détraquer [detʀake] *vt* guastare; (*santé, estomac*) far male a, rovinare; **se détraquer** *vr* (*v vt*) guastarsi; rovinarsi.

détrempe [detʀɑ̃p] *nf* (*ART*) tempera.

détrempé, e [detʀɑ̃pe] *adj* (*sol*) inzuppato(-a), fradicio(-a).

détremper [detʀɑ̃pe] *vt* (*peinture*) stemperare.

détresse [detʀɛs] *nf* (*désarroi*) sconforto; (*misère*) indigenza; **en** ~ (*équipe, avion, bateau*) in pericolo; **appel/signal de** ~ richiesta/segnale *m* di soccorso.

détriment [detʀimɑ̃] *nm*: **au** ~ **de** a scapito di, a detrimento di.

détritus [detʀity(s)] *nmpl* rifiuti *mpl*.

détroit [detʀwa] *nm* stretto; ▸ **le détroit de Béring** lo stretto di Bering; ▸ **le détroit de Gibraltar** lo stretto di Gibilterra; ▸ **le détroit de Magellan** lo stretto di Magellano; ▸ **le détroit du Bosphore** lo stretto del Bosforo.

détromper [detʀɔ̃pe] *vt*: ~ **qn** far capire a qn che si sbaglia; **se détromper** *vr*: **détrompez-vous** non è così come lei pensa.

détrôner [detʀone] *vt* (*aussi fig*) detronizzare.

détrousser [detʀuse] *vt* depredare.

détruire [detʀɥiʀ] *vt* (*aussi fig*) distruggere.

détruit, e [detʀɥi, it] *pp de* **détruire**.

dette [dɛt] *nf* (*aussi fig*) debito; ▸ **dette de l'État** debito dello Stato; ▸ **dette publique** debito pubblico.

DEUG [døg] *sigle m* = *Diplôme d'études universitaires générales*.

deuil [dœj] *nm* lutto; **porter/prendre le** ~ portare/prendere il lutto; **être en** ~ essere in lutto.

DEUST [døst] *sigle m* = *Diplôme d'études universitaires scientifiques et techniques*.

deux [dø] *adj inv, nm inv* due *m inv*; **les** ~ entrambi(-e); **ses** ~ **mains** entrambe le sue mani; **tous les** ~ **jours/mois** ogni due giorni/mesi; **à** ~ **pas** a due passi; ▸ **deux points** (*ponctuation*) due punti; *voir aussi* **cinq**.

deuxième [døzjɛm] *adj, nm/f* secondo(-a); ~ **classe** seconda classe; *voir aussi* **cinquième**.

deuxièmement [døzjɛmmɑ̃] *adv* in secondo luogo.

deux-pièces [døpjɛs] *nm inv* (*tailleur, maillot de bain*) due pezzi *m inv*; (*appartement*) bilocale *m*.

deux-roues [døʀu] *nm inv* veicolo a due ruote.

deux-temps [døtɑ̃] *adj inv* (*moteur*) a due tempi ♦ *nm inv* carburante *m* per motore a due tempi.

devais [dəvɛ] *vb voir* **devoir**.

dévaler [devale] *vt* precipitarsi giù per.

dévaliser [devalize] *vt* (*personne*) derubare; (*banque*) svaligiare.

dévalorisant, e [devalɔʀizɑ̃, ɑ̃t] *adj* che deprezza.

dévalorisation [devalɔʀizasjɔ̃] *nf* deprezzamento; (*de monnaie*) svalutazione *f*.

dévaloriser [devalɔʀize] *vt* svalorizzare, togliere valore a; (*monnaie*) svalutare; **se dévaloriser** *vr* (*monnaie*) svalutarsi.

dévaluation [devalɥasjɔ̃] *nf* (*aussi ÉCON*) svalutazione *f*.

dévaluer [devalɥe] *vt* svalutare; **se dévaluer** *vr* (*monnaie*) svalutarsi.

devancer [d(ə)vɑ̃se] *vt* precedere; (*distancer*) superare; (*prévenir, anticiper*) prevenire; ~ **l'appel** (*MIL*) anticipare la chiamata alle armi.

devancier, -ière [d(ə)vɑ̃sje, jɛʀ] *nm/f* predecessore(-a).

devant [d(ə)vɑ̃] *vb voir* **devoir** ♦ *adv* davanti ♦ *prép* (*aussi fig*) davanti a ♦ *nm* (*de maison, vêtement, voiture*) davanti *m inv*; **prendre les** ~**s** andare avanti; **de** ~ (*roue, porte*) davanti; **membres/pattes de** ~ membra *fpl*/zampe *fpl* davanti; **par** ~ (*boutonner*) (sul) davanti; (*entrer, passer*) dal davanti; **aller au-**~ **de** (*personne, difficultés*) andare incontro a; (*désirs de qn*) prevenire; **par-**~ **notaire** in presenza del notaio.

devanture [d(ə)vɑ̃tyʀ] *nf* (*façade*) facciata; (*étalage*) esposizione *f*; (*vitrine*) vetrina.

dévastateur, -trice [devastatœʀ, tʀis] *adj* devastatore(-trice).

dévastation [devastasjɔ̃] *nf* devastazione *f*.

dévasté, e [devaste] *adj* devastato(-a).

dévaster [devaste] *vt* devastare.

déveine [devɛn] (*fam*) *nf* scalogna.

développement [dev(ə)lɔpmɑ̃] *nm* sviluppo; (*exposé*) svolgimento.

développer [dev(ə)lɔpe] *vt* (*aussi PHOTO*) sviluppare; (*déplier*) dispiegare; **se développer** *vr* svilupparsi.

devenir [dəv(ə)niʀ] *vt* diventare, divenire; ~ **médecin** diventare *ou* divenire medico; **que sont-ils devenus?** che ne è stato di loro?

devenu [dəvny] *pp de* **devenir**.

dévergondé, e [devɛʀgɔ̃de] *adj* (*personne*) senza ritegno; (*vie*) sregolato(-a), sel-

vaggio(-a).
dévergonder [devɛʀgɔ̃de] *vt*: **se ~** abbandonare ogni ritegno.
déverrouiller [deveʀuje] *vt* aprire (togliendo il catenaccio).
déverser [devɛʀse] *vt* (*aussi fig*) riversare; **se ~ dans** (*fleuve, mer*) riversarsi in.
déversoir [devɛʀswaʀ] *nm* sfogo.
dévêtir [devetiʀ] *vt* svestire; **se dévêtir** *vr* svestirsi.
devez [dəve] *vb voir* **devoir**.
déviation [devjasjɔ̃] *nf* (*aussi AUTO*) deviazione *f*; ▸ **déviation de la colonne (vertébrale)** deviazione della colonna vertebrale.
déviationnisme [devjasjɔnism] *nm* deviazionismo.
déviationniste [devjasjɔnist] *nm/f* deviazionista *m/f*.
dévider [devide] *vt* svolgere, srotolare.
dévidoir [devidwaʀ] *nm* aspo.
deviendrai *etc* [dəvjɛ̃dʀe] *vb voir* **devenir**.
devienne *etc* [dəvjɛn] *vb voir* **devenir**.
deviens *etc* [dəvjɛ̃] *vb voir* **devenir**.
dévier [devje] *vt* deviare ♦ *vi*: **(faire) ~** (far) deviare.
devin [dəvɛ̃] *nm* indovino.
deviner [d(ə)vine] *vt* indovinare.
devinette [d(ə)vinɛt] *nf* indovinello.
devint *etc* [dəvɛ̃] *vb voir* **devenir**.
devis [d(ə)vi] *nm* preventivo; ▸ **devis descriptif** descrizione *f* dei lavori; ▸ **devis estimatif** preventivo di spesa.
dévisager [devizaʒe] *vt* squadrare, fissare.
devise [dəviz] *nf* (*formule*) motto; (*ÉCON*) moneta; **~s** *nfpl* (*argent*) valuta *fsg*.
deviser [dəvize] *vi* conversare.
dévisser [devise] *vt* svitare; **se dévisser** *vr* svitarsi.
de visu [devizy] *adv*: **se rendre compte de qch ~ ~** rendersi conto di qc personalmente.
dévitaliser [devitalize] *vt* (*dent*) devitalizzare.
dévoiler [devwale] *vt* svelare.
devoir [d(ə)vwaʀ] *nm* dovere *m*; (*SCOL*) compito ♦ *vt* (*argent, respect*): **~ qch à qn** dovere qc a qn; (*suivi de l'infinitif*: *obligation*): **il doit le faire** deve farlo, lo deve fare; (: *fatalité*): **cela devait arriver** doveva succedere prima o poi; (: *intention*): **il doit partir demain** deve partire domani; (: *probabilité*): **il doit être tard** dev'essere tardi; **se faire un ~ de faire** farsi un dovere di fare; **se ~ de faire qch** sentirsi in dovere di fare qc; **je devrais faire** dovrei fare; **tu n'aurais pas dû** non avresti dovuto; **comme il se doit** come si deve; **se mettre en ~ de faire qch** disporsi *ou* prepararsi a fare qc; **derniers ~s** onoranze *fpl* funebri; **vous devriez lui en parler** dovrebbe parlargliene; **est-ce que je dois vraiment m'en aller?** devo andarmene davvero?; **je lui dois beaucoup** gli devo molto; ▸ **devoirs de vacances** compiti *mpl* per le vacanze.
dévolu, e [devɔly] *adj* (*temps, part*): **~ à qn/qch** assegnato(-a) a qn/qc ♦ *nm*: **jeter son ~ sur** scegliere.
devons [dəvɔ̃] *vb voir* **devoir**.
dévorant, e [devɔʀɑ̃, ɑ̃t] *adj* (*passion*) divorante; (*faim*) tremendo(-a).
dévorer [devɔʀe] *vt* divorare; **~ qn/qch des yeux** *ou* **du regard** divorare qn/qc con gli occhi *ou* lo sguardo.
dévot, e [devo, ɔt] *adj, nm/f* devoto(-a).
dévotion [devosjɔ̃] *nf* devozione *f*; **être à la ~ de qn** dedicarsi completamente a qn; **avoir une ~ pour qn** avere un'adorazione per qn.
dévoué, e [devwe] *adj* (*personne*) devoto(-a); **être ~ à qn** essere devoto(-a) a qn.
dévouement [devumɑ̃] *nm* devozione *f*, abnegazione *f*.
dévouer [devwe]: **se ~** *vr* (*se sacrifier*): **se ~ (pour)** sacrificarsi (per); **se ~ à** (*se consacrer*) dedicarsi (a).
dévoyé, e [devwaje] *adj, nm/f* scapestrato(-a).
dévoyer [devwaje] *vt* portare sulla cattiva strada; **se dévoyer** *vr* mettersi sulla cattiva strada; **~ l'opinion publique** sviare l'opinione pubblica.
devrai [dəvʀe] *vb voir* **devoir**.
dextérité [dɛksteʀite] *nf* destrezza.
DG [deʒe] *sigle m* (= *directeur général*) *voir* **directeur**.
DGE [deʒeə] *sigle f* (= *dotation globale d'équipement*) *contributo dello stato al bilancio di enti locali*.
dia [dja] *abr* = **diapositive**.
diabète [djabɛt] *nm* diabete *m*.
diabétique [djabetik] *adj, nm/f* diabetico(-a).
diable [djɑbl] *nm* diavolo; (*chariot à deux roues*) carrello; **(petit) ~** (*enfant*) diavoletto; **pauvre ~** (*clochard*) povero diavolo; **une musique du ~** una musica infernale; **il fait une chaleur du ~** fa un caldo infernale; **avoir le ~ au corps** avere il diavolo in corpo; **habiter/être situé au ~** abitare/trovarsi a casa del diavolo.
diablement [djɑbləmɑ̃] *adv* maledettamente.
diableries [djɑbləʀi] *nfpl* (*d'enfant*) monellerie *fpl*.
diablesse [djɑblɛs] *nf* (*petite fille*) birichina, diavoletto.
diablotin [djɑblɔtɛ̃] *nm* diavoletto; (*pétard*) *caramella con petardo*.
diabolique [djabɔlik] *adj* diabolico(-a).
diabolo [djabɔlo] *nm* (*jeu*) diabolo; (*boisson*) *limonata frizzante con sciroppo alla*

frutta; ▸**diabolo menthe** *limonata frizzante con sciroppo alla menta.*
diacre [djakʀ] *nm* diacono.
diadème [djadɛm] *nm* diadema *m.*
diagnostic [djagnɔstik] *nm* diagnosi *f.*
diagnostiquer [djagnɔstike] *vt* diagnosticare.
diagonal, e, -aux [djagɔnal, o] *adj* diagonale.
diagonale [djagɔnal] *nf* (*MATH*) diagonale *f*; **en ~** in diagonale; **lire en ~** (*fig*) dare una scorsa a.
diagramme [djagʀam] *nm* diagramma *m.*
dialecte [djalɛkt] *nm* dialetto.
dialectique [djalɛktik] *adj* dialettico(-a).
dialogue [djalɔg] *nm* dialogo; **cesser/reprendre le ~** cessare/riprendere il dialogo; ▸**dialogue de sourds** dialogo tra sordi.
dialoguer [djalɔge] *vi* dialogare.
dialoguiste [djalɔgist] *nm/f* dialogista *m/f.*
dialyse [djaliz] *nf* dialisi *f inv.*
diamant [djamɑ̃] *nm* diamante *m*; (*de vitrier*) diamante *m* tagliavetro *inv.*
diamantaire [djamɑ̃tɛʀ] *nm* (*vendeur*) commerciante *m* di diamanti.
diamantifère [djamɑ̃tifɛʀ] *adj* diamantifero(-a).
diamétralement [djametʀalmɑ̃] *adv* diametralmente; **~ opposés** (*opinions*) diametralmente opposti(-e).
diamètre [djamɛtʀ] *nm* diametro.
diapason [djapazɔ̃] *nm* diapason *m inv*; **être/se mettre au ~ (de)** (*fig*) essere/mettersi in sintonia (con).
diaphane [djafan] *adj* diafano(-a).
diaphragme [djafʀagm] *nm* diaframma *m*; **ouverture du ~** (*PHOTO*) apertura del diaframma.
diapo [djapo] *nf* diapositiva.
diaporama [djapɔʀama] *nm* proiezione *f* di diapositive.
diapositive [djapozitiv] *nf* diapositiva.
diapré, e [djapʀe] *adj* iridescente.
diarrhée [djaʀe] *nf* diarrea.
diatribe [djatʀib] *nf* diatriba.
dichotomie [dikɔtɔmi] *nf* dicotomia.
dictaphone ® [diktafɔn] *nm* dittafono ®.
dictateur [diktatœʀ] *nm* dittatore *m.*
dictatorial, e, -aux [diktatɔʀjal, jo] *adj* dittatoriale.
dictature [diktatyʀ] *nf* dittatura.
dictée [dikte] *nf* dettato; **prendre sous ~** scrivere sotto dettatura.
dicter [dikte] *vt* (*aussi fig*) dettare.
diction [diksjɔ̃] *nf* dizione *f*; **cours de ~** corso di dizione.
dictionnaire [diksjɔnɛʀ] *nm* dizionario; ▸**dictionnaire bilingue** dizionario bilingue; ▸**dictionnaire encyclopédique** dizionario enciclopedico; ▸**dictionnaire géographique** dizionario geografico; ▸**dictionnaire de langue** dizionario di lingua.
dicton [diktɔ̃] *nm* detto.
didacticiel [didaktisjɛl] *nm* software *m inv* didattico.
didactique [didaktik] *adj* didattico(-a).
dièse [djɛz] *nm* (*MUS*) diesis *m inv.*
diesel [djezɛl] *nm* diesel *m inv*; **un (véhicule/moteur) ~** un (veicolo/motore) diesel.
diète [djɛt] *nf* dieta; **être à la ~** essere a dieta.
diététicien, ne [djetetisjɛ̃, jɛn] *nm/f* dietologo(-a).
diététique [djetetik] *adj* dietetico(-a) ♦ *nf* dietetica; **magasin ~** negozio di prodotti dietetici.
dieu, x [djø] *nm* (*aussi fig*) dio; **D~** Dio; **le bon D~** il buon Dio; **mon D~!** Dio mio!, mio Dio!
diffamant, e [difamɑ̃, ɑ̃t] *adj* diffamante.
diffamateur, -trice [difamatœʀ, tʀis] *adj, nm/f* diffamatore(-trice).
diffamation [difamasjɔ̃] *nf* diffamazione *f*; **attaquer qn en ~** citare qn per diffamazione.
diffamatoire [difamatwaʀ] *adj* diffamatorio(-a).
diffamer [difame] *vt* (*aussi JUR*) diffamare.
différé, e [difeʀe] *adj* (*INFORM*): **traitement ~** elaborazione *f* differita; **crédit ~** credito differito ♦ *nm* (*TV*): **en ~** in differita.
différemment [difeʀamɑ̃] *adv* differentemente.
différence [difeʀɑ̃s] *nf* differenza; **à la ~ de** a differenza di.
différenciation [difeʀɑ̃sjasjɔ̃] *nf* differenziazione *f.*
différencier [difeʀɑ̃sje] *vt* differenziare; **se différencier** *vr*: **se ~ (de)** differenziarsi (da).
différend [difeʀɑ̃] *nm* controversia.
différent, e [difeʀɑ̃, ɑ̃t] *adj*: **~ (de)** differente (da), diverso(-a) (da); **à ~es reprises** a diverse *ou* più riprese; **pour ~es raisons** per diverse *ou* varie ragioni.
différentiel, le [difeʀɑ̃sjɛl] *adj* differenziale ♦ *nm* (*AUTO*) differenziale *m.*
différer [difeʀe] *vt* differire ♦ *vi* (*être différent*): **~ (de)** differire (da).
difficile [difisil] *adj* difficile; **faire le ~** fare il difficile.
difficilement [difisilmɑ̃] *adv* (*marcher, s'expliquer etc*) con difficoltà; **~ compréhensible/lisible** difficilmente comprensibile/leggibile.
difficulté [difikylte] *nf* difficoltà *f inv*; **faire des ~s (pour)** fare (delle) difficoltà (per); **en ~** (*bateau, alpiniste*) in difficoltà; **avoir de la ~ à faire qch** avere difficoltà a fare

qc.

difforme [difɔʀm] *adj* deforme.

difformité [difɔʀmite] *nf* deformità *f inv*.

diffracter [difʀakte] *vt* (*bruit, lumière*) provocare la diffrazione (di).

diffus, e [dify, yz] *adj* diffuso(-a).

diffuser [difyze] *vt* diffondere; (*COMM*: *livres, journaux*) distribuire.

diffuseur [difyzœʀ] *nm* (*de bruit, chaleur, lumière*) diffusore *m*; (*COMM*: *de livres, journaux*) distributore *m*.

diffusion [difyzjɔ̃] *nf* (*v vb*) diffusione *f*; distribuzione *f*; **journal/magazine à grande ~** giornale/rivista a grande diffusione.

digérer [diʒeʀe] *vt* (*aussi fig*) digerire.

digeste [diʒɛst] *adj* digeribile.

digestible [diʒɛstibl] *adj* digeribile.

digestif, -ive [diʒɛstif, iv] *adj* digestivo(-a) ♦ *nm* digestivo.

digestion [diʒɛstjɔ̃] *nf* digestione *f*; **bonne/mauvaise ~** buona/cattiva digestione.

digit [didʒit] *nm* cifra; ▸ **digit binaire** cifra binaria.

digital, e, -aux [diʒital, o] *adj* digitale.

digitale [diʒital] *nf* (*BOT*) digitale *f*.

digitaline [diʒitalin] *nf* (*MÉD*) digitalina.

digne [diɲ] *adj* (*respectable*) degno(-a); **~ de qn/qch** degno(-a) di qn/qc; **~ d'intérêt/d'admiration** degno(-a) d'interesse/d'ammirazione; **~ de foi** degno(-a) di fede.

dignitaire [diɲitɛʀ] *nm* dignitario.

dignité [diɲite] *nf* dignità *f inv*.

digression [digʀesjɔ̃] *nf* digressione *f*.

digue [dig] *nf* diga.

Dijon [diʒɔ̃] *n* Digione *f*.

dijonnais, e [diʒɔnɛ, ɛz] *adj* digionese, di Digione ♦ *nm/f*: **D~, e** digionese *m/f*.

diktat [diktat] *nm* diktat *m inv*.

dilapidation [dilapidasjɔ̃] *nf* dilapidazione *f*.

dilapider [dilapide] *vt* dilapidare.

dilater [dilate] *vt* dilatare; **se dilater** *vr* dilatarsi.

dilatoire [dilatwaʀ] *adj* dilatorio(-a).

dilemme [dilɛm] *nm* dilemma *m*.

dilettante [diletɑ̃t] *nm/f* dilettante *m/f*; **en ~** da dilettante.

dilettantisme [diletɑ̃tism] *nm* dilettantismo.

diligence [diliʒɑ̃s] *nf* (*véhicule, empressement*) diligenza; **faire ~** provvedere con sollecitudine.

diligent, e [diliʒɑ̃, ɑ̃t] *adj* diligente.

diluant [dilɥɑ̃] *nm* diluente *m*.

diluer [dilɥe] *vt* (*peinture, alcool*) diluire; (*fig, péj*: *discours etc*) annacquare.

dilution [dilysjɔ̃] *nf* diluizione *f*.

diluvien, ne [dilyvjɛ̃, jɛn] *adj*: **pluie ~ne** pioggia torrenziale.

dimanche [dimɑ̃ʃ] *nm* domenica; **le ~ des Rameaux/de Pâques** la domenica delle Palme/di Pasqua; *voir aussi* **lundi**.

dîme [dim] *nf* decima.

dimension [dimɑ̃sjɔ̃] *nf* dimensione *f*.

diminué, e [diminɥe] *adj* debilitato(-a).

diminuer [diminɥe] *vt* diminuire; (*personne*: *dénigrer*) sminuire; (*tricot*) calare ♦ *vi* diminuire.

diminutif [diminytif] *nm* (*LING, nom*) diminutivo.

diminution [diminysjɔ̃] *nf* diminuzione *f*; (*fig*: *de personne*) denigrazione *f*.

dînatoire [dinatwaʀ] *adj*: **goûter ~** spuntino (*che sostituisce la cena*).

dinde [dɛ̃d] *nf* tacchina.

dindon [dɛ̃dɔ̃] *nm* tacchino.

dindonneau [dɛ̃dɔno] *nm* giovane tacchino.

dîner [dine] *nm* cena ♦ *vi* cenare; ▸ **dîner d'affaires** cena d'affari; ▸ **dîner de famille** cena di famiglia.

dînette [dinɛt] *nf* (*jeu*): **jouer à la ~** giocare a fare il pranzo; ▸ **dînette de poupée** servizio *m* da tavola giocattolo *inv*.

dîneur, -euse [dinœʀ, øz] *nm/f* commensale *m/f*.

dinghy [dingi] *nm* dinghy *m inv*.

dingue [dɛ̃g] (*fam*) *adj* suonato(-a), folle.

dinosaure [dinɔzɔʀ] *nm* dinosauro.

diocèse [djɔsɛz] *nm* diocesi *f inv*.

diode [djɔd] *nf* diodo.

diphasé, e [difɑze] *adj* (*ÉLEC*) bifase *inv*.

diphtérie [difteʀi] *nf* difterite *f*.

diphtongue [diftɔ̃g] *nf* dittongo.

diplomate [diplɔmat] *adj, nm/f* diplomatico(-a) ♦ *nm* (*CULIN*) diplomatico.

diplomatie [diplɔmasi] *nf* diplomazia.

diplomatique [diplɔmatik] *adj* diplomatico(-a).

diplôme [diplom] *nm* (*certificat*) diploma *m*; (*licence*) (diploma *m* di) laurea; **avoir des ~s** avere dei titoli di studio; ▸ **diplôme d'études supérieures** *diploma post-laurea per accedere all'esame di stato per l'insegnamento*.

diplômé, e [diplome] *adj, nm/f* diplomato (-a).

dire [diʀ] *vt* dire; (*suj*: *horloge etc*) segnare; **se dire** *vr* dirsi; (*se prétendre*): **se ~ malade** darsi (per) malato(-a) ♦ *nm*: **au ~ de** a detta di; **leurs ~s** quanti affermano; **~ qch à qn** dire qc a qn; **~ à qn que** dire a qn che; **~ ce qu'on pense** dire ciò che si pensa; **~ à qn qu'il fasse** *ou* **de faire qch** dire a qn che faccia *ou* di fare qc; **n'avoir rien à ~ (à)** (*objecter*) non avere niente da ridire (a); **vouloir ~ que** (*signifier*) voler dire che; **cela me/lui dit de faire** (*plaire*) mi/gli va di fare; **que dites-vous de ...?** che ne dite di ...?; **dis pardon** chiedi scusa; **dis merci** di' grazie; **on dit**

que si dice che ...; **comme on dit** come si dice; **on dirait que** si direbbe che; **on dirait du vin** si direbbe vino; **ça ne me dit rien** non mi dice niente; **à vrai** ~ a dire il vero; **pour ainsi** ~ per così dire; **cela va sans** ~ va da sé; **dis donc!** (*pour attirer attention*) senti un po'!; **et** ~ **que ...** e dire che ...; **ceci** *ou* **cela dit** detto ciò; **c'est dit, voilà qui est dit** siamo intesi; **il n'y a pas à** ~ non c'è che dire; **c'est** ~ **s'il était content** per dire quant'era contento; **c'est beaucoup/peu** ~ a dir molto/poco; **c'est toi qui le dis** questo lo dici tu; **je ne vous le fais pas** ~ lo dice lei stesso; **je te l'avait dit** te l'avevo detto; **je ne peux pas** ~ **le contraire** non posso dire il contrario; **tu peux le** ~ puoi (ben) dirlo; **à qui le dis-tu** a chi lo dici; **cela ne se dit pas comme ça** non si dice così; **se** ~ **au revoir** dirsi arrivederci; **ça se dit ... en anglais** in inglese si dice ... .

direct, e [diʀɛkt] *adj* (*aussi fig*) diretto(-a) ♦ *nm* (*train*) diretto; ~ **du gauche/du droit** (*boxe*) diretto sinistro/destro; **en** ~ (*émission, reportage*) in diretta; **train/bus** ~ treno/autobus diretto.

directement [diʀɛktəmɑ̃] *adv* direttamente.

directeur, -trice [diʀɛktœʀ, tʀis] *adj* (*principe*) ispiratore(-trice); (*fil*) conduttore (-trice) ♦ *nm/f* direttore(-trice); **comité** ~ comitato direttivo; ▶ **directeur commercial/général** direttore commerciale/generale; ▶ **directeur du personnel** direttore del personale; ▶ **directeur de thèse** relatore *m*.

direction [diʀɛksjɔ̃] *nf* (*aussi fig*) direzione *f*; (*AUTO*) sterzo; **sous la** ~ **de** (*MUS*) sotto la direzione di; **en** ~ **de** (*avion, train, bateau*) diretto(-a) a; **"toutes** ~**s"** (*AUTO*) "tutte le direzioni".

directionnel, le [diʀɛksjɔnɛl] *adj* direzionale.

directive [diʀɛktiv] *nf* direttiva.

directoire [diʀɛktwaʀ] *nm* direttorio.

directorial, e, -aux [diʀɛktɔʀjal, jo] *adj* (*bureau*) del direttore.

directrice [diʀɛktʀis] *adj, nf voir* **directeur**.

dirent [diʀ] *vb voir* **dire**.

dirigeable [diʀiʒabl] *nm* (*aussi*: **ballon** ~) dirigibile *m*.

dirigeant, e [diʀiʒɑ̃, ɑ̃t] *adj, nm/f* dirigente *m/f*.

diriger [diʀiʒe] *vt* dirigere; **se diriger** *vr* dirigersi; (*s'orienter*) orientarsi; ~ **sur** (*braquer*: *regard*) dirigere verso; (: *arme*) puntare su.

dirigisme [diʀiʒism] *nm* (*ÉCON*) dirigismo.

dirigiste [diʀiʒist] *adj* (*ÉCON*) dirigista.

dis [di] *vb voir* **dire**.

discal, e, -aux [diskal, o] *adj* (*MÉD*) discale; **hernie** ~**e** ernia del disco.

discernable [disɛʀnabl] *adj* discernibile.

discernement [disɛʀnəmɑ̃] *nm* discernimento.

discerner [disɛʀne] *vt* (*aussi fig*) discernere.

disciple [disipl] *nm/f* (*REL, fig*) discepolo (-a).

disciplinaire [disiplinɛʀ] *adj* disciplinare; **bataillon** ~ (*MIL*) battaglione *m* di disciplina.

discipline [disiplin] *nf* disciplina.

discipliné, e [disipline] *adj* disciplinato(-a).

discipliner [disipline] *vt* disciplinare; (*cheveux*) rendere docile.

discobole [diskɔbɔl] *nm* discobolo.

discographie [diskɔgʀafi] *nf* discografia.

discontinu, e [diskɔ̃tiny] *adj* discontinuo (-a).

discontinuer [diskɔ̃tinɥe] *vi*: **sans** ~ senza interruzione.

disconvenir [diskɔ̃v(ə)niʀ] *vi*: **ne pas** ~ **de qch/que** non negare qc/che.

discordance [diskɔʀdɑ̃s] *nf* discordanza.

discordant, e [diskɔʀdɑ̃, ɑ̃t] *adj* discordante; (*opinion*) discorde.

discorde [diskɔʀd] *nf* discordia.

discothèque [diskɔtɛk] *nf* discoteca; ▶ **discothèque (de prêt)** discoteca (*con dischi a prestito*).

discourais [diskuʀɛ] *vb voir* **discourir**.

discourir [diskuʀiʀ] *vi* discorrere.

discours [diskuʀ] *vb voir* **discourir** ♦ *nm* (*aussi fig*) discorso ♦ *nmpl* (*bavardages*) discorsi *mpl*, chiacchiere *fpl*; ▶ **discours direct/indirect** (*LING*) discorso diretto/indiretto.

discourtois, e [diskuʀtwa, waz] *adj* scortese.

discrédit [diskʀedi] *nm*: **jeter le** ~ **sur** gettare discredito su.

discréditer [diskʀedite] *vt* screditare; **se discréditer** *vr*: **se** ~ **aux yeux de** *ou* **auprès de qn** screditarsi agli occhi di *ou* davanti a qn.

discret, -ète [diskʀɛ, ɛt] *adj* discreto(-a); **un endroit** ~ un luogo appartato.

discrètement [diskʀɛtmɑ̃] *adv* discretamente; (*sobrement*) sobriamente.

discrétion [diskʀesjɔ̃] *nf* discrezione *f*; **à** ~ (*boisson etc*) a volontà, a piacere; **à la** ~ **de qn** a discrezione di qn.

discrétionnaire [diskʀesjɔnɛʀ] *adj* discrezionale.

discrimination [diskʀiminasjɔ̃] *nf* discriminazione *f*; **sans** ~ indiscriminatamente.

discriminatoire [diskʀiminatwaʀ] *adj* discriminatorio(-a).

disculper [diskylpe] *vt* (*JUR*) scagionare; **se disculper** *vr* scagionarsi.

discussion [diskysjɔ̃] *nf* discussione *f*.

discutable [diskytabl] *adj* discutibile.
discuté, e [diskyte] *adj* discusso(-a).
discuter [diskyte] *vt* discutere ♦ *vi*: ~ **(de)** discuter (di).
dise [diz] *vb voir* **dire.**
disert, e [dizɛʀ, ɛʀt] *adj* eloquente.
disette [dizɛt] *nf* carestia.
diseur, -euse [dizœʀ, øz] *nm/f* narratore (-trice); ▸ **diseuse de bonne aventure** chiromante *f.*
disgrâce [disgʀɑs] *nf* disgrazia; **être en** ~ essere in disgrazia.
disgracié, e [disgʀasje] *adj* in disgrazia.
disgracieux, -euse [disgʀasjø, jøz] *adj* sgraziato(-a).
disjoindre [disʒwɛ̃dʀ] *vt* disgiungere; **se disjoindre** *vr* disgiungersi.
disjoint, e [disʒwɛ̃, wɛ̃t] *pp de* **disjoindre** ♦ *adj* disgiunto(-a).
disjoncteur [disʒɔ̃ktœʀ] *nm* (*ÉLEC*) interruttore *m.*
dislocation [dislɔkasjɔ̃] *nf* (*d'une articulation*) slogatura, lussazione *f*; (*d'une empire*) smembramento.
disloquer [dislɔke] *vt* (*membre*) slogare, lussare; (*chaise*) sfasciare; (*troupe, manifestants*) disperdere; **se disloquer** *vr* (*parti, empire*) smembrarsi; **se** ~ **l'épaule** slogarsi *ou* lussarsi la spalla.
disons [dizɔ̃] *vb voir* **dire.**
disparaître [dispaʀɛtʀ] *vi* sparire, scomparire; (*mourir*) scomparire; **faire** ~ far sparire.
disparate [dispaʀat] *adj* disparato(-a).
disparité [dispaʀite] *nf* disparità *f inv.*
disparition [dispaʀisjɔ̃] *nf* sparizione *f*, scomparsa.
disparu, e [dispaʀy] *pp de* **disparaître** ♦ *nm/f* scomparso(-a); **être porté** ~ être dato(-a) per disperso(-a).
dispendieux, -euse [dispɑ̃djø, jøz] *adj* dispendioso(-a).
dispensaire [dispɑ̃sɛʀ] *nm* dispensario.
dispense [dispɑ̃s] *nf* dispensa; ▸ **dispense d'âge** esonero dal rispetto del limite d'età.
dispenser [dispɑ̃se] *vt* (*attention, soins*) dispensare; ~ **qn de qch/de faire qch** dispensare *ou* esonerare qn da qc/dal fare qc; **se** ~ **de qch/de faire qch** dispensarsi *ou* esimersi da qc/dal fare qc; **se faire** ~ **de qch** farsi dispensare *ou* esonerare da qc.
dispersant [dispɛʀsɑ̃] *nm* disperdente *m.*
dispersé, e [dispɛʀse] *adj* sparso(-a).
disperser [dispɛʀse] *vt* disperdere; (*disséminer*) sparpagliare; **se disperser** *vr* (*aussi fig*) disperdersi.
dispersion [dispɛʀsjɔ̃] *nf* dispersione *f.*
disponibilité [dispɔnibilite] *nf* disponibilità *f inv*; **être/se mettre en** ~ (*ADMIN*) essere/mettersi in aspettativa.
disponible [dispɔnibl] *adj* disponibile.
dispos [dispo] *adj m*: **il se sentait (frais et)** ~ si sentiva fresco e in forma.
disposé, e [dispoze] *adj* disposto(-a); **bien/mal** ~ di buon/cattivo umore; **bien/mal** ~ **pour** *ou* **envers qn** ben/mal disposto(-a) nei confronti di *ou* verso qn; ~ **à** disposto(-a) a.
disposer [dispoze] *vt* disporre ♦ *vi*: **vous pouver** ~ può andare; ~ **de** (*avoir, utiliser*) disporre di; ~ **qn à qch/faire qch** preparare qn a qc/fare qc; **se** ~ **à faire qch** disporsi *ou* accingersi a fare qc.
dispositif [dispozitif] *nm* dispositivo; ▸ **dispositif de sûreté** dispositivo di sicurezza.
disposition [dispozisjɔ̃] *nf* (*arrangement, tendance, d'une loi*) disposizione *f*; (*humeur*) umore *m*; (*gén pl*: *préparatifs*) preparativo; (*aptitudes*) predisposizione *f*; ~**s** *nfpl* (*intentions*) intenzioni *fpl*; **à la** ~ **de qn** a disposizione di qn; **avoir qch à sa** ~ avere qc a (propria) disposizione; **se mettre/être à la** ~ **de qn** mettersi/essere a disposizione di qn; **à l'entière** ~ **de qn** a completa disposizione di qn.
disproportion [dispʀɔpɔʀsjɔ̃] *nf* sproporzione *f.*
disproportionné, e [dispʀɔpɔʀsjɔne] *adj* sproporzionato(-a).
dispute [dispyt] *nf* disputa, litigio.
disputer [dispyte] *vt* disputare; **se disputer** *vr* (*personnes*) litigare; (*match, combat*) disputarsi; ~ **qch à qn** contendere qc a qn.
disquaire [diskɛʀ] *nm/f* negoziante *m/f* di dischi.
disqualification [diskalifikasjɔ̃] *nf* squalifica.
disqualifier [diskalifje] *vt* squalificare; **se disqualifier** *vr* squalificarsi.
disque [disk] *nm* disco; **le lancement du** ~ il lancio del disco; ▸ **disque compact** compact disk *m inv*, compact *m inv*; ▸ **disque d'embrayage** (*AUTO*) disco della frizione; ▸ **disque de stationnement** disco orario; ▸ **disque dur** (*INFORM*) disco rigido; ▸ **disque laser** disco laser *inv*; ▸ **disque système** disco di sistema.
disquette [diskɛt] *nf* (*INFORM*) dischetto; ▸ **disquette à double/simple densité** dischetto a densità doppia/semplice; ▸ **disquette double face** dischetto a faccia *ou* facciata doppia/singola.
dissection [disɛksjɔ̃] *nf* (*MÉD*) dissezione *f.*
dissemblable [disɑ̃blabl] *adj* dissimile, diverso(-a).
dissemblance [disɑ̃blɑ̃s] *nf* dissimilarità *f inv.*
dissémination [diseminasjɔ̃] *nf* (*v vb*) dis-

seminazione *f*; dispersione *f*.
disséminer [disemine] *vt* disseminare, spargere; (*chasser*) disperdere.
dissension [disɑ̃sjɔ̃] *nf* dissenso.
disséquer [diseke] *vt* (*MÉD*) sezionare; (*fig*) analizzare a fondo, vivisezionare.
dissertation [disɛʀtasjɔ̃] *nf* (*SCOL*) tema *m*, composizione *f*.
disserter [disɛʀte] *vi*: ~ **(sur)** dissertare (su).
dissidence [disidɑ̃s] *nf* dissidenza.
dissident, e [disidɑ̃, ɑ̃t] *adj, nm/f* dissidente *m/f*.
dissimilitude [disimilityd] *nf* diversità *f inv*.
dissimulateur, -trice [disimylatœʀ, tʀis] *adj, nm/f* dissimulatore(-trice).
dissimulation [disimylasjɔ̃] *nf* dissimulazione *f*; ▸**dissimulation de bénéfices/revenus** occultamento di utili/redditi.
dissimulé, e [disimyle] *adj* falso(-a), subdolo(-a).
dissimuler [disimyle] *vt* dissimulare, nascondere; **se dissimuler** *vr* nascondersi.
dissipation [disipasjɔ̃] *nf* dissipazione *f*; (*indiscipline*) indisciplina; **la ~ du brouillard** il dissiparsi della nebbia.
dissipé, e [disipe] *adj* (*élève*) indisciplinato(-a).
dissiper [disipe] *vt* dissipare; **se dissiper** *vr* (*brouillard, doutes*) dissiparsi; (*élève*) distrarsi.
dissociable [disɔsjabl] *adj* dissociabile.
dissocier [disɔsje] *vt* dissociare; **se dissocier** *vr* (*éléments, groupe*) separarsi, dividersi; **se ~ de** (*groupe, point de vue etc*) dissociarsi da.
dissolu, e [disɔly] *adj* dissoluto(-a).
dissolution [disɔlysjɔ̃] *nf* (*d'une substance*) dissoluzione *f*; (*d'une assemblée, JUR*) scioglimento.
dissolvant, e [disɔlvɑ̃, ɑ̃t] *vb voir* **dissoudre** ♦ *nm* solvente *m*.
dissonant, e [disɔnɑ̃, ɑ̃t] *adj* (*MUS*) dissonante.
dissoudre [disudʀ] *vt* sciogliere; **se dissoudre** *vr* sciogliersi.
dissous [disu] *pp de* **dissoudre**.
dissuader [disɥade] *vt* dissuadere; ~ **qn de faire qch** dissuadere qn dal fare qc.
dissuasif, -ive [disɥazif, iv] *adj* dissuasivo(-a).
dissuasion [disɥazjɔ̃] *nf* dissuasione *f*; **force de ~** potere *m* deterrente.
dissymétrie [disimetʀi] *nf* asimmetria.
dissymétrique [disimetʀik] *adj* asimmetrico(-a).
distance [distɑ̃s] *nf* distanza; **à ~** (*aussi fig*) a distanza; **(situé) à ~** (*INFORM*) a distanza, remoto(-a); **tenir qn/se tenir à ~** tenere qn/tenersi a distanza; **à une ~ de 10 km** a una distanza di 10 km; **à 10 km/2 ans de ~** a 10 km/2 anni di distanza; **prendre ses ~s** prendere le distanze; **garder ses ~s** mantenere le distanze; **tenir la ~** (*SPORT*) reggere la distanza; ▸**distance focale** (*PHOTO*) distanza focale.
distancer [distɑ̃se] *vt* distanziare; **se laisser ~** lasciarsi distanziare.
distant, e [distɑ̃, ɑ̃t] *adj* (*aussi fig*) distante; **~ de** (*lieu*) distante da; **~ de 5 km** (*d'un lieu*) distante 5 km.
distendre [distɑ̃dʀ] *vt* distendere; **se distendre** *vr* distendersi.
distillation [distilasjɔ̃] *nf* distillazione *f*.
distillé, e [distile] *adj*: **eau ~e** acqua distillata.
distiller [distile] *vt* (*aussi fig*) distillare.
distillerie [distilʀi] *nf* distilleria.
distinct, e [distɛ̃(kt), ɛ̃kt] *adj* distinto(-a).
distinctement [distɛ̃ktəmɑ̃] *adv* (*voir*) distintamente; (*parler*) chiaramente.
distinctif, -ive [distɛ̃ktif, iv] *adj* distintivo(-a).
distinction [distɛ̃ksjɔ̃] *nf* distinzione *f*; **sans ~** senza distinzione.
distingué, e [distɛ̃ge] *adj* distinto(-a).
distinguer [distɛ̃ge] *vt* distinguere; **se distinguer** *vr*: **se ~ (de)** distinguersi (da).
distinguo [distɛ̃go] *nm* distinguo *m inv*.
distorsion [distɔʀsjɔ̃] *nf* (*fig*) distorsione *f*.
distraction [distʀaksjɔ̃] *nf* distrazione *f*.
distraire [distʀɛʀ] *vt, vi* distrarre; (*somme d'argent*) sottrarre; **se distraire** *vr* distrarsi; **~ qn de qch** distrarre qn da qc; **~ l'attention** sviare l'attenzione.
distrait, e [distʀɛ, ɛt] *pp de* **distraire** ♦ *adj* distratto(-a).
distraitement [distʀɛtmɑ̃] *adv* distrattamente.
distrayant, e [distʀɛjɑ̃, ɑ̃t] *vb voir* **distraire** ♦ *adj* che distrae.
distribuer [distʀibɥe] *vt* distribuire.
distributeur, -trice [distʀibytœʀ, tʀis] *nm/f* (*COMM*) distributore(-trice) ♦ *nm* (*AUTO*) distributore *m*; ▸**distributeur (automatique)** distributore (automatico); ▸**distributeur de billets** (*RAIL*) distributore di biglietti; (*BANQUE*) sportello automatico.
distribution [distʀibysjɔ̃] *nf* distribuzione *f*; (*choix d'acteurs*) assegnazione *f* dei ruoli; (*acteurs*) cast *m inv*, interpreti *mpl*; **circuits de ~** (*COMM*) circuiti *mpl* di distribuzione; **~ des prix** (*SCOL*) premiazione *f*.
district [distʀikt] *nm* distretto.
dit [di] *pp de* **dire** ♦ *adj* (*fixé*): **le jour ~** il giorno fissato *ou* stabilito; **X, ~ Pierrot** (*surnommé*) X, detto Pierrot.
dites [dit] *vb voir* **dire**.
dithyrambique [ditiʀɑ̃bik] *adj* ditirambico(-a).
diurétique [djyʀetik] *adj* (*MÉD*) diuretico

(-a) ♦ *nm* diuretico.
diurne [djyʀn] *adj* diurno(-a).
divagations [divagasjɔ̃] *nfpl* divagazioni *fpl*; (*péj*) vaneggiamenti *mpl*.
divaguer [divage] *vi* divagare; (*malade*) vaneggiare.
divan [divɑ̃] *nm* divano.
divan-lit [divɑ̃li] *nm* divano *m* letto *inv*.
divergence [divɛʀʒɑ̃s] *nf* divergenza.
divergent, e [divɛʀʒɑ̃, ɑ̃t] *adj* divergente.
diverger [divɛʀʒe] *vi* divergere.
divers, e [divɛʀ, ɛʀs] *adj* (*varié*) vari(e), svariati(-e); (*différent*) diversi(-e); (*plusieurs*) diversi(-e), vari(e); **"~"** (*rubrique*) "varie"; **(frais) ~** (*COMM*) (spese *fpl*) varie.
diversement [divɛʀsəmɑ̃] *adv* diversamente.
diversification [divɛʀsifikasjɔ̃] *nf* diversificazione *f*.
diversifier [divɛʀsifje] *vt* diversificare; **se diversifier** *vr* diversificarsi.
diversion [divɛʀsjɔ̃] *nf* (*dérivatif*) diversivo; (*MIL etc*) diversione *f*; **faire ~ (à)** fare da diversivo (a).
diversité [divɛʀsite] *nf* diversità *f inv*.
divertir [divɛʀtiʀ] *vt* divertire; **se divertir** *vr* divertirsi.
divertissant, e [divɛʀtisɑ̃, ɑ̃t] *adj* divertente.
divertissement [divɛʀtismɑ̃] *nm* (*aussi MUS*) divertimento.
dividende [dividɑ̃d] *nm* dividendo.
divin, e [divɛ̃, in] *adj* (*aussi fig*) divino(-a).
divinateur, -trice [divinatœʀ, tʀis] *adj* divinatore(-trice).
divination [divinasjɔ̃] *nf* (*magie*) divinazione *f*.
divinatoire [divinatwaʀ] *adj* divinatorio (-a); **baguette ~** bacchetta divinatoria.
divinement [divinmɑ̃] *adv* divinamente.
divinisation [divinizasjɔ̃] *nf* divinizzazione *f*.
diviniser [divinize] *vt* divinizzare.
divinité [divinite] *nf* divinità *f inv*.
divisé, e [divize] *adj* diviso(-a).
diviser [divize] *vt* dividere; **se diviser en** *vr* dividersi in; **~ par** dividere per; **~ un nombre par un autre** dividere un numero per un altro.
diviseur [divizœʀ] *nm* (*MATH*) divisore *m*.
divisible [divizibl] *adj* divisibile.
division [divizjɔ̃] *nf* (*gén, MATH, MIL*) divisione *f*; **1ère/2ème ~** (*SPORT*) serie *f* A/B; ▸ **division du travail** divisione del lavoro.
divisionnaire [divizjɔnɛʀ] *adj*: **commissaire ~** commissario capo di polizia.
divorce [divɔʀs] *nm* divorzio; (*fig*) divergenza.
divorcé, e [divɔʀse] *adj, nm/f* divorziato(-a).
divorcer [divɔʀse] *vi*: **~ (de** *ou* **d'avec qn)** divorziare (da qn).
divulgation [divylgasjɔ̃] *nf* divulgazione *f*.
divulguer [divylge] *vt* divulgare.
dix [dis] *adj inv, nm inv* dieci *m inv*; *voir aussi* **cinq**.
dix-huit [dizɥit] *adj inv, nm inv* diciotto *m inv*; *voir aussi* **cinq**.
dix-huitième [dizɥitjɛm] *adj, nm/f* diciottesimo(-a) ♦ *nm* diciottesimo; *voir aussi* **cinquième**.
dixième [dizjɛm] *adj, nm/f* decimo(-a) ♦ *nm* decimo; *voir aussi* **cinquième**.
dix-neuf [diznœf] *adj inv, nm inv* diciannove *m inv*; *voir aussi* **cinq**.
dix-neuvième [diznœvjɛm] *adj, nm/f* diciannovesimo(-a) ♦ *nm* diciannovesimo; *voir aussi* **cinquième**.
dix-sept [disɛt] *adj inv, nm inv* diciassette *m inv*; *voir aussi* **cinq**.
dix-septième [disɛtjɛm] *adj, nm/f* diciasettesimo(-a) ♦ *nm* diciasettesimo; *voir aussi* **cinquième**.
dizaine [dizɛn] *nf* decina; **une ~ de ...** una decina di ...; **dire une ~ de chapelet** recitare una posta del rosario.
Djakarta [dʒakaʀta] *n* Giacarta.
Djibouti [dʒibuti] *n* Gibuti *f*.
dl *abr* (= *décilitre*) dl.
DM *abr* (= *deutschmark*) DM.
dm *abr* (= *décimètre*) dm.
do [do] *nm* (*MUS*) do *m inv*.
doberman [dɔbɛʀman] *nm* (*chien*) doberman *m inv*.
docile [dɔsil] *adj* docile.
docilement [dɔsilmɑ̃] *adv* docilmente.
docilité [dɔsilite] *nf* docilità.
dock [dɔk] *nm* (*bassin*) bacino; (*hangar, bâtiment*) magazzino; ▸ **dock flottant** bacino galleggiante.
docker [dɔkɛʀ] *nm* scaricatore *m* (di porto).
docte [dɔkt] (*péj*) *adj* dotto(-a).
docteur [dɔktœʀ] *nm* (*MÉD*) dottore *m*; (*UNIV*) ≈ dottore di ricerca; ▸ **docteur en médecine** dottore in medicina.
doctoral, e, -aux [dɔktɔʀal, o] *adj* dottorale.
doctorat [dɔktɔʀa] *nm*: **~ d'Université** ≈ dottorato (di ricerca).
doctoresse [dɔktɔʀɛs] *nf* (*MÉD*) dottoressa.
doctrinaire [dɔktʀinɛʀ] *adj* (*aussi péj*) dottrinario(-a).
doctrinal, e, -aux [dɔktʀinal, o] *adj* dottrinale.
doctrine [dɔktʀin] *nf* dottrina.
document [dɔkymɑ̃] *nm* documento.
documentaire [dɔkymɑ̃tɛʀ] *adj* documentario(-a) ♦ *nm*: **(film) ~** documentario.
documentaliste [dɔkymɑ̃talist] *nm/f* documentalista *m/f*.

documentation [dɔkymɑ̃tasjɔ̃] *nf* (*documents*) documentazione *f*.
documenté, e [dɔkymɑ̃te] *adj* documentato(-a).
documenter [dɔkymɑ̃te] *vt* documentare; **se ~ (sur)** documentarsi (su).
Dodécanèse [dɔdekanɛz] *nm* Dodecanneso.
dodelinement [dɔd(ə)linmɑ̃] *nm* dondolamento.
dodeliner [dɔd(ə)line] *vi*: **~ de la tête** dondolare la testa.
dodo [dɔdo] *nm*: **aller faire ~** andare a (far la) nanna.
dodu, e [dɔdy] *adj* paffuto(-a).
dogmatique [dɔgmatik] *adj* dogmatico(-a).
dogmatiquement [dɔgmatikmɑ̃] *adv* dogmaticamente.
dogmatisme [dɔgmatism] *nm* dogmatismo.
dogme [dɔgm] *nm* dogma *m*.
dogue [dɔg] *nm* mastino.
doigt [dwa] *nm* dito; **à deux ~s de** a un pelo da; **un ~ de lait/whisky** (*fig*) un dito di latte/whisky; **le petit ~** il mignolo; **au ~ et à l'œil** (*obéir*) a bacchetta; **désigner/montrer du ~** indicare/mostrare col dito, additare; **connaître qch sur le bout du ~** conoscere qc a menadito; **mettre le ~ sur la plaie** mettere il dito sulla piaga; ▶ **doigt de pied** dito del piede.
doigté [dwate] *nm* (*MUS*) diteggiatura; (*fig*) destrezza.
doigtier [dwatje] *nm* ditale *m*.
dois *etc* [dwa] *vb voir* **devoir**.
doit *etc* [dwa] *vb voir* **devoir**.
doive *etc* [dwav] *vb voir* **devoir**.
doléances [dɔleɑ̃s] *nfpl* lamentele *fpl*; (*réclamations*) rimostranze *fpl*.
dolent, e [dɔlɑ̃, ɑ̃t] *adj* lamentoso(-a).
dollar [dɔlaʀ] *nm* dollaro.
dolmen [dɔlmɛn] *nm* dolmen *m inv*.
DOM [dɔm] *sigle m ou mpl* (= *Département(s) d'outre-mer*) *voir* **département**.
domaine [dɔmɛn] *nm* proprietà *f inv*; (*fig*) dominio, campo; **tomber dans le ~ public** diventare di dominio pubblico; **dans tous les ~s** in tutti i campi.
domanial, e, -aux [dɔmanjal, jo] *adj* demaniale.
dôme [dom] *nm* (*église*) duomo; (*coupole*) cupola.
domestication [dɔmɛstikasjɔ̃] *nf* (*v vb*) addomesticamento; assoggettamento; sfruttamento.
domesticité [dɔmɛstisite] *nf* servitù *f inv*.
domestique [dɔmɛstik] *adj* domestico(-a); (*COMM*: *marché, consommation*) interno (-a), domestico(-a) ♦ *nm/f* domestico(-a).
domestiquer [dɔmɛstike] *vt* addomesticare; (*fig*: *peuple*) assoggettare; (*vent, marées*) sfruttare.
domicile [dɔmisil] *nm* domicilio; **à ~** a domicilio; **élire ~ à** eleggere domicilio a; **sans ~ fixe** senza fissa dimora; ▶ **domicile conjugal** tetto coniugale; ▶ **domicile légal** domicilio legale.
domicilié, e [dɔmisilje] *adj*: **être ~ à** essere domiciliato(-a) a.
dominant, e [dɔminɑ̃, ɑ̃t] *adj* (*aussi fig*) dominante.
dominante [dɔminɑ̃t] *nf* elemento dominante.
dominateur, -trice [dɔminatœʀ, tʀis] *adj* (*qui domine*) dominatore(-trice).
domination [dɔminasjɔ̃] *nf* (*aussi fig*) dominazione *f*.
dominer [dɔmine] *vt* dominare; (*concurrents*) superare ♦ *vi* dominare; (*être le plus nombreux*) prevalere; **se dominer** *vr* (*se maîtriser*) dominarsi, controllarsi.
dominicain, e [dɔminikɛ̃, ɛn] *adj* (*GÉO*) dominicano(-a); (*REL*) domenicano(-a) ♦ *nm/f* (*v adj*): **D~, e** dominicano(-a); domenicano(-a).
dominical, e, -aux [dɔminikal, o] *adj* domenicale.
Dominique [dɔminik] *nf*: **la ~** la Repubblica Dominicana.
domino [dɔmino] *nm* tessera del domino; **~s** *nmpl* (*jeu*) domino *msg*.
dommage [dɔmaʒ] *nm* danno; **c'est ~ de faire/que ...** è un peccato fare/che ...; ▶ **dommages corporels** danni fisici; ▶ **dommages matériels** danni materiali.
dommages-intérêts [dɔmaʒ(əz)ɛ̃teʀɛ] *nmpl* risarcimento *msg* danni *inv*.
dompter [dɔ̃(p)te] *vt* (*aussi fig*) domare.
dompteur, -euse [dɔ̃(p)tœʀ, øz] *nm/f* domatore(-trice).
DOM-TOM [dɔmtɔm] *sigle m ou mpl* = *Département(s) d'outre-mer/Territoire(s) d'outre-mer*.
don [dɔ̃] *nm* dono; **avoir des ~s pour** essere portato(-a) per; **faire ~ de** fare dono di; ▶ **don en argent** elargizione *f* in denaro.
donateur, -trice [dɔnatœʀ, tʀis] *nm/f* donatore(-trice).
donation [dɔnasjɔ̃] *nf* donazione *f*.
donc [dɔ̃k] *conj* (*en conséquence*) quindi, dunque; (*après une digression*) allora, dunque; **voilà ~ la solution** ecco qui la soluzione; **je disais ~ que** dunque, dicevo che; **c'est ~ que** allora (significa che); **c'est ~ que j'avais raison** allora avevo ragione io; **venez ~ dîner à la maison** su, venga a cena da noi; **faites ~** e allora lo faccia!; **allons ~!** su, andiamo!
donjon [dɔ̃ʒɔ̃] *nm* torrione *m*.

don Juan [dɔ̃ʒɥɑ̃] *nm* dongiovanni *m inv*.

donnant, e [dɔnɑ̃, ɑ̃t] *adj*: **~, ~** a buon rendere.

donne [dɔn] *nf* (*CARTES*) distribuzione *f*; **il y a mauvaise** *ou* **fausse ~** le carte sono state mal distribuite.

donné, e [dɔne] *adj* **le prix/jour ~** (*convenu*) il dato prezzo/giorno; **c'est ~** (*pas cher*) è regalato; **étant ~ que ...** dato che ... .

donnée [dɔne] *nf* dato.

donner [dɔne] *vt* dare; (*maladie*) passare ♦ *vi*: **~ sur** (*fenêtre, chambre*) dare su; **se donner** *vr* darsi; **~ qch à qn** dare qc a qn; **~ l'heure à qn** dire l'ora a qn; **~ le ton** (*fig*) dare il tono; **~ à penser que** far pensare che; **~ à entendre que** dare ad intendere che; **faire ~ l'infanterie** far intervenire la fanteria; **~ dans** (*piège etc*) cadere in; **se ~ à fond à son travail** darsi anima e corpo al proprio lavoro; **s'en ~ (à cœur joie)** (*fam*) darsi alla pazza gioia; **se ~ du mal** *ou* **de la peine (pour faire qch)** darsi un gran daffare (per fare qc).

donneur, -euse [dɔnœʀ, øz] *nm/f* (*MÉD*) donatore(-trice); (*CARTES*) mazziere(-a); ▸ **donneur de sang** donatore(-trice) di sangue.

MOT-CLÉ

dont [dɔ̃] *pron rel* **1** (*appartenance*): **dont le/la** il(la) cui; **la maison dont le toit est rouge** la casa il cui tetto è rosso; **la maison dont je vois le toit** la casa di cui vedo il tetto; **l'homme dont je connais la sœur** l'uomo di cui conosco la sorella; **c'est le chien dont le maître habite en face** è il cane il cui padrone abita di fronte

2 (*parmi lesquel(le)s*): **2 livres, dont l'un est gros** 2 libri, dei quali uno è spesso; **il y avait plusieurs personnes, dont Gabrielle** c'erano parecchie persone, tra cui *ou* le quali Gabrielle; **10 blessés, dont 2 grièvement** 10 feriti, di cui 2 gravemente

3 (*provenance, origine*) da cui; **le pays dont il est originaire** il paese da cui viene *ou* di cui è originario

4 (*façon*) in cui; **la façon dont il l'a fait** il modo in cui l'ha fatto

5 (*au sujet de qui/quoi*): **ce dont je parle** ciò di cui parlo; **le voyage dont je t'ai parlé** il viaggio di cui ti ho parlato; **le fils/livre dont il est si fier** il figlio/libro di cui è tanto fiero.

donzelle [dɔ̃zɛl] (*péj*) *nf* smorfiosa.

dopage [dɔpaʒ] *nm* doping *m inv*.

dopant, e [dɔpɑ̃, ɑt] *adj, nm* eccitante *m*.

doper [dɔpe] *vt* drogare; **se doper** *vr* drogarsi, fare uso di sostanze eccitanti.

doping [dɔpiŋ] *nm* doping *m*; (*excitant*) eccitante *m*.

dorade [dɔʀad] *nf* = **daurade**.

doré, e [dɔʀe] *adj* dorato(-a).

dorénavant [dɔʀenavɑ̃] *adv* d'ora in poi, d'ora in avanti.

dorer [dɔʀe] *vt* (*cadre*) dorare; **(faire) ~** (*poulet, gâteau*) (far) indorare; **se ~ au soleil** dorarsi al sole; **~ la pilule à qn** indorare la pillola a qn.

dorloter [dɔʀlɔte] *vt* coccolare; **se faire ~** farsi coccolare.

dormant, e [dɔʀmɑ̃, ɑ̃t] *adj*: **eau ~e** acqua stagnante ♦ *nm* infisso.

dorme [dɔʀm] *vb voir* **dormir**.

dormeur, -euse [dɔʀmœʀ, øz] *nm/f* dormiente *m/f*.

dormir [dɔʀmiʀ] *vi* dormire; (*fig*: *ressources*) restare inattivo(-a); **ne fais pas de bruit, il dort** non fare rumore, sta dormendo; **~ à poings fermés** dormire della grossa.

dorsal, e, -aux [dɔʀsal, o] *adj* dorsale.

dortoir [dɔʀtwaʀ] *nm* dormitorio.

dorure [dɔʀyʀ] *nf* doratura.

doryphore [dɔʀifɔʀ] *nm* (*ZOOL*) dorifora.

dos [do] *nm* schiena, dorso; (*de vêtement*) schiena; (*de livre, cahier, main*) dorso; (*d'un papier, chèque*) retro; **voir au ~** vedi a tergo; **robe décolletée dans le ~** abito scollato sulla schiena; **de ~** di spalle; **~ à ~** schiena contro schiena; **sur le ~** (*s'allonger*) supino(-a); **à ~ de** a dorso di; **avoir bon ~** avere buone spalle; **se mettre qn à ~** inimicarsi qn.

dosage [dozaʒ] *nm* dosaggio.

dos-d'âne [dodɑn] *nm inv* dosso; **pont en ~-~** ponte *m* a schiena d'asino.

dose [doz] *nf* dose *f*; **forcer la ~** (*fig*) rincarare la dose.

doser [doze] *vt* dosare.

doseur [dozœʀ] *nm* dosatore *m*; **bouchon ~** tappo dosatore.

dossard [dosaʀ] *nm* pettorale *m*, numero di gara.

dossier [dosje] *nm* (*renseignements, fiches*) pratica, dossier *m inv*; (*chemise, enveloppe*) cartella; (*de chaise*) schienale *m*; (*PRESSE*) dossier *m inv*; **le ~ social/monétaire** (*fig*) la questione sociale/monetaria; ▸ **dossier suspendu** pratica rimasta in sospenso.

dot [dɔt] *nf* dote *f*.

dotation [dɔtasjɔ̃] *nf* dotazione *f*.

doté, e [dɔte] *adj*: **~ de** dotato(-a) di, fornito(-a) di.

doter [dɔte] *vt*: **~ qn/qch de** dotare qn/qc di.

douairière [dwɛʀjɛʀ] *nf* vecchia signora dell'alta società.

douane [dwan] *nf* dogana; **passer la ~** passare la dogana; **en ~** (*marchandises, entrepôt*) fermo(-a) in dogana.

douanier, -ière [dwanje, jɛʀ] *adj* doganale ♦ *nm* doganiere *m*.

doublage [dublaʒ] *nm* doppiaggio.

double [dubl] *adj* doppio(-a) ♦ *adv*: **voir ~** vedere doppio ♦ *nm* (*2 fois plus*): **le ~ (de)** il doppio (di); (*autre exemplaire*) doppione *m*; (*sosie*) sosia *m/f inv*; **~ messieurs/mixte** (*TENNIS*) doppio maschile/misto; **à ~ sens** a doppio senso; **à ~ tranchant** a doppio taglio; **faire ~ emploi** essere in più; **à ~s commandes** con doppi comandi; **en ~** (*exemplaire*) in duplice copia; ▸**double carburateur** carburatore *m* a doppio corpo; ▸**double toit** (*tente*) soprattetto; ▸**double vue** preveggenza.

doublé, e [duble] *adj* (*lettre, voyelle*) geminato(-a); (*film*) doppiato(-a); **~ (de)** (*vêtement*) foderato(-a) (di); **~ de** (*fig*) e in più anche.

doublement [dubləmɑ̃] *nm* raddoppiamento ♦ *adv* (*à un degré double*) doppiamente.

doubler [duble] *vt* (*multiplier par 2*) raddoppiare; (*vêtement, chaussures*) foderare; (*voiture, concurrent*) superare; (*film*) doppiare; (*acteur*) sostituire (con una controfigura) ♦ *vi* raddoppiare; **se doubler** *vr*: **se ~ de** essere anche *ou* al tempo stesso; **~ (la classe)** (*SCOL*) ripetere la classe; **~ un cap** (*NAUT*) doppiare un capo; (*fig*) superare uno scoglio.

doublure [dublyʀ] *nf* (*de vêtement*) fodera; (*acteur*) controfigura.

douce [dus] *adj voir* **doux**.

douceâtre [dusɑtʀ] *adj* dolciastro(-a).

doucement [dusmɑ̃] *adv* dolcemente; (*à voix basse*) sommessamente; (*lentement*) lentamente.

doucereux, -euse [dus(ə)ʀø, øz] (*péj*) *adj* dolciastro(-a).

douceur [dusœʀ] *nf* dolcezza; (*de peau*) morbidezza; (*de couleur, saveur*) delicatezza; (*de climat*) mitezza; **~s** *nfpl* (*friandises*) dolci *mpl*, dolciumi *mpl*; **en ~** (*filer*) di soppiatto.

douche [duʃ] *nf* doccia; (*salle*): **~s** docce *fpl*; **prendre une ~** fare una doccia; ▸**douche écossaise** (*fig*) doccia scozzese; ▸**douche froide** (*fig*) doccia fredda.

doucher [duʃe] *vt* fare la doccia a; (*mouiller*) inzuppare; (*fig: réprimander*) dare una lavata di capo a; (: *enthousiasme*) raggelare; **se doucher** *vr* farsi la doccia.

doudoune [dudun] *nf* piumino, giubbotto imbottito; (*fam*) tetta.

doué, e [dwe] *adj*: **~ (de)** dotato(-a) (di); **être ~ pour** essere portato(-a) per.

douille [duj] *nf* (*ÉLEC*) portalampada *m inv*; (*de projectile*) bossolo.

douillet, te [dujɛ, ɛt] *adj* (*péj: personne*) delicatino(-a); (*lit*) morbido(-a); (*maison*) accogliente.

douleur [dulœʀ] *nf* dolore *m*; **ressentir des ~s** avere dei dolori; **il a eu la ~ de perdre son père** ha sofferto la perdita di suo padre.

douloureux, -euse [duluʀø, øz] *adj* doloroso(-a); (*membre*) dolente.

doute [dut] *nm* dubbio; **sans ~** con ogni probabilità; **sans nul** *ou* **aucun ~** senza (alcun) dubbio; **hors de ~** fuori dubbio; **nul ~ que** non c'è dubbio che; **mettre en ~ (que)** mettere in dubbio (che).

douter [dute] *vt*: **~ (de/que)** dubitare (di/che); **se douter** *vr*: **se ~ que/de qch** sospettare che/di qc; **j'en doute** ne dubito; **je m'en doutais** lo sospettavo; **ne ~ de rien** non sospettare (di) niente.

douteux, -euse [dutø, øz] *adj* dubbio(-a); (*temps*) incerto(-a); (*péj*) losco(-a).

douve [duv] *nf* (*de château*) fossato; (*de tonneau*) doga; (*du foie*) fasciola.

Douvres [duvʀ] *n* Dover *f*.

doux [du] *adj* (*sucré, pas brusque, eau: non calcaire*) dolce; (*pente, vent*) leggero(-a), dolce; (*lisse: peau*) liscio(-a), morbido (-a); (*couleur, saveur, moutarde*) delicato (-a); (*climat*) mite; (*région*) dal clima mite; (*drogue*) leggero(-a); **en douce** (*partir etc*) alla chetichella; **tout ~** adagio, piano.

douzaine [duzɛn] *nf* dozzina; **une ~ (de)** una dozzina (di).

douze [duz] *adj inv, nm inv* dodici *m inv*; **les D~** (*membres de la CEE*) i Dodici; *voir aussi* **cinq**.

douzième [duzjɛm] *adj, nm/f* dodicesimo(-a) ♦ *nm* dodicesimo; *voir aussi* **cinquième**.

doyen, ne [dwajɛ̃, jɛn] *nm/f* decano(-a); (*de faculté*) preside *m/f*.

DPLG [depeɛlʒe] *sigle* (= *diplômé par le gouvernement*) *ulteriore qualifica di architetti, ingegneri etc*.

Dr *abr* (= *docteur*) dott.

dr. *abr* = **droit(e)**.

draconien, ne [dʀakɔnjɛ̃, jɛn] *adj* drastico(-a).

dragée [dʀaʒe] *nf* (*bonbon, MÉD*) confetto.

dragéifié, e [dʀaʒeifje] *adj* (*MÉD*) sotto forma di confetto.

dragon [dʀagɔ̃] *nm* drago.

drague [dʀag] *nf* draga.

draguer [dʀage] *vt* (*rivière*) dragare; (*fam: filles*) rimorchiare ♦ *vi* (*fam*) rimorchiare.

dragueur [dʀagœʀ] *nm* (*aussi*: **~ de mines**) dragamine *m inv*; **quel ~!** (*péj*) che pappagallo!

drain [dRɛ̃] *nm* (*MÉD*) tubo di drenaggio.
drainage [dRɛnaʒ] *nm* drenaggio.
drainer [dRene] *vt* (*sol, MÉD*) drenare; (*fig*) far affluire.
dramatique [dRamatik] *adj* drammatico (-a) ♦ *nf* (*TV*) sceneggiato.
dramatiquement [dRamatikmɑ̃] *adv* drammaticamente.
dramatisation [dRamatizasjɔ̃] *nf* drammatizzazione *f*.
dramatiser [dRamatize] *vt* drammatizzare.
dramaturge [dRamatyRʒ] *nm/f* drammaturgo(-a).
drame [dRam] *nm* (*catastrophe, THÉÂTRE*) dramma *m*; ▸**drame familial** dramma famigliare.
drap [dRa] *nm* (*de lit*) lenzuolo; (*tissu*) tessuto di lana; ▸**drap de dessous/dessus** lenzuolo di sotto/sopra; ▸**drap de plage** telo da mare.
drapé [dRape] *nm* drappeggio.
drapeau, x [dRapo] *nm* bandiera; (*en sport, de chef de gare etc*) bandierina; **sous les ~x** sotto le armi; **le ~ blanc** la bandiera bianca.
draper [dRape] *vt* drappeggiare.
draperies [dRapRi] *nfpl* tendaggi *mpl*.
drap-housse [dRaus] (*pl* **~s-~s**) *nm* lenzuolo con elastici agli angoli.
drapier [dRapje] *nm* (*fabricant*) fabbricante *m* di tessuti (di lana); (*marchand*) commerciante *m* di tessuti (di lana).
drastique [dRastik] *adj* drastico(-a).
dressage [dResaʒ] *nm* addestramento.
dresser [dRese] *vt* (*mettre vertical*) drizzare, rizzare; (*tente*) montare; (*fig*: *liste, bilan, contrat*) redigere, stilare; (*animal*) addestrare; **se dresser** *vr* ergersi; (*sur la pointe des pieds*) rizzarsi; **~ l'oreille** drizzare gli orecchi; **~ la table** apparecchiare (la tavola); **~ qn contre qn d'autre** aizzare qn contro qn altro; **~ un procès-verbal à qn** stendere un verbale a qn; **~ une contravention à qn** fare una contravvenzione a qn.
dresseur, -euse [dResœR, øz] *nm/f* addestratore(-trice), ammaestratore (-trice).
dressoir [dReswaR] *nm* credenza.
dribble [dRibl] *nm* (*SPORT*) dribbling *m*.
dribbler [dRible] *vt, vi* (*SPORT*) dribblare.
dribbleur [dRiblœR] *nm* (*SPORT*) giocatore *m* abile nel dribbling.
drille [dRij] *nm*: **joyeux ~** buontempone *m*.
drogue [dRɔg] *nf* droga; (*péj*) intruglio; ▸**drogue douce/dure** droga leggera/pesante.
drogué, e [dRɔge] *nm/f* drogato(-a).
droguer [dRɔge] *vt* drogare; (*malade*) imbottire di medicine; **se droguer** *vr* (*aux stupéfiants*) drogarsi; (*péj*) imbottirsi di medicine.
droguerie [dRɔgRi] *nf* drogheria (*negozio di prodotti chimici per la casa*).
droguiste [dRɔgist] *nm/f* droghiere(-a).
droit, e [dRwa, dRwat] *adj* dritto(-a), diritto(-a); (*opposé à gauche*) destro(-a); (*fig*: *loyal, franc*) retto(-a) ♦ *adv* (*marcher, écrire*) diritto, dritto ♦ *nm* diritto; **~s** *nmpl* (*taxes*) diritti *mpl*; **direct/crochet du ~** (*BOXE*) diretto/gancio destro; **~ au but** *ou* **au fait/au cœur** dritto al punto *ou* ai fatti/al cuore; **avoir le ~ de** avere il diritto di; **avoir ~ à** avere diritto a; **être en ~ de** avere diritto di; **faire ~ à** rendere giustizia a; **être dans son ~** essere dalla parte della ragione; **à bon ~** a buon diritto; **de quel ~?** con quale *ou* che diritto?; **à qui de ~** a chi di dovere; **avoir ~ de cité (dans)** (*fig*) appartenere di diritto (a); ▸**droit coutumier** diritto consuetudinario; ▸**droit de regard** potere *m* di intervento; ▸**droit de réponse** diritto di replica; ▸**droit de vote** diritto di voto; ▸**droits d'auteur** diritti d'autore; ▸**droits de douane** diritti doganali; ▸**droits d'inscription** tasse *fpl* d'iscrizione.
droite [dRwat] *nf* (*direction, POL*) destra; (*MATH*) retta; **à ~ (de)** a destra (di); **de ~** (*POL*) di destra.
droit-fil [dRwafil] (*pl* **~s-~s**) *nm* drittofilo; (*fig*) orientamento.
droitier, -ière [dRwatje, jɛR] *adj* che usa la mano destra, destrimano *inv* ♦ *nm/f* chi usa la mano destra, destrimano *m/f inv*; **ce joueur est ~** gioca con la destra.
droiture [dRwatyR] *nf* rettitudine *f*.
drôle [dRol] *adj* (*amusant*) divertente, buffo(-a); (*bizarre*) strano(-a); **un ~ de ...** (*bizarre*) uno(-a) strano(-a) ...; **il faut avoir une ~ de patience pour ...** ci vuole una bella pazienza per ... .
drôlement [dRolmɑ̃] *adv* (*v adj*) buffamente; stranamente; (*intensif*) terribilmente; **il fait ~ froid** fa un freddo terribile.
drôlerie [dRolRi] *nf* (*v adj*) buffoneria; stramberia.
dromadaire [dRɔmadɛR] *nm* dromedario.
dru, e [dRy] *adj* (*cheveux*) folto(-a); (*pluie*) fitto(-a) ♦ *adv* (*pousser, tomber*) fitto fitto.
drugstore [dRœgstɔR] *nm* drugstore *m inv*, emporio.
druide [dRɥid] *nm* druida *m*.
DST [deɛste] *sigle f* = *Direction de la surveillance du territoire*.
DTP [detepe] *sigle m* = *diphtérie tétanos polio*.
DTTAB [deteteabe] *sigle m* = *diphtérie tétanos typhoïde A et B*.
du [dy] *dét voir* **de** ♦ *prép + art déf voir* **de**.
dû, due [dy] *pp de* **devoir** ♦ *adj* (*somme*)

dovuto(-a) ♦ *nm* (*somme, fig*) dovuto; ~ **à** (*causé par*) dovuto(-a) a.
dualisme [dɥalism] *nm* dualismo.
dubitatif, -ive [dybitatif, iv] *adj* dubbioso(-a).
duc [dyk] *nm* duca *m*.
duché [dyʃe] *nm* ducato.
duchesse [dyʃɛs] *nf* duchessa.
duel [dɥɛl] *nm* (*aussi fig*) duello.
duettiste [dɥetist] *nm/f* duettista *m/f*.
duffel-coat, duffle-coat [dœfœlkot] (*pl* **duffel-coats, duffle-coats**) *nm* montgomery *m inv*.
dûment [dymɑ̃] *adv* debitamente.
dumping [dœmpiŋ] *nm* dumping *m*.
dune [dyn] *nf* duna.
Dunkerque [dœ̃kɛʀk] *n* Dunkerque *f*.
duo [dɥo] *nm* (*MUS, fig*) duo.
duodénal, e, -aux [dɥɔdenal, o] *adj* duodenale.
dupe [dyp] *nf* vittima ♦ *adj*: **(ne pas) être ~ de** (non) farsi abbindolare da.
duper [dype] *vt* abbindolare.
duperie [dypʀi] *nf* imbroglio.
duplex [dyplɛks] *nm* (*appartement*) appartamento su due piani; (*télévision*) duplex *m*; **émission en ~** trasmissione *f* in collegamento.
duplicata [dyplikata] *nm* duplicato.
duplicateur [dyplikatœʀ] *nm* duplicatore *m*.
duplicité [dyplisite] *nf* duplicità, doppiezza.
duquel [dykɛl] *prép + pron voir* **lequel**.
dur, e [dyʀ] *adj* duro(-a); (*climat, col*) rigido(-a); (*lumière*) violento(-a); (*œuf*) sodo(-a) ♦ *nm* (*construction*): **en ~** in muratura ♦ *adv* (*travailler, taper etc*) duramente ♦ *nf*: **à la ~e** duramente, severamente; **mener la vie ~e à qn** rendere la vita dura *ou* difficile a qn; ▸ **dur d'oreille** duro(-a) d'orecchio.
durabilité [dyʀabilite] *nf* durevolezza.
durable [dyʀabl] *adj* durevole.
durablement [dyʀabləmɑ̃] *adv* durevolmente.
duralumin [dyʀalymɛ̃] *nm* duralluminio.
durant [dyʀɑ̃] *prép* durante; **~ des mois, des mois ~** per mesi.
durcir [dyʀsiʀ] *vt* indurire; (*fig: politique etc*) irrigidire, inasprire ♦ *vi* indurire; **se durcir** *vr* indurirsi.
durcissement [dyʀsismɑ̃] *nm* indurimento.
durée [dyʀe] *nf* durata; **de courte/longue ~** di breve/lunga durata; **pile de longue ~** pila a lunga durata; **pour une ~ illimitée** per un periodo illimitato.
durement [dyʀmɑ̃] *adv* duramente.
durent [dyʀ] *vb voir* **devoir**.
durer [dyʀe] *vi* durare.
dureté [dyʀte] *nf* (*v dur*) durezza; rigidità; violenza.
durillon [dyʀijɔ̃] *nm* durone *m*.
durit ® [dyʀit] *nm* manicotto.
DUT [deyte] *sigle m = Diplôme universitaire de technologie.*
dut *etc* [dy] *vb voir* **devoir**.
duvet [dyvɛ] *nm* peluria, lanugine *f*; **(sac de couchage en) ~** piumino.
duveteux, -euse [dyv(ə)tø, øz] *adj* lanuginoso(-a).
dynamique [dinamik] *adj* dinamico(-a).
dynamiser [dinamize] *vt* (*équipe, service*) rendere dinamico(-a), dinamizzare.
dynamisme [dinamism] *nm* dinamismo.
dynamite [dinamit] *nf* dinamite *f*.
dynamiter [dinamite] *vt* far saltare con la dinamite.
dynamo [dinamo] *nf* dinamo *f inv*.
dynastie [dinasti] *nf* dinastia.
dysenterie [disɑ̃tʀi] *nf* dissenteria.
dyslexie [dislɛksi] *nf* dislessia.
dyslexique [dislɛksik] *adj* dislessico(-a).
dyspepsie [dispɛpsi] *nf* dispepsia.

E, e

E, e [ə] *nm inv* (*lettre*) E, e *f ou m inv*; **~ comme Eugène** ≈ E come Empoli.
E *abr* (= *Est*) E.
EAO [əao] *sigle m = enseignement assisté par ordinateur.*
EAU [əay] *sigle mpl = Émirats arabes unis.*
eau, x [o] *nf* acqua; **~x** *nfpl* (*thermales*) acque *fpl*; **sans ~** (*whisky etc*) liscio(-a); **prendre l'~** (*chaussure etc*) far passare l'acqua; **prendre les ~x** bere le *ou* fare la cura delle acque; **tomber à l'~** (*fig*) andare a monte; **à l'~ de rose** all'acqua di rose; ▸ **eau bénite** acqua benedetta; ▸ **eau courante** acqua corrente; ▸ **eau de Cologne** acqua di Colonia; ▸ **eau de javel** candeggina, varechina; ▸ **eau de pluie** acqua piovana; ▸ **eau de toilette** acqua di toeletta, eau *f inv* de toilette; ▸ **eau distillée** acqua distillata; ▸ **eau douce** acqua dolce; ▸ **eau gazeuse** acqua gassata; ▸ **eau lourde** acqua pesante; ▸ **eau minérale** acqua minerale; ▸ **eau oxygénée** acqua ossigenata; ▸ **eau plate** acqua non gassata; ▸ **eau salée** acqua salata; ▸ **les Eaux et Forêts** Corpo forestale (dello Stato);

▸**eaux ménagères** acque di scarico; ▸**eaux territoriales** acque territoriali; ▸**eaux usées** acque di rifiuto.

eau-de-vie [odvi] (*pl* ~**x**-~-~) *nf* acquavite *f*.

eau-forte [ofɔʀt] (*pl* ~**x**-~**s**) *nf* acquaforte *f*.

ébahi, e [ebai] *adj* stupito(-a), stupefatto(-a).

ébahir [ebaiʀ] *vt* stupire.

ébats [eba] *vb voir* **ébattre** ♦ *nmpl* giochi *mpl*.

ébattre [ebatʀ]: **s'**~ *vr* giocare.

ébauche [eboʃ] *nf* bozza, schizzo.

ébaucher [eboʃe] *vt* abbozzare; **s'ébaucher** *vr* delinearsi; ~ **un sourire/geste** (*fig*) abbozzare un sorriso/gesto.

ébène [ebɛn] *nm* ebano.

ébéniste [ebenist] *nf* ebanista *m*.

ébénisterie [ebenist(ə)ʀi] *nf* ebanisteria.

éberlué, e [ebɛʀlɥe] *adj* sbalordito(-a), stupefatto(-a).

éblouir [ebluiʀ] *vt* abbagliare; (*fig*) affascinare; (: *émerveiller*) impressionare.

éblouissant, e [ebluisɑ̃, ɑ̃t] *adj* abbagliante; (*fig*: *grâce etc*) affascinante.

éblouissement [ebluismɑ̃] *nm* abbagliamento; (*faiblesse*) capogiro.

ébonite [ebɔnit] *nf* ebanite *f*.

éborgner [ebɔʀɲe] *vt*: ~ **qn** cavare un occhio a qn.

éboueur [ebwœʀ] *nm* netturbino, spazzino.

ébouillanter [ebujɑ̃te] *vt* (*CULIN*) sbollentare, scottare; **s'ébouillanter** *vr* scottarsi.

éboulement [ebulmɑ̃] *nm* frana; (*amas*) ammasso di detriti.

ébouler [ebule]: **s'**~ *vr* crollare, franare.

éboulis [ebuli] *nm* detriti *mpl*.

ébouriffé, e [ebuʀife] *adj* arruffato(-a), scarmigliato(-a).

ébouriffer [ebuʀife] *vt* arruffare, scompigliare.

ébranlement [ebʀɑ̃lmɑ̃] *nm* vibrazione *f*.

ébranler [ebʀɑ̃le] *vt* far tremare; (*rendre instable, fig*: *résolution*) far vacillare; (: *santé*) compromettere; **s'ébranler** *vr* (*partir*) mettersi in moto, avviarsi.

ébrécher [ebʀeʃe] *vt* sbeccare.

ébriété [ebʀijete] *nf*: **en état d'**~ in stato di ubriachezza.

ébrouer [ebʀue]: **s'**~ *vr* (*souffler*) sbuffare; (*s'agiter*) scuotersi.

ébruiter [ebʀɥite] *vt* divulgare, rendere pubblico(-a); **s'ébruiter** *vr* trapelare.

ébullition [ebylisjɔ̃] *nf* ebollizione *f*; **en** ~ (*aussi fig*) in ebollizione.

écaille [ekɑj] *nf* (*de poisson*) squama; (*de coquillage*) scaglia; (*matière*) tartaruga; (*de peinture etc*) crosta, squama.

écaillé, e [ekɑje] *adj* (*peinture*) scrostato (-a).

écailler [ekɑje] *vt* (*poisson*) squamare; (*huître*) aprire; **s'écailler** *vr* scrostarsi.

écarlate [ekaʀlat] *adj* scarlatto(-a).

écarquiller [ekaʀkije] *vt*: ~ **les yeux** sgranare gli occhi.

écart [ekaʀ] *nm* (*dans l'espace*) distanza; (*de prix etc*) differenza; (*de temps, embardée, mouvement*) scarto; (*fig*: *de langage*) errore *m*; **à l'**~ in disparte; **à l'**~ **de** distante da; **faire le grand** ~ fare la spaccata; **avoir des** ~**s de conduite** sgarrare.

écarté, e [ekaʀte] *adj* (*lieu*) appartato(-a), isolato(-a); (*ouvert*) allargato(-a); **les jambes** ~**es** a gambe divaricate; **les bras** ~**s** con le braccia aperte.

écarteler [ekaʀtəle] *vt* squartare; (*fig*) dilaniare, lacerare.

écartement [ekaʀtəmɑ̃] *nm* distanza; (*RAIL*) scartamento.

écarter [ekaʀte] *vt* (*éloigner*) allontanare; (*séparer*) separare; (*ouvrir*: *bras*) allargare; (: *jambes*) divaricare; (: *rideau*) scostare; (*candidat, CARTES*) scartare; **s'écarter** *vr* (*parois*) allargarsi; (*jambes*) divaricarsi; (*s'éloigner*) allontanarsi; **s'**~ **de** (*aussi fig*) scostarsi da, allontanarsi da.

ecchymose [ekimoz] *nf* ecchimosi *f inv*.

ecclésiastique [eklezjastik] *adj* ecclesiastico(-a) ♦ *nm* ecclesiastico.

écervelé, e [esɛʀvəle] *adj* scervellato(-a).

échafaud [eʃafo] *nm* patibolo.

échafaudage [eʃafodaʒ] *nm* (*CONSTR*) impalcatura, ponteggio; (*fig*) catasta.

échafauder [eʃafode] *vt* (*fig*) architettare, escogitare.

échalas [eʃala] *nm* palo; (*personne*) spilungone *m*.

échalote [eʃalɔt] *nf* (*CULIN*) scalogno.

échancré, e [eʃɑ̃kʀe] *adj* (*robe, corsage*) scollato(-a); (*côte*) rientrante.

échancrer [eʃɑ̃kʀe] *vt* scollare.

échancrure [eʃɑ̃kʀyʀ] *nf* (*de robe*) scollatura; (*de côte*) insenatura; (*arête rocheuse*) rientranza.

échange [eʃɑ̃ʒ] *nm* scambio; **en** ~ **(de)** in cambio (di); ▸**échanges commerciaux/culturels** scambi commerciali/culturali; ▸**échanges de lettres** scambio di lettere; ▸**échange de politesses** scambio di cortesie; ▸**échange de vues** scambio di vedute *ou* opinioni.

échangeable [eʃɑ̃ʒabl] *adj* scambiabile.

échanger [eʃɑ̃ʒe] *vt* scambiare; (*lettres, cadeaux*) scambiarsi; ~ **qch (contre)** scambiare qc (con); ~ **qch avec qn** scambiare qc con qn.

échangeur [eʃɑ̃ʒœʀ] *nm* (*AUTO*) svincolo.

échantillon [eʃɑ̃tijɔ̃] *nm* campione *m*; (*fig*) saggio.

échantillonnage [eʃɑ̃tijɔnaʒ] *nm* campionatura.
échappatoire [eʃapatwaʀ] *nf* scappatoia.
échappée [eʃape] *nf* (*vue*) vista; (*CYCLISME*) fuga.
échappement [eʃapmɑ̃] *nm* (*AUTO*) scappamento; ▸ **échappement libre** scappamento libero.
échapper [eʃape]: ~ **à** *vt* sfuggire a; **s'échapper** *vr* fuggire, scappare; (*gaz, eau*) fuoriuscire; ~ **à qn** sfuggire a qn; ~ **des mains de qn** sfuggire di mano a qn; **laisser** ~ lasciarsi sfuggire; **l'**~ **belle** scamparla bella.
écharde [eʃaʀd] *nf* scheggia.
écharpe [eʃaʀp] *nf* (*cache-nez*) sciarpa; (*de maire*) fascia; **avoir un bras en** ~ (*MÉD*) avere un braccio al collo; **prendre en** ~ (*véhicule etc*) urtare di lato.
écharper [eʃaʀpe] *vt* sfregiare; (*fig*) massacrare, fare a pezzi.
échasse [eʃas] *nf* (*bâton*) trampolo.
échassier [eʃasje] *nm* trampoliere *m*.
échaudé, e [eʃode] *adj* (*fig*) scottato(-a).
échauder [eʃode] *vt*: **se faire** ~ essere scottato(-a).
échauffement [eʃofmɑ̃] *nm* surriscaldamento; (*SPORT*) riscaldamento.
échauffer [eʃofe] *vt* (*aussi fig*) scaldare; **s'échauffer** *vr* (*SPORT*) riscaldarsi; (*dans la discussion*) scaldarsi, accalorarsi.
échauffourée [eʃofuʀe] *nf* tafferuglio; (*MIL*) schermaglia.
échéance [eʃeɑ̃s] *nf* scadenza; **à brève/longue** ~ a breve/lunga scadenza.
échéancier [eʃeɑ̃sje] *nm* scadenzario.
échéant [eʃeɑ̃]: **le cas** ~ *adv* all'occorrenza.
échec [eʃɛk] *nm* (*d'une personne*) insuccesso, smacco; (*d'un projet*) fallimento, insuccesso; (*ÉCHECS*) scacco; ~**s** *nmpl* (*jeu*) scacchi *mpl*; ~ **et mat/au roi** scacco matto/al re; **mettre en** ~ dare scacco; **tenir en** ~ tenere in scacco; **faire** ~ **à** ostacolare.
échelle [eʃɛl] *nf* (*aussi fig*) scala; **à l'**~ **de** in scala di; **sur une grande** ~ su grande scala; **sur une petite** ~ su scala ridotta; **faire la courte** ~ **à qn** fare scaletta a qn; ▸ **échelle de corde** scala di corda.
échelon [eʃ(ə)lɔ̃] *nm* (*d'échelle*) piolo; (*ADMIN, SPORT*) livello, grado.
échelonner [eʃ(ə)lɔne] *vt* scaglionare; **(versement) échelonné** (versamento) dilazionato.
écheveau, x [eʃ(ə)vo] *nm* matassa.
échevelé, e [eʃəv(ə)le] *adj* arruffato(-a), scarmigliato(-a); (*fig*) sfrenato(-a).
échine [eʃin] *nf* spina dorsale, colonna vertebrale; (*dos*) schiena.
échiner [eʃine]: **s'**~ *vr* sfiancarsi.
échiquier [eʃikje] *nm* scacchiera.
écho [eko] *nm* (*aussi fig*) eco *f ou m*; ~**s** *nmpl* (*PRESSE*) echi *mpl* di cronaca, brevi notizie *fpl* di vita cittadina; **rester sans** ~ (*suggestion etc*) restare senza risposta; **se faire l'**~ **de** mettere in giro, spargere.
échographie [ekogʀafi] *nf* ecografia.
échoir [eʃwaʀ] *vi* scadere; ~ **à** toccare a.
échoppe [eʃɔp] *nf* botteguccia, chiosco.
échouer [eʃwe] *vi* (*tentative*) fallire; (*candidat*) essere bocciato(-a), essere respinto(-a); (*bateau*) arenarsi, incagliarsi; (*débris etc*) venir portato(-a) in secca; (*aboutir: personne dans un café etc*) andare a finire, capitare ♦ *vt* (*bateau*) far arenare; **s'échouer** *vr* arenarsi.
échu, e [eʃy] *pp de* **échoir**.
échut [eʃy] *vb voir* **échoir**.
éclabousser [eklabuse] *vt* infangare, schizzare; (*fig*) infangare.
éclaboussure [eklabusyʀ] *nf* schizzo, spruzzo; (*fig*) infamia.
éclair [eklɛʀ] *nm* (*aussi fig*) lampo; (*gâteau*) *sorta di cannoncino* ♦ *adj inv* (*voyage etc*) lampo *inv*.
éclairage [eklɛʀaʒ] *nm* illuminazione *f*; (*lumière*) luce *f*; (*fig*) punto di vista; ▸ **éclairage indirect** luce indiretta.
éclairagiste [eklɛʀaʒist] *nm/f* tecnico addetto alle luci.
éclaircie [eklɛʀsi] *nf* schiarita.
éclaircir [eklɛʀsiʀ] *vt* schiarire; (*fig: énigme*) chiarire; (*CULIN: sauce*) allungare; **s'éclaircir** *vr* schiarirsi; (*cheveux*) sfoltirsi; (*situation etc*) chiarirsi; **s'**~ **la voix** schiarirsi la voce.
éclaircissement [eklɛʀsismɑ̃] *nm* schiarimento; (*explication*) chiarimento.
éclairer [ekleʀe] *vt* illuminare; (*suj: personne*) fare luce; (*fig: instruire*) illuminare; (*: rendre compréhensible*) chiarire ♦ *vi*: ~ **bien/mal** far molta/poca luce; **s'éclairer** *vr* illuminarsi; (*situation etc*) chiarirsi; **s'**~ **à la bougie** farsi luce con una candela; **s'**~ **à l'électricité** avere l'illuminazione elettrica.
éclaireur, -euse [eklɛʀœʀ, øz] *nm* (*MIL*) esploratore *m* ♦ *nm/f* (*scout*) guida; **partir en** ~ andare in avanscoperta.
éclat [ekla] *nm* (*de bombe, verre*) scheggia; (*du soleil etc*) splendore *m*; (*d'une cérémonie*) sfarzo, splendore *m*; **faire un** ~ (*scandale*) fare scalpore; **action d'**~ azione *f* clamorosa; **voler en** ~**s** andare in frantumi; **des** ~**s de verre** schegge di vetro; ▸ **éclat de rire** scoppio di risa; ▸ **éclats de voix** rumore *msg* di voci.
éclatant, e [eklatɑ̃, ɑ̃t] *adj* (*couleur*) luminoso(-a); (*lumière*) splendente; (*voix, son*) squillante; (*fig: évident*) lampante; (*: succès, revanche*) strepitoso(-a), clamoro-

so(-a).
éclater [eklate] *vi* (*aussi fig*: *guerre, épidémie*) scoppiare; (*groupe, parti*) sciogliersi, dividersi; **s'éclater** *vr* (*fam*) divertirsi come un(-a) matto(-a); ~ **de rire/en sanglots** scoppiare a ridere/in singhiozzi.
éclectique [eklɛktik] *adj* eclettico(-a).
éclipse [eklips] *nf* (*aussi fig*) eclissi *f inv*.
éclipser [eklipse] *vt* (*aussi fig*) eclissare; **s'éclipser** *vr* eclissarsi.
éclopé, e [eklɔpe] *adj* sciancato(-a), zoppo(-a).
éclore [eklɔʀ] *vi* schiudersi; (*fleur*) sbocciare; (*fig*: *talent*) fiorire; (: *vedette*) nascere.
éclosion [eklozjɔ̃] *nf*: **l'~ de** (*v vb*) lo schiudersi di; la fioritura di; la nascita di.
écluse [eklyz] *nf* chiusa.
éclusier, -ière [eklyzje, jɛʀ] *nm/f* guardiano(-a) di chiusa.
écœurant, e [ekœʀɑ̃, ɑ̃t] *adj* nauseante, nauseabondo(-a).
écœurement [ekœʀmɑ̃] *nm* nausea.
écœurer [ekœʀe] *vt* nauseare; (*démoraliser*) scoraggiare.
école [ekɔl] *nf* scuola; **aller à l'~** andare a scuola; **faire ~** fare scuola; ▸ **école de danse/de dessin/de musique** scuola di danza/di disegno/di musica; ▸ **école de secrétariat** scuola per segretarie (d'azienda); ▸ **école élémentaire** scuola elementare; ▸ **école hôtelière** scuola alberghiera; ▸ **école maternelle** scuola materna, asilo; ▸ **école normale (d'instituteurs)** istituto magistrale; ▸ **école normale supérieure** *istituto superiore per la formazione degli insegnanti*; ▸ **école primaire** scuola elementare; ▸ **école privée/publique** scuola privata/statale; ▸ **école secondaire** scuola media (*inferiore e superiore*).
écolier, -ière [ekɔlje, jɛʀ] *nm/f* scolaro(-a).
écolo [ekɔlo] *nm/f* (*fam*) ecologista *m/f*.
écologie [ekɔlɔʒi] *nf* ecologia.
écologique [ekɔlɔʒik] *adj* ecologico(-a).
écologiste [ekɔlɔʒist] *nm/f* ecologista *m/f*.
éconduire [ekɔ̃dɥiʀ] *vt* congedare.
économat [ekɔnɔma] *nm* economato.
économe [ekɔnɔm] *adj, nm/f* economo(-a).
économie [ekɔnɔmi] *nf* economia; (*d'argent, de temps*) risparmio, economia; **~s** *nfpl* (*pécule*) risparmi *mpl*; **une ~ de temps/d'argent** un risparmio di tempo/di denaro; ▸ **économie dirigée** economia dirigistica.
économique [ekɔnɔmik] *adj* economico (-a).
économiquement [ekɔnɔmikmɑ̃] *adv* economicamente; **les ~ faibles** (*ADMIN*) i meno abbienti.
économiser [ekɔnɔmize] *vt* risparmiare, economizzare ♦ *vi* risparmiare.
économiseur [ekɔnɔmizœʀ] *nm* (*INFORM*): **~ d'écran** screen saver *m inv*.
économiste [ekɔnɔmist] *nm/f* economista *m/f*.
écoper [ekɔpe] *vt, vi* (*NAUT*) sgottare; **~ (de)** (*fig*) buscarsi, beccarsi.
écorce [ekɔʀs] *nf* corteccia; (*de fruit*) buccia, scorza.
écorché [ekɔʀʃe] *nm raffigurazione di uomo o animale senza pelle*; **~ vif** (*fig*) tipo coi nervi a fior di pelle.
écorcher [ekɔʀʃe] *vt* (*animal*) scuoiare; (*égratigner*) sbucciare; (*fig*: *une langue*) storpiare; **s'~ le genou** sbucciarsi il ginocchio.
écorchure [ekɔʀʃyʀ] *nf* sbucciatura.
écorner [ekɔʀne] *vt* (*taureau*) scornare; (*livre*) rovinare gli angoli a.
écossais, e [ekɔsɛ, ɛz] *adj* scozzese ♦ *nm* (*LING*) scozzese *m* ♦ *nm/f*: **Écossais, e** scozzese *m/f*.
Écosse [ekɔs] *nf* Scozia.
écosser [ekɔse] *vt* sgusciare.
écosystème [ekosistɛm] *nm* ecosistema *m*.
écot [eko] *nm*: **payer son ~** (*fig*) pagare la propria parte.
écoulement [ekulmɑ̃] *nm* (*d'un liquide*) scorrimento, lo scorrere; (*faux billets*) spaccio; (*stock*) smaltimento.
écouler [ekule] *vt* (*stock*) smaltire; (*faux billets*) spacciare; **s'écouler** *vr* defluire; (*jours, temps*) scorrere.
écourter [ekuʀte] *vt* abbreviare.
écoute [ekut] *nf* (*RADIO, TV*) ascolto; (*NAUT*) scotta; **temps/heure d'~** tempo/ora di ascolto; **heure de grande ~** ora di massimo (indice) d'ascolto; **bonne/mauvaise ~** buona/cattiva ricezione *f*; **prendre l'~** mettersi in ascolto; **être/rester à l'~ (de)** essere/restare in ascolto (di); ▸ **écoutes téléphoniques** intercettazione *fsg* telefonica.
écouter [ekute] *vt, vi* ascoltare; **s'écouter** *vr* dare troppo peso alla propria salute; **si je m'écoutais** se seguissi il mio istinto; **s'~ parler** compiacersi delle proprie parole.
écouteur [ekutœʀ] *nm* cuffia; (*au téléphone*) ricevitore *m*; **~s** *nmpl* (*RADIO*) auricolare *msg*, cuffie *fpl*.
écoutille [ekutij] *nf* boccaporto.
écouvillon [ekuvijɔ̃] *nm* scovolino.
écrabouiller [ekʀabuje] *vt* spappolare.
écran [ekʀɑ̃] *nm* schermo; **porter à l'~** (*CINÉ*) portare sullo schermo; **faire ~** fare schermo; **le petit ~** il piccolo schermo; ▸ **écran de fumée** cortina di fumo.
écrasant, e [ekʀazɑ̃, ɑ̃t] *adj* schiacciante.
écraser [ekʀaze] *vt* (*aussi fig*) schiacciare;

(*piéton*) investire; (*ennemi, armée*) annientare; (*INFORM*) sovrascrivere; **écrase(-toi)!** chiudi il becco!, smettila!; **se faire ~** essere investito(-a); **s'~ (au sol)** (*avion*) schiantarsi (al suolo); **s'~ contre/sur** schiantarsi contro/su.
écrémer [ekReme] *vt* scremare.
écrevisse [ekRəvis] *nf* gambero (di fiume).
écrier [ekRije]: **s'~** *vr* esclamare.
écrin [ekRɛ̃] *nm* scrigno.
écrire [ekRiR] *vt, vi* scrivere; **s'écrire** *vr* (*réciproque*) scriversi; **ça s'écrit comment?** come si scrive?; **~ à qn (que)** scrivere a qn (di).
écrit, e [ekRi, it] *pp de* **écrire** ♦ *adj*: **bien ~** ben scritto(-a); **mal ~** scritto(-a) male ♦ *nm* scritto; **par ~** per iscritto.
écriteau, x [ekRito] *nm* cartello.
écritoire [ekRitwaR] *nf* servizio per scrivania.
écriture [ekRityR] *nf* scrittura; **~s** *nfpl* (*COMM*) scritture *fpl* contabili; **les Écritures** le Scritture; ▶ **l'Écriture (sainte)** la Sacra scrittura.
écrivain [ekRivɛ̃] *nm* scrittore(-trice).
écrivais [ekRivɛ] *vb voir* **écrire**.
écrou [ekRu] *nm* (*TECH*) dado.
écrouer [ekRue] *vt* incarcerare.
écroulé, e [ekRule] *adj* (*de fatigue*) distrutto(-a); **être ~ (de rire)** essere piegato(-a) in due dalle risate.
écroulement [ekRulmɑ̃] *nm* crollo.
écrouler [ekRule]: **s'~** *vr* (*aussi fig*) crollare.
écru [ekRy] *adj* écru *inv*.
ECU [eky] *abr m* (= *European Currency Unit*) ECU *m inv*.
écu [eky] *nm* scudo; (*monnaie de la CEE*) ecu *m inv*.
écueil [ekœj] *nm* (*aussi fig*) scoglio.
écuelle [ekɥɛl] *nf* scodella.
éculé, e [ekyle] *adj* scalcagnato(-a); (*fig: péj: plaisanterie etc*) trito(-a) e ritrito(-a).
écume [ekym] *nf* schiuma; ▶ **écume de mer** (*silicate*) schiuma di mare.
écumer [ekyme] *vt* (*CULIN*) schiumare; (*fig*) setacciare ♦ *vi* spumeggiare; (*fig: personne*) schiumare.
écumoire [ekymwaR] *nf* schiumaiola.
écureuil [ekyRœj] *nm* scoiattolo.
écurie [ekyRi] *nf* scuderia.
écusson [ekysɔ̃] *nm* scudo, stemma.
écuyer, -ère [ekɥije, jɛR] *nm/f* cavallerizzo(-a).
eczéma [ɛgzema] *nm* eczema *m*.
éd. *abr* (= *édition*) ed.; (= *éditeur*) Ed.
édam [edam] *nm* (*fromage*) edam *m inv*.
edelweiss [edɛlvajs] *nm inv* edelweiss *m inv*, stella alpina.
éden [edɛn] *nm* eden *m inv*.
édenté, e [edɑ̃te] *adj* sdentato(-a).
EDF [ədeɛf] *sigle f* (= *Électricité de France*) ≈ E.N.E.L. *m*.
édicter [edikte] *vt* decretare.
édifiant, e [edifjɑ̃, jɑ̃t] *adj* edificante.
édification [edifikasjɔ̃] *nf* edificazione *f*.
édifice [edifis] *nm* (*aussi fig*) edificio.
édifier [edifje] *vt* edificare.
édiles [edil] *nmpl* (*ADMIN*) amministratori *mpl* comunali.
Édimbourg [edɛ̃buR] *n* Edimburgo *f*.
édit [edi] *nm* editto.
éditer [edite] *vt* (*livre*) pubblicare; (*disque*) produrre; (*auteur, musicien*) pubblicare le opere di; (*texte*) curare (la pubblicazione di); (*INFORM*) modificare, fare l'editing di.
éditeur, -trice [editœR, tRis] *nm/f* editore (-trice); (*rédacteur*) redattore(-trice).
édition [edisjɔ̃] *nf* edizione *f*; (*industrie du livre*) editoria; **~ sur écran** (*INFORM*) modifica su schermo, editing *m inv*.
édito [edito] (*fam*) *nm* = **éditorial**.
éditorial, -aux [editɔRjal, jo] *nm* editoriale *m*.
éditorialiste [editɔRjalist] *nm/f* editorialista *m/f*.
édredon [edRədɔ̃] *nm* piumino.
éducateur, -trice [edykatœR, tRis] *adj, nm/f* educatore(-trice); ▶ **éducateur spécialisé** insegnante *m/f* specializzato(-a).
éducatif, -ive [edykatif, iv] *adj* educativo(-a).
éducation [edykasjɔ̃] *nf* educazione *f*; **bonne/mauvaise ~** buona/cattiva educazione; **sans ~** maleducato(-a); ▶ **l'Éducation (Nationale)** la Pubblica Istruzione; ▶ **éducation permanente** educazione permanente; ▶ **éducation physique** (*SCOL*) educazione fisica.
édulcorer [edylkɔRe] *vt* (*aussi fig*) addolcire.
éduquer [edyke] *vt* educare; **bien éduqué** beneducato(-a); **mal éduqué** maleducato(-a).
effacé, e [efase] *adj* (*fig*) scialbo(-a), spento(-a).
effacer [efase] *vt* (*aussi fig*) cancellare; **s'effacer** *vr* sbiadire; (*souvenir, erreur*) cancellarsi; (*personne*) scansarsi, tirarsi indietro.
effarant, e [efaRɑ̃, ɑ̃t] *adj* sbalorditivo(-a).
effaré, e [efaRe] *adj* sgomento(-a).
effarement [efaRmɑ̃] *nm* sgomento.
effarer [efaRe] *vt* sgomentare.
effarouchement [efaRuʃmɑ̃] *nm* spavento.
effaroucher [efaRuʃe] *vt* spaventare, impaurire; (*choquer*) turbare.
effectif, -ive [efɛktif, iv] *adj* effettivo(-a) ♦ *nm* (*MIL, SCOL, COMM*) effettivo.
effectivement [efɛktivmɑ̃] *adv* effettivamente.
effectuer [efɛktɥe] *vt* effettuare; **s'effec-**

tuer *vr* svolgersi.

efféminé, e [efemine] *adj* effeminato(-a).

effervescence [efɛʀvesɑ̃s] *nf* (*fig*): **en ~** in fermento.

effervescent, e [efɛʀvesɑ̃, ɑ̃t] *adj* (*aussi fig*) effervescente.

effet [efɛ] *nm* effetto; (*COMM*) effetto, titolo; **~s** *nmpl* (*vêtements etc*) effetti *mpl*; **faire de l'~** fare effetto; (*nouvelle, décor*) far colpo; **sous l'~ de** sotto l'effetto di; **donner de l'~ à une balle** (*TENNIS*) dare effetto a una palla; **à cet ~** a tal scopo; **en ~** in effetti; **avec ~ rétroactif** (*JUR*: *d'une loi, d'un jugement*) con effetto retroattivo; ▸ **effet (de commerce)** effetto (di commercio); ▸ **effet de couleur/lumière** effetto di colore/luce; ▸ **effet de serre** effetto serra; ▸ **effet de style** effetto stilistico; ▸ **effets de voix** effetti di voce; ▸ **effets spéciaux** effetti speciali.

effeuiller [efœje] *vt* sfogliare.

efficace [efikas] *adj* (*personne*) efficiente; (*action, médicament*) efficace.

efficacité [efikasite] *nf* (*v adj*) efficienza; efficacia.

effigie [efiʒi] *nf* effigie *f*; **brûler qn en ~** ardere qn in effigie.

effilé, e [efile] *adj* affilato(-a); (*doigt*) affusolato(-a); (*carrosserie*) aerodinamico(-a).

effiler [efile] *vt* (*cheveux*) sfumare; (*tissu*) sfilacciare.

effilocher [efilɔʃe]: **s'~** *vr* sfilacciarsi.

efflanqué, e [eflɑ̃ke] *adj* sfiancato(-a).

effleurement [eflœʀmɑ̃] *nm*: **touche à ~** tasto a sfioramento.

effleurer [eflœʀe] *vt* (*aussi fig*) sfiorare.

effluves [eflyv] *nmpl* effluvi *mpl*.

effondré, e [efɔ̃dʀe] *adj* accasciato(-a), distrutto(-a).

effondrement [efɔ̃dʀəmɑ̃] *nm* crollo.

effondrer [efɔ̃dʀe]: **s'~** *vr* crollare; (*blessé, coureur etc*) crollare, accasciarsi.

efforcer [efɔʀse]: **s'~ de** *vr*: **s'~ de faire** sforzarsi di fare.

effort [efɔʀ] *nm* sforzo; **faire un ~** fare uno sforzo; **faire tous ses ~s** fare ogni sforzo; **faire l'~ de ...** fare lo sforzo di ...; **sans ~** senza sforzo; ▸ **effort de mémoire/de volonté** sforzo di memoria/di volontà.

effraction [efʀaksjɔ̃] *nf* scasso; **s'introduire par ~ dans ...** introdursi in ... scassinando.

effrangé, e [efʀɑ̃ʒe] *adj* sfrangiato(-a); (*effiloché*) sfilacciato(-a).

effrayant, e [efʀɛjɑ̃, ɑ̃t] *adj* spaventoso (-a), tremendo(-a); (*sens affaibli*) tremendo(-a).

effrayer [efʀeje] *vt* spaventare; **s'effrayer (de)** *vr* spaventarsi (per).

effréné, e [efʀene] *adj* (*désir, course*) sfrenato(-a); (*musique*) scatenato(-a).

effritement [efʀitmɑ̃] *nm* sgretolamento, sfaldamento; (*BOURSE*) calo, flessione *f*.

effriter [efʀite]: **s'~** *vr* sgretolarsi, sfaldarsi; (*BOURSE*) crollare.

effroi [efʀwa] *nm* spavento, terrore *m*.

effronté, e [efʀɔ̃te] *adj* sfrontato(-a), sfacciato(-a).

effrontément [efʀɔ̃temɑ̃] *adv* sfrontatamente, spudoratamente.

effronterie [efʀɔ̃tʀi] *nf* sfacciataggine *f*, sfrontatezza.

effroyable [efʀwajabl] *adj* spaventoso(-a).

effusion [efyzjɔ̃] *nf* effusione *f*; **sans ~ de sang** senza spargimento di sangue.

égailler [egaje]: **s'~** *vr* disperdersi.

égal, e, -aux [egal, o] *adj* uguale; (*terrain, surface*) uniforme, uguale; (*constant*: *vitesse, rythme*) costante, uniforme; (*équitable*) pari ♦ *nm/f* pari *m/f*; **être ~ à** essere uguale a; **ça lui est ~** per lui fa lo stesso; **c'est ~** fa lo stesso; **sans ~** che non ha uguali; **à l'~ de** a pari di; **d'~ à ~** da pari a pari.

également [egalmɑ̃] *adv* ugualmente; (*en outre, aussi*) anche.

égaler [egale] *vt* uguagliare; **3 plus 3 égalent 6** 3 più 3 è uguale a 6.

égalisateur, -trice [egalizatœʀ, tʀis] *adj*: **but ~** goal *m inv* di pareggio.

égalisation [egalizasjɔ̃] *nf* (*SPORT*) pareggio.

égaliser [egalize] *vt* (*sol, salaires*) livellare; (*chances*) rendere uguale; (*cheveux*) pareggiare ♦ *vi* (*SPORT*) pareggiare.

égalitaire [egalitɛʀ] *adj* egualitario(-a).

égalitarisme [egalitaʀism] *nm* egualitarismo.

égalité [egalite] *nf* (*aussi MATH*) uguaglianza; (*de terrain, vitesse*) uniformità; (*équité*) parità; **être à ~ (de points)** essere in pareggio *ou* a pari punti; ▸ **égalité d'humeur** stabilità di umore; ▸ **égalité de droits** uguaglianza di diritti.

égard [egaʀ] *nm* riguardo; **~s** *nmpl* (*marques de respect*) riguardo *msg*; **à cet ~** a questo proposito; **à tous/certains ~s** sotto tutti gli/certi aspetti; **eu ~ à** tenuto conto di, in considerazione di; **par ~ pour** per riguardo a; **sans ~ pour** senza riguardo per; **à l'~ de** nei confronti di; (*en ce qui concerne*) per quanto riguarda.

égaré, e [egaʀe] *adj* (*aussi fig*) smarrito (-a).

égarement [egaʀmɑ̃] *nm* smarrimento; (*gén pl*: *débauche*) sregolatezza.

égarer [egaʀe] *vt* smarrire, perdere; (*moralement*) fuorviare; **s'égarer** *vr* smarrirsi; (*objet*) andare perso(-a); (*fig*: *dans*

une discussion etc) perdere il filo.
égayer [egeje] *vt* (*personne*) divertire; (: *remonter*) rallegrare.
Égée [eʒe] *adj*: **la mer ~** il mar Egeo.
égéen, ne [eʒeɛ̃, ɛn] *adj* egeo(-a).
égérie [eʒeʀi] *nf*: **l'~ de qn/qch** l'ispiratrice di qn/qc.
égide [eʒid] *nf*: **sous l'~ de** sotto l'egida di.
églantier [eglɑ̃tje] *nm* rosa canina *ou* di macchia (*pianta*).
églantine [eglɑ̃tin] *nf* rosa canina *ou* di macchia (*fiore*).
églefin [egləfɛ̃] *nm* eglefino.
église [egliz] *nf* chiesa; **aller à l'~** andare in chiesa; ▶ **l'Église catholique/presbytérienne** la Chiesa cattolica/presbiteriana.
égocentrique [egosɑ̃tʀik] *adj* egocentrico(-a).
égocentrisme [egosɑ̃tʀism] *nm* egocentrismo.
égoïne [egɔin] *nf* sega a mano.
égoïsme [egɔism] *nm* egoismo.
égoïste [egɔist] *adj, nm/f* egoista *m/f*.
égoïstement [egɔistəmɑ̃] *adv* egoisticamente.
égorger [egɔʀʒe] *vt* sgozzare.
égosiller [egozije]: **s'~** *vr* sgolarsi.
égotisme [egɔtism] *nm* egotismo.
égout [egu] *nm* fogna, fognatura; **eaux d'~** acque *fpl* di scolo.
égoutier [egutje] *nm* addetto alla manutenzione delle fognature.
égoutter [egute] *vt* far sgocciolare ♦ *vi* sgocciolare; **s'égoutter** *vr* sgocciolare; (*eau*) gocciolare.
égouttoir [egutwaʀ] *nm* scolapiatti *m inv*.
égratigner [egʀatiɲe] *vt* graffiare; (*fig*) punzecchiare, graffiare; **s'égratigner** *vr* graffiarsi.
égratignure [egʀatiɲyʀ] *nf* graffio.
égrener [egʀəne] *vt* (*blé, chapelet*) sgranare; (*fig*: *notes etc*) scorrere; **s'égrener** *vr* (*fig*: *heures etc*) passare, scorrere; (: *notes*) scorrere; **~ une grappe/des raisins** togliere gli acini a un grappolo d'uva.
égrillard, e [egʀijaʀ, aʀd] *adj* spinto(-a), salace; (*air*) malizioso(-a).
Égypte [eʒipt] *nf* Egitto.
égyptien, ne [eʒipsjɛ̃, jɛn] *adj* egiziano(-a) ♦ *nm/f*: **Égyptien, ne** egiziano(-a).
égyptologie [eʒiptɔlɔʒi] *nf* egittologia.
égyptologue [eʒiptɔlɔg] *nm/f* egittologo (-a).
eh [e] *excl* ehi!; **~ bien!** questa, poi!; **~ bien?** e allora?; **~ bien** (*donc*) ebbene.
éhonté, e [eɔ̃te] *adj* spudorato(-a).
éjaculation [eʒakylasjɔ̃] *nf* eiaculazione *f*.
éjaculer [eʒakyle] *vi* eiaculare.
éjectable [eʒɛktabl] *adj*: **siège ~** seggiolino eiettabile.
éjecter [eʒɛkte] *vt* (*TECH*) espellere; (*fam*) cacciare.
éjection [eʒɛksjɔ̃] *nf* espulsione *f*.
élaboration [elabɔʀasjɔ̃] *nf* elaborazione *f*.
élaboré, e [elabɔʀe] *adj* elaborato(-a).
élaborer [elabɔʀe] *vt* elaborare.
élagage [elagaʒ] *nm* potatura.
élaguer [elage] *vt* potare; (*fig*) sfrondare.
élan [elɑ̃] *nm* (*ZOOL*) alce *m*; (*SPORT*) rincorsa, slancio; (*de véhicule, objet en mouvement*) spinta; (*fig*: *amoureux, patriotique*) slancio; **prendre son ~/de l'~** prendere la rincorsa; **perdre son ~** (*fig*) perdere l'entusiasmo (iniziale).
élancé, e [elɑ̃se] *adj* slanciato(-a).
élancement [elɑ̃smɑ̃] *nm* fitta.
élancer [elɑ̃se]: **s'~** *vr* lanciarsi; (*fig*: *arbre, clocher*) svettare.
élargir [elaʀʒiʀ] *vt* allargare; (*JUR*) scarcerare, rimettere in libertà; **s'élargir** *vr* allargarsi.
élargissement [elaʀʒismɑ̃] *nm* (*v vt*) allargamento; rilascio.
élasticité [elastisite] *nf* elasticità *f inv*; **~ de l'offre/de la demande** (*ÉCON*) elasticità dell'offerta/della domanda.
élastique [elastik] *adj* (*aussi fig*) elastico (-a) ♦ *nm* elastico.
élastomère [elastɔmɛʀ] *nm* elastomero.
Elbe [ɛlb] *nf*: **l'île d'~** l'isola d'Elba; (*fleuve*): **l'~** l'Elba *m*.
eldorado [ɛldoʀado] *nm* eldorado.
électeur, -trice [elɛktœʀ, tʀis] *nm/f* elettore(-trice).
électif, -ive [elɛktif, iv] *adj* elettivo(-a).
élection [elɛksjɔ̃] *nf* elezione *f*; **sa terre/patrie d'~** la propria terra/patria d'elezione; ▶ **élection partielle** elezione parziale; ▶ **élections législatives** elezioni legislative.
électoral, e, -aux [elɛktɔʀal, o] *adj* elettorale.
électoralisme [elɛktɔʀalism] *nm* elettoralismo.
électorat [elɛktɔʀa] *nm* elettorato.
électricien, ne [elɛktʀisjɛ̃, jɛn] *nm/f* elettricista *m/f*.
électricité [elɛktʀisite] *nf* elettricità *f inv*; **fonctionner à l'~** funzionare a elettricità; **allumer/éteindre l'~** accendere/spegnere la luce; ▶ **électricité statique** elettricità statica.
électrification [elɛktʀifikasjɔ̃] *nf* elettrificazione *f*.
électrifier [elɛktʀifje] *vt* elettrificare.
électrique [elɛktʀik] *adj* (*aussi fig*) elettrico(-a).
électriser [elɛktʀize] *vt* (*aussi fig*) elettrizzare.
électro- [elɛktʀɔ] *préf* elettro-.
électro-aimant [elɛktʀoɛmɑ̃] (*pl* **~-~s**) *nm*

elettrocalamita, elettromagnete *m*.
électrocardiogramme [elɛktrokaʀdjɔgʀam] *nm* elettrocardiogramma *m*.
électrocardiographe [elɛktʀokaʀdjɔgʀaf] *nm* elettrocardiografo.
électrochoc [elɛktʀoʃɔk] *nm* elettroshock *m inv*.
électrocuter [elɛktʀɔkyte] *vt* fulminare.
électrocution [elɛktʀɔkysjɔ̃] *nf* folgorazione *f*.
électrode [elɛktʀɔd] *nf* elettrodo.
électroencéphalogramme [elɛktʀoɑ̃sefalɔgʀam] *nm* elettroencefalogramma *m*.
électrogène [elɛktʀɔʒɛn] *adj voir* **groupe**.
électrolyse [elɛktʀɔliz] *nf* elettrolisi *f*.
électromagnétique [elɛktʀomaɲetik] *adj* elettomagnetico(-a).
électroménager [elɛktʀomenaʒe] *adj*: **appareils ~s** elettrodomestici *mpl* ♦ *nm*: **l'~** il settore degli elettrodomestici.
électron [elɛktʀɔ̃] *nm* elettrone *m*.
électronicien, ne [elɛktʀɔnisjɛ̃, jɛn] *nm/f* specialista *m/f* di elettronica.
électronique [elɛktʀɔnik] *adj* elettronico (-a) ♦ *nf* elettronica.
électronucléaire [elɛktʀonykleɛʀ] *adj* elettronucleare ♦ *nm*: **l'~** l'elettronucleare *m*.
électrophone [elɛktʀɔfɔn] *nm* giradischi *m inv*.
électrostatique [elɛktʀostatik] *adj* elettrostatico(-a) ♦ *nf* elettrostatica.
élégamment [elegamɑ̃] *adv* elegantemente.
élégance [elegɑ̃s] *nf* eleganza.
élégant, e [elegɑ̃, ɑ̃t] *adj* elegante.
élément [elemɑ̃] *nm* elemento; **~s** *nmpl* (*eau, air etc, rudiments*) elementi *mpl*.
élémentaire [elemɑ̃tɛʀ] *adj* elementare.
éléphant [elefɑ̃] *nm* elefante *m*; ►**éléphant de mer** elefante marino.
éléphanteau, x [elefɑ̃to] *nm* elefantino.
éléphantesque [elefɑ̃tɛsk] *adj* elefantesco(-a).
élevage [el(ə)vaʒ] *nm* allevamento.
élévateur [elevatœʀ] *nm* elevatore *m*.
élévation [elevasjɔ̃] *nf* elevazione *f*; (*d'un monument*) costruzione *f*; (*de la température*) innalzamento; (*monticule*) altura.
élève [elɛv] *nm/f* (*SCOL*) alunno(-a); (*disciple*) allievo(-a); ►**élève infirmière** allieva infermiera.
élevé, e [el(ə)ve] *adj* elevato(-a); (*fig*) nobile; **bien ~** beneducato(-a); **mal ~** maleducato(-a).
élever [el(ə)ve] *vt* (*enfant, bétail*) allevare; (*hausser*) elevare; (*édifier*) innalzare; (*protestation*) sollevare; (*critique*) muovere; **s'élever** *vr* (*avion*) alzarsi in volo; (*alpiniste*) salire; (*clocher, montagne*) elevarsi; (*cri, niveau*) alzarsi; (*difficultés*) sorgere; **~ la voix/le ton** alzare la voce/il tono; **~ qn au rang/grade de** elevare qn al rango/grado di; **~ un nombre au carré/cube** elevare un numero al quadrato/cubo; **s'~ contre qch** insorgere contro qc; **s'~ à** (*suj*: *frais, dégâts*) ammontare a.
éleveur, -euse [el(ə)vœʀ, øz] *nm/f* allevatore(-trice).
elfe [ɛlf] *nm* elfo.
élidé, e [elide] *adj*: **article/pronom ~** articolo/pronome eliso.
élider [elide] *vt*: **s'~** ♦ *vr* elidersi.
éligibilité [eliʒibilite] *nf* eleggibilità.
éligible [eliʒibl] *adj* eleggibile.
élimé, e [elime] *adj* liso(-a), logoro(-a).
élimination [eliminasjɔ̃] *nf* eliminazione *f*.
éliminatoire [eliminatwaʀ] *adj* eliminatorio(-a) ♦ *nf* (*SPORT*) eliminatoria.
éliminer [elimine] *vt* eliminare.
élire [eliʀ] *vt* eleggere; **~ domicile à ...** eleggere il proprio domicilio a ... .
élision [elizjɔ̃] *nf* elisione *f*.
élite [elit] *nf* élite *f inv*, fior fiore *m*; **tireur d'~** tiratore *m* scelto; **chercheur d'~** ricercatore *m* eminente.
élitisme [elitism] *nm* sistema *m* elitistico.
élitiste [elitist] *adj* elitista.
élixir [eliksiʀ] *nm* elisir *m inv*.
elle [ɛl] *pron* (*sujet*) ella; (: *chose*) essa; (*complément*) lei; **~s** esse.
elle-même [ɛlmɛm] *pron* essa stessa, proprio lei.
elles-mêmes [ɛlmɛm] *pron* esse stesse, proprio loro.
ellipse [elips] *nf* (*GÉOM*) ellisse *f*; (*LING*) ellissi *f*.
elliptique [eliptik] *adj* ellittico(-a).
élocution [elɔkysjɔ̃] *nf* eloquio; **défaut d'~** difetto di pronuncia.
éloge [elɔʒ] *nm* elogio; **faire l'~ de qn/qch** tessere le lodi di qn/qc.
élogieusement [elɔʒjøzmɑ̃] *adv* in termini elogiativi.
élogieux, -euse [elɔʒjø, jøz] *adj* elogiativo(-a).
éloigné, e [elwaɲe] *adj* lontano(-a).
éloignement [elwaɲmɑ̃] *nm* (*action d'éloigner*) allontanamento; (*distance, fig*) lontananza.
éloigner [elwaɲe] *vt*: **~ (de)** allontanare (da); (*fig*: *échéance, but*) differire; (: *soupçons*) fugare; **s'éloigner** *vr*: **s'~ (de)** allontanarsi (da).
élongation [elɔ̃gasjɔ̃] *nf* (*MÉD*) stiramento.
éloquence [elɔkɑ̃s] *nf* eloquenza.
éloquent, e [elɔkɑ̃, ɑ̃t] *adj* eloquente.
élu, e [ely] *pp de* **élire** ♦ *nm/f* eletto(-a).
élucider [elyside] *vt* chiarire.

élucubrations [elykybʀasjɔ̃] *nfpl* elucubrazioni *fpl*.
éluder [elyde] *vt* eludere.
élus [ely] *vb voir* **élire**.
élusif, -ive [elyzif, iv] *adj* elusivo(-a).
Élysée [elize] *nm*: **l'~, le palais de l'~** l'Eliseo, il palazzo dell'Eliseo; **les Champs ~s** i Champs Élysées.
E.-M. [əɛm] *abr* (*MIL* = *état-major*) S.M.
émacié, e [emasje] *adj* emaciato(-a).
émail, -aux [emaj, o] *nm* smalto.
émaillé, e [emaje] *adj* smaltato(-a); ~ **de** (*fig*: *parsemé*) infiorato(-a) di.
émailler [emaje] *vt* smaltare; ~ **de** (*fig*: *parsemer*) infiorare di.
émanation [emanasjɔ̃] *nf* esalazione *f*; **être l'~ de** derivare da.
émancipation [emɑ̃sipasjɔ̃] *nf* emancipazione *f*.
émancipé, e [emɑ̃sipe] *adj* emancipato(-a).
émanciper [emɑ̃sipe] *vt* emancipare; **s'émanciper** *vr* emanciparsi.
émaner [emane]: ~ **de** *vt* (*aussi ADMIN*) emanare da.
émarger [emaʀʒe] *vt* firmare *ou* siglare a margine.
émasculer [emaskyle] *vt* (*aussi fig*) evirare, castrare.
emballage [ɑ̃balaʒ] *nm* imballaggio; ▶ **emballage perdu** confezione *f ou* vuoto a perdere.
emballer [ɑ̃bale] *vt* imballare; **s'emballer** *vr* (*moteur*) imballarsi; (*cheval*) imbizzarrirsi; (*fig*: *fam*) perdere il controllo; **il s'est emballé pour cette idée** l'idea l'ha entusiasmato.
emballeur, -euse [ɑ̃balœʀ, øz] *nm/f* imballatore(-trice).
embarcadère [ɑ̃baʀkadɛʀ] *nm* imbarcadero.
embarcation [ɑ̃baʀkasjɔ̃] *nf* imbarcazione *f*.
embardée [ɑ̃baʀde] *nf* sbandata; **faire une ~** sbandare.
embargo [ɑ̃baʀgo] *nm* embargo; **mettre l'~ sur** mettere l'embargo su.
embarquement [ɑ̃baʀkəmɑ̃] *nm* imbarco.
embarquer [ɑ̃baʀke] *vt* imbarcare; (*fam*: *voler*) sgraffignare; (: *arrêter*) portare dentro ♦ *vi* (*personne*) imbarcarsi; (*NAUT*) imbarcare; **s'embarquer** *vr* imbarcarsi; **s'~ dans** (*affaire, aventure*) imbarcarsi in.
embarras [ɑ̃baʀa] *nm* (*obstacle*) ostacolo, complicazione *f*; (*confusion*) imbarazzo; (*ennui*) impiccio, difficoltà *f inv*; **être dans l'~** (*gêne financière*) avere difficoltà finanziarie; ▶ **embarras gastrique** imbarazzo di stomaco.
embarrassant, e [ɑ̃baʀasɑ̃, ɑ̃t] *adj* (*v vt*) ingombrante; imbarazzante.
embarrassé, e [ɑ̃baʀase] *adj* imbarazzato(-a); (*encombré*) ingombro (-a).
embarrasser [ɑ̃baʀase] *vt* ingombrare; (*troubler*) mettere in imbarazzo *ou* in difficoltà; **s'~ de** (*paquets, objets*) caricarsi di; **s'~ de scrupules** farsi degli scrupoli.
embauche [ɑ̃boʃ] *nf* assunzione *f*; **bureau d'~** ufficio assunzioni.
embaucher [ɑ̃boʃe] *vt* assumere; **s'embaucher comme** *vr* lavorare come.
embauchoir [ɑ̃boʃwaʀ] *nm* forma (da scarpe).
embaumer [ɑ̃bome] *vt* (*corps*) imbalsamare; (*suj*: *fleur, parfum*) profumare ♦ *vi* profumare; ~ **la lavande** profumare di lavanda; ~ **l'encaustique** odorare di cera.
embellie [ɑ̃beli] *nf* schiarita; (*fig*) calma.
embellir [ɑ̃beliʀ] *vt* abbellire ♦ *vi* diventare (più) bello(-a).
embellissement [ɑ̃belismɑ̃] *nm* abbellimento, miglioramento.
embêtant, e [ɑ̃bɛtɑ̃, ɑ̃t] *adj* seccante.
embêtement [ɑ̃bɛtmɑ̃] *nm* grana, noia.
embêter [ɑ̃bete] *vt* seccare, scocciare; **s'embêter** *vr* (*s'ennuyer*) annoiarsi; **il ne s'embête pas!** (*iron*) non si annoia di certo!
emblée [ɑ̃ble]: **d'~** *adv* immediatamente, al primo colpo.
emblème [ɑ̃blɛm] *nm* emblema *m*.
embobiner [ɑ̃bɔbine] *vt* bobinare; ~ **qn** (*enjôler*) abbindolare qn, infinocchiare qn.
emboîtable [ɑ̃bwatabl] *adj* a incastro.
emboîter [ɑ̃bwate] *vt* (*assembler*) incastrare; ~ **le pas à qn** seguire qn passo per passo; **s'~ dans** incastrarsi in; **s'~ (l'un dans l'autre)** incastrarsi (uno nell'altro).
embolie [ɑ̃bɔli] *nf* embolia.
embonpoint [ɑ̃bɔ̃pwɛ̃] *nm* pinguedine *f*; **prendre de l'~** metter su pancia.
embouché, e [ɑ̃buʃe] *adj*: **mal ~** sboccato(-a).
embouchure [ɑ̃buʃyʀ] *nf* (*GÉO*) foce *f*; (*MUS*) imboccatura, bocchino.
embourber [ɑ̃buʀbe]: **s'~** *vr* (*aussi fig*) impantanarsi.
embourgeoiser [ɑ̃buʀʒwaze]: **s'~** *vr* imborghesirsi.
embout [ɑ̃bu] *nm* (*de canne, de tuyau*) attacco, ghiera.
embouteillage [ɑ̃butɛjaʒ] *nm* ingorgo.
embouteiller [ɑ̃buteje] *vt* ingorgare.
emboutir [ɑ̃butiʀ] *vt* (*TECH*) imbutire; (*entrer en collision avec*) tamponare.
embranchement [ɑ̃bʀɑ̃ʃmɑ̃] *nm* ramificazione *f*; (*routier, fig*) bivio; (*SCIENCE*) tipo.
embrancher [ɑ̃bʀɑ̃ʃe] *vt* raccordare, collegare; ~ **qch sur** innestare qc su.

embraser [ɑ̃bʀaze]: **s'~** *vr* (*aussi fig*) infiammarsi.
embrassade [ɑ̃bʀasad] *nf* abbraccio.
embrasse [ɑ̃bʀas] *nf* (*de rideau*) cordone *m*.
embrasser [ɑ̃bʀase] *vt* (*aussi fig: sujet, période*) abbracciare; (*donner des baisers*) baciare; **s'embrasser** *vr* (*réciproque*) abbracciarsi; baciarsi; ~ **une carrière/un métier** abbracciare una carriera/un mestiere; ~ **du regard** abbracciare con lo sguardo.
embrasure [ɑ̃bʀɑzyʀ] *nf* vano; **dans l'~ de la porte** nel vano della porta.
embrayage [ɑ̃bʀɛjaʒ] *nm* (*AUTO*) frizione *f*.
embrayer [ɑ̃bʀeje] *vi* (*AUTO*) innestare la frizione ♦ *vt* (*fig: affaire*): ~ **sur qch** avere influenza in qc.
embrigader [ɑ̃bʀigade] *vt* reclutare.
embrocher [ɑ̃bʀɔʃe] *vt* (*aussi fig*) infilzare.
embrouillamini [ɑ̃bʀujamini] (*fam*) *nm* guazzabuglio.
embrouillé, e [ɑ̃bʀuje] *adj* ingarbugliato(-a).
embrouiller [ɑ̃bʀuje] *vt* (*fils*) ingarbugliare; (*fig: idées, fiches, personne*) confondere; **s'embrouiller** *vr* (*personne*) confondersi.
embroussaillé, e [ɑ̃bʀusaje] *adj* (*terrain*) coperto(-a) di rovi *ou* sterpi; (*cheveux*) arruffato(-a), scompigliato(-a).
embruns [ɑ̃bʀœ̃] *nmpl* spruzzi *mpl*.
embryologie [ɑ̃bʀijɔlɔʒi] *nf* embriologia.
embryon [ɑ̃bʀijɔ̃] *nm* (*BIOL, fig*) embrione *m*.
embryonnaire [ɑ̃bʀijɔnɛʀ] *adj* (*aussi fig*) embrionale.
embûches [ɑ̃byʃ] *nfpl* insidie *fpl*, trabocchetti *mpl*.
embué, e [ɑ̃bɥe] *adj* appannato(-a); **yeux ~s de larmes** occhi velati di lacrime.
embuscade [ɑ̃byskad] *nf* imboscata; **tendre une ~ à qn** tendere un'imboscata a qn.
embusqué [ɑ̃byske] (*péj*) *nm* imboscato.
embusquer [ɑ̃byske] *vt* (*MIL etc*) imboscare; **s'embusquer** *vr* (*aussi péj*) imboscarsi.
éméché, e [emeʃe] *adj* brillo(-a), alticcio(-a).
émeraude [em(ə)ʀod] *nf* smeraldo ♦ *adj inv* verde smeraldo *inv*.
émergence [emɛʀʒɑ̃s] *nf*: **l'~ de** (*fig: d'un phénomène etc*) l'emergere *m* di.
émerger [emɛʀʒe] *vi* emergere.
émeri [em(ə)ʀi] *nm*: **toile ~** tela *f* smeriglio *inv*; **papier ~** carta smerigliata *ou* vetrata.
émérite [emeʀit] *adj* emerito(-a).
émerveillement [emɛʀvɛjmɑ̃] *nm* meraviglia.
émerveiller [emɛʀveje] *vt* meravigliare; **s'émerveiller** *vr*: **s'~ de** meravigliarsi di.
émet [emɛ] *vb voir* **émettre**.
émétique [emetik] *nm* emetico(-a).
émetteur, -trice [emetœʀ, tʀis] *adj* emittente ♦ *nm* emittente *f*.
émetteur-récepteur [emetœʀʀesɛptœʀ] (*pl* **~s-~s**) *nm* ricetrasmittente *f*.
émettre [emɛtʀ] *vt* emettere; (*RADIO, TV*) trasmettere; (*vœu*) pronunciare ♦ *vi* (*RADIO, TV*) trasmettere; ~ **sur ondes courtes** trasmettere su onde corte.
émeus *etc* [emø] *vb voir* **émouvoir**.
émeute [emøt] *nf* sommossa.
émeutier, -ère [emøtje, jɛʀ] *nm/f* rivoltoso(-a).
émeuve [emœv] *vb voir* **émouvoir**.
émietter [emjete] *vt* sbriciolare, sminuzzare; (*fig: forces, efforts*) dividere; **s'émietter** *vr* sbriciolarsi.
émigrant, e [emigʀɑ̃, ɑ̃t] *nm/f* emigrante *m/f*.
émigration [emigʀasjɔ̃] *nf* emigrazione *f*.
émigré, e [emigʀe] *nm/f* emigrato(-a).
émigrer [emigʀe] *vi* emigrare.
émincé [emɛ̃se] *nm* (*de veau etc*) fettina.
émincer [emɛ̃se] *vt* affettare sottile.
éminemment [eminamɑ̃] *adv* eminentemente.
éminence [eminɑ̃s] *nf* eminenza; (*colline*) altura; **Son/Votre Éminence** Sua/Vostra Eminenza; ▸ **éminence grise** eminenza grigia.
éminent, e [eminɑ̃, ɑ̃t] *adj* eminente.
émir [emiʀ] *nm* emiro.
émirat [emiʀa] *nm* emirato; **les Émirats Arabes Unis** gli Emirati Arabi Uniti.
émis [emi] *pp de* **émettre**.
émissaire [emisɛʀ] *nm* emissario.
émission [emisjɔ̃] *nf* (*d'un son*) emissione *f*; (*TV, RADIO*) trasmissione *f*.
émit [emi] *vb voir* **émettre**.
emmagasinage [ɑ̃magazinaʒ] *nm* immagazzinamento.
emmagasiner [ɑ̃magazine] *vt* immagazzinare.
emmailloter [ɑ̃majɔte] *vt* fasciare.
emmanchure [ɑ̃mɑ̃ʃyʀ] *nf* giromanica *m inv*.
emmêlement [ɑ̃mɛlmɑ̃] *nm* groviglio.
emmêler [ɑ̃mele] *vt* (*fils etc*) ingarbugliare, intricare; (*cheveux*) intricare; (*fig*) confondere; **s'emmêler** *vr* (*fils etc*) ingarbugliarsi, intricarsi.
emménagement [ɑ̃menaʒmɑ̃] *nm* trasloco.
emménager [ɑ̃menaʒe] *vi* traslocare.
emmener [ɑ̃m(ə)ne] *vt* condurre (con sé); (*comme otage*) portar via; ~ **qn au cinéma/restaurant** portare qn al cinema/ristorante; **bien ~ une équipe** saper gui-

dar una squadra.

emment(h)al [emɛ̃tal] *nm* emmenthal *m inv.*

emmerder [ɑ̃mɛʀde] (*fam!*) *vt* rompere le palle a (*fam!*); **s'emmerder** *vr* essere scazzato(-a); **je t'emmerde!** fatti i cazzi tuoi! (*fam!*).

emmitoufler [ɑ̃mitufle] *vt* imbacuccare; **s'emmitoufler** *vr* imbacuccarsi.

emmurer [ɑ̃myʀe] *vt* murare.

émoi [emwa] *nm* agitazione *f*; (*trouble*) emozione *f*, turbamento; **en ~** in effervescenza, in subbuglio.

émollient, e [emɔljɑ̃, jɑ̃t] *adj* emolliente.

émoluments [emɔlymɑ̃] *nmpl* emolumenti *mpl.*

émonder [emɔ̃de] *vt* (*arbre*) potare; (*amande etc*) mondare.

émotif, -ive [emɔtif, iv] *adj* emotivo(-a).

émotion [emosjɔ̃] *nf* emozione *f*; **avoir des ~s** (*fig*) prendersi uno spavento; **donner des ~s à** far prendere uno spavento a; **sans ~** senza emozione.

émotionnant, e [emosjɔnɑ̃, ɑ̃t] *adj* emozionante.

émotionnel, le [emosjɔnɛl] *adj* emozionale.

émotionner [emosjɔne] *vt* emozionare.

émoulu, e [emuly] *adj*: **frais ~ de** uscito(-a) fresco(-a) fresco(-a) da.

émoussé, e [emuse] *adj* smussato(-a).

émousser [emuse] *vt* smussare; (*fig*) attenuare.

émoustiller [emustije] *vt* eccitare.

émouvant, e [emuvɑ̃, ɑ̃t] *adj* commovente.

émouvoir [emuvwaʀ] *vt* scuotere, turbare; (*toucher, attendrir*) commuovere; **s'émouvoir** *vr* (*v vt*) turbarsi; commuoversi.

empailler [ɑ̃pɑje] *vt* impagliare.

empailleur, -euse [ɑ̃pɑjœʀ, øz] *nm/f* impagliatore(-trice).

empaler [ɑ̃pale] *vt* impalare; (*volailles*) infilzare; **s'empaler sur** *vr* infilzarsi su.

empaquetage [ɑ̃paktaʒ] *nm* imballaggio.

empaqueter [ɑ̃pakte] *vt* impacchettare.

emparer [ɑ̃paʀe]: **s'~ de** *vr* impadronirsi di; (*comme otage etc*) catturare.

empâter [ɑ̃pɑte]: **s'~** *vr* appesantirsi, ingrassare.

empattement [ɑ̃patmɑ̃] *nm* (*AUTO*) passo; (*TYPO*) grazie *fpl.*

empêché, e [ɑ̃peʃe] *adj* (*ministre etc*) trattenuto(-a) da impegni.

empêchement [ɑ̃pɛʃmɑ̃] *nm* impedimento.

empêcher [ɑ̃peʃe] *vt* impedire; **~ qn de faire qch** impedire a qn di fare qc; **~ que qch (n')arrive/qn (ne) fasse** impedire che qc succeda/qn faccia; **il n'empêche que** ciò non toglie che; **je ne peux pas m'~ de penser** non posso fare a meno di pensare; **il n'a pas pu s'~ de rire** non ha potuto trattenersi dal ridere.

empêcheur [ɑ̃pɛʃœʀ] *nm*: **~ de danser** *ou* **tourner en rond** guastafeste *m/f inv.*

empeigne [ɑ̃pɛɲ] *nf* tomaia.

empennage [ɑ̃penaʒ] *nm* (*AVIAT*) impennaggio.

empereur [ɑ̃pʀœʀ] *nm* imperatore(-trice).

empesé, e [ɑ̃pəze] *adj* (*fig*) affettato(-a), rigido(-a).

empeser [ɑ̃pəze] *vt* inamidare.

empester [ɑ̃pɛste] *vt* impuzzolentire ♦ *vi* puzzare di; **~ le tabac/le vin** puzzare di vino/tabacco.

empêtrer [ɑ̃petʀe]: **s'~ dans** *vr* (*des fils etc*) impigliarsi in; (*ses explications*) impegolarsi in; (*une affaire louche*) invischiarsi in.

emphase [ɑ̃fɑz] *nf* enfasi *f inv*; **avec ~** con enfasi.

emphatique [ɑ̃fatik] *adj* enfatico(-a).

empiècement [ɑ̃pjɛsmɑ̃] *nm* (*COUTURE*) sprone *m.*

empierrer [ɑ̃pjeʀe] *vt* inghiaiare.

empiéter [ɑ̃pjete]: **~ sur** *vt* (*terrain, territoire*) sconfinare su; (*fig*: *droits, domaine*) usurpare.

empiffrer [ɑ̃pifʀe]: **s'~** *vr* (*péj*) abboffarsi, rimpinzarsi.

empiler [ɑ̃pile] *vt* accatastare, impilare; **s'empiler** *vr* accatastarsi.

empire [ɑ̃piʀ] *nm* impero; (*fig*) influsso; **style E~** stile *m* Impero; **sous l'~ de** sotto l'influsso di.

empirer [ɑ̃piʀe] *vi* peggiorare.

empirique [ɑ̃piʀik] *adj* empirico(-a).

empirisme [ɑ̃piʀism] *nm* empirismo.

emplacement [ɑ̃plasmɑ̃] *nm* ubicazione *f*; **sur l'~ d'une ville disparue** dove un tempo era situata la città ora scomparsa.

emplâtre [ɑ̃plɑtʀ] *nm* (*MÉD*) impiastro.

emplette [ɑ̃plɛt] *nf*: **faire des ~s** fare compere; **faire l'~ de** acquistare, comperare.

emplir [ɑ̃pliʀ] *vt* riempire; **s'emplir (de)** *vr* riempirsi (di).

emploi [ɑ̃plwa] *nm* (*utilisation*) uso, impiego; (*poste*) impiego, posto di lavoro; (*LING*) uso; **l'~** (*COMM, ÉCON*) l'occupazione *f*; **d'~ facile/délicat** facile/delicato da usare; **offre/demande d'~** offerta/domanda di lavoro; **le plein ~** la piena occupazione; ▸ **emploi du temps** orario.

emploie [ɑ̃plwa] *vb voir* **employer**.

employé, e [ɑ̃plwaje] *nm/f* impiegato(-a); ▸ **employé de banque** impiegato(-a) di banca; ▸ **employé de bureau** impiegato(-a) (d'ufficio); ▸ **employé de maison** domestico(-a).

employer [ɑ̃plwaje] *vt* usare, impiegare; (*ouvrier, main-d'œuvre*) occupare, impiegare; ~ **la force/les grands moyens** ricorrere all'uso della forza/ai mezzi estremi; **s'~ à qch/à faire** darsi da fare per qc/per fare.

employeur, -euse [ɑ̃plwajœʀ, øz] *nm/f* datore(-trice) di lavoro.

empocher [ɑ̃pɔʃe] *vt* intascare.

empoignade [ɑ̃pwaɲad] *nf* litigio.

empoigne [ɑ̃pwaɲ] *nf*: **c'est une vraie foire d'~** è tutto un arraffare.

empoigner [ɑ̃pwaɲe] *vt* afferrare; **s'empoigner** *vr* (*fig*: *réciproque*) azzuffarsi.

empois [ɑ̃pwa] *nm* amido.

empoisonnement [ɑ̃pwazɔnmɑ̃] *nm* avvelenamento; (*fam*) seccatura.

empoisonner [ɑ̃pwazɔne] *vt* avvelenare; (*air, pièce*) appestare; ~ **qn** (*fam*: *embêter*) scocciare qn; **s'empoisonner** *vr* avvelenarsi; ~ **l'atmosphère** (*fig*) rovinare l'atmosfera; **il nous empoisonne l'existence** ci rovina l'esistenza.

empoissonner [ɑ̃pwasɔne] *vt* (*pêche*) ripopolare.

emporté, e [ɑ̃pɔʀte] *adj* irascibile, irritabile.

emportement [ɑ̃pɔʀtəmɑ̃] *nm voir* **emporter**.

emporte-pièce [ɑ̃pɔʀtəpjɛs] *nm inv* (*TECH*) fustella; **à l'~-~** (*fig*: *paroles, phrase*) incisivo(-a), mordace.

emporter [ɑ̃pɔʀte] *vt* (*se munir de*) portare (con sé); (*en dérobant*) portar via; (*emmener*) portare, condurre; (*suj*: *courant, vent, avalanche*) trascinare (via); (: *enthousiasme, colère*) trascinare; (: *choc*) travolgere; (*gagner, MIL*) espugnare; (*prix, avantage*) vincere, conquistare; **s'emporter** *vr* (*de colère*) arrabbiarsi; **la maladie qui l'a emporté** la malattia che l'ha portato via; **l'~ (sur)** avere la meglio (su); **boissons/plats chauds à** ~ bevande/piatti caldi da asporto *ou* da portar via.

empoté, e [ɑ̃pɔte] *adj* impacciato(-a), imbranato(-a).

empourpré, e [ɑ̃puʀpʀe] *adj* imporporato(-a).

empreint, e [ɑ̃pʀɛ̃, ɛ̃t] *adj*: ~ **de** (*mélancolie*) intriso(-a) di; (*cordialité etc*) all'insegna di.

empreinte [ɑ̃pʀɛ̃t] *nf* (*aussi fig*) impronta; ▸ **empreintes (digitales)** impronte (digitali).

empressé, e [ɑ̃pʀese] *adj* premuroso(-a); (*péj*) zelante.

empressement [ɑ̃pʀɛsmɑ̃] *nm* sollecitudine *f*, premura; (*hâte*) fretta.

empresser [ɑ̃pʀese]: **s'~** *vr* affrettarsi; **s'~ auprès de qn** essere premuroso(-a) con qn; **s'~ de faire** (*se hâter*) affrettarsi a fare.

emprise [ɑ̃pʀiz] *nf* ascendente *m*, influenza; **sous l'~ de** sotto l'influsso di.

emprisonnement [ɑ̃pʀizɔnmɑ̃] *nm* carcerazione *f*.

emprisonner [ɑ̃pʀizɔne] *vt* imprigionare.

emprunt [ɑ̃pʀœ̃] *nm* prestito; **nom d'~** falso nome; ▸ **emprunt d'État** *ou* **public** prestito pubblico.

emprunté, e [ɑ̃pʀœ̃te] *adj* (*fig*) impacciato(-a), goffo(-a).

emprunter [ɑ̃pʀœ̃te] *vt* (*argent, livre*) prendere a *ou* in prestito; (*route, itinéraire*) prendere, seguire; (*fig*: *style, manière*) prendere a prestito, fare proprio.

emprunteur, -euse [ɑ̃pʀœ̃tœʀ, øz] *nm/f* chi prende a prestito.

empuantir [ɑ̃pɥɑ̃tiʀ] *vt* appestare, impuzzolentire.

EMT [əemte] *sigle f* (= *éducation manuelle et technique*) ≈ applicazioni *fpl* tecniche.

ému, e [emy] *pp de* **émouvoir** ♦ *adj* commosso(-a).

émulation [emylasjɔ̃] *nf* emulazione *f*.

émule [emyl] *nm/f* emulo.

émulsion [emylsjɔ̃] *nf* (*PHOTO, cosmétique, CHIM*) emulsione *f*.

émut [emy] *vb voir* **émouvoir**.

E.N. [əɛn] *sigle f* (= *Education nationale*) ≈ P.I.

MOT-CLÉ

en [ɑ̃] *prép* **1** (*endroit, direction*) in; **habiter en France/ville** abitare in Francia/città; **aller en France/ville** andare in Francia/città

2 (*temps*) in; **en été/juin** in estate/giugno

3 (*moyen*) in; **en avion/taxi** in aereo/taxi

4 (*composition*) di; **c'est en verre/bois** è di vetro/legno; **un collier en argent** una collana d'argento

5 (*description, état*): **une femme (habillée) en rouge** una donna vestita di rosso, una donna in rosso; **peindre qch en rouge** dipingere qc in *ou* di rosso; **en T/étoile** a T/stella; **en chemise/chaussettes** in camicia/calzini; **en soldat** da soldato; **cassé en plusieurs morceaux** rotto in più pezzi; **en réparation** in riparazione; **partir en vacances** partire in vacanza *ou* per le vacanze; **en deuil** in lutto; **le même en plus grand** lo stesso solo più grande; **en bon diplomate, il n'a rien dit** da buon diplomatico non ha detto nulla; **en bonne santé** in buona salute

6 (*avec gérondif*): **en travaillant/dormant** lavorando/dormendo; **sortir en courant** uscire correndo *ou* di corsa

♦ *pron* **1** (*indéfini*): **j'en ai** ne ho; **en as-tu?** ne hai?; **je n'en veux pas** non ne voglio; **j'en ai assez** ne ho abbastanza; **combien y en a-t-il?** quanti(-e) ce ne sono?; **où en étais-je?** dov'ero rimasto?

2 (*provenance*) ne; **j'en viens** ne vengo, vengo da là
3 (*cause*): **il en est malade** ne fa una malattia; **il en perd le sommeil** ci perde il sonno
4 (*instrument, agent*): **il en est aimé** ne è amato
5 (*complément de nom, d'adjectif, de verbe*): **j'en connais les dangers/défauts** ne conosco i pericoli/difetti; **j'en suis fier/ai besoin** ne sono fiero/ne ho bisogno.

ENA [ena] *sigle f* = *École nationale d'administration*.
énarque [enaʀk] *nm/f* ex allievo(-a) dell'ENA.
encablure [ɑ̃kablyʀ] *nf* (*NAUT*) *antica misura di circa 200 metri*.
encadrement [ɑ̃kadʀəmɑ̃] *nm* cornice *f*; ~ **du crédit** (*ÉCON*) limitazione *f* del credito, stretta creditizia.
encadrer [ɑ̃kadʀe] *vt* (*aussi fig*) incorniciare; (*personnel, soldats etc*) scortare; (*COMM*: *crédit*) limitare.
encadreur [ɑ̃kadʀœʀ] *nm* corniciaio.
encaisse [ɑ̃kɛs] *nf*: ~ **or/métallique** riserva aurea/metallica.
encaissé, e [ɑ̃kese] *adj* incassato(-a).
encaisser [ɑ̃kese] *vt* (*aussi fig*: *coup, défait*) incassare.
encaisseur [ɑ̃kɛsœʀ] *nm* esattore *m*.
encan [ɑ̃kɑ̃]: **à l'**~ *adv* all'incanto.
encanailler [ɑ̃kanɑje]: **s'**~ *vi* frequentare gente poco raccomandabile.
encart [ɑ̃kaʀ] *nm* inserto; ~ **publicitaire** inserto pubblicitario.
encarter [ɑ̃kaʀte] *vt* inserire un foglio di carta in; (*boutons*) fissare su cartone.
en-cas [ɑ̃kɑ] *nm inv* spuntino, merenda.
encastrable [ɑ̃kastʀabl] *adj* incassabile.
encastré [ɑ̃kastʀe] *adj* incassato(-a).
encastrer [ɑ̃kastʀe] *vt*: ~ **qch dans** (*mur*) incassare qc in; (*boîtier*) incastrare in; **s'encastrer dans** *vr* incastrarsi in.
encaustique [ɑ̃kostik] *nf* (*pour les parquets*) cera.
encaustiquer [ɑ̃kostike] *vt* incerare.
enceinte [ɑ̃sɛ̃t] *adj f*: ~ **(de 6 mois)** incinta (di 6 mesi) ♦ *nf* (*mur*) cinta; (*espace*) sala, aula; ▸ **enceinte (acoustique)** cassa (acustica).
encens [ɑ̃sɑ̃] *nm* incenso.
encenser [ɑ̃sɑ̃se] *vt* (*aussi fig*) incensare.
encensoir [ɑ̃sɑ̃swaʀ] *nm* turibolo.
encéphalogramme [ɑ̃sefalɔgʀam] *nm* encefalogramma *m*.
encercler [ɑ̃sɛʀkle] *vt* (*cerner*) accerchiare.
enchaîné [ɑ̃ʃene] *nm* (*CINÉ*) dissolvenza.
enchaînement [ɑ̃ʃɛnmɑ̃] *nm* concatenamento; (*MUS*) concatenazione *f*.
enchaîner [ɑ̃ʃene] *vt* incatenare; (*mouvements, séquence*) concatenare ♦ *vi*: ~ **(sur)** riallacciarsi (a).
enchanté, e [ɑ̃ʃɑ̃te] *adj* (*ravi*) lieto(-a), felice; (*ensorcelé*) incantato(-a); ~ **de faire votre connaissance** lieto di conoscerla.
enchantement [ɑ̃ʃɑ̃tmɑ̃] *nm* incanto; (*magie*) incantesimo; **comme par** ~ come per incanto.
enchanter [ɑ̃ʃɑ̃te] *vt* incantare.
enchanteur, -eresse [ɑ̃ʃɑ̃tœʀ, tʀɛs] *adj* incantevole.
enchâsser [ɑ̃ʃɑse] *vt* (*diamant*) incastonare; ~ **qch dans** (*pièce, élément*) inserire qc in.
enchère [ɑ̃ʃɛʀ] *nf* offerta; **faire une** ~ fare un'offerta; **mettre/vendre aux** ~**s** mettere/vendere all'asta; **les** ~**s montent** la posta in gioco si fa sempre più alta; **faire monter les** ~**s** (*fig*) alzare la posta in gioco.
enchérir [ɑ̃ʃeʀiʀ] *vi*: ~ **sur qn** (*aux enchères, fig*) fare un'offerta maggiore di qn.
enchevêtrement [ɑ̃ʃ(ə)vɛtʀəmɑ̃] *nm* groviglio.
enchevêtrer [ɑ̃ʃ(ə)vɛtʀe] *vt* aggrovigliare, ingarbugliare; **s'enchevêtrer** *vr* aggrovigliarsi, ingarbugliarsi.
enclave [ɑ̃klav] *nf* enclave *f*.
enclaver [ɑ̃klave] *vt* circondare.
enclencher [ɑ̃klɑ̃ʃe] *vt* (*aussi fig*) mettere in moto; **s'enclencher** *vr* innestarsi, avviarsi.
enclin, e [ɑ̃klɛ̃, in] *adj*: ~ **à qch/à faire** propenso(-a) *ou* incline a qc/a fare.
enclore [ɑ̃klɔʀ] *vt* recintare.
enclos [ɑ̃klo] *nm* (*espace*) piccola tenuta; (*clôture*) recinto.
enclume [ɑ̃klym] *nf* incudine *f*.
encoche [ɑ̃kɔʃ] *nf* tacca.
encoder [ɑ̃kɔde] *vt* codificare.
encodeur [ɑ̃kɔdœʀ] *nm* codificatore *m*.
encoignure [ɑ̃kɔɲyʀ] *nf* angolo.
encoller [ɑ̃kɔle] *vt* incollare.
encolure [ɑ̃kɔlyʀ] *nf* (*mesure du tour de cou*) misura (del collo); (*col*) scollatura, scollo; (*cou*) collo; (*du cheval*) incollatura.
encombrant, e [ɑ̃kɔ̃bʀɑ̃, ɑ̃t] *adj* ingombrante.
encombre [ɑ̃kɔ̃bʀ]: **sans** ~ *adv* senza intoppi *ou* intralci.
encombré, e [ɑ̃kɔ̃bʀe] *adj* (*pièce, passage*) ingombro(-a); (*lignes téléphoniques*) sovraccarico(-a); (*marché*) saturo(-a).
encombrement [ɑ̃kɔ̃bʀəmɑ̃] *nm* ingombro; (*de circulation*) ingorgo; (*des lignes téléphoniques*) sovraccarico.
encombrer [ɑ̃kɔ̃bʀe] *vt* ingombrare; (*marché etc*) affollare; **s'encombrer de** *vr* (*bagages etc*) caricarsi di; ~ **le passage**

intralciare il passaggio.
encontre [ɑ̃kɔ̃tʀ]: **à l'~ de** *prép* contro, in senso contrario rispetto a.
encorbellement [ɑ̃kɔʀbɛlmɑ̃] *nm* (*ARCHIT*) aggetto; **fenêtre en** ~ finestra aggettante *ou* sporgente.
encorder [ɑ̃kɔʀde] *vt*: **s'~** (*ALPINISME*) formare una cordata.
encore [ɑ̃kɔʀ] *adv* ancora; **il y travaille** ~ lavora ancora; **pas** ~ non ancora; ~! (*insatisfaction*) ancora!; ~ **une fois/deux jours** ancora una volta/due giorni; ~ **plus fort/mieux** ancora più forte/meglio; **hier** ~ solo ieri; **non seulement ... , mais** ~ non solo ..., ma anche; **on lui dira avant de partir, et** ~! glielo diranno tutt'al più prima di partire; ~ **pourrais-je le faire, si ...** potrei anche farlo, se ...; **si** ~ se soltanto, se almeno; **(et puis) quoi** ~? (e poi) che altro ancora?; ~ **que** *conj* benché, nonostante.
encourageant, e [ɑ̃kuʀaʒɑ̃, ɑ̃t] *adj* incoraggiante.
encouragement [ɑ̃kuʀaʒmɑ̃] *nm* incoraggiamento.
encourager [ɑ̃kuʀaʒe] *vt* incoraggiare; ~ **qn à faire qch** incoraggiare qn a fare qc.
encourir [ɑ̃kuʀiʀ] *vt* incorrere in.
encrasser [ɑ̃kʀase] *vt* sporcare; (*AUTO*) incrostare.
encre [ɑ̃kʀ] *nf* inchiostro; ▸ **encre de Chine** inchiostro di china; ▸ **encre indélébile/sympathique** inchiostro indelebile/simpatico.
encrer [ɑ̃kʀe] *vt* inchiostrare.
encreur [ɑ̃kʀœʀ] *adj m*: **rouleau** ~ rullo *m* inchiostratore.
encrier [ɑ̃kʀije] *nm* calamaio.
encroûter [ɑ̃kʀute]: **s'~** *vr* (*fig*) fossilizzarsi.
encyclique [ɑ̃siklik] *nf* enciclica.
encyclopédie [ɑ̃siklɔpedi] *nf* enciclopedia.
encyclopédique [ɑ̃siklɔpedik] *adj* enciclopedico(-a).
endémique [ɑ̃demik] *adj* (*MÉD, fig*) endemico(-a).
endetté, e [ɑ̃dete] *adj* indebitato(-a); **être très ~ envers qn** (*fig*) dovere molto a qn.
endettement [ɑ̃dɛtmɑ̃] *nm* indebitamento.
endetter [ɑ̃dete] *vt* indebitare; **s'endetter** *vr* indebitarsi.
endeuiller [ɑ̃dœje] *vt* gettare nel lutto; **manifestation endeuillée par ...** manifestazione rattristata da ... .
endiablé, e [ɑ̃djɑble] *adj* indiavolato(-a).
endiguer [ɑ̃dige] *vt* (*aussi fig*) arginare.
endimancher [ɑ̃dimɑ̃ʃe] *vt*: **s'~** vestirsi a festa; **avoir l'air endimanché** sentirsi impacciato(-a) nei propri vestiti.
endive [ɑ̃div] *nf* cicoria belga.
endocrine [ɑ̃dɔkʀin] *adj f*: **glande** ~ ghiandola endocrina.
endoctrinement [ɑ̃dɔktʀinmɑ̃] *nm* indottrinamento.
endoctriner [ɑ̃dɔktʀine] *vt* indottrinare.
endolori, e [ɑ̃dɔlɔʀi] *adj* indolenzito(-a).
endommager [ɑ̃dɔmaʒe] *vt* danneggiare.
endormant, e [ɑ̃dɔʀmɑ̃, ɑ̃t] *adj* soporifero(-a), barboso(-a).
endormi, e [ɑ̃dɔʀmi] *pp de* **endormir** ♦ *adj* (*aussi fig*) addormentato(-a).
endormir [ɑ̃dɔʀmiʀ] *vt* (*enfant, malade*) addormentare; (*fig*: *soupçons, ennemi etc*) far tacere; (: *ennuyer*) far addormentare; (*MÉD*: *dent, nerf*) anestetizzare; **s'endormir** *vr* (*aussi fig*) addormentarsi.
endoscope [ɑ̃dɔskɔp] *nm* endoscopio.
endoscopie [ɑ̃dɔskɔpi] *nf* endoscopia.
endosser [ɑ̃dose] *vt* (*responsabilité*) addossarsi; (*chèque*) girare; (*uniforme, tenue*) indossare.
endroit [ɑ̃dʀwa] *nm* posto, luogo; (*d'un objet, d'une douleur*) punto; (*opposé à l'envers*) diritto, dritto; **les gens de l'~** la gente del posto; **à l'~** (*vêtement, objet*) dalla parte giusta; **à l'~ de** (*à l'égard de*) nei confronti di; **par ~s** qua e là; **à cet** ~ a questo punto.
enduire [ɑ̃dɥiʀ] *vt*: ~ **qch de** rivestire qc di; **s'enduire** *vr* (*de crème etc*) spalmarsi.
enduit, e [ɑ̃dɥi, it] *pp de* **enduire** ♦ *nm* strato, rivestimento.
endurance [ɑ̃dyʀɑ̃s] *nf* resistenza.
endurant, e [ɑ̃dyʀɑ̃, ɑ̃t] *adj* resistente.
endurci, e [ɑ̃dyʀsi] *adj*: **buveur/célibataire** ~ bevitore *m*/scapolo incallito.
endurcir [ɑ̃dyʀsiʀ] *vt* temprare; **s'endurcir** *vr* temprarsi.
endurer [ɑ̃dyʀe] *vt* sopportare.
énergétique [enɛʀʒetik] *adj* energetico(-a).
énergie [enɛʀʒi] *nf* energia; (*fig*: *morale*) vigore *m*, forza.
énergique [enɛʀʒik] *adj* energico(-a).
énergiquement [enɛʀʒikmɑ̃] *adv* energicamente.
énergisant, e [enɛʀʒizɑ̃, ɑ̃t] *adj* energetico(-a).
énergumène [enɛʀgymɛn] *nm* energumeno.
énervant, e [enɛʀvɑ̃, ɑ̃t] *adj* irritante.
énervé, e [enɛʀve] *adj* nervoso(-a); (*agacé*) innervosito(-a).
énervement [enɛʀvəmɑ̃] *nm* nervosismo.
énerver [enɛʀve] *vt* innervosire; **s'énerver** *vr* innervosirsi.
enfance [ɑ̃fɑ̃s] *nf* infanzia; **c'est l'~ de l'art** è un gioco da ragazzi; **petite** ~ prima infanzia; **souvenir/ami d'~** ricordo/amico d'infanzia; **retomber en** ~ rimbambirsi.
enfant [ɑ̃fɑ̃] *nm/f* bambino(-a); (*fils, fille*) figlio(-a); **petit** ~ bambino(-a) (piccolo (-a)); **bon** ~ bonaccione(-a); ▸ **enfant**

adoptif figlio adottivo; ▸ **enfant de chœur** (*REL*) chierichetto; (*fig*) angioletto; ▸ **enfant naturel** figlio(-a) naturale; ▸ **enfant prodige** bambino(-a) prodigio *inv*; ▸ **enfant unique** figlio(-a) unico(-a).

enfanter [ɑ̃fɑ̃te] *vi* partorire ♦ *vt* (*œuvre*) dare alla luce.

enfantillage [ɑ̃fɑ̃tijaʒ] (*péj*) *nm* infantilismo.

enfantin, e [ɑ̃fɑ̃tɛ̃, in] *adj* infantile; (*simple*) semplicissimo(-a).

enfer [ɑ̃fɛʀ] *nm* inferno; **allure/bruit d'~** velocità/baccano infernale.

enfermer [ɑ̃fɛʀme] *vt* rinchiudere; **s'enfermer** *vr* rinchiudersi, chiudersi; **s'~ à clef** chiudersi a chiave; **s'~ dans la solitude/le mutisme** rinchiudersi nella solitudine/nel mutismo.

enferrer [ɑ̃feʀe]: **s'~** *vr*: **s'~ dans** sprofondare in.

enfiévré [ɑ̃fjevʀe] *adj* (*fig*) eccitato(-a).

enfilade [ɑ̃filad] *nf*: **une ~ de** una serie di; **en ~** in fila.

enfiler [ɑ̃file] *vt* infilare; **s'enfiler dans** *vr* infilarsi in; **~ qch dans** infilare qc in.

enfin [ɑ̃fɛ̃] *adv* infine; (*pour finir, finalement*) finalmente; (*pour conclure, eh bien!*) insomma; (*de résignation*) mah!

enflammé, e [ɑ̃flɑme] *adj* acceso(-a); (*MÉD, fig*) infiammato(-a).

enflammer [ɑ̃flɑme] *vt* dare fuoco a; (*MÉD, fig*) infiammare; **s'enflammer** *vr* (*v vt*) prender fuoco; infiammarsi.

enflé, e [ɑ̃fle] *adj* gonfio(-a); (*péj*: *style*) ampolloso(-a), gonfio(-a).

enfler [ɑ̃fle] *vi* gonfiarsi.

enflure [ɑ̃flyʀ] *nf* gonfiore *m*.

enfoncé, e [ɑ̃fɔ̃se] *adj* (*toit, paroi*) sfondato(-a); (*crâne, côtes*) spaccato(-a), rotto(-a); **yeux ~s (dans les orbites)** occhi infossati (nelle orbite).

enfoncement [ɑ̃fɔ̃smɑ̃] *nm* rientranza.

enfoncer [ɑ̃fɔ̃se] *vt* (*clou*) piantare; (*porte, côtes, lignes ennemies*) sfondare; (*fam*: *surpasser*) battere ♦ *vi* (*dans la vase etc*) affondare, sprofondare; **s'enfoncer** *vr* sprofondare; **s'~ dans** (*forêt, ville*) inoltrarsi in, addentrarsi in; **~ qch dans** (*faire pénétrer*) conficcare qc in; **~ un chapeau sur la tête** calcarsi un cappello sulla testa; **s'~ dans la dette** cacciarsi in un mare di debiti.

enfouir [ɑ̃fwiʀ] *vt* (*dans le sol*) sotterrare, seppellire; (*dans un tiroir*) cacciare, nascondere; **s'enfouir dans/sous** *vr* infilarsi in/sotto; **~ qch dans une poche** infilarsi qc in tasca.

enfourcher [ɑ̃fuʀʃe] *vt* inforcare; **~ son dada** (*fig*) riattaccare con il solito ritornello.

enfourner [ɑ̃fuʀne] *vt* (*pain*) infornare; (*poterie*) mettere nella fornace; (*mettre*) cacciare; **s'enfourner dans** *vr* (*suj*: *personne*) cacciarsi in.

enfreignais [ɑ̃fʀɛɲɛ] *vb voir* **enfreindre**.

enfreindre [ɑ̃fʀɛ̃dʀ] *vt* infrangere.

enfuir [ɑ̃fɥiʀ]: **s'~** *vr* fuggire.

enfumer [ɑ̃fyme] *vt* affumicare; (*pour faire sortir*: *animal*) riempire di fumo.

enfuyais [ɑ̃fɥijɛ] *vb voir* **enfuir**.

engagé, e [ɑ̃gaʒe] *adj* impegnato(-a) ♦ *nm* (*MIL*): **un ~ volontaire** un volontario.

engageant, e [ɑ̃gaʒɑ̃, ɑ̃t] *adj* allettante, attraente.

engagement [ɑ̃gaʒmɑ̃] *nm* impegno; (*contrat professionnel*) assunzione *f*; (*MIL*: *combat*) scontro; (: *recrutement*) arruolamento; (*SPORT*) ingaggio; **prendre l'~ de faire** prendersi l'impegno di fare; **sans ~** (*COMM*) senza impegno.

engager [ɑ̃gaʒe] *vt* (*embaucher*) assumere; (*commencer*) iniziare; (*lier*: *suj*: *promesse etc*) impegnare; (*impliquer*) coinvolgere; (*entraîner*) trascinare; (*argent*) investire; (*SPORT*) ingaggiare; **s'engager** *vr* (*s'embaucher*) farsi assumere; (*MIL*) arruolarsi; (*promettre, politiquement*) impegnarsi; (*négociations*) avviarsi; **s'~ à faire qch** impegnarsi a fare qc; **s'~ dans** (*rue, passage*) imboccare; (*s'emboîter*) incastrarsi in; (*fig*: *voie*) imboccare; (: *carrière*) intraprendere; (: *affaire, discussion*) imbarcarsi in; **~ qn à faire/à qch** (*inciter*) esortare qn a fare/a qc; **~ qch dans** (*faire pénétrer*) introdurre qc in, far entrare qc in.

engazonner [ɑ̃gazɔne] *vt* rivestire a prato inglese.

engeance [ɑ̃ʒɑ̃s] *nf* gentaglia.

engelures [ɑ̃ʒlyʀ] *nfpl* geloni *mpl*.

engendrer [ɑ̃ʒɑ̃dʀe] *vt* generare.

engin [ɑ̃ʒɛ̃] *nm* macchina, congegno; (*péj*) affare *m*, arnese *m*; (*missile*) missile *m*; ▸ **engin blindé** mezzo blindato; ▸ **engin de terrassement** macchina di sterro; ▸ **engin (explosif)** ordigno (esplosivo); ▸ **engins (spéciaux)** missili *mpl*.

englober [ɑ̃glɔbe] *vt* inglobare.

engloutir [ɑ̃glutiʀ] *vt* inghiottire; (*fig*: *dépenses*) sperperare; **s'engloutir** *vr* inabissarsi.

englué, e [ɑ̃glye] *adj* incollato(-a).

engoncé, e [ɑ̃gɔ̃se] *adj*: **~ dans** infagottato(-a) in.

engorgement [ɑ̃gɔʀʒəmɑ̃] *nm* intasamento; (*MÉD*) ostruzione *f*.

engorger [ɑ̃gɔʀʒe] *vt* intasare; (*COMM*: *marché*) saturare; **s'engorger** *vr* intasarsi.

engouement [ɑ̃gumɑ̃] *nm* infatuazione *f*.

engouffrer [ɑ̃gufʀe] *vt* (*fam*) ingurgitare; **s'engouffrer dans** *vr* (*suj*: *eau*) riversarsi in; (: *vent*) entrare in; (: *personnes*) precipitarsi in.

engourdi, e [ɑ̃guʀdi] *adj* intorpidito(-a).

engourdir [ɑ̃guʀdiʀ] *vt* (*aussi fig*) intorpidire; **s'engourdir** *vr* intorpidirsi.

engrais [ɑ̃gʀɛ] *nm* concime *m*, fertilizzante *m*; ▸ **engrais chimique** fertilizzante chimico; ▸ **engrais minéral/naturel** concime minerale/naturale; ▸ **engrais organique** fertilizzante organico; ▸ **engrais vert** concime verde.

engraisser [ɑ̃gʀese] *vt* (*animal*) ingrassare; (*terre*) concimare ♦ *vi* (*péj*: *personne*) ingrassare.

engranger [ɑ̃gʀɑ̃ʒe] *vt* (*foin*) mettere nel granaio; (*fig*) mettere da parte.

engrenage [ɑ̃gʀənaʒ] *nm* (*aussi fig*) ingranaggio.

engueuler [ɑ̃gœle] (*fam*) *vt* strapazzare, cantarle a.

enguirlander [ɑ̃giʀlɑ̃de] (*fam*) *vt* inghirlandare.

enhardir [ɑ̃aʀdiʀ] *vt* imbaldanzire; **s'enhardir** *vr* farsi ardito(-a).

énième [ɛnjɛm] *adj voir* **nième**.

énigmatique [enigmatik] *adj* enigmatico (-a).

énigmatiquement [enigmatikmɑ̃] *adv* enigmaticamente.

énigme [enigm] *nf* enigma *m*.

enivrant, e [ɑ̃nivʀɑ̃, ɑ̃t] *adj* inebriante.

enivrer [ɑ̃nivʀe] *vt* ubriacare; (*fig*: *suj*: *parfums, succès*) ubriacare, inebriare; **s'enivrer** *vr* ubriacarsi; **s'~ de** (*fig*) inebriarsi di.

enjambée [ɑ̃ʒɑ̃be] *nf* passo, falcata; **d'une ~** con un solo passo.

enjamber [ɑ̃ʒɑ̃be] *vt* scavalcare; (*suj*: *pont etc*) passare sopra.

enjeu, x [ɑ̃ʒø] *nm* (*aussi fig*) posta (in gioco).

enjoindre [ɑ̃ʒwɛ̃dʀ] *vt*: **~ à qn de faire** ingiungere a qn di fare.

enjôler [ɑ̃ʒole] *vt* raggirare, abbindolare.

enjôleur, -euse [ɑ̃ʒolœʀ, øz] *adj* accattivante.

enjolivement [ɑ̃ʒɔlivmɑ̃] *nm* ornamento.

enjoliver [ɑ̃ʒɔlive] *vt* (*aussi fig*) abbellire.

enjoliveur [ɑ̃ʒɔlivœʀ] *nm* (*AUTO*) coprimozzo *inv*.

enjoué, e [ɑ̃ʒwe] *adj* allegro(-a).

enlacer [ɑ̃lase] *vt* (*personne*) abbracciare, stringere; (*suj*: *corde, liane*) attorcigliarsi a, avvolgersi intorno a.

enlaidir [ɑ̃lediʀ] *vt, vi* imbruttire.

enlevé, e [ɑ̃l(ə)ve] *adj* (*morceau de musique*) eseguito(-a) con brio.

enlèvement [ɑ̃lɛvmɑ̃] *nm* (*rapt*) rapimento; **l'~ des ordures ménagères** la rimozione dei rifiuti domestici.

enlever [ɑ̃l(ə)ve] *vt* togliere, levare; (*vêtement, lunettes*) togliersi; (*MÉD*: *organe*) asportare; (*ordures, meubles à déménager*) portar via; (*kidnapper*) rapire; (*prix, victoire, contrat etc*) ottenere, aggiudicarsi; (*MIL*) espugnare; (*morceau de piano etc*) eseguire con brio; **s'enlever** *vr* (*tache*) venir via; **~ qch à qn** (*prendre*) togliere qc a qn; **la maladie qui nous l'a enlevé** la malattia che ce l'ha portato via.

enliser [ɑ̃lize]: **s'~** *vr* sprofondare; (*fig*: *dialogue etc*) insabbiarsi.

enluminure [ɑ̃lyminyʀ] *nf* miniatura.

enneigé, e [ɑ̃neʒe] *adj* (*pente, col*) innevato(-a); (*maison*) coperto(-a) di neve.

enneigement [ɑ̃nɛʒmɑ̃] *nm* innevamento; **bulletin d'~** bollettino della neve.

ennemi, e [ɛnmi] *adj, nm/f* nemico(-a) ♦ *nm* (*MIL, gén*) nemico; **être ~ de** essere nemico di.

ennoblir [ɑ̃nɔbliʀ] *vt* nobilitare.

ennui [ɑ̃nɥi] *nm* noia; (*difficulté*) noia, fastidio; **avoir/s'attirer des ~s** avere/tirarsi addosso delle noie *ou* dei fastidi.

ennuie [ɑ̃nɥi] *vb voir* **ennuyer**.

ennuyé, e [ɑ̃nɥije] *adj* (*préoccupé*) preoccupato(-a); (*contrarié*) infastidito (-a), seccato(-a).

ennuyer [ɑ̃nɥije] *vt* (*importuner*) seccare, infastidire; (*lasser*) annoiare; **s'ennuyer** *vr* (*se lasser*) annoiarsi; **si cela ne vous ennuie pas** se non le (di)spiace; **s'~ de qn/qch** sentire la mancanza di qn/qc.

ennuyeux, -euse [ɑ̃nɥijø, øz] *adj* (*lassant*) noioso(-a); (*contrariant*) seccante.

énoncé [enɔ̃se] *nm* (*d'un problème, LING*) enunciato; (*d'une loi*) testo.

énoncer [enɔ̃se] *vt* enunciare; (*conditions*) formulare.

énonciation [enɔ̃sjasjɔ̃] *nf* (*v vb*) enunciazione *f*; formulazione *f*.

enorgueillir [ɑ̃nɔʀgœjiʀ]: **s'~ de** *vr* inorgoglirsi di.

énorme [enɔʀm] *adj* enorme.

énormément [enɔʀmemɑ̃] *adv* (*boire etc*) tantissimo; **~ de neige/gens** moltissima neve/gente.

énormité [enɔʀmite] *nf* enormità *f inv*.

en part. *abr* = *en particulier*.

enquérir [ɑ̃keʀiʀ]: **s'~ de** *vr* informarsi di *ou* su.

enquête [ɑ̃kɛt] *nf* inchiesta, indagine *f*.

enquêter [ɑ̃kete] *vi*: **~ (sur)** indagare (su).

enquêteur, -euse *ou* **trice** [ɑ̃kɛtœʀ, øz, tʀis] *nm/f* inquirente *m/f*.

enquière *etc* [ɑ̃kjɛʀ] *vb voir* **enquérir**.

enquiers *etc* [ɑ̃kje] *vb voir* **enquérir**.

enquiquiner [ɑ̃kikine] *vt* (*fam*) scocciare.

enquis [ɑ̃ki] *pp de* **enquérir**.

enraciné, e [ɑ̃ʀasine] *adj* radicato(-a).

enragé [ɑ̃ʀaʒe] *adj* (*MÉD*) rabbioso(-a); (*furieux*) furibondo(-a); (*fig*: *passionné*:

joueur etc) accanito(-a) ♦ *nm/f*: **un ~ de** un fanatico di.

enrageant, e [ɑ̃ʀaʒɑ̃, ɑ̃t] *adj* irritante, esasperante.

enrager [ɑ̃ʀaʒe] *vi* infuriarsi; **faire ~ qn** far infuriare qn.

enrayer [ɑ̃ʀeje] *vt* bloccare; **s'enrayer** *vr* incepparsi.

enrégimenter [ɑ̃ʀeʒimɑ̃te] (*péj*) *vt* irreggimentare.

enregistrement [ɑ̃ʀ(ə)ʒistʀəmɑ̃] *nm* registrazione *f*; **~ des bagages** (*à l'aéroport*) registrazione dei bagagli; ▸**enregistrement magnétique** registrazione magnetica.

enregistrer [ɑ̃ʀ(ə)ʒistʀe] *vt* registrare.

enregistreur, -euse [ɑ̃ʀ(ə)ʒistʀœʀ, øz] *adj* registratore(-trice) ♦ *nm* registratore *m*; ▸**enregistreur de vol** (*AVIAT*) registratore di volo.

enrhumé, e [ɑ̃ʀyme] *adj*: **il est ~** è raffreddato.

enrhumer [ɑ̃ʀyme]: **s'~** *vr* prendere il raffreddore.

enrichi, e [ɑ̃ʀiʃi] *adj* (*CHIM*) arricchito(-a).

enrichir [ɑ̃ʀiʃiʀ] *vt* (*aussi fig*) arricchire; **s'enrichir** *vr* arricchirsi.

enrichissant, e [ɑ̃ʀiʃisɑ̃, ɑ̃t] *adj* che arricchisce.

enrichissement [ɑ̃ʀiʃismɑ̃] *nm* arricchimento.

enrober [ɑ̃ʀɔbe] *vt*: **~ qch de** ricoprire qc di, rivestire qc di; (*fig*) celare *ou* mascherare qc dietro.

enrôlement [ɑ̃ʀolmɑ̃] *nm* arruolamento, reclutamento.

enrôler [ɑ̃ʀole] *vt* arruolare; **s'enrôler (dans)** *vr* arruolarsi (in).

enroué, e [ɑ̃ʀwe] *adj* rauco(-a).

enrouer [ɑ̃ʀwe]: **s'~** *vr* diventare rauco (-a).

enrouler [ɑ̃ʀule] *vt* arrotolare, avvolgere; **s'enrouler** *vr* arrotolarsi, avvolgersi; **~ qch autour de** avvolgere qc attorno a.

enrouleur, -euse [ɑ̃ʀulœʀ, øz] *adj* (*TECH*) avvolgitore(-trice), di avvolgimento ♦ *nm voir* **ceinture**.

enrubanné, e [ɑ̃ʀybane] *adj* infiocchettato(-a), ornato(-a) di nastri.

ENS [eɛnɛs] *sigle f* (= *école normale supérieure*) *voir* **école**.

ensabler [ɑ̃sɑble] *vt* (*port, canal*) insabbiare; (*embarcation*) arenare; **s'ensabler** *vr* (*v vt*) riempirsi di sabbia; arenarsi.

ensacher [ɑ̃saʃe] *vt* insacchettare, insaccare.

ensanglanté, e [ɑ̃sɑ̃glɑ̃te] *adj* insanguinato(-a).

enseignant, e [ɑ̃sɛɲɑ̃, ɑ̃t] *adj, nm/f* insegnante *m/f*.

enseigne [ɑ̃sɛɲ] *nf* insegna ♦ *nm*: **~ de vaisseau** sottotenente *m* di vascello; **à telle ~ que ...** a tal punto che ...; **être logé à la même ~** (*fig*) essere nella stessa barca; ▸**enseigne lumineuse** insegna luminosa.

enseignement [ɑ̃sɛɲ(ə)mɑ̃] *nm* insegnamento; ▸**enseignement ménager** economia domestica; ▸**enseignement primaire** istruzione *f* elementare; ▸**enseignement privé/public** istruzione privata/pubblica; ▸**enseignement secondaire** istruzione secondaria; ▸**enseignement technique** istruzione tecnica.

enseigner [ɑ̃seɲe] *vt, vi* insegnare; **~ qch à qn** insegnare qc a qn; **~ à qn que** insegnare a qn che.

ensemble [ɑ̃sɑ̃bl] *adv* insieme, assieme ♦ *nm* insieme *m*; (*vêtement féminin*) completo; (*accord, harmonie*) unità, armonia; (*résidentiel*) complesso; **aller ~** (*être assorti*) star bene insieme; **impression/idée d'~** impressione *f*/idea d'insieme; **dans l'~** nel complesso; **dans son ~** nel complesso, nel suo insieme; ▸**ensemble instrumental/vocal** complesso strumentale/vocale.

ensemblier [ɑ̃sɑ̃blije] *nm* arredatore (-trice).

ensemencer [ɑ̃s(ə)mɑ̃se] *vt* seminare.

enserrer [ɑ̃seʀe] *vt* stringere.

ensevelir [ɑ̃səv(ə)liʀ] *vt* seppellire.

ensilage [ɑ̃silaʒ] *nm* insilamento.

ensoleillé, e [ɑ̃sɔleje] *adj* soleggiato(-a).

ensoleillement [ɑ̃sɔlɛjmɑ̃] *nm* insolazione *f*.

ensommeillé, e [ɑ̃sɔmeje] *adj* assonnato (-a).

ensorceler [ɑ̃sɔʀsəle] *vt* stregare.

ensuite [ɑ̃sɥit] *adv* (*dans une succession: après*) poi, dopo; (*plus tard*) poi; **~ de quoi** dopo di che.

ensuivre [ɑ̃sɥivʀ]: **s'~** *vr* derivarne, conseguirne; **il s'ensuit que ...** ne consegue che ...; **et tout ce qui s'ensuit** e tutto ciò che ne consegue.

entaché, e [ɑ̃taʃe] *adj*: **~ de nullité** viziato di nullità.

entacher [ɑ̃taʃe] *vt* intaccare, macchiare.

entaille [ɑ̃tɑj] *nf* (*encoche*) tacca, incisione *f*; (*blessure*) taglio; **se faire une ~** farsi un taglio.

entailler [ɑ̃tɑje] *vt* intagliare; **s'~ le doigt** tagliarsi un dito.

entamer [ɑ̃tame] *vt* (*pain, bouteille*) cominciare, attaccare; (*hostilités, pourparlers*) iniziare; (*fig: réputation*) intaccare; (*: bonne humeur*) scalfire.

entartrer [ɑ̃taʀtʀe]: **s'~** *vr* incrostarsi; (*dents*) incrostarsi di tartaro.

entassement [ɑ̃tɑsmɑ̃] *nm* mucchio, ammasso.

entasser [ɑ̃tɑse] *vt* ammucchiare; (*prisonniers etc*) ammassare, stipare; **s'entasser** *vr* (*v vt*) ammucchiarsi; ammassarsi, stiparsi.
entendement [ɑ̃tɑ̃dmɑ̃] *nm* intelletto, capacità *f inv* di comprensione.
entendre [ɑ̃tɑ̃dʀ] *vt* sentire; (*accusé, témoin*) ascoltare; (*comprendre*) capire; (*vouloir dire*) intendere (dire); **s'entendre** *vr* intendersi; (*se mettre d'accord*) intendersi, accordarsi; **j'ai entendu dire que** ho sentito dire che; **s'~ à qch** intendersi di qc; **s'~ à faire qch** essere bravo(-a) a fare qc; **~ parler de** sentir parlare di; **~ raison** intendere ragione; **~ être obéi/que** (*vouloir*) intendere essere obbedito/che; **je m'entends** intendiamoci, voglio dire; **entendons-nous** intendiamoci; **(cela) s'entend** si intende; **donner à/laisser ~ que** (*insinuer*) dare ad/lasciar intendere che; **qu'est-ce qu'il ne faut pas ~!** che cosa non mi tocca sentire!; **j'ai mal entendu** ho capito male; **je suis heureux de vous l'~ dire** sono contento di sentirvelo dire; **ça s'entend!** (*est audible*) si sente!; **je vous entends très mal** la sento molto male.
entendu, e [ɑ̃tɑ̃dy] *pp de* **entendre** ♦ *adj* (*affaire*) deciso(-a); (*air*) d'intesa; **étant ~ que** beninteso che; **(c'est) ~!** siamo intesi!; **c'est ~** (*concession*) d'accordo; **bien ~!** certamente!
entente [ɑ̃tɑ̃t] *nf* intesa; (*accord, traité*) accordo; **à double ~** a doppio senso.
entériner [ɑ̃teʀine] *vt* (*JUR*) interinare; (*gén: décision*) confermare.
entérite [ɑ̃teʀit] *nf* enterite *f*.
enterrement [ɑ̃tɛʀmɑ̃] *nm* sepoltura; (*cérémonie, cortège*) funerale.
enterrer [ɑ̃teʀe] *vt* (*aussi fig: dispute*) seppellire; (*: projet*) insabbiare.
entêtant, e [ɑ̃tɛtɑ̃, ɑ̃t] *adj* che stordisce.
en-tête [ɑ̃tɛt] (*pl* **~-~s**) *nm* intestazione *f*; **enveloppe/papier à ~-~** busta/carta intestata.
entêté, e [ɑ̃tete] *adj* testardo(-a).
entêtement [ɑ̃tɛtmɑ̃] *nm* testardaggine *f*.
entêter [ɑ̃tete]: **s'~ (à faire)** *vr* intestardirsi (a fare), ostinarsi (a fare).
enthousiasmant, e [ɑ̃tuzjasmɑ̃, ɑ̃t] *adj* entusiasmante.
enthousiasme [ɑ̃tuzjasm] *nm* entusiasmo; **avec ~** con entusiasmo.
enthousiasmé, e [ɑ̃tuzjasme] *adj* entusiasmato(-a).
enthousiasmer [ɑ̃tuzjasme] *vt* entusiasmare; **s'enthousiasmer** *vr*: **s'~ (pour qch)** entusiasmarsi (per qc).
enthousiaste [ɑ̃tuzjast] *adj, nm/f* entusiasta *m/f*.
enticher [ɑ̃tiʃe]: **s'~ de** *vr* invaghirsi di, infatuarsi di.
entier, -ère [ɑ̃tje, jɛʀ] *adj* (*non entamé*) intero(-a); (*en totalité*) totale; (*total, complet*) totale, completo(-a); (*fig: caractère*) integro(-a), retto(-a) ♦ *nm* (*MATH*) intero; **en ~** per intero, interamente; **se donner tout ~ à qch** dedicarsi completamente a qc; **lait ~** latte intero; **nombre ~** numero intero.
entièrement [ɑ̃tjɛʀmɑ̃] *adv* interamente.
entité [ɑ̃tite] *nf* entità *f inv*.
entomologie [ɑ̃tɔmɔlɔʒi] *nf* entomologia.
entomologiste [ɑ̃tɔmɔlɔʒist] *nm/f* entomologo(-a).
entonner [ɑ̃tɔne] *vt* intonare.
entonnoir [ɑ̃tɔnwaʀ] *nm* (*ustensile*) imbuto; (*trou*) cratere *m*.
entorse [ɑ̃tɔʀs] *nf* (*MÉD*) storta; **~ à la loi** (*fig*) violazione *f* della legge; **~ au règlement** (*fig*) strappo al regolamento; **se faire une ~ à la cheville/au poignet** storcersi la caviglia/il polso.
entortiller [ɑ̃tɔʀtije] *vt* (*envelopper*): **~ qch dans/avec** avvolgere qc in/con; (*enrouler*): **~ qch autour de** attorcigliare qc attorno a; (*fam: personne*) abbindolare; **s'entortiller dans** *vr* (*draps*) attorcigliarsi in; (*fig: réponses*) ingarbugliarsi in.
entourage [ɑ̃tuʀaʒ] *nm* (*personnes proches*) cerchia; (*ce qui enclôt*) cornice *f*.
entouré, e [ɑ̃tuʀe] *adj* (*recherché, admiré*) apprezzato(-a); **~ de** circondato(-a) da.
entourer [ɑ̃tuʀe] *vt* circondare; **s'entourer de** *vr* circondarsi di; **~ qch de** circondare qc di; **~ qn de soins/prévenances** circondare di cure/premure; **s'~ de mystère/luxe** circondarsi di mistero/lusso; **s'~ de précautions** prendere tutte le precauzioni possibili.
entourloupette [ɑ̃tuʀlupɛt] *nf* brutto tiro, tiro mancino.
entournures [ɑ̃tuʀnyʀ] *nfpl*: **être gêné aux ~** avere difficoltà finanziarie; (*fig*) sentirsi a disagio.
entracte [ɑ̃tʀakt] *nm* intervallo.
entraide [ɑ̃tʀɛd] *nf* aiuto reciproco.
entraider [ɑ̃tʀede]: **s'~** *vr* aiutarsi reciprocamente.
entrailles [ɑ̃tʀɑj] *nfpl* (*aussi fig*) viscere *fpl*.
entrain [ɑ̃tʀɛ̃] *nm* brio, lena; **avec ~** (*répondre*) con vivacità; (*travailler*) di buona lena; **faire qch sans ~** fare qc senza entusiasmo.
entraînant, e [ɑ̃tʀɛnɑ̃, ɑ̃t] *adj* avvincente.
entraînement [ɑ̃tʀɛnmɑ̃] *nm* allenamento; (*TECH*) trasmissione *f*; **manquer d'~** essere fuori allenamento; ▶ **entraînement à galet** avanzamento a rulli; ▶ **entraînement par ergots/par friction** (*INFORM*) trascinamento a trattore/ad attrito.
entraîner [ɑ̃tʀene] *vt* (*tirer, charrier, influen-*

cer) trascinare; (*TECH*) azionare; (*emmener*) portare; (*mener à l'assaut*) condurre, guidare; (*SPORT*) allenare; (*impliquer, causer*) comportare; **s'entraîner** *vr* (*SPORT*) allenarsi; ~ **qn à/à faire qch** (*inciter*) spingere qn a/a fare qc; **s'~ à qch/à faire qch** esercitarsi in qc/a fare qc.

entraîneur, -euse [ɑ̃tʀɛnœʀ, øz] *nm/f* allenatore(-trice).

entraîneuse [ɑ̃tʀɛnøz] *nf* (*de bar*) entraîneuse *f inv*.

entrapercevoir [ɑ̃tʀapɛʀsəvwaʀ] *vt* intravedere.

entrave [ɑ̃tʀav] *nf* intralcio, ostacolo.

entraver [ɑ̃tʀave] *vt* intralciare, ostacolare.

entre [ɑ̃tʀ] *prép* fra, tra; **l'un d'~ eux/nous** uno di loro/noi; **le meilleur d'~ eux/nous** il migliore tra loro/noi; **ils préfèrent rester ~ eux** preferiscono stare per conto loro; ~ **autres (choses)** tra l'altro; ~ **nous,** ... tra noi, ...; **ils se battent ~ eux** lottano tra di loro.

entrebâillé, e [ɑ̃tʀəbɑje] *adj* socchiuso(-a).

entrebâillement [ɑ̃tʀəbɑjmɑ̃] *nm*: **dans l'~ (de la porte)** nello spiraglio (della porta).

entrebâiller [ɑ̃tʀəbɑje] *vt* socchiudere.

entrechat [ɑ̃tʀəʃa] *nm* capriola.

entrechoquer [ɑ̃tʀəʃɔke]: **s'~** *vr* urtarsi.

entrecôte [ɑ̃tʀəkot] *nf* entrecôte *f inv*.

entrecoupé, e [ɑ̃tʀəkupe] *adj* rotto(-a), spezzato(-a).

entrecouper [ɑ̃tʀəkupe] *vt*: ~ **qch de** intervallare qc di *ou* con; **s'entrecouper** *vr* intersecarsi.

entrecroiser [ɑ̃tʀəkʀwaze] *vt* intrecciare; **s'entrecroiser** *vr* intrecciarsi.

entrée [ɑ̃tʀe] *nf* entrata, ingresso; (*d'une personne, au cinéma, à une exposition*) ingresso; (*CULIN*) primo (piatto); (*COMM*) entrata, importazione *f*; (*INFORM*) input *m inv*, voce *f*; **~s** *nfpl*: **avoir ses ~s chez/auprès de** avere libero accesso a casa di/presso; **erreur d'~** errore *m* di input; **faire son ~ dans** (*lieu, fig*) fare il proprio ingresso in; **d'~** fin dall'inizio; ▶ **entrée de service/des artistes** ingresso di servizio/degli artisti; ▶ **entrée en matière** introduzione *f*; ▶ **entrée en scène** entrata in scena; ▶ **entrée en vigueur** entrata in vigore; ▶ **"entrée interdite"** "vietato l'ingresso"; ▶ **"entrée libre"** "ingresso libero".

entrefaites [ɑ̃tʀəfɛt]: **sur ces ~** *adv* allora.

entrefilet [ɑ̃tʀəfilɛ] *nm* trafiletto.

entregent [ɑ̃tʀəʒɑ̃] *nm*: **avoir de l'~** sapersi muovere (*fig*), saperci fare.

entre-jambes [ɑ̃tʀəʒɑ̃b] *nm inv* cavallo (*dei pantaloni*).

entrelacement [ɑ̃tʀəlasmɑ̃] *nm*: **un ~ de** ... un intreccio di ... .

entrelacer [ɑ̃tʀəlase] *vt* intrecciare; **s'entrelacer** *vr* intrecciarsi.

entrelarder [ɑ̃tʀəlaʀde] *vt* lardellare; **entrelardé de** (*fig*) infarcito di.

entremêler [ɑ̃tʀəmele] *vt* mischiare, mescolare; ~ **qch de** mescolare qc con.

entremets [ɑ̃tʀəmɛ] *nm* dolce *m*.

entremetteur, -euse [ɑ̃tʀəmɛtœʀ, øz] *nm/f* intermediario(-a); (*péj*) ruffiano(-a).

entremettre [ɑ̃tʀəmɛtʀ]: **s'~** *vr* (*péj*) intromettersi, immischiarsi.

entremise [ɑ̃tʀəmiz] *nf* intervento; **par l'~ de** per mezzo di.

entrepont [ɑ̃tʀəpɔ̃] *nm* (*NAUT*) interponte *m*; **dans l'~** sull'interponte.

entreposer [ɑ̃tʀəpoze] *vt* depositare.

entrepôt [ɑ̃tʀəpo] *nm* deposito, magazzino; ▶ **entrepôt frigorifique** magazzino frigorifero.

entreprenant, e [ɑ̃tʀəpʀənɑ̃, ɑ̃t] *vb voir* **entreprendre** ♦ *adj* intraprendente.

entreprendre [ɑ̃tʀəpʀɑ̃dʀ] *vt* intraprendere; ~ **qn sur un sujet** intrattenere qn su un argomento; ~ **de faire qch** accingersi a fare qc.

entrepreneur [ɑ̃tʀəpʀənœʀ] *nm* (*JUR, ÉCON*) imprenditore *m*; ▶ **entrepreneur de pompes funèbres** impresario di pompe funebri; ▶ **entrepreneur (en bâtiment)** impresario (edile).

entreprise [ɑ̃tʀəpʀiz] *nf* impresa; ▶ **entreprise agricole** azienda agricola; ▶ **entreprise de travaux publics** impresa di lavori pubblici.

entrer [ɑ̃tʀe] *vi* entrare; (*objet*): **(faire) ~ qch dans** fare entrare qc in ♦ *vt* far entrare; (*INFORM*) immettere, inserire; ~ **dans** (*gén*) entrare in; (*heurter*) entrare in collisione con; (*partager: vues, craintes de qn*) condividere; (*faire partie de*) rientrare in; ~ **au couvent/à l'hôpital** entrare in convento/ospedale; ~ **en fureur** andare su tutte le furie; ~ **en ébullition** entrare in ebollizione; ~ **en scène** entrare in scena; ~ **dans le système** (*INFORM*) entrare nel sistema; **laisser ~ qn** far entrare qn; **laisser ~ qch** lasciar entrare qc; **faire ~** (*visiteur*) far entrare.

entresol [ɑ̃tʀəsɔl] *nm* ammezzato.

entre-temps [ɑ̃tʀətɑ̃] *adv* frattanto, intanto.

entretenir [ɑ̃tʀət(ə)niʀ] *vt* (*maison, voiture*) provvedere alla manutenzione di; (*feu, humidité etc*) trattenere; (*amitié, relations*) intrattenere; (*famille, maîtresse*) mantenere; **s'entretenir** *vr*: **s'~ (de qch)** intrattenersi (su qc); ~ **qn (de qch)** intrattenere qn (su qc); ~ **qn dans l'erreur** mantenere qn nell'errore.

entretenu, e [ɑ̃tʀət(ə)ny] *pp de* **entretenir** ♦ *adj* (*femme*) mantenuto(-a); **bien/mal ~**

(*maison, jardin*) ben/mal tenuto.
entretien [ɑ̃tʀətjɛ̃] *nm* (*d'une maison, d'une famille*) mantenimento; (*discussion, audience*) colloquio; (*service*) manutenzione *f*; **~s** (*pourparlers*: *gén pl*) colloqui *mpl*; **frais d'~** spese *fpl* di manutenzione.
entretiendrai [ɑ̃tʀətjɛ̃dʀe] *vb voir* **entretenir**.
entretiens [ɑ̃tʀətjɛ̃] *vb voir* **entretenir**.
entretuer [ɑ̃tʀətɥe]: **s'~** *vr* uccidersi (a vicenda).
entreverrai [ɑ̃tʀ(ə)veʀe] *vb voir* **entrevoir**.
entrevit [ɑ̃tʀ(ə)vi] *vb voir* **entrevoir**.
entrevoir [ɑ̃tʀəvwaʀ] *vt* (*aussi fig*) intravedere; (*fig*: *solution, problème*) intravedere.
entrevu, e [ɑ̃tʀəvy] *pp de* **entrevoir**.
entrevue [ɑ̃tʀəvy] *nf* colloquio, incontro.
entrouvert, e [ɑ̃tʀuvɛʀ, ɛʀt] *pp de* **entrouvrir** ♦ *adj* socchiuso(-a).
entrouvrir [ɑ̃tʀuvʀiʀ] *vt* socchiudere; **s'entrouvrir** *vr* socchiudersi.
énumération [enymeʀasjɔ̃] *nf* enumerazione *f*.
énumérer [enymeʀe] *vt* enumerare.
énurésie [enyʀezi] *nf* enuresi *f*.
énurétique [enyʀetik] *adj* enuretico(-a).
envahir [ɑ̃vaiʀ] *vt* invadere.
envahissant, e [ɑ̃vaisɑ̃, ɑ̃t] *adj* (*péj*) invadente.
envahissement [ɑ̃vaismɑ̃] *nm* invasione *f*.
envahisseur [ɑ̃vaisœʀ] *nm* (*MIL*) invasore *m*.
envasement [ɑ̃vɑzmɑ̃] *nm* interramento.
envaser [ɑ̃vɑze]: **s'~** *vr* (*véhicule, bateau*) impantanarsi; (*lac, rivière*) interrarsi.
enveloppe [ɑ̃v(ə)lɔp] *nf* (*de lettre*) busta; (*TECH*) rivestimento, guaina; **mettre sous ~** mettere in una busta; ▸ **enveloppe à fenêtre** busta a finestra; ▸ **enveloppe autocollante** busta autoadesiva; ▸ **enveloppe budgétaire** bilancio.
envelopper [ɑ̃v(ə)lɔpe] *vt* avvolgere; **s'~ dans un châle/une couverture** avvolgersi in uno scialle/una coperta.
envenimer [ɑ̃v(ə)nime] *vt* inasprire; **s'envenimer** *vr* (*plaie*) infettarsi; (*situation*) inasprirsi.
envergure [ɑ̃vɛʀgyʀ] *nf* (*d'un oiseau, avion*) apertura alare; (*fig*: *d'un projet*) portata; (: *d'une personne*) levatura.
enverrai *etc* [ɑ̃veʀe] *vb voir* **envoyer**.
envers [ɑ̃vɛʀ] *prép* verso, nei confronti di ♦ *nm* (*d'une feuille*) verso; (*d'une étoffe, d'un vêtement*) rovescio; (*fig*: *d'un problème*) altro lato, altra faccia; **à l'~** (*aussi fig*) alla rovescia; **~ et contre tous** *ou* **tout** malgrado tutti gli ostacoli.
enviable [ɑ̃vjabl] *adj* invidiabile; **peu ~** poco invidiabile.
envie [ɑ̃vi] *nf* invidia; (*souhait, sur la peau*) voglia; (*autour des ongles*) pellicina intorno alle unghie; **avoir ~ de qch/de faire qch** aver voglia di qc/di fare qc; **j'ai ~ que ...** vorrei che ...; **donner à qn l'~ de qch/de faire qch** far venire a qn la voglia di qc/di fare qc; **ça lui fait ~** ne ha voglia.
envier [ɑ̃vje] *vt* invidiare; **~ qch à qn** invidiare qc a qn; **n'avoir rien à ~ à** non aver niente da invidiare a.
envieux, -euse [ɑ̃vjø, jøz] *adj, nm/f* invidioso(-a).
environ [ɑ̃viʀɔ̃] *adv* circa; **3 h/2 km ~, ~ 3 h/2 km** circa 3 ore/2 km, 3 ore/2 km circa.
environnant, e [ɑ̃viʀɔnɑ̃, ɑ̃t] *adj* circostante.
environnement [ɑ̃viʀɔnmɑ̃] *nm* ambiente *m*.
environnementaliste [ɑ̃viʀɔnmɑ̃talist] *nm/f* ambientalista *m/f*.
environner [ɑ̃viʀɔne] *vt* circondare.
environs [ɑ̃viʀɔ̃] *nmpl* dintorni *mpl*; **aux ~ de** nei dintorni di; (*fig*: *temps, somme*) circa, all'incirca.
envisageable [ɑ̃vizaʒabl] *adj* che può essere preso(-a) in considerazione.
envisager [ɑ̃vizaʒe] *vt* esaminare; (*prendre en considération*) considerare; **~ de faire** avere intenzione *ou* prevedere di fare.
envoi [ɑ̃vwa] *nm* (*d'une lettre, d'un paquet*) invio, spedizione *f*; (*LITT*) ultima strofa di una ballata; **~ contre remboursement** (*COMM*) spedizione contrassegno.
envoie [ɑ̃vwa] *vb voir* **envoyer**.
envol [ɑ̃vɔl] *nm* (*d'un avion, fig*) decollo; **l'~ d'un oiseau** l'alzarsi in volo di un uccello.
envolée [ɑ̃vɔle] *nf* (*fig*: *lyrique*) volo.
envoler [ɑ̃vɔle]: **s'~** *vr* (*oiseau, feuille*) volar via; (*avion*) decollare, alzarsi in volo; (*fig*: *espoir, illusion*) sparire.
envoûtant, e [ɑ̃vutɑ̃, ɑ̃t] *adj* affascinante, avvincente.
envoûtement [ɑ̃vutmɑ̃] *nm* sortilegio; (*fig*) seduzione *f*.
envoûter [ɑ̃vute] *vt* (*aussi fig*) stregare.
envoyé, e [ɑ̃vwaje] *nm/f* inviato(-a) ♦ *adj*: **bien ~** (*remarque, réponse*) ben mirato (-a), molto pertinente; ▸ **envoyé spécial** (*PRESSE*) inviato(-a) speciale; ▸ **envoyé permanent** (*PRESSE*) corrispondente *m/f*.
envoyer [ɑ̃vwaje] *vt* (*lettre, paquet*) spedire, mandare; (*émissaire, mission*) inviare, mandare; (*projectile, ballon*) lanciare; **~ une gifle à qn** mollare una sberla a qn; **~ une critique à qn** fare una critica a qn; **~ les couleurs** alzare la bandiera; **~ chercher qn/qch** mandare a chiamare qn/a cercare qc; **~ par le fond** (*NAUT*) affondare; **s'~ un apéritif** (*fam*) bersi *ou* pren-

dersi un aperitivo.
envoyeur, -euse [ɑ̃vwajœʀ, øz] *nm/f* (*POSTES*) mittente *m/f*.
enzyme [ɑ̃zim] *nf ou m* enzima *m*.
éolien, ne [eɔljɛ̃, jɛn] *adj* eolico(-a).
éolienne [eɔljɛn] *nf* mulino a vento.
épagneul, e [epaɲœl] *nm/f* épagneul *m inv*.
épais, se [epɛ, ɛs] *adj* spesso(-a); (*sauce, liquide, brouillard*) denso(-a); (*ténèbres, forêt*) fitto(-a); (*péj: esprit*) ottuso(-a).
épaisseur [epɛsœʀ] *nf* (*d'un mur*) spessore *m*; (*du brouillard*) densità *f inv*.
épaissir [epesiʀ] *vt* (*sauce*) rendere denso(-a) ♦ *vi* (*suj: sauce*) addensarsi; (*partie du corps*) appesantire; **s'épaissir** *vr* (*sauce*) addensarsi; (*brouillard*) infittirsi.
épaississement [epesismɑ̃] *nm* (*du brouillard*) addensamento; (*de la peau*) ispessimento; (*taille*) appesantimento.
épanchement [epɑ̃ʃmɑ̃] *nm* (*fig*) sfogo; ▸ **épanchement de synovie** (*MÉD*) travaso di sinovia.
épancher [epɑ̃ʃe] *vt* sfogare; **s'épancher** *vr* sfogarsi; (*liquide*) spandersi.
épandage [epɑ̃daʒ] *nm* (*AGR*) spargimento di concime.
épanoui, e [epanwi] *adj* (*fleur*) sbocciato (-a), schiuso(-a); (*visage, sourire*) raggiante; (*corps, formes*) florido(-a).
épanouir [epanwiʀ]: **s'~** *vr* (*fleur*) sbocciare; (*visage*) illuminarsi; (*fig*) fiorire.
épanouissement [epanwismɑ̃] *nm* (*v vb*) sboccio; fioritura.
épargnant, e [epaʀɲɑ̃, ɑ̃t] *nm/f* risparmiatore(-trice).
épargne [epaʀɲ] *nf* risparmio; **l'~-logement** *forma di risparmio con facilitazioni in vista dell'acquisto di un immobile.*
épargner [epaʀɲe] *vt, vi* risparmiare; **~ qch à qn** risparmiare qc a qn.
éparpillement [epaʀpijmɑ̃] *nm* (*de papier*) sparpagliamento; (*des efforts*) dispersione *f*.
éparpiller [epaʀpije] *vt* sparpagliare; (*fig: efforts*) disperdere; **s'éparpiller** *vr* sparpagliarsi; (*se disperser: manifestants, fig*) disperdersi.
épars, e [epaʀ, aʀs] *adj* (*maisons*) sparso (-a); (*cheveux*) rado(-a).
épatant, e [epatɑ̃, ɑ̃t] (*fam*) *adj* straordinario(-a), splendido(-a).
épaté, e [epate] *adj*: **nez ~** naso camuso.
épater [epate] *vt* stupire; (*impressionner*) sbalordire.
épaule [epol] *nf* (*ANAT, CULIN*) spalla.
épaulé [epole] *nm* (*SPORT*) slancio.
épaulé-jeté [epoleʒ(ə)te] (*pl* **~s-~s**) *nm* (*SPORT*) slancio e distensione *f* (con due braccia).
épaulement [epolmɑ̃] *nm* (*GÉO*) muro di sostegno; (*MIL*) parapetto (di trincea).
épauler [epole] *vt* (*aider*) spalleggiare, sostenere; (*arme*) imbracciare ♦ *vi* (*avec arme*) mirare.
épaulette [epolɛt] *nf* spallina.
épave [epav] *nf* (*bateau, fig*) relitto; (*véhicule*) rottame *m*.
épée [epe] *nf* spada.
épeler [ep(ə)le] *vt* pronunciare lettera per lettera, fare lo spelling di; **comment s'épelle ce mot?** come si scrive questa parola?
éperdu, e [epɛʀdy] *adj* (*personne, regard*) sconvolto(-a); (*sentiment*) travolgente; (*fuite*) disperato(-a), pazzo(-a).
éperdument [epɛʀdymɑ̃] *adv* (*espérer*) disperatamente; (*aimer*) perdutamente; **~ amoureux** perdutamente innamorato; **s'en ficher ~** infischiarsene altamente.
éperlan [epɛʀlɑ̃] *nm* (*ZOOL*) sperlano.
éperon [epʀɔ̃] *nm* sperone *m*.
éperonner [epʀɔne] *vt* (*cheval, fig*) spronare; (*navire*) speronare.
épervier [epɛʀvje] *nm* (*ZOOL*) sparviere *m*; (*PÊCHE*) giacchio.
éphèbe [efɛb] *nm* efebo.
éphémère [efemɛʀ] *adj* effimero(-a).
éphéméride [efemeʀid] *nf* effemeride *f*; (*calendrier*) calendario a fogli mobili.
épi [epi] *nm* spiga; **~ de cheveux** ciuffo ribelle; **stationnement/se garer en ~** parcheggio/parcheggiare a spina di pesce.
épice [epis] *nf* spezia, droga.
épicé, e [epise] *adj* speziato(-a), piccante; (*fig*) piccante.
épicéa [episea] *nm* abete *m* rosso.
épicentre [episɑ̃tʀ] *nm* epicentro.
épicer [epise] *vt* aromatizzare, condire (con spezie); (*fig*) rendere piccante.
épicerie [episʀi] *nf* negozio di (generi) alimentari; (*produits*) provviste *fpl*; ▸ **épicerie fine** generi *mpl* alimentari di lusso.
épicier, -ière [episje, jɛʀ] *nm/f* negoziante *m/f* di generi alimentari.
épicurien, ne [epikyʀjɛ̃, jɛn] *adj* epicureo(-a).
épidémie [epidemi] *nf* epidemia.
épidémique [epidemik] *adj* epidemico(-a).
épiderme [epidɛʀm] *nm* epidermide *f*.
épidermique [epidɛʀmik] *adj* epidermico(-a).
épier [epje] *vt* spiare.
épieu, x [epjø] *nm* spiedo.
épigramme [epigʀam] *nf* epigramma *m*.
épigraphe [epigʀaf] *nf* epigrafe *f*.
épilation [epilasjɔ̃] *nf* depilazione *f*.
épilatoire [epilatwaʀ] *adj* depilatorio(-a).
épilepsie [epilɛpsi] *nf* epilessia.
épileptique [epilɛptik] *adj, nm/f* epilettico (-a).
épiler [epile] *vt* depilare; **s'~ les jambes/les**

sourcils depilarsi le gambe/le sopracciglia; **se faire** ~ farsi depilare; **crème à** ~ crema depilatoria; **pince à** ~ pinzetta per sopracciglia.

épilogue [epilɔg] *nm* epilogo.

épiloguer [epilɔge] *vi*: ~ **(sur)** disquisire (su), dilungarsi (su).

épinard [epinaʀ] *nm* spinacio; ~**s** (*CULIN*) spinaci.

épine [epin] *nf* spina; ▸ **épine dorsale** spina dorsale.

épineux, -euse [epinø, øz] *adj* (*aussi fig*) spinoso(-a).

épine-vinette [epinvinɛt] (*pl* ~**s**-~**s**) *nf* (*BOT*) crespino.

épinglage [epɛ̃glaʒ] *nm*: **l'**~ **de qch** l'appuntare con spilli qc.

épingle [epɛ̃gl] *nf* spillo; **tirer son** ~ **du jeu** tirarsi d'impiccio; **tiré à quatre** ~**s** in ghingheri, elegantissimo(-a); **monter qch en** ~ mettere qc in evidenza; **virage en** ~ **à cheveux** curva a gomito; ▸ **épingle à chapeau** spillone *m*; ▸ **épingle à cheveux** forcina; ▸ **épingle de cravate** fermacravatta *m inv*; ▸ **épingle de nourrice** *ou* **de sûreté** *ou* **double** spilla da balia.

épingler [epɛ̃gle] *vt* (*COUTURE*) appuntare; ~ **qch sur** appuntare qc su; ~ **qn** (*fig fam*) pizzicare *ou* beccare qn.

épinière [epinjɛʀ] *adj f voir* **moelle**.

Épiphanie [epifani] *nf* Epifania.

épiphénomène [epifenɔmɛn] *nm* epifenomeno.

épique [epik] *adj* epico(-a).

épiscopal, e, -aux [episkɔpal, o] *adj* episcopale.

épiscopat [episkɔpa] *nm* episcopato.

épisode [epizɔd] *nm* episodio; **roman/film à** ~**s** romanzo/film *m inv* a puntate.

épisodique [epizɔdik] *adj* episodico(-a).

épisodiquement [epizɔdikmɑ̃] *adv* episodicamente.

épissure [episyʀ] *nf* impiombatura.

épistémologie [epistemɔlɔʒi] *nf* epistemologia.

épistolaire [epistɔlɛʀ] *adj* epistolare; **être en relations** ~**s avec qn** intrattenere relazioni epistolari con qn.

épitaphe [epitaf] *nf* epitaffio.

épithète [epitɛt] *nf* (*LING*) attributo; (*nom, surnom*) epiteto ♦ *adj*: **adjectif** ~ attributo.

épître [epitʀ] *nf* epistola.

épizootie [epizɔɔti] *nf* epizoozia.

éploré, e [eplɔʀe] *adj* sconsolato(-a).

épluchage [eplyʃaʒ] *nm* (*de légumes*) sbucciatura; (*de dossier etc*) attenta lettura.

épluche-légumes [eplyʃlegym] *nm inv* pelapatate *m inv*.

éplucher [eplyʃe] *vt* sbucciare; (*fig*: *texte, dossier*) spulciare.

éplucheur [eplyʃœʀ] *nm* sbucciatore *m* (elettrico).

épluchures [eplyʃyʀ] *nfpl* bucce *fpl*.

épointer [epwɛ̃te] *vt* spuntare.

éponge [epɔ̃ʒ] *nf* spugna ♦ *adj*: **tissu** ~ spugna; **passer l'**~ **(sur)** (*fig*) dare un colpo di spugna a; **jeter l'**~ (*fig*) gettare la spugna; ▸ **éponge métallique** paglietta di ferro.

éponger [epɔ̃ʒe] *vt* asciugare; (*fig*: *dette, déficit*) riassorbire; **s'**~ **le front** asciugarsi la fronte.

épopée [epɔpe] *nf* epopea.

époque [epɔk] *nf* epoca; **d'**~ (*meuble*) d'epoca; **à cette** ~ a quell'epoca; **à l'**~ **où/de** all'epoca in cui/di; **faire** ~ fare epoca.

épouiller [epuje] *vt* spidocchiare.

époumoner [epumɔne]: **s'**~ *vr* spolmonarsi.

épouse [epuz] *nf* sposa.

épouser [epuze] *vt* (*personne, idées*) sposare; (*mouvement*) aderire a.

époussetage [epustaʒ] *nm* spolveratura.

épousseter [epuste] *vt* spolverare.

époustouflant, e [epustuflɑ̃, ɑ̃t] *adj* sbalorditivo(-a), strabiliante.

époustoufler [epustufle] *vt* sbalordire, strabiliare.

épouvantable [epuvɑ̃tabl] *adj* spaventoso(-a).

épouvantablement [epuvɑ̃tabləmɑ̃] *adj* spaventosamente, orrendamente.

épouvantail [epuvɑ̃taj] *nm* spaventapasseri *m inv*; (*fig*) spauracchio.

épouvante [epuvɑ̃t] *nf* spavento; **film/livre d'**~ film/libro dell'orrore.

épouvanter [epuvɑ̃te] *vt* terrorizzare.

époux [epu] *nm* sposo(-a); **les** ~ *nmpl* gli sposi.

éprendre [epʀɑ̃dʀ]: **s'**~ **de** *vr* innamorarsi di.

épreuve [epʀœv] *nf* prova; (*PHOTO*) negativo; (*TYPO*) bozza; **à l'**~ **des balles/du feu** (*vêtement*) a prova di proiettile/di fuoco; **à toute** ~ a tutta prova; **mettre à l'**~ mettere alla prova; ▸ **épreuve de force** (*fig*) prova di forza; ▸ **épreuve de résistance** prova di resistenza; ▸ **épreuve de sélection** (*SPORT*) eliminatoria.

épris, e [epʀi, iz] *vb voir* **éprendre** ♦ *adj*: ~ **de** innamorato(-a) di.

éprouvant, e [epʀuvɑ̃, ɑ̃t] *adj* che mette a dura prova.

éprouvé, e [epʀuve] *adj* provato(-a), sicuro(-a).

éprouver [epʀuve] *vt* provare; (*machine*) testare; (*personne*: *mettre à l'épreuve*) mettere alla prova; (*difficultés etc*) avere, incontrare.

éprouvette [epʀuvɛt] *nf* provetta.

EPS [əpeɛs] *sigle f* = *Éducation physique et sportive.*
épuisant, e [epɥizɑ̃, ɑ̃t] *adj* estenuante.
épuisé, e [epɥize] *adj* esausto(-a); (*stock, livre*) esaurito(-a).
épuisement [epɥizmɑ̃] *nm* spossatezza; (*des ressources etc*) esaurimento; **jusqu'à ~ du stock** *ou* **des stocks** fino a esaurimento delle scorte.
épuiser [epɥize] *vt* (*fatiguer*) spossare, sfinire; (*stock, ressources etc*) esaurire; **s'épuiser** *vr* (*se fatiguer*) spossarsi; (*stock*) esaurirsi.
épuisette [epɥizɛt] *nf* (*PÊCHE*) guadino.
épuration [epyʀasjɔ̃] *nf* (*v vb*) depurazione *m*; epurazione *f.*
épure [epyʀ] *nf* pianta tridimensionale di montaggio *ou* costruzione.
épurer [epyʀe] *vt* (*liquide*) depurare; (*fig*) epurare.
équarrir [ekaʀiʀ] *vt* (*tronc d'arbre*) squadrare; (*animal*) squartare.
Équateur [ekwatœʀ] *nm* equatore *m*; **la république de l'~** la repubblica dell'Ecuador.
équateur [ekwatœʀ] *nm* equatore *m.*
équation [ekwasjɔ̃] *nf* equazione *f*; **mettre en ~** mettere in forma di equazione; **▸ équation du premier/second degré** equazione di primo/secondo grado.
équatorial, e, -aux [ekwatɔʀjal, jo] *adj* equatoriale.
équatorien, ne [ekwatɔʀjɛ̃, jɛn] *adj* ecuadoriano(-a) ♦ *nm/f*: **Équatorien, ne** ecuadoriano(-a).
équerre [ekɛʀ] *nf* (*pour dessiner, mesurer*) squadra; (*pour fixer*) *pezzo metallico di rinforzo a T o a L*; **à l'~, en ~** a squadra; **d'~** a squadra; **les jambes en ~** con le gambe a squadra; **double ~** squadra a T.
équestre [ekɛstʀ] *adj* equestre; **statue ~** statua equestre.
équeuter [ekøte] *vt* (*cerises etc*) depicciolare.
équidé [ekide] *nm* equide *m.*
équidistance [ekɥidistɑ̃s] *nf*: **à ~ (de)** a uguale distanza (da).
équidistant, e [ekɥidistɑ̃, ɑ̃t] *adj*: **~ (de)** equidistante (da).
équilatéral, e, -aux [ekɥilateʀal, o] *adj* equilatero(-a).
équilibrage [ekilibʀaʒ] *nm* (*AUTO*): **~ des roues** equilibratura delle ruote.
équilibre [ekilibʀ] *nm* equilibrio; **être/mettre en ~** essere/mettere in equilibrio; **avoir le sens de l'~** avere il senso dell'equilibrio; **garder l'~** tenersi in equilibrio; **perdre l'~** perdere l'equilibrio; **en ~ instable** in equilibrio instabile; **▸ équilibre budgétaire** pareggio di bilancio.
équilibré, e [ekilibʀe] *adj* equilibrato(-a).
équilibrer [ekilibʀe] *vt* (*budget*) pareggiare; (*charge*) equilibrare; **s'équilibrer** *vr* (*poids*) equilibrarsi, bilanciarsi; (*fig*) bilanciarsi.
équilibriste [ekilibʀist] *nm/f* equilibrista *m/f.*
équinoxe [ekinɔks] *nm* equinozio; **▸ équinoxe d'automne/de printemps** equinozio d'autunno/di primavera.
équipage [ekipaʒ] *nm* equipaggio; **en grand ~** in ghingheri.
équipe [ekip] *nf* squadra; (*péj*) banda; **travailler par ~s** lavorare a gruppi; **travailler en ~** lavorare in gruppo; **faire ~ avec** lavorare con; **▸ équipe de chercheurs** gruppo *ou* équipe *f inv* di ricercatori; **▸ équipe de nuit** turno di notte; **▸ équipe de sauveteurs** squadra di salvataggio; **▸ équipe de secours** squadra di soccorso.
équipé, e [ekipe] *adj* attrezzato(-a).
équipée [ekipe] *nf* scappata.
équipement [ekipmɑ̃] *nm* (*d'un sportif*) attrezzatura, equipaggiamento; (*d'une cuisine*) attrezzatura; **biens/dépenses d'~** bene/spese strutturali; **~s sportifs** impianti sportivi; **~s collectifs** strutture *fpl* pubbliche; **(le ministère de) l'Équipement** (*ADMIN*) il Ministero dei lavori pubblici.
équiper [ekipe] *vt* (*sportif etc*) equipaggiare; (*voiture, cuisine*) attrezzare; (*région*) dotare di infrastrutture; **s'équiper** *vr* (*sportif*) equipaggiarsi, attrezzarsi; (*région, pays*) dotarsi di infrastrutture; **~ qn de** equipaggiare qn di; attrezzare qn di; **~ qch de** attrezzare qc di.
équipier, -ière [ekipje, jɛʀ] *nm/f* compagno(-a) di squadra.
équitable [ekitabl] *adj* equo(-a), giusto(-a).
équitablement [ekitabləmɑ̃] *adv* equamente.
équitation [ekitasjɔ̃] *nf* equitazione *f*; **faire de l'~** fare equitazione.
équité [ekite] *nf* equità *f inv.*
équivaille [ekivaj] *vb voir* **équivaloir**.
équivalence [ekivalɑ̃s] *nf* equivalenza; (*UNIV*) equiparazione *f.*
équivalent, e [ekivalɑ̃, ɑ̃t] *adj, nm* equivalente *m.*
équivaloir [ekivalwaʀ]: **~ à** *vt* equivalere a.
équivaut [ekivo] *vb voir* **équivaloir**.
équivoque [ekivɔk] *adj* equivoco(-a) ♦ *nf* equivoco.
érable [eʀabl] *nm* acero.
éradication [eʀadikasjɔ̃] *nf* (*MÉD*) estirpazione *f.*
éradiquer [eʀadike] *vt* (*MÉD*) debellare, estirpare.
érafler [eʀɑfle] *vt* graffiare; **s'~ (la main/les jambes)** graffiarsi (la mano/le gambe).

éraflure [eʀaflyʀ] *nf* graffio.
éraillé, e [eʀaje] *adj* (*voix*) rauco(-a).
ère [ɛʀ] *nf* era; **en l'an 1050 de notre ~** nel 1050 dopo Cristo; ▶ **l'ère chrétienne** l'era cristiana.
érection [eʀɛksjɔ̃] *nf* erezione *f*.
éreintant, e [eʀɛ̃tɑ̃, ɑ̃t] *adj* spossante.
éreinté, e [eʀɛ̃te] *adj* spossato(-a), stremato(-a).
éreintement [eʀɛ̃tmɑ̃] *adj* spossatezza.
éreinter [eʀɛ̃te] *vt* stremare; (*fig*: *œuvre, auteur*) stroncare; **s'éreinter** *vr*: **s'~ (à faire qch/à qch)** stremarsi (nel fare qc/con qc).
ergonomie [ɛʀgɔnɔmi] *nf* ergonomia.
ergonomique [ɛʀgɔnɔmik] *adj* ergonomico(-a).
ergonomiste [ɛʀgɔnɔmist] *nm/f* ergonomista *m/f*.
ergot [ɛʀgo] *nm* (*de coq*) sperone *m*; (*TECH*) sporgenza; ▶ **ergot du seigle** (*BOT*) sclerozio della segale.
ergoter [ɛʀgɔte] *vi* cavillare.
ergoteur, -euse [ɛʀgɔtœʀ, øz] *nm/f* cavillatore(-trice).
ergothérapie [ɛrgɔteʀapi] *nf* ergoterapia.
ériger [eʀiʒe] *vt* erigere; **~ qch en principe** erigere qc a principio; **s'~ en juge/critique de ...** erigersi a giudice/critico di ... .
ermitage [ɛʀmitaʒ] *nm* eremo.
ermite [ɛʀmit] *nm* eremita *m*.
éroder [eʀɔde] *vt* erodere.
érogène [eʀɔʒɛn] *adj* erogeno(-a).
érosion [eʀozjɔ̃] *nf* (*aussi fig*) erosione *f*.
érotique [eʀɔtik] *adj* erotico(-a).
érotiser [eʀɔtize] *vt* erotizzare.
érotisme [eʀɔtism] *nm* erotismo.
errance [eʀɑ̃s] *nf*: **l'~** il vagare, l'errare *m*.
errant, e [eʀɑ̃, ɑ̃t] *adj*: **chien ~** cane *m* randagio.
errata [eʀata] *nm ou nmpl* errata corrige *m inv*.
erratum [eʀatɔm] (*pl* **errata**) *nm* errore *m* di stampa.
errements [ɛʀmɑ̃] *nmpl* errori *mpl*.
errer [eʀe] *vi* errare, vagare.
erreur [eʀœʀ] *nf* errore *m*; **tomber/être dans l'~** cadere/essere in errore; **induire qn en ~** trarre qn in inganno; **par ~** per sbaglio; **faire ~** commettere un errore; ▶ **erreur d'écriture/d'impression** errore di ortografia/di stampa; ▶ **erreur de date** errore di data; ▶ **erreur de fait/de jugement** errore di fatto/di giudizio; ▶ **erreur judiciaire** errore giudiziario; ▶ **erreur matérielle** errore di trascrizione; ▶ **erreur tactique** errore tattico.
erroné, e [eʀɔne] *adj* errato(-a), erroneo(-a).
ersatz [ɛʀzats] *nm* surrogato.
éructer [eʀykte] *vi, vt* eruttare.
érudit, e [eʀydi, it] *adj, nm/f* erudito(-a).
érudition [eʀydisjɔ̃] *nf* erudizione *f*.
éruptif, -ive [eʀyptif, iv] *adj* eruttivo(-a).
éruption [eʀypsjɔ̃] *nf* eruzione *f*; (*fig*: *de joie, folie*) impeto, accesso.
es [ɛ] *vb voir* **être**.
ès [ɛs] *prép*: **licencié ~ lettres/sciences** laureato in scienze/lettere; **docteur ~ lettres** dottore in lettere.
esbroufe [ɛsbʀuf] *nf*: **faire de l'~** fare lo sbruffone.
escabeau, x [ɛskabo] *nm* (*tabouret*) sgabello; (*échelle*) scala a libretto.
escadre [ɛskɑdʀ] *nf* squadra.
escadrille [ɛskadʀij] *nf* squadriglia.
escadron [ɛskadʀɔ̃] *nm* squadrone *m*.
escalade [ɛskalad] *nf* scalata; **l'~ de la guerre/violence** l'escalation *f inv* della guerra/violenza; ▶ **escalade artificielle** arrampicata artificiale; ▶ **escalade libre** arrampicata libera, free-climbing *m inv*.
escalader [ɛskalade] *vt* scalare.
escalator [ɛskalatɔʀ] *nm* scala *f* mobile.
escale [ɛskal] *nf* scalo; **faire ~ (à)** fare scalo (a); **vol sans ~** volo senza scalo; ▶ **escale technique** scalo tecnico.
escalier [ɛskalje] *nm* scala, scale *fpl*; **dans l'~** *ou* **les ~s** sulle scale; **descendre l'~** *ou* **les ~s** scendere le scale; ▶ **escalier à vis** *ou* **en colimaçon** scala a chiocciola; ▶ **escalier de secours/de service** scala di soccorso/di servizio; ▶ **escalier roulant** *ou* **mécanique** scala mobile.
escalope [ɛskalɔp] *nf* scaloppina.
escamotable [ɛskamɔtabl] *adj* (*train d'atterrissage, antenne*) retrattile; (*lit*) estraibile; (*table*) allungabile.
escamoter [ɛskamɔte] *vt* (*esquiver*) eludere; (*faire disparaître, dérober*) far sparire; (*train d'atterrissage*) far rientrare; (*mots*) mangiarsi.
escampette [ɛskɑ̃pɛt] *nf voir* **poudre**.
escapade [ɛskapad] *nf*: **faire une ~** fare una scappatella.
escarbille [ɛskaʀbij] *nf* bruscolo di carbone.
escarcelle [ɛskaʀsɛl] *nf*: **faire tomber dans l'~** far intascare.
escargot [ɛskaʀgo] *nm* lumaca.
escarmouche [ɛskaʀmuʃ] *nf* (*MIL, fig*) scaramuccia.
escarpé, e [ɛskaʀpe] *adj* scosceso(-a), ripido(-a).
escarpement [ɛskaʀpəmɑ̃] *nm* scarpata.
escarpin [ɛskaʀpɛ̃] *nm* scarpetta, scarpa a ballerina.
escarre [ɛskaʀ] *nf* (*MÉD*) escara.
Escaut [ɛsko] *nm*: **l'~** la Schelda.
escient [esjɑ̃] *nm*: **à bon ~** a ragion veduta.

esclaffer [ɛsklafe]: **s'~** *vr* scoppiare a ridere.
esclandre [ɛsklɑ̃dʀ] *nm* scenata; **faire un ~** fare una scenata.
esclavage [ɛsklavaʒ] *nm* schiavitù *f inv.*
esclavagiste [ɛsklavaʒist] *adj, nm/f* schiavista *m/f.*
esclave [ɛsklav] *nm/f* schiavo(-a); **être ~ de qn/qch** (*fig*) essere schiavo(-a) di qn/qc.
escogriffe [ɛskɔgʀif] (*péj*) *nm* spilungone *m.*
escomptable [ɛskɔ̃tabl] *adj* (*FIN*) scontabile.
escompte [ɛskɔ̃t] *nm* sconto.
escompter [ɛskɔ̃te] *vt* (*COMM*) scontare; (*espérer*) aspettarsi, contare su; **~ que** aspettarsi che.
escorte [ɛskɔʀt] *nf* scorta; **faire ~ à** scortare.
escorter [ɛskɔʀte] *vt* scortare.
escorteur [ɛskɔʀtœʀ] *nm* (*NAUT*) nave *f* scorta.
escouade [ɛskwad] *nf* (*MIL*) drappello; (*fig: groupe de personnes*) squadra.
escrime [ɛskʀim] *nf* scherma; **faire de l'~** tirare di scherma.
escrimer [ɛskʀime]: **s'~** *vr* schermirsi; **s'~ à faire qch** sforzarsi a fare qc; **s'~ sur qch** fare qc con accanimento.
escrimeur, -euse [ɛskʀimœʀ, øz] *nm/f* schermidore(-a).
escroc [ɛskʀo] *nm* truffatore(-trice), imbroglione(-a).
escroquer [ɛskʀɔke] *vt* (*personne*) imbrogliare; (*argent*) sottrarre.
escroquerie [ɛskʀɔkʀi] *nf* raggiro, truffa.
ésotérique [ezɔteʀik] *adj* esoterico(-a).
ésotérisme [ezɔteʀism] *nm* esoterismo.
espace [ɛspas] *nm* spazio; **manquer d'~** non avere spazio sufficiente; ▶**espace publicitaire** spazio pubblicitario; ▶**espace vital** spazio vitale.
espacé, e [ɛspase] *adj* (*arbres, maisons*) distanziato(-a); (*visites*) diradato(-a).
espacement [ɛspasmɑ̃] *nm* distanza, intervallo; (*des visites etc*) diradare *m*; ▶**espacement proportionnel** spaziatura proporzionale.
espacer [ɛspase] *vt* distanziare; (*visites*) diradare; **s'espacer** *vr* (*visites etc*) diradarsi.
espadon [ɛspadɔ̃] *nm* pesce *m* spada.
espadrille [ɛspadʀij] *nf* espadrille *f inv.*
Espagne [ɛspaɲ] *nf* Spagna.
espagnol, e [ɛspaɲɔl] *adj* spagnolo(-a) ♦ *nm* spagnolo ♦ *nm/f*: **E~, e** spagnolo(-a).
espagnolette [ɛspaɲɔlɛt] *nf* spagnoletta; **fermé à l'~** chiuso con la spagnoletta.
espalier [ɛspalje] *nm* spalliera; **culture en ~s** coltivazione *f* a spalliera.
espèce [ɛspɛs] *nf* specie *f inv*; **~s** *nfpl* (*COMM*) contanti *mpl*; **une ~ de** una specie di; **~ de maladroit/de brute!** razza di incapace/d'idiota!; **de toute ~** di ogni specie; **en l'~** nella fattispecie; **payer en ~s** pagare in contanti; **l'~ humaine** la specie umana; **cas d'~** caso particolare.
espérance [ɛspeʀɑ̃s] *nf* speranza; **contre toute ~** contro ogni speranza; ▶**espérance de vie** (*DÉMOGRAPHIE*) speranza di vita.
espérantiste [ɛspeʀɑ̃tist] *adj* esperantistico(-a) ♦ *nm/f* esperantista *m/f.*
espéranto [ɛspeʀɑ̃to] *nm* esperanto.
espérer [ɛspeʀe] *vt* sperare ♦ *vi* aspettarsi; **j'espère (bien)** lo spero (proprio *ou* bene); **~ que/faire qch/avoir fait qch** sperare che/di fare qc/di aver fatto qc; **~ en qn/qch** sperare in qn/qc; **je n'en espérais pas tant** non mi aspettavo tanto.
espiègle [ɛspjɛgl] *adj* birichino(-a).
espièglerie [ɛspjɛgləʀi] *nf* birichinata.
espion, ne [ɛspjɔ̃, jɔn] *nm/f* spia ♦ *adj*: **bateau/avion ~** battello *m*/aereo *m* spia *inv.*
espionnage [ɛspjɔnaʒ] *nm* spionaggio; **film/roman d'~** film/romanzo di spionaggio; ▶**espionnage industriel** spionaggio industriale.
espionner [ɛspjɔne] *vt* spiare.
espionnite [ɛspjɔnit] *nf fobia di chi vede spie dappertutto.*
esplanade [ɛsplanad] *nf* piazzale *m*, spiazzo.
espoir [ɛspwaʀ] *nm* speranza; **avoir bon ~ que ...** avere la speranza che ...; **garder l'~ que ...** nutrire la speranza che ...; **dans l'~ de/que** sperando di/che; **reprendre ~** riprendere a sperare; **un ~ de la boxe/du ski** una speranza del pugilato/dello sci; **c'est sans ~** è senza speranza.
esprit [ɛspʀi] *nm* spirito; (*pensée, intellect*) mente *f*; **l'~ de parti/de clan** lo spirito di partito/di clan; **paresse/vivacité d'~** pigrizia/vivacità mentale; **l'~ d'une loi/réforme** lo spirito di una legge/riforma; **l'~ d'équipe/de compétition** lo spirito di gruppo/di competizione; **dans mon ~** a mio avviso, secondo me; **faire de l'~** fare dello spirito; **reprendre ses ~s** riprendere i sensi, ritornare in sé; **perdre l'~** impazzire; **avoir bon/mauvais ~** essere di animo buono/cattivo; **avoir l'~ à faire qch** aver voglia di fare qc; **avoir l'~ critique** avere spirito critico; ▶**esprits chagrins** anime meste; ▶**esprit de contradiction** spirito di contraddizione; ▶**esprit de corps** spirito di corpo; ▶**esprit de famille** senso della famiglia; ▶**l'esprit malin** (*le diable*) lo spirito maligno.
esquif [ɛskif] *nm* imbarcazione *f* leggera.
esquimau, de, x [ɛskimo, od] *adj* eschi-

mese ♦ *nm* (*LING*) eschimese *m*; (*glace*) gelato ricoperto di cioccolato ♦ *nm/f*: **E~, de** eschimese *m/f*; **chien** ~ cane *m* eschimese.

esquinter [ɛskɛ̃te] (*fam*) *vt* scassare; **s'esquinter** (*fam*) *vr*: **s'~ à faire qch** scannarsi per fare qc.

esquisse [ɛskis] *nf* schizzo, abbozzo; (*d'un sourire, changement*) abbozzo.

esquisser [ɛskise] *vt* abbozzare; **s'esquisser** *vr* delinearsi; ~ **un geste/un sourire** abbozzare un gesto/un sorriso.

esquive [ɛskiv] *nf* (*BOXE*) schivata.

esquiver [ɛskive] *vt* schivare; (*fig*: *problème*) evitare; **s'esquiver** *vr* svignarsela.

essai [esɛ] *nm* prova; (*d'une voiture*) collaudo; (*RUGBY*) meta; (*LITT*) saggio; **~s** *nmpl* (*SPORT, AUTO*) collaudo *msg*; **à l'~** in prova; ~ **gratuit** (*COMM*) campione *m* gratuito.

essaim [esɛ̃] *nm* (*aussi fig*) sciame *m*.

essaimer [eseme] *vi* sciamare; (*fig*: *entreprise*) ramificarsi; (: *se disperser*) disperdersi.

essayage [esɛjaʒ] *nm* prova; **salon/cabine d'~** sala/cabina di prova.

essayer [eseje] *vt* provare; (*méthode*) sperimentare ♦ *vi* provare; ~ **de faire qch** provare a *ou* cercare di fare qc; **essayez un peu!** (*menace*) provateci solo!; **s'~ à faire qch** provare a fare qc; **s'~ à qch** cimentarsi in qc.

essayeur, -euse [esɛjœʀ, øz] *nm/f* sarto(-a) addetto alle prove.

essayiste [esejist] *nm/f* saggista *m/f*.

ESSEC [esɛk] *sigle f* = *École supérieure des sciences économiques et commerciales*.

essence [esɑ̃s] *nf* (*aussi fig*) essenza; (*carburant*) benzina; **par** ~ per definizione; **prendre** *ou* **faire de l'~** far benzina; ►**essence de café** estratto di caffè; ►**essence de citron/de lavande** essenza di limone/di lavanda; ►**essence de térébenthine** essenza di trementina, acquaragia.

essentiel, le [esɑ̃sjɛl] *adj* essenziale ♦ *nm* essenziale *m*; **être ~ à** essere fondamentale per; **c'est l'~** è la cosa più importante; **l'~ de** (*la majeure partie*) il grosso di.

essentiellement [esɑ̃sjɛlmɑ̃] *adv* essenzialmente.

esseulé, e [esœle] *adj* abbandonato(-a).

essieu, x [esjø] *nm* (*AUTO*) assale *m*.

essor [esɔʀ] *nm* (*de l'économie etc*) sviluppo; **prendre son** ~ (*fig*) prendere il volo.

essorage [esɔʀaʒ] *nm* (*v vt*) strizzatura; centrifugazione *f*; scolatura.

essorer [esɔʀe] *vt* (*linge*) strizzare; (*machine à laver*) centrifugare; (*salade*) scolare.

essoreuse [esɔʀøz] *nf* centrifuga.

essouffler [esufle] *vt* lasciare senza fiato; **s'essouffler** *vr* restare senza fiato; (*fig*: *écrivain*) perdere l'ispirazione; (*économie*) arrancare.

essuie [esɥi] *vb voir* **essuyer**.

essuie-glace [esɥiglas] *nm* tergicristallo.

essuie-mains [esɥimɛ̃] *nm* asciugamano.

essuierai *etc* [esyiʀe] *vb voir* **essuyer**.

essuie-tout [esyitu] *nm inv* carta (assorbente) da cucina.

essuyage [esɥijaʒ] *nm* asciugatura.

essuyer [esɥije] *vt* asciugare; (*épousseter*) spolverare; (*fig*: *subir*) subire; **s'essuyer** *vr* asciugarsi; ~ **la vaisselle** asciugare i piatti.

est[1] [ɛ] *vb voir* **être**.

est[2] [ɛst] *nm* est *m* ♦ *adj inv* orientale, (ad) est *inv*; **à l'~** (*situation*) all'est; (*direction*) a est; **à l'~ de** a est di; **les pays de l'E~** i paesi dell'Est.

estafette [ɛstafɛt] *nf* staffetta.

estafilade [ɛstafilad] *nf* sfregio, taglio.

est-allemand, e [ɛstalmɑ̃, ɑ̃d] (*pl* **~-~s, -es**) *adj* tedesco(-a) orientale.

estaminet [ɛstaminɛ] *nm* piccolo caffè *ou* bar *m inv*.

estampe [ɛstɑ̃p] *nf* stampa.

estamper [ɛstɑ̃pe] *vt* (*monnaies etc*) coniare; (*fam*) imbrogliare.

estampille [ɛstɑ̃pij] *nf* marchio.

est-ce que [ɛskə] *adv*: **~-~ ~ c'est cher?** è caro?; **~-~ ~ c'était bon?** era buono?; **quand est-ce qu'il part?** quando (è che) parte?; **où est-ce qu'il va?** dove va?; **qui est-ce qui le connaît/a fait ça?** chi lo conosce/ha fatto questo?

este [ɛst] *adj* estone ♦ *nm/f*: **E~** estone *m/f*.

esthète [ɛstɛt] *nm/f* esteta *m/f*.

esthéticien, ne [ɛstetisjɛ̃, jɛn] *nm/f* esteta *m/f*.

esthéticienne [ɛstetisjɛn] *nf* estetista *f*.

esthétique [ɛstetik] *adj* estetico(-a) ♦ *nf* estetica; ►**esthétique industrielle** design *m inv*.

esthétiquement [ɛstetikmɑ̃] *adv* esteticamente.

estimable [ɛstimabl] *adj* stimabile.

estimatif, -ive [ɛstimatif, iv] *adj* estimativo(-a).

estimation [ɛstimasjɔ̃] *nf* stima, valutazione *f*; **d'après mes ~s** secondo i miei calcoli.

estime [ɛstim] *nf* stima; **avoir de l'~ pour qn** avere stima di qn.

estimer [ɛstime] *vt* (*respecter, expertiser*) stimare; (*évaluer*) valutare; ~ **que/être ...** ritenere che/di essere ...; **s'~ satisfait/heureux** ritenersi soddisfatto/felice; **j'estime cette distance à 6 km** ritengo che la distanza sia di 6 km.

estival, e, -aux [ɛstival, o] *adj* estivo(-a); **station ~e** località di villeggiatura.
estivant, e [ɛstivɑ̃, ɑ̃t] *nm/f* villeggiante *m/f*.
estoc [ɛstɔk] *nm*: **frapper d'~ et de taille** colpire di punta e di taglio.
estocade [ɛstɔkad] *nf*: **donner l'~ à** (*aussi fig*) dare il colpo di grazia a.
estomac [ɛstɔma] *nm* stomaco; **avoir l'~ creux** avere un buco nello stomaco; **avoir mal à l'~** avere male allo stomaco.
estomaqué, e [ɛstɔmake] *adj* sbalordito (-a).
estompe [ɛstɔ̃p] *nf* (*ART*) sfumino.
estompé, e [ɛstɔ̃pe] *adj* sfumato(-a).
estomper [ɛstɔ̃pe] *vt* (*ART, PHOTO, fig*) sfumare; (*suj: brume etc*) attenuare; **s'estomper** *vr* sfumare; (*fig*) attenuarsi.
Estonie [ɛstɔni] *nf* Estonia.
estonien, ne [ɛstɔnjɛ̃, jɛn] *adj* estone ♦ *nm* estone *m* ♦ *nm/f*: **E~, ne** estone *m/f*.
estrade [ɛstʀad] *nf* pedana.
estragon [ɛstʀagɔ̃] *nm* dragoncello.
estropié, e [ɛstʀɔpje] *nm/f* storpio(-a).
estropier [ɛstʀɔpje] *vt* (*aussi fig*) storpiare.
estuaire [ɛstɥɛʀ] *nm* estuario.
estudiantin, e [ɛstydjɑ̃tɛ̃, in] *adj* studentesco(-a).
esturgeon [ɛstyʀʒɔ̃] *nm* storione *m*.
et [e] *conj* e; **~ aussi** e anche; **~ lui** e lui; **~ puis?** e poi?; **~ alors** *ou* **(puis) après?** (*qu'importe!*) e allora?; (*ensuite*) e allora?, e poi?
ét. *abr* (= *étage*) p.
ETA [ətea] *sigle m* (*POL*) ETA *f*.
étable [etabl] *nf* stalla.
établi, e [etabli] *adj* (*réputation*) solido(-a); (*usage, préjugé*) radicato(-a); (*vérité*) accertato(-a); (*gouvernement*) al potere; (*coutumes*) consolidato(-a); (*ordre*) costituito(-a) ♦ *nm* banco.
établir [etabliʀ] *vt* (*papiers d'identité, facture*) fare; (*liste*) compilare; (*règlement*) instaurare; (*entreprise, camp*) installare; (*fig: réputation, droit*) fondare; (*fait, culpabilité*) dimostrare; (*personne: aider à s'établir*) sistemare; (*relations, record*) stabilire; **s'établir** *vr* (*entente*) stabilirsi; (*silence*) calare; **s'~ (à son compte)** mettersi in proprio; **s'~ à/près de** stabilirsi a/presso.
établissement [etablismɑ̃] *nm* (*v vt*) rilascio; compilazione *f*; instaurazione *f*; installazione *f*; fondazione *f*; dimostrazione *f*; sistemazione *f*; creazione *f*; (*entreprise*) impresa; (*institution*) istituzione *f*; ▶ **établissement commercial** impresa commerciale; ▶ **établissement de crédit** istituto di credito; ▶ **établissement hospitalier** istituto ospedaliero; ▶ **établissement industriel** stabilimento industriale; ▶ **établissement public** locale *m* pubblico; ▶ **établissement scolaire** istituto scolastico.
étage [etaʒ] *nm* (*d'immeuble*) piano; (*AVIAT, GÉO*) stadio; **habiter à l'~/au deuxième ~** abitare al primo piano/al secondo piano; **maison à deux ~s** casa a due piani; **de bas ~** di basso livello; (*médiocre*) di bassa lega.
étagement [etaʒmɑ̃] *nm* disposizione *f* a gradini.
étager [etaʒe] *vt* disporre su vari livelli; **s'étager** *vr* essere situato(-a) su vari livelli.
étagère [etaʒɛʀ] *nf* (*rayon*) ripiano, scaffale *m*; (*meuble*) scansia.
étai [etɛ] *nm* puntello.
étain [etɛ̃] *nm* stagno; **pot en ~** (*ORFÈVRERIE*) vaso in peltro.
étais *etc* [etɛ] *vb voir* **être**.
étal [etal] *nm* bancarella; (*de boucherie*) banco.
étalage [etalaʒ] *nm* (*de richesses*) sfoggio; (*de magasin*) vetrina; **faire ~ de** far sfoggio di.
étalagiste [etalaʒist] *nm/f* vetrinista *m/f*.
étale [etal] *adj* (*mer*) in stanca.
étalement [etalmɑ̃] *nm* (*v vt*) spiegatura; (*échelonnement*) scaglionamento.
étaler [etale] *vt* (*carte, nappe*) stendere, spiegare; (*peinture, beurre*) stendere; (*paiements, dates*) scaglionare; (*exposer: marchandises*) esporre; (*richesses, connaissances*) ostentare; **s'étaler** *vr* (*liquide*) spandersi; (*luxe etc*) venire ostentato (-a); (*fam*) cadere lungo disteso; **s'~ sur** (*suj: paiements etc*) scaglionarsi su.
étalon [etalɔ̃] *nm* (*mesure*) campione *m* (di misura); (*cheval*) stallone *m*; **l'~-or** (*ÉCON*) il tallone aureo.
étalonner [etalɔne] *vt* tarare.
étamer [etame] *vt* stagnare.
étameur [etamœʀ] *nm* stagnaio.
étamine [etamin] *nf* (*de fleur*) stame *m*; (*tissu*) flanellina.
étanche [etɑ̃ʃ] *adj* stagno(-a); (*vêtement*) impermeabile; **cloison ~** (*fig*) compartimento stagno; **~ à l'air** a tenuta d'aria.
étanchéité [etɑ̃ʃeite] *nf* tenuta stagna.
étancher [etɑ̃ʃe] *vt* (*liquide*) tamponare; **~ sa soif** placare la sete.
étançon [etɑ̃sɔ̃] *nm* puntello.
étançonner [etɑ̃sɔne] *vt* puntellare.
étang [etɑ̃] *nm* stagno.
étant [etɑ̃] *vb voir* **être**; *voir aussi* **donné**.
étape [etap] *nf* tappa; **faire ~ à** fare tappa a; **brûler les ~s** (*fig*) bruciare le tappe.
état [eta] *nm* stato; (*gouvernement*): **l'État** lo Stato; (*liste, inventaire*) distinta; (*physique, mentale*) stato, condizione *f*; **être boucher de son ~** fare il macellaio di

professione; **en bon/mauvais** ~ in buono/cattivo stato; **en** ~ **(de marche)** funzionante; **remettre en** ~ rimettere a posto; **hors d'**~ fuori uso; **être en** ~**/hors d'**~ **de faire qch** essere/non essere in condizione di fare qc; **en tout** ~ **de cause** in ogni caso; **être dans tous ses** ~**s** essere fuori di sé; **faire** ~ **de** dichiarare; **être en** ~ **d'arrestation** (*JUR*) essere in stato di arresto; **en** ~ **de grâce** (*REL, fig*) in stato di grazia; **en** ~ **d'ivresse** in stato di ubriachezza; ▶ **état civil** stato civile; ▶ **état d'alerte** stato di allerta; ▶ **état d'esprit** stato d'animo; ▶ **l'état d'urgence** lo stato di emergenza; ▶ **état de choses** (*situation*) stato delle cose; ▶ **état de guerre** stato di guerra; ▶ **état des lieux** controllo dello stato dei locali; ▶ **état de santé** stato di salute; ▶ **état de siège** stato di assedio; ▶ **état de veille** stato di veglia; ▶ **états de service** (*MIL, ADMIN*) stato di servizio; ▶ **les États du Golfe** i paesi del Golfo.

étatique [etatik] *adj* statale.

étatisation [etatizasjɔ̃] *nf* nazionalizzazione *f*.

étatiser [etatize] *vt* nazionalizzare.

étatisme [etatism] *nm* statalismo.

étatiste [etatist] *adj* statalista.

état-major [etamaʒɔʀ] (*pl* ~**s**-~**s**) *nm* stato maggiore.

État-providence [etaprɔvidɑ̃s] *nm* stato assistenziale.

États-Unis [etazyni] *nmpl*: **les** ~-~ **(d'Amérique)** gli Stati Uniti (d'America).

étau, x [eto] *nm* (*TECH, fig*) morsa.

étayer [eteje] *vt* puntellare; (*fig*) sostenere, appoggiare.

etc. *abr adv* (= *et c(a)etera*) etc.

et c(a)etera [ɛtseteʀa] *adv* eccetera.

été [ete] *pp de* **être** ♦ *nm* estate *f*; **en** ~ in estate.

éteignais [eteɲɛ] *vb voir* **éteindre**.

éteignoir [etɛɲwaʀ] *nm* spegnitoio; (*péj*) guastafeste *m/f inv*.

éteindre [etɛ̃dʀ] *vt* (*aussi fig*) spegnere; (*JUR*: *dette*) estinguere; **s'éteindre** *vr* spegnersi.

éteint, e [etɛ̃, ɛ̃t] *pp de* **éteindre** ♦ *adj* (*aussi fig*) spento(-a); **tous feux** ~**s** (*rouler*) a fari spenti.

étendard [etɑ̃daʀ] *nm* stendardo.

étendre [etɑ̃dʀ] *vt* stendere; (*diluer*) allungare; (*fig*: *pouvoirs, connaissances*) estendere; (: *affaires etc*) ingrandire; **s'étendre** *vr* estendersi; **s'**~ **(sur)** (*personne*) stendersi (su); (*fig*: *expliquer*) dilungarsi (su).

étendu, e [etɑ̃dy] *adj* esteso(-a).

étendue [etɑ̃dy] *nf* estensione *f*; (*d'eau, de sable*) distesa; (*importance*) entità *f inv*.

éternel, le [etɛʀnɛl] *adj* (*REL, gén*) eterno(-a); **les neiges** ~**les** le nevi eterne.

éternellement [etɛʀnɛlmɑ̃] *adv* eternamente.

éterniser [etɛʀnize]: **s'**~ *vr* (*débat, situation*) durare un'eternità; (*visiteur*) non andare mai via.

éternité [etɛʀnite] *nf* eternità *f inv*; **il y a** *ou* **ça fait une** ~ **que ...** è una vita che ...; **de toute** ~ da sempre.

éternuement [etɛʀnymɑ̃] *nm* starnuto.

éternuer [etɛʀnɥe] *vi* starnutire.

êtes [ɛt(z)] *vb voir* **être**.

étêter [etete] *vt* (*arbre*) svettare; (*clou*) spuntare; (*poisson*) togliere la testa a.

éther [etɛʀ] *nm* etere *m*.

éthéré, e [eteʀe] *adj* etereo(-a).

Éthiopie [etjɔpi] *nf* Etiopia.

éthiopien, ne [etjɔpjɛ̃, jɛn] *adj* etiope ♦ *nm/f*: **Éthiopien, ne** etiope *m/f*.

éthique [etik] *adj* etico(-a) ♦ *nf* etica.

ethnie [ɛtni] *nf* etnia.

ethnique [ɛtnik] *adj* etnico(-a).

ethnographe [ɛtnɔgʀaf] *nm/f* etnografo(-a).

ethnographie [ɛtnɔgʀafi] *nf* etnografia.

ethnographique [ɛtnɔgʀafik] *adj* etnografico(-a).

ethnologie [ɛtnɔlɔʒi] *nf* etnologia.

ethnologique [ɛtnɔlɔʒik] *adj* etnologico(-a).

ethnologue [ɛtnɔlɔg] *nm/f* etnologo(-a).

éthologie [etɔlɔʒi] *nf* etologia.

éthylique [etilik] *adj* etilico(-a); **alcool** ~ alcol *m* etilico.

éthylisme [etilism] *nm* etilismo.

étiage [etjaʒ] *nm* magra.

étiez [etje] *vb voir* **être**.

étincelant, e [etɛ̃s(ə)lɑ̃, ɑ̃t] *adj* scintillante; (*fig*) brillante.

étinceler [etɛ̃s(ə)le] *vi* scintillare; (*fig*) brillare.

étincelle [etɛ̃sɛl] *nf* (*aussi fig*) scintilla.

étiolement [etjɔlmɑ̃] *nm* indebolimento.

étioler [etjɔle]: **s'**~ *vr* indebolirsi.

étique [etik] *adj* etico(-a).

étiquetage [etik(ə)taʒ] *nm* etichettatura.

étiqueter [etik(ə)te] *vt* (*aussi fig*) etichettare.

étiqueteuse [etiktøz] *nf* etichettatrice *f*.

étiquette [etikɛt] *nf* (*aussi fig*) etichetta; **sans** ~ (*POL*) indipendente, che non appartiene a nessun schieramento politico.

étirer [etiʀe] *vt* distendere, stirare; **s'étirer** *vr* stirarsi, distendersi; (*convoi, route*): **s'**~ **sur plusieurs kilomètres** estendersi per chilometri; ~ **ses bras/jambes** stirare le braccia/gambe.

étoffe [etɔf] *nf* stoffa; **avoir l'**~ **d'un chef** avere la stoffa del capo; **avoir de l'**~ avere della stoffa.

étoffer [etɔfe] *vt* (*discours etc*) arricchire; **s'étoffer** *vr* (*personne*) irrobustirsi.
étoile [etwal] *nf* stella; (*signe typographique*) stelletta ♦ *adj*: **danseur** ~ primo ballerino; **la bonne/mauvaise** ~ **de qn** la buona/cattiva stella di qn; **à la belle** ~ all'aperto; ▶ **étoile de mer** stella marina; ▶ **étoile filante** stella filante *ou* cadente; ▶ **étoile polaire** stella polare.
étoilé, e [etwale] *adj* stellato(-a).
étoiler [etwale] *vt* costellare; (*fêler, trouer*) incrinare (a raggiera).
étole [etɔl] *nf* stola.
étonnamment [etɔnamɑ̃] *adv* straordinariamente.
étonnant, e [etɔnɑ̃, ɑ̃t] *adj* sorprendente; (*valeur intensive*) straordinario(-a).
étonné, e [etɔne] *adj* stupito(-a), meravigliato(-a).
étonnement [etɔnmɑ̃] *nm* stupore *m*, meraviglia; **à mon grand** ~ ... con mio grande stupore ..., con mia grande meraviglia ... .
étonner [etɔne] *vt* stupire, sorprendere, meravigliare; **s'**~ **que/de** stupirsi che/di, meravigliarsi che/di; **cela m'étonne (que)** mi sembra strano (che).
étouffant, e [etufɑ̃, ɑ̃t] *adj* soffocante.
étouffé, e [etufe] *adj* soffocato(-a).
étouffée [etufe]: **à l'**~ *adv* (*poisson, légumes*) cotto(-a) al vapore; (*viande*) stufato(-a).
étouffement [etufmɑ̃] *nm* soffocamento.
étouffer [etufe] *vt* soffocare; (*fig: nouvelle*) mettere a tacere ♦ *vi* (*aussi fig*) soffocare; **s'étouffer** *vr* (*en mangeant*) soffocarsi.
étouffoir [etufwaʀ] *nm* (*MUS*) smorzatore *m*.
étoupe [etup] *nf* stoppa.
étourderie [etuʀdəʀi] *nf* sbadataggine *f*; **faute d'**~ errore di distrazione.
étourdi, e [etuʀdi] *adj* sbadato(-a).
étourdiment [etuʀdimɑ̃] *adv* sbadatamente.
étourdir [etuʀdiʀ] *vt* stordire.
étourdissant, e [etuʀdisɑ̃, ɑ̃t] *adj* sbalorditivo(-a); (*spectacle, vedette*) strabiliante.
étourdissement [etuʀdismɑ̃] *nm* stordimento.
étourneau, x [etuʀno] *nm* storno.
étrange [etʀɑ̃ʒ] *adj* strano(-a).
étrangement [etʀɑ̃ʒmɑ̃] *adv* stranamente.
étranger, -ère [etʀɑ̃ʒe, ɛʀ] *adj* straniero (-a); (*pas de la famille, non familier*) estraneo(-a) ♦ *nm/f* (*v adj*) straniero(-a); estraneo(-a) ♦ *nm*: **l'**~ l'estero; **à l'**~ all'estero; **de l'**~ dall'estero.
étrangeté [etʀɑ̃ʒte] *nf* estraneità.
étranglé, e [etʀɑ̃gle] *adj*: **d'une voix** ~**e** con voce strozzata.
étranglement [etʀɑ̃gləmɑ̃] *nm* strangolamento; (*d'une route*) strettoia; (*d'une vallée, canalisation*) strozzatura.
étrangler [etʀɑ̃gle] *vt* strangolare; (*accidentellement*) strangolare, strozzare; (*fig: presse, libertés*) soffocare; **s'étrangler** *vr* strozzarsi; (*se resserrer*) presentare una strozzatura.
étrave [etʀav] *nf* prua.

MOT-CLÉ

être [ɛtʀ] *vi* **1** (*exister, se trouver*) essere; **je ne serai pas ici demain** non sarò qui domani; (*avec attribut: état, description*) essere; **il est fort** è forte; **il est instituteur** è maestro, fa il maestro; **vous êtes fatigué** lei è stanco; **soit un triangle ABC** dato un triangolo ABC
2: **être à** (*appartenir*) essere di; **le livre est à Paul** il libro è di Paul; **c'est à moi/eux** è mio/loro
3: **être de** (*provenance, origine*) essere di; **être de Genève/de la même famille** essere di Ginevra/della stessa famiglia
4 (*date*): **nous sommes le 5 juin** (oggi) è il 5 giugno
♦ *vb aux* **1** essere; **être arrivé/allé** essere arrivato/andato; **il est parti** è partito
2 (*forme passive*) essere; **être fait par** essere fatto da; **il a été promu** è stato promosso
3: **être à** (*obligation*) essere da; **c'est à réparer** è da riparare; **il est à espérer/souhaiter que** ... c'è da sperare/augurarsi che ...
♦ *vb impers* **1**: **il est** (+ *adj*) è; **il est impossible de le faire** è impossibile farlo; **il serait facile de** ... sarebbe facile ...
2 (*heure*): **il est 10 heures, c'est 10 heures** sono le 10; **il est 1 heure** è l'una; **il est minuit** è mezzanotte
3 (*emphatique*): **c'est moi** sono io; **c'est à lui de le faire** tocca *ou* sta a lui farlo
♦ *nm* (*individu, nature intime*) essere *m*; **être humain** essere umano.

étreindre [etʀɛ̃dʀ] *vt* stringere; **s'étreindre** *vr* stringersi.
étreinte [etʀɛ̃t] *nf* presa; (*amicale, amoureuse*) stretta; **resserrer son** ~ **autour de qn** (*fig*) mettere qn con le spalle al muro.
étrenner [etʀene] *vt* usare per la prima volta.
étrennes [etʀɛn] *nfpl* strenne *fpl*; (*gratifications*) mancia *fsg* a fine anno.
étrier [etʀije] *nm* staffa.
étriller [etʀije] *vt* strigliare; (*fam: battre*) pestare.
étriper [etʀipe] *vt* sventrare; ~ **qn** (*fam*) sbudellare qn.

étriqué, e [etʀike] *adj* striminzito(-a); (*fig*) meschino(-a).
étroit, e [etʀwa, wat] *adj* stretto(-a); (*fig: péj: idées*) ristretto(-a); **à l'~** (*vivre, être logé*) senza spazio sufficiente; ▸ **étroit d'esprit** di vedute limitate.
étroitement [etʀwatmɑ̃] *adv* strettamente; **surveiller ~ qn** mettere qn sotto stretta sorveglianza.
étroitesse [etʀwatɛs] *nf* strettezza; ▸ **étroitesse d'esprit** ristrettezza di vedute.
étrusque [etʀysk] *adj* etrusco(-a).
étude [etyd] *nf* studio; (*SCOL*) sala di studio; **~s** *nfpl* (*SCOL*) studi *mpl*; **faire des ~s** studiare; **être à l'~** essere allo studio; **faire des ~s de droit/médecine** studiare legge/medicina; **~s secondaires/supérieures** studi secondari/superiori; ▸ **étude de cas** studio di un caso tipo; ▸ **étude de faisabilité** studio di fattibilità; ▸ **étude de marché** ricerca di mercato.
étudiant, e [etydjɑ̃, jɑ̃t] *nm/f* studente (-essa) ♦ *adj* studentesco(-a).
étudié, e [etydje] *adj* (*air, démarche*) studiato(-a); (*prix*) contenuto(-a); (*système*) calcolato(-a).
étudier [etydje] *vt, vi* studiare.
étui [etɥi] *nm* astuccio, custodia.
étuve [etyv] *nf* bagno turco; (*appareil*) forno, stufa.
étuvée [etyve]: **à l'~** *adv* (*CULIN*) stufato (-a).
étymologie [etimɔlɔʒi] *nf* etimologia.
étymologique [etimɔlɔʒik] *adj* etimologico(-a).
eu, e [y] *pp de* **avoir**.
eucalyptus [økaliptys] *nm* eucalipto.
Eucharistie [økaʀisti] *nf* Eucarestia.
eucharistique [økaʀistik] *adj* eucaristico (-a).
euclidien, ne [øklidjɛ̃, jɛn] *adj*: **géométrie ~ne** geometria euclidea.
eugénique [øʒenik] *adj* eugenetico(-a).
eugénisme [øʒenism] *nm* eugenetica.
euh [ø] *excl* ehm.
eunuque [ønyk] *nm* eunuco.
euphémique [øfemik] *adj* eufemistico(-a).
euphémisme [øfemism] *nm* eufemismo.
euphonie [øfɔni] *nf* eufonia.
euphorbe [øfɔʀb] *nf* (*BOT*) euforbia.
euphorie [øfɔʀi] *nf* euforia.
euphorique [øfɔʀik] *adj* euforico(-a).
euphorisant, e [øfɔʀizɑ̃, ɑ̃t] *adj* (*atmosphère*) che rende euforici; (*médicament*) euforizzante.
Euphrate [øfʀat] *nm* Eufrate *m*.
eurafricain, e [øʀafʀikɛ̃, ɛn] *adj* euroafricano(-a).
eurasiatique [øʀazjatik] *adj* euroasiatico (-a).
Eurasie [øʀazi] *nf* Eurasia.
eurasien, ne [øʀazjɛ̃, jɛn] *adj* eurasiatico(-a) ♦ *nm/f*: **E~, ne** eurasiatico(-a).
EURATOM [øʀatɔm] *sigle f* (= *European Atomic Energy Commission*) Euratom *f*.
eurent [yʀ] *vb voir* **avoir**.
euro [øʀo] *nm* (*monnaie*) euro *m inv*.
eurocrate [øʀɔkʀat] (*péj*) *nm/f* eurocrate *m/f*.
eurodevise [øʀɔdəviz] *nf* eurodivisa.
eurodollar [øʀodɔlaʀ] *nm* eurodollaro.
euromonnaie [øʀɔmɔnɛ] *nf* euromoneta.
Euroland [øʀolɑ̃d] *nm* Eurolandia.
Europe [øʀɔp] *nf* Europa; ▸ **l'Europe centrale** l'Europa centrale; ▸ **l'Europe verte** l'Europa verde.
européanisation [øʀɔpeanizasjɔ̃] *nf* europeizzazione *f*.
européaniser [øʀɔpeanize] *vt* europeizzare; **s'européaniser** *vr* europeizzarsi.
européen, ne [øʀɔpeɛ̃, ɛn] *adj* europeo(-a) ♦ *nm/f*: **E~, ne** europeo(-a).
Eurovision [øʀɔvizjɔ̃] *nf* eurovisione *f*.
eus *etc* [y] *vb voir* **avoir**.
euthanasie [øtanazi] *nf* eutanasia.
eux [ø] *pron* (*fonction sujet*) loro, essi; (*fonction objet*) loro; **~, ils ont fait ...** (loro) *ou* (essi) hanno fatto ... .
eux-mêmes [ømɛm] *pron* loro stessi.
EV [əve] *abr* (= *en ville*) città.
évacuation [evakɥasjɔ̃] *nf* evacuazione *f*.
évacué, e [evakɥe] *adj* evacuato(-a).
évacuer [evakɥe] *vt* evacuare; (*toxines*) espellere.
évadé, e [evade] *adj, nm/f* evaso(-a).
évader [evade]: **s'~** *vr* evadere.
évaluation [evalɥasjɔ̃] *nf* valutazione *f*.
évaluer [evalɥe] *vt* valutare.
évanescent, e [evanesɑ̃, ɑ̃t] *adj* evanescente.
évangélique [evɑ̃ʒelik] *adj* evangelico(-a).
évangélisateur, -trice [evɑ̃ʒelizatœʀ, tʀis] *adj* evangelizzatore(-trice) ♦ *nm* evangelizzatore *m*.
évangélisation [evɑ̃ʒelizasjɔ̃] *nf* evangelizzazione *f*.
évangéliser [evɑ̃ʒelize] *vt* evangelizzare.
évangéliste [evɑ̃ʒelist] *nm* evangelista *m*.
évangile [evɑ̃ʒil] *nm* vangelo; (*texte de la Bible*): **Évangile** Vangelo; **ce n'est pas l'Évangile** (*fig*) non è il vangelo.
évanoui, e [evanwi] *adj* svenuto(-a); **tomber ~** cadere svenuto(-a).
évanouir [evanwiʀ]: **s'~** *vr* svenire; (*fig: disparaître*) svanire.
évanouissement [evanwismɑ̃] *nm* svenimento.
évaporation [evapɔʀasjɔ̃] *nf* evaporazione *f*.
évaporé, e [evapɔʀe] (*péj*) *adj* (*personne*) svanito(-a), sventato(-a).

évaporer [evapɔʀe]: **s'~** *vr* evaporare.
évasé, e [evɑze] *adj* svasato(-a).
évaser [evɑze] *vt* (*tuyau*) allargare; (*jupe, pantalon*) svasare; **s'évaser** *vr* allargarsi, svasarsi.
évasif, -ive [evazif, iv] *adj* evasivo(-a).
évasion [evazjɔ̃] *nf* evasione *f*; **littérature d'~** letteratura di evasione; ▸ **évasion des capitaux** fuga di capitali; ▸ **évasion fiscale** evasione fiscale.
évasivement [evazivmɑ̃] *adv* evasivamente.
évêché [eveʃe] *nm* vescovado, vescovato.
éveil [evɛj] *nm* risveglio; **être en ~** stare sveglio(-a); **mettre qn en ~** mettere in allarme qn; **donner l'~ à qn** dare l'allarme a qn; **activités d'~** (*SCOL*) *attività per stimolare la creatività dei bambini.*
éveillé, e [eveje] *adj* sveglio(-a).
éveiller [eveje] *vt* svegliare; (*curiosité etc*) destare; **s'éveiller** *vr* svegliarsi; (*fig*) risvegliarsi.
événement [evɛnmɑ̃] *nm* avvenimento.
éventail [evɑ̃taj] *nm* ventaglio; **en ~** a ventaglio.
éventaire [evɑ̃tɛʀ] *nm* (*au marché*) bancarella.
éventé, e [evɑ̃te] *adj* (*parfum, vin*) svaporato(-a); (*secret*) scoperto(-a).
éventer [evɑ̃te] *vt* (*complot*) sventare; (*secret*) scoprire; **s'éventer** *vr* (*vin, parfum*) svaporare; (*avec un éventail*) farsi vento.
éventrer [evɑ̃tʀe] *vt* sventrare.
éventualité [evɑ̃tɥalite] *nf* eventualità *f inv*; **dans l'~ de** nell'eventualità di; **parer à toute ~** far fronte a ogni evenienza.
éventuel, le [evɑ̃tɥɛl] *adj* eventuale.
éventuellement [evɑ̃tɥɛlmɑ̃] *adv* eventualmente.
évêque [evɛk] *nm* vescovo.
Everest [ɛv(ə)ʀɛst] *nm*: **(mont) ~** (monte) Everest *m*.
évertuer [evɛʀtɥe]: **s'~** *vr*: **s'~ à faire** mettersi d'impegno a fare.
éviction [eviksjɔ̃] *nf* estromissione *f*, eliminazione *f*; (*JUR*) evizione *f*.
évidemment [evidamɑ̃] *adv* evidentemente.
évidence [evidɑ̃s] *nf* evidenza; (*fait*) cosa evidente; **se rendre à l'~** arrendersi all'evidenza; **nier l'~** negare l'evidenza; **à l'~** in modo evidente; **de toute ~** evidentemente; **en ~** in evidenza; **mettre en ~** mettere in evidenza, evidenziare.
évident, e [evidɑ̃, ɑ̃t] *adj* evidente; **ce n'est pas ~** non è poi così semplice.
évider [evide] *vt* scavare, svuotare.
évier [evje] *nm* lavello, acquaio.
évincer [evɛ̃se] *vt* eliminare, estromettere; (*JUR*) evincere.
évitable [evitabl] *adj* evitabile.
éviter [evite] *vt* evitare; **~ de faire/que qch ne se passe** evitare di fare/che succeda qc; **~ qch à qn** evitare qc a qn.
évocateur, -trice [evɔkatœʀ, tʀis] *adj* evocativo(-a).
évocation [evɔkasjɔ̃] *nf* (*v vt*) accenno; evocazione *f*.
évolué, e [evɔlɥe] *adj* evoluto(-a).
évoluer [evɔlɥe] *vi* evolversi; (*enfant*) svilupparsi; (*danseur, avion*) compiere evoluzioni.
évolutif, -ive [evɔlytif, iv] *adj* evolutivo (-a).
évolution [evɔlysjɔ̃] *nf* (*v vi*) evoluzione *f*; sviluppo; **~s** *nfpl* (*d'avion etc*) evoluzioni *fpl*.
évolutionnisme [evɔlysjɔnism] *nm* evoluzionismo.
évolutionniste [evɔlysjɔnist] *adj* evoluzionistico(-a) ♦ *nm/f* evoluzionista *m/f*.
évoquer [evɔke] *vt* evocare; (*mentionner*) citare, accennare a; (*JUR*) avocare.
ex- [ɛks] *préf* ex; **son ex-mari** il suo ex marito; **son ex-femme** la sua ex moglie.
ex. *abr* (= *exemple*) es.
exacerbé, e [ɛgzasɛʀbe] *adj* esarcebato (-a).
exacerber [ɛgzasɛʀbe] *vt* esacerbare.
exact, e [ɛgza(kt), ɛgzakt] *adj* esatto(-a); **l'heure ~e** l'ora esatta.
exactement [ɛgzaktəmɑ̃] *adv* esattamente.
exaction [ɛgzaksjɔ̃] *nf* concussione *f*.
exactitude [ɛgzaktityd] *nf* esattezza.
ex aequo [ɛgzeko] *adv* ex aequo ♦ *adj inv*: **classé 1er ~ ~** classificato primo ex aequo.
exagération [ɛgzaʒeʀasjɔ̃] *nf* esagerazione *f*.
exagéré, e [ɛgzaʒeʀe] *adj* esagerato(-a).
exagérément [ɛgzaʒeʀemɑ̃] *adv* esageratamente.
exagérer [ɛgzaʒeʀe] *vt, vi* esagerare; **sans ~** senza esagerare; **s'~ qch** esagerare qc; **il ne faut pas/rien ~** non esageriamo.
exaltant, e [ɛgzaltɑ̃, ɑ̃t] *adj* esaltante.
exaltation [ɛgzaltasjɔ̃] *nf* esaltazione *f*.
exalté, e [ɛgzalte] *adj, nm/f* esaltato(-a).
exalter [ɛgzalte] *vt* esaltare; **s'exalter** *vr* esaltarsi.
examen [ɛgzamɛ̃] *nm* esame *m*; **à l'~** all'esame; ▸ **examen blanc** esercizio che simula l'esame; ▸ **examen d'entrée** esame di ammissione; ▸ **examen de conscience** esame di coscienza; ▸ **examen de la vue** esame della vista; ▸ **examen final** esame finale; ▸ **examen médical** esame medico.
examinateur, -trice [ɛgzaminatœʀ, tʀis] *nm/f* (*SCOL*) esaminatore(-trice).
examiner [ɛgzamine] *vt* esaminare.
exaspérant, e [ɛgzaspeʀɑ̃, ɑ̃t] *adj* esaspe-

rante.

exaspération [ɛgzaspeʀasjɔ̃] *nf* esasperazione *f.*

exaspéré, e [ɛgzaspeʀe] *adj* esasperato(-a).

exaspérer [ɛgzaspeʀe] *vt* esasperare.

exaucer [egzose] *vt* esaudire.

ex cathedra [ɛkskatedʀa] *adv, adj* ex cathedra *inv.*

excavateur [ɛkskavatœʀ] *nm* escavatore *m*, macchina scavatrice.

excavation [ɛkskavasjɔ̃] *nf* cavità *f inv*, buca.

excavatrice [ɛkskavatʀis] *nf* = **excavateur.**

excédent [ɛksedɑ̃] *nm* eccedenza; **en ~** in eccedenza; **payer 600 F d'~** (*de bagages*) pagare 600 franchi di sovrappeso; ▸**excédent commercial** eccedente *m* commerciale; ▸**excédent de bagages** bagaglio in sovrappeso; ▸**excédent de poids** eccedenza di peso.

excédentaire [ɛksedɑ̃tɛʀ] *adj* in eccedenza.

excéder [ɛksede] *vt* (*dépasser*) eccedere, superare; (*agacer*) esasperare; **excédé de fatigue** sfinito; **excédé de travail** sfinito dal lavoro.

excellence [ɛkselɑ̃s] *nf* eccellenza; **son E~** sua Eccellenza; **par ~** per eccellenza.

excellent, e [ɛkselɑ̃, ɑ̃t] *adj* eccellente, ottimo(-a).

exceller [ɛksele] *vi*: **~ (en/dans)** eccellere (in).

excentricité [ɛksɑ̃tʀisite] *nf* eccentricità *f inv.*

excentrique [ɛksɑ̃tʀik] *adj* eccentrico(-a).

excentriquement [ɛksɑ̃tʀikmɑ̃] *adv* eccentricamente.

excepté, e [ɛksɛpte] *adj*: **les élèves ~s** salvo *ou* tranne *ou* eccetto gli alunni ♦ *prép*: **~ les élèves** salvo *ou* tranne gli alunni; **~ si/quand ...** tranne se/quando ...; **~ que** eccetto *ou* tranne che.

excepter [ɛksɛpte] *vt* escludere.

exception [ɛksɛpsjɔ̃] *nf* eccezione *f*; **faire ~/une ~** fare eccezione/una eccezione; **sans ~** senza eccezioni; **à l'~ de** a eccezione di; **mesure/loi d'~** misura/legge speciale.

exceptionnel, le [ɛksɛpsjɔnɛl] *adj* eccezionale.

exceptionnellement [ɛksɛpsjɔnɛlmɑ̃] *adv* eccezionalmente.

excès [ɛksɛ] *nm* eccesso ♦ *nmpl* (*abus*) eccessi *mpl*; **à l'~** (*boire, manger*) eccessivamente, esageratamente; (*économe, timide*) oltremodo; **tomber dans l'~ inverse** andare da un estremo all'altro; **avec ~** smoderatamente; **sans ~** senza eccedere; ▸**excès de langage** libertà di linguaggio; ▸**excès de pouvoir** abuso di potere; ▸**excès de vitesse** eccesso di velocità; ▸**excès de zèle** eccesso di zelo.

excessif, -ive [ɛksesif, iv] *adj* eccessivo.

excessivement [ɛksesivmɑ̃] *adv* eccessivamente.

excipient [ɛksipjɑ̃] *nm* (*MÉD*) eccipiente *m.*

exciser [ɛksize] *vt* (*MÉD*) asportare, rimuovere.

excision [ɛksizjɔ̃] *nf* (*MÉD*) asportazione *f.*

excitant, e [ɛksitɑ̃, ɑ̃t] *adj, nm* eccitante *m.*

excitation [ɛksitasjɔ̃] *nf* eccitazione *f.*

excité, e [ɛksite] *adj* eccitato(-a).

exciter [ɛksite] *vt* eccitare; (*fig: sentiment, sensation*) destare, suscitare; **s'exciter** *vr* eccitarsi; **~ qn à** (*la révolte, au combat*) istigare qn a.

exclamatif, -ive [ɛksklamatif, iv] *adj* esclamativo(-a).

exclamation [ɛksklamasjɔ̃] *nf* esclamazione *f.*

exclamer [ɛksklame]: **s'~** *vr* esclamare; **"zut", s'exclama-t-il** "accidenti", esclamò.

exclu, e [ɛkskly] *pp de* **exclure** ♦ *adj*: **il est/n'est pas ~ que** è/non è escluso che; **ce n'est pas ~** non è escluso.

exclure [ɛksklyʀ] *vt* escludere.

exclusif, -ive [ɛksklyzif, iv] *adj* esclusivo (-a); (*COMM: agent*) unico(-a); **avec la mission exclusive/dans le but ~ de** con il solo scopo di.

exclusion [ɛksklyzjɔ̃] *nf* esclusione *f*; **à l'~ de** a esclusione di.

exclusivement [ɛksklyzivmɑ̃] *adv* esclusivamente.

exclusivité [ɛksklyzivite] *nf* esclusiva; **en ~** in esclusiva; **film passant en ~** film in prima visione.

excommunier [ɛkskɔmynje] *vt* scomunicare.

excréments [ɛkskʀemɑ̃] *nmpl* escrementi *mpl.*

excréter [ɛkskʀete] *vt* evacuare, espellere.

excroissance [ɛkskʀwasɑ̃s] *nf* escrescenza.

excursion [ɛkskyʀsjɔ̃] *nf* escursione *f*; **faire une ~** fare un'escursione.

excursionniste [ɛkskyʀsjɔnist] *nm/f* escursionista *m/f.*

excusable [ɛkskyzabl] *adj* scusabile.

excuse [ɛkskyz] *nf* scusa; **~s** *nfpl* (*expression de regret*) scuse *fpl*; **faire des ~s** scusarsi; **mot d'~** (*SCOL*) giustificazione *f*; **faire/présenter ses ~s** fare/presentare le proprie scuse; **lettre d'~s** lettera di scuse.

excuser [ɛkskyze] *vt* scusare; (*dispenser*): **~ qn de qch** esentare qn da qc; **s'excuser** *vr* scusarsi; **"excusez-moi"** "(mi) scusi"; **se faire ~** scusarsi di non poter essere presente, chiedere di essere giustificato(-a).

exécrable [ɛgzekʀabl] *adj* esecrabile, or-

rendo(-a).
exécrer [ɛgzekʀe] *vt* esecrare, aborrire.
exécutant, e [ɛgzekytɑ̃, ɑ̃t] *nm/f* esecutore(-trice), interprete *m/f*.
exécuter [ɛgzekyte] *vt* eseguire; (*prisonnier*) giustiziare; **s'exécuter** *vr* decidersi.
exécuteur, -trice [ɛgzekytœʀ, tʀis] *nm/f* (*JUR*) esecutore(-trice) ♦ *nm* giustiziere *m*.
exécutif, -ive [ɛgzekytif, iv] *adj* esecutivo(-a) ♦ *nm*: **l'~** (*POL*) l'esecutivo.
exécution [ɛgzekysjɔ̃] *nf* esecuzione *f*; **mettre à ~** mettere in atto; ▶ **exécution capitale** esecuzione capitale.
exécutoire [ɛgzekytwaʀ] *adj* (*JUR*) esecutivo(-a).
exégèse [ɛgzeʒɛz] *nf* esegesi *f*.
exégète [ɛgzeʒɛt] *nm* esegeta *m*.
exemplaire [ɛgzɑ̃plɛʀ] *adj, nm* esemplare *m*.
exemplairement [ɛgzɑ̃plɛʀmɑ̃] *adv* in modo esemplare.
exemplarité [ɛgzɑ̃plaʀite] *nf* esemplarità.
exemple [ɛgzɑ̃pl] *nm* esempio; **par ~** ad *ou* per esempio; (*valeur intensive*) questa poi!; **sans ~** senza pari; **donner l'~** dare l'esempio; **prendre ~ sur qn** prendere esempio da qn; **suivre l'~ de qn** seguire l'esempio di qn; **à l'~ de** sull'esempio di; **servir d'~ (à qn)** servire di esempio (a qn); **pour l'~** come esempio.
exempt, e [ɛgzɑ̃, ɑ̃(p)t] *adj*: **~ de** (*dispensé de*) esente da; (*sans*) privo(-a) di; **~ de taxes** esente da imposte.
exempter [ɛgzɑ̃(p)te] *vt*: **~ qn/qch de** esentare qn/qc da.
exercé, e [ɛgzɛʀse] *adj* allenato(-a), abituato(-a).
exercer [ɛgzɛʀse] *vt* esercitare; (*former*) allenare ♦ *vi* esercitare; **s'exercer** *vr* esercitarsi; (*sportif*) allenarsi; **s'~ à faire qch** esercitarsi a fare qc.
exercice [ɛgzɛʀsis] *nm* esercizio; **l'~** (*activité sportive*) la ginnastica; **à l'~** (*MIL*) in esercitazione; **en ~** (*juge, médecin*) in carica; **dans l'~ de ses fonctions** nell'esercizio delle proprie funzioni; **~s d'assouplissement** esercizi per sciogliere i muscoli.
exergue [ɛgzɛʀg] *nm*: **mettre/porter en ~** (*inscription*) mettere/avere come epigrafe.
exhalaison [ɛgzalɛzɔ̃] *nf* esalazione *f*.
exhaler [ɛgzale] *vt* (*parfum*) esalare; (*souffle, son, soupir*) emanare; **s'exhaler** *vr* diffondersi.
exhausser [ɛgzose] *vt* alzare, rendere più alto(-a); (*construction*) soprelevare.
exhaustif, -ive [ɛgzostif, iv] *adj* esauriente.
exhaustivement [ɛgzostivmɑ̃] *adv* esaurientemente.
exhiber [ɛgzibe] *vt* esibire; **s'exhiber** *vr* esibirsi.
exhibitionnisme [ɛgzibisjɔnism] *nm* esibizionismo.
exhibitionniste [ɛgzibisjɔnist] *nm/f* esibizionista *m/f*.
exhortation [ɛgzɔʀtasjɔ̃] *nf* esortazione *f*.
exhorter [ɛgzɔʀte] *vt*: **~ qn à faire qch** esortare qn a fare qc.
exhumer [ɛgzyme] *vt* (*déterrer*) (ri)esumare.
exigeant, e [ɛgziʒɑ̃, ɑ̃t] *adj* esigente.
exigence [ɛgziʒɑ̃s] *nf* richiesta, pretesa; **il est d'une grande ~** è un tipo molto esigente.
exiger [ɛgziʒe] *vt* esigere.
exigible [ɛgziʒibl] *adj* (*dette*) esigibile.
exigu, ë [ɛgzigy] *adj* (*lieu*) molto piccolo(-a).
exiguïté [ɛgzigɥite] *nf* (*d'un lieu*) dimensioni *fpl* ridotte.
exil [ɛgzil] *nm* esilio; **en ~** in esilio.
exilé, e [ɛgzile] *nm/f* esiliato(-a).
exiler [ɛgzile] *vt* esiliare; **s'exiler** *vr* esiliarsi.
existant, e [ɛgzistɑ̃, ɑ̃t] *adj* esistente.
existence [ɛgzistɑ̃s] *nf* esistenza; **dans l'~** durante la vita; **moyens d'~** mezzi *mpl* di sussistenza.
existentialisme [ɛgzistɑ̃sjalism] *nm* esistenzialismo.
existentiel, le [ɛgzistɑ̃sjɛl] *adj* esistenziale.
exister [ɛgziste] *vi* esistere; **il existe un ...** c'è un ...; **il existe des ...** ci sono dei ... .
exode [ɛgzɔd] *nm* esodo; ▶ **exode rural** esodo rurale.
exonération [ɛgzɔneʀasjɔ̃] *nf* esenzione *f*.
exonéré [ɛgzɔneʀe] *adj*: **~ de TVA** ≈ esente da IVA.
exonérer [ɛgzɔneʀe] *vt*: **~ qn/qch de** esentare qn/qc da, esonerare qn/qc da.
exorbitant, e [ɛgzɔʀbitɑ̃, ɑ̃t] *adj* esorbitante.
exorbité, e [ɛgzɔʀbite] *adj*: **yeux ~s** occhi *mpl* fuori dalle orbite.
exorciser [ɛgzɔʀsize] *vt* esorcizzare.
exorde [ɛgzɔʀd] *nm* esordio.
exotique [ɛgzɔtik] *adj* esotico(-a).
exotisme [ɛgzɔtism] *nm* esotismo.
expansif, -ive [ɛkspɑ̃sif, iv] *adj* espansivo(-a).
expansion [ɛkspɑ̃sjɔ̃] *nf* espansione *f*.
expansionniste [ɛkspɑ̃sjɔnist] *adj* espansionista.
expansivité [ɛkspɑ̃sivite] *nf* espansività *f inv*.
expatrié, e [ɛkspatʀije] *nm/f* espatriato(-a).
expatrier [ɛkspatʀije] *vt* esportare; **s'expatrier** *vr* espatriare.
expectative [ɛkspɛktativ] *nf*: **être dans l'~**

essere in attesa.
expectorant, e [ɛkspɛktɔʀɑ̃, ɑ̃t] *adj* espettorante.
expectorer [ɛkspɛktɔʀe] *vi* espettorare.
expédient [ɛkspedjɑ̃] *nm* espediente *m*; **vivre d'~s** vivere di espedienti.
expédier [ɛkspedje] *vt* spedire, inviare; (*troupes, renfort*) inviare; (*péj*: *travail*) sbrigare in fretta; ~ **par la poste** spedire per posta; ~ **par bateau/avion** spedire per nave/via aerea.
expéditeur, -trice [ɛkspeditœʀ, tʀis] *nm/f* mittente *m/f*.
expéditif, -ive [ɛkspeditif, iv] *adj* sbrigativo(-a), spiccio(-a).
expédition [ɛkspedisjɔ̃] *nf* spedizione *f*; ▸ **expédition punitive** spedizione punitiva.
expéditionnaire [ɛkspedisjɔnɛʀ] *adj*: **corps** ~ (*MIL*) corpo di spedizione.
expérience [ɛkspeʀjɑ̃s] *nf* esperienza; (*scientifique*) esperimento; **avoir de l'~** avere esperienza; **faire l'~ de qch** fare l'esperienza di qc; ▸ **expérience d'électricité/de chimie** esperimento elettrico/di chimica.
expérimental, e, -aux [ɛkspeʀimɑ̃tal, o] *adj* sperimentale.
expérimentalement [ɛkspeʀimɑ̃talmɑ̃] *adv* sperimentalmente.
expérimenté, e [ɛkspeʀimɑ̃te] *adj* esperto(-a), provetto(-a).
expérimenter [ɛkspeʀimɑ̃te] *vt* sperimentare.
expert, e [ɛkspɛʀ, ɛʀt] *adj*: ~ **en** esperto in *ou* di ♦ *nm* esperto(-a); ▸ **expert en assurances** perito assicurativo.
expert-comptable [ɛkspɛʀkɔ̃tabl] (*pl* **~s-~s**) *nm* ragioniere *m*.
expertise [ɛkspɛʀtiz] *nf* perizia.
expertiser [ɛkspɛʀtize] *vt* stimare, valutare; (*voiture accidentée, maison*) fare una perizia su.
expier [ɛkspje] *vt* espiare.
expiration [ɛkspiʀasjɔ̃] *nf* (*v vi*) scadenza; espirazione *f*.
expirer [ɛkspiʀe] *vi* (*passeport, bail*) scadere; (*respirer*) espirare; (*litt*: *mourir*) spirare.
explétif, -ive [ɛkspletif, iv] *adj* (*LING*) espletivo(-a).
explicable [ɛksplikabl] *adj* spiegabile; **pas** ~ inspiegabile.
explicatif, -ive [ɛksplikatif, iv] *adj* esplicativo(-a).
explication [ɛksplikasjɔ̃] *nf* spiegazione *f*; ▸ **explication de texte** (*SCOL*) spiegazione del testo.
explicite [ɛksplisit] *adj* esplicito(-a).
explicitement [ɛksplisitmɑ̃] *adv* esplicitamente.
expliciter [ɛksplisite] *vt* esplicitare.
expliquer [ɛksplike] *vt* spiegare; **s'expliquer** *vr* spiegarsi; ~ **(à qn) comment/que** spiegare (a qn) come/che; **ceci explique que/comment ...** questo spiega che/come ...; **son erreur s'explique** si spiega il suo errore.
exploit [ɛksplwa] *nm* prodezza, exploit *m inv*.
exploitable [ɛksplwatabl] *adj* sfruttabile; ~ **par machine** leggibile dalle macchine.
exploitant [ɛksplwatɑ̃] *nm* (*AGR*) coltivatore *m*; **les petits ~s** (*AGR*) i piccoli coltivatori.
exploitation [ɛksplwatasjɔ̃] *nf* (*v vt*) sfruttamento; gestione *f*; ▸ **exploitation agricole** (*entreprise*) azienda agricola.
exploiter [ɛksplwate] *vt* (*mine, fig, péj*) sfruttare; (*entreprise, ferme*) gestire.
exploiteur, -euse [ɛksplwatœʀ, øz] (*péj*) *nm/f* sfruttatore(-trice).
explorateur, -trice [ɛksplɔʀatœʀ, tʀis] *nm/f* esploratore(-trice).
exploration [ɛksplɔʀasjɔ̃] *nf* esplorazione *f*.
explorer [ɛksplɔʀe] *vt* esplorare.
exploser [ɛksploze] *vi* esplodere, scoppiare; (*fig*) scoppiare.
explosif, -ive [ɛksplozif, iv] *adj* esplosivo(-a) ♦ *nm* esplosivo.
explosion [ɛksplozjɔ̃] *nf* esplosione *f*; ▸ **explosion de colère** scoppio di collera; ▸ **explosion de joie** esplosione di gioia; ▸ **explosion démographique** esplosione demografica.
exponentiel, le [ɛkspɔnɑ̃sjɛl] *adj* esponenziale.
exportateur, -trice [ɛkspɔʀtatœʀ, tʀis] *adj* esportatore(-trice) ♦ *nm* esportatore *m*.
exportation [ɛkspɔʀtasjɔ̃] *nf* esportazione *f*.
exporter [ɛkspɔʀte] *vt* esportare.
exposant [ɛkspozɑ̃] *nm* espositore *m*; (*MATH*) esponente *m*.
exposé, e [ɛkspoze] *adj* esposto(-a) ♦ *nm* (*SCOL, conférence*) esposizione *f*; ~ **à l'est/au sud** esposto(-a) a est/a sud; **bien** ~ con una buona esposizione; **très** ~ molto esposto(-a).
exposer [ɛkspoze] *vt* esporre; **s'exposer à** *vr* esporsi a; ~ **qn/qch à** esporre qn/qc a; ~ **sa vie** rischiare la vita.
exposition [ɛkspozisjɔ̃] *nf* esposizione *f*; **temps d'~** (*PHOTO*) tempo di esposizione.
exprès[1] [ɛkspʀɛ] *adv* apposta; **faire ~ de faire qch** fare apposta a fare qc; **il l'a fait/ne l'a pas fait ~** l'ha fatto/non l'ha fatto apposta.
exprès[2], **expresse** [ɛkspʀɛs] *adj* (*ordre*) espresso(-a), esplicito(-a); (*défense*) assoluto(-a); (*POSTES*): **lettre/colis ~** lettera/pacco espresso; **envoyer qch en ~**

spedire qc per espresso.
express [ɛkspʀɛs] *adj, nm*: **(café)** ~ (caffè) espresso; **(train)** ~ (treno) espresso.
expressément [ɛkspʀesemɑ̃] *adv* espressamente.
expressif, -ive [ɛkspʀesif, iv] *adj* espressivo(-a).
expression [ɛkspʀesjɔ̃] *nf* espressione *f*; **réduit à sa plus simple** ~ ridotto alla sua più semplice espressione; **liberté/moyens d'**~ libertà/mezzi *mpl* di espressione; ▸ **expression toute faite** frase *f* fatta.
expressivité [ɛkspʀesivite] *nf* espressività *f inv*.
exprimer [ɛkspʀime] *vt* esprimere; (*jus, liquide*) spremere; **s'exprimer** *vr* esprimersi; **bien s'**~ esprimersi bene; **s'**~ **en français** esprimersi in francese.
expropriation [ɛkspʀɔpʀijasjɔ̃] *nf* espropriazione *f*, esproprio; **frapper d'**~ espropriare.
exproprier [ɛkspʀɔpʀije] *vt* espropriare.
expulser [ɛkspylse] *vt* espellere; (*locataire*) sfrattare.
expulsion [ɛkspylsjɔ̃] *nf* (*v vt*) espulsione *f*; sfratto.
expurger [ɛkspyʀʒe] *vt* espurgare.
exquis, e [ɛkski, iz] *adj* squisito(-a); (*temps*) delizioso(-a).
exsangue [ɛksɑ̃g] *adj* esangue.
exsuder [ɛksyde] *vt* essudare.
extase [ɛkstɑz] *nf* estasi *f*; **être en** ~ essere in estasi.
extasier [ɛkstɑzje]: **s'**~ *vr*: **s'**~ **sur** estasiarsi davanti a, andare in estasi davanti a.
extatique [ɛkstatik] *adj* estatico(-a).
extenseur [ɛkstɑ̃sœʀ] *nm* (*GYMNASTIQUE*) estensore *m*.
extensible [ɛkstɑ̃sibl] *adj* elastico(-a).
extensif, -ive [ɛkstɑ̃sif, iv] *adj* (*AGR*) estensivo(-a).
extension [ɛkstɑ̃sjɔ̃] *nf* estensione *f*; (*fig: développement*) ampliamento; **à l'**~ (*MÉD*) in trazione.
exténuant, e [ɛkstenɥɑ̃, ɑ̃t] *adj* estenuante.
exténuer [ɛkstenɥe] *vt* estenuare.
extérieur, e [ɛksteʀjœʀ] *adj* esterno(-a); (*commerce, politique*) estero(-a); (*calme, gaieté*) esteriore ♦ *nm* (*d'une maison, d'un récipient*) esterno; (*d'une personne*) aspetto esteriore; **contacts avec l'**~ (*d'un pays*) contatti *mpl* con l'estero; **à l'**~ all'esterno, fuori; (*fig: à l'étranger*) all'estero; (*SPORT: coureur, cheval*) esterno(-a).
extérieurement [ɛksteʀjœʀmɑ̃] *adv* esteriormente; (*en apparence*) dal di fuori, dall'esterno.
extérioriser [ɛksteʀjɔʀize] *vt* esteriorare, manifestare.
extermination [ɛkstɛʀminasjɔ̃] *nf* sterminio.
exterminer [ɛkstɛʀmine] *vt* sterminare.
externat [ɛkstɛʀna] *nm* (*SCOL*) esternato.
externe [ɛkstɛʀn] *adj* esterno(-a) ♦ *nm/f* (*SCOL*) esterno(-a); (*étudiant en médecine*) studente(-essa) in medicina che fa pratica ospedaliera.
extincteur [ɛkstɛ̃ktœʀ] *nm* estintore *m*.
extinction [ɛkstɛ̃ksjɔ̃] *nf* estinzione *f*; (*d'un incendie*) estinzione *f*, spegnimento; ▸ **extinction de voix** (*MÉD*) abbassamento di voce.
extirper [ɛkstiʀpe] *vt* estirpare.
extorquer [ɛkstɔʀke] *vt*: ~ **qch à qn** estorcere qc a qn.
extorsion [ɛkstɔʀsjɔ̃] *nf*: ~ **de fonds** estorsione *f*.
extra [ɛkstʀa] *adj inv* di prima qualità, ottimo(-a) ♦ *nm* extra *m inv*; (*employé*) avventizio ♦ *préf* extra.
extraction [ɛkstʀaksjɔ̃] *nf* estrazione *f*.
extrader [ɛkstʀade] *vt* estradare.
extradition [ɛkstʀadisjɔ̃] *nf* estradizione *f*.
extra-fin, e [ɛkstʀafɛ̃, in] (*pl* ~-~**s, -es**) *adj* (*légumes*) extrafino(-a); (*COMM: qualité, chocolat*) extrafine.
extra-fort, e [ɛkstʀafɔʀ, t] (*pl* ~-~**s, -es**) *adj* (*moutarde*) extraforte.
extraire [ɛkstʀɛʀ] *vt* estrarre; ~ **qch de** estrarre qc da.
extrait, e [ɛkstʀɛ, ɛt] *pp de* **extraire** ♦ *nm* (*de plante*) estratto; (*de film*) provino; (*livre*) brano, passaggio; ▸ **extrait de naissance** estratto (del certificato) di nascita.
extra-lucide [ɛkstʀalysid] (*pl* ~-~**s**) *adj*: **voyante** ~-~ chiaroveggente *f*.
extraordinaire [ɛkstʀaɔʀdinɛʀ] *adj* straordinario(-a); **par** ~ per caso, per ipotesi; **mission/envoyé** ~ missione *f*/inviato speciale; **ambassadeur** ~ ambasciatore *m* straordinario; **assemblée** ~ assemblea straordinaria.
extraordinairement [ɛkstʀaɔʀdinɛʀmɑ̃] *adv* straordinariamente.
extrapoler [ɛkstʀapɔle] *vi* estrapolare.
extra-sensoriel, le [ɛkstʀasɑ̃sɔʀjɛl] (*pl* ~-~**s, -les**) *adj* extrasensoriale.
extra-terrestre [ɛkstʀatɛʀɛstʀ(ə)] (*pl* ~-~**s**) *nm/f* extraterrestre *m/f*.
extra-utérin, e [ɛkstʀayteʀɛ̃, in] (*pl* ~-~**s, -es**) *adj* extrauterino(-a).
extravagance [ɛkstʀavagɑ̃s] *nf* stravaganza.
extravagant, e [ɛkstʀavagɑ̃, ɑ̃t] *adj* stravagante.
extraverti, e [ɛkstʀavɛʀti] *adj* estroverso (-a).
extrayais *etc* [ɛkstʀejɛ] *vb voir* **extraire**.
extrême [ɛkstʀɛm] *adj* estremo(-a) ♦ *nm*:

les ~s gli estremi; **d'un ~ à l'autre** da un estremo all'altro; **à l'~** all'estremo; **à l'~ rigueur** al limite, al massimo.
extrêmement [ɛkstʀɛmmɑ̃] *adv* estremamente.
extrême-onction [ɛkstʀɛmɔ̃ksjɔ̃] (*pl* **~-~s**) *nf* estrema unzione *f*.
Extrême-Orient [ɛkstʀɛmɔʀjɑ̃] *nm* Estremo Oriente *m*.
extrême-oriental, e, -aux [ɛkstʀɛmɔʀjɑ̃tal, o] *adj* dell'Estremo Oriente.
extrémisme [ɛkstʀemism] *nm* estremismo.
extrémiste [ɛkstʀemist] *adj, nm/f* estremista *m/f*.
extrémité [ɛkstʀemite] *nf* estremità *f inv*; (*situation*) situazione *f* critica; (*geste désespéré*) gesto estremo; **~s** *nfpl* (*pieds et mains*) estremità *f inv*; **à la dernière ~** (*à l'agonie*) in fin di vita.
exubérance [ɛgzybeʀɑ̃s] *nf* esuberanza.
exubérant, e [ɛgzybeʀɑ̃, ɑ̃t] *adj* (*végétation*) rigoglioso(-a); (*caractère*) esuberante.
exulter [ɛgzylte] *vi* esultare.
exutoire [ɛgzytwaʀ] *nm* sfogo.
ex-voto [ɛksvɔto] *nm inv* ex voto *m inv*.
eye-liner [ajlajnœʀ] (*pl* **~-~s**) *nm* eye-liner *m inv*.

F, f

F, f [ɛf] *nm inv* (*lettre*) F, f *f ou m inv*; **~ comme François** ≈ F come Firenze.
F, f [ɛf] *abr* (= *féminin*) f; (= *franc*) fr.; (= *Fahrenheit*) F; (*appartement*): **un F2/F3** un bilocale/trilocale.
fa [fɑ] *nm inv* (*MUS*) fa *m inv*.
fable [fɑbl] *nf* favola, fiaba.
fabricant [fabʀikɑ̃] *nm* fabbricante *m*.
fabrication [fabʀikasjɔ̃] *nf* fabbricazione *f*.
fabrique [fabʀik] *nf* fabbrica.
fabriquer [fabʀike] *vt* (*aussi fig*) fabbricare; **qu'est-ce qu'il fabrique?** (*fam*) (che) cosa combina?; **~ en série** fabbricare *ou* produrre in serie.
fabulateur, -trice [fabylatœʀ, tʀis] *nm/f* (*PSYCH*) chi ha tendenza alla fabulazione.
fabulation [fabylasjɔ̃] *nf* (*PSYCH*) fabulazione *f*.
fabuleusement [fabyløzmɑ̃] *adv* favolosamente.
fabuleux, -euse [fabylø, øz] *adj* favoloso(-a).
fac [fak] (*fam*) *abr f* = **faculté**.
façade [fasad] *nf* facciata; (*fig*) facciata, parvenza.
face [fas] *nf* faccia; (*fig*) aspetto ♦ *adj*: **le côté ~** il diritto; **perdre/sauver la ~** perdere/salvare la faccia; **regarder qn en ~** guardare in faccia qn; **la maison/le trottoir d'en ~** la casa/il marciapiede di fronte; **en ~ de** (*aussi fig*) di fronte a; **de ~** (*portrait, place*) di faccia; **~ à** (*vis-à-vis de, fig*) di fronte a; **faire ~ à qn/qch** far fronte a *ou* affrontare qn/qc; **faire ~ à la demande** (*COMM*) far fronte alla domanda; **~ à ~** uno(-a) di faccia all'altro(-a).
face à face [fasafas] *nm inv* faccia a faccia *m inv*.
facéties [fasesi] *nfpl* scherzi *mpl*, facezie *fpl*.
facétieux, -euse [fasesjø, jøz] *adj* scherzoso(-a), faceto(-a).
facette [fasɛt] *nf* (*d'un diamant*) faccetta; (*fig: d'un problème*) aspetto; **à ~s** (*personnage, caractère*) sfaccettato(-a).
fâché, e [fɑʃe] *adj* arrabbiato(-a); (*désolé*) spiacente; **être ~ avec qn** avercela con qn.
fâcher [fɑʃe] *vt* far arrabbiare; **se fâcher** *vr*: **se ~ (contre qn)** arrabbiarsi (con qn); **se ~ avec qn** (*se brouiller*) litigare con qn.
fâcherie [fɑʃʀi] *nf* screzio, dissapore *m*.
fâcheusement [fɑʃøzmɑ̃] *adv* spiacevolmente; **avoir ~ tendance à** avere una fastidiosa tendenza a.
fâcheux, -euse [fɑʃø, øz] *adj* increscioso(-a), spiacevole; (*initiative*) infelice.
facho [faʃo] (*fam*) *adj, nm/f* = **fasciste**.
facial, e, -aux [fasjal, jo] *adj* facciale.
faciès [fasjɛs] *nm* faccia.
facile [fasil] *adj* (*aussi péj*) facile; (*personne, caractère*) facile, conciliante; **une femme ~** una donna facile *ou* di facili costumi; **~ à faire** facile da fare *ou* a farsi; **personne ~ à tromper** persona facile da ingannare.
facilement [fasilmɑ̃] *adv* facilmente; (*au moins*) almeno, facilmente.
facilité [fasilite] *nf* facilità; (*moyen, occasion, possibilité*) opportunità *f inv*; **~s** *nfpl* (*possibilités, COMM*) facilitazioni *fpl*, agevolazioni *fpl*; **il a la ~ de rencontrer des gens** ha l'opportunità di incontrare gente; ▸ **facilités de crédit/de paiement** agevolazioni *ou* facilitazioni di credito/di pagamento.
faciliter [fasilite] *vt* facilitare, agevolare.
façon [fasɔ̃] *nf* modo, maniera; (*d'une robe etc*) fattura; (*imitation*): **châle ~ cachemire** scialle *m* tipo cachemire; **~s** *nfpl* complimenti *mpl*; **faire des ~s** (*péj: être affecté*)

fare moine; (: *faire des histoires*) fare complimenti; **de quelle ~ l'a-t-il fait?** in che modo l'ha fatto?; **sans ~** *adv* senza complimenti ♦ *adj* (*personne*) alla mano; (*déjeuner*) alla buona; **d'une autre ~** in un altro modo; **en aucune ~** in alcun modo, in nessun caso; **de ~ agréable/agressive** in modo piacevole/aggressivo; **de ~ à faire/à ce que** in modo da fare/che; **de (telle) ~ que** in modo (tale) che; **de toute ~** ad ogni modo, comunque; **~ de parler** per modo di dire; **travail à ~** *lavoro artigianale eseguito senza fornire il materiale.*

faconde [fakɔ̃d] *nf* (*souvent péj*) facondia, verbosità.

façonner [fasɔne] *vt* (*fabriquer*) fabbricare; (*travailler*) lavorare; (*fig*) plasmare, formare.

fac-similé [faksimile] (*pl* **~-~s**) *nm* facsimile *m inv*.

facteur, -trice [faktœʀ, tʀis] *nm/f* postino(-a) ♦ *nm* (*aussi fig*) fattore *m*; ▸**facteur d'orgues** (*MUS*) fabbricante *m* di organi; ▸**facteur de pianos** (*MUS*) fabbricante *m* di pianoforti; ▸**facteur rhésus** fattore RH.

factice [faktis] *adj* (*bracelet etc*) finto(-a); (*situation*) falso(-a), fittizio(-a).

faction [faksjɔ̃] *nf* fazione *f*; (*MIL*) guardia; **en ~** di guardia.

factoriel, le [faktɔʀjɛl] *adj* fattoriale.

factotum [faktɔtɔm] *nm* factotum *m inv*.

factuel, le [faktɥɛl] *adj* fattuale.

facturation [faktyʀasjɔ̃] *nf* fatturazione *f*; (*bureau*) ufficio *m* contabilità *inv*.

facture [faktyʀ] *nf* fattura; (*de gaz, de téléphone etc*) bolletta; (*d'un artisan, artiste*) stile *m*, tecnica.

facturer [faktyʀe] *vt* fatturare.

facturier, -ière [faktyʀje, jɛʀ] *nm/f* fatturista *m/f*.

facultatif, -ive [fakyltatif, iv] *adj* facoltativo(-a); (*arrêt de bus*) facoltativo(-a), a richiesta.

faculté [fakylte] *nf* (*aussi UNIV*) facoltà *f inv*.

fadaises [fadɛz] *nfpl* stupidaggini *fpl*, scempiaggini *fpl*.

fade [fad] *adj* (*goût*) insipido(-a); (*couleur*) scialbo(-a), smorto(-a); (*fig*) insulso(-a).

fading [fadiŋ] *nm* (*RADIO*) fading *m*.

fagot [fago] *nm* fascina.

fagoté, e [fagɔte] (*fam*) *adj*: **drôlement ~** conciato(-a) in modo bizzarro.

Fahrenheit [faʀɛnajt] *adj, nm* Farenheit *m inv*.

faible [fɛbl] *adj* debole; (*voix, lumière*) fievole, fioco(-a); (*élève, rendement etc*) scarso(-a) ♦ *nm*: **le ~ de qn/qch** il punto debole di qn/qc; **avoir un ~ pour qn/qch** avere un debole per qn/qc; ▸**faible d'esprit** debole di mente.

faiblement [fɛbləmɑ̃] *adv* debolmente.

faiblesse [fɛblɛs] *nf* debolezza; (*de rendement etc*) scarsità.

faiblir [febliʀ] *vi* (*lumière*) affievolirsi; (*vent, résistance etc*) calare, diminuire; (*ennemi*) cedere.

faïence [fajɑ̃s] *nf* ceramica.

faille [faj] *vb voir* **falloir** ♦ *nf* (*GÉO*) faglia; (*fig*) incrinatura, pecca.

failli, e [faji] *adj, nm/f* fallito(-a).

faillible [fajibl] *adj* fallibile.

faillir [fajiʀ] *vi*: **j'ai failli tomber/lui dire** ero lì lì per cadere/dirgli; **~ à une promesse/un engagement** venir meno a una promessa/un impegno.

faillite [fajit] *nf* (*COMM*): **être en/faire ~** essere in/andare in fallimento; ▸**faillite frauduleuse** bancarotta fraudolenta.

faim [fɛ̃] *nf* fame *f*; **avoir ~** avere fame; **la ~ dans le monde** la fame nel mondo; **rester sur sa ~** avere ancora fame; (*fig*) rimanere deluso(-a) *ou* insoddisfatto(-a); **~ d'amour/de richesse** sete *f* d'amore/di ricchezza.

fainéant, e [fɛneɑ̃, ɑ̃t] *adj, nm/f* fannullone(-a).

fainéantise [fɛneɑ̃tiz] *nf* poltroneria.

MOT-CLÉ

faire [fɛʀ] *vt* **1** (*fabriquer, produire*) fare; **faire du vin/une offre/un film** fare il vino/ un'offerta/un film; **faire du bruit/des taches/des dégâts** fare rumore/delle macchie/dei danni

2 (*effectuer: travail, opération*) fare; **que faites-vous?** che cosa fa?; **faire la lessive** fare il bucato; **faire le ménage/les courses** fare le pulizie/le compere; **qu'a-t-il fait de sa valise?** che cosa ne ha fatto della valigia?; **que faire?** che fare?; **tu fais bien de me le dire** fai bene a dirmelo; **faire les magasins/l'Europe** (*visiter, parcourir*) girare (per) i negozi/l'Europa

3 (*études, sport*) fare; **faire du droit** fare legge; **faire du violon/piano** suonare il violino/piano

4 (*simuler*): **faire le malade/l'ignorant** fare il malato/l'ignorante

5 (*transformer, avoir un effet sur*): **faire de qn un frustré/avocat** fare di qn un frustrato/avvocato; **ça ne me fait rien** la cosa mi lascia indifferente; **cela/ça ne fait rien** non fa niente; **faire que** (*impliquer*) fare sì che; **n'avoir que faire de qch** non sapere che farsene di qc

6 (*calculs, prix, mesures*): **2 et 2 font 4** 2 più 2 uguale a 4; **9 divisé par 3 fait 3** 9 diviso 3 uguale a 3; **ça fait 10 m/15 F** sono 10 m/15 franchi; **je vous le fais 10 F** (*j'en demande 10 F*) glielo faccio a 10

franchi; *voir* **mal**; **entrer**; **sortir**
7: **ne faire que: il ne fait que critiquer** non fa (altro) che criticare
8 (*dire*) dire; **"vraiment?" fit-il** "davvero?" disse *ou* fece
9 (*maladie*) avere; **faire du diabète/de la tension/de la fièvre** avere il diabete/la pressione alta/la febbre
♦ *vi* 1 (*agir, s'y prendre*) fare; **il faut faire vite** bisogna fare presto; **comment a-t-il fait?** come ha fatto?; **faites comme chez vous** fate come a casa vostra
2 (*paraître*) sembrare; **faire vieux/démodé** avere un'aria vecchia/fuori moda; **faire petit** sembrare piccolo; **ça fait bien** va bene
♦ *vb substitut* fare; **remets-le en place – je viens de le faire** rimettilo a posto – l'ho appena fatto; **ne le casse pas comme je l'ai fait** non romperlo che l'ho appena fatto; **je peux le voir? – faites!** posso vederlo? – faccia pure!
♦ *vb impers* 1: **il fait beau** fa bello; *voir aussi* **jour**; **froid** *etc*
2 (*temps écoulé, durée*): **ça fait 5 ans/heures qu'il est parti** sono 5 anni/ore che è partito; **ça fait 2 ans/heures qu'il y est** è lì da 2 anni/ore
♦ *vb semi-aux*: **faire** (+ *infinitif*) far(e); **faire tomber/bouger qch** far cadere/muovere qc; **faire réparer qch** far riparare qc; **que veux-tu me faire croire/comprendre?** che cosa vuoi farmi credere/capire?; **il m'a fait traverser la rue** mi ha fatto attraversare la strada; **faire faire la vaisselle à qn** far lavare i piatti a qn
♦ *vr*: **se faire** 1 (*vin*) invecchiare; (*fromage*) maturare
2: **cela se fait beaucoup** si fa spesso; **cela ne se fait pas** non si fa
3: **se faire** (+ *nom ou pron*): **se faire une jupe** farsi una gonna; **se faire des amis** farsi degli amici; **se faire du souci** stare in pensiero, preoccuparsi; **il ne s'en fait pas** non se la prende; **sans s'en faire** senza prendersela; **se faire des illusions** farsi delle illusioni; **se faire beaucoup d'argent** fare molti soldi
4: **se faire** (+ *adj*: *devenir*): **se faire vieux** diventare vecchio; (*délibérément*) fare in modo da sembrare vecchio; **se faire beau** farsi bello
5: **se faire à** (*s'habituer*) abituarsi a; **je n'arrive pas à me faire à la nourriture/au climat** non riesco ad abituarmi al cibo/al clima
6: **se faire** (+ *infinitif*) farsi; **se faire examiner la vue/opérer** farsi controllare la vista/operare; **il va se faire tuer/punir** si farà ammazzare/punire; **il s'est fait aider** si è fatto aiutare; **se faire faire un vêtement** farsi fare un vestito; **se faire ouvrir (la porte)/aider (par qn)** farsi aprire (la porta)/aiutare (da qn); **se faire montrer/expliquer qch** farsi mostrare/spiegare qc
7 (*impersonnel*): **comment se fait-il/faisait-il que?** come mai?; **il peut se faire que ...** può darsi che ... .

faire-part [fɛʀpaʀ] *nm inv*: ~-~ **de mariage/décès** partecipazione *f* di nozze/morte.
fair-play [fɛʀplɛ] *adj inv* leale.
fais [fɛ] *vb voir* **faire**.
faisabilité [fəzabilite] *nf* fattibilità.
faisable [fəzabl] *adj* fattibile.
faisais [fəzɛ] *vb voir* **faire**.
faisan, e [fəzɑ̃, an] *nm/f* fagiano(-a).
faisandé, e [fəzɑ̃de] *adj* frollo(-a), frollato(-a); (*fig, péj*) corrotto(-a), marcio(-a).
faisceau, x [fɛso] *nm* fascio.
faiseur, -euse [fəzœʀ, øz] *nm/f*: ~ **de projets** (*péj*) uno(-a) che fa tanti progetti ♦ *nm* (*tailleur*) sarto.
faisons [fəzɔ̃] *vb voir* **faire**.
faisselle [fɛsɛl] *nf* fiscella.
fait[1] [fɛ] *vb voir* **faire** ♦ *nm* fatto; **être le ~ de** (*typique de*) essere tipico(-a) di; (*causé par*) essere opera di; **être au ~ de** essere al corrente di; **au ~** (*à propos*) a proposito; **aller droit/en venir au ~** andare dritto/venire al punto; **mettre qn au ~** mettere qn al corrente; **de ~** *adj, adv* di fatto; **du ~ que** per il fatto che, dato che; **du ~ de ceci** a causa di ciò; **de ce ~** di conseguenza, perciò; **en ~** in effetti, di fatto; **en ~ de repas/vacances** in fatto di pasti/vacanze; **prendre ~ et cause pour qn** prendere le difese di qn; **prendre qn sur le ~** cogliere qn sul fatto; **hauts ~s** (*exploits*) gesta *fpl*; **dire à qn son ~** dire a qn il fatto suo; **les ~s et gestes de qn** vita, morte e miracoli di qn; ▸**fait accompli** fatto compiuto; ▸**fait d'armes** fatto d'arme; ▸**fait divers** fatto di cronaca.
fait[2], **e** [fɛ, fɛt] *pp de* **faire** ♦ *adj* (*fromage, melon*) maturo(-a); (*yeux*) truccato(-a); (*ongles*) dipinto(-a); **un homme ~** un uomo fatto; **c'en est ~ de lui** per lui è finita; **c'en est ~ de notre tranquillité** è finita la pace; **tout ~** (*préparé à l'avance*) già pronto; **idée toute ~e** idea preconcetta; **c'est bien ~ (pour lui)** gli sta bene.
faîte [fɛt] *nm* vetta, cima; **au ~ de la gloire/des honneurs** (*fig*) all'apice della gloria/degli onori.
faites [fɛt] *vb voir* **faire**.
faîtière [fɛtjɛʀ] *nf* (*de tente*) asta di colmo.
faitout [fɛtu] *nm* = **fait-tout**.
fait-tout [fɛtu] *nm inv* *pentola milleusi di metallo o terracotta.*

fakir [fakiʀ] *nm* (*THÉÂTRE*) prestigiatore *m*.
falaise [falɛz] *nf* scogliera.
falbalas [falbala] *nmpl* fronzoli *mpl*.
fallacieux, -euse [fa(l)lasjø, jøz] *adj* fallace; (*apparences*) ingannevole.
falloir [falwaʀ] *vb impers* (*besoin*): **il va ~ 100 F** ci vorranno 100 franchi; (*obligation*): **il faut faire les lits** bisogna fare i letti; (*hypothèse*): **il faut qu'il ait oublié/qu'il soit malade** deve essersene dimenticato/essere malato; (*fatalité*): **il a fallu qu'il l'apprenne** ha dovuto impararlo; **il me faut/faudrait 100 F** ho bisogno/avrei bisogno di 100 franchi; **il vous faut tourner à gauche après l'église** deve girare a sinistra dopo la chiesa; **nous avons ce qu'il (nous) faut** abbiamo quello che (ci) occorre; **il faut que je fasse les lits** devo fare i letti; **il a fallu que je parte** sono dovuto partire; **il faudrait qu'elle rentre** dovrebbe tornare a casa; **il faut toujours qu'il s'en mêle** deve sempre impicciarsene; **comme il faut** *adj, adv* (*bien, convenable*) come si deve, per bene; **s'en falloir** *vr*: **il s'en faut de 100 F (pour ...)** mancano 100 franchi (per ...); **il t'en faut peu!** ti basta poco!; **il s'en faut de beaucoup qu'il soit ...** è tutt'altro che ..., è ben lungi dall'essere ...; **il s'en est fallu de peu que ...** c'è mancato poco che ...; **tant s'en faut!** (*bien loin de*) tutt'altro!; **... ou peu s'en faut ...** o quasi, ... o poco ci manca; **il ne fallait pas** (*pour remercier*) non doveva (disturbarsi); **faut le faire!** non è da tutti!; **il faudrait que ...** bisognerebbe che ... .
fallu [faly] *pp de* **falloir**.
falot, e [falo, ɔt] *adj* insignificante ♦ *nm* lanterna.
falsification [falsifikasjɔ̃] *nf* falsificazione *f*.
falsifier [falsifje] *vt* falsificare.
famé, e [fame] *adj*: **mal ~** malfamato(-a).
famélique [famelik] *adj* famelico(-a).
fameux, -euse [famø, øz] *adj* (*illustre: parfois péj*) famoso(-a); (*bon: repas, plat etc*) ottimo(-a); (*intensif*): **un ~ problème** un vero problema; **ce n'est pas ~** non è un gran che.
familial, e, -aux [familjal, jo] *adj* familiare.
familiale [familjal] *nf* (*AUTO*) familiare *f*, giardinetta.
familiariser [familjaʀize] *vt*: **~ qn avec** abituare qn a; **se familiariser avec** *vr* familiarizzarsi con.
familiarité [familjaʀite] *nf* familiarità; **prendre des ~s avec qn** prendersi delle libertà con qn.
familier, -ière [familje, jɛʀ] *adj* (*aussi LING*) familiare; (*entretien*) confidenziale; (*cavalier, impertinent*) troppo disinvolto(-a) *ou* familiare ♦ *nm* frequentatore *m* abituale.
familièrement [familjɛʀmɑ̃] *adv* familiarmente, in modo familiare; (*cavalièrement*) disinvoltamente; (*sans recherche: s'exprimer*) semplicemente.
famille [famij] *nf* famiglia; **il a de la ~ à Paris** ha dei parenti a Parigi; **de ~** (*bijoux, secrets*) di famiglia; (*dîner, fête*) in famiglia.
famine [famin] *nf* carestia.
fan [fan] *nm/f* fan *m/f inv*.
fanal, -aux [fanal, o] *nm* (*sur un mât*) fanale *m*; (*lanterne à main*) lanterna.
fanatique [fanatik] *adj, nm/f* fanatico(-a).
fanatiquement [fanatikmɑ̃] *adv* fanaticamente.
fanatiser [fanatize] *vt* fanatizzare.
fanatisme [fanatism] *nm* fanatismo.
fane [fan] *nf* (*de radis, de carotte*) gambo e foglie.
fané, e [fane] *adj* (*fleur*) appassito(-a), avvizzito(-a).
faner [fane]: **se ~** *vr* (*fleur*) appassire, avvizzire; (*couleur, tissu*) sbiadire.
faneuse [fanøz] *nf* (*TECH*) voltafieno *m inv*.
fanfare [fɑ̃faʀ] *nf* fanfara; **en ~** rumorosamente.
fanfaron, ne [fɑ̃faʀɔ̃, ɔn] *nm/f* fanfarone (-a).
fanfaronnades [fɑ̃faʀɔnad] *nfpl* fanfaronate *fpl*, spacconate *fpl*.
fanfreluches [fɑ̃fʀəlyʃ] *nfpl* fronzoli *mpl*.
fange [fɑ̃ʒ] *nf* (*aussi fig*) fango, melma.
fanion [fanjɔ̃] *nm* bandierina.
fanon [fanɔ̃] *nm* (*de baleine*) fanone *m*; (*de taureau, bœuf*) giogaia; (*de dindon*) bargiglio.
fantaisie [fɑ̃tezi] *nf* (*spontanéité*) estro, fantasia; (*caprice*) voglia, capriccio; (*MUS, LITT*) fantasia ♦ *adj*: **bijou ~** (oggetto di) bigiotteria; **pain de ~** pane *m* speciale; **agir selon sa ~** agire a modo proprio *ou* come pare e piace.
fantaisiste [fɑ̃tezist] *adj* (*péj: peu sérieux*) estroso(-a), strambo(-a) ♦ *nm* (*de music-hall*) fantasista *m/f*.
fantasmagorique [fɑ̃tasmagɔʀik] *adj* fantasmagorico(-a).
fantasme [fɑ̃tasm] *nm* fantasma *m*, illusione *f*.
fantasmer [fɑ̃tasme] *vi* fantasticare.
fantasque [fɑ̃task] *adj* bizzarro(-a).
fantassin [fɑ̃tasɛ̃] *nm* (*MIL*) fante *m*.
fantastique [fɑ̃tastik] *adj* fantastico(-a); (*prix*) esorbitante.
fantoche [fɑ̃tɔʃ] (*péj*) *nm* fantoccio.
fantomatique [fɑ̃tomatik] *adj* fantomatico(-a).
fantôme [fɑ̃tom] *nm* fantasma *m*.
FAO [ɛfao] *sigle f* (= *Food and Agricultural Organization*) FAO *f*.
faon [fɑ̃] *nm* cerbiatto.

faramineux, -euse [faʀaminø, øz] (*fam*) *adj* fantastico(-a); (*prix*) esorbitante.
farandole [faʀɑ̃dɔl] *nf* (*MUS*) farandola.
farce [faʀs] *nf* (*viande*) ripieno; (*blague*) scherzo; (*THÉÂTRE*) farsa; **magasin de ~s et attrapes** negozio di oggetti per scherzi.
farceur, -euse [faʀsœʀ, øz] *nm/f* (*THÉÂTRE*) autore(-trice) di farse; (*fumiste*) burlone(-a).
farci, e [faʀsi] *adj* (*CULIN*) farcito(-a), ripieno(-a).
farcir [faʀsiʀ] *vt* (*viande*) farcire; (*fig*): **~ qch de** imbottire *ou* infarcire qc di; **se farcir** *vr* (*fam*: *corvée*) beccarsi, sciropparsi; (*personne*) sorbirsi.
fard [faʀ] *nm* trucco; ▸ **fard à joues** fard *m inv*.
fardeau, x [faʀdo] *nm* (*aussi fig*) fardello.
farder [faʀde] *vt* truccare; (*vérité*) camuffare, mascherare; **se farder** *vr* truccarsi.
farfelu, e [faʀfəly] *adj* strambo(-a).
farfouiller [faʀfuje] (*péj*) *vi* frugare, rovistare.
fariboles [faʀibɔl] *nfpl* stupidaggini *fpl*, scemenze *fpl*.
farine [faʀin] *nf* farina; ▸ **farine de blé/maïs** farina di frumento/di granturco; ▸ **farine lactée** farina lattea.
fariner [faʀine] *vt* infarinare.
farineux, -euse [faʀinø, øz] *adj* farinoso (-a) ♦ *nmpl* farinacei *mpl*.
farniente [faʀnjɛnte] *nm* dolce far niente *m*.
farouche [faʀuʃ] *adj* feroce; (*personne*: *peu sociable*) scontroso(-a), poco socievole; **une femme peu ~** (*péj*) una donna facile.
farouchement [faʀuʃmɑ̃] *adv* tenacemente.
fart [faʀt] *nm* (*SKI*) sciolina.
fartage [faʀtaʒ] *nm* sciolinatura.
farter [faʀte] *vt* sciolinare.
fascicule [fasikyl] *nm* fascicolo, dispensa.
fascinant, e [fasinɑ̃, ɑ̃t] *adj* affascinante.
fascination [fasinasjɔ̃] *nf* (*fig*) fascino.
fasciner [fasine] *vt* affascinare.
fascisant, e [faʃizɑ̃, ɑ̃t] *adj* di tendenze fasciste.
fascisme [faʃism] *nm* fascismo.
fasciste [faʃist] *adj, nm/f* fascista *m/f*.
fasse *etc* [fas] *vb voir* **faire**.
faste [fast] *nm* fasto ♦ *adj*: **c'est un jour ~** è un giorno fortunato.
fastidieux, -euse [fastidjø, jøz] *adj* fastidioso(-a).
fastueux, -euse [fastɥø, øz] *adj* fastoso (-a), sfarzoso(-a).
fat [fa(t)] *adj* presuntuoso(-a), vanesio(-a).
fatal, e [fatal] *adj* fatale.
fatalement [fatalmɑ̃] *adv* fatalmente.
fatalisme [fatalism] *nm* fatalismo.
fataliste [fatalist] *adj* fatalista.
fatalité [fatalite] *nf* fatalità *f inv*.
fatidique [fatidik] *adj* fatidico(-a).
fatigant, e [fatigɑ̃, ɑ̃t] *adj* faticoso(-a), stancante; (*agaçant*) seccante, scocciante.
fatigue [fatig] *nf* fatica.
fatigué, e [fatige] *adj* stanco(-a); (*estomac, foie*) in disordine.
fatiguer [fatige] *vt* (*aussi fig*) stancare; (*TECH*) sottoporre a fatica ♦ *vi* (*moteur*) far fatica; **se fatiguer** *vr* stancarsi, affaticarsi; (*fig*): **se ~ de** stancarsi di; **se ~ à faire qch** affannarsi a fare qc.
fatras [fatʀɑ] *nm* ammasso, accozzaglia.
fatuité [fatɥite] *nf* vanità *f inv*.
faubourg [fobuʀ] *nm* sobborgo.
faubourien, ne [fobuʀjɛ̃, jɛn] *adj*: **accent ~** *accento dialettale dei sobborghi*.
fauché, e [foʃe] (*fam*) *adj* in bolletta *inv*, al verde *inv*.
faucher [foʃe] *vt* (*aussi fig*) falciare; (*fam*: *voler*) fregare.
faucheur, -euse [foʃœʀ, øz] *nm/f* falciatore(-trice).
faucheuse [foʃøz] *nf* falciatrice *f*.
faucheux [foʃø] *nm* (*ZOOL*) opilionide *m*.
faucille [fosij] *nf* falce *f*.
faucon [fokɔ̃] *nm* falco.
faudra [fodʀa] *vb voir* **falloir**.
faufil [fofil] *nm* (*COUTURE*) (filo dell')imbastitura.
faufilage [fofilaʒ] *nm* (*COUTURE*) imbastitura.
faufiler [fofile] *vt* (*COUTURE*) imbastire; **se faufiler** *vr*: **se ~ dans/parmi/entre** infilarsi *ou* intrufolarsi in/tra.
faune [fon] *nf* (*ZOOL, fig, péj*) fauna ♦ *nm* fauno; ▸ **faune marine** fauna marina.
faussaire [fosɛʀ] *nm* falsario; (*de signature, documents*) falsificatore *m*.
fausse [fos] *adj voir* **faux²**.
faussement [fosmɑ̃] *adv* (*accuser*) ingiustamente; (*croire*) erroneamente.
fausser [fose] *vt* (*objet*) deformare, storcere; (*serrure*) forzare; (*fig*: *résultat, données*) alterare, falsare; **~ compagnie à qn** piantare in asso qn.
fausset [fosɛ] *nm*: **voix de ~** falsetto.
fausseté [foste] *nf* falsità *f inv*.
faut [fo] *vb voir* **falloir**.
faute [fot] *nf* errore *m*, sbaglio; (*manquement, REL*) colpa, mancanza; (*FOOTBALL etc*) fallo; **c'est de sa/ma ~** è colpa sua/mia; **être en ~** essere in colpa; **par la ~ de** per colpa di; **prendre qn en ~** cogliere qn in fallo; **~ de** (*temps, d'argent*) per *ou* in mancanza di; **sans ~** senz'altro; **faute de mieux** ... in mancanza di meglio ...; ▸ **faute d'inattention/d'orthographe** errore di distrazione/di ortografia;

▸ **faute de frappe** errore di battitura; ▸ **faute de goût** scelta di cattivo gusto; ▸ **faute professionnelle** mancanza *ou* errore professionale.
fauteuil [fotœj] *nm* poltrona; ▸ **fauteuil à bascule** sedia a dondolo; ▸ **fauteuil club** (ampia) poltrona di cuoio; ▸ **fauteuil d'orchestre** (*THÉÂTRE*) poltrona di platea; ▸ **fauteuil roulant** sedia a rotelle.
fauteur [fotœʀ] *nm*: ~ **de troubles** sobillatore *m*, fomentatore *m* di disordini.
fautif, -ive [fotif, iv] *adj* (*incorrect*) inesatto(-a), errato(-a); (*responsable*) colpevole ♦ *nm/f* colpevole *m/f*; **il est** ~ è colpa sua.
fauve [fov] *nm* (*animal*) belva; (*peintre*) fauve *m* ♦ *adj* (*couleur*) fulvo(-a).
fauvette [fovɛt] *nf* capinera.
faux[1] [fo] *nf* (*AGR*) falce *f*.
faux[2], **fausse** [fo, fos] *adj* falso(-a); (*inexact*) sbagliato(-a); (*barbe, dent etc*) finto(-a); (*voix*) stonato(-a); (*piano*) scordato(-a); (*simulé*): **fausse modestie** falsa modestia ♦ *adv* (*MUS*): **jouer/chanter** ~ stonare ♦ *nm* (*peinture, billet*) falso; (*opposé au vrai*): **le** ~ il falso; **le** ~ **numéro** il numero sbagliato; **faire fausse route** sbagliare strada; **faire** ~ **bond à qn** fare un bidone a qn; ▸ **fausse alerte** falso allarme *m*; ▸ **fausse clé** chiave *f* falsa; ▸ **fausse couche** aborto spontaneo; ▸ **fausse joie** gioia ingiustificata; ▸ **fausse note** (*MUS, fig*) stonatura, nota falsa; ▸ **faux ami** (*LING*) faux ami *m inv*; ▸ **faux col** solino, colletto staccabile; ▸ **faux départ** (*SPORT, fig*) falsa partenza; ▸ **faux frais** *nmpl* spese *fpl* accessorie; ▸ **faux frère** (*fig: péj*) Giuda *m inv*; ▸ **faux mouvement** movimento falso; ▸ **faux nez** naso finto; ▸ **faux nom** nome *m* falso; ▸ **faux pas** (*aussi fig*) passo falso; ▸ **faux témoignage** (*délit*) falsa testimonianza.
faux-filet [fofilɛ] (*pl* ~-~**s**) *nm* controfiletto.
faux-fuyant [fofɥijɑ̃] (*pl* ~-~**s**) *nm* sotterfugio, scappatoia.
faux-monnayeur [fomɔnɛjœʀ] (*pl* ~-~**s**) *nm* falsario.
faux-semblant [fosɑ̃blɑ̃] (*pl* ~-~**s**) *nm* finzione *f*.
faux-sens [fosɑ̃s] *nm inv* errore *m* di interpretazione.
faveur [favœʀ] *nf* favore *m*, piacere *m*; (*ruban*) nastro; ~**s** *nfpl* (*d'une femme etc*) favori *mpl*; **avoir la** ~ **de qn** godere del favore di qn; **régime/traitement de** ~ condizioni *mpl*/trattamento di favore; **à la** ~ **de** col favore di; (*grâce à*) grazie a; **en** ~ **de qn/qch** a favore di qn/qc; (*en considération de*) visto(-a) e considerato(-a) qn/qc.
favorable [favɔʀabl] *adj* favorevole.
favorablement [favɔʀabləmɑ̃] *adv* favorevolmente.
favori, te [favɔʀi, it] *adj* preferito(-a) ♦ *nm* (*champion, cheval*) favorito(-a); ~**s** *nmpl* (*barbe*) favoriti *mpl*.
favoriser [favɔʀize] *vt* favorire.
favorite [favɔʀit] *nf* (*du roi*) favorita.
favoritisme [favɔʀitism] (*péj*) *nm* favoritismo.
fayot [fajo] (*fam*) *nm* ruffiano.
FB *abr* (= *franc belge*) *voir* **franc**.
FBI [ɛfbiaj] *sigle m* (= *Federal Bureau of Investigation*) FBI *f*.
FC [ɛfse] *sigle m* = *Football Club*.
fébrifuge [febʀifyʒ] *nm* antipiretico.
fébrile [febʀil] *adj* febbrile; (*personne*) nervoso(-a), agitato(-a); **capitaux** ~**s** (*ÉCON*) hot money *f inv*.
fébrilement [febʀilmɑ̃] *adv* febbrilmente.
fécal, e, -aux [fekal, o] *adj voir* **matière**.
FECOM [fekɔm] *sigle m* (= *Fonds européen de coopération monétaire*) Fedcom *m*.
fécond, e [fekɔ̃, ɔ̃d] *adj* (*aussi fig*) fecondo(-a).
fécondation [fekɔ̃dasjɔ̃] *nf* fecondazione *f*.
féconder [fekɔ̃de] *vt* fecondare.
fécondité [fekɔ̃dite] *nf* fecondità.
fécule [fekyl] *nf* fecola.
féculent [fekylɑ̃] *nm* farinaceo.
fédéral, e, -aux [fedeʀal, o] *adj* federale.
fédéralisme [fedeʀalism] *nm* federalismo.
fédéraliste [fedeʀalist] *adj* federalista, federalistico(-a).
fédération [fedeʀasjɔ̃] *nf* federazione *f*.
fée [fe] *nf* fata.
féerie [fe(e)ʀi] *nf* (*spectacle*) incanto.
féerique [fe(e)ʀik] *adj* fiabesco(-a), magico(-a).
feignant, e [fɛɲɑ̃, ɑ̃t] *nm/f, adj* = **fainéant**.
feindre [fɛ̃dʀ] *vt* fingere ♦ *vi* fingere, far finta; ~ **de faire** fingere *ou* far finta di fare.
feint, e [fɛ̃, fɛ̃t] *pp de* **feindre** ♦ *adj* finto (-a).
feinte [fɛ̃t] *nf* (*aussi SPORT*) finta.
feinter [fɛ̃te] *vi* (*SPORT*) fare una finta.
fêlé, e [fele] *adj* incrinato(-a); (*fig: un peu fou*) tocco(-a).
fêler [fele] *vt* incrinare; **se fêler** *vr* incrinarsi.
félicitations [felisitasjɔ̃] *nfpl* congratulazioni *fpl*, felicitazioni *fpl*.
félicité [felisite] *nf* felicità.
féliciter [felisite] *vt*: ~ **qn (de qch/d'avoir fait qch)** congratularsi con qn (per qc/per aver fatto qc); **se** ~ **de qch/d'avoir fait qch** rallegrarsi di qc/di aver fatto qc.
félin, e [felɛ̃, in] *adj* felino(-a) ♦ *nm* felino.

félon, ne [felɔ̃, ɔn] *adj* fellone(-a).
félonie [felɔni] *nf* fellonia.
fêlure [felyʀ] *nf* incrinatura, crepa; (*d'un os*) incrinatura.
femelle [fəmɛl] *nf, adj* femmina *inv*.
féminin, e [feminɛ̃, in] *adj* femminile; (*parfois péj*) effeminato(-a) ♦ *nm* (*LING*) femminile *m*.
féminiser [feminize] *vt* effeminare; **se féminiser** *vr*: **cette profession se féminise** è una professione che attira sempre più donne.
féminisme [feminism] *nm* femminismo.
féministe [feminist] *adj, nm/f* femminista *m/f*.
féminité [feminite] *nf* femminilità.
femme [fam] *nf* donna; (*épouse*) moglie *f*; **être très ~** essere molto femminile; **jeune ~** giovane donna; ▸**femme au foyer** casalinga; ▸**femme célibataire/mariée** donna nubile/sposata; ▸**femme d'affaires** donna d'affari; ▸**femme d'intérieur** donna di casa; ▸**femme de chambre** cameriera; ▸**femme de ménage** donna delle pulizie; ▸**femme de tête** donna intelligente e determinata; ▸**femme du monde** donna di mondo; ▸**femme fatale** femme fatale *f inv*.
fémoral, e, -aux [femɔʀal, o] *adj* femorale.
fémur [femyʀ] *nm* femore *m*.
FEN [fɛn] *sigle f* = *Fédération de l'éducation nationale*.
fenaison [fənɛzɔ̃] *nf* (*AGR*) fienagione *f*.
fendillé, e [fɑ̃dije] *adj* screpolato(-a).
fendiller [fɑ̃dije]: **se ~** *vr* screpolarsi.
fendre [fɑ̃dʀ] *vt* spaccare; (*fig*: *foule, flots*) fendere; **se fendre** *vr* creparsi, incrinarsi; **~ l'air** fendere l'aria.
fendu, e [fɑ̃dy] *adj* (*sol, mur*) crepato(-a); (*crâne*) spaccato(-a); (*lèvre*) screpolato (-a); (*jupe*) con lo spacco.
fenêtre [f(ə)nɛtʀ] *nf* finestra; (*train*) finestrino; **regarder par la ~** guardare dalla finestra; ▸**fenêtre à guillotine** finestra a ghigliottina; ▸**fenêtre de lancement** (*ESPACE*) finestra di lancio.
fennec [fenɛk] *nm* (*ZOOL*) fennec *m inv*.
fenouil [fənuj] *nm* finocchio.
fente [fɑ̃t] *nf* fessura; (*dans un vêtement*) spacco.
féodal, e, -aux [feɔdal, o] *adj* feudale.
féodalisme [feɔdalism] *nm* feudalità.
féodalité [feɔdalite] *nf* feudalesimo.
fer [fɛʀ] *nm* ferro; **~s** *nmpl* (*MÉD*: *forceps*) forcipe *msg*; **santé de ~** salute *f* di ferro; **avoir une main de ~** avere polso; **mettre aux ~s** mettere ai ferri; **au ~ rouge** a fuoco; **en ~ à cheval** a ferro di cavallo; ▸**fer à friser** arricciacapelli *m inv*; ▸**fer (à repasser)** ferro (da stiro); ▸**fer à souder** saldatore *m*; ▸**fer à vapeur** ferro a vapore; ▸**fer de lance** (*MIL*) punta di lancia; (*fig*) punta di diamante; ▸**fer forgé** ferro battuto.
ferai *etc* [fəʀe] *vb voir* **faire**.
fer-blanc [fɛʀblɑ̃] (*pl* **~s-~s**) *nm* latta.
ferblanterie [fɛʀblɑ̃tʀi] *nf* *industria o commercio di articoli casalinghi di latta, zinco, ottone etc e gli articoli stessi.*
ferblantier [fɛʀblɑ̃tje] *nm* stagnaio, lattoniere *m*.
férié, e [fɛʀje] *adj*: **jour ~** giorno festivo.
ferions *etc* [fəʀjɔ̃] *vb voir* **faire**.
férir [feʀiʀ]: **sans coup ~** *adv* senza colpo ferire.
fermage [fɛʀmaʒ] *nm* affitto (di fondo rustico).
ferme [fɛʀm] *adj* fermo(-a); (*sol, chair*) sodo(-a) ♦ *adv*: **travailler ~** lavorare sodo ♦ *nf* (*exploitation*) azienda agricola; (*maison*) fattoria; **discuter ~** discutere animatamente; **tenir ~** tenere duro.
fermé, e [fɛʀme] *adj* (*aussi fig*) chiuso(-a).
fermement [fɛʀməmɑ̃] *adv* fermamente.
ferment [fɛʀmɑ̃] *nm* fermento.
fermentation [fɛʀmɑ̃tasjɔ̃] *nf* (*v vi*) fermentazione *f*; fermento.
fermenter [fɛʀmɑ̃te] *vi* fermentare; (*fig*) essere in fermento.
fermer [fɛʀme] *vt* chiudere; (*lumière, radio, télévision*) spegnere ♦ *vi* (*porte, valise*) chiudersi, chiudere; (*entreprise*) chiudere; **se fermer** *vr* chiudersi; **~ à clef** chiudere a chiave; **~ au verrou** chiudere col catenaccio; **~ les yeux (sur qch)** (*fig*) chiudere un occhio (su qc); **se ~ à** (*pitié, amour*) chiudere il proprio cuore a.
fermeté [fɛʀməte] *nf* fermezza.
fermette [fɛʀmɛt] *nf* casa di campagna.
fermeture [fɛʀmətyʀ] *nf* chiusura; **jour/heure de ~** (*COMM*) giorno/ora di chiusura; ▸**fermeture à glissière** *ou* **éclair** ® cerniera *f ou* chiusura *f* lampo ® *inv*.
fermier, -ière [fɛʀmje, jɛʀ] *adj*: **beurre/cidre ~** burro/sidro di fattoria ♦ *nm/f* (*locataire*) fattore(-essa); (*propriétaire*) proprietario(-a) di azienda agricola ♦ *nf* (*femme de fermier*) fattoressa.
fermoir [fɛʀmwaʀ] *nm* (*de bijou, robe*) fermaglio.
féroce [feʀɔs] *adj* feroce.
férocement [feʀɔsmɑ̃] *adv* ferocemente.
férocité [feʀɔsite] *nf* ferocia.
ferons [fəʀɔ̃] *vb voir* **faire**.
ferrage [feʀaʒ] *nm* (*d'un cheval*) ferratura.
ferraille [feʀɑj] *nf* ferri *mpl* vecchi, rottami *mpl*; **mettre à la ~** gettare via, eliminare; **bruit de ~** rumore *m* di ferraglia.
ferrailler [feʀɑje] *vi* sferragliare.
ferrailleur [feʀɑjœʀ] *nm* ferravecchio.
ferrant [fɛʀɑ̃] *adj m voir* **maréchal**.
ferré, e [feʀe] *adj* (*chaussure*) chiodato(-a);

(*canne*) ferrato(-a); ~ **en/sur** (*fam*) ferrato(-a) in/su.
ferrer [feʀe] *vt* (*cheval*) ferrare; (*chaussure*) chiodare; (*canne*) guarnire di ferro (sulla punta); (*poisson*) uncinare.
ferreux, -euse [feʀø, øz] *adj* ferroso(-a).
ferronnerie [feʀɔnʀi] *nf* lavori *mpl* artistici in ferro battuto; ▶**ferronnerie d'art** negozio di oggetti in ferro battuto.
ferronnier [feʀɔnje] *nm* (*ouvrier*) chi fabbrica oggetti in ferro battuto; (*commerçant*) chi vende oggetti in ferro battuto.
ferroviaire [feʀɔvjɛʀ] *adj* ferroviario(-a).
ferrugineux, -euse [feʀyʒinø, øz] *adj* ferruginoso(-a).
ferrure [feʀyʀ] *nf* (*objet*) guarnizione *f* in ferro.
ferry(-boat) [fɛʀe(bot)] (*pl* **ferry-boats** *ou* **ferries**) *nm* ferry(-boat) *m inv*, nave *f* traghetto *inv*.
fertile [fɛʀtil] *adj* (*aussi fig*) fertile; ~ **en événements/incidents** ricco(-a) di avvenimenti/incidenti.
fertilisant [fɛʀtilizɑ̃] *nm* fertilizzante *m*.
fertilisation [fɛʀtilizasjɔ̃] *nf* fertilizzazione *f*.
fertiliser [fɛʀtilize] *vt* fertilizzare.
fertilité [fɛʀtilite] *nf* fertilità.
féru, e [feʀy] *adj*: ~ **de** innamorato(-a) di (*aussi fig*).
férule [feʀyl] *nf*: **être sous la** ~ **de qn** essere sotto il giogo di qn.
fervent, e [fɛʀvɑ̃, ɑ̃t] *adj* fervente.
ferveur [fɛʀvœʀ] *nf* fervore *m*.
fesse [fɛs] *nf* gluteo, natica; **les** ~**s** il sedere.
fessée [fese] *nf* sculacciata.
fessier [fesje] (*fam*) *nm* sedere *m*.
festin [fɛstɛ̃] *nm* banchetto.
festival [fɛstival] *nm* festival *m inv*.
festivalier [fɛstivalje] *nm* frequentatore *m* di festival.
festivités [fɛstivite] *nfpl* festeggiamenti *mpl*.
feston [fɛstɔ̃] *nm* (*ARCHIT, COUTURE*) festone *m*.
festoyer [fɛstwaje] *vi* far bisboccia *ou* festa.
fêtard [fɛtaʀ] (*péj*) *nm* festaiolo.
fête [fɛt] *nf* festa; (*du nom*) onomastico; **faire la** ~ fare la bella vita; **faire** ~ **à qn** far festa a qn; **se faire une** ~ **de** pregustare; **jour de** ~ giorno festivo *ou* di festa; **les** ~**s (de fin d'année)** le feste (di fine anno); **salle/comité des** ~**s** salone/comitato delle feste; **la** ~ **des Mères/des Pères** la festa della Mamma/del Papà; **la F**~ **Nationale** la festa nazionale; ▶**fête de charité** festa di beneficenza; ▶**fête foraine** parco dei divertimenti, luna park *m inv*; ▶**fête mobile** festa mobile.
Fête-Dieu [fɛtdjø] (*pl* ~**s**-~) *nf*: **la** ~-~ il Corpus Domini.
fêter [fete] *vt* festeggiare.
fétiche [fetiʃ] *nm* feticcio; **objet/animal** ~ oggetto/animale *m* portafortuna *inv*.
fétichisme [fetiʃism] *nm* feticismo.
fétichiste [fetiʃist] *adj, nm/f* feticista *m/f*.
fétide [fetid] *adj* fetido(-a).
fétu [fety] *nm*: ~ **de paille** festuca, fuscello di paglia.
feu[1] [fø] *adj inv*: ~ **le roi** il defunto re; ~ **son père** il suo defunto padre.
feu[2], **x** [fø] *nm* fuoco; (*signal lumineux*) luce *f*; (*de cuisinière*) fuoco, fiamma; (*fig: ardeur*) fuoco, foga; (: *sensation de brûlure*) bruciore *m*; ~**x** *nmpl* (*éclat, lumière*) luce *fsg*; (*de signalisation*) semaforo *msg*; **tous** ~**x éteints** (*NAUT, AUTO*) a luci spente; **au** ~! al fuoco!; **à** ~ **doux/vif** (*CULIN*) a fuoco moderato/vivo; **à petit** ~ (*CULIN, fig*) a fuoco lento; **faire** ~ (*avec arme*) far fuoco; **ne pas faire long** ~ (*fig*) avere breve durata; **commander le** ~ (*MIL*) ordinare (di aprire) il fuoco; **tué au** ~ (*MIL*) ucciso in combattimento; **mettre à** ~ (*fusée*) lanciare; **pris entre deux** ~**x** (*fig*) preso tra due fuochi; **en** ~ in fiamme; **être tout** ~ **tout flamme (pour)** far fuoco e fiamme (per); **avoir le** ~ **sacré** avere il fuoco sacro; **prendre** ~ prendere fuoco; **mettre le** ~ **à** dare fuoco a; **faire du** ~ accendere il fuoco; **avez-vous du** ~? ha da accendere?; **donner le** ~ **vert à qch/qn** (*fig*) dare via libera a qc/qn; **s'arrêter aux** ~**x** *ou* **au** ~ **rouge** fermarsi al semaforo *ou* al rosso; ▶**feu arrière** (*AUTO*) fanale *m* posteriore; ▶**feu d'artifice** fuoco d'artificio; (*spectacle*) fuochi *mpl* d'artificio; ▶**feu de camp** falò *m inv*, fuoco di campo; ▶**feu de cheminée** fuoco (del caminetto); ▶**feu de joie** falò *m inv*; ▶**feu de paille** (*fig*) fuoco di paglia; ▶**feu orange/rouge/vert** (*AUTO*) (semaforo) giallo/rosso/verde *m*; ▶**feux de brouillard/de croisement** (*AUTO*) fari *mpl* fendinebbia *inv*/anabbaglianti; ▶**feux de position/de stationnement** (*AUTO*) luci di posizione/di stazionamento; ▶**feux de route** (*AUTO*) luci di profondità, abbaglianti *mpl*.
feuillage [fœjaʒ] *nm* fogliame *m*.
feuille [fœj] *nf* (*d'arbre*) foglia; (*de papier*) foglio; (*d'un livre*) pagina; (*de métal*) foglio, lamiera; **rendre** ~ **blanche** (*SCOL*) consegnare il foglio bianco; ▶**feuille d'impôts** modulo per la dichiarazione dei redditi; ▶**feuille d'or** foglia d'oro; ▶**feuille de chou** (*fam: péj*) giornale *m* locale (di poco conto); ▶**feuille de déplacement** (*MIL*) foglio di trasferta; ▶**feuille de paye/de maladie** foglio *m*

paga *inv*/di malattia; ▸**feuille de présence** foglio di presenza; ▸**feuille de route** (*COMM*) foglio di viaggio; ▸**feuille de température** tabella termometrica *ou* della temperatura; ▸**feuille de vigne** (*BOT*) foglia di vite; (*sur statue*) foglia di fico; ▸**feuille volante** foglio volante.

feuillet [fœjɛ] *nm* foglietto.

feuilletage [fœjtaʒ] *nm* lavorazione *f* della pasta a sfoglia.

feuilleté, e [fœjte] *adj* (*CULIN*): **pâte ~e** pasta sfoglia; (*verre*) laminato(-a) ♦ *nm* (*gâteau*) millefoglie *m inv*.

feuilleter [fœjte] *vt* sfogliare.

feuilleton [fœjtɔ̃] *nm* feuilleton *m inv*; (*TV*) serie *f* televisiva, serial *m inv*; (*RADIO*) romanzo a puntate; (*partie*) puntata.

feuillette [fœjɛt] *vb voir* **feuilleter**.

feuillu, e [fœjy] *adj* frondoso(-a) ♦ *nm* (*BOT*) latifoglie *m inv*.

feulement [følmɑ̃] *nm* ruggito.

feutre [føtʀ] *nm* feltro; (*chapeau*) cappello di feltro; (*stylo*) pennarello.

feutré, e [føtʀe] *adj* feltrato(-a); (*en lavage*) infeltrito(-a); (*pas*) felpato(-a); (*atmosphère, bruit*) ovattato(-a).

feutrer [føtʀe] *vt* (*revêtir de feutre*) feltrare; (*en lavage*) infeltrire; (*fig: bruits*) attutire ♦ *vi* infeltrire; **se feutrer** *vr* infeltrirsi.

feutrine [føtʀin] *nf* pannolenci *m*.

fève [fɛv] *nf* fava; (*dans la galette des Rois*) *fava o figurina che si nasconde in un dolce tipico dell'Epifania*.

février [fevʀije] *nm* febbraio; *voir aussi* **juillet**.

fez [fɛz] *nm* fez *m inv*.

FF [ɛfɛf] *abr* (= *franc français*) *voir* **franc**.

FFA *sigle fpl* = *Forces françaises en Allemagne*.

FFI *sigle fpl* = *Forces françaises de l'intérieur (1942-45)* ♦ *sigle m* membro delle FFI.

fi [fi] *excl*: **faire ~ de** infischiarsene di.

fiabilité [fjabilite] *nf* affidabilità.

fiable [fjabl] *adj* affidabile.

fiacre [fjakʀ] *nm* carrozza.

fiançailles [fjɑ̃saj] *nfpl* fidanzamento *msg*.

fiancé, e [fjɑ̃se] *nm/f* fidanzato(-a) ♦ *adj*: **être ~ (à)** essere fidanzato(-a) (con).

fiancer [fjɑ̃se]: **se ~** *vr*: **se ~ (avec)** fidanzarsi (con).

fiasco [fjasko] *nm* fiasco.

fiasque [fjask] *nf* fiasco.

fibranne [fibʀan] *nf* fibra tessile artificiale.

fibre [fibʀ] *nf* fibra; **avoir la ~ paternelle/militaire** avere la stoffa del padre/del soldato; ▸**fibre de verre** fibra di vetro; ▸**fibre optique** fibra ottica.

fibreux, -euse [fibʀø, øz] *adj* fibroso(-a).

fibrome [fibʀom] *nm* (*MÉD*) fibroma *m*.

ficelage [fis(ə)laʒ] *nm* legatura.

ficelé, e [fisle] *adj* (*personne: habillé*) conciato(-a); (*roman etc*) costruito(-a).

ficeler [fis(ə)le] *vt* legare.

ficelle [fisɛl] *nf* spago; (*pain*) piccola baguette *f inv*, filoncino; **~s** *nfpl* (*fig: procédés cachés*) trucchi *mpl*, astuzie *fpl*; **tirer sur la ~** (*fig*) tirare la corda.

fiche [fiʃ] *nf* scheda; (*INFORM*) record *m inv*; (*ÉLEC*) spina; ▸**fiche de paye** foglio *m* paga *inv*; ▸**fiche signalétique** (*POLICE*) scheda segnaletica; ▸**fiche technique** scheda tecnica.

ficher [fiʃe] *vt* schedare; (*planter*): **~ qch dans** conficcare *ou* piantare qc in; (*fam*): **il ne fiche rien** non combina niente; **se ficher dans** *vr* (*s'enfoncer*) ficcarsi *ou* cacciarsi in; **~ qn à la porte** (*fam*) sbattere qn fuori; **cela me fiche la trouille** (*fam*) (questo) mi fa venire *ou* dà la tremarella; **fiche-le dans un coin** (*fam*) sbattilo *ou* ficcalo in un angolo; **fiche(-moi) le camp** (*fam*) togliti dai piedi; **fiche-moi la paix** (*fam*) non rompere; **se ~ de qn** (*fam*) prendere in giro qn; **se ~ de qch** (*fam*) fregarsene di qc.

fichier [fiʃje] *nm* schedario; (*INFORM*) file *m inv*; **~ actif** *ou* **en cours d'utilisation** (*INFORM*) file attivo; ▸**fichier d'adresses** indirizzario.

fichu[1], e [fiʃy] *pp de* **ficher** ♦ *adj* (*fam: inutilisable*) andato(-a), da buttare; (*intensif*): **~ temps** tempaccio; **être ~ de** (*fam*) essere capace di; **mal ~** (*fam*) conciato(-a) male; **bien ~** (*fam*) ben fatto(-a).

fichu[2] [fiʃy] *nm* (*foulard*) scialletto.

fictif, -ive [fiktif, iv] *adj* fittizio(-a); (*valeur*) convenzionale; (*promesse*) falso(-a).

fiction [fiksjɔ̃] *nf* (*imagination*) fantasia; (*fait imaginé*) finzione *f*.

fictivement [fiktivmɑ̃] *adv* fittiziamente.

fidèle [fidɛl] *adj* fedele; (*appareil*) preciso(-a) ♦ *nm/f* (*REL*): **les ~s** i fedeli.

fidèlement [fidɛlmɑ̃] *adv* fedelmente.

fidélité [fidelite] *nf* fedeltà; **~ conjugale** fedeltà coniugale.

Fidji [fidʒi] *nfpl*: **(les îles) ~** (le isole) Figi *fpl*.

fiduciaire [fidysjɛʀ] *adj* fiduciario(-a).

fief [fjɛf] *nm* (*aussi fig*) feudo.

fieffé, e [fjefe] *adj* (*ivrogne, menteur*) matricolato(-a), di prim'ordine.

fiel [fjɛl] *nm* (*aussi fig*) fiele *m*.

fiente [fjɑ̃t] *nf* sterco, escremento.

fier[1] [fje]: **se ~ à** *vr* fidarsi di, fare affidamento su.

fier[2], fière [fje, fjɛʀ] *adj*: **~ (de)** fiero(-a) (di); **avoir fière allure** avere un gran bel aspetto.

fièrement [fjɛʀmɑ̃] *adv* fieramente.

fierté [fjɛʀte] *nf* fierezza.

fièvre [fjɛvʀ] *nf* (*MÉD*) febbre *f*; (*fig*) ecci-

tazione *f* (febbrile); **avoir de la ~/39 de ~** avere la febbre/39 di febbre; ▸ **fièvre jaune/typhoïde** febbre gialla/tifoidea.
fiévreusement [fjevʀøzmɑ̃] *adv* (*fig*) febbrilmente.
fiévreux, -euse [fjevʀø, øz] *adj* febbricitante; (*fig*) febbrile.
FIFA [fifa] *sigle f* (= *Fédération internationale de football association*) FIFA *f*.
fifre [fifʀ] *nm* piffero; (*personne*) pifferaio.
fig. *abr* (= *figure*) fig.
figer [fiʒe] *vt* (*sang, sauce*) rapprendere; (*mode de vie etc*) fossilizzare, paralizzare; (*fig: personne*) irrigidire; **se figer** *vr* (*sang, huile*) rapprendersi; (*fig: personne*) irrigidirsi; (*: institutions etc*) fossilizzarsi.
fignoler [fiɲɔle] *vt* rifinire (con cura minuziosa).
figue [fig] *nf* fico (*frutto*).
figuier [figje] *nm* fico (*albero*).
figurant, e [figyʀɑ̃, ɑ̃t] *nm/f* comparsa.
figuratif, -ive [figyʀatif, iv] *adj* (*art*) figurativo(-a).
figuration [figyʀasjɔ̃] *nf* comparse *fpl*.
figure [figyʀ] *nf* (*aussi fig*) figura; (*visage*) viso, faccia; **se casser la ~** (*fam*) cadere; **faire ~ de** fare la figura di; **faire bonne ~** avere l'aria contenta; **faire triste ~** aver l'aria triste; **prendre ~** prendere forma; ▸ **figure de rhétorique/de style** figura retorica/di stile.
figuré, e [figyʀe] *adj* figurato(-a).
figurer [figyʀe] *vi* figurare ♦ *vt* raffigurare, rappresentare; **se ~ qch/que** figurarsi *ou* immaginarsi qc/che; **figurez-vous que ...** si figuri che ... .
figurine [figyʀin] *nf* statuetta, figurina.
fil [fil] *nm* filo; (*textile de lin*) (filo di) lino; **au ~ des heures/années** col passare delle ore/degli anni; **le ~ d'une histoire/de ses pensées** il filo di una storia/dei propri pensieri; **au ~ de l'eau** sul filo della corrente; **de ~ en aiguille** poco a poco, un po' alla volta; **ne tenir qu'à un ~** (*vie, réussite etc*) essere appeso(-a) a un filo; **donner du ~ à retordre à qn** dare del filo da torcere a qn; **donner/recevoir un coup de ~** fare/ricevere una telefonata; ▸ **fil à coudre/à pêche** filo da cucito/da pesca; ▸ **fil à plomb** filo a piombo; ▸ **fil à souder** filo per saldatura; ▸ **fil de fer** filo di ferro; ▸ **fil de fer barbelé** filo spinato; ▸ **fil électrique** filo elettrico.
filage [filaʒ] *nm* (*de la laine etc*) filatura.
filament [filamɑ̃] *nm* filamento.
filandreux, -euse [filɑ̃dʀø, øz] *adj* fibroso(-a), filoso(-a).
filant, e [filɑ̃, ɑ̃t] *adj*: **étoile ~e** stella filante.
filasse [filas] *adj inv*: **cheveux (couleur) ~** capelli *mpl* biondo *inv* stoppa *inv*.
filature [filatyʀ] *nf* (*fabrique*) filanda, filatura; (*policière*) pedinamento; **prendre qn en ~** pedinare qn.
file [fil] *nf* fila; **à la ~** in fila; **prendre la ~** mettersi in fila *ou* coda; **prendre la ~ de droite** (*AUTO*) mettersi nella fila di destra; **se mettre en ~** (*AUTO*) mettersi in coda; **stationner en double ~** (*AUTO*) parcheggiare in doppia fila; **à la** *ou* **en ~ indienne** in fila indiana; ▸ **file (d'attente)** fila.
filer [file] *vt* (*aussi fig*) filare; (*personne*) pedinare; (*fam*): **~ qch à qn** rifilare qc a qn ♦ *vi* (*bas, maille*) smagliarsi; (*liquide, pâte*) filare; (*fam: partir*) filarsela; **~ à l'anglaise** filare all'inglese; **~ doux** rigare diritto; **~ un mauvais coton** essere in cattive acque.
filet [filɛ] *nm* rete *f*; (*à cheveux*) reticella, retina; (*CULIN*) filetto ♦ *nm* (*d'eau, sang*) filo; **tendre un ~** (*suj: police*) tendere una trappola; ▸ **filet (à bagages)** (*RAIL*) rete *f* portabagagli *inv*; ▸ **filet (à provisions)** rete per la spesa.
filetage [filtaʒ] *nm* filettatura.
fileter [filte] *vt* filettare.
filial, e, -aux [filjal, jo] *adj* filiale.
filiale [filjal] *nf* (*COMM*) filiale *f*.
filiation [filjasjɔ̃] *nf* filiazione *f*; (*fig*) derivazione *f*.
filière [filjɛʀ] *nf* (*hiérarchique, administrative*) trafila; (*industrielle: nucléaire etc*) filiera; **suivre la ~** (*dans sa carrière*) fare la gavetta.
filiforme [filifɔʀm] *adj* filiforme.
filigrane [filigʀan] *nm* filigrana; **en ~** (*fig*) tra le righe.
filin [filɛ̃] *nm* (*NAUT*) cavo.
fille [fij] *nf* (*opposé à garçon, à femme mariée*) ragazza; (*opposé à fils*) figlia; (*à l'école*) femmina; (*péj*) prostituta; **petite ~** ragazzina; **vieille ~** zitella; ▸ **fille de joie** (*prostituée*) donna di strada, prostituta; ▸ **fille de salle** (*dans un restaurant*) cameriera (di sala); (*dans un hôpital*) inserviente *f*.
fille-mère [fijmɛʀ] (*pl* **~s-~s** *péj*) *nf* ragazza madre.
fillette [fijɛt] *nf* ragazzina.
filleul, e [fijœl] *nm/f* figlioccio(-a).
film [film] *nm* (*pour photo*) pellicola; (*œuvre*) film *m inv*; (*couche*) strato; ▸ **film d'animation** film d'animazione; ▸ **film muet/parlant** film muto/parlato; ▸ **film policier** film poliziesco.
filmer [filme] *vt* filmare, riprendere.
filon [filɔ̃] *nm* filone *m*; (*fig*) pacchia.
filou [filu] *nm* (*escroc*) imbroglione *m*.
fils [fis] *nm* figlio; (*REL*): **le F~ (de Dieu)** il Figlio di Dio; ▸ **fils à papa** (*péj*) figlio di

papà; ▸ **fils de famille** rampollo di famiglia benestante.
filtrage [filtʀaʒ] *nm* filtraggio.
filtrant, e [filtʀɑ̃, ɑ̃t] *adj* filtrante.
filtre [filtʀ] *nm* filtro; **"~ ou sans ~?"** (*cigarette*) "con o senza filtro?"; ▸ **filtre à air** (*AUTO*) filtro dell'aria.
filtrer [filtʀe] *vt* filtrare; (*fig*: *candidats, nouvelles etc*) passare al vaglio ♦ *vi* (*aussi fig*) filtrare.
fin[1] [fɛ̃] *nf* fine *f*; (*gén pl*: *but*) fine *m*, scopo; **~s** *nfpl* (*desseins*) fini *mpl*, scopi *mpl*; **à (la) ~ mai/juin** a fine maggio/giugno; **en ~ de journée/semaine** alla fine della giornata/settimana; **prendre ~** avere fine, terminare; **mener à bonne ~** condurre in porto *ou* a buon fine; **toucher à sa ~** volgere al termine; **mettre ~ à qch** mettere *ou* porre fine a qc; **mettre ~ à ses jours** mettere *ou* porre fine ai propri giorni; **à la ~** (*enfin*) in definitiva, dopotutto; **sans ~** senza fine; (*sans cesse*) in continuazione; **à cette ~** (*pour ce faire*) a tal fine, a questo scopo; **à toutes ~s utiles** per ogni evenienza; ▸ **fin de non-recevoir** (*JUR, ADMIN*) irricevibilità; ▸ **fin de section** (*de ligne d'autobus*) fine *f* della tratta.
fin[2]**, e** [fɛ̃, fin] *adj* (*mince*) fine, sottile; (: *visage, taille*) sottile; (*poudre, sable*) fine; (*sel*) fino(-a); (*esprit, personne, remarque*) sottile, acuto(-a) ♦ *adv* (*moudre, couper*) fine, sottile ♦ *nm*: **vouloir jouer au plus ~ (avec qn)** voler giocare d'astuzia (con qn); **c'est ~!** (*iron*) molto astuto!; **avoir la vue/l'ouïe ~e** avere la vista/l'udito fine; **le ~ fond de ...** la parte più remota di ...; **le ~ mot de ...** (*histoire, affaire*) il punto fondamentale di ...; **or ~** oro fino; **linge ~** biancheria fine; **repas ~** pasto raffinato; **vin ~** vino pregiato; ▸ **fin gourmet** buongustaio; ▸ **fin prêt** perfettamente pronto, prontissimo; ▸ **fin soûl** ubriaco fradicio; ▸ **fin tireur** abile tiratore *m*; ▸ **fine mouche** (*fig*) vecchia volpe *f*; ▸ **fines herbes** (*CULIN*) erbe *fpl* aromatiche.
final, e [final] *adj* finale ♦ *nm* (*MUS*) finale *m*; **quart/8èmes/16èmes de ~e** (*SPORT*) quarti *mpl*/ottavi *mpl*/sedicesimi *mpl* di finale.
finale [final] *nf* (*SPORT*) finale *f*.
finalement [finalmɑ̃] *adv* (*à la fin*) infine; (*après tout*) in definitiva.
finaliste [finalist] *nm/f* (*SPORT*) finalista *m/f*.
finalité [finalite] *nf* finalità *f inv*.
finance [finɑ̃s] *nf* finanza; **moyennant ~** previo pagamento.
financement [finɑ̃smɑ̃] *nm* finanziamento.
financer [finɑ̃se] *vt* finanziare.
financier, -ière [finɑ̃sje, jɛʀ] *adj* finanziario(-a) ♦ *nm* finanziere *m*.
financièrement [finɑ̃sjɛʀmɑ̃] *adv* finanziariamente.
finasser [finase] (*péj*) *vi* fare il(la) furbo (-a).
finaud, e [fino, od] *adj* furbo(-a), scaltro (-a).
fine [fin] *adj f voir* **fin**[2] ♦ *nf* (*alcool*) acquavite *f* (di prima qualità).
finement [finmɑ̃] *adv* finemente, sottilmente.
finesse [finɛs] *nf* (*aussi fig*) finezza; **~s** *nfpl* finezze *fpl*; ▸ **finesse d'esprit** acutezza d'ingegno; ▸ **finesse de goût** finezza di gusto.
fini, e [fini] *adj* finito(-a); (*travail, vêtement*): **bien/mal ~** ben/mal (ri)finito(-a); (*valeur intensive*): **un artiste ~** un artista perfetto; **un égoïste ~** un egoista fatto e finito; *nm* (*d'un objet manufacturé*) prodotto finito.
finir [finiʀ] *vt* finire; (*être placé en fin de*: *période, livre etc*) chiudere, finire ♦ *vi*: **~ (de faire qch)** finire (di fare qc); **~ quelque part** finire da qualche parte; **~ par qch/par faire qch** finire con qc/col *ou* per fare qc; **il finit par m'agacer** finisce con l'infastidirmi; **~ en pointe/en tragédie** finire a punta/in tragedia; **en ~ (avec qn/qch)** finirla *ou* farla finita (con qn/qc); **à n'en plus ~** (*discussions*) a non finire; (*route*) che non finisce più; **il va mal ~** farà una brutta fine; **c'est bientôt fini?** (*reproche*) la finiamo?
finish [finiʃ] *nm* (*SPORT*) finish *m inv*.
finissage [finisaʒ] *nm* finissaggio.
finisseur, -euse [finisœʀ, øz] *nm/f* (*SPORT*) sprinter *m/f*.
finition [finisjɔ̃] *nf* rifinitura.
finlandais, e [fɛ̃lɑ̃dɛ, ɛz] *adj* finlandese ♦ *nm/f*: **F~, e** finlandese *m/f*.
Finlande [fɛ̃lɑ̃d] *nf* Finlandia.
finnois, e [finwa, waz] *adj* finnico(-a), finlandese ♦ *nm* (*LING*) finlandese *m*.
fiole [fjɔl] *nf* flacone *m*, boccetta.
fiord [fjɔʀ(d)] *nm voir* **fjord**.
fioriture [fjɔʀityʀ] *nf* (*ornement complexe*) fronzolo; (*MUS*) fioritura.
fioul [fjul] *nm* olio combustibile; **~ domestique** gasolio da riscaldamento.
firent [fiʀ] *vb voir* **faire**.
firmament [fiʀmamɑ̃] *nm* firmamento.
firme [fiʀm] *nf* ditta.
fis [fi] *vb voir* **faire**.
fisc [fisk] *nm* fisco.
fiscal, e, -aux [fiskal, o] *adj* fiscale.
fiscaliser [fiskalize] *vt* fiscalizzare.
fiscaliste [fiskalist] *nm/f* fiscalista *m/f*.
fiscalité [fiskalite] *nf* fiscalità; (*charges*) tasse *fpl*, imposte *fpl*.
fissible [fisibl] *adj* fissile.
fission [fisjɔ̃] *nf* fissione *f*.

fissure [fisyʀ] *nf* fessura, crepa; (*fig*) incrinatura.
fissurer [fisyʀe]: **se** ~ *vr* creparsi.
fiston [fistɔ̃] (*fam*) *nm* figliolo, ragazzo.
fistule [fistyl] *nf* fistola.
fit [fi] *vb voir* **faire**.
FIV [ɛfive] *abr f* = *fécondation in vitro*.
fixage [fiksaʒ] *nm* (*PHOTO*) fissaggio.
fixateur [fiksatœʀ] *nm* (*PHOTO, pour cheveux*) fissatore *m*.
fixatif [fiksatif] *nm* fissativo.
fixation [fiksasjɔ̃] *nf* (*d'un objet*) fissaggio; (*d'une date*) fissare *m inv*; (*d'un prix*) determinazione *f*; (*PSYCH*) fissazione *f*; (*de ski*): ~ **(de sécurité)** attacco (di sicurezza).
fixe [fiks] *adj* fisso(-a) ♦ *nm* (*salaire de base*) fisso; **à heure** ~ ad un'ora fissa; **à date** ~ sempre alla stessa data; **menu à prix** ~ menù a prezzo fisso.
fixé, e [fikse] *adj*: **être** ~ **(sur)** (*savoir à quoi s'en tenir*) avere le idee chiare (su), saperla lunga (su); **à l'heure** ~**e** all'ora fissata; **au jour** ~ il giorno fissato *ou* stabilito.
fixement [fiksəmɑ̃] *adv* fissamente.
fixer [fikse] *vt* fissare; ~ **qch à/sur** (*attacher*) fissare qc a/su; ~ **son regard/son attention sur** fissare lo sguardo/l'attenzione su; ~ **son choix sur qch** scegliere qc; **se** ~ **quelque part** (*personne*) stabilirsi da qualche parte; **se** ~ **sur** (*suj*: *regard, attention*) fissarsi su.
fixité [fiksite] *nf* fissità.
fjord [fjɔʀ(d)] *nm* fiordo.
flacon [flakɔ̃] *nm* flacone *m*, boccetta.
flagada [flagada] *adj inv* fiacco(-a), ammosciato(-a).
flagellation [flaʒelasjɔ̃] *nf* flagellazione *f*.
flageller [flaʒele] *vt* flagellare.
flageolant, e [flaʒɔlɑ̃, ɑ̃t] *adj* (*jambes*) molle.
flageoler [flaʒɔle] *vi* (*jambes*) tremare.
flageolet [flaʒɔlɛ] *nm* (*MUS*) flagioletto; (*CULIN*) fagiolo nano.
flagornerie [flagɔʀnəʀi] *nf* leccatura, lisciamento.
flagorneur, -euse [flagɔʀnœʀ, øz] *nm/f* adulatore(-trice).
flagrant, e [flagʀɑ̃, ɑ̃t] *adj* (*erreur, injustice*) evidente, flagrante; **prendre qn en** ~ **délit** (*JUR*) cogliere qn in flagranza di reato; (*fig*) cogliere qn in flagrante.
flair [flɛʀ] *nm* (*du chien, fig*) fiuto.
flairer [fleʀe] *vt* (*aussi fig*) fiutare.
flamand, e [flamɑ̃, ɑ̃d] *adj* fiammingo(-a) ♦ *nm* (*LING*) fiammingo ♦ *nm/f*: **F**~, **e** fiammingo(-a).
flamant [flamɑ̃] *nm* (*ZOOL*) fenicottero.
flambant [flɑ̃bɑ̃] *adv*: ~ **neuf** nuovo fiammante.
flambé, e [flɑ̃be] *adj* alla fiamma *inv*, flambé *inv*.
flambeau, x [flɑ̃bo] *nm* fiaccola; **se passer le** ~ garantire il sopravvivere di una tradizione.
flambée [flɑ̃be] *nf* fiammata; (*fig*): ~ **de violence** ondata di violenza; (*COMM*): ~ **des prix** impennata dei prezzi.
flamber [flɑ̃be] *vi* bruciare, ardere ♦ *vt* (*poulet*) fiammeggiare; (*aiguille*) scaldare (*per sterilizzare*).
flambeur, -euse [flɑ̃bœʀ, øz] *nm/f* chi gioca forte.
flamboyant, e [flɑ̃bwajɑ̃, ɑ̃t] *adj* (*yeux*) fiammeggiante, scintillante; (*couleur*) fiammante.
flamboyer [flɑ̃bwaje] *vi* fiammeggiare; (*fig*) scintillare, sfavillare.
flamenco [flamɛnko] *nm* flamenco.
flamingant, e [flamɛ̃gɑ̃, ɑ̃t] *adj* di lingua fiamminga ♦ *nm/f*: **F**~, **e** autonomista *m/f* fiammingo(-a).
flamme [flɑm] *nf* fiamma; (*d'une cuisinière*) fiamma, fuoco; (*fig*: *ardeur*) ardore *m*, fiamma; **en** ~**s** in fiamme.
flammèche [flamɛʃ] *nf* scintilla.
flammerole [flamʀɔl] *nf* fuoco fatuo.
flan [flɑ̃] *nm* (*CULIN*) flan *m inv*; **en rester comme deux ronds de** ~ restare di stucco.
flanc [flɑ̃] *nm* fianco; **à** ~ **de montagne/colline** sul fianco della montagna/collina; **tirer au** ~ (*fam*) battere la fiacca, poltrire; **prêter le** ~ **à** (*fig*: *critiques etc*) prestare il fianco a.
flancher [flɑ̃ʃe] *vi* cedere.
Flandre [flɑ̃dʀ] *nf*: **la** ~ (*aussi*: **les** ~**s**) la Fiandra, le Fiandre.
flanelle [flanɛl] *nf* flanella.
flâner [flɑne] *vi* andare a zonzo, gironzolare.
flânerie [flɑnʀi] *nf*: **la** ~ l'andare *m inv* a zonzo, il bighellonare *m inv*.
flâneur, -euse [flɑnœʀ, øz] *adj* ozioso(-a) ♦ *nm/f* girandolone(-a).
flanquer [flɑ̃ke] *vt* (*être accolé à*) fiancheggiare; ~ **qch sur/dans** (*fam*: *mettre*) sbattere *ou* schiaffare qc su/in; ~ **par terre** scaraventare per terra; ~ **à la porte** sbattere fuori; ~ **la frousse à qn** mettere fifa a qn; **être flanqué de** (*suj*: *personne*) essere scortato(-a) *ou* fiancheggiato(-a) da.
flapi, e [flapi] *adj* sfinito(-a), spossato(-a).
flaque [flak] *nf* (*d'eau*) pozzanghera; (*d'huile, de sang etc*) chiazza.
flash [flaʃ] (*pl* ~**es**) *nm* (*PHOTO*) flash *m inv*; **au** ~ (*prendre une photo*) con il flash; ► **flash d'information** (*TV, RADIO*) notiziario *m* flash *inv*; ► **flash publicitaire** (*TV, CINÉ*) spot *m inv* pubblicitario.

flasque [flask] *adj* (*peau*) floscio(-a); (*chair*) flaccido(-a) ♦ *nf* fiasca, fiaschetta.
flatter [flate] *vt* adulare, lusingare; (*suj: honneurs, amitié*) lusingare; (*caresser*) accarezzare; **se ~ de qch/de pouvoir faire** vantarsi di qc/di poter fare.
flatterie [flatʀi] *nf* adulazione *f*; **une ~** (*paroles*) una lusinga.
flatteur, -euse [flatœʀ, øz] *adj* lusinghiero(-a) ♦ *nm/f* adulatore(-trice).
flatulence [flatylɑ̃s] *nf* flatulenza.
flatuosité [flatɥozite] *nf* flatulenza.
fléau, x [fleo] *nm* flagello, calamità *f inv*; (*de balance*) giogo, asta; (*pour le blé*) correggiato.
fléchage [fleʃaʒ] *nm* (*d'un itinéraire*) segnalazione *f* tramite cartelli indicatori.
flèche [flɛʃ] *nf* freccia; (*de clocher*) guglia; (*de grue*) braccio; (*trait d'esprit, critique*) frecciata; **monter en ~** (*fig*) salire alle stelle *ou* vertiginosamente; **partir comme une ~** partire come un razzo.
flécher [fleʃe] *vt* (*itinéraire*) segnalare (con frecce).
fléchette [fleʃɛt] *nf* freccetta; **~s** *nfpl* (*jeu*) freccette *fpl*.
fléchir [fleʃiʀ] *vt* flettere, piegare; (*fig*) persuadere ♦ *vi* (*poutre*) curvarsi, cedere; (*fig: personne*) cedere; (*: courage*) venir meno; (*: prix*) calare, scendere.
fléchissement [fleʃismɑ̃] *nm* piegamento, flessione *f*; (*d'une poutre, fig*) cedimento; (*de l'économie*) flessione *f*.
flegmatique [flɛgmatik] *adj* flemmatico(-a).
flegme [flɛgm] *nm* flemma.
flemmard, e [flemaʀ, aʀd] *adj* pigro(-a), indolente ♦ *nm/f* fannullone(-a), scansafatiche *m/f inv*.
flemme [flɛm] *nf*: **j'ai la ~ de faire** non ho voglia di fare.
flétan [fletɑ̃] *nm* ippoglosso, halibut *m inv*.
flétri, e [fletʀi] *adj* appassito(-a), avvizzito(-a); (*peau, visage*) avvizzito(-a), sciupato(-a).
flétrir [fletʀiʀ] *vt* far appassire, far avvizzire; (*peau, visage*) avvizzire, sciupare; (*fig*): **~ la mémoire de qn** infangare la memoria di qn; **se flétrir** *vr* (*fleur, teint*) appassire.
fleur [flœʀ] *nf* fiore *m*; **être en ~** (*arbre*) essere in fiore; **tissu/papier à ~s** tessuto/carta a fiori; **la (fine) ~ de** (*fig*) il (fior)fiore di; **être ~ bleue** essere sentimentale; **à ~ de peau** a fior di pelle; **à ~ de terre** raso terra; **faire une ~ à qn** fare un favore a qn; ▸ **fleur de lis** giglio.
fleurer [flœʀe] *vt*: **~ la lavande/l'odeur des foins** odorare di lavanda/di fieno.
fleuret [flœʀɛ] *nm* (*arme, sport*) fioretto.
fleurette [flœʀɛt] *nf*: **conter ~ à qn** far la corte a qn.
fleuri, e [flœʀi] *adj* (*aussi fig: style*) fiorito(-a); (*papier, tissu*) a fiori; (*teint, nez*) colorito(-a).
fleurir [flœʀiʀ] *vi* (*aussi fig*) fiorire ♦ *vt* (*tombe*) mettere fiori su; (*chambre*) ornare di fiori.
fleuriste [flœʀist] *nm/f* fiorista *m/f*.
fleuron [flœʀɔ̃] *nm* (*fig*) gioiello, gemma.
fleuve [flœv] *nm* (*aussi fig*) fiume *m*; **roman-/discours-~** romanzo *m*/discorso *m* fiume *inv*.
flexibilité [flɛksibilite] *nf* flessibilità.
flexible [flɛksibl] *adj* (*aussi fig*) flessibile.
flexion [flɛksjɔ̃] *nf* (*PHYSIOL, LING*) flessione *f*.
flibustier [flibystje] *nm* (*pirate*) filibustiere *m*.
flic [flik] (*fam: péj*) *nm* piedipiatti *m inv*, sbirro.
flingue [flɛ̃g] (*fam*) *nm* schioppo, fucile *m*.
flipper [*n* flipœʀ; *vb* flipe] *nm* flipper *m inv* ♦ *vi* (*fam*) essere giù di corda; (*exalté*) essere fuori.
flirt [flœʀt] *nm* flirt *m inv*; (*personne*) fiamma.
flirter [flœʀte] *vi* flirtare.
FLN [ɛfɛlɛn] *sigle m* (= *Front de libération nationale*) FLN *m*.
FLNC [ɛfɛlɛnse] *sigle m* = *Front de libération nationale de la Corse*.
FLNKS [ɛfɛlɛnkaɛs] *sigle m* = *Front de libération nationale kanak et socialiste*.
flocon [flɔkɔ̃] *nm* fiocco; (*détergent*) scaglia; ▸ **flocons d'avoine** fiocchi d'avena.
floconneux, -euse [flɔkɔnø, øz] *adj* fioccoso(-a).
flonflons [flɔ̃flɔ̃] *nmpl* motivetti *mpl* (*da ballo liscio*).
flood [flød] *adj*: **lampe ~** (*PHOTO*) photoflood *m inv*, riflettore *m*.
flopée [flɔpe] *nf*: **une ~ de** una sfilza *ou* un mucchio di.
floraison [flɔʀɛzɔ̃] *nf* fioritura.
floral, e, -aux [flɔʀal, o] *adj* floreale.
floralies [flɔʀali] *nfpl* esposizione *f* di fiori.
flore [flɔʀ] *nf* flora; ▸ **flore bactérienne** flora batterica; ▸ **flore microbienne** flora batterica.
Florence [flɔʀɑ̃s] *n* Firenze *f*.
florentin, e [flɔʀɑ̃tɛ̃, in] *adj* fiorentino(-a) ♦ *nm/f*: **F~, e** fiorentino(-a).
floriculture [flɔʀikyltyʀ] *nf* floricoltura.
florifère [flɔʀifɛʀ] *adj* fiorifero(-a).
florilège [flɔʀilɛʒ] *nm* florilegio.
florissant, e [flɔʀisɑ̃, ɑ̃t] *vb voir* **fleurir** ♦ *adj* (*entreprise, commerce*) fiorente, florido(-a); (*santé, mine*) florido(-a); (*teint*) sano(-a).
flot [flo] *nm* (*marée, fig: de touristes*) marea; (*: de paroles*) fiume *m*; **~s** *nmpl* (*de la mer*) flutti *mpl*, onde *fpl*; **mettre à ~** met-

tere in acqua; (*fig*) rimettere in sesto; **être à** ~ galleggiare; (*fig*) rimanere *ou* stare a galla; **à** ~ (*couler*) a fiumi.

flottage [flɔtaʒ] *nm* (*du bois*) fluitazione *f*.

flottaison [flɔtɛzɔ̃] *nf*: **ligne de** ~ linea di galleggiamento.

flottant, e [flɔtɑ̃, ɑ̃t] *adj* (*vêtement*) largo(-a); (*cours, barême*) fluttuante.

flotte [flɔt] *nf* (*NAUT*) flotta; (*fam*: *eau, pluie*) acqua.

flottement [flɔtmɑ̃] *nm* (*fig*: *hésitation*) esitazione *f*, titubanza; (*ÉCON*) fluttuazione *f*.

flotter [flɔte] *vi* (*bateau, bois*) galleggiare; (*odeur*) aleggiare; (*drapeau, cheveux*) sventolare; (*fig*: *vêtements*) ballare, essere troppo largo(-a); (*ÉCON*: *monnaie*) fluttuare ♦ *vb impers* (*fam*: *pleuvoir*): **il flotte** piove ♦ *vt* (*bois*) flottare; **faire** ~ (*bois*) far fluitare.

flotteur [flɔtœʀ] *nm* galleggiante *m*.

flottille [flɔtij] *nf* flottiglia.

flou, e [flu] *adj* (*photo*) sfocato(-a); (*dessin, forme*) sfumato(-a); (*fig*: *idée*) vago(-a); (*robe*) morbido(-a), vaporoso(-a).

flouer [flue] *vt* gabbare.

fluctuant, e [flyktɥɑ̃, ɑ̃t] *adj* (*opinions*) instabile; (*prix*) fluttuante, instabile.

fluctuation [flyktɥasjɔ̃] *nf* fluttuazione *f*.

fluctuer [flyktɥe] *vi* fluttuare.

fluet, te [flyɛ, ɛt] *adj* esile.

fluide [flɥid] *adj* fluido(-a); (*circulation etc*) scorrevole ♦ *nm* fluido.

fluidifier [flɥidifje] *vt* fluidificare.

fluidité [flɥidite] *nf* (*v adj*) fluidità *f inv*; scorrevolezza.

fluor [flyɔʀ] *nm* fluoro.

fluoration [flyɔʀasjɔ̃] *nf* fluorazione *f*.

fluoré, e [flyɔʀe] *adj* fluorizzato(-a).

fluorescent, e [flyɔʀesɑ̃, ɑ̃t] *adj* fluorescente.

flûte [flyt] *nf* (*MUS*) flauto; (*verre*) flûte *m inv*; (*pain*) filoncino; ~! accidenti!; **petite** ~ flauto piccolo; ▸**flûte à bec/traversière** flauto a becco/traverso; ▸**flûte de Pan** flauto di Pan.

flûtiste [flytist] *nm/f* flautista *m/f*.

fluvial, e, -aux [flyvjal, jo] *adj* fluviale.

flux [fly] *nm* flusso; **le** ~ **et le reflux** (*aussi fig*) il flusso e il riflusso.

fluxion [flyksjɔ̃] *nf*: ~ **de poitrine** polmonite *f*.

FM [ɛfɛm] *sigle f* (= *fréquence modulée*) FM *f*.

FMI [ɛfɛmi] *sigle m* (= *Fonds monétaire international*) F.M.I. *m*.

FN [ɛfɛn] *sigle m* = *Front national*.

FNAC [fnak] *sigle f* (= *Fédération nationale des achats des cadres*) *catena di negozi di libri, dischi, foto-ottica etc a prezzi ridotti.*

FNSEA [ɛfɛnɛsəa] *sigle f* = *Fédération nationale des syndicats d'exploitants agricoles.*

FO [ɛfo] *sigle f* = *Force ouvrière.*

foc [fɔk] *nm* (*NAUT*) fiocco.

focal, e, -aux [fɔkal, o] *adj* focale.

focale [fɔkal] *nf* focale *f*.

focaliser [fɔkalize] *vt* (*fig*) focalizzare.

fœtal, e, -aux [fetal, o] *adj* fetale.

fœtus [fetys] *nm* feto.

foi [fwa] *nf* (*REL*) fede *f*; **sous la** ~ **du serment** sotto (il vincolo del) giuramento; **avoir** ~ **en** aver fede in; **ajouter** ~ **à** prestar fede a; **faire** ~ (*prouver*) far fede; **digne de** ~ degno di fede; **sur la** ~ **de** in base alla testimonianza di; **bonne** ~ buonafede *f*; **mauvaise** ~ malafede *f*; **être de bonne/mauvaise** ~ essere in buonafede/malafede; **ma** ~! ma certo!

foie [fwa] *nm* fegato; ▸**foie gras** fegato d'oca.

foin [fwɛ̃] *nm* fieno; **faire les** ~**s** fare il fieno; **faire du** ~ (*fig*: *fam*) fare un putiferio.

foire [fwaʀ] *nf* fiera; (*fête foraine*) parco di divertimenti; (*fam*) baraonda; **faire la** ~ (*fig*: *fam*) far baldoria; ▸**foire (exposition)** fiera.

fois [fwa] *nf* volta; **2** ~ **2** 2 per *ou* volte 2; **deux/quatre** ~ **plus grand (que)** due/quattro volte più grande (di); **une** ~ (*passé*) una volta; (*futur*) un giorno, una volta; **encore une** ~ ancora una volta; **une (bonne)** ~ **pour toutes** una volta per tutte, una buona volta; **une** ~ **que c'est fait** una volta fatto; **une** ~ **parti/couché, il** ... una volta partito/a letto, egli ...; **à la** ~ (*ensemble*) contemporaneamente, insieme; **à la** ~ **grand et beau** allo stesso tempo grande e bello; **des** ~ (*parfois*) a *ou* alle volte; **chaque** ~ **que** ogni volta che; **si des** ~ ... (*fam*) se alle volte *ou* per caso ...; **non, mais des** ~! (*fam*) ma insomma!; **il était une** ~ ... c'era una volta ... .

foison [fwazɔ̃] *nf*: **une** ~ **de** una profusione di; **à** ~ a profusione, in abbondanza.

foisonnement [fwazɔnmɑ̃] *nm* abbondanza.

foisonner [fwazɔne] *vi* abbondare; ~ **en** *ou* **de** abbondare di.

fol [fɔl] *adj voir* **fou**.

folâtre [fɔlɑtʀ] *adj* pazzerello(-a).

folâtrer [fɔlɑtʀe] *vi* folleggiare.

folichon, ne [fɔliʃɔ̃, ɔn] *adj*: **ça n'a rien de** ~ è tutt'altro che divertente.

folie [fɔli] *nf* follia; **la** ~ **des grandeurs** le manie di grandezza; **faire des** ~**s** fare follie.

folklore [fɔlklɔʀ] *nm* folclore *m*.

folklorique [fɔlklɔʀik] *adj* folcloristico(-a).

folle [fɔl] *adj f, nf voir* **fou**.

follement [fɔlmɑ̃] *adv* follemente; (*drôle etc*) terribilmente.

follet [fɔlɛ] *adj m*: **feu ~** fuoco fatuo.
fomentateur, -trice [fɔmɑ̃tatœʀ, tʀis] *nm/f* fomentatore(-trice).
fomenter [fɔmɑ̃te] *vt* fomentare.
foncé, e [fɔ̃se] *adj* scuro(-a); **bleu/rouge ~** blu/rosso scuro.
foncer [fɔ̃se] *vt* scurire; (*CULIN*: *moule etc*) foderare ♦ *vi* scurirsi; (*fam*: *aller vite*) filare; **~ sur** (*fam*) avventarsi su.
fonceur, -euse [fɔ̃sœʀ, øz] *nm/f* tipo che ha grinta.
foncier, -ière [fɔ̃sje, jɛʀ] *adj* innato(-a), congenito(-a); (*COMM*) fondiario(-a).
foncièrement [fɔ̃sjɛʀmɑ̃] *adv* fondamentalmente.
fonction [fɔ̃ksjɔ̃] *nf* funzione *f*; (*poste*) carica; **~s** *nfpl* (*activité, pouvoirs, corporelles*) funzioni *fpl*; **entrer en ses ~s** assumere una carica; **reprendre ses ~s** riassumere le proprie funzioni; **voiture/maison de ~** macchina/casa di rappresentanza; **faire ~ de** (*suj*: *personne*) svolgere le mansioni di; (: *chose*) fungere da; **la ~ publique** la pubblica amministrazione.
fonctionnaire [fɔ̃ksjɔnɛʀ] *nm/f* impiegato (-a) statale.
fonctionnaliser [fɔ̃ksjɔnalize] *vt* rendere funzionale.
fonctionnariat [fɔ̃ksjɔnaʀja] *nm* *posizione di impiegato statale*.
fonctionnariser [fɔ̃ksjɔnaʀize] *vt* (*ADMIN*: *personne*) immettere nei ruoli degli impiegati statali; (*profession*) burocratizzare.
fonctionnel, le [fɔ̃ksjɔnɛl] *adj* funzionale.
fonctionnellement [fɔ̃ksjɔnɛlmɑ̃] *adv* funzionalmente, dal punto di vista funzionale.
fonctionnement [fɔ̃ksjɔnmɑ̃] *nm* funzionamento.
fonctionner [fɔ̃ksjɔne] *vi* funzionare; **faire ~** far funzionare.
fond [fɔ̃] *nm* fondo; (*d'un tableau, décor, scène*) sfondo; (*opposé à la forme*) sostanza, contenuto; (*petite quantité*): **un ~ de verre/bouteille** un goccio; (*SPORT*): **le ~** il fondo; **course/épreuve de ~** gara/prova di fondo; **au ~ de** in fondo a; **aller au ~ des choses** andare a fondo; **le ~ de sa pensée** i suoi pensieri più profondi; **sans ~** senza fondo; **toucher le ~** (*aussi fig*) toccare il fondo; **envoyer par le ~** (*couler*) affondare; **à ~** (*connaître*) a fondo; (*visser, soutenir*) fino in fondo; **à ~ (de train)** (*fam*) a tutta birra; **dans le ~, au ~** (*en somme*) in fondo; **de ~ en comble** (*complètement*) da cima a fondo; *voir aussi* **fonds**; ▸**fond de teint** fondo tinta; ▸**fond sonore** sottofondo (musicale).
fondamental, e, -aux [fɔ̃damɑ̃tal, o] *adj* fondamentale.
fondamentalement [fɔ̃damɑ̃talmɑ̃] *adv* fondamentalmente.
fondamentaliste [fɔ̃damɑ̃talist] *adj, nm/f* fondamentalista *m/f*.
fondant, e [fɔ̃dɑ̃, ɑ̃t] *adj* (*neige, glace*) che fonde; (*poire*) che si scioglie in bocca; (*chocolat*) fondente ♦ *nm* fondente *m*.
fondateur, -trice [fɔ̃datœʀ, tʀis] *nm/f* fondatore(-trice); **groupe/membre ~** gruppo/membro fondatore.
fondation [fɔ̃dasjɔ̃] *nf* fondazione *f*; **~s** *nfpl* (*d'une maison*) fondazioni *fpl*; **travaux de ~** (*CONSTR*) lavori *mpl* di fondazione.
fondé, e [fɔ̃de] *adj* (*récit*) attendibile; (*accusation*) fondato(-a); **bien ~** fondato(-a); **mal ~** infondato(-a); **être ~ à croire** avere fondate ragioni per credere.
fondé de pouvoir [fɔ̃dedpuvwaʀ] *nm* (*d'une banque etc*) procuratore *m*.
fondement [fɔ̃dmɑ̃] *nm* (*le postérieur*) sedere *m*, didietro; **~s** *nmpl* (*d'un édifice*) fondamenta *fpl*; (*fig*: *de la société, d'une théorie*) fondamenti *mpl*; **sans ~** (*rumeur etc*) senza fondamento, infondato(-a).
fonder [fɔ̃de] *vt* fondare; (*fig*): **~ qch sur** fondare *ou* basare qc su; **se ~ sur qch** (*suj*: *personne*) basarsi su qc; **~ un foyer** (*se marier*) mettere su casa *ou* famiglia.
fonderie [fɔ̃dʀi] *nf* fonderia.
fondeur, -euse [fɔ̃dœʀ, øz] *nm/f* (*skieur*) fondista *m/f* ♦ *nm*: **(ouvrier) ~** fonditore *m*.
fondre [fɔ̃dʀ] *vt* (*métal, fig*: *couleurs etc*) fondere; (*neige, sucre, sel*) sciogliere ♦ *vi* fondere; (*dans l'eau*) sciogliersi; (*fig*: *argent, courage*) svanire; (*se précipiter*): **~ sur** piombare su; **se fondre** *vr* fondersi; **faire ~** (*neige, sucre etc*) sciogliere; **~ en larmes** sciogliersi in lacrime.
fondrière [fɔ̃dʀijɛʀ] *nf* buca.
fonds [fɔ̃] *nm* (*de bibliothèque*) fondo; (*COMM*): **~ (de commerce)** impresa commerciale; (*fig*): **~ de probité** riserva di probità ♦ *nmpl* (*argent*) fondi *mpl*; **être en ~** avere disponibilità finanziarie; **à ~ perdus** a fondo perduto; **mise de ~** investimento (di capitali); **le F~ monétaire international** il Fondo monetario internazionale; ▸**fonds de roulement** fondo di rotazione *ou* d'esercizio; ▸**fonds publics** fondi pubblici.
fondu, e [fɔ̃dy] *adj* (*beurre, métal*) fuso(-a); (*neige*) sciolto(-a); (*fig*: *couleurs*) sfumato(-a) ♦ *nm* (*CINÉ*) dissolvenza; ▸**fondu enchaîné** dissolvenza incrociata.
fondue [fɔ̃dy] *nf* (*CULIN*): **~ (savoyarde)** fonduta (al formaggio); ▸**fondue bourguignonne** fondue *f inv* bourguignonne *inv*.
fongicide [fɔ̃ʒisid] *nm* fungicida *m*.

font [fɔ̃] *vb voir* **faire**.
fontaine [fɔ̃tɛn] *nf* (*source*) fonte *f*; (*construction*) fontana.
fontanelle [fɔ̃tanɛl] *nf* (*ANAT*) fontanella.
fonte [fɔ̃t] *nf* (*de la neige*) scioglimento; (*d'un métal*) fusione *f*; (*métal*) ghisa; **en ~ émaillée** di ghisa smaltata; **la ~ des neiges** lo scioglimento delle nevi.
fonts [fɔ̃] *nmpl*: **~ baptismaux** (*REL*) fonte *msg* battesimale.
foot(ball) [fut(bol)] *nm* (*SPORT*) calcio, football *m*; **jouer au ~** giocare a calcio.
footballeur, -euse [futbolœʀ, øz] *nm/f* calciatore(-trice).
footing [futiŋ] *nm*: **faire du ~** fare footing.
for [fɔʀ] *nm*: **dans** *ou* **en mon/son ~ intérieur** nel mio/suo intimo.
forage [fɔʀaʒ] *nm* perforazione *f*; (*de trou*) trivellazione *f*.
forain, e [fɔʀɛ̃, ɛn] *adj* ambulante ♦ *nm/f* (*marchand*) venditore(-trice) ambulante; (*bateleur*) chi si esibisce alle fiere; (*fête foraine*) giostraio(-a).
forban [fɔʀbɑ̃] *nm* filibustiere *m*.
forçat [fɔʀsa] *nm* forzato.
force [fɔʀs] *nf* forza; **~s** *nfpl* (*physiques, MIL, navales etc*) forze *fpl*; (*effectifs*): **d'importantes ~s de police** ingenti forze di polizia; **avoir de la ~** avere forza, essere forte; **être à bout de ~** essere allo stremo delle forze; **de toutes mes/ses ~s** con tutte le mie/sue forze; **à la ~ du poignet** (*fig*) col sudore della fronte; **à ~ de faire** a forza di fare; **arriver en ~** arrivare in forze; **de ~** (*prendre, enlever etc*) di forza, a viva forza; **par la ~** con la forza; **à toute ~** (*absolument*) ad ogni costo, a tutti i costi; **cas de ~ majeure** caso di forza maggiore; **faire ~ de rames/voiles** far forza di remi/vele; **être de ~ à faire qch** essere in grado di fare qc; **dans la ~ de l'âge** nel pieno vigore degli anni; **de première ~** di primo ordine; **par la ~ des choses/de l'habitude** per forza di cose/ d'abitudine; **la ~ armée** le forze armate; **la ~ publique** la forza pubblica; **les ~s de l'ordre** le forze dell'ordine; ▸**force centrifuge/d'inertie** forza centrifuga/ d'inerzia; ▸**force d'âme/de caractère** forza d'animo/di carattere; ▸**force de dissuasion** deterrente *m*; ▸**force de frappe** force de frappe *f inv*; ▸**force de la nature** forza della natura; ▸**forces d'intervention** (*MIL, POLICE*) forze d'intervento.
forcé, e [fɔʀse] *adj* forzato(-a); **c'est ~!** è inevitabile!
forcément [fɔʀsemɑ̃] *adv* per forza; **pas ~** non necessariamente.
forcené, e [fɔʀsəne] *adj, nm/f* forsennato(-a).
forceps [fɔʀsɛps] *nm* forcipe *m*.
forcer [fɔʀse] *vt* forzare; (*moteur*) sforzare; **~ qn à faire qch** (*contraindre*) costringere qn a fare qc ♦ *vi* (*SPORT, gén*) forzare; **~ qn à une action immédiate** costringere qn ad agire immediatamente; **se ~ à faire qch** (*s'obliger à*) costringersi a fare qc; **se ~ au travail** costringersi a lavorare; **~ la main à qn** forzare la mano a qn; **~ la dose** rincarare la dose; **~ l'allure** forzare l'andatura; **~ l'attention/le respect** imporsi all'attenzione/al rispetto; **~ la consigne** forzare la consegna.
forcing [fɔʀsiŋ] *nm* (*SPORT, gén*): **faire le ~** fare forcing.
forcir [fɔʀsiʀ] *vi* irrobustirsi; (*vent*) rinforzare.
forclore [fɔʀklɔʀ] *vt* (*JUR*) dichiarare decaduto (-a) da un diritto.
forclos, e [fɔrklo, oz] *adj* (*JUR*) decaduto(-a) da un diritto.
forclusion [fɔʀklyzjɔ̃] *nf* (*JUR*) decadenza (di diritto).
forer [fɔʀe] *vt* (*objet, rocher*) (per)forare; (*trou, puits*) trivellare.
forestier, -ière [fɔʀɛstje, jɛʀ] *adj* forestale.
foret [fɔʀɛ] *nm* punta (di trapano).
forêt [fɔʀɛ] *nf* foresta; **Office national des f~s** (*ADMIN*) *ente nazionale per la protezione delle zone boschive*; ▸**forêt vierge** foresta vergine.
foreuse [fɔʀøz] *nf* trapano.
forfait [fɔʀfɛ] *nm* (*COMM*) forfait *m inv*; (*crime*) misfatto, infamia; **déclarer ~** (*SPORT*) dichiarare forfait; **gagner par ~** vincere per forfait; **travailler à ~** lavorare a forfait.
forfaitaire [fɔʀfɛtɛʀ] *adj* forfettario(-a).
forfait-vacances [fɔʀfɛvakɑ̃s] (*pl* **~s-~**) *nm* vacanza organizzata, pacchetto *m* vacanze *inv*.
forfanterie [fɔʀfɑ̃tʀi] *nf* millanteria; (*parole, acte*) bravata.
forge [fɔʀʒ] *nf* fucina.
forgé, e [fɔʀʒe] *adj*: **~ de toutes pièces** inventato(-a) di sana pianta.
forger [fɔʀʒe] *vt* forgiare; (*fig*: *prétexte, histoire*) costruire, inventare.
forgeron [fɔʀʒəʀɔ̃] *nm* fabbro.
formaliser [fɔʀmalize]: **se ~** *vr*: **se ~ (de)** formalizzarsi (per).
formalisme [fɔʀmalism] *nm* formalismo.
formaliste [fɔʀmalist] *adj* formalistico(-a).
formalité [fɔʀmalite] *nf* formalità *f inv*.
format [fɔʀma] *nm* formato.
formater [fɔʀmate] *vt* (*disque*) formattare; **non formaté** non formattato.
formateur, -trice [fɔʀmatœʀ, tʀis] *adj* formativo(-a) ♦ *nm/f* formatore(-trice).
formation [fɔʀmasjɔ̃] *nf* formazione *f*; **en ~** (*voler, évoluer*) in formazione; **la ~**

permanente/continue la formazione permanente; **la** ~ **professionnelle** la formazione professionale; **la** ~ **des adultes** la formazione degli adulti.
forme [fɔʀm] *nf* forma; ~**s** *nfpl* (*bonnes manières, d'une femme*) forme *fpl*; **en** ~ **de poire** a forma di pera; **sous** ~ **de** sotto forma di; **être en (bonne/pleine)** ~, **avoir la** ~ (*SPORT etc*) essere in (buona/piena) forma; **en bonne et due** ~ (*ADMIN*) nella debita forma; **y mettre les** ~**s** agire con garbo *ou* tatto; **sans autre** ~ **de procès** (*fig*) senza tante cerimonie; **pour la** ~ pro forma, per esigenze di forma.
formel, le [fɔʀmɛl] *adj* (*preuve, décision*) categorico(-a), definitivo(-a); (*logique, politesse*) formale.
formellement [fɔʀmɛlmɑ̃] *adv* formalmente.
former [fɔʀme] *vt* formare; (*lettre etc*) formulare; **se former** *vr* formarsi; (*organe, organisme*) svilupparsi.
formidable [fɔʀmidabl] *adj* formidabile; (*excellent*) fantastico(-a), formidabile.
formidablement [fɔʀmidabləmɑ̃] *adv* enormemente.
formol [fɔʀmɔl] *nm* formalina, formolo.
formosan, e [fɔʀmozɑ̃, an] *adj* di Formosa.
Formose [fɔʀmoz] *nm* Formosa.
formulaire [fɔʀmylɛʀ] *nm* formulario.
formulation [fɔʀmylasjɔ̃] *nf* formulazione *f*.
formule [fɔʀmyl] *nf* formula; (*formulaire*) modulo; **selon la** ~ **consacrée** come si suol dire; ▸**formule de politesse** formula di cortesia; (*en fin de lettre*) formula epistolare.
formuler [fɔʀmyle] *vt* formulare.
forniquer [fɔʀnike] *vi* fornicare.
forsythia [fɔʀsisja] *nm* forsythia.
fort, e [fɔʀ, fɔʀt] *adj* forte; (*mer*) grosso (-a), agitato(-a) ♦ *adv* forte; (*frapper, serrer*) forte, con forza; (*beaucoup, très*) molto ♦ *nm* (*édifice, point fort*) forte *m*; **c'est un peu** ~! questa poi!, questa è proprio grossa!; **à plus** ~**e raison** a maggior ragione; **avoir** ~ **à faire avec qn** avere un bel da fare con qn; **se faire** ~ **de faire** dirsi sicuro(-a) di fare; ~ **bien/peu** molto bene/poco; **au plus** ~ **de** nel bel mezzo di; ▸**forte tête** testardo(-a).
forte [fɔʀte] *nm* (*MUS*) forte *m*.
fortement [fɔʀtəmɑ̃] *adv* fortemente.
forteresse [fɔʀtəʀɛs] *nf* fortezza.
fortifiant, e [fɔʀtifjɑ̃, jɑ̃t] *adj, nm* ricostituente *m*.
fortifications [fɔʀtifikasjɔ̃] *nfpl* fortificazioni *fpl*.
fortifier [fɔʀtifje] *vt* fortificare, rinvigorire; **se fortifier** *vr* fortificarsi, irrobustirsi.
fortin [fɔʀtɛ̃] *nm* fortino.
fortiori [fɔʀsjɔʀi]: **à** ~ *adv* a maggior ragione.
FORTRAN [fɔʀtʀɑ̃] *nm* FORTRAN *m*.
fortuit, e [fɔʀtɥi, it] *adj* fortuito(-a).
fortuitement [fɔʀtɥitmɑ̃] *adv* per caso, fortuitamente.
fortune [fɔʀtyn] *nf* fortuna; (*sort*): **des** ~**s diverses** destini *mpl* diversi; **faire** ~ fare fortuna; **avoir de la** ~ possedere una fortuna *ou* delle ricchezze; **de** ~ (*improvisé*) di fortuna; (*compagnon*) di avventura; **bonne** ~ fortuna; **mauvaise** ~ cattiva *ou* mala sorte *f*.
fortuné, e [fɔʀtyne] *adj* facoltoso(-a), ricco(-a).
forum [fɔʀɔm] *nm* foro; (*TV etc*) dibattito.
fosse [fos] *nf* fossa; ▸**fosse à purin** fossa da letame; ▸**fosse aux lions/aux ours** fossa dei leoni/degli orsi; ▸**fosse commune** fossa comune; ▸**fosse (d'orchestre)** fossa dell'orchestra; ▸**fosse septique** fossa settica; ▸**fosses nasales** fosse nasali.
fossé [fose] *nm* fosso, fossato; (*fig*) abisso.
fossette [fosɛt] *nf* fossetta.
fossile [fosil] *adj, nm* fossile *m*.
fossilisé, e [fosilize] *adj* fossilizzato(-a).
fossoyeur [foswajœʀ] *nm* becchino.
fou(fol), folle [fu, fɔl] *adj* (*personne*) pazzo(-a), matto(-a), folle; (*regard, fam: extrême*) folle; (*: très grand*): **ça prend un temps fou** prende una marea di tempo ♦ *nm/f* pazzo(-a), matto(-a) ♦ *nm* (*d'un roi*) buffone *m*, giullare *m*; (*ÉCHECS*) alfiere *m*; (*ZOOL*): **fou de Bassan** sula; **herbe folle** erbaccia; **mèche folle** ciuffo ribelle; **aiguille folle** ago impazzito; **fou à lier** matto(-a) da legare; **fou furieux/folle furieuse** pazzo(-a) furioso(-a); **être fou de** (*sport, art etc*) andare pazzo(-a) per; (*personne*) essere pazzo(-a) di; (*chagrin, joie, colère*) essere pazzo(-a) *ou* folle di; **faire le fou** (*enfant etc*) fare il matto; **avoir le fou rire** avere la ridarella.
foucade [fukad] *nf* capriccio, ghiribizzo.
foudre [fudʀ] *nf* fulmine *m*; (*fig: colère*) collera; **s'attirer les** ~**s de qn** attirarsi le ire di qn.
foudroyant, e [fudʀwajɑ̃, ɑ̃t] *adj* (*rapidité, succès*) fulmineo(-a), folgorante; (*maladie, poison, regard*) fulminante.
foudroyer [fudʀwaje] *vt* fulminare; ~ **qn du regard** fulminare qn con lo sguardo.
fouet [fwɛ] *nm* (*aussi CULIN*) frusta; **de plein** ~ in pieno.
fouettement [fwɛtmɑ̃] *nm* (*de la pluie*) picchiare *m inv*, sferzare *m inv*.
fouetter [fwete] *vt* frustare; (*fig: suj: pluie, vagues, vent*) sferzare; (*CULIN*) sbattere,

frullare.
fougasse [fugas] *nf* focaccia.
fougère [fuʒɛʀ] *nf* felce *f*.
fougue [fug] *nf* foga, impeto.
fougueusement [fugøzmɑ̃] *adv* impetuosamente.
fougueux, -euse [fugø, øz] *adj* focoso(-a).
fouille [fuj] *nf* (*de suspect, local*) perquisizione *f*; (*de quartier*) perlustrazione *f*; **~s** *nfpl* (*archéologiques*) scavi *mpl*.
fouillé, e [fuje] *adj* approfondito(-a).
fouiller [fuje] *vt* (*suspect, local*) perquisire; (*quartier*) battere, perlustrare; (*creuser*) scavare; (*étude etc*) approfondire ♦ *vi* (*archéologue*) scavare, fare scavi; **~ dans/parmi** frugare *ou* rovistare in/tra.
fouillis [fuji] *nm* confusione *f*.
fouine [fwin] *nf* faina.
fouiner [fwine] (*péj*) *vi*: **~ dans** ficcare il naso in.
fouineur, -euse [fwinœʀ, øz] (*péj*) *adj* ficcanaso *inv*.
fouir [fwiʀ] *vt* scavare.
fouisseur, -euse [fwisœʀ, øz] *adj* scavatore(-trice).
foulage [fulaʒ] *nm* pigiatura, follatura.
foulante [fulɑ̃t] *adj f*: **pompe ~** pompa premente.
foulard [fulaʀ] *nm* foulard *m inv*.
foule [ful] *nf* folla; (*beaucoup de*): **une ~ de** una massa *ou* gran quantità di; **les ~s** le masse; **venir en ~** (*aussi fig*) venire in massa.
foulée [fule] *nf* (*SPORT*) falcata; **dans la ~ de** sulla scia di.
fouler [fule] *vt* pigiare; **se fouler** *vr* (*fam: se fatiguer*) ammazzarsi (di fatica); **se ~ la cheville/le bras** slogarsi la caviglia/il braccio; **~ aux pieds** (*fig: lois, principe*) calpestare; **~ le sol de son pays** calcare *ou* calpestare il suolo della patria.
foulure [fulyʀ] *nf* slogatura.
four [fuʀ] *nm* forno; (*THÉÂTRE: échec*) fiasco; **allant au ~** da forno.
fourbe [fuʀb] *adj* subdolo(-a).
fourberie [fuʀbəʀi] *nf* doppiezza, falsità *f inv*.
fourbi [fuʀbi] (*fam*) *nm* armamentario, carabattole *fpl*; (*fouillis*) confusione *f*.
fourbir [fuʀbiʀ] *vt* lustrare; **~ ses armes** (*fig*) affilare le armi.
fourbu, e [fuʀby] *adj* stremato(-a), sfinito(-a).
fourche [fuʀʃ] *nf* forcone *m*; (*de bicyclette*) forcella; (*d'une route*) bivio.
fourcher [fuʀʃe] *vi*: **ma langue a fourché** è stato un lapsus.
fourchette [fuʀʃɛt] *nf* forchetta; (*STATISTIQUES*) fascia; ▶**fourchette à dessert** forchetta da dolce *ou* dessert.
fourchu, e [fuʀʃy] *adj* (*cheveu*) con doppie punte; (*arbre etc*) biforcuto(-a).
fourgon [fuʀgɔ̃] *nm* (*AUTO*) furgone *m*; (*RAIL*) bagagliaio; ▶**fourgon mortuaire** carro funebre.
fourgonnette [fuʀgɔnɛt] *nf* furgoncino, camioncino.
fourmi [fuʀmi] *nf* formica; **avoir des ~s dans les jambes/mains** (*fig*) avere un formicolio alle gambe/mani.
fourmilière [fuʀmiljɛʀ] *nf* (*aussi fig*) formicaio.
fourmillement [fuʀmijmɑ̃] *nm* formicolio; (*grouillement*) brulichio.
fourmiller [fuʀmije] *vi* pullulare; **~ de** brulicare *ou* pullulare di.
fournaise [fuʀnɛz] *nf* (*aussi fig*) fornace *f*.
fourneau, x [fuʀno] *nm* fornello.
fournée [fuʀne] *nf* infornata.
fourni, e [fuʀni] *adj* folto(-a); **bien/mal ~ (en)** (*magasin etc*) ben/mal fornito(-a) (di).
fournil [fuʀni] *nm* forno, laboratorio di panetteria.
fourniment [fuʀnimɑ̃] *nm* armamentario, equipaggiamento (*di soldato*).
fournir [fuʀniʀ] *vt* fornire; (*effort*) compiere; (*magasin, école*): **~ en** rifornire di; **~ qch à qn** fornire qc a qn; **~ qn en** rifornire qn di; **se ~ chez** *vr* rifornirsi da.
fournisseur, -euse [fuʀnisœʀ, øz] *nm/f* fornitore(-trice).
fourniture [fuʀnityʀ] *nf* fornitura; **~s** *nfpl* (*matériel, équipement*) materiali *mpl*, forniture *fpl*; ▶**fournitures de bureau** forniture per ufficio; ▶**fournitures scolaires** articoli *mpl* per la scuola.
fourrage [fuʀaʒ] *nm* foraggio.
fourrager[1] [fuʀaʒe] *vi*: **~ dans/parmi** frugare *ou* rovistare in/tra.
fourrager[2], **-ère** [fuʀaʒe] *adj* foraggero(-a).
fourragère [fuʀaʒɛʀ] *nf* (*MIL*) cordellina.
fourré, e [fuʀe] *adj* (*bonbon, chocolat*) ripieno(-a); (*manteau, botte*) foderato(-a) (di pelliccia) ♦ *nm* folto, boscaglia.
fourreau, x [fuʀo] *nm* fodero, guaina; (*robe, jupe*) fourreau *m inv*; **robe/jupe ~** abito/gonna a tubo.
fourrer [fuʀe] (*fam*) *vt* (*mettre*): **~ qch dans** cacciare *ou* ficcare qc in; **se fourrer dans/sous** *vr* cacciarsi *ou* ficcarsi in/sotto.
fourre-tout [fuʀtu] *nm inv* (*sac*) borsone *m*; (*péj*) sgabuzzino, ripostiglio; (*fig*) guazzabuglio.
fourreur [fuʀœʀ] *nm* pellicciaio.
fourrière [fuʀjɛʀ] *nf* (*pour chiens*) canile *m* municipale; (*voitures*) deposito (delle auto rimosse dalla polizia).
fourrure [fuʀyʀ] *nf* pelliccia; **col de ~** collo di pelliccia.
fourvoyer [fuʀvwaje]: **se ~** *vr* (*aussi fig*)

perdersi.

foutre [futʀ] (*fam!*) *vt* = **ficher**.

foutu, e [futy] (*fam!*) *adj* = **fichu**.

foyer [fwaje] *nm* (*d'une cheminée, d'un four*) focolare *m*, fuoco; (*fig*: *d'incendie, d'infection*) focolaio; (: *de civilisation*) nucleo originario; (*famille*) famiglia; (*domicile*) casa, domicilio; (*THÉÂTRE*) ridotto, foyer *m inv*; (*local de réunion*) centro, ritrovo; (*résidence*: *de vieillards, d'étudiants*) casa; (*salon*) sala (di ritrovo); (*OPTIQUE, PHOTO*) fuoco; **lunettes à double** ~ occhiali *mpl* a lenti bifocali.

FPA [ɛfpea] *sigle f* = *Formation professionnelle pour adultes.*

fracas [fʀaka] *nm* fracasso, fragore *m*.

fracassant, e [fʀakasɑ̃, ɑ̃t] *adj* clamoroso(-a).

fracasser [fʀakase] *vt* fracassare, schiantare; **se fracasser contre** *ou* **sur** *vr* schiantarsi *ou* fracassarsi contro; **se** ~ **la tête/le bras** fracassarsi la testa/il braccio.

fraction [fʀaksjɔ̃] *nf* frazione *f*; **une** ~ **de seconde** una frazione di secondo.

fractionnaire [fʀaksjɔnɛʀ] *adj* frazionario(-a).

fractionnement [fʀaksjɔnmɑ̃] *nm* frazionamento.

fractionner [fʀaksjɔne] *vt* frazionare; **se fractionner** *vr* frazionarsi.

fracture [fʀaktyʀ] *nf* frattura; ▸ **fracture de la jambe** frattura della gamba; ▸ **fracture du crâne** frattura del cranio; ▸ **fracture ouverte** frattura esposta.

fracturer [fʀaktyʀe] *vt* (*coffre, serrure*) scassinare; (*os, membre*) fratturare; **se** ~ **la jambe/le crâne** fratturarsi la gamba/il cranio.

fragile [fʀaʒil] *adj* fragile; (*fig*: *estomac, santé, situation*) delicato(-a).

fragiliser [fʀaʒilize] *vt* rendere (più) fragile.

fragilité [fʀaʒilite] *nf* (*v adj*) fragilità; delicatezza.

fragment [fʀagmɑ̃] *nm* frammento; (*d'un discours, texte*) brano, passo.

fragmentaire [fʀagmɑ̃tɛʀ] *adj* frammentario(-a).

fragmenter [fʀagmɑ̃te] *vt* (*texte, territoire*) frammentare; (*roches*) frantumare; **se fragmenter** *vr* frammentarsi.

frai [fʀɛ] *nm* (*ponte*) deposizione *f* delle uova (dei pesci); (*œufs*) fregolo.

fraîche [fʀɛʃ] *adj voir* **frais**.

fraîchement [fʀɛʃmɑ̃] *adv* freddamente, con freddezza; (*récemment*) di fresco, da poco.

fraîcheur [fʀɛʃœʀ] *nf* freschezza.

fraîchir [fʀeʃiʀ] *vi* rinfrescare, rinfrescarsi.

frais, fraîche [fʀɛ, fʀɛʃ] *adj* fresco(-a); (*accueil, réception*) freddo(-a) ♦ *adv*: **il fait** ~ fa fresco ♦ *nm*: **mettre au** ~ mettere in fresco ♦ *nmpl* (*dépenses*) spese *fpl*; **le voilà** ~! (*iron*) ora sì che sta fresco!; ~ **et dispos** fresco e riposato; **à boire/servir** ~ da bere/servire freddo *ou* fresco; ~ **débarqué de sa province** appena giunto dalla sua provincia; **prendre le** ~ prendere il fresco; **faire des** ~ sostenere delle spese; **à grands/peu de** ~ con grande/poca spesa; **faire les** ~ **de** fare le spese di; **faire les** ~ **de la conversation** essere l'argomento della conversazione; **rentrer dans ses** ~ rientrare nelle spese; **en être pour ses** ~ rimetterci le spese; (*fig*) restare con le pive nel sacco; ▸ **frais d'entretien** *nmpl* spese di manutenzione; ▸ **frais de déplacement/de logement** *nmpl* spese di viaggio/di alloggio; ▸ **frais de scolarité** *nmpl* tasse *fpl* scolastiche; ▸ **frais généraux** *nmpl* spese generali.

fraise [fʀɛz] *nf* (*BOT*) fragola; (*TECH*) fresa; (*de dentiste*) trapano; ▸ **fraise des bois** fragola di bosco.

fraiser [fʀeze] *vt* fresare; (*CULIN*: *pâte*) impastare.

fraiseuse [fʀɛzøz] *nf* fresatrice *f*.

fraisier [fʀezje] *nm* fragola.

framboise [fʀɑ̃bwaz] *nf* lampone *m*.

framboisier [fʀɑ̃bwazje] *nm* lampone *m*.

franc, franche [fʀɑ̃, fʀɑ̃ʃ] *adj* (*personne, attitude*) franco(-a), schietto(-a); (*visage*) aperto(-a); (*refus, coupure*) netto(-a); (*couleur*) puro(-a), schietto(-a); (*intensif*) vero(-a) e proprio(-a); (*exempt*): ~ **de port** franco di porto; (*zone, port*) franco(-a); (*boutique*) in esenzione doganale, duty free *inv* ♦ *adv*: **parler** ~ dire le cose come stanno ♦ *nm* (*monnaie*) franco; **ancien** ~, ~ **léger** vecchio franco; **nouveau** ~, ~ **lourd** nuovo franco; ▸ **franc belge/français** franco belga/francese; ▸ **franc suisse** franco svizzero.

français, e [fʀɑ̃sɛ, ɛz] *adj* francese ♦ *nm* francese *m* ♦ *nm/f*: **F~, e** francese.

franc-comtois, e [fʀɑ̃kɔ̃twa, waz] (*pl* **~s-~, -es**) *adj* della Franca Contea ♦ *nm/f*: **F~-~, e** abitante *m/f* della Franca Contea.

France [fʀɑ̃s] *nf* Francia; ~ **2**, ~ **3** *canali televisivi nazionali.*

Francfort [fʀɑ̃kfɔʀ] *n* Francoforte *f*.

franche [fʀɑ̃ʃ] *adj f voir* **franc**.

Franche-Comté [fʀɑ̃ʃkɔ̃te] *nf* Franca Contea.

franchement [fʀɑ̃ʃmɑ̃] *adv* francamente; (*tout à fait, vraiment*) veramente; (*excl*) questa poi!, adesso basta!

franchir [fʀɑ̃ʃiʀ] *vt* (*obstacle, aussi fig*) su-

perare; (*seuil, ligne, rivière*) oltrepassare, superare; (*distance*) percorrere.
franchisage [fʀɑ̃ʃizaʒ] *nm* (*COMM*) concessione *f*, rappresentanza.
franchise [fʀɑ̃ʃiz] *nf* franchezza; (*douanière, d'impôt etc*) franchigia; **en toute ~** in tutta franchezza; ▸**franchise de bagages** bagaglio in franchigia.
franchissable [fʀɑ̃ʃisabl] *adj* superabile.
franciscain, e [fʀɑ̃siskɛ̃, ɛn] *adj* francescano(-a).
franciser [fʀɑ̃size] *vt* francesizzare.
franc-jeu [fʀɑ̃ʒø] (*pl* **~s-~x**) *nm*: **jouer ~-~** mettere le carte in tavola.
franc-maçon [fʀɑ̃masɔ̃] (*pl* **~-~s**) *nm* massone *m*.
franc-maçonnerie [fʀɑ̃masɔnʀi] (*pl* **~-~s**) *nf* massoneria.
franco [fʀɑ̃ko] *adv* (*COMM*): **~ (de port)** franco (di porto).
franco- [fʀɑ̃ko] *préf* franco-.
franco-canadien [fʀɑ̃kokanadjɛ̃] *nm* francese *m* parlato in Canada.
francophile [fʀɑ̃kɔfil] *adj* francofilo(-a).
francophobe [fʀɑ̃kɔfɔb] *adj* francofobo (-a).
francophone [fʀɑ̃kɔfɔn] *adj, nm/f* francofono(-a).
francophonie [fʀɑ̃kɔfɔni] *nf* francofonia.
franco-québécois [fʀɑ̃kɔkebekwa] *nm* francese *m* parlato in Quebec.
franc-parler [fʀɑ̃paʀle] *nm inv*: **avoir son ~-~** dire le cose come stanno.
franc-tireur [fʀɑ̃tiʀœʀ] (*pl* **~s-~s**) *nm* (*MIL, aussi fig*) franco tiratore *m*.
frange [fʀɑ̃ʒ] *nf* frangia; (*de cheveux*) frangia, frangetta.
frangé, e [fʀɑ̃ʒe] *adj* (*tapis, nappe*): **~ de** guarnito(-a) di, ornato(-a) da.
frangipane [fʀɑ̃ʒipan] *nf* crema pasticciera alle mandorle.
franglais [fʀɑ̃glɛ] *nm* franglais *m inv*.
franquette [fʀɑ̃kɛt]: **à la bonne ~** *adv* alla buona.
frappant, e [fʀapɑ̃, ɑ̃t] *adj* impressionante, sorprendente.
frappe [fʀap] *nf* (*d'une dactylo, SPORT*) battuta; (*d'un pianiste*) tocco; (*d'une machine à écrire*) battitura; (*péj: voyou*) teppista *m*.
frappé, e [fʀape] *adj* (*personne*): **~ de/par qch** colpito(-a) da qc; (*vin, café*) ghiacciato(-a), freddo(-a); **~ de panique** preso(-a) dal panico; **~ de stupeur** colto(-a) dallo stupore.
frapper [fʀape] *vt* colpire; (*monnaie*) coniare; **se frapper** *vr* angosciarsi; **~ à la porte** bussare (alla porta); **~ dans ses mains** battere le mani; **~ du poing sur** battere il pugno su; **~ un grand coup** (*fig*) colpire energicamente *ou* drasticamente.
frasques [fʀask] *nfpl* scappatelle *fpl*.
fraternel, le [fʀatɛʀnɛl] *adj* fraterno(-a).
fraternellement [fʀatɛʀnɛlmɑ̃] *adv* fraternamente.
fraterniser [fʀatɛʀnize] *vi* fraternizzare.
fraternité [fʀatɛʀnite] *nf* fraternità.
fratricide [fʀatʀisid] *adj* fratricida.
fraude [fʀod] *nf* frode *f*; **passer qch en ~** far passare qc di frodo *ou* di contrabbando; ▸**fraude électorale** broglio elettorale; ▸**fraude fiscale** frode fiscale.
frauder [fʀode] *vi* frodare ♦ *vt* frodare.
fraudeur, -euse [fʀodœʀ, øz] *nm/f* frodatore(-trice), imbroglione(-a); (*candidat*) candidato(-a) sleale; (*au fisc*) evasore *m*.
frauduleusement [fʀodyløzmɑ̃] *adv* fraudolentemente.
frauduleux, -euse [fʀodylø, øz] *adj* fraudolento(-a).
frayer [fʀeje] *vt* aprire ♦ *vi* (*poisson*) deporre le uova; (*: mâle*) fecondare le uova; (*fréquenter*): **~ avec qn** legare con *ou* frequentare qn; **se ~ un passage/chemin dans** aprirsi un passaggio/varco tra.
frayeur [fʀɛjœʀ] *nf* spavento, panico.
fredaines [fʀədɛn] *nfpl* scappatelle *fpl*.
fredonner [fʀədɔne] *vt* canticchiare, canterellare.
freezer [fʀizœʀ] *nm* freezer *m inv*, congelatore *m*.
frégate [fʀegat] *nf* fregata.
frein [fʀɛ̃] *nm* freno; **mettre un ~ à** (*fig*) porre freno a; **sans ~** (*sans limites*) sfrenato(-a); ▸**frein à main** freno a mano; ▸**frein moteur** freno motore; ▸**freins à disques/à tambours** freni a disco/a tamburo.
freinage [fʀɛnaʒ] *nm* frenata, frenatura; (*fig*): **le ~ de** il rallentamento di; **distance de ~** distanza di frenatura; **traces de ~** segni *mpl* della frenata.
freiner [fʀene] *vi, vt* frenare.
frelaté, e [fʀəlate] *adj* adulterato(-a), sofisticato(-a); (*fig*) innaturale, sofisticato(-a).
frêle [fʀɛl] *adj* esile, gracile.
frelon [fʀəlɔ̃] *nm* calabrone *m*.
freluquet [fʀəlykɛ] (*péj*) *nm* bellimbusto.
frémir [fʀemiʀ] *vi* (*de peur, de froid*) tremare; (*de joie*) fremere; (*bouillir*) sobbollire; (*feuille etc*) stormire.
frémissement [fʀemismɑ̃] *nm* fremito.
frêne [fʀɛn] *nm* frassino.
frénésie [fʀenezi] *nf* frenesia.
frénétique [fʀenetik] *adj* frenetico(-a).
frénétiquement [fʀenetikmɑ̃] *adv* freneticamente.
fréon [fʀeɔ̃] *nm* (*CHIM*) freon *m inv*.

fréquemment [frekamɑ̃] *adv* frequentemente, di frequente.
fréquence [frekɑ̃s] *nf* frequenza; **haute/basse ~** (*RADIO*) alta/bassa frequenza.
fréquent, e [frekɑ̃, ɑ̃t] *adj* frequente.
fréquentable [frekɑ̃tabl] *adj*: **il est peu ~** non è un tipo da frequentare.
fréquentation [frekɑ̃tasjɔ̃] *nf* frequentazione *f*; **~s** *nfpl* (*relations*): **de bonnes ~s** buone compagnie *fpl*; **une mauvaise ~** una cattiva compagnia.
fréquenté, e [frekɑ̃te] *adj* (*rue, établissement*): **très/mal ~** molto/mal frequentato(-a).
fréquenter [frekɑ̃te] *vt* frequentare; **se fréquenter** *vr* frequentarsi.
frère [frɛr] *nm* (*aussi fig*) fratello; (*REL*) frate *m*; **partis/pays ~s** partiti *mpl*/paesi *mpl* fratelli.
fresque [frɛsk] *nf* affresco.
fret [frɛ(t)] *nm* (*prix*) nolo, noleggio; (*cargaison, chargement*) carico.
fréter [frete] *vt* noleggiare.
frétiller [fretije] *vi* (*poisson etc*) guizzare; (*de joie etc*) fremere; **~ de la queue** scodinzolare.
fretin [frətɛ̃] *nm*: **le menu ~** i pesci piccoli (*fig*).
freudien, ne [frødjɛ̃, jɛn] *adj* freudiano (-a).
freux [frø] *nm* corvo comune *ou* nero.
friable [frijabl] *adj* friabile.
friand, e [frijɑ̃, frijɑ̃d] *adj*: **~ de** ghiotto(-a) *ou* goloso(-a) di ♦ *nm* (*CULIN*) *pasta sfoglia ripiena di carne tritata*; (: *sucré*) *pasticcino fondente alla pasta di mandorle.*
friandise [frijɑ̃diz] *nf* dolcino.
fric [frik] (*fam*) *nm* grana.
fricassée [frikase] *nf* fricassea.
fric-frac [frikfrak] *nm inv* furto con scasso.
friche [friʃ]: **en ~** *adj, adv* (*AGR, fig*) incolto(-a).
friction [friksjɔ̃] *nf* frizione *f*; (*fig*) attrito.
frictionner [friksjɔne] *vt* frizionare.
frigidaire ® [friʒidɛr] *nm* frigorifero.
frigide [friʒid] *adj* frigido(-a).
frigidité [friʒidite] *nf* frigidità.
frigorifier [frigɔrifje] *vt* conservare in frigorifero; (*fig*: *personne*) gelare.
frigorifique [frigɔrifik] *adj* frigorifero(-a).
frileusement [friløzmɑ̃] *adv* freddolosamente.
frileux, -euse [frilø, øz] *adj* freddoloso (-a); (*fig*) cauto(-a), timoroso(-a).
frimas [frima] *nmpl* galaverna *fsg*, brinata *fsg*.
frime [frim] (*fam*) *nf*: **c'est de la ~** è tutta scena; **pour la ~** (*fam*) per farsi vedere.
frimer [frime] *vi* fare lo(-la) sbruffone(-a).
frimeur, -euse [frimœr, øz] *nm/f* sbruffone(-a).
frimousse [frimus] *nf* musetto, faccino.
fringale [frɛ̃gal] *nf*: **avoir la ~** avere una gran fame.
fringant, e [frɛ̃gɑ̃, ɑ̃t] *adj* pimpante.
fringues [frɛ̃g] (*fam*) *nfpl* vestiti *mpl*.
fripé, e [fripe] *adj* sgualcito(-a), spiegazzato(-a).
friperie [fripri] *nf* (*commerce*) negozio di abiti usati; (*vêtements*) vestiti *mpl* usati.
fripes [frip] *nfpl* abiti *mpl* usati.
fripier, -ère [fripje, jɛr] *nm/f* commerciante *m/f* di abiti usati.
fripon, ne [fripɔ̃, ɔn] *adj* birichino(-a) ♦ *nm/f* birba.
fripouille [fripuj] (*péj*) *nf* canaglia, farabutto.
frire [frir] *vt, vi* friggere.
frise [friz] *nf* fregio.
frisé, e [frize] *adj* riccio(-a), ricciuto(-a); **(chicorée) ~e** indivia riccia.
friser [frize] *vt* (*cheveux*) arricciare; (*fig*: *surface, mort*) sfiorare; (: *hérésie*) rasentare ♦ *vi* (*cheveux*) arricciarsi; (*enfant*) diventare *ou* essere riccio(-a); **se faire ~** farsi arricciare i capelli.
frisette [frizɛt] *nf* ricciolino, riccio.
frisotter [frizɔte] *vi* (*cheveux*) arricciarsi leggermente.
frisquet [friskɛ] *adj* freschetto, frescolino.
frisson [frisɔ̃] *nm* brivido.
frissonnement [frisɔnmɑ̃] *nm* fremito.
frissonner [frisɔne] *vi* tremare; (*fig*: *eau, feuillage*) agitarsi, fremere.
frit, e [fri, frit] *pp de* **frire** ♦ *adj* fritto(-a); **(pommes) ~es** patate *fpl ou* patatine *fpl* fritte.
frite [frit] *nf* patatina (fritta).
friterie [fritri] *nf chiosco per la vendita di patatine fritte.*
friteuse [fritøz] *nf* padella (per friggere); **~ électrique** friggitrice *f* (elettrica).
friture [frityr] *nf* (*huile*) olio per friggere; (*plat*): **~ (de poissons)** frittura di pesce; (*RADIO*) crepitio, ronzio; **~s** *nfpl* (*aliments frits*) frittura *fsg*, fritto *msg*.
frivole [frivɔl] *adj* frivolo(-a).
frivolité [frivɔlite] *nf* frivolezza.
froc [frɔk] *nm* (*REL*) tonaca, saio; (*fam*) pantaloni *mpl*, braghe *fpl*.
froid, e [frwa, frwad] *adj* freddo(-a) ♦ *nm* freddo; (*absence de sympathie*) freddezza; **il fait ~** fa freddo; **manger ~** mangiare cibi freddi; **avoir/prendre ~** aver/prendere freddo; **à ~** a freddo; **les grands ~s** il cuore dell'inverno; **jeter un ~** (*fig*) gelare l'atmosfera; **être en ~ avec qn** non essere in buoni rapporti con qn; **battre ~ à qn** trattare qn freddamente *ou* con freddezza.
froidement [frwadmɑ̃] *adv* freddamente.

froideur [fRwadœR] *nf* freddezza.
froisser [fRwase] *vt* sgualcire, spiegazzare; (*fig: personne*) offendere; **se froisser** *vr* sgualcirsi, spiegazzarsi; (*se vexer*) offendersi; **se ~ un muscle** stirarsi un muscolo.
frôlement [fRolmã] *nm* sfioramento.
frôler [fRole] *vt* sfiorare; (*fig: catastrophe, échec*) sfiorare, rasentare.
fromage [fRɔmaʒ] *nm* formaggio; ▸**fromage blanc** *tipo di ricotta cremosa*; ▸**fromage de tête** pasticcio di carne di maiale, soppressata.
fromager, -ère [fRɔmaʒe, ɛR] *nm/f* (*marchand*) formaggiaio(-a) ♦ *adj* caseario(-a).
fromagerie [fRɔmaʒRi] *nf* caseificio; (*boutique*) negozio di formaggi.
froment [fRɔmã] *nm* frumento, grano.
fronce [fRɔ̃s] *nf* (*de tissu*) increspatura, crespa.
froncement [fRɔ̃smã] *nm*: **~ de sourcils** aggrottare *m inv* le sopracciglia.
froncer [fRɔ̃se] *vt* (*tissu*) arricciare, increspare; **~ les sourcils** aggrottare le sopracciglia.
frondaisons [fRɔ̃dɛzɔ̃] *nfpl* fogliame *msg.*
fronde [fRɔ̃d] *nf* fionda; **esprit de ~** (*fig*) spirito di fronda.
frondeur, -euse [fRɔ̃dœR, øz] *adj* ribelle.
front [fRɔ̃] *nm* (*ANAT*) fronte *f*; (*MIL, MÉTÉO, fig*) fronte *m*; **aller au/être sur le ~** (*MIL*) andare/essere al fronte; **avoir le ~ de faire qch** avere la faccia tosta *ou* la sfacciataggine di fare qc; **de ~** frontalmente; (*rouler*) fianco a fianco; (*simultanément*) contemporaneamente; **faire ~ à** fronteggiare, far fronte a; ▸**front de mer** lungomare *m.*
frontal, e, -aux [fRɔ̃tal, o] *adj* frontale.
frontalier, -ière [fRɔ̃talje, jɛR] *adj* di frontiera *ou* confine ♦ *nm/f*: **(travailleurs) ~s** frontalieri *mpl.*
frontière [fRɔ̃tjɛR] *nf* frontiera, confine *m*; (*fig*) limite *m*, confine *m*; **poste/ville ~** posto/città di frontiera.
frontispice [fRɔ̃tispis] *nm* frontespizio.
fronton [fRɔ̃tɔ̃] *nm* frontone *m*; (*pour la pelote basque*) muro d'appoggio.
frottement [fRɔtmã] *nm* sfregamento; **~s** *nmpl* (*fig: difficultés*) difficoltà *fpl*, attriti *mpl.*
frotter [fRɔte] *vi* sfregare ♦ *vt* sfregare, strofinare; **se ~ à** (*fig*) avere a che fare con; **~ une allumette** sfregare un fiammifero; **se ~ les mains** (*fig*) fregarsi le mani.
frottis [fRɔti] *nm* (*MÉD*) striscio.
frottoir [fRɔtwaR] *nm striscetta di carta su cui si sfregano i fiammiferi.*
frousse [fRus] (*fam*) *nf* fifa; **avoir la ~** aver fifa *ou* la tremarella.
fructifier [fRyktifje] *vi* fruttare; (*arbre*) dare frutti, fruttificare.
fructueux, -euse [fRyktɥø, øz] *adj* fruttuoso(-a).
frugal, e, -aux [fRygal, o] *adj* frugale.
frugalement [fRygalmã] *adv* frugalmente.
frugalité [fRygalite] *nf* frugalità.
fruit [fRɥi] *nm* (*aussi fig*) frutto; **~s** *nmpl* (*de la terre, de la chasse*) frutti *mpl*; **un kilo de ~s** un chilo di frutta; ▸**fruits de mer** frutti di mare; ▸**fruits secs** frutta *fsg* secca.
fruité, e [fRɥite] *adj* (*vin*) fruttato(-a).
fruiterie [fRɥitRi] *nf* negozio di fruttivendolo.
fruitier, -ière [fRɥitje, jɛR] *adj*: **arbre ~** albero da frutto ♦ *nm/f* fruttivendolo(-a).
fruste [fRyst] *adj* rozzo(-a).
frustrant, e [fRystRã, ãt] *adj* frustrante.
frustration [fRystRasjɔ̃] *nf* frustrazione *f.*
frustré, e [fRystRe] *adj* frustrato(-a).
frustrer [fRystRe] *vt* frustrare; **~ qn de qch** defraudare qn di qc.
FS *abr* (*= franc suisse*) *voir* **franc.**
fuchsia [fyʃja] *nm* fucsia.
fuel(-oil) [fjul(ɔjl)] (*pl* **fuels-oils**) *nm* = **fioul.**
fugace [fygas] *adj* fuggevole, fugace.
fugitif, -ive [fyʒitif, iv] *adj* (*lueur, amour*) fuggevole, fugace; (*prisonnier etc*) fuggiasco(-a) ♦ *nm/f* fuggiasco(-a).
fugue [fyg] *nf* (*d'un enfant, MUS*) fuga.
fuir [fɥiR] *vt* (*bruit, foule*) sfuggire a, evitare; (*responsabilité*) sottrarsi a ♦ *vi* fuggire; (*gaz, eau*) fuoriuscire; (*robinet, tuyau*) perdere.
fuite [fɥit] *nf* fuga; (*écoulement*) perdita, fuoriuscita; **être/mettre en ~** essere/mettere in fuga; **prendre la ~** fuggire, darsi alla fuga.
fulgurant, e [fylgyRã, ãt] *adj* (*vitesse, progrès*) fulmineo(-a); (*intuition*) folgorante.
fulminant, e [fylminã, ãt] *adj* (*lettre*) minaccioso(-a); (*regard*) fulminante; **~ de colère** infuriato(-a), imbestialito(-a).
fulminer [fylmine] *vi*: **~ (contre)** tuonare (contro).
fumant, e [fymã, ãt] *adj* fumante; **un coup ~** (*fam*) un bel colpo.
fumé, e [fyme] *adj* (*CULIN*) affumicato(-a).
fume-cigarette [fymsigaRɛt] *nm inv* bocchino.
fumée [fyme] *nf* fumo; **partir en ~** (*fig*) andare in fumo.
fumer [fyme] *vi* fumare ♦ *vt* fumare; (*jambon, poisson*) affumicare; (*terre, champ*) concimare.
fumerie [fymRi] *nf*: **~ d'opium** fumeria d'oppio.
fumerolles [fymRɔl] *nfpl* fumarole *fpl.*
fûmes [fym] *vb voir* **être.**

fumet [fymɛ] *nm* profumo, odorino.
fumeur, -euse [fymœʀ, øz] *nm/f* fumatore(-trice); **compartiment (pour) ~s/non-~s** scompartimento (per) fumatori/non fumatori; ~ **passif** fumatore(-trice) passivo(-a).
fumeux, -euse [fymø, øz] (*péj*) *adj* confuso(-a), nebuloso(-a).
fumier [fymje] *nm* letame *m*.
fumigation [fymigasjɔ̃] *nf* inalazione *f*.
fumigène [fymiʒɛn] *adj* fumogeno(-a).
fumiste [fymist] *nm* (*ramoneur*) fumista *m* ♦ *nm/f* (*péj*: *paresseux*) fannullone(-a).
fumisterie [fymistəʀi] (*péj*) *nf* presa *f* in giro *inv*.
fumoir [fymwaʀ] *nm* fumoir *m inv*.
funambule [fynɑ̃byl] *nm/f* funambolo.
funèbre [fynɛbʀ] *adj* funebre; (*fig*) lugubre, funereo(-a).
funérailles [fyneʀɑj] *nfpl* funerale *msg*, funerali *mpl*.
funéraire [fyneʀɛʀ] *adj* funerario(-a).
funeste [fynɛst] *adj* funesto(-a).
funiculaire [fynikylɛʀ] *nm* funicolare *f*.
FUNU [fyny] *sigle f* (= *Force d'urgence des Nations unies*) U.N.E.F. *fpl*.
fur [fyʀ]: **au ~ et à mesure (que)** *adv* man mano (che), via via (che); **au ~ et à mesure de leur progression** a seconda della loro progressione.
furax [fyʀaks] (*fam*) *adj inv* furente.
furent [fyʀ] *vb voir* **être**.
furet [fyʀɛ] *nm* furetto.
fureter [fyʀ(ə)te] (*péj*) *vi* ficcare il naso.
fureur [fyʀœʀ] *nf* furore *m*, ira; (*crise de colère*) accesso di furore *ou* ira; **la ~ du jeu** la passione del gioco; **faire ~** far furore.
furibard, e [fyʀibaʀ, aʀd] (*fam*) *adj* furibondo(-a).
furibond, e [fyʀibɔ̃, ɔ̃d] *adj* furibondo(-a), furente.
furie [fyʀi] *nf* furia; **en ~** (*mer*) infuriato (-a).
furieusement [fyʀjøzmɑ̃] *adv* furiosamente.
furieux, -euse [fyʀjø, jøz] *adj* furioso(-a); **être ~ contre qn** essere infuriato(-a) con qn.
furoncle [fyʀɔ̃kl] *nm* foruncolo.
furtif, -ive [fyʀtif, iv] *adj* furtivo(-a).
furtivement [fyʀtivmɑ̃] *adv* furtivamente.
fus [fy] *vb voir* **être**.
fusain [fyzɛ̃] *nm* (*BOT*) fusaggine *f*; (*ART*) carboncino.
fuseau, x [fyzo] *nm* (*pantalon*) fuseaux *mpl* (*con la staffa*); (*pour filer*) fuso; **en ~** (*jambes, colonne*) affusolato(-a); ▸ **fuseau horaire** fuso orario.
fusée [fyze] *nf* razzo; ▸ **fusée éclairante** segnale *m* luminoso, razzo di segnalazione.
fuselage [fyz(ə)laʒ] *nm* fusoliera.
fuselé, e [fyz(ə)le] *adj* affusolato(-a).
fuser [fyze] *vi* (*rires*) scoppiare; (*questions*) piovere.
fusible [fyzibl] *nm* fusibile *m*.
fusil [fyzi] *nm* fucile *m*; ▸ **fusil à deux coups** doppietta; ▸ **fusil sous-marin** fucile subacqueo.
fusilier [fyzilje] *nm* fuciliere *m*; ▸ **fusilier marin** fuciliere di marina.
fusillade [fyzijad] *nf* fucilata; (*combat*) sparatoria.
fusiller [fyzije] *vt* fucilare; ~ **qn du regard** fulminare qn con lo sguardo.
fusil-mitrailleur [fyzimitʀɑjœʀ] (*pl* **~s-~s**) *nm* (*MIL*) fucile *m* mitragliatore.
fusion [fyzjɔ̃] *nf* fusione *f*; **(entrer) en ~** (entrare) in fusione.
fusionner [fyzjɔne] *vi* fondersi.
fustiger [fystiʒe] *vt* fustigare.
fut [fy] *vb voir* **être**.
fût [fy] *vb voir* **être** ♦ *nm* (*tonneau*) fusto, barile *m*; (*de canon*) affusto; (*d'arbre, de colonne*) fusto.
futaie [fytɛ] *nf* fustaia.
futé, e [fyte] *adj* astuto(-a), furbo(-a).
fûtes [fyt] *vb voir* **être**.
futile [fytil] *adj* futile; (*personne*) frivolo (-a).
futilement [fytilmɑ̃] *adv* futilmente.
futilité [fytilite] *nf* (*v adj*) futilità *f inv*; frivolezza.
futur, e [fytyʀ] *adj* futuro(-a) ♦ *nm* (*avenir, LING*) futuro; **au ~** (*LING*) al futuro; ▸ **futur antérieur** futuro anteriore.
futuriste [fytyʀist] *adj* futurista.
futurologie [fytyʀɔlɔʒi] *nf* futurologia.
fuyant, e [fɥijɑ̃, ɑ̃t] *vb voir* **fuir** ♦ *adj* sfuggente; (*lignes etc*) di fuga; **perspective ~e** (*ART*) prospettiva fuggente.
fuyard, e [fɥijaʀ, aʀd] *nm/f* fuggiasco(-a), fuggitivo(-a).
fuyons [fɥijɔ̃] *vb voir* **fuir**.

G, g

G, g [ʒe] *nm inv* (*lettre*) G, g *f ou m inv*; ~ **comme Gaston** ≈ G come Genova.
g *abr* (= *gramme*) g; (= *gauche*) sin.
gabardine [gabaʀdin] *nf* gabardine *m ou f inv*.

gabarit [gabaʀi] *nm* (*TECH*) sagoma; (*fig*: *dimension, taille*) dimensione *f*; (: *valeur*) calibro; **du même** ~ (*fig*: *genre*) dello stesso tipo.
gabegie [gabʒi] (*péj*) *nf* sperpero.
Gabon [gabɔ̃] *nm* Gabon *m*.
gabonais, e [gabɔnɛ, ɛz] *adj* gabonese ♦ *nm/f*: **G~, e** gabonese *m/f*.
gâcher [gɑʃe] *vt* (*gâter*: *travail, vacances, vie*) rovinare; (*gaspiller*) sprecare, sciupare; (*plâtre, mortier*) impastare.
gâchette [gaʃɛt] *nf* (*de fusil, pistolet*) grilletto.
gâchis [gɑʃi] *nm* (*désordre*) caos *m inv*; (*gaspillage*) spreco.
gadget [gadʒɛt] *nm* gadget *m inv*.
gadgétiser [gadʒetize] *vt* munire di gadget.
gadin [gadɛ̃] (*fam*) *nm*: **prendre un** ~ fare un capitombolo.
gadoue [gadu] *nf* (*boue*) fango.
gaélique [gaelik] *adj* gaelico(-a) ♦ *nm* (*LING*) gaelico.
gaffe [gaf] *nf* (*instrument*) gaffa, mezzomarinaro; (*fam*: *erreur*) gaffe *f inv*; **faire** ~ (*fam*) fare attenzione.
gaffer [gafe] *vi* fare una gaffe.
gaffeur, -euse [gafœʀ, øz] *nm/f* persona che fa molte gaffe, maldestro(-a).
gag [gag] *nm* trovata, gag *f inv*.
gaga [gaga] (*fam*) *adj* rimbambito(-a).
gage [gaʒ] *nm* (*aussi fig*) pegno; **~s** *nmpl* (*salaire*) salario; (*garantie*) garanzia; **mettre en** ~ impegnare; **laisser en** ~ lasciare in pegno.
gager [gaʒe] *vt*: ~ **que** scommettere che.
gageure [gaʒyʀ] *nf*: **c'est une** ~ è una sfida.
gagnant, e [gaɲɑ̃, ɑ̃t] *adj*: **billet/numéro** ~ biglietto/numero vincente ♦ *adv*: **jouer** ~ (*aux courses*) giocare sul vincente ♦ *nm/f* (*à la loterie etc*) vincitore(-trice).
gagne-pain [gɑɲpɛ̃] *nm inv* mezzo di sostentamento.
gagne-petit [gɑɲpəti] (*péj*) *nm inv* chi guadagna poco.
gagner [gaɲe] *vt* (*concours, procès, pari*) vincere; (*somme d'argent, revenu*) guadagnare; (*aller vers, envahir*) raggiungere; (*suj*: *maladie, feu*) propagarsi; (: *sommeil, faim, fatigue*) avere il soppravvento su ♦ *vi* vincere; ~ **qn/l'amitié de qn** conquistare qn/l'amicizia di qn; ~ **du temps/de la place** guadagnare tempo/spazio; ~ **sa vie** guadagnarsi da vivere; ~ **du terrain** (*aussi fig*) guadagnare terreno; ~ **qn de vitesse** (*aussi fig*) battere qn in velocità; ~ **à faire qch** (*s'en trouver bien*) guadagnarci a fare qc; ~ **en élégance/rapidité** guadagnare in eleganza/rapidità; **il y gagne** ci guadagna.
gagneur, -euse [gaɲœʀ, øz] *nm/f* vincitore(-trice).
gai, e [ge] *adj* allegro(-a); (*couleurs, pièce*) allegro(-a), vivace; (*un peu ivre*) allegro(-a), brillo(-a).
gaiement [gemɑ̃] *adv* allegramente.
gaieté [gete] *nf* allegria; **de** ~ **de cœur** a cuor leggero.
gaillard, e [gajaʀ, aʀd] *adj* gagliardo(-a), arzillo(-a); (*grivois*) salace ♦ *nm* pezzo d'uomo, fusto ♦ *nf* donna gagliarda e spregiudicata.
gaillardement [gajaʀdəmɑ̃] *adv* allegramente.
gain [gɛ̃] *nm* (*revenu*) reddito; (*bénéfice*) guadagno, profitto; (*au jeu*) vincita; (*fig*: *de temps, place*) risparmio; (*avantage, lucre*) guadagno; **avoir/obtenir** ~ **de cause** (*fig*) averla vinta.
gaine [gɛn] *nf* (*corset, fourreau*) guaina.
gaine-culotte [gɛnkylɔt] (*pl* **~s-~s**) *nf* mutandina elastica.
gainer [gene] *vt* inguainare.
gala [gala] *nm* gala *m inv*; **soirée de** ~ serata di gala.
galamment [galamɑ̃] *adv* galantemente.
galant, e [galɑ̃, ɑ̃t] *adj* galante; (*femme*) leggero(-a); **en ~e compagnie** in dolce compagnia.
galanterie [galɑ̃tʀi] *nf* galanteria.
galantine [galɑ̃tin] *nf* (*CULIN*) galantina.
galaxie [galaksi] *nf* galassia.
galbe [galb] *nm* linea, profilo.
galbé, e [galbe] *adj* sagomato(-a).
gale [gal] *nf* scabbia, rogna.
galéjade [galeʒad] *nf* fandonia, frottola.
galère [galɛʀ] *nf* galera.
galérer [galeʀe] (*fam*) *vi* sfacchinare.
galerie [galʀi] *nf* (*aussi THÉÂTRE*) galleria; (*de voiture*) portabagagli *m inv*; (*fig*: *spectateurs*) pubblico; ▸ **galerie de peinture** galleria di pittura; ▸ **galerie marchande** galleria con negozi.
galérien [galeʀjɛ̃] *nm* galeotto.
galet [galɛ] *nm* ciottolo; (*TECH*) rullo; **~s** *nmpl* (*petites pierres*) ciottoli *mpl*.
galette [galɛt] *nf* (*gâteau*) frittella; (*crêpe*) crêpe *f inv*; ▸ **galette des Rois** *dolce tipico della festa dell'Epifania*.
galeux, -euse [galø, øz] *adj*: **un chien** ~ un cane rognoso.
Galice [galis] *nf* Galizia (*in Spagna*).
Galicie [galisi] *nf* Galizia (*in Europa Centrale*).
galiléen, ne [galileɛ̃, ɛn] *adj* galileiano(-a).
galimatias [galimatja] (*péj*) *nm* discorso senza capo né coda.
galipette [galipɛt] *nf*: **faire des ~s** fare delle capriole.
Galles [gal] *nfpl*: **le pays de** ~ il Galles.
gallicisme [ga(l)lisism] *nm* francesismo,

gallicismo; (*dans une langue étrangère*) francesismo.

gallois, e [galwa, waz] *adj, nm/f* gallese *m/f* ♦ *nm* gallico.

gallo-romain, e [ga(l)lorɔmɛ̃, ɛn] (*pl* **~-~s, -es**) *adj* gallico-romano(-a).

galoche [galɔʃ] *nf* caloscia; (*chaussure*) *scarpa con suola di legno.*

galon [galɔ̃] *nm* (*MIL, décoratif*) gallone *m*; **prendre du ~** (*MIL*) salire di grado; (*fig*) ottenere una promozione.

galop [galo] *nm* galoppo; **au ~** al galoppo; ▸ **galop d'essai** (*fig*) esame *m* simulato.

galopade [galɔpad] *nf* (*fig*) galoppata.

galopant, e [galɔpɑ̃, ɑ̃t] *adj* galoppante.

galoper [galɔpe] *vi* galoppare.

galopin [galɔpɛ̃] (*péj*) *nm* monello.

galvaniser [galvanize] *vt* (*aussi fig*) galvanizzare.

galvaudé, e [galvode] *adj* svilito(-a).

galvauder [galvode] *vt* (*réputation*) compromettere; (*talents*) sprecare.

gambade [gɑ̃bad] *nf*: **faire des ~s** fare dei saltelli.

gambader [gɑ̃bade] *vi* saltellare.

gamberger [gɑ̃bɛʀʒe] (*fam*) *vi* pensare, riflettere ♦ *vt* architettare.

Gambie [gɑ̃bi] *nf* (*pays, fleuve*) Gambia *m.*

gamelle [gamɛl] *nf* gavetta; **ramasser une ~** (*fam*) fare un ruzzolone.

gamin, e [gamɛ̃, in] *nm/f* ragazzino(-a); (*enfant*) bambino(-a) ♦ *adj* birichino(-a).

gaminerie [gaminʀi] *nf* monelleria.

gamme [gam] *nf* (*MUS*) scala; (*fig*) gamma.

gammé, e [game] *adj*: **croix ~e** svastica.

gang [gɑ̃g] *nm* gang *f inv.*

Gange [gɑ̃ʒ] *nm*: **le ~** il Gange.

ganglion [gɑ̃glijɔ̃] *nm* (*MÉD, lymphatique*) ganglio; **avoir des ~s** avere dei gangli, avere un'infiammazione alle ghiandole.

gangrène [gɑ̃gʀɛn] *nf* (*MÉD, fig*) cancrena.

gangrener [gɑ̃gʀəne] *vt* (*MÉD*) cancrenare; (*fig*) incancrenire; **se gangrener** *vr* (*MÉD*) incancrenirsi.

gangreneux, -euse [gɑ̃gʀənø, øz] *adj* cancrenoso(-a).

gangster [gɑ̃gstɛʀ] *nm* gangster *m inv.*

gangstérisme [gɑ̃gsteʀism] *nm* gangsterismo.

gangue [gɑ̃g] *nf* ganga.

ganse [gɑ̃s] *nf* cordoncino, spighetta.

gant [gɑ̃] *nm* guanto; **prendre des ~s** (*fig*) essere cauto(-a); **relever le ~** (*fig*) raccogliere il guanto; ▸ **gants de boxe** guantoni *mpl*; ▸ **gants de caoutchouc** guanti di gomma; ▸ **gants de crin** guanti di crine; ▸ **gants de toilette** guanti di spugna.

ganté, e [gɑ̃te] *adj*: **~ de blanc** con i guanti bianchi.

ganterie [gɑ̃tʀi] *nf* guanteria.

garage [gaʀaʒ] *nm* (*abri*) garage *m inv*; (*entreprise*) autofficina; ▸ **garage à vélos** rimessa per le biciclette.

garagiste [gaʀaʒist] *nm/f* (*propriétaire*) garagista *m/f*; (*mécanicien*) garagista, meccanico.

garance [gaʀɑ̃s] *adj inv* garanza.

garant, e [gaʀɑ̃, ɑ̃t] *nm/f* (*JUR, POL*) garante *m/f* ♦ *nm* garanzia; **se porter ~ de qch** (*JUR, gén*) farsi garante di qc.

garantie [gaʀɑ̃ti] *nf* garanzia; **(bon de) ~** (tagliando di) garanzia; ▸ **garantie de bonne exécution** garanzia di buona esecuzione.

garantir [gaʀɑ̃tiʀ] *vt* garantire; **~ de qch** (*protéger*) garantire qc; **je vous garantis que ...** le garantisco che ...; **garanti 2 ans/pure laine** garantito 2 anni/pura lana.

garce [gaʀs] (*péj*) *nf* puttana; (*chameau*) carogna.

garçon [gaʀsɔ̃] *nm* ragazzo; (*fils*) figlio; (*célibataire*) scapolo; **petit ~** bambino; **jeune ~** ragazzo; ▸ **garçon boucher/d'écurie** garzone *m* del macellaio/di stalla; ▸ **garçon coiffeur** apprendista *m* parrucchiere; ▸ **garçon de bureau** fattorino; ▸ **garçon de café** cameriere *m*; ▸ **garçon de courses** fattorino; ▸ **garçon manqué** maschiaccio.

garçonnet [gaʀsɔnɛ] *nm* ragazzino.

garçonnière [gaʀsɔnjɛʀ] *nf* garçonnière *f inv.*

Garde [gard(ə)] *nf*: **lac de ~** lago di Garda.

garde [gaʀd(ə)] *nm* (*de prisonnier, soldat*) guardia; (*de domaine etc*) guardiano ♦ *nf* (*MIL, SPORT, TYPO etc*) guardia; **de ~** di turno, di guardia; **mettre en ~** mettere in guardia; **mise en ~** messa in guardia; **prendre ~ (à)** fare attenzione (a); **être sur ses ~s** stare in guardia; **monter la ~** montare la guardia; **avoir la ~ des enfants** (*après divorce*) avere la custodia dei bambini; ▸ **garde à vue** *nm* (*JUR*) fermo (di polizia); ▸ **garde champêtre** *nm* guardia campestre; ▸ **garde d'enfants** *nf* baby-sitter *f inv*; ▸ **garde d'honneur** *nf* guardia d'onore; ▸ **garde des Sceaux** *nm* guardasigilli *m inv*; ▸ **garde descendante/montante** *nf* guardia smontante/montante; ▸ **garde du corps** *nm* guardia del corpo; ▸ **garde forestier** *nm* guardia forestale; ▸ **garde mobile** *nm ou f* guardia mobile.

garde-à-vous [gaʀdavu] *nm inv*: **être/se mettre au ~-~-~** stare/mettersi sull'attenti; ~-~-~! attenti!

garde-barrière [gaʀdəbaʀjɛʀ] (*pl* **~s-~(s)**) *nm/f* casellante *m/f.*

garde-boue [gaʀdəbu] *nm inv* parafango.

garde-chasse [gaʀdəʃas] (*pl* **~s-~(s)**) *nm*

guardiacaccia *m inv.*
garde-côte [gaʀdəkot] (*pl* **~-~s**) *nm* guardacoste *m inv.*
garde-feu [gaʀdəfø] *nm inv* parafuoco.
garde-fou [gaʀdəfu] (*pl* **~-~s**) *nm* parapetto.
garde-malade [gaʀdəmalad] (*pl* **~s-~(s)**) *nm/f* infermiere(-a).
garde-manger [gaʀdmɑ̃ʒe] *nm inv* dispensa.
garde-meuble [gaʀdəmœbl] (*pl* **~-~(s)**) *nm* magazzino (per mobili).
garde-pêche [gaʀdəpɛʃ] *nm inv* (*personne*) guardapesca *m inv*; (*navire*) battello *m* guardapesca *inv.*
garder [gaʀde] *vt* (*conserver*) conservare; (: *sur soi*: *vêtement, chapeau*) tenere; (: *attitude*) mantenere, tenere; (*surveiller*: *enfants, prisonnier*) sorvegliare; (: *immeuble, lieu*) custodire; **se garder** *vr* (*aliment*: *se conserver*) conservarsi; ~ **le lit/la chambre** restare *ou* rimanere a letto/in camera; ~ **la ligne** mantenere la linea; ~ **le silence** osservare il silenzio; ~ **à vue** (*JUR*) sorvegliare a vista; **se** ~ **de faire qch** guardarsi dal fare qc; **pêche/chasse gardée** riserva di pesca/di caccia.
garderie [gaʀdəʀi] *nf* asilo *m* nido *inv.*
garde-robe [gaʀdəʀɔb] (*pl* **~-~s**) *nf* guardaroba *m inv.*
gardeur, -euse [gaʀdœʀ, øz] *nm/f* guardiano(-a).
gardian [gaʀdjɑ̃] *nm* buttero (*nella Camargue*).
gardien, ne [gaʀdjɛ̃, jɛn] *nm/f* (*garde*) custode *m/f*, guardiano(-a); (*de prison*) guardia, agente *m* di custodia; (*de domaine, réserve, musée*) custode *m/f*; (*de phare, cimetière, fig*: *garant*) guardiano (-a); (*d'immeuble*) portiere(-a); ▶ **gardien de but** portiere *m*; ▶ **gardien de la paix** vigile *m*; ▶ **gardien de nuit** guardia notturna.
gardiennage [gaʀdjenaʒ] *nm* vigilanza.
gardon [gaʀdɔ̃] *nm* (*ZOOL*) lasca.
gare [gaʀ] *nf* (*RAIL*) stazione *f* ♦ *excl*: ~ **à** ... attenzione a ...; ~ **à ne pas** ... attenzione a non ...; ~ **à toi** guai a te; **sans crier** ~ senza avvisare; ▶ **gare de triage** stazione di smistamento; ▶ **gare maritime** stazione marittima; ▶ **gare routière** stazione di autolinee; (*camions*) stazione di camion.
garenne [gaʀɛn] *nf voir* **lapin**.
garer [gaʀe] *vt* posteggiare, parcheggiare; **se garer** *vr* (*véhicule, personne*) posteggiare, parcheggiare; (*pour laisser passer*) scansarsi.
gargantuesque [gaʀgɑ̃tɥɛsk] *adj* pantagruelico(-a).
gargariser [gaʀgaʀize]: **se** ~ *vr* fare gargarismi; **se** ~ **de** (*fig*) riempirsi la bocca di.
gargarisme [gaʀgaʀism] *nm* gargarismo; (*produit*) collutorio.
gargote [gaʀgɔt] *nf* bettola.
gargouille [gaʀguj] *nf* garguglia.
gargouillement [gaʀgujmɑ̃] *nm* = **gargouillis**.
gargouiller [gaʀguje] *vi* (*estomac*) brontolare; (*eau*) gorgogliare.
gargouillis [gaʀguji] *nm* (*gén pl*: *v vi*) brontolio; gorgoglio.
garnement [gaʀnəmɑ̃] *nm* discolo, monellaccio.
garni, e [gaʀni] *adj* (*plat*) con contorno ♦ *nm* appartamento ammobiliato.
garnir [gaʀniʀ] *vt* decorare; (*approvisionner, remplir*) riempire; (*renforcer, CULIN*) guarnire; **se garnir** *vr* (*pièce, salle*) riempirsi.
garnison [gaʀnizɔ̃] *nf* guarnigione *f*, presidio.
garniture [gaʀnityʀ] *nf* (*CULIN*: *légumes*) contorno; (: *persil etc*) decorazione *f*; (: *farce*) ripieno; (*décoration*) ornamento; (*protection*) guarnizione *f*; ▶ **garniture de cheminée** ornamenti *mpl* per caminetto; ▶ **garniture de frein** (*AUTO*) guarnizione di freno; ▶ **garniture périodique** assorbente *m* igienico.
garrigue [gaʀig] *nf* gariga.
garrot [gaʀo] *nm* (*MÉD*) laccio emostatico; (*torture*) garrotta.
garrotter [gaʀɔte] *vt* (*fig*) imbavagliare.
gars [gɑ] *nm* (*garçon*) ragazzo; (*homme*) tipo.
Gascogne [gaskɔɲ] *nf* Guascogna.
gascon, ne [gaskɔ̃, ɔn] *adj* guascone ♦ *nm* (*hâbleur*) guascone *m*, fanfarone *m* ♦ *nm/f*: **G~, ne** guascone(-a).
gas-oil [gazwal] *nm* gasolio.
gaspillage [gaspijaʒ] *nm* spreco.
gaspiller [gaspije] *vt* sprecare, sperperare.
gaspilleur, -euse [gaspijœʀ, øz] *adj* sprecone(-a), spendaccione(-a).
gastrique [gastʀik] *adj* gastrico(-a).
gastro-entérite [gastʀoɑ̃teʀit] (*pl* **~-~s**) *nf* gastroenterite *f*.
gastro-intestinal, e, -aux [gastʀoɛ̃tɛstinal, o] (*pl* **gastro-intestinaux, -les**) *adj* gastrointestinale.
gastronome [gastʀɔnɔm] *nm/f* buongustaio(-a).
gastronomie [gastʀɔnɔmi] *nf* gastronomia.
gastronomique [gastʀɔnɔmik] *adj*: **menu** ~ menu *m inv* gastronomico.
gâteau, x [gɑto] *nm* dolce *m*, torta ♦ *adj inv* (*fam*): **papa/maman** ~ papà/mamma che stravede per i figli; ▶ **gâteau d'anniversaire** torta di compleanno; ▶ **gâteau de riz** dolce *m* di riso;

▶ **gâteau sec** biscotto.
gâter [gɑte] *vt* viziare; (*plaisir, vacances*) rovinare; **se gâter** *vr* (*dent, fruit, temps*) guastarsi; (*situation*) mettersi male.
gâterie [gɑtʀi] *nf* regalino.
gâteux, -euse [gɑtø, øz] *adj* rimbambito (-a), rincretinito(-a).
gâtisme [gɑtism] *nm* rimbambimento.
GATT [gat] *sigle m* (= *General Agreement on Tariffs and Trade*) GATT *m*.
gauche [goʃ] *adj* sinistro(-a); (*personne, style*: *maladroit*) goffo(-a) ♦ *nm* (*BOXE*): **direct du** ~ diretto sinistro ♦ *nf* (*POL*) sinistra; **à** ~ a sinistra; **à/à la** ~ **de** a/alla sinistra di; **de** ~ (*POL*) di sinistra.
gauchement [goʃmɑ̃] *adv* goffamente.
gaucher, -ère [goʃe, ɛʀ] *adj, nm/f* mancino(-a).
gaucherie [goʃʀi] *nf* goffaggine *f*.
gauchir [goʃiʀ] *vt* (*aussi fig*) deformare.
gauchisant, e [goʃizɑ̃, ɑ̃t] *adj* sinistroide.
gauchisme [goʃism] *nm* (*POL*) estremismo di sinistra.
gauchiste [goʃist] *adj* sinistroide ♦ *nm/f* estremista *m/f* di sinistra.
gaufre [gofʀ] *nf* (*pâtisserie*) cialda; (*de cire*) favo.
gaufrer [gofʀe] *vt* goffrare.
gaufrette [gofʀɛt] *nf* wafer *m inv*.
gaufrier [gofʀije] *nm* stampo per cuocere le cialde.
Gaule [gol] *nf* Gallia.
gaule [gol] *nf* (*perche*) pertica; (*canne à pêche*) canna da pesca.
gauler [gole] *vt* (*arbre, fruits*) bacchiare.
gaullisme [golism] *nm* gollismo.
gaulliste [golist] *adj, nm/f* gollista *m/f*.
gaulois, e [golwa, waz] *adj* gallico(-a); (*grivois*) salace ♦ *nm/f*: **G**~, **e** Gallico(-a).
gauloiserie [golwazʀi] *nf* racconto piccante.
gausser [gose]: **se** ~ **de** *vr* prendere in giro, farsi beffe di.
gaver [gave] *vt* ingozzare; ~ **de** (*fig*) imbottire di; **se** ~ **de** (*personne*) rimpinzarsi di.
gaz [gɑz] *nm inv* gas *m inv* ♦ *nmpl* (*flatulences*) gas *m inv*, flatulenza; **mettre les** ~ (*AUTO*) dare gas; **chambre à** ~ camera a gas; **masque à** ~ maschera *f* antigas *inv*; ▶ **gaz butane** gas butano; ▶ **gaz carbonique** anidride *f* carbonica; ▶ **gaz de ville** gas di città; ▶ **gaz en bouteilles** gas in bombole; ▶ **gaz hilarant/lacrymogène** gas esilarante/lacrimogeno; ▶ **gaz naturel/propane** gas naturale/propano.
gaze [gɑz] *nf* garza.
gazéifié, e [gazeifje] *adj*: **eau/boisson** ~**e** acqua/bibita gassata.
gazelle [gazɛl] *nf* gazzella.
gazer [gɑze] *vt* gassare ♦ *vi* (*fam*) andare bene.
gazette [gazɛt] *nf* gazzetta.
gazeux, -euse [gɑzø, øz] *adj* gassoso(-a); **eau/boisson gazeuse** acqua/bibita gassata.
gazoduc [gɑzodyk] *nm* gasdotto.
gazole [gazɔl] *nm* = **gas-oil**.
gazomètre [gɑzɔmɛtʀ] *nm* gasometro.
gazon [gɑzɔ̃] *nm* (*herbe*) erba; (*pelouse*) prato all'inglese; **motte de** ~ zolla d'erba.
gazonner [gɑzɔne] *vt* (*terrain*) ricoprirsi d'erba.
gazouillement [gazujmɑ̃] *nm* (*v vi*) cinguettio; balbettio.
gazouiller [gazuje] *vi* (*oiseau*) cinguettare; (*enfant*) balbettare.
gazouillis [gazuji] *nmpl* (*v vi*) cinguettio *msg*; (*d'un enfant*) balbettio *msg*.
GDF [ʒedeɛf] *sigle m* = *Gaz de France*.
geai [ʒɛ] *nm* (*ZOOL*) ghiandaia.
géant, e [ʒeɑ̃, ɑ̃t] *adj* gigante, gigantesco(-a) ♦ *nm/f* gigante *m*.
geignement [ʒɛɲmɑ̃] *nm* gemito.
geindre [ʒɛ̃dʀ] *vi* gemere.
gel [ʒɛl] *nm* gelo; (*fig*: *des salaires, prix*) congelamento, blocco; (*produit de beauté*) gel *m inv*.
gélatine [ʒelatin] *nf* gelatina.
gélatineux, -euse [ʒelatinø, øz] *adj* gelatinoso(-a).
gelé, e [ʒ(ə)le] *adj* (*liquide, lac*) ghiacciato(-a); (*personne, doigt, fig*: *prix, crédit*) congelato(-a).
gelée [ʒ(ə)le] *nf* gelatina; (*MÉTÉO*) gelata, gelo; **viande en** ~ carne *f* in gelatina; ▶ **gelée blanche** brina; ▶ **gelée royale** pappa reale.
geler [ʒ(ə)le] *vt* ghiacciare; (*fig*: *prix, salaires, négociations*) congelare ♦ *vi* (*sol, eau*) ghiacciare; (*personne*) congelare; **il gèle** gela.
gélule [ʒelyl] *nf* pillola, capsula.
gelures [ʒəlyʀ] *nfpl* geloni *mpl*.
Gémeaux [ʒemo] *nmpl* (*ASTROL*) Gemelli; **être (des)** ~ essere dei Gemelli.
gémir [ʒemiʀ] *vi* gemere.
gémissant, e [ʒemisɑ̃, ɑ̃t] *adj* gemente.
gémissement [ʒemismɑ̃] *nm* gemito.
gemme [ʒɛm] *nf* gemma; *voir aussi* **sel**.
gémonies [ʒemɔni] *nfpl*: **vouer qn aux** ~ mettere qn alla gogna.
gén. *abr* (= *généralement*) gen.
gênant, e [ʒɛnɑ̃, ɑ̃t] *adj* (*meuble, objet*) ingombrante; (*fig*: *histoire, personne*) imbarazzante.
gencive [ʒɑ̃siv] *nf* gengiva.
gendarme [ʒɑ̃daʀm] *nm* ≈ carabiniere *m*.
gendarmer [ʒɑ̃daʀme]: **se** ~ *vr* (*se mettre en colère*) arrabbiarsi; (*protester*) reagire

con decisione.
gendarmerie [ʒɑ̃daʀməʀi] *nf* (*corps*) ≈ corpo dei carabinieri; (*caserne, bureaux*) ≈ caserma dei carabinieri.
gendre [ʒɑ̃dʀ] *nm* genero.
gêne [ʒɛn] *nf* (*physique*) malessere *m*; (*dérangement*) disturbo; (*manque d'argent*) ristrettezze *fpl*; (*embarras, confusion*) imbarazzo, disagio; **sans** ~ sfrontato(-a).
gène [ʒɛn] *nm* gene *m*; ▶ **gène dominant/récessif** gene dominante/regressivo.
gêné, e [ʒene] *adj* imbarazzato(-a), confuso(-a); (*dépourvu d'argent*) in difficoltà (economiche); **tu n'es pas** ~! che faccia tosta!
généalogie [ʒenealɔʒi] *nf* genealogia.
généalogique [ʒenealɔʒik] *adj* genealogico(-a).
gêner [ʒene] *vt* (*incommoder*) disturbare, dar fastidio; (*encombrer*) intralciare; (*déranger*) dar fastidio; (*embarrasser*) mettere a disagio, mettere in imbarazzo; **se gêner** *vr* farsi scrupolo; **je vais me** ~! (*iron*) non mi farò certo dei problemi!; **ne vous gênez pas!** (*iron*) non fate complimenti!
général, e, -aux [ʒeneʀal, o] *adj* generale ♦ *nm* (*MIL*) generale *m*; **en** ~ in genere, in generale; **à la satisfaction** ~**e** con soddisfazione generale; **à la demande** ~**e** a generale richiesta; **assemblée/grève** ~**e** assemblea/sciopero generale; **culture/médecine** ~**e** cultura/medicina generale; **répétition** ~**e** prova generale.
généralement [ʒeneʀalmɑ̃] *adv* generalmente; ~ **parlant** generalmente parlando.
généralisable [ʒeneʀalizabl] *adj* generalizzabile.
généralisation [ʒeneʀalizasjɔ̃] *nf* generalizzazione *f*.
généralisé, e [ʒeneʀalize] *adj* diffuso(-a).
généraliser [ʒeneʀalize] *vt* generalizzare, diffondere ♦ *vi* generalizzarsi; **se généraliser** *vr* diffondersi.
généraliste [ʒeneʀalist] *nm* (*MÉD*) (medico) generico.
généralité [ʒeneʀalite] *nf*: **la** ~ **des ...** la maggioranza dei ...; ~**s** *nfpl* (*banalités*) generalità *fpl*; (*introduction*) introduzione *fsg*; **dans la** ~ **des cas** nella maggioranza dei casi.
générateur, -trice [ʒeneʀatœʀ, tʀis] *adj* generatore(-trice).
génération [ʒeneʀasjɔ̃] *nf* generazione *f*.
génératrice [ʒeneʀatʀis] *nf* (*ÉLEC*) generatore *m*.
généreusement [ʒeneʀøzmɑ̃] *adv* generosamente.
généreux, -euse [ʒeneʀø, øz] *adj* generoso(-a).
générique [ʒeneʀik] *adj* generico(-a) ♦ *nm* (*CINÉ, TV*) titoli *mpl* di testa.
générosité [ʒeneʀozite] *nf* generosità.
Gênes [ʒɛn] *n* Genova.
genèse [ʒənɛz] *nf* genesi *f inv*.
genêt [ʒ(ə)nɛ] *nm* (*BOT*) ginestra.
généticien, ne [ʒenetisjɛ̃, jɛn] *nm/f* genetista *m/f*.
génétique [ʒenetik] *adj* genetico(-a) ♦ *nf* genetica.
génétiquement [ʒenetikmɑ̃] *adv* geneticamente.
gêneur, -euse [ʒɛnœʀ, øz] *nm/f* seccatore(-trice).
Genève [ʒ(ə)nɛv] *n* Ginevra.
genevois, e [ʒən(ə)vwa, waz] *adj, nm/f* ginevrino(-a).
genévrier [ʒənevʀije] *nm* ginepraio.
génial, e, -aux [ʒenjal, jo] *adj* geniale.
génie [ʒeni] *nm* (*personne, don, MIL*) genio; **de** ~ (*homme, idée etc*) geniale; **bon/mauvais** ~ genio buono/cattivo; **avoir du** ~ essere geniale; ▶ **génie civil** genio civile.
genièvre [ʒənjɛvʀ] *nm* ginepro; **grain de** ~ seme *m* di ginepro.
génisse [ʒenis] *nf* giovenca; **foie de** ~ fegato di manza.
génital, e, -aux [ʒenital, o] *adj* genitale.
génitif [ʒenitif] *nm* genitivo.
génocide [ʒenɔsid] *nm* genocidio.
génois, e [ʒenwa, waz] *adj* genovese ♦ *nm/f*: **G~, e** genovese *m/f* ♦ *nf* (*gâteau*) pan *m inv* di Spagna.
genou, x [ʒ(ə)nu] *nm* ginocchio; **à** ~**x** in ginocchio; **se mettre à** ~**x** mettersi in ginocchio; **prendre qn sur ses** ~**x** prendere qn sulle ginocchia.
genouillère [ʒ(ə)nujɛʀ] *nf* (*SPORT*) ginocchiera.
genre [ʒɑ̃ʀ] *nm* genere *m*; **se donner un** ~ atteggiarsi; **avoir bon** ~ presentarsi bene; **avoir mauvais** ~ avere un aspetto poco raccomandabile.
gens [ʒɑ̃] (*pl f in alcune locuzioni*) *nmpl* gente *fsg*; **de braves** ~ brava gente; **les** ~ **d'Église/du monde** la gente di chiesa/di mondo; **jeunes/vieilles** ~ giovani *mpl*/vecchi *mpl*; ▶ **gens de maison** domestici *mpl*.
gentiane [ʒɑ̃sjan] *nf* genziana.
gentil, le [ʒɑ̃ti, ij] *adj* gentile; (*enfant: sage*) bravo(-a), buono(-a); (*sympathique: endroit etc*) carino(-a); **c'est très** ~ **à vous** è molto gentile da parte sua.
gentilhommière [ʒɑ̃tijɔmjɛʀ] *nf* castelletto.
gentillesse [ʒɑ̃tijɛs] *nf* gentilezza, cortesia.
gentillet, te [ʒɑ̃tijɛ, ɛt] *adj* carino(-a).
gentiment [ʒɑ̃timɑ̃] *adv* gentilmente, cor-

tesemente.

génuflexion [ʒenyflɛksjɔ̃] *nf* genuflessione *f*.

géodésique [ʒeɔdezik] *adj* geodetico(-a).

géographe [ʒeɔgʀaf] *nm/f* geografo(-a).

géographie [ʒeɔgʀafi] *nf* geografia.

géographique [ʒeɔgʀafik] *adj* geografico (-a).

geôlier [ʒolje] *nm* carceriere *m*.

géologie [ʒeɔlɔʒi] *nf* geologia.

géologique [ʒeɔlɔʒik] *adj* geologico(-a).

géologiquement [ʒeɔlɔʒikmɑ̃] *adv* geologicamente.

géologue [ʒeɔlɔg] *nm/f* geologo(-a).

géomètre [ʒeɔmɛtʀ] *nm/f*: **(arpenteur-)~** geometra *m/f*.

géométrie [ʒeɔmetʀi] *nf* geometria; **à ~ variable** (*AVIAT*) a geometria variabile.

géométrique [ʒeɔmetʀik] *adj* geometrico(-a).

géomorphologie [ʒeomɔʀfɔlɔʒi] *nf* geomorfologia.

géophysique [ʒeofizik] *nf* geofisica.

géopolitique [ʒeopɔlitik] *nf* geopolitica.

Géorgie [ʒeɔʀʒi] *nf* Georgia; ▶ **Géorgie du Sud** Georgia del sud.

géorgien, ne [ʒeɔʀʒjɛ̃, jɛn] *adj* georgiano(-a) ♦ *nm/f*: **G~, ne** georgiano (-a).

géostationnaire [ʒeostasjɔnɛʀ] *adj* geostazionario(-a).

géothermique [ʒeotɛʀmik] *adj*: **énergie ~** energia geotermica.

gérance [ʒeʀɑ̃s] *nf* gestione *f*; **mettre/ prendre en ~** dare/prendere in gestione.

géranium [ʒeʀanjɔm] *nm* geranio.

gérant, e [ʒeʀɑ̃, ɑ̃t] *nm/f* gestore(-trice); ▶ **gérant d'immeuble** amministratore (-trice).

gerbe [ʒɛʀb] *nf* (*de fleurs*) mazzo; (*de blé*) covone *m*; (*d'eau*) zampillo; (*fig*) fascio.

gercé, e [ʒɛʀse] *adj* screpolato(-a).

gercer [ʒɛʀse] *vi* screpolare; **se gercer** *vr* screpolarsi.

gerçure [ʒɛʀsyʀ] *nf* screpolatura.

gérer [ʒeʀe] *vt* gestire.

gériatrie [ʒeʀjatʀi] *nf* geriatria.

gériatrique [ʒeʀjatʀik] *adj* geriatrico(-a).

germain, e [ʒɛʀmɛ̃, ɛn] *adj voir* **cousin**.

germanique [ʒɛʀmanik] *adj* germanico(-a).

germaniste [ʒɛʀmanist] *nm/f* germanista *m/f*.

germe [ʒɛʀm] *nm* (*de blé, soja etc*) germoglio; (*microbe, fig*) germe *m*.

germer [ʒɛʀme] *vi* germinare.

gérondif [ʒeʀɔ̃dif] *nm* gerundio.

gérontologie [ʒeʀɔ̃tɔlɔʒi] *nf* gerontologia.

gérontologue [ʒeʀɔ̃tɔlɔg] *nm/f* gerontologo(-a).

gésier [ʒezje] *nm* ventriglio.

gésir [ʒeziʀ] *vi* giacere; *voir aussi* **ci-gît**.

gestation [ʒɛstasjɔ̃] *nf* (*aussi fig*) gestazione *f*.

geste [ʒɛst] *nm* (*aussi fig*) gesto; **un ~ de générosité** un gesto di generosità; **s'exprimer par ~s** esprimersi a gesti; **faire un ~ de refus** fare un gesto di diniego; **il fit un ~ de la main pour m'appeler** fece un cenno con la mano per chiamarmi; **pas un ~!** nessuno si muova!

gesticuler [ʒɛstikyle] *vi* gesticolare.

gestion [ʒɛstjɔ̃] *nf* gestione *f*; ▶ **gestion de fichier(s)** (*INFORM*) gestione di file.

gestionnaire [ʒɛstjɔnɛʀ] *nm/f* gestore (-trice).

geyser [ʒɛzɛʀ] *nm* geyser *m inv*.

Ghana [gana] *nm* Ghana *m*.

ghanéen, ne [ganeɛ̃, ɛn] *adj* ganaense ♦ *nm/f*: **G~, ne** ganaense *m/f*.

ghetto [geto] *nm* ghetto.

gibecière [ʒib(ə)sjɛʀ] *nf* carniere *m*.

gibelotte [ʒiblɔt] *nf* (*CULIN*) *fricassea di selvaggina al vino bianco*.

gibet [ʒibɛ] *nm* forca.

gibier [ʒibje] *nm* selvaggina; (*fig*) preda.

giboulée [ʒibule] *nf* acquazzone *m*.

giboyeux, -euse [ʒibwajø, øz] *adj* ricco(-a) di selvaggina.

Gibraltar [ʒibʀaltaʀ] *nm* Gibilterra.

gibus [ʒibys] *nm* (*chapeau*) gibus *m inv*.

giclée [ʒikle] *nf* schizzo.

gicler [ʒikle] *vi* schizzare.

gicleur [ʒiklœʀ] *nm* (*AUTO*) iniettore *m*.

GIE [ʒeiə] *sigle m* (= *groupement d'intérêt économique*) *voir* **groupement**.

gifle [ʒifl] *nf* schiaffo, sberla; (*fig*: *affront*) schiaffo (morale).

gifler [ʒifle] *vt* schiaffeggiare, prendere a schiaffi.

gigantesque [ʒigɑ̃tɛsk] *adj* (*aussi fig*) gigantesco(-a).

gigantisme [ʒigɑ̃tism] *nm* gigantismo.

GIGN [ʒeiʒeɛn] *sigle m* (= *Groupe d'intervention de la gendarmerie nationale*) *corpo speciale della polizia*.

gigogne [ʒigɔɲ] *adj*: **lits ~s** letti *mpl* estraibili; **tables ~s** tavolini *mpl* estraibili; **poupées ~s** bambole *fpl* a incastro.

gigolo [ʒigɔlo] *nm* gigolo *m inv*.

gigot [ʒigo] *nm* (*de mouton*) cosciotto.

gigoter [ʒigɔte] *vi* dimenarsi, dibattersi.

gilet [ʒilɛ] *nm* (*de costume*) gilè *m inv*, panciotto; (*pull*) pullover *m inv*; (*sous-vêtement*) canottiera; ▶ **gilet de sauvetage** giubbotto di salvataggio; ▶ **gilet pare-balles** giubbotto antiproiettile.

gin [dʒin] *nm* gin *m inv*.

gingembre [ʒɛ̃ʒɑ̃bʀ] *nm* zenzero.

gingivite [ʒɛ̃ʒivit] *nf* gengivite *f*.

girafe [ʒiʀaf] *nf* giraffa.

giratoire [ʒiʀatwaʀ] *adj*: **sens ~** senso di rotazione.

girofle [ʒiʀɔfl] *nf*: **clou de ~** chiodo di garofano.
giroflée [ʒiʀɔfle] *nf* violaciocca.
girolle [ʒiʀɔl] *nf* canterello.
giron [ʒiʀɔ̃] *nm (aussi fig)* grembo.
Gironde [ʒiʀɔ̃d] *nf* Gironda.
girouette [ʒiʀwɛt] *nf (aussi fig)* banderuola.
gisait *etc* [ʒizɛ] *vb voir* **gésir**.
gisement [ʒizmɑ̃] *nm* giacimento.
gît [ʒi] *vb voir* **gésir**.
gitan, e [ʒitɑ̃, an] *nm/f* gitano(-a), zingaro(-a).
gîte [ʒit] *nm (maison)* alloggio; *(du lièvre)* tana; **~ rural** *fattoria che dà alloggio ai turisti durante l'estate.*
gîter [ʒite] *vi (NAUT)* sbandare.
givrage [ʒivʀaʒ] *nm* formazione *f* di brina.
givrant, e [ʒivʀɑ̃, ɑ̃t] *adj*: **brouillard ~** nebbia che gela.
givre [ʒivʀ] *nm* brina.
givré, e [ʒivʀe] *adj*: **citron ~** sorbetto di limone *(servito nella buccia)*; *(fam: un peu fou)* suonato(-a).
glabre [glɑbʀ] *adj* glabro(-a).
glaçage [glasaʒ] *nm* glassatura.
glace [glas] *nf* ghiaccio; *(crème glacée)* gelato; *(verre)* vetro; *(miroir)* specchio; *(de voiture)* finestrino; **~s** *nfpl (GÉO)* ghiacci *mpl*; **de ~** *(fig: accueil, visage)* glaciale; **rester de ~** rimanere di ghiaccio; **rompre la ~** *(fig)* rompere il ghiaccio.
glacé, e [glase] *adj* ghiacciato(-a); *(main)* gelato(-a); *(fig: rire, accueil)* gelido(-a).
glacer [glase] *vt* ghiacciare, gelare; *(main, visage)* gelare; *(boisson)* ghiacciare; *(CULIN: gâteau)* glassare; *(papier, tissu)* lucidare; **~ qn** *(fig: intimider)* raggelare qn.
glaciaire [glasjɛʀ] *adj* glaciale.
glacial, e, aux [glasjal, o] *adj (aussi fig)* glaciale.
glacier [glasje] *nm (GÉO)* ghiacciaio; *(marchand)* gelataio; ▶ **glacier suspendu** ghiacciaio sospeso.
glacière [glasjɛʀ] *nf* ghiacciaia.
glaçon [glasɔ̃] *nm* pezzo di ghiaccio; *(pour boisson)* cubetto di ghiaccio.
gladiateur [gladjatœʀ] *nm* gladiatore *m.*
glaïeul [glajœl] *nm* gladiolo.
glaire [glɛʀ] *nm (MÉD)* catarro, muco.
glaise [glɛz] *nf* creta, argilla.
glaive [glɛv] *nm* spada.
gland [glɑ̃] *nm* ghianda; *(ANAT)* glande *m.*
glande [glɑ̃d] *nf* ghiandola.
glander [glɑ̃de] *(fam) vi* poltrire.
glaner [glane] *vi (AGR)* spigolare ♦ *vt (fig: prix, récompense)* spigolare.
glapir [glapiʀ] *vi (chien)* guaire; *(fig)* strillare.
glapissement [glapismɑ̃] *nm (v vi)* guaito; strillo.
glas [glɑ] *nm* rintocco a morto; **sonner le ~** suonare a morto.
glauque [glok] *adj* glauco(-a), verdeazzurro(-a); *(fig)* triste.
glissade [glisad] *nf (par jeu)* scivolata; *(chute)* scivolone *m*; **faire des ~s** fare degli scivoloni.
glissant, e [glisɑ̃, ɑ̃t] *adj* scivoloso(-a).
glisse [glis] *nf*: **sports de ~** *sport in cui si scivola, come il surf, lo sci etc.*
glissement [glismɑ̃] *nm* scorrimento; *(fig: de sens, tendance)* slittamento; ▶ **glissement de terrain** smottamento, frana.
glisser [glise] *vi* scivolare; *(terrain, planche)* essere scivoloso(-a) ♦ *vt (fig: mot, conseil)* sussurrare; **se glisser** *vr (erreur etc)* insinuarsi; **~ qch sous/dans** far scivolare qc sotto/in; **~ sur** *(fig: détail, fait)* sorvolare; **se ~ dans/entre** *(personne)* infilarsi in/tra.
glissière [glisjɛʀ] *nf* guida (di scorrimento), slitta; **à ~** *(porte, fenêtre)* scorrevole; **fermeture à ~** chiusura *f* lampo *inv*; ▶ **glissière de sécurité** guardrail *m inv.*
glissoire [gliswaʀ] *nf* scivolo di neve ghiacciata.
global, e, -aux [glɔbal, o] *adj* globale.
globalement [glɔbalmɑ̃] *adv* globalmente.
globe [glɔb] *nm* globo; **sous ~** sotto una campana di vetro; ▶ **globe oculaire** globo oculare; ▶ **globe terrestre** globo terrestre.
globe-trotter [glɔbtʀɔtœʀ] *(pl* **~-~s**) *nm* globe-trotter *m inv.*
globulaire [glɔbylɛʀ] *adj*: **numération ~** conteggio dei globuli.
globule [glɔbyl] *nm*: **~ blanc/rouge** globulo bianco/rosso.
globuleux, -euse [glɔbylø, øz] *adj*: **yeux ~** occhi *mpl* sporgenti.
gloire [glwaʀ] *nf* gloria.
glorieux, -euse [glɔʀjø, jøz] *adj* glorioso(-a).
glorifier [glɔʀifje] *vt* glorificare; **se glorifier de** *vr* gloriarsi di.
gloriole [glɔʀjɔl] *nf* vanagloria.
glose [gloz] *nf* chiosa, glossa.
glossaire [glɔsɛʀ] *nm* glossario.
glotte [glɔt] *nf (ANAT)* glottide *f.*
glouglouter [gluglute] *vi* fare glu glu.
gloussement [glusmɑ̃] *nm* chiocciare *m*; **un ~ de plaisir** un risolino di piacere.
glousser [gluse] *vi* chiocciare; *(rire)* ridacchiare.
glouton, ne [glutɔ̃, ɔn] *adj* ingordo(-a).
gloutonnerie [glutɔnʀi] *nf* ingordigia.
glu [gly] *nf* vischio.
gluant, e [glyɑ̃, ɑ̃t] *adj* appiccicoso(-a).
glucide [glysid] *nm* glucide *m.*
glucose [glykoz] *nm* glucosio.
gluten [glytɛn] *nm* glutine *m.*

glycérine [gliseʀin] *nf* glicerina.
glycine [glisin] *nf* glicine *m*.
GMT [ʒeɛmte] *sigle a* (= *Greenwich Mean Time*) GMT *m*.
gnangnan [ɲɑ̃ɲɑ̃] (*fam*) *adj inv* piagnucoloso(-a), frignone(-a).
GNL [ʒeɛnɛl] *sigle m* (= *gaz naturel liquéfié*) G.N.L *m*.
gnôle [ɲol] (*fam*) *nf*: **un petit verre de** ~ un grappino.
gnome [gnom] *nm* gnomo.
gnon [ɲɔ̃] (*fam*) *nm* colpo, botta.
GO [ʒeo] *sigle fpl* (= *grandes ondes*) OL *fpl* ♦ *sigle m* (= *gentil organisateur*) *appellativo degli organizzatori nei villaggi del Club Mediterraneo*.
go [go]: **tout de** ~ *adv* direttamente, senza tante cerimonie.
goal [gol] *nm* (*football*) portiere *m*.
gobelet [gɔblɛ] *nm* (*en plastique*) bicchiere *m*; (*en métal*) calice *m*; (*à dés*) bussolotto.
gober [gɔbe] *vt* inghiottire; (*fig*: *croire facilement*) bere.
goberger [gɔbɛʀʒe]: **se** ~ *vr* godersela.
Gobi [gɔbi] *n*: **désert de** ~ deserto dei Gobi.
godasse [gɔdas] (*fam*) *nf* scarpa.
godet [gɔdɛ] *nm* bicchiere *m*; (*COUTURE*) godet *m inv*.
godiller [gɔdije] *vi* (*NAUT*) brattare; (*SKI*) fare lo scodinzolo.
goéland [gɔelɑ̃] *nm* gabbiano.
goélette [gɔelɛt] *nf* goletta.
goémon [gɔemɔ̃] *nm alghe tipo Fucacee*.
gogo [gɔgo] (*péj*) *nm* credulone *m*; **à** ~ in abbondanza.
goguenard, e [gɔg(ə)naʀ, aʀd] *adj* beffardo(-a).
goguette [gɔgɛt] *nf*: **en** ~ brillo(-a).
goinfre [gwɛ̃fʀ] *adj* ingordo(-a) ♦ *nm* ingordo.
goinfrer [gwɛ̃fʀe]: **se** ~ *vr* abbuffarsi; **se** ~ **de** ingozzarsi di.
goitre [gwatʀ] *nm* gozzo.
golf [gɔlf] *nm* golf *m inv*; ▶ **golf miniature** mini-golf *m inv*.
golfe [gɔlf] *nm* golfo; **le** ~ **d'Aden** il golfo di Aden; **le** ~ **de Gascogne** il golfo di Guascogna; **le** ~ **du Lion** il golfo del Leone; **le** ~ **Persique** il golfo Persico.
golfeur, -euse [gɔlfœʀ, øz] *nm/f* giocatore(-trice) di golf.
gominé, e [gɔmine] *adj* impomatato(-a).
gommage [gɔmaʒ] *nm* gommatura.
gomme [gɔm] *nf* gomma; **boule de** ~ palla di gomma; **pastille de** ~ gomma da masticare; **c'est un type à la** ~ quello lì non vale niente.
gommé, e [gɔme] *adj*: **papier** ~ carta gommata.
gommer [gɔme] *vt* (*effacer*) cancellare; (*enduire de gomme*) ingommare; (*détails etc*) attenuare.
gond [gɔ̃] *nm* cardine *m*; **sortir de ses** ~**s** (*fig*) uscire dai gangheri.
gondole [gɔ̃dɔl] *nf* gondola.
gondoler [gɔ̃dɔle] *vi* imbarcarsi, deformarsi; **se gondoler** *vr* imbarcarsi, deformarsi; (*fam*) ridere a crepapelle.
gondolier [gɔ̃dɔlje] *nm* gondoliere *m*.
gonflable [gɔ̃flabl] *adj* gonfiabile.
gonflage [gɔ̃flaʒ] *nm* gonfiatura.
gonflé, e [gɔ̃fle] *adj* gonfio(-a); **être** ~ (*fam*) avere una bella faccia tosta.
gonflement [gɔ̃fləmɑ̃] *nm* rigonfiamento, gonfiore *m*.
gonfler [gɔ̃fle] *vt* (*pneu, ballon, fig*: *importance*) gonfiare ♦ *vi* gonfiarsi; (*CULIN, pâte*) lievitare.
gonfleur [gɔ̃flœʀ] *nm* pompa.
gong [gɔ̃(g)] *nm* (*MUS, BOXE*) gong *m inv*.
gonzesse [gɔ̃zɛs] (*fam*) *nf* donna.
goret [gɔʀɛ] *nm* maialino.
gorge [gɔʀʒ] *nf* (*ANAT, GÉO*) gola; (*poitrine*) seno; (*rainure*) scanalatura; **avoir mal à la** ~ avere mal di gola; **avoir la** ~ **serrée** avere la gola serrata.
gorgé, e [gɔʀʒe] *adj*: ~ **de** intriso(-a) di; (*eau*) impregnato(-a) di.
gorgée [gɔʀʒe] *nf* sorso, sorsata; **boire à petites** ~**s** bere a piccoli sorsi; **boire à grandes** ~**s** bere a grandi sorsate.
gorille [gɔʀij] *nm* gorilla.
gosier [gozje] *nm* gola.
gosse [gɔs] (*fam*) *nm/f* marmocchio(-a).
gothique [gɔtik] *adj* gotico(-a); ▶ **gothique flamboyant** gotico flamboyant.
gouache [gwaʃ] *nf* guazzo, tempera.
gouaille [gwɑj] *nf* scherno.
gouaillerie [gwɑjʀi] *nf* scherno.
goudron [gudʀɔ̃] *nm* (*asphalte*) asfalto; (*du tabac*) catrame *m*.
goudronner [gudʀɔne] *vt* (*route etc*) asfaltare.
gouffre [gufʀ] *nm* baratro, voragine *f*; (*fig*) rovina.
goujat [guʒa] *nm* cafone *m*.
goujon [guʒɔ̃] *nm* (*ZOOL*) ghiozzo.
goulée [gule] *nf* boccone *m*; (*d'air*) boccata.
goulet [gulɛ] *nm* (*GÉO*) gola.
goulot [gulo] *nm* collo; **boire au** ~ bere a canna.
goulu, e [guly] *adj* ingordo(-a), avido(-a).
goulûment [gulymɑ̃] *adv* ingordamente, avidamente.
goupille [gupi(l)] *nf* copiglia.
goupiller [gupije] *vt* fissare con copiglia; (*assembler*) combinare; **se goupiller** *vr*: **ça s'est mal goupillé** la cosa non ha funzionato.
goupillon [gupijɔ̃] *nm* (*REL*) aspersorio;

(*brosse*) spazzola; **le** ~ (*fig*) la chiesa.
gourd, e [guʀ, guʀd] *adj* intirizzito(-a).
gourde [guʀd] *nf* (*récipient*) borraccia; (*fam*) testa di rapa.
gourdin [guʀdɛ̃] *nm* randello.
gourmand, e [guʀmɑ̃, ɑ̃d] *adj* goloso(-a).
gourmandise [guʀmɑ̃diz] *nf* golosità; (*bonbon*) leccornia, ghiottoneria.
gourmet [guʀmɛ] *nm* buongustaio(-a).
gourmette [guʀmɛt] *nf* braccialetto a catena piatta.
gourou [guʀu] *nm* guru *m inv*.
gousse [gus] *nf* (*de vanille etc*) baccello; ▸ **gousse d'ail** spicchio d'aglio.
gousset [gusɛ] *nm* taschino.
goût [gu] *nm* gusto, sapore *m*; ~**s** *nmpl*: **chacun ses** ~**s** i gusti sono gusti; **le (bon)** ~ il (buon) gusto; **de bon/mauvais** ~ di buon/cattivo gusto; **avoir du/manquer de** ~ avere/non avere gusto; **avoir bon/mauvais** ~ (*aliment*) avere un buon/cattivo sapore; (*personne*) avere buon/cattivo gusto; **avoir du** ~ **pour** avere buon gusto per; **prendre** ~ **à** prendere gusto a; **à mon** ~ a mio parere.
goûter [gute] *vt* (*essayer*) assaggiare; (*apprécier*) gustare; (*la liberté, l'amour*) godersi ♦ *vi* (*à 4 heures*) fare merenda ♦ *nm* (*à 4 heures*) merenda; ~ **à**, ~ **de** assaggiare; ▸ **goûter d'anniversaire** festicciola di compleanno; ▸ **goûter d'enfants** merenda dei bambini.
goutte [gut] *nf* goccia; (*MÉD*) gotta; ~**s** *nfpl* (*MÉD*) gocce *fpl*; **une** ~ **de whisky** un goccio di whisky; ~ **à** ~ (*verser, couler*) goccia a goccia.
goutte-à-goutte [gutagut] *nm inv* (*MÉD*) perfusione *f*; **alimenter au** ~-~-~ nutrire con la flebo.
gouttelette [gut(ə)lɛt] *nf* gocciolina.
goutter [gute] *vi* gocciolare, sgocciolare.
gouttière [gutjɛʀ] *nf* grondaia.
gouvernail [guvɛʀnaj] *nm* timone *m*.
gouvernant, e [guvɛʀnɑ̃, ɑ̃t] *adj* (*classe*) dirigente.
gouvernante [guvɛʀnɑ̃t] *nf* governante *f*.
gouverne [guvɛʀn] *nf*: **pour sa** ~ per sapersi regolare.
gouvernement [guvɛʀnəmɑ̃] *nm* governo; **membre du** ~ membro del governo.
gouvernemental, e, -aux [guvɛʀnəmɑ̃tal, o] *adj* governativo(-a); (*journal, parti*) di governo.
gouverner [guvɛʀne] *vt* governare; (*fig: acte, émotion*) dominare.
gouverneur [guvɛʀnœʀ] *nm* governatore *m*.
goyave [gɔjav] *nf* guaiava.
GPL [ʒepeɛl] *sigle m* (= *gaz de pétrole liquéfié*) G.P.L. *m*.
grabataire [gʀabatɛʀ] *adj* infermo(-a).
grâce [gʀɑs] *nf* (*REL, faveur, charme, JUR*) grazia; (*bienveillance*) onore *m*; ~**s** *nfpl* (*REL*) grazie *fpl*; **de bonne** ~ volentieri; **de mauvaise** ~ malvolentieri; **dans les bonnes** ~**s de qn** nelle grazie di qn; **faire** ~ **à qn de qch** risparmiare qc a qn; **rendre grâce(s) à** rendere grazie a; **demander** ~ chiedere grazia; **droit de/recours en** ~ (*JUR*) diritto di/domanda di grazia; ~ **à** grazie a.
gracier [gʀasje] *vt* (*JUR*) graziare.
gracieusement [gʀasjøzmɑ̃] *adv* (*aimablement*) gentilmente; (*gratuitement*) gratuitamente; (*avec grâce*) graziosamente.
gracieux, -euse [gʀasjø, jøz] *adj* grazioso(-a); (*mouvement, gestes*) aggraziato(-a); **à titre** ~ a titolo gratuito; **concours** ~ (*aide bénévole*) partecipazione *f* volontaria.
gracile [gʀasil] *adj* esile.
gradation [gʀadasjɔ̃] *nf* gradazione *f*.
grade [gʀad] *nm* (*MIL*) grado; (*UNIV*) titolo (universitario); **monter en** ~ salire di grado.
gradé, e [gʀade] *adj* (*MIL*) graduato(-a).
gradin [gʀadɛ̃] *nm* gradinata; ~**s** *nmpl* (*de stade*) gradinate *fpl*; **en** ~**s** a terrazza.
graduation [gʀadɥasjɔ̃] *nf* graduazione *f*.
gradué, e [gʀadɥe] *adj* graduato(-a); (*exercices*) graduale, graduato(-a).
graduel, le [gʀadɥɛl] *adj* graduale.
graduellement [gʀadɥɛlmɑ̃] *adv* gradualmente.
graduer [gʀadɥe] *vt* graduare.
graffiti [gʀafiti] *nmpl* scritte *fpl*, graffiti *mpl*.
grain [gʀɛ̃] *nm* (*de blé, d'orge etc*) chicco; (*d'un papier, tissu, de la peau*) grana; (*de chapelet*) grano; (*averse*) acquazzone *m*; **un** ~ **de** (*fig: petite quantité*) un pizzico di; **mettre son** ~ **de sel** (*fig*) immischiarsi, voler sempre dire la propria; ▸ **grain de beauté** neo; ▸ **grain de café** chicco di caffé; ▸ **grain de poivre** grano di pepe; ▸ **grain de poussière** granello di polvere; ▸ **grain de raisin** acino d'uva; ▸ **grain de sable** (*fig*) granello.
graine [gʀɛn] *nf* seme *m*; **mauvaise** ~ (*mauvais sujet*) erba cattiva (*fig*); **une** ~ **de voyou** un pezzo di delinquente.
graineterie [gʀɛntʀi] *nf* negozio di sementi.
grainetier, -ière [gʀɛntje, jɛʀ] *nm/f* commerciante *m/f* di sementi.
graissage [gʀɛsaʒ] *nm* lubrificazione *f*.
graisse [gʀɛs] *nf* grasso; (*lubrifiant*) lubrificante *m*.
graisser [gʀese] *vt* (*machine, auto*) lubrificare; (*tacher*) ungere.
graisseux, -euse [gʀɛsø, øz] *adj* unto(-a); (*ANAT*) adiposo(-a).
grammaire [gʀa(m)mɛʀ] *nf* grammatica.

grammatical, e, -aux [gRamatikal, o] *adj* grammaticale.
gramme [gRam] *nm* grammo.
grand, e [gRɑ̃, gRɑ̃d] *adj* grande; (*voyage, période*) lungo(-a); (*bruit*) forte ♦ *adv*: **~ ouvert** spalancato(-a); **voir ~** vedere le cose in grande; **de ~ matin** di primo mattino; **en ~** in grande; **un ~ homme/artiste** un grande uomo/artista; **avoir ~ besoin de** avere un gran bisogno di; **il est temps de** è (ormai) ora di; **son ~ frère** suo fratello maggiore; **il est assez ~ pour** è abbastanza grande per; **au ~ air** all'aperto; **au ~ jour** (*aussi fig*) alla luce del giorno; ▸ **grand blessé** ferito grave; ▸ **grands brûlés** grandi ustionati *mpl*; ▸ **grand écart** spaccata; ▸ **grand ensemble** complesso residenziale; ▸ **grand livre** (*COMM*) libro mastro; ▸ **grand magasin** grande magazzino; ▸ **grand malade** malato grave; ▸ **grand mutilé** mutilato grave; ▸ **grand public** grande pubblico; ▸ **grande personne** grande *m*, adulto; ▸ **grande surface** ipermercato; ▸ **grandes écoles** *istituti a livello universitario ad accesso selettivo*; ▸ **grandes lignes** (*RAIL*) linee *fpl* principali; ▸ **grandes vacances** vacanze *fpl* estive.
grand-angle [gRɑ̃tɑ̃gl] (*pl* **~s-~s**) *nm* grandangolo.
grand-angulaire [gRɑ̃tɑ̃gylɛR] (*pl* **~s-~s**) *nm* grandangolare *m*.
grand-chose [gRɑ̃ʃoz] *nm/f inv*: **ce n'est pas ~-~** non è un gran che.
Grande-Bretagne [gRɑ̃dbRətaɲ] *nf* Gran Bretagna.
grandement [gRɑ̃dmɑ̃] *adv* ampiamente; (*généreusement*) generosamente; **faire les choses ~** fare le cose in grande; **se tromper ~** sbagliarsi di grosso.
grandeur [gRɑ̃dœR] *nf* grandezza; **~ nature** (*portrait etc*) in grandezza naturale.
grand-guignolesque [gRɑ̃giɲɔlɛsk] (*pl* **~-~s**) *adj* granghignolesco(-a).
grandiloquent, e [gRɑ̃dilɔkɑ̃, ɑ̃t] *adj* magniloquente.
grandiose [gRɑ̃djoz] *adj* grandioso(-a).
grandir [gRɑ̃diR] *vi* (*enfant, arbre*) crescere; (*bruit, hostilité*) aumentare, crescere ♦ *vt* (*suj*: *vêtement, chaussure*) far sembrare più alto(-a); (*fig*) nobilitare.
grandissant, e [gRɑ̃disɑ̃, ɑ̃t] *adj* crescente.
grand-mère [gRɑ̃mɛR] (*pl* **~(s)-~s**) *nf* nonna.
grand-messe [gRɑ̃mɛs] (*pl* **~(s)-~**) *nf* messa cantata.
grand-oncle [gRɑ̃tɔ̃kl(ə)] (*pl* **~s-~s**) *nm* prozio.
grand-peine [gRɑ̃pɛn]: **à ~-~** *adv* a malapena.
grand-père [gRɑ̃pɛR] (*pl* **~s-~s**) *nm* nonno.
grand-route [gRɑ̃Rut] *nf* strada maestra.
grand-rue [gRɑ̃Ry] *nf* via principale.
grands-parents [gRɑ̃paRɑ̃] *nmpl* nonni *mpl*.
grand-tante [gRɑ̃tɑ̃t] (*pl* **~(s)-~s**) *nf* prozia.
grand-voile [gRɑ̃vwal] (*pl* **~(s)-~s**) *nf* randa.
grange [gRɑ̃ʒ] *nf* fienile *m*.
granit [gRanit] *nm* granito.
granite [gRanit] *nm* = **granit**.
granité [gRanite] *nm* granita.
granitique [gRanitik] *adj* granitico(-a).
granule [gRanyl] *nm* (*pilule*) granulo.
granulé [gRanyle] *nm* (*MÉD, gén*) granulo.
granuleux, -euse [gRanylø, øz] *adj* granuloso(-a).
graphe [gRaf] *nm* (*ÉCON, MATH*) grafo.
graphie [gRafi] *nf* grafia.
graphique [gRafik] *adj* grafico(-a) ♦ *nm* grafico.
graphisme [gRafism] *nm* (*art*) grafica; (*écriture*) grafia.
graphiste [gRafist] *nm/f* grafico(-a).
graphite [gRafit] *nm* grafite *f*.
graphologie [gRafɔlɔʒi] *nf* grafologia.
graphologique [gRafɔlɔʒik] *adj* grafologico(-a).
graphologue [gRafɔlɔg] *nm/f* grafologo(-a).
grappe [gRap] *nf* (*BOT, fig*) grappolo; ▸ **grappe de raisin** grappolo d'uva.
grappiller [gRapije] *vt* cogliere qua e là.
grappin [gRapɛ̃] *nm* rampino; **mettre le ~ sur** (*fig*) mettere le mani su.
gras, grasse [gRɑ, gRɑs] *adj* grasso(-a); (*TYPO*) grassetto ♦ *nm* (*CULIN*) grasso; **faire la ~se matinée** alzarsi tardi; **matière ~se** materia grassa.
gras-double [gRɑdubl] (*pl* **~-~s**) *nm* (*CULIN*) trippa.
grassement [gRɑsmɑ̃] *adv* (*grossièrement*: *rire*) sguaiatamente; **~ payé** (*généreusement*) lautamente pagato.
grassouillet, te [gRɑsujɛ, ɛt] *adj* grassottello(-a), grassoccio(-a).
gratifiant, e [gRatifjɑ̃, jɑ̃t] *adj* gratificante.
gratification [gRatifikasjɔ̃] *nf* gratifica.
gratifier [gRatifje] *vt* gratificare; **~ qn de qch** gratificare qn con qc.
gratin [gRatɛ̃] *nm* (*CULIN*) gratin *m inv*; **au ~** al gratin; **tout le ~ parisien** (*fig*) tutta la crema parigina.
gratiné, e [gRatine] *adj* (*CULIN*) gratinato (-a); (*fam*) eccezionale.
gratinée [gRatine] *nf* zuppa di cipolle gratinata.
gratis [gRatis] *adv, adj* gratis *inv*.
gratitude [gRatityd] *nf* gratitudine *f*.
gratte-ciel [gRatsjɛl] *nm inv* grattacielo.
grattement [gRatmɑ̃] *nm* (*bruit*): **il a entendu un ~ à la porte** sentì grattare alla porta.

gratte-papier [gʀatpapje] (*péj*) *nm inv* scribacchino.
gratter [gʀate] *vt* grattare; (*enlever*) grattare via; **se gratter** *vr* grattarsi.
grattoir [gʀatwaʀ] *nm* raschietto.
gratuit, e [gʀatɥi, ɥit] *adj* (*aussi fig*) gratuito(-a).
gratuité [gʀatɥite] *nf* gratuità.
gratuitement [gʀatɥitmɑ̃] *adv* gratuitamente.
gravats [gʀavɑ] *nmpl* calcinacci *mpl*, macerie *fpl*.
grave [gʀav] *adj* grave; (*personne, air*) serio(-a), grave ♦ *nm* (*MUS*) suono grave; **ce n'est pas (si) ~ (que ça)!** non è poi così grave!; **blessé ~** ferito grave.
graveleux, -euse [gʀav(ə)lø, øz] *adj* (*terre*) ghiaioso(-a); (*fruit*) granuloso(-a); (*chanson, propos*) osceno(-a).
gravement [gʀavmɑ̃] *adv* gravemente.
graver [gʀave] *vt* (*fig*): **~ qch dans son esprit/sa mémoire** imprimere qc nella propria mente/propria memoria.
graveur [gʀavœʀ] *nm* incisore.
gravier [gʀavje] *nm* ghiaia.
gravillons [gʀavijɔ̃] *nmpl* ghiaietta *fsg*, ghiaino *msg*.
gravir [gʀaviʀ] *vt* inerpicarsi per.
gravitation [gʀavitasjɔ̃] *nf* gravitazione *f*.
gravité [gʀavite] *nf* (*gén, PHYS*) gravità; (*de personne, air*) serietà, gravità.
graviter [gʀavite] *vi*: **~ autour de** (*aussi fig*) gravitare intorno a.
gravure [gʀavyʀ] *nf* (*d'un nom, reproduction*) incisione *f*.
gré [gʀe] *nm*: **à son ~** di proprio gradimento; **au ~ de** secondo ...; **contre le ~ de qn** contro la volontà di qn; **de son (plein) ~** spontaneamente, di propria iniziativa; **de ~ ou de force** per amore o per forza; **de bon ~** di buon grado; **bon ~ mal ~** volente o nolente; **de ~ à ~** (*COMM*) consensualmente; **savoir ~ à qn de qch** essere grato(-a) a qn di qc.
grec, grecque [gʀɛk] *adj* greco(-a) ♦ *nm* greco ♦ *nm/f*: **G~, Grecque** greco(-a).
Grèce [gʀɛs] *nf* Grecia.
gredin, e [gʀədɛ̃, in] *nm/f* mascalzone(-a).
gréement [gʀemɑ̃] *nm* (*NAUT*) attrezzatura.
greffe [gʀɛf] *nf* (*AGR, MÉD*) innesto ♦ *nm* (*JUR*) cancelleria; ▸ **greffe du cœur/du rein** trapianto di cuore/del rene.
greffer [gʀefe] *vt* (*BOT, MÉD*: *tissu*) innestare; (*MÉD*: *organe*) trapiantare, innestare; **se greffer** *vr*: **se ~ sur qch** innestarsi su qc.
greffier, -ière [gʀefje, jɛʀ] *nm/f* (*JUR*) cancelliere *m*.
grégaire [gʀegɛʀ] *adj* gregario(-a).
grège [gʀɛʒ] *adj*: **soie ~** seta greggia.
grêle [gʀɛl] *adj* gracile ♦ *nf* grandine *f*.
grêlé, e [gʀele] *adj* butterato(-a).
grêler [gʀele] *vb impers*: **il grêle** grandina.
grêlon [gʀɛlɔ̃] *nm* chicco di grandine.
grelot [gʀəlo] *nm* sonaglio.
grelottant, e [gʀəlɔtɑ̃, ɑ̃t] *adj* (*de fièvre etc*) tremante.
grelotter [gʀəlɔte] *vi* tremare.
Grenade [gʀənad] *nf* Granada.
grenade [gʀənad] *nf* granata; (*BOT*) melagrana; ▸ **grenade lacrymogène** bomba lacrimogena.
grenadier [gʀənadje] *nm* (*MIL*) granatiere *m*; (*BOT*) melograno.
grenadine [gʀənadin] *nf* granatina.
grenat [gʀəna] *adj inv* (*couleur*) granata *inv*.
grenier [gʀənje] *nm* (*de maison*) solaio, soffitta; (*de ferme*) fienile *m*.
grenouille [gʀənuj] *nf* rana.
grenouillère [gʀənujɛʀ] *nf* (*de bébé*) tutina.
grenu, e [gʀəny] *adj* granuloso(-a).
grès [gʀɛ] *nm* arenaria, grès *m*.
grésil [gʀezil] *nm* nevischio.
grésillement [gʀezijmɑ̃] *nm* sfrigolio, crepitio.
grésiller [gʀezije] *vi* (*CULIN*) sfrigolare; (*RADIO*) gracchiare.
grève [gʀɛv] *nf* (*d'ouvriers*) sciopero; (*plage*) greto; **se mettre en/faire ~** mettersi in/fare sciopero; ▸ **grève bouchon** sciopero parziale; ▸ **grève de la faim** sciopero della fame; ▸ **grève de solidarité** sciopero di solidarietà; ▸ **grève du zèle** sciopero bianco; ▸ **grève perlée** sciopero a singhiozzo; ▸ **grève sauvage** sciopero selvaggio; ▸ **grève sur le tas** sciopero a braccia incrociate; ▸ **grève surprise** sciopero a sorpresa; ▸ **grève tournante** sciopero a scacchiera.
grever [gʀəve] *vt* (*budget, économie*) gravare su; **grevé d'impôts** gravato da imposte; **grevé d'hypothèques** gravato da ipoteca.
gréviste [gʀevist] *nm/f* scioperante *m/f*.
gribouillage [gʀibujaʒ] *nm* scarabocchio.
gribouiller [gʀibuje] *vt, vi* scarabocchiare.
gribouillis [gʀibuji] *nm* scarabocchio.
grief [gʀijɛf] *nm* lagnanza; **faire ~ à qn de qch** rimproverare qc a qn.
grièvement [gʀijɛvmɑ̃] *adv* gravemente; **~ blessé/atteint** gravemente ferito/colpito.
griffe [gʀif] *nf* (*d'animal*) unghia, artiglio; (*fig*: *d'un couturier, parfumeur*) firma.
griffé, e [gʀife] *adj* firmato(-a).
griffer [gʀife] *vt* graffiare.
griffon [gʀifɔ̃] *nm* (*chien*) grifone *m*.
griffonnage [gʀifɔnaʒ] *nm* scarabocchio.
griffonner [gʀifɔne] *vt* scarabocchiare.
griffure [gʀifyʀ] *nf* graffiatura, graffio.
grignoter [gʀiɲɔte] *vt* (*pain, fromage*) sgra-

nocchiare; (*fig*: *terrain, argent, temps*) mangiare poco a poco ♦ *vi* (*chipoter*) rosicchiare.
gril [gRil] *nm* griglia, graticola.
grillade [gRijad] *nf* grigliata.
grillage [gRijaʒ] *nm* (*treillis*) inferriata, grata; (*clôture*) rete *f* metallica.
grillager [gRijaʒe] *vt* recintare (con una rete metallica).
grille [gRij] *nf* (*portail*) cancello; (*clôture*) grata, inferriata; (*fig*: *de mots croisés*) reticolato; (*statistique*) griglia, tabella; ▸**grille (des programmes)** (*RADIO, TV*) palinsesto; ▸**grille des salaires** tabella salariale.
grille-pain [gRijpɛ̃] *nm inv* tostapane *m inv*.
griller [gRije] *vt* (*aussi*: **faire** ~: *pain*) tostare, abbrustolire; (: *viande*) cuocere alla griglia; (*café*) tostare; (*fig*: *ampoule, résistance*) bruciare ♦ *vi* bruciare; ~ **un feu rouge** passare col rosso.
grillon [gRijɔ̃] *nm* grillo.
grimace [gRimas] *nf* smorfia; **faire des** ~**s** (*pour faire rire*) fare le boccacce.
grimacer [gRimase] *vi* fare smorfie; ~ **de douleur** fare una smorfia di dolore.
grimacier, -ière [gRimasje, jɛR] *adj* che fa smorfie.
grimer [gRime] *vt* truccare.
grimoire [gRimwaR] *nm* scritto illegibile.
grimpant, e [gRɛ̃pɑ̃, ɑ̃t] *adj*: **plante/fleur** ~**e** pianta/fiore rampicante.
grimper [gRɛ̃pe] *vt* salire ♦ *vi* (*route, terrain*) inerpicarsi; (*fig*: *prix, nombre*) salire ♦ *nm*: **le** ~ (*SPORT*) la roccia; ~ **à/sur** arrampicarsi su.
grimpeur, -euse [gRɛ̃pœR, øz] *nm/f* (*alpiniste*) scalatore(-trice), alpinista *m/f*; (*cycliste*) scalatore(-trice).
grinçant, e [gRɛ̃sɑ̃, ɑ̃t] *adj* (*fig*) acido(-a).
grincement [gRɛ̃smɑ̃] *nm* (*v vi*) cigolio; scricchiolio.
grincer [gRɛ̃se] *vi* (*porte, roue*) cigolare; (*plancher*) scricchiolare; ~ **des dents** digrignare i denti.
grincheux, -euse [gRɛ̃ʃø, øz] *adj* scontroso(-a), scorbutico(-a).
gringalet [gRɛ̃galɛ] *adj m* mingherlino(-a).
griotte [gRijɔt] *nf* amarena.
grippal, e, -aux [gRipal, o] *adj* influenzale.
grippe [gRip] *nf* influenza; **avoir la** ~ avere l'influenza; **prendre qn/qch en** ~ (*fig*) prendere qn/qc in antipatia.
grippé, e [gRipe] *adj* (*moteur*) grippato(-a); **être** ~ (*personne*) essere influenzato(-a).
gripper [gRipe] *vi* (*tissu*) incresparsi; (*TECH*) grippare, gripparsi; (*fig*) incepparsi.
grippe-sou [gRipsu] (*pl* ~-~**s**) *nm/f* strozzino(-a).
gris, e [gRi, gRiz] *adj* (*couleur*) grigio(-a); (*ivre*) brillo(-a) ♦ *nm* grigio; **il fait** ~ è nuvoloso; **faire** ~**e mine** avere il muso lungo; **faire** ~**e mine à qn** guardare di brutto qn; ~ **perle** grigio perla *inv*.
grisaille [gRizɑj] *nf* grigiore *m*.
grisant, e [gRizɑ̃, ɑ̃t] *adj* inebriante.
grisâtre [gRizɑtR] *adj* grigiastro(-a).
griser [gRize] *vt* (*fig*: *suj*: *vitesse, victoire*) inebriare, ubriacare; **se** ~ **de** (*fig*) inebriarsi di.
griserie [gRizRi] *nf* ebbrezza.
grisonnant, e [gRizɔnɑ̃, ɑ̃t] *adj* brizzolato(-a).
grisonner [gRizɔne] *vi* diventar grigio(-a).
Grisons [gRizɔ̃] *nmpl*: **les** ~ i Grigioni.
grisou [gRizu] *nm* grisù *m*.
gris-vert [gRivɛR] *adj* grigio-verde *inv*.
grive [gRiv] *nf* pernice *f*.
grivois, e [gRivwa, waz] *adj* salace.
grivoiserie [gRivwazRi] *nf* salacità *f inv*.
Groenland [gRɔɛnlɑ̃d] *nm* Groenlandia.
groenlandais, e [gRɔɛnlɑ̃dɛ, ɛz] *adj* groenlandese ♦ *nm/f*: **G**~, **e** groenlandese *m/f*.
grog [gRɔg] *nm* grog *m inv*.
groggy [gRɔgi] *adj inv* suonato(-a).
grogne [gRɔɲ] *nf* mugugno.
grognement [gRɔɲmɑ̃] *nm* (*voir vb*) grugnito; brontolio.
grogner [gRɔɲe] *vi* (*porc*) grugnire; (*chien*) ringhiare; (*fig*: *personne*) brontolare.
grognon, ne [gRɔɲɔ̃, ɔn] *adj* musone(-a).
groin [gRwɛ̃] *nm* grugno.
grommeler [gRɔm(ə)le] *vi* borbottare, brontolare.
grondement [gRɔ̃dmɑ̃] *nm* rombo.
gronder [gRɔ̃de] *vi* (*canon, moteur*) rombare; (*tonnerre*) brontolare; (*animal*) ringhiare; (*fig*: *révolte, mécontentement*) ribollire, stare per scoppiare ♦ *vt* sgridare.
groom [gRum] *nm* fattorino.
gros, grosse [gRo, gRos] *adj* grosso(-a); (*obèse*) grasso(-a); (*bruit*) forte ♦ *adv*: **risquer** ~ rischiare grosso ♦ *nm* (*COMM*): **le** ~ commercio all'ingrosso; **écrire** ~ avere una scrittura grossa; **gagner** ~ guadagnare forte; **en** ~ grosso modo, a grandi linee; **vente en** ~ vendita all'ingrosso; **prix de** ~ prezzo all'ingrosso; **par** ~ **temps** col brutto tempo; **par** ~**se mer** con mare mosso; **le** ~ **de** (*troupe, fortune*) il grosso di; **en avoir** ~ **sur le cœur** avere il magone; ▸**gros intestin** intestino crasso *ou* grosso; ▸**gros lot** primo premio; ▸**gros mot** parolaccia; ▸**gros œuvre** (*CONSTR*) grande opera; ▸**gros plan** (*PHOTO*) primo piano; ▸**gros porteur** (*AVIAT*) jumbo *m inv*; ▸**gros sel** sale *m* grosso; ▸**gros titre** (*PRESSE*) titolone *m*; ▸**grosse caisse** (*MUS*) grancassa.
groseille [gRozɛj] *nf* (*BOT*) ribes *m inv*;

▸**groseille à maquereau** uva spina; ▸**groseille (blanche)** ribes (bianco); ▸**groseille (rouge)** ribes (rosso).
groseillier [gʀozeje] *nm* ribes *m inv*.
gros-grain [gʀogʀɛ̃] (*pl* ~-~**s**) *nm* grosgrain *m inv*.
grosse [gʀos] *adj voir* **gros** ♦ *nf* (*COMM*) grossa.
grossesse [gʀosɛs] *nf* gravidanza; ▸**grossesse nerveuse** gravidanza isterica.
grosseur [gʀosœʀ] *nf* grandezza, dimensioni *fpl*; (*corpulence*) robustezza, corpulenza; (*tumeur*) rigonfiamento.
grossier, -ière [gʀosje, jɛʀ] *adj* (*vulgaire*) volgare; (*laine*) grezzo(-a); (*travail, erreur*) grossolano(-a).
grossièrement [gʀosjɛʀmɑ̃] *adv* grossolanamente; (*avec rudesse*) sgarbatamente; (*en gros, à peu près*) approssimativamente; **se tromper** ~ sbagliarsi di grosso.
grossièreté [gʀosjɛʀte] *nf* grossolanità; (*impolitesse, incorrection*) volgarità; (*mot, propos*) scurrilità *f inv*.
grossir [gʀosiʀ] *vi* ingrassare; (*fig*: *nombre, bruit*) crescere; (*rivière, eaux*) ingrossarsi ♦ *vt* (*suj*: *vêtement*) ingrossare; (: *microscope, lunette*) ingrandire; (*augmenter*: *nombre, importance*) aumentare; (*exagérer*: *histoire, erreur*) gonfiare, ingigantire.
grossissant, e [gʀosisɑ̃, ɑ̃t] *adj* (*loupe, verre*) di ingrandimento, che ingrandisce.
grossissement [gʀosismɑ̃] *nm* ingrandimento.
grossiste [gʀosist] *nm/f* (*COMM*) grossista *m/f*.
grosso modo [gʀosomɔdo] *adv* grossomodo.
grotesque [gʀɔtɛsk] *adj* grottesco(-a).
grotte [gʀɔt] *nf* grotta.
grouiller [gʀuje] *vi* brulicare; **se grouiller** *vr* (*fam*) muoversi; ~ **de** brulicare di.
groupe [gʀup] *nm* gruppo; **cabinet de** ~ studio professionale; **médecine de** ~ medicina di gruppo; ▸**groupe de pression** gruppo di pressione; ▸**groupe électrogène** gruppo elettrogeno; ▸**groupe sanguin** gruppo sanguigno; ▸**groupe scolaire** complesso scolastico.
groupement [gʀupmɑ̃] *nm* raggruppamento; ▸**groupement d'intérêt économique** gruppo di interesse economico.
grouper [gʀupe] *vt* raggruppare; (*ressources, moyens*) raccogliere; **se grouper** *vr* raggrupparsi, riunirsi.
groupuscule [gʀupyskyl] (*péj*) *nm* (*POL*) gruppuscolo.
gruau [gʀyo] *nm*: **pain de** ~ pane *m* di fior di farina.
grue [gʀy] *nf* (*de chantier, ZOOL, CINÉ*) gru *f inv*; **faire le pied de** ~ (*fam*) aspettare a lungo in piedi.
gruger [gʀyʒe] *vt* defraudare.
grumeaux [gʀymo] *nmpl* grumi *fpl*.
grumeleux, -euse [gʀym(ə)lø, øz] *adj* (*sauce etc*) grumoso(-a); (*peau etc*) ruvido(-a).
grutier [gʀytje] *nm* gruista *m*.
gruyère [gʀyjɛʀ] *nm* gruviera *m*.
Guadeloupe [gwadlup] *nf* Guadalupa.
guadeloupéen, ne [gwadlupeɛ̃, ɛn] *adj* abitante *m/f* della Guadalupa ♦ *nm/f*: **G~, ne** abitante *m/f* della Guadalupa.
guano [gwano] *nm* guano.
Guatémala [gwatemala] *nm* Guatemala *m*.
guatémaltèque [gwatemaltɛk] *adj* guatemalteco(-a) ♦ *nm/f*: **G~** guatemalteco(-a).
gué [ge] *nm* guado; **passer à** ~ guadare.
guenilles [gənij] *nfpl* stracci *mpl*, cenci *mpl*.
guenon [gənɔ̃] *nf* scimmia femmina.
guépard [gepaʀ] *nm* ghepardo.
guêpe [gɛp] *nf* vespa.
guêpier [gepje] *nm* (*fig*) vespaio.
guère [gɛʀ] *adv* (*avec adjectif, adverbe, verbe*): **ne ...** ~ non molto; **il n'y a** ~ **que lui qui est content** solo lui è contento.
guéri, e [geʀi] *adj* guarito(-a); **être** ~ **de** (*fig*) essere guarito(-a) da.
guéridon [geʀidɔ̃] *nm* guéridon *m inv*.
guérilla [geʀija] *nf* guerriglia.
guérillero [geʀijeʀo] *nm* guerrigliero.
guérir [geʀiʀ] *vt, vi* guarire; ~ **de** (*MÉD*) guarire da.
guérison [geʀizɔ̃] *nf* guarigione *f*.
guérissable [geʀisabl] *adj* guaribile, curabile.
guérisseur, -euse [geʀisœʀ, øz] *nm/f* guaritore(-trice).
guérite [geʀit] *nf* (*MIL*) garitta; (*sur un chantier*) baracca.
guerre [gɛʀ] *nf* guerra; **en** ~ in guerra; **faire la** ~ **à** fare (la) guerra a; **de** ~ **lasse** (*fig*) rinunciando a combattere; **de bonne** ~ senza ipocrisia; ▸**guerre atomique** guerra atomica; ▸**guerre civile/mondiale** guerra civile/mondiale; ▸**guerre d'usure/de tranchées** guerra di logoramento/di trincea; ▸**guerre de religion** guerra di religione; ▸**guerre froide/sainte** guerra fredda/santa; ▸**guerre totale** guerra globale.
guerrier, -ière [gɛʀje, jɛʀ] *adj, nm/f* guerriero(-a).
guerroyer [gɛʀwaje] *vi* guerreggiare.
guet [gɛ] *nm*: **faire le** ~ stare in agguato.
guet-apens [gɛtapɑ̃] (*pl* ~**s**-~) *nm* agguato; (*machination*) tranello.
guêtre [gɛtʀ(ə)] *nf* ghetta.
guetter [gete] *vt* (*épier*) spiare; (*attendre*) aspettare con impazienza; (*pour surprendre*) fare la posta a; (*suj*: *maladie, scandale*) incombere su.
guetteur [getœʀ] *nm* (*MIL, gén*) sentinella.

gueule [gœl] *nf* (*d'animal*) bocca, fauci *fpl*; (*du canon, tunnel*) bocca; (*fam: visage*) ceffo, muso; (*: bouche*) becco; **ta ~!** (*fam*) chiudi il becco!; **avoir la ~ de bois** (*fam*) avere la bocca impastata (dopo aver bevuto troppo).
gueule-de-loup [gœldəlu] (*pl* **~s-~-~**) *nf* bocca di leone.
gueuler [gœle] (*fam*) *vi* urlare, sbraitare.
gueuleton [gœltɔ̃] (*fam*) *nm* mangiata.
gueux, -euse [gø, gøz] *nm* pezzente *m* ♦ *nf* (*femme*) donnaccia.
gui [gi] *nm* vischio.
guibole [gibɔl] (*fam*) *nf* gamba.
guichet [giʃɛ] *nm* sportello; **les ~s** (*à la gare, au théâtre*) la biglietteria; **jouer à ~s fermés** recitare con il tutto esaurito.
guichetier, -ière [giʃ(ə)tje, jɛʀ] *nm/f* sportellista *m/f*.
guide [gid] *nm* guida ♦ *nf* (*fille scout*) guida; **~s** *nfpl* (*d'un cheval*) guida *fsg*.
guider [gide] *vt* guidare.
guidon [gidɔ̃] *nm* manubrio.
guigne [giɲ] *nf*: **avoir la ~** avere sfortuna.
guignol [giɲɔl] *nm* (*aussi fig*) marionetta, burattino.
guillemets [gijmɛ] *nmpl*: **entre ~** tra virgolette.
guilleret, te [gijʀɛ, ɛt] *adj* vispo(-a), pimpante.
guillotine [gijɔtin] *nf* ghigliottina.
guillotiner [gijɔtine] *vt* ghigliottinare.
guimauve [gimov] *nf* (*BOT*) altea; (*fig*) sentimentalismo sdolcinato.
guimbarde [gɛ̃baʀd] *nf* (*vieille voiture*) carretta, macinino; (*MUS*) scacciapensieri *m inv*.
guindé, e [gɛ̃de] *adj* compassato(-a).
Guinée [gine] *nf*: **la (République de) ~** la (Repubblica di) Guinea; **la ~ équatoriale** la Guinea equatoriale.
guinéen, ne [gineɛ̃, ɛn] *adj* guineano(-a) ♦ *nm/f*: **G~, ne** guineano(-a).
guingois [gɛ̃gwa]: **de ~** *adv* di sghimbescio.
guinguette [gɛ̃gɛt] *nf* piccola balera.
guirlande [giʀlɑ̃d] *nf* (*de fleurs*) ghirlanda; (*de papier*) festone *m*; ▸ **guirlande de Noël** festone natalizio; ▸ **guirlande lumineuse** festone luminoso.
guise [giz] *nf*: **à votre ~** come le pare; **en ~ de** (*en manière de, comme*) a mo' di; (*à la place de*) a guisa di.
guitare [gitaʀ] *nf* chitarra; ▸ **guitare sèche** chitarra senza amplificatore.
guitariste [gitaʀist] *nm/f* chitarrista *m/f*.
gustatif, -ive [gystatif, iv] *adj* gustativo (-a); *voir aussi* **papille**.
guttural, e, -aux [gytyʀal, o] *adj* gutturale.
guyanais, e [gɥijanɛ, ɛz] *adj* guianese ♦ *nm/f*: **G~, e** guianese *m/f*.
Guyane [gɥijan] *nf* Guiana; **la ~ française** la Guiana francese.
gymkhana [ʒimkana] *nm* gincana; ▸ **gymkhana motocycliste** gincana motociclistica.
gymnase [ʒimnɑz] *nm* palestra.
gymnaste [ʒimnast] *nm/f* ginnasta *m/f*.
gymnastique [ʒimnastik] *nf* ginnastica; ▸ **gymnastique corrective/rythmique** ginnastica correttiva/ritmica.
gymnique [ʒimnik] *adj* ginnico(-a).
gynécologie [ʒinekɔlɔʒi] *nf* ginecologia.
gynécologique [ʒinekɔlɔʒik] *adj* ginecologico(-a).
gynécologue [ʒinekɔlɔg] *nm/f* ginecologo (-a).
gypse [ʒips] *nm* gesso.
gyrocompas [ʒiʀokɔ̃pɑ] *nm* girobussola.
gyrophare [ʒiʀofaʀ] *nm* (*sur une voiture*) lampeggiante *m*.

H, h

H, h [aʃ] *nm inv* (*lettre*) H, h *f ou m inv*; **~ comme Henri** ≈ H come hôtel; **bombe ~** bomba H; **à l'heure ~** all'ora x.
H [aʃ] *abr* (= *hydrogène*) H.
h *abr* = *heure*; **à l'heure ~** all'ora zero.
ha *abr* (= *hectare*) ha.
habile [abil] *adj* abile.
habilement [abilmɑ̃] *adv* abilmente.
habileté [abilte] *nf* abilità *f inv*.
habilité, e [abilite] *adj*: **~ à faire** abilitato(-a) a fare.
habiliter [abilite] *vt* abilitare.
habillage [abijaʒ] *nm* (*d'une personne*) vestire *m inv*; (*d'un objet*) rivestimento.
habillé, e [abije] *adj* vestito(-a); (*chic*) elegante; **~ de** (*TECH*) rivestito(-a) di.
habillement [abijmɑ̃] *nm* abbigliamento; (*profession*) (industria dell')abbigliamento.
habiller [abije] *vt* vestire; (*objet*) rivestire; **s'habiller** *vr* vestirsi; (*mettre des vêtements chic*) vestirsi elegante; **s'~ de/en** vestirsi da; **s'~ chez/à** vestirsi da/a.
habilleuse [abijøz] *nf* (*CINÉ, THÉÂTRE*) *addetta all'abbigliamento di un attore o attrice*.
habit [abi] *nm* (*costume*) tenuta; **~s** *nmpl* (*vêtements*) abiti *mpl*, vestiti *mpl*; **prendre l'~** (*REL*) prendere *ou* vestire l'abito;

▸ **habit (de soirée)** abito da sera.
habitable [abitabl] *adj* abitabile.
habitacle [abitakl] *nm* abitacolo.
habitant, e [abitɑ̃, ɑ̃t] *nm/f* abitante *m/f*; **loger chez l'~** alloggiare presso privati.
habitat [abita] *nm* habitat *m inv*, ambiente *m*.
habitation [abitasjɔ̃] *nf* abitazione *f*; ▸ **habitations à loyer modéré** case *fpl* popolari.
habité, e [abite] *adj* abitato(-a).
habiter [abite] *vt* (*maison, ville*) abitare in; (*suj: sentiment, envie*) animare ♦ *vi*: ~ **à/dans** abitare a/in; **il habite Paris/la province** abita a Parigi/in provincia; ~ **chez** *ou* **avec qn** abitare da *ou* presso *ou* con qn; **il habite rue Montmartre** abita in rue Montmartre.
habitude [abityd] *nf* abitudine *f*; **avoir l'~ de faire** avere l'abitudine di fare; **avoir l'~ de qch** essere abituato(-a) a qc; **avoir l'~ des enfants** essere abituato(-a) ai bambini; **prendre l'~ de faire qch** prendere l'abitudine di fare qc; **perdre une ~** perdere un'abitudine; **d'~** di solito; **comme d'~** come al solito; **par ~** per abitudine.
habitué, e [abitɥe] *adj*: **être ~ à** essere abituato(-a) a ♦ *nm/f* (*d'une maison*) assiduo(-a) frequentatore(-trice); (*client*) habitué *m/f inv*, cliente *m/f* abituale.
habituel, le [abitɥɛl] *adj* abituale, consueto(-a).
habituellement [abitɥɛlmɑ̃] *adv* abitualmente; (*ordinairement*) di solito, solitamente.
habituer [abitɥe] *vt*: ~ **qn à qch/à faire** abituare qn a qc/a fare; **s'habituer** *vr*: **s'~ à/à faire** abituarsi a/a fare.
hâbleur, -euse ['ɑblœʀ, øz] *adj* fanfarone(-a), borioso(-a).
hache ['aʃ] *nf* ascia.
haché, e ['aʃe] *adj* tritato(-a); (*fig*) frammentario(-a); **steak ~** hamburger *m inv*, svizzera; **viande ~e** carne *f* tritata *ou* macinata.
hache-légumes ['aʃlegym] *nm inv* tritatutto *m inv*, tritaverdure *m inv*.
hacher ['aʃe] *vt* tritare; (*entrecouper, interrompre*) spezzare, interrompere; ~ **menu** tritare fine *ou* minutamente.
hachette ['aʃɛt] *nf* accetta.
hache-viande ['aʃvjɑ̃d] *nm inv* tritacarne *m inv*; (*couteau*) mezzaluna.
hachis ['aʃi] *nm* (*CULIN*) trito; ▸ **hachis de viande** trito di carne.
hachisch ['aʃiʃ] *nm voir* **haschisch**.
hachoir ['aʃwaʀ] *nm* (*instrument*) mezzaluna; (*appareil*) tritatutto *m inv*; (*planche*) tagliere *m*.
hachurer ['aʃyʀe] *vt* tratteggiare.
hachures ['aʃyʀ] *nfpl* tratteggio *msg*.
hagard, e ['agaʀ, aʀd] *adj* stravolto(-a), sconvolto(-a).
haie ['ɛ] *nf* (*gén, ÉQUITATION*) siepe *f*; (*SPORT*) ostacolo; (*fig: de personnes*) fila; **200 m/400 m ~s** 200 m/400 m ostacoli; ▸ **haie d'honneur** picchetto d'onore.
haillons ['ɑjɔ̃] *nmpl* stracci *mpl*, cenci *mpl*.
haine ['ɛn] *nf* odio.
haineux, -euse ['ɛnø, øz] *adj* astioso(-a), carico(-a) d'odio.
haïr ['aiʀ] *vt* odiare; **se haïr** *vr* odiarsi.
hais ['ɛ] *vb voir* **haïr**.
haïs ['ai] *vb voir* **haïr**.
haïssable ['aisabl] *adj* odioso(-a), detestabile.
Haïti [aiti] *nm* Haiti *f*.
haïtien, ne [aisjɛ̃, ɛn] *adj* haitiano(-a) ♦ *nm/f*: **H~, ne** haitiano(-a).
halage ['alaʒ] *nm*: **chemin de ~** alzaia.
hâle ['ɑl] *nm* abbronzatura.
hâlé, e ['ɑle] *adj* abbronzato(-a).
haleine [alɛn] *nf* fiato; **perdre ~** perdere il fiato; **à perdre ~** a perdifiato; **avoir mauvaise ~** avere l'alito cattivo; **reprendre ~** riprendere fiato; **hors d'~** senza fiato, trafelato(-a); **tenir en ~** tenere col fiato sospeso; **de longue ~** di lungo respiro.
haler ['ale] *vt* alare.
haleter ['alte] *vi* ansimare.
hall ['ol] *nm* hall *f inv*, atrio.
hallali [alali] *nm* hallali *m inv*.
halle ['al] *nf* capannone *m*; **~s** *nfpl* (*marché principal*) mercati *mpl* generali.
hallebarde ['albaʀd] *nf* alabarda; **il pleut des ~s** piove a catinelle *ou* a dirotto.
hallucinant, e [alysinɑ̃, ɑ̃t] *adj* allucinante, impressionante.
hallucination [alysinasjɔ̃] *nf* allucinazione *f*; ▸ **hallucination collective** allucinazione collettiva.
hallucinatoire [alysinatwaʀ] *adj* allucinatorio(-a).
halluciné, e [alysine] *nm/f* allucinato(-a); (*fou*) pazzo(-a), matto(-a).
hallucinogène [a(l)lysinɔʒɛn] *adj* allucinogeno(-a) ♦ *nm* allucinogeno.
halo ['alo] *nm* alone *m*.
halogène [alɔʒɛn] *nm*: **lampe (à) ~** lampada alogena.
halte ['alt] *nf* sosta; (*escale*) tappa; (*RAIL*) fermata; (*excl*) alt!; **faire ~** fermarsi.
halte-garderie ['altgaʀdəʀi] (*pl* **~s-~s**) *nf* nursery *f inv*, Kinderheim *m inv* (*di grandi magazzini o centri commerciali*).
haltère [altɛʀ] *nm* (*à boules, disques*) peso, manubrio; **~s** *nmpl*: **faire des ~s** fare (sollevamento) pesi, fare pesistica.
haltérophile [alteʀɔfil] *nm/f* pesista *m/f*.
haltérophilie [alteʀɔfili] *nf* sollevamento pesi, pesistica.

hamac ['amak] *nm* amaca.
Hambourg ['ãbuʀ] *n* Amburgo *f*.
hamburger ['ãbuʀgœʀ] *nm* hamburger *m inv*.
hameau, x ['amo] *nm* frazione *f*.
hameçon [amsɔ̃] *nm* amo.
hampe ['ãp] *nf* asta.
hamster ['amstɛʀ] *nm* criceto.
hanche ['ãʃ] *nf* anca.
handball ['ãdbal] (*pl* ~**s**) *nm* pallamano *f*, handball *m*.
handballeur, -euse ['ãdbalœʀ, øz] *nm/f* giocatore(-trice) di pallamano.
handicap ['ãdikap] *nm* (*aussi fig*) handicap *m inv*.
handicapé, e ['ãdikape] *adj, nm/f* (h)andicappato(-a); ▸ **handicapé mental/physique** (h)andicappato(-a) mentale/fisico; ▸ **handicapé moteur** spastico(-a).
handicaper ['ãdikape] *vt* (h)andicappare, svantaggiare.
hangar ['ãgaʀ] *nm* capannone *m*; (*AVIAT*) hangar *m inv*.
hanneton ['antɔ̃] *nm* maggiolino.
Hanovre ['anɔvʀ] *n* Hannover *f*.
hanovrien, ne ['anɔvʀjɛ̃, jɛn] *adj* di Hannover.
hanter ['ãte] *vt* (*suj*: *fantôme*) abitare; (*fig*) ossessionare.
hantise ['ãtiz] *nf* ossessione *f*.
happer ['ape] *vt* ghermire, afferrare; (*suj*: *train etc*) travolgere.
harangue ['aʀãg] *nf* arringa; (*discours pompeux*) predica.
haranguer ['aʀãge] *vt* arringare; (*fig*) fare la predica a.
haras ['aʀɑ] *nm* stazione *f* di monta equina.
harassant, e ['aʀasã, ãt] *adj* sfibrante, spossante.
harassé, e ['aʀase] *adj* sfinito(-a); **être ~ de** (*travail etc*) essere sfinito(-a) *ou* distrutto(-a) da.
harcèlement ['aʀsɛlmã] *nm* assillo; **guerre de ~** guerriglia; ▸ **harcèlement sexuel** molestie *fpl* sessuali.
harceler ['aʀsəle] *vt* (*MIL*) non dare tregua a; (*CHASSE*) incalzare; (*fig*) assillare, tormentare; ~ **de questions** assillare con domande.
hardes ['aʀd] (*péj*) *nfpl* stracci *mpl*.
hardi, e ['aʀdi] *adj* ardito(-a), audace.
hardiesse ['aʀdjɛs] *nf* arditezza, audacia; (*péj*) sfrontatezza, ardire *m inv*; ~**s** *nfpl* (*actions, paroles, hardies*) libertà *fpl*, licenze *fpl*.
hardiment ['aʀdimã] *adv* audacemente.
harem ['aʀɛm] *nm* harem *m inv*.
hareng ['aʀã] *nm* arringa; ▸ **hareng saur** arringa affumicata.
hargne ['aʀɲ] *nf* astio.
hargneusement ['aʀɲøzmã] *adv* astiosamente.
hargneux, -euse ['aʀɲø, øz] *adj* astioso (-a); (*chien*) ringhioso(-a).
haricot ['aʀiko] *nm* fagiolo; ▸ **haricot blanc** fagiolo bianco; ▸ **haricot rouge** fagiolo rosso; ▸ **haricot vert** fagiolino.
harmonica [aʀmɔnika] *nm* armonica (a bocca).
harmonie [aʀmɔni] *nf* armonia.
harmonieusement [aʀmɔnjøzmã] *adv* armoniosamente.
harmonieux, -euse [aʀmɔnjø, øz] *adj* armonioso(-a).
harmonique [aʀmɔnik] *nm* armonica.
harmoniser [aʀmɔnize] *vt* armonizzare; **s'harmoniser** *vr* armonizzare, essere in armonia.
harmonium [aʀmɔnjɔm] *nm* armonium *m inv*.
harnaché, e ['aʀnaʃe] *adj* (*fig*) bardato(-a).
harnachement ['aʀnaʃmã] *nm* bardatura.
harnacher ['aʀnaʃe] *vt* bardare.
harnais ['aʀnɛ] *nm* finimenti *mpl*.
haro ['aʀo] *nm*: **crier ~ sur qn/qch** inveire *ou* scagliarsi pubblicamente contro qn/qc.
harpe ['aʀp] *nf* arpa.
harpie ['aʀpi] *nf* (*fig*) arpia.
harpiste ['aʀpist] *nm/f* arpista *m/f*.
harpon ['aʀpɔ̃] *nm* arpione *m*.
harponner ['aʀpɔne] *vt* arpionare, fiocinare; (*fam*) agguantare.
hasard ['azaʀ] *nm* caso; **au ~** a caso, a casaccio; **par ~** per caso; **comme par ~** guarda caso; **à tout ~** per ogni evenienza, ad ogni buon conto.
hasarder ['azaʀde] *vt* azzardare, arrischiare; (*vie, fortune*) rischiare; **se ~ à faire** azzardarsi a fare.
hasardeux, -euse ['azaʀdø, øz] *adj* azzardato(-a).
haschisch ['aʃiʃ] *nm* hascisc *m*, haschisch *m*.
hâte ['ɑt] *nf* fretta, premura; **à la ~** alla bell'e meglio, frettolosamente; **en ~** in fretta; **avoir ~ de** aver fretta di.
hâter ['ɑte] *vt* affrettare, accelerare; **se hâter** *vr* affrettarsi; **se ~ de** affrettarsi a.
hâtif, -ive ['ɑtif, iv] *adj* affrettato(-a), frettoloso(-a); (*fruit, légume*) precoce.
hâtivement ['ɑtivmã] *adv* (*v adj*) affrettatamente, frettolosamente; precocemente.
hauban ['obã] *nm* sartia.
hausse ['os] *nf* aumento; (*de fusil*) alzo; **à la ~** al rialzo; **en ~** in aumento.
hausser ['ose] *vt* alzare; ~ **les épaules** alzare le spalle; **se ~ sur la pointe des pieds** alzarsi sulla punta dei piedi.
haut, e ['o, 'ot] *adj* alto(-a); (*fig*: *intelligen-*

ce) superiore ♦ *adv* in alto ♦ *nm* alto, parte *f* superiore; (*d'un arbre, d'une montagne*) cima; **de 3 m de** ~ alto(-a) 3 m; ~ **de 2 m/5 étages** alto(-a) 2 m/5 piani; **en ~e montagne** in alta montagna; **des ~s et des bas** (*fig*) degli alti e bassi; **en ~ lieu** in alto loco; **à ~e voix, tout** ~ ad alta voce; **du ~ de** dalla cima di; **tomber de** ~ cadere dall'alto; (*fig*) provare una forte delusione; **dire qch bien** ~ dire qc chiaro e tondo; **prendre qch de (très)** ~ reagire a qc con (molta) arroganza; **traiter qn de** ~ trattare qn dall'alto in basso; **de ~ en bas** dall'alto in basso; (*lire*) da cima a fondo; ~ **en couleur** variopinto(-a), colorito(-a); (*personne*) pittoresco(-a); **plus** ~ più in alto, più su; (*dans un texte*) sopra; (*parler*) più forte; **en** ~ in alto, in cima; (*dans une maison*) di sopra; **en ~ de** in cima a; "~ **les mains!**" "mani in alto!"; ▸**haute coiffure** haute coiffure *f inv*, alta moda dell'acconciatura; ▸**haute couture** alta moda; ▸**haute fidélité** alta fedeltà; ▸**haute finance** alta finanza; ▸**haute trahison** alto tradimento.

hautain, e ['otɛ̃, ɛn] *adj* altezzoso(-a), altero(-a).

hautbois ['obwa] *nm* oboe *m*.

hautboïste ['obɔist] *nm/f* oboista *m/f*.

haut-de-forme ['odfɔʀm] (*pl* **~s-~-~**) *nm* cilindro, tuba.

haute-contre ['otkɔ̃tʀ] (*pl* **~s-~**) *nf* contralto.

hautement ['otmɑ̃] *adv* altamente.

hauteur ['otœʀ] *nf* altezza; (*GÉO*) altura; (*fig: noblesse*) elevatezza; (*: arrogance*) alterigia, altezzosità; **à ~ de** ad altezza di; **à ~ des yeux** all'altezza degli occhi; **à la ~ de** (*aussi fig*) all'altezza di; **à la** ~ (*fig*) all'altezza.

Haute-Volta ['otvɔlta] *nf* Alto Volta *m*.

haut-fond ['ofɔ̃] (*pl* **~s-~s**) *nm* bassofondo.

haut-fourneau ['ofuʀno] (*pl* **~s-~x**) *nm* altoforno.

haut-le-cœur ['olkœʀ] *nm inv* conato di vomito.

haut-le-corps ['olkɔʀ] *nm inv* sussulto.

haut-parleur ['opaʀlœʀ] (*pl* **~-~s**) *nm* altoparlante *m*.

hauturier, -ière ['otyʀje, jɛʀ] *adj* (*NAUT*) d'altura.

havanais, e ['avanɛ, ɛz] *adj* dell'Avana, avanese ♦ *nm/f*: **H~, e** avanese *m/f*.

Havane ['avan] *nf*: **la** ~ l'Avana ♦ *nm* (*cigare*) avana *m inv*.

hâve ['ɑv] *adj* smunto(-a), patito(-a).

havrais, e ['ɑvʀɛ, ɛz] *adj* di Le Havre ♦ *nm/f*: **H~, e** abitante *m/f* di Le Havre.

havre ['ɑvʀ] *nm* (*fig*) oasi *f inv*, rifugio.

havresac ['ɑvʀəsak] *nm* zaino.

Hawai [awai] *nf*: **les îles** ~ le (isole) Hawai.

Hawaï [awai] *nf* = **Hawai**.

hawaïen, ne [awajɛ̃, ɛn] *adj* hawaiano(-a) ♦ *nm* (*LING*) hawaiano ♦ *nm/f*: **H~, ne** hawaiano(-a).

Haye ['ɛ] *n*: **la** ~ l'Aia.

hayon ['ɛjɔ̃] *nm* portellone *m* (posteriore).

hé ['e] *excl* ehi.

hebdo [ɛbdo] (*fam*) *nm* settimanale *m*.

hebdomadaire [ɛbdɔmadɛʀ] *adj, nm* settimanale *m*.

hébergement [ebɛʀʒəmɑ̃] *nm* alloggiamento; **l'~ est prévu** è previsto l'alloggio.

héberger [ebɛʀʒe] *vt* ospitare, alloggiare; (*réfugiés*) dare asilo a.

hébété, e [ebete] *adj* inebetito(-a).

hébétude [ebetyd] *nf* ebetismo.

hébraïque [ebʀaik] *adj* ebraico(-a).

hébreu, x [ebʀø] *adj* ebraico(-a), ebreo ♦ *nm* ebraico.

Hébrides [ebʀid] *nfpl*: **les** ~ le Ebridi.

HEC ['aʃese] *sigle fpl* = *École des hautes études commerciales*.

hécatombe [ekatɔ̃b] *nf* ecatombe *f*.

hectare [ɛktaʀ] *nm* ettaro.

hecto... [ɛkto] *préf* etto ... .

hectolitre [ɛktɔlitʀ] *nm* ettolitro.

hédoniste [edɔnist] *adj* edonistico(-a).

hégémonie [eʒemɔni] *nf* egemonia.

hein ['ɛ̃] *excl* eh?; **tu m'approuves, ~?** approvi, vero?; **Paul est venu, ~?** Paul è venuto, eh?; **j'ai mal fait/eu tort, ~?** ho fatto male/sbagliato, eh?; **que fais-tu, ~?** ehi, che stai facendo?

hélas ['elɑs] *excl* ahimé! ♦ *adv* purtroppo.

héler ['ele] *vt* chiamare.

hélice [elis] *nf* elica; **escalier en** ~ (*à vis*) scala a chiocciola.

hélicoïdal, e, -aux [elikɔidal, o] *adj* elicoidale.

hélicoptère [elikɔptɛʀ] *nm* elicottero.

hélio(gravure) [eljogʀavyʀ] *nf* rotocalcografia.

héliomarin, e [eljɔmaʀɛ̃, in] *adj*: **centre** ~ centro elioterapico marino.

héliotrope [eljɔtʀɔp] *nm* eliotropio.

héliport [elipɔʀ] *nm* eliporto.

héliporté, e [elipɔʀte] *adj* trasportato(-a) con elicotteri.

hélium [eljɔm] *nm* elio.

hellébore [e(ɛl)lebɔr] *nm* elleboro.

hellénique [elenik] *adj* ellenico(-a).

hellénisant, e [elenizɑ̃, ɑ̃t] *adj* ellenizzante.

helléniste [elenist] *nm/f* ellenista *m/f*.

Helsinki [ɛlzinki] *n* Helsinki *f*.

helvète [ɛlvɛt] *adj* elvetico(-a) ♦ *nm/f*: **H~** elvetico(-a).

Helvétie [ɛlvesi] *nf* Elvezia.

helvétique [ɛlvetik] *adj* elvetico(-a).
hématologie [ematɔlɔʒi] *nf* ematologia.
hématome [ematom] *nm* ematoma *m.*
hémicycle [emisikl] *nm* emiciclo.
hémiplégie [emipleʒi] *nf* emiplegia.
hémisphère [emisfɛʀ] *nm*: ~ **nord/sud** emisfero nord/sud.
hémisphérique [emisfeʀik] *adj* emisferico(-a).
hémoglobine [emɔglɔbin] *nf* emoglobina.
hémophile [emɔfil] *adj* emofiliaco(-a).
hémophilie [emɔfili] *nf* emofilia.
hémorragie [emɔʀaʒi] *nf* emorragia; ▸ **hémorragie cérébrale/interne** emorragia cerebrale/interna; ▸ **hémorragie nasale** emorragia nasale.
hémorroïdes [emɔʀɔid] *nfpl* emorroidi *fpl.*
hémostatique [emɔstatik] *adj* emostatico(-a).
henné ['ene] *nm* henné *m.*
hennir ['eniʀ] *vi* nitrire.
hennissement ['enismɑ̃] *nm* nitrito.
hep ['ɛp] *excl* ehi!
hépatique [epatik] *adj* epatico(-a).
hépatite [epatit] *nf* epatite *f.*
héraldique [eʀaldik] *nf* araldica.
herbacé, e [ɛʀbase] *adj* erbaceo(-a).
herbage [ɛʀbaʒ] *nm* pascolo.
herbe [ɛʀb] *nf* erba; **en** ~ (*aussi fig*) in erba; **touffe/brin d'**~ ciuffo/filo d'erba.
herbeux, -euse [ɛʀbø, øz] *adj* erboso(-a).
herbicide [ɛʀbisid] *nm* erbicida *m.*
herbier [ɛʀbje] *nm* erbario.
herbivore [ɛʀbivɔʀ] *nm* erbivoro.
herboriser [ɛʀbɔʀize] *vi* erborare, erborizzare.
herboriste [ɛʀbɔʀist] *nm/f* erborista *m/f.*
herboristerie [ɛʀbɔʀistʀi] *nf* erboristeria.
herculéen, ne [ɛʀkyleɛ̃, ɛn] *adj* (*fig*) erculeo(-a).
hère ['ɛʀ] *nm*: **pauvre** ~ povero diavolo.
héréditaire [eʀeditɛʀ] *adj* ereditario(-a).
hérédité [eʀedite] *nf* eredità *f inv*; (*BIOL*) ereditarietà *f inv.*
hérésie [eʀezi] *nf* eresia.
hérétique [eʀetik] *nm/f* eretico(-a).
hérissé, e ['eʀise] *adj* ispido(-a), irsuto(-a); ~ **de** (*aussi fig*) irto(-a) di.
hérisser ['eʀise] *vt*: ~ **qn** (*fig*) irritare *ou* indisporre qn; **se hérisser** *vr* (*poils, chat*) rizzarsi.
hérisson ['eʀisɔ̃] *nm* riccio.
héritage [eʀitaʒ] *nm* (*aussi fig*) eredità *f inv*; **faire un (petit)** ~ entrare in possesso di una (piccola) eredità.
hériter [eʀite] *vi*: ~ **de qch (de qn)** ereditare qc (da qn).
héritier, -ière [eʀitje, jɛʀ] *nm/f* erede *m/f.*
hermaphrodite [ɛʀmafʀɔdit] *adj* ermafrodito(-a) ♦ *nm* ermafrodito.
hermétique [ɛʀmetik] *adj* (*aussi fig*) ermetico(-a).
hermétiquement [ɛʀmetikmɑ̃] *adv* ermeticamente.
hermine [ɛʀmin] *nf* ermellino.
hernie ['ɛʀni] *nf* ernia.
héroïne [eʀɔin] *nf* (*aussi drogue*) eroina.
héroïnomane [eʀɔinɔman] *nm/f* eroinomane *m/f.*
héroïque [eʀɔik] *adj* eroico(-a).
héroïquement [eʀɔikmɑ̃] *adv* eroicamente.
héroïsme [eʀɔism] *nm* eroismo.
héron ['eʀɔ̃] *nm* airone *m.*
héros ['eʀo] *nm* eroe *m.*
herpès [ɛʀpɛs] *nm* herpes *m*, erpete *m.*
herse ['ɛʀs] *nf* (*AGR*) erpice *m*; (*de château*) saracinesca.
hertz [ɛʀts] *nm* hertz *m inv.*
hertzien, ne [ɛʀtsjɛ̃, ɛn] *adj* hertziano(-a), erziano(-a).
hésitant, e [ezitɑ̃, ɑ̃t] *adj* esitante.
hésitation [ezitasjɔ̃] *nf* esitazione *f.*
hésiter [ezite] *vi*: ~ **(à faire)** esitare (a fare); **je le dis sans** ~ lo dico senza esitare; ~ **entre** esitare tra; ~ **sur qch** essere incerto(-a) su qc.
hétéro [eteʀo] *adj inv* = **hétérosexuel(le)**.
hétéroclite [eteʀɔklit] *adj* (*ensemble*) composito(-a); (*objets*) disparato(-a).
hétérogène [eteʀɔʒɛn] *adj* eterogeneo(-a).
hétérosexuel, le [eteʀɔsɛksɥɛl] *adj* eterosessuale.
hêtre ['ɛtʀ] *nm* faggio.
heure [œʀ] *nf* ora; **c'est l'**~ è ora; **quelle** ~ **est-il?** che ore sono?, che ora è?; **pourriez-vous me donner l'**~**, s'il vous plaît?** potrebbe dirmi l'ora, per cortesia?; **2** ~**s (du matin)** le 2 (di notte *ou* del mattino); **à la bonne** ~ alla buon'ora, finalmente; **être à l'**~ essere puntuale; (*montre*) essere giusto(-a); **mettre à l'**~ regolare; **100 km à l'**~ 100(km) all'ora; **à toute** ~ a tutte le ore, in ogni momento; **24** ~**s sur 24** 24 ore su 24; **à l'**~ **qu'il est** a quest'ora; **une** ~ **d'arrêt** un'ora di sosta; **sur l'**~ all'istante; **pour l'**~ per ora; **d'**~ **en** ~ ogni ora; (*d'une* ~ *à l'autre*) da un momento all'altro; **d'une** ~ **à l'autre** da un momento all'altro; **de bonne** ~ di buon'ora; **le bus passe à l'**~ l'autobus passa in orario; **2** ~**s de marche/travail** 2 ore di marcia/lavoro; **à l'**~ **actuelle** attualmente; ▸ **heure d'été/locale** ora estiva/locale; ▸ **heure de pointe** ora di punta; ▸ **heures de bureau** orario *msg* di ufficio; ▸ **heures supplémentaires** straordinario *msg.*
heureusement [œʀøzmɑ̃] *adv* fortunatamente, per fortuna.
heureux, -euse [œʀø, øz] *adj* (*personne, visage*) felice, lieto(-a); (*nature, caractère*)

gioviale; (*chanceux*) fortunato(-a); (*judicieux*) felice; **être ~ de qch/faire** essere contento(-a) di qc/fare; **être ~ que** essere felice *ou* lieto(-a) che; **s'estimer ~ de qch/que** ritenersi fortunato(-a) per qc/che; **encore ~ que ...** bene che ..., è già molto che ... .

heurt ['œʀ] *nm* urto; **~s** *nmpl* (*fig*: *bagarre*) scontri *mpl*; (: *désaccord*) contrasti *mpl*.

heurté, e ['œʀte] *adj* (*fig*: *style, discours*) poco scorrevole; (: *couleurs*) contrastante.

heurter ['œʀte] *vt* urtare; (*fig*) offendere; **se heurter** *vr* urtare; (*voitures, personnes*) urtarsi; (*couleurs, tons*) contrastare; **se ~ à** (*fig*) imbattersi in; **~ qn de front** prendere qn di petto.

heurtoir ['œʀtwaʀ] *nm* batacchio.

hévéa [evea] *nm* hevea.

hexagonal, e, -aux [ɛgzagɔnal, o] *adj* esagonale; (*souvent péj*) francese (*si veda la nota ad hexagone*).

hexagone [ɛgzagɔn] *nm* esagono; (*la France*) la Francia (*data la sua forma vagamente esagonale*).

HF ['aʃɛf] *sigle f* (= *haute fréquence*) HF.

hiatus ['jatys] *nm* iato.

hibernation [ibɛʀnasjɔ̃] *nf* ibernazione *f*, letargo; (*fig*) letargo.

hiberner [ibɛʀne] *vi* andare in letargo.

hibiscus [ibiskys] *nm* ibisco.

hibou, x ['ibu] *nm* gufo.

hic ['ik] (*fam*) *nm* busillis *m inv*.

hideusement ['idøzmɑ̃] *adv* orrendamente.

hideux, -euse ['idø, øz] *adj* orrendo(-a), ributtante.

hier [jɛʀ] *adv* ieri; **~ matin/soir** ieri mattina/sera; **~ midi** ieri a mezzogiorno; **toute la journée/la matinée d'~** tutta la giornata/la mattina di ieri.

hiérarchie ['jeʀaʀʃi] *nf* gerarchia.

hiérarchique ['jeʀaʀʃik] *adj* gerarchico (-a).

hiérarchiquement ['jeʀaʀʃikmɑ̃] *adv* gerarchicamente.

hiérarchisation ['jeʀaʀʃizasjɔ̃] *nf* gerarchizzazione *f*.

hiérarchiser ['jeʀaʀʃize] *vt* gerarchizzare.

hiéroglyphe ['jeʀɔglif] *nm* (*aussi fig*) geroglifico.

hiéroglyphique ['jeʀɔglifik] *adj* geroglifico(-a); (*fig*) indecifrabile.

hi-fi ['ifi] *nf inv* hi-fi *f inv*.

hilarant, e [ilaʀɑ̃, ɑ̃t] *adj* esilarante.

hilare [ilaʀ] *adj* ilare.

hilarité [ilaʀite] *nf* ilarità.

Himalaya [imalaja] *nm* Himalaya *m*.

himalayen, ne [imalajɛ̃, ɛn] *adj* himalayano(-a), imalaiano(-a).

hindou, e [ɛ̃du] *adj* indù; (*Indien*) indiano(-a) ♦ *nm/f*: **H~**, **e** indù *m/f*; (*croyant*) induista *m/f*.

hindouisme [ɛ̃duism] *nm* induismo.

Hindoustan [ɛ̃dustɑ̃] *n* Indostan *m*.

hippie ['ipi] *adj, nm/f* hippy *m/f inv*.

hippique [ipik] *adj* ippico(-a).

hippisme [ipism] *nm* ippica.

hippocampe [ipɔkɑ̃p] *nm* ippocampo.

hippodrome [ipɔdʀom] *nm* ippodromo.

hippophagique [ipɔfaʒik] *adj*: **boucherie ~** macelleria equina.

hippopotame [ipɔpɔtam] *nm* ippopotamo.

hirondelle [iʀɔ̃dɛl] *nf* rondine *f*.

hirsute [iʀsyt] *adj* (*personne*) dai capelli folti e scompigliati; (*cheveux*) folto(-a) e scompigliato(-a); (*barbe*) folto(-a).

hispanique [ispanik] *adj* ispanico(-a).

hispanisant, e [ispanizɑ̃, ɑ̃t] *nm/f* ispanista *m/f*.

hispaniste [ispanist] *nm/f* ispanista *m/f*.

hispano-américain, e [ispanoameʀikɛ̃, ɛn] (*pl* **~-~s, -es**) *adj* ispano-americano(-a).

hispano-arabe [ispanoaʀab] (*pl* **~-~s**) *adj* ispano-arabo(-a).

hisser ['ise] *vt* issare; **se hisser** *vr*: **se ~ sur** issarsi su.

histoire [istwaʀ] *nf* storia; (*chichis*: *gén pl*) storie *fpl*; **~s** *nfpl* (*ennuis*) storie *fpl*; **l'~ de France** la storia di Francia; **l'~ sainte** la storia sacra; **~ de faire qch** (*fig*) giusto *ou* tanto per fare qc; **une ~ de** una questione di.

histologie [istɔlɔʒi] *nf* istologia.

historien, ne [istɔʀjɛ̃, ɛn] *nm/f* storico(-a), studioso(-a) di storia.

historiographe [istɔʀjɔgʀaf] *nm* storiografo.

historique [istɔʀik] *adj* storico(-a) ♦ *nm* (*exposé, récit*): **faire l'~ de** fare la cronistoria di.

historiquement [istɔʀikmɑ̃] *adv* storicamente.

hit-parade ['itpaʀad] (*pl* **~-~s**) *nm* hit-parade *f inv*.

hiver [ivɛʀ] *nm* inverno; **en ~** in *ou* d'inverno.

hivernal, e, -aux [ivɛʀnal, o] *adj* invernale.

hivernant, e [ivɛʀnɑ̃, ɑ̃t] *nm/f* (*dans une station balnéaire*) *chi sverna in una località climatica*; (*dans une station de ski*) *turista delle stazioni invernali*.

hiverner [ivɛʀne] *vi* svernare.

HLM ['aʃɛlɛm] *sigle m ou f* (= *habitations à loyer modéré*) ≈ case *fpl* popolari.

hobby ['ɔbi] *nm* hobby *m inv*.

hobereau ['ɔbʀo] *nm* (*ZOOL*) lodolaio; (*fig*) signorotto di campagna.

hochement ['ɔʃmɑ̃] *nm*: **~ de tête** scuotimento della testa; (*en signe d'assentiment, de dénégation*) cenno del capo.

hocher ['ɔʃe] *vt*: **~ la tête** scuotere la te-

sta.
hochet ['ɔʃɛ] *nm* giochino (*per neonati*).
hockey ['ɔkɛ] *nm*: ~ **(sur glace/gazon)** hockey *m* (su ghiaccio/prato).
hockeyeur, -euse ['ɔkɛjœʀ, øz] *nm/f* giocatore(-trice) di hockey, hockeista *m/f*.
holà ['ɔla; hɔla] *nm*: **mettre le ~ à qch** por fine a qc.
holding ['ɔldiŋ] *nm* holding *f inv*.
hold-up ['ɔldœp] *nm inv* rapina.
hollandais, e ['ɔlɑ̃dɛ, ɛz] *adj* olandese ♦ *nm* olandese *m* ♦ *nm/f*: **H~, e** olandese *m/f*; **les H~** gli olandesi.
Hollande ['ɔlɑ̃d] *nf* Olanda ♦ *nm*: **h~** formaggio olandese.
holocauste [ɔlɔkost] *nm* olocausto.
hologramme [ɔlɔgʀam] *nm* ologramma *m*.
homard ['ɔmaʀ] *nm* astice *m*.
homélie [ɔmeli] *nf* omelia.
homéopathe [ɔmeɔpat] *nm/f* omeopata *m/f*.
homéopathie [ɔmeɔpati] *nf* omeopatia.
homéopathique [ɔmeɔpatik] *adj* omeopatico(-a).
homérique [ɔmeʀik] *adj* omerico(-a).
homicide [ɔmisid] *nm* omicidio; ▸**homicide involontaire** omicidio preterintenzionale.
hommage [ɔmaʒ] *nm* omaggio; **rendre ~ à** rendere omaggio a; **en ~ de** in segno di; **faire ~ de qch à qn** dare qc in omaggio a qn; **présenter ses ~s** presentare i propri omaggi.
homme [ɔm] *nm* uomo; **l'~ de la rue** l'uomo della strada; ▸**homme à tout faire** uomo di fatica; ▸**homme d'affaires** uomo d'affari; ▸**homme d'Église** uomo di Chiesa; ▸**homme d'État** uomo di Stato; ▸**homme de loi** uomo di legge; ▸**homme de main** sicario; ▸**homme de paille** uomo di paglia, prestanome *m inv*; ▸**homme des cavernes** uomo delle caverne.
homme-grenouille [ɔmgʀənuj] (*pl* **~s-~s**) *nm* sommozzatore *m*, uomo *m* rana *inv*.
homme-orchestre [ɔmɔʀkɛstʀ] (*pl* **~s-~s**) *nm musicista che suona più strumenti simultaneamente.*
homme-sandwich [ɔmsɑ̃dwitʃ] (*pl* **~s-~s**) *nm* uomo *m* sandwich *inv*.
homogène [ɔmɔʒɛn] *adj* omogeneo(-a).
homogénéisé, e [ɔmɔʒeneize] *adj*: **lait ~** latte omogeneizzato.
homogénéité [ɔmɔʒeneite] *nf* omogeneità.
homologation [ɔmɔlɔgasjɔ̃] *nf* omologazione *f*.
homologue [ɔmɔlɔg] *nm/f* omologo(-a).
homologué, e [ɔmɔlɔge] *adj* omologato (-a).
homologuer [ɔmɔlɔge] *vt* omologare.
homonyme [ɔmɔnim] *nm* omonimo.
homosexualité [ɔmɔsɛksɥalite] *nf* omosessualità.
homosexuel, le [ɔmɔsɛksɥɛl] *adj* omosessuale.
Honduras ['ɔ̃dyʀas] *nm* Honduras *m*.
hondurien, ne ['ɔ̃dyʀjɛ̃, ɛn] *adj* honduregno(-a) ♦ *nm/f*: **H~, ne** honduregno(-a).
Hong-Kong ['ɔ̃gkɔ̃g] *n* Hong-Kong *f*.
hongre ['ɔ̃gʀ] *adj* castrato(-a) ♦ *nm* cavallo castrato.
Hongrie ['ɔ̃gʀi] *nf* Ungheria.
hongrois, e ['ɔ̃gʀwa, waz] *adj* ungherese ♦ *nm* ungherese *m* ♦ *nm/f*: **H~, e** ungherese *m/f*.
honnête [ɔnɛt] *adj* onesto(-a); (*satisfaisant*) discreto(-a).
honnêtement [ɔnɛtmɑ̃] *adv* (*v adj*) onestamente; discretamente.
honnêteté [ɔnɛtte] *nf* onestà.
honneur [ɔnœʀ] *nm* onore *m*; **~s** *nmpl* (*marques de distinction*) onori *mpl*; **l'~ lui revient** (*mérite*) è tutto merito suo; **à qui ai-je l'~?** con chi ho l'onore di parlare?; **cela me/te fait ~** (ciò) mi/ti fa onore; **"j'ai l'~ de ..."** "ho l'onore di ..."; **en l'~ de** (*personne*) in onore di; (*événement*) in occasione di; **faire ~ à** (*engagements*) onorare; (*famille, fig*: *repas etc*) fare onore a; **être à l'~** avere preminenza, avere il posto d'onore; **être en ~** essere in auge; **membre d'~** membro onorario; **table d'~** tavolo d'onore.
Honolulu [ɔnɔlyly] *n* Honolulu *f*.
honorable [ɔnɔʀabl] *adj* (*personne*) rispettabile; (*suffisant*) onorevole.
honorablement [ɔnɔʀabləmɑ̃] *adv* (*v adj*) rispettabilmente; onorevolmente.
honoraire [ɔnɔʀɛʀ] *adj* onorario(-a); **~s** *nmpl* (*d'un médecin, d'un avocat etc*) onorario *msg*; **professeur ~** professore onorario.
honorer [ɔnɔʀe] *vt* onorare; (*suj*: *sentiment, qualité*) fare onore a; **~ qn de** onorare qn di; **s'~ de** onorarsi di.
honorifique [ɔnɔʀifik] *adj* onorifico(-a).
honte ['ɔ̃t] *nf* vergogna; **avoir ~ de** vergognarsi di, provare vergogna per; **faire ~ à qn** essere la vergogna di qn.
honteusement ['ɔ̃tøzmɑ̃] *adv* vergognosamente.
honteux, -euse ['ɔ̃tø, øz] *adj* vergognoso(-a).
hôpital, -aux [ɔpital, o] *nm* ospedale *m*.
hoquet ['ɔkɛ] *nm* singhiozzo; **avoir le ~** avere il singhiozzo.
hoqueter ['ɔkte] *vi* avere il singhiozzo.
horaire [ɔʀɛʀ] *adj* orario(-a) ♦ *nm* orario; **~s** *nmpl* (*conditions, heures de travail*) orario *msg*; ▸**horaire souple** orario flessibile *ou* elastico; ▸**horaire à la carte** *ou* **flexible** *ou* **mobile** orario flessibile *ou* elastico.

horde ['ɔʀd] *nf* orda.
horizon [ɔʀizɔ̃] *nm* (*aussi fig*) orizzonte *m*; **~s** *nmpl* (*fig*) orizzonti *mpl*; **sur l'~** all'orizzonte.
horizontal, e, -aux [ɔʀizɔ̃tal, o] *adj* orizzontale.
horizontale [ɔʀizɔ̃tal] *nf*: **à l'~** in posizione orizzontale.
horizontalement [ɔʀizɔ̃talmɑ̃] *adv* orizzontalmente.
horloge [ɔʀlɔʒ] *nf* orologio; ▶ **horloge parlante** (*TÉL*) ora esatta.
horloger, -ère [ɔʀlɔʒe, ɛʀ] *nm/f* orologiaio(-a).
horlogerie [ɔʀlɔʒʀi] *nf* orologeria; **pièces d'~** parti *fpl* dell'orologio.
hormis ['ɔʀmi] *prép* salvo, tranne.
hormonal, e, -aux [ɔʀmɔnal, o] *adj* ormonale.
hormone [ɔʀmɔn] *nf* ormone *m*.
horodaté, e [ɔʀɔdate] *adj* (*ticket*) con il giorno e l'ora; (*stationnement*) a tempo limitato (*con biglietto orario*).
horodateur, -trice [ɔʀɔdatœʀ, tʀis] *adj* (*appareil*) che stampa il giorno e l'ora ♦ *nm biglietteria automatica del parcheggio.*
horoscope [ɔʀɔskɔp] *nm* oroscopo.
horreur [ɔʀœʀ] *nf* orrore *m*; **quelle ~!** che orrore!; **avoir ~ de qch** detestare qc, avere orrore di qc; **cela me fait ~** (ciò) mi fa orrore.
horrible [ɔʀibl] *adj* orribile, orrendo(-a).
horriblement [ɔʀibləmɑ̃] *adv* orribilmente, orrendamente; (*extrêmement*) terribilmente, tremendamente.
horrifiant, e [ɔʀifjɑ̃, ɑ̃t] *adj* raccapricciante, agghiacciante.
horrifier [ɔʀifje] *vt* far inorridire.
horrifique [ɔʀifik] *adj* orrido(-a), orripilante.
horripilant, e [ɔʀipilɑ̃, ɑ̃t] *adj* esasperante.
horripiler [ɔʀipile] *vt* dare sui nervi a, esasperare.
hors ['ɔʀ] *prép* (*sauf*) salvo; **~ de** fuori di *ou* da; **~ de propos** fuori luogo; **être ~ de soi** essere fuori di sé; ▶ **hors d'usage** fuori uso; ▶ **hors ligne** *ou* **pair** eccezionale, senza pari; ▶ **hors série** (*sur mesure*) fuori serie; (*exceptionnel*) eccezionale; ▶ **hors service** fuori servizio.
hors-bord ['ɔʀbɔʀ] *nm inv* fuoribordo *m inv*.
hors-concours ['ɔʀkɔ̃kuʀ] *adj inv* fuori concorso *inv*; (*fig*) fuori classe *inv*.
hors-d'œuvre ['ɔʀdœvʀ] *nm inv* antipasto.
hors-jeu ['ɔʀʒø] *nm inv* fuorigioco *m inv*.
hors-la-loi ['ɔʀlalwa] *nm inv* fuorilegge *m inv*.
hors-piste(s) ['ɔʀpist] *nm inv* (*SKI*) fuoripista *m inv*.
hors-taxe [ɔʀtaks] *adj* ≈ al netto di I.V.A.
hors-texte ['ɔʀtɛkst] *nm inv* illustrazione *f* *ou* tavola fuori testo.
hortensia [ɔʀtɑ̃sja] *nm* ortensia.
horticole [ɔʀtikɔl] *adj* orticolo(-a).
horticulteur, -trice [ɔʀtikyltœʀ, tʀis] *nm/f* orticoltore(-trice).
horticulture [ɔʀtikyltyʀ] *nf* orticoltura.
hospice [ɔspis] *nm* ospizio, ricovero.
hospitalier, -ière [ɔspitalje, jɛʀ] *adj* (*accueillant*) ospitale; (*MÉD*: *service, centre*) ospedaliero(-a).
hospitalisation [ɔspitalizasjɔ̃] *nf* ricovero (in ospedale), ospedalizzazione *f*.
hospitaliser [ɔspitalize] *vt* ricoverare (in ospedale), ospedalizzare.
hospitalité [ɔspitalite] *nf* ospitalità *f inv*; **offrir l'~ à qn** offrire ospitalità a qn.
hostie [ɔsti] *nf* ostia.
hostile [ɔstil] *adj*: **~ (à)** ostile (a).
hostilité [ɔstilite] *nf* ostilità *f inv*; **~s** *nfpl* (*MIL*) ostilità *fpl*.
hôte [ot] *nm/f* ospite *m/f*; ▶ **hôte payant** ospite pagante.
hôtel [otɛl] *nm* albergo, hotel *m inv*; **aller à l'~** andare in albergo; ▶ **hôtel de ville** municipio; ▶ **hôtel (particulier)** palazzina signorile.
hôtelier, -ière [otəlje, jɛʀ] *adj* alberghiero(-a) ♦ *nm/f* albergatore (-trice).
hôtellerie [otɛlʀi] *nf* (*profession*) industria alberghiera; (*auberge*) locanda.
hôtesse [otɛs] *nf* (*maîtresse de maison*) padrona di casa; (*dans une agence, une foire*) hostess *f inv*; ▶ **hôtesse (d'accueil)** hostess *f inv*; ▶ **hôtesse (de l'air)** hostess *f inv*.
hotte ['ɔt] *nf* (*panier*) gerla; (*de cheminée*) cappa; **~ aspirante** (*de cuisinière*) cappa aspirante.
houblon ['ublɔ̃] *nm* luppolo.
houe ['u] *nf* zappa.
houille ['uj] *nf* carbone *m* (fossile); ▶ **houille blanche** carbone bianco.
houiller, -ère ['uje, ɛʀ] *adj* carboniero(-a); (*terrain*) carbonifero(-a).
houillère ['ujɛʀ] *nf* miniera di carbone.
houle ['ul] *nf* onda lunga.
houlette ['ulɛt] *nf*: **sous la ~ de** sotto la guida di.
houleux, -euse ['ulø, øz] *adj* (*mer*) mosso(-a); (*fig*: *discussion etc*) burrascoso(-a).
houppe ['up] *nf* (*pour la poudre*) piumino (*della cipria*).
houppette ['upɛt] *nf* (*pour la poudre*) piumino (*della cipria*); (*cheveux*) ciuffo, ciuffetto.
hourra ['uʀa] *nm, excl* urrà *m inv*, evviva *m inv*.
houspiller ['uspije] *vt* strapazzare, bistrattare.
housse ['us] *nf* fodera; ▶ **housse (pende-**

rie) sacco *ou* custodia per abiti.
houx ['u] *nm* agrifoglio.
H.S. [aʃɛs] *abr* = **hors service**.
H.T. ['aʃtɛ] *abr* = **hors-taxe**.
hublot ['yblo] *nm* oblò *m inv*.
huche ['yʃ] *nf*: ~ **à pain** madia per il pane.
huées ['ɥe] *nfpl* urla *fpl* e fischi *mpl*.
huer ['ɥe] *vt* fischiare ♦ *vi* stridere (*di gufo e civetta*).
huile [ɥil] *nf* olio; (*fam*: *personne importante*) pezzo grosso; **mer d'**~ mare calmo come l'olio; **faire tache d'**~ (*fig*) estendersi a macchia d'olio; ▶ **huile d'arachide** olio (di semi) di arachide; ▶ **huile de foie de morue** olio di fegato di merluzzo; ▶ **huile de ricin** olio di ricino; ▶ **huile de table** olio da tavola; ▶ **huile détergente** (*AUTO*) olio detergente; ▶ **huile essentielle** olio essenziale; ▶ **huile solaire** olio solare.
huiler [ɥile] *vt* oliare.
huilerie [ɥilʀi] *nf* oleificio.
huileux, -euse [ɥilø, øz] *adj* oleoso(-a).
huilier [ɥilje] *nm* oliera.
huis [ɥi] *nm*: **à** ~ **clos** a porte chiuse.
huissier [ɥisje] *nm* usciere *m*; (*JUR*) ufficiale *m* giudiziario.
huit ['ɥi(t)] *adj inv, nm inv* otto; **samedi en** ~ (non questo sabato) sabato prossimo; **dans** ~ **jours** tra otto giorni; *voir aussi* **cinq**.
huitaine ['ɥitɛn] *nf*: **une** ~ **de** (circa) otto; **une** ~ **de jours** otto giorni (circa), una settimana.
huitante ['ɥitɑ̃t] *adj inv, nm inv* (*Suisse*) ottanta *m inv*.
huitième ['ɥitjɛm] *adj, nm/f* ottavo(-a) ♦ *nm* ottavo; *voir aussi* **cinquième**.
huître [ɥitʀ] *nf* ostrica.
hululement ['ylylmɑ̃] *nm* stridìo.
hululer ['ylyle] *vi* stridere.
humain, e [ymɛ̃, ɛn] *adj* umano(-a) ♦ *nm* umano.
humainement [ymɛnmɑ̃] *adv* umanamente.
humanisation [ymanizasjɔ̃] *nf* umanizzazione *f*.
humaniser [ymanize] *vt* rendere più umano, umanizzare.
humaniste [ymanist] *nm/f* (*LING*) umanista *m/f*.
humanitaire [ymanitɛʀ] *adj* umanitario (-a).
humanitarisme [ymanitaʀism] *nm* umanitarismo.
humanité [ymanite] *nf* umanità.
humanoïde [ymanɔid] *nm/f* umanoide *m/f*.
humble [œ̃bl(ə)] *adj* umile.
humblement [œ̃bləmɑ̃] *adv* umilmente.
humecter [ymɛkte] *vt* inumidire; **s'**~ **les lèvres** inumidirsi le labbra.
humer ['yme] *vt* annusare, fiutare.
humérus [ymeʀys] *nm* omero.
humeur [ymœʀ] *nf* umore *m*; (*irritation*) stizza; **de bonne/mauvaise** ~ di buon/cattivo umore; **cela m'a mis de mauvaise/bonne** ~ (ciò) mi ha messo di cattivo/buon umore; **je suis de mauvaise/bonne** ~ sono di cattivo/buon umore; **être d'**~ **à faire qch** essere in vena di fare qc.
humide [ymid] *adj* umido(-a); (*route*) bagnato(-a).
humidificateur [ymidifikatœʀ] *nm* umidificatore *m*.
humidifier [ymidifje] *vt* umidificare.
humidité [ymidite] *nf* umidità; **traces d'**~ tracce *fpl* di umidità.
humiliant, e [ymiljɑ̃, ɑ̃t] *adj* umiliante.
humiliation [ymiljasjɔ̃] *nf* umiliazione *f*.
humilier [ymilje] *vt* umiliare; **s'**~ **devant qn** umiliarsi davanti a qn.
humilité [ymilite] *nf* umiltà.
humoriste [ymɔʀist] *nm/f* umorista *m/f*.
humoristique [ymɔʀistik] *adj* umoristico (-a).
humour [ymuʀ] *nm* umorismo; **il a un** ~ **particulier** ha un umorismo particolare; **avoir de l'**~ avere il senso dell'umorismo, avere humour; ▶ **humour noir** umorismo nero.
humus [ymys] *nm* humus *m inv*.
huppé, e ['ype] (*fam*) *adj* altolocato(-a).
hurlement ['yʀləmɑ̃] *nm* ululato; (*persone*) urlo.
hurler ['yʀle] *vi* (*animal, fig*: *vent etc*) ululare; (*personne*) urlare; (*fig*: *couleurs etc*) fare a pugni (*fig*); ~ **à la mort** (*suj*: *chien*) ululare *ou* abbaiare alla luna.
hurluberlu [yʀlybɛʀly] (*péj*) *nm* scervellato(-a), sconsiderato(-a).
hutte ['yt] *nf* capanna, capanno.
hybride [ibʀid] *adj* ibrido(-a).
hydratant, e [idʀatɑ̃, ɑ̃t] *adj* idratante.
hydrate [idʀat] *nm*: ~**s de carbone** idrato di carbonio, carboidrato.
hydrater [idʀate] *vt* idratare.
hydraulique [idʀolik] *adj* idraulico(-a).
hydravion [idʀavjɔ̃] *nm* idrovolante *m*.
hydro... [idʀɔ] *préf* idro ... .
hydrocarbure [idʀɔkaʀbyʀ] *nm* idrocarburo.
hydrocution [idʀɔkysjɔ̃] *nf* (*MÉD*) idrocuzione *f*.
hydro-électrique [idʀoelɛktʀik] (*pl* ~-~**s**) *adj* idroelettrico(-a).
hydrogène [idʀɔʒɛn] *nm* idrogeno.
hydroglisseur [idʀɔglisœʀ] *nm* idroscivolante *m*.
hydrographie [idʀɔgʀafi] *nf* idrografia.
hydrographique [idʀɔgʀafik] *adj* idrografico(-a).

hydrophile [idʀɔfil] *adj voir* **coton**.
hyène [jɛn] *nf* iena.
hygiène [iʒjɛn] *nf* igiene *f*; ▸ **hygiène corporelle/intime** igiene personale/ intima.
hygiénique [iʒenik] *adj* igienico(-a).
hygromètre [igʀɔmɛtʀ] *nm* igrometro.
hymne [imn] *nm* inno; ▸ **hymne national** inno nazionale.
hyper... [ipɛʀ] *préf* iper ... .
hypermarché [ipɛʀmaʀʃe] *nm* ipermercato.
hypermétrope [ipɛʀmetʀɔp] *adj* ipermetrope.
hypernerveux, -euse [ipɛʀnɛʀvø, øz] *adj* nervosissimo(-a).
hypersensible [ipɛʀsɑ̃sibl] *adj* ipersensibile.
hypertendu, e [ipɛʀtɑ̃dy] *adj* iperteso(-a).
hypertension [ipɛʀtɑ̃sjɔ̃] *nf* ipertensione *f*.
hypertexte [ipɛʀtɛkst] *nm* (*INFORM*) ipertesto.
hypertrophié, e [ipɛʀtʀɔfje] *adj* ipertrofico(-a).
hypnose [ipnoz] *nf* ipnosi *f inv*.
hypnotique [ipnɔtik] *adj* ipnotico(-a).
hypnotiser [ipnɔtize] *vt* ipnotizzare.
hypnotiseur [ipnɔtizœʀ] *nm* ipnotizzatore *m*.
hypnotisme [ipnɔtism] *nm* ipnotismo.
hypocondriaque [ipɔkɔ̃dʀijak] *adj* ipocondriaco(-a).
hypocrisie [ipɔkʀizi] *nf* ipocrisia.
hypocrite [ipɔkʀit] *adj, nm/f* ipocrita *m/f*.
hypocritement [ipɔkʀitmɑ̃] *adv* ipocritamente.
hypotendu, e [ipɔtɑ̃dy] *adj* ipoteso(-a).
hypotension [ipɔtɑ̃sjɔ̃] *nf* ipotensione *f*.
hypoténuse [ipɔtenyz] *nf* ipotenusa.
hypothécaire [ipɔtekɛʀ] *adj* (*JUR*) ipotecario(-a); **garantie** ~ garanzia ipotecaria; **prêt** ~ prestito ipotecario.
hypothèque [ipɔtɛk] *nf* ipoteca.
hypothéquer [ipɔteke] *vt* ipotecare; ~ **l'avenir** (*fig*) ipotecare il futuro.
hypothermie [ipɔtɛʀmi] *nf* ipotermia.
hypothèse [ipɔtɛz] *nf* ipotesi *f inv*; **dans l'~ où** ... nell'ipotesi che ... .
hypothétique [ipɔtetik] *adj* ipotetico(-a).
hypothétiquement [ipɔtetikmɑ̃] *adv* ipoteticamente.
hystérectomie [isteʀɛktɔmi] *nf* isterectomia.
hystérie [isteʀi] *nf* isteria, isterismo; ▸ **hystérie collective** isterismo collettivo.
hystérique [isteʀik] *adj* isterico(-a).
Hz *abr* (= *Hertz*) Hz.

I, i

I, i [i] *nm inv* (*lettre*) I, i *f ou m inv*; ~ **comme Irma** ≈ I come Imola.
IAC [iase] *sigle f* = *insémination artificielle entre conjoints*.
IAD [iade] *sigle f* = *insémination artificielle par donneur extérieur*.
ibère [ibɛʀ] *adj* iberico(-a) ♦ *nm/f*: **I~** Ibero(-a).
ibérique [ibeʀik] *adj*: **la péninsule** ~ la penisola iberica.
ibid. [ibid] *abr* (= *ibidem*) ibid.
iceberg [ajsbɛʀg] *nm* iceberg *m inv*.
ici [isi] *adv* qui, qua; **jusqu'~** fin qui; (*temporel*) finora; **d'~ là** da qui ad allora; (*en attendant*) nel frattempo; **d'~ peu** fra poco.
icône [ikon] *nf* (*aussi INFORM*) icona.
iconoclaste [ikɔnɔklast] *nm/f* iconoclasta *m/f*.
iconographie [ikɔnɔgʀafi] *nf* iconografia.
id. [id] *abr* (= *idem*) id.
idéal, e, -aux [ideal, o] *adj* ideale ♦ *nm* ideale *m*; **l'~ serait de/que** l'ideale sarebbe/che.
idéalement [idealmɑ̃] *adv* idealmente.
idéalisation [idealizasjɔ̃] *nf* idealizzazione *f*.
idéaliser [idealize] *vt* idealizzare.
idéalisme [idealism] *nm* idealismo.
idéaliste [idealist] *adj* idealistico(-a) ♦ *nm/f* idealista *m/f*.
idée [ide] *nf* idea; **se faire des ~s** farsi delle idee; **agir/vivre selon son ~** agire/ vivere a modo proprio; **avoir dans l'~ que** avere idea che; **avoir ~ que** aver idea che; **mon ~, c'est que** ... secondo me ...; **je n'en ai pas la moindre ~** non ne ho la minima *ou* la più pallida idea; **à l'~ de/que** all'idea di/che; **en voilà des ~s!** (*désapprobation*) che bella trovata!; **avoir des ~s larges/étroites** essere di ampie/ ristrette vedute; **venir à l'~ de qn** venire in mente a qn; **avoir des ~s noires** vedere (tutto) nero; ▸ **idée fixe** idea fissa; ▸ **idées reçues** preconcetti *mpl*.
identifiable [idɑ̃tifjabl] *adj* identificabile.
identification [idɑ̃tifikasjɔ̃] *nf* identificazione *f*.
identifier [idɑ̃tifje] *vt* identificare; ~ **qch/**

qn à identificare qc/qn con; **s'~ avec** *ou* **à qch/qn** (*héros etc*) identificarsi con qc/qn.
identique [idɑ̃tik] *adj*: ~ **(à)** identico(-a) (a).
identité [idɑ̃tite] *nf* identità *f inv*.
idéogramme [ideɔgʀam] *nm* ideogramma *m*.
idéologie [ideɔlɔʒi] *nf* ideologia.
idéologique [ideɔlɔʒik] *adj* ideologico(-a).
idiomatique [idjɔmatik] *adj*: **expression** ~ espressione *f* idiomatica.
idiome [idjom] *nm* idioma *m*.
idiot, e [idjo, idjɔt] *adj, nm/f* idiota *m/f*.
idiotie [idjɔsi] *nf* idiozia.
idiotisme [idjɔtism] *nm* idiotismo.
idoine [idwan] *adj* idoneo(-a), adeguato(-a).
idolâtrer [idɔlɑtʀe] *vt* idolatrare.
idolâtrie [idɔlɑtʀi] *nf* idolatria.
idole [idɔl] *nf* idolo.
IDS [ideɛs] *sigle f* = *Initiative de défense stratégique*.
idylle [idil] *nf* idillio.
idyllique [idilik] *adj* idilliaco(-a).
if [if] *nm* (*BOT*) tasso.
IFOP [ifɔp] *sigle m* = *Institut français d'opinion publique*.
IGF [iʒeɛf] *sigle m* = *impôt sur les grandes fortunes*.
igloo [iglu] *nm* iglò *m inv*, iglù *m inv*.
IGN [iʒeɛn] *sigle m* = *Institut géographique national*.
ignare [iɲaʀ] *adj* ignorante.
ignifuge [iɲifyʒ] *adj* ignifugo(-a) ♦ *nm* ignifugo.
ignifugé, e [iɲifyʒe] *adj* ignifugo(-a), ignifugato(-a).
ignifuger [iɲifyʒe] *vt* ignifugare.
ignoble [iɲɔbl] *adj* ignobile; (*taudis, nourriture*) immondo(-a), ripugnante.
ignoblement [iɲɔbləmɑ̃] *adv* ignobilmente.
ignominie [iɲɔmini] *nf* ignominia.
ignominieux, -euse [iɲɔminjø, jøz] *adj* ignominioso(-a).
ignorance [iɲɔʀɑ̃s] *nf* ignoranza; **tenir qn/être dans l'~ de** tenere qn/essere all'oscuro di.
ignorant, e [iɲɔʀɑ̃, ɑ̃t] *adj, nm/f*: ~ **de** (*pas informé de*) ignaro(-a) di; ~ **en** (*une matière quelconque*) ignorante in; **faire l'~** fare lo(la) gnorri.
ignoré, e [iɲɔʀe] *adj* sconosciuto(-a).
ignorer [iɲɔʀe] *vt* ignorare; (*plaisir, guerre, souffrance*) non conoscere; **j'ignore comment/si** non so come/se; ~ **que** ignorare che; **je n'ignore pas que ...** (lo) so che ...; **je l'ignore** lo ignoro, non lo so.
IGPN [iʒepeɛn] *sigle f* = *Inspection générale de la police nationale*.
IGS [iʒeɛs] *sigle f* = *Inspection générale des services*.
iguane [igwan] *nm* iguana *m inv*.
il [il] *pron* (*personne*) egli; (*animal, chose*) esso; (*en tournure impersonnelle*): ~ **fait froid** fa freddo; (*en interrogation*): **Pierre est-~ arrivé?** Pierre è arrivato?; *voir aussi* **avoir**.
île [il] *nf* isola; **les ~s** (*les Antilles*) le Antille; **l'~ de Beauté** la Corsica; **l'~ Maurice** l'isola Maurizio; **les ~s anglo-normandes/Britanniques** le isole Normanne/Britanniche; **les ~s Cocos** *ou* **Keeling** le isole Cocos *ou* Keeling; **les ~s Cook** le isole Cook; **les ~s Vierges** le isole Vergini.
iliaque [iljak] *adj* (*ANAT*): **os** ~ osso iliaco; **artère** ~ arteria iliaca.
illégal, e, -aux [i(l)legal, o] *adj* illegale.
illégalement [i(l)legalmɑ̃] *adv* illegalmente.
illégalité [i(l)legalite] *nf* illegalità *f inv*; **être dans l'~** essere nell'illegalità.
illégitime [i(l)leʒitim] *adj* illegittimo(-a); (*non justifié, fondé*) ingiustificato(-a).
illégitimement [i(l)leʒitimmɑ̃] *adv* illegittimamente.
illégitimité [i(l)leʒitimite] *nf* illegittimità *f inv*; **gouverner dans l'~** governare nell'illegalità.
illettré, e [i(l)letʀe] *adj, nm/f* illetterato(-a).
illicite [i(l)lisit] *adj* illecito(-a).
illicitement [i(l)lisitmɑ̃] *adv* illecitamente.
illico [i(l)liko] (*fam*) *adv* all'istante, seduta stante.
illimité, e [i(l)limite] *adj* illimitato(-a).
illisible [i(l)lizibl] *adj* illeggibile.
illisiblement [i(l)liziblәmɑ̃] *adv* in modo illeggibile.
illogique [i(l)lɔʒik] *adj* illogico(-a).
illogisme [i(l)lɔʒism] *nm* illogicità *f inv*.
illumination [i(l)lyminasjɔ̃] *nf* illuminazione *f*; **~s** *nfpl* (*lumières*) illuminazione *fsg*.
illuminé, e [i(l)lymine] *adj* illuminato(-a) ♦ *nm/f* (*fig: péj*) esaltato(-a), fanatico(-a).
illuminer [i(l)lymine] *vt* illuminare; **s'illuminer** *vr* illuminarsi.
illusion [i(l)lyzjɔ̃] *nf* illusione *f*; **se faire des ~s** farsi (delle) illusioni, illudersi; **faire ~** gettare polvere negli occhi; ▸ **illusion d'optique** illusione ottica.
illusionner [i(l)lyzjɔne] *vt* illudere; **s'illusionner** *vr* illudersi.
illusionnisme [i(l)lyzjɔnism] *nm* illusionismo.
illusionniste [i(l)lyzjɔnist] *nm/f* illusionista *m/f*.
illusoire [i(l)lyzwaʀ] *adj* illusorio(-a).
illusoirement [i(l)lyzwaʀmɑ̃] *adv* illusoriamente.
illustrateur, -trice [i(l)lystʀatœʀ, tʀis] *nm/f* illustratore(-trice).

illustratif, -ive [i(l)lystʀatif, iv] *adj* illustrativo(-a).
illustration [i(l)lystʀasjɔ̃] *nf* illustrazione *f.*
illustre [i(l)lystʀ] *adj* illustre.
illustré, e [i(l)lystʀe] *adj* illustrato(-a) ♦ *nm* (*périodique*) rotocalco, rivista (illustrata); (*pour enfants*) giornalino.
illustrer [i(l)lystʀe] *vt* illustrare; **s'illustrer** *vr* (*personne*) distinguersi.
îlot [ilo] *nm* (*petite île*) isolotto; (*bloc de maisons*) isolato; **un ~ de verdure** un'oasi di verde.
ils [il] *pron voir* **il.**
image [imaʒ] *nf* immagine *f*; (*tableau, représentation*) immagine, raffigurazione *f*; ▸**image d'Épinal** immagine stereotipata; ▸**image de marque** (*COMM*: *d'un produit*) immagine commerciale; (: *d'une personne, d'une entreprise*) immagine; ▸**image pieuse** santino.
imagé, e [imaʒe] *adj* (*langage, style*) figurato(-a).
imaginable [imaʒinabl] *adj* immaginabile; **difficilement ~** difficilmente immaginabile.
imaginaire [imaʒinɛʀ] *adj* immaginario (-a); **nombre ~** (*MATH*) numero immaginario.
imaginatif, -ive [imaʒinatif, iv] *adj* ricco (-a) di immaginazione.
imagination [imaʒinasjɔ̃] *nf* immaginazione *f*, fantasia; **avoir de l'~** avere immaginazione *ou* fantasia.
imaginer [imaʒine] *vt* immaginare; (*expédient, mesure*) escogitare, ideare; **s'imaginer** *vr* immaginarsi; **~ que** immaginare che; **~ de faire qch** pensare di fare qc; **j'imagine qu'il a voulu plaisanter** immagino che abbia voluto scherzare; **qu'allez-vous ~ là?** cosa va a pensare?; **s'~ que/pouvoir faire qch** credere che/di poter fare qc; **s'~ à 60 ans/en vacances** immaginarsi a 60 anni/in vacanza; **ne t'imagine pas que** non credere che.
imbattable [ɛ̃batabl] *adj* imbattibile.
imbécile [ɛ̃besil] *adj, nm/f* imbecille *m/f.*
imbécillité [ɛ̃besilite] *nf* imbecillità *f inv*; (*action, propos, film*) idiozia, cretinata.
imberbe [ɛ̃bɛʀb] *adj* imberbe.
imbiber [ɛ̃bibe] *vt*: **~ (qch de)** impregnare (qc di), imbevere (qc di); **s'imbiber de** *vr* impregnarsi *ou* imbeversi di; **imbibé(e) d'eau** impregnato(-a) *ou* imbevuto(-a) d'acqua.
imbriqué, e [ɛ̃bʀike] *adj* imbricato(-a); (*fig*) connesso(-a).
imbriquer [ɛ̃bʀike] *vt* (*cubes*) incastrare; **s'imbriquer** *vr* (*problèmes, affaires*) intrecciarsi, sovrapporsi; (*plaques*) incastrarsi.
imbroglio [ɛ̃bʀɔljo] *nm* pasticcio, imbroglio; (*THÉÂTRE*) commedia d'intreccio.
imbu, e [ɛ̃by] *adj*: **~ de** (*préjugés, idées*) pieno(-a) di; **~ de soi-même/sa supériorité** pieno(-a) di sé/della propria superiorità.
imbuvable [ɛ̃byvabl] *adj* imbevibile; (*fig*: *personne*) insopportabile.
imitable [imitabl] *adj* imitabile.
imitateur, -trice [imitatœʀ, tʀis] *nm/f* imitatore(-trice).
imitation [imitasjɔ̃] *nf* imitazione *f*; **un sac ~ cuir** una borsa in finta pelle *ou* in similpelle; **c'est en ~ cuir** è di finta pelle *ou* di similpelle; **à l'~ de** imitando, sul modello di.
imiter [imite] *vt* imitare; **il se leva et je l'imitai** si alzò ed io lo imitai.
immaculé, e [imakyle] *adj* immacolato(-a); ▸**l'Immaculée Conception** l'Immacolata Concezione.
immanent, e [imanɑ̃, ɑ̃t] *adj* immanente.
immangeable [ɛ̃mɑ̃ʒabl] *adj* immangiabile.
immanquable [ɛ̃mɑ̃kabl] *adj* (*cible, but*) infallibile; (*fatal, inévitable*) immancabile.
immanquablement [ɛ̃mɑ̃kabləmɑ̃] *adv* immancabilmente.
immatériel, le [i(m)mateʀjɛl] *adj* immateriale.
immatriculation [imatʀikylasjɔ̃] *nf* immatricolazione *f.*
immatriculer [imatʀikyle] *vt* immatricolare; (*à la sécurité sociale etc*) iscrivere; **se faire ~** immatricolarsi; iscriversi; **voiture immatriculée dans la Seine** auto con targa della Senna.
immature [imatyʀ] *adj* immaturo(-a).
immaturité [imatyʀite] *nf* immaturità *f inv.*
immédiat, e [imedja, jat] *adj* immediato (-a) ♦ *nm*: **dans l'~** per il momento; **dans le voisinage ~ de** nelle immediate vicinanze di.
immédiatement [imedjatmɑ̃] *adv* immediatamente.
immémorial, e, -aux [i(m)memɔʀjal, jo] *adj* immemorabile.
immense [i(m)mɑ̃s] *adj* immenso(-a).
immensément [i(m)mɑ̃semɑ̃] *adv* immensamente.
immensité [i(m)mɑ̃site] *nf* immensità *f inv.*
immergé, e [imɛʀʒe] *adj* immerso(-a); (*rocher, terres*) sommerso(-a).
immerger [imɛʀʒe] *vt* immergere; **s'immerger** *vr* immergersi.
immérité, e [imeʀite] *adj* immeritato(-a).
immersion [imɛʀsjɔ̃] *nf* immersione *f.*
immettable [ɛ̃metabl] *adj* (*vêtement*) importabile.
immeuble [imœbl] *nm* (*bâtiment*) palazzo, edificio ♦ *adj* (*JUR*: *bien*) immobile; ▸**immeuble de rapport** immobile *m* redditizio; ▸**immeuble locatif** immobile in lo-

cazione.
immigrant, e [imigʀɑ̃, ɑ̃t] *nm/f* immigrante *m/f*.
immigration [imigʀasjɔ̃] *nf* immigrazione *f*.
immigré, e [imigʀe] *nm/f* immigrato(-a).
immigrer [imigʀe] *vi* immigrare.
imminence [iminɑ̃s] *nf* imminenza.
imminent, e [iminɑ̃, ɑ̃t] *adj* imminente.
immiscer [imise]: **s'~ dans** *vr* immischiarsi in.
immixtion [imiksjɔ̃] *nf* ingerenza, intromissione *f*.
immobile [i(m)mɔbil] *adj* immobile; (*pièce de machine*) fisso(-a); **rester/se tenir ~** rimanere/stare immobile.
immobilier, -ière [imɔbilje, jɛʀ] *adj* immobiliare ♦ *nm*: **l'~** (*COMM*) il settore immobiliare; (*JUR*) i beni immobili; *voir aussi* **promoteur**; **société**.
immobilisation [imɔbilizasjɔ̃] *nf* (*d'un membre blessé*) immobilizzazione *f*; (*de la circulation*) paralisi *f*; (*de capitaux*) immobilizzo; **~s** *nfpl* (*COMM*) immobilizzazioni *fpl*, attivi *mpl* immobilizzati.
immobiliser [imɔbilize] *vt* immobilizzare; (*circulation, affaires*) immobilizzare, paralizzare; (*véhicule: stopper*) fermare; (*empêcher de fonctionner: machine, avion etc*) bloccare; **s'immobiliser** *vr* (*personne*) immobilizzarsi; (*machine, véhicule*) fermarsi.
immobilisme [imɔbilism] *nm* immobilismo.
immobilité [imɔbilite] *nf* immobilità.
immodéré, e [imɔdeʀe] *adj* (*dépenses*) smodato(-a); (*désirs*) sfrenato(-a).
immodérément [imɔdeʀemɑ̃] *adv* smodatamente, senza moderazione.
immoler [imɔle] *vt* immolare.
immonde [i(m)mɔ̃d] *adj* immondo(-a); (*trafic, propos*) osceno(-a).
immondices [imɔ̃dis] *nfpl* (*ordures*) immondizie *fpl*; (*saletés*) porcherie *fpl*.
immoral, e, -aux [i(m)mɔʀal, o] *adj* immorale.
immoralement [i(m)mɔʀalmɑ̃] *adv* immoralmente.
immoralisme [i(m)mɔʀalism] *nm* immoralismo.
immoralité [i(m)mɔʀalite] *nf* immoralità.
immortaliser [imɔʀtalize] *vt* immortalare.
immortel, le [imɔʀtɛl] *adj* immortale.
immortelle [imɔʀtɛl] *nf* (*BOT*) sempreverde *m*.
immuable [imɥabl] *adj* (*inébranlable*) immutabile; (*qui ne change pas*) immutabile, immutato(-a); **~ dans ses convictions** (*personne*) saldo(-a) nelle sue convinzioni.
immunisation [imynizasjɔ̃] *nf* immunizzazione *f*.
immunisé, e [im(m)ynize] *adj* immunizzato(-a).
immuniser [imynize] *vt* (*MÉD, fig*) immunizzare.
immunitaire [imynitɛʀ] *adj* immunitario (-a).
immunité [imynite] *nf* (*BIOL, JUR*) immunità *f inv*; ►**immunité diplomatique/parlementaire** immunità diplomatica/parlamentare.
immunologie [imynɔlɔʒi] *nf* immunologia.
immutabilité [i(m)mytabilite] *nf* immutabilità.
impact [ɛ̃pakt] *nm* impatto; (*d'une personne*) influenza, impatto; **point d'~** punto d'impatto.
impair, e [ɛ̃pɛʀ] *adj* dispari *inv* ♦ *nm* gaffe *f inv*; **numéros ~s** numeri *mpl* dispari.
impalpable [ɛ̃palpabl] *adj* impalpabile.
imparable [ɛ̃paʀabl] *adj* imparabile.
impardonnable [ɛ̃paʀdɔnabl] *adj* imperdonabile; **vous êtes ~ d'avoir fait cela** ciò che ha fatto è imperdonabile.
imparfait, e [ɛ̃paʀfɛ, ɛt] *adj* imperfetto (-a); (*guérison*) incompleto(-a), non perfetto(-a) ♦ *nm* (*LING*) imperfetto.
imparfaitement [ɛ̃paʀfɛtmɑ̃] *adv* imperfettamente, non perfettamente.
impartial, e, -aux [ɛ̃paʀsjal, o] *adj* imparziale.
impartialement [ɛ̃paʀsjalmɑ̃] *adv* imparzialmente.
impartialité [ɛ̃paʀsjalite] *nf* imparzialità *f inv*.
impartir [ɛ̃paʀtiʀ] *vt*: **~ qch à qn** impartire qc a qn; (*JUR: délai*) concedere qc a qn, accordare qc a qn; **dans les délais impartis** nei termini stabiliti.
impasse [ɛ̃pɑs] *nf* (*cul-de-sac*) strada senza uscita, vicolo cieco; (*fig*) impasse *f inv*; **faire une ~** (*SCOL*) *non studiare una parte del programma sperando che non venga richiesta all'esame*; **être dans l'~** (*négociations*) essere in un vicolo cieco; ►**impasse budgétaire** mancanza temporanea di fondi.
impassibilité [ɛ̃pasibilite] *nf* impassibilità.
impassible [ɛ̃pasibl] *adj* impassibile.
impassiblement [ɛ̃pasibləmɑ̃] *adv* impassibilmente.
impatiemment [ɛ̃pasjamɑ̃] *adv* impazientemente.
impatience [ɛ̃pasjɑ̃s] *nf* impazienza; **avec ~** con impazienza; **mouvement/signe d'~** gesto/segno di impazienza.
impatient, e [ɛ̃pasjɑ̃, jɑ̃t] *adj* impaziente; **~ de faire qch** impaziente di fare qc.
impatienter [ɛ̃pasjɑ̃te] *vt* spazientire; **s'impatienter** *vr*: **s'~ (de/contre)** spazientirsi *ou* impazientirsi (per/con).

impayable [ɛ̃pɛjabl] *adj* impagabile.
impayé, e [ɛ̃peje] *adj* (*COMM*) insoluto(-a), non pagato(-a); **~s** *nmpl* (*COMM*: *traite, valeurs*) insoluti *mpl*; **(effets) ~s** (effetti) insoluti.
impeccable [ɛ̃pekabl] *adj* impeccabile; (*fam*) perfetto(-a).
impeccablement [ɛ̃pekabləmɑ̃] *adv* impeccabilmente.
impénétrable [ɛ̃penetʀabl] *adj* impenetrabile; (*desseins*) imperscrutabile.
impénitent, e [ɛ̃penitɑ̃, ɑ̃t] *adj* impenitente, incallito(-a); (*rêveur*) incorreggibile.
impensable [ɛ̃pɑ̃sabl] *adj* impensabile; (*événement arrivé*) incredibile.
impératif, -ive [ɛ̃peʀatif, iv] *adj* imperativo(-a) ♦ *nm* (*LING*) imperativo; **~s** *nmpl* (*prescriptions*: *d'une charge, fonction*) dettami *mpl*, principi *mpl*; (*de la mode*) dettami *mpl*.
impérativement [ɛ̃peʀativmɑ̃] *adv* imperativamente.
impératrice [ɛ̃peʀatʀis] *nf* imperatrice *f*.
imperceptible [ɛ̃pɛʀsɛptibl] *adj* impercettibile.
imperceptiblement [ɛ̃pɛʀsɛptibləmɑ̃] *adv* impercettibilmente.
imperdable [ɛ̃pɛʀdabl] *adj* imperdibile.
imperfectible [ɛ̃pɛʀfɛktibl] *adj* imperfettibile.
imperfection [ɛ̃pɛʀfɛksjɔ̃] *nf* imperfezione *f*.
impérial, e, -aux [ɛ̃peʀjal, o] *adj* imperiale.
impériale [ɛ̃peʀjal] *nf* (*d'un autobus*) imperiale *m*; **autobus à ~** autobus *m inv* con imperiale.
impérialisme [ɛ̃peʀjalism] *nm* imperialismo.
impérialiste [ɛ̃peʀjalist] *adj* imperialistico(-a).
impérieusement [ɛ̃peʀjøzmɑ̃] *adv*: **avoir ~ besoin de qch** aver un imperioso bisogno di qc.
impérieux, -euse [ɛ̃peʀjø, jøz] *adj* imperioso(-a).
impérissable [ɛ̃peʀisabl] *adj* (*écrit*) immortale; (*souvenir, gloire*) imperituro(-a).
imperméabilisation [ɛ̃pɛʀmeabilizasjɔ̃] *nf* impermeabilizzazione *f*.
imperméabiliser [ɛ̃pɛʀmeabilize] *vt* impermeabilizzare.
imperméable [ɛ̃pɛʀmeabl] *adj* impermeabile; (*fig*: *personne*): **~ à** refrattario(-a) a ♦ *nm* impermeabile *m*; **~ à l'air** a tenuta d'aria.
impersonnel, le [ɛ̃pɛʀsɔnɛl] *adj* impersonale.
impertinemment [ɛ̃pɛʀtinamɑ̃] *adv* impertinentemente.
impertinence [ɛ̃pɛʀtinɑ̃s] *nf* impertinenza.
impertinent, e [ɛ̃pɛʀtinɑ̃, ɑ̃t] *adj* impertinente.
imperturbable [ɛ̃pɛʀtyʀbabl] *adj* imperturbabile; **rester ~** rimanere imperturbabile.
imperturbablement [ɛ̃pɛʀtyʀbabləmɑ̃] *adv* imperturbabilmente.
impétrant, e [ɛ̃petʀɑ̃, ɑ̃t] *nm/f* (*JUR*) presentatore(-trice) di istanza.
impétueux, -euse [ɛ̃petɥø, øz] *adj* impetuoso(-a).
impétuosité [ɛ̃petɥozite] *nf* impetuosità *f inv*.
impie [ɛ̃pi] *adj* empio(-a).
impiété [ɛ̃pjete] *nf* empietà *f inv*.
impitoyable [ɛ̃pitwajabl] *adj* spietato(-a); (*argumentation*) inoppugnabile.
impitoyablement [ɛ̃pitwajabləmɑ̃] *adv* spietatamente.
implacable [ɛ̃plakabl] *adj* implacabile.
implacablement [ɛ̃plakabləmɑ̃] *adv* implacabilmente.
implant [ɛ̃plɑ̃] *nm* (*MÉD*) impianto.
implantation [ɛ̃plɑ̃tasjɔ̃] *nf* introduzione *f*; impianto; innesto.
implanter [ɛ̃plɑ̃te] *vt* introdurre; (*MÉD, usine, industrie*) impiantare; **s'implanter** *vr*: **s'~ dans** installarsi in; (*race, immigrants*) insediarsi in; (*idée, usage*) radicarsi in.
implémenter [ɛ̃plemɑ̃te] *vt* (*INFORM*) implementare.
implication [ɛ̃plikasjɔ̃] *nf* implicazione *f*.
implicite [ɛ̃plisit] *adj* implicito(-a).
implicitement [ɛ̃plisitmɑ̃] *adv* implicitamente.
impliquer [ɛ̃plike] *vt* implicare; **~ qn (dans)** (*dans un complot*) implicare *ou* coinvolgere qn (in); **~ qch/que** implicare qc/che.
implorant, e [ɛ̃plɔʀɑ̃, ɑ̃t] *adj* implorante.
implorer [ɛ̃plɔʀe] *vt* implorare.
imploser [ɛ̃ploze] *vi* implodere.
implosion [ɛ̃plozjɔ̃] *nf* implosione *f*.
impoli, e [ɛ̃pɔli] *adj* sgarbato(-a), maleducato(-a); (*manières*) sgarbato(-a).
impoliment [ɛ̃pɔlimɑ̃] *adj* sgarbatamente, maleducatamente.
impolitesse [ɛ̃pɔlitɛs] *nf* maleducazione *f*, villania.
impondérable [ɛ̃pɔ̃deʀabl] *adj* imponderabile; ♦ *nmpl*: **~s** (*facteurs*) fattori *mpl* imponderabili; (*événements impondérables*) imponderabile *msg*.
impopulaire [ɛ̃pɔpylɛʀ] *adj* impopolare.
impopularité [ɛ̃pɔpylaʀite] *nf* impopolarità.
importable [ɛ̃pɔʀtabl] *adj* importabile.
importance [ɛ̃pɔʀtɑ̃s] *nf* importanza; **avoir de l'~** (*question*) avere importanza; (*personne*) essere importante; **sans ~** senza importanza; **quelle ~?** che importanza ha?; **d'~** importante.

important, e [ɛ̃pɔʀtɑ̃, ɑ̃t] *adj* importante; (*quantitativement*: *somme, retard etc*) notevole, considerevole; (*gamme de produits*) ampio(-a), vasto(-a); (*péj*: *airs, ton, personne*) sostenuto(-a) ♦ *nm*: **l'~ (est de/que)** l'importante *m* (è che); **c'est ~ à savoir** è importante saperlo.

importateur, -trice [ɛ̃pɔʀtatœʀ, tʀis] *adj, nm/f* importatore(-trice); **pays ~ de blé** paese importatore di grano.

importation [ɛ̃pɔʀtasjɔ̃] *nf* importazione *f*.

importer [ɛ̃pɔʀte] *vt* importare ♦ *vi* (*être important*) importare; **~ à qn** importare a qn; **il importe de/que** è importante che; **peu m'importe** (*je n'ai pas de préférence*) (per me) fa lo stesso; (*je m'en moque*) non mi importa; **peu importe!** non importa!; **peu importe que** non importa che; **peu importe le prix, nous paierons** non importa il prezzo, pagheremo; *voir aussi* **n'importe**.

import-export [ɛ̃pɔʀɛkspɔʀ] (*pl* **~s-~s**) *nm* (*COMM*) import-export *m inv*.

importun, e [ɛ̃pɔʀtœ̃, yn] *adj* importuno(-a) ♦ *nm* importuno.

importuner [ɛ̃pɔʀtyne] *vt* importunare; (*bruit, interruptions*) disturbare.

imposable [ɛ̃pozabl] *adj* (*personne*) assoggettabile a imposta; (*revenu*) imponibile.

imposant, e [ɛ̃pozɑ̃, ɑ̃t] *adj* imponente; (*considérable*: *majorité*) notevole.

imposé, e [ɛ̃poze] *adj* tassato(-a); **les ~s** *nmpl* i contribuenti *mpl*; (*GYMNASTIQUE etc*) la figura obbligatoria.

imposer [ɛ̃poze] *vt* (*taxer*) tassare; (*faire accepter*) imporre; **s'imposer** *vr* imporsi; (*être importun*) essere importuno(-a); **~ qch à qn** imporre qc a qn; **~ les mains** (*REL*) imporre le mani; **en ~ (à)** (*impressionner*) mettere soggezione (a); (*personne, présence*) incutere rispetto; **ça s'impose!** è essenziale!

imposition [ɛ̃pozisjɔ̃] *nf* (*taxation*) imposizione *f*; **l'~ des mains** (*REL*) l'imposizione delle mani.

impossibilité [ɛ̃pɔsibilite] *nf* impossibilità; (*chose impossible*) cosa impossibile; **être dans l'~ de faire qch** trovarsi nell'impossibilità di fare qc.

impossible [ɛ̃pɔsibl] *adj* impossibile ♦ *nm*: **l'~** l'impossibile; **~ à faire** impossibile da fare *ou* a farsi; **il est ~ que** è impossibile che; **il est ~ d'arriver** è impossibile arrivare; **il m'est ~ de le faire** mi è impossibile farlo; **faire l'~** fare l'impossibile; **si, par ~** se, per assurdo.

imposteur [ɛ̃pɔstœʀ] *nm* impostore *m*.

imposture [ɛ̃pɔstyʀ] *nf* impostura.

impôt [ɛ̃po] *nm* tassa, imposta; **payer des ~s** pagare le tasse; **payer 1000 F d'~s** pagare 1000 franchi di tasse; ▸ **impôt direct/indirect** imposta diretta/indiretta; ▸ **impôt foncier** imposta fondiaria; ▸ **impôt sur la fortune** imposta patrimoniale; ▸ **impôt sur le chiffre d'affaires** imposta sul giro d'affari; ▸ **impôt sur le revenu** imposta sul reddito; ▸ **impôt sur le RPP** imposta sul reddito delle persone fisiche; ▸ **impôt sur les plus values** imposta sull'aumento del capitale; ▸ **impôt sur les sociétés** imposta sugli utili delle società; ▸ **impôts locaux** imposte locali.

impotence [ɛ̃pɔtɑ̃s] *nf* invalidità *f inv*.

impotent, e [ɛ̃pɔtɑ̃, ɑ̃t] *adj* invalido(-a); **il est ~ d'un bras** è invalido ad un braccio.

impraticable [ɛ̃pʀatikabl] *adj* (*projet, idée*) inattuabile, irrealizzabile; (*piste, chemin*) impraticabile.

imprécation [ɛ̃pʀekasjɔ̃] *nf* imprecazione *f*.

imprécis, e [ɛ̃pʀesi, iz] *adj* impreciso(-a).

imprécision [ɛ̃pʀesizjɔ̃] *nf* imprecisione *f*.

imprégner [ɛ̃pʀeɲe] *vt*: **~ (de)** impregnare (di); (*lieu, air*: *de lumière*) inondare (di); **s'imprégner de** *vr* impregnarsi di; (*fig*: *langue étrangère*) assimilare; **une lettre imprégnée d'ironie** una lettera carica d'ironia.

imprenable [ɛ̃pʀənabl] *adj* imprendibile, inespugnabile; **vue ~** vista panoramica (assicurata).

imprésario [ɛ̃pʀesaʀjo] *nm* (*d'un artiste*) agente *m*; (*d'un spectacle*) impresario.

imprescriptible [ɛ̃pʀɛskʀiptibl] *adj* (*JUR*: *droit, bien*) imprescrittibile.

impression [ɛ̃pʀesjɔ̃] *nf* impressione *f*; (*d'étouffement*) sensazione *f*; (*émotion*): **faire/produire une vive ~** fare/produrre una viva impressione; (*d'un ouvrage, d'un tissu*) stampa; (*dessin, motif*) motivo *ou* disegno (stampato); **faire bonne/mauvaise ~** fare buona/cattiva impressione; **donner l'~ d'être ...** dare l'impressione di essere ...; **donner une ~ de/l'~ que** dare un'impressione di/l'impressione che; **avoir l'~ de/que** avere l'impressione di/che; **faire ~** (*film, orateur, déclaration etc*) fare colpo, colpire; **~s de voyage** impressioni di viaggio.

impressionnable [ɛ̃pʀesjɔnabl] *adj* impressionabile.

impressionnant, e [ɛ̃pʀesjɔnɑ̃, ɑ̃t] *adj* impressionante; (*discours*) brillante; (*monument*) imponente.

impressionner [ɛ̃pʀesjɔne] *vt* impressionare.

impressionnisme [ɛ̃pʀesjɔnism] *nm* impressionismo.

impressionniste [ɛ̃pʀesjɔnist] *nm/f* impressionista *m/f*.

imprévisible [ɛ̃pʀevizibl] *adj* imprevedibile.

imprévoyance [ɛ̃pRevwajɑ̃s] *nf* imprevidenza; (*action*) avventatezza.
imprévoyant, e [ɛ̃pRevwajɑ̃, ɑ̃t] *adj* imprevidente.
imprévu, e [ɛ̃pRevy] *adj* imprevisto(-a) ♦ *nm* imprevisto; **en cas d'~** in caso d'imprevisti; **sauf ~** salvo imprevisti.
imprimante [ɛ̃pRimɑ̃t] *nf* (*INFORM*) stampante *f*; ▸ **imprimante à aiguilles/à jet d'encre** stampante ad aghi/a getto d'inchiostro; ▸ **imprimante à marguerite** stampante a margherita; ▸ **imprimante (à) laser** stampante *f* laser *inv*; ▸ **imprimante (ligne par) ligne** stampante parallela; ▸ **imprimante matricielle** stampante a matrice; ▸ **imprimante thermique** stampante termica.
imprimé, e [ɛ̃pRime] *adj* stampato(-a) ♦ *nm* modulo, stampato; (*POSTES*) stampa; (*tissu*) tessuto stampato; (*dans une bibliothèque*) pubblicazione *f*; **un ~ à fleurs/pois** (*tissu*) un tessuto stampato a fiori/pois.
imprimer [ɛ̃pRime] *vt* stampare; (*empreinte, marque*) imprimere; (*visa, cachet*) apporre, imprimere; (*mouvement: direction*) imprimere.
imprimerie [ɛ̃pRimRi] *nf* (*technique*) stampa; (*établissement, atelier*) tipografia, stamperia.
imprimeur [ɛ̃pRimœR] *nm* tipografo.
imprimeur-éditeur [ɛ̃pRimœReditœR] *nm* tipografo editore *m*.
imprimeur-libraire [ɛ̃pRimœRlibRɛR] *nm* tipografo libraio.
improbable [ɛ̃pRɔbabl] *adj* improbabile.
improductif, -ive [ɛ̃pRɔdyktif, iv] *adj* improduttivo(-a).
impromptu, e [ɛ̃pRɔ̃pty] *adj* improvvisato(-a).
imprononçable [ɛ̃pRɔnɔ̃sabl] *adj* impronunciabile.
impropre [ɛ̃pRɔpR] *adj* improprio(-a); **~ à** (*suj: personne*) inadatto(-a) a, non idoneo(-a) per; (: *chose*) inadatto(-a) a, non indicato(-a) per.
improprement [ɛ̃pRɔpRəmɑ̃] *adv* impropriamente.
impropriété [ɛ̃pRɔpRijete] *nf* improprietà *f inv*; **~ (de langage)** improprietà (di linguaggio).
improvisation [ɛ̃pRɔvizasjɔ̃] *nf* improvvisazione *f*.
improvisé, e [ɛ̃pRɔvize] *adj* improvvisato(-a); **avec des moyens ~s** con mezzi di fortuna.
improviser [ɛ̃pRɔvize] *vt, vi* improvvisare; **s'improviser** *vr* (*secours, réunion*) essere improvvisato(-a); **s'~ cuisinier** improvvisarsi cuoco; **~ qn cuisinier** far fare il cuoco a qn.
improviste [ɛ̃pRɔvist]: **à l'~** *adv* all'improvviso.
imprudemment [ɛ̃pRydamɑ̃] *adv* imprudentemente.
imprudence [ɛ̃pRydɑ̃s] *nf* imprudenza.
imprudent, e [ɛ̃pRydɑ̃, ɑ̃t] *adj* imprudente, incauto(-a).
impubère [ɛ̃pybɛR] *adj* impubere.
impubliable [ɛ̃pyblijabl] *adj* non pubblicabile.
impudemment [ɛ̃pydamɑ̃] *adv* impudentemente.
impudence [ɛ̃pydɑ̃s] *nf* impudenza.
impudent, e [ɛ̃pydɑ̃, ɑ̃t] *adj* impudente.
impudeur [ɛ̃pydœR] *nf* impudicizia.
impudique [ɛ̃pydik] *adj* impudico(-a).
impudiquement [ɛ̃pydikmɑ̃] *adv* impudicamente.
impuissance [ɛ̃pɥisɑ̃s] *nf* impotenza.
impuissant, e [ɛ̃pɥisɑ̃, ɑ̃t] *adj, nm* impotente *m*; **~ à faire qch** incapace di fare qc.
impulsif, -ive [ɛ̃pylsif, iv] *adj* impulsivo (-a).
impulsion [ɛ̃pylsjɔ̃] *nf* (*aussi fig*) impulso; **sous l'~ de leurs chefs ...** spinti dai loro capi ... .
impulsivement [ɛ̃pylsivmɑ̃] *adv* impulsivamente.
impulsivité [ɛ̃pylsivite] *nf* impulsività.
impunément [ɛ̃pynemɑ̃] *adv* impunemente.
impuni, e [ɛ̃pyni] *adj* impunito(-a).
impunité [ɛ̃pynite] *nf* impunità; **en toute ~** impunemente.
impur, e [ɛ̃pyR] *adj* (*aussi fig*) impuro(-a).
impureté [ɛ̃pyRte] *nf* impurità *f inv*.
imputable [ɛ̃pytabl] *adj*: **~ à** imputabile a; **~ sur** (*COMM: somme*) imputabile a.
imputation [ɛ̃pytasjɔ̃] *nf* imputazione *f*.
imputer [ɛ̃pyte] *vt*: **~ qch à/sur** imputare qc a.
imputrescible [ɛ̃pytResibl] *adj* imputrescibile.
in [in] *adj inv* (*à la mode*) in *inv*.
INA [ina] *sigle m* = *Institut national de l'audiovisuel*.
inabordable [inabɔRdabl] *adj* (*lieu*) inaccessibile; (*cher*) troppo caro(-a), proibitivo(-a).
inaccentué, e [inaksɑ̃tɥe] *adj* (*LING*) non accentato(-a).
inacceptable [inaksɛptabl] *adj* inaccettabile.
inaccessible [inaksesibl] *adj* inaccessibile; (*objectif*) irraggiungibile; **~ à** (*insensible à: suj: personne*) insensibile a.
inaccoutumé, e [inakutyme] *adj* insolito (-a), inconsueto(-a).
inachevé, e [inaʃ(ə)ve] *adj* (*travail, esquisse*) incompiuto(-a); (*devoir*) non portato(-a) a termine; (*maison*) non termina-

to(-a).
inactif, -ive [inaktif, iv] *adj* inattivo(-a); (*commerce*) stagnante, inattivo(-a); (*remède*) inefficace.
inaction [inaksjɔ̃] *nf* inazione *f*.
inactivité [inaktivite] *nf* inattività; **(être/se faire mettre) en** ~ (*ADMIN*) (essere/farsi mettere) in aspettativa.
inadaptation [inadaptasjɔ̃] *nf* (*PSYCH*) disadattamento.
inadapté, e [inadapte] *adj* (*PSYCH*) disadattato(-a) ♦ *nm/f* (*péj*) disadattato (-a); ~ **à** inadatto(-a) a.
inadéquat, e [inadekwa(t), kwat] *adj* inadeguato(-a).
inadéquation [inadekwasjɔ̃] *nf* inadeguatezza.
inadmissible [inadmisibl] *adj* inammissibile.
inadvertance [inadvɛʀtɑ̃s]: **par** ~ *adv* inavvertitamente.
inaliénable [inaljenabl] *adj* (*JUR*) inalienabile.
inaltérable [inalteʀabl] *adj* inalterabile; **couleur ~ (au lavage/à la lumière)** colore *m* inalterabile *ou* resistente (al lavaggio/alla luce); ~ **à l'air/la chaleur** inalterabile all'aria/al calore.
inamovibilité [inamɔvibilite] *nf* inamovibilità.
inamovible [inamɔvibl] *adj* (*magistrat, sénateur*) inamovibile; (*fonction, emploi*) il cui titolare è inamovibile; (*plaque, panneau*) fisso(-a).
inanimé, e [inanime] *adj* (*matière*) inanimato(-a); (*corps, personne*) esanime, inanimato(-a); **tomber** ~ cadere esanime.
inanité [inanite] *nf* inanità.
inanition [inanisjɔ̃] *nf*: **tomber d'**~ crollare per la fame e lo sfinimento.
inaperçu, e [inapɛʀsy] *adj*: **passer** ~ passare inosservato(-a).
inappétence [inapetɑ̃s] *nf* inappetenza.
inapplicable [inaplikabl] *adj* inapplicabile.
inapplication [inaplikasjɔ̃] *nf* (*v adj*) svogliatezza; mancata applicazione *f*.
inappliqué, e [inaplike] *adj* (*écolier*) svogliato(-a); (*procédé, loi*) non applicato(-a).
inappréciable [inapʀesjabl] *adj* inapprezzabile.
inapte [inapt] *adj* (*personne*): ~ **à (qch/faire qch)** inadatto(-a) a (qc/fare qc); (*MIL*) inabile.
inaptitude [inaptityd] *nf* inattitudine *f*; (*MIL*) inabilità.
inarticulé, e [inaʀtikyle] *adj* inarticolato (-a).
inassimilable [inasimilabl] *adj* inassimilabile; (*immigrants*) di difficile inserimento *ou* integrazione.
inassouvi, e [inasuvi] *adj* (*désir etc*) inappagato(-a).
inattaquable [inatakabl] *adj* inattaccabile.
inattendu, e [inatɑ̃dy] *adj* inatteso(-a), inaspettato(-a) ♦ *nm*: **l'**~ l'imprevisto.
inattentif, -ive [inatɑ̃tif, iv] *adj* disattento(-a); ~ **à** (*se souciant peu de*) incurante di.
inattention [inatɑ̃sjɔ̃] *nf* disattenzione *f*; **une minute d'**~ un attimo di disattenzione; **par** ~ per disattenzione; **faute/erreur d'**~ errore *m* di distrazione.
inaudible [inodibl] *adj* impercettibile.
inaugural, e, -aux [inogyʀal, o] *adj* inaugurale; **discours** ~ discorso inaugurale.
inauguration [inogyʀasjɔ̃] *nf* inaugurazione *f*; **discours/cérémonie d'**~ discorso/cerimonia di inaugurazione.
inaugurer [inogyʀe] *vt* inaugurare.
inauthenticité [inotɑ̃tisite] *nf* non autenticità.
inavouable [inavwabl] *adj* inconfessabile.
inavoué, e [inavwe] *adj* inconfessato(-a).
INC [iɛnse] *sigle m* (= *Institut national de la consommation*) *organizzazione per la tutela del consumatore*.
inca [ɛ̃ka] *adj* incaico(-a) ♦ *nm/f*: **l**~ Inca(s) *m/f inv*.
incalculable [ɛ̃kalkylabl] *adj* incalcolabile; **un nombre ~ de** un numero incalcolabile di.
incandescence [ɛ̃kɑ̃desɑ̃s] *nf* incandescenza; **en** ~ incandescente; **porter qch à** ~ portare qc ad incandescenza; **lampe à** ~ lampada a incandescenza; **manchon à** ~ reticella Auer.
incandescent [ɛ̃kɑ̃desɑ̃] *adj* incandescente.
incantation [ɛ̃kɑ̃tasjɔ̃] *nf* formula magica (*cantata o recitata*); (*emploi de paroles magiques*) incantesimo.
incantatoire [ɛ̃kɑ̃tatwaʀ] *adj* d'incantesimo, incantatorio(-a).
incapable [ɛ̃kapabl] *adj* (*aussi JUR*) incapace; ~ **de faire qch** incapace di fare qc.
incapacitant, e [ɛ̃kapasitɑ̃, ɑ̃t] *adj* (*MIL*) paralizzante.
incapacité [ɛ̃kapasite] *nf* (*aussi JUR*) incapacità; **être dans l'**~ **de faire** essere nell'impossibilità di fare; ▸ **incapacité de travail** inabilità al lavoro; ▸ **incapacité électorale** (*JUR*) perdita del diritto di voto; ▸ **incapacité partielle/totale** invalidità parziale/totale; ▸ **incapacité permanente** invalidità permanente.
incarcération [ɛ̃kaʀseʀasjɔ̃] *nf* incarcerazione *f*.
incarcérer [ɛ̃kaʀseʀe] *vt* incarcerare.
incarnat, e [ɛ̃kaʀna, at] *adj* incarnato(-a).
incarnation [ɛ̃kaʀnasjɔ̃] *nf* incarnazione *f*.
incarné, e [ɛ̃kaʀne] *adj* incarnato(-a); **on-**

gle ~ unghia incarnita.
incarner [ɛ̃kaʀne] *vt* (*aussi REL*) incarnare; (*THÉÂTRE*) impersonare; **s'incarner dans** *vr* (*REL*) incarnarsi in.
incartade [ɛ̃kaʀtad] *nf* scappatella, stravaganza; (*ÉQUITATION*) scarto, scartata.
incassable [ɛ̃kɑsabl] *adj* (*verre*) infrangibile; (*fil*) resistente.
incendiaire [ɛ̃sɑ̃djɛʀ] *adj* incendiario(-a) ♦ *nm/f* incendiario(-a).
incendie [ɛ̃sɑ̃di] *nm* incendio; ▶ **incendie criminel** incendio doloso; ▶ **incendie de forêt** incendio di foresta.
incendier [ɛ̃sɑ̃dje] *vt* incendiare; (*fig*: *accabler de reproches*) strapazzare; (: *visage*: *suj*: *fièvre*) accendere, arrossare.
incertain, e [ɛ̃sɛʀtɛ̃, ɛn] *adj* incerto(-a).
incertitude [ɛ̃sɛʀtityd] *nf* incertezza.
incessamment [ɛ̃sesamɑ̃] *adv* al più presto, a momenti.
incessant, e [ɛ̃sesɑ̃, ɑ̃t] *adj* incessante.
incessible [ɛ̃sesibl] *adj* (*JUR*) incedibile.
inceste [ɛ̃sɛst] *nm* incesto.
incestueux, -euse [ɛ̃sɛstɥø, øz] *adj* incestuoso(-a).
inchangé, e [ɛ̃ʃɑ̃ʒe] *adj* immutato(-a), invariato(-a).
inchantable [ɛ̃ʃɑ̃tabl] *adj* impossibile da cantare.
inchauffable [ɛ̃ʃofabl] *adj* impossibile da riscaldare.
incidemment [ɛ̃sidamɑ̃] *adv* incidentalmente.
incidence [ɛ̃sidɑ̃s] *nf* incidenza.
incident, e [ɛ̃sidɑ̃, ɑ̃t] *adj* (*JUR, LING*) incidentale ♦ *nm* incidente *m*; ▶ **incident de frontière** incidente di frontiera; ▶ **incident de parcours** incidente di percorso; ▶ **incident diplomatique** incidente diplomatico; ▶ **incident technique** incidente tecnico.
incinérateur [ɛ̃sineʀatœʀ] *nm* inceneritore *m*.
incinération [ɛ̃sineʀasjɔ̃] *nf* (*v vt*) incenerimento; cremazione *f*.
incinérer [ɛ̃sineʀe] *vt* (*ordures*) incenerire; (*cadavre*) cremare.
incise [ɛ̃siz] *nf* inciso.
inciser [ɛ̃size] *vt* incidere.
incisif, -ive [ɛ̃sizif, iv] *adj* (*ironie, critique*) pungente, mordace; (*style*) incisivo(-a); (*personne*) mordace.
incision [ɛ̃sizjɔ̃] *nf* incisione *f*.
incisive [ɛ̃siziv] *nf* (*ANAT*) incisivo.
incitation [ɛ̃sitasjɔ̃] *nf* incitamento; (*provocation*) istigazione *f*.
inciter [ɛ̃site] *vt*: ~ **qn à (faire) qch** incitare qn a (fare) qc.
incivil, e [ɛ̃sivil] *adj* incivile.
inclinable [ɛ̃klinabl] *adj* inclinabile; **siège à dossier** ~ sedile *m* a schienale inclinabile.
inclinaison [ɛ̃klinɛzɔ̃] *nf* inclinazione *f*.
inclination [ɛ̃klinasjɔ̃] *nf* inclinazione *f*, propensione *f*; **montrer de l'**~ **pour les sciences** mostrare inclinazione per le scienze; ~**s égoïstes/altruistes** tendenze *fpl* egoistiche/altruistiche; ~ **de (la) tête** inchino (*col capo*); ~ **(du buste)** inchino.
incliner [ɛ̃kline] *vt* inclinare; (*tête*) chinare ♦ *vi*: ~ **à qch/à faire** essere incline *ou* propenso(-a) a qc/a fare; **s'incliner** *vr* (*personne*) inchinarsi; (*chemin, pente*) declinare; (*toit*) declinare; ~ **la tête** *ou* **le front** (*pour saluer*) chinare la testa; **s'**~ **(devant)** inchinarsi (davanti *ou* di fronte a).
inclure [ɛ̃klyʀ] *vt* includere; (*billet, chèque*) accludere, allegare.
inclus, e [ɛ̃kly, yz] *pp de* **inclure** ♦ *adj* (*joint à un envoi*) accluso(-a), allegato(-a); (*compris*: *frais, dépense*) incluso(-a); (*MATH*: *ensemble*): ~ **dans** incluso(-a) in; **jusqu'au troisième chapitre** ~ fino al terzo capitolo incluso; **jusqu'au 10 mars** ~ fino al 10 marzo incluso.
inclusion [ɛ̃klyzjɔ̃] *nf* inclusione *f*.
inclusivement [ɛ̃klyzivmɑ̃] *adv*: **jusqu'au troisième siècle** ~ fino al terzo secolo incluso(-a) *ou* compreso(-a).
inclut [ɛ̃kly] *vb voir* **inclure**.
incoercible [ɛ̃kɔɛʀsibl] *adj* (*rire*) irrefrenabile; (*toux*) incoercibile.
incognito [ɛ̃kɔɲito] *adv* in incognito ♦ *nm*: **garder l'**~ mantenere l'incognito.
incohérence [ɛ̃kɔeʀɑ̃s] *nf* incoerenza.
incohérent, e [ɛ̃kɔeʀɑ̃, ɑ̃t] *adj* incoerente.
incollable [ɛ̃kɔlabl] *adj* (*riz*) che non attacca; **il est** ~ (*fam*: *personne*) è imbattibile.
incolore [ɛ̃kɔlɔʀ] *adj* incolore.
incomber [ɛ̃kɔ̃be]: ~ **à** *vt* spettare a; (*frais, réparations*) essere a carico di.
incombustible [ɛ̃kɔ̃bystibl] *adj* incombustibile.
incommensurable [ɛ̃kɔmɑ̃syʀabl] *adj* incommensurabile.
incommodant, e [ɛ̃kɔmɔdɑ̃, ɑ̃t] *adj* (*bruit*) molesto(-a), fastidioso(-a); (*chaleur*) fastidioso(-a).
incommode [ɛ̃kɔmɔd] *adj* scomodo(-a); (*JUR*: *établissement*) incomodo(-a).
incommodément [ɛ̃kɔmɔdemɑ̃] *adv* scomodamente; (*situé*) fuori mano.
incommoder [ɛ̃kɔmɔde] *vt*: ~ **qn** dare fastidio a qn, infastidire qn.
incommodité [ɛ̃kɔmɔdite] *nf* scomodità *f inv*.
incommunicable [ɛ̃kɔmynikabl] *adj* (*JUR*: *caractères, droits*) non trasmissibile; (*pensée*) incomunicabile.
incomparable [ɛ̃kɔ̃paʀabl] *adj* incompara-

bile; (*choses*: *dissemblable*) non comparabile.
incomparablement [ɛ̃kɔ̃paʀabləmɑ̃] *adv* incomparabilmente.
incompatibilité [ɛ̃kɔ̃patibilite] *nf* incompatibilità *f inv*; ▶ **incompatibilité d'humeur** incompatibilità di carattere.
incompatible [ɛ̃kɔ̃patibl] *adj*: ~ **(avec)** incompatibile (con).
incompétence [ɛ̃kɔ̃petɑ̃s] *nf* incompetenza.
incompétent, e [ɛ̃kɔ̃petɑ̃, ɑ̃t] *adj*: ~ **(en)** incompetente (in).
incomplet, -ète [ɛ̃kɔ̃plɛ, ɛt] *adj* incompleto(-a).
incomplètement [ɛ̃kɔ̃plɛtmɑ̃] *adv* incompletamente.
incompréhensible [ɛ̃kɔ̃pʀeɑ̃sibl] *adj* incomprensibile.
incompréhensif, -ive [ɛ̃kɔ̃pʀeɑ̃sif, iv] *adj* poco comprensivo(-a).
incompréhension [ɛ̃kɔ̃pʀeɑ̃sjɔ̃] *nf* incomprensione *f*.
incompressible [ɛ̃kɔ̃pʀesibl] *adj* (*PHYS*) incompressibile; (*fig*: *dépenses*) irriducibile; (*JUR*: *peine*) non riducibile.
incompris, e [ɛ̃kɔ̃pʀi, iz] *adj* incompreso (-a).
inconcevable [ɛ̃kɔ̃s(ə)vabl] *adj* inconcepibile; (*extravagant*: *chapeau etc*) incredibile.
inconciliable [ɛ̃kɔ̃siljabl] *adj* inconciliabile.
inconditionnel, le [ɛ̃kɔ̃disjɔnɛl] *adj* (*ordre, appui*) incondizionato(-a); (*partisan*) di fede incondizionata ♦ *nm/f* gregario(-a).
inconditionnellement [ɛ̃kɔ̃disjɔnɛlmɑ̃] *adv* incondizionatamente.
inconduite [ɛ̃kɔ̃dɥit] *nf* cattiva condotta.
inconfort [ɛ̃kɔ̃fɔʀ] *nm* scomodità *f inv*.
inconfortable [ɛ̃kɔ̃fɔʀtabl] *adj* (*aussi fig*) scomodo(-a).
inconfortablement [ɛ̃kɔ̃fɔʀtabləmɑ̃] *adv* scomodamente.
incongru, e [ɛ̃kɔ̃gʀy] *adj* sconveniente.
incongruité [ɛ̃kɔ̃gʀyite] *nf* sconvenienza.
inconnu, e [ɛ̃kɔny] *adj* sconosciuto(-a), ignoto(-a); (*joie, sensation, visage*) sconosciuto(-a) ♦ *nm/f* sconosciuto(-a); (*étranger, tiers*) persona ignota ♦ *nm*: **l'~** l'ignoto.
inconnue [ɛ̃kɔny] *nf* incognita.
inconsciemment [ɛ̃kɔ̃sjamɑ̃] *adv* inconsciamente.
inconscience [ɛ̃kɔ̃sjɑ̃s] *nf* incoscienza.
inconscient, e [ɛ̃kɔ̃sjɑ̃, jɑ̃t] *adj* (*évanoui*) privo(-a) di sensi; (*irréfléchi*) incosciente; (*mouvement, geste, sentiment*) inconscio (-a) ♦ *nm* (*PSYCH*) inconscio; ~ **de** (*événement extérieur*) inconsapevole di; (*conséquences*) ignaro(-a) di.
inconséquence [ɛ̃kɔ̃sekɑ̃s] *nf* incoerenza; (*action*) azione *f* sconsiderata; (*parole*) affermazione *f* sconsiderata.
inconséquent, e [ɛ̃kɔ̃sekɑ̃, ɑ̃t] *adj* inconseguente, incoerente; (*irréfléchi*) sconsiderato(-a).
inconsidéré, e [ɛ̃kɔ̃sideʀe] *adj* (*propos, zèle*) sconsiderato(-a), inconsiderato(-a); (*placement*) avventato(-a).
inconsidérément [ɛ̃kɔ̃sideʀemɑ̃] *adv* sconsideratamente.
inconsistant, e [ɛ̃kɔ̃sistɑ̃, ɑ̃t] *adj* inconsistente.
inconsolable [ɛ̃kɔ̃sɔlabl] *adj* inconsolabile.
inconstance [ɛ̃kɔ̃stɑ̃s] *nf* incostanza.
inconstant, e [ɛ̃kɔ̃stɑ̃, ɑ̃t] *adj* incostante.
inconstitutionnel, le [ɛ̃kɔ̃stitysjɔnɛl] *adj* inconstituzionale.
inconstitutionnellement [ɛ̃kɔ̃stitysjɔnɛlmɑ̃] *adv* incostituzionalmente.
inconstructible [ɛ̃k[ɔ]stʀyktibl] *adj* inedificabile.
incontestable [ɛ̃kɔ̃tɛstabl] *adj* incontestabile.
incontestablement [ɛ̃kɔ̃tɛstabləmɑ̃] *adv* incontestabilmente.
incontesté, e [ɛ̃kɔ̃tɛste] *adj* incontestato (-a).
incontinence [ɛ̃kɔ̃tinɑ̃s] *nf* (*MÉD*) incontinenza.
incontinent, e [ɛ̃kɔ̃tinɑ̃, ɑ̃t] *adj* (*MÉD*) incontinente ♦ *adv* incontinente, seduta stante.
incontournable [ɛ̃kɔ̃tuʀnabl] *adj* inevitabile.
incontrôlable [ɛ̃kɔ̃tʀolabl] *adj* incontrollabile.
incontrôlé, e [ɛ̃kɔ̃tʀole] *adj* incontrollato(-a).
inconvenance [ɛ̃kɔ̃v(ə)nɑ̃s] *nf* sconvenienza.
inconvenant, e [ɛ̃kɔ̃v(ə)nɑ̃, ɑ̃t] *adj* sconveniente; (*personne*) scorretto(-a).
inconvénient [ɛ̃kɔ̃venjɑ̃] *nm* inconveniente *m*; **si vous n'y voyez pas d'~** se lei non ha nulla in contrario; **y a-t-il un ~ à ce que nous nous rencontrions jeudi?** potremmo eventualmente incontrarci giovedì?
inconvertible [ɛ̃kɔ̃vɛʀtibl] *adj* inconvertibile.
incorporation [ɛ̃kɔʀpɔʀasjɔ̃] *nf* (*MIL*) incorporazione *f*.
incorporé, e [ɛ̃kɔʀpɔʀe] *adj* incorporato (-a).
incorporel, le [ɛ̃kɔʀpɔʀɛl] *adj* (*JUR*): **biens ~s** beni *mpl* immateriali.
incorporer [ɛ̃kɔʀpɔʀe] *vt* incorporare; (*paragraphe*: *dans un livre*): ~ **(dans)** inserire (in); (*personne*: *dans une société etc*) ammettere; (*œufs etc*) aggiungere; ~ **qn dans** (*affecter*) assegnare qn a.

incorrect, e [ɛ̃kɔʀɛkt] *adj* (*impropre*: *phrase, terme*) inesatto(-a), scorretto(-a); (*dessin, réglage, interprétation*) inesatto (-a); (*inconvenant, déloyal*) scorretto(-a).
incorrectement [ɛ̃kɔʀɛktəmɑ̃] *adv* scorrettamente.
incorrection [ɛ̃kɔʀɛksjɔ̃] *nf* scorrettezza; (*terme impropre*) inesattezza.
incorrigible [ɛ̃kɔʀiʒibl] *adj* incorreggibile.
incorruptible [ɛ̃kɔʀyptibl] *adj* incorruttibile.
incrédibilité [ɛ̃kʀedibilite] *nf* incredibilità.
incrédule [ɛ̃kʀedyl] *adj* incredulo(-a).
incrédulité [ɛ̃kʀedylite] *nf* incredulità; **avec ~** con incredulità.
increvable [ɛ̃kʀəvabl] *adj* (*ballon, pneu*) a prova di foratura; (*fig*: *fam*: *personne*) instancabile.
incriminer [ɛ̃kʀimine] *vt* accusare, incriminare; (*action, conduite*) mettere sotto accusa; (*bonne foi, honnêteté*) sospettare di; **livre/article incriminé** libro/articolo incriminato.
incrochetable [ɛ̃kʀɔʃ(ə)tabl] *adj* (*serrure*) a prova di scasso.
incroyable [ɛ̃kʀwajabl] *adj* incredibile.
incroyablement [ɛ̃kʀwajabləmɑ̃] *adv* incredibilmente.
incroyant, e [ɛ̃kʀwajɑ̃, ɑ̃t] *nm/f* (*REL*) non credente *m/f*.
incrustation [ɛ̃kʀystasjɔ̃] *nf* (*ART*) incrostazione *f*; (*ornement*) intarsio.
incruster [ɛ̃kʀyste] *vt* (*ART*: *insérer*): **~ qch dans** inserire qc in; (: *décorer*): **~ qch de** incrostare qc di; (*récipient, radiateur*) incrostare; **s'incruster** *vr* incrostarsi; (*fig*: *invité*) piantare le tende, mettere radici.
incubateur [ɛ̃kybatœʀ] *nm* incubatrice *f*.
incubation [ɛ̃kybasjɔ̃] *nf* incubazione *f*; **période d'~** periodo d'incubazione.
inculpation [ɛ̃kylpasjɔ̃] *nf* imputazione *f*, accusa; (*chef d'accusation*) capo d'imputazione; **sous l'~ de** sotto imputazione di.
inculpé, e [ɛ̃kylpe] *nm/f* imputato(-a).
inculper [ɛ̃kylpe] *vt*: **~ (de)** incolpare (di).
inculquer [ɛ̃kylke] *vt*: **~ qch à qn** inculcare qc a qn.
inculte [ɛ̃kylt] *adj* incolto(-a).
incultivable [ɛ̃kyltivabl] *adj* non coltivabile.
inculture [ɛ̃kyltyʀ] *nf* incultura.
incurable [ɛ̃kyʀabl] *adj* incurabile.
incurie [ɛ̃kyʀi] *nf* incuria.
incursion [ɛ̃kyʀsjɔ̃] *nf* incursione *f*; (*fig*: *entrée brusque*) irruzione *f*.
incurvé, e [ɛ̃kyʀve] *adj* incurvato(-a), curvo(-a).
incurver [ɛ̃kyʀve] *vt* (*barre de fer*) curvare, incurvare; **s'incurver** *vr* (*planche*) incurvarsi; (*route*) curvare.
Inde [ɛ̃d] *nf* India.
indécemment [ɛ̃desamɑ̃] *adv* indecentemente.
indécence [ɛ̃desɑ̃s] *nf* indecenza.
indécent, e [ɛ̃desɑ̃, ɑ̃t] *adj* indecente.
indéchiffrable [ɛ̃deʃifʀabl] *adj* indecifrabile.
indéchirable [ɛ̃deʃiʀabl] *adj* non lacerabile.
indécis, e [ɛ̃desi, iz] *adj* (*victoire, contours, temps*) incerto(-a); (*personne*) indeciso (-a).
indécision [ɛ̃desizjɔ̃] *nf* (*v adj*) incertezza; indecisione *f*.
indéclinable [ɛ̃deklinabl] *adj* (*LING*) indeclinabile.
indécomposable [ɛ̃dekɔ̃pozabl] *adj* indecomponibile; **un tout ~** un tutto indivisibile.
indécrottable [ɛ̃dekʀɔtabl] (*fam*) *adj* incorreggibile.
indéfectible [ɛ̃defɛktibl] *adj* indefettibile.
indéfendable [ɛ̃defɑ̃dabl] *adj* indifendibile; (*fig*: *cause, point de vue*) insostenibile.
indéfini, e [ɛ̃defini] *adj* indefinito(-a); (*mot*) indeterminato(-a); (*LING*: *article*) indeterminativo(-a); **passé ~** passato prossimo.
indéfiniment [ɛ̃definimɑ̃] *adv* indefinitamente, all'infinito.
indéfinissable [ɛ̃definisabl] *adj* indefinibile.
indéformable [ɛ̃defɔʀmabl] *adj* indeformabile.
indélébile [ɛ̃delebil] *adj* indelebile.
indélicat, e [ɛ̃delika, at] *adj* indelicato(-a); (*malhonnête*) scorretto(-a), disonesto(-a).
indélicatesse [ɛ̃delikatɛs] *nf* indelicatezza; (*procédé, acte*) scorrettezza; (*malhonnêteté*) disonestà.
indémaillable [ɛ̃demajabl] *adj* indemagliabile.
indemne [ɛ̃dɛmn] *adj* indenne.
indemnisable [ɛ̃dɛmnizabl] *adj* indennizzabile.
indemnisation [ɛ̃dɛmnizasjɔ̃] *nf* indennizzo, risarcimento.
indemniser [ɛ̃dɛmnize] *vt*: **~ (qn de qch)** indennizzare *ou* risarcire (qn di qc); **se faire ~** farsi risarcire.
indemnité [ɛ̃dɛmnite] *nf* (*dédommagement*) indennizzo; (*allocation*) indennità *f inv*; ▶ **indemnité de licenciement** liquidazione *f*; ▶ **indemnité de logement** indennità di alloggio; ▶ **indemnité journalière de chômage** sussidio giornaliero di disoccupazione; ▶ **indemnité parlementaire** indennità parlamentare.
indémontable [ɛ̃demɔ̃tabl] *adj* non smontabile.
indéniable [ɛ̃denjabl] *adj* innegabile.
indéniablement [ɛ̃denjabləmɑ̃] *adv* innegabilmente.
indépendamment [ɛ̃depɑ̃damɑ̃] *adv* indi-

pendentemente; ~ **de** (*en faisant abstraction de*) indipendentemente da, a prescindere da; (*par surcroît, en plus*) oltre a, in aggiunta a.

indépendance [ɛ̃depɑ̃dɑ̃s] *nf* indipendenza; ▸ **indépendance matérielle** indipendenza economica.

indépendant, e [ɛ̃depɑ̃dɑ̃, ɑ̃t] *adj* indipendente; ~ **de** indipendente da; **travailleur** ~ lavoratore *m* autonomo; **chambre** ~**e** camera indipendente.

indépendantiste [ɛ̃depɑ̃dɑ̃tist] *adj* indipendentistico(-a) ♦ *nm/f* indipendentista *m/f*.

indéracinable [ɛ̃deʀasinabl] *adj* (*fig*) incrollabile.

indéréglable [ɛ̃deʀeglabl] *adj* che non si sregola.

indescriptible [ɛ̃dɛskʀiptibl] *adj* indescrivibile.

indésirable [ɛ̃deziʀabl] *adj* (*personne*) indesiderabile, non gradito(-a).

indestructible [ɛ̃dɛstʀyktibl] *adj* (*matière*) indistruttibile; (*marque, impression*) incancellabile, indelebile; (*lien*) indissolubile.

indéterminable [ɛ̃detɛʀminabl] *adj* indeterminabile, imprecisabile.

indétermination [ɛ̃detɛʀminasjɔ̃] *nf* indeterminatezza, incertezza.

indéterminé, e [ɛ̃detɛʀmine] *adj* indeterminato(-a); (*impression, contours, goût*) indefinito(-a), indeterminato(-a); (*sens d'un mot, d'un passage*) non ben definito(-a).

index [ɛ̃dɛks] *nm* indice *m*; **mettre qn/qch à l'**~ mettere qn/qc all'indice.

indexation [ɛ̃dɛksasjɔ̃] *nf* indicizzazione *f*.

indexé, e [ɛ̃dɛkse] *adj* (*ÉCON*): ~ **(sur)** indicizzato(-a) (su).

indexer [ɛ̃dɛkse] *vt* (*ÉCON*): ~ **(sur)** indicizzare (su).

indicateur, -trice [ɛ̃dikatœʀ, tʀis] *nm/f* (*de la police*) informatore(-trice); (*instrument, ÉCON*) indicatore *m*; (*livre, brochure*): ~ **immobilier** guida immobiliare ♦ *adj*: **poteau** ~ cartello indicatore; **tableau** ~ pannello *ou* quadro indicatore; ~ **des chemins de fer** orario ferroviario; ~ **de rues** stradario; ▸ **indicateur de changement de direction** (*AUTO*) indicatore di direzione, freccia.

indicatif [ɛ̃dikatif] *nm* (*LING*) indicativo; (*RADIO*) sigla (musicale); (*téléphonique*) prefisso ♦ *adj*: **à titre** ~ a titolo indicativo; ▸ **indicatif d'appel** (*RADIO*) indicativo di chiamata.

indication [ɛ̃dikasjɔ̃] *nf* indicazione *f*; (*mode d'emploi*) istruzioni *fpl*; (*marque, signe*) segno; ~**s** *nfpl* (*directives*: *d'une personne, d'un médecin*) indicazioni *fpl*; ▸ **indication d'origine** (*COMM*) luogo d'origine.

indice [ɛ̃dis] *nm* (*d'une maladie, de fatigue*) segno, indice *m*; (*POLICE, JUR*) indizio; (*ÉCON, SCIENCE, TECH*) indice; (*ADMIN*) livello; ▸ **indice d'octane** numero d'ottano *ou* d'ottani; ▸ **indice de la production industrielle** indice della produzione industriale; ▸ **indice de réfraction** indice di rifrazione; ▸ **indice de traitement** (*ADMIN*) livello retributivo; ▸ **indice des prix** indice (generale) dei prezzi; ▸ **indice du coût de la vie** indice del costo della vita; ▸ **indice inférieur** (*INFORM*) indice (sottoscritto).

indicible [ɛ̃disibl] *adj* indicibile.

indien, ne [ɛ̃djɛ̃, jɛn] *adj* indiano(-a) ♦ *nm/f*: **I**~**, ne** (*d'Amérique, d'Inde*) indiano(-a).

indifféremment [ɛ̃difeʀamɑ̃] *adv* indifferentemente.

indifférence [ɛ̃difeʀɑ̃s] *nf* indifferenza.

indifférencié, e [ɛ̃difeʀɑ̃sje] *adj* indifferenziato(-a).

indifférent, e [ɛ̃difeʀɑ̃, ɑ̃t] *adj* indifferente; ~ **à qn/qch** indifferente a qn/qc; **parler de choses** ~**es** parlare del più e del meno; **ça m'est** ~ **(que ...)** mi è indifferente (che ...).

indifférer [ɛ̃difeʀe] *vt*: **cela m'indiffère** (ciò) mi lascia del tutto indifferente.

indigence [ɛ̃diʒɑ̃s] *nf*: **être/vivre dans l'**~ essere/vivere nell'indigenza.

indigène [ɛ̃diʒɛn] *adj* indigeno(-a); (*coutume etc*) indigeno(-a), locale ♦ *nm/f* indigeno(-a).

indigent, e [ɛ̃diʒɑ̃, ɑ̃t] *adj* indigente; (*fig*: *vocabulaire etc*) povero(-a).

indigeste [ɛ̃diʒɛst] *adj* indigesto(-a).

indigestion [ɛ̃diʒɛstjɔ̃] *nf* indigestione *f*; **avoir une** ~ non aver digerito.

indignation [ɛ̃diɲasjɔ̃] *nf* indignazione *f*; ▸ **indignation générale** indignazione generale; ▸ **indignation publique** pubblica indignazione.

indigne [ɛ̃diɲ] *adj* indegno(-a); ~ **de** indegno(-a) di.

indigné, e [ɛ̃diɲe] *adj* indignato(-a).

indignement [ɛ̃diɲmɑ̃] *adv* indegnamente.

indigner [ɛ̃diɲe] *vt* indignare; **s'**~ **(de qch)** (*se fâcher*) indignarsi (per qc); **s'**~ **contre qn** adirarsi con qn.

indignité [ɛ̃diɲite] *nf* indegnità *f inv*; (*acte*) infamia.

indigo [ɛ̃digo] *nm* indaco.

indiqué, e [ɛ̃dike] *adj* indicato(-a); **ce n'est pas très** ~ (*opportun, conseillé*) non è molto indicato; **remède/traitement** ~ (*prescrit*) medicina/cura indicata.

indiquer [ɛ̃dike] *vt* indicare; (*déterminer*: *date, lieu etc*) stabilire; (*dénoter*: *suj*: *traces, regard etc*) rivelare, indicare; ~ **qch/qn du doigt** additare qc/qn; **à l'heure**

indiquée all'ora stabilita; **pourriez-vous m'~ les toilettes/l'heure** potrebbe indicarmi i servizi/dirmi l'ora.
indirect, e [ɛ̃diʀɛkt] *adj* (*aussi LING*) indiretto(-a).
indirectement [ɛ̃diʀɛktəmɑ̃] *adv* indirettamente.
indiscernable [ɛ̃disɛʀnabl] *adj* (*objet*) indiscernibile, indistinguibile; (*nuance*) impercettibile.
indiscipline [ɛ̃disiplin] *nf* indisciplina.
indiscipliné, e [ɛ̃disipline] *adj* indisciplinato(-a); (*fig: cheveux etc*) ribelle.
indiscret, -ète [ɛ̃diskʀɛ, ɛt] *adj* indiscreto(-a).
indiscrétion [ɛ̃diskʀesjɔ̃] *nf* indiscrezione *f*; **sans ~, ...** senza essere indiscreto ... .
indiscutable [ɛ̃diskytabl] *adj* indiscutibile.
indiscutablement [ɛ̃diskytabləmɑ̃] *adv* indiscutibilmente.
indiscuté, e [ɛ̃diskyte] *adj* indiscusso(-a).
indispensable [ɛ̃dispɑ̃sabl] *adj* indispensabile; **~ à qn/pour faire qch** indispensabile a qn/per fare qc.
indisponibilité [ɛ̃dispɔnibilite] *nf* indisponibilità.
indisponible [ɛ̃dispɔnibl] *adj* (*local, personne*) non disponibile; (*capitaux*) indisponibile.
indisposé, e [ɛ̃dispoze] *adj* indisposto(-a).
indisposer [ɛ̃dispoze] *vt* (*incommoder*) disturbare; (*déplaire à, désobliger*) indisporre.
indisposition [ɛ̃dispozisjɔ̃] *nf* indisposizione *f*.
indissociable [ɛ̃disɔsjabl] *adj* indissociabile, inscindibile.
indissoluble [ɛ̃disɔlybl] *adj* indissolubile.
indissolublement [ɛ̃disɔlybləmɑ̃] *adv* indissolubilmente.
indistinct, e [ɛ̃distɛ̃(kt), ɛ̃kt] *adj* indistinto(-a).
indistinctement [ɛ̃distɛ̃ktəmɑ̃] *adv* in modo confuso, indistintamente; **tous les Français ~** tutti i francesi indistintamente.
individu [ɛ̃dividy] *nm* individuo.
individualiser [ɛ̃dividɥalize] *vt* caratterizzare; (*personnaliser*) individualizzare; **s'individualiser** *vr* individualizzarsi.
individualisme [ɛ̃dividɥalism] *nm* individualismo.
individualiste [ɛ̃dividɥalist] *adj, nm/f* individualista *m/f*.
individualité [ɛ̃dividɥalite] *nf* individualità; **c'est une forte ~** ha una forte personalità.
individuel, le [ɛ̃dividɥɛl] *adj* individuale; (*cas*) singolo(-a); (*maison*) unifamiliare ♦ *nm/f* (*SPORT*) atleta *m/f* non tesserato(-a); **chambre ~le** camera singola; **propriété ~le** proprietà privata.
individuellement [ɛ̃dividɥɛlmɑ̃] *adv* individualmente.
indivis, e [ɛ̃divi, iz] *adj* (*JUR: bien, propriété*) indiviso(-a); (*: cohéritiers*) pro indiviso; **propriétaires ~** comproprietari *mpl*.
indivisible [ɛ̃divizibl] *adj* (*bloc*) indivisibile; (*alliance*) inscindibile.
Indochine [ɛ̃dɔʃin] *nf* Indocina.
indochinois, e [ɛ̃dɔʃinwa, waz] *adj* indocinese ♦ *nm/f*: **I~, e** indocinese *m/f*.
indocile [ɛ̃dɔsil] *adj* indocile.
indo-européen, ne [ɛ̃doøʀɔpeɛ̃, ɛn] (*pl* **~-~s, -nes**) *adj* indoeuropeo(-a) ♦ *nm* (*LING*) indoeuropeo.
indolence [ɛ̃dɔlɑ̃s] *nf* indolenza.
indolent, e [ɛ̃dɔlɑ̃, ɑ̃t] *adj* indolente.
indolore [ɛ̃dɔlɔʀ] *adj* indolore.
indomptable [ɛ̃dɔ̃(p)tabl] *adj* (*aussi fig*) indomabile.
indompté, e [ɛ̃dɔ̃(p)te] *adj* indomato(-a).
Indonésie [ɛ̃dɔnezi] *nf* Indonesia.
indonésien, ne [ɛ̃dɔnezjɛ̃, jɛn] *adj* indonesiano(-a) ♦ *nm/f*: **I~, ne** indonesiano(-a).
indu, e [ɛ̃dy] *adj*: **à des heures ~es** a ore impossibili.
indubitable [ɛ̃dybitabl] *adj* indubitabile; **il est ~ que** è indubbio che.
indubitablement [ɛ̃dybitabləmɑ̃] *adv* indubbiamente, indubitabilmente.
induire [ɛ̃dɥiʀ] *vt*: **~ qch de** dedurre qc da; **~ qn en erreur** indurre qn in errore.
indulgence [ɛ̃dylʒɑ̃s] *nf* indulgenza.
indulgent, e [ɛ̃dylʒɑ̃, ɑ̃t] *adj* indulgente.
indûment [ɛ̃dymɑ̃] *adv* indebitamente.
industrialisation [ɛ̃dystʀijalizasjɔ̃] *nf* industrializzazione *f*.
industrialiser [ɛ̃dystʀijalize] *vt* industrializzare; **s'industrialiser** *vr* industrializzarsi.
industrie [ɛ̃dystʀi] *nf* industria; **petite/moyenne/grande ~** piccola/media/grande industria; ►**industrie automobile** industria automobilistica; ►**industrie du livre/du spectacle** industria del libro/dello spettacolo; ►**industrie légère/lourde** industria leggera/pesante; ►**industrie textile** industria tessile.
industriel, le [ɛ̃dystʀijɛl] *adj* industriale ♦ *nm* industriale *m*.
industriellement [ɛ̃dystʀijɛlmɑ̃] *adv* industrialmente.
industrieux, -euse [ɛ̃dystʀijø, ijøz] *adj* industrioso(-a).
inébranlable [inebʀɑ̃labl] *adj* (*masse, colonne, rocher*) solido(-a), indistruttibile; (*personne: déterminé, inflexible*) determinato(-a); (*: courageux*) imperturbabile; (*résolution*) fermo(-a); (*conviction, foi, certitude*) incrollabile.
inédit, e [inedi, it] *adj* inedito(-a).
ineffable [inefabl] *adj* ineffabile.

ineffaçable [inefasabl] *adj* (*fig*) incancellabile.
inefficace [inefikas] *adj* (*remède, moyen*) inefficace; (*machine, personne*) inefficiente.
inefficacité [inefikasite] *nf* (*v adj*) inefficacia; inefficienza.
inégal, e, -aux [inegal, o] *adj* (*gén*) disuguale; (*joueurs, somme*) ineguale; (*lutte, combat*) impari *inv*; (*irrégulier: rythme, pouls*) ineguale, irregolare; (*changeant: humeur*) disuguale, mutevole; (*imparfait: œuvre, écrivain*) discontinuo(-a).
inégalable [inegalabl] *adj* ineguagliabile.
inégalé, e [inegale] *adj* (*record*) imbattuto(-a).
inégalement [inegalmɑ̃] *adv* (*différemment*) variamente, diversamente; (*injustement, irrégulièrement*) in modo disuguale.
inégalité [inegalite] *nf* disuguaglianza; (*de lutte, combat*) disparità; **~s** *nfpl* (*dans une œuvre*) imperfezioni *fpl*; ▸ **inégalité de deux hauteurs** diversità *f inv* tra due altezze; ▸ **inégalités d'humeur** sbalzi *mpl* d'umore; ▸ **inégalités de terrain** irregolarità *fpl* del terreno.
inélégance [inelegɑ̃s] *nf* ineleganza.
inélégant, e [inelegɑ̃, ɑ̃t] *adj* (*sans grâce*) inelegante; (*indélicat*) scorretto(-a).
inéligible [ineliʒibl] *adj* ineleggibile.
inéluctable [inelyktabl] *adj* ineluttabile; (*règle*) implacabile.
inéluctablement [inelyktabləmɑ̃] *adv* ineluttabilmente.
inemployé, e [inɑ̃plwaje] *adj* inutilizzato (-a).
inénarrable [inenaʀabl] *adj* indescrivibile.
inepte [inɛpt] *adj* (*histoire, propos*) sciocco(-a); (*personne*) insulso(-a).
ineptie [inɛpsi] *nf* (*acte, propos*) stupidaggine *f*, sciocchezza; (*idée, œuvre*) idiozia, insulsaggine *f*.
inépuisable [inepɥizabl] *adj* inesauribile; **il est ~ sur ce sujet** è inesauribile su questo argomento.
inéquitable [inekitabl] *adj* non equo(-a).
inerte [inɛʀt] *adj* inerte.
inertie [inɛʀsi] *nf* inerzia.
inescompté, e [inɛskɔ̃te] *adj* insperato(-a).
inespéré, e [inɛspeʀe] *adj* insperato(-a).
inesthétique [inɛstetik] *adj* antiestetico (-a).
inestimable [inɛstimabl] *adj* inestimabile.
inévitable [inevitabl] *adj* inevitabile; (*obstacle*) impossibile da evitare; (*hum: habituel, rituel*) immancabile.
inévitablement [inevitabləmɑ̃] *adv* inevitabilmente.
inexact, e [inɛgza(kt), akt] *adj* inesatto(-a); (*non ponctuel*) non puntuale.
inexactement [inɛgzaktəmɑ̃] *adv* in modo inesatto, inesattamente.
inexactitude [inɛgzaktityd] *nf* inesattezza.
inexcusable [inɛkskyzabl] *adj* imperdonabile.
inexécutable [inɛgzekytabl] *adj* (*plan, projet*) inattuabile; (*musique*) ineseguibile.
inexistant, e [inɛgzistɑ̃, ɑ̃t] *adj* inesistente.
inexorable [inɛgzɔʀabl] *adj* inesorabile; **~ (à)** (*personne*) inesorabile (con).
inexorablement [inɛgzɔʀabləmɑ̃] *adv* inesorabilmente.
inexpérience [inɛkspeʀjɑ̃s] *nf* inesperienza.
inexpérimenté, e [inɛkspeʀimɑ̃te] *adj* inesperto(-a); (*arme, procédé*) non sperimentato(-a).
inexplicable [inɛksplikabl] *adj* inesplicabile, inspiegabile.
inexplicablement [inɛksplikabləmɑ̃] *adv* inesplicabilmente, inspiegabilmente.
inexpliqué, e [inɛksplike] *adj* inesplicato (-a).
inexploitable [inɛksplwatabl] *adj* (*gisement, richesse*) non sfruttabile; (*données etc*) inutilizzabile.
inexploité, e [inɛksplwate] *adj* non sfruttato(-a).
inexploré, e [inɛksplɔʀe] *adj* inesplorato (-a).
inexpressif, -ive [inɛkspʀesif, iv] *adj* inespressivo(-a).
inexpressivité [inɛkspʀɛsivite] *nf* mancanza di espressività.
inexprimable [inɛkspʀimabl] *adj* inesprimibile.
inexprimé, e [inɛkspʀime] *adj* inespresso(-a).
inexpugnable [inɛkspygnabl] *adj* inespugnabile.
inextensible [inɛkstɑ̃sibl] *adj* inestensibile.
in extenso [inɛkstɛ̃so] *adv* per esteso, integralmente ♦ *adj* integrale.
inextinguible [inɛkstɛ̃gibl] *adj* (*soif*) inestinguibile; (*rire*) irrefrenabile.
in extremis [inɛkstʀemis] *adv, adj* in extremis *inv*.
inextricable [inɛkstʀikabl] *adj* inestricabile.
inextricablement [inɛkstʀikabləmɑ̃] *adv* inestricabilmente.
infaillibilité [ɛ̃fajibilite] *nf* infallibilità.
infaillible [ɛ̃fajibl] *adj* infallibile.
infailliblement [ɛ̃fajibləmɑ̃] *adv* infallibilmente.
infaisable [ɛ̃fəzabl] *adj* non fattibile, impossibile (a farsi).
infamant, e [ɛ̃famɑ̃, ɑ̃t] *adj* infamante.
infâme [ɛ̃fɑm] *adj* infame; (*odeur, logis*) disgustoso(-a).
infamie [ɛ̃fami] *nf* infamia.
infanterie [ɛ̃fɑ̃tʀi] *nf* (*MIL*) fanteria.

infanticide [ɛ̃fɑ̃tisid] *adj, nm/f* infanticida *m/f* ♦ *nm* infanticidio.
infantile [ɛ̃fɑ̃til] *adj* infantile.
infantilisme [ɛ̃fɑ̃tilism] *nm* infantilismo.
infarctus [ɛ̃faʀktys] *nm*: ~ **(du myocarde)** infarto (del miocardio).
infatigable [ɛ̃fatigabl] *adj* infaticabile, instancabile.
infatigablement [ɛ̃fatigabləmɑ̃] *adv* infaticabilmente.
infatué, e [ɛ̃fatɥe] *adj* presuntuoso(-a); **être ~ de son importance** essere pieno(-a) di sé.
infécond, e [ɛ̃fekɔ̃, ɔ̃d] *adj* infecondo(-a).
infect, e [ɛ̃fɛkt] *adj* (*cloaque, bourbier*) fetido(-a), puzzolente; (*odeur, goût, temps*) schifoso(-a); (*personne*) abietto (-a).
infecter [ɛ̃fɛkte] *vt* (*atmosphère, eau*) appestare; (*MÉD*) infettare; **s'infecter** *vr* (*plaie*) infettarsi.
infectieux, -euse [ɛ̃fɛksjø, jøz] *adj* infettivo(-a).
infection [ɛ̃fɛksjɔ̃] *nf* (*puanteur*) fetore *m*, puzza; (*MÉD*) infezione *f*.
inféoder [ɛ̃feɔde] *vt*: **s'~ à qn/qch** infeudarsi a qn/qc.
inférer [ɛ̃feʀe] *vt*: ~ **qch de** inferire *ou* desumere qc da.
inférieur, e [ɛ̃feʀjœʀ] *adj* inferiore ♦ *nm/f* subalterno(-a), inferiore *m/f*; ~ **à** inferiore a.
infériorité [ɛ̃feʀjɔʀite] *nf* inferiorità; ~ **en nombre** inferiorità di numero *ou* numerica.
infernal, e, -aux [ɛ̃fɛʀnal, o] *adj* infernale; (*rythme, galop*) indiavolato(-a); (*fam*: *enfant*) pestifero(-a).
infester [ɛ̃fɛste] *vt* infestare; **infesté de moustiques** infestato di zanzare.
infidèle [ɛ̃fidɛl] *adj* infedele; ~ **à** (*devoir, promesse*) non fedele a.
infidélité [ɛ̃fidelite] *nf* infedeltà *f inv*; (*erreur, inexactitude*) inesattezza.
infiltration [ɛ̃filtʀasjɔ̃] *nf* infiltrazione *f*.
infiltrer [ɛ̃filtʀe]: **s'~** *vr*: **s'~ dans** infiltrarsi in; (*vent, lumière*) infiltrarsi in, filtrare in.
infime [ɛ̃fim] *adj* pessimo(-a); (*nombre, détail*) minuscolo(-a).
infini, e [ɛ̃fini] *adj* infinito(-a); (*conversation*) interminabile ♦ *nm* (*MATH, PHOTO*) infinito; **à l'~** all'infinito; **s'étendre à l'~** estendersi all'infinito; **un nombre ~ de** un numero infinito di.
infiniment [ɛ̃finimɑ̃] *adv* infinitamente.
infinité [ɛ̃finite] *nf*: **une ~ de** un'infinità di.
infinitésimal, e, -aux [ɛ̃finitezimal, o] *adj* infinitesimale.
infinitif, -ive [ɛ̃finitif, iv] *nm* (*LING*) infinito ♦ *adj* (*mode, proposition*) infinitivo(-a).
infirme [ɛ̃fiʀm] *adj, nm/f* invalido(-a); ▸ **infirme de guerre** invalido di guerra; ▸ **infirme du travail** invalido del lavoro; ▸ **infirme mental** minorato (psichico); ▸ **infirme moteur** spastico.
infirmer [ɛ̃fiʀme] *vt* infirmare.
infirmerie [ɛ̃fiʀməʀi] *nf* infermeria.
infirmier, -ière [ɛ̃fiʀmje, jɛʀ] *nm/f* infermiere(-a) ♦ *adj*: **élève ~(-ière)** allievo(-a) infermiere(-a); ▸ **infirmière chef** caposala *f inv*; ▸ **infirmière diplômée** infermiera diplomata; ▸ **infirmière visiteuse** infermiera che cura a domicilio.
infirmité [ɛ̃fiʀmite] *nf* infermità *f inv*, menomazione *f*.
inflammable [ɛ̃flamabl] *adj* infiammabile.
inflammation [ɛ̃flamasjɔ̃] *nf* infiammazione *f*.
inflammatoire [ɛ̃flamatwaʀ] *adj* infiammatorio(-a).
inflation [ɛ̃flasjɔ̃] *nf* inflazione *f*; ▸ **inflation galopante/rampante** inflazione galoppante/strisciante.
inflationniste [ɛ̃flasjɔnist] *adj* inflazionistico(-a).
infléchir [ɛ̃fleʃiʀ] *vt* (*fig*: *politique*) modificare, influenzare; **s'infléchir** *vr* (*poutre, tringle*) flettersi.
infléchissement [ɛ̃fleʃismɑ̃] *nm* modifica, attenuazione *f*.
inflexibilité [ɛ̃flɛksibilite] *nf* inflessibilità.
inflexible [ɛ̃flɛksibl] *adj* inflessibile.
inflexion [ɛ̃flɛksjɔ̃] *nf* inflessione *f*; ~ **de la tête** cenno del capo.
infliger [ɛ̃fliʒe] *vt*: ~ **(à)** infliggere (a); (*affront*) far subire (a); ~ **un démenti** smentire (categoricamente).
influençable [ɛ̃flyɑ̃sabl] *adj* influenzabile.
influence [ɛ̃flyɑ̃s] *nf* influenza; (*d'un médicament*) effetto.
influencer [ɛ̃flyɑ̃se] *vt* influenzare.
influent, e [ɛ̃flyɑ̃, ɑ̃t] *adj* influente.
influer [ɛ̃flye]: ~ **sur** *vt* (*fig*) influire su.
influx [ɛ̃fly] *nm*: ~ **magnétique** flusso magnetico; ▸ **influx nerveux** impulso nervoso.
infographie ® [ɛ̃fogʀafi] *nf* videografica.
informateur, -trice [ɛ̃fɔʀmatœʀ, tʀis] *nm/f* informatore(-trice).
informaticien, ne [ɛ̃fɔʀmatisjɛ̃, jɛn] *nm/f* informatico(-a).
informatif, -ive [ɛ̃fɔʀmatif, iv] *adj* informativo(-a).
information [ɛ̃fɔʀmasjɔ̃] *nf* (*gén, INFORM*) informazione *f*; (*enquête, étude*): **voyage d'~** viaggio di studio; (*PRESSE, TV*: *nouvelle*) notizia; (*JUR*) istruttoria, inchiesta; **~s** *nfpl* (*RADIO*) giornale *m* radio *inv*, notiziario; **journal d'~** giornale *m* d'informazione.
informatique [ɛ̃fɔʀmatik] *nf* informatica.

informatisation [ɛ̃fɔʀmatizasjɔ̃] *nf* informatizzazione *f*.
informatiser [ɛ̃fɔʀmatize] *vt* informatizzare.
informe [ɛ̃fɔʀm] *adj* informe.
informé, e [ɛ̃fɔʀme] *adj*: **jusqu'à plus ample ~** in attesa di maggiori informazioni.
informel, le [ɛ̃fɔʀmɛl] *adj* informale.
informer [ɛ̃fɔʀme] *vt*: **~ qn (de)** informare qn (di) ♦ *vi* (*JUR*): **~ contre qn/sur qch** aprire un'istruttoria su qn/qc; **s'informer** *vr*: **s'~ (de/sur/si)** informarsi (di/su/se).
informulé, e [ɛ̃fɔʀmyle] *adj* inespresso(-a), non formulato(-a).
infortune [ɛ̃fɔʀtyn] *nf* sventura.
infos [ɛ̃fo] *nfpl* = **informations**.
infraction [ɛ̃fʀaksjɔ̃] *nf* infrazione *f*; **être en ~** (*AUTO*) essere in contravvenzione.
infranchissable [ɛ̃fʀɑ̃ʃisabl] *adj* insuperabile, insormontabile.
infrarouge [ɛ̃fʀaʀuʒ] *adj* infrarosso(-a) ♦ *nm* (raggio) infrarosso.
infrason [ɛ̃fʀasɔ̃] *nm* infrasuono.
infrastructure [ɛ̃fʀastʀyktyʀ] *nf* (*d'une voie de chemin de fer*) piano di posa; (*d'une route*) piano stradale; (*AVIAT, MIL*) infrastruttura; **~s** *nfpl* (*d'un pays etc*) infrastrutture *fpl*; **~ touristique/hôtelière/routière** infrastruttura turistica/alberghiera/stradale.
infréquentable [ɛ̃fʀekɑ̃tabl] *adj* infrequentabile, non frequentabile.
infroissable [ɛ̃fʀwasabl] *adj* ingualcibile.
infructueux, -euse [ɛ̃fʀyktɥø, øz] *adj* (*démarche*) inefficace; (*informations*) inutile; (*recherches, tentatives*) infruttuoso(-a).
infus, e [ɛ̃fy, yz] *adj*: **avoir la science ~e** avere la scienza infusa.
infuser [ɛ̃fyze] *vt* lasciare in infusione; (*thé, tisane*) fare un infuso di ♦ *vi*: **(laisser) ~** lasciare in infusione.
infusion [ɛ̃fyzjɔ̃] *nf* infuso, infusione *f*.
ingambe [ɛ̃gɑ̃b] *adj* arzillo(-a), in gamba.
ingénier [ɛ̃ʒenje]: **s'~** *vr*: **s'~ à faire qch** ingegnarsi a fare qc.
ingénierie [ɛ̃ʒeniʀi] *nf* ingegneria; ▸ **ingénierie génétique** ingegneria genetica.
ingénieur [ɛ̃ʒenjœʀ] *nm* ingegnere *m*; ▸ **ingénieur agronome** dottore *m* in agraria; ▸ **ingénieur chimiste** dottore *m* in chimica; ▸ **ingénieur des mines** ingegnere minerario; ▸ **ingénieur du son** tecnico del suono.
ingénieur-conseil [ɛ̃ʒenjœʀkɔ̃sɛj] (*pl* **~s-~s**) *nm* ingegnere *m* consulente.
ingénieusement [ɛ̃ʒenjøzmɑ̃] *adv* ingegnosamente.
ingénieux, -euse [ɛ̃ʒenjø, jøz] *adj* ingegnoso(-a).
ingéniosité [ɛ̃ʒenjozite] *nf* ingegnosità.
ingénu, e [ɛ̃ʒeny] *adj* ingenuo(-a).
ingénue [ɛ̃ʒeny] *nf* (*THÉÂTRE*): **jouer les ~s** recitare la parte dell'ingenua.
ingénuité [ɛ̃ʒenɥite] *nf* ingenuità *f inv*.
ingénument [ɛ̃ʒenymɑ̃] *adv* ingenuamente.
ingérence [ɛ̃ʒeʀɑ̃s] *nf* ingerenza.
ingérer [ɛ̃ʒeʀe]: **s'~** *vr*: **s'~ dans** intromettersi in.
ingouvernable [ɛ̃guvɛʀnabl] *adj* ingovernabile.
ingrat, e [ɛ̃gʀa, at] *adj* ingrato(-a).
ingratitude [ɛ̃gʀatityd] *nf* ingratitudine *f*.
ingrédient [ɛ̃gʀedjɑ̃] *nm* ingrediente *m*.
inguérissable [ɛ̃geʀisabl] *adj* incurabile.
ingurgiter [ɛ̃gyʀʒite] *vt* ingurgitare; **faire ~ qch à qn** far ingurgitare qc a qn; (*fig: connaissances*) imbottire qn di qc.
inhabile [inabil] *adj* maldestro(-a).
inhabitable [inabitabl] *adj* inabitabile.
inhabité, e [inabite] *adj* disabitato(-a).
inhabituel, le [inabitɥɛl] *adj* insolito(-a).
inhalateur [inalatœʀ] *nm* (*MÉD*) inalatore *m*; ▸ **inhalateur d'oxygène** (*AVIAT*) inalatore di ossigeno.
inhalation [inalasjɔ̃] *nf* (*MÉD*) inalazione *f*; **faire des ~s** fare delle inalazioni.
inhaler [inale] *vt* inalare.
inhérent, e [ineʀɑ̃, ɑ̃t] *adj*: **~ à** inerente a.
inhibé, e [inibe] *adj* inibito(-a).
inhiber [inibe] *vt* inibire.
inhibition [inibisjɔ̃] *nf* inibizione *f*.
inhospitalier, -ière [inɔspitalje, jɛʀ] *adj* inospitale.
inhumain, e [inymɛ̃, ɛn] *adj* inumano(-a), disumano(-a).
inhumation [inymasjɔ̃] *nf* inumazione *f*.
inhumer [inyme] *vt* inumare.
inimaginable [inimaʒinabl] *adj* inimmaginabile.
inimitable [inimitabl] *adj* inimitabile.
inimitié [inimitje] *nf* inimicizia.
ininflammable [inɛ̃flamabl] *adj* ininfiammabile, non infiammabile.
inintelligent, e [inɛ̃teliʒɑ̃, ɑ̃t] *adj* inintelligente, non intelligente.
inintelligible [inɛ̃teliʒibl] *adj* incomprensibile, inintelligibile.
inintelligiblement [inɛ̃teliʒibləmɑ̃] *adv* in modo inintelligibile.
inintéressant, e [inɛ̃teʀesɑ̃, ɑ̃t] *adj* non interessante.
ininterrompu, e [inɛ̃teʀɔ̃py] *adj* ininterrotto(-a).
iniquité [inikite] *nf* iniquità *f inv*.
initial, e, -aux [inisjal, o] *adj* iniziale; **~es** *nfpl* (*d'un nom, sigle etc*) iniziali *fpl*.
initialement [inisjalmɑ̃] *adv* inizialmente.
initialiser [inisjalize] *vt* (*INFORM*) inizializzare.
initiateur, -trice [inisjatœʀ, tʀis] *nm/f* inno-

vatore(-trice), precursore(precorritrice); (*d'une mode, technique*) ideatore (-trice); (*idée*) promotore(-trice).
initiation [inisjasjɔ̃] *nf* iniziazione *f*.
initiatique [inisjatik] *adj* iniziatico(-a).
initiative [inisjativ] *nf* iniziativa; **prendre l'~ de qch/de faire qch** prendere l'iniziativa di qc/di fare qc; **avoir de l'~** avere iniziativa; **esprit d'~** spirito d'iniziativa; **qualités d'~** iniziativa; **à** *ou* **sur l'~ de qn** su iniziativa di qn; **de sa propre ~** di propria iniziativa.
initié, e [inisje] *adj, nm/f* iniziato(-a).
initier [inisje] *vt*: **~ qn à** iniziare qn a; **s'initier à** *vr* (*métier, profession etc*) acquisire le basi di, imparare.
injectable [ɛ̃ʒɛktabl] *adj* iniettabile.
injecté, e [ɛ̃ʒɛkte] *adj*: **yeux ~s de sang** occhi *mpl* iniettati di sangue.
injecter [ɛ̃ʒɛkte] *vt* iniettare.
injection [ɛ̃ʒɛksjɔ̃] *nf* (*MÉD*) iniezione *f*; (*ÉCON*: *de capitaux, crédits*) iniezione *f*, immissione *f*; **à ~** (*moteur, système*) a iniezione; ▶ **injection intraveineuse** iniezione intravenosa; ▶ **injection sous-cutanée** iniezione sottocutanea.
injonction [ɛ̃ʒɔ̃ksjɔ̃] *nf* ingiunzione *f*; ▶ **injonction de payer** (*JUR*) ingiunzione di pagamento.
injouable [ɛ̃ʒwabl] *adj* (*pièce*) non rappresentabile; (*musique*) non eseguibile.
injure [ɛ̃ʒyʀ] *nf* ingiuria.
injurier [ɛ̃ʒyʀje] *vt* ingiurare, insultare.
injurieux, -euse [ɛ̃ʒyʀjø, jøz] *adj* ingiurioso(-a).
injuste [ɛ̃ʒyst] *adj*: **~ (avec/envers qn)** ingiusto(-a) (con/nei confronti di qn).
injustement [ɛ̃ʒystəmɑ̃] *adv* ingiustamente.
injustice [ɛ̃ʒystis] *nf* ingiustizia.
injustifiable [ɛ̃ʒystifjabl] *adj* ingiustificabile.
injustifié, e [ɛ̃ʒystifje] *adj* ingiustificato (-a).
inlassable [ɛ̃lɑsabl] *adj* instancabile.
inlassablement [ɛ̃lɑsabləmɑ̃] *adv* instancabilmente.
inné, e [i(n)ne] *adj* innato(-a).
innocemment [inɔsamɑ̃] *adv* innocentemente.
innocence [inɔsɑ̃s] *nf* innocenza.
innocent, e [inɔsɑ̃, ɑ̃t] *adj, nm/f* innocente *m/f*; **faire l'~** fare l'innocente.
innocenter [inɔsɑ̃te] *vt* (*personne*) considerare innocente; (*JUR*: *accusé*) assolvere; (*suj*: *déclaration etc*) scagionare.
innocuité [inɔkɥite] *nf* innocuità.
innombrable [i(n)nɔ̃bʀabl] *adj* innumerevole.
innommable [i(n)nɔmabl] *adj* (*ordures*) disgustoso(-a); (*conduite, action*) innominabile.
innovateur, -trice [inɔvatœʀ, tʀis] *adj* innovatore(-trice).
innovation [inɔvasjɔ̃] *nf* innovazione *f*.
innover [inɔve] *vt* innovare, rinnovare ♦ *vi*: **~ en art/matière d'art** introdurre innovazioni in arte/materia d'arte.
inobservable [inɔpsɛʀvabl] *adj* che è impossibile osservare, inosservabile.
inobservance [inɔpsɛʀvɑ̃s] *nf* inosservanza.
inobservation [inɔpsɛʀvasjɔ̃] *nf* (*JUR*: *d'une convention*) inosservanza; (*d'un contrat*) inadempienza.
inoccupé, e [inɔkype] *adj* (*appartement, siège*) libero(-a); (*personne, vie*) inoperoso(-a).
inoculer [inɔkyle] *vt*: **~ qch à qn** (*volontairement*) inoculare qc a qn; (*accidentellement*) contagiare qn di qc; (*fig*: *idées nocives*) instillare qc in qn (*inoculare*); **~ qn contre qch** vaccinare qn contro qc.
inodore [inɔdɔʀ] *adj* inodore, inodoro(-a).
inoffensif, -ive [inɔfɑ̃sif, iv] *adj* inoffensivo(-a), innocuo(-a); (*plaisanterie*) innocuo(-a).
inondable [inɔ̃dabl] *adj* soggetto(-a) ad inondazione *ou* allagamento.
inondation [inɔ̃dasjɔ̃] *nf* inondazione *f*; (*fig*) invasione *f*.
inonder [inɔ̃de] *vt* inondare, allagare; (*personne*: *suj*: *pluie*) inzuppare; (*fig*: *suj*: *personnes, immigrants*) invadere, inondare.
inopérable [inɔpeʀabl] *adj* inoperabile.
inopérant, e [inɔpeʀɑ̃, ɑ̃t] *adj* inoperante, inefficace.
inopiné, e [inɔpine] *adj* (*nouvelle, arrivée*) inatteso(-a), improvviso(-a); (*mort*) improvviso(-a).
inopinément [inɔpinemɑ̃] *adv* all'improvviso.
inopportun, e [inɔpɔʀtœ̃, yn] *adj* inopportuno(-a).
inorganisation [inɔʀganizasjɔ̃] *nf* disorganizzazione *f*.
inorganisé, e [inɔʀganize] *adj* (*travailleurs*) non iscritto(-a) a un sindacato; (*personne*: *désordonné*) disorganizzato(-a).
inoubliable [inublijabl] *adj* indimenticabile.
inouï, e [inwi] *adj* (*violence, vitesse*) inaudito(-a); (*événement, nouvelle*) incredibile.
inox [inɔks] *adj, nm* inox *m*.
inoxydable [inɔksidabl] *adj* inossidabile ♦ *nm* acciaio inossidabile.
inqualifiable [ɛ̃kalifjabl] *adj* inqualificabile.
inquiet, -ète [ɛ̃kjɛ, ɛ̃kjɛt] *adj* (*par nature*) inquieto(-a); (*momentanément*) preoccupato(-a), inquieto(-a) ♦ *nm/f* ansioso(-a); **~ de qch/au sujet de qn** preoccupato(-a) per qc/qn.

inquiétant, e [ɛ̃kjetɑ̃, ɑ̃t] *adj* (*affaire, situation*) inquietante, preoccupante; (*état d'un malade*) preoccupante; (*sinistre*) inquietante.

inquiéter [ɛ̃kjete] *vt* (*alarmer*) preoccupare; (*harceler*) disturbare, molestare; (*suj*: *police*) causare fastidi a; **s'inquiéter** *vr*: **s'~ (de)** preoccuparsi (di).

inquiétude [ɛ̃kjetyd] *nf* inquietudine *f*, apprensione *f*; **donner de l'~** *ou* **des ~s à qn** preoccupare qn; **avoir de l'~** *ou* **des ~s au sujet de** essere preoccupato(-a) per *ou* riguardo a.

inquisiteur, -trice [ɛ̃kizitœʀ, tʀis] *adj* inquisitore(-trice).

inquisition [ɛ̃kizisjɔ̃] *nf* inquisizione *f*.

inracontable [ɛ̃ʀakɔ̃tabl] *adj* irracontabile.

insaisissable [ɛ̃sezisabl] *adj* (*fugitif, ennemi*) inafferrabile; (*nuance, différence*) impercettibile; (*JUR*: *bien*) impignorabile.

insalubre [ɛ̃salybʀ] *adj* insalubre.

insalubrité [ɛ̃salybʀite] *nf* insalubrità.

insanité [ɛ̃sanite] *nf* (*de propos etc*) follia; (*action, parole*) stupidaggine *f*, sciocchezza.

insatiable [ɛ̃sasjabl] *adj* insaziabile; (*soif*) inestinguibile.

insatisfaction [ɛ̃satisfaksjɔ̃] *nf* insoddisfazione *f*.

insatisfait, e [ɛ̃satisfɛ, ɛt] *adj* insoddisfatto(-a).

inscription [ɛ̃skʀipsjɔ̃] *nf* iscrizione *f*; (*caractères écrits ou gravés*) scritta; (*indication*: *sur un écriteau etc*) indicazione *f*, scritta; (*à une institution*) iscrizione *f*.

inscrire [ɛ̃skʀiʀ] *vt* iscrivere; (*nom, date*) annotare, segnare; (*dans la pierre, le métal*) incidere; (*sur une liste*) iscrivere, segnare; (*pour un rendez-vous etc*) (far) segnare; **s'inscrire** *vr* iscriversi; **~ qn à** iscrivere qn a; **s'~ (à)** iscriversi (a); **s'~ dans** (*suj*: *projet etc*) rientrare in; **s'~ en faux contre qch** smentire qc; (*JUR*) impugnare qc.

inscrit, e [ɛ̃skʀi, it] *pp de* **inscrire** ♦ *adj* iscritto(-a).

insecte [ɛ̃sɛkt] *nm* insetto.

insecticide [ɛ̃sɛktisid] *adj, nm* insetticida *m*.

insécurité [ɛ̃sekyʀite] *nf* insicurezza.

INSEE [inse] *sigle m* (= *Institut national de la statistique et des études économiques*) ≈ ISTAT *m*.

insémination [ɛ̃seminasjɔ̃] *nf* inseminazione *f*; ▶ **insémination artificielle** inseminazione artificiale.

insensé, e [ɛ̃sɑ̃se] *adj* insensato(-a).

insensibiliser [ɛ̃sɑ̃sibilize] *vt* desensibilizzare; (*malade*) anestetizzare; (*fig*: *personne*): **~ à qch** rendere insensibile a qc.

insensibilité [ɛ̃sɑ̃sibilite] *nf* insensibilità *f inv*.

insensible [ɛ̃sɑ̃sibl] *adj* insensibile; (*imperceptible*) impercettibile; **~ au froid/à la chaleur** insensibile al freddo/al caldo.

insensiblement [ɛ̃sɑ̃sibləmɑ̃] *adv* in modo impercettibile.

inséparable [ɛ̃sepaʀabl] *adj*: **~ (de)** inseparabile (da); **~s** *nmpl* (*oiseaux*) inseparabili *mpl*.

insérer [ɛ̃seʀe] *vt* inserire; **s'~ dans** (*se dérouler, se placer*) inserirsi in; (*fig*) inserirsi in, rientrare in.

INSERM [insɛʀm] *sigle m* (= *Institut national de la santé et de la recherche médicale*) ≈ ISS *m*.

insert [ɛ̃sɛʀ] *nm* (*CINÉ*) *primo piano di oggetto*; (*RADIO*) telefonata in diretta; (*TV*) inserto filmato.

insertion [ɛ̃sɛʀsjɔ̃] *nf* inserimento.

insidieusement [ɛ̃sidjøzmɑ̃] *adv* insidiosamente.

insidieux, -euse [ɛ̃sidjø, jøz] *adj* insidioso(-a); (*odeur, parfum*) penetrante.

insigne [ɛ̃siɲ] *nm* distintivo ♦ *adj* insigne.

insignifiant, e [ɛ̃siɲifjɑ̃, jɑ̃t] *adj* insignificante.

insinuant, e [ɛ̃sinɥɑ̃, ɑ̃t] *adj* insinuante.

insinuation [ɛ̃sinɥasjɔ̃] *nf* insinuazione *f*; **procéder par ~** procedere per insinuazioni.

insinuer [ɛ̃sinɥe] *vt*: **que voulez-vous ~?** che cosa vuole insinuare?; **s'insinuer dans** *vr* insinuarsi in.

insipide [ɛ̃sipid] *adj* insipido(-a); (*fig*) insipido(-a), insulso(-a).

insistance [ɛ̃sistɑ̃s] *nf* insistenza; **avec ~** con insistenza, insistentemente.

insistant, e [ɛ̃sistɑ̃, ɑ̃t] *adj* insistente.

insister [ɛ̃siste] *vi*: **~ (sur)** insistere (su); **~ pour qch/pour faire qch** insistere per (ottenere) qc/per fare qc.

insociable [ɛ̃sɔsjabl] *adj* poco socievole.

insolation [ɛ̃sɔlasjɔ̃] *nf* insolazione *f*.

insolence [ɛ̃sɔlɑ̃s] *nf* insolenza.

insolent, e [ɛ̃sɔlɑ̃, ɑ̃t] *adj* insolente; (*bonheur, luxe*) sfacciato(-a) ♦ *nm/f* impertinente *m/f*, insolente *m/f*.

insolite [ɛ̃sɔlit] *adj* insolito(-a).

insoluble [ɛ̃sɔlybl] *adj* insolubile.

insolvable [ɛ̃sɔlvabl] *adj* (*débiteur*) insolvibile, insolvente.

insomniaque [ɛ̃sɔmnjak] *adj* che soffre d'insonnia.

insomnie [ɛ̃sɔmni] *nf* insonnia; **avoir des ~s** soffrire d'insonnia.

insondable [ɛ̃sɔ̃dabl] *adj* (*fig*: *mystère, secret*) insondabile; (*maladresse, bêtise*) abissale.

insonore [ɛ̃sɔnɔʀ] *adj* isolante (acusticamente).

insonorisation [ɛ̃sɔnɔʀizasjɔ̃] *nf* insonoriz-

zazione *f*, isolamento acustico.
insonoriser [ɛ̃sɔnɔʀize] *vt* insonorizzare.
insouciance [ɛ̃susjɑ̃s] *nf* spensieratezza, noncuranza.
insouciant, e [ɛ̃susjɑ̃, jɑ̃t] *adj* (*nonchalant*) spensierato(-a); (*imprévoyant*) incurante, noncurante.
insoumis, e [ɛ̃sumi, iz] *adj* ribelle, insubordinato(-a); (*MIL*: *soldat*) renitente ♦ *nm* (*MIL*: *soldat*) renitente *m* (alla leva).
insoumission [ɛ̃sumisjɔ̃] *nf* ribellione *f*, insubordinazione *f*; (*MIL*) renitenza (alla leva).
insoupçonnable [ɛ̃supsɔnabl] *adj* insospettabile.
insoupçonné, e [ɛ̃supsɔne] *adj* insospettato(-a).
insoutenable [ɛ̃sut(ə)nabl] *adj* (*argument, opinion*) insostenibile; (*lumière, chaleur, fig*) insopportabile.
inspecter [ɛ̃spɛkte] *vt* ispezionare; (*personne*) esaminare.
inspecteur, -trice [ɛ̃spɛktœʀ, tʀis] *nm/f* ispettore(-trice); ▸ **inspecteur d'Académie** ≈ provveditore *m* agli studi; ▸ **inspecteur (de police)** ispettore *m* (di polizia); ▸ **inspecteur des finances** ispettore del Ministero delle Finanze; ▸ **inspecteur des impôts** ispettore delle imposte; ▸ **inspecteur (de l'enseignement) primaire** ispettore scolastico.
inspection [ɛ̃spɛksjɔ̃] *nf* ispezione *f*; ▸ **inspection des Finances** ≈ ispettorato delle Finanze; ▸ **inspection du Travail** ispettorato del lavoro.
inspirateur, -trice [ɛ̃spiʀatœʀ, tʀis] *nm/f* ispiratore(-trice).
inspiration [ɛ̃spiʀasjɔ̃] *nf* ispirazione *f*; (*PHYSIOL*) inspirazione *f*; **sous l'~ de qn** per ispirazione di qn; **mode d'~ orientale** moda di ispirazione orientale.
inspiré, e [ɛ̃spiʀe] *adj*: **être bien/mal ~ de faire qch** avere la buona/cattiva idea di fare qc.
inspirer [ɛ̃spiʀe] *vt* ispirare; (*intentions*) motivare; (*suj*: *santé, état*: *inquiétude etc*) destare ♦ *vi* inspirare; **s'inspirer de qch** *vr* ispirarsi a, trarre ispirazione da qc; **ça ne m'inspire pas beaucoup/vraiment pas** (ciò) non mi ispira molto/affatto.
instabilité [ɛ̃stabilite] *nf* instabilità.
instable [ɛ̃stabl] *adj* instabile; (*personne, population*) nomade.
installateur [ɛ̃stalatœʀ] *nm* installatore *m*.
installation [ɛ̃stalasjɔ̃] *nf* (*v vt*) sistemazione *f*; installazione *f*; **une ~ de fortune/provisoire** una sistemazione di fortuna/provvisoria; ▸ **l'installation électrique** l'impianto elettrico; ▸ **installations de loisirs** attrezzature *fpl* ricreative; ▸ **installations industrielles** attrezzature *fpl* industriali; ▸ **installations portuaires** attrezzature *fpl* portuali.
installé, e [ɛ̃stale] *adj*: **bien/mal ~** sistemato(-a) bene/male.
installer [ɛ̃stale] *vt* (*gén*) sistemare; (*tente*) montare; (*gaz, électricité, téléphone*) installare; (*fonctionnaire, magistrat*) insediare; **s'installer** *vr* installarsi; (*fig*: *maladie, grève*) insediarsi, prendere piede; **~ une salle de bains dans une pièce** installare un bagno in una stanza; **s'~ à l'hôtel/chez qn** sistemarsi in albergo/a casa di qn.
instamment [ɛ̃stamɑ̃] *adv* insistentemente.
instance [ɛ̃stɑ̃s] *nf* istanza; **les ~s internationales** (*ADMIN*) le autorità internazionali; **affaire en ~** pratica in corso; **courrier en ~** posta in partenza; **être en ~ de divorce** aver presentato istanza di divorzio; **train en ~ de départ** treno in partenza; **en première ~** (*JUR*) in prima istanza.
instant, e [ɛ̃stɑ̃] *adj* insistente ♦ *nm* istante *m*, attimo; (*moment présent*) presente; (*temps très court*): **un ~** un istante *ou* attimo; **sans perdre un ~** senza perdere un istante; **en un ~** in un attimo *ou* istante; **dans un ~** tra un attimo; (*tout de suite*) subito; **je l'ai vu à l'~** l'ho visto subito; **à l'~ (même) où** (proprio) nel momento in cui; **à chaque ~, à tout ~** a ogni istante, in ogni momento; **pour l'~** per il momento; **par ~s** a tratti; **de tous les ~s** ininterrotto(-a); **dès l'~ où** *ou* **que ...** dal momento che.
instantané, e [ɛ̃stɑ̃tane] *adj* istantaneo(-a) ♦ *nm* (*PHOTO*) istantanea.
instantanément [ɛ̃stɑ̃tanemɑ̃] *adv* istantaneamente.
instar [ɛ̃staʀ]: **à l'~ de** *prép* alla maniera di, sull'esempio di.
instaurer [ɛ̃stɔʀe] *vt* instaurare; **s'instaurer** *vr* instaurarsi.
instigateur, -trice [ɛ̃stigatœʀ, tʀis] *nm/f* (*d'un mouvement, d'une théorie*) promotore(-trice); (*d'un complot, d'une révolution*) istigatore(-trice); (*de troubles*) fomentatore(-trice).
instigation [ɛ̃stigasjɔ̃] *nf*: **à l'~ de qn** per istigazione di qn, su incitamento di qn.
instillation [ɛ̃stilasjɔ̃] *nf* instillazione *f*.
instiller [ɛ̃stile] *vt* instillare.
instinct [ɛ̃stɛ̃] *nm* istinto; **avoir l'~ des affaires/du commerce** avere il senso degli affari/del commercio; **d'~** d'istinto, istintivamente; **faire qch d'~** fare qc d'istinto; **~ grégaire** istinto gregario; **~ de conservation** istinto di conservazione.
instinctif, -ive [ɛ̃stɛ̃ktif, iv] *adj* istintivo(-a).
instinctivement [ɛ̃stɛ̃ktivmɑ̃] *adv* istintivamente.
instituer [ɛ̃stitɥe] *vt* istituire; (*débat*) pro-

muovere; (*REL*: *évêque*) nominare; (*héritier*) istituire, nominare; **s'instituer** *vr* (*relations*) instaurarsi; **s'~ défenseur d'une cause** erigersi a difensore di una causa.

institut [ɛ̃stity] *nm* istituto; **membre de l'~** membro dell'Istituto di Francia; ▸ **institut de beauté** istituto di bellezza; ▸ **institut médico-légal** istituto di medicina legale; ▸ **Institut universitaire de technologie** *istituto a livello universitario per l'insegnamento della tecnologia.*

instituteur, -trice [ɛ̃stitytœʀ, tʀis] *nm/f* maestro(-a) elementare.

institution [ɛ̃stitysjɔ̃] *nf* istituzione *f*; (*collège, école privée*) istituto; **~s** *nfpl* (*structures politiques et sociales*) istituzioni *fpl*.

institutionnaliser [ɛ̃stitysjɔnalize] *vt* istituzionalizzare.

instructeur [ɛ̃stʀyktœʀ] *adj* (*JUR*): **juge ~** giudice *m* istruttore ♦ *nm/f* istruttore (-trice).

instructif, -ive [ɛ̃stʀyktif, iv] *adj* istruttivo(-a).

instruction [ɛ̃stʀyksjɔ̃] *nf* istruzione *f*; (*JUR*) istruttoria, istruzione *f*; **~s** *nfpl* (*ordres, mode d'emploi*) istruzioni *fpl*; ▸ **instruction civique** educazione *f* civica; ▸ **instruction ministérielle/préfectorale** (*ADMIN*: *directive*) circolare *f* ministeriale/prefettizia; ▸ **instruction professionnelle/religieuse** istruzione professionale/religiosa; ▸ **instruction publique/primaire** istruzione pubblica/elementare.

instruire [ɛ̃stʀɥiʀ] *vt* (*élèves, procès*) istruire; (*recrues*) addestrare; **s'instruire** *vr* (*se cultiver*) istruirsi; **s'~ auprès de qn de qch** (*s'informer*) informarsi presso qn su qc; **~ qn de qch** (*informer*) informare qn di qc.

instruit, e [ɛ̃stʀɥi, it] *pp de* **instruire** ♦ *adj* istruito(-a).

instrument [ɛ̃stʀymɑ̃] *nm* (*outil, MUS*) strumento; ▸ **instrument à cordes/à vent** (*MUS*) strumento a corda/a fiato; ▸ **instrument à percussion** (*MUS*) strumento a percussione; ▸ **instrument de mesure** strumento di misurazione; ▸ **instrument de musique** strumento musicale; ▸ **instrument de travail** strumento di lavoro.

instrumental, e, -aux [ɛ̃stʀymɑ̃tal, o] *adj*: **musique ~e** musica strumentale.

instrumentation [ɛ̃stʀymɑ̃tasjɔ̃] *nf* strumentazione *f*.

instrumentiste [ɛ̃stʀymɑ̃tist] *nm/f* (*MUS*) strumentista *m/f*.

insu [ɛ̃sy] *nm*: **à l'~ de qn** (*en cachette de*) all'insaputa di qn; (*inconsciemment*) senza rendersene conto, inconsciamente; **à son ~** a sua insaputa.

insubmersible [ɛ̃sybmɛʀsibl] *adj* insommergibile.

insubordination [ɛ̃sybɔʀdinasjɔ̃] *nf* insubordinazione *f*.

insubordonné, e [ɛ̃sybɔʀdɔne] *adj* insubordinato(-a).

insuccès [ɛ̃syksɛ] *nm* insuccesso.

insuffisamment [ɛ̃syfizamɑ̃] *adv* insufficientemente.

insuffisance [ɛ̃syfizɑ̃s] *nf* insufficienza; **~s** *nfpl* (*déficiences, lacunes*) carenze *fpl*; ▸ **insuffisance cardiaque** (*MÉD*) insufficienza cardiaca; ▸ **insuffisance hépatique** (*MÉD*) insufficienza epatica.

insuffisant, e [ɛ̃syfizɑ̃, ɑ̃t] *adj* insufficiente; (*travail*) inadeguato(-a); **~ en maths** (*personne*) insufficiente in matematica.

insuffler [ɛ̃syfle] *vt* (*MÉD*) insufflare; **~ qch à qn** inspirare qc a qn; **~ du courage** infondere coraggio.

insulaire [ɛ̃sylɛʀ] *adj* insulare; (*attitude*) chiuso(-a).

insularité [ɛ̃sylaʀite] *nf* insularità *f inv*.

insuline [ɛ̃sylin] *nf* insulina.

insultant, e [ɛ̃syltɑ̃, ɑ̃t] *adj* (*propos*) insultante, offensivo(-a); (*personne*) insolente.

insulte [ɛ̃sylt] *nf* insulto.

insulter [ɛ̃sylte] *vt* insultare.

insupportable [ɛ̃sypɔʀtabl] *adj* insopportabile.

insurgé, e [ɛ̃syʀʒe] *adj, nm/f* insorto(-a).

insurger [ɛ̃syʀʒe]: **s'~ (contre)** *vr* insorgere (contro).

insurmontable [ɛ̃syʀmɔ̃tabl] *adj* insormontabile; (*angoisse, aversion*) invincibile.

insurpassable [ɛ̃syʀpɑsabl] *adj* insuperabile.

insurrection [ɛ̃syʀɛksjɔ̃] *nf* insurrezione *f*.

insurrectionnel, le [ɛ̃syʀɛksjɔnɛl] *adj* insurrezionale.

intact, e [ɛ̃takt] *adj* intatto(-a).

intangible [ɛ̃tɑ̃ʒibl] *adj* (*fluide etc*) impalpabile; (*loi, principe*) intangibile.

intarissable [ɛ̃taʀisabl] *adj* inesauribile.

intégral, e, -aux [ɛ̃tegʀal, o] *adj* integrale; **nu ~** nudo integrale.

intégrale [ɛ̃tegʀal] *nf* (*MATH*) integrale *m*; (*œuvres complètes*) opera omnia.

intégralement [ɛ̃tegʀalmɑ̃] *adv* integralmente.

intégralité [ɛ̃tegʀalite] *nf* totalità; **dans son ~** nella sua interezza.

intégrant, e [ɛ̃tegʀɑ̃, ɑ̃t] *adj*: **faire partie ~e de qch** fare parte integrante di qc.

intégration [ɛ̃tegʀasjɔ̃] *nf* integrazione *f*.

intégrationniste [ɛ̃tegʀasjɔnist] *adj* integrazionistico(-a).

intègre [ɛ̃tɛgʀ] *adj* integro(-a).

intégré, e [ɛ̃tegʀe] *adj* integrato(-a).

intégrer [ɛ̃tegʀe] *vt* integrare ♦ *vi* (*argot*

universitaire): ~ **à l'ENA** *essere ammesso all'ENA*; **s'intégrer** *vr*: **s'~ à/dans qch** integrarsi in qc.

intégrisme [ɛ̃tegʀism] *nm* integralismo.

intégriste [ɛ̃tegʀist] *adj* integralistico(-a) ♦ *nm/f* integralista *m/f*.

intégrité [ɛ̃tegʀite] *nf* integrità *f inv*.

intellect [ɛ̃telɛkt] *nm* intelletto.

intellectualiser [ɛ̃telɛktɥalize] *vt* intellettualizzare.

intellectualisme [ɛ̃telɛktɥalism] *nm* intellettualismo.

intellectuel, le [ɛ̃telɛktɥɛl] *adj, nm/f* intellettuale *m/f*; (*péj*) intellettuale, intellettualoide *m/f*.

intellectuellement [ɛ̃telɛktɥɛlmɑ̃] *adv* intellettualmente.

intelligemment [ɛ̃teliʒamɑ̃] *adv* intelligentemente.

intelligence [ɛ̃teliʒɑ̃s] *nf* intelligenza; (*personne*) intelligenza, mente *f*; (*compréhension*): ~ **de qch** comprensione *f* di qc; (*complicité*): **regard/sourire d'~** sguardo/sorriso d'intesa; (*accord*): **vivre en bonne/mauvaise ~ avec qn** vivere/non vivere in buona armonia con qn; **~s** *nfpl*: **avoir des ~s dans la place** (*MIL, fig*) avere dei contatti nell'ambiente; **être d'~ avec qn** essere connivente con qn; ▶ **intelligence artificielle** intelligenza artificiale.

intelligent, e [ɛ̃teliʒɑ̃, ɑ̃t] *adj* intelligente; ~ **en affaires** abile in affari.

intelligentsia [ɛ̃teliʒɛnsja] *nf* intellighenzia.

intelligible [ɛ̃teliʒibl] *adj* intelligibile.

intello [ɛ̃telo] (*fam*) *adj, nm/f* intellettuale *m/f*.

intempérance [ɛ̃tɑ̃peʀɑ̃s] *nf* intemperanza.

intempérant, e [ɛ̃tɑ̃peʀɑ̃, ɑ̃t] *adj* intemperante; **faire un usage ~ de l'alcool** essere intemperante nel bere.

intempéries [ɛ̃tɑ̃peʀi] *nfpl* intemperie *fpl*.

intempestif, -ive [ɛ̃tɑ̃pɛstif, iv] *adj* intempestivo(-a); (*gaieté, rires*) sconveniente, fuori luogo.

intenable [ɛ̃t(ə)nabl] *adj* (*situation*) insostenibile; (*chaleur*) insopportabile; (*enfant*) insopportabile.

intendance [ɛ̃tɑ̃dɑ̃s] *nf* (*MIL*) intendenza; (*SCOL*) economato; (*POL*) questioni *fpl* economiche.

intendant, e [ɛ̃tɑ̃dɑ̃, ɑ̃t] *nm/f* (*MIL*) furiere *m*; (*SCOL*) economo(-a); (*d'une propriété*) amministratore(-trice).

intense [ɛ̃tɑ̃s] *adj* intenso(-a).

intensément [ɛ̃tɑ̃semɑ̃] *adv* intensamente.

intensif, -ive [ɛ̃tɑ̃sif, iv] *adj* intensivo(-a); **cours ~** corso intensivo; ▶ **intensif en capital** fortemente capitalizzato(-a); ▶ **intensif en main d'œuvre** ad alta intensità di lavoro.

intensification [ɛ̃tɑ̃sifikasjɔ̃] *nf* intensificazione *f*, potenziamento; (*de la culture*) rafforzamento; (*de la douleur*) aumento.

intensifier [ɛ̃tɑ̃sifje] *vt* intensificare, potenziare; (*la culture*) rafforzare; **s'intensifier** *vr* intensificarsi; (*douleur*) intensificarsi, acuirsi.

intensité [ɛ̃tɑ̃site] *nf* intensità *f inv*; (*d'une expression*) forza.

intensivement [ɛ̃tɑ̃sivmɑ̃] *adv* intensivamente.

intenter [ɛ̃tɑ̃te] *vt*: ~ **un procès contre** *ou* **à qn** intentare un processo contro qn; ~ **une action contre** *ou* **à qn** intentare causa contro qn.

intention [ɛ̃tɑ̃sjɔ̃] *nf* intenzione *f*; (*but, objectif*) intento; **avec** *ou* **dans l'~ de nuire** (*JUR*) con l'intento di nuocere; **avoir l'~ de faire qch** avere intenzione di fare qc; **dans l'~ de faire qch** con l'intenzione *ou* l'intento di fare qc; **à l'~ de qn** (*collecte*) a favore di qn; (*cadeau, prière etc*) per qn; (*fête*) in onore di qn; (*film, ouvrage*) diretto(-a) a qn; **à cette ~** a questo scopo; **sans ~** involontariamente; **faire qch sans mauvaise ~** fare qc senza cattive intenzioni; **agir dans une bonne ~** agire a fin di bene.

intentionné, e [ɛ̃tɑ̃sjɔne] *adj*: **bien/mal ~** bene/male intenzionato(-a).

intentionnel, le [ɛ̃tɑ̃sjɔnɛl] *adj* intenzionale.

intentionnellement [ɛ̃tɑ̃sjɔnɛlmɑ̃] *adv* intenzionalmente.

inter [ɛ̃tɛʀ] *abr m* (*TÉL*) interurbana.

interactif, -ive [ɛ̃tɛʀaktif, iv] *adj* (*aussi INFORM*) interattivo(-a).

interaction [ɛ̃tɛʀaksjɔ̃] *nf* interazione *f*.

interarmes [ɛ̃tɛʀaʀm] *adj inv* interarme.

interbancaire [ɛ̃tɛʀbɑ̃kɛʀ] *adj* interbancario(-a).

intercalaire [ɛ̃tɛʀkalɛʀ] *adj, nm* intercalare *m*.

intercaler [ɛ̃tɛʀkale] *vt*: ~ **(dans)** intercalare (in), inserire (in); **s'intercaler** *vr*: **s'~ entre** inserirsi tra.

intercéder [ɛ̃tɛʀsede] *vi*: ~ **(pour qn)** intercedere (per qn).

intercepter [ɛ̃tɛʀsɛpte] *vt* intercettare.

intercepteur [ɛ̃tɛʀsɛptœʀ] *nm* (*AVIAT*) intercettore *m*, intercettatore *m*.

interception [ɛ̃tɛʀsɛpsjɔ̃] *nf* intercettazione *f*; **avion d'~** aereo di intercettazione.

intercession [ɛ̃tɛʀsesjɔ̃] *nf* intercessione *f*.

interchangeabilité [ɛ̃tɛʀʃɑ̃ʒabilite] *nf* intercambiabilità.

interchangeable [ɛ̃tɛʀʃɑ̃ʒabl] *adj* intercambiabile.

interclasse [ɛ̃tɛʀklɑs] *nm* (*SCOL*) intervallo (tra due lezioni).

interclubs [ɛ̃tɛʀklœb] *adj* (*compétition*) tra

club.

intercommunal, e, -aux [ɛ̃tɛʀkɔmynal, o] *adj* intercomunale.

intercommunautaire [ɛ̃tɛʀkɔmynotɛʀ] *adj* intercomunitario(-a).

interconnexion [ɛ̃tɛʀkɔnɛksjɔ̃] *nf* (*aussi INFORM*) interconnessione *f*.

intercontinental, e, -aux [ɛ̃tɛʀkɔ̃tinɑ̃tal, o] *adj* intercontinentale.

intercostal, e, -aux [ɛ̃tɛʀkɔstal, o] *adj* intercostale.

interdépartemental, e, -aux [ɛ̃tɛʀdepaʀtəmɑ̃tal, o] *adj* interdipartimentale.

interdépendance [ɛ̃tɛʀdepɑ̃dɑ̃s] *nf* interdipendenza.

interdépendant, e [ɛ̃tɛʀdepɑ̃dɑ̃, ɑ̃t] *adj* interdipendente.

interdiction [ɛ̃tɛʀdiksjɔ̃] *nf* divieto, proibizione *f*; (*interdit*) interdetto; ~ **de faire qch** divieto *ou* proibizione di fare qc; ~ **de séjour** (*JUR*) divieto di soggiorno.

interdire [ɛ̃tɛʀdiʀ] *vt* (*gén*) vietare, proibire; (*ADMIN, REL: personne*) interdire; (*journal, livre*) vietare; ~ **qch à qn** vietare *ou* proibire qc a qn; ~ **à qn de faire qch** vietare *ou* proibire a qn di fare qc; (*suj: chose*) impedire a qn di fare qc; **s'~ qch** (*excès etc*) astenersi da qc; **il s'interdit d'y penser** si rifiuta di pensarci.

interdisciplinaire [ɛ̃tɛʀdisiplinɛʀ] *adj* interdisciplinare.

interdit, e [ɛ̃tɛʀdi, it] *pp de* **interdire** ♦ *adj* (*stupéfait, frappé d'interdit*) interdetto(-a); (*livre*) vietato(-a) ♦ *nm* (*exclusive*): **prononcer l'~ contre qn** colpire qn con l'interdetto; (*interdiction*) divieto, proibizione *f*; **film ~ aux moins de 18/13 ans** film vietato ai minori di 18/13 anni; **sens ~** senso vietato; **stationnement ~** sosta vietata, divieto di sosta; ▸ **interdit de chéquier** *colpito dal divieto di emettere assegni*; ▸ **interdit de séjour** colpito(-a) da divieto di soggiorno.

intéressant, e [ɛ̃teʀesɑ̃, ɑ̃t] *adj* interessante; **faire l'~** cercare di rendersi interessante.

intéressé, e [ɛ̃teʀese] *adj* interessato(-a); (*motifs*) d'interesse ♦ *nm/f*: **l'~, e** l'interessato(-a); **les ~s** gli interessati.

intéressement [ɛ̃teʀɛsmɑ̃] *nm* interessenza.

intéresser [ɛ̃teʀese] *vt* interessare; (*COMM: employés: aux bénéfices*) far partecipare; **ça n'intéresse personne** non interessa a nessuno; ~ **qn à qch** interessare qn a qc; ~ **qn dans une affaire** (*partenaire*) cointeressare qn ad un affare; **s'~ à qn/à ce que fait qn/qch** interessarsi a qn/a ciò che fa qn/qc; **s'~ à une science/un sport** interessarsi di una scienza/uno sport.

intérêt [ɛ̃teʀɛ] *nm* (*aussi COMM*) interesse *m*; **~s** *nmpl* (*d'une personne, d'un groupe*) interessi *mpl*; **porter de l'~ à qn** interessarsi a qn; **avoir/n'avoir pas ~ à faire qch** avere/non avere interesse a fare qc; **il y a ~ à ...** (*idée d'utilité*) conviene ...; **avoir des ~s dans une compagnie** avere degli interessi in un'azienda; ▸ **intérêt composé** interesse composto.

interface [ɛ̃tɛʀfas] *nf* (*INFORM*) interfaccia.

interférence [ɛ̃tɛʀfeʀɑ̃s] *nf* interferenza.

interférer [ɛ̃tɛʀfeʀe] *vi*: ~ **(avec)** interferire (con).

intergouvernemental, e, -aux [ɛ̃tɛʀguvɛʀnəmɑ̃tal, o] *adj* intergovernativo(-a).

intérieur, e [ɛ̃teʀjœʀ] *adj* (*paroi, commerce, cour, communication*) interno(-a); (*calme, joie, voix, monologue*) interiore ♦ *nm*: **l'~** (*d'une maison, d'un pays*) l'interno; **à l'~ (de)** all'interno (di); **de l'~** (*fig*) dall'interno; **ministère de l'I~** ministero degli Interni; **un ~ bourgeois/confortable** (*décor, mobilier*) una casa borghese/comoda; **tourner (une scène) en ~** (*CINÉ*) girare (una scena) in interni; **vêtement/chaussures d'~** abito/scarpe *fpl* da casa; **veste d'~** giacca da camera.

intérieurement [ɛ̃teʀjœʀmɑ̃] *adv* (*au dedans*) internamente; (*mentalement, secrètement*) dentro di sé, tra sé e sé.

intérim [ɛ̃teʀim] *nm* interim *m inv*; **par ~** (*provisoire*) ad interim.

intérimaire [ɛ̃teʀimɛʀ] *adj* (*fonction, charge*) interinale ♦ *nm/f* (*personne*) interino, supplente *m/f*; **personnel ~** personale precario.

intérioriser [ɛ̃teʀjɔʀize] *vt* interiorizzare.

interjection [ɛ̃tɛʀʒɛksjɔ̃] *nf* interiezione *f*.

interjeter [ɛ̃tɛʀʒəte] *vt* (*JUR*): ~ **appel** interporre appello.

interligne [ɛ̃tɛʀliɲ] *nm* (*espace blanc*) interlinea; (*MUS*) spazio; **simple/double ~** interlinea uno/due.

interlocuteur, -trice [ɛ̃tɛʀlɔkytœʀ, tʀis] *nm/f* interlocutore(-trice); ~ **valable** valido interlocutore.

interlope [ɛ̃tɛʀlɔp] *adj* (*illégal*) illecito(-a), illegale; (*milieu, bar*) equivoco(-a), losco(-a).

interloquer [ɛ̃tɛʀlɔke] *vt* lasciare interdetto(-a), sconcertare.

interlude [ɛ̃tɛʀlyd] *nm* intermezzo.

intermède [ɛ̃tɛʀmɛd] *nm* interruzione *f*; ~ **chanté/dansé** (*THÉÂTRE, d'un spectacle*) intermezzo cantato/ballato.

intermédiaire [ɛ̃tɛʀmedjɛʀ] *adj* intermedio(-a) ♦ *nm/f* intermediario(-a) ♦ *nm*: **sans ~** direttamente; **~s** *nmpl* (*COMM*) intermediari *mpl*; **par l'~ de** tramite.

interminable [ɛ̃tɛʀminabl] *adj* interminabi-

le.

interminablement [ɛ̃tɛʀminabləmɑ̃] *adv* interminabilmente.

interministériel, le [ɛ̃tɛʀministeʀjɛl] *adj*: **comité** ~ comitato interministeriale.

intermittence [ɛ̃tɛʀmitɑ̃s] *nf*: **par** ~ in modo discontinuo; (*travailler*) a periodi.

intermittent, e [ɛ̃tɛʀmitɑ̃, ɑ̃t] *adj* intermittente; (*efforts*) discontinuo(-a).

internat [ɛ̃tɛʀna] *nm* (*situation d'interne*) internato; (*SCOL*: *établissement*) interno, convitto; (: *élèves*) interni *mpl*; (*MÉD*: *fonction*) internato; (: *concours*) *concorso per accedere all'internato*.

international, e, -aux [ɛ̃tɛʀnasjɔnal, o] *adj* internazionale ♦ *nm/f* (*SPORT*: *joueur*) nazionale *m/f*.

internationalisation [ɛ̃tɛʀnasjɔnalizasjɔ̃] *nf* internazionalizzazione *f*.

internationaliser [ɛ̃tɛʀnasjɔnalize] *vt* internazionalizzare.

internationalisme [ɛ̃tɛʀnasjɔnalism] *nm* internazionalismo.

interne [ɛ̃tɛʀn] *adj* interno(-a) ♦ *nm/f* (*SCOL, MÉD*) interno(-a).

internement [ɛ̃tɛʀnəmɑ̃] *nm* internamento.

interner [ɛ̃tɛʀne] *vt* (*POL, MÉD*) internare.

Internet [ɛ̃tɛʀnɛt] *nm*: **l'**~ Internet *f*.

interparlementaire [ɛ̃tɛʀpaʀləmɑ̃tɛʀ] *adj* interparlamentare.

interpellation [ɛ̃tɛʀpelasjɔ̃] *nf* (*apostrophe*) apostrofare *m inv*; (*POL*) interpellanza.

interpeller [ɛ̃tɛʀpəle] *vt* (*appeler*) chiamare; (*apostropher*) apostrofare; (*suj*: *police*) interrogare; (*POL*) interpellare.

interphone [ɛ̃tɛʀfɔn] *nm* (*de bureau*) interfono; (*d'un appartement*) citofono.

interplanétaire [ɛ̃tɛʀplanetɛʀ] *adj* interplanetario(-a).

Interpol [ɛ̃tɛʀpɔl] *sigle m* (= *International Police*) INTERPOL *f*.

interposer [ɛ̃tɛʀpoze] *vt* interporre, frapporre; **s'interposer** *vr* (*obstacle*) interporsi, frapporsi; (*dans une bagarre*) intromettersi; (*s'entremettre*) interporsi; **par personnes interposées** per interposta persona.

interprétariat [ɛ̃tɛʀpʀetaʀja] *nm* interpretariato.

interprétation [ɛ̃tɛʀpʀetasjɔ̃] *nf* interpretazione *f*.

interprète [ɛ̃tɛʀpʀɛt] *nm/f* interprete *m/f*; **être l'**~ **de qn/de qch** farsi interprete di qn/di qc.

interpréter [ɛ̃tɛʀpʀete] *vt* interpretare.

interprofessionnel, le [ɛ̃tɛʀpʀɔfesjɔnɛl] *adj* intercategoriale.

interrogateur, -trice [ɛ̃teʀɔgatœʀ, tʀis] *adj* (*air, regard*) interrogativo(-a) ♦ *nm/f* (*SCOL*) esaminatore(-trice).

interrogatif, -ive [ɛ̃teʀɔgatif, iv] *adj* (*gén, LING*) interrogativo(-a).

interrogation [ɛ̃teʀɔgasjɔ̃] *nf* interrogazione *f*; ~ **écrite/orale** (*SCOL*) interrogazione scritta/orale; ~ **directe/indirecte** (*LING*) proposizione *f* interrogativa diretta/indiretta.

interrogatoire [ɛ̃teʀɔgatwaʀ] *nm* (*aussi fig*) interrogatorio.

interroger [ɛ̃teʀɔʒe] *vt* interrogare; (*données, ordinateur*) consultare, interrogare; **s'interroger** *vr* interrogarsi; ~ **qn (sur qch)** interrogare qn (su qc); ~ **qn du regard** guardare qn interrogativamente.

interrompre [ɛ̃teʀɔ̃pʀ] *vt* interrompere; **s'interrompre** *vr* interrompersi.

interrupteur [ɛ̃teʀyptœʀ] *nm* interruttore *m*; ▸ **interrupteur à bascule** interruttore basculante.

interruption [ɛ̃teʀypsjɔ̃] *nf* interruzione *f*; **sans** ~ senza interruzione; ▸ **interruption (volontaire) de grossesse** interruzione (volontaria) di gravidanza.

interscolaire [ɛ̃tɛʀskɔlɛʀ] *adj* interscolastico(-a).

intersection [ɛ̃tɛʀsɛksjɔ̃] *nf* intersezione *f*.

intersidéral, e, -aux [ɛ̃tɛʀsideʀal, o] *adj* intersiderale.

interstice [ɛ̃tɛʀstis] *nm* interstizio.

intersyndical, e, -aux [ɛ̃tɛʀsɛ̃dikal, o] *adj* intersindacale.

intertitre [ɛ̃tɛʀtitʀ] *nm* intertitolo.

interurbain, e [ɛ̃tɛʀyʀbɛ̃, ɛn] *adj* (*TÉL*) interurbano(-a) ♦ *nm*: **l'**~ il servizio telefonico interurbano.

intervalle [ɛ̃tɛʀval] *nm* intervallo; **à deux mois d'**~ dopo un intervallo di due mesi; **à** ~**s rapprochés** a intervalli ravvicinati; **par** ~**s** a intervalli; **dans l'**~ nel frattempo.

intervenant, e [ɛ̃tɛʀvənɑ̃, ɑ̃t] *vb voir* **intervenir** ♦ *nm/f* intervenuto(-a).

intervenir [ɛ̃tɛʀvəniʀ] *vi* intervenire; (*survenir, se produire*: *fait*) sopraggiungere, intervenire; (*accord*) essere raggiunto (-a); ~ **dans** intervenire in; ~ **auprès de qn/en faveur de qn** intervenire presso qn/in favore di qn; **la police a dû** ~ la polizia è dovuta intervenire.

intervention [ɛ̃tɛʀvɑ̃sjɔ̃] *nf* intervento; ~ **(chirurgicale)** (*MÉD*) intervento (chirurgico); **prix d'**~ (*ÉCON*) prezzo d'intervento; ▸ **intervention armée** intervento armato.

interventionnisme [ɛ̃tɛʀvɑ̃sjɔnism] *nm* interventismo.

interventionniste [ɛ̃tɛʀvɑ̃sjɔnist] *adj* interventistico(-a).

intervenu [ɛ̃tɛʀv(ə)ny] *pp de* **intervenir**.

intervertir [ɛ̃tɛʀvɛʀtiʀ] *vt* invertire; ~ **les rôles** invertire le parti.

interviendrai [ɛ̃tɛʀvjɛ̃dʀe] *vb voir* **intervenir**.
interviens [ɛ̃tɛʀvjɛ̃] *vb voir* **intervenir**.
interview [ɛ̃tɛʀvju] *nf* intervista.
interviewer [*vb* ɛ̃tɛʀvjuve; *n* ɛ̃tɛʀvjuvœʀ] *vt* intervistare ♦ *nm* intervistatore *m*.
intervins [ɛ̃tɛʀvɛ̃] *vb voir* **intervenir**.
intestat [ɛ̃tɛsta] *adj* (*JUR*): **décéder** ~ decedere intestato(-a).
intestin, e [ɛ̃tɛstɛ̃, in] *adj*: **querelles/luttes ~es** liti/lotte intestine ♦ *nm* intestino; ▶ **intestin grêle** intestino tenue.
intestinal, e, -aux [ɛ̃tɛstinal, o] *adj* intestinale; **occlusion/perforation ~e** occlusione *f*/perforazione *f* intestinale.
intime [ɛ̃tim] *adj, nm/f* intimo(-a).
intimement [ɛ̃timmɑ̃] *adv* intimamente.
intimer [ɛ̃time] *vt* (*JUR*: *citer, assigner*) citare; (: *signifier légalement*) intimare; ~ **à qn l'ordre de faire** intimare *ou* ingiungere a qn di fare.
intimidant, e [ɛ̃timidɑ̃, ɑ̃t] *adj* (*personne, regard*) che intimidisce *ou* intimorisce.
intimidation [ɛ̃timidasjɔ̃] *nf*: **manœuvres d'~** manovre intimidatorie.
intimider [ɛ̃timide] *vt* intimidire.
intimité [ɛ̃timite] *nf* intimità *f inv*; **dans l'~** nell'intimità; (*aussi sans formalités*) tra pochi intimi.
intitulé [ɛ̃tityle] *nm* (*d'une loi, d'un jugement*) intitolazione *f*; (*d'un ouvrage, chapitre*) titolo.
intituler [ɛ̃tityle] *vt* intitolare; **s'intituler** *vr* (*ouvrage*) intitolarsi; (*personne*) darsi il titolo di.
intolérable [ɛ̃tɔleʀabl] *adj* intollerabile.
intolérance [ɛ̃tɔleʀɑ̃s] *nf* intolleranza; ~ **à** (*MÉD*) intolleranza verso.
intolérant, e [ɛ̃tɔleʀɑ̃, ɑ̃t] *adj* intollerante.
intonation [ɛ̃tɔnasjɔ̃] *nf* intonazione *f*.
intouchable [ɛ̃tuʃabl] *adj* (*fig, REL*) intoccabile.
intoxication [ɛ̃tɔksikasjɔ̃] *nf* intossicazione *f*; (*toxicomanie*) tossicomania; (*fig*) sottile persuasione *f*, suggestione *f*; ▶ **intoxication alimentaire** intossicazione *f* alimentare.
intoxiqué, e [ɛ̃tɔksike] *adj* intossicato(-a) ♦ *nm/f* intossicato(-a); (*par la drogue*) tossicomane *m/f*.
intoxiquer [ɛ̃tɔksike] *vt* intossicare; (*fig*) suggestionare; **s'intoxiquer** *vr* intossicarsi.
intradermique [ɛ̃tʀadɛʀmik] *adj*: **(injection)** ~ iniezione *f* intradermica.
intraduisible [ɛ̃tʀadɥizibl] *adj* intraducibile.
intraitable [ɛ̃tʀɛtabl] *adj* (*intransigeant*) inflessibile, intransigente; (*adversaire*) irriducibile.
intramusculaire [ɛ̃tʀamyskylɛʀ] *adj*: **(injection)** ~ iniezione *f* intramuscolare.
intranet [ɛ̃tʀanɛt] *nm* Intranet *f*.
intransigeance [ɛ̃tʀɑ̃ziʒɑ̃s] *nf* intransigenza.
intransigeant, e [ɛ̃tʀɑ̃ziʒɑ̃, ɑ̃t] *adj* intransigente; (*doctrine*) intollerante.
intransitif, -ive [ɛ̃tʀɑ̃zitif, iv] *adj* (*LING*) intransitivo(-a).
intransportable [ɛ̃tʀɑ̃spɔʀtabl] *adj* intrasportabile, non trasportabile.
intraveineuse [ɛ̃tʀavɛnøz] *nf* endovenosa.
intraveineux, -euse [ɛ̃tʀavɛnø, øz] *adj*: **(injection) intraveineuse** (iniezione) endovenosa.
intrépide [ɛ̃tʀepid] *adj* intrepido(-a); (*résistance*) incrollabile.
intrépidité [ɛ̃tʀepidite] *nf* intrepidezza.
intrigant, e [ɛ̃tʀigɑ̃, ɑ̃t] *adj* intrigante.
intrigue [ɛ̃tʀig] *nf* intrigo; (*d'une pièce, d'un roman*) intreccio, trama; (*liaison amoureuse*) tresca.
intriguer [ɛ̃tʀige] *vi* intrigare, brigare ♦ *vt* incuriosire, insospettire.
intrinsèque [ɛ̃tʀɛ̃sɛk] *adj* intrinseco(-a).
introduction [ɛ̃tʀɔdyksjɔ̃] *nf* introduzione *f*; (*d'eau, de la fumée*) penetrazione *f*; ~ **aux mathématiques** (*ouvrage*) introduzione alla matematica; **paroles/chapitre d'~** parole *fpl*/capitolo d'introduzione; **lettre d'~** lettera di presentazione.
introduire [ɛ̃tʀɔdɥiʀ] *vt* introdurre; (*INFORM*) introdurre, inserire; **s'introduire** *vr* (*techniques, usages*) venire introdotto(-a); (*voleur*) introdursi; (*personne*: *un groupe, club*) introdursi, entrare; (*eau, fumée*) entrare, penetrare; ~ **à qch** (*personne*) introdurre a qc; ~ **qn auprès de qn/dans un club** (*présenter*) introdurre qn presso qn/in un club; ~ **au clavier** introdurre *ou* inserire da tastiera.
introduit, e [ɛ̃tʀɔdɥi, it] *pp de* **introduire** ♦ *adj*: **bien** ~ (*personne*) bene introdotto (-a).
introniser [ɛ̃tʀɔnize] *vt* intronizzare.
introspection [ɛ̃tʀɔspɛksjɔ̃] *nf* introspezione *f*.
introuvable [ɛ̃tʀuvabl] *adj* introvabile.
introverti, e [ɛ̃tʀɔvɛʀti] *nm/f* introverso (-a).
intrus, e [ɛ̃tʀy, yz] *nm/f* intruso(-a).
intrusion [ɛ̃tʀyzjɔ̃] *nf* intrusione *f*.
intuitif, -ive [ɛ̃tɥitif, iv] *adj* intuitivo(-a).
intuition [ɛ̃tɥisjɔ̃] *nf* intuizione *f*; **avoir une** ~ avere un'intuizione; **avoir l'~ de qch** intuire qc; **avoir de l'~** avere intuito.
intuitivement [ɛ̃tɥitivmɑ̃] *adv* intuitivamente.
inusable [inyzabl] *adj* indistruttibile.
inusité, e [inyzite] *adj* (*LING*) non comune.
inutile [inytil] *adj* inutile.
inutilement [inytilmɑ̃] *adv* inutilmente.

inutilisable [inytilizabl] *adj* inutilizzabile.
inutilisé, e [inytilize] *adj* inutilizzato(-a).
inutilité [inytilite] *nf* inutilità.
invaincu, e [ɛ̃vɛ̃ky] *adj* imbattuto(-a).
invalide [ɛ̃valid] *adj, nm/f* invalido(-a) ♦ *nm*: ~ **de guerre** invalido di guerra; ▶ **invalide du travail** invalido del lavoro.
invalider [ɛ̃valide] *vt* invalidare; ~ **un député** invalidare l'elezione di un deputato.
invalidité [ɛ̃validite] *nf* invalidità.
invariable [ɛ̃vaʀjabl] *adj* (*loi, LING, mot*) invariabile; (*habitudes*) immutabile; (*temps*) stabile.
invariablement [ɛ̃vaʀjabləmɑ̃] *adv* invariabilmente.
invasion [ɛ̃vazjɔ̃] *nf* (*aussi fig*) invasione *f*.
invective [ɛ̃vɛktiv] *nf* invettiva.
invectiver [ɛ̃vɛktive] *vt* insultare ♦ *vi*: ~ **contre (qch/qn)** inveire contro (qc/qn).
invendable [ɛ̃vɑ̃dabl] *adj* invendibile.
invendu, e [ɛ̃vɑ̃dy] *adj* invenduto(-a).
invendus [ɛ̃vɑ̃dy] *nmpl* (*COMM*) invenduto *msg*.
inventaire [ɛ̃vɑ̃tɛʀ] *nm* inventario; **faire un** ~ fare un inventario.
inventer [ɛ̃vɑ̃te] *vt* inventare; (*histoire, excuse*) inventare, inventarsi; ~ **de faire qch** immaginarsi di fare qc.
inventeur, -trice [ɛ̃vɑ̃tœʀ, tʀis] *nm/f* inventore(-trice).
inventif, -ive [ɛ̃vɑ̃tif, iv] *adj* ricco(-a) di inventiva.
invention [ɛ̃vɑ̃sjɔ̃] *nf* invenzione *f*; **manquer d'**~ mancare d'inventiva.
inventivité [ɛ̃vɑ̃tivite] *nf* inventiva.
inventorier [ɛ̃vɑ̃tɔʀje] *vt* inventariare, fare l'inventario di.
invérifiable [ɛ̃veʀifjabl] *adj* non verificabile.
inverse [ɛ̃vɛʀs] *adj* inverso(-a) ♦ *nm*: **l'**~ l'inverso, il contrario; **en proportion** ~ in proporzione inversa; **dans l'ordre/dans le sens** ~ nell'ordine/nel senso inverso; **dans le sens** ~ **des aiguilles d'une montre** in senso antiorario; **en sens** ~ in senso inverso; **à l'**~ al contrario.
inversement [ɛ̃vɛʀsəmɑ̃] *adv* inversamente.
inverser [ɛ̃vɛʀse] *vt* invertire.
inversion [ɛ̃vɛʀsjɔ̃] *nf* inversione *f*.
invertébré, e [ɛ̃vɛʀtebʀe] *adj* invertebrato(-a) ♦ *nm* invertebrato.
inverti, e [ɛ̃vɛʀti] *nm/f* invertito(-a).
investigation [ɛ̃vɛstigasjɔ̃] *nf* investigazione *f*.
investir [ɛ̃vɛstiʀ] *vt* investire; (*MIL*: *ville, position*) assalire, investire ♦ *vi* investire; **s'investir** *vr* (*PSYCH*) investire; ~ **qn de** (*d'une fonction, d'un pouvoir*) investire qn di.
investissement [ɛ̃vɛstismɑ̃] *nm* investimento.
investisseur [ɛ̃vɛstisœʀ] *nm* investitore.
investiture [ɛ̃vɛstityʀ] *nf* investitura; (*d'un candidat*) nomina.
invétéré, e [ɛ̃veteʀe] *adj* (*habitude*) inveterato(-a); (*bavard, buveur*) incallito(-a).
invincible [ɛ̃vɛ̃sibl] *adj* invincibile; (*argument*) inoppugnabile; (*obstacle*) insormontabile; (*fig*: *charme, audace*) irresistibile.
invinciblement [ɛ̃vɛ̃sibləmɑ̃] *adv* (*fig*) irresistibilmente.
inviolabilité [ɛ̃vjɔlabilite] *nf* inviolabilità; ~ **parlementaire** immunità parlamentare.
inviolable [ɛ̃vjɔlabl] *adj* inviolabile; (*parlementaire, diplomate*) che gode dell'immunità.
invisible [ɛ̃vizibl] *adj* invisibile; **il est** ~ **aujourd'hui** (*fig*) oggi è irreperibile.
invitation [ɛ̃vitasjɔ̃] *nf* invito; **à/sur l'**~ **de qn** su invito di qn; **carte/lettre d'**~ biglietto/lettera d'invito.
invite [ɛ̃vit] *nf* invito.
invité, e [ɛ̃vite] *nm/f* invitato(-a).
inviter [ɛ̃vite] *vt* invitare; ~ **qn à faire qch** invitare qn a fare qc.
invivable [ɛ̃vivabl] *adj* insopportabile, impossibile.
involontaire [ɛ̃vɔlɔ̃tɛʀ] *adj* involontario (-a).
involontairement [ɛ̃vɔlɔ̃tɛʀmɑ̃] *adv* involontariamente.
invoquer [ɛ̃vɔke] *vt* invocare; (*excuse, argument*) addurre; (*jeunesse, ignorance*) addurre (come scusa); ~ **la clémence/le secours de qn** invocare la clemenza/l'aiuto di qn.
invraisemblable [ɛ̃vʀɛsɑ̃blabl] *adj* inverosimile; (*bizarre*) incredibile.
invraisemblance [ɛ̃vʀɛsɑ̃blɑ̃s] *nf* inverosimiglianza.
invulnérable [ɛ̃vylneʀabl] *adj* invulnerabile; ~ **à** (*personne*) immune a.
iode [jɔd] *nm* iodio.
iodé, e [jɔde] *adj* iodato(-a).
ion [jɔ̃] *nm* ione *m*.
ionien, ne [jɔnjɛ̃, jɛn] *adj*: **la Mer** ~**ne** il Mar Ionio.
ionique [jɔnik] *adj* (*ARCHIT, SCIENCE*) ionico(-a).
iota [jɔta] *nm*: **sans changer un** ~ senza cambiare una virgola.
IRA [iʀa] *sigle f* (= *Irish Republican Army*) IRA *f*.
irai *etc* [iʀe] *vb voir* **aller**.
Irak [iʀak] *nm* Iraq *m*.
irakien, ne [iʀakjɛ̃, jɛn] *adj* iracheno(-a) ♦ *nm/f*: **I**~, **ne** iracheno(-a).
Iran [iʀɑ̃] *nm* Iran *m*.

iranien, ne [iʀanjɛ̃, jɛn] *adj* iraniano(-a) ♦ *nm* iranico ♦ *nm/f*: **I~, ne** iraniano(-a).
Iraq [iʀak] *nm* = **Irak**.
iraqien, ne [iʀakjɛ̃, jɛn] *adj, nm/f* = **irakien**.
irascible [iʀasibl] *adj* irascibile.
irions *etc* [iʀjɔ̃] *vb voir* **aller**.
iris [iʀis] *nm* (*BOT*) iris *f*, iride *f*; (*ANAT*) iride *f*.
irisé, e [iʀize] *adj* iridato(-a).
irlandais, e [iʀlɑ̃dɛ, ɛz] *adj* irlandese *m/f* ♦ *nm* irlandese *m* ♦ *nm/f*: **I~, e** irlandese *m/f*.
Irlande [iʀlɑ̃d] *nf* Irlanda; (*État*) (Repubblica d')Irlanda, Eire *m*; **la mer d'~** il mar d'Irlanda; ▸ **Irlande du Nord** Irlanda del Nord, Ulster *m*; ▸ **Irlande du Sud** Eire *m*.
ironie [iʀɔni] *nf* ironia; ▸ **ironie du sort** ironia della sorte.
ironique [iʀɔnik] *adj* ironico(-a).
ironiquement [iʀɔnikmɑ̃] *adv* ironicamente.
ironiser [iʀɔnize] *vi* ironizzare.
irons *etc* [iʀɔ̃] *vb voir* **aller**.
IRPP [iɛʀpepe] *sigle m* (= *impôt sur le revenu des personnes physiques*) ≈ IRPEF *f*.
irradiation [iʀadjasjɔ̃] *nf* irradiazione *f*.
irradier [iʀadje] *vi* (*lumière*) irradiarsi, irradiare; (*douleur*) diffondersi ♦ *vt* irradiare.
irraisonné, e [iʀɛzɔne] *adj* (*geste, acte*) inconsulto(-a); (*crainte*) irragionevole.
irrationnel, le [iʀasjɔnɛl] *adj* irrazionale.
irrattrapable [iʀatʀapabl] *adj* (*retard*) irrecuperabile; (*bévue*) irrimediabile.
irréalisable [iʀealizabl] *adj* irrealizzabile.
irréalisme [iʀealism] *nm* irrealismo.
irréaliste [iʀealist] *adj* irrealistico(-a).
irréalité [iʀealite] *nf* irrealtà.
irrecevable [iʀəs(ə)vabl] *adj* inaccettabile, inammissibile.
irréconciliable [iʀekɔ̃siljabl] *adj* (*ennemis*) irreconciliabile.
irrécouvrable [iʀekuvʀabl] *adj* (*taxe, créance*) irrecuperabile.
irrécupérable [iʀekypeʀabl] *adj* irrecuperabile.
irrécusable [iʀekyzabl] *adj* (*JUR*) irrecusabile.
irréductible [iʀedyktibl] *adj* irriducibile; (*obstacle*) insormontabile.
irréductiblement [iʀedyktibləmɑ̃] *adv* irriducibilmente.
irréel, le [iʀeɛl] *adj* irreale; **(mode)** ~ (*LING*) modo irreale *ou* dell'irrealtà.
irréfléchi, e [iʀefleʃi] *adj* (*personne*) sventato(-a); (*geste, mouvement*) involontario(-a); (*propos, acte*) inconsulto(-a), avventato(-a).
irréfutable [iʀefytabl] *adj* irrefutabile, inconfutabile.
irréfutablement [iʀefytabləmɑ̃] *adv* inconfutabilmente.
irrégularité [iʀegylaʀite] *nf* irregolarità *f inv*; **~s** *nfpl* irregolarità *fpl*.
irrégulier, -ière [iʀegylje, jɛʀ] *adj* irregolare; (*élève, athlète*) incostante; (*travail, effort*) irregolare, discontinuo(-a); (*peu honnête*: *agent, homme d'affaires*) scorretto(-a).
irrégulièrement [iʀegyljɛʀmɑ̃] *adv* irregolarmente.
irrémédiable [iʀemedjabl] *adj* irrimediabile.
irrémédiablement [iʀemedjabləmɑ̃] *adv* irrimediabilmente.
irremplaçable [iʀɑ̃plasabl] *adj* insostituibile.
irréparable [iʀepaʀabl] *adj* non riparabile; (*fig*: *tort, perte*) irreparabile.
irrépréhensible [iʀepʀeɑ̃sibl] *adj* irreprensibile.
irrépressible [iʀepʀesibl] *adj* incontenibile, irrefrenabile.
irréprochable [iʀepʀɔʃabl] *adj* irreprensibile.
irrésistible [iʀezistibl] *adj* irresistibile.
irrésistiblement [iʀezistibləmɑ̃] *adv* irresistibilmente.
irrésolu, e [iʀezɔly] *adj* irresoluto(-a).
irrésolution [iʀezɔlysjɔ̃] *nf* irresolutezza.
irrespectueux, -euse [iʀɛspɛktɥø, øz] *adj* irrispettoso(-a).
irrespirable [iʀɛspiʀabl] *adj* (*aussi fig*) irrespirabile.
irresponsabilité [iʀɛspɔ̃sabilite] *nf* irresponsabilità.
irresponsable [iʀɛspɔ̃sabl] *adj* irresponsabile.
irrévérencieux, -euse [iʀeveʀɑ̃sjø, jøz] *adj* irriverente.
irréversible [iʀevɛʀsibl] *adj* irreversibile.
irréversiblement [iʀevɛʀsibləmɑ̃] *adv* irreversibilmente.
irrévocable [iʀevɔkabl] *adj* irrevocabile.
irrévocablement [iʀevɔkabləmɑ̃] *adv* irrevocabilmente.
irrigation [iʀigasjɔ̃] *nf* irrigazione *f*.
irriguer [iʀige] *vt* irrigare.
irritabilité [iʀitabilite] *nf* irritabilità.
irritable [iʀitabl] *adj* irritabile.
irritant, e [iʀitɑ̃, ɑ̃t] *adj* irritante.
irritation [iʀitasjɔ̃] *nf* irritazione *f*.
irrité, e [iʀite] *adj* irritato(-a).
irriter [iʀite] *vt* irritare; **s'~ contre qn/de qch** irritarsi con qn/per qc.
irruption [iʀypsjɔ̃] *nf* irruzione *f*; **faire ~ dans un endroit/chez qn** fare irruzione in un luogo/in casa di qn.
ISBN [iɛsbeɛn] *sigle m* (= *International Standard Book Number*) ISBN *m*.
ISF [iɛsɛf] *sigle m* = *impôt de solidarité sur la fortune*.

Islam [islam] *nm* (*REL*): **l'~** l'Islam *m*.
islamique [islamik] *adj* islamico(-a).
islandais, e [islɑ̃dɛ, ɛz] *adj* islandese ♦ *nm* islandese *m* ♦ *nm/f*: **I~, e** islandese *m/f*.
Islande [islɑ̃d] *nf* Islanda.
isocèle [izɔsɛl] *adj* isoscele.
isolant, e [izɔlɑ̃, ɑ̃t] *adj, nm* isolante *m*.
isolateur [izɔlatœʀ] *nm* (*ÉLEC*) isolatore *m*.
isolation [izɔlasjɔ̃] *nf*: **~ acoustique/thermique** isolamento acustico/termico.
isolationnisme [izɔlasjɔnism] *nm* isolazionismo.
isolé, e [izɔle] *adj* isolato(-a).
isolement [izɔlmɑ̃] *nm* isolamento; (*de lieu, maison*) posizione *f* isolata.
isolément [izɔlemɑ̃] *adv* isolatamente.
isoler [izɔle] *vt* isolare; **s'isoler** *vr* isolarsi.
isoloir [izɔlwaʀ] *nm* cabina elettorale.
isorel ® [izɔʀɛl] *nm cartone di fibra compressa*, isorel ®.
isotherme [izɔtɛʀm] *adj* isotermico(-a).
Israël [isʀaɛl] *nm* Israele *m*.
israélien, ne [isʀaeljɛ̃, jɛn] *adj* israeliano (-a) ♦ *nm/f*: **I~, ne** israeliano(-a).
israélite [isʀaelit] *adj* israelitico(-a) ♦ *nm/f*: **I~** israelita *m/f*.
issu, e [isy] *adj*: **~ de** (*famille, milieu*) proveniente da; (*fig: résultant de*) nato(-a) da.
issue [isy] *nf* (*d'un endroit, d'une rue*) uscita; (*de l'eau, la vapeur*) sfogo; (*solution*) via d'uscita; (*fin, résultat*) esito; **à l'~ de** alla fine di; **chemin/rue sans ~** strada/via senza uscita; ▶ **issue de secours** uscita di sicurezza.
Istamboul [istɑ̃bul] *n* Istanbul *f*.
Istanbul [istɑ̃bul] *n* = **Istamboul**.
isthme [ism] *nm* istmo.
Italie [itali] *nf* Italia.
italien, ne [italjɛ̃, jɛn] *adj* italiano(-a) ♦ *nm* italiano ♦ *nm/f*: **I~, ne** italiano(-a).
italique [italik] *nm*: **(mettre un mot) en italique(s)** (mettere una parola) in corsivo.
item [itɛm] *nm* (*COMM*) item *m inv*; (*question*) unità *f inv*, item.
itératif, -ive [iteʀatif, iv] *adj* iterativo(-a).
itinéraire [itineʀɛʀ] *nm* itinerario.
itinérant, e [itineʀɑ̃, ɑ̃t] *adj* itinerante.
IUT [iyte] *sigle m* = **Institut universitaire de technologie**.
IVG [iveʒe] *sigle f* = **interruption (volontaire) de grossesse**.
ivoire [ivwaʀ] *nm* avorio.
ivoirien, ne [ivwaʀjɛ̃, jɛn] *adj, nm/f* ivoriano(-a), della Costa d'Avorio ♦ *nm/f*: **I~, ne** ivoriano(-a).
ivraie [ivʀɛ] *nf*: **séparer le bon grain de l'~** (*fig*) distinguere il grano dal loglio.
ivre [ivʀ] *adj* ubriaco(-a); **~ de colère/de bonheur** ebbro(-a) di collera/di felicità; **~ mort** ubriaco(-a) fradicio.
ivresse [ivʀɛs] *nf* ubriachezza; (*euphorie*) ebbrezza.
ivrogne [ivʀɔɲ] *nm/f* ubriaco(-a).

J, j

J, j [ʒi] *nm inv* (*lettre*) J, j *f ou m inv*; **jour ~** giorno x *ou* fatidico; **~ comme Joseph** ≈ J come jersey.
J *abr* = *jour*; (= *Joule*) J.
j' [ʒ] *pron voir* **je**.
jabot [ʒabo] *nm* (*ZOOL*) gozzo, ingluvie *f*; (*de vêtement*) jabot *m inv*, davantino.
jacasser [ʒakase] *vi* (*bavarder*) blaterare.
jachère [ʒaʃɛʀ] *nf*: **(être) en ~** (*AGR*) (essere lasciato(-a)) a maggese.
jacinthe [ʒasɛ̃t] *nf* giacinto; ▶ **jacinthe des bois** giacinto dei boschi.
jack [(d)ʒak] *nm* jack *m inv*.
jacquard [ʒakaʀ] *adj inv* jacquard *inv*.
jacquerie [ʒakʀi] *nf* rivolta contadina.
jade [ʒad] *nm* giada.
jadis [ʒɑdis] *adv* un tempo, una volta.
jaguar [ʒagwaʀ] *nm* giaguaro.
jaillir [ʒajiʀ] *vi* (*liquide*) zampillare, scaturire; (*lumière*) balenare all'improvviso; (*fig: cri, foule, etc*) levarsi all'improvviso; (*gratte-ciel*) ergersi.
jaillissement [ʒajismɑ̃] *nm* zampillo, getto.
jais [ʒɛ] *nm* jais *m inv*, giaietto; **(d'un noir) de ~** nero(-a) come il carbone.
jalon [ʒalɔ̃] *nm* picchetto; (*fig*) base *f*, fondamento; **poser des ~s** (*fig*) porre delle basi.
jalonner [ʒalɔne] *vt* segnare con picchetti; (*fig*) costellare.
jalousement [ʒaluzmɑ̃] *adv* gelosamente.
jalouser [ʒaluze] *vt* invidiare.
jalousie [ʒaluzi] *nf* gelosia.
jaloux, -se [ʒalu, uz] *adj* geloso(-a); **être ~ de qn/qch** essere geloso(-a) di qn/qc.
jamaïcain, e [ʒamaikɛ̃, ɛn] *adj* = **jamaïquain**.
jamaïquain, e [ʒamaikɛ̃, ɛn] *adj* giamaicano(-a) ♦ *nm/f*: **J~, e** giamaicano(-a).
Jamaïque [ʒamaik] *nf* Giamaica.
jamais [ʒamɛ] *adv* mai; **~ de la vie!** neanche per sogno!; **ne ... ~** non ... mai; **si ~ ...** se per caso ..., se mai ...; **à (tout) ~, pour ~** per sempre.
jambage [ʒɑ̃baʒ] *nm* (*de lettre*) gamba; (*de*

porte etc) stipite *m.*
jambe [ʒɑ̃b] *nf* gamba; *(d'un cheval)* zampa; **à toutes ~s** a gambe levate.
jambières [ʒɑ̃bjɛʀ] *nfpl* gambali *mpl*; *(SPORT)* parastinchi *mpl.*
jambon [ʒɑ̃bɔ̃] *nm* prosciutto; ▸**jambon cru/fumé** prosciutto crudo/affumicato.
jambonneau, x [ʒɑ̃bɔno] *nm* zampetto *ou* peduccio di maiale.
jante [ʒɑ̃t] *nf* cerchio, cerchione *m.*
janvier [ʒɑ̃vje] *nm* gennaio; *voir aussi* **juillet.**
Japon [ʒapɔ̃] *nm* Giappone *m.*
japonais, e [ʒapɔnɛ, ɛz] *adj* giapponese ♦ *nm* giapponese *m* ♦ *nm/f*: **J~, e** giapponese *m/f.*
japonaiserie [ʒapɔnɛzʀi] *nf* giapponeseria.
jappement [ʒapmɑ̃] *nm* guaito.
japper [ʒape] *vi* guaire.
jaquette [ʒakɛt] *nf* *(de femme)* giacca; *(d'homme: de cérémonie)* tight *m inv*; *(d'un livre)* sopraccoperta.
jardin [ʒaʀdɛ̃] *nm* giardino; ▸**jardin botanique** orto botanico; ▸**jardin d'acclimatation** giardino zoologico, zoo; ▸**jardin d'enfants** giardino d'infanzia, asilo; ▸**jardin japonais** giardino giapponese; ▸**jardin potager** orto; ▸**jardin public** giardino pubblico; ▸**jardins suspendus** giardini pensili.
jardinage [ʒaʀdinaʒ] *nm* giardinaggio.
jardiner [ʒaʀdine] *vi* dedicarsi al giardinaggio.
jardinet [ʒaʀdinɛ] *nm* giardinetto.
jardinier, -ière [ʒaʀdinje, jɛʀ] *nm/f* giardiniere(-a); ▸**jardinier paysagiste** paesaggista *m/f.*
jardinière [ʒaʀdinjɛʀ] *nf* *(de fenêtre)* giardiniera; ▸**jardinière d'enfants** maestra d'asilo; ▸**jardinière (de légumes)** *(CULIN)* giardiniera.
jargon [ʒaʀgɔ̃] *nm* gergo.
jarre [ʒaʀ] *nf* giara, orcio.
jarret [ʒaʀɛ] *nm* *(ANAT)* garretto; *(CULIN)* ossobuco.
jarretelle [ʒaʀtɛl] *nf* giarrettiera.
jarretière [ʒaʀtjɛʀ] *nf* giarrettiera.
jars [ʒaʀ] *nm* maschio dell'oca.
jaser [ʒɑze] *vi* chiacchierare, ciarlare; *(indiscrètement)* spettegolare; *(médire)* sparlare.
jasmin [ʒasmɛ̃] *nm* gelsomino.
jaspe [ʒasp] *nm* diaspro.
jatte [ʒat] *nf* scodella, ciotola.
jauge [ʒoʒ] *nf* *(capacité: d'un récipient)* capacità *f inv*; *(: d'un navire)* stazza; *(instrument)* calibro; ▸**jauge (de niveau) d'huile** indicatore *m* del livello dell'olio.
jauger [ʒoʒe] *vt* *(mesurer)* misurare la capacità di; *(fig)* giudicare, valutare ♦ *vi* *(NAUT)*: **~ 6 mètres/3 000 tonneaux** stazzare 6 metri/3000 tonnellate.
jaunâtre [ʒonɑtʀ] *adj* giallastro.
jaune [ʒon] *adj* giallo(-a) ♦ *nm* giallo; *(aussi*: **~ d'œuf)** rosso d'uovo, tuorlo ♦ *nm/f*: **J~** asiatico(-a), giallo(-a); *(briseur de grève)* crumiro(-a) ♦ *adv*: **rire ~** *(fam)* ridere forzatamente.
jaunir [ʒoniʀ] *vt, vi* ingiallire.
jaunisse [ʒonis] *nf* itterizia.
Java [ʒava] *nf* Giava; **faire la j~** *(fam)* fare baldoria.
javanais, e [ʒavanɛ, ɛz] *adj* giavanese ♦ *nm* *(LING)* giavanese *m*; *(type d'argot) gergo scherzoso che consiste nell'intercalare nelle parole le sillabe "va" o "av"* ♦ *nm/f*: **J~, e** giavanese *m/f.*
Javel [ʒavɛl] *nf voir* **eau.**
javelliser [ʒavelize] *vt* *(eau)* disinfettare (mediante l'aggiunta di candeggina).
javelot [ʒavlo] *nm* giavellotto; **faire du ~** fare lancio del giavellotto.
jazz [dʒɑz] *nm* jazz *m.*
J.-C. [ʒise] *abr* (= *Jésus-Christ*) G.C.
je [ʒ] *pron* io.
jean [dʒin] *nm* *(TEXTILE)* jeans *m inv*; *(pantalon)* jeans *mpl.*
jeannette [ʒanɛt] *nf* *(planchette)* stiramaniche *m inv*; *(petite fille scout)* ≈ coccinella.
jeep ® [(d)ʒip] *nf* jeep ® *f inv.*
jérémiades [ʒeʀemjad] *nfpl* geremiadi *fpl.*
jerrycan [dʒeʀikan] *nm* tanica.
jersey [ʒɛʀzɛ] *nm* *(TEXTILE)* jersey *m*; **point de ~** *(TRICOT)* maglia rasata.
Jérusalem [ʒeʀyzalɛm] *n* Gerusalemme *f.*
jésuite [ʒezɥit] *nm* gesuita *m.*
Jésus-Christ [ʒezykʀi(st)] *n* Gesù Cristo; **600 avant/après ~-~** 600 avanti/dopo Cristo.
jet[1] [dʒɛt] *nm* *(avion)* jet *m inv*, aereo a reazione.
jet[2] [ʒɛ] *nm* lancio; *(jaillissement)* getto, zampillo; *(de tuyau)* boccaglio; **premier ~** *(fig: ébauche)* abbozzo; **arroser au ~** annaffiare con un tubo flessibile; **d'un (seul) ~** di getto; **du premier ~** al primo colpo; ▸**jet d'eau** zampillo, getto d'acqua; *(fontaine)* fontana.
jetable [ʒ(ə)tabl] *adj* usa e getta *inv.*
jeté [ʒ(ə)te] *nm* *(TRICOT)*: **un ~** una maglia gettata; ▸**jeté de lit** copriletto *m inv*; ▸**jeté de table** *striscia ornamentale di stoffa utilizzata sul ripiano dei mobili.*
jetée [ʒəte] *nf* *(digue)* gettata; *(AVIAT)* passerella.
jeter [ʒ(ə)te] *vt* gettare; *(se défaire de)* buttare *ou* gettare via; *(lumière, son)* diffondere; **~ qch à qn** gettare *ou* buttare qc a qn; **~ l'ancre** gettare l'ancora; **~ les bras en avant/la tête en arrière** buttare le braccia in avanti/la testa all'indietro; **~ le trouble/l'effroi parmi ...** seminare lo scompiglio/il terrore tra ...; **~ un coup**

d'œil (à) dare un'occhiata (a); ~ **un sort à qn** fare il malocchio a qn; ~ **qn dans la misère** gettare qn nella miseria; ~ **qn dans l'embarras** mettere qn in difficoltà; ~ **qn dehors/en prison** sbattere qn fuori/ in prigione; ~ **l'éponge** (*fig*) gettare la spugna; ~ **des fleurs à qn** (*fig*) tessere le lodi di qn; ~ **la pierre à qn** scagliare la prima pietra contro qn; **se** ~ **contre/ dans/sur** gettarsi contro/in/su; **se** ~ **dans** (*suj: fleuve*) sfociare in; **se** ~ **par la fenêtre** buttarsi dalla finestra; **se** ~ **à l'eau** (*fig*) buttarsi.

jeton [ʒ(ə)tɔ̃] *nm* gettone *m*; ~**s** *nmpl* (*de présence*) gettone (di presenza).

jette *etc* [ʒɛt] *vb voir* **jeter**.

jeu, x [ʒø] *nm* gioco; (*TENNIS*) partita; (*CINÉ, MUS, THÉÂTRE*) interpretazione *f*; (*d'un ressort, d'articulations*) funzionamento; **un** ~ **de clés/d'aiguilles** una serie di chiavi/di aghi; **par** ~ per gioco *ou* scherzo; **d'entrée de** ~ fin dall'inizio; **cacher son** ~ (*fig*) nascondere le proprie intenzioni; **c'est le** ~ *ou* **la règle du** ~ è il gioco, sono le regole; **c'est un** ~ **(d'enfant)!** è un gioco da ragazzi!; **il a beau** ~ **de critiquer ton attitude** è facile per lui criticare il tuo atteggiamento; **être/remettre en** ~ (*FOOTBALL*) essere/rimettere in gioco; **être/entrer/mettre en** ~ (*fig*) essere/ entrare/mettere in gioco; **entrer dans le** ~ (*fig*) entrare nel gioco; **entrer dans le** ~ **de qn** fare causa comune con qn; **se piquer/se prendre au** ~ lasciarsi prendere dal gioco; **jouer gros** ~ rischiare grosso; ►**jeu d'échecs** gioco degli scacchi; ►**jeu d'écritures** (*COMM*) *transazione puramente formale*; ►**jeu d'orgue(s)** registro d'organo; ►**jeu de boules** gioco delle bocce; (*endroit*) campo di bocce; ►**jeu de cartes** gioco di carte; (*paquet*) mazzo di carte; ►**jeu de construction** costruzioni *fpl*; ►**jeu de hasard** gioco d'azzardo; ►**jeu de l'oie** gioco dell'oca; ►**jeu de massacre** (*fig*) massacro; ►**jeu de mots** gioco di parole; ►**jeu de patience** gioco di pazienza; ►**jeu de physionomie** mimica; ►**jeu de société** gioco di società; ►**jeux de lumière** giochi di luce; ►**Jeux olympiques** giochi olimpici, Olimpiadi *fpl*.

jeu-concours [jøkɔ̃kuʀ] (*pl* ~**x-**~) *nm* (*PRESSE, RADIO, TV*) concorso.

jeudi [ʒødi] *nm* giovedì *m inv*; *voir aussi* **lundi**; ►**jeudi saint** giovedì santo.

jeun [ʒœ̃]: **à** ~ *adv* a digiuno.

jeune [ʒœn] *adj* giovane ♦ *adv*: **faire** ~ avere un'aria giovanile; **s'habiller** ~ vestirsi in modo giovanile; **les** ~**s** i giovani; ►**jeune fille** ragazza; ►**jeune homme** giovanotto, ragazzo; ►**jeune loup** giovane *m* rampante; ►**jeune premier** attor *m* giovane; ►**jeunes gens** giovani *mpl*; ►**jeunes mariés** giovani sposi *mpl*.

jeûne [ʒøn] *nm* digiuno.

jeûner [ʒøne] *vi* digiunare.

jeunesse [ʒœnɛs] *nf* giovinezza, gioventù *f inv*; (*apparence*) giovinezza; **la** ~ (*les jeunes*) la gioventù.

jf *sigle f* = **jeune fille**.

jh *sigle m* = **jeune homme**.

jiu-jitsu [ʒjyʒitsy] *nm inv* (*SPORT*) jujitzu *m inv*.

JO [ʒio] *sigle m* (= *Journal officiel*) ≈ G.U. ♦ *sigle mpl* = **Jeux olympiques**.

joaillerie [ʒɔajʀi] *nf* (*art*) gioielleria; (*métier, commerce*) commercio di gioielli.

joaillier, -ière [ʒɔaje, jɛʀ] *nm/f* gioielliere(-a).

job [dʒɔb] *nm* lavoro.

jobard, e [ʒɔbaʀ, aʀd] (*péj*) *adj* credulone(-a).

jockey [ʒɔkɛ] *nm* jockey *m inv*, fantino.

jogging [dʒɔgiŋ] *nm* jogging *m inv*; (*survêtement*) tuta da ginnastica; **faire du** ~ fare jogging.

joie [ʒwa] *nf* gioia.

joignais [ʒwaɲɛ] *vb voir* **joindre**.

joindre [ʒwɛ̃dʀ] *vt* unire, congiungere; (*à une lettre*) accludere, allegare; (*personne: réussir à contacter*) raggiungere, trovare ♦ *vi* (*se toucher*) combaciare; **se joindre** *vr* unirsi; ~ **les deux bouts** (*fig*) sbarcare il lunario; **se** ~ **à** unirsi a.

joint, e [ʒwɛ̃] *pp de* **joindre** ♦ *adj* (*pièces etc*) accluso(-a), allegato(-a) ♦ *nm* (*articulation, assemblage*) giuntura; (*en ciment etc*) giunto, interstizio; **sauter à pieds** ~**s** saltare a piè pari; ~ **à** (*un paquet, une lettre etc*) accluso(-a) *ou* allegato(-a) a; **pièce** ~**e** (documento) allegato; **chercher/ trouver le** ~ (*fig*) cercare/trovare il verso giusto; ►**joint de cardan** giunto cardanico; ►**joint de culasse** guarnizione *f* della testata; ►**joint de robinet** guarnizione *f* per rubinetti; ►**joint universel** giunto universale.

jointure [ʒwɛ̃tyʀ] *nf* giuntura; (*ANAT*) articolazione *f*.

joker [(d)ʒɔkɛʀ] *nm* (*CARTES*) jolly *m inv*, matta.

joli, e [ʒɔli] *adj* grazioso(-a), carino(-a); **une** ~**e somme/situation** una bella somma/situazione; **c'est du** ~! (*iron*) bella roba!; **un** ~ **gâchis** un bel pasticcio; **c'est bien** ~ **mais ...** sta bene, ma ... .

joliment [ʒɔlimɑ̃] *adv* graziosamente; (*fam: très*) molto.

jonc [ʒɔ̃] *nm* (*BOT*) giunco; (*bague*) anello a cerchio; (*bracelet*) braccialetto a cerchio.

joncher [ʒɔ̃ʃe] *vt* (*suj: choses*) essere disseminato(-a) su; ~ **(de)** (*répandre*) cospargere (di); **jonché de** cosparso di.

jonction [ʒɔ̃ksjɔ̃] *nf* congiunzione *f*; **(point de)** ~ (*de routes, de fleuves*) confluenza; **opérer une** ~ (*MIL etc*) stabilire il collegamento.

jongler [ʒɔ̃gle] *vi* (*faire des tours d'adresse*) fare giochi di destrezza; ~ **avec** (*fig: chiffres, dates etc*) destreggiarsi tra *ou* con.

jongleur, -euse [ʒɔ̃glœʀ, øz] *nm/f* giocoliere(-a).

jonquille [ʒɔ̃kij] *nf* giunchiglia.

Jordanie [ʒɔʀdani] *nf* Giordania.

jordanien, ne [ʒɔʀdanjɛ̃, jɛn] *adj* giordano(-a) ♦ *nm/f*: **J~, ne** giordano(-a).

jouable [ʒwabl] *adj* rappresentabile.

joue [ʒu] *nf* guancia; **mettre en** ~ prendere di mira.

jouer [ʒwe] *vt* (*partie, jeu*) fare; (*carte, coup*) giocare; (*somme d'argent, fig: réputation etc*) giocarsi; (*pièce de théâtre, film*) dare; (*rôle*) interpretare; (*sentiment*) simulare, fingere; (*morceau de musique*) eseguire, suonare ♦ *vi* giocare; (*MUS*) suonare; (*CINÉ, THÉÂTRE*) recitare; (*bois, porte*) deformarsi; ~ **sur** (*miser*) puntare su; ~ **de** (*MUS*) suonare; ~ **du couteau** maneggiare il coltello; ~ **des coudes** farsi largo con i gomiti; ~ **à** (*jeu, sport*) giocare a; ~ **au héros** far l'eroe; ~ **en faveur de qn/qch** giocare a favore di qn/qc; ~ **avec** (*sa santé etc*) scherzare con; **se** ~ **de** (*difficultés*) non badare a; **se** ~ **de qn** prendersi gioco di qn; ~ **un tour à qn** fare uno scherzo a qn; ~ **la comédie** (*fig*) fare *ou* recitare la commedia; ~ **à la baisse/hausse** (*BOURSE*) giocare al ribasso/rialzo; ~ **serré** fare un gioco prudente; ~ **de malchance/malheur** essere sfortunato(-a); ~ **sur les mots** giocare sulle parole; **à toi/nous de** ~ (*fig*) tocca a te/a noi; ~ **aux courses** giocare alle corse.

jouet [ʒwɛ] *nm* giocattolo; **être le** ~ **de** (*fig: illusion etc*) essere vittima di.

joueur, -euse [ʒwœʀ, øz] *nm/f* giocatore (-trice); (*musique*) suonatore(-trice) ♦ *adj* giocherellone(-a); **être beau/mauvais** ~ (*fig*) sapere/non sapere perdere.

joufflu, e [ʒufly] *adj* paffuto(-a).

joug [ʒu] *nm* giogo; **sous le** ~ **de** (*fig*) sotto il giogo di.

jouir [ʒwiʀ]: ~ **de** *vt* (*avoir*) godere di; (*savourer*) godersi.

jouissance [ʒwisɑ̃s] *nf* (*aussi JUR*) godimento.

jouisseur, -euse [ʒwisœʀ, øz] (*péj*) *nm/f* gaudente *m/f*, vitaiolo(-a), viveur *m inv*.

joujou, x [ʒuʒu] (*fam*) *nm* giocattolo.

jour [ʒuʀ] *nm* giorno; (*clarté*) luce *f*; (*fig: aspect*): **sous un** ~ **favorable/nouveau** sotto una luce favorevole/nuova; (*ouverture*) apertura; (*COUTURE*): **mouchoir à** ~ fazzoletto ricamato a giorno; ~**s** *nmpl* (*vie*) giorni *mpl*; **de nos** ~**s** al giorno d'oggi; **un** ~ (*dans le passé, futur*) un giorno; **tous les** ~**s** tutti i giorni; **de** ~ di giorno; **de** ~ **en** ~ di giorno in giorno; **d'un** ~ **à l'autre** da un giorno all'altro; **du** ~ **au lendemain** dall'oggi al domani; **au** ~ **le** ~ giorno per giorno; **il fait** ~ è giorno; **en plein** ~ (*lit*) in piena luce; (*au milieu de la journée*) in pieno giorno; (*fig*) alla luce del sole; **au** ~ alla luce del sole; **au petit** ~ all'alba; **au grand** ~ (*fig*) alla luce del sole; **mettre au** ~ riportare alla luce; **être à** ~ essere aggiornato; **mettre à** ~ aggiornare; **mise à** ~ aggiornamento; **donner le** ~ **à** dare alla luce; **voir le** ~ nascere; **se faire** ~ (*fig*) venire a galla; ▸**jour férié** giorno festivo.

Jourdain [ʒuʀdɛ̃] *nm* Giordano.

journal, -aux [ʒuʀnal, o] *nm* giornale *m*; (*personnel*) diario; **le J~ officiel (de la République française)** ≈ la Gazzetta Ufficiale; ▸**journal de bord** giornale di bordo; ▸**journal de mode** giornale di moda; ▸**journal parlé** giornale *m* radio *inv*; ▸**journal télévisé** telegiornale *m*.

journalier, -ière [ʒuʀnalje, jɛʀ] *adj* giornaliero(-a), quotidiano(-a); (*banal*) quotidiano(-a) ♦ *nm/f* bracciante *m/f*.

journalisme [ʒuʀnalism] *nm* giornalismo.

journaliste [ʒuʀnalist] *nm/f* giornalista *m/f*.

journalistique [ʒuʀnalistik] *adj* giornalistico(-a).

journée [ʒuʀne] *nf* giornata; **la** ~ **continue** (*ADMIN*) l'orario continuato.

journellement [ʒuʀnɛlmɑ̃] *adv* giornalmente, quotidianamente; (*souvent*) tutti i giorni.

joute [ʒut] *nf* (*tournoi*) giostra; (*verbale*) certame *m*, duello letterario.

jouvence [ʒuvɑ̃s] *nf*: **bain de** ~ bagno di giovinezza.

jouxter [ʒukste] *vt* essere attiguo(-a) a.

jovial, e, -aux [ʒɔvjal, o] *adj* gioviale.

jovialité [ʒɔvjalite] *nf* giovialità.

joyau, x [ʒwajo] *nm* (*aussi fig*) gioiello.

joyeusement [ʒwajøzmɑ̃] *adv* gioiosamente, allegramente.

joyeux, -euse [ʒwajø, øz] *adj* allegro(-a); ~ **Noël!** buon Natale!; ~ **anniversaire!** buon compleanno!

JT [ʒite] *sigle m* (= *journal télévisé*) TG *m*.

jubilation [ʒybilasjɔ̃] *nf* giubilo.

jubilé [ʒybile] *nm* giubileo.

jubiler [ʒybile] *vi* esultare.

jucher [ʒyʃe] *vt*: ~ **qch/qn sur** mettere qc/qn su ♦ *vi* (*oiseau*): **(se)** ~ **sur** appollaiarsi su.

judaïque [ʒydaik] *adj* giudaico(-a).
judaïsme [ʒydaism] *nm* giudaismo.
judas [ʒyda] *nm* spioncino.
Judée [ʒyde] *nf* Giudea.
judéo- [ʒydeɔ] *préf* giudeo-, giudaico-.
judéo-allemand, e [ʒydeɔalmɑ̃, ɑ̃d] (*pl* **~-~s, -es**) *adj, nm* yiddish *m inv*.
judéo-chrétien, ne [ʒydeokʀetjɛ̃, ɛn] (*pl* **~-~s, -iennes**) *adj* giudeocristiano(-a).
judiciaire [ʒydisjɛʀ] *adj* giudiziario(-a).
judicieusement [ʒydisjøzmɑ̃] *adv* giudiziosamente.
judicieux, -euse [ʒydisjø, jøz] *adj* giudizioso(-a).
judo [ʒydo] *nm* judo.
judoka [ʒydɔka] *nm/f* judoista *m/f*, judoka *m/f inv*.
juge [ʒyʒ] *nm* (*aussi SPORT, fig*) giudice *m*; ▸**juge d'instruction** giudice istruttore; ▸**juge de paix** giudice conciliatore *ou* di pace; ▸**juge de touche** (*FOOTBALL*) guardalinee *m inv*; ▸**juge des enfants** giudice del tribunale minorile.
jugé [ʒyʒe]: **au ~** *adv* a occhio e croce.
jugement [ʒyʒmɑ̃] *nm* giudizio; (*JUR*) sentenza; ▸**jugement de valeur** giudizio di valore.
jugeote [ʒyʒɔt] (*fam*) *nf*: **avoir de la ~** avere sale in zucca.
juger [ʒyʒe] *vt* giudicare ♦ *nm*: **au ~** a occhio e croce; **~ qn/qch satisfaisant** *etc* giudicare qn/qc soddisfacente *etc*; **~ bon de faire ...** giudicare *ou* ritenere opportuno fare ...; **~ que** ritenere che; **~ de qch** giudicare qc; **jugez de ma surprise** immagini la mia sorpresa.
jugulaire [ʒygylɛʀ] *adj* giugulare ♦ *nf* giugulare *f*; (*MIL*) sottogola *m inv*.
juguler [ʒygyle] *vt* soffocare, stroncare.
juif, -ive [ʒɥif, ʒɥiv] *adj* ebraico(-a) ♦ *nm/f*: **J~, -ive** ebreo(-a).
juillet [ʒɥijɛ] *nm* luglio; **au mois de ~** nel mese di luglio; **en ~** in *ou* a luglio; **le premier ~** il primo luglio; **arriver le 2 ~** arrivare il 2 luglio; **début/fin ~** all'inizio/alla fine di luglio; **pendant le mois de ~** durante il mese di luglio; **au mois de ~ de l'année prochaine** a luglio del prossimo anno; **tous les ans en ~** ogni anno a luglio.
juin [ʒɥɛ̃] *nm* giugno; *voir aussi* **juillet**.
jumeau, jumelle, x [ʒymo, ɛl] *adj, nm/f* gemello(-a); **maisons jumelles** villetta *fsg* bifamiliare (*con parete in comune*).
jumelage [ʒym(ə)laʒ] *nm* gemellaggio.
jumeler [ʒym(ə)le] *vt* (*TECH*) accoppiare, abbinare; (*villes*) gemellare; **roues jumelées** ruote *fpl* doppie; **billets de loterie jumelés** biglietti *mpl* di lotteria in serie doppia; **pari jumelé** accoppiata.
jumelle [ʒymɛl] *vb voir* **jumeler** ♦ *adj, nf voir* **jumeau**; **~s** *nfpl* (*instrument*) binocolo *msg*.
jument [ʒymɑ̃] *nf* giumenta.
jungle [ʒœ̃gl] *nf* (*aussi fig*) giungla.
junior [ʒynjɔʀ] *adj* (*mode, style*) giovane; (*SPORT*) junior *inv* ♦ *nm/f* (*SPORT*) junior *m/f*.
junte [ʒœ̃t] *nf* giunta.
jupe [ʒyp] *nf* gonna.
jupe-culotte [ʒypkylɔt] (*pl* **~s-~s**) *nf* gonna *f* pantalone *inv*.
jupette [ʒypɛt] *nf* gonnellino.
jupon [ʒypɔ̃] *nm* sottogonna.
Jura [ʒyʀɑ] *nm* Giura *m*.
jurassien, ne [ʒyʀasjɛ̃, jɛn] *adj* del Giura.
juré [ʒyʀe] *nm* giurato ♦ *adj*: **ennemi ~** nemico giurato.
jurer [ʒyʀe] *vt* giurare ♦ *vi* (*dire des jurons*) imprecare, bestemmiare; (*être mal assorti: couleurs etc*): **~ (avec)** fare a pugni (con); **~ de faire/que** (*s'engager, affirmer*) giurare di fare/che; **j'en jurerais** ci giurerei; **je n'en jurerais pas** non ci giurerei; **~ de qch** poter giurare su qc; **ils ne jurent que par lui** si fidano ciecamente di lui; **je vous jure!** ma dico io!
juridiction [ʒyʀidiksjɔ̃] *nf* giurisdizione *f*.
juridique [ʒyʀidik] *adj* (*action*) giudiziario(-a), legale; (*acte, études*) giuridico(-a).
juridiquement [ʒyʀidikmɑ̃] *adv* (*devant la justice*) giudizialmente; (*du point de vue du droit*) giuridicamente.
jurisconsulte [ʒyʀiskɔ̃sylt] *nm* giureconsulto.
jurisprudence [ʒyʀispʀydɑ̃s] *nf* giurisprudenza; **faire ~** costituire un precedente.
juriste [ʒyʀist] *nm/f* giurista *m/f*.
juron [ʒyʀɔ̃] *nm* imprecazione *f*, bestemmia.
jury [ʒyʀi] *nm* (*JUR*) giuria; (*SCOL*) commissione *f*.
jus [ʒy] *nm* succo; (*de viande*) sugo; (*fam: courant*) corrente *f* elettrica; (*: café*) caffè *m inv*; ▸**jus d'orange** succo d'arancia; ▸**jus de fruits** succo di frutta; ▸**jus de pommes/de raisins** succo di mela/d'uva; ▸**jus de tomates** succo di pomodoro.
jusant [ʒyzɑ̃] *nm* riflusso.
jusqu'au-boutiste [ʒyskobutist] *adj* estremistico(-a), oltranzistico(-a) ♦ *nm/f* estremista *m/f*, oltranzista *m/f*.
jusque [ʒysk]: **jusqu'à** *prép* fino a; **jusqu'au matin/soir** fino al mattino/a sera; **jusqu'à ce que** finché; **jusqu'à présent** *ou* **maintenant** finora; **~ sur/dans** fin sopra/dentro; **~ vers** fin verso; **~-là** (*temps*) fino ad allora; (*espace*) fin lì *ou* là; **jusqu'ici** (*temps*) finora; (*espace*) fin qui.
justaucorps [ʒystokɔʀ] *nm* (*DANSE, SPORT*)

body *m inv*.

juste [ʒyst] *adj* giusto(-a); (*exact, précis*) preciso(-a); (*étroit*) stretto(-a); (*insuffisant*) scarso(-a) ♦ *adv* giusto; (*étroitement*) di misura; (*seulement*) giusto, appena; **chanter ~** essere intonato(-a); **pouvoir tout ~ faire qch** riuscire appena a fare qc; **j'ai eu ~ assez de place pour ...** ho avuto appena lo spazio sufficiente per ...; **au ~** esattamente; **comme de ~** naturalmente; **le ~ milieu** il giusto mezzo; **à ~ titre** a buon diritto.

justement [ʒystəmɑ̃] *adv* giustamente; **c'est ~ ce qu'il fallait faire** è proprio quello che bisognava fare.

justesse [ʒystɛs] *nf* giustezza; (*exactitude, précision*) esattezza; **de ~** per un pelo, di misura.

justice [ʒystis] *nf* giustizia; **rendre la ~** amministrare la giustizia; **traduire en ~** citare in giudizio; **obtenir ~** ottenere giustizia; **rendre ~ à qn** rendere giustizia a qn; **se faire ~** farsi giustizia; (*se suicider*) suicidarsi.

justiciable [ʒystisjabl] *adj*: **~ de** (*JUR*) giudicabile da; (*fig*) che necessita di.

justicier, -ière [ʒystisje, jɛʀ] *nm/f* giustiziere(-a).

justifiable [ʒystifjabl] *adj* giustificabile.

justificatif, -ive [ʒystifikatif, iv] *adj* giustificativo(-a) ♦ *nm* giustificativo.

justification [ʒystifikasjɔ̃] *nf* giustificazione *f*.

justifier [ʒystifje] *vt* giustificare; (*disculper*) scagionare; (*confirmer, prouver*) confermare; **se justifier** *vr* giustificarsi; scagionarsi; **~ de** provare, dimostrare; **non justifié** non giustificato; **justifié à droite/gauche** (*TYPO*) giustificato a destra/a sinistra.

jute [ʒyt] *nm* iuta.

juteux, -euse [ʒytø, øz] *adj* succoso(-a), sugoso(-a); (*fam*: *qui rapporte*) fruttuoso(-a).

juvénile [ʒyvenil] *adj* giovanile.

juxtaposer [ʒykstapoze] *vt* giustapporre.

juxtaposition [ʒykstapozisjɔ̃] *nf* giustapposizione *f*.

K, k

K, k [kɑ] *nm inv* (*lettre*) K, k *f ou m inv*; **~ comme Kléber** ≈ K come Kursaal.

K, k [kɑ] *abr* (= *kilo*) k; (*INFORM*) = **kilooctet**.

kafkaïen, ne [kafkajɛ̃, jɛn] *adj* (*fig*) kafkiano(-a).

kaki [kaki] *adj inv* cachi *inv*, kaki *inv*.

Kalahari [kalaaʀi] *n*: **le désert de ~** il deserto del Kalahari.

kaléidoscope [kaleidɔskɔp] *nm* caleidoscopio.

Kampala [kɑ̃pala] *n* Kampala.

Kampuchéa [kɑ̃putʃea] *nm*: **le ~ (démocratique)** la Cambogia (democratica).

kangourou [kɑ̃guʀu] *nm* canguro.

kaolin [kaɔlɛ̃] *nm* caolino.

kapok [kapɔk] *nm* kapok *m*, capoc *m*.

karaté [kaʀate] *nm* karatè *m*.

Karst [kaʀst] *nm* Carso.

kart [kaʀt] *nm* go-kart *m inv*.

karting [kaʀtiŋ] *nm* karting *m*.

kascher [kaʃɛʀ] *adj inv* kasher *inv*.

kayac [kajak] *nm* = **kayak**.

kayak [kajak] *nm* kayak *m inv*.

Kazakhstan [kaʒakstɑ̃] *nm* Kazakistan *m*.

Kenya [kenja] *nm* Kenia *m*.

kenyan, e [kenjɑ̃, an] *adj* keniota ♦ *nm/f*: **K~, e** keniota *m/f*.

képi [kepi] *nm* képi *m inv*.

Kerguelen [kɛʀgelɛn]: **les (îles) ~** le (isole) Kerguelen.

kermesse [kɛʀmɛs] *nf* fiera, kermesse *f inv*; (*fête villageoise*) sagra.

kérosène [keʀozɛn] *nm* cherosene *m*.

kg *abr* (= *kilogramme*) kg.

KGB [kaʒebe] *sigle m* KGB *m*.

khmer, -ère [kmɛʀ] *adj* khmer *inv* ♦ *nm* khmer *m inv* ♦ *nm/f*: **K~, -ère** khmer *m/f*.

khôl [kol] *nm sostanza di colore nero con cui gli orientali ricoprono palpebre e sopracciglia*.

kibboutz [kibuts] *nm* kibbutz *m inv*.

kidnapper [kidnape] *vt* rapire.

kidnappeur, -euse [kidnapœʀ, øz] *nm/f* rapitore(-trice).

kidnapping [kidnapiŋ] *nm* rapimento.

Kiev [kjev] *n* Kijev *f*.

Kilimandjaro [kilimɑ̃dʒaʀo] *nm* Kiliman-

giaro.
kilo [kilo] *nm voir* **kilogramme.**
kilogramme [kilɔgʀam] *nm* chilogrammo.
kilométrage [kilɔmetʀaʒ] *nm* chilometraggio; **faible** ~ basso chilometraggio.
kilomètre [kilɔmɛtʀ] *nm* chilometro; ~**s (à l')heure** chilometri orari.
kilométrique [kilɔmetʀik] *adj* chilometrico(-a); **compteur** ~ contachilometri *m inv.*
kilooctet [kilɔɔktɛ] *nm* kilobyte *m inv.*
kilowatt [kilowat] *nm* chilowatt *m inv.*
kinésithérapeute [kineziteʀapøt] *nm/f* fisioterapista *m/f.*
kinésithérapie [kineziteʀapi] *nf* fisioterapia.
kiosque [kjɔsk] *nm* (*de jardin*) chiosco; (*à journaux, à fleurs*) chiosco, edicola; (*TÉL etc*) cabina (telefonica).
kirsch [kiʀʃ] *nm* kirsch *m inv.*
kitchenette [kitʃ(ə)nɛt] *nf* cucinino, angolo cottura.
kiwi [kiwi] *nm* kiwi *m inv.*
klaxon [klaksɔn] *nm* clacson *m inv.*
klaxonner [klaksɔne] *vi* suonare il clacson.
kleptomane [klɛptɔman] *nm/f* cleptomane *m/f.*
km *abr* (= *kilomètre*) km.
km/h *abr* (= *kilomètres/heure*) km/h.
knock-out [nɔkaut] *nm inv* knock-out *m inv.*
K.-O. [kao] *adj inv* (*BOXE, fig*) K. O. *inv.*
Ko *abr* (*INFORM*) = **kilooctet.**
koala [kɔala] *nm* koala *m inv.*
kolkhoze [kɔlkoz] *nm* kolchoz *m inv.*
Koweït [kɔwɛt] *nm* Kuwait *m.*
koweïtien, ne [kɔwɛtjɛ̃, jɛn] *adj* kuwaitiano(-a) ♦ *nm/f*: **K~, ne** kuwaitiano(-a).
krach [kʀak] *nm* (*ÉCON*) crac *m inv.*
kraft [kʀaft] *nm* (*papier*) carta *f* kraft *inv.*
Kremlin [kʀɛmlɛ̃] *nm*: **le** ~ il Cremlino.
Kuala Lumpur [kwalalumpuʀ] *n* Kuala Lumpur *f.*
kurde [kyʀd] *adj* curdo(-a) ♦ *nm* curdo ♦ *nm/f*: **K~** curdo(-a).
Kurdistan [kyʀdistɑ̃] *nm* Kurdistan *m.*
kW *abr* (= *kilowatt*) kW.
kW/h *abr* (= *kilowatt/heure*) kW/h.
kyrielle [kiʀjɛl] *nf*: **une ~ de ...** una sfilza di ... .
kyste [kist] *nm* cisti *f inv.*

L, l

L, l [ɛl] *nm inv* (*lettre*) L, l *f ou m inv*; ~ **comme Louis** ≈ L come Livorno.
l' [l] *dét voir* **le.**
l *abr* (= *litre*) l.
la [la] *nm* (*MUS*) la *m inv* ♦ *dét, pron voir* **le.**
là [la] *adv* là, lì; (*ici*) qui; (*dans le temps*) a quel punto, in quel momento; **est-ce que Catherine est** ~? c'è Caterina?; **elle n'est pas** ~ non c'è; **c'est ~ que** è là *ou* lì che; ~ **où** (là) dove; **de** ~ (*fig*) da lì; **par** ~ (*fig*) con questo, con ciò; **tout est** ~ è tutto qui; (*fig*) tutto qui; *voir aussi* **-ci, celui.**
là-bas [labɑ] *adv* laggiù.
label [labɛl] *nm* etichetta, marchio; ▸ **label de qualité** marchio di qualità.
labeur [labœʀ] *nm* fatica, lavoro faticoso.
labo [labo] *nm* (= *laboratoire*) laboratorio.
laborantin, e [labɔʀɑ̃tɛ̃, in] *nm/f* assistente *m/f* in un laboratorio.
laboratoire [labɔʀatwaʀ] *nm* laboratorio; ▸ **laboratoire d'analyses** laboratorio di analisi; ▸ **laboratoire de langues** laboratorio linguistico.
laborieusement [labɔʀjøzmɑ̃] *adv* laboriosamente.
laborieux, -euse [labɔʀjø, jøz] *adj* (*tâche*) laborioso(-a); (*vie*) operoso(-a); **classes laborieuses** classi *fpl* lavoratrici.
labour [labuʀ] *nm* aratura; ~**s** *nmpl* (*champs*) terreni *mpl* arati; **cheval/bœuf de** ~ cavallo/bue *m* da tiro.
labourable [labuʀabl] *adj* arabile.
labourage [labuʀaʒ] *nm* aratura.
labourer [labuʀe] *vt* arare; (*fig*) lacerare.
laboureur [labuʀœʀ] *nm* aratore *m.*
labrador [labʀadɔʀ] *nm* (*chien*) labrador *m inv.*
labyrinthe [labiʀɛ̃t] *nm* (*aussi fig*) labirinto.
lac [lak] *nm* lago; **les Grands L~s** i Grandi Laghi; ▸ **lac Léman** lago Lemano; *voir aussi* **lacs.**
lacer [lase] *vt* allacciare.
lacérer [laseʀe] *vt* lacerare.
lacet [lasɛ] *nm* (*de chaussure*) stringa, laccio; (*de route*) tornante *m*; (*piège*) laccio; **chaussures à ~s** scarpe *fpl* con i lacci.
lâche [lɑʃ] *adj* (*poltron*) vigliacco(-a), vile;

(*tissu, nœud, fil*) allentato(-a), lento(-a); (*flottant: vêtement*) largo(-a); (*morale, mœurs*) rilassato(-a) ♦ *nm/f* vigliacco(-a).

lâchement [lɑʃmɑ̃] *adv* (*par peur, par bassesse*) vigliaccamente, vilmente.

lâcher [lɑʃe] *nm* (*de ballons, d'oiseaux*) lancio ♦ *vt* lasciare, lasciar andare; (*ce qui tombe: sac, verre*) mollare, lasciar andare; (*oiseau, animal: libérer*) liberare; (*fig: mot, remarque*) lasciarsi sfuggire; (*SPORT: distancer*) staccare; (*abandonner: personne*) piantare, lasciare ♦ *vi* (*fil*) allentarsi; (*amarres*) mollarsi; (*freins*) cedere; ~ **les amarres** mollare gli ormeggi; ~ **les chiens (contre qn)** sguinzagliare i cani (dietro a qn); ~ **prise** (*fig*) mollare (la presa).

lâcheté [lɑʃte] *nf* (*faiblesse*) debolezza; (*bassesse*) vigliaccheria, viltà *f inv*.

lacis [lasi] *nm* (*de ruelles*) intrico.

laconique [lakɔnik] *adj* laconico(-a).

laconiquement [lakɔnikmɑ̃] *adv* laconicamente.

lacrymal, e, -aux [lakʀimal, o] *adj* (*canal, glande*) lacrimale.

lacrymogène [lakʀimɔʒɛn] *adj* lacrimogeno(-a).

lacs [lɑ] *nm* (*piège*) laccio.

lactation [laktasjɔ̃] *nf* lattazione *f*.

lacté, e [lakte] *adj* latteo(-a).

lactique [laktik] *adj*: **acide** ~ acido lattico; **ferment** ~ fermento lattico.

lactose [laktoz] *nm* lattosio.

lacune [lakyn] *nf* lacuna.

lacustre [lakystʀ] *adj* lacustre.

lad [lad] *nm* garzone *m* di scuderia.

là-dedans [ladədɑ̃] *adv* (*dans un lieu, objet*) là *ou* qui dentro; (*fig*) in ciò.

là-dehors [ladəɔʀ] *adv* lì *ou* là fuori.

là-derrière [ladɛʀjɛʀ] *adv* lì *ou* là dietro; (*fig*) dietro.

là-dessous [ladsu] *adv* là *ou* qui sotto; (*fig*) sotto.

là-dessus [ladsy] *adv* là *ou* qui sopra; (*fig*) con questo, detto ciò; (: *à ce sujet*) in proposito.

là-devant [ladvɑ̃] *adv* lì davanti.

ladite [ladit] *dét voir* **ledit**.

ladre [lɑdʀ] *adj* avaro(-a), tirchio(-a).

lagon [lagɔ̃] *nm* laguna.

Lagos [lagɔs] *n* Lagos *m*.

lagune [lagyn] *nf* laguna (*di atollo*).

là-haut [lao] *adv* lassù.

laïc [laik] *adj, nm* = **laïque**.

laïcisation [laisizasjɔ̃] *nf* laicizzazione *f*.

laïciser [laisize] *vt* laicizzare.

laïcité [laisite] *nf* laicità.

laid, e [lɛ, lɛd] *adj* (*aussi fig*) brutto(-a).

laideron [lɛdʀɔ̃] *nm* racchia.

laideur [lɛdœʀ] *nf* bruttezza; (*fig: bassesse*) bruttura.

laie [lɛ] *nf* cinghiale *m* femmina *inv*.

lainage [lɛnaʒ] *nm* (*vêtement*) indumento di lana; (*étoffe*) tessuto di lana.

laine [lɛn] *nf* lana; **pure** ~ pura lana; ▶ **laine à tricoter** lana per lavori a maglia; ▶ **laine de verre** lana di vetro; ▶ **laine peignée** lana pettinata; ▶ **laine vierge** lana vergine.

laineux, -euse [lɛnø, øz] *adj* lanoso(-a).

lainier, -ière [lɛnje, jɛʀ] *adj* laniero(-a).

laïque [laik] *adj, nm/f* laico(-a).

laisse [lɛs] *nf* guinzaglio; **tenir en** ~ tenere al guinzaglio.

laissé-pour-compte, laissée-pour-compte [lesepuʀkɔ̃t] (*pl* ~**s**-~-~) *adj* (*COMM*) invenduto(-a); (: *refusé*) reso(-a) ♦ *nm/f* (*fig*) emarginato(-a), derelitto(-a); **les** ~**s**-~-~ **de la reprise économique** le cenerentole della ripresa economica.

laisser [lese] *vt, vb aux* lasciare; ~ **qch à qn** lasciare qc a qn; ~ **qn faire** lasciar fare qn; **se** ~ **exploiter** lasciarsi sfruttare; **se** ~ **aller** lasciarsi andare; **laisse-toi faire** lasciati convincere; **rien ne laisse à penser que ...** niente fa pensare che ...; **cela ne laisse pas de surprendre** ciò non finisce di sorprendere; ~ **qn tranquille** lasciare in pace qn.

laisser-aller [leseale] *nm inv* (*désinvolture*) noncuranza; (*péj*) trascuratezza.

laisser-faire [lesefɛʀ] *nm inv* (il) lasciar fare, (il) lasciar correre.

laissez-faire [lesefɛʀ] *nm inv* = **laisser-faire**.

laissez-passer [lesepɑse] *nm inv* lasciapassare *m inv*.

lait [lɛ] *nm* latte *m*; **frère/sœur de** ~ fratello/sorella di latte; ▶ **lait concentré/condensé** latte concentrato/condensato; ▶ **lait de beauté** latte di bellezza; ▶ **lait de chèvre/vache** latte di capra/mucca; ▶ **lait démaquillant** latte detergente; ▶ **lait écrémé/entier** latte scremato/intero; ▶ **lait en poudre** latte in polvere; ▶ **lait maternel** latte materno.

laitage [lɛtaʒ] *nm* latticino.

laiterie [lɛtʀi] *nf* caseificio.

laiteux, -euse [lɛtø, øz] *adj* latteo(-a), lattiginoso(-a).

laitier, -ière [letje, lɛtjɛʀ] *adj* (*produit, industrie*) lattiero(-a); (*vache*) da latte ♦ *nm/f* lattaio(-a).

laiton [lɛtɔ̃] *nm* ottone *m*.

laitue [lety] *nf* lattuga.

laïus [lajys] (*péj*) *nm* sproloquio, vaniloquio.

lama [lama] *nm* lama *m inv*.

lambeau, x [lɑ̃bo] *nm* (*aussi fig*) brandello; **en** ~**x** a brandelli.

lambin, e [lɑ̃bɛ̃, in] (*péj*) *adj* indolente.

lambiner [lɑ̃bine] (*péj*) *vi* gingillarsi.
lambris [lɑ̃bʀi] *nm* rivestimento.
lambrissé, e [lɑ̃bʀise] *adj* rivestito(-a).
lame [lam] *nf* (*de couteau, rasoir, d'épée*) lama; (*lamelle*) lamina; (*vague*) onda; ▸ **lame de fond** onda di fondo; ▸ **lame de rasoir** lametta da barba.
lamé, e [lame] *adj* lamé *inv* ♦ *nm* lamé *m inv*.
lamelle [lamɛl] *nf* (*petite lame, BOT*) lamella; (*petit morceau*) lamella, lamina; **couper en ~s** tagliare a lamelle.
lamentable [lamɑ̃tabl] *adj* pietoso(-a), penoso(-a).
lamentablement [lamɑ̃tabləmɑ̃] *adv* pietosamente.
lamentation [lamɑ̃tasjɔ̃] *nf* (*gémissement*) lamento; (*récrimination*) lamentela.
lamenter [lamɑ̃te]: **se ~** *vr*: **se ~ (sur)** (*se plaindre*) lamentarsi (di).
lamifié, e [lamifje] *adj* laminato(-a) ♦ *nm* laminato.
laminage [laminaʒ] *nm* laminatura.
laminer [lamine] *vt* laminare; (*fig: écraser*) cancellare, ridurre al minimo; **être laminé par l'existence** essere schiacciato dal peso dell'esistenza.
lamineur [laminœʀ] *nm* (*ouvrier*) laminatore *m*.
laminoir [laminwaʀ] *nm* laminatoio; **passer au ~** (*fig*) passare sotto il torchio.
lampadaire [lɑ̃padɛʀ] *nm* (*de salon*) lampada a stelo; (*dans la rue*) lampione *m*.
lampe [lɑ̃p] *nf* lampada; ▸ **lampe à alcool** lampada a spirito; ▸ **lampe à arc** lampada ad arco; ▸ **lampe à bronzer** lampada a raggi ultravioletti; ▸ **lampe à pétrole** lampada a petrolio; ▸ **lampe à souder** lampada per saldare; ▸ **lampe de poche** pila; ▸ **lampe halogène** lampada alogena; ▸ **lampe témoin** spia luminosa.
lampée [lɑ̃pe] *nf* sorsata.
lampe-tempête [lɑ̃ptɑ̃pɛt] (*pl* **~s-~s**) *nf* torcia a vento.
lampion [lɑ̃pjɔ̃] *nm* lampioncino.
lampiste [lɑ̃pist] *nm* (*RAIL*) lampista; (*THÉÂTRE*) tecnico delle luci; (*fig*) capro espiatorio.
lamproie [lɑ̃pʀwa] *nf* lampreda.
lance [lɑ̃s] *nf* (*arme*) lancia; ▸ **lance à eau** lancia; ▸ **lance d'arrosage** lancia da irrigazione; ▸ **lance d'incendie** idrante *m*.
lancée [lɑ̃se] *nf*: **être/continuer sur sa ~** essere trascinato(-a) dall'impeto.
lance-flammes [lɑ̃sflam] *nm inv* lanciafiamme *m inv*.
lance-fusées [lɑ̃sfyze] *nm inv* lanciarazzi *m inv*.
lance-grenades [lɑ̃sgʀənad] *nm inv* lanciagranate *m inv*.
lancement [lɑ̃smɑ̃] *nm* lancio; (*d'un bateau*) varo; **offre de ~** offerta di lancio.
lance-missiles [lɑ̃smisil] *nm inv* lanciamissili *m inv*.
lance-pierres [lɑ̃spjɛʀ] *nm inv* fionda.
lancer [lɑ̃se] *nm* (*SPORT*) lancio; (*PÊCHE*) pesca a lancio ♦ *vt* lanciare; (*bateau*) varare; (*qn sur un sujet*) portare; (*mandat d'arrêt*) spiccare; (*emprunt*) emettere; (*moteur*) avviare, mettere in moto; **se lancer** *vr* lanciarsi; **~ qch à qn** lanciare qc a qn; **~ un appel** lanciare un appello; **se ~ dans** (*discussion, aventure*) lanciarsi in; (*les affaires, la politique*) buttarsi in; ▸ **lancer du poids** *nm* lancio del peso.
lance-roquettes [lɑ̃sʀɔkɛt] *nm inv* lanciarazzi *m inv*.
lance-torpilles [lɑ̃stɔʀpij] *nm inv* lanciasiluri *m inv*.
lanceur, -euse [lɑ̃sœʀ, øz] *nm/f* (*aussi SPORT*) lanciatore(-trice) ♦ *nm* (*ESPACE*) vettore *m*.
lancinant, e [lɑ̃sinɑ̃, ɑ̃t] *adj* (*regrets etc*) tormentoso(-a); (*douleur*) lancinante.
lanciner [lɑ̃sine] *vi* (*douleur*) essere lancinante ♦ *vt* (*fig*) tormentare, ossessionare.
landais, e [lɑ̃dɛ, ɛz] *adj* delle Landes ♦ *nm/f*: **L~, e** abitante *m/f* delle Landes.
landau [lɑ̃do] *nm* carrozzina.
lande [lɑ̃d] *nf* landa.
Landes [lɑ̃d] *nfpl*: **les ~** le Landes.
langage [lɑ̃gaʒ] *nm* linguaggio; ▸ **langage d'assemblage** (*INFORM*) linguaggio di assemblaggio; ▸ **langage de programmation** (*INFORM*) linguaggio di programmazione; ▸ **langage évolué** (*INFORM*) linguaggio evoluto; ▸ **langage machine** (*INFORM*) linguaggio *m* macchina *inv*.
lange [lɑ̃ʒ] *nm* fascia; **~s** *nmpl* (*d'un bébé*) fasce *fpl*.
langer [lɑ̃ʒe] *vt* fasciare; **table à ~** fasciatoio.
langoureusement [lɑ̃guʀøzmɑ̃] *adv* languidamente.
langoureux, -euse [lɑ̃guʀø, øz] *adj* languido(-a).
langouste [lɑ̃gust] *nf* aragosta.
langoustine [lɑ̃gustin] *nf* scampo.
langue [lɑ̃g] *nf* (*ANAT, CULIN, LING*) lingua; **tirer la ~ (à)** mostrare la lingua (a); **donner sa ~ au chat** rinunciare a capire *ou* a indovinare; **de ~ française** di lingua francese; ▸ **langue de bois** discorsi *mpl* basati su stereotipi, politichese *m*; ▸ **langue de terre** lingua di terra; ▸ **langue maternelle** lingua madre; ▸ **langue verte** gergo, argot *m inv*; ▸ **langue vivante** lingua viva; ▸ **langues étrangères** lingue straniere.

langue-de-chat [lɑ̃gdəʃa] (*pl* **~s-~-~**) *nf* lingua di gatto.
Languedoc [lɑ̃gdɔk] *nm* Linguadoca.
languedocien, ne [lɑ̃gdɔsjɛ̃, jɛn] *adj* della Linguadoca ♦ *nm/f*: **L~, ne** abitante *m/f* della Linguadoca.
languette [lɑ̃gɛt] *nf* linguetta.
langueur [lɑ̃gœʀ] *nf* languore *m*.
languir [lɑ̃giʀ] *vi* languire; **se languir** *vr* languire; **faire ~ qn** far soffrire qn.
languissant, e [lɑ̃gisɑ̃, ɑ̃t] *adj* languido (-a).
lanière [lanjɛʀ] *nf* (*de fouet*) cordone *m*; (*de valise, bretelle*) cinghia.
lanoline [lanɔlin] *nf* lanolina.
lanterne [lɑ̃tɛʀn] *nf* (*portable, électrique*) lanterna; (*de voiture*) luce *f* (di posizione); ▸ **lanterne rouge** (*fig*) fanalino di coda; ▸ **lanterne vénitienne** lanterna veneziana.
lanterneau, x [lɑ̃tɛʀno] *nm* lucernario.
lanterner [lɑ̃tɛʀne] *vi* cincischiare, gingillarsi; **faire ~ qn** far aspettare qn.
Laos [laɔs] *nm* Laos *m*.
laotien, ne [laɔsjɛ̃, jɛn] *adj* laotiano(-a) ♦ *nm/f*: **L~, ne** laotiano(-a).
lapalissade [lapalisad] *nf* verità *f inv* lapalissiana.
La Paz [lapaz] *n* La Paz *f*.
laper [lape] *vt* lappare.
lapereau, x [lapʀo] *nm* coniglietto.
lapidaire [lapidɛʀ] *adj* (*aussi fig*) lapidario(-a); **musée ~** lapidario.
lapider [lapide] *vt* lapidare.
lapin [lapɛ̃] *nm* coniglio; (*fourrure*) lapin *m inv*; **coup du ~** colpo violento (alla nuca); **poser un ~ à qn** fare un bidone a qn; ▸ **lapin de garenne** coniglio selvatico.
lapis(-lazuli) [lapis(lazyli)] *nm inv* lapislazzuli *m inv*.
lapon, ne [lapɔ̃, ɔn] *adj* lappone ♦ *nm* (*LING*) lappone *m* ♦ *nm/f*: **L~, ne** lappone *m/f*.
Laponie [lapɔni] *nf* Lapponia.
laps [laps] *nm*: **~ de temps** lasso di tempo.
lapsus [lapsys] *nm* lapsus *m inv*.
laquais [lakɛ] *nm* lacchè *m inv*.
laque [lak] *nf, nm* lacca.
laqué, e [lake] *adj* laccato(-a).
laquelle [lakɛl] *pron voir* **lequel**.
larbin [laʀbɛ̃] (*péj*) *nm* lacchè *m inv*.
larcin [laʀsɛ̃] *nm* furtarello.
lard [laʀ] *nm* (*graisse*) lardo; ▸ **lard maigre** pancetta.
larder [laʀde] *vt* (*CULIN*) lardellare.
lardon [laʀdɔ̃] *nm* (*CULIN*) lardello; (*fam*: *enfant*) bimbo, marmocchio.
large [laʀʒ] *adj* largo(-a); (*fig*: *généreux*) generoso(-a) ♦ *adv*: **voir ~** essere di ampie vedute ♦ *nm* (*largeur*): **5m de ~** 5m di larghezza; (*mer*): **le ~** il largo; **au ~ de** al largo di; **ne pas en mener ~** sentirsi a disagio; **calculer ~** fare un calcolo approssimativo; ▸ **large d'esprit** di larghe vedute.
largement [laʀʒəmɑ̃] *adv* ampiamente, largamente; (*au minimum*) come minimo, tranquillamente; (*de loin*) di gran lunga; (*donner etc*) generosamente; **il a ~ le temps** ha tutto il tempo che vuole; **il a ~ de quoi vivre** ha largamente di che vivere.
largesse [laʀʒɛs] *nf* (*générosité*) generosità, larghezza; **~s** *nfpl* (*dons*) elargizioni *fpl*.
largeur [laʀʒœʀ] *nf* (*aussi fig*) larghezza.
larguer [laʀge] *vt* (*fam*: *personne, emploi*) mollare, sbarazzarsi di; **~ les amarres** mollare gli ormeggi.
larigot [laʀigo] *nm*: **à tire-~** a più non posso.
larme [laʀm] *nf* (*de joie, douleur*) lacrima; **en ~s** in lacrime; **une ~ de** (*whisky, alcool*) un goccio di; **pleurer à chaudes ~s** piangere a calde lacrime.
larmoyant, e [laʀmwajɑ̃, ɑ̃t] *adj* (*ton*) lacrimoso(-a); (*voix*) piagnucoloso(-a).
larmoyer [laʀmwaje] *vi* (*yeux*) lacrimare; (*se plaindre*) piagnucolare.
larron [laʀɔ̃] *nm* ladrone *m*.
larve [laʀv] *nf* (*ZOOL, fig*) larva.
larvé, e [laʀve] *adj* (*fig*: *conflit, guerre*) latente.
laryngite [laʀɛ̃ʒit] *nf* laringite *f*.
laryngologiste [laʀɛ̃gɔlɔʒist] *nm/f* laringologo.
larynx [laʀɛ̃ks] *nm* laringe *f*.
las, lasse [lɑ, lɑs] *adj* stanco(-a); **~ de qch/de faire qch** stanco(-a) di qc/di fare qc.
lasagne [lazaɲ] *nf* lasagna.
lascar [laskaʀ] *nm* dritto; (*malin*) furbastro.
lascif, -ive [lasif, iv] *adj* lascivo(-a).
laser [lazɛʀ] *nm*: **(rayon) ~** (raggio) laser *m inv*; **chaîne** *ou* **platine ~** lettore *m* di compact disc; **disque ~** compact disc *m inv*.
lassant, e [lɑsɑ̃, ɑ̃t] *adj* stancante.
lasse [lɑs] *adj f voir* **las**.
lasser [lɑse] *vt* stancare; (*personne, patience*) logorare, stancare; **se lasser de** *vr* stancarsi di.
lassitude [lɑsityd] *nf* stanchezza.
lasso [laso] *nm* lazo; **prendre au ~** prendere al lazo.
latent, e [latɑ̃, ɑ̃t] *adj* latente.
latéral, e, -aux [lateʀal, o] *adj* laterale.
latéralement [lateʀalmɑ̃] *adv* lateralmente.
latérite [lateʀit] *nf* laterite *f*.
latex [latɛks] *nm inv* lattice *m*.
latin, e [latɛ̃, in] *adj* latino(-a) ♦ *nm* (*LING*)

latino ♦ *nm/f*: **L~, e** latino(-a); **y perdre son ~** non capirci niente.
latiniste [latinist] *nm/f* latinista *m/f*.
latino-américain, e [latinoameʀikɛ̃, ɛn] (*pl* **~-~s, -es**) *adj* latino-americano(-a).
latitude [latityd] *nf* latitudine *f*; **avoir la ~ de faire** (*fig*) avere la libertà di fare; **à 48 degrés de ~ nord** a 48 gradi di latitudine nord; **sous toutes les ~s** (*fig*) in tutto il mondo.
latrines [latʀin] *nfpl* latrine *fpl*.
latte [lat] *nf* stecca; (*de plancher*) listello.
lattis [lati] *nm* listellatura.
laudanum [lodanɔm] *nm* laudano.
laudatif, -ive [lodatif, iv] *adj* (*terme, article*) di elogio; (*personne*) che elogia, che loda.
lauréat, e [lɔʀea, at] *nm/f* vincitore(-trice).
laurier [lɔʀje] *nm* (*BOT*) alloro, lauro; (*CULIN*) alloro; **~s** *nmpl* (*fig*: *honneurs*) allori *mpl*.
laurier-rose [lɔʀjeʀoz] (*pl* **~s-~s**) *nm* oleandro.
laurier-tin [loʀjetɛ̃] (*pl* **~s-~s**) *nm* laurotino.
lavable [lavabl] *adj* lavabile.
lavabo [lavabo] *nm* (*de salle de bains*) lavabo, lavandino; **~s** *nmpl* (*toilettes*) toilette *f inv*.
lavage [lavaʒ] *nm* lavaggio; ▶ **lavage d'estomac** lavanda gastrica; ▶ **lavage d'intestin** clistere *m*; ▶ **lavage de cerveau** lavaggio del cervello.
lavallière [lavaljɛʀ] *nf* lavallière *f inv*.
lavande [lavɑ̃d] *nf* (*aussi BOT*) lavanda.
lavandière [lavɑ̃djɛʀ] *nf* lavandaia.
lave [lav] *nf* lava.
lave-glace [lavglas] (*pl* **~-~s**) *nm* (*AUTO*) lavacristallo.
lave-linge [lavlɛ̃ʒ] *nm inv* lavabiancheria, lavatrice *f*.
lavement [lavmɑ̃] *nm* clistere *m*.
laver [lave] *vt* lavare; **se laver** *vr* lavarsi; **se ~ les dents** lavarsi i denti; **se ~ les mains** lavarsi le mani; **se ~ les mains de qch** (*fig*) lavarsi le mani di qc; **~ la vaisselle** lavare i piatti; **~ le linge** fare il bucato; **~ qn de** (*accusation*) scagionare qn di.
laverie [lavʀi] *nf*: **~ (automatique)** lavanderia (automatica).
lavette [lavɛt] *nf* (*chiffon*) spugnetta; (*brosse*) spazzolino (per i piatti); (*fig*: *péj*: *homme*) smidollato.
laveur, -euse [lavœʀ, øz] *nm/f* (*de carreaux*) pulitore(-trice) di vetri; (*voitures*) lavamacchine *m/f inv*.
lave-vaisselle [lavvɛsɛl] *nm inv* lavastoviglie *f inv*.
lavis [lavi] *nm* (*technique, dessin*) acquerello.
lavoir [lavwaʀ] *nm* lavatoio.
laxatif, -ive [laksatif, iv] *adj* lassativo(-a) ♦ *nm* lassativo.
laxisme [laksism] *nm* lassismo.
laxiste [laksist] *adj* lassista.
layette [lɛjɛt] *nf* corredino (di neonato).
layon [lɛjɔ̃] *nm* sentiero (nel bosco).
lazaret [lazaʀɛ] *nm* lazzaretto.
lazzi [la(d)zi] *nm* lazzo.

MOT-CLÉ

le, l', la [l(ə), la] (*pl* **les**) *art déf* **1** il(la); **le livre/la pomme/l'arbre** il libro/la mela/l'albero; **le courage/l'amour/la jeunesse** il coraggio/l'amore/la giovinezza; **les étudiants** gli studenti; **les voitures** le automobili
2 (*indiquant la possession*): **se casser la jambe** rompersi la *ou* una gamba; **levez la main** alzate la mano; **avoir les yeux gris/le nez rouge** avere gli occhi grigi/il naso rosso
3 (*temps*): **le matin/soir** *adv* la mattina/sera; **le jeudi** (*d'habitude*) di *ou* il giovedì; (*ce jeudi-là*) quel *ou* il giovedì
4 (*distribution, fraction*) al(alla), il(la); **10 F le mètre/kilo** 10 franchi al metro/chilo; **le tiers/quart de** il terzo/quarto di
♦ *pron* **1** (*personne*: *mâle*) lo; (: *femelle*) la; (: *pl*) li(le); **je le/la vois** lo/la vedo; **je les vois** li/le vedo
2 (*animal, chose*: *singulier*) lo(la); (: *pl*) li(le); **je le/la vois** lo/la vedo; **je les vois** li/le vedo
3 (*remplaçant une phrase*): **je ne le savais pas** non lo sapevo; **il était riche et ne l'est plus** era ricco e non lo è più.

lé [le] *nm* (*de tissu*) altezza; (*de papier peint*) striscia.
leader [lidœʀ] *nm* (*POL, SPORT*) leader *m inv*.
leadership [lidœʀʃip] *nm* leadership *f inv*.
leasing [liziŋ] *nm* (*COMM*) leasing *m inv*; **acheter en ~** comprare in leasing.
lèche-bottes [lɛʃbɔt] *nm inv* leccapiedi *m/f inv*.
lèchefrite [lɛʃfʀit] *nf* leccarda.
lécher [leʃe] *vt* leccare; (*suj*: *flamme*) lambire; (*tableau, livre etc*) forbire; **se lécher** *vr* leccarsi; **~ les vitrines** guardare le vetrine.
lèche-vitrines [lɛʃvitʀin] *nm inv*: **faire du ~-~** guardare le vetrine.
leçon [l(ə)sɔ̃] *nf* (*aussi fig*) lezione *f*; **faire la ~** fare lezione; **faire la ~ à** (*fig*) fare la predica a; ▶ **leçon de choses** (*SCOL*) *metodo didattico a livello elementare per scienze naturali, fisica e chimica*; ▶ **leçons de conduite** lezioni di guida; ▶ **leçons particulières** lezioni private.
lecteur, -trice [lɛktœʀ, tʀis] *nm/f* (*aussi*

UNIV) lettore(-trice) ♦ *nm* (*TECH*): ~ **de cassettes** mangiacassette *m inv*; ▸ **lecteur de disquette(s)** *ou* **de disque** (*INFORM*) unità disco *f inv*; ▸ **lecteur CD** lettore di CD; ▸ **lecteur compact-disc** lettore di compact disc.

lecture [lɛktyʀ] *nf* lettura; **en première/ seconde** ~ (*POL*: *loi*) in prima/seconda lettura.

LED [lɛd] *sigle f* (= *light emitting diode*) LED.

ledit, ladite [lədi, ladit] (*pl* **lesdits, lesdites**) *dét* il suddetto, la suddetta.

légal, e, -aux [legal, o] *adj* legale.

légalement [legalmɑ̃] *adv* legalmente.

légalisation [legalizasjɔ̃] *nf* legalizzazione *f*.

légaliser [legalize] *vt* legalizzare.

légalité [legalite] *nf* legalità; **être dans/ sortir de la** ~ essere nella/uscire dalla legalità.

légat [lega] *nm* (*REL*) legato.

légataire [legatɛʀ] *nm*: ~ **universel** legatario universale.

légation [legasjɔ̃] *nf* legazione *f*.

légendaire [leʒɑ̃dɛʀ] *adj* leggendario(-a); (*fig*: *rire, bonne humeur*) proverbiale.

légende [leʒɑ̃d] *nf* (*mythe*) leggenda; (*de carte, plan, monnaie, médaille*) legenda; (*de texte, dessin*) didascalia.

légender [leʒɑ̃de] *vt* mettere le didascalie a.

léger, -ère [leʒe, ɛʀ] *adj* leggero(-a); (*erreur*) lieve, piccolo(-a); (*retard, peine*) lieve, leggero(-a); **blessé** ~ persona lievemente ferita; **à la légère** alla leggera, con leggerezza.

légèrement [leʒɛʀmɑ̃] *adv* con leggerezza; ~ **plus grand** leggermente più grande; ~ **en retard** leggermente in ritardo.

légèreté [leʒɛʀte] *nf* leggerezza.

légiférer [leʒifeʀe] *vi* legiferare.

légion [leʒjɔ̃] *nf* (*MIL*) legione *f*; (*grande quantité*) moltitudine *f*, schiera; ▸ **légion d'honneur** legion d'onore; ▸ **légion étrangère** legione straniera.

légionnaire [leʒjɔnɛʀ] *nm* legionario.

législateur [leʒislatœʀ] *nm* legislatore *m*.

législatif, -ive [leʒislatif, iv] *adj* legislativo(-a).

législation [leʒislasjɔ̃] *nf* legislazione *f*.

législatives [leʒislativ] *nfpl* legislative *fpl*.

législature [leʒislatyʀ] *nf* legislatura.

légiste [leʒist] *adj*: **médecin** ~ medico legale.

légitime [leʒitim] *adj* legittimo(-a); **en état de** ~ **défense** (*JUR*) per legittima difesa.

légitimement [leʒitimmɑ̃] *adv* legittimamente.

légitimer [leʒitime] *vt* legittimare.

légitimité [leʒitimite] *nf* legittimità.

legs [lɛg] *nm* (*aussi fig*) eredità *f inv*.

léguer [lege] *vt*: ~ **qch à qn** (*JUR*) lasciare in eredità qc a qn; (*fig*: *tradition, pouvoir*) tramandare.

légume [legym] *nm* verdura, ortaggio; ▸ **légumes secs** legumi *mpl* secchi; ▸ **légumes verts** verdura fresca.

légumier [legymje] *nm* legumiera.

légumineuses [legyminøz] *nfpl* leguminose *fpl*.

leitmotiv [lejtmɔtiv] *nm* leitmotiv *m inv*.

Léman [lemɑ̃] *nm voir* **lac**.

lendemain [lɑ̃dmɛ̃] *nm*: **le** ~ il giorno dopo, l'indomani *m*; **le** ~ **matin/soir** l'indomani mattina/sera; **le** ~ **de** il giorno dopo; **au** ~ **de** il giorno dopo; **penser au** ~ pensare al domani; **sans** ~ senza futuro; **de beaux** ~**s** un felice seguito *ou* esito; **des** ~**s qui chantent** un futuro felice.

lénifiant, e [lenifjɑ̃, jɑ̃t] *adj* (*propos*) rassicurante; (*climat*) rasserenante.

léninisme [leninism] *nm* leninismo.

léniniste [leninist] *adj, nm/f* leninista *m/f*.

lent, e [lɑ̃, lɑ̃t] *adj* lento(-a).

lente [lɑ̃t] *nf* lendine *m*.

lentement [lɑ̃tmɑ̃] *adv* lentamente.

lenteur [lɑ̃tœʀ] *nf* lentezza; ~**s** *nfpl* (*actions, décisions lentes*) lungaggini *fpl*.

lentille [lɑ̃tij] *nf* (*OPTIQUE*) lente *f*; (*BOT, CULIN*) lenticchia; ▸ **lentille d'eau** (*BOT*) lenticchia d'acqua; ▸ **lentilles de contact** lenti a contatto.

léonin, e [leɔnɛ̃, in] *adj* (*fig*: *contrat etc*) leonino(-a).

léopard [leɔpaʀ] *nm* leopardo; **tenue** ~ tuta mimetica.

lèpre [lɛpʀ] *nf* lebbra.

lépreux, -euse [lepʀø, øz] *nm/f* lebbroso (-a) ♦ *adj* (*fig*) malandato(-a).

léproserie [lepʀozʀi] *nf* lebbrosario.

lequel, laquelle [ləkɛl, lakɛl] (*pl* **lesquels,** *f* **lesquelles**) (*à* + *lequel* = **auquel**, *de* + *lequel* = **duquel** *etc*) *pron* (*interrogatif*) quale; (*relatif*: *personne*: *sujet*) il(la) quale, che; (: *objet*) che; (: *après préposition*) quale, cui; (: *chose*) cui; ~**/duquel des deux?** quale/di quale dei due?; **un homme sur la compétence duquel on ne peut compter** un uomo sulla cui competenza non si può contare ♦ *adj*: **auquel cas** nel qual caso; **il prit un livre,** ~ **livre ...** prese un libro, che ... .

les [le] *dét voir* **le**.

lesbienne [lɛsbjɛn] *nf* lesbica.

lesdits, lesdites [ledi, dit] *dét voir* **ledit**.

lèse-majesté [lɛzmaʒɛste] *nf*: **crime de** ~-~ delitto di lesa maestà.

léser [leze] *vt* ferire; (*MÉD*: *organe*) ledere, danneggiare.

lésiner [lezine] *vi*: ~ **(sur)** lesinare (su).

lésion [lezjɔ̃] *nf* lesione *f*; ▸ **lésions cérébrales** lesioni cerebrali.

Lesotho [lezɔto] *nm* Lesotho *m.*
lesquels, lesquelles [lekɛl] *pron voir* **lequel.**
lessivable [lesivabl] *adj* (*papier, peint etc*) lavabile.
lessivage [lesivaʒ] *nm* lavaggio, lavatura.
lessive [lesiv] *nf* (*poudre à laver*) detersivo; (*linge, opération*) bucato; **faire la ~** fare il bucato.
lessivé, e [lesive] (*fam: personne*) *adj* a terra, a pezzi.
lessiver [lesive] *vt* lavare (con detersivo).
lessiveuse [lesivøz] *nf* lisciviatrice *f.*
lessiviel [lesivjɛl] *adj* detersivo.
lest [lɛst] *nm* zavorra; **jeter** *ou* **lâcher du ~** (*fig*).
leste [lɛst] *adj* (*personne, mouvement*) svelto(-a); (*désinvolte: manières*) disinvolto(-a); (*osé: plaisanterie*) spinto (-a).
lestement [lɛstəmɑ̃] *adv* sveltamente.
lester [lɛste] *vt* zavorrare.
letchi [lɛtʃi] *nm* (*BOT*) = **litchi.**
léthargie [letaʀʒi] *nf* (*MÉD*) letargia; (*torpeur*) letargo.
léthargique [letaʀʒik] *adj* (*gén, MÉD*) letargico(-a).
letton, ne [letɔ̃, ɔn] *adj* lettone.
Lettonie [lɛtɔni] *nf* Lettonia.
lettre [lɛtʀ] *nf* lettera; **~s** *nfpl* (*ART, SCOL*) lettere *fpl*; **à la ~** (*fig: obéir*) alla lettera; **par ~** (*dire, informer*) per lettera; **en ~s majuscules** *ou* **capitales** a lettere maiuscole; **en toutes ~s** per esteso; ▸ **lettre anonyme** lettera anonima; ▸ **lettre de change** cambiale *f*; ▸ **lettre de crédit** lettera di credito; ▸ **lettre de noblesse** pedigree *m inv*; ▸ **lettre de voiture** lettera di vettura; ▸ **lettre morte: rester ~ morte** rimanere lettera morta; ▸ **lettre ouverte** (*POL, de journal*) lettera aperta; ▸ **lettre piégée** lettera dinamitarda.
lettré, e [letʀe] *adj* colto(-a), letterato(-a).
lettre-transfert [lɛtʀətʀɑ̃sfɛʀ] (*pl* **~s-~s**) *nf* carattere *m* trasferibile.
leu [lø] *nm voir* **queue.**
leucémie [løsemi] *nf* leucemia.
leucémique [løsemik] *adj* leucemico(-a).
leur [lœʀ] *adj* loro; **~ maison** la loro casa; **~s amis** i loro amici; **à ~ avis** secondo loro; **à ~ approche** quando si sono avvicinati; **à ~ vue** alla loro vista; *pron* (*objet indirect*) loro; (*après un autre pronom à la troisième personne*) (a) loro; (*possessif*): **le/la ~, les ~s** il/la loro, i(le) loro; **je ~ ai dit la vérité** ho detto loro la verità; **je le ~ ai donné** l'ho dato a loro, gliel'ho dato.
leurre [lœʀ] *nm* esca; (*fig: illusion*) illusione *f*; (*: piège*) tranello.
leurrer [lœʀe] *vt* illudere; **se leurrer** *vr* illudersi.
levain [ləvɛ̃] *nm* (*de boulanger*) lievito; **sans ~** azimo.
levant, e [ləvɑ̃, ɑ̃t] *adj*: **soleil ~** sol *m* levante ♦ *nm*: **le L~** il Levante; **au soleil ~** al sorgere del sole.
levé, e [ləve] *adj*: **être ~** essere alzato(-a) *ou* in piedi ♦ *nm*: **~ de terrain** rilievo (topografico); **à mains ~es** (*vote*) per alzata di mano; **au pied ~** su due piedi.
levée [ləve] *nf* (*POSTES*) levata; (*CARTES*) presa; ▸ **levée d'écrou** rilascio; ▸ **levée de boucliers** (*fig*) levata di scudi; ▸ **levée de terre** argine *m*; ▸ **levée de troupes/en masse** arruolamento di truppe/in massa; ▸ **levée du corps** rimozione *f* della salma.
lever [l(ə)ve] *vt* alzare; (*interdiction, siège, séance*) togliere; (*difficulté*) rimuovere; (*impôts*) riscuotere; (*armée*) arruolare; (*CHASSE*) stanare; (*fam: fille*) sedurre ♦ *vi* (*CULIN*) lievitare; (*semis, graine*) spuntare ♦ *nm*: **au ~ du jour** allo spuntare del giorno; **se lever** *vr* (*gén, brouillard*) alzarsi; (*soleil*) sorgere; (*jour*) spuntare; **au ~ du rideau** all'alzarsi del sipario; **au ~ (de soleil)** al sorgere del sole; **ça va se ~** sta tornando il sereno, sta schiarendo; ▸ **lever de rideau** *spettacolo breve che precede la rappresentazione principale*; ▸ **lever de soleil** sorger *m* del sole; ▸ **lever du jour** spuntar *m* del giorno.
lève-tard [lɛvtaʀ] *nm/f inv* dormiglione(-a).
lève-tôt [lɛvto] *nm/f inv* mattiniero(-a).
levier [ləvje] *nm* (*aussi fig*) leva; **faire ~ sur** far leva su; ▸ **levier de changement de vitesse** leva del cambio; ▸ **levier de commande** leva di comando.
lévitation [levitasjɔ̃] *nf* levitazione *f.*
levraut [ləvʀo] *nm* leprotto.
lèvre [lɛvʀ] *nf* labbro; **du bout des ~s** (*manger*) svogliatamente; (*rire, parler, répondre*) a fior di labbra; **petites/grandes ~s** (*ANAT*) piccole/grandi labbra.
lévrier [levʀije] *nm* levriere *m.*
levure [l(ə)vyʀ] *nf*: **~ de boulanger** lievito di fornaio; ▸ **levure chimique** lievito chimico; ▸ **levure de bière** lievito di birra.
lexical, e, -aux [lɛksikal, o] *adj* lessicale.
lexicographe [lɛksikɔgʀaf] *nm/f* lessicografo(-a).
lexicographie [lɛksikɔgʀafi] *nf* lessicografia.
lexicologie [lɛksikɔlɔʒi] *nf* lessicologia.
lexique [lɛksik] *nm* (*glossaire*) lessico.
lézard [lezaʀ] *nm* (*ZOOL, peau*) lucertola.
lézarde [lezaʀd] *nf* crepa.
lézardé, e [lezaʀde] *adj* crepato(-a).
lézarder [lezaʀde]: **se ~** *vr* creparsi ♦ *vi* poltrire al sole.
liaison [ljɛzɔ̃] *nf* (*rapport*) collegamento,

legame *m*; (*RAIL, AVIAT etc*) collegamento; (*relation amoureuse*) relazione *f*; (*CULIN*) amalgama *m*; (*PHONÉTIQUE*) legamento; **entrer/être en ~ avec** entrare/essere in contatto con; ▸ **liaison (de transmission de données)** collegamento di dati; ▸ **liaison radio** collegamento *m* radio *inv*; ▸ **liaison téléphonique** collegamento telefonico.

liane [ljan] *nf* liana.

liant, e [ljɑ̃, ljɑ̃t] *adj* socievole.

liasse [ljas] *nf* (*de billets*) mazzetto; (*de lettres*) fascio, mazzo.

Liban [libɑ̃] *nm* Libano.

libanais, e [libanɛ, ɛz] *adj* libanese ♦ *nm/f*: **L~, e** libanese *m/f*.

libations [libasjɔ̃] *nfpl* (*fig*) libagioni *fpl*.

libelle [libɛl] *nm* libello.

libellé [libele] *nm* (*d'une lettre*) redazione *f*; (*d'un jugement*) formulazione *f*.

libeller [libele] *vt* (*chèque, mandat*): **~ (au nom de)** intestare a; (*lettre, rapport*) redigere.

libellule [libelyl] *nf* libellula.

libéral, e, -aux [libeʀal, o] *adj, nm/f* liberale *m/f*; **les professions ~es** le libere professioni.

libéralement [libeʀalmɑ̃] *adv* liberalmente.

libéralisation [libeʀalizasjɔ̃] *nf* liberalizzazione *f*; ▸ **libéralisation du commerce** liberalizzazione degli scambi commerciali.

libéraliser [libeʀalize] *vt* liberalizzare.

libéralisme [libeʀalism] *nm* (*POL, tolérance*) liberalismo; (*ÉCON*) liberismo.

libéralité [libeʀalite] *nf* liberalità.

libérateur, -trice [libeʀatœʀ, tʀis] *adj* (*fig: attitude, fait*) liberatorio(-a) ♦ *nm/f* (*d'un pays, peuple*) liberatore(-trice).

libération [libeʀasjɔ̃] *nf* liberazione *f*; **la L~** (*1945*) la Liberazione; ▸ **libération conditionnelle** liberazione condizionale.

libéré, e [libeʀe] *adj* (*détenu*) liberato(-a), scarcerato(-a); (*territoire, zone*) liberato(-a); (*femme*) emancipato(-a); **~ de** liberato(-a) da; **être ~ sous caution** essere rilasciato(-a) sotto cauzione.

libérer [libeʀe] *vt* liberare; (*soldat*) congedare; (*ÉCON: échanges commerciaux*) liberalizzare; **se libérer** *vr* (*de rendez-vous*) liberarsi; **~ qn de** liberare qn da.

Libéria [libeʀja] *nm* Liberia.

libérien, ne [libeʀjɛ̃, jɛn] *adj* liberiano(-a) ♦ *nm/f*: **L~, ne** liberiano(-a).

libertaire [libɛʀtɛʀ] *adj* libertario(-a).

liberté [libɛʀte] *nf* libertà *f inv*; **~s** *nfpl* (*privautés*) libertà *fpl*; **mettre/être en ~** mettere/essere in libertà; **en ~ provisoire** in libertà provvisoria; **en ~ surveillée** in libertà vigilata; **en ~ conditionnelle** in libertà vigilata; ▸ **liberté d'action/d'association** libertà d'azione/di associazione; ▸ **liberté d'esprit/d'opinion** libertà di pensiero/di opinione; ▸ **liberté de conscience/de culte** libertà di coscienza/di culto; ▸ **liberté de la presse** libertà di stampa; ▸ **liberté syndicale/de réunion** libertà di associazione sindacale/di riunione; ▸ **libertés individuelles** libertà *fpl* individuali; ▸ **libertés publiques** diritti *mpl* civili.

libertin, e [libɛʀtɛ̃, in] *adj* libertino(-a).

libertinage [libɛʀtinaʒ] *nm* libertinaggio.

libidineux, -euse [libidinø, øz] *adj* libidinoso(-a).

libido [libido] *nf* libido *f*.

libraire [libʀɛʀ] *nm/f* libraio(-a).

libraire-éditeur [libʀɛʀeditœʀ] (*pl* **~s-~s**) *nm* libraio editore.

librairie [libʀeʀi] *nf* libreria.

librairie-papeterie [libʀeʀipapetʀi] (*pl* **~s-~s**) *nf* cartolibreria.

libre [libʀ] *adj* libero(-a); (*enseignement, école*) privato(-a); **~ de** (*contrainte, obligation*) libero(-a) da; **avoir le champ ~** avere campo libero; **en vente ~** (*COMM: produit*) in vendita libera; ▸ **libre arbitre** libero arbitrio; ▸ **libre concurrence** libera concorrenza; ▸ **libre entreprise** libera impresa.

libre-échange [libʀeʃɑ̃ʒ] *nm* libero scambio.

librement [libʀəmɑ̃] *adv* liberamente.

libre-penseur, -euse [libʀəpɑ̃sœʀ, øz] (*pl* **~s-~s, -euses**) *nm/f* libero(-a) pensatore(-trice).

libre-service [libʀəsɛʀvis] (*pl* **~s-~s**) *nm* (*magasin, restaurant*) self-service *m inv*.

librettiste [libʀetist] *nm* (*MUS*) librettista *m*.

Libye [libi] *nf* Libia.

libyen, ne [libjɛ̃, ɛn] *adj* libico(-a) ♦ *nm/f*: **L~, ne** libico(-a).

lice [lis] *nf*: **entrer en ~** (*fig*) entrare in lizza.

licence [lisɑ̃s] *nf* (*COMM, liberté, poétique, de mœurs*) licenza; (*SPORT*) tessera; (*diplôme*) *titolo universitario rilasciato dopo tre anni di studio*.

licencié, e [lisɑ̃sje] *nm/f* (*SCOL*): **~ en lettres/en droit** *chi possiede una "licence" in lettere/in diritto*; (*SPORT*) tesserato(-a).

licenciement [lisɑ̃simɑ̃] *nm* licenziamento.

licencier [lisɑ̃sje] *vt* licenziare.

licencieux, -euse [lisɑ̃sjø, jøz] *adj* licenzioso(-a).

lichen [likɛn] *nm* lichene *m*.

licite [lisit] *adj* lecito(-a).

licorne [likɔʀn] *nf* unicorno.

licou [liku] *nm* cavezza.

lie [li] *nf* (*du vin, cidre*) feccia.

lié, e [lje] *adj*: **être très ~ avec qn** (*fig*) essere molto legato(-a) a qn; **être ~ par** (*serment, promesse*) essere legato(-a) da; **avoir partie ~e (avec qn)** far lega (con qn).

Liechtenstein [liʃtɛnʃtajn] *nm* Liechtenstein *m*.

lie-de-vin [lidvɛ̃] *adj inv* (color) vinaccia *inv*.

liège [ljɛʒ] *nm* sughero.

liégeois, e [ljeʒwa, waz] *adj* di Liegi ♦ *nm/f*: **L~, e** abitante *m/f* di Liegi; **café/chocolat ~** gelato al caffè/al cioccolato con la panna.

Lièges [ljɛʒ] *n* Liegi *f*.

lien [ljɛ̃] *nm* legaccio, laccio; (*fig: analogie*) legame *m*, nesso; (: *rapport affectif, culturel*) legame, vincolo; ▸ **lien de famille** vincolo familiare; ▸ **lien de parenté** vincolo di parentela.

lier [lje] *vt* (*gén, fig, CULIN*) legare; (*joindre*) collegare; **se ~ (avec qn)** fare amicizia (con qn); **~ qch à** (*attacher*) legare qc a; (*associer*) collegare qc a; **~ amitié (avec)** fare amicizia (con); **~ conversation (avec)** attaccare discorso (con); **~ connaissance (avec)** fare conoscenza (con).

lierre [ljɛʀ] *nm* edera.

liesse [ljɛs] *nf*: **être en ~** essere in festa.

lieu, x [ljø] *nm* luogo; **~x** *nmpl* (*habitation, salle*): **vider/quitter les ~x** sgomberare, sloggiare; **arriver/être sur les ~x** (*d'un accident, manifestation*) arrivare/essere sul posto *ou* luogo; **en ~ sûr** al sicuro; **en haut ~** in alto loco; **en premier ~** in primo luogo; **en dernier ~** infine; **avoir ~** aver luogo; **avoir ~ de faire** avere motivo di fare; **tenir ~ de** (*faire office de*) fare da; **donner ~ à** dar luogo a; **au ~ de** invece di; **au ~ qu'il y aille** invece che vada lui; ▸ **lieu commun** luogo comune; ▸ **lieu de départ** luogo di partenza; ▸ **lieu de naissance** luogo di nascita; ▸ **lieu de rendez-vous** punto di ritrovo, luogo dell'appuntamento; ▸ **lieu de travail** posto di lavoro; ▸ **lieu géométrique** luogo geometrico; ▸ **lieu public** luogo pubblico.

lieu-dit [ljødi] (*pl* **~x-~s**) *nm* località *f inv*.

lieue [ljø] *nf* lega.

lieutenant [ljøt(ə)nɑ̃] *nm* tenente *m*; ▸ **lieutenant de vaisseau** tenente di vascello.

lieutenant-colonel [ljøtnɑ̃kɔlɔnɛl] (*pl* **~s-~s**) *nm* tenente *m* colonnello.

lièvre [ljɛvʀ] *nm* lepre *f*; **lever un ~** (*fig*) sollevare una questione spinosa.

liftier, -ière [liftje, jɛʀ] *nm/f* lift *m inv*, addetto all'ascensore.

lifting [liftiŋ] *nm* lifting *m inv*.

ligament [ligamɑ̃] *nm* legamento.

ligature [ligatyʀ] *nf* (*MÉD*) legatura; ▸ **ligature des trompes** legatura delle trombe.

ligaturer [ligatyʀe] *vt* (*MÉD*) allacciare.

ligne [liɲ] *nf* linea; **en ~** (*INFORM*) in linea; **en ~ droite** in linea retta; **"à la ~"** "a capo"; **garder la ~** (*silhouette féminine*) mantenere la linea; **entrer en ~ de compte** tener conto di; ▸ **ligne d'arrivée** traguardo; ▸ **ligne d'horizon** linea dell'orizzonte; ▸ **ligne de but** linea di fondo; ▸ **ligne de conduite** linea di condotta; ▸ **ligne de départ** linea di partenza; ▸ **ligne de flottaison** linea di galleggiamento; ▸ **ligne de mire** linea di mira; ▸ **ligne de touche** linea laterale; ▸ **ligne directrice** linea direttrice; ▸ **ligne médiane** linea mediana; ▸ **ligne ouverte**: **émission à ~ ouverte** trasmissione *f* in linea diretta (con gli ascoltatori).

ligné, e [liɲe] *adj*: **papier ~** carta rigata.

lignée [liɲe] *nf* stirpe *f*, famiglia.

ligneux, -euse [liɲø, øz] *adj* legnoso(-a).

lignite [liɲit] *nm* lignite *f*.

ligoter [ligɔte] *vt* (*bras, personne*) legare; (*fig*) incatenare.

ligue [lig] *nf* lega; **~ arabe** lega araba.

liguer [lige]: **se ~** *vr* coalizzarsi; **se ~ contre** (*fig*) coalizzarsi contro.

lilas [lilɑ] *nm* lillà *m inv*.

Lille [lil] *n* Lilla.

lillois, e [lilwa, waz] *adj* di Lilla ♦ *nm/f*: **L~, e** abitante *m/f* di Lilla.

Lima [lima] *n* Lima *f*.

limace [limas] *nf* lumaca.

limaille [limɑj] *nf*: **~ de fer** limatura di ferro.

limande [limɑ̃d] *nf* limanda.

limande-sole [limɑ̃dsol] *nf* sogliola limanda.

limbes [lɛ̃b] *nmpl*: **être dans les ~** (*fig: projet etc*) essere in alto mare.

lime [lim] *nf* (*TECH*) lima; (*BOT*) lime *m inv*; ▸ **lime à ongles** limetta per le unghie.

limer [lime] *vt* limare.

limier [limje] *nm* (*ZOOL, détective*) segugio.

liminaire [liminɛʀ] *adj* preliminare.

limitatif, -ive [limitatif, iv] *adj* limitativo (-a).

limitation [limitasjɔ̃] *nf* limitazione *f*, limite *m*; **sans ~ de temps** senza limiti di tempo; ▸ **limitation de vitesse** limite di velocità; ▸ **limitation des armements** limitazione degli armamenti; ▸ **limitation des naissances** controllo delle nascite.

limite [limit] *nf* (*de terrain, d'un pays*) confine *m*; (*partie ou point extrême, fig*) limite *m*; **dans la ~ de** nei limiti di; **à la ~** (*au pire*) al limite; **sans ~s** senza limiti; **vitesse/charge ~** velocità/carico limite *ou* massimo; **cas ~** caso *m* limite *inv*; **date ~**

de vente data di scadenza; **"date ~ de consommation ..."** "da consumarsi preferibilmente entro ..."; **prix ~** prezzo limite; ▶ **limite d'âge** limite d'età.

limiter [limite] *vt* (*restreindre*) limitare; (*délimiter*) delimitare; **se limiter** *vr*: **se ~ (à qch/à faire)** limitarsi (a qc/a fare).

limitrophe [limitʀɔf] *adj*: **~ (de)** limitrofo(-a) (a).

limogeage [limɔʒaʒ] *nm* (*POL*) siluramento.

limoger [limɔʒe] *vt* (*POL*) silurare, rimuovere da un incarico.

limon [limɔ̃] *nm* limo, fango.

limonade [limɔnad] *nf* gazzosa.

limonadier, -ière [limɔnadje, jɛʀ] *nm/f* (*commerçant*) gestore(-trice) di bar; (*fabricant de limonade*) *fabbricante di gazzose o di bibite gassate*.

limoneux, -euse [limɔnø, øz] *adj* (*eau*) limaccioso(-a), limoso(-a).

limousin, e [limuzɛ̃, in] *adj* limosino(-a) ♦ *nm*: **L~** Limosino.

limousine [limuzin] *nf* (*AUTO*) limousine *f inv*.

limpide [lɛ̃pid] *adj* (*aussi fig*) limpido(-a).

lin [lɛ̃] *nm* lino.

linceul [lɛ̃sœl] *nm* sudario.

linéaire [lineɛʀ] *adj* (*aussi fig*) lineare ♦ *nm*: **~ (de vente)** scaffale *m*.

linge [lɛ̃ʒ] *nm* (*serviettes etc*) biancheria; (*pièce de tissu*) panno; (*lessive*) bucato; ▶ **linge (de corps)** biancheria intima; ▶ **linge (de toilette)** biancheria da bagno; ▶ **linge sale** biancheria sporca.

lingère [lɛ̃ʒɛʀ] *nf* guardarobiera.

lingerie [lɛ̃ʒʀi] *nf* biancheria (intima).

lingot [lɛ̃go] *nm* lingotto.

linguiste [lɛ̃gɥist] *nm/f* linguista *m/f*.

linguistique [lɛ̃gɥistik] *adj* linguistico(-a) ♦ *nf* linguistica.

lino(léum) [linɔleɔm] *nm* linoleum *m inv*.

linotte [linɔt] *nf*: **tête de ~** scervellato(-a).

linteau [lɛ̃to] *nm* architrave *m*.

lion, ne [ljɔ̃, ɔn] *nm/f* leone(-essa); (*ASTROL*): **L~** Leone; **être (du) L~** essere del Leone; ▶ **lion de mer** leone marino.

lionceau, x [ljɔ̃so] *nm* leoncino.

liposuccion [liposy(k)sjɔ̃] *nf* liposuzione *f*.

lippu, e [lipy] *adj* dalle labbra tumide.

liquéfier [likefje] *vt* liquefare; **se liquéfier** *vr* liquefarsi; (*fig*: *personne*) rammollirsi.

liqueur [likœʀ] *nf* liquore *m*.

liquidateur, -trice [likidatœʀ, tʀis] *nm/f* (*JUR*) liquidatore(-trice); ▶ **liquidateur judiciaire** liquidatore giudiziario.

liquidation [likidasjɔ̃] *nf* liquidazione *f*; ▶ **liquidation judiciaire** liquidazione giudiziaria.

liquide [likid] *adj* liquido(-a) ♦ *nm* (*PHYS, gén*) liquido; (*COMM*): **en ~** in contanti; **air ~** aria liquida.

liquider [likide] *vt* liquidare.

liquidités [likidite] *nfpl* (*COMM*) liquidità *f inv*.

liquoreux, -euse [likɔʀø, øz] *adj* liquoroso(-a).

lire [liʀ] *nf* (*monnaie*) lira ♦ *vt, vi* (*aussi fig*) leggere; **~ qch à qn** leggere qc a qn.

lis [lis] *vb voir* **lire** ♦ *nm* = **lys**.

lisais [lizɛ] *vb voir* **lire**.

Lisbonne [lisbɔn] *n* Lisbona.

lise [liz] *vb voir* **lire**.

liseré [lizʀe] *nm* (*ruban*) nastrino; (*bande*) bordino.

liseron [lizʀɔ̃] *nm* convolvolo.

liseuse [lizøz] *nf* (*couvre-livre*) coprilibro; (*veste*) liseuse *f inv*.

lisible [lizibl] *adj* leggibile.

lisiblement [liziblәmɑ̃] *adv* leggibilmente, in modo leggibile.

lisière [lizjɛʀ] *nf* (*de forêt, bois*) limite *m*, margine *m*; (*de tissu*) cimosa.

lisons [lizɔ̃] *vb voir* **lire**.

lisse [lis] *adj* liscio(-a).

lisser [lise] *vt* lisciare.

listage [listaʒ] *nm* (*INFORM*) listato.

liste [list] *nf* lista; **faire la ~ de** fare la lista di; ▶ **liste civile** appannaggio; ▶ **liste d'attente** lista d'attesa; ▶ **liste de mariage** lista di matrimonio; ▶ **liste électorale** lista elettorale; ▶ **liste noire** lista nera.

lister [liste] *vt* listare; **~ la mémoire** (*INFORM*) scaricare la memoria.

listing [listiŋ] *nm* (*INFORM*) listing *m inv*; **qualité ~** modalità *f inv* di listing.

lit [li] *nm* (*gén, de rivière*) letto; **faire son ~** fare il letto; **aller/se mettre au ~** andare/mettersi a letto; **prendre le ~** (*malade etc*) mettersi a letto; **d'un premier ~** (*JUR*: *enfant*) di primo letto; ▶ **lit d'enfant** lettino; ▶ **lit de camp** brandina.

litanie [litani] *nf* (*fig*) litania.

lit-cage [likaʒ] (*pl* **~s-~s**) *nm* letto pieghevole.

litchi [litʃi] *nm* litchi *m inv*.

literie [litʀi] *nf* articoli *mpl* per il letto.

litho(graphie) [litɔ(gʀafi)] *nf* litografia.

lithographier [litɔgʀafje] *vt* litografare.

litière [litjɛʀ] *nf* lettiera.

litige [litiʒ] *nm* controversia; **en ~** (*point, cas*) controverso(-a).

litigieux, -euse [litiʒjø, jøz] *adj* controverso(-a).

litote [litɔt] *nf* litote *f*.

litre [litʀ] *nm* litro.

littéraire [liteʀɛʀ] *adj* (*œuvre, critique, langue*) letterario(-a); (*personne*) letterato(-a).

littéral, e, -aux [liteʀal, o] *adj* letterale.

littéralement [liteʀalmɑ̃] *adv* letteralmen-

te.
littérature [liteʀatyʀ] *nf* letteratura.
littoral, e, -aux [litɔʀal, o] *adj, nm* litorale *m.*
Lituanie [litɥani] *nf* Lituania.
lituanien, ne [litɥanjɛ̃, jɛn] *adj* lituano(-a) ♦ *nm/f*: **L~, ne** lituano(-a) ♦ *nm* lituano.
liturgie [lityʀʒi] *nf* liturgia.
liturgique [lityʀʒik] *adj* liturgico(-a).
livide [livid] *adj* livido(-a).
living [liviŋ] *nm* salotto, soggiorno.
living-room [liviŋʀum] (*pl* **~-~s**) *nm* = **living**.
livrable [livʀabl] *adj* (*COMM*) consegnabile, da consegnare.
livraison [livʀɛzɔ̃] *nf* consegna; ▸ **livraison à domicile** consegna a domicilio.
livre [livʀ] *nm* (*gén*) libro; (*imprimerie*): **le ~** l'editoria ♦ *nf* (*poids*) libbra; (*monnaie*) (lira) sterlina; **traduire qch à ~ ouvert** tradurre a vista; ▸ **livre blanc** libro bianco; ▸ **livre d'or** libro d'oro; (*pour visiteurs*) registro degli ospiti; ▸ **livre de bord** (*NAUT*) libro di bordo; ▸ **livre de chevet** lettura preferita; ▸ **livre de comptes** libro contabile; ▸ **livre de cuisine** libro di cucina; ▸ **livre de messe** messale *m*; ▸ **livre de poche** libro tascabile; ▸ **livre verte** sterlina verde.
livré, e [livʀe] *adj*: **~ à** (*l'anarchie etc*) abbandonato(-a) a; **~ à soi-même** abbandonato(-a) a se stesso(-a).
livrée [livʀe] *nf* livrea.
livrer [livʀe] *vt* consegnare; (*secret, information*) rivelare; **se livrer à** *vr* (*se confier à*) confidarsi con; (*se rendre*) consegnarsi a; (*s'abandonner à*: *débauche etc*) abbandonarsi a; (*faire*: *pratiques, travail, enquête*) dedicarsi a; (: *sport*) darsi a; **~ bataille** dare battaglia.
livresque [livʀɛsk] (*péj*) *adj* libresco(-a).
livret [livʀɛ] *nm* (*petit livre, d'opéra*) libretto; ▸ **livret de caisse d'épargne** libretto di risparmio; ▸ **livret de famille** *libretto contenente dati ufficiali riguardo lo stato di famiglia*; ▸ **livret scolaire** pagella.
livreur, -euse [livʀœʀ, øz] *nm/f* fattorino, addetto(-a) alla consegna.
lob [lɔb] *nm* (*TENNIS*) lob *m inv*, pallonetto.
lobe [lɔb] *nm*: **~ de l'oreille** lobo dell'orecchio.
lobé, e [lɔbe] *adj* (*ARCHIT, BOT*) lobato(-a).
lober [lɔbe] *vt* (*SPORT*) fare un lob *ou* pallonetto.
local, e, -aux [lɔkal, o] *adj, nm* locale *m.*
localement [lɔkalmɑ̃] *adv* localmente.
localisé, e [lɔkalize] *adj* localizzato(-a).
localiser [lɔkalize] *vt* localizzare.
localité [lɔkalite] *nf* località *f inv*.
locataire [lɔkatɛʀ] *nm/f* inquilino(-a), affittuario(-a).
locatif, -ive [lɔkatif, iv] *adj* (*charges, réparations*) a carico dell'inquilino; (*valeur, immeuble*) locativo(-a).
location [lɔkasjɔ̃] *nf* affitto; (*de voiture etc*) noleggio; (*de billets, places*) prenotazione *f*; **"~ de voitures"** "autonoleggio".
location-vente [lɔkasjɔ̃vɑ̃t] (*pl* **~s-~s**) *nf* acquisto a riscatto.
lock-out [lɔkaut] *nm inv* serrata.
lock-outer [lɔkaute] *vt* (*atelier, usine*) serrare.
locomoteur, -trice [lɔkɔmɔtœʀ, tʀis] *adj* (*muscles, organes*) locomotore(-trice); *voir aussi* **locomotrice**.
locomotion [lɔkɔmosjɔ̃] *nf* locomozione *f.*
locomotive [lɔkɔmɔtiv] *nf* (*RAIL, fig*) locomotiva.
locomotrice [lɔkɔmɔtʀis] *nf* (*RAIL*) locomotrice *f.*
locuteur, -trice [lɔkytœʀ, tʀis] *nm/f* (*LING*) parlante *m/f*, locutore(-trice); ▸ **locuteur natif** parlante *m/f* nativo(-a).
locution [lɔkysjɔ̃] *nf* locuzione *f.*
loden [lɔdɛn] *nm* loden *m inv*.
lof [lɔf] *nm* (*NAUT*) orza; **aller au ~** andare all'orza; **virer ~ pour ~** virare con il vento in poppa.
lofer [lɔfe] *vi* (*NAUT*) orzare.
logarithme [lɔgaʀitm] *nm* logaritmo.
loge [lɔʒ] *nf* (*THÉÂTRE*: *d'artiste*) camerino; (: *de spectateurs*) palco; (*de concierge*) portineria; (*de franc-maçon*) loggia.
logeable [lɔʒabl] *adj* abitabile.
logement [lɔʒmɑ̃] *nm* alloggio; (*POL, ADMIN*): **le ~** gli alloggi; **chercher un ~** cercare alloggio; **construire des ~s bon marché** costruire degli alloggi popolari; **crise du ~** crisi *f inv* degli alloggi; ▸ **logement de fonction** (*ADMIN*) alloggio messo a disposizione del dipendente.
loger [lɔʒe] *vt* alloggiare, dare alloggio a; (*suj*: *hôtel, école*) ospitare, alloggiare ♦ *vi* abitare, vivere; **se loger** *vr* alloggiare; **se ~ dans** (*suj*: *balle, flèche*) conficcarsi in.
logeur, -euse [lɔʒœʀ, øz] *nm/f* affittacamere *m/f inv*.
loggia [lɔdʒja] *nf* loggia.
logiciel [lɔʒisjɛl] *nm* (*INFORM*) software *m inv*.
logicien, ne [lɔʒisjɛ̃, jɛn] *nm/f* logico(-a).
logique [lɔʒik] *adj* logico(-a) ♦ *nf* logica; **c'est ~** è logico.
logiquement [lɔʒikmɑ̃] *adv* logicamente.
logis [lɔʒi] *nm* casa.
logisticien, ne [lɔʒistisjɛ̃, jɛn] *adj* logistico(-a).
logistique [lɔʒistik] *nf* (*MIL, ÉCON*) logistica ♦ *adj* logistico(-a).
logo [lɔgo] *nm* (*COMM*) logo *m inv*, logotipo.
logotype [lɔgɔtip] *nm* (*COMM*) = **logo**.
loi [lwa] *nf* (*aussi fig*) legge *f*; **avoir force de**

~ aver forza di legge; **faire la ~** dettar legge; **livre/tables de la ~** (*REL*) libro/tavole *fpl* della legge; **la ~ de la jungle/du plus fort** la legge della giungla/del più forte; **proposition/projet de ~** proposta/progetto di legge; ▸ **loi d'orientation** legge di orientamento.

loi-cadre [lwakadʀ(ə)] (*pl* **~s-~s**) *nf* (*POL*) legge *f* quadro *inv*.

loin [lwɛ̃] *adv* lontano; **plus ~** più avanti, più in là; **moins ~ (que)** meno lontano (di); **~ de** lontano da; **pas ~ de 1000 F** quasi 1000 franchi; **au ~** in lontananza; **de ~** da lontano; (*fig*) di gran lunga; **il revient de ~** (*fig*) l'ha scampata bella; **de ~ en ~** di tanto in tanto; **aussi ~ que ...** lontano quanto ...; **~ de là** (*bien au contraire*) al contrario.

lointain, e [lwɛ̃tɛ̃, ɛn] *adj* lontano(-a) ♦ *nm*: **dans le ~** in lontananza.

loi-programme [lwapʀɔgʀam] (*pl* **~s-~s**) *nf* (*POL*) legge *f* programma *inv*.

loir [lwaʀ] *nm* ghiro.

Loire [lwaʀ] *nf*: **la ~** la Loira.

loisible [lwazibl] *adj*: **il vous est ~ de ...** siete padronissimi di ... .

loisir [lwaziʀ] *nm*: **heures de ~** tempo *msg* libero; **~s** *nmpl* (*temps libre*) tempo *msg* libero; (*activités*) svaghi *mpl*, passatempi *mpl*; **prendre/avoir le ~ de faire qch** prendersi/avere il tempo per fare qc; **(tout) à ~** con comodo; (*autant qu'on le désire*) a piacere, a volontà.

lombaire [lɔ̃bɛʀ] *adj* lombare.

lombalgie [lɔ̃balʒi] *nf* lombalgia.

lombard, e [lɔ̃baʀ, aʀd] *adj* lombardo(-a).

Lombardie [lɔ̃baʀdi] *nf* Lombardia.

londonien, ne [lɔ̃dɔnjɛ̃, jɛn] *adj* londinese ♦ *nm/f*: **L~, ne** londinese *m/f*.

Londres [lɔ̃dʀ] *n* Londra.

long, longue [lɔ̃, lɔ̃g] *adj* lungo(-a) ♦ *adv*: **en dire/savoir ~** dirla/saperla lunga ♦ *nm*: **de 5 m de ~** di 5 metri di lunghezza; **faire ~ feu** fare cilecca; **ne pas faire ~ feu** durare poco; **au ~ cours** (*NAUT*: *navigation, capitaine*) di lungo corso; **de longue date, de longue durée** di vecchia data; **de longue haleine** di ampio respiro; **être ~ à faire** (*personne*) metterci tanto tempo a fare; **en ~** (*être couché, mis*) per lungo; **(tout) le ~ de** (*rue, bord*) lungo (tutto(-a)); **tout au ~ de** (*année, vie*) per tutto(-a), nel corso di; **marcher de ~ en large** camminare avanti e indietro; **en ~ et en large** (*fig*: *étudier, examiner*) approfonditamente, in lungo e in largo.

longanimité [lɔ̃ganimite] *nf* longanimità.

long-courrier [lɔ̃kuʀje] (*pl* **~-~s**) *nm* (*AVIAT*) aereo a lungo raggio.

longe [lɔ̃ʒ] *nf* (*corde*) cavezza; (*CULIN*) lombo, lombata.

longer [lɔ̃ʒe] *vt* costeggiare.

longévité [lɔ̃ʒevite] *nf* longevità.

longiligne [lɔ̃ʒiliɲ] *adj* longilineo(-a).

longitude [lɔ̃ʒityd] *nf* longitudine *f*; **à 45 degrés de ~ nord** a 45 gradi di longitudine nord.

longitudinal, e, -aux [lɔ̃ʒitydinal, o] *adj* longitudinale.

longtemps [lɔ̃tɑ̃] *adv* (*parler, jouer*) molto, per molto (tempo), a lungo; **avant ~** tra non molto; **pour/pendant ~** per molto (tempo); **je n'en ai pas pour ~** non ne ho per molto; **mettre ~ à faire qch** metterci molto a fare qc; **ça ne va pas durer ~** non durerà molto *ou* a lungo; **elle/il en a pour ~ (à)** lei/lui ne ha per molto; **il y a/n'y a pas ~ que je travaille/l'ai rencontré** è/non è da molto che lavoro/che l'ho incontrato; **il y a ~ que je n'ai pas travaillé** non lavoro da molto tempo.

longue [lɔ̃g] *adj f voir* **long** ♦ *nf*: **à la ~** (*finalement*) a lungo andare, alla lunga.

longuement [lɔ̃gmɑ̃] *adv* (*longtemps*: *parler, regarder*) a lungo, lungamente; (*en détail*: *expliquer, raconter*) dettagliatamente.

longueur [lɔ̃gœʀ] *nf* lunghezza; **~s** *nfpl* (*fig*: *d'un film, livre*) lungaggini *fpl*; **une ~ (de piscine)** una vasca; **sur une ~ de 10 km** per 10 km; **en ~** (*mettre, être*) per lungo; **tirer en ~** tirare per le lunghe; **à ~ de journée** tutto il giorno; **d'une ~** (*SPORT*: *gagner, battre*) per una lunghezza; ▸ **longueur d'onde** lunghezza d'onda.

longue-vue [lɔ̃gvy] (*pl* **~s-~s**) *nf* cannocchiale *m*.

looping [lupiŋ] *nm* (*AVIAT*) looping *m inv*, gran volta; **faire des ~s** fare dei looping.

lopin [lɔpɛ̃] *nm*: **~ de terre** pezzetto di terra.

loquace [lɔkas] *adj* loquace.

loque [lɔk] *nf* (*fig*: *personne*) relitto; **~s** *nfpl* (*habits*) brandelli *mpl*; **être/tomber en ~s** essere/cadere a pezzi.

loquet [lɔkɛ] *nm* (*de porte*) saliscendi *m inv*.

lorgner [lɔʀɲe] *vt* (*personne*) sbirciare; (*place, objet*) adocchiare.

lorgnette [lɔʀɲɛt] *nf* occhialino.

lorgnon [lɔʀɲɔ̃] *nm* (*face-à-main*) occhialetto; (*pince-nez*) stringinaso *m inv*.

loriot [lɔʀjo] *nm* (*ZOOL*) oriolo.

lorrain, e [lɔʀɛ̃, ɛn] *adj* lorenese ♦ *nm/f*: **L~, e** lorenese *m/f*; **quiche ~e** quiche *f inv* (*torta salata con pancetta, gruyère e uova*).

Lorraine [lɔʀɛn] *nf* Lorena.

lors [lɔʀ]: **~ de** *prép* (*au moment de*) al momento di; (*pendant*) all'epoca di; **~ même que** quand'anche.

lorsque [lɔʀsk] *conj* quando.

losange [lɔzɑ̃ʒ] *nm* losanga; (*GÉOM*) rombo; **en** ~ a losanga.

lot [lo] *nm* (*part, position*) partita, lotto; (*quantité*): **un ~ de ...** una partita di ...; (*de loterie*) premio; (*fig: destin*) destino, sorte *f*; (*COMM*) partita; (*INFORM*) batch *m inv*; ▶ **lot de consolation** premio di consolazione.

loterie [lɔtʀi] *nf* (*aussi fig*) lotteria; ▶ **Loterie nationale** Lotteria nazionale.

loti, e [lɔti] *adj*: **bien/mal** ~ favorito(-a)/ sfavorito(-a) dalla sorte.

lotion [losjɔ̃] *nf* lozione *f*; ▶ **lotion après rasage** lozione dopo barba; ▶ **lotion capillaire** lozione per capelli.

lotir [lɔtiʀ] *vt* lottizzare.

lotissement [lɔtismɑ̃] *nm* area lottizzata; (*parcelle*) lottizzazione *f*.

lotisseur, -euse [lɔtisœʀ, øz] *nm/f* chi si occupa della lottizzazione.

loto [lɔto] *nm* (*jeu d'enfant*) tombola; (*jeu de hasard*) lotto.

lotte [lɔt] *nf* (*ZOOL: de rivière*) bottatrice *f*; (: *de mer*) pesce *m* rospo *inv*.

louable [lwabl] *adj* (*fig: action, personne*) lodevole, encomiabile; ~ **à l'année** (*appartement, garage*) affittabile per l'anno.

louage [lwaʒ] *nm*: **voiture de** ~ macchina a noleggio.

louange [lwɑ̃ʒ] *nf*: **à la ~ de qn/qch** in elogio a qn/qc; ~**s** *nfpl* (*compliments*) lodi *fpl*.

loubard [lubaʀ] *nm* teppista *m/f*.

louche [luʃ] *adj* losco(-a) ♦ *nf* mestolo.

loucher [luʃe] *vi* (*personne*) essere strabico(-a); ~ **sur qch** (*fig*) desiderare avidamente qc.

louer [lwe] *vt* (*suj: propriétaire*) affittare, dare in affitto; (: *locataire*) affittare, prendere in affitto; (*voiture, téléviseur etc*) noleggiare; (*place de cinéma, de train etc*) prenotare; (*personne, qualités, bontés, REL: Dieu*) lodare; **"à ~"** (*maison, magasin*) "affittasi", "in affitto"; **se ~ de qch/d'avoir fait qch** vantarsi di qc/di aver fatto qc.

loufoque [lufɔk] (*fam*) *adj* strambo(-a), strampalato(-a).

loukoum [lukum] *nm* lukum *m inv*.

loulou [lulu] *nm*: ~ **de Poméranie** volpino di Pomerania.

loup [lu] *nm* lupo; (*poisson*) branzino, spigola; (*masque*) mascherina; **jeune** ~ giovane *m* ambizioso; ▶ **loup de mer** lupo di mare.

loupe [lup] *nf* (*OPTIQUE*) lente *f* (d'ingrandimento); **à la** ~ (*fig*) nei dettagli; ▶ **loupe de noyer** (*MENUISERIE*) nodo di noce.

louper [lupe] (*fam*) *vt* (*train etc*) perdere; (*examen*) far cilecca a.

lourd, e [luʀ, luʀd] *adj* (*aussi fig*) pesante; (*chaleur, temps*) afoso(-a), pesante; (*impôts*) gravoso(-a), pesante; (*parfum, vin*) carico(-a) ♦ *adv*: **peser** ~ pesare molto; ~ **de** (*conséquences, menaces*) carico(-a) di; (*fatigue, sommeil*) pieno(-a) di; **artillerie/ industrie ~e** artiglieria/industria pesante.

lourdaud, e [luʀdo, od] (*péj*) *adj* (*au physique*) maldestro(-a); (*au moral*) zoticone (-a).

lourdement [luʀdəmɑ̃] *adv* pesantemente; (*fig: insister, appuyer*) con forza; **se tromper** ~ sbagliarsi di grosso.

lourdeur [luʀdœʀ] *nf* pesantezza; ▶ **lourdeur d'estomac** pesantezza di stomaco.

loustic [lustik] *nm* (*farceur*) burlone *m*; (*fam, péj: type*) buffone *m*.

loutre [lutʀ] *nf* lontra; (*fourrure*) (pelliccia di) lontra.

louve [luv] *nf* lupa.

louveteau, x [luv(ə)to] *nm* (*ZOOL*) lupacchiotto; (*scout*) lupetto.

louvoyer [luvwaje] *vi* (*NAUT*) bordeggiare; (*fig*) destreggiarsi, barcamenarsi.

lover [lɔve]: **se** ~ *vr* acciambellarsi.

loyal, e, -aux [lwajal, o] *adj* leale.

loyalement [lwajalmɑ̃] *adv* lealmente.

loyalisme [lwajalism] *nm* lealismo.

loyauté [lwajote] *nf* lealtà.

loyer [lwaje] *nm* affitto; ▶ **loyer de l'argent** tasso di interesse del denaro.

LP [ɛlpe] *sigle m* = *lycée professionnel*.

LSD [ɛlɛsde] *sigle m* (= *Lyserg Säure Diäthylamid*) LSD *m*.

lu [ly] *pp de* **lire**.

lubie [lybi] *nf* ghiribizzo, capriccio.

lubricité [lybʀisite] *nf* lubricità *f inv*.

lubrifiant [lybʀifjɑ̃] *nm* lubrificante *m*.

lubrifier [lybʀifje] *vt* lubrificare.

lubrique [lybʀik] *adj* lubrico(-a).

lucarne [lykaʀn] *nf* abbaino.

lucide [lysid] *adj* lucido(-a).

lucidité [lysidite] *nf* lucidità.

luciole [lysjɔl] *nf* lucciola.

lucratif, -ive [lykʀatif, iv] *adj* lucrativo (-a); **à but non** ~ a scopo non lucrativo.

ludique [lydik] *adj* ludico(-a).

ludothèque [lydɔtɛk] *nf* ludoteca.

luette [lɥɛt] *nf* ugola.

lueur [lɥœʀ] *nf* bagliore *m*; (*pâle*) chiarore *m*, luce *f*; (*fig: de désir, colère*) lampo; (: *de raison, d'intelligence*) sprazzo, lampo; (: *d'espoir*) barlume *m*.

luge [lyʒ] *nf* slittino; **faire de la** ~ andare in slittino.

lugeur, -euse [lyʒœʀ, øz] *nm/f* chi va in slitta.

lugubre [lygybʀ] *adj* lugubre.

MOT-CLÉ

lui[1] [lɥi] *pron* **1** (*objet indirect: mâle*) gli; (: *femelle*) le; **je lui ai parlé** gli/le ho parlato; **il lui a offert un cadeau** gli/le ho fatto un

regalo
2 (*après préposition, dans comparaison*) lui; **elle est contente de lui** è contenta di lui; **je la connais mieux que lui** la conosco meglio di lui
3 (*sujet, forme emphatique*) lui; **lui, il est à Paris** lui è a Parigi
4: **lui-même** (*humain*) egli stesso; (*chose, animal*) esso stesso; (*après prép*) sé; **il a agi de lui-même** ha agito da solo
5 (*objet direct*) se stesso; (*sujet*: *humain*) egli stesso; (: *non humain ou inanimé*) esso stesso; **ce livre est à lui** questo libro è suo; **c'est à lui de jouer** tocca a lui giocare; **c'est lui qui l'a fait** è stato lui a farlo, l'ha fatto lui; **c'est lui que je vois** io vedo lui; **avec lui** con lui.

lui² [lɥi] *pp de* **luire**.
luire [lɥiʀ] *vi* (*gén*) luccicare; (*étoiles, lune*) risplendere.
luisant, e [lɥizɑ̃, ɑ̃t] *vb voir* **luire** ♦ *adj* (*métal, étoile*) lucente; (*meuble*) lucido (-a).
lumbago [lɔ̃bago] *nm* lombaggine *f*.
lumière [lymjɛʀ] *nf* luce *f*; (*fig*: *personne intelligente*) luminare *m*, genio; **~s** *nfpl* (*d'une personne*) lumi *mpl*; **à la ~ de** (*aussi fig*) alla luce di; **à la ~ électrique** con la luce elettrica; **faire de la ~** fare luce; **faire (toute) la ~ sur** (*fig*) fare (piena) luce su; **mettre qch en ~** (*fig*) mettere in luce qc; ▸ **lumière du jour** luce del giorno; ▸ **lumière du soleil** luce del sole.
luminaire [lyminɛʀ] *nm* lume *m*.
luminescent, e [lyminesɑ̃, ɑ̃t] *adj* luminescente.
lumineux, -euse [lyminø, øz] *adj* (*aussi fig*) luminoso(-a).
luminosité [lyminozite] *nf* luminosità.
lump [lœp] *nm*: **œufs de ~** uova di lompo.
lunaire [lynɛʀ] *adj* lunare.
lunatique [lynatik] *adj* lunatico(-a).
lunch [lœntʃ] *nm* buffet *m inv*.
lundi [lœ̃di] *nm* lunedì *m inv*; **on est ~** è lunedì; **le ~ 20 août** lunedì 20 agosto; **il est venu ~** è venuto lunedì; **le(s) lundi(s)** (*chaque lundi*) di *ou* al lunedì; **"à ~"** "a lunedì"; ▸ **lundi de Pâques** pasquetta; ▸ **lundi de Pentecôte** lunedì di Pentecoste.
lune [lyn] *nf* luna; **pleine/nouvelle ~** luna piena/nuova; **être dans la ~** avere la testa fra le nuvole; ▸ **lune de miel** luna di miele.
luné, e [lyne] *adj*: **bien ~** di luna buona; **mal ~** con la luna per traverso.
lunette [lynɛt] *nf*: **~s** ♦ *nfpl* occhiali *mpl*; ▸ **lunette arrière** (*AUTO*) lunotto; ▸ **lunette d'approche** (*OPTIQUE*) telescopio; ▸ **lunettes de plongée** occhiali da sub; ▸ **lunettes de soleil** occhiali da sole; ▸ **lunettes noires** occhiali scuri.
lurent [lyʀ] *vb voir* **lire**.
lurette [lyʀɛt] *nf*: **il y a belle ~** è (da) un bel pezzo.
luron, ne [lyʀɔ̃, ɔn] *nm/f* allegrone(-a), buontempone(-a); **c'est un joyeux** *ou* **gai ~** è un bel tipo.
lus [ly] *vb voir* **lire**.
lustre [lystʀ] *nm* (*de plafond*) lampadario; (*fig*: *éclat*) lustro.
lustrer [lystʀe] *vt* lustrare, lucidare; (*poil d'un animal*) lucidare; (*vêtement*: *user*) logorare, rendere liso(-a).
lut [ly] *vb voir* **lire**.
luth [lyt] *nm* liuto.
luthier [lytje] *nm* liutaio(-a).
lutin [lytɛ̃] *nm* folletto.
lutrin [lytʀɛ̃] *nm* leggio.
lutte [lyt] *nf* lotta; **de haute ~** a viva forza; ▸ **lutte des classes** lotta di classe; ▸ **lutte libre** (*SPORT*) lotta libera.
lutter [lyte] *vi* lottare; **~ pour/contre qn/qch** lottare per/contro qn/qc.
lutteur, -euse [lytœʀ, øz] *nm/f* lottatore (-trice).
luxation [lyksasjɔ̃] *nf* lussazione *f*.
luxe [lyks] *nm* lusso; **un ~ de** (*fig*: *détails, précautions*) una profusione di; **de ~** di lusso.
Luxembourg [lyksɑ̃buʀ] *nm* Lussemburgo.
luxembourgeois, e [lyksɑ̃buʀʒwa, waz] *adj* lussemburghese ♦ *nm/f*: **L~, e** lussemburghese *m/f*.
luxer [lykse] *vt*: **se ~ l'épaule/le genou** lussarsi la spalla/il ginocchio.
luxueusement [lyksɥøzmɑ̃] *adv* lussuosamente.
luxueux, -euse [lyksɥø, øz] *adj* lussuoso (-a).
luxure [lyksyʀ] *nf* lussuria.
luxuriant, e [lyksyʀjɑ̃, jɑ̃t] *adj* lussureggiante.
luzerne [lyzɛʀn] *nf* erba medica.
lycée [lise] *nm* liceo; ▸ **lycée technique** istituto tecnico superiore.
lycéen, ne [liseɛ̃, ɛn] *nm/f* liceale *m/f*.
lymphatique [lɛ̃fatik] *adj* (*fig*) inerte, spento(-a).
lymphe [lɛ̃f] *nf* linfa.
lyncher [lɛ̃ʃe] *vt* linciare.
lynx [lɛ̃ks] *nm* lince *f*.
Lyon [ljɔ̃] *n* Lione *f*.
lyonnais, e [ljɔnɛ, ɛz] *adj* lionese ♦ *nm/f*: **L~, e** lionese *m/f*.
lyophilisé, e [ljɔfilize] *adj* liofilizzato(-a).
lyre [liʀ] *nf* lira.
lyrique [liʀik] *adj* lirico(-a); **artiste/théâtre ~** cantante/teatro lirico; **comédie ~** operetta.

lyrisme [liʀism] *nm* lirismo.
lys [lis] *nm* giglio.

M, m

M, m [ɛm] *nm inv* (*lettre*) M, m *f ou m inv*; ~ **comme Marcel** ≈ M come Milano.
M [ɛm] *abr* (= *Monsieur*) sig.
m' [m] *pron voir* **me**.
m [ɛm] *abr* (= *mètre*) m; = **million**.
MA [ɛma] *sigle m* = **maître auxiliaire**.
ma [ma] *dét voir* **mon**.
maboul, e [mabul] (*fam*) *adj* tocco(-a), picchiato(-a).
macabre [makɑbʀ] *adj* macabro(-a).
macadam [makadam] *nm* macadam *m*; (*fam*) asfalto.
Macao [makao] *nf* Macao *f*.
macaron [makaʀɔ̃] *nm* (*gâteau*) ≈ amaretto; (*insigne*) insegna rotonda; (*natte*) treccia (*arrotolata sull'orecchio*).
macaroni [makaʀɔni] *nm* maccheroni *mpl*; ~ **au fromage** *ou* **au gratin** maccheroni al formaggio *ou* gratinati.
Macédoine [masedwan] *nf* Macedonia.
macédoine [masedwan] *nf*: ~ **de fruits** macedonia; **macédoine de légumes** verdura mista.
macérer [maseʀe] *vi, vt* macerare.
mâchefer [mɑʃfɛʀ] *nm* rosticcio.
mâcher [mɑʃe] *vt* masticare; **ne pas ~ ses mots** non avere peli sulla lingua; ~ **le travail à qn** (*fig*) far trovare la pappa pronta a qn.
machiavélique [makjavelik] *adj* machiavellico(-a).
machin [maʃɛ̃] (*fam*) *nm* coso, aggeggio; (*personne*): **M~** Coso(-a), Tizio(-a).
machinal, e, -aux [maʃinal, o] *adj* meccanico(-a).
machination [maʃinasjɔ̃] *nf* macchinazione *f*.
machine [maʃin] *nf* macchina; (*fam: personne*): **M~** Cosa; **faire ~ arrière** (*NAUT*) far macchina indietro; (*fig*) fare marcia indietro; ▸ **machine à coudre/écrire** macchina da *ou* per cucire/scrivere; ▸ **machine à laver** lavatrice *f*; ▸ **machine à sous** macchinetta mangiasoldi; ▸ **machine à tricoter** macchina per maglieria; ▸ **machine à vapeur** macchina a vapore.
machine-outil [maʃinuti] (*pl* **~s-~s**) *nf* macchina utensile.
machinerie [maʃinʀi] *nf* macchinario; (*d'un navire*) sala *f* macchine *inv*.
machinisme [maʃinism] *nm* meccanizzazione *f*.
machiniste [maʃinist] *nm* (*THÉÂTRE, de train*) macchinista *m*; (*de bus, métro*) conducente *m*.
mâchoire [mɑʃwaʀ] *nf* mascella; (*TECH*) ganascia; ▸ **mâchoire de frein** ganascia del freno.
mâchonner [mɑʃɔne] *vt* masticare.
mâcon [mɑkɔ̃] *nm* *vino della regione di Mâcon*.
maçon [masɔ̃] *nm* (*constructeur*) muratore *m*; (*franc-maçon*) massone *m*.
maçonner [masɔne] *vt* rivestire (di muratura); (*boucher*) murare.
maçonnerie [masɔnʀi] *nf* edilizia; (*murs*) muratura; (*franc-maçonnerie*) massoneria.
maçonnique [masɔnik] *adj* massonico(-a).
macramé [makʀame] *nm* macramé *m inv*.
macrobiotique [makʀɔbjɔtik] *adj* macrobiotico(-a).
macrocosme [makʀɔkɔsm] *nm* macrocosmo.
macro-économie [makʀoekɔnɔmi] *nf* macroeconomia.
macrophotographie [makʀofɔtɔgʀafi] *nf* macrofotografia.
macroscopique [makʀɔskɔpik] *adj* macroscopico(-a).
maculer [makyle] *vt* macchiare; (*TYPO*) macchiare d'inchiostro.
Madagascar [madagaskaʀ] *nf* Madagascar *m*.
Madame [madam] (*pl* **Mesdames**) *nf* signora; ~ **Dupont** la signora Dupont; **occupez-vous de** ~ si occupi della signora; **bonjour** ~ buongiorno (signora); ~ (*sur lettre*) Gentile Signora; **chère** ~ cara signora; (*sur lettre*) Gentile Signora; **m~ la Directrice** la (signora) Direttrice; **Mesdames** (le) signore.
Madeleine [madlɛn] : **îles de la** ~ *nfpl* isole *fpl* Magdalen.
madeleine [madlɛn] *nf* (*gâteau*) maddalena.
Mademoiselle [madmwazɛl] (*pl* **Mesdemoiselles**) *nf* signorina; ~ **Dupont** la signorina Dupont; **occupez-vous de** ~ si occupi della signorina; **bonjour** ~ buongiorno (signorina); ~ (*sur lettre*) Gentile Signorina; **chère** ~ cara signorina; (*sur lettre*) Gentile Signorina; **Mesdemoiselles** (le) signorine.
madère [madɛʀ] *nm* (*vin*) madera *m inv*.
madone [madɔn] *nf* madonna.
madré, e [mɑdʀe] *adj* furbo(-a), astuto(-a).

Madrid [madʀid] *n* Madrid *f*.
madrier [madʀije] *nm* tavolone *m*.
madrigal, -aux [madʀigal, o] *nm* madrigale *m*.
madrilène [madʀilɛn] *adj* madrileno(-a) ♦ *nm/f*: **M~** madrileno(-a).
maestria [maɛstʀija] *nf* maestria.
maestro [maɛstʀo] *nm* (*MUS*) maestro.
maf(f)ia [mafja] *nf* mafia.
magasin [magazɛ̃] *nm* (*boutique*) negozio; (*entrepôt*) magazzino; (*d'une arme*) serbatoio; (*PHOTO*) magazzino, caricatore *m*; **en** ~ (*COMM*) in magazzino; **faire les ~s** andare per negozi; ▶ **magasin d'alimentation** negozio di generi alimentari.
magasinier [magazinje] *nm* magazziniere *m*.
magazine [magazin] *nm* (*revue*) rivista; (*radiodiffusé, télévisé*) rubrica.
mage [maʒ] *nm*: **les Rois M~s** i Re Magi.
Maghreb [magʀɛb] *nm* Magreb *m*.
maghrébin, e [magʀebɛ̃, in] *adj* magrebino(-a) ♦ *nm/f*: **M~, e** magrebino(-a).
magicien, ne [maʒisjɛ̃, jɛn] *nm/f* mago(-a).
magie [maʒi] *nf* magia; ▶ **magie noire** magia nera.
magique [maʒik] *adj* magico(-a).
magistral, -aux [maʒistʀal, o] *adj* magistrale; (*ton*) severo(-a), autoritario(-a); (*fam: gifle etc*) sonoro(-a); **enseignement/cours** ~ insegnamento/corso cattedratico.
magistralement [maʒistʀalmɑ̃] *adv* magistralmente.
magistrat [maʒistʀa] *nm* magistrato.
magistrature [maʒistʀatyʀ] *nf* magistratura; ▶ **magistrature assise/debout** magistratura giudicante/inquirente.
magma [magma] *nm* magma *m*.
magnanerie [maɲanʀi] *nf* bigattiera.
magnanime [maɲanim] *adj* magnanimo (-a).
magnanimité [maɲanimite] *nf* magnanimità.
magnat [magna] *nm* magnate *m*; ~ **de la presse** magnate della stampa.
magner [maɲe]: **se** ~ (*fam*) *vr* sbrigarsi.
magnésie [maɲezi] *nf* magnesia.
magnésium [maɲezjɔm] *nm* magnesio.
magnétique [maɲetik] *adj* magnetico(-a).
magnétiser [maɲetize] *vt* magnetizzare.
magnétiseur, -euse [maɲetizœʀ, øz] *nm/f* magnetizzatore(-trice), ipnotizzatore (-trice).
magnétisme [maɲetism] *nm* magnetismo.
magnéto [maɲeto] *nf* magnete *m* ♦ *abr* = **magnétophone**.
magnétocassette [maɲetokasɛt] *nm* registratore *m* a cassette.
magnétophone [maɲetɔfɔn] *nm* registratore *m*; ▶ **magnétophone à cassettes** registratore *m* a cassette.
magnétoscope [maɲetɔskɔp] *nm* videoregistratore *m*.
magnificence [maɲifisɑ̃s] *nf* (*faste*) magnificenza; (*générosité, prodigalité*) munificenza.
magnifier [maɲifje] *vt* magnificare.
magnifique [maɲifik] *adj* magnifico(-a).
magnifiquement [maɲifikmɑ̃] *adv* magnificamente.
magnolia [maɲɔlja] *nm* magnolia.
magnum [magnɔm] *nm* magnum *m inv*.
magot [mago] *nm* gruzzolo.
magouille [maguj] (*fam*) *nf* intrallazzo.
mahométan, e [maɔmetɑ̃, an] *adj* maomettano(-a).
mai [mɛ] *nm* maggio; *voir aussi* **juillet**.
maigre [mɛgʀ] *adj* magro(-a); (*fig: végétation*) scarso(-a) ♦ *adv*: **faire** ~ mangiare di magro; **jours ~s** giorni *mpl* di magro.
maigrelet, te [mɛgʀəlɛ, ɛt] *adj* magrolino(-a), mingherlino(-a).
maigreur [mɛgʀœʀ] *nf* magrezza; (*de végétation*) scarsezza.
maigrichon, ne [megʀiʃɔ̃, ɔn] *adj* magrolino(-a), mingherlino(-a).
maigrir [megʀiʀ] *vi* dimagrire ♦ *vt* (*suj: vêtement*): ~ **qn** far sembrare più magro(-a) qn.
mailing [meliŋ] *nm* mailing *m*.
maille [mɑj] *nf* maglia; **avoir** ~ **à partir avec qn** avere a che dire con qn; ▶ **maille à l'endroit/l'envers** maglia diritta/rovescia.
maillechort [majʃɔʀ] *nm* argentone *m*, argentana.
maillet [majɛ] *nm* mazzuolo, maglio; (*de croquet*) mazza.
maillon [mɑjɔ̃] *nm* (*d'une chaîne*) anello, maglia.
maillot [majo] *nm* maglia, maglietta; (*de danseur*) calzamaglia; (*de sportif*) maglia; (*lange de bébé*) fasce *fpl*; ▶ **maillot (de bain)** costume *m* da bagno; ▶ **maillot de corps** canottiera; (*avec manches*) maglietta; ▶ **maillot deux pièces** costume *m* due pezzi; ▶ **maillot jaune** (*CYCLISME*) maglia gialla; ▶ **maillot une pièce** costume *m* intero.
main [mɛ̃] *nf* (*ANAT*) mano *f*; (*de papier*) blocco di 25 fogli; **la ~ dans la ~** mano nella mano; **à une** ~ con una mano; **à deux ~s** con due mani; **à la** ~ (*tenir, avoir*) in mano; (*faire, tricoter etc*) a mano; **se donner la** ~ darsi la mano; **donner** *ou* **tendre la ~ à qn** dare *ou* tendere la mano a qn; **se serrer la** ~ stringersi la mano; **serrer la ~ à qn** stringere la mano a qn; **demander la ~ d'une femme** chiedere la mano di una donna; **sous la** ~ sotto mano; **haut les ~s** mani in alto; **à ~ levée**

(*ART*) a mano libera; **à ~s levées** (*voter*) per alzata di mano; **attaque à ~ armée** aggressione *f* a mano armata; **à ~ droite/gauche** a destra/sinistra; **de première ~** (*renseignement, voiture*) di prima mano; **de ~ de maître** con maestria; **à remettre en ~s propres** da consegnare direttamente al destinatario; **faire ~ basse sur qch** fare man bassa di qc; **mettre la dernière ~ à qch** dare gli ultimi ritocchi a qc; **mettre la ~ à la pâte** (*fig*) occuparsi personalmente di qc; **avoir qch/qn bien en ~** tenere qc/qn in pugno; **prendre qch en ~** (*fig*) prendere in mano qc; **avoir la ~** (*CARTES*) essere di mano; **céder/passer la ~** (*CARTES*) cedere/passare la mano; **forcer la ~ à qn** forzare la mano a qn; **s'en laver les ~s** (*fig*) lavarsene le mani; **se faire/perdre la ~** farsi/perdere la mano; **en un tour de ~** (*fig*) in un batter d'occhio; ▸ **main courante** mancorrente *m*, corrimano.

mainate [menat] *nm* (*ZOOL*) gracula.

main-d'œuvre [mẽdœvʀ] (*pl* **~s-~**) *nf* manodopera.

main-forte [mẽfɔʀt] *nf*: **prêter ~-~ à qn** dare manforte *f* a qn.

mainmise [mẽmiz] *nf* dominio; **avoir la ~ sur** (*fig*) avere il dominio di.

maint, e [mẽ, mẽt] *adj* molto(-a), parecchio(-a); **à ~es reprises** a più riprese.

maintenance [mẽt(ə)nɑ̃s] *nf* (*TECH*) manutenzione *f*; (*MIL*) mantenimento in forza.

maintenant [mẽt(ə)nɑ̃] *adv* ora, adesso; **~ que** ora *ou* adesso che.

maintenir [mẽt(ə)niʀ] *vt* (*retenir, soutenir*) sostenere, reggere; (*entretenir, garder, tenir*) mantenere; (*contenir*: *foule*) trattenere; (*conserver*) confermare, mantenere; (*affirmer*: *opinion*) sostenere; **se maintenir** *vr* mantenersi; (*préjugé*) durare; **le malade se maintient** le condizioni del malato sono stazionarie.

maintien [mẽtjẽ] *nm* mantenimento; (*attitude*) contegno; **~ de l'ordre** mantenimento dell'ordine.

maintiendrai [mẽtjẽdʀe] *vb voir* **maintenir**.

maintiens [mẽtjẽ] *vb voir* **maintenir**.

maire [mɛʀ] *nm* sindaco.

mairie [meʀi] *nf* (*endroit*) municipio, comune *m*; (*administration*) amministrazione *f* comunale.

mais [mɛ] *conj* ma; **~ non!** ma no!; **~ enfin** in fondo, dopo tutto; (*indignation*) ma insomma!; **~ encore?** e allora?

maïs [mais] *nm* gran(o)turco, mais *m*.

maison [mɛzɔ̃] *nf* casa; (*COMM*) casa, ditta; (*famille*): **ami de la ~** amico di famiglia ♦ *adj inv*: **tarte ~** crostata fatta in casa *ou* casereccia; (*dans un restaurant*) crostata della casa; (*fig*: *genre, esprit*) casalingo(-a); (*fam*) con i fiocchi; **à la ~** a casa; **fils de la ~** figlio; ▸ **maison centrale** carcere *m*; ▸ **maison close** casa chiusa; ▸ **maison d'arrêt** istituto di pena; ▸ **maison de campagne** casa di campagna; ▸ **maison de correction** riformatorio, casa di correzione; ▸ **maison de la culture** centro culturale; ▸ **maison de passe** casa di appuntamenti; ▸ **maison de repos** clinica per convalescenti; ▸ **maison de retraite** casa di riposo, ospizio; ▸ **maison de santé** casa di cura; ▸ **maison des jeunes** centro ricreativo per i giovani; ▸ **maison mère** casa madre.

Maison-Blanche [mɛzɔ̃blɑ̃ʃ] *nf*: **la ~-~** la Casa Bianca.

maisonnée [mɛzɔne] *nf* famiglia.

maisonnette [mɛzɔnɛt] *nf* casetta.

maître, maîtresse [mɛtʀ, mɛtʀɛs] *nm/f* padrone(-a); (*SCOL*) maestro(-a) ♦ *nm* (*peintre etc*) maestro; (*titre*: *JUR*): **M~** (*avocat*) (l')avvocato; (*notaire*) (il) notaio ♦ *adj* (*principal, essentiel*) principale; **être ~ de** (*soi-même*) essere padrone di; **être/rester ~ de la situation** avere/mantenere il controllo della situazione; **se rendre ~ de** (*pays, ville*) impadronirsi di; (*situation*) assumere il controllo di; (*incendie*) domare; **passer ~ dans l'art de** diventar maestro nell'arte di; **une ~sse femme** una donna energica; **être ~ à une couleur** *avere la carta più alta di un dato seme*; **maison de ~** casa signorile; **voiture de ~** automobile *m* con autista; ▸ **maître à penser** guida intellettuale, maître à penser *m inv*; ▸ **maître auxiliaire** (*SCOL*) supplente *m/f*; ▸ **maître chanteur** ricattatore(-trice); ▸ **maître d'armes** maestro d'armi; ▸ **maître d'école** maestro(-a) di scuola elementare; ▸ **maître d'hôtel** (*domestique*) maggiordomo; (*d'hôtel*) maître d'hotel *m inv*; ▸ **maître d'œuvre** (*CONSTR*) direttore *m* dei lavori; ▸ **maître d'ouvrage** (*CONSTR*) committente *m*, ente *m* appaltante; ▸ **maître de chapelle** maestro di cappella; ▸ **maître de conférences** (*UNIV*) *docente non titolare di cattedra*, ≈ professore(-essa) associato(-a); ▸ **maître de maison** padrone di casa; ▸ **maître nageur** bagnino; ▸ **maître queux** capocuoco (*sulle navi*).

maître-assistant, e [mɛtʀasistɑ̃, ɑ̃t] (*pl* **~s-~s, -es**) *nm/f docente non titolare di cattedra*, ≈ ricercatore(-trice).

maître-autel [mɛtʀotɛl] (*pl* **~s-~s**) *nm* altare *m* maggiore.

maîtresse [mɛtʀɛs] *nf* amante *f*; ▸ **maîtresse d'école** maestra di scuola *ou* elementare; ▸ **maîtresse de maison**

(*hôtesse*) padrona di casa; (*ménagère*) casalinga.
maîtrise [metʀiz] *nf* (*aussi*: **~ de soi**) autocontrollo; (*habileté*) maestria, perizia; (*suprématie, domination*) dominio; (*diplôme*) ≈ laurea; (*contremaîtres et chefs d'équipe*) capireparto *mpl* e capisquadra *mpl*.
maîtriser [metʀize] *vt* (*cheval, incendie*) domare; (*forcené*) bloccare; (*sujet*) padroneggiare; (*émotion*) dominare; **se maîtriser** *vr* dominarsi, controllarsi.
majesté [maʒɛste] *nf* maestà *f inv*; **Sa/Votre M~** Sua/Vostra Maestà *f inv*.
majestueusement [maʒɛstɥøzmɑ̃] *adv* maestosamente.
majestueux, -euse [maʒɛstɥø, øz] *adj* maestoso(-a).
majeur, e [maʒœʀ] *adj* maggiore; (*JUR, fig*) maggiorenne ♦ *nm/f* (*JUR*) maggiorenne *m/f* ♦ *nm* (*doigt*) medio; **en ~e partie** per la maggior parte; **la ~e partie de** la maggior parte di; **lac M~** lago Maggiore.
major [maʒɔʀ] *nm* (*MIL*) maggiore *m*; **~ de la promotion** (*SCOL*) primo della graduatoria.
majoration [maʒɔʀasjɔ̃] *nf* aumento, maggiorazione *f*.
majordome [maʒɔʀdɔm] *nm* maggiordomo.
majorer [maʒɔʀe] *vt* maggiorare.
majorette [maʒɔʀɛt] *nf* majorette *f inv*.
majoritaire [maʒɔʀitɛʀ] *adj* (*groupe, parti*) di maggioranza, maggioritario(-a); (*JUR*: *associé, gérant*) maggioritario(-a); **système/scrutin ~** sistema *m*/scrutinio maggioritario.
majorité [maʒɔʀite] *nf* (*JUR*) maggiore età *f inv*; (*des voix etc, parti*) maggioranza; (*généralité*) maggior parte *f*; **en ~** in maggioranza; **avoir la ~** avere la maggioranza; **la ~ silencieuse** la maggioranza silenziosa; ▸ **majorité absolue** maggioranza assoluta; ▸ **majorité civile/pénale** maggiore età civile/penale; ▸ **majorité électorale** età minima per votare; ▸ **majorité relative** maggioranza relativa.
Majorque [maʒɔʀk] *nf* Maiorca.
majorquin, e [maʒɔʀkɛ̃, in] *adj* di Maiorca ♦ *nm/f*: **M~, e** abitante *m/f* di Maiorca.
majuscule [maʒyskyl] *adj, nf*: **(lettre) ~** (lettera) maiuscola.
mal, maux [mal, mo] *nm* male *m*; (*difficulté, peine*) difficoltà *f inv* ♦ *adv* male ♦ *adj m*: **c'est ~ (de faire)** è male (fare); **être ~** (*mal installé*) stare scomodo(-a); **se sentir/se trouver ~** sentirsi/star male; **être ~ avec qn** essere in urto con qc; **il comprend ~** ha difficoltà di comprensione; **il a ~ compris** ha capito male; **~ tourner** (*situation*) finire *ou* andare male; (*personne*) prendere una brutta piega; **dire du ~ de qn** parlar male di qn; **ne vouloir de ~ à personne** non voler male a nessuno; **il n'a rien fait de ~** non ha fatto nulla di male; **penser du ~ de qn** pensare male di qn; **ne voir aucun ~ à** non veder(ci) nulla di male nel; **avoir du ~ à faire qch** stentare *ou* far fatica a fare qc; **sans penser** *ou* **songer à ~** senza pensare male; **craignant ~ faire** temendo di far male; **faire du ~ à qn** fare (del) male a qn; **il n'y a pas de ~** non è niente; **se donner du ~ pour faire qch** darsi da fare per fare qc; **se faire ~** farsi male; **se faire ~ au pied** farsi male a un piede; **ça fait ~** fa male; **j'ai ~ (ici)** mi fa male (qui); **j'ai ~ au dos** ho mal di schiena; **avoir ~ à la tête/aux dents** avere mal di testa/di denti; **avoir ~ au cœur** avere la nausea; **avoir le ~ de l'air** avere il mal d'aria; **avoir le ~ du pays** avere nostalgia della propria terra; **prendre ~** prendersi un malanno; ▸ **mal de la route** mal d'auto; ▸ **mal de mer** mal di mare; ▸ **mal en point** *adj inv* mal ridotto(-a); ▸ **maux de ventre** disturbi *mpl* intestinali.
Malabar [malabaʀ] *nm* Malabar *m*; **la côte de ~** la costa del Malabar.
malabar [malabaʀ] *nm* pezzo d'uomo.
malade [malad] *adj* malato(-a) ♦ *nm/f* malato(-a), ammalato(-a); **tomber ~** ammalarsi; **être ~ du cœur** essere malato (-a) di cuore; **~ mental** malato mentale; **grand ~** malato grave.
maladie [maladi] *nf* malattia; (*fig*) mania; **être rongé par la ~** essere divorato dalla malattia; ▸ **maladie bleue** morbo blu; ▸ **maladie de peau** malattia della pelle.
maladif, -ive [maladif, iv] *adj* malaticcio (-a); (*pâleur*) cadaverico(-a); (*curiosité, besoin, peur*) morboso(-a).
maladresse [maladʀɛs] *nf* goffaggine *f*; (*gaffe*) gaffe *f inv*.
maladroit, e [maladʀwa, wat] *adj* maldestro(-a); (*malavisé, balourd*) inopportuno(-a).
maladroitement [maladʀwatmɑ̃] *adv* maldestramente, in modo maldestro.
mal-aimé, e [maleme] (*pl* **~-~s, -es**) *nm/f* *persona malvista*.
malais, e [malɛ, ɛz] *adj* malese ♦ *nm* (*LING*) malese *m* ♦ *nm/f*: **M~, e** malese *m/f*.
malaise [malɛz] *nm* (*aussi fig*) malessere *m*; **avoir un ~** accusare un malessere.
malaisé, e [maleze] *adj* disagevole.
Malaisie [malɛzi] *nf* Malesia; **la péninsule de ~** la penisola di Malacca.
malappris, e [malapʀi, iz] *nm/f* maleducato(-a), screanzato(-a).
malaria [malaʀja] *nf* malaria.

malavisé, e [malavize] *adj* malaccorto(-a), incauto(-a).
Malawi [malawi] *nm* Malawi *m*.
malaxer [malakse] *vt* (*pétrir*) impastare; (*mêler*) mescolare.
malaxeur [malaksœʀ] *nm* (*TECH*) impastatrice *f*.
Malaysia [malɛzja] *nf* Malaysia.
malchance [malʃɑ̃s] *nf* sfortuna; (*mésaventure*) disavventura; **par** ~ per disgrazia, sfortunatamente; **quelle** ~! che sfortuna!
malchanceux, -euse [malʃɑ̃sø, øz] *adj* sfortunato(-a).
malcommode [malkɔmɔd] *adj* scomodo (-a).
Maldives [maldiv] *nfpl*: **les** ~ la Maldive.
maldonne [maldɔn] *nf* (*CARTES*) errata distribuzione *f* delle carte; **il y a** ~ (*fig*) c'è un equivoco *ou* malinteso.
mâle [mɑl] *nm* (*aussi TECH*) maschio ♦ *adj* maschio(-a); **prise** ~ (*ÉLEC*) spina.
malédiction [malediksjɔ̃] *nf* maledizione *f*.
maléfice [malefis] *nm* maleficio.
maléfique [malefik] *adj* malefico(-a).
malencontreusement [malɑ̃kɔ̃tʀøzmɑ̃] *adv* malauguratamente.
malencontreux, -euse [malɑ̃kɔ̃tʀø, øz] *adj* malaugurato(-a).
mal-en-point [malɑ̃pwɑ̃] *adj inv* malridotto(-a), malconcio(-a).
malentendant, e [malɑ̃tɑ̃dɑ̃, ɑ̃t] *nm/f*: **les ~s** i non udenti.
malentendu [malɑ̃tɑ̃dy] *nm* malinteso.
malfaçon [malfasɔ̃] *nf* difetto di fabbricazione.
malfaisant, e [malfəzɑ̃, ɑ̃t] *adj* malefico (-a), malvagio(-a).
malfaiteur [malfɛtœʀ] *nm* malfattore *m*.
malfamé, e [malfame] *adj* malfamato(-a).
malformation [malfɔʀmasjɔ̃] *nf* malformazione *f*.
malfrat [malfʀa] *nm* malvivente *m*.
malgache [malgaʃ] *adj* malgascio(-a) ♦ *nm* malgascio ♦ *nm/f*: **M~** malgascio(-a).
malgré [malgʀe] *prép* malgrado, nonostante; ~ **soi/lui** suo malgrado; ~ **tout** malgrado *ou* nonostante tutto.
malhabile [malabil] *adj* maldestro(-a).
malheur [malœʀ] *nm* sfortuna; (*événement*) sventura, disgrazia; **par** ~ sfortunatamente, disgraziatamente; **quel** ~! che sfortuna!; (*ennui, inconvénient*) che guaio!; **faire un** ~ (*fam*: *un éclat*) fare una pazzia; (: *avoir du succès*) far furore.
malheureusement [maløʀøzmɑ̃] *adv* sfortunatamente, disgraziatamente.
malheureux, -euse [maløʀø, øz] *adj* infelice; (*accident, geste*) spiacevole, deplorevole; (*adversaire, candidat*) sfortunato (-a); (*insignifiant*) misero(-a) ♦ *nm/f* infelice *m/f*, sventurato(-a); (*indigent, miséreux*) bisognoso(-a); **la malheureuse femme/victime** la povera donna/vittima; **avoir la main malheureuse** (*au jeu*) aver la mano poco felice; (*tout casser*) avere le mani di burro; **les** ~ gli infelici, i bisognosi.
malhonnête [malɔnɛt] *adj* disonesto(-a).
malhonnêtement [malɔnɛtmɑ̃] *adv* disonestamente.
malhonnêteté [malɔnɛtte] *nf* disonestà.
Mali [mali] *nm* Mali *m*.
malice [malis] *nf* malizia; **par** ~ con malizia.
malicieusement [malisjøzmɑ̃] *adv* maliziosamente.
malicieux, -euse [malisjø, jøz] *adj* malizioso(-a).
malien, ne [maljɛ̃, ɛn] *adj* del Mali ♦ *nm/f*: **M~, ne** abitante *m/f* del Mali.
malignité [maliɲite] *nf* malignità *f inv*.
malin, -igne [malɛ̃, maliɲ] *adj* (*f gén* **maline**) (*astucieux, intelligent*) astuto(-a), furbo(-a); (*malicieux*: *sourire*) malizioso (-a); (*MÉD*) maligno(-a); **faire le** ~ fare il furbo; **éprouver un** ~ **plaisir à** trovare un piacere maligno a; **c'est** ~! (*iron*) che furbo!
malingre [malɛ̃gʀ] *adj* mingherlino(-a), gracile.
malintentionné, e [malɛ̃tɑ̃sjɔne] *adj* malintenzionato(-a).
malle [mal] *nf* (*coffre, bagage*) baule *m*; (*AUTO*): ~ **arrière** bagagliaio *ou* baule posteriore.
malléable [maleabl] *adj* (*aussi fig*) malleabile.
malle-poste [malpɔst] (*pl* ~**s**-~) *nf* diligenza postale.
mallette [malɛt] *nf* (*valise, pour document*) valigetta; (*coffret*) cofanetto; ▶ **mallette de voyage** valigetta da viaggio.
malmener [malməne] *vt* malmenare, maltrattare; (*fig*: *adversaire*) stracciare.
malnutrition [malnytʀisjɔ̃] *nf* malnutrizione *f*.
malodorant, e [malɔdɔʀɑ̃, ɑ̃t] *adj* maleodorante.
malotru, e [malɔtʀy] *nm/f* burino(-a), cafone(-a).
malouin, e [malwɛ̃, in] *adj* di Saint-Malo ♦ *nm/f* abitante *m/f* di Saint-Malo.
Malouines [malwin] *nfpl*: **les** ~ le Falkand, le Malvine.
malpoli, e [malpɔli] *nm/f* maleducato(-a).
malpropre [malpʀɔpʀ] *adj* (*personne, vêtement*) sudicio(-a), sporco(-a); (*travail*) mal fatto(-a); (*histoire, conduite*) indecente; (*malhonnête*: *personne*) indegno(-a).
malpropreté [malpʀɔpʀəte] *nf* sporcizia, sudiciume *m*.
malsain, e [malsɛ̃, ɛn] *adj* malsano(-a); (*lit-*

térature) immorale.
malséant, e [malseɑ̃, ɑ̃t] *adj* sconveniente.
malsonnant, e [malsɔnɑ̃, ɑ̃t] *adj* sconveniente.
malt [malt] *nm* (*BOT*) malto; **pur ~** (*whisky*) whisky *m inv* puro malto.
maltais, e [maltɛ, ɛz] *adj* maltese ♦ *nm/f*: **M~, e** maltese *m/f*.
Malte [malt] *nf* Malta.
malté, e [malte] *adj* con malto.
maltraiter [maltʀete] *vt* maltrattare; (*critiquer, éreinter*) tartassare.
malus [malys] *nm* (*ASSURANCES*) malus *m inv*.
malveillance [malvɛjɑ̃s] *nf* (*hostilité, animosité, intention de nuire*) malevolenza, malanimo; (*JUR*) dolo.
malveillant, e [malvɛjɑ̃, ɑ̃t] *adj* malevolo(-a), animoso(-a).
malvenu, e [malvəny] *adj*: **être ~ de/à faire qch** non avere il diritto di fare qc.
malversation [malvɛʀsasjɔ̃] *nf* malversazione *f*.
maman [mamɑ̃] *nf* mamma.
mamelle [mamɛl] *nf* mammella.
mamelon [mam(ə)lɔ̃] *nm* (*ANAT*) capezzolo; (*petite colline*) mammellone *m*.
mamie [mami] (*fam*) *nf* nonna; (*mon amie*) amica mia.
mammifère [mamifɛʀ] *nm* mammifero.
mammouth [mamut] *nm* mammut *m inv*.
manager [manadʒɛʀ] *nm* (*aussi SPORT*) manager *m inv*; **~ commercial** direttore *m* commerciale.
manceau, mancelle [mɑ̃so, ɛl] *adj* di Le Mans ♦ *nm/f*: **M~, Mancelle** abitante *m/f* di Le Mans.
manche [mɑ̃ʃ] *nf* (*d'un vêtement*) manica; (*d'un jeu, tournoi*) manche *f inv*;: **la M~** la Manica ♦ *nm* (*d'un outil, d'une casserole*) manico; (*fam*: *maladroit*) imbranato(-a); **faire la ~** (*chanteur des rues etc*) fare il giro col cappello; (*mendier*) chiedere l'elemosina; ▶ **manche à air** *nf* (*AVIAT*) manica a vento; ▶ **manche à balai** *nm* manico di scopa; (*AVIAT*) cloche *f inv*; (*INFORM*) joystick *m inv*, manetta.
manchette [mɑ̃ʃɛt] *nf* (*de chemise*) polsino; (*coup*) colpo inferto con l'avambraccio; (*titre large*) titolone *m* (*in prima pagina*); **faire la ~ des journaux** finire in prima pagina.
manchon [mɑ̃ʃɔ̃] *nm* (*de fourrure*) manicotto; ▶ **manchon (à incandescence)** reticella.
manchot, e [mɑ̃ʃo, ɔt] *adj* monco(-a) ♦ *nm* (*ZOOL*) pinguino.
mandarine [mɑ̃daʀin] *nf* mandarino.
mandat [mɑ̃da] *nm* (*postal*) vaglia *m inv*; (*d'un député, président, procuration, POLICE*) mandato; **toucher un ~** riscuotere un vaglia; ▶ **mandat d'amener** mandato di accompagnamento; ▶ **mandat d'arrêt** mandato di arresto; ▶ **mandat de dépôt** mandato di carcerazione; ▶ **mandat de perquisition** mandato di perquisizione *f*.
mandataire [mɑ̃datɛʀ] *nm/f* (*représentant, délégué*) rappresentante *m/f*; (*JUR*) mandatario(-a).
mandat-carte [mɑ̃dakaʀt] (*pl* **~s-~s**) *nm* cartolina *f* vaglia *inv* (*con spazio per corrispondenza*).
mandater [mɑ̃date] *vt* (*personne*) conferire un mandato a, incaricare; (*POL*: *député*) eleggere, delegare.
mandat-lettre [mɑ̃dalɛtʀ] (*pl* **~s-~s**) *nm* vaglia *m inv* ordinario.
mandat-poste [mɑ̃dapɔst] (*pl* **~s-~s**) *nm* vaglia *m inv* (postale).
mandchou, e [mɑ̃tʃu] *adj* manciù, manciuriano(-a) ♦ *nm* (*LING*) manciù *m*, manciuriano ♦ *nm/f*: **M~, e** manciù *m/f*, manciuriano(-a).
Mandchourie [mɑ̃tʃuʀi] *nf* Manciuria.
mander [mɑ̃de] *vt* chiamare.
mandibule [mɑ̃dibyl] *nf* mandibola.
mandoline [mɑ̃dɔlin] *nf* mandolino.
manège [manɛʒ] *nm* maneggio; (*à la foire*) giostra; (*fig*) maneggi *mpl*; **faire un tour de ~** fare un giro in giostra; ▶ **manège de chevaux de bois** giostra.
manette [manɛt] *nf* manetta, leva; ▶ **manette de jeu** (*INFORM*) joystick *m inv*, manetta.
manganèse [mɑ̃ganɛz] *nm* manganese *m*.
mangeable [mɑ̃ʒabl] *adj* mangiabile.
mangeaille [mɑ̃ʒɑj] (*péj*) *nf* cibo scadente, sbobba; **ne penser qu'à la ~** pensare solo a rimpinzarsi.
mangeoire [mɑ̃ʒwaʀ] *nf* mangiatoia.
manger [mɑ̃ʒe] *vt* mangiare; (*fortune, capital*) mangiarsi ♦ *vi* mangiare.
mange-tout [mɑ̃ʒtu] *nm inv* (*BOT*) mangiatutto *m inv*; **haricot ~-~** fagiolo mangiatutto.
mangeur, -euse [mɑ̃ʒœʀ, øz] *nm/f* mangiatore(-trice).
mangouste [mɑ̃gust] *nf* mangusta.
mangue [mɑ̃g] *nf* mango.
maniabilité [manjabilite] *nf* manovrabilità.
maniable [manjabl] *adj* (*outil*) maneggevole; (*voiture, voilier*) manovrabile; (*fig*: *personne*) malleabile.
maniaque [manjak] *adj, nm/f* maniaco(-a).
manie [mani] *nf* mania.
maniement [manimɑ̃] *nm* maneggio, uso; ▶ **maniement d'armes** (*MIL*) maneggio delle armi.
manier [manje] *vt* (*argent, appareil*) maneggiare; (*idées, mots, sentiments*) destreggiarsi con; (*peuple, camion*) manovrare; **se manier** *vr* (*fam*) sbrigarsi, spicciarsi.

manière [manjɛʀ] *nf* maniera, modo; (*genre, style*) maniera, stile *m*; ~**s** *nfpl* (*genre, attitude*) modi *mpl*, maniere *fpl*; (*chichis*) smancerie *fpl*, smorfie *fpl*; **de ~ à** in modo da; **de telle ~ que** in modo (tale) che; **de cette ~** in questo modo; **d'une ~ générale** in linea generale; **de toute ~** ad ogni modo, comunque; **d'une certaine ~** in un certo senso; **manquer de ~s** mancare di educazione; **faire des ~s** (*chichis*) fare smorfie; (*se montrer difficile*) fare complimenti; **sans ~s** senza complimenti; **employer la ~ forte** usare la maniera forte; **complément/adverbe de ~** complemento/avverbio di modo *ou* maniera.

maniéré, e [manjeʀe] *adj* (*personne*) affettato(-a); (*ton, style*) manierato(-a).

manif [manif] *nf* manifestazione *f*.

manifestant, e [manifɛstɑ̃, ɑ̃t] *nm/f* manifestante *m/f*, dimostrante *m/f*.

manifestation [manifɛstasjɔ̃] *nf* manifestazione *f*.

manifeste [manifɛst] *adj* manifesto(-a), palese ♦ *nm* manifesto.

manifestement [manifɛstəmɑ̃] *adv* manifestamente, palesemente.

manifester [manifɛste] *vt* manifestare ♦ *vi* (*POL*) manifestare; **se manifester** *vr* manifestarsi; (*personne, témoin etc*) farsi vivo(-a).

manigance [manigɑ̃s] *nf* intrigo, intrallazzo.

manigancer [manigɑ̃se] *vt* combinare, ordire.

Manille [manij] *n* Manila.

manioc [manjɔk] *nm* manioca.

manipulateur, -trice [manipylatœʀ, tʀis] *nm/f* (*aussi péj*) manipolatore(-trice); (*prestidigitateur*) prestigiatore(-trice).

manipulation [manipylasjɔ̃] *nf* (*aussi MÉD*) manipolazione *f*; (*de colis*) movimentazione *f*; (*d'un groupe, individu*) strumentalizzazione *f*; ▸ **manipulations électorales** (*péj*) brogli *mpl* elettorali; ▸ **manipulation génétique** manipolazione genetica.

manipuler [manipyle] *vt* manipolare; (*colis*) maneggiare; (*fig*) strumentalizzare.

manivelle [manivɛl] *nf* manovella.

manne [man] *nf* (*REL, fig*) manna.

mannequin [mankɛ̃] *nm* manichino; (*MODE: femme*) indossatrice *f*; **taille ~** taglia regolare; **elle a la taille ~** ha un fisico da indossatrice.

manœuvrable [manœvʀabl] *adj* manovrabile.

manœuvre [manœvʀ] *nf* manovra ♦ *nm* manovale *m*; **fausse ~** manovra sbagliata.

manœuvrer [manœvʀe] *vt* manovrare ♦ *vi* manovrare, far manovra; (*agir adroitement, MIL*) manovrare.

manoir [manwaʀ] *nm* maniero.

manomètre [manɔmɛtʀ] *nm* manometro.

manquant, e [mɑ̃kɑ̃, ɑ̃t] *adj* mancante.

manque [mɑ̃k] *nm* mancanza; (*MÉD*) astinenza; **~s** *nmpl* (*lacunes*) lacune *fpl*; **par ~ de** per mancanza di; ▸ **manque à gagner** mancato guadagno.

manqué, e [mɑ̃ke] *adj* fallito(-a), mancato(-a); (*essai*) fallito(-a); **garçon ~** maschiaccio.

manquement [mɑ̃kmɑ̃] *nm* mancanza; **~ à la discipline** mancanza disciplinare.

manquer [mɑ̃ke] *vi* mancare; (*expérience*) fallire ♦ *vt* (*coup, objectif*) mancare, fallire; (*photo*) sbagliare; (*personne*) non trovare; (*cours, réunion, rendez-vous*) non andare a; (*occasion*) perdere ♦ *vb impers*: **il (nous) manque encore 100 F** (ci) mancano ancora 100 franchi; **il manque des pages** mancano delle pagine; **l'argent qui leur manque** i soldi che mancano loro; **la voix lui manqua** gli mancò la voce; **~ à qn** (*absent etc*) mancare a qn; **~ à** *vt* (*règles etc*) trasgredire; **~ de** *vt* (*argent, preuves*) non avere; (*COMM: d'un article*) essere senza; (*patience, imagination etc*) mancare di; **ne pas ~ qn** (*se venger*) farla pagare a qn; **ne pas ~ de faire** non mancare di fare; **il a manqué (de) se tuer** (ci) è mancato poco che si ammazzasse; **il ne manquerait plus que ...** ci mancherebbe solo che ...; **je n'y manquerai pas** non mancherò.

mansarde [mɑ̃saʀd] *nf* mansarda.

mansardé, e [mɑ̃saʀde] *adj*: **chambre ~e** camera mansardata.

mansuétude [mɑ̃sɥetyd] *nf* mansuetudine *f*.

mante [mɑ̃t] *nf*: **~ religieuse** mantide *f* religiosa.

manteau, x [mɑ̃to] *nm* cappotto; (*de cheminée*) cappa; **sous le ~** (*publié, vendu*) sotto banco, clandestinamente.

mantille [mɑ̃tij] *nf* mantiglia.

Mantoue [mɑ̃tu] *n* Mantova.

manucure [manykyʀ] *nm/f* manicure *m ou f inv*.

manuel, le [manɥɛl] *adj* manuale ♦ *nm/f* *persona più portata per le attività manuali* ♦ *nm* manuale *m*; **travailleur ~** lavoratore *m* manuale.

manuellement [manɥɛlmɑ̃] *adv* manualmente.

manufacture [manyfaktyʀ] *nf* manifattura.

manufacturé, e [manyfaktyʀe] *adj*: **produit/article ~** manufatto.

manufacturier, -ière [manyfaktyʀje, jɛʀ] *nm/f* fabbricante *m/f*.

manuscrit, e [manyskʀi, it] *adj* manoscritto(-a) ♦ *nm* manoscritto.

manutention [manytɑ̃sjɔ̃] *nf* (*COMM*) movimentazione *f*.

manutentionnaire [manytɑ̃sjɔnɛʀ] *nm/f* magazziniere(-a).

manutentionner [manytɑ̃sjɔne] *vt sottoporre a operazioni di trasporto interno.*

mappemonde [mapmɔ̃d] *nf* mappamondo.

maquereau, x [makʀo] *nm* (*entremetteur, proxénète*) ruffiano; (*souteneur*) protettore *m*; (*ZOOL*) sgombro.

maquerelle [makʀɛl] *nf* (*fam*) ruffiana; (*de maison close*) tenutaria (di casa chiusa).

maquette [makɛt] *nf* (*d'une sculpture*) bozzetto; (*TYPO*) menabò *m inv*; (*d'un décor, bâtiment*) plastico; (*véhicule*) modellino.

maquettiste [maketist] *nm/f* bozzettista *m/f*; ▸ **maquettiste publicitaire** grafico pubblicitario.

maquignon [makiɲɔ̃] *nm* commerciante *m* di cavalli; (*péj*) trafficone *m*.

maquillage [makijaʒ] *nm* trucco; (*fraude*) falsificazione *f*.

maquiller [makije] *vt* (*aussi statistique etc*) truccare; (*passeport*) falsificare; (*vérité*) snaturare; (*THÉÂTRE, CINÉ etc*) truccare; **se maquiller** *vr* truccarsi; ~ **une voiture** cambiare la carrozzeria di una macchina rubata.

maquilleur, -euse [makijœʀ, -øz] *nm/f* truccatore(-trice).

maquis [maki] *nm* (*GÉO*) macchia; (*fig*) ginepraio, intrico; (*MIL*) ≈ Resistenza.

maquisard, e [makizaʀ, ard] *nm/f* ≈ partigiano(-a).

marabout [maʀabu] *nm* marabù *m inv*.

maraîchage [maʀɛʃaʒ] *nm* orticultura.

maraîcher, -ère [maʀeʃe, ɛʀ] *adj* orticolo(-a) ♦ *nm/f* orticoltore(-trice).

marais [maʀɛ] *nm* palude *f*; ▸ **marais salant** salina.

marasme [maʀasm] *nm* (*ÉCON, POL*) ristagno; (*accablement, apathie*) abbattimento, depressione *f*.

marathon [maʀatɔ̃] *nm* maratona.

marâtre [maʀɑtʀ] *nf* matrigna.

maraude [maʀod] *nf* (*vol*) razzia, furto (*di frutta, verdura o animali da cortile*); (*vagabondage*) vagabondaggio; **être en** ~ vagabondare; (*taxi*) in cerca di clienti.

maraudeur, -euse [maʀodœʀ, øz] *nm/f* ladruncolo(-a).

marbre [maʀbʀ] *nm* marmo; (*TYPO*) bancone *m*; **rester de** ~ rimanere di sasso.

marbrer [maʀbʀe] *vt* marmorizzare; (*peau*) chiazzare.

marbrerie [maʀbʀəʀi] *nf* laboratorio di marmi funebri.

marbrier [maʀbʀije] *nm* marmista *m*.

marbrière [maʀbʀijɛʀ] *nf* cava di marmo.

marbrures [maʀbʀyʀ] *nfpl* chiazze *fpl*.

marc [maʀ] *nm* (*de pommes*) *residuo dopo la spremitura*; (*eau de vie*) grappa; ▸ **marc de café** fondo di caffè; ▸ **marc de raisin** vinaccia.

marcassin [maʀkasɛ̃] *nm* cinghialetto.

marchand, e [maʀʃɑ̃, ɑ̃d] *nm/f* negoziante *m/f*, commerciante *m/f*; (*au marché*) (venditore(-trice)) ambulante *m/f* ♦ *adj*: **prix/valeur marchand(e)** prezzo/valore *m* commerciale; **qualité** ~**e** qualità corrente; **le** ~ **de sable a passé** è ora di andare a nanna; ▸ **marchand au détail** commerciante al dettaglio; ▸ **marchand de biens** agente *m* immobiliare; ▸ **marchand de canons** (*péj*) trafficante *m* d'armi; ▸ **marchand de charbon** venditore *m* di carbone; ▸ **marchand de couleurs** droghiere *m*; ▸ **marchand de cycles** negoziante di biciclette; ▸ **marchand de fruits** fruttivendolo(-a); ▸ **marchand de journaux** giornalaio(-a); ▸ **marchand de légumes** ortolano(-a); ▸ **marchand de poisson** pescivendolo(-a); ▸ **marchand de tableaux/tapis** venditore *m* di quadri/tappeti; ▸ **marchand de vins** vinaio, commerciante di vini; ▸ **marchand des quatre saisons** fruttivendolo; ▸ **marchand en gros** commerciante all'ingrosso.

marchandage [maʀʃɑ̃daʒ] *nm* mercanteggiare *m inv*.

marchander [maʀʃɑ̃de] *vt* contrattare (l'acquisto di), discutere sul prezzo di; (*éloges*) lesinare ♦ *vi* mercanteggiare.

marchandise [maʀʃɑ̃diz] *nf* merce *f*.

marchant, e [maʀʃɑ̃, ɑ̃t] *adj*: **aile** ~**e** (*d'un parti*) ala marciante.

marche [maʀʃ] *nf* (*d'escalier*) scalino, gradino; (*activité, MUS*) marcia; (*promenade*) camminata; (*allure, démarche*) andatura, passo; (*d'une horloge*) movimento; (*du temps*) scorrere *m inv*; (*progrès*) avanzata; (*d'une affaire*) andamento; (*fonctionnement, d'un service*) funzionamento; **à une heure de** ~ a un'ora di marcia *ou* cammino; **dans le sens de la** ~ (*RAIL*) nel senso di marcia; **monter/prendre en** ~ salire sul/prendere il treno in corsa; **mettre en** ~ mettere in moto, avviare; **remettre qch en** ~ rimettere qc in moto; **se mettre en** ~ (*personne*) mettersi in cammino *ou* marcia; (*machine*) mettersi in moto *ou* funzione; **faire** ~ **arrière** fare marcia indietro, fare retromarcia; ▸ **marche arrière** (*AUTO*) retromarcia; ▸ **marche à suivre** strada *ou* via da seguire; (*sur notice*) procedimento.

marché [maʀʃe] *nm* mercato; (*accord*) contratto; (*affaire*) affare *m*; **par dessus le** ~ per giunta, per di più; **faire son** ~ fare la spesa; **mettre le** ~ **en main à qn** dare l'aut aut a qn; **faire du ~ noir** comprare e vendere al mercato nero; ▸ **marché à terme/au comptant** (*BOURSE*) mercato a termine/a pronti; ▸ **marché aux fleurs** mercato dei fiori; ▸ **marché aux puces** mercato delle pulci; ▸ **Marché commun** Mercato Comune; ▸ **marché du travail** mercato del lavoro; ▸ **marché noir** mercato nero.

marchepied [maʀʃəpje] *nm* (*RAIL*) predellino; (*fig*) trampolino.

marcher [maʀʃe] *vi* camminare; (*MIL*) marciare; (*voiture, train*) andare; (*usine, mécanisme*) funzionare, andare; (*réussir: affaires, études*) andare bene; (*fam: consentir*) starci; (*: croire naïvement*) cascarci; **la farce a réussi, tout le monde a marché** lo scherzo è riuscito, ci sono cascati tutti; **~ sur** camminare su, calpestare; (*MIL: ville etc*) marciare su; **~ dans** (*herbe etc*) camminare su, calpestare; (*flaque*) mettere i piedi in; **faire ~ qn** (*pour rire*) prendere in giro qn; (*pour tromper*) darla a bere a qn.

marcheur, -euse [maʀʃœʀ, øz] *nm/f* camminatore(-trice).

marcotte [maʀkɔt] *nf* (*AGR*) margotta.

marcotter [maʀkɔte] *vt* margottare.

mardi [maʀdi] *nm* martedì *m inv*; ▸ **Mardi gras** Martedì grasso; *voir aussi* **lundi**.

mare [maʀ] *nf* stagno, laghetto; ▸ **mare de sang** lago di sangue.

marécage [maʀekaʒ] *nm* palude *f*.

marécageux, -euse [maʀekaʒø, øz] *adj* paludoso(-a), acquitrinoso(-a).

maréchal, -aux [maʀeʃal, o] *nm* maresciallo; ▸ **maréchal des logis** (*MIL*) sergente *m*.

maréchal-ferrant [maʀeʃalfɛʀɑ̃] (*pl* **maréchaux-ferrants**) *nm* maniscalco.

maréchaussée [maʀeʃose] *nf* (*hum: gendarmes*) gendarmi *mpl*.

marée [maʀe] *nf* marea; (*poissons*) pesce *m* fresco (di mare); **contre vents et ~s** (*fig*) superando ogni ostacolo; ▸ **marée basse** bassa marea; ▸ **marée d'équinoxe** marea equinoziale; ▸ **marée descendante** riflusso; ▸ **marée haute** alta marea; ▸ **marée humaine** marea umana; ▸ **marée montante** flusso; ▸ **marée noire** marea nera.

marelle [maʀɛl] *nf*: **(jouer à) la ~** (giocare a) campana *ou* settimana.

Maremme [maʀɛm] *nf* Maremma Toscana.

marémotrice [maʀemɔtʀis] *adj*: **usine/énergie ~** centrale *f*/energia mare(o)motrice.

mareyeur, -euse [maʀɛjœʀ, øz] *nm/f* grossista *m/f* di pesce fresco.

margarine [maʀgaʀin] *nf* margarina.

marge [maʀʒ] *nf* margine *m*; **en ~** a *ou* in margine; **en ~ de** (*fig: de la société, des affaires etc*) ai margini di; (*: qui se rapporte à*) in margine a; ▸ **marge bénéficiaire** (*COMM*) margine di utile; ▸ **marge d'erreur/de sécurité** margine d'errore/di sicurezza.

margelle [maʀʒɛl] *nf* puteale *m*.

margeur [maʀʒœʀ] *nm* marginatore *m*.

marginal, e, -aux [maʀʒinal, o] *adj* marginale; (*asocial*) emarginato(-a) ♦ *nm/f* emarginato(-a).

marguerite [maʀgəʀit] *nf* (*BOT*) margherita.

marguillier [maʀgije] *nm* sacrestano.

mari [maʀi] *nm* marito.

mariage [maʀjaʒ] *nm* matrimonio; (*fig*) accostamento; ▸ **mariage blanc** matrimonio non consumato; ▸ **mariage civil** matrimonio civile; ▸ **mariage d'amour/d'intérêt/de raison** matrimonio d'amore/d'interesse/di convenienza; ▸ **mariage religieux** matrimonio religioso.

marié, e [maʀje] *adj* sposato(-a) ♦ *nm/f* sposo(-a); **les ~s** gli sposi; **les (jeunes) ~s** gli sposini.

marier [maʀje] *vt* sposare; (*fig*) sposare, combinare; **se marier** *vr* sposarsi; **se ~ (avec)** sposarsi (con); (*fig*) sposarsi (con), combinarsi (con).

marijuana [maʀiʒwana] *nf* marijuana.

marin, e [maʀɛ̃, in] *adj* marino(-a); (*carte*) nautico(-a); (*lunette*) da marina ♦ *nm* (*navigateur*) navigatore *m*; (*matelot*) marinaio; **avoir le pied ~** avere il piede marino; (*fig*) non perdere la calma.

marina [maʀina] *nf* marina.

marinade [maʀinad] *nf* (*CULIN*) marinata.

marine [maʀin] *adj f voir* **marin** ♦ *nf* marina; (*couleur*) blu marino ♦ *adj inv* (*bleu*) marino(-a) ♦ *nm* (*MIL*) marine *m inv*; ▸ **marine à voiles** barche *fpl* a vela; ▸ **marine de guerre/marchande** marina militare/mercantile.

mariner [maʀine] *vt* (*poisson etc*) marinare ♦ *vi* essere in marinata; **faire ~ qn** (*fig: fam*) tenere qn sulla corda.

marinier [maʀinje] *nm* barcaiolo.

marinière [maʀinjɛʀ] *nf* blusa alla marinara ♦ *adj inv*: **moules ~** (*CULIN*) cozze *fpl* alla marinara.

marionnette [maʀjɔnɛt] *nf* (*aussi fig*) marionetta, burattino; **~s** *nfpl* (*spectacle*) spettacolo di marionette.

marital, e, -aux [maʀital, o] *adj* maritale.

maritalement [maʀitalmɑ̃] *adv*: **vivre ~** convivere.

maritime [maʀitim] *adj* marittimo(-a); (*NAUT: aviation*) navale.

marjolaine [maʀʒɔlɛn] *nf* maggiorana.

mark [maʀk] *nm* marco.
marketing [maʀketiŋ] *nm* marketing *m inv*.
marmaille [maʀmɑj] (*péj*) *nf* marmaglia.
marmelade [maʀməlad] *nf* marmellata; **en ~** (*fig*) in poltiglia; ▸ **marmelade d'oranges** marmellata d'arance.
marmite [maʀmit] *nf* pentolone *m*, marmitta.
marmiton [maʀmitɔ̃] *nm* sguattero.
marmonner [maʀmɔne] *vt* borbottare.
marmot [maʀmo] (*fam*) *nm* marmocchio.
marmotte [maʀmɔt] *nf* marmotta; (*fourrure*) (pelliccia di) marmotta.
marmotter [maʀmɔte] *vt* biascicare.
marne [maʀn] *nf* marna.
Maroc [maʀɔk] *nm* Marocco.
marocain, e [maʀɔkɛ̃, ɛn] *adj* marocchino(-a) ♦ *nm/f*: **M~, e** marocchino(-a).
maroquin [maʀɔkɛ̃] *nm* (*peau*) marocchino; (*fig*) portafoglio ministeriale.
maroquinerie [maʀɔkinʀi] *nf* pelletteria.
maroquinier [maʀɔkinje] *nm* pellettiere *m*.
marotte [maʀɔt] *nf* (*manie*) pallino, fissazione *f*.
marquage [maʀkaʒ] *nm* marcatura, marchiatura.
marquant, e [maʀkɑ̃, ɑ̃t] *adj* (*événement*) memorabile; (*personnage*) importante.
marque [maʀk] *nf* segno; (*initiales: sur linge, vêtement*) cifre *fpl*; (*trace: de pas, doigts*) traccia, impronta; (*fig: d'affection, de joie*) manifestazione *f*; (*SPORT, JEU*) punteggio; (*COMM: d'entreprise, cachet, contrôle*) marchio; (: *de produit, de disques*) marca; **à vos ~s!** (*SPORT*) ai posti di partenza!; **de ~** *adj* (*produit*) di marca; (*fig: personnage, hôte*) di riguardo; ▸ **marque de fabrique** marca *ou* marchio di fabbrica; ▸ **marque déposée** marchio depositato.
marqué, e [maʀke] *adj* (*taille*) accentuato(-a); (*linge, drap*) cifrato(-a); (*fig: différence etc*) netto(-a), marcato(-a); (: *personne: politiquement etc*) compromesso(-a); **il n'y a rien de ~** non c'è scritto niente.
marquer [maʀke] *vt* (*gén*) segnare; (*linge, drap*) cifrare; (*bétail*) marchiare; (*suj: chose, fig: personne: impressionner*) lasciare il segno su; (*SPORT: joueur*) marcare; (*accentuer: mesure, différence*) sottolineare; (*manifester: assentiment, refus*) esprimere; (: *intérêt*) dimostrare ♦ *vi* (*tampon, coup*) lasciare il segno; (*événement, personnalité*) fare epoca; (*SPORT*) marcare; **~ qch de/à/par** (*signaler, indiquer*) segnare *ou* marcare qc con/a; **~ qn de son influence/empreinte** influenzare profondamente qn; **~ un temps d'arrêt** segnare una battuta d'arresto; **~ le pas** (*fig*) segnare il passo; **un jour à ~ d'une pierre blanche** un giorno indimenticabile; **~ les points** segnare i punti.
marqueté, e [maʀkəte] *adj* intarsiato(-a).
marqueterie [maʀkɛtʀi] *nf* intarsio.
marqueur, -euse [maʀkœʀ, øz] *nm/f* (*SPORT*) marcatore(-trice), giocatore (-trice) che segna un goal ♦ *nm* pennarello.
marquis, e [maʀki, iz] *nm/f* marchese(-a) ♦ *nf* (*auvent: d'une gare*) pensilina; (*d'une maison*) tettoia (*sopra l'ingresso*).
Marquises [maʀkiz] *nfpl*: **les (îles) ~** le (isole) Marchesi.
marraine [maʀɛn] *nf* madrina.
Marrakech [maʀakɛʃ] *n* Marrakesh *f*.
marrant, e [maʀɑ̃, ɑ̃t] *adj* (*fam*) spassoso(-a), buffo(-a); **pas ~** (*personne, caractère*) triste.
marre [maʀ] (*fam*) *adv*: **en avoir ~ de** essere stufo(-a) di, averne abbastanza di.
marrer [maʀe]: **se ~** (*fam*) *vr* divertirsi.
marron, ne [maʀɔ̃, ɔn] *nm* (*fruit*) marrone *m*, castagna ♦ *adj inv* (*couleur*) marrone ♦ *adj* (*péj, faux*) abusivo(-a); ▸ **marrons glacés** marrons glacés *mpl*.
marronnier [maʀɔnje] *nm* ippocastano.
Mars [maʀs] *nm ou f* Marte *m*.
mars [maʀs] *nm* marzo; *voir aussi* **juillet**.
marseillais, e [maʀsɛjɛ, ɛz] *adj* marsigliese ♦ *nm/f*: **M~, e** marsigliese *m/f*.
Marseille [maʀsɛj] *n* Marsiglia.
marsouin [maʀswɛ̃] *nm* marsuino.
marsupiaux [maʀsypjo] *nmpl* marsupiali *mpl*.
marteau [maʀto] *nm* (*outil*) martello; (*de porte*) battaglio, batacchio; ▸ **marteau pneumatique** martello pneumatico.
marteau-pilon [maʀtopilɔ̃] (*pl* **~x-~s**) *nm* maglio.
marteau-piqueur [maʀtopikœʀ] (*pl* **~x-~s**) *nm* martello picconatore.
martel [maʀtɛl] *nm*: **se mettre ~ en tête** preoccuparsi, darsi pensiero.
martèlement [maʀtɛlmɑ̃] *nm* martellamento.
marteler [maʀtəle] *vt* martellare; (*mots, phrases*) scandire.
martial, e, -aux [maʀsjal, o] *adj* marziale; **arts martiaux** arti *fpl* marziali; **loi ~e** legge *f* marziale; **cour ~e** corte *f* marziale.
martien, ne [maʀsjɛ̃, jɛn] *adj* marziano(-a).
martinet [maʀtinɛ] *nm* (*fouet*) staffile *m*; (*ZOOL*) rondone *m*; **si tu n'es pas sage, je prends le ~!** se non fai il bravo, le prendi!
martingale [maʀtɛ̃gal] *nf* martingala.
martiniquais, e [maʀtinikɛ, ɛz] *adj* della Martinica ♦ *nm/f*: **M~, e** abitante *m/f* della Martinica.
Martinique [maʀtinik] *nf* Martinica.
martin-pêcheur [maʀtɛ̃pɛʃœʀ] (*pl* **~s-~s**)

nm martin *m* pescatore.
martre [maʀtʀ] *nf* martora; ▸ **martre zibeline** zibellino.
martyr, e [maʀtiʀ] *nm/f* martire *m/f* ♦ *adj* martire; **enfants ~s** *bambini vittime di abusi da parte dei genitori.*
martyre [maʀtiʀ] *nm* martirio; **souffrir le ~** soffrire le pene dell'inferno.
martyriser [maʀtiʀize] *vt* martirizzare; (*fig*: *enfant*) sottoporre a violenza.
marxisme [maʀksism] *nm* marxismo.
marxiste [maʀksist] *adj* marxista, marxistico(-a) ♦ *nm/f* marxista *m/f*.
mas [mɑ(s)] *nm* fattoria, casa di campagna.
mascara [maskaʀa] *nm* mascara *m inv*.
mascarade [maskaʀad] *nf* travestimento, mascherata; (*hypocrisie*) buffonata.
mascotte [maskɔt] *nf* mascotte *f inv*; (*objet*) portafortuna *m inv*.
masculin, e [maskylɛ̃, in] *adj* (*gén*) maschile; (*voix, traits*) mascolino(-a) ♦ *nm* maschile *m*.
masochisme [mazɔʃism] *nm* masochismo.
masochiste [mazɔʃist] *adj* masochistico (-a), masochista ♦ *nm/f* masochista *m/f*.
masque [mask] *nm* (*aussi fig*) maschera; (*MÉD*) maschera da anestesia; ▸ **masque à gaz/à oxygène** maschera antigas/ad ossigeno; ▸ **masque de beauté** maschera di bellezza; ▸ **masque de plongée** maschera subacquea.
masqué, e [maske] *adj* mascherato(-a); **bal ~** ballo in maschera.
masquer [maske] *vt* mascherare.
massacrant, e [masakʀɑ̃, ɑ̃t] *adj*: **être d'une humeur ~e** essere di umore nero *ou* di pessimo umore.
massacre [masakʀ] *nm* massacro; **jeu de ~** (*à la foire*) tiro al fantoccio; (*fig*) macello, scempio.
massacrer [masakʀe] *vt* (*aussi fig*) massacrare.
massage [masaʒ] *nm* massaggio.
masse [mas] *nf* (*gén, SCIENCE, ÉLEC*) massa; (*de cailloux, mots*) mucchio; (*maillet*) mazza; **~s** *nfpl*: **les ~s paysannes/laborieuses** le masse *fpl* contadine/dei lavoratori; **la ~** (*péj*: *peuple*) la massa; **la grande ~ des ...** la grande maggioranza di ...; **une ~ de, des ~s de** (*fam*) un sacco *ou* mucchio di; **en ~** *adv, adj* in massa; ▸ **masse monétaire** massa monetaria; ▸ **masse salariale** monte *m* salari *inv*.
massepain [maspɛ̃] *nm* marzapane *m*.
masser [mase] *vt* ammassare; (*pétrir*: *personne, jambe*) massaggiare; **se masser** *vr* ammassarsi.
masseur, -euse [masœʀ, øz] *nm/f* massaggiatore(-trice) ♦ *nm* apparecchio per massaggi, massaggiatore *m*.
massicot [masiko] *nm* (*TYPO*) taglierina.
massif, -ive [masif, iv] *adj* massiccio(-a); (*départs, déportations etc*) in massa ♦ *nm* (*montagneux*) massiccio; (*de fleurs*) cespuglio; **M~ central** Massiccio Centrale.
massivement [masivmɑ̃] *adv* massicciamente, in modo massiccio.
mass média [masmedja] *nmpl* mass media *mpl*.
massue [masy] *nf* mazza; **argument ~** argomento schiacciante.
mastic [mastik] *nm* mastice *m*.
masticage [mastikaʒ] *nm* stuccatura.
mastication [mastikasjɔ̃] *nf* masticazione *f*.
mastiquer [mastike] *vt* (*aliment*) masticare; (*fente, vitre*) stuccare.
mastoc [mastɔk] *adj inv* mastodontico(-a).
mastodonte [mastɔdɔ̃t] *nm* mastodonte *m*.
masturbation [mastyʀbasjɔ̃] *nf* masturbazione *f*.
masturber [mastyʀbe] *vt*: **se ~** masturbarsi.
m'as-tu-vu [matyvy] *nm/f inv* pallone *m* gonfiato.
masure [mɑzyʀ] *nf* catapecchia, stamberga.
mat, e [mat] *adj* opaco(-a); (*teint*) olivastro(-a); (*bruit, son*) sordo(-a), smorzato(-a) ♦ *adj inv* (*ÉCHECS*): **le roi est ~** scacco matto.
mât [mɑ] *nm* (*NAUT*) albero; (*poteau, perche*) palo.
matamore [matamɔʀ] *nm* gradasso, spaccone.
match [matʃ] *nm* incontro, partita; ▸ **match aller/retour** incontro *ou* partita di andata/di ritorno; ▸ **match nul** pareggio; **faire ~ nul** pareggiare.
matelas [mat(ə)lɑ] *nm* materasso; ▸ **matelas à ressorts** materasso a molle; ▸ **matelas pneumatique** materassino gonfiabile *ou* pneumatico.
matelasser [mat(ə)lase] *vt* imbottire.
matelassier, -ière [mat(ə)lasje, jɛʀ] *nm/f* materassaio(-a).
matelot [mat(ə)lo] *nm* marinaio.
mater [mate] *vt* domare; (*fam*) sbirciare.
matérialisation [mateʀjalizasjɔ̃] *nf* materializzazione *f*.
matérialiser [mateʀjalize] *vt* materializzare; **se matérialiser** *vr* (*rêve, projet*) materializzarsi.
matérialisme [mateʀjalism] *nm* materialismo.
matérialiste [mateʀjalist] *adj* materialistico(-a), materialista ♦ *nm/f* materialista *m/f*.
matériau [mateʀjo] *nm* materiale *m*; **~x** *nmpl* (*documents*) materiale *msg*; ▸ **matériaux de construction** materiali da costruzione.

matériel, le [materjel] *adj* materiale; (*fig*: *péj*: *personne*) materialista ♦ *nm* (*équipement*) attrezzatura, materiale *m*; (*INFORM*) hardware *m inv*; **il n'a pas le temps ~ de le faire** non ha il tempo materiale di farlo; ▸ **matériel d'exploitation** (*COMM*) impianti *mpl*; ▸ **matériel roulant** (*RAIL*) materiale *m* rotabile.
matériellement [materjelmɑ̃] *adv* materialmente; **c'est ~ impossible** è materialmente impossibile.
maternel, le [matɛrnɛl] *adj* materno(-a).
maternelle [matɛrnɛl] *nf* (*aussi*: **école ~**) scuola materna, asilo.
materner [matɛrne] *vt* trattare maternamente.
maternisé, e [matɛrnize] *adj*: **lait ~** latte *m* maternizzato.
maternité [matɛrnite] *nf* maternità; (*établissement*) clinica ostetrica, maternità *f inv*.
mathématicien, ne [matematisjɛ̃, jɛn] *nm/f* matematico(-a).
mathématique [matematik] *adj* matematico(-a); **~s** *nfpl* (*science*) matematica *fsg*.
matheux, -euse [matø, øz] (*fam*) *nm/f* studente(-essa) di matematica; **c'est un ~** è un genio in matematica.
maths [mat] *nfpl* matematica.
matière [matjɛr] *nf* materia; (*fig*: *d'un livre etc*) materia, argomento; **en ~ de** in materia *ou* fatto di; **donner ~ à** dare adito a; ▸ **matière grise** materia grigia; ▸ **matière plastique** materie *fpl* plastiche; ▸ **matières fécales** feci *fpl*; ▸ **matières grasses** grassi *mpl*, materie grasse; ▸ **matières premières** materie prime.
MATIF [matif] *sigle m* (= *Marché à terme d'instruments financiers*) *organismo che regola le attività della Borsa francese.*
Matignon [matiɲɔ̃] *n sede del Primo Ministro francese.*
matin [matɛ̃] *nm* mattina, mattino; **le ~** (*pendant le matin*) al *ou* il mattino, di mattina; **dimanche ~** domenica mattina; **jusqu'au ~** fino al mattino; **le lendemain ~** l'indomani mattina; **hier/demain ~** ieri/domani mattina; **du ~ au soir** dalla mattina alla sera; **tous les ~s** tutte le mattine; **une heure du ~** una di notte; **à demain ~!** a domattina!; **un beau ~** un bel giorno; **de grand/bon ~** di prima mattina/buon mattino; **tous les dimanches ~s** la domenica mattina, ogni domenica mattina.
matinal, e, -aux [matinal, o] *adj* mattutino(-a); **être ~** essere mattiniero(-a).
mâtiné, e [mɑtine] *adj* (*chien*) bastardo (-a); **~ de** incrociato(-a) con; (*fig*) misto(-a) a.
matinée [matine] *nf* mattinata; (*réunion*) riunione *f* pomeridiana; (*spectacle*) spettacolo pomeridiano, matinée *f inv*; **en ~** in diurna.
matois, e [matwa, waz] *adj* scaltro(-a), sornione.
matou [matu] *nm* gatto (maschio).
matraquage [matrakaʒ] *nm* bastonatura, manganellate *fpl*; ▸ **matraquage publicitaire** martellamento pubblicitario.
matraque [matrak] *nf* (*de malfaiteur*) randello; (*de policier*) manganello.
matraquer [matrake] *vt* (*v nf*) randellare; manganellare; (*fig*: *touristes etc*) pelare; (: *disque, message*) propinare a ritmo martellante.
matriarcal, e, -aux [matrijarkal, o] *adj* matriarcale.
matrice [matris] *nf* matrice *f*; (*ANAT*) utero.
matricule [matrikyl] *nf* (*aussi*: **registre ~**) registro matricolare, matricola ♦ *nm* (*aussi*: **numéro ~**: *MIL, ADMIN*) numero di matricola.
matrimonial, e, -aux [matrimɔnjal, o] *adj* matrimoniale.
matrone [matrɔn] *nf* matrona.
mature [matyr] *adj* maturo(-a).
mâture [mɑtyr] *nf* (*NAUT*) alberatura.
maturité [matyrite] *nf* maturità; (*d'un fruit*) maturazione *f*.
maudire [modir] *vt* maledire.
maudit, e [modi, it] *adj* maledetto(-a).
maugréer [mogree] *vi* brontolare, borbottare.
mauresque [mɔrɛsk] *adj* moresco(-a).
Maurice [mɔris] *nf*: **(l'île) ~** (l'isola) Maurizio *f ou* Mauritius *f*.
mauricien, ne [mɔrisjɛ̃, jɛn] *adj* mauriziano(-a) ♦ *nm/f*: **M~, ne** mauriziano(-a).
Mauritanie [mɔritani] *nf* Mauritania.
mauritanien, ne [mɔritanjɛ̃, jɛn] *adj* mauritano(-a) ♦ *nm/f*: **M~, ne** mauritano(-a).
mausolée [mozɔle] *nm* mausoleo.
maussade [mosad] *adj* (*air, personne*) scontroso(-a), imbronciato(-a); (*propos*) pessimista; (*ciel, temps*) uggioso(-a).
mauvais, e [mɔvɛ, ɛz] *adj* cattivo(-a); (*faux*): **le ~ numéro/moment** il numero/momento sbagliato ♦ *nm* cattivo ♦ *adv*: **il fait ~** è brutto (tempo); **sentir ~** puzzare; **la mer est ~e** il mare è cattivo; ▸ **mauvais coucheur** orso; ▸ **mauvais coup** (*fig*) brutto tiro; ▸ **mauvais garçon** cattivo; ▸ **mauvais joueur** chi non sa perdere; ▸ **mauvais pas** brutta posizione *f ou* situazione *f*; ▸ **mauvais payeur** cattivo pagatore *m*; ▸ **mauvais plaisant** tipo spiritoso; ▸ **mauvais traitements** maltrattamenti *mpl*; ▸ **mauvaise herbe** erbaccia; ▸ **mauvaise langue** malalingua; ▸ **mauvaise passe** brutta situazione *f*;

(*période*) brutto periodo; ▸ **mauvaise tête** testone *m*.
mauve [mov] *adj* (*couleur*) malva *inv* ♦ *nf* (*BOT*) malva.
mauviette [movjɛt] (*péj*) *nf* omiciattolo.
maux [mo] *nmpl voir* **mal**.
max. *abr* (= *maximum*) max.
maximal, e, -aux [maksimal, o] *adj* massimo(-a).
maxime [maksim] *nf* massima.
maximum [maksimɔm] *adj* massimo(-a) ♦ *nm* massimo; **elle a le ~ de chances pour réussir** è quasi sicuro che ce la faccia; **atteindre un/son ~** raggiungere il massimo; **au ~** *adv* al massimo.
Mayence [majɑ̃s] *n* Magonza.
mayonnaise [majɔnɛz] *nf* maionese *f*.
Mayotte [majɔt] *nf* Mayotte *f*.
mazout [mazut] *nm* nafta; **chaudière/poêle à ~** caldaia/stufa a nafta.
mazouté, e [mazute] *adj* sporco(-a) di nafta.
MDM [ɛmdeɛm] *sigle mpl* (= *Médecins du monde*) *associazione di medici per aiuti al terzo mondo.*
Me *abr* = **Maître**.
me [m(ə)] *pron* mi, me; **il ne m'a pas vu** non mi ha visto; **il ~ le donne** me lo da; **je m'ennuie** mi annoio; **je m'en vais** me ne vado.
méandres [meɑ̃dʀ] *nmpl* meandri *mpl*.
mec [mɛk] (*fam*) *nm* tizio, tipo.
mécanicien, ne [mekanisjɛ̃, jɛn] *nm/f* meccanico *m*; (*RAIL*) macchinista *m*; ▸ **mécanicien de bord/navigant** (*AVIAT*) tecnico di volo.
mécanicien-dentiste [mekanisjɛ̃dɑ̃tist] (*pl* **~s-~s**) *nm* odontotecnico.
mécanicienne-dentiste [mekanisjɛn-] (*pl* **~s-~s**) *nf* odontotecnico *m*.
mécanique [mekanik] *adj* meccanico(-a) ♦ *nf* meccanica; **s'y connaître en ~** intendersi di meccanica; **ennui ~** noie *fpl* al motore.
mécaniquement [mekanikmɑ̃] *adv* meccanicamente.
mécanisation [mekanizasjɔ̃] *nf* meccanizzazione *f*.
mécaniser [mekanize] *vt* meccanizzare.
mécanisme [mekanism] *nm* meccanismo; ▸ **mécanisme du taux de change** meccannismo europeo di cambio.
mécano [mekano] (*fam*) *nm* meccanico.
mécanographe [mekanɔgʀaf] *nm/f persona specializzata in lavori di meccanografia.*
mécanographie [mekanɔgʀafi] *nf* meccanografia.
mécanographique [mekanɔgʀafik] *adj* meccanografico(-a).
mécène [mesɛn] *nm* mecenate *m*.
méchamment [meʃamɑ̃] *adv* con cattiveria, malvagiamente.
méchanceté [meʃɑ̃ste] *nf* cattiveria, malvagità *f inv*.
méchant, e [meʃɑ̃, ɑ̃t] *adj* (*personne, sourire*) cattivo(-a), malvagio(-a); (*enfant, animal*) cattivo(-a); (*intensive*) formidabile; **une ~e affaire** un brutto affare; **de ~e humeur** di cattivo umore.
mèche [mɛʃ] *nf* (*d'une lampe, bougie*) stoppino; (*d'un explosif*) miccia; (*MÉD*) zaffo, tampone *m*; (*d'un vilebrequin, d'une perceuse*) punta; (*de fouet*) sverzino; (*de cheveux*: *coupés*) ciocca; (: *d'une autre couleur*) ciocca, mèche *f inv*; **se faire faire des ~s** farsi fare le mèche; **vendre la ~** svelare un segreto; **être de ~ avec qn** essere in combutta con qc.
méchoui [meʃwi] *nm* montone *m* allo spiedo.
mécompte [mekɔ̃t] *nm* errore *m* di calcolo; (*déception*) delusione *f*.
méconnais [mekɔnɛ] *vb voir* **méconnaître**.
méconnaissable [mekɔnɛsabl] *adj* irriconoscibile.
méconnaissais [mekɔnɛsɛ] *vb voir* **méconnaître**.
méconnaissance [mekɔnɛsɑ̃s] *nf* incomprensione *f*.
méconnaître [mekɔnɛtʀ] *vt* (*ignorer*) ignorare; (*méjuger*) misconoscere.
méconnu, e [mekɔny] *pp de* **méconnaître** ♦ *adj* (*génie etc*) incompreso(-a).
mécontent, e [mekɔ̃tɑ̃, ɑ̃t] *adj* scontento (-a) ♦ *nm* insoddisfatto.
mécontentement [mekɔ̃tɑ̃tmɑ̃] *nm* scontento, malcontento.
mécontenter [mekɔ̃tɑ̃te] *vt* scontentare.
Mecque [mɛk] *nf*: **la ~** la Mecca.
mécréant, e [mekʀeɑ̃, ɑ̃t] *adj* miscredente.
médaille [medaj] *nf* medaglia; (*REL*) medaglietta.
médaillé, e [medaje] *nm/f* (*SPORT*) premiato(-a) (*con medaglia*); **les médaillés militaires** i decorati al valor militare.
médaillon [medajɔ̃] *nm* (*aussi CULIN*) medaglione *m*; **en ~** *adj* (*carte etc*) nel riquadro.
médecin [med(ə)sɛ̃] *nm* medico; ▸ **médecin de famille/du bord** medico di famiglia/di bordo; ▸ **médecin généraliste/légiste** medico generico/legale; ▸ **médecin traitant** medico curante.
médecine [med(ə)sin] *nf* medicina; (*profession*) professione *f* medica; ▸ **médecine du travail** medicina del lavoro; ▸ **médecine générale/infantile** medicina generale/infantile; ▸ **médecine légale/préventive** medicina legale/preventiva.
média [medja] *nm* mezzo di comunicazio-

ne; **les ~s** *nmpl* i mass media.
médian, e [medjɑ̃, jan] *adj* mediano(-a).
médiateur, -trice [medjatœʀ, tʀis] *nm/f* mediatore(-trice) ♦ *nm* (*fonctionnaire*) ombudsman *m inv*.
médiathèque [medjatɛk] *nf* mediateca.
médiation [medjasjɔ̃] *nf* mediazione *f*.
médiatique [medjatik] *adj* mediatico(-a).
médiator [medjatɔʀ] *nm* (*MUS*) plettro, penna.
médical, e, -aux [medikal, o] *adj* medico(-a); **visiteur** *ou* **délégué ~** informatore *m* scientifico *ou* medico.
médicalement [medikalmɑ̃] *adv* dal punto di vista medico.
médicament [medikamɑ̃] *nm* medicinale *m*, farmaco.
médicamenteux, -euse [medikamɑ̃tø, øz] *adj* (*produit*) medicamentoso(-a); (*traitement*) medico(-a).
médication [medikasjɔ̃] *nf* cura *ou* terapia medica.
médicinal, e, -aux [medisinal, o] *adj* medicinale.
médico-légal, e, -aux [medikɔlegal, o] *adj* medico-legale.
médico-social, e, -aux [medikɔsɔsjal, o] *adj* medico-sociale.
médiéval, e, -aux [medjeval, o] *adj* medi(o)evale.
médiocre [medjɔkʀ] *adj* mediocre.
médiocrité [medjɔkʀite] *nf* mediocrità *f inv*.
médire [mediʀ]: **~ de** *vt* sparlare di, dire male di.
médisance [medizɑ̃s] *nf* maldicenza.
médisant, e [medizɑ̃, ɑ̃t] *vb voir* **médire** ♦ *adj* malevolo(-a).
médit [medi] *pp de* **médire**.
méditatif, -ive [meditatif, iv] *adj* meditativo(-a).
méditation [meditasjɔ̃] *nf* meditazione *f*; **entrer en ~** raccogliersi in meditazione.
méditer [medite] *vt* meditare ♦ *vi* meditare; **~ sur qch/de faire qch** meditare su qc/di fare qc.
Méditerranée [mediteʀane] *nf*: **la (mer) ~** il (mar) Mediterraneo.
méditerranéen, ne [mediteʀaneɛ̃, ɛn] *adj* mediterraneo(-a) ♦ *nm/f*: **M~, ne** mediterraneo(-a).
médium [medjɔm] *nm* medium *m/f inv*.
médius [medjys] *nm* (dito) medio.
méduse [medyz] *nf* medusa.
méduser [medyze] *vt* sbigottire, sbalordire.
meeting [mitiŋ] *nm* meeting *m inv*; ▸ **meeting aérien** avioraduno.
méfait [mefɛ] *nm* misfatto, malefatta; **~s** *nmpl* (*ravages*) danni *mpl*.
méfiance [mefjɑ̃s] *nf* diffidenza.
méfiant, e [mefjɑ̃, jɑ̃t] *adj* diffidente.
méfier [mefje]: **se ~** *vr* fare attenzione; **se ~ de** diffidare di, non fidarsi di; (*faire attention*) fare attenzione a.
mégahertz [megaɛʀts] *nm* megahertz *m inv*.
mégalomane [megalɔman] *adj* megalomane.
mégalomanie [megalɔmani] *nf* megalomania.
mégalopole [megalɔpɔl] *nf* megalopoli *f inv*.
méga-octet [megaɔktɛ] *nm* megabyte *m inv*.
mégarde [megaʀd] *nf*: **par ~** inavvertitamente.
mégatonne [megatɔn] *nf* megaton *m inv*.
mégawatt [megawat] *nm* megawatt *m inv*.
mégère [meʒɛʀ] (*péj*) *nf* megera.
mégot [mego] *nm* cicca, mozzicone *m*.
mégoter [megɔte] (*fam*) *vi* essere tirchio(-a) *ou* spilorcio(-a).
meilleur, e [mɛjœʀ] *adj* migliore ♦ *adv*: **il fait ~ qu'hier** fa più bello di ieri ♦ *nm*: **le ~** (*personne*) il migliore; (*chose*) il meglio ♦ *nf*: **la ~e** la migliore; **le ~ des deux** il migliore dei due; **de ~e heure** prima; ▸ **meilleur marché** meno caro, più conveniente.
méjuger [meʒyʒe] *vt* sottovalutare.
mélancolie [melɑ̃kɔli] *nf* malinconia.
mélancolique [melɑ̃kɔlik] *adj* malinconico(-a); (*MÉD*) melanconico(-a).
Mélanésie [melanezi] *nf* Melanesia.
mélanésien, ne [melanezjɛ̃, jɛn] *adj* melanesiano(-a) ♦ *nm/f*: **M~, ne** melanesiano (-a).
mélange [melɑ̃ʒ] *nm* mescolanza; (*de café, essence etc*) miscela; **sans ~** (*pur*) puro (-a); (*parfait: bonheur etc*) perfetto(-a), senza ombre.
mélangé, e [melɑ̃ʒe] *adj* (*laine*) mélange *inv*; (*fig*) misto(-a).
mélanger [melɑ̃ʒe] *vt* mescolare, mischiare; **se mélanger** *vr* mescolarsi, mischiarsi; **vous mélangez tout!** lei si confonde!
mélanine [melanin] *nf* melanina.
mélasse [melas] *nf* melassa.
mêlée [mele] *nf* (*aussi RUGBY, fig*) mischia.
mêler [mele] *vt* mescolare, mischiare; **se mêler** *vr* mescolarsi; **~ à/avec/de** mescolare a/con/di; **se ~ à/avec/de** mescolarsi a/con/di; **se ~ de** (*suj: personne*) immischiarsi in, impicciarsi di; **~ qn à une affaire** coinvolgere qn in una faccenda; **mêle-toi de tes affaires!** fatti i fatti tuoi!
mélo [melo] *abr m, adj* = **mélodrame, mélodramatique**.
mélodie [melɔdi] *nf* melodia.

mélodieux, -euse [melɔdjø, jøz] *adj* melodioso(-a).
mélodique [melɔdik] *adj* melodico(-a).
mélodramatique [melɔdʀamatik] *adj* melodrammatico(-a).
mélodrame [melɔdʀam] *nm* melodramma *m*.
mélomane [melɔman] *nm/f* melomane *m/f*.
melon [m(ə)lɔ̃] *nm* (*BOT*) melone *m*; (*aussi*: **chapeau** ~) bombetta; ▸ **melon d'eau** cocomero, anguria.
mélopée [melɔpe] *nf* melopea.
membrane [mɑ̃bʀan] *nf* membrana.
membre [mɑ̃bʀ] *nm* membro; (*ANAT*) arto, membro; ~ **de phrase** (*LING*) membro del periodo; **être** ~ **de** essere membro di; **les États** ~**s de la C.E.E.** i paesi membri della C.E.E.; ▸ **membre (viril)** membro (virile).
mémé [meme] (*fam*) *nf* nonnina; (*vieille femme*) vecchietta.

MOT-CLÉ

même [mɛm] *adj* **1** (*avant le nom*) stesso (-a); **en même temps** nello stesso tempo, contemporaneamente; **ils ont les mêmes goûts** hanno gli stessi gusti
2 (*après le nom*: *renforcement*): **il est la loyauté même** è la lealtà fatta persona; **ce sont ses paroles mêmes** sono le sue stesse parole
♦ *pron*: **le(la) même** lo(la) stesso(-a)
♦ *adv* **1** (*renforcement*): **il n'a même pas pleuré** non ha nemmeno pianto; **même lui l'a dit** lo ha detto anche lui, lo ha detto lui stesso; **ici même** proprio qui
2: **à même**: **à même la bouteille** direttamente dalla bottiglia; **à même la peau** direttamente sulla pelle; **être à même de faire** essere in grado di fare
3: **de même**: **faire de même** fare lo stesso; **lui de même** lui altrettanto; **de même que** come anche; **il en va de même pour** lo stesso dicasi per
4: **même si** *conj* anche se.

mémento [memɛ̃to] *nm* (*agenda*) agenda; (*ouvrage*) compendio.
mémoire [memwaʀ] *nf* (*aussi INFORM*) memoria; (*souvenir*) ricordo, memoria ♦ *nm* (*ADMIN, JUR*) memoria; (*SCOL*: *petite thèse*) ≈ tesina; ~**s** *nmpl* (*chroniques etc*) memorie *fpl*; **avoir la** ~ **des visages** essere fisionomista; **avoir la** ~ **des chiffres** ricordare facilmente i numeri; **n'avoir aucune** ~ non avere memoria; **avoir de la** ~ avere memoria; **à la** ~ **de** alla *ou* in memoria di; **pour** ~ a titolo informativo; **de** ~ **d'homme** a memoria d'uomo; **de** ~ a memoria; **mettre en** ~ (*INFORM*) memorizzare; ▸ **mémoire de maîtrise** ≈ tesi *f inv* di laurea; ▸ **mémoire morte** memoria fissa; ▸ **mémoire non volatile** *ou* **rémanente** memoria non volatile; ▸ **mémoire vive** memoria ad accesso diretto.
mémorable [memɔʀabl] *adj* memorabile.
mémorandum [memɔʀɑ̃dɔm] *nm* memorandum *m inv*; (*note*) promemoria *m inv*, memorandum; (*carnet*) agendina.
mémorial, -aux [memɔʀjal, jo] *nm* memoriale *m*.
mémorialiste [memɔʀjalist] *nm/f* memorialista *m/f*.
mémoriser [memɔʀize] *vt* memorizzare.
menaçant, e [mənasɑ̃, ɑ̃t] *adj* minaccioso(-a).
menace [mənas] *nf* minaccia; ▸ **menace en l'air** minaccia campata in aria.
menacer [mənase] *vt* minacciare; ~ **qn de qch/faire qch** minacciare qn di qc/fare qc; **la séance menaçait d'être longue** la seduta minacciava di durare a lungo.
ménage [menaʒ] *nm* (*travail*) pulizie *fpl*; (*couple*) coppia; (*famille, ADMIN*) famiglia; **faire le** ~ fare le pulizie; **faire des** ~**s** andare a servizio; **monter son** ~ mettere su casa; **se mettre en** ~ **(avec)** andare a convivere (con); **heureux en** ~ felicemente sposato; **faire bon/mauvais** ~ **avec qn** andare/non andare d'accordo con qn; ▸ **ménage à trois** triangolo, menage *m inv* a tre; ▸ **ménage de poupée** servizio da cucina per bambini.
ménagement [menaʒmɑ̃] *nm* riguardo; ~**s** *nmpl* (*attentions, égards*) riguardi *mpl*; **sans** ~ senza riguardi.
ménager[1] [menaʒe] *vt* (*personne, groupe*) trattare con riguardo; (*ressources*) gestire con oculatezza; (*temps*) risparmiare; (*vêtements, santé*) avere cura di; (*arranger*: *entretien, transition*) combinare; (*installer*: *escalier*) installare; (: *ouverture*) praticare; **se ménager** *vr* riguardarsi; **se** ~ **qch** assicurarsi qc; ~ **qch à qn** preparare qc a qn.
ménager[2], **-ère** [menaʒe, ɛʀ] *adj* domestico(-a); ▸ **enseignement ménager** economia domestica; ▸ **appareils ménagers** elettrodomestici *mpl*; ▸ **eaux ménagères** acque *fpl* di rifiuto domestiche; ▸ **ordures ménagères** immondizie *fpl*.
ménagère [menaʒɛʀ] *nf* (*femme*) casalinga; (*service de couverts*) servizio di posate.
ménagerie [menaʒʀi] *nf* serraglio.
mendiant, e [mɑ̃djɑ̃, jɑ̃t] *nm/f* mendicante *m/f*, accattone(-a) ♦ *nm dessert di nocciole, mandorle, uva passa, fichi secchi.*
mendicité [mɑ̃disite] *nf*: **être arrêté pour** ~ essere arrestato per accattonaggio.
mendier [mɑ̃dje] *vi, vt* mendicare, elemosi-

nare.
menées [məne] *nfpl* maneggi *mpl*, raggiri *mpl*.
mener [m(ə)ne] *vt* condurre; (*fig*: *diriger*) dirigere, guidare ♦ *vi*: ~ **(à la marque)** (*SPORT*) condurre; ~ **à/dans/chez** *vt* portare a/in/da; ~ **qch à bonne fin/à terme/à bien** condurre *ou* portare qc a buon fine/a termine/in porto; ~ **à rien** non portare a nulla; ~ **à tout** aprire molti sbocchi.
meneur, -euse [mənœʀ, øz] *nm/f* capo; (*péj*) caporione(-a), agitatore(-trice); ▶ **meneur d'hommes** capo; ▶ **meneur de jeu** (*RADIO, TV*) conduttore(-trice).
menhir [meniʀ] *nm* menhir *m inv*.
méningite [menɛ̃ʒit] *nf* meningite *f*.
ménisque [menisk] *nm* menisco.
ménopause [menopoz] *nf* menopausa.
menotte [mənɔt] *nf* manina; ~**s** *nfpl* (*bracelets*) manette *fpl*; **passer les ~s à qn** ammanettare qn.
mens [mɑ̃] *vb voir* **mentir**.
mensonge [mɑ̃sɔ̃ʒ] *nm* bugia, menzogna.
mensonger, -ère [mɑ̃sɔ̃ʒe, ɛʀ] *adj* falso (-a).
menstruation [mɑ̃stʀyasjɔ̃] *nf* mestruazione *f*.
menstruel, le [mɑ̃stʀyɛl] *adj* mestruale.
mensualiser [mɑ̃sɥalize] *vt* (*salaire*) trasformare in retribuzione *f* mensile; (*ouvrier, salarié*) concedere la retribuzione mensile a.
mensualité [mɑ̃sɥalite] *nf* mensilità *f inv*; **par ~s** a rate mensili.
mensuel, le [mɑ̃sɥɛl] *adj* mensile ♦ *nm/f* (*employé*) salariato(-a) (*pagato mensilmente*) ♦ *nm* (*PRESSE*) mensile *m*.
mensuellement [mɑ̃sɥɛlmɑ̃] *adv* mensilmente.
mensurations [mɑ̃syʀasjɔ̃] *nfpl* misure *fpl*.
mentais [mɑ̃tɛ] *vb voir* **mentir**.
mental, e, -aux [mɑ̃tal, o] *adj* mentale.
mentalement [mɑ̃talmɑ̃] *adv* mentalmente.
mentalité [mɑ̃talite] *nf* mentalità *f inv*.
menteur, -euse [mɑ̃tœʀ, øz] *nm/f* bugiardo(-a).
menthe [mɑ̃t] *nf* menta; ▶ **menthe (à l'eau)** menta.
mentholé, e [mɑ̃tɔle] *adj* al mentolo *inv*.
mention [mɑ̃sjɔ̃] *nf* (*note, référence*) menzione *f*, cenno; (*SCOL, UNIV*) voti *mpl*; **faire ~ de** fare menzione di, accennare a; ~ **passable** ≈ sufficienza; **être reçu à un examen avec la ~ bien** essere promosso a un esame con buono; **"rayer la ~ inutile"** (*ADMIN*) "cancellare la voce che non interessa".
mentionner [mɑ̃sjɔne] *vt* menzionare.
mentir [mɑ̃tiʀ] *vi* mentire; ~ **à qn** mentire a qn.
menton [mɑ̃tɔ̃] *nm* mento; **double/triple ~** doppio/triplo mento.
mentonnière [mɑ̃tɔnjɛʀ] *nf* sottogola *m ou f inv*.
menu, e [məny] *adj* minuto(-a); (*voix*) sottile; (*peu important*) piccolo(-a), minuto(-a) ♦ *adv*: **couper/hacher ~** tagliare/tritare fine ♦ *nm* menù *m inv*; **par le ~** (*raconter*) per filo e per segno; ▶ **menu touristique** menù turistico; ▶ **menue monnaie** spiccioli *mpl*.
menuet [mənɥɛ] *nm* minuetto.
menuiserie [mənɥizʀi] *nf* (*métier, local*) falegnameria; (*CONSTR*) serramenti *mpl* e pavimenti *mpl* (*in legno*); **plafond en ~** soffitto di legno.
menuisier [mənɥizje] *nm* falegname *m*.
méprendre [mepʀɑ̃dʀ]: **se ~** *vr* sbagliarsi; **à s'y ~** tanto da trarre in inganno.
mépris [mepʀi] *pp de* **méprendre** ♦ *nm* (*dédain*) disprezzo; **au ~ de** a dispetto di.
méprisable [mepʀizabl] *adj* spregevole, ignobile.
méprisant, e [mepʀizɑ̃, ɑ̃t] *adj* sprezzante.
méprise [mepʀiz] *nf* malinteso.
mépriser [mepʀize] *vt* disprezzare.
mer [mɛʀ] *nf* mare *m*; (*marée*) marea; ~ **fermée** mare chiuso; **en ~** in mare; **prendre la ~** mettersi in mare; **en haute/pleine ~** in alto mare; **les ~s du Sud** i mari del Sud; **la ~ Adriatique/Baltique/Caspienne** il mar Adriatico/Baltico/Caspio; **la ~ des Antilles** *ou* **des Caraïbes** il mar delle Antille *ou* Caraibico; **la ~ de Corail** il mare dei Coralli; **la ~ Égée** il mare Egeo; **la ~ Ionienne** il mare Ionio; **la ~ Morte/Noire/Rouge** il mar Morto/Nero/Rosso; **la ~ du Nord** il mare del Nord; **la ~ des Sargasses** il mar dei Sargassi; **la ~ Tyrrhénienne** il mar Tirreno.
mercantile [mɛʀkɑ̃til] (*péj*) *adj* (*esprit*) da mercante *inv*, venale.
mercantilisme [mɛʀkɑ̃tilism] *nm* (*esprit mercantile*) mentalità *f inv* da mercante.
mercenaire [mɛʀsənɛʀ] *nm* mercenario.
mercerie [mɛʀsəʀi] *nf* merceria.
merci [mɛʀsi] *excl* grazie ♦ *nm*: **dire ~ à qn** dire grazie a qn ♦ *nf* mercé; **à la ~ de qn/qch** alla mercé di qn/qc; ~ **beaucoup** molte grazie; ~ **de/pour** grazie di/per; **non, ~** no grazie; **sans ~** spietato(-a), senza pietà.
mercier, -ière [mɛʀsje, jɛʀ] *nm/f* merciaio(-a).
mercredi [mɛʀkʀədi] *nm* mercoledì *m inv*; ~ **des Cendres** Mercoledì delle Ceneri; *voir aussi* **lundi**.
mercure [mɛʀkyʀ] *nm* mercurio.
merde [mɛʀd] (*fam!*) *nf* merda (*fam!*) ♦ *excl* merda (*fam!*); (*à un examen*) in bocca al

lupo!

merdeux, -euse [mɛʀdø, øz] (*fam!*) *nm/f* stronzetto(-a) (*fam!*).

mère [mɛʀ] *nf* madre *f* ♦ *adj* madre; ▸ **mère adoptive** madre adottiva; ▸ **mère célibataire** madre nubile; ▸ **mère de famille** madre di famiglia; ▸ **mère porteuse** madre surrogata.

merguez [mɛʀgɛz] *nf salsiccia piccante nordafricana.*

méridien [meʀidjɛ̃] *nm* meridiano.

méridional, e, -aux [meʀidjɔnal, o] *adj, nm/f* meridionale *m/f.*

meringue [məʀɛ̃g] *nf* meringa.

mérinos [meʀinos] *nm* merino.

merisier [məʀizje] *nm* ciliegio (selvatico).

méritant, e [meʀitɑ̃, ɑ̃t] *adj* meritevole.

mérite [meʀit] *nm* merito; **le ~ (de ceci) lui revient** il merito (di questo) è tutto suo; **ne pas avoir de ~ à faire qch** non avere alcun merito a fare qc.

mériter [meʀite] *vt* meritare, meritarsi; **il mérite qu'on fasse ...** merita che si faccia ... .

méritocratie [meʀitɔkʀasi] *nf* meritocrazia.

méritoire [meʀitwaʀ] *adj* meritorio(-a).

merlan [mɛʀlɑ̃] *nm* nasello.

merle [mɛʀl] *nm* merlo.

merluche [mɛʀlyʃ] *nf* stoccafisso.

mérou [meʀu] *nm* cernia.

merveille [mɛʀvɛj] *nf* meraviglia; **faire ~/des ~s** fare miracoli *ou* prodigi; **à ~** a meraviglia; **les sept ~s du monde** le sette meraviglie del mondo.

merveilleux, -euse [mɛʀvɛjø, øz] *adj* meraviglioso(-a).

mes [me] *dét voir* **mon.**

mésalliance [mezaljɑ̃s] *nf* mésalliance *f inv.*

mésallier [mezalje]: **se ~** *vr sposarsi con una persona di livello sociale inferiore.*

mésange [mezɑ̃ʒ] *nf* cincia; ▸ **mésange bleue** cinciarella.

mésaventure [mezavɑ̃tyʀ] *nf* disavventura.

Mesdames [medam] *nfpl voir* **Madame.**

Mesdemoiselles [medmwazɛl] *nfpl voir* **Mademoiselle.**

mésentente [mezɑ̃tɑ̃t] *nf* dissapore *m*, disaccordo.

mésestimer [mezɛstime] *vt* sottovalutare.

Mésopotamie [mezɔpɔtami] *nf* Mesopotamia.

mésopotamien, ne [mezɔpɔtamjɛ̃, jɛn] *adj* mesopotamico(-a).

mesquin, e [mɛskɛ̃, in] *adj* meschino(-a).

mesquinerie [mɛskinʀi] *nf* meschinità *f inv.*

mess [mɛs] *nm* mensa.

message [mesaʒ] *nm* messaggio; ▸ **message d'erreur** (*INFORM*) messaggio d'errore; ▸ **message de guidage** (*INFORM*) prompt *m inv*; ▸ **message publicitaire** spot *m inv*; ▸ **message téléphoné** telegramma *m* dettato per telefono.

messager, -ère [mesaʒe, ɛʀ] *nm/f* messaggero(-a).

messagerie [mesaʒʀi] *nf* messaggeria, servizio di trasporti; ▸ **messagerie (électronique)** posta elettronica; ▸ **messagerie rose** *servizio per cuori solitari su videotext*; ▸ **messagerie vocale** (*service*) servizio di segreteria telefonica; ▸ **messageries aériennes/maritimes** trasporti *mpl* aerei/marittimi; ▸ **messageries de presse** messaggerie *fpl.*

messe [mɛs] *nf* messa; **aller à la ~** andare a messa; ▸ **messe basse** messa bassa; **faire des ~s basses** (*fig, péj*) confabulare; ▸ **messe de minuit** messa di mezzanotte; ▸ **messe noire** messa nera.

messie [mesi] *nm*: **le M~** il Messia.

Messieurs [mesjø] *nmpl voir* **Monsieur.**

mesure [m(ə)zyʀ] *nf* misura; (*évaluation*) misurazione *f*, misura; (*MUS: cadence*) tempo; **~ de longueur/capacité** misura di lunghezza/capacità; (*disposition, acte*) misura, provvedimento; **prendre des ~s** prendere delle misure *ou* dei provvedimenti; **sur ~** su misura; **à la ~ de** (*personne*) all'altezza di; (*chambre etc*) a misura di; **dans la ~ où** nella misura in cui; **dans la ~ de** nei limiti di; **dans une certaine ~** entro certi limiti; **à ~ que** man mano che; **en ~** (*MUS*) a tempo; **être en ~ de** essere in grado di; **dépasser la ~** (*fig*) oltrepassare i limiti, passare la misura; **unité/système de ~** unità/sistema di misura.

mesuré, e [məzyʀe] *adj* misurato(-a).

mesurer [məzyʀe] *vt* misurare; (*risque, portée d'un acte*) valutare; **~ qch à** (*proportionner*) commisurare qc a; **se ~ avec/à qn** misurarsi con qn; **il mesure 1 m 80** è alto 1,80 m.

met [mɛ] *vb voir* **mettre.**

métabolisme [metabɔlism] *nm* metabolismo.

métairie [meteʀi] *nf* (*domaine*) podere *m* (*condotto a mezzadria*); (*bâtiments*) fattoria, cascina.

métal, -aux [metal, o] *nm* metallo.

métalangage [metalɑ̃gaʒ] *nm* metalinguaggio.

métallique [metalik] *adj* metallico(-a).

métallisé, e [metalize] *adj* metallizzato(-a).

métallurgie [metalyʀʒi] *nf* metallurgia.

métallurgique [metalyʀʒik] *adj* metallurgico(-a).

métallurgiste [metalyʀʒist] *nm* (*ouvrier*) metallurgico; (*industriel*) industriale *m*

metallurgico.
métamorphose [metamɔʀfoz] *nf* metamorfosi *f inv*.
métamorphoser [metamɔʀfoze] *vt* (*fig*) trasformare.
métaphore [metafɔʀ] *nf* metafora.
métaphorique [metafɔʀik] *adj* metaforico(-a).
métaphoriquement [metafɔʀikmɑ̃] *adv* metaforicamente.
métaphysique [metafizik] *nf* metafisica ♦ *adj* metafisico(-a).
métapsychique [metapsiʃik] *adj* metapsichico(-a).
métayer, -ère [meteje, ɛʀ] *nm/f* mezzadro(-a).
métempsychose [metɑ̃psikoz] *nf* metempsicosi *f inv*.
météo [meteo] *nf* (*bulletin*) bollettino meterologico; (*service*) servizio meteorologico.
météore [meteɔʀ] *nm* meteora.
météorite [meteɔʀit] *nm ou f* meteorite *m ou f*.
météorologie [meteɔʀɔlɔʒi] *nf* meteorologia; (*service*) servizio meteorologico.
météorologique [meteɔʀɔlɔʒik] *adj* meteorologico.
météorologiste [meteɔʀɔlɔʒist] *nm/f* meteorologo(-a).
météorologue [meteɔʀɔlɔg] *nm/f* meteorologo(-a).
métèque [metɛk] (*péj*) *nm termine spregiativo per immigrati dell'area del Mediterraneo*.
méthane [metan] *nm* metano.
méthanier [metanje] *nm* metaniera.
méthode [metɔd] *nf* metodo; (*livre, ouvrage*) corso.
méthodique [metɔdik] *adj* metodico(-a).
méthodiquement [metɔdikmɑ̃] *adv* metodicamente.
méthodiste [metɔdist] *adj, nm/f* (*REL*) metodista *m/f*.
méthylène [metilɛn] *nm*: **bleu de ~** blu *m* di metilene.
méticuleux, -euse [metikylø, øz] *adj* meticoloso(-a).
métier [metje] *nm* (*profession, occupation: gén*) mestiere *m*, professione *f*; (*: manuel, artisanal*) mestiere; (*technique, expérience*) pratica, esperienza; (*aussi*: **~ à tisser**) telaio; **être du ~** essere del mestiere.
métis, se [metis] *adj* meticcio(-a) ♦ *nm/f* meticcio(-a).
métisser [metise] *vt* (*animaux, plantes*) incrociare.
métrage [metʀaʒ] *nm* metratura; (*longueur de tissu*) metratura, metraggio; (*CINÉ*) metraggio; **long/moyen/court ~** lungo/medio/corto metraggio.
mètre [mɛtʀ] *nm* metro; **un cent/huit cents ~s** (*SPORT*) i cento/ottocento metri; ▸ **mètre carré** metro quadro *ou* quadrato; ▸ **mètre cube** metro cubo.
métrer [metʀe] *vt* (*terrain etc*) misurare la metratura di; (*CONSTR*) eseguire una perizia di (*per preventivo di lavoro a metratura*).
métreur, -euse [metʀœʀ, øz] *nm/f*: **~ (vérificateur), métreuse (vérificatrice)** geometra *m/f* (*esperto in computo metrico estimativo*).
métrique [metʀik] *adj*: **système ~** sistema *m* metrico ♦ *nf* metrica.
métro [metʀo] *nm* metrò *m inv*, metropolitana.
métronome [metʀɔnɔm] *nm* metronomo.
métropole [metʀɔpɔl] *nf* (*capitale*) metropoli *f inv*; (*pays*) madrepatria (*rispetto ai possedimenti coloniali*).
métropolitain, e [metʀɔpɔlitɛ̃, ɛn] *adj* metropolitano(-a).
mets [mɛ] *vb voir* **mettre** ♦ *nm* piatto, vivanda.
mettable [metabl] *adj* portabile.
metteur [metœʀ] *nm*: **~ en scène** (*THÉÂTRE, CINÉ*) regista *m/f*.
mettre [mɛtʀ] *vt* mettere; (*vêtements*) mettere, mettersi; (*faire fonctionner: chauffage, électricité*) accendere; **se mettre** *vr* (*se placer*) mettersi; **mettre en bouteille/en sac** imbottigliare/insaccare; **mettre en marche** mettere in moto; **mettre en pages** impaginare; **mettre à la poste** imbucare; **mettre au pluriel** mettere al plurale; **mettre du temps/2 heures à faire qch** metterci del tempo/2 ore a fare qc; **mets ton gilet** mettiti il gilè; **faire mettre le gaz/l'électricité** far mettere il gas/l'elettricità; **qu'est-ce qu'il a mis sur la carte?** che cos'ha messo *ou* scritto sulla scheda?; **mettons que ...** mettiamo che ...; **y mettre du sien** (*dépenser, dans une affaire*) metterci del proprio; **où ça se met?** dove si deve mettere?; **se mettre au lit** mettersi a letto; **se mettre qn à dos** inimicarsi qn; **se mettre de l'encre sur les doigts** macchiarsi le dita con l'inchiostro; **se mettre bien/mal avec qn** mettersi bene/male con qn; **se mettre en maillot de bain** mettersi in costume da bagno; **n'avoir rien à se mettre** non avere niente da mettersi; **se mettre à faire** mettersi a fare; **se mettre au piano** (*s'asseoir*) mettersi al piano; (*apprendre*) mettersi a studiare pianoforte; **se mettre au travail/à l'étude** mettersi al lavoro/allo studio; **se mettre au régime** mettersi in dieta.
meublant, e [mœblɑ̃, ɑ̃t] *adj* da arredamento.
meuble [mœbl] *nm* mobile *m*; (*JUR*) bene

m mobile ♦ *adj* (*sol, terre*) friabile; **biens ~s** (*JUR*) beni *mpl* mobili.
meublé, e [mœble] *adj*: **chambre ~e** camera ammobiliata ♦ *nm* (*pièce*) stanza ammobiliata; (*appartement*) appartamento ammobiliato.
meubler [mœble] *vt* arredare; (*fig*) riempire, occupare ♦ *vi* arredare; **se meubler** *vr* arredare la propria casa.
meugler [møgle] *vi* muggire.
meule [møl] *nf* (*à broyer*) macina; (*à aiguiser, à polir*) mola; (*de foin, blé*) covone *m*; (*de fromage*) forma.
meunerie [mønʀi] *nf* (*industrie*) industria molitoria; (*métier*) mestiere *m* del mugnaio.
meunier, -ière [mønje, jɛʀ] *nm* mugnaio (-a) ♦ *nf*: **(à la) meunière** (*sole*) alla mugnaia.
meunière [mønjɛʀ] *nf* cinciarella.
meurs *etc* [mœʀ] *vb voir* **mourir**.
meurtre [mœʀtʀ] *nm* omicidio, assassinio.
meurtrier, -ière [mœʀtʀije, ijɛʀ] *nm/f* omicida *m/f*, assassino(-a) ♦ *adj* micidiale; (*accident*) mortale; (*fureur, instinct*) omicida.
meurtrière [mœʀtʀijɛʀ] *nf* (*ouverture*) feritoia.
meurtrir [mœʀtʀiʀ] *vt* contundere, ammaccare; (*fig*) ferire, straziare.
meurtrissure [mœʀtʀisyʀ] *nf* livido; (*d'un fruit, légume*) ammaccatura; (*fig*) ferita.
meus *etc* [mœ] *vb voir* **mouvoir**.
Meuse [møz] *nf* Mosa.
meute [møt] *nf* (*de chiens*) muta; (*de personnes*) ressa.
meuve [mœv] *vb voir* **mouvoir**.
mévente [mevɑ̃t] *nf* (*COMM*) ristagno delle vendite.
mexicain, e [mɛksikɛ̃, ɛn] *adj* messicano (-a) ♦ *nm/f*: **M~, e** messicano(-a).
Mexico [mɛksiko] *n* Città del Messico.
Mexique [mɛksik] *nm* Messico.
mezzanine [mɛdzanin] *nf* mezzanino.
MF [ɛmɛf] *sigle f* (*RADIO* = *modulation de fréquence*) FM.
Mgr *abr* (= *Monseigneur*) Mons.
mi [mi] *nm* (*MUS*) mi *m inv* ♦ *préf*: **à la ~-janvier** a metà gennaio; **~-bureau, ~-chambre** metà ufficio, metà camera; **à ~-jambes** a mezza gamba; **à ~-corps** a mezzo busto; **à ~-hauteur/-pente** a mezza altezza/collina.
miaou [mjau] *nm* miao *m inv*.
miaulement [mjolmɑ̃] *nm* miagolio.
miauler [mjole] *vi* miagolare.
mi-bas [mibɑ] *nm inv* gambaletto.
mica [mika] *nm* mica.
mi-carême [mikaʀɛm] (*pl* **~-~s**) *nf*: **la ~-~** *il terzo giovedì di Quaresima*.
miche [miʃ] *nf* pagnotta.
mi-chemin [miʃmɛ̃]: **à ~-~** *adv* a metà strada.
mi-clos, e [miklo, kloz] (*pl* **~-~, -es**) *adj* socchiuso(-a), semichiuso(-a).
micmac [mikmak] (*péj*) *nm* imbroglio.
mi-côte [mikot]: **à ~-~** *adv* a mezza costa.
mi-course [mikuʀs]: **à ~-~** *adv* a metà corsa.
micro [mikʀo] *nm* microfono; (*INFORM*) microcomputer *m inv*.
microbe [mikʀɔb] *nm* microbo.
microbiologie [mikʀobjɔlɔʒi] *nf* microbiologia.
microcassette [mikʀokasɛt] *nf* microcassetta.
microchirurgie [mikʀoʃiʀyʀʒi] *nf* microchirurgia.
microclimat [mikʀoklima] *nm* microclima *m*.
microcosme [mikʀɔkɔsm] *nm* microcosmo.
micro-cravate [mikʀokʀavat] (*pl* **~s-~s**) *nm* microfono a cravatta.
micro-économie [mikʀoekɔnɔmi] *nf* microeconomia.
micro-édition [mikʀoedisjɔ̃] *nf* editoria individuale, desk top publishing *m*.
micro-électronique [mikʀoelɛktʀɔnik] *nf* microelettronica.
microfiche [mikʀofiʃ] *nf* microscheda.
microfilm [mikʀofilm] *nm* microfilm *m inv*.
micro-onde [mikʀoɔ̃d] (*pl* **~-~s**) *nf*: **four à ~-~s** forno a microonde.
micro-ordinateur [mikʀoɔʀdinatœʀ] (*pl* **~-~s**) *nm* personal computer *m inv*.
micro-organisme [mikʀoɔʀganism] (*pl* **~-~s**) *nm* microrganismo.
microphone [mikʀɔfɔn] *nm* microfono.
microplaquette [mikʀoplakɛt] *nf* microchip *m inv*.
microprocesseur [mikʀopʀɔsesœʀ] *nm* microprocessore *m*.
microprogrammation [mikʀopʀogʀamasjɔ̃] *nf* microprogrammazione *f*.
microscope [mikʀɔskɔp] *nm* microscopio; ▸ **microscope électronique** microscopio elettronico.
microscopique [mikʀɔskɔpik] *adj* microscopico(-a).
microsillon [mikʀosijɔ̃] *nm* microsolco.
MIDEM [midɛm] *sigle m* = *Marché international du disque et de l'édition musicale*.
midi [midi] *nm* mezzogiorno; **le M~** (*de la France*) il Sud della Francia; **à ~** a mezzogiorno; **tous les ~s** tutti i giorni a mezzogiorno; **le repas de ~** il pasto di mezzogiorno, il pranzo; **en plein ~** (intorno) a mezzogiorno; (*sud*) verso sud.
midinette [midinɛt] (*péj*) *nf* frivola ragazzina di città.

mie [mi] *nf* mollica.
miel [mjɛl] *nm* miele *m*; **être tout** ~ (*fig*) essere tutto(-a) miele.
mielleux, -euse [mjelø, øz] (*péj*) *adj* mellifluo(-a).
mien, ne [mjɛ̃, mjɛn] *adj* mio(-a) ♦ *pron*: **le(la) mien(ne)** il(la) mio(-a); **les ~s/les ~nes** i miei/le mie; **les ~s** (*ma famille*) i miei.
miette [mjɛt] *nf* briciola; **en ~s** (*fig*) in briciole; **ne pas perdre une ~ du discours** non perdere una virgola del discorso.

MOT-CLÉ

mieux [mjø] *adv* **1** (*comparatif*): **mieux (que)** meglio (di); **elle travaille/mange mieux** lavora/mangia meglio; **elle va mieux** sta meglio; **aimer mieux** preferire; **j'attendais mieux de vous** mi aspettavo di più da voi; **qui mieux est** ancora meglio, per di più; **crier à qui mieux mieux** fare a chi grida di più; **de mieux en mieux** di bene in meglio
2 (*superlatif*) meglio; **ce que je sais le mieux** quello che so meglio; **les livres les mieux faits** i libri fatti meglio
♦ *adj* **1** (*plus à l'aise, en meilleure forme*) meglio; **se sentir mieux** sentirsi meglio
2 (*plus satisfaisant, plus joli*) meglio, migliore; **c'est mieux ainsi** è meglio così; **c'est le mieux des deux** è il migliore dei due; **le/la mieux, les mieux** il/la migliore, i(le) migliori; **demandez-lui, c'est le mieux** chiedetelo a lui, è il migliore; **il est mieux sans moustache** sta meglio senza baffi; **il est mieux que son frère** è meglio di suo fratello
3: **au mieux** al massimo; **au mieux avec** in ottimi rapporti con; **pour le mieux** nel modo migliore, per il meglio
♦ *nm* **1** meglio; **faute de mieux** in mancanza di meglio
2: **de mon/ton mieux** del mio/tuo meglio; **faire de son mieux** fare del proprio meglio; **du mieux qu'il peut** meglio che può.

mieux-être [mjøzɛtʀ] *nm inv* maggior benessere *m*.
mièvre [mjɛvʀ] *adj* lezioso(-a), sdolcinato(-a).
mignon, ne [miɲɔ̃, ɔn] *adj* carino(-a).
migraine [migʀɛn] *nf* emicrania.
migrant, e [migʀɑ̃, ɑ̃t] *nm/f* emigrante *m/f* ♦ *adj* emigrato(-a).
migrateur, -trice [migʀatœʀ, tʀis] *adj* migratore(-trice).
migration [migʀasjɔ̃] *nf* migrazione *f*.
mijaurée [miʒɔʀe] *nf* smorfiosa.
mijoter [miʒɔte] *vt* cuocere a fuoco lento; (*préparer*) preparare; (*fig*) architettare ♦ *vi* cuocere a fuoco lento.
mil [mil] *nm* mille *m*.
Milan [milɑ̃] *n* Milano *f*.
milanais, e [milanɛ, ɛz] *adj* milanese ♦ *nm/f*: **M~, e** milanese *m/f*.
mildiou [mildju] *nm* peronospora.
milice [milis] *nf* milizia.
milicien, ne [milisjɛ̃, jɛn] *nm/f* miliziano(-a).
milieu, x [miljø] *nm* mezzo, metà *f inv*; (*centre*) centro; (*fig*: *aussi*: **juste** ~) giusta via di mezzo ♦ *nm* ambiente *m*; (*pègre*): **le** ~ la malavita; **au ~ de** (*champ, fig*: *bruit, danger*) in mezzo a; (*hiver*) in pieno(-a); (*année, repos*) a metà; **au beau** *ou* **en plein ~ (de)** nel bel mezzo di; ▸**milieu de terrain** (*FOOTBALL*: *joueur*) centrocampista *m*; (: *joueurs*) centrocampo.
militaire [militɛʀ] *adj* militare ♦ *nm* militare *m*; **marine/aviation** ~ marina/aviazione *f* militare; **service** ~ servizio militare.
militairement [militɛʀmɑ̃] *adv* militarmente.
militant, e [militɑ̃, ɑ̃t] *adj, nm/f* militante *m/f*.
militantisme [militɑ̃tism] *nm* militanza.
militariser [militaʀize] *vt* militarizzare.
militarisme [militaʀism] (*péj*) *nm* militarismo.
militer [milite] *vi* (*personne*) militare; **~ pour/contre** (*suj*: *personne*) schierarsi a favore di/contro; (: *arguments, raisons*) deporre a favore/sfavore di.
milk-shake [milkʃɛk] (*pl* **~-~s**) *nm* milkshake *m inv*.
mille [mil] *adj inv, nm inv* mille *m* ♦ *adj*: **page** ~ pagina mille ♦ *nm*: ~ **marin** miglio marino *ou* nautico; **mettre dans le** ~ fare centro; *voir aussi* **cinq**.
millefeuille [milfœj] *nm* (*BOT*) millefoglio; (*CULIN*) millefoglie *m inv*.
millénaire [milenɛʀ] *nm* millennio ♦ *adj* (*aussi fig*) millenario(-a).
mille-pattes [milpat] *nm inv* millepiedi *m inv*.
millésime [milezim] *nm* (*date*) millesimo; (*d'un vin*) annata.
millésimé, e [milezime] *adj* millesimato (-a).
millet [mijɛ] *nm* miglio.
milliard [miljaʀ] *nm* miliardo.
milliardaire [miljaʀdɛʀ] *adj, nm/f* miliardario(-a).
millième [miljɛm] *adj, nm/f* millesimo(-a) ♦ *nm* millesimo; *voir aussi* **cinquième**.
millier [milje] *nm* migliaio; **un ~ (de)** un migliaio (di); **par ~s** a migliaia.
milligramme [miligʀam] *nm* milligrammo.
millimètre [milimɛtʀ] *nm* millimetro.
millimétré, e [milimetʀe] *adj*: **papier** ~ carta millimetrata.

million [miljɔ̃] *nm* milione *m*; **deux ~s de** due milioni di.
millionième [miljɔnjɛm] *adj, nm/f* milionesimo(-a) ♦ *nm* milionesimo; *voir aussi* **cinquième**.
millionnaire [miljɔnɛʀ] *adj, nm/f* milionario(-a).
mi-lourd [miluʀ] (*pl* ~-~**s**) *adj* (*SPORT*) mediomassimo(-a) ♦ *nm* (*SPORT*) mediomassimo.
mime [mim] *nm/f* mimo *m* ♦ *nm* arte *f* del mimo, mimica.
mimer [mime] *vt* mimare; (*singer*) fare l'imitazione di.
mimétisme [mimetism] *nm* mimetismo.
mimique [mimik] *nf* mimica.
mimosa [mimoza] *nm* mimosa.
mi-moyen [mimwajɛ̃] (*pl* ~-~**s**) *adj* (*SPORT*) medioleggero(-a) ♦ *nm* (*SPORT*) medioleggero.
MIN [min] *sigle m* (= *Marché d'intérêt national*) *mercato all'ingrosso di frutta, verdura e prodotti agricoli.*
min. *abr* (= *minimum*) min.
minable [minabl] *adj* pietoso(-a).
minaret [minaʀɛ] *nm* minareto.
minauder [minode] *vi* fare moine *ou* smorfie.
minauderies [minodʀi] *nfpl* moine *fpl*, smancerie *fpl*.
mince [mɛ̃s] *adj* sottile; (*fig: profit, connaissance*) scarso(-a), magro(-a); (*: prétexte*) debole ♦ *excl*: ~ **alors**! accidenti!
minceur [mɛ̃sœʀ] *nf* sottigliezza.
mincir [mɛ̃siʀ] *vi* dimagrire.
mine [min] *nf* (*figure, physionomie*) faccia; (*extérieur, dehors*) aria, aspetto; (*d'un crayon, explosif*) mina; (*gisement, fig: ressource*) miniera; ~**s** *nfpl* (*péj*) smorfie *fpl*, moine *fpl*; **les M~s** (*ADMIN*) *ente preposto allo studio del terreno e del sottosuolo*; **tu as une bonne ~ aujourd'hui** ti trovo bene oggi; **avoir mauvaise ~** avere una brutta cera; **faire grise ~ à qn** accogliere qn freddamente; **faire ~ de faire** far finta di fare; **ne pas payer de ~** non sembrare un granché; ~ **de rien** come se niente fosse; ▶ **mine à ciel ouvert** miniera a cielo aperto; ▶ **mine de charbon** miniera di carbone.
miner [mine] *vt* corrodere, erodere; (*MIL, forces, santé*) minare.
minerai [minʀɛ] *nm* minerale *m*.
minéral, e, -aux [mineʀal, o] *adj* minerale ♦ *nm* minerale *m*.
minéralier [mineʀalje] *nm* (*bateau*) nave *f* da carico per minerali.
minéralisé, e [mineʀalize] *adj* mineralizzato(-a).
minéralogie [mineʀalɔʒi] *nf* mineralogia.
minéralogique [mineʀalɔʒik] *adj* mineralogico(-a); **plaque ~** targa di immatricolazione; **numéro ~** numero di immatricolazione.
minet, te [minɛ, ɛt] *nm/f* micino(-a), gattino(-a); (*péj*) fichetto(-a).
mineur, e [minœʀ] *adj* minore; (*personne*) minorenne ♦ *nm/f* (*JUR*) minore *m/f*, minorenne *m/f* ♦ *nm* minatore *m*; (*MIL*) geniere *m* guastatore; ▶ **mineur de fond** minatore in sotterraneo.
miniature [minjatyʀ] *adj* in miniatura ♦ *nf* miniatura; **en ~** (*fig*) in miniatura.
miniaturisation [minjatyʀizasjɔ̃] *nf* miniaturizzazione *f*.
miniaturiser [minjatyʀize] *vt* miniaturizzare.
miniaturiste [minjatyʀist] *nm/f* miniaturista *m/f*.
minibus [minibys] *nm* minibus *m inv*, pulmino.
mini-cassette [minikasɛt] (*pl* ~-~**s**) *nf* cassetta.
minichaîne [miniʃɛn] *nf* mini impianto stereo.
minier, -ière [minje, jɛʀ] *adj* minerario (-a); (*pays*) di miniere.
mini-jupe [miniʒyp] (*pl* ~-~**s**) *nf* minigonna.
minimal, e, -aux [minimal, o] *adj* minimo(-a).
minimaliste [minimalist] *adj, nm/f* minimalista *m/f*.
minime [minim] *adj* (*fait*) insignificante; (*salaire, perte*) irrisorio(-a) ♦ *nm/f* (*SPORT*) giovane atleta *m/f* (*tra i 13 e 15 anni*).
minimiser [minimize] *vt* minimizzare.
minimum [minimɔm] *adj* minimo(-a) ♦ *nm* minimo; **un ~ de** un minimo di; **au ~** come minimo, almeno; ▶ **minimum vital** salario minimo; (*niveau de vie*) livello minimo di sussistenza.
mini-ordinateur [miniɔʀdinatœʀ] (*pl* ~-~**s**) *nm* minicomputer *m inv*.
ministère [ministɛʀ] *nm* (*POL, REL*) ministero; ▶ **ministère public** (*JUR*) pubblico ministero.
ministériel, le [ministeʀjɛl] *adj* ministeriale; (*député*) della maggioranza; (*journal*) filogovernativo(-a).
ministrable [ministʀabl] *adj* (*député*) che può assumere la carica di ministro.
ministre [ministʀ] *nm* (*POL, REL*) ministro; ▶ **ministre d'État** ministro senza portafoglio.
Minitel ® [minitɛl] *nm sistema informativo di videotext*, ≈ Videotel.
minium [minjɔm] *nm* minio.
minois [minwa] *nm* visetto, musetto.
minorer [minɔʀe] *vt* (*minimiser*) minimizzare; (*diminuer: prix*) diminuire; (*sous-évaluer: bénéfices*) sottovalutare.

minoritaire [minɔʀitɛʀ] *adj* minoritario(-a).
minorité [minɔʀite] *nf* minoranza; (*d'une personne*) minore età; **être en ~** essere in minoranza; **mettre en ~** (*POL*) mettere in minoranza.
Minorque [minɔʀk] *nf* Minorca.
minorquin, e [minɔʀkɛ̃, in] *adj* di Minorca.
minoterie [minɔtʀi] *nf* mulino (industriale).
minotier [minɔtje] *nm* proprietario di un mulino industriale.
minuit [minɥi] *nm* mezzanotte *f*.
minuscule [minyskyl] *adj* minuscolo(-a) ♦ *nf*: **(lettre) ~** (lettera) minuscola.
minutage [minytaʒ] *nm* tempi *mpl*, tabella di marcia; (*d'une émission*) minutaggio.
minute [minyt] *nf* minuto; (*instant*) istante *m*, momento; (*JUR*) originale *m* ♦ *excl*: ~! un momento!; **d'une ~ à l'autre** da un momento all'altro, a momenti; **à la ~** all'istante, sull'istante; **entrecôte/steak ~** costata/bistecca cucinata sul momento.
minuter [minyte] *vt* calcolare al minuto.
minuterie [minytʀi] *nf* minuteria.
minuteur [minytœʀ] *nm* timer *m inv*.
minutie [minysi] *nf* minuziosità *f inv*.
minutieusement [minysjøzmɑ̃] *adv* minuziosamente.
minutieux, -euse [minysjø, jøz] *adj* minuzioso(-a).
mioche [mjɔʃ] (*fam*) *nm* moccioso(-a), marmocchio(-a).
mirabelle [miʀabɛl] *nf* mirabella; (*eau de vie*) acquavite *f* di mirabella.
miracle [miʀɑkl] *nm* miracolo; **faire/accomplir des ~s** fare/compiere miracoli.
miraculé, e [miʀakyle] *adj* miracolato(-a).
miraculeux, -euse [miʀakylø, øz] *adj* miracoloso(-a).
mirador [miʀadɔʀ] *nm* torretta di osservazione.
mirage [miʀaʒ] *nm* miraggio.
mire [miʀ] *nf* (*d'un fusil*) mira; (*TV*) monoscopio; **point de ~** bersaglio; (*fig*) polo di attrazione; **ligne de ~** linea di mira.
mirent [miʀ] *vb voir* **mettre**.
mirer [miʀe] *vt* (*œufs*) sperare, guardare in trasparenza; **se mirer** *vr*: **se ~ dans** (*suj*: *personne*) mirarsi in; (: *chose*) riflettersi in.
mirifique [miʀifik] *adj* mirabile.
mirobolant, e [miʀɔbɔlɑ̃, ɑ̃t] *adj* mirabolante.
miroir [miʀwaʀ] *nm* specchio.
miroiter [miʀwate] *vi* luccicare, scintillare; **faire ~ qch à qn** far balenare qc davanti agli occhi di qn.
miroiterie [miʀwatʀi] *nf* (*usine*) fabbrica di specchi; (*magasin*) negozio di specchi.
mis, e [mi, miz] *pp de* **mettre** ♦ *adj* (*couvert, table*) apparecchiato(-a); **bien/mal ~** (*personne*) vestito(-a) bene/male.
misaine [mizɛn] *nf*: **mât de ~** albero di trinchetto.
misanthrope [mizɑ̃tʀɔp] *adj, nm/f* misantropo(-a).
mise [miz] *nf* (*argent*: *au jeu*) posta, puntata; (*tenue*) abbigliamento, tenuta; **être de ~** essere opportuno(-a); ► **mise à feu** accensione *f*; ► **mise à jour** aggiornamento; ► **mise à mort** uccisione *f*; ► **mise à pied** sospensione *f* dal lavoro; ► **mise à prix** prezzo *m* base *inv*; ► **mise au point** (*PHOTO*) messa a fuoco; (*fig*) chiarimento; ► **mise de fonds** apporto di capitale; ► **mise en bouteilles** imbottigliamento; ► **mise en plis** messa in piega; ► **mise en scène** realizzazione *f*, regia; ► **mise en service** entrata in funzione; ► **mise sur pied** realizzazione *f*.
miser [mize] *vt* (*enjeu*) puntare; **~ sur** *vt* puntare su; (*fig*) contare su.
misérable [mizeʀabl] *adj* miserabile, misero(-a); (*honteux, mesquin*) miserabile ♦ *nm/f* miserabile *m/f*, disgraziato(-a).
misère [mizɛʀ] *nf* miseria; **~s** *nfpl* (*malheurs, peines*) miserie *fpl*; (*ennuis*) noie *fpl*; **être dans la ~** essere in miseria; **salaire de ~** salario da fame; **faire des ~s à qn** fare dispetti a qn; ► **misère noire** miseria nera.
miséreux, -euse [mizeʀø, øz] *adj* povero(-a).
miséricorde [mizeʀikɔʀd] *nf* misericordia.
miséricordieux, -euse [mizeʀikɔʀdjø, jøz] *adj* misericordioso(-a).
misogyne [mizɔʒin] *adj* misogino(-a).
missel [misɛl] *nm* messale *m*.
missile [misil] *nm* missile *m*; ► **missile autoguidé/balistique** missile autoguidato/balistico; ► **missile de croisière/stratégique** missile da crociera/strategico.
mission [misjɔ̃] *nf* missione *f*; **partir en ~** (*ADMIN, POL*) andare in missione; ► **mission de reconnaissance** (*MIL*) missione di ricognizione.
missionnaire [misjɔnɛʀ] *nm/f* (*REL*) missionario(-a).
missive [misiv] *nf* missiva.
mistral [mistʀal] *nm* maestrale *m*.
mit [mi] *vb voir* **mettre**.
mitaine [mitɛn] *nf* mezzoguanto.
mite [mit] *nf* tarma.
mité, e [mite] *adj* tarmato(-a).
mi-temps [mitɑ̃] *nf* (*SPORT*: *période*) tempo; (: *pause*) intervallo; **à ~-~** (*travailler, travail*) part-time *inv*, a mezza giornata.
miteux, -euse [mitø, øz] *adj* misero(-a), miserabile.
mitigé, e [mitiʒe] *adj* moderato(-a).

mitonner [mitɔne] *vt* preparare con cura.
mitoyen, ne [mitwajɛ̃, jɛn] *adj* (*mur, cloison*) divisorio(-a); (*JUR*) di proprietà comune; **maisons ~nes** case confinanti *ou* attigue.
mitraille [mitʀɑj] *nf* mitraglia.
mitrailler [mitʀɑje] *vt* mitragliare; (*photographier*) bombardare di fotografie.
mitraillette [mitʀɑjɛt] *nf* mitra.
mitrailleur [mitʀɑjœʀ] *nm* mitragliere *m* ♦ *adj m*: **fusil ~** fucile *m* mitragliatore.
mitrailleuse [mitʀɑjøz] *nf* mitragliatrice *f*.
mitre [mitʀ] *nf* (*REL*) mitra.
mitron [mitʀɔ̃] *nm* garzone *m* (*di fornaio o pasticcere*).
mi-voix [mivwa]: **à ~-~** *adv* sottovoce, a bassa voce.
mixage [miksaʒ] *nm* (*CINÉ*) missaggio, mixage *m inv*.
mixer, mixeur [miksœʀ] *nm* (*CULIN*) sbattitore *m*.
mixité [miksite] *nf* (*SCOL*) promiscuità.
mixte [mikst] *adj* misto(-a); **à usage ~** a doppio uso; **cuisinière ~** cucina con fornelli a gas ed elettrici.
mixture [mikstyʀ] *nf* mistura; (*boisson*: *péj*) intruglio; (*fig*) miscuglio.
MJC [ɛmʒise] *sigle f = maison des jeunes et de la culture*.
ml *abr* (= *millilitre*) ml.
MLF [ɛmɛlɛf] *sigle m* = **Mouvement de libération de la femme**.
Mlle (*pl* **~s**) *abr* (= *Mademoiselle*) sig.na.
MM *abr* (= *Messieurs*) Sigg.
mm *abr* (= *millimètre*) mm.
Mme (*pl* **~s**) *abr* (= *Madame*) Sig.ra.
mn *abr* (= *minute*) min.
mnémotechnique [mnemotɛknik] *adj* mnemonico(-a).
Mo *abr* = **méga-octet**.
mobile [mɔbil] *adj* mobile; (*population*) nomade ♦ *nm* (*cause, motif*) movente *m*, motivo; (*œuvre d'art*) mobile *m inv*; (*PHYS*) mobile *m*.
mobilier, -ière [mɔbilje, jɛʀ] *adj* (*JUR*) mobiliare ♦ *nm* mobilio, mobili *mpl*; **effets ~s** valori *mpl* mobiliari; **valeurs mobilières** titoli *mpl* mobiliari; **vente mobilière** vendita mobiliare; **saisie mobilière** (*JUR*) sequestro di beni mobili.
mobilisable [mɔbilizabl] *adj* che può essere mobilitato(-a).
mobilisation [mɔbilizasjɔ̃] *nf* mobilitazione *f*; ▶ **mobilisation générale** mobilitazione generale.
mobiliser [mɔbilize] *vt* (*MIL, fig*) mobilitare.
mobilité [mɔbilite] *nf* mobilità *f inv*.
mobylette ® [mɔbilɛt] *nf* motorino.
mocassin [mɔkasɛ̃] *nm* mocassino.
moche [mɔʃ] (*fam*) *adj* brutto(-a).
modalité [mɔdalite] *nf* modalità *f inv*; ▶ **modalités de paiement** modalità *fpl* di pagamento.
mode [mɔd] *nf* moda ♦ *nm* (*de production, d'exploitation*) metodo; (*LING, MUS, INFORM*) modo; **travailler dans la ~** (*commerce, industrie*) lavorare nel settore della moda; **à la ~** di moda; ▶ **mode d'emploi** istruzioni *fpl* (per l'uso); ▶ **mode de paiement** modalità *fpl* di pagamento; ▶ **mode de vie** stile *m* di vita; ▶ **mode dialogué** (*INFORM*) modo conversazionale.
modelage [mɔd(ə)laʒ] *nm* modellatura.
modèle [mɔdɛl] *nm* modello; (*ART*: *sujet*) soggetto; (: *personne qui pose*) modello (-a) ♦ *adj* modello *inv*; ▶ **modèle courant** *ou* **de série** (*COMM*) modello di serie; ▶ **modèle déposé** (*COMM*) modello depositato; ▶ **modèle réduit** modello in scala ridotta.
modelé [mɔd(ə)le] *nm* (*ART*) modellato; (*GÉO*) rilievo.
modeler [mɔd(ə)le] *vt* modellare; **~ qch sur/d'après** modellare qc su.
modélisation [mɔdelizasjɔ̃] *nf* elaborazione *f* di un modello matematico.
modéliste [mɔdelist] *nm/f* modellista *m/f*.
modem [mɔdɛm] *nm* modem *m inv*.
Modène [mɔdɛn] *n* Modena.
modérateur, -trice [mɔdeʀatœʀ, tʀis] *adj, nm/f* moderatore(-trice).
modération [mɔdeʀasjɔ̃] *nf* moderazione *f*; ▶ **modération de peine** mitigazione *f ou* riduzione *f* della pena.
modéré, e [mɔdeʀe] *adj* moderato(-a); (*prix*) modico(-a) ♦ *nm/f* (*POL*) moderato(-a).
modérément [mɔdeʀemɑ̃] *adv* moderatamente.
modérer [mɔdeʀe] *vt* moderare; **se modérer** *vr* moderarsi.
moderne [mɔdɛʀn] *adj* moderno(-a) ♦ *nm* (*ART*) moderno, arte *f* moderna; (*ameublement*): **le ~** il moderno, lo stile moderno.
modernisation [mɔdɛʀnizasjɔ̃] *nf* (*v vt*) rimodernamento; modernizzazione *f*.
moderniser [mɔdɛʀnize] *vt* (*intérieur*) rimodernare; (*équipement, procédé*) modernizzare; **se moderniser** *vr* modernizzarsi.
modernisme [mɔdɛʀnism] *nm* modernismo.
modernité [mɔdɛʀnite] *nf* modernità *f inv*.
modeste [mɔdɛst] *adj* modesto(-a).
modestement [mɔdɛstəmɑ̃] *adv* modestamente.
modestie [mɔdɛsti] *nf* modestia; **fausse ~** falsa modestia.
modicité [mɔdisite] *nf* modicità.

modifiable [mɔdifjabl] *adj* modificabile.
modification [mɔdifikasjɔ̃] *nf* modifica.
modifier [mɔdifje] *vt* modificare; **se modifier** *vr* modificarsi.
modique [mɔdik] *adj* modico(-a).
modiste [mɔdist] *nf* modista.
modulaire [mɔdylɛʀ] *adj* modulare.
modulation [mɔdylasjɔ̃] *nf* modulazione *f*; ▸ **modulation de fréquence** modulazione di frequenza.
module [mɔdyl] *nm* modulo; ▸ **module lunaire** modulo lunare.
moduler [mɔdyle] *vt* modulare; (*adapter*) adattare.
moelle [mwal] *nf* midollo; **jusqu'à la ~** (*fig*) fino al midollo; ▸ **moelle épinière** midollo spinale.
moelleux, -euse [mwalø, øz] *adj* (*étoffe, siège*) morbido(-a), soffice; (*vin*) pastoso(-a); (*voix, son, chocolat*) vellutato(-a).
moellon [mwalɔ̃] *nm* pietra da costruzione.
mœurs [mœʀ] *nfpl* condotta *fsg*; (*manières*) modi *mpl*, maniere *fpl*; (*pratiques sociales*) costumi *mpl*, usanze *fpl*; (*mode de vie*) stile *msg* di vita, abitudini *fpl*; (*d'une espèce animale*) abitudini *fpl*; **femme de mauvaises ~** donna da facili costumi; **passer dans les ~** entrare nel costume; **contraire aux bonnes ~** contrario alla morale.
Mogadiscio [mogadiʃjo] *n* Mogadiscio.
mohair [mɔɛʀ] *nm* mohair *m inv*.
moi [mwa] *pron* (*sujet*) io; (*objet direct*) mi; (*objet indirect*) me ♦ *nm* (*PSYCH*) io *m inv*; **c'est ~ qui l'ai fait** l'ho fatto io; **c'est ~ que vous avez appelé?** mi ha chiamato?; **apporte-le-~** portamelo; **donnez m'en** datemene; **avec ~** con me; **~, je...** io ... .
moignon [mwaɲɔ̃] *nm* (*d'un bras*) moncherino; (*d'un arbre, d'une branche*) troncone *m*; (*membre rudimentaire*) moncone *m*.
moi-même [mwamɛm] *pron* io stesso(-a); (*complément*) me stesso(-a).
moindre [mwɛ̃dʀ] *adj* (*comparatif*) minore, inferiore; (*superlatif*) minimo(-a); **le/la ~ de** il/la minore di; **c'est la ~ des choses** mi sembra il minimo.
moindrement [mwɛ̃dʀəmɑ̃] *adv* minimamente.
moine [mwan] *nm* monaco, frate *m*.
moineau, x [mwano] *nm* passero.

MOT-CLÉ

moins [mwɛ̃] *adv* **1** (*comparatif*): **moins (que)** meno (di); **il a 3 ans de moins que moi** ha 3 anni meno di me; **moins grand que** meno grande di; **moins je travaille, mieux je me porte** meno lavoro meglio sto
2 (*superlatif*): **le moins** meno; **c'est ce que j'aime le moins** è ciò che mi piace meno; **le moins doué** il meno dotato; **la moins douée** la meno dotata; **au moins, du moins** almeno; **pour le moins** perlomeno
3: **moins de** (*quantité, nombre*) meno; **moins de sable/d'eau** meno sabbia/acqua; **moins de livres/gens** meno libri/gente; **moins de 2 ans/100 F** meno di 2 anni/100 franchi; **moins de midi** non ancora mezzogiorno
4: **de/en moins** in meno; **100 F/3 jours de moins** 100 franchi/3 giorni in meno; **trois livres en moins** tre libri in meno; **de l'argent en moins** soldi in meno; **le soleil en moins** senza il sole; **de moins en moins** sempre meno
5: **à moins de** *conj* a meno di; **à moins que** *conj* a meno che; **à moins de faire** a meno che non si faccia; **à moins que tu ne fasses** a meno che tu non faccia; **à moins d'un accident** salvo incidenti
♦ *prép*: **4 moins 2** 4 meno 2; **il est moins 10** mancano 10; **il fait moins 5** siamo a meno cinque
♦ *conj*: **moins 2** meno 2.

moins-value [mwɛ̃valy] (*pl* **~-~s**) *nf* (*ÉCON, COMM*) minusvalenza.
moire [mwaʀ] *nf* tessuto marezzato.
moiré, e [mwaʀe] *adj* (*tissu, papier*) marezzato(-a); (*reflets*) cangiante.
mois [mwa] *nm* mese *m*; (*salaire, somme due*) mensilità *f inv*, mensile *m*; **treizième ~** (*COMM*) tredicesima; **double ~** (*COMM*) doppia mensilità.
moïse [mɔiz] *nm* culla di vimini.
moisi, e [mwazi] *adj* ammuffito(-a) ♦ *nm* muffa.
moisir [mwaziʀ] *vi* (*aussi fig*) ammuffire, fare la muffa ♦ *vt* fare ammuffire.
moisissure [mwazisyʀ] *nf* muffa.
moisson [mwasɔ̃] *nf* mietitura; (*céréales*) messe *f*, raccolto; **une ~ de souvenirs** una folla di ricordi; **une ~ de renseignements** una messe di informazioni.
moissonner [mwasɔne] *vt* mietere.
moissonneur, -euse [mwasɔnœʀ, øz] *nm/f* mietitore(-trice).
moissonneuse [mwasɔnøz] *nf* mietitrice *f*.
moissonneuse-batteuse [mwasɔnøzbatøz] (*pl* **~s-~s**) *nf* mietitrebbiatrice *f*.
moissonneuse-lieuse [mwasɔnøzljøz] (*pl* **~s-~s**) *nf* mietilegatrice *f*.
moite [mwat] *adj* (*peau, mains*) umidiccio(-a); (*atmosphère, chaleur*) umido(-a).
moitié [mwatje] *nf* metà *f inv*; **sa ~** (*épouse*) la sua metà; **la ~ de** la metà di; **la ~ du temps/des gens** la metà del tempo/della gente; **à la ~ de** a metà di; **~ moins**

grand alto la metà; ~ **plus long** di metà più lungo; **à** ~ a metà; **à** ~ **prix** a metà prezzo; **se mettre de** ~ partecipare per metà; ~ ~ metà e metà.

moka [mɔka] *nm* (*café*) moca *m inv*; (*gâteau*) dolce *m* al caffè.

mol [mɔl] *adj voir* **mou**.

molaire [mɔlɛʀ] *nf* molare *m*.

moldave [mɔldav] *adj* moldavo(-a).

Moldavie [mɔldavi] *nf* Moldavia.

môle [mol] *nm* molo.

moléculaire [mɔlekylɛʀ] *adj* molecolare.

molécule [mɔlekyl] *nf* molecola.

moleskine [mɔlɛskin] *nf* finta pelle *f*.

molester [mɔlɛste] *vt* (*brutaliser*) malmenare.

molette [mɔlɛt] *nf* (*outil*) mola; (*roulette*) regolatore *m*.

mollasse [mɔlas] *adj* (*péj*: *sans énergie*) fiacco(-a); (: *flasque*) molliccio(-a), flaccido(-a).

molle [mɔl] *adj f voir* **mou**.

mollement [mɔlmɑ̃] *adv* (*couché*) mollemente; (*protester*) timidamente; (*péj*) svogliatamente.

mollesse [mɔlɛs] *nf* morbidezza; (*fig*) mollezza, debolezza.

mollet [mɔlɛ] *nm* (*ANAT*) polpaccio ♦ *adj m*: **œuf** ~ uovo bazzotto.

molletière [mɔltjɛʀ] *adj f*: **bande** ~ mollettiera.

molleton [mɔltɔ̃] *nm* mollettone *m*.

molletonné, e [mɔltɔne] *adj* felpato(-a).

mollir [mɔliʀ] *vi* (*jambes, fig*: *personne*) cedere; (*NAUT*: *vent*) calare; (*fig*: *courage, résolution*) venir meno.

mollusque [mɔlysk] *nm* mollusco.

molosse [mɔlɔs] *nm* molosso.

môme [mom] (*fam*) *nm/f* (*enfant*) ragazzino(-a) ♦ *nf* (*fille, femme*) tipa.

moment [mɔmɑ̃] *nm* momento; **ce n'est pas le** ~ non è il momento; **à un certain** ~ a un certo momento; **à un** ~ **donné** a un certo punto; **à quel** ~? in che momento?; **au même** ~ nello stesso momento; **pour un bon** ~ per un bel po'; **pour le** ~ per il momento; **au** ~ **de** al momento di; **au** ~ **où** nel momento in cui; **à tout** ~ tutti i momenti; (*continuellement*) continuamente; **en ce** ~ in questo momento; **sur le** ~ al momento; **par** ~**s** a tratti; **d'un** ~ **à l'autre** da un momento all'altro; **du** ~ **où** *ou* **que** dal momento che; **n'avoir pas un** ~ **à soi** non aver un momento per sé; **derniers** ~**s** ultimi momenti.

momentané, e [mɔmɑ̃tane] *adj* momentaneo(-a).

momentanément [mɔmɑ̃tanemɑ̃] *adv* momentaneamente.

momie [mɔmi] *nf* mummia.

mon [mɔ̃], **ma** [ma] (*pl* **mes**) *dét* (il) mio, (la) mia, (i) miei, (le) mie; ~ **père** mio padre; **ma maison** casa mia, la mia casa; **mes gants** i miei guanti; **une de mes amies** una mia amica.

monacal, e, -aux [mɔnakal, o] *adj* monacale.

Monaco [mɔnako] *nm*: **(la principauté de)** ~ (il principato di) Monaco.

monarchie [mɔnaʀʃi] *nf* monarchia; ▸ **monarchie absolue/parlementaire** monarchia assoluta/parlamentare.

monarchiste [mɔnaʀʃist] *adj, nm/f* monarchico(-a).

monarque [mɔnaʀk] *nm* monarca *m*.

monastère [mɔnastɛʀ] *nm* monastero.

monastique [mɔnastik] *adj* monastico(-a).

monceau, x [mɔ̃so] *nm* mucchio.

mondain, e [mɔ̃dɛ̃, ɛn] *adj* mondano(-a); (*peintre, écrivain*) che frequenta l'alta società ♦ *nm/f* mondano(-a); **carnet** ~ cronaca mondana.

mondaine [mɔ̃dɛn] *nf*: **la M**~, **la police** ~ *squadra antidroga e del buoncostume*.

mondanités [mɔ̃danite] *nfpl* mondanità *f inv*; (*PRESSE*) cronaca mondana.

monde [mɔ̃d] *nm* mondo; **le beau/grand** ~ il bel/gran mondo; **il y a du** ~ (*beaucoup de gens*) c'è molta gente; (*quelques personnes*) c'è gente; **y a-t-il du** ~ **dans le salon?** c'è qualcuno in salotto?; **beaucoup/peu de** ~ molta/poca gente; **mettre au** ~ mettere al mondo; **l'autre** ~ l'altro mondo; **tout le** ~ tutti *mpl*; **pas le moins du** ~ per niente, affatto; **se faire un** ~ **de qch** dare un'importanza esagerata a qc; **tour du** ~ giro del mondo; **homme/femme du** ~ uomo/donna di mondo.

mondial, e, -aux [mɔ̃djal, o] *adj* mondiale.

mondialement [mɔ̃djalmɑ̃] *adv* universalmente, in tutto il mondo.

mondialisation [mɔ̃djalizasjɔ̃] *nf* mondializzazione *f*.

mondovision [mɔ̃dɔvizjɔ̃] *nf* mondovisione *f*.

monégasque [mɔnegask] *adj* monegasco (-a) ♦ *nm/f*: **M**~ monegasco(-a).

monétaire [mɔnetɛʀ] *adj* monetario(-a).

monétarisme [mɔnetaʀism] *nm* monetarismo.

monétique [mɔnetik] *nf* monetica.

mongol, e [mɔ̃gɔl] *adj* mongolo(-a) ♦ *nm/f*: **M**~, **e** mongolo(-a).

Mongolie [mɔ̃gɔli] *nf* Mongolia.

mongolien, ne [mɔ̃gɔljɛ̃, jɛn] *adj, nm/f* mongoloide *m/f*.

mongolisme [mɔ̃gɔlism] *nm* mongolismo.

moniteur, -trice [mɔnitœʀ, tʀis] *nm/f* (*de ski*) maestro(-a); (*d'éducation physique*) istruttore(-trice); (*de colonie de vacances*) animatore(-trice) ♦ *nm* (*MÉD*): ~ **cardiaque** monitor *m inv* cardiaco; (*INFORM*) monitor *m inv*; ▸ **moniteur d'auto-école**

istruttore *m* di guida.
monitorage [mɔnitɔʀaʒ] *nm* monitoraggio; **faire le ~ de** monitorare.
monitorat [mɔnitɔʀa] *nm* (*formation*) formazione *f* degli istruttori; (*fonction*) funzione *f* di istruttore.
monnaie [mɔnɛ] *nf* moneta; **avoir de la ~** avere moneta *ou* spiccioli *mpl*; **faire de la ~** cambiare; **avoir/faire la ~ de 20F** avere da cambiare/cambiare 20 franchi; **faire/donner à qn la ~ de 20F** cambiare 20 franchi a qn; **rendre à qn la ~ (sur 20F)** dare a qn il resto (di 20 franchi); **servir de ~ d'échange** (*fig*) servire da moneta di scambio; **payer en ~ de singe** ripagare solo a chiacchiere; **c'est ~ courante** è (cosa) di ordinaria amministrazione; ▸ **monnaie légale** moneta legale.
monnayable [mɔnɛjabl] *adj* convertibile in denaro.
monnayer [mɔneje] *vt* (*terrain, valeur*) convertire in denaro; (*génie, talent*) far fruttare.
monnayeur [mɔnɛjœʀ] *nm voir* **faux**.
mono [mɔnɔ] *abr* mono.
monochrome [mɔnokʀom] *adj* monocromo(-a).
monocle [mɔnɔkl] *nm* monocolo.
monocoque [mɔnɔkɔk] *adj*: **voiture ~** automobile *f* a scocca portante ♦ *nm* battello a scafo unico.
monocorde [mɔnɔkɔʀd] *adj* monocorde.
monoculture [mɔnokyltyʀ] *nf* monocoltura.
monogamie [mɔnɔgami] *nf* monogamia.
monogramme [mɔnɔgʀam] *nm* monogramma *m*.
monokini [mɔnɔkini] *nm* monokini *m inv*.
monolingue [mɔnɔlɛ̃g] *adj* monolingue.
monolithique [mɔnɔlitik] *adj* monolitico (-a).
monologue [mɔnɔlɔg] *nm* monologo; ▸ **monologue intérieur** monologo interiore.
monologuer [mɔnɔlɔge] *vi* fare un monologo.
monôme [mɔnom] *nm* (*MATH*) monomio; (*file d'étudiants*) corteo di studenti (*che formano una fila tenendosi per le spalle*).
monoparental, e, -aux [mɔnopaʀɑ̃tal, o] *adj* monogenitore *inv*.
monophasé, e [mɔnɔfɑze] *adj* monofase.
monophonie [mɔnɔfɔni] *nf* monofonia.
monoplace [mɔnoplas] *adj* monoposto *inv* ♦ *nm* (*avion*) monoposto *m inv* ♦ *nf* (*voiture*) monoposto *f inv*.
monoplan [mɔnoplɑ̃] *nm* monoplano.
monopole [mɔnɔpɔl] *nm* monopolio.
monopolisation [mɔnɔpɔlizasjɔ̃] *nf* monopolizzazione *f*.
monopoliser [mɔnɔpɔlize] *vt* monopolizzare.
monorail [mɔnoʀɑj] *nm* monorotaia.
monoski [mɔnoski] *nm* monoscì *m inv*.
monosyllabe [mɔnosi(l)lab] *nm* monosillabo.
monosyllabique [mɔnosi(l)labik] *adj* monosillabico(-a).
monotone [mɔnɔtɔn] *adj* monotono(-a).
monotonie [mɔnɔtɔni] *nf* monotonia.
monseigneur [mɔ̃sɛɲœʀ] *nm* monsignore *m*; (*cardinal*) eminenza; **Mgr Thomas** Mons. Thomas.
Monsieur [məsjø] (*pl* **Messieurs**) *nm* signore *m*; **~ Dupont** il signor Dupont; **occupez-vous de ~** si occupi del signore; **bonjour ~** buongiorno (signore); **~** (*sur lettre*) Egregio Signore; **cher ~** caro signore; (*sur lettre*) Gentile Signore; **Messieurs** (i) signori.
monstre [mɔ̃stʀ] *nm* mostro ♦ *adj* (*fam*) mostruoso(-a), enorme; **un travail ~** un lavoro mostruoso; ▸ **monstre sacré** mostro sacro.
monstrueux, -euse [mɔ̃stʀyø, øz] *adj* mostruoso(-a).
monstruosité [mɔ̃stʀyozite] *nf* mostruosità *f inv*; (*MÉD*) grave deformazione *f ou* malformazione *f*.
mont [mɔ̃] *nm*: **par ~s et par vaux** per monti e per valli; **le ~ de Vénus** il monte di Venere; **le M~ Blanc** il Monte Bianco.
montage [mɔ̃taʒ] *nm* montaggio; (*d'une affaire financière*) organizzazione *f*; (*ÉLEC*) collegamento; ▸ **montage sonore** montaggio sonoro.
montagnard, e [mɔ̃taɲaʀ, aʀd] *adj, nm/f* montanaro(-a).
montagne [mɔ̃taɲ] *nf* montagna; **une ~ de** (*fig*: *quantité*) una montagna di; **la haute/moyenne ~** l'alta/la media montagna; **les ~s Rocheuses** le montagne Rocciose; ▸ **montagnes russes** montagne russe.
montagneux, -euse [mɔ̃taɲø, øz] *adj* montuoso(-a).
montalbanais, e [mɔ̃talbane, ez] *adj* di Montauban ♦ *nm/f*: **M~, e** abitante *m/f* di Montauban.
montant, e [mɔ̃tɑ̃, ɑ̃t] *adj* (*mouvement*) ascendente; (*chemin*) in salita; (*robe, corsage*) accollato(-a); (*col, marée*) alto(-a) ♦ *nm* (*somme, total*) importo, ammontare *m*; (*d'une fenêtre*) stipite *m*; (*d'un lit*) spalliera; (*d'une échelle*) montante *m*.
mont-de-piété [mɔ̃dpjete] (*pl* **~s-~-~**) *nm* monte *m* di pietà.
monte [mɔ̃t] *nf* monta.
monté, e [mɔ̃te] *adj*: **être ~ contre qn** avercela con qn; **~ en** (*fourni, équipé*) (ri)fornito(-a) di; **~ sur** salito(-a) su.
monte-charge [mɔ̃tʃaʀʒ] *nm inv* montacarichi *m inv*.

montée [mɔ̃te] *nf* (*escalade*) arrampicata; (*chemin, côte*) salita; **au milieu de la** ~ a metà salita.

monte-plats [mɔ̃tpla] *nm inv* montavivande *m inv*.

monter [mɔ̃te] *vi* salire; (*CARTES*) gettare una carta più alta ♦ *vt* (*escalier, marches, côte*) salire; (*valise, déjeuner*) portare su; (*machine: assembler*) montare; (*COUTURE: manches, col*) attaccare; (*THÉÂTRE: pièce*) allestire; (*affaire, société*) mettere su; (*coup*) organizzare; **se monter** *vr* (*s'équiper*) rifornirsi; **se** ~ **à** (*frais, réparation*) ammontare a; ~ **à pied/en voiture** andare su *ou* salire a piedi/in macchina; ~ **dans un train/avion/taxi** salire su un treno/aereo/taxi; ~ **sur/à** (*arbre, échelle*) salire su; ~ **à cheval/à bicyclette** salire *ou* montare a cavallo/in bicicletta; ~ **à l'assaut** andare all'assalto; ~ **à bord** salire a bordo; ~ **en grade** salire di grado; ~ **sur les planches** calcare le scene; ~ **à la tête de qn** (*vin, fig*) dare alla testa a qn; ~ **à la tête à qn** dare alla testa a qn; ~ **la tête à qn** montare la testa a qn; ~ **qch en épingle** gonfiare qc; ~ **la garde** montare la guardia; ~ **son ménage** mettere su casa; ~ **son trousseau** farsi il corredo.

monteur, -euse [mɔ̃tœʀ, øz] *nm/f* (*TECH, CINÉ*) montatore(-trice).

monticule [mɔ̃tikyl] *nm* monticello.

montmartrois, e [mɔ̃maʀtʀwa, waz] *adj* di Montmartre.

montre [mɔ̃tʀ] *nf* orologio (da polso); ~ **en main** orologio alla mano; **faire** ~ **de** far sfoggio di; (*faire preuve de*) far mostra di; **contre la** ~ (*SPORT*) a cronometro; ► **montre de plongée** orologio subacqueo.

Montréal [mɔ̃ʀeal] *n* Montreal *f*.

montréalois, e [mɔ̃ʀealwa, waz] *adj* di Montreal ♦ *nm/f*: **M~, e** abitante *m/f* di Montreal.

montre-bracelet [mɔ̃tʀəbʀaslɛ] (*pl* **~s-~s**) *nf* orologio da polso.

montrer [mɔ̃tʀe] *vt* mostrare; (*suj: panneau, flèche*) indicare; (*fig: décrire, dépeindre*) descrivere; **se montrer** *vr* apparire; ~ **qch à qn** mostrare qc a qn; ~ **qch du doigt** additare qc; **se** ~ **habile/à la hauteur/intelligent** (di)mostrarsi abile/all'altezza/intelligente.

montreur, -euse [mɔ̃tʀœʀ, øz] *nm/f*: ~ **de marionnettes** burattinaio(-a).

monture [mɔ̃tyʀ] *nf* (*bête*) cavalcatura; (*d'une bague/de lunettes*) montatura.

monument [mɔnymɑ̃] *nm* monumento; ► **monument aux morts** monumento ai caduti.

monumental, e, -aux [mɔnymɑ̃tal, o] *adj* monumentale.

moquer [mɔke]: **se** ~ **de** *vt* prendere in giro, burlarsi di; (*fam: se désintéresser de*) infischiarsene di.

moquerie [mɔkʀi] *nf* beffa.

moquette [mɔkɛt] *nf* moquette *f inv*.

moqueur, -euse [mɔkœʀ, øz] *adj* beffardo(-a).

moral, e, -aux [mɔʀal, o] *adj* morale ♦ *nm* morale *m*; **au** ~, **sur le plan** ~ sul piano morale; **avoir le** ~ **à zéro** avere il morale a terra.

morale [mɔral] *nf* morale *f*; **faire la** ~ **à qn** fare la morale a qn.

moralement [mɔʀalmɑ̃] *adv* moralmente.

moralisateur, -trice [mɔʀalizatœʀ, tʀis] *adj* moralizzatore(-trice); (*ton, roman*) moralistico(-a), moraleggiante ♦ *nm/f* moralizzatore(-trice).

moraliser [mɔʀalize] *vt* (*sermonner*) fare la predica a.

moraliste [mɔʀalist] *nm/f* moralista *m/f* ♦ *adj* moralistico(-a).

moralité [mɔʀalite] *nf* moralità *f inv*; (*conclusion, enseignement*) morale *f*.

moratoire [mɔʀatwaʀ] *adj*: **intérêts ~s** (*FIN*) interessi *mpl* moratori.

morave [mɔʀav] *adj* moravo(-a).

Moravie [mɔʀavi] *nf* Moravia.

morbide [mɔʀbid] *adj* morboso(-a).

morceau, x [mɔʀso] *nm* pezzo; (*d'une œuvre*) brano; **couper/déchirer/mettre en ~x** tagliare/strappare/fare a pezzi.

morceler [mɔʀsəle] *vt* (*terrain*) frazionare, lottizzare.

morcellement [mɔʀsɛlmɑ̃] *nm* frazionamento.

mordant, e [mɔʀdɑ̃, ɑ̃t] *adj* mordace; (*froid*) pungente ♦ *nm* (*aussi CHIM*) mordente *m*.

mordicus [mɔʀdikys] (*fam*) *adv* caparbiamente, con ostinazione.

mordiller [mɔʀdije] *vt* mordicchiare.

mordoré, e [mɔʀdɔʀe] *adj* mordoré *inv*.

mordre [mɔʀdʀ] *vt* morsicare, mordere; (*: lime, ancre, vis*) mordere; (*: fig: froid*) penetrare in ♦ *vi* (*poisson*) abboccare; ~ **dans** (*fruit, gâteau*) addentare; ~ **sur** (*fig*) oltrepassare; ~ **à qch** (*comprendre, aimer*) ingranare in qc; ~ **à l'hameçon** abboccare.

mordu, e [mɔʀdy] *pp de* **mordre** ♦ *adj* (*amoureux*) innamorato(-a) ♦ *nm/f* (*de voile etc*) patito(-a), fanatico(-a).

morfondre [mɔʀfɔ̃dʀ]: **se** ~ *vr* annoiarsi (ad aspettare).

morgue [mɔʀg] *nf* (*arrogance*) tracotanza; (*lieu*) obitorio.

moribond, e [mɔʀibɔ̃, ɔ̃d] *adj* moribondo(-a).

morille [mɔʀij] *nf* spugnola.

mormon, e [mɔʀmɔ̃, ɔn] *adj* mormonico

(-a) ♦ *nm/f* mormone *m/f*.
morne [mɔʀn] *adj* cupo(-a), triste.
morose [mɔʀoz] *adj* cupo(-a), imbronciato(-a); (*marché*) fiacco(-a), stagnante.
morphine [mɔʀfin] *nf* morfina.
morphinomane [mɔʀfinɔman] *nm/f* morfinomane *m/f*.
morphologie [mɔʀfɔlɔʒi] *nf* morfologia.
morphologique [mɔʀfɔlɔʒik] *adj* morfologico(-a).
mors [mɔʀ] *nm* morso.
morse [mɔʀs] *nm* (*ZOOL*) tricheco; (*TÉL*) (alfabeto) morse *m inv*.
morsure [mɔʀsyʀ] *nf* morso; (*du froid*) morsa; (*plaie*) morsicatura.
mort, e [mɔʀ, mɔʀt] *pp de* **mourir** ♦ *nf* morte *f* ♦ *adj* morto(-a) ♦ *nm/f* (*dépouille mortelle, défunt*) morto(-a) ♦ *nm* (*CARTES*) morto; **de ~** (*silence, pâleur etc*) di morte; **à ~** (*blessé etc*) a morte; **à la ~ de qn** alla morte di qn; **à la vie, à la ~** per sempre; **~ ou vif** vivo(-a) o morto(-a); **~ de peur** morto(-a) di paura; **~ de fatigue** morto (-a) di stanchezza, stanco(-a) morto(-a); **~s et blessés** morti e feriti; **faire le ~** fare il morto; (*fig*) non farsi sentire; **se donner la ~** darsi la morte; ▸ **mort clinique** morte clinica.
mortadelle [mɔʀtadɛl] *nf* mortadella.
mortalité [mɔʀtalite] *nf* mortalità; ▸ **mortalité infantile** mortalità infantile.
mort-aux-rats [mɔʀtoʀa] *nf inv* topicida *m*.
mortel, le [mɔʀtɛl] *adj* mortale; (*fig: froid, chaleur*) tremendo(-a); (: *soirée*) di una noia mortale ♦ *nm/f* mortale *m/f*.
mortellement [mɔʀtɛlmɑ̃] *adv* mortalmente; (*pâle etc*) come un cadavere; (*fig: ennuyeux*) a morte.
morte-saison [mɔʀtəsɛzɔ̃] (*pl* **~s-~s**) *nf* stagione *f* morta.
mortier [mɔʀtje] *nm* malta; (*canon, récipient*) mortaio.
mortifier [mɔʀtifje] *vt* mortificare.
mort-né, e [mɔʀne] (*pl* **~-~s, -nées**) *adj* nato(-a) morto(-a); (*fig*) abortivo(-a).
mortuaire [mɔʀtɥɛʀ] *adj* (*cérémonie, couronne, drap*) funebre; **avis ~s** necrologio; **chapelle ~** cappella mortuaria; **domicile ~** domicilio in cui è avvenuto il decesso.
morue [mɔʀy] *nf* merluzzo; (*CULIN*) baccalà *m inv*.
morvandeau, -elle [mɔʀvɑ̃do, ɛl] *adj* del Morvan ♦ *nm/f*: **M~, -elle** abitante *m/f* del Morvan.
morveux, -euse [mɔʀvø, øz] (*fam*) *adj* moccioso(-a).
mosaïque [mɔzaik] *nf* (*aussi fig*) mosaico; **parquet ~** parquet *m inv* a mosaico.
mosaïste [mɔzaist(ə)] *nm/f* mosaicista *m/f*.
mosan, e [mozɑ̃, an] *adj* (*de la Meuse*) mosano(-a).
Moscou [mɔsku] *n* Mosca.
moscovite [mɔskɔvit] *adj* moscovita ♦ *nm/f*: **M~** moscovita *m/f*.
mosellan, e [mɔzɛlɑ̃, an] *adj* della Mosella ♦ *nm/f*: **M~, e** abitante *m/f* della regione della Mosella.
mosquée [mɔske] *nf* moschea.
mot [mo] *nm* parola; (*bon mot etc*) battuta (di spirito); **écrire/recevoir un ~** scrivere/ricevere due righe; **le ~ de la fin** la battuta finale; **~ à ~** *adj* letterale ♦ *adv* in modo letterale ♦ *nm* traduzione *f* letterale; **à ces ~s** udite *ou* a queste parole; **sur ces ~s** detto questo; **en un ~** in breve, in una parola; **~ pour ~** parola per parola; **à ~s couverts** per sottintesi; **avoir le dernier ~** avere l'ultima parola; **prendre qn au ~** prendere qn in parola; **se donner le ~** passarsi parola; **avoir son ~ à dire** avere da dire la propria; **avoir des ~s avec qn** litigare con qn; ▸ **mot d'ordre** *ou* **de passe** parola d'ordine; ▸ **mots croisés** parole crociate.
motard [mɔtaʀ] *nm* motociclista *m*; (*de la police*) agente *m* in motocicletta.
motel [mɔtɛl] *nm* motel *m inv*.
moteur, -trice [mɔtœʀ, tʀis] *adj* (*ANAT, PHYSIOL*) motorio(-a); (*TECH*) motore (-trice); (*AUTO*): **à 4 roues motrices** a 4 ruote motrici ♦ *nm* motore *m*; (*fig: personne*) fautore *m*; **à ~** a motore; ▸ **moteur à deux/quatre temps** motore a due/quattro tempi; ▸ **moteur à explosion** motore a scoppio; ▸ **moteur à réaction** motore a reazione; ▸ **moteur thermique** motore termico.
moteur-fusée [mɔtœʀfyze] (*pl* **~s-~s**) *nm* motore *m* a razzo.
motif [mɔtif] *nm* motivo; **~s** *nmpl* (*JUR: d'une loi, d'un jugement*) motivazione *f*.
motion [mosjɔ̃] *nf* mozione *f*; ▸ **motion de censure** mozione di sfiducia.
motivation [mɔtivasjɔ̃] *nf* motivazione *f*.
motivé, e [mɔtive] *adj* motivato(-a).
motiver [mɔtive] *vt* motivare.
moto [moto] *nf* moto *f inv*; ▸ **moto de trial** moto da trial; ▸ **moto verte** *sport motociclistico che comprende il motocross, l'enduro e il trial.*
moto-cross [motokʀɔs] *nm inv* motocross *m inv*.
motoculteur [mɔtɔkyltœʀ] *nm* motocoltivatore *m*.
motocyclette [mɔtɔsiklɛt] *nf* motocicletta.
motocyclisme [mɔtɔsiklism] *nm* motociclismo.
motocycliste [mɔtɔsiklist] *nm/f* motociclista *m/f*.
motoneige [motonɛʒ] *nf* motoslitta.
motorisé, e [mɔtɔʀize] *adj* motorizzato(-a).

motoriser [mɔtɔʀize] *vt* meccanizzare.
motrice [mɔtʀis] *nf* (*RAIL*) motrice *f* ♦ *adj f voir* **moteur**.
motte [mɔt] *nf*: ~ **de terre** zolla di terra; ▶**motte de beurre** pane *ou* panetto di burro; ▶**motte de gazon** zolla erbosa.
motus [mɔtys] *excl*: ~ **(et bouche cousue)!** acqua in bocca!
mou (mol), molle [mu, mɔl] *adj* molle; (*matelas*) morbido(-a); (*personne*) fiacco(-a), molle; (: *résistance*) debole, fiacco(-a) ♦ *nm* (*homme mou*) pappa molla, pasta frolla; (*abats*) polmone *m*; (*de la corde*): **avoir du mou** essere lento(-a); **avoir les jambes molles** aver le gambe molli; **donner du mou** allentare.
mouchard, e [muʃaʀ, aʀd] *nm/f* spia; (*péj*) spione(-a); (: *POLICE*) informatore(-trice) ♦ *nm* (*d'un véhicule*) spia.
mouche [muʃ] *nf* mosca; (*ESCRIME*) bottone *m*; (*sur une cible*) centro; **prendre la** ~ prendersela; **faire** ~ fare centro; **bateau** ~ *battello per gite sulla Senna*; ▶**mouche tsé-tsé** mosca *f* tse-tse *inv*.
moucher [muʃe] *vt* (*enfant*) soffiare il naso a; (*chandelle, lampe*) smoccolare; (*fig*) dare una lavata di capo a; **se moucher** *vr* soffiarsi il naso.
moucheron [muʃʀɔ̃] *nm* moscerino.
moucheté, e [muʃ(ə)te] *adj* (*laine*) screziato(-a); (*cheval*) pezzato(-a); (*ESCRIME*) con bottone (protettivo).
mouchoir [muʃwaʀ] *nm* fazzoletto; ▶**mouchoir en papier** fazzoletto di carta.
moudre [mudʀ] *vt* macinare.
moue [mu] *nf* smorfia; **faire la** ~ fare il broncio.
mouette [mwɛt] *nf* gabbiano.
mouf(f)ette [mufɛt] *nf* moffetta.
moufle [mufl] *nf* muffola, manopola; (*TECH*) bozzello.
mouflon [muflɔ̃] *nm* muflone *m*.
mouillage [mujaʒ] *nm* ormeggio.
mouillé, e [muje] *adj* bagnato(-a).
mouiller [muje] *vt* (*humecter*) inumidire; (*tremper*) bagnare; (*couper, diluer*) diluire, annacquare; (*ragoût, sauce*) allungare; (*mine*) posare; (*ancre*) gettare ♦ *vi* (*NAUT*) ormeggiarsi, ancorarsi; **se mouiller** *vr* bagnarsi; (*fam*) compromettersi; ~ **l'ancre** gettare l'ancora.
mouillette [mujɛt] *nf* fettina di pane (*da intingere*).
moulage [mulaʒ] *nm* fusione *f*; (*empreinte*) calco; (*de matières plastiques*) stampaggio; (*objet*) riproduzione *f*.
moulais [mulɛ] *vb voir* **moudre**.
moulant, e [mulɑ̃, ɑ̃t] *adj* fasciante.
moule [mul] *vb voir* **moudre** ♦ *nf* mitilo, cozza ♦ *nm* stampo, forma; (*modèle plein*) forma; (*à pâté de sable*) stampino; ▶**moule à gâteaux** stampo per dolci; ▶**moule à gaufre** stampo per cialde; ▶**moule à tarte** tortiera.
moulent [mul] *vb voir* **moudre; mouler**.
mouler [mule] *vt* fabbricare (da stampo), foggiare; (*couler substance*) fondere; (*prendre empreinte*) fare il calco di; (*lettre*) scrivere in bella calligrafia; (*suj: vêtement, bas*) modellare; ~ **qch sur** (*fig*) modellare qc su.
moulin [mulɛ̃] *nm* mulino; (*fam*) motore *m*; ▶**moulin à café** macinacaffè *m inv*; ▶**moulin à eau** mulino ad acqua; ▶**moulin à légumes** passaverdure *m inv*; ▶**moulin à paroles** (*fig*) chiacchierone(-a); ▶**moulin à poivre** macinapepe *m inv*; ▶**moulin à prières** mulino di preghiera; ▶**moulin à vent** mulino a vento.
mouliner [muline] *vt* (*légumes*) passare.
moulinet [mulinɛ] *nm* mulinello.
moulinette ® [mulinɛt] *nf* passaverdure *m inv*.
moulons [mulɔ̃] *vb voir* **moudre**.
moulu, e [muly] *pp de* **moudre** ♦ *adj* (*café*) macinato(-a).
moulure [mulyʀ] *nf* modanatura.
mourant, e [muʀɑ̃, ɑ̃t] *vb voir* **mourir** ♦ *adj* morente, moribondo(-a); (*feu*) morente; (*son, voix*) fievole, fioco(-a); (*regard, yeux*) spento(-a) ♦ *nm/f* morente *m/f*, moribondo(-a).
mourir [muʀiʀ] *vi* morire; ~ **de faim** morire di fame; ~ **de froid** morire di freddo; ~ **d'ennui** (*fig*) annoiarsi a morte; ~ **de rire** morire dal ridere; ~ **de vieillesse** morire di vecchiaia; ~ **assassiné** morire ammazzato; ~ **d'envie de faire** morire dalla voglia di fare; **être las à** ~ essere stanco morto; **s'ennuyer à** ~ annoiarsi a morte.
mousquetaire [muskətɛʀ] *nm* moschettiere *m*.
mousqueton [muskətɔ̃] *nm* (*fusil*) moschetto; (*anneau*) moschettone *m*.
moussant, e [musɑ̃, ɑ̃t] *adj*: **bain** ~ bagnoschiuma *m inv*.
mousse [mus] *nf* (*BOT*) muschio; (*de l'eau, d'un shampooing*) schiuma; (*de champagne, bière*) schiuma, spuma; (*dessert*) mousse *f inv*; (*en caoutchouc etc*) gommapiuma; (*pâté*): ~ **de foie gras** mousse di fegato d'oca ♦ *nm* (*NAUT*) mozzo; **bain de** ~ bagnoschiuma *m inv*; **bas** ~ collant *m inv* di stretch; **balle** ~ palla di gommapiuma; ▶**mousse à raser** schiuma da barba; ▶**mousse carbonique** neve *f* carbonica; ▶**mousse de nylon** (*tissu*) stretch *m inv* di nylon.
mousseline [muslin] *nf* mussola; **pommes** ~ (*CULIN*) puré *m inv* di patate.

mousser [muse] *vi* fare schiuma.
mousseux, -euse [musø, øz] *adj* con la schiuma ♦ *nm*: **(vin)** ~ (vino) spumante *m*.
mousson [musɔ̃] *nf* monsone *m*.
moussu, e [musy] *adj* muscoso(-a).
moustache [mustaʃ] *nf* baffi *mpl*; **~s** *nfpl* (*d'animal*) baffi *mpl*.
moustachu, e [mustaʃy] *adj* baffuto(-a).
moustiquaire [mustikɛʀ] *nf* zanzariera.
moustique [mustik] *nm* zanzara.
moutarde [mutaʀd] *nf* (*BOT*) senape *f*; (*condiment*) senape *f*, mostarda ♦ *adj inv* senape *inv*.
moutardier [mutaʀdje] *nm* senapiera, mostardiera.
mouton [mutɔ̃] *nm* pecora; (*mâle*) montone *m*; (*péj*) pecora, pecorone *m*; **~s** *nmpl* (*fig*: *petits nuages*) pecorelle *fpl*; (*flocons de poussière*) fiocco *ou* bioccolo di polvere.
mouture [mutyʀ] *nf* macinatura, molitura; (*péj*) rimaneggiamento.
mouvant, e [muvɑ̃, ɑ̃t] *adj* mobile.
mouvement [muvmɑ̃] *nm* movimento; (*d'un terrain, sol*) ondulazione *f*; (*mécanisme*: *de montre*) meccanismo; (*fig*: *de colère, d'humeur*) moto; (*de prix, valeurs*) andamento; **en ~** in movimento; **mettre qch en ~** mettere in moto qc; **M~ de libération de la femme** movimento di liberazione della donna; ▶ **mouvement d'humeur** moto di stizza; ▶ **mouvement d'opinion** tendenza dell'opinione pubblica; ▶ **le mouvement perpétuel** il moto perpetuo.
mouvementé, e [muvmɑ̃te] *adj* movimentato(-a); (*récit*) animato(-a).
mouvoir [muvwaʀ] *vt* muovere; **se mouvoir** *vr* muoversi.
moyen, ne [mwajɛ̃, jɛn] *adj* medio(-a); (*élève, résultat*) mediocre ♦ *nm* mezzo, modo; **~s** *nmpl* (*intellectuels*) capacità *fpl*; (*physiques*) doti *fpl*; (*ressources pécuniaires*) mezzi *mpl*; **au ~ de** per mezzo di, mediante; **y a-t-il ~ de...?** c'è modo di ...?; **par quel ~?** in che modo?; **avec les ~s du bord** (*fig*) con i mezzi di cui si dispone; **par tous les ~s** in tutti i modi, con ogni mezzo; **employer les grands ~s** far uso di tutte le proprie risorse; **par ses propres ~s** coi propri mezzi; ▶ **Moyen Âge** medioevo; ▶ **moyen d'expression** mezzo di espressione; ▶ **moyen de locomotion** mezzo di locomozione; ▶ **moyen de transport** mezzo di trasporto; ▶ **moyen terme** medio termine.
moyen-courrier [mwajɛ̃kuʀje] (*pl* **~-~s**) *nm* aereo a medio raggio.
moyennant [mwajɛnɑ̃] *prép* (*somme d'argent*) dietro pagamento di, pagando; **~ quoi** dopodiché.
moyenne [mwajɛn] *nf* media; (*SCOL*) sufficienza; **en ~** in media; ▶ **moyenne d'âge** età *f inv* media; ▶ **moyenne entreprise** (*COMM*) media impresa.
moyennement [mwajɛnmɑ̃] *adv* mediamente; (*faire qch*) mediocremente.
Moyen-Orient [mwajɛnɔʀjɑ̃] *nm* Medio Oriente *m*.
moyeu, x [mwajø] *nm* mozzo.
mozambicain, e [mɔzɑ̃bikɛ̃,ɛn] *adj* del Mozambico.
Mozambique [mɔzɑ̃bik] *nm* Mozambico.
MRAP [mʀap] *sigle m* = *Mouvement contre le racisme, l'antisémitisme et pour la paix.*
MSF [ɛmɛsɛf] *sigle mpl* = *Médecins sans frontières.*
ms(s) *abr* (= *manuscrit*) ms.
MST [ɛmɛste] *sigle f* = *maladie sexuellement transmissible.*
MTC [ɛmtese] *sigle m* = **mécanisme du taux de change.**
mû, mue [my] *pp de* **mouvoir.**
mucilage [mysilaʒ] *nm* mucillagine *f*.
mucosité [mykozite] *nf* mucosità.
mucus [mykys] *nm* muco.
mue [my] *pp de* **mouvoir** ♦ *nf* (*v vi*) muda; muta.
muer [mɥe] *vi* (*oiseau*) fare la muda; (*serpent, mammifère*) fare la muta; (*jeune garçon*) cambiare voce; **se ~ en** *vr* mutarsi in.
muet, te [mɥɛ, mɥɛt] *adj* muto(-a) ♦ *nm/f* muto(-a) ♦ *nm*: **le ~** il cinema muto; **~ d'admiration/d'étonnement** muto(-a) per l'ammirazione/lo stupore.
mufle [myfl] *nm* muso; (*goujat, malotru*) zoticone(-a), cafone(-a) ♦ *adj* cafone(-a).
mugir [myʒiʀ] *vi* muggire; (*fig*) ululare.
mugissement [myʒismɑ̃] *nm* (*v vb*) muggito; ululato.
muguet [mygɛ] *nm* mughetto.
mulâtre, mulâtresse [mylɑtʀ, mylɑtʀɛs] *nm/f* mulatto(-a).
mule [myl] *nf* (*ZOOL*) mula; (*fig*) mulo; **~s** *nfpl* (*pantoufles*) pantofole *fpl*.
mulet [mylɛ] *nm* (*mammifère*) mulo; (*poisson*) cefalo.
muletier, -ière [myl(ə)tje, jɛʀ] *adj*: **sentier/chemin ~** mulattiera.
mulot [mylo] *nm* topo campagnolo.
multicolore [myltikɔlɔʀ] *adj* multicolore.
multicoque [myltikɔk] *adj* multiscafo *inv* ♦ *nm* multiscafo *m inv*.
multidisciplinaire [myltidisiplinɛʀ] *adj* multidisciplinare.
multiforme [myltifɔʀm] *adj* multiforme.
multilatéral, e, -aux [myltilateʀal, o] *adj* multilaterale.
multimilliardaire [myltimiljaʀdɛʀ] *adj, nm/f*

multimiliardario(-a).
multimillionnaire [myltimiljɔnɛʀ] *adj, nm/f* multimilionario.
multinational, e, -aux [myltinasjɔnal, o] *adj* multinazionale.
multinationale [myltinasjɔnal] *nf* multinazionale *f*.
multiple [myltipl] *adj* molteplice; (*nombre*) multiplo(-a) ♦ *nm* multiplo.
multiplex [myltiplɛks] *nm* multiplex *m inv*.
multiplicateur [myltiplikatœʀ] *nm* moltiplicatore *m*.
multiplication [myltiplikasjɔ̃] *nf* moltiplicazione *f*.
multiplicité [myltiplisite] *nf* molteplicità.
multiplier [myltiplije] *vt* moltiplicare; **se multiplier** *vr* moltiplicarsi.
multiprogrammation [myltipʀɔgʀamasjɔ̃] *nf* multiprogrammazione *f*.
multipropriété [myltipʀɔpʀijete] *nf* multiproprietà *f inv*.
multirisque [myltiʀisk] *adj* multi-rischio *inv*.
multitraitement [myltitʀɛtmɑ̃] *nm* (*INFORM*) multiprocessing *m inv*.
multitude [myltityd] *nf* moltitudine *f*.
Munich [mynik] *n* Monaco *f* (di Baviera).
munichois, e [mynikwa, waz] *adj* di Monaco (di Baviera) ♦ *nm/f*: **M~, e** abitante *m/f* di Monaco (di Baviera).
municipal, e, -aux [mynisipal, o] *adj* comunale, municipale.
municipalité [mynisipalite] *nf* (*corps municipal*) amministrazione *f* comunale; (*commune*) comune *m*.
munificence [mynifisɑ̃s] *nf* munificenza.
munir [myniʀ] *vt*: ~ **qn/qch de** munire qn/qc di; **se ~ de** *vr* armarsi *ou* munirsi di.
munitions [mynisjɔ̃] *nfpl* munizioni *fpl*.
muqueuse [mykøz] *nf* mucosa.
mur [myʀ] *nm* (*aussi fig*) muro; (*rondins*) palizzata; **faire le ~** (*interne, soldat*) saltare il muro; **les ~s de la ville** le mura della città; ▶ **mur du son** muro del suono.
mûr, e [myʀ] *adj* maturo(-a).
muraille [myʀɑj] *nf* muraglia.
mural, e, -aux [myʀal, o] *adj* murale; (*étagère, bibliothèque*) a muro ♦ *nm* (*ART*) murale *m*.
mûre [myʀ] *nf* (*du mûrier*) mora (di gelso); (*de la ronce*) mora.
mûrement [myʀmɑ̃] *adv*: **ayant ~ réfléchi** dopo profonda riflessione.
murène [myʀɛn] *nf* murena.
murer [myʀe] *vt* murare; (*enclos*) cingere di mura.
muret [myʀɛ] *nm* muretto.
mûrier [myʀje] *nm* (*du ver à soie*) gelso, moro; (*ronce*) rovo.
mûrir [myʀiʀ] *vi, vt* maturare.
murmure [myʀmyʀ] *nm* mormorio; **~s** *nmpl* (*plaintes*) proteste *fpl*; **~ d'approbation/d'admiration** mormorio di approvazione/di ammirazione.
murmurer [myʀmyʀe] *vi* mormorare.
mus *etc* [my] *vb voir* **mouvoir**.
musaraigne [myzaʀɛɲ] *nf* toporagno.
musarder [myzaʀde] *vi* ciondolare; (*en marchant*) bighellonare.
musc [mysk] *nm* muschio.
muscade [myskad] *nf* (*BOT*: *aussi*: **noix ~**) noce *f* moscata.
muscat [myska] *nm* moscato.
muscle [myskl] *nm* muscolo.
musclé, e [myskle] *adj* muscoloso(-a); (*fig*) energico(-a), deciso(-a).
muscler [myskle] *vt* rinforzare i muscoli di.
musculaire [myskylɛʀ] *adj* muscolare.
musculation [myskylasjɔ̃] *nf*: **travail/exercice de ~** esercizi *mpl* per lo sviluppo della muscolatura.
musculature [myskylatyʀ] *nf* muscolatura.
muse [myz] *nf* musa.
museau, x [myzo] *nm* muso.
musée [myze] *nm* museo; (*de peinture*) pinacoteca.
museler [myz(ə)le] *vt* mettere la museruola a; (*fig*) imbavagliare.
muselière [myzəljɛʀ] *nf* museruola.
musette [myzɛt] *nf* tascapane *m* ♦ *adj inv* musette *inv*.
muséum [myzeɔm] *nm* museo di scienze naturali.
musical, e, -aux [myzikal, o] *adj* musicale.
music-hall [myzikol] (*pl* **~-~s**) *nm* varietà *m inv*.
musicien, ne [myzisjɛ̃, jɛn] *adj* che si intende di musica ♦ *nm/f* musicista *m/f*.
musique [myzik] *nf* musica; (*fanfare*) banda; **faire de la ~** far musica; (*jouer d'un instrument*) suonare; ▶ **musique de chambre** musica da camera; ▶ **musique de film** musica da film; ▶ **musique de fond** musica di sottofondo; ▶ **musique militaire** banda militare.
musqué, e [myske] *adj* muschiato(-a).
must [mœst] *nm* must *m inv*.
musulman, e [myzylmɑ̃, an] *adj, nm/f* mu(s)sulmano(-a).
mutant, e [mytɑ̃, ɑ̃t] *nm/f* mutante *m/f*.
mutation [mytasjɔ̃] *nf* (*ADMIN*) trasferimento; (*BIOL*) mutazione *f*.
muter [myte] *vt* (*ADMIN*) trasferire.
mutilation [mytilasjɔ̃] *nf* mutilazione *f*; (*d'un endroit*) degrado.
mutilé, e [mytile] *nm/f* mutilato(-a); **grand ~** grande invalido; ▶ **mutilé de guerre** mutilato di guerra; ▶ **mutilé du travail** mutilato del lavoro.
mutiler [mytile] *vt* mutilare; (*fig*) danneggiare.

mutin, e [mytɛ̃, in] *adj* birichino(-a), sbarazzino(-a) ♦ *nm* (*MIL, NAUT*) ammutinato.
mutiner [mytine]: **se ~** *vr* ammutinarsi.
mutinerie [mytinʀi] *nf* ammutinamento.
mutisme [mytism] *nm* mutismo.
mutualiste [mytɥalist] *adj* mutualistico(-a).
mutualité [mytɥalite] *nf* mutua.
mutuel, le [mytɥɛl] *adj* reciproco(-a); ▸ **établissement/société d'assurance mutuelle** (cassa) mutua.
mutuelle [mytɥɛl] *nf* (cassa) mutua.
mutuellement [mytɥɛlmɑ̃] *adv* reciprocamente.
myocarde [mjɔkaʀd] *nm voir* **infarctus**.
myope [mjɔp] *adj, nm/f* miope *m/f*.
myopie [mjɔpi] *nf* miopia.
myosotis [mjɔzɔtis] *nm* nontiscordardimé *m inv*.
myriade [miʀjad] *nf* miriade *f*.
myrtille [miʀtij] *nf* mirtillo.
mystère [mistɛʀ] *nm* mistero.
mystérieusement [misteʀjøzmɑ̃] *adv* misteriosamente.
mystérieux, -euse [misteʀjø, jøz] *adj* misterioso(-a).
mysticisme [mistisism] *nm* misticismo.
mystificateur, -trice [mistifikatœʀ, tʀis] *nm/f* mistificatore(-trice).
mystification [mistifikasjɔ̃] *nf* mistificazione *f*.
mystifier [mistifje] *vt* mistificare.
mystique [mistik] *adj, nm/f* mistico(-a).
mythe [mit] *nm* mito.
mythifier [mitifje] *vt* mitizzare.
mythique [mitik] *adj* mitico(-a).
mythologie [mitɔlɔʒi] *nf* mitologia.
mythologique [mitɔlɔʒik] *adj* mitologico (-a).
mythomane [mitɔman] *adj, nm/f* mitomane *m/f*.

N, n

N, n [ɛn] *nm inv* (*lettre*) N, n *f ou m inv*; **~ comme Nicolas** ≈ N come Napoli.
N [ɛn] *abr* (= *nord*) N.
n' [n] *adv voir* **ne**.
nabot [nabo] (*péj*) *nm* nano, nanerottolo.
nacelle [nasɛl] *nf* navicella.
nacre [nakʀ] *nf* madreperla.
nacré, e [nakʀe] *adj* madreperlaceo(-a), color madreperla *inv*.
nage [naʒ] *nf* nuoto; **traverser/s'éloigner à la ~** attraversare/allontanarsi a nuoto; **en ~** in un bagno di sudore; ▸ **nage indienne** stile *m* alla marinara; ▸ **nage libre** stile *m* libero; ▸ **nage papillon** stile *m* a farfalla.
nageoire [naʒwaʀ] *nf* pinna.
nager [naʒe] *vi* nuotare; (*fig*) non sapere che pesci pigliare ♦ *vt* (*le crawl etc*) nuotare a; **~ dans des vêtements** ballare nei vestiti; **~ dans le bonheur** essere fuori di sé dalla gioia.
nageur, -euse [naʒœʀ, øz] *nm/f* nuotatore(-trice).
naguère [nagɛʀ] *adv* (*il y a peu de temps*) poco tempo fa.
naïf, naïve [naif, naiv] *adj* ingenuo(-a).
nain, e [nɛ̃, nɛn] *nm/f, adj* nano(-a).
nais *etc* [nɛ] *vb voir* **naître**.
naissais *etc* [nɛsɛ] *vb voir* **naître**.
naissance [nɛsɑ̃s] *nf* nascita; **donner ~ à** (*enfant*) mettere al mondo; (*fig*: *rumeurs, soupçons*) far nascere; **prendre ~** nascere; **aveugle de ~** cieco dalla nascita; **Français de ~** francese di nascita; **à la ~ des cheveux** all'attaccatura dei capelli; **lieu de ~** luogo di nascita.
naissant, e [nɛsɑ̃, ɑ̃t] *adj* nascente; (*calvitie*) incipiente; (*barbe*) che spunta; (*tumeur*) allo stadio iniziale.
naît [nɛ] *vb voir* **naître**.
naître [nɛtʀ] *vi* nascere; **~ de** (*résulter*) nascere da; **il est né en 1960** è nato nel 1960; **il naît plus de filles que de garçons** nascono più femmine che maschi; **faire ~** (*fig*: *soupçons, sentiment*) far nascere.
naïvement [naivmɑ̃] *adv* ingenuamente.
naïveté [naivte] *nf* ingenuità *f inv*.
nana [nana] (*fam*) *nf* ragazza.
nancéien, ne [nɑ̃sejɛ̃, ɛn] *adj* di Nancy ♦ *nm/f*: **N~, ne** abitante *m/f* di Nancy.
nantais, e [nɑ̃tɛ, ɛz] *adj* di Nantes, nantese ♦ *nm/f*: **N~, e** nantese *m/f*.
nanti, e [nɑ̃ti] *adj* ricco(-a); **les ~s** *nmpl* i ricchi.
nantir [nɑ̃tiʀ] *vt*: **~ qn de** fornire qn di; **les nantis** (*péj*) i ricchi.
napalm [napalm] *nm* napalm.
naphtaline [naftalin] *nf*: **boules de ~** palline *fpl* di naftalina.
Naples [napl] *n* Napoli *f*.
napolitain, e [napɔlitɛ̃, ɛn] *adj* napoletano(-a) ♦ *nm/f*: **N~, e** napoletano(-a); **tranche ~e** cassata (napoletana).
nappe [nap] *nf* tovaglia; ▸ **nappe d'eau** falda acquifera; ▸ **nappe de brouillard** banco di nebbia; ▸ **nappe de gaz** coltre *f* di gas; ▸ **nappe de mazout** chiazza di nafta.
napper [nape] *vt*: **~ qch de** ricoprire qc

con uno strato di.
napperon [napʀɔ̃] *nm* tovaglietta; ▶ **napperon individuel** tovaglietta americana.
naquit *etc* [naki] *vb voir* **naître**.
narcisse [naʀsis] *nm* narciso.
narcissique [naʀsisik] *adj* narcisistico(-a).
narcissisme [naʀsisism] *nm* narcisismo.
narcotique [naʀkɔtik] *adj* narcotico(-a) ♦ *nm* narcotico.
narguer [naʀge] *vt* sfidare.
narine [naʀin] *nf* narice *f*.
narquois, e [naʀkwa, waz] *adj* beffardo (-a).
narrateur, -trice [naʀatœʀ, tʀis] *nm/f* narratore(-trice).
narratif, -ive [naʀatif, iv] *adj* narrativo(-a).
narration [naʀasjɔ̃] *nf* (*récit*) narrazione *f*; (SCOL) tema.
narrer [naʀe] *vt* narrare.
NASA [naza] *sigle f* (= *National Aeronautics and Space Administration*) NASA *f*.
nasal, e, -aux [nazal, o] *adj* nasale.
naseau, x [nazo] *nm* narice *f*.
nasillard, e [nazijaʀ, aʀd] *adj* nasale.
nasiller [nazije] *vi* (*personne*) parlare col naso; (*microphone etc*) avere un suono nasale.
Nassau [naso] *nf* Nassau *f*.
nasse [nɑs] *nf* nassa.
natal, e [natal] *adj* natale.
nataliste [natalist] *adj* demografico(-a).
natalité [natalite] *nf* natalità.
natation [natasjɔ̃] *nf* nuoto; **faire de la ~** fare nuoto.
natif, -ive [natif, iv] *adj* nativo(-a); (*inné*) innato(-a); **~ de** (*originaire*) nativo(-a) di.
nation [nasjɔ̃] *nf* nazione *f*; ▶ **les Nations Unies** le Nazioni Unite.
national, e, -aux [nasjɔnal, o] *adj* nazionale; **nationaux** *nmpl* (*citoyens*) connazionali *mpl*; **obsèques ~es** funerali *mpl* di stato.
nationale [nasjɔnal] *nf*: **(route) ~** (strada) statale *f*.
nationalisation [nasjɔnalizasjɔ̃] *nf* nazionalizzazione *f*.
nationaliser [nasjɔnalize] *vt* nazionalizzare.
nationalisme [nasjɔnalism] *nm* nazionalismo.
nationaliste [nasjɔnalist] *nm/f* nazionalista *m/f*.
nationalité [nasjɔnalite] *nf* nazionalità *f inv*, cittadinanza; **il est de ~ française** è di nazionalità francese.
natte [nat] *nf* (*tapis*) stuoia; (*cheveux*) treccia.
natter [nate] *vt* intrecciare.
naturalisation [natyʀalizasjɔ̃] *nf* naturalizzazione *f*.
naturalisé, e [natyʀalize] *adj* naturalizzato(-a).
naturaliser [natyʀalize] *vt* (*personne*) naturalizzare; (*animal, plante*) acclimatare.
naturaliste [natyʀalist] *nm/f* naturalista *m/f*.
nature [natyʀ] *nf* natura ♦ *adj* (CULIN) al naturale; (*personne*) naturale, spontaneo(-a) ♦ *adv* (CULIN) (al) naturale; (*café*) nero(-a); (*thé*) senza niente; **payer en ~** pagare in natura; **peint d'après ~** dipinto dal vero; **être de ~ à faire qch** essere tale da fare qc; **~ morte** natura morta.
naturel, le [natyʀɛl] *adj* naturale ♦ *nm* indole *f*, carattere *m*; (*aisance*) naturalezza; **au ~** (CULIN) al naturale.
naturellement [natyʀɛlmɑ̃] *adv* (*par tempérament, facilement*) con naturalezza; (*bien sûr, évidemment*) naturalmente.
naturisme [natyʀism] *nm* naturismo.
naturiste [natyʀist] *adj* naturistico(-a) ♦ *nm/f* naturista *m/f*.
naufrage [nofʀaʒ] *nm* naufragio; (*fig*) rovina; **faire ~** naufragare.
naufragé, e [nofʀaʒe] *adj* naufragato(-a) ♦ *nm/f* naufrago(-a).
nauséabond, e [nozeabɔ̃, ɔ̃d] *adj* nauseabondo(-a).
nausée [noze] *nf* (*aussi fig*) nausea; **avoir la ~** *ou* **des ~s** avere la nausea.
nautique [notik] *adj* nautico(-a); **sports ~s** sport *mpl* nautici.
nautisme [notism] *nm* nautica.
naval, e [naval] *adj* navale.
navarrais, e [navaʀɛ, ɛz] *adj* navarrese.
navet [navɛ] *nm* navone *m*, rapa; (*péj*: *film*) pizza.
navette [navɛt] *nf* (*objet*) navetta, spola; (*en car etc*) navetta; **faire la ~ (entre)** (*aussi fig*) fare la spola (tra); ▶ **navette spatiale** navetta spaziale.
navigabilité [navigabilite] *nf* navigabilità.
navigable [navigabl] *adj* navigabile.
navigant, e [navigɑ̃, ɑ̃t] *adj* (*personnel*) di volo ♦ *nm/f* navigante *m/f*.
navigateur [navigatœʀ] *nm* (AVIAT, NAUT) navigatore; (INFORM) browser *m inv*.
navigation [navigasjɔ̃] *nf* navigazione *f*; **compagnie de ~** compagnia di navigazione.
naviguer [navige] *vi* navigare.
navire [naviʀ] *nm* nave *f*; ▶ **navire marchand/de guerre** nave mercantile/da guerra.
navire-citerne [naviʀsitɛʀn] (*pl* **~s-~s**) *nm* nave *f* cisterna *inv*.
navrant, e [navʀɑ̃, ɑ̃t] *adj* (*affligeant*) penoso(-a), straziante; (*consternant*) increscioso(-a).
navrer [navʀe] *vt* rattristare; **je suis navré (de/de faire/que)** sono spiacente *ou* desolato (di/di fare/che).

nazaréen, ne [nazaʀeɛ̃, ɛn] *adj* nazareno (-a).
Nazareth [nazaʀɛt] *n* Nazaret *f*.
N.B. [ɛnbe] *abr* (= *nota bene*) NB.
ND *sigle f* = *Notre-Dame*.
NDLR [ɛndeɛlɛʀ] *sigle f* (= *note de la rédaction*) N.d.R.
N.d.T. [ɛndete] *sigle f* (= *note du traducteur*) N.d.T.
ne [n(ə)] *adv* non.
né, e [n] *pp de* **naître** ♦ *adj*: **un comédien** ~ un attore nato; ~ **en 1960** nato(-a) nel 1960; ~**e Dupont** nata Dupont; **bien** ~ di buona famiglia; ~ **de ... et de ...** (*sur acte de naissance etc*) figlio(-a) di ... e di ...; ~ **d'une mère française** nato(-a) da madre francese.
néanmoins [neɑ̃mwɛ̃] *adv* tuttavia, (ciò) nondimeno.
néant [neɑ̃] *nm* nulla *m inv*; **réduire à** ~ annientare; (*espoir*) distruggere.
nébuleuse [nebyløz] *nf* nebulosa.
nébuleux, -euse [nebylø, øz] *adj* (*ciel*) nuvoloso(-a); (*fig: idées, discours, projet*) nebuloso(-a).
nébuliser [nebylize] *vt* nebulizzare.
nébulosité [nebylozite] *nf* nuvolosità *f inv*; ▸ **nébulosité variable** nuvolosità variabile.
nécessaire [nesesɛʀ] *adj* necessario(-a) ♦ *nm*: **faire le** ~ fare il necessario; **est-il** ~ **que je m'en aille?** è necessario che me ne vada?; **il est** ~ **de ...** è necessario ...; **n'emporter que le strict** ~ prendere con sé solo lo stretto necessario; ▸ **nécessaire de couture** astuccio da lavoro; ▸ **nécessaire de toilette** (*sac*) necessaire *m inv* da toilette; ▸ **nécessaire de voyage** necessaire *m inv* da viaggio.
nécessairement [nesesɛʀmɑ̃] *adv* necessariamente.
nécessité [nesesite] *nf* necessità *f inv*; **se trouver dans la** ~ **de faire qch** trovarsi nella necessità di fare qc; **par** ~ per necessità.
nécessiter [nesesite] *vt* necessitare.
nécessiteux, -euse [nesesitø, øz] *adj* bisognoso(-a); **les** ~ *nmpl* (*les pauvres*) i bisognosi.
nec plus ultra [nɛkplysyltʀa] *nm*: **le** ~ ~ ~ **de** il non plus ultra di.
nécrologie [nekʀɔlɔʒi] *nf* necrologio.
nécrologique [nekʀɔlɔʒik] *adj*: **article** ~ necrologio; **rubrique** ~ rubrica dei necrologi.
nécromancie [nekʀɔmɑ̃si] *nf* negromanzia.
nécromancien, ne [nekʀɔmɑ̃sjɛ̃, jɛn] *nm/f* negromante *m/f*.
nécrose [nekʀoz] *nf* necrosi *f inv*.
nectar [nɛktaʀ] *nm* nettare *m*.
nectarine [nɛktaʀin] *nf* nocepesca.
néerlandais, e [neɛʀlɑ̃dɛ, ɛz] *adj* olandese ♦ *nm* olandese *m* ♦ *nm/f*: **N~, e** olandese *m/f*.
nef [nɛf] *nf* navata.
néfaste [nefast] *adj* nefasto(-a).
négatif, -ive [negatif, iv] *adj* negativo(-a) ♦ *nm* (*PHOTO*) negativo.
négation [negasjɔ̃] *nf* negazione *f*.
négative [negativ] *nf*: **répondre par la** ~ rispondere negativamente.
négativement [negativmɑ̃] *adv* negativamente.
négligé, e [negliʒe] *adj* (*en désordre*) trascurato(-a), trasandato(-a) ♦ *nm* negligé *m inv*.
négligeable [negliʒabl] *adj* trascurabile.
négligemment [negliʒamɑ̃] *adv* negligentemente.
négligence [negliʒɑ̃s] *nf* negligenza.
négligent, e [negliʒɑ̃, ɑ̃t] *adj* negligente.
négliger [negliʒe] *vt* trascurare; (*avis*) non tener conto di, non ascoltare; (*précautions*) trascurare di prendere; **se négliger** *vr* trascurarsi; ~ **de faire qch** trascurare di fare qc.
négoce [negɔs] *nm* attività *f inv* commerciale.
négociable [negɔsjabl] *adj* negoziabile.
négociant, e [negɔsjɑ̃, jɑ̃t] *nm/f* negoziante *m/f*.
négociateur, -trice [negɔsjatœʀ, tʀis] *nm/f* negoziatore(-trice).
négociation [negɔsjasjɔ̃] *nf* negoziato; ▸ **négociations collectives** contrattazioni *fpl* sindacali.
négocier [negɔsje] *vt* negoziare; (*virage*) prendere bene; (*obstacle*) aggirare ♦ *vi* (*POL*) negoziare.
nègre [nɛgʀ] (*péj*) *nm* negro ♦ *adj* negro (-a).
négresse [negʀɛs] (*péj*) *nf* negra.
négrier [negʀije] *nm* (*fig*) negriero(-a).
négroïde [negʀɔid] *adj* negroide.
neige [nɛʒ] *nf* neve *f*; **battre les œufs en** ~ montare le uova a neve; ▸ **neige carbonique** neve carbonica; ▸ **neige fondue** (*par terre*) neve sciolta; ▸ **neige poudreuse** neve farinosa.
neiger [neʒe] *vi* nevicare.
neigeux, -euse [nɛʒø, øz] *adj* (*couvert de neige*) nevoso(-a), innevato(-a).
nénuphar [nenyfaʀ] *nm* ninfea.
néo-calédonien, ne [neokaledɔnjɛ̃, jɛn] (*pl* **~-~s, -iennes**) *adj* neocaledone ♦ *nm/f*: **N~-C~, ne** neocaledone *m/f*.
néocapitalisme [neokapitalism] *nm* neocapitalismo.
néo-colonialisme [neokɔlɔnjalism] *nm* neocolonialismo.
néo-hébridais, e [neoebʀidɛ] (*pl* **~-~, -es**) *adj* delle Nuove Ebridi ♦ *nm/f*: **N~-H~, e**

abitante *m/f* delle Nuove Ebridi.
néologisme [neɔlɔʒism] *nm* neologismo.
néon [neɔ̃] *nm* neon *m inv*.
néo-natal, e [neonatal] (*pl* **~-~s, -les**) *adj* neonatale.
néophyte [neɔfit] *nm/f* neofita *m/f*.
néo-zélandais, e [neozelɑ̃dɛ, ɛz] (*pl* **~-~, -es**) *adj* neozelandese ♦ *nm/f*: **N~-Z~, e** neozelandese *m/f*.
Népal [nepal] *nm* Nepal *m*.
népalais, e [nepalɛ, ɛz] *adj* nepalese ♦ *nm* nepalese *m* ♦ *nm/f*: **N~, e** nepalese *m/f*.
néphrétique [nefʀetik] *adj* nefritico(-a).
néphrite [nefʀit] *nf* nefrite *f*.
népotisme [nepɔtism] *nm* nepotismo.
nerf [nɛʀ] *nm* nervo; (*fig*: *vigueur*) nerbo; **~s** *nmpl* (*équilibre nerveux*) nervi *mpl*; **être** *ou* **vivre sur les ~s** essere *ou* vivere costantemente in tensione; **être à bout de ~s** avere i nervi a fior di pelle; **passer ses ~s sur qn** sfogare il proprio nervosismo su qn.
nerveusement [nɛʀvøzmɑ̃] *adv* nervosamente.
nerveux, -euse [nɛʀvø, øz] *adj* nervoso (-a); (*voiture*) scattante.
nervosité [nɛʀvozite] *nf* nervosismo.
nervure [nɛʀvyʀ] *nf* nervatura.
n'est-ce pas [nɛspɑ] *adv*: **"c'est bon, ~-~ ~?"** "è buono, vero?"; **"il a peur, ~-~ ~?"** "ha paura, vero?"; **"~-~~ que c'est bon?"** "vero che è buono?"; **lui, ~-~ ~, il peut se le permettre** lui, vero, se lo può permettere.
Net [nɛt] *nm* (*Internet*): **le ~** Internet *f*.
net, nette [nɛt] *adj* netto(-a); (*propre, sans tache*) pulito(-a) ♦ *adv* (*refuser*) categoricamente, nettamente ♦ *nm*: **mettre au ~** mettere in bella copia; **s'arrêter ~** fermarsi di colpo; **la lame a cassé ~** la lama ha fatto un taglio netto; **faire place nette** fare piazza pulita; **~ d'impôt** al netto d'imposta.
nettement [nɛtmɑ̃] *adv* chiaramente; (*distinctement*) nitidamente, chiaramente; **~ mieux/meilleur** nettamente meglio/migliore.
netteté [nɛtte] *nf* nitidezza, chiarezza.
nettoie *etc* [nɛtwa] *vb voir* **nettoyer**.
nettoiement [nɛtwamɑ̃] *nm* pulizia; **service du ~** nettezza urbana.
nettoierai *etc* [nɛtwaʀe] *vb voir* **nettoyer**.
nettoyage [nɛtwajaʒ] *nm* pulizia, pulitura; ▸ **nettoyage à sec** lavaggio a secco.
nettoyant [nɛtwajɑ̃] *nm* detergente *m*.
nettoyer [nɛtwaje] *vt* pulire; (*fig*) ripulire.
neuf[1] [nœf] *adj inv, nm inv* nove; *voir aussi* **cinq**.
neuf[2], **neuve** [nœf, nœv] *adj* nuovo(-a) ♦ *nm*: **repeindre à ~** ridipingere a nuovo; **remettre à ~** rimettere a nuovo; **quoi de ~?** cosa c'è di nuovo?
neurasthénique [nøʀastenik] *adj* nevrastenico(-a).
neurochirurgie [nøʀoʃiʀyʀʒi] *nf* neurochirurgia.
neurochirurgien [nøʀoʃiʀyʀʒjɛ̃] *nm* neurochirurgo.
neuroleptique [nøʀɔlɛptik] *adj* neurolettico(-a).
neurologie [nøʀɔlɔʒi] *nf* neurologia.
neurologique [nøʀɔlɔʒik] *adj* neurologico(-a).
neurologue [nøʀɔlɔg] *nm/f* neurologo(-a).
neurone [nøʀɔn] *nm* neurone *m*.
neuropsychiatre [nøʀopsikjatʀ] *nm/f* neuropsichiatra *m/f*.
neuropsychiatrie [nøʀopsikjatʀi] *nf* neuropsichiatria.
neutralisation [nøtʀalizasjɔ̃] *nf* neutralizzazione *f*.
neutraliser [nøtʀalize] *vt* neutralizzare.
neutralisme [nøtʀalism] *nm* neutralismo.
neutraliste [nøtʀalist] *adj* neutralista.
neutralité [nøtʀalite] *nf* neutralità.
neutre [nøtʀ] *adj* neutro(-a); (*POL, fig*) neutrale ♦ *nm* (*LING*) neutro.
neutron [nøtʀɔ̃] *nm* neutrone *m*.
neuve [nœv] *adj voir* **neuf**[2].
neuvième [nœvjɛm] *adj, nm/f* nono(-a) ♦ *nm* nono; *voir aussi* **cinquième**.
névé [neve] *nm* nevato.
neveu, x [n(ə)vø] *nm* nipote *m* (*di zio, zia*).
névralgie [nevʀalʒi] *nf* nevralgia.
névralgique [nevʀalʒik] *adj* (*aussi fig*) nevralgico(-a); **centre ~** centro nevralgico.
névrite [nevʀit] *nf* nevrite *f*.
névrose [nevʀoz] *nf* nevrosi *f inv*.
névrosé, e [nevʀoze] *adj, nm/f* nevrotico (-a).
névrotique [nevʀɔtik] *adj* nevrotico(-a).
New York [njujɔʀk] *n* New York *f*.
new-yorkais, e [njujɔʀkɛ, ɛz] (*pl* **~-~, -es**) *adj* newyorkese ♦ *nm/f*: **N~-Y~, e** newyorkese *m/f*.
nez [ne] *nm* naso; (*d'avion etc*) muso; **rire au ~ de qn** ridere in faccia a qn; **avoir du ~** avere naso; **avoir le ~ fin** avere buon naso *ou* fiuto; **~ à ~ avec** faccia a faccia con; **à vue de ~** a prima vista.
NF *sigle f* (*IND = norme française*) *standard industriale*.
ni [ni] *conj*: **~ l'un ~ l'autre ne sont ...** né l'uno né l'altro sono ...; **il n'a rien vu ~ entendu** non ha visto né sentito nulla.
Niagara [njagaʀa] *nm*: **les chutes du ~** le cascate del Niagara.
niais, e [njɛ, njɛz] *adj* sempliciotto(-a), sciocco(-a).
niaiserie [njɛzʀi] *nf* sciocchezza, stupidaggine *f*.
Nicaragua [nikaʀagwa] *nm* Nicaragua *m*.

nicaraguayen, ne [nikaʀagwajɛ̃, jɛn] *adj* nicaraguense ♦ *nm/f*: **N~, ne** nicaraguense *m/f*.
Nice [nis] *n* Nizza.
niche [niʃ] *nf* cuccia; (*de mur*) nicchia; (*farce*) tiro.
nichée [niʃe] *nf* nidiata.
nicher [niʃe] *vi* nidificare; **se ~ dans** (*oiseau*) fare il nido in; (*personne*: *se blottir*) rannicchiarsi in; (: *se cacher*) nascondersi in.
nichon [niʃɔ̃] (*fam*) *nm* tetta.
nickel [nikɛl] *nm* nichel ♦ *adj* (*impeccablement propre*) a specchio, lucidissimo(-a).
niçois, e [niswa, waz] *adj* nizzardo(-a) ♦ *nm/f*: **N~, e** nizzardo(-a).
Nicosie [nikɔzi] *n* Nicosia.
nicotine [nikɔtin] *nf* nicotina.
nid [ni] *nm* (*aussi fig*) nido; ▸ **nid d'abeilles** (*COUTURE, TEXTILE*) nido d'api; ▸ **nid de poule** buca.
nièce [njɛs] *nf* nipote *f* (*di zio, zia*).
nième [ɛnjɛm] *adj*: **la ~ fois** l'ennesima volta.
nier [nje] *vt* negare.
nigaud, e [nigo, od] *nm/f* babbeo(-a), sciocco(-a).
Niger [niʒɛʀ] *nm* (*pays, fleuve*) Niger *m*.
Nigéria [niʒeʀja] *nm* Nigeria.
nigérian, e [niʒeʀjɑ̃, an] *adj* della Nigeria, nigeriano(-a) ♦ *nm/f*: **N~, e** abitante *m/f* della Nigeria, nigeriano(-a).
nigérien, ne [niʒeʀjɛ̃, jɛn] *adj* del Niger, nigeriano(-a) ♦ *nm/f*: **N~, ne** abitante *m/f* del Niger, nigeriano(-a).
night-club [najtklœb] (*pl* **~-~s**) *nm* nightclub *m inv*.
nihilisme [niilism] *nm* nichilismo.
nihiliste [niilist] *adj* nichilista.
Nil [nil] *nm* Nilo.
n'importe [nɛ̃pɔʀt] *adv*: **"~!"** "non fa niente!"; **~ qui** chiunque; **~ quoi** qualsiasi cosa; **~ où** dovunque; **~ quoi!** (*fam*: *désapprobation*) sciocchezze!; **~ lequel/laquelle d'entre nous** uno(-a) qualsiasi di noi; **~ quel/quelle** qualsiasi, qualunque; **à ~ quel prix** a qualsiasi prezzo; **~ quand** in qualsiasi momento; **~ comment, il part ce soir** comunque sia, parte stasera; **~ comment** (*sans soin*: *travailler etc*) alla bell'e meglio.
nippes [nip] *nfpl* stracci *mpl*.
nippon, e [nipɔ̃, ɔn] *adj* nipponico(-a) ♦ *nm/f*: **N~, e** nipponico(-a).
nique [nik] *nf*: **faire la ~ à** fare il verso a.
nitouche [nituʃ] (*péj*) *nf*: **une sainte ~** una santerellina.
nitrate [nitʀat] *nm* nitrato.
nitrique [nitʀik] *adj*: **acide ~** acido nitrico.
nitroglycérine [nitʀogliseʀin] *nf* nitroglicerina.
niveau, x [nivo] *nm* livello; **au ~ de** (*à la hauteur de*) all'altezza di, al livello di; (*à côté de, fig*: *en ce qui concerne*) a livello di; **de ~ (avec)** dello stesso livello di; **le ~ de la mer** il livello del mare; ▸ **niveau (à bulle)** livella; ▸ **niveau (d'eau)** livello idrico; ▸ **niveau de vie** tenore *m* di vita; ▸ **niveau social** livello sociale.
niveler [niv(ə)le] *vt* (*aussi fig*) livellare.
niveleuse [niv(ə)løz] *nf* livellatrice *f*.
nivellement [nivɛlmɑ̃] *nm* livellamento.
nivernais, e [nivɛʀnɛ, ɛz] *adj* di Nevers, della regione di Nevers ♦ *nm/f*: **N~, e** abitante *m/f* di Nevers *ou* della regione di Nevers.
NN [ɛnɛn] *abr* (= *nouvelle normes*) *nuova classificazione per alberghi*.
N°, n° *abr* (= *numéro*) n.
nobiliaire [nɔbiljɛʀ] *adj voir* **particule**.
noble [nɔbl] *adj, nm/f* nobile *m/f*.
noblesse [nɔblɛs] *nf* nobiltà.
noce [nɔs] *nf* nozze *fpl*; (*gens*) invitati *mpl* (alle nozze); **il l'a épousée en secondes ~s** l'ha sposata in seconde nozze; **faire la ~** (*fam*) fare baldoria; ▸ **noces d'argent/d'or/de diamant** nozze d'argento/d'oro/di diamante.
noceur [nɔsœʀ] *nm* tipo festaiolo.
nocif, -ive [nɔsif, iv] *adj* nocivo(-a).
nocivité [nɔsivite] *nf* nocività.
noctambule [nɔktɑ̃byl] *nm/f* nottambulo(-a).
nocturne [nɔktyʀn] *adj* notturno(-a) ♦ *nf* (*SPORT*) notturna; (*d'un magasin*) apertura notturna.
nodule [nɔdyl] *nm* nodulo.
Noël [nɔɛl] *nm ou f*: **la (fête de) ~** la festa di Natale, il Natale.
nœud [nø] *nm* (*de corde, NAUT, fig*: *d'une question*) nodo; (*ruban*) fiocco; (*fig*: *liens*) vincolo; **~ de l'action** (*THÉÂTRE etc*) nodo dell'azione; ▸ **nœud coulant** nodo scorsoio; ▸ **nœud de vipères** (*fig*) covo di vipere; ▸ **nœud gordien** nodo gordiano; ▸ **nœud papillon** farfallino.
noie *etc* [nwa] *vb voir* **noyer**.
noir, e [nwaʀ] *adj* nero(-a); (*race, personne*) negro(-a), nero(-a); (*obscur, sombre*) buio(-a), scuro(-a); (*roman, film*) noir *inv*, nero(-a) ♦ *nm/f* negro(-a), nero(-a) ♦ *nm* (*couleur, matière*) nero; (*obscurité*): **dans le ~** nell'oscurità ♦ *adv*: **au ~** (*travailler*) in nero; (*acheter, vendre*) al mercato nero; **il fait ~** fa buio.
noirâtre [nwaʀɑtʀ] *adj* nerastro(-a).
noirceur [nwaʀsœʀ] *nf* nerezza.
noircir [nwaʀsiʀ] *vi* annerire ♦ *vt* annerire; (*fig*) screditare.
noire [nwaʀ] *nf* (*MUS*) semiminima.
noise [nwaz] *nf*: **chercher ~ à** attaccar briga con.
noisetier [nwaz(ə)tje] *nm* nocciolo.

noisette [nwazɛt] *nf* nocciola; (*de beurre etc*) noce *f* ♦ *adj* (*yeux*) (color) nocciola *inv*.
noix [nwa] *nf* noce *f*; **une ~ de beurre** una noce di burro; **à la ~** (*fam*) che non vale niente; ▶ **noix de cajou** noce di acagiù; ▶ **noix de coco** noce di cocco; ▶ **noix de veau** (*CULIN*) noce di vitello; ▶ **noix muscade** noce moscata.
nom [nɔ̃] *nm* nome *m*; **connaître qn de ~** conoscere qn di nome; **au ~ de** in nome di; **~ d'une pipe** *ou* **d'un chien!** (*fam*) perbacco!, accidenti!; **~ de Dieu!** (*fam!*) per Dio!; ▶ **nom commun** nome comune; ▶ **nom composé** nome composto; ▶ **nom d'emprunt** nome fittizio; ▶ **nom de famille** cognome *m*; ▶ **nom de fichier** (*fam*) nome di file; ▶ **nom de jeune fille** cognome *m* da ragazza; ▶ **nom déposé** nome depositato; ▶ **nom propre** nome proprio.
nomade [nɔmad] *adj, nm/f* nomade *m/f*.
nombre [nɔ̃bʀ] *nm* (*MATH, LING*) numero; **venir en ~** giungere numerosi(-e); **depuis ~ d'années** da molti anni; **ils sont au ~ de 3** sono in 3; **au ~ de mes amis** tra i miei amici; **sans ~** innumerevoli; **(bon) ~ de** un buon numero di; ▶ **nombre entier/premier** numero intero/primo.
nombreux, -euse [nɔ̃bʀø, øz] *adj* (*avec nom pl*) numerosi(-e), molti(-e); (*avec nom sg*) numeroso(-a); **peu ~** poco numeroso(-a); **de ~ cas** numerosi casi.
nombril [nɔ̃bʀi(l)] *nm* ombelico.
nomenclature [nɔmɑ̃klatyʀ] *nf* nomenclatura.
nominal, e, -aux [nɔminal, o] *adj* nominale.
nominatif, -ive [nɔminatif, iv] *adj* nominativo(-a) ♦ *nm* (*LING*) nominativo; **liste nominative** elenco nominativo; **carte nominative** tessera nominativa; **titre ~** titolo nominativo.
nomination [nɔminasjɔ̃] *nf* nomina.
nommément [nɔmemɑ̃] *adv* specificatamente.
nommer [nɔme] *vt* (*baptiser, dénommer*) battezzare; (*qualifier*) chiamare; (*mentionner, citer*) fare il nome di, citare; (*désigner, choisir*) nominare; **se nommer** *vr*: **il se nomme Jean** si chiama Jean; (*se présenter*) presentarsi, dire il proprio nome; **un nommé Leduc** un certo Leduc.
non [nɔ̃] *adv* (*réponse*) no; (*avec loin, sans, seulement*) non; **Paul est venu, ~?** Paul è venuto, vero?; **c'est sympa, ~?** è simpatico, no?; **répondre** *ou* **dire que ~** rispondere *ou* dire di no; **~ (pas) que ...** non che ...; **~ plus: moi ~ plus** neanch'io, nemmeno io; **je préférais que ~** preferivo di no; **il se trouve que ~** si dà il caso di no; **je pense que ~** penso di no; **je suis sûr que ~** sono sicuro di no; **mais ~, ce n'est pas mal** ma no, non è (poi) male; **~ mais ...!** no ma ...!; **~ mais des fois!** ma ti (*ou* vi *ou* le) pare!; **~ loin/seulement** non lontano/solo.
non... [nɔ̃] *préf* non... .
nonagénaire [nɔnaʒenɛʀ] *adj, nm/f* novantenne *m/f*.
non-agression [nɔnagʀesjɔ̃] *nf*: **pacte de ~-~** (*POL*) patto di non aggressione.
non alcoolisé, e [nɔ̃alkɔɔlize] *adj* analcolico(-a).
non aligné, e [nɔnaliɲe] *adj* (*pays*) non allineato(-a).
non-alignement [nɔnaliɲmɑ̃] *nm* (*POL*) non allineamento.
nonante [nɔnɑ̃t] *adj, nm* (*Belgique, Suisse*) novanta *m inv*.
non-assistance [nɔnasistɑ̃s] *nf* (*JUR*): **~-~ à personne en danger** omissione *f* di soccorso.
nonce [nɔ̃s] *nm* (*REL*) nunzio.
nonchalamment [nɔ̃ʃalamɑ̃] *adv* indolentemente, con trascuratezza.
nonchalance [nɔ̃ʃalɑ̃s] *nf* indifferenza, svogliatezza; **avec ~** svogliatamente.
nonchalant, e [nɔ̃ʃalɑ̃, ɑ̃t] *adj* indifferente, svogliato(-a).
non-conformisme [nɔ̃kɔ̃fɔʀmism(ə)] *nm* nonconformismo.
non conformiste [nɔ̃kɔ̃fɔʀmist] *adj, nm/f* non conformista *m/f*.
non-conformité [nɔ̃kɔ̃fɔʀmite] *nf* mancata conformità.
non-croyant, e [nɔ̃kʀwajɑ̃, ɑ̃t] (*pl* **~-~s, -es**) *nm/f* (*REL*) non credente *m/f*.
non-directif, -ive [nɔ̃diʀɛktif, tiv] (*pl* **~-~s, -ives**) *adj* non autoritario(-a).
non-engagé, e [nɔnɑ̃gaʒe] (*pl* **~-~s, -ées**) *adj* (*POL*) non impegnato(-a).
non-engagement [nɔnɑ̃gaʒmɑ̃] *nm* (*POL*) disimpegno.
non-fumeur, -euse [nɔ̃fymœʀ, øz] (*pl* **~-~s, -euses**) *nm/f* non fumatore(-trice).
non-ingérence [nɔnɛ̃ʒeʀɑ̃s] *nf* non ingerenza.
non-initié, e [nɔ̃ninisje] (*pl* **~-~s, -ées**) *adj* profano(-a).
non-inscrit, e [nɔnɛ̃skʀi, it] (*pl* **~-~s, -es**) *nm/f* (*POL: député*) non iscritto(-a) ad un gruppo parlamentare.
non-intervention [nɔnɛ̃tɛʀvɑ̃sjɔ̃] *nf* (*POL*) non intervento.
non-lieu [nɔ̃ljø] *nm* (*JUR*): **il y a eu ~-~** si è verificato un non luogo a procedere.
nonne [nɔn] *nf* suora.
nonobstant [nɔnɔpstɑ̃] *prép* nonostante ♦ *adv* ciononostante.
non-paiement [nɔ̃pɛmɑ̃] (*pl* **~-~s**) *nm* mancato pagamento.
non-prolifération [nɔ̃pʀɔlifeʀasjɔ̃] *nf* non

proliferazione *f*.
non-résident [nɔ̃Residɑ̃] (*pl* **~-~s**) *nm* non residente *m/f*.
non-retour [nɔ̃Rətur] *nm*: **point de ~-~** punto di non ritorno.
non-sens [nɔ̃sɑ̃s] *nm* nonsenso, controsenso.
non-spécialiste [nɔ̃spesjalist] (*pl* **~-~s**) *nm/f* non specialista *m/f*.
non-stop [nɔnstɔp] *adj inv* non-stop *inv*.
non-syndiqué, e [nɔ̃sɛ̃dike] (*pl* **~-~s, -ées**) *nm/f* non iscritto(-a) ad un sindacato.
non-violence [nɔ̃vjɔlɑ̃s] *nf* nonviolenza.
non-violent, e [nɔ̃vjɔlɑ̃, ɑ̃t] (*pl* **~-~s, -es**) *adj, nm/f* nonviolento(-a).
nord [nɔR] *nm* nord *m inv* ♦ *adj inv* nord *inv*, settentrionale; **au ~** (*situation*) al nord; (*direction*) a nord; **au ~ de** a nord di; **perdre le ~** perdere la bussola; *voir aussi* **pôle**; **sud**.
nord-africain, e [nɔRafRikɛ̃, ɛn] (*pl* **~-~s, -es**) *adj* nordafricano(-a) ♦ *nm/f*: **N~-A~, -e** nordafricano(-a).
nord-américain, e [nɔRameRikɛ̃, ɛn] (*pl* **~-~s, -es**) *adj* nordamericano(-a) ♦ *nm/f*: **N~-A~, e** nordamericano(-a).
nord-coréen, ne [nɔRkɔReɛ̃, ɛn] (*pl* **~-~s, -nes**) *adj* nordcoreano(-a) ♦ *nm/f*: **N~-C~, ne** nordcoreano(-a).
nord-est [nɔRɛst] *nm inv* nordest *m inv*.
nordique [nɔRdik] *adj* nordico(-a).
nord-ouest [nɔRwɛst] *nm inv* nordovest *m inv*.
nord-vietnamien, ne [nɔRvjɛtnamjɛ̃, ɛn] (*pl* **~-~s, -nes**) *adj* nordvietnamita ♦ *nm/f*: **N~-V~, ne** nordvietnamita *m/f*.
noria [nɔRja] *nf* noria.
normal, e, -aux [nɔRmal, o] *adj* normale.
normale [nɔrmal] *nf* norma; (*GÉOM*) normale *f*.
normalement [nɔRmalmɑ̃] *adv* normalmente; (*en principe*) salvo imprevisti.
normalien, ne [nɔRmaljɛ̃, jɛn] *nm/f allievo/a dell'École normale supérieure o dell'École normale.*
normalisation [nɔRmalizasjɔ̃] *nf* normalizzazione *f*.
normalisé, e [nɔRmalize] *adj* normalizzato(-a), standardizzato(-a).
normaliser [nɔRmalize] *vt* (*COMM, TECH*) normalizzare, standardizzare; (*POL*) normalizzare.
normand, e [nɔRmɑ̃, ɑ̃d] *adj* normanno(-a) ♦ *nm/f*: **N~, e** normanno(-a).
Normandie [nɔRmɑ̃di] *nf* Normandia.
normatif, -ive [nɔRmatif, iv] *adj* normativo(-a).
norme [nɔRm] *nf* norma; (*TECH*) norma, standard *m inv*.
Norvège [nɔRvɛʒ] *nf* Norvegia.
norvégien, ne [nɔRveʒjɛ̃, jɛn] *adj* norvegese ♦ *nm* (*LING*) norvegese *m* ♦ *nm/f*: **N~, ne** norvegese *m/f*.
nos [no] *dét voir* **notre**.
nostalgie [nɔstalʒi] *nf* nostalgia.
nostalgique [nɔstalʒik] *adj* nostalgico(-a).
notable [nɔtabl] *adj* notevole ♦ *nm/f* notabile *m/f*.
notablement [nɔtabləmɑ̃] *adv* notevolmente.
notaire [nɔtɛR] *nm* notaio.
notamment [nɔtamɑ̃] *adv* in particolare, specialmente.
notariat [nɔtaRja] *nm* notariato.
notarié [nɔtaRje] *adj m*: **acte ~** atto notarile.
notation [nɔtasjɔ̃] *nf* (*SCOL*: *d'un devoir*) valutazione *f*; (*numérique, musicale*) notazione *f*; (*lettres, art*) rappresentazione *f*.
note [nɔt] *nf* (*MUS, annotation*) nota; (*SCOL*) voto; (*facture*) conto; (*billet, notice*) nota, appunto; **prendre des ~s** prendere appunti; **prendre ~ de** prendere nota di; **forcer la ~** esagerare, calcare la mano; **une ~ de tristesse/de gaieté** una nota di tristezza/di allegria; ▸ **note de service** nota di servizio.
noté, e [nɔte] *adj*: **être bien/mal ~** (*employé etc*) avere una buona/cattiva valutazione.
noter [nɔte] *vt* (*écrire*) annotare, segnare; (*remarquer*) notare, tener presente; (*SCOL*) dare un voto a; (*ADMIN*) esprimere una valutazione su; **notez bien que ...** notate che ..., osservate che ... .
notice [nɔtis] *nf* cenno, nota; (*brochure*): **~ explicative** istruzioni *fpl* per l'uso.
notification [nɔtifikasjɔ̃] *nf* notificazione *f*; (*acte*) notifica.
notifier [nɔtifje] *vt*: **~ qch à qn** notificare qc a qn.
notion [nosjɔ̃] *nf* nozione *f*.
notoire [nɔtwaR] *adj* notorio(-a); **le fait est ~** è un fatto notorio.
notoirement [nɔtwaRmɑ̃] *adv* notoriamente.
notoriété [nɔtɔRjete] *nf* notorietà; **c'est de ~ publique** è di dominio pubblico.
notre, nos [nɔtR] *dét* (il) nostro, (la) nostra; *voir aussi* **mon**.
nôtre [notR] *pron*: **le/la ~** il(la) nostro(-a) ♦ *adj* nostro(-a); **les ~s** i(le) nostri(-e); **soyez des ~s** si unisca a noi.
nouba [nuba] *nf musica militare dei reggimenti nordafricani*; **faire la ~** fare baldoria.
nouer [nwe] *vt* annodare; (*fig*: *alliance, amitié*) stringere; **se nouer** *vr* (*pièce de théâtre*): **c'est là où l'intrigue se noue** è in quel punto che si intreccia l'intrigo; **~ la conversation** attaccar discorso; **avoir la**

gorge nouée avere la gola serrata.
noueux, -euse [nwø, øz] *adj* (*racine, bâton, main*) nodoso(-a); (*vieillard*) scarno(-a).
nougat [nuga] *nm* torrone *m*.
nougatine [nugatin] *nf* mandorlato.
nouille [nuj] *nf* tagliatella; (*fam*) stupido (-a).
nounou [nunu] *nf* balia, tata.
nounours [nunuʀs] *nm* orsacchiotto.
nourri, e [nuʀi] *adj* (*applaudissements*) caloroso(-a); (*feu*) ben alimentato(-a).
nourrice [nuʀis] *nf* balia; **mettre en ~** (*enfant*) mettere a balia.
nourricier, -ère [nuʀisje, jɛʀ] *adj* nutritivo(-a).
nourrir [nuʀiʀ] *vt* (*aussi fig*: *haine etc*) nutrire; (*donner les moyens de subsister*) dar da mangiare a; **logé nourri** con vitto e alloggio; **bien/mal nourri** ben/mal nutrito; **~ au sein** allattare; **se ~ de légumes** nutrirsi di verdure; **se ~ de rêves** nutrirsi di sogni.
nourrissant, e [nuʀisɑ̃, ɑ̃t] *adj* nutriente.
nourrisson [nuʀisɔ̃] *nm* lattante *m/f*.
nourriture [nuʀityʀ] *nf* cibo, nutrimento.
nous [nu] *pron* noi; (*objet direct*) ci; (*objet indirect*) ci, ce; **avec ~** con noi; **il ~ le dit** ce lo dice; **il ~ en a parlé** ce ne ha parlato.
nous-mêmes [numɛm] *pron* noi stessi(-e); **de ~-~** da noi.
nouveau(nouvel), nouvelle, -x [nuvo, nuvɛl] *adj* nuovo(-a); (*avant le nom*: *succession ou répétition*) neo ♦ *nm/f* nuovo(-a) ♦ *nm*: **il y a du nouveau** c'è del nuovo; **de nouveau, à nouveau** di nuovo; ▸ **nouveau riche** nuovo(-a) ricco(-a); ▸ **nouvelle vague** *adj* (*gén, CINÉ*) della nouvelle vague; ▸ **nouveau venu** nuovo arrivato; ▸ **nouvelle venue** nuova arrivata; ▸ **Nouvel An** Anno Nuovo, Nuovo Anno; ▸ **nouveaux mariés** sposi *mpl* novelli.
nouveau-né, e [nuvone] (*pl* **~-~s, -es**) *adj, nm/f* neonato(-a).
nouveauté [nuvote] *nf* novità *f inv*.
nouvel [nuvɛl] *adj m voir* **nouveau**.
nouvelle [nuvɛl] *adj f voir* **nouveau** ♦ *nf* notizia; (*LITT*) novella; **~s** *nfpl* (*PRESSE, TV*) notizie *fpl*; **je suis sans ~s de lui** non ho sue notizie.
Nouvelle-Angleterre [nuvɛlɑ̃glətɛʀ] *nf* Nuova Inghilterra.
Nouvelle-Calédonie [nuvɛlkaledɔni] *nf* Nuova Caledonia.
Nouvelle-Écosse [nuvɛlekɔs] *nf* Nuova Scozia.
Nouvelle-Galles du Sud [nuvɛlgaldysyd] *nf* Nuovo Galles *m* del Sud.
Nouvelle-Guinée [nuvɛlgine] *nf* Nuova Guinea.
nouvellement [nuvɛlmɑ̃] *adv* recentemente, appena.
Nouvelle-Orléans [nuvɛlɔʀleɑ̃] *n*: **la ~-~** New Orleans *f*.
Nouvelles-Hébrides [nuvɛlzebʀid] *nfpl* Nuove Ebridi *fpl*.
Nouvelle-Zélande [nuvɛlzelɑ̃d] *nf* Nuova Zelanda.
nouvelliste [nuvelist] *nm/f* novellista *m/f*.
novateur, -trice [nɔvatœʀ, tʀis] *adj, nm/f* innovatore(-trice).
novembre [nɔvɑ̃bʀ] *nm* novembre *m*; *voir aussi* **juillet**.
novice [nɔvis] *adj* inesperto(-a) ♦ *nm/f* (*REL*) novizio(-a).
noviciat [nɔvisja] *nm* (*REL*) noviziato.
noyade [nwajad] *nf* annegamento.
noyau, x [nwajo] *nm* (*de fruit*) nocciolo; (*BIOL, PHYS, GÉO, fig*: *centre*) nucleo; (*fig*: *d'artistes, résistants etc*) gruppo.
noyautage [nwajotaʒ] *nm* (*POL*) infiltrazione *f*.
noyauter [nwajote] *vt* infiltrare.
noyé, e [nwaje] *nm/f* annegato(-a) ♦ *adj* (*fig*: *dépassé*) non all'altezza della situazione.
noyer [nwaje] *nm* noce *m* ♦ *vt* annegare; (*fig*: *submerger*) sommergere; (: *délayer*) annacquare; **se noyer** *vr* annegare, affogare; (*suicide*) annegarsi; **se ~ dans** (*fig*: *détails etc*) perdersi in; **~ son chagrin** annegare il proprio dispiacere; **~ son moteur** ingolfare il motore; **être noyé par la foule** essere inghiottito dalla folla; **~ le poisson** menare il can per l'aia.
NU [ɛny] *sigle fpl* (= *Nations unies*) N.U. *fpl*.
nu, e [ny] *adj* nudo(-a); (*fil*) scoperto(-a) ♦ *nm* (*ART*) nudo; **le ~ intégral** il nudo integrale; **(les) pieds ~s** a piedi nudi; **(la) tête ~e** a capo scoperto; **à mains ~es** a mani nude; **se mettre ~** mettersi nudo(-a); **mettre à ~** mettere a nudo.
nuage [nɥaʒ] *nm* nuvola; (*de fumée, poussière*) nuvola, nube *f*; **sans ~s** (*fig*: *bonheur etc*) senza nubi; **être dans les ~s** (*distrait*) essere tra le nuvole; **~ de lait** goccia di latte.
nuageux, -euse [nɥaʒø, øz] *adj* nuvoloso(-a).
nuance [nɥɑ̃s] *nf* sfumatura; **il y a une ~ (entre ...)** c'è una leggera differenza (tra ...); **une ~ de tristesse** un'ombra di tristezza.
nuancé, e [nɥɑ̃se] *adj* (*opinion*) espresso (-a) con garbo; (*personne*) che si esprime con garbo.
nuancer [nɥɑ̃se] *vt* (*pensée, opinion*) esprimere con garbo.
nubile [nybil] *adj* nubile.
nucléaire [nykleɛʀ] *adj* nucleare ♦ *nm*: **le ~** il nucleare.
nudisme [nydism] *nm* nudismo.

nudiste [nydist] *nm/f* nudista *m/f.*
nudité [nydite] *nf* nudità *f inv.*
nuée [nɥe] *nf*: **une ~ de** un grappolo di, un nugolo di.
nues [ny] *nfpl*: **tomber des ~** cadere dalle nuvole; **porter qn aux ~** portare qn alle stelle.
nuire [nɥiʀ] *vi*: **~ (à qn/qch)** nuocere (a qn/qc).
nuisance [nɥizɑ̃s] *nf* fattore *m* nocivo, disturbo; **~s** *nfpl* (*de la santé, de l'environnement etc*) fattori *mpl* inquinanti *ou* di disturbo; (*de la santé*) fattori nocivi.
nuisible [nɥizibl] *adj* nocivo(-a); **animal ~** animale *m* nocivo.
nuisis *etc* [nyizi] *vb voir* **nuire.**
nuit [nɥi] *nf* notte *f*; **5 ~s de suite** 5 notti di seguito; **payer sa ~** pagare il pernottamento; **il fait ~** è notte, fa buio; **cette ~** questa notte; **de ~** (*vol, service*) notturno(-a); ▶**nuit blanche** notte bianca; ▶**nuit de noces** notte di nozze; ▶**nuit de Noël** notte di Natale; ▶**nuit des temps**: **la ~ des temps** la notte dei tempi.
nuitamment [nɥitamɑ̃] *adv* durante la notte.
nuitées [nɥite] *nfpl* (*STATISTIQUES*) notti *fpl* (*in albergo, campeggio etc*).
nul, nulle [nyl] *adj* (*aucun*) nessuno(-a); (*minime, non valable*) nullo(-a); (*péj*) decisamente mediocre ♦ *pron* nessuno; **résultat ~, match ~** (*SPORT*) pari; **~le part** da nessuna parte; **être ~ (en)** non valere niente (in).
nullement [nylmɑ̃] *adv* affatto, per niente.
nullité [nylite] *nf* nullità *f inv.*
numéraire [nymeʀɛʀ] *nm* denaro (liquido).
numéral, e, -aux [nymeʀal, o] *adj* (*aussi LING*) numerale.
numérateur [nymeʀatœʀ] *nm* numeratore *m.*
numération [nymeʀasjɔ̃] *nf*: **~ décimale/binaire** numerazione *f* decimale/binaria.
numérique [nymeʀik] *adj* numerico(-a).
numériquement [nymeʀikmɑ̃] *adv* numericamente.
numériser [nymeʀize] *vt* (*INFORM*) digitalizzare.
numéro [nymeʀo] *nm* numero; (*fig*): **un (drôle de) ~** una bella sagoma, un bel tipo; **faire** *ou* **composer un ~** fare *ou* comporre un numero; ▶**numéro d'identification personnel** numero di identificazione personale; ▶**numéro d'immatriculation** *ou* **minéralogique** numero di targa; ▶**numéro de téléphone** numero di telefono; ▶**numéro vert** numero verde.
numérotation [nymeʀɔtasjɔ̃] *nf* numerazione *f.*
numéroter [nymeʀɔte] *vt* numerare.
numerus clausus [nymeʀys klozys] *nm inv* numero chiuso.
numismate [nymismat] *nm/f* numismatico(-a).
numismatique [nymismatik] *nf* numismatica.
nu-pieds [nypje] *nmpl* sandali.
nuptial, e, -aux [nypsjal, o] *adj* nuziale.
nuptialité [nypsjalite] *nf* nuzialità; **taux de ~** tasso di nuzialità.
nuque [nyk] *nf* nuca.
Nuremberg [nyʀɛ̃bɛʀg] *n* Norimberga.
nu-tête [nytɛt] *adj inv* a capo scoperto.
nutritif, -ive [nytʀitif, iv] *adj* nutritivo(-a).
nutrition [nytʀisjɔ̃] *nf* nutrizione *f.*
nutritionnel, le [nytʀisjɔnɛl] *adj* nutrizionale.
nutritionniste [nytʀisjɔnist] *nm/f* nutrizionista *m/f.*
nylon [nilɔ̃] *nm* nylon *m.*
nymphomane [nɛ̃fɔman] *adj, nf* ninfomane *f.*

O, o

O, o [o] *nm inv* (*lettre*) O, o *f ou m inv*; **~ comme Oscar** ≈ O come Otranto.
O *abr* (= *ouest*) O.
OAS [oaɛs] *sigle f* (= *Organisation de l'armée secrète*) *organizzazione contraria all'indipendenza dell'Algeria (1961-63).*
oasis [ɔazis] *nf* oasi *f inv.*
obédience [ɔbedjɑ̃s] *nf*: **les pays d'~ communiste** i paesi dell'orbita comunista.
obéir [ɔbeiʀ] *vi*: **~ (à)** ubbidire (a).
obéissance [ɔbeisɑ̃s] *nf* obbedienza, ubbidienza.
obéissant, e [ɔbeisɑ̃, ɑ̃t] *adj* obbediente, ubbidiente.
obélisque [ɔbelisk] *nm* obelisco.
obèse [ɔbɛz] *adj* obeso(-a).
obésité [ɔbezite] *nf* obesità.
objecter [ɔbʒɛkte] *vt* obiettare; **~ qch à** opporre qc a; **~ (à qn) que** obiettare (a qn) che.
objecteur [ɔbʒɛktœʀ] *nm*: **~ de conscience** obiettore *m* di coscienza.
objectif, -ive [ɔbʒɛktif, iv] *adj* oggettivo(-a); (*impartial*) ob(b)iettivo(-a), oggettivo(-a) ♦ *nm* obiettivo; ▶**objectif à fo-**

cale variable ob(b)iettivo a focale variabile; ▸ **objectif grand angulaire** (obiettivo) grandangolare *m*.
objection [ɔbʒɛksjɔ̃] *nf* obiezione *f*; ▸ **objection de conscience** obiezione di coscienza.
objectivement [ɔbʒɛktivmɑ̃] *adv* oggettivamente; (*d'une façon impartiale*) obbiettivamente.
objectivité [ɔbʒɛktivite] *nf* oggettività *f*; (*impartialité*) obiettività *f*.
objet [ɔbʒɛ] *nm* oggetto; **être** *ou* **faire l'~ de** essere oggetto di; **sans** ~ (*sans fondement*) infondato(-a); **(bureau des) ~s trouvés** (ufficio degli) oggetti smarriti; ▸ **objet d'art** oggetto d'arte *ou* artistico; ▸ **objets de toilette** articoli *mpl* da toilette; ▸ **objets personnels** effetti *mpl* personali.
obligataire [ɔbligatɛʀ] *adj* obbligazionistico(-a).
obligation [ɔbligasjɔ̃] *nf* (*gén, morale*) obbligo; (*JUR, COMM*) obbligazione *f*; **sans ~ d'achat** senza impegno; **être dans l'~ de faire qch** vedersi costretto(-a) a fare qc; **avoir l'~ de faire qch** avere la necessità di fare qc; ▸ **obligations familiales** doveri *mpl* familiari; ▸ **obligations militaires** obblighi militari; ▸ **obligations mondaines** doveri *mpl* mondani.
obligatoire [ɔbligatwaʀ] *adj* obbligatorio (-a).
obligatoirement [ɔbligatwaʀmɑ̃] *adv* obbligatoriamente; (*fatalement*) inevitabilmente.
obligé, e [ɔbliʒe] *adj*: ~ **de faire** obbligato(-a) a fare; **être très ~ à qn** (*redevable*) essere molto obbligato(-a) *ou* grato(-a) a qn; **je suis (bien) ~ (de le faire)** sono obbligato (a farlo).
obligeamment [ɔbliʒamɑ̃] *adv* cortesemente, gentilmente.
obligeance [ɔbliʒɑ̃s] *nf*: **avoir l'~ de** avere la cortesia *ou* gentilezza di.
obligeant, e [ɔbliʒɑ̃, ɑ̃t] *adj* cortese, gentile.
obliger [ɔbliʒe] *vt* (*contraindre*): ~ **qn à qch/faire qch** obbligare qn a qc/fare qc; (*JUR*) vincolare; (*rendre service à*) fare cosa gradita a.
oblique [ɔblik] *adj* obliquo(-a); **en** ~ in diagonale.
obliquement [ɔblikmɑ̃] *adv* obliquamente.
obliquer [ɔblike] *vi*: ~ **vers** obliquare verso.
oblitération [ɔbliteʀasjɔ̃] *nf* obliterazione *f*.
oblitérer [ɔbliteʀe] *vt* obliterare.
oblong, oblongue [ɔblɔ̃, ɔ̃g] *adj* oblungo(-a).
obnubiler [ɔbnybile] *vt* obnubilare.
obole [ɔbɔl] *nf* obolo.
obscène [ɔpsɛn] *adj* osceno(-a).
obscénité [ɔpsenite] *nf* oscenità *f inv*.
obscur, e [ɔpskyʀ] *adj* (*aussi fig*) oscuro (-a); (*pièce, endroit*) buio(-a), scuro(-a).
obscurantisme [ɔpskyʀɑ̃tism] *nm* oscurantismo.
obscurcir [ɔpskyʀsiʀ] *vt* oscurare; (*fig*) offuscare, rendere poco chiaro(-a); **s'obscurcir** *vr* oscurarsi, offuscarsi.
obscurément [ɔpskyʀemɑ̃] *adv* oscuramente.
obscurité [ɔpskyʀite] *nf* oscurità; **dans l'~** al buio.
obsédant [ɔpsedɑ̃] *adj* ossessionante.
obsédé, e [ɔpsede] *nm/f*: **un ~ de** un maniaco di; ▸ **obsédé(e) sexuel(le)** maniaco(-a) sessuale.
obséder [ɔpsede] *vt* ossessionare; **être obsédé par** essere ossessionato da.
obsèques [ɔpsɛk] *nfpl* esequie *fpl*.
obséquieux, -euse [ɔpsekjø, jøz] *adj* ossequioso(-a).
observable [ɔpsɛʀvabl] *adj* osservabile.
observance [ɔpsɛʀvɑ̃s] *nf* (*REL etc*) osservanza.
observateur, -trice [ɔpsɛʀvatœʀ, tʀis] *adj, nm/f* osservatore(-trice).
observation [ɔpsɛʀvasjɔ̃] *nf* osservazione *f*; (*d'un règlement etc*) osservanza; **en ~** (*MÉD*) in osservazione; **avoir l'esprit d'~** avere spirito d'osservazione.
observatoire [ɔpsɛʀvatwaʀ] *nm* osservatorio.
observer [ɔpsɛʀve] *vt* osservare; **s'observer** *vr* (*se surveiller*) controllarsi; **faire ~ qch à qn** (*le lui dire*) fare osservare qc a qn.
obsession [ɔpsesjɔ̃] *nf* ossessione *f*; **avoir l'~ de** avere l'ossessione di.
obsessionnel [ɔpsesjɔnɛl] *adj* ossessivo (-a).
obsolescence [ɔpsɔlesɑ̃s] *nf* obsolescenza.
obsolescent, e [ɔpsɔlesɑ̃, ɑ̃t] *adj* obsolescente, obsoleto(-a).
obstacle [ɔpstakl] *nm* (*aussi fig*) ostacolo; **faire ~ à** ostacolare.
obstétricien, ne [ɔpstetʀisjɛ̃, jɛn] *nm/f* ostetrico(-a).
obstétrique [ɔpstetʀik] *nf* ostetricia.
obstination [ɔpstinasjɔ̃] *nf* ostinazione *f*.
obstiné, e [ɔpstine] *adj* ostinato(-a).
obstinément [ɔpstinemɑ̃] *adv* ostinatamente.
obstiner [ɔpstine]: **s'~** *vr* ostinarsi; **s'~ à faire qch** ostinarsi a fare qc; **s'~ sur qch** ostinarsi *ou* impuntarsi su qc.
obstruction [ɔpstʀyksjɔ̃] *nf* ostruzione *f*; (*SPORT*) ostruzionismo; **faire de l'~** (*fig*) fare ostruzionismo.
obstructionnisme [ɔpstʀyksjɔnism] *nm* ostruzionismo.

obstruer [ɔpstʀye] *vt* ostruire; **s'obstruer** *vr* ostruirsi.
obtempérer [ɔptɑ̃peʀe] *vi*: ~ **(à)** ottemperare (a).
obtenir [ɔptəniʀ] *vt* ottenere; ~ **de pouvoir faire qch** ottenere di poter fare qc; ~ **qch à qn** ottenere qc per qn; ~ **de qn qu'il fasse** ottenere che qn faccia; ~ **satisfaction** ottenere soddisfazione.
obtention [ɔptɑ̃sjɔ̃] *nf* ottenimento; (*d'un diplôme*) conseguimento.
obtenu [ɔpt(ə)ny] *pp de* **obtenir**.
obtiendrai *etc* [ɔptjɛ̃dʀe] *vb voir* **obtenir**.
obtiens *etc* [ɔptjɛ̃] *vb voir* **obtenir**.
obtint *etc* [ɔptɛ̃] *vb voir* **obtenir**.
obturateur [ɔptyʀatœʀ] *nm* otturatore *m*; ▸ **obturateur à rideau** otturatore a tendina.
obturation [ɔptyʀasjɔ̃] *nf* otturazione *f*; **vitesse d'~** (*PHOTO*) velocità dell'otturatore; ▸ **obturation (dentaire)** otturazione *f* (dentale).
obturer [ɔptyʀe] *vt* otturare.
obtus, e [ɔpty, yz] *adj* (*fig*) ottuso(-a).
obus [ɔby] *nm* granata.
obvier [ɔbvje]: ~ **à** *vt* ovviare a.
OC *sigle fpl* (= *ondes courtes*) OC.
occasion [ɔkazjɔ̃] *nf* occasione *f*; **à plusieurs ~s** in molte occasioni; **à cette/la première ~** in questa/alla prima occasione; **avoir l'~ de faire** avere l'occasione di fare; **être l'~ de** essere occasione *ou* motivo di; **à l'~** eventualmente; **à l'~ de** in occasione di; **d'~** d'occasione.
occasionnel, le [ɔkazjɔnɛl] *adj* occasionale.
occasionnellement [ɔkazjɔnɛlmɑ̃] *adv* occasionalmente.
occasionner [ɔkazjɔne] *vt* causare, procurare; ~ **qch à qn** causare *ou* procurare qc a qn.
occident [ɔksidɑ̃] *nm* occidente *m*; **l'O~** (*POL*) l'Occidente.
occidental, e, -aux [ɔksidɑ̃tal, o] *adj, nm/f* occidentale *m/f*.
occidentaliser [ɔksidɑ̃talize] *vt* occidentalizzare.
occiput [ɔksipyt] *nm* occipite *m*.
occire [ɔksiʀ] *vt* uccidere.
occitan, e [ɔksitɑ̃, an] *adj* occitano(-a), occitanico(-a) ♦ *nm* (*LING*) occitano.
occlusion [ɔklyzjɔ̃] *nf*: ~ **intestinale** occlusione *f* intestinale.
occulte [ɔkylt] *adj* occulto(-a).
occulter [ɔkylte] *vt* (*fig*) occultare.
occultisme [ɔkyltism] *nm* occultismo.
occupant, e [ɔkypɑ̃, ɑ̃t] *adj* (*armée, autorité*) di occupazione ♦ *nm/f* occupante *m/f*.
occupation [ɔkypasjɔ̃] *nf* occupazione *f*; **l'O~** l'occupazione (*della Francia da parte dei tedeschi*).
occupé, e [ɔkype] *adj* occupato(-a).
occuper [ɔkype] *vt* occupare; **s'occuper** *vr*: **s'~ à qch** tenersi occupato(-a) con qc; **s'~ de** occuparsi di; **ça occupe trop de place** (ciò) occupa troppo spazio.
occurrence [ɔkyʀɑ̃s] *nf*: **en l'~** in questo caso.
OCDE [ɔsedeə] *sigle f* (= *Organisation de coopération et de développement économique*) OCSE *f*.
océan [ɔseɑ̃] *nm* oceano; **l'~ Indien** l'oceano Indiano.
Océanie [ɔseani] *nf* Oceania.
océanique [ɔseanik] *adj* oceanico(-a).
océanographe [ɔseanɔgʀaf] *nm/f* oceanografo(-a).
océanographie [ɔseanɔgʀafi] *nf* oceanografia.
océanographique [ɔseanɔgʀafik] *adj* oceanografico(-a).
océanologie [ɔseanɔlɔʒi] *nf* oceanologia.
ocelot [ɔs(ə)lo] *nm* ocelot *m inv*.
ocre [ɔkʀ] *adj inv* (color) ocra *inv*.
octane [ɔktan] *nm* ottano.
octante [ɔktɑ̃t] *adj, nm* (*Belgique, Suisse*) ottanta.
octave [ɔktav] *nf* (*MUS*) ottava.
octet [ɔktɛ] *nm* (*INFORM*) byte *m inv*.
octobre [ɔktɔbʀ] *nm* ottobre *m*; *voir aussi* **juillet**.
octogénaire [ɔktɔʒenɛʀ] *adj, nm/f* ottuagenario(-a), ottantenne *m/f*.
octogonal, e, -aux [ɔktɔgɔnal, o] *adj* ottagonale.
octogone [ɔktɔgɔn] *nm* ottagono.
octroi [ɔktʀwa] *nm* concessione *f*.
octroyer [ɔktʀwaje] *vt*: ~ **qch à qn** concedere qc a qn; **s'octroyer** *vr* concedersi.
oculaire [ɔkylɛʀ] *adj, nm* oculare *m*.
oculiste [ɔkylist] *nm/f* oculista *m/f*.
ode [ɔd] *nf* ode *f*.
odeur [ɔdœʀ] *nf* odore *m*; **mauvaise ~** cattivo odore.
odieusement [ɔdjøzmɑ̃] *adv* odiosamente, in modo odioso.
odieux, -euse [ɔdjø, jøz] *adj* odioso(-a); (*enfant*) insopportabile.
odontologie [ɔdɔ̃tɔlɔʒi] *nf* odontoiatria.
odorant, e [ɔdɔʀɑ̃, ɑ̃t] *adj* odoroso(-a).
odorat [ɔdɔʀa] *nm* odorato; **avoir l'~ fin** avere l'odorato fino.
odoriférant, e [ɔdɔʀifeʀɑ̃, ɑ̃t] *adj* odoroso(-a), odorifero(-a).
odyssée [ɔdise] *nf* odissea.
OEA [ɔəa] *sigle f* (= *Organisation des États américains*) O.S.A. *f*.
œcuménique [ekymenik] *adj* ecumenico (-a).
œcuménisme [ekymenism] *nm* ecumenismo.
œdème [edɛm] *nm* edema *m*.

œil [jø] (*pl* **yeux**) *nm* (*ANAT*) occhio; (*d'une aiguille*) cruna; **avoir un ~ au beurre noir** *ou* **poché** avere un occhio nero *ou* pesto; **à l'~** (*fam*) gratis; **à l'~ nu** a occhio nudo; **avoir l'~ (à)** stare attento(-a) a; **avoir l'~ sur qn, tenir qn à ~** tenere d'occhio qn; **faire de l'~ à qn** fare l'occhiolino a qn; **voir qch d'un bon/mauvais ~** vedere qc di buon/cattivo occhio; **à l'~ vif** con gli occhi vispi; **à mes/ses yeux** per me/lui; **de ses propres yeux** con i propri occhi; **fermer les yeux (sur)** (*fig*) chiudere un occhio (su); **ne pas pouvoir fermer l'~** non riuscire a chiudere occhio; **~ pour ~, dent pour dent** occhio per occhio, dente per dente; **les yeux fermés** (*en toute confiance*) ad occhi chiusi; **pour les beaux yeux de qn** (*fig*) per i begli occhi di qn; ▸ **œil de verre** occhio di vetro.

œil-de-bœuf [œjdəbœf] (*pl* **~s-~-~**) *nm* (*fenêtre*) occhio di bue.

œillade [œjad] *nf*: **lancer une ~/faire des ~s (à)** ammiccare (a).

œillères [œjɛʀ] *nfpl* paraocchi *msg*; **avoir des ~** (*fig*: *péj*) avere il paraocchi.

œillet [œjɛ] *nm* (*BOT*) garofano; (*trou, bordure rigide*) occhiello.

œnologue [enɔlɔg] *nm/f* enologo(-a).

œsophage [ezɔfaʒ] *nm* esofago.

œstrogène [ɛstʀɔʒɛn] *adj* estrogeno(-a).

œuf [œf] *nm* uovo; **étouffer qch dans l'~** soffocare qc sul nascere; ▸ **œuf à la coque** uovo alla coque; ▸ **œuf au plat** uovo al tegame *ou* all'occhio di bue; ▸ **œuf de Pâques** uovo di Pasqua; ▸ **œuf dur** uovo sodo; ▸ **œuf mollet/poché** uovo bazzotto/in camicia; ▸ **œufs brouillés** uova strapazzate.

œuvre [œvʀ] *nf* opera ♦ *nm* (*CONSTR*): **le gros ~** il rustico; **~s** *nfpl* (*actes*) opere *fpl*; **être/se mettre à l'~** essere/mettersi all'opera; **mettre en ~** (*moyens*) mettere in opera; (*plan, loi, projet*) attuare; **bonnes ~s** opere buone; ▸ **œuvre d'art** opera d'arte; ▸ **œuvres de bienfaisance** opere di beneficenza.

œuvrer [œvʀe] *vi*: **~ pour** operare a favore di *ou* nell'interesse di.

offensant, e [ɔfɑ̃sɑ̃, ɑ̃t] *adj* offensivo(-a).

offense [ɔfɑ̃s] *nf* offesa; (*REL*) peccato.

offenser [ɔfɑ̃se] *vt* offendere; **s'~ de qch** offendersi per qc.

offensif, -ive [ɔfɑ̃sif, iv] *adj* offensivo(-a).

offensive [ɔfɑ̃siv] *nf* (*MIL*) offensiva; (*fig*: *du froid, de l'hiver*) incalzare *m inv*; **passer à l'~** passare all'offensiva.

offert, e [ɔfɛʀ, ɛʀt] *pp de* **offrir**.

offertoire [ɔfɛʀtwaʀ] *nm* (*REL*) offertorio.

office [ɔfis] *nm* ufficio ♦ *nm ou f* (*pièce*) tinello; **faire ~ de** fungere da; **d'~** d'ufficio; **bons ~s** (*POL*) buoni uffici; ▸ **office du tourisme** ente *m ou* ufficio del turismo.

officialisation [ɔfisjalizasjɔ̃] *nf* ufficializzazione *f*.

officialiser [ɔfisjalize] *vt* ufficializzare.

officiel, le [ɔfisjɛl] *adj* ufficiale; (*voiture*) di rappresentanza ♦ *nm/f* autorità *f inv*; (*SPORT*) ufficiale *m* di gara.

officiellement [ɔfisjɛlmɑ̃] *adv* ufficialmente.

officier [ɔfisje] *nm* (*MIL, NAUT*) ufficiale *m* ♦ *vi* (*REL*) officiare, ufficiare; ▸ **officier de l'état-civil** ufficiale di stato civile; ▸ **officier de police** ufficiale di polizia; ▸ **officier ministériel** pubblico ufficiale.

officieusement [ɔfisjøzmɑ̃] *adv* ufficiosamente.

officieux, -euse [ɔfisjø, jøz] *adj* ufficioso (-a).

officinal, e, -aux [ɔfisinal, o] *adj*: **plantes ~es** piante officinali.

officine [ɔfisin] *nf* (*de pharmacie*) laboratorio farmaceutico; (*ADMIN*: *pharmacie*) farmacia; (*gén péj*) covo.

offrais [ɔfʀɛ] *vb voir* **offrir**.

offrande [ɔfʀɑ̃d] *nf* offerta.

offrant [ɔfʀɑ̃] *nm*: **vendre au plus ~** vendere al miglior offerente.

offre [ɔfʀ] *vb voir* **offrir** ♦ *nf* offerta; **"~s d'emploi"** "offerte di lavoro"; ▸ **offre d'emploi** offerta d'impiego; ▸ **offre publique d'achat** offerta pubblica d'acquisto; ▸ **offres de service** offerta di servizi.

offrir [ɔfʀiʀ] *vt*: **~ (à)** offrire (a); (*en cadeau*) regalare (a); **s'offrir** *vr* (*suj*: *occasion, plaisir*) offrirsi; (*se payer*: *vacances, voiture*) regalarsi; **~ (à qn) de faire qch** offrire (a qn) di fare qc; **~ à boire à qn** offrire da bere a qn; **~ ses services à qn** offrire i propri servigi a qn; **~ le bras à qn** offrire il braccio a qn; **s'~ à faire qch** offrirsi di fare qc; **s'~ comme guide/en otage** offrirsi come guida/in ostaggio; **s'~ aux regards** mostrarsi.

offset [ɔfsɛt] *nm* offset *m inv*.

offusquer [ɔfyske] *vt* urtare, indisporre; **s'~ de qch** risentirsi per qc.

ogive [ɔʒiv] *nf* ogiva; **voûte/arc en ~** volta/arco a ogiva; ▸ **ogive nucléaire** ogiva nucleare.

OGM [ɔʒeɛm] *sigle m* (= *organisme génétiquement modifié*) OGM *m* (= *organismo geneticamente modificato*).

ogre [ɔgʀ] *nm* orco.

oh [o] *excl* (*admiration*) oh!; **~ là là!** (*se plaindre*) uffa!; **pousser des ~! et des ah!** lanciare delle grida di sorpresa.

oie [wa] *nf* oca; ▸ **oie blanche** (*fig, péj*) (ragazza) ingenua.

oignon [ɔɲɔ̃] *nm* cipolla; (*de tulipe etc*) bulbo, cipolla; (*MÉD*) callo; **ce ne sont**

pas tes ~s (*fam*) non sono cavoli tuoi; **petits ~s** cipolline *fpl*.
oindre [wɛ̃dʀ] *vt* (*REL*) dare l'olio santo a, ungere.
oiseau, x [wazo] *nm* uccello; ▸**oiseau de nuit** uccello notturno; ▸**oiseau de proie** uccello predatore.
oiseau-lyre [wazoliʀ] (*pl* **~x-~s**) *nm* uccello *m* lira *inv*.
oiseau-mouche [wazomuʃ] (*pl* **~x-~s**) *nm* uccello *m* mosca *inv*.
oiseleur [waz(ə)lœʀ] *nm* uccellatore *m*.
oiselier, -ière [wazəlje, jɛʀ] *nm/f* uccellaio(-a).
oisellerie [wazɛlʀi] *nf* negozio di uccelli.
oiseux, -euse [wazø, øz] *adj* ozioso(-a).
oisif, -ive [wazif, iv] *adj, nm/f* ozioso(-a).
oisillon [wazijɔ̃] *nm* uccellino.
oisiveté [wazivte] *nf* ozio.
OIT [ɔite] *sigle f* (= *Organisation internationale du travail*) OIL *f*.
OK [okɛ] *excl* O.K.
OL *sigle fpl* (= *ondes longues*) OL.
oléagineux, -euse [ɔleaʒinø, øz] *adj* oleaginoso(-a).
oléiculteur [ɔleikyltœʀ] *nm* olivicoltore *m*, oleicoltore *m*.
oléiculture [ɔleikyltyʀ] *nf* olivicoltura, oleicoltura.
oléoduc [ɔleɔdyk] *nm* oleodotto.
olfactif, -ive [ɔlfaktif, iv] *adj* olfattivo(-a).
olibrius [ɔlibʀijys] *nm* (*fam*) strano tipo.
oligarchie [ɔligaʀʃi] *nf* oligarchia.
oligo-élément [ɔligoelemɑ̃] (*pl* **~-~s**) *nm* microelemento.
oligopole [ɔligɔpɔl] *nm* oligopolio.
olivâtre [ɔlivɑtʀ] *adj* olivastro(-a).
olive [ɔliv] *nf* oliva; (*type d'interrupteur*) interruttore *m* a oliva ♦ *adj inv* verde oliva *inv*.
oliveraie [ɔlivʀɛ] *nf* uliveto, oliveto.
olivier [ɔlivje] *nm* ulivo, olivo; (*bois*) olivo.
olographe [ɔlɔgʀaf] *adj*: **testament ~** testamento olografo.
OLP [ɔɛlpe] *sigle f* (= *Organisation de libération de la Palestine*) OLP *f*.
olympiade [ɔlɛ̃pjad] *nf* olimpiade *f*; **les ~s** le olimpiadi.
olympien, ne [ɔlɛ̃pjɛ̃, jɛn] *adj* olimpico(-a).
olympique [ɔlɛ̃pik] *adj* (*record, stade*) olimpico(-a); (*champion*) olimpionico(-a); **piscine ~** piscina olimpionica.
OM *sigle fpl* (= *ondes moyennes*) OM.
Oman [ɔman] *nm* Oman *m*; **le sultanat d'~** il sultanato dell'Oman.
ombilical, e, -aux [ɔ̃bilikal, o] *adj* ombelicale.
ombrage [ɔ̃bʀaʒ] *nm* (*feuillage*): **~s** fogliame *msg*, fronde *fpl*; (*ombre*) ombra (*degli alberi*); **prendre ~ de qch** (*fig*) adombrarsi per qc; **faire** *ou* **porter ~ à qn** (*fig*) fare ombra a qn.
ombragé, e [ɔ̃bʀaʒe] *adj* ombroso(-a), ombreggiato(-a).
ombrageux, -euse [ɔ̃bʀaʒø, øz] *adj* ombroso(-a).
ombre [ɔ̃bʀ] *nf* ombra; **à l'~** all'ombra; (*fam: en prison*) dietro le sbarre; **à l'~ de** (*aussi fig*) all'ombra di; **donner/faire de l'~** dare/fare ombra; **dans l'~** nell'ombra; **vivre dans l'~** (*fig*) vivere nell'ombra; **laisser qch dans l'~** (*fig*) lasciare qc nell'ombra; **il n'y a pas l'~ d'un doute** non c'è ombra di dubbio; ▸**ombre à paupières** ombretto; ▸**ombre portée** ombra portata; ▸**ombres chinoises** ombre cinesi.
ombrelle [ɔ̃bʀɛl] *nf* ombrellino, parasole *m inv*.
ombrer [ɔ̃bʀe] *vt* ombrare.
omelette [ɔmlɛt] *nf* omelette *f inv*, frittata; ▸**omelette au fromage/au jambon** frittata *ou* omelette al formaggio/al prosciutto; ▸**omelette aux herbes** frittata *ou* omelette alle erbe; ▸**omelette baveuse** frittata *ou* omelette poco cotta all'interno; ▸**omelette flambée** frittata *ou* omelette alla fiamma; ▸**omelette norvégienne** *dolce di gelato, meringa e pan di spagna, caldo all'esterno e gelato all'interno*.
omettre [ɔmɛtʀ] *vt* omettere, tralasciare; **~ de faire qch** omettere *ou* tralasciare di fare qc.
omis [ɔmi] *pp de* **omettre**.
omission [ɔmisjɔ̃] *nf* omissione *f*.
OMM [oɛmɛm] *sigle f* = *Organisation météorologique mondiale*.
omni... [ɔmni] *préf* omni..., onni... .
omnibus [ɔmnibys] *nm*: **(train) ~** ≈ (treno) regionale *m*.
omnidirectionnel [ɔmnidiʀɛksjɔnɛl] *adj* omnidirezionale, onnidirezionale.
omnidisciplinaire [ɔmnidisiplinɛʀ] *adj* multidisciplinare.
omnipotent, e [ɔmnipɔtɑ̃, ɑ̃t] *adj* onnipotente.
omnipraticien, ne [ɔmnipʀatisjɛ̃, jɛn] *nm/f* medico generico.
omniprésent, e [ɔmnipʀezɑ̃, ɑ̃t] *adj* onnipresente.
omniscient, e [ɔmnisjɑ̃, jɑ̃t] *adj* onnisciente.
omnisports [ɔmnispɔʀ] *adj inv* polisportivo(-a).
omnium [ɔmnjɔm] *nm* (*SPORT*) omnium *m inv*; (*FIN, COMM*) omnium *m inv*, holding (company) *f inv*.
omnivore [ɔmnivɔʀ] *adj* onnivoro(-a).
omoplate [ɔmɔplat] *nf* scapola.
OMS [ɔɛmɛs] *sigle f* (= *Organisation mondia-*

le de la santé) O.M.S. *f*.
on [ɔ̃] *pron* si; (*nous*) ci; ~ **peut le faire ainsi** si può fare così; ~ **les a attaqués** sono stati attaccati; ~ **vous demande au téléphone** chiedono di lei al telefono, la vogliono al telefono; ~ **va y aller demain** ci andremo domani; **autrefois,** ~ **croyait ...** una volta si credeva ...; ~ **ne peut plus** *adv*: ~ **ne peut plus stupide** estremamente stupido.
once [ɔ̃s] *nf*: **une** ~ **de** (*très petite quantité*) un'oncia di.
oncle [ɔ̃kl] *nm* zio.
onction [ɔ̃ksjɔ̃] *nf voir* **extrême-onction**.
onctueux, -euse [ɔ̃ktɥø, øz] *adj* (*liquide*) oleoso(-a); (*savon*) cremoso; (*aliment, saveur*) vellutato(-a).
onde [ɔ̃d] *nf* onda; **sur l'**~ (*eau*) sull'acqua; **sur les** ~**s** alla radio; **mettre en** ~**s** mettere *ou* mandare in onda; **grandes** ~**s** onde lunghe; **petites** ~**s** onde medie; ▸ **onde de choc** onda d'urto; ▸ **onde porteuse** onda portante; ▸ **ondes courtes** onde corte; ▸ **ondes moyennes** onde medie; ▸ **ondes sonores** onde sonore.
ondée [ɔ̃de] *nf* acquazzone *m*.
on-dit [ɔ̃di] *nm inv* diceria.
ondoyer [ɔ̃dwaje] *vi* ondeggiare.
ondulant, e [ɔ̃dylɑ̃, ɑ̃t] *adj* (*démarche*) ondeggiante; (*ligne*) ondulato(-a).
ondulation [ɔ̃dylasjɔ̃] *nf* ondulazione *f*; (*des blés*) ondeggiamento; ▸ **ondulation du sol** ondulazione del terreno.
ondulé, e [ɔ̃dyle] *adj* ondulato(-a).
onduler [ɔ̃dyle] *vi* ondeggiare; (*route, cheveux*) essere ondulato(-a).
onéreux, -euse [ɔneʀø, øz] *adj* oneroso (-a); **à titre** ~ (*JUR*) a titolo oneroso.
ongle [ɔ̃gl] *nm* unghia; **manger/ronger ses** ~**s** mangiarsi le unghie; **se faire les** ~**s** darsi lo smalto (sulle unghie).
onglet [ɔ̃glɛ] *nm* (*lame de canif etc*) unghiata; (*bande de papier*) brachetta; (*viande*) carne *f* da bistecca.
onguent [ɔ̃gɑ̃] *nm* unguento.
onirique [ɔniʀik] *adj* onirico(-a).
onirisme [ɔniʀism] *nm* onirismo.
onomatopée [ɔnɔmatɔpe] *nf* onomatopea.
ont [ɔ̃] *vb voir* **avoir**.
ontarien, ne [ɔ̃taʀjɛ̃, jɛn] *adj* dell'Ontario.
ONU [ɔny] *sigle f* (= *Organisation des Nations unies*) O.N.U. *f*.
onusien, ne [ɔnyzjɛ̃, jɛn] *adj* (*de l'ONU*) dell'ONU.
onyx [ɔniks] *nm* onice *f*.
onze ['ɔ̃z] *adj inv, nm inv* undici *m inv* ♦ *nm* (*FOOTBALL*): **le** ~ **de France** la nazionale francese (di calcio); *voir aussi* **cinq**.
onzième ['ɔ̃zjɛm] *adj, nm/f* undicesimo(-a) ♦ *nm* undicesimo; *voir aussi* **cinquième**.
OPA [ɔpea] *sigle f* (= *offre publique d'achat*) OPA *f inv*.
opacifier [ɔpasifje] *vt* opacizzare.
opacité [ɔpasite] *nf* opacità.
opale [ɔpal] *nf* opale *m ou f*.
opalescent, e [ɔpalesɑ̃, ɑ̃t] *adj* opalescente.
opalin, e [ɔpalɛ̃, in] *adj* opalino(-a).
opaline [ɔpalin] *nf* opalina; (*vase, bibelot*) oggetto di opalina.
opaque [ɔpak] *adj* (*vitre, verre*) opaco(-a); (*brouillard, nuit*) impenetrabile.
OPEP [ɔpɛp] *sigle f* (= *Organisation des pays exportateurs de pétrole*) O.P.E.C. *f*.
opéra [ɔpeʀa] *nm* opera; (*édifice, théâtre*) teatro dell'Opera.
opérable [ɔpeʀabl] *adj* operabile.
opéra-comique [ɔpeʀakɔmik] (*pl* ~**s**-~**s**) *nm* opera buffa.
opérant, e [ɔpeʀɑ̃, ɑ̃t] *adj* efficace.
opérateur, -trice [ɔpeʀatœʀ, tʀis] *nm/f* operatore(-trice); ▸ **opérateur (de prise de vues)** operatore cinematografico, cameraman *m inv*.
opération [ɔpeʀasjɔ̃] *nf* operazione *f*; **salle d'**~ sala operatoria; **table d'**~ tavolo operatorio; ▸ **opération à cœur ouvert** (*MÉD*) operazione a cuore aperto; ▸ **opération de sauvetage** operazione di salvataggio; ▸ **opération publicitaire** operazione pubblicitaria.
opérationnel, le [ɔpeʀasjɔnɛl] *adj* operativo(-a); **recherche** ~**le** (*ÉCON*) ricerca operativa.
opératoire [ɔpeʀatwaʀ] *adj* (*manœuvre, méthode*) operatorio(-a); (*choc etc*) postoperatorio(-a); **bloc** ~ reparto chirurgico.
opéré, e [ɔpeʀe] *adj, nm/f* (*MÉD*) operato (-a); **grand** ~ paziente *m/f* che ha subito un grave intervento chirurgico.
opérer [ɔpeʀe] *vt* operare; (*sauvetage*) effettuare; (*addition*) fare, eseguire ♦ *vi* agire, operare; (*MÉD*) operare; **s'opérer** *vr* avvenire; ~ **qn des amygdales/du cœur** operare qn alle tonsille/al cuore; **se faire** ~ farsi operare; **se faire** ~ **des amygdales/du cœur** farsi operare alle tonsille/al cuore.
opérette [ɔpeʀɛt] *nf* operetta.
ophtalmique [ɔftalmik] *adj* oftalmico(-a).
ophtalmologie [ɔftalmɔlɔʒi] *nf* oculistica, oftalmologia.
ophtalmologique [ɔftalmɔlɔʒik] *adj* oculistico(-a), oftalmologico(-a).
ophtalmologue [ɔftalmɔlɔg] *nm/f* oculista *m/f*, oftalmologo(-a).
opiacé, e [ɔpjase] *adj* oppiaceo(-a), oppiato(-a).
opiner [ɔpine] *vi*: ~ **de la tête** assentire (con un cenno del capo); ~ **à** dare il proprio assenso a.
opiniâtre [ɔpinjɑtʀ] *adj* ostinato(-a).

opiniâtreté [ɔpinjɑtʀəte] *nf* ostinatezza.
opinion [ɔpinjɔ̃] *nf* opinione *f*; **avoir bonne/mauvaise ~ de** avere una buona/cattiva opinione di; **l'~ (publique)** l'opinione (pubblica); ▸ **opinion américaine** opinione pubblica americana; ▸ **opinion ouvrière** opinione del proletariato.
opiomane [ɔpjɔman] *nm/f* oppiomane *m/f*.
opium [ɔpjɔm] *nm* oppio.
opportun, e [ɔpɔʀtœ̃, yn] *adj* opportuno (-a); **en temps ~** al momento opportuno.
opportunément [ɔpɔʀtynemɑ̃] *adv* opportunamente.
opportunisme [ɔpɔʀtynism] *nm* opportunismo.
opportuniste [ɔpɔʀtynist] *nm/f* opportunista *m/f* ♦ *adj* opportunistico(-a).
opportunité [ɔpɔʀtynite] *nf* opportunità *f inv*.
opposant, e [ɔpozɑ̃, ɑ̃t] *adj* avverso(-a), contrario(-a); **~s** *nmpl* (*à un régime, projet*) oppositori *mpl*; (*membres de l'opposition*) membri *mpl* dell'opposizione.
opposé, e [ɔpoze] *adj* opposto(-a); (*couleurs*) contrastante; (*contre*): **~ à** contrario(-a) a ♦ *nm*: **l'~** (*côté, sens, opposé*) l'opposto; (*d'une opinion, action*) il contrario; **être ~ à** (*suj*: *personne*) essere contrario(-a) a; **il est tout l'~ de son frère** è tutto l'opposto di suo fratello; **à l'~** (*fig*) al contrario; **à l'~ de** (*du côté opposé à*) dalla parte opposta di; (*fig*) in contraddizione con; (: *contrairement à*) al contrario di, contrariamente a.
opposer [ɔpoze] *vt* contrapporre; (*rapprocher, comparer*) paragonare; (*suj*: *conflit, questions d'intérêt*) dividere; (*résistance*) opporre; **s'opposer** *vr* opporsi; **~ qch à** (*comme obstacle, objection*) opporre qc a; (*en contraste*) contrapporre qc a; **s'~ à** opporsi a; **sa religion s'y oppose** la sua religione vi si oppone; **s'~ à ce que qn fasse** opporsi al fatto che qn faccia.
opposition [ɔpozisjɔ̃] *nf* opposizione *f*; (*de couleurs*) contrasto; **l'~** (*POL*) l'opposizione; **par ~** al contrario; **par ~ à** al contrario di; **entrer en ~ avec qn** entrare in conflitto con qn; **être en ~ avec** essere in conflitto con; (*idées, conduite*) essere in contraddizione con; **faire ~ à un chèque** bloccare un assegno.
oppressant, e [ɔpʀesɑ̃, ɑ̃t] *adj* opprimente, oppressivo(-a).
oppresser [ɔpʀese] *vt* opprimere; **se sentir oppressé** sentirsi oppresso.
oppresseur [ɔpʀesœʀ] *nm* oppressore *m*.
oppressif, -ive [ɔpʀesif, iv] *adj* oppressivo(-a).
oppression [ɔpʀesjɔ̃] *nf* oppressione *f*.
opprimé, e [ɔpʀime] *adj* oppresso(-a).
opprimer [ɔpʀime] *vt* (*peuple, faibles*) opprimere; (*la liberté, l'opinion*) soffocare.
opprobre [ɔpʀɔbʀ] *nm* obbrobrio; **vivre dans l'~** vivere nell'ignominia.
opter [ɔpte] *vi*: **~ pour** optare per; **~ entre** scegliere tra.
opticien, ne [ɔptisjɛ̃, jɛn] *nm/f* ottico.
optimal, e, -aux [ɔptimal, o] *adj* ottimale.
optimisation [ɔptimizasjɔ̃] *nf* ottimizzazione *f*.
optimiser [ɔptimize] *vt* ottimizzare.
optimisme [ɔptimism] *nm* ottimismo.
optimiste [ɔptimist] *adj* ottimistico(-a) ♦ *nm/f* ottimista *m/f*.
optimum [ɔptimɔm] *nm* optimum *m inv* ♦ *adj* ottimale.
option [ɔpsjɔ̃] *nf* opzione *f*, scelta; (*SCOL*) materia complementare; (*COMM, AUTO*) optional *m inv*; (*JUR*) opzione *f*; **matière à ~** (*SCOL*) materia facoltativa; **texte à ~** testo facoltativo; **prendre une ~ sur** prendere un'opzione su; ▸ **option par défaut** (*INFORM*) opzione per predefinizione.
optionnel, le [ɔpsjɔnɛl] *adj* opzionale; (*AUTO etc*) optional *inv*.
optique [ɔptik] *adj* ottico(-a); (*verres*) d'ottica ♦ *nf* ottica; (*commerce, industrie*) settore *m* dell'ottica; (*fig*) ottica, prospettiva.
opulence [ɔpylɑ̃s] *nf* opulenza.
opulent, e [ɔpylɑ̃, ɑ̃t] *adj* opulento(-a).
opuscule [ɔpyskyl] *nm* opuscolo.
OPV [ɔpeve] *sigle f* (= *offre publique de vente*) OPV *f*.
or [ɔʀ] *nm* oro ♦ *conj* ora, orbene; **d'~** (*fig*) d'oro; **en ~** d'oro, in oro; (*fig*: *occasion*) d'oro; **un mari/enfant en ~** un marito/bambino d'oro; **affaire en ~** (*achat*) affare *m* d'oro; (*commerce*) miniera d'oro; **plaqué ~** placcato in oro; ▸ **or blanc/jaune** oro bianco/giallo; ▸ **or noir** oro nero.
oracle [ɔʀɑkl] *nm* oracolo.
orage [ɔʀaʒ] *nm* temporale *m*; (*fig*) burrasca.
orageux, -euse [ɔʀaʒø, øz] *adj* temporalesco(-a); (*saison, contrée*) soggetto(-a) a temporali; (*fig*) burrascoso(-a).
oraison [ɔʀɛzɔ̃] *nf* orazione *f*; ▸ **oraison funèbre** orazione funebre.
oral, e, -aux [ɔʀal, o] *adj* orale ♦ *nm* (*SCOL*) orale *m*; **par voie ~e** (*MÉD*) per via orale.
oralement [ɔʀalmɑ̃] *adv* oralmente.
orange [ɔʀɑ̃ʒ] *nf* arancia ♦ *adj inv* arancione *inv*, arancio *inv*; ▸ **orange amère** arancia amara; ▸ **orange pressée** spremuta d'arancia; ▸ **orange sanguine** arancia sanguigna.
orangé, e [ɔʀɑ̃ʒe] *adj* arancione *inv*, arancio *inv*.
orangeade [ɔʀɑ̃ʒad] *nf* aranciata.

oranger [ɔʀɑ̃ʒe] *nm* arancio.
orangeraie [ɔʀɑ̃ʒʀɛ] *nf* aranceto.
orangerie [ɔʀɑ̃ʒʀi] *nf* aranciera.
orang-outan [ɔʀɑ̃utɑ̃] (*pl* ~**s**-~**s**) *nm* orango.
orang-outang [ɔʀɑ̃utɑ̃] (*pl* ~**s**-~**s**) *nm* = **orang-outan**.
orateur [ɔʀatœʀ] *nm* oratore *m*.
oratoire [ɔʀatwaʀ] *nm* oratorio; (*au bord du chemin*) cappella ♦ *adj* oratorio(-a).
oratorio [ɔʀatɔʀjo] *nm* (*MUS*) oratorio.
orbital, e, -aux [ɔʀbital, o] *adj* orbitale; **station** ~**e** stazione *f* spaziale.
orbite [ɔʀbit] *nf* orbita; **placer un satellite sur** ~, **mettre un satellite en** ~ mettere in orbita un satellite; **dans l'**~ **de** (*fig*) nell'orbita di; **mettre sur** ~ (*fig*) mettere in orbita.
Orcades [ɔʀkad] *nfpl* Orcadi *fpl*.
orchestral, e, -aux [ɔʀkɛstʀal, o] *adj* orchestrale.
orchestrateur, -trice [ɔʀkɛstʀatœʀ, tʀis] *nm/f* orchestratore(-trice).
orchestration [ɔʀkɛstʀasjɔ̃] *nf* orchestrazione *f*; (*adaptation*) arrangiamento.
orchestre [ɔʀkɛstʀ] *nm* orchestra; (*THÉÂTRE, CINÉ*) platea.
orchestrer [ɔʀkɛstʀe] *vt* (*MUS, fig*) orchestrare.
orchidée [ɔʀkide] *nf* orchidea.
ordinaire [ɔʀdinɛʀ] *adj* ordinario(-a); (*coutumier: maladresse etc*) solito(-a), abituale; (*modèle, qualité*) comune, ordinario (-a) ♦ *nm* (*habituel, moyen*): **intelligence au-dessus de l'**~ intelligenza fuori dall'ordinario, intelligenza non comune; (*menu*) rancio ♦ *nf* (*essence*) normale *f*; **d'**~ di solito; **à l'**~ di solito.
ordinairement [ɔʀdinɛʀmɑ̃] *adv* di solito, ordinariamente.
ordinal, e, -aux [ɔʀdinal, o] *adj*: **adjectif/nombre** ~ aggettivo/numero ordinale.
ordinateur [ɔʀdinatœʀ] *nm* elaboratore *m*, computer *m inv*; **mettre sur** ~ inserire su elaboratore *ou* computer; ▸ **ordinateur domestique** computer domestico; ▸ **ordinateur individuel** *ou* **personnel** personal computer.
ordination [ɔʀdinasjɔ̃] *nf* ordinazione *f*.
ordonnance [ɔʀdɔnɑ̃s] *nf* organizzazione *f*; (*groupement, disposition*) ordine *m*, disposizione *f*; (*MÉD*) ricetta (medica); (*JUR, MIL*) ordinanza; ~ **de non-lieu** ordinanza di non luogo a procedere; **officier d'**~ ufficiale *m* d'ordinanza.
ordonnancer [ɔʀdɔnɑ̃se] *vt* organizzare.
ordonnateur, -trice [ɔʀdɔnatœʀ, tʀis] *nm/f* organizzatore(-trice); ▸ **ordonnateur des pompes funèbres** addetto alle pompe funebri.
ordonné, e [ɔʀdɔne] *adj* ordinato(-a).
ordonnée [ɔʀdɔne] *nf* (*MATH*) ordinata.
ordonner [ɔʀdɔne] *vt* ordinare; (*meubles, appartement*) mettere in ordine; (*MÉD*) prescrivere, ordinare; **s'ordonner** *vr* (*faits, maisons*) disporsi; ~ **à qn de faire** ordinare a qn di fare; ~ **le huis clos** (*JUR*) ordinare un'udienza a porte chiuse.
ordre [ɔʀdʀ] *nm* ordine *m*; ~**s** *nmpl* (*REL*): **être/entrer dans les** ~**s** aver preso/prendere i voti; **payer à l'**~ **de** (*COMM*) pagare all'ordine di; **d'**~ **pratique** di ordine pratico; **(mettre) en** ~ (mettere) in ordine; **avoir de l'**~ essere ordinato(-a); **procéder par** ~ procedere per ordine; **par** ~ **d'entrée en scène** (*THÉÂTRE etc*) in ordine di comparizione; **mettre bon** ~ **à** sistemare; **rentrer dans l'**~ ritornare alla normalità; **je n'ai pas d'**~ **à recevoir de vous** non ricevo ordini da lei; **être aux** ~**s de qn/sous les** ~**s de qn** essere agli ordini di qn/alle dipendenze di qn; **jusqu'à nouvel** ~ fino a nuovo ordine; **rappeler qn à l'**~ richiamare qn all'ordine; **donner (à qn) l'**~ **de** ordinare (a qn) di; **dans le même/dans un autre** ~ **d'idées** nello stesso/in un altro ordine di idee; **de premier/second** ~ di prim'/second'ordine; ▸ **ordre de grandeur** ordine di grandezza; ▸ **ordre de grève** ordine di sciopero; ▸ **ordre de mission** (*MIL*) ordine di missione; ▸ **ordre de route** *ordine di raggiungere la propria sede di servizio*; ▸ **ordre du jour** (*d'une réunion, MIL*) ordine del giorno; **à l'**~ **du jour** (*fig*) all'ordine del giorno; ▸ **ordre public** ordine pubblico.
ordure [ɔʀdyʀ] *nf* immondizia, sporcizia; (*propos, écrit*) sconcezza, porcheria; ~**s** *nfpl* (*balayures, déchets*) immondizie *fpl*, spazzatura *fsg*; ▸ **ordures ménagères** spazzatura.
ordurier, -ière [ɔʀdyʀje, jɛʀ] *adj* (*personne*) sboccato(-a), volgare; (*propos, chanson*) sconcio(-a); (*plaisanterie*) volgare.
orée [ɔʀe] *nf*: **à l'**~ **de** (*bois, forêt*) al limitare di.
oreille [ɔʀɛj] *nf* (*ANAT*) orecchio; (*TECH: d'un écrou*) aletta; (*marmite, tasse*) ansa, manico; **avoir de l'**~ avere orecchio; **avoir l'**~ **fine** avere l'orecchio fino; **l'**~ **basse** con le orecchie basse; **se faire tirer l'**~ farsi pregare; **parler/dire qch à l'**~ **de qn** parlare/dire qc all'orecchio di qn.
oreiller [ɔʀeje] *nm* guanciale *m*.
oreillette [ɔʀɛjɛt] *nf* (*ANAT*) orecchietta; (*vêtement*) paraorecchie *m inv*.
oreillons [ɔʀɛjɔ̃] *nmpl* (*MÉD*) orecchioni *mpl*.
ores [ɔʀ]: **d'**~ **et déjà** *adv* fin d'ora.
orfèvre [ɔʀfɛvʀ] *nm* orefice *m*, orafo; **être**

~ **en la matière** (*fig*) essere esperto in materia.

orfèvrerie [ɔʀfɛvʀəʀi] *nf* oreficeria; (*ouvrage*) argenteria.

orfraie [ɔʀfʀɛ] *nm* ossifraga; **pousser des cris d'~** urlare come un'aquila.

organe [ɔʀgan] *nm* organo; (*véhicule, instrument*) veicolo, organo; (*d'un chanteur, orateur*) voce *f*; (*fig*: *représentant*) portavoce *m/f inv*; ▶ **organes de commande/de transmission** (*TECH*) organi di comando/di trasmissione.

organigramme [ɔʀganigʀam] *nm* organigramma *m*; (*des opérations*) ordinogramma *m*.

organique [ɔʀganik] *adj* organico(-a).

organisateur, -trice [ɔʀganizatœʀ, tʀis] *nm/f* organizzatore(-trice).

organisateur-conseil [ɔrganizatœʀkɔ̃sɛj] (*pl* **~s-~s**) *nm* (*COMM*) consigliere *m* d'organizzazione.

organisation [ɔʀganizasjɔ̃] *nf* organizzazione *f*; ▶ **Organisation des Nations unies** Organizzazione delle Nazioni Unite; ▶ **Organisation du traité de l'Atlantique Nord** Organizzazione del Trattato Nord Atlantico; ▶ **Organisation mondiale de la santé** Organizzazione Mondiale della Sanità.

organisationnel, le [ɔʀganizasjɔnɛl] *adj* organizzativo(-a).

organisé, e [ɔʀganize] *adj* organizzato(-a); (*esprit*) ordinato(-a).

organiser [ɔʀganize] *vt* organizzare; **s'organiser** *vr* organizzarsi; (*choses*) sistemarsi.

organisme [ɔʀganism] *nm* organismo.

organiste [ɔʀganist] *nm/f* organista *m/f*.

orgasme [ɔʀgasm] *nm* orgasmo.

orge [ɔʀʒ] *nf* orzo.

orgeat [ɔʀʒa] *nm*: **sirop d'~** orzata.

orgelet [ɔʀʒəlɛ] *nm* orzaiolo.

orgie [ɔʀʒi] *nf* orgia.

orgue [ɔʀg] *nm* (*MUS*) organo; **~s** *nfpl*: **~s basaltiques** basalti *mpl* colonnari; ▶ **orgue de Barbarie** organetto (di Barberia); ▶ **orgue électrique** organo elettrico; ▶ **orgue électronique** organo elettronico.

orgueil [ɔʀgœj] *nm* orgoglio; (*arrogance, suffisance*) orgoglio, superbia; **avoir l'~ de ses enfants** essere orgoglioso(-a) dei propri figli; **il est l'~ de sa famille** è l'orgoglio della famiglia.

orgueilleux, -euse [ɔʀgøjø, øz] *adj* orgoglioso(-a).

orient [ɔʀjɑ̃] *nm* Oriente *m*.

orientable [ɔʀjɑ̃tabl] *adj* orientabile.

oriental, e, -aux [ɔʀjɑ̃tal, o] *adj* orientale ♦ *nm/f*: **O~, e** orientale *m/f*.

orientation [ɔʀjɑ̃tasjɔ̃] *nf* orientamento; (*d'un journal*) orientamento, indirizzo; **avoir le sens de l'~** avere il senso dell'orientamento; **course d'~** corsa a orientamento; ▶ **orientation professionnelle** orientamento professionale; (*service*) orientazione *f* professionale.

orienté, e [ɔʀjɑ̃te] *adj* (*fig*: *article, journal*) con un certo indirizzo *ou* orientamento; **bien/mal ~** (*appartement*) ben/mal orientato(-a) *ou* esposto(-a); **~ au sud** orientato(-a) *ou* esposto(-a) a sud.

orienter [ɔʀjɑ̃te] *vt* orientare; (*voyageur, recherches, élève*) orientare, indirizzare; **s'orienter** *vr* orientarsi; **s'~ vers** (*fig*: *recherches, études*) orientarsi *ou* indirizzarsi verso.

orienteur, -euse [ɔʀjɑ̃tœʀ, øz] *nm/f* (*SCOL*) consigliere *m* d'orientamento scolastico.

orifice [ɔʀifis] *nm* orifizio.

oriflamme [ɔʀiflɑm] *nf* orifiamma.

origan [ɔʀigɑ̃] *nm* origano.

originaire [ɔʀiʒinɛʀ] *adj* originario(-a); **être ~ de** essere originario(-a) di.

original, e, -aux [ɔʀiʒinal, o] *adj* originale ♦ *nm/f* (*fam*) originale *m/f* ♦ *nm* originale *m*.

originalité [ɔʀiʒinalite] *nf* originalità *f inv*.

origine [ɔʀiʒin] *nf* origine *f*; (*d'un message, appel téléphonique*) provenienza; (*d'une révolution, réussite*) causa; **~s** *nfpl* (*d'une personne*) origini *fpl*; **d'~** (*nationalité, pays*) d'origine; (*pneus etc*) originale; (*bureau postal*) di provenienza; **dès l'~** fin da principio; **à l'~** all'inizio, in origine; **à l'~ de** all'origine di; **avoir son ~ dans qch** aver origine in *ou* da qc; **les ~s de la vie** le origini della vita.

originel, le [ɔʀiʒinɛl] *adj* originale.

originellement [ɔʀiʒinɛlmɑ̃] *adv* originariamente.

oripeaux [ɔʀipo] *nmpl* orpelli *mpl*.

ORL [ɔɛʀɛl] *sigle f* = **oto-rhino-laryngologie** ♦ *sigle m/f* = **oto-rhino-laryngologiste**.

orme [ɔʀm] *nm* olmo.

orné, e [ɔʀne] *adj* (*style, discours*) ornato(-a), fiorito(-a); **~ de** ornato(-a) di *ou* con.

ornement [ɔʀnəmɑ̃] *nm* ornamento; **~s** *nmpl*: **~s sacerdotaux** paramenti *mpl* sacerdotali.

ornemental, e, -aux [ɔʀnəmɑ̃tal, o] *adj* (*style*) ornato(-a), fiorito(-a); (*motif, plante*) ornamentale.

ornementer [ɔʀnəmɑ̃te] *vt* ornare.

orner [ɔʀne] *vt* ornare; (*discours*) infiorare; **~ qch de** ornare *ou* decorare qc con.

ornière [ɔʀnjɛʀ] *nf* solco; **sortir de l'~** (*fig*: *routine*) uscire dal solito trantran; (: *impasse*) uscire da un'impasse.

ornithologie [ɔʀnitɔlɔʒi] *nf* ornitologia.

ornithologique [ɔʀnitɔlɔʒik] *nf* ornitologico(-a).

ornithologue [ɔʀnitɔlɔg] *nm/f* ornitologo (-a).
orphelin, e [ɔʀfəlɛ̃, in] *adj, nm/f* orfano(-a); ▸ **orphelin de mère/de père** orfano(-a) di madre/di padre.
orphelinat [ɔʀfəlina] *nm* orfanatrofio.
ORSEC [ɔʀsɛk] *sigle f* = *Organisation des secours.*
orteil [ɔʀtɛj] *nm* dito del piede; **gros ~** alluce *m.*
ORTF [ɔɛʀteɛf] *sigle m* = *Office de radiodiffusion-télévision française.*
orthodontiste [ɔʀtodɔ̃tist] *nm/f* specialista *m/f* di ortodonzia.
orthodoxe [ɔʀtɔdɔks] *adj* ortodosso(-a).
orthodoxie [ɔʀtɔdɔksi] *nf* ortodossia.
orthogonal, e, -aux [ɔʀtɔgɔnal, o] *adj* ortogonale.
orthographe [ɔʀtɔgʀaf] *nf* ortografia.
orthographier [ɔʀtɔgʀafje] *vt* scrivere correttamente; **mal orthographié** con errori di ortografia.
orthopédie [ɔʀtɔpedi] *nf* ortopedia.
orthopédique [ɔʀtɔpedik] *adj* ortopedico (-a).
orthopédiste [ɔʀtɔpedist] *nm/f* ortopedico.
orthophonie [ɔʀtɔfɔni] *nf* ortofonia.
orthophoniste [ɔʀtɔfɔnist] *nm/f* ortofonista *m/f.*
ortie [ɔʀti] *nf* ortica; ▸ **ortie blanche** ortica bianca.
OS [oɛs] *sigle m* = **ouvrier spécialisé**.
os [ɔs] *nm* osso; **sans ~** (*BOUCHERIE*) senz'osso; ▸ **os à moelle** ossobuco; ▸ **os de seiche** osso di seppia.
oscar [ɔskaʀ] *nm* (*CINÉ*) oscar *m inv*; ▸ **oscar de la chanson** oscar della canzone; ▸ **oscar de la publicité** oscar della pubblicità.
oscillation [ɔsilasjɔ̃] *nf* oscillazione *f*; **~s** *nfpl* (*fig*: *variation, fluctuation*) oscillazioni *fpl.*
osciller [ɔsile] *vi* oscillare; **~ entre** (*fig*) oscillare *ou* tentennare tra.
osé, e [oze] *adj* (*démarche, tentative*) audace; (*plaisanterie, scène*) audace, osé *inv.*
oseille [ozɛj] *nf* (*BOT*) acetosella; (*fam*: *argent*) grana, quattrini *mpl.*
oser [oze] *vt* osare ♦ *vi* osare; **~ faire qch** osare fare qc; **je n'ose pas** non oso.
osier [ozje] *nm* (*BOT*) vetrice *m*; **d'~, en ~** di vimini.
Oslo [ɔslo] *n* Oslo *f.*
osmose [ɔsmoz] *nf* osmosi *f.*
ossature [ɔsatyʀ] *nf* (*aussi fig*) ossatura.
osselet [ɔslɛ] *nm* ossicino, ossetto; **jouer aux ~s** giocare agli aliossi.
ossements [ɔsmɑ̃] *nmpl* ossa *fpl.*
osseux, -euse [ɔsø, øz] *adj* osseo(-a); (*main, visage*) ossuto(-a).
ossifier [ɔsifje]: **s'~** *vr* ossificarsi.
ossuaire [ɔsɥɛʀ] *nm* ossario.
Ostende [ɔstɑ̃d] *n* Ostenda.
ostensible [ɔstɑ̃sibl] *adj* ostentato(-a).
ostensiblement [ɔstɑ̃sibləmɑ̃] *adv* ostentatamente.
ostensoir [ɔstɑ̃swaʀ] *nm* ostensorio.
ostentation [ɔstɑ̃tasjɔ̃] *nf* ostentazione *f*; **faire ~ de qch** ostentare qc.
ostentatoire [ɔstɑ̃tatwaʀ] *adj* ostentato (-a).
ostraciser [ɔstʀasize] *vt* ostracizzare.
ostracisme [ɔstʀasism] *nm* ostracismo; **frapper qn/qch d'~** dare l'ostracismo a *ou* ostracizzare qn/qc.
ostréicole [ɔstʀeikɔl] *adj* ostreario(-a).
ostréiculteur, -trice [ɔstʀeikyltœʀ, tʀis] *nm/f* ostricoltore(-trice).
ostréiculture [ɔstʀeikyltyʀ] *nf* ostricoltura.
otage [ɔtaʒ] *nm* ostaggio; **prendre qn comme/en ~** prendere qn come/in ostaggio.
OTAN [ɔtɑ̃] *sigle f* (= *Organisation du traité de l'Atlantique Nord*) NATO *f.*
otarie [ɔtaʀi] *nf* otaria.
OTASE [ɔtaz] *sigle f* (= *Organisation du traité de l'Asie du Sud-Est*) S.E.A.T.O. *f.*
ôter [ote] *vt* togliere; **~ qch de** togliere qc da; **~ qch à qn** togliere qc a qn; **6 ôté de 10 égale 4** 10 meno 6 uguale 4.
otite [ɔtit] *nf* otite *f.*
oto-rhino-laryngologie [ɔtɔʀinolaʀɛ̃gɔlɔʒi] *nf* otorinolaringoiatria.
oto-rhino(-laryngologiste) [ɔtɔʀinolaʀɛ̃gɔlɔʒist] *nm/f* otorinolaringoiatra *m/f.*
ottomane [ɔtɔman] *nf* ottomana.
ou [u] *conj* o; **~ ... ~** o ... o; **~ bien** oppure, o.

MOT-CLÉ

où [u] *pron rel* **1** (*lieu*) in cui, dove; **la chambre où il était** la camera in cui *ou* dove si trovava; **la ville où je l'ai rencontré** la città in cui l'ho incontrato; **la pièce d'où il est sorti** la stanza da cui è uscito; **le village d'où je viens** il paese da cui vengo; **les villes par où il est passé** le città per *ou* da cui è passato
2 (*temps, état*) in cui; **le jour où il est parti** il giorno in cui è partito; **au prix où c'est** al prezzo a cui è
♦ *adv* **1** (*interrogatif*) dove; **où est-il?** dov'è?; **où va-t-il?** dove va?; **par où?** da dove?; **d'où vient que ...?** com'è che ...?
2 (*relatif*) dove; **je sais où il est** so dov'è; **où que l'on aille** dovunque si vada.

OUA [ɔya] *sigle f* = *Organisation de l'unité africaine.*
ouais ['wɛ] *excl* oh!; (*fam*) sì.
ouate ['wat] *nf* ovatta; **tampon d'~** batuffolo di cotone; ▸ **ouate de cellulose** ovat-

ta di cellulosa; ▸ **ouate hydrophile** cotone *m* idrofilo.
ouaté, e ['wate] *adj* imbottito(-a) di ovatta; (*fig*: *atmosphère, bruit*) ovattato(-a); (: *pas*) felpato(-a).
ouater ['wate] *vt* (*manteau etc*) ovattare, imbottire di ovatta.
ouatine [watin] *nf* bambagina.
oubli [ubli] *nm* (*acte*): **l'~ de** il dimenticare; (*étourderie, négligence*) dimenticanza; (*absence de souvenirs*) oblio; **tomber dans l'~** cadere nell'oblio.
oublier [ublije] *vt* dimenticare, dimenticarsi (di), scordare, scordarsi di; (*laisser quelque part, négliger*) dimenticare; (*ne pas voir*: *erreurs etc*) tralasciare, trascurare; (*ne pas mettre*: *virgule, nom*) dimenticare (di mettere); **s'oublier** *vr* non pensare a se stesso(-a); (*euph*) sporcare, fare i propri bisogni; ~ **que/de faire qch** dimenticare *ou* dimenticarsi che/di fare qc, scordare *ou* scordarsi che/di fare qc; ~ **l'heure** lasciar passare l'ora.
oubliettes [ublijɛt] *nfpl* segreta *fsg*; **(jeter) aux ~** (*fig*) mettere nel dimenticatoio.
oublieux, -euse [ublijø, ijøz] *adj*: ~ **de** dimentico(-a) di.
oued [wɛd] *nm* uadi *m inv*.
ouest [wɛst] *nm* ovest *m inv* ♦ *adj inv* (*côte, longitude*) ovest *inv*; (*région*) occidentale; **l'O~** (*région de France*) l'Ovest della Francia; (*POL*: *l'Occident*) l'Ovest, l'Occidente; **à l'~ (de)** a ovest (di); **vent d'~** vento dell'ovest.
ouest-allemand, e [wɛstalmɑ̃, ɑ̃d] (*pl* **~-~s, -es**) *adj* della Germania occidentale.
ouf ['uf] *excl* ah!
Ouganda [ugɑ̃da] *nm* Uganda.
ougandais, e [ugɑ̃dɛ, ɛz] *adj* ugandese ♦ *nm/f*: **O~, e** ugandese *m/f*.
oui ['wi] *adv* sì; **répondre (par) ~** rispondere di sì; **répondre par un ~** rispondere con un sì; **mais ~, bien sûr** ma sì, certo; **je suis sûr que ~** sono sicuro di sì; **je pense que ~** penso di sì; **pour un ~ ou pour un non** per un nonnulla.
ouï-dire ['widiʀ] *nm inv*: **par ~-~** per sentito dire.
ouïe [wi] *nf* udito; **~s** *nfpl* (*de poisson*) aperture *fpl* branchiali, branchie *fpl*; (*d'un violon*) apertura a forma di esse.
ouïr [wiʀ] *vt*: **avoir ouï dire que** aver sentito dire che.
ouistiti ['wistiti] *nm* uistiti *m inv*.
ouragan [uʀagɑ̃] *nm* (*aussi fig*) uragano.
Oural [uʀal] *n* Ural *m*; **(les monts) l'~** gli Urali.
ouralo-altaïque [uʀalɔaltaik] *adj* uralo-altaico(-a).
ourdir [uʀdiʀ] *vt* ordire, tramare.
ourdou [uʀdu] *nm inv* urdu *m*.
ourlé, e [uʀle] *adj* (*aussi fig*) orlato(-a).
ourler [uʀle] *vt* orlare.
ourlet [uʀlɛ] *nm* (*COUTURE*) orlo; (*de l'oreille*) elice *f*; **faire un ~ à** fare l'orlo a; **faux ~** (*COUTURE*) orlo finto.
ours [uʀs] *nm* orso; ▸ **ours blanc/brun** orso bianco/bruno; ▸ **ours (en peluche)** orsacchiotto (di peluche); ▸ **ours mal léché** bifolco; ▸ **ours marin** otaria.
ourse [uʀs] *nf* orsa; **la Grande/Petite O~** (*ASTRON*) l'Orsa Maggiore/Minore.
oursin [uʀsɛ̃] *nm* riccio (di mare).
ourson [uʀsɔ̃] *nm* orsetto.
ouste [ust] *excl* su, via di qua!
outil [uti] *nm* attrezzo, utensile *m*; ▸ **outil de travail** attrezzo di lavoro.
outillage [utijaʒ] *nm* attrezzatura.
outiller [utije] *vt* attrezzare, equipaggiare.
outrage [utʀaʒ] *nm* oltraggio; **faire subir les derniers ~s à** (*femme*) usare violenza a; ▸ **outrage à la pudeur** (*JUR*) oltraggio al pudore; ▸ **outrage à magistrat** (*JUR*) oltraggio ad un magistrato; ▸ **outrage aux bonnes mœurs** (*JUR*) oltraggio alla morale.
outragé, e [utʀaʒe] *adj* (*air*) offeso(-a); (*personne*) oltraggiato(-a).
outrageant, e [utʀaʒɑ̃, ɑ̃t] *adj* oltraggioso(-a).
outrager [utʀaʒe] *vt* oltraggiare, offendere; ~ **les bonnes mœurs/le bon sens** offendere la morale/il buon senso.
outrageusement [utʀaʒøzmɑ̃] *adv* oltraggiosamente.
outrance [utʀɑ̃s] *nf* eccesso; **à ~** a oltranza.
outrancier, -ière [utʀɑ̃sje, jɛʀ] *adj* (*caractère*) eccessivo(-a); (*propos*) estremistico(-a).
outre [utʀ] *nf* otre *m* ♦ *prép* oltre a ♦ *adv*: **passer ~** passare oltre; **passer ~ à** procedere a; **en ~** inoltre; ~ **que** oltre a; ~ **mesure** eccessivamente.
outré, e [utʀe] *adj* eccessivo(-a), esagerato(-a); ~ **de** (*indigné, scandalisé*: *personne*) indignato(-a) per.
outre-Atlantique [utʀatlɑ̃tik] *adv* oltreoceano.
outrecuidance [utʀəkɥidɑ̃s] *nf* tracotanza.
outrecuidant, e [utʀəkɥidɑ̃, ɑ̃t] *adj* tracotante, arrogante.
outre-Manche [utʀəmɑ̃ʃ] *adv* oltremanica.
outremer [utʀəmɛʀ] *adj* azzurro oltremare *inv*.
outre-mer [utʀəmɛʀ] *adv* oltremare; **d'~-~** d'oltremare.
outrepasser [utʀəpɑse] *vt* oltrepassare.
outrer [utʀe] *vt* (*pensée, attitude*) esagerare; (*indigner*: *personne*) indignare.
outre-Rhin [utʀəʀɛ̃] *adv*: **d'~-~** tedesco (-a), della Germania.

outsider [autsajdœʀ] *nm* (*cheval, fig*) outsider *m inv*.
ouvert, e [uvɛʀ, ɛʀt] *pp de* **ouvrir** ♦ *adj* aperto(-a); (*MÉD*: *fracture*) esposto(-a); **campagne ~e** campagna ufficiale; **à bras ~s** a braccia aperte; **à livre ~** (*lire*) correntemente; **à cœur ~** (*MÉD*) a cuore aperto.
ouvertement [uvɛʀtəmɑ̃] *adv* apertamente.
ouverture [uvɛʀtyʀ] *nf* apertura; (*MUS*) ouverture *f inv*; **~s** *nfpl* (*offres, propositions*) preliminari *mpl*; **heures d'~** (*COMM*) orario *msg* di apertura; **jours d'~** (*COMM*) giorni *mpl* d'apertura; ▶ **ouverture d'esprit** apertura di mente; ▶ **ouverture (du diaphragme)** (*PHOTO*) apertura (del diaframma).
ouvrable [uvʀabl] *adj*: **jour ~** giorno feriale *ou* lavorativo; **heures ~s** orario *msg* d'ufficio.
ouvrage [uvʀaʒ] *nm* (*travail, occupation*) lavoro, opera; (*objet*: *COUTURE, TRICOT, ART*) lavoro; (*MIL, écrit, livre*) opera; **panier** *ou* **corbeille à ~** cestino da lavoro; ▶ **ouvrage à l'aiguille** lavoro di cucito; ▶ **ouvrage d'art** opera d'arte.
ouvragé, e [uvʀaʒe] *adj* (*napperon*) lavorato(-a); (*signature*) elaborato(-a).
ouvrant, e [uvʀɑ̃, ɑ̃t] *vb voir* **ouvrir** ♦ *adj*: **toit ~** tettuccio apribile.
ouvré, e [uvʀe] *adj* (*meuble, bijou*) lavorato(-a); **jour ~** (*ADMIN*) giorno di lavoro effettivo.
ouvre-boîte(s) [uvʀəbwat] *nm inv* apriscatole *m inv*.
ouvre-bouteille(s) [uvʀəbutɛj] *nm inv* apribottiglie *m inv*.
ouvreuse [uvʀøz] *nf* maschera.
ouvrier, -ière [uvʀije, ijɛʀ] *nm/f, adj* operaio(-a) ♦ *adj* operaio(-a); **classe ouvrière** classe operaia; ▶ **ouvrier agricole** operaio agricolo; ▶ **ouvrier qualifié** operaio qualificato *ou* specializzato; ▶ **ouvrier spécialisé** operaio non qualificato.
ouvrière [uvʀijɛʀ] *nf* (*abeille*) ape *f* operaia; (*fourmi*) formica operaia.
ouvrir [uvʀiʀ] *vt* aprire; (*MÉD*: *abcès*) incidere ♦ *vi* aprire; (*cours, scène*) iniziare; **s'ouvrir** *vr* aprirsi; **~/s'~ sur** dare su; **~ l'œil** (*fig*) tenere gli occhi aperti; **~ l'appétit à qn** stuzzicare l'appetito a qn; **~ des horizons/perspectives** aprire degli orizzonti/delle prospettive; **~ l'esprit** aprire la mente; **~ une session** (*INFORM*) aprire una sessione; **~ à cœur/trèfle** (*CARTES*) aprire a cuori/fiori; **s'~ à** (*amour, art*) aprirsi a; **s'~ à qn (de qch)** aprirsi con qn (su qc); **s'~ les veines** tagliarsi le vene.
ovaire [ɔvɛʀ] *nm* ovaia.
ovale [ɔval] *adj* ovale.
ovation [ɔvasjɔ̃] *nf* ovazione *f*.
ovationner [ɔvasjɔne] *vt*: **~ qn** acclamare qn.
ovin, e [ɔvɛ̃, in] *adj* ovino(-a); **~s** *nmpl* (*ZOOL*) ovini *mpl*.
OVNI, ovni [ɔvni] *sigle m* (= *objet volant non identifié*) UFO *m inv*.
ovoïde [ɔvɔid] *adj* ovoide.
ovulation [ɔvylasjɔ̃] *nf* ovulazione *f*.
ovule [ɔvyl] *nm* ovulo.
oxfordien, ne [ɔksfɔʀdjɛ̃, jɛn] *adj* di Oxford ♦ *nm/f*: **O~, ne** abitante *m/f* di Oxford.
oxydable [ɔksidabl] *adj* ossidabile.
oxyde [ɔksid] *nm* ossido; ▶ **oxyde de carbone** ossido di carbonio.
oxyder [ɔkside]: **s'~** *vr* ossidarsi.
oxygène [ɔksiʒɛn] *nm* ossigeno; **il me faut une cure d'~** ho bisogno di ossigenarmi.
oxygéné, e [ɔksiʒene] *adj*: **cheveux ~s** capelli *mpl* ossigenati; **eau ~e** acqua ossigenata.
oxyure [ɔksijyʀ] *nm* ossiuro.
ozone [ozon] *nm* ozono.

P, p

P, p [pe] *nm inv* (*lettre*) P, p *f ou m inv*; **~ comme Pierre** ≈ P come Palermo.
p *abr* (= *page*) p.
PAC [pak] *sigle f* = *Politique agricole commune*.
pacage [pakaʒ] *nm* pascolo, pastura.
pacemaker [pɛsmɛkœʀ] *nm* pacemaker *m inv*.
pachyderme [paʃidɛʀm] *nm* pachiderma *m*.
pacificateur, -trice [pasifikatœʀ, tʀis] *adj* pacificatore(-trice).
pacification [pasifikasjɔ̃] *nf* pacificazione *f*.
pacifier [pasifje] *vt* pacificare.
pacifique [pasifik] *adj* pacifico(-a) ♦ *nm*: **le P~, l'océan P~** il Pacifico, l'oceano Pacifico.
pacifiquement [pasifikmɑ̃] *adv* pacificamente.
pacifisme [pasifism] *nm* pacifismo.
pacifiste [pasifist] *nm/f* pacifista *m/f*.
pack [pak] *nm* (*RUGBY*) pacchetto; (*de bouteilles, pots*) confezione *f*.
pacotille [pakɔtij] (*péj*) *nf* paccottiglia; **de**

~ da quattro soldi.

pacte [pakt] *nm* patto; ▸**pacte d'alliance** patto di alleanza; ▸**pacte de non-agression** patto di non aggressione.

pactiser [paktize] *vi*: ~ **avec** venire a patti con; ~ **avec le crime/sa conscience** patteggiare con il crimine/la propria coscienza.

pactole [paktɔl] *nm* miniera d'oro (*fig*).

paddock [padɔk] *nm* (*prairie*) recinto per puledri; (*dans un hippodrome*) paddock *m inv*.

Padoue [padu] *n* Padova.

PAF [paf] *sigle f* = *Police de l'air et des frontières*.

pagaie [pagɛ] *nf* pagaia.

pagaille [pagaj] *nf* caos *m inv*, disordine *m*; **en** ~ (*en grande quantité*) in gran quantità; (*en désordre*) disordinatamente, in disordine.

paganisme [paganism] *nm* paganesimo.

pagayer [pageje] *vi* pagaiare.

page [paʒ] *nf* pagina ♦ *nm* paggio; **mise en** ~ impaginazione *f*; **être à la** ~ (*fig*) essere à la page; ▸**page blanche** pagina bianca; ▸**page d'accueil** (*INFORM*) home page *f inv*; ▸**page de garde** guardia.

page-écran [paʒekʀɑ̃] (*pl* ~**s**-~**s**) *nf* (*INFORM*) videata.

pagination [paʒinasjɔ̃] *nf* paginatura.

paginer [paʒine] *vt* numerare le pagine di.

pagne [paɲ] *nm* pareo.

pagode [pagɔd] *nf* pagoda.

paie [pɛ] *nf* = **paye**.

paiement [pɛmɑ̃] *nm* = **payement**.

païen, ne [pajɛ̃, pajɛn] *adj* pagano(-a); (*impie*) empio(-a) ♦ *nm/f* pagano(-a).

paillard, e [pajaʀ, aʀd] *adj* scurrile.

paillasse [pajas] *nf* (*matelas*) pagliericcio; (*d'un évier*) sgocciolatoio.

paillasson [pajasɔ̃] *nm* (*tapis-brosse*) zerbino.

paille [pɑj] *nf* paglia; (*pour boire*) cannuccia; **être sur la** ~ essere sul lastrico; ▸**paille de fer** paglietta, paglia di ferro.

paillé, e [pɑje] *adj* impagliato(-a).

pailleté, e [pɑj(ə)te] *adj* guarnito(-a) di lustrini.

paillette [pɑjɛt] *nf* lustrino; (*d'or*) pagliuzza; ~**s** *nfpl* (*décoratives*) paillette *f inv*, lustrini *mpl*; **lessive en** ~**s** detersivo in scaglie.

pain [pɛ̃] *nm* pane *m*; (*CULIN*: *de poisson, légumes*) sformato; **petit** ~ panino; ▸**pain au chocolat** *involtino di pasta sfoglia con cioccolato*; ▸**pain bis/complet** pane integrale; ▸**pain d'épice(s)** panpepato; ▸**pain de campagne** pane casereccio; ▸**pain de cire** pane di cera; ▸**pain de mie** pan *m* carré *inv*; ▸**pain de seigle** pane di segale; ▸**pain de sucre** pan di zucchero; ▸**pain fantaisie** pane venduto al pezzo; ▸**pain grillé** pane abbrustolito *ou* tostato; ▸**pain noir** pane nero; ▸**pain perdu** *pane raffermo inzuppato in latte e uovo e fritto*; ▸**pain viennois** *tipo di pane dolce*.

pair, e [pɛʀ] *adj* pari *inv* ♦ *nm* pari *m inv*; **aller** *ou* **marcher de** ~ **(avec)** andare di pari passo (con); **au** ~ (*FIN*) alla pari; **valeur au** ~ valore *m* alla pari; **jeune fille au** ~ ragazza alla pari.

paire [pɛʀ] *nf* paio; **une** ~ **de lunettes/tenailles** un paio di occhiali/tenaglie; **les deux font la** ~ quei due si sono trovati.

pais [pɛ] *vb voir* **paître**.

paisible [pezibl] *adj* (*personne, caractère*) pacifico(-a), tranquillo(-a); (*ville, sommeil, vie, lac*) tranquillo(-a).

paisiblement [pezibləmɑ̃] *adv* tranquillamente.

paître [pɛtʀ] *vi* pascolare.

paix [pɛ] *nf* pace *f*; **faire la** ~ **avec** fare la pace con; **vivre en** ~ **avec** vivere in pace con; **avoir la** ~ stare in pace.

Pakistan [pakistɑ̃] *nm* Pakistan *m*.

pakistanais, e [pakistanɛ, ɛz] *adj* pakistano(-a), pachistano(-a) ♦ *nm/f*: **P**~**, e** pakistano(-a), pachistano(-a).

palabrer [palabʀe] *vi* discutere (a lungo).

palabres [palabʀ] *nfpl* discussioni *fpl* interminabili.

palace [palas] *nm* albergo di lusso.

palais [palɛ] *nm* palazzo; (*ANAT*) palato; ▸**le Palais Bourbon** *sede dell'Assemblée Nationale*; ▸**le Palais de Justice** il palazzo di giustizia; ▸**le Palais de l'Élysée** il palazzo dell'Eliseo; ▸**palais des expositions** palazzo delle esposizioni.

palan [palɑ̃] *nm* paranco.

Palatin [palatɛ̃] *nm*: **le (mont)** ~ il (colle) Palatino.

Palatinat [palatina] *nm* Palatinato.

pale [pal] *nf* pala.

pâle [pɑl] *adj* pallido(-a); ~ **de colère/d'indignation** pallido d'ira/d'indignazione; **bleu/vert** ~ azzurro/verde pallido.

palefrenier [palfʀənje] *nm* uomo di scuderia.

paléontologie [paleɔ̃tɔlɔʒi] *nf* paleontologia.

paléontologiste [paleɔ̃tɔlɔʒist] *nm/f* paleontologo(-a).

Palerme [palɛʀm] *n* Palermo *f*.

Palestine [palɛstin] *nf* Palestina.

palestinien, ne [palɛstinjɛ̃, jɛn] *adj* palestinese ♦ *nm/f*: **P**~**, ne** palestinese *m/f*.

palet [palɛ] *nm* piastrella; (*hockey*) disco.

paletot [palto] *nm* paletot *m inv*, cappotto.

palette [palɛt] *nf* tavolozza; (*de produits*) gamma; (*plateau de chargement*) pallet *m*

inv.
palétuvier [paletyvje] *nm* mangrovia.
pâleur [pɑlœʀ] *nf* pallore *m.*
palier [palje] *nm* (*d'escalier*) pianerottolo; (*d'une machine*) cuscinetto; (*d'un graphique*) tracciato piatto; (*fig*) fase *f* di stabilità; **en** ~ in piano, su un tratto pianeggiante; **par** ~**s** (*procéder*) per gradi.
pâlir [pɑliʀ] *vi* impallidire; (*couleur*) sbiadire; **faire** ~ **qn** fare impallidire qn.
palissade [palisad] *nf* palizzata.
palissandre [palisɑ̃dʀ] *nm* palissandro.
palliatif, -ive [paljatif, iv] *adj* palliativo(-a) ♦ *nm* palliativo.
pallier [palje] *vt, vi*: ~ **à** cercare di ovviare con dei palliativi a.
palmarès [palmaʀɛs] *nm* albo d'onore *ou* d'oro; (*de la chanson*) hit-parade *f inv.*
palme [palm] *nf* (ramo di) palma; (*symbole*) palma; (*de plongeur*) pinna; ▶ **palmes académiques** *onorificenza per meriti nell'ambito della Pubblica Istruzione.*
palmé, e [palme] *adj* palmato(-a).
palmeraie [palməʀɛ] *nf* palmeto.
palmier [palmje] *nm* palma.
palmipède [palmipɛd] *nm* palmipiede *m.*
palois, e [palwa, waz] *adj* (*de Pau*) di Pau ♦ *nm/f*: **P**~, **e** abitante *m/f* di Pau.
palombe [palɔ̃b] *nf* colombaccio.
pâlot, e [pɑlo, ɔt] *adj* palliduccio(-a).
palourde [paluʀd] *nf* vongola.
palpable [palpabl] *adj* palpabile.
palper [palpe] *vt* palpare.
palpitant, e [palpitɑ̃, ɑ̃t] *adj* (*film, récit*) appassionante; (*intérêt*) palpitante.
palpitation [palpitasjɔ̃] *nf*: **avoir des** ~**s** soffrire di palpitazioni.
palpiter [palpite] *vi* palpitare.
paludisme [palydism] *nm* malaria, paludismo.
palustre [palystʀ] *adj* palustre.
pâmer [pɑme]: **se** ~ *vr* svenire; **se** ~ **devant** (*fig*) andare in estasi davanti a; **se** ~ **d'amour** andare in estasi per amore; **se** ~ **d'admiration** andare in visibilio.
pâmoison [pɑmwazɔ̃] *nf*: **tomber en** ~ svenire.
pampa [pɑ̃pa] *nf* pampa.
pamphlet [pɑ̃flɛ] *nm* libello, pamphlet *m inv.*
pamphlétaire [pɑ̃fletɛʀ] *nm/f* autore(-trice) di libelli *ou* pamphlet.
pamplemousse [pɑ̃pləmus] *nm* pompelmo.
pan [pɑ̃] *nm* (*d'un manteau, rideau*) lembo; (*d'un prisme, d'une tour*) faccia, lato; (*partie*: *d'affiche etc*) pannello ♦ *excl* pam *m*; ▶ **pan de chemise** lembo di camicia; ▶ **pan de mur** pezzo di muro.
panacée [panase] *nf* panacea.
panachage [panaʃaʒ] *nm* mescolanza; (*POL*) panachage *m inv.*
panache [panaʃ] *nm* pennacchio; **avoir du** ~ (*fig*) avere una certa prestanza; **aimer le** ~ (*fig*) amare i bei gesti.
panaché, e [panaʃe] *adj*: **œillet** ~ garofano screziato ♦ *nm* (*aussi*: **bière** ~**e**) birra con la gazzosa; **glace** ~**e** gelato misto; **salade** ~**e** insalata mista.
panais [panɛ] *nm* pastinaca.
Panamá [panama] *nm* Panama *m.*
panaméen, ne [panameɛ̃, ɛn] *adj* panamense ♦ *nm/f*: **P**~, **ne** panamense *m/f.*
panaris [panaʀi] *nm* patereccio.
pancarte [pɑ̃kaʀt] *nf* cartello.
pancréas [pɑ̃kʀeɑs] *nm* pancreas *m inv.*
panda [pɑ̃da] *nm* panda *m inv.*
pané, e [pane] *adj* impanato(-a).
panégyrique [paneʒiʀik] *nm*: **faire le** ~ **de qn** fare il panegirico di qn.
panier [panje] *nm* cesto, cesta, cestino; (*SPORT*) canestro; (*à diapositives*) caricatore *m*; **mettre au** ~ cestinare; **c'est un** ~ **percé** ha le mani bucate; ▶ **panier à provisions** sporta (della spesa); ▶ **panier à salade** (*CULIN*) scolainsalata *m inv*; (*POLICE*) cellulare *m*; ▶ **panier de crabes** (*fig*) nido di vipere.
panier-repas [panjeʀ(ə)pɑ] (*pl* ~**s**-~) *nm* cestino da viaggio.
panification [panifikasjɔ̃] *nf* panificazione *f.*
panifier [panifje] *vt* panificare.
panique [panik] *nf* panico ♦ *adj*: **peur/terreur** ~ timor *m* panico.
paniquer [panike] *vt* gettare nel panico ♦ *vi* essere preso(-a) dal panico.
panne [pan] *nf* (*d'un mécanisme*) guasto; (*THÉÂTRE*) particina; **mettre en** ~ (*NAUT*) mettere in cappa; **être/tomber en** ~ essere/rimanere in panne; **il y a eu une** ~ **de courant** è mancata la corrente; **tomber en** ~ **d'essence** *ou* **sèche** restare a secco; ▶ **panne d'électricité** guasto elettrico.
panneau, x [pano] *nm* pannello; (*écriteau*) cartello; (*ARCHIT*) elemento prefabbricato; (*COUTURE*) telo; **donner/tomber dans le** ~ (*fig*) cadere nella rete; ▶ **panneau d'affichage** bacheca; ▶ **panneau de signalisation** cartello stradale; ▶ **panneau électoral** tabellone *m* elettorale; ▶ **panneau indicateur** cartello indicatore; ▶ **panneau publicitaire** cartellone *m* pubblicitario.
panonceau [panɔ̃so] *nm* insegna.
panoplie [panɔpli] *nf* panoplia; (*fig*: *d'arguments etc*) serie *f inv*; ~ **de pompier/d'infirmière** costume *m* da pompiere/da infermiera.
panorama [panɔʀama] *nm* panorama *m.*
panoramique [panɔʀamik] *adj* panoramico(-a) ♦ *nm* panoramica.
panse [pɑ̃s] *nf* (*ZOOL*) rumine *m.*

pansement [pɑ̃smɑ̃] *nm* fasciatura; ▶ **pansement adhésif** cerotto.
panser [pɑ̃se] *vt* fasciare, bendare; (*cheval*) strigliare.
pantalon [pɑ̃talɔ̃] *nm* (*aussi*: **~s, paire de ~s**) pantaloni *mpl*, calzoni *mpl*; ▶ **pantalon de golf** pantaloni *ou* calzoni da golf; ▶ **pantalon de pyjama** pantaloni *ou* calzoni del pigiama; ▶ **pantalon de ski** pantaloni *ou* calzoni da sci.
pantalonnade [pɑ̃talɔnad] *nf* farsa.
pantelant, e [pɑ̃t(ə)lɑ̃, ɑ̃t] *adj* ansimante.
panthère [pɑ̃tɛʀ] *nf* pantera, leopardo; (*fourrure*) leopardo.
pantin [pɑ̃tɛ̃] *nm* (*aussi péj*) burattino, fantoccio.
pantois [pɑ̃twa] *adj m*: **rester ~** rimanere allibito(-a) *ou* sbalordito(-a).
pantomime [pɑ̃tɔmim] *nf* pantomima.
pantouflard, e [pɑ̃tuflaʀ, aʀd] (*péj*) *adj* casalingo(-a), pantofolaio(-a).
pantoufle [pɑ̃tufl] *nf* pantofola.
panure [panyʀ] *nf* pane *m* grattugiato.
PAO [peao] *sigle f* = *publication assistée par ordinateur*.
paon [pɑ̃] *nm* pavone *m*.
papa [papa] *nm* papà *m inv*.
papauté [papote] *nf* papato.
papaye [papaj] *nf* papaia.
pape [pap] *nm* papa *m*.
paperasse [papʀas] (*péj*) *nf* scartoffia.
paperasserie [papʀasʀi] (*péj*) *nf* scartoffie *fpl*.
papeterie [papɛtʀi] *nf* fabbricazione *f* della carta; (*usine*) cartiera; (*magasin*) cartoleria; (*articles*) (articoli *mpl* di) cancelleria.
papetier, -ière [pap(ə)tje, jɛʀ] *nm/f* cartolaio(-a).
papetier-libraire [paptjɛlibʀɛʀ] *nm* cartolibraio.
papier [papje] *nm* carta; (*feuille*) foglio *ou* pezzo di carta; (*article*) pezzo, articolo; (*écrit officiel*) documento; **~s** *nmpl* (*documents, notes*: *aussi*: **~s d'identité**) documenti *mpl*; **sur le ~** (*théoriquement*) sulla carta; **jeter une phrase sur le ~** mettere una frase per iscritto; **noircir du ~** imbrattare fogli *ou* carte; ▶ **papier à dessin** carta da disegno; ▶ **papier à lettres** carta da lettere; ▶ **papier à pliage accordéon** carta a moduli continui; ▶ **papier bible** carta velina; ▶ **papier bulle** carta gialla; ▶ **papier buvard** carta assorbente; ▶ **papier calque** carta da lucido; ▶ **papier carbone** cartacarbone *f*; ▶ **papier collant** carta adesiva; ▶ **papier couché** carta patinata; ▶ **papier (d')aluminium** foglio di alluminio; ▶ **papier d'Arménie** *carta aromatica da bruciare per profumare ambienti*; ▶ **papier d'emballage** carta da imballaggio; ▶ **papier de brouillon** carta da brutta copia; ▶ **papier de soie** carta di seta; ▶ **papier de tournesol** cartina al tornasole; ▶ **papier de verre** carta vetrata; ▶ **papier en continu** modulo continuo; ▶ **papier glacé** carta satinata; ▶ **papier gommé** carta gommata; ▶ **papier hygiénique** carta igienica; ▶ **papier journal** carta da giornale; ▶ **papier kraft** carta da pacchi; ▶ **papier mâché** cartapesta; ▶ **papier machine** carta da macchina; ▶ **papier peint** carta da parati; ▶ **papier pelure** carta velina; ▶ **papier thermique** carta termica.
papier-filtre [papjefiltʀ] (*pl* **~s-~s**) *nm* carta da filtro.
papier-monnaie [papjemɔnɛ] (*pl* **~s-~s**) *nm* cartamoneta.
papille [papij] *nf*: **~s gustatives** papille *fpl* gustative.
papillon [papijɔ̃] *nm* farfalla; (*fam*: *contravention*) multa; (*TECH*: *écrou*) dado ad alette; ▶ **papillon de nuit** farfalla notturna.
papillonner [papijɔne] *vi* sfarfallare.
papillote [papijɔt] *nf* (*pour cheveux*) cartina per arricciare i capelli; **en ~** (*CULIN*) al cartoccio.
papilloter [papijɔte] *vi* (*yeux, paupières*) sbattere; (*lumière, soleil*) scintillare, luccicare.
papotage [papɔtaʒ] *nm* ciance *fpl*.
papoter [papɔte] *vi* cianciare.
papou, e [papu] *adj* papuano(-a) ♦ *nm/f*: **P~, e** papuano(-a).
Papouasie-Nouvelle-Guinée [papwazinuvɛlgine] *nf* Papua Nuova Guinea.
paprika [papʀika] *nm* paprica.
papyrus [papiʀys] *nm* papiro.
Pâque [pɑk] *nf*: **la ~** la Pasqua (ebraica); *voir aussi* **Pâques**.
paquebot [pak(ə)bo] *nm* transatlantico.
pâquerette [pɑkʀɛt] *nf* margheritina, pratolina.
Pâques [pɑk] *nfpl* Pasqua *fsg* ♦ *nm* Pasqua; **faire ses ~** celebrare *ou* fare la Pasqua; **l'île de ~** l'isola di Pasqua.
paquet [pakɛ] *nm* pacchetto; (*ballot*) fagotto; (*colis*) pacco; (*fig*): **un ~ de** un mucchio di; **~s** *nmpl* (*bagages*) bagagli *mpl*; **mettre le ~** (*fam*) mettercela tutta; ▶ **paquet de mer** ondata.
paquetage [pak(ə)taʒ] *nm* bottino.
paquet-cadeau [pakɛkado] (*pl* **~s-~x**) *nm* pacco *m* regalo *inv*.

MOT-CLÉ

par [paʀ] *prép* **1** (*cause*) per; (*agent*) da; (*auteur*) di; **par amour** per amore; **peint par un grand artiste** dipinto da un grande

artisto
2 (*lieu, direction*): **passer par Lyon/par la côte** passare per Lione/per la costa; **par la fenêtre** (*jeter, regarder*) dalla finestra; **par terre** per terra; **par le haut/bas** dall'alto/dal basso; **par ici** di qui; **par où?** da dove?; **par là** di là; **par-ci, par-là** di qua, di là
3 (*fréquence, distribution*) per, a; **3 fois par semaine** 3 volte per *ou* alla settimana; **3 par jour/par personne** 3 al giorno/per persona; **par centaines** a centinaia; **2 par 2** 2 a 2
4 (*moyen*) per; **par la poste** per posta; **finir par/par faire qch** finire per/per fare qc; **commencer par/par faire qch** cominciare con/con il fare qc.

para [paʀa] *nm* parà *m inv*.
parabole [paʀabɔl] *nf* parabola.
parabolique [paʀabɔlik] *adj* parabolico(-a).
parachever [paʀaʃ(ə)ve] *vt* rifinire.
parachutage [paʀaʃytaʒ] *nm* lancio (col paracadute).
parachute [paʀaʃyt] *nm* paracadute *m inv*; ▸ **parachute ventral** paracadute ventrale.
parachuter [paʀaʃyte] *vt* paracadutare; (*fig: fam*) schiaffare.
parachutisme [paʀaʃytism] *nm* paracadutismo.
parachutiste [paʀaʃytist] *nm/f* paracadutista *m/f*.
parade [paʀad] *nf* (*MIL*) parata, sfilata; (*de cirque, bateleurs*) sfilata; (*ESCRIME, BOXE*) parata; (*défense, riposte*): **trouver la ~ à une attaque** parare un attacco; **faire ~ de qch** fare sfoggio di qc; **de ~** *adj* da parata; (*superficiel*) esteriore.
parader [paʀade] *vi* (*se pavaner*) pavoneggiarsi.
paradis [paʀadi] *nm* paradiso; ▸ **paradis terrestre** Paradiso terrestre.
paradisiaque [paʀadizjak] *adj* paradisiaco(-a).
paradoxal, e, -aux [paʀadɔksal, o] *adj* paradossale.
paradoxalement [paʀadɔksalmɑ̃] *adv* paradossalmente.
paradoxe [paʀadɔks] *nm* paradosso.
parafe [paʀaf] *nm voir* **paraphe**.
parafer [paʀafe] *vt voir* **parapher**.
paraffine [paʀafin] *nf* paraffina.
paraffiné, e [paʀafine] *adj*: **papier ~** carta paraffinata.
parafoudre [paʀafudʀ] *nm* parafulmine *m*.
parages [paʀaʒ] *nmpl* paraggi *mpl*; **dans les ~ (de)** nei paraggi (di).
paragraphe [paʀagʀaf] *nm* paragrafo.
paragrêle [paʀagʀɛl] *adj*: **canon ~** cannone *m* antigrandine.
Paraguay [paʀagwɛ] *nm* Paraguay *m*.
paraguayen, ne [paʀagwajɛ̃, ɛn] *adj* paraguaiano(-a) ♦ *nm/f*: **P~, ne** paraguaiano(-a).
paraître [paʀɛtʀ] *vi* (*apparaître*) apparire; (*PRESSE*) uscire; (*se montrer, venir*) comparire; (*sembler*) sembrare ♦ *vb impers*: **il paraît que** sembra *ou* pare che; **il me paraît que** mi sembra *ou* pare che; **il paraît absurde de/préférable que** sembra assurdo/preferibile che; **laisser ~ qch** manifestare qc; **~ en justice** comparire in giudizio; **~ en scène/en public/à l'écran** comparire *ou* apparire sulla scena/in pubblico/sullo schermo; **il ne paraît pas son âge** non dimostra la sua età; **il aime ~** gli piace farsi vedere *ou* notare.
parallèle [paʀalɛl] *adj* parallelo(-a); (*police*) segreto(-a); (*marché*) nero(-a); (*société, énergie*) alternativo(-a); (*école*) non ufficialmente riconosciuto(-a) ♦ *nm* parallelo ♦ *nf* parallela; **faire un ~ entre** fare un parallelo tra; **en ~** in parallelo; **mettre en ~** paragonare.
parallèlement [paʀalɛlmɑ̃] *adv* parallelamente; (*fig*) contemporaneamente.
parallélépipède [paʀalelepipɛd] *nm* parallelepipedo.
parallélisme [paʀalelism] *nm* parallelismo; (*des roues*) convergenza.
parallélogramme [paʀalelɔgʀam] *nm* parallelogramma *m*.
paralyser [paʀalize] *vt* paralizzare.
paralysie [paʀalizi] *nf* paralisi *f inv*.
paralytique [paʀalitik] *adj* paralitico(-a) ♦ *nm/f* paralitico(-a).
paramédical, e, -aux [paʀamedikal, o] *adj*: **personnel ~** personale *m* paramedico.
paramètre [paʀamɛtʀ] *nm* parametro.
paramilitaire [paʀamilitɛʀ] *adj* paramilitare.
paranoïa [paʀanɔja] *nf* paranoia.
paranoïaque [paʀanɔjak] *nm/f* paranoico (-a).
paranormal, e, -aux [paʀanɔʀmal, o] *adj* paranormale.
parapet [paʀapɛ] *nm* parapetto.
paraphe [paʀaf] *nm* sigla, parafa.
parapher [paʀafe] *vt* siglare, parafare.
paraphrase [paʀafʀɑz] *nf* parafrasi *f inv*.
paraphraser [paʀafʀɑze] *vt* parafrasare.
paraplégie [paʀapleʒi] *nf* paraplegia.
paraplégique [paʀapleʒik] *adj, nm/f* paraplegico(-a).
parapluie [paʀaplɥi] *nm* ombrello; ▸ **parapluie à manche télescopique** ombrello pieghevole; ▸ **parapluie atomique/nucléaire** ombrello atomico/nucleare; ▸ **parapluie pliant** ombrello pieghevole.
parapsychique [paʀapsiʃik] *adj* parapsi-

chico(-a).

parapsychologie [paʀapsikɔlɔʒi] *nf* parapsicologia.

parapublic, -ique [paʀapyblik] *adj* a partecipazione statale.

parascolaire [paʀaskɔlɛʀ] *adj* parascolastico(-a).

parasitaire [paʀazitɛʀ] *adj* parassitario(-a).

parasite [paʀazit] *nm* parassita *m* ♦ *nm/f, adj* parassita *m*; **~s** *nmpl* (*TÉL*) rumori *mpl* parassiti.

parasitisme [paʀazitism] *nm* parassitismo.

parasol [paʀasɔl] *nm* ombrellone *m*.

paratonnerre [paʀatɔnɛʀ] *nm* parafulmine *m*.

paravent [paʀavɑ̃] *nm* (*aussi fig*) paravento.

parc [paʀk] *nm* parco; (*pour le bétail*) recinto; (*d'enfant*) box *m inv*; ▸ **parc de munitions** deposito di munizioni; ▸ **parc à huîtres** parco ostreario; ▸ **parc automobile** (*d'un pays*) parco *m* macchine *inv*, veicoli *mpl* in circolazione; (*d'une société*) parco autovetture; ▸ **parc d'attractions** parco (dei) divertimenti; ▸ **parc de stationnement** parcheggio; ▸ **parc national** parco nazionale; ▸ **parc naturel** parco naturale; ▸ **parc zoologique** giardino zoologico.

parcelle [paʀsɛl] *nf* frammento, briciola; (*fig*) briciolo; (*de terrain*) appezzamento.

parce que [paʀs(ə)kə] *conj* perché.

parchemin [paʀʃəmɛ̃] *nm* pergamena.

parcheminé, e [paʀʃəmine] *adj* (*cuir, papier*) pergamenato(-a); (*visage, peau*) incartapecorito(-a).

parcimonie [paʀsimɔni] *nf* parsimonia; **avec ~** con parsimonia.

parcimonieux, -euse [paʀsimɔnjø, jøz] *adj* parsimonioso(-a).

parc(o)mètre [paʀk(ɔ)mɛtʀ] *nm* parchimetro.

parcourir [paʀkuʀiʀ] *vt* (*trajet, distance*) percorrere; (*lieu, bois, suj: vibration*) attraversare; (*journal, article, livre*) dare una scorsa a; **~ qch des yeux/du regard** far scorrere gli occhi/lo sguardo su qc.

parcours [paʀkuʀ] *vb voir* **parcourir** ♦ *nm* percorso; **sur le ~** sul percorso; ▸ **parcours du combattant** (*MIL*) percorso di guerra.

parcouru [paʀkuʀy] *pp de* **parcourir**.

par-delà [paʀdəla] *prép* al di là di.

par-dessous [paʀd(ə)su] *prép, adv* sotto.

pardessus [paʀdəsy] *nm* soprabito, cappotto.

par-dessus [paʀd(ə)sy] *prép* sopra ♦ *adv* (al di) sopra; **~-~ le marché** per di più, per giunta.

par-devant [paʀd(ə)vɑ̃] *prép* davanti a ♦ *adv* sul davanti.

pardon [paʀdɔ̃] *nm* scusa, perdono ♦ *excl* scusi!, scusa!; (*politesse, demander de répéter*) come?, scusi?, scusa?, prego?; **demander ~ à qn (de qch/d'avoir fait qch)** chiedere perdono a qn (per qc/per aver fatto qc); **je vous demande ~** chiedo scusa.

pardonnable [paʀdɔnabl] *adj* perdonabile.

pardonner [paʀdɔne] *vt* perdonare; **~ qch à qn** perdonare qc a qn; **qui ne pardonne pas** (*maladie*) che non perdona; (*erreur*) fatale.

paré, e [paʀe] *adj* adorno(-a); (*protégé*) premunito(-a).

pare-balles [paʀbal] *adj inv* antiproiettile *inv*.

pare-boue [paʀbu] *nm inv* parafango.

pare-brise [paʀbʀiz] *nm inv* parabrezza *m inv*.

pare-chocs [paʀʃɔk] *nm inv* paraurti *m inv*.

pare-étincelles [paʀetɛ̃sɛl] *nm inv* parafuoco *m inv*.

pare-feu [paʀfø] *nm inv* tagliafuoco *m inv* ♦ *adj inv*: **portes ~-~** porte *fpl* tagliafuoco *inv*.

pareil, le [paʀɛj] *adj* uguale, identico(-a); (*similaire, tel*) simile ♦ *adv*: **habillés ~** vestiti uguale *ou* allo stesso modo; **faire ~** fare la stessa cosa; **un courage/livre ~** un coraggio/libro simile; **de ~s livres** dei libri così; **j'en veux un ~** ne voglio uno così; **rien de ~** niente del genere; **ses ~s** i suoi simili; **ne pas avoir son (sa) pareil(le)** essere impareggiabile; **~ à** uguale a; **sans ~** senza pari, unico(-a); **c'est du ~ au même** se non è zuppa è pan bagnato (*fig*); **en ~ cas** in un caso del genere *ou* simile; **rendre la ~le à qn** rendere la pariglia a qn.

pareillement [paʀɛjmɑ̃] *adv* allo stesso modo; (*aussi*) anche, pure.

parement [paʀmɑ̃] *nm* (*CONSTR*) paramento; (*d'un col, d'une manche*) risvolto; **~ d'autel** (*REL*) paramento d'altare.

parent, e [paʀɑ̃, ɑ̃t] *nm/f* parente *m/f* ♦ *adj* (*fig: analogue*) simile; **~s** *nmpl* (*père et mère*) genitori *mpl*; (*famille, proches*) parenti *mpl*; **être ~s/parent de qn** essere parenti/parente di qn; ▸ **parents adoptifs** genitori adottivi; ▸ **parents en ligne directe** parenti in linea diretta; ▸ **parents par alliance** parenti acquisiti.

parental, e, -aux [paʀɑ̃tal, o] *adj* parentale.

parenté [paʀɑ̃te] *nf* parentela; (*fig: entre caractères*) affinità *f inv*.

parenthèse [paʀɑ̃tɛz] *nf* parentesi *f inv*; **ouvrir/fermer la ~** aprire/chiudere la parentesi; **entre ~s** fra parentesi; **mettre entre ~s** mettere da parte.

parer [paʀe] *vt* (*décorer*) ornare; (*personne*) agghindare; (*CULIN: viande*) preparare; (*éviter*: *coup, manœuvre*) parare; ~ **à** (*danger, inconvénient*) far fronte a; **se ~ de** (*fig*: *qualité, titre*) fregiarsi di; ~ **à toute éventualité** prepararsi ad ogni eventualità; ~ **au plus pressé** attendere a ciò che è più urgente; ~ **le coup** (*fig*) parare il colpo.

pare-soleil [paRsɔlɛj] *nm inv* (*AUTO*) aletta *f* parasole *inv*.

paresse [paRɛs] *nf* pigrizia.

paresser [paRese] *vi* oziare, poltrire.

paresseusement [paResøzmɑ̃] *adv* pigramente.

paresseux, -euse [paResø, øz] *adj* pigro (-a) ♦ *nm* (*ZOOL*) bradipo.

parfaire [paRfɛR] *vt* (*ouvrage, travail*) rifinire; (*connaissances*) perfezionare.

parfait, e [paRfɛ, ɛt] *pp de* **parfaire** ♦ *adj* perfetto(-a) ♦ *nm* (*LING*) perfetto; (*CULIN*) semifreddo ♦ *excl* perfetto!

parfaitement [paRfɛtmɑ̃] *adv* perfettamente ♦ *excl* certo!; **cela lui est ~ égal** gli è del tutto indifferente.

parfaites [paRfɛt] *vb voir* **parfaire**.

parfasse [paRfas] *vb voir* **parfaire**.

parferai [paRfRe] *vb voir* **parfaire**.

parfois [paRfwa] *adv* a volte, talvolta.

parfum [paRfœ̃] *nm* profumo; (*de tabac, vin*) aroma *m*; (*goût*: *de glace, milk-shake*) gusto.

parfumé, e [paRfyme] *adj* profumato(-a); ~ **au café** (*aromatisé*) al (gusto di) caffè.

parfumer [paRfyme] *vt* profumare; (*crème, gâteau*) aromatizzare; **se parfumer** *vr* profumarsi; (*d'habitude*) usare profumo.

parfumerie [paRfymRi] *nf* profumeria; **rayon ~** reparto profumeria.

parfumeur, -euse [paRfymœR, øz] *nm/f* profumiere(-a).

pari [paRi] *nm* scommessa; ▶ **Pari mutuel urbain** ≈ Totip *m*.

paria [paRja] *nm* paria *m inv*.

parier [paRje] *vt* scommettere; **j'aurais parié que si/non** avrei scommesso di sì/no.

parieur [paRjœR] *nm* scommettitore *m*.

Paris [paRi] *n* Parigi *f*.

parisien, ne [paRizjɛ̃, jɛn] *adj* parigino(-a) ♦ *nm/f*: **P~, ne** parigino(-a).

paritaire [paRitɛR] *adj*: **commission ~** commissione *f* paritetica.

parité [paRite] *nf* parità *f inv*; ▶ **parité de change** parità del cambio.

parjure [paRʒyR] *nm* spergiuro ♦ *nm/f* spergiuro(-a).

parjurer [paRʒyRe]: **se ~** *vr* spergiurare, giurare il falso.

parka [paRka] *nf* parka *m inv*.

parking [paRkiŋ] *nm* parcheggio.

parlant, e [paRlɑ̃, ɑ̃t] *adj* (*fig*: *portrait, image*) parlante; (: *comparaison, preuve*) eloquente; (*CINÉ*) sonoro ♦ *adv*: **généralement ~** generalmente parlando.

parlé, e [paRle] *adj*: **langue ~e** lingua parlata.

parlement [paRləmɑ̃] *nm* parlamento.

parlementaire [paRləmɑ̃tɛR] *adj* parlamentare ♦ *nm/f* parlamentare *m/f*.

parlementarisme [paRləmɑ̃taRism] *nm* parlamentarismo.

parlementer [paRləmɑ̃te] *vi* parlamentare.

parler [paRle] *nm* parlata ♦ *vi* parlare; ~ **de qch/qn** parlare di qc/qn; ~ **(à qn) de** parlare (a qn) di; ~ **de faire qch** parlare di fare qc; ~ **pour qn** (*intercéder*) parlare in favore di qn; ~ **le/en français** parlare il/in francese; ~ **affaires/politique** parlare di affari/politica; ~ **en dormant** parlare nel sonno; ~ **du nez** parlare col naso; ~ **par gestes** parlare a gesti; ~ **en l'air** fare discorsi campati in aria; **sans ~ de** (*fig*) per non parlare di; **tu parles!** stai scherzando!; **les faits parlent d'eux-mêmes** i fatti parlano da soli; **n'en parlons plus** non parliamone più.

parleur [paRlœR] *nm*: **beau ~** gran parlatore *m*.

parloir [paRlwaR] *nm* parlatorio.

parlote [paRlɔt] *nf* ciance *fpl*.

Parme [paRm] *n* Parma.

parme [paRm(ə)] *adj* violetto(-a).

parmesan [paRməzɑ̃] *nm* parmigiano.

parmi [paRmi] *prép* tra, fra.

parodie [paRɔdi] *nf* parodia.

parodier [paRɔdje] *vt* parodiare.

paroi [paRwa] *nf* parete *f*; ~ **(rocheuse)** parete (rocciosa).

paroisse [paRwas] *nf* parrocchia.

paroissial, e, -aux [paRwasjal, o] *adj* parrochiale.

paroissien, ne [paRwasjɛ̃, jɛn] *nm/f* parrocchiano(-a).

parole [paRɔl] *nf* parola; (*ton, débit de voix*) eloquio; **~s** *nfpl* (*MUS*: *d'une chanson*) parole *fpl*; **la bonne ~** (*REL*) la buona novella; **tenir ~** mantenere la parola; **n'avoir qu'une ~** essere di parola; **avoir/prendre la ~** avere/prendere la parola; **demander/obtenir la ~** chiedere/ottenere la parola; **donner la ~ à qn** dare la parola a qn; **perdre la ~** (*fig*) ammutolire; **croire qn sur ~** credere a qn sulla parola; **prisonnier sur ~** detenuto in libertà vigilata; **temps de ~** (*TV, RADIO etc*) spazio dedicato al dibattito; **histoire sans ~s** vignetta senza parole; **ma ~!** caspita!; ▶ **parole d'honneur** parola d'onore.

parolier, -ière [paRɔlje, jɛR] *nm/f* (*MUS*) paroliere(-a); (*OPÉRA*) librettista *m/f*.

paroxysme [paRɔksism] *nm* parossismo.

parpaing [paRpɛ̃] *nm* blocco (*di pietra o cemento*).

parquer [paRke] *vt* (*bestiaux*) rinchiudere

(nel recinto); (*soldats*) acquartierare; (*vivres, artillerie*) immagazzinare; (*prisonniers*) rinchiudere; (*voiture*) parcheggiare.

parquet [paʀkɛ] *nm* parquet *m inv*; **le ~** (*JUR*) ≈ la procura della Repubblica.

parqueter [paʀkəte] *vt* pavimentare in legno.

parrain [paʀɛ̃] *nm* padrino; (*d'un nouvel adhérent*) socio presentatore.

parrainage [paʀɛnaʒ] *nm* patrocinio.

parrainer [paʀene] *vt* patrocinare; (*nouvel adhérent*) presentare; (*suj: entreprise*) sponsorizzare.

parricide [paʀisid] *nm* parricidio ♦ *nm/f* parricida *m/f*.

pars [paʀ] *vb voir* **partir**.

parsemer [paʀsəme] *vt* (*suj: feuilles, papiers*) essere sparpagliato(-a) su; **~ qch de** cospargere qc di; **un devoir parsemé de fautes** un compito pieno di errori.

part [paʀ] *vb voir* **partir** ♦ *nf* parte *f*; (*de gâteau, fromage*) porzione *f*; (*FIN: titre*) quota; **prendre ~ à** (*débat etc*) prendere parte a; (*soucis, douleur de qn*) partecipare a; **faire ~ de qch à qn** mettere qn al corrente di qc; **pour ma ~** per quanto mi riguarda; **à ~ entière** di pieno diritto; **de la ~ de** da parte di; **c'est de la ~ de qui?** (*au téléphone*) chi lo desidera?; (*cherchant une femme*) chi la desidera?; **de toute(s) part(s)** da tutte le parti, da ogni parte; **de ~ et d'autre** da entrambe le parti; **de ~ en ~** da una parte all'altra; **d'une ~ ... d'autre ~** da una parte ... dall'altra; **nulle/quelque ~** da nessuna/qualche parte; **autre ~** in un altro posto; **à ~** a parte; (*de côté*) da parte; **à ~ cela** a parte questo; **pour une large/bonne ~** in larga/buona parte; **prendre qch en bonne/mauvaise ~** prendere qc bene/male; **faire la ~ des choses** tenere conto dei fatti; **faire la ~ du feu** (*fig*) salvare il salvabile; **faire la ~ trop belle à qn** dare a qn più di quanto gli/le spetta.

part. *abr* = **particulier**; **particulièrement**.

partage [paʀtaʒ] *nm* spartizione *f*; (*de responsabilité etc*) divisione *f*; (*POL: de suffrages*) parità *f inv*; **donner/recevoir qch en ~** dare/ricevere qc in sorte; **sans ~** assoluto(-a).

partagé, e [paʀtaʒe] *adj* (*opinions etc*) discorde; (*amour*) corrisposto(-a); **torts ~s** torti *mpl* rispettivamente subiti; **être ~ entre** essere combattuto(-a) tra; **être ~ sur** essere discordi su.

partager [paʀtaʒe] *vt* (*répartir: domaine, fortune*) suddividere; (*couper, diviser: gâteau, ville*) dividere; (*fig*) condividere; **se partager** *vr* (*héritage, actions*) spartirsi, dividersi; **~ qch avec qn** dividere qc con qn; **~ la joie de qn/la responsabilité d'un acte** condividere la gioia di qn/la responsabilità di un atto.

partance [paʀtɑ̃s]: **en ~** *adv* in partenza; **en ~ pour** in partenza per.

partant, e [paʀtɑ̃, ɑ̃t] *vb voir* **partir** ♦ *adj*: **être ~ pour (faire) qch** essere pronto(-a) a (fare) qc ♦ *nm* (*SPORT*) partente *m/f*.

partenaire [paʀtənɛʀ] *nm/f* (*gén, POL*) partner *m/f*; (*SPORT*) compagno(-a) di squadra; (*fig*) interlocutore(-trice); ▸ **partenaires sociaux** parti *fpl ou* forze *fpl* sociali.

parterre [paʀtɛʀ] *nm* (*de fleurs*) aiuola; (*THÉÂTRE*) platea.

parti [paʀti] *nm* (*POL*) partito; (*groupe*) gruppo; (*décision*) decisione *f*; **un beau/riche ~** (*personne à marier*) un buon partito; **tirer ~ de** trarre profitto da; **prendre le ~ de faire qch** prendere la decisione di fare qc; **prendre le ~ de qn** schierarsi con qn; **prendre ~ pour/contre qn** schierarsi a favore di/contro qn; **prendre ~** prendere posizione; **prendre son ~ de qch** rassegnarsi a qc; **par ~ pris** per partito preso.

partial, e, -aux [paʀsjal, o] *adj* parziale.

partialement [paʀsjalmɑ̃] *adv* parzialmente.

partialité [paʀsjalite] *nf* parzialità *f inv*.

participant, e [paʀtisipɑ̃, ɑ̃t] *nm/f* partecipante *m/f*; (*d'une société*) socio(-a).

participation [paʀtisipasjɔ̃] *nf* (*aussi COMM*) partecipazione *f*; **la ~ aux frais/bénéfices** la partecipazione alle spese/agli utili; **la ~ ouvrière** la partecipazione operaia; **"avec la ~ de"** "con la partecipazione di".

participe [paʀtisip] *nm* (*LING*) participio; ▸ **participe passé/présent** participio passato/presente.

participer [paʀtisipe]: **~ à** *vt* partecipare a; **~ de** *vt* partecipare di.

particulariser [paʀtikylaʀize] *vt*: **se ~** individualizzarsi.

particularisme [paʀtikylaʀism] *nm* particolarismo.

particularité [paʀtikylaʀite] *nf* particolarità *f inv*.

particule [paʀtikyl] *nf* (*aussi LING*) particella; ▸ **particule (nobiliaire)** particella nobiliare.

particulier, -ière [paʀtikylje, jɛʀ] *adj* particolare; (*personnel, propre*) personale, particolare; (*privé: entretien, audience*) privato(-a) ♦ *nm* (*ADMIN*) privato; **"~ vend ..."** (*COMM*) "privato vende ..."; **~ à** proprio(-a) di; **en ~** *adv* in particolare; (*en privé*) in privato.

particulièrement [paʀtikyljɛʀmɑ̃] *adv* particolarmente.

partie [paʀti] *nf* (*gén, MUS, JUR*) parte *f*; (*profession, spécialité*) campo, mestiere *m*; (*de cartes, tennis etc*) partita; (*fig: lutte, combat*) partita; **en** ~ *adv* in parte; **faire** ~ **de qch** fare parte di qc; **prendre qn à** ~ prendersela con qn; **en grande/en majeure** ~ in gran/per la maggior parte; **ce n'est que** ~ **remise** la faccenda è solo rinviata; **avoir** ~ **liée avec qn** essere in combutta con qn; ▶ **partie civile** (*JUR*) parte civile; ▶ **partie publique** (*JUR*) pubblico ministero; ▶ **partie de campagne** scampagnata; ▶ **partie de pêche** partita di pesca.

partiel, le [paʀsjɛl] *adj* parziale ♦ *nm* (*SCOL*) parte *f* di un esame.

partiellement [paʀsjɛlmɑ̃] *adv* parzialmente.

partir [paʀtiʀ] *vi* partire; (*s'éloigner*) andare via; (*pétard*) esplodere; (*bouchon*) venire via; (*cris*) levarsi; (*tache*) sparire; ~ **de** (*quitter, commencer à*) partire da; (*date, abonnement*) decorrere da; ~ **pour/à** partire per; ~ **de rien** partire dal nulla; **à** ~ **de** (a partire) da.

partisan, e [paʀtizɑ̃, an] *nm/f* (*d'un parti, régime*) sostenitore(-trice); (*pendant la guerre*) partigiano(-a) ♦ *adj* di parte; **être** ~ **de qch/faire qch** essere favorevole a qc/fare qc.

partition [paʀtisjɔ̃] *nf* (*MUS*) spartito.

partitocratie [paʀtitokʀasi] *nf* partitocrazia.

partout [paʀtu] *adv* dappertutto, dovunque; ~ **où il allait** ovunque andasse; **de** ~ dappertutto; **trente/quarante** ~ (*TENNIS*) trenta/quaranta pari.

paru, e [paʀy] *pp de* **paraître**.

parure [paʀyʀ] *nf* (*vêtements*) toilette *f inv*; (*ornements, bijoux, sous vêtement*) parure *f inv*; (*de table*) servizio; **une** ~ **de diamants** una parure di diamanti.

parus [paʀy] *vb voir* **paraître**.

parution [paʀysjɔ̃] *nf* (*d'un livre*) uscita, pubblicazione *f*.

parvenir [paʀvəniʀ]: ~ **à** *vt* giungere a, arrivare a; (*à ses fins, à la fortune*) raggiungere; ~ **à faire qch** riuscire a fare qc; **faire** ~ **qch à qn** far pervenire qc a qn.

parvenu, e [paʀvəny] *pp de* **parvenir** ♦ *nm/f* (*péj*) parvenu *m inv*.

parviendrai *etc* [paʀvjɛ̃dʀe] *vb voir* **parvenir**.

parviens *etc* [paʀvjɛ̃] *vb voir* **parvenir**.

parvis [paʀvi] *nm* sagrato.

pas[1] [pɑ] *nm* passo; ~ **à** ~ passo (a) passo; **au** ~ al passo; **de ce** ~ all'istante; **marcher à grands** ~ camminare a gran passi; **mettre qn au** ~ mettere qn in riga; **au** ~ **de gymnastique/de course** a passo cadenzato/di corsa; **à** ~ **de loup** con passo felpato; **faire les cent** ~ andare avanti e indietro, andare su e giù; **faire les premiers** ~ (*aussi fig*) fare i primi passi; **retourner** *ou* **revenir sur ses** ~ ritornare sui propri passi; **se tirer d'un mauvais** ~ trarsi d'impaccio; **sur le** ~ **de la porte** sulla soglia; **le** ~ **de Calais** (*détroit*) lo stretto di Calais; ~ **de porte** (*fig*) *caparra versata per l'affitto di un locale ad uso commerciale.*

MOT-CLÉ

pas[2] [pɑ] *adv* **1** (*avec ne, non etc*): **ne ... pas** non; **je ne vais pas à l'école** non vado a scuola; **il ne ment pas** non mente; **je ne mange pas de pain** non mangio pane; **il ne la voit pas/ne l'a pas vue/ne la verra pas** non la vede/non l'ha vista/non la vedrà; **ils n'ont pas de voiture** non hanno la macchina; **il m'a dit de ne pas le faire** mi ha detto di non farlo; **non pas que ...** non che ...; **je n'en sais pas plus** non so niente di più; **il n'y avait pas plus de 200 personnes** non c'erano più di 200 persone; **ce n'est pas sans hésitation que ...** non è senza esitazione che ...; **je ne reviendrai pas de sitôt** non torno tanto presto

2 (*sans ne etc*): **pas moi** non io, io no; (*renforçant l'opposition*): **elle travaille, (mais) lui pas** *ou* **pas lui** lei lavora, (ma) lui no; (*dans des réponses négatives*): **pas de sucre, merci!** niente zucchero, grazie!; **une pomme pas mûre** una mela non matura; **pas plus tard qu'hier** non più tardi di ieri; **pas du tout** niente affatto, per niente; **pas encore** non ancora; **ceci est à vous ou pas?** è vostro o no?

3: **pas mal** *adv* piuttosto, parecchio; (*passablement*) discretamente; (*assez bien*) abbastanza; (*plutôt bien*) piuttosto; **pas mal de** (*beaucoup de*) parecchio(-a); **ils ont pas mal d'enfants/d'argent** hanno parecchi bambini/soldi; **avoir pas mal de chance** essere molto fortunato(-a).

pascal, e, -aux [paskal, o] *adj* pasquale.

passable [pɑsabl] *adj* passabile; (*SCOL*) sufficiente.

passablement [pɑsabləmɑ̃] *adv* (*pas trop mal*) discretamente; (*beaucoup*) piuttosto.

passade [pɑsad] *nf* avventura, capriccio.

passage [pɑsaʒ] *nm* passaggio; (*du temps*) passare *m inv*; (*extrait: d'un livre etc*) passo, brano; **sur le** ~ **du cortège** (*itinéraire*) lungo il tragitto del corteo; **"laissez/n'obstruez pas le** ~**"** "lasciare libero il passaggio"; **de** ~ di passaggio; **au** ~ passando; ▶ **passage à niveau** passaggio a livello; ▸**passage à tabac** fracco di botte; ▸**passage à vide** giro a vuoto; (*fig*) brutto periodo; ▸**passage clouté** strisce *fpl* pedonali, passaggio pedonale; ▸**passage interdit** divieto di transito; ▸**passage protégé** incrocio con diritto di precedenza; ▸**passage souterrain** sottopassaggio.

passager, -ère [pɑsaʒe, ɛʀ] *adj* passeggero(-a); (*rue etc*) molto frequentato(-a) ♦ *nm/f* passeggero(-a); ~ **clandestin** (passeggero(-a)) clandestino (-a).

passagèrement [pɑsaʒɛʀmɑ̃] *adv* per breve tempo.

passant, e [pɑsɑ̃, ɑ̃t] *adj* (*rue, endroit*) molto frequentato(-a) ♦ *nm/f* passante *m/f* ♦ *nm* (*d'une ceinture etc*) passante *m*; **en** ~ (*remarquer*) di sfuggita, en passant; **venir voir qn en** ~ fare una capatina da qn.

passation [pɑsasjɔ̃] *nf* (*JUR*: *d'un acte*) stipulazione *f*; ▸**passation des pouvoirs** passaggio dei poteri.

passe [pɑs] *nf* (*SPORT*) passaggio; (*NAUT*) stretto ♦ *nm* (*passe-partout*) passe-partout *m inv*; **être en ~ de faire** stare per fare; **être dans une bonne/mauvaise** ~ (*fig*) avere un buon/brutto periodo; ▸**passe d'armes** (*fig*) battibecco; ▸**passes (magnétiques)** gesti *mpl* dell'ipnotizzatore.

passé, e [pɑse] *adj* (*événement, temps*) passato(-a); (*couleur, tapisserie*) sbiadito(-a) ♦ *nm* (*aussi LING*) passato ♦ *prép*: ~ **10 heures/7 ans** dopo 10 ore/7 anni; **dimanche** ~ domenica scorsa; **les vacances ~es** le vacanze passate; **il est ~ midi** *ou* **midi** ~ è mezzogiorno passato; **par le** ~ in passato; ~ **de mode** passato di moda; ~ **simple/composé** (*LING*) passato remoto/passato prossimo; ~ **ce poids** oltre questo peso.

passe-droit [pɑsdʀwa] (*pl* **~-~s**) *nm* favoritismo.

passéiste [pɑseist] *adj* passatistico(-a).

passementerie [pɑsmɑ̃tʀi] *nf* passamaneria.

passe-montagne [pɑsmɔ̃taɲ] (*pl* **~-~s**) *nm* passamontagna *m inv*.

passe-partout [pɑspaʀtu] *nm inv* (*clé*) passe-partout *m inv*, chiave *f* universale ♦ *adj inv* (*tenue, phrase*) adatto(-a) per tutte le occasioni.

passe-passe [pɑspɑs] *nm inv*: **tour de ~-~** gioco di prestigio; (*fig*) abile raggiro.

passe-plat [pɑspla] (*pl* **~-~s**) *nm* passavivande *m inv*.

passeport [pɑspɔʀ] *nm* passaporto.

passer [pɑse] *vi* passare; (*pour rendre visite*): ~ **(chez qn)** passare (da qn); (*être digéré, avalé*: *repas, vin*) andare giù; (*accusé, projet de loi*): ~ **devant** venire prima; (*réplique, plaisanterie*) essere tollerato(-a), passare; (*film, émission etc*) esserci; (*personne*): ~ **à la radio/télévision** andare alla radio/televisione; (*couleur, papier*) sbiadire ♦ *vt* passare; (*permettre*: *faute, bêtise*): ~ **qch (à qn)** lasciar passare qc (a qn); (*enfiler*: *vêtement*) infilarsi; (*café, thé, soupe*) colare; (*film, pièce*) dare; (*disque*) mettere; (*couleur*: *suj*: *lumière*) sbiadire; **se passer** *vr* (*scène, action*) svolgersi; (*arriver*): **que s'est-il passé?** cos'è successo?; (*se dérouler*: *entretien etc*) svolgersi; ~ **qch à qn** (*stylo, grippe, message*) passare qc a qn; ~ **par** *vt* (*lieu*) passare per *ou* da; (*intermédiaire, expérience*) passare attraverso; ~ **sur** *vt* (*faute, détails*) sorvolare su; ~ **dans les mœurs/l'usage** entrare nell'uso; ~ **devant/derrière qn/qch** passare davanti/dietro a qn/qc; ~ **avant qch/qn** (*fig*) venire prima di qc/qn; **laisser** ~ (*air, personne*) lasciar passare; (*occasion, erreur*) lasciarsi sfuggire; ~ **dans la classe supérieure** (*SCOL*) passare nella classe superiore; ~ **en** *ou* **la seconde/troisième** (*AUTO*) passare in seconda/terza; ~ **une** *ou* **à la radio/visite médicale** fare una radiografia/visita medica; ~ **aux aveux** decidersi a confessare; ~ **à l'action** passare all'azione; ~ **inaperçu** passare inosservato; ~ **outre (à qch)** passare sopra (qc); **il passe pour avoir fait** si dice che abbia fatto; ~ **pour riche/un imbécile/un cousin** passare per ricco/un imbecille/un cugino; ~ **à table/au salon/à côté** andare a tavola/in soggiorno/di là; ~ **à l'opposition/à l'ennemi** passare all'opposizione/al nemico; **ne faire que** ~ fermarsi solo un attimo; **passe encore de** ... passi ancora che ...; **faire ~ à qn le goût/l'envie de qch** far passare a qn il gusto/la voglia di qc; **faire ~ qch** *ou* **qn pour** far passare qc *ou* qn per; **passons** non facciamoci caso; ~ **son tour** saltare il proprio turno; ~ **qch en fraude** far passare qc di contrabbando; ~ **la tête/la main par la portière** infilare la testa/la mano attraverso la portiera; **je vous passe Nathalie** (*au téléphone*) le passo Nathalie; ~ **la parole à qn** passare la parola a qn; ~ **qn par les armes** passare qn per le armi; ~ **commande** fare un ordine; ~ **un marché/accord** stipulare *ou* concludere un contratto/accordo; **se ~ les mains sous l'eau/de l'eau sur le visage** sciacquarsi le mani/il viso; **cela se passe de commentaires** questo non ha bisogno di commenti; **se ~ de qch** fare a meno di qc.

passereau, x [pɑsʀo] *nm* passero.

passerelle [pɑsʀɛl] *nf* passerella; (*NAUT*):

~ **(de commandement)** plancia.
passe-temps [pastɑ̃] *nm inv* passatempo.
passette [pasɛt] *nf* colino.
passeur, -euse [pasœʀ, øz] *nm/f* (*fig*) passeur *m/f inv*.
passible [pasibl] *adj*: ~ **de** passibile di.
passif, -ive [pasif, iv] *adj* passivo(-a) ♦ *nm* (*LING, COMM*) passivo.
passion [pasjɔ̃] *nf* passione *f*; **avoir la ~ de** avere la passione di; **fruit de la ~** frutto della passione; **la ~ du jeu/de l'argent** la passione del gioco/del denaro.
passionnant, e [pasjɔnɑ̃, ɑ̃t] *adj* appassionante.
passionné, e [pasjɔne] *adj* (*tempérament*) passionale; (*amour, description*) appassionato(-a) ♦ *nm/f*: ~ **de/pour** appassionato(-a) di.
passionnel, le [pasjɔnɛl] *adj* passionale.
passionnément [pasjɔnemɑ̃] *adv* appassionatamente.
passionner [pasjɔne] *vt* appassionare; (*débat, discussion*) vivacizzare; **se ~ pour qch** appassionarsi a *ou* per qc.
passivement [pasivmɑ̃] *adv* passivamente.
passivité [pasivite] *nf* passività.
passoire [paswaʀ] *nf* colino.
pastel [pastɛl] *nm* (*ART*) pastello ♦ *adj inv* pastello *inv*.
pastèque [pastɛk] *nf* cocomero, anguria.
pasteur [pastœʀ] *nm* pastore *m*.
pasteurisation [pastœʀizasjɔ̃] *nf* pastorizzazione *f*.
pasteuriser [pastœʀize] *vt* pastorizzare.
pastiche [pastiʃ] *nm* pastiche *m inv*.
pasticher [pastiʃe] *vt* imitare.
pastille [pastij] *nf* pastiglia, pasticca; (*de papier etc*) pallino; **~s pour la toux** pastiglie per la tosse.
pastis [pastis] *nm aperitivo a base di anice*.
pastoral, e, -aux [pastɔʀal, o] *adj* (*vie*) campestre; (*roman*) bucolico(-a), pastorale.
patagon, ne [patagɔ̃, ɔn] *adj* patagone.
Patagonie [patagɔni] *nf* Patagonia.
patate [patat] *nf* patata; ▶ **patate douce** patata dolce.
pataud, e [pato, od] *adj* goffo(-a).
patauger [patoʒe] *vi* (*pour s'amuser*) sguazzare; (*avec effort*) avanzare a stento; ~ **dans** (*fig*) ingarbugliarsi in.
patchouli [patʃuli] *nm* patchouli *m inv*.
patchwork [patʃwœʀk] *nm* patchwork *m inv*.
pâte [pɑt] *nf* pasta; (*à frire*) pastella; **~s** *nfpl* (*macaroni etc*) pasta *fsg*; **fromage à ~ dure/molle** formaggio a pasta dura/molle; ▶ **pâte à choux** pasta da bignè; ▶ **pâte à modeler** plastilina ®; ▶ **pâte à papier** pasta di carta; ▶ **pâte brisée** pasta frolla; ▶ **pâte d'amandes** pasta di mandorle; ▶ **pâte de fruits** gelatina; ▶ **pâte feuilletée** pasta sfoglia.
pâté [pɑte] *nm* (*charcuterie*) pâté *m inv*; (*tache d'encre*) macchia d'inchiostro; ▶ **pâté de foie** pâté di fegato; ▶ **pâté de lapin** pâté di coniglio; ▶ **pâté de maisons** isolato; ▶ **pâté (de sable)** formina (di sabbia); ▶ **pâté en croûte** pâté in crosta.
pâtée [pɑte] *nf* pastone *m*.
patelin [patlɛ̃] (*fam*) *nm* paesino.
patente [patɑ̃t] *nf* (*COMM*) tassa di esercizio.
patenté, e [patɑ̃te] *adj* (*COMM*) munito(-a) di licenza; (*fig*) patentato(-a), matricolato(-a).
patère [patɛʀ] *nf* attaccapanni *m inv* a muro.
paternalisme [patɛʀnalism] *nm* paternalismo.
paternaliste [patɛʀnalist] *adj* paternalistico(-a).
paternel, le [patɛʀnɛl] *adj* paterno(-a).
paternité [patɛʀnite] *nf* paternità.
pâteux, -euse [pɑtø, øz] *adj* (*encre*) denso(-a); (*substance*) pastoso(-a); **avoir la bouche/langue pâteuse** avere la bocca/lingua impastata.
pathétique [patetik] *adj* patetico(-a).
pathologie [patɔlɔʒi] *nf* patologia.
pathologique [patɔlɔʒik] *adj* patologico(-a).
patibulaire [patibylɛʀ] *adj* patibolare.
patiemment [pasjamɑ̃] *adv* pazientemente.
patience [pasjɑ̃s] *nf* pazienza; (*CARTES*) solitario; **être à bout de ~** stare per perdere la pazienza; **perdre/prendre ~** perdere la/avere pazienza.
patient, e [pasjɑ̃, jɑ̃t] *adj* paziente ♦ *nm/f* paziente *m/f*.
patienter [pasjɑ̃te] *vi* pazientare.
patin [patɛ̃] *nm* pattino; (*sport*) pattinaggio; (*pièce de tissu*) pattina; ▶ **patin (de frein)** (*TECH*) ceppo (del freno); ▶ **patins (à glace)** pattini (da ghiaccio); ▶ **patins à roulettes** pattini a rotelle.
patinage [patinaʒ] *nm* pattinaggio; ▶ **patinage artistique** pattinaggio artistico; ▶ **patinage de vitesse** pattinaggio di velocità.
patine [patin] *nf* patina.
patiner [patine] *vi* pattinare; (*embrayage, roue, voiture*) slittare; **se patiner** *vr* coprirsi di una patina.
patineur, -euse [patinœʀ, øz] *nm/f* pattinatore(-trice).
patinoire [patinwaʀ] *nf* pista di pattinaggio.
patio [pasjo] *nm* patio.
pâtir [pɑtiʀ]: ~ **de** *vt* patire (a causa) di.
pâtisserie [pɑtisʀi] *nf* pasticceria; (*à la maison*) preparazione *f* di dolci; **~s** *nfpl* (*gâteaux*) dolci *mpl*, pasticceria.

pâtissier, -ière [pɑtisje, jɛʀ] *nm/f* pasticciere(-a).
patois [patwa] *nm* patois *m inv*.
patriarche [patʀijaʀʃ] *nm* patriarca *m*.
patrie [patʀi] *nf* patria.
patrimoine [patʀimwan] *nm* patrimonio; ~ **génétique** *ou* **héréditaire** (*BIOL*) patrimonio ereditario.
patriote [patʀijɔt] *adj, nm/f* patriota *m/f*.
patriotique [patʀijɔtik] *adj* patriottico(-a).
patriotisme [patʀijɔtism] *nm* patriottismo.
patron, ne [patʀɔ̃, ɔn] *nm/f* (*chef*) principale *m/f*, capo(-a); (*propriétaire*) padrone(-a), proprietario(-a); (*MÉD*) primario *m*; (*REL*) patrono(-a) ♦ *nm* (*COUTURE*) (carta)modello; ~**s et employés** datori *mpl* di lavoro e dipendenti *mpl*; ▸ **patron de thèse** (*UNIV*) relatore(-trice).
patronage [patʀɔnaʒ] *nm* patrocinio; (*organisation*) patronato; (*endroit*) sede *f* del patronato; **sous le ~ de** sotto il patrocinio di.
patronal, e, -aux [patʀɔnal, o] *adj* padronale.
patronat [patʀɔna] *nm* padronato.
patronner [patʀɔne] *vt* patrocinare, appoggiare.
patronnesse [patʀɔnɛs] *adj f*: **dame ~** patronessa.
patronyme [patʀɔnim] *nm* patronimico.
patronymique [patʀɔnimik] *adj*: **nom ~** nome *m* patronimico.
patrouille [patʀuj] *nf* (*MIL, de police*) pattuglia; (*mission*) missione *f*; ▸ **patrouille de chasse** (*AVIAT*) pattuglia di caccia; ▸ **patrouille de reconnaissance** pattuglia di ricognizione.
patrouiller [patʀuje] *vi* pattugliare.
patrouilleur [patʀujœʀ] *nm* (*AVIAT*) ricognitore *m*; (*NAUT*) esploratore *m*.
patte [pat] *nf* zampa; (*languette de cuir, d'étoffe*) patta; ~**s (de lapin)** basette *fpl*; **à ~s d'éléphant** a zampa d'elefante; ▸ **pattes d'oie** (*fig*: *rides*) zampe *fpl* di gallina; ▸ **pattes de mouche** (*fig*: *écriture*) zampe di gallina.
pattemouille [patmuj] *nf* panno umido (*per stirare*).
pâturage [pɑtyʀaʒ] *nm* pascolo.
pâture [pɑtyʀ] *nf* pastura, cibo; (*fig*) nutrimento; **donner/jeter qch en ~ à** dare/gettare qc in pasto a.
paume [pom] *nf* palmo.
paumé, e [pome] (*fam*) *adj* perso(-a), perduto(-a).
paumer [pome] *vt* (*fam*) perdere; **se paumer** *vr* perdersi.
paupérisation [popeʀizasjɔ̃] *nf* depauperamento.
paupérisme [popeʀism] *nm* pauperismo.
paupière [popjɛʀ] *nf* palpebra.
paupiette [popjɛt] *nf*: ~**s de veau** involtini *mpl* di vitello.
pause [poz] *nf* pausa.
pause-café [pozkafe] (*pl* ~**s-**~) *nf* pausa per il caffè.
pause-repas [pozʀəpa] (*pl* ~**s-**~) *nf* pausa per il pasto.
pauvre [povʀ] *adj, nm/f* povero(-a); **les ~s** *nmpl* i poveri; ~ **en calcium** povero(-a) di calcio.
pauvrement [povʀəmɑ̃] *adv* poveramente.
pauvreté [povʀəte] *nf* povertà *f inv*.
pavage [pavaʒ] *nm* pavimentazione *f*.
pavaner [pavane]: **se ~** *vr* pavoneggiarsi.
pavé, e [pave] *adj* lastricato(-a) ♦ *nm* (*bloc de pierre*) pavé *m inv*, cubetto di porfido; (*pavage, pavement*) pavimentazione *f* stradale, lastricato; (*bifteck*) grossa bistecca; (*fam*: *livre etc*) mattone *m*; **être sur le ~** (*fig*) essere in mezzo alla strada; ▸ **pavé numérique** (*INFORM*) tastiera numerica; ▸ **pavé publicitaire** spazio pubblicitario.
paver [pave] *vt* pavimentare.
pavillon [pavijɔ̃] *nm* (*belvédère, MUS, ANAT*) padiglione *m*; (*maisonnette, villa*) villetta, villino; (*NAUT*: *drapeau*) bandiera; ▸ **pavillon de complaisance** bandiera *f* ombra *inv ou* di comodo.
pavoiser [pavwaze] *vt* (*édifice, navire*) imbandierare ♦ *vi* imbandierarsi; (*fig*) gioire.
pavot [pavo] *nm* papavero.
payable [pɛjabl] *adj* pagabile.
payant, e [pɛjɑ̃, ɑ̃t] *adj* (*spectateur*) pagante; (*billet, spectacle*) a pagamento; (*fig*: *entreprise*) redditizio(-a); **c'est ~** è a pagamento.
paye [pɛj] *nf* paga.
payement [pɛjmɑ̃] *nm* pagamento.
payer [peje] *vt* pagare ♦ *vi* (*métier*) rendere; (*effort, tactique etc*) pagare; **il me l'a fait ~ 10 F** me l'ha fatto pagare 10 franchi; ~ **qn de** (*ses efforts, peines*) ripagare qn per; ~ **qch à qn** pagare qc a qn; **ils nous ont payé le voyage** ci hanno pagato il viaggio; ~ **qn de retour** contraccambiare *ou* ricambiare qn; ~ **par chèque/en espèces** pagare con un assegno/in contanti; ~ **cher qch** (*aussi fig*) pagare caro qc; ~ **de sa personne** pagare di persona; ~ **d'audace** dar prova d'audacia; **cela ne paie pas de mine** non ha l'aria molto allettante; **se ~ qch** concedersi qc; **se ~ de mots** limitarsi a parlare; **se ~ la tête de qn** prendersi gioco di qn.
payeur, -euse [pɛjœʀ, øz] *adj* pagatore (-trice) ♦ *nm/f* pagatore(-trice).
pays [pei] *nm* paese *m*; (*région*) regione *f*; **du ~** *adj* nostrano(-a), locale; **le ~ de Gal-**

les il Galles.
paysage [peizaʒ] *nm* paesaggio.
paysager, -ère [peizaʒe, ɛʀ] *adj voir* **jardin, bureau**.
paysagiste [peizaʒist] *nm/f* paesaggista *m/f*.
paysan, ne [peizɑ̃, an] *nm/f* contadino(-a); (*péj*) bifolco(-a), zotico(-a) ♦ *adj* contadino(-a).
paysannat [peizana] *nm* classe *f* contadina.
Pays-Bas [peiba] *nmpl*: **les ~-~** i Paesi Bassi.
PC [pese] *sigle m* = *parti communiste*; (= *personal computer*) personal *m inv*; (*MIL*) = **poste de commandement**.
pcc *abr* (= *pour copie conforme*) p.c.c.
PCV [peseve] *abr* (= *percevoir*) *voir* **communication**.
PDG [pedeʒe] *sigle m* = **président directeur général**.
p.-ê. *abr* = **peut-être**.
péage [peaʒ] *nm* pedaggio; (*endroit*) casello; **autoroute/pont à ~** autostrada/ponte *m* a pedaggio.
peau, x [po] *nf* (*ANAT, ZOOL*) pelle *f*; (*BOT*) buccia; (*du lait, de la peinture*) pellicina; **gants de ~** guanti *mpl* di pelle *f*; **être bien/mal dans sa ~** stare/non stare bene con se stessi; **se mettre dans la ~ de qn** mettersi nei panni di qn; **faire ~ neuve** cambiare completamente; ▸**peau d'orange** (*MÉD*) buccia d'arancia; ▸**peau de chamois** pelle di daino.
peaufiner [pofine] *vt* lisciare.
Peau-Rouge [poʀuʒ] (*pl* **~x-~s**) *nm/f* pellerossa *m/f*.
peccadille [pekadij] *nf* mancanza, peccatuccio.
pêche [pɛʃ] *nf* (*sport, fruit*) pesca; (*endroit*) riserva di pesca; **aller à la ~** andare a pesca; **avoir la ~** (*fam*) sentirsi in forma; **~ à la ligne** pesca con la lenza; **~ sous-marine** pesca subacquea.
péché [peʃe] *nm* peccato; ▸**péché mignon** debolezza.
pêche-abricot [pɛʃabʀiko] (*pl* **~s-~s**) *nf* pesca gialla.
pécher [peʃe] *vi* peccare; (*chose*) avere delle pecche; **~ contre la bienséance/les bonnes mœurs** peccare contro la buona creanza/la morale.
pêcher [peʃe] *nm* (*BOT*) pesco ♦ *vi, vt* pescare; **~ au chalut** pescare con la rete a strascico.
pêcheur [pɛʃœʀ] *nm* pescatore *m*; ▸**pêcheur de perles** pescatore di perle.
pécheur, -eresse [peʃœʀ, peʃʀɛs] *nm/f* peccatore(-trice).
pectine [pɛktin] *nf* pectina.
pectoral, e, -aux [pɛktɔʀal, o] *adj* (*sirop*) espettorante; (*muscle*) pettorale; **pectoraux** *nmpl* (*ANAT*) pettorali *mpl*.
pécule [pekyl] *nm* (*économies*) gruzzolo; (*d'un détenu*) somma guadagnata (*versata alla scarcerazione*); (*militaire*) liquidazione *f*.
pécuniaire [pekynjɛʀ] *adj* (*ennuis, aide*) finanziario(-a); (*peine*) pecuniario(-a).
pécuniairement [pekynjɛʀmɑ̃] *adv* finanziariamente.
pédagogie [pedagɔʒi] *nf* pedagogia.
pédagogique [pedagɔʒik] *adj* pedagogico(-a); **formation ~** formazione *f* degli insegnanti.
pédagogue [pedagɔg] *nm/f* pedagogo(-a); (*spécialiste*) pedagogista *m/f*.
pédale [pedal] *nf* pedale *m*; **mettre la ~ douce** usare il guanto di velluto.
pédaler [pedale] *vi* pedalare.
pédalier [pedalje] *nm* pedaliera.
pédalo [pedalo] *nm* pedalò *m inv*, moscone *m*.
pédant, e [pedɑ̃, ɑ̃t] (*péj*) *adj* pedante ♦ *nm/f* pedante *m/f*.
pédantisme [pedɑ̃tism] *nm* pedanteria.
pédéraste [pedeʀast] *nm* pederasta *m*.
pédérastie [pedeʀasti] *nf* pederastia.
pédestre [pedɛstʀ] *adj*: **tourisme ~** turismo a piedi; **randonnée ~** (*activité*) escursionismo a piedi; (*excursion*) escursione *f* a piedi.
pédiatre [pedjatʀ] *nm/f* pediatra *m/f*.
pédiatrie [pedjatʀi] *nf* pediatria.
pédicure [pedikyʀ] *nm/f* pedicure *m/f inv*.
pedigree [pedigʀe] *nm* pedigree *m inv*.
peeling [piliŋ] *nm* peeling *m inv*.
pègre [pɛgʀ] *nf* malavita.
peignais *etc* [peɲɛ] *vb voir* **peindre**.
peigne [pɛɲ] *vb voir* **peindre, peigner** ♦ *nm* pettine *m*.
peigné, e [peɲe] *adj*: **laine ~e** lana pettinata.
peigner [peɲe] *vt* pettinare; **se peigner** *vr* pettinarsi.
peignez *etc* [pɛɲe] *vb voir* **peindre**.
peignis *etc* [peɲi] *vb voir* **peindre**.
peignoir [pɛɲwaʀ] *nm* (*chez le coiffeur*) peignoir *m inv*, mantellina; (*de sportif*) accappatoio; (*déshabillé*) vestaglia; ▸**peignoir de bain** accappatoio; ▸**peignoir de plage** copricostume *m inv*.
peignons [pɛɲɔ̃] *vb voir* **peindre**.
peinard, e [pɛnaʀ, aʀd] *adj* (*fam*) tranquillo(-a); **on est ~ ici** si sta in pace qui.
peindre [pɛ̃dʀ] *vt* (*mur*) tinteggiare; (*carrosserie, objet*) pitturare, verniciare; (*paysage, fig*) dipingere; (*personne*) ritrarre.
peine [pɛn] *nf* (*affliction*) dolore *m*, dispiacere *m*; (*mal, effort*) fatica; (*difficulté*) difficoltà *f inv*; (*punition, JUR*) pena; **faire de la ~ à qn** rattristare qn; **prendre la ~**

de faire prendersi la briga di fare; **se donner de la** ~ darsi da fare; **ce n'est pas la** ~ **que vous fassiez/de faire** non vale la pena che faccia/di fare; **avoir de la** ~ **à faire** fare fatica a fare; **donnez-vous/veuillez vous donner la** ~ **d'entrer** si accomodi, prego; **pour la** ~ per il disturbo; **c'est** ~ **perdue** è fatica sprecata; **à** ~ (*presque*) appena; (*difficilement*) con difficoltà; **il y a à** ~ **huit jours** sono appena otto giorni; **à** ~ **était-elle sortie/montée dans la voiture que ....** era appena uscita/salita in macchina che ...; **c'est à** ~ **si j'ai pu me retenir** mi sono trattenuto a stento; **sous** ~ **d'être puni** i trasgressori saranno puniti; **défense d'afficher sous** ~ **d'amende** divieto di affissione sotto pena di multa; ▶ **peine capitale** pena capitale; ▶ **peine de mort** pena di morte.

peiner [pene] *vi* far fatica ♦ *vt* addolorare, affliggere.

peint, e [pɛ̃, pɛ̃t] *pp de* **peindre**.

peintre [pɛ̃tʀ] *nm* pittore(-trice); ~ **(en bâtiment)** imbianchino.

peinture [pɛ̃tyʀ] *nf* (*d'un objet*) verniciatura; (*de bâtiment*) tinteggiatura; (*tableau, toile, murale*) dipinto; (*ART*) pittura; (*couche de couleur, couleur*) vernice *f*; **refaire les** ~**s d'un appartement** ritinteggiare le pareti di un appartamento; **ne pas pouvoir voir qn en** ~ non poter vedere qn; **"~ fraîche"** "vernice fresca"; ▶ **peinture brillante** vernice lucida; ▶ **peinture laquée** vernice a lacca; ▶ **peinture mate** vernice opaca.

péjoratif, -ive [peʒɔʀatif, iv] *adj* peggiorativo(-a).

Pékin [pekɛ̃] *n* Pechino *f*.

pékinois, e [pekinwa, waz] *adj* pechinese ♦ *nm* (*ZOOL, LING*) pechinese *m* ♦ *nm/f*: **P~, e** pechinese *m/f*.

PEL [peəɛl] *sigle m* (= *plan d'épargne logement*) *sistema di mutui agevolati*.

pelade [pəlad] *nf* (*MÉD*) alopecia.

pelage [pəlaʒ] *nm* pelame *m*.

pelé, e [pəle] *adj* spelacchiato(-a) ♦ *nm/f*: **trois** ~**s et un tondu** quattro gatti.

pêle-mêle [pɛlmɛl] *adv* alla rinfusa.

peler [pəle] *vt* sbucciare, pelare ♦ *vi* spellarsi.

pèlerin [pɛlʀɛ̃] *nm* pellegrino.

pèlerinage [pɛlʀinaʒ] *nm* pellegrinaggio; (*lieu*) meta di pellegrinaggio.

pèlerine [pɛlʀin] *nf* mantelletta, pellegrina.

pélican [pelikɑ̃] *nm* pellicano.

pelisse [pəlis] *nf* cappotto foderato di pelliccia.

pelle [pɛl] *nf* pala, badile *m*; (*d'enfant*) paletta; ▶ **pelle à gâteau/tarte** paletta per dolci; ▶ **pelle mécanique** pala meccanica.

pelletée [pɛlte] *nf* palata.

pelleter [pɛlte] *vt* spalare.

pelleteuse [pɛltøz] *nf* pala meccanica, scavatrice *f*.

pelletier [pɛltje] *nm* pellicciaio.

pellicule [pelikyl] *nf* pellicola; ~**s** *nfpl* (*MÉD*) forfora *fsg*.

Péloponnèse [pelɔpɔnɛz] *nm* Peloponneso.

pelote [p(ə)lɔt] *nf* (*de fil, laine*) gomitolo; (*d'épingles*) puntaspilli *m inv*; ▶ **pelote (basque)** (*balle, jeu*) pelota, palla basca.

peloter [p(ə)lɔte] *vt* (*fam*) palpeggiare, palpare; **se peloter** *vr* palpeggiarsi, palparsi.

peloton [p(ə)lɔtɔ̃] *nm* (*MIL*) plotone *m*; (*groupe, SPORT*) gruppo; (*pompiers, gendarmes*) squadra; ~ **d'exécution** plotone d'esecuzione.

pelotonner [p(ə)lɔtɔne]: **se** ~ *vr* raggomitolarsi.

pelouse [p(ə)luz] *nf* prato.

peluche [p(ə)lyʃ] *nf* peluzzo, peletto; **animal en** ~ animale di peluche.

pelucher [p(ə)lyʃe] *vi* (*tissu*) fare il pelo.

pelucheux, -euse [p(ə)lyʃø, øz] *adj* che fa il pelo.

pelure [p(ə)lyʀ] *nf* buccia; ▶ **pelure d'oignon** buccia di cipolla.

pénal, e, -aux [penal, o] *adj* penale.

pénalement [penalmɑ̃] *adv* penalmente.

pénalisation [penalizasjɔ̃] *nf* (*SPORT*) penalità *f inv*.

pénaliser [penalize] *vt* penalizzare.

pénalité [penalite] *nf* penale *f*; (*SPORT*) penalità *f inv*.

penalty [penalti] (*pl* **penalties**) *nm* (*SPORT*) (calcio di) rigore *m*.

pénard, e [penaʀ, aʀd] *adj voir* **peinard**.

pénates [penat] *nmpl* (*demeure*): **regagner ses** ~ tornare all'ovile.

penaud, e [pəno, od] *adj* mortificato(-a), mogio(-a).

penchant [pɑ̃ʃɑ̃] *nm*: **un** ~ **à faire qch** un'inclinazione a fare qc; **avoir un** ~ **pour qch** avere un debole per qc.

penché, e [pɑ̃ʃe] *adj* inclinato(-a).

pencher [pɑ̃ʃe] *vi* pendere ♦ *vt* inclinare; (*tête: en avant*) chinare; **se pencher** *vr* chinarsi; **se** ~ **sur** piegarsi su; (*fig: problème*) prendere in esame; **se** ~ **au dehors** sporgersi; ~ **pour** propendere per.

pendable [pɑ̃dabl] *adj*: **c'est un cas** ~! è assolutamente imperdonabile!; **tour** ~ tiro mancino.

pendaison [pɑ̃dɛzɔ̃] *nf* impiccagione *f*.

pendant[1] [pɑ̃dɑ̃] *prép* per; (*au cours de*) durante; ~ **toute la journée** per tutta la giornata; ~ **les heures de travail** durante le ore di lavoro; ~ **que** mentre.

pendant[2]**, e** [pɑ̃dɑ̃, ɑ̃t] *adj* (*bras, jambes,*

langue) penzoloni *inv*, penzolante; (*ADMIN, JUR*) pendente ♦ *nm*: **être le ~ de** essere il pendant *m inv* di; (*fig*) assomigliare a; **faire ~ à** fare da pendant a; ▶**pendants d'oreilles** orecchini *mpl* pendenti.

pendeloque [pɑ̃d(ə)lɔk] *nf* (*bijou*) pendente *m*; (*ornement de lustre*) goccia.

pendentif [pɑ̃dɑ̃tif] *nm* ciondolo, pendaglio.

penderie [pɑ̃dʀi] *nf* (*meuble*) armadio; (*placard*) guardaroba.

pendiller [pɑ̃dije] *vi* penzolare.

pendre [pɑ̃dʀ] *vt* appendere; (*personne*) impiccare ♦ *vi* pendere; **se ~ (à)** (*se suicider*) impiccarsi (a); **se ~ à** (*se suspendre*) appendersi *ou* aggrapparsi a; **~ à** pendere da; **~ qch à** appendere qc a.

pendu, e [pɑ̃dy] *pp de* **pendre** ♦ *nm/f* impiccato(-a).

pendulaire [pɑ̃dylɛʀ] *adj* pendolare.

pendule [pɑ̃dyl] *nf* orologio a pendolo, pendola ♦ *nm* (*de sourcier*) pendolino; (*PHYS*) pendolo.

pendulette [pɑ̃dylɛt] *nf* sveglietta (da viaggio).

pêne [pɛn] *nm* sbarretta del chiavistello.

pénétrant, e [penetʀɑ̃, ɑ̃t] *adj* penetrante ♦ *nf strada principale che immette in un centro urbano.*

pénétration [penetʀasjɔ̃] *nf* penetrazione *f*; (*perspicacité*) perspicacia; **force de ~** (*MIL*) forza di penetrazione.

pénétré, e [penetʀe] *adj* (*air, ton*) convinto(-a); **être ~ de** (*sentiment, conviction*) essere pieno(-a) di; **être ~ de soi-même/son importance** essere pieno(-a) di sé.

pénétrer [penetʀe] *vi* penetrare ♦ *vt* penetrare in; (*mystère, secret*) penetrare; **~ dans/à l'intérieur de** penetrare in/all'interno di; **se ~ de qch** far proprio (-a) qc.

pénible [penibl] *adj* (*astreignant*) faticoso (-a); (*douloureux*) penoso(-a), doloroso(-a); (*personne, caractère*) pesante; **il m'est ~ de ...** è penoso per me ... .

péniblement [penibləmɑ̃] *adv* a fatica.

péniche [peniʃ] *nf* chiatta; ▶**péniche de débarquement** (*MIL*) mezzo da sbarco.

pénicilline [penisilin] *nf* penicillina.

péninsulaire [penɛ̃sylɛʀ] *adj* peninsulare.

péninsule [penɛ̃syl] *nf* penisola.

pénis [penis] *nm* pene *m*.

pénitence [penitɑ̃s] *nf* penitenza; **être/mettre en ~** essere/mettere in castigo; **faire ~** fare penitenza.

pénitencier [penitɑ̃sje] *nm* penitenziario.

pénitent, e [penitɑ̃, ɑ̃t] *adj* penitente.

pénitentiaire [penitɑ̃sjɛʀ] *adj* penitenziario(-a), carcerario(-a).

pénombre [penɔ̃bʀ] *nf* penombra.

pensable [pɑ̃sabl] *adj*: **ce n'est pas ~** non è pensabile.

pensant, e [pɑ̃sɑ̃, ɑ̃t] *adj*: **bien ~** benpensante.

pense-bête [pɑ̃sbɛt] (*pl* **~-~s**) *nm* promemoria *m inv*.

pensée [pɑ̃se] *nf* pensiero; (*BOT*) viola del pensiero; **en ~** mentalmente; **représenter qch par la/en ~** rappresentare qc mentalmente.

penser [pɑ̃se] *vi* pensare ♦ *vt* pensare; (*concevoir*) concepire; **~ à** *vt* pensare a; (*anniversaire, faire qch*) ricordarsi di; **~ que** pensare che; **~ à faire qch** pensare a fare qc; **~ faire qch** pensare di fare qc; **~ du bien/du mal de qn/qch** pensare bene/male di qn/qc; **faire ~ à** far pensare a; **n'y pensons plus** non pensiamoci più; **il ne dit pas ce qu'il pense** non dice ciò che pensa; **qu'en pensez-vous?** cosa ne pensa?; **je le pense aussi** penso anch'io; **je ne le pense pas** non penso; **je ne pense pas comme vous** non la penso come lei; **j'aurais pensé que si/non** penserei di sì/no; **je pense que oui/non** penso di sì/no; **vous n'y pensez pas!** non ci pensi nemmeno!; **sans ~ à mal** senza pensare male.

penseur [pɑ̃sœʀ] *nm* pensatore *m*; **libre ~** libero pensatore.

pensif, -ive [pɑ̃sif, iv] *adj* pensoso(-a), pensieroso(-a).

pension [pɑ̃sjɔ̃] *nf* pensione *f*; (*école*) collegio; **prendre ~ chez qn** stare a pensione da qn; **prendre ~ dans un hotel** stare in albergo; **prendre qn en ~** prendere qn a pensione; **mettre en ~** (*enfant*) mettere in collegio; ▶**pension alimentaire** (*d'étudiant*) borsa di studio; (*de divorcée*) alimenti *mpl*; ▶**pension complète** pensione completa; ▶**pension d'invalidité** pensione d'invalidità; ▶**pension de famille** pensione (familiare); ▶**pension de guerre** pensione di guerra.

pensionnaire [pɑ̃sjɔnɛʀ] *nm/f* pensionante *m/f*; (*SCOL*) convittore(-trice).

pensionnat [pɑ̃sjɔna] *nm* collegio, convitto.

pensionné, e [pɑ̃sjɔne] *adj, nm/f* pensionato(-a).

pensivement [pɑ̃sivmɑ̃] *adv* pensosamente.

pensum [pɛ̃sɔm] *nm* (*SCOL*) compito di punizione; (*fig*) lavoro ingrato.

pentagone [pɛ̃tagɔn] *nm* pentagono; **le P~** il Pentagono.

pentathlon [pɛ̃tatlɔ̃] *nm* pentathlon *m inv*.

pente [pɑ̃t] *nf* pendenza; (*surface oblique, descente*) pendio; **en ~** in pendenza; **remonter la ~** (*fig*) risalire la china.

Pentecôte [pɑ̃tkot] *nf* Pentecoste *f*; **lundi**

de ~ lunedì di Pentecoste.
pénurie [penyʀi] *nf* penuria; ~ **de main d'œuvre** penuria di manodopera.
pépé [pepe] (*fam*) *nm* nonnino.
pépère [pepɛʀ] (*fam*) *adj* tranquillo(-a) ♦ *nm* nonnino.
pépier [pepje] *vi* pigolare.
pépin [pepɛ̃] *nm* (*BOT*) seme *m*, semino; (*fam*: *ennui*) guaio, grana; (: *parapluie*) ombrello.
pépinière [pepinjɛʀ] *nf* vivaio.
pépiniériste [pepinjeʀist] *nm/f* vivaista *m/f*.
pépite [pepit] *nf* pepita.
PER [peəɛʀ] *sigle m* = *plan d'épargne retraite*.
perçant, e [pɛʀsɑ̃, ɑ̃t] *adj* (*regard, yeux*) penetrante; (*cri, voix, vue*) acuto(-a).
percée [pɛʀse] *nf* (*chemin, trouée*) varco; (*MIL*) azione *f* di sfondamento; (*de produit, personne*) successo; (*SPORT*) sfondamento; (*fig*) riuscita.
perce-neige [pɛʀsənɛʒ] *nm ou f inv* bucaneve *m inv*.
perce-oreille [pɛʀsɔʀɛj] (*pl* ~-~**s**) *nm* (*ZOOL*) forbicina.
percepteur [pɛʀsɛptœʀ] *nm* esattore *m*.
perceptible [pɛʀsɛptibl] *adj* percettibile.
perception [pɛʀsɛpsjɔ̃] *nf* percezione *f*; (*d'impôts etc*) riscossione *f*; (*bureau*) esattoria.
percer [pɛʀse] *vt* forare, bucare; (*oreilles, narines*) bucare; (*abcès*) incidere; (*trou, fenêtre, tunnel*) aprire; (*suj*: *lumière, soleil*: *obscurité, nuage*) squarciare; (*mystère, énigme*) svelare; (*suj*: *bruit*: *oreilles, tympan*) perforare ♦ *vi* (*aube, soleil, dent*) spuntare; (*ironie*) trapelare; (*réussir*: *artiste*) sfondare; ~ **une dent** (*suj*: *bébé*) mettere un dente.
perceuse [pɛʀsøz] *nf* trapano; ▸ **perceuse à percussion** trapano a percussione.
percevable [pɛʀsəvabl] *adj* riscuotibile.
percevoir [pɛʀsəvwaʀ] *vt* percepire; (*taxe, impôt*) riscuotere.
perche [pɛʀʃ] *nf* (*ZOOL*) pesce *m* persico; (*pièce de bois, métal*) pertica; ▸ **perche à son** (*TV, RADIO, CINÉ*) giraffa.
percher [pɛʀʃe] *vt*: ~ **qch sur** mettere qc in cima a; **se percher** *vr* appollaiarsi.
perchiste [pɛʀʃist] *nm/f* (*SPORT*) astista *m/f*; (*TV, RADIO, CINÉ*) giraffista *m/f*.
perchoir [pɛʀʃwaʀ] *nm* (*endroit*) posatoio; (*bâton*) trespolo; (*fig*) presidenza dell'*Assemblée Nationale*.
perclus, e [pɛʀkly, yz] *adj*: ~ **de** (*rhumatismes*) bloccato(-a) *ou* paralizzato(-a) da.
perçois *etc* [pɛʀswa] *vb voir* **percevoir**.
percolateur [pɛʀkɔlatœʀ] *nm* macchina per il caffè.
perçu, e [pɛʀsy] *pp de* **percevoir**.
percussion [pɛʀkysjɔ̃] *nf* percussione *f*.
percussionniste [pɛʀkysjɔnist] *nm/f* percussionista *m/f*.
percutant, e [pɛʀkytɑ̃, ɑ̃t] *adj* (*article, discours*) che colpisce; **obus** ~ granata a percussione.
percuter [pɛʀkyte] *vt* colpire, urtare; (*suj*: *véhicule*) urtare ♦ *vi*: ~ **contre** cozzare contro; (*exploser*) esplodere contro.
percuteur [pɛʀkytœʀ] *nm* percussore *m*.
perdant, e [pɛʀdɑ̃, ɑ̃t] *nm/f* perdente *m/f* ♦ *adj* perdente.
perdition [pɛʀdisjɔ̃] *nf* (*morale*) perdizione *f*; **en** ~ (*NAUT*) in pericolo; **lieu de** ~ luogo di perdizione.
perdre [pɛʀdʀ] *vt* perdere; (*argent*) sprecare; (*personne*) rovinare ♦ *vi* perdere; **se perdre** *vr* perdersi; **il ne perd rien pour attendre** (*menace*) prima o dopo gliela farò pagare.
perdreau, x [pɛʀdʀo] *nm* (giovane) pernice *f*.
perdrix [pɛʀdʀi] *nf* pernice *f*.
perdu, e [pɛʀdy] *pp de* **perdre** ♦ *adj* perso(-a), perduto(-a); (*enfant, chien, objet*) smarrito(-a); (*isolé*) sperduto(-a); (*COMM*: *emballage*) a perdere; (*désemparé*: *personne*) smarrito(-a), perso(-a); (*malade, blessé*) spacciato(-a); **à vos moments** ~**s** nei ritagli di tempo.
père [pɛʀ] *nm* padre *m*; ~**s** *nmpl* (*ancêtres*) padri *mpl*; **de** ~ **en fils** di padre in figlio; ~ **de famille** padre di famiglia; **mon** ~ (*REL*) padre; **le** ~ **Noël** Babbo Natale *m*.
pérégrinations [peʀegʀinasjɔ̃] *nfpl* peregrinazioni *fpl*.
péremption [peʀɑ̃psjɔ̃] *nf*: **date de** ~ data di scadenza.
péremptoire [peʀɑ̃ptwaʀ] *adj* (*argument, raison*) decisivo(-a); (*ton*) perentorio(-a).
pérennité [peʀenite] *nf* perennità *f inv*.
péréquation [peʀekwasjɔ̃] *nf* perequazione *f*.
perfectible [pɛʀfɛktibl] *adj* perfezionabile.
perfection [pɛʀfɛksjɔ̃] *nf* perfezione *f*; **à la** ~ *adv* alla perfezione.
perfectionné, e [pɛʀfɛksjɔne] *adj* perfezionato(-a).
perfectionnement [pɛʀfɛksjɔnmɑ̃] *nm* perfezionamento.
perfectionner [pɛʀfɛksjɔne] *vt* perfezionare; **se** ~ **en anglais** perfezionarsi nell'inglese.
perfectionniste [pɛʀfɛksjɔnist] *nm/f* perfezionista *m/f*.
perfide [pɛʀfid] *adj* (*personne, promesses*) infido(-a); (*manœuvre*) sleale.
perfidie [pɛʀfidi] *nf* perfidia.
perforant [pɛʀfɔʀɑ̃] *adj* perforante.
perforateur [pɛʀfɔʀatœʀ] *nm* perforatore *m*.
perforation [pɛʀfɔʀasjɔ̃] *nf* perforazione *f*; ~ **intestinale** perforazione intestinale.

perforatrice [pɛʀfɔʀatʀis] *nf* perforatrice *f*.
perforé, e [pɛʀfɔʀe] *adj*: **carte/bande ~e** scheda/banda perforata.
perforer [pɛʀfɔʀe] *vt* perforare.
perforeuse [pɛʀfɔʀøz] *nf* perforatrice *f*.
performance [pɛʀfɔʀmɑ̃s] *nf* prestazione *f*, performance *f inv*; (*fig*) prodezza; **~s** *nfpl* (*d'une machine, d'un véhicule*) prestazioni *fpl*.
performant, e [pɛʀfɔʀmɑ̃, ɑ̃t] *adj* (*produit*) competitivo(-a); (*appareil*) dalle elevate prestazioni.
perfusion [pɛʀfyzjɔ̃] *nf* perfusione *f*.
péricliter [peʀiklite] *vi* andare a rotoli.
péridurale [peʀidyʀal] *nf* (*MÉD*) peridurale *f*.
périgourdin, e [peʀiguʀdɛ̃, in] *adj* di Périgord ♦ *nm/f*: **P~, e** abitante *m/f* di Périgord.
péri-informatique [peʀiɛ̃fɔʀmatik] (*pl* **~-~s**) *nf* peri-informatica.
péril [peʀil] *nm* pericolo; **au ~ de sa vie** rischiando la vita; **à ses risques et ~s** a suo rischio e pericolo.
périlleux, -euse [peʀijø, øz] *adj* pericoloso(-a).
périmé, e [peʀime] *adj* superato(-a); (*passeport, billet*) scaduto(-a).
périmètre [peʀimɛtʀ] *nm* perimetro.
périnatal, e, -aux [peʀinatal, o] *adj* perinatale.
période [peʀjɔd] *nf* periodo; **~ de l'ovulation/d'incubation** periodo dell'ovulazione/d'incubazione.
périodique [peʀjɔdik] *adj* periodico(-a) ♦ *nm* periodico; **garniture** *ou* **serviette ~** assorbente *m* igienico.
périodiquement [peʀjɔdikmɑ̃] *adv* periodicamente.
péripéties [peʀipesi] *nfpl* peripezie *fpl*.
périphérie [peʀifeʀi] *nf* periferia.
périphérique [peʀifeʀik] *adj* periferico(-a); (*RADIO*) *che trasmette da un paese confinante* ♦ *nm* (*INFORM*) unità *f inv* periferica; (*AUTO*): **(boulevard) ~** circonvallazione *f*.
périphrase [peʀifʀɑz] *nf* perifrasi *f inv*.
périple [peʀipl] *nm* (*tournée*) giro, viaggio.
périr [peʀiʀ] *vi* perire; (*navire*) naufragare.
périscolaire [peʀiskɔlɛʀ] *adj* parascolastico(-a).
périscope [peʀiskɔp] *nm* periscopio.
périssable [peʀisabl] *adj* deperibile.
péristyle [peʀistil] *nm* peristilio.
péritélévision [peʀitelevizjɔ̃] *nf apparecchiature collegabili ad un televisore*.
péritonite [peʀitɔnit] *nf* peritonite *f*.
périurbain, e [peʀiyʀbɛ̃, ɛn] *adj* periferico(-a).
perle [pɛʀl] *nf* (*aussi fig*) perla; (*de plastique, verre*) perlina; (*de rosée, sang, sueur*) goccia.
perlé, e [pɛʀle] *adj* (*dents*) perfetto(-a); (*rire*) argentino(-a), cristallino(-a); (*travail*) eseguito(-a) alla perfezione; (*orge*) perlato(-a); **grève ~e** sciopero a singhiozzo.
perler [pɛʀle] *vi*: **un front où perle la sueur** una fronte imperlata di sudore.
perlier, -ière [pɛʀlje, jɛʀ] *adj* (*industrie*) delle perle; (*huître*) perlifero(-a).
permanence [pɛʀmanɑ̃s] *nf* permanenza; (*ADMIN: local*) sede *f* di un servizio (*ad orario continuato*); (*MÉD*) astanteria; (*SCOL*) sala di studio (sorvegliata); **assurer une ~** (*service public, bureaux*) garantire un servizio ad orario continuato; **être de ~** essere di turno *ou* di servizio; **en ~** *adv* costantemente, sempre.
permanent, e [pɛʀmanɑ̃, ɑ̃t] *adj* permanente; (*liaison, contrôle*) continuo(-a); (*collaboration*) continuativo(-a); (*spectacle*) continuato(-a) ♦ *nf* (*COIFFURE*) permanente *f* ♦ *nm* (*d'un syndicat, parti*) funzionario.
perméable [pɛʀmeabl] *adj* permeabile; **~ à** (*fig*) sensibile a.
permettre [pɛʀmɛtʀ] *vt* permettere; **rien ne permet de penser que ...** niente lascia pensare che ...; **~ à qn de faire qch** permettere a qn di fare qc; **se ~ qch** concedersi qc; **se ~ de faire qch** permettersi di fare qc; **permettez!** mi permetta!
permis, e [pɛʀmi, iz] *pp de* **permettre** ♦ *nm* licenza, permesso; ▶ **permis d'inhumer** autorizzazione *f* di inumazione; ▶ **permis de chasse/pêche** licenza di caccia/pesca; ▶ **permis de conduire** patente *f* (di guida); ▶ **permis de construire** licenza edilizia; ▶ **permis de séjour/travail** permesso di soggiorno/lavoro; ▶ **permis poids lourds** ≈ patente *f* (di guida) C.
permissif, -ive [pɛʀmisif, iv] *adj* permissivo(-a).
permission [pɛʀmisjɔ̃] *nf* permesso; (*MIL*) licenza; (*: papier*) (foglio di) licenza; **en ~** (*MIL*) in licenza; **avoir la ~ de faire qch** avere il permesso di fare qc.
permissionnaire [pɛʀmisjɔnɛʀ] *nm* militare *m* in licenza.
permutable [pɛʀmytabl] *adj* scambiabile.
permutation [pɛʀmytasjɔ̃] *nf* permutazione *f*; (*de personnes*) trasferimento, scambio.
permuter [pɛʀmyte] *vt* permutare ♦ *vi* scambiarsi il posto di lavoro.
pernicieux, -euse [pɛʀnisjø, jøz] *adj* pernicioso(-a).
péroné [peʀɔne] *nm* perone *m*.
pérorer [peʀɔʀe] *vi* sproloquiare.
Pérou [peʀu] *nm* Perù *m*.
perpendiculaire [pɛʀpɑ̃dikylɛʀ] *adj* perpendicolare ♦ *nf* perpendicolare *f*; **~ à**

perpendicolare a.
perpendiculairement [pɛʀpɑ̃dikylɛʀmɑ̃] *adv* perpendicolarmente.
perpète [pɛʀpɛt] (*fam*) *nf*: **à** ~ (*loin*) lontanissimo; **jusqu'à** ~ in eterno; **depuis** ~ da una vita.
perpétrer [pɛʀpetʀe] *vt* perpetrare.
perpétuel, le [pɛʀpetɥɛl] *adj* continuo(-a); (*dignité, fonction*) a vita; (*éternel*) eterno(-a).
perpétuellement [pɛʀpetɥɛlmɑ̃] *adv* (*toujours*) continuamente, eternamente; (*fréquemment*) continuamente.
perpétuer [pɛʀpetɥe] *vt* perpetuare; **se perpétuer** *vr* perpetuarsi.
perpétuité [pɛʀpetɥite] *nf*: **à** ~ ♦ *adj, adv* a vita; **être condamné à** ~ essere condannato all'ergastolo.
perplexe [pɛʀplɛks] *adj* perplesso(-a).
perplexité [pɛʀplɛksite] *nf* perplessità *f inv*.
perquisition [pɛʀkizisjɔ̃] *nf* perquisizione *f*.
perquisitionner [pɛʀkizisjɔne] *vi* fare una perquisizione.
perron [peʀɔ̃] *nm* gradini *mpl* (d'ingresso).
perroquet [peʀɔkɛ] *nm* pappagallo.
perruche [peʀyʃ] *nf* cocorita.
perruque [peʀyk] *nf* parrucca.
persan, e [pɛʀsɑ̃, an] *adj* persiano(-a) ♦ *nm* (*LING*) persiano; **cheval persan** cavallo di tipo arabo da sella.
perse [pɛʀs] *adj* persiano(-a) ♦ *nm* (*LING*) persiano ♦ *nm/f*: **P**~ persiano(-a) ♦ *nf* Persia.
persécuter [pɛʀsekyte] *vt* perseguitare.
persécution [pɛʀsekysjɔ̃] *nf* persecuzione *f*.
persévérance [pɛʀseveʀɑ̃s] *nf* perseveranza.
persévérant, e [pɛʀseveʀɑ̃, ɑ̃t] *adj* perseverante.
persévérer [pɛʀseveʀe] *vi* perseverare; ~ **à croire que** continuare a credere che; ~ **dans qch** perseverare in qc.
persiennes [pɛʀsjɛn] *nfpl* persiane *fpl*.
persiflage [pɛʀsiflaʒ] *nm* canzonatura.
persifleur, -euse [pɛʀsiflœʀ, øz] *adj* canzonatorio(-a).
persil [pɛʀsi] *nm* prezzemolo.
persillé, e [pɛʀsije] *adj* (*avec du persil*) al prezzemolo; (*viande*) con venature di grasso.
Persique [pɛʀsik] *adj*: **le golfe** ~ il golfo Persico.
persistance [pɛʀsistɑ̃s] *nf* persistenza; (*d'une personne*) ostinazione *f*.
persistant, e [pɛʀsistɑ̃, ɑ̃t] *adj* persistente; (*BOT*) persistente, sempreverde; **arbre à feuillage** ~ albero sempreverde.
persister [pɛʀsiste] *vi* persistere; ~ **dans qch** persistere in qc; ~ **à faire qch** persistere a fare qc.
personnage [pɛʀsɔnaʒ] *nm* personaggio; (*individu*) tipo, individuo; (*PEINTURE*) figura.
personnaliser [pɛʀsɔnalize] *vt* personalizzare.
personnalité [pɛʀsɔnalite] *nf* personalità *f inv*.
personne [pɛʀsɔn] *nf* persona ♦ *pron* nessuno; (*quelqu'un*) chiunque; **il n'y a** ~ non c'è nessuno; **10 F par** ~ 10 franchi a testa; **en** ~ (*soi-même*) in persona; **j'irai voir en** ~ andrò a vedere di persona; **première/troisième** ~ (*LING*) prima/terza persona; ▸ **personne à charge** (*JUR*) persona a carico; ▸ **personne âgée** persona anziana; ▸ **personne civile** *ou* **morale** (*JUR*) persona giuridica.
personnel, le [pɛʀsɔnɛl] *adj* personale; (*égoïste*) egoista ♦ *nm* personale *m*; **j'ai des idées ~les à ce sujet** ho idee mie a questo proposito; **service du** ~ ufficio del personale.
personnellement [pɛʀsɔnɛlmɑ̃] *adv* (*en personne*) personalmente; **connaître qn** ~ conoscere qn personalmente.
personnification [pɛʀsɔnifikasjɔ̃] *nf* personificazione *f*.
personnifier [pɛʀsɔnifje] *vt* personificare; **c'est l'honnêteté personnifiée** è l'onestà in persona.
perspective [pɛʀspɛktiv] *nf* prospettiva; **~s** *nfpl* (*horizons*) prospettive *fpl*; **en** ~ in vista.
perspicace [pɛʀspikas] *adj* perspicace.
perspicacité [pɛʀspikasite] *nf* perspicacia.
persuader [pɛʀsɥade] *vt*: ~ **qn (de qch/de faire qch)** persuadere (di qc/a fare qc); **j'en suis persuadé** ne sono convinto.
persuasif, -ive [pɛʀsɥazif, iv] *adj* persuasivo(-a), convincente.
persuasion [pɛʀsɥazjɔ̃] *nf* persuasione *f*.
perte [pɛʀt] *nf* perdita; (*fig*: *morale*) rovina; **~s** *nfpl* (*personnes tuées, COMM*) perdite *fpl*; **à** ~ (*COMM*) in perdita; **à** ~ **de vue** a perdita d'occhio; (*fig*: *discourir*) all'infinito; **en pure** ~ inutilmente; **courir à sa** ~ rovinarsi con le proprie mani; **être en** ~ **de vitesse** (*fig*) essere in ribasso; **avec** ~ **et fracas** di peso; ~ **de chaleur/d'énergie** perdita di calore/di energia; ~ **sèche** perdita secca; ▸ **pertes blanches** perdite bianche.
pertinemment [pɛʀtinamɑ̃] *adv* con cognizione di causa; (*savoir*) per certo.
pertinence [pɛʀtinɑ̃s] *nf* pertinenza.
pertinent, e [pɛʀtinɑ̃, ɑ̃t] *adj* pertinente.
perturbateur, -trice [pɛʀtyʀbatœʀ, tʀis] *adj, nm/f* perturbatore(-trice).
perturbation [pɛʀtyʀbasjɔ̃] *nf* (*dans un ser-*

vice public) scompiglio; (*agitation, trouble*) sconvolgimento; ▸ **perturbation (atmosphérique)** perturbazione *f* (atmosferica).

perturber [pɛʀtyʀbe] *vt* (*réunion, émission*) disturbare; (*transports*) disturbare il regolare funzionamento di; (*personne*) turbare.

péruvien, ne [peʀyvjɛ̃, jɛn] *adj* peruviano(-a) ♦ *nm/f*: **P~, ne** peruviano (-a).

pervenche [pɛʀvɑ̃ʃ] *nf* pervinca ♦ *adj* pervinca *inv*.

pervers, e [pɛʀvɛʀ, ɛʀs] *adj, nm/f* perverso(-a); **effet** ~ effetto perverso.

perversion [pɛʀvɛʀsjɔ̃] *nf* perversione *f*.

perversité [pɛʀvɛʀsite] *nf* perversità *f inv*.

perverti, e [pɛʀvɛʀti] *nm/f* pervertito(-a).

pervertir [pɛʀvɛʀtiʀ] *vt* pervertire.

pesage [pəzaʒ] *nm* pesatura; (*ÉQUITATION: salle*) pesage *m inv*; (: *enceinte*) recinto del peso.

pesamment [pəzamɑ̃] *adv* pesantemente.

pesant, e [pəzɑ̃, ɑ̃t] *adj* pesante ♦ *nm*: **il vaut son ~ d'or** vale tanto oro quanto pesa.

pesanteur [pəzɑ̃tœʀ] *nf* pesantezza; (*PHYS*) gravità *f inv*.

pèse-bébé [pɛzbebe] (*pl* **~-~(s)**) *nm* pesabambini *m inv*.

pesée [pəze] *nf* pesatura; (*fig*) valutazione *f*; (*pression*) pressione *f*.

pèse-lettre [pɛzlɛtʀ] (*pl* **~-~(s)**) *nm* pesalettere *m inv*.

pèse-personne [pɛzpɛʀsɔn] (*pl* **~-~(s)**) *nm* pesapersone *m inv*.

peser [pəze] *vt* pesare; (*considérer, comparer*) soppesare ♦ *vi* pesare; ~ **cent kilos/peu** pesare cento chili/poco; ~ **sur** (*levier*) far forza su; (*fig*) pesare su; ~ **à qn** pesare a qn.

pessimisme [pesimism] *nm* pessimismo.

pessimiste [pesimist] *adj* pessimista, pessimistico(-a) ♦ *nm/f* pessimista *m/f*.

peste [pɛst] *nf* (*MÉD, fig*) peste *f*.

pester [pɛste] *vi*: ~ **contre qn/qch** imprecare contro qn/qc.

pesticide [pɛstisid] *nm* pesticida *m*.

pestiféré, e [pɛstifeʀe] *adj, nm/f* appestato(-a).

pestilentiel, le [pɛstilɑ̃sjɛl] *adj* pestilenziale.

pet [pɛ] (*fam*) *nm* scoreggia.

pétale [petal] *nm* petalo.

pétanque [petɑ̃k] *nf*: **la** ~ (il gioco del)le bocce *fpl*.

pétarade [petaʀad] *nf* scoppiettamento, scoppiettio.

pétarader [petaʀade] *vi* scoppiettare.

pétard [petaʀ] *nm* petardo; (*de cotillon*) cagnara.

pet-de-nonne [pɛdnɔn] (*pl* **~s-~-~**) *nm* specie di frittella.

péter [pete] *vi* (*grenade*) scoppiare; (*casser*) spaccarsi; (*fam*) scoreggiare.

pète-sec [pɛtsɛk] *adj inv* burbero(-a).

pétillant, e [petijɑ̃, ɑ̃t] *adj* frizzante; (*regard*) scintillante.

pétiller [petije] *vi* (*flamme, feu*) scoppiettare; (*mousse, champagne*) frizzare; (*joie, yeux*) brillare; ~ **d'intelligence** essere brillante.

petit, e [p(ə)ti, it] *adj* piccolo(-a); (*pluie*) sottile; (*salaire*) esiguo(-a); (*mesquin*) piccolo(-a), meschino(-a) ♦ *nm/f* bambino(-a), piccolo(-a) ♦ *nm* (*d'un animal*) piccolo; ~ **chat/voyage** gattino/viaggetto; **~e colline/promenade** collinetta/passeggiatina; **la classe des ~s** la classe dei piccoli; **faire des ~s** fare i piccoli; **en** ~ in piccolo; **mon** ~ piccolino; (*menaçant*) bello mio; **ma ~e** piccolina; (*menaçant*) bella mia; **pauvre** ~ poverino; **pour ~s et grands** per grandi e piccini; **les tout-~s** i piccini, i più piccoli; ~ **à** ~ poco a poco; ▸ **petit(e) ami(e)** ragazzo(-a) (*fidanzato*); ▸ **petit déjeuner** colazione *f*; ▸ **petit doigt** mignolo; ▸ **petit écran** (*télévision*) piccolo schermo; ▸ **petit four** pasticcino; ▸ **petit pain** panino; ▸ **petite monnaie** spiccioli *mpl*; ▸ **petite vérole** vaiolo; ▸ **petits pois** piselli *mpl*; ▸ **les petites annonces** gli annunci economici; ▸ **petites gens** (*aux revenus modestes*) gente *f* modesta.

petit-beurre [pətibœʀ] (*pl* **~s-~**) *nm* petit-beurre *m inv*.

petit-bourgeois [pətibuʀʒwa] (*pl* **~(e)s-~(es)**) (*péj*) *adj* piccolo *inv* borghese ♦ *nm/f* piccolo(-a) borghese *m/f*.

petite-fille [pətitfij] (*pl* **~s-~s**) *nf* nipote *f* (*di nonni*).

petitement [pətitmɑ̃] *adv* (*fig: mesquinement*) meschinamente; (*chichement*) miseramente; **être logé** ~ avere una casa (*ou* stanza *etc*) molta piccola.

petitesse [p(ə)titɛs] *nf* piccolezza; (*d'un salaire, de revenus*) esiguità; (*d'une existence*) mediocrità *f inv*; (*de procédés*) meschinità *f inv*.

petit-fils [pətifis] (*pl* **~s-~**) *nm* nipote *f* (*di nonni*).

pétition [petisjɔ̃] *nf* petizione *f*; **faire signer une** ~ far firmare una petizione.

pétitionnaire [petisjɔnɛʀ] *nm/f* firmatario (-a) di una petizione.

pétitionner [petisjɔne] *vi* presentare una petizione.

petit-lait [pətilɛ] (*pl* **~s-~s**) *nm* latticello.

petit-nègre [pətinɛgʀ] (*péj*) *nm*: **il parle ~-**

~ parla malissimo.

petits-enfants [pətizɑ̃fɑ̃] *nmpl* nipoti *mpl* (*di nonni*).

petit-suisse [pətisɥis] (*pl* **~s-~s**) *nm formaggio cremoso da dessert.*

pétoche [petɔʃ] (*fam*) *nf*: **avoir la ~** farsela sotto.

pétri, e [petʀi] *adj*: **~ d'orgueil** pieno(-a) d'orgoglio.

pétrifier [petʀifje] *vt* pietrificare; (*suj*: *eau*) incrostare; (*fig*: *personne*) lasciare di sasso.

pétrin [petʀɛ̃] *nm* madia; **dans le ~** (*fig*) nei pasticci *ou* guai.

pétrir [petʀiʀ] *vt* (*pâte*) impastare; (*argile, cire*) plasmare; (*objet*) stringere forte.

pétrochimie [petʀoʃimi] *nf* petrolchimica.

pétrochimique [petʀoʃimik] *adj* petrolchimico(-a).

pétrochimiste [petʀoʃimist] *nm/f* specialista *m/f* di petrolchimica.

pétrodollar [petʀodɔlaʀ] *nm* petrodollaro.

pétrole [petʀɔl] *nm* petrolio; **lampe/poêle à ~** lampada/stufa a petrolio; ▸ **pétrole lampant** cherosene *m*, petrolio lampante.

pétrolier, -ière [petʀɔlje, jɛʀ] *adj* (*industrie*) petrolifero(-a); (*pays*) produttore (-trice) di petrolio ♦ *nm* (*navire*) petroliera; (*financier*) petroliere *m*; (*technicien*) tecnico petrolifero.

pétrolifère [petʀɔlifɛʀ] *adj* petrolifero(-a).

P et T [peete] *sigle fpl* (= *postes et télécommunications*) PP.TT.

pétulant, e [petylɑ̃, ɑ̃t] *adj* esuberante, impetuoso(-a).

pétunia [petynja] *nm* petunia.

MOT-CLÉ

peu [pø] *adv* **1** poco; **il boit peu** beve poco; **il est peu bavard** è poco loquace; **peu avant/après** poco prima/dopo; **depuis peu** da poco

2: **peu de** poco(-a); **avoir peu de pain** avere poco pane; **il a peu d'espoir** ha poche speranze; **pour peu de temps** per poco tempo; **c'est (si) peu de chose** è poca cosa; **à peu de frais** con poca spesa

3 (*locutions*): **peu à peu** poco a poco; **à peu près** circa, più o meno; **à peu près 10 kg/10 F** circa 10 kg/10 franchi

♦ *nm* **1**: **le peu de gens qui** le poche persone che; **le peu de sable qui** la poca sabbia che; **le peu de courage qui nous restait** il poco coraggio che ci restava

2: **un peu** un poco; **un petit peu** un pochino; **un peu d'espoir** un po' di speranza; **elle est un peu grande** è un po' grande; **essayez un peu!** provateci un po'!; **un peu plus/moins de** un po' più/meno di; **un peu plus et il la blessait** ci è mancato poco che non la ferisse; **pour peu qu'il fasse** per poco che faccia; **pour un peu, il ...** per un po', (egli) ...

♦ *pron*: **peu le savent** pochi *mpl* lo sanno; **avant** *ou* **sous peu** tra poco, fra breve; **de peu** poco; **il a gagné de peu** ha guadagnato poco; **il s'en est fallu de peu (qu'il ne le blesse)** ci è mancato poco (che non lo ferisse); **éviter qch de peu** evitare qc di *ou* per poco; **il est de peu mon cadet** è di poco più giovane di me.

peuplade [pœplad] *nf* popolazione *f*, tribù *f inv*.

peuple [pœpl] *nm* popolo; **un ~ de vacanciers** una folla di vacanzieri; **il y a du ~** c'è molta gente.

peuplé, e [pœple] *adj* popolato(-a); **très/peu ~** molto/poco popolato.

peupler [pœple] *vt* popolare; **se peupler** *vr* popolarsi.

peuplier [pøplije] *nm* pioppo.

peur [pœʀ] *nf* paura; **avoir ~ (de/de faire/que)** aver paura (di/di fare/che); **j'ai ~ qu'il ne soit trop tard** ho paura che sia troppo tardi; **j'ai ~ qu'il (ne) vienne (pas)** ho paura che (non) venga; **prendre ~** prendere paura, spaventarsi; **faire ~ à qn** fare paura a qn, spaventare qn; **de ~ de/que** per paura di/che.

peureux, -euse [pøʀø, øz] *adj* pauroso(-a); (*effrayé*) impaurito(-a).

peut [pø] *vb voir* **pouvoir**.

peut-être [pøtɛtʀ] *adv* forse; **~-~ bien (qu'il fera/est)** può anche darsi (che farà/sia); **~-~ que** può darsi che; **~-~ fera-t-il beau dimanche** può darsi che domenica faccia bello, forse domenica farà bello.

peuvent [pœv] *vb voir* **pouvoir**.

peux *etc* [pø] *vb voir* **pouvoir**.

p. ex. *abr* (= *par exemple*) p.es.

pH [peaʃ] *abr* = *potentiel d'hydrogène*.

phalange [falɑ̃ʒ] *nf* falange *f*.

phallique [falik] *adj* fallico(-a).

phallocrate [falɔkʀat] *nm* fallocrate *m*.

phallocratie [falɔkʀasi] *nf* fallocrazia.

phallus [falys] *nm* fallo.

pharaon [faʀaɔ̃] *nm* faraone *m*.

phare [faʀ] *nm* faro ♦ *adj*: **produit ~** prodotto di punta; **se mettre en ~s, mettre ses ~s** mettere gli abbaglianti; ▸ **phares de recul** (*AUTO*) luci *fpl* della retromarcia.

pharmaceutique [faʀmasøtik] *adj* farmaceutico(-a).

pharmacie [faʀmasi] *nf* farmacia; (*produits*) medicinali *mpl*; (*armoire*) armadietto dei medicinali.

pharmacien, ne [faʀmasjɛ̃, jɛn] *nm/f* farmacista *m/f*.

pharmacologie [farmakɔlɔʒi] *nf* farmacologia.
pharyngite [farɛ̃ʒit] *nf* faringite *f.*
pharynx [farɛ̃ks] *nm* faringe *f.*
phase [fɑz] *nf* fase *f.*
phénoménal, e, -aux [fenɔmenal, o] *adj* fenomenale.
phénomène [fenɔmɛn] *nm* fenomeno.
philanthrope [filɑ̃tʀɔp] *nm/f* filantropo(-a).
philanthropie [filɑ̃tʀɔpi] *nf* filantropia.
philanthropique [filɑ̃tʀɔpik] *adj* filantropico(-a).
philatélie [filateli] *nf* filatelia.
philatélique [filatelik] *adj* filatelico(-a).
philatéliste [filatelist] *nm/f* filatelista *m/f.*
philharmonique [filaʀmɔnik] *adj* filarmonico(-a).
philippin, e [filipɛ̃, in] *adj* filippino(-a) ♦ *nm/f*: **P~, e** filippino(-a).
Philippines [filipin] *nfpl*: **les** ~ le Filippine.
philistin [filistɛ̃] *nm* filisteo.
philo [filo] (*fam*) *nf* filosofia.
philosophe [filɔzɔf] *nm/f, adj* filosofo(-a).
philosopher [filɔzɔfe] *vi* filosofare.
philosophie [filɔzɔfi] *nf* filosofia.
philosophique [filɔzɔfik] *adj* filosofico(-a).
philosophiquement [filɔzɔfikmɑ̃] *adv* filosoficamente.
philtre [filtʀ] *nm* filtro.
phlébite [flebit] *nf* flebite *f.*
phlébologue [flebɔlɔg] *n* flebologo.
phobie [fɔbi] *nf* fobia.
phocéen, ne [fɔseɛ̃, ɛn] *adj* marsigliese.
phonétique [fɔnetik] *adj* fonetico(-a) ♦ *nf* fonetica.
phonétiquement [fɔnetikmɑ̃] *adv* foneticamente.
phonographe [fɔnɔgʀaf] *nm* grammofono, fonografo.
phoque [fɔk] *nm* foca.
phosphate [fɔsfat] *nm* fosfato.
phosphaté, e [fɔsfate] *adj* (*engrais*) fosfatico(-a); (*aliment*) fosfatato(-a).
phosphore [fɔsfɔʀ] *nm* fosforo.
phosphoré, e [fɔsfɔʀe] *adj* fosforato(-a).
phosphorescent, e [fɔsfɔʀesɑ̃, ɑ̃t] *adj* fosforescente.
phosphorique [fɔsfɔʀik] *adj*: **acide** ~ acido fosforico.
photo [fɔto] *nf* foto *f inv* ♦ *adj*: **appareil/pellicule** ~ macchina/pellicola fotografica; **en** ~ in fotografia; **prendre (qn) en** ~ fotografare (qn); **aimer/faire de la** ~ amare la/occuparsi di fotografia; ▸**photo d'identité** fototessera; ▸**photo en couleurs** foto a colori.
photo ... [fɔto] *préf* foto ... .
photocopie [fɔtɔkɔpi] *nf* fotocopia.
photocopier [fɔtɔkɔpje] *vt* fotocopiare.
photocopieur [fɔtɔkɔpjœʀ] *nm* fotocopiatrice *f.*
photocopieuse [fɔtɔkɔpjøz] *nf* fotocopiatrice *f.*
photo-électrique [fɔtɔelɛktʀik] *adj* fotoelettrico(-a).
photo-finish [fɔtofiniʃ] (*pl* ~**s**-~) *nf* fotofinish *m inv*; (*appareil*) apparecchio per photofinish.
photogénique [fɔtɔʒenik] *adj* fotogenico (-a).
photographe [fɔtɔgʀaf] *nm/f* fotografo(-a).
photographie [fɔtɔgʀafi] *nf* fotografia; **faire de la** ~ occuparsi di fotografia.
photographier [fɔtɔgʀafje] *vt* fotografare.
photographique [fɔtɔgʀafik] *adj* fotografico(-a).
photogravure [fɔtɔgʀavyʀ] *nf* fotoincisione *f.*
photomaton ® [fɔtɔmatɔ̃] *nm* apparecchio pubblico automatico per fototessere.
photomontage [fɔtomɔ̃taʒ] *nm* fotomontaggio.
photo-robot [fɔtɔʀɔbo] (*pl* ~**s**-~**s**) *nf* identikit *m inv.*
photosensible [fɔtosɑ̃sibl] *adj* fotosensibile.
photostat [fɔtɔsta] *nm* copia fotostatica, fotocopia.
phrase [fʀɑz] *nf* frase *f*; **faire des** ~**s** parlare in punta di forchetta; **sans** ~**s** senza giri di parole.
phraséologie [fʀazeɔlɔʒi] *nf* fraseologia; (*bavardage*) retorica.
phraseur, -euse [fʀɑzœʀ, øz] *nm/f*: **c'est un** ~ si crede un gran oratore.
phrygien, ne [fʀiʒjɛ̃, jɛn] *adj*: **bonnet** ~ berretto frigio.
phtisie [ftizi] *nf* tisi *f inv.*
phylloxéra [filɔkseʀa] *nm* filossera.
physicien, ne [fizisjɛ̃, jɛn] *nm/f* fisico.
physiologie [fizjɔlɔʒi] *nf* fisiologia.
physiologique [fizjɔlɔʒik] *adj* fisiologico (-a).
physiologiquement [fizjɔlɔʒikmɑ̃] *adv* fisiologicamente.
physionomie [fizjɔnɔmi] *nf* fisionomia.
physionomiste [fizjɔnɔmist] *adj* fisionomista.
physiothérapie [fizjoteʀapi] *nf* fisioterapia.
physique [fizik] *adj* fisico(-a) ♦ *nm* fisico ♦ *nf* fisica; **au** ~ fisicamente.
physiquement [fizikmɑ̃] *adv* fisicamente.
phytothérapie [fitoteʀapi] *nf* fitoterapia.
p.i. *abr* (= *par intérim*) *voir* **intérim**.
piaffer [pjafe] *vi* scalpitare.
piaillement [pjɑjmɑ̃] *nm* pigolio.
piailler [pjɑje] *vi* pigolare; (*personne*) strillare.
pianiste [pjanist] *nm/f* pianista *m/f.*
piano [pjano] *nm* piano(forte) *m*; ▸**piano à queue** piano(forte) a coda; ▸**piano mé-**

canique pianola.

pianoter [pjanɔte] *vi* strimpellare al pianoforte; ~ **sur** (*table, vitre*) tamburellare su.

piaule [pjol] (*fam*) *nf* stanza.

piauler [pjole] *vi* (*enfant*) frignare; (*oiseau*) pigolare.

PIB [peibe] *sigle m* (= *produit intérieur brut*) PIL *m*.

pic [pik] *nm* (*instrument*) piccone *m*; (*montagne*) picco; (*ZOOL*) picchio; **à** ~ *adv* a picco; **arriver/tomber à** ~ arrivare/cadere a proposito; **couler à** ~ (*bateau*) colare a picco; ~ **à glace** piccozza.

picard, e [pikaʀ, aʀd] *adj* (*de Picardie*) della Piccardia ♦ *nm/f*: **P~, e** abitante *m/f* della Piccardia.

Picardie [pikaʀdi] *nf* Piccardia.

picaresque [pikaʀɛsk] *adj* picaresco(-a).

piccolo [pikɔlo] *nm* (*MUS*) ottavino.

pichenette [piʃnɛt] *nf* buffetto.

pichet [piʃɛ] *nm* brocchetta.

pickpocket [pikpɔkɛt] *nm* borsaiolo.

pick-up [pikœp] *nm inv* giradischi *m inv*.

picorer [pikɔʀe] *vt* becchettare.

picot [piko] *nm* spuntone *m*.

picotement [pikɔtmɑ̃] *nm* pizzicore *m*, formicolio.

picoter [pikɔte] *vt* becchettare ♦ *vi* pizzicare.

pictural, e, -aux [piktyʀal, o] *adj* pittorico(-a).

pie [pi] *nf* gazza; (*fig*: *femme*) chiacchierona ♦ *adj inv*: **cheval/vache** ~ cavallo/mucca pezzato/a.

pièce [pjɛs] *nf* (*d'un logement*) stanza, locale *m*; (*THÉÂTRE*) opera (teatrale); (: *représentation*) spettacolo; (*d'un mécanisme, d'une collection, d'un jeu*) pezzo; (*d'or, d'argent*) moneta; (*COUTURE*) toppa, pezza; (*document, de drap*) pezza; (*de bétail, gibier*) capo; **une** ~ **de poisson** un pesce; **dix francs** ~ dieci franchi al pezzo; **mettre en** ~**s** mandare in pezzi, fare a pezzi; **vendre à la** ~ vendere al pezzo; **travailler/payer à la** ~ lavorare/pagare a cottimo; **créer/inventer de toutes** ~**s** inventare di sana pianta; **maillot une** ~ costume *m* intero; **un deux-~s cuisine** un (appartamento di) due stanze più cucina; **un trois-~s** un (appartamento di) tre stanze; **tout d'une** ~ in un pezzo solo; (*personne*) tutto d'un pezzo; **en** ~**s détachées (à monter)** in kit, da montare; ▸ **pièce à conviction** elemento di prova; ▸ **pièce d'eau** laghetto; ▸ **pièce d'identité** documento; ▸ **pièce de rechange** pezzo di ricambio; ▸ **pièce de résistance** (*plat*) piatto forte; ▸ **pièce montée** torta a più piani; ▸ **pièces détachées** pezzi di ricambio; ▸ **pièces justificatives** pezze giustificative.

pied [pje] *nm* (*ANAT, POÉSIE, d'un meuble*) piede *m*; (*d'une table*) gamba; (*d'un mur, d'une plante*) piedi *mpl*; **au** ~ **de** ai piedi di; ~**s nus** *ou* **nu-~s** a piedi nudi; **à** ~ a piedi; **à** ~ **sec** senza bagnarsi i piedi; **être à** ~ **d'œuvre** essere sul cantiere; (*fig*) iniziare i lavori; **au** ~ **de la lettre** alla lettera; **au** ~ **levé** immediatamente, su due piedi; **de** ~ **en cap** dalla testa ai piedi; **en** ~ in piedi; **avoir** ~ toccare (*in acqua*); **avoir le** ~ **marin** avere il piede marino, essere un buon marinaio; **perdre** ~ (*fig*) perdere la bussola; **sur** ~ (*debout*) in piedi; (*rétabli*) in sesto; **vendre sur** ~ (*AGR*) vendere prima della raccolta; **mettre sur** ~ (*affaire etc*) mettere in piedi; **mettre à** ~ (*employé*) licenziare; **sur le** ~ **de guerre** sul piede di guerra; **sur un** ~ **d'égalité** su un piede di parità; **sur** ~ **d'intervention** pronto(-a) ad intervenire; **faire du** ~ **à qn** fare piedino a qn; **mettre les** ~**s quelque part** mettere piede da qualche parte; **faire des** ~**s et des mains** darsi un gran da fare; **mettre qn au** ~ **du mur** mettere qn alle strette; **quel** ~, **ce film**! stupendo questo film!; **c'est le** ~! (*fam*) stupendo!; **se lever du bon** ~ partire col piede giusto; **il s'est levé du** ~ **gauche** alzarsi con la luna di traverso; **faire un** ~ **de nez à** fare marameo a; ▸ **pied de lit** piedi del letto; ▸ **pied de salade** piede di insalata; ▸ **pied de vigne** ceppo di vite.

pied-à-terre [pjetatɛʀ] *nm inv* pied-à-terre *m inv*.

pied-bot [pjebo] (*pl* ~**s**-~**s**) *nm* piede *m* varo *ou* torto.

pied-de-biche [pjedbiʃ] (*pl* ~**s**-~-~) *nm* piede *m* di porco; (*COUTURE*) piedino.

pied-de-poule [pjedpul] *adj inv* pied-de-poule *inv*.

piédestal, -aux [pjedɛstal, o] *nm* piedistallo.

pied-noir [pjenwaʀ] (*pl* ~**s**-~**s**) *nm/f* francese *m/f* d'Algeria.

piège [pjɛʒ] *nm* trappola; (*fig*) tranello, trabocchetto; **prendre au** ~ prendere in trappola; **tomber dans un** ~ cadere in una trappola.

piéger [pjeʒe] *vt* (*animal*) prendere con una trappola; (*avec une bombe, mine*) munire di un ordigno esplosivo; (*fig*) intrappolare; **lettre piégée** lettera esplosiva; **voiture piégée** autobomba.

pierraille [pjeʀɑj] *nf* pietrisco.

pierre [pjɛʀ] *nf* pietra; **mur de** ~**s sèches** muro a secco; **faire d'une** ~ **deux coups** prendere due piccioni con una fava; ▸ **pierre à briquet** pietrina (per accendino); ▸ **pierre de taille** pietra da taglio;

▶ **pierre de touche** pietra di paragone; ▶ **pierre fine** pietra fine; ▶ **pierre ponce** pietra pomice; ▶ **pierre tombale** pietra tombale.
pierreries [pjɛʀʀi] *nfpl* pietre *fpl* preziose.
pierreux, -euse [pjeʀø, øz] *adj* pietroso (-a), sassoso(-a).
piété [pjete] *nf* devozione *f*.
piétinement [pjetinmɑ̃] *nm* calpestio; (*fig*) ristagno, stasi *f*.
piétiner [pjetine] *vi* (*trépigner*) pestare i piedi; (*marquer le pas*) avanzare molto lentamente; (*fig*) segnare il passo ♦ *vt* calpestare.
piéton, ne [pjetɔ̃, ɔn] *nm/f* pedone *m/f* ♦ *adj* pedonale.
piétonnier, -ière [pjetɔnje, jɛʀ] *adj* pedonale.
piètre [pjɛtʀ] *adj* scadente.
pieu, x [pjø] *nm* palo, piolo; (*fam*) letto.
pieusement [pjøzmɑ̃] *adv* religiosamente.
pieuvre [pjœvʀ] *nf* piovra.
pieux, -euse [pjø, pjøz] *adj* pio(-a).
pif [pif] (*fam*) *nm* naso; **au** ~ = **au pifomètre**.
piffer [pife] (*fam*) *vt*: **je ne peux pas le** ~ non lo posso vedere.
pifomètre [pifɔmɛtʀ] (*fam*) *nm* fiuto; **choisir au** ~ scegliere a (lume di) naso.
pige [piʒ] *nf*: **être payé à la** ~ essere pagato un tanto a riga.
pigeon [piʒɔ̃] *nm* piccione *m*; ▶ **pigeon voyageur** piccione viaggiatore.
pigeonnant, e [piʒɔnɑ̃, ɑ̃t] *adj* prosperoso(-a).
pigeonneau, x [piʒɔno] *nm* piccioncino.
pigeonnier [piʒɔnje] *nm* piccionaia.
piger [piʒe] (*fam*) *vt* capire ♦ *vi* capire.
pigiste [piʒist] *nm/f* (*typographe*) compositore(-trice) (*pagato un tanto a riga*); (*journaliste*) giornalista *m/f* (*pagato un tanto a cartella o pezzo*).
pigment [pigmɑ̃] *nm* pigmento.
pignon [piɲɔ̃] *nm* (*d'un mur, d'un engrenage*) pignone *m*; (*graine*) pinolo; **avoir** ~ **sur rue** *nm* (*fig*) avere un'attività ben avviata.
pile [pil] *nf* (*tas*) mucchio, pila; (*d'un pont*) pilone *m*; (*ÉLEC*) pila ♦ *adj*: **le côté** ~ croce *f* ♦ *adv* (*net*) di botto; (*à temps*) a proposito, al momento giusto; **à deux heures** ~ alle due in punto; **jouer à** ~ **ou face** ≈ fare a testa o croce; ~ **ou face?** ≈ testa o croce?
piler [pile] *vt* pestare.
pileux, -euse [pilø, øz] *adj*: **système** ~ apparato pilifero.
pilier [pilje] *nm* pilastro; (*RUGBY*) pilone *m*; ▶ **pilier de bar** assiduo frequentatore *m* di bar.
pillage [pijaʒ] *nm* saccheggio.
pillard, e [pijaʀ, aʀd] *nm/f* saccheggiatore(-trice).
piller [pije] *vt* saccheggiare.
pilleur, -euse [pijœʀ, øz] *nm/f* saccheggiatore(-trice).
pilon [pilɔ̃] *nm* (*instrument*) pestello; (*de volaille*) parte inferiore della coscia; **mettre un livre au** ~ mandare un libro al macero.
pilonner [pilɔne] *vt* (*MIL*) bombardare a tappeto.
pilori [pilɔʀi] *nm*: **mettre** *ou* **clouer qn au** ~ mettere qn alla gogna.
pilotage [pilɔtaʒ] *nm* pilotaggio; ▶ **pilotage automatique** pilotaggio automatico; ▶ **pilotage sans visibilité** volo cieco.
pilote [pilɔt] *nm* pilota *m* ♦ *adj* pilota *inv*; ▶ **pilote d'essai** (pilota) collaudatore *m*; ▶ **pilote de chasse** pilota di caccia; ▶ **pilote de course** pilota da corsa; ▶ **pilote de ligne** pilota di linea.
piloter [pilɔte] *vt* pilotare; (*fig*: *personne*) guidare; **piloté par menu** (*INFORM*) comandato mediante menù.
pilotis [pilɔti] *nm* palo di palafitta; (*hutte*) palafitta.
pilule [pilyl] *nf* pillola; **prendre la** ~ prendere la pillola.
pimbêche [pɛ̃bɛʃ] (*péj*) *nf* smorfiosa.
piment [pimɑ̃] *nm* peperoncino; (*fig*) pepe *m*; ▶ **piment rouge** peperoncino rosso.
pimenté, e [pimɑ̃te] *adj* al peperoncino; (*épicé fortement*) piccante.
pimenter [pimɑ̃te] *vt* condire con peperoncino; (*fig*) mettere un po' di pepe in; **plat/cuisine pimenté(e)** piatto/cucina piccante.
pimpant, e [pɛ̃pɑ̃, ɑ̃t] *adj* (*femme, toilette*) fresco(-a) ed elegante; (*ville*) grazioso (-a).
pin [pɛ̃] *nm* pino; ▶ **pin maritime** pino marittimo; ▶ **pin parasol** pino da pinoli.
pinacle [pinakl] *nm*: **porter qn au** ~ (*fig*) mettere qn su un piedistallo.
pinard [pinaʀ] (*fam*) *nm* vino.
pince [pɛ̃s] *nf* (*outil*) pinza; (*d'un homard, crabe*) tenaglia, pinza; (*COUTURE*: *pli*) pince *f inv*; ▶ **pince à épiler** pinzetta; ▶ **pince à linge** molletta da bucato; ▶ **pince à sucre** molletta per lo zucchero; ▶ **pince universelle** pinza universale; ▶ **pinces de cycliste** mollette *fpl* da ciclista (*per il fondo dei pantaloni*).
pincé, e [pɛ̃se] *adj* (*air*) altezzoso(-a); (*sourire*) forzato(-a); (*mince*: *nez, bouche*) sottile ♦ *nf*: **une** ~**e de sel/poivre** un pizzico di sale/pepe.
pinceau, x [pɛ̃so] *nm* pennello.
pincement [pɛ̃smɑ̃] *nm*: ~ **au cœur** stretta al cuore.
pince-monseigneur [pɛ̃smɔ̃sɛɲœʀ] (*pl*

~s-~) *nf* grimaldello.
pince-nez [pɛ̃sne] *nm inv* pince-nez *m inv*.
pincer [pɛ̃se] *vt* pizzicare; (*suj*: *vêtement*) stringere; (*COUTURE*) fare delle pince a; **se ~ le doigt** pizzicarsi il dito; **se ~ le nez** tapparsi il naso.
pince-sans-rire [pɛ̃ssɑ̃ʀiʀ] *nm inv* uno(-a) che scherza rimanendo serio(-a).
pincettes [pɛ̃sɛt] *nfpl* (*pour le feu*) molle *fpl*; (*instrument*) pinzetta *fsg*.
pinçon [pɛ̃sɔ̃] *nm* pizzicotto.
pinède [pinɛd] *nf* pineta.
pingouin [pɛ̃gwɛ̃] *nm* pinguino.
ping-pong [piŋpɔ̃g] (*pl* **~-~s**) *nm* ping-pong *m inv*.
pingre [pɛ̃gʀ] *adj* tirchio(-a).
pinson [pɛ̃sɔ̃] *nm* fringuello.
pintade [pɛ̃tad] *nf* faraona.
pin up [pinœp] *nf inv* pin-up (girl) *f inv*.
pioche [pjɔʃ] *nf* zappa.
piocher [pjɔʃe] *vt* zappare; (*fam*) sgobbare per; **~ dans** (*un tas, une réserve*) pescare in.
piolet [pjɔlɛ] *nm* piccozza.
pion, ne [pjɔ̃, ɔn] *nm/f* (*péj SCOL*) sorvegliante *m/f* ♦ *nm* (*ÉCHECS*) pedone *m*; (*DAMES*) pedina.
pionnier [pjɔnje] *nm* pioniere *m*.
pipe [pip] *nf* pipa; ▶ **pipe de bruyère** pipa di radica.
pipeau, x [pipo] *nm* zufolo.
pipe-line [piplin] (*pl* **~-~s**) *nm* oleodotto.
piper [pipe] *vt* (*dé*) truccare; **sans ~ mot** (*fam*) senza fiatare; **les dés sont pipés** (*fig*) qui gatta ci cova.
pipette [pipɛt] *nf* pipetta.
pipi [pipi] (*fam*) *nm*: **faire ~** fare pipì.
piquant, e [pikɑ̃, ɑ̃t] *adj* (*barbe, fig*: *critique*) pungente; (*saveur*) piccante; (*fig*: *conversation*) arguto(-a), vivace ♦ *nm* spina; (*de hérisson*) aculeo; (*fig*) nota piccante.
pique [pik] *nf* picca; (*fig*) frecciata ♦ *nm* (*CARTES*) picche *fpl*.
piqué, e [pike] *adj* (*COUTURE*: *tissu*) trapuntato(-a); (*livre, glace*) macchiato (-a), macchiettato(-a); (*vin*) inacidito(-a); (*MUS*: *note*) puntato(-a); (*fig*: *fam*: *personne*) tocco(-a) ♦ *nm* (*TEXTILE*) piqué *m inv*; (*AVIAT*) picchiata.
pique-assiette [pikasjɛt] (*péj*) *nm/f inv* scroccone(-a).
pique-fleurs [pikflœʀ] *nm inv* portafiori *m inv*.
pique-nique [piknik] (*pl* **~-~s**) *nm* picnic *m inv*.
pique-niquer [piknike] *vi* fare un picnic.
pique-niqueur, -euse [piknikœʀ, øz] (*pl* **~-~s, –euses**) *nm/f* gitante *m/f* (*che partecipa a un picnic*).
piquer [pike] *vt* pungere; (*planter*): **~ qch dans** appuntare qc su; (*fixer*): **~ qch à/sur** puntare qc a/su; (*MÉD*) fare un'iniezione a; (: *tuer*) sopprimere; (*suj*: *serpent*) mordere; (: *fumée*) far bruciare; (: *vers, insecte*: *meuble*) tarlare; (: *poivre, piment*) pizzicare; (*COUTURE*: *tissu, vêtement*) impunturare; (*intérêt, curiosité etc*) stuzzicare; (*fam*: *prendre*) prendere; (: *voler, dérober*) fregare; (: *arrêter*) pizzicare, beccare ♦ *vi* (*oiseau, avion*) scendere in picchiata; (*saveur*) pizzicare; **se piquer** *vr* pungersi; (*se faire une piqûre*) farsi un'iniezione; (*se vexer*) offendersi; **se ~ de faire** piccarsi *ou* vantarsi di fare; **~ sur** scendere in picchiata su; **~ du nez** (*avion*) precipitare, cadere in picchiata; (*dormir*) cadere dal sonno; **~ une tête** (*plonger*) lanciarsi a capofitto; **~ un galop** partire al galoppo; **~ un cent mètres** fare una corsa; **~ une crise** avere una crisi di nervi; **~ au vif** (*fig*) pungere sul vivo.
piquet [pikɛ] *nm* (*pieu*) picchetto, paletto; (*de tente*) picchetto; **mettre un élève au ~** mettere un alunno in castigo; **~ de grève** picchetto di sciopero; **~ d'incendie** squadra antincendio.
piqueté, e [pikte] *adj*: **~ de** punteggiato (-a) di.
piquette [pikɛt] (*fam*) *nf* vinaccio.
piqûre [pikyʀ] *nf* puntura; (*MÉD*) iniezione *f*, puntura; (*COUTURE*) impuntura; (*de ver*) tarlatura; (*tache*) macchiolina; **faire une ~ à qn** fare un'iniezione *ou* una puntura a qn.
piranha [piʀana] *nm* piranha *m inv*.
piratage [piʀataʒ] *nm* pirateria.
pirate [piʀat] *nm* pirata *m* ♦ *adj* (*émetteur, station*) pirata *inv*; ▶ **pirate de l'air** pirata dell'aria, dirottatore *m*.
pirater [piʀate] *vt* realizzare un'edizione pirata di.
piraterie [piʀatʀi] *nf* pirateria.
pire [piʀ] *adj* peggiore ♦ *nm*: **le ~** il peggio; **le/la ~** il/la peggiore; **le ~ de tout est de faire** la cosa peggiore è fare; **au ~** *adv* alla peggio, mal che vada.
Pirée [piʀe] *nm* Pireo.
pirogue [piʀɔg] *nf* piroga.
pirouette [piʀwɛt] *nf* piroetta; **répondre par une ~** cavarsela con una battuta.
pis [pi] *nm* (*de vache*) mammella; (*pire*): **le ~** il peggio ♦ *adj* peggio *inv* ♦ *adv*: **faire ~** fare di peggio; **de mal en ~** di male in peggio; **qui ~ est** quello che è peggio; **au ~ aller** alla peggio, mal che vada.
pis-aller [pizale] *nm inv* (soluzione *f* di) ripiego.
piscicole [pisikɔl] *adj* piscicolo(-a).
pisciculteur [pisikyltœʀ] *nm* piscicoltore *m*.
pisciculture [pisikyltyʀ] *nf* piscicoltura.

piscine [pisin] *nf* piscina; ▶**piscine couverte** piscina coperta; ▶**piscine en plein air** piscina scoperta *ou* all'aperto; ▶**piscine olympique** piscina olimpionica.
Pise [piz] *n* Pisa.
pissenlit [pisɑ̃li] *nm* dente *m* di leone.
pisser [pise] (*fam*) *vi* pisciare.
pissotière [pisɔtjɛʀ] (*fam*) *nf* pisciatoio (*fam*), vespasiano.
pistache [pistaʃ] *nf* pistacchio.
pistard [pistaʀ] *nm* pistard *m inv*.
piste [pist] *nf* pista; (*d'un animal*) pista, tracce *fpl*; **être sur la ~ de qn** essere sulle tracce di qn; ▶**piste cavalière** sentiero per equitazione; ▶**piste cyclable** pista ciclabile; ▶**piste sonore** colonna sonora.
pister [piste] *vt* seguire le tracce di.
pisteur [pistœʀ] *nm* addetto alla manutenzione delle piste da sci.
pistil [pistil] *nm* pistillo.
pistolet [pistɔlɛ] *nm* (*arme*) pistola; (*à peinture, vernis*) pistola a spruzzo; ▶**pistolet à air comprimé** pistola ad aria compressa; ▶**pistolet à bouchon** pistola a tappo; ▶**pistolet à eau** pistola ad acqua.
pistolet-mitrailleur [pistɔlɛmitʀajœʀ] (*pl* **~s-~s**) *nm* pistola mitragliatrice.
piston [pistɔ̃] *nm* (*TECH*) stantuffo, pistone *m*; (*fig*) raccomandazione *f*; **cornet/trombone à ~s** cornetta/trombone *m* a pistoni.
pistonner [pistɔne] *vt* (*candidat*) raccomandare.
pitance [pitɑ̃s] (*péj*) *nf* pasto.
piteusement [pitøzmɑ̃] *adv* pietosamente.
piteux, -euse [pitø, øz] *adj* (*résultat*) pietoso(-a); (*mine, air*) abbacchiato(-a); **en ~ état** in uno stato pietoso.
pitié [pitje] *nf* pietà; **sans ~** *adj* senza pietà; **faire ~** fare pena; **par ~, ...** per pietà, ...; **il me fait ~** mi fa pena; **avoir ~ de qn** avere pietà di qn.
piton [pitɔ̃] *nm* (*clou*) chiodo a occhiello; (*vis*) vite *f* a occhiello; ▶**piton rocheux** picco.
pitoyable [pitwajabl] *adj* pietoso(-a).
pitoyablement [pitwajabləmɑ̃] *adv* in modo pietoso.
pitre [pitʀ] *nm* (*fig*) pagliaccio, buffone *m*.
pitrerie [pitʀəʀi] *nf* pagliacciata, buffonata.
pittoresque [pitɔʀɛsk] *adj* pittoresco(-a).
pivert [pivɛʀ] *nm* picchio verde.
pivoine [pivwan] *nf* peonia.
pivot [pivo] *nm* (*aussi fig*) perno.
pivotant, e [pivɔtɑ̃, ɑ̃t] *adj* girevole.
pivoter [pivɔte] *vi* girare, ruotare; **~ sur ses talons** girare sui tacchi.
pixel [piksɛl] *nm* pixel *m inv*.
pizza [pidza] *nf* pizza.
PJ [peʒi] *sigle f* = **police judiciaire** ♦ *sigle fpl* (= *pièces jointes*) all.
PL [peɛl] *sigle m* (*AUTO*) = **poids lourd**.
Pl. *abr* (= *place*) p.zza.
placage [plakaʒ] *nm* rivestimento; (*de métal*) placcatura.
placard [plakaʀ] *nm* (*armoire*) armadio a muro; (*affiche, écriteau*) manifesto; (*TYPO*) prima bozza in colonna; ▶**placard publicitaire** manifesto pubblicitario.
placarder [plakaʀde] *vt* affiggere; (*mur*) coprire di manifesti.
place [plas] *nf* posto; (*de ville, ÉCON*) piazza; (*prix*) biglietto; **en ~** (*mettre*) a posto; **de ~ en ~** qua e là; **sur ~** sul posto; **faire une enquête sur ~** fare un'inchiesta sul posto; **faire de la ~** fare posto; **faire ~ à qch** lasciar passare qc; **prendre ~** prendere posto; **ça prend de la ~** occupa molto posto; **à votre ~ ...** al suo posto ...; **remettre qn à sa ~** rimettere qn al suo posto; **ne pas rester/tenir en ~** non riuscire a star fermo(-a); **à la ~ de** (*en échange*) al posto di; **une quatre ~s** un'auto a quattro posti; **il y a 20 ~s assises/debout** ci sono 20 posti a sedere/in piedi; ▶**place d'honneur** posto d'onore; ▶**place forte** piazzaforte *f*; ▶**places arrière/avant** sedili *mpl* posteriori/anteriori.
placé, e [plase] *adj* (*ÉQUITATION*) piazzato(-a); **haut ~** (*fig: personne*) altolocato(-a); **être bien/mal ~** (*objet*) essere sistemato(-a) bene/male; (*spectateur*) avere un buon/brutto posto; (*concurrent*) essere piazzato(-a) bene/male; **être bien/mal ~ pour faire** essere in una buona/brutta posizione per fare.
placebo [plasebo] *nm* placebo *m inv*.
placement [plasmɑ̃] *nm* sistemazione *f*; (*FIN*) investimento; **agence/bureau de ~** agenzia/ufficio di collocamento.
placenta [plasɛ̃ta] *nm* placenta.
placer [plase] *vt* mettere; (*procurer un emploi à*) sistemare; (*fig: marchandises*) piazzare; (*: capital*) investire; (*: mot: introduire dans la conversation*) dire; (*: histoire*) raccontare; (*récit etc: localiser*) ambientare; (*pays*) situare; **se placer** *vr* mettersi; (*cheval*) piazzarsi; **~ qn dans un emploi/chez qn** sistemare qn in un impiego/da qn; **~ qn sous les ordres de qn** mettere qn agli ordini di qn.
placide [plasid] *adj* placido(-a).
placidement [plasidmɑ̃] *adv* placidamente.
placidité [plasidite] *nf* placidità.
placier, -ière [plasje] *nm/f* (*COMM*) piazzista *m/f*.
plafond [plafɔ̃] *nm* (*d'une pièce*) soffitto;

(*AVIAT, ÉCON*) plafond *m inv*; (*fig*) limite *m* massimo.

plafonner [plafɔne] *vt* soffittare ♦ *vi* (*AVIAT*) raggiungere il proprio plafond; (*fig*) raggiungere il limite massimo.

plafonnier [plafɔnje] *nm* plafoniera; (*AUTO*) luce interna.

plage [plaʒ] *nf* spiaggia; (*station*) località *f inv* balneare; (*fig*) fascia; (*de disque*) brano; ▸ **plage arrière** (*AUTO*) cappelliera.

plagiaire [plaʒjɛʀ] *nm/f* plagiario(-a).

plagiat [plaʒja] *nm* plagio.

plagier [plaʒje] *vt* plagiare.

plagiste [plaʒist] *nm* gestore *m* di stabilimento balneare.

plaid [plɛd] *nm* plaid *m inv*.

plaidant, e [plɛdɑ̃, ɑ̃t] *adj* (*JUR*: *partie*) in causa.

plaider [plede] *vi* (*avocat*) difendere una causa; (*plaignant*) intentare causa ♦ *vt* patrocinare; ~ **l'irresponsabilité/la légitime défense** sostenere la tesi dell'irresponsabilità/della legittima difesa; ~ **coupable/non coupable** dichiararsi colpevole/non colpevole; ~ **pour/en faveur de qn** (*fig*) sostenere *ou* difendere la causa di qn.

plaideur, -euse [plɛdœʀ, øz] *nm/f* (*JUR*) parte *f* in causa.

plaidoirie [plɛdwaʀi] *nf* (*JUR*) arringa.

plaidoyer [plɛdwaje] *nm* (*JUR*) arringa; (*fig*) apologia.

plaie [plɛ] *nf* piaga, ferita.

plaignant, e [plɛɲɑ̃, ɑ̃t] *vb voir* **plaindre** ♦ *nm/f, adj* (*JUR*) querelante *m/f*.

plaindre [plɛ̃dʀ] *vt* compatire; **se plaindre** *vr* lamentarsi; **se** ~ **(à qn) (de qn/qch)** lamentarsi (con qn) (di qn/qc); **se** ~ **de** (*souffrir*) accusare; **se** ~ **que** lamentarsi perché (+ *indicatif*).

plaine [plɛn] *nf* pianura.

plain-pied [plɛ̃pje]: **de** ~-~ *adv* allo stesso livello; (*fig*) senza difficoltà; **de** ~-~ **avec** allo stesso livello di.

plaint, e [plɛ̃, ɛ̃t] *pp de* **plaindre**.

plainte [plɛ̃t] *nf* lamento, gemito; (*doléance*) lagnanza, lamentela; **porter** ~ (*JUR*) sporgere denuncia.

plaintif, -ive [plɛ̃tif, iv] *adj* lamentoso(-a).

plaire [plɛʀ] *vi* piacere; **se plaire** *vr* (*quelque part*) trovarsi *ou* star bene; **cela me plaît** (questo) mi piace; **essayer de** ~ **à qn** cercare di piacere a qn; **se** ~ **à faire** divertirsi *ou* provare piacere a fare; **elle plaît aux hommes** (lei) piace agli uomini; **ce qu'il vous plaira** come vuole; **s'il vous plaît** per favore *ou* piacere.

plaisamment [plɛzamɑ̃] *adv* piacevolmente.

plaisance [plɛzɑ̃s] *nf* (*aussi*: **navigation de** ~) navigazione *f* da diporto.

plaisancier [plɛzɑ̃sje] *nm* diportista *m*.

plaisant, e [plɛzɑ̃, ɑ̃t] *adj* piacevole, gradevole; (*histoire, anecdote*) divertente.

plaisanter [plɛzɑ̃te] *vi* scherzare ♦ *vt* (*personne*) prendere in giro; **pour** ~ per scherzo; **on ne plaisante pas avec cela** non si scherza con queste cose; **tu plaisantes!** ma tu scherzi!

plaisanterie [plɛzɑ̃tʀi] *nf* scherzo.

plaisantin [plɛzɑ̃tɛ̃] *nm* (*péj*) spiritosone *m*; (*fumiste*) tipo poco serio.

plaise *etc* [plɛz] *vb voir* **plaire**.

plaisir [pleziʀ] *nm* piacere *m*; **boire/manger avec** ~ bere/mangiare con piacere; **faire** ~ **à qn** far piacere a qn; **ça me fait** ~ (questo) mi fa piacere; **prendre** ~ **à qch/à faire qch** prendere gusto a qc/a fare qc; **j'ai le** ~ **de** ... ho il piacere di ...; **M et Mme Renault ont le** ~ **de vous faire part de** ... Il Sig. e la Sig.ra Renault hanno il piacere di annunciarvi ...; **se faire un** ~ **de faire qch** essere felicissimo(-a) di fare qc; **faites-moi le** ~ **de** ... mi faccia il piacere di ...; **à** ~ a piacere, a piacimento; (*sans raison*) senza motivo; **au** ~ **(de vous revoir)** spero di rivederla; **faire qch pour le** *ou* **par** *ou* **pour son** ~ fare qc per il gusto *ou* piacere di farlo.

plaît [plɛ] *vb voir* **plaire**.

plan, e [plɑ̃, an] *adj* piano(-a) ♦ *nm* piano; (*CINÉ*) inquadratura; (*roman, devoir*) schema *m*; (*ville, d'un bâtiment*) pianta; **au premier** ~ (*photo etc*) in primo piano; **au second/à l'arrière** ~ in secondo piano/sullo sfondo; **laisser en** ~ piantare in asso; **rester en** ~ rimanere in sospeso; **mettre qch au premier** ~ (*fig*) mettere qc in primo piano; **de premier/second** ~ (*personnage etc*) di primo/secondo piano; **sur tous les** ~**s** da tutti i punti di vista; **sur le** ~ **sexuel** dal punto di vista sessuale; ▸ **plan d'action** piano d'azione; ▸ **plan d'eau** specchio d'acqua; ▸ **plan de cuisson** piano di cottura; ▸ **plan de travail** (*dans une cuisine*) piano di lavoro; ▸ **plan de vol** (*AVIAT*) piano di volo; ▸ **plan directeur** (*MIL*) carta particolareggiata; (*ÉCON*) piano generale.

planche [plɑ̃ʃ] *nf* (*de bois*) asse *f*, tavola; (*dans un livre, de dessins*) tavola, illustrazione *f*; (*de salades etc*) aiuola; (*d'un plongeoir*) pedana; **les** ~**s** *nfpl* (*THÉÂTRE*) le scene, il palcoscenico; **en** ~**s** *adj* di assi; **faire la** ~ (*dans l'eau*) fare il morto; **avoir du pain sur la** ~ avere di fronte una mole di lavoro; ▸ **planche à découper/à pain** tagliere *m*; ▸ **planche à dessin** tavola da disegno; ▸ **planche à repasser** asse *f* da stiro; ▸ **planche (à roulettes)** skate-board *m inv*; ▸ **planche (à voile)** windsurf *m inv*, tavola a vela; ▸ **planche**

de salut (*fig*) ancora di salvezza.
plancher [plɑ̃ʃe] *nm* (*entre deux étages*) solaio; (*sol*) pavimento; (*fig*) livello minimo ♦ *vi* lavorare sodo.
planchiste [plɑ̃ʃist] *nm/f* surfista *m/f*.
plancton [plɑ̃ktɔ̃] *nm* plancton *m inv*.
planer [plane] *vi* (*oiseau*) librarsi; (*avion*) planare; (*fumée, odeur*) aleggiare; (*être euphorique*) volare; ~ **sur** (*fig*: *danger, mystère*) incombere su.
planétaire [planetɛʀ] *adj* planetario(-a).
planétarium [planetaʀjɔm] *nm* planetario.
planète [planɛt] *nf* pianeta *m*.
planeur [planœʀ] *nm* aliante *m*.
planification [planifikasjɔ̃] *nf* pianificazione *f*.
planifier [planifje] *vt* pianificare.
planisphère [planisfɛʀ] *nm* planisfero.
planning [planiŋ] *nm* (*de travail*) programma *m* di lavoro; ▸ **planning familial** pianificazione *f* familiare.
planque [plɑ̃k] (*fam*) *nf* (*emploi*) lavoro di tutto riposo; (*cachette*) nascondiglio.
planquer [plɑ̃ke] (*fam*) *vt* nascondere; **se planquer** *vr* nascondersi.
plant [plɑ̃] *nm* piantina.
plantaire [plɑ̃tɛʀ] *adj voir* **voûte**.
plantation [plɑ̃tasjɔ̃] *nf* piantare *m inv*; (*champ, végétaux*) piantagione *f*.
plante [plɑ̃t] *nf* pianta; ~ **du pied** pianta del piede; ▸ **plante d'appartement** pianta da appartamento; ▸ **plante verte** pianta da appartamento.
planter [plɑ̃te] *vt* piantare; (*échelle*) sistemare; (*décors*) allestire; **se planter** *vr* (*fam*: *se tromper*) sbagliarsi; ~ **qch dans** piantare qc in; ~ **de/en vignes** piantare a vigna; ~ **une allée d'arbres** piantare degli alberi in un viale; ~ **là** (*abandonner*) piantare là; **se** ~ **dans/devant** piantarsi in/davanti a.
planteur [plɑ̃tœʀ] *nm* piantatore *m*.
planton [plɑ̃tɔ̃] *nm* piantone *m*.
plantureux, -euse [plɑ̃tyʀø, øz] *adj* (*repas*) abbondante; (*femme*) giunonico(-a).
plaquage [plakaʒ] *nm* (*RUGBY*) placcaggio.
plaque [plak] *nf* (*d'ardoise, de verre*) lastra; (*de revêtement*) piastra; (*dentaire*) placca; (*avec inscription*) targa; ▸ **plaque chauffante** piastra (elettrica); ▸ **plaque d'identité** piastrina di riconoscimento; ▸ **plaque de beurre** panetto di burro; ▸ **plaque de chocolat** tavoletta di cioccolata; ▸ **plaque de cuisson** piano di cottura; ▸ **plaque de four** placca da forno; ▸ **plaque d'immatriculation** *ou* **minéralogique** targa (automobilistica); ▸ **plaque de propreté** piastra di protezione (*per maniglie*); ▸ **plaque sensible** (*PHOTO*) lastra sensibile; ▸ **plaque tournante** (*fig*) centro, crocevia *m inv*.
plaqué, e [plake] *nm* (*métal*): ~ **or/argent** placcatura in oro/argento; (*bois*): ~ **acajou** impiallacciatura in mogano ♦ *adj*: ~ **or/argent** placcato(-a) oro/argento.
plaquer [plake] *vt* (*bijou, RUGBY*) placcare; (*bois*) impiallacciare; (*aplatir*) appiattire; (*fam*: *laisser tomber*) piantare; **se** ~ **contre** appiattirsi contro; ~ **qn contre** schiacciare qn contro.
plaquette [plakɛt] *nf* (*de chocolat*) tavoletta; (*beurre*) panetto; (*livre*) libricino; (*de pilules*) scatoletta; (*INFORM*) piastrina; ▸ **plaquette de frein** *nf* (*AUTO*) pastiglia del freno.
plasma [plasma] *nm* plasma *m*.
plastic [plastik] *nm* plastico.
plastifié, e [plastifje] *adj* plastificato(-a).
plastifier [plastifje] *vt* plastificare.
plastiquage [plastikaʒ] *nm* plastificazione *f*.
plastique [plastik] *adj* plastico(-a) ♦ *nm* plastica ♦ *nf* (*arts*) plastica; (*d'une statue*) plasticità; **objet/bouteille en** ~ oggetto/bottiglia di plastica.
plastiquer [plastike] *vt* far saltare col plastico.
plastiqueur [plastikœʀ] *nm* chi compie attentati al plastico.
plastron [plastʀɔ̃] *nm* (*de chemise*) sparato.
plastronner [plastʀɔne] (*péj*) *vi* pavoneggiarsi.
plat, e [pla, at] *adj* piatto(-a); (*talons*) basso(-a); (*cheveux*) liscio(-a) ♦ *nm* piatto; (*d'une route*) piano; **le premier/deuxième** ~ la prima/seconda portata, il primo/secondo piatto; **le** ~ **de la main** il palmo della mano; **à** ~ **ventre** *adv* a pancia in giù, bocconi; (*tomber*) lungo(-a) disteso(-a); **à** ~ *adv* orizzontalmente ♦ *adj* (*pneu*) a terra; (*batterie*) scarico(-a); **à** ~ (*personne*: *fatigué*) a terra; ▸ **plat cuisiné** piatto precucinato; ▸ **plat de résistance** piatto forte *ou* principale; ▸ **plat du jour** piatto del giorno; ▸ **plats préparés** cibi *mpl* precotti.
platane [platan] *nm* platano.
plateau, x [plato] *nm* (*support*) vassoio; (*d'une table*) piano; (*d'une balance, de tourne-disque*) piatto; (*GÉO*) pianoro, altopiano; (*fig*: *d'un graphique*) tracciato piano (elevato); (*CINÉ*) set *m inv*; **sur le** ~ (*TV*) in studio; ▸ **plateau à fromage** piatto per i formaggi.
plateau-repas [platoʀəpɑ] (*pl* ~**x**-~) *nm* pasto servito su vassoio.
plate-bande [platbɑ̃d] (*pl* ~**s**-~**s**) *nf* aiuola.
platée [plate] *nf* platea.
plate-forme [platfɔʀm] (*pl* ~**s**-~**s**) *nf* (*aussi POL*) piattaforma; (*de quai*) marciapiede *m*; (*plateau*) altopiano; ▸ **plate-forme de forage** piattaforma di trivellazione;

▸ **plate-forme pétrolière** piattaforma di estrazione.
platine [platin] *nm* platino ♦ *nf* (*d'un tourne-disque*) piatto ♦ *adj inv* platino *inv*; ▸ **platine cassette** piastra di registrazione; ▸ **platine compact-disc** lettore *m* compact disc *ou* CD; ▸ **platine disque** piatto; ▸ **platine laser** lettore *m* laser.
platitude [platityd] *nf* banalità *f inv*.
platonique [platɔnik] *adj* platonico(-a).
plâtras [plɑtʀɑ] *nm* calcinaccio.
plâtre [plɑtʀ] *nm* gesso; (*statue, motif décoratif*) stucco; ~**s** *nmpl* (*revêtements*) intonaco *msg*; **avoir un bras dans le** ~ avere un braccio ingessato.
plâtrer [plɑtʀe] *vt* (*mur*) intonacare; (*membre*) ingessare.
plâtrier [plɑtʀije] *nm* intonacatore *m*.
plausible [plozibl] *adj* plausibile.
play-back [plɛbak] *nm inv* playback *m inv*.
play-boy [plɛbɔj] (*pl* ~-~**s**) *nm* playboy *m inv*.
plébiscite [plebisit] *nm* plebiscito.
plébisciter [plebisite] *vt* eleggere con plebiscito; (*fig*) approvare a grande maggioranza.
plein, e [plɛ̃, plɛn] *adj* pieno(-a); (*jument*) gravido(-a) ♦ *prép*: **avoir de l'argent** ~ **les poches** avere le tasche piene di soldi ♦ *nm*: **faire le** ~ (*d'essence*) fare il pieno; **faire le** ~ **des voix** ottenere il massimo dei voti; **faire le** ~ **de la salle** registrare un pienone; **les** ~**s** il grassetto *ou* neretto; **avoir les mains** ~**es** avere le mani occupate; **à** ~**es mains** (*ramasser*) a piene mani; (*empoigner*) saldamente; **à** ~, **en** ~ pienamente; **à** ~ **régime** a pieno regime; (*fig*) a tutta birra; **à** ~ **temps, à temps** ~ a tempo pieno; **en** ~ **air** all'aria aperta; **jeux de** ~ **air** giochi *mpl* all'aria aperta; **la mer est** ~**e** c'è l'alta marea; **en** ~**e mer** in alto mare; **en** ~**e rue** in mezzo alla strada; **en** ~ **milieu** proprio nel mezzo; **en** ~ **jour/pleine nuit** in pieno giorno/piena notte; **en** ~**e croissance** in piena crescita; **en** ~ **sur** (*juste sur*) proprio su; **en avoir** ~ **le dos** (*fam*) averne le tasche piene; ▸ **pleins pouvoirs** pieni poteri *mpl*.
pleinement [plɛnmɑ̃] *adv* pienamente.
plein-emploi [plɛnɑ̃plwa] *nm* piena occupazione *f*.
plénière [plenjɛʀ] *adj f* plenario(-a).
plénipotentiaire [plenipɔtɑ̃sjɛʀ] *nm* plenipotenziario.
plénitude [plenityd] *nf* pienezza; (*d'un droit*) totalità *f inv*.
pléthore [pletɔʀ] *nf*: **il y a** ~ **de ...** vi è una sovrabbondanza di ... .
pléthorique [pletɔʀik] *adj* sovrabbondante.
pleurer [plœʀe] *vi* piangere ♦ *vt* (*regretter*) rimpiangere; (*mort de qn*) piangere; ~ **sur** *vt* (*personne*) piangere per; (*sort*) piangere su; ~ **de rire** avere le lacrime agli occhi dal gran ridere.
pleurésie [plœʀezi] *nf* pleurite *f*.
pleureuse [plœʀøz] *nf* prefica.
pleurnicher [plœʀniʃe] *vi* piagnucolare, frignare.
pleurs [plœʀ] *nmpl*: **en** ~ in lacrime.
pleut [plø] *vb voir* **pleuvoir**.
pleutre [pløtʀ] *adj* codardo(-a).
pleuvait *etc* [pløvɛ] *vb voir* **pleuvoir**.
pleuviner [pløvine] *vb impers* piovigginare.
pleuvoir [pløvwaʀ] *vb impers, vi* piovere; **il pleut** piove; **il pleut des cordes/à verse/à torrents** piove a dirotto/a catinelle, diluvia.
pleuvra *etc* [pløvʀa] *vb voir* **pleuvoir**.
plèvre [plɛvʀ] *nf* pleura.
plexiglas ® [plɛksiglɑs] *nm* plexiglas ® *m inv*.
pli [pli] *nm* piega; (*ligne, ride*) ruga; (*enveloppe*): **mettre sous** ~ mettere in busta ♦ *nm* (*ADMIN*) plico; (*CARTES*) presa; **prendre le** ~ **de faire qch** prendere l'abitudine di fare qc; **ça ne va pas faire un** ~ puoi contarci; **faux** ~ (brutta) piega, grinza.
pliable [plijabl] *adj* flessibile.
pliage [plijaʒ] *nm* piegatura; (*ART*) origami *m*.
pliant, e [plijɑ̃, plijɑ̃t] *adj* pieghevole ♦ *nm* seggiolino pieghevole.
plier [plije] *vt* piegare; (*table pliante*) chiudere ♦ *vi* piegarsi; **se** ~ **à** *vr* piegarsi a; ~ **bagage** (*fig*) far fagotto.
plinthe [plɛ̃t] *nf* (*MENUISERIE*) zoccolo.
plissé, e [plise] *adj* (*robe*) a pieghe, pieghettato(-a); (*peau*) grinzoso(-a); (*relief*) corrugato(-a) ♦ *nm* plissé *m inv*.
plissement [plismɑ̃] *nm* corrugamento.
plisser [plise] *vt* (*chiffonner*) spiegazzare; (*faire des plis*) pieghettare, fare delle pieghe in; (*front*) corrugare; (*bouche*) increspare; **se plisser** *vr* spiegazzarsi.
pliure [plijyʀ] *nf* piega.
plomb [plɔ̃] *nm* piombo; (*d'une cartouche*) pallino; (*PÊCHE, d'un colis*) piombino; (*d'une porte scellée*) sigillo di piombo; (*ÉLEC*): ~ **(fusible)** fusibile *m*; **sommeil de** ~ sonno di piombo; **soleil de** ~ solleone *m*.
plombage [plɔ̃baʒ] *nm* (*de dent*) otturazione *f*.
plomber [plɔ̃be] *vt* (*canne, ligne*) zavorrare con piombini; (*colis, wagon*) piombare; (*TECH*: *mur*) controllare l'appiombo di; (*dent*) otturare; (*INFORM*) proteggere.
plomberie [plɔ̃bʀi] *nf* idraulica; (*installation*) impianto idraulico.
plombier [plɔ̃bje] *nm* idraulico.

plonge [plɔ̃ʒ] *nf*: **faire la** ~ fare il/la lavapiatti *inv*.
plongeant, e [plɔ̃ʒɑ̃, ɑ̃t] *adj* (*vue*) dall'alto *inv*; (*tir*) spiovente; (*décolleté*) profondo (-a).
plongée [plɔ̃ʒe] *nf* immersione *f*; (*CINÉ, TV*) ripresa dall'alto; **sous-marin en** ~ sottomarino in immersione; **faire de la** ~ **(sous-marine)** fare il sub(acqueo) *ou* sommozzatore; (*SPORT: sans scaphandre*) fare immersione.
plongeoir [plɔ̃ʒwaʀ] *nm* trampolino.
plongeon [plɔ̃ʒɔ̃] *nm* tuffo.
plonger [plɔ̃ʒe] *vi* tuffarsi; (*sous-marin*) immergersi ♦ *vt* immergere; (*enfoncer*) affondare; ~ **dans un sommeil profond** sprofondare in un sonno profondo; ~ **dans l'obscurité** sprofondare nell'oscurità; ~ **qn dans l'embarras** gettare qn nell'imbarazzo.
plongeur, -euse [plɔ̃ʒœʀ, øz] *nm/f* tuffatore(-trice); (*qui fait de la plongée sous-marine*) sommozzatore(-trice); (*de restaurant*) lavapiatti *m/f inv*.
plot [plo] *nm* (*ÉLEC*) piastrina di contatto.
ploutocratie [plutɔkʀasi] *nf* plutocrazia.
ploutocratique [plutɔkʀatik] *adj* plutocratico(-a).
ployer [plwaje] *vt* (*genoux*) flettere, piegare ♦ *vi* piegarsi; ~ **sous le joug** (*fig*) piegarsi sotto il giogo.
plu [ply] *pp de* **plaire, pleuvoir**.
pluie [plɥi] *nf* (*aussi fig*) pioggia; **une** ~ **brève/fine** una pioggia breve/sottile; **retomber en** ~ ricadere a pioggia; **sous la** ~ sotto la pioggia.
plumage [plymaʒ] *nm* piumaggio.
plume [plym] *nf* penna, piuma; (*matelas*) piuma; (*pour écrire, fig*) penna; **dessin à la** ~ disegno a penna.
plumeau, x [plymo] *nm* piumino (*per la polvere*).
plumer [plyme] *vt* spennare.
plumet [plymɛ] *nm* pennacchio.
plumier [plymje] *nm* astuccio *m* portapenne *inv*.
plupart [plypaʀ]: **la** ~ *pron* la maggior parte; **la** ~ **d'entre-nous** la maggior parte di noi; **la** ~ **du temps** (per) la maggior parte del tempo; (*très souvent*) per lo più; **dans la** ~ **des cas** nella maggior parte dei casi; **pour la** ~ *adv* per lo più, in maggioranza.
pluralisme [plyʀalism] *nm* pluralismo.
pluralité [plyʀalite] *nf* pluralità *f inv*.
pluridisciplinaire [plyʀidisiplinɛʀ] *adj* pluridisciplinare.
pluriel [plyʀjɛl] *nm* plurale *m*; **au** ~ al plurale.

MOT-CLÉ

plus [ply] *adv* **1** (*forme négative*): **ne ... plus** non ... più; **je n'ai plus d'argent** non ho più soldi; **il ne travaille plus** non lavora più
2 (*comparatif*) più; (*superlatif*): **le plus** il più; **plus grand/intelligent (que)** più grande/intelligente (di); **le plus grand/intelligent** il più grande/intelligente; **(tout) au plus** tutt'al più, al massimo; **plus d'intelligence/de possibilités (que)** più intelligenza/possibilità (di)
3 (*davantage*) più; **il travaille plus (que)** lavora più (di); **plus il travaille, plus il est heureux** più lavora, più è felice; **il était plus de minuit** era mezzanotte passata; **plus de 3 heures/4 kilos** più di 3 ore/4 chili; **3 heures/kilos de plus que** 3 ore/chili più di; **de plus en plus** sempre più; **il a 3 ans de plus que moi** ha 3 anni più di me; **plus de pain** più pane; **plus de 10 personnes** più di 10 persone; **sans plus** e niente più; **de plus** (*en supplément*) in più; (*en outre*) inoltre, per di più; **3 kilos en plus** 3 chili in più; **en plus de** oltre (a); **d'autant plus que** tanto più che; **qui plus est** per di più, per giunta; **plus ou moins** più o meno; **ni plus ni moins** né più né meno
♦ *prép*: **4 plus 2** 4 più 2.

plusieurs [plyzjœʀ] *dét, pron* parecchi(-e), molti(-e); **ils sont** ~ ce ne sono parecchi *ou* molti.
plus-que-parfait [plyskəpaʀfɛ] *nm* trapassato; (*latin, grec*) piuccheperfetto.
plus-value [plyvaly] (*pl* ~**-**~**s**) *nf* (*ÉCON*) plusvalenza; (*budgétaire*) eccedenza.
plut [ply] *vb voir* **plaire; pleuvoir**.
plutonium [plytɔnjɔm] *nm* plutonio.
plutôt [plyto] *adv* piuttosto; **fais** ~ **comme ça** fai piuttosto così; ~ **que (de) faire qch** piuttosto che fare qc; ~ **grand/rouge** piuttosto grande/rosso.
pluvial, e, -aux [plyvjal, o] *adj* pluviale.
pluvieux, -euse [plyvjø, jøz] *adj* piovoso (-a).
pluviosité [plyvjozite] *nf* piovosità *f inv*.
PM [peɛm] *sigle f* (= *Police militaire*) P.M.
PME [peɛmə] *sigle fpl* (= *petites et moyennes entreprises*) ≈ API *f*.
PMI [peɛmi] *sigle fpl* (= *petites et moyennes industries*) *voir* **industrie** ♦ *sigle f* = **protection maternelle et infantile**.
PMU [peɛmy] *sigle m* (= *pari mutuel urbain*) *sistema di scommesse sui cavalli*.
PNB [peɛnbe] *sigle m* (= *produit national brut*) PNL *m inv*.
pneu, x [pnø] *nm* pneumatico, gomma; (*message*) lettera per posta pneumatica.
pneumatique [pnømatik] *nm* pneumatico

♦ *adj* pneumatico(-a).
pneumonie [pnømɔni] *nf* polmonite *f.*
PO *sigle fpl* (= *petites ondes*) OC *fpl.*
Pô [po] *nm*: **le** ~ il Po.
po *abr*: **sciences** ~ *voir* **science.**
poche [pɔʃ] *nf* tasca; (*faux pli, sous les yeux*) borsa; (*d'eau, de pus*) sacca; (*ZOOL*) marsupio ♦ *nm* (*livre*) tascabile *m*; **de** ~ tascabile; **en être de sa** ~ pagare di tasca propria; **c'est dans la** ~ è cosa fatta; ▸ **lampe de poche** pila.
poché, e [pɔʃe] *adj*: **œuf** ~ uovo in camicia *ou* affogato; **œil** ~ occhio pesto.
pocher [pɔʃe] *vt* lessare; (*PEINTURE*) schizzare ♦ *vi* (*vêtement*) fare le borse.
poche-revolver [pɔʃʀəvɔlvɛʀ] (*pl* **~s-~**) *nf* tasca posteriore.
pochette [pɔʃɛt] *nf* busta, bustina; (*sac: de femme*) bustina, pochette *f inv*; (*: d'homme*) borsello; (*sur veston*) taschino; (*mouchoir*) fazzoletto da taschino; ▸ **pochette d'allumettes** (fiammiferi) minerva ® *mpl*; ▸ **pochette de disque** copertina di disco; ▸ **pochette surprise** *bustina con dentro caramelle e sorprese.*
pochoir [pɔʃwaʀ] *nm* stampino.
podium [pɔdjɔm] *nm* podio.
poêle [pwɑl] *nm* stufa ♦ *nf*: ~ **(à frire)** padella.
poêlon [pwalɔ̃] *nm* tegame *m.*
poème [pɔɛm] *nm* poesia; (*long*) poema *m.*
poésie [pɔezi] *nf* poesia.
poète [pɔɛt] *nm* poeta *m* ♦ *adj*: **une femme** ~ una poetessa.
poétique [pɔetik] *adj* poetico(-a).
poétiquement [pɔetikmɑ̃] *adv* poeticamente.
poétiser [pɔetize] *vt* poetizzare.
pognon [pɔɲɔ̃] (*fam*) *nm* grana, soldi *mpl.*
poids [pwɑ] *nm* peso; (*fig: d'un impôt*) onere *m*; **prendre/perdre du** ~ ingrassare/dimagrire; **faire le** ~ (*fig*) essere all'altezza; **avoir un** ~ **sur la conscience** avere un peso sulla coscienza; ~ **et haltères** sollevamento *msg* pesi *inv*, pesistica *fsg*; **de** ~ *adj* (*argument*) rilevante, importante; ▸ **poids coq/mouche/moyen/plume** (*BOXE*) peso gallo/mosca/medio/piuma; ▸ **poids lourd** (*BOXE*) peso massimo; (*camion*) camion *m inv*, TIR *m inv*; (*: ADMIN*) automezzo pesante; ▸ **poids mort** (*aussi fig*) peso morto; ▸ **poids utile** carico utile.
poignant, e [pwaɲɑ̃, ɑ̃t] *adj* struggente.
poignard [pwaɲaʀ] *nm* pugnale *m.*
poignarder [pwaɲaʀde] *vt* pugnalare.
poigne [pwaɲ] *nf* stretta (della mano); ~ **de fer** (*fig*) stretta *ou* mano d'acciaio; (*fig: fermeté*) polso; **à** ~ di polso.
poignée [pwaɲe] *nf* (*de sel, dragées*) manciata; (*de cheveux*) ciuffo; (*fig: d'hommes*) pugno; (*de valise, porte*) maniglia; (*pour attraper un objet chaud*) presina; ▸ **poignée de main** stretta di mano.
poignet [pwaɲɛ] *nm* polso; (*d'une chemise*) polsino.
poil [pwal] *nm* pelo; (*ANAT*) pelo, peli *mpl*; **avoir du** ~ **sur la poitrine** avere il petto villoso *ou* coperto di peli; **à** ~ *adj* (*fam*) nudo(-a); **au** ~ *adj* (*fam*) perfetto(-a); **de tout** ~ di ogni sorta; **être de bon/mauvais** ~ (*fam*) essere di buon/cattivo umore; ▸ **poil à gratter** *polverina che provoca prurito.*
poilu, e [pwaly] *adj* peloso(-a).
poinçon [pwɛ̃sɔ̃] *nm* punteruolo; (*marque*) marchio.
poinçonner [pwɛ̃sɔne] *vt* (*marchandise*) contrassegnare; (*bijou etc*) punzonare; (*billet, ticket*) forare.
poinçonneuse [pwɛ̃sɔnøz] *nf* punzonatrice *f.*
poindre [pwɛ̃dʀ] *vi* spuntare.
poing [pwɛ̃] *nm* pugno; **dormir à ~s fermés** dormire della grossa.
point [pwɛ̃] *vb voir* **poindre** ♦ *nm* punto ♦ *adv voir* **pas**; **ne** ... ~ non ... affatto; **faire le** ~ (*NAUT, fig*) fare il punto; **faire le** ~ **sur** fare il punto su; **en tout** ~ da ogni punto di vista; **sur le** ~ **de faire qch** sul punto di fare qc; **au** ~ **de faire qch, au** ~ **que, à tel** ~ **que** al punto di fare qc, al punto che, a un punto tale che; **(mettre) au** ~ (*mécanisme, affaire*) (mettere) a punto; (*appareil de photo*) (mettere) a fuoco; **à** ~ (*CULIN*) a puntino; (*viande*) normale; (*nommé*) al momento giusto; **du** ~ **de vue de** dal punto di vista di; ▸ **point chaud** (*MIL, POL*) punto caldo; ▸ **point culminant** cima, vetta; (*fig*) punto culminante; ▸ **point d'arrêt/d'arrivée** punto di arresto/d'arrivo; ▸ **point d'eau** sorgente *f*, punto d'acqua; ▸ **point d'exclamation/d'interrogation** punto esclamativo/interrogativo; ▸ **point de chaînette/croix/mousse** punto catenella/croce/legaccio; ▸ **point de chute** punto di caduta; (*fig*) tappa; ▸ **point de côté** fitta al fianco; ▸ **point de départ** punto di partenza; ▸ **point de jersey** maglia rasata; ▸ **point de non-retour** punto di non ritorno; ▸ **point de repère** punto di riferimento; ▸ **point de tige** punto erba; ▸ **point de vente** punto di vendita; ▸ **point de vue** (*paysage*) vista; (*fig*) punto di vista; ▸ **point faible** punto debole; ▸ **point final** punto; ▸ **point mort**: **au** ~ **mort** (*AUTO*) in folle; (*affaire, entreprise*) a un punto morto; ▸ **point noir** (*sur le visage*) punto nero; (*AUTO*) punto pericoloso; (*difficulté*) intoppo; ▸ **points cardinaux** punti *mpl* car-

dinali; ▶ **points de suspension** puntini *mpl* di sospensione.
pointage [pwɛ̃taʒ] *nm* spuntatura; (*des ouvriers*) controllo delle entrate e delle uscite.
pointe [pwɛ̃t] *nf* punta; (*allusion moqueuse*) frecciata; **~s** *nfpl* (*DANSE*: *chaussons*) scarpette *fpl* da ballerina; **être à la ~ de qch** (*fig*) essere all'avanguardia di qc; **faire/pousser une ~ jusqu'à** fare una puntata (fino) a; **sur la ~ des pieds** in punta di piedi; **en ~** *adv, adj* a punta; **de ~** *adj* (*industries*) di punta; (*vitesse*) massimo (-a); **heures/jours de ~** ore/giorni di punta; **faire du 180 en ~** toccare punte di 180 km/h; **faires des ~s** danzare sulle punte; ▶ **pointe d'asperge** punta d'asparago; ▶ **pointe de courant** sovraccarico di corrente; ▶ **pointe de vitesse** punta massima di velocità.
pointer [pwɛ̃te] *vt* (*cocher*) spuntare; (*employés*) controllare (l'entrata e l'uscita di); (*diriger*) puntare ♦ *vi* (*employé*) timbrare il cartellino; (*pousses, jour*) spuntare; **~ les oreilles** drizzare le orecchie; **note pointée** nota puntata.
pointeur, -euse [pwɛ̃tœʀ, øz] *nm/f* (*personne*) controllore *m*; (*SPORT*) chi tiene il punteggio ♦ *nf* (orologio *m*) marcatempo *inv*.
pointillé [pwɛ̃tije] *nm* linea punteggiata; (*ART*) tecnica divisionista.
pointilleux, -euse [pwɛ̃tijø, øz] *adj* pignolo(-a).
pointu, e [pwɛ̃ty] *adj* (*clocher*) aguzzo(-a); (*chapeau*) a punta *inv*; (*son*) acuto(-a); (*fig*: *analyse*) sottile; (: *formation*) molto specialistico(-a).
pointure [pwɛ̃tyʀ] *nf* numero.
point-virgule [pwɛ̃viʀgyl] (*pl* **~s-~s**) *nm* punto e virgola.
poire [pwaʀ] *nf* pera; (*fam, péj*: *imbécile, sot*) pollo (*fig*); (*à injections, à lavement*) peretta; ▶ **poire électrique** peretta (della luce).
poireau, x [pwaʀo] *nm* porro.
poireauter [pwaʀote] (*fam*) *vi* aspettare un bel po'.
poirier [pwaʀje] *nm* pero; **faire le ~** fare la verticale.
pois [pwɑ] *nm* pisello; (*sur une étoffe*) pois *m inv*, pallino; **à ~** a pois *ou* pallini; ▶ **pois cassés** piselli secchi spaccati; ▶ **pois chiche** cece *m*; ▶ **pois de senteur** pisello odoroso.
poison [pwazɔ̃] *nm* veleno.
poisse [pwas] *nf* iella, scalogna.
poisser [pwase] *vi* appiccicare.
poisseux, -euse [pwasø, øz] *adj* appiccicoso(-a).
poisson [pwasɔ̃] *nm* pesce *m*; (*ASTROL*): **P~s** Pesci; **être (des) P~s** essere dei Pesci; ▶ **poisson d'avril** pesce d'aprile; ▶ **poisson rouge** pesce rosso; ▶ **poisson volant** pesce volante.
poisson-chat [pwasɔ̃ʃa] (*pl* **~s-~s**) *nm* pesce *m* gatto *inv*.
poissonnerie [pwasɔnʀi] *nf* pescheria.
poissonneux, -euse [pwasɔnø, øz] *adj* pescoso(-a).
poissonnier, -ière [pwasɔnje, jɛʀ] *nm/f* pescivendolo(-a) ♦ *nf* pesciera.
poisson-scie [pwasɔ̃si] (*pl* **~s-~s**) *nm* pesce *m* sega *inv*.
poitevin, e [pwat(ə)vɛ̃, in] *adj* (*région*) del Poitou; (*ville*) di Poitiers ♦ *nm/f*: **P~, e** abitante *m/f* del Poitou; abitante *m/f* di Poitiers.
poitrail [pwatʀaj] *nm* petto.
poitrine [pwatʀin] *nf* petto; (*seins*) seno, petto.
poivre [pwavʀ] *nm* pepe *m*; ▶ **poivre blanc/gris/vert** pepe bianco/nero/verde; ▶ **poivre moulu/en grains** pepe macinato/in grani; ▶ **poivre et sel** *adj* sale e pepe.
poivré, e [pwavʀe] *adj* pepato(-a); (*fig*: *plaisanterie*) spinto(-a).
poivrer [pwavʀe] *vt* pepare.
poivrier [pwavʀije] *nm* (*BOT*) (pianta del) pepe *m*; (*ustensile*) pepiera.
poivrière [pwavʀijɛʀ] *nf* pepiera.
poivron [pwavʀɔ̃] *nm* peperone *m*; ▶ **poivron rouge/vert** peperone rosso/verde.
poix [pwɑ] *nf* pece *f*.
poker [pɔkɛʀ] *nm* poker *m inv*; **partie de ~** (*fig*) gioco sottile; ▶ **poker d'as** poker *m inv* d'assi.
polaire [pɔlɛʀ] *adj* polare.
polarisation [pɔlaʀizasjɔ̃] *nf* polarizzazione *f*.
polariser [pɔlaʀize] *vt* polarizzare; **être polarisé sur** (*personne*) aver polarizzato la propria attenzione su.
pôle [pol] *nm* polo; **le ~ Nord/Sud** il polo Nord/Sud; ▶ **pôle d'attraction** polo d'attrazione; ▶ **pôle de développement** polo di sviluppo; ▶ **pôle positif/négatif** polo positivo/negativo.
polémique [pɔlemik] *adj* polemico(-a) ♦ *nf* polemica.
polémiquer [pɔlemike] *vi* polemizzare.
polémiste [pɔlemist] *nm/f* polemista *m/f*.
poli, e [pɔli] *adj* (*personne, refus*) educato(-a), cortese; (*surface*) levigato (-a), liscio(-a).
police [pɔlis] *nf* polizia; (*ASSURANCES*): **~ d'assurance** polizza d'assicurazione; **être dans la ~** essere nella polizia; **assurer la ~ de** *ou* **dans** (*d'une assemblée etc*) garantire il servizio d'ordine in; **peine de simple ~** contravvenzione *f*; ▶ **police de ca-**

ractère (*TYPO, INFORM*) serie *f* completa di caratteri; ▸**police des mœurs** (squadra del) buoncostume *f*; ▸**police judiciaire** polizia giudiziaria; ▸**police secours** (squadra) volante *f*; ▸**police secrète** polizia segreta.
polichinelle [pɔliʃinɛl] *nm* pulcinella; **secret de ~** segreto di pulcinella.
policier, -ière [pɔlisje, jɛʀ] *adj* di polizia, poliziesco(-a) ♦ *nm* poliziotto; (*aussi*: **roman ~**) romanzo poliziesco, giallo.
policlinique [pɔliklinik] *nf* ambulatorio.
poliment [pɔlimɑ̃] *adv* educatamente, cortesemente.
polio(myélite) [pɔljɔmjelit] *nf* polio(mielite) *f*.
poliomyélitique [pɔljɔmjelitik] *nm/f* poliomielitico(-a).
polir [pɔliʀ] *vt* levigare, lucidare; (*fig*) lisciare.
polisson, ne [pɔlisɔ̃, ɔn] *adj* (*enfant*) birichino(-a); (*allusion*) spinto(-a).
politesse [pɔlitɛs] *nf* buona educazione *f*; (*civilité*) cortesia; **~s** *nfpl* convenevoli *mpl*; **devoir/rendre une ~ à qn** dovere/restituire un favore a qn.
politicard [pɔlitikaʀ] (*péj*) *nm* politicante *m*.
politicien, ne [pɔlitisjɛ̃, jɛn] *nm/f* politico *m*; (*péj*) politicante *m/f* ♦ *adj* politicante.
politique [pɔlitik] *adj* politico(-a) ♦ *nf* politica ♦ *nm* politico; ▸**politique étrangère/intérieure** politica estera/interna.
politique-fiction [pɔlitikfiksjɔ̃] (*pl* **~s-~s**) *nf* fantapolitica.
politiquement [pɔlitikmɑ̃] *adv* politicamente.
politisation [pɔlitizasjɔ̃] *nf* politicizzazione *f*.
politiser [pɔlitize] *vt* politicizzare.
pollen [pɔlɛn] *nm* polline *m*.
polluant, e [pɔlɥɑ̃, ɑ̃t] *adj* inquinante; **produit ~** prodotto inquinante.
polluer [pɔlɥe] *vt* inquinare.
pollueur, -euse [pɔlɥœʀ, øz] *nm/f* chi inquina l'ambiente.
pollution [pɔlysjɔ̃] *nf* inquinamento.
polo [pɔlo] *nm* (*SPORT*) polo; (*chemise*) polo *f inv*.
Pologne [pɔlɔɲ] *nf* Polonia.
polonais, e [pɔlɔnɛ, ɛz] *adj* polacco(-a) ♦ *nm* (*LING*) polacco ♦ *nm/f*: **P~, e** polacco(-a).
poltron, ne [pɔltʀɔ̃, ɔn] *adj* vigliacco(-a).
poly- [pɔli] *préf* poli-.
polyamide [pɔliamid] *nf* poliammide *f*.
polyarthrite [pɔliaʀtʀit] *nf* poliartrite *f*.
polychrome [pɔlikʀom] *adj* policromo(-a).
polyclinique [pɔliklinik] *nf* policlinico.
polycopie [pɔlikɔpi] *nf* riproduzione *f* col ciclostile.
polycopié, e [pɔlikɔpje] *adj* ciclostilato (-a); **(cours) polycopié** dispensa.
polycopier [pɔlikɔpje] *vt* ciclostilare.
polyculture [pɔlikyltyʀ] *nf* policoltura.
polyester [pɔliɛstɛʀ] *nm* poliestere *m*.
polyéthylène [pɔlietilɛn] *nm* polietilene *m*.
polygame [pɔligam] *adj* poligamo(-a).
polygamie [pɔligami] *nf* poligamia.
polyglotte [pɔliglɔt] *adj* poliglotta.
polygone [pɔligɔn] *nm* poligono.
Polynésie [pɔlinezi] *nf* Polinesia; **la ~ française** la Polinesia francese.
polynésien, ne [pɔlinezjɛ̃, jɛn] *adj* polinesiano(-a) ♦ *nm/f*: **P~, ne** polinesiano(-a).
polynôme [pɔlinom] *nm* polinomio.
polype [pɔlip] *nm* (*ZOOL, MÉD*) polipo.
polystyrène [pɔlistiʀɛn] *nm* polistirene *m*, polistirolo.
polytechnicien, ne [pɔlitɛknisjɛ̃, jɛn] *nm/f* studente(-essa) dell'École Polytechnique.
polyvalent, e [pɔlivalɑ̃, ɑ̃t] *adj* polivalente; (*personne*) eclettico(-a); (*professeur, inspecteur*) che assolve incarichi diversi ♦ *nm* ispettore *m* fiscale.
pomélo [pɔmelo] *nm* pomelo.
pommade [pɔmad] *nf* pomata.
pomme [pɔm] *nf* (*fruit*) mela; (*boule décorative*) pomo; **un steak ~s (frites)** bistecca e patatine (fritte); **tomber dans les ~s** (*fam*) svenire; ▸**pomme d'Adam** pomo d'Adamo; ▸**pomme d'arrosoir** cipolla; ▸**pomme de pin** pigna; ▸**pomme de terre** patata; ▸**pommes allumettes** patatine fritte (*tagliate sottili*); ▸**pommes vapeur** patate cotte al vapore.
pommé, e [pɔme] *adj*: **chou ~** cavolo cappuccio; **laitue ~e** lattuga cappuccina.
pommeau, x [pɔmo] *nm* (*d'une canne, d'un parapluie*) pomo, pomello; (*d'une selle*) pomo.
pommelé, e [pɔm(ə)le] *adj* pomellato(-a).
pommer [pɔme] *vi* (*choux, laitue*) formare il grumolo.
pommette [pɔmɛt] *nf* zigomo.
pommier [pɔmje] *nm* melo.
pompage [pɔ̃paʒ] *nm* pompaggio.
pompe [pɔ̃p] *nf* pompa; **en grande ~** in pompa magna; ▸**pompe à eau** pompa dell'acqua; ▸**pompe (à essence)** pompa della benzina; (*distributeur*) distributore *m* di benzina; ▸**pompe à huile** pompa dell'olio; ▸**pompe à incendie** pompa *f* antincendio *inv*; ▸**pompe de bicyclette** pompa della bicicletta; ▸**pompes funèbres** pompe funebri.
Pompéi [pɔ̃pei] *n* Pompei *f*.
pompéien, ne [pɔ̃pejɛ̃, jɛn] *adj* pompeiano(-a).
pomper [pɔ̃pe] *vt* pompare; (*absorber*) as-

sorbire ♦ *vi* pompare.
pompeusement [pɔ̃pøzmɑ̃] *adv* pomposamente.
pompeux, -euse [pɔ̃pø, øz] (*péj*) *adj* pomposo(-a), ampolloso(-a).
pompier [pɔ̃pje] *nm* pompiere *m* ♦ *adj m* (*style*) pompieristico(-a).
pompiste [pɔ̃pist] *nm/f* benzinaio(-a).
pompon [pɔ̃pɔ̃] *nm* pompon *m inv*.
pomponner [pɔ̃pɔne] *vt* agghindare; **se pomponner** *vr* (*fam*) agghindarsi.
ponce [pɔ̃s] *nf*: **pierre** ~ pietra pomice.
poncer [pɔ̃se] *vt* levigare.
ponceuse [pɔ̃søz] *nf* levigatrice *f*.
poncif [pɔ̃sif] *nm* banalità *f inv*.
ponction [pɔ̃ksjɔ̃] *nf* prelievo, prelevamento; ▸**ponction lombaire** puntura lombare.
ponctionner [pɔ̃ksjɔne] *vt* praticare una puntura in.
ponctualité [pɔ̃ktɥalite] *nf* puntualità.
ponctuation [pɔ̃ktɥasjɔ̃] *nf* punteggiatura.
ponctuel, le [pɔ̃ktɥɛl] *adj* puntuale; (*TECH*) puntiforme; (*fig*: *opération*) singolo(-a).
ponctuellement [pɔ̃ktɥɛlmɑ̃] *adv* puntualmente.
ponctuer [pɔ̃ktɥe] *vt* mettere la punteggiatura in; (*MUS*) indicare le pause in; ~ **une phrase/un mot de** ... sottolineare una frase/parola con ... .
pondération [pɔ̃deʀasjɔ̃] *nf* ponderatezza.
pondéré, e [pɔ̃deʀe] *adj* (*personne*) posato(-a).
pondérer [pɔ̃deʀe] *vt* (*forces etc*) equilibrare.
pondeuse [pɔdøz] *nf* ovaiola.
pondre [pɔ̃dʀ] *vt* (*œufs*) deporre, fare; (*fig*: *fam*) partorire ♦ *vi* deporre *ou* fare le uova.
poney [pɔnɛ] *nm* pony *m inv*.
pongiste [pɔ̃ʒist] *nm/f* giocatore(-trice) di ping-pong.
pont [pɔ̃] *nm* ponte *m*; **faire le** ~ (*entre deux jours fériés*) fare il ponte; **faire un** ~ **d'or à qn** fare ponti d'oro a qn; ▸**pont à péage** ponte a pedaggio; ▸**pont aérien** ponte aereo; ▸**pont arrière/avant** (*AUTO*) ponte posteriore/anteriore; ▸**pont basculant** ponte ribaltabile; ▸**pont d'envol** ponte di volo *ou* lancio; ▸**pont de graissage** ponte d'ingrassaggio; ▸**pont élévateur** ponte sollevatore; ▸**pont roulant** carroponte *m*; ▸**pont suspendu** ponte sospeso; ▸**pont tournant** ponte girevole; ▸**Ponts et Chaussées** (*ADMIN*) ≈ Genio civile.
ponte [pɔ̃t] *nf* deposizione *f* delle uova; (*œufs pondus*) uova *fpl* deposte ♦ *nm* (*fam*) pezzo grosso.
pontife [pɔ̃tif] *nm* pontefice *m*.
pontifiant, e [pɔ̃tifjɑ̃, jɑ̃t] *adj* pontificale.
pontifier [pɔ̃tifje] *vi* pontificare.
pont-levis [pɔ̃lvi] (*pl* ~**s**-~) *nm* ponte *m* levatoio.
ponton [pɔ̃tɔ̃] *nm* pontile *m* galleggiante.
pop [pɔp] *adj inv* pop *inv* ♦ *nf* musica pop.
pop-corn [pɔpkɔʀn] *nm inv* pop-corn *m inv*.
popeline [pɔplin] *nf* popelin *m inv*, popeline *f inv*.
populace [pɔpylas] (*péj*) *nf* plebaglia.
populaire [pɔpylɛʀ] *adj* popolare.
populariser [pɔpylaʀize] *vt* popolarizzare.
popularité [pɔpylaʀite] *nf* popolarità.
population [pɔpylasjɔ̃] *nf* popolazione *f*; ▸**population active** popolazione attiva; ▸**population agricole/civile/ouvrière** popolazione agraria/civile/operaia.
populeux, -euse [pɔpylø, øz] *adj* popoloso(-a).
porc [pɔʀ] *nm* maiale *m*; (*péj*) porco; (*peau*) cinghiale *m*.
porcelaine [pɔʀsəlɛn] *nf* porcellana.
porcelet [pɔʀsəlɛ] *nm* porcellino.
porc-épic [pɔʀkepik] (*pl* ~**s**-~**s**) *nm* porcospino.
porche [pɔʀʃ] *nm* androne *m*.
porcher, -ère [pɔʀʃe, ɛʀ] *nm/f* guardiano (-a) di porci.
porcherie [pɔʀʃəʀi] *nf* (*aussi fig*) porcile *m*.
porcin, e [pɔʀsɛ̃, in] *adj* (*race etc*) suino (-a); (*fig*) porcino(-a).
pore [pɔʀ] *nm* poro.
poreux, -euse [pɔʀø, øz] *adj* poroso(-a).
porno [pɔʀno] *adj* porno *inv* ♦ *nm* (*genre*) porno; (*film*) film porno.
pornographie [pɔʀnɔgʀafi] *nf* pornografia.
pornographique [pɔʀnɔgʀafik] *adj* pornografico(-a).
port [pɔʀ] *nm* porto; (*INFORM*) port *m inv*; (*allure*) portamento; (*d'un colis, d'une lettre*) affrancatura; **le** ~ **d'un uniforme** l'indossare un'uniforme; **arriver à bon** ~ (*personne*) arrivare sano(-a) e salvo(-a); (*chose*) arrivare in buono stato; ▸**port d'arme** porto d'armi; ▸**port d'attache** (*NAUT*) porto d'immatricolazione; (*fig*) base *f*; ▸**port d'escale** porto di scalo; ▸**port de commerce** porto mercantile; ▸**port de pêche** porto di pesca; ▸**port dû** (*COMM*) porto assegnato; ▸**port franc** porto franco; ▸**port payé** (*COMM*) porto a carico del mittente; ▸**port pétrolier** porto petrolifero.
portable [pɔʀtabl] *adj* (*vêtement*) portabile; (*ordinateur etc*) portatile.
portail [pɔʀtaj] *nm* (*d'un parc*) cancellata; (*d'une cathédrale*) portale *m*.
portant, e [pɔʀtɑ̃, ɑ̃t] *adj* (*parties, murs*) portante; **être bien/mal** ~ (*personne*) stare bene/male.
portatif, -ive [pɔʀtatif, iv] *adj* portatile.
porte [pɔʀt] *nf* porta; (*d'une véhicule*) por-

tiera; (*d'un meuble*) anta; **mettre qn à la ~** mettere qn alla porta; **prendre la ~** andarsene; **à ma/sa ~** (*tout près*) dietro l'angolo; **faire du ~ à ~** (*COMM*) vendere porta a porta; **journée ~s ouvertes** giornata di apertura al pubblico; ▸**porte à porte** *nm* (*COMM*) porta a porta *m inv*; ▸**porte d'entrée** porta d'ingresso; ▸**porte (d'embarquement)** (*AVIAT*) cancello; ▸**porte de secours** porta di sicurezza; ▸**porte de service** porta di servizio.

porté, e [pɔʀte] *adj*: **être ~ sur qch** avere un debole per qc; **être ~ à faire qch** essere incline a fare qc.

porte-à-faux [pɔʀtafo] *nm inv*: **être en ~-~-~** (*fig*) trovarsi in una situazione precaria.

porte-aiguilles [pɔʀtegɥij] *nm inv* astuccio per gli aghi.

porte-avions [pɔʀtavjɔ̃] *nm inv* portaerei *f inv*.

porte-bagages [pɔʀtbagaʒ] *nm inv* (*d'une bicyclette, moto*) portapacchi *m inv*; (*AUTO*) portabagagli *m inv*.

porte-bébé [pɔʀtbebe] (*pl* **~-~s**) *nm* marsupio.

porte-bonheur [pɔʀtbɔnœʀ] *nm inv* portafortuna *m inv*.

porte-bouteilles [pɔʀtbutɛj] *nm inv* portabottiglie *m inv*.

porte-cartes [pɔʀtəkaʀt] *nm inv* portadocumenti *m inv*; (*de cartes géographiques*) portacarte *m inv*.

porte-cigarettes [pɔʀtsigaʀɛt] *nm inv* portasigarette *m inv*.

porte-clefs [pɔʀtəkle] *nm inv* portachiavi *m inv*.

porte-conteneurs [pɔʀtəkɔ̃tnœʀ] *nm inv* portacontainers *f inv*.

porte-couteau [pɔʀtkuto] (*pl* **~-~x**) *nm* reggiposata *m inv*.

porte-crayon [pɔʀtkʀɛjɔ̃] (*pl* **~-~s**) *nm* portamatite *m inv*.

porte-documents [pɔʀtdɔkymɑ̃] *nm inv* portacarte *m inv*.

porte-drapeau [pɔʀtdʀapo] (*pl* **~-~x**) *nm* portabandiera *m inv*.

portée [pɔʀte] *nf* (*aussi fig*) portata; (*d'une chienne etc*) nidiata, cucciolata; (*MUS*) pentagramma *m*; **à (la) ~ (de)** raggiungibile (da); **hors de ~ (de)** non raggiungibile (da); **à ~ de la main/de voix** a portata di mano/di voce; **à la ~ de qn** alla portata di qn; **à la ~ de toutes les bourses** alla portata di tutti.

portefaix [pɔʀtəfɛ] *nm* facchino.

porte-fenêtre [pɔʀtfənɛtʀ] (*pl* **~s-~s**) *nf* portafinestra.

portefeuille [pɔʀtəfœj] *nm* (*gén, POL, BOURSE*) portafoglio; **faire un lit en ~** fare il sacco al letto.

porte-jarretelles [pɔʀtʒaʀtɛl] *nm inv* reggicalze *m inv*.

porte-jupe [pɔʀtəʒyp] (*pl* **~-~s**) *nm* gruccia per gonne.

portemanteau, x [pɔʀt(ə)mɑ̃to] *nm* attaccapanni *m inv*.

porte-mine [pɔʀtəmin] (*pl* **~-~s**) *nm* portamina *m inv*.

porte-monnaie [pɔʀtmɔnɛ] *nm inv* portamonete *m inv*, borsellino.

porte-parapluies [pɔʀtpaʀaplɥi] *nm inv* portaombrelli *m inv*.

porte-parole [pɔʀtpaʀɔl] *nm inv* portavoce *m inv*.

porte-plume [pɔʀtəplym] *nm inv* portapenne *m inv*, penna.

porter [pɔʀte] *vt* portare; (*suj: femme: fœtus*) portare in grembo; (*fig: supporter*) sopportare; (*responsabilité, patronyme*) avere; (*suj: jambes*) reggere; (*: arbre: fleurs, fruits*) produrre; (*traces de fatigue*) recare; (*inscrire*) segnare ♦ *vi* (*voix, cri*) sentirsi bene; (*regard*) essere acuto(-a); (*canon*) avere una gittata; (*radar*) avere un raggio; (*coup*) fare centro; (*fig: mots, argument*) avere effetto; **se porter** *vr* (*personne*): **se ~ bien/mal** stare bene/male; **se ~ vers** portarsi *ou* spostarsi verso; **se ~ partie civile** costituirsi parte civile; **se ~ garant** farsi garante; **se ~ candidat à** presentarsi come candidato a; **~ qch/qn quelque part** portare qc/qn da qualche parte; **~ sur** (*suj: édifice*) poggiare su; (*: accent*) cadere su; (*: bras, tête*) urtare contro; (*: critique, conférence*) riguardare qc; **~ de l'argent au crédit d'un compte** versare dei soldi su un conto; **elle portait le nom de Rosalie** portava il nome di Rosalia; **~ qn au pouvoir** portare qn al potere; **~ secours/bonheur à qn** portare aiuto/fortuna a qn; **~ son âge** dimostrare la propria età; **~ un toast** fare un brindisi; **~ atteinte à** (*l'honneur etc*) attentare a; **se faire ~ malade** darsi malato(-a); **~ un jugement sur qn/qch** formulare un giudizio su qn/qc; **~ un livre/récit à l'écran** adattare un libro/racconto per lo schermo; **~ une cuillère à sa bouche** portare un cucchiaio alla bocca; **~ son attention/regard sur** rivolgere l'attenzione/lo sguardo verso; **~ son effort sur** dirigere i propri sforzi su; **~ un fait à la connaissance de qn** portare un fatto a conoscenza di qn; **~ à croire** indurre *ou* portare a credere.

porte-savon [pɔʀtsavɔ̃] (*pl* **~-~s**) *nm* portasapone *m inv*.

porte-serviettes [pɔʀtsɛʀvjɛt] *nm inv* portasciugamani *m inv*.

porteur, -euse [pɔʀtœʀ, øz] *nm/f* fattorino(-a) ♦ *nm* (*de bagages*) facchino; (*en montagne, COMM: d'un chèque*) portatore *m*; (*d'une obligation*) possessore *m*, detentore *m* ♦ *adj* portatore(-trice); **gros ~** (*avion*) cargo *m inv*, jumbo (jet) *m inv*; **au ~** (*chèque etc*) al portatore; **être ~ de bonnes nouvelles** portare buone notizie.

porte-voix [pɔʀtəvwa] *nm inv* megafono.

portier [pɔʀtje] *nm* portiere *m*.

portière [pɔʀtjɛʀ] *nf* portiera; (*d'un train*) sportello.

portillon [pɔʀtijɔ̃] *nm* portello.

portion [pɔʀsjɔ̃] *nf* (*de nourriture*) porzione *f*; (*d'héritage, partie*) parte *f*; (*de terrain, route*) pezzo.

portique [pɔʀtik] *nm* (*GYMNASTIQUE*) palco (di salita); (*ARCHIT*) portico, porticato.

porto [pɔʀto] *nm* (*vin*) porto.

portoricain, e [pɔʀtɔʀikɛ̃, ɛn] *adj* portoricano(-a) ♦ *nm/f*: **P~, e** portoricano(-a).

Porto Rico [pɔʀtɔʀiko] *nf* Portorico.

portrait [pɔʀtʀɛ] *nm* ritratto; **elle est le ~ de sa mère** è il ritratto di sua madre.

portraitiste [pɔʀtʀetist] *nm/f* ritrattista *m/f*.

portrait-robot [pɔʀtʀɛʀɔbo] (*pl* **~s-~s**) *nm* identikit *m inv*.

portuaire [pɔʀtɥɛʀ] *adj* portuale.

portugais, e [pɔʀtygɛ, ɛz] *adj* portoghese ♦ *nm* (*LING*) portoghese *m* ♦ *nm/f*: **P~, e** portoghese *m/f*.

Portugal [pɔʀtygal] *nm* Portogallo.

POS [peoɛs] *sigle m* = *plan d'occupation des sols*.

pose [poz] *nf* (*de moquette etc*) messa in opera; (*de rideau*) montaggio; (*position, d'un modèle*) posa; **(temps de) ~** (*PHOTO*) (tempo di) posa.

posé, e [poze] *adj* posato(-a).

posément [pozemɑ̃] *adv* posatamente, con calma.

posemètre [pozmɛtʀ] *nm* esposimetro.

poser [poze] *vt* posare; (*moquette, papier peint*) posare, mettere in opera; (*rideaux*) montare; (*question, problème, difficulté*) porre; (*sa candidature*) presentare; (*chiffre*) scrivere; (*principe, conditions*) stabilire, porre; (*personne: mettre en valeur*) imporre ♦ *vi* (*modèle*) posare; **se poser** *vr* (*oiseau, avion*) posarsi; (*question, problème*) porsi; **~ qn à** lasciare qn a; **~ un problème à qn** costituire un problema per qn; **~ son/un regard sur qn/qch** posare lo sguardo su qn/qc; **se ~ en** (*personne*) atteggiarsi a.

poseur, -euse [pozœʀ, øz] *nm/f* (*péj*) posatore(-trice), persona affettata; ▸**poseur de carrelages** piastrellista *m*; ▸**poseur de parquets** posatore *m* di parquet.

positif, -ive [pozitif, iv] *adj* positivo(-a).

position [pozisjɔ̃] *nf* posizione *f*; **être dans une ~ difficile/délicate** essere in una posizione difficile/delicata; **prendre ~** (*fig*) prendere posizione.

positionner [pozisjɔne] *vt* (*compte en banque*) aggiornare la posizione di; (*PUBLICITÉ: produit*) collocare in una fascia di mercato; (*TECH: pièce*) posizionare.

positivement [pozitivmɑ̃] *adv* veramente.

posologie [pozɔlɔʒi] *nf* posologia.

possédant, e [pɔsedɑ̃, ɑ̃t] *adj* possidente ♦ *nm/f*: **les ~s** i possidenti.

possédé, e [pɔsede] *nm/f* indemoniato(-a), posseduto(-a).

posséder [pɔsede] *vt* possedere; (*fam: duper*) fregare.

possesseur [pɔsesœʀ] *nm* possessore *m*.

possessif, -ive [pɔsesif, iv] *adj* possessivo(-a) ♦ *nm* (*LING*) possessivo.

possession [pɔsesjɔ̃] *nf* possesso; (*avoir, bien*) possedimento; **être/entrer en ~ de qch** essere/entrare in possesso di qc; **en sa/ma ~** in suo/mio possesso; **prendre ~ de qch** impadronirsi di qc; **être en ~ de toutes ses facultés** essere nel pieno possesso delle proprie facoltà.

possibilité [pɔsibilite] *nf* possibilità *f inv*; **~s** *nfpl* (*moyens*) possibilità *fpl*; (*d'un pays, d'une découverte*) potenziale *msg*; **avoir la ~ de faire qch** avere la possibilità di fare qc.

possible [pɔsibl] *adj* possibile; (*acceptable, supportable: situation, atmosphère*): **(ne) ... pas ~** impossibile ♦ *nm*: **faire (tout) son ~** fare tutto il possibile; **il est ~ que** è possibile che; **autant que ~** per quanto possibile; **si (c'est) ~** se possibile; **(ce n'est) pas ~!** (*étonnement*) incredibile!, assurdo!; **comme c'est pas ~** (*fam*) che di più non si può; **le plus/moins de livres ~** il maggior/minor numero possibile di libri; **le plus/moins d'eau ~** la maggiore/minore quantità d'acqua possibile; **aussitôt/dès que ~** non appena possibile; **gentil au ~** estremamente gentile.

postal, e, -aux [pɔstal, o] *adj* postale; **sac ~** sacco postale.

postdater [pɔstdate] *vt* postdatare.

poste [pɔst] *nf* posta ♦ *nm* (*MIL, fonction*) posto; (*de budget*) voce *f*; **~s** *nfpl* poste *fpl*; **P~s et Télécommunications** Poste e Telecomunicazioni; **mettre à la ~** imbucare; **~ 31** (*TÉL*) interno 31; ▸**poste d'essence** distributore *m* di benzina; ▸**poste d'incendie** idrante *m*; ▸**poste de commandement** (*MIL etc*) posto di comando; ▸**poste de contrôle** posto di controllo; ▸**poste de douane** dogana; ▸**poste de nuit** (*IND*) turno di notte; ▸**poste de péage** casello; ▸**poste de pilotage** (*AVIAT*) posto di pilotaggio; ▸**poste de radio** radio *f inv*; ▸**poste de secours** (posto di) pronto soccorso;

▸ **poste de télévision** televisore *m*; ▸ **poste de travail** stazione *f* di lavoro; ▸ **poste (de police)** commissariato (di polizia); ▸ **poste émetteur** (*RADIO*) emittente *f*; ▸ **poste restante** *nf* fermo posta *m inv*.
poster [*vb* poste, *n* pɔstɛʀ] *vt* (*lettre, colis*) imbucare; (*soldats*) disporre, piazzare ♦ *nm* poster *m inv*, manifesto; **se poster** *vr* appostarsi.
postérieur, e [pɔsteʀjœʀ] *adj* posteriore ♦ *nm* (*fam*) didietro *m inv*, sedere *m*.
postérieurement [pɔsteʀjœʀmɑ̃] *adv* posteriormente.
posteriori [pɔsteʀjɔʀi]: **a** ~ *adv* a posteriori.
postérité [pɔsteʀite] *nf* posteri *mpl*.
postface [pɔstfas] *nf* postfazione *f*.
posthume [pɔstym] *adj* postumo(-a).
postiche [pɔstiʃ] *adj* posticcio(-a) ♦ *nm* toupet *m inv*, parrucchino.
postier, -ière [pɔstje, jɛʀ] *nm/f* dipendente *m/f* delle poste.
postillon [pɔstijɔ̃] *nm* schizzo di saliva.
postillonner [pɔstijɔne] *vi* sputacchiare.
post-natal, e [pɔstnatal] *adj* postnatale.
postopératoire [pɔstɔpeʀatwaʀ] *adj* postoperatorio(-a).
postscolaire [pɔstskɔlɛʀ] *adj* postscolastico(-a).
post-scriptum [pɔstskʀiptɔm] *nm inv* post-scriptum *m inv*.
postsynchronisation [pɔstsɛ̃kʀɔnizasjɔ̃] *nf* postsincronizzazione *f*.
postsynchroniser [pɔstsɛ̃kʀɔnize] *vt* postsincronizzare.
postulant, e [pɔstylɑ̃, ɑ̃t] *nm/f* (*candidat*) candidato(-a); (*REL*) postulante *m/f*.
postulat [pɔstyla] *nm* postulato.
postuler [pɔstyle] *vt* sollecitare.
posture [pɔstyʀ] *nf* posizione *f*; **être en bonne/mauvaise** ~ (*fig*) trovarsi in buone/cattive acque.
pot [po] *nm* vaso; (*à eau, lait*) brocca; **avoir du** ~ (*fam*) avere fortuna; **boire/prendre un** ~ (*fam*) bere qualcosa; **découvrir le** ~ **aux roses** scoprire gli altarini; ▸ **pot à tabac** barattolo per il tabacco; ▸ **pot d'échappement** (*AUTO*) marmitta, tubo di scappamento; ▸ **pot (de chambre)** vaso da notte; ▸ **pot de fleurs** vaso di fiori; (*plante*) pianta.
potable [pɔtabl] *adj* (*fig: boisson*) bevibile; (: *travail*) passabile; **eau (non)** ~ acqua (non) potabile.
potache [pɔtaʃ] *nm* studente *m* di scuola media superiore.
potage [pɔtaʒ] *nm* minestra.
potager, -ère [pɔtaʒe, ɛʀ] *adj*: **plante potagère** ortaggio; (*cultures*) di ortaggi; **(jardin)** ~ orto.
potasse [pɔtas] *nf* potassa (caustica); (*engrais chimique*) concime *m* potassico.
potasser [pɔtase] (*fam*) *vt* sgobbare su.
potassium [pɔtasjɔm] *nm* potassio.
pot-au-feu [pɔtofø] *nm inv* (*mets*) lesso *ou* bollito misto; (*viande*) bollito ♦ *adj inv* (*fam: personne*) casalingo(-a).
pot-de-vin [podvɛ̃] (*pl* ~**s**-~-~) *nm* bustarella.
pote [pɔt] (*fam*) *nm* amico.
poteau, x [pɔto] *nm* palo; ▸ **poteau d'arrivée/de départ** linea del traguardo/di partenza; ▸ **poteau (d'exécution)** palo (della fucilazione); ▸ **poteau indicateur** cartello stradale; ▸ **poteau télégraphique** palo del telegrafo; ▸ **poteaux (de but)** palo (della porta).
potée [pɔte] *nf piatto di carni lessate e verdure*.
potelé, e [pɔt(ə)le] *adj* paffuto(-a), rotondetto(-a).
potence [pɔtɑ̃s] *nf* forca; **en** ~ a T.
potentat [pɔtɑ̃ta] *nm* sovrano assoluto; (*fig: péj*) despota *m*.
potentiel, le [pɔtɑ̃sjɛl] *adj* potenziale ♦ *nm* potenziale *m*.
potentiellement [pɔtɑ̃sjɛlmɑ̃] *adv* potenzialmente.
potentiomètre [pɔtɑ̃sjɔmɛtʀ] *nm* potenziometro.
poterie [pɔtʀi] *nf* ceramica.
potiche [pɔtiʃ] *nf* grande vaso di porcellana.
potier [pɔtje] *nm* vasaio.
potins [pɔtɛ̃] *nmpl* pettegolezzi *mpl*.
potion [posjɔ̃] *nf* pozione *f*.
potiron [pɔtiʀɔ̃] *nm* zucca.
pot-pourri [popuʀi] (*pl* ~**s**-~**s**) *nm* (*MUS*) pot-pourri *m inv*.
pou, x [pu] *nm* pidocchio.
pouah [pwa] *excl* puah.
poubelle [pubɛl] *nf* pattumiera, bidone *m* della spazzatura.
pouce [pus] *nm* pollice *m*; **se tourner** *ou* **se rouler les** ~**s** (*fig*) girarsi i pollici; **manger sur le** ~ mangiare di corsa.
poudre [pudʀ] *nf* polvere *f*; (*fard*) cipria; (*explosif*) polvere *f* da sparo; **en** ~ in polvere; ▸ **poudre à canon** polvere da cannone; ▸ **poudre à éternuer** polvere da starnuto; ▸ **poudre à priser** tabacco da fiuto *ou* da naso; ▸ **poudre à récurer** detersivo abrasivo in polvere; ▸ **poudre de riz** cipria.
poudrer [pudʀe] *vt* incipriare; **se poudrer** *vr* incipriarsi.
poudreuse [pudʀøz] *nf* neve *f* farinosa.
poudreux, -euse [pudʀø, øz] *adj* polveroso(-a); (*neige*) farinoso(-a).
poudrier [pudʀije] *nm* portacipria *m inv*.
poudrière [pudʀijɛʀ] *nf* (*aussi fig*) polve-

riera.

pouf [puf] *nm* pouf *m inv*.

pouffer [pufe] *vi*: ~ **(de rire)** scoppiare a ridere.

pouffiasse [pufjas] *nf* (*fam*) volgare cicciona; (*prostituée*) baldracca.

pouilleux, -euse [pujø, øz] *adj* pieno(-a) di pidocchi, pulcioso(-a); (*fig*) sudicio (-a).

poulailler [pulɑje] *nm* pollaio; (*THÉÂTRE*: *fam*) piccionaia, loggione *m*.

poulain [pulɛ̃] *nm* puledro; (*fig*) allievo.

poularde [pulaʀd] *nf* pollastra.

poule [pul] *nf* gallina; (*SPORT*) girone *m*, batteria; (*RUGBY*) girone *m* di eliminazione; (*fam*: *maîtresse*) amichetta; (: *fille de mœurs légères*) sgualdrinella; ▶ **poule d'eau** gallinella d'acqua; ▶ **poule mouillée** (*fig*) fifone(-a); ▶ **poule pondeuse** gallina ovaiola.

poulet [pulɛ] *nm* pollastro, galletto; (*CULIN*) pollo; (*fam*) piedipiatti *m inv*.

poulette [pulɛt] *nf* pollastra.

pouliche [puliʃ] *nf* puledra, cavallina.

poulie [puli] *nf* puleggia, carrucola.

poulpe [pulp] *nm* polipo.

pouls [pu] *nm* polso; **prendre le ~ de qn** sentire il polso a qn.

poumon [pumɔ̃] *nm* polmone *m*; ▶ **poumon artificiel** *ou* **d'acier** polmone d'acciaio.

poupe [pup] *nf* (*NAUT*) poppa; **avoir le vent en ~** (*fig*) avere il vento in poppa.

poupée [pupe] *nf* bambola; **jouer à la ~** giocare con le bambole; **de ~** (*très petit*) minuscolo(-a); **maison de ~** casa da bambola.

poupin, e [pupɛ̃, in] *adj* paffutello(-a).

poupon [pupɔ̃] *nm* pupo.

pouponner [pupɔne] *vt* coccolare.

pouponnière [pupɔnjɛʀ] *nf* (asilo) nido.

pour [puʀ] *prép* per ♦ *nm*: **le ~ et le contre** il pro e il contro; **~ que** *conj* perché, affinché; **~ faire/avoir fait** per fare/aver fatto; **mot ~ mot** parola per parola; **jour ~ jour** giorno per giorno; **~ 10 F d'essence** 10 franchi di benzina; **10 ~ cent** 10 percento; **10 ~ cent des gens** il 10 percento della gente; **~ ton anniversaire** per il tuo compleanno; **fermé ~ (cause de) travaux** chiuso per lavori; **c'est ~ cela que ...** è per questo che ...; **~ de bon** per davvero; **~ quoi faire?** per fare (che cosa)?; **je n'y suis ~ rien** non c'entro affatto *ou* per niente; **être ~ beaucoup dans qch** essere molto coinvolto(-a); **ce n'est pas ~ dire, mais ...** (*fam*) non è per dire ma ...; **il a parlé ~ moi** ha parlato per me; **~ un Français, il parle bien suédois** per essere francese, parla bene lo svedese; **~ riche qu'il soit** per quanto ricco sia; **la femme qu'il a eue ~ mère** la donna che ha avuta per madre; **~ moi, il a tort** per me ha torto; **~ ce qui est de ...** per quanto riguarda ...; **~ peu que** per poco che; **~ autant que** per quanto; **~ toujours** per sempre.

pourboire [puʀbwaʀ] *nm* mancia.

pourcentage [puʀsɑ̃taʒ] *nm* percentuale *f*; **travailler au ~** lavorare a provvigione.

pourchasser [puʀʃase] *vt* dare la caccia a, inseguire.

pourfendeur [puʀfɑ̃dœʀ] *nm* nemico giurato; **~ d'injustices** giustiziere *m*.

pourfendre [puʀfɑ̃dʀ] *vt* fare a pezzi.

pourlécher [puʀleʃe]: **se ~** *vr* leccarsi i baffi.

pourparlers [puʀpaʀle] *nmpl* trattative *fpl*; **être en ~ avec** essere in trattative con.

pourpre [puʀpʀ] *adj* (rosso) porpora *inv*.

pourquoi [puʀkwa] *adv, conj* perché ♦ *nm*: **le ~ (de)** il perché (di); **~ dis-tu cela?** perché dici così?; **~ pas?** perché no?; **c'est ~ ...** è per questo che ... .

pourrai *etc* [puʀe] *vb voir* **pouvoir**.

pourri, e [puʀi] *adj* (*aussi fig*) marcio(-a); (*temps, hiver*) umido(-a), piovoso(-a) ♦ *nm* marcio.

pourrir [puʀiʀ] *vi* marcire; (*fig*: *situation*) deteriorarsi ♦ *vt* far marcire; (*fig*: *corrompre*) corrompere; (: *gâter*) viziare.

pourrissement [puʀismɑ̃] *nm* deterioramento.

pourriture [puʀityʀ] *nf* putrefazione *f*; (*ce qui est pourri*: *aussi fig*) marciume *m*, marcio.

pourrons *etc* [puʀɔ̃] *vb voir* **pouvoir**.

poursuis [puʀsɥi] *vb voir* **poursuivre**.

poursuite [puʀsɥit] *nf* inseguimento; (*JUR*) procedimento, azione *f*; (*fig*) perseguimento; (: *continuation*) proseguimento; **~s** *nfpl* (*JUR*) azione *f* giudiziaria; **(course) ~** (*CYCLISME*) (corsa a) inseguimento; (*fig*) ricerca.

poursuivant, e [puʀsɥivɑ̃, ɑ̃t] *vb voir* **poursuivre** ♦ *nm/f* inseguitore(-trice); (*JUR*) querelante *m/f*.

poursuivre [puʀsɥivʀ] *vt* inseguire; (*relancer*) rincorrere; (*obséder*) perseguitare; (*fig*: *fortune, but*) perseguire; (*continuer*: *voyage, études*) proseguire ♦ *vi* proseguire; **se poursuivre** *vr* proseguire, continuare; **~ qn en justice** (*JUR*) perseguire qn in giudizio.

pourtant [puʀtɑ̃] *adv* eppure; **et ~** eppure; **mais ~** eppure; **c'est ~ facile** eppure è facile.

pourtour [puʀtuʀ] *nm* perimetro.

pourvoi [puʀvwa] *nm*: **~ en cassation** ricorso in cassazione; ▶ **pourvoi en grâce** domanda di grazia; ▶ **pourvoi en révision** ricorso per revisione.

pourvoir [purvwar] *vt* (*COMM*): ~ **qn en** rifornire qn di ♦ *vi*: ~ **à qch** provvedere a qc; (*emploi*) coprire qc; **se pourvoir** *vr* (*JUR*) ricorrere; ~ **qn de qch** (*recommandation etc*) fornire qc a qn; ~ **qch de** (*dispositifs etc*) dotare qc di.

pourvoyeur, -euse [purvwajœr, øz] *nm/f* fornitore(-trice); ~ **de fonds** finanziatore *m.*

pourvu, e [purvy] *pp de* **pourvoir** ♦ *adj*: ~ **de** provvisto(-a) *ou* fornito(-a) di; ~ **que** *conj* purché.

pousse [pus] *nf* crescita; (*bourgeon*) germoglio; ▶ **pousses de bambou** germogli di bambù.

poussé, e [puse] *adj* (*soigné*) curato(-a); (*moteur*) truccato(-a); (*plaisanterie*) pesante.

pousse-café [puskafe] *nm inv* bicchierino (*a fine pasto*), digestivo.

poussée [puse] *nf* spinta; (*MÉD*) accesso; (*fig*: *des prix*) impennata; (: *révolutionnaire*) ondata; (: *d'un parti politique*) improvvisa crescita; **donner une** ~ dare una spinta.

pousse-pousse [puspus] *nm inv* risciò *m inv.*

pousser [puse] *vt* spingere; (*émettre*: *soupir*) emettere; (*recherches etc*) approfondire ♦ *vi* (*croître*) crescere; (*fig*: *ville*) spuntare; (*personne*) spingersi; **se pousser** *vr* farsi in là; ~ **qn à qch/à faire qch** spingere qn a qc/a fare qc; **faire** ~ (*plante*) coltivare; ~ **qn à bout** far uscire qn dai gangheri; **il a poussé la gentillesse jusqu'à ...** è stato così gentile da ... .

poussette [pusɛt] *nf* passeggino.

poussette-canne [pusɛtkan] (*pl* ~**s**-~**s**) *nf* passeggino pieghevole.

poussier [pusje] *nm* polvere *f* di carbone.

poussière [pusjɛr] *nf* polvere *f*; **une** ~ un granello di polvere; **200 F et des** ~**s** 200 franchi e rotti; ▶ **poussière de charbon** polvere di carbone.

poussiéreux, -euse [pusjerø, øz] *adj* polveroso(-a); (*teint*) terreo(-a).

poussif, -ive [pusif, iv] *adj* (*cheval*) bolso (-a); (*personne*) senza fiato; (*moteur*) che perde colpi.

poussin [pusɛ̃] *nm* pulcino.

poussoir [puswar] *nm* pulsante *m.*

poutre [putr] *nf* trave *f*; ▶ **poutres apparentes** travi *fpl* a vista.

poutrelle [putrɛl] *nf* (*petite poutre*) travicello; (*barre d'acier*) putrella.

MOT-CLÉ

pouvoir [puvwar] *nm* potere *m*; **le pouvoir** (*POL*: *dirigeants*) il potere; (*JUR*: *procuration*) procura; **pouvoirs** *nmpl* (*surnaturels, attributions*) poteri *mpl*; ▶ **pouvoir absorbant** capacità *f inv* di assorbimento, potere assorbente; ▶ **pouvoir calorifique** potere calorico; ▶ **pouvoir d'achat** potere d'acquisto; ▶ **les pouvoirs publics** i pubblici poteri

♦ *vb semi-aux* potere; **je ne peux pas le réparer** non posso ripararlo; **déçu de ne pas pouvoir le faire** deluso di non poterlo fare; **tu ne peux pas savoir!** non puoi sapere!; **je n'en peux plus** non ne posso più; **je ne peux pas dire le contraire** non posso dire il contrario; **j'ai fait tout ce que j'ai pu** ho fatto tutto quello che ho potuto; **qu'est-ce que je pouvais bien faire?** che cosa mai potevo fare?; **tu peux le dire** puoi dirlo; **il aurait pu le dire!** avrebbe potuto dirlo!; **vous pouvez aller au cinéma** potete andare al cinema; **il a pu avoir un accident** potrebbe aver avuto un incidente

♦ *vb impers* potere; **il peut arriver que ...** può succedere che ...; **il pourrait pleuvoir** potrebbe piovere

♦ *vt* potere; **on ne peut mieux** *adv* meglio non si può

♦ *vi*: **se pouvoir**: **il se peut que** può darsi che; **cela se pourrait** può darsi.

pp *abr* (= *pages*) pp.

p.p. *abr* (= *par procuration*) p.p.

p.p.c.m. [pepeseɛm] *sigle m* (*MATH* = *plus petit commun multiple*) m.c.m.

PQ [peky] *abr* = *province de Québec*; (*fam*) = *papier cul.*

PR [peɛr] *sigle m* = *parti républicain* ♦ *sigle f* = **poste restante.**

pragmatique [pragmatik] *adj* pragmatico(-a).

pragmatisme [pragmatism] *nm* pragmatismo.

Prague [prag] *n* Praga.

prairie [preri] *nf* prateria.

praline [pralɛ̃] *nf* pralina.

praliné, e [praline] *adj* pralinato(-a).

praticable [pratikabl] *adj* (*route*) praticabile; (*projet*) realizzabile.

praticien, ne [pratisjɛ̃, jɛn] *nm/f* medico *m.*

pratiquant, e [pratikɑ̃, ɑ̃t] *adj* praticante.

pratique [pratik] *nf* pratica; (*coutume*) prassi *f inv*, pratica ♦ *adj* pratico(-a); (*horaire etc*) comodo(-a), pratico(-a); **dans la** ~ in pratica; **mettre en** ~ mettere in pratica.

pratiquement [pratikmɑ̃] *adv* praticamente.

pratiquer [pratike] *vt* praticare; (*méthode*) applicare; (*genre de vie*) condurre ♦ *vi* praticare.

pré [pre] *nm* prato.

préalable [prealabl] *adj* preliminare ♦ *nm* condizione *f* preliminare; **sans avis** ~

senza preavviso; **au** ~ prima (di tutto).

préalablement [pRealabləmɑ̃] *adv* prima (di tutto).

Préalpes [pRealp] *nfpl* Prealpi *fpl.*

préalpin, e [pRealpɛ̃, in] *adj* prealpino(-a).

préambule [pReɑ̃byl] *nm* preambolo; (*fig*) preludio; **sans** ~ senza preamboli.

préau, x [pReo] *nm* (*d'un monastère, d'une prison*) cortile *m*; (*d'une cour d'école*) portico.

préavis [pReavi] *nm*: ~ **(de licenciement)** preavviso; **communication avec** ~ comunicazione *f* con preavviso; ▶ **préavis de congé** preavviso.

prébende [pRebɑ̃d] (*péj*) *nf* guadagno.

précaire [pRekɛR] *adj* precario(-a).

précaution [pRekosjɔ̃] *nf* precauzione *f*; **sans** ~ incautamente; **prendre des/ses ~s** prendere delle/le proprie precauzioni; **pour plus de** ~ per maggior sicurezza; ▶ **précautions oratoires** caute osservazioni *fpl.*

précautionneusement [pRekosjɔnøzmɑ̃] *adv* cautamente.

précautionneux, -euse [pRekosjɔnø, øz] *adj* cauto(-a).

précédemment [pResedamɑ̃] *adv* precedentemente, in precedenza.

précédent, e [pResedɑ̃, ɑ̃t] *adj* precedente ♦ *nm* precedente *m*; **sans** ~ *adj* senza precedenti; **le jour** ~ il giorno prima *ou* precedente.

précéder [pResede] *vt* (*dans le temps*) precedere.

précepte [pResɛpt] *nm* precetto.

précepteur, -trice [pResɛptœR, tRis] *nm/f* precettore(-trice).

préchauffer [pReʃofe] *vt* preriscaldare.

prêcher [pReʃe] *vt, vi* predicare.

prêcheur, -euse [pRɛʃœR, øz] *adj* (*persone*) moralista; (*ton*) moralistico(-a) ♦ *nm/f* (*REL*) predicatore(-trice); (*fig*) moralista *m/f.*

précieusement [pResjøzmɑ̃] *adv* (*avec soin*) preziosamente; (*avec préciosité*) in modo affettato.

précieux, -euse [pResjø, jøz] *adj* prezioso(-a); (*bois*) pregiato(-a); (*LITT*) del preziosismo.

préciosité [pResjozite] *nf* preziosità, affettazione *f.*

précipice [pResipis] *nm* precipizio; **au bord du** ~ (*fig*) sull'orlo del precipizio.

précipitamment [pResipitamɑ̃] *adv* precipitosamente.

précipitation [pResipitasjɔ̃] *nf* precipitazione *f*; ▶ **précipitations (atmosphériques)** precipitazioni (atmosferiche).

précipité, e [pResipite] *adj* (*respiration*) affannoso(-a); (*pas*) affrettato(-a); (*démarche, départ*) precipitoso(-a).

précipiter [pResipite] *vt* (*faire tomber*) gettare giù, far precipitare; (*hâter: pas, départ*) affrettare; **se précipiter** *vr* (*battements du cœur*) accelerare; (*respiration*) diventare affannoso(-a); (*événements*) precipitare; **se** ~ **sur/vers** gettarsi *ou* buttarsi su/verso; **se** ~ **au devant de qn** correre incontro a qn.

précis, e [pResi, iz] *adj* preciso(-a) ♦ *nm* compendio.

précisément [pResizemɑ̃] *adv* con precisione, precisamente; (*dans une réponse*) esattamente; **ma vie n'est pas** ~ **distrayante** la mia vita non è proprio divertente; **c'est** ~ **pour cela que je viens vous voir** è proprio per questo che vengo da lei.

préciser [pResize] *vt* precisare; **se préciser** *vr* andare delineandosi.

précision [pResizjɔ̃] *nf* precisione *f*; **~s** *nfpl* (*plus amples détails*) precisazioni *fpl.*

précoce [pRekɔs] *adj* precoce.

précocité [pRekɔsite] *nf* precocità *f inv.*

préconçu, e [pRekɔ̃sy] (*péj*) *adj* preconcetto(-a).

préconiser [pRekɔnize] *vt* raccomandare.

précontraint, e [pRekɔ̃tRɛ̃, ɛ̃t] *adj*: **béton armé** ~ cemento armato precompresso.

précuit, e [pRekɥi, it] *adj* precotto(-a).

précurseur [pRekyRsœR] *nm* precursore *m* ♦ *adj*: **signe** ~ segno premonitore.

prédateur [pRedatœR] *nm* predatore *m.*

prédécesseur [pRedesesœR] *nm* predecessore *m.*

prédécoupé, e [pRedekupe] *adj* staccabile.

prédestiner [pRedɛstine] *vt* predestinare.

prédicateur [pRedikatœR] *nm* predicatore *m.*

prédiction [pRediksjɔ̃] *nf* predizione *f.*

prédilection [pRedilɛksjɔ̃] *nf* predilezione *f*; **de** ~ *adj* prediletto(-a).

prédire [pRediR] *vt* predire.

prédisposer [pRedispoze] *vt* predisporre.

prédisposition [pRedispozisjɔ̃] *nf* predisposizione *f.*

prédit [pRedi] *pp de* **prédire**.

prédominance [pRedɔminɑ̃s] *nf* prevalenza, predominanza.

prédominant, e [pRedɔminɑ̃, ɑ̃t] *adj* predominante.

prédominer [pRedɔmine] *vi* predominare.

pré-électoral, e, -aux [pReelɛktɔRal, o] *adj* preelettorale.

pré-emballé, e [pReɑ̃bale] (*pl* **~-~s, -es**) *adj* preconfezionato(-a).

prééminence [pReeminɑ̃s] *nf* preminenza.

prééminent, e [pReeminɑ̃, ɑ̃t] *adj* preminente.

préemption [pReɑ̃psjɔ̃] *nf*: **droit de** ~ (*JUR*) diritto di prelazione.

pré-encollé, e [pReɑ̃kɔle] (*pl* **~-~s, –es**) *adj* adesivo(-a).

préétabli, e [pʀeetabli] *adj* prestabilito(-a).
préexistant, e [pʀeɛgzistɑ̃, ɑ̃t] *adj* preesistente.
préfabrication [pʀefabʀikasjɔ̃] *nf* prefabbricazione *f*.
préfabriqué, e [pʀefabʀike] *adj* prefabbricato(-a); (*péj*: *sourire*) artificioso(-a) ♦ *nm* prefabbricato.
préface [pʀefas] *nf* prefazione *f*; (*fig*) preludio.
préfacer [pʀefase] *vt* scrivere la prefazione di.
préfectoral, e, -aux [pʀefɛktɔʀal, o] *adj* prefettizio(-a); **par mesure ~e** con provvedimento prefettizio.
préfecture [pʀefɛktyʀ] *nf* prefettura; (*ville*) ≈ capoluogo di provincia; ▸ **préfecture de police** questura.
préférable [pʀefeʀabl] *adj* preferibile; **il est ~ de faire ...** è preferibile fare ...; **être ~ à** essere preferibile rispetto a.
préféré, e [pʀefeʀe] *adj, nm/f* preferito(-a).
préférence [pʀefeʀɑ̃s] *nf* preferenza; **de ~** *adv* preferibilmente; **de/par ~ à** *prép* piuttosto che; **avoir une ~ pour qn/qch** avere una predilezione per qn/qc; **par ordre de ~** in ordine di preferenza; **obtenir la ~ (sur qn)** essere preferito(-a) rispetto (a qn).
préférentiel, le [pʀefeʀɑ̃sjɛl] *adj* preferenziale.
préférer [pʀefeʀe] *vt*: **~ (à)** preferire (a); **~ faire qch** preferire fare qc; **je préférerais du thé** preferirei del tè.
préfet [pʀefɛ] *nm* prefetto; ▸ **préfet de police** questore *m*.
préfigurer [pʀefigyʀe] *vt* prefigurare.
préfixe [pʀefiks] *nm* prefisso.
préhistoire [pʀeistwaʀ] *nf* preistoria.
préhistorique [pʀeistɔʀik] *adj* preistorico(-a); (*très ancien*) preistorico(-a), antidiluviano(-a).
préjudice [pʀeʒydis] *nm* pregiudizio, danno; **porter ~ à qn/qch** recare danno a qn/qc; **au ~ de qn/qch** a danno di qn/qc.
préjudiciable [pʀeʒydisjabl] *adj*: **~ à** nocivo(-a) per.
préjugé [pʀeʒyʒe] *nm* pregiudizio, preconcetto; **avoir un ~ contre qn/qch** avere pregiudizi verso qn/qc; **bénéficier d'un ~ favorable** essere considerato(-a) favorevolmente.
préjuger [pʀeʒyʒe]: **~ de qch** *vt* dare un giudizio a priori su qc.
prélasser [pʀelɑse]: **se ~** *vr* lasciarsi andare.
prélat [pʀela] *nm* prelato.
prélavage [pʀelavaʒ] *nm* prelavaggio.
prélèvement [pʀelɛvmɑ̃] *nm* raccolta; (*MÉD*) prelievo, prelevamento; **faire un ~ de sang** fare un prelievo di sangue.
prélever [pʀel(ə)ve] *vt* raccogliere; (*organe*) prelevare; (*argent*): **~ (sur)** prelevare (da).
préliminaire [pʀeliminɛʀ] *adj* preliminare; **~s** *nmpl* (*d'un armistice, prélude*) preliminari *mpl*.
prélude [pʀelyd] *nm* (*aussi fig*) preludio.
préluder [pʀelyde]: **~ à** *vt* preludere a.
prématuré, e [pʀematyʀe] *adj* prematuro(-a).
prématurément [pʀematyʀemɑ̃] *adv* prematuramente.
préméditation [pʀemeditasjɔ̃] *nf* premeditazione *f*; **meurtre avec ~** omicidio premeditato.
préméditer [pʀemedite] *vt* premeditare.
prémices [pʀemis] *nfpl* inizi *mpl*.
premier, -ière [pʀəmje, jɛʀ] *adj, nm/f* primo(-a) ♦ *nm* (*premier étage*) primo piano; **au ~ abord** a prima vista, di primo acchito; **au** *ou* **du ~ coup** al primo colpo; **de ~ ordre** di prim'ordine; **à la première occasion** alla prima occasione; **de première qualité** di prima qualità; **de ~ choix** di prima scelta; **de première importance** di primaria importanza; **de première nécessité** di prima necessità; **le ~ venu** il primo venuto; **jeune ~** attor *m* giovane; **première classe** prima classe; **le ~ de l'an** il primo dell'anno; **première communion** prima comunione; **enfant du ~ lit** figlio di primo letto; **en ~ lieu** in primo luogo; ▸ **premier âge** (*d'un enfant*) primi mesi di vita; ▸ **Premier ministre** Primo Ministro.
première [pʀəmjɛʀ] *nf* (*AUTO, THÉÂTRE, CINÉ*) prima; (*RAIL, AVIAT, NAUT*) prima (classe *f*); (*SCOL*: *classe*) *penultimo anno della scuola superiore*; (*exploit*) impresa senza precedenti.
premièrement [pʀəmjɛʀmɑ̃] *adv* innanzitutto; (*dans une énumération*) primo.
première-née [pʀəmjɛʀne] (*pl* **~s-~s**) *nf* primogenita.
premier-né [pʀəmjene] (*pl* **~s-~s**) *nm* primogenito.
prémisse [pʀemis] *nf* premessa.
prémolaire [pʀemɔlɛʀ] *nf* premolare *m*.
prémonition [pʀemɔnisjɔ̃] *nf* premonizione *f*.
prémonitoire [pʀemɔnitwaʀ] *adj* premonitore.
prémunir [pʀemyniʀ]: **se ~** *vr*: **se ~ contre qch** premunirsi contro qc.
prenant, e [pʀənɑ̃, ɑ̃t] *vb voir* **prendre** ♦ *adj* (*film, livre*) avvincente; (*activité*) impegnativo(-a).
prénatal, e [pʀenatal] *adj* prenatale; (*allocation*) di maternità.
prendre [pʀɑ̃dʀ] *vt* prendere; (*un bain, une douche*) fare; (*billet, essence, photogra-*

phie) fare; (*nouvelles, avis*) chiedere; (*attitude*) assumere; (*risques*) correre; (*du poids*) mettere su; (*de la valeur*) acquistare; (*vacances, repos*) prendersi; (*coûter: temps, place, argent*) richiedere; (*demander: somme, prix*) volere, chiedere; (*prélever: cotisation*) prelevare; (*coincer*): **se ~ les doigts dans** prendersi le dita in ♦ *vi* (*liquide, peinture*) rapprendersi; (*ciment*) prendere; (*bouture, vaccin*) attecchire; (*plaisanterie, mensonge*) attaccare; (*incendie*) iniziare; (*allumette*) accendersi; (*se diriger*): **~ à gauche** prendere a sinistra; **~ qch à qn** prendere qc a qn; **~ qn par la main/dans ses bras** prendere qn per mano/tra le braccia; **~ au piège** prendere in trappola; **~ la relève** dare il cambio; **~ la défense de qn** prendere le difese di qn; **~ l'air** prendere una boccata d'aria; **~ son temps** indugiare; **~ l'eau** (*embarcation*) imbarcare acqua; **~ sa retraite** andare in pensione; **~ la fuite** fuggire; **~ son origine/sa source** (*mot, rivière*) nascere; **~ congé de qn** congedarsi da qn; **~ de l'âge** avanzare negli anni; **~ ses dispositions pour partir en voyage** fare i preparativi per un viaggio; **~ des notes** prendere appunti; **~ le lit** mettersi a letto; **~ sur soi** (*supporter*) sopportare; **~ sur soi de faire qch** assumersi l'impegno di fare qc; **~ de l'intérêt à qch** interessarsi a qc; **~ qch au sérieux** prendere qc sul serio; **~ qch pour prétexte** addurre qc come pretesto; **~ qn à témoin** chiamare qn come testimone; **à tout ~** tutto sommato; **~ qn en faute/flagrant délit** cogliere qn in fallo/flagrante; **s'en ~ à** prendersela con; **se ~ pour** credersi; **se ~ d'amitié/d'affection pour qn** provare amicizia/affetto per qn; **s'y ~** procedere; **il faudra s'y ~ à l'avance** bisognerà occuparsene in anticipo; **s'y ~ à deux fois** tentare più volte; **se ~ par la main/par le cou/par la taille** prendersi per mano/per il collo/per la vita.

preneur [pʀənœʀ] *nm*: **trouver ~** trovare un acquirente; **être ~** essere interessato ad acquistare.

preniez *etc* [pʀənjɛ] *vb voir* **prendre**.

prenne *etc* [pʀɛn] *vb voir* **prendre**.

prénom [pʀenɔ̃] *nm* nome *m* (di battesimo).

prénommer [pʀenɔme] *vt*: **elle se prénomme Claude** si chiama Claude.

prénuptial, e, -aux [pʀenypsjal, o] *adj* prematrimoniale.

préoccupant, e [pʀeɔkypɑ̃, ɑ̃t] *adj* preoccupante.

préoccupation [pʀeɔkypasjɔ̃] *nf* preoccupazione *f*.

préoccupé, e [pʀeɔkype] *adj* preoccupato(-a); **~ de qch/de faire qch** preoccupato per qc/di fare qc.

préoccuper [pʀeɔkype] *vt* preoccupare; (*absorber*) occupare; **se ~ de qch/de faire qch** preoccuparsi per qc/di fare qc.

préparateur, -trice [pʀepaʀatœʀ, tʀis] *nm/f* assistente *m/f*.

préparatifs [pʀepaʀatif] *nmpl* preparativi *mpl*.

préparation [pʀepaʀasjɔ̃] *nf* preparazione *f*; (*CHIM, CULIN, PHARMACIE*) preparato; (*SCOL*) compito (*di preparazione alla lezione successiva*).

préparatoire [pʀepaʀatwaʀ] *adj* preparatorio(-a).

préparer [pʀepaʀe] *vt* preparare; **se préparer** *vr* prepararsi; **se ~ (à qch/à faire qch)** prepararsi (a qc/a fare qc); **~ qn à** preparare qn a; **~ qch à qn** (*surprise etc*) preparare qc a qn; (*suj: sort*) avere in serbo qc per qn.

prépondérance [pʀepɔ̃deʀɑ̃s] *nf* preponderanza.

prépondérant, e [pʀepɔ̃deʀɑ̃, ɑ̃t] *adj* (*rôle*) principale; (*place*) di primo piano; (*influence*) preponderante; (*voix*) decisivo (-a).

préposé, e [pʀepoze] *adj*: **~ (à qch)** addetto(-a) a qc ♦ *nm* addetto(-a); (*ADMIN: facteur*) postino(-a), portalettere *m/f inv*; (*de la douane*) doganiere *m*; (*de vestiaire*) guardarobiere(-a).

préposer [pʀepoze] *vt*: **~ qn à qch** assegnare qn a qc; **être préposé a qch** essere addetto a qc.

préposition [pʀepozisjɔ̃] *nf* preposizione *f*.

prérentrée [pʀeʀɑ̃tʀe] *nf rientro in servizio degli insegnanti dopo la pausa estiva.*

préretraite [pʀeʀ(ə)tʀɛt] *nf* prepensionamento.

prérogative [pʀeʀɔgativ] *nf* prerogativa.

près [pʀɛ] *adv* vicino; **~ de** *prép* vicino a; (*de mourir*) sul punto di; (*environ*) circa; **de ~** *adv* (*examiner*) attentamente; (*suivre*) da vicino; **à 5 mn ~** 5 minuti più, 5 minuti meno; **à cela ~ que** a parte il fatto che; **je ne suis pas ~ de lui pardonner** non ci penso neanche a perdonarlo; **on n'est pas à un jour ~** un giorno in più o in meno non cambia nulla.

présage [pʀezaʒ] *nm* presagio.

présager [pʀezaʒe] *vt* (*prévoir*) prevedere, presagire; (*annoncer*) lasciar presagire.

pré-salé [pʀesale] (*pl* **~s-~s**) *nm* (*CULIN*) *carne d'agnello o montone allevato su pascoli vicini al mare.*

presbyte [pʀɛsbit] *adj* presbite.

presbytère [pʀɛsbitɛʀ] *nm* canonica.

presbytérien, ne [pʀɛsbiteʀjɛ̃, jɛn] *adj* presbiteriano(-a).

presbytie [pʀɛsbisi] *nf* presbiopia.

prescience [presjɑ̃s] *nf* prescienza.
préscolaire [preskɔlɛr] *adj* prescolare.
prescriptible [prɛskriptibl] *adj* (*JUR*) prescrittibile.
prescription [prɛskripsjɔ̃] *nf* prescrizione *f*.
prescrire [prɛskrir] *vt* prescrivere; (*suj: circonstances*) esigere; **se prescrire** *vr* (*JUR*) prescriversi.
prescrit, e [prɛskri, it] *pp de* **prescrire** ♦ *adj* (*jour, date*) fissato(-a); (*dose*) prescritto(-a).
préséance [preseɑ̃s] *nf* precedenza.
présélection [preselɛksjɔ̃] *nf* preselezione *f*.
présélectionner [preselɛksjɔne] *vt* preselezionare.
présence [prezɑ̃s] *nf* presenza; (*écrivain*) influenza; **en ~ de** in presenza di; (*fig: incidents etc*) di fronte a; **en ~** (*armées, parties*) a confronto; **faire acte de ~** fare atto di presenza; ▸**présence d'esprit** presenza di spirito.
présent, e [prezɑ̃, ɑ̃t] *adj* presente; (*époque*) presente, attuale ♦ *nm* presente *m* ♦ *nf* (*COMM: lettre*): **la ~e** la presente; **les ~s** *nmpl* i presenti; **à ~** ora, adesso; **dès à ~** (fin) da ora; **jusqu'à ~** finora; **à ~ que** ora che.
présentable [prezɑ̃tabl] *adj* presentabile.
présentateur, -trice [prezɑ̃tatœr, tris] *nm/f* presentatore(-trice).
présentation [prezɑ̃tasjɔ̃] *nf* presentazione *f*; (*d'un spectacle, vue*) apparire *m inv*; (*allure, apparence*) presenza; **faire les ~s** fare le presentazioni.
présenter [prezɑ̃te] *vt* presentare; (*condoléances, excuses*) porgere ♦ *vi* (*personne*): **~ mal/bien** presentarsi male/bene; **se présenter** *vr* presentarsi; **je vous présente Nadine** le presento Nadine; **se ~ bien/mal** (*affaire*) presentarsi bene/male.
présentoir [prezɑ̃twar] *nm* (*étagère*) espositore *m*; (*vitrine*) vetrina; (*étal*) banco.
préservatif [prezɛrvatif] *nm* preservativo.
préservation [prezɛrvasjɔ̃] *nf* preservazione *f*.
préserver [prezɛrve] *vt*: **~ qn/qch de** preservare qn/qc da.
présidence [prezidɑ̃s] *nf* presidenza.
président [prezidɑ̃] *nm* presidente *m*; ▸**président de la République** presidente della Repubblica; ▸**président directeur général** presidente e amministratore delegato; ▸**président du jury** (*JUR*) presidente della giuria; (*d'examen*) presidente della commissione.
présidente [prezidɑ̃t] *nf* (*POL*) presidente *m ou f*; (*d'une assemblée, femme du président*) presidentessa.
présidentiable [prezidɑ̃sjabl] *adj* che può accedere alla presidenza ♦ *nm/f* chi può accedere alla presidenza.
présidentiel, le [prezidɑ̃sjɛl] *adj* presidenziale; **~les** *nfpl* (*élections*) (elezioni *fpl*) presidenziali *fpl*.
présider [prezide] *vt*: **~ (à)** presiedere (a).
présomption [prezɔ̃psjɔ̃] *nf* presunzione *f*; (*conjecture*) supposizione *f*.
présomptueux, -euse [prezɔ̃ptɥø, øz] *adj* presuntuoso(-a).
presque [prɛsk] *adv* quasi; **~ toujours/rien** quasi sempre/niente; **~ pas** poco o niente; **~ pas de** pochissimo(-a); **il n'y avait ~ personne** non c'era quasi nessuno; **la voiture s'arrêta ~** l'auto quasi si fermò; **la ~ totalité (de)** quasi tutti(-e).
presqu'île [prɛskil] *nf* penisola.
pressant, e [prɛsɑ̃, ɑ̃t] *adj* pressante; (*personne*) insistente.
presse [prɛs] *nf* (*dispositif*) pressa; (: *IMPRIMERIE*) macchina da stampa; (*journalisme*) stampa; **heures/moments de ~** (*dans un magasin*) ore *fpl*/momenti *mpl* di maggiore affluenza; (*dans une activité*) ore/momenti di massima attività; **mettre sous ~** dare alle stampe; **ouvrage sous ~** opera in corso di stampa; **avoir bonne/mauvaise ~** (*fig*) avere una buona/cattiva stampa; ▸**presse d'information/d'opinion** stampa d'informazione/di opinione; ▸**presse du cœur/féminine** stampa rosa/femminile.
pressé, e [prese] *adj* (*personne*) frettoloso(-a); (*lettre, besogne*) urgente ♦ *nm*: **aller/courir au plus ~** occuparsi di ciò che è più urgente; **être ~ de faire qch** avere fretta di fare qc; **orange ~e** spremuta di arancia.
presse-citron [prɛssitrɔ̃] *nm inv* spremiagrumi *m inv*.
presse-fruits [prɛsfrɥi] *nm inv* spremifrutta *m inv*.
pressentiment [presɑ̃timɑ̃] *nm* presentimento.
pressentir [presɑ̃tir] *vt* presentire; **~ qn comme ministre** interpellare qn per la carica di ministro.
presse-papiers [prɛspapje] *nm inv* fermacarte *m inv*.
presse-purée [prɛspyre] *nm inv* passaverdura *m inv*.
presser [prese] *vt* (*fruit*) spremere; (*éponge*) strizzare; (*interrupteur*) premere; (*personne: harceler*) pressare; (*affaire, événement*) affrettare ♦ *vi* incalzare; **se presser** *vr* (*se hâter*) affrettarsi, sbrigarsi; (*se grouper*) accalcarsi; **~ qn de faire qch** sollecitare qn a fare qc; **le temps presse** il tempo stringe; **rien ne presse** non c'è fretta; **se ~ contre qn** stringersi contro qn; **~ le pas/l'allure** affrettare il

passo/l'andatura; ~ **qn entre/dans ses bras** stringere qn tra le braccia.
pressing [pʀesiŋ] *nm* (*repassage*) stiratura a vapore; (*magasin*) lavasecco *m ou f inv*.
pression [pʀesjɔ̃] *nf* pressione *f*; (*bouton*) bottone *m* a pressione; **faire ~ sur qn/qch** fare pressioni su qn/qc; **sous ~** *adj* sotto pressione; ▶ **pression artérielle** pressione arteriosa; ▶ **pression atmosphérique** pressione atmosferica.
pressoir [pʀeswaʀ] *nm* torchio.
pressurer [pʀesyʀe] *vt* (*fig*) sfruttare; (: *peuple, contribuables*) spremere.
pressurisation [pʀesyʀizasjɔ̃] *nf* pressurizzazione *f*.
pressurisé, e [pʀesyʀize] *adj* pressurizzato(-a).
prestance [pʀɛstɑ̃s] *nf* prestanza.
prestataire [pʀɛstatɛʀ] *nm/f* beneficiario (-a); ▶ **prestataire de services** (*COMM*) operatore(-trice) del settore terziario.
prestation [pʀɛstasjɔ̃] *nf* prestazione *f*; (*allocation*) indennità *f inv*; (*d'une assurance*) copertura; ▶ **prestation de serment** giuramento; ▶ **prestation de service** prestazione di servizi; ▶ **prestations familiales** assegni *mpl* familiari.
preste [pʀɛst] *adj* lesto(-a), svelto(-a).
prestement [pʀɛstəmɑ̃] *adv* velocemente.
prestidigitateur, -trice [pʀɛstidiʒitatœʀ, tʀis] *nm/f* prestigiatore(-trice).
prestidigitation [pʀɛstidiʒitasjɔ̃] *nf* arte *f* del prestigiatore.
prestige [pʀɛstiʒ] *nm* prestigio.
prestigieux, -euse [pʀɛstiʒjø, jøz] *adj* prestigioso(-a).
présumer [pʀezyme] *vt*: ~ **que** presumere *ou* supporre che; ~ **de qn/qch** sopravvalutare qn/qc; ~ **qn coupable/innocent** presumere che qn sia colpevole/innocente.
présupposé [pʀesypoze] *nm* presupposto.
présupposer [pʀesypoze] *vt* presupporre.
présupposition [pʀesypozisjɔ̃] *nf* presupposizione *f*.
présure [pʀezyʀ] *nf* presame *m*, caglio.
prêt, e [pʀɛ, pʀɛt] *adj* pronto(-a) ♦ *nm* prestito; ~ **à faire qch** pronto(-a) a fare qc; ~ **à toute éventualité** pronto(-a) per ogni eventualità; ~ **à tout** pronto(-a) a tutto; **à vos marques, ~s? partez!** pronti, attenti, via!; ~ **sur gages** prestito su pegno.
prêt-à-porter [pʀɛtapɔʀte] (*pl* **~s-~-~**) *nm* prêt-à-porter *m inv*.
prétendant [pʀetɑ̃dɑ̃] *nm* pretendente *m*.
prétendre [pʀetɑ̃dʀ] *vt*: ~ **faire qch/que** pretendere di fare qc/che; ~ **à** *vt* pretendere a.
prétendu, e [pʀetɑ̃dy] *adj* sedicente.
prétendument [pʀetɑ̃dymɑ̃] *adv* falsamente.
prête-nom [pʀɛtnɔ̃] (*pl* **~-~s**) *nm* prestanome *m/f inv*.
prétentieux, -euse [pʀetɑ̃sjø, jøz] *adj* pretenzioso(-a).
prétention [pʀetɑ̃sjɔ̃] *nf* pretenziosità *f inv*; (*revendication, ambition*) pretesa; **sans ~** senza pretese.
prêter [pʀete] *vt* (*livre, argent*) prestare; (*caractère, propos*) attribuire; **se prêter** *vr* (*tissu, cuir*) cedere; **se ~ à qch** prestarsi a qc; **tu me le prêtes?** me lo presti?; ~ **à** (*commentaire, équivoque*) dare adito a; ~ **à rire** far ridere; ~ **assistance à** prestare assistenza a; ~ **attention/l'oreille** prestare attenzione/orecchio; ~ **de l'importance à qch** attribuire importanza a qc; ~ **serment** prestare giuramento; ~ **sur gages** prestare su pegno.
prêteur [pʀɛtœʀ] *nm chi presta denaro a interesse*; ▶ **prêteur sur gages** prestatore su pegno.
prétexte [pʀetɛkst] *nm* pretesto; **sous aucun ~** per nessuna ragione; **sous ~/le ~ que/de** col pretesto che/di.
prétexter [pʀetɛkste] *vt* addurre a pretesto; ~ **que** addurre a pretesto il fatto che.
prêtre [pʀɛtʀ] *nm* prete *m*, sacerdote *m*.
prêtre-ouvrier [pʀɛtʀuvʀije] (*pl* **~s-~s**) *nm* prete *m* operaio.
prêtrise [pʀetʀiz] *nf* sacerdozio.
preuve [pʀœv] *nf* prova; **jusqu'à ~ du contraire** fino a prova contraria; **faire ~ de** dar prova di; **faire ses ~s** mostrare le proprie capacità; ▶ **preuve matérielle** (*JUR*) prova fisica; ▶ **preuve par neuf** prova del nove.
prévaloir [pʀevalwaʀ] *vi* prevalere; **se ~ de qch** *vr* (*tirer parti de*) avvalersi di qc; (*tirer vanité de*) vantarsi di qc.
prévarication [pʀevaʀikasjɔ̃] *nf* (*ADMIN*) malversazione *f*.
prévaut [pʀevo] *vb voir* **prévaloir**.
prévenances [pʀɛvnɑ̃s] *nfpl* premure *fpl*.
prévenant, e [pʀev(ə)nɑ̃, ɑ̃t] *adj* premuroso(-a).
prévenir [pʀev(ə)niʀ] *vt*: (*éviter, anticiper*) prevenire; ~ **qn (de qch)** (*avertir*) avvertire *ou* avvisare qn (di qc); (*informer*) avvisare *ou* informare qn (di qc); ~ **qn contre qch/qn** prevenire qn contro qc/qn; ~ **qn en faveur de qch/qn** predisporre qn in favore di qc/qn.
préventif, -ive [pʀevɑ̃tif, iv] *adj* preventivo(-a); **prison préventive** carcere *m* preventivo.
prévention [pʀevɑ̃sjɔ̃] *nf* prevenzione *f*; (*JUR*) carcere *m* preventivo; ▶ **prévention routière** (*organisation*) *ente per la prevenzione degli incidenti stradali*; (*service*) insieme di misure per la prevenzione degli incidenti stradali.

prévenu, e [pʀev(ə)ny] *adj*: **être ~ contre qn** essere prevenuto(-a) contro qn ♦ *nm/f* imputato(-a); **être ~ en faveur de qn** essere ben disposto(-a) verso qn.
prévisible [pʀevizibl] *adj* prevedibile.
prévision [pʀevizjɔ̃] *nf*: **~s** previsioni *fpl*; **en ~ de qch** in previsione di qc; ▸ **prévisions météorologiques** previsioni meteorologiche.
prévisionnel, le [pʀevizjɔnɛl] *adj* previsionale; (*budget*) di previsione.
prévoir [pʀevwaʀ] *vt* prevedere.
prévoyance [pʀevwajɑ̃s] *nf* previdenza; **société/caisse de ~** società *f inv*/ente *m* di previdenza.
prévoyant, e [pʀevwajɑ̃, ɑ̃t] *vb voir* **prévoir** ♦ *adj* previdente.
prévu [pʀevy] *pp de* **prévoir**.
prier [pʀije] *vi, vt* pregare; **~ qn de faire** pregare qn di fare; **~ qn à dîner/d'assister à une réunion** invitare qn a cena/ad assistere ad una riunione; **se faire ~** farsi pregare; **je vous en prie** prego; **je vous prie de faire** la prego di fare.
prière [pʀijɛʀ] *nf* preghiera; "**~ de ...**" "si prega di ...".
primaire [pʀimɛʀ] *adj* (*enseignement*) elementare; (*inspecteur*) scolastico(-a); (*péj*) primitivo(-a); (*PEINTURE*: *couleurs*) fondamentale ♦ *nm* (*SCOL*): **le ~** l'istruzione *f* elementare; **secteur ~** (*ÉCON*) (settore *m*) primario; **ère ~** (*GÉO*) era primaria.
primauté [pʀimote] *nf* (*fig*) preminenza.
prime [pʀim] *nf* premio; (*COMM*: *cadeau*) omaggio, regalo ♦ *adj*: **de ~ abord** di primo acchito; ▸ **prime de risque** premio di rischio; ▸ **prime de transport** premio di trasporto.
primer [pʀime] *vt* premiare ♦ *vi* prevalere; **~ sur qch** prevalere su qc.
primerose [pʀimʀoz] *nf* malvone *m*.
primesautier, -ière [pʀimsotje, jɛʀ] *adj* spontaneo(-a).
primeur [pʀimœʀ] *nf*: **avoir la ~ de** essere informato(-a) per primo di; **~s** *nfpl* (*fruits, légumes*) primizie *fpl*; **marchand de ~s** fruttivendolo (*che vende primizie*).
primevère [pʀimvɛʀ] *nf* primula.
primitif, -ive [pʀimitif, iv] *adj* primitivo (-a); (*état, texte*) originario(-a) ♦ *nm/f* primitivo(-a).
primo [pʀimo] *adv* primo, in primo luogo.
primordial, e, -aux [pʀimɔʀdjal, o] *adj* fondamentale.
prince [pʀɛ̃s] *nm* principe *m*; ▸ **prince charmant** principe azzurro; ▸ **prince de Galles** *nm* (*TEXTILE*) principe di Galles; ▸ **prince héritier** principe ereditario.
princesse [pʀɛ̃sɛs] *nf* principessa.
princier, -ière [pʀɛ̃sje, jɛʀ] *adj* principesco(-a).
princièrement [pʀɛ̃sjɛʀmɑ̃] *adv* in modo principesco.
principal, e, -aux [pʀɛ̃sipal, o] *adj* principale ♦ *nm*: **le ~** l'essenziale *m*; (*SCOL*: *d'un collège*) ≈ preside *m*; (*FIN*) capitale *m* ♦ *nf* (*LING*): **(proposition) ~e** (proposizione *f*) principale *f*.
principalement [pʀɛ̃sipalmɑ̃] *adv* principalmente, soprattutto.
principauté [pʀɛ̃sipote] *nf* principato.
principe [pʀɛ̃sip] *nm* principio; **~s** *nmpl* (*sociaux, politiques*) principi *mpl*; **partir du ~ que** partire dal principio che; **pour le ~** per principio; **de ~** (*accord*) di massima; (*hostilité*) a priori; **par ~** per principio; **en ~** in linea di massima.
printanier, -ière [pʀɛ̃tanje, jɛʀ] *adj* primaverile.
printemps [pʀɛ̃tɑ̃] *nm* primavera.
priori [pʀijɔʀi]: **a ~** *adv* a priori.
prioritaire [pʀijɔʀitɛʀ] *adj* prioritario(-a); (*AUTO*) che ha la precedenza; (*INFORM*) ad alta priorità.
priorité [pʀijɔʀite] *nf* priorità *f inv*; (*AUTO*) precedenza; **en ~** per primo(-a), innanzitutto; **avoir la ~ (sur)** aver la precedenza (su); ▸ **priorité à droite** precedenza a destra.
pris, e [pʀi, pʀiz] *pp de* **prendre** ♦ *adj* (*place, journée, mains*) occupato(-a); (*personne*) impegnato(-a), occupato(-a); (*billets*) venduto(-a); (*MÉD*: *nez*) chiuso(-a); (: *gorge*) infiammato(-a); (*crème, glace*) rappreso(-a); **être ~ de** (*peur*) essere colto(-a) da; (*fatigue*) essere sopraffatto(-a) da.
prise [pʀiz] *nf* (*d'une ville, SPORT, ÉLEC*) presa; (*PÊCHE*) pesce *m* pescato; (*CHASSE*) cacciagione *f*; (*point d'appui*) appiglio, presa; **en ~** (*AUTO*) con la marcia più alta; **être aux ~s avec qn** (*fig*) essere alle prese con qn; **lâcher ~** lasciare la presa; **donner ~ à** (*fig*) dare adito a; **avoir ~ sur qn** avere un ascendente su qn; ▸ **prise à partie** *azione giuridica contro un magistrato*; ▸ **prise d'eau** presa d'acqua; ▸ **prise d'otages** presa di ostaggi; ▸ **prise de contact** presa di contatto; ▸ **prise de courant** presa di corrente; ▸ **prise de sang** prelievo di sangue; ▸ **prise de son** registrazione *f* audio *inv*; ▸ **prise de tabac** presa di tabacco; ▸ **prise multiple de terre** (*ÉLEC*) presa multipla di terra; ▸ **prise de vue** (*PHOTO*) fotografia; ▸ **prise de vue(s)** ripresa (cinematografica); ▸ **prise en charge** (*par un taxi*) diritto fisso di corsa; (*par la sécurité sociale*) assunzione *f* di spese; ▸ **prise péritel** presa *f* SCART *inv*.
priser [pʀize] *vt* (*tabac*) fiutare; (*héroïne*)

sniffare; (*estimer, apprécier*) stimare.
prisme [pʀism] *nm* prisma *m*.
prison [pʀizɔ̃] *nf* carcere *m*, prigione *f*; (*fig*) prigione *f*; **aller/être en** ~ andare/essere in carcere *ou* prigione; **être condamné à cinq ans de** ~ essere condannato a cinque anni di carcere *ou* prigione.
prisonnier, -ière [pʀizɔnje, jɛʀ] *nm/f* (*détenu*) detenuto(-a); (*soldato*) prigioniero(-a) ♦ *adj* prigioniero(-a); **faire qn** ~ fare qn prigioniero(-a).
prit [pʀi] *vb voir* **prendre**.
privatif, -ive [pʀivatif, iv] *adj* (*jardin etc*) privato(-a); (*peine etc*) limitativo(-a).
privations [pʀivasjɔ̃] *nfpl* privazioni *fpl*.
privatisation [pʀivatizasjɔ̃] *nf* privatizzazione *f*.
privatiser [pʀivatize] *vt* privatizzare.
privautés [pʀivote] *nfpl* libertà *fpl*.
privé, e [pʀive] *adj* privato(-a); ~ **de** privo(-a) di; **en** ~ in privato; **dans le** ~ (*ÉCON*) nel (settore) privato.
priver [pʀive] *vt*: ~ **qn de qch** (*droits, sommeil*) privare qn di qc; (*dessert*) togliere qc a qn; **se** ~ **(de qch)** *vr* privarsi (di qc); **se** ~ **de faire qch** rinunciare a fare qc; **ne pas se** ~ **de faire** non rinunciare a fare.
privilège [pʀivilɛʒ] *nm* privilegio.
privilégié, e [pʀivileʒje] *adj* privilegiato (-a).
privilégier [pʀivileʒje] *vt* privilegiare.
prix [pʀi] *nm* prezzo; (*récompense*) premio; **mettre à** ~ (*aux enchères*) mettere all'asta; **au** ~ **fort** a un prezzo elevatissimo; **acheter qch à** ~ **d'or** comprare qc a peso d'oro; **hors de** ~ carissimo(-a); **à aucun** ~ a nessun costo; **à tout** ~ ad ogni costo; **grand** ~ **automobile** gran premio (di formula uno); ▶ **prix conseillé** prezzo consigliato; ▶ **prix d'achat/de revient/de vente** prezzo d'acquisto/di costo/di vendita.
pro [pʀo] *abr* = **professionnel**.
probabilité [pʀɔbabilite] *nf* probabilità *f inv*; **selon toute** ~ con ogni probabilità.
probable [pʀɔbabl] *adj* probabile.
probablement [pʀɔbabləmɑ̃] *adv* probabilmente; ... "~" (*dans une réponse*) ... "è probabile".
probant, e [pʀɔbɑ̃, ɑ̃t] *adj* probante.
probatoire [pʀɔbatwaʀ] *adj* (*examen, test*) di ammissione; (*stage*) di prova.
probité [pʀɔbite] *nf* probità *f inv*.
problématique [pʀɔblematik] *adj* problematico(-a) ♦ *nf* problematica.
problème [pʀɔblɛm] *nm* problema *m*.
procédé [pʀɔsede] *nm* (*méthode*) procedimento, processo; (*conduite*) comportamento, modo di fare.
procéder [pʀɔsede] *vi* procedere; ~ **à** (*aussi JUR*) procedere a.
procédure [pʀɔsedyʀ] *nf* procedura; ▶ **procédure civile/pénale** procedura civile/penale.
procès [pʀɔsɛ] *nm* (*JUR*) processo; **intenter un** ~ intentare causa; **être en** ~ **avec qn** avere una causa in corso con qn; **faire le** ~ **de qn/qch** (*fig*) fare il processo a qn/qc; **sans autre forme de** ~ senza tante formalità.
processeur [pʀɔsesœʀ] *nm* processore *m*.
procession [pʀɔsesjɔ̃] *nf* processione *f*.
processus [pʀɔsesys] *nm* processo.
procès-verbal [pʀɔsɛvɛʀbal] (*pl* **procès-verbaux**) *nm* (*JUR, relation*) verbale *m*; **avoir un** ~-~ prendere una contravvenzione.
prochain, e [pʀɔʃɛ̃, ɛn] *adj* prossimo(-a) ♦ *nm* prossimo; **à la** ~**e!, à la** ~**e fois!** (*fam*) a presto!, arrivederci!; **un jour** ~ nei prossimi giorni.
prochainement [pʀɔʃɛnmɑ̃] *adv* prossimamente.
proche [pʀɔʃ] *adj* vicino(-a); (*ami*) stretto(-a); (*parent, cousin*) prossimo(-a); ~**s** *nmpl* (*parents*) parenti *mpl*; **l'un de ses** ~**s** (*amis*) uno dei suoi amici; **être** ~ **(de)** essere vicino (a); **de** ~ **en** ~ poco a poco, progressivamente.
Proche-Orient [pʀɔʃɔʀjɑ̃] *nm*: **le** ~-~ il Medio Oriente.
proclamation [pʀɔklamasjɔ̃] *nf* proclamazione *f*; (*écrit*) proclama *m*; (*du résultat d'un examen*) pubblicazione *f*.
proclamer [pʀɔklame] *vt* proclamare; (*résultat d'un examen*) pubblicare.
procréer [pʀɔkʀee] *vt* procreare.
procuration [pʀɔkyʀasjɔ̃] *nf* (*écrit, JUR*) procura, delega; **donner** ~ **à qn** conferire una procura a qn; **voter/acheter par** ~ votare/acquistare per procura.
procurer [pʀɔkyʀe] *vt*: ~ **qch à qn** procurare qc a qn; **se procurer** *vr* procurarsi.
procureur [pʀɔkyʀœʀ] *nm*: ~ **(de la République)** procuratore *m* (della Repubblica); ▶ **procureur général** procuratore generale.
prodigalité [pʀɔdigalite] *nf* prodigalità *f inv*.
prodige [pʀɔdiʒ] *nm* prodigio.
prodigieusement [pʀɔdiʒjøzmɑ̃] *adv* prodigiosamente.
prodigieux, -euse [pʀɔdiʒjø, jøz] *adj* prodigioso(-a).
prodigue [pʀɔdig] *adj* prodigo(-a); **fils** ~ figliol prodigo.
prodiguer [pʀɔdige] *vt*: ~ **(à)** prodigare (a).
producteur, -trice [pʀɔdyktœʀ, tʀis] *adj* produttore(-trice) ♦ *nm/f* produttore (-trice); (*RADIO, TV*) produttore *m* esecu-

tivo; **société productrice** (*CINÉ*) società *f inv* produttrice.

productif, -ive [pʀɔdyktif, iv] *adj* produttivo(-a).

production [pʀɔdyksjɔ̃] *nf* produzione *f*.

productivité [pʀɔdyktivite] *nf* produttività *f inv*.

produire [pʀɔdɥiʀ] *vt* produrre ♦ *vi* (*investissement etc*) rendere; **se produire** *vr* (*acteur*) esibirsi; (*changement*) prodursi; (*événement*) verificarsi.

produit, e [pʀɔdɥi, it] *pp de* **produire** ♦ *nm* prodotto; (*profit*) proventi *mpl*; (*MATH*) risultato; ▸**produit d'entretien** prodotto per la pulizia della casa; ▸**produit des ventes** proventi delle vendite; ▸**produit national brut** prodotto nazionale lordo; ▸**produit net** prodotto netto; ▸**produit pour la vaisselle** detersivo per i piatti; ▸**produits agricoles** prodotti agricoli; ▸**produits alimentaires** prodotti alimentari; ▸**produits de beauté** prodotti di bellezza.

proéminence [pʀɔeminɑ̃s] *nf* prominenza.

proéminent, e [pʀɔeminɑ̃, ɑ̃t] *adj* prominente.

prof. [pʀɔf] *abr* (= *professeur*) Prof.

profane [pʀɔfan] *adj*, *nm/f* profano(-a); **en musique, ils sont complètement ~s** sono assolutamente dei profani per quanto concerne la musica.

profaner [pʀɔfane] *vt* profanare.

proférer [pʀɔfeʀe] *vt* proferire.

professer [pʀɔfese] *vt* professare; (*suj: professeur*) insegnare.

professeur [pʀɔfesœʀ] *nm* professore (-essa); ▸**professeur (de faculté)** professore(-essa) universitario(-a).

profession [pʀɔfesjɔ̃] *nf* professione *f*; **faire ~ de** fare professione di; **de ~** di professione; **"sans ~"** "disoccupato"; (*femme mariée*) "casalinga".

professionnel, le [pʀɔfesjɔnɛl] *adj* professionale; (*écrivain, sportif*) professionista; (*sport*) professionistico(-a) ♦ *nm/f* professionista *m/f*; (*ouvrier qualifié*) operaio(-a) specializzato.

professoral, e, -aux [pʀɔfesɔʀal, o] *adj* (*péj*) professorale; **le corps ~** il corpo insegnante.

professorat [pʀɔfesɔʀa] *nm* insegnamento.

profil [pʀɔfil] *nm* profilo; (*d'une voiture*) linea; **de ~** di profilo; ▸**profil des ventes** profilo delle vendite; ▸**profil psychologique** profilo psicologico.

profilé, e [pʀɔfile] *adj* profilato(-a).

profiler [pʀɔfile] *vt* profilare; **se profiler** *vr* profilarsi.

profit [pʀɔfi] *nm* profitto; (*avantage*) profitto, vantaggio; **au ~ de qn** a vantaggio di qn; **au ~ de qch** a beneficio di qc; **tirer** *ou* **retirer ~ de qch** trarre profitto da qc; **mettre à ~ qch** mettere a frutto qc; ▸**profits et pertes** (*COMM*) profitti *mpl* e perdite *fpl*.

profitable [pʀɔfitabl] *adj* (*action*) vantaggioso(-a); (*leçon*) proficuo(-a).

profiter [pʀɔfite]: **~ de** *vt* approfittare di; **~ de ce que ...** approfittare del fatto che ...; **~ à qn/qch** (*entreprise etc*) rendere *ou* fruttare a qn/qc; **~ à qn** (*aliment etc*) giovare a qn.

profiteur, -euse [pʀɔfitœʀ, øz] (*péj*) *nm/f* profittatore(-trice).

profond, e [pʀɔfɔ̃, ɔ̃d] *adj* profondo(-a); (*erreur*) grave; **au plus ~ de** nel profondo di; **la France ~e** la Francia rurale.

profondément [pʀɔfɔ̃demɑ̃] *adv* profondamente.

profondeur [pʀɔfɔ̃dœʀ] *nf* profondità *f inv*; ▸**profondeur de champ** (*PHOTO*) profondità di campo.

profusément [pʀɔfyzemɑ̃] *adv* profusamente.

profusion [pʀɔfyzjɔ̃] *nf* profusione *f*; (*de couleurs*) tripudio; **à ~** *adv* in abbondanza.

progéniture [pʀɔʒenityʀ] *nf* prole *f*.

progiciel [pʀɔʒisjɛl] *nm* (*INFORM*) pacchetto di software; ▸**progiciel d'application** pacchetto *ou* software *m inv* applicativo.

progouvernemental, e, -aux [pʀɔguvɛʀnəmɑ̃tal, o] *adj* filogovernativo(-a).

programmable [pʀɔgʀamabl] *adj* programmabile.

programmateur, -trice [pʀɔgʀamatœʀ, tʀis] *nm/f* (*CINÉ, RADIO, TV*) programmista *m/f* ♦ *nm* (*de machine à laver*) programmatore *m*.

programmation [pʀɔgʀamasjɔ̃] *nf* programmazione *f*.

programme [pʀɔgʀam] *nm* programma *m*; **au ~ de ce soir** (*TV*) in programma stasera.

programmé, e [pʀɔgʀame] *adj* programmato(-a); **enseignement ~** istruzione *f* programmata.

programmer [pʀɔgʀame] *vt* programmare.

programmeur, -euse [pʀɔgʀamœʀ, øz] *nm/f* (*INFORM*) programmatore(-trice).

progrès [pʀɔgʀɛ] *nm* progresso; **faire des ~, être en ~** fare progressi.

progresser [pʀɔgʀese] *vi* (*mal, troupes, inondation*) avanzare; (*élève, recherche*) progredire.

progressif, -ive [pʀɔgʀesif, iv] *adj* progressivo(-a).

progression [pʀɔgʀesjɔ̃] *nf* progresso, avanzata; (*d'une troupe etc*) avanzata; (*MATH*) progressione *f*.

progressiste [pRɔgResist] *adj* progressista.
progressivement [pRɔgResivmɑ̃] *adv* progressivamente.
prohibé, e [pRɔibe] *adj* proibito(-a).
prohiber [pRɔibe] *vt* proibire.
prohibitif, -ive [pRɔibitif, iv] *adj* proibitivo(-a).
prohibition [pRɔibisjɔ̃] *nf* proibizione *f*, divieto.
proie [pRwɑ] *nf* preda; **être la ~ de** (*suj*: *maison, forêt*: *flammes etc*) essere in preda a; (: *personne*) essere vittima di; **être en ~ à** (*doute, douleur*) essere in preda a.
projecteur [pRɔʒɛktœR] *nm* proiettore *m*.
projectile [pRɔʒɛktil] *nm* proiettile *m*.
projection [pRɔʒɛksjɔ̃] *nf* proiezione *f*; **conférence avec ~s** conferenza con proiezione di diapositive (*ou* film).
projectionniste [pRɔʒɛksjɔnist] *nm* (*CINÉ*) proiezionista *m*.
projet [pRɔʒɛ] *nm* progetto; (*ébauche*) abbozzo, bozza; **faires des ~s** fare progetti; ▶ **projet de loi** progetto di legge.
projeter [pRɔʒ(ə)te] *vt* (*ombre, film etc*) proiettare; (*envisager*) progettare; **~ de faire qch** progettare di fare qc.
prolétaire [pRɔletɛR] *nm/f* proletario.
prolétariat [pRɔletaRja] *nm* proletariato.
prolétarien, ne [pRɔletaRjɛ̃, jɛn] *adj* proletario(-a).
prolifération [pRɔlifeRasjɔ̃] *nf* proliferazione *f*.
proliférer [pRɔlifeRe] *vi* proliferare.
prolifique [pRɔlifik] *adj* prolifico(-a).
prolixe [pRɔliks] *adj* prolisso(-a).
prolo [pRolo] (*fam*) *nm/f* (*abr de prolétaire*) proletario(-a).
prologue [pRɔlɔg] *nm* prologo.
prolongateur [pRɔlɔ̃gatœR] *nm* prolunga.
prolongation [pRɔlɔ̃gasjɔ̃] *nf* prolungamento, prolungarsi *m inv*; (*délai*) proroga; (*FOOTBALL*) tempo supplementare; **jouer les ~s** (*FOOTBALL*) giocare i tempi supplementari.
prolongé, e [pRɔlɔ̃ʒe] *adj* prolungato(-a).
prolongement [pRɔlɔ̃ʒmɑ̃] *nm* prolungamento; **~s** *nmpl* (*fig*: *suites, conséquences*) sviluppi *mpl*, conseguenze *fpl*.
prolonger [pRɔlɔ̃ʒe] *vt* prolungare; (*billet*) estendere la validità di; (*délai*) prorogare; (*suj*: *chose*) essere il prolungamento di; **se prolonger** *vr* (*leçon, repas*) protrarsi; (*route, chemin*) continuare.
promenade [pRɔm(ə)nad] *nf* passeggiata; **faire une ~** fare una passeggiata; **partir en ~** andarsene a spasso; ▶ **promenade à pied** passeggiata (a piedi); ▶ **promenade à vélo/en voiture** giro in bicicletta/in macchina.
promener [pRɔm(ə)ne] *vt* portare a spasso; (*fig*) portarsi dietro; **se promener** *vr* (*à pied*) passeggiare; (*en voiture*) fare un giro; **~ les doigts/la main/le regard sur qch** far scorrere le dita/la mano/lo sguardo su qc.
promeneur, -euse [pRɔm(ə)nœR, øz] *nm/f* passeggiatore(-trice).
promenoir [pRɔm(ə)nwaR] *nm* cortile *m* coperto.
promesse [pRɔmɛs] *nf* promessa; **la ~ de qch/de faire qch/que** la promessa di qc/di fare qc/che; ▶ **promesse d'achat/de vente** (*JUR*) promessa d'acquisto/di vendita.
prometteur, -euse [pRɔmetœR, øz] *adj* promettente.
promettre [pRɔmɛtR] *vt* promettere ♦ *vi* promettere bene; **se ~ de faire qch** ripromettersi di fare qc; **~ qch à qn** promettere qc a qn; **~ à qn de faire qch** promettere a qn di fare qc.
promeus [pRɔmø] *vb voir* **promouvoir**.
promis, e [pRɔmi, iz] *pp de* **promettre** ♦ *adj*: **être ~ à qch** essere destinato(-a) a qc.
promiscuité [pRɔmiskɥite] *nf* promiscuità *f inv*.
promit [pRɔmi] *vb voir* **promettre**.
promontoire [pRɔmɔ̃twaR] *nm* promontorio.
promoteur, -trice [pRɔmɔtœR, tRis] *nm/f* promotore(-trice); ▶ **promoteur (immobilier)** costruttore *m* edile.
promotion [pRɔmosjɔ̃] *nf* promozione *f*; (*SCOL*: *élèves d'une même année*) corso; **article en ~** (*COMM*) articolo in offerta speciale; ▶ **promotion des ventes** (*COMM*) promozione delle vendite.
promotionnel, le [pRɔmosjɔnɛl] *adj* (*article*) in offerta speciale; (*vente*) promozionale.
promouvoir [pRɔmuvwaR] *vt* promuovere.
prompt, e [pRɔ̃(pt), pRɔ̃(p)t] *adj* pronto(-a); (*changement*) improvviso(-a); **~ à qch/faire qch** pronto a qc/fare qc.
promptement [pRɔ̃ptəmɑ̃] *adv* prontamente.
prompteur [pRɔ̃ptœR] *nm* (*TV*) gobbo.
promptitude [pRɔ̃(p)tityd] *nf* prontezza; **la ~ de son retour ...** il suo improvviso ritorno ... .
promu, e [pRɔmy] *pp de* **promouvoir** ♦ *adj* promosso(-a).
promulguer [pRɔmylge] *vt* promulgare.
prôner [pRone] *vt* (*louer*) esaltare; (*préconiser*) raccomandare.
pronom [pRɔnɔ̃] *nm* pronome *m*.
pronominal, e, -aux [pRɔnɔminal, o] *adj*: **(verbe) ~** verbo pronominale.
prononcé, e [pRɔnɔ̃se] *adj* pronunciato(-a), marcato(-a).

prononcer [pʀɔnɔ̃se] *vt* pronunciare; (*souhait, vœu*) esprimere ♦ *vi*: ~ **bien/mal** avere una buona/cattiva pronuncia; (*JUR*) pronunciarsi; **se prononcer** *vr* pronunciarsi; **se ~ en faveur de/contre qch/qn** pronunciarsi in favore di/contro qc/qn; **ça se prononce comment?** come si pronuncia?

prononciation [pʀɔnɔ̃sjasjɔ̃] *nf* pronuncia; (*d'un jugement*) lettura; **avoir une bonne/mauvaise ~** avere una buona/cattiva pronuncia.

pronostic [pʀɔnɔstik] *nm* (*MÉD*) prognosi *f inv*; (*fig*: *aussi*: **~s**: *prévision*) pronostico.

pronostiquer [pʀɔnɔstike] *vt* pronosticare.

pronostiqueur, -euse [pʀɔnɔstikœʀ, øz] *nm/f* pronosticatore(-trice).

propagande [pʀɔpagɑ̃d] *nf* propaganda; **faire de la ~ pour qch** fare propaganda per qc.

propagandiste [pʀɔpagɑ̃dist] *nm/f* propagandista *m/f*.

propagation [pʀɔpagasjɔ̃] *nf* propagazione *f*.

propager [pʀɔpaʒe] *vt* propagare; **se propager** *vr* propagarsi.

propane [pʀɔpan] *nm* propano.

propension [pʀɔpɑ̃sjɔ̃] *nf* propensione *f*.

prophète, prophétesse [pʀɔfɛt, etɛs] *nm/f* (*REL*) profeta(-essa); (*augure, devin*) indovino(-a).

prophétie [pʀɔfesi] *nf* profezia.

prophétique [pʀɔfetik] *adj* profetico(-a).

prophétiser [pʀɔfetize] *vt* (*REL*) profetizzare; (*prédire*) predire, annunciare.

prophylactique [pʀɔfilaktik] *adj* profilattico(-a).

prophylaxie [pʀɔfilaksi] *nf* profilassi *f inv*.

propice [pʀɔpis] *adj* propizio(-a).

proportion [pʀɔpɔʀsjɔ̃] *nf* proporzione *f*; **~s** *nfpl* (*d'un édifice, du visage*) proporzioni *fpl*; **en ~** in proporzione; **à/en ~ de** in proporzione a; **hors de ~** sproporzionato(-a); **toute(s) ~(s) gardée(s)** fatte le debite proporzioni.

proportionné, e [pʀɔpɔʀsjɔne] *adj*: **bien ~** (ben) proporzionato(-a); **~ à** proporzionato(-a) a.

proportionnel, le [pʀɔpɔʀsjɔnɛl] *adj* proporzionale.

proportionnellement [pʀɔpɔʀsjɔnɛlmɑ̃] *adv* proporzionalmente.

proportionner [pʀɔpɔʀsjɔne] *vt*: **~ qch (à)** adeguare *ou* proporzionare qc (a).

propos [pʀɔpo] *nm* (*paroles*) parole *fpl*, discorsi *mpl*; (*intention, but*) proposito, intenzione *f*; (*sujet*): **à quel ~?** a che proposito?; **à ~ de** a proposito di; **à tout ~** ad ogni istante; **à ce ~** a questo proposito; **à ~** *adv* a proposito; **hors de ~, mal à ~** a sproposito.

proposer [pʀɔpoze] *vt* proporre; **~ de faire qch (à qn)** proporre di fare qc (a qn); **se ~ (pour faire qch)** offrirsi (di fare qc); **se ~ de faire qch** proporsi di fare qc.

proposition [pʀɔpozisjɔ̃] *nf* proposta; (*LING*) proposizione *f*; **sur la ~ de** su proposta di; ▸ **proposition de loi** proposta di legge.

propre [pʀɔpʀ] *adj* (*pas sale, net*) pulito (-a); (*cahier, copie*) ordinato(-a); (*travail*) ben fatto(-a); (*enfant*) che non ha più bisogno di pannolini; (*fig*: *honnête*: *personne*) onesto(-a); (: *affaire, argent*) pulito (-a); (*intensif possessif, LING*) proprio(-a); (*particulier, spécifique*): **~ à** proprio(-a) di, caratteristico(-a) di; (*convenable, approprié*): **~ à** adatto(-a) a; (*de nature à*): **~ à faire qch** adatto(-a) a fare qc ♦ *nm*: **mettre** *ou* **recopier au ~** mettere *ou* ricopiare in bella; **le ~ de** (*apanage, particularité*) la caratteristica di; **au ~** (*LING*) in senso proprio; **avoir qch en ~** avere qc in proprio; **appartenir à qn en ~** essere di proprietà di qn; **~ à rien** *nm/f* (*péj*: *personne*) buono(-a) a nulla, incapace *m/f*.

proprement [pʀɔpʀəmɑ̃] *adv* (*avec propreté*) come si deve; (*exclusivement, littéralement*) propriamente; **à ~ parler** a dire il vero; **le village ~ dit** il paese vero e proprio.

propret, te [pʀɔpʀɛ, ɛt] *adj* lindo(-a).

propreté [pʀɔpʀəte] *nf* pulizia; (*SCOL*) ordine *m*.

propriétaire [pʀɔpʀijetɛʀ] *nm/f* proprietario(-a); (*d'une maison*: *pour le locataire*) padrone(-a) di casa; ▸ **propriétaire (immobilier)** proprietario di immobili; ▸ **propriétaire récoltant** coltivatore *m* diretto; ▸ **propriétaire terrien** proprietario terriero.

propriété [pʀɔpʀijete] *nf* proprietà *f inv*; ▸ **propriété artistique et littéraire** proprietà artistica e letteraria; ▸ **propriété industrielle** proprietà industriale.

propulser [pʀɔpylse] *vt* (*missile, engin*) spingere; (*projeter*) scagliare.

propulsion [pʀɔpylsjɔ̃] *nf* propulsione *f*.

prorata [pʀɔʀata] *nm*: **au ~ de** in proporzione a.

prorogation [pʀɔʀɔgasjɔ̃] *nf* proroga; (*d'une assemblée*) aggiornamento.

proroger [pʀɔʀɔʒe] *vt* prorogare; (*assemblée*) aggiornare.

prosaïque [pʀozaik] *adj* prosaico(-a).

proscription [pʀɔskʀipsjɔ̃] *nf* (*du citoyen*) bando; (*interdiction*) condanna.

proscrire [pʀɔskʀiʀ] *vt* (*exiler*) bandire; (*interdire*) proibire, proscrivere.

prose [pʀoz] *nf* prosa.

prosélyte [pʀɔzelit] *nm/f* proselito(-a).

prosélytisme [pʀɔzelitism] *nm* proseliti-

smo.
prospecter [pʀɔspɛkte] *vt* (*terrain*) esplorare; (*COMM*: *région*) scandagliare.
prospecteur, -trice [pʀɔspɛktœʀ, tʀis] *nm/f* prospettore *m*.
prospecteur-placier [pʀɔspɛktœʀplasje] (*pl* **~s-~s**) *nm* funzionario dell'ufficio di collocamento.
prospectif, -ive [pʀɔspɛktif, iv] *adj* prospettivo(-a).
prospection [pʀɔspɛksjɔ̃] *nf* prospezione *f*; (*COMM*) ricerca della clientela.
prospectus [pʀɔspɛktys] *nm* (*feuille*) volantino pubblicitario; (*dépliant*) dépliant *m inv* pubblicitario.
prospère [pʀɔspɛʀ] *adj* prospero(-a).
prospérer [pʀɔspeʀe] *vi* prosperare.
prospérité [pʀɔspeʀite] *nf* prosperità *f inv*.
prostate [pʀɔstat] *nf* prostata.
prosterner [pʀɔstɛʀne]: **se ~** *vr* prosternarsi.
prostituée [pʀɔstitɥe] *nf* prostituta.
prostitution [pʀɔstitysjɔ̃] *nf* prostituzione *f*.
prostré, e [pʀɔstʀe] *adj* prostrato(-a).
protagoniste [pʀɔtagɔnist] *nm/f* protagonista *m/f*.
protecteur, -trice [pʀɔtɛktœʀ, tʀis] *adj* protettore(-trice); (*ÉCON*: *régime, système*) protezionistico(-a); (*péj*: *air, ton*) superiore ♦ *nm/f* protettore(-trice).
protection [pʀɔtɛksjɔ̃] *nf* protezione *f*; ▶ **protection civile** protezione civile; ▶ **protection judiciaire** (*des mineurs*) protezione giuridica; ▶ **protection maternelle et infantile** *ente per la protezione della donna incinta e del bambino fino a 6 anni*.
protectionnisme [pʀɔtɛksjɔnism] *nm* protezionismo.
protectionniste [pʀɔtɛksjɔnist] *adj* (*mesures*) protezionistico(-a); (*pays*) protezionista.
protégé, e [pʀɔteʒe] *nm/f* protetto(-a).
protège-cahier [pʀɔtɛʒkaje] (*pl* **~-~s**) *nm* copertina (per il quaderno).
protège-dents [pʀɔtɛʒdɑ̃] *nm inv* (*BOXE*) paradenti *m inv*.
protéger [pʀɔteʒe] *vt* proteggere; (*aider*: *personne, carrière*) appoggiare; **se ~ de qch/contre qch** proteggersi *ou* ripararsi da qc.
protéine [pʀɔtein] *nf* proteina.
protestant, e [pʀɔtɛstɑ̃, ɑ̃t] *adj, nm/f* protestante *m/f*.
protestantisme [pʀɔtɛstɑ̃tism] *nm* protestantesimo.
protestataire [pʀɔtɛstatɛʀ] *nm/f* protestatore(-trice).
protestation [pʀɔtɛstasjɔ̃] *nf* protesta.
protester [pʀɔtɛste] *vi*: **~ (contre qch)** protestare (contro qc); **~ de son innocence** protestare la propria innocenza.
prothèse [pʀɔtɛz] *nf* protesi *f inv*; ▶ **prothèse dentaire** protesi dentaria; (*science*) odontotecnica.
protocolaire [pʀɔtɔkɔlɛʀ] *adj* protocollare; (*conventionnel*) formale.
protocole [pʀɔtɔkɔl] *nm* protocollo; **chef du ~** capo del protocollo; ▶ **protocole d'accord** protocollo d'accordo; ▶ **protocole opératoire** (*MÉD*) protocollo operatorio.
prototype [pʀɔtɔtip] *nm* prototipo.
protubérance [pʀɔtybeʀɑ̃s] *nf* protuberanza.
protubérant, e [pʀɔtybeʀɑ̃, ɑ̃t] *adj* protuberante.
proue [pʀu] *nf* prua.
prouesse [pʀuɛs] *nf* prodezza; (*iron*: *action remarquable*) impresa.
prouvable [pʀuvabl] *adj* provabile, dimostrabile.
prouver [pʀuve] *vt* provare; (*montrer*: *reconnaissance etc*) dimostrare.
provenance [pʀɔv(ə)nɑ̃s] *nf* provenienza; (*d'une famille*) origine *f*; **avion/train en ~ de** aereo/treno proveniente da.
provençal, e, -aux [pʀɔvɑ̃sal, o] *adj* provenzale ♦ *nm* (*LING*) provenzale *m* ♦ *nm/f*: **P~, e, -aux** provenzale *m/f*.
Provence [pʀɔvɑ̃s] *nf* Provenza.
provenir [pʀɔv(ə)niʀ]: **~ de** *vt* provenire da; (*résulter de*: *cause*) derivare da.
proverbe [pʀɔvɛʀb] *nm* proverbio.
proverbial, e, -aux [pʀɔvɛʀbjal, o] *adj* proverbiale.
providence [pʀɔvidɑ̃s] *nf* provvidenza.
providentiel, le [pʀɔvidɑ̃sjɛl] *adj* provvidenziale.
province [pʀɔvɛ̃s] *nf* provincia.
provincial, e, -aux [pʀɔvɛ̃sjal, o] *adj* (*aussi péj*) provinciale ♦ *nm/f* provinciale *m/f*.
proviseur [pʀɔvizœʀ] *nm* preside *m*.
provision [pʀɔvizjɔ̃] *nf* (*réserve*) provvista, scorta; (*acompte*) anticipo; (*COMM*: *dans un compte*) copertura; **~s** *nfpl* (*vivres*) provviste *fpl*; **faire ~ de qch** fare provvista di qc; **placard/armoire à ~s** dispensa.
provisoire [pʀɔvizwaʀ] *adj* provvisorio(-a); **mise en liberté ~** libertà provvisoria.
provisoirement [pʀɔvizwaʀmɑ̃] *adv* provvisoriamente.
provocant, e [pʀɔvɔkɑ̃, ɑ̃t] *adj* (*agressif*) provocatorio(-a); (*excitant*) provocante.
provocateur [pʀɔvɔkatœʀ] *nm* agitatore *m*, provocatore *m*.
provocation [pʀɔvɔkasjɔ̃] *nf* provocazione *f*.
provoquer [pʀɔvɔke] *vt* (*causer, défier*) provocare; (*aveux, explications*) sollecitare; **~ qn à** incitare *ou* spingere qn a; (*à une violence*) istigare qn a.

prox. *abr* = **proximité**.
proxénète [pʀɔksenɛt] *nm* protettore *m*.
proxénétisme [pʀɔksenetism] *nm* sfruttamento della prostituzione.
proximité [pʀɔksimite] *nf* prossimità *f inv*; **à ~** nelle vicinanze; **à ~ de** in prossimità di.
prude [pʀyd] *adj* pudibondo(-a).
prudemment [pʀydamɑ̃] *adv* prudentemente.
prudence [pʀydɑ̃s] *nf* prudenza; **par (mesure de) ~** per prudenza.
prudent, e [pʀydɑ̃, ɑ̃t] *adj* prudente; (*réservé*) riservato(-a); **ce n'est pas ~** non è prudente; **soyez ~!** sia prudente!
prune [pʀyn] *nf* prugna, susina.
pruneau, x [pʀyno] *nm* prugna secca.
prunelle [pʀynɛl] *nf* (*ANAT*) pupilla; (*BOT*) prugnola; (*eau de vie*) acquavite *f* di prugnola.
prunier [pʀynje] *nm* susino, prugno.
Prusse [pʀys] *nf* Prussia.
PS [peɛs] *sigle m* = *parti socialiste*; (= *post-scriptum*) P.S. *m inv*.
psalmodier [psalmɔdje] *vt* (*REL*) recitare; (*fig*) cantilenare.
psaume [psom] *nm* salmo.
pseudonyme [psødɔnim] *nm* pseudonimo; (*de comédien*) nome *m* d'arte.
PSU [peɛsy] *sigle m* = *parti socialiste unifié*.
psy [psi] *nm/f* (*fam*) psicanalista *m/f*, psichiatra *m/f*, psicologo(-a).
psychanalyse [psikanaliz] *nf* psicanalisi *f inv*.
psychanalyser [psikanalize] *vt* psicanalizzare.
psychanalyste [psikanalist] *nm/f* psicanalista *m/f*.
psychanalytique [psikanalitik] *adj* psicanalitico(-a).
psychédélique [psikedelik] *adj* psichedelico(-a).
psychiatre [psikjatʀ] *nm/f* psichiatra *m/f*.
psychiatrie [psikjatʀi] *nf* psichiatria.
psychiatrique [psikjatʀik] *adj* psichiatrico(-a).
psychique [psiʃik] *adj* psichico(-a).
psychisme [psiʃism] *nm* psiche *f*.
psychologie [psikɔlɔʒi] *nf* psicologia.
psychologique [psikɔlɔʒik] *adj* psicologico(-a).
psychologiquement [psikɔlɔʒikmɑ̃] *adv* psicologicamente.
psychologue [psikɔlɔg] *nm/f* psicologo(-a).
psychomoteur, -trice [psikomɔtœʀ, tʀis] *adj* psicomotore(-trice).
psychopathe [psikɔpat] *nm/f* psicopatico (-a).
psychopédagogie [psikopedagɔʒi] *nf* psicopedagogia.
psychose [psikoz] *nf* psicosi *f inv*.
psychosomatique [psikosɔmatik] *adj* psicosomatico(-a).
psychothérapie [psikoteʀapi] *nf* psicoterapia.
psychotique [psikɔtik] *adj* psicotico(-a).
Pte *abr* (= *Porte*) P.ta.
pte *abr* (= *pointe*) Pt.
PTT [petete] *sigle fpl* (= *Postes télécommunications et télédiffusion*) *voir* **poste**.
pu [py] *pp de* **pouvoir**.
puanteur [pɥɑ̃tœʀ] *nf* fetore *m*, puzzo.
pub [pyb] *nf* (*fam*: *publicité*) pubblicità.
pubère [pybɛʀ] *adj* pubere.
puberté [pybɛʀte] *nf* pubertà *f inv*.
pubis [pybis] *nm* pube *m*.
public, -ique [pyblik] *adj* pubblico(-a) ♦ *nm* pubblico; **en ~** in pubblico; **interdit au ~** vietato al pubblico; **le grand ~** il grande pubblico.
publication [pyblikasjɔ̃] *nf* pubblicazione *f*; **directeur de ~** (*PRESSE*) direttore *m* responsabile.
publicitaire [pyblisitɛʀ] *adj* pubblicitario (-a); (*vente*) promozionale ♦ *nm/f* pubblicitario(-a); **rédacteur/dessinateur ~** redattore *m*/disegnatore *m* pubblicitario.
publicité [pyblisite] *nf* pubblicità *f inv*; **faire trop de ~ autour de qch/qn** fare troppa pubblicità a qc/qn.
publier [pyblije] *vt* pubblicare.
publipostage [pyblipɔstaʒ] *nm* (*COMM*) mailing *m inv*, vendita per corrispondenza.
publique [pyblik] *adj f voir* **public**.
publiquement [pyblikmɑ̃] *adv* pubblicamente.
puce [pys] *nf* (*ZOOL*) pulce; (*INFORM*) chip *m inv*; **les ~s** (*marché aux puces*) il mercatino delle pulci; **mettre la ~ à l'oreille de qn** mettere la pulce nell'orecchio a qn.
puceau, x [pyso] *adj m* vergine.
pucelle [pysɛl] *adj f* vergine.
puceron [pys(ə)ʀɔ̃] *nm* pidocchio delle piante.
pudeur [pydœʀ] *nf* pudore *m*.
pudibond, e [pydibɔ̃, ɔ̃d] *adj* pudibondo (-a).
pudique [pydik] *adj* pudico(-a).
pudiquement [pydikmɑ̃] *adv* pudicamente.
puer [pɥe] (*péj*) *vi* puzzare ♦ *vt* puzzare di.
puéricultrice [pɥeʀikyltʀis] *nf* puericultrice *f*.
puériculture [pɥeʀikyltyʀ] *nf* puericultura.
puéril, e [pɥeʀil] *adj* puerile.
puérilement [pɥeʀilmɑ̃] *adv* in modo puerile.
puérilité [pɥeʀilite] *nf* puerilità *f inv*.
pugilat [pyʒila] *nm* scazzottata.
puis [pɥi] *vb voir* **pouvoir** ♦ *adv* poi; **et ~** e poi; **et ~ après!** e allora?; **et ~ quoi encore?** non esageriamo!

puisard [pɥizaʀ] *nm* tombino.
puiser [pɥize] *vt*: ~ **(dans)** (*aussi fig*) attingere (da).
puisque [pɥisk] *conj* dato che, visto che, poiché; ~ **je te le dis!** visto che te lo dico io!
puissamment [pɥisamɑ̃] *adv* con forza.
puissance [pɥisɑ̃s] *nf* potenza; **deux (à la) ~ cinq** due (elevato) alla quinta; **les ~s occultes** le forze occulte.
puissant, e [pɥisɑ̃, ɑ̃t] *adj* potente.
puisse *etc* [pɥis] *vb voir* **pouvoir**.
puits [pɥi] *nm* pozzo; ▸ **puits artésien** pozzo artesiano; ▸ **puits de mine** pozzo da miniera; ▸ **puits de science** pozzo di scienza.
pull(-over) [pyl(ɔvœʀ)] (*pl* **pull-overs**) *nm* pullover *m inv*, golf *m inv*.
pulluler [pylyle] *vi* pullulare.
pulmonaire [pylmɔnɛʀ] *adj* polmonare.
pulpe [pylp] *nf* polpa.
pulsation [pylsasjɔ̃] *nf* pulsazione *f*; ▸ **pulsations (du cœur)** battito cardiaco.
pulsé [pylse] *adj m*: **air** ~ aria compressa.
pulsion [pylsjɔ̃] *nf* pulsione *f*.
pulvérisateur [pylveʀizatœʀ] *nm* nebulizzatore *m*, vaporizzatore *m*.
pulvérisation [pylveʀizasjɔ̃] *nf* nebulizzazione *f*.
pulvériser [pylveʀize] *vt* (*solide*) polverizzare; (*liquide*) polverizzare, nebulizzare; (*fig*: *adversaire, record*) polverizzare.
puma [pyma] *nm* puma *m inv*.
punaise [pynɛz] *nf* (*ZOOL*) cimice *f*; (*clou*) puntina (da disegno).
punch[1] [pɔ̃ʃ] *nm* (*boisson*) punch *m inv*.
punch[2] [pœnʃ] *nm* (*BOXE*) punch *m inv*; (*fig*: *dynamisme*) energia.
punching-ball [pœnʃiŋbol] (*pl* **~-~s**) *nm* (*BOXE*) punching-ball *m inv*.
punir [pyniʀ] *vt* punire; ~ **qn de qch** punire qn per qc.
punitif, -ive [pynitif, iv] *adj*: **expédition punitive** spedizione *f* punitiva.
punition [pynisjɔ̃] *nf* punizione *f*.
pupille [pypij] *nf* (*ANAT*) pupilla ♦ *nm/f* (*enfant*) pupillo; ▸ **pupille de l'État** orfano(-a) affidato(-a) all'assistenza pubblica; ▸ **pupille de la Nation** orfano(-a) di guerra.
pupitre [pypitʀ] *nm* (*SCOL*) banco; (*REL, MUS*) leggio; (*INFORM*) console *f inv*; ▸ **pupitre de commande** quadro di comando.
pupitreur, -euse [pypitʀœʀ, øz] *nm/f* (*INFORM*) operatore(-trice).
pur, e [pyʀ] *adj* puro(-a); (*whisky, gin*) liscio(-a); (*air, ciel*) terso(-a); (*intentions*) disinteressato(-a) ♦ *nm* puro; ~ **et simple** puro(-a) e semplice; **en ~e perte** inutilmente; ▸ **pure laine** pura lana.
purée [pyʀe] *nf*: ~ **(de pommes de terre)** purè *m inv* (di patate); ▸ **purée de marrons** crema di castagne; ▸ **purée de pois** (*fig*) nebbione *m*; ▸ **purée de tomates** passato di pomodori.
purement [pyʀmɑ̃] *adv* puramente.
pureté [pyʀte] *nf* purezza; (*de l'air, du ciel*) limpidezza.
purgatif [pyʀgatif] *nm* purgante *m*.
purgatoire [pyʀgatwaʀ] *nm* purgatorio.
purge [pyʀʒ] *nf* (*POL, MÉD*) purga.
purger [pyʀʒe] *vt* (*conduite, freins*) spurgare; (*MÉD*) purgare; (*JUR*: *peine*) scontare; (*POL*) epurare.
purification [pyʀifikasjɔ̃] *nf*: ~ **de l'eau** depurazione *f* dell'acqua; ▸ **purification ethnique** pulizia *f* etnica.
purifier [pyʀifje] *vt* purificare, depurare; (*âme*) purificare.
purin [pyʀɛ̃] *nm* liquami *mpl*.
puriste [pyʀist] *nm/f* purista *m/f*.
puritain, e [pyʀitɛ̃, ɛn] *adj* puritano(-a) ♦ *nm/f* puritano(-a).
puritanisme [pyʀitanism] *nm* puritanesimo.
pur-sang [pyʀsɑ̃] *nm* purosangue *m inv*.
purulent, e [pyʀylɑ̃, ɑ̃t] *adj* purulento(-a).
pus [py] *vb voir* **pouvoir** ♦ *nm* pus *m*.
pusillanime [pyzi(l)lanim] *adj* pusillanime.
pustule [pystyl] *nf* pustola.
putain [pytɛ̃] (*fam!*) *nf* puttana (*fam!*); **ce/cette ~ de ...** questo cacchio di ... (*fam!*).
putois [pytwa] *nm* puzzola; **crier comme un ~** urlare come un ossesso.
putréfaction [pytʀefaksjɔ̃] *nf* putrefazione *f*.
putréfier [pytʀefje] *vt* far marcire; **se putréfier** *vr* putrefarsi, imputridire.
putrescible [pytʀesibl] *adj* putrescibile.
putride [pytʀid] *adj* putrido(-a).
putsch [putʃ] *nm* colpo di stato.
puzzle [pœzl] *nm* puzzle *m inv*; (*fig*) mosaico.
PV [peve] *sigle m* = **procès-verbal**.
PVC [pevese] *sigle f* (= *polychlorure de vinyle*) P.V.C. *m*.
pygmée [pigme] *nm/f* pigmeo.
pyjama [piʒama] *nm* pigiama *m*.
pylône [pilon] *nm* (*d'un pont*) pilastro monumentale; (*mât, poteau*) pilone *m*.
pyramide [piʀamid] *nf* piramide *f*; ▸ **pyramide humaine** (*à moto etc*) piramide umana.
pyrénéen, ne [piʀeneɛ̃, ɛn] *adj* pirenaico(-a).
Pyrénées [piʀene] *nfpl* Pirenei *mpl*.
pyrex ® [piʀɛks] *nm* pirex ® *m inv*.
pyrogravure [piʀogʀavyʀ] *nf* pirografia.
pyrolyse [piʀɔliz] *nf* pirolisi *f inv*.
pyromane [piʀɔman] *nm/f* piromane *m/f*.
python [pitɔ̃] *nm* pitone *m*.

Q, q

Q, q [ky] *nm inv* (*lettre*) Q, q *f ou m inv*; ~ **comme Quintal** ≈ Q come Quarto.
q [ky] *abr* (= *quintal*) q.
Qatar [kataʀ] *nm* Qatar *m*.
qcm [kyseɛm] *sigle fpl* (= *questions à choix multiples*) questionario a scelta multipla.
QG [kyʒe] *sigle m* (= *quartier général*) Q.G. *m*.
QHS [kyaʃɛs] *sigle m* (= *quartier de haute sécurité*) carcere *m* di massima sicurezza.
QI [kyi] *sigle m* (= *quotient intellectuel*) Q.I. *m inv*.
qqch. *abr* (= *quelque chose*) qc.
qqn *abr* (= *quelqu'un*) qn.
quadragénaire [k(w)adʀaʒenɛʀ] *nm/f* quarantenne *m/f*.
quadrangulaire [k(w)adʀɑ̃gylɛʀ] *adj* quadrangolare.
quadrature [k(w)adʀatyʀ] *nf*: **c'est la ~ du cercle** è la quadratura del cerchio.
quadrichromie [k(w)adʀikʀɔmi] *nf* quadricromia.
quadrilatère [k(w)adʀilatɛʀ] *nm* quadrilatero.
quadrillage [kadʀijaʒ] *nm* (*v vt*) quadrettatura; suddivisione *f* a scacchiera.
quadrille [kadʀij] *nm* quadriglia.
quadrillé, e [kadʀije] *adj* quadrettato(-a).
quadriller [kadʀije] *vt* quadrettare; (*POLICE*: *ville, région etc*) *suddividere a scacchiera per facilitarne il controllo.*
quadrimoteur [kadʀimɔtœʀ] *adj* quadrimotore(-trice) ♦ *nm* quadrimotore *m*.
quadripartite [kwadʀipaʀtit] *adj* (*entre pays*) quadripartito(-a); (*entre partis*) quadripartitico(-a).
quadriphonie [k(w)adʀifɔni] *nf* quadrifonia.
quadriréacteur [k(w)adʀiʀeaktœʀ] *nm* quadrireattore *m*.
quadrupède [k(w)adʀypɛd] *nm, adj* quadrupede *m*.
quadruple [k(w)adʀypl] *adj* quadruplo(-a) ♦ *nm* quadruplo.
quadrupler [k(w)adʀyple] *vt* quadruplicare ♦ *vi* quadruplicarsi.
quadruplés, -ées [k(w)adʀyple] *nm/fpl* gemelli(-e) nati(-e) da parto quadrigemino.
quai [ke] *nm* (*d'un port*) banchina, molo; (*d'une gare*) marciapiede *m*; (*d'un cours d'eau, canal*) argine *m*; **être à ~** (*navire*) essere in banchina; (*train*) essere al binario; ▸ **le Quai d'Orsay** *il Ministero degli esteri francese*; ▸ **le Quai des Orfèvres** *la centrale del dipartimento di polizia francese.*
qualificatif, -ive [kalifikatif, iv] *adj* (*LING*) qualificativo(-a) ♦ *nm* epiteto; (*LING*) aggettivo qualificativo.
qualification [kalifikasjɔ̃] *nf* qualificazione *f*; (*désignation*) definizione *f*; (*aptitude*) qualifica; ▸ **qualification professionnelle** qualifica professionale.
qualifier [kalifje] *vt* (*aussi LING, SPORT*) qualificare; **se qualifier** *vr* (*SPORT*) qualificarsi; ~ **qch/qn de** (*appeler*) definire qc/qn; ~ **qch de crime** definire qc un reato; ~ **qn de sot** dare a qn dello stupido; **être qualifié pour** essere qualificato(-a) per.
qualitatif, -ive [kalitatif, iv] *adj* qualitativo(-a).
qualitativement [kalitativmɑ̃] *adv* qualitativamente.
qualité [kalite] *nf* qualità *f inv*; (*titre, fonction*) qualifica; **en ~ de** in qualità di; **ès ~s** nell'esercizio delle proprie funzioni; **avoir ~ pour** essere qualificato(-a) per; **de ~** di qualità; **rapport ~-prix** rapporto qualità-prezzo.
quand [kɑ̃] *conj* quando ♦ *adv*: ~ **arrivera-t-il?** quando arriva?; ~ **je serai riche, j'aurai une belle maison** quando sarò ricco avrò una bella casa; ~ **même** comunque; **tu exagères ~ même** però esageri; ~ **bien même** quand'anche.
quant [kɑ̃]: ~ **à** *prép* quanto a; ~ **à moi, ...** quanto a me, ...; **il n'a rien dit ~ à ses projets** non ha detto niente riguardo ai suoi progetti.
quant-à-soi [kɑ̃taswa] *nm inv*: **rester sur son ~-~-~** mantenere le distanze, stare sulle proprie.
quantième [kɑ̃tjɛm] *nm* data, giorno (del mese).
quantifiable [kɑ̃tifjabl] *adj* quantificabile.
quantifier [kɑ̃tifje] *vt* quantificare.
quantitatif, -ive [kɑ̃titatif, iv] *adj* quantitativo(-a).
quantitativement [kɑ̃titativmɑ̃] *adv* quantitativamente.
quantité [kɑ̃tite] *nf* quantità *f inv*; **une** *ou* **des quantité(s) de** (*grand nombre*) una quantità di, un mucchio di; **en (grande) ~** in (grande) quantità; **en ~s industrielles** in grosse quantità; **du travail en ~** molto lavoro, una quantità di lavo-

ro; ~ **de** una grande quantità di, molti (-e).

quarantaine [kaʀɑ̃tɛn] *nf* (*nombre*): **une ~ (de)** una quarantina (di); (*âge*): **avoir la ~** essere sulla quarantina; (*isolement*) quarantena; **mettre en ~** (*aussi fig*) mettere in quarantena.

quarante [kaʀɑ̃t] *adj inv, nm inv* quaranta; *voir aussi* **cinq**.

quarantième [kaʀɑ̃tjɛm] *adj, nm/f* quarantesimo(-a) ♦ *nm* quarantesimo; *voir aussi* **cinquième**.

quart [kaʀ] *nm* quarto; (*partie d'un litre*): **un ~ de** un quarto di; (*surveillance*: *NAUT, gén*) turno di guardia; **un kilo un ~** *ou* **et ~** un chilo e un quarto; **le ~ de** il quarto di; **2 h et** *ou* **un ~** le 2 e un quarto; **1 h moins le ~** l'una meno un quarto; **il est moins le ~** manca un quarto; **être de/prendre le ~** essere di/montare la guardia; **au ~ de tour** (*fig*) immediatamente; ▸**quart d'heure** quarto d'ora; ▸**quart de tour** quarto di giro; ▸**quarts de finale** (*SPORT*) quarti di finale.

quarté [k(w)aʀte] *nm* scommessa su quattro cavalli.

quarteron [kaʀtəʀɔ̃] (*péj*) *nm* (*groupe*) gruppuscolo.

quartette [k(w)aʀtɛt] *nm* (*MUS*) quartetto.

quartier [kaʀtje] *nm* (*d'une ville*) quartiere *m*; (*partie*) quarto; (*de fruit*) spicchio; (*fromage*) grosso pezzo; **~s** *nmpl* (*MIL*) caserma *fsg*; (*BLASON*) quarti *mpl*; **cinéma/salle de ~** cinema *m inv* di quartiere; **avoir ~ libre** essere libero(-a); (*MIL*) essere in libera uscita; **ne pas faire de ~** non risparmiare nessuno; ▸**quartier commerçant/résidentiel** quartiere commerciale/residenziale; ▸**quartier général** quartier generale.

quartier-maître [kaʀtjemɛtʀ] (*pl* **quartiers-maîtres**) *nm* (*NAUT*) quartiermastro.

quartz [kwaʀts] *nm* quarzo.

quasi [kazi] *adv* quasi ♦ *préf*: **~-certitude** certezza quasi totale; **~-totalité** quasi totalità.

quasiment [kazimɑ̃] *adv* quasi.

quaternaire [kwatɛʀnɛʀ] *adj*: **ère ~** era quaternaria.

quatorze [katɔʀz] *adj, nm inv* quattordici *m inv*; *voir aussi* **cinq**.

quatorzième [katɔʀzjɛm] *adj inv, nm/f* quattordicesimo(-a) ♦ *nm* quattordicesimo; *voir aussi* **cinquième**.

quatrain [katʀɛ̃] *nm* quartina.

quatre [katʀ] *adj inv, nm inv* quattro; **à ~ pattes** a quattro zampe; **être tiré à ~ épingles** essere in ghingheri; **faire les ~ cents coups** condurre una vita dissipata; **se mettre en ~ pour qn** farsi in quattro per qn; **monter/descendre (l'escalier) ~ à ~** salire/scendere le scale a quattro a quattro; **à ~ mains** a quattro mani; *voir aussi* **cinq**.

quatre-(cent)-vingt-et-un [kat(ʀə)-(sɑ̃)vɛ̃teœ̃] *nm inv gioco di dadi in cui vince la combinazione quattro, due e asso.*

quatre-vingt-dix [katʀəvɛ̃dis] *adj inv, nm inv* novanta; *voir aussi* **cinq**.

quatre-vingt-dixième [katʀ(ə)vɛ̃dizjɛm] *adj, nm/f* novantesimo(-a) ♦ *nm* novantesimo; *voir aussi* **cinquième**.

quatre-vingtième [katʀəvɛ̃tjɛm] *adj, nm/f* ottantesimo(-a) ♦ *nm* ottantesimo; *voir aussi* **cinquième**.

quatre-vingts [katʀəvɛ̃] *adj inv, nm inv* ottanta; *voir aussi* **cinq**.

quatrième [katʀijɛm] *adj, nm/f* quarto(-a); *voir aussi* **cinquième**.

quatuor [kwatɥɔʀ] *nm* (*MUS, fig*) quartetto.

MOT-CLÉ

que [kə] *conj* **1** (*introduisant complétive*) che; **il sait que tu es là** sa che tu sei qui; **je veux que tu acceptes** voglio che tu accetti; **il a dit que oui** ha detto di sì

2 (*reprise d'autres conjonctions*): **quand il rentrera et qu'il aura mangé** quando rientrerà e avrà mangiato; **si vous y allez ou que vous ...** se ci andate o ...

3 (*en tête de phrase*: *hypothèse, souhait etc*): **qu'il le veuille ou non** che (lo) voglia o no; **qu'il fasse ce qu'il voudra!** che faccia pure quello che vuole!

4 (*après comparatif*) di; **plus grand que** più grande di; *voir aussi* **plus**

5 (*temps*): **elle venait à peine de sortir qu'il se mit à pleuvoir** era appena uscita che si mise a piovere; **il y a 4 ans qu'il est parti** sono 4 anni che è partito

6 (*attribut*): **c'est une erreur que de croire ...** è un errore credere che ...

7 (*but*): **tenez-le qu'il ne tombe pas** tenetelo che non cada

8 (*seulement*): **ne ... que**: **il ne boit que de l'eau** beve solo acqua, non beve che acqua

♦ *adv* **1** (*exclamation*): **qu'il** *ou* **qu'est-ce qu'il est bête!** com'è stupido!, che stupido!; **qu'il** *ou* **qu'est-ce qu'il court vite!** quanto corre!, come corre veloce!; **que de livres!** quanti libri!

2 (*relatif*) che; **l'homme que je vois** l'uomo che vedo; **le livre que tu lis** il libro che leggi; (*temps*): **un jour que j'étais ...** un giorno che *ou* in cui mi trovavo ...

3 (*interrogatif*) che (cosa), cosa; (*discriminatif*) cosa; **que fais-tu?, qu'est-ce que tu**

fais? che fai?, che cosa fai?; **que préfères-tu, celui-ci ou celui-là?** cosa preferisci, questo o quello?; **que fait-il dans la vie?** che (cosa) fa nella vita?, cosa fa nella vita?; **qu'est-ce que c'est?** che cos'è?; **que faire?** che fare?; *voir aussi* **plus; aussi; autant.**

Québec [kebɛk] *n* Quebec *m.*

québécois, e [kebekwa, waz] *adj* del Quebec ♦ *nm/f*: **Q~, e** abitante *m/f* del Quebec.

MOT-CLÉ

quel, quelle [kɛl] *adj* **1** (*interrogatif*) quale, che; **quel livre?** che *ou* quale libro?; **dans quels pays êtes-vous allés?** in quali paesi siete andati?; **quels acteurs préférez-vous?** quali attori preferite?; **de quel auteur va-t-il parler?** di quale autore parlerà?; **quel est ce livre?** che libro è questo?
2 (*exclamatif*) che; **quelle surprise/coïncidence!** che sorpresa/coincidenza!; **quel dommage qu'il soit parti!** che peccato che sia partito!
3: **quel que soit** (*personne*) chiunque sia; (*chose, animal*) qualunque sia; **quel que soit le coupable** chiunque sia il colpevole; **quel que soit votre avis** qualunque sia il vostro parere
♦ *pron interrog* quale; **de tous ces enfants, quel est le plus intelligent?** di tutti questi bambini, qual è il più intelligente?

quelconque [kɛlkɔ̃k] *adj* qualsiasi, qualunque; (*médiocre*) mediocre; **pour une raison ~** per qualche motivo *ou* ragione.

MOT-CLÉ

quelque [kɛlk] *adj* **1** qualche *(seguito dal singolare)*; **il a dit quelques mots de remerciement** ha detto qualche parola di ringraziamento; **cela fait quelque temps que je ne l'ai (pas) vu** è da un po' di tempo che non lo vedo; **quelque espoir** qualche speranza; **il habite à quelque distance d'ici** abita un po' lontano da qui; **il a quelques amis** ha qualche amico; **a-t-il quelques amis?** ha qualche amico?, ha amici?; **les quelques enfants qui ...** i pochi bambini che ...; **les quelques livres qui ...** i pochi libri che ...; **20 kg et quelque(s)** 20 kg e qualcosa
2: **quelque ... que** qualsiasi; **quelque livre qu'il choisisse** qualsiasi libro scelga; **(par) quelque temps qu'il fasse** con qualsiasi tempo
3: **quelque chose** *pron* qualcosa; **quelque chose d'autre** qualcos'altro; **y être pour quelque chose** entrarci; **faire quelque chose à qn** fare qualcosa a qn; **puis-je faire quelque chose pour vous?** posso fare qualcosa per lei?
4: **quelque part** da qualche parte
5: **en quelque sorte** in un certo senso
♦ *adv* **1** (*environ, à peu près*) circa; **une route de quelque 100 mètres** una strada di circa 100 metri
2: **quelque peu** un po'.

quelquefois [kɛlkəfwa] *adv* qualche volta.

quelques-uns, unes [kɛlkəzœ̃, yn] *pron* alcuni(-e); **~-~ des lecteurs** alcuni lettori.

quelqu'un [kɛlkœ̃] *pron* qualcuno(-a); **~ d'autre** qualcun altro.

quémander [kemɑ̃de] *vt* elemosinare.

qu'en dira-t-on [kɑ̃diʀatɔ̃] *nm inv* chiacchiere *fpl.*

quenelle [kənɛl] *nf specie di polpetta di pesce o pollo.*

quenouille [kənuj] *nf* conocchia.

querelle [kəʀɛl] *nf* lite *f,* disputa; **chercher ~ à qn** cercar lite con qn.

quereller [kəʀele]: **se ~** *vr* litigare.

querelleur, -euse [kəʀelœʀ, øz] *adj* litigioso(-a).

qu'est-ce que [kɛskə] *voir* **que, qui.**

qu'est-ce qui [kɛski] *voir* **que, qui.**

question [kɛstjɔ̃] *nf* domanda; (*problème*) questione *f*; **il a été ~ de ...** si è trattato di ...; **il est ~ de les emprisonner** si parla di metterli in carcere; **c'est une ~ de temps/d'habitude** è una questione di tempo/di abitudine; **de quoi est-il ~?** di che si tratta?; **il n'en est pas ~** non se ne parla neppure; **en ~** in questione; **hors de ~** fuori discussione; **je ne me suis jamais posé la ~** non mi sono mai posto la domanda; **(re)mettre en ~** (ri)mettere in discussione; **poser la ~ de confiance** (*POL*) chiedere la fiducia; ▸ **question d'actualité** (*PRESSE*) argomento di attualità; ▸ **question piège** domanda *f* trabocchetto *inv*; ▸ **question subsidiaire** domanda di riserva; ▸ **questions économiques/sociales** questioni economiche/sociali.

questionnaire [kɛstjɔnɛʀ] *nm* questionario.

questionner [kɛstjɔne] *vt* interrogare; **~ qn sur qch** interrogare qn su qc.

quête [kɛt] *nf* (*collecte*) questua; (*recherche*) ricerca; **faire la ~** (*à l'église*) fare la questua; (*dans la rue*) chiedere soldi ai passanti; **se mettre en ~ de qch** mettersi alla ricerca di qc.

quêter [kete] *vi* (*à l'église*) fare la questua; (*dans la rue*) chiedere soldi ai passanti ♦ *vt* (*louanges, suffrages*) essere alla ricerca di; (*sourire, regard*) cercare.

quetsche [kwɛtʃ] *nf* susina, prugna.
queue [kø] *nf* coda; (*de lettre, note*) gambo; (*fig: d'une casserole, poêle*) fondo; (*: d'un fruit, d'une feuille*) picciolo; (*: file de personnes*) coda, fila; **en ~ (de train)** in coda (al treno); **faire la ~** fare la coda *ou* la fila; **se mettre à la ~** mettersi in coda *ou* fila; **histoire sans ~ ni tête** storia senza capo né coda; **à la ~ leu leu** in fila indiana; **finir en ~ de poisson** finire in niente; (*film*) avere un finale deludente; ▶**queue de cheval** coda di cavallo; ▶**queue de poisson**: **faire une ~ de poisson à qn** (*AUTO*) tagliare la strada a qn dopo un sorpasso.
queue-de-pie [kødpi] (*pl* **~s-~-~**) *nf* frac *m inv*.
queux [kø] *adj m voir* **maître**.

MOT-CLÉ

qui [ki] *pron* **1** (*interrogatif*) chi; **qui (est-ce qui)?** chi è?; **je ne sais pas qui c'est** non so chi sia; **à qui est ce sac?** di chi è questa borsa?; **à qui parlais-tu?** con chi parlavi?
2 (*relatif*) che; (*: après prép*) cui; **la femme qui travaille** la donna che lavora; **l'ami de qui je vous ai parlé** l'amico di cui vi ho parlato; **la dame chez qui je suis allé** la signora da cui sono andato; **la personne avec qui je l'ai vu** la persona con cui l'ho visto
3 (*sans antécédent*): **amenez qui vous voulez** portate chi volete; **qui que ce soit** chiunque sia.

quiche [kiʃ] *nf*: **~ lorraine** quiche *f inv* (*torta salata, fatta con uova, pancetta e gruyère*).
quiconque [kikɔ̃k] *pron* chiunque.
quidam [k(ɥ)idam] *nm* (*hum*) tale *m/f*.
quiétude [kjetyd] *nf* tranquillità *f inv*; **en toute ~** in tutta tranquillità.
quignon [kiɲɔ̃] *nm* (*fam*): **~ de pain** pezzo di pane.
quille [kij] *nf* birillo; (*NAUT*) chiglia; **(jeu de) ~s** birilli *mpl*.
quincaillerie [kɛ̃kɑjʀi] *nf* ferramenta *fpl*; (*magasin*) negozio di ferramenta.
quincaillier, -ère [kɛ̃kɑje, jɛʀ] *nm/f* commerciante *m/f* di ferramenta; (*fabricant*) fabbricante *m/f* di ferramenta.
quinconce [kɛ̃kɔ̃s] *nm*: **en ~** a quinconce.
quinine [kinin] *nf* chinino.
quinquagénaire [kɛ̃kaʒenɛʀ] *nm/f* cinquantenne *m/f*.
quinquennal, e, -aux [kɛ̃kenal, o] *adj* quinquennale.
quinquina [kɛ̃kina] *nm* (*BOT, boisson*) china.
quintal, -aux [kɛ̃tal, o] *nm* quintale *m*.
quinte [kɛ̃t] *nf*: **~ (de toux)** accesso di tosse.
quintessence [kɛ̃tesɑ̃s] *nf* quintessenza.
quintette [k(ɥ)ɛ̃tɛt] *nm* quintetto.
quintuple [kɛ̃typl] *adj* quintuplo(-a) ♦ *nm*: **le ~ de** il quintuplo di.
quintupler [kɛ̃typle] *vt, vi* quintuplicare.
quintuplés, -ées [kɛ̃typle] *nm/fpl* cinque gemelli *mpl*.
quinzaine [kɛ̃zɛn] *nf*: **une ~ (de)** una quindicina (di); **une ~ (de jours)** quindici giorni *mpl*, due settimane *fpl*; ▶**quinzaine commerciale** *ou* **publicitaire** (due settimane di) vendite *fpl* promozionali.
quinze [kɛ̃z] *adj inv, nm inv* quindici *m inv*; **demain en ~** domani a quindici; **dans ~ jours** tra quindici giorni; **le ~ de France** (*RUGBY*) la nazionale di rugby; *voir aussi* **cinq**.
quinzième [kɛ̃zjɛm] *adj, nm/f* quindicesimo(-a) ♦ *nm* quindicesimo; *voir aussi* **cinquième**.
quiproquo [kipʀɔko] *nm* qui pro quo *m inv*.
quittance [kitɑ̃s] *nf* quietanza.
quitte [kit] *adj*: **être ~ envers qn** non avere più debiti verso qn; (*fig*) essere pari con qn; **être ~ de** (*obligation*) essere libero(-a) da; **en être ~ à bon compte** cavarsela a buon mercato; **~ à faire qch** a costo di fare qc; **~ ou double** (*jeu*) lascia o raddoppia; **c'est du ~ ou double** qui si rischia il tutto per tutto.
quitter [kite] *vt* lasciare; (*fig: espoir, illusion*) perdere; (*suj: crainte, énergie*) abbandonare; (*vêtement*) togliere; **se quitter** *vr* lasciarsi; **~ la route** (*véhicule*) uscire di strada; **ne quittez pas** (*au téléphone*) resti in linea; **ne pas ~ qn d'une semelle** stare sempre dietro a qn.
quitus [kitys] *nm* discarico; **donner ~ à** quietanzare.
qui-vive [kiviv] *nm inv*: **être sur le ~-~** essere sul chi vive.

MOT-CLÉ

quoi [kwa] *pron interrog* **1** (*interrogation directe*) (che) cosa; **quoi de plus beau que ...?** cosa c'è di più bello di ...?; **quoi de neuf?** ci sono novità?; **quoi encore?** e cosa ancora?; **et puis quoi encore!** e poi, cosa ancora?; **quoi?** (*qu'est-ce que tu dis?*) cosa?
2 (*interrogation directe avec prép*) (che) cosa; **à quoi penses-tu?** a cosa pensi?; **de quoi parlez-vous?** di (che) cosa *ou* che parlate?; **en quoi puis-je vous aider?** come la posso aiutare?; **à quoi bon?** a che pro?
3 (*interrogation indirecte*) (che) cosa; **dis-moi à quoi ça sert** dimmi a (che) cosa *ou* che serve; **je ne sais pas à quoi il pense** non so a cosa pensi
♦ *pron rel* **1** ciò, che; **ce à quoi tu penses**

ciò che pensi; **de quoi écrire** di che scrivere, qualcosa per scrivere; **il n'a pas de quoi se l'acheter** non ha i soldi per comprarlo; **il y a de quoi être fier** c'è di che essere fieri, c'è da esserne fieri; **merci – il n'y a pas de quoi** grazie – non c'è di che
2 (*locutions*): **après quoi** dopo di che; **sur quoi** al che; **sans quoi, faute de quoi** altrimenti; **comme quoi** il che dimostra
3: **quoi qu'il arrive** accada quel che accada, qualunque cosa accada; **quoi qu'il en soit** sia quel che sia; **quoi qu'elle fasse** qualunque cosa faccia; **si vous avez besoin de quoi que ce soit** di qualunque cosa abbiate bisogno
♦ *excl* cosa!

quoique [kwak] *conj* benché, sebbene.
quolibet [kɔlibɛ] *nm* lazzo.
quorum [k(w)ɔʀɔm] *nm* quorum *m inv*.
quota [k(w)ɔta] *nm* contingente *m*, percentuale *f*.
quote-part [kɔtpaʀ] (*pl* ~**s**-~**s**) *nf* quota.
quotidien, ne [kɔtidjɛ̃, jɛn] *adj* quotidiano(-a) ♦ *nm* (*journal*) quotidiano; (*vie quotidienne*) vita quotidiana; **les grands ~s** i grandi quotidiani.
quotidiennement [kɔtidjɛnmɑ̃] *adv* quotidianamente.
quotient [kɔsjɑ̃] *nm* quoziente *m*; ▸**quotient intellectuel** quoziente d'intelligenza.
quotité [kɔtite] *nf* (*FIN*) aliquota, quota.

R, r

R, r [ɛʀ] *nm inv* (*lettre*) R, r *f ou m inv*; ~ **comme Raoul** ≈ R come Roma.
R, r [ɛʀ] *abr* = **route**; **rue**; **recommandé**.
rab [ʀab] (*fam*) *nm* razione *f* supplementare.
rabâcher [ʀabɑʃe] *vt* continuare a ripetere.
rabais [ʀabɛ] *nm* ribasso, sconto; **au** ~ a prezzo ridotto.
rabaisser [ʀabese] *vt* (*rabattre*) ridurre; (*dénigrer*) sminuire.
rabane [ʀaban] *nf* tessuto di rafia.
Rabat [ʀaba] *n* Rabat *f*.
rabat [ʀaba] *vb voir* **rabattre** ♦ *nm* patta.
rabat-joie [ʀabaʒwa] *nm/f inv* guastafeste *m/f inv*.
rabatteur, -euse [ʀabatœʀ, øz] *nm/f* (*de gibier*) battitore(-trice); (*péj*) procacciatore(-trice) di clienti.
rabattre [ʀabatʀ] *vt* (*couvercle, siège*) chiudere; (*col*) abbassare; (*COUTURE*) spianare; (*TENNIS*: *balle*) ribattere; (*gibier*) spingere verso i cacciatori; (*somme d'un prix*) ribassare; (*orgueil, prétentions*) far abbassare; (*TRICOT*: *mailles*) diminuire; **se rabattre** *vr* abbassarsi, chiudersi; (*véhicule, coureur*: *changer de direction*) stringere bruscamente (di lato); **se ~ sur** ripiegare su.
rabattu, e [ʀabaty] *pp de* **rabattre** ♦ *adj* ripiegato(-a); ▸**poche rabattue** tasca con patta.
rabbin [ʀabɛ̃] *nm* rabbino.
rabiot [ʀabjo] (*fam*) *nm voir* **rab**.
rabique [ʀabik] *adj* rabbico(-a).
râble [ʀɑbl] *nm* (*du lièvre, lapin*) lombo.
râblé, e [ʀɑble] *adj* (*animal*) che ha il dorso e le reni robusti; (*personne*) tarchiato(-a).
rabot [ʀabo] *nm* pialla.
raboter [ʀabɔte] *vt* piallare.
raboteux, -euse [ʀabɔtø, øz] *adj* accidentato(-a).
rabougri, e [ʀabugʀi] *adj* rachitico(-a).
rabrouer [ʀabʀue] *vt* rimbrottare.
racaille [ʀakɑj] (*péj*) *nf* plebaglia, gentaglia.
raccommodage [ʀakɔmɔdaʒ] *nm* rammendo.
raccommoder [ʀakɔmɔde] *vt* rammendare; (*fam*) riconciliare; **se ~ avec** *vr* (*fam*) far pace con.
raccompagner [ʀakɔ̃paɲe] *vt* riaccompagnare.
raccord [ʀakɔʀ] *nm* (*TECH, CINÉ*) raccordo; ▸**raccord de maçonnerie** raccordo in muratura; ▸**raccord de peinture** ritocco.
raccordement [ʀakɔʀdəmɑ̃] *nm* (*tuyaux, routes*) raccordo; (*fils électriques*) allacciamento, collegamento.
raccorder [ʀakɔʀde] *vt* collegare; (*routes*) collegare, raccordare; **se ~ à** *vr* essere collegato(-a) a; (*fig*) ricollegarsi a; ~ **qn au réseau du téléphone** allacciare qn alla rete telefonica.
raccourci [ʀakuʀsi] *nm* scorciatoia; (*fig*) scorcio; **en ~** in sintesi.
raccourcir [ʀakuʀsiʀ] *vt* accorciare ♦ *vi* accorciarsi.
raccroc [ʀakʀo]: **par ~** *adv* per combinazione.
raccrocher [ʀakʀɔʃe] *vt* riappendere; (*fig*: *affaire*) salvare ♦ *vi* (*TÉL*) riattaccare, riagganciare; **se ~ à** *vr* aggrapparsi a; **ne raccrochez pas** (*TÉL*) rimanga in linea.

race [ʀas] *nf* razza; **de ~** di razza.
racé, e [ʀase] *adj* (*animal*) di razza; (*fig: personne*) distinto(-a).
rachat [ʀaʃa] *nm* riscatto.
racheter [ʀaʃ(ə)te] *vt* (*acheter de nouveau*) ricomp(e)rare; (*acheter davantage de*): **~ du lait/3 œufs** comprare altro latte/altre 3 uova; (*acheter d'occasion*) comperare (d'occasione); (*part, firme*) rilevare; (*pension, REL, défaut, prisonnier*) riscattare; **se racheter** *vr* riscattarsi; **~ un candidat** *dare a uno studente la votazione minima per consentirgli di superare l'esame.*
rachidien, ne [ʀaʃidjɛ̃, jɛn] *adj* rachidiano(-a), rachideo(-a).
rachitique [ʀaʃitik] *adj* rachitico(-a).
rachitisme [ʀaʃitism] *nm* rachitismo.
racial, e, -aux [ʀasjal, o] *adj* razziale.
racine [ʀasin] *nf* radice *f*; ▶ **racine carrée/cubique** radice quadrata/cubica; **prendre ~** (*fig*) mettere radici.
racisme [ʀasism] *nm* razzismo.
raciste [ʀasist] *adj* razzista ♦ *nm/f* razzista *m/f*.
racket [ʀakɛt] *nm* racket *m inv*.
racketteur [ʀakɛtœʀ] *nm* malavitoso (*appartenente a un racket*).
raclée [ʀɑkle] (*fam*) *nf* (*correction*) sacco di botte; (*défaite*) batosta.
raclement [ʀɑkləmɑ̃] *nm* (*bruit*) raschio.
racler [ʀɑkle] *vt* (*casserole, plat*) grattare, pulire; (*frotter rudement*) raschiare; (*tache, boue*) raschiare via; (*fig: instrument de musique*) strimpellare; (*suj: chose: frotter contre*) sfregare contro; **se ~ la gorge** raschiarsi la gola.
raclette [ʀɑklɛt] *nf specialità del Vallese a base di formaggio fuso.*
racloir [ʀɑklwaʀ] *nm* raschiatoio, raschietto.
racolage [ʀakɔlaʒ] *nm* (*v vt*) adescamento; procacciamento.
racoler [ʀakɔle] *vt* adescare.
racoleur, -euse [ʀakɔlœʀ, øz] (*péj*) *adj* ammiccante ♦ *nm* procacciatore *m*.
racoleuse [ʀakɔløz] *nf* prostituta.
racontars [ʀakɔ̃taʀ] *nmpl* pettegolezzi *mpl*, dicerie *fpl*.
raconter [ʀakɔ̃te] *vt*: **~ (à)** raccontare (a).
racorni, e [ʀakɔʀni] *adj* indurito(-a).
racornir [ʀakɔʀniʀ] *vt* indurire.
radar [ʀadaʀ] *nm* radar *m inv*.
rade [ʀad] *nf* rada; **en ~ de Toulon** nella rada di Tolone; **laisser/rester en ~** (*fig*) abbandonare/essere abbandonato(-a).
radeau, x [ʀado] *nm* zattera; ▶ **radeau de sauvetage** zattera di salvataggio.
radial, e, -aux [ʀadjal, o] *adj* radiale; **pneu à carcasse ~e** pneumatico (a struttura) radiale.
radiant, e [ʀadjɑ̃, jɑ̃t] *adj* irradiante.
radiateur [ʀadjatœʀ] *nm* radiatore *m*; ▶ **radiateur électrique** radiatore elettrico.
radiation [ʀadjasjɔ̃] *nf* radiazione *f*; (*d'une inscription hypothécaire*) cancellazione *f*.
radical, e, -aux [ʀadikal, o] *adj* radicale; (*infaillible: moyen*) infallibile ♦ *nm* (*LING, MATH*) radicale *m*.
radicalement [ʀadikalmɑ̃] *adv* radicalmente.
radicaliser [ʀadikalize] *vt* radicalizzare; **se radicaliser** *vr* radicalizzarsi.
radicalisme [ʀadikalism] *nm* radicalismo.
radier [ʀadje] *vt* radiare.
radiesthésie [ʀadjɛstezi] *nf* radioestesia.
radiesthésiste [ʀadjɛstezist] *nm/f* radioestesista *m/f*.
radieux, -euse [ʀadjø, jøz] *adj* radioso(-a).
radin, e [ʀadɛ̃, in] (*fam*) *adj* tirchio(-a).
radio [ʀadjo] *nf* radio *f inv*; (*MÉD: radioscopie*) radioscopia; (*radiographie*) radiografia ♦ *nm* radiotelegrafista *m*; **à la ~** alla radio; **passer à la ~** andare in onda; **faire/se faire faire une ~** (*des reins/poumons*) fare/farsi fare una radiografia *ou* lastra; ▶ **radio libre** *nf* radio libera.
radio... [ʀadjo] *préf* radio ... .
radioactif, -ive [ʀadjoaktif, iv] *adj* radioattivo(-a).
radioactivité [ʀadjoaktivite] *nf* radioattività.
radioamateur [ʀadjoamatœʀ] *nm* radioamatore.
radiobalise [ʀadjobaliz] *nf* radiofaro.
radiocassette [ʀadjokasɛt] *nf* radioregistratore *m* (a cassette).
radiodiffuser [ʀadjodifyze] *vt* trasmettere (per radio).
radiodiffusion [ʀadjodifyzjɔ̃] *nf* radiodiffusione *f*; **programmes/chaînes de ~** programmi *mpl*/canali *mpl* radiofonici.
radioélectrique [ʀadjoelɛktʀik] *adj* radioelettrico(-a).
radiographie [ʀadjɔgʀafi] *nf* radiografia; (*photo*) radiografia, lastra.
radiographier [ʀadjɔgʀafje] *vt* radiografare; **se faire ~** (farsi) fare una radiografia *ou* lastra.
radioguidage [ʀadjogidaʒ] *nm* (*NAUT, AVIAT*) radioguida; (*AUTO*) bollettino della viabilità.
radioguider [ʀadjɔgide] *vt* (*NAUT, AVIAT*) radioguidare.
radiologie [ʀadjɔlɔʒi] *nf* radiologia.
radiologique [ʀadjɔlɔʒik] *adj* radiologico (-a).
radiologue [ʀadjɔlɔg] *nm/f* radiologo(-a).
radiophare [ʀadjofaʀ] *nm* radiofaro.
radiophonique [ʀadjɔfɔnik] *adj* radiofonico(-a).
radioreportage [ʀadjoʀ(ə)pɔʀtaʒ] *nm* radiocronaca.

radio-réveil [ʀadjoʀevɛj] (*pl* **~s-~s**) *nm* radiosveglia.
radioscopie [ʀadjɔskɔpi] *nf* radioscopia.
radio-taxi [ʀadjotaksi] (*pl* **~-~s**) *nm* radiotaxi *m inv*.
radiotéléphone [ʀadjotelefɔn] *nm* radiotelefono.
radiotélescope [ʀadjotelɛskɔp] *nm* radiotelescopio.
radiotélévisé, e [ʀadjotelevize] *adj* radiotelevisivo(-a).
radiothérapie [ʀadjoteʀapi] *nf* radioterapia.
radis [ʀadi] *nm* ravanello; ▸ **radis noir** rafano.
radium [ʀadjɔm] *nm* radio.
radoter [ʀadɔte] *vi* farneticare.
radoub [ʀadu] *nm*: **bassin** *ou* **cale de** ~ bacino di raddobbo *ou* carenaggio.
radouber [ʀadube] *vt* raddobbare.
radoucir [ʀadusiʀ] *vt* raddolcire; **se radoucir** *vr* raddolcirsi.
radoucissement [ʀadusismɑ̃] *nm* raddolcimento.
rafale [ʀafal] *nf* (*de vent, d'arme*) raffica; (*d'applaudissements*) coro; **souffler en ~s** soffiare a raffiche; **tir en** ~ tiro a raffiche; ▸ **rafale de mitrailleuse** raffica di mitragliatrice.
raffermir [ʀafɛʀmiʀ] *vt* (*tissus, muscle*) rassodare; (*fig*) rafforzare; **se raffermir** *vr* rassodarsi; (*fig*) rafforzarsi.
raffermissement [ʀafɛʀmismɑ̃] *nm* (*fig*) rafforzamento.
raffinage [ʀafinaʒ] *nm* raffinazione *f*.
raffiné, e [ʀafine] *adj* raffinato(-a).
raffinement [ʀafinmɑ̃] *nm* raffinatezza.
raffiner [ʀafine] *vt* raffinare.
raffinerie [ʀafinʀi] *nf* raffineria.
raffoler [ʀafɔle]: ~ **de** *vt* andar pazzo(-a) per.
raffut [ʀafy] (*fam*) *nm* cagnara, baccano.
rafiot [ʀafjo] *nm* bagnarola.
rafistoler [ʀafistɔle] (*fam*) *vt* rabberciare.
rafle [ʀɑfl] *nf* (*police*) retata.
rafler [ʀɑfle] (*fam*) *vt* razziare.
rafraîchir [ʀafʀeʃiʀ] *vt* rinfrescare; (*boisson, dessert*) raffreddare; (*fig*) dare una rinfrescata a ♦ *vi*: **mettre du vin/une boisson à** ~ mettere il vino/una bevanda in fresco; **se rafraîchir** *vr* (*temps*) rinfrescare; (*personne*) rinfrescarsi; ~ **la mémoire** *ou* **les idées à qn** rinfrescare la memoria a qn.
rafraîchissant, e [ʀafʀeʃisɑ̃, ɑ̃t] *adj* (*boisson*) rinfrescante; (*brise*) fresco(-a).
rafraîchissement [ʀafʀeʃismɑ̃] *nm* (*de la température*) rinfrescamento, rinfrescare *m inv*; (*boisson*) bevanda fresca; **~s** *nmpl* (*boissons, glaces etc*) rinfreschi *mpl*.
ragaillardir [ʀagajaʀdiʀ] (*fam*) *vt* ricaricare, ringalluzzire.
rage [ʀaʒ] *nf* (*MÉD*) rabbia; **faire** ~ (*tempête, incendie*) infuriare; ▸ **rage de dents** fortissimo mal di denti.
rager [ʀaʒe] *vi* infuriarsi; **faire** ~ **qn** fare andare qn su tutte le furie.
rageur, -euse [ʀaʒœʀ, øz] *adj* collerico (-a).
raglan [ʀaglɑ̃] *adj inv* a raglan.
ragot [ʀago] (*fam*) *nm* pettegolezzo.
ragoût [ʀagu] *nm* spezzatino, stufato.
ragoûtant, e [ʀagutɑ̃, ɑ̃t] *adj*: **peu** ~ poco appetitoso(-a).
raid [ʀɛd] *nm* (*MIL*) raid *m inv*, incursione *f*; (*attaque aérienne*) raid *m inv*, incursione *f* aerea; (*SPORT*) raid; ▸ **raid à skis** marcialonga; ▸ **raid automobile** raid automobilistico.
raide [ʀɛd] *adj* (*droit*: *cheveux*) dritto(-a); (*ankylosé, guindé, dur*) rigido(-a); (*tendu*) teso(-a); (*escarpé*) ripido(-a); (*fam*: *surprenant*) incredibile; (: *sans argent*) in bolletta; (*fort*: *alcool*) forte; (*osé, licencieux*) spinto(-a) ♦ *adv* (*en pente raide*) ripidamente; **ça c'est un peu** ~! figuriamoci!; **tomber** ~ **mort** cadere morto stecchito.
raideur [ʀɛdœʀ] *nf* rigidità, rigidezza; (*d'une pente*) ripidezza.
raidir [ʀediʀ] *vt* (*muscles, membres*) irrigidire; (*câble, fil de fer*) tendere; **se raidir** *vr* irrigidirsi; (*câble*) tendersi.
raidissement [ʀedismɑ̃] *nm* (*fig*) irrigidimento.
raie [ʀɛ] *nf* (*ZOOL*) razza; (*rayure, des cheveux*) riga.
raifort [ʀɛfɔʀ] *nm* rafano, cren *m inv*.
rail [ʀɑj] *nm* rotaia; (*chemins de fer*) ferrovia; **les ~s** il binario; **par** ~ per ferrovia.
railler [ʀɑje] *vt* prendere in giro, canzonare.
raillerie [ʀɑjʀi] *nf* canzonatura, scherzo.
railleur, -euse [ʀɑjœʀ, øz] *adj* canzonatorio(-a), beffardo(-a).
rail-route [ʀajʀut] *nm* trasporto combinato strada rotaia.
rainurage [ʀenyʀaʒ] *nm* (*AUTO*) *manto stradale con scanalature antislittamento.*
rainure [ʀenyʀ] *nf* scanalatura.
raisin [ʀɛzɛ̃] *nm* uva; **~s** *nmpl* uva *fsg*; ▸ **raisin blanc/noir** uva bianca/nera; ▸ **raisin muscat** uva moscata; ▸ **raisins secs** uva passa.
raison [ʀɛzɔ̃] *nf* ragione *f*; (*motif, prétexte*) ragione *f*, motivo; **avoir** ~ avere ragione; **donner** ~ **à qn** dare ragione a qn; **avoir** ~ **de qn/qch** avere ragione di qn/qc; **se faire une** ~ farsi una ragione; **perdre/recouvrer la** ~ perdere/ritrovare l'uso della ragione; **ramener qn à la** ~ ricondurre qn alla ragione; **demander** ~ **à qn**

de chiedere ragione a qn di; **ne pas entendre** ~ non sentir ragione; **plus que de** ~ più del necessario; ~ **de plus, à plus forte** ~ a maggior ragione; **en** ~ **de** (*proportionnellement à*) in proporzione a; (*à cause de*) dato(-a); **à** ~ **de** (*au taux de*) in ragione di; (*à proportion de*) in proporzione a; **sans** ~ senza motivo; **pour la simple** ~ **que** per il semplice motivo che; **pour quelle** ~ **dit-il ceci?** per quale motivo lo dice?; **il y a plusieurs** ~**s à cela** ciò è dovuto a vari motivi; ▸**raison d'État** ragione di Stato; ▸**raison d'être** ragione d'essere; ▸**raison sociale** (*COMM*) ragione sociale.

raisonnable [rɛzɔnabl] *adj* ragionevole.

raisonnablement [rɛzɔnabləmɑ̃] *adv* ragionevolmente.

raisonné, e [rɛzɔne] *adj* ragionato(-a).

raisonnement [rɛzɔnmɑ̃] *nm* ragionamento.

raisonner [rɛzɔne] *vi* ragionare ♦ *vt* (*personne*) far ragionare; (*attitude*: *justifier*) giustificare; **se raisonner** *vr* rimanere lucido(-a).

raisonneur, -euse [rɛzɔnœr, øz] (*péj*) *adj* cavilloso(-a).

rajeunir [raʒœnir] *vt* ringiovanire; (*attribuer un âge moins avancé à*) dare meno anni a; (*fig*) rimodernare; (: *personnel*) rinnovare ♦ *vi* ringiovanire.

rajout [raʒu] *nm* aggiunta.

rajouter [raʒute] *vt* aggiungere; ~ **que** ... aggiungere che ...; **en** ~ caricare la dose, esagerare.

rajustement [raʒystəmɑ̃] *nm* adeguamento.

rajuster [raʒyste] *vt* (*cravate, coiffure*) (ri)aggiustarsi; (*salaires, prix*) adeguare, ritoccare; (*machine*) regolare; (*tir etc*) aggiustare; **se rajuster** *vr* rimettersi a posto.

râle [rɑl] *nm* rantolo; ▸**râle d'agonie** rantolo d'agonia.

ralenti [ralɑ̃ti] *nm*: **au** ~ al rallentatore; **tourner au** ~ (*AUTO*) girare al minimo.

ralentir [ralɑ̃tir] *vt* rallentare ♦ *vi* rallentare; **se ralentir** *vr* rallentare.

ralentissement [ralɑ̃tismɑ̃] *nm* rallentamento.

râler [rɑle] *vi* rantolare; (*fam*) brontolare.

ralliement [ralimɑ̃] *nm* (*rassemblement*) raduno, adunata; (*à une cause*) adesione *f*; **point de** ~ punto di raduno; **signe de** ~ segno di riconoscimento.

rallier [ralje] *vt* (*rassembler*) radunare; (*rejoindre*: *troupe*) raggiungere; (*parti*) aderire a; (*gagner à sa cause*: *auditoire*) guadagnarsi il consenso di; (: *suffrages*) raccogliere; **se** ~ **à** *vr* aderire a.

rallonge [ralɔ̃ʒ] *nf* prolunga; (*argent*) supplemento; (*fig*: *de crédit etc*) estensione *f*.

rallonger [ralɔ̃ʒe] *vt* allungare; (*délai*) prorogare ♦ *vi* allungarsi.

rallumer [ralyme] *vt* riaccendere; **se rallumer** *vr* riaccendersi.

rallye [rali] *nm* (*SPORT*) rally *m inv*; (*POL*) raduno.

ramages [ramaʒ] *nmpl* (*dessin*) ramages *mpl*; (*chants d'oiseaux*) canti (di uccelli).

ramassage [ramɑsaʒ] *nm* raccolta; ▸**ramassage scolaire** servizio di scuolabus.

ramassé, e [ramɑse] *adj* (*homme*) tozzo (-a); (*expression etc*) conciso(-a).

ramasse-miettes [ramɑsmjɛt] *nm inv* raccoglibriciole *m inv*.

ramasse-monnaie [ramɑsmɔnɛ] *nm inv* raccoglitore *m* di monete.

ramasser [ramɑse] *vt* raccogliere; (*objet tombé ou par terre*) raccogliere, raccattare; (*cahiers d'élèves*) raccogliere, ritirare; (*cartes à jouer etc*) prendere su; (*fam*: *arrêter*) portare dentro; **se ramasser** *vr* (*se pelotonner*) raggomitolarsi; (: *pour bondir*) accovacciarsi.

ramasseur, -euse [ramɑsœr, øz] *nm/f*: ~ **de balles** raccattapalle *m inv*.

ramassis [ramɑsi] (*péj*) *nm* accozzaglia.

rambarde [rɑ̃bard] *nf* parapetto.

rame [ram] *nf* (*aviron*) remo; (*de métro*) convoglio; (*de papier*) risma; **faire force de** ~**s** remare con forza; ▸**rame de haricots** palo di sostegno per piante di fagioli.

rameau, x [ramo] *nm* ramoscello; (*fig*) ramo; **les R~x** la domenica delle Palme.

ramener [ram(ə)ne] *vt* riportare; (*rabattre*: *couverture, visière*): ~ **qch sur** abbassare qc su; **se ramener** *vr* (*fam*: *arriver*) arrivare; ~ **qch à** (*réduire, MATH*) ridurre qc a; ~ **qn à la vie** rianimare qn; ~ **qn à la raison** ricondurre qn alla ragione; **se** ~ **à** (*se réduire à*) ridursi a.

ramequin [ramkɛ̃] *nm* *piccolo recipiente per cottura al forno*.

ramer [rame] *vi* remare.

rameur, -euse [ramœr, øz] *nm/f* rematore(-trice).

rameuter [ramøte] *vt* riunire.

ramier [ramje] *nm*: **(pigeon)** ~ colombaccio.

ramification [ramifikasjɔ̃] *nf* ramificazione *f*.

ramifier [ramifje]: **se** ~ *vr* ramificarsi.

ramolli, e [ramɔli] *adj* rammollito(-a).

ramollir [ramɔlir] *vt* rammollire; **se ramollir** *vr* rammollirsi, rammollire.

ramonage [ramɔnaʒ] *nm* pulitura di camini.

ramoner [ramɔne] *vt* ripulire.

ramoneur [ramɔnœr] *nm* spazzacamino.

rampe [rɑ̃p] *nf* rampa; (*d'escalier*) ringhiera; (*THÉÂTRE*) ribalta; **passer la ~** (*toucher le public*) colpire il pubblico; **▸ rampe de balisage** luci *fpl* di pista; **▸ rampe de lancement** rampa di lancio.

ramper [Rɑ̃pe] *vi* (*aussi péj*) strisciare; (*plante*) arrampicarsi.

rancard [Rɑ̃kaR] (*fam*) *nm* (*rendez-vous*) appuntamento; (*renseignement*) informazione *f* confidenziale.

rancart [Rɑ̃kaR] (*fam*) *nm*: **mettre au ~** (*objet*) buttare via; (*projet*) scartare; (*personne*) liberarsi di.

rance [Rɑ̃s] *adj* rancido(-a).

rancir [Rɑ̃siR] *vi* irrancidire.

rancœur [Rɑ̃kœR] *nf* rancore *m*.

rançon [Rɑ̃sɔ̃] *nf* riscatto; **la ~ du succès** il prezzo del successo.

rançonner [Rɑ̃sɔne] *vt* ricattare.

rancune [Rɑ̃kyn] *nf* rancore *m*; **garder ~ à qn (de qch)** serbare rancore a qn (per qc); **sans ~!** senza rancore!

rancunier, -ière [Rɑ̃kynje, jɛR] *adj* astioso(-a).

randonnée [Rɑ̃dɔne] *nf* escursione *f*; **la ~** (*activité*) l'escursionismo.

randonneur, -euse [Rɑ̃dɔnœR, øz] *nm/f* escursionista *m/f*.

rang [Rɑ̃] *nm* (*de spectateurs, d'un cortège*) fila; (*groupe de soldats*) riga; (*de perles*) filo; (*de tricot, de crochet*) giro; (*grade, d'un dignitaire, condition sociale*) rango; (*d'un officier*) grado; (*position dans un classement*) posto; **~s** *nmpl* (*MIL*) ranghi *mpl*; **se mettre en ~s/sur un ~** mettersi in riga; **sur 3 ~s** su 3 file; **se mettre en ~s par 4** mettersi in fila per 4; **se mettre sur les ~s** (*fig*) entrare in lizza; **au premier/dernier ~** (*classement, fig*) al primo/ultimo posto; (*rangée de sièges*) in prima/ultima fila; **rentrer dans le ~** rientrare nei ranghi; **au ~ de** tra; **avoir ~ de** avere il grado di.

rangé, e [Rɑ̃ʒe] *adj* (*vie*) ordinato(-a); (*personne*) posato(-a).

rangée [Rɑ̃ʒe] *nf* fila.

rangement [Rɑ̃ʒmɑ̃] *nm* riordino; (*de vêtement, meuble, lieu*) riassetto; **faire des ~s** mettere in ordine.

ranger [Rɑ̃ʒe] *vt* mettere in ordine, riordinare; (*voiture dans la rue*) parcheggiare; (*classer, arranger*) annoverare; **se ranger** *vr* (*se placer*) disporsi; (*véhicule, conducteur, piéton*: *s'écarter*) scansarsi; (: *s'arrêter*) fermarsi; (*s'assagir*) mettere la testa a posto; **se ~ à** (*avis*) schierarsi con.

ranimer [Ranime] *vt* rianimare; (*colère, douleur, souvenir*) risvegliare; (*feu*) ravvivare.

rapace [Rapas] *nm* rapace *m* ♦ *adj* (*péj*) rapace; **▸ rapace diurne/nocturne** rapace diurno/notturno.

rapatrié, e [RapatRije] *nm/f* (*prisonnier*) prigioniero(-a) rimpatriato(-a); (*malade*) malato(-a) rimpatriato(-a).

rapatriement [RapatRimɑ̃] *nm* rimpatrio.

rapatrier [RapatRije] *vt* (*personne*) rimpatriare; (*capitaux*) riportare in patria.

râpe [Rɑp] *nf* (*CULIN*) grattugia; (*à bois*) raspa.

râpé, e [Rɑpe] *adj* (*vêtement, tissu*) liso(-a), logoro(-a); (*CULIN*) grattugiato(-a) ♦ *nm* gruviera *m* grattugiato.

râper [Rɑpe] *vt* (*CULIN*) grattugiare; (*gratter, racler*) raspare.

rapetisser [Rap(ə)tise] *vt* (*planche*) rimpicciolire; (*vêtement*) diventare piccolo(-a); (*distance*) accorciare; **se rapetisser** *vr* (*étoffe*) restringersi.

râpeux, -euse [Rɑpø, øz] *adj* (*langue*) ruvido(-a); (*vin*) aspro(-a).

raphia [Rafja] *nm* rafia.

rapide [Rapid] *adj* (*coureur, voiture, cheval*) veloce; (*mouvement*) rapido(-a), veloce; (*prompt*: *personne, intelligence*) svelto(-a); (*guérison, décision, PHOTO*) rapido(-a) ♦ *nm* (*d'un cours d'eau*) rapida; (*train*) rapido.

rapidement [Rapidmɑ̃] *adv* rapidamente.

rapidité [Rapidite] *nf* (*v adj*) velocità *f inv*; rapidità, velocità; sveltezza; rapidità.

rapiécer [Rapjese] *vt* rappezzare, rattoppare.

rappel [Rapɛl] *nm* richiamo; (*THÉÂTRE etc*) richiesta di bis; (*de salaire*) pagamento di arretrati; (*d'une aventure, d'une date*) ricordo; (*de limitation de vitesse*: *sur écriteau*) continua; **descente en ~** (*ALPINISME*) discesa a corda doppia; **~ à l'ordre** richiamo all'ordine.

rappeler [Rap(ə)le] *vt* richiamare; (*chien, docteur etc*) chiamare; (*acteur*) richiamare (in scena); (*faire se souvenir*) ricordare; **se rappeler** *vr* ricordare, ricordarsi; **se ~ que ...** ricordare *ou* ricordarsi che ...; **~ qn à la vie** richiamare qn in vita; **~ qn à la décence** rammentare a qn le regole della decenza; **ça rappelle la Provence** ricorda la Provenza; **~ à qn qch/de faire qch** ricordare a qn qc/di fare qc.

rappelle [Rapɛl] *vb voir* **rappeler**.

rappliquer [Raplike] (*fam*) *vi* tornare.

rapport [RapɔR] *nm* (*compte rendu*) rapporto, relazione *f*; (*de police*) rapporto; (*de médecin légiste*) referto; (*profit*: *d'une terre, d'un immeuble*) reddito, rendita; (*lien, analogie, MATH, TECH*) rapporto; **~s** *nmpl* (*relations, contacts*) rapporti *mpl*; **avoir ~ à** riguardare; **être en ~ avec** essere in relazione con; **être/se mettre en ~ avec qn** essere/mettersi in contatto con qn; **par ~ à** (*comparé à*) rispetto a; (*à propos de*) riguardo a; **sous le ~ de** dal punto di vista di; **sous tous (les) ~s** da tutti i punti di vista; ▸ **rapport qualité-prix** rapporto qualità-prezzo; ▸ **rapports (sexuels)** rapporti (sessuali).

rapporté, e [RapɔRte] *adj*: **pièce ~e** (*COUTURE*) applicazione *f*.

rapporter [RapɔRte] *vt* riportare; (*apporter davantage*) portare ancora; (*revenir avec, ramener*) tornare con; (*COUTURE*: *poche, morceau de tissu*) applicare; (*suj*: *investissement, activité*) rendere; (*relater*: *faits, propos*) riferire; (*JUR*) annullare ♦ *vi* (*investissement, activité*) rendere; (*péj*: *gén SCOL*) far la spia; **~ qch à** (*rendre*) riportare qc a; (*relater*) riferire qc a; (*fig*: *rattacher, ramener*) ricondurre *ou* ricollegare qc a; **se ~ à** *vr* riferirsi a; **s'en ~ à qn/au jugement de qn** rimettersi a qn/al giudizio di qn.

rapporteur, -euse [RapɔRtœR, øz] *nm/f* (*d'un procès, d'une commission*) relatore(-trice); (*péj*: *mouchard*) spia, spione(-a) ♦ *nm* (*GÉOM*) rapportatore *m*.

rapproché, e [RapRɔʃe] *adj* ravvicinato (-a).

rapprochement [RapRɔʃmɑ̃] *nm* ravvicinamento; (*analogie, rapport*) accostamento.

rapprocher [RapRɔʃe] *vt* avvicinare; (*réunions, visites*) rendere più frequente; (*réunir*: *personnes*) ravvicinare; (*associer, comparer*) confrontare; **se rapprocher** *vr* avvicinarsi; (*fig*: *familles, pays*) ravvicinarsi; **~ qch (de)** avvicinare qc (a); **se ~ de** avvicinarsi a.

rapt [Rapt] *nm* rapimento.

raquette [Rakɛt] *nf* racchetta.

rare [RɑR] *adj* raro(-a); (*main d'œuvre, denrées*) scarso(-a); (*cheveux, herbe*) rado (-a); **se faire ~** diventare raro(-a); (*fig*: *personne*) farsi vedere poco.

raréfaction [RaRefaksjɔ̃] *nf* scarsità *f inv*, scarsezza; (*de l'air*) rarefazione *f*.

raréfier [RaRefje]: **se ~** *vr* scarseggiare; (*air*) rarefarsi.

rarement [RɑRmɑ̃] *adv* raramente, di rado.

rareté [RɑRte] *nf* rarità *f inv*; (*pénurie*) scarsità, scarsezza.

rarissime [RaRisim] *adj* rarissimo(-a).

RAS [ɛRaɛs] *abr* = *rien à signaler*.

ras, e [Rɑ, Rɑz] *adj* (*tête, cheveux*) rasato (-a); (*poil, mesure, cuillère*) raso(-a); (*herbe*) basso(-a) ♦ *adv* (*couper*) cortissimo(-a); **faire table ~e** fare tabula rasa; **en ~e campagne** in aperta campagna; **à ~ bords** fino all'orlo; **au ~ de l'eau** a fior d'acqua; **au ~ du mur** rasente il muro; **en avoir ~ le bol** (*fam*) averne piene le scatole; **~ du cou** *adj* (*pull, robe*) girocollo.

rasade [Rɑzad] *nf* bicchiere *m* pieno.

rasant, e [Rɑzɑ̃, ɑ̃t] *adj* (*balle, tir*) radente.

rascasse [Raskas] *nf* scorfano.

rasé, e [Rɑze] *adj*: **~ de frais** rasato(-a) di fresco; **~ de près** ben rasato(-a).

rase-mottes [Rɑzmɔt] *nm inv*: **vol en ~-~** volo radente; **faire du ~-~** volare raso terra.

raser [Rɑze] *vt* (*barbe, cheveux*) rasare; (*menton, personne*) radere; (*fam*: *ennuyer*) annoiare a morte; (*démolir*: *quartier*) radere al suolo; (*frôler*: *obstacle, surface*) rasentare, sfiorare; **se raser** *vr* radersi; (*fam*: *s'ennuyer*) annoiarsi a morte.

rasoir [RɑzwaR] *nm* rasoio; ▸ **rasoir de sûreté** *ou* **mécanique** rasoio di sicurezza; ▸ **rasoir électrique** rasoio elettrico.

rassasier [Rasazje] *vt* saziare; **être rassasié** essere sazio.

rassemblement [Rasɑ̃bləmɑ̃] *nm* (*groupe*) assembramento; (*POL*) unione *f*; **le ~** (*MIL*) l'adunata.

rassembler [Rasɑ̃ble] *vt* radunare; (*objets épars, documents, matériaux*) raccogliere; **se rassembler** *vr* radunarsi; **~ ses idées** raccogliere le idee; **~ ses esprits** riprendersi; **~ son courage** raccogliere il proprio coraggio.

rasseoir [RaswaR]: **se ~** *vr* rimettersi a sedere.

rasséréner [RaseRene]: **se ~** *vr* rasserenarsi.

rassir [RasiR] *vi* diventare raffermo(-a).

rassis, e [Rasi, iz] *adj* raffermo(-a).

rassurant, e [RasyRɑ̃, ɑ̃t] *adj* rassicurante.

rassuré, e [RasyRe] *adj*: **ne pas être très ~** non sentirsi tranquillo(-a).

rassurer [RasyRe] *vt* tranquillizzare, rassicurare; **se rassurer** *vr* tranquillizzarsi; **rassure-toi** tranquillizzati.

rat [Ra] *nm* (*ZOOL*) topo, ratto; (*danseuse*) *giovane allieva della scuola di ballo dell'Opera*; ▸ **rat musqué** topo muschiato.

ratatiné, e [Ratatine] *adj* (*vieillard*) rattrappito(-a); (*pomme*) raggrinzito(-a).

ratatiner [Ratatine] *vt* rattrappire; (*peau*) raggrinzire; **se ratatiner** *vr* rattrappirsi; (*pomme, peau*) raggrinzire.

ratatouille [Ratatuj] *nf misto di verdure cotte con olio d'oliva*.

rate [Rat] *nf* milza.

raté, e [Rate] *adj* (*tentative, opération*) fallito(-a); (*vacances, spectacle*) mal riuscito(-a) ♦ *nm/f* fallito(-a) ♦ *nm* (*d'arme à feu*) cilecca; (*fig*) carenza; **faire un ~** fare cilecca; **le moteur a des ~s** il motore perde colpi.

râteau, x [Rɑto] *nm* rastrello.

râtelier [Rɑtəlje] *nm* rastrelliera; (*fam*) dentiera.

rater [Rate] *vi* (*coup de feu*) far cilecca; (*affaire, projet etc*) fallire ♦ *vt* (*cible, balle*)

mancare; (*train, occasion*) perdere; (*démonstration, devoir*) sbagliare; (*échouer à: examen*) essere bocciato(-a) a; ~ **son coup** far cilecca; **elle a raté son gâteau** la torta non le è riuscita.
raticide [ʀatisid] *nm* topicida *m.*
ratification [ʀatifikasjɔ̃] *nf* ratifica.
ratifier [ʀatifje] *vt* ratificare.
ratio [ʀasjo] *nm* rapporto.
ration [ʀasjɔ̃] *nf* razione *f*; (*fig*) dose *f*; ▸ **ration alimentaire** razione alimentare giornaliera.
rationalisation [ʀasjɔnalizasjɔ̃] *nf* razionalizzazione *f.*
rationaliser [ʀasjɔnalize] *vt* razionalizzare.
rationnel, le [ʀasjɔnɛl] *adj* razionale.
rationnellement [ʀasjɔnɛlmɑ̃] *adv* razionalmente.
rationnement [ʀasjɔnmɑ̃] *nm* razionamento; **carte/ticket de** ~ tessera annonaria.
rationner [ʀasjɔne] *vt* razionare; (*personne*) sottoporre a razionamento; **se rationner** *vr* sottoporsi a razionamento.
ratisser [ʀatise] *vt* rastrellare.
raton [ʀatɔ̃] *nm*: ~ **laveur** procione *m*, orsetto lavatore.
RATP [ɛʀatepe] *sigle f* = *Régie autonome des transports parisiens.*
rattacher [ʀataʃe] *vt* (*animal, cheveux*) legare di nuovo; (*incorporer: ADMIN etc*) annettere; (*fil électrique*) collegare; (*fig: relier*) ricollegare; (*: lier*) legare; **se** ~ **à** *vr* (*fig*) ricollegarsi a.
rattrapage [ʀatʀapaʒ] *nm* (*SCOL*) ricupero; (*ÉCON*) adeguamento (al costo della vita).
rattraper [ʀatʀape] *vt* (*fugitif, animal échappé*) riprendere; (*retenir, empêcher de tomber*) trattenere; (*atteindre, rejoindre*) raggiungere; (*réparer: imprudence, erreur*) rimediare a; **se rattraper** *vr* (*regagner*) ricuperare; (*se dédommager d'une privation*) rifarsi; (*réparer une gaffe etc*) riprendersi; **se** ~ **(à)** (*se raccrocher*) aggrapparsi (a); ~ **son retard/le temps perdu** ricuperare il ritardo/il tempo perduto.
rature [ʀatyʀ] *nf* cancellatura.
raturer [ʀatyʀe] *vt* cancellare.
rauque [ʀok] *adj* rauco(-a), roco.
ravage [ʀavaʒ] *nm*: ~**s** *nmpl* devastazioni *fpl*, danni *mpl*; (*de l'alcoolisme etc*) danni; **faire des** ~**s** avere effetti devastanti; (*fig: séducteur*) far strage (di cuori).
ravagé, e [ʀavaʒe] *adj* (*visage*) devastato(-a).
ravager [ʀavaʒe] *vt* devastare; (*suj: maladie, chagrin etc*) sconvolgere.
ravalement [ʀavalmɑ̃] *nm* restauro (dell'intonaco).
ravaler [ʀavale] *vt* (*mur, façade*) restaurare (l'intonaco di); (*déprécier*) sminuire; (*avaler de nouveau*) ringoiare; ~ **sa colère/son dégoût** reprimere la collera/il disgusto.
ravaudage [ʀavodaʒ] *nm* rammendo.
ravauder [ʀavode] *vt* rammendare.
rave [ʀav] *nf* rapa.
ravi, e [ʀavi] *adj* estasiato(-a); **être** ~ **de/que** essere felicissimo(-a) *ou* lietissimo (-a) di/che.
ravier [ʀavje] *nm* raviera.
ravigote [ʀavigɔt] *adj*: **sauce** ~ *salsa piccante a base di olio, aceto, uova sode e scalogni.*
ravigoter [ʀavigɔte] (*fam*) *vt* tirar su.
ravin [ʀavɛ̃] *nm* gola, burrone *m.*
raviner [ʀavine] *vt* scavare.
ravioli [ʀavjɔli] *nmpl* ravioli *mpl.*
ravir [ʀaviʀ] *vt* (*enchanter*) entusiasmare, incantare; ~ **qch à qn** (*enlever de force*) strappare qc a qn; **à** ~ *adv* meravigliosamente; **être beau à** ~ essere stupendo.
raviser [ʀavize]: **se** ~ *vr* cambiare idea.
ravissant, e [ʀavisɑ̃, ɑ̃t] *adj* incantevole, bellissimo(-a).
ravissement [ʀavismɑ̃] *nm* estasi *f inv*, rapimento.
ravisseur, -euse [ʀavisœʀ, øz] *nm/f* rapitore(-trice).
ravitaillement [ʀavitajmɑ̃] *nm* rifornimento; (*provisions*) provviste *fpl*; **aller au** ~ andare a fare la spesa; ▸ **ravitaillement en vol** (*AVIAT*) rifornimento in volo.
ravitailler [ʀavitaje] *vt* rifornire; **se ravitailler (en)** *vr* fare rifornimento *ou* rifornirsi (di).
raviver [ʀavive] *vt* ravvivare; (*douleur*) risvegliare.
ravoir [ʀavwaʀ] *vt* riavere.
rayé, e [ʀeje] *adj* rigato(-a).
rayer [ʀeje] *vt* (*érafler*) rigare; (*barrer, raturer*) depennare; (*d'une liste*) radiare.
rayon [ʀɛjɔ̃] *nm* raggio; (*étagère*) ripiano, scaffale *m*; (*de grand magasin*) reparto; (*fig: domaine*) campo; (*d'une ruche*) favo; ~**s** *nmpl* (*radiothérapie*) raggi *mpl*; **dans un** ~ **de ...** (*périmètre*) in un raggio di ...; ▸ **rayon d'action** raggio d'azione; ▸ **rayon de braquage** (*AUTO*) raggio di sterzata; ▸ **rayon de soleil** raggio di sole; ▸ **rayon laser** raggio *m* laser *inv*; ▸ **rayon vert** raggio verde; ▸ **rayons cosmiques** raggi cosmici; ▸ **rayons infrarouges/ultraviolets** raggi infrarossi/ultravioletti; ▸ **rayons X** raggi x.
rayonnage [ʀɛjɔnaʒ] *nm* scaffalatura.
rayonnant, e [ʀɛjɔnɑ̃, ɑ̃t] *adj* raggiante; ~ **de santé** che sprizza salute.
rayonne [ʀɛjɔn] *nf* rayon *m inv*, raion *m inv.*
rayonnement [ʀɛjɔnmɑ̃] *nm* irraggiamen-

to; (*fig*) influenza.
rayonner [ʀɛjɔne] *vi* (*chaleur, énergie, avenues*) irradiarsi; (*fig: être radieux*) essere raggiante; (*touristes*) andare in giro (*partendo da uno stesso punto*).
rayure [ʀejyʀ] *nf* riga; (*éraflure*) graffio, riga; (*rainure, d'un fusil*) rigatura; **à ~s** a righe.
raz-de-marée [ʀɑdmaʀe] *nm inv* maremoto; (*fig*) terremoto.
razzia [ʀa(d)zja] *nf* razzia.
R-D [ɛʀde] *sigle f* = *Recherche-Développement*.
RDA [ɛʀdea] *sigle f* (= *République démocratique allemande*) RDT *f*.
RDB [ɛʀdebe] *sigle m* (*STATISTIQUES*) = *revenu disponible brut*.
rdc *abr* = **rez-de-chaussée**.
ré [ʀe] *nm* (*MUS*) re *m inv*.
réabonnement [ʀeabɔnmɑ̃] *nm* rinnovo dell'abbonamento.
réabonner [ʀeabɔne] *vt*: **~ qn à** riabbonare qn a; **se ~ (à)** riabbonarsi (a).
réac [ʀeak] *adj, nm/f* (*fam*) reazionario(-a).
réacteur [ʀeaktœʀ] *nm* (*AVIAT*) reattore *m*; ▸ **réacteur nucléaire** reattore nucleare.
réactif [ʀeaktif] *nm* reagente *m*, reattivo.
réaction [ʀeaksjɔ̃] *nf* reazione *f*; **par ~** come reazione; **avion/moteur à ~** aereo/motore a reazione; ▸ **réaction en chaîne** (*aussi fig*) reazione a catena.
réactionnaire [ʀeaksjɔnɛʀ] *adj* reazionario(-a).
réactualiser [ʀeaktɥalize] *vt* aggiornare di nuovo.
réadaptation [ʀeadaptasjɔ̃] *nf* riadattamento; (*MÉD*) rieducazione *f*.
réadapter [ʀeadapte] *vt* riadattare; (*MÉD*) rieducare; **se ~ (à)** riadattarsi (a).
réaffirmer [ʀeafiʀme] *vt* riaffermare.
réagir [ʀeaʒiʀ] *vi* reagire; **~ à/contre** (*chose, personne*) reagire a/contro; **~ contre** reagire contro; **~ sur** ripercuotersi su.
réajuster [ʀeaʒyste] *vt* = **rajuster**.
réalisable [ʀealizabl] *adj* realizzabile.
réalisateur, -trice [ʀealizatœʀ, tʀis] *nm/f* (*RADIO, TV, CINÉ*) regista *m/f*.
réalisation [ʀealizasjɔ̃] *nf* realizzazione *f*; (*création, œuvre*) creazione *f*.
réaliser [ʀealize] *vt* realizzare; **se réaliser** *vr* realizzarsi; **~ que** realizzare che.
réalisme [ʀealism] *nm* realismo.
réaliste [ʀealist] *adj* realista; (*détail, chanson*) realistico(-a) ♦ *nm/f* realista *m/f*.
réalité [ʀealite] *nf* realtà *f inv*; **en ~** in realtà; **dans la ~** nella realtà.
réanimation [ʀeanimasjɔ̃] *nf* rianimazione *f*; **service de ~** reparto di rianimazione.
réanimer [ʀeanime] *vt* rianimare.
réapparaître [ʀeapaʀɛtʀ] *vi* riapparire.
réapparition [ʀeapaʀisjɔ̃] *nf* riapparizione *f*.
réapprovisionner [ʀeapʀɔvizjɔne] *vt* rifornire; **se réapprovisionner** *vr* rifornirsi.
réarmement [ʀeaʀməmɑ̃] *nm* riarmo.
réarmer [ʀeaʀme] *vt* (*arme*) ricaricare; (*bateau*) riarmare ♦ *vi* riarmarsi.
réassortiment [ʀeasɔʀtimɑ̃] *nm* (*COMM*) nuovo assortimento.
réassortir [ʀeasɔʀtiʀ] *vt* completare l'assortimento di.
réassurance [ʀeasyʀɑ̃s] *nf* riassicurazione *f*.
réassurer [ʀeasyʀe] *vt* riassicurare.
réassureur [ʀeasyʀœʀ] *nm* riassicuratore *m*.
rebaptiser [ʀ(ə)batize] *vt* ribattezzare.
rébarbatif, -ive [ʀebaʀbatif, iv] *adj* sgradevole; (*style*) barboso(-a).
rebattre [ʀ(ə)batʀ] *vt*: **~ les oreilles à qn de qch** continuare a ripetere qc a qn.
rebattu, e [ʀ(ə)baty] *pp de* **rebattre** ♦ *adj* trito(-a).
rebelle [ʀəbɛl] *nm/f* ribelle *m/f* ♦ *adj* ribelle; **~ à** (*la patrie etc*) ribelle a; (*un art, un sujet*) refrattario(-a) a.
rebeller [ʀ(ə)bele]: **se ~** *vr* ribellarsi; **se ~ contre** ribellarsi a.
rébellion [ʀebeljɔ̃] *nf* ribellione *f*; (*ensemble des rebelles*) ribelli *mpl*.
rebiffer [ʀ(ə)bife]: **se ~** *vr* ribellarsi.
reboisement [ʀ(ə)bwɑzmɑ̃] *nm* rimboschimento.
reboiser [ʀ(ə)bwɑze] *vt* rimboschire.
rebond [ʀ(ə)bɔ̃] *nm* rimbalzo.
rebondi, e [ʀ(ə)bɔ̃di] *adj* (*ventre*) rotondo(-a); (*joues*) paffuto(-a).
rebondir [ʀ(ə)bɔ̃diʀ] *vi* rimbalzare; (*fig: procès, action*) riaprirsi.
rebondissements [ʀəbɔ̃dismɑ̃] *nmpl* nuovo sviluppo.
rebord [ʀ(ə)bɔʀ] *nm* (*d'une table*) bordo, orlo; (*d'une fenêtre*) davanzale; (*d'un fossé*) orlo.
reboucher [ʀ(ə)buʃe] *vt* ritappare.
rebours [ʀ(ə)buʀ]: **à ~** *adv* (*brosser, caresser*) contropelo; (*tourner*) all'inverso; **comprendre à ~** capire il contrario.
rebouteux, -euse [ʀəbutø, øz] (*fam*) *nm/f* guaritore(-trice).
reboutonner [ʀ(ə)butɔne] *vt* riabbottonare.
rebrousse-poil [ʀəbʀuspwal]: **à ~-~** *adv* (*caresser*) contropelo; **prendre qn à ~-~** (*fig*) prendere qn per il verso sbagliato.
rebrousser [ʀ(ə)bʀuse] *vt* (*cheveux*) spazzolare all'indietro; **~ les poils** fare il contropelo; **~ chemin** tornare indietro.
rebuffade [ʀ(ə)byfad] *nf* brusco rifiuto.
rébus [ʀebys] *nm* (*aussi fig*) rebus *m inv*.
rebut [ʀəby] *nm*: **mettre/jeter qch au ~** but-

tare via qc, scartare qc.
rebutant, e [R(ə)bytɑ̃, ɑ̃t] *adj* ripugnante.
rebuter [R(ə)byte] *vt* ripugnare a; (*attitude, manières*) urtare.
recalcifier [R(ə)kalsifje] *vt* ricalcificare.
récalcitrant, e [Rekalsitʀɑ̃, ɑ̃t] *adj* ricalcitrante; (*caractère, esprit*) ribelle.
recaler [R(ə)kale] *vt* (*SCOL*) bocciare.
récapitulatif, -ive [Rekapitylatif, iv] *adj* riassuntivo(-a).
récapituler [Rekapityle] *vt* ricapitolare.
recel [Rəsɛl] *nm* ricettazione *f*.
receler [R(ə)səle] *vt* (*produit d'un vol*) ricettare; (*malfaiteur, déserteur, secret*) nascondere; (*fig*: *contenir*) racchiudere.
receleur, -euse [R(ə)səlœR, øz] *nm/f* ricettatore(-trice).
récemment [Resamɑ̃] *adv* recentemente, di recente.
recensement [R(ə)sɑ̃smɑ̃] *nm* (*de la population*) censimento; (*des ressources etc*) inventario.
recenser [R(ə)sɑ̃se] *vt* (*population*) censire; (*ressources etc*) inventoriare; (*dénombrer*) enumerare.
récent, e [Resɑ̃, ɑ̃t] *adj* recente.
recentrer [R(ə)sɑ̃tRe] *vt* (*POL*) spostare verso il centro.
récépissé [Resepise] *nm* (*COMM*) ricevuta.
réceptacle [Resɛptakl] *nm* ricettacolo.
récepteur, -trice [Resɛptœr, tRis] *adj* ricevente ♦ *nm* ricevitore *m*; ▶ **récepteur (de papier)** (*INFORM*) casella di ricezione; ▶ **récepteur (de radio)** radioricevitore *m*.
réceptif, -ive [Resɛptif, iv] *adj* sensibile, ricettivo(-a); (*MÉD*) ricettivo(-a).
réception [Resɛpsjɔ̃] *nf* ricevimento; (*RADIO, TV*) ricezione *f*; (*d'un membre*: *dans une assemblée etc*) ammissione *f*; (*accueil*) accoglienza; (*bureau*) reception *f inv*; (*pièces*) sala per ricevimenti; (*SPORT*: *après un saut*) atterraggio; (: *du ballon*) presa; **jour/heures de ~** giorno/orario *msg* di ricevimento; (*MÉD*) giorno/orario *msg* di ambulatorio.
réceptionnaire [Resɛpsjɔnɛr] *nm/f* addetto(-a) al ricevimento della merce.
réceptionner [Resɛpsjɔne] *vt* (*COMM*) controllare la consegna di.
réceptionniste [Resɛpsjɔnist] *nm/f* receptionist *m/f inv*.
réceptivité [Resɛptivite] *nf* (*à une influence*) sensibilità *f inv*; (*maladie*) ricettività *f inv*.
récessif, -ive [Resesif, iv] *adj* recessivo(-a).
récession [Resesjɔ̃] *nf* recessione *f*.
recette [R(ə)sɛt] *nf* (*CULIN, fig*) ricetta; (*COMM*) incasso; (*ADMIN*) esattoria, ricevitoria; **~s** *nfpl* (*COMM*: *rentrées d'argent*) entrate *fpl*; **faire ~** (*spectacle, exposition*) avere molto successo; ▶ **recette postale** ricevitoria postale.
receveur, -euse [R(ə)səvœR, øz] *nm/f* (*des finances, postes*) ricevitore *m*; (*d'autobus*) bigliettaio(-a); (*MÉD*: *de sang*) recettore(-trice); (: *d'organe*) recettore *m/f*; ▶ **receveur universel** (*de sang*) recettore universale.
recevoir [R(ə)səvwaR] *vt* ricevere; (*émission, image, chaîne*) ricevere, prendere; (*coups, correction*) prendere; (*blessure, modifications*) subire; (*solution*) trovare; (*SCOL*: *candidat*) promuovere; (*JUR*: *plainte*) accogliere ♦ *vi* ricevere; **se recevoir** *vr* (*athlète*) atterrare, ricadere; **il reçoit de 8 à 10** riceve dalle 8 alle 10; **il m'a reçu à 2 h** mi ha ricevuto alle 2; **~ qn à dîner** avere qn a cena; **être reçu** (*à un examen*) essere promosso; **être bien/mal reçu** essere accolto bene/male.
rechange [R(ə)ʃɑ̃ʒ]: **de ~** *adj* (*pièces, vêtements*) di ricambio; (*roue*) di scorta; (*fig*: *politique, plan*) alternativo(-a).
rechaper [R(ə)ʃape] *vt* (*pneu*) ricostruire.
réchapper [Reʃape]: **~ de** *ou* **à** *vt* (*accident, maladie*) scampare a; **va-t-il en ~?** riuscirà a scamparla?
recharge [R(ə)ʃaRʒ] *nf* ricambio, ricarica.
rechargeable [R(ə)ʃaRʒabl] *adj* ricaricabile.
recharger [R(ə)ʃaRʒe] *vt* ricaricare.
réchaud [Reʃo] *nm* (*CULIN*) fornello portatile; (*chauffe-plat*) scaldavivande *m inv*.
réchauffé [Reʃofe] *nm* (*nourriture*) riscaldato; (*fig*) cosa trita e ritrita.
réchauffer [Reʃofe] *vt* riscaldare; **se réchauffer** *vr* riscaldarsi; (*température*) salire.
rêche [Rɛʃ] *adj* ruvido(-a).
recherche [R(ə)ʃɛRʃ] *nf* ricerca; (*raffinement*) ricercatezza; **~s** *nfpl* (*de la police etc*) ricerche *fpl*; **être/se mettre à la ~ de** essere/mettersi alla ricerca di.
recherché, e [R(ə)ʃɛRʃe] *adj* (*rare*) raro (-a); (*entouré, demandé*) (molto) richiesto(-a); (*raffiné, précieux*) ricercato(-a).
rechercher [R(ə)ʃɛRʃe] *vt* ricercare; (*objet égaré, main-d'œuvre, faveur, cause*) cercare; (*reprendre*) riprendere; **"~ et remplacer"** (*INFORM*) "ricerca e sostituisci".
rechigner [R(ə)ʃiɲe] *vi* storcere il naso (*fig*); **~ à qch/à faire qch** mostrarsi riluttante davanti a qc/a fare qc.
rechute [R(ə)ʃyt] *nf* ricaduta; **faire** *ou* **avoir une ~** avere una ricaduta.
rechuter [R(ə)ʃyte] *vi* avere una ricaduta.
récidive [Residiv] *nf* (*JUR, MÉD*) recidiva; (*fig*) ricaduta.
récidiver [Residive] *vi* recidivare; (*fig*) essere recidivo(-a).
récidiviste [Residivist] *nm/f* (*JUR*) recidivo(-a).

récif [ʀesif] *nm* scoglio, scogliera.
récipiendaire [ʀesipjɑ̃dɛʀ] *nm* (*UNIV*) neolaureato(-a); (*d'une société*) nuovo socio.
récipient [ʀesipjɑ̃] *nm* recipiente *m*.
réciproque [ʀesipʀɔk] *adj* reciproco(-a) ♦ *nf*: **rendre la** ~ rendere la pariglia.
réciproquement [ʀesipʀɔkmɑ̃] *adv* reciprocamente; **et** ~ e viceversa.
récit [ʀesi] *nm* racconto.
récital [ʀesital] *nm* recital *m inv*.
récitant, e [ʀesitɑ̃, ɑ̃t] *nm/f* narratore (-trice).
récitation [ʀesitasjɔ̃] *nf* recitazione *f*; (*SCOL*: *exercice*) brano da imparare a memoria.
réciter [ʀesite] *vt* recitare.
réclamation [ʀeklamasjɔ̃] *nf* reclamo; **service des ~s** ufficio reclami; (*dans une firme*) contenzioso.
réclame [ʀeklam] *nf* pubblicità; **faire de la ~ (pour qch/qn)** fare pubblicità (a qc/qn); **article en ~** articolo in offerta speciale.
réclamer [ʀeklame] *vt* reclamare; (*aide*) invocare; (*nécessiter, requérir*: *suj*: *chose*) richiedere ♦ *vi* reclamare; **se ~ de qn** farsi forte dell'appoggio di qn.
reclassement [ʀ(ə)klasmɑ̃] *nm* riclassificazione *f*.
reclasser [ʀ(ə)klase] *vt* riclassificare; (*fonctionnaire, ouvrier*) riciclare.
reclus, e [ʀəkly, yz] *nm/f* recluso(-a).
réclusion [ʀeklyzjɔ̃] *nf* reclusione *f*; ▸**réclusion à perpétuité** carcere *m* a vita, ergastolo.
recoiffer [ʀ(ə)kwafe] *vt* ripettinare; **se recoiffer** *vr* ripettinarsi.
recoin [ʀəkwɛ̃] *nm* recesso.
reçois *etc* [ʀəswa] *vb voir* **recevoir**.
reçoive *etc* [ʀəswav] *vb voir* **recevoir**.
recoller [ʀ(ə)kɔle] *vt* rincollare.
récolte [ʀekɔlt] *nf* raccolta; (*produits récoltés*) raccolto.
récolter [ʀekɔlte] *vt* raccogliere; (*fam*: *ennuis, coups*) beccarsi.
recommandable [ʀ(ə)kɔmɑ̃dabl] *adj* raccomandabile; **peu** ~ poco raccomandabile.
recommandation [ʀ(ə)kɔmɑ̃dasjɔ̃] *nf* raccomandazione *f*; **lettre de** ~ lettera di raccomandazione.
recommandé, e [ʀ(ə)kɔmɑ̃de] *adj* raccomandato(-a) ♦ *nm* (*POSTES*): **en** ~ per raccomandata.
recommander [ʀ(ə)kɔmɑ̃de] *vt* raccomandare; (*suj*: *qualités etc*) rendere degno(-a) di considerazione; (*POSTES*: *paquet, lettre*) spedire per raccomandata; ~ **qch à qn** raccomandare qc a qn; ~ **à qn de faire** raccomandare a qn di fare; ~ **qn auprès de qn/à qn** raccomandare qn a qn; **il est recommandé de faire** si raccomanda di fare; **se ~ à qn** raccomandarsi a qn; **se ~ de qn** fare (valere) il nome di qn.
recommencer [ʀ(ə)kɔmɑ̃se] *vt* ricominciare; (*erreur*) rifare ♦ *vi* ricominciare; ~ **à faire** ricominciare a fare; **ne recommence pas!** non ricominciare!
récompense [ʀekɔ̃pɑ̃s] *nf* ricompensa; (*prix*) premio; **recevoir qch en** ~ ricevere qc come ricompensa.
récompenser [ʀekɔ̃pɑ̃se] *vt* ricompensare; ~ **qn de** *ou* **pour qch** ricompensare qn per qc.
recompter [ʀ(ə)kɔ̃te] *vt, vi* ricontare.
réconciliation [ʀekɔ̃siljasjɔ̃] *nf* riconciliazione *f*.
réconcilier [ʀekɔ̃silje] *vt* riconciliare; **se réconcilier** *vr*: **se ~ (avec)** riconciliarsi (con); ~ **qn avec qn/qch** riconciliare qn con qn/qc.
reconductible [ʀ(ə)kɔ̃dyktibl] *adj* (*JUR*: *contrat, bail*) rinnovabile.
reconduction [ʀ(ə)kɔ̃dyksjɔ̃] *nf* (*JUR*) rinnovo; (*POL*: *d'une politique*) proroga.
reconduire [ʀ(ə)kɔ̃dɥiʀ] *vt* riaccompagnare; (*JUR*: *contrat, grève etc*) rinnovare; (*POL*) prorogare.
réconfort [ʀekɔ̃fɔʀ] *nm* conforto.
réconfortant, e [ʀekɔ̃fɔʀtɑ̃, ɑ̃t] *adj* confortante.
réconforter [ʀekɔ̃fɔʀte] *vt* confortare; (*fig*) tirare su.
reconnais *etc* [ʀ(ə)kɔnɛ] *vb voir* **reconnaître**.
reconnaissable [ʀ(ə)kɔnɛsabl] *adj* riconoscibile.
reconnaissais *etc* [ʀ(ə)kɔnɛsɛ] *vb voir* **reconnaître**.
reconnaissance [ʀ(ə)kɔnɛsɑ̃s] *nf* riconoscimento; (*gratitude*) riconoscenza; (*MIL*) ricognizione *f*; **en** ~ (*MIL*) in ricognizione; ▸**reconnaissance de dette** (*JUR*) ricognizione di debito.
reconnaissant, e [ʀ(ə)kɔnɛsɑ̃, ɑ̃t] *vb voir* **reconnaître** ♦ *adj* riconoscente, grato (-a); **je vous serais ~ de bien vouloir ...** le sarei grato di voler ... .
reconnaître [ʀ(ə)kɔnɛtʀ] *vt* riconoscere; (*MIL*: *terrain*) perlustrare; ~ **qn/qch à** riconoscere qn/qc da; ~ **que** riconoscere che; ~ **à qn** (*qualités etc*) riconoscere a qn; **se ~ quelque part** (*s'y retrouver*) orientarsi.
reconnu, e [ʀ(ə)kɔny] *pp de* **reconnaître** ♦ *adj* riconosciuto(-a); (*auteur*) affermato (-a).
reconquérir [ʀ(ə)kɔ̃keʀiʀ] *vt* riconquistare.
reconquête [ʀ(ə)kɔ̃kɛt] *nf* riconquista.
reconsidérer [ʀ(ə)kɔ̃sideʀe] *vt* riconsiderare.

reconstituant, e [R(ə)kɔ̃stitɥɑ̃, ɑ̃t] *adj* ricostituente ♦ *nm* ricostituente *m.*
reconstituer [R(ə)kɔ̃stitɥe] *vt* ricostruire; (*BIOL*: *tissus etc*) rigenerare.
reconstitution [R(ə)kɔ̃stitysjɔ̃] *nf* ricostruzione *f*; (*BIOL*) rigenerazione *f.*
reconstruction [R(ə)kɔ̃stRyksjɔ̃] *nf* ricostruzione *f.*
reconstruire [R(ə)kɔ̃stRɥiR] *vt* ricostruire.
reconversion [R(ə)kɔ̃vɛRsjɔ̃] *nf* (*économique, technique*) riconversione *f*; (*du personnel*) riciclaggio.
reconvertir [R(ə)kɔ̃vɛRtiR] *vt* (*usine*) riconvertire; (*personnel, troupes*) riciclare; **se ~ dans** (*un métier, une branche*) riqualificarsi in.
recopier [R(ə)kɔpje] *vt* ricopiare.
record [R(ə)kɔR] *nm* record *m inv*, primato ♦ *adj* (*vitesse, chiffre*) record *inv*; **battre tous les ~s** (*fig*) battere ogni record; **en un temps ~** a tempo di record; **à une vitesse ~** a velocità record; ▸**record du monde** record *ou* primato mondiale.
recoucher [R(ə)kuʃe] *vt* rimettere a letto; **se recoucher** *vr* rimettersi a letto.
recoudre [R(ə)kudR] *vt* ricucire.
recoupement [R(ə)kupmɑ̃] *nm*: **par ~** grazie a un confronto (*da fonti diverse*); **faire un ~** fare un confronto (*da fonti diverse*).
recouper [R(ə)kupe] *vt* (*tranche*) tagliare di nuovo; (*vêtement*) cambiare il taglio di ♦ *vi* (*CARTES*) tagliare di nuovo; **se recouper** *vr* (*témoignages*) concordare.
recourais *etc* [RəkuRɛ] *vb voir* **recourir**.
recourbé, e [R(ə)kuRbe] *adj* ricurvo(-a).
recourber [R(ə)kuRbe] *vt* curvare.
recourir [R(ə)kuRiR] *vi* correre di nuovo; **~ à** *vt* ricorrere a.
recours [R(ə)kuR] *vb voir* **recourir** ♦ *nm* (*JUR*) ricorso; **avoir ~ à** fare ricorso a; **en dernier ~** come ultima risorsa; **c'est sans ~** non c'è via d'uscita; ▸**recours en grâce** (*JUR*) domanda di grazia.
recouru, e [RəkuRy] *pp de* **recourir**.
recousu, e [Rəkuzy] *pp de* **recoudre**.
recouvert, e [RəkuvɛR, ɛRt] *pp de* **recouvrir**.
recouvrable [R(ə)kuvRabl] *adj* riscuotibile.
recouvrais *etc* [RəkuvRɛ] *vb voir* **recouvrer**; *voir aussi* **recouvrir**.
recouvrement [R(ə)kuvRəmɑ̃] *nm* (*d'impôts*) riscossione *f.*
recouvrer [R(ə)kuvRe] *vt* ricuperare; (*impôts, créance*) riscuotere.
recouvrir [R(ə)kuvRiR] *vt* ricoprire; (*cacher, masquer*) nascondere; (*sub*: *étude, concept*: *embrasser*) abbracciare; **se recouvrir** *vr* (*se superposer*) sovrapporsi.
recracher [R(ə)kRaʃe] *vt* sputare.
récréatif, -ive [RekReatif, iv] *adj* ricreativo(-a).
récréation [RekReasjɔ̃] *nf* ricreazione *f*; (*SCOL*) ricreazione *f*, intervallo.
recréer [R(ə)kRee] *vt* ricostruire; (*fig*: *atmosphère*) ricreare.
récrier [RekRije]: **se ~** *vr* protestare.
récriminations [RekRiminasjɔ̃] *nfpl* recriminazioni *fpl.*
récriminer [RekRimine] *vi*: **~ contre qn/qch** recriminare contro qn/su qc.
recroqueviller [R(ə)kRɔk(ə)vije]: **se ~** *vr* (*plantes, feuilles*) accartocciarsi; (*personne*) rannicchiarsi, raggomitolarsi.
recru, e [RəkRy] *adj*: **~ de fatigue** esausto(-a), sfinito(-a).
recrudescence [R(ə)kRydesɑ̃s] *nf* recrudescenza.
recrue [RəkRy] *nf* recluta.
recrutement [R(ə)kRytmɑ̃] *nm* (*v vt*) reclutamento; assunzione *f.*
recruter [R(ə)kRyte] *vt* (*MIL, adeptes*) reclutare; (*personnel, collaborateurs*) assumere.
rectal, e, -aux [Rɛktal, o] *adj*: **par voie ~e** per via rettale.
rectangle [Rɛktɑ̃gl] *nm* rettangolo; ▸**rectangle blanc** (*TV*) *simbolo che indica i programmi non adatti ai bambini.*
rectangulaire [Rɛktɑ̃gylɛR] *adj* rettangolare.
recteur [RɛktœR] *nm* rettore *m.*
rectificatif, -ive [Rɛktifikatif, iv] *adj* (*état, compte, note*) di rettifica *inv* ♦ *nm* rettifica.
rectification [Rɛktifikasjɔ̃] *nf* rettifica.
rectifier [Rɛktifje] *vt* rettificare.
rectiligne [Rɛktiliɲ] *adj* rettilineo(-a).
rectitude [Rɛktityd] *nf* (*intellectuelle*) rigore *m*; (*morale*) rettitudine *f.*
recto [Rɛkto] *nm* (*d'une feuille*) retto.
rectorat [RɛktɔRa] *nm* rettorato.
rectum [Rɛktɔm] *nm* (*ANAT*) retto.
reçu, e [R(ə)sy] *pp de* **recevoir** ♦ *adj* (*opinion, usage*) acquisito(-a) ♦ *nm* (*COMM*) ricevuta.
recueil [Rəkœj] *nm* raccolta.
recueillement [R(ə)kœjmɑ̃] *nm* raccoglimento.
recueilli, e [R(ə)kœji] *adj* raccolto(-a), pensoso(-a).
recueillir [R(ə)kœjiR] *vt* raccogliere; (*accueillir*) accogliere; **se recueillir** *vr* raccogliersi.
recuire [R(ə)kɥiR] *vi*: **faire ~** ricuocere.
recul [R(ə)kyl] *nm* (*d'une armée*) arretramento; (*fig*: *d'une épidémie*) regresso; (: *pour juger*) distacco; (*d'une arme à feu*) rinculo; **avoir un mouvement de ~** indietreggiare; **prendre du ~** indietreggiare; (*fig*) distaccarsi; **avec le ~** a distanza di tempo.
reculade [R(ə)kylad] (*péj*) *nf* ritirata.

reculé, e [R(ə)kyle] *adj* lontano(-a), fuori mano *inv*; (*lointain dans le temps*) remoto(-a).
reculer [R(ə)kyle] *vi* indietreggiare; (*fig*: *épidémie, civilisation*) regredire; (: *se dérober, hésiter*) tirarsi indietro ♦ *vt* spostare più indietro; (*mur, frontières*) spostare più in là; (*fig*: *possibilités, limites*) estendere; (: *date, livraison, décision*) rinviare; ~ **devant** (*danger, difficulté*) indietreggiare davanti a; ~ **pour mieux sauter** (*fig*) peggiorare le cose rimandando la decisione.
reculons [R(ə)kylɔ̃]: **à** ~ *adv* all'indietro, a ritroso.
récupérable [RekypeRabl] *adj* ricuperabile.
récupération [RekypeRasjɔ̃] *nf* ricupero.
récupérer [RekypeRe] *vt* ricuperare ♦ *vi* ricuperare.
récurer [RekyRe] *vt* pulire (raschiando); **poudre à** ~ detersivo abrasivo in polvere.
reçus [Rəsy] *vb voir* **recevoir**.
récusable [Rekyzabl] *adj* ricusabile.
récuser [Rekyze] *vt* ricusare; **se récuser** *vr* non pronunciarsi.
reçut [Rəsy] *vb voir* **recevoir**.
recyclage [R(ə)siklaʒ] *nm* riciclaggio; **cours de** ~ corso di aggiornamento professionale.
recycler [R(ə)sikle] *vt* riciclare; (*SCOL*) orientare verso un altro indirizzo di studi; **se recycler** *vr* seguire un corso di aggiornamento professionale.
rédacteur, -trice [RedaktœR, tRis] *nm/f* redattore(-trice); ~ **en chef** redattore capo *inv*; ▸ **rédacteur publicitaire** redattore pubblicitario.
rédaction [Redaksjɔ̃] *nf* redazione *f*; (*d'un contrat*) stesura; (*SCOL*) tema *m*, composizione *f*.
reddition [Redisjɔ̃] *nf* resa.
redéfinir [R(ə)definiR] *vt* ridefinire.
redemander [Rədmɑ̃de] *vt* richiedere, ridomandare; ~ **de** (*nourriture*) chiedere altro(-a), chiedere ancora.
redémarrer [R(ə)demaRe] *vi* rimettersi in moto; (*fig*: *industrie etc*) riprendersi.
rédemption [Redɑ̃psjɔ̃] *nf* redenzione *f*.
redéploiement [R(ə)deplwamɑ̃] *nm* riorganizzazione *f*, ristrutturazione *f*.
redescendre [R(ə)desɑ̃dR] *vi* ridiscendere ♦ *vt* (*bagages etc*) riportare giù; (*pente etc*) ridiscendere.
redevable [R(ə)dəvabl] *adj*: **être** ~ **de qch à qn** essere debitore(-trice) di qc a qn.
redevance [R(ə)dəvɑ̃s] *nf* (*téléphone, TV*) canone *m*.
redevenir [R(ə)dəv(ə)niR] *vi* ridiventare, tornare.
rédhibitoire [RedibitwaR] *adj* (*fig*) insormontabile; **vice** ~ (*JUR*) vizio che giustifica un'azione redibitoria.
rediffuser [R(ə)difyze] *vt* (*RADIO, TV*) ritrasmettere.
rediffusion [R(ə)difyzjɔ̃] *nf* replica.
rédiger [Rediʒe] *vt* redigere.
redire [R(ə)diR] *vt* ridire; **avoir/trouver à** ~ **à qch** avere/trovare da ridire su qc.
redistribuer [R(ə)distRibɥe] *vt* ridistribuire.
redite [R(ə)dit] *nf* ripetizione *f* inutile.
redondance [R(ə)dɔ̃dɑ̃s] *nf* ridondanza.
redonner [R(ə)dɔne] *vt* ridare.
redoublé, e [Rəduble] *adj*: **frapper à coups ~s** colpire ripetutamente con violenza.
redoubler [R(ə)duble] *vt* (*SCOL*: *classe*) ripetere; (*LING*: *lettre*) raddoppiare ♦ *vi* raddoppiare; (*tempête, vent*) aumentare (d'intensità); (*SCOL*) ripetere (l'anno); ~ **d'amabilité** diventare doppiamente gentile.
redoutable [R(ə)dutabl] *adj* temibile.
redouter [R(ə)dute] *vt* temere; ~ **que/de faire** temere che/di fare.
redoux [Rədu] *nm* (*MÉTÉO*) *temporaneo e leggero aumento della temperatura.*
redressement [R(ə)dRɛsmɑ̃] *nm* (*de l'économie etc*) risanamento; ~ **fiscal** modifica dell'imposta; **maison de** ~ riformatorio.
redresser [R(ə)dRese] *vt* raddrizzare; (*fig*: *situation, économie*) risanare; **se redresser** *vr* raddrizzarsi; (*se tenir très droit*) stare diritto(-a); (*fig*: *pays*) riprendersi; ~ **(les roues)** (*AUTO*) raddrizzare le ruote.
redresseur [R(ə)dResœR] *nm*: ~ **de torts** giustiziere *m*.
réducteur, -trice [RedyktœR, tRis] *adj* riduttore(-trice).
réduction [Redyksjɔ̃] *nf* riduzione *f*; **en** ~ *adv* (*en plus petit, en miniature*) in miniatura.
réduire [RedɥiR] *vt* ridurre; (*rebelles*) sottomettere; (*CULIN*: *jus, sauce*) far ispessire; **se** ~ **à/en** *vr* ridursi a/in; ~ **qn au silence/à la misère** ridurre qn al silenzio/in miseria; ~ **qch à/en** ridurre qc a/in; **en être réduit à** essere ridotto a.
réduit, e [Redɥi, it] *pp de* **réduire** ♦ *adj* ridotto(-a) ♦ *nm* bugigattolo, sgabuzzino.
rééditer [Reedite] *vt* ripubblicare.
réédition [Reedisjɔ̃] *nf* riedizione *f*.
rééducation [Reedykasjɔ̃] *nf* rieducazione *f*; (*de délinquants*) rieducazione *f*, recupero; **centre de** ~ centro di fisioterapia.
rééduquer [Reedyke] *vt* rieducare.
réel, le [Reɛl] *adj* reale; (*intensif*: *avant le nom*) vero(-a) ♦ *nm*: **le** ~ il reale.
réélection [Reelɛksjɔ̃] *nf* rielezione *f*.
rééligible [Reeliʒibl] *adj* rieleggibile.
réélire [ReeliR] *vt* rieleggere.

réellement [Reɛlmɑ̃] *adv* realmente.
réembaucher [Reɑ̃boʃe] *vt* riassumere.
réémetteur [ReemetœR] *nm* (*TÉL*) ripetitore *m*.
réemploi [Reɑ̃plwa] *nm* reimpiego; (*argent*) reinvestimento.
réemployer [Reɑ̃plwaje] *vt* reimpiegare; (*argent*) reinvestire.
rééquilibrer [ReekilibRe] *vt* riequilibrare.
réescompte [Reɛskɔ̃t] *nm* risconto.
réessayer [Reeseje] *vt* riprovare.
réévaluation [Reevalɥasjɔ̃] *nf* rivalutazione *f*.
réévaluer [Reevalɥe] *vt* rivalutare.
réexaminer [Reɛgzamine] *vt* riesaminare.
réexpédier [Reɛkspedje] *vt* rispedire.
réexportation [ReɛkspɔRtasjɔ̃] *nf* riesportazione *f*.
réexporter [ReɛkspɔRte] *vt* riesportare.
réf. *abr* = **référence(s)**.
refaire [R(ə)fɛR] *vt* rifare; (*santé, force*) riacquistare; **se refaire** *vr* (*en santé, argent etc*) riprendersi; **se ~ une santé** rimettersi; **se ~ à qch** riabituarsi a qc; **être refait** (*fam*) essere fregato.
refasse [Rəfas] *vb voir* **refaire**.
réfection [Refɛksjɔ̃] *nf* rifacimento; **en ~** in rifacimento.
réfectoire [RefɛktwaR] *nm* refettorio.
referai *etc* [R(ə)fRe] *vb voir* **refaire**.
référé [RefeRe] *nm* (*JUR*) procedura per direttissima; (: *décision*) sentenza emessa per direttissima.
référence [RefeRɑ̃s] *nf* riferimento; **~s** *nfpl* (*garanties*) referenze *fpl*; **faire ~ à** fare riferimento a; **ouvrage de ~** opera di consultazione; **ce n'est pas une ~** (*fig*) questo non vuol dire (nulla); ▶ **références exigées** (*sur petite annonce*) indispensabili referenze.
référendum [RefeRɛ̃dɔm] *nm* referendum *m inv*.
référer [RefeRe]: **se ~ à** *vr* (*ami, avis*) ricorrere a; (*texte, définition*) rifarsi a; (*se rapporter à*) riferirsi a; **en ~ à qn** sottoporre il caso a qn.
refermer [R(ə)fɛRme] *vt* richiudere; **se refermer** *vr* richiudersi.
refiler [R(ə)file] (*fam*) *vt*: **~ qch à qn** rifilare qc a qn.
refit [Rəfi] *vb voir* **refaire**.
réfléchi, e [Refleʃi] *adj* (*personne, LING*) riflessivo(-a); (*action, décision*) ponderato(-a).
réfléchir [RefleʃiR] *vt* riflettere ♦ *vi* riflettere; **~ à** *ou* **sur** riflettere su; **c'est tout réfléchi** ci ho pensato bene.
réflecteur [ReflɛktœR] *nm* catarifrangente *m*.
reflet [R(ə)flɛ] *nm* riflesso; **~s** *nmpl* (*du soleil, de la lumière*) riflesso *msg*; (*d'une étoffe, des cheveux*) riflessi *mpl*.
refléter [R(ə)flete] *vt* riflettere; (*fig: traduire*) rispecchiare; (: *exprimer*) esprimere; **se refléter** *vr* riflettersi; (*fig*) rispecchiarsi.
reflex [Reflɛks] *adj inv* (*PHOTO*) reflex *inv*.
réflexe [Reflɛks] *nm* riflesso; (*réaction*) reazione *f* istintiva ♦ *adj* (*acte*) riflesso (-a); (*mouvement*) automatico(-a); **avoir de bons ~s** avere buoni riflessi; ▶ **réflexe conditionné** riflesso condizionato.
réflexion [Reflɛksjɔ̃] *nf* riflessione *f*; (*remarque*) osservazione *f*; **~s** *nfpl* (*méditations*) riflessioni *fpl*; **sans ~** senza riflettere; **~ faite, à la/après ~** a pensarci bene; **cela demande ~** è bene rifletterci su; **délai de ~** periodo di riflessione; **groupe de ~** gruppo di esperti.
refluer [R(ə)flye] *vi* rifluire; (*foule, manifestants*) defluire.
reflux [Rəfly] *nm* (*aussi fig*) riflusso.
refondre [R(ə)fɔ̃dR] *vt* rimaneggiare.
refont [R(ə)fɔ̃] *vb voir* **refaire**.
reformater [R(ə)fɔRmate] *vt* formattare di nuovo.
réformateur, -trice [RefɔRmatœR, tRis] *nm/f, adj* riformatore(-trice).
Réformation [RefɔRmasjɔ̃] *nf*: **la ~** la Riforma.
réforme [RefɔRm] *nf* riforma; (*de la discipline*) ristabilimento; **la R~** (*REL*) la Riforma.
réformé, e [RefɔRme] *adj* riformato(-a) ♦ *nm/f* (*REL*) riformato(-a) ♦ *nm* (*MIL*) riformato.
reformer [R(ə)fɔRme] *vt*: **se ~** riformarsi; **~ les rangs** (*MIL*) riformare le righe.
réformer [RefɔRme] *vt* (*institutions, MIL*) riformare; (*règle, discipline*) ristabilire.
réformisme [RefɔRmism] *nm* riformismo.
réformiste [RefɔRmist] *adj* riformista ♦ *nm/f, adj* riformista *m/f*.
refoulé, e [R(ə)fule] *adj* represso(-a); (*PSYCH*) rimosso(-a).
refoulement [R(ə)fulmɑ̃] *nm* (*des envahisseurs*) cacciata; (*PSYCH*) rimozione *f*.
refouler [R(ə)fule] *vt* (*envahisseurs*) respingere; (*liquide*) far rifluire; (*fig: larmes, colère*) reprimere; (*PSYCH*) rimuovere.
réfractaire [RefRaktɛR] *adj* refrattario(-a); (*conscrit*) renitente; **être ~ à** (*ordres, discipline*) essere ribelle a; ▶ **prêtres réfractaires** *preti che rifiutarono di prestare giuramento in Francia durante la rivoluzione francese*.
réfracter [RefRakte] *vt* rifrangere.
réfraction [RefRaksjɔ̃] *nf* rifrazione *f*.
refrain [R(ə)fRɛ̃] *nm* (*d'une chanson, fig*) ritornello; (*air*) motivo.
refréner [RəfRene] *vt* frenare.
réfréner [refRene] *vt* = **refréner**.

réfrigérant, e [ʀefʀiʒeʀɑ̃, ɑ̃t] *adj* refrigerante.
réfrigérateur [ʀefʀiʒeʀatœʀ] *nm* refrigeratore *m*.
réfrigération [ʀefʀiʒeʀasjɔ̃] *nf* refrigerazione *f*.
réfrigéré, e [ʀefʀiʒeʀe] *adj* (*camion, wagon*) frigorifero(-a).
réfrigérer [ʀefʀiʒeʀe] *vt* refrigerare; (*fam: glacer, aussi fig*) congelare.
refroidir [ʀ(ə)fʀwadiʀ] *vt* (*aussi fig*) raffreddare ♦ *vi* raffreddarsi; **se refroidir** *vr* (*prendre froid: personne*) prendere freddo; (*temps, fig: ardeur, sentiments*) raffreddarsi.
refroidissement [ʀ(ə)fʀwadismɑ̃] *nm* raffreddamento; (*grippe, rhume*) raffreddore *m*.
refuge [ʀ(ə)fyʒ] *nm* rifugio; (*pour piétons*) salvagente *m*; **chercher/trouver ~ auprès de qn** cercare/trovare rifugio presso qn; **demander ~ à qn** chiedere asilo a qn.
réfugié, e [ʀefyʒje] *adj, nm/f* rifugiato(-a), profugo(-a).
réfugier [ʀefyʒje]: **se ~** *vr* rifugiarsi; (*fig*) rifugiarsi, trovare rifugio.
refus [ʀ(ə)fy] *nm* rifiuto; (*SCOL*) bocciatura; **ce n'est pas de ~** (*fam*) non dico di no.
refuser [ʀ(ə)fyze] *vt* rifiutare; (*SCOL: candidat*) respingere ♦ *vi* (*ÉQUITATION*) rifiutare l'ostacolo; **~ qch à qn** negare qc a qn; **~ de faire** rifiutarsi di fare; **~ du monde** lasciar fuori parte della gente; **se ~ à faire qch** rifiutarsi di fare qc; **se ~ à qn** rifiutare di concedersi a qn; **il ne se refuse rien** non si fa mancare niente.
réfutable [ʀefytabl] *adj* confutabile.
réfuter [ʀefyte] *vt* confutare; (*auteur*) contestare.
regagner [ʀ(ə)gaɲe] *vt* riguadagnare; (*lieu, place*) ritornare a; **~ le temps perdu** riguadagnare il tempo perduto; **~ du terrain** riguadagnare terreno.
regain [ʀəgɛ̃] *nm* (*herbe*) fieno di secondo taglio; **un ~ de** (*de vie, activité, santé*) un ritorno di.
régal [ʀegal] *nm* delizia; **c'est un (vrai) ~** è una (vera) delizia; **elle est un ~ pour les yeux** è un piacere guardarla.
régalade [ʀegalad] *adv*: **à la ~** a garganella.
régaler [ʀegale] *vt*: **~ qn** offrire un buon pranzo a qn; **se régaler** *vr* (*faire un bon repas*) concedersi un bel pranzetto; (*fig*) godersela; **c'est moi qui régale aujourd'hui!** oggi offro io!
regard [ʀ(ə)gaʀ] *nm* sguardo; **parcourir/menacer du ~** percorrere/minacciare con lo sguardo; **au ~ de** per quanto riguarda; **en ~** di fronte; (*traduction*) a fronte; **en ~ de** rispetto a.
regardant, e [ʀ(ə)gaʀdɑ̃, ɑ̃t] *adj*: **très/peu ~ (sur)** molto/poco attento(-a) (a); (*péj*) molto/poco parsimonioso(-a) (con).
regarder [ʀ(ə)gaʀde] *vt* guardare; (*envisager, considérer*) considerare; (*être orienté vers: suj: maison*) affacciarsi su, essere rivolto(-a) verso; (*concerner*) riguardare ♦ *vi* guardare; **~ la télévision** guardare la televisione; **~ qn/qch comme** considerare qn/qc; **~ (qch) dans le dictionnaire/l'annuaire** cercare (qc) nel dizionario/nell'elenco telefonico; **~ par la fenêtre** guardare dalla finestra; **~ à** *vt* (*dépense, détails*) guardare *ou* badare a; **dépenser sans ~** non badare a spese; **cela me regarde** è una cosa che mi riguarda.
régate [ʀegat] *nf* regata.
régénérer [ʀeʒeneʀe] *vt* rigenerare.
régent [ʀeʒɑ̃] *nm* reggente *m*.
régenter [ʀeʒɑ̃te] *vt* dettare legge a.
régie [ʀeʒi] *nf* (*ADMIN*) gestione *f* pubblica; (*COMM, IND*) *nome dato ad alcune aziende di stato*; (*CINÉ, THÉÂTRE*) regia; (*RADIO, TV*) sala di registrazione; **la ~ d'État** la gestione statale.
regimber [ʀ(ə)ʒɛ̃be] *vi* recalcitrare.
régime [ʀeʒim] *nm* regime *m*; (*MÉD*) dieta, regime *m*; (*de bananes*) casco; (*de dattes*) grappolo; **se mettre au/suivre un ~** mettersi a/seguire una dieta; **~ sans sel** dieta senza sale; **à bas/haut ~** (*AUTO*) a basso/alto numero di giri; **à plein ~** a tutta birra; ▶ **régime matrimonial** regime matrimoniale.
régiment [ʀeʒimɑ̃] *nm* reggimento; **un ~ de** (*fig: fam*) un reggimento di; **un copain de ~** un amico di naia.
région [ʀeʒjɔ̃] *nf* regione *f*; **la ~ parisienne** la zona di Parigi.
régional, e, -aux [ʀeʒjɔnal, o] *adj* regionale.
régionalisation [ʀeʒjɔnalizasjɔ̃] *nf* regionalizzazione *f*.
régionalisme [ʀeʒjɔnalism] *nm* regionalismo; (*dans une œuvre littéraire*) *attenzione particolare ad una realtà regionale*.
régir [ʀeʒiʀ] *vt* (*suj: loi, règle*) disciplinare; (*LING*) reggere.
régisseur [ʀeʒisœʀ] *nm* (*d'un domaine*) amministratore *m*; (*CINÉ, TV*) segretario(-a) di produzione; (*THÉÂTRE*) direttore *m* di scena.
registre [ʀəʒistʀ] *nm* registro; ▶ **registre de comptabilité** (libro) mastro; ▶ **registre de l'état civil** registro di stato civile.
réglable [ʀeglabl] *adj* (*siège, flamme*) regolabile; (*payable: achat*) pagabile.
réglage [ʀeglaʒ] *nm* (*d'une machine*) regolazione *f*, messa a punto; (*d'un moteur*) messa a punto.

règle [ʀɛgl] *nf* regola, norma; (*instrument*) riga, righello; (*de grammaire, de la poésie*) regola; (*REL*): **la** ~ la regola; **~s** *nfpl* (*PHYSIOL*) mestruazioni *fpl*; **j'ai pour ~ de ne pas me fâcher** per principio non mi arrabbio; **en** ~ in regola; **être/se mettre en** ~ essere/mettersi in regola; **dans** *ou* **selon les ~s** secondo le regole; **être de** ~ essere di regola; **c'est la ~ que ...** succede regolarmente che ...; **en ~ générale** di regola, in generale; ▸ **règle à calcul** regolo calcolatore; ▸ **règle de trois** (*MATH*) regola del tre semplice.

réglé, e [ʀegle] *adj* (*affaire*) sistemato(-a); (*vie, personne*) regolato(-a); (*papier*) a righe; **bien ~e** (*femme*) che ha il ciclo regolare.

règlement [ʀɛgləmɑ̃] *nm* (*de l'emploi du temps*) organizzazione *f*; (*d'un problème*) soluzione *f*; (*d'une facture, d'un fournisseur*) pagamento, saldo; (*ADMIN*: *arrêté*) decreto; (*ADMIN, gén*: *règles, statuts*) regolamento; **~ à la commande** pagamento anticipato; **~ en espèces/par chèque** pagamento in contanti/con assegno; ▸ **règlement de compte(s)** regolamento di conti; ▸ **règlement intérieur** regolamento interno; ▸ **règlement judiciaire** liquidazione *f* giudiziaria.

réglementaire [ʀɛgləmɑ̃tɛʀ] *adj* regolamentare.

réglementation [ʀɛgləmɑ̃tasjɔ̃] *nf* regolamentazione *f*; (*règlements*) normativa.

réglementer [ʀɛgləmɑ̃te] *vt* regolamentare.

régler [ʀegle] *vt* (*mécanisme, machine*) regolare; (*moteur*) mettere a punto; (*modalités etc*) fissare; (*emploi du temps etc*) organizzare; (*question, problème, conflit*) risolvere; (*note, facture, dette*) pagare, regolare; (*fournisseur*) pagare; (*papier*) rigare; **~ qch sur** regolare qc su; **~ son compte à qn** regolare i conti con qn; **~ un compte avec qn** regolare un conto con qn.

réglisse [ʀeglis] *nf* liquirizia; **pâte/bâton de ~** pasta/bastoncino di liquirizia.

règne [ʀɛɲ] *nm* regno; **le ~ végétal/animal** il regno vegetale/animale.

régner [ʀeɲe] *vi* regnare.

regonfler [ʀ(ə)gɔ̃fle] *vt* rigonfiare.

regorger [ʀ(ə)gɔʀʒe] *vi*: **~ de** traboccare di.

régresser [ʀegʀese] *vi* regredire.

régressif, -ive [ʀegʀesif, iv] *adj* regressivo(-a).

régression [ʀegʀesjɔ̃] *nf* (*d'une maladie*) regresso; (*de la délinquance, mortalité*) diminuzione *f*; (*PSYCH, GÉO, BIOL*) regressione *f*; **être en ~** regredire.

regret [ʀ(ə)gʀɛ] *nm* (*nostalgie*) rimpianto; (*repentir, remords*) rimpianto, rammarico; **à ~** a malincuore; **avec ~** con dispiacere *ou* rincrescimento; **à mon grand ~** con mio grande dispiacere *ou* rincrescimento; **être au ~ de devoir/ne pas pouvoir faire ...** essere spiacente di dovere/di non poter fare ...; **j'ai le ~ de vous informer que ...** sono dolente di informarla che ... .

regrettable [ʀ(ə)gʀetabl] *adj* spiacevole, increscioso(-a); **il est ~ que** è un peccato che.

regretter [ʀ(ə)gʀete] *vt* (*jeunesse, personne partie*) rimpiangere; (*action commise etc*) pentirsi di; (*déplorer*) disapprovare; (*non-réalisation d'un projet etc*) essere dispiaciuto(-a) per; **elle regrette que/de/d'avoir fait** le (di)spiace che/di/di aver fatto; **je regrette** mi (di)spiace.

regroupement [ʀ(ə)gʀupmɑ̃] *nm* raggruppamento.

regrouper [ʀ(ə)gʀupe] *vt* raggruppare; **se regrouper** *vr* raggrupparsi.

régularisation [ʀegylaʀizasjɔ̃] *nf* regolarizzazione *f*.

régulariser [ʀegylaʀize] *vt* (*fonctionnement, trafic*) regolare; (*passeport, papiers*) regolarizzare; **~ sa situation** regolarizzare la propria situazione, mettersi in regola.

régularité [ʀegylaʀite] *nf* regolarità *f inv*.

régulateur, -trice [ʀegylatœʀ, tʀis] *adj* regolatore(-trice) ♦ *nm*: **~ de vitesse/de température** regolatore *m* di velocità/di temperatura.

régulation [ʀegylasjɔ̃] *nf* regolazione *f*; ▸ **régulation des naissances** controllo delle nascite.

régulier, -ière [ʀegylje, jɛʀ] *adj* regolare; (*exact, ponctuel*: *employé*) preciso(-a); (*constant*: *élève, écrivain*) costante; (*fam*: *correct, loyal*) corretto(-a); **clergé ~** clero regolare; **armées/troupes régulières** eserciti *mpl*/truppe *fpl* regolari.

régulièrement [ʀegyljɛʀmɑ̃] *adv* regolarmente; (*normalement*) di regola.

régurgiter [ʀegyʀʒite] *vt* rigurgitare.

réhabiliter [ʀeabilite] *vt* riabilitare; (*un quartier ancien*) restaurare; **se réhabiliter** *vr* riabilitarsi.

réhabituer [ʀeabitɥe] *vt*: **se ~ à qch/faire qch** riabituarsi a qc/fare qc.

rehausser [ʀəose] *vt* rialzare; (*fig*) dare maggior risalto a.

réimporter [ʀeɛ̃pɔʀte] *vt* importare di nuovo.

réimpression [ʀeɛ̃pʀesjɔ̃] *nf* ristampa.

réimprimer [ʀeɛ̃pʀime] *vt* ristampare.

Reims [ʀɛ̃s] *n* Reims *f*.

rein [ʀɛ̃] *nm* rene *m*; **~s** *nmpl* (*ANAT*: *dos, muscles du dos*) reni *fpl*; **avoir mal aux ~s** avere male ai reni; ▸ **rein artificiel** rene artificiale.

réincarnation [reɛ̃karnasjɔ̃] *nf* reincarnazione *f*.

réincarner [reɛ̃karne]: **se ~** *vr* reincarnarsi.

reine [rɛn] *nf* regina; ▸ **reine mère** regina madre.

reine-claude [rɛnklod] (*pl* **~s-~s**) *nf* (Regina) claudia.

reinette [rɛnɛt] *nf* renetta.

réinitialisation [reinisjalizasjɔ̃] *nf* (*INFORM*) reinizializzazione *f*.

réinscrire [reɛ̃skrir] *vt* reiscrivere.

réinsérer [reɛ̃sere] *vt* reinserire.

réinsertion [reɛ̃sɛrsjɔ̃] *nf* reinserimento.

réinstaller [reɛ̃stale] *vt* reinstallare; **se réinstaller** *vr* (*dans un fauteuil*) risistemarsi; (*dans une maison*) installarsi di nuovo.

réintégrer [reɛ̃tegre] *vt* (*lieu*) ritornare a; (*fonctionnaire*) reintegrare.

réitérer [reitere] *vt* reiterare.

rejaillir [r(ə)ʒajir] *vi* schizzare; (*fig*) ricadere su.

rejet [rəʒɛ] *nm* rigetto; (*d'un candidat*) bocciatura; (*d'offres*) rifiuto; (*POÉSIE*) *tipo di enjambement costituito di una sola parola*; (*BOT*) germoglio, pollone *m*; **phénomène de ~** (*MÉD*) fenomeno di rigetto.

rejeter [rəʒ(ə)te] *vt* rigettare; (*écarter*: *offres, candidat*) respingere; **~ un mot à la fin d'une phrase** spostare una parola alla fine di una frase; **se ~ sur qch** (*accepter faute de mieux*) ripiegare su qc; **~ la tête/les épaules en arrière** gettare la testa/le spalle all'indietro; **~ la responsabilité de qch sur qn** scaricare la responsabilità di qc su qn.

rejeton [rəʒ(ə)tɔ̃] (*fam*) *nm* (*enfant*) rampollo.

rejoindre [r(ə)ʒwɛ̃dr] *vt* raggiungere; (*suj*: *route etc*) congiungersi con; **se rejoindre** *vr* (*personnes*) ritrovarsi, ricongiungersi; (*routes*) congiungersi; (*fig*: *observations, arguments*) coincidere; **je te rejoins au café** ti raggiungo al bar.

réjoui, e [reʒwi] *adj* allegro(-a).

réjouir [reʒwir] *vt* rallegrare; **se réjouir** *vr* rallegrarsi; **se ~ de qch/faire qch** essere felice di qc/di fare qc; **se ~ que** essere felice che.

réjouissances [reʒwisɑ̃s] *nfpl* (*joie collective*) giubilo *msg*; (*fête*) festeggiamenti *mpl*.

réjouissant, e [reʒwisɑ̃, ɑ̃t] *adj* allegro(-a).

relâche [rəlɑʃ] *nf*: **faire ~** (*navire*) fare scalo; (*CINÉ*) essere chiuso per turno di riposo; **jour de ~** (*CINÉ*) giorno di riposo; **sans ~** *adv* senza posa, senza sosta.

relâché, e [r(ə)lɑʃe] *adj* (*discipline*) rilassato(-a).

relâchement [r(ə)lɑʃmɑ̃] *nm* allentamento; (*fig*) rilassamento.

relâcher [r(ə)lɑʃe] *vt* (*cordes, discipline*) allentare; (*animal, prisonnier*) rilasciare, liberare ♦ *vi* (*NAUT*) fare scalo; **se relâcher** *vr* (*cordes, discipline*) allentarsi; (*élève etc*) lasciarsi andare.

relais [r(ə)lɛ] *nm* (*SPORT*): **(course de) ~** (corsa a) staffetta; (*RADIO, TV*) ripetitore *m*; **satellite ~** satellite *m* per telecomunicazioni; **ville ~** tappa; **servir de ~** (*entre deux personnes*) fare da tramite; **équipe de ~** (*dans une usine etc*) squadra di turno; (*SPORT*) squadra della staffetta; **travail par ~** lavoro a turni; **prendre le ~ de qn** dare il cambio a qn; (*fig*) continuare l'operato di qn; **je prends le ~** continuo io; ▸ **relais de poste** stazione *f* di posta; ▸ **relais routier** ≈ autogrill *m inv* per camionisti.

relance [rəlɑ̃s] *nf* rilancio.

relancer [r(ə)lɑ̃se] *vt* (*balle, fig*: *projet etc*) rilanciare; (*moteur*) rimettere in moto; (*personne*: *harceler*) assillare.

relater [r(ə)late] *vt* (*suj*: *personne*) riferire; (: *histoire*) riportare.

relatif, -ive [r(ə)latif, iv] *adj* relativo(-a); **~ à** relativo(-a) a.

relation [r(ə)lasjɔ̃] *nf* relazione *f*; **~s** *nfpl* (*rapports*: *avec d'autres personnes*) rapporti *mpl*; (*connaissances, amis*) conoscenze *fpl*; **avoir des ~s** (*personnes influentes*) avere delle conoscenze; **être/entrer en relation(s) avec** essere/mettersi in contatto con; **mettre qn en relation(s) avec** mettere qn in contatto con; **avoir** *ou* **entretenir des ~s avec** intrattenere rapporti con; ▸ **relations internationales** relazioni internazionali; ▸ **relations publiques** pubbliche relazioni; ▸ **relations (sexuelles)** rapporti (sessuali).

relativement [r(ə)lativmɑ̃] *adv* relativamente; **~ à** relativamente a.

relativiser [rəlativize] *vt* relativizzare.

relativité [r(ə)lativite] *nf* relatività *f inv*.

relax [rəlaks] *adj inv* rilassante; (*à l'aise*) rilassato(-a) ♦ *nm* relax *m inv*; **(fauteuil)-~** *nm* poltrona reclinabile.

relaxant, e [r(ə)laksɑ̃, ɑ̃t] *adj* rilassante.

relaxation [r(ə)laksasjɔ̃] *nf* rilassamento.

relaxe [rəlaks] *adj* = **relax** ♦ *nf* (*JUR*) rilascio.

relaxer [rəlakse] *vt* rilassare; (*JUR*: *détenu*) rilasciare; **se relaxer** *vr* rilassarsi.

relayer [r(ə)leje] *vt* (*collaborateur etc*) dare il cambio a; (*RADIO, TV*) ritrasmettere (*tramite ripetitore o satellite*); **se relayer** *vr* darsi il cambio.

relecture [r(ə)lɛktyr] *nf* rilettura.

relégation [r(ə)legasjɔ̃] *nf* (*SPORT*) retrocessione *f*.

reléguer [R(ə)lege] *vt* relegare; ~ **au second plan** relegare in secondo piano; **se sentir relégué** sentirsi relegato.
relent [Rəlɑ̃] *nm* (*aussi fig*) puzza.
relève [Rəlɛv] *nf* cambio; (*personnes*) chi dà il cambio; **prendre la** ~ dare il cambio.
relevé, e [Rəl(ə)ve] *adj* (*bord de chapeau*) rialzato(-a); (*manches*) rimboccato(-a); (*virage*) sopraelevato(-a); (*fig*: *conversation, style*) elevato(-a); (: *sauce, plat*) piccante ♦ *nm* (*liste*) lista, nota; (*de cotes*) rilevamento; (*facture*) fattura; (*lecture*: *d'un compteur*) lettura; ▸ **relevé d'identité bancaire** estremi *mpl* di un conto bancario; ▸ **relevé de compte** estratto conto.
relèvement [R(ə)lɛvmɑ̃] *nm* rialzo.
relever [Rəl(ə)ve] *vt* (*remettre debout*) rialzare; (*vitre, store*) tirare su; (*pays, économie*) risollevare; (*niveau de vie, salaire*) alzare; (*col*) tirare su; (*style, conversation*) alzare il livello di; (*plat, sauce*) insaporire; (*sentinelle, équipe*) dare il cambio a; (*souligner*: *points*) sottolineare; (*remarquer, constater*) rilevare; (*répliquer à*: *remarque, défi*) raccogliere; (*noter*: *adresse, dessin*) annotare; (: *plan*) mettere giù; (: *cotes etc*) rilevare; (*compteur*) leggere; (*ramasser*: *cahiers, copies*) raccogliere; (*TRICOT*: *maille*) riprendere (*una maglia lasciata in attesa o già lavorata*) ♦ *vi* (*jupe, bord*) tirare su; **se relever** *vr* (*se remettre debout*) rialzarsi; (*sortir du lit*) alzarsi; (*fig*): **se** ~ **(de)** riprendersi (da); ~ **de** *vt* (*maladie*) rimettersi da; (*être du ressort de*) essere di competenza di; (*ADMIN*: *dépendre de*) dipendere da; (*fig*: *être du domaine de*) rientrare nell'ambito di; ~ **qn de** (*REL*: *vœux*) liberare *ou* sciogliere qn da; (*fonctions*) sollevare qn da; ~ **la tête** (*aussi fig*) rialzare la testa.
relief [Rəljɛf] *nm* rilievo; (*de pneu*) scolpitura; ~**s** *nmpl* (*restes*) resti *mpl*; **en** ~ in rilievo; (*photographie*) tridimensionale; **mettre en** ~ (*fig*) mettere in rilievo *ou* risalto; **donner du** ~ **à** (*fig*) far risaltare.
relier [Rəlje] *vt* collegare; (*livre*) rilegare; ~ **qch à** collegare qc a; **livre relié cuir** libro rilegato in pelle.
relieur, -euse [RəljœR, jøz] *nm/f* rilegatore(-trice).
religieusement [R(ə)liʒjøzmɑ̃] *adv* religiosamente; (*enterré, mariés*) con rito religioso.
religieux, -euse [R(ə)liʒjø, jøz] *adj* religioso(-a) ♦ *nm* religioso ♦ *nf* religiosa; (*gâteau*) *tipo di bigné ripieno di crema al caffè o al cioccolato.*
religion [R(ə)liʒjɔ̃] *nf* religione *f*; (*piété, dévotion*) fede *f*; **entrer en** ~ prendere i voti.
reliquaire [RəlikɛR] *nm* reliquiario.
reliquat [Rəlika] *nm* (*COMM*) residuo, rimanenza; (*JUR*: *de succession*) parte *f* residua (*di un patrimonio ereditato*).
relique [Rəlik] *nf* reliquia.
relire [R(ə)liR] *vt* rileggere; **se relire** *vr* rileggere ciò che si è scritto.
reliure [RəljyR] *nf* rilegatura; (*art, métier*) legatoria.
reloger [R(ə)lɔʒe] *vt* trovare nuovi alloggi per.
relu, e [Rəly] *pp de* **relire**.
reluire [R(ə)lɥiR] *vi* risplendere, brillare.
reluisant, e [R(ə)lɥizɑ̃, ɑ̃t] *vb voir* **reluire** ♦ *adj* (*fig*): **peu** ~ poco brillante.
reluquer [R(ə)lyke] (*fam*) *vt* sbirciare.
remâcher [R(ə)mɑʃe] *vt* rimuginare.
remailler [R(ə)mɑje] *vt* rammagliare.
remaniement [R(ə)manimɑ̃] *nm* rimaneggiamento; ~ **ministériel** rimpasto ministeriale.
remanier [R(ə)manje] *vt* rimaneggiare; (*POL*: *ministère*) rimpastare.
remarier [R(ə)maRje]: **se** ~ *vr* risposarsi.
remarquable [R(ə)maRkabl] *adj* notevole; (*orateur, médecin*) ottimo(-a).
remarquablement [R(ə)maRkabləmɑ̃] *adv* (*très*) notevolmente; (*très bien*) ottimamente.
remarque [R(ə)maRk] *nf* osservazione *f*; (*écrite*) nota.
remarquer [R(ə)maRke] *vt* (*voir*) notare; (*dire*): ~ **que** osservare che; **se remarquer** *vr* (*être apparent*) notarsi; **se faire** ~ (*péj*) farsi notare; **faire** ~ **(à qn) que** fare notare (a qn) che; **faire** ~ **qch (à qn)** fare notare qc (a qn); **remarquez que ...** noti che ... .
remballer [Rɑ̃bale] *vt* rimballare.
rembarrer [Rɑ̃bɑRe] *vt*: ~ **qn** (*repousser*) mandare qn al diavolo; (*remettre à sa place*) rimettere qn al suo posto.
remblai [Rɑ̃blɛ] *nm* riporto; (*matériaux*) materiale *m* di riporto; **travaux de** ~ lavori di riporto *ou* rinterro.
remblayer [Rɑ̃bleje] *vt* (*route*) rialzare; (*fossé*) riempire.
rembobiner [Rɑ̃bɔbine] *vt* riavvolgere.
rembourrage [Rɑ̃buRaʒ] *nm* imbottitura.
rembourré, e [Rɑ̃buRe] *adj* imbottito(-a).
rembourrer [Rɑ̃buRe] *vt* imbottire.
remboursable [Rɑ̃buRsabl] *adj* rimborsabile.
remboursement [Rɑ̃buRsəmɑ̃] *nm* rimborso; **envoi contre** ~ spedizione *f* contro assegno.
rembourser [Rɑ̃buRse] *vt* rimborsare.
rembrunir [Rɑ̃bRyniR]: **se** ~ *vr* (*visage*) oscurarsi; (*personne*) adombrarsi.
remède [R(ə)mɛd] *nm* (*médicament*) farma-

co, medicina; (*thérapeutique, traitement*) cura, rimedio; (*fig*) rimedio; **trouver un ~ à** (*MÉD*) trovare una cura per; (*fig*) trovare rimedio a.

remédier [R(ə)medje]: **~ à** *vt* rimediare a, porre rimedio a.

remembrement [R(ə)mɑ̃bRəmɑ̃] *nm* riunione *f* di fondi agricoli frazionati.

remémorer [R(ə)memɔRe]: **se ~** *vr* rammentarsi.

remerciement [R(ə)mɛRsimɑ̃]: **~s** *nmpl* ringraziamenti *mpl*; **(avec) tous mes ~s** vivi ringraziamenti.

remercier [R(ə)mɛRsje] *vt* ringraziare; (*congédier: employé*) licenziare; **~ qn de qch/d'avoir fait qch** ringraziare qn di *ou* per qc/per aver fatto qc; **non, je vous remercie** no, la ringrazio.

remettre [R(ə)mɛtR] *vt* rimettere; (*ajouter*) mettere ancora; (*rétablir: personne*) rimettere in forze; (*rendre, restituer*) ridare; (*donner: paquet, prix*) consegnare; (*ajourner, reporter*) rimandare, rinviare; **se remettre** *vr* ristabilirsi; **se ~ de** rimettersi *ou* riprendersi da; **s'en ~ à** (*personne, avis*) rimettersi *ou* affidarsi a; **se ~ à faire** rimettersi a fare; **se ~ à qch** riprendere qc; **~ qch en place** rimettere qc a posto; **~ qn à sa place** (*fig*) rimettere qn al suo posto; **~ une pendule à l'heure** regolare un orologio; **~ un moteur/une machine en marche** rimettere in moto un motore/una macchina; **~ en état/en ordre/en usage** rimettere a posto/in ordine/in uso; **~ en cause/question** rimettere in questione; **~ sa démission** consegnare le proprie dimissioni; **~ qch à plus tard** rimandare qc a più tardi; **~ qch à neuf** rimettere a nuovo qc.

réminiscence [Reminisɑ̃s] *nf* riminiscenza.

remis, e [Rəmi, iz] *pp de* **remettre**.

remise [R(ə)miz] *nf* (*d'un colis, d'une récompense*) consegna; (*rabais, réduction*) riduzione *f*; (*lieu, local*) rimessa; ▸ **remise à neuf** rimessa a nuovo; ▸ **remise de fonds** rimessa di fondi; ▸ **remise de peine** (*JUR*) condono della pena; ▸ **remise en cause** rimessa in questione; ▸ **remise en jeu** (*FOOTBALL*) rimessa in gioco; ▸ **remise en marche** rimessa in moto; ▸ **remise en ordre** riordinamento; ▸ **remise en question** rimessa in questione.

remiser [R(ə)mize] *vt* mettere via; (*voiture*) mettere in garage.

rémission [Remisjɔ̃] *nf* remissione *f*; **sans ~** senza remissione.

remodeler [R(ə)mɔd(ə)le] *vt* rimodellare; (*fig*) ristrutturare.

rémois, e [Remwa, waz] *adj* di Reims ♦ *nm/f*: **R~, e** abitante *m/f* di Reims.

remontant [R(ə)mɔ̃tɑ̃] *nm* cordiale *m*, tonico.

remontée [R(ə)mɔ̃te] *nf* risalita; ▸ **remontées mécaniques** (*SKI*) impianti *mpl* di risalita.

remonte-pente [R(ə)mɔ̃tpɑ̃t] (*pl* **~-~s**) *nm* ski-lift *m inv*.

remonter [R(ə)mɔ̃te] *vi* risalire; (*jupe*) salire ♦ *vt* risalire; (*pantalon, col, fig: moral*) tirare su; (*limite, niveau*) rialzare; (*moteur, meuble*) rimontare; (*garde-robe, collection*) rifare; (*montre, mécanisme*) ricaricare; **~ à** (*dater de*) risalire a; **~ en voiture** risalire in macchina; **~ le moral à qn** tirare su di morale qn.

remontoir [R(ə)mɔ̃twaR] *nm* corona.

remontrance [R(ə)mɔ̃tRɑ̃s] *nf* osservazione *f*, rimprovero.

remontrer [R(ə)mɔ̃tRe] *vt* (*montrer de nouveau*): **~ qch (à qn)** rimostrare qc (a qn); **en ~ à qn** (*fig*) mostrare di saperla più lunga di qn.

remords [R(ə)mɔR] *nm* rimorso; **avoir des ~** avere dei rimorsi.

remorque [R(ə)mɔRk] *nf* rimorchio; **prendre en ~** prendere a rimorchio; **être en ~** essere rimorchiato(-a); **être à la ~** (*fig*) farsi trainare.

remorquer [R(ə)mɔRke] *vt* rimorchiare, trainare.

remorqueur [R(ə)mɔRkœR] *nm* rimorchiatore *m*.

rémoulade [Remulad] *nf* (*CULIN*) *salsa piccante a base di maionese, senape, sottaceti e erbe aromatiche.*

rémouleur [RemulœR] *nm* arrotino.

remous [Rəmu] *nm* (*à l'arrière d'un navire*) risucchio; (*d'une rivière*) mulinello; **~** *nmpl* (*fig*) agitazione *f*.

rempailler [Rɑ̃pɑje] *vt* rimpagliare.

rempailleur, -euse [Rɑ̃pɑjœR, øz] *nm/f* rimpagliatore(-trice).

rempart [Rɑ̃paR] *nm* bastione *m*; (*fig*) scudo; **~s** *nmpl* (*murs d'enceinte*) mura *fpl*.

rempiler [Rɑ̃pile] *vt* impilare di nuovo ♦ *vi* (*MIL: fam*) raffermarsi.

remplaçant, e [Rɑ̃plasɑ̃, ɑ̃t] *nm/f* sostituto(-a); (*THÉÂTRE*) doppio *m*; (*SCOL*) supplente *m/f*.

remplacement [Rɑ̃plasmɑ̃] *nm* sostituzione *f*; (*job, SCOL*) supplenza; **assurer le ~ de qn** sostituire qn; **faire des ~s** (*professeur*) fare delle supplenze; (*médecin*) sostituire altri medici.

remplacer [Rɑ̃plase] *vt* sostituire, rimpiazzare; (*pneu, ampoule*) sostituire.

rempli, e [Rɑ̃pli] *adj* pieno(-a); **~ de** pieno(-a) di.

remplir [Rɑ̃pliR] *vt* riempire; (*questionnaire, fiche*) compilare; (*obligations, formalité*) adempiere a; (*fonction, rôle*) assolvere;

(*conditions*) soddisfare; **se remplir** *vr* riempirsi; ~ **qch de** riempire qc di; ~ **qn de** (*joie, admiration*) riempire qn di.

remplissage [Rɑ̃plisaʒ] (*péj*) *nm* (*fig*) riempitivo.

remploi [Rɑ̃plwa] *nm* = **réemploi**.

rempocher [Rɑ̃pɔʃe] *vt* rintascare.

remporter [Rɑ̃pɔRte] *vt* riprendere, portare via; (*fig*: *victoire, succès*) riportare.

rempoter [Rɑ̃pɔte] *vt* rinvasare.

remuant, e [Rəmɥɑ̃, ɑ̃t] *adj* agitato(-a).

remue-ménage [R(ə)mymenaʒ] *nm inv* confusione *f*, trambusto.

remuer [Rəmɥe] *vt* (*meuble, objet*) spostare; (*partie du corps*) muovere; (*café, salade, sauce*) mescolare; (*émouvoir*) toccare, commuovere ♦ *vi* muoversi; **se remuer** *vr* muoversi; (*fig*: *se démener*) darsi da fare.

rémunérateur, -trice [RemyneRatœR, tRis] *adj* remunerativo(-a).

rémunération [RemyneRasjɔ̃] *nf* rimunerazione *f*.

rémunérer [RemyneRe] *vt* remunerare.

renâcler [R(ə)nɑkle] *vi* (*animal*) sbuffare; (*fig*) essere riluttante.

renaissance [R(ə)nɛsɑ̃s] *nf* rinascita; **la R~** il Rinascimento.

renaître [R(ə)nɛtR] *vi* rinascere; ~ **à la vie/à l'espoir** rinascere alla vita/alla speranza.

rénal, e, -aux [Renal, o] *adj* renale.

renard [R(ə)naR] *nm* volpe *f*.

renardeau [R(ə)naRdo] *nm* volpacchiotto.

rencard [Rɑ̃kaR] *nm* = **rancard**.

renchérir [Rɑ̃ʃeRiR] *vi* rincarare; ~ **(sur)** (*fig*) esagerare (in).

renchérissement [Rɑ̃ʃeRismɑ̃] *nm* rincaro.

rencontre [Rɑ̃kɔ̃tR] *nf* (*aussi SPORT*) incontro; (*de cours d'eau*) confluenza; (*véhicules*) scontro; **faire la ~ de qn** incontrare qn; **aller à la ~ de qn** andare incontro a qn; **amis/amours de ~** amici *mpl*/amori *mpl* occasionali.

rencontrer [Rɑ̃kɔ̃tRe] *vt* incontrare; **se rencontrer** *vr* incontrarsi; (*fleuves*) confluire; (*véhicules*) scontrarsi.

rendement [Rɑ̃dmɑ̃] *nm* (*d'un travailleur*) rendimento; (*d'une culture, d'une machine*) rendimento, resa; (*d'un investissement*) reddito; **à plein ~** al massimo dell'efficienza.

rendez-vous [Rɑ̃devu] *nm inv* appuntamento; (*lieu*) (punto di) ritrovo; **recevoir sur ~-~** ricevere per appuntamento; **donner ~-~ à qn** dare appuntamento a qn; **fixer un ~-~ à qn** fissare un appuntamento a qn; **avoir ~-~ (avec qn)** avere (un) appuntamento (con qn); **prendre ~-~ (avec qn)** prendere (un) appuntamento (con qn); **prendre ~-~ chez le médecin** prendere un appuntamento dal medico; ▸ **rendez-vous orbital** appuntamento in orbita; ▸ **rendez-vous spatial** appuntamento spaziale.

rendormir [Rɑ̃dɔRmiR]: **se ~** *vr* riaddormentarsi.

rendre [Rɑ̃dR] *vt* rendere; (*livre, argent etc*) rendere, restituire; (*otages*) restituire; (*salut, une politesse*) ricambiare; (*sang, aliments*) vomitare; (*sons*) emettere; (*verdict, jugement*) emettere; **se rendre** *vr* arrendersi; **se ~ quelque part** andare *ou* recarsi da qualche parte; **se ~ compte de qch** rendersi conto di qc; ~ **la vue/l'espoir à qn** restituire *ou* rendere la vista/la speranza a qn; ~ **la liberté** restituire *ou* rendere la libertà; ~ **la monnaie** dare il resto; ~ **visite à qn** far visita a qn; **se ~ à** (*arguments etc*) arrendersi a; (*ordres*) ottemperare a; **se ~ insupportable** rendersi insopportabile; **se ~ malade** ammalarsi.

rendu, e [Rɑ̃dy] *pp de* **rendre**.

renégat, e [Rənega, at] *nm/f* rinnegato(-a).

renégocier [Rənegɔsje] *vt* rinegoziare.

rênes [Rɛn] *nfpl* redini *fpl*.

renfermé, e [Rɑ̃fɛRme] *adj* (*fig*: *personne*) chiuso(-a) ♦ *nm*: **sentir le ~** avere odore di chiuso.

renfermer [Rɑ̃fɛRme] *vt* racchiudere, contenere; **se ~ sur soi-même** (rin)chiudersi in se stesso(-a).

renfiler [Rɑ̃file] *vt* rinfilare.

renflé, e [Rɑ̃fle] *adj* rigonfio(-a).

renflement [Rɑ̃fləmɑ̃] *nm* rigonfiamento.

renflouer [Rɑ̃flue] *vt* (*aussi fig*) riportare a galla; (*caisses, finances*) rimpinguare.

renfoncement [Rɑ̃fɔ̃smɑ̃] *nm* rientranza.

renforcer [Rɑ̃fɔRse] *vt* rinforzare, rafforzare; ~ **qn dans ses opinions** rafforzare qn nelle sue opinioni.

renfort [Rɑ̃fɔR]: **~s** *nmpl* (*MIL, gén*) rinforzi *mpl*; **en ~** di rinforzo; **à grand ~ de** con molto(-a), con abbondante uso di.

renfrogné, e [Rɑ̃fRɔɲe] *adj* accigliato(-a).

renfrogner [Rɑ̃fRɔɲe]: **se ~** *vr* accigliarsi.

rengager [Rɑ̃gaʒe] *vt* riassumere; **se rengager** *vr* (*soldat*) rinnovare la ferma.

rengaine [Rɑ̃gɛn] (*péj*) *nf* ritornello, solfa.

rengainer [Rɑ̃gene] *vt* (*revolver*) rimettere nella fondina; (*épée*) rinfoderare; (*fam*: *compliment, discours*) tenersi per sé.

rengorger [Rɑ̃gɔRʒe]: **se ~** *vr* (*fig*) darsi delle arie.

renier [Rənje] *vt* rinnegare; (*engagements*) venir meno a.

renifler [R(ə)nifle] *vi* tirar su col naso ♦ *vt* (*tabac, odeur*) annusare, fiutare.

rennais, e [Rɛnɛ, ɛz] *adj* di Rennes ♦ *nm/f*: **R~, e** abitante *m/f* di Rennes.

renne [ʀɛn] *nm* renna.
renom [ʀənɔ̃] *nm* fama; **vin de grand ~** vino rinomato.
renommé, e [ʀ(ə)nɔme] *adj* rinomato(-a), famoso(-a).
renommée [ʀ(ə)nɔme] *nf* fama.
renoncement [ʀ(ə)nɔ̃smɑ̃] *nm* rinuncia.
renoncer [ʀ(ə)nɔ̃se]: **~ à** *vt* rinunciare a; **~ à faire qch** rinunciare a fare qc; **j'y renonce** ci rinuncio.
renouer [ʀənwe] *vt* (*cravate, lacets*) riannodare; (*fig: conversation*) riprendere; (: *liaison*) riallacciare; **~ avec** (*tradition, habitude*) riprendere; **~ avec qn** riallacciare i rapporti con qn.
renouveau, x [ʀ(ə)nuvo] *nm*: **~ de succès** nuovo successo; **le ~ printanier** il risveglio primaverile.
renouvelable [ʀ(ə)nuv(ə)labl] *adj* (*contrat, bail*) rinnovabile; (*expérience*) ripetibile.
renouveler [ʀ(ə)nuv(ə)le] *vt* rinnovare; (*eau d'une piscine, pansement*) cambiare; (*exploit, méfait*) ripetere; **se renouveler** *vr* rinnovarsi; (*incident*) ripetersi.
renouvellement [ʀ(ə)nuvɛlmɑ̃] *nm* rinnovo; (*d'un usage, d'une mode*) rinnovarsi *m inv*; (*d'exploit*) ripetizione *f*; (*de pansement*) cambio; (*d'incident*) ripetersi *m inv*.
rénovation [ʀenɔvasjɔ̃] *nf* rinnovo, rimessa a nuovo.
rénover [ʀenɔve] *vt* rimettere a nuovo; (*enseignement, méthodes*) rinnovare.
renseignement [ʀɑ̃sɛɲmɑ̃] *nm* informazione *f*; **prendre des ~s sur** prendere informazioni su; **(guichet des) ~s** (sportello delle) informazioni; **service des ~s** servizio informazioni; **agent de ~s** agente *m* segreto; **les ~s généraux** ≈ l'ufficio politico della questura.
renseigner [ʀɑ̃seɲe] *vt*: **~ qn (sur)** informare qn (su); (*suj: expérience, document*) fornire informazioni su; **se renseigner** *vr* informarsi.
rentabiliser [ʀɑ̃tabilize] *vt* garantire la redditività di.
rentabilité [ʀɑ̃tabilite] *nf* redditività *f inv*.
rentable [ʀɑ̃tabl] *adj* redditizio(-a).
rente [ʀɑ̃t] *nf* rendita; **▸rente viagère** rendita vitalizia.
rentier, -ière [ʀɑ̃tje, jɛʀ] *nm/f* chi dispone di una rendita.
rentrée [ʀɑ̃tʀe] *nf* rientro; **~ (d'argent)** entrata; **la ~ (des classes)** la riapertura delle scuole; **la ~ (parlementaire)** la ripresa dell'attività parlamentare; **faire sa ~** tornare sulle scene.
rentrer [ʀɑ̃tʀe] *vi* (*entrer de nouveau*) rientrare; (*entrer*) entrare; (*revenir chez soi*) rientrare, rincasare ♦ *vt* (*foins*) portare dentro; (*véhicule etc*) mettere dentro; (*chemise dans pantalon etc*) infilare; (*griffes*) rinfoderare; (*train d'atterrissage*) far rientrare; (*fig: larmes, colère*) reprimere; **~ le ventre** tirare in dentro la pancia; **~ dans** rientrare in; (*entrer*) entrare in; (*heurter*) andare a sbattere contro; **~ dans l'ordre** ritornare alla normalità; **~ dans ses frais** rientrare nelle spese.
renverrai *etc* [ʀɑ̃vɛʀe] *vb voir* **renvoyer**.
renversant, e [ʀɑ̃vɛʀsɑ̃, ɑ̃t] *adj* stupefacente, sbalorditivo(-a).
renverse [ʀɑ̃vɛʀs]: **à la ~** *adv* all'indietro, riverso(-a).
renversé, e [ʀɑ̃vɛʀse] *adj* (*écriture*) sinistrorso(-a); (*image*) capovolto(-a); (*stupéfait*) sbalordito(-a).
renversement [ʀɑ̃vɛʀsəmɑ̃] *nm* (*d'un régime, des traditions*) rovesciamento; **~ de la situation** capovolgimento *ou* ribaltamento della situazione.
renverser [ʀɑ̃vɛʀse] *vt* (*faire tomber*) rovesciare; (*piéton*) investire; (*liquide: volontairement*) versare; (*retourner*) capovolgere; (*intervertir*) invertire; (*fig: tradition, ordre établi*) sconvolgere; (: *ministère, gouvernement*) rovesciare; (*stupéfier*) sbalordire; **se renverser** *vr* rovesciarsi; (*véhicule*) capovolgersi; **~ la tête/le corps (en arrière)** rovesciare la testa/il corpo all'indietro; **se ~ (en arrière)** piegarsi all'indietro; **~ la vapeur** dare il controvapore; (*fig*) fare un'inversione di marcia.
renvoi [ʀɑ̃vwa] *nm* rinvio; (*d'un employé*) licenziamento; (*d'un élève*) espulsione *f*; (*éructation*) rutto.
renvoyer [ʀɑ̃vwaje] *vt* (*faire retourner*) rimandare; (*faire partir*) mandare via; (*congédier: élève*) espellere; (: *domestique, employé*) licenziare; (*balle, son*) rinviare; (*colis etc*) rimandare indietro; (*lumière*) riflettere; **~ qch (à)** (*ajourner, différer*) rimandare qc (a); **~ qch à qn** rimandare qc a qn; **~ qn à** (*fig: référer*) rimandare qn a.
réorganisation [ʀeɔʀganizasjɔ̃] *nf* riorganizzazione *f*.
réorganiser [ʀeɔʀganize] *vt* riorganizzare.
réorienter [ʀeɔʀjɑ̃te] *vt* orientare di nuovo.
réouverture [ʀeuvɛʀtyʀ] *nf* riapertura.
repaire [ʀ(ə)pɛʀ] *nm* (*aussi fig*) covo.
repaître [ʀəpɛtʀ] *vt* (*yeux*) riempirsi; (*esprit*) nutrire; **se repaître de** *vr* nutrirsi di.
répandre [ʀepɑ̃dʀ] *vt* (*liquide*) versare, spargere; (*gravillons, sable, fig: terreur, joie*) spargere; (*lumière, chaleur, fig: nouvelle, usage*) diffondere; (*odeur*) spandere; **se répandre** *vr* (*liquide*) versarsi; (*odeur, fumée*) spandersi; (*foule*) sparpagliarsi; (*fig: épidémie, mode*) diffondersi; **se ~ en** (*injures*) prorompere in; (*compli-*

ments) profondersi in.
répandu, e [Repɑ̃dy] *pp de* **répandre** ♦ *adj* (*courant*) diffuso(-a); **papiers ~s par terre/sur un bureau** carte *fpl* sparse per terra/su una scrivania.
réparable [ReparabI] *adj* riparabile.
reparaître [R(ə)parɛtR] *vi* riapparire.
réparateur, -trice [ReparatœR, tRis] *nm/f* riparatore(-trice).
réparation [Reparasjɔ̃] *nf* riparazione *f*; **~s** *nfpl* (*travaux*) lavori *mpl* di riparazione; **en ~** in riparazione; **demander à qn ~ de** (*offense etc*) chiedere a qn riparazione di.
réparer [Repare] *vt* riparare; (*fig*: *offense, erreur*) riparare a.
reparler [R(ə)parle] *vi*: **~ de/à** riparlare di/a.
repars [Rəpar] *vb voir* **repartir**.
repartie [Reparti] *nf* risposta pronta; **avoir de la** *ou* **l'esprit de ~** avere la risposta pronta.
repartir [R(ə)partiR] *vi* ripartire; (*fig*: *affaire*) rimettersi in moto; **~ à zéro** ripartire da zero.
répartir [RepartiR] *vt* ripartire, suddividere; **se répartir** *vr* (*travail, rôles*) spartirsi; **~ sur** (*étaler*: *dans le temps*) ripartire in; **~ en** (*classer, diviser*) suddividere in.
répartition [Repartisjɔ̃] *nf* ripartizione *f*, suddivisione *f*; (*de rôles*) assegnazione *f*.
repas [R(ə)pɑ] *nm* pasto; **à l'heure des ~** all'ora dei pasti.
repassage [R(ə)pɑsaʒ] *nm* stiratura.
repasser [R(ə)pɑse] *vi* ripassare ♦ *vt* (*vêtement*) stirare; (*examen, film*) ridare; (*leçon, rôle*) ripassare.
repasseuse [R(ə)pɑsøz] *nf* stiratrice *f*.
repayer [R(ə)peje] *vt* ripagare.
repêchage [R(ə)peʃaʒ] *nm* (*SCOL*): **question de ~** ulteriore domanda per consentire al candidato di recuperare.
repêcher [R(ə)peʃe] *vt* ripescare; (*fam*: *candidat*) salvare in extremis.
repeindre [R(ə)pɛ̃dR] *vt* ridipingere.
repenser [R(ə)pɑ̃se] *vi*: **~ à qch** ripensare a qc.
repentir [Rəpɑ̃tiR] *nm* pentimento; **se repentir** *vr* pentirsi; **se ~ de qch/d'avoir fait qch** pentirsi di qc/di aver fatto qc.
répercussions [RepɛRkysjɔ̃] *nfpl* (*fig*) ripercussioni *fpl*.
répercuter [RepɛRkyte] *vt* ripercuotere, rinviare; (*hausse des prix*) far ripercuotere; (*consignes, informations*) trasmettere; (*impôt, taxe*) fare la traslazione di; **se répercuter** *vr* ripercuotersi; **se ~ sur** (*fig*) ripercuotersi su.
repère [R(ə)pɛR] *nm* (punto di) riferimento; (*TECH*) segno di riferimento; **point de ~** punto di riferimento.
repérer [R(ə)pere] *vt* individuare; (*abri, ennemi*) individuare, localizzare; **se repérer** *vr* orientarsi; **se faire ~** farsi scoprire *ou* notare.
répertoire [RepɛRtwaR] *nm* repertorio; (*de carnet*) rubrica; (*INFORM*) directory *m inv*, indice *m*; (*indicateur*) guida.
répertorier [RepɛRtɔRje] *vt* repertoriare.
répéter [Repete] *vt* ripetere; (*nouvelle, secret*) riferire; (*THÉÂTRE*: *rôle*) provare ♦ *vi* (*THÉÂTRE etc*) provare; **se répéter** *vr* ripetersi; **je te répète que ...** ti ripeto che ... .
répéteur [RepetœR] *nm* (*TÉL*) ripetitore *m*.
répétitif, -ive [Repetitif, iv] *adj* ripetitivo (-a).
répétition [Repetisjɔ̃] *nf* ripetizione *f*; (*THÉÂTRE*) prova; **~s** *nfpl* (*leçons particulières*) ripetizioni *fpl*; **armes à ~** armi *fpl* a ripetizione; ▸ **répétition générale** (*THÉÂTRE*) prova generale.
repeupler [R(ə)pœple] *vt* ripopolare.
repiquage [R(ə)pikaʒ] *nm* (*v vt*) trapianto; nuova registrazione *f*.
repiquer [R(ə)pike] *vt* (*plants*) trapiantare; (*enregistrement*) registrare di nuovo.
répit [Repi] *nm* tregua; (*fig*) tregua, respiro; **sans ~** senza tregua.
replacer [R(ə)plase] *vt* rimettere, ricollocare.
replanter [R(ə)plɑ̃te] *vt* ripiantare.
replat [Rəpla] *nm* ripiano.
replâtrer [R(ə)plɑtRe] *vt* (*mur*) rintonacare; (*fig*) rabberciare.
replet, -ète [Rəplɛ, ɛt] *adj* rotondetto(-a), grassoccio(-a).
repli [Rəpli] *nm* (*d'une étoffe*) piega; (*MIL, fig*) ripiegamento; **~s** *nmpl* (*d'un drapé*) pieghe *fpl*; ▸ **repli de terrain** ondulazione *f* del terreno.
replier [R(ə)plije] *vt* ripiegare; **se replier** *vr* (*troupes*) ripiegare, ritirarsi; **se ~ sur soi-même** rinchiudersi in se stesso.
réplique [Replik] *nf* (*repartie, fig*) risposta; (*objection*) replica; (*THÉÂTRE*) battuta; (*copie*) copia; **donner la ~ à** (*THÉÂTRE*) dare la battuta a; (*fig*) ribattere a; **sans ~** che non ammette repliche.
répliquer [Replike] *vi* replicare, rispondere; (*avec impertinence, riposter*) rispondere; **~ à/que** replicare *ou* rispondere a/che.
replonger [R(ə)plɔ̃ʒe] *vt*: **~ qch dans** immergere qc di nuovo in; **se replonger** *vr*: **se ~ dans** immergersi di nuovo in.
répondant, e [Repɔ̃dɑ̃, ɑ̃t] *nm/f* garante *m/f*.
répondeur [Repɔ̃dœR] *nm*: **~ automatique** (*TÉL*) segreteria telefonica.
répondre [Repɔ̃dR] *vi* rispondere; **~ à** *vt* rispondere a; **~ que/de** rispondere che/

di.

réponse [Repɔ̃s] *nf* risposta; **avec ~ payée** (*POSTES*) con risposta pagata; **avoir ~ à tout** avere sempre la risposta pronta; **en ~ à** in risposta a; **carte-/bulletin-~** cartolina/bollettino per la risposta.

report [Rəpɔʀ] *nm* riporto; (*renvoi*) rinvio; (*de suffrages*) trasferimento.

reportage [R(ə)pɔRtaʒ] *nm* servizio, reportage *m inv*; (*en direct*) cronaca; **le ~** (*genre, activité*) il reportage.

reporter[1] [Rəpɔʀte] *vt* riportare; **~ (à)** (*ajourner*) rinviare (a); **~ qch sur** (*affection*) riversare qc su; (*suffrages*) trasferire qc su; **se ~ à** (*époque*) riandare a; (*document, texte*) rifarsi a.

reporter[2] [RəpɔʀtɛR] *nm* reporter *m inv*, cronista *m/f*.

repos [R(ə)po] *nm* riposo; (*fig*) pace *f*, tranquillità *f inv*; **~!** (*MIL*) riposo!; **en/au ~** a riposo; **de tout ~** di tutto riposo.

reposant, e [R(ə)pozɑ̃, ɑ̃t] *adj* riposante; (*sommeil*) ristoratore(-trice).

repose [R(ə)poz] *nf* ricollocazione *f*.

reposé, e [R(ə)poze] *adj* riposato(-a); **à tête ~e** con calma.

repose-pied [Rəpozpje] *nm inv* poggiapiedi *m inv*.

reposer [R(ə)poze] *vt* posare di nuovo; (*rideaux, carreaux*) rimettere; (*question, problème*) riproporre; (*délasser*) riposare ♦ *vi* riposare; (*personne*): **ici repose ...** qui riposa ...; **se reposer** *vr* riposarsi; **~ sur** (*suj*: *bâtiment, fig*) poggiare su; **se ~ sur qn** fare assegnamento su qn.

repoussant, e [R(ə)pusɑ̃, ɑ̃t] *adj* ripugnante.

repoussé, e [R(ə)puse] *adj* lavorato(-a) a sbalzo.

repousser [R(ə)puse] *vi* rispuntare, rincrescere ♦ *vt* respingere; (*tentation*) resistere a; (*rendez-vous, entrevue*) rimandare; (*répugner*) ripugnare; (*tiroir*) richiudere; (*table*) spingere indietro.

répréhensible [RepReɑ̃sibl] *adj* riprovevole.

reprendre [R(ə)pRɑ̃dR] *vt* riprendere; (*se resservir de*) prendere ancora; (*COMM*: *racheter*) ritirare, prendere indietro; (: *firme, entreprise*) rilevare; (*refaire*: *article etc*) rivedere; (*jupe, pantalon*) fare delle modifiche a; (*émission, pièce*) ridare ♦ *vi* riprendere; (*affaires, industrie*) riprendersi; **se reprendre** *vr* riprendersi; **s'y ~** rimettercisi; **~ courage/des forces** riprendere coraggio/le forze; **~ la route** rimettersi in strada; **~ connaissance** riprendere conoscenza; **~ haleine** *ou* **son souffle** riprendere fiato; **~ la parole** riprendere la parola; **je viendrai te ~ à 4 h** vengo a riprenderti alle 4; **je reprends** stavo dicendo.

repreneur [R(ə)pRənœR] *nm* rilevatario.

reprenne *etc* [RəpRɛn] *vb voir* **reprendre**.

représailles [R(ə)pRezaj] *nfpl* rappresaglia *fsg*.

représentant, e [R(ə)pRezɑ̃tɑ̃, ɑ̃t] *nm/f* rappresentante *m/f*; (*type, spécimen*) esempio.

représentatif, -ive [R(ə)pRezɑ̃tatif, iv] *adj* rappresentativo(-a).

représentation [R(ə)pRezɑ̃tasjɔ̃] *nf* rappresentazione *f*; (*de pays, maison de commerce*) rappresentanza; **faire de la ~** (*COMM*) fare il rappresentante; **frais de ~** (*d'un diplomate*) spese *fpl* di rappresentanza.

représenter [R(ə)pRezɑ̃te] *vt* rappresentare; **se représenter** *vr* (*occasion*) ripresentarsi; (*se figurer*) immaginarsi; **se ~ à** (*examen, élections*) ripresentarsi a.

répressif, -ive [RepResif, iv] *adj* repressivo(-a).

répression [RepResjɔ̃] *nf* repressione *f*; **mesures de ~** misure repressive.

réprimande [RepRimɑ̃d] *nf* rimprovero.

réprimander [RepRimɑ̃de] *vt* rimproverare.

réprimer [RepRime] *vt* reprimere.

repris, e [R(ə)pRi, iz] *pp de* **reprendre** ♦ *nm*: **~ de justice** pregiudicato.

reprise [R(ə)pRiz] *nf* ripresa; (*de ville*) riconquista; (*d'un article*) correzione *f*; (*de jupe, pantalon*) modifica; (*THÉÂTRE, TV etc*) replica; (*COMM*: *d'un article usagé à l'achat d'un neuf*) ritiro; (*de location*) *somma dovuta al precedente affittuario per mobilio ceduto o lavori effettuati*; (*raccommodage*) rammendo; **la ~ des hostilités** la ripresa delle ostilità; **la ~ d'une entreprise** il rilevare di un'impresa; **à plusieurs ~s** a varie riprese.

repriser [R(ə)pRize] *vt* rammendare; **aiguille/coton à ~** ago/cotone *m* da rammendo.

réprobateur, -trice [RepRɔbatœR, tRis] *adj* di riprovazione.

réprobation [RepRɔbasjɔ̃] *nf* riprovazione *f*.

reproche [R(ə)pRɔʃ] *nm* rimprovero; (*critique, objection*) critica; **ton/air de ~** tono/aria di rimprovero; **faire ~ à qn de qch** rimproverare qc a qn; **sans reproche(s)** irreprensibile.

reprocher [R(ə)pRɔʃe] *vt*: **~ qch à qn** rimproverare qc a qn; **se ~ qch/d'avoir fait qch** rimproverarsi qc/d'aver fatto qc.

reproducteur, -trice [R(ə)pRɔdyktœR, tRis] *adj* riproduttore(-trice).

reproduction [R(ə)pRɔdyksjɔ̃] *nf* riproduzione *f*; **droits de ~** diritti *mpl* di riproduzione; **~ interdite** riproduzione vietata.

reproduire [R(ə)pRɔdɥiR] *vt* riprodurre; **se reproduire** *vr* riprodursi; (*faits, erreurs*)

verificarsi di nuovo.
reprographie [R(ə)pRɔgRafi] *nf* riprografia.
réprouvé, e [RepRuve] *nm/f* reprobo(-a).
réprouver [RepRuve] *vt* (*personne*) disapprovare; (*actes, comportement*) riprovare.
reptation [Rɛptasjɔ̃] *nf* reptazione *f*.
reptile [Rɛptil] *nm* rettile *m*.
repu, e [Rəpy] *pp de* **repaître** ♦ *adj* sazio (-a).
républicain, e [Repyblikɛ̃, ɛn] *adj, nm/f* repubblicano(-a).
république [Repyblik] *nf* repubblica; **R~ arabe du Yémen** Repubblica Araba dello Yemen; **R~ centrafricaine** Repubblica Centrafricana; **R~ de Corée** Repubblica di Corea; **R~ démocratique allemande** Repubblica Democratica Tedesca; **R~ dominicaine** Repubblica Dominicana; **R~ fédérale d'Allemagne** Repubblica Federale Tedesca; **R~ d'Irlande** Repubblica d'Irlanda; **R~ populaire de Chine** Repubblica Popolare Cinese; **R~ populaire démocratique de Corée** Repubblica Democratica Popolare della Corea del Nord; **R~ populaire du Yémen** Repubblica Democratica Popolare dello Yemen.
répudier [Repydje] *vt* ripudiare.
répugnance [Repyɲɑ̃s] *nf* ripugnanza; **avoir** *ou* **éprouver de la ~ pour** avere *ou* provare ripugnanza per; **avoir** *ou* **éprouver de la ~ à faire qch** essere riluttante a fare qc.
répugnant, e [Repyɲɑ̃, ɑ̃t] *adj* ripugnante, disgustoso(-a).
répugner [Repyɲe]: **~ à** *vt* ripugnare a; **je répugne à la violence/mentir** la violenza/mentire mi ripugna.
répulsion [Repylsjɔ̃] *nf* ripulsione *f*.
réputation [Repytasjɔ̃] *nf* reputazione *f*, fama; **avoir la ~ d'être ...** aver fama di essere ...; **connaître qn/qch de ~** conoscere qn/qc di *ou* per fama; **de ~ mondiale** di fama mondiale.
réputé, e [Repyte] *adj* rinomato(-a); **être ~ pour** essere rinomato(-a) per.
requérir [RəkeRiR] *vt* chiedere; (*nécessiter*) richiedere.
requête [Rəkɛt] *nf* richiesta; (*JUR*) istanza, domanda.
requiem [Rekɥijɛm] *nm* requiem *m inv*.
requiers *etc* [RəkjɛR] *vb voir* **requérir**.
requin [Rəkɛ̃] *nm* (*aussi fig*) pescecane *m*, squalo.
requinquer [R(ə)kɛ̃ke] *vt* tirare su.
requis, e [Rəki, iz] *pp de* **requérir** ♦ *adj* richiesto(-a).
réquisition [Rekizisjɔ̃] *nf* requisizione *f*.
réquisitionner [Rekizisjɔne] *vt* requisire.
réquisitoire [RekizitwaR] *nm* requisitoria.
RER [ɛRøɛR] *sigle m* (= *Réseau express régional*) rete metropolitana periferica di Parigi.
rescapé, e [Rɛskape] *nm/f* superstite *m/f*.
rescousse [Rɛskus] *nf*: **aller/venir à la ~ de** correre/venire in aiuto a; **appeler qn à la ~** chiedere l'aiuto *ou* il soccorso di qn.
réseau, x [Rezo] *nm* rete *f*; (*de veines*) reticolo.
réséda [Rezeda] *nm* reseda.
réservation [RezɛRvasjɔ̃] *nf* prenotazione *f*.
réserve [RezɛRv] *nf* riserva; (*d'un magasin: entrepôt*) magazzino; (*circonspection, discrétion*) riserbo, riservatezza; (*retenue*) riserbo; **~s** *nfpl* (*de gaz, nutritives*) riserve *fpl*; **officier de ~** ufficiale *m* di riserva; **sous toutes ~s** con le debite riserve; **sous ~ de** con riserva di; **sans ~** *adv* senza riserve; **avoir/mettre/tenir qch en ~** avere/mettere/tenere qc da parte; **de ~** di riserva, di scorta; ▸ **réserve naturelle** riserva naturale.
réservé, e [RezɛRve] *adj* (*circonspect*) riservato(-a); (*table, place*) prenotato(-a), riservato(-a); **~ à/pour** riservato(-a) a; **chasse/pêche ~e** riserva di caccia/pesca.
réserver [RezɛRve] *vt* (*retenir*) prenotare; (*réponse, diagnostic*) riservarsi di dare; (*mettre de côté, garder*) riservare; **~ qch à qn** (*place etc*) prenotare qc per qn; (*fig: surprise*) riservare qc a qn; **se ~ qch** riservarsi qc; **se ~ de faire qch** riservarsi di fare qc; **se ~ le droit de faire qch** riservarsi il diritto di fare qc.
réserviste [RezɛRvist] *nm* riservista *m*.
réservoir [RezɛRvwaR] *nm* serbatoio.
résidence [Rezidɑ̃s] *nf* residenza; (*groupe d'immeubles*) complesso residenziale; **(en) ~ surveillée** (*JUR*) (agli) arresti domiciliari; ▸ **résidence principale** prima casa; ▸ **résidence secondaire** seconda casa; ▸ **résidence universitaire** casa dello studente.
résident, e [Rezidɑ̃, ɑ̃t] *nm/f* residente *m/f* ♦ *adj* (*INFORM*) residente.
résidentiel, le [Rezidɑ̃sjɛl] *adj* residenziale.
résider [Rezide] *vi*: **~ à/dans/en** (*personne*) risiedere a/in; **~ dans/en** (*fig: chose*) consistere in.
résidu [Rezidy] *nm* residuo.
résiduel, le [Rezidɥɛl] *adj* residuale.
résignation [Reziɲasjɔ̃] *nf* rassegnazione *f*.
résigné, e [Reziɲe] *adj* rassegnato(-a).
résigner [Reziɲe] *vt* (*fonction, emploi*) rassegnare; **se résigner** *vr* rassegnarsi; **se ~ à qch/faire qch** rassegnarsi a qc/fare qc.
résiliable [Reziljabl] *adj* rescindibile.
résilier [Rezilje] *vt* rescindere.
résille [Rezij] *nf* retina; **bas ~** calze *fpl* a rete.

résine [ʀezin] *nf* resina.
résiné, e [ʀezine] *adj*: **vin** ~ vino resinato.
résineux, -euse [ʀezinø, øz] *adj* resinoso(-a) ♦ *nm* conifera.
résistance [ʀezistɑ̃s] *nf* resistenza; **la R~** la Resistenza.
résistant, e [ʀezistɑ̃, ɑ̃t] *adj* resistente ♦ *nm/f* resistente *m/f*, partigiano(-a).
résister [ʀeziste] *vi* resistere; ~ **à** *vt* resistere a.
résolu, e [ʀezɔly] *pp de* **résoudre** ♦ *adj* risoluto(-a), deciso(-a); **être** ~ **à qch/faire qch** essere deciso a qc/fare qc.
résolument [ʀezɔlymɑ̃] *adv* risolutamente.
résolution [ʀezɔlysjɔ̃] *nf* soluzione *f*; (*fermeté*) risoluzione *f*; (*décision*) risoluzione *f*, decisione *f*; (*INFORM*) risoluzione *f*; **prendre la** ~ **de** prendere la decisione di; **bonnes** ~**s** buoni propositi *mpl*.
résolvais *etc* [ʀezɔlvɛ] *vb voir* **résoudre**.
résolve *etc* [ʀesɔlv] *vb voir* **résoudre**.
résonance [ʀezɔnɑ̃s] *nf* risonanza.
résonner [ʀezɔne] *vi* risuonare; ~ **de** risuonare di.
résorber [ʀezɔʀbe]: **se** ~ *vr* riassorbirsi; (*tumeur*) regredire; (*fig*: *déficit, chômage*) essere riassorbito(-a).
résoudre [ʀezudʀ] *vt* risolvere; ~ **qn à faire qch** convincere qn a fare qc; ~ **de faire qch** decidere di fare qc; **se** ~ **à qch/faire qch** risolversi *ou* decidersi a qc/fare qc.
respect [ʀɛspɛ] *nm* rispetto; ~**s** *nmpl*: **présenter ses** ~**s à qn** presentare i propri rispetti a qn; **tenir qn en** ~ tenere a bada qn.
respectabilité [ʀɛspɛktabilite] *nf* rispettabilità.
respectable [ʀɛspɛktabl] *adj* rispettabile; (*scrupules etc*) degno(-a) di rispetto.
respecter [ʀɛspɛkte] *vt* rispettare; **le lexicographe qui se respecte** (*fig*) un lessicografo che si rispetti.
respectif, -ive [ʀɛspɛktif, iv] *adj* rispettivo(-a).
respectivement [ʀɛspɛktivmɑ̃] *adv* rispettivamente.
respectueusement [ʀɛspɛktɥøzmɑ̃] *adv* rispettosamente.
respectueux, -euse [ʀɛspɛktɥø, øz] *adj* rispettoso(-a); **à une distance respectueuse** a debita distanza; ~ **de** rispettoso(-a) di.
respirable [ʀɛspiʀabl] *adj*: **pas** ~ irrespirabile.
respiration [ʀɛspiʀasjɔ̃] *nf* respirazione *f*; (*normale, bruyante*) respiro; **faire une** ~ **complète** inspirare ed espirare; **retenir sa** ~ trattenere il respiro; ▸ **respiration artificielle** respirazione artificiale.
respiratoire [ʀɛspiʀatwaʀ] *adj* respiratorio(-a).
respirer [ʀɛspiʀe] *vi* respirare ♦ *vt* respirare; (*odeur, parfum*) aspirare; (*santé*) sprizzare; (*calme, paix*) esprimere.
resplendir [ʀɛsplɑ̃diʀ] *vi* risplendere; (*fig*: *visage*): ~ **(de)** risplendere (di).
resplendissant, e [ʀɛsplɑ̃disɑ̃, ɑ̃t] *adj* (*soleil*) splendente; (*mine*) raggiante.
responsabilité [ʀɛspɔ̃sabilite] *nf* responsabilità *f inv*; (*charge*) carica; **accepter/refuser la** ~ **de** assumersi/rifiutare la responsabilità di; **prendre ses** ~**s** assumersi le proprie responsabilità; **décliner toute** ~ declinare ogni responsabilità; ▸ **responsabilité civile/pénale** responsabilità civile/penale; ▸ **responsabilité collective/morale** responsabilità collettiva/morale.
responsable [ʀɛspɔ̃sabl] *adj*: ~ **(de)** responsabile (di) ♦ *nm/f* responsabile *m/f*.
resquiller [ʀɛskije] *vi* (*au cinéma, au stade*) entrare senza pagare; (*dans le train*) viaggiare senza biglietto.
resquilleur, -euse [ʀɛskijœʀ, øz] *nm/f* (*qui ne paie pas*) portoghese *m/f* (*fig*).
ressac [ʀəsak] *nm* risacca.
ressaisir [ʀ(ə)seziʀ]: **se** ~ *vr* riprendersi.
ressasser [ʀ(ə)sase] *vt* (*remords*) rimuginare; (*redire*) ripetere continuamente.
ressemblance [ʀ(ə)sɑ̃blɑ̃s] *nf* somiglianza.
ressemblant, e [ʀ(ə)sɑ̃blɑ̃, ɑ̃t] *adj* somigliante.
ressembler [ʀ(ə)sɑ̃ble]: ~ **à** *vt* assomigliare a, somigliare a; **se ressembler** *vr* assomigliarsi, somigliarsi.
ressemeler [ʀ(ə)səm(ə)le] *vt* risuolare.
ressens *etc* [ʀ(ə)sɑ̃] *vb voir* **ressentir**.
ressentiment [ʀ(ə)sɑ̃timɑ̃] *nm* risentimento.
ressentir [ʀ(ə)sɑ̃tiʀ] *vt* sentire, provare; **se** ~ **de** risentire di.
resserre [ʀəsɛʀ] *nf* rimessa.
resserrement [ʀ(ə)sɛʀmɑ̃] *nm* restringimento; (*de lieu, nœuds*) stringersi *m inv*; (*goulet*) strettoia.
resserrer [ʀ(ə)seʀe] *vt* (*pores*) restringere; (*nœud, boulon, cercle de gens*) stringere; (*fig*) rinsaldare; **se resserrer** *vr* stringersi; **se** ~ **(autour de)** stringersi (intorno a).
ressers *etc* [ʀ(ə)sɛʀ] *vb voir* **resservir**.
resservir [ʀ(ə)sɛʀviʀ] *vt* (*plat*: *servir à nouveau*): ~ **qch (à qn)** riservire qc (a qn); (: *servir davantage de*): ~ **de qch (à qn)** servire ancora un po' di qc (a qn); (*personne*): ~ **qn (d'un plat)** riservire qn ♦ *vi* riservire; **se** ~ **de** riservirsi di.
ressort [ʀəsɔʀ] *vb voir* **ressortir** ♦ *nm* (*pièce*) molla; (*force morale*) energia; **en dernier** ~ (*JUR*) in ultima istanza; (*finalement*) in ultima analisi; (*finalement*) alla fin fine; **être du** ~ **de** essere di compe-

tenza di.

ressortir [RəsɔRtiR] *vi* uscire di nuovo, riuscire; (*contraster*) risaltare, spiccare ♦ *vt* tirare fuori; **il ressort de ceci que ...** da questo risulta che ...; ~ **à** (*ADMIN, JUR*) essere di competenza di; **faire ~ qch** (*fig*) mettere in risalto qc.

ressortissant, e [R(ə)sɔRtisɑ̃, ɑ̃t] *nm/f* cittadino(-a).

ressouder [R(ə)sude] *vt* risaldare.

ressource [R(ə)suRs] *nf*: **avoir la ~ de** avere la possibilità di; **~s** *nfpl* (*moyens, matériels, fig*) risorse *fpl*; **leur seule ~ était de** la loro unica risorsa era di; **~s d'énergie** risorse energetiche.

ressusciter [Resysite] *vt, vi* risuscitare.

restant, e [Rɛstɑ̃, ɑ̃t] *adj* rimasto(-a) ♦ *nm* resto; **un ~ de** degli avanzi di; (*fig: vestige*) dei resti di.

restaurant [Rɛstɔʀɑ̃] *nm* ristorante *m*; **manger au ~** mangiare al ristorante; ▸ **restaurant d'entreprise** mensa aziendale; ▸ **restaurant universitaire** mensa universitaria.

restaurateur, -trice [RɛstɔRatœR, tRis] *nm/f* (*aubergiste*) ristoratore(-trice); (*de tableaux*) restauratore(-trice).

restauration [RɛstɔRasjɔ̃] *nf* restaurazione *f*; (*ART*) restauro; (*hôtellerie*) ristorazione *f*; ▸ **restauration rapide** fast food *m inv*.

restaurer [RɛstɔRe] *vt* restaurare; **se restaurer** *vr* ristorarsi, rifocillarsi.

restauroute [RɛstoRut] *nm* = **restoroute**.

reste [Rɛst] *nm* (*restant, MATH*) resto; (*de trop*) avanzo; (*d'espoir, de tendresse*) residuo; **~s** *nmpl* (*CULIN*) avanzi *mpl*; (*d'une cité, dépouille mortelle*) resti *mpl*; **utiliser un ~ de poulet** utilizzare degli avanzi di pollo; **faites ceci, je me charge du ~** lei faccia questo, del resto mi occupo io; **pour le ~, quant au ~** per il resto, quanto al resto; **le ~ du temps/des gens** il resto del tempo/della gente; **avoir du temps/de l'argent de ~** avere tempo/denaro d'avanzo; **et tout le ~** e tutto il resto; **ne voulant pas être** *ou* **demeurer en ~** non volendo essere da meno; **partir sans attendre** *ou* **demander son ~** (*fig*) andarsene senza insistere *ou* fiatare; **du/au ~** *adv* del resto.

rester [Rɛste] *vi* restare, rimanere ♦ *vb impers*: **il reste du pain** avanza del pane; **il me reste 2 œufs** ho ancora due uova; **il reste du temps** resta *ou* rimane un po' di tempo; **il reste 10 minutes** restano dieci minuti; **il me reste assez de temps** mi resta *ou* rimane tempo a sufficienza; **voilà tout ce qui me reste** questo è tutto quello che mi resta *ou* rimane; **ce qui me reste à faire** quello che mi resta *ou* rimane da fare; **(il) reste à savoir/établir si ...** resta da sapere/stabilire se ...; **il reste que, il n'en reste pas moins que ...** resta *ou* rimane il fatto che ...; **en ~ à** (*stade, menaces*) fermarsi a; **restons-en là** lasciamo perdere; **~ immobile/assis** restare *ou* rimanere immobile/seduto; **~ sur sa faim/une impression** restare *ou* rimanere con la fame/con un'impressione; **il a failli y ~** per poco non ci restava *ou* rimaneva; **il y est resté** ci è restato *ou* rimasto.

restituer [Rɛstitɥe] *vt* (*objet, somme*): **~ qch (à qn)** restituire qc (a qn); (*texte, inscription*) ricostruire; (*son*) riprodurre.

restitution [Rɛstitysjɔ̃] *nf* restituzione *f*.

restoroute [RɛstoRut] *nm* ≈ autogrill *m inv*.

restreindre [RɛstRɛ̃dR] *vt* limitare, ridurre; **se restreindre** *vr* limitarsi.

restreint, e [RɛstRɛ̃, ɛ̃t] *pp de* **restreindre** ♦ *adj* (*personnel*) ridotto(-a); (*vocabulaire, public*) ristretto(-a).

restrictif, e [RɛstRiktif, iv] *adj* restrittivo (-a).

restriction [RɛstRiksjɔ̃] *nf* riduzione *f*; (*condition*) restrizione *f*; **~s** *nfpl* (*rationnement*) razionamento *msg*; **faire des ~s** avere delle riserve; **sans ~** senza riserve.

restructuration [RəstRyktyRasjɔ̃] *nf* ristrutturazione *f*.

restructurer [RəstRyktyRe] *vt* ristrutturare.

résultante [Rezyltɑ̃t] *nf* conseguenza.

résultat [Rezylta] *nm* risultato; (*d'une entrevue, négociation*) risultato, esito; **~s** *nmpl* (*d'un examen, des élections*) risultati *mpl*; **exiger/obtenir des ~s** esigere/ottenere dei risultati; ▸ **résultats sportifs** risultati sportivi.

résulter [Rezylte]: **~ de** *vt* risultare da, derivare da; **il résulte de ceci que ...** da questo risulta *ou* deriva che ... .

résumé [Rezyme] *nm* riassunto; (*ouvrage succinct*) riassunto, compendio; **faire le ~ de** riassumere; **en ~** *adv* in sintesi, riassumendo.

résumer [Rezyme] *vt* riassumere; **se résumer** *vr* riassumere; **se ~ à** riassumersi in.

resurgir [R(ə)syRʒiR] *vi* ricomparire all'improvviso.

résurrection [RezyRɛksjɔ̃] *nf* risurrezione *f*; (*fig*) rifioritura.

rétablir [RetabliR] *vt* ristabilire; (*courant*) ripristinare; **se rétablir** *vr* ristabilirsi; (*silence, calme*) ritornare; **~ qn dans son emploi** reintegrare qn nel suo impiego; **~ qn dans ses droits** ristabilire i diritti di qn; **se ~ (sur la barre)** tirarsi su con le braccia (sulla sbarra).

rétablissement [Retablismɑ̃] *nm* ristabilimento; (*du courant*) ripristino; (*de la monarchie*) restaurazione *f*; (*retour à la san-*

té) guarigione *f*; **faire un** ~ (*GYMNASTIQUE etc*) tirarsi su con le braccia (alla sbarra).
rétamer [Retame] *vt* stagnare; (*fig*: *fatiguer*) sfinire; **se faire** ~ (*à un examen*) essere stangato(-a).
rétameur [RetamœR] *nm* stagnino.
retaper [R(ə)tape] *vt* rimettere in sesto; (*redactylographier*) ribattere.
retard [R(ə)taR] *nm* ritardo; **arriver en** ~ arrivare in ritardo; **être en** ~ essere in ritardo; (*dans paiement, travail, pays*) essere indietro; **être en** ~ **(de 2 heures)** essere in ritardo (di 2 ore); **avoir un** ~ **de 2 heures** (*SPORT*) avere un ritardo di 2 ore; **avoir un** ~ **de 2 km** (*SPORT*) essere indietro di 2 km; **rattraper son** ~ recuperare il ritardo; **avoir du** ~ essere in ritardo; (*sur un programme*) essere indietro; **prendre du** ~ (*train, avion*) ritardare; (*montre*) rimanere indietro; **sans** ~ *adv* (*le plus tôt possible*) senza indugio; ~ **à l'allumage** (*AUTO*) ritardo di accensione; ▸ **retard scolaire** ritardo negli studi.
retardataire [R(ə)taRdatɛR] *adj* ritardatario(-a); (*idées*) superato(-a) ♦ *nm/f* ritardatario(-a).
retardé, e [R(ə)taRde] *adj* ritardato(-a) ♦ *nm/f* ritardato(-a).
retardement [R(ə)taRdəmɑ̃]: **à** ~ *adj* (*mine*) a scoppio ritardato; (*mécanisme*) a tempo; **dispositif à** ~ (*PHOTO*) autoscatto; **bombe à** ~ bomba a scoppio ritardato.
retarder [R(ə)taRde] *vt* ritardare; (*personne*) fare perdere tempo a; (*montre*) mettere indietro ♦ *vi* (*horloge, montre*) essere indietro; (: *d'habitude*) rimanere indietro; (*fig*: *personne*) essere rimasto(-a) indietro; ~ **qn/qch (de 3 mois)** ritardare qn/qc (di 3 mesi); **je retarde (d'une heure)** il mio orologio è indietro (di un'ora).
retendre [R(ə)tɑ̃dR] *vt* tendere di nuovo.
retenir [Rət(ə)niR] *vt* trattenere; (*se rappeler*: *chanson, date*) ricordarsi di; (*suggestion, proposition*: *accepter*) prendere in considerazione; (*réserver*: *place, chambre*) prenotare; (*MATH*) riportare; **se retenir** *vr* (*euph*) trattenerla; **se** ~ **(à)** aggrapparsi (a); **se** ~ **(de faire qch)** trattenersi (dal fare qc); ~ **un rire/un sourire** trattenere una risata/un sorriso; ~ **qn (de faire)** trattenere qn (dal fare); ~ **qch (sur)** (*somme*) trattenere qc (da); ~ **son souffle** *ou* **haleine** trattenere il respiro; ~ **qn à dîner** trattenere qn a cena; **je pose 3 et je retiens 2** scrivo 3 e riporto 2.
rétention [Retɑ̃sjɔ̃] *nf*: ~ **d'urine** ritenzione *f* urinaria.
retentir [R(ə)tɑ̃tiR] *vi* risuonare, riecheggiare; ~ **de** (*salle*) risuonare *ou* riecheggiare di; (*fig*) riecheggiare di; ~ **sur** *vt* (*fig*) ripercuotersi su.
retentissant, e [R(ə)tɑ̃tisɑ̃, ɑ̃t] *adj* (*voix*) sonoro(-a); (*choc*) rumoroso(-a); (*fig*: *succès etc*) strepitoso(-a).
retentissement [R(ə)tɑ̃tismɑ̃] *nm* ripercussione *f*; (*éclat*) risonanza, eco *m ou f*.
retenu, e [Rət(ə)ny] *pp de* **retenir** ♦ *adj* (*place*) prenotato(-a); (*personne*: *empêché*) trattenuto(-a); (*propos*: *contenu, discret*) riservato(-a).
retenue [Rət(ə)ny] *nf* (*somme prélevée*) ritenuta, trattenuta; (*MATH*) riporto; (*SCOL*) punizione *f*; (*modération, réserve*) ritegno; (*AUTO*) coda.
réticence [Retisɑ̃s] *nf* reticenza; **sans** ~ *adv* senza esitazioni.
réticent, e [Retisɑ̃, ɑ̃t] *adj* reticente.
retiendrai [Rətjɛ̃dRe] *vb voir* **retenir**.
retiens [Rətjɛ̃] *vb voir* **retenir**.
rétif, -ive [Retif, iv] *adj* (*cheval*) restio(-a); (*fig*: *personne*) cocciuto(-a).
rétine [Retin] *nf* retina.
retint [Rətɛ̃] *vb voir* **retenir**.
retiré, e [R(ə)tiRe] *adj* ritirato(-a); (*quartier*) fuori mano *inv*.
retirer [R(ə)tiRe] *vt* ritirare; (*vêtement, lunettes*) togliersi; **se retirer** *vr* ritirarsi; ~ **qch à qn** togliere qc a qn; ~ **qn/qch de** tirare fuori qn/qc da; ~ **un bénéfice/des avantages de** trarre *ou* ricavare un utile/dei vantaggi da; **se** ~ **de** ritirarsi da.
retombées [Rətɔ̃be] *nfpl* (*radioactives*) ricaduta *fsg*, fallout *msg*; (*fig*) conseguenze *fpl*, ripercussioni *fpl*.
retomber [R(ə)tɔ̃be] *vi* ricadere; (*atterrir*: *sauteur, cheval*) atterrare; ~ **sur qn** (*responsabilité, frais*) ricadere su qn; ~ **malade** riammalarsi; ~ **dans l'erreur** ricadere nell'errore.
retordre [R(ə)tɔRdR] *vt*: **donner du fil à** ~ **à qn** dare filo da torcere a qn.
rétorquer [Retɔrke] *vt*: ~ **(à qn) que** ribattere (a qn) che.
retors, e [RətɔR, ɔRs] *adj* scaltro(-a), abile.
rétorsion [RetɔRsjɔ̃] *nf*: **mesures de** ~ misure *fpl* di ritorsione.
retouche [R(ə)tuʃ] *nf* (*à une peinture, photographie*) ritocco; (*à un vêtement*) modifica; **faire une** ~ **à** dare un ritocco a; fare una modifica a.
retoucher [R(ə)tuʃe] *vt* (*photographie, tableau*) ritoccare; (*vêtement*) modificare.
retour [R(ə)tuR] *nm* ritorno; (*COMM, POSTES*: *renvoi*) rinvio; **au** ~ al ritorno; **pendant le** ~ durante il ritorno; **à mon/ton** ~ al mio/tuo ritorno; **au** ~ **de** al ritorno di; **être de** ~ **(de)** essere di ritorno (da); **de** ~ **à Lyon/chez moi** ritornato(-a) a Lione/a casa; **"de** ~ **dans 10 minutes"** "torno tra 10 minuti"; **en** ~ *adv* in cambio; **par** ~ **du courrier** a stretto giro di posta; **par un**

juste ~ des choses, il a dû payer une amende ha dovuto pagare una multa, come era giusto; **match** ~ partita di ritorno; ~ **en arrière** (*fig, CINÉ, LITT*) rievocazione *f*, flashback *m inv*; (*mesure*) passo indietro; ▸ **retour à l'envoyeur** (*POSTES*) rinvio al mittente; ▸ **retour (automatique) à la ligne** (*INFORM*) a capo *ou* ritorno automatico; ▸ **retour aux sources** (*fig*) ritorno alle origini; ▸ **retour de bâton** guadagno illecito; ▸ **retour de chariot** ritorno del carrello; ▸ **retour de flamme** (*aussi fig: passion*) ritorno di fiamma; ▸ **retour de manivelle** (*fig*) contraccolpo; ▸ **retour offensif** nuovo attacco (*sferrato dopo aver indietreggiato*).

retournement [R(ə)tuRnəmɑ̃] *nm* (*d'une personne*) voltafaccia *m inv*; ~ **de la situation** capovolgimento della situazione.

retourner [R(ə)tuRne] *vt* (*dans l'autre sens*) girare; (*arme*) rivolgere; (*sac, vêtement, terre, foin*) rivoltare; (*émouvoir: personne*) sconvolgere; (*renvoyer*) rispedire; (*restituer*): ~ **qch à qn** restituire qc a qn ♦ *vi*: ~ **quelque part/vers/chez** ritornare da qualche parte/verso/da; **se retourner** *vr* girarsi, voltarsi; (*voiture*) ribaltarsi; (*fig fam*) cavarsela; ~ **à** *vt* (*état initial, activité*) ritornare a; **s'en** ~ *vr* ritornarsene; **se** ~ **contre qn/qch** (*fig*) ribellarsi contro qn/qc; (*suj: chose*) ritorcersi contro qn/qc; **savoir de quoi il retourne** sapere di (che) cosa si tratta; ~ **en arrière** *ou* **sur ses pas** ritornare indietro *ou* sui propri passi; ~ **aux sources** ritornare alle origini; **avoir le temps de se** ~ avere il tempo di reagire.

retracer [R(ə)tRase] *vt* descrivere.

rétracter [RetRakte] *vt* (*affirmation, promesse*) ritrattare; (*antenne etc*) ritrarre; **se rétracter** *vr* ritrattare; (*antenne etc*) ritrarsi.

retraduire [R(ə)tRadɥiR] *vt* ritradurre.

retrait [R(ə)tRɛ] *nm* ritiro; (*d'un tissu au lavage*) restringimento; **en** ~ *adj* rientrante ♦ *adv* in disparte; **écrire en** ~ far rientrare dal margine; ▸ **retrait du permis (de conduire)** ritiro della patente.

retraite [R(ə)tRɛt] *nf* (*d'une armée*) ritirata; (*d'un employé*) pensione *f*; (*asile, refuge, REL*) ritiro; **être/mettre à la** ~ essere/mettere in pensione; **prendre sa** ~ andare in pensione; ▸ **retraite anticipée** prepensionamento; ▸ **retraite aux flambeaux** fiaccolata.

retraité, e [R(ə)tRete] *adj, nm/f* pensionato(-a).

retraitement [R(ə)tRɛtmɑ̃] *nm* ritrattamento.

retraiter [R(ə)tRete] *vt* ritrattare.

retranchement [R(ə)tRɑ̃ʃmɑ̃]: ~**s** *nmpl*: **attaquer/forcer/poursuivre qn dans ses (derniers)** ~**s** mettere qn con le spalle al muro.

retrancher [R(ə)tRɑ̃ʃe] *vt* (*passage, détails*) sopprimere; (*couper, aussi fig*) tagliare; ~ **qch de** (*nombre, somme*) detrarre qc da; **se** ~ **derrière/dans** (*MIL, fig*) trincerarsi dietro/in.

retranscrire [R(ə)tRɑ̃skRiR] *vt* ritrascrivere.

retransmettre [R(ə)tRɑ̃smɛtR] *vt* ritrasmettere.

retransmission [R(ə)tRɑ̃smisjɔ̃] *nf* ritrasmissione *f*; (*émission*) replica.

retravailler [R(ə)tRavaje] *vi* lavorare di nuovo ♦ *vt* rilavorare.

retraverser [R(ə)tRavɛRse] *vt* riattraversare.

rétréci, e [RetResi] *adj* più stretto(-a).

rétrécir [RetResiR] *vt* restringere ♦ *vi* restringersi; **se rétrécir** *vr* restringersi.

rétrécissement [RetResismɑ̃] *nm* restringimento.

retremper [R(ə)tRɑ̃pe] *vt*: **se** ~ **dans** (*fig*) immergersi di nuovo in.

rétribuer [RetRibɥe] *vt* retribuire.

rétribution [RetRibysjɔ̃] *nf* retribuzione *f*.

rétro [RetRo] *adj inv* rétro *inv* ♦ *nm* (*fam*) = **rétroviseur**.

rétroactif, -ive [RetRoaktif, iv] *adj* retroattivo(-a).

rétrocéder [RetRosede] *vt* retrocedere.

rétrocession [RetRosesjɔ̃] *nf* retrocessione *f*.

rétrofusée [RetRofyze] *nf* retrorazzo.

rétrograde [RetRɔgRad] (*péj*) *adj* retrogrado(-a), retrivo(-a).

rétrograder [RetRɔgRade] *vi* (*élève, économie*) regredire; (*AUTO*) scalare (la marcia) ♦ *vt* (*MIL, ADMIN*) retrocedere.

rétroprojecteur [RetRopRɔʒɛktœR] *nm* lavagna luminosa.

rétrospectif, -ive [RetRɔspɛktif, iv] *adj* retrospettivo(-a) ♦ *nf* retrospettiva.

rétrospectivement [RetRɔspɛktivmɑ̃] *adv* retrospettivamente.

retroussé, e [R(ə)tRuse] *adj*: **nez** ~ naso all'insù.

retrousser [R(ə)tRuse] *vt* (*pantalon*) arrotolare; (*jupe*) tirarsi su; (*manches*) rimboccare; (*fig: nez, lèvres*) arricciare.

retrouvailles [R(ə)tRuvɑj] *nfpl*: **les** ~ (*d'amis*) il ritrovarsi.

retrouver [R(ə)tRuve] *vt* ritrovare; (*reconnaître*) riconoscere; (*revoir*) rivedere; (*rejoindre*) raggiungere; **se retrouver** *vr* ritrovarsi; **se** ~ **seul/sans argent** trovarsi solo/senza soldi; **se** ~ **quelque part** ritrovarsi da qualche parte; **se retrouver** (*s'orienter*) orientarsi; **se** ~ **dans** (*calculs, désordre*) raccappezzarsi in; **s'y** ~ (*ren-

trer dans ses frais) rientrare nelle spese.
rétroviseur [ʀetʀɔvizœʀ] *nm* (specchio) retrovisore *m*.
réunifier [ʀeynifje] *vt* riunificare.
Réunion [ʀeynjɔ̃] *nf*: **la ~, l'île de la ~** l'isola della Réunion.
réunion [ʀeynjɔ̃] *nf* unione *f*; (*de preuves, fonds*) raccolta; (*de amis, séance, congrès*) riunione *f*; ▶ **réunion électorale** riunione per designare le candidature; ▶ **réunion sportive** riunione sportiva.
réunionnais, e [ʀeynjɔnɛ, ɛz] *adj* dell'isola della Réunion ♦ *nm/f*: **R~, e** abitante *m/f* dell'isola della Réunion.
réunir [ʀeyniʀ] *vt* riunire; (*preuves, fonds, papiers*) raccogliere; (*rapprocher, rattacher*) unire; **se réunir** *vr* riunirsi; (*s'allier: états*) unirsi; (*chemins etc*) congiungersi; (*cours d'eau*) confluire; **~ qch à** unire qc a.
réussi, e [ʀeysi] *adj* riuscito(-a).
réussir [ʀeysiʀ] *vi* (*personne, tentative*) riuscire, avere successo; (*plante, culture*) crescere bene; (*personne: à un examen*) passare, essere promosso(-a) ♦ *vt* (*examen*) passare; **~ à faire qch** riuscire a fare qc; **j'ai réussi le soufflé** il soufflé mi è riuscito; **le travail/le mariage lui réussit** il lavoro/il matrimonio gli fa bene.
réussite [ʀeysit] *nf* (*d'une tentative, d'un projet*) successo, buona riuscita; (*de personne*) successo; (*CARTES*) solitario.
réutiliser [ʀeytilize] *vt* riutilizzare.
revaloir [ʀ(ə)valwaʀ] *vt*: **je vous revaudrai cela** la ripagherò per questo.
revalorisation [ʀ(ə)valɔʀizasjɔ̃] *nf* rivalutazione *f*.
revaloriser [ʀ(ə)valɔʀize] *vt* rivalutare.
revanche [ʀ(ə)vɑ̃ʃ] *nf* rivincita; **prendre sa ~ (sur)** prendersi la rivincita (su); **en ~** *adv* in compenso.
rêvasser [ʀɛvase] *vi* fantasticare.
rêve [ʀɛv] *nm* sogno; **paysage/silence de ~** paesaggio/silenzio irreale; **la voiture/maison de ses ~s** l'auto/la casa dei suoi sogni; ▶ **rêve éveillé** sogno a occhi aperti.
rêvé, e [ʀeve] *adj* ideale.
revêche [ʀəvɛʃ] *adj* scontroso(-a).
réveil [ʀevɛj] *nm* risveglio; (*pendule*) sveglia; **au ~, je ...** al mio risveglio, io ...; **sonner le ~** (*MIL*) suonare la sveglia.
réveille-matin [ʀevɛjmatɛ̃] *nm inv* sveglia.
réveiller [ʀeveje] *vt* svegliare; (*fig*) risvegliare; **se réveiller** *vr* svegliarsi; (*fig*) risvegliarsi, ridestarsi.
réveillon [ʀevɛjɔ̃] *nm* cenone *m* della vigilia di Natale; (*de la Saint-Sylvestre*) cenone di fine anno; (*soirée*) veglione *m*.
réveillonner [ʀevɛjɔne] *vi* fare il cenone *ou* veglione.
révélateur, -trice [ʀevelatœʀ, tʀis] *adj* rivelatore(-trice) ♦ *nm* (*PHOTO*) rivelatore *m*.
révélation [ʀevelasjɔ̃] *nf* rivelazione *f*.
révéler [ʀevele] *vt* rivelare; **se révéler** *vr* rivelarsi; **se ~ facile/faux** rivelarsi facile/falso.
revenant, e [ʀ(ə)vənɑ̃, ɑ̃t] *nm/f* spirito.
revendeur, -euse [ʀ(ə)vɑ̃dœʀ, øz] *nm/f* rivenditore(-trice).
revendicatif, -ive [ʀ(ə)vɑ̃dikatif, iv] *adj* di rivendicazione, rivendicativo(-a).
revendication [ʀ(ə)vɑ̃dikasjɔ̃] *nf* rivendicazione *f*; **journée de ~** giornata di protesta.
revendiquer [ʀ(ə)vɑ̃dike] *vt* rivendicare ♦ *vi* (*POL*) attuare azioni di protesta.
revendre [ʀ(ə)vɑ̃dʀ] *vt* (*d'occasion*) rivendere; (*détailler*) vendere (al dettaglio); **à ~** *adv* (*en abondance*) da vendere; **avoir du talent/de l'énergie à ~** avere talento/energia da vendere.
revenir [ʀəv(ə)niʀ] *vi* ritornare, tornare; **~ à** *vt* (*études, projet*) riprendere; (*équivaloir à*) equivalere a; (*part, honneur, responsabilité*) toccare *ou* spettare a; (*souvenir, nom*) venire in mente a; **~ (à qn)** (*santé, appétit, courage*) tornare (a qn); **~ de** *vt* (*fig: maladie, étonnement*) riprendersi da; **~ sur** *vt* (*question, sujet*) tornare su; (*promesse, engagement*) rimangiarsi; **faire ~** (*CULIN*) far rosolare; **la rumeur m'est revenue que ...** mi è giunta voce che ...; **cela (nous) revient cher/à 100 francs** (ci) costa caro/100 franchi; **~ à la charge** tornare alla carica; **~ à soi** tornare in sé; **je n'en reviens pas** (*surprise*) non riesco a capacitarmene; **~ sur ses pas** tornare sui propri passi; **cela revient au même** fa lo stesso; **cela revient à dire que** ciò equivale a dire che; **~ de loin** (*fig*) averla scampata bella.
revente [ʀ(ə)vɑ̃t] *nf* rivendita.
revenu, e [ʀəv(ə)ny] *pp de* **revenir** ♦ *nm* reddito; **~s** *nmpl* (*financiers*) reddito *msg*, entrate *fpl*.
rêver [ʀeve] *vi* sognare ♦ *vt* sognare; **~ de/à** sognare; **~ que/de qch/faire qch** sognare che/qc/di fare qc.
réverbération [ʀevɛʀbeʀasjɔ̃] *nf* riverbero.
réverbère [ʀevɛʀbɛʀ] *nm* lampione *m*.
réverbérer [ʀevɛʀbeʀe] *vt* riverberare, riflettere.
reverdir [ʀ(ə)vɛʀdiʀ] *vi* rinverdire.
révérence [ʀeveʀɑ̃s] *nf* riverenza.
révérencieux, -euse [ʀeveʀɑ̃sjø, jøz] *adj* ossequioso(-a).
révérend, e [ʀeveʀɑ̃, ɑ̃d] *adj*: **le ~ père Pascal** il reverendo padre Pascal.
révérer [ʀeveʀe] *vt* riverire.
rêverie [ʀɛvʀi] *nf* fantasticheria.

reverrai *etc* [ʀəvɛʀe] *vb voir* **revoir**.
revers [ʀ(ə)vɛʀ] *nm* rovescio; (*de la main*) dorso; (*d'un veston, de pantalon*) risvolto; **d'un ~ de main** con un manrovescio; **le ~ de la médaille** (*fig*) il rovescio della medaglia; **prendre à ~** attaccare alle spalle; ▸ **revers de fortune** rovescio di fortuna.
reverser [ʀ(ə)vɛʀse] *vt* (*somme etc*): **~ sur** versare di nuovo su; (*liquide*): **~ (dans)** riversare (in).
réversible [ʀevɛʀsibl] *adj* double face *inv*.
revêtement [ʀ(ə)vɛtmɑ̃] *nm* rivestimento.
revêtir [ʀ(ə)vetiʀ] *vt* (*vêtement*) indossare; (*fig: forme, caractère*) assumere; **~ qn de** vestire qn di *ou* con; (*fig: autorité*) investire qn di; **~ qch de** (*carreaux, boiserie, asphalte*) rivestire qc di; (*fig: apparence etc*) rivestire qc di *ou* con; (*signature, visa*) munire qc di.
rêveur, -euse [ʀɛvœʀ, øz] *adj* (*personne*) sognatore(-trice); (*air, yeux*) sognante ♦ *nm/f* sognatore(-trice).
reviendrai *etc* [ʀəvjɛ̃dʀe] *vb voir* **revenir**.
revienne *etc* [ʀəvjɛn] *vb voir* **revenir**.
revient [ʀəvjɛ̃] *vb voir* **revenir** ♦ *nm*: **prix de ~** (*COMM*) prezzo di costo.
revigorer [ʀ(ə)vigɔʀe] *vt* rinvigorire.
revint [ʀəvɛ̃] *vb voir* **revenir**.
revirement [ʀ(ə)viʀmɑ̃] *nm* improvviso mutamento.
revis [ʀəvi] *vb voir* **revoir**.
révisable [ʀevizabl] *adj* rivedibile.
réviser [ʀevize] *vt* rivedere; (*SCOL*) ripassare; (*machine, installation*) revisionare.
révision [ʀevizjɔ̃] *nf* revisione *f*; (*SCOL*) ripasso; **conseil de ~** (*MIL*) consiglio di leva; **faire ses ~s** (*SCOL*) fare un ripasso, ripassare; **la ~ des 10 000 km** (*AUTO*) la revisione dei 10.000 km.
révisionnisme [ʀevizjɔnism] *nm* revisionismo.
révisionniste [ʀevizjɔnist] *nm/f* revisionista *m/f*.
revisser [ʀ(ə)vise] *vt* riavvitare.
revit [ʀəvi] *vb voir* **revoir**.
revitaliser [ʀ(ə)vitalize] *vt* rivitalizzare.
revivifier [ʀ(ə)vivifje] *vt* rivivificare.
revivre [ʀ(ə)vivʀ] *vi* rivivere ♦ *vt* rivivere; **faire ~** fare rivivere.
révocable [ʀevɔkabl] *adj* revocabile.
révocation [ʀevɔkasjɔ̃] *nf* revoca.
revoir [ʀ(ə)vwaʀ] *vt* rivedere; (*SCOL*) ripassare ♦ *nm*: **au ~** arrivederci; **se revoir** *vr* rivedersi; **au ~ Monsieur/Madame** arrivederla; **dire au ~ à qn** salutare qn.
révoltant, e [ʀevɔltɑ̃, ɑ̃t] *adj* rivoltante.
révolte [ʀevɔlt] *nf* rivolta.
révolter [ʀevɔlte] *vt* disgustare, indignare; **se révolter** *vr*: **se ~ (contre)** ribellarsi (contro); **se ~ (à)** indignarsi (di fronte a).
révolu, e [ʀevɔly] *adj* passato(-a); (*fini*) passato(-a), trascorso(-a); **âgé de 18 ans ~s** che ha 18 anni compiuti; **après 3 ans ~s** trascorsi 3 anni.
révolution [ʀevɔlysjɔ̃] *nf* rivoluzione *f*; **être en ~** essere in rivolta; **la ~ industrielle** la rivoluzione industriale; **la R~ française** la rivoluzione francese.
révolutionnaire [ʀevɔlysjɔnɛʀ] *adj, nm/f* rivoluzionario(-a).
révolutionner [ʀevɔlysjɔne] *vt* rivoluzionare; (*fig: personne, quartier*) sconvolgere, mettere in agitazione.
revolver [ʀevɔlvɛʀ] *nm* pistola; (*à barillet*) rivoltella, revolver *m inv*.
révoquer [ʀevɔke] *vt* destituire; (*arrêt, contrat, donation*) revocare.
revoyais *etc* [ʀəvwajɛ] *vb voir* **revoir**.
revu, e [ʀəvy] *pp de* **revoir**.
revue [ʀ(ə)vy] *nf* (*aussi MIL*) rivista; (*inventaire, examen*) rassegna; **passer en ~** (*aussi fig: régiment*) passare in rassegna; **~ de (la) presse** rassegna *f* stampa *inv*.
révulsé, e [ʀevylse] *adj* stravolto(-a).
Reykjavik [ʀekjavik] *n* Reykjavik *f*.
rez-de-chaussée [ʀed(ə)ʃose] *nm inv* pianterreno, pianoterra *m inv*.
rez-de-jardin [ʀed(ə)ʒaʀdɛ̃] *nm inv* pianterreno (*di casa con giardino*).
RF [ɛʀɛf] *sigle f* = *République française*.
RFA [ɛʀɛfa] *sigle f* (= *République fédérale d'Allemagne*) R.F.T. *f*.
RG [ɛʀʒe] *sigle mpl* = **renseignements généraux**.
rhabiller [ʀabije] *vt* rivestire; **se rhabiller** *vr* rivestirsi.
rhapsodie [ʀapsɔdi] *nf* rapsodia.
rhénan, e [ʀenɑ̃, an] *adj* renano(-a).
rhéostat [ʀeɔsta] *nm* reostato.
rhésus [ʀezys] *adj* Rh *inv* ♦ *nm* (fattore *m*) Rh *m inv*; ▸ **rhésus négatif/positif** (fattore) Rh negativo/positivo.
rhétorique [ʀetɔʀik] *nf* retorica ♦ *adj* retorico(-a).
Rhin [ʀɛ̃] *nm* Reno.
rhinite [ʀinit] *nf* rinite *f*.
rhinocéros [ʀinɔseʀɔs] *nm* rinoceronte *m*.
rhinopharyngite [ʀinofaʀɛ̃ʒit] *nf* rinofaringite *f*.
rhodanien, ne [ʀɔdanjɛ̃, jɛn] *adj* del Rodano.
Rhodes [ʀɔd] *nf*: **(l'île de) ~** (l'isola di) Rodi *f*.
rhododendron [ʀɔdɔdɛ̃dʀɔ̃] *nm* rododendro.
Rhône [ʀon] *nm* Rodano.
rhubarbe [ʀybaʀb] *nf* rabarbaro.
rhum [ʀɔm] *nm* rum *m inv*, rhum *m inv*.
rhumatisant, e [ʀymatizɑ̃, ɑ̃t] *nm/f* chi è affetto da reumatismi.

rhumatismal, e, -aux [rymatismal, o] *adj* reumatico(-a).
rhumatisme [rymatism] *nm* reumatismo; **avoir des ~s** avere i reumatismi.
rhumatologie [rymatɔlɔʒi] *nf* reumatologia.
rhumatologue [rymatɔlɔg] *nm/f* reumatologo(-a).
rhume [rym] *nm* raffreddore *m*; **le ~ des foins** il raffreddore da fieno; ▶ **rhume de cerveau** raffreddore di testa.
rhumerie [rɔmri] *nf* distilleria di rum.
ri [ri] *pp de* **rire**.
riant, e [r(i)jɑ̃, r(i)jɑ̃t] *vb voir* **rire** ♦ *adj* ridente.
RIB [rib] *sigle m* = **relevé d'identité bancaire**.
ribambelle [ribɑ̃bɛl] *nf*: **une ~ d'enfants/de chats** una sfilza di bambini/di gatti.
ricain, e [rikɛ̃, ɛn] *adj* (*fam*) americano (-a), yankee *inv*.
ricanement [rikanmɑ̃] *nm* sogghigno; (*de gêne*) risatina.
ricaner [rikane] *vi* sogghignare; (*avec gêne*) ridacchiare.
riche [riʃ] *adj* ricco(-a); **les ~s** i ricchi; **~ en** ricco(-a) di; **~ de** (*expérience, espérances*) pieno(-a) di.
richement [riʃmɑ̃] *adv* riccamente; (*avec magnificence*) sontuosamente.
richesse [riʃɛs] *nf* ricchezza; **~s** *nfpl* (*argent, possessions*) ricchezze *fpl*; **la ~ en vitamines d'un aliment** la ricchezza di vitamine di un alimento.
richissime [riʃisim] *adj* ricchissimo(-a).
ricin [risɛ̃] *nm*: **huile de ~** olio di ricino.
ricocher [rikɔʃe] *vi*: **~ (sur)** rimbalzare (su); **faire ~** far rimbalzare.
ricochet [rikɔʃɛ] *nm* rimbalzo; **faire ~** rimbalzare; (*fig*) avere delle ripercussioni; **faire des ~s** (*sur l'eau*) giocare a rimbalzello; **par ~** *adv* di rimbalzo; (*fig*) di riflesso *ou* rimbalzo.
rictus [riktys] *nm* ghigno.
ride [rid] *nf* ruga; (*fig*) increspatura.
ridé, e [ride] *adj* rugoso(-a).
rideau, x [rido] *nm* (*de fenêtre*) tenda; (*THÉÂTRE*) sipario; (*fig*: *d'arbres, de verdure*) cortina; **tirer/ouvrir les ~x** tirare/aprire le tende; ▶ **rideau de fer** (*d'une devanture*) saracinesca; (*POL*) cortina di ferro.
ridelle [ridɛl] *nf* sponda.
rider [ride] *vt* coprire di rughe; (*fig*) increspare; **se rider** *vr* (*avec l'âge*) raggrinzirsi; (*de contrariété*) corrugarsi.
ridicule [ridikyl] *adj* ridicolo(-a) ♦ *nm* ridicolo; (*état, travers*) ridicolaggine *f*; **tourner qn en ~** mettere qn in ridicolo.
ridiculement [ridikylmɑ̃] *adv* in modo ridicolo, ridicolmente.
ridiculiser [ridikylize] *vt* ridicolizzare; **se ridiculiser** *vr* rendersi ridicolo(-a).
ridule [ridyl] *nf* rughetta.
rie [ri] *vb voir* **rire**.
rien [rjɛ̃] *pron*: **(ne) ... ~** niente, nulla ♦ *nm*: **un petit ~** (*cadeau*) una cosuccia; **qu'est-ce que vous avez? – ~** che cos'ha? – niente; **il n'a ~ dit/fait** non ha detto/fatto niente *ou* nulla; **il n'a ~** (*n'est pas blessé*) non ha niente; **de ~!** di niente!, prego!; **n'avoir peur de ~** non avere paura di niente; **a-t-il jamais ~ fait pour nous?** ha fatto mai niente *ou* nulla per noi?; **~ d'intéressant** niente di interessante; **~ d'autre** nient'altro; **~ du tout** niente di niente; **~ que** solo per; **~ que pour lui faire plaisir** solo per fargli piacere; **~ que la vérité** solo la verità; **~ que cela** solo questo; **des ~s** (delle) sciocchezze; **un ~ de** un pochino di; **en un ~ de temps** in un baleno.
rieur, -euse [r(i)jœr, r(i)jøz] *adj* ridanciano(-a); (*yeux, expression*) ridente.
rigide [riʒid] *adj* rigido(-a).
rigidité [riʒidite] *nf* rigidità *f inv*; (*fig*) rigidezza; **la ~ cadavérique** la rigidità cadaverica.
rigolade [rigɔlad] *nf*: **la ~** il divertimento; **c'est de la ~** (*ce n'est pas sérieux*) è una buffonata; (*c'est facile*) è uno scherzo.
rigole [rigɔl] *nf* (*conduit*) canaletto; (*filet d'eau*) rigagnolo.
rigoler [rigɔle] *vi* ridere; (*s'amuser*) divertirsi; (*plaisanter*) scherzare.
rigolo, te [rigɔlo, ɔt] (*fam*) *adj* (*marrant*) spassoso(-a), divertente; (*curieux, étrange*) strano(-a) ♦ *nm/f* mattacchione(-a); (*péj*) tipo(-a) poco serio(-a).
rigorisme [rigɔrism] *nm* rigorismo.
rigoriste [rigɔrist] *adj* rigorista.
rigoureusement [rigurøzmɑ̃] *adv* rigorosamente; **~ vrai/interdit** rigorosamente vero/vietato.
rigoureux, -euse [rigurø, øz] *adj* rigoroso(-a); (*climat*) rigido(-a); (*châtiment*) severo(-a).
rigueur [rigœr] *nf* rigore *m*; **de ~** (*terme, délai*) improrogabile; **"tenue de soirée de ~"** "è di rigore l'abito da sera"; **être de ~** essere di rigore; **à la ~** al limite; **tenir ~ à qn de qch** avercela con qn per qc.
riions [rijɔ̃] *vb voir* **rire**.
rillettes [rijɛt] *nfpl* (*CULIN*) *specie di pâté à base di carne di maiale o oca cotta nel grasso.*
rime [rim] *nf* rima; **n'avoir ni ~ ni raison** non avere alcun senso.
rimer [rime] *vi* far rima; **~ avec** far rima con; **ne ~ à rien** non avere alcun senso.
rimmel ® [rimɛl] *nm* rimmel ® *m inv*.
rinçage [rɛ̃saʒ] *nm* sciaquatura; (*de machi-*

ne à laver) risciacquo.
rince-doigts [Rɛ̃sdwa] *nm inv* sciacquadita *m inv*.
rincer [Rɛ̃se] *vt* sciacquare, risciacquare; **se ~ la bouche** sciacquarsi la bocca.
ring [Riŋ] *nm* ring *m inv*; **monter sur le ~** salire sul ring.
ringard, e [Rɛ̃gaR, aRd] (*péj*) *adj* fuori moda, superato(-a).
Rio de Janeiro [Riodʒanɛʀ(o)] *n* Rio de Janeiro *f*.
rions [Riɔ̃] *vb voir* **rire**.
ripaille [Ripɑj] *nf*: **faire ~** far bisboccia, gozzovigliare.
riper [Ripe] *vi* (*glisser*) scivolare; (*déraper*) slittare.
ripoliné, e [Ripɔline] *adj* verniciato(-a) a smalto.
riposte [Ripɔst] *nf* risposta; (*fig*) contrattacco.
riposter [Ripɔste] *vi* rispondere ♦ *vt*: **~ que** rispondere che; **~ à** *vt* rispondere a.
rire [RiR] *vi* ridere; (*se divertir*) divertirsi; (*plaisanter*) scherzare ♦ *nm* (*éclat de rire*) risata; (*façon de rire*) riso; **le ~** il riso; **~ de** *vt* ridere di; **se ~ de** ridersene di; **tu veux ~!** ma tu scherzi!; **~ aux éclats/aux larmes** ridere fragorosamente/fino alle lacrime; **~ sous cape** ridere sotto i baffi; **~ au nez de qn** ridere in faccia a qn; **pour ~** *adv* per ridere.
ris [Ri] *vb voir* **rire** ♦ *nm*: **~ de veau** animella di vitello.
risée [Rize] *nf*: **être la ~ de** essere lo zimbello di.
risette [Rizɛt] *nf*: **faire ~ (à)** fare un bel sorriso (a).
risible [Rizibl] *adj* ridicolo(-a).
risque [Risk] *nm* rischio; **aimer le ~** amare il rischio; **l'attrait du ~** il fascino del rischio; **prendre un ~/des ~s** rischiare; **à ses ~s et périls** a suo rischio e pericolo; **au ~ de** col rischio di; ▶ **risque d'incendie** rischio incendio.
risqué, e [Riske] *adj* rischioso(-a); (*plaisanterie, histoire*) spinto(-a).
risquer [Riske] *vt* rischiare; (*allusion, comparaison, question*) arrischiare; (*MIL, gén*: *offensive, opération*) tentare; **tu risques qu'on te renvoie** rischi di farti licenziare; **ça ne risque rien** non corre alcun rischio; **il risque de se tuer** rischia di ammazzarsi; **ce qui risque de se produire** quello che può succedere; **il ne risque pas de recommencer** non c'è pericolo che ricominci; **se ~ dans** arrischiarsi in; **se ~ à qch/faire qch** azzardare qc/azzardarsi a fare qc; **~ le tout pour le tout** rischiare il tutto per tutto.
risque-tout [Riskətu] *nm/f inv* temerario (-a).
rissoler [Risɔle] *vi, vt*: **(faire) ~ de la viande/des légumes** (fare) rosolare la carne/la verdura.
ristourne [RistuRn] *nf* (*COMM*) sconto.
rit [Ri] *vb voir* **rire**.
rite [Rit] *nm* rito; ▶ **rites d'initiation** riti d'iniziazione.
ritournelle [RituRnɛl] *nf* (*fig*) ritornello, solfa; **c'est toujours la même ~** (*fam*) è sempre la stessa solfa.
rituel, le [Ritɥɛl] *adj* rituale ♦ *nm* rituale *m*.
rituellement [Ritɥɛlmɑ̃] *adv* ritualmente.
rivage [Rivaʒ] *nm* riva.
rival, e, -aux [Rival, o] *adj* rivale ♦ *nm/f* rivale *m/f*; **sans ~** impareggiabile.
rivaliser [Rivalize] *vi*: **~ avec** rivaleggiare con; **~ d'élégance/de générosité avec qn** rivaleggiare in eleganza/in generosità con qn.
rivalité [Rivalite] *nf* rivalità *f inv*.
rive [Riv] *nf* riva.
river [Rive] *vt* (*clou, pointe*) ribadire; (*plaques de métal*) rivettare; **être rivé à son travail/sur place** essere inchiodato al proprio lavoro/sul posto.
riverain, e [Riv(ə)Rɛ̃, ɛn] *adj* rivierasco(-a); (*d'une route, rue*: *propriété*) che dà sulla strada ♦ *nm/f* (*d'un fleuve, lac*) rivierasco(-a); (*d'une route, rue*) abitante *m/f*; (: *JUR*) frontista *m/f*.
rivet [Rivɛ] *nm* ribattino, rivetto.
riveter [Riv(ə)te] *vt* rivettare.
Riviera [RivjɛRa] *nf*: **la ~ (italienne)** la Riviera.
rivière [RivjɛR] *nf* fiume *m*; **~ de diamants** collana di diamanti.
rixe [Riks] *nf* rissa.
riz [Ri] *nm* riso; ▶ **riz au lait** *crema di riso cotto nel latte*.
rizière [RizjɛR] *nf* risaia.
RMI [ɛRɛmi] *sigle m* = *revenu minimum d'insertion*.
RN [ɛRɛn] *sigle f* (= *route nationale*) ≈ S.S. *f*.
RNIS [ɛRɛniɛs] *sigle m* (= *Réseau numérique à intégration de service*) ISDN.
robe [Rɔb] *nf* (*vêtement féminin*) vestito, abito; (*de juge, d'avocat*) toga; (*d'ecclésiastique*) tonaca; (*d'un animal*) mantello; ▶ **robe de baptême** vestitino da battesimo; ▶ **robe de chambre** vestaglia; ▶ **robe de grossesse** abito *m ou* vestito *m* pré-maman *inv*; ▶ **robe de mariée** abito da sposa; ▶ **robe de soirée** abito da sera.
robinet [Rɔbinɛ] *nm* rubinetto; ▶ **robinet du gaz** rubinetto del gas; ▶ **robinet mélangeur** (rubinetto) miscelatore *m*.
robinetterie [RɔbinɛtRi] *nf* rubinetteria.
roboratif, -ive [RɔbɔRatif, iv] *adj* corrobo-

rante.
robot [ʀɔbo] *nm* robot *m inv*; ▸**robot de cuisine** robot da cucina.
robotique [ʀɔbɔtik] *nf* robotica.
robotiser [ʀɔbɔtize] *vt* (*personne, travailleur*) robotizzare; (*monde, vie*) spersonalizzare.
robuste [ʀɔbyst] *adj* robusto(-a), forte.
robustesse [ʀɔbystɛs] *nf* robustezza.
roc [ʀɔk] *nm* roccia.
rocade [ʀɔkad] *nf* (*AUTO*) tangenziale *f*.
rocaille [ʀɔkɑj] *nf* (*pierraille*) pietraia; (*terrain caillouteux*) terreno sassoso; (*jardin*) giardino roccioso ♦ *adj*: **style** ~ stile *m* rocaille.
rocailleux, -euse [ʀɔkɑjø, øz] *adj* (*chemin*) sassoso(-a); (*style, voix*) aspro(-a).
rocambolesque [ʀɔkɑ̃bɔlɛsk] *adj*: **aventure** ~ avventura rocambolesca.
roche [ʀɔʃ] *nf* roccia; ~**s éruptives/calcaires** rocce eruttive/calcaree.
rocher [ʀɔʃe] *nm* (*bloc*) scoglio; (*matière*) roccia; (*ANAT*) rocca.
rochet [ʀɔʃɛ] *nm*: **roue à** ~ ruota a cricco.
rocheux, -euse [ʀɔʃø, øz] *adj* roccioso(-a); **les (montagnes) Rocheuses** le montagne Rocciose.
rock (and roll) [ʀɔk(ɛnʀɔl)] *nm* rock (and roll) *m inv*.
rocker [ʀɔkœʀ] *nm* rocker *m inv*.
rocking-chair [ʀɔkiŋ(t)ʃɛʀ] (*pl* ~-~**s**) *nm* sedia a dondolo.
rococo [ʀɔkɔko] *nm, adj* rococò *inv*.
rodage [ʀɔdaʒ] *nm* rodaggio; **en** ~ in rodaggio.
rodé, e [ʀɔde] *adj* collaudato(-a); ~ **à qch** (*personne*) diventato(-a) esperto(-a) di qc.
rodéo [ʀɔdeo] *nm* rodeo.
roder [ʀɔde] *vt* rodare.
rôder [ʀode] *vi* gironzolare; (*péj*: *de façon suspecte*) aggirarsi.
rôdeur, -euse [ʀodœʀ, øz] *nm/f* vagabondo(-a); (*péj*) teppista *m/f*.
rodomontades [ʀɔdɔmɔ̃tad] *nfpl* fanfaronata *fsg*.
rogatoire [ʀɔgatwaʀ] *adj* rogatorio(-a).
rogne [ʀɔɲ] *nf*: **être en** ~ essere incavolato(-a); **mettre en** ~ far incavolare; **se mettre en** ~ incavolarsi.
rogner [ʀɔɲe] *vt* (*ongles*) tagliare; (*cuir, plaque de métal etc*) rifilare; (*fig*) lesinare su ♦ *vi*: ~ **sur** (*fig*) lesinare su; ~ **les ailes (à)** (*fig*) tarpare le ali (a).
rognons [ʀɔɲɔ̃] *nmpl* rognoni *mpl*.
rognures [ʀɔɲyʀ] *nfpl* ritagli *mpl*.
rogue [ʀɔg] *adj* arrogante, tracotante.
roi [ʀwa] *nm* re *m inv*; **les R~s mages** i Re Magi; **le jour** *ou* **la fête des R~s, les R~s** l'Epifania.
roitelet [ʀwat(ə)lɛ] *nm* (*ZOOL*) regolo; (*péj*: *roi*) reuccio.
rôle [ʀol] *nm* ruolo; (*CINÉ, THÉÂTRE, fig*) parte *f*, ruolo; **jouer un** ~ **important dans** ... giocare un ruolo importante in ... .
rollmops [ʀɔlmɔps] *nm filetto d'aringa marinato nel vino bianco*.
romain, e [ʀɔmɛ̃, ɛn] *adj* romano(-a); (*TYPO*) tondo(-a) ♦ *nm/f*: **R~, e** romano (-a).
romaine [ʀɔmɛn] *nf* (*BOT*) romana.
roman, e [ʀɔmɑ̃, an] *adj* (*ARCHIT*) romanico(-a); (*LING*) romanzo(-a) ♦ *nm* romanzo; ▸**roman d'espionnage** romanzo di spionaggio; ▸**roman noir** romanzo nero; ▸**roman policier** (romanzo) giallo.
romance [ʀɔmɑ̃s] *nf* romanza.
romancer [ʀɔmɑ̃se] *vt* romanzare.
romanche [ʀɔmɑ̃ʃ] *adj* romancio(-a) ♦ *nm* (*LING*) romancio.
romancier, -ière [ʀɔmɑ̃sje] *nm* romanziere *m* ♦ *nf* autrice *f* di romanzi.
romand, e [ʀɔmɑ̃, ɑ̃d] *adj* romando(-a) ♦ *nm/f*: **R~, e** romando(-a).
romanesque [ʀɔmanɛsk] *adj* romanzesco(-a); (*sentimental, rêveur*) romantico(-a).
roman-feuilleton [ʀɔmɑ̃fœjtɔ̃] (*pl* ~**s**-~**s**) *nm* romanzo a puntate.
roman-fleuve [ʀɔmɑ̃flœv] (*pl* ~**s**-~**s**) *nm* romanzo *m* fiume *inv*.
romanichel, le [ʀɔmaniʃɛl] *nm/f* zingaro (-a).
roman-photo [ʀɔmɑ̃fɔto] (*pl* ~**s**-~**s**) *nm* fotoromanzo.
romantique [ʀɔmɑ̃tik] *adj* romantico(-a).
romantisme [ʀɔmɑ̃tism] *nm* romanticismo.
romarin [ʀɔmaʀɛ̃] *nm* rosmarino.
rombière [ʀɔ̃bjɛʀ] (*péj*) *nf* tardona.
Rome [ʀɔm] *n* Roma.
rompre [ʀɔ̃pʀ] *vt* rompere; (*entretien*) interrompere ♦ *vi* (*se séparer*: *fiancés*) rompere; **se rompre** *vr* rompersi; ~ **avec** rompere con; **applaudir à tout** ~ applaudire fragorosamente; ~ **la glace** (*fig*) rompere il ghiaccio; **rompez (les rangs)!** (*MIL*) rompete le righe!; **se** ~ **les os** *ou* **le cou** rompersi l'osso del collo.
rompu, e [ʀɔ̃py] *pp de* **rompre** ♦ *adj* (*fourbu*) stremato(-a); ~ **à** (*art, discipline*) esperto(-a) in.
romsteck [ʀɔmstɛk] *nm* scamone *m*.
ronce [ʀɔ̃s] *nf* (*BOT*) rovo; ~ **de noyer** (*MENUISERIE*) (legno di) noce *m* (*con particolari venature*).
ronchonner [ʀɔ̃ʃɔne] (*fam*) *vi* brontolare, mugugnare.
rond, e [ʀɔ̃, ʀɔ̃d] *adj* rotondo(-a); (*fam*: *ivre*) sbronzo(-a); (*sincère, décidé*) schietto(-a) ♦ *nm* cerchio ♦ *adv*: **tourner** ~ (*moteur*) girare bene; **je n'ai plus un** ~ (*fam*) non ho più una lira; **ça ne tourne pas** ~

(*fig*) c'è qualcosa che non quadra; **pour faire un compte** ~ per fare il conto tondo; **avoir le dos** ~ avere la schiena curva; **en** ~ *adv* (*s'asseoir, danser*) in cerchio; **faire des ~s de jambe** (*fig*) fare dei salamelecchi; ▸ **rond de serviette** portatovagliolo.

rond-de-cuir [Rɔ̃dkɥiR] (*pl* **~s-~-~**) (*péj*) *nm* impiegatuccio.

ronde [rɔ̃d] *nf* (*MIL, gén*) ronda; (*danse*) carola; (*MUS*) semibreve *f*; **à 10 km à la** ~ nel raggio di 10 km; **passer qch à la** ~ passarsi *ou* far girare qc.

rondelet, te [Rɔ̃dlɛ, ɛt] *adj* rotondetto(-a), grassottello(-a); (*fig: somme*) discreto (-a); (*: bourse*) gonfio(-a).

rondelle [Rɔ̃dɛl] *nf* (*TECH*) rondella; (*tranche*) fettina.

rondement [Rɔ̃dmɑ̃] *adv* (*promptement*) in modo spedito; (*franchement*) con franchezza.

rondeur [Rɔ̃dœR] *nf* (*d'un bras, des formes*) rotondità *f inv*; (*bonhomie*) schiettezza; **~s** *nfpl* (*d'un corps, d'une femme*) rotondità *fpl*.

rondin [Rɔ̃dɛ̃] *nm* tronco di legno (*da ardere o da costruzione*).

rond-point [Rɔ̃pwɛ̃] (*pl* **~s-~s**) *nm* piazza (circolare), rotonda.

ronéoter [Rɔneɔte] *vt* ciclostilare.

ronéotyper [Rɔneɔtipe] *vt* ciclostilare.

ronflant, e [Rɔ̃flɑ̃, ɑ̃t] *adj* (*péj: style*) altisonante.

ronflement [Rɔ̃fləmɑ̃] *nm* russare *m inv*; (*de moteur*) ronzio; (*de poêle*) borbottio.

ronfler [Rɔ̃fle] *vi* (*personne*) russare; (*moteur*) ronzare; (*poêle*) borbottare.

ronger [Rɔ̃ʒe] *vt* rosicchiare; (*suj: rouille*) corrodere; (*: mal*) consumare; (*: pensée*) rodere; ~ **son frein** mordere il freno; **se** ~ **d'inquiétude/de souci** tormentarsi, angosciarsi; **se** ~ **les ongles** mangiarsi le unghie; **se** ~ **les sangs** rodersi.

rongeur [Rɔ̃ʒœR] *nm* roditore *m*.

ronronnement [Rɔ̃Rɔnmɑ̃] *nm* (*du chat*) fusa *fpl*; (*de moteur*) ronzio.

ronronner [Rɔ̃Rɔne] *vi* (*chat*) fare le fusa; (*fig: moteur*) ronzare.

roque [Rɔk] *nm* (*ÉCHECS*) arrocco.

roquefort [Rɔkfɔr] *nm formaggio tipo gorgonzola a base di latte di pecora.*

roquer [Rɔke] *vi* (*ÉCHECS*) arroccare.

roquet [Rɔkɛ] *nm* botolo.

roquette [Rɔkɛt] *nf* (*MIL*) razzo, missile *m*; ~ **antichar** missile anticarro.

rosace [Rozas] *nf* rosone *m*.

rosaire [RozɛR] *nm* rosario.

rosbif [Rɔsbif] *nm* roast-beef *m inv*, rosbif *m inv*.

rose [Roz] *nf* rosa; (*vitrail*) rosone *m* ♦ *adj* rosa *inv* ♦ *nm* rosa *m inv*; ~ **bonbon** *adj* rosa confetto *inv*; ▸ **rose des sables** rosa del deserto; ▸ **rose des vents** rosa dei venti.

rosé, e [Roze] *adj* rosato(-a); **(vin)** ~ (vino) rosato, (vino) rosé *m inv*.

roseau, x [Rozo] *nm* canna.

rosée [Roze] *adj f voir* **rosé** ♦ *nf* rugiada; **une goutte de** ~ una goccia di rugiada.

roseraie [RozRɛ] *nf* roseto.

rosette [Rozɛt] *nf*: ~ **de la Légion d'honneur** rosetta della Legion d'Onore.

rosier [Rozje] *nm* rosaio.

rosir [RoziR] *vi* diventare rosa.

rosse [Rɔs] *nf* (*péj: cheval*) ronzino ♦ *adj* cattivo(-a).

rosser [Rɔse] (*fam*) *vt* pestare.

rossignol [Rɔsiɲɔl] *nm* (*ZOOL*) usignolo; (*crochet*) grimaldello.

rot [Ro] *nm* rutto; (*de bébé*) ruttino.

rotatif, -ive [Rɔtatif, iv] *adj* rotativo(-a) ♦ *nf* (*IMPRIMERIE*) rotativa.

rotation [Rɔtasjɔ̃] *nf* rotazione *f*; **par** ~ a rotazione; ▸ **rotation des cultures** rotazione delle colture; ▸ **rotation des stocks** (*COMM*) rinnovo delle scorte.

rotatoire [RɔtatwaR] *adj*: **mouvement** ~ movimento rotatorio.

roter [Rɔte] (*fam*) *vi* ruttare.

rôti [Roti] *nm* arrosto; **un** ~ **de bœuf/porc** un arrosto di manzo/maiale.

rotin [Rɔtɛ̃] *nm* rotang *m inv*.

rôtir [RotiR] *vt* (*aussi*: **faire** ~) arrostire ♦ *vi* arrostire; **se** ~ **au soleil** arrostire *ou* arrostirsi al sole.

rôtisserie [RotisRi] *nf* rosticceria.

rôtissoire [RotiswaR] *nf* girarrosto.

rotonde [Rɔtɔ̃d] *nf* (*ARCHIT*) rotonda.

rotondité [Rɔtɔ̃dite] *nf* rotondità *f inv*.

rotor [RɔtɔR] *nm* rotore *m*.

rotule [Rɔtyl] *nf* rotula.

roturier, -ière [RɔtyRje, jɛR] *nm/f* plebeo (-a).

rouage [Rwaʒ] *nm* ingranaggio.

roubaisien, ne [Rubezjɛ̃, ɛn] *adj* di Roubaix ♦ *nm/f*: **R~, ne** abitante *m/f* di Roubaix.

roublard, e [RublaR, aRd] (*péj*) *adj* scaltro(-a).

rouble [Rubl] *nm* rublo.

roucoulement [Rukulmɑ̃] *nm* (*bruit*) tubare *m inv*.

roucouler [Rukule] *vi* (*pigeon, amoureux*) tubare; (*fig: péj*) cantare in modo languido.

roue [Ru] *nf* ruota; **faire la** ~ (*paon, GYMNASTIQUE*) fare la ruota; **descendre en** ~ **libre** (*AUTO*) andare in folle; **~s avant/arrière** ruote anteriori/posteriori; **pousser à la** ~ dare una mano; **grande** ~ (*à la foire*) ruota panoramica; ▸ **roue à aubes** ruota a pale; ▸ **roue de secours** ruota

di scorta; ▸ **roue dentée** ruota dentata.
roué, e [Rwe] *adj* furbacchione(-a).
rouennais, e [Rwanɛ, ɛz] *adj* di Rouen.
rouer [Rwe] *vt*: ~ **qn de coups** pestare qn di santa ragione.
rouet [Rwɛ] *nm* arcolaio.
rouge [Ruʒ] *adj, nm/f* rosso(-a) ♦ *nm* rosso; (*fard*) fard *m inv*; **(vin)** ~ (vino) rosso; **passer au** ~ (*signal*) diventare rosso; (*automobiliste*) passare col rosso; **porter au** ~ (*métal*) arroventare; **sur la liste** ~ (*TÉL*) non incluso(-a) nell'elenco telefonico; ~ **de honte/de colère** rosso(-a) per la vergogna/dalla collera; **se fâcher tout** ~ andare in bestia; **voir** ~ vedere rosso; ▸ **rouge (à lèvres)** rossetto.
rougeâtre [Ruʒɑtʀ] *adj* rossastro(-a).
rougeaud, e [Ruʒo, od] *adj* (*teint*) rosso (-a); (*personne*) rubicondo(-a).
rouge-gorge [Ruʒgɔʀʒ] (*pl* ~**s-**~**s**) *nm* pettirosso.
rougeoiement [Ruʒwamɑ̃] *nm* riflesso rosseggiante.
rougeole [Ruʒɔl] *nf* morbillo.
rougeoyant, e [Ruʒwajɑ̃, ɑ̃t] *adj* rosseggiante.
rougeoyer [Ruʒwaje] *vi* rosseggiare.
rouget [Ruʒɛ] *nm* triglia.
rougeur [Ruʒœʀ] *nf* (*du ciel, de l'incendie*) rosso; (*du visage*) rossore *m*; ~**s** *nfpl* (*MÉD*) macchie *fpl* rosse.
rougir [Ruʒiʀ] *vi* diventare rosso(-a); (*de honte, timidité, plaisir*) arrossire.
rouille [Ruj] *nf* ruggine *f*; (*CULIN*) *salsa provenzale piccante servita col pesce* ♦ *adj inv* color ruggine *inv*.
rouillé, e [Ruje] *adj* arrugginito(-a).
rouiller [Ruje] *vt, vi* (*métal*) arrugginire; **se rouiller** *vr* arrugginirsi.
roulade [Rulad] *nf* (*CULIN*) involtino; (*MUS*) gorgheggio.
roulage [Rulaʒ] *nm* (*transport*) trasporto su strada.
roulant, e [Rulɑ̃, ɑ̃t] *adj* (*meuble*) su *ou* a rotelle; ▸ **table roulante** carrello; (*surface, trottoir*) mobile; **matériel** ~ (*RAIL*) materiale *m* rotabile; **personnel** ~ (*RAIL*) personale *m* viaggiante.
roulé, e [Rule] *adj*: **bien** ~**e** (*fam*: *femme*) ben fatta ♦ *nm* (*CULIN*) rotolo.
rouleau, x [Rulo] *nm* rotolo; (*de machine à écrire, à peinture*) rullo; (*à mise en plis*) bigodino; (*SPORT*) avvitamento; (*vague*) cavallone *m*; **être au bout du** ~ (*fig*) essere agli sgoccioli; ▸ **rouleau à pâtisserie** mattarello; ▸ **rouleau compresseur** rullo compressore; ▸ **rouleau de pellicule** rullino.
roulé-boulé [Rulebule] (*pl* ~**s-**~**s**) *nm* capriola (*per ammortizzare l'urto in una caduta*).
roulement [Rulmɑ̃] *nm* rotolamento; (*de véhicule*) passaggio; (*bruit*: *de véhicule*) rombo; (: *du tonnerre*) brontolio; (*rotation*: *d'ouvriers*) rotazione *f*; (: *de capitaux*) circolazione *f*; **par** ~ a rotazione; ▸ **roulement (à billes)** cuscinetto (a sfere); ▸ **roulement d'yeux** roteare *m inv* degli occhi; ▸ **roulement de tambour** rullo di tamburo.
rouler [Rule] *vt* (far) rotolare; (*tissu, tapis, cigarette*) arrotolare; (*CULIN*: *pâte*) spianare; (*fam*: *tromper, duper*) fregare ♦ *vi* (*bille, boule, dé*) rotolare; (*voiture, train*) andare, viaggiare; (*automobiliste, cycliste*) andare, procedere; (*bateau*) rollare; (*tonnerre*) brontolare; ~ **en bas de** (*personne*: *dégringoler*) ruzzolare giù da; ~ **sur** (*suj*: *conversation*) vertere su; **se** ~ **dans** (*boue*) rotolarsi in; (*couverture*) avvolgersi in; ~ **qn dans la farine** (*fam*) infinocchiare qn; ~ **les épaules** muovere le spalle (camminando); ~ **les hanches** ancheggiare; ~ **les "r"** pronunciare la "r"; ~ **sur l'or** sguazzare nell'oro; ~ **(sa bosse)** andare in giro.
roulette [Rulɛt] *nf* rotella; (*jeu*) roulette *f inv*; **table/fauteuil à** ~**s** tavolo/poltrona a rotelle; **la** ~ **russe** la roulette russa.
roulier [Rulje] *nm* nave *f* da carico roll-on roll-off.
roulis [Ruli] *nm* rollio.
roulotte [Rulɔt] *nf* (*de bohémiens, forains*) carrozzone *m*.
roumain, e [Rumɛ̃, ɛn] *adj* rumeno(-a), romeno(-a) ♦ *nm* (*LING*) rumeno, romeno ♦ *nm/f*: **R**~, **e** rumeno(-a), romeno(-a).
Roumanie [Rumani] *nf* Romania.
roupiller [Rupije] (*fam*) *vi* dormire.
rouquin, e [Rukɛ̃, in] (*péj*) *nm/f* rosso(-a) (di capelli).
rouspéter [Ruspete] (*fam*) *vi* brontolare.
rousse [Rus] *adj voir* **roux**.
rousseur [Rusœʀ] *nf*: **tache de** ~ lentiggine *f*.
roussi [Rusi] *nm*: **ça sent le** ~ (*plat etc*) sa di bruciato; (*fig*) la cosa mi puzza.
roussir [Rusiʀ] *vt* (*herbe*) bruciare; (*linge*) strinare ♦ *vi* diventare rossiccio(-a); **faire** ~ **la viande/les oignons** far rosolare la carne/le cipolle.
routage [Rutaʒ] *nm* smistamento (*di giornali, stampe*).
routard, e [Rutaʀ, aʀd] *nm/f* viaggiatore (-trice) (*a piedi o in autostop*).
route [Rut] *nf* strada; **par (la)** ~ su strada; **il y a 3 heures de** ~ ci sono 3 ore di strada; **en** ~ *adv* strada facendo; **en** ~! andiamo!; **en cours de** ~ strada facendo; **mettre en** ~ (*voiture, moteur*) avviare; **se mettre en** ~ avviarsi, partire; **faire** ~ **vers** dirigersi verso; **faire fausse** ~ (*fig*) esse-

re fuori strada; ▸ **route nationale** strada statale.

router [Rute] *vt* smistare.

routier, -ière [Rutje, jɛR] *adj* stradale ♦ *nm* (*camionneur*) camionista *m*; (*restaurant*) ristorante *m* (frequentato) da camionisti; (*scout*) rover *m inv*; (*cycliste*) stradista *m*; **vieux** ~ vecchia volpe *f*.

routière [RutjɛR] *nf* (*voiture*) automobile adatta ai lunghi percorsi; **carte** ~ carta stradale.

routine [Rutin] *nf* routine *f inv*, abitudine *f*; **visite/contrôle de** ~ visita/controllo di routine.

routinier, -ière [Rutinje, jɛR] *adj* (*péj*: *travail*) monotono(-a); (*personne, esprit*) abitudinario(-a).

rouvert, e [RuvɛR, ɛRt] *pp de* **rouvrir**.

rouvrir [RuvRiR] *vt, vi* riaprire; **se rouvrir** *vr* riaprirsi.

roux, rousse [Ru, Rus] *adj* rosso(-a); (*personne*) rosso(-a) (di capelli) ♦ *nm/f* rosso(-a) di capelli ♦ *nm* (*CULIN*) *preparazione base per salse fatta di burro fuso e farina.*

royal, e, -aux [Rwajal, o] *adj* reale; (*fig*: *festin, cadeau*) principesco(-a); (: *indifférence, paix*) totale.

royalement [Rwajalmɑ̃] *adv* in modo principesco.

royaliste [Rwajalist] *adj* realista, monarchico(-a).

royaume [Rwajom] *nm* regno; **le** ~ **des cieux** il regno dei cieli.

Royaume-Uni [Rwajomyni] *nm*: **le** ~-~ il Regno Unito.

royauté [Rwajote] *nf* (*dignité*) dignità *f inv* regale; (*régime*) monarchia.

RP [ɛRpe] *sigle f* (= *recette principale*) *sede centrale dell'ufficio postale*; = *région parisienne* ♦ *sigle fpl* (= *relations publiques*) RP.

RPR [ɛRpeɛR] *sigle m* = *Rassemblement pour la République*.

R.S.V.P. [ɛRɛsvepe] *abr* (= *répondez s'il vous plaît*) RSVP.

RTB [ɛRtebe] *sigle f* = *Radio-Télévision belge*.

Rte *abr* = **route**.

RTL [ɛRteɛl] *sigle f* = *Radio-Télévision Luxembourg*.

RU [Ry] *sigle m* = **restaurant universitaire**.

ruade [Rɥad] *nf* scalciata.

ruban [Rybɑ̃] *nm* nastro; (*pour ourlet, couture*) fettuccia; ▸ **ruban adhésif** nastro adesivo; ▸ **ruban carbone** nastro carbonato.

rubéole [Rybeɔl] *nf* rosolia.

rubicond, e [Rybikɔ̃, ɔ̃d] *adj* rubicondo(-a).

rubis [Rybi] *nm* rubino; **payer** ~ **sur l'ongle** pagare sull'unghia.

rubrique [RybRik] *nf* (*titre, catégorie*) voce *f*, categoria; (*PRESSE*) rubrica.

ruche [Ryʃ] *nf* arnia, alveare *m*.

rucher [Ryʃe] *nm* apiario.

rude [Ryd] *adj* (*barbe, toile, brosse*) ruvido(-a); (*métier, tâche, épreuve*) duro (-a); (*climat*) rigido(-a); (*bourru*: *manières, voix*) rude, rozzo(-a); **un** ~ **paysan/montagnard** un rude contadino/montanaro; **une** ~ **peur** una gran strizza; **être mis à** ~ **épreuve** essere messo a dura prova.

rudement [Rydmɑ̃] *adv* (*tomber*) malamente; (*traiter, reprocher*) duramente; (*fam*: *très*) molto; **j'ai** ~ **faim** ho una fame tremenda; **elle est** ~ **belle** è tremendamente bella.

rudesse [Rydɛs] *nf* (*v adj*) ruvidezza; durezza; rigidità; rudezza.

rudimentaire [Rydimɑ̃tɛR] *adj* rudimentale.

rudiments [Rydimɑ̃] *nmpl* rudimenti *mpl*.

rudoyer [Rydwaje] *vt* strapazzare, maltrattare.

rue [Ry] *nf* strada; (*suivi de nom propre*) via; **être/jeter qn à la** ~ essere/gettare qn sulla strada.

ruée [Rɥe] *nf* corsa; **la** ~ **vers l'or** la corsa all'oro.

ruelle [Rɥɛl] *nf* viuzza, stradina.

ruer [Rɥe] *vi* (*cheval*) scalciare; **se ruer** *vr*: **se** ~ **sur** gettarsi su; **se** ~ **vers/dans/hors de** precipitarsi verso/in/fuori da; ~ **dans les brancards** recalcitrare.

rugby [Rygbi] *nm* rugby *m inv*; ▸ **rugby à quinze** rugby *m inv*; ▸ **rugby à treize** *rugby con tredici giocatori*.

rugir [RyʒiR] *vi* ruggire; (*fig*) urlare ♦ *vt* urlare.

rugissement [Ryʒismɑ̃] *nm* ruggito.

rugosité [Rygozite] *nf* rugosità *f inv*.

rugueux, -euse [Rygø, øz] *adj* rugoso(-a).

ruine [Rɥin] *nf* (*d'un régime, d'espérances*) crollo; (*d'une entreprise*) rovina; (*restes d'un édifice*) rudere *m*; ~**s** *nfpl* (*décombres*) rovine *fpl*; **tomber en** ~ andare in rovina; **être au bord de la** ~ (*fig*) essere sull'orlo del fallimento.

ruiner [Rɥine] *vt* rovinare; **se ruiner** *vr* rovinarsi.

ruineux, -euse [Rɥinø, øz] *adj* terribilmente caro(-a).

ruisseau, x [Rɥiso] *nm* (*cours d'eau*) ruscello; (*caniveau*) cunetta, canale *m* di scolo; ~**x de larmes/sang** fiumi di lacrime/sangue.

ruisselant, e [Rɥis(ə)lɑ̃, ɑ̃t] *adj* gocciolante; ~ **de larmes** bagnato(-a) di lacrime; ~ **d'eau** (*manteau etc*) bagnato(-a) fradicio(-a).

ruisseler [Rɥis(ə)le] *vi* (*eau, pluie, larmes*) scorrere; (*mur, arbre, visage*) gocciolare;

~ **d'eau/de pluie** gocciolare d'acqua/di pioggia; ~ **de larmes/sueur** grondare di lacrime/di sudore; ~ **de lumière** sfavillare di luce.
ruissellement [ʀɥisɛlmɑ̃] *nm* scorrimento; ~ **de lumière** sfavillio di luce.
rumeur [ʀymœʀ] *nf* brusio; (*nouvelle*) voce *f*.
ruminer [ʀymine] *vt* ruminare; (*fig*) rimuginare ♦ *vi* ruminare.
rumsteck [ʀɔmstɛk] *nm* = **romsteck**.
rupestre [ʀypɛstʀ] *adj* rupestre.
rupture [ʀyptyʀ] *nf* rottura; **être en ~ de ban** (*fig*) essere in rotta con la società; **être en ~ de stock** (*COMM*) non avere scorte sufficienti.
rural, e, -aux [ʀyʀal, o] *adj* rurale; **les ruraux** *nmpl* la gente di campagna.
ruse [ʀyz] *nf* astuzia; **par ~** con l'astuzia.
rusé, e [ʀyze] *adj* astuto(-a).
russe [ʀys] *adj* russo(-a) ♦ *nm* (*LING*) russo ♦ *nm/f*: **R~** russo(-a).
Russie [ʀysi] *nf* Russia; **la ~ blanche** la Bielorussia; **la ~ Soviétique** la Repubblica Sovietica Russa.
rustine [ʀystin] *nf* toppa adesiva (*per camere d'aria*).
rustique [ʀystik] *adj* rustico(-a); (*plante*) resistente.
rustre [ʀystʀ] *nm* zotico, villano.
rut [ʀyt] *nm* fregola, calore *m*; **être en ~** essere in calore.
rutabaga [ʀytabaga] *nm* rutabaga.
rutilant, e [ʀytilɑ̃, ɑ̃t] *adj* scintillante.
RV, rv *sigle m* = **rendez-vous**.
rythme [ʀitm] *nm* ritmo; **au ~ de 10 par jour** al ritmo di 10 al giorno.
rythmé, e [ʀitme] *adj* ritmato(-a).
rythmer [ʀitme] *vt* ritmare.
rythmique [ʀitmik] *adj* ritmico(-a) ♦ *nf* ritmica.

S, s

S, s [ɛs] *nm inv* (*lettre*) S, s *f ou m inv*; ~ **comme Suzanne** ≈ S come Savona.
S, s [ɛs] *abr* (= *sud*) S; = *siècle*; = *seconde*.
s' [s] *pron voir* **se**.
s/ *abr* = **sur**.
SA [ɛsa] *sigle f* (= *société anonyme*) S.A. *f*; (= *Son Altesse*) *voir* **Altesse**.
sa [se] *dét voir* **son**.
sabbatique [sabatik] *adj*: **année ~** anno sabbatico.
sable [sɑbl] *nm* sabbia; ▸**sables mouvants** sabbie mobili.
sablé, e [sɑble] *adj* (*allée*) cosparso(-a) di sabbia ♦ *nm* frollino; **pâte ~e** (*CULIN*) pasta frolla.
sabler [sɑble] *vt* cospargere di sabbia; ~ **le champagne** (*fig*) festeggiare a champagne.
sableux, -euse [sɑblø, øz] *adj* sabbioso (-a).
sablier [sɑblije] *nm* clessidra.
sablière [sɑblijɛʀ] *nf* cava di sabbia.
sablonneux, -euse [sɑblɔnø, øz] *adj* sabbioso(-a).
saborder [sabɔʀde] *vt* (*navire*) aprire una falla in; (*fig*: *entreprise*) mandare in rovina; **se saborder** *vr* autoaffondarsi.
sabot [sabo] *nm* (*chaussure, de cheval*) zoccolo; (*TECH*) ceppo; ▸**sabot (de Denver)** (*AUTO*: *police*) morsetto *m* bloccaruota *inv*; ▸**sabot de frein** ceppo del freno.
sabotage [sabɔtaʒ] *nm* sabotaggio.
saboter [sabɔte] *vt* (*installation, négociation*) sabotare; (*travail, morceau de musique*) rovinare.
saboteur, -euse [sabɔtœʀ, øz] *nm/f* sabotatore(-trice).
sabre [sɑbʀ] *nm* sciabola.
sabrer [sɑbʀe] *vt* (*ennemis*) colpire con la sciabola, sciabolare; (*article etc*) fare pesanti tagli a.
sac [sak] *nm* sacco; **mettre à ~** (*ville etc*) saccheggiare; ▸**sac à dos** zaino; ▸**sac à main** borsetta; ▸**sac à provisions** borsa della spesa; ▸**sac de couchage** sacco a pelo; ▸**sac de plage** borsa da spiaggia; ▸**sac de voyage** borsa *ou* sacca da viaggio.
saccade [sakad] *nf* (*mouvement brusque*) scossone *m*, strappo; **par ~s** (*avancer, parler*) a scatti.
saccadé, e [sakade] *adj* (*gestes, voix*) a scatti.
saccage [sakaʒ] *nm* saccheggio.
saccager [sakaʒe] *vt* saccheggiare.
saccharine [sakaʀin] *nf* saccarina.
saccharose [sakaʀoz] *nm* saccarosio.
SACEM [sasɛm] *sigle f* = *Société des auteurs, compositeurs et éditeurs de musique*.
sacerdoce [sasɛʀdɔs] *nm* sacerdozio; (*fig*) missione *f*.
sacerdotal, e, -aux [sasɛʀdɔtal, o] *adj* sacerdotale.
sachant [saʃɑ̃] *vb voir* **savoir**.
sache *etc* [saʃ] *vb voir* **savoir**.
sachet [saʃɛ] *nm* sacchetto; (*shampooing*) bustina; **thé en ~s** tè in bustine; ▸**sachet de thé** bustina di tè.

sacoche [sakɔʃ] *nf* borsa.
sacquer [sake] (*fam*) *vt* (*candidat*) bocciare; (*employé*) licenziare; (*réprimander, mal noter*) stangare.
sacraliser [sakʀalize] *vt* sacralizzare.
sacre [sakʀ] *nm* consacrazione *f*; (*d'un souverain*) incoronazione *f*.
sacré, e [sakʀe] *adj* sacro(-a); (*fam*: *satané*) maledetto(-a).
sacrement [sakʀəmɑ̃] *nm* sacramento; **administrer les derniers ~s à qn** amministrare l'Estrema Unzione a qn.
sacrer [sakʀe] *vt* consacrare; (*souverain*) incoronare ♦ *vi* (*jurer*) sacramentare.
sacrifice [sakʀifis] *nm* sacrificio; **faire le ~ de** fare il sacrificio di.
sacrificiel, le [sakʀifisjɛl] *adj* sacrificale.
sacrifier [sakʀifje] *vt* (*gén*) sacrificare; **se sacrifier** *vr* sacrificarsi; **~ à** (*à mode, tradition*) sacrificare a; **articles sacrifiés** (*COMM*) articoli a prezzi stracciati.
sacrilège [sakʀilɛʒ] *nm* sacrilegio ♦ *nm/f, adj* sacrilego(-a).
sacristain [sakʀistɛ̃] *nm* sacrestano.
sacristie [sakʀisti] *nf* sagrestia.
sacristine [sakʀistin] *nf* sagrestana.
sacro-saint, e [sakʀɔsɛ̃, sɛ̃t] (*pl* **~-~s, -es**) *adj* sacrosanto(-a).
sadique [sadik] *adj, nm/f* sadico(-a).
sadisme [sadism] *nm* sadismo.
sadomasochisme [sadomazɔʃism] *nm* sadomasochismo.
sadomasochiste [sadomazɔʃist] *nm/f* sadomasochista *m/f*.
safari [safaʀi] *nm* safari *m inv*.
safari-photo [safaʀifɔto] (*pl* **~s-~s**) *nm* safari *m inv* fotografico.
safran [safʀɑ̃] *nm* zafferano.
saga [saga] *nf* saga.
sagace [sagas] *adj* sagace.
sagacité [sagasite] *nf* sagacia.
sagaie [sagɛ] *nf* zagaglia.
sage [saʒ] *adj* assennato(-a); (*enfant*) buono(-a), bravo(-a) ♦ *nm* saggio.
sage-femme [saʒfam] (*pl* **~s-~s**) *nf* levatrice *f*, ostetrica.
sagement [saʒmɑ̃] *adv* (*raisonnablement*) saggiamente; (*tranquillement*) tranquillamente.
sagesse [saʒɛs] *nf* saggezza; (*d'un enfant*) bontà *f inv*.
Sagittaire [saʒitɛʀ] *nm* (*ASTROL*) Sagittario; **être (du) ~** essere del Sagittario.
Sahara [saaʀa] *nm*: **le ~** il Sahara.
saharien, ne [saaʀjɛ̃, jɛn] *adj* sahariano(-a) ♦ *nm/f*: **S~, ne** sahariano(-a).
saharienne [saaʀjɛn] *nf* (*veste*) sahariana.
sahélien, ne [saeljɛ̃, jɛn] *adj* saheliano(-a).
saignant, e [sɛɲɑ̃, ɑ̃t] *adj* (*viande*) al sangue; (*blessure, plaie*) sanguinante.
saignée [seɲe] *nf* (*MÉD, fig*: *prélèvement*) salasso; (*fig*: *perte d'hommes, de ressources*) perdita ingente; **la ~ du bras** la piega tra il braccio e l'avambraccio.
saignement [sɛɲmɑ̃] *nm* sanguinamento; ▸ **saignement de nez** emorragia nasale.
saigner [seɲe] *vi* sanguinare ♦ *vt* (*personne*: *MÉD*) salassare; (: *fig*) dissanguare; (*animal*: *égorger*) sgozzare; **~ qn à blanc** (*fig*) dissanguare qn; **~ du nez** avere sangue dal naso.
Saigon [saigɔ̃] *n* Saigon *f*.
saillant, e [sajɑ̃, ɑ̃t] *adj* sporgente; (*fig*: *fait, événements*) saliente.
saillie [saji] *nf* (*d'une construction*) sporgenza; (*trait d'esprit*) battuta, arguzia; (*accouplement*) monta; **faire ~** sporgere; **en ~, formant ~** sporgente.
saillir [sajiʀ] *vi* sporgere ♦ *vt* (*ÉLEVAGE*) montare; **faire ~** (*muscles etc*) far sporgere.
sain, e [sɛ̃, sɛn] *adj* sano(-a); (*climat, habitation*) salubre; (*affaire, entreprise*) in buona salute; **~ et sauf** sano e salvo; **~ d'esprit** sano(-a) di mente.
saindoux [sɛ̃du] *nm* strutto.
sainement [sɛnmɑ̃] *adv* (*vivre*) sanamente; (*raisonner*) giudiziosamente.
saint, e [sɛ̃, sɛ̃t] *adj, nm/f* (*aussi fig*) santo (-a); **la S~e Vierge** la Santa Vergine.
saint-bernard [sɛ̃bɛʀnaʀ] *nm inv* (*chien*) San Bernardo.
Sainte-Hélène [sɛ̃telɛn] *nf* Sant'Elena.
Sainte-Lucie [sɛ̃tlysi] *nf* Santa Lucia.
Saint-Esprit [sɛ̃tɛspʀi] *nm*: **le ~-~** lo Spirito Santo.
sainteté [sɛ̃tte] *nf* santità *f inv*; **sa S~ le pape** Sua Santità il Papa.
Saint-Laurent [sɛ̃lɔʀɑ̃] *nm*: **le ~-~** il San Lorenzo.
Saint-Marin [sɛ̃maʀɛ̃] *nm* San Marino *f*.
Saint-Père [sɛ̃pɛʀ] (*pl* **~s-~s**) *nm*: **le ~-~** il Santo Padre.
Saint-Pierre [sɛ̃pjɛʀ] *nm inv* (*église*) San Pietro.
Saint-Pierre-et-Miquelon [sɛ̃pjɛʀemiklɔ̃] *nm* Saint-Pierre-et-Miquelon.
Saint-Siège [sɛ̃sjɛʒ] *nm*: **le ~-~** la Santa Sede.
Saint-Sylvestre [sɛ̃silvɛstʀ] *nf*: **la ~-~** (la notte di) San Silvestro.
Saint-Thomas [sɛ̃tɔmɑ] *nf* Saint-Thomas.
Saint-Vincent et les Grenadines [sɛ̃vɛ̃sɑ̃elegʀənadin] *nm* Saint-Vincent e le Grenadine.
sais *etc* [sɛ] *vb voir* **savoir**.
saisie [sezi] *nf* (*JUR*) sequestro; **à la ~** (*texte*) in fase di battitura; ▸ **saisie (de données)** (*INFORM*) inserimento *ou* immissione *f* (di dati).
saisir [seziʀ] *vt* afferrare; (*fig*: *occasion, prétexte*) cogliere, afferrare; (*suj*: *sensa-*

tions, émotions) prendere; (*INFORM*) inserire, immettere; (*CULIN*) passare a fuoco vivo; (*JUR*: *biens*) sequestare; (: *personne*) sequestrare i beni di; (: *publication interdite*) mettere sotto sequestro; **se ~ de** *vr* (*personne*) impadronirsi di; **être saisi** (*de douleur, d'étonnement*) essere colto da; ~ **un tribunal d'une affaire** adire un tribunale.
saisissant, e [sezisɑ̃, ɑ̃t] *adj* impressionante, sorprendente; (*froid*) pungente.
saisissement [sezismɑ̃] *nm*: **muet de** ~ ammutolito per l'emozione.
saison [sɛzɔ̃] *nf* stagione *f*; **la belle/mauvaise** ~ la bella/cattiva stagione; **être de** ~ essere opportuno(-a); **en/hors** ~ (*TOURISME*) durante la/fuori stagione; **haute/basse** ~ (*TOURISME*) alta/bassa stagione; **morte** ~ (*TOURISME*) stagione morta; **la** ~ **des pluies/des amours** la stagione delle piogge/degli amori.
saisonnier, -ière [sɛzɔnje, jɛʀ] *adj* (*produits, travail*) stagionale; (*maladie*) di stagione ♦ *nm* stagionale *m*.
sait [sɛ] *vb voir* **savoir**.
salace [salas] *adj* salace.
salade [salad] *nf* insalata; (*fam*: *confusion*) pasticcio; ~**s** *nfpl* (*fam*): **raconter des ~s** raccontare delle fandonie; **haricots en** ~ fagiolini *mpl* in insalata; ▸ **salade d'endives** insalata di cicoria belga; ▸ **salade de concombres** insalata di cetrioli; ▸ **salade de fruits** macedonia (di frutta); ▸ **salade de laitues** insalata di lattuga; ▸ **salade de tomates** insalata di pomodori; ▸ **salade niçoise** insalata *f* niçoise *inv ou* nizzarda; ▸ **salade russe** insalata russa.
saladier [saladje] *nm* insalatiera.
salaire [salɛʀ] *nm* salario, stipendio; (*fig*) compenso, ricompensa; **un ~ de misère** un salario *ou* uno stipendio da fame; ▸ **salaire brut** salario *ou* stipendio lordo; ▸ **salaire de base** salario *ou* stipendio di base; ▸ **salaire minimum interprofessionnel de croissance** salario minimo garantito; ▸ **salaire net** salario *ou* stipendio netto.
salaison [salɛzɔ̃] *nf* salatura; ~**s** *nfpl* (*produits*) prodotti *mpl* conservati sotto sale.
salamandre [salamɑ̃dʀ] *nf* salamandra.
salami [salami] *nm salame a fetta larga*.
salant [salɑ̃] *adj m*: **marais** ~ salina.
salarial, e, -aux [salaʀjal, o] *adj* salariale.
salariat [salaʀja] *nm* lavoratori *mpl* salariati.
salarié, e [salaʀje] *adj, nm/f* dipendente *m/f*.
salaud [salo] (*fam!*) *nm* stronzo (*fam!*).
sale [sal] *adj* sporco(-a); (*fig*: *histoire, plaisanterie*) sconcio(-a); (: *avant le nom*: *fam*) brutto(-a).
salé, e [sale] *adj* (*aussi fig*: *note, facture*) salato(-a); (*CULIN*: *conservé au sel*) sotto sale; (*fig*: *histoire, plaisanterie*) piccante ♦ *nm* (*porc salé*) carne *f* di maiale salata; **bien** ~ ben salato(-a); **petit** ~ *carne di maiale per bollito leggermente salata*.
salement [salmɑ̃] *adv* (*manger etc*) come un maiale.
saler [sale] *vt* salare.
saleté [salte] *nf* sporcizia; (*fig*: *action vile, chose sans valeur*) porcheria; (: *obscénité*) sconcezza; (: *microbe etc*) impurità *f inv*; **vivre dans la** ~ vivere nella sporcizia.
salière [saljɛʀ] *nf* saliera.
saligaud [saligo] (*fam*) *nm* mascalzone *m*.
salin, e [salɛ̃, in] *adj* salino(-a).
saline [salin] *nf* salina.
salinité [salinite] *nf* salinità.
salir [saliʀ] *vt* sporcare; (*fig*: *personne, réputation*) insozzare, macchiare; **se salir** *vr* (*aussi fig*) sporcarsi.
salissant, e [salisɑ̃, ɑ̃t] *adj* (*tissu, couleur*) che sporca; (*métier*) in cui ci si sporca.
salissure [salisyʀ] *nf* sozzura.
salive [saliv] *nf* saliva.
saliver [salive] *vi* salivare.
salle [sal] *nf* sala; (*pièce*: *gén*) sala, stanza; (*d'hôpital*) corsia; **faire ~ comble** fare il pienone; ▸ **salle à manger** sala da pranzo; ▸ **salle commune** (*d'hôpital*) corsia; ▸ **salle d'arme** sala d'armi; ▸ **salle d'attente** sala d'attesa; ▸ **salle d'eau** stanza da bagno; ▸ **salle d'embarquement** (*à l'aéroport*) imbarco; ▸ **salle d'exposition** salone *m ou* sala di esposizione; ▸ **salle d'opération** (*d'hôpital*) sala operatoria; ▸ **salle de bain(s)** bagno; ▸ **salle de bal/de danse** sala da ballo; ▸ **salle de cinéma** cinema *m inv*; ▸ **salle de classe** aula; ▸ **salle de concert** sala (per) concerti; ▸ **salle de consultation** sala di consultazione; ▸ **salle de douches** docce *fpl*; ▸ **salle de jeux** sala *f* giochi *inv*; ▸ **salle de projection** sala di proiezione; ▸ **salle de séjour** soggiorno; ▸ **salle de spectacle** (*THÉÂTRE*) teatro; (*CINÉ*) sala, cinema *m inv*; ▸ **salle des machines** sala *f* macchine *inv*; ▸ **salle des ventes** reparto *m* vendite *inv*; ▸ **salle obscure** cinema *m inv*.
salmonellose [salmɔneloz] *nf* salmonellosi *f*.
Salomon [salɔmɔ̃]: **les îles** ~ *nfpl* le isole Salomone.
salon [salɔ̃] *nm* (*pièce, mobilier, littéraire*) salotto; (*exposition périodique*) salone *m*; ▸ **salon de coiffure** parrucchiere *m*; ▸ **salon de thé** sala da tè.
salopard [salɔpaʀ] (*fam!*) *nm* stronzo (*fam!*).
salope [salɔp] (*fam!*) *nf* troia (*fam!*), putta-

na (*fam!*).
saloper [salɔpe] (*fam!*) *vt* (*bâcler: travail*) pasticciare; (*salir: pièce etc*) inzozzare.
saloperie [salɔpʀi] (*fam!*) *nf* porcheria; (*action vile*) porcata.
salopette [salɔpɛt] *nf* (*de travail*) tuta; (*pantalon*) salopette *f inv*.
salpêtre [salpɛtʀ] *nm* salnitro.
salsifis [salsifi] *nm* (*BOT*) barba di becco.
SALT [salt] *sigle* (= *Strategic Arms Limitation Talks*) S.A.L.T.
saltimbanque [saltɛ̃bɑ̃k] *nm* saltimbanco.
salubre [salybʀ] *adj* salubre.
salubrité [salybʀite] *nf* salubrità; **mesures de ~ publique** misure *fpl* sanitarie.
saluer [salɥe] *vt* salutare.
salut [saly] *nm* (*sauvegarde*) salvezza, scampo; (*REL*) salvezza; (*geste, parole d'accueil, MIL*) saluto ♦ *excl* (*fam: pour dire bonjour*) ciao, salve; (: *pour dire au revoir*) ciao; (*style relevé*) salve; ▸ **salut public** salute *f* pubblica.
salutaire [salytɛʀ] *adj* salutare.
salutations [salytasjɔ̃] *nfpl* saluti *mpl*; **recevez mes ~ distinguées** *ou* **respectueuses** distinti saluti.
salutiste [salytist] *nm/f* salutista *m/f*.
Salvador [salvadɔʀ] *nm* Salvador *m*.
salve [salv] *nf* (*MIL*) salva; ▸ **salve d'applaudissements** salva d'applausi.
Samarie [samaʀi] *nf* Samaria.
samaritain [samaʀitɛ̃] *nm*: **le bon S~** (*REL, fig*) il buon samaritano.
samedi [samdi] *nm* sabato; *voir aussi* **lundi**.
SAMU [samy] *sigle m* (= *service d'assistance médicale d'urgence*) ≈ pronto soccorso.
sanatorium [sanatɔʀjɔm] *nm* sanatorio.
sanctifier [sɑ̃ktifje] *vt* santificare.
sanction [sɑ̃ksjɔ̃] *nf* sanzione *f*; (*conséquence*) (inevitabile) conseguenza; **prendre des ~s contre** prendere dei provvedimenti contro.
sanctionner [sɑ̃ksjɔne] *vt* (*loi, décret, usage*) sancire, sanzionare; (*punir*) sanzionare.
sanctuaire [sɑ̃ktɥɛʀ] *nm* santuario.
sandale [sɑ̃dal] *nf* sandalo.
sandalette [sɑ̃dalɛt] *nf* sandalo leggero.
sandow ® [sɑ̃do] *nm* cavo elastico (*per bagagli etc*).
sandwich [sɑ̃dwi(t)ʃ] *nm* panino (imbottito), sandwich *m inv*; **être pris en ~ (entre)** essere bloccato (tra).
sang [sɑ̃] *nm* sangue *m*; **être en ~** essere insanguinato(-a); **jusqu'au ~** (*mordre, pincer*) a sangue; **se faire du mauvais ~** farsi sangue cattivo; ▸ **sang bleu** sangue blu.
sang-froid [sɑ̃fʀwa] *nm inv* sangue freddo; **garder son ~-~** mantenere il sangue freddo; **perdre/retrouver son ~-~** perdere/riprendere il controllo (di sé); **faire qch de ~-~** fare qc a sangue freddo.
sanglant, e [sɑ̃glɑ̃, ɑ̃t] *adj* (*visage, mains, arme*) insanguinato(-a); (*bataille, combat, affront*) sanguinoso(-a).
sangle [sɑ̃gl] *nf* cinghia; **~s** *nfpl* (*pour lit etc*) piano *msg* di tela; **lit de sangle(s)** branda (*con piano di tela*).
sangler [sɑ̃gle] *vt* mettere le cinghie a; (*colis*) legare; **sanglé dans son uniforme** stretto nell'uniforme.
sanglier [sɑ̃glije] *nm* cinghiale *m*.
sanglot [sɑ̃glo] *nm* singhiozzo.
sangloter [sɑ̃glɔte] *vi* singhiozzare.
sangsue [sɑ̃sy] *nf* sanguisuga.
sanguin, e [sɑ̃gɛ̃, in] *adj* sanguigno(-a).
sanguinaire [sɑ̃ginɛʀ] *adj* sanguinario(-a).
sanguine [sɑ̃gin] *nf* (*orange*) (arancia) sanguinella; (*ART: dessin*) sanguigna.
sanguinolent, e [sɑ̃ginɔlɑ̃, ɑ̃t] *adj* insanguinato(-a).
sanisette [sanizɛt] *nf* bagno pubblico (automatico).
sanitaire [sanitɛʀ] *adj* sanitario(-a); **~s** *nmpl* (*salle de bain et w.c.*) servizi *mpl* (igienici); **installation/appareil ~** impianto sanitario.
sans [sɑ̃] *prép* senza; **~ qu'il s'en aperçoive** senza che se ne accorga; **~ scrupules** senza scrupoli; **~ manches** senza maniche.
sans-abri [sɑ̃zabʀi] *nm/f inv* senzatetto *m/f inv*.
sans-emploi [sɑ̃zɑ̃plwa] *nm/f inv* disoccupato(-a).
sans-façon [sɑ̃fasɔ̃] *nm inv* semplicità, spontaneità.
sans-gêne [sɑ̃ʒɛn] *adj inv* sfrontato(-a) ♦ *nm inv* sfrontatezza.
sans-logis [sɑ̃lɔʒi] *nm/f inv* senzatetto *m/f inv*.
sans-souci [sɑ̃susi] *adj inv* spensierato(-a).
sans-travail [sɑ̃tʀavaj] *nm/f inv* disoccupato(-a).
santal [sɑ̃tal] *nm* (*BOT, essence*) sandalo.
santé [sɑ̃te] *nf* salute *f*; **avoir une ~ de fer** avere una salute di ferro; **avoir une ~ délicate** essere cagionevole di salute; **être en bonne ~** essere in buona salute; **boire à la ~ de qn** bere alla salute di qc; **"à la ~ de"** "alla salute di"; **"à votre/ta ~!"** "alla vostra/tua salute!"; **la ~ publique** la sanità pubblica; **service de ~** (*dans un port etc*) servizio di quarantena.
Santiago (du Chili) [sɑ̃tjago(dyʃili)] *n* Santiago (del Cile) *f*.
santon [sɑ̃tɔ̃] *nm* statuina del presepe.
saoudien, ne [saudjɛ̃, jɛn] *adj* saudita ♦ *nm/f*: **S~, ne** arabo(-a) (saudita).
saoul, e [su, sul] *adj* = **soûl**.
sape [sap] *nf*: **~s** *nfpl* (*fam*) abiti *mpl*; **faire**

un travail de ~ (*aussi fig*) scalzare, minare alla base.
saper [sape] *vt* (*aussi fig*) scalzare; **se saper** *vr* (*fam*) vestirsi.
sapeur [sapœʀ] *nm* (*MIL*) geniere *m*.
sapeur-pompier [sapœʀpɔ̃pje] (*pl* **~s-~s**) *nm* pompiere *m*.
saphir [safiʀ] *nm* (*pierre précieuse*) zaffiro; (*d'électrophone*) puntina.
sapin [sapɛ̃] *nm* abete *m*; ▶ **sapin de Noël** albero di Natale.
sapinière [sapinjɛʀ] *nf* abetaia.
SAR [ɛsaɛʀ] *sigle f* (= *Son Altesse Royale*) S.A.R.
sarabande [saʀabɑ̃d] *nf* (*aussi fig*) sarabanda.
sarbacane [saʀbakan] *nf* cerbottana.
sarcasme [saʀkasm] *nm* sarcasmo; (*remarque*) battuta sarcastica.
sarcastique [saʀkastik] *adj* sarcastico(-a).
sarcastiquement [saʀkastikmɑ̃] *adv* sarcasticamente.
sarcelle [saʀsɛl] *nf* (*ZOOL*) marzaiola.
sarclage [saʀklaʒ] *nm* sarchiatura.
sarcler [saʀkle] *vt* sarchiare.
sarcloir [saʀklwaʀ] *nm* sarchio.
sarcophage [saʀkɔfaʒ] *nm* sarcofago.
Sardaigne [saʀdɛɲ] *nf* Sardegna.
sarde [saʀd] *adj, nm/f* sardo(-a).
sardine [saʀdin] *nf* sardina; **~s à l'huile** sardine sott'olio.
sardinerie [saʀdinʀi] *nf* stabilimento per la lavorazione delle sardine.
sardinier, -ière [saʀdinje, jɛʀ] *adj* (*pêche, industrie*) delle sardine ♦ *nm* peschereccio per la pesca delle sardine.
sardonique [saʀdɔnik] *adj*: **rire ~** risata sardonica.
sari [saʀi] *nm* sari *m inv*.
SARL [ɛsaɛʀɛl] *sigle f* (= *société à responsabilité limitée*) S.r.l.
sarment [saʀmɑ̃] *nm*: **~ (de vigne)** tralcio (di vigna), sarmento.
sarrasin [saʀazɛ̃] *nm* grano saraceno.
sarrau [saʀo] *nm* camiciotto.
Sarre [saʀ] *nf* Saarland *m*.
sarriette [saʀjɛt] *nf* santoreggia.
sarrois, e [saʀwa, waz] *adj* del Saarland ♦ *nm/f*: **S~, e** abitante *m/f* del Saarland.
sas [sɑs] *nm* camera di decompressione; (*d'une écluse*) bacino tra due chiuse.
satané, e [satane] *adj* dannato(-a).
satanique [satanik] *adj* satanico(-a).
satelliser [satelize] *vt* satellizzare.
satellite [satelit] *nm* (*ASTRON, POL*) satellite *m*; **pays ~** paese *m* satellite; **retransmis par ~** (*RADIO, TV*) ritrasmesso via satellite; ▶ **satellite (artificiel)** satellite (artificiale).
satellite-espion [satelitɛspjɔ̃] (*pl* **~s-~s**) *nm* satellite *m* spia *inv*.
satellite-observatoire [satelitɔpsɛʀvatwaʀ] (*pl* **~s-~s**) *nm* satellite *m* osservatorio *inv*.
satellite-relais [satelitʀəlɛ] (*pl* **~s-~**) *nm* (*RADIO, TV*) satellite *m* ripetitore *inv*.
satiété [sasjete]: **à ~** *adv* (*manger, boire*) a sazietà; (*répéter*) fino alla nausea.
satin [satɛ̃] *nm* raso.
satiné, e [satine] *adj* (*tissu, papier*) satinato(-a); (*peau*) vellutato(-a).
satinette [satinɛt] *nf* rasatello.
satire [satiʀ] *nf* satira; **faire la ~ de** fare la satira di.
satirique [satiʀik] *adj* satirico(-a).
satiriste [satiʀist] *nm/f* satirista *m/f*.
satisfaction [satisfaksjɔ̃] *nf* soddisfazione *f*; **à ma grande ~** con mia grande soddisfazione; **obtenir ~** ricevere soddisfazione; **donner ~ (à)** (*suj: employé, méthode*) dare soddisfazione (a); **donner ~ à** (*qn qui exige, pose des conditions*) soddisfare.
satisfaire [satisfɛʀ] *vt* soddisfare; **se ~ de** *vr* accontentarsi di; **~ à** *vt* soddisfare.
satisfaisant, e [satisfəzɑ̃, ɑ̃t] *adj* soddisfacente.
satisfait, e [satisfɛ, ɛt] *pp de* **satisfaire** ♦ *adj*: **~ (de)** soddisfatto(-a) (di).
satisfasse *etc* [satisfas] *vb voir* **satisfaire**.
satisferai *etc* [satisfʀe] *vb voir* **satisfaire**.
saturation [satyʀasjɔ̃] *nf* (*aussi fig*) saturazione *f*; **arriver à ~** arrivare al punto di saturazione.
saturer [satyʀe] *vt* (*aussi fig*) saturare; **~ qn/qch de** saturare qn/qc di; **être saturé de qch** essere saturo di qc.
saturnisme [satyʀnism] *nm* saturnismo.
satyre [satiʀ] *nm* satiro.
sauce [sos] *nf* salsa; **en ~** con salsa; ▶ **sauce à salade** condimento per l'insalata; ▶ **sauce aux câpres** salsa ai capperi; ▶ **sauce blanche** salsa bianca; ▶ **sauce chasseur** salsa alla cacciatora; ▶ **sauce mayonnaise** maionese *f*; ▶ **sauce piquante** salsa piccante; ▶ **sauce suprême** salsa suprema; ▶ **sauce tomate** salsa di pomodoro; ▶ **sauce vinaigrette** salsa *f* vinaigrette *inv*.
saucer [sose] *vt* (*assiette*) ripulire il piatto con il pane, fare la scarpetta.
saucière [sosjɛʀ] *nf* salsiera.
saucisse [sosis] *nf* salsiccia.
saucisson [sosisɔ̃] *nm* salame *m*; ▶ **saucisson à l'ail** salame con l'aglio; ▶ **saucisson sec** salame *m*.
saucissonner [sosisɔne] *vi* mangiare giusto un panino o un piatto freddo; **~ sur l'herbe** fare un pic-nic.
sauf[1] [sof] *prép* salvo, tranne; **~ que ...** tranne che ...; **~ si ...** (*excepté*) salvo che ...; (*à moins que*) a meno che ...; **~ avis contraire** salvo parere contrario; **~ empêchement** salvo impedimenti; **~ erreur**

salvo errori; ~ **imprévu** salvo imprevisti.
sauf[2], **sauve** [sof, sov] *adj* salvo(-a); **laisser la vie sauve à qn** risparmiare qn.
sauf-conduit [sofkɔ̃dɥi] (*pl* **~-~s**) *nm* salvacondotto.
sauge [soʒ] *nf* salvia.
saugrenu, e [sogʀəny] *adj* strampalato(-a), strano(-a).
saule [sol] *nm* salice *m*; ▶ **saule pleureur** salice piangente.
saumâtre [somɑtʀ] *adj* salmastro(-a); (*plaisanterie*) di cattivo gusto.
saumon [somɔ̃] *nm* salmone *m* ♦ *adj inv* (*couleur*) (color) salmone *inv*.
saumoné, e [somɔne] *adj*: **truite ~e** trota salmonata.
saumure [somyʀ] *nf* salamoia.
sauna [sona] *nm* sauna.
saupoudrer [sopudʀe] *vt*: ~ **qch de** (*de sel, chapelure, sucre*) cospargere qc di, spolverare qc di; (*fig*: *de citations etc*) infarcire qc di.
saupoudreuse [sopudʀøz] *nf* *contenitore con tappo bucherellato per sale, pepe etc.*
saur [sɔʀ] *adj m*: **hareng** ~ aringa affumicata.
saurai *etc* [sɔʀe] *vb voir* **savoir**.
saut [so] *nm* salto, balzo; (*SPORT*) salto; (*SKI*) trampolino; **faire un** ~ fare un salto; **faire un** ~ **chez qn** fare un salto da qn; **au** ~ **du lit** appena giù dal letto; ~ **en hauteur/longueur/à la perche** salto in alto/in lungo/con l'asta; **le** ~ **à la corde** il salto della corda; ▶ **saut de page** (*INFORM*) salto pagina; ▶ **saut en parachute** lancio col paracadute; ▶ **saut périlleux** salto mortale.
saute [sot] *nf*: ~ **de vent** salto di vento; ~ **de température** sbalzo di temperatura; **avoir des ~s d'humeur** avere degli sbalzi d'umore.
sauté, e [sote] *adj* (*CULIN*) rosolato(-a), al salto ♦ *nm*: ~ **de veau** vitello al salto.
saute-mouton [sotmutɔ̃] *nm inv*: **jouer à ~-~** giocare alla cavallina.
sauter [sote] *vi* saltare; (*corde*) rompersi ♦ *vt* saltare; ~ **dans/sur/vers** saltare in/su/verso; **faire** ~ far saltare; ~ **à pieds joints** saltare a piedi uniti; ~ **à cloche pied** saltellare su un piede solo; ~ **en parachute** lanciarsi col paracadute; ~ **à la corde** saltare con la corda; ~ **à bas du lit** saltar giù dal letto; ~ **de joie** fare salti di gioia; ~ **de colère** saltare dalla rabbia; ~ **au cou de qn** saltare al collo di qn; ~ **d'un sujet à l'autre** saltare di palo in frasca; ~ **aux yeux** saltare agli occhi; ~ **au plafond** (*fig*) scattare.
sauterelle [sotʀɛl] *nf* cavalletta.
sauterie [sotʀi] *nf* festicciola.
sauteur, -euse [sotœʀ, øz] *nm/f* saltatore(-trice); ▶ **sauteur à la perche** saltatore(-trice) (con l'asta); ▶ **sauteur à skis** saltatore(-trice) (con gli sci).
sauteuse [sotøz] *nf* casseruola (*larga e bassa*).
sautillement [sotijmɑ̃] *nm* saltellio.
sautiller [sotije] *vi* saltellare.
sautoir [sotwaʀ] *nm* (*chaîne, collier*) collana; (*SPORT*: *emplacement*) pedana; **porter en** ~ portare sul petto; ▶ **sautoir (de perles)** collana (di perle).
sauvage [sovaʒ] *adj* selvatico(-a); (*lieu*) sperduto(-a); (*peuplade, mœurs*) selvaggio(-a); (*non officiel*: *camping, vente etc*) libero(-a) ♦ *nm/f* (*primitif*) selvaggio(-a); (*brute, barbare*) selvaggio(-a); (*timide*) selvatico(-a).
sauvagement [sovaʒmɑ̃] *adv* selvaggiamente.
sauvageon, ne [sovaʒɔ̃, ɔn] *nm/f* *bambino cresciuto senza famiglia ed educazione.*
sauvagerie [sovaʒʀi] *nf* selvatichezza; (*d'un crime*) ferocia.
sauve [sov] *adj f voir* **sauf, sauve**.
sauvegarde [sovgaʀd] *nf* salvaguardia, tutela; **sous la** ~ **de** sotto la salvaguardia *ou* tutela di; **disquette/fichier de** ~ disco/file *m inv* di backup *ou* di riserva.
sauvegarder [sovgaʀde] *vt* salvaguardare, tutelare; (*INFORM*: *enregistrer*) salvare; (: *copier*) fare una copia di backup *ou* di riserva.
sauve-qui-peut [sovkipø] *nm inv* fuggi fuggi *m inv* ♦ *excl* si salvi chi può.
sauver [sove] *vt* salvare; (*récupérer*: *navire, entreprise*) soccorrere; **se sauver** *vr* (*s'enfuir*) scappare; (*fam*: *partir*) filarsela; ~ **qn de** (*naufrage, désespoir*) trarre in salvo qn da; ~ **la vie à qn** salvare la vita a qn; ~ **les apparences** salvare le apparenze.
sauvetage [sov(ə)taʒ] *nm* salvataggio; **ceinture de** ~ cintura di salvataggio; **brassière** *ou* **gilet de** ~ giubbotto di salvataggio; ▶ **sauvetage en montagne** soccorso alpino.
sauveteur [sov(ə)tœʀ] *nm* soccorritore *m*.
sauvette [sovɛt]: **à la** ~ *adv* (*se marier etc*) frettolosamente; **vente à la** ~ vendita ambulante abusiva.
sauveur [sovœʀ] *nm* salvatore *m*; **le S~** (*REL*) il Salvatore.
SAV [ɛsave] *sigle m* = **service après vente**.
savais *etc* [save] *vb voir* **savoir**.
savamment [savamɑ̃] *adv* sapientemente.
savane [savan] *nf* savana.
savant, e [savɑ̃, ɑ̃t] *adj* (*personne*) dotto(-a), colto(-a); (*édition, revue*) dotto(-a); (*calé*) esperto(-a); (*compliqué*) difficile; (*habile*: *démonstration, combinaison*) sapiente ♦ *nm* studioso(-a), scienziato(-a);

animal ~ animale *m* addomesticato.
savate [savat] *nf* ciabatta; (*SPORT*) boxe *f* francese.
saveur [savœʀ] *nf* (*aussi fig*) sapore *m*.
Savoie [savwa] *nf* Savoia.
savoir [savwaʀ] *vt* sapere ♦ *nm* sapere *m*; **se savoir** *vr* (*chose*: *être connu*) sapersi; ~ **que/si/comment/combien** sapere che/se/come/quanto; ~ **nager/se montrer ferme** saper nuotare/mostrarsi risoluto; **se ~ malade** sapere di essere malato; **il faut ~ que ...** bisogna dire che ...; **tu ne peux pas ~ combien ...** non immagini nemmeno quanto ...; **vous n'êtes pas sans ~ que ...** lei certo non ignora che ...; **je crois ~ que ...** credo di sapere che ...; **je n'en sais rien** non ne so nulla; **à ~** cioè, vale a dire; **à ~ que ...** cioè ..., ossia ...; **faire ~ qch à qn** far sapere qc a qn; **ne rien vouloir ~** non volerne sapere; **pas que je sache** non che io sappia; **sans le ~** senza saperlo; **en ~ long** saperla lunga.
savoir-faire [savwaʀfɛʀ] *nm inv* savoir-faire *m inv*; (*dans une profession*) know-how *m inv*.
savoir-vivre [savwaʀvivʀ] *nm inv* buona creanza.
savon [savɔ̃] *nm* sapone *m*; (*morceau*) saponetta, sapone; **passer un ~ à qn** (*fam*) dare una lavata di capo a qn.
savonner [savɔne] *vt* insaponare; **se savonner** *vr* insaponarsi; **se ~ les mains/pieds** insaponarsi le mani/i piedi.
savonnerie [savɔnʀi] *nf* saponificio.
savonnette [savɔnɛt] *nf* saponetta.
savonneux, -euse [savɔnø, øz] *adj* saponoso(-a).
savons [savɔ̃] *vb voir* **savoir**.
savourer [savuʀe] *vt* gustare, assaporare.
savoureux, -euse [savuʀø, øz] *adj* gustoso(-a).
savoyard, e [savwajaʀ, aʀd] *adj* savoiardo(-a).
sax [saks] *nm* sax *m inv*.
Saxe [saks] *nf* Sassonia.
saxo(phone) [saksɔfɔn] *nm* sassofono.
saxophoniste [saksɔfɔnist] *nm/f* sassofonista *m/f*.
saynète [sɛnɛt] *nf* scenetta.
sbire [sbiʀ] (*péj*) *nm* sbirro.
scabreux, -euse [skabʀø, øz] *adj* (*dangereux*) rischioso(-a); (*indécent*) scabroso(-a).
scalpel [skalpɛl] *nm* bisturi *m inv*.
scalper [skalpe] *vt* strappare il cuoio capelluto a; (*suj*: *Indiens*) scotennare.
scampi [skɑ̃pi] *nmpl* scampi *mpl*.
scandale [skɑ̃dal] *nm* scandalo; **provoquer un ~** provocare uno scandalo; **faire ~** fare scandalo; **au grand ~ de ...** con grande indignazione di ...; **faire du ~** fare baccano.
scandaleusement [skɑ̃daløzmɑ̃] *adv* scandalosamente.
scandaleux, -euse [skɑ̃dalø, øz] *adj* scandaloso(-a).
scandaliser [skɑ̃dalize] *vt* scandalizzare; **se ~ (de)** *vr* scandalizzarsi (di *ou* per).
scander [skɑ̃de] *vt* scandire.
scandinave [skɑ̃dinav] *adj* scandinavo(-a) ♦ *nm/f*: **S~** scandinavo(-a).
Scandinavie [skɑ̃dinavi] *nf* Scandinavia.
scanner [skanɛʀ] *nm* (*MÉD*) scanner *m inv*.
scanographie [skanɔgʀafi] *nf* (*MÉD*) TAC *f inv* (*tomografia assiale computerizzata*).
scaphandre [skafɑ̃dʀ] *nm* scafandro; ▶**scaphandre autonome** autorespiratore *m*.
scaphandrier [skafɑ̃dʀije] *nm* palombaro.
scarabée [skaʀabe] *nm* scarabeo.
scarlatine [skaʀlatin] *nf* scarlattina.
scarole [skaʀɔl] *nf* scarola.
scatologique [skatɔlɔʒik] *adj* scatologico(-a).
sceau, x [so] *nm* (*cachet officiel*) sigillo; (*fig*: *signe manifeste*) impronta; **sous le ~ du secret** sotto il vincolo del segreto.
scélérat, e [seleʀa, at] *nm/f, adj* scellerato(-a).
sceller [sele] *vt* sigillare; (*barreau, chaîne etc*) fissare; (*fig*: *réconciliation, engagement*) suggellare.
scellés [sele] *nmpl* (*JUR*): **mettre les ~ sur** mettere i sigilli a.
scénario [senaʀjo] *nm* (*CINÉ*: *description des scènes*) sceneggiatura; (: *sujet*) soggetto; (*idée, plan*) piano, schema.
scénariste [senaʀist] *nm/f* (*CINÉ*) sceneggiatore(-trice).
scène [sɛn] *nf* scena; **la ~** (*art dramatique*) il teatro, il palcoscenico; (*fig*: *dispute bruyante*) scenata; **la ~ politique/internationale** la scena politica/internazionale; **sur le devant de la ~** (*en pleine actualité*) in primo piano; **entrer en ~** entrare in scena; **par ordre d'entrée en ~** in ordine di apparizione; **mettre en ~** (*THÉÂTRE, CINÉ, fig*) mettere in scena; **porter à/adapter pour la ~** adattare per il teatro; **faire une ~ (à qn)** fare una scenata (a qn); ▶**scène de ménage** scenata tra marito e moglie.
scénique [senik] *adj* scenico(-a).
scepticisme [sɛptisism] *nm* scetticismo.
sceptique [sɛptik] *adj, nm/f* scettico(-a).
sceptre [sɛptʀ] *nm* scettro.
schéma [ʃema] *nm* schema *m*.
schématique [ʃematik] *adj* schematico(-a).
schématiquement [ʃematikmɑ̃] *adv* schematicamente.
schématisation [ʃematizasjɔ̃] *nf* schematizzazione *f*.

schématiser [ʃematize] *vt* schematizzare.
schismatique [ʃismatik] *adj* scismatico (-a).
schisme [ʃism] *nm* scisma *m*.
schiste [ʃist] *nm* scisto.
schisteux, -euse [ʃistø, øz] *adj* scistoso (-a).
schizophrène [skizɔfʀɛn] *nm/f* schizofrenico(-a).
schizophrénie [skizɔfʀeni] *nf* schizofrenia.
sciatique [sjatik] *adj*: **nerf** ~ nervo sciatico ♦ *nf* (*MÉD*) sciatica.
scie [si] *nf* sega; (*fam*: *péj*: *rengaine*) tiritera; (: *personne*) lagna; ▸ **scie à bois** sega da legno; ▸ **scie à découper** sega da traforo; ▸ **scie à métaux** sega metallica; ▸ **scie circulaire** sega circolare; ▸ **scie sauteuse** seghetto da traforo.
sciemment [sjamɑ̃] *adv* coscientemente.
science [sjɑ̃s] *nf* scienza; (*savoir-faire*) perizia; **les ~s** (*SCOL*) le scienze; **~s appliquées** scienze applicate; **~s expérimentales** scienze sperimentali; **~s humaines/sociales** scienze umanistiche/sociali; **~s naturelles** scienze naturali; **~s occultes** scienze occulte; **~s po** scienze politiche.
science-fiction [sjɑ̃sfiksjɔ̃] (*pl* **~s-~s**) *nf* fantascienza.
scientifique [sjɑ̃tifik] *adj* scientifico(-a) ♦ *nm/f* scienziato(-a); (*étudiant*) studente (-essa) di discipline scientifiche.
scientifiquement [sjɑ̃tifikmɑ̃] *adv* scientificamente.
scier [sje] *vt* segare.
scierie [siʀi] *nf* segheria.
scieur [sjœʀ]: ~ **de long** *nm* segatore *m* (*che taglia i tronchi per lungo*).
Scilly [sili] *nfpl*: **les îles** ~ le isole Scilly.
scinder [sɛ̃de] *vt* scindere; **se scinder** *vr* scindersi.
scintillant, e [sɛ̃tijɑ̃, ɑ̃t] *adj* scintillante.
scintillement [sɛ̃tijmɑ̃] *nm* scintillio.
scintiller [sɛ̃tije] *vi* scintillare.
scission [sisjɔ̃] *nf* scissione *f*.
sciure [sjyʀ] *nf*: ~ **(de bois)** segatura (di legno).
sclérose [skleʀoz] *nf* (*MÉD, fig*) sclerosi *f*; ▸ **sclérose artérielle** arteriosclerosi *f inv*, sclerosi delle arterie; ▸ **sclérose en plaques** sclerosi a placche.
sclérosé, e [skleʀoze] *adj* (*MÉD, fig*) sclerotico(-a).
scléroser [skleʀoze]: **se** ~ *vr* (*MÉD, fig*) sclerotizzarsi.
scolaire [skɔlɛʀ] *adj* scolastico(-a); **l'année** ~ l'anno scolastico; (*à l'université*) l'anno accademico; **en âge** ~ in età scolare.
scolarisation [skɔlaʀizasjɔ̃] *nf* scolarizzazione *f*.
scolariser [skɔlaʀize] *vt* (*pays, région*) dotare di scuole; (*enfant*) scolarizzare.
scolarité [skɔlaʀite] *nf* istruzione *f* scolastica; (*durée des études*) anni *mpl* di scuola; **frais de** ~ retta *fsg*; **la ~ obligatoire** la scuola dell'obbligo.
scolastique [skɔlastik] (*péj*) *adj* scolastico(-a).
scoliose [skɔljoz] *nf* scoliosi *f*.
scoop [skup] *nm* (*PRESSE*) scoop *m inv*.
scooter [skutœʀ] *nm* scooter *m inv*.
scorbut [skɔʀbyt] *nm* scorbuto.
scorbutique [skɔʀbytik] *adj* (*MÉD*) scorbutico(-a).
score [skɔʀ] *nm* punteggio; (*électoral*) risultato.
scories [skɔʀi] *nfpl* scorie *fpl*.
scorpion [skɔʀpjɔ̃] *nm* scorpione *m*; (*ASTROL*): **S~** Scorpione; **être (du) S~** essere dello Scorpione.
scotch [skɔtʃ] *nm* (*whisky*) scotch *m inv*; **S~** ® (*adhésif*) scotch ® *m inv*.
scotcher [skɔtʃe] *vt* chiudere con lo scotch.
scout, e [skut] *adj* scoutistico(-a) ♦ *nm* scout *m*.
scoutisme [skutism] *nm* scoutismo.
scratcher [skʀatʃe] *vt* (*SPORT*) squalificare, eliminare.
scribe [skʀib] *nm* scriba; (*péj*) imbrattacarte *m*.
scribouillard [skʀibujaʀ] (*péj*) *nm* scribacchino.
script [skʀipt] *nm* (*écriture*) stampatello; (*CINÉ*) sceneggiatura.
scripte [skʀipt] *nf* segretaria di produzione.
script-girl [skʀiptgœʀl] (*pl* **~-~s**) *nf* segretaria di produzione.
scriptural, e, -aux [skʀiptyʀal, o] *adj*: **monnaie ~e** moneta scritturale.
scrofuleux, -euse [skʀɔfylø, øz] *adj* scrofoloso(-a).
scrupule [skʀypyl] *nm* scrupolo; **être sans ~s** essere senza scrupoli; **se faire un ~ de qch** farsi scrupolo di qc.
scrupuleusement [skʀypyløzmɑ̃] *adv* scrupolosamente.
scrupuleux, -euse [skʀypylø, øz] *adj* scrupoloso(-a).
scrutateur, -trice [skʀytatœʀ, tʀis] *adj, nm/f* scrutatore(-trice).
scruter [skʀyte] *vt* scrutare.
scrutin [skʀytɛ̃] *nm* scrutinio; **ouverture/clôture d'un** ~ inizio/termine di uno scrutinio; ▸ **scrutin à deux tours** scrutinio a due tornate; ▸ **scrutin de liste** scrutinio di lista; ▸ **scrutin majoritaire/proportionnel** scrutinio maggioritario/proporzionale; ▸ **scrutin uninominal** scrutinio uninominale.
sculpter [skylte] *vt* scolpire.
sculpteur [skyltœʀ] *nm* scultore *m*.
sculptural, e, -aux [skyltyʀal, o] *adj* scul-

toreo(-a).
sculpture [skyltyʀ] *nf* scultura; ▶ **sculpture sur bois** scultura in legno.
sdb. *abr* = **salle de bain**.
SDN [ɛsdeɛn] *sigle f* (= *Société des nations*) S.D.N. *f*.
SE *sigle f* (= *Son Excellence*) S.E.
se, s' [s] *pron* si; ~ **voir comme l'on est** vedersi come si è; **ils s'aiment** si amano; **cela ~ répare facilement** si ripara facilmente; ~ **casser la jambe/laver les mains** rompersi una gamba/lavarsi le mani.
séance [seɑ̃s] *nf* (*d'assemblée, de tribunal*) seduta; (*récréative, musicale*) spettacolo; **ouvrir/lever la ~** aprire/togliere la seduta; **régler une affaire ~ tenante** sistemare una questione seduta stante.
séant, e [seɑ̃, ɑ̃t] *adj* appropriato(-a) ♦ *nm* (*postérieur*) sedere *m*.
seau, x [so] *nm* secchio; ▶ **seau à glace** secchiello per il ghiaccio.
sébum [sebɔm] *nm* sebo.
sec, sèche [sɛk, sɛʃ] *adj* (*aussi fig*: *bruit, ton*) secco(-a); (*région*) arido(-a); (*fig*: *cœur, personne*) arido(-a); (: *départ, démarrage*) brusco(-a) ♦ *nm*: **tenir au ~** tenere all'asciutto ♦ *adv* (*démarrer*) bruscamente; **je le prends ~** (*sans eau*) lo prendo liscio; **à pied ~** senza bagnarsi i piedi; **à ~** (*cours d'eau, source*) in secca; (*personne*) a corto di idee; (*à court d'argent*) al verde; **une toux sèche** una tosse secca; **avoir la gorge sèche** avere la gola secca; **boire ~** (*beaucoup*) bere forte.
SECAM [sekam] *sigle m* (= *séquentiel couleur à mémoire*) SECAM *m*.
sécante [sekɑ̃t] *nf* secante *f*.
sécateur [sekatœʀ] *nm* cesoie *fpl* da giardiniere.
sécession [sesesjɔ̃] *nf*: **faire ~** separarsi; **la guerre de S~** la guerra di Secessione.
sécessionniste [sesesjɔnist] *adj* secessionista.
séchage [seʃaʒ] *nm* (*du linge, bois*) asciugatura.
sèche [sɛʃ] *adj f voir* **sec** ♦ *nf* (*fam*) sigaretta.
sèche-cheveux [sɛʃʃəvø] *nm inv* asciugacapelli *m inv*.
sèche-linge [sɛʃlɛ̃ʒ] *nm inv* asciugabiancheria *m inv*.
sèche-mains [sɛʃmɛ̃] *nm inv* asciugatore *m*.
sèchement [sɛʃmɑ̃] *adv* seccamente.
sécher [seʃe] *vt* (*linge, objet mouillé*) asciugare; (*dessécher*: *peau, blé, bois*) seccare; (: *étang*) prosciugare; (*fam*: *SCOL*: *classe, cours*) marinare, bigiare ♦ *vi* (*linge, objet mouillé*) asciugare, asciugarsi; (*herbe, blé, fleur*) seccarsi; (*fam*: *candidat*) fare scena muta; **se sécher** *vr* (*après le bain*) asciugarsi.
sécheresse [sɛʃʀɛs] *nf* (*du climat, sol*) aridità *f inv*; (*absence de pluie*) siccità *f inv*; (*fig*: *du ton, style etc*) secchezza.
séchoir [seʃwaʀ] *nm* (*à linge*) stendibiancheria *m inv*.
second, e [s(ə)gɔ̃, ɔ̃d] *adj* (*deuxième*) secondo(-a) ♦ *nm* (*adjoint, assistant*) braccio destro, aiuto; (*étage*) secondo (piano); (*NAUT*) secondo; **en ~** (*en second rang*) in seconda; **trouver son ~ souffle** ritrovare vigore, riprendere le energie; **être dans un état ~** essere stordito(-a) *ou* inebetito(-a); **doué de ~e vue** dotato di sesto senso; **de ~e main** di seconda mano.
secondaire [s(ə)gɔ̃dɛʀ] *adj* secondario(-a); (*MÉD*: *effets*) collaterale.
seconde [s(ə)gɔ̃d] *nf* (*partie d'une minute*) secondo; (*SCOL, AUTO*) seconda; **voyager en ~** viaggiare in seconda (classe).
seconder [s(ə)gɔ̃de] *vt* (*assister*) assistere, aiutare; (*favoriser*) assecondare.
secouer [s(ə)kwe] *vt* scuotere; (*passagers*) sballottare; **se secouer** *vr* scuotersi; (*personne*: *fam*) darsi una mossa; ~ **la poussière d'un tapis** scuotere la polvere da un tappeto; ~ **la tête** scuotere la testa.
secourable [s(ə)kuʀabl] *adj* pronto(-a) ad aiutare.
secourir [s(ə)kuʀiʀ] *vt* soccorrere.
secourisme [s(ə)kuʀism] *nm* (*premiers soins*) pronto soccorso; (*sauvetage*) salvataggio.
secouriste [s(ə)kuʀist] *nm/f* soccorritore (-trice).
secourons [səkuʀɔ̃] *vb voir* **secourir**.
secours [s(ə)kuʀ] *vb voir* **secourir** ♦ *nm* soccorso; (*aide*) aiuto ♦ *nmpl* (*aide financière, à un malade*) soccorsi *mpl*; **cet outil lui a été d'un grand ~** questo strumento gli è stato di grande aiuto; (*équipes de secours*) squadra di soccorso; **au ~!** aiuto!; **appeler au ~** chiamare aiuto; **appeler qn à son ~** chiamare qn in aiuto; **aller au ~ de qn** accorrere in aiuto di qn; **porter ~ à qn** portare soccorso a qn; **les premiers ~** i primi soccorsi; **le ~ en montagne** il soccorso alpino.
secouru, e [səkuʀy] *pp de* **secourir**.
secousse [s(ə)kus] *nf* scossa; (*fig*: *choc psychologique*) colpo; ▶ **secousse sismique/tellurique** scossa sismica/tellurica.
secret, -ète [səkʀɛ, ɛt] *adj* segreto(-a); (*intérieur*: *vie, pensée*) interiore; (*renfermé*: *personne*) chiuso(-a) ♦ *nm* segreto; (*discrétion absolue*) segretezza; **en ~** in segreto; **au ~** (*prisonnier*) rinchiuso(-a); ▶ **secret d'État** segreto di stato; ▶ **secret de fabrication** segreto di fabbrica-

zione; ▸ **secret professionnel** segreto professionale.

secrétaire [s(ə)kʀetɛʀ] *nm/f* segretario(-a) ♦ *nm* (*meuble*) secrétaire *m inv*; ▸ **secrétaire d'ambassade** segretario(-a) d'ambasciata; ▸ **secrétaire d'État** ministro segretario di stato; ▸ **secrétaire de direction** segretario(-a) di direzione; ▸ **secrétaire de mairie** segretario comunale; ▸ **secrétaire de rédaction** segretario(-a) di redazione; ▸ **secrétaire général** segretario generale; ▸ **secrétaire médicale** assistente *m/f* di un medico (*ou* dentista).

secrétariat [s(ə)kʀetaʀja] *nm* segretariato; (*bureau*: *d'entreprise, d'école*) segreteria; ▸ **secrétariat d'État** segreteria di stato; ▸ **secrétariat général** segreteria generale.

secrète [səkʀɛt] *nf*: **la (police)** ~ la polizia segreta.

secrètement [səkʀɛtmɑ̃] *adv* segretamente.

sécréter [sekʀete] *vt* secernere.

sécrétion [sekʀesjɔ̃] *nf* secrezione *f*.

sectaire [sɛktɛʀ] *adj* settario(-a).

sectarisme [sɛktaʀism] *nm* settarismo.

secte [sɛkt] *nf* setta.

secteur [sɛktœʀ] *nm* settore *m*; (*d'une ville*) circoscrizione *f*; **branché sur le** ~ (*ÉLEC*) collegato alla rete; **fonctionne sur pile et** ~ funziona a pile e a elettricità; **le** ~ **privé/public** il settore privato/pubblico; **le** ~ **primaire/secondaire/tertiaire** il settore primario/secondario/terziario.

section [sɛksjɔ̃] *nf* sezione *f*; (*d'une route, rivière*) tratto; (*de parcours d'autobus*) tronco; (*d'un chapitre, d'une œuvre*) estratto, sezione; (*d'une entreprise*) reparto; (*université*) dipartimento; ~ **rythmique/des cuivres** (*MUS*) sezione ritmica/di ottoni; **tube de** ~ **6,5 mm** tubo di 6,5 mm di sezione.

sectionner [sɛksjɔne] *vt* sezionare; **se sectionner** *vr* (*câble*) rompersi.

sectionneur [sɛksjɔnœʀ] *nm* (*ÉLEC*) sezionatore *m*.

sectoriel, le [sɛktɔʀjɛl] *adj* settoriale.

sectorisation [sɛktɔʀizasjɔ̃] *nf* organizzazione *f* in settori.

sectoriser [sɛktɔʀize] *vt* organizzare in settori.

sécu [seky] *nf* (*fam*) = *sécurité sociale*; *voir* **sécurité**.

séculaire [sekylɛʀ] *adj* secolare.

séculariser [sekylaʀize] *vt* secolarizzare.

séculier, -ière [sekylje, jɛʀ] *adj* secolare.

sécurisant, e [sekyʀizɑ̃, ɑ̃t] *adj* rassicurante.

sécuriser [sekyʀize] *vt* rassicurare.

sécurité [sekyʀite] *nf* sicurezza; **la** ~ **nationale/internationale** la sicurezza nazionale/internazionale; **être en** ~ essere al sicuro; **dispositif/système de** ~ dispositivo/sistema di sicurezza; **mesures de** ~ misure *fpl* di sicurezza; **la** ~ **de l'emploi** la sicurezza del lavoro; **la** ~ **routière** la sicurezza stradale; **la** ~ **sociale** ≈ la Previdenza Sociale.

sédatif, -ive [sedatif, iv] *adj* sedativo(-a) ♦ *nm* sedativo.

sédentaire [sedɑ̃tɛʀ] *adj* sedentario(-a).

sédiment [sedimɑ̃] *nm* sedimento.

sédimentaire [sedimɑ̃tɛʀ] *adj* sedimentario(-a).

sédimentation [sedimɑ̃tasjɔ̃] *nf* sedimentazione *f*.

séditieux, -euse [sedisjø, jøz] *adj* sedizioso(-a).

sédition [sedisjɔ̃] *nf* sedizione *f*.

séducteur, -trice [sedyktœʀ, tʀis] *adj* seduttore(-trice) ♦ *nm* seduttore *m*.

séduction [sedyksjɔ̃] *nf* seduzione *f*.

séductrice [sedyktʀis] *nf* seduttrice *f*.

séduire [sedɥiʀ] *vt* sedurre.

séduisant, e [sedɥizɑ̃, ɑ̃t] *vb voir* **séduire** ♦ *adj* seducente.

séduit, e [sedɥi, it] *pp de* **séduire**.

segment [sɛgmɑ̃] *nm* segmento; ▸ **segment (de piston)** (*AUTO*) fascia elastica; ▸ **segment de frein** ceppo dei freni.

segmenter [sɛgmɑ̃te] *vt* segmentare; **se segmenter** *vr* segmentarsi.

ségrégation [segʀegasjɔ̃] *nf* segregazione *f*; ▸ **ségrégation raciale** segregazione razziale.

ségrégationnisme [segʀegasjɔnism] *nm* segregazionismo.

ségrégationniste [segʀegasjɔnist] *adj* segregazionista.

seiche [sɛʃ] *nf* seppia.

séide [seid] (*péj*) *nm* fanatico(-a).

seigle [sɛgl] *nm* segale *f*.

seigneur [sɛɲœʀ] *nm* signore *m*; **le S~** (*REL*) il Signore.

seigneurial, e, -aux [sɛɲœʀjal, o] *adj* feudale, del signore.

sein [sɛ̃] *nm* seno; **au** ~ **de** in seno a; **donner le** ~ **à** (*bébé*) allattare; **nourrir au** ~ allattare al seno.

Seine [sɛn] *nf* Senna.

séisme [seism] *nm* sisma *m*.

séismique *etc* [seismik] *adj voir* **sismique** *etc*.

SEITA [seta] *sigle f* = *Société d'exploitation industrielle des tabacs et allumettes*.

seize [sɛz] *adj inv, nm inv* sedici *m inv*; *voir aussi* **cinq**.

seizième [sɛzjɛm] *adj, nm/f* sedicesimo(-a) ♦ *nm* sedicesimo; *voir aussi* **cinquième**.

séjour [seʒuʀ] *nm* soggiorno.

séjourner [seʒuʀne] *vi* soggiornare; (*suj*:

chose) rimanere.
sel [sɛl] *nm* sale *m*; (*fig*: *esprit, piquant*) spirito; ►**sel de cuisine** sale da cucina; ►**sel de table** sale da tavola; ►**sel fin** sale fino; ►**sel gemme** salgemma *m*; ►**sels de bain** sali da bagno.
sélect, e [selɛkt] *adj* (*clientèle*) distinto (-a), scelto(-a); (*bar*) esclusivo(-a), elegante.
sélectif, -ive [selɛktif, iv] *adj* selettivo(-a).
sélection [selɛksjɔ̃] *nf* selezione *f*; **faire/opérer une ~ parmi** fare/operare una selezione tra; **épreuve de ~** (*SPORT*) prova di selezione; ►**sélection naturelle** selezione naturale; ►**sélection professionnelle** selezione professionale.
sélectionné, e [selɛksjɔne] *adj* selezionato(-a).
sélectionner [selɛksjɔne] *vt* selezionare.
sélectionneur, -euse [selɛksjɔnœʀ, øz] *nm/f* selezionatore(-trice).
sélectivement [selɛktivmɑ̃] *adv* selettivamente.
sélectivité [selɛktivite] *nf* selettività.
sélénologie [selenɔlɔʒi] *nf* selenologia.
self [sɛlf] (*fam*) *nm* self-service *m inv*.
self-service [sɛlfsɛʀvis] (*pl* **~-~s**) *adj, nm* self-service *m inv*.
selle [sɛl] *nf* (*de cheval, CULIN*) sella; (*de bicyclette, motocyclette*) sellino; **~s** *nfpl* (*MÉD*) feci *fpl*; **aller à la ~** (*MÉD*) andare di corpo; **se mettre en ~** montare in sella.
seller [sele] *vt* sellare.
sellette [sɛlɛt] *nf*: **mettre qn sur la ~** fare il terzo grado a qn; **être sur la ~** essere sotto accusa.
sellier [selje] *nm* sellaio.
selon [s(ə)lɔ̃] *prép* secondo; (*en fonction de*) a seconda di, secondo; **~ que** a seconda che, secondo che; **~ moi** secondo me.
semailles [s(ə)mɑj] *nfpl* semina *fsg*.
semaine [s(ə)mɛn] *nf* settimana; **en ~** durante la settimana, in settimana; **la ~ de quarante heures** la settimana di quaranta ore; **la ~ du blanc/du livre** (*COMM*) la settimana del bianco/del libro; **la ~ sainte** la settimana santa; **vivre à la petite ~** vivere alla giornata.
semainier [s(ə)menje] *nm* (*bracelet*) braccialetto; (*calendrier*) agenda (da tavolo); (*meuble*) mobile *m* (*con sette cassetti*).
sémantique [semɑ̃tik] *adj* semantico(-a) ♦ *nf* semantica.
sémaphore [semafɔʀ] *nm* semaforo marittimo.
semblable [sɑ̃blabl] *adj*: **~ (à)** simile (a) ♦ *nm* simile *m*; **de ~s mésaventures/calomnies** simili disavventure *fpl*/calunnie *fpl*.
semblant [sɑ̃blɑ̃] *nm*: **un ~ d'intérêt/de vérité** una parvenza d'interesse/di verità; **faire ~ (de faire qch)** far finta (di fare qc).
sembler [sɑ̃ble] *vb impers, vi* sembrare; **il semble inutile/bon de ...** sembra inutile/opportuno ...; **il semble (bien) que/ne semble pas que** sembra (proprio) che/non sembra che; **il me semble (bien) que vous avez raison** mi sembra *ou* mi pare (proprio) che abbia ragione; **il me semble le connaître** mi sembra *ou* pare di conoscerlo; **cela leur semblait cher/pratique** gli sembrava caro/pratico; **~ être** sembrare di essere; **comme/quand bon lui semble** come/quanto vuole lui, come/quanto gli pare; **me semble-t-il, à ce qu'il me semble** a quanto pare.
semelle [s(ə)mɛl] *nf* (*de chaussure*) suola; (: *intérieure*) soletta; (*d'un ski*) soletta, suola; **battre la ~** battere i piedi per terra per scaldarsi; (*fig*) restare ad aspettare; *voir aussi* **compensé**.
semence [s(ə)mɑ̃s] *nf* seme *m*, semente *f*; (*clou*) bulletta.
semer [s(ə)me] *vt* (*graines, fig*: *poursuivants*) seminare; (*fig*: *éparpiller*) diffondere, spargere; **~ la confusion** seminare confusione; **~ la discorde/terreur parmi** seminare zizzania/il terrore tra; **semé de difficultés/d'erreurs** seminato di difficoltà/di errori.
semestre [s(ə)mɛstʀ] *nm* semestre *m*.
semestriel, le [s(ə)mɛstʀijɛl] *adj* semestrale.
semeur, -euse [s(ə)mœʀ, øz] *nm/f* seminatore(-trice).
semi- [səmi] *préf* semi-.
semi-automatique [səmiɔtɔmatik] (*pl* **~-~s**) *adj* semiautomatico(-a).
semi-conducteur [səmikɔ̃dyktœʀ] (*pl* **~-~s**) *nm* (*INFORM*) semiconduttore *m*.
semi-conserve [səmikɔ̃sɛʀv(ə)] (*pl* **~-~s**) *nf conserva alimentare parzialmente sterilizzata*.
semi-fini [səmifini] (*pl* **~-~s**) *adj m* semilavorato(-a).
semi-liberté [səmilibɛrte] (*pl* **~-~s**) *nf* (*JUR*) semilibertà.
sémillant, e [semijɑ̃, ɑ̃t] *adj* vivace, brioso(-a).
séminaire [seminɛʀ] *nm* seminario.
séminariste [seminaʀist] *nm* seminarista *m*.
sémiologie [semjɔlɔʒi] *nf* semiologia.
semi-public, -ique [səmipyblik] (*pl* **~-~s, -iques**) *adj* (*JUR*) semipubblico(-a).
semi-remorque [səmiʀəmɔʀk] (*pl* **~-~s**) *nf* semirimorchio ♦ *nm* (*camion*) autoarticolato.
semis [s(ə)mi] *nm* (*terrain*) seminato; (*plante*) piantina.

sémite [semit] *adj* semita.
sémitique [semitik] *adj* semitico(-a).
semoir [səmwaʀ] *nm* sacco delle sementi.
semonce [səmɔ̃s] *nf* (*NAUT*) intimazione *f*; (*fig*: *réprimande*) predica, ramanzina; **coup de ~** tiro d'intimazione.
semoule [s(ə)mul] *nf* (*farine*) semolino; ▸**semoule de maïs** semola di mais; ▸**semoule de riz** semola di riso.
sempiternel, le [sɑ̃pitɛʀnɛl] *adj* eterno(-a).
sénat [sena] *nm* Senato.
sénateur [senatœʀ] *nm* senatore(-trice).
sénatorial, e, -aux [senatɔʀjal, o] *adj* senatoriale.
Sénégal [senegal] *nm* Senegal *m*.
sénégalais, e [senegalɛ, ɛz] *adj* senegalese ♦ *nm/f*: **S~, e** senegalese *m/f*.
sénescence [senesɑ̃s] *nf* senescenza.
sénevé [sɛnve] *nm* senape *f* nera.
sénile [senil] *adj* senile.
sénilité [senilite] *nf* senilità.
senior [senjɔʀ] *nm/f* (*SPORT*) senior *m/f*.
sens [sɑ̃s] *vb voir* **sentir** ♦ *nm* senso; **~** *nmpl* (*sensualité*) sensi *mpl*; **avoir le ~ des affaires/de la mesure** avere il senso degli affari/della misura; **en dépit du bon ~** contro ogni buon senso; **tomber sous le ~** andare da sé, essere evidente; **ça n'a pas de ~** non ha senso; **en ce ~ que** nel senso che; **en un ~, dans un ~** in un certo senso; **à mon ~** secondo me; **dans le ~ des aiguilles d'une montre** in senso orario; **dans le ~ de la longueur/largeur** nel senso della lunghezza/larghezza; **dans le mauvais ~** nel senso sbagliato; **bon ~** buon senso; **reprendre ses ~** riprendere i sensi; ▸**sens commun** senso comune; ▸**sens dessus dessous** sottosopra; ▸**sens figuré/propre** senso figurato/proprio; ▸**sens interdit/unique** senso vietato/unico.
sensass [sɑ̃sɑs] (*fam*) *adj* sensazionale.
sensation [sɑ̃sasjɔ̃] *nf* (*effet de surprise*) colpo; **faire ~** far colpo; **à ~** (*péj*) a sensazione.
sensationnel, le [sɑ̃sasjɔnɛl] *adj* sensazionale.
sensé, e [sɑ̃se] *adj* sensato(-a).
sensibilisation [sɑ̃sibilizasjɔ̃] *nf* sensibilizzazione *f*.
sensibiliser [sɑ̃sibilize] *vt* sensibilizzare; **~ qn (à)** sensibilizzare qn (a).
sensibilité [sɑ̃sibilite] *nf* sensibilità *f inv*.
sensible [sɑ̃sibl] *adj* sensibile; **~ à** sensibile a.
sensiblement [sɑ̃sibləmɑ̃] *adv* (*notablement*) notevolmente; (*à peu près*) pressapoco; **ils ont ~ le même poids** hanno pressapoco lo stesso peso.
sensiblerie [sɑ̃sibləʀi] *nf* sentimentalismo.
sensitif, -ive [sɑ̃sitif, iv] *adj* sensitivo(-a).
sensoriel, le [sɑ̃sɔʀjɛl] *adj* sensoriale, sensorio(-a).
sensorimoteur, -trice [sɑ̃sɔʀimɔtœʀ, tʀis] (*pl* **~s, -trices**) *adj* sensorio-motorio(-a).
sensualité [sɑ̃sɥalite] *nf* sensualità *f inv*.
sensuel, le [sɑ̃sɥɛl] *adj* sensuale.
sent [sɑ̃] *vb voir* **sentir**.
sente [sɑ̃t] *nf* sentiero.
sentence [sɑ̃tɑ̃s] *nf* sentenza.
sentencieusement [sɑ̃tɑ̃sjøzmɑ̃] *adv* sentenziosamente.
sentencieux, -euse [sɑ̃tɑ̃sjø, jøz] *adj* sentenzioso(-a).
senteur [sɑ̃tœʀ] *nf* profumo, sentore *m*.
senti, e [sɑ̃ti] *adj*: **bien ~** che fa presa.
sentier [sɑ̃tje] *nm* sentiero.
sentiment [sɑ̃timɑ̃] *nm* sentimento; (*conscience, impression*) sensazione *f*, impressione *f*; (*avis, opinion*) parere *m*; **avoir le ~ de/que** avere la sensazione *ou* l'impressione di/che; **recevez mes ~s respectueux/dévoués** voglia gradire i miei più distinti/cordiali saluti; **veuillez agréer l'expression de mes ~s distingués** voglia gradire i miei più distinti saluti; **faire du ~** (*péj*) fare il sentimentale; **si vous me prenez par les ~s ...** se fa leva sui miei sentimenti ... .
sentimental, e, -aux [sɑ̃timɑ̃tal, o] *adj* sentimentale.
sentimentalisme [sɑ̃timɑ̃talism] *nm* sentimentalismo.
sentimentalité [sɑ̃timɑ̃talite] *nf* sentimentalità *f inv*.
sentinelle [sɑ̃tinɛl] *nf* (*MIL*) sentinella; **en ~** di sentinella.
sentir [sɑ̃tiʀ] *vt* sentire; (*apprécier, goûter*) gustare; (*avoir une odeur de*) avere un odore di; (*fig*: *dénoter*) sapere di ♦ *vi* (*exhaler une mauvaise odeur*) puzzare; **~ l'odeur de** sentire l'odore di; **~ une rose** annusare una rosa; **~ bon/mauvais** avere un buon/cattivo odore; **se ~ bien/mal à l'aise** sentirsi/non sentirsi a proprio agio; **se ~ mal** sentirsi male; **se ~ le courage/la force de faire qch** sentirsela di fare qc; **se ~ coupable de faire qch** sentirsi colpevole nel fare qc; **ne plus se ~ de joie** essere fuori di sè dalla gioia; **ne pas pouvoir ~ qn** (*fam*) non poter soffrire qn.
seoir [swaʀ]: **~ à** *vt* addirsi a, convenire a; **comme il (leur) sied** come conviene (loro).
Seoul [seul] *n* Seoul *f*.
séparation [sepaʀasjɔ̃] *nf* separazione *f*; ▸**séparation de biens** (*JUR*) separazione *f* dei beni; ▸**séparation de corps** (*JUR*) separazione legale; ▸**séparation des pouvoirs** (*POL*) separazione *f* dei poteri.

séparatisme [sepaʀatism] *nm* (*POL*) separatismo.
séparatiste [sepaʀatist] *adj, nm/f* separatista *m/f*.
séparé, e [sepaʀe] *adj* separato(-a); ~ **de** separato(-a) da.
séparément [sepaʀemɑ̃] *adv* separatamente.
séparer [sepaʀe] *vt* separare; ~ **qch de** separare qc da; ~ **qch par/au moyen de** dividere qc con/per mezzo di; **se séparer** *vr* separarsi; (*prendre congé: amis etc*) lasciarsi; (*route, tige etc*) dividersi; **se** ~ **(de)** (*se détacher*) staccarsi (da); **se** ~ **de** (*époux, objet personnel*) separarsi da; ~ **une pièce/un jardin en deux** dividere in due una stanza/un giardino.
sépia [sepja] *nf* (*colorant*) nero di seppia; (*dessin*) disegno al nero di seppia.
sept [sɛt] *adj inv, nm inv* sette *m inv*; *voir aussi* **cinq**.
septante [sɛptɑ̃t] *adj inv, sm inv* (*Belgique, Suisse*) settanta *m inv*.
septembre [sɛptɑ̃bʀ] *nm* settembre *m*; *voir aussi* **juillet**.
septennal, e, -aux [sɛptenal, o] *adj* settennale.
septennat [sɛptena] *nm* settennato.
septentrional, e, -aux [sɛptɑ̃tʀijɔnal, o] *adj* settentrionale.
septicémie [sɛptisemi] *nf* setticemia.
septième [sɛtjɛm] *adj, nm/f* settimo(-a) ♦ *nm* settimo; **être au** ~ **ciel** essere al settimo cielo; *voir aussi* **cinquième**.
septique [sɛptik] *adj*: **fosse** ~ fossa settica.
septuagénaire [sɛptɥaʒenɛʀ] *adj, nm/f* settantenne *m/f*.
sépulcral, e, -aux [sepylkʀal, o] *adj* sepolcrale.
sépulcre [sepylkʀ] *nm* sepolcro.
sépulture [sepyltyʀ] *nf* sepoltura.
séquelles [sekɛl] *nfpl* postumi *mpl*; (*fig*) conseguenze *fpl*.
séquence [sekɑ̃s] *nf* sequenza.
séquenceur [sekɑ̃sœʀ] *nm* (*INFORM*) sequenziatore *m*.
séquentiel, le [sekɑ̃sjɛl] *adj* sequenziale; **traitement** ~ (*INFORM*) elaborazione *f* sequenziale.
séquestration [sekɛstʀasjɔ̃] *nf* sequestro.
séquestre [sekɛstʀ] *nm* (*JUR*) sequestro; **mettre sous** ~ mettere sotto sequestro.
séquestrer [sekɛstʀe] *vt* sequestrare.
serai *etc* [səʀe] *vb voir* **être**.
sérail [seʀaj] *nm* serraglio.
serbe [sɛʀb] *adj* serbo(-a) ♦ *nm* (*LING*) serbo ♦ *nm/f*: **S**~ serbo(-a).
Serbie [sɛʀbi] *nf* Serbia.
serbo-croate [sɛʀbokʀɔat] *nm/f* serbocroato(-a).
serein, e [səʀɛ̃, ɛn] *adj* sereno(-a).
sereinement [səʀɛnmɑ̃] *adv* serenamente.
sérénade [seʀenad] *nf* (*MUS*) serenata; (*fam*) cagnara, baraonda.
sérénité [seʀenite] *nf* serenità.
serez [səʀe] *vb voir* **être**.
serf, serve [sɛʀ(f), sɛʀv] *nm/f* servo(-a).
serfouette [sɛʀfwɛt] *nf* sarchiello.
serge [sɛʀʒ] *nf* serge *f inv*.
sergent [sɛʀʒɑ̃] *nm* sergente *m*.
sergent-chef [sɛʀʒɑ̃ʃɛf] (*pl* ~**s**-~**s**) *nm* sergente *m* maggiore.
sergent-major [sɛʀʒɑ̃maʒɔʀ] (*pl* ~**s**-~**s**) *nm grado militare intermedio tra sergent-chef e adjudant*.
sériciculture [seʀisikyltyʀ] *nf* sericoltura.
série [seʀi] *nf* serie *f*; (*de clefs*) mazzo; (*casseroles*) batteria; **en** ~ in serie; **de** ~ (*voiture*) di serie; **hors** ~ fuori serie; **imprimante** ~ (*INFORM*) stampante *f* seriale; **soldes de fin de** ~**s** saldi *mpl* di fine serie; ▶ **série noire** (*roman policier*) giallo; (*suite de malheurs*) periodo sfortunato; ▶ **série (télévisée)** (*feuilleton*) serie (televisiva).
sériel, le [seʀjɛl] *adj* (*INFORM*) seriale.
sérier [seʀje] *vt* classificare.
sérieusement [seʀjøzmɑ̃] *adv* seriamente; **il parle** ~ parla seriamente, dice sul serio; ~? davvero?
sérieux, -euse [seʀjø, jøz] *adj* serio(-a); (*client, renseignement*) affidabile; (*important: différence, augmentation*) notevole ♦ *nm* serietà; **garder son** ~ restare serio (-a); **manquer de** ~ non essere serio(-a); **prendre qch/qn au** ~ prendere sul serio qc/qn; **se prendre au** ~ prendersi troppo sul serio; **tu es** ~? parli sul serio?; **c'est** ~? è vero?; **ce n'est pas** ~ (*idée de critique*) non è serio.
sérigraphie [seʀigʀafi] *nf* serigrafia.
serin [s(ə)ʀɛ̃] *nm* canarino.
seriner [s(ə)ʀine] *vt*: ~ **qch à qn** ficcare in testa qc a qn (*fig*).
seringue [s(ə)ʀɛ̃g] *nf* siringa.
serions [səʀjɔ̃] *vb voir* **être**.
serment [sɛʀmɑ̃] *nm* giuramento; **faire le** ~ **de** giurare di; **témoigner sous** ~ testimoniare sotto giuramento.
sermon [sɛʀmɔ̃] *nm* (*aussi péj*) sermone *m*, predica.
sermonner [sɛʀmɔne] *vt* fare la predica a.
SERNAM [sɛʀnam] *sigle m* (= *Service national des messageries*) *servizio di trasporto merci ferroviario*.
sérologie [seʀɔlɔʒi] *nf* sierologia.
séronégatif, -ive [seʀonegatif, iv] *adj, nm/f* sieronegativo(-a).
séronégativité [seʀonegativite] *nf* sieronegatività.
séropositif, -ive [seʀopozitif, iv] *adj, nm/f*

sieropositivo(-a).
séropositivité [seʀopozitivite] *nf* sieropositività.
serpe [sɛʀp] *nf* roncola.
serpent [sɛʀpɑ̃] *nm* serpente *m*; ▸ **serpent à lunettes** serpente dagli occhiali; ▸ **serpent à sonnettes** serpente a sonagli; ▸ **serpent monétaire (européen)** serpente monetario (europeo).
serpenter [sɛʀpɑ̃te] *vi* serpeggiare, snodarsi.
serpentin [sɛʀpɑ̃tɛ̃] *nm* (*tube*) serpentina; (*ruban*) stella filante.
serpillière [sɛʀpijɛʀ] *nf* strofinaccio (per pavimenti).
serpolet [sɛʀpɔlɛ] *nm* timo.
serrage [seʀaʒ] *nm* serraggio.
serre [sɛʀ] *nf* serra; **~s** *nfpl* (*griffes*) artigli *mpl*; ▸ **serre chaude/froide** serra calda/fredda.
serré, e [seʀe] *adj* (*tissu, réseau, écriture*) fitto(-a); (*habits, passagers, lutte*) stretto (-a); (*partie, match*) serrato(-a); (*café*) ristretto(-a) ♦ *adv*: **jouer ~** giocare con prudenza; **écrire ~** scrivere fitto; **avoir le cœur ~** avere una stretta al cuore; **avoir la gorge ~e** avere un nodo in gola.
serre-livres [sɛʀlivʀ] *nm inv* reggilibro *m inv*.
serrement [sɛʀmɑ̃] *nm*: **~ de main** stretta di mano; **~ de cœur** stretta al cuore.
serrer [seʀe] *vt* stringere; (*poings, mâchoires*) stringere, serrare; (*rapprocher: personnes, livres, lignes*) avvicinare ♦ *vi*: **~ à droite/gauche** stringere a destra/a sinistra; **se serrer** *vr* stringersi; **~ la main à qn** stringere la mano a qn; **~ qn dans ses bras/contre son cœur** stringere qn tra le braccia/al petto; **~ la gorge/le cœur à qn** serrare la gola/stringere il cuore a qn; **~ les dents** stringere i denti; **~ qn de près** incalzare qn; **~ le trottoir** accostarsi al marciapiede; **~ à droite/gauche** portarsi a destra/sinistra; **se ~ contre qn** stringersi a qn; **se ~ les coudes** aiutarsi *ou* sostenersi a vicenda; **se ~ la ceinture** tirare la cinghia; **~ la vis à qn** punire severamente qn; **~ les rangs** serrare le file.
serre-tête [sɛʀtɛt] *nm inv* cerchietto.
serrure [seʀyʀ] *nf* serratura.
serrurerie [seʀyʀʀi] *nf* ferramenta; ▸ **serrurerie d'art** oggetti *mpl* in ferro battuto.
serrurier [seʀyʀje] *nm* fabbro (*per serrature, lucchetti*).
sers *etc* [sɛʀ] *vb voir* **servir**.
sert *etc* [sɛʀ] *vb voir* **servir**.
sertir [sɛʀtiʀ] *vt* (*pierre précieuse*) incastonare; (*deux pièces métalliques*) aggraffare.
sérum [seʀɔm] *nm* siero; ▸ **sérum antitétanique** siero antitetanico; ▸ **sérum antivenimeux** antidoto; ▸ **sérum artificiel/physiologique** soluzione *f* fisiologica; ▸ **sérum de vérité** siero della verità; ▸ **sérum sanguin** siero del sangue.
servage [sɛʀvaʒ] *nm* schiavitù *f inv*.
servant [sɛʀvɑ̃] *nm* (*REL*) chierico; (*MIL*) servente *m*.
servante [sɛʀvɑ̃t] *nf* domestica.
serve [sɛʀv] *vb voir* **servir** ♦ *nf voir* **serf**.
serveur, -euse [sɛʀvœʀ, øz] *nm/f* (*de restaurant, extra*) cameriere(-a); (*CARTES*) mazziere(-a); (*TENNIS*) battitore(-trice) ♦ *nm* (*TÉL*) server *m*; **~ de données** server *m inv* di dati.
servi, e [sɛʀvi] *adj*: **être bien ~** (*au restaurant*) ricevere una porzione abbondante; **vous êtes ~?** è servito?
serviable [sɛʀvjabl] *adj* servizievole.
service [sɛʀvis] *nm* servizio; (*linge de table*) biancheria da tavola; (*aide, faveur*) favore *m*, piacere *m*; **~s** *nmpl* (*prestations, ÉCON*) servizi *mpl*; **premier/second ~** (*série de repas*) primo/secondo turno; **~ compris/non compris** servizio compreso/escluso; **faire le ~** servire; **être en ~ chez qn** (*domestique*) essere a servizio da qn; **être au ~ de** (*patron, patrie*) essere al servizio di; **être au ~ de qn** (*personne, voiture*) essere a disposizione di qn; **porte de ~** porta di servizio; **rendre ~ (à qn)** fare un favore (a qn); (*suj: objet, outil*) essere utile a, servire a; **il aime rendre ~** gli piace rendersi utile; **rendre un ~ à qn** rendere un servizio a qn; **reprendre du ~** riprendere servizio; **heures de ~** orario di servizio; **être de ~** essere in servizio; **avoir 25 ans de ~** avere 25 anni di servizio; **être/mettre en ~** essere/mettere in funzione; **hors ~** fuori servizio; **être en ~ commandé** svolgere un incarico ufficiale; ▸ **service à café/à thé** servizio da caffè/da tè; ▸ **service à glaces** servizio da gelato; ▸ **service après vente** (servizio di) assistenza ai clienti; ▸ **service d'ordre** servizio d'ordine; ▸ **service funèbre** servizio funebre; ▸ **service militaire** servizio militare; ▸ **service public** pubblico servizio; ▸ **services secrets** servizi segreti; ▸ **services sociaux** servizi sociali.
serviette [sɛʀvjɛt] *nf* (*de table*) tovagliolo; (*de toilette*) asciugamano; (*porte-documents*) cartella; ▸ **serviette éponge** asciugamano di spugna; ▸ **serviette hygiénique** assorbente *m*.
servile [sɛʀvil] *adj* servile.
servilement [sɛʀvilmɑ̃] *adv* servilmente.
servilité [sɛʀvilite] *nf* servilità.

servir [sɛʀviʀ] *vt* servire; (*rente, pension, intérêts*) versare ♦ *vi* (*TENNIS*) servire; (*CARTES*) dare le carte; **se servir** *vr* (*prendre d'un plat*) servirsi; ~ **qch (à qn)** (*plat, boisson*) servire qc (a qn); ~ **qn** (*suj*: *mémoire, circonstances*) servire qn, aiutare qn; **se** ~ **chez qn** (*s'approvisionner*) servirsi da qn; **se** ~ **de** servirsi di; ~ **à qn** servire a qn; **ça m'a servi pour faire ...** mi è servito per fare ...; ~ **à qch/faire qch** servire a qc/fare qc; **qu'est-ce que je vous sers?** che cosa le servo?; **est-ce que je peux vous** ~ **quelque chose?** posso offrirle qualcosa?; **vous êtes servi?** è servito?; **ça peut** ~ può servire; **ça peut encore** ~ può ancora servire; **à quoi cela sert-il (de faire)?** a che cosa serve (fare)?; **cela ne sert à rien** non serve a niente; ~ **(à qn) de secrétaire** fare da segretaria (a qn); ~ **la messe** servir messa; ~ **une cause** servire una causa; ~ **les intérêts de qn** servire gli interessi di qn; ~ **à dîner/déjeuner à qn** servire il pranzo/la cena a qn; ~ **le dîner à 18 h** servire la cena alle 6.

serviteur [sɛʀvitœʀ] *nm* servitore *m*.

servitude [sɛʀvityd] *nf* (*aussi fig*) schiavitù *f inv*; (*JUR*) servitù *f inv*.

servocommande [sɛʀvokɔmɑ̃d] *nf* servocomando.

servofrein [sɛʀvofʀɛ̃] *nm* servofreno.

servomécanisme [sɛʀvomekanism] *nm* servomeccanismo.

ses [se] *dét voir* **son**.

sésame [sezam] *nm* sesamo.

session [sesjɔ̃] *nf* sessione *f*.

set [sɛt] *nm* (*TENNIS*) set *m inv*; ▸**set de table** (*napperons*) set da tavola.

seuil [sœj] *nm* soglia; **recevoir qn sur le** ~ **(de sa maison)** accogliere qn sulla soglia (di casa); **au** ~ **de** (*fig*) alle soglie di; ▸**seuil de rentabilité** (*COMM*) soglia di redditività.

seul, e [sœl] *adj* solo(-a) ♦ *adv*: **vivre** ~ vivere solo(-a) ♦ *nm/f*: **j'en veux un** ~ ne voglio uno solo; **une** ~**e** una sola; **le** ~ **livre/homme** l'unico libro/uomo; ~ **ce livre/cet homme, ce livre/cet homme** ~ solo questo libro/quest'uomo; **lui** ~ **peut ...** solo lui può ...; **à lui (tout)** ~ da solo; **d'un** ~ **coup** (*subitement*) di colpo; **parler tout** ~ parlare da solo; **faire qch (tout)** ~ fare qc da solo; ~ **à** ~ a quattr'occhi; **il en reste un** ~ ne resta uno solo; **pas une** ~**e** nemmeno una.

seulement [sœlmɑ̃] *adv* solo, solamente, soltanto; ~ **hier** solo ieri; **il consent,** ~ **il demande des garanties** acconsente, solo che chiede delle garanzie; **non** ~ **... mais aussi** *ou* **encore** non solo ... ma anche.

sève [sɛv] *nf* linfa; (*fig*) vigore *m*.

sévère [sevɛʀ] *adj* severo(-a).

sévèrement [sevɛʀmɑ̃] *adv* severamente.

sévérité [seveʀite] *nf* severità.

sévices [sevis] *nmpl* sevizie *fpl*.

sévir [seviʀ] *vi* (*punir*): ~ **(contre)** (*abus, pratiques*) prendere severi provvedimenti (contro); (*suj*: *fléau*) imperversare.

sevrage [səvʀaʒ] *nm* svezzamento; (*d'un toxicomane*) disassuefazione *f*.

sevrer [səvʀe] *vt* svezzare; ~ **qn de qch** (*fig*) svezzare qn da qc.

sexagénaire [sɛksaʒenɛʀ] *adj, nm/f* sessantenne *m/f*.

sexe [sɛks] *nm* sesso; **le** ~ **fort/faible** il sesso forte/debole.

sexisme [sɛksism] *nm* sessismo.

sexiste [sɛksist] *adj, nm* sessista *m*.

sexologie [sɛksɔlɔʒi] *nf* sessuologia.

sexologue [sɛksɔlɔg] *nm/f* sessuologo.

sextant [sɛkstɑ̃] *nm* sestante *m*.

sexualité [sɛksɥalite] *nf* sessualità.

sexué, e [sɛksɥe] *adj* sessuato(-a).

sexuel, le [sɛksɥɛl] *adj* sessuale; **acte** ~ atto sessuale.

sexuellement [sɛksɥɛlmɑ̃] *adv* sessualmente.

seyait [sejɛ] *vb voir* **seoir**.

seyant, e [sɛjɑ̃, ɑ̃t] *vb voir* **seoir** ♦ *adj* (*vêtement*) che dona.

Seychelles [seʃɛl] *nfpl*: **les (îles)** ~ le (isole) Seychelles.

SG [ɛsʒe] *sigle m* = **secrétaire général**.

shaker [ʃɛkœʀ] *nm* shaker *m inv*.

shampooiner [ʃɑ̃pwine] *vt* fare lo shampoo a, lavare.

shampooineur, -euse [ʃɑ̃pwinœʀ, øz] *nm/f* lavorante *m/f* del parrucchiere.

shampooineuse [ʃɑ̃pwinøz] *nf* (*appareil*) lavamoquette *f inv*.

shampooing [ʃɑ̃pwɛ̃] *nm* shampoo *m inv*; **se faire un** ~ farsi uno shampoo; ▸**shampooing colorant/traitant** shampoo colorante/trattante.

Shetland [ʃɛtlɑ̃d]: **les îles** ~ *nfpl* le isole Shetland.

shimmy [ʃimi] *nm* (*AUTO*) shimmy *m inv*.

shoot [ʃut] *nm* tiro.

shooter [ʃute] *vi* tirare; **se shooter** *vr* (*drogué*) farsi.

shopping [ʃɔpiŋ] *nm*: **faire du** ~ fare shopping.

short [ʃɔʀt] *nm* calzoncini *mpl* corti, shorts *mpl*.

SI [ɛsi] *sigle m* = **syndicat d'initiative**.

MOT-CLÉ

si *adv* **1** (*oui*) sì; **Paul n'est pas venu? – si!** Paul è venuto? – sì!; **je suis sûr que si** sono sicuro di sì; **je vous assure que si** le assicuro di sì; **il m'a répondu que si** mi ha risposto di sì; **je préférerais que si** pre-

ferirei di sì; **j'admets que si** lo ammetto
2 (*tellement*): **si gentil/rapidement** così gentile/rapidamente; **si rapide qu'il soit** per quanto sia rapido
♦ *conj* se; **si tu veux** se vuoi; **je me demande si** mi chiedo se; **si seulement** se sol(tant)o; **si ce n'est** ... se non ...; **si ce n'est que** ... salvo (per il fatto) che ..., se non fosse che ...; **si bien que** ... cosicché ...; **si tant est que** ... supposto che ..., ammettendo che ...; **(tant et) si bien que** tanto che, gira e rigira ...; **s'il pouvait (seulement) venir!** se solo potesse venire!; **s'il le fait, c'est que** ... se lo fa, significa che ...; **s'il est aimable, eux par contre** ... lui è tanto piacevole quanto loro ...
♦ *nm* (*MUS*) si *m inv*.

siamois, e [sjamwa, waz] *adj* siamese; **frères ~** fratelli siamesi.
Sibérie [siberi] *nf* Siberia.
sibérien, ne [siberjɛ̃, jɛn] *adj* siberiano(-a) ♦ *nm/f*: **S~, ne** siberiano(-a).
sibyllin, e [sibilɛ̃, in] *adj* (*fig*) sibillino(-a).
SICAV [sikav] *sigle f* = *société d'investissement à capital variable*.
siccatif, -ive [sikatif, iv] *adj* (*PEINTURE*) siccativo(-a); (*MÉD*: *pommade*) cicatrizzante.
Sicile [sisil] *nf* Sicilia.
sicilien, ne [sisiljɛ̃, jɛn] *adj* siciliano(-a).
SIDA, sida [sida] *sigle m* (= *syndrome immunodéficitaire acquis*) AIDS *m*.
sidéral, e, -aux [sideral, o] *adj* siderale.
sidérant, e [siderɑ̃, ɑ̃t] *adj* sbalorditivo(-a).
sidéré, e [sidere] *adj* sbalordito(-a).
sidérurgie [sideryrʒi] *nf* siderurgia.
sidérurgique [sideryrʒik] *adj* siderurgico(-a).
sidérurgiste [sideryrʒist] *nm/f* lavoratore (-trice) del settore siderurgico.
siècle [sjɛkl] *nm* secolo; **le ~ des lumières/de l'atome** il secolo dei lumi/dell'atomo.
sied [sje] *vb voir* **seoir**.
siège [sjɛʒ] *nm* sede *f*; (*pliant, d'une voiture*) sedile *m*; (*dans une assemblée, d'un député*) seggio; (*MIL*) assedio; **lever le ~** togliere l'assedio; **mettre le ~ devant une ville** cingere d'assedio una città; **se présenter par le ~** (*MÉD*: *nouveau-né*) presentarsi col podice; ▸ **siège arrière/avant** (*AUTO*) sedile posteriore/anteriore; ▸ **siège baquet** sedile (di auto sportiva); ▸ **siège social** (*COMM*) sede sociale.
siéger [sjeʒe] *vi* (*député*) sedere; (*assemblée, tribunal*) aver sede; (*se trouver*) risiedere, trovarsi.
sien, ne [sjɛ̃, sjɛn] *pron*: **le ~, la ~ne** il suo, la sua; **les ~s, les ~nes** i suoi, le sue; **y mettre du ~** metterci del proprio; **faire des ~nes** (*fam*) farne una delle proprie; **les ~s** (*sa famille*) i suoi.
siérait *etc* [sjerɛ] *vb voir* **seoir**.
Sierra Leone [sjera leɔn(e)] *nf* Sierra Leone *f*.
sieste [sjɛst] *nf* sonnellino; **faire la ~** fare un sonnellino.
sieur [sjœr] *nm*: **le ~ Duval** il signor Duval.
sifflant, e [siflɑ̃, ɑ̃t] *adj* sibilante; (*toux*) con sibilo; **(consonne) ~e** (consonante *f*) sibilante.
sifflement [sifləmɑ̃] *nm* fischio; (*de la vapeur, du vent*) sibilo.
siffler [sifle] *vi* fischiare; (*personne*: *chanter*) fischiare, fischiettare; (*serpent*) sibilare ♦ *vt* (*air, chanson*) fischiare, fischiettare; (*animal, pièce, fille*) fischiare a; (*faute, fin d'un match, départ*) fischiare; (*fam*: *verre, bouteille*) tracannare, scolarsi.
sifflet [siflɛ] *nm* (*instrument*) fischietto; (*sifflement*) fischio; **~s** *nmpl* (*de mécontentement*) fischi *mpl*; **coup de ~** fischio.
siffloter [siflɔte] *vi* fischiettare ♦ *vt* fischiettare.
sigle [sigl] *nm* sigla.
signal, -aux [siɲal, o] *nm* segnale *m*; **donner le ~ de** dare il segnale a; ▸ **signal d'alarme** segnale d'allarme; ▸ **signal d'alerte** segnale d'allarme; ▸ **signal de détresse** segnale di soccorso; ▸ **signal horaire** segnale orario; ▸ **signal optique/sonore** segnale ottico/sonoro; ▸ **signaux (lumineux)** (*AUTO*) segnaletica *fsg* (luminosa); ▸ **signaux routiers** segnali stradali, segnaletica stradale.
signalement [siɲalmɑ̃] *nm* connotati *mpl*.
signaler [siɲale] *vt* segnalare; **~ qch à qn/(à qn) que** segnalare qc a qn/(a qn) che; **~ qn à la police** segnalare qn alla polizia; **se ~ (par)** *vr* segnalarsi (per), distinguersi (per); **se ~ à l'attention de qn** segnalarsi all'attenzione di qn.
signalétique [siɲaletik] *adj*: **fiche ~** scheda segnaletica.
signalisation [siɲalizasjɔ̃] *nf* segnaletica; (*installation des signaux*) dotazione *f* di segnaletica; **panneau de ~** cartello stradale *ou* indicatore.
signaliser [siɲalize] *vt* dotare di segnaletica.
signataire [siɲatɛr] *nm/f* firmatario(-a).
signature [siɲatyr] *nf* firma.
signe [siɲ] *nm* segno; **ne pas donner ~ de vie** non dar segno di vita; **c'est bon/mauvais ~** è buon/cattivo segno; **c'est ~ que** è segno che; **faire un ~ de la tête/main** fare un cenno *ou* un segno con la testa/mano; **faire ~ à qn** (*fig*) farsi vivo (-a) con qn; **faire ~ à qn d'entrer** far segno *ou* cenno a qn di entrare; **en ~ de** in

segno di; **le** ~ **de la croix** il segno della croce; ▸ **signe de ponctuation** segno di interpunzione; ▸ **signe du zodiaque** segno zodiacale; ▸ **signes particuliers** segni particolari.

signer [siɲe] *vt* firmare; **se signer** *vr* farsi il segno della croce, segnarsi.

signet [siɲɛ] *nm* segnalibro.

significatif, -ive [siɲifikatif, iv] *adj* significativo(-a).

signification [siɲifikasjɔ̃] *nf* significato.

signifier [siɲifje] *vt* (*vouloir dire*) significare; ~ **qch (à qn)** (*faire connaître*) comunicare qc (a qn); (*JUR*) notificare qc (a qn).

silence [silɑ̃s] *nm* silenzio; (*MUS*) pausa; **garder le** ~ **sur qch** mantenere il silenzio su qc; **passer sous** ~ passare sotto silenzio; **réduire au** ~ ridurre al silenzio; **"~!"** "silenzio!".

silencieusement [silɑ̃sjøzmɑ̃] *adv* silenziosamente.

silencieux, -euse [silɑ̃sjø, jøz] *adj* silenzioso(-a) ♦ *nm* silenziatore *m*.

silex [silɛks] *nm* selce *f*.

silhouette [silwɛt] *nf* (*dessin*) silhouette *f inv*; (*lignes, contour, figure*) linea.

silicate [silikat] *nm* silicato.

silice [silis] *nf* silice *f*.

siliceux, -euse [silisø, øz] *adj* siliceo(-a).

silicium [silisjɔm] *nm*: **plaquette de** ~ chip *m inv* al silicio.

silicone [silikon] *nf* silicone *m*.

silicose [silikoz] *nf* silicosi *f*.

sillage [sijaʒ] *nm* (*aussi fig*) scia; **dans le** ~ **de** (*fig*) nella scia di, sulle orme di.

sillon [sijɔ̃] *nm* solco.

sillonner [sijɔne] *vt* percorrere; (*creuser*: *suj*: *rides, crevasses*) solcare.

silo [silo] *nm* silo; ▸ **silo lance-missile** (*MIL*) silo lancia missili.

simagrées [simagʀe] *nfpl* moine *fpl*, smancerie *fpl*.

simiesque [simjɛsk] *adj* scimmiesco(-a).

similaire [similɛʀ] *adj* similare, affine.

similarité [similaʀite] *nf* similarità *f inv*.

simili [simili] *nm* imitazione *f*; (*de photogravure*) cliché *m inv* di fotoincisione ♦ *nf* (*similigravure*) fotoincisione *f* a mezzatinta.

similicuir [similikɥiʀ] *nm* similpelle *f*.

similigravure [similigʀavyʀ] *nf* cliché *m inv* a mezzatinta.

similitude [similityd] *nf* somiglianza, similitudine *f*.

simple [sɛ̃pl] *adj* semplice; (*péj*: *naïf*) sempliciotto(-a) ♦ *nm* (*TENNIS*): ~ **messieurs/dames** singolo *ou* singolare *m* maschile/femminile; **~s** *nfpl* (*MÉD*: *plantes médicinales*) semplici *mpl*; **une** ~ **objection/formalité** una semplice obiezione/formalità; **un** ~ **employé** un semplice impiegato; **un** ~ **particulier** un privato cittadino; **cela varie du** ~ **au double** può arrivare a raddoppiare; **dans le plus** ~ **appareil** nudo(-a); **réduit à sa plus** ~ **expression** ridotto alla sua forma più elementare; ~ **course** (*billet*) di sola andata; ▸ **simple d'esprit** sempliciotto(-a); ▸ **simple soldat** soldato semplice.

simplement [sɛ̃pləmɑ̃] *adv* semplicemente.

simplet, te [sɛ̃plɛ, ɛt] *adj* sempliciotto(-a).

simplicité [sɛ̃plisite] *nf* semplicità *f inv*; (*candeur*) ingenuità *f inv*; **en toute** ~ con grande naturalezza.

simplification [sɛ̃plifikasjɔ̃] *nf* semplificazione *f*.

simplifier [sɛ̃plifje] *vt* semplificare.

simpliste [sɛ̃plist] *adj* semplicistico(-a).

simulacre [simylakʀ] *nm* simulacro.

simulateur, -trice [simylatœʀ, tʀis] *nm/f* simulatore(-trice); (*qui se prétend malade*) chi si finge malato(-a) ♦ *nm*: ~ **de vol** simulatore *m* di volo.

simulation [simylasjɔ̃] *nf* simulazione *f*.

simulé, e [simyle] *adj* simulato(-a).

simuler [simyle] *vt* simulare; (*suj*: *substance, revêtement*) simulare, imitare.

simultané, e [simyltane] *adj* simultaneo (-a).

simultanéité [simyltaneite] *nf* simultaneità *f inv*.

simultanément [simyltanemɑ̃] *adv* simultaneamente.

Sinaï [sinai] *nm* Sinai *m*.

sinapisme [sinapism] *nm* senapismo.

sincère [sɛ̃sɛʀ] *adj* sincero(-a); **mes ~s condoléances** le (mie) sentite condoglianze.

sincèrement [sɛ̃sɛʀmɑ̃] *adv* sinceramente.

sincérité [sɛ̃seʀite] *nf* sincerità *f inv*; **en toute** ~ in tutta sincerità.

sinécure [sinekyʀ] *nf* sinecura.

sine die [sinedje] *adv* sine die.

sine qua non [sinekwanɔn] *adj*: **condition** ~ ~ ~ condizione *f* sine qua non.

Singapour [sɛ̃gapuʀ] *nf* Singapore *f*.

singe [sɛ̃ʒ] *nm* scimmia.

singer [sɛ̃ʒe] *vt* scimmiottare.

singeries [sɛ̃ʒʀi] *nfpl* smorfie *fpl*.

singulariser [sɛ̃gylaʀize] *vt* rendere singolare; **se singulariser** *vr* (*personne*) farsi notare.

singularité [sɛ̃gylaʀite] *nf* (*d'une toilette*) stravaganza; (*d'un fait*) singolarità.

singulier, -ière [sɛ̃gylje, jɛʀ] *adj, nm* singolare *m*.

singulièrement [sɛ̃gyljɛʀmɑ̃] *adv* (*bizarrement*) in modo singolare, stranamente; (*beaucoup, très*) notevolmente; (*notamment*) in modo particolare.

sinistre [sinistʀ] *adj* sinistro(-a); (*appartement, soirée*) tetro(-a) ♦ *nm* (*incendie*) sinistro; **un ~ imbécile/crétin** un povero imbecille/cretino.
sinistré, e [sinistʀe] *adj, nm/f* sinistrato(-a).
sinistrose [sinistʀoz] *nf* sinistrosi *f.*
sino... [sino] *préf*: **sino-indien** cino-indiano.
sinon [sinɔ̃] *conj* (*autrement*) altrimenti; (*sauf*) tranne (che); **~ aujourd'hui ...** se non oggi ... .
sinueux, -euse [sinɥø, øz] *adj* sinuoso(-a); (*fig*: *raisonnement*) tortuoso(-a).
sinuosités [sinɥozite] *nfpl* sinuosità *fsg.*
sinus [sinys] *nm* seno.
sinusite [sinyzit] *nf* sinusite *f.*
sinusoïdal, e, -aux [sinyzɔidal, o] *adj* sinusoidale.
sinusoïde [sinyzɔid] *nf* sinusoide *f.*
sionisme [sjɔnism] *nm* sionismo.
sioniste [sjɔnist] *adj, nm/f* sionista *m/f.*
siphon [sifɔ̃] *nm* sifone *m.*
siphonner [sifɔne] *vt* travasare con un sifone.
sire [siʀ] *nm* (*titre*): **S~** Sire; **un triste ~** un tristo figuro.
sirène [siʀɛn] *nf* sirena; ▸ **sirène d'alarme** sirena d'allarme.
sirop [siʀo] *nm* sciroppo; ▸ **sirop contre la toux** sciroppo per la tosse; ▸ **sirop de framboise/de menthe** sciroppo di lampone/alla menta.
siroter [siʀɔte] *vt* sorseggiare.
sirupeux, -euse [siʀypø, øz] *adj* sciropposo(-a); (*péj*: *musique*) sdolcinato(-a).
sis, e [si, siz] *adj*: **~ rue de la Paix** sito *ou* ubicato in rue de la Paix.
sisal [sizal] *nm* (*BOT*) sisal *f inv.*
sismique [sismik] *adj* sismico(-a).
sismographe [sismɔgʀaf] *nm* sismografo.
sismologie [sismɔlɔʒi] *nf* sismologia.
site [sit] *nm* (*environnement*) luogo; (*paysage, environnement*) paesaggio; (*d'une ville etc*: *emplacement*) ubicazione *f*; **~s naturels/historiques** siti *mpl* naturali/storici; **~s touristiques** località *fpl* turistiche; ▸ **site (pittoresque)** paesaggio (pittoresco); ▸ **site Web** (*INFORM*) site.
sitôt [sito] *adv*: **~ parti** (non) appena partito; **~ après** subito dopo; **pas de ~** non tanto presto, non così presto; **~ (après) que** (non) appena.
situation [sitɥasjɔ̃] *nf* (*d'un édifice, d'une ville*) ubicazione *f*; (*d'une personne, circonstances*) situazione *f*; (*emploi, place, poste*) posto; **être en ~ de faire qch** (*bien placé pour*) essere in grado di fare qc; ▸ **situation de famille** stato di famiglia.
situé, e [sitɥe] *adj*: **bien/mal ~** ben/mal ubicato(-a); **~ à/près de** situato(-a) a/vicino a.
situer [sitɥe] *vt* situare, collocare; (*en pensée*) ambientare; **se situer** *vr*: **se ~ à/dans/près de** trovarsi a/in/vicino a.
six [sis] *adj inv, nm inv* sei *m inv*; *voir aussi* **cinq**.
sixième [sizjɛm] *adj, nm/f* sesto(-a) ♦ *nm* sesto; *voir aussi* **cinquième**.
skaï ® [skaj] *nm* skai ® *m inv.*
skate(board) [skɛt(bɔʀd)] *nm* skateboard *m inv.*
sketch [skɛtʃ] *nm* scenetta, sketch *m inv.*
ski [ski] *nm* (*objet*) sci *m inv*; **une paire de ~s** un paio di sci; **faire du ~** sciare; **aller faire du ~** andare a sciare; ▸ **ski alpin** sci alpino; ▸ **ski de fond** sci di fondo; ▸ **ski de piste** sci da discesa; ▸ **ski de randonnée** sci-alpinismo; ▸ **ski évolutif** sci acrobatico; ▸ **ski nautique** sci nautico.
ski-bob [skibɔb] (*pl* **~-~s**) *nm* ski-bob *m inv.*
skier [skje] *vi* sciare.
skieur, -euse [skjœʀ, skjøz] *nm/f* sciatore (-trice).
skif(f) [skif] *nm* skiff *m inv.*
slalom [slalɔm] *nm* slalom *m inv*; **faire du ~ entre** (*fig*) fare lo slalom tra; ▸ **slalom géant/spécial** slalom gigante/speciale.
slalomer [slalɔme] *vi* fare lo slalom.
slalomeur, -euse [slalɔmœʀ, øz] *nm/f* slalomista *m/f.*
slave [slav] *adj* slavo(-a) ♦ *nm* (*LING*) slavo ♦ *nm/f*: **S~** slavo(-a).
slavisant, e [slavizɑ̃, ɑ̃t] *nm/f* slavista *m/f.*
slaviste [slavist] *nm/f* = **slavisant**.
slip [slip] *nm* slip *m inv.*
slogan [slɔgɑ̃] *nm* slogan *m inv.*
slovaque [slɔvak] *adj* slovacco(-a) ♦ *nm* (*LING*) slovacco ♦ *nm/f*: **S~** slovacco(-a).
Slovaquie [slɔvaki] *nf* Slovacchia.
slovène [slɔvɛn] *adj* sloveno(-a) ♦ *nm/f*: **S~** sloveno(-a).
Slovénie [slɔveni] *nf* Slovenia.
slow [slo] *nm* (*danse*) lento.
SMAG [smag] *sigle m* = *salaire minimum agricole garanti.*
smasher [sma(t)ʃe] *vi* fare una schiacciata ♦ *vt* (*balle*) schiacciare.
SME [ɛsɛmə] *sigle m* (= *Système monétaire européen*) S.M.E. *m.*
SMIC [smik] *sigle m* = **salaire minimum interprofessionnel de croissance**.
smicard, e [smikaʀ, aʀd] *nm/f lavoratore il cui salario non supera il salario minimo garantito.*
SMIG [smig] *sigle m* = *salaire minimum interprofessionnel garanti.*
smocks [smɔk] *nmpl* (*COUTURE*) increspature *fpl.*
smoking [smɔkiŋ] *nm* smoking *m inv.*
SMUR [smyʀ] *sigle m* = *service médical d'urgence et de réanimation.*

snack [snak] *nm* snack bar *m inv*, tavola calda.
SNC *abr* = *service non compris.*
SNCB [ɛsɛnsebe] *sigle f* = *Société nationale des chemins de fer belges.*
SNCF [ɛsɛnseɛf] *sigle f* (= *Société nationale des chemins de fer français*) ≈ FF.SS.
snob [snɔb] *adj, nm/f* snob *m/f.*
snober [snɔbe] *vt* snobbare.
snobinard, e [snɔbinaʀ, aʀd] (*péj*) *nm/f* snob *m/f.*
snobisme [snɔbism] *nm* snobismo.
sobre [sɔbʀ] *adj* sobrio(-a); ~ **de** (*gestes, compliments*) parco(-a) di.
sobrement [sɔbʀəmɑ̃] *adv* sobriamente; (*boire*) con moderazione.
sobriété [sɔbʀijete] *nf* sobrietà.
sobriquet [sɔbʀikɛ] *nm* soprannome *m*, nomignolo.
soc [sɔk] *nm* vomere *m.*
sociabilité [sɔsjabilite] *nf* socievolezza.
sociable [sɔsjabl] *adj* socievole.
social, e, -aux [sɔsjal, o] *adj* sociale.
socialement [sɔsjalmɑ̃] *adv* socialmente.
socialisant, e [sɔsjalizɑ̃, ɑ̃t] *adj* che ha tendenze socialiste.
socialisation [sɔsjalizasjɔ̃] *nf* socializzazione *f.*
socialiser [sɔsjalize] *vt* socializzare.
socialisme [sɔsjalism] *nm* socialismo.
socialiste [sɔsjalist] *adj, nm/f* socialista *m/f.*
sociétaire [sɔsjetɛʀ] *nm/f* socio(-a).
société [sɔsjete] *nf* società *f inv*; **la bonne/haute** ~ la buona/alta società; **rechercher/se plaire dans la** ~ **de** cercare/amare la compagnia di; **l'archipel de la S**~ l'arcipelago della Società; **la** ~ **d'abondance/de consommation** la società del benessere/dei consumi; ▸ **société à responsabilité limitée** società a responsabilità limitata; ▸ **société anonyme** società per azioni; ▸ **société d'investissement à capital variable** fondo di investimento; ▸ **société de capitaux** società di capitali; ▸ **société de services** società di servizi; ▸ **société par actions** società per azioni; ▸ **société savante** associazione *f* scientifica.
socio... [sɔsjɔ] *préf* socio... .
socioculturel, le [sɔsjokyltyʀɛl] *adj* socioculturale.
socio-économique [sɔsjoekɔnɔmik] (*pl* ~-~**s**) *adj* socioeconomico(-a).
socio-éducatif, -ive [sɔsjoedykatif, iv] (*pl* ~-~**s, -ives**) *adj* socioeducativo(-a).
sociolinguistique [sɔsjolɛ̃gɥistik] *adj* sociolinguistico(-a).
sociologie [sɔsjɔlɔʒi] *nf* sociologia.
sociologique [sɔsjɔlɔʒik] *adj* sociologico(-a).
sociologue [sɔsjɔlɔg] *nm/f* sociologo(-a).
socio-professionnel, le [sɔsjopʀɔfesjɔnɛl] (*pl* ~-~**s, -elles**) *adj* socio-professionale.
socle [sɔkl] *nm* zoccolo.
socquette [sɔkɛt] *nf* calzino.
soda [sɔda] *nm* (*boisson*) bibita; (*eau gazéifiée*) soda.
sodium [sɔdjɔm] *nm* sodio.
sodomie [sɔdɔmi] *nf* sodomia.
sodomiser [sɔdɔmize] *vt* sodomizzare.
sœur [sœʀ] *nf* sorella; (*religieuse*) suora, sorella; ~ **Élisabeth** (*REL*) suor Elisabetta; ▸ **sœur aînée/cadette** sorella maggiore/minore; ▸ **sœur de lait** sorella di latte.
sofa [sɔfa] *nm* sofà *m inv*, divano.
Sofia [sɔfja] *n* Sofia.
SOFRES [sɔfʀɛs] *sigle f* = *Société française d'enquête par sondage.*
soi [swa] *pron* sé; **cela va de** ~ va da sé.
soi-disant [swadizɑ̃] *adj inv* sedicente, cosiddetto ♦ *adv* in apparenza, apparentemente.
soie [swa] *nf* seta; (*de porc, sanglier*) setola; ▸ **soie sauvage** seta selvatica.
soient [swa] *vb voir* **être**.
soierie [swaʀi] *nf* (*industrie*) seteria; (*tissu*) seta.
soif [swaf] *nf* (*aussi fig*) sete *f*; **avoir** ~ avere sete; **donner** ~ **(à qn)** far venire sete (a qn).
soigné, e [swaɲe] *adj* (*personne, mains, tenue*) curato(-a); (*travail*) accurato(-a); (*fam*: *facture*) salato(-a); **un rhume** ~ un bel raffreddore.
soigner [swaɲe] *vt* curare; (*s'occuper de*: *enfant, malade, invités*) prendersi cura di.
soigneur [swaɲœʀ] *nm* massaggiatore *m.*
soigneusement [swaɲøzmɑ̃] *adv* accuratamente, con cura.
soigneux, -euse [swaɲø, øz] *adj* (*propre*) ordinato(-a); (*méticuleux*) accurato(-a); ~ **de sa personne/de sa santé** che ha cura di sé/della propria salute.
soi-même [swamɛm] *pron* se stesso.
soin [swɛ̃] *nm* cura; ~**s** *nmpl* (*à un malade, hygiène*) cure *fpl*; (*attentions, prévenance*) premure *fpl*, attenzioni *fpl*; **avoir** *ou* **prendre** ~ **de qch/qn** avere *ou* prendersi cura di qc/qn; **avoir** *ou* **prendre** ~ **de faire qch** avere cura di fare qc, badare di fare qc; **sans** ~ *adj* trascurato(-a) ♦ *adv* senza cura, trascuratamente; ~**s de la chevelure/de beauté/du corps** cura *fsg* dei capelli/di bellezza/del corpo; **les** ~**s du ménage** la cura della casa; **les premiers** ~**s** primo soccorso; **aux bons** ~**s de** presso; **être aux petits** ~**s pour qn** essere pieno(-a) di premure per qn; **confier qn aux** ~**s de qn** affidare qn alle cure di qn.
soir [swaʀ] *nm* sera ♦ *adv*: **dimanche** ~ domenica sera; **il fait frais le** ~ di *ou* la sera

fa fresco; **ce** ~ questa sera; **"à ce** ~!" "a stasera!"; **la veille au** ~ la sera prima; **sept/dix heures du** ~ sette/dieci di sera; **le repas/journal du** ~ il pasto/giornale della sera; **hier/demain** ~ ieri/domani sera.

soirée [swaʀe] *nf* serata, sera; (*réception*) serata, ricevimento; **donner un film/une pièce en** ~ (*CINÉ, THÉÂTRE*) dare uno spettacolo serale.

soit [swa] *vb voir* **être** ♦ *conj* (*à savoir*) cioè ♦ *adv* (*marque l'assentiment*) va bene, e sia; ~ ..., ~ ... (*en corrélation*) o ... o ...; ~ **l'un,** ~ **l'autre** o uno o l'altro; ~ **que ...,** ~ **que ...** sia che ... o che ... .

soixantaine [swasɑ̃tɛn] *nf*: **une** ~ **(de)** una sessantina (di); **avoir la** ~ essere sulla sessantina.

soixante [swasɑ̃t] *adj inv, nm inv* sessanta *m inv*; *voir aussi* **cinq**.

soixante-dix [swasɑ̃tdis] *adj inv, nm inv* settanta *m inv*; *voir aussi* **cinq**.

soixante-dixième [swasɑ̃tdizjɛm] *adj, nm/f* settantesimo(-a) ♦ *nm* settantesimo; *voir aussi* **cinquième**.

soixante-huitard, e [swasɑ̃tɥitaʀ, aʀd] (*pl* **~-~s, -es**) *adj* sessantottesco(-a) ♦ *nm/f* sessantottino(-a).

soixantième [swasɑ̃tjɛm] *adj, nm/f* sessantesimo(-a) ♦ *nm* sessantesimo; *voir aussi* **cinquième**.

soja [sɔʒa] *nm* soia; **germes de** ~ germi *mpl* di soia.

sol [sɔl] *nm* (*de logement*) pavimento; (*territoire*) terra, suolo; (*AGR, GÉO*) suolo, terreno; (*MUS*) sol *m inv*; **coucher sur le** ~ dormire per terra.

solaire [sɔlɛʀ] *adj* solare.

solarium [sɔlaʀjɔm] *nm* solario, solarium *m inv*.

soldat [sɔlda] *nm* soldato; **S~ inconnu** Milite *m* ignoto; ~ **de plomb** soldatino di piombo.

solde [sɔld] *nf* paga militare ♦ *nm* (*COMM*) saldo; **~s** *nm ou f pl* (*COMM*) saldi *mpl*; **à la** ~ **de qn** (*péj*) al soldo di qn; **en** ~ (*vendre, acheter*) in saldo, in liquidazione; **aux ~s** in saldo; ▸ **solde à payer/débiteur** saldo debitore; ▸ **solde créditeur** saldo creditore.

solder [sɔlde] *vt* (*compte*) saldare; (*marchandise*) liquidare, svendere; **se** ~ **par** (*opération, entreprise*) concludersi con; **article soldé (à) 10 F** articolo venduto in saldo a 10 franchi.

soldeur, -euse [sɔldœʀ, øz] *nm/f* (*COMM*) commerciante *m/f* in merci di saldo.

sole [sɔl] *nf* sogliola.

soleil [sɔlɛj] *nm* sole *m*; (*feu d'artifice*) girandola; (*acrobatie*) piroetta; (*BOT*) girasole *m*; **il y a** *ou* **il fait du** ~ c'è il sole; **au** ~ al sole; **en plein** ~ in pieno sole; **le** ~ **levant/couchant** il levar/calar del sole; **le** ~ **de minuit** il sole di mezzanotte.

solennel, le [sɔlanɛl] *adj* solenne.

solennellement [sɔlanɛlmɑ̃] *adv* solennemente.

solennité [sɔlanite] *nf* solennità *f inv*; (*fête*) solennità *f inv*; **~s** *nfpl* (*formalités*) formalità *fpl*.

solénoïde [sɔlenɔid] *nm* solenoide *m*.

solfège [sɔlfɛʒ] *nm* solfeggio.

solfier [sɔlfje] *vt* solfeggiare.

soli [sɔli] *nmpl de* **solo**.

solidaire [sɔlidɛʀ] *adj* solidale; **être** ~ **de** essere solidale con.

solidairement [sɔlidɛʀmɑ̃] *adv* solidarmente.

solidariser [sɔlidaʀize]: **se** ~ **avec** *vr* solidarizzare con.

solidarité [sɔlidaʀite] *nf* solidarietà; (*de mécanismes, phénomènes*) interdipendenza; **par** ~ **(avec)** (*cesser le travail*) come gesto di solidarietà (nei confronti di); **contrat de** ~ contratto di solidarietà.

solide [sɔlid] *adj* solido(-a); (*amitié*) saldo(-a); (*personne, estomac*) robusto(-a) ♦ *nm* solido; **un** ~ **coup de poing** (*fam*) un bel pugnone; **une** ~ **engueulade** (*fam*) una solenne lavata di capo; **avoir les reins ~s** (*fig*) avere le spalle robuste; ~ **au poste** (*fig*) presente, a fare il proprio dovere a qualsiasi costo.

solidement [sɔlidmɑ̃] *adv* solidamente.

solidifier [sɔlidifje] *vt* solidificare; **se solidifier** *vr* solidificarsi.

solidité [sɔlidite] *nf* solidità.

soliloque [sɔlilɔk] *nm* soliloquio.

soliste [sɔlist] *nm/f* solista *m/f*.

solitaire [sɔlitɛʀ] *adj* solitario(-a); (*isolé: arbre, maison*) isolato(-a) ♦ *nm/f* solitario(-a) ♦ *nm* (*diamant, jeu*) solitario.

solitude [sɔlityd] *nf* solitudine *f*.

solive [sɔliv] *nf* (*MENUISERIE*) trave *f*.

sollicitations [sɔlisitasjɔ̃] *nfpl* sollecitazioni *fpl*.

solliciter [sɔlisite] *vt* sollecitare; ~ **qn (de faire qch)** sollecitare qn (a fare qc).

sollicitude [sɔlisityd] *nf* sollecitudine *f*.

solo [sɔlo] (*pl* **soli**) *nm* (*MUS*) assolo *m inv*, a solo *m*.

solstice [sɔlstis] *nm* solstizio; ▸ **solstice d'été/d'hiver** solstizio d'estate/d'inverno.

solubilisé, e [sɔlybilize] *adj* solubilizzato (-a).

solubilité [sɔlybilite] *nf* solubilità.

soluble [sɔlybl] *adj* solubile; (*problème etc*) risolvibile.

soluté [sɔlyte] *nm*: ~ **physiologique** soluzione *f* fisiologica.

solution [sɔlysjɔ̃] *nf* soluzione *f*; ▸ **solution**

de continuité soluzione di continuità; ▶ **solution de facilité** soluzione di comodo.

solutionner [sɔlysjɔne] *vt* (*problème*) risolvere.

solvabilité [sɔlvabilite] *nf* solvibilità.

solvable [sɔlvabl] *adj* solvibile.

solvant [sɔlvɑ̃] *nm* solvente *m*.

Somalie [sɔmali] *nf* Somalia.

somalien, ne [sɔmaljɛ̃, jɛn] *adj* somalo(-a).

somatique [sɔmatik] *adj* somatico(-a).

somatiser [sɔmatize] *vt* somatizzare.

sombre [sɔ̃bʀ] *adj* scuro(-a); (*fig: personne, visage, humeur*) cupo(-a); (: *avenir*) oscuro(-a); **une ~ brute** un bruto.

sombrer [sɔ̃bʀe] *vi* (*bateau*) affondare; **~ corps et biens** affondare, sprofondare; **~ dans la misère/dans le désespoir** sprofondare nella miseria/nella disperazione.

sommaire [sɔmɛʀ] *adj* sommario(-a) ♦ *nm* sommario; **faire le ~ de** fare il sunto di; **exécution ~** esecuzione *f* sommaria.

sommairement [sɔmɛʀmɑ̃] *adv* sommariamente.

sommation [sɔmasjɔ̃] *nf* (*JUR*) ingiunzione *f*; (*avant de faire feu*) intimazione *f*.

somme [sɔm] *nf* somma; (*fig: d'efforts, de travail*) mole *f*, grande quantità *f inv* ♦ *nm*: **faire un ~** fare un sonnellino; **faire la ~ de** fare la somma di; **en ~** insomma, tutto sommato; **~ toute** tutto sommato.

sommeil [sɔmɛj] *nm* sonno; **avoir ~** avere sonno; **avoir le ~ léger** avere il sonno leggero; **en ~** (*fig*) inattivo(-a).

sommeiller [sɔmeje] *vi* sonnecchiare.

sommelier, -ière [sɔməlje, jɛʀ] *nm/f* sommelier *m inv*.

sommer [sɔme] *vt*: **~ qn de faire** intimare a qn di fare; (*JUR*) ingiungere a qn di fare.

sommes [sɔm] *vb voir* **être**; *voir aussi* **sommer**.

sommet [sɔmɛ] *nm* (*d'une montagne, tour, d'un arbre*) sommità *f inv*, cima; (*GÉOM, conférence, fig: de la hiérarchie*) vertice *m*; (: *de la perfection, gloire*) sommo; **l'air pur des ~s** l'aria pura di montagna.

sommier [sɔmje] *nm* (*d'un lit*) telaio; **~ à lattes** telaio a doghe; **~ métallique** rete *f* (metallica); **~ à ressorts** telaio a molle.

sommité [sɔ(m)mite] *nf* (*personnalité*) personaggio eminente.

somnambule [sɔmnɑ̃byl] *nm/f* sonnambulo(-a).

somnambulisme [sɔmnɑ̃bylism] *nm* sonnambulismo.

somnifère [sɔmnifɛʀ] *nm* sonnifero.

somnolence [sɔmnɔlɑ̃s] *nf* sonnolenza.

somnolent, e [sɔmnɔlɑ̃, ɑ̃t] *adj* sonnolento(-a).

somnoler [sɔmnɔle] *vi* sonnecchiare.

somptuaire [sɔ̃ptɥɛʀ] *adj* suntuario(-a).

somptueusement [sɔ̃ptɥøzmɑ̃] *adv* sontuosamente.

somptueux, -euse [sɔ̃ptɥø, øz] *adj* sontuoso(-a).

somptuosité [sɔ̃ptɥozite] *nf* sontuosità.

son¹, sa [sɔ̃, sa] (*pl* **ses**) *dét* (*masculin*) (il) suo; (*féminin*) (la) sua; (*valeur indéfinie*) il proprio, la propria; **~ livre** il suo libro; **sa chambre** la sua camera; **~ père/frère** suo padre/fratello; **sa mère/sœur** sua madre/sorella.

son² [sɔ̃] *nm* suono; (*RADIO, TV*) volume *m*; (*résidu de mouture*) crusca; (*sciure: pour bourrer*) segatura; ▶ **son et lumière** *adj inv* luci e suoni.

sonar [sɔnaʀ] *nm* sonar *m inv*.

sonate [sɔnat] *nf* sonata.

sondage [sɔ̃daʒ] *nm* sondaggio; ▶ **sondage (d'opinion)** sondaggio (d'opinione).

sonde [sɔ̃d] *nf* sonda; (*NAUT*) scandaglio; ▶ **sonde à avalanche** *sonda per la ricerca di vittime di valanghe*; ▶ **sonde spatiale** sonda spaziale.

sonder [sɔ̃de] *vt* sondare; (*NAUT*) scandagliare; (*bagages*) controllare; (*fig*) scrutare; (: *opinion*) sondare; **~ le terrain** (*fig*) sondare il terreno.

songe [sɔ̃ʒ] *nm* sogno.

songer [sɔ̃ʒe]: **~ à** *vt* (*rêver à*) sognare (di); (*penser à, envisager*) pensare a; **~ que** pensare che.

songerie [sɔ̃ʒʀi] *nf* fantasticheria.

songeur, -euse [sɔ̃ʒœʀ, øz] *adj* pensieroso(-a); **ça me laisse ~** mi dà da pensare.

sonnaille [sɔnɑj] *nf* campanaccio; **~s** *nfpl* (*son*) scampanio *msg*.

sonnant, e [sɔnɑ̃, ɑ̃t] *adj*: **espèces ~es et trébuchantes** denaro *msg* contante; **à huit heures ~es** alle otto in punto.

sonné, e [sɔne] *adj* (*fam: fou*) suonato(-a); **il est midi ~** è mezzogiorno suonato; **il a quarante ans bien ~s** ha quarant'anni suonati.

sonner [sɔne] *vi* suonare ♦ *vt* (*cloche, réveil*) suonare; (*domestique, infirmière*) chiamare; **~ qn** (*fam: suj: nouvelle, choc*) sbalordire qn; **~ du clairon** suonare la tromba; **~ bien/mal** (*phrase, mot*) suonar bene/male; **~ creux** (*être vide*) suonare vuoto; (*résonner*) risuonare; **~ faux** (*instrument*) stonare; (*rire*) suonare falso; **~ les heures** suonare le ore; **minuit vient de ~** è appena scoccata la mezzanotte; **~ chez qn** suonare alla porta di qn, suonare a qn.

sonnerie [sɔnʀi] *nf* (*son: du téléphone*) squillo; (: *de réveil*) sveglia; (*d'horloge*) carillon *m*; (*sonnette*) campanello; (*mécanisme d'horloge*) suoneria; ▶ **sonnerie d'alarme** campanello d'allarme; ▶ **son-**

nerie de clairon squillo di tromba.
sonnet [sɔnɛ] *nm* sonetto.
sonnette [sɔnɛt] *nf* campanello; ▸ **sonnette d'alarme** campanello d'allarme; ▸ **sonnette de nuit** campanello (di urgenza).
sono [sɔno] *nf voir* **sonorisation**.
sonore [sɔnɔʀ] *adj* sonoro(-a); **effets ~s** effetti *mpl* sonori.
sonorisation [sɔnɔʀizasjɔ̃] *nf* sonorizzazione *f*; (*matériel, installations*) impianto acustico.
sonoriser [sɔnɔʀize] *vt* (*film, spectacle*) sonorizzare; (*salle*) installare l'impianto acustico in.
sonorité [sɔnɔʀite] *nf* sonorità *f inv*.
sonothèque [sɔnɔtɛk] *nf raccolta di registrazioni di suoni, effetti sonori.*
sont [sɔ̃] *vb voir* **être**.
sophisme [sɔfism] *nm* sofisma *m*.
sophiste [sɔfist] *nm/f* sofista *m/f*.
sophistication [sɔfistikasjɔ̃] *nf* sofisticazione *f*.
sophistique [sɔfistik] *adj* sofistico(-a).
sophistiqué, e [sɔfistike] *adj* sofisticato (-a).
soporifique [sɔpɔʀifik] *adj* soporifero(-a).
soprano [sɔpʀano] *nm, nm/f* (*personne*) soprano.
sorbet [sɔʀbɛ] *nm* sorbetto.
sorbetière [sɔʀbətjɛʀ] *nf* sorbettiera.
sorbier [sɔʀbje] *nm* sorbo.
sorcellerie [sɔʀsɛlʀi] *nf* stregoneria.
sorcier, -ière [sɔʀsje, jɛʀ] *nm/f* stregone(strega) ♦ *adj*: **ce n'est pas ~** (*fam*) non è poi così difficile.
sordide [sɔʀdid] *adj* sordido(-a).
Sorlingues [sɔʀlɛ̃g] *nfpl*: **les (îles) ~** le isole Scilly.
sornettes [sɔʀnɛt] (*péj*) *nfpl* frottole *fpl*, fandonie *fpl*.
sort [sɔʀ] *vb voir* **sortir** ♦ *nm* sorte *f*; **un coup du ~** un tiro del destino; **c'est une ironie du ~** ironia della sorte; **le ~ en est jeté** il dado è tratto; **tirer au ~** tirare a sorte; **tirer qch au ~** tirare qc a sorte, sorteggiare qc; **jeter un ~** gettare il malocchio.
sortable [sɔʀtabl] *adj*: **il n'est pas ~** non è presentabile.
sortant, e [sɔʀtɑ̃, ɑ̃t] *vb voir* **sortir** ♦ *adj* (*numéro*) estratto(-a); (*député, président*) uscente.
sorte [sɔʀt] *vb voir* **sortir** ♦ *nf* specie *f inv*, sorta; **une ~ de** una specie di; **de la ~** in questo modo, così; **en quelque ~** in un certo qual modo; **de ~ à** in modo da; **de (telle) ~ que, en ~ que** in modo (tale) che; (*si bien que*) in modo (tale) da; **faire en ~ que/de** fare in modo che/da.
sortie [sɔʀti] *nf* uscita; (*MIL*) sortita; (*fig: attaque verbale*) sfuriata; (*d'un gaz, de l'eau*) fuoriuscita; (*promenade, tour*) passeggiata, giro; (*INFORM: d'imprimante*) uscita, output *m inv*; **les ~s** (*COMM*) le uscite; **à sa ~...** quanto è uscito(-a); **à la ~ de l'école/de l'usine** all'uscita di scuola/dalla fabbrica; **à la ~ de ce nouveau modèle** all'uscita di questo nuovo modello; **"~ de camions"** "passo carraio"; ▸ **sortie de bain** (*vêtement*) accappatoio; ▸ **sortie de secours** uscita di sicurezza; ▸ **sortie papier** copia stampata.
sortilège [sɔʀtilɛʒ] *nm* sortilegio.
sortir [sɔʀtiʀ] *nm*: **au ~ de l'hiver** sul finire dell'inverno, alla fine dell'inverno ♦ *vi* uscire; (*bourgeon, plante*) spuntare; (*s'échapper: eau, fumée*) fuoriuscire ♦ *vt* tirar fuori; (*mener dehors, promener*) portar fuori; (*produit, modèle*) far uscire; (*fam: expulser: personne*) sbatter fuori; (*INFORM: sur papier*) stampare; **~ de** (*maladie, accident*) venirne fuori da; (*rôle, cadre, compétence*) esulare da; (*fig: famille, université*) (pro)venire da; **~ du théâtre** uscire dal teatro; **~ de l'hôpital/de prison** uscire dall'ospedale/di prigione; **~ de la route** uscire di strada; **~ des rails** uscire dai binari, deragliare; **~ de ses gonds** (*fig*) uscire dai gangheri; **~ du système** (*INFORM*) uscire dal sistema; **~ de table** alzarsi da tavola; **~ les mains de ses poches** tirar fuori le mani dalle tasche; **~ qn d'affaire/d'embarras** trarre qn d'impaccio; **se ~ de** (*d'une situation*) tirarsi fuori da; **s'en ~** (*malade*) cavarsela; (*d'une difficulté etc*) venirne fuori, cavarsela.
SOS [ɛsoɛs] *sigle m* (= *Save Our Souls*) S.O.S. *m inv*.
sosie [sɔzi] *nm* sosia *m inv*.
sot, sotte [so, sɔt] *adj, nm/f* stupido(-a), sciocco(-a).
sottement [sɔtmɑ̃] *adv* stupidamente.
sottise [sɔtiz] *nf* stupidità *f inv*; (*propos, acte*) sciocchezza, stupidaggine *f*.
sou [su] *nm*: **être près de ses ~s** essere molto attaccato ai soldi; **être sans le ~** essere al verde; **économiser ~ à ~** risparmiare fino al centesimo; **n'avoir pas un ~ de bon sens** non avere un briciolo di buon senso; **de quatre ~s** (*sans valeur*) da quattro soldi.
souahéli, e [swaeli] *adj* swahili *inv* ♦ *nm* (*LING*) swahili *m*.
soubassement [subɑsmɑ̃] *nm* (*d'une construction*) base *f*, zoccolo; (*GÉO*) zoccolo.
soubresaut [subʀəso] *nm* (*de peur etc*) sussulto; (*d'un cheval*) scarto; (*d'un véhicule*) sobbalzo.
soubrette [subʀɛt] *nf* soubrette *f inv*.
souche [suʃ] *nf* (*d'un arbre*) ceppo; (*d'un

registre, carnet) matrice *f*, madre *f*; **dormir comme une ~** dormire come un ghiro; **de vieille ~** da molte generazioni; **carnet à ~s** libretto a madre e figlia.

souci [susi] *nm* preoccupazione *f*; (*BOT*) calendola; **se faire du ~** essere preoccupato(-a); **avoir (le) ~ de** preoccuparsi di; ▶ **soucis financiers** preoccupazioni economiche.

soucier [susje]: **se ~ de** *vr* preoccuparsi di.

soucieux, -euse [susjø, jøz] *adj* preoccupato(-a); **~ de son apparence** che bada al proprio aspetto; **peu ~ de/que ...** noncurante di/del fatto che ...; **être ~ que le travail soit bien fait** tenerci che il lavoro sia fatto bene.

soucoupe [sukup] *nf* piattino; ▶ **soucoupe volante** disco volante.

soudain, e [sudɛ̃, ɛn] *adj* improvviso(-a) ♦ *adv* improvvisamente.

soudainement [sudɛnmɑ̃] *adv* improvvisamente.

soudaineté [sudɛnte] *nf* subitaneità.

Soudan [sudɑ̃] *nm* Sudan *m*.

soudanais, e [sudanɛ, ɛz] *adj* sudanese ♦ *nm/f*: **S~, e** sudanese.

soude [sud] *nf* soda; ▶ **soude caustique** soda caustica.

soudé, e [sude] *adj* (*fig*) unito(-a).

souder [sude] *vt* saldare; (*fig*: *amis, organismes*) unire; **se souder** *vr* (*os*) saldarsi.

soudeur [sudœʀ] *nm* saldatore *m*.

soudeuse [sudøz] *nf* saldatrice *f*.

soudoyer [sudwaje] (*péj*) *vt* assoldare.

soudure [sudyʀ] *nf* saldatura; **faire la ~** (*COMM*) assicurare l'approvigionamento tra una stagione e l'altra; (*fig*: *assurer une transition*) assicurare la transizione.

souffert, e [sufɛʀ, ɛʀt] *pp de* **souffrir**.

soufflage [suflaʒ] *nm* (*du verre*) soffiatura.

souffle [sufl] *nm* soffio; (*respiration*) respiro; (*d'une explosion*) spostamento d'aria; (*d'un ventilateur*) aria; (*du vent*) soffio, alito; (*fig*: *créateur etc*) alito; **retenir son ~** trattenere il respiro; **avoir du/manquer de ~** aver/non aver fiato; **être à bout de ~** avere il fiato grosso; **avoir le ~ court** avere il fiato corto; **un ~ d'air** *ou* **de vent** un soffio d'aria *ou* di vento; **second ~** (*fig*: *regain d'énergie, d'activité*) ripresa; ▶ **souffle au cœur** (*MÉD*) soffio (al cuore).

soufflé, e [sufle] *adj* (*CULIN*) a soufflé; (*fam*: *personne*) sbalordito(-a) ♦ *nm* (*CULIN*) soufflé *m inv*.

souffler [sufle] *vi* (*vent*) soffiare; (*personne*: *haleter*) ansimare; (: *pour éteindre etc*): **~ sur** soffiare su ♦ *vt* (*feu, bougie*) soffiare su; (*chasser*: *poussière, fumée*) soffiar via; (*TECH, JEUX*) soffiare; (*détruire*: *suj*: *explosion*) spazzar via; **~ qch à qn** (*réponse, leçon*) suggerire qc a qn; **~ qch à qn** (*fam*: *voler*) soffiare qc a qn; **~ son rôle à qn** suggerire la parte a qn; **laisser ~** (*fig*: *personne, animal*) lasciar riprendere fiato a; **ne pas ~ mot** (*ne rien dire*) non fiatare.

soufflerie [sufləʀi] *nf* soffieria.

soufflet [suflɛ] *nm* (*instrument*) mantice *m*; (*entre wagons, COUTURE*) soffietto; (*gifle*) schiaffo.

souffleur, -euse [suflœʀ, øz] *nm/f* (*THÉÂTRE*) suggeritore(-trice); (*TECH*: *de verre*) soffiatore(-trice).

souffrance [sufʀɑ̃s] *nf* sofferenza; **en ~** (*marchandise*) in giacenza; (*affaire*) in sospeso.

souffrant, e [sufʀɑ̃, ɑ̃t] *adj* sofferente.

souffre-douleur [sufʀədulœʀ] *nm inv* zimbello.

souffreteux, -euse [sufʀətø, øz] *adj* malaticcio(-a).

souffrir [sufʀiʀ] *vi* soffrire ♦ *vt* (*faim, soif*) soffrire; (*torture*) subire; (*admettre*) ammettere; **~ de** (*maladie, solitude*) soffrire di; **~ des dents** aver mal di denti; **ne pas pouvoir ~ qch/que ...** non poter soffrire qc/che ..., non sopportare qc/che ...; **faire ~ qn** far soffrire qn; (*suj*: *dents, blessure etc*) far male a.

soufre [sufʀ] *nm* zolfo.

soufrer [sufʀe] *vt* solforare.

souhait [swɛ] *nm* augurio; **tous nos ~s pour la nouvelle année** i migliori auguri di buon anno nuovo; **riche à ~** ricco a volontà; **"à vos ~s!"** "salute!".

souhaitable [swɛtabl] *adj* auspicabile.

souhaiter [swete] *vt* augurare; **~ le bonjour/la bonne année à qn** augurare il buongiorno/buon anno a qn; **~ bon voyage/bonne route à qn** augurare buon viaggio a qn; **il est à ~ que** c'è da sperare che.

souiller [suje] *vt* sporcare, insozzare; (*fig*: *réputation, mémoire*) macchiare, insozzare.

souillure [sujyʀ] *nf* (*fig, REL*) macchia.

soûl, e [su, sul] *adj* (*ivre*) ubriaco(-a) ♦ *nm*: **boire tout son ~** bere a volontà; **manger tout son ~** mangiare a sazietà; **~ de musique/plaisirs** ebbro(-a) di musica/piacere.

soulagement [sulaʒmɑ̃] *nm* sollievo.

soulager [sulaʒe] *vt* (*personne*) sollevare da; (*mal, douleur, peine*) alleviare; **~ qn de** (*fardeau*) alleggerire qn di; **~ qn de son portefeuille** (*hum*) alleggerire qn del portafoglio.

soûler [sule] *vt* ubriacare; (*fig*) inebriare; **se soûler** *vr* ubriacarsi; (*fig*) inebriarsi.

soûlerie [sulʀi] (*péj*) *nf* sbornia, sbronza.

soulèvement [sulɛvmɑ̃] *nm* insurrezione *f*; (*GÉO*) sollevamento.

soulever [sul(ə)ve] *vt* sollevare; **se soulever** *vr* sollevarsi; (*couvercle etc*) sollevare; **cela (me) soulève le cœur** mi dà il voltastomaco.

soulier [sulje] *nm* scarpa; **une paire de ~s** un paio di scarpe; ▸ **soulier bas** scarpe basse; ▸ **souliers à talons** scarpe coi tacchi; ▸ **souliers plats** scarpe basse.

souligner [suliɲe] *vt* sottolineare.

soumettre [sumɛtʀ] *vt* (*pays, rebelles*) sottomettere; ~ **qn à** (*règlement, épreuve*) sottoporre qn a; ~ **qch à** (*analyse, personne*) sottoporre qc a; **se ~ (à)** (*se rendre, obéir*) sottomettersi (a); **se ~ à** (*formalités, exigences*) sottoporsi a.

soumis, e [sumi, iz] *pp de* **soumettre** ♦ *adj* sottomesso(-a); **revenus ~ à l'impôt** redditi *mpl* soggetti all'imposta.

soumission [sumisjɔ̃] *nf* sottomissione *f*; (*COMM*) offerta.

soumissionner [sumisjɔne] *vt* (*COMM*: *travaux*) fare un'offerta in appalto per.

soupape [supap] *nf* valvola; ▸ **soupape de sûreté** valvola di sicurezza; (*fig*) valvola di sfogo.

soupçon [supsɔ̃] *nm* sospetto; **un ~ de** (*petite quantité*) un pizzico di, un goccio di; **avoir ~ de** sospettare; **au dessus de tout ~** al di sopra di ogni sospetto.

soupçonner [supsɔne] *vt* sospettare; ~ **que** sospettare che; ~ **qn de qch/d'être** sospettare qn di qc/di essere.

soupçonneux, -euse [supsɔnø, øz] *adj* sospettoso(-a).

soupe [sup] *nf* minestra, zuppa; ▸ **soupe à l'oignon** zuppa di cipolla; ▸ **soupe au lait** *adj inv* (*fig*) irascibile; ▸ **soupe de poisson** zuppa di pesce; ▸ **soupe populaire** mensa dei poveri.

soupente [supɑ̃t] *nf* (*mansarde*) soppalco; (*placard*) sottoscala *m inv*.

souper [supe] *vi* cenare ♦ *nm* cena; **avoir soupé de qch** (*fam*) averne fin sopra i capelli di qc.

soupeser [supəze] *vt* soppesare.

soupière [supjɛʀ] *nf* zuppiera.

soupir [supiʀ] *nm* sospiro; (*MUS*) pausa di semiminina; ~ **d'aise/de soulagement** sospiro di sollievo; **rendre le dernier ~** esalare l'ultimo respiro.

soupirail, -aux [supiʀaj, o] *nm* spiraglio.

soupirant [supiʀɑ̃] (*péj*) *nm* spasimante *m*.

soupirer [supiʀe] *vi* sospirare; ~ **après qch** sospirare qc.

souple [supl] *adj* (*branche, fig*: *règlement*) flessibile; (*col, cuir*) morbido(-a); (*membres, corps, personne*) agile; (*fig*: *esprit, caractère*: *qui s'adapte*) duttile; (: *démarche, taille*: *gracieux*) sciolto(-a), agile; **disque(tte) ~** (*INFORM*) disco *m ou* dischetto *m* floppy *inv*.

souplement [supl(ə)mɑ̃] *adv* flessibilmente, scioltamente.

souplesse [suplɛs] *nf* (*v adj*) flessibilità; morbidezza; agilità; duttilità; scioltezza, agilità; **en ~, avec ~** (*atterrir, rebondir etc*) dolcemente, morbidamente.

source [suʀs] *nf* sorgente *f*; (*fig*: *cause, point de départ*) origine *f*; (: *d'une information*) fonte *f*; **~s** *nfpl* (*textes originaux*) fonti *fpl*; **prendre sa ~ à/dans** (*suj*: *cours d'eau*) nascere da; **tenir qch de bonne ~/de ~ sûre** sapere qc da buona fonte/da fonte sicura; ▸ **source d'eau minérale** sorgente di acqua minerale; ▸ **source de chaleur** fonte di calore; ▸ **source lumineuse** sorgente luminosa; ▸ **source thermale** sorgente termale.

sourcier, -ière [suʀsje, jɛʀ] *nm/f* rabdomante *m/f*.

sourcil [suʀsi] *nm* sopracciglio.

sourcilière [suʀsiljɛʀ] *adj f voir* **arcade**.

sourciller [suʀsije] *vi*: **sans ~** senza batter ciglio.

sourcilleux, -euse [suʀsijø, øz] *adj* (*hautain, sévère*) accigliato(-a); (*pointilleux*) cavilloso(-a).

sourd, e [suʀ, suʀd] *adj* sordo(-a); (*couleur*) smorzato(-a); (*lutte*) nascosto(-a), segreto(-a) ♦ *nm/f* sordo(-a); **être ~ à** (*fig*) essere sordo(-a) a.

sourdait *etc* [suʀdɛ] *vb voir* **sourdre**.

sourdement [suʀdəmɑ̃] *adv* sordamente; (*secrètement*) in silenzio.

sourdine [suʀdin] *nf* (*MUS*) sordina; **en ~** in sordina; **mettre une ~ à** (*fig*) moderare.

sourd-muet, sourde-muette [suʀmyɛ, suʀdmyɛt] (*pl* **~s-~s, sourdes-muettes**) *adj, nm/f* sordomuto(-a).

sourdre [suʀdʀ] *vi* (*eau*) sgorgare; (*fig*) nascere.

souriant, e [suʀjɑ̃, jɑ̃t] *vb voir* **sourire** ♦ *adj* sorridente.

souricière [suʀisjɛʀ] *nf* trappola per topi; (*fig*) trappola.

sourie [suʀi] *vb voir* **sourire**.

sourire [suʀiʀ] *nm* sorriso ♦ *vi* sorridere; ~ **à qn** (*aussi fig*) sorridere a qn; **faire un ~ à qn** fare un sorriso a qn; **garder le ~** essere sempre sorridente, avere sempre il sorriso sulle labbra.

souris [suʀi] *vb voir* **sourire** ♦ *nf* topo; (*INFORM*) mouse *m inv*.

sournois, e [suʀnwa, waz] *adj* subdolo(-a).

sournoisement [suʀnwazmɑ̃] *adv* subdolamente.

sournoiserie [suʀnwazʀi] *nf* modo di fare subdolo.

sous [su] *prép* sotto; ~ **la pluie/le soleil** sotto la pioggia/il sole; ~ **mes yeux** sotto i miei occhi; ~ **terre** sotto terra; ~ **vide** sotto vuoto; ~ **les coups/les critiques** sotto i colpi/le critiche; ~ **le choc** sotto choc; ~ **l'influence/l'action de** sotto l'infusso/l'azione di; ~ **les ordres/la protection de** agli ordini/sotto la protezione di; ~ **telle rubrique/lettre** sotto tale voce/lettera; ~ **antibiotiques** sotto (l'effetto di) antibiotici; ~ **Louis XIVe** sotto Luigi XIV; ~ **cet angle/ce rapport** sotto questo angolo/questo aspetto; ~ **peu** tra poco.

sous... [su] *préf* sotto... .

sous-alimentation [suzalimɑ̃tɑsjɔ̃] (*pl* ~-~**s**) *nf* sottoalimentazione *f*, malnutrizione *f*.

sous-alimenté, e [suzalimɑ̃te] (*pl* ~-~**s, -ées**) *adj* denutrito(-a).

sous-bois [subwa] *nm inv* sottobosco.

sous-catégorie [sukategɔʀi] (*pl* ~-~**s**) *nf* sottocategoria.

sous-chef [suʃɛf] (*pl* ~-~**s**) *nm* vicecapo; ~-~ **de bureau** vice capoufficio.

sous-comité [sukɔmite] (*pl* ~-~**s**) *nm* sottocomitato.

sous-commission [sukɔmisjɔ̃] (*pl* ~-~**s**) *nf* sottocommissione *f*.

sous-continent [sukɔ̃tinɑ̃] (*pl* ~-~**s**) *nm* subcontinente *m*.

sous-couche [sukuʃ] (*pl* ~-~**s**) *nf* prima mano di vernice.

souscripteur, -trice [suskʀiptœʀ, tʀis] *nm/f* firmatario(-a); (*d'une lettre de change*) sottoscrittore(-trice).

souscription [suskʀipsjɔ̃] *nf* sottoscrizione *f*.

souscrire [suskʀiʀ]: ~ **à** *vt* sottoscrivere; (*fig*) aderire a.

sous-cutané, e [sukytane] (*pl* ~-~**s, -ées**) *adj* sottocutaneo(-a).

sous-développé, e [sudevlɔpe] (*pl* ~-~**s, -ées**) *nm/f* sottosviluppato(-a).

sous-développement [sudevlɔpmɑ̃] (*pl* ~-~**s**) *nm* sottosviluppo.

sous-directeur, -trice [sudiʀɛktœʀ, tʀis] (*pl* ~-~**s, -trices**) *nm/f* vicedirettore (-trice).

sous-emploi [suzɑ̃plwa] (*pl* ~-~**s**) *nm* sottoccupazione *f*.

sous-employé, e [suzɑ̃plwaje] (*pl* ~-~**s, -ées**) *adj* sottoccupato(-a).

sous-ensemble [suzɑ̃sɑ̃bl] (*pl* ~-~**s**) *nm* sottoinsieme *m*.

sous-entendre [suzɑ̃tɑ̃dʀ] *vt* sottointendere.

sous-entendu, e [suzɑ̃tɑ̃dy] (*pl* ~-~**s, -es**) *adj* sottinteso(-a) ♦ *nm* sottinteso.

sous-équipé, e [suzekipe] (*pl* ~-~**s, -ées**) *adj* (*région*) arretrato(-a) (industrialmente).

sous-estimer [suzɛstime] *vt* sottovalutare.

sous-exploiter [suzɛksplwate] *vt* sfruttare scarsamente.

sous-exposer [suzɛkspoze] *vt* sottoesporre.

sous-fifre [sufifʀ] (*pl* ~-~**s**) (*péj*) *nm* subalterno.

sous-groupe [sugʀup] (*pl* ~-~**s**) *nm* sottogruppo.

sous-homme [suzɔm] (*pl* ~-~**s**) (*péj*) *nm* individuo ridotto a livelli subumani.

sous-jacent, e [suʒasɑ̃, ɑ̃t] (*pl* ~-~**s, -es**) *adj* sottostante; (*fig*: *idée, difficulté*) recondito(-a).

sous-lieutenant [suljøtnɑ̃] (*pl* ~-~**s**) *nm* sottotenente *m*.

sous-locataire [sulɔkatɛʀ] (*pl* ~-~**s**) *nm/f* subaffittuario(-a).

sous-location [sulɔkasjɔ̃] (*pl* ~-~**s**) *nf* subaffitto; **en** ~-~ in subaffitto.

sous-louer [sulwe] *vt*: ~-~ **à qn** subaffittare a qn.

sous-main [sumɛ̃] *nm inv* sottomano; **racheter des actions en** ~-~ comprare delle azioni sottobanco.

sous-marin, e [sumaʀɛ̃, in] (*pl* ~-~**s, -es**) *adj* (*flore, volcan*) sottomarino(-a); (*navigation, pêche*) subacqueo(-a) ♦ *nm* sommergibile *m*, sottomarino.

sous-médicalisé, e [sumedikalize] (*pl* ~-~**s, -ées**) *adj* con scarse strutture sanitarie.

sous-nappe [sunap] (*pl* ~-~**s**) *nf* mollettone *m*.

sous-œuvre [suzœvʀ(ə)]: **en** ~-~ *adv* (*CONSTR*) dalle fondamenta.

sous-officier [suzɔfisje] (*pl* ~-~**s**) *nm* sottufficiale *m*.

sous-ordre [suzɔʀdʀ] (*pl* ~-~**s**) *nm* sottordine *m*.

sous-payé, e [supeje] (*pl* ~-~**s, –ées**) *adj* sottopagato(-a).

sous-préfecture [supʀefɛktyʀ] (*pl* ~-~**s**) *nf* (*ville*) ≈ provincia; (*bâtiment*) ufficio del viceprefetto; (*fonction*) carica di viceprefetto.

sous-préfet [supʀefɛ] (*pl* ~-~**s**) *nm* viceprefetto.

sous-production [supʀɔdyksjɔ̃] (*pl* ~-~**s**) *nf* sottoproduzione *f*.

sous-produit [supʀɔdɥi] (*pl* ~-~**s**) *nm* sottoprodotto.

sous-programme [supʀɔgʀam] (*pl* ~-~**s**) *nm* (*INFORM*) sottoprogramma *m*.

sous-pull [supul] (*pl* ~-~**s**) *nm* ≈ dolcevita *f inv* (*indossata sotto camice o maglioni*).

sous-secrétaire [susəkʀetɛʀ] (*pl* ~-~**s**) *nm*: ~-~ **d'État** sottosegretario di stato.

soussigné, e [susiɲe] *adj*: **je** ~ ... il(la) sottoscritto(-a) ... ♦ *nm/f*: **le** ~ il sottoscritto; **les** ~**s** i(le) sottoscritti(-e).

sous-sol [susɔl] (*pl* ~-~**s**) *nm* (*d'une con-*

struction) seminterrato, scantinato; (*GÉO*) sottosuolo; **en** ~-~ in seminterrato.
sous-tasse [sutas] (*pl* ~-~**s**) *nf* piattino.
sous-tendre [sutɑ̃dʀ] *vt* sottendere; (*fig*: *raisonnement, politique*) ispirare.
sous-titre [sutitʀ] (*pl* ~-~**s**) *nm* sottotitolo.
sous-titré, e [sutitʀe] (*pl* ~-~**s, -ées**) *adj* (*film*) con sottotitoli.
soustraction [sustʀaksjɔ̃] *nf* sottrazione *f*.
soustraire [sustʀɛʀ] *vt*: ~ **(à)** sottrarre (a); **se** ~ **à** sottrarsi a.
sous-traitance [sutʀɛtɑ̃s] (*pl* ~-~**s**) *nf* subappalto.
sous-traitant [sutʀɛtɑ̃] (*pl* ~-~**s**) *nm* subappaltatore *m*.
sous-traiter [sutʀete] *vt* subappaltare ♦ *vi* (*devenir sous-traitant*) ottenere in subappalto; (*faire appel à un sous-traitant*) subappaltare.
soustrayais [sustʀɛjɛ] *vb voir* **soustraire**.
sous-verre [suvɛʀ] *nm inv* cornice *f* a giorno.
sous-vêtement [suvɛtmɑ̃] (*pl* ~-~**s**) *nm* indumento intimo; ~-~**s** *nmpl* biancheria *fsg* intima.
sous-virer [suviʀe] *vi* sottosterzare.
soutane [sutan] *nf* tonaca.
soute [sut] *nf* stiva; ▸ **soute à bagages** bagagliaio.
soutenable [sut(ə)nabl] *adj* sostenibile.
soutenance [sut(ə)nɑ̃s] *nf*: ~ **de thèse** (*UNIV*) discussione *f* della tesi.
soutènement [sutɛnmɑ̃] *nm*: **mur de** ~ muro di sostegno.
souteneur [sut(ə)nœʀ] *nm* protettore *m*.
soutenir [sut(ə)niʀ] *vt* sostenere; (*choc*) sopportare; (*intérêt, effort*) tener vivo(-a); **se soutenir** *vr* (*s'aider mutuellement*) sostenersi a vicenda; (*être soutenable*: *point de vue*) reggere; (*sur ses jambes*) reggersi, sostenersi; ~ **que** sostenere che; ~ **la comparaison avec** reggere il confronto con; ~ **le regard de qn** sostenere lo sguardo di qn.
soutenu, e [sut(ə)ny] *pp de* **soutenir** ♦ *adj* (*attention, efforts*) costante, continuo(-a); (*style*) sostenuto(-a); (*couleur*) intenso (-a), carico(-a).
souterrain, e [suteʀɛ̃, ɛn] *adj* sotterraneo(-a) ♦ *nm* (passaggio) sotterraneo.
soutien [sutjɛ̃] *nm* sostegno, appoggio; (*MIL*) appoggio; **apporter son** ~ **à** dare il proprio sostegno *ou* appoggio a; ▸ **soutien de famille** (*ADMIN*) sostegno della famiglia.
soutiendrai *etc* [sutjɛ̃dʀe] *vb voir* **soutenir**.
soutien-gorge [sutjɛ̃gɔʀʒ] (*pl* ~**s**-~) *nm* reggiseno, reggipetto.
soutiens *etc* [sutjɛ̃] *vb voir* **soutenir**.
soutint *etc* [sutɛ̃] *vb voir* **soutenir**.
soutirer [sutiʀe] *vt*: ~ **qch à qn** (*argent*) spillare qc a qn; (*promesse*) strappare qc a qn.
souvenance [suv(ə)nɑ̃s] *nf*: **avoir** ~ **de** ricordarsi di.
souvenir [suv(ə)niʀ] *nm* ricordo; (*cadeau, objet*) souvenir *m inv*, ricordo ♦ *vb*: **se** ~ **de/que** ♦ *vr* ricordarsi di/che; **garder le** ~ **de** conservare il ricordo di; **en** ~ **de** in ricordo di; **avec mes affectueux/meilleurs** ~**s**, ... affettuosi/cordiali saluti ... .
souvent [suvɑ̃] *adv* spesso; **peu** ~ di rado; **le plus** ~ di solito.
souvenu, e [suvəny] *pp de* **souvenir**.
souverain, e [suv(ə)ʀɛ̃, ɛn] *adj* sovrano (-a); (*fig*: *remède*) molto efficace; (: *mépris*) sommo(-a) ♦ *nm/f* sovrano(-a); **le** ~ **pontife** il Sommo pontefice.
souverainement [suv(ə)ʀɛnmɑ̃] *adv* sovranamente; (*s'ennuyer etc*) estremamente.
souveraineté [suv(ə)ʀɛnte] *nf* sovranità *f inv*.
souviendrai *etc* [suvjɛ̃dʀe] *vb voir* **souvenir**.
souviens *etc* [suvjɛ̃] *vb voir* **souvenir**.
souvint *etc* [suvɛ̃] *vb voir* **souvenir**.
soviétique [sɔvjetik] *adj* sovietico(-a) ♦ *nm/f*: **S**~ sovietico(-a).
soviétologue [sɔvjetɔlɔg] *nm/f* sovietologo(-a).
soyeux, -euse [swajø, øz] *adj* setoso(-a); (*fig*: *reflets, cheveux*) di seta.
soyez [swaje] *vb voir* **être**.
soyons [swajɔ̃] *vb voir* **être**.
SPA [ɛspea] *sigle f* (= *Société protectrice des animaux*) ≈ E.N.P.A. *m*.
spacieux, -euse [spasjø, jøz] *adj* spazioso(-a).
spaghettis [spageti] *nmpl* spaghetti *mpl*.
sparadrap [spaʀadʀa] *nm* cerotto.
spartiate [spaʀsjat] *adj* spartano(-a); ~**s** *nfpl* (*sandales*) sandali *mpl* alla schiava.
spasme [spasm] *nm* spasmo.
spasmodique [spasmɔdik] *adj* spasmodico(-a).
spasmophilie [spasmɔfili] *nf* spasmofilia.
spatial, e, -aux [spasjal, o] *adj* spaziale.
spatule [spatyl] *nf* spatola.
speaker, ine [spikœʀ, kʀin] *nm/f* (*RADIO, TV*) annunciatore(-trice).
spécial, e, -aux [spesjal, o] *adj* speciale; (*bizarre*) particolare.
spécialement [spesjalmɑ̃] *adv* particolarmente; (*tout exprès*) apposta; **pas** ~ non in modo particolare.
spécialisation [spesjalizasjɔ̃] *nf* specializzazione *f*.
spécialisé, e [spesjalize] *adj* specializzato(-a); **ordinateur** ~ computer *m inv* specializzato.
spécialiser [spesjalize] *vt*: **se** ~ specializzarsi.
spécialiste [spesjalist] *nm/f* specialista *m/f*.

spécialité [spesjalite] *nf* specialità *f inv*; (*SCOL*) indirizzo; ▸ **spécialité médicale** specialità medica; ▸ **spécialité pharmaceutique** specialità farmaceutica.
spécieux, -euse [spesjø, jøz] *adj* specioso(-a).
spécification [spesifikasjɔ̃] *nf* specificazione *f*.
spécificité [spesifisite] *nf* specificità *f*.
spécifier [spesifje] *vt* specificare.
spécifique [spesifik] *adj* specifico(-a).
spécifiquement [spesifikmɑ̃] *adv* specificamente.
spécimen [spesimɛn] *nm* esemplare *m*, modello; (*revue, manuel etc*) copia di saggio ♦ *adj* esemplare.
spectacle [spɛktakl] *nm* spettacolo; **se donner en ~** (*péj*) dare spettacolo (di sé); **pièce/revue à grand ~** commedia/rivista spettacolare; **au ~ de ...** alla vista di ... .
spectaculaire [spɛktakylɛʀ] *adj* spettacolare.
spectateur, -trice [spɛktatœʀ, tʀis] *nm/f* spettatore(-trice).
spectre [spɛktʀ] *nm* spettro; ▸ **spectre solaire** spettro solare.
spéculateur, -trice [spekylatœʀ, tʀis] *nm/f* speculatore(-trice).
spéculatif, -ive [spekylatif, iv] *adj* speculativo(-a).
spéculation [spekylasjɔ̃] *nf* speculazione *f*.
spéculer [spekyle] *vi*: **~ (sur)** speculare (su); **~ sur** speculare su.
spéléologie [speleɔlɔʒi] *nf* speleologia.
spéléologique [speleɔlɔʒik] *adj* speleologico(-a).
spéléologue [speleɔlɔg] *nm/f* speleologo (-a).
spéléonaute [speleonot] *nm/f* speleologo.
spermatozoïde [spɛʀmatɔzɔid] *nm* spermatozoo.
sperme [spɛʀm] *nm* sperma *m*.
spermicide [spɛʀmisid] *adj, nm* spermicida *m*.
sphère [sfɛʀ] *nf* sfera; **~ d'activité/d'influence** sfera d'attività/d'influenza.
sphérique [sfeʀik] *adj* sferico(-a).
sphincter [sfɛ̃ktɛʀ] *nm* sfintere *m*.
sphinx [sfɛ̃ks] *nm* sfinge *f*.
spiral, -aux [spiʀal, o] *nm* spirale *f*.
spirale [spiʀal] *nf* spirale *f*; **en ~** a spirale.
spire [spiʀ] *nf* spira.
spiritisme [spiʀitism] *nm* spiritismo.
spirituel, le [spiʀitɥɛl] *adj* spirituale; (*fin, piquant*) spiritoso(-a); **musique ~le** musica sacra; **concert ~** concerto di musica sacra.
spirituellement [spiʀitɥɛlmɑ̃] *adv* spiritualmente; (*avec esprit*) spiritosamente.
spiritueux [spiʀitɥø] *nm* alcolico.
splendeur [splɑ̃dœʀ] *nf* splendore *m*.
splendide [splɑ̃did] *adj* splendido(-a).
spolier [spɔlje] *vt*: **~ qn (de)** spogliare qn (di).
spongieux, -euse [spɔ̃ʒjø, jøz] *adj* spugnoso(-a).
sponsor [spɔ̃sɔʀ] *nm* sponsor *m inv*.
sponsoriser [spɔ̃sɔʀize] *vt* sponsorizzare.
spontané, e [spɔ̃tane] *adj* spontaneo(-a).
spontanéité [spɔ̃taneite] *nf* spontaneità *f inv*.
spontanément [spɔ̃tanemɑ̃] *adv* spontaneamente.
sporadique [spɔʀadik] *adj* sporadico(-a).
sporadiquement [spɔʀadikmɑ̃] *adv* sporadicamente.
sport [spɔʀ] *nm* sport *m inv* ♦ *adj inv*: **vêtement/ensemble ~** vestito/completo sportivo; (*fair-play*) sportivo(-a); **faire du ~** fare dello sport; ▸ **sport d'équipe** sport a squadre; ▸ **sport d'hiver** sport invernale; ▸ **sport de combat** sport di combattimento; ▸ **sport individuel** sport individuale.
sportif, -ive [spɔʀtif, iv] *adj, nm/f* sportivo(-a); **les résultats ~s** i risultati sportivi.
sportivement [spɔʀtivmɑ̃] *adv* sportivamente.
sportivité [spɔʀtivite] *nf* sportività *f inv*.
spot [spɔt] *nm* spot *m inv*; ▸ **spot (publicitaire)** spot (pubblicitario).
spray [spʀɛ] *nm* spray *m inv*.
sprint [spʀint] *nm* sprint *m inv*; **gagner au ~** vincere in volata; **piquer un ~** scattare.
sprinter [*n* spʀintœʀ; *vb* spʀinte] *nm* sprinter *m inv*, scattista *m/f* ♦ *vi* sprintare, scattare.
squale [skwal] *nm* squalo.
square [skwaʀ] *nm* giardinetto pubblico.
squash [skwaʃ] *nm* squash *m inv*.
squat [skwat] *nm* *abitazione occupata abusivamente*.
squatter [*n* skwatœʀ; *vb* skwate] *nm* *chi occupa abusivamente un locale* ♦ *vt* occupare abusivamente.
squelette [skəlɛt] *nm* scheletro.
squelettique [skəletik] *adj* scheletrico(-a).
Sri Lanka [sʀilɑ̃ka] *nm* Sri Lanka *m*.
sri-lankais, e [sʀilɑ̃kɛ, ɛz] (*pl* **~-~, -es**) *adj* dello Sri Lanka.
SS [ɛsɛs] *sigle f* (= *sécurité sociale*) ≈ INPS *m*; (= *Sa Sainteté*) S.S.
SSR [ɛsɛsɛʀ] *sigle f* (= *Société suisse romande de radiotélévision*) *società di radio e telediffusione svizzera in lingua francese*.
St., st. *abr* (= *saint*) S.
stabilisateur, -trice [stabilizatœʀ, tʀis] *adj* stabilizzatore(-trice) ♦ *nm* stabilizzatore *m*.
stabiliser [stabilize] *vt* stabilizzare.
stabilité [stabilite] *nf* stabilità.
stable [stabl] *adj* stabile.

stade [stad] *nm* stadio.
stage [staʒ] *nm* stage *m inv*; (*d'avocat stagiaire*) tirocinio, pratica.
stagiaire [staʒjɛʀ] *nm/f* tirocinante *m/f* ♦ *adj*: **avocat** ~ praticante procuratore *m*.
stagnant, e [stagnɑ̃, ɑ̃t] *adj* stagnante.
stagnation [stagnasjɔ̃] *nf* stagnazione *f*, ristagno.
stagner [stagne] *vi* ristagnare.
stalactite [stalaktit] *nf* stalattite *f*.
stalagmite [stalagmit] *nf* stalagmite *f*.
stalle [stal] *nf* (*d'un cheval*) box *m inv*.
stand [stɑ̃d] *nm* (*d'exposition, de foire*) stand *m inv*; ▸ **stand de ravitaillement** (*AUTO, CYCLISME*) posto di rifornimento; ▸ **stand de tir** tiro a segno.
standard [stɑ̃daʀ] *adj inv* standard ♦ *nm* (*type, norme*) standard *m inv*; (*téléphonique*) centralino.
standardisation [stɑ̃daʀdizasjɔ̃] *nf* standardizzazione *f*.
standardiser [stɑ̃daʀdize] *vt* standardizzare.
standardiste [stɑ̃daʀdist] *nm/f* centralinista *m/f*.
standing [stɑ̃diŋ] *nm* livello sociale; **immeuble de grand** ~ stabile *m* di lusso.
star [staʀ] *nf*: ~ **(de cinéma)** star *f inv* (del cinema), divo(-a).
starlette [staʀlɛt] *nf* (*CINÉ*) stellina, starlet *f inv*.
starter [staʀtɛʀ] *nm* (*AUTO, SPORT*) starter *m inv*; **mettre le** ~ mettere lo starter.
station [stasjɔ̃] *nf* stazione *f*; (*posture*) posizione *f*; ▸ **station balnéaire** stazione balneare; ▸ **station de graissage** (*dans un garage*) stazione di ingrassaggio; ▸ **station de lavage** (*dans un garage*) autolavaggio; ▸ **station de ski** stazione sciistica; ▸ **station de sports d'hiver** stazione di sport invernali; ▸ **station de taxis** posteggio di taxi; ▸ **station thermale** stazione termale.
stationnaire [stasjɔnɛʀ] *adj* stazionario(-a).
stationnement [stasjɔnmɑ̃] *nm* sosta; **zone de** ~ **interdit** zona di sosta vietata; ▸ **stationnement alterné** sosta vietata a giorni alterni.
stationner [stasjɔne] *vi* sostare.
station-service [stasjɔ̃sɛʀvis] (*pl* **~s-~**) *nf* stazione *f* di servizio.
statique [statik] *adj* statico(-a).
statisticien, ne [statistisjɛ̃, jɛn] *nm/f* esperto(-a) di statistica.
statistique [statistik] *nf* statistica ♦ *adj* statistico(-a).
statistiquement [statistikmɑ̃] *adv* statisticamente.
statue [staty] *nf* statua.
statuer [statɥe] *vi*: ~ **sur** prendere una decisione in merito a.
statuette [statɥɛt] *nf* statuetta, statuina.
statu quo [statykwo] *nm*: **maintenir le** ~ ~ mantenere lo status quo.
stature [statyʀ] *nf* statura; **de haute** ~ di statura alta.
statut [staty] *nm* posizione *f*, status *m inv*; **~s** *nmpl* (*JUR, ADMIN*: *d'une association, société*) statuto *msg*.
statutaire [statytɛʀ] *adj* statutario(-a).
statutairement [statytɛʀmɑ̃] *adv* statutariamente.
Ste, ste *abr* (= *sainte*) S.
Sté *abr* (= *société*) Soc.
steak [stɛk] *nm* bistecca.
stèle [stɛl] *nf* stele *f*.
stellaire [stelɛʀ] *adj* stellare.
stencil [stɛnsil] *nm* matrice *f* (per duplicatore).
sténo... [steno] *préf* steno... .
sténodactylo [stenɔdaktilo] *nm/f* stenodattilografa.
sténodactylographie [stenɔdaktilɔgʀafi] *nf* stenodattilografia.
sténo(graphe) [stenɔgʀaf] *nm/f* stenografo(-a).
sténo(graphie) [stenɔgʀafi] *nf* stenografia; **prendre en sténo** stenografare.
sténographier [stenɔgʀafje] *vt* stenografare.
sténographique [stenɔgʀafik] *adj* stenografico(-a).
sténotype [stenɔtip] *nf* macchina per stenotipia.
sténotypie [stenɔtipi] *nf* stenotipia.
sténotypiste [stenɔtipist] *nm/f* stenotipista *m/f*.
stentor [stɑ̃tɔʀ] *nm*: **voix de** ~ voce *f* stentorea.
stéphanois, e [stefanwa, waz] *adj* di Saint-Étienne ♦ *nm/f*: **S~, e** abitante *m/f* di Saint-Étienne.
steppe [stɛp] *nf* steppa.
stère [stɛʀ] *nm* stero.
stéréo(phonie) [steʀeɔfɔni] *nf* stereofonia; **émission en** ~ trasmissione in stereofonia.
stéréo(phonique) [steʀeɔfɔnik] *adj* stereo *inv*, sterofonico(-a).
stéréoscope [steʀeɔskɔp] *nm* stereoscopio.
stéréoscopique [steʀeɔskɔpik] *adj* stereoscopico(-a).
stéréotype [steʀeɔtip] *nm* stereotipo.
stéréotypé, e [steʀeɔtipe] *adj* stereotipato(-a).
stérile [steʀil] *adj* sterile.
stérilement [steʀilmɑ̃] *adv* sterilmente.
stérilet [steʀilɛ] *nm* (*MÉD*) spirale *f*.
stérilisateur [steʀilizatœʀ] *nm* sterilizzatore *m*.
stérilisation [steʀilizasjɔ̃] *nf* sterilizzazione *f*.

stérilisé, e [steʀilize] *adj*: **lait ~** latte sterilizzato.
stériliser [steʀilize] *vt* sterilizzare.
stérilité [steʀilite] *nf* sterilità.
sternum [stɛʀnɔm] *nm* sterno.
stéthoscope [stetɔskɔp] *nm* stetoscopio.
stick [stik] *nm* stick *m inv*.
stigmates [stigmat] *nmpl* stigmate *fpl*.
stigmatiser [stigmatize] *vt* stigmatizzare.
stimulant, e [stimylɑ̃, ɑ̃t] *adj* stimolante ♦ *nm* (*MÉD*) stimolante *m*; (*fig*) stimolo, incentivo.
stimulateur [stimylatœʀ] *nm*: **~ cardiaque** stimolatore *m* cardiaco.
stimulation [stimylasjɔ̃] *nf* stimolazione *f*.
stimuler [stimyle] *vt* stimolare.
stimulus [stimylys] (*pl* **stimuli** *ou* ~) *nm* stimolo.
stipulation [stipylasjɔ̃] *nf* condizione *f*, clausola.
stipuler [stipyle] *vt* (*énoncer*: *condition, garantie*) stabilire; (*préciser*: *détail*) specificare; **~ que** stabilire che.
stock [stɔk] *nm* (*COMM*: *de marchandises*) stock *m inv*, scorte *fpl*; (*FIN*: *d'or*) riserva; (*fig*) riserva, scorta; **en ~** in magazzino.
stockage [stɔkaʒ] *nm* immagazzinaggio.
stocker [stɔke] *vt* immagazzinare; (*déchets*) accumulare, ammassare.
Stockholm [stɔkɔlm] *n* Stoccolma.
stockiste [stɔkist] *nm* (*COMM*) *commerciante o industriale che immagazzina le scorte dei fabbricanti*.
stoïcisme [stɔisism] *nm* stoicismo.
stoïque [stɔik] *adj* stoico(-a).
stoïquement [stɔikmɑ̃] *adv* stoicamente.
stomacal, e, -aux [stɔmakal, o] *adj* stomacale.
stomatologie [stɔmatɔlɔʒi] *nf* stomatologia.
stomatologue [stɔmatɔlɔg] *nm/f* stomatologo(-a).
stop [stɔp] *nm* stop *m inv*; (*auto-stop*) autostop *m inv* ♦ *excl*: **~!** stop!, alt!
stoppage [stɔpaʒ] *nm* rammendo invisibile.
stopper [stɔpe] *vt* bloccare, fermare; (*COUTURE*) fare un rammendo invisibile a ♦ *vi* fermarsi.
store [stɔʀ] *nm* (*de bois*) tapparella; (*de tissu*) tendina avvolgibile; (*de magasin*) tendone *m*.
strabisme [stʀabism] *nm* strabismo.
strangulation [stʀɑ̃gylasjɔ̃] *nf* strangolamento.
strapontin [stʀapɔ̃tɛ̃] *nm* strapuntino; (*fig*) posto secondario *ou* poco importante.
Strasbourg [stʀazbuʀ] *n* Strasburgo *f*.
strass [stʀas] *nm* strass *m inv*.
stratagème [stʀataʒɛm] *nm* stratagemma *m*.
strate [stʀat] *nf* strato.
stratège [stʀatɛʒ] *nm* stratega *m*.
stratégie [stʀateʒi] *nf* strategia.
stratégique [stʀateʒik] *adj* strategico(-a).
stratégiquement [stʀateʒikmɑ̃] *adv* strategicamente.
stratifié, e [stʀatifje] *adj* stratificato(-a).
stratosphère [stʀatɔsfɛʀ] *nf* stratosfera.
stratosphérique [stʀatɔsfeʀik] *adj* stratosferico(-a).
stress [stʀɛs] *nm* stress *m inv*.
stressant, e [stʀesɑ̃, ɑ̃t] *adj* stressante.
stresser [stʀese] *vt* stressare.
strict, e [stʀikt] *adj* (*obligation, principes, interprétation*) rigoroso(-a); (*parents, décor*) severo(-a); (*tenue, langage*) castigato(-a); **c'est son droit le plus ~** è un suo inoppugnabile diritto; **dans la plus ~e intimité** nella più stretta intimità; **au sens ~ du mot** nel senso stretto del termine; **le ~ nécessaire** lo stretto necessario; **le ~ minimum** il minimo indispensabile.
strictement [stʀiktəmɑ̃] *adv* strettamente; (*simplement et sévèrement*: *vêtu etc*) severamente.
strident, e [stʀidɑ̃, ɑ̃t] *adj* stridulo(-a).
stridulations [stʀidylasjɔ̃] *nfpl* stridulazioni *fpl*.
strie [stʀi] *nf* stria; (*ANAT, GÉO*) striatura.
strier [stʀije] *vt* striare.
strip-tease [stʀiptiz] (*pl* **~-~s**) *nm* spogliarello, strip-tease *m inv*.
strip-teaseuse [stʀiptizøz] (*pl* **~-~s**) *nf* spogliarellista *f*.
striures [stʀijyʀ] *nfpl* striature *fpl*.
strophe [stʀɔf] *nf* strofa.
structure [stʀyktyʀ] *nf* struttura; **~s d'accueil** struttura di accoglienza; **~s touristiques** strutture turistiche.
structurer [stʀyktyʀe] *vt* strutturare.
strychnine [stʀiknin] *nf* stricnina.
stuc [styk] *nm* stucco.
studieusement [stydjøzmɑ̃] *adv* studiosamente.
studieux, -euse [stydjø, jøz] *adj* (*élève*) studioso(-a); (*vacances, retraite*) di studio.
studio [stydjo] *nm* studio; (*logement*) monolocale *m*.
stupéfaction [stypefaksjɔ̃] *nf* stupore *m*.
stupéfait, e [stypefɛ, ɛt] *adj* stupefatto(-a), stupito(-a).
stupéfiant, e [stypefjɑ̃, jɑ̃t] *adj* stupefacente ♦ *nm* (*MÉD*) stupefacente *m*.
stupéfier [stypefje] *vt* sbalordire; (*étonner*) stupire.
stupeur [stypœʀ] *nf* stupore *m*.
stupide [stypid] *adj* stupido(-a).
stupidement [stypidmɑ̃] *adv* stupidamente.
stupidité [stypidite] *nf* stupidità; (*propos, acte*) stupidaggine *f*.

Stuttgart [ʃtytgaʀt] *n* Stoccarda.
style [stil] *nm* stile *m*; **meuble de ~** mobile *m* di *ou* in stile; **robe de ~** abito d'epoca; **en ~ télégraphique** con stile telegrafico; ▸ **style administratif** stile burocratico; ▸ **style de vie** stile di vita; ▸ **style journalistique** stile giornalistico.
stylé, e [stile] *adj* impeccabile.
stylet [stilɛ] *nm* stiletto.
stylisé, e [stilize] *adj* stilizzato(-a).
styliste [stilist] *nm/f* stilista *m/f*.
stylistique [stilistik] *nf* stilistica ♦ *adj* stilistico(-a).
stylo [stilo] *nm*: ~ **(à encre)** (penna) stilografica; ▸ **stylo (à) bille** penna a sfera.
stylo-feutre [stilɔføtʀ] (*pl* **~s-~s**) *nm* pennarello.
su, e [sy] *pp de* **savoir** ♦ *nm*: **au ~ de** a saputa di.
suaire [sɥɛʀ] *nm* sudario.
suant, e [sɥɑ̃, sɥɑ̃t] *adj* sudato(-a).
suave [sɥav] *adj* soave.
subalterne [sybaltɛʀn] *adj, nm/f* subalterno(-a).
subconscient [sypkɔ̃sjɑ̃] *nm* subconscio, subcosciente *m*.
subdiviser [sybdivize] *vt* suddividere.
subdivision [sybdivizjɔ̃] *nf* suddivisione *f*.
subir [sybiʀ] *vt* subire; (*traitement, opération*) sottoporsi a, subire; (*examen*) sostenere.
subit, e [sybi, it] *adj* improvviso(-a), repentino(-a).
subitement [sybitmɑ̃] *adv* improvvisamente.
subjectif, -ive [sybʒɛktif, iv] *adj* soggettivo(-a).
subjectivement [sybʒɛktivmɑ̃] *adv* soggettivamente.
subjectivité [sybʒɛktivite] *nf* soggettività.
subjonctif [sybʒɔ̃ktif] *nm* (*LING*) congiuntivo.
subjuguer [sybʒyge] *vt* soggiogare.
sublime [syblim] *adj* sublime.
sublimer [syblime] *vt* sublimare.
submergé, e [sybmɛʀʒe] *adj* sommerso (-a); **~ de travail** sommerso(-a) di lavoro; **~ par la douleur** sopraffatto(-a) dal dolore.
submerger [sybmɛʀʒe] *vt* sommergere; (*fig*: *suj*: *douleur*) sopraffare.
submersible [sybmɛʀsibl] *nm* sommergibile *m*.
subordination [sybɔʀdinasjɔ̃] *nf* subordinazione *f*.
subordonné, e [sybɔʀdɔne] *adj* (*LING*) subordinato(-a) ♦ *nm/f* (*ADMIN, MIL*) subordinato(-a), subalterno(-a); **~ à** (*personne, résultats*) subordinato(-a) a.
subordonner [sybɔʀdɔne] *vt*: **~ à** (*personne*) sottoporre all'autorità di; (*chose*) subordinare a.
subornation [sybɔʀnasjɔ̃] *nf* subornazione *f*.
suborner [sybɔʀne] *vt* subornare.
subrepticement [sybʀɛptismɑ̃] *adv* furtivamente.
subroger [sybʀɔʒe] *vt* (*JUR*) sostituire.
subside [sybzid] *nm* sussidio.
subsidiaire [sybzidjɛʀ] *adj*: **question ~** questione *f* accessoria.
subsistance [sybzistɑ̃s] *nf* sostentamento, sussistenza; **contribuer/pourvoir à la ~ de qn** contribuire/provvedere al mantenimento di qn; **moyens de ~** mezzi *mpl* di sussistenza.
subsister [sybziste] *vi* (*monument, erreur*) rimanere; (*personne, famille*) sopravvivere.
subsonique [sybsɔnik] *adj* subsonico(-a).
substance [sypstɑ̃s] *nf* sostanza; **en ~** in sostanza, sostanzialmente.
substantiel, le [sypstɑ̃sjɛl] *adj* (*aliment, repas*) sostanzioso(-a); (*fig*: *avantage, bénéfice*) sostanziale.
substantiellement [sypstɑ̃sjɛlmɑ̃] *adv* sostanzialmente.
substantif [sypstɑ̃tif] *nm* sostantivo.
substantiver [sypstɑ̃tive] *vt* sostantivare.
substituer [sypstitɥe] *vt* sostituire; **se ~ à qn** sostituirsi a qn; (*pour évincer*) sostituire qn.
substitut [sypstity] *nm* (*magistrat*) sostituto; (*succédané*) surrogato.
substitution [sypstitysjɔ̃] *nf* sostituzione *f*.
subterfuge [syptɛʀfyʒ] *nm* sotterfugio.
subtil, e [syptil] *adj* sottile.
subtilement [syptilmɑ̃] *adv* sottilmente.
subtiliser [syptilize] *vt* (*dérober*): **~ qch** trafugare qc; **~ qch à qn** derubare qn di qc.
subtilité [syptilite] *nf* sottigliezza; (*aussi péj*) pignoleria.
subtropical, e, -aux [sybtʀɔpikal, o] *adj* subtropicale.
suburbain, e [sybyʀbɛ̃, ɛn] *adj* suburbano(-a).
subvenir [sybvəniʀ]: **~ à** *vt* provvedere a.
subvention [sybvɑ̃sjɔ̃] *nf* sovvenzione *f*.
subventionner [sybvɑ̃sjɔne] *vt* sovvenzionare.
subversif, -ive [sybvɛʀsif, iv] *adj* sovversivo(-a).
subversion [sybvɛʀsjɔ̃] *nf* sovversione *f*.
suc [syk] *nm* succo; **~s gastriques** succhi gastrici.
succédané [syksedane] (*péj*) *nm* (*aussi*: *fig*) surrogato, succedaneo.
succéder [syksede]: **~ à** *vt* (*directeur, roi*) succedere a; (*dans une série*) seguire; **se succéder** *vr* succedersi, susseguirsi.
succès [syksɛ] *nm* successo; **avec ~** con

successo; **sans** ~ senza successo; **avoir du** ~ avere successo; **à** ~ di successo; ▶ **succès de librairie** best-seller *m inv*; ▶ **succès (féminins)** successo (con le donne).

successeur [syksesœʀ] *nm* successore *m*.

successif, -ive [syksesif, iv] *adj* successivo(-a).

succession [syksesjɔ̃] *nf* (*série*) serie *f*; (*JUR, POL*) successione *f*; **prendre la** ~ **de** succedere a.

successivement [syksesivmɑ̃] *adv* successivamente.

succinct, e [syksɛ̃, ɛ̃t] *adj* conciso(-a), succinto(-a).

succinctement [syksɛ̃tmɑ̃] *adv* succintamente.

succion [sy(k)sjɔ̃] *nf*: **bruit de** ~ rumore *m* di aspirazione.

succomber [sykɔ̃be] *vi* morire; ~ **(à)** (*fig*) soccombere (a).

succulent, e [sykylɑ̃, ɑ̃t] *adj* succulento (-a).

succursale [sykyʀsal] *nf* succursale *f*; **magasin à** ~**s multiples** negozio con più succursali.

sucer [syse] *vt* succhiare; ~ **son pouce** succhiarsi il pollice.

sucette [sysɛt] *nf* (*bonbon*) lecca lecca *m inv*; (*de bébé*) succhiotto.

suçoter [sysɔte] *vt* succhiare.

sucre [sykʀ] *nm* zucchero; **morceau de** ~ zolletta (di zucchero); ▶ **sucre cristallisé** zucchero cristallino; ▶ **sucre d'orge** zucchero d'orzo; ▶ **sucre de betterave** zucchero di barbabietola; ▶ **sucre de canne** zucchero di canna; ▶ **sucre en morceaux** zucchero a zollette *ou* a quadretti; ▶ **sucre en poudre** zucchero in polvere; ▶ **sucre glace** zucchero a velo.

sucré, e [sykʀe] *adj* zuccherato(-a); (*au goût*: *vin, fruits etc*) dolce; (*péj*: *ton, voix*) sdolcinato(-a), zuccheroso(-a).

sucrer [sykʀe] *vt* zuccherare; **se sucrer** *vr* mettersi lo zucchero; (*fam*: *faire des bénéfices*) riempirsi le tasche; ~ **qn** servire lo zucchero a qn.

sucrerie [sykʀəʀi] *nf* zuccherificio; ~**s** *nfpl* (*bonbons*) dolciumi *mpl*.

sucrier, -ière [sykʀije, ijɛʀ] *adj* zuccheriero(-a), saccarifero(-a) ♦ *nm* (*fabricant*) zuccheriere *m*; (*récipient*) zuccheriera.

sud [syd] *nm* sud *m inv* ♦ *adj inv* (*côte*) meridionale; (*façade, pôle*) sud *inv*; **au** ~ al sud; **au** ~ **de** a sud di.

sud-africain, e [sydafʀikɛ̃, ɛn] (*pl* ~-~**s, -es**) *adj* sudafricano(-a) ♦ *nm/f*: **S**~**-A**~**, e** sudafricano(-a).

sud-américain, e [sydameʀikɛ̃, ɛn] (*pl* ~-~**, -es**) *adj* sudamericano(-a) ♦ *nm/f*: **S**~**-A**~**, e** sudamericano(-a).

sudation [sydasjɔ̃] *nf* sudorazione *f*, traspirazione *f*.

sud-coréen, ne [sydkɔʀeɛ̃, ɛn] (*pl* ~-~**s, -nes**) *adj* sudcoreano(-a) ♦ *nm/f*: **S**~**-C**~**, ne** sudcoreano(-a).

sud-est [sydɛst] *nm inv* sudest *m inv* ♦ *adj inv* sudorientale.

sud-ouest [sydwɛst] *nm inv* sudovest *m inv* ♦ *adj inv* sudoccidentale.

sud-vietnamien, ne [sydvjɛtnamjɛ̃, ɛn] (*pl* ~-~**s, -iennes**) *adj* sudvietnamita ♦ *nm/f*: **S**~**-V**~**, ne** sudvietnamita *m/f*.

Suède [sɥɛd] *nf* Svezia.

suédois, e [sɥedwa, waz] *adj* svedese ♦ *nm* (*LING*) svedese *m* ♦ *nm/f*: **S**~**, e** svedese *m/f*.

suer [sɥe] *vi* sudare; (*mur, plâtre*) trasudare ♦ *vt* (*fig*: *exhaler*) trasudare; ~ **à grosses gouttes** grondare di sudore.

sueur [sɥœʀ] *nf* sudore *m*; **en** ~ sudato(-a); **avoir des** ~**s froides** sudare freddo; **donner à qn des** ~**s froides** far sudare freddo qn.

suffire [syfiʀ] *vi* bastare; **se suffire** *vr* bastare a se stesso(-a); ~ **à qn** bastare a qn; ~ **pour qch/pour faire qch** bastare per qc/per fare qc; **cela lui suffit** gli basta; **il suffit d'une négligence pour que ...** basta una negligenza perché ...; **cela suffit pour les irriter/qu'ils se fâchent** è quanto basta per farli arrabbiare/perché si arrabbino; **"ça suffit!"** "basta!".

suffisamment [syfizamɑ̃] *adv*: ~ **(de)** abbastanza.

suffisance [syfizɑ̃s] *nf* sufficienza; **en** ~ a sufficienza.

suffisant, e [syfizɑ̃, ɑ̃t] *adj* sufficiente; (*personne, air, ton*) di sufficienza.

suffisons [syfizɔ̃] *vb voir* **suffire**.

suffixe [syfiks] *nm* suffisso.

suffocant, e [syfɔkɑ̃, ɑ̃t] *adj* (*étouffant*) soffocante; (*stupéfiant*) sbalorditivo(-a).

suffocation [syfɔkasjɔ̃] *nf* soffocamento.

suffoquer [syfɔke] *vt* soffocare; (*nouvelle etc*) sbalordire ♦ *vi* soffocare; ~ **de colère/d'indignation** soffocare dalla collera/dall'indignazione.

suffrage [syfʀaʒ] *nm* suffragio; (*voix*) voto; (*du public etc*) consenso; ▶ **suffrage universel/direct/indirect** suffragio universale/diretto/indiretto; ▶ **suffrages exprimés** totale *msg* dei voti.

suggérer [sygʒeʀe] *vt* suggerire; ~ **qch à qn** suggerire qc a qn; ~ **(à qn) que/de faire** suggerire (a qn) che/di fare.

suggestif, -ive [sygʒɛstif, iv] *adj* (*poésie, musique*) suggestivo(-a); (*photographie, déshabillé*) provocante.

suggestion [sygʒɛstjɔ̃] *nf* suggerimento; (*PSYCH*) suggestione *f*.

suggestivité [sygʒɛstivite] *nf* suggestività *f*

inv.

suicidaire [sɥisidɛʀ] *adj* suicida.

suicide [sɥisid] *nm* suicidio ♦ *adj*: **opération ~** missione *f* suicida.

suicidé, e [sɥiside] *nm/f* suicida *m/f.*

suicider [sɥiside]: **se ~** *vr* suicidarsi.

suie [sɥi] *nf* fuliggine *f.*

suif [sɥif] *nm* sego, sevo.

suinter [sɥɛ̃te] *vi* (*liquide*) gocciolare; (*mur*) trasudare.

suis [sɥi] *vb voir* **être**; *voir aussi* **suivre**.

suisse [sɥis] *adj* svizzero(-a) ♦ *nm* (*bedeau*) cerimoniere *m* ecclesiastico ♦ *nf*: **S~** Svizzera ♦ *nm/f*: **S~** svizzero(-a).

suisse-allemand, e [sɥisalmɑ̃, ɑ̃d] *adj, nm/f* svizzero-tedesco(-a); **la S~ ~e** *ou* **alémanique** la Svizzera tedesca.

suisse romand, e [syisʀɔmɑ̃, ɑ̃d] *adj, nm/f* svizzero-romando(-a); **la S~ ~e** la Svizzera romanda.

Suissesse [sɥisɛs] *nf* svizzera.

suit [sɥi] *vb voir* **suivre**.

suite [sɥit] *nf* (*continuation, escorte*) seguito; (*série: de maisons, rues, MATH*) serie *f inv*; (*conséquence, résultat*) conseguenza; (*ordre, liaison logique*) filo, logica; (*dans hôtel, MUS*) suite *f inv*; **~s** *nfpl* (*d'une maladie, chute*) postumi *mpl*; **prendre la ~ de** (*directeur etc*) succedere a; **donner ~ à** (*requête*) far seguito a; (*projet*) attuare, realizzare; **faire ~ à** far seguito a; **(faisant) ~ à votre lettre du ...** facendo seguito alla Vostra lettera del ...; **sans ~** incoerente; **de ~** (*d'affilée*) di seguito; (*immédiatement*) subito; **par la ~** in seguito; **à la ~** di seguito; **à la ~ de** (*derrière*) dietro a; (*en conséquence de*) in seguito a; **par ~ de** a causa di; **avoir de la ~ dans les idées** essere perseverante; **attendre la ~ des événements** attendere il corso degli eventi.

suivant, e [sɥivɑ̃, ɑ̃t] *vb voir* **suivre** ♦ *adj* seguente ♦ *prép* secondo; **~ que** a seconda che, secondo che; **"au ~!"** "avanti il prossimo!".

suive [sɥiv] *vb voir* **suivre**.

suiveur [sɥivœʀ] *nm* (*CYCLISME*) suiveur *m inv*; (*d'une femme*) pappagallo (*fig*); (*péj*) conformista *m/f.*

suivi, e [sɥivi] *pp de* **suivre** ♦ *adj* (*régulier*) regolare, continuo(-a); (*COMM: article*) di cui è assicurata la fornitura; (*cohérent*) coerente ♦ *nm* (*d'une affaire*) controllo; **très/peu ~** (*cours, feuilleton etc*) molto/poco seguito(-a).

suivre [sɥivʀ] *vt* seguire; (*consigne*) rispettare, attenersi a; (*COMM: article*) continuare la fornitura di ♦ *vi* seguire; **se suivre** *vr* succedersi, susseguirsi; (*être cohérent: raisonnement*) filare; **~ des yeux** seguire con gli occhi; **faire ~** (*lettre*) inoltrare; **~ son cours** (*suj: enquête, maladie*) seguire il proprio corso; **"à ~"** "continua".

sujet, te [syʒɛ, ɛt] *adj*: **être ~ à** essere *ou* andare soggetto(-a) a ♦ *nm/f* (*d'un souverain etc*) suddito(-a) ♦ *nm* soggetto; (*matière*) soggetto, argomento; (*raison*) motivo; **un ~ de dispute/mécontentement** un motivo di disputa/malcontento; **c'est à quel ~?** a che proposito?; **avoir ~ de se plaindre** aver motivo di lamentarsi; **un mauvais ~** un cattivo soggetto; **au ~ de** riguardo a, a proposito di; **~ à caution** dubbio(-a), poco attendibile; ▸ **sujet d'examen** (*SCOL*) materia d'esame; ▸ **sujet d'expérience** (*BIOL etc*) soggetto di un esperimento; ▸ **sujet de conversation** argomento di conversazione.

sujétion [syʒesjɔ̃] *nf* schiavitù *f inv.*

sulfater [sylfate] *vt* (*vignes*) ramare.

sulfureux, -euse [sylfyʀø, øz] *adj* solforoso(-a); (*fig: roman etc*) ricco(-a) d'azione, movimentato(-a).

sulfurique [sylfyʀik] *adj*: **acide ~** acido solforico.

sulfurisé, e [sylfyʀize] *adj*: **papier ~** carta oleata.

summum [sɔ(m)mɔm] *nm*: **le ~ de** il culmine di.

super *abr, adj inv* (*fam*) fantastico(-a).

super... [sypɛʀ] *préf* super... .

superbe [sypɛʀb] *adj* splendido(-a), magnifico(-a) ♦ *nf* (*orgueuil*) superbia.

superbement [sypɛʀbəmɑ̃] *adv* splendidamente.

super(carburant) [sypɛʀ[kaʀbyʀɑ̃]] *nm* (benzina) super *f inv*, supercarburante *m.*

supercherie [sypɛʀʃəʀi] *nf* inganno; (*fraude*) frode *f.*

supérette [sypeʀɛt] *nf* minimercato, minimarket *m inv.*

superfétatoire [sypɛʀfetatwaʀ] *adj* superfluo(-a).

superficie [sypɛʀfisi] *nf* superficie *f.*

superficiel, le [sypɛʀfisjɛl] *adj* superficiale.

superficiellement [sypɛʀfisjɛlmɑ̃] *adv* superficialmente.

superflu, e [sypɛʀfly] *adj* superfluo(-a) ♦ *nm*: **le ~** il superfluo.

superforme [sypɛʀfɔʀm] (*fam*) *nf*: **en ~** in ottima forma.

super-grand [sypɛʀgʀɑ̃] (*pl* **~-~s**) *nm* superpotenza.

super-huit [sypɛʀɥit] *adj inv*: **caméra/film ~-~** cinepresa/film *m inv* superotto *inv.*

supérieur, e [sypeʀjœʀ] *adj* superiore; (*air, sourire*) di superiorità ♦ *nm* superiore *m* ♦ *nm/f* (*REL*): **Mère ~e** Madre *f* superiora; **à l'étage ~** al piano superiore; **~ à** superiore a; **~ en nombre** superiore per numero.

supérieurement [sypeʀjœʀmɑ̃] *adv* straordinariamente, eccezionalmente.
supériorité [sypeʀjɔʀite] *nf* superiorità; ▶ **supériorité numérique** superiorità numerica.
superlatif [sypɛʀlatif] *nm* (*aussi LING*) superlativo(-a); ▶ **superlatif absolu/relatif** superlativo assoluto/relativo.
supermarché [sypɛʀmaʀʃe] *nm* supermercato.
supernational, e, -aux [sypɛʀnasjɔnal, o] *adj* sovranazionale.
superposable [sypɛʀpozabl] *adj* (*figures*) sovrapponibile; (*lits*) a castello.
superposer [sypɛʀpoze] *vt* sovrapporre; **se superposer** *vr* sovrapporsi; **lits superposés** letti *mpl* a castello.
superposition [sypɛʀpozisjɔ̃] *nf* sovrapposizione *f*.
superpréfet [sypɛʀpʀefɛ] *nm Ispettore generale dell'amministrazione in missione straordinaria.*
superproduction [sypɛʀpʀɔdyksjɔ̃] *nf* (*film*) kolossal *m inv*.
superpuissance [sypɛʀpɥisɑ̃s] *nf* superpotenza.
supersonique [sypɛʀsɔnik] *adj* supersonico(-a).
superstitieux, -euse [sypɛʀstisjø, jøz] *adj* superstizioso(-a).
superstition [sypɛʀstisjɔ̃] *nf* superstizione *f*.
superstructure [sypɛʀstʀyktyʀ] *nf* sovrastruttura.
supertanker [sypɛʀtɑ̃kœʀ] *nm* superpetroliera.
superviser [sypɛʀvize] *vt* soprintendere a.
superviseur [sypɛʀvizœʀ] *nm* (*INFORM*) (programma *m inv*) supervisore *m*.
supervision [sypɛʀvizjɔ̃] *nf* supervisione *f*.
suppl. *abr = supplément.*
supplanter [syplɑ̃te] *vt* soppiantare.
suppléance [sypleɑ̃s] *nf* supplenza.
suppléant, e [sypleɑ̃, ɑ̃t] *adj, nm/f* supplente *m/f*; **médecin** ~ medico supplente *ou* sostituto.
suppléer [syplee] *vt* (*mot manquant etc*) aggiungere; (*lacune, défaut*) supplire a; (*professeur, juge*) sostituire; ~ **à** *vt* (*manque, défaut, qualité*) supplire a; (*chose manquante*) sostituire.
supplément [syplemɑ̃] *nm* supplemento; **un ~ de travail** del lavoro straordinario; **un ~ de frites** una porzione extra di patatine fritte; **un ~ de 100 F** (*à payer*) un supplemento di 100 franchi; **en** ~ (*au menu etc*) in più, in supplemento; ▶ **supplément d'information** informazioni *fpl* supplementari.
supplémentaire [syplemɑ̃tɛʀ] *adj* (*crédits, délai*) supplementare; (*contrôles, train, bus etc*) straordinario(-a).
supplétif, -ive [sypletif, iv] *adj* (*MIL*) ausiliario(-a).
suppliant, e [syplijɑ̃, ijɑ̃t] *adj* supplichevole, supplicante.
supplication [syplikasjɔ̃] *nf* (*REL*) supplica; ~**s** *nfpl* (*adjurations*) suppliche *fpl*.
supplice [syplis] *nm* supplizio; **être au** ~ soffrire le pene dell'inferno.
supplier [syplije] *vt* supplicare.
supplique [syplik] *nf* supplica.
support [sypɔʀ] *nm* supporto; ▶ **support audio-visuel** mezzo audiovisivo; ▶ **support publicitaire** mezzo *ou* veicolo pubblicitario.
supportable [sypɔʀtabl] *adj* (*douleur, température*) sopportabile; (*procédé, conduite*) ammissibile.
supporter [*n* sypɔʀtɛʀ, *vb* sypɔʀte] *nm* supporter *m/f inv* ♦ *vt* sopportare; (*poids, édifice*) reggere, sostenere; (*SPORT*) sostenere, fare il tifo per.
supposé, e [sypoze] *adj* presunto(-a).
supposer [sypoze] *vt* supporre; (*suj: chose*) presupporre; ~ **que** supporre che; **en supposant** *ou* **à** ~ **que** supponendo che.
supposition [sypozisjɔ̃] *nf* supposizione *f*.
suppositoire [sypozitwaʀ] *nm* supposta.
suppôt [sypo] (*péj*) *nm* sgherro.
suppression [sypʀesjɔ̃] *nf* soppressione *f*.
supprimer [sypʀime] *vt* sopprimere; (*clause, mot*) eliminare; (*cause, douleur, personne*) sopprimere, eliminare; ~ **qch à qn** togliere qc a qn.
suppuration [sypyʀasjɔ̃] *nf* suppurazione *f*.
suppurer [sypyʀe] *vi* suppurare.
supputations [sypytasjɔ̃] *nfpl* calcoli *mpl*.
supputer [sypyte] *vt* calcolare.
suprématie [sypʀemasi] *nf* supremazia.
suprême [sypʀɛm] *adj* supremo(-a); (*bonheur, habileté*) eccezionale; (*ultime: espoir, effort*) estremo(-a); **les honneurs** ~**s** gli estremi onori.
suprêmement [sypʀɛmmɑ̃] *adv* supremamente.

MOT-CLÉ

sur [syʀ] *prép* **1** su, sopra; **pose-le sur la table** posalo sul tavolo; **je n'ai pas d'argent sur moi** non ho denaro con me; **avoir de l'influence sur** avere influenza su; **avoir accident sur accident** avere un incidente dopo l'altro; **sur ce** *adv* detto ciò
2 (*direction*) verso; **en allant sur Paris** andando verso Parigi
3 (*à propos de*) su; **un livre/une conférence sur Balzac** un libro/una conferenza su Balzac
4 (*proportion, mesures*) su; **un sur 10** uno su 10; **sur 20, 2 sont venus** sono venuti 2

su 20; **4 m sur 2** 4 m per 2.

sûr, e [syʀ] *adj* sicuro(-a); ~ **de qch/que** (*personne*) sicuro(-a) di qc/che, certo(-a) di qc/che; **peu** ~ poco sicuro(-a); **être** ~ **de qn** essere sicuro(-a) di qn; ~ **et certain** certissimo(-a); ~ **de soi** sicuro(-a) di sé; **le plus** ~ **est de ...** la cosa più sicura è ... .
surabondance [syʀabɔ̃dɑ̃s] *nf* sovrabbondanza; **en** ~ in sovrappiù.
surabondant, e [syʀabɔ̃dɑ̃, ɑ̃t] *adj* sovrabbondante.
surabonder [syʀabɔ̃de] *vi* sovrabbondare.
suractivité [syʀaktivite] *nf* iperattività *f inv*.
suraigu, -uë [syʀegy] *adj* acutissimo(-a).
surajouter [syʀaʒute] *vt*: ~ **qch à** aggiungere qc a; **se** ~ **à** *vr* aggiungersi a.
suralimentation [syʀalimɑ̃tasjɔ̃] *nf* sovralimentazione *f*.
suralimenté, e [syʀalimɑ̃te] *adj* (*personne*) ipernutrito(-a); (*moteur*) sovralimentato(-a).
suranné, e [syʀane] *adj* antiquato(-a), superato(-a).
surarmement [syʀaʀməmɑ̃] *nm* accumulo eccessivo di armamenti.
surbaissé, e [syʀbese] *adj* ribassato(-a).
surcapacité [syʀkapasite] *nf* (*ÉCON*) capacità superiore al fabbisogno.
surcharge [syʀʃaʀʒ] *nf* sovraccarico; (*correction, ajout*) correzione *f*; (*PHILATÉLIE*) sovrastampa; **prendre des passagers en** ~ prendere più passeggeri di quanto consentito; ▸**surcharge de bagages** sovrappeso; ▸**surcharge de travail** sovraccarico di lavoro.
surchargé, e [syʀʃaʀʒe] *adj* sovraccarico(-a); ~ **de travail/soucis** oberato(-a) di lavoro/preoccupazioni.
surcharger [syʀʃaʀʒe] *vt* sovraccaricare; (*texte*) correggere; (*timbre-poste*) sovrastampare.
surchauffe [syʀʃof] *nf* (*ÉCON*) *situazione di tensione economica*.
surchauffé, e [syʀʃofe] *adj* surriscaldato (-a).
surchoix [syʀʃwa] *adj inv* di prima qualità.
surclasser [syʀklɑse] *vt* surclassare; ~ **un billet de train** pagare il supplemento di prima classe, fare il cambio classe.
surconsommation [syʀkɔ̃sɔmasjɔ̃] *nf* consumo eccessivo.
surcoté, e [syʀkɔte] *adj* sopravvalutato (-a).
surcouper [syʀkupe] *vt* (*CARTES*): ~ **un joueur** giocare una carta più alta di quella giocata da un altro giocatore.
surcroît [syʀkʀwa] *nm* aumento; **par** *ou* **de** ~ per di più; **en** ~ in aggiunta.
surdi-mutité [syʀdimytite] (*pl* ~**-**~**s**) *nf*: **atteint de** ~-~ affetto da sordomutismo.
surdité [syʀdite] *nf* sordità; **atteint de** ~ **totale** affetto da sordità totale.
surdoué, e [syʀdwe] *adj* superdotato(-a).
sureau, x [syʀo] *nm* sambuco.
sureffectif [syʀefɛktif] *nm* personale *m* in soprannumero.
surélever [syʀel(ə)ve] *vt* sopraelevare, rialzare.
sûrement [syʀmɑ̃] *adv* sicuramente; ~ **pas** no di certo.
suremploi [syʀɑ̃plwa] *nm* sovraoccupazione *f*.
surenchère [syʀɑ̃ʃɛʀ] *nf* (*aux enchères*) offerta superiore, rilancio; (*sur prix fixe*) rincaro; ~ **de violence** (*fig*) crescendo di violenza; ~ **électorale** promesse *fpl* elettorali.
surenchérir [syʀɑ̃ʃeʀiʀ] *vi* (*COMM*) rincarare; (*fig*) rilanciare, fare un'offerta maggiore.
surendettement [syʀɑ̃dɛtmɑ̃] *nm* indebitamento eccessivo.
surent [syʀ] *vb voir* **savoir**.
surentraîné, e [syʀɑ̃tʀene] *adj* superallenato(-a).
suréquipé, e [syʀekipe] *adj* superattrezzato(-a), superequipaggiato(-a).
surestimer [syʀɛstime] *vt* sopravvalutare.
sûreté [syʀte] *nf* sicurezza; (*JUR*) garanzia; **être/mettre en** ~ essere/mettere al sicuro; **pour plus de** ~ per maggiore sicurezza; **attentat/crime contre la** ~ **de l'État** attentato/crimine contro la sicurezza dello stato; **la S**~ **(nationale)** ≈ la Pubblica Sicurezza.
surexcité, e [syʀɛksite] *adj* sovreccitato (-a).
surexciter [syʀɛksite] *vt* sovreccitare.
surexploiter [syʀɛksplwate] *vt* (*champ*) sfruttare eccessivamente; (*personne*) sfruttare.
surexposer [syʀɛkspoze] *vt* sovr(a)esporre.
surf [sœʀf] *nm* surf *m inv*; **faire du** ~ fare surf.
surface [syʀfas] *nf* superficie *f*; ~ **plane/courbe** (*GÉOM*) superficie piana/curva; **faire** ~ riemergere; **en** ~ in superficie; (*fig*) superficialmente; **la pièce fait 100 m² de** ~ la stanza ha una superficie di 100 m²; ▸**surface de réparation** (*SPORT*) area di rigore; ▸**surface porteuse** *ou* **de sustentation** (*AVIAT*) superficie di sostentazione.
surfait, e [syʀfɛ, ɛt] *adj* sopravvalutato (-a).
surfeur, -euse [sœʀfœʀ, øz] *nm/f* surfista *m/f*.
surfiler [syʀfile] *vt* fare il sopraffilo a.
surfin, e [syʀfɛ̃, in] *adj* sopraffino(-a).

surgélateur [syʀʒelatœʀ] *nm* surgelatore *m*.
surgélation [syʀʒelasjɔ̃] *nf* surgelamento.
surgelé, e [syʀʒəle] *adj* surgelato(-a).
surgeler [syʀʒəle] *vt* surgelare.
surgir [syʀʒiʀ] *vi* sorgere; (*personne, véhicule*) spuntare; (*fig: problème, dilemme*) sorgere, nascere.
surhomme [syʀɔm] *nm* superuomo.
surhumain, e [syʀymɛ̃, ɛn] *adj* sovrumano(-a).
surimposer [syʀɛ̃poze] *vt* sopratassare.
surimpression [syʀɛ̃pʀesjɔ̃] *nf* sovrimpressione *f*; **en ~** in sovrimpressione.
surimprimer [syʀɛ̃pʀime] *vt* sovrimprimere.
Surinam [syʀinam] *nm* Surinam *m*.
surinfection [syʀɛ̃fɛksjɔ̃] *nf* superinfezione *f*.
surjet [syʀʒɛ] *nm* (*COUTURE*) sopraggitto.
sur-le-champ [syʀləʃɑ̃] *adv* all'istante.
surlendemain [syʀlɑ̃d(ə)mɛ̃] *nm*: **le ~** due giorni dopo; **le ~ de ...** due giorni dopo ...; **le ~ soir** la sera di due giorni dopo.
surligneur [syʀliɲœʀ] *nm* evidenziatore *m*.
surmenage [syʀmənaʒ] *nm* (*MÉD*) surmenage *m*; **le ~ intellectuel** il surmenage intellettuale.
surmené, e [syʀməne] *adj* sovraffaticato(-a).
surmener [syʀməne] *vt* affaticare eccessivamente; **se surmener** *vr* affaticarsi eccessivamente.
surmonter [syʀmɔ̃te] *vt* (*suj: coupole etc*) sovrastare; (*vaincre: difficulté, obstacle*) superare; (*: chagrin, colère*) vincere.
surmultiplié, e [syʀmyltiplije] *adj*: **vitesse ~** marcia sovramoltiplicata ♦ *nf*: **en ~e** a marcia sovramoltiplicata.
surnager [syʀnaʒe] *vi* stare a galla; (*fig*) sopravvivere.
surnaturel, le [syʀnatyʀɛl] *adj* soprannaturale; (*beauté*) straordinario(-a) ♦ *nm*: **le ~** il soprannaturale.
surnom [syʀnɔ̃] *nm* soprannome *m*.
surnombre [syʀnɔ̃bʀ] *nm*: **être en ~** essere in soprannumero.
surnommer [syʀnɔme] *vt* soprannominare.
surnuméraire [syʀnymeʀɛʀ] *adj* (*employé*) soprannumerario(-a).
suroît [syʀwa] *nm* (*chapeau*) capello impermeabile.
surpasser [syʀpɑse] *vt* superare; **se surpasser** *vr* superare se stesso(-a).
surpayer [syʀpeje] *vt* strapagare.
surpeuplé, e [syʀpœple] *adj* sovrappopolato(-a).
surpeuplement [syʀpœpləmɑ̃] *nm* sovrappopolazione *f*.
surpiquer [syʀpike] *vt* (*COUTURE*) impunturare.
surpiqûre [syʀpikyʀ] *nf* (*COUTURE*) impuntura.
surplace [syʀplas] *nm* (*CYCLISME*) surplace *m inv*; **faire du ~** (*fig*) non andare né avanti né indietro.
surplis [syʀpli] *nm* (*REL*) cotta.
surplomb [syʀplɔ̃] *nm* strapiombo; **en ~** a strapiombo.
surplomber [syʀplɔ̃be] *vi* essere a strapiombo ♦ *vt* essere a strapiombo su; (*dominer*) sovrastare.
surplus [syʀply] *nm* eccedenza, surplus *m inv*; **~ de bois/tissu** rimanenza di legno/tessuto; **au ~** d'altronde, per giunta; **~ américains** *materiale militare lasciato dagli americani dopo la guerra e svenduto.*
surpopulation [syʀpɔpylasjɔ̃] *nf* sovrappopolazione *f*.
surprenant, e [syʀpʀənɑ̃, ɑ̃t] *vb voir* **surprendre** ♦ *adj* sorprendente.
surprendre [syʀpʀɑ̃dʀ] *vt* sorprendere; (*secret*) scoprire; (*clin d'œil*) intercettare; (*en rendant visite*) fare una sorpresa a; **~ la vigilance de qn** eludere la sorveglianza di qn; **~ la bonne foi de qn** abusare della buona fede di qn; **se ~ à faire qch** sorprendersi a fare qc.
surprime [syʀpʀim] *nf* (*ASSURANCES*) premio supplementare.
surpris, e [syʀpʀi, iz] *pp de* **surprendre** ♦ *adj* sorpreso(-a); **~ de/que** sorpreso(-a) di/che.
surprise [syʀpʀiz] *nf* sorpresa; **faire une ~ à qn** fare una sorpresa a qn; **voyage sans ~s** viaggio senza sorprese; **avoir la ~ de** avere la sorpresa di; **par ~** di sorpresa.
surprise-partie [syʀpʀizpaʀti] (*pl* **~s-~s**) *nf* festa, festicciola.
surprit [syʀpʀi] *vb voir* **surprendre**.
surproduction [syʀpʀɔdyksjɔ̃] *nf* sovrapproduzione *f*.
surréaliste [syʀʀealist] *adj* surrealista.
sursaut [syʀso] *nm* sussulto, sobbalzo; **en ~** (*se réveiller*) di soprassalto; ▶ **sursaut d'énergie** guizzo di energia; ▶ **sursaut d'indignation** sussulto di indignazione.
sursauter [syʀsote] *vi* sussultare, sobbalzare.
surseoir [syʀswaʀ]: **~ à** *vt* soprassedere a.
sursis [syʀsi] *nm* rinvio; (*JUR*) condizionale *f*; **condamné à 5 mois (de prison) avec ~** condannato a 5 mesi (di prigione) con condizionale; **on lui a accordé le ~** gli è stata concessa la condizionale; ▶ **sursis (d'appel** *ou* **d'incorporation)** (*MIL*) rinvio di chiamata.
sursitaire [syʀsitɛʀ] *nm* (*MIL*) chi beneficia di un rinvio del servizio militare.
sursois *etc* [syʀswa] *vb voir* **surseoir**.
sursoyais *etc* [syʀswajɛ] *vb voir* **surseoir**.
surtaxe [syʀtaks] *nf* soprattassa.

surtension [syʀtɑ̃sjɔ̃] *nf* sovratensione *f*.
surtout [syʀtu] *adv* soprattutto; **il songe ~ à ses propres intérêts** pensa innanzi tutto ai suoi interessi; **il aime le sport, ~ le football** ama lo sport, soprattutto il calcio; **cet été, il a ~ fait de la pêche** quest'estate si è dedicato soprattutto alla pesca; **~ pas d'histoires!** soprattutto niente storie!; **~ pas!** no di certo!; **~ pas lui!** lui men che mai!; **~ que ...** tanto più che ... .
survécu, e [syʀveky] *pp de* **survivre**.
surveillance [syʀvɛjɑ̃s] *nf* sorveglianza; **être sous la ~ de qn** essere sotto la sorveglianza di qn; **sous ~ médicale** sotto controllo medico; **la ~ du territoire** i servizi di controspionaggio.
surveillant, e [syʀvɛjɑ̃, ɑ̃t] *nm/f* sorvegliante *m/f*; (*de prison*) guardia *f*.
surveiller [syʀveje] *vt* sorvegliare; **se surveiller** *vr* controllarsi; **~ son langage** controllare il proprio linguaggio; **~ sa ligne** badare alla linea.
survenir [syʀvəniʀ] *vi* (*changement*) verificarsi; (*personne*) arrivare; **un incident est survenu** c'è stato un incidente.
survenu, e [syʀv(ə)ny] *pp de* **survenir**.
survêtement [syʀvɛtmɑ̃] *nm* tuta (sportiva).
survie [syʀvi] *nf* sopravvivenza; (*REL*) immortalità *f inv*; **équipement de ~** attrezzatura di sopravvivenza; **une ~ de quelques mois** qualche mese di vita.
surviens [syʀvjɛ̃] *vb voir* **survenir**.
survint [syʀvɛ̃] *vb voir* **survenir**.
survirer [syʀviʀe] *vi* sovrasterzare.
survit [suʀvi] *vb voir* **survivre**.
survitrage [syʀvitʀaʒ] *nm* doppi vetri *mpl*.
survivance [syʀvivɑ̃s] *nf* sopravvivenza; (*ce qui survit*) retaggio.
survivant, e [syʀvivɑ̃, ɑ̃t] *vb voir* **survivre** ♦ *nm/f* superstite *m/f*.
survivre [syʀvivʀ] *vi* sopravvivere; **~ à** *vt* sopravvivere a; **la victime a peu de chances de ~** la vittima ha poche possibilità di sopravvivere.
survol [syʀvɔl] *nm* sorvolo.
survoler [syʀvɔle] *vt* (*lieu, question*) sorvolare; (*fig*: *livre, écrit*) dare una veloce scorsa a.
survolté, e [syʀvɔlte] *adj* (*ÉLEC*: *appareil*) survoltato(-a); (*fig*: *personne, ambiance*) sovreccitato(-a).
sus [sy(s)]: **en ~ de** *prép* in aggiunta a; **en ~** *adv* in più; **~ à ...!** *excl*: **~ au tyran!** abbasso il tiranno!; **~ à** *prép* in aggiunta a ♦ *vb voir* **savoir**.
susceptibilité [sysɛptibilite] *nf* suscettibilità *f inv*.
susceptible [sysɛptibl] *adj* suscettibile; **~ d'amélioration** *ou* **d'être amélioré** suscettibile di miglioramenti; **~ de faire** (*capacité*) capace di *ou* in grado di fare; **il est ~ de faire ...** (*probabilité*) è probabile che faccia ... .
susciter [sysite] *vt* (*obstacles, ennuis*) creare; (*admiration, enthousiasme*) suscitare.
susdit, e [sysdi, dit] *adj* suddetto(-a).
susmentionné, e [sysmɑ̃sjɔne] *adj* suddetto(-a).
susnommé, e [sysnɔme] *adj* sopraccitato(-a).
suspect, e [syspɛ(kt), ɛkt] *adj* sospetto(-a) ♦ *nm/f* (*JUR*) sospetto(-a); **être peu ~ de** non essere sospettato(-a) di.
suspecter [syspɛkte] *vt* sospettare; **~ qn d'être/d'avoir fait qch** sospettare qn di essere/di aver fatto qc; **~ qch de qch/faire** sospettare qc di qc/di fare.
suspendre [syspɑ̃dʀ] *vt* sospendere; (*accrocher, fixer*): **~ (à)** appendere (a); **se ~ à** *vr* (*s'accrocher à*) attaccarsi a.
suspendu, e [syspɑ̃dy] *pp de* **suspendre** ♦ *adj* sospeso(-a); **~ à/au dessus de** sospeso(-a) a/sopra a; **voiture bien/mal ~e** automobile con buone/cattive sospensioni; **être ~ aux lèvres de qn** pendere dalle labbra di qn.
suspens [syspɑ̃]: **en ~** *adv* in sospeso; **tenir en ~** tenere in sospeso.
suspense [syspɛns] *nm* suspense *f*.
suspension [syspɑ̃sjɔ̃] *nf* sospensione *f*; (*lustre*) lampadario; **en ~** (*particules*) in sospensione; ▸ **suspension d'audience** sospensione di una seduta.
suspicieux, -euse [syspisjø, jøz] *adj* sospettoso(-a).
suspicion [syspisjɔ̃] *nf* sospetto.
sustentation [systɑ̃tasjɔ̃] *nf* (*AVIAT*) sostentazione *f*; **base** *ou* **polygone de ~** base *f ou* poligono di sostentazione.
sustenter [systɑ̃te]: **se ~** *vr* sostentarsi.
susurrer [sysyʀe] *vt* sussurrare.
sut [sy] *vb voir* **savoir**.
suture [sytyʀ] *nf*: **point de ~** punto di sutura.
suturer [sytyʀe] *vt* suturare.
suzeraineté [syz(ə)ʀɛnte] *nf* sovranità *f inv*.
svelte [svɛlt] *nf* slanciato(-a), snello(-a).
SVP [ɛsvepe] *sigle* (= *s'il vous plaît*) P.F.
Swaziland [swazilɑ̃d] *nm* Swaziland *m*.
syllabaire [si(l)labɛʀ] *nm* sillabario.
syllabe [si(l)lab] *nf* sillaba.
sylphide [silfid] *nf* (*fig*) silfide *f*.
sylvestre [silvɛstʀ] *adj*: **pin ~** pino silvestre.
sylvicole [silvikɔl] *adj* silvicolo(-a).
sylviculteur [silvikyltœʀ] *nm* silvicoltore *m*.
sylviculture [silvikyltyʀ] *nf* silvicoltura.
symbole [sɛ̃bɔl] *nm* simbolo; **~ graphique** (*INFORM*) icona, simbolo grafico.
symbolique [sɛ̃bɔlik] *adj* simbolico(-a) ♦ *nf*

(*d'une religion, culture*) simbolica; (*science des symboles*) simbologia.
symboliquement [sɛ̃bɔlikmɑ̃] *adv* simbolicamente.
symboliser [sɛ̃bɔlize] *vt* simboleggiare.
symétrie [simetʀi] *nf* simmetria; **axe/centre de ~** asse *f*/centro di simmetria.
symétrique [simetʀik] *adj* simmetrico(-a).
symétriquement [simetʀikmɑ̃] *adv* simmetricamente.
sympa [sɛ̃pa] *adj inv voir* **sympathique**.
sympathie [sɛ̃pati] *nf* simpatia; (*condoléances*) condoglianze *fpl*; **accueillir avec ~** (*projet etc*) accogliere con benevolenza, accogliere positivamente; **avoir de la ~ pour qn** provare simpatia per qn; **témoignages de ~** (*lors d'un deuil*) condoglianze *fpl*; **croyez à toute ma ~** voglia gradire i miei più cordiali saluti.
sympathique [sɛ̃patik] *adj* simpatico(-a).
sympathisant, e [sɛ̃patizɑ̃, ɑ̃t] *nm/f* simpatizzante *m/f*.
sympathiser [sɛ̃patize] *vi* (*s'entendre*) andare d'accordo (con); (*se fréquenter*) frequentarsi; **~ avec qn** andare d'accordo con qn.
symphonie [sɛ̃fɔni] *nf* sinfonia.
symphonique [sɛ̃fɔnik] *adj* sinfonico(-a).
symposium [sɛ̃pozjɔm] *nm* simposio, convegno.
symptomatique [sɛ̃ptɔmatik] *adj* sintomatico(-a).
symptôme [sɛ̃ptom] *nm* sintomo.
synagogue [sinagɔg] *nf* sinagoga.
synchrone [sɛ̃kʀon] *adj* sincronico(-a).
synchronique [sɛ̃kʀɔnik] *adj*: **tableau ~** quadro sincronico.
synchronisation [sɛ̃kʀɔnizasjɔ̃] *nf* sincronizzazione *f*.
synchronisé, e [sɛ̃kʀɔnize] *adj* sincronizzato(-a).
synchroniser [sɛ̃kʀɔnize] *vt* sincronizzare.
syncope [sɛ̃kɔp] *nf* (*MÉD, MUS*) sincope *f*; **tomber en ~** avere una sincope.
syncopé, e [sɛ̃kɔpe] *adj* sincopato(-a).
syndic [sɛ̃dik] *nm* amministratore *m*.
syndical, e, -aux [sɛ̃dikal, o] *adj* sindacale; **centrale ~e** sindacato.
syndicalisme [sɛ̃dikalism] *nm* sindacalismo.
syndicaliste [sɛ̃dikalist] *nm/f* sindacalista *m/f*.
syndicat [sɛ̃dika] *nm* (*d'ouvriers, employés*) sindacato; (*autre association d'intérêts*) sindacato, organizzazione *f*; ▸**syndicat d'initiative** azienda di soggiorno; ▸**syndicat de producteurs** sindacato di produttori; ▸**syndicat de propriétaires** consorzio di proprietari; ▸**syndicat patronal** sindacato dei datori di lavoro.
syndiqué, e [sɛ̃dike] *adj* (*ouvrier, employé*) iscritto(-a) a sindacato; **non ~** non iscritto(-a) a sindacato.
syndiquer [sɛ̃dike]: **se ~** *vr* organizzarsi in sindacato; (*adhérer*) iscriversi a un sindacato.
syndrome [sɛ̃dʀom] *nm* sindrome *f*.
synergie [sinɛʀʒi] *nf* sinergia.
synode [sinɔd] *nm* sinodo.
synonyme [sinɔnim] *adj* sinonimico(-a) ♦ *nm* sinonimo; **être ~ de** essere sinonimo di.
synopsis [sinɔpsis] *nm ou nf* sinossi *f inv*.
synoptique [sinɔptik] *adj*: **tableau ~** tabella sinottica.
synovie [sinɔvi] *nf*: **épanchement de ~** (*MÉD*) travaso di sinovia.
syntaxe [sɛ̃taks] *nf* sintassi *f inv*.
synthèse [sɛ̃tɛz] *nf* sintesi *f*; **faire la ~ de** fare la sintesi di.
synthétique [sɛ̃tetik] *adj* sintetico(-a).
synthétiser [sɛ̃tetize] *vt* sintetizzare.
synthétiseur [sɛ̃tetizœʀ] *nm* (*MUS*) sintetizzatore *m*.
syphilis [sifilis] *nf* sifilide *f*.
syphilitique [sifilitik] *adj, nm/f* sifilitico(-a).
Syrie [siʀi] *nf* Siria.
syrien, ne [siʀjɛ̃, jɛn] *adj* siriano(-a) ♦ *nm/f*: **S~, ne** siriano(-a).
systématique [sistematik] *adj* sistematico(-a); (*péj*) dogmatico(-a).
systématiquement [sistematikmɑ̃] *adv* sistematicamente.
systématiser [sistematize] *vt* sistematizzare.
système [sistɛm] *nm* sistema *m*; **le ~ D** l'arte di arrangiarsi; **~ décimal** sistema decimale; **~ expert** sistema esperto; **~ d'exploitation à disques** (*INFORM*) sistema operativo a dischi; **~ métrique** sistema metrico; **~ nerveux** sistema nervoso; **~ solaire** sistema solare.

T, t

T, t [te] *nm inv* (*lettre*) T, t *f ou m inv*; **~ comme Thérèse** ≈ T come Taranto.
t' [t] *pron voir* **te**.
t. *abr* (= *tonne*) t.
ta [tɔ̃] *dét voir* **ton¹**.
tabac [taba] *nm* tabacco ♦ *adj inv*: **(couleur) ~** (color) tabacco *inv*; **passer qn à ~** (*fam*) pestare qn di santa ragione; **faire un ~**

(*fam*) fare furore; **(débit** *ou* **bureau de)** ~ tabaccheria; ▸ **tabac à priser** tabacco da fiuto *ou* da naso; ▸ **tabac blond/brun** tabacco biondo/scuro; ▸ **tabac gris** trinciato forte.
tabagie [tabaʒi] *nf stanza piena di fumo.*
tabagisme [tabaʒism] *nm* tabagismo.
tabasser [tabase] *vt* (*fam*) pestare, menare.
tabatière [tabatjɛʀ] *nf* tabacchiera.
tabernacle [tabɛʀnakl] *nm* tabernacolo.
table [tabl] *nf* tavola, tavolo; (*invités*) tavolata; (*liste, numérique*) tavola, tabella; **à** ~! a tavola!; **se mettre à** ~ mettersi a tavola; (*fig*: *fam*) vuotare il sacco; **mettre** *ou* **dresser/desservir la** ~ apparecchiare/sparecchiare (la tavola); **faire** ~ **rase de** fare tabula rasa di; ▸ **table à repasser** asse *f* da stiro; ▸ **table basse** tavolino; ▸ **table d'écoute** impianto per l'intercettazione di comunicazioni telefoniche; ▸ **table d'harmonie** tavola armonica; ▸ **table d'hôte** menù *m inv* a prezzi fissi; ▸ **table de chevet** *ou* **de nuit** comodino; ▸ **table de cuisson** piano di cottura; ▸ **table de lecture** (*MUS*) piatto (giradischi); ▸ **table de multiplication** tavola pitagorica; ▸ **table de toilette** tavolino da toilette; ▸ **table des matières** indice *m*; ▸ **table ronde** (*débat*) tavola rotonda; ▸ **table roulante** carrello; ▸ **table traçante** (*INFORM*) tavola di tracciamento.
tableau, x [tablo] *nm* (*ART, reproduction, fig*) quadro; (*panneau*) tabellone *m*, quadro; (*schéma*) tabella, tavola; ▸ **tableau chronologique** tavola cronologica; ▸ **tableau d'affichage** tabellone *m*; ▸ **tableau de bord** (*AUTO*) cruscotto; (*AVIAT*) pannello *ou* quadro portastrumenti; ▸ **tableau de chasse** carniere *m*; ▸ **tableau de contrôle** pannello *ou* quadro di controllo; ▸ **tableau de maître** quadro d'autore; ▸ **tableau noir** lavagna.
tablée [table] *nf* (*personnes*) tavolata.
tabler [table] *vi*: ~ **sur** contare su.
tablette [tablɛt] *nf* (*planche*) ripiano; ▸ **tablette de chocolat** tavoletta di cioccolato.
tableur [tablœʀ] *nm* (*INFORM*) foglio elettronico, spreadsheet *m inv*.
tablier [tablije] *nm* grembiule *m*; (*de pont*) piattaforma; (*de cheminée*) parafuoco.
tabou, e [tabu] *nm* tabù *m inv* ♦ *adj* tabù *inv*.
tabouret [tabuʀɛ] *nm* sgabello.
tabulateur [tabylatœʀ] *nm* (*TECH*) tabulatore *m*.
tac [tak] *nm*: **du** ~ **au** ~ per le rime.
tache [taʃ] *nf* macchia; (*point*) macchiolina; **faire** ~ **d'huile** estendersi a macchia d'olio; ▸ **tache de rousseur** *ou* **de son** lentiggine *f*, efelide *f*; ▸ **tache de vin** (*sur la peau*) voglia di vino *ou* fragola.
tâche [tɑʃ] *nf* compito; **travailler à la** ~ lavorare a cottimo.
tacher [taʃe] *vt* (*aussi fig*) macchiare; **se tacher** *vr* macchiarsi.
tâcher [tɑʃe] *vi*: ~ **de faire** cercare di fare.
tâcheron [tɑʃ(ə)ʀɔ̃] *nm* (*fig*) sgobbone(-a).
tacheté, e [taʃte] *adj*: ~ **(de)** punteggiato(-a) (di).
tachisme [taʃism] *nm* (*PEINTURE*) tachisme *m*.
tachiste [taʃist] *nm* (*PEINTURE*) tachista *m/f*.
tachygraphe [takigʀaf] *nm* tachigrafo.
tachymètre [takimɛtʀ] *nm* tachimetro.
tacite [tasit] *adj* tacito(-a).
tacitement [tasitmɑ̃] *adv* tacitamente.
taciturne [tasityʀn] *adj* taciturno(-a).
tacot [tako] (*péj*) *nm* carretta, macinino.
tact [takt] *nm* tatto; **avoir du** ~ avere tatto.
tacticien, ne [taktisjɛ̃, jɛn] *nm/f* abile stratega *m* ♦ *nm* (*MIL*) tattico.
tactile [taktil] *adj* tattile.
tactique [taktik] *adj* tattico(-a) ♦ *nf* tattica.
Tadjikistan [tadʒikistɑ̃] *nf* Tadjikistan *m*.
taffetas [tafta] *nm* taffetà *m inv*.
Tahiti [taiti] *nf* Tahiti *f*.
tahitien, ne [taisjɛ̃, jɛn] *adj* Tahitiano(-a) ♦ *nm/f*: **T~, ne** tahitiano(-a).
taie [tɛ] *nf*: ~ **(d'oreiller)** federa (di guanciale).
taillader [tɑjade] *vt* tagliuzzare, tagliare; **se** ~ **le menton en se rasant** tagliarsi il mento radendosi.
taille [tɑj] *nf* taglio; (*de plante*) potatura; (*milieu du corps, d'un vêtement*) vita; (*hauteur*) statura; (*grandeur, grosseur*: *d'une personne*) taglia; (: *d'un objet*) grandezza, dimensioni *fpl*; (*COMM*: *mesure*) taglia, misura; (*fig*: *envergure*) levatura; **de** ~ **à faire** in grado di fare; **de** ~ (*important*) grosso(-a); **quelle** ~ **faites-vous?** che taglia ha?
taillé, e [tɑje] *adj* (*moustache, ongles*) tagliato(-a); (*arbre*) potato(-a); ~ **pour** tagliato(-a) per; ~ **en pointe** tagliato(-a) a punta.
taille-crayon(s) [tɑjkʀɛjɔ̃] *nm inv* temperamatite *m inv*.
tailler [tɑje] *vt* tagliare; (*arbre, plante*) potare; (*crayon*) temperare; **se tailler** *vr* (*ongles, barbe*) tagliarsi; (*victoire*) ottenere; (*fig*: *réputation*) farsi; (*fam*: *s'enfuir*) tagliare la corda; ~ **dans la chair/le bois** incidere nella carne/nel legno; ~ **grand/petit** (*suj*: *vêtement*) avere una foggia ampia/stretta.
tailleur [tɑjœʀ] *nm* (*couturier*) sarto; (*vêtement de dames*) tailleur *m inv*; **en** ~ (*assis*) alla turca, a gambe incrociate; ▸ **tailleur de diamants** tagliatore *m* di

diamanti.

tailleur-pantalon [tɑjœʀpɑ̃talɔ̃] (*pl* **~s-~s**) *nm* completo *m* giacca e pantaloni *inv*.

taillis [taji] *nm* bosco ceduo.

tain [tɛ̃] *nm* foglia (*di stagno o mercurio per specchi*).

taire [tɛʀ] *vt* tacere ♦ *vi*: **faire ~ qn** far tacere qn; **faire ~ qch** (*fig*) mettere a tacere qc; **se taire** *vr* tacere; **tais-toi!** taci!, stai zitto!

Taiwan [tajwan] *nf* Taiwan *m*.

talc [talk] *nm* talco.

talé, e [tale] *adj* (*fruit*) ammaccato(-a).

talent [talɑ̃] *nm* talento; **~s** *nmpl* (*personnes*) talenti *mpl*, persone *fpl* di talento; **avoir du ~** avere talento.

talentueux, -euse [talɑ̃tɥø, øz] *adj* dotato(-a) di talento.

talion [taljɔ̃] *nm*: **la loi du ~** la legge del taglione.

talisman [talismɑ̃] *nm* talismano.

talkie-walkie [tokiwoki] (*pl* **~s-~s**) *nm* walkie-talkie *m inv*.

taloche [talɔʃ] (*fam*) *nf* (*claque*) sberla, scapaccione *m*; (*TECH*) pialletto, frettazzo.

talon [talɔ̃] *nm* (*ANAT*) tallone *m*, calcagno; (*de chaussure*) tacco; (*chaussette*) tallone *m*; (*de jambon*) fondo; (*pain*) cantuccio; (*de chèque, billet*) talloncino, matrice *f*; **être sur les ~s de qn** stare alle calcagna di qn; **tourner/montrer les ~s** (*fig*) alzare i tacchi; ▶**talons aiguilles** tacchi a spillo; ▶**talons plats** tacchi bassi.

talonner [talɔne] *vt* tallonare; (*cheval*) spronare; (*fig: harceler*) tormentare, assillare.

talonnette [talɔnɛt] *nf* (*de chaussure*) soprattacco; (*de pantalon*) battitacco *m inv*.

talquer [talke] *vt* cospargere di talco.

talus [taly] *nm* (*GÉO*) scarpata; (*d'orchestre*) fossa; ▶**talus de déblai** terrapieno *ou* scarpata di scavo; ▶**talus de remblai** terrapieno.

tamarin [tamaʀɛ̃] *nm* tamarindo.

tambour [tɑ̃buʀ] *nm* (*MUS, TECH, AUTO*) tamburo; (*musicien*) tamburino; (*porte*) bussola, porta girevole; **sans ~ ni trompette** alla chetichella.

tambourin [tɑ̃buʀɛ̃] *nm* tamburello.

tambouriner [tɑ̃buʀine] *vi*: **~ contre** tamburellare su.

tambour-major [tɑ̃buʀmaʒɔʀ] (*pl* **~s-~s**) *nm* tamburo maggiore.

tamis [tami] *nm* setaccio.

Tamise [tamiz] *nf* Tamigi *m*.

tamisé, e [tamize] *adj* (*fig: lumière*) smorzato(-a), attenuato(-a); (*ambiance*) ovattato(-a).

tamiser [tamize] *vt* setacciare.

tampon [tɑ̃pɔ̃] *nm* tampone *m*; (*RAIL*) respingente *inv*, tampone; (*fig*) cuscinetto; (*INFORM: aussi:* **mémoire ~**) memoria *f* tampone *inv*, memoria di transito; (*bouchon: de caoutchouc, bois*) tappo; (*cachet, timbre*) timbro; **solution ~** soluzione *f* tampone *inv*; (*aussi:* **~ hygiénique**) tampone, assorbente *m* interno; ▶**tampon à récurer** paglietta; ▶**tampon buvard** tampone di carta assorbente; ▶**tampon encreur** tampone (per timbri).

tamponner [tɑ̃pɔne] *vt* (*essuyer*) tamponare, asciugare; (*heurter*) tamponare; (*avec un timbre*) timbrare; **se tamponner** *vr* (*voitures*) tamponarsi.

tamponneuse [tɑ̃pɔnøz] *adj*: **autos ~s** autoscontro *msg*.

tam-tam [tamtam] (*pl* **~-~s**) *nm* tamtam *m inv*.

tancer [tɑ̃se] *vt* rimproverare, rimbrottare.

tanche [tɑ̃ʃ] *nf* tinca.

tandem [tɑ̃dɛm] *nm* tandem *m inv*; (*fig: personnes*) duo *m inv*.

tandis [tɑ̃di]: **~ que** *conj* mentre.

tangage [tɑ̃gaʒ] *nm* beccheggio.

tangent, e [tɑ̃ʒɑ̃, ɑ̃t] *adj* tangente; **il a réussi mais c'était ~** (*fam*) ce l'ha fatta per il rotto della cuffia.

tangente [tɑ̃ʒɑ̃t] *nf* tangente *f*.

Tanger [tɑ̃ʒe] *n* Tangeri *f*.

tangible [tɑ̃ʒibl] *adj* tangibile.

tango [tɑ̃go] *nm* (*MUS*) tango ♦ *adj inv* (*couleur*) (rosso) tango *inv*.

tanguer [tɑ̃ge] *vi* beccheggiare.

tanière [tanjɛʀ] *nf* (*aussi fig*) tana.

tanin [tanɛ̃] *nm* tannino.

tank [tɑ̃k] *nm* (*char*) carro armato; (*citerne*) cisterna.

tanker [tɑ̃kœʀ] *nm* petroliera.

tannage [tanaʒ] *nm* concia.

tanné, e [tane] *adj* (*peau*) scuro(-a).

tanner [tane] *vt* conciare.

tannerie [tanʀi] *nf* conceria.

tanneur [tanœʀ] *nm* conciatore *m*.

tant [tɑ̃] *adv* tanto; **~ de** (*sable, eau etc*) tanto(-a); **~ que** (*tellement*) tanto che; (*comparatif*) tanto quanto; **~ mieux** tanto meglio, meglio così; **~ mieux pour lui** tanto meglio per lui; **~ pis** pazienza; **~ pis pour lui** peggio per lui; **un ~ soit peu** un minimo; **s'il est un ~ soit peu subtil, il comprendra** se ha un minimo di acume capirà; **~ bien que mal** bene o male; **~ s'en faut** altro che, tutt'altro.

tante [tɑ̃t] *nf* zia.

tantinet [tɑ̃tinɛ]: **un ~** *adv* un tantino.

tantôt [tɑ̃to] *adv* (*parfois*): **~ ... ~** a volte ... a volte, ora ... ora; (*cet après-midi*) oggi pomeriggio.

Tanzanie [tɑ̃zani] *nf* Tanzania.

tanzanien, ne [tɑ̃ʒanjɛ̃, jɛn] *adj* tanzania-

no(-a) ♦ *nm/f*: **T~, ne** tanzaniano(-a).
TAO [teao] *sigle f = traduction assistée par ordinateur.*
taon [tɑ̃] *nm* tafano.
tapage [tapaʒ] *nm* chiasso, baccano; (*fig*) scalpore *m*; ▸**tapage nocturne** (*JUR*) schiamazzi *mpl* notturni.
tapageur, -euse [tapaʒœʀ, øz] *adj* chiassoso(-a).
tape [tap] *nf* pacca.
tape-à-l'œil [tapalœj] *adj inv* vistoso(-a).
taper [tape] *vt* (*personne*) picchiare; (*porte*) bussare a; (*lettre, cours*) battere (a macchina); (*INFORM*) introdurre da tastiera; (*fam*): ~ **qn de 10 francs** spillare 10 franchi a qn ♦ *vi* (*soleil*) picchiare; **se taper** *vr* (*fam*: *travail*) sorbirsi; (: *boire, manger*) sbafarsi; ~ **sur qn** picchiare qn; (*fig*) sparlare di qn; ~ **sur qch** (*clou, table etc*) battere su qc; ~ **à** (*porte etc*) bussare a; ~ **dans** (*se servir*) metter mano a; ~ **des mains/pieds** battere le mani/i piedi; ~ **(à la machine)** battere (a macchina).
tapi, e [tapi] *adj*: ~ **dans/derrière** (*blotti*) rannicchiato(-a) *ou* accovacciato(-a) in/dietro; (*caché*) annidato(-a) *ou* nascosto(-a) in/dietro.
tapinois [tapinwa]: **en** ~ *adv* di soppiatto.
tapioca [tapjɔka] *nm* tapioca.
tapir [tapiʀ]: **se** ~ *vr* rannicchiarsi; (*fig*) annidarsi.
tapis [tapi] *nm* tappeto; (*fig*: *de gazon, neige*) manto; **être sur le** ~ (*fig*) essere oggetto della conversazione; **mettre sur le** ~ (*fig*) mettere sul tappeto; **aller/envoyer au** ~ (*BOXE*) andare/mandare al tappeto; ▸**tapis de sol** (*de tente*) *pavimento rinforzato*; ▸**tapis roulant** nastro trasportatore.
tapis-brosse [tapibʀɔs] (*pl* **~-~s**) *nm* zerbino.
tapisser [tapise] *vt* tappezzare.
tapisserie [tapisʀi] *nf* tappezzeria; (*broderie, travail*) ricamo; **faire** ~ (*fig*) fare tappezzeria.
tapissier, -ière [tapisje, jɛʀ] *nm/f*: ~ **(-décorateur)** tappezziere(-a).
tapoter [tapɔte] *vt* dare colpetti a *ou* su.
taquet [takɛ] *nm* (*cale*) zeppa; (*cheville, butée*) nottolino d'arresto.
taquin, e [takɛ̃, in] *adj* dispettoso(-a).
taquiner [takine] *vt* stuzzicare, punzecchiare.
taquinerie [takinʀi] *nf* (*action*) dispetto; (*remarque*) punzecchiatura.
tarabiscoté, e [taʀabiskɔte] *adj* arzigogolato(-a).
tarabuster [taʀabyste] *vt* tormentare.
tarama [taʀama] *nm* (*CULIN*) *antipasto a base di uova di merluzzo bianco affumicate, panna e olio.*
tarauder [taʀode] *vt* (*TECH*) filettare; (*fig*: *suj*: *remords*) rodere.
tard [taʀ] *adv* tardi ♦ *nm*: **sur le** ~ sul tardi; (*vers la fin de la vie*) tardi; **au plus** ~ al più tardi, al massimo; **plus** ~ più tardi.
tarder [taʀde] *vi* tardare; **il me tarde d'être** non vedo l'ora di essere; **sans (plus)** ~ senza indugio.
tardif, -ive [taʀdif, iv] *adj* (*heure*) tardo(-a); (*talent, fruit*) tardivo(-a).
tardivement [taʀdivmɑ̃] *adv* tardivamente.
tare [taʀ] *nf* tara.
targette [taʀʒɛt] *nf* chiavistello.
targuer [taʀge]: **se** ~ **de** *vr* vantarsi di.
tarif [taʀif] *nm* tariffa; **voyager à plein ~/à ~ réduit** viaggiare a tariffa intera/ridotta.
tarifaire [taʀifɛʀ] *adj* tariffario(-a), tariffale.
tarifé, e [taʀife] *adj*: ~ **10 F** *la cui tariffa è 10 franchi.*
tarifer [taʀife] *vt* tariffare.
tarification [taʀifikasjɔ̃] *nf* tariffazione *f*.
tarir [taʀiʀ] *vi* inaridirsi; (*fig*) languire ♦ *vt* prosciugare; (*fig*) esaurire.
tarot(s) [taʀo] *nm* tarocchi *mpl*.
tartare [taʀtaʀ] *adj* (*CULIN*: *steak*) alla tartara; (*sauce*) tartaro(-a).
tarte [taʀt] *nf* crostata; ▸**tarte à la crème** crostata alla crema; ▸**tarte aux pommes** crostata di mele.
tartelette [taʀtəlɛt] *nf* fetta di pane (*con burro o marmellata*).
tartine [taʀtin] *nf* tartina; ▸**tartine beurrée** fetta di pane imburrata; ▸**tartine de miel** fetta di pane con miele.
tartiner [taʀtine] *vt* spalmare; **fromage à** ~ formaggio da spalmare.
tartre [taʀtʀ] *nm* (*des dents*) tartaro; (*de chaudière*) incrostazione *f*.
tas [tɑ] *nm* mucchio, ammasso; **un ~ de** (*fig*) un sacco *ou* mucchio di; **en** ~ ammucchiato(-a), ammassato(-a); **dans le** ~ (*fig*) nel mucchio, a casaccio; **formé sur le** ~ che si è formato lavorando.
Tasmanie [tasmani] *nf* Tasmania.
tasmanien, ne [tasmanjɛ̃, jɛn] *adj* tasmaniano(-a) ♦ *nm/f*: **T~, ne** tasmaniano(-a).
tasse [tɑs] *nf* tazza; **boire la** ~ (*en se baignant*) bere; ▸**tasse à café** tazzina da caffè; ▸**tasse à thé** tazza da tè.
tassé, e [tɑse] *adj*: **bien** ~ (*café etc*) forte.
tasseau [tɑso] *nm* tassello.
tassement [tɑsmɑ̃] *nm* (*ÉCON, POL*) rallentamento (delle attività); (*de vertèbres*) schiacciamento; (*BOURSE*) regresso.
tasser [tɑse] *vt* (*terre, neige*) pigiare; (*entasser*): ~ **qch dans** stipare qc in; **se tasser** *vr* (*sol, terrain*) assestarsi; (*personne*:

avec l'âge) rimpicciolire; (*fig*: *problème*) sistemarsi, accomodarsi.
tâter [tɑte] *vt* tastare; (*avec un objet*) toccare; (*fig*) saggiare; **se tâter** *vr* riflettere, interrogarsi a lungo; **~ de** (*prison etc*) provare, sperimentare; **~ le terrain** (*fig*) tastare il terreno.
tatillon, ne [tatijɔ̃, ɔn] *adj* pignolo(-a).
tâtonnement [tɑtɔnmɑ̃] *nm*: **par ~s** (*fig*) per tentativi.
tâtonner [tɑtɔne] *vi* (*aussi fig*) procedere a tastoni *ou* per tentativi.
tâtons [tɑtɔ̃]: **à ~** *adv*: **chercher/avancer à ~** cercare/avanzare a tastoni *ou* tentoni; (*fig*) a tentoni, alla cieca.
tatouage [tatwaʒ] *nm* tatuaggio.
tatouer [tatwe] *vt* tatuare.
taudis [todi] *nm* topaia, tugurio.
taule [tol] (*fam*) *nf* galera, gattabuia.
taupe [top] *nf* talpa.
taupinière [topinjɛʀ] *nf* *monticello di terra sollevato dalla talpa.*
taureau, x [tɔʀo] *nm* toro; (*ASTROL*): **T~** Toro; **être (du) T~** essere del Toro.
taurillon [tɔʀijɔ̃] *nm* torello.
tauromachie [tɔʀɔmaʃi] *nf* tauromachia.
taux [to] *nm* tasso; ▸**taux d'escompte** tasso di sconto; ▸**taux d'intérêt** tasso d'interesse; ▸**taux de mortalité** tasso di mortalità.
tavelé, e [tav(ə)le] *adj* (*fruit*) ticchiolato (-a), macchiettato(-a).
taverne [tavɛʀn] *nf* taverna, trattoria.
taxable [taksabl] *adj* tassabile.
taxation [taksasjɔ̃] *nf* tassazione *f*.
taxe [taks] *nf* tassa, imposta; (*douanière*) dazio; **toutes ~s comprises** al lordo d'imposta; ▸**taxe à** *ou* **sur la valeur ajoutée** imposta sul valore aggiunto; ▸**taxe de base** (*TÉL*) canone *m*; ▸**taxe de séjour** tassa di soggiorno.
taxer [takse] *vt* tassare; **~ qn de** (*fig*: *qualifier de*) definire; (: *accuser de*) tacciare di.
taxi [taksi] *nm* taxi *m inv*, tassì *m inv*.
taxidermie [taksidɛʀmi] *nf* tassidermia.
taxidermiste [taksidɛʀmist] *nm/f* tassidermista *m/f*.
taximètre [taksimɛtʀ] *nm* tassametro.
taxiphone [taksifɔn] *nm* telefono pubblico (*a gettoni o monete*).
TB [tebe] *abr* = **très bien**; **très bon**.
TCF [teceɛf] *sigle m* (= *Touring Club de France*) ≈ TCI *m*.
Tchad [tʃad] *nm* Ciad *m*.
tchadien, ne [tʃadjɛ̃, jɛn] *adj* del Ciad ♦ *nm/f*: **T~, ne** abitante *m/f* del Ciad.
tchao [tʃao] (*fam*) *excl* ciao (*solo nel congedarsi*).
tchécoslovaque [tʃekɔslɔvak] *adj* cecoslovacco(-a) ♦ *nm/f*: **T~** cecoslovacco(-a).
Tchécoslovaquie [tʃekɔslɔvaki] *nf* Cecoslovacchia.
tchèque [tʃɛk] *adj* ceco(-a) ♦ *nm* ceco ♦ *nm/f*: **T~** ceco(-a).
TD [tede] *sigle mpl* = **travaux dirigés**.
TDF [tedeɛf] *sigle f* (= *Télévision de France*) *rete televisiva nazionale francese.*
te [tə] *pron* ti; (*réfléchi*) ti, te; **je dois ~ le dire** te lo devo dire; **il ne peut pas ~ voir** non può vederti; **tu ~ perdras** ti perderai; **tu t'en souviens** te ne ricordi.
té [te] *nm* (*de dessinateur*) squadra a T.
technicien, ne [tɛknisjɛ̃, jɛn] *nm/f* tecnico(-a).
technicité [tɛknisite] *nf* tecnicità *f inv*.
technico-commercial, e [tɛkniko-kɔmɛʀsjal] (*pl* **technico-commerciaux**) *adj* tecnico-commerciale.
technique [tɛknik] *adj* tecnico(-a) ♦ *nf* tecnica.
techniquement [tɛknikmɑ̃] *adv* tecnicamente.
technocrate [tɛknɔkʀat] *nm/f* tecnocrate *m/f*.
technocratie [tɛknɔkʀasi] *nf* tecnocrazia.
technocratique [tɛknɔkʀatik] *adj* tecnocratico(-a).
technologie [tɛknɔlɔʒi] *nf* tecnologia.
technologique [tɛknɔlɔʒik] *adj* tecnologico(-a).
technologue [tɛknɔlɔg] *nm/f* tecnologo(-a).
teck [tɛk] *nm* teck *m inv*.
teckel [tekɛl] *nm* (*chien*) bassotto tedesco.
TEE [teəə] *sigle m* = *Trans-Europe Express*.
tee-shirt [tiʃœʀt] (*pl* **~-~s**) *nm* maglietta, tee-shirt *f inv*.
Téhéran [teeʀɑ̃] *n* Teheran *f*.
teignais *etc* [teɲɛ] *vb voir* **teindre**.
teigne [tɛɲ] *vb voir* **teindre** ♦ *nf* (*ZOOL*) tignola, tarma; (*MÉD*) tigna.
teigneux, -euse [tɛɲø, øz] (*péj*) *adj* tignoso(-a).
teindre [tɛ̃dʀ] *vt* tingere; **se teindre** *vr*: **se ~ (les cheveux)** tingersi (i capelli).
teint, e [tɛ̃, tɛ̃t] *pp de* **teindre** ♦ *adj* tinto (-a) ♦ *nm* (*du visage*: *permanent*) carnagione *f*; (*momentané*) colorito; **grand ~** *adj inv* (*tissu*) dal colore solido; **bon ~** *adj inv* (*couleur*) resistente; (*personne*) convinto(-a).
teinte [tɛ̃t] *nf* (*naturelle, artificielle*) tinta; (*fig*: *petite dose*): **une ~ de** un'ombra di.
teinté, e [tɛ̃te] *adj* (*verres, lunettes*) (leggermente) colorato(-a); (*bois*) tinto(-a); **~ acajou** tinta mogano *inv*; **~ de** (leggermente) tinto(-a) di; (*fig*) con una sfumatura di.
teinter [tɛ̃te] *vt* (*aussi fig*) tingere.
teinture [tɛ̃tyʀ] *nf* tintura; ▸**teinture d'iode** (*MÉD*) tintura di iodio; ▸**teinture d'arnica** tintura di arnica.

teinturerie [tɛ̃tyʀʀi] *nf* tintoria.
teinturier, -ière [tɛ̃tyʀje, jɛʀ] *nm/f* tintore(-a).
tel, telle [tɛl] *adj* (*pareil*) tale; (*comme*): ~ **un/des ...** come un/dei ...; (*indéfini*) certo(-a), dato(-a); **une ~le quantité de** una *ou* certa data quantità di; (*intensif*): **un ~/de ~s ...** un tale/tali ...; **rien de ~** (non c'è) niente di meglio; ~ **quel** tale quale; ~ **que** come.
tél. *abr* (= *téléphone*) tel.
Tel Aviv [tɛlaviv] *n* Tel Aviv *f*.
télé [tele] *nf* (= *télévision*) tele *f inv*, tivù *f inv*; **à la ~** alla tivù *ou* tele.
télé... [tele] *préf* tele ... .
télébenne [telebɛn] *nf* ovovia, cabinovia.
télécabine [telekabin] *nf* (*benne*) cabinovia, ovovia.
télécarte [telekaʀt] *nf* scheda telefonica.
télécharger [teleʃaʀʒe] *vt* (*INFORM*) caricare (*programmi oggetto*).
TELECOM [telekɔm] *abr* (= *télécommunications*) ≈ SIP *f*.
télécommande [telekɔmɑ̃d] *nf* telecomando.
télécommander [telekɔmɑ̃de] *vt* telecomandare.
télécommunications [telekɔmynikasjɔ̃] *nfpl* telecomunicazioni *fpl*.
téléconférence [telekɔ̃feʀɑ̃s] *nf* teleconferenza.
télécopie [telekɔpi] *nf* fax *m inv*, telefax *m inv*.
télécopieur [telekɔpjœʀ] *nm* fax *m inv*.
télédétection [teledetɛksjɔ̃] *nf* telerivelazione *f*.
télédiffuser [teledifyze] *vt* telediffondere.
télédiffusion [teledifyzjɔ̃] *nf* telediffusione *f*.
télédistribution [teledistʀibysjɔ̃] *nf* televisione *f* via cavo.
télé-enseignement [teleɑ̃sɛɲmɑ̃] (*pl* **~-~s**) *nm* telescuola.
téléférique [telefeʀik] *nm* = **téléphérique**.
téléfilm [telefilm] *nm* telefilm *m inv*.
télégramme [telegʀam] *nm* telegramma *m*; ▸ **télégramme téléphoné** *telegramma ricevuto telefonicamente*.
télégraphe [telegʀaf] *nm* telegrafo.
télégraphier [telegʀafje] *vt, vi* telegrafare.
télégraphique [telegʀafik] *adj* (*aussi fig*) telegrafico(-a).
téléguider [telegide] *vt* teleguidare; (*fig*) comandare a distanza.
téléinformatique [teleɛ̃fɔʀmatik] *nf* teleinformatica.
télématique [telematik] *nf* telematica ♦ *adj* telematico(-a).
téléobjectif [teleɔbʒɛktif] *nm* teleobiettivo.
télépathie [telepati] *nf* telepatia.
téléphérique [telefeʀik] *nm* teleferica.
téléphone [telefɔn] *nm* telefono; **avoir le ~** avere il telefono; **au ~** al telefono; ▸ **téléphone arabe** tam-tam *m inv* (*fig*); ▸ **téléphone rouge** telefono rosso.
téléphoner [telefɔne] *vt, vi* telefonare; ~ **à** telefonare a.
téléphonique [telefɔnik] *adj* telefonico(-a); **cabine/appareil ~** cabina/apparecchio telefonico; **conversation/appel ~** conversazione/chiamata telefonica; **liaison ~** collegamento telefonico.
téléphoniste [telefɔnist] *nm/f* telefonista *m/f*; (*d'entreprise*) centralinista *m/f*.
téléport [telepɔʀ] *nm attrezzature di telecomunicazione a disposizione delle aziende in una data zona.*
téléprospection [telepʀɔspɛksjɔ̃] *nf reperimento di clientela per via telefonica.*
télescopage [telɛskɔpaʒ] *nm* scontro, tamponamento.
télescope [telɛskɔp] *nm* telescopio.
télescoper [telɛskɔpe] *vt* tamponare; **se télescoper** *vr* scontrarsi.
télescopique [telɛskɔpik] *adj* telescopico (-a).
téléscripteur [teleskʀiptœʀ] *nm* telescrivente *f*.
télésiège [telesjɛʒ] *nm* seggiovia.
téléski [teleski] *nm* ski-lift *m inv*, sciovia; ▸ **téléski à archets/à perche** ski-lift ad ancora/a piattello.
téléspectateur, -trice [telespɛktatœʀ, tʀis] *nm/f* telespettatore(-trice).
télétexte [teletekst] *nm* videotext *m inv*.
télétraitement [teletʀɛtmɑ̃] *nm* teleelaborazione *f*.
télétransmission [teletʀɑ̃smisjɔ̃] *nf* teletrasmissione *f*.
télétravail [teletʀavaj] *nm* telelavoro.
télétype [teletip] *nm* telescrivente *f*.
téléviser [televize] *vt* teletrasmettere, trasmettere per televisione *f*.
téléviseur [televizœʀ] *nm* televisore *m*.
télévision [televizjɔ̃] *nf* (*système*) televisione *f*; **(poste de) ~** apparecchio televisivo, televisione; **avoir la ~** avere la televisione; **à la ~** alla televisione; ▸ **télévision en circuit fermé** televisione a circuito chiuso; ▸ **télévision numérique** TV *f inv* digitale; ▸ **télévision par câble** televisione via cavo.
télex [telɛks] *nm* telex *m inv*.
télexer [telɛkse] *vt* trasmettere per telex *m inv*.
telle [tɛl] *adj voir* **tel**.
tellement [tɛlmɑ̃] *adv* tanto, talmente; ~ **plus grand/cher (que)** talmente più grande/caro (che); ~ **d'eau** tanta di quell'acqua; **il était ~ fatigué qu'il s'est endormi** era talmente *ou* così stanco che si è addormentato; **il s'est endormi ~ il**

était fatigué si è addormentato tanto era stanco; **pas ~** non molto *ou* tanto; **pas ~ fort/lentement** non molto forte/lentamente; **il ne mange pas ~** non mangia un gran che.

tellurique [telyʀik] *adj*: **secousse ~** scossa tellurica.

téméraire [temeʀɛʀ] *adj* temerario(-a).

témérairement [temeʀɛʀmɑ̃] *adv* temerariamente.

témérité [temeʀite] *nf* temerarietà.

témoignage [temwaɲaʒ] *nm* (*JUR, fig*) testimonianza.

témoigner [temwaɲe] *vt* manifestare ♦ *vi* (*JUR*) testimoniare; **~ que** testimoniare che; (*fig*) dimostrare che; **~ de** (*confirmer*) testimoniare.

témoin [temwɛ̃] *nm* (*aussi SPORT*) testimone *m/f*; (*fig: preuve*) testimonianza ♦ *adj* campione *inv*, modello *inv* ♦ *adv*: **~ le fait que ...** lo conferma il fatto che ...; **être ~ de** essere testimone di; **prendre à ~** prendere come *ou* a testimone; **appartement ~** appartamento *m* tipo *inv*; **▸témoin à charge** testimone a carico; **▸Témoin de Jéhovah** Testimone *m/f* di Geova; **▸témoin de moralité** garante *m* morale; **▸témoin oculaire** testimone oculare.

tempe [tɑ̃p] *nf* tempia.

tempérament [tɑ̃peʀamɑ̃] *nm* (*caractère*) temperamento; (*santé*) costituzione *f*; **à ~** (*vente, achat*) a rate; **avoir du ~** aver temperamento; (*propension à l'amour*) essere un tipo sensuale.

tempérance [tɑ̃peʀɑ̃s] *nf* temperanza; **société de ~** associazione antialcolica.

tempérant, e [tɑ̃peʀɑ̃, ɑ̃t] *adj* temperante.

température [tɑ̃peʀatyʀ] *nf* temperatura; **prendre la ~ de** misurare la febbre a; (*fig*) tastare il polso a; **avoir** *ou* **faire de la ~** avere la *ou* un po' di febbre; **feuille/courbe de ~** cartella/curva della temperatura.

tempéré, e [tɑ̃peʀe] *adj* temperato(-a).

tempérer [tɑ̃peʀe] *vt* temperare.

tempête [tɑ̃pɛt] *nf* (*à terre*) tempesta; (*en mer*) burrasca; **vent de ~** vento di tempesta; (*fig*) aria di burrasca; **▸tempête d'injures/de mots** torrente *m* di insulti/di parole; **▸tempête de neige** tempesta *ou* tormenta di neve; **▸tempête de sable** tempesta di sabbia.

tempêter [tɑ̃pete] *vi* infuriarsi, sbraitare.

temple [tɑ̃pl] *nm* (*aussi fig*) tempio.

tempo [tɛmpo] *nm* (*MUS*) tempo; (*gén*) ritmo.

temporaire [tɑ̃pɔʀɛʀ] *adj* temporaneo(-a).

temporairement [tɑ̃pɔʀɛʀmɑ̃] *adv* temporaneamente.

temporel, le [tɑ̃pɔʀɛl] *adj* temporale.

temporisateur, -trice [tɑ̃pɔʀizatœʀ, tʀis] *adj* temporeggiatore(-trice).

temporisation [tɑ̃pɔʀizasjɔ̃] *nf* temporeggiamento.

temporiser [tɑ̃pɔʀize] *vi* temporeggiare.

temps [tɑ̃] *nm* tempo ♦ *nmpl*: **les ~ changent** i tempi cambiano; **les ~ sont durs** sono tempi duri; **il fait beau/mauvais ~** fa bel/brutto tempo; **passer/employer son ~ à faire qch** passare/impiegare il proprio tempo a fare qc; **avoir le ~/tout le ~/juste le ~** avere il tempo/tutto il tempo/appena il tempo; **avoir du ~ de libre** avere (del) tempo libero; **avoir fait son ~** (*fig*) aver fatto il proprio tempo; **en ~ de paix/guerre** in tempo di pace/guerra; **en ~ utile** (*prescrit*) in tempo utile; **en ~ utile** *ou* **voulu** a tempo debito; **de ~ en ~, de ~ à autre** di tanto in tanto, ogni tanto; **en même ~** contemporaneamente, allo stesso tempo; **à ~** (*partir, arriver*) in tempo; **pendant ce ~** nel frattempo; **travailler à plein-~/à mi-~** lavorare a tempo pieno/part-time; **à ~ partiel** part-time *inv*; **dans le ~** un tempo; **de tout ~** sempre; **du ~ que** quando; **au/du ~/dans le ~ où** quando, al tempo in cui; **▸temps chaud** tempo caldo; **▸temps d'accès** (*INFORM*) tempo di accesso; **▸temps d'arrêt** battuta d'arresto; **▸temps de pose** (*PHOTO*) tempo di posa; **▸temps froid** tempo freddo; **▸temps mort** (*SPORT*) interruzione *f*; (*COMM*) tempo morto; **▸temps partagé** (*INFORM*) divisione *f* di tempo, time-sharing *m inv*; **▸temps réel** (*INFORM*) tempo reale.

tenable [t(ə)nabl] *adj* (*fig*) sostenibile, sopportabile.

tenace [tənas] *adj* tenace.

tenacement [tənasmɑ̃] *adv* tenacemente.

ténacité [tenasite] *nf* tenacia.

tenailler [tənɑje] *vt* (*fig*) attanagliare.

tenailles [tənɑj] *nfpl* tenaglie *fpl*.

tenais *etc* [t(ə)nɛ] *vb voir* **tenir**.

tenancier, -ière [tənɑ̃sje, jɛʀ] *nm/f* gestore(-trice).

tenant, e [tənɑ̃, ɑ̃t] *adj voir* **séance** ♦ *nm/f* (*SPORT*): **~ du titre** detentore(-trice) del titolo ♦ *nm*: **d'un seul ~** tutto intero; **les ~s et les aboutissants** (*fig*) gli annessi e i connessi.

tendance [tɑ̃dɑ̃s] *nf* tendenza; **avoir ~ à** aver tendenza *ou* tendere a; **~ à la hausse/baisse** (*FIN, COMM*) tendenza al rialzo/ribasso.

tendanciel, le [tɑ̃dɑ̃sjɛl] *adj* tendenziale.

tendancieux, -euse [tɑ̃dɑ̃sjø, jøz] *adj* tendenzioso(-a).

tendeur [tɑ̃dœʀ] *nm* (*de vélo*) tendicatena *m inv*; (*de câble, attache*) tenditore *m*; (*de tente*) tirante *m*.

tendineux, -euse [tãdinø, øz] *adj* (*viande*) tiglioso(-a), fibroso(-a).
tendinite [tãdinit] *nf* tendinite *f*.
tendon [tãdɔ̃] *nm* tendine *m*; ▸ **tendon d'Achille** tendine d'Achille.
tendre [tãdʀ] *adj* tenero(-a); (*couleur, bleu*) tenue ♦ *vt* tendere; (*donner, offrir*) porgere; (*tapisserie*): **tendu de soie** tappezzato di seta; **se tendre** *vr* (*corde*) tendersi; (*relations*) diventare teso(-a); ~ **à qch/à faire** tendere a qc/a fare; ~ **l'oreille** tendere l'orecchio; ~ **le bras/la main** tendere il braccio/la mano; ~ **la perche à qn** (*fig*) venire in aiuto a qn.
tendrement [tãdʀəmã] *adv* teneramente.
tendresse [tãdʀɛs] *nf* tenerezza; ~**s** *nfpl* (*caresses etc*) affettuosità *fpl*.
tendu, e [tãdy] *pp de* **tendre** ♦ *adj* teso(-a).
ténèbres [tenɛbʀ] *nfpl* tenebre *fpl*.
ténébreux, -euse [tenebʀø, øz] *adj* tenebroso(-a).
teneur [tənœʀ] *nf* tenore *m*; ▸ **teneur en cuivre** percentuale *f ou* tenore di rame.
ténia [tenja] *nm* tenia.
tenir [t(ə)niʀ] *vt* (*avec la main, un objet*) tenere; (*magasin, hôtel*) gestire; (*promesse*) mantenere ♦ *vi* tenere; (*neige, gel*) durare; (*survivre*) resistere; **se tenir** *vr* (*exposition, conférence*) aver luogo, tenersi; (*personne, monument*) stare; **se ~ debout/droit** stare in piedi/diritto; **bien/mal se ~** comportarsi bene/male; **se ~ à qch** tenersi a qc; **s'en ~ à qch** attenersi a qc; ~ **à** (*personne, chose*) tenere a; (*dépendre de*) dipendere da; (*avoir pour cause*) essere dovuto(-a) a; ~ **à faire** tenere *ou* tenerci a fare; ~ **à ce que qn fasse qch** tenere *ou* tenerci che qn faccia qc; ~ **de** (*ressembler à*) assomigliare a; **ça ne tient qu'à lui** dipende solo da lui; ~ **qn pour** considerare qn; ~ **qch de qn** (*histoire*) aver sentito qc da qn; (*qualité, défaut*) aver preso qc da qn; ~ **une réunion/un débat** tenere una riunione/un dibattito; ~ **la caisse/les comptes** tenere la cassa/i conti; ~ **un rôle** avere un ruolo; ~ **de la place** occupare posto; ~ **l'alcool** reggere l'alcool; ~ **bon/le coup** (*personne*) resistere, tenere duro; (*objet*) resistere; ~ **3 jours/2 mois** resistere 3 giorni/2 mesi; ~ **au chaud/à l'abri** tenere al caldo/al riparo; ~ **chaud** (*suj*: *manteau*) tenere caldo; (*café*) mantenere caldo; ~ **prêt** tener pronto; ~ **parole** mantenere la parola; ~ **en respect** tenere a bada; ~ **sa langue** (*fig*) tenere la lingua a posto; **tiens/tenez, voilà le stylo**! tieni/tenga, ecco la penna!; **tiens, Pierre**! to', Pierre!; **tiens?** (*surprise*) guarda un po'!; **tiens-toi bien**! (*pour informer*) tienti forte!; (*à table*) stai composto!
tennis [tenis] *nm* (*SPORT*) tennis *m inv*; (*aussi*: **court de** ~) campo da tennis; ~ *nm ou f pl* (*aussi*: **chaussures de** ~) scarpe *fpl* da tennis; ▸ **tennis de table** ping-pong *m*.
tennisman [tenisman] *nm* tennista *m*.
ténor [tenɔʀ] *nm* tenore *m*; (*fig*: *de la politique etc*) grosso nome.
tension [tãsjɔ̃] *nf* (*aussi fig*) tensione *f*; (*MÉD*) pressione *f*; **faire** *ou* **avoir de la** ~ avere la pressione alta; ▸ **tension nerveuse/raciale** tensione nervosa/razziale.
tentaculaire [tãtakylɛʀ] *adj* (*fig*) tentacolare.
tentacule [tãtakyl] *nm* tentacolo.
tentant, e [tãtã, ãt] *adj* allettante.
tentateur, -trice [tãtatœʀ, tʀis] *adj* tentatore(-trice) ♦ *nm* (*REL*) tentatore *m*.
tentation [tãtasjɔ̃] *nf* tentazione *f*.
tentative [tãtativ] *nf* tentativo; ▸ **tentative d'évasion/de suicide** tentativo d'evasione/di suicidio.
tente [tãt] *nf* tenda; ▸ **tente à oxygène** tenda a ossigeno.
tenter [tãte] *vt* tentare; ~ **qch/de faire** tentare qc/di fare; **être tenté de penser/croire** essere tentato di pensare/credere; ~ **sa chance** tentare la fortuna.
tenture [tãtyʀ] *nf* tappezzeria.
tenu, e [t(ə)ny] *pp de* **tenir** ♦ *adj*: **bien** ~ ben tenuto(-a); **mal** ~ tenuto(-a) male; **être ~ de faire/de ne pas faire/à qch** essere tenuto a fare/a non fare/a qc.
ténu, e [teny] *adj* (*indice, voix*) tenue; (*fil, objet, nuance*) sottile.
tenue [teny] *nf* (*action de tenir*) tenuta; gestione *f*; mantenimento; (*vêtements*) tenuta; (*allure*) aspetto; (*comportement*) contegno; **être en** ~ essere in divisa; **se mettre en** ~ mettersi in divisa; **en grande** ~ in alta uniforme; **en petite** ~ vestito(-a) succintamente; **avoir de la** ~ (*personne*) sapersi comportare; (*journal*) essere serio(-a); (*tissu*) avere consistenza; ▸ **tenue de combat/de jardinier** tenuta da combattimento/da giardiniere; ▸ **tenue de pompier** divisa da pompiere; ▸ **tenue de route** (*AUTO*) tenuta di strada; ▸ **tenue de soirée** abito da sera; ▸ **tenue de sport** tenuta sportiva; ▸ **tenue de ville** abito da città; ▸ **tenue de voyage** tenuta *ou* abbigliamento da viaggio.
ter [tɛʀ] *adj* (*adresse*): **16** ~ 16/3.
tératogène [teʀatɔʒɛn] *adj* (*MÉD*) teratogeno(-a).
térébenthine [teʀebãtin] *nf*: **(essence de)** ~ acquaragia.
tergal ® [tɛʀgal] *nm* ≈ terital ® *m*.
tergiversations [tɛʀʒivɛʀsasjɔ̃] *nfpl* tergi-

versazioni *fpl.*
tergiverser [tɛʀʒivɛʀse] *vi* tergiversare.
terme [tɛʀm] *nm* termine *m*; (*FIN*) scadenza, termine; (*loyer*) affitto, pigione *f*; **être en bons/mauvais ~s avec qn** essere/non essere in buoni termini con qn; **en d'autres ~s** in altri termini; **vente/achat à ~** (*COMM*) vendita/acquisto a termine; **au ~ de** al termine di; **à court/moyen/long ~** a breve/medio/lungo termine; **moyen ~** via di mezzo; **à ~** (*MÉD*: *accoucher, né*) a termine; **avant ~** *adj* prematuro(-a) ♦ *adv* avanti tempo; **mettre un ~ à** porre termine a; **toucher à son ~** volgere al termine.
terminaison [tɛʀminɛzɔ̃] *nf* (*LING*) desinenza.
terminal, e, -aux [tɛʀminal, o] *adj* terminale ♦ *nm* (*INFORM*) terminale *m*; (*pétrolier*) stazione *f* terminale; (*gare, aérogare*) terminal *m inv*.
terminale [tɛʀminal] *nf* (*SCOL*) *ultimo anno della scuola media superiore.*
terminer [tɛʀmine] *vt* terminare; (*nourriture, boisson*) finire; **un revers termine la manche** la manica termina con un risvolto; **se terminer** *vr* finire; **se ~ par/en** (*repas, chansons*) finire con; (*pointe, boule*) terminare con/a.
terminologie [tɛʀminɔlɔʒi] *nf* terminologia.
terminus [tɛʀminys] *nm* capolinea *m*.
termite [tɛʀmit] *nm* termite *f*.
termitière [tɛʀmitjɛʀ] *nf* termitaio.
ternaire [tɛʀnɛʀ] *adj* ternario(-a).
terne [tɛʀn] *adj* (*couleur, teint*) smorto(-a); (*fig*: *personne, style*) scialbo(-a); (: *regard, œil*) spento(-a).
ternir [tɛʀniʀ] *vt* sbiadire; (*fig*: *honneur, réputation*) offuscare; **se ternir** *vr* perdere la brillantezza.
terrain [teʀɛ̃] *nm* terreno; **sur le ~** (*fig*) sul posto; **gagner/perdre du ~** (*fig*) guadagnare/perdere terreno; ▸**terrain d'atterrissage** campo d'atterraggio; ▸**terrain d'aviation** campo d'aviazione; ▸**terrain d'entente** terreno d'incontro *ou* d'intesa; ▸**terrain de camping** campeggio; ▸**terrain de football/golf** campo da calcio/golf; ▸**terrain de jeu** campo *m* giochi *inv*; (*SPORT*) terreno di gioco; ▸**terrain de rugby** campo da rugby; ▸**terrain de sport** campo sportivo; ▸**terrain vague** terreno abbandonato.
terrasse [teʀas] *nf* terrazza, terrazzo; (*d'un café*) tavolini *mpl* all'aperto; **culture en ~s** coltivazione a terrazze; **s'asseoir à la ~** (*d'un café*) sedersi fuori.
terrassement [teʀasmɑ̃] *nm* sterro.
terrasser [teʀase] *vt* (*fig*: *adversaire*) atterrare; (*suj*: *maladie etc*) stroncare.
terrassier [teʀasje] *nm* sterratore *m*.
terre [tɛʀ] *nf* (*gén, aussi ÉLEC*) terra; **~s** *nfpl* (*terrains, propriété*) terre *fpl*; **travail de la ~** lavoro della terra; **en ~** (*pipe, poterie*) di *ou* in terracotta; **mettre en ~** (*plante etc*) piantare; (*personne*) sotterrare; **à/par ~** (*mettre, être*) a/per terra; **~ à ~** *adj inv* (*considération, personne*) terra terra *inv*; ▸**la Terre Adélie** la Terra Adelia; ▸**terre cuite** terracotta; ▸**terre de bruyère** terra di brughiera; ▸**la Terre de Feu** la Terra del Fuoco; ▸**la terre ferme** la terraferma; ▸**terre glaise** argilla; ▸**la Terre promise/Sainte** la Terra promessa/Santa.
terreau [teʀo] *nm* terriccio.
Terre-Neuve [tɛʀnœv] *nf*: **(île de) ~-~** (isola di) Terranova.
terre-plein [tɛʀplɛ̃] (*pl* **~-~s**) *nm* terrapieno.
terrer [teʀe]: **se ~** *vr* rintanarsi; **il se terre chez lui** se ne sta rintanato a casa.
terrestre [teʀɛstʀ] *adj* terrestre; (*REL, gén*: *choses, problèmes*) terreno(-a).
terreur [teʀœʀ] *nf* terrore *m*; **régime/politique de la ~** regime *m*/politica del terrore.
terreux, -euse [teʀø, øz] *adj* terroso(-a); (*teint, couleur*) terreo(-a).
terrible [teʀibl] *adj* terribile; (*fam*) fantastico(-a); **pas ~, ce livre** non è granché, questo libro.
terriblement [teʀibləmɑ̃] *adv* terribilmente, tremendamente.
terrien, ne [teʀjɛ̃, jɛn] *adj* (*paysan*) contadino(-a), campagnolo(-a) ♦ *nm/f* (*non martien etc*) terrestre *m/f*; **propriétaire ~** proprietario terriero.
terrier [tɛʀje] *nm* (*de lapin*) tana; (*chien*) terrier *m inv*.
terrifiant, e [teʀifjɑ̃, jɑ̃t] *adj* terrificante; (*extraordinaire*) tremendo(-a).
terrifier [teʀifje] *vt* terrorizzare.
terril [teʀi(l)] *nm* ammasso di scorie (*di miniera*).
terrine [teʀin] *nf* (*récipient*) terrina; (*CULIN*) pâté *m inv*.
territoire [teʀitwaʀ] *nm* (*POL*) territorio; ▸**Territoire des Afars et des Issas** Territorio degli Afar e degli Issa.
territorial, e, -aux [teʀitɔʀjal, o] *adj* territoriale; **eaux ~es** acque territoriali; **armée ~e** milizia territoriale; **collectivités ~es** enti *mpl* locali.
terroir [tɛʀwaʀ] *nm* (*AGR*) terra, terreno; (*région*) regione *f*; **accent du ~** accento del luogo.
terroriser [teʀɔʀize] *vt* terrorizzare.
terrorisme [teʀɔʀism] *nm* terrorismo.
terroriste [teʀɔʀist] *nm/f* terrorista *m/f* ♦ *adj* terrorista, terroristico(-a).

tertiaire [tɛʀsjɛʀ] *adj* terziario(-a) ♦ *nm* terziario.
tertiarisation [tɛʀsjaʀizasjɔ̃] *nf* terziarizzazione *f*.
tertre [tɛʀtʀ] *nm* poggio.
tes [te] *dét voir* **ton**.
tesson [tesɔ̃] *nm*: ~ **de bouteille** coccio di bottiglia.
test [tɛst] *nm* (*MÉD, SCOL, PSYCH*) test *m inv*; ▸ **test de niveau** test *m inv* (*per la determinazione del quoziente intellettivo dell'individuo*).
testament [tɛstamɑ̃] *nm* (*JUR, fig*) testamento; (*REL*): **T~** Testamento; **faire son ~** fare testamento.
testamentaire [tɛstamɑ̃tɛʀ] *adj* testamentario(-a).
tester [tɛste] *vt* testare.
testicule [tɛstikyl] *nm* testicolo.
tétanie [tetani] *nf* tetania.
tétanos [tetanos] *nm* tetano.
têtard [tɛtaʀ] *nm* girino.
tête [tɛt] *nf* testa; (*FOOTBALL*) colpo di testa; **il a une ~ sympathique** (*visage*) ha una faccia simpatica; **il a une ~ de plus qu'elle** è più alto di lei di una testa; **gagner d'une (courte) ~** vincere per una testa; **de la ~ aux pieds** dalla testa ai piedi; **de ~** (*wagon, voiture*) di testa; **calculer de ~** calcolare mentalmente; **en ~** in testa; **en ~ à ~** (*parler, entretien*) a tu per tu; **ils ont mangé en ~ à ~** hanno mangiato loro due da soli; **par ~** (*par personne*) a testa; **la ~ basse** a testa bassa; **la ~ en bas, la ~ la première** a testa in giù, di testa; **avoir la ~ dure** (*fig*) avere la testa dura; **être à/prendre la ~ de qch** essere/mettersi a capo di qc; **elle est à la ~ de sa classe** è la più brava della classe; **faire une ~** (*FOOTBALL*) colpire di testa; **faire la ~** (*fig: bouder*) fare il broncio; **se mettre en ~ de faire** mettersi in testa di fare; **perdre la ~** (*fig: s'affoler*) andare fuori di testa; (: *devenir fou*) impazzire; **tenir ~ à qn** tener testa a qn; **ça ne va pas la ~?** (*fam*) sei fuori?; ▸ **tête brûlée** (*fig*) testa calda; ▸ **tête chercheuse** testata autocercante; ▸ **tête d'affiche** (*THÉÂTRE etc*) attore(-trice) principale; ▸ **tête d'enregistrement/d'impression** testina di registrazione/di stampa; ▸ **tête de bétail** capo di bestiame; ▸ **tête de lecture** testina di lettura; ▸ **tête de ligne** (*TRANSPORTS*) capolinea *m*; ▸ **tête de liste** (*POL*) capolista *m/f*; ▸ **tête de mort** teschio, testa di morto; ▸ **tête de pont** (*MIL, fig*) testa di ponte; ▸ **tête de série** (*TENNIS*) testa di serie; ▸ **tête de taxi** stazione *f* di taxi; ▸ **tête de Turc** (*fig*) zimbello; ▸ **tête de veau** (*CULIN*) testina di vitello.
tête-à-queue [tɛtakø] *nm inv*: **faire un ~-~-~** fare un testa-coda.
tête-à-tête [tɛtatɛt] *nm inv* (*POL*) incontro a due; (*amoureux*) tête-a-tête *m inv*; (*service à petit-déjeuner*) *servizio da caffè o da tè per due*; **en ~-~-~** a tu per tu, a quattr'occhi.
tête-bêche [tɛtbɛʃ] *adv* (*dormir*) *uno dalla parte della testa, l'altro dalla parte dei piedi*; (*mettre deux choses*) *uno all'insù, l'altro all'ingiù*.
tête-de-loup [tɛtd(ə)lu] (*pl* **~s-~-~**) *nf* (*brosse*) spazzolone *m* (*per soffitti*).
tête-de-nègre [tɛtd(ə)nɛgʀ(ə)] *adj inv* (color) testa di moro *inv*.
tétée [tete] *nf* poppata.
téter [tete] *vt*: ~ **(sa mère)** poppare (dalla mamma).
tétine [tetin] *nf* (*de vache*) mammella; (*de caoutchouc*) tettarella; (*sucette*) ciuccio, ciucciotto.
téton [tetɔ̃] (*fam*) *nm* tetta.
têtu, e [tety] *adj* testardo(-a), cocciuto(-a).
texte [tɛkst] *nm* testo; (*SCOL: d'un devoir, examen*) enunciato; **~s choisis** (*passage*) brani *mpl ou* passi *mpl* scelti; **apprendre son ~** (*THÉÂTRE, CINÉ*) imparare la propria parte; **un ~ de loi** un testo di legge.
textile [tɛkstil] *adj* tessile ♦ *nm* fibra tessile; **le ~** l'industria tessile.
textuel, le [tɛkstɥɛl] *adj* testuale.
textuellement [tɛkstɥɛlmɑ̃] *adv* testualmente.
texture [tɛkstyʀ] *nf* (*d'une matière*) struttura.
TGV [teʒeve] *sigle m* = **train à grande vitesse**.
thaï, e [taj] *adj, nm* thai *m inv*.
thaïlandais, e [tajlɑ̃dɛ, ɛz] *adj* tailandese ♦ *nm/f*: **T~, e** tailandese *m/f*.
Thaïlande [tailɑ̃d] *nf* Tailandia.
thalassothérapie [talasoteʀapi] *nf* talassoterapia.
thé [te] *nm* tè *m inv*, the *m inv*; **prendre/faire le ~** prendere/fare il tè *ou* the; ▸ **thé au citron/au lait** tè *ou* the al limone/al latte.
théâtral, e, -aux [teɑtʀal, o] *adj* teatrale.
théâtre [teɑtʀ] *nm* teatro; (*fig: péj*) messa in scena; **le ~ de** (*fig: lieu*) il teatro di; **faire du ~** fare del teatro; ▸ **théâtre filmé** *produzioni teatrali filmate*.
thébain, e [tebɛ̃, ɛn] *adj* tebano(-a).
théière [tejɛʀ] *nf* teiera.
théine [tein] *nf* teina.
théisme [teism] *nm* teismo.
thématique [tematik] *adj* tematico(-a).
thème [tɛm] *nm* tema *m*; (*SCOL: traduction*) traduzione *f* (*verso la lingua straniera*); ▸ **thème astral** tema astrale.
théocratie [teɔkʀasi] *nf* teocrazia.

théocratique [teɔkʀatik] *adj* teocratico(-a).
théologie [teɔlɔʒi] *nf* teologia.
théologien [teɔlɔʒjɛ̃] *nm* teologo.
théologique [teɔlɔʒik] *adj* teologico(-a).
théorème [teɔʀɛm] *nm* teorema *m*.
théoricien, ne [teɔʀisjɛ̃, jɛn] *nm/f* teorico (-a).
théorie [teɔʀi] *nf* teoria; **en** ~ in teoria; ▶ **théorie musicale** teoria musicale.
théorique [teɔʀik] *adj* teorico(-a).
théoriquement [teɔʀikmɑ̃] *adv* teoricamente.
théoriser [teɔʀize] *vi* teorizzare.
thérapeutique [teʀapøtik] *adj* terapeutico(-a) ♦ *nf* (*MÉD*: *branche*) terapeutica; (: *traitement*) terapia.
thérapie [teʀapi] *nf* terapia.
thermal, e, -aux [tɛʀmal, o] *adj* termale; **station/cure** ~**e** stazione *f*/cura termale.
thermes [tɛʀm] *nmpl* terme *fpl*.
thermique [tɛʀmik] *adj* termico(-a).
thermodynamique [tɛʀmodinamik] *adj* termodinamico(-a).
thermoélectrique [tɛʀmoelɛktʀik] *adj* termoelettrico(-a).
thermomètre [tɛʀmɔmɛtʀ] *nm* termometro.
thermonucléaire [tɛʀmonykleɛʀ] *adj* termonucleare.
thermos ® [tɛʀmos] *nm/f*: **(bouteille)** ~ thermos ® *m inv*.
thermostat [tɛʀmɔsta] *nm* termostato.
thésaurisation [tezɔʀizasjɔ̃] *nf* tesaurizzazione *f*.
thésauriser [tezɔʀize] *vi* tesaurizzare.
thèse [tɛz] *nf* tesi *f*; **pièce/roman à** ~ opera teatrale/romanzo a tesi.
thibaude [tibod] *nf* mollettone *m* per tappeti.
thon [tɔ̃] *nm* tonno.
thonier [tɔnje] *nm* (*bateau*) battello per la pesca del tonno.
thoracique [tɔʀasik] *adj* toracico(-a).
thorax [tɔʀaks] *nm* torace *m*.
thrombose [tʀɔ̃boz] *nf* trombosi *f inv*.
thym [tɛ̃] *nm* timo.
thyroïde [tiʀɔid] *nf* tiroide *f*.
tiare [tjaʀ] *nf* tiara.
Tibet [tibɛ] *nm* Tibet *m*.
tibétain, e [tibetɛ̃, ɛn] *adj* tibetano(-a) ♦ *nm/f*: **T**~, **e** tibetano(-a).
tibia [tibja] *nm* tibia.
Tibre [tibʀ] *nm* Tevere *m*.
tic [tik] *nm* (*mouvement nerveux*) tic *m inv*; (*de langage etc*) vizio, mania.
ticket [tikɛ] *nm* (*de bus, métro*) biglietto; ▶ **ticket de caisse** scontrino; ▶ **ticket de quai** biglietto di accesso (*ai binari*); ▶ **ticket de rationnement** bollino della tessera annonaria; ▶ **ticket modérateur** (*quote-part de frais médicaux*) ticket *m inv*; ▶ **ticket repas** buono *m* pasto *inv*.
tic-tac [tiktak] *nm inv* tic tac *m inv*.
tictaquer [tiktake] *vi* fare tic tac.
tiède [tjɛd] *adj* tiepido(-a) ♦ *adv*: **boire** ~ bere tiepido.
tièdement [tjɛdmɑ̃] *adv* tiepidamente.
tiédeur [tjedœʀ] *nf* tiepidezza; (*douceur ambiante*) tepore *m*.
tiédir [tjediʀ] *vi* intiepidire, intiepidirsi.
tiédissement [tjedismɑ̃] *nm* intiepidire *m inv*, intiepidirsi *m inv*.
tien, ne [tjɛ̃, tjɛn] *adj* tuo(-a) ♦ *pron*: **le(la) tien(ne)** il/la tuo(-a); **les** ~**s/les** ~**nes** i tuoi/le tue; **les** ~**s** (*ta famille*) i tuoi.
tienne [tjɛn] *vb voir* **tenir** ♦ *pron voir aussi* **tien**.
tiens [tjɛ̃] *vb, excl voir* **tenir**.
tierce [tjɛʀs] *adj voir* **tiers** ♦ *nf* (*MUS*) terza; (*CARTES*) tris *m inv*.
tiercé [tjɛʀse] *nm* (*aux courses*) ≈ Totip.
tiers, tierce [tjɛʀ, tjɛʀs] *adj* terzo(-a) ♦ *nm* (*JUR*: *inconnu*) terzi *mpl*; (*ASSURANCES*): **assurance au** ~ assicurazione *f* contro terzi; (*fraction*) terzo; ▶ **le tiers monde** il terzo mondo; ▶ **tiers payant** (*MÉD, PHARMACIE*) *pagamento diretto da parte dell'ente mutualistico di prestazioni medico-ospedaliere*; ▶ **tiers provisionnel** (*FIN*) acconto d'imposta.
tiers-mondisme [tjɛʀmɔ̃dism] *nm* terzomondismo.
TIG [teiʒe] *sigle m* = **travail d'intérêt général**.
tige [tiʒ] *nf* (*de fleur, plante*) stelo, gambo; (*branche d'arbre*) fusto; (*baguette*) asta.
tignasse [tiɲas] (*péj*) *nf* zazzera.
tigre [tigʀ] *nm* tigre *f*.
tigré, e [tigʀe] *adj* tigrato(-a); (*peau, fruit*) macchiettato(-a), chiazzato(-a).
tigresse [tigʀɛs] *nf* (*ZOOL*) tigre *f* (femmina); (*fig*) *donna gelosa e aggressiva*.
tilleul [tijœl] *nm* tiglio; (*boisson*) infuso di tiglio.
tilt [tilt] *nm*: **faire** ~ (*fig*: *échouer*) andare in *ou* fare tilt; **ça m'a fait** ~ (*inspirer*) mi ha dato l'ispirazione.
timbale [tɛ̃bal] *nf* (*gobelet*) bicchiere (di metallo); ~**s** *nfpl* (*MUS*) timpani *mpl*.
timbalier [tɛ̃balje] *nm* (*MUS*) timpanista *m/f*.
timbrage [tɛ̃bʀaʒ] *nm*: **dispensé de** ~ esente da bollo.
timbre [tɛ̃bʀ] *nm* (*aussi MUS*) timbro; (*aussi*: ~**-poste**) francobollo; (*sonnette*) campanello; ▶ **timbre dateur** datario; ▶ **timbre fiscal** marca da bollo; ▶ **timbre tuberculinique** (*MÉD*) prova della tubercolina.
timbré, e [tɛ̃bʀe] *adj* (*enveloppe*) affrancare; (*fam*: *fou*) suonato(-a); **avoir une voix bien** ~**e** avere un bel timbro di voce; **pa-**

pier ~ carta da bollo.
timbrer [tɛ̃bʀe] *vt* (*lettre, paquet*) affrancare; (*document, acte*) bollare.
timide [timid] *adj* timido(-a).
timidement [timidmɑ̃] *adv* timidamente.
timidité [timidite] *nf* timidezza.
timonerie [timɔnʀi] *nf* timoneria.
timonier [timɔnje] *nm* timoniere *m*.
timoré, e [timɔʀe] *adj* timoroso(-a).
tint *etc* [tɛ̃] *vb voir* **tenir**.
tintamarre [tɛ̃tamaʀ] *nm* chiasso, baccano.
tintement [tɛ̃tmɑ̃] *nm* (*de cloche*) rintocco; ▸**tintement d'oreilles** ronzio alle orecchie.
tinter [tɛ̃te] *vi* (*cloche*) rintoccare; (*argent, clefs*) tintinnare.
Tipp-Ex ® [tipɛks] *nm* (liquido) correttore *m*.
tique [tik] *nf* (*ZOOL*) zecca.
tiquer [tike] *vi* storcere il naso.
TIR [tiʀ] *sigle mpl* (= *Transports internationaux routiers*) TIR.
tir [tiʀ] *nm* tiro; ▸**tir à l'arc** tiro con l'arco; ▸**tir au fusil** tiro col fucile; ▸**tir au pigeon** tiro al piccione; ▸**tir d'obus** tiro di granate; ▸**tir de barrage** fuoco di sbarramento; ▸**tir de mitraillette** raffica di mitra.
tirade [tiʀad] *nf* (*THÉÂTRE, péj*) tirata.
tirage [tiʀaʒ] *nm* (*PHOTO, TYPO, INFORM*) stampa; (*feuilles*) stampato; (*d'un journal etc*: *nombre d'exemplaires*) tiratura; (: *édition*) edizione *f*; (*d'une cheminée, d'un poêle*) tiraggio; (*de loterie*) estrazione *f*; (*fig*: *désaccord*) attrito; ▸**tirage au sort** sorteggio.
tiraillement [tiʀɑjmɑ̃] *nm* dolore *m*; (*fig*) tentennamento, conflitto interiore; (*conflits*) contrasti *mpl*; ~ **d'estomac** crampo allo stomaco.
tirailler [tiʀɑje] *vt* tirare (con insistenza); (*fig*: *suj*: *remords, personnes*) assillare; (: *faim, soif*) tormentare.
tirailleur [tiʀɑjœʀ] *nm* (*MIL*) tiragliatore *m*.
tirant [tiʀɑ̃] *nm*: ~ **d'eau** (*NAUT*) pescaggio.
tire [tiʀ] *nf*: **voleur à la** ~ scippatore *m*; **vol à la** ~ scippo.
tiré, e [tiʀe] *adj* (*visage, traits*) tirato(-a) ♦ *nm* (*COMM*) trattario, trassato; ~ **par les cheveux** tirato per i capelli; ▸**tiré à part** estratto.
tire-au-flanc [tiʀoflɑ̃] (*péj*) *nm inv* scansafatiche *m/f inv*.
tire-botte [tiʀbɔt] (*pl* ~-~**s**) *nm* cavastivali *m inv*, tirastivali *m inv*.
tire-bouchon [tiʀbuʃɔ̃] (*pl* ~-~**s**) *nm* cavatappi *m inv*.
tire-bouchonner [tiʀbuʃɔne] *vt* avvolgere a spirale.
tire-d'aile [tiʀdɛl]: **à** ~-~ *adv* ad ali spiegate; (*fig*) a gambe levate.
tire-fesses [tiʀfɛs] *nm inv* ski-lift *m inv*.
tire-lait [tiʀlɛ] *nm inv* tiralatte *m inv*.
tire-larigot [tiʀlaʀigo] (*fam*): **à** ~-~ *adv* a più non posso.
tirelire [tiʀliʀ] *nf* salvadanaio.
tirer [tiʀe] *vt* tirare; (*fermer*: *porte, trappe, volet*) chiudere; (*choisir*: *carte, lot*) scegliere; (*conclusion, morale*) trarre; (*COMM*: *chèque*) emettere; (*loterie*) estrarre; (*en faisant feu*: *balle, coup*) sparare, tirare; (: *animal*) sparare a; (*journal, livre, PHOTO*) stampare ♦ *vi* tirare; (*faire feu*) sparare; **se tirer** *vr* (*fam*) tagliare la corda; **s'en** ~ cavarsela; **il s'en est tiré** se l'è cavata; ~ **qch de** (*extraire*) tirar fuori qc da, estrarre qc da; (*le jus d'un citron*) spremere qc da; (*un son d'un instrument*) ottenere qc da; ~ **qn de** (*embarras, mauvaise affaire*) tirare fuori qn da; ~ **sur** (*corde, poignée*) tirare; (*faire feu sur*) sparare *ou* tirare a; (*pipe, cigarette*) dare una tirata a; (*fig*: *avoisiner, approcher de*) tirare a; ~ **à l'arc/à la carabine** tirare con l'arco/con la carabina; ~ **avantage/parti de** trarre vantaggio da; ~ **les cartes** (*dire la bonne aventure*) fare *ou* leggere le carte; ~ **à sa fin** essere agli sgoccioli; ~ **la langue** mostrare la lingua; ~ **en longueur** tirare per le lunghe; ~ **6 mètres** (*NAUT*) pescare 6 metri; ~ **son nom/son origine de** trarre il proprio nome/la propria origine da; ~ **une substance d'une matière première** ricavare *ou* estrarre una sostanza da una materia prima.
tiret [tiʀɛ] *nm* trattino, lineetta.
tireur, -euse [tiʀœʀ, øz] *nm/f* (*MIL*) tiratore(-trice); (*COMM*) traente *m/f*; **bon** ~ buon tiratore; ▸**tireur d'élite** tiratore *m* scelto; ▸**tireuse de cartes** cartomante *f*.
tiroir [tiʀwaʀ] *nm* cassetto.
tiroir-caisse [tiʀwaʀkɛs] (*pl* ~**s**-~**s**) *nm* (registratore *m* di) cassa.
tisane [tizan] *nf* tisana.
tison [tizɔ̃] *nm* tizzone *m*.
tisonner [tizɔne] *vt* attizzare.
tisonnier [tizɔnje] *nm* attizzatoio.
tissage [tisaʒ] *nm* tessitura.
tisser [tise] *vt* (*aussi fig*) tessere.
tisserand [tisʀɑ̃] *nm* tessitore *m*.
tissu[1] [tisy] *nm* (*aussi fig*) tessuto; ▸**tissu de mensonges** tessuto di bugie.
tissu[2]**, e** [tisy] *adj*: ~ **de** intessuto(-a) di.
tissu-éponge [tisyepɔ̃ʒ] (*pl* ~**s**-~**s**) *nm* spugna.
titane [titan] *nm* titanio.
titanesque [titanɛsk] *adj* titanico(-a).
titiller [titije] *vt* titillare.
titrage [titʀaʒ] *nm* (*d'un film*) intitolazione *f*; (*d'un alcool*) titolazione *f*.
titre [titʀ] *nm* (*gén, SPORT, COMM, CHIM*) ti-

tolo; **en** ~ (*champion, responsable*) ufficiale; **à juste** ~ a buon diritto; **à quel** ~? a che titolo?; **à aucun** ~ per nessuna ragione; **au même** ~ allo stesso modo; **au même** ~ **que** così come; **au** ~ **de la coopération** a titolo di cooperazione; **à** ~ **d'exemple** come esempio; **à** ~ **d'exercice** come esercizio; **à** ~ **exceptionnel** in via eccezionale; **à** ~ **amical** come amico; **à** ~ **d'information/d'essai** a titolo informativo/di prova; **à** ~ **gracieux** gratuitamente; **à** ~ **provisoire** in via provvisoria; **à** ~ **privé/consultatif** a titolo privato/di consultazione; ▸**titre courant** titolo corrente; ▸**titre de propriété** titolo di proprietà; ▸**titre de transport** biglietto.

titré, e [titʀe] *adj* (*livre, film*) intitolato(-a); (*personne*) titolato(-a).

titrer [titʀe] *vt* (*CHIM*) titolare; (*PRESSE*) intitolare; (*suj: vin*): ~ **10°** avere una gradazione di 10°.

titubant, e [titybɑ̃, ɑ̃t] *adj* barcollante, vacillante.

tituber [titybe] *vi* barcollare, vacillare.

titulaire [titylɛʀ] *adj* titolare ♦ *nm/f* (*ADMIN*) titolare *m/f*; **être** ~ **de** essere titolare di.

titularisation [titylaʀizasjɔ̃] *nf* nomina di ruolo.

titulariser [titylaʀize] *vt* nominare di ruolo.

TNP [teɛnpe] *sigle m* = *Théâtre national populaire*.

TNT [teɛnte] *sigle m* (= *Trinitrotoluène*) TNT *m*.

toast [tost] *nm* fetta di pane tostato; (*de bienvenue*) brindisi *m inv*; **porter un** ~ **à qn** fare un brindisi *ou* brindare a qn.

toasteur [tostœʀ] *nm* tostapane *m inv*.

toboggan [tɔbɔgɑ̃] *nm* scivolo; (*AUTO*) cavalcavia *m inv* (in metallo).

toc [tɔk] *nm*: **en** ~ falso(-a).

tocsin [tɔksɛ̃] *nm* campane *fpl* a martello.

toge [tɔʒ] *nf* toga.

Togo [tɔgo] *nm* Togo.

togolais, e [tɔgɔlɛ, ɛz] *adj* togolese ♦ *nm/f*: **T~, e** togolese *m/f*.

tohu-bohu [tɔybɔy] *nm inv* (*désordre*) caos *m inv*, baraonda; (*tumulte*) trambusto.

toi [twa] *pron* (*sujet*) tu; (*complément*) te, ti; **je veux partir avec** ~ voglio partire con te; **lève-**~! alzati!; **c'est** ~ **qui l'as fait?** l'hai fatto tu?

toile [twal] *nf* tela; (*bâche*) telo; **grosse** ~ tela rada; **tisser sa** ~ (*araignée*) tessere la propria tela; ▸**toile cirée** tela cerata; ▸**toile d'araignée** ragnatela; ▸**toile de fond** (*fig*) sfondo; ▸**toile de jute/lin** tela di iuta/lino; ▸**toile de tente** telo di tenda; ▸**toile émeri** tela smeriglio.

toilettage [twaletaʒ] *nm* (*d'un animal*) toeletta, toelettatura; (*d'un texte*) pulitura.

toilette [twalɛt] *nf* toilette *f inv*, toeletta; ~**s** *nfpl* (*W.C.*) gabinetto, toilette *fsg*; **les** ~**s des dames/des messieurs** il gabinetto *ou* la toilette delle donne/degli uomini; **faire sa** ~ (*se laver*) lavarsi; **faire la** ~ **de** (*animal*) fare la toeletta a; (*texte*) dare la pulitura a; **articles de** ~ articoli *mpl* da toilette; ▸**toilette intime** igiene *f* intima.

toi-même [twamɛm] *pron* tu stesso.

toise [twaz] *nf*: **passer à la** ~ farsi misurare l'altezza.

toiser [twaze] *vt* squadrare (dall'alto in basso).

toison [twazɔ̃] *nf* (*de mouton*) vello; (*cheveux*) criniera.

toit [twa] *nm* tetto; ▸**toit ouvrant** tetto apribile.

toiture [twatyʀ] *nf* copertura.

Tokyo [tɔkjo] *n* Tokyo *f*.

tôle [tol] *nf* lamiera; ~**s** *nfpl* (*carrosserie*) carrozzeria; ▸**tôle d'acier** lamiera d'acciaio; ▸**tôle ondulée** lamiera ondulata.

tolérable [tɔleʀabl] *adj* tollerabile.

tolérance [tɔleʀɑ̃s] *nf* tolleranza.

tolérant, e [tɔleʀɑ̃, ɑ̃t] *adj* tollerante.

tolérer [tɔleʀe] *vt* tollerare.

tôlerie [tolʀi] *nf* fabbricazione *f* di lamiere; (*atelier*) *officina di lavorazione di lamiere*; (*d'une voiture*) carrozzeria.

tollé [tɔ(l)le] *nm*: **un** ~ **(d'injures/de protestations)** un coro generale (d'insulti/di proteste).

TOM [*parfois*: tɔm] *sigle m(pl)* = *territoire(s) d'outre-mer*.

tomate [tɔmat] *nf* pomodoro.

tombal, e [tɔ̃bal, o] *adj*: **pierre** ~**e** pietra tombale.

tombant, e [tɔ̃bɑ̃, ɑ̃t] *adj* (*fig*): **manches/épaules** ~**es** maniche *fpl*/spalle *fpl* spioventi.

tombe [tɔ̃b] *nf* tomba.

tombeau, x [tɔ̃bo] *nm* tomba; **à** ~ **ouvert** (*fig*) a rotta di collo.

tombée [tɔ̃be] *nf*: **à la** ~ **du jour** *ou* **de la nuit** al tramonto, sul far della notte.

tomber [tɔ̃be] *vi* cadere; (*prix, température*) scendere; (*personne, fête etc*) capitare ♦ *vt*: ~ **la veste** togliersi la giacca; ~ **bien/mal** (*vêtement*) cadere bene/male; ~ **sur** (*rencontrer*) imbattersi in; (*attaquer*) piombare su; ~ **de fatigue/de sommeil** cascare dalla stanchezza/dal sonno; ~ **à l'eau** (*fig*) andare a monte; ~ **juste** (*opération, calcul*) dare una cifra tonda; ~ **en panne** restare in panne; ~ **en ruine** cadere in rovina; **ça tombe bien/mal** (*fig*) capita a proposito/sproposito; **il est bien/mal tombé** (*fig*) gli è andata bene/male.

tombereau, x [tɔ̃bʀo] *nm* tombarello.
tombeur [tɔ̃bœʀ] (*péj*) *nm* dongiovanni *m inv.*
tombola [tɔ̃bɔla] *nf* tombola.
Tombouctou [tɔ̃buktu] *n* Timbuctù *f.*
tome [tɔm] *nm* tomo.
tomette [tɔmɛt] *nf* = **tommette.**
tommette [tɔmɛt] *nf* mattonella in cotto.
ton¹, ta [tɔ̃, ta] (*pl* **tes**) *dét* (il) tuo, (la) tua, (i) tuoi, (le) tue; *voir aussi* **mon.**
ton² [tɔ̃] *nm* tono; **élever** *ou* **hausser le ~** alzare il tono; **donner le ~** (*fig*) dare il tono; **si vous le prenez sur ce ~** se la prende su questo tono; **de bon ~** di buon gusto; **~ sur ~** in tonalità diverse (dello stesso colore).
tonal, e [tɔnal] *adj* tonale.
tonalité [tɔnalite] *nf* (*au téléphone*) segnale; (*de couleur, MUS*) tonalità *f inv*; (*ton*) tono.
tondeuse [tɔ̃døz] *nf* (*à gazon*) tosaerba *m inv*; (*de coiffeur*) macchinetta (*per tagliare i capelli*); (*pour la tonte*) tosatrice *f.*
tondre [tɔ̃dʀ] *vt* tosare; (*pelouse*) tagliare; (*cheveux*) rasare.
tondu, e [tɔ̃dy] *pp de* **tondre** ♦ *adj* (*cheveux, crâne*) rasato(-a); (*mouton*) tosato (-a).
Tonga [tɔ̃ga]: **les îles ~** *nfpl* le isole Tonga.
tonicité [tɔnisite] *nf* (*MÉD: des tissus*) tono; (*fig: de l'air, la mer*) tonicità *f inv.*
tonifiant, e [tɔnifjɑ̃, jɑ̃t] *adj* (*air, lotion*) tonificante.
tonifier [tɔnifje] *vi, vt* (*air, eau, peau, organisme*) tonificare.
tonique [tɔnik] *adj* (*médicament, lotion*) tonico(-a); (*fig: air, froid*) tonificante; (*: personne, idée*) stimolante ♦ *nm* tonico ♦ *nf* (*MUS*) tonica.
tonitruant, e [tɔnitʀyɑ̃, ɑ̃t] *adj*: **voix ~e** voce *f* tonante.
Tonkin [tɔ̃kɛ̃] *nm* Tonchino.
tonkinois, e [tɔ̃kinwa, waz] *adj* tonchinese.
tonnage [tɔnaʒ] *nm* tonnellaggio.
tonnant, e [tɔnɑ̃, ɑ̃t] *adj* tonante.
tonne [tɔn] *nf* tonnellata.
tonneau, x [tɔno] *nm* (*à vin, cidre*) botte; **jauger 2000 ~x** (*NAUT*) stazzare 2000 tonnellate; **faire des ~x** (*voiture*) ribaltarsi più volte; (*avion*) fare dei mulinelli.
tonnelet [tɔnlɛ] *nm* bariletto.
tonnelier [tɔnəlje] *nm* bottaio.
tonnelle [tɔnɛl] *nf* bersò *m inv.*
tonner [tɔne] *vi* tuonare; **~ contre qn/qch** inveire contro qn/qc; **il tonne** tuona.
tonnerre [tɔnɛʀ] *nm* tuono; **du ~** (*fam*) formidabile, fantastico(-a); **coup de ~** (*fig*) fulmine *m* a ciel sereno; ▸**tonnerre d'applaudissements** uragano di applausi.
tonsure [tɔ̃syʀ] *nf* tonsura; (*de moine*) tonsura, chierica.
tonte [tɔ̃t] *nf* tosatura.
tonus [tɔnys] *nm* (*des muscles*) tono; (*d'une personne*) dinamismo.
top [tɔp] *nm*: **au 3ème ~** al terzo rintocco (*del segnale orario*) ♦ *adj*: **~ secret** top secret *inv.*
topaze [tɔpɑz] *nf* topazio.
toper [tɔpe] *vi*: **tope-/topez-là!** affare fatto!, qua la mano!
topinambour [tɔpinɑ̃buʀ] *nm* topinambur *m inv.*
topo [tɔpo] (*fam*) *nm* (*plan, croquis*) schizzo; (*discours, exposé*) discorsetto; **c'est toujours le même ~** è sempre la stessa storia.
topographie [tɔpɔgʀafi] *nf* topografia.
topographique [tɔpɔgʀafik] *adj* topografico.
toponymie [tɔpɔnimi] *nf* toponomastica.
toquade [tɔkad] (*fam*) *nf* capriccio.
toque [tɔk] *nf* (*de fourrure*) colbacco; ▸**toque de cuisinier** cappello da cuoco; ▸**toque de jockey** berretto da fantino; ▸**toque de juge** tocco dei magistrati.
toqué, e [tɔke] (*fam*) *adj* tocco(-a), suonato(-a).
torche [tɔʀʃ] *nf* torcia; **se mettre en ~** (*parachute*) non aprirsi.
torcher [tɔʀʃe] (*fam*) *vt* pulire; **~ le plat** pulire il piatto con il pane.
torchère [tɔʀʃɛʀ] *nf* torciera.
torchon [tɔʀʃɔ̃] *nm* strofinaccio.
tordre [tɔʀdʀ] *vt* (*chiffon*) torcere; (*barre, fig: visage*) storcere; **se tordre** *vr* (*barre, roue*) piegarsi; (*ver, serpent*) contorcersi; **se ~ le pied/bras** storcersi il piede/braccio; **se ~ de douleur/de rire** (con)torcersi dal dolore/dalle risate.
tordu, e [tɔʀdy] *pp de* **tordre** ♦ *adj* (*fig*) strambo(-a).
torero [tɔʀeʀo] *nm* torero.
tornade [tɔʀnad] *nf* tornado.
toron [tɔʀɔ̃] *nm* trefolo.
torpeur [tɔʀpœʀ] *nf* torpore *m.*
torpille [tɔʀpij] *nf* torpedine *f.*
torpiller [tɔʀpije] *vt* silurare.
torpilleur [tɔʀpijœʀ] *nm* torpediniera.
torréfaction [tɔʀefaksjɔ̃] *nf* torrefazione *f.*
torréfier [tɔʀefje] *vt* torrefare.
torrent [tɔʀɑ̃] *nm* torrente *m*; **il pleut à ~s** diluvia.
torrentiel, le [tɔʀɑ̃sjɛl] *adj* torrenziale.
torride [tɔʀid] *adj* torrido(-a).
tors, torse [tɔʀ, tɔʀs] *adj* ritorto(-a).
torsade [tɔʀsad] *nf* treccia; (*ARCHIT*) tortiglione *m.*
torsader [tɔʀsade] *vt* avvolgere a tortiglione.
torse [tɔʀs] *nm* torso ♦ *adj f voir* **tors.**
torsion [tɔʀsjɔ̃] *nf* torsione *f.*

tort [tɔʀ] *nm* torto; **avoir** ~ avere torto; **être dans son** ~ essere dalla parte del torto; **donner** ~ **à qn** dare torto a qn; **causer du** ~ **à** arrecare danno a; **en** ~ in torto; **à** ~ a torto; **à** ~ **ou à raison** a torto o a ragione; **à** ~ **et à travers** (*parler*) a vanvera; (*dépenser*) senza badarci; **aux** ~**s de** (*JUR*) contro.

torte [tɔʀt] *adj f voir* **tors**.

torticolis [tɔʀtikɔli] *nm* torcicollo.

tortiller [tɔʀtije] *vt* attorcigliare; (*ses doigts*) tormentarsi; **se tortiller** *vr* contorcersi.

tortionnaire [tɔʀsjɔnɛʀ] *nm/f* torturatore (-trice).

tortue [tɔʀty] *nf* (*ZOOL*) tartaruga, testuggine *f*; (*fig*) tartaruga.

tortueux, -euse [tɔʀtɥø, øz] *adj* tortuoso(-a).

torture [tɔʀtyʀ] *nf* tortura.

torturé, e [tɔʀtyʀe] *adj* (*fig*) tormentato (-a).

torturer [tɔʀtyʀe] *vt* torturare; (*fig*) tormentare.

torve [tɔʀv] *adj*: **regard** ~ sguardo torvo.

toscan, e [tɔskɑ̃, an] *adj* toscano(-a).

Toscane [tɔskan] *nf* Toscana.

tôt [to] *adv* (*au début d'une portion de temps, au bout de peu de temps*) presto; ~ **ou tard** presto o tardi; **si** ~ così presto; **au plus** ~ al più presto, quanto prima; **plus** ~ prima; **il eut** ~ **fait de faire ...** fece presto a fare ... .

total, e, -aux [tɔtal, o] *adj* totale ♦ *nm* totale *m*; **au** ~ in totale; (*fig*) tutto sommato; **faire le** ~ fare il totale.

totalement [tɔtalmɑ̃] *adv* completamente.

totalisateur, -trice [tɔtalizatœʀ, tʀis] *adj*: **appareil** ~, **machine totalisatrice** macchina da calcolo ♦ *nm* totalizzatore *m*.

totaliser [tɔtalize] *vt* totalizzare.

totalitaire [tɔtalitɛʀ] *adj* totalitario(-a).

totalitarisme [tɔtalitaʀism] *nm* totalitarismo.

totalité [tɔtalite] *nf* totalità; **en** ~ totalmente.

totem [tɔtɛm] *nm* totem *m inv*.

toubib [tubib] (*fam*) *nm* medico.

touchant, e [tuʃɑ̃, ɑ̃t] *adj* commovente.

touche [tuʃ] *nf* tasto; (*de violon*) tastiera; (*PEINTURE etc*) tocco, pennellata; (*fig*: *de couleur, nostalgie*) tocco; (*RUGBY*) linea laterale; (*FOOTBALL*: *aussi*: **remise en** ~) rimessa laterale; (: *aussi*: **ligne de** ~) linea laterale; (*ESCRIME*) stoccata; **en** ~ (*RUGBY, FOOTBALL*) in fallo laterale; **avoir une drôle de** ~ essere conciato(-a) in modo strano; ▸**touche de commande** (*INFORM*) tasto di comando; ▸**touche de fonction** (*INFORM*) tasto operativo *ou* funzionale; ▸**touche de retour** (*INFORM*) tasto del ritorno.

touche-à-tout [tuʃatu] (*péj*) *nm inv* (*gén*: *enfant*) toccatutto *m/f inv*; (*fig*: *chercheur, inventeur*) *chi si dedica a più attività in modo dispersivo*.

toucher [tuʃe] *nm* tatto; (*MUS*) tocco ♦ *vt* toccare; (*atteindre*: *d'un coup de feu etc*) colpire; (*affecter*: *pays, peuple*) colpire, toccare; (*émouvoir*) commuovere, toccare; (*concerner*) riguardare, toccare; (*contacter par téléphone, lettre*) raggiungere, rintracciare; (*recevoir*: *prix, récompense*) ricevere; (: *salaire, argent, chèque*) riscuotere; (*aborder*: *problème, sujet*) affrontare; **se toucher** *vr* toccarsi; **au** ~ al tatto; ~ **à qch** (*frôler*) toccare qc; (*salaire, conditions*) modificare; (*vie privée, mode de vie*) riguardare; ~ **au but** (*fig*) giungere alla meta; **je vais lui en** ~ **un mot** gliene parlerò; ~ **à sa fin/son terme** volgere alla fine/al termine.

touffe [tuf] *nf* ciuffo; ▸**touffe d'herbe** ciuffo d'erba.

touffu, e [tufy] *adj* (*haie, forêt*) fitto(-a); (*cheveux*) folto(-a); (*fig*: *style, texte*) complesso(-a).

toujours [tuʒuʀ] *adv* sempre; (*encore*) ancora; ~ **plus** sempre più; **pour** ~ per sempre; **depuis** ~ da sempre; ~ **est-il que** fatto sta che; **essaie** ~ prova pure.

toulonnais, e [tulɔnɛ, ɛz] *adj* tolonese ♦ *nm/f*: **T~, e** tolonese *m/f*.

toulousain, e [tuluzɛ̃, ɛn] *adj* tolosano(-a).

Toulouse [tuluz] *n* Tolosa.

toupet [tupɛ] *nm* ciuffo di capelli; (*fam*) faccia tosta.

toupie [tupi] *nf* trottola.

tour [tuʀ] *nf* (*aussi ÉCHECS*) torre *f*; (*immeuble*) grattacielo ♦ *nm* giro; (*SPORT*: *aussi*: ~ **de piste**) giro (di pista); (*d'être servi, POL*) turno; (*tournure*: *de la situation etc*) piega; (*circonférence*): **de 3 m de** ~ di 3 m di circonferenza; (*fig*: *ruse, stratagème*) scherzo, tiro; (*de prestidigitation etc*) numero; (*de cartes*) gioco (di prestigio); (*de potier, à bois, métaux*) tornio; **faire le** ~ **de** fare il giro di; (*fig*: *questions, possibilités*) esaminare; **faire un** ~ fare un giro; **faire le** ~ **de l'Europe** fare il giro dell'Europa; **faire 2** ~**s** (*danseur etc*) fare 2 giravolte; (*toupie, hélice*) fare 2 giri; **fermer à double** ~ chiudere a doppia mandata; **c'est mon/son** ~ tocca a me/te; **c'est au** ~ **de Philippe** tocca a Philippe; **à** ~ **de rôle**, ~ **à** ~ a turno; **à** ~ **de bras** con tutta la forza delle braccia; (*fig*) con accanimento; **en un** ~ **de main** in men che non si dica; ▸**tour d'horizon** *nm* (*fig*) giro d'orizzonte; ▸**tour de chant** *nm* recital *m inv*; ▸**tour de contrôle** *nf* torre di controllo; ▸**tour de force** *nm* faticaccia, tour *m inv* de force; ▸**tour de garde** *nm* turno di guardia; ▸**tour de lancement** *nf* torre di lancio; ▸**tour de lit** *nm* giroletto; ▸**tour de main** *nm* abilità *f inv* manuale; ▸**tour de passe-passe** *nm* gioco di prestigio; ▸**tour de poitrine** *nm* giro (di) petto; ▸**tour de reins** *nm* lombaggine *f*; ▸**tour de taille** *nm* (giro di) vita; ▸**tour de tête** *nm* giro (di) testa.

tourangeau, -elle [turɑ̃ʒo, ɛl] *adj* (*de la Touraine*) della Turenna; (*de Tours*) di Tours ♦ *nm/f*: **T~, -elle** (*v adj*) abitante *m/f* della Turenna; abitante *m/f* di Tours.

tourbe [turb] *nf* torba.

tourbeux, -euse [turbø, øz] *adj* torboso (-a).

tourbière [turbjɛr] *nf* torbiera.

tourbillon [turbijɔ̃] *nm* vortice *m*.

tourbillonner [turbijɔne] *vi* (*aussi fig*) turbinare; (*eau, rivière*) formare vortici.

tourelle [turɛl] *nf* torretta.

tourisme [turism] *nm* turismo; **office de** ~ ufficio turistico; **agence de** ~ agenzia turistica; **avion de** ~ aereo da turismo; **voiture de** ~ macchina privata; **faire du** ~ fare del turismo.

touriste [turist] *nm/f* turista *m/f*.

touristique [turistik] *adj* turistico(-a).

tourment [turmɑ̃] *nm* tormento.

tourmente [turmɑ̃t] *nf* tormenta, bufera; (*fig*) bufera.

tourmenté, e [turmɑ̃te] *adj* tormentato (-a); (*mer*) agitato(-a).

tourmenter [turmɑ̃te] *vt*: **se** ~ *vr* tormentarsi.

tournage [turnaʒ] *nm* (*d'un film*) riprese *fpl*.

tournant, e [turnɑ̃, ɑ̃t] *adj* (*feu, scène*) girevole; (*chemin*) tortuoso(-a); (*escalier*) a chiocciola; (*mouvement*) di aggiramento ♦ *nm* (*de route*) curva; (*fig*: *dans la vie, politique*) svolta; *voir aussi* **grève**; **plaque**.

tourné, e [turne] *adj* (*lait, vin*) inacidito (-a); (*bois*) tornito(-a); (*fig*: *compliment, expression*) felice; **bien** ~ (*personne*) ben fatto(-a); **mal** ~ (*lettre, article*) mal scritto(-a); **avoir l'esprit mal** ~ essere malizioso(-a).

tournebroche [turnəbrɔʃ] *nm* girarrosto.

tourne-disque [turnədisk] (*pl* ~-~**s**) *nm* giradischi *m inv*.

tournedos [turnədo] *nm* (*CULIN*) tournedos *m inv*.

tournée [turne] *nf* (*du facteur, boucher*) giro; (*d'artiste, de politicien*) tournée *f inv*; **payer une** ~ offrire un giro di consumazioni; **faire la** ~ **de** fare il giro di; ▸**tournée électorale** tornata elettorale; ▸**tournée musicale** tournée musicale.

tournemain [turnəmɛ̃]: **en un** ~ *adv* in un batter d'occhio.

tourner [turne] *vt* girare; (*sauce, mélange*) mescolare; (*NAUT*: *cap*) doppiare; (*fig*: *difficulté, obstacle*) aggirare ♦ *vi* girare; (*changer de direction*: *voiture, personne*) girare, voltare; (*lait etc*) andare a male; (*fig*: *chance, vent*) cambiare; **se tourner** *vr* girarsi, voltarsi; **se** ~ **vers** girarsi *ou* voltarsi verso; (*personne*: *pour demander*) rivolgersi a; (*profession, carrière*) orientarsi verso; **bien/mal** ~ (*personne*) prendere una buona/cattiva strada; (*fig*: *choses*) andare bene/male; ~ **autour de** girare intorno a; (*péj*: *importuner*) ronzare intorno a; ~ **autour du pot** (*fig*) menare il can per l'aia; ~ **à/en** degenerare in; ~ **à la pluie** volgere alla pioggia; ~ **au rouge** diventare rosso; ~ **en ridicule** mettere in ridicolo; ~ **le dos à** voltare le spalle *ou* la schiena a; (*fig*) voltare le spalle a; ~ **court** non avere seguito; **se** ~ **les pouces** starsene con le mani in mano; ~ **la tête** voltare *ou* girare la testa; ~ **la tête à qn** (*fig*) fare girare la testa a qn; ~ **de l'œil** svenire; ~ **la page** (*fig*) voltare pagina.

tournesol [turnəsɔl] *nm* (*BOT*) girasole *m*.

tourneur [turnœr] *nm* (*TECH*) tornitore *m*.

tournevis [turnəvis] *nm* cacciavite *m inv*.

tourniquer [turnike] *vi* gironzolare.

tourniquet [turnikɛ] *nm* (*pour arroser*) irrigatore *m* a girandola; (*portillon*) tornella; (*présentoir*) espositore *m* girevole; (*CHIRURGIE*) laccio emostatico.

tournis [turni] *nm*: **avoir/donner le** ~ avere/dare il capogiro.

tournoi [turnwa] *nm* torneo; ▸**tournoi de bridge/de tennis** torneo di bridge/di tennis; ▸**tournoi des 5 nations** (*RUGBY*) torneo delle 5 nazioni.

tournoyer [turnwaje] *vi* (*oiseau*) volteggiare; (*fumée*) turbinare.

tournure [turnyr] *nf* (*LING*: *syntaxe*) forma; (: *d'une phrase*) costruzione *f*; **la** ~ **des choses/événements** la piega delle cose/degli avvenimenti; **la** ~ **de qch** (*évolution*) l'evoluzione di qc; **prendre** ~ prendere forma; ▸**tournure d'esprit** forma mentis.

tour-opérateur [turɔperatœr] (*pl* ~-~**s**) *nm* tour operator *m inv*.

tourte [turt] *nf* (*CULIN*) pasticcio (*di carne o di pesce*).

tourteau, x [turto] *nm* (*AGR*) panello; (*ZOOL*) granciporro.

tourtereaux [turtəro] *nmpl* (*amoureux*) piccioncini *mpl*.

tourterelle [turtərɛl] *nf* tortora.

tourtière [turtjɛr] *nf* tortiera.

tous [tu] *dét, pron voir* **tout**.

Toussaint [tusɛ̃] *nf*: **la** ~ (la festa di) Ognissanti *m inv*.

tousser [tuse] *vi* tossire.

toussoter [tusɔte] *vi* tossicchiare.

MOT-CLÉ

tout, e [tu, tut] (*pl* **tous,** *f* **toutes**) *adj* **1** (*avec article*) tutto(-a); **tout le lait** tutto il latte; **toute la semaine** tutta la settimana; **toutes les trois/deux semaines** ogni tre/due settimane; **tout le temps** tutto il tempo; **tout le monde** *pron* tutti *mpl*; **c'est tout le contraire** è tutto il contrario; **tout un livre** tutto un libro; **c'est toute une affaire** è una cosa seria; **toutes les nuits** tutte le notti; **toutes les fois que ...** tutte le volte che ...; **tous les deux** tutti e due; **toutes les trois** tutti e tre

2 (*sans article*): **à tout âge/à toute heure** a ogni età/ogni ora; **pour toute nourriture/vêtement, il avait ...** come unico cibo/vestito aveva ...; **à toute vitesse** a tutta velocità; **de tous côtés** *ou* **de toutes parts** da ogni parte, da tutte le parti; **à tout hasard** ad ogni buon conto, per ogni evenienza

♦ *pron* tutto; **il a tout fait** ha fatto tutto; **je les vois tous/toutes** li vedo tutti/tutte; **nous y sommes tous allés** ci siamo andati tutti; **en tout** in tutto; **tout ce qu'il sait** tutto ciò che sa; **en tout et pour tout** in tutto e per tutto; **tout ou rien** tutto o niente; **c'est tout** questo è tutto; **tout ce qu'il y a de plus aimable** tutto ciò che c'è di più piacevole

♦ *nm* tutto; **du tout au tout** del tutto; **le tout est de ...** l'essenziale è ...; **pas du tout** niente affatto, per niente

♦ *adv* **1** (**toute** *avant adj f commençant par consonne ou h aspiré*); (*très, complètement*): **elle était tout émue** era tutta commossa; **elle était toute petite** era piccola piccola; **tout près** *ou* **à côté** qui vicino; **le tout premier** il primo in assoluto; **tout seul** da solo; **le livre tout entier** tutto il libro; **tout en haut** (proprio) in cima; **tout droit** (sempre) diritto; **tout ouvert** completamente aperto; **parler tout bas** parlare sommessamente; **tout simplement/doucement** semplicemente/piano piano

2: **tout en** mentre; **tout en travaillant** mentre lavorava (*ou* lavoravano *etc*), lavorando

3: **tout d'abord** innanzitutto; **tout à coup** tutt'a un tratto; **tout à fait** (*complètement*: *fini, prêt*) del tutto; (*exactement*: *vrai, juste, identique*) perfettamente; **"tout à fait!"** "certamente!"; **tout à l'heure** (*passé*) poco fa; (*futur*) tra poco; **à tout à l'heure!** a tra poco!; **tout de même** però, lo stesso; **tout de suite** subito; **tout terrain** *ou* **tous terrains** *adj inv* fuoristrada *inv*.

tout-à-l'égout [tutalegu] *nm inv* allacciamento diretto alla fognatura.
toutefois [tutfwa] *adv* tuttavia.
toutes [tut] *dét, pron voir* **tout**.
toutou [tutu] (*fam*) *nm* cagnolino.
tout-petit [tup(ə)ti] (*pl* ~-~**s**) *nm* piccino.
tout-puissant, toute-puissante [tupɥisɑ̃, tutpɥisɑ̃t] (*pl* **tout(es)-puissant(e)s**) *adj* onnipotente.
tout-venant [tuv(ə)nɑ̃] *nm inv carbone di prima estrazione.*
toux [tu] *nf* tosse *f*.
toxémie [tɔksemi] *nf* tossiemia.
toxicité [tɔksisite] *nf* tossicità *f inv*.
toxicologie [tɔksikɔlɔʒi] *nf* tossicologia.
toxicologique [tɔksikɔlɔʒik] *adj* tossicologico(-a).
toxicomane [tɔksikɔman] *adj* tossicodipendente.
toxicomanie [tɔksikɔmani] *nf* tossicomania.
toxine [tɔksin] *nf* tossina.
toxique [tɔksik] *adj* tossico(-a), velenoso.
TP [tepe] *sigle mpl* = **travaux pratiques**; **travaux publics** ♦ *sigle m* = **Trésor (public)**.
TPG [tepeʒe] *sigle m* = **trésorier-payeur général**.
trac [tʀak] *nm* paura, fifa; (*THÉÂTRE*) paura da palcoscenico; **avoir le** ~ avere paura *ou* fifa.
traçant, e [tʀasɑ̃, ɑ̃t] *adj*: **obus** ~ proiettile *m* tracciante; *voir aussi* **table**.
tracas [tʀaka] *nm* grattacapo.
tracasser [tʀakase] *vt* tormentare, assillare; **se tracasser** *vr* preoccuparsi; **il n'a pas été tracassé par la police** non ha avuto noie con la polizia.
tracasseries [tʀakasʀi] *nfpl* (*chicanes*) seccature *fpl*.
tracassier, -ière [tʀakasje, jɛʀ] *adj* fastidioso(-a), seccante.
trace [tʀas] *nf* traccia; (*de doigts*) impronta; **suivre à la** ~ braccare; ▶ **traces de freinage** tracce di frenata; ▶ **traces de pas** orme *fpl*; ▶ **traces de pneus** tracce di pneumatici.
tracé [tʀase] *nm* tracciato; (*contour*) linea.
tracer [tʀase] *vt* (*mot*) scrivere; (*route, ligne*) tracciare.
traceur [tʀasœʀ] *nm* (*INFORM*) plotter *m inv*, tracciatore *m*.
trachée(-artère) [tʀaʃe(aʀtɛʀ)] (*pl* **trachées(-artères)**) *nf* trachea.
trachéite [tʀakeit] *nf* tracheite *f*.
tract [tʀakt] *nm* volantino.
tractations [tʀaktasjɔ̃] *nfpl* maneggi *mpl*.
tracter [tʀakte] *vt* trainare.
tracteur [tʀaktœʀ] *nm* trattore *m*.
traction [tʀaksjɔ̃] *nf* trazione *f*; ▶ **traction arrière** trazione posteriore; ▶ **traction avant** trazione anteriore; ▶ **traction**

électrique/mécanique trazione elettrica/meccanica.
trad. *abr* = **traduit**; **traduction**; **traducteur**.
tradition [tʀadisjɔ̃] *nf* tradizione *f*.
traditionalisme [tʀadisjɔnalism] *nm* tradizionalismo.
traditionaliste [tʀadisjɔnalist] *adj* tradizionalistico(-a).
traditionnel, le [tʀadisjɔnɛl] *adj* tradizionale.
traditionnellement [tʀadisjɔnɛlmɑ̃] *adv* tradizionalmente.
traducteur, -trice [tʀadyktœʀ, tʀis] *nm/f* traduttore(-trice) ♦ *nm* (*INFORM*) (programma *m*) traduttore *m*; ▸**traducteur interprète** traduttore(-trice) interprete.
traduction [tʀadyksjɔ̃] *nf* traduzione *f*; ▸**traduction simultanée** traduzione simultanea.
traduire [tʀadɥiʀ] *vt* tradurre; (*émotion*) esprimere; **se ~ par** tradursi in; **~ en/du français** tradurre in/dal francese; **~ qn en justice** tradurre qn in giudizio.
traduis *etc* [tʀadɥi] *vb voir* **traduire**.
traduisible [tʀadɥizibl] *adj* traducibile.
traduit, e [tʀadɥi, it] *pp de* **traduire**.
trafic [tʀafik] *nm* traffico; **~ (routier/aérien)** traffico (stradale/aereo); ▸**trafic d'armes** traffico d'armi; ▸**trafic de drogue** traffico di droga.
trafiquant, e [tʀafikɑ̃, ɑ̃t] *nm/f* trafficante *m/f*.
trafiquer [tʀafike] *vt* (*péj*: *voiture*) truccare; (*serrure, appareil*) manomettere ♦ *vi* trafficare.
tragédie [tʀaʒedi] *nf* tragedia.
tragédien, ne [tʀaʒedjɛ̃, ɛn] *nm/f* attore (-trice) tragico(-a).
tragi-comique [tʀaʒikɔmik] (*pl* **~-~s**) *adj* tragicomico(-a).
tragique [tʀaʒik] *adj* tragico(-a) ♦ *nm*: **prendre qch au ~** prendere qc sul tragico.
tragiquement [tʀaʒikmɑ̃] *adv* tragicamente.
trahir [tʀaiʀ] *vt* tradire; **se trahir** *vr* tradirsi.
trahison [tʀaizɔ̃] *nf* tradimento.
traie *etc* [tʀɛ] *vb voir* **traire**.
train [tʀɛ̃] *nm* treno; (*allure*) andatura, passo; (*fig*: *ensemble*) serie *f inv*; **être en ~ de faire qch** stare facendo qc; **mettre qch en ~** avviare qc; **mettre qn en ~** mettere qn di buon umore; **se mettre en ~** (*commencer*) mettersi all'opera; (*faire de la gymnastique*) fare riscaldamento; **se sentir en ~** sentirsi in forma; **aller bon ~** procedere speditamente; ▸**train à grande vitesse** treno ad alta velocità; ▸**train arrière/avant** treno posteriore/anteriore; ▸**train d'atterrissage** carrello (d'atterraggio); ▸**train de pneus** treno di gomme; ▸**train de vie** tenore *m* di vita; ▸**train électrique** (*jouet*) trenino elettrico; ▸**train spécial** treno straordinario.
traînailler [tʀɛnɑje] *vi* = **traînasser**.
traînant, e [tʀɛnɑ̃, ɑ̃t] *adj* strascicato(-a).
traînard, e [tʀɛnaʀ, aʀd] (*péj*) *nm/f* lumaca, ritardatario(-a).
traînasser [tʀɛnase] *vi* tirare per le lunghe.
traîne [tʀɛn] *nf* (*de robe*) strascico; **être à la ~** (*en arrière*) essere indietro; (*en désordre*) essere in disordine.
traîneau, x [tʀɛno] *nm* slitta.
traînée [tʀene] *nf* striscia; (*d'une comète etc*) scia; (*péj*) battona.
traîner [tʀene] *vt* (*remorque*) trainare; (*charge*) trascinare; (*enfant, chien*) portarsi dietro ♦ *vi* (*papiers, vêtements*) essere sparso(-a) qua e là; (*aller lentement*) attardarsi; (*vagabonder*) gironzolare; (*agir lentement*) prendersela comoda; (*durer*) andare per le lunghe; **se traîner** *vr* (*ramper*) strisciare; (*marcher avec difficulté*) trascinarsi; (*durer*) andare per le lunghe; **se ~ par terre** strisciare per terra; **~ qn au cinéma** trascinare qn al cinema; **~ les pieds** strascicare i piedi; **~ par terre** (*robe, manteau*) strisciare per terra; **~ qch par terre** trascinare qc per terra; **il traîne un rhume depuis l'hiver** si trascina un raffreddore da quest'inverno; **~ en longueur** andare per le lunghe.
train-ferry [tʀɛ̃feʀi] (*pl* **trains-ferries**) *nm* (*NAUT*) nave *f* traghetto *inv*, ferry-boat *m inv*.
training [tʀeniŋ] *nm* (*pull*) felpa con cappuccio; (*chaussure*) scarpa da ginnastica.
train-train [tʀɛ̃tʀɛ̃] *nm inv* tran tran *m inv*.
traire [tʀɛʀ] *vt* mungere.
trait, e [tʀɛ, ɛt] *pp de* **traire** ♦ *nm* tratto, linea; (*flèche*) freccia, strale *m*; **~s** *nmpl* (*du visage*) tratti *mpl*, lineamenti *mpl*; **d'un ~** (*boire*) d'un (sol) fiato; **boire à longs ~s** bere a lunghi sorsi; **de ~** (*animal*) da tiro; **avoir ~ à** riferirsi a, riguardare; **~ pour ~** punto per punto; ▸**trait d'esprit** battuta (di spirito); ▸**trait d'union** trattino, lineetta; (*fig*) trait d'union *m inv*, tramite *m*; ▸**trait de caractère** caratteristica, tratto del carattere; ▸**trait de génie** lampo di genio.
traitable [tʀɛtabl] *adj* (*personne*) accomodante; (*sujet*) trattabile.
traitant [tʀɛtɑ̃] *adj m*: **votre médecin ~** il suo medico curante; **shampooing ~** shampoo medicato; **crème ~e** crema curativa.

traite [tʀɛt] *nf* (*COMM*) tratta, cambiale *f*; (*AGR*) mungitura; (*trajet*) tratto; **d'une (seule)** ~ in una tirata, senza fermarsi; ▶ **la traite des blanches/des noirs** la tratta delle bianche/dei negri.
traité [tʀete] *nm* trattato.
traitement [tʀɛtmɑ̃] *nm* trattamento; (*d'un malade*) terapia, cura; (*d'une affaire*) conduzione *f*; (*INFORM*) elaborazione *f*; (*salaire*) stipendio; **mauvais** ~**s** maltrattamenti *mpl*; ▶ **traitement de données/de l'information** elaborazione *f* (dei) dati/delle informazioni; ▶ **traitement de texte** (*INFORM*) elaborazione (dei) testi; ▶ **traitement par lots** (*INFORM*) elaborazione *f* a lotti.
traiter [tʀete] *vt* trattare; (*maladie, malade*) curare; (*difficulté*) affrontare; (*INFORM*) elaborare ♦ *vi* trattare; ~ **qn d'idiot** dare dell'idiota a qn; ~ **de qch** trattare di qc, riguardare qc.
traiteur [tʀɛtœʀ] *nm* rosticciere *m* (*che vende cibi pronti*).
traître, traîtresse [tʀɛtʀ, tʀɛtʀɛs] *adj* traditore(-trice); **prendre qn en** ~ prendere qn a tradimento.
traîtrise [tʀetʀiz] *nf* tradimento; (*acte*) trabocchetto.
trajectoire [tʀaʒɛktwaʀ] *nf* traiettoria.
trajet [tʀaʒɛ] *nm* tragitto; (*d'un nerf, d'une artère*) percorso; (*d'un projectile*) traiettoria.
tralala [tʀalala] *nm* (*fam*) cerimonie *fpl* (*fig*); **faire du** ~ fare cerimonie.
tram [tʀam] *nm voir* **tramway**.
trame [tʀam] *nf* trama; (*TYPO*) retino.
tramer [tʀame] *vt* tramare.
trampoline [tʀɑ̃pɔlin] *nm* trampolino (*per ginnastica*).
tramway [tʀamwɛ] *nm* tranvia; (*voiture*) tram *m inv*.
tranchant, e [tʀɑ̃ʃɑ̃, ɑ̃t] *adj* tagliente; (*fig: personne, remarque, ton*) deciso(-a), risoluto(-a); (: *couleurs*) vivo(-a) ♦ *nm* taglio; **à double** ~ (*argument, procédé*) a doppio taglio.
tranche [tʀɑ̃ʃ] *nf* fetta; (*arête*) taglio; (*partie*) parte *f*; (*COMM: d'actions, de bons*) serie *f inv*; (*de revenus, d'impôts*) fascia; (*LOTERIE*): ~ **(d'émission)** serie *f inv* (di emissione); ~ **d'âge/de salaires** fascia d'età/di salario; **couper en** ~**s** tagliare a fette.
tranché, e [tʀɑ̃ʃe] *adj* (*couleurs*) netto(-a), marcato(-a); (*opinions*) deciso(-a).
tranchée [tʀɑ̃ʃe] *nf* trincea.
trancher [tʀɑ̃ʃe] *vt* tagliare; (*fig: question, débat*) risolvere ♦ *vi* (*ton, attitude*): ~ **avec** *ou* **sur** contrastare con; (*couleur*) spiccare *ou* risaltare su.
tranchet [tʀɑ̃ʃɛ] *nm* trincetto.
tranchoir [tʀɑ̃ʃwaʀ] *nm* trinciante *m*.
tranquille [tʀɑ̃kil] *adj* tranquillo(-a); (*mer*) calmo(-a); **se tenir** ~ (*enfant*) stare buono(-a); **avoir la conscience** ~ avere la coscienza tranquilla; **laisse-moi** ~! lasciami in pace!, lasciami stare!
tranquillement [tʀɑ̃kilmɑ̃] *adv* tranquillamente.
tranquillisant, e [tʀɑ̃kilizɑ̃, ɑ̃t] *adj* tranquillizzante ♦ *nm* tranquillante *m*.
tranquilliser [tʀɑ̃kilize] *vt* tranquillizzare; **se tranquilliser** *vr* tranquillizzarsi.
tranquillité [tʀɑ̃kilite] *nf* tranquillità *f inv*; **en toute** ~ con la massima tranquillità; ▶ **tranquillité d'esprit** tranquillità di spirito.
transaction [tʀɑ̃zaksjɔ̃] *nf* transazione *f*.
transafricain, e [tʀɑ̃zafʀikɛ̃, ɛn] *adj* transafricano(-a).
transalpin, e [tʀɑ̃zalpɛ̃, in] *adj* transalpino(-a).
transaméricain, e [tʀɑ̃zameʀikɛ̃, ɛn] *adj* transamericano(-a).
transat [tʀɑ̃zat] *abr f* (= *course transatlantique de voiliers*) regata velica transatlantica ♦ *nm* (*chaise longue*) (sedia a) sdraio *f inv*.
transatlantique [tʀɑ̃zatlɑ̃tik] *adj* transatlantico(-a) ♦ *nm* transatlantico.
transbordement [tʀɑ̃sbɔʀdəmɑ̃] *nm* trasbordo.
transborder [tʀɑ̃sbɔʀde] *vt* trasbordare.
transbordeur [tʀɑ̃sbɔʀdœʀ] *nm* trasbordatore *m*.
transcendant, e [tʀɑ̃sɑ̃dɑ̃, ɑ̃t] *adj* (*supérieur*) trascendente.
transcodeur [tʀɑ̃skɔdœʀ] *nm* transcodificatore *m*.
transcontinental, e, -aux [tʀɑ̃skɔ̃tinɑ̃tal, o] *adj* transcontinentale.
transcription [tʀɑ̃skʀipsjɔ̃] *nf* trascrizione *f*.
transcrire [tʀɑ̃skʀiʀ] *vt* trascrivere.
transe [tʀɑ̃s] *nf*: **être/entrer en** ~ essere/entrare in trance; ~**s** *nfpl* (*vive anxiété*) ansia *fsg*, angoscia *fsg*.
transférable [tʀɑ̃sfeʀabl] *adj* trasferibile.
transfèrement [tʀɑ̃sfɛʀmɑ̃] *nm* trasferimento; ▶ **transfèrement cellulaire** *trasferimento dei detenuti con furgone cellulare*.
transférer [tʀɑ̃sfeʀe] *vt* trasferire.
transfert [tʀɑ̃sfɛʀ] *nm* trasferimento; (*PSYCH*) transfert *m inv*; ▶ **transfert de fonds** trasferimento di fondi.
transfiguration [tʀɑ̃sfigyʀasjɔ̃] *nf* trasfigurazione *f*.
transfigurer [tʀɑ̃sfigyʀe] *vt* trasfigurare.
transfo [tʀɑ̃sfo] *nm* trasformatore *m*.
transformable [tʀɑ̃sfɔʀmabl] *adj* trasfor-

mabile.
transformateur [tʀɑ̃sfɔʀmatœʀ] *nm* trasformatore *m*.
transformation [tʀɑ̃sfɔʀmasjɔ̃] *nf* trasformazione *f*; **~s** (*travaux*) lavori *mpl*; **industries de ~** industrie *fpl* di trasformazione.
transformer [tʀɑ̃sfɔʀme] *vt* trasformare; **se transformer** *vr* trasformarsi; **~ du plomb en or** trasformare il piombo in oro.
transfuge [tʀɑ̃sfyʒ] *nm/f* transfuga *m/f*.
transfuser [tʀɑ̃sfyze] *vt* trasfondere.
transfusion [tʀɑ̃sfyzjɔ̃] *nf*: **~ sanguine** trasfusione *f* (di sangue).
transgresser [tʀɑ̃sgʀese] *vt* trasgredire.
transhumance [tʀɑ̃zymɑ̃s] *nf* transumanza.
transhumer [tʀɑ̃zyme] *vi* transumare.
transi, e [tʀɑ̃zi] *adj* intirizzito(-a).
transiger [tʀɑ̃ziʒe] *vi* transigere; **~ sur** *ou* **avec qch** transigere su *ou* con qc.
transistor [tʀɑ̃zistɔʀ] *nm* transistor *m inv*; (*poste*) transistor, radiolina.
transistorisé, e [tʀɑ̃zistɔʀize] *adj* transistorizzato(-a).
transit [tʀɑ̃zit] *nm* transito; **de ~** (*port, document*) di transito; **en ~** (*marchandises, personnes*) in transito.
transitaire [tʀɑ̃zitɛʀ] *nm* (*COMM*) agente *m* di transito.
transiter [tʀɑ̃zite] *vt* far transitare.
transitif, -ive [tʀɑ̃zitif, iv] *adj* transitivo (-a).
transition [tʀɑ̃zisjɔ̃] *nf* transizione *f*.
transitoire [tʀɑ̃zitwaʀ] *adj* transitorio(-a).
translucide [tʀɑ̃slysid] *adj* traslucido(-a).
transmet [tʀɑ̃smɛ] *vb voir* **transmettre**.
transmettais *etc* [tʀɑ̃smɛtɛ] *vb voir* **transmettre**.
transmetteur [tʀɑ̃smɛtœʀ] *nm* trasmettitore *m*.
transmettre [tʀɑ̃smɛtʀ] *vt* (*aussi MÉD, RADIO etc*) trasmettere; (*secret, recette*) tramandare; (*vœux, amitiés*) porgere; (*JUR: pouvoir, autorité*) delegare.
transmis, e [tʀɑ̃smi, iz] *pp de* **transmettre**.
transmissible [tʀɑ̃smisibl] *adj* trasmissibile.
transmission [tʀɑ̃smisjɔ̃] *nf* trasmissione *f*; (*JUR*) delega; **~s** *nfpl* (*MIL*) trasmissioni *fpl*; ▸**transmission de données** trasmissione dati; ▸**transmission de pensée** trasmissione del pensiero.
transnational, e, -aux [tʀɑ̃snasjɔnal, o] *adj* transnazionale.
transocéanien, ne [tʀɑ̃zɔseanjɛ̃, jɛn] *adj* transoceanico(-a).
transocéanique [tʀɑ̃zɔseanik] *adj* transoceanico(-a).
transparaître [tʀɑ̃spaʀɛtʀ] *vi* trasparire.
transparence [tʀɑ̃spaʀɑ̃s] *nf* trasparenza; **par ~** (*regarder, voir*) in trasparenza.
transparent, e [tʀɑ̃spaʀɑ̃, ɑ̃t] *adj* trasparente.
transpercer [tʀɑ̃spɛʀse] *vt* trapassare, trafiggere; (*fig: froid*) penetrare; (*: insulte*) trafiggere; **~ un vêtement/mur** passare attraverso un vestito/muro.
transpiration [tʀɑ̃spiʀasjɔ̃] *nf* sudore *m*.
transpirer [tʀɑ̃spiʀe] *vi* traspirare, sudare; (*information, nouvelle*) trapelare.
transplant [tʀɑ̃splɑ̃] *nm* trapianto.
transplantation [tʀɑ̃splɑ̃tasjɔ̃] *nf* trapianto.
transplanter [tʀɑ̃splɑ̃te] *vt* trapiantare.
transport [tʀɑ̃spɔʀ] *nm* trasporto; **~ de colère** trasporto di collera; **~ de joie** impeto di gioia; **voiture/avion de ~** vettura/aereo da trasporto; ▸**transport aérien** trasporto aereo; ▸**transport de marchandises/de voyageurs** trasporto (di) merci/(di) viaggiatori; ▸**transports en commun** mezzi *mpl* pubblici; ▸**transports routiers** trasporti stradali.
transportable [tʀɑ̃spɔʀtabl] *adj* trasportabile.
transporter [tʀɑ̃spɔʀte] *vt* trasportare; (*à la main, à dos*) portare, trasportare; **se transporter** *vr*: **se ~ quelque part** (*fig*) trasferirsi da qualche parte; **~ qn à l'hôpital** trasportare qn all'ospedale; **~ qn de bonheur** riempire qn di felicità.
transporteur [tʀɑ̃spɔʀtœʀ] *nm* autotrasportatore *m*.
transposer [tʀɑ̃spoze] *vt* (*aussi MUS*) trasporre.
transposition [tʀɑ̃spozisjɔ̃] *nf* trasposizione *f*.
transrhénan, e [tʀɑ̃sʀenɑ̃, an] *adj* al di là del Reno.
transsaharien, ne [tʀɑ̃(s)saaʀjɛ̃, jɛn] *adj* transahariano(-a).
transsexuel, le [tʀɑ̃(s)sɛksɥɛl] *nm/f* transessuale *m/f*.
transsibérien, ne [tʀɑ̃(s)sibeʀjɛ̃, jɛn] *adj* transiberiano(-a).
transvaser [tʀɑ̃svɑze] *vt* travasare.
transversal, e, -aux [tʀɑ̃svɛʀsal, o] *adj* trasversale; (*AUTO*): **axe ~** strada principale che attraversa il paese.
transversalement [tʀɑ̃svɛʀsalmɑ̃] *adv* trasversalmente.
trapèze [tʀapɛz] *nm* trapezio.
trapéziste [tʀapezist] *nm/f* trapezista *m/f*.
trappe [tʀap] *nf* (*de cave, grenier*) botola; (*piège*) trappola.
trappeur [tʀapœʀ] *nm* cacciatore *m* di pelli.
trapu, e [tʀapy] *adj* (*personne*) tracagnotto(-a), tarchiato(-a).
traquenard [tʀaknaʀ] *nm* trappola.
traquer [tʀake] *vt* (*animal, prisonnier*) brac-

care; (*harceler*) perseguitare.
traumatisant, e [tʀomatizɑ̃, ɑ̃t] *adj* traumatizzante.
traumatiser [tʀomatize] *vt* traumatizzare.
traumatisme [tʀomatism] *nm* trauma *m*; ▸ **traumatisme crânien** trauma cranico.
traumatologie [tʀomatɔlɔʒi] *nf* traumatologia.
travail, -aux [tʀavaj, o] *nm* lavoro; (*de la pierre, du bois*) lavorazione *f*; (*MÉD*) doglie *fpl*, travaglio; **travaux** *nmpl* (*de réparation, agricoles etc*) lavori *mpl*; **être/entrer en** ~ (*MÉD*) essere/entrare in travaglio; **être sans** ~ (*employé*) essere disoccupato(-a); ▸ **travail (au) noir** lavoro nero; ▸ **travail d'intérêt général** *lavoro non remunerato a titolo di pena sostitutiva o complementare per piccoli reati*; ▸ **travail forcé** lavoro ingrato; ▸ **travail posté** lavoro a turni; ▸ **travaux des champs** lavoro *msg* dei campi; ▸ **travaux dirigés** (*SCOL*) esercitazioni *fpl*; ▸ **travaux forcés** lavori forzati; ▸ **travaux manuels** (*SCOL*) applicazioni *fpl* tecniche; ▸ **travaux ménagers** lavori domestici; ▸ **travaux pratiques** (*gén, en laboratoire*) esercitazioni *fpl*; ▸ **travaux publics** lavori pubblici, opere *fpl* pubbliche.
travaillé, e [tʀavaje] *adj* (*style, texte*) elaborato(-a); (*objet*) lavorato(-a).
travailler [tʀavaje] *vi* lavorare; (*bois*) cedere ♦ *vt* lavorare; (*discipline*) studiare; (*fig: influencer*) lavorarsi; **faire** ~ **l'argent** far fruttare il denaro; **cela le travaille** ciò lo tormenta; ~ **la terre** lavorare la terra; ~ **son piano** esercitarsi al piano; ~ **à** lavorare a; (*fig: contribuer à*) darsi da fare per; ~ **à faire** darsi da fare per fare.
travailleur, -euse [tʀavajœʀ, øz] *adj*: **être** ~ essere un gran lavoratore/una grande lavoratrice ♦ *nm/f* lavoratore(-trice); ▸ **travailleur de force** bracciante *m*; ▸ **travailleur intellectuel** lavoratore intellettuale; ▸ **travailleur manuel** lavoratore manuale; ▸ **travailleur social** operatore *m* sociale.
travailleuse [tʀavajøz] *nf* (*COUTURE*) tavolino da lavoro; ▸ **travailleuse familiale** collaboratrice *f* familiare.
travailliste [tʀavajist] *adj* laburista ♦ *nm/f*: **les** ~**s** i laburisti.
travée [tʀave] *nf* (*rangée*) fila; (*ARCHIT*) campata.
travelling [tʀavliŋ] *nm* (*chariot*) carrello; (*technique*) carrellata; ▸ **travelling optique** carrellata.
travelo [tʀavlo] (*fam*) *nm* travestito.
travers [tʀavɛʀ] *nm* difetto; **en** ~ **(de)** di traverso (su); **au** ~ **(de)** attraverso; **de** ~ *adj, adv* (*aussi fig*) di traverso; **à** ~ attraverso; **regarder de** ~ (*fig*) guardare di traverso.
traverse [tʀavɛʀs] *nf* (*RAIL*) traversina; **chemin de** ~ scorciatoia.
traversée [tʀavɛʀse] *nf* attraversamento; (*en mer*) traversata.
traverser [tʀavɛʀse] *vt* attraversare; (*percer: suj: pluie, froid*) passare attraverso.
traversin [tʀavɛʀsɛ̃] *nm* capezzale *m*.
travesti [tʀavɛsti] *nm* (*costume*) travestimento; (*artiste de cabaret*) attore *m* travestito; (*homosexuel*) travestito.
travestir [tʀavɛstiʀ] *vt* travisare; **se travestir** *vr* travestirsi.
trayais *etc* [tʀɛjɛ] *vb voir* **traire**.
trayeuse [tʀɛjøz] *nf* mungitrice *f*.
trébucher [tʀebyʃe] *vi*: ~ **(sur)** incespicare (in).
trèfle [tʀɛfl] *nm* (*BOT*) trifoglio; (*CARTES*) fiori *mpl*; ▸ **trèfle à quatre feuilles** quadrifoglio.
treillage [tʀɛjaʒ] *nm* graticolato.
treille [tʀɛj] *nf* (*vigne*) vite *f* a spalliera; (*tonnelle*) pergola, pergolato.
treillis [tʀeji] *nm* (*métallique*) reticolo; (*toile*) traliccio; (*uniforme: MIL*) (tuta) mimetica.
treize [tʀɛz] *adj inv, nm inv* tredici *m inv*; *voir aussi* **cinq**.
treizième [tʀɛzjɛm] *adj, nm/f* tredicesimo (-a) ♦ *nm* tredicesimo; *voir aussi* **cinquième**.
tréma [tʀema] *nm* dieresi *f inv*.
tremblant, e [tʀɑ̃blɑ̃, ɑ̃t] *adj* tremante; (*lueur, image*) tremolante.
tremble [tʀɑ̃bl] *nm* (*BOT*) tremula.
tremblé, e [tʀɑ̃ble] *adj* incerto(-a).
tremblement [tʀɑ̃bləmɑ̃] *nm* (*de froid, fièvre, peur*) tremito; (*de voix, flamme*) tremolio; (*de vitre*) vibrazione *f*; ▸ **tremblement de terre** terremoto.
trembler [tʀɑ̃ble] *vi* (*voix, flamme*) tremolare; (*terre, feuille*) tremare; (*vitre*) vibrare; ~ **de** (*froid, peur*) tremare di; ~ **de fièvre** tremare per la febbre; ~ **pour qn** trepidare *ou* tremare per qn.
tremblotant, e [tʀɑ̃blɔtɑ̃, ɑ̃t] *adj* tremolante.
trembloter [tʀɑ̃blɔte] *vi* tremolare.
trémolo [tʀemɔlo] *nm* (*MUS: d'un instrument*) tremolo; (*: de la voix*) tremolio.
trémousser [tʀemuse]: **se** ~ *vr* agitarsi, dimenarsi.
trempage [tʀɑ̃paʒ] *nm* (*du linge*) messa a bagno.
trempe [tʀɑ̃p] *nf* (*fig: caractère*) tempra.
trempé, e [tʀɑ̃pe] *adj* bagnato(-a) fradicio(-a), inzuppato(-a); **acier** ~ acciaio temprato(-a).
tremper [tʀɑ̃pe] *vt* inzuppare; (*plonger*): ~ **qch dans** immergere qc in ♦ *vi* (*lessive, vaisselle*) essere a mollo; (*fig*): ~ **dans**

(*affaire, crime*) essere coinvolto(-a) in; **se tremper** *vr* (*dans la mer, piscine etc*) fare un rapido bagno; **se faire** ~ inzupparsi; **faire/mettre à** ~ mettere in ammollo.
trempette [tʀɑ̃pɛt] *nf*: **faire** ~ andare in acqua senza bagnarsi completamente; (*dans une boisson*) fare la zuppetta.
tremplin [tʀɑ̃plɛ̃] *nm* (*de gymnase*) pedana; (*de piscine, SKI, fig*) trampolino.
trentaine [tʀɑ̃tɛn] *nf*: **une** ~ **(de)** una trentina (di); **avoir la** ~ essere sulla trentina.
trente [tʀɑ̃t] *adj inv, nm inv* trenta *m inv*; **voir** ~**-six chandelles** vedere le stelle; **être/se mettre sur son** ~ **et un** essere/mettersi in ghingheri; ▶ **trente-trois tours** *nm* (*disque*) trentatré giri *m inv*; *voir aussi* **cinq**.
trentième [tʀɑ̃tjɛm] *adj, nm/f* trentesimo(-a) ♦ *nm* trentesimo; *voir aussi* **cinquième**.
trépanation [tʀepanasjɔ̃] *nf* trapanazione *f* (*del cranio*).
trépaner [tʀepane] *vt* trapanare (*il cranio*).
trépasser [tʀepɑse] *vi* trapassare.
trépidant, e [tʀepidɑ̃, ɑ̃t] *adj* (*fig*) febbrile.
trépidation [tʀepidasjɔ̃] *nf* (*d'une machine, d'un moteur*) vibrazione *f*; (*fig: de la vie*) frenesia.
trépider [tʀepide] *vi* vibrare.
trépied [tʀepje] *nm* (*d'appareil*) treppiede *m*; (*meuble*) tripode *m*.
trépignement [tʀepiɲmɑ̃] *nm* calpestio.
trépigner [tʀepiɲe] *vi*: ~ **(d'enthousiasme/ d'impatience)** pestare i piedi (per l'entusiasmo/l'impazienza).
très [tʀɛ] *adv* molto; ~ **beau/bien** molto bello/bene; ~ **critiqué** molto criticato, criticatissimo; ~ **industrialisé** molto industrializzato; **j'ai** ~ **envie de** ho molta voglia di; **j'ai** ~ **faim** ho molta fame.
trésor [tʀezɔʀ] *nm* (*aussi fig*) tesoro; (*d'une organisation secrète*) fondi *mpl*; ▶ **Trésor (public)** Tesoro (pubblico).
trésorerie [tʀezɔʀʀi] *nf* (*fonds*) disponibilità *fpl*, liquidità *fpl*; (*gestion*) contabilità *f inv*; (*bureaux*) tesoreria; (*poste*) carica di tesoriere; **difficultés de** ~ problemi *mpl* di liquidità *ou* cassa; ▶ **trésorerie générale** ≈ tesoreria provinciale.
trésorier, -ière [tʀezɔʀje, jɛʀ] *nm/f* tesoriere *m*.
trésorier-payeur [tʀezɔʀjepɛjœʀ] (*pl* ~**s**-~**s**) *nm*: ~-~ **général** *funzionario incaricato della gestione dell'erario in un dipartimento.*
tressaillement [tʀesajmɑ̃] *nm* sussulto.
tressaillir [tʀesajiʀ] *vi* sussultare; (*de peur*) trasalire.
tressauter [tʀesote] *vi* sobbalzare.
tresse [tʀɛs] *nf* treccia.
tresser [tʀese] *vt* intrecciare.
tréteau, x [tʀeto] *nm* cavalletto, trespolo; **les** ~**x** (*fig*) il teatro ambulante.
treuil [tʀœj] *nm* verricello.
trêve [tʀɛv] *nf* (*MIL, POL, fig*) tregua; ~ **de** ... basta con ..., bando a ...; **sans** ~ senza tregua; **les États de la T**~ gli Stati della Tregua.
tri [tʀi] *nm* cernita, selezione *f*; (*INFORM*) ordinamento; (*POSTES*) smistamento.
triage [tʀijaʒ] *nm* cernita, selezione *f*; (*RAIL, gare*) smistamento.
trial [tʀijal] *nm* (*SPORT*) trial *m inv*.
triangle [tʀijɑ̃gl] *nm* triangolo; ▶ **triangle équilatéral/isocèle/rectangle** triangolo equilatero/isoscele/rettangolo.
triangulaire [tʀijɑ̃gylɛʀ] *adj* triangolare.
tribal, e, -aux [tʀibal, o] *adj* tribale.
tribord [tʀibɔʀ] *nm*: **à** ~ a dritta.
tribu [tʀiby] *nf* tribù *f inv*.
tribulations [tʀibylasjɔ̃] *nfpl* tribolazioni *fpl*.
tribunal, -aux [tʀibynal, o] *nm* tribunale *m*; ▶ **tribunal d'instance** pretura; ▶ **tribunal de commerce** *tribunale competente per le vertenze commerciali*; ▶ **tribunal de grande instance** tribunale civile; ▶ **tribunal de police** *tribunale penale competente in materia di contravvenzioni*; ▶ **tribunal pour enfants** tribunale per i minorenni.
tribune [tʀibyn] *nf* tribuna; (*estrade*) tribuna, podio; (*débat*) dibattito; ▶ **tribune libre** (*PRESSE*) tribuna aperta.
tribut [tʀiby] *nm* tributo; **payer un lourd** ~ **à** (*fig*) pagare un oneroso tributo a.
tributaire [tʀibytɛʀ] *adj*: **être** ~ **de** dipendere da.
tricentenaire [tʀisɑ̃t(ə)nɛʀ] *nm* tricentenario.
tricher [tʀiʃe] *vi* barare; (*à un examen*) copiare.
tricherie [tʀiʃʀi] *nf* imbroglio.
tricheur, -euse [tʀiʃœʀ, øz] *nm/f* imbroglione(-a); (*au jeu*) baro(-a).
trichromie [tʀikʀɔmi] *nf* tricromia.
tricolore [tʀikɔlɔʀ] *adj* (*drapeau, papier*) tricolore; (*français*) francese.
tricot [tʀiko] *nm* maglia; (*ouvrage*) lavoro a maglia; (*vêtement*) pullover *m inv*, golf *m inv*; ▶ **tricot de corps** canottiera.
tricoter [tʀikɔte] *vt* fare a maglia; **machine à** ~ macchina per maglieria; **aiguille à** ~ ferro (da calza).
trictrac [tʀiktʀak] *nm* (*jeu*) tric trac *m inv*, tavola reale.
tricycle [tʀisikl] *nm* triciclo.
tridimensionnel, le [tʀidimɑ̃sjɔnɛl] *adj* tridimensionale.
triennal, e, -aux [tʀijenal, o] *adj* triennale.
trier [tʀije] *vt* (*objets, documents*) fare la cernita di, selezionare; (*POSTES, visiteurs*) smistare; (*INFORM*) ordinare; (*fruits*) calibrare; (*grains*) selezionare.

trieur, -euse [tRijœR, tRijøz] *nm/f* cernitore(-trice), sceglitore(-trice) ♦ *nm* selezionatrice *f*.
trigonométrie [tRigɔnɔmetRi] *nf* trigonometria.
trigonométrique [tRigɔnɔmetRik] *adj* trigonometrico(-a).
trilingue [tRilɛ̃g] *adj* trilingue.
trilogie [tRilɔʒi] *nf* trilogia.
trimaran [tRimaRɑ̃] *nm* trimarano.
trimbaler [tRɛ̃bale] *vt* tirarsi dietro.
trimer [tRime] *vi* sgobbare, sfacchinare.
trimestre [tRimɛstR] *nm* trimestre *m*.
trimestriel, le [tRimɛstRijɛl] *adj* trimestrale.
trimoteur [tRimɔtœR] *nm* trimotore *m*.
tringle [tRɛ̃gl] *nf* asta.
Trinité [tRinite] *nf*: **la** ~ la Trinità.
Trinité et Tobago [tRiniteetɔbago] *nf* Trinidad *m* e Tobago *m*.
trinquer [tRɛ̃ke] *vi* (*porter un toast*) brindare; (*fam*) sentirle; ~ **à qch/la santé de qn** brindare a qc/alla salute di qn.
trio [tRijo] *nm* trio.
triolet [tRijɔlɛ] *nm* (*MUS*) terzina.
triomphal, e, -aux [tRijɔ̃fal, o] *adj* trionfale.
triomphalement [tRijɔ̃falmɑ̃] *adv* (*recevoir, saluer*) trionfalmente; (*annoncer, montrer*) con aria trionfante.
triomphant, e [tRijɔ̃fɑ̃, ɑ̃t] *adj* trionfante.
triomphateur, -trice [tRijɔ̃fatœR, tRis] *nm/f* trionfatore(-trice).
triomphe [tRijɔ̃f] *nm* trionfo; **être reçu/porté en** ~ essere ricevuto/portato in trionfo.
triompher [tRijɔ̃fe] *vi* trionfare; (*jubiler*) esultare, trionfare; ~ **de qch** (*difficulté, résistance*) vincere *ou* superare qc; ~ **de qn** trionfare su qn.
triparti, e [tRipaRti] *adj* (*aussi*: **tripartite**) tripartito(-a).
triperie [tRipRi] *nf* tripperia.
tripes [tRip] *nfpl* (*CULIN*) trippa *fsg*; (*fam*) budella *fpl*.
triphasé, e [tRifɑze] *adj* trifase.
triplace [tRiplas] *adj* triposto *inv*.
triple [tRipl] *adj* (*à trois éléments*) triplice; (*trois fois plus grand*) triplo(-a) ♦ *nm*: **le** ~ **(de)** il triplo (di); **en** ~ **exemplaire** in triplice copia.
triplé [tRiple] *nm* (*SPORT*) tripletta; ~**s, -ées** *nm/fpl* (*bébés*) gemelli(-e) di un parto trigemino.
triplement [tRipləmɑ̃] *adv* (*pour trois raisons*) per tre ragioni; (*à un degré triple*) tre volte; (*de trois façons*) in tre modi ♦ *nm* triplicazione *f*; **il a** ~ **raison** ha tutte le ragioni del mondo.
tripler [tRiple] *vi* triplicarsi ♦ *vt* triplicare.
Tripoli [tRipɔli] *n* Tripoli *f*.
triporteur [tRipɔRtœR] *nm* triciclo; (*à moteur*) motofurgoncino.
tripot [tRipo] (*péj*) *nm* bisca.
tripotage [tRipɔtaʒ] (*péj*) *nm* intrallazzo, maneggio.
tripoter [tRipɔte] *vt* maneggiare; (*fam*) palpeggiare ♦ *vi* (*fam*) frugare, rovistare.
trique [tRik] *nf* randello.
trisannuel, le [tRizanɥɛl] *adj* triennale.
triste [tRist] *adj* triste; **un** ~ **personnage** (*péj*) un brutto tipo; **une** ~ **affaire** (*péj*) una brutta faccenda; **c'est pas** ~! (*fam*) da morir dal ridere!
tristement [tRistəmɑ̃] *adv* tristemente.
tristesse [tRistɛs] *nf* tristezza.
triton [tRitɔ̃] *nm* tritone *m*.
triturer [tRityRe] *vt* triturare; (*objets*) martoriare, maltrattare.
trivial, e, -aux [tRivjal, o] *adj* triviale.
trivialité [tRivjalite] *nf* trivialità *f inv*.
troc [tRɔk] *nm* baratto; **faire du** ~ fare a baratto.
troène [tRɔɛn] *nm* (*BOT*) ligustro.
troglodyte [tRɔglɔdit] *nm* troglodita *m*.
trognon [tRɔɲɔ̃] *nm* torsolo.
trois [tRwɑ] *adj inv, nm inv* tre *m inv*; *voir aussi* **cinq**.
trois-huit [tRwɑɥit] *nmpl inv*: **faire les** ~-~ fare un turno di otto ore.
troisième [tRwɑzjɛm] *adj, nm/f* terzo(-a); ▸ **le troisième âge** la terza età; *voir aussi* **cinquième**.
troisièmement [tRwɑzjɛmmɑ̃] *adv* in terzo luogo.
trois-quarts [tRwɑkaR] *nmpl*: **les** ~-~ **de** tre quarti di ♦ *nm inv* (*manteau*) trequarti *m inv*.
trolleybus [tRɔlɛbys] *nm* filobus *m inv*.
trombe [tRɔ̃b] *nf* tromba; **en** ~ (*arriver, passer*) come un razzo *ou* un turbine; ▸ **trombe d'eau** violento acquazzone *m*.
trombone [tRɔ̃bɔn] *nm* (*MUS*) trombone *m*; (*de bureau*) clip *m inv*, fermaglio; ▸ **trombone à coulisse** trombone a tiro.
tromboniste [tRɔ̃bɔnist] *nm/f* trombonista *m/f*.
trompe [tRɔ̃p] *nf* (*d'éléphant*) proboscide *f*; (*MUS*) corno; ▸ **trompe d'Eustache** tromba di Eustachio; ▸ **trompes utérines** tube uterine *ou* di Fallopio.
trompe-l'œil [tRɔ̃plœj] *nm inv* (*peinture*) trompe-l'œil; (*fig*) illusione *f*.
tromper [tRɔ̃pe] *vt* (*ami, client*) imbrogliare, ingannare; (*femme, mari*) tradire; (*fig*: *espoir, attente*) deludere; (*vigilance, poursuivants*) sfuggire a; (*suj*: *distance, ressemblance*) ingannare; **se tromper** *vr* sbagliare, sbagliarsi; **se** ~ **de voiture/jour** sbagliare macchina/giorno; **se** ~ **de 3 cm/20 F** sbagliare di 3 cm/20 franchi.
tromperie [tRɔ̃pRi] *nf* inganno, raggiro.
trompette [tRɔ̃pɛt] *nf* (*MUS*) tromba; **en** ~

(*nez*) all'insù.
trompettiste [tʀɔ̃petist] *nm/f* trombettista *m/f*.
trompeur, -euse [tʀɔ̃pœʀ, øz] *adj* ingannevole.
trompeusement [tʀɔ̃pøzmɑ̃] *adv* ingannevolmente.
tronc [tʀɔ̃] *nm* (*BOT, ANAT*) tronco; (*d'église*) cassetta delle elemosine; ▸ **tronc commun** *insegnamento unificato durante la scuola media inferiore e il primo anno delle superiori*; ▸ **tronc d'arbre** tronco d'albero; ▸ **tronc de cône** tronco di cono.
tronche [tʀɔ̃ʃ] (*fam*) *nf* faccia, muso.
tronçon [tʀɔ̃sɔ̃] *nm* tronco, tratto.
tronçonner [tʀɔ̃sɔne] *vt* tagliare a pezzi.
tronçonneuse [tʀɔ̃sɔnøz] *nf* motosega.
trône [tʀon] *nm* trono; **monter sur le ~** ascendere *ou* salire al trono.
trôner [tʀone] *vi* (*fig*) troneggiare.
tronquer [tʀɔ̃ke] *vt* (*aussi fig*) mutilare.
trop [tʀo] *adv* troppo; **~ (nombreux)** troppi(-e); **~ peu (nombreux)** troppo pochi(-a); **~ (souvent)/(longtemps)** troppo spesso/a lungo; **~ de** (*nombre*) troppi(-e); (*quantité*) troppo(-a); **des livres en ~** dei libri in più *ou* di troppo; **3 livres/5 F de ~** 3 libri/5 franchi in più *ou* di troppo.
trophée [tʀɔfe] *nm* trofeo.
tropical, e, -aux [tʀɔpikal, o] *adj* tropicale.
tropique [tʀɔpik] *nm* tropico; **~s** *nmpl* (*régions tropicales*) tropici *mpl*; ▸ **tropique du Cancer/du Capricorne** Tropico del Cancro/del Capricorno.
trop-plein [tʀoplɛ̃] (*pl* **~-~s**) *nm* (*tuyau*) sfioratore *m*; (*liquide*) liquido in eccesso; (*fig*) eccesso.
troquer [tʀɔke] *vt*: **~ qch contre qch** barattare qc con qc; (*fig*) cambiare qc con qc.
trot [tʀo] *nm* trotto; **aller au ~** (*fam*) andare di corsa.
trotter [tʀɔte] *vi* trottare; (*fig*) correre.
trotteuse [tʀɔtøz] *nf* lancetta dei secondi.
trottiner [tʀɔtine] *vi* (*fig*) trotterellare.
trottinette [tʀɔtinɛt] *nf* monopattino.
trottoir [tʀɔtwaʀ] *nm* marciapiede *m*; **faire le ~** (*péj*) battere il marciapiede; ▸ **trottoir roulant** tappeto mobile *ou* scorrevole.
trou [tʀu] *nm* buco, foro; (*dans un jardin, GOLF*) buca; (*fig, COMM*) buco; ▸ **trou d'aération** sfiato, sfiatatoio; ▸ **trou d'air** (*en avion*) vuoto d'aria; ▸ **trou de la serrure** buco della serratura; ▸ **trou de mémoire** vuoto di memoria; ▸ **trou noir** buco nero.
troublant, e [tʀublɑ̃, ɑ̃t] *adj* (*ressemblance, erreur*) sconcertante, inquietante; (*beauté, regard*) conturbante.
trouble [tʀubl] *adj* (*eau, liquide*) torbido (-a); (*image, mémoire*) confuso(-a); (*fig: affaire, histoire*) poco chiaro(-a) ♦ *adv*: **voir ~** non vedere chiaro ♦ *nm* turbamento; (*zizanie*) scompiglio; **~s** *nmpl* (*POL: manifestations*) disordini *mpl*; (*MÉD*) turbe *fpl*, disturbi *mpl*; ▸ **troubles de la personnalité** turbe della personalità; ▸ **troubles de la vision** disturbi visivi *ou* della vista.
trouble-fête [tʀubləfɛt] *nm/f inv* guastafeste *m/f inv*.
troubler [tʀuble] *vt* (*personne, sommeil*) turbare; (*liquide*) intorbidire; (*horizon*) offuscare; (*ordre*) sovvertire; (*réunion*) disturbare; **se troubler** *vr* (*personne*) emozionarsi, confondersi; **~ l'ordre public** turbare l'ordine pubblico.
troué, e [tʀue] *adj* bucato(-a).
trouée [tʀue] *nf* (*dans un mur, une haie*) varco, passaggio; (*GÉO*) passo; (*MIL*) varco, breccia.
trouer [tʀue] *vt* bucare; (*fig: silence, nuit*) squarciare.
trouille [tʀuj] (*fam*) *nf*: **avoir la ~** farsela sotto.
troupe [tʀup] *nf* (*MIL*) truppa; (*d'écoliers, de manifestants*) gruppo, schiera; **la ~** (*MIL: l'armée*) l'esercito; ▸ **troupe (de théâtre)** troupe *f inv* (teatrale); ▸ **troupes de choc** truppe d'assalto.
troupeau, x [tʀupo] *nm* (*de moutons*) gregge *m*; (*de vaches*) mandria.
trousse [tʀus] *nf* (*étui, de docteur*) borsa; (*d'écolier*) astuccio *m* portapenne *inv*; **aux ~s de** (*fig*) alle calcagna di; ▸ **trousse à outils** borsa degli attrezzi; ▸ **trousse de toilette/de voyage** nécessaire da toeletta/da viaggio.
trousseau, x [tʀuso] *nm* (*de jeune mariée*) corredo; ▸ **trousseau de clefs** mazzo di chiavi.
trouvaille [tʀuvɑj] *nf* scoperta; (*fig: idée etc*) trovata.
trouvé, e [tʀuve] *adj*: **tout ~** bello(-a) e pronto(-a).
trouver [tʀuve] *vt* trovare; (*rendre visite*): **aller/venir ~ qn** andare/venire a trovare qn; **se trouver** *vr* trovarsi; **~ le loyer cher/le prix excessif** trovare l'affitto caro/il prezzo eccessivo; **je trouve que** trovo che; **~ à boire/critiquer** trovare da bere/da criticare; **elle se trouve être/avoir** il caso vuole che lei sia/abbia; **elle se trouve être libre** si ritrova ad essere libera; **il se trouve que** si dà il caso che; **se ~ bien** trovarsi bene; **se ~ bien (de qch)** essere soddisfatto(-a) (di qc); **se ~ mal** svenire.
truand [tʀyɑ̃] *nm* malvivente *m*.
truander [tʀyɑ̃de] (*fam*) *vt* bidonare, truf-

fare.
trublion [tʀyblijɔ̃] *nm* agitatore(-trice), sobillatore(-trice).
truc [tʀyk] *nm* (*astuce, de cinéma*) trucco; (*chose, machin*) coso, affare *m*; **avoir le ~** sapere come si fa; **c'est pas son ~** (*fam*) non fa per lui.
truchement [tʀyʃmɑ̃] *nm*: **par le ~ de qn** tramite qn.
trucider [tʀyside] (*fam*) *vt* trucidare.
truculence [tʀykylɑ̃s] *nf* (*de personne*) vivacità, estrosità; (*de chose*) vivacità.
truculent, e [tʀykylɑ̃, ɑ̃t] *adj* dalle tinte forti (*fig*); (*personnage*) tutto(-a) particolare.
truelle [tʀyɛl] *nf* cazzuola.
truffe [tʀyf] *nf* (*BOT*) tartufo; (*nez*) naso del cane.
truffer [tʀyfe] *vt* (*CULIN*) tartufare; **truffé de** (*fig*) farcito di; (: *pièges*) pieno di.
truie [tʀɥi] *nf* scrofa.
truite [tʀɥit] *nf* trota.
truquage [tʀykaʒ] *nm* trucco.
truquer [tʀyke] *vt* truccare; **scène truquée** (*CINÉ*) scena con effetti speciali.
trust [tʀœst] *nm* (*COMM*) trust *m inv*.
truster [tʀœste] *vt* (*COMM*) accaparrare, monopolizzare.
tsar [dzaʀ] *nm* zar *m inv*.
tsé-tsé [tsetse] *nf inv*: **mouche ~-~** mosca tse-tse.
TSF [teɛsɛf] *sigle f* (= *télégraphie sans fil*) telegrafia senza fili.
tsigane [tsigan] *adj, nm/f* = **tzigane**.
TSVP [teɛsvepe] *abr* (= *tournez s'il vous plaît*) v.r.
TTC [tetese] *abr* (= *toutes taxes comprises*) *voir* **taxe**.
tt.conf *abr* = *tout confort*.
TU [tey] *sigle m* = *temps universel*.
tu[1] [ty] *pron* tu (*en italien, "tu" ne se traduit pratiquement jamais*) ♦ *nm*: **dire ~ à qn** dare del tu a qn.
tu[2], **e** [ty] *pp de* **taire**.
tuant, e [tɥɑ̃, tɥɑ̃t] *adj* (*épuisant*) massacrante; (*énervant*) insopportabile.
tuba [tyba] *nm* (*MUS*) tuba; (*SPORT*) boccaglio.
tubage [tybaʒ] *nm* (*MÉD*) intubazione *f*.
tube [tyb] *nm* tubo; (*d'aspirine, de dentifrice etc*) tubetto; (*chanson, disque*) successo; ▸**tube à essai** provetta; ▸**tube de peinture** tubetto di colore; ▸**tube digestif** tubo digerente.
tuberculeux, -euse [tybɛʀkylø, øz] *adj* tubercolare, tubercoloso(-a) ♦ *nm/f* tubercoloso(-a).
tuberculose [tybɛʀkyloz] *nf* tubercolosi *f inv*.
tubulaire [tybylɛʀ] *adj* tubolare.
tubulure [tybylyʀ] *nf* tubo; **~s** *nfpl* (*tubes*) tubazioni *fpl*; ▸**tubulures d'échappement/d'admission** (*AUTO*) collettore *msg* di scarico/d'immissione.
TUC [tyk] *sigle m* (= *travail d'utilité collective*) programma di lavoro per giovani disoccupati.
tuciste [tysist] *nm/f* *persona che lavora nell'ambito dei TUC.*
tué, e [tɥe] *nm/f*: **5 ~s** 5 morti.
tue-mouche [tymuʃ] *adj*: **papier tue-mouche(s)** carta moschicida.
tuer [tɥe] *vt* uccidere, ammazzare; (*vie, activité, fig*) uccidere; **se tuer** *vr* uccidersi; (*dans un accident*) morire; **se ~ au travail** (*fig*) ammazzarsi di lavoro.
tuerie [tyʀi] *nf* massacro, carneficina.
tue-tête [tytɛt]: **à ~-~** *adv* a squarciagola.
tueur [tɥœʀ] *nm* assassino; ▸**tueur à gages** sicario.
tuile [tɥil] *nf* tegola; (*fam: ennui, malchance*) guaio.
tulipe [tylip] *nf* tulipano.
tulle [tyl] *nm* tulle *m inv*.
tuméfié, e [tymefje] *adj* tumefatto(-a).
tumeur [tymœʀ] *nf* tumore *m*.
tumulte [tymylt] *nm* tumulto.
tumultueux, -euse [tymyltɥø, øz] *adj* tumultuoso(-a).
tuner [tynɛʀ] *nm* sintonizzatore *m*, tuner *m inv*.
tungstène [tœ̃kstɛn] *nm* tungsteno.
tunique [tynik] *nf* tunica.
Tunis [tynis] *n* Tunisi *f*.
Tunisie [tynizi] *nf* Tunisia.
tunisien, ne [tynizjɛ̃, jɛn] *adj* tunisino(-a) ♦ *nm/f*: **T~, ne** tunisino(-a).
tunisois, e [tynizwa, waz] *adj* di Tunisi.
tunnel [tynɛl] *nm* tunnel *m inv*, galleria.
TUP [typ] *sigle m* = *titre universel de paiement*.
turban [tyʀbɑ̃] *nm* turbante *m*.
turbin [tyʀbɛ̃] (*fam*) *nm* lavoro.
turbine [tyʀbin] *nf* (*TECH*) turbina.
turbo [tyʀbo] *nm* turbo; **un moteur ~** un motore turbo.
turbopropulseur [tyʀbopʀɔpylsœʀ] *nm* turbopropulsore *m*.
turboréacteur [tyʀboʀeaktœʀ] *nm* turboreattore *m*.
turbot [tyʀbo] *nm* (*ZOOL*) rombo.
turbotrain [tyʀbotʀɛ̃] *nm* turbotreno.
turbulences [tyʀbylɑ̃s] *nfpl* (*AVIAT*) turbolenza *fsg*.
turbulent, e [tyʀbylɑ̃, ɑ̃t] *adj* turbolento(-a).
turc, turque [tyʀk] *adj* turco(-a) ♦ *nm/f*: **T~, Turque** turco(-a) ♦ *nm* turco; **à la turque** (*assis, w.c.*) alla turca.
turf [tyʀf] *nm* (*activité*) ippica.
turfiste [tyʀfist] *nm/f* appassionato(-a) di ippica.
turpitude [tyʀpityd] *nf* bassezza.

turque [tyʀk] *adj f voir* **turc**.
Turquie [tyʀki] *nf* Turchia.
turquoise [tyʀkwaz] *adj inv, nf* turchese *f*.
tut *etc* [ty] *vb voir* **taire**.
tutelle [tytɛl] *nf* (*JUR, fig*) tutela; **être/mettre sous la ~ de** essere/porre sotto la tutela di.
tuteur, -trice [tytœʀ, tʀis] *nm/f* (*JUR*) tutore(-trice) ♦ *nm* (*de plante*) tutore *m*.
tutoiement [tytwamɑ̃] *nm* dare *m* del tu.
tutoyer [tytwaje] *vt*: ~ **qn** dare del tu a qn.
tutti quanti [tutikwɑ̃ti] *nmpl*: **et ~ ~** e compagnia bella.
tutu [tyty] *nm* tutù *m inv*.
Tuvalu [tyvaly] *nm* Tuvalu *m*.
tuyau, x [tɥijo] *nm* tubo; (*fam*: *conseil*) suggerimento; **avoir de bons ~x sur qch** essere ben informato(-a) su qc; ▸ **tuyau d'arrosage/d'échappement** tubo di annaffiamento/di scappamento; ▸ **tuyau d'incendie** canna antincendio.
tuyauté, e [tɥijote] *adj* a cannoncini.
tuyauterie [tɥijɔtʀi] *nf* tubature *fpl*.
tuyère [tyjɛʀ] *nf* ugello.
TV [teve] *sigle f* TV *f inv*.
TVA [tevea] *sigle f* (= *taxe à ou sur la valeur ajoutée*) ≈ I.V.A. *f*.
tweed [twid] *nm* tweed *m*.
tympan [tɛ̃pɑ̃] *nm* (*ANAT*) timpano.
type [tip] *nm* tipo ♦ *adj* tipo *inv*; **le ~ travailleur** il tipo del lavoratore; **le ~ confortable** il tipo comodo; **avoir le ~ nordique** essere un tipo nordico.
typé, e [tipe] *adj*: **être ~** essere un tipo.
typhique [tifik] *nm/f* (*du typhus*) ammalato(-a) di tifo; (*de la typhoïde*) ammalato(-a) di febbre tifoidea.
typhoïde [tifɔid] *nf* tifoidea.
typhon [tifɔ̃] *nm* tifone *m*.
typhus [tifys] *nm* tifo.
typique [tipik] *adj* tipico(-a).
typiquement [tipikmɑ̃] *adv* tipicamente.
typographe [tipɔgʀaf] *nm/f* tipografo(-a).
typographie [tipɔgʀafi] *nf* tipografia.
typographique [tipɔgʀafik] *adj* tipografico(-a).
typologie [tipɔlɔʒi] *nf* tipologia.
typologique [tipɔlɔʒik] *adj* tipologico(-a).
tyran [tiʀɑ̃] *nm* tiranno.
tyrannie [tiʀani] *nf* tirannia.
tyrannique [tiʀanik] *adj* tirannico(-a).
tyranniser [tiʀanize] *vt* tiranneggiare.
Tyrol [tiʀɔl] *nm* Tirolo.
tyrolien, ne [tiʀɔljɛ̃, jɛn] *adj* tirolese ♦ *nm/f*: **T~, ne** tirolese *m/f*.
tzar [dzaʀ] *nm* = **tsar**.
tzigane [dzigan] *adj, nm/f* zigano(-a).

U, u

U, u [y] *nm inv* (*lettre*) U, u *f ou m inv*; **~ comme Ursule** ≈ U come Udine.
U, u [y] *abr* (= *unité*) u.
ubiquité [ybikɥite] *nf*: **avoir le don d'~** avere il dono dell'ubiquità.
UDF [ydeɛf] *sigle f* = *Union pour la démocratie française*.
UEFA [yefa] *sigle f* (= *Union of European Football Associations*) UEFA *f*.
ufologie [yfɔlɔʒi] *nf* ufologia.
UFR [yɛfɛʀ] *sigle f* (= *unité de formation et de recherche*) ≈ istituto universitario.
UHF [yaʃɛf] *sigle f* (= *ultra-haute fréquence*) UHF.
UHT [yaʃte] *sigle* (= *ultra-haute température*) UHT.
UIT [yite] *sigle f* (= *Union internationale des télécommunications*) U.I.T. *f*.
Ukraine [ykʀɛn] *nf* Ucraina.
ukrainien, ne [ykʀɛnjɛ̃, jɛn] *adj* ucraino(-a) ♦ *nm/f*: **U~, ne** Ucraino(-a).
ulcération [ylseʀasjɔ̃] *nf* ulcerazione *f*.
ulcère [ylsɛʀ] *nm* ulcera; **~ à l'estomac** ulcera allo stomaco.
ulcérer [ylseʀe] *vt* ulcerare; (*fig*) esacerbare.
ulcéreux, -euse [ylseʀø, øz] *adj* ulceroso(-a).
ULM [yɛlɛm] *sigle m* = *ultra léger motorisé*.
ultérieur, e [ylteʀjœʀ] *adj* ulteriore; **reporté à une date ~e** rimandato a data da destinarsi.
ultérieurement [ylteʀjœʀmɑ̃] *adv* ulteriormente.
ultimatum [yltimatɔm] *nm* ultimatum *m inv*.
ultime [yltim] *adj* finale.
ultra- [yltʀa] *préf* ultra-.
ultra-court, e [yltʀakuʀ, t(ə)] (*pl* **~-~s, -es**) *adj*: **ondes ~-~es** onde *fpl* ultracorte.
ultra-moderne [yltʀamɔdɛʀn(ə)] (*pl* **~-~s**) *adj* ultramoderno(-a), modernissimo(-a).
ultra-rapide [yltʀaʀapid] (*pl* **~-~s**) *adj* ultrarapido(-a).
ultra-sensible [yltʀasɑ̃sibl] (*pl* **~-~s**) *adj* ultrasensibile.
ultra-sons [yltʀasɔ̃] *nmpl* ultrasuoni *mpl*.
ultra-violet, te [yltʀavjɔlɛ, ɛt] (*pl* **~-~s, -ettes**) *adj* ultravioletto(-a).

ululer [ylyle] *vi* ululare.

MOT-CLÉ

un, une [œ̃, yn] *art indéf* un(una) + *C*, un(un') + *V*, uno(una) + *s* + *consonne, gn, pn, ps, x, z*; **un garçon/vieillard** un ragazzo/vecchio; **une amie** un'amica; **un sport** uno sport
♦ *pron* uno(-a); **l'un des meilleurs** uno dei migliori; **l'un ..., l'autre ...** l'uno ..., l'altro ....; **les uns ..., les autres ...** gli uni ..., gli altri ...; **l'un et l'autre** l'uno e l'altro; **l'un ou l'autre** uno o l'altro; **pas un seul** neanche uno; **un par un** uno a uno
♦ *adj* uno(-a); **une pomme seulement** solo una mela
♦ *nf*: **la une** (*PRESSE*) la prima pagina.

unanime [ynanim] *adj* unanime; **ils sont ~s (à penser que ...)** sono tutti concordi (nel pensare che ...).
unanimement [ynanimmɑ̃] *adv* unanimamente.
unanimité [ynanimite] *nf* unanimità *f*; **à l'~** all'unanimità; **faire l'~** ottenere l'unanimità; **élire qn à l'~** eleggere qn all'unanimità.
UNEF [ynɛf] *sigle f* = *Union nationale des étudiants de France*.
UNESCO [ynɛsko] *sigle f* (= *United Nations Educational, Scientific and Cultural Organization*) UNESCO *f*.
unetelle [yntɛl] *nf voir* **untel**.
uni, e [yni] *adj* (*ton, tissu*) a tinta unita; (*couleur*) uniforme; (*surface, terrain*) piano(-a); (*famille, pays*) unito(-a) ♦ *nm* (*étoffe unie*) stoffa in tinta unita.
UNICEF [ynisɛf] *sigle m ou f* (= *United Nations International Children's Emergency Fund*) UNICEF *m*.
unidirectionnel, le [ynidiʀɛksjɔnɛl] *adj* unidirezionale.
unième [ynjɛm] *adj*: **vingt et ~** ventunesimo(-a); **cent ~** centunesimo(-a).
unificateur, -trice [ynifikatœʀ, tʀis] *adj* unificatore(-trice).
unification [ynifikasjɔ̃] *nf* unificazione *f*.
unifier [ynifje] *vt* unificare; **s'unifier** *vr* unificarsi.
uniforme [ynifɔʀm] *adj* uniforme; (*fig*: *vie*) piatto(-a) ♦ *nm* uniforme *f*, divisa; **être sous l'~** (*MIL*) aver intrapreso la carriera militare.
uniformément [ynifɔʀmemɑ̃] *adv* uniformemente.
uniformisation [ynifɔʀmizasjɔ̃] *nf* uniformazione *f*.
uniformiser [ynifɔʀmize] *vt* uniformare.
uniformité [ynifɔʀmite] *nf* uniformità.
unijambiste [yniʒɑ̃bist] *nm/f* persona che ha una gamba sola.
unilatéral, e, -aux [ynilateʀal, o] *adj* unilaterale; **stationnement ~** sosta consentita su un solo lato della strada.
unilatéralement [ynilateʀalmɑ̃] *adv* unilateralmente.
uninominal, e, -aux [yninɔminal, o] *adj* uninominale.
union [ynjɔ̃] *nf* unione *f*; **l'U~ des républiques socialistes soviétiques** l'unione delle repubbliche socialiste sovietiche; **l'U~ soviétique** l'Unione sovietica; ▸ **union conjugale** unione coniugale; ▸ **union de consommateurs** associazione *f* di consumatori; ▸ **union douanière** unione doganale; ▸ **Union européenne** Unione Europea; ▸ **union libre** convivenza.
unique [ynik] *adj* unico(-a); **ménage à salaire ~** famiglia con un solo stipendio; **route à voie ~** strada a senso unico; **fils ~** figlio unico; **~ en France** unico(-a) in Francia.
uniquement [ynikmɑ̃] *adv* unicamente.
unir [yniʀ] *vt* unire; **s'unir** *vr* unirsi; **~ qch à** unire qc a; **s'~ à** *ou* **avec** unirsi a *ou* con.
unisexe [ynisɛks] *adj* unisex *inv*.
unisson [ynisɔ̃]: **à l'~** *adv* (*MUS, fig*) all'unisono.
unitaire [ynitɛʀ] *adj* unitario(-a).
unité [ynite] *nf* unità *f inv*; ▸ **unité centrale (de traitement)** (*INFORM*) unità centrale (di elaborazione); ▸ **unité d'action** unità d'azione; ▸ **unité de valeur** (*UNIV*) ≈ esame *m* previsto dal piano di studi; ▸ **unité de vues** identità di vedute.
univers [ynivɛʀ] *nm* universo.
universalisation [ynivɛʀsalizasjɔ̃] *nf* universalizzazione *f*.
universaliser [ynivɛʀsalize] *vt* universalizzare.
universalité [ynivɛʀsalite] *nf* universalità.
universel, le [ynivɛʀsɛl] *adj* universale; (*réaction*) generale.
universellement [ynivɛʀsɛlmɑ̃] *adv* universalmente.
universitaire [ynivɛʀsitɛʀ] *adj* universitario(-a) ♦ *nm/f* docente *m/f* universitario(-a).
université [ynivɛʀsite] *nf* università *f inv*.
univoque [ynivɔk] *adj* univoco(-a).
untel, unetelle [œ̃tɛl, yntɛl] *nm/f* tal dei tali *m/f*.
upériser [ypeʀize] *vt*: **lait upérisé** latte *m* uperizzato.
uppercut [ypɛʀkyt] *nm* (*BOXE*) uppercut *m inv*, montante *m*.
uranium [yʀanjɔm] *nm* uranio.
urbain, e [yʀbɛ̃, ɛn] *adj* urbano(-a); (*poli*) civile.
urbanisation [yʀbanizasjɔ̃] *nf* urbanizzazione *f*.

urbaniser [yʀbanize] *vt* urbanizzare.
urbanisme [yʀbanism] *nm* urbanistica.
urbaniste [yʀbanist] *nm/f* urbanista *m/f*.
urbanité [yʀbanite] *nf* urbanità.
urée [yʀe] *nf* urea.
urémie [yʀemi] *nf* uremia.
urgence [yʀʒɑ̃s] *nf* urgenza; (*MÉD*) caso urgente; **on a eu 3 ~s ce matin** ci sono stati tre casi urgenti questa mattina; **d'~** *adj, adv* d'urgenza; **en cas d'~** in caso di emergenza; **service des ~s** (*MÉD*) (servizio di) pronto soccorso.
urgent, e [yʀʒɑ̃, ɑ̃t] *adj* urgente.
urinaire [yʀinɛʀ] *adj* urinario(-a).
urinal, -aux [yʀinal, o] *nm* pappagallo (*per malati*).
urine [yʀin] *nf* urina.
uriner [yʀine] *vi* orinare.
urinoir [yʀinwaʀ] *nm* orinatoio, vespasiano.
urique [yʀik] *adj*: **acide ~** acido urico.
urne [yʀn] *nf* urna; **aller aux ~s** andare alle urne; ▶ **urne funéraire** urna cineraria.
urologie [yʀɔlɔʒi] *nf* urologia.
urologue [yʀɔlɔg] *nm/f* urologo(-a).
URSS [yʀs] *sigle f* (= *Union des Républiques Socialistes Soviétiques*) URSS *f*.
URSSAF [yʀsaf] *sigle f* = *Union pour le recouvrement de la sécurité sociale et des allocations familiales*.
urticaire [yʀtikɛʀ] *nf* orticaria.
Uruguay [yʀygwɛ] *nm* Uruguay *m*.
uruguayen, ne [yʀygwajɛ̃, ɛn] *adj* uruguaiano(-a) ♦ *nm/f*: **U~, ne** Uruguaiano(-a).
us [ys] *nmpl*: **~ et coutumes** usi *mpl* e costumi *mpl*.
US(A) [yɛs(a)] *sigle mpl* (= *United States (of America)*) USA *mpl*.
usage [yzaʒ] *nm* uso; (*coutume*) uso, usanza; (*bonnes manières*) buone maniere *fpl*; **c'est l'~** è la prassi; **faire ~ de** fare uso di; **avoir l'~ de** avere l'uso di; **à l'~** con l'uso; **à l'~ de** (*pour*) ad uso di; **en ~** in uso; **hors d'~** fuori uso; **à ~ interne/externe** (*MÉD*) per uso interno/esterno.
usagé, e [yzaʒe] *adj* usato(-a).
usager, -ère [yzaʒe, ɛʀ] *nm/f* utente *m/f*.
usé, e [yze] *adj* (*outil, vêtement*) consunto(-a), logoro(-a); (*santé, personne*) malandato(-a); (*banal, rebattu*) trito(-a); **eaux ~es** scarichi *mpl*.
user [yze] *vt* (*outil, vêtement*) consumare, logorare; (*consommer*: *charbon etc*) consumare; (*fig*: *santé, personne*) rovinare; **s'user** *vr* logorarsi; **s'~ à la tâche** *ou* **au travail** lavorare fino allo sfinimento; **~ de** (*moyen, droit*) avvalersi di.
usine [yzin] *nf* fabbrica, stabilimento; ▶ **usine à gaz** officina del gas; ▶ **usine atomique** centrale *f* nucleare; ▶ **usine marémotrice** centrale *f* mareale.
usiner [yzine] *vt* (*traiter*) lavorare; (*fabriquer*) fabbricare.
usité, e [yzite] *adj* in uso; **peu ~** raro(-a).
ustensile [ystɑ̃sil] *nm* utensile *m*; ▶ **ustensile de cuisine** utensile da cucina.
usuel, le [yzɥɛl] *adj* usuale.
usufruit [yzyfʀɥi] *nm*: **avoir l'~ de** avere l'usufrutto di.
usuraire [yzyʀɛʀ] *adj* usurario(-a).
usure [yzyʀ] *nf* usura; **avoir qn à l'~** avere la meglio su qn logorando la sua resistenza; ▶ **usure normale** usura normale.
usurier, -ière [yzyʀje, jɛʀ] *nm/f* usuraio(-a).
usurpateur, -trice [yzyʀpatœʀ, tʀis] *nm/f* usurpatore(-trice).
usurpation [yzyʀpasjɔ̃] *nf* usurpazione *f*.
usurper [yzyʀpe] *vt* usurpare; **réputation usurpée** fama infondata.
ut [yt] *nm* (*MUS*) do *m inv*.
utérin, e [yteʀɛ̃, in] *adj* uterino(-a).
utérus [yteʀys] *nm* utero.
utile [ytil] *adj* utile; (*collaborateur*) valido (-a); **~ à qn/qch** utile a qn/qc; **si cela peut vous être ~, ...** se può esserle utile ... .
utilement [ytilmɑ̃] *adv* utilmente.
utilisable [ytilizabl] *adj* utilizzabile.
utilisateur, -trice [ytilizatœʀ, tʀis] *nm/f* utilizzatore(-trice).
utilisation [ytilizasjɔ̃] *nf* utilizzazione *f*, utilizzo.
utiliser [ytilize] *vt* (*employer*) utilizzare, usare; (*force, moyen*) usare; (*CULIN*: *restes*) utilizzare; (*consommer, se servir de*) usare.
utilitaire [ytilitɛʀ] *adj* utilitario(-a); (*véhicule*) ad uso commerciale ♦ *nm* (*INFORM*) utilità *f inv*.
utilité [ytilite] *nf* utilità *f inv*; **jouer les ~s** (*THÉÂTRE*) avere parti *fpl* secondarie; **reconnu d'~ publique** (*ADMIN*) riconosciuto di pubblica utilità; **c'est d'une grande ~** è di grande utilità; **quelle est l'~ de ceci?** a che pro?; **il n'y a aucune ~ à ...** è inutile ... .
utopie [ytɔpi] *nf* utopia.
utopique [ytɔpik] *adj* utopico(-a).
utopiste [ytɔpist] *nm/f* utopista *m/f*.
UV [yve] *sigle f* (*SCOL*) = **unité de valeur** ♦ *sigle mpl* (= *ultra-violets*) UV, Uv.
uvule [yvyl] *nf* ugola.

V, v

V, v [ve] *nm inv* (*lettre*) V, v *f ou m inv*; ~ **comme Victor** ≈ V come Venezia; **en** ~ a V; **encolure/décolleté en** ~ scollo/ scollatura a V.
V, v [ve] *abr* (= *voir, vers, verset, volt*) v.
va [va] *vb voir* **aller**.
vacance [vakɑ̃s] *nf* (*d'un poste*) vacanza; ~**s** *nfpl* vacanze *fpl*, ferie *fpl*; (*SCOL*) vacanze *fpl*; **les grandes** ~**s** le vacanze estive; (*travail*) ferie estive; **prendre des/ses** ~**s (en juin)** prendere le ferie (in giugno); **aller en** ~**s** andare in vacanza; ▸**vacances de Noël/de Pâques** vacanze di Natale/di Pasqua.
vacancier, -ière [vakɑ̃sje, jɛʀ] *nm/f* villeggiante *m/f*.
vacant, e [vakɑ̃, ɑ̃t] *adj* (*poste, chaire*) vacante; (*appartement*) vuoto(-a), libero(-a).
vacarme [vakaʀm] *nm* chiasso, baccano.
vacataire [vakatɛʀ] *nm/f* precario(-a); (*enseignement*) supplente *m/f*; (*UNIV*) docente *m/f* fuori ruolo con contratto a termine.
vaccin [vaksɛ̃] *nm* vaccino; ▸**vaccin antidiphtérique/antivariolique** vaccino antidifterico/antivaioloso.
vaccination [vaksinasjɔ̃] *nf* vaccinazione *f*.
vacciner [vaksine] *vt* vaccinare; ~ **qn contre** vaccinare qn contro; (*fig*) immunizzare qn da; **être vacciné** (*fig*) essere vaccinato.
vache [vaʃ] *nf* vacca, mucca; (*cuir*) vacchetta ♦ *adj* (*fam*): **être** ~ essere una carogna; **manger de la** ~ **enragée** tirare la cinghia (*fig*); **période des** ~**s maigres** tempo di vacche magre; ▸**vache à eau** ghirba; ▸**vache à lait** (*péj*) persona da sfruttare; ▸**vache laitière** vacca da latte.
vachement [vaʃmɑ̃] (*fam*) *adv* maledettamente, un sacco.
vacher, -ère [vaʃe, ɛʀ] *nm/f* bovaro(-a).
vacherie [vaʃʀi] (*fam*) *nf* cattiveria; (*action*) carognata.
vacherin [vaʃʀɛ̃] *nm* (*fromage*) *formaggio simile al groviera*; ▸**vacherin glacé** (*gâteau*) meringata.
vachette [vaʃɛt] *nf* vacchetta.
vacillant, e [vasijɑ̃, ɑ̃t] *adj* vacillante.
vaciller [vasije] *vi* vacillare; (*sur ses fondations, sa base*) vacillare, traballare; ~ **dans ses réponses/ses résolutions** essere insicuro(-a) nelle proprie risposte/delle proprie decisioni.
vacuité [vakɥite] *nf* vacuità.
vade-mecum [vademekɔm] *nm inv* vademecum *m inv*.
vadrouille [vadʀuj] *nf*: **être/partir en** ~ essere/andare a zonzo.
vadrouiller [vadʀuje] *vi* bighellonare, andare a zonzo.
va-et-vient [vaevjɛ̃] *nm inv* (*de pièce mobile*) viavai *m inv*; (*de personnes, véhicules*) andirivieni *m inv*, viavai *m inv*; (*ÉLEC*) commutatore *m* a doppia via.
vagabond, e [vagabɔ̃, ɔ̃d] *adj* vagabondo (-a) ♦ *nm* vagabondo.
vagabondage [vagabɔ̃daʒ] *nm* vagabondaggio.
vagabonder [vagabɔ̃de] *vi* vagabondare; (*suj*: *pensées*) vagare, vagabondare.
vagin [vaʒɛ̃] *nm* vagina.
vaginal, e, -aux [vaʒinal, o] *adj* vaginale.
vagir [vaʒiʀ] *vi* vagire.
vagissement [vaʒismɑ̃] *nm* vagito.
vague [vag] *nf* (*sur l'eau, d'une chevelure*) onda; (*d'immigrants, d'enthousiasme*) ondata ♦ *adj* (*confus*) vago(-a); (*regard*) perso(-a) nel vuoto; (*manteau, robe*) ampio(-a); (*quelconque*: *cousin*) lontano (-a) ♦ *nm*: **rester dans le** ~ rimanere nel vago; **un** ~ **bureau** un qualche ufficio; **être dans le** ~ essere nel vago; **regarder dans le** ~ guardare nel vuoto; ▸**vague à l'âme** *nm* malinconia; ▸**vague d'assaut** *nf* (*MIL*) ondata di assalto; ▸**vague de chaleur** *nf* ondata di caldo; ▸**vague de fond** *nf* ondata; ▸**vague de froid** *nf* ondata di freddo.
vaguelette [vaglɛt] *nf* (*petite vague*) ondina; (*ride sur l'eau*) increspatura.
vaguement [vagmɑ̃] *adv* vagamente.
vaguer [vage] *vi* vagare.
vaillamment [vajamɑ̃] *adv* coraggiosamente.
vaillant, e [vajɑ̃, ɑ̃t] *adj* coraggioso(-a), valoroso(-a); (*vigoureux*) vigoroso(-a); **n'avoir plus** *ou* **pas un sou** ~ non avere (più) il becco di un quattrino.
vaille [vaj] *vb voir* **valoir**.
vain, e [vɛ̃, vɛn] *adj* vano(-a); (*fat*: *personne*) vacuo(-a); **en** ~ invano.
vaincre [vɛ̃kʀ] *vt* vincere.
vaincu, e [vɛ̃ky] *pp de* **vaincre** ♦ *nm/f* (*MIL*) vinto(-a); (*SPORT*) sconfitto(-a).
vainement [vɛnmɑ̃] *adv* vanamente.
vainquais *etc* [vɛ̃kɛ] *vb voir* **vaincre**.
vainqueur [vɛ̃kœʀ] *nm* vincitore(-trice) ♦ *adj m* vincitore(-trice).
vais [vɛ] *vb voir* **aller**.

vaisseau, x [vɛso] *nm* (*ANAT*) vaso; (*NAUT*) vascello; **capitaine de ~** capitano di vascello; ▸ **vaisseau spatial** navicella spaziale.
vaisselier [vɛsəlje] *nm* credenza.
vaisselle [vɛsɛl] *nf* (*service*) stoviglie *fpl*; (*plats etc à laver*) piatti *mpl*; **faire la ~** lavare i piatti.
val [val] (*pl* **vaux** *ou* **~s**) *nm* valle *f*.
valable [valabl] *adj* valido(-a).
valablement [valabləmɑ̃] *adv* validamente; (*alléguer, soutenir*) a buon diritto.
Valence [valɑ̃s] *n* (*en Espagne*) Valenza; (*en France*) Valence *f*.
valent *etc* [val] *vb voir* **valoir**.
valet [valɛ] *nm* servitore *m*, cameriere *m*; (*péj*) lacchè *m*, galoppino; (*cintre*) portaabiti *m inv*; (*CARTES*) fante *m*; ▸ **valet de chambre** cameriere; ▸ **valet de ferme** garzone *m* di fattoria; ▸ **valet de pied** domestico.
valeur [valœʀ] *nf* valore *m*; **~s** *nfpl* (*morales*) valori *mpl*; **mettre en ~** (*aussi fig*) valorizzare; **avoir/prendre de la ~** avere/acquistare valore; **sans ~** senza valore; ▸ **valeur absolue** valore assoluto; ▸ **valeur d'échange** valore di scambio; ▸ **valeurs mobilières** valori *ou* titoli *mpl* mobiliari; ▸ **valeurs nominales** valori nominali.
valeureux, -euse [valœʀø, øz] *adj* valoroso(-a).
validation [validasjɔ̃] *nf* convalida.
valide [valid] *adj* (*en bonne santé*) sano(-a); (*passeport, billet*) valido(-a).
valider [valide] *vt* convalidare.
validité [validite] *nf* validità *f inv*; **(durée de) ~** validità *f inv*.
valions [valjɔ̃] *vb voir* **valoir**.
valise [valiz] *nf* valigia; **faire sa ~** fare la valigia; **la ~ (diplomatique)** la valigia diplomatica.
vallée [vale] *nf* valle *f*, vallata.
vallon [valɔ̃] *nm* valletta.
vallonné, e [valɔne] *adj* ondulato(-a), collinoso(-a).
vallonnement [valɔnmɑ̃] *nm* ondulazione *f*.
valoir [valwaʀ] *vi* valere ♦ *vt* valere; (*causer, procurer*): **~ qch à qn** procurare qc a qn; **se valoir** *vr* equivalersi; **ça se vaut** una cosa vale l'altra; **faire ~** (*ses droits etc*) far valere; (*domaine, capitaux*) far fruttare; **faire ~ que** sottolineare che; **se faire ~** farsi valere; **à ~ sur** (*acompte*) a valere su; **vaille que vaille** bene o male; **cela ne me dit rien qui vaille** (questa faccenda) non mi dice nulla di buono; **ce climat ne me vaut rien** questo clima mi è nocivo; **~ la peine** valere la pena; **il vaut mieux se taire/que je fasse comme ceci** è meglio tacere/che (io) faccia così; **ça ne vaut rien** non vale niente; **~ cher** valere molto; **que vaut ce candidat?** com'è questo candidato?
valorisation [valɔʀizasjɔ̃] *nf* valorizzazione *f*.
valoriser [valɔʀize] *vt* valorizzare.
valse [vals] *nf* valzer *m inv*; **c'est la ~ des étiquettes** i prezzi cambiano in continuazione.
valser [valse] *vi* ballare il valzer; **aller ~** (*fig*) volare.
valu, e [valy] *pp de* **valoir**.
valve [valv] *nf* (*ZOOL*) valva; (*TECH, ÉLEC*) valvola.
vamp [vɑ̃p] *nf* vamp *f inv*.
vampire [vɑ̃piʀ] *nm* vampiro.
van [vɑ̃] *nm* van *m inv*.
vandale [vɑ̃dal] *nm* vandalo.
vandalisme [vɑ̃dalism] *nm* vandalismo.
vanille [vanij] *nf* vaniglia; **glace/crème à la ~** gelato/crema alla vaniglia.
vanillé, e [vanije] *adj* vanigliato(-a).
vanilline [vanilin] *nf* vanillina.
vanité [vanite] *nf* vanità *f inv*; **tirer ~ de** vantarsi di.
vaniteux, -euse [vanitø, øz] *adj* vanitoso(-a).
vanity-case [vaniti(e)kɛz] (*pl* **~-~s**) *nm* beauty-case *m inv*.
vanne [van] *nf* (*d'écluse etc*) paratoia; (*fam*) frecciata; **lancer une ~ à qn** lanciare una frecciata a qn.
vanneau, x [vano] *nm* pavoncella.
vanner [vane] *vt* (*blé*) ventilare.
vannerie [vanʀi] *nf* (*art*) artigianato del vimine; (*objets*) articoli *mpl* di vimini.
vannier [vanje] *nm* artigiano che lavora il vimini.
vantail [vɑ̃taj] (*pl* **vantaux**) [vɑ̃to] *nm* anta, imposta.
vantard, e [vɑ̃taʀ, aʀd] *adj* spaccone(-a), sbruffone(-a).
vantardise [vɑ̃taʀdiz] *nf* vanteria.
vanter [vɑ̃te] *vt* vantare; **se vanter** *vr* vantarsi; **se ~ de qch** vantarsi di qc; **se ~ d'avoir fait/de pouvoir faire** vantarsi d'aver fatto/di poter fare.
Vanuatu [vanwatu] *nm* (Repubblica del) Vannatu *m*.
va-nu-pieds [vanypje] *nm/f inv* pezzente *m/f*, straccione(-a).
vapeur [vapœʀ] *nf* vapore *m*; **~s** *nfpl* (*bouffées de chaleur*) vapori *mpl*, caldane *fpl*; **les ~s du vin** i fumi del vino; **machine/locomotive à ~** macchina/locomotiva a vapore; **à toute ~** (*fig*) a tutto vapore; **renverser la ~** invertire la marcia; (*fig*) fare marcia indietro; **cuit à la ~** (*CULIN*) cotto al vapore.
vapocuiseur [vapɔkyizœʀ] *nm* pentola a pressione.

vaporeux, -euse [vapɔʀø, øz] *adj* (*flou, fondu*) sfumato(-a); (*léger, transparent*) vaporoso(-a).
vaporisateur [vapɔʀizatœʀ] *nm* vaporizzatore *m*.
vaporiser [vapɔʀize] *vt* (*CHIM*) vaporizzare; (*parfum etc*) spruzzare.
vaquer [vake] *vi* (*ADMIN*) essere in vacanza *ou* ferie; ~ **à ses occupations** attendere alle proprie faccende.
varappe [vaʀap] *nf* scalata, ascensione *f*; **faire de la** ~ fare roccia.
varappeur, -euse [vaʀapœʀ, øz] *nm/f* rocciatore(-trice).
varech [vaʀɛk] *nm* vareck *m*.
vareuse [vaʀøz] *nf* (*blouson de marin*) giubbotto da marinaio; (*d'uniforme*) giacca.
variable [vaʀjabl] *adj* variabile; (*divers: résultats*) diverso(-a) ♦ *nf* (*MATH*) variabile *f*.
variante [vaʀjɑ̃t] *nf* variante *f*.
variation [vaʀjasjɔ̃] *nf* variazione *f*; (*différences*) differenza.
varice [vaʀis] *nf* varice *f*.
varicelle [vaʀisɛl] *nf* varicella.
varié, e [vaʀje] *adj* vario(-a); (*divers: goûts, résultats*) diverso(-a), vario(-a); **hors d'œuvre ~s** antipasti *mpl* assortiti.
varier [vaʀje] *vi* variare; (*changer d'avis*) cambiare opinione; (*différer d'opinion*) divergere ♦ *vt* variare.
variété [vaʀjete] *nf* varietà *f inv*; **une (grande) ~ de** una (grande) varietà di; **spectacle de ~s** spettacolo di varietà.
variole [vaʀjɔl] *nf* vaiolo.
variqueux, -euse [vaʀikø, øz] *adj* varicoso(-a).
Varsovie [vaʀsɔvi] *n* Varsavia.
vas [va] *vb voir* **aller**; **~-y!** dài!, forza!, su!
vasculaire [vaskylɛʀ] *adj* vascolare.
vascularisé, e [vaskylaʀize] *adj* vascolarizzato(-a).
vase [vɑz] *nm* vaso ♦ *nf* melma; **en ~ clos** senza contatti con l'esterno; ► **vase de nuit** vaso da notte; ► **vases communicants** vasi comunicanti.
vasectomie [vazɛktɔmi] *nf* vasectomia.
vaseline [vaz(ə)lin] *nf* vaselina.
vaseux, -euse [vɑzø, øz] *adj* melmoso(-a); (*fig: confus: discours*) fumoso(-a), confuso(-a); (*: personne: fatigué*) fiacco(-a), giù di corda; (*: étourdi*) distratto(-a).
vasistas [vazistɑs] *nm* vasistas *m inv*.
vasque [vask] *nf* vasca; (*coupe*) coppa (*centrotavola*).
vassal, e, -aux [vasal, o] *nm/f* vassallo *m*.
vaste [vast] *adj* vasto(-a).
Vatican [vatikɑ̃] *nm* Vaticano.
vaticiner [vatisine] (*péj*) *vi* vaticinare.
va-tout [vatu] *nm inv*: **jouer son ~-~** giocare l'ultima carta.
vaudeville [vod(ə)vil] *nm* vaudeville *m inv*.
vaudrai *etc* [vodʀe] *vb voir* **valoir**.
vau-l'eau [volo]: **à ~-~** *adv* sul filo dell'acqua; **s'en aller à ~-~** (*fig: projets*) andare a rotoli *ou* in fumo.
vaurien, ne [voʀjɛ̃, jɛn] *nm/f* mascalzone (-a).
vaut [vo] *vb voir* **valoir**.
vautour [votuʀ] *nm* avvoltoio.
vautrer [votʀe]: **se ~** *vr* (*dans la boue*) rotolarsi; (*sur le lit*) stravaccarsi; (*fig: dans le vice*) sguazzare.
vaux [vo] *nmpl de* **val** ♦ *vb voir* **valoir**.
va-vite [vavit]: **à la ~-~** *adv* in fretta e furia.
VDQS [vedekyɛs] *abr = vin délimité de qualité supérieure*.
veau, x [vo] *nm* vitello; **tuer le ~ gras** uccidere il vitello grasso.
vecteur [vɛktœʀ] *nm* vettore *m*.
vécu, e [veky] *pp de* **vivre** ♦ *adj* vissuto(-a).
vedettariat [vədetaʀja] *nm* (*condition*) rango di divo/diva; (*attitude*) divismo.
vedette [vədɛt] *nf* (*acteur, artiste*) divo(-a), star *f inv*; (*fig: personnalité*) esponente *m/f* di primo piano; (*canot*) motovedetta; (*MIL*) vedetta; **mettre qn en ~** (*CINÉ etc*) scrivere il nome di qn al primo posto in cartellone; (*fig*) mettere in risalto; **avoir la ~** occupare il primo posto in cartellone.
végétal, e, -aux [veʒetal, o] *adj, nm* vegetale *m*.
végétalien, ne [veʒetaljɛ̃, jɛn] *adj, nm/f* vegetaliano(-a).
végétalisme [veʒetalism] *nm* vegetarianismo, vegetarismo (*con esclusione di tutti i cibi di origine non vegetale*).
végétarien, ne [veʒetaʀjɛ̃, jɛn] *adj, nm/f* vegetariano(-a).
végétarisme [veʒetaʀism] *nm* vegetarianismo, vegetarismo.
végétatif, -ive [veʒetatif, iv] (*péj*) *adj* (*fig: vie etc*) vegetativo(-a).
végétation [veʒetasjɔ̃] *nf* vegetazione *f*; **~s** *nfpl* (*MÉD*) vegetazioni *fpl*; **opérer qn des ~s** operare qn di (vegetazioni) adenoidi; ► **végétation arctique/tropicale** vegetazione artica/tropicale.
végéter [veʒete] *vi* (*fig: personne*) vegetare.
véhémence [veemɑ̃s] *nf* veemenza.
véhément, e [veemɑ̃, ɑ̃t] *adj* veemente.
véhicule [veikyl] *nm* veicolo; ► **véhicule utilitaire** veicolo ad uso commerciale.
véhiculer [veikyle] *vt* trasportare; (*fig*) diffondere, veicolare.
veille [vɛj] *nf* (*garde*) guardia; (*PSYCH*) veglia; (*jour*) vigilia; **la ~ au soir** la sera

della vigilia; **à la ~ de** alla vigilia di; **l'état de ~** lo stato di veglia.
veillée [veje] *nf* (*soirée*) serata; ▸ **veillée d'armes** veglia d'armi; ▸ **veillée (mortuaire)** veglia (funebre).
veiller [veje] *vi* vegliare; (*être de garde*) essere di guardia; (*être vigilant*) vigilare ♦ *vt* (*malade, mort*) vegliare; ~ **à** (*à l'ordre publique etc*) vegliare su; (*à l'approvisionnement etc*) occuparsi di; ~ **à faire/à ce que** badare a fare/che; ~ **sur** (*surveiller: enfants*) stare attento(-a) *ou* badare a.
veilleur [vɛjœʀ] *nm*: ~ **de nuit** guardia notturna.
veilleuse [vɛjøz] *nf* (*lampe*) lumino da notte; (*AUTO*) luce *f* di posizione; (*flamme*) fiammella di sicurezza; **en ~** (*lampe*) con la luce bassa; (*fig: affaire*) a rilento.
veinard, e [vɛnaʀ, aʀd] (*fam*) *nm/f* fortunato(-a).
veine [vɛn] *nf* vena; **avoir de la ~** (*fam*) essere fortunato(-a).
veiné, e [vene] *adj* venato(-a).
veineux, -euse [vɛnø, øz] *adj* venoso(-a).
vêler [vele] *vi* figliare.
vélin [velɛ̃] *adj m*: **(papier) ~** (carta) velina.
véliplanchiste [veliplɑ̃ʃist] *nm/f* windsurfista *m/f*, windsurfer *m/f inv*.
vélivole [velivɔl] *nm/f* volovelista *m/f*.
velléitaire [veleitɛʀ] *adj* velleitario(-a).
velléités [veleite] *nfpl* velleità *fpl*.
vélo [velo] *nm* bicicletta, bici *f inv*; **faire du ~** andare in bicicletta *ou* bici.
véloce [velɔs] *adj* agile.
vélocité [velɔsite] *nf* (*MUS*) agilità *f inv*; (*vitesse*) velocità *f inv*.
vélodrome [velodʀom] *nm* velodromo.
vélomoteur [velɔmɔtœʀ] *nm* ciclomotore *m*, motorino.
véloski [veloski] *nm* ski-bob *m inv*.
velours [v(ə)luʀ] *nm* velluto; ▸ **velours côtelé** velluto a coste; ▸ **velours de coton/laine/soie** velluto di cotone/lana/seta.
velouté, e [vəlute] *adj* vellutato(-a) ♦ *nm* (*CULIN*): ~ **d'asperges/de tomates** crema di asparagi/di pomodoro.
velouteux, -euse [vəlutø, øz] *adj* vellutato(-a).
velu, e [vəly] *adj* villoso(-a).
vélum [velɔm] *nm* velario; (*d'une terrasse de café*) tendale *m*.
venais *etc* [vənɛ] *vb voir* **venir**.
venaison [vənɛzɔ̃] *nf* selvaggina.
vénal, e, -aux [venal, o] *adj* venale.
vénalité [venalite] *nf* venalità.
venant [v(ə)nɑ̃]: **à tout ~** *adv* a chiunque, al primo che capita.
vendable [vɑ̃dabl] *adj* vendibile.
vendange [vɑ̃dɑ̃ʒ] *nf* vendemmia.
vendanger [vɑ̃dɑ̃ʒe] *vi, vt* vendemmiare.
vendangeur, -euse [vɑ̃dɑ̃ʒœʀ, øz] *nm/f* vendemmiatore(-trice).
vendéen, ne [vɑ̃deɛ̃, ɛn] *adj* della Vandea ♦ *nm/f*: **V~, ne** abitante *m/f* della Vandea.
vendeur, -euse [vɑ̃dœʀ, øz] *nm/f* (*de magasin*) commesso(-a); (*COMM*) venditore(-trice) ♦ *nm* (*JUR*) venditore *m*; ▸ **vendeur de journaux** strillone *m*.
vendre [vɑ̃dʀ] *vt* vendere; ~ **qch à qn** vendere qc a qn; **cela se vend bien** (si) vende bene; **"à ~"** "in vendita".
vendredi [vɑ̃dʀədi] *nm* venerdì *m inv*; ▸ **vendredi saint** Venerdì santo; *voir aussi* **lundi**.
vendu, e [vɑ̃dy] *pp de* **vendre** ♦ *adj* (*péj*) venduto(-a).
venelle [vənɛl] *nf* viuzza, stradina.
vénéneux, -euse [venenø, øz] *adj* velenoso(-a).
vénérable [veneʀabl] *adj* venerabile, venerando(-a).
vénération [veneʀasjɔ̃] *nf* venerazione *f*.
vénér(é)ologie [veneʀ(e)ɔlɔʒi] *nf* venereologia.
vénérer [veneʀe] *vt* venerare.
vénerie [vɛnʀi] *nf* caccia con i cani.
vénérien, ne [veneʀjɛ̃, jɛn] *adj* venereo (-a).
Venezuela [venezɥela] *nm* Venezuela *m*.
vénézuélien, ne [venezɥeljɛ̃, jɛn] *adj* venezuelano(-a) ♦ *nm/f*: **V~, ne** venezuelano(-a).
vengeance [vɑ̃ʒɑ̃s] *nf* vendetta.
venger [vɑ̃ʒe] *vt* vendicare; **se venger** *vr* vendicarsi; **se ~ de/sur qch/qn** vendicarsi di/su qc/qn.
vengeur, -eresse [vɑ̃ʒœʀ, ʒ(ə)ʀɛs] *nm/f, adj* vendicatore(-trice).
véniel, le [venjɛl] *adj* veniale.
venimeux, -euse [vənimø, øz] *adj* (*aussi fig*) velenoso(-a).
venin [vənɛ̃] *nm* veleno.
venir [v(ə)niʀ] *vi* venire; (*saison etc*) arrivare; ~ **de** (*lieu*) venire da; (*cause*) derivare da; ~ **de faire**: **je viens d'y aller** ci sono appena stato; **je viens de le voir** l'ho appena visto; **s'il vient à pleuvoir** se dovesse piovere; **en ~ à faire**: **j'en viens à croire que** comincio a credere che; **il en est venu à mendier** si è ridotto a mendicare; **en ~ aux mains** venire alle mani; **les années/générations à ~** gli anni/le generazioni a venire; **où veux-tu en ~?** dove vuoi andare a parare?; **je te vois ~** so già dove vuoi arrivare; **il me vient des soupçons** mi vengono dei sospetti; **laisser ~** (*fig*) stare a guardare; **faire ~** (*docteur, plombier*) far venire, chiamare; **d'où vient que ...?** per quale ragione ...?, come mai ...?; ~ **au monde** venire al mondo.
Venise [vəniz] *n* Venezia.

vénitien, ne [venisjɛ̃, jɛn] *adj* veneziano (-a) ♦ *nm/f*: **V~, ne** veneziano(-a).

vent [vɑ̃] *nm* vento; **il y a du** ~ c'è vento; **c'est du** ~ (*fig*: *verbiage*) sono tutte chiacchiere; **au** ~ (*NAUT*) sopravvento; **sous le** ~ sottovento; **avoir le** ~ **debout** *ou* **en face/arrière** *ou* **en poupe** avere il vento di prora/di poppa; **(être) dans le** ~ (*fam*) (essere) all'ultima moda; **prendre le** ~ (*fig*) sentire che aria tira; **avoir** ~ **de** avere sentore di; **aller contre ~s et marées** andare avanti malgrado gli ostacoli.

vente [vɑ̃t] *nf* vendita; (*secteur*) vendite *fpl*; **mettre en** ~ mettere in vendita; ▸**vente aux enchères** vendita all'asta; ▸**vente de charité** vendita di beneficenza; ▸**vente par correspondance** vendita per corrispondenza.

venté, e [vɑ̃te] *adj* ventoso(-a).

venter [vɑ̃te] *vb impers*: **il vente** tira vento.

venteux, -euse [vɑ̃tø, øz] *adj* ventoso(-a).

ventilateur [vɑ̃tilatœʀ] *nm* ventilatore *m*.

ventilation [vɑ̃tilasjɔ̃] *nf* (*v vt*) ventilazione *f*; ripartizione *f*.

ventiler [vɑ̃tile] *vt* (*local*) aerare, ventilare; (*total, comptes*) ripartire.

ventouse [vɑ̃tuz] *nf* ventosa.

ventral, e, -aux [vɑ̃tʀal, o] *adj* ventrale.

ventre [vɑ̃tʀ] *nm* ventre *m*, pancia; (*fig*: *de bateau*) ventre *m*; (: *d'outre*) pancia; **avoir/prendre du** ~ avere/mettere su pancia; **avoir mal au** ~ avere mal di pancia.

ventricule [vɑ̃tʀikyl] *nm* ventricolo.

ventriloque [vɑ̃tʀilɔk] *adj, nm/f* ventriloquo(-a).

ventripotent, e [vɑ̃tʀipɔtɑ̃, ɑ̃t] *adj* panciuto(-a).

ventru, e [vɑ̃tʀy] *adj* panciuto(-a).

venu, e [v(ə)ny] *pp de* **venir** ♦ *adj*: **être mal** ~ **à** *ou* **de faire** avere torto a fare; **mal/bien** ~ mal/ben riuscito(-a).

venue [vəny] *nf* venuta.

vêpres [vɛpʀ] *nfpl* vespro *msg*.

ver [vɛʀ] *nm* verme *m*; (*du bois*) tarlo; ▸**ver à soie** baco da seta; ▸**ver blanc** larva del maggiolino; ▸**ver de terre** lombrico; ▸**ver luisant** lucciola; ▸**ver solitaire** verme solitario; *voir aussi* **vers**.

véracité [veʀasite] *nf* veridicità *f inv*.

véranda [veʀɑ̃da] *nf* veranda.

verbal, e, -aux [vɛʀbal, o] *adj* verbale.

verbalement [vɛʀbalmɑ̃] *adv* (*dire*) a voce; (*approuver*) verbalmente.

verbaliser [vɛʀbalize] *vi* (*POLICE*) redigere un verbale ♦ *vt* (*PSYCH*) formulare verbalmente.

verbalisme [vɛʀbalism] (*péj*) *nm* verbalismo.

verbe [vɛʀb] *nm* (*LING*) verbo; **avoir le** ~ **sonore** parlare a voce alta; **le V~** (*REL*) il Verbo.

verbeux, -euse [vɛʀbø, øz] *adj* verboso (-a).

verbiage [vɛʀbjaʒ] *nm* sproloquio.

verbosité [vɛʀbozite] *nf* verbosità.

verdâtre [vɛʀdɑtʀ] *adj* verdastro(-a).

verdeur [vɛʀdœʀ] *nf* (*vigueur*) vigore *m*; (*crudité, âpreté*: *des propos*) asprezza; (*défaut de maturité*) acerbità.

verdict [vɛʀdik(t)] *nm* verdetto.

verdir [vɛʀdiʀ] *vi* diventare verde; (*végétaux*) rinverdire ♦ *vt* colorare di verde.

verdoyant, e [vɛʀdwajɑ̃, ɑ̃t] *adj* verdeggiante.

verdure [vɛʀdyʀ] *nf* vegetazione *f*, verde *m*; (*légumes verts*) verdura.

véreux, -euse [veʀø, øz] *adj* (*contenant des vers*) bacato(-a); (*malhonnête*) disonesto(-a); (*suspect*) losco(-a).

verge [vɛʀʒ] *nf* verga.

verger [vɛʀʒe] *nm* frutteto.

vergeture [vɛʀʒətyʀ] *nf* smagliatura.

verglacé, e [vɛʀglase] *adj* coperto(-a) di ghiaccio.

verglas [vɛʀglɑ] *nm* ghiaccio (sulle strade).

vergogne [vɛʀgɔɲ]: **sans** ~ *adv* spudoratamente.

véridique [veʀidik] *adj* veridico(-a), veritiero(-a).

vérifiable [veʀifjabl] *adj* verificabile.

vérificateur, -trice [veʀifikatœʀ, tʀis] *nm/f* verificatore(-trice); ▸**vérificateur des comptes** (*FIN*) revisore *m* dei conti.

vérification [veʀifikasjɔ̃] *nf* verifica; (*confirmation*) avverarsi *m inv*; ▸**vérification d'identité** (*POLICE*) accertamento d'identità.

vérificatrice [veʀifikatʀis] *nf* verificatrice *f*.

vérifier [veʀifje] *vt* verificare; (*suj*: *chose*: *prouver*) confermare; **se vérifier** *vr* avverarsi.

vérin [veʀɛ̃] *nm* (*cric*) martinetto.

véritable [veʀitabl] *adj* vero(-a); **un** ~ **désastre** un vero (e proprio) disastro.

véritablement [veʀitabləmɑ̃] *adv* veramente.

vérité [veʀite] *nf* verità *f inv*; (*d'un portrait romanesque*) verosimiglianza; **en** ~ in verità, di fatto; (*à vrai dire*) per la verità; **à la** ~ a dire il vero *ou* la verità.

vermeil, le [vɛʀmɛj] *adj* vermiglio(-a) ♦ *nm* vermeil *m inv*.

vermicelles [vɛʀmisɛl] *nmpl* capelli *mpl* d'angelo.

vermicide [vɛʀmisid] *nm* vermifugo.

vermifuge [vɛʀmifyʒ] *nm* vermifugo ♦ *adj* vermifugo(-a).

vermillon [vɛʀmijɔ̃] *adj inv* vermiglio(-a).

vermine [vɛʀmin] *nf* parassiti *mpl*; (*fig*) teppaglia.

vermoulu, e [vɛʀmuly] *adj* tarlato(-a).
vermout(h) [vɛʀmut] *nm* vermut *m inv*, vermouth *m inv*.
verni, e [vɛʀni] *adj* verniciato(-a); (*fam*: *veinard*) fortunato(-a); **cuir** ~ vernice *f*; **souliers ~s** scarpe *fpl* di vernice.
vernir [vɛʀniʀ] *vt* verniciare.
vernis [vɛʀni] *nm* vernice *f*; ▶ **vernis à ongles** smalto (per unghie).
vernissage [vɛʀnisaʒ] *nm* verniciatura; (*d'une exposition*) vernissage *m inv*.
vernisser [vɛʀnise] *vt* verniciare.
vérole [veʀɔl] *nf* (*aussi*: **petite** ~) vaiolo; (*fam*) sifilide *f*.
Vérone [veʀɔn] *n* Verona.
verrai *etc* [vɛʀe] *vb voir* **voir**.
verre [vɛʀ] *nm* (*substance*) vetro; (*récipient, contenu*) bicchiere *m*; (*de lunettes*) lente *f*; **~s** *nmpl* (*lunettes*) occhiali *mpl*; **boire** *ou* **prendre un** ~ bere *ou* prendere un bicchiere; ▶ **verre à dents** bicchiere per sciacqui; ▶ **verre à liqueur** bicchierino (da liquore); ▶ **verre à pied** (bicchiere a) calice *m*; ▶ **verre à vin** bicchiere da vino; ▶ **verre armé** vetro armato; ▶ **verre de lampe** campana del lume; ▶ **verre de montre** vetrino dell'orologio; ▶ **verre dépoli** vetro smerigliato; ▶ **verre feuilleté** vetro di sicurezza laminato; ▶ **verre trempé** vetro temprato; ▶ **verres de contact** lenti *fpl* a contatto; ▶ **verres fumés** lenti *fpl* affumicate.
verrerie [vɛʀʀi] *nf* (*fabrique*) vetreria; (*activité*) fabbricazione *f* del vetro; (*objets*) oggetti *mpl* di vetro.
verrier [vɛʀje] *nm* (*ouvrier*) vetraio; (*artiste*) *artista che crea o dipinge su vetrate*.
verrière [vɛʀjɛʀ] *nf* vetrata; (*toit vitré*) tettuccio trasparente.
verrons *etc* [vɛʀɔ̃] *vb voir* **voir**.
verroterie [veʀɔtʀi] *nf* conterie *fpl*.
verrou [veʀu] *nm* chiavistello, catenaccio; (*MIL*) sbarramento; (*GÉO*) soglia glaciale; **mettre le** ~ mettere il catenaccio; **sous les ~s** (*en prison*) dentro.
verrouillage [veʀujaʒ] *nm* chiusura con chiavistello *ou* catenaccio; ▶ **verrouillage central** (*AUTO*) chiusura centralizzata.
verrouiller [veʀuje] *vt* (*porte*) chiudere col chiavistello; (*MIL*) chiudere, sbarrare.
verrue [veʀy] *nf* verruca; (*fig*) bruttura.
vers [vɛʀ] *nm* verso ♦ *prép* verso; ~ *nmpl* (*poésie*) versi *mpl*.
versant [vɛʀsɑ̃] *nm* versante *m*.
versatile [vɛʀsatil] *adj* volubile.
verse [vɛʀs]: **à** ~ *adv*: **il pleut à** ~ piove a dirotto.
versé, e [vɛʀse] *adj*: **être** ~ **dans** (*science etc*) essere versato(-a) in.
Verseau [vɛʀso] *nm* (*ASTROL*) Acquario; **être du** ~ essere dell'Acquario.
versement [vɛʀsəmɑ̃] *nm* versamento; **en 3 ~s** in 3 versamenti.
verser [vɛʀse] *vt* versare; (*soldat*): ~ **qn dans** assegnare qn a ♦ *vi* (*véhicule*) rovesciarsi; (*fig*): ~ **dans** cadere in; ~ **à un compte** versare su un conto.
verset [vɛʀsɛ] *nm* versetto; (*d'un texte poétique*) verso.
verseur [vɛʀsœʀ] *adj m voir* **bec, bouchon**.
versification [vɛʀsifikasjɔ̃] *nf* versificazione *f*.
versifier [vɛʀsifje] *vt* mettere in versi ♦ *vi* (*souvent péj*) verseggiare, versificare.
version [vɛʀsjɔ̃] *nf* versione *f*; (*traduction*) traduzione (*verso la lingua madre*); **film en** ~ **originale** film in versione originale.
verso [vɛʀso] *nm* verso, retro; **voir au** ~ vedi a tergo.
vert, e [vɛʀ, vɛʀt] *adj* verde; (*personne*: *vigoureux*) in gamba; (*langage, propos*) crudo(-a), aspro(-a); (*vin*) crudo ♦ *nm* verde *m*; **en voir/dire des ~es (et des pas mûres)** vederne/dirne di cotte e di crude; **se mettre au** ~ andare a riposarsi in campagna; ▶ **vert bouteille** *adj inv* verde bottiglia *inv*; ▶ **vert d'eau** *adj inv* verde acqua *inv*; ▶ **vert pomme** *adj inv* verde mela *inv*.
vert-de-gris [vɛʀdəgʀi] *nm inv* verderame *m inv* ♦ *adj inv* grigioverde *inv*.
vertébral, e, -aux [vɛʀtebʀal, o] *adj* vertebrale; *voir aussi* **colonne**.
vertèbre [vɛʀtɛbʀ] *nf* vertebra.
vertébré, e [vɛʀtebʀe] *adj* vertebrato(-a); **~s** *nmpl* (*embranchement*) vertebrati *mpl*.
vertement [vɛʀtəmɑ̃] *adv* aspramente.
vertical, e, -aux [vɛʀtikal, o] *adj* verticale.
verticale [vɛʀtikal] *nf* verticale *f*; **à la** ~ verticalmente.
verticalement [vɛʀtikalmɑ̃] *adv* verticalmente.
verticalité [vɛʀtikalite] *nf* verticalità.
vertige [vɛʀtiʒ] *nm* (*peur du vide*) vertigini *fpl*; (*étourdissement, fig*) capogiro, vertigini; **ça me donne le** ~ (*aussi fig*) mi fa venire le vertigini; (*fig*) mi dà le vertigini *ou* il capogiro.
vertigineux, -euse [vɛʀtiʒinø, øz] *adj* vertiginoso(-a).
vertu [vɛʀty] *nf* virtù *f inv*; **avoir la** ~ **de** avere la proprietà di; **en** ~ **de** in virtù di.
vertueusement [vɛʀtɥøzmɑ̃] *adv* virtuosamente.
vertueux, -euse [vɛʀtɥø, øz] *adj* virtuoso(-a).
verve [vɛʀv] *nf* brio, verve *f*; **être en** ~ essere in vena.
verveine [vɛʀvɛn] *nf* verbena; (*infusion*) infuso di verbena.

vésicule [vezikyl] *nf* vescicola; ▶ **vésicule biliaire** cistifellea, colecisti *f inv*.
vespasienne [vɛspazjɛn] *nf* vespasiano.
vespéral, e, -aux [vɛspeʀal, o] *adj* vespertino(-a).
vessie [vesi] *nf* vescica.
veste [vɛst] *nf* giacca; **retourner sa** ~ (*fig*) cambiare bandiera; ▶ **veste croisée** giacca a doppio petto; ▶ **veste droite** giacca a un petto.
vestiaire [vɛstjɛʀ] *nm* (*au théâtre etc*) guardaroba *m inv*; (*de stade etc*) spogliatoio; **(armoire)** ~ guardaroba.
vestibule [vɛstibyl] *nm* anticamera, vestibolo.
vestige [vɛstiʒ] *nm* vestigio; **~s** *nmpl* (*de ville, du passé*) vestigia *fpl*.
vestimentaire [vɛstimɑ̃tɛʀ] *adj* (*dépense*) per il vestiario; (*détail, élégance*) dell'abbigliamento.
veston [vɛstɔ̃] *nm* giacca.
Vésuve [vezyv] *nm* Vesuvio.
vêtais *etc* [vɛtɛ] *vb voir* **vêtir**.
vêtement [vɛtmɑ̃] *nm* vestito, abito; (*COMM*): **le** ~ l'abbigliamento; **~s** *nmpl* (*habits*) vestiti *mpl*, abiti *mpl*; ▶ **vêtements de sport** abbigliamento *msg* sportivo.
vétéran [veteʀɑ̃] *nm* veterano(-a).
vétérinaire [veteʀinɛʀ] *adj, nm/f* veterinario(-a).
vétille [vetij] *nf* inezia, quisquilia.
vétilleux, -euse [vetijø, øz] *adj* cavilloso(-a), pignolo(-a).
vêtir [vetiʀ] *vt* vestire; **se vêtir** *vr* vestirsi.
vêtit *etc* [veti] *vb voir* **vêtir**.
vétiver [vetivɛʀ] *nm* vetiver *m inv*.
véto [veto] *nm* veto; **droit de** ~ diritto di veto; **mettre** *ou* **opposer un** ~ **à** porre *ou* opporre un veto a.
vêtu, e [vety] *pp de* **vêtir** ♦ *adj*: ~ **de** vestito(-a) di; **chaudement** ~ ben coperto(-a).
vétuste [vetyst] *adj* vetusto(-a).
vétusté [vetyste] *nf* vetustà.
veuf, veuve [vœf, vœv] *adj* vedovo(-a) ♦ *nm* vedovo.
veuille *etc* [vœj] *vb voir* **vouloir**.
veuillez *etc* [vœje] *vb voir* **vouloir**.
veule [vøl] *adj* fiacco(-a).
veulent [vœl] *vb voir* **vouloir**.
veulerie [vølʀi] *nf* fiacchezza.
veut [vø] *vb voir* **vouloir**.
veuvage [vœvaʒ] *nm* vedovanza.
veuve [vœv] *adj f voir* **veuf** ♦ *nf* vedova.
veux [vø] *vb voir* **vouloir**.
vexant, e [vɛksɑ̃, ɑ̃t] *adj* (*contrariant*) seccante, irritante; (*blessant*) offensivo(-a).
vexations [vɛksasjɔ̃] *nfpl* vessazioni *fpl*, angherie *fpl*.
vexatoire [vɛksatwaʀ] *adj* vessatorio(-a).
vexer [vɛkse] *vt* offendere; **se vexer** *vr* offendersi.
VF [veɛf] *sigle f* (*CINÉ*) = *version française*.
VHF [veaʃɛf] *sigle f* (= *Very High Frequency*) VHF.
via [vja] *prép* via.
viabiliser [vjabilize] *vt* urbanizzare.
viabilité [vjabilite] *nf* (*d'un fœtus*) vitalità *f inv*; (*d'une réforme*) validità; (*d'une route*) viabilità.
viable [vjabl] *adj* (*fœtus*) vitale; (*réforme*) valido(-a).
viaduc [vjadyk] *nm* viadotto.
viager, -ère [vjaʒe, ɛʀ] *adj*: **rente viagère** rendita vitalizia ♦ *nm*: **mettre en** ~ vendere in cambio di un vitalizio.
viande [vjɑ̃d] *nf* carne *f*; ▶ **viande blanche** carne bianca; ▶ **viande rouge** carne rossa.
viatique [vjatik] *nm* (*REL, fig*) viatico; (*pour le voyage*) scorte *fpl* per il viaggio.
vibrant, e [vibʀɑ̃, ɑ̃t] *adj* vibrante.
vibraphone [vibʀafɔn] *nm* vibrafono.
vibraphoniste [vibʀafɔnist] *nm/f* vibrafonista *m/f*.
vibration [vibʀasjɔ̃] *nf* vibrazione *f*.
vibratoire [vibʀatwaʀ] *adj* vibratorio(-a).
vibrer [vibʀe] *vi, vt* vibrare.
vibromasseur [vibʀomasœʀ] *nm* vibromassaggiatore *m*.
vicaire [vikɛʀ] *nm* vicario.
vice [vis] *nm* vizio; ~ **de fabrication/construction** difetto di fabbricazione/costruzione; ▶ **vice caché** (*COMM*) vizio occulto; ▶ **vice de forme** (*JUR*) vizio di forma.
vice... [vis] *préf* vice... .
vice-consul [viskɔ̃syl] (*pl* **~-~s**) *nm* viceconsole *m*.
vice-présidence [vispʀezidɑ̃s] (*pl* **~-~s**) *nf* vicepresidenza.
vice-président, e [vispʀezidɑ̃, ɑ̃t] (*pl* **~-~s, es**) *nm/f* vicepresidente *m/f*.
vice-roi [visʀwa] (*pl* **~-~s**) *nm* viceré *m inv*.
vice-versa [visevɛʀsa] *adv* viceversa.
vichy [viʃi] *nm* (*toile*) rigatino; (*eau minérale*) acqua minerale di Vichy; **carottes V~** carote *fpl* bollite.
vichyssois, e [viʃiswa, waz] *adj* di Vichy ♦ *nm/f*: **V~, e** abitante *m/f* di Vichy.
vichyssoise [viʃiswaz] *nf* (*soupe*) crema di porro e patate.
vicié, e [visje] *adj* (*air, JUR*) viziato(-a); (*goût*) alterato(-a).
vicier [visje] *vt* (*JUR*) viziare.
vicieux, -euse [visjø, jøz] *adj* (*pervers, fautif*) vizioso(-a); (*méchant*) cattivo(-a).
vicinal, e, -aux [visinal, o] *adj* vicinale; **chemin** ~ strada vicinale.
vicissitudes [visisityd] *nfpl* vicissitudini *fpl*.
vicomte [vikɔ̃t] *nm* visconte *m*.
vicomtesse [vikɔ̃tɛs] *nf* viscontessa.

victime [viktim] *nf* vittima; **être (la) ~ de** essere vittima di; **être ~ d'une attaque/d'un accident** essere vittima di un'aggressione/di un incidente.
victoire [viktwaʀ] *nf* vittoria.
victorieusement [viktɔʀjøzmɑ̃] *adv* vittoriosamente.
victorieux, -euse [viktɔʀjø, jøz] *adj* vittorioso(-a).
victuailles [viktɥɑj] *nfpl* viveri *mpl*, vettovaglie *fpl*.
vidange [vidɑ̃ʒ] *nf* (*d'un fossé, réservoir*) svuotamento; (*AUTO*) cambio dell'olio; (*de lavabo*: *bonde*) scarico; **~s** *nfpl* (*matières*) spurghi *mpl*; **faire la ~** (*AUTO*) fare il cambio dell'olio; **tuyau de ~** tubo di scarico.
vidanger [vidɑ̃ʒe] *vt* svuotare; **faire ~ la voiture** far fare il cambio dell'olio alla macchina.
vidangeur [vidɑ̃ʒœʀ] *nm* bottinaio.
vide [vid] *adj* vuoto(-a) ♦ *nm* vuoto; **~ de** privo(-a) di; **sous ~** sotto vuoto; **regarder dans le ~** guardare nel vuoto; **parler dans le ~** parlare al muro; **faire le ~** (*dans son esprit*) liberare la mente; **faire le ~ autour de qn** fare il vuoto intorno a qn; **à ~** a vuoto.
vidé, e [vide] *adj* (*fig*) esausto(-a).
vidéo [video] *nf* video *m inv* ♦ *adj inv*: **bande/disque ~** videonastro/videodisco; (*technique*) video *inv*; ▸ **vidéo inverse** (*INFORM*) video inverso.
vidéocassette [videokasɛt] *nf* videocassetta.
vidéoclub [videoklœb] *nm* videonoleggio.
vidéodisque [videodisk] *nm* videodisco.
vide-ordures [vidɔʀdyʀ] *nm inv* (colonna di) scarico delle immondizie.
vidéotex ® [videɔtɛks] *nm* videotex *m inv*.
vide-poches [vidpɔʃ] *nm inv* cestino *m* portaoggetti *inv*; (*AUTO*) vano *m* portaoggetti *inv*.
vide-pomme [vidpɔm] *nm inv* vuotamele *m inv*.
vider [vide] *vt* (*récipient*) (s)vuotare; (*contenu*) versare; (*salle, lieu*) vuotare; (*boire*) scolare, vuotare; (*CULIN*: *volaille, poisson*) pulire; (*résoudre*: *querelle*) risolvere; (*fatiguer*) sfinire; (*fam*: *expulser*) cacciare; **se vider** *vr* (*récipient*) (s)vuotarsi; **~ les lieux** sloggiare.
videur [vidœʀ] *nm* (*de boîte de nuit*) buttafuori *m inv*.
vie [vi] *nf* vita; **à ~** (*élu, membre*) a vita; **dans la ~ courante** nella vita di tutti i giorni; **avoir la ~ dure** (*résister*) essere duro(-a) a morire; **mener la ~ dure à qn** rendere la vita difficile a qn.
vieil [vjɛj] *adj m voir* **vieux**.
vieillard [vjɛjaʀ] *nm* vecchio; **les ~s** i vecchi, gli anziani.
vieille [vjɛj] *adj f voir* **vieux**.
vieilleries [vjɛjʀi] *nfpl* anticaglie *fpl*.
vieillesse [vjɛjɛs] *nf* vecchiaia; **la ~** (*ensemble des vieillards*) gli anziani, le persone anziane.
vieilli, e [vjeji] *adj* (*marqué par l'âge*) invecchiato(-a); (*suranné*) antiquato(-a).
vieillir [vjejiʀ] *vi, vt* invecchiare; **se vieillir** *vr* invecchiarsi; **il a beaucoup vieilli** è invecchiato molto.
vieillissement [vjejismɑ̃] *nm* invecchiamento.
vieillot, te [vjɛjo, ɔt] *adj* vecchiotto(-a).
vielle [vjɛl] *nf* (*MUS*) ghironda.
viendrai *etc* [vjɛ̃dʀe] *vb voir* **venir**.
Vienne [vjɛn] *n* Vienna.
vienne *etc* [vjɛn] *vb voir* **venir**.
viennois, e [vjenwa, waz] *adj* viennese ♦ *nm/f*: **V~, e** viennese *m/f*.
viens *etc* [vjɛ̃] *vb voir* **venir**.
vierge [vjɛʀʒ] *adj* vergine ♦ *nf* vergine *f*; (*ASTROL*): **V~** Vergine; **être (de la) V~** essere della Vergine; **~ de** scevro(-a) di.
Vietnam [vjɛtnam] *nm* = **Viêt-Nam**.
Viêt-Nam [vjɛtnam] *nm* Vietnam *m*; ▸ **Viêt-Nam du Nord/du Sud** Vietnam del Nord/del Sud.
vietnamien, ne [vjɛtnamjɛ̃, jɛn] *adj* vietnamita ♦ *nm* vietnamita *m* ♦ *nm/f*: **V~, ne** vietnamita *m/f*.
vieux(vieil), vieille [vjø, vjɛj] *adj, nm/f* vecchio(-a) ♦ *nm*: **le vieux et le neuf** il vecchio e il nuovo; **les vieux** (*aussi parents*) i vecchi; **un petit vieux** un vecchietto; **mon vieux/ma vieille** (*fam*) caro mio/cara mia; **prendre un coup de vieux** invecchiare (di colpo); **se faire vieux** invecchiare; **un vieux de la vieille** uno della vecchia guardia; ▸ **vieux garçon** scapolo; ▸ **vieux jeu** *adj inv* all'antica, antiquato(-a); ▸ **vieux rose** *adj inv* rosa antico *inv*; ▸ **vieil or** *adj inv* oro antico *inv*; ▸ **vieille fille** zitella.
vif, vive [vif, viv] *adj* vivo(-a); (*animé, alerte*) vivace; (*brusque*) brusco(-a); (*air, vent, froid*) pungente; (*déception*) profondo(-a); **brûlé ~** bruciato(-a) vivo; **eau/source vive** acqua/sorgente viva; **de vive voix** a viva voce; **toucher** *ou* **piquer qn au ~** toccare *ou* pungere qn sul vivo; **tailler** *ou* **couper dans le ~** incidere *ou* tagliare nel vivo; **à ~** (*plaie*) aperto(-a); **avoir les nerfs à ~** avere i nervi a fior di pelle; **sur le ~** (*ART*) dal vero; **entrer dans le ~ du sujet/débat** entrare nel vivo di un argomento/dibattito.
vif-argent [vifaʀʒɑ̃] *nm inv* argento vivo.
vigie [viʒi] *nf* vedetta; (*poste*) (posto di) vedetta.
vigilance [viʒilɑ̃s] *nf* vigilanza.
vigilant, e [viʒilɑ̃, ɑ̃t] *adj* attento(-a), vigi-

le.

vigile [viʒil] *nm* (*veilleur de nuit*) guardiano notturno; (*police privée*) guardia giurata.

vigne [viɲ] *nf* (*plante*) vite *f*; (*plantation*) vigna, vigneto; ▸ **vigne vierge** vite *f* del Canada.

vigneron [viɲ(ə)ʀɔ̃] *nm* viticoltore *m*, vignaiolo.

vignette [viɲɛt] *nf* (*motif, illustration*) vignetta; (*de marque*) contrassegno; (*ADMIN*) bollo (di circolazione); (: *sur médicament*) fustella.

vignoble [viɲɔbl] *nm* vigneto, vigna; (*vignes d'une région*) vigneti *mpl*.

vigoureusement [viguʀøzmɑ̃] *adv* vigorosamente; (*peindre, exprimer*) con vigore.

vigoureux, -euse [viguʀø, øz] *adj* vigoroso(-a).

vigueur [vigœʀ] *nf* vigore *m*; **en ~** in uso; (*JUR*) in vigore; **être/entrer en ~** (*JUR*) essere/entrare in vigore.

vil, e [vil] *adj* vile; **à ~ prix** a prezzo bassissimo.

vilain, e [vilɛ̃, ɛn] *adj* brutto(-a); (*pas sage: enfant*) cattivo(-a) ♦ *nm* (*paysan*) villano; **ça va faire du/tourner au ~** (la cosa) si mette male; ▸ **vilain mot** parolaccia.

vilainement [vilɛnmɑ̃] *adv* male, malamente.

vilebrequin [vilbʀəkɛ̃] *nm* (*outil*) girabacchino, trapano a manovella; (*AUTO*) albero a gomiti.

vilenie [vil(ə)ni] *nf* bassezza.

vilipender [vilipɑ̃de] *vt* vilipendere.

villa [villa] *nf* villa.

village [vilaʒ] *nm* paese *m*, paesino; ▸ **village de toile** tendopoli *f inv*; ▸ **village de vacances** (*organisation*) villaggio turistico.

villageois, e [vilaʒwa, waz] *adj* campagnolo(-a), paesano(-a) ♦ *nm/f* paesano(-a), abitante *m/f* del paese.

ville [vil] *nf* città *f inv*; **la ~** (*administration*) il comune; **habiter en ~** abitare in città; (*opposé à banlieue*) abitare in centro; **aller en ~** andare in città; ▸ **ville nouvelle** nuova cittadina (*creata per favorire il decentramento*).

ville-champignon [vilʃɑ̃piɲɔ̃] (*pl* **~s-~s**) *nf città fungo*.

ville-dortoir [vildɔʀtwaʀ] (*pl* **~s-~s**) *nf* città *f inv* dormitorio *inv*.

villégiateur [vi(l)leʒjatœʀ] *nm* villeggiante *m*.

villégiature [vi(l)leʒjatyʀ] *nf* villeggiatura.

vin [vɛ̃] *nm* vino; **avoir le ~ gai/triste** avere la sbornia allegra/triste; ▸ **vin blanc** vino bianco; ▸ **vin d'honneur** bicchierata; ▸ **vin de messe** vino da messa; ▸ **vin de pays** ≈ vino da tavola (*non DOC*); ▸ **vin de table** vino da pasto; ▸ **vin nouveau** vino nuovo; ▸ **vin ordinaire** vino comune; ▸ **vin rosé** vino rosé *ou* rosato; ▸ **vin rouge** vino rosso.

vinaigre [vinɛgʀ] *nm* aceto; **tourner au ~** (*fig*) prendere una brutta piega; ▸ **vinaigre d'alcool** aceto di acquavite; ▸ **vinaigre de vin** aceto di vino.

vinaigrette [vinɛgʀɛt] *nf condimento per l'insalata a base di olio, aceto, sale e senape*.

vinaigrier [vinɛgʀije] *nm* produttore *m* di aceto; (*flacon*) ampolla per l'aceto.

vinasse [vinas] (*péj*) *nf* vinaccio.

vindicatif, -ive [vɛ̃dikatif, iv] *adj* vendicativo(-a).

vindicte [vɛ̃dikt] *nf*: **désigner qn à la ~ publique** additare qn alla pubblica riprovazione.

vineux, -euse [vinø, øz] *adj* (*couleur*) color vino *inv*; (*odeur*) vinoso(-a).

vingt [vɛ̃] *adj inv, nm inv* venti *m inv*; **~-quatre heures sur ~-quatre** ventiquattr'ore su ventiquattro; *voir aussi* **cinq**.

vingtaine [vɛ̃tɛn] *nf*: **une ~ (de)** una ventina (di).

vingtième [vɛ̃tjɛm] *adj, nm/f* ventesimo(-a) ♦ *nm* ventesimo; ▸ **le vingtième siècle** il ventesimo secolo; *voir aussi* **cinquième**.

vinicole [vinikɔl] *adj* (*production*) vinicolo(-a); (*région*) vinifero(-a).

vinification [vinifikasjɔ̃] *nf* (*du raisin*) vinificazione *f*; (*des sucres*) fermentazione *f* alcolica.

vins *etc* [vɛ̃] *vb voir* **venir**.

vinyle [vinil] *nm* vinile *m*.

viol [vjɔl] *nm* (*d'une femme*) stupro, violenza carnale; (*d'un lieu sacré*) violazione *f*.

violacé, e [vjɔlase] *adj* violaceo(-a).

violation [vjɔlasjɔ̃] *nf* violazione *f*; ▸ **violation de sépulture** violazione di sepolcro.

violemment [vjɔlamɑ̃] *adv* violentemente.

violence [vjɔlɑ̃s] *nf* violenza; **faire ~ à qn** fare violenza a qn; **se faire ~** costringersi.

violent, e [vjɔlɑ̃, ɑ̃t] *adj* violento(-a).

violenter [vjɔlɑ̃te] *vt* violentare.

violer [vjɔle] *vt* violare; (*femme*) stuprare, violentare.

violet, te [vjɔlɛ, ɛt] *adj* viola *inv*, violetto (-a) ♦ *nm* viola *m inv*, violetto.

violette [vjɔlɛt] *nf* viola, violetta.

violeur [vjɔlœʀ] *nm* stupratore *m*.

violine [vjɔlin] *nf* violetto.

violon [vjɔlɔ̃] *nm* violino; (*fam: prison*) guardina; **premier ~** (*MUS*) primo violino; ▸ **violon d'Ingres** hobby *m inv*, passatempo.

violoncelle [vjɔlɔ̃sɛl] *nm* violoncello.

violoncelliste [vjɔlɔ̃selist] *nm/f* violoncelli-

sta *m/f*.
violoniste [vjɔlɔnist] *nm/f* violinista *m/f*.
VIP [veipe] *sigle m* (= *Very Important Person*) V.I.P. *m inv*.
vipère [vipɛʀ] *nf* vipera.
virage [viʀaʒ] *nm* (*d'un véhicule, d'une route*) curva, svolta; (*CHIM, PHOTO*) viraggio; (*de cuti-réaction*) reazione *f* positiva; (*fig*: *POL etc*) svolta; **prendre un ~** prendere una curva; ▸ **virage sans visibilité** (*AUTO*) curva cieca; ▸ **virage sur l'aile** (*AVIAT*) virata sull'ala.
virago [viʀago] (*péj*) *nf* virago *f*.
viral, e, -aux [viʀal, o] *adj* virale.
virée [viʀe] *nf* giro.
virement [viʀmɑ̃] *nm* (*COMM*) trasferimento, bonifico; ▸ **virement bancaire** bonifico (bancario); ▸ **virement postal** postagiro.
virent [viʀ] *vb voir* **voir**.
virer [viʀe] *vt* (*COMM*: *somme*): **~ qch (sur)** girare *ou* trasferire qc (su); (*PHOTO*) sottoporre al viraggio; (*fam*: *renvoyer*) cacciare via ♦ *vi* (*changer de direction*) girare, voltare; (: *NAUT, AVIAT*) virare; (*CHIM, PHOTO*) virare; (*MÉD*: *cuti-réaction*) risultare positivo(-a); **~ au bleu/au rouge** tendere all'azzurro/al rosso; **~ de bord** (*NAUT*) virare di bordo; **~ sur l'aile** (*AVIAT*) virare sull'ala.
virevolte [viʀvɔlt] *nf* (*d'une danseuse*) piroetta; (*changement*) cambiamento repentino.
virevolter [viʀvɔlte] *vi* piroettare; (*fig*) svolazzare.
virginal, e, -aux [viʀʒinal, o] *adj* verginale; (*fig*: *blancheur*) immacolato(-a).
virginité [viʀʒinite] *nf* verginità *f inv*.
virgule [viʀgyl] *nf* virgola; **4 ~ 2** 4 virgola 2; ▸ **virgule flottante** virgola mobile.
viril, e [viʀil] *adj* virile.
viriliser [viʀilize] *vt* virilizzare.
virilité [viʀilite] *nf* virilità.
virologie [viʀɔlɔʒi] *nf* virologia.
virologiste [viʀɔlɔʒist] *nm/f* virologo(-a).
virtualité [viʀtɥalite] *nf* virtualità.
virtuel, le [viʀtɥɛl] *adj* virtuale.
virtuellement [viʀtɥɛlmɑ̃] *adv* virtualmente; (*presque*) praticamente.
virtuose [viʀtɥoz] *nm/f, adj* virtuoso(-a).
virtuosité [viʀtɥozite] *nf* virtuosità; (*MUS*) virtuosismo; **exercices de ~** (*MUS*) pezzi *mpl* di bravura.
virulence [viʀylɑ̃s] *nf* virulenza.
virulent, e [viʀylɑ̃, ɑ̃t] *adj* virulento(-a).
virus [viʀys] *nm* virus *m inv*.
vis[1] [vi] *vb voir* **voir**; **vivre**.
vis[2] [vis] *nf* vite *f*; ▸ **vis à tête plate** vite a testa piana; ▸ **vis à tête ronde** vite a testa tonda; ▸ **vis platinées** (*AUTO*) puntine platinate; ▸ **vis sans fin** vite senza fine.
visa [viza] *nm* visto; ▸ **visa de censure** (*CINÉ*) visto della censura.
visage [vizaʒ] *nm* viso, volto; (*fig*: *aspect*) volto; **à ~ découvert** (*franchement*) a viso aperto.
visagiste [vizaʒist] *nm/f* visagista *m/f*.
vis-à-vis [vizavi] *adv* di fronte ♦ *nm inv* persona (*ou* cosa) di fronte; **~-~-~ de** di fronte a; (*fig*: *à l'égard de*) nei confronti di; (: *en comparaison de*) in confronto a; **en ~-~-~** di fronte; **sans ~-~-~** (*immeuble*) senza nulla di fronte.
viscéral, e, -aux [viseʀal, o] *adj* viscerale.
viscères [visɛʀ] *nmpl* viscere *fpl*.
viscose [viskoz] *nf* viscosa.
viscosité [viskozite] *nf* viscosità.
visée [vize] *nf* (*avec une arme*) puntamento, mira; (*ARPENTAGE*) rilevamento; **~s** *nfpl* (*intentions*) mire *fpl*; **avoir des ~s sur qn/qch** avere delle mire su qn/qc.
viser [vize] *vi* mirare ♦ *vt* mirare a; (*concerner*) riguardare; (*apposer un visa sur*) vistare; **~ à qch/faire** (*avoir pour but*) mirare a qc/fare.
viseur [vizœʀ] *nm* (*d'arme, PHOTO*) mirino.
visibilité [vizibilite] *nf* visibilità; **bonne/mauvaise ~** buona/scarsa visibilità; **sans ~** (*pilotage, virage*) cieco(-a).
visible [vizibl] *adj* visibile; (*évident*) chiaro(-a), evidente; **est-il ~?** (*disponible*) riceve?
visiblement [viziblәmɑ̃] *adv* visibilmente.
visière [vizjɛʀ] *nf* visiera; **mettre sa main en ~** ripararsi gli occhi dalla luce con la mano.
vision [vizjɔ̃] *nf* (*sens*) vista; (*image*) visione *f*; **en première ~** (*CINÉ*) in prima visione.
visionnaire [vizjɔnɛʀ] *adj, nm/f* visionario (-a).
visionner [vizjɔne] *vt* visionare.
visionneuse [vizjɔnøz] *nf* (*PHOTO*) visore *m*; (*CINÉ*) moviola.
visite [vizit] *nf* visita; (*expertise*) sopralluogo; **faire une ~ à qn** fare una visita a qn; **rendre ~ à qn** far visita a qn; **être en ~ (chez qn)** essere in visita (da qn); **heures de ~** orario delle visite; **le droit de ~** (*JUR*: *aux enfants d'un(e) divorcé(e)*) diritto di accesso; ▸ **visite de douane** visita *ou* ispezione *f* doganale; ▸ **visite domiciliaire** perquisizione *f* domiciliare; ▸ **visite médicale** visita medica.
visiter [vizite] *vt* visitare.
visiteur, -euse [vizitœʀ, øz] *nm/f* (*touriste*) visitatore(-trice); ▸ **visiteur de prison** visitatore(-trice) di carceri; ▸ **visiteur des douanes** ispettore *m* doganale; ▸ **visiteur médical** informatore *m* medico scientifico.

vison [vizɔ̃] *nm* visone *m*.
visqueux, -euse [viskø, øz] *adj* viscoso(-a), vischioso(-a); (*péj*) viscido(-a).
visser [vise] *vt* avvitare.
visu [vizy]: **de** ~ *adv* de visu.
visualisation [vizɥalizasjɔ̃] *nf* visualizzazione *f*; **écran de** ~ schermo di visualizzazione, display *m inv*.
visualiser [vizɥalize] *vt* visualizzare.
visuel, le [vizɥɛl] *adj* visivo(-a) ♦ *nm* (*INFORM*) schermo di visualizzazione, display *m inv*.
visuellement [vizɥɛlmɑ̃] *adv* coi propri occhi.
vit [vi] *vb voir* **voir; vivre**.
vital, e, -aux [vital, o] *adj* vitale.
vitalité [vitalite] *nf* vitalità.
vitamine [vitamin] *nf* vitamina.
vitaminé, e [vitamine] *adj* vitaminizzato(-a).
vitaminique [vitaminik] *adj* vitaminico(-a).
vite [vit] *adv* (*rapidement*: *passer, travailler*) velocemente; (*sans délai*) presto; **faire** ~ sbrigarsi; **ce sera** ~ **fini** finirà presto; **viens** ~! vieni, presto!
vitesse [vitɛs] *nf* velocità *f inv*; (*AUTO*): **les** ~**s** le marce *fpl*; **prendre qn de** ~ battere qn sul tempo; **faire de la** ~ correre *ou* andare molto forte; **prendre de la** ~ prendere velocità; **à toute** ~ a tutta velocità; **en perte de** ~ (*avion*) che perde quota; (*fig*) in declino, in ribasso; **changer de** ~ (*AUTO*) cambiare (marcia); **en première/deuxième** ~ (*AUTO*) in prima/seconda; ▶ **vitesse acquise** velocità acquisita; ▶ **vitesse de croisière** velocità di crociera; ▶ **vitesse de pointe** velocità massima; ▶ **vitesse du son** velocità del suono.
viticole [vitikɔl] *adj* viticolo(-a).
viticulteur [vitikyltœʀ] *nm* viticoltore *m*.
viticulture [vitikyltyʀ] *nf* viticoltura.
vitrage [vitʀaʒ] *nm* (*cloison, toit*) vetrata; (*rideau*) tendina.
vitrail, -aux [vitʀaj, o] *nm* vetrata; (*technique*) tecnica di costruzione delle vetrate.
vitre [vitʀ] *nf* vetro.
vitré, e [vitʀe] *adj* a vetri; **porte** ~**e** porta a vetri.
vitrer [vitʀe] *vt* mettere i vetri a.
vitreux, -euse [vitʀø, øz] *adj* vetroso(-a); (*terne*: *œil*) vitreo(-a).
vitrier [vitʀije] *nm* vetraio.
vitrifier [vitʀifje] *vt* vetrificare; (*parquet*) verniciare.
vitrine [vitʀin] *nf* vetrina; ▶ **vitrine publicitaire** vetrina, bacheca.
vitriol [vitʀijɔl] *nm* vetriolo; **au** ~ (*fig*: *critique*) spietato(-a).
vitupérations [vitypeʀasjɔ̃] *nfpl* invettive *fpl*.
vitupérer [vitypeʀe] *vi* inveire; ~ **contre qn/qch** inveire contro qn/qc.
vivable [vivabl] *adj* (*personne*) sopportabile; (*endroit*) vivibile.
vivace [*adj* vivas; *adv* vivatʃe] *adj* (*arbre, plante*) perenne; (*fig*: *haine*) tenace ♦ *adv* (*MUS*) vivace.
vivacité [vivasite] *nf* vivacità.
vivant, e [vivɑ̃, ɑ̃t] *vb voir* **vivre** ♦ *adj* (*qui vit*) vivo(-a); (*animé*: *personne, œuvre*) vivo(-a), vivace; (*preuve, exemple, témoignage*) vivente; (*langue*) vivo(-a), moderno(-a) ♦ *nm*: **du** ~ **de ...** quando era ancora vivo(-a) ...; **les** ~**s et les morts** i vivi e i morti.
vivarium [vivaʀjɔm] *nm* terrario.
vivats [viva] *nmpl* evviva *mpl*.
vive [viv] *adj f voir* **vif** ♦ *vb voir* **vivre** ♦ *excl* viva; ~ **les vacances**! viva le vacanze!
vivement [vivmɑ̃] *adv* vivamente; (*de façon brusque*) bruscamente; (*fortement*) fortemente ♦ *excl*: ~ **qu'il s'en aille**! speriamo che se ne vada presto!; ~ **les vacances**! ben vengano le vacanze!
viveur [vivœʀ] (*péj*) *nm* viveur *m inv*.
vivier [vivje] *nm* vivaio.
vivifiant, e [vivifjɑ̃, jɑ̃t] *adj* vivificante.
vivifier [vivifje] *vt* tonificare, vivificare; (*fig*) ravvivare.
vivions [vivjɔ̃] *vb voir* **vivre**.
vivipare [vivipaʀ] *adj* viviparo(-a).
vivisection [vivisɛksjɔ̃] *nf* vivisezione *f*.
vivoter [vivɔte] *vi* vivacchiare; (*affaire*) tirare avanti.
vivre [vivʀ] *vi, vt* vivere ♦ *nm*: **le** ~ **et le logement** (il) vitto e (l')alloggio; ~**s** *nmpl* (*nourriture*) viveri *mpl*; **la victime vit encore** la vittima è ancora in vita; **savoir** ~ saper vivere; **se laisser** ~ prendere la vita come viene; **ne plus** ~ (*être anxieux*) non vivere più; **il a vécu** (*eu une vie aventureuse*) ha vissuto; **ce régime a vécu** questo regime ha fatto il suo tempo; **il est facile/difficile à** ~ ha un carattere accomodante/difficile; **faire** ~ **qn** (*pourvoir à sa subsistance*) mantenere qn; ~ **bien/mal** (*largement, chichement*) vivere agiatamente/poveramente; ~ **de** (*salaire etc*) vivere di.
vivrier, -ère [vivʀije, ijɛʀ] *adj*: **cultures vivrières** colture *fpl* alimentari.
vlan [vlɑ̃] *excl* paf, paffete.
v.o. [veo] *sigle f* (*CINÉ* = *version originale*) versione *f* originale; ~ **sous-titrée** versione originale sottotitolata.
vocable [vɔkabl] *nm* vocabolo.
vocabulaire [vɔkabylɛʀ] *nm* vocabolario.
vocal, e, -aux [vɔkal, o] *adj* vocale.
vocalique [vɔkalik] *adj* vocalico(-a).
vocalise [vɔkaliz] *nf* vocalizzo; **faire des** ~**s** fare dei vocalizzi.

vocaliser [vɔkalize] *vt, vi* vocalizzare.
vocation [vɔkasjɔ̃] *nf* vocazione *f*; **avoir la ~** avere la vocazione.
vociférations [vɔsifeʀasjɔ̃] *nfpl* urla *fpl*.
vociférer [vɔsifeʀe] *vi, vt* gridare, urlare.
vodka [vɔdka] *nf* vodka *f inv*.
vœu, x [vø] *nm* (*souhait*) augurio; (*désir*) desiderio; (*à Dieu*) voto; **faire ~ de** fare voto di; **avec tous nos** *ou* **nos meilleurs ~x** con i nostri migliori *ou* più cari auguri; **faire le ~ que** sperare *ou* augurarsi che; ▸**vœux de bonheur** auguri *mpl* di felicità; ▸**vœux de bonne année** auguri *mpl* di buon anno.
vogue [vɔg] *nf* moda, voga; **en ~** in voga, di moda.
voguer [vɔge] *vi* navigare.
voici [vwasi] *prép* ecco; **et ~ que ...** ed ecco che ...; **il est parti ~ 3 ans** è partito tre anni fa; **~ une semaine que je l'ai vue** è da una settimana che non lo vedo; **me ~** eccomi qua; *voir aussi* **voilà**.
voie [vwa] *vb voir* **voir** ♦ *nf* (*chemin, passage*) via; (*RAIL*) binario; (*AUTO*) carreggiata; (*fig*: *orientation*) strada; **par ~ buccale** *ou* **orale** (*MÉD*) per via orale; **par ~ rectale** per via rettale; **suivre la ~ hiérarchique** andare per via gerarchica; **ouvrir/montrer la ~** aprire/indicare la strada; **être en bonne ~** essere ben avviato(-a); **mettre qn sur la ~** mettere qn sulla strada giusta; **en ~ de** (*en cours de*) in via di; **pays en ~ de développement** paese *m* in via di sviluppo; **route à 2/3 ~s** strada a 2/3 corsie; **par la ~ aérienne/maritime** per via aerea/marittima; **par ~ ferrée** per ferrovia; ▸**voie à sens unique** strada a senso unico; ▸**voie d'eau** (*NAUT*: *voie navigable*) via navigabile; (: *entrée d'eau*) falla; ▸**voie de fait** (*JUR*) via di fatto; ▸**voie de garage** (*RAIL, fig*) binario morto; (*fig*); ▸**voie express** ≈ superstrada; ▸**voie ferrée** ferrovia; ▸**la voie lactée** la via lattea; ▸**voie navigable** via navigabile; ▸**voie prioritaire** strada con (diritto di) precedenza; ▸**voie privée** strada privata; ▸**la voie publique** la pubblica via.
voilà [vwala] *prép* (*en désignant*) ecco; **les ~** *ou* **voici** eccoli (qua); **en ~** *ou* **voici un** eccone uno; **~** *ou* **voici deux ans** due anni fa; **~** *ou* **voici deux ans que ...** sono due anni che ...; **et ~!** e questo è tutto!; **~ tout** ecco tutto; **"~"** *ou* **"voici"** (*en offrant qch*) "ecco qua".
voilage [vwalaʒ] *nm* (*rideau*) tenda, tendaggio; (*tissu*) velo.
voile [vwal] *nm* velo; (*tissu léger*) voile *m inv*; (*PHOTO*) velatura, velo ♦ *nf* (*de bateau, SPORT*) vela; **prendre le ~** (*REL*) prendere il velo; **mettre à la ~** (*NAUT*) salpare; ▸**voile au poumon** *nm* (*MÉD*) velo al polmone; ▸**voile du palais** *nm* (*ANAT*) velo palatino, palato molle.
voiler [vwale] *vt* velare; (*fausser*: *roue*) deformare; (: *bois*) incurvare; **se voiler** *vr* velarsi; (*TECH*: *roue, disque*) deformarsi; (: *planche*) incurvarsi; **se ~ la face** coprirsi il viso.
voilette [vwalɛt] *nf* veletta.
voilier [vwalje] *nm* (*bateau*) veliero; (: *de plaisance*) barca a vela.
voilure [vwalyʀ] *nf* velatura; (*d'un parachute*) calotta.
voir [vwaʀ] *vi* vedere; (*comprendre*): **je vois** capisco, vedo ♦ *vt* vedere; **se voir** *vr* vedersi; **cela se voit** (*cela arrive*) succede, capita; (*c'est évident*) si vede; **~ à faire qch** vedere di fare qc; **~ loin** (*fig*) essere lungimirante; **je te vois venir** capisco dove vuoi arrivare; **faire ~ qch à qn** far vedere qc a qn; **en faire ~ à qn** (*fig*) farne (vedere) a qn di tutti i colori; **ne pas pouvoir ~ qn** (*fig*) non poter vedere qn; **regardez-~** veda un po'; **montrez-~** faccia un po' vedere; **dites-~** dica un po'; **voyons!** su!, andiamo!; **c'est à ~!** è da vedersi!; **c'est à vous de ~** veda lei; **c'est ce qu'on va ~!** la vedremo!; **avoir quelque chose à ~ avec** avere qualcosa a che vedere con; **cela n'a rien à ~ avec lui** non ha nulla a che vedere *ou* fare con lui.
voire [vwaʀ] *adv* anzi.
voirie [vwaʀi] *nf* manutenzione *f* della rete stradale; (*administration*) (ufficio della) viabilità; (*enlèvement des ordures*) nettezza urbana.
vois [vwa] *vb voir* **voir**.
voisin, e [vwazɛ̃, in] *adj* vicino(-a); (*ressemblant*) simile ♦ *nm/f* vicino(-a); ▸**voisin de palier** vicino(-a) di pianerottolo.
voisinage [vwazinaʒ] *nm* (*proximité*) vicinanza; (*environs*) vicinanze *fpl*; (*quartier*) quartiere *m*; (*voisins*) vicinato; **relations de bon ~** rapporti di buon vicinato.
voisiner [vwazine] *vi*: **~ avec qn/qch** essere vicino(-a) a qn/qc.
voit [vwa] *vb voir* **voir**.
voiture [vwatyʀ] *nf* vettura, automobile *f*, macchina; (*wagon*) vettura, carrozza; **en ~!** (*RAIL*) in vettura!; ▸**voiture à bras** carretto a mano; ▸**voiture d'enfant** carrozzina; ▸**voiture d'infirme** carrozzella; ▸**voiture de sport** macchina sportiva.
voiture-lit [vwatyʀli] (*pl* **~s-~s**) *nf* vagone *m* letto *inv*.
voiture-restaurant [vwatyʀʀɛstɔʀɑ̃] (*pl* **~s-~s**) *nf* vagone *m* ristorante *inv*.
voix [vwɑ] *nf* voce *f*; (*POL*) voto; **la ~ de la conscience/raison** la voce della coscienza/ragione; **à haute ~** ad alta

voce; **à ~ basse** a bassa voce; **faire la grosse ~** fare la voce grossa; **avoir de la ~** avere voce; **rester sans ~** rimanere senza voce; **à 2/4 ~** (*MUS*) a 2/4 voci; **avoir/ne pas avoir ~ au chapitre** avere/non avere voce in capitolo; **mettre aux ~** mettere ai voti; ▸ **voix de basse/de ténor** voce di basso/di tenore.

vol [vɔl] *nm* volo; (*mode d'appropriation, larcin*) furto; (*groupe d'oiseaux*) stormo; **à ~ d'oiseau** in linea d'aria; **au ~** (*attraper, saisir*) al volo; **prendre son ~** prendere il volo; **de haut ~** (*fig*) di alto bordo; ▸ **vol à l'étalage** taccheggio; ▸ **vol à la tire** borseggio, scippo; ▸ **vol à main armée** rapina a mano armata; ▸ **vol à voile** volo a vela; ▸ **vol avec effraction** furto con scasso; ▸ **vol de nuit** volo notturno; ▸ **vol en palier** (*AVIAT*) volo orizzontale; ▸ **vol libre** (*SPORT*) deltaplano; ▸ **vol plané** (*AVIAT*) volo planato; ▸ **vol qualifié** furto aggravato; ▸ **vol simple** (*JUR*) furto semplice; ▸ **vol sur aile delta** (*SPORT*) deltaplano.

vol. *abr* (= *volume*) vol.

volage [vɔlaʒ] *adj* volubile.

volaille [vɔlɑj] *nf* pollame *m*; (*oiseau*) pollo.

volailler [vɔlɑje] *nm* pollivendolo.

volant, e [vɔlɑ̃, ɑ̃t] *adj* volante ♦ *nm* volante *m*; (*objet lancé, jeu*) volano; (*bande de tissu*) volant *m inv*; (*feuillet détachable*) figlia; **le personnel ~, les ~s** (*AVIAT*) il personale di bordo; ▸ **volant de sécurité** (*fig*) margine *m* di sicurezza.

volatil, e [vɔlatil] *adj* volatile.

volatile [vɔlatil] *nm* volatile *m*.

volatiliser [vɔlatilize]: **se ~** *vr* volatilizzarsi.

vol-au-vent [vɔlovɑ̃] *nm inv* vol-au-vent *m inv*.

volcan [vɔlkɑ̃] *nm* vulcano.

volcanique [vɔlkanik] *adj* vulcanico(-a).

volcanologie [vɔlkanɔlɔʒi] *nf* vulcanologia.

volcanologue [vɔlkanɔlɔg] *nm/f* vulcanologo(-a).

volée [vɔle] *nf* (*groupe d'oiseaux*) stormo; (*TENNIS*) volée *f inv*; **à la ~** al volo; **lancer à la ~** lanciare con forza; **semer à la ~** seminare a spaglio; **à toute ~** (*sonner les cloches*) a distesa; (*lancer un projectile*) con tutta forza; **de haute ~** (*fig: de haut rang*) di alto bordo; (*de grande envergure*) di ampia portata; ▸ **volée (de coups)** scarica (di colpi); ▸ **volée de flèches** scarica di frecce; ▸ **volée d'obus** scarica di proiettili.

voler [vɔle] *vi* volare; (*voleur*) rubare ♦ *vt* rubare; (*personne*) derubare; **~ en éclats** andare in frantumi; **~ de ses propres ailes** (*fig*) camminare con le proprie gambe; **~ au vent** svolazzare al vento.

volet [vɔlɛ] *nm* (*de fenêtre*) imposta, persiana; (*AVIAT*) alettone *f*; (*de feuillet, document*) parte *f* (*di foglio piegato*); (*fig: d'un plan, d'une politique*) parte *f*, elemento; **trié sur le ~** scelto con la massima cura; ▸ **volet de freinage** (*AVIAT*) aerofreno.

voleter [vɔl(ə)te] *vi* svolazzare.

voleur, -euse [vɔlœʀ, øz] *nm/f, adj* ladro (-a).

volière [vɔljɛʀ] *nf* voliera.

volley [vɔlɛ] *nm* = **volley-ball**.

volley-ball [vɔlɛ(bɔl)] (*pl* **~-~s**) *nm* pallavolo *f*.

volleyeur, -euse [vɔlɛjœʀ, øz] *nm/f* pallavolista *m/f*.

volontaire [vɔlɔ̃tɛʀ] *adj* volontario(-a); (*délibéré*) intenzionale, voluto(-a); (*caractère, personne*) volitivo(-a) ♦ *nm/f* volontario (-a); (*MIL*): **(engagé) ~** volontario.

volontairement [vɔlɔ̃tɛʀmɑ̃] *adv* volontariamente.

volontariat [vɔlɔ̃taʀja] *nm* volontariato.

volontarisme [vɔlɔ̃taʀism] *nm* volontarismo.

volontariste [vɔlɔ̃taʀist] *adj* volontaristico(-a).

volonté [vɔlɔ̃te] *nf* volontà *f inv*; **à ~** a volontà; **bonne/mauvaise ~** buona/cattiva volontà; **les dernières ~s de qn** le ultime volontà di qn.

volontiers [vɔlɔ̃tje] *adv* volentieri; (*habituellement*) sovente, spesso.

volt [vɔlt] *nm* volt *m inv*.

voltage [vɔltaʒ] *nm* voltaggio.

volte-face [vɔltəfas] *nf inv* dietrofront *m inv*; (*fig*) voltafaccia *m inv*; **faire ~-~** fare dietrofront; fare un voltafaccia.

voltige [vɔltiʒ] *nf* (*au cirque, AVIAT, fig*) acrobazia; (*ÉQUITATION*) volteggio; **numéro de haute ~** numero di alta acrobazia.

voltiger [vɔltiʒe] *vi* svolazzare.

voltigeur, -euse [vɔltiʒœʀ, øz] *nm/f* (*au cirque*) acrobata *m/f* ♦ *nm* (*MIL*) volteggiatore *m*.

voltmètre [vɔltmɛtʀ] *nm* voltmetro.

volubile [vɔlybil] *adj* loquace.

volubilis [vɔlybilis] *nm* vilucchio.

volume [vɔlym] *nm* volume *m*; (*GÉOM: solide*) solido.

volumétrique [vɔlymetʀik] *adj* volumetrico(-a).

volumineux, -euse [vɔlyminø, øz] *adj* voluminoso(-a).

volupté [vɔlypte] *nf* voluttà *f inv*.

voluptueusement [vɔlyptɥøzmɑ̃] *adv* voluttuosamente.

voluptueux, -euse [vɔlyptɥø, øz] *adj* voluttuoso(-a).

volute [vɔlyt] *nf* voluta; ▸ **volute de fumée** voluta di fumo.

vomi [vɔmi] *nm* vomito.
vomir [vɔmiʀ] *vi* vomitare ♦ *vt* vomitare; **il vomit les lâches** i vigliacchi gli fanno schifo.
vomissement [vɔmismɑ̃] *nm* vomito.
vomissure [vɔmisyʀ] *nf* vomito.
vomitif [vɔmitif] *nm* vomitivo, vomitativo.
vont [vɔ̃] *vb voir* **aller**.
vorace [vɔʀas] *adj* vorace.
voracement [vɔʀasmɑ̃] *adv* voracemente.
voracité [vɔʀasite] *nf* voracità.
vos [vo] *dét voir* **votre**.
Vosges [voʒ] *nfpl*: **les** ~ i Vosgi.
vosgien, ne [voʒjɛ̃, jɛn] *adj* dei Vosgi ♦ *nm/f*: **V~, ne** abitante *m/f* dei Vosgi.
votant, e [vɔtɑ̃, ɑ̃t] *nm/f* votante *m/f*.
vote [vɔt] *nm* (*de loi*) approvazione *f*; (*suffrage*) voto; (*consultation, élection*) votazione *f*, voto; ▶ **vote à bulletins secrets** voto a scrutinio segreto; ▶ **vote à main levée** votazione per alzata di mano; ▶ **vote par correspondance** voto per corrispondenza; ▶ **vote par procuration** voto per procura; ▶ **vote secret** votazione *f* segreta.
voter [vɔte] *vi* votare ♦ *vt* approvare, votare.
votre [vɔtʀ] (*pl* **vos**) *dét* (il) vostro, (la) vostra, (i) vostri, (le) vostre; (*forme de politesse*) (il) suo, (la) sua, (i) suoi, (le) sue.
vôtre [votʀ] *pron*: **le ~, la ~, les ~s** il vostro, la vostra, i vostri, le vostre; (*forme de politesse*) il suo, la sua, i suoi, le sue; **les ~s** (*fig*) i vostri; i suoi; **à la** ~ (*toast*) alla vostra; alla sua.
voudrai *etc* [vudʀe] *vb voir* **vouloir**.
voué, e [vwe] *adj*: ~ **à** destinato(-a) a, condannato(-a) a.
vouer [vwe] *vt* votare; **se vouer à** *vr* dedicarsi a; ~ **sa vie** dedicare la propria vita a; ~ **une amitié éternelle à qn** giurare eterna amicizia a qn.

MOT-CLÉ

vouloir [vulwaʀ] *vt* **1** (*exiger, désirer*) volere; **voulez-vous du thé?** vuole del tè?; **que me veut-il?** cosa vuole da me?; **sans le vouloir** senza volere *ou* volerlo; **je voudrais ceci/faire** vorrei questo/fare; **le hasard a voulu que ...** il caso ha voluto che ...; **la tradition veut que ...** tradizione vuole che ...; **vouloir faire/que qn fasse** voler fare/che qn faccia

2 (*consentir*): **je veux bien** (*bonne volonté*) io sono d'accordo; (*concession*) posso anche ammetterlo; **oui, si on veut** (*en quelque sorte*) sì, se vogliamo; **si vous voulez** se vuole; **veuillez attendre** attenda per favore; **veuillez agréer ...** (*formule épistolaire*) voglia gradire ...; **comme vous voudrez** come vuole

3: **en vouloir à**: **en vouloir à qn/qch** avercela con qn/qc; **s'en vouloir (de qch/d'avoir fait qch)** essersi pentito(-a) (di qc/di aver fatto qc); **il en veut à mon argent** ha delle mire sui miei soldi; **vouloir qch à qn** augurare qc a qn

4: **vouloir de qch/qn** (*accepter*): **l'entreprise ne veut plus de lui** la ditta non ne vuole più sapere di lui; **elle ne veut pas de son aide** non vuole il suo aiuto

5: **vouloir dire (que)** (*signifier*) voler dire (che)

♦ *nm*: **le bon vouloir de qn** la buona volontà di qn.

---

voulu, e [vuly] *pp de* **vouloir** ♦ *adj* (*requis*) necessario(-a), richiesto(-a); (*délibéré*) voluto(-a).
vous [vu] *pron* voi; (*forme de politesse*) lei; (*réfléchi*: *direct, indirect*) la, vi; (*réciproque*) vi ♦ *nm*: **employer le** ~ dare del voi; ~ **pouvez** ~ **asseoir** potete sedervi; può sedersi; ~ **pouvez** ~ **en aller** potete andarvene; può andarsene; **je** ~ **le jure** ve lo giuro; glielo giuro; **il** ~ **en donne** ve ne dà; gliene dà.
vous-même [vumɛm] *pron* (*sujet*) voi stessi; (*forme de politesse*) lei stesso; ~-~ lei stesso(-a); ~-~s voi stessi(-e).
voûte [vut] *nf* volta; ▶ **la voûte céleste** la volta celeste; ▶ **voûte du palais** (*ANAT*) volta palatina; ▶ **voûte plantaire** (*ANAT*) volta plantare.
voûté, e [vute] *adj* (*cave, pièce*) a volta; (*dos, personne*) curvo(-a).
voûter [vute] *vt* (*ARCHIT*) coprire con una volta; **se voûter** *vr* (*dos, personne*) incurvarsi, ingobbirsi.
vouvoiement [vuvwamɑ̃] *nm* dare *m* del lei.
vouvoyer [vuvwaje] *vt*: ~ **qn** ≈ dare del lei a qn.
voyage [vwajaʒ] *nm* viaggio; **être en** ~ essere in viaggio; **partir en** ~ partire (per un viaggio); **faire un** ~ fare un viaggio; **faire bon** ~ fare buon viaggio; **elle aime le** ~ le piace viaggiare; **les gens du** ~ (*de cirque*) gli artisti del circo; ▶ **voyage d'affaires/d'agrément** viaggio d'affari/di piacere; ▶ **voyage de noces** viaggio di nozze; ▶ **voyage organisé** viaggio organizzato.
voyager [vwajaʒe] *vi* viaggiare.
voyageur, -euse [vwajaʒœʀ, øz] *nm/f* viaggiatore(-trice); (*touriste etc*) turista *m/f* ♦ *adj* (*tempérament*) nomade; **un grand** ~ un grande esploratore; ▶ **voyageur (de commerce)** commesso viaggiatore.
voyagiste [vwajaʒist] *nm/f* operatore(-trice)

turistico(-a), tour operator *m/f inv*.
voyais *etc* [vwajɛ] *vb voir* **voir**.
voyance [vwajɑ̃s] *nf* veggenza.
voyant, e [vwajɑ̃, ɑ̃t] *adj* (*couleur*) vistoso(-a) ♦ *nm/f* (*personne*) vedente *m/f* ♦ *nm* (*signal lumineux*) spia (luminosa).
voyante [vwajɑ̃t] *nf* veggente *f*, indovina.
voyelle [vwajɛl] *nf* vocale *f*.
voyeur, -euse [vwajœʀ, øz] *nm/f* guardone(-a).
voyeurisme [vwajœʀism] *nm* voyeurismo.
voyons [vwajɔ̃] *vb voir* **voir**.
voyou [vwaju] *nm* (*enfant*) monello; (*petit truand*) delinquente *m* ♦ *adj* sfrontato(-a).
VPC [vepese] *sigle f* = **vente par correspondance**.
vrac [vʀak]: **en** ~ *adj, adv* alla rinfusa; (*COMM*) sfuso(-a).
vrai, e [vʀɛ] *adj* vero(-a) ♦ *nm*: **le** ~ il vero, la verità; **à dire** ~, **à** ~ **dire** a dire il vero; **il est** ~ **que** è vero che; **être dans le** ~ avere ragione.
vraiment [vʀɛmɑ̃] *adv* veramente; (*dubitatif*): **"~?"** "davvero?", "veramente?"; (*intensif*): **il est** ~ **rapide** è davvero *ou* veramente rapido.
vraisemblable [vʀɛsɑ̃blabl] *adj* verosimile.
vraisemblablement [vʀɛsɑ̃blabləmɑ̃] *adv* verosimilmente.
vraisemblance [vʀɛsɑ̃blɑ̃s] *nf* verosimiglianza; **selon toute** ~ con ogni probabilità.
vraquier [vʀakje] *nm* (*NAUT*) bulker *m*.
vrille [vʀij] *nf* (*d'une plante grimpante*) viticcio; (*outil*) succhiello; (*hélice, spirale*) vite *f*; **descendre en** ~ (*AVIAT*) scendere a vite; **faire une** ~ fare un avvitamento.
vrillé, e [vʀije] *adj* attorcigliato(-a).
vriller [vʀije] *vt* succhiellare.
vrombir [vʀɔ̃biʀ] *vi* (*avion, moteur*) rombare; (*insecte*) ronzare.
vrombissant, e [vʀɔ̃bisɑ̃, ɑ̃t] *adj* rombante.
vrombissement [vʀɔ̃bismɑ̃] *nm* rombo; (*d'insecte*) ronzio.
VRP [veɛʀpe] *sigle m* (= *voyageur, représentant, placier*) rappresentante *m* di commercio.
VTT [vetete] *sigle m* (= *vélo tout terrain*) mountain bike *f inv*.
vu¹ [vy] *prép* (*en raison de*) visto(-a); ~ **que** visto che.
vu², e [vy] *pp de* **voir** ♦ *adj*: **bien/mal** ~ (*fig*) ben/mal visto(-a) ♦ *nm*: **au** ~ **et au su de tous** sotto gli occhi di tutti; **ni** ~ **ni connu** senza che si sappia; **ni** ~ **ni connu!** io non so niente!; **c'est tout** ~ è così e basta.
vue [vy] *nf* vista; (*panorama*) vista, veduta; (*image, photo*) veduta; ~**s** *nfpl* (*idées*) idee *fpl*, vedute *fpl*; (*dessein*) mire *fpl*; **perdre la** ~ perdere la vista; **perdre de** ~ perdere di vista; **à la** ~ **de tous** davanti a tutti; **hors de** ~ lontano(-a); **à première** ~ a prima vista; **connaître qn de** ~ conoscere qn di vista; **à** ~ (*COMM*) a vista; **tirer à** ~ sparare a vista; **à** ~ **d'œil** a vista d'occhio; (*à première vue*) a prima vista; **avoir** ~ **sur** (*suj*: *fenêtre*) dare su; **chambre ayant** ~ **sur le jardin** camera con vista sul giardino; **en** ~ in vista; **avoir qch en** ~ aver qc in vista; **en** ~ **de** (*être, arriver*) in vista di; **en** ~ **de faire qch** allo scopo di fare qc; ▸ **vue d'ensemble** visione *f* generale *ou* d'insieme; ▸ **vue de l'esprit** concetto un po' utopico.
vulcanisation [vylkanizasjɔ̃] *nf* vulcanizzazione *f*.
vulcaniser [vylkanize] *vt* vulcanizzare.
vulcanologie [vylkanɔlɔʒi] *nf* = **volcanologie**.
vulcanologue [vylkanɔlɔg] *nm/f* = **volcanologue**.
vulgaire [vylgɛʀ] *adj* volgare.
vulgairement [vylgɛʀmɑ̃] *adv* volgarmente.
vulgarisation [vylgaʀizasjɔ̃] *nf*: **ouvrage de** ~ opera di divulgazione.
vulgariser [vylgaʀize] *vt* (*connaissances*) divulgare, volgarizzare; (*rendre vulgaire*) involgarire.
vulgarité [vylgaʀite] *nf* volgarità *f inv*.
vulnérabilité [vylneʀabilite] *nf* vulnerabilità *f inv*.
vulnérable [vylneʀabl] *adj* vulnerabile.
vulve [vylv] *nf* vulva.
Vve, vve *abr* = **veuve**.

W, w

W, w [dubləve] *nm inv* (*lettre*) W, w *f ou m inv*; ~ **comme William** ≈ W come Washington.
W [dubləve] *abr* (= *watt*) W.
wagon [vagɔ̃] *nm* (*de voyageurs, de marchandises*) vagone *m*.
wagon-citerne [vagɔ̃sitɛʀn] (*pl* ~**s**-~**s**) *nm* carro cisterna.
wagon-lit [vagɔ̃li] (*pl* ~**s**-~**s**) *nm* vagone *m* letto.
wagonnet [vagɔnɛ] *nm* vagoncino.
wagon-poste [vagɔ̃pɔst] (*pl* ~**s**-~**s**) *nm* vagone *m* postale.

wagon-restaurant [vagɔ̃ʀɛstɔʀɑ̃] (*pl* **~s-~s**) *nm* vagone *m* ristorante.
walkman ® [wɔkman] *nm* walkman ® *m inv*.
Wallis et Futuna [walisefutuna] *nfpl*: **les îles ~ ~ ~** le isole Wallis e Futuna.
wallon, ne [walɔ̃, ɔn] *adj* vallone ♦ *nm/f*: **W~, ne** Vallone *m/f* ♦ *nm* vallone.
Wallonie [walɔni] *nf* Vallonia.
water-polo [watɛʀpɔlo] *nm* (*SPORT*) pallanuoto *f*.
waters [watɛʀ] *nmpl* gabinetto *sg*.
watt [wat] *nm* watt *m inv*.
w-c [vese] *nmpl* w-c *m inv*.
Web [wɛb] *nm inv*: **le ~** la Rete.
week-end [wikɛnd] (*pl* **~-~s**) *nm* weekend *m inv*, fine settimana *m*.
western [wɛstɛʀn] *nm* western *m inv*.
whisky [wiski] (*pl* **whiskies**) *nm* whisky *m inv*.
white-spirit [wajtspiʀit] (*pl* **~-~s**) *nm* whisky *m inv*.

X, x

X, x [iks] *nm inv* (*lettre*) X, x *f ou m inv*; **~ comme Xavier** ≈ X come Xérès; **plainte contre ~** (*JUR*) denuncia contro ignoti.
X [iks] *sigle m* = *École Polytechnique*.
xénophobe [gzenɔfɔb] *nm/f* xenofobo(-a).
xénophobie [gzenɔfɔbi] *nf* xenofobia.
xérès [gzeʀɛs] *nm* xeres *m inv*.
xylographie [gzilɔgʀafi] *nf* xilografia; (*image*) xilografia.
xylophone [gzilɔfɔn] *nm* xilofono.

Y, y

Y, y [igʀɛk] *nm inv* (*lettre*) Y, y *f ou m inv*; **~ comme Yvonne** ≈ Y come yacht.
y [i] *adv, pron* ci; **nous ~ sommes** ci siamo; **j'~ pense** ci penso; **s'~ entendre/connaître** intendersene; *voir aussi* **aller, avoir**.
yacht ['jɔt] *nm* yacht *m inv*.
yaourt ['jauʀt] *nm* yogurt *m inv*.
yaourtière ['jauʀtjɛʀ] *nf* yogurtiera.
YCF [igʀɛksœf] *sigle m* (= *Yacht Club de France*) ≈ Y.C.I.
Yémen ['jemɛn] *nm* Yemen *m*.
yéménite ['jemenit] *adj* yemenita.
yeux ['jø] *nmpl de* **œil**.
yoga ['jɔga] *nm* yoga *m inv*.
yoghourt ['jɔguʀt] *nm* = **yaourt**.
yole ['jɔl] *nf* yole *f*.
yougoslave ['jugɔslav] *adj* Iugoslavo(-a) ♦ *nm/f*: **Y~** Iugoslavo(-a).
Yougoslavie ['jugɔslavi] *nf* Iugoslavia.
youyou ['juju] *nm* canottino.
yo-yo [jojo] *nm inv* yo-yo *m inv*.
yucca ['juka] *nm* (*BOT*) yucca.

Z, z

Z, z [zɛd] *nm inv* (*lettre*) Z, z *f ou m inv*; **~ comme Zoé** ≈ Z come Zara.
ZAC [zak] *sigle f* = *zone d'aménagement concerté*.
ZAD [zad] *sigle f* = *zone d'aménagement différé*.
Zaïre [zaiʀ] *nm* Zaire.
zaïrois, e [zaiʀwa, waz] *adj* zairiano(-a) ♦ *nm/f*: **Z~, e** zairiano(-a).
Zambie [zɑ̃bi] *nf* Zambia *m*.
zambien, ne [zɑ̃bjɛ̃, jɛn] *adj* zambiano(-a) ♦ *nm/f*: **Z~, ne** zambiano(-a).
zèbre [zɛbʀə] *nm* (*ZOOL*) zebra.
zébré, e [zebʀe] *adj* striato(-a).
zébrure [zebʀyʀ] *nf* (*gén pl*) zebratura.
zélateur, -trice [zelatœʀ, tʀis] *nm/f* zelatore(-trice).
zèle [zɛl] *nm* zelo; **faire du ~** (*péj*) fare lo/la zelante.
zélé, e [zele] *adj* zelante.
zénith [zenit] *nm* zenit *m inv*; (*fig*) apice *m*, culmine *m*.
ZEP [zɛp] *sigle f* = *zone d'éducation prioritaire*.
zéro [zeʀo] *adj* (*chiffre, nombre*) zero ♦ *nm* (*SCOL*) zero; **au-dessus/au-dessous de ~** (*température*) sopra/sotto lo zero; **réduire à/partir de ~** ridurre a/partire da zero; **trois (buts) à ~** tre (goal) a zero.
zeste [zɛst] *nm* (*CULIN*) scorza; **un ~ de citron** una scorza di limone.
zézaiement [zezɛmɑ̃] *nm* difetto di pro-

nuncia, blesità *f inv*.
zézayer [zezeje] *vi* avere un difetto di pronuncia.
ZI [ʒɛdi] *sigle f* = **zone industrielle**.
zibeline [ziblin] *nf* (*ZOOL, fourrure*) zibellino.
zigouiller [ziguje] (*fam*) *vt* far fuori.
zigzag [zigzag] *nm* zigzag *m inv*; (*point de machine à coudre*) zigzag *m inv*.
zigzaguer [zigzage] *vi* zigzagare.
Zimbabwe [zimbabwe] *nm* Zimbabwe *m*.
zimbabwéen, ne [zimbabweɛ̃, ɛn] *adj* dello Zimbabwe.
zinc [zɛ̃g] *nm* (*CHIM*) zinco; (*comptoir*) banco.
zinguer [zɛ̃ge] *vt* (*toit*) zincare; (*fer*) zincare.
zingueur [zɛ̃gœʀ] *nm*: **(plombier)** ~ zincatore *m*.
zinnia [zinja] *nm* zinnia.
zircon [ziʀkɔ̃] *nm* zircone *m*.
zizanie [zizani] *nf*: **mettre** *ou* **semer la** ~ mettere *ou* seminare zizzania.
zizi [zizi] (*fam*) *nm* pisellino.
zodiacal, e, -aux [zɔdjakal, o] *adj* zodiacale.
zodiaque [zɔdjak] *nm* zodiaco.
zona [zona] *nm* herpes *m inv* zoster.
zonage [zonaʒ] *nm* (*ADMIN*) zonizzazione *f*.
zonard, e [zonaʀ, ɑʀd] (*fam*) *nm/f* giovane *m/f* sbandato(-a).
zone [zon] *nf* (*GÉO, POL, ADMIN, gén*) zona; (*INFORM*) area; (*quartiers*): **la** ~ la zona; **de seconde** ~ (*fig*: *de second ordre*) di second'ordine; ▶ **zone bleue** zona disco; ▶ **zone d'action** (*MIL*) zona d'azione; ▶ **zone d'extension** zona di urbanizzazione; ▶ **zone d'urbanisation** zona di urbanizzazione; ▶ **zone franche** zona franca; ▶ **zone industrielle** zona industriale; ▶ **zone résidentielle** zona residenziale; ▶ **zones monétaires** aree *fpl* monetarie.
zoner [zone] (*fam*) *vt* vivere di espedienti.
zoo [zo(o)] *nm* zoo *m inv*.
zoologie [zɔɔlɔʒi] *nf* zoologia.
zoologique [zɔɔlɔʒik] *adj* zoologico(-a).
zoologiste [zɔɔlɔʒist] *nm/f* zoologo(-a).
zoom [zum] *nm* (*PHOTO*) zoom *m inv*.
zootechnicien, ne [zootɛknisjɛ̃, jɛn] *nm/f* zootecnico(-a).
zootechnique [zootɛknik] *adj* zootecnico (-a).
ZUP [zyp] *sigle f* = *zone à urbaniser en priorité*.
Zurich [zyʀik] *n* Zurigo.
zut [zyt] *excl* accidenti.

Italiano-Francese
Italien-Français

A, a

A, a [a] *sf o m inv* (*lettera*) A, a *m inv*; ~ **come Ancona** ≈ A comme Anatole; **dalla ~ alla z** de a à z.

A [a] *abbr* (= *altezza*) A; (= *area*) a; (= *autostrada*) A.

PAROLA CHIAVE

a [a] (*a + il* = **al**, *a + lo* = **allo**, *a + l'* = **all'**, *a + la* = **alla**, *a + i* = **ai**, *a + gli* = **agli**, *a + le* = **alle**) *prep* **1** (*stato in luogo*) à; **essere alla stazione** être à la gare; **essere a casa/a scuola** être à la maison/à l'école; **essere a Roma/al mare** être à Rome/à la mer; **è a 10 km da qui** c'est à 10 km d'ici; **restare a cena** rester (à) dîner
2 (*moto a luogo*) à; **andare alla stazione** aller à la gare; **andare a casa/a scuola** aller à la maison/à l'école; **andare a Roma/al mare** aller à Rome/à la mer
3 (*tempo*) à; **alle cinque** à 5 heures; **a mezzanotte** à minuit; **al mattino** au matin, le matin; **a primavera** au printemps; **a maggio** en mai; **a Natale/Pasqua** à Noël/Pâques; **a cinquant'anni** à cinquante ans; **a domani!/lunedì!** à demain!/lundi!; **a giorni** dans quelques jours
4 (*complemento di termine*) à; **dare qc a qn** donner qch à qn
5 (*mezzo, modo*) à; **a piedi/cavallo** à pied/cheval; **fatto a mano** fait (à la) main; **motore/stufa a gas** moteur/poêle à gaz; **correre a 100 km all'ora** rouler à 100 km à l'heure; **una barca a motore** un bateau à moteur; **alla radio/televisione** à la radio/télévision; **a uno a uno** un par un, un à un; **all'italiana** à l'italienne; **a fatica** avec peine, à grand-peine
6 (*rapporto*) à, par; (: *con prezzi*) à; **due volte al giorno/alla settimana/al mese** deux fois par jour/par semaine/par mois; **1000 lire al litro** 1 000 lires le litre; **prendo 500.000 lire al mese** je gagne 500 000 lires par mois; **pagato a ore/a giornata** payé à l'heure/à la journée; **vendere qc a 500 lire il chilo** vendre qch 500 lires le kilo; **cinque a sei** (*punteggio*) cinq à six.

AAST *abbr* (= *Azienda Autonoma di Soggiorno e Turismo*) ≈ S.I. *m*.

ab. *abbr* = *abitante*.

abate [a'bate] *sm* prieur *m*.

abbacchiato, -a [abbak'kjato] *agg* abattu(e).

abbacinare [abbatʃi'nare] *vt* éblouir.

abbagliante [abbaʎ'ʎante] *agg* éblouissant(e) ♦ *sm* (*AUT*) feux *mpl* de route.

abbagliare [abbaʎ'ʎare] *vt* éblouir; (*fig*: *illudere*) aveugler.

abbaglio [ab'baʎʎo] *sm* (*fig*: *errore*) bévue *f*; **prendere un ~** commettre une bévue.

abbaiare [abba'jare] *vi* aboyer.

abbaino [abba'ino] *sm* lucarne *f*; (*soffitta*) mansarde *f*.

abbandonare [abbando'nare] *vt* abandonner; (*trascurare*: *bambino, casa*) délaisser; (*lasciar cadere*: *capo, braccia*) laisser tomber; **abbandonarsi** *vr*: **abbandonarsi (a)** s'abandonner (à); (*fig*) se laisser aller (à); (: *al vizio*) se livrer (à); ~ **il campo** (*MIL*) abandonner le champ de bataille; ~ **la presa** lâcher prise.

abbandonato, -a [abbando'nato] *agg* abandonné(e); (*deserto*: *terreno*) à l'abandon.

abbandono [abban'dono] *sm* (*anche SPORT, fig*) abandon *m*; **in ~** à l'abandon.

abbarbicarsi [abbarbi'karsi] *vip* (*pianta*): ~ **(a)** s'accrocher (à).

abbassamento [abbassa'mento] *sm* baisse *f*; ~ **di voce** extinction *f* de voix.

abbassare [abbas'sare] *vt* baisser; **abbassarsi** *vr, vip* se baisser; (*temperatura, sole etc*) baisser; (*fig*: *umiliarsi*) s'abaisser; ~

le armi déposer les armes.
abbasso [ab'basso] *escl*: ~ **il tiranno!** à bas le tyran!
abbastanza [abbas'tantsa] *avv* assez; **non è ~ furbo** il n'est pas assez rusé; **un vino ~ dolce** un vin assez doux; **averne ~ di qc/qn** en avoir assez de qch/qn.
abbattere [ab'battere] *vt* abattre; (*fig*: *ostacolo, regime*) renverser; **abbattersi** *vip* se laisser abattre; **abbattersi a terra** *o* **al suolo** s'abattre à terre *o* au sol; **abbattersi su** s'abattre sur.
abbattimento [abbatti'mento] *sm* abattage *m*; (*fig*: *di regime*) renversement *m*; (: *di ostacolo*) levée *f*; (: *prostrazione*) abattement *m*.
abbattuto, -a [abbat'tuto] *agg* (*fig*) abattu(e).
abbazia [abbat'tsia] *sf* abbaye *f*.
abbecedario [abbetʃe'darjo] *sm* abécédaire *m*.
abbellire [abbel'lire] *vt* embellir.
abbeverare [abbeve'rare] *vt* abreuver; **abbeverarsi** *vr* (*animale*) s'abreuver; (*persona*) boire.
abbeveratoio [abbevera'tojo] *sm* abreuvoir *m*.
abbi ['abbi] *vb vedi* **avere**.
abbia ['abbja] *vb vedi* **avere**.
abbiamo [ab'bjamo] *vb vedi* **avere**.
abbiano ['abbjano] *vb vedi* **avere**.
abbiate [ab'bjate] *vb vedi* **avere**.
abbiccì [abbit'tʃi] *sm inv* alphabet *m*; (*sillabario*) abécédaire *m*; (*fig*: *principi elementari*) a b c.
abbiente [ab'bjɛnte] *agg* aisé(e); **abbienti** *smpl* riches *mpl*, nantis *mpl*.
abbietto, -a [ab'bjɛtto] *agg* = **abietto**.
abbiezione [abbjet'tsjone] *sf* = **abiezione**.
abbigliamento [abbiʎʎa'mento] *sm* habillement *m*.
abbigliare [abbiʎ'ʎare] *vt* habiller; **abbigliarsi** *vr* s'habiller.
abbinamento [abbina'mento] *sm* accouplement *m*; (*di biglietti*) jumelage *m*.
abbinare [abbi'nare] *vt* (*biglietti*) jumeler; (*nomi*) associer; (*colori, indumenti*) mettre ensemble; ~ **una camicia ad una gonna** assortir une chemise avec une jupe.
abbindolare [abbindo'lare] *vt* (*fig*: *persona, cliente*) embobiner.
abboccamento [abbokka'mento] *sm* entretien *m*; (*TECN*: *di tubi*) abouchement *m*.
abboccare [abbok'kare] *vt* (*esca*: *prendere*) mordre; (*tubi, canali*: *collegare*) aboucher ♦ *vi*: ~ **all'amo** (*anche fig*) mordre à l'hameçon.
abboccato, -a [abbok'kato] *agg* (*vino*) moelleux(-euse).
abbonamento [abbona'mento] *sm* abonnement *m*; **in ~** par abonnement; **fare l'~ (a)** s'abonner (à).
abbonare [abbo'nare] *vt* abonner; (*cifra*: *defalcare*) défalquer; (*fig*: *perdonare*) pardonner; (*esame*: *accettare*) valider; **abbonarsi** *vr*: **abbonarsi (a)** (*a teatro, ferrovie, giornale*) s'abonner (à); **abbonarsi alla radio/televisione** payer la redevance de la radio/télévision.
abbonato, -a [abbo'nato] *sm/f* abonné(e); **elenco degli abbonati** (*TEL*) annuaire *m* du téléphone.
abbondante [abbon'dante] *agg* abondant(e); (*giacca*) un peu grand(e).
abbondanza [abbon'dantsa] *sf* abondance *f*.
abbondare [abbon'dare] *vi*: ~ **(di)** abonder (en).
abbordabile [abbor'dabile] *agg* abordable.
abbordare [abbor'dare] *vt* (*persona, argomento*) aborder.
abbottonare [abbotto'nare] *vt* boutonner; **abbottonarsi** *vr* (*fam*: *fig, diventare riservato*) se tenir sur la réserve.
abbottonato, -a [abbotto'nato] *agg* boutonné(e); (*fig*: *persona*) réservé(e).
abbozzare [abbot'tsare] *vt* (*disegno, saluto, sorriso*) esquisser; (*proposta*) ébaucher.
abbozzo [ab'bɔttso] *sm* (*vedi vt*) esquisse *f*; ébauche *f*.
abbracciare [abbrat'tʃare] *vt* (*anche fig*) embrasser; **abbracciarsi** *vr* (*reciproco*) s'embrasser.
abbraccio [ab'brattʃo] *sm* embrassade *f*, accolade *f*; **"un ~"** (*in cartoline, lettere*) "bons baisers".
abbreviare [abbre'vjare] *vt* abréger; (*cammino*) raccourcir.
abbreviazione [abbrevjat'tsjone] *sf* abréviation *f*.
abbronzante [abbron'dzante] *agg* bronzant(e) ♦ *sm* produit *m* solaire.
abbronzare [abbron'dzare] *vt* bronzer; **abbronzarsi** *vip* se bronzer; **mi abbronzo facilmente** je bronze facilement.
abbronzatura [abbrondza'tura] *sf* bronzage *m*.
abbrustolire [abbrusto'lire] *vt* griller; **abbrustolirsi** *vip* griller; (*fig*: *al sole*) se rôtir.
abbrutire [abbru'tire] *vt* abrutir; **essere abbrutito dall'alcool** être abruti par l'alcool.
abbuffarsi [abbuf'farsi] *vr* (*fam*): ~ **(di qc)** s'empiffrer (de qch).
abbuffata [abbuf'fata] *sf* (*fam*: *mangiata*) gueuleton *m*; **farsi un'~ (di)** s'empiffrer (de).
abbuonare [abbwo'nare] *vt* = **abbonare**.
abbuono [ab'bwɔno] *sm* (*COMM*) remise *f*; (*SPORT*) handicap *m*.
abdicare [abdi'kare] *vi*: ~ **(a)** (*al trono*) abdiquer; (*a carica, diritto*) renoncer (à).

abdicazione [abdikat'tsjone] *sf* (*vedi vb*) abdication *f*; renonciation *f*.
aberrazione [aberrat'tsjone] *sf* (*anche OTTICA*) aberration *f*.
abetaia [abe'taja] *sf* sapinière *f*.
abete [a'bete] *sm* sapin *m*; ▸ **abete bianco** sapin blanc; ▸ **abete rosso** épicéa *m*, sapinette *f*.
abietto, -a [a'bjɛtto] *agg* abject(e).
abiezione [abjet'tsjone] *sf* abjection *f*, bassesse *f*; (*condizione d'avvilimento*) dégradation *f*.
abile ['abile] *agg* habile; ~ **al servizio militare** apte au service militaire.
abilità [abili'ta] *sf inv* adresse *f*; (*astuzia*) habileté *f*.
abilitante [abili'tante] *agg* (*corso*) de formation.
abilitare [abili'tare] *vt*: ~ **qn a/a fare** habiliter qn à/à faire; ~ **all'insegnamento** *délivrer un certificat d'aptitude à l'enseignement*.
abilitato, -a [abili'tato] *agg* apte; (*all'insegnamento*) certifié(e).
abilitazione [abilitat'tsjone] *sf* aptitude *f*; **corso di** ~ formation *f* professionnelle; **esame di** ~ examen *m* d'aptitude professionnelle.
abissale [abis'sale] *agg* abyssal(e); (*fig*: *differenza*) énorme; (: *ignoranza*) crasse.
abissino, -a [abis'sino] *agg* abyssinien(ne) ♦ *sm/f* Abyssin(e).
abisso [a'bisso] *sm* abîme *m*, gouffre *m*; (*fig*: *differenza*) gouffre, fossé *m*.
abitabilità [abitabili'ta] *sf*: **licenza di** ~ ≈ certificat *m* de conformité.
abitacolo [abi'takolo] *sm* (*AER, AUT*) habitacle *m*.
abitante [abi'tante] *sm/f* habitant(e).
abitare [abi'tare] *vt, vi* habiter; ~ **a Roma/in Italia** habiter à Rome/en Italie.
abitato, -a [abi'tato] *agg* habité(e) ♦ *sm* (*anche*: **centro** ~) agglomération *f*.
abitazione [abitat'tsjone] *sf* habitation *f*.
abito ['abito] *sm* (*vestito*: *da uomo*) costume *m*; (: *da donna*) robe *f*; (*modo di vestire*: *militare, civile*) tenue *f*; (: *religioso*) habit *m*; **abiti** *smpl* (*vestiti*) vêtements *mpl*; **"è gradito l'~ scuro"** "tenue de soirée recommandée"; ~ **mentale** tournure *f* d'esprit; ▸ **abito da cerimonia, abito da sera** tenue de soirée.
abituale [abitu'ale] *agg* habituel(le); (*cliente*) habituel(le), attitré(e).
abitualmente [abitual'mente] *avv* habituellement.
abituare [abitu'are] *vt*: ~ **(a)** habituer (à); **abituarsi** *vr*: **abituarsi (a)** s'habituer (à).
abitudinario, -a [abitudi'narjo] *agg* (*persona, carattere*) routinier(-ière) ♦ *sm/f* routinier(-ière).
abitudine [abi'tudine] *sf* habitude *f*; **avere l'~ di fare qc** avoir l'habitude de faire qch; **d'~** d'habitude; **per** ~ par habitude.
ablativo [abla'tivo] *sm* (*LING*) ablatif *m*.
abnegazione [abnegat'tsjone] *sf* abnégation *f*.
abnorme [ab'nɔrme] *agg* anormal(e).
abolire [abo'lire] *vt* abolir.
abolizione [abolit'tsjone] *sf* abolition *f*.
abominevole [abomi'nevole] *agg* abominable.
aborigeno, -a [abo'ridʒeno] *sm/f* aborigène *m/f*.
aborrire [abor'rire] *vt* détester.
abortire [abor'tire] *vi* (*MED*) faire une fausse couche; (: *deliberatamente*) avorter; (*fig*) avorter, échouer.
aborto [a'bɔrto] *sm* (*MED*: *spontaneo*) fausse couche *f*; (: *provocato*) avortement *m*; ▸ **aborto clandestino** avortement clandestin.
abrasione [abra'zjone] *sf* abrasion *f*; (*MED*) éraflure *f*, écorchure *f*.
abrasivo, -a [abra'zivo] *agg* abrasif(-ive) ♦ *sm* abrasif *m*.
abrogare [abro'gare] *vt* abroger.
abrogazione [abrogat'tsjone] *sf* abrogation *f*.
abruzzese [abrut'tsese] *agg* des Abruzzes.
Abruzzo [a'bruttso] *sm*: **l'~, gli Abruzzi** les Abruzzes *mpl*.
abside ['abside] *sf* abside *f*.
Abu Dhabi [abu'dabi] *sf* Abou Dhabī.
abulico, -a, -ci, -che [a'buliko] *agg* (*MED*) aboulique; (*indolente*) apathique.
abusare [abu'zare] *vi*: ~ **di** abuser de; ~ **dell'alcool** abuser de l'alcool.
abusivismo [abuzi'vizmo] *sm* (*anche*: ~ **edilizio**) construction *f* sans permis.
abusivo, -a [abu'zivo] *agg* non autorisé(e), sans licence ♦ *sm/f* (*di casa*) squatter *m/f*.
abuso [a'buzo] *sm* abus *msg*; **fare ~ di** abuser de.
a.C. *abbr avv* (= *avanti Cristo*) av. J.-C.
acacia, -ce [a'katʃa] *sf* acacia *m*.
acca ['akka] *sf o m inv* (*pl f* **-che**) h *m o f*; **non ci capisco un'~** (*fig*) je n'y comprends rien.
accadde [ak'kadde] *vb vedi* **accadere**.
accademia [akka'dɛmja] *sf* académie *f*; (*scuola*: *d'arte, militare*) école *f*.
accademico, -a, -ci, -che [akka'dɛmiko] *agg* (*di accademia*: *socio, consiglio*) académique; (*di università*: *anno*) universitaire; (: *corpo*) professoral(e) ♦ *sm* académicien *m*.
accadere [akka'dere] *vi*: ~ **(a)** arriver (à); **mi è accaduta una cosa strana stamane** il m'est arrivé quelque chose de bizarre ce matin; **accada quel che accada** quoi qu'il arrive *o* advienne.
accaduto [akka'duto] *sm*: **l'~** ce qui est ar-

rivé; **raccontare l'~** raconter l'incident *o* ce qui s'est passé.
accalappiacani [akkalappja'kani] *sm inv* employé(e) de la fourrière.
accalappiare [akkalap'pjare] *vt* attraper; (*fig*: *ingannare*) mettre le grappin sur (*fam*).
accalcare [akkal'kare] *vt* entasser; **accalcarsi** *vip* s'entasser, se presser.
accaldarsi [akkal'darsi] *vr* s'échauffer.
accalorarsi [akkalo'rarsi] *vip* s'échauffer, s'enflammer.
accampamento [akkampa'mento] *sm* (*MIL*) camp *m*; (*di indiani, zingari*) campement *m*; (*di profughi*) camp *m*.
accampare [akkam'pare] *vt* camper; (*fig*: *motivi, scuse*) alléguer; **accamparsi** *vr* camper; (*indiani, zingari, profughi*) s'installer.
accanimento [akkani'mento] *sm* acharnement *m*.
accanirsi [akka'nirsi] *vip* (*infierire*): ~ **(contro)** s'acharner (contre); ~ **(in)** (*ostinarsi, perseverare*) s'acharner (à).
accanitamente [akkanita'mente] *avv* avec acharnement.
accanito, -a [akka'nito] *agg* acharné(e); (*fumatore*) invétéré(e); **un lavoratore** ~ un bourreau de travail.
accanto [ak'kanto] *avv* à côté; ~ **a** à côté de, près de; **la casa** ~ la maison (d')à côté.
accantonare [akkanto'nare] *vt* laisser de côté; (*somma*) mettre de côté.
accaparramento [akkaparra'mento] *sm* (*COMM*) accaparement *m*.
accaparrare [akkapar'rare] *vt* accaparer; (*fig*: *simpatia*) s'attirer.
accapigliarsi [akkapiʎ'ʎarsi] *vr* se bagarrer; (*fig*: *litigare*) se disputer.
accappatoio [akkappa'tojo] *sm* peignoir *m*.
accapponare [akkappo'nare] *vi*: **far ~ la pelle a qn** donner la chair de poule à qn.
accarezzare [akkaret'tsare] *vt* (*anche fig*: *desiderio, progetto*) caresser.
accartocciare [akkartot'tʃare] *vt* rouler en cornet; **accartocciarsi** *vip* se recroqueviller.
accasarsi [akka'sarsi] *vr* se marier, se mettre en ménage.
accasciarsi [akkaʃ'ʃarsi] *vip* s'écrouler, s'affaisser; (*fig*: *avvilirsi, abbattersi*) s'effondrer.
accatastare [akkatas'tare] *vt* entasser.
accattonaggio [akkatto'naddʒo] *sm* mendicité *f*.
accattone, -a [akkat'tone] *sm/f* mendiant(e).
accavallare [akkaval'lare] *vt* (*gambe*) croiser; **accavallarsi** *vip* (*nubi*) s'amonceler; (*onde, fig*: *impegni*) se chevaucher; (*fig*: *pensieri*) s'enchevêtrer.
accecare [attʃe'kare] *vt* (*anche fig*) aveugler ♦ *vi* devenir aveugle.
accedere [at'tʃɛdere] *vi*: ~ **(a)** accéder (à).
accelerare [attʃele'rare] *vt* accélérer; (*passo*) hâter ♦ *vi* accélérer.
accelerato [attʃele'rato] *sm* (*FERR*) omnibus *msg*.
acceleratore [attʃelera'tore] *sm* accélérateur *m*.
accelerazione [attʃelerat'tsjone] *sf* accélération *f*.
accendere [at'tʃɛndere] *vt* (*luce, candela, fiammifero*) allumer; (*COMM*: *conto*) ouvrir; (: *debito*) contracter; (: *ipoteca*) constituer; (*fig*: *ira, rivalità*) éveiller, exciter; **accendersi** *vip* s'allumer; (*fig*: *lotta, conflitto*) éclater; ~ **il motore** (*AUT*) mettre le contact.
accendino [attʃen'dino] *sm* briquet *m*.
accendisigari [attʃendi'sigari] *sm inv* briquet *m*; (*in macchina*) allume-cigare(s) *m*.
accennare [attʃen'nare] *vt* montrer, indiquer; (*MUS*) donner les premières notes de ♦ *vi* (*alludere*): ~ **a** faire allusion à; ~ **un saluto** (*con la mano*) esquisser un salut de la main; (*col capo*) esquisser un salut de la tête; ~ **un sorriso** ébaucher un sourire; **accenna a piovere** on dirait qu'il va pleuvoir.
accenno [at'tʃenno] *sm* signe *m*; (*fig*: *allusione*) allusion *f*.
accensione [attʃen'sjone] *sf* (*di luce, AUT*) allumage *m*; (*di conto*) ouverture *f*; (*di conflitto*) éclatement *m*; ~ **di un debito** constitution *f* d'une dette.
accentare [attʃen'tare] *vt* accentuer.
accento [at'tʃɛnto] *sm* accent *m*; (*fig*) teinte *f*, nuance *f*; **mettere l'~ su** (*fig*) mettre l'accent sur.
accentramento [attʃentra'mento] *sm* (*AMM*) centralisation *f*.
accentrare [attʃen'trare] *vt* (*AMM*) centraliser.
accentratore, -trice [attʃentra'tore] *agg* centralisateur(-trice).
accentuare [attʃentu'are] *vt* accentuer; (*evidenziare*: *differenza, aspetto*) accentuer, souligner; **accentuarsi** *vip* s'accentuer; (*peggiorare*: *crisi, tensione*) s'aggraver.
accerchiamento [attʃerkja'mento] *sm* (*MIL*) encerclement *m*.
accerchiare [attʃer'kjare] *vt* encercler.
accertamento [attʃerta'mento] *sm* (*verifica*) vérification *f*; (: *DIR*) constatation *f*; ~ **fiscale** contrôle *m* fiscal.
accertare [attʃer'tare] *vt* vérifier; (*reddito*) évaluer; **accertarsi** *vr*: **accertarsi (di/che)** s'assurer (de/que).

acceso, -a [at'tʃeso] *pp di* **accendere** ♦ *agg* allumé(e); (*motore*) allumé(e), en marche; (*colore*) vif(vive); (*fig*: *sostenitore*) fervent(e).
accessibile [attʃes'sibile] *agg* (*luogo*) accessible; (*prezzo*) abordable; (*fig*: *idea, concetto*) compréhensible, intelligible.
accesso [at'tʃɛsso] *sm* (*anche fig*) accès *msg*; **tempo di** ~ (*INFORM*) temps *msg* d'accès; ▸ **accesso casuale/sequenziale** *o* **seriale** (*INFORM*) accès sélectif/séquentiel.
accessoriato, -a [attʃes'sɔri] *agg* (*AUT*) avec accessoires.
accessorio, -a [attʃes'sɔrjo] *agg* accessoire; **accessori** *smpl* (*anche AUT*) accessoires *mpl*.
accetta [at'tʃetta] *sf* hachette *f*.
accettabile [attʃet'tabile] *agg* acceptable.
accettare [attʃet'tare] *vt* accepter; ~ **di fare qc** accepter de faire qch.
accettazione [attʃettat'tsjone] *sf* acceptation *f*; (*in hotel*) réception *f*; (*in ospedale*) accueil *m*; ▸ **accettazione bagagli** (*AER*) enregistrement *m* des bagages.
accetto, -a [at'tʃɛtto] *agg*: **essere ben** ~ être le/la bienvenu(e).
accezione [attʃet'tsjone] *sf* (*LING*) acception *f*.
acchiappare [akkjap'pare] *vt* attraper.
acchito [ak'kito] *sm*: **di primo** ~ du premier coup.
acciaccato, -a [attʃak'kato] *agg* (*oggetto*) cabossé(e); (*persona*: *depresso*) abattu(e).
acciacco, -chi [at'tʃakko] *sm* petit ennui *m* de santé; **essere pieno d'acciacchi** avoir toujours des ennuis de santé.
acciaieria [attʃaje'ria] *sf* aciérie *f*.
acciaio [at'tʃajo] *sm* acier *m*.
accidentale [attʃiden'tale] *agg* accidentel(le).
accidentalmente [attʃidental'mente] *avv* accidentellement.
accidentato, -a [attʃiden'tato] *agg* accidenté(e).
accidente [attʃi'dɛnte] *sm* (*caso*) accident *m*; (*disgrazia*) accident, malheur *m*; (*malanno*) attaque *f*; **accidenti!** (*fam*: *per rabbia*) zut!, mince!; (: *per meraviglia*) oh là là!; **accidenti a lui!** que le diable l'emporte!; **non vale un** ~ il ne vaut rien; **non capisco un** ~ je ne comprends pas un traître mot; **mandare un** ~ **a qn** maudire qn.
accigliato, -a [attʃiʎ'ʎato] *agg* renfrogné(e).
accingersi [at'tʃindʒersi] *vr*: ~ **a fare** s'apprêter à faire.
acciottolato [attʃotto'lato] *sm* pavé *m*.
acciuffare [attʃuf'fare] *vt* attraper.
acciuga, -ghe [at'tʃuga] *sf* anchois *msg*; **magro come un'**~ maigre comme un clou.
acclamare [akkla'mare] *vt* acclamer.
acclamazione [akklamat'tsjone] *sf* acclamation *f*.
acclimatare [akklima'tare] *vt* acclimater; **acclimatarsi** *vr*: **acclimatarsi (a)** s'acclimater (à).
accludere [ak'kludere] *vt* (*lettera, copia*): ~ **(a)** inclure (dans).
accluso, -a [ak'kluzo] *pp di* **accludere** ♦ *agg* (*lettera, copia*) (ci-)inclus(e), ci-joint(e).
accoccolarsi [akkokko'larsi] *vr* s'accroupir.
accodarsi [akko'darsi] *vr* faire la queue, se mettre à la queue; (*fig*: *conformarsi ad altri*) se joindre aux autres.
accogliente [akkoʎ'ʎɛnte] *agg* accueillant(e).
accoglienza [akkoʎ'ʎɛntsa] *sf* (*vedi vb*) accueil *m*; approbation *f*; contenance *f*, capacité *f*; **fare una buona** ~ **a** faire bon accueil à.
accogliere [ak'kɔʎʎere] *vt* accueillir; (*approvare*: *proposta, istanza*) approuver; (*contenere*: *sogg*: *palazzo, stadio*) contenir, abriter.
accolgo *etc* [ak'kɔlgo] *vb vedi* **accogliere**.
accollarsi *vt* (*fatica, compito*) se charger de; **si è accollato tutte le spese** c'est lui qui a tout payé.
accollato, -a [akkol'lato] *agg* montant(e).
accolsi *etc* [ak'kɔlsi] *vb vedi* **accogliere**.
accoltellare [akkoltel'lare] *vt* poignarder.
accolto, -a [ak'kɔlto] *pp di* **accogliere**.
accomandita [akko'mandita] *sf*: **in** ~ en commandite.
accomiatare [akkomja'tare] *vt* congédier; **accomiatarsi** *vr* (*congedarsi*): **accomiatarsi (da)** prendre congé (de).
accomodamento [akkomoda'mento] *sm* arrangement *m*.
accomodante [akkomo'dante] *agg* conciliant(e).
accomodare [akkomo'dare] *vt* (*aggiustare*) réparer; (*riordinare*) (ar)ranger; (*sistemare*: *questione, lite*) régler; **accomodarsi** *vr* s'asseoir; (*entrare*) entrer; (*fig*: *risolversi*: *situazione*) s'arranger; **si accomodi!** (*venga avanti!*) entrez!; (*si sieda!*) asseyez-vous!
accompagnamento [akkompaɲɲa'mento] *sm* (*anche MUS*) accompagnement *m*; **lettera di** ~ (*COMM*) lettre *f* d'accompagnement.
accompagnare [akkompaɲ'ɲare] *vt* (*anche MUS*) accompagner; (*porta, cancello*) fermer doucement, retenir; (*unire*) assortir; **accompagnarsi** *vr*: **accompagnarsi a** (*frequentare*) fréquenter; (*al piano, alla chitarra*) s'accompagner à; ~ **qn a casa/**

alla porta accompagner qn à la maison/à la porte; ~ **un regalo con un biglietto** accompagner un cadeau d'un billet; ~ **qn con lo sguardo** suivre qn du regard.

accompagnatore, -trice [akkompaɲɲa'tore] *sm/f* (*anche MUS*) accompagnateur(-trice); (*guida turistica*) guide *m*.

accomunare [akkomu'nare] *vt* mettre en commun; (*avvicinare, rendere simili*) rapprocher.

acconciatura [akkontʃa'tura] *sf* coiffure *f*.

accondiscendente [akkondiʃʃen'dɛnte] *agg* complaisant(e), condescendant(e).

accondiscendere [akkondiʃ'ʃendere] *vi*: ~ **a** consentir à, accéder à.

accondisceso, -a [akkondiʃ'ʃeso] *pp di* **accondiscendere**.

acconsentire [akkonsen'tire] *vi*: ~ **(a)** consentir (à), accéder (à), accepter; **chi tace acconsente** qui ne dit mot consent.

accontentare [akkonten'tare] *vt* contenter, satisfaire; **accontentarsi** *vip*: **accontentarsi (di)** se contenter (de); **chi si accontenta gode** il faut se contenter de ce qu'on a.

acconto [ak'konto] *sm* acompte *m*; ▸ **acconto di dividendo** dividende *m* fictif.

accoppiamento [akkoppja'mento] *sm* accouplement *m*; (*TECN, INFORM, ELETTR*) couplage *m*.

accoppiare [akkop'pjare] *vt* accoupler; **accoppiarsi** *vr*: **accoppiarsi (a** *o* **con)** s'accoupler (à *o* avec).

accoppiatore [akkoppja'tore] *sm* (*TECN*) coupleur *m*; ▸ **accoppiatore acustico** (*INFORM*) coupleur acoustique.

accorato, -a [akko'rato] *agg* affligé(e).

accorciare [akkor'tʃare] *vt* raccourcir; **accorciarsi** *vip* diminuer, raccourcir; (*indumenti*) raccourcir.

accordare [akkor'dare] *vt* concilier, mettre d'accord; (*colori*) assortir; (*MUS, LING*) accorder; **accordarsi** *vr, vip* (*persone*): **accordarsi (su)** se mettre d'accord (sur), convenir (de).

accordo [ak'kɔrdo] *sm* (*anche MUS*) accord *m*; (*armonia*) accord, entente *f*; **andare d'~ (con)** s'entendre (avec); **essere d'~ (con)** être d'accord (avec); **d'~!** d'accord!; **mettersi d'~ (con qn)** se mettre d'accord (avec qn); **prendere accordi con** prendre des accords avec; **come d'~ ...** comme convenu ...; ▸ **accordo commerciale** accord commercial; ▸ **Accordo generale sulle tariffe ed il commercio** Accord général sur les tarifs et les échanges.

accorgersi [ak'kɔrdʒersi] *vip*: ~ **di** s'apercevoir de, se rendre compte de.

accorgimento [akkordʒi'mento] *sm* perspicacité *f*; (*espediente*) moyen *m*, combine *f*.

accorrere [ak'korrere] *vi* accourir.

accorsi [ak'kɔrsi] *vb vedi* **accorgersi**; **accorrere**.

accorso, -a [ak'korso] *pp di* **accorrere**.

accortezza [akkor'tettsa] *sf* adresse *f*, finesse *f*.

accorto, -a [ak'kɔrto] *pp di* **accorgersi** ♦ *agg* avisé(e), prudent(e); **stare** ~ faire attention.

accostamento [akkosta'mento] *sm* (*di colori*) assortiment *m*; (*a fede, idea*) adhésion *f*.

accostare [akkos'tare] *vt* aborder; (*socchiudere: porta, persiane, imposte*) entrouvrir; (*mettere vicino*) approcher; (*: colori, stili*) marier; (*appoggiare: scala*) appuyer ♦ *vi* (*NAUT*) accoster; (*AUT*) se garer; **accostarsi** *vr*: **accostarsi (a)** s'approcher (de), se rapprocher (de); (*fig: a idea, fede, partito*) adhérer (à).

accovacciarsi [akkovat'tʃarsi] *vr* (*persone*) s'accroupir; (*animale*) se tapir.

accozzaglia [akkot'tsaʎʎa] *sf*: **un'~ di** (*peg*) un ramassis de; (*oggetti, idee*) un fatras de.

accrebbi *etc* [ak'krebbi] *vb vedi* **accrescere**.

accreditare [akkredi'tare] *vt* (*COMM*) créditer; (*notizia*) confirmer; (*diplomatico*) accréditer.

accredito [ak'kredito] *sm* (*COMM*) crédit *m*; (*: effetto*) accréditif *m*.

accrescere [ak'kreʃʃere] *vt* augmenter, accroître.

accrescitivo, -a [akkreʃʃi'tivo] *agg* (*LING*) augmentatif(-ive) ♦ *sm* (*LING*) augmentatif *m*.

accresciuto, -a [akkreʃ'ʃuto] *pp di* **accrescere**.

accucciarsi [akkut'tʃarsi] *vr* (*animale*) se coucher; (*persona*) s'accroupir.

accudire [akku'dire] *vt* (*bambino*) s'occuper de; (*infermo, vecchio*) assister ♦ *vi*: ~ **a** (*vedi vt*) s'occuper de; assister.

acculturazione [akkulturat'tsjone] *sf* acculturation *f*.

accumulare [akkumu'lare] *vt* accumuler, entasser; **accumularsi** *vip* s'accumuler.

accumulatore [akkumula'tore] *sm* (*ELETTR*) accumulateur *m*.

accumulo [ak'kumulo] *sm* accumulation *f*, entassement *m*.

accuratamente [akkurata'mente] *avv* soigneusement.

accuratezza [akkura'tettsa] *sf* soin *m*.

accurato, -a [akku'rato] *agg* soigneux (-euse), diligent(e); (*lavoro*) soigné(e).

accusa [ak'kuza] *sf* (*anche DIR*) accusation *f*; **l'~, la pubblica** ~ (*DIR*) le Ministère public; **mettere qn sotto** ~ mettre qn en accusation; **in stato di** ~ en état d'accusation.

accusare [akku'zare] *vt* (*dare la colpa a*): ~ **(di)** accuser (de); (*DIR*) accuser, inculper; (*sentire*: *dolore*) ressentir; ~ **ricevuta di** (*COMM*) accuser réception de; ~ **la fatica** accuser la fatigue; **ha accusato il colpo** (*fig*) il a accusé le coup.

accusativo [akkuza'tivo] *sm* (*LING*) accusatif *m*.

accusato, -a [akku'zato] *sm/f* accusé(e).

accusatore, -trice [akkuza'tore] *agg, sm/f* accusateur(-trice).

acerbo, -a [a'tʃɛrbo] *agg* (*frutto*) vert(e), pas mûr(e); (*aspro*) âpre; (*fig*: *giovane*) pas mûr(e), immature.

acero ['atʃero] *sm* érable *m*.

acerrimo, -a [a'tʃɛrrimo] *agg* implacable.

aceto [a'tʃeto] *sm* vinaigre *m*; **mettere sotto** ~ mettre dans le vinaigre.

acetone [atʃe'tone] *sm* acétone *f*.

A.C.I. ['atʃi] *sigla m* (= *Automobile Club d'Italia*) ≈ A.C.F. *m*.

acidità [atʃidi'ta] *sf* acidité *f*; ▸ **acidità (di stomaco)** (*MED*) aigreurs *fpl* d'estomac.

acido, -a ['atʃido] *agg* acide, aigre; (*CHIM, colore*) acide; (*fig*: *persona*) acariâtre ♦ *sm* (*CHIM*) acide *m*.

acidulo, -a [a'tʃidulo] *agg* acidulé(e).

acino ['atʃino] *sm* grain *m*; ▸ **acino d'uva** grain de raisin.

ACLI ['akli] *sigla fpl* = *Associazioni Cristiane dei Lavoratori Italiani*.

acme ['akme] *sf* acmé *m*; (*fig*: *del successo, della gloria*) apogée *m*.

acne ['akne] *sf* acné *f*.

acqua ['akkwa] *sf* eau *f*; **acque** *sfpl* (*anche MED*) eaux *fpl*; **fare** ~ (*barca*) prendre l'eau; (*fig*: *ragionamento, teoria*) clocher, ne pas tourner rond; **essere con** *o* **avere l'**~ **alla gola** avoir le couteau sur *o* sous la gorge; **tirare** ~ **al proprio mulino** tirer la couverture à soi; **navigare in cattive acque** (*fig*) marcher sur des charbons ardents; ~ **in bocca!** bouche cousue!; ▸ **acqua cheta/di mare** eau morte/de mer; ▸ **acqua corrente** eau courante; ▸ **acqua dolce/minerale** eau douce/minérale; ▸ **acqua ossigenata/piovana/salmastra** eau oxygénée/de pluie/saumâtre; ▸ **acqua potabile/salata/tonica** eau potable/salée/tonique; ▸ **acque termali** eaux thermales.

acquaforte [akkwa'fɔrte] *sf* (*ARTE*) eau-forte *f*.

acquaio [ak'kwajo] *sm* évier *m*.

acquaragia [akkwa'radʒa] *sf* (essence *f* de) térébenthine *f*.

acquario [ak'kwarjo] *sm* aquarium *m*; (*ZODIACO*): **A**~ Verseau *m*; **essere dell'A**~ être (du) Verseau.

acquartierare [akkwartje'rare] *vt* (*MIL*) cantonner.

acquasanta [akkwa'santa] *sf* eau *f* bénite.

acquatico, -a, -ci, -che [ak'kwatiko] *agg* aquatique.

acquattarsi [akkwat'tarsi] *vr* se blottir; (*cane*) se coucher.

acquavite [akkwa'vite] *sf* eau-de-vie *f*.

acquazzone [akkwat'tsone] *sm* averse *f*.

acquedotto [akkwe'dotto] *sm* aqueduc *m*.

acqueo, -a ['akkweo] *agg*: **vapore** ~ vapeur *f* (d'eau); **umore** ~ humeur *f* aqueuse.

acquerello [akkwe'rɛllo] *sm* aquarelle *f*.

acquerugiola [akkwe'rudʒola] *sf* bruine *f*, crachin *m*.

acquietare [akkwje'tare] *vt* apaiser, calmer; **acquietarsi** *vip* (*persona, vento*) se calmer.

acquirente [akkwi'rɛnte] *sm/f* acheteur (-euse), acquéreur(-euse).

acquisire [akkwi'zire] *vt* acquérir.

acquisizione [akkwizit'tsjone] *sf* acquisition *f*.

acquistare [akkwis'tare] *vt* acheter; (*fig*: *stima, fama, merito*) gagner ♦ *vi*: ~ **in** gagner en; ~ **in bellezza** gagner en beauté; **ha acquistato in salute** il s'est (re)fait une santé.

acquisto [ak'kwisto] *sm* achat *m*; **acquisti** *smpl* (*compere*) courses *fpl*, emplettes *fpl*; **fare acquisti** faire des courses; ~ **rateale** achat à tempérament.

acquitrino [akkwi'trino] *sm* marécage *m*.

acquolina [akkwo'lina] *sf*: **avere l'**~ **in bocca** avoir l'eau à la bouche.

acquoso, -a [ak'kwoso] *agg* aqueux(-euse).

acre ['akre] *agg* âcre.

acredine [a'krɛdine] *sf* (*fig*: *astio*) aigreur *f*.

acrilico, -a, -ci, -che [a'kriliko] *agg, sm* acrylique *m*.

acritico, -a, -ci, -che [a'kritiko] *agg* non critique.

acrobata, -i, -e [a'krɔbata] *sm/f* acrobate *m/f*.

acrobatica [akro'batika] *sf* acrobatie *f*.

acrobatico, -a, -ci, -che [akro'batiko] *agg* acrobatique.

acrobazia [akrobat'tsia] *sf* acrobatie *f*; **acrobazie aeree** acrobatie *fsg* aérienne.

acronimo [a'krɔnimo] *sm* acronyme *m*.

acropoli [a'krɔpoli] *sf inv*: **l'A**~ l'Acropole *f*.

acuire [aku'ire] *vt* (*fig*) aiguiser; **acuirsi** *vip* s'aviver; (*crisi*) s'aggraver, s'envenimer.

aculeo [a'kuleo] *sm* aiguillon *m*, dard *m*; (*BOT*) épine *f*.

acume [a'kume] *sm* perspicacité *f*, finesse *f*.

acuminato, -a [akumi'nato] *agg* pointu(e).

acustico, -a, -ci, -che [a'kustiko] *agg, sf* acoustique *f*.

acutezza [aku'tettsa] *sf* acuité *f*; (*fig*) finesse *f*.

acutizzare [akutid'dzare] *vt* (*fig*) attiser, aviver; **acutizzarsi** *vip* (*fig*: *crisi, malattia*) s'aggraver, empirer.

acuto, -a [a'kuto] *agg* (*anche MAT, LING, MUS*) aigu(-uë); (*fig*: *perspicace*) fin(e), perspicace ♦ *sm* (*MUS*) aigu *m*.

ad [ad] (*dav V*) *prep* = **a**.

adagiare [ada'dʒare] *vt* coucher, étendre; **adagiarsi** *vr* se coucher, s'allonger.

adagio [a'dadʒo] *avv* lentement; (*con cura*) doucement ♦ *sm* adage *m*; (*MUS*) adagio *m*.

adamitico, -a, -ci, -che [ada'mitiko] *agg*: **in costume** ~ en costume d'Adam, dans le plus simple appareil.

adattamento [adatta'mento] *sm* adaptation *f*; **avere spirito di** ~ savoir s'adapter facilement.

adattare [adat'tare] *vt* adapter; (*adibire*): ~ **(a)** transformer (en); **adattarsi** *vr, vip*: **adattarsi (a)** (*adeguarsi*) s'adapter (à); (*essere adatto*) aller bien (avec), convenir (à); **adattarsi a qc/a fare qc** (*accontentarsi*) se contenter de qch/de faire qch.

adattatore [adatta'tore] *sm* (*ELETTR*) adaptateur *m*.

adatto, -a [a'datto] *agg*: ~ **(a)** (*persona*) fait(e) (pour), indiqué(e) (pour); (*mezzo, luogo*) approprié(e) (à); (*momento*) propice (à); **non è un film** ~ **ai bambini** ce n'est pas un film indiqué pour les enfants.

addebitare [addebi'tare] *vt*: ~ **a** (*COMM*) débiter de; (*fig*: *colpa*: *attribuire*) attribuer à; ~ **una somma a qn** débiter qn d'une somme.

addebito [ad'debito] *sm* (*COMM*) débit *m*.

addensamento [addensa'mento] *sm* (*di nubi*) amoncellement *m*; (*di nebbia*) épaississement *m*.

addensare [adden'sare] *vt* (*rendere denso*) épaissir; **addensarsi** *vip* (*crema*) s'épaissir; (*nuvole*) s'amonceler.

addentare [adden'tare] *vt* (*mela, panino*) mordre dans.

addentrarsi [adden'trarsi] *vip*: ~ **in** (*in bosco*) s'enfoncer dans; (*in palazzo*) pénétrer dans; (*fig*: *in argomento*) s'engager dans.

addentro [ad'dentro] *avv* (*fig*): **essere molto** ~ **in qc** être très au courant de qch.

addestramento [addestra'mento] *sm* (*di animali*) dressage *m*; (*di dipendente*) formation *f*; ▸ **addestramento professionale** formation professionnelle.

addestrare [addes'trare] *vt* (*animali*) dresser; (*persone*) former; **addestrarsi** *vr*: **addestrarsi (in)** s'exercer (à).

addetto, -a [ad'detto] *agg*: ~ **(a)** (*persona*) préposé(e) (à); (*oggetto*) servant (à) ♦ *sm* (*persona assegnata a incarico*) préposé *m*; (*attaché*) attaché *m*; **gli addetti ai lavori** (*anche fig*) les spécialistes *mpl*; **"vietato l'ingresso ai non addetti ai lavori"** "entrée interdite *o* défense d'entrer aux personnes étrangères aux travaux"; ▸ **addetto commerciale** attaché commercial; ▸ **addetto stampa** attaché de presse.

addì [ad'di] *avv*: ~ **3 luglio 1992** le 3 juillet 1992.

addiaccio [ad'djattʃo] *sm*: **all'**~ à la belle étoile.

addietro [ad'djɛtro] *avv* (*anni, mesi*) avant, auparavant; **tempo** ~ autrefois.

addio [ad'dio] *sm, escl* (*formula di commiato*: *distacco*) adieu *m*; **dare l'**~ **al celibato/nubilato** enterrer sa vie de garçon/jeune fille.

addirittura [addirit'tura] *avv* (*perfino*) même, jusque; (*decisamente*) carrément; (*direttamente*) directement; ~! (*nientemeno*) vraiment!, à ce point-là!

addirsi [ad'dirsi] *vip*: ~ **a** (*confarsi a*) aller à, convenir à.

Addis Abeba [ad'dis a'beba] *sf* Addis-Abeba, Addis-Ababa.

additare [addi'tare] *vt* (*persona, oggetto*) montrer du doigt; (*fig*: *esporre*) exposer.

additivo [addi'tivo] *sm* (*CHIM*) additif *m*.

addizionale [addittsjo'nale] *sf* (*anche*: **imposta** ~) centime *m* additionnel.

addizionare [addittsjo'nare] *vt* additionner.

addizione [addit'tsjone] *sf* addition *f*.

addobbare [addob'bare] *vt* (*chiesa, vetrina, sala*) décorer; **addobbarsi** *vr* (*scherz*) s'accoutrer.

addobbo [ad'dɔbbo] *sm* décoration *f*; ▸ **addobbi natalizi** décorations *fpl* de Noël.

addolcire [addol'tʃire] *vt* (*caffè, acqua*) sucrer; (*fig*: *persona, tono*) adoucir; **addolcirsi** *vip* (*fig*: *persona, tono*) s'adoucir; ~ **la pillola** (*fig*) dorer la pilule.

addolorare [addolo'rare] *vt* faire de la peine à; **addolorarsi** *vip*: **addolorarsi (per)** avoir de la peine (pour).

addolorato, -a [addolo'rato] *agg* affligé(e); **l'Addolorata** (*REL*) Notre-Dame des Sept Douleurs.

addome [ad'dɔme] *sm* abdomen *m*.

addomesticare [addomesti'kare] *vt* apprivoiser.

addominale [addomi'nale] *agg* abdominal(e).

addominali [addomi'nali] *smpl* (*muscoli addominali*) abdominaux *mpl*.

addormentare [addormen'tare] *vt* endormir; **addormentarsi** *vip* s'endormir; (*fig*: *intorpidirsi*) s'engourdir.

addormentato, -a [addormen'tato] *agg* endormi(e).

addossare [addos'sare] *vt*: ~ **a** (*appoggiare*)

adosser à; (*fig*: *attribuire*: *colpa, responsabilità*) faire endosser à; **addossarsi** *vr* (*appoggiarsi*): **addossarsi a** s'adosser à; **addossarsi qc** (*fig*: *prendersi*: *responsabilità, colpa*) endosser qch.

addosso [ad'dɔsso] *avv* (*su persona*) sur moi/toi/soi *etc* ♦ *prep*: ~ **a** (*sopra*) sur; (*molto vicino*) près de; **avere** ~ (*vestito, occhiali*) porter; (*soldi*) avoir sur soi; **mettersi** ~ **il cappotto** mettre son manteau; **andare** ~ **a** (*con macchina*: *altra macchina*) rentrer dans; (: *pedone*) renverser; **dare** ~ **a** (*fig*: *dare torto a*) donner tort à; **stare** ~ **a qn** (*fig*: *opprimere*) être toujours sur le dos de qn; **mettere le mani** ~ **a** (*picchiare*) lever la main sur; (*catturare*) mettre la main sur; (*molestare*) toucher; **mettere gli occhi** ~ **a** loucher sur.

addotto, -a [ad'dotto] *pp di* **addurre**.

adduco *etc* [ad'duko] *vb vedi* **addurre**.

addurre [ad'durre] *vt* (*DIR*: *allegare*: *fatti, prove*) alléguer; (*citare*) citer.

addussi *etc* [ad'dussi] *vb vedi* **addurre**.

adeguare [ade'gware] *vt* (*prezzo, costo*): ~ **(a)** rajuster (en fonction de), réajuster (en fonction de); **adeguarsi** *vr* (*conformarsi*): **adeguarsi (a)** s'adapter (à).

adeguatezza [adegwa'tettsa] *sf* juste proportion *f*.

adeguato, -a [ade'gwato] *agg* (*prezzo, ricompensa, stipendio*) juste; (*adatto*) approprié(e), adéquat(e).

adempiere [a'dempjere] *vt* (*dovere, voto*) accomplir; (*promessa*) tenir; (*comando*) exécuter.

adempimento [adempi'mento] *sm* accomplissement *m*; **nell'~ del proprio dovere** dans l'accomplissement de son devoir.

adempire [adem'pire] *vt* = **adempiere**.

adenoidi [ade'nɔidi] *sfpl* (*MED*) végétations *fpl* adénoïdes.

adepto, -a [a'dɛpto] *sm/f* adepte *m/f*.

aderente [ade'rɛnte] *agg* adhérent(e); (*vestito*) collant(e) ♦ *sm/f* adhérent(e), membre *m*.

aderenza [ade'rɛntsa] *sf* (*anche MED*) adhérence *f*; **aderenze** *sfpl* (*fig*: *relazioni*) relations *fpl*, accointances *fpl*.

aderire [ade'rire] *vi*: ~ **(a)** adhérer (à), coller (à); (*fig*: *a partito*) adhérer (à); (: *a proposta, richiesta*) adhérer (à), se rallier (à).

adescare [ades'kare] *vt* appâter, amorcer; (*fig*: *clienti*) attirer, allécher; (*TECN*: *pompa*) amorcer.

adesione [ade'zjone] *sf* adhésion *f*; (*FIS*) adhérence *f*; (*appoggio*) adhésion, ralliement *m*.

adesivo, -a [ade'zivo] *agg* adhésif(-ive), collant(e) ♦ *sm* adhésif *m*; (*etichetta*) autocollant *m*; *vedi anche* **nastro**.

adesso [a'dɛsso] *avv* maintenant; (*or ora, poco fa*) à l'instant; (*tra poco*) tout de suite, dans un instant; **per** ~ pour le moment; **da** ~ **in poi** dorénavant, désormais.

adiacente [adja'tʃɛnte] *agg* (*contiguo*): ~ **(a)** adjacent(e) (à), contigu(-uë) (à).

adibire [adi'bire] *vt* (*destinare*: *locale*): ~ **(a)** affecter (à), destiner (à).

Adige ['adidʒe] *sm* Adige *m*.

adipe ['adipe] *sm* graisse *f*.

adiposo, -a [adi'poso] *agg* adipeux(-euse).

adirarsi [adi'rarsi] *vip* (*arrabbiarsi*): ~ **con** *o* **contro qn per qc** se mettre en colère *o* se fâcher contre qn pour qch.

adirato, -a [adi'rato] *agg* fâché(e), en colère.

adire [a'dire] *vt* (*DIR*): ~ **le vie legali** recourir aux voies légales; ~ **un'eredità** entrer en possession d'un héritage.

adito ['adito] *sm*: **dare** ~ **a** donner lieu à, se prêter à.

adocchiare [adok'kjare] *vt* (*anche fig*) repérer; (*occhieggiare*) reluquer, lorgner.

adolescente [adoleʃ'ʃɛnte] *agg, sm/f* adolescent(e).

adolescenza [adoleʃ'ʃɛntsa] *sf* adolescence *f*.

adolescenziale [adoleʃʃen'tsjale] *agg* de l'adolescence.

adoperare [adope'rare] *vt* se servir de, employer; **adoperarsi** *vr*: **adoperarsi per** mettre tout en œuvre pour.

adorabile [ado'rabile] *agg* adorable, exquis(e).

adorare [ado'rare] *vt* adorer.

adorazione [adorat'tsjone] *sf* adoration *f*.

adornare [ador'nare] *vt* orner.

adorno, -a [a'dorno] *agg*: ~ **(di)** orné(e) (de).

adottare [adot'tare] *vt* adopter.

adottivo, -a [adot'tivo] *agg* adoptif(-ive); (*patria*) d'adoption.

adozione [adot'tsjone] *sf* adoption *f*; **d'~** (*patria*) d'adoption.

adrenalinico, -a, -ci, -che [adrena'liniko] *agg* (*fig*) surexcité(e), survolté(e).

adriatico, -a, -ci, -che [adri'atiko] *agg* adriatique ♦ *sm*: **l'A~, il mare A~** l'Adriatique *f*.

adulare [adu'lare] *vt* flatter.

adulatore, -trice [adula'tore] *sm/f* flatteur(-euse), flagorneur(-euse).

adulatorio, -a [adula'tɔrjo] *agg* flatteur (-euse), flagorneur(-euse).

adulazione [adulat'tsjone] *sf* adulation *f*, flatterie *f*.

adulterare [adulte'rare] *vt* falsifier, frelater.

adulterio [adul'tɛrjo] *sm* adultère *m.*
adultero, -a [a'dultero] *agg, sm/f* adultère *m/f.*
adulto, -a [a'dulto] *agg* adulte; (*fig*: *maturo*: *opera, stile*) mûr(e) ♦ *sm/f* adulte *m/f*; **per adulti** pour adultes.
adunanza [adu'nantsa] *sf* (*AMM*: *plenaria*) séance *f*; (: *collegiale*) assemblée *f.*
adunare [adu'nare] *vt* réunir, rassembler; **adunarsi** *vip* se rassembler.
adunata [adu'nata] *sf* (*MIL*) rassemblement *m.*
adunco, -a, -chi, -che [a'dunko] *agg* crochu(e).
aerazione [aerat'tsjone] *sf* aération *f*; (*TECN*: *di sostanza, liquido*) aérage *m.*
aereo, -a [a'ɛreo] *agg* aérien(ne) ♦ *sm* avion *m*; ▸ **aereo a reazione/da caccia/di linea** avion à réaction/de chasse/de ligne.
aerobica [ae'rɔbika] *sf* aérobic *m.*
aerodinamico, -a, -ci, -che [aero-di'namiko] *agg, sf* aérodynamique *f.*
aeromodello [aeromo'dɛllo] *sm* maquette *f* d'avion, modèle *m* réduit d'avion.
aeronautica [aero'nautika] *sf* aéronautique *f*; ▸ **aeronautica civile** aéronautique civile; ▸ **aeronautica militare** aéronautique militaire.
aeronavale [aerona'vale] *agg* aéronaval(e).
aeroplano [aero'plano] *sm* avion *m.*
aeroporto [aero'pɔrto] *sm* aéroport *m.*
aeroportuale [aeroportu'ale] *agg* aéroportuaire; (*lavoratori*) de l'aéroport.
aeroscalo [aeros'kalo] *sm* escale *f* aérienne.
aerosol [aero'sɔl] *sm inv* aérosol *m.*
aerospaziale [aerospat'tsjale] *agg* aérospatial(e).
aerostatico, -a, -ci, -che [aeros'tatiko] *agg* aérostatique.
aerostato [ae'rɔstato] *sm* aérostat *m.*
A.F. *abbr* (= *alta frequenza*) H.F.
afa ['afa] *sf* chaleur *f* étouffante, chaleur lourde.
affabile [af'fabile] *agg* affable.
affabilità [affabili'ta] *sf* affabilité *f.*
affaccendarsi [affattʃen'darsi] *vr*: ~ **intorno a** s'affairer autour de.
affaccendato, -a [affattʃen'dato] *agg* affairé(e), occupé(e).
affacciarsi [affat'tʃarsi] *vr* (*sporgersi, guardare*): ~ **(a)** se montrer (à), se mettre (à); ~ **su** (*sogg*: *finestra, balcone*) donner sur; ~ **alla vita** entrer dans la vie.
affamato, -a [affa'mato] *agg* affamé(e); ~ **di** (*fig*: *di gloria, successo*) affamé(e) de, avide de.
affannare [affan'nare] *vt* (*MED*) essouffler; (*fig*) tourmenter; **affannarsi** *vr*: **affannarsi a** *o* **per fare qc** (*fig*) se donner du mal pour faire qch.
affanno [af'fanno] *sm* essoufflement *m*; (*fig*: *ansia, preoccupazione*) anxiété *f*, souci *m.*
affannosamente [affannosa'mente] *avv* fiévreusement; (*fig*) anxieusement.
affannoso, -a [affan'noso] *agg* haletant(e); (*fig*: *ricerca*) fébrile.
affare [af'fare] *sm* (*anche COMM, DIR*) affaire *f*; (*fam*: *aggeggio*) machin *m*, truc *m*; **affari** *smpl* (*anche COMM*) affaires *fpl*; ~ **fatto!** affaire conclue!; **sono affari miei** c'est mon affaire, ça me regarde; **bada agli affari tuoi** occupe-toi de tes affaires; **ministro degli Affari Esteri** ministre des Affaires étrangères.
affarista, -i, -e [affa'rista] *sm/f* (*COMM*) brasseur(-euse) d'affaires; (*peg*) affairiste *m/f.*
affascinante [affaʃʃi'nante] *agg* fascinant(e).
affascinare [affaʃʃi'nare] *vt* fasciner, séduire.
affaticamento [affatika'mento] *sm* fatigue *f.*
affaticare [affati'kare] *vt* fatiguer; **affaticarsi** *vr* se fatiguer.
affatto [af'fatto] *avv* (*interamente*) tout à fait, complètement; (*rafforzativo di negazione*): **non ci penso** ~ je n'y pense pas du tout; **niente** ~ pas du tout, pas le moins du monde; **non è** ~ **male, questo posto** cet endroit n'est pas mal du tout.
affermare [affer'mare] *vt* affirmer; **affermarsi** *vr* s'affirmer; (*moda, spettacolo*) s'imposer.
affermativo, -a [afferma'tivo] *agg* affirmatif(-ive).
affermato, -a [affer'mato] *agg* affirmé(e).
affermazione [affermat'tsjone] *sf* affirmation *f*; (*successo, vittoria*) succès *m.*
afferrare [affer'rare] *vt* (*anche fig*: *occasione, concetto etc*) saisir; **afferrarsi** *vr*: **afferrarsi a** s'accrocher à.
Aff. Est. *abbr* (= *Affari Esteri*) Aff. étr.
affettare [affet'tare] *vt* couper en tranches; (*ostentare*) affecter.
affettato, -a [affet'tato] *agg* en tranches ♦ *sm saucissons et jambons en tranches*; **~i** charcuterie *fsg.*
affettatrice [affetta'tritʃe] *sf* trancheuse *f.*
affettazione [affettat'tsjone] *sf* affectation *f.*
affettivo, -a [affet'tivo] *agg* affectif(-ive).
affetto, -a [af'fɛtto] *agg*: **essere ~ da** être atteint(e) de ♦ *sm* affection *f*; **con** ~ (*in lettera*) bien affectueusement; **gli affetti familiari** les attaches *fpl* familiales.
affettuosamente [affettuosa'mente] *avv* affectueusement; **ti saluto ~, Maria** (*in let-

tera) avec toute mon affection, Maria.

affettuosità [affettuosi'ta] *sf inv* caractère *m* affectueux ♦ *sfpl* (*manifestazioni*) tendresses *fpl*; **trattare con** ~ traiter avec beaucoup d'affection.

affettuoso, -a [affettu'oso] *agg* affectueux(-euse); **un saluto** *o* **un abbraccio** ~ (*in lettera, cartolina*) bien affectueusement.

affezionarsi [affettsjo'narsi] *vip*: ~ **a** s'affectionner à, s'attacher à.

affezionato, -a [affettsjo'nato] *agg* (*persona, animale*: *attaccato*): ~ **a** attaché(e) à; (*abituale*: *cliente*) fidèle à.

affezione [affet'tsjone] *sf* (*MED*) affection *f.*

affiancare [affjan'kare] *vt* (*accompagnare*) accompagner, escorter; (*fig*: *sostenere*) soutenir; **affiancarsi** *vr*: **affiancarsi a** se placer aux côtés de; ~ **a** mettre côte à côte.

affiatamento [affjata'mento] *sm* entente *f.*

affiatato, -a [affja'tato] *agg* uni(e).

affibbiare [affib'bjare] *vt* (*fig*: *incarico*) refiler; ~ **un soprannome a qn** affubler qn d'un surnom.

affidabile [affi'dabile] *agg* fiable.

affidabilità [affidabili'ta] *sf* fiabilité *f.*

affidamento [affida'mento] *sm* (*DIR*) garde *f*; **fare** ~ **su** (*fidarsi*) compter sur; **non dà nessun** ~ il n'inspire aucune confiance.

affidare [affi'dare] *vt*: ~ **a** (*anche DIR*) confier à; (*pacco, macchina*) remettre à, confier à; **affidarsi** *vr*: **affidarsi a** se fier à; (*a cure, medico*) s'en remettre à; **mi affido alla tua discrezione** je m'en remets à ta discrétion.

affievolirsi [affjevo'lirsi] *vip* s'affaiblir.

affiggere [af'fiddʒere] *vt* afficher.

affilare [affi'lare] *vt* aiguiser.

affilato, -a [affi'lato] *agg* (*lama, coltello*) tranchant(e); (*volto, naso*) effilé(e).

affiliare [affi'ljare] *vt*: ~ **a** (*a setta, associazione*) affilier à; **affiliarsi** *vr*: **affiliarsi a** s'affilier à.

affinare [affi'nare] *vt* aiguiser; (*fig*: *ingegno*) aiguiser, affiner; (: *vista*) aiguiser.

affinché [affin'ke] *cong* pour que, afin que.

affine [af'fine] *agg* similaire, semblable.

affinità [affini'ta] *sf inv* affinité *f.*

affiorare [affjo'rare] *vi* émerger, affleurer; (*indizi*) apparaître.

affissi *etc* [af'fissi] *vb vedi* **affiggere**.

affissione [affis'sjone] *sf* affichage *m.*

affisso, -a [af'fisso] *pp di* **affiggere** ♦ *sm* affiche *f*, placard *m*; (*ARCHIT*) fermeture *f*; (*LING*) affixe *m.*

affittacamere [affitta'kamere] *sm/f inv* logeur(-euse).

affittare [affit'tare] *vt* louer.

affitto [af'fitto] *sm* location *f*; (*prezzo*) loyer *m*; **dare/prendere in** ~ louer.

affittuario [affittu'arjo] *sm* locataire *m/f.*

affliggere [af'fliddʒere] *vt* affliger; **affliggersi** *vip*: **affliggersi (per)** s'affliger (de).

afflissi *etc* [af'flissi] *vb vedi* **affliggere**.

afflitto, -a [af'flitto] *pp di* **affliggere**.

afflizione [afflit'tsjone] *sf* affliction *f*, chagrin *m.*

afflosciarsi [afflo∫'∫arsi] *vip* (*vela*) devenir flasque.

affluente [afflu'ɛnte] *sm* affluent *m.*

affluenza [afflu'ɛntsa] *sf* afflux *m*; (*di pubblico*) affluence *f.*

affluire [afflu'ire] *vi* couler, affluer; (*fig*: *merci, persone*) affluer.

afflusso [af'flusso] *sm* afflux *m.*

affogare [affo'gare] *vt, vi* noyer; **affogarsi** *vr, vip* se noyer.

affogato, -a [affo'gato] *agg* noyé(e); (*CUC*: *uova*) poché(e) ♦ *sm/f* noyé(e).

affollamento [affolla'mento] *sm* affluence *f*; (*folla*) foule *f*, cohue *f.*

affollare [affol'lare] *vt* remplir, envahir; **affollarsi** *vip* se presser.

affollato, -a [affol'lato] *agg* bondé(e).

affondamento [affonda'mento] *sm* naufrage *m.*

affondare [affon'dare] *vt* couler; (*nel terreno*: *radici, piedi*) enfoncer ♦ *vi* couler, sombrer; ~ **in** (*penetrare*) (s')enfoncer dans.

affrancare [affran'kare] *vt* (*anche AMM*) affranchir; (*lettera*: *meccanicamente*) timbrer; **affrancarsi** *vr*: **affrancarsi (da)** s'affranchir (de), se libérer (de).

affrancatrice [affranka'trit∫e] *sf* machine *f* à affranchir.

affrancatura [affranka'tura] *sf* affranchissement *m*; ~ **a carico del destinatario** port *m* payé (par le destinataire).

affranto, -a [af'franto] *agg* harassé(e), fourbu(e); (*fig*) accablé(e), brisé(e).

affresco, -schi [af'fresko] *sm* fresque *f.*

affrettare [affret'tare] *vt* presser, hâter; **affrettarsi** *vr* se dépêcher, se hâter; **affrettarsi a fare qc** s'empresser de faire qch.

affrettato, -a [affret'tato] *agg* pressé(e), précipité(e); (*frettoloso*: *decisione*) hâtif(-ive), précipité(e); (: *lavoro*) hâtif(-ive), fait(e) à la hâte.

affrontare [affron'tare] *vt* affronter; (*esaminare*: *questione*) aborder; **affrontarsi** *vr* (*reciproco*) s'affronter.

affronto [af'fronto] *sm* affront *m*; **fare un** ~ **a qn** faire un affront à qn.

affumicare [affumi'kare] *vt* enfumer; (*CUC*) fumer.

affusolato, -a [affuso'lato] *agg* fuselé(e).

Afg(h)anistan [af'ganistan] *sm* Afghanistan *m.*

afg(h)ano, -a [af'gano] *agg* afghan(e) ♦

sm/f Afghan(e).
a.f.m. *abbr* (*COMM = a fine mese*) f.c.
aforisma [afo'rizma] *sm* aphorisme *m*.
afoso, -a [a'foso] *agg* étouffant(e), lourd(e).
Africa ['afrika] *sf* Afrique *f*.
africano, -a [afri'kano] *agg* africain(e) ♦ *sm/f* Africain(e).
afrikaans [afri'kɑːns] *sm* afrikaans *m*.
afroasiatico, -a, -ci, -che [afroa'zjatiko] *agg* afro-asiatique.
afrodisiaco, -a, -ci, -che [afrodi'ziako] *agg, sm* aphrodisiaque *m*.
AG *sigla* = *Agrigento*.
agenda [a'dʒɛnda] *sf* agenda *m*, carnet *m*; ▸ **agenda da tavolo** agenda *m* de bureau; ▸ **agenda tascabile** agenda *m* de poche.
agente [a'dʒɛnte] *sm* (*anche CHIM etc*) agent *m*; **resistente agli agenti atmosferici** résistant aux agents atmosphériques; ▸ **agente delle tasse** receveur *m* des impôts; ▸ **agente di cambio** employé *m* d'une société de bourse, agent de change; ▸ **agente di custodia/polizia** gardien *m* de prison/police; ▸ **agente di pubblica sicurezza** agent de police; ▸ **agente di vendita** agent commercial; ▸ **agente marittimo** agent maritime; ▸ **agente provocatore** agent provocateur; ▸ **agente segreto** agent secret.
agenzia [adʒen'tsia] *sf* agence *f*; ▸ **agenzia di collocamento/stampa** bureau *m* de placement/presse; ▸ **agenzia immobiliare** agence immobilière; ▸ **Agenzia Internazionale per l'Energia Atomica** Agence internationale pour l'énergie atomique; ▸ **agenzia matrimoniale/pubblicitaria** agence matrimoniale/de publicité; ▸ **agenzia viaggi** agence de voyages *o* de tourisme.
agevolare [adʒevo'lare] *vt* faciliter; (*persona*) aider.
agevolazione [adʒevolat'tsjone] *sf* facilité *f*; ▸ **agevolazione di pagamento** facilité de paiement; ▸ **agevolazioni creditizie** facilités de crédit; ▸ **agevolazioni fiscali** allègements *mpl* fiscaux.
agevole [a'dʒevole] *agg* aisé(e).
agganciare [aggan'tʃare] *vt* (*anche FERR*) accrocher; (*TEL*: *cornetta*) raccrocher; (*fig*: *ragazza, tipo*) aborder; **agganciarsi** *vip*: **agganciarsi a** s'accrocher à; (*fig*: *in discorso*) se rattacher à.
aggancio [ag'gantʃo] *sm* (*TECN*) attelage *m*; (*fig*) accointance *f*.
aggeggio [ad'dʒeddʒo] *sm* machin *m*, truc *m*.
aggettivo [addʒet'tivo] *sm* adjectif *m*.
agghiacciante [aggjat'tʃante] *agg* (*fig*: *spaventoso*) terrifiant(e).
agghiacciare [aggjat'tʃare] *vt* (*fig*: *raggelare*) glacer.
agghindarsi [aggin'darsi] *vr* s'attifer.
aggiornamento [addʒorna'mento] *sm* mise *f* à jour; (*rinvio*) ajournement *m*; **corso d'~** cours *msg* de formation (continue).
aggiornare [addʒor'nare] *vt* mettre à jour; (*persona*) mettre au courant; (*seduta, causa, discussione*) ajourner; **aggiornarsi** *vip* se tenir au courant.
aggiornato, -a [addʒor'nato] *agg* mis(e) à jour; (*persona*) au courant.
aggiotaggio [addʒo'taddʒo] *sm* (*ECON*) agiotage *m*.
aggirare [addʒi'rare] *vt* (*evitare*: *anche fig*) contourner; **aggirarsi** *vip* rôder; **aggirarsi su** (*costo, spesa*) s'élever environ à; **il prezzo s'aggira sul milione** le prix s'élève à un million environ.
aggiudicare [addʒudi'kare] *vt* adjuger; **aggiudicarsi qc** s'adjuger qch.
aggiungere [ad'dʒundʒere] *vt*: ~ **(a)** ajouter (à); **aggiungersi** *vip* s'ajouter.
aggiunsi *etc* [ad'dʒunsi] *vb vedi* **aggiungere**.
aggiunta [ad'dʒunta] *sf* adjonction *f*; (*cosa aggiunta*) ajout *m*.
aggiunto, -a [ad'dʒunto] *pp di* **aggiungere** ♦ *agg* adjoint(e); **sindaco** ~ adjoint *m* au maire; **in aggiunta** de plus.
aggiustare [addʒus'tare] *vt* réparer; (*adattare*: *vestito*) arranger; (: *mira, tiro*) ajuster; (*sistemare*: *cravatta, occhiali*) ajuster; (: *lite*) arranger; (*conto*) régler; **aggiustarsi** *vr* s'arranger; **ti aggiusto io**! tu vas avoir affaire à moi!
agglomerato [agglome'rato] *sm* aggloméрat *m*; (*di legno*) aggloméré *m*; ▸ **agglomerato urbano** agglomération *f* urbaine.
aggrapparsi [aggrap'parsi] *vr*: ~ **a** s'accrocher à, s'agripper à; (*fig*: *a speranza, illusione*) s'accrocher à, se cramponner à.
aggravamento [aggrava'mento] *sm* aggravation *f*.
aggravante [aggra'vante] *sf* (*DIR*: *anche*: **circostanza** ~) circonstance *f* aggravante.
aggravare [aggra'vare] *vt* aggraver; **aggravarsi** *vip* s'aggraver.
aggravio [ag'gravjo] *sm*: ~ **di costi** augmentation *f* des coûts.
aggraziato, -a [aggrat'tsjato] *agg* gracieux(-euse).
aggredire [aggre'dire] *vt* (*persona*) agresser; (: *verbalmente*) attaquer; (*stato*) attaquer.
aggregare [aggre'gare] *vt* réunir; ~ **a** (*associare*) associer à; **aggregarsi** *vr*: **aggregarsi (a)** se joindre à.
aggregato [aggre'gato] *sm* (*anche GEO*) agrégat *m*; (*MAT*) ensemble *m*; ▸ **aggre-**

gato urbano agglomération *f* urbaine.
aggressione [aggres'sjone] *sf* agression *f*; ▸ **aggressione a mano armata** agression à main armée.
aggressività [aggressivi'ta] *sf* agressivité *f*.
aggressivo, -a [aggres'sivo] *agg* agressif (-ive).
aggressore [aggres'sore] *sm* agresseur *m*.
aggrottare [aggrot'tare] *vt* (*sopracciglia*) froncer; (*fronte*) plisser.
aggrovigliare [aggroviʎ'ʎare] *vt* embrouiller, emmêler; **aggrovigliarsi** *vip* (*fig*: *situazione*) s'embrouiller.
agguantare [aggwan'tare] *vt* attraper, saisir.
agguato [ag'gwato] *sm* guet-apens *msg*, embuscade *f*; **tendere un ~ a** tendre une embuscade à.
agguerrito, -a [aggwer'rito] *agg* aguerri(e), endurci(e); (*preparato*) chevronné(e).
agiatezza [adʒa'tettsa] *sf* aisance *f*, bien-être *m*.
agiato, -a [a'dʒato] *agg* aisé(e).
agile ['adʒile] *agg* agile.
agilità [adʒili'ta] *sf* agilité *f*.
agio ['adʒo] (*pl* **agi**) *sm* aise *f*; **agi** *smpl* (*ricchezze*) aisance *fsg*; **mettersi a proprio ~** se mettre à l'aise *o* à son aise; **dare ~ a qn di fare qc** donner à qn le loisir de faire qch.
agire [a'dʒire] *vi* agir; (*comportarsi*) se conduire; (*sogg*: *farmaco, veleno*) faire effet; **~ contro qn** (*DIR*) engager une action contre qn.
agitare [adʒi'tare] *vt* agiter; (*sogg*: *cane*: *coda*) remuer; (*fig*: *turbare*) troubler; (: *incitare*) exciter; **agitarsi** *vr* s'agiter; (*emozionarsi*) se troubler.
agitato, -a [adʒi'tato] *agg* agité(e); (*discussione*) animé(e); (*persona*: *emozionato*) troublé(e).
agitatore, -trice [adʒita'tore] *sm/f* (*POL*) agitateur(-trice).
agitazione [adʒitat'tsjone] *sf* (*anche POL*) agitation *f*; **mettere qn in ~** rendre qn nerveux(-euse).
agit-prop ['adʒit'prɔp] *abbr m* agitateur-propagandiste *m*.
agli ['aʎʎi] (= **a** + **gli**) *prep + art vedi* **a**.
aglio ['aʎʎo] *sm* ail *m*.
agnello [aɲ'ɲɛllo] *sm* agneau *m*.
ago ['ago] (*pl* **aghi**) *sm* aiguille *f*; ▸ **ago da calza** aiguille *f* à tricoter.
agonia [ago'nia] *sf* (*MED*) agonie *f*; (*fig*: *angoscia*) angoisse *f*.
agonistico, -a, -ci, -che [ago'nistiko] *agg* (*SPORT, fig*: *spirito*) de compétition.
agonizzante [agonid'dzante] *agg* agonisant(e).
agonizzare [agonid'dzare] *vi* agoniser.
agopuntura [agopun'tura] *sf* acuponcture *f*, acupuncture *f*.
agorafobia [agorafo'bia] *sf* agoraphobie *f*.
agosto [a'gosto] *sm* août *m*; *vedi anche* **luglio**.
agraria [a'grarja] *sf* agronomie *f*.
agrario, -a [a'grarjo] *agg* agraire; (*scuola*) d'agriculture; **consorzio ~** coopérative *f* agricole.
agricolo, -a [a'grikolo] *agg* agricole.
agricoltore [agrikol'tore] *sm* agriculteur *m*.
agricoltura [agrikol'tura] *sf* agriculture *f*.
agrifoglio [agri'fɔʎʎo] *sm* houx *msg*.
agrimensore [agrimen'sore] *sm* arpenteur *m*.
agriturismo [agritu'rizmo] *sm* vacances *fpl* à la ferme; (*ECON*) tourisme *m* rural.
agrituristico, -a, -ci, -che [agritu'ristiko] *agg* du tourisme rural.
agro, -a ['agro] *agg* aigre ♦ *sm* (*CUC*): **verdura all'~** légumes *mpl* assaisonnés de jus de citron.
agrodolce [agro'doltʃe] *agg* aigre-doux(aigre-douce) ♦ *sm* (*salsa*): **in ~** avec une sauce aigre-douce.
agronomia [agrono'mia] *sf* agronomie *f*.
agronomo [a'grɔnomo] *sm* agronome *m*.
agrume [a'grume] *sm* agrume *m*.
agrumeto [agru'meto] *sm* plantation *f* d'agrumes.
aguzzare [agut'tsare] *vt* tailler en pointe, aiguiser; **~ gli orecchi** dresser *o* tendre l'oreille; **~ la vista** bien ouvrir les yeux; **~ l'ingegno** aiguiser l'esprit.
aguzzino, -a [agud'dzino] *sm/f* (*fig*: *persecutore*) bourreau *m* (*fig*).
aguzzo, -a [a'guttso] *agg* pointu(e), aigu (-uë).
ahi ['ai] *escl* aïe!
ahimè [ai'mɛ] *escl* hélas!
ai ['ai] (= **a** + **i**) *prep + art vedi* **a**.
Aia ['aja] *sf*: **l'~** la Haye.
aia ['aja] *sf* aire *f*, cour *f* (*de ferme*); **menare il can per l'~** traîner les choses en longueur.
AIDS ['aids] *abbr m o f* SIDA *m*.
AIEA [a'jɛa] *sigla f* (= *Agenzia Internazionale per l'Energia Atomica*) AIEA *f*.
AIED ['ajɛd] *sigla f* = *Associazione Italiana Educazione Demografica*.
AIG ['aig] *sigla f* (= *Associazione Italiana Alberghi per la Gioventù*) ≈ F.U.A.J. *f*.
aiola [a'jɔla] *sf* = **aiuola**.
AIPI [a'ipi] *sigla f* = *Associazione Italiana Protezione infanzia*.
airone [ai'rone] *sm* héron *m*.
aitante [ai'tante] *agg* vigoureux(-euse), robuste.
aiuola [a'jwɔla] *sf* (*per fiori*) parterre *m*, plate-bande *f*; (*per ortaggi*) plate-bande.
aiutante [aju'tante] *sm/f* aide *m/f*, auxiliaire *m/f* ♦ *sm* (*MIL*) aide *m*, adjudant *m*; (*NAUT*)

adjudant; ▸ **aiutante di campo** aide de camp.

aiutare [aju'tare] *vt* aider; (*digestione, progresso*) faciliter; **aiutarsi** *vr*: **aiutarsi (con)** (*valersi, servirsi*) s'aider (de), se servir (de); ~ **qn in qc/a fare qc** aider qn dans qch/à faire qch.

aiuto [a'juto] *sm* aide *f*, secours *msg*; (*aiutante*) assistant(e); ~! au secours!; **venire in** ~ **di** venir en aide à, venir au secours de; ▸ **aiuto chirurgo** assistant d'un chirurgien.

aizzare [ait'tsare] *vt* inciter, pousser (*fig*); ~ **contro** (*cani*) lâcher contre; (*persona*) dresser contre.

al [al] (= **a** + **il**) *prep + art vedi* **a**.

ala ['ala] (*pl* **ali**) *sf* (*anche SPORT*) aile *f*; **fare** ~ faire la haie; **avere le ali ai piedi** (*fig*) avoir des ailes; ▸ **ala destra/sinistra** (*SPORT*) ailier *m* droit/gauche, aile droite/gauche.

alabastro [ala'bastro] *sm* albâtre *m*.

alacre ['alakre] *agg* vif(vive).

alacrità [alakri'ta] *sf* ardeur *f*, entrain *m*.

alambicco, -chi [alam'bikko] *sm* alambic *m*.

alano [a'lano] *sm* danois *msg*.

alare [a'lare] *agg* alaire ♦ *sm* (*nel focolare, camino*) chenet *m*.

Alaska [a'laska] *sf* Alaska *f*.

alato, -a [a'lato] *agg* ailé(e).

alba ['alba] *sf* aube *f*; **all'**~ à l'aube, à la pointe du jour.

albanese [alba'nese] *agg* albanais(e) ♦ *sm/f* Albanais(e).

Albania [alba'nia] *sf* Albanie *f*.

albatros ['albatros] *sm inv* albatros *msg*.

albeggiare [albed'dʒare] *vb impers* faire jour ♦ *vi* poindre, se lever.

alberato, -a [albe'rato] *agg* planté(e) d'arbres.

alberatura [albera'tura] *sf* (*NAUT*) mâture *f*.

albergare [alber'gare] *vt* loger, héberger ♦ *vi* loger, habiter.

albergatore, -trice [alberga'tore] *sm/f* hôtelier(-ière).

alberghiero, -a [alber'gjɛro] *agg* hôtelier (-ière).

albergo, -ghi [al'bɛrgo] *sm* (*edificio*) hôtel *m*; ▸ **albergo della gioventù** auberge *f* de (la) jeunesse; ▸ **albergo diurno** *établissement public avec toilettes, bains et services divers.*

albero ['albero] *sm* (*anche TECN*) arbre *m*; (*NAUT*) mât *m*; ▸ **albero a camme** arbre à cames; ▸ **albero a gomiti** vilebrequin *m*, essieu *m* coudé; ▸ **albero genealogico/da frutto/di Natale** arbre généalogique/fruitier/de Noël; ▸ **albero di trasmissione** (*TECN*) arbre de transmission; ▸ **albero maestro** (*NAUT*) grand mât.

albicocca, -che [albi'kɔkka] *sf* abricot *m*.

albicocco, -chi [albi'kɔkko] *sm* abricotier *m*.

albino, -a [al'bino] *agg, sm/f* albinos *m/fsg*.

albo ['albo] *sm* tableau *m*; (*degli avvocati, professionale*) ordre *m*; (*di fotografie, francobolli*) album *m*.

album ['album] *sm inv* album *m*; ▸ **album da disegno** cahier *m* de dessins.

albume [al'bume] *sm* blanc *m* d'œuf; (*BIOL*) albumen *m*.

albumina [albu'mina] *sf* albumine *f*.

alce ['altʃe] *sm* élan *m*.

alchimia [alki'mia] *sf* alchimie *f*.

alchimista, -i [alki'mista] *sm* alchimiste *m*.

alcol ['alkol] *sm inv* = **alcool**.

alcolicità [alkolitʃi'ta] *sf* taux *msg* d'alcool.

alcolico, -a, -ci, -che [al'kɔliko] *agg* alcoolique ♦ *sm* boisson *f* alcoolisée.

alcolismo [alko'lizmo] *sm* alcoolisme *m*.

alcolista, -i, -e [alko'lista] *sm/f* alcoolique *m/f*.

alcolizzato, -a [alkolid'dzato] *agg* alcoolisé(e) ♦ *sm/f* alcoolique *m/f*.

alcool ['alkool] *sm inv* alcool *m*; **darsi all'**~ s'adonner à l'alcool; ▸ **alcool denaturato** alcool dénaturé; ▸ **alcool etilico/metilico** alcool éthylique/méthylique.

alcoolico *etc* [alko'ɔliko] *vedi* **alcolico** *etc*.

alcova [al'kɔva] *sf* (*anche fig*) alcôve *f*.

alcuno, -a [al'kuno] *agg* aucun(e) ♦ *pron* (*nessuno*): **non** ... ~ ne ... personne; **alcuni/e** (*agg*) quelques; (*pron*) quelques-uns(unes); **senza alcun riguardo** sans aucun égard; **alcuni/e ... alcuni/e ...** quelques-uns(unes) ... d'autres ... .

aldilà [aldi'la] *sm*: **l'**~ l'au-delà *m*.

aleatorio, -a [alea'tɔrjo] *agg* aléatoire.

aleggiare [aled'dʒare] *vi* (*fig*: *profumo, sospetto*) flotter.

Alessandria [ales'sandria] *sf* Alexandrie.

aletta [a'letta] *sf* ailette *f*; (*di pesci*) nageoire *f*; (*AER*) volet *m*.

alettone [alet'tone] *sm* (*AER, NAUT*) aileron *m*.

Aleutine [aleu'tine] *sfpl*: **le isole** ~ les (îles) Aléoutiennes.

alfabetico, -a, -ci, -che [alfa'bɛtiko] *agg* alphabétique.

alfabeto [alfa'bɛto] *sm* alphabet *m*.

alfanumerico, -a, -ci, -che [alfanu'mɛriko] *agg* alphanumérique.

alfiere [al'fjɛre] *sm* (*anche MIL*) porte-drapeau *m*; (*SCACCHI*) fou *m*.

alfine [al'fine] *avv* enfin.

alga, -ghe ['alga] *sf* (*anche CUC*) algue *f*.

algebra ['aldʒebra] *sf* algèbre *f*.

Algeri [al'dʒeri] *sf* Alger.

Algeria [aldʒe'ria] *sf* Algérie *f*.

algerino, -a [aldʒe'rino] *agg* algérien(ne) ♦ *sm/f* Algérien(ne).
algoritmo [algo'ritmo] *sm* algorithme *m*.
aliante [ali'ante] *sm* planeur *m*.
alibi ['alibi] *sm inv* (*anche fig*) alibi *m*.
alice [a'litʃe] *sf* anchois *msg*.
alienare [alje'nare] *vt* (*DIR, fig*) aliéner; **alienarsi qn** s'aliéner qn.
alienato, -a [alje'nato] *agg, sm/f* (*MED*) aliéné(e).
alienazione [aljenat'tsjone] *sf* (*DIR, MED*) aliénation *f*.
alieno, -a [a'ljɛno] *agg* (*avverso*): ~ **(da)** contraire (à) ♦ *sm/f* extra-terrestre *m/f*.
alimentare [alimen'tare] *vt* (*anche TECN*) alimenter; (*fiamma, fuoco*) entretenir; (*fig*: *speranze*) nourrir ♦ *agg* alimentaire; **alimentari** *smpl* (*commestibili*) denrées *fpl* alimentaires; (*anche*: **negozio di alimentari**) épicerie *fsg*.
alimentatore [alimenta'tore] *sm* (*ELETTR*) alimentateur *m*.
alimentazione [alimentat'tsjone] *sf* (*anche TECN, INFORM*) alimentation *f*; (*cibi*) nourriture *f*.
alimento [ali'mento] *sm* aliment *m*; (*nutrimento*) nourriture *f*; **alimenti** *smpl* (*DIR*) pension *fsg* alimentaire.
aliquota [a'likwota] *sf* quote-part *f*; ▸ **aliquota d'imposta** taux *m* de l'impôt; ▸ **aliquota minima** impôt *m* minimum.
aliscafo [alis'kafo] *sm* (*NAUT*) hydroglisseur *m*.
alito ['alito] *sm* haleine *f*; **un ~ di vento** (*fig*) un souffle de vent; ▸ **alito cattivo** mauvaise haleine.
all' [all] (= **a** + **l'**) *prep + art vedi* **a**.
all. *abbr* (= *allegato*) P.J.
alla ['alla] (= **a** + **la**) *prep + art vedi* **a**.
allacciamento [allattʃa'mento] *sm* (*di gas, acqua, TEL*) branchement *m*.
allacciare [allat'tʃare] *vt* boucler; (*scarpe*) lacer; (*luce, gas*) brancher; (*fig*: *amicizia*) nouer; **allacciarsi** *vr* (*vestito*) s'attacher; ~ *o* **allacciarsi la cintura** boucler sa ceinture; **"~ le cinture di sicurezza"** "attachez vos ceintures".
allacciatura [allattʃa'tura] *sf* agrafage *m*; (*di scarpe*) laçage *m*; (*con bottoni*) boutonnage *m*; (*chiusura*) fermeture *f*.
allagamento [allaga'mento] *sm* inondation *f*.
allagare [alla'gare] *vt* inonder; **allagarsi** *vip* être inondé(e).
allampanato, -a [allampa'nato] *agg* efflanqué(e).
allargare [allar'gare] *vt* élargir; (*gambe, braccia*) écarter; (*fig*: *conoscenze, ricerche*) étendre; (*MUS*) ralentir ♦ *vi* prendre le large; **allargarsi** *vip* s'élargir; (*fig*: *problema, fenomeno*) s'étendre.
allarmare [allar'mare] *vt* alarmer, inquiéter; **allarmarsi** *vip* s'alarmer.
allarme [al'larme] *sm* (*MIL*) alerte *f*; (*timore, apprensione*) alarme *f*; **dare l'~** donner l'alarme; **mettere in ~** (*anche fig*) mettre en état d'alerte; **falso ~** fausse alerte; ▸ **allarme aereo** alerte aérienne; ▸ **allarme antifurto** alarme.
allarmismo [allar'mizmo] *sm* tendance *f* à s'alarmer; (*stato d'apprensione*) inquiétude *f*.
allattare [allat'tare] *vt* allaiter; ~ **artificialmente** nourrir au biberon.
alle ['alle] (= **a** + **le**) *prep + art vedi* **a**.
alleanza [alle'antsa] *sf* alliance *f*.
allearsi [alle'arsi] *vr* s'allier.
alleato, -a [alle'ato] *agg, sm/f* allié(e).
alleg. *abbr* (= *allegato*) P.J.
allegare [alle'gare] *vt* joindre, inclure; (*denti*) agacer.
allegato, -a [alle'gato] *agg* joint(e), inclus(e) ♦ *sm* pièce *f* jointe, annexe *f*; **in ~** ci-joint(e); **in ~ Vi inviamo ...** nous vous envoyons ci-joint ... .
alleggerire [alleddʒe'rire] *vt* alléger; (*fig*: *sofferenza, lavoro*) soulager; (: *tasse*) dégrever; (: *persona*: *derubare*) soulager.
allegoria [allego'ria] *sf* allégorie *f*.
allegorico, -a, -ci, -che [alle'gɔriko] *agg* allégorique.
allegria [alle'gria] *sf* gaieté *f*.
allegro, -a [al'legro] *agg* gai(e), joyeux (-euse); (*un po' brillo*) gai(e), éméché(e); (*faceto*) amusant(e); (*vivace*: *colore, suono*) gai(e) ♦ *sm* (*MUS*) allegro *m*.
allenamento [allena'mento] *sm* entraînement *m*.
allenare [alle'nare] *vt* entraîner; **allenarsi** *vr* s'entraîner.
allenatore [allena'tore] *sm* entraîneur *m*.
allentare [allen'tare] *vt* desserrer; (*fune*) détendre, relâcher; (*fig*: *disciplina*) relâcher; **allentarsi** *vip* se desserrer; (*fune*) se détendre; (*fig*: *legame*) se relâcher.
allergia [aller'dʒia] *sf* (*anche fig*) allergie *f*.
allergico, -a, -ci, -che [al'lɛrdʒiko] *agg* (*anche fig*): ~ **(a)** allergique (à).
allestimento [allesti'mento] *sm* organisation *f*; (*di stand*) installation *f*; **in ~** (*vetrina*) en cours.
allestire [alles'tire] *vt* organiser; (*spettacolo*) organiser, monter; (*stand*) installer, monter; (*vetrina*) faire.
allettante [allet'tante] *agg* alléchant(e).
allettare [allet'tare] *vt* allécher, attirer, séduire.
allevamento [alleva'mento] *sm* élevage *m*; **pollo d'~** poulet *m* d'élevage.
allevare [alle'vare] *vt* élever.
allevatore, -trice [alleva'tore] *sm/f* éleveur(-euse).

alleviare [alle'vjare] *vt* soulager.
allibire [alli'bire] *vi* rester interdit(e), rester stupéfait(e).
allibito, -a [alli'bito] *agg* interdit(e), stupéfait(e).
allibratore [allibra'tore] *sm* bookmaker *m*.
allietare [allje'tare] *vt* égayer.
allievo, -a [al'ljɛvo] *sm/f* (*anche MIL*) élève *m/f*; ▸ **allievo ufficiale** élève officier.
alligatore [alliga'tore] *sm* alligator *m*.
allineamento [allinea'mento] *sm* alignement *m*.
allineare [alline'are] *vt* aligner; **allinearsi** *vr* s'aligner; **allinearsi a** *o* **con** (*POL*) s'aligner sur.
allineato, -a [alline'ato] *agg*: **paesi non allineati** (*POL*) pays *mpl* non alignés.
allo ['allo] (= **a** + **lo**) *prep* + *art vedi* **a**.
allocare [allo'kare] *vt* (*INFORM*) allouer.
allocco, -a, -chi, -che [al'lɔkko] *sm* hulotte *f* ♦ *sm/f* (*fig*: *peg*) sot(te).
allocuzione [allokut'tsjone] *sf* allocution *f*.
allodola [al'lɔdola] *sf* alouette *f*.
alloggiare [allod'dʒare] *vt* héberger, loger; (*MIL*) loger ♦ *vi* (*anche MIL*) loger; (*aver dimora*) habiter.
alloggio, -gi [al'lɔddʒo] *sm* (*anche MIL*) logement *m*.
allontanamento [allontana'mento] *sm* éloignement *m*; (*di funzionario*) renvoi *m*, mise *f* à pied.
allontanare [allonta'nare] *vt* éloigner; (*pericolo, persona*) écarter; (*licenziare*) renvoyer, mettre à pied; **allontanarsi** *vr*, *vip*: **allontanarsi (da)** (*assentarsi*) s'absenter (de); (*estraniarsi*) s'éloigner (de), se détacher (de).
allora [al'lora] *avv* alors, à ce moment là ♦ *cong* dans ce cas, alors; (*dunque*) alors; **di ~, d'~** de ce temps là; **da ~ in poi** depuis lors, depuis ce temps-là; **e ~?** (*che fare?*) alors?; (*e con ciò?*) et alors?
allorché [allor'ke] *cong* dès que.
alloro [al'lɔro] *sm* laurier *m*; **dormire sugli allori** (*fig*) s'endormir sur ses lauriers.
alluce ['allutʃe] *sm* gros orteil *m*.
allucinante [allutʃi'nante] *agg* hallucinant(e).
allucinato, -a [allutʃi'nato] *agg* halluciné(e).
allucinazione [allutʃinat'tsjone] *sf* hallucination *f*.
alludere [al'ludere] *vi*: ~ **a** faire allusion à.
alluminio [allu'minjo] *sm* aluminium *m*.
allunaggio [allu'naddʒo] *sm* alunissage *m*.
allunare [allu'nare] *vi* alunir.
allungare [allun'gare] *vt* allonger; (*gambe, braccia*) allonger, étendre; (*vino, whisky*) couper; (*fam*: *porgere, passare*) passer; **allungarsi** *vr*, *vip* (*persona*: *distendersi*) s'allonger; (*giornata*) allonger; (*territorio*) s'étendre; ~ **le mani** (*rubare*) chaparder, chiper; ~ **uno schiaffo a qn** allonger une gifle à qn.
allusi *etc* [al'luzi] *vb vedi* **alludere**.
allusione [allu'zjone] *sf* allusion *f*.
alluso, -a [al'luzo] *pp di* **alludere**.
alluvione [allu'vjone] *sf* inondation *f*.
almanacco, -chi [alma'nakko] *sm* almanach *m*.
almeno [al'meno] *avv* au moins ♦ *cong* (*se solo*): **(se)** ~ si au moins.
alogeno, -a [a'lɔdʒeno] *agg*: **lampada alogena** lampe *f* (à) halogène.
alone [a'lone] *sm* halo *m*; (*di macchia*) auréole *f*; **un ~ di mistero** un halo de mystère.
alpestre [al'pɛstre] *agg* alpestre.
Alpi ['alpi] *sfpl* Alpes *fpl*.
alpinismo [alpi'nizmo] *sm* alpinisme *m*.
alpinista, -i, -e [alpi'nista] *sm/f* alpiniste *m/f*.
alpino, -a [al'pino] *agg* alpin(e); **alpini** *smpl* (*MIL*) chasseurs *mpl* alpins.
alquanto [al'kwanto] *avv* plutôt, pas mal ♦ *agg* pas mal de ♦ *pron* pas mal, assez; **alquanti, –e** *agg pl* quelques ♦ *pron pl* quelques-uns(-unes).
Alsazia [al'sattsja] *sf* Alsace *f*.
alt [alt] *escl* halte! ♦ *sm*: **dare l'~** donner l'ordre de s'arrêter.
altalena [alta'lena] *sf* (*a funi*) balançoire *f*; (*bilico*) bascule *f*.
altamente [alta'mente] *avv* (*pericoloso, nocivo*) extrêmement; (*raccomandato*) vivement.
altare [al'tare] *sm* autel *m*; **portare all'~** (*fig*: *sposare*) conduire à l'autel.
alterare [alte'rare] *vt* altérer; (*cibo*) abîmer; (*falsificare*: *registro*) maquiller; (*voce*) déguiser; (*innervosire*) irriter; **alterarsi** *vip* s'altérer; (*cibo*) s'abîmer; (*innervosirsi*) s'irriter.
alterazione [alterat'tsjone] *sf* altération *f*; **avere un po' d'~** (*MED*) avoir un peu de fièvre.
alterco, -chi [al'tɛrko] *sm* dispute *f*, altercation *f*.
alternanza [alter'nantsa] *sf* alternance *f*.
alternare [alter'nare] *vt* alterner; **alternarsi** *vr* se succéder, se relayer.
alternativa [alterna'tiva] *sf* alternative *f*; **non abbiamo alternative** nous n'avons pas le choix.
alternativo, -a [alterna'tivo] *agg* alternatif(-ive); (*cinema*) parallèle; (*cucina*) non traditionnel(le); (*stile di vita*) non conventionnel(le); (*medicina*) doux(douce).
alternato, -a [alter'nato] *agg* (*ELETTR*) alternatif(-ive).
alternatore [alterna'tore] *sm* (*ELETTR*) al-

ternateur *m*.

alterno, -a [al'tɛrno] *agg* alterné(e); **a giorni alterni** un jour sur deux; **circolazione a targhe alterne** (*AUT*) *circulation des voitures selon le dernier chiffre de leur plaque d'immatriculation dans le cadre de la lutte contre la pollution.*

altero, -a [al'tɛro] *agg* altier(-ière), hautain(e).

altezza [al'tettsa] *sf* hauteur *f*; (*di persona*) taille *f*; (*di stoffa*) largeur *f*; (*di temperatura, pressione*) niveau *m*; (*di acque*) profondeur *f*; **essere all'~ di** (*anche fig*) être à la hauteur de; **Sua A~** Son Altesse.

altezzoso, -a [altet'tsoso] *agg* hautain(e).

alticcio, -a [al'tittʃo] *agg* éméché(e), gai(e).

altipiano [alti'pjano] *sm* = **altopiano**.

altisonante [altiso'nante] *agg* (*fig*) grandiloquent(e), ronflant(e).

altitudine [alti'tudine] *sf* altitude *f*.

alto, -a ['alto] *agg* haut(e); (*persona, statura*) grand(e); (*tessuto, stoffa*) large; (*temperatura, pressione*) élevé(e); (*acqua*) profond(e); (*settentrionale*) septentrional(e), du nord; (*acuto, forte*: *suono*) fort(e); (*prezzo, valore*) élevé(e) ♦ *avv* haut; **in ~** en haut; **il palazzo è ~ 20 metri** l'immeuble a 20 mètres de haut; **a notte alta** en pleine nuit; **ad alta voce** à haute voix; **mani in ~!** les mains en l'air!; **andare a testa alta** (*fig*) marcher la tête haute; **trattare dall'~ in basso** (*fig*) mépriser, traiter avec condescendance; **alti e bassi** (*fig*) les hauts et les bas; **l'~ Medioevo** le haut Moyen-Age; **l'~ Po** le cours supérieur du Pô; ▸ **alta fedeltà** haute fidélité; ▸ **alta finanza/moda/società** haute finance/couture/société.

altoatesino, -a [altoate'zino] *agg* du haut-Adige.

altoforno [alto'forno] *sm* (*TECN*) haut fourneau *m*.

altolocato, -a [altolo'kato] *agg* haut placé(e).

altoparlante [altopar'lante] *sm* haut-parleur *m*.

altopiano [alto'pjano] (*pl* **altipiani**) *sm* haut plateau *m*.

Alto Volta ['alto 'vɔlta] *sm*: **l'~ ~** la Haute-Volta.

altrettanto, -a [altret'tanto] *agg* autant de ♦ *pron* autant; (*la stessa cosa*) de même ♦ *avv* (*nello stesso modo, ugualmente*) aussi; **tanti auguri! – grazie, ~!** tous mes vœux! – merci, à vous de même!

altri ['altri] *pron inv* quelqu'un; (*un'altra persona*) quelqu'un d'autre.

altrimenti [altri'menti] *avv* autrement; (*in caso contrario*) autrement, sinon.

PAROLA CHIAVE

altro, -a ['altro] *agg* **1** (*diverso*) autre; **questa è un'altra cosa** c'est (une) autre chose; **passami l'altra maglia** donne-moi l'autre pull; **d'altra parte** d'autre part

2 (*supplementare*) autre, encore; **prendi un altro cioccolatino** prends un autre chocolat; **hai avuto altre notizie?** as-tu eu d'autres nouvelles?; **hai altro pane?** as-tu encore du pain?

3 (*nel tempo*): **l'altro giorno** l'autre jour; **l'altr'anno** l'année dernière; **l'altro ieri** avant-hier; **domani l'altro** après-demain

♦ *pron* **1**: **un altro, un'altra** un autre, une autre; **lo farà un altro** quelqu'un d'autre le fera; **altri, altre** (*persone*) d'autres (personnes); (*cose*) d'autres; **gli altri** (*la gente*) les autres; **l'uno e l'altro** l'un et l'autre; **aiutarsi l'un l'altro** s'aider les uns les autres; **prendine un altro/un'altra** prends-en un autre/une autre; **da un giorno/da un momento all'altro** d'un jour/d'un moment à l'autre

2 (*sostantivato*: *solo maschile*) autre; **non ho altro da dire** je n'ai rien d'autre à dire; **più che altro** surtout; **se non altro** (tout) au moins; **tra l'altro** entre autres; **le dispiace? – tutt'altro!** cela vous ennuie? – pas du tout, au contraire!; **ci mancherebbe altro!** il ne manquerait plus que ça!; **non faccio altro che lavorare** je ne fais que travailler; **contento? – altro che!** content? – et comment!; **hai altro da dirmi?** tu as autre chose à me dire?; *vedi anche* **senza**; **noialtri**; **voialtri**; **tutto**.

altroché [altro'ke] *escl* et comment.

altronde [al'tronde] *avv*: **d'~** d'ailleurs.

altrove [al'trove] *avv* ailleurs.

altrui [al'trui] *agg inv* d'autrui ♦ *sm*: **l'~** le bien d'autrui.

altruismo [altru'izmo] *sm* altruisme *m*.

altruista, -i, -e [altru'ista] *agg, sm/f* altruiste *m/f*.

altura [al'tura] *sf* hauteur *f*; **pesca d'~** pêche *f* hauturière.

alunno, -a [a'lunno] *sm/f* élève *m/f*.

alveare [alve'are] *sm* ruche *f*.

alveo ['alveo] *sm* lit *m*.

Alvernia [al'vɛrnja] *sf* Auvergne *f*.

alzabandiera [altsaban'djɛra] *sm inv* (*MIL*): **l'~** le lever des couleurs.

alzare [al'tsare] *vt* lever; (*cassa, peso*) lever, soulever; (*bandiera*) hisser; (*leva*) tirer; (*volume*) augmenter; (*voce, costruire*) élever; **alzarsi** *vr, vip* se lever; (*aumentare*) monter, augmenter; **~ (le carte)** couper (les cartes); **~ il gomito** lever le coude; **~ le mani su qn** lever *o* porter la main sur qn; **alzarsi in piedi** se mettre

debout; ~ **le spalle** hausser les épaules; ~ **i tacchi** tourner les talons.
alzata [al'tsata] *sf*: **un'~ di spalle** un haussement d'épaules.
A.M. *abbr* = *aeronautica militare.*
amabile [a'mabile] *agg* aimable; (*vino*) moelleux(-euse).
amaca, -che [a'maka] *sf* hamac *m*.
amalgamare [amalga'mare] *vt* amalgamer; **amalgamarsi** *vr* s'amalgamer.
amante [a'mante] *agg*: ~ **(di)** qui aime ♦ *sm/f* amant *m*, maîtresse *f*.
amaramente [amara'mente] *avv* amèrement.
amaranto [ama'ranto] *sm* (*BOT*) amarante *f* ♦ *agg inv*: **color** ~ amarante *inv*.
amare [a'mare] *vt* aimer; **amarsi** *vr* s'aimer.
amareggiare [amared'dʒare] *vt* attrister, affliger; **amareggiarsi** *vr* s'affliger, se désoler; **amareggiarsi la vita** se rendre malheureux(-euse).
amareggiato, -a [amared'dʒato] *agg* amer(amère), plein(e) d'amertume.
amarena [ama'rɛna] *sf* griotte *f*; (*bevanda*) sirop *m* de griotte.
amaretto [ama'retto] *sm* macaron *m*; (*liquore*) liqueur *f* à base d'amandes.
amarezza [ama'rettsa] *sf* amertume *f*.
amaro, -a [a'maro] *agg* (*anche fig*) amer(amère) ♦ *sm* digestif *m*.
amarognolo, -a [ama'roɲɲolo] *agg* légèrement amer(amère).
amato, -a [a'mato] *agg* bien-aimé(e), cher(chère) ♦ *sm/f* bien-aimé(e).
amatore, -trice [ama'tore] *sm/f* (*amante*) amant *m*, amoureux(-euse); (*intenditore*: *di vini, collezionista*) connaisseur(-euse); (*dilettante*) amateur *m*.
amazzone [a'maddzone] *sf* amazone *f*; **cavalcare all'~** monter en amazone; **il Rio delle Amazzoni** l'Amazone *f*.
Amazzonia [amad'dzɔnja] *sf* Amazonie *f*.
amazzonico, -a, -ci, -che [amad'dzɔniko] *agg* amazonien(ne).
ambasceria [ambaʃʃe'ria] *sf* ambassade *f*.
ambasciata [ambaʃ'ʃata] *sf* ambassade *f*; (*messaggio*) message *m*.
ambasciatore, -trice [ambaʃʃa'tore] *sm/f* ambassadeur(-drice).
ambedue [ambe'due] *agg inv* les deux ♦ *pron inv* tous(toutes) les deux; ~ **i ragazzi** les deux jeunes gens.
ambientale [ambjen'tale] *agg* environnemental(e).
ambientalismo [ambjen'talizmo] *sm* protection *f* de l'environnement.
ambientalista, -i, -e [ambjenta'lista] *agg* (*persona*) écologiste; (*disciplina*) environnementaliste.
ambientare [ambjen'tare] *vt* situer; **ambientarsi** *vr* s'adapter, se familiariser.
ambientazione [ambjentat'tsjone] *sf* reconstitution *f*.
ambiente [am'bjɛnte] *sm* environnement *m*; (*stanza*) pièce *f*; (*fig*: *di lavoro, culturale*) milieu *m*; (*atmosfera*) ambiance *f*; **Ministero per l'A~** ministère *m* de l'Environnement.
ambiguità [ambigui'ta] *sf inv* ambiguïté *f*.
ambiguo, -a [am'biguo] *agg* ambigu(-uë).
ambire [am'bire] *vt* ambitionner, convoiter ♦ *vi*: ~ **a qc/a fare qc** ambitionner qch/de faire qch; **un premio molto ambito** un prix très convoité.
ambito ['ambito] *sm* domaine *m*, cadre *m*; (*sfera d'azione*) sphère *f*.
ambivalente [ambiva'lɛnte] *agg* ambivalent(e).
ambizione [ambit'tsjone] *sf* ambition *f*.
ambizioso, -a [ambit'tsjoso] *sm/f* ambitieux(-euse).
ambo ['ambo] *agg inv* deux ♦ *sm* (*LOTTO*) *les deux nombres gagnants*; ~ **le parti** des deux côtés.
ambra ['ambra] *sf* ambre *m*; ▶ **ambra grigia** ambre gris.
ambulante [ambu'lante] *agg* ambulant(e) ♦ *sm* marchand *m* ambulant.
ambulanza [ambu'lantsa] *sf* ambulance *f*.
ambulatoriale [ambulato'rjale] *agg* (*MED*: *operazione, visita*) effectué(e) au cabinet de consultation.
ambulatorio [ambula'torjo] *sm* (*MED*: *privato*) cabinet *m* de consultation; (: *pubblico*) dispensaire *m*.
Amburgo [am'burgo] *sf* Hambourg.
AME ['ame] *sigla m* (= *Accordo Monetario Europeo*) AME *m*.
ameba [a'mɛba] *sf* amibe *f*.
amenità [ameni'ta] *sf inv* charme *m*.
ameno, -a [a'mɛno] *agg* agréable; (*ridicolo, spiritoso*) amusant(e); (*strano*) bizarre, extravagant(e).
America [a'mɛrika] *sf* Amérique *f*; **l'~ latina** l'Amérique latine.
americanata [amerika'nata] *sf* (*peg*): **è un'~** c'est typiquement américain.
americanismo [amerika'nizmo] *sm* américanisme *m*.
americano, -a [ameri'kano] *agg* américain(e) ♦ *sm/f* Américain(e).
ametista [ame'tista] *sf* améthyste *f*.
amianto [a'mjanto] *sm* amiante *m*.
amica [a'mika] *sf vedi* **amico**.
amichevole [ami'kevole] *agg* amical(e); **incontro** ~ (*SPORT*) rencontre *f* amicale.
amicizia [ami'tʃittsja] *sf* amitié *f*; **amicizie** *sfpl* (*amici, conoscenze*) amis *mpl*, relations *fpl*; **fare ~ con qn** se lier d'amitié avec qn; **un'affettuosa ~** une tendre amitié.

amico, -a, -ci, -che [a'miko] *sm/f* ami(e); (*amante*) petit(e) ami(e); ▸ **amico del cuore** ami intime; ▸ **amico d'infanzia** ami d'enfance.
amido ['amido] *sm* amidon *m*.
ammaccare [ammak'kare] *vt* cabosser; **ammaccarsi** *vip* être cabossé(e).
ammaccatura [ammakka'tura] *sf* bosse *f*; (*contusione*) bleu *m*.
ammaestrare [ammaes'trare] *vt* dresser.
ammainare [ammai'nare] *vt* amener.
ammalarsi [amma'larsi] *vip* tomber malade.
ammalato, -a [amma'lato] *agg, sm/f* malade *m/f*.
ammaliare [amma'ljare] *vt* envoûter, ensorceler.
ammaliatore, -trice [ammalja'tore] *sm/f* charmeur(-euse), ensorceleur(-euse).
ammanco, -chi [am'manko] *sm* (*COMM*) trou *m*, déficit *m*.
ammanettare [ammanet'tare] *vt* passer les menottes à.
ammanigliato, -a [ammaniʎ'ʎato] *agg* (*fig*) pistonné(e).
ammansire [amman'sire] *vt* apprivoiser; (*fig*: *persona*) amadouer, calmer.
ammantarsi [amman'tarsi] *vr, vip*: ~ **di** s'envelopper dans; (*fig*: *prato, montagna*) se couvrir de.
ammaraggio [amma'raddʒo] *sm* amerrissage *m*.
ammarare [amma'rare] *vi* amerrir.
ammassare [ammas'sare] *vt* entasser; (*persone*) rassembler; **ammassarsi** *vip* se rassembler, s'amasser.
ammasso [am'masso] *sm* amas *msg*, tas *msg*.
ammattire [ammat'tire] *vi* devenir fou(folle); **far ~ qn** (*fig*) rendre qn fou(folle).
ammazzare [ammat'tsare] *vt* tuer; **ammazzarsi** *vr, vip* (*suicidarsi*) se tuer; (*rimanere ucciso*) se tuer, trouver la mort; ~ **il tempo** (*fig*) tuer le temps; **ammazzarsi di lavoro** se tuer au travail.
ammenda [am'mɛnda] *sf* (*DIR*) amende *f*; **fare ~ delle proprie colpe** réparer ses fautes.
ammesso, -a [am'messo] *pp di* **ammettere** ♦ *agg* (*accettato*: *candidato*) admis(e), reçu(e); (*domanda*) accepté(e) ♦ *cong*: ~ **che** (*supposto che*) en admettant que; ~ **e non concesso che** ... en admettant que ... .
ammettere [am'mettere] *vt* admettre; (*riconoscere*: *responsabilità, colpa*) admettre, reconnaître; ~ **che** ... (*supporre*) admettre que... .
ammezzato [ammed'dzato] *sm* mezzanine *f*.
ammiccare [ammik'kare] *vi*: ~ **(a)** faire signe (à).
amministrare [amminis'trare] *vt* (*anche REL*) administrer.
amministrativo, -a [amministra'tivo] *agg* administratif(-ive).
amministratore [amministra'tore] *sm* administrateur *m*; (*di condominio*) syndic *m* de copropriété; ▸ **amministratore aggiunto** directeur *m* adjoint; ▸ **amministratore delegato** administrateur délégué; ▸ **amministratore unico** directeur unique.
amministrazione [amministrat'tsjone] *sf* administration *f*; **consiglio d'~** conseil *m* d'administration; **l'~ comunale** l'administration municipale; ▸ **amministrazione controllata** ≈ redressement *m* judiciaire; ▸ **amministrazione fiduciaria** tutelle *f*.
ammiraglia [ammi'raʎʎa] *sf* (*nave*) vaisseau *m* amiral.
ammiragliato [ammiraʎ'ʎato] *sm* amirauté *f*.
ammiraglio [ammi'raʎʎo] *sm* amiral *m*.
ammirare [ammi'rare] *vt* admirer.
ammiratore, -trice [ammira'tore] *sm/f* admirateur(-trice).
ammirazione [ammirat'tsjone] *sf* admiration *f*.
ammisi *etc* [am'mizi] *vb vedi* **ammettere**.
ammissibile [ammis'sibile] *agg* (*tollerabile*) admissible; (*credibile*) possible.
ammissione [ammis'sjone] *sf* admission *f*; (*di responsabilità, colpa*) reconnaissance *f*; **esame d'~** examen *m* d'entrée.
Amm.ne *abbr* (= *amministrazione*) adm.
ammobiliare [ammobi'ljare] *vt* meubler.
ammobiliato, -a [ammobi'ljato] *agg* meublé(e).
ammodernare [ammoder'nare] *vt* moderniser.
ammodo, a modo [am'mɔdo] *agg inv, avv* comme il faut.
ammogliare [ammoʎ'ʎare] *vt* marier; **ammogliarsi** *vr* se marier.
ammollo [am'mɔllo] *sm* trempage *m*; **mettere in ~** mettre à tremper.
ammoniaca [ammo'niaka] *sf* ammoniaque *f*.
ammonimento [ammoni'mento] *sm* réprimande *f*; (*fig*: *lezione*) avertissement *m*.
ammonire [ammo'nire] *vt* réprimander, reprendre; (*avvertire*) avertir; (: *SPORT*) donner un avertissement à; (*DIR*) admonester.
ammonizione [ammonit'tsjone] *sf* (*anche SPORT*) avertissement *m*; (*rimprovero*) réprimande *f*, reproche *m*; (*DIR*) admonition *f*.
ammontare [ammon'tare] *vi*: ~ **a** s'élever

à ♦ *sm*: **l'~** le montant.
ammonticchiare [ammontik'kjare] *vt* amonceler.
ammorbare [ammor'bare] *vt* contaminer, infecter; (*sogg*: *odore*) empester, empuantir.
ammorbidente [ammorbi'dɛnte] *sm* assouplissant *m*.
ammorbidire [ammorbi'dire] *vt* assouplir; (*impasto, creta*) ramollir; (*fig*: *addolcire*) adoucir.
ammortamento [ammorta'mento] *sm* amortissement *m*; ▸ **ammortamento fiscale** amortissement fiscal.
ammortare [ammor'tare] *vt* amortir.
ammortizzare [ammortid'dzare] *vt* (*anche AUT, TECN*) amortir.
ammortizzatore [ammortiddza'tore] *sm* amortisseur *m*.
Amm.re *abbr* = *amministratore*.
ammucchiare [ammuk'kjare] *vt* entasser; (*denaro, ricchezze*) accumuler; **ammucchiarsi** *vip* s'entasser, s'amonceler; (*persone*) s'entasser.
ammuffire [ammuf'fire] *vi* (*anche fig*) moisir.
ammutinamento [ammutina'mento] *sm* mutinerie *f*.
ammutinarsi [ammuti'narsi] *vip* se mutiner.
ammutinato, -a [ammuti'nato] *agg* mutiné(e) ♦ *sm* mutiné *m*, mutin *m*.
ammutolire [ammuto'lire] *vi* devenir muet(te).
amnesia [amne'zia] *sf* amnésie *f*, oubli *m*; **avere un'~** avoir un trou de mémoire.
amnistia [amnis'tia] *sf* amnistie *f*.
amo ['amo] *sm* hameçon *m*; (*fig*) piège *m*; **prendere all'~** prendre à l'hameçon; (*fig*) prendre au piège.
amorale [amo'rale] *agg* amoral(e).
amore [a'more] *sm* amour *m*; **amori** *smpl* (*storie d'amore*) amours *fpl*; **il suo ~ per il teatro** son amour pour le théâtre; **è un ~** (*bambino*) c'est un amour; (*persona*) c'est une personne délicieuse; **questo abito è un ~** c'est un amour de robe; **andare d'~ e d'accordo con** s'entendre à merveille avec; **fare l'~** *o* **all'~ con qn** faire l'amour avec qn; **per ~ o per forza** de gré ou de force; **per l'amor di Dio!** pour l'amour de Dieu!; ▸ **amor proprio** amour-propre *m*.
amoreggiare [amored'dʒare] *vi* flirter.
amorevole [amo'revole] *agg* tendre; (*cure, attenzioni*) affectueux(-euse).
amorfo, -a [a'mɔrfo] *agg* (*anche fig*) amorphe.
amorino [amo'rino] *sm* vis-à-vis *m inv*.
amoroso, -a [amo'roso] *agg* affectueux (-euse); (*poesia, relazione*) amoureux (-euse).
ampere [ã'pɛr] *sm inv* ampère *m*.
ampiezza [am'pjettsa] *sf* ampleur *f*; ▸ **ampiezza di vedute** largeur *f* de vues.
ampio, -a ['ampjo] *agg* vaste, grand(e); (*strada, corridoio*) grand(e); (*gonna, vestito*) ample, large; (*garanzie, conoscenze*) ample.
amplesso [am'plɛsso] *sm* rapport *m* sexuel.
ampliamento [amplia'mento] *sm* élargissement *m*; (*di aeroporto*) agrandissement *m*.
ampliare [ampli'are] *vt* élargir; (*aeroporto*) agrandir; (*fig*: *discorso, ricerche, cultura*) étendre, développer; **ampliarsi** *vip* (*vedi vt*) s'élargir; s'agrandir; s'étendre.
amplificare [amplifi'kare] *vt* amplifier; (*fig*: *pregi, difetti*) exagérer.
amplificatore [amplifika'tore] *sm* amplificateur *m*.
amplificazione [amplifikat'tsjone] *sf* amplification *f*.
ampolla [am'polla] *sf* burette *f*, flacon *m*.
ampolloso, -a [ampol'loso] *agg* ampoulé(e), guindé(e).
amputare [ampu'tare] *vt* (*anche fig*) amputer.
amputazione [amputat'tsjone] *sf* (*anche fig*) amputation *f*.
Amsterdam ['amsterdam] *sf* Amsterdam.
amuleto [amu'lɛto] *sm* amulette *f*, gris-gris *msg*.
AN *sigla* = *Ancona*.
anabbagliante [anabbaʎ'ʎante] *agg* de croisement ♦ *sm* (*AUT*) feux *mpl* de croisement, codes *mpl*.
anacronismo [anakro'nizmo] *sm* anachronisme *m*.
anagrafe [a'nagrafe] *sf* registre *m* d'état civil; (*ufficio*) bureau *m* d'état civil.
anagrafico, -a, -ci, -che [ana'grafiko] *agg* (*AMM*): **dati anagrafici** état *msg* civil; **comune di residenza anagrafica** mairie *f* où l'acte d'état civil a été enregistré; **ufficio ~** bureau *m* d'état civil.
anagramma, -i [ana'gramma] *sm* anagramme *f*.
analcolico, -a, -ci, -che [anal'kɔliko] *agg* sans alcool ♦ *sm* boisson *f* sans alcool; **bevanda analcolica** boisson sans alcool.
analfabeta, -i, -e [analfa'bɛta] *agg, sm/f* analphabète *m/f*.
analfabetismo [analfabe'tizmo] *sm* analphabétisme *m*.
analgesico, -a, -ci, -che [anal'dʒɛziko] *agg, sm* analgésique *m*.
analisi [a'nalizi] *sf inv* analyse *f*; **in ultima ~** en dernière analyse; ▸ **analisi dei costi** analyse des coûts; ▸ **analisi dei sistemi** analyse systémique *o* de système;

▸ **analisi grammaticale/del sangue** analyse grammaticale/du sang.

analista, -i, -e [ana'lista] *sm/f* (*PSIC, INFORM etc*) analyste *m/f*; ▸ **analista di sistemi** analyste de systèmes; ▸ **analista finanziario** analyste financier.

analitico, -a, -ci, -che [ana'litiko] *agg* analytique.

analizzare [analid'dzare] *vt* analyser.

analogia [analo'dʒia] *sf* analogie *f*; **per** ~ par analogie.

analogico, -a, -ci, -che [ana'lɔdʒiko] *agg* analogique.

analogo, -a, -ghi, -ghe [a'nalogo] *agg* analogue.

ananas ['ananas] *sm inv* ananas *msg*.

anarchia [anar'kia] *sf* anarchie *f*.

anarchico, -a, -ci, -che [a'narkiko] *agg, sm/f* anarchiste *m/f*.

A.N.A.S. ['anas] *sigla f* = *Azienda Nazionale Autonoma delle Strade*.

anatema, -i [ana'tɛma] *sm* anathème *m*.

anatomia [anato'mia] *sf* anatomie *f*; (*sezionamento*) dissection *f*; (*fig*: *analisi minuta*) épluchage *m*.

anatomico, -a, -ci, -che [ana'tɔmiko] *agg* anatomique.

anatra ['anatra] *sf* canard *m*; ▸ **anatra selvatica** canard sauvage.

anatroccolo [ana'trɔkkolo] *sm* caneton *m*.

anca, -che ['anka] *sf* hanche *f*.

anche ['anke] *cong* (*inoltre, pure*) aussi, en outre; (*perfino*) même; **vengo anch'io** je viens moi aussi; ~ **se** même si; **quand'**~ quand bien même; ~ **volendo, non finiremmo in tempo** même si on le voulait on n'arriverait pas à finir à temps; **si può** ~ **fare** c'est faisable.

ancheggiare [anked'dʒare] *vi* se déhancher, rouler des hanches.

anchilosato, -a [ankilo'zato] *agg* ankylosé(e).

Ancona [an'kona] *sf* Ancône.

anconetano, -a [ankone'tano] *agg* anconitain(e).

ancora¹ [an'kora] *avv* encore; (*di nuovo*) encore, de nouveau; ~ **più bello/ancora meglio** encore plus beau/encore mieux; **non** ~ pas encore; ~ **una volta** encore une fois; ~ **un po'** encore un peu.

ancora² ['ankora] *sf* (*NAUT*) ancre *f*; (*TECN*) armature *f*; **gettare/levare l'**~ jeter/lever l'ancre; ▸ **ancora di salvezza** (*fig*) ancre *o* planche *f* de salut.

ancoraggio, -gi [anko'raddʒo] *sm* (*NAUT*) ancrage *m*; (: *luogo*) mouillage *m*.

ancorare [anko'rare] *vt* (*NAUT*) ancrer; (*fissare*) ancrer, fixer; **ancorarsi** *vr* (*NAUT*) mouiller; (*fig*: *a speranza, sogno*) s'accrocher.

Andalusia [andalu'zia] *sf* Andalousie *f*.

andaluso, -a [anda'luzo] *agg* andalous(e) ♦ *sm/f* Andalous(e).

andamento [anda'mento] *sm* évolution *f*; (*di Borsa, mercato*) cours *msg*; (*di affari, impresa*) marche *f*.

andante [an'dante] *agg* (*fig*: *di poco pregio*) ordinaire ♦ *sm* (*MUS*) andante *m*.

andare [an'dare] *vi* aller; (*funzionare*) marcher; (*strada, sentiero*) mener, conduire; (*essere di moda*) être à la mode; (*vendere bene*) se vendre ♦ *sm*: **a lungo** ~ à la longue; ~ **a qn** (*essere adatto*) aller *o* convenir à qn; (*piacere*) plaire à qn; **non mi va più** (*cibo*) je n'en veux plus; (*idea*) cela ne me dit plus rien; **questa gonna non mi va più** (*non mi piace*) cette jupe ne me plaît plus; (*è stretta etc*) cette jupe ne me va plus; **ti va di** ~ **al cinema?** ça te dit d'aller au cinéma?; **andarsene** s'en aller; ~ **in aereo** prendre l'avion; ~ **a cavallo/in macchina/a piedi** aller à cheval/en voiture/à pied; ~ **in montagna** aller à la montagne; ~ **a fare qc** aller faire qch; ~ **a pescare/sciare** aller à la pêche/faire du ski; ~ **fiero di** être fier de; ~ **perduto** être perdu; **se non vado errato** si je ne m'abuse; **questa camicia va lavata** il faut laver cette chemise; **va fatto entro oggi** il faut le faire aujourd'hui; **come va?** (*lavoro, progetto*) comment ça marche?; **come va? – bene, grazie** comment ça va? – bien, merci; **vado e vengo** je reviens tout de suite; ~ **a male** s'abîmer; **un prodotto che va molto** un produit qui se vend bien; ~ **per i 50** aller sur ses 50 ans; **va da sé** cela va de soi; **ne va dalla vostra vita** votre vie est en jeu; **per questa volta vada** passe pour cette fois; **con l'andar del tempo** avec le temps; **racconta storie a tutto** ~ il raconte des histoires à tout bout de champ.

andata [an'data] *sf* aller *m*; **biglietto di sola** ~ (billet *m* d') aller simple; **biglietto di** ~ **e ritorno** (billet) aller retour.

andatura [anda'tura] *sf* démarche *f*; (*SPORT*: *passo, ritmo*) allure *f*, train *m*; (*NAUT*) allure.

andazzo [an'dattso] *sm* (*peg*): **prendere un brutto** ~ être sur la mauvaise pente.

Ande ['ande] *sfpl* Andes *fpl*.

andino, -a [an'dino] *agg* andin(e).

andirivieni [andiri'vjɛni] *sm* va-et-vient *m*, allées *fpl* et venues.

andito ['andito] *sm* vestibule *m*, couloir *m*; (*bugigattolo, angolo*) réduit *m*, coin *m*.

Andorra [an'dɔrra] *sf* Andorre *f*.

andrò *etc* [an'drɔ] *vb vedi* **andare**.

androne [an'drone] *sm* (*passaggio d'ingresso*) passage *m*, entrée *f*.

ANDU ['andu] *sigla f* = *Associazione Naziona-*

le Docenti Universitari.
aneddoto [a'nɛddoto] *sm* anecdote *f*.
anelare [ane'lare] *vi*: ~ **a** (*fig*) aspirer à.
anelito [a'nɛlito] *sm*: ~ **(di)** soif *f o* désir *m* (de).
anello [a'nɛllo] *sm* bague *f*; (*cerchio, oggetto circolare, ASTRON*) anneau *m*; (*di catena*) maillon *m*; **anelli** *smpl* (*GINNASTICA*) anneaux *mpl*; ▶ **anello di fidanzamento** bague de fiançailles.
anemia [ane'mia] *sf* anémie *f*.
anemico, -a, -ci, -che [a'nɛmiko] *agg* (*anche fig*) anémique.
anemone [a'nɛmone] *sm* anémone *f*.
anestesia [aneste'zia] *sf* anesthésie *f*.
anestesista, -i, -e [aneste'zista] *sm/f* anesthésiste *m/f*.
anestetico, -a, -ci, -che [anes'tɛtiko] *agg, sm* anesthésique *m*.
anestetizzare [anestetid'dzare] *vt* anesthésier.
anfetamina [anfeta'mina] *sf* amphétamine *f*.
anfetaminico, -a, -ci, -che [anfeta'miniko] *agg* (*fig*: *persona, comportamento*) speedé(e).
anfibio, -a [an'fibjo] *agg, sm* (*anche AUT*) amphibie *m*; **anfibi** *smpl* (*stivali*) rangers *mpl*.
anfiteatro [anfite'atro] *sm* amphithéâtre *m*.
anfitrione [anfitri'one] *sm* amphitryon *m*.
anfora ['anfora] *sf* amphore *f*.
anfratto [an'fratto] *sm* anfractuosité *f*.
angelico, -a, -ci, -che [an'dʒeliko] *agg* angélique.
angelo ['andʒelo] *sm* ange *m*; **l'~ del focolare** la fée du logis; ▶ **angelo custode** (*REL, fig*) ange gardien.
angheria [ange'ria] *sf* brimade *f*, vexation *f*.
angina [an'dʒina] *sf* angine *f*; ▶ **angina pectoris** angine de poitrine.
anglicano, -a [angli'kano] *agg* anglican(e).
anglicismo [angli'tʃizmo] *sm* anglicisme *m*.
anglofilo, -a [an'glɔfilo] *agg, sm/f* anglophile *m/f*.
anglosassone [anglo'sassone] *agg* anglo-saxon(ne).
Angola [an'gɔla] *sf* Angola *m*.
angolano, -a [ango'lano] *agg* angolais(e) ♦ *sm/f* Angolais(e).
angolare [ango'lare] *agg* angulaire; **pietra ~** (*fig*) pierre *f* angulaire.
angolazione [angolat'tsjone] *sf* angle *m* de vue; (*fig*) point *m* de vue.
angolo ['angolo] *sm* coin *m*; (*MAT*) angle *m*; (*CALCIO*) corner *m*; **fare ~ con** être perpendiculaire à; **è dietro l'~** c'est juste au coin; (*fig*) c'est à deux pas d'ici; (: *imminente*) cela va arriver d'un moment à l'autre; ▶ **angolo cottura** coin-cuisine *m*.
angoloso, -a [ango'loso] *agg* anguleux (-euse).
angora ['angora] *sf* (*lana*) angora *m*.
angoscia [an'gɔʃʃa] *sf* angoisse *f*.
angosciare [angoʃ'ʃare] *vt* angoisser; **angosciarsi** *vip*: **angosciarsi (per)** être angoissé(e) (par); (*preoccuparsi*) se faire du souci (pour), s'inquiéter (pour).
angoscioso, -a [angoʃ'ʃoso] *agg* angoissé(e), d'angoisse; (*scena, attesa*) angoissant(e).
anguilla [an'gwilla] *sf* anguille *f*.
anguria [an'gurja] *sf* pastèque *f*.
angustia [an'gustja] *sf* étroitesse *f*; (*ansia*) anxiété; (*povertà*) gêne *f*, misère *f*.
angustiare [angus'tjare] *vt* angoisser, inquiéter; **angustiarsi** *vip*: **angustiarsi (per)** se préoccuper (de).
angusto, -a [an'gusto] *agg* étroit(e); (*fig*) borné(e).
anice ['anitʃe] *sm* anis *msg*; (*liquore*) anisette *f*.
anidride [ani'dride] *sf*: ~ **carbonica** gaz *m* carbonique; ▶ **anidride solforosa** anhydride *m* sulfureux.
anima ['anima] *sf* âme *f*; **un'~ in pena** (*anche fig*) une âme en peine; **non c'era ~ viva** il n'y avait pas âme qui vive; **volere un bene dell'~ a qn** aimer qn de tout son cœur; **rompere l'~ a qn** casser les pieds à qn; **il nonno buon'~** mon pauvre grand-père; ▶ **anima gemella** âme sœur.
animale [ani'male] *sm* (*anche fig*) animal *m* ♦ *agg* animal(e); ▶ **animale domestico** animal domestique.
animalesco, -a, -schi, -sche [anima'lesko] *agg* bestial(e).
animalista, -i, -e [anima'lista] *agg* (*militante etc*) pour la protection des animaux ♦ *sm/f* protecteur(-trice) des animaux.
animare [ani'mare] *vt* animer; **animarsi** *vip* (*persona*) s'échauffer; (*serata, festa*) s'animer.
animato, -a [ani'mato] *agg* animé(e).
animatore, -trice [anima'tore] *sm/f* animateur(-trice).
animazione [animat'tsjone] *sf* (*anche CINE*) animation *f*.
animo ['animo] *sm* esprit *m*; (*cuore*) cœur *m*; (*coraggio*) courage *m*; **farsi ~** s'armer de courage; **perdersi d'~** se laisser abattre; **avere in ~ di fare qc** avoir l'intention de faire qch; **fare qc di buon ~** faire qch de bon cœur.
animosità [animosi'ta] *sf* animosité *f*; (*fig*: *coraggio*) courage *m*.
anitra ['anitra] *sf* = **anatra**.
Ankara ['ankara] *sf* Ankara.
annacquare [annak'kware] *vt* couper,

mouiller.
annaffiare [annaf'fjare] *vt* arroser.
annaffiatoio [annaffja'tojo] *sm* arrosoir *m*.
annali [an'nali] *smpl* annales *fpl*.
annaspare [annas'pare] *vi* se débattre; (*fig*: *nel buio, nell'incertezza*) tâtonner, aller à tâtons.
annata [an'nata] *sf* année *f*; **vino d'~** (vin *m* de) grand cru *m*.
annebbiare [anneb'bjare] *vt* (*fig*) brouiller; **annebbiarsi** *vip* (*fig*) se brouiller.
annegamento [annega'mento] *sm* noyade *f*.
annegare [anne'gare] *vt* noyer ♦ *vi* se noyer; **annegarsi** *vr, vip* se noyer.
annerire [anne'rire] *vt* noircir ♦ *vi* se noircir.
annessione [annes'sjone] *sf* annexion *f*.
annesso, -a [an'nɛsso] *pp di* **annettere** ♦ *agg* annexe; (*POL*) annexé(e); **annessi e connessi** les tenants et les aboutissants.
annettere [an'nɛttere] *vt*: ~ **(a)** annexer (à), joindre (à); (*edificio*) ajouter (à); (*POL*: *stato*) annexer (à).
annichilire [anniki'lire] *vt* (*fig*: *annientare*) annihiler, anéantir; (: *distruggere moralmente*) annihiler.
annidarsi [anni'darsi] *vr* (*persona, nemico*) se nicher.
annientamento [annjenta'mento] *sm* anéantissement *m*.
annientare [annjen'tare] *vt* anéantir.
anniversario [anniver'sarjo] *sm* anniversaire *m*; ▶ **anniversario di matrimonio** anniversaire de mariage.
anno ['anno] *sm* année *f*; **l'~ prossimo** l'année prochaine; **quanti anni hai? – ho 10 anni** quel âge as-tu? – j'ai 10 ans; **gli anni 20** les années 20; **porta bene gli anni** il ne paraît *o* ne fait pas son âge; **porta male gli anni** il paraît *o* fait plus vieux que son âge; **gli anni di piombo** les années de plomb; ▶ **anno commerciale** exercice *m*; ▶ **anno giudiziario** année judiciaire; ▶ **anno luce** année-lumière *f*.
annodare [anno'dare] *vt* (*anche fig*: *rapporto*) nouer; (*lacci, corde*) nouer, attacher.
annoiare [anno'jare] *vt* ennuyer; **annoiarsi** *vip* s'ennuyer.
annoso, -a [an'noso] *agg* de longue date.
annotare [anno'tare] *vt* marquer, noter; (*commentare*) annoter.
annotazione [annotat'tsjone] *sf* note *f*; (*commento, postilla*) annotation *f*.
annoverare [annove'rare] *vt* inclure, compter.
annuale [annu'ale] *agg* annuel(le).
annualmente [annual'mente] *avv* annuellement, par an; (*ripresentarsi*) annuellement, chaque année.
annuario [annu'arjo] *sm* annuaire *m*.
annuire [annu'ire] *vi* faire signe que oui, acquiescer d'un signe de tête.
annullamento [annulla'mento] *sm* (*v vt*) annulation *f*; anéantissement *m*; oblitération *f*.
annullare [annul'lare] *vt* annuler; (*annientare, distruggere*) anéantir; (*marca da bollo*) oblitérer.
annullo [an'nullo] *sm* (*AMM*) oblitération *f*.
annunciare [annun'tʃare] *vt* annoncer.
annunciatore, -trice [annuntʃa'tore] *sm/f* speaker(ine), annonceur(-euse).
Annunciazione [annuntʃat'tsjone] *sf*: **l'~** l'Annonciation *f*.
annuncio [an'nuntʃo] *sm* annonce *f*; (*fig*: *pronostico, previsione*) signe *m*; **piccoli annunci** petites annonces; ▶ **annuncio pubblicitario** annonce publicitaire; ▶ **annunci economici** petites annonces; ▶ **annunci mortuari** nécrologie *fsg*.
annuo, -a ['annuo] *agg* annuel(le).
annusare [annu'sare] *vt* sentir, flairer; (*tabacco*) priser; (*fig*: *pericolo, minaccia*) flairer.
annuvolamento [annuvola'mento] *sm* nuages *mpl*.
annuvolare [annuvo'lare] *vt* assombrir, obscurcir; **annuvolarsi** *vip* se couvrir de nuages; (*fig*) s'assombrir.
ano ['ano] *sm* anus *msg*.
anodo ['anodo] *sm* anode *f*.
anomalia [anoma'lia] *sf* anomalie *f*; (*fig*: *irregolarità*) irrégularité *f*.
anomalo, -a [a'nɔmalo] *agg* anormal(e).
anonimato [anoni'mato] *sm* anonymat *m*; **conservare l'~** garder l'anonymat.
anonimo, -a [a'nɔnimo] *agg* anonyme ♦ *sm* auteur *m* anonyme; **un tipo ~** (*peg*) un type quelconque; **società anonima** (*COMM*) société *f* anonyme; ▶ **Anonima sequestri** *association criminelle responsable d'enlèvements pour lesquels elle exige le paiement d'une rançon*.
anoressia [anores'sia] *sf* anorexie *f*.
anoressico, -a, -ci, -che [ano'rɛssiko] *agg* anorexique.
anormale [anor'male] *agg, sm/f* anormal(e).
anormalità [anormali'ta] *sf* anormalité *f*.
ANSA ['ansa] *sigla f* (= *Agenzia Nazionale Stampa Associata*) ≈ A.F.P. *f*.
ansa ['ansa] *sf* boucle *f*.
ansante [an'sante] *agg* haletant(e).
ANSEA [an'sɛa] *sigla f* (= *Associazione delle Nazioni del Sud-Est asiatico*) A.N.S.E.A. *f*.
ansia ['ansja] *sf* anxiété *f*, inquiétude *f*; (*PSIC*) anxiété *f*; **stare in ~ (per)** se faire du souci (pour).
ansietà [ansje'ta] *sf* anxiété *f*.
ansimare [ansi'mare] *vi* haleter, souffler.
ansioso, -a [an'sjoso] *agg* anxieux(-euse).
anta ['anta] *sf* (*di finestra*) volet *m*; (*di armadio*) porte *f*.

antagonismo [antago'nizmo] *sm* antagonisme *m*.
antagonista, -i [antago'nista] *sm/f* antagoniste *m/f*.
antartico, -a, -ci, -che [an'tartiko] *agg* antarctique ♦ *sm*: **l'A~** l'Antarctique *m*.
Antartide [an'tartide] *sf*: **l'~** l'Antarctique *m*.
antebellico, -a, -ci, -che [ante'bɛlliko] *agg* d'avant-guerre.
antecedente [antetʃe'dɛnte] *agg* précédent(e), antérieur(e); (*MAT, di fenomeno*) antécédent(e).
antefatto [ante'fatto] *sm*: **gli antefatti di ...** (*di avvenimento, guerra*) les événements qui ont précédé ... .
anteguerra [ante'gwɛrra] *sm* avant-guerre *m o f*.
antenato [ante'nato] *sm* ancêtre *m*.
antenna [an'tenna] *sf* antenne *f*; **rizzare le antenne** (*fig*) dresser *o* tendre l'oreille; ▸ **antenna parabolica** antenne parabolique.
anteporre [ante'porre] *vt*: **~ (a)** placer (avant); (*dare maggiore importanza a*) faire passer (avant), privilégier.
anteposto, -a [ante'posto] *pp di* **anteporre**.
anteprima [ante'prima] *sf* avant-première *f*; **in ~** en avant-première.
anteriore [ante'rjore] *agg* antérieur(e); (*sedile, ruota*) avant *inv*.
antesignano [antesiɲ'ɲano] *sm* porte-étendard *m inv*; (*fig*) précurseur *m*.
anti... ['anti] *pref* (*contro*) anti...; (*prima*) anté... .
antiaereo, -a [antia'ɛreo] *agg* antiaérien(ne).
antiallergico, -a [antial'lɛrdʒiko] *agg* anallergique, anti-allergique ♦ *sm* anti-allergique *m*.
antiatomico, -a, -ci, -che [antia'tɔmiko] *agg* antiatomique.
antibiotico, -a, -ci, -che [antibi'ɔtiko] *agg, sm* antibiotique *m*.
anticaglia [anti'kaʎʎa] *sf* vieillerie *f*.
anticamera [anti'kamera] *sf* antichambre *f*, vestibule *m*; **fare ~** faire antichambre; **non mi passerebbe neanche per l'~ del cervello** cela ne me viendrait même pas à l'esprit.
anticarie [anti'karje] *agg inv* contre *o* qui prévient la carie.
antichità [antiki'ta] *sf inv* antiquité *f*; (*oggetto*) antiquités *fpl*.
anticiclone [antitʃi'klone] *sm* anticyclone *m*.
anticipare [antitʃi'pare] *vt* anticiper, avancer; (*somma di denaro*) avancer; (*notizia*) révéler.
anticipato, -a [antitʃi'pato] *agg* anticipé(e); **pagamento ~** paiement *m* anticipé.
anticipazione [antitʃipat'tsjone] *sf* annonce *f*; (*BANCA*) avance *f*; **anticipazioni elettorali** prévisions *fpl* électorales.
anticipo [an'titʃipo] *sm* (*anche SPORT*) anticipation *f*; (*somma*) avance *f*, acompte *m*; **in ~** en avance; **con un sensibile ~** avec une avance sensible.
antico, -a, -chi, -che [an'tiko] *agg* antique; **all'antica** à l'ancienne; **gli antichi** les anciens *mpl*.
anticoncezionale [antikontʃettsjo'nale] *agg* contraceptif(-ive) ♦ *sm* contraceptif *m*, moyen *m* de contraception.
anticonformista, -i, -e [antikonfor'mista] *agg, sm/f* anticonformiste *m/f*.
anticongelante [antikondʒe'lante] *agg, sm* antigel *m*.
anticongiunturale [antikondʒuntu'rale] *agg* anticonjoncturel(le).
anticorpo [anti'kɔrpo] *sm* anticorps *msg*.
anticostituzionale [antikostituttsjo'nale] *agg* anticonstitutionnel(le).
antidiluviano, -a [antidilu'vjano] *agg* (*fig*) antédiluvien(ne).
antidoping ['anti'doupiŋ] *sm inv* (*SPORT*) contrôle *m* antidopage *o* antidoping.
antidoto [an'tidoto] *sm* (*anche fig*) antidote *m*.
antidroga [anti'drɔga] *agg inv* (*lotta, misure*) contre la drogue; **squadra ~** ≈ brigade *f* des stupéfiants.
antiestetico, -a, -ci, -che [anties'tɛtiko] *agg* inesthétique.
antifona [an'tifona] *sf*: **capire l'~** (*fig*) saisir l'allusion.
antifurto [anti'furto] *sm* (*anche*: **sistema ~**) antivol *m*.
antigelo [anti'dʒɛlo] *agg inv, sm* antigel *m*.
antigene [an'tidʒene] *sm* antigène *m*.
antigienico, -a, -ci, -che [anti'dʒɛniko] *agg* antihygiénique.
Antille [an'tille] *sfpl* Antilles *fpl*.
antilope [an'tilope] *sf* antilope *f*.
antimafia [anti'mafja] *agg inv* antimafia.
antincendio [antin'tʃɛndjo] *agg inv* (*misure*) contre l'incendie; (*dispositivo*) de protection contre l'incendie; **bombola ~** extincteur *m*.
antinebbia [anti'nebbja] *sm inv* (*anche*: **faro ~**) antibrouillard *m*.
antinevralgico, -a, -ci, -che [antine'vraldʒiko] *agg, sm* antinévralgique *m*.
antiorario [antio'rarjo] *agg*: **in senso ~** dans le sens inverse des aiguilles d'une montre.
antipasto [anti'pasto] *sm* hors-d'œuvre *m inv*.
antipatia [antipa'tia] *sf* antipathie *f*; **prendere in ~** prendre en grippe.
antipatico, -a, -ci, -che [anti'patiko] *agg* antipathique ♦ *sm/f* personne *f* antipathi-

que.
antipodi [an'tipodi] *smpl*: **essere agli ~** (*fig*) être aux antipodes.
antiquariato [antikwa'rjato] *sm* commerce *m* d'antiquités; **un pezzo d'~** (*oggetto*) un objet d'art; (*mobile*) un meuble ancien; **mostra dell'~** salon *m* des antiquaires.
antiquario [anti'kwarjo] *sm* antiquaire *m*.
antiquato, -a [anti'kwato] *agg* désuet(-ète), vieilli(e).
antiriflesso [antiri'flɛsso] *agg inv* antireflet *inv*.
antiruggine [anti'ruddʒine] *agg inv, sm inv* antirouille *m inv*.
antisemita, -i, -e [antise'mita] *sm/f, agg* antisémite *m/f*.
antisemitismo [antisemi'tizmo] *sm* antisémitisme *m*.
antisettico, -a, -ci, -che [anti'sɛttiko] *agg, sm* antiseptique *m*.
antistaminico, -a, -ci, -che [antista'miniko] *agg, sm* antihistaminique *m*.
antistante [antis'tante] *agg* d'en face.
antiterrorismo [antiterro'rizmo] *sm* lutte *f* contre le terrorisme.
antitesi [an'titezi] *sf inv* (*anche fig*) antithèse *f*.
antologia [antolo'dʒia] *sf* anthologie *f*.
antonomasia [antono'mazja] *sf*: **per ~** par antonomase.
antracite [antra'tʃite] *sf* anthracite *m*.
antro ['antro] *sm* antre *m*, caverne *f*; (*fig*) gourbi *m*.
antropofago, -a, -gi, -ghe [antro'pɔfago] *agg, sm/f* anthropophage *m/f*.
antropologia [antropolo'dʒia] *sf* anthropologie *f*.
antropologico, -a, -ci, -che [antropo'lɔdʒiko] *agg* anthropologique.
antropologo, -a, -gi, -ghe [antro'pɔlogo] *sm/f* anthropologue *m/f*.
anulare [anu'lare] *agg* annulaire ♦ *sm* annulaire *m*; **raccordo ~** périphérique *m*.
Anversa [an'vɛrsa] *sf* Anvers.
anzi ['antsi] *cong* au contraire; (*o meglio*) ou plutôt.
anzianità [antsjani'ta] *sf* âge *m* avancé; (*AMM*) ancienneté *f*.
anziano, -a [an'tsjano] *agg* agé(e); (*AMM*) ancien(ne); (*socio*) ayant un droit d'ancienneté ♦ *sm/f* personne *f* âgée; **gli anziani** les personnes âgées.
anziché [antsi'ke] *cong* au lieu de.
anzitempo [antsi'tɛmpo] *avv* en avance.
anzitutto [antsi'tutto] *avv* avant tout, tout d'abord.
AO *sigla* = *Aosta*.
aorta [a'ɔrta] *sf* aorte *f*.
Aosta [a'ɔsta] *sf* Aoste *f*.
aostano, -a [aos'tano] *agg* valdôtain(e).
AP *sigla* = *Ascoli Piceno*.
apartheid [a'partheit] *sm* apartheid *m*.
apartitico, -a, -ci, -che [apar'titiko] *agg* indépendant(e) des partis politiques.
apatia [apa'tia] *sf* apathie *f*.
apatico, -a, -ci, -che [a'patiko] *agg* apathique.
a.p.c. *abbr* (= *a pronta cassa*) au comptant.
ape ['ape] *sf* abeille *f*.
aperitivo [aperi'tivo] *sm* apéritif *m*.
apertamente [aperta'mente] *avv* ouvertement.
aperto, -a [a'pɛrto] *pp di* **aprire** ♦ *agg* (*anche fig*) ouvert(e) ♦ *sm*: **all'~** en plein air; (*piscina*) découvert(e); **a bocca aperta** bouche bée; **rimanere a bocca aperta** (*fig*) rester bouche bée.
apertura [aper'tura] *sf* ouverture *f*; (*ampiezza*) étendue *f*; ▶ **apertura alare** envergure *f*; ▶ **apertura di credito** (*COMM*) ouverture de crédit; ▶ **apertura mentale** ouverture d'esprit.
API ['api] *sigla f* (= *Associazione Piccole e Medie Industrie*) ≈ P.M.E. *fpl*.
apice ['apitʃe] *sm* sommet *m*; (*ANAT, BOT*) apex *msg*; (*fig*) sommet *m*, faîte *m*; **essere all'~ di** être au sommet de, être au faîte de; **raggiungere l'~ di** (*di successo, carriera*) atteindre le sommet de.
apicoltore [apikol'tore] *sm* apiculteur *m*.
apicoltura [apikol'tura] *sf* apiculture *f*.
apnea [ap'nɛa] *sf*: **in ~** en apnée.
apocalisse [apoka'lisse] *sf* apocalypse *f*.
apogeo [apo'dʒɛo] *sm* apogée *m*; (*fig*) apogée, comble *m*.
apolitico, -a, -ci, -che [apo'litiko] *agg* apolitique; (*indifferente*) sans opinion politique.
apologia, -ie [apolo'dʒia] *sf* apologie *f*; ▶ **apologia di reato** apologie d'un crime.
apoplessia [apoples'sia] *sf* apoplexie *f*.
apoplettico, -a, -ci, -che [apo'plɛttiko] *agg*: **colpo ~** attaque *f* apoplectique.
apostolo [a'pɔstolo] *sm* (*anche fig*) apôtre *m*.
apostrofare [apostro'fare] *vt* apostropher; (*parola*) mettre l'apostrophe à.
apostrofo [a'pɔstrofo] *sm* apostrophe *f*.
app. *abbr* (= *appendice*) append.
appagamento [appaga'mento] *sm* satisfaction *f*, assouvissement *m*.
appagare [appa'gare] *vt* assouvir, satisfaire; (*sensi*) assouvir.
appagato, -a [appa'gato] *agg* satisfait(e).
appaiare [appa'jare] *vt* (*animali*) accoupler; **appaiarsi** *vr* s'appareiller.
appaio *etc* [ap'pajo] *vb vedi* **apparire**.
Appalachi [appa'laki] *smpl*: **i Monti ~** les (monts) Appalaches *mpl*.
appallottolare [appallotto'lare] *vt* faire une boule de; **appallottolarsi** *vr* (*gatto*)

se rouler en boule, se pelotonner.

appaltatore, -trice [appalta'tore] *sm/f* adjudicataire *m/f*.

appalto [ap'palto] *sm* (*COMM*) adjudication *f*; **dare/prendere in ~** donner/prendre en adjudication; ▶ **appalti pubblici** marchés *mpl* publics.

appannaggio [appan'naddʒo] *sm* rente *f*; (*fig*: *dote, prerogativa*) apanage *m*.

appannare [appan'nare] *vt* embuer; (*metallo*) ternir; (*fig*: *riflessi*) engourdir; **appannarsi** *vip* (*vedi vt*) s'embuer; se ternir; s'engourdir; (*fig*: *vista*) se brouiller.

apparato [appa'rato] *sm* (*anche ANAT*) appareil *m*; (*culturale*) bagage *m*; ▶ **apparato scenico** (*TEATRO*) mise *f* en scène.

apparecchiare [apparek'kjare] *vt*: ~ **(la tavola)** mettre la table *o* le couvert.

apparecchiatura [apparekkja'tura] *sf* (*impianto*) appareillage *m*; (*macchina*) matériel *m*.

apparecchio [appa'rekkjo] *sm* appareil *m*; ▶ **apparecchio acustico** appareil auditif, audiophone *m*; ▶ **apparecchio telefonico** appareil téléphonique; ▶ **apparecchio televisivo** poste *m* de télévision; ▶ **apparecchi sanitari** appareils *mpl o* installations *fpl* sanitaires.

apparente [appa'rɛnte] *agg* apparent(e).

apparentemente [apparente'mente] *avv* apparemment.

apparenza [appa'rɛntsa] *sf* apparence *f*; **in** *o* **all'~** en apparence; **salvare le apparenze** sauver les apparences.

apparire [appa'rire] *vi* apparaître; (*spuntare*: *sole, luna*) poindre; (*sembrare*) paraître; (*risultare*) ressortir.

appariscente [appariʃ'ʃɛnte] *agg* voyant(e).

apparizione [apparit'tsjone] *sf* apparition *f*.

apparso, -a [ap'parso] *pp di* **apparire**.

appartamento [apparta'mento] *sm* appartement *m*.

appartarsi [appar'tarsi] *vr* se mettre à l'écart.

appartato, -a [appar'tato] *agg* écarté(e), isolé(e).

appartenenza [apparte'nɛntsa] *sf*: ~ **(a)** appartenance *f* (à).

appartenere [apparte'nere] *vi*: ~ **a** appartenir à; (*spettare a*) appartenir à, revenir à.

apparvi *etc* [ap'parvi] *vb vedi* **apparire**.

appassionante [appassjo'nante] *agg* passionnant(e).

appassionare [appassjo'nare] *vt* passionner; **appassionarsi** *vip*: **appassionarsi a** se passionner pour.

appassionato, -a [appassjo'nato] *agg* passionné(e) ♦ *sm/f* amateur *m*.

appassire [appas'sire] *vi* (*anche fig*) se flétrir, se faner.

appellarsi [appel'larsi] *vip*: ~ **a** s'en remettre à, faire appel à; ~ **(contro)** faire appel (contre).

appello [ap'pɛllo] *sm* (*anche MIL*) appel *m*; (*UNIV*) session *f*; **fare ~ a** en appeler à; **fare l'~** (*SCOL*) faire l'appel.

appena [ap'pena] *avv* (*a fatica*) à peine; (*soltanto, non di più*) seulement; (*da poco*) juste ♦ *cong* (*subito dopo che*) dès *o* aussitôt que; **(non) ~ furono arrivati ...** dès leur arrivée ...; **ero ~ arrivato quando mi ha chiamato** je venais juste d'arriver quand il m'a appelé.

appendere [ap'pɛndere] *vt*: ~ **(a/su)** accrocher (à), suspendre (à); **appendersi** *vr*: **appendersi (a/su)** s'accrocher (à).

appendiabiti [appendi'abiti] *sm inv* cintre *m*; (*mobile*) portemanteau *m*.

appendice [appen'ditʃe] *sf* (*anche ANAT*) appendice *m*; **romanzo d'~** roman-feuilleton *m*.

appendicite [appendi'tʃite] *sf* appendicite *f*.

Appennini [appen'nini] *smpl* Apennins *mpl*.

appesantire [appesan'tire] *vt* alourdir; (*fig*: *atmosfera*) rendre lourd(e); **appesantirsi** *vip* s'alourdir; (*ingrassare*) s'empâter; (*fig*: *atmosfera*) devenir lourd(e).

appeso, -a [ap'peso] *pp di* **appendere**.

appetito [appe'tito] *sm* appétit *m*.

appetitoso, -a [appeti'toso] *agg* appétissant(e); (*fig*) attirant(e).

appezzamento [appettsa'mento] *sm*: ~ **(di terreno)** lopin *m o* parcelle *f* de terre.

appianamento [appjana'mento] *sm* (*fig*: *accomodamento*) règlement *m*, arrangement *m*.

appianare [appja'nare] *vt* (*fig*: *divergenze*) aplanir, atténuer; **appianarsi** *vip* s'aplanir, s'atténuer.

appiattire [appjat'tire] *vt* aplatir; **appiattirsi** *vr, vip* s'aplatir; **appiattirsi al suolo** se plaquer au sol.

appiccare [appik'kare] *vt*: ~ **il fuoco a** mettre le feu à.

appiccicare [appittʃi'kare] *vt* coller; (*soprannome*) attribuer, coller (*fam*); **appiccicarsi** *vr* se coller; **è un tipo che si appiccica** il est collant.

appiccicaticcio, -a, -ci, -ce [appittʃika'tittʃo] *agg* collant(e).

appiccicoso, -a [appittʃi'koso] *agg* (*anche fig*: *persona*) collant(e).

appiedato, -a [appje'dato] *agg*: **rimanere ~** se retrouver à pied.

appieno [ap'pjɛno] *avv* pleinement.

appigliarsi [appiʎ'ʎarsi] *vr, vip* s'agripper, s'accrocher; ~ **a** (*fig*: *a pretesto*) s'accrocher à.

appiglio [ap'piʎʎo] *sm* prise *f*; (*fig*: *pretesto*) prétexte *m*.

appioppare [appjop'pare] *vt*: ~ **a** (*nomignolo*) attribuer à, coller à (*fam*); (*compito*) confier à; (*pugno*) flanquer à.

appisolarsi [appizo'larsi] *vip* s'endormir.

applaudire [applau'dire] *vt* applaudir; (*fig*: *approvare*) applaudir à ♦ *vi* applaudir.

applauso [ap'plauzo] *sm* applaudissement *m*.

applicabile [appli'kabile] *agg*: ~ **(a)** applicable (à).

applicare [appli'kare] *vt* (*etichetta, francobollo*) appliquer, coller; (*crema*) mettre, étaler; (*ammenda*) infliger; (*regolamento*) appliquer; **applicarsi** *vr*: **applicarsi (a)** s'appliquer (à).

applicato, -a [appli'kato] *agg* appliqué(e) ♦ *sm* (*AMM*) préposé *m*.

applicatore [applika'tore] *sm* applicateur *m*.

applicazione [applikat'tsjone] *sf* (*anche fig*) application *f*; **applicazioni tecniche** (*SCOL*) travaux *mpl* manuels; **campo di** ~ champ *m* d'application.

appoggiare [appod'dʒare] *vt*: ~ **a** appuyer sur ♦ *vt* (*posare*) poser; (*fig*: *sostenere*) appuyer, soutenir; **appoggiarsi** *vr*: **appoggiarsi a** s'appuyer sur.

appoggio, -gi [ap'pɔddʒo] *sm* appui *m*, soutien *m*; (*fig*: *aiuto, protezione*) appui.

appollaiarsi [appolla'jarsi] *vr* se percher, se jucher.

appongo *etc* [ap'pongo] *vb vedi* **apporre**.

apporre [ap'porre] *vt* (*nota, sigillo, clausola*) apposer.

apportare [appor'tare] *vt* (*modifica, correzione*) apporter.

apporto [ap'pɔrto] *sm* apport *m*; **dare il proprio** ~ **(a)** apporter sa contribution (à), prêter son concours (à).

apposi *etc* [ap'posi] *vb vedi* **apporre**.

appositamente [appozita'mente] *avv* (*apposta*) exprès; (*specialmente*) spécialement.

apposito, -a [ap'pɔzito] *agg* spécial(e).

apposta [ap'pɔsta] *avv* exprès; **neanche a farlo** ~ comme par un fait exprès.

appostarsi [appos'tarsi] *vr* se poster.

apposto, -a [ap'posto] *pp di* **apporre**.

apprendere [ap'prɛndere] *vt* apprendre.

apprendimento [apprendi'mento] *sm* apprentissage *m*.

apprendista, -i, -e [appren'dista] *sm/f* apprenti(e).

apprendistato [apprendis'tato] *sm* apprentissage *m*.

apprensione [appren'sjone] *sf* appréhension *f*.

apprensivo, -a [appren'sivo] *agg* anxieux (-euse).

appreso, -a [ap'preso] *pp di* **apprendere**.

appresso [ap'prɛsso] *avv* à côté de, près de; (*dietro*) derrière; (*dopo, più tardi*) plus tard, par la suite ♦ *agg inv* (*dopo*) suivant(e) ♦ *prep*: ~ **a** à côté de, près de.

apprestare [appres'tare] *vt* préparer; **apprestarsi** *vr*: **apprestarsi a fare qc** s'apprêter à faire qch, se préparer à faire qch.

appretto [ap'prɛtto] *sm* amidon *m*.

apprezzabile [appret'tsabile] *agg* appréciable; (*pregevole*) remarquable.

apprezzamento [apprettsa'mento] *sm* appréciation *f*; (*commento*) commentaire *m*, remarque *f*; **fare apprezzamenti su** porter des jugements sur.

apprezzare [appret'tsare] *vt* apprécier.

approccio, -ci [ap'prɔttʃo] *sm* approche *f*.

approdare [appro'dare] *vi* aborder; **non** ~ **a nulla** (*fig*) n'aboutir à rien.

approdo [ap'prɔdo] *sm* abordage *m*; (*luogo*) point *m* d'abordage.

approfittare [approfit'tare] *vi*: ~ **di** (*di persona, situazione*) profiter de, tirer profit de; (*di occasione, opportunità*) profiter de; (*di donna, minore*) abuser de.

approfondire [approfon'dire] *vt* (*anche fig*) approfondir; **approfondirsi** *vip* (*fig*: *conoscenza*) s'étendre; (: *divario*) se creuser; (: *crisi*) s'aggraver, s'envenimer.

approntare [appron'tare] *vt* apprêter, préparer.

appropriarsi [appro'prjarsi] *vip*: ~ **di qc** s'approprier qch; ~ **indebitamente di** (*fondi etc*) détourner.

appropriato, -a [appro'prjato] *agg* approprié(e), adéquat(e).

appropriazione [approprjat'tsjone] *sf* appropriation *f*; ► **appropriazione indebita** (*DIR*) détournement *m*.

approssimare [approssi'mare] *vt* approcher; **approssimarsi** *vr, vip*: **approssimarsi (a)** (s')approcher (de); ~ **per eccesso/per difetto** approcher par excès/par défaut.

approssimativo, -a [approssima'tivo] *agg* approximatif(-ive).

approssimazione [approssimat'tsjone] *sf* approximation *f*; **per** ~ par approximation.

approvare [appro'vare] *vt* approuver; (*candidato*) recevoir; (*progetto di legge*) adopter.

approvazione [approvat'tsjone] *sf* (*vedi vb*) approbation *f*; admission *f*; adoption *f*.

approvvigionamento [approvvidʒona'mento] *sm* approvisionnement *m*; **approvvigionamenti** *smpl* (*MIL*) approvisionnements *mpl*.

approvvigionare [approvvidʒo'nare] *vt* approvisionner; (*prodotto*) fournir; (*MIL*) ravitailler; **approvvigionarsi** *vr*: **approvvigionarsi di** (*anche COMM*) s'approvisionner en; ~ **di** approvisionner en.

appuntamento [appunta'mento] *sm* rendez-vous *msg*; **dare (un) ~ a qn** donner rendez-vous à qn; **darsi ~** se donner rendez-vous; **prendere ~ dal medico** prendre (un) rendez-vous chez le médecin.
appuntare [appun'tare] *vt* fixer, épingler; (*annotare*) noter.
appuntato [appun'tato] *sm* (*carabiniere*) caporal-chef *m*; (*guardia di Finanza*) caporal *m*.
appuntino [appun'tino] *avv* avec beaucoup de soin.
appuntire [appun'tire] *vt* appointer, tailler en pointe.
appunto [ap'punto] *sm* note *f*; (*fig*: *rimprovero*) remarque *f* ♦ *avv* justement; **prendere appunti** prendre des notes; **fare un ~ a qn** faire une remarque à qn; **per l'~!**, **~!** justement!, précisément!
appurare [appu'rare] *vt* vérifier, contrôler.
apribottiglie [apribot'tiʎʎe] *sm inv* ouvre-bouteille *m*, décapsuleur *m*.
aprile [a'prile] *sm* avril *m*; **pesce d'~** poisson *m* d'avril; *vedi anche* **luglio**.
aprire [a'prire] *vt* ouvrir; (*vestito, camicia*) déboutonner; (*ali*) ouvrir, déployer; (*luce*) allumer; **aprirsi** *vr, vip* s'ouvrir; (*fiore*) s'ouvrir, éclore; (*spaccarsi*) se fendre; (*persona*: *confidarsi*) s'ouvrir, se confier; **aprirsi a** (*ad esperienza*) s'ouvrir à; **~ le ostilità** (*MIL*) engager *o* commencer les hostilités; (*fig*) attaquer; **~ il rubinetto/l'acqua** ouvrir le robinet; **mi si è aperto lo stomaco** cela m'a ouvert l'appétit; **apriti cielo!** juste ciel!
apriscatole [apris'katole] *sm inv* ouvre-boîte *m*.
APT [api'ti] *sigla f* (= *Azienda di Promozione Turistica*) ≈ S.I. *m*.
AQ *sigla* = *l'Aquila*.
aquario [a'kwarjo] *sm* = **acquario**.
aquila ['akwila] *sf* (*anche fig*) aigle *m*; ▸ **aquila reale** aigle royal.
aquilano, -a [akwi'lano] *agg* de l'Aquila.
aquilino, -a [akwi'lino] *agg* d'aigle.
aquilone [akwi'lone] *sm* cerf-volant *m*; (*vento*) vent *m* du nord.
AR *sigla* = *Arezzo*.
arabesco [ara'besko] *sm* arabesque *f*.
Arabia Saudita [a'rabja sau'dita] *sf* Arabie *f* saoudite.
arabico, -a, -ci, -che [a'rabiko] *agg* (*gomma*) arabique; (*cifre*) arabe; **il Deserto ~** le désert arabique.
arabile [a'rabile] *agg* arable, labourable.
arabo, -a ['arabo] *agg, sm* arabe *m* ♦ *sm/f* Arabe *m/f*; **per me, parla ~** pour moi, c'est du chinois *o* de l'hébreu.
arachide [a'rakide] *sf* arachide *f*.
aragosta [ara'gosta] *sf* langouste *f*.
araldica [a'raldika] *sf* héraldique *f*.
araldo [a'raldo] *sm* héraut *m*.
aranceto [aran'tʃeto] *sm* orangeraie *f*.
arancia, -ce [a'rantʃa] *sf* orange *f*.
aranciata [aran'tʃata] *sf* orangeade *f*; ▸ **aranciata amara** boisson *f* à l'orange amère.
arancio [a'rantʃo] *sm* oranger *m*; (*colore*) orange *m* ♦ *agg inv* orange *inv*; **fiori d'~** fleurs *fpl* d'oranger.
arancione [aran'tʃone] *agg inv*: **(color) ~** orange *inv* ♦ *sm* (*colore*) orange *m*.
arare [a'rare] *vt* labourer.
aratore [ara'tore] *sm* laboureur *m*.
aratro [a'ratro] *sm* charrue *f*.
aratura [ara'tura] *sf* labour(age) *m*.
arazzo [a'rattso] *sm* tapisserie *f*.
arbitraggio [arbi'traddʒo] *sm* (*SPORT, COMM*) arbitrage *m*.
arbitrare [arbi'trare] *vt* arbitrer.
arbitrario, -a [arbi'trarjo] *agg* arbitraire.
arbitrato [arbi'trato] *sm* arbitrage *m*.
arbitrio [ar'bitrjo] *sm* volonté *f*; (*abuso, sopruso*) abus *msg*; **libero ~** libre arbitre *m*.
arbitro ['arbitro] *sm* arbitre *m*; (*TENNIS*) juge-arbitre *m*.
arboscello [arboʃ'ʃɛllo] *sm* arbrisseau *m*.
arbusto [ar'busto] *sm* arbuste *m*.
arca, -che ['arka] *sf* sarcophage *m*; (*cassa*) arche *f*; **l'~ di Noè** l'Arche de Noé.
arcaico, -a, -ci, -che [ar'kaiko] *agg* archaïque.
arcaismo [arka'izmo] *sm* archaïsme *m*.
arcangelo [ar'kandʒelo] *sm* archange *m*.
arcano, -a [ar'kano] *agg* mystérieux(-euse) ♦ *sm* mystère *m*, arcanes *mpl*.
arcata [ar'kata] *sf* arcade *f*; ▸ **arcata sopracciliare** arcade sourcilière.
archeologia [arkeolo'dʒia] *sf* archéologie *f*.
archeologico, -a, -ci, -che [arkeo'lɔdʒiko] *agg* archéologique.
archeologo, -a, -gi, -ghe [arke'ɔlogo] *sm/f* archéologue *m/f*.
archetipo [ar'kɛtipo] *sm* archétype *m*.
archetto [ar'ketto] *sm* (*MUS*) archet *m*.
architettare [arkitet'tare] *vt* (*fig*: *piano, sistema*) concevoir; (: *peg*) combiner, manigancer.
architetto [arki'tetto] *sm* architecte *m*.
architettonico, -a, -ci, -che [arkitet'tɔniko] *agg* architectural(e).
architettura [arkitet'tura] *sf* architecture *f*.
archiviare [arki'vjare] *vt* archiver, mettre aux archives; (*INFORM*: *dati, file*) archiver; (*DIR*: *caso*) classer.
archiviazione [arkivjat'tsjone] *sf* (*vedi vb*) archivage *m*, mise *f* aux archives; archivage; classement *m*.
archivio [ar'kivjo] *sm* archives *fpl*; (*INFORM*) fichier *m*; ▸ **archivio principale** (*INFORM*) fichier maître *o* principal.
archivista, -i, -e [arki'vista] *sm/f* (*AMM*) ar-

chiviste *m/f*; (*in ufficio*) documentaliste *m/f*.

ARCI ['artʃi] *sigla f* = *Associazione Ricreativa Culturale Italiana*.

arciduca, -chi [artʃi'duka] *sm* archiduc *m*.

arciere [ar'tʃɛre] *sm* (*anche STORIA*) archer *m*.

arcigno, -a [ar'tʃiɲɲo] *agg* (*persona*) hargneux(-euse); (*volto, espressione*) hostile.

arcione [ar'tʃone] *sm*: **in** ~ dans *o* sur ses arçons.

Arcip. *abbr* = **arcipelago**.

arcipelago, -ghi [artʃi'pɛlago] *sm* archipel *m*.

arcivescovo [artʃi'veskovo] *sm* archevêque *m*.

arco, -chi ['arko] *sm* (*anche ARCHIT, MAT*) arc *m*; (*MUS*) archet *m*; **nell'~ di 3 settimane** en l'espace de trois semaines; ▸ **arco costituzionale** *ensemble des partis qui participèrent à la formulation de la constitution italienne*.

arcobaleno [arkoba'leno] *sm* arc-en-ciel *m*.

arcuato, -a [arku'ato] *agg* arqué(e).

ardente [ar'dɛnte] *agg* ardent(e), brûlant(e); (*fig*: *sguardo, passione, preghiera*) ardent(e); (: *ammiratore*) fervent(e).

ardere ['ardere] *vt* brûler; (*fig*: *sogg*: *passione*) embraser, dévorer ♦ *vi* brûler; ~ **di** (*fig*: *d'amore*) brûler de; (: *d'ira*) bouillir de; **legna da** ~ bois *msg* de chauffage.

ardesia [ar'dɛzja] *sf* ardoise *f*; **grigio** ~ bleu *inv o* gris *inv* ardoise.

ardimento [ardi'mento] *sm* hardiesse *f*, courage *m*.

ardire [ar'dire] *sm*: **avere l'~ di fare qc** avoir la hardiesse de faire qch.

ardito, -a [ar'dito] *agg* hardi(e), audacieux(-euse); (*spavaldo*) fanfaron(ne); (*sfacciato*: *complimento*) osé(e).

ardore [ar'dore] *sm* (*fig*) ardeur *f*.

arduo, -a ['arduo] *agg* (*salita, cammino*) ardu(e), rude; (*problema, questione*) ardu(e).

area ['area] *sf* (*anche monetaria*) zone *f*; (*EDIL*) terrain *m*; (*misura*) aire *f*; **di ~ socialista** de mouvance socialiste; ▸ **area di rigore** (*SPORT*) surface de réparation; ▸ **area di servizio** (*AUT*) aire de service; ▸ **area fabbricabile** terrain à bâtir.

arena [a'rɛna] *sf* arène *f*; (*anfiteatro*) arènes *fpl*; (*sabbia*) sable *m*.

arenaria [are'narja] *sf* grès *msg*.

arenarsi [are'narsi] *vip* (s')échouer; (*fig*: *negoziato, trattative*) s'enliser.

areoplano [areo'plano] *sm* = **aeroplano**.

aretino, -a [are'tino] *agg* arétin(e) ♦ *sm/f* Arétin(e).

argano ['argano] *sm* treuil *m*.

argentato, -a [ardʒen'tato] *agg* argenté(e).

argenteo, -a [ar'dʒɛnteo] *agg* argenté(e).

argenteria [ardʒente'ria] *sf* argenterie *f*.

Argentina [ardʒen'tina] *sf* Argentine *f*.

argentino, -a [ardʒen'tino] *agg* argentin(e) ♦ *sm/f* Argentin(e) ♦ *sf* (*maglia*) *pull fin à col rond et à manches longues*.

argento [ar'dʒɛnto] *sm* argent *m*; **avere l'~ (vivo) addosso** (*fig*) avoir du vif-argent dans les veines; ▸ **argento vivo** mercure *m*.

argilla [ar'dʒilla] *sf* argile *f*.

argilloso, -a [ardʒil'loso] *agg* argileux (-euse).

arginare [ardʒi'nare] *vt* (*fiume, acque*) endiguer; (*fig*: *inflazione, corruzione*) endiguer, enrayer; (: *spese*) limiter.

argine ['ardʒine] *sm* (*di fiume*) berge *f*; (*terrapieno*) digue *f*, remblai *m*; (*fig*: *difesa*) barrière *f*; **far ~ a, porre un ~ a** (*fig*) mettre un frein à.

argomentare [argomen'tare] *vi* argumenter.

argomento [argo'mento] *sm* sujet *m*; (*pretesto, motivo*) prétexte *m*; (*per sostenere tesi*) argument *m*; **cambiare** ~ changer de sujet.

arguire [argu'ire] *vt* déduire.

arguto, -a [ar'guto] *agg* brillant(e); (*osservazione*) subtil(e), fin(e).

arguzia [ar'guttsja] *sf* (*prontezza nell'esprimersi*) esprit *m*, finesse *f*; (*battuta, frase spiritosa*) boutade *f*.

aria ['arja] *sf* air *m*; **all'~ aperta** en plein air; **manca l'~** cela manque d'air; **andare all'~** (*fig*) tomber à l'eau; **mandare all'~ qc** (*fig*) envoyer promener qch; **darsi delle arie (da)** se donner des airs (de); **ha la testa per ~** il est tête en l'air; **che ~ tira?** elle est comment l'ambiance?

aridità [aridi'ta] *sf* (*anche fig*) aridité *f*.

arido, -a ['arido] *agg* (*anche fig*) aride.

arieggiare [arjed'dʒare] *vt* aérer.

ariete [a'rjɛte] *sm* bélier *m*; (*ZODIACO*): **A~** Bélier; **essere dell'A~** être (du) Bélier.

aringa, -ghe [a'ringa] *sf* hareng *m*; ▸ **aringa affumicata/marinata** hareng saur/mariné.

arioso, -a [a'rjoso] *agg* bien aéré(e) ♦ *sm* (*MUS*) arioso *m*.

arista ['arista] *sf* (*CUC*) échine *f* de porc.

aristocratico, -a, -ci, -che [aristo'kratiko] *agg* aristocratique ♦ *sm/f* aristocrate *m/f*.

aristocrazia [aristokrat'tsia] *sf* aristocratie *f*.

aritmetico, -a, -ci, -che [arit'mɛtiko] *agg* arithmétique ♦ *sm* arithméticien(ne) ♦ *sf* arithmétique *f*.

arlecchino [arlek'kino] *sm* arlequin *m*.

arma, -i ['arma] *sf* arme *f*; **chiamare alle armi** (*MIL*) appeler (sous les drapeaux); **essere sotto le armi** (*MIL*) être sous les armes; **passare qn per le armi** (*MIL*) passer qn par les armes; **combattere ad armi pari** combattre à armes égales; **essere alle prime armi** faire ses premières armes; **partire con armi e bagagli** partir avec armes et bagages; ▸**arma a doppio taglio** arme à double tranchant; ▸**arma atomica/nucleare** arme atomique/nucléaire; ▸**arma bianca** arme blanche; ▸**arma da fuoco** arme à feu.

armadio [ar'madjo] *sm* armoire *f*; ▸**armadio a muro** placard *m*.

armamentario [armamen'tarjo] *sm* équipement *m*.

armamento [arma'mento] *sm* armement *m*; **armamenti** *smpl* (*di paese*) armements *mpl*; **la corsa agli armamenti** la course aux armements.

armare [ar'mare] *vt* armer; **armarsi** *vr* s'armer; **armarsi di** (*anche fig*) s'armer de.

armata [ar'mata] *sf* (*MIL*) armée *f*; (*NAUT*) armée de mer.

armato, -a [ar'mato] *agg*: ~ **(di)** (*anche fig*) armé(e) (de); **rapina a mano armata** vol *m* à main armée.

armatore [arma'tore] *sm* armateur *m*.

armatura [arma'tura] *sf* armure *f*; (*EDIL, ELETTR*) armature *f*.

armeggiare [armed'dʒare] *vi* (*affaccendarsi*): ~ **(intorno a)** s'affairer (autour de).

Armenia [ar'mɛnja] *sf* Arménie *f*.

armeno, -a [ar'mɛno] *agg* arménien(ne) ♦ *sm/f* Arménien(ne).

armeria [arme'ria] *sf* dépôt *m* d'armes; (*collezione*) collection *f* d'armes.

armistizio [armis'tittsjo] *sm* armistice *m*.

armonia [armo'nia] *sf* harmonie *f*; **essere in ~ (con)** être en harmonie (avec).

armonico, -a, -ci, -che [ar'mɔniko] *agg* harmonique; (*fig*) harmonieux(-euse) ♦ *sf* harmonica *m*; ▸**armonica a bocca** harmonica.

armonioso, -a [armo'njoso] *agg* (*anche fig*) harmonieux(-euse).

armonizzare [armonid'dzare] *vt* (*anche fig*) harmoniser ♦ *vi*: ~ **(con)** s'harmoniser (avec).

arnese [ar'nese] *sm* outil *m*; (*oggetto, cosa*) truc *m*, machin *m*; **male in ~** (*malvestito*) mal habillé(e), mal mis(e); (*di salute malferma*) mal en point; (*povero*) sans le sou.

arnia ['arnja] *sf* ruche *f*.

aroma, -i [a'rɔma] *sm* arôme *m*; **aromi** *smpl* (*CUC*) aromates *mpl*; ▸**aromi artificiali/naturali** arômes artificiels/naturels.

aromatico, -a, -ci, -che [aro'matiko] *agg* aromatique; **pianta aromatica** plante *f* aromatique.

aromatizzare [aromatid'dzare] *vt* aromatiser.

arpa ['arpa] *sf* harpe *f*.

arpeggio [ar'peddʒo] *sm* arpège *m*.

arpia [ar'pia] *sf* (*anche peg*) harpie *f*.

arpione [ar'pjone] *sm* crochet *m*; (*cardine*) gond *m*; (*PESCA*) harpon *m*.

arrabattarsi [arrabat'tarsi] *vip* se donner du mal.

arrabbiare [arrab'bjare] *vi* (*MED*: *cane*) devenir enragé(e); **arrabbiarsi** *vip* se mettre en colère; **far ~ qn** mettre qn en colère.

arrabbiato, -a [arrab'bjato] *agg* (*persona*) en colère; (*sguardo, tono*) plein(e) de colère; (*femminista, giocatore, MED*) enragé(e).

arrabbiatura [arrabbja'tura] *sf*: **prendersi un'~ (per qc)** piquer une colère (à cause de qch).

arraffare [arraf'fare] *vt* (*fam*) rafler.

arrampicarsi [arrampi'karsi] *vip* grimper; ~ **su** (*su albero, palo*) grimper sur; (*su per sentiero*) grimper par; ~ **sugli specchi** (*fig*) se raccrocher à n'importe quoi.

arrampicata [arrampi'kata] *sf* escalade *f*, grimpée *f*; ▸**arrampicata libera** escalade libre.

arrampicatore, -trice [arrampika'tore] *sm/f* (*ALPINISMO*) grimpeur(-euse); ▸**arrampicatore sociale** arriviste *m/f*.

arrancare [arran'kare] *vi* avancer péniblement.

arrangiamento [arrandʒa'mento] *sm* (*MUS*) arrangement *m*.

arrangiare [arran'dʒare] *vt* (*anche MUS*) arranger; **arrangiarsi** *vip* se débrouiller.

arrecare [arre'kare] *vt* (*fig*: *sofferenze, guai*) causer.

arredamento [arreda'mento] *sm* (*azione*) décoration *f*; (*mobili*) ameublement *m*; (*ARTE*) décoration.

arredare [arre'dare] *vt* meubler.

arredatore, -trice [arreda'tore] *sm/f* décorateur(-trice) d'intérieurs.

arredo [ar'rɛdo] *sm* ameublement *m*; ▸**arredo per uffici** meubles *mpl* de bureau.

arrembaggio [arrem'baddʒo] *sm* (*NAUT*) abordage *m*.

arrendersi [ar'rɛndersi] *vip* se rendre; ~ **all'evidenza (dei fatti)** se rendre à l'évidence.

arrendevole [arren'devole] *agg* conciliant(e), complaisant(e).

arrendevolezza [arrendevo'lettsa] *sf* complaisance *f*.

arreso, -a [ar'reso] *pp di* **arrendersi**.

arrestare [arres'tare] *vt* arrêter; **arrestarsi** *vr* s'arrêter.

arrestato, -a [arres'tato] *sm/f* personne *f* arrêtée.

arresto [ar'rɛsto] *sm* (*anche DIR*) arrêt *m*; **subire un** ~ (*fermarsi*) s'arrêter; **mettere agli arresti** mettre aux arrêts; ▸ **arresti domiciliari** détention *f* à domicile.
arretrare [arre'trare] *vt* faire reculer ♦ *vi* reculer.
arretrato, -a [arre'trato] *agg* arriéré(e); (*lavoro*) en retard; **arretrati** *smpl* arriérés *mpl*; **gli arretrati dello stipendio** les arriérés du salaire; **i numeri arretrati** (*di giornale*) les vieux numéros.
arricchimento [arrikki'mento] *sm* (*anche fig*) enrichissement *m*.
arricchire [arrik'kire] *vt* (*anche fig*) enrichir; **arricchirsi** *vr, vip* s'enrichir.
arricchito, -a [arrik'kito] *sm/f* (*peg*) nouveau riche *m*, nouvelle riche *f*, parvenu(e).
arricciare [arrit'tʃare] *vt* friser; ~ **il naso** faire la moue.
arridere [ar'ridere] *vi*: ~ **a** sourire à.
arringa, -ghe [ar'ringa] *sf* harangue *f*; (*DIR*) plaidoyer *m*.
arrischiare [arris'kjare] *vt* risquer; **arrischiarsi** *vr*: **arrischiarsi a fare qc** se risquer à faire qch.
arrischiato, -a [arris'kjato] *agg* risqué(e); (*audace, temerario*) téméraire.
arriso, -a [ar'riso] *pp di* **arridere**.
arrivare [arri'vare] *vi* arriver; ~ **a** arriver à; ~ **a casa/a Roma** arriver chez soi/à Rome; ~ **a fare qc** arriver à faire qch; **mi è arrivato un pacco** j'ai reçu un colis; **non ci arrivo** (*non ci riesco*) je n'y arrive pas; (*non capisco*) je ne comprends pas.
arrivato, -a [arri'vato] *agg* arrivé(e) ♦ *sm/f*: **essere un** ~ être un parvenu; **nuovo** ~ nouveau venu(nouvelle venue); **ben** ~! sois/soyez le bienvenu!
arrivederci [arrive'dertʃi] *escl* au revoir.
arrivederla [arrive'derla] *escl* au revoir.
arrivismo [arri'vizmo] *sm* arrivisme *m*.
arrivista, -i, -e [arri'vista] *sm/f* arriviste *m/f*.
arrivo [ar'rivo] *sm* arrivée *f*; **essere in** ~ arriver; **"arrivi"** (*AER, FERR*) "arrivées"; **nuovi arrivi** (*in negozio*) nouveautés *fpl*.
arrogante [arro'gante] *agg* arrogant(e).
arroganza [arro'gantsa] *sf* arrogance *f*.
arrogare [arro'gare] *vt*: **arrogarsi il diritto di fare qc** s'arroger le droit de faire qch; **arrogarsi il merito di qc** s'arroger le mérite de qch.
arrossamento [arrossa'mento] *sm* rougeur *f*.
arrossare [arros'sare] *vt* rougir.
arrossire [arros'sire] *vi* rougir.
arrostire [arros'tire] *vt* (*al forno*) rôtir; (*ai ferri*) griller; **arrostirsi** *vip*: **arrostirsi al sole** (*fig*) se rôtir au soleil.
arrosto [ar'rɔsto] *sm* (*CUC*) rôti *m* ♦ *agg inv* rôti(e); ▸ **arrosto di maiale/manzo/vitello** rôti de porc/bœuf/veau.
arrotare [arro'tare] *vt* aiguiser; (*investire*) renverser.
arrotino [arro'tino] *sm* rémouleur *m*.
arrotolare [arroto'lare] *vt* enrouler; (*sigaretta*) rouler.
arrotondare [arroton'dare] *vt* (*anche fig*: *somma*) arrondir; ~ **per difetto/per eccesso** arrondir au chiffre inférieur/supérieur.
arrovellarsi [arrovel'larsi] *vt*: ~ **(il cervello)** se creuser la tête *o* la cervelle.
arroventato, -a [arroven'tato] *agg* (*anche fig*) brûlant(e).
arruffare [arruf'fare] *vt* (*fili*) emmêler; (*capelli*) ébouriffer.
arrugginire [arruddʒi'nire] *vt* (*anche fig*) rouiller; **arrugginirsi** *vip* (*anche fig*) se rouiller.
arruolamento [arrwola'mento] *sm* enrôlement *m*; ~ **volontario** engagement *m* (volontaire).
arruolare [arrwo'lare] *vt* recruter; **arruolarsi** *vr* s'enrôler, s'engager.
arsenale [arse'nale] *sm* arsenal *m*; (*cantiere navale*) chantier *m* naval.
arsenico [ar'sɛniko] *sm* arsenic *m*.
arsi ['arsi] *vb vedi* **ardere**.
arso, -a ['arso] *pp di* **ardere** ♦ *agg* brûlé(e); (*arido*) sec(sèche), desséché(e).
arsura [ar'sura] *sf* (*calore opprimente*) chaleur *f* torride; (*siccità*) sécheresse *f*.
art. *abbr* (= *articolo*) art.
arte ['arte] *sf* art *m*; **ad** ~ à dessein; **a regola d'**~ selon les règles de l'art; **senz'**~ **né parte** bon(ne) à rien.
artefatto, -a [arte'fatto] *agg* frelaté(e); (*fig*: *modi*) affecté(e).
artefice [ar'tefitʃe] *sm/f* auteur *m*; (*artigiano*) artisan(e).
arteria [ar'tɛrja] *sf* artère *f*; ▸ **arteria stradale** artère.
arteriosclerosi [arterjoskle'rɔzi] *sf* artériosclérose *f*.
arterioso, -a [arte'rjoso] *agg* artériel(le).
artico, -a, -ci, -che ['artiko] *agg* arctique ♦ *sm* l'Arctique *m*; **il Circolo polare** ~ le cercle polaire arctique; **l'Oceano** ~ l'océan *m* Arctique.
articolare [artiko'lare] *agg* articulaire ♦ *vt* articuler; (*fig*: *suddividere*): ~ **in** diviser en; **articolarsi** *vr*: **articolarsi in** se subdiviser en.
articolato, -a [artiko'lato] *agg* articulé(e); **veicolo** ~ semi-remorque *m*; **ben** ~ (*discorso, scritto*) bien construit(e).
articolazione [artikolat'tsjone] *sf* articulation *f*; (*di concetto*) développement *m*.
articolo [ar'tikolo] *sm* article *m*; **un bell'**~ (*fig*) un drôle de numéro; ▸ **articolo di fondo** (*STAMPA*) article de fond; ▸ **arti-**

coli di marca articles de marque.
Artide ['artide] *sm* Arctique *m.*
artificiale [artifi'tʃale] *agg* (*anche fig*) artificiel(le).
artificiere [artifi'tʃɛre] *sm* artificier *m.*
artificio [arti'fitʃo] *sm* (*espediente*) artifice *m*; (*ricerca di effetto*) affectation *f.*
artificioso, -a [artifi'tʃoso] *agg* affecté(e).
artigianale [artidʒa'nale] *agg* artisanal(e).
artigianato [artidʒa'nato] *sm* artisanat *m.*
artigiano, -a [arti'dʒano] *agg* artisanal(e) ♦ *sm/f* artisan(e).
artigliere [artiʎ'ʎɛre] *sm* artilleur *m.*
artiglieria [artiʎʎe'ria] *sf* artillerie *f*; **(arma d') ~** artillerie.
artiglio [ar'tiʎʎo] *sm* griffe *f*; **sfoderare gli artigli** (*fig*) montrer les griffes.
artista, -i, -e [ar'tista] *sm/f* artiste *m/f*; **un lavoro da ~** (*fig*) un travail d'artiste.
artistico, -a, -ci, -che [ar'tistiko] *agg* artistique.
arto ['arto] *sm* membre *m.*
artrite [ar'trite] *sf* arthrite *f.*
artrosi [ar'trɔzi] *sf* arthrose *f.*
arzigogolato, -a [ardzigogo'lato] *agg* tarabiscoté(e), alambiqué(e).
arzigogolo [ardzi'gɔgolo] *sm* tarabiscotage *m.*
arzillo, -a [ar'dzillo] *agg* (*allegro*) guilleret(te); (*vecchietto*) vert(e).
ascella [aʃ'ʃɛlla] *sf* aisselle *f.*
ascendente [aʃʃen'dɛnte] *sm* (*ASTROL, fig*) ascendant *m*; **ascendenti** *smpl* (*parenti diretti*) ascendants.
ascendere [aʃ'ʃendere] *vi*: **~ al trono** monter sur le trône.
ascensione [aʃʃen'sjone] *sf* (*ALPINISMO*) ascension *f*; **l'A~** (*REL*) l'Ascension; **isola dell'A~** île *f* de l'Ascension.
ascensore [aʃʃen'sore] *sm* ascenseur *m.*
ascesa [aʃ'ʃesa] *sf* (*al trono*) accession *f*; (*al potere*) montée *f*; **in ~** (*inflazione, dollaro*) en hausse.
ascesi [aʃ'ʃɛzi] *sf* ascèse *f.*
asceso, -a [aʃ'ʃeso] *pp di* **ascendere**.
ascesso [aʃ'ʃɛsso] *sm* abcès *msg.*
asceta, -i [aʃ'ʃɛta] *sm* ascète *m.*
ascia ['aʃʃa] (*pl* **asce**) *sf* hache *f.*
asciugacapelli [aʃʃugaka'pelli] *sm inv* sèche-cheveux *msg*, séchoir *m.*
asciugamano [aʃʃuga'mano] *sm* serviette *f* (de toilette); (*solo per le mani*) essuie-mains *msg.*
asciugare [aʃʃu'gare] *vt* (*bambino, piatti*) essuyer; (*capelli*) sécher; **asciugarsi** *vr, vip* (*persona*) s'essuyer; (*bucato*) sécher; (*terreno, letto di fiume*) s'assécher; **asciugarsi i capelli** se sécher les cheveux.
asciugatrice [aʃʃuga'tritʃe] *sf* séchoir *m.*
asciutto, -a [aʃ'ʃutto] *agg* sec(sèche); (*fig*: *magro, snello*) maigre, sec(sèche) ♦ *sm*: **restare all'~** (*fig*: *senza soldi*) rester sur la paille; **restare a bocca asciutta** (*fig*) rester les mains vides.
ascolano, -a [asko'lano] *agg* d'Ascoli Piceno.
ascoltare [askol'tare] *vt* écouter; (*conferenza*) assister à; **~ il consiglio di qn** écouter le conseil de qn.
ascoltatore, -trice [askolta'tore] *sm/f* auditeur(-trice).
ascolto [as'kolto] *sm* écoute *f*; **essere/stare in ~** être/rester à l'écoute; **dare** *o* **prestare ~ a** prêter attention à.
AS.COM. *abbr* = *Associazione Commercianti.*
ascritto, -a [as'kritto] *pp di* **ascrivere**.
ascrivere [as'krivere] *vt* (*attribuire*): **~ qc a qn** attribuer qch à qn; **~ qc a merito di qn** attribuer à qn le mérite de qch.
asettico, -a, -ci, -che [a'sɛttiko] *agg* aseptique; (*fig*) aseptisé(e).
asfaltare [asfal'tare] *vt* asphalter; **strada asfaltata** route *f* goudronnée.
asfalto [as'falto] *sm* goudron *m.*
asfissia [asfis'sia] *sf* asphyxie *f.*
asfissiante [asfis'sjante] *agg* (*gas*) asphyxiant(e); (*fig*: *calore, ambiente*) étouffant(e); (: *persona*: *noiosa*) assommant(e).
asfissiare [asfis'sjare] *vt* asphyxier; (*fig*: *opprimere*) étouffer; (: *infastidire*) assommer ♦ *vi* étouffer, suffoquer; **asfissiarsi** *vr* s'asphyxier.
Asia ['azja] *sf* Asie *f.*
asiatico, -a, -ci, -che [a'zjatiko] *agg* asiatique ♦ *sm/f* Asiatique *m/f.*
asilo [a'zilo] *sm* asile *m*; ▶ **asilo (d'infanzia)** (école *f*) maternelle *f*; ▶ **asilo nido** crèche *f*; ▶ **asilo politico** asile politique.
asimmetrico, -a, -ci, -che [asim'mɛtriko] *agg* asymétrique.
asino ['asino] *sm* (*anche fig*) âne *m*; **la bellezza dell'~** (*fig*: *di ragazza*) la beauté du diable.
asma ['azma] *sf* asthme *m.*
asmatico, -a, -ci, -che [az'matiko] *agg, sm/f* asthmatique *m/f.*
asociale [aso'tʃale] *agg* asocial(e).
asola ['azola] *sf* boutonnière *f.*
asparago, -gi [as'parago] *sm* asperge *f.*
aspergere [as'pɛrdʒere] *vt*: **~ (di** *o* **con)** asperger (de).
asperità [asperi'ta] *sf inv* aspérité *f*; (*fig*) difficulté *f.*
aspersi *etc* [as'pɛrsi] *vb vedi* **aspergere**.
asperso, -a [as'pɛrso] *pp di* **aspergere**.
aspettare [aspet'tare] *vt* attendre; **~ qn/qc** attendre qn/qch; **aspettarsi qc** s'attendre à qch; **fare ~ qn** faire attendre qn; **~ un bambino** attendre un enfant; **questo non me l'aspettavo!** je ne m'attendais pas à ça!; **me l'aspettavo!** je m'y attendais!

aspettativa [aspetta'tiva] *sf* attente *f*; **superiore all'~** qui dépasse toute attente; **in ~** (*AMM*) en disponibilité.
aspetto [as'pɛtto] *sm* aspect *m*; **di bell'~** qui a de l'allure.
aspirante [aspi'rante] *agg, sm/f* aspirant(e).
aspirapolvere [aspira'polvere] *sm inv* aspirateur *m*.
aspirare [aspi'rare] *vt* aspirer ♦ *vi*: **~ a** aspirer à.
aspiratore [aspira'tore] *sm* aspirateur *m*.
aspirazione [aspirat'tsjone] *sf* aspiration *f*.
aspirina [aspi'rina] *sf* aspirine *f*.
asportare [aspor'tare] *vt* emporter; (*MED*: *tumore, polipo*) extirper; **~ un rene** pratiquer l'ablation d'un rein.
asprezza [as'prettsa] *sf* âpreté *f*; (*fig*) rudesse *f*, âpreté.
aspro, -a ['aspro] *agg* âpre; (*fig*) rude, âpre.
Ass. *abbr = assicurazione*.
assaggiare [assad'dʒare] *vt* goûter; (*mangiare poco*) goûter à.
assaggini [assad'dʒini] *smpl* (*CUC*) assortiment *m* (de dégustation); **solo un assaggino** juste pour goûter.
assaggio [as'saddʒo] *sm* (*di cibo*) dégustation *f*; (*piccola quantità*) petit peu *m*; (*campione*) échantillon *m*.
assai [as'sai] *avv* (*molto*) beaucoup; (: *con agg*) très, bien ♦ *agg inv* beaucoup de, bien des.
assalgo *etc* [as'salgo] *vb vedi* **assalire**.
assalire [assa'lire] *vt* attaquer; (*sogg*: *ricordi, paura, dubbio*) assaillir; **la assalirono con insulti d'ogni genere** ils l'accablèrent d'injures de toutes sortes.
assalitore, -trice [assali'tore] *sm/f* assaillant(e).
assaltare [assal'tare] *vt* (*MIL, treno, diligenza*) prendre d'assaut; (*banca*) attaquer.
assalto [as'salto] *sm* assaut *m*; **prendere d'~** (*fig*: *negozio, treno*) prendre d'assaut; (: *personalità*) attaquer de front; **d'~** (*fig*: *editoria, giornalista*) de choc.
assaporare [assapo'rare] *vt* déguster, savourer; (*fig*: *libertà, piacere*) savourer.
assassinare [assassi'nare] *vt* assassiner.
assassinio [assas'sinjo] *sm* assassinat *m*.
assassino, -a [assas'sino] *agg* (*istinto, tendenza*) meurtrier(-ière); (*fig*: *sguardo, occhiata*) assassin(e) ♦ *sm/f* assassin *m*, meurtrier(-ière).
asse ['asse] *sm* (*TECN, MAT*) axe *m* ♦ *sf* (*tavola di legno*) planche *f*; ▶ **asse da stiro** planche à repasser; ▶ **asse stradale** axe routier.
assecondare [assekon'dare] *vt*: **~ qn (in qc)** céder à qn (sur qch); **~ i capricci di qn** passer tous ses caprices à qn; **~ i desideri di qn** exaucer les désirs de qn.
assediare [asse'djare] *vt* assiéger.
assedio [as'sɛdjo] *sm* siège *m*.
assegnare [asseɲ'ɲare] *vt* (*premio*) décerner; (*somme*) allouer; (*borsa di studio*) accorder; (*compiti, lavoro, casa*) assigner; (*persona*: *a reparto, ufficio*) affecter; (*fissare*: *termine*) fixer.
assegnatario [asseɲɲa'tarjo] *sm* (*DIR*) attributaire *m/f*; (*COMM*) bénéficiaire *m/f*; **l'~ del premio** le lauréat.
assegnazione [asseɲɲat'tsjone] *sf* (*di premio, borsa di studio*) attribution *f*; (*di somma*) allocation *f*; (*di persona*: *a reparto*) affectation *f*; (*di compiti, lavoro, casa*) assignation *f*.
assegno [as'seɲɲo] *sm* chèque *m*; **un ~ di** *o* **per un milione** un chèque d'un million; **contro ~** contre remboursement; ▶ **assegno a vuoto** chèque sans provision; ▶ **assegno circolare** chèque circulaire; ▶ **assegno di malattia/di invalidità** allocation *f* maladie/d'invalidité; ▶ **assegno di studio** bourse *f* d'étude; ▶ **assegno di viaggio** chèque de voyage; ▶ **assegno non trasferibile** chèque barré; ▶ **assegno post-datato** chèque postdaté; ▶ **assegno sbarrato/non sbarrato** chèque barré/non barré; ▶ **assegni alimentari** pension *fsg* alimentaire; ▶ **assegni familiari** allocations *fpl* familiales.
assemblaggio [assem'bladdʒo] *sm* (*IND*) assemblage *m*.
assemblare [assem'blare] *vt* assembler.
assemblea [assem'blɛa] *sf* assemblée *f*; ▶ **assemblea generale** assemblée générale.
assembramento [assembra'mento] *sm* rassemblement *m*; **divieto di ~** interdiction *f* de rassemblement.
assennato, -a [assen'nato] *agg* (*persona*) sensé(e); (*risposta*) judicieux(-euse).
assenso [as'sɛnso] *sm* assentiment *m*, approbation *f*.
assentarsi [assen'tarsi] *vip*: **~ (da)** s'absenter (de).
assente [as'sɛnte] *agg, sm/f* absent(e); **uno sguardo ~** (*fig*) un regard absent.
assenteismo [assente'izmo] *sm* absentéisme *m*; (*fig*: *disinteresse*) indifférence *f*.
assenteista, -i, -e [assente'ista] *sm/f* absentéiste *m/f*.
assentire [assen'tire] *vi*: **~ a** acquiescer à.
assenza [as'sɛntsa] *sf* (*lontananza*) absence *f*; (*mancanza*) manque *m*.
asserire [asse'rire] *vt* affirmer, soutenir; **asserisce di aver ragione** il soutient avoir raison.
asserragliarsi [asserraʎ'ʎarsi] *vr*: **~ in** se barricader dans.
asservire [asser'vire] *vt* (*anche fig*) asservir; **asservirsi** *vr*: **asservirsi (a)** s'asservir

(à).

asserzione [asser'tsjone] *sf* affirmation *f*.

assessorato [assesso'rato] *sm* (*carica*) mandat *m* d'adjoint; (*durata*) durée *f* du mandat d'adjoint; (*ufficio*) division *f*.

assessore [asses'sore] *sm* adjoint *m*.

assestamento [assesta'mento] *sm* (*del terreno*) tassement *m*; (*di affari etc*) règlement *m*; **una situazione in via di** ~ une situation en voie de stabilisation.

assestare [asses'tare] *vt* (*mettere in ordine*) arranger; (*mira*) ajuster; **assestarsi** *vr* (*GEO*) se tasser; (*situazione*) se stabiliser; ~ **un colpo a** assener un coup à.

assetato, -a [asse'tato] *agg* assoiffé(e); ~ **di sangue** (*fig*) assoiffé(e) de sang.

assetto [as'sɛtto] *sm* rangement *m*; (*NAUT*) assiette *f*; **in** ~ **di guerra** sur le pied de guerre; ▶ **assetto territoriale** aménagement *m* du territoire.

assicurare [assiku'rare] *vt* assurer; (*fermare, legare*) fixer; **assicurarsi** *vr* (*accertarsi*): **assicurarsi (di)** s'assurer (de); **assicurarsi (contro)** (*contro furto, incendio*) s'assurer (contre); **assicurarsi qc** (*vittoria, posto*) s'assurer qch; **te l'assicuro!** je te le garantis!

assicurato, -a [assiku'rato] *agg* assuré(e) ♦ *sf* lettre *f* chargée.

assicuratore, -trice [assikura'tore] *agg* d'assurances ♦ *sm/f* assureur *m*; **società assicuratrice** compagnie *f* d'assurances.

assicurazione [assikurat'tsjone] *sf* assurance *f*; ▶ **assicurazione contro terzi/multi-rischio** assurance au tiers/multirisque.

assideramento [assidera'mento] *sm*: **morire per** ~ mourir de froid.

assiderare [asside'rare] *vt* geler; **assiderarsi** *vip* geler; **morire assiderato** mourir de froid.

assiduo, -a [as'siduo] *agg* assidu(e).

assieme [as'sjɛme] *avv* ensemble *m* ♦ *prep*: ~ **a** avec.

assillante [assil'lante] *agg* (*dubbio, pensiero*) obsédant(e); (*creditore*) harcelant(e).

assillare [assil'lare] *vt* (*sogg*: *dubbio, pensiero*) obséder; (: *creditore*) harceler.

assillo [as'sillo] *sm* hantise *f*.

assimilare [assimi'lare] *vt* assimiler.

assimilazione [assimilat'tsjone] *sf* assimilation *f*.

assioma, -i [as'sjɔma] *sm* axiome *m*.

assiomatico, -a, -ci, -che [assjo'matiko] *agg* axiomatique.

assise [as'size] *sfpl* (*DIR*) assises *fpl*; **Corte d'A~** Cour *f* d'assises.

Assisi [as'sizi] *sf* Assise.

assistente [assis'tɛnte] *sm/f* assistant(e); ▶ **assistente di volo** hôtesse *f* de l'air, steward *m*; ▶ **assistente sociale** assistante *f* sociale; ▶ **assistente universitario** assistant *m*.

assistenza [assis'tɛntsa] *sf* assistance *f*; ▶ **assistenza legale** assistance judiciaire; ▶ **assistenza ospedaliera** assistance hospitalière; ▶ **assistenza sanitaria** assistance médicale; ▶ **assistenza sociale** assistance sociale.

assistenziale [assisten'tsjale] *agg* (*ente, organizzazione*) d'assistance; (*opera*) de bienfaisance.

assistenzialismo [assistentsja'lizmo] *sm* (*peg*) *aide excessive de l'État aux citoyens et aux entreprises*.

assistere [as'sistere] *vt* assister ♦ *vi*: ~ **(a)** assister (à).

assistito, -a [assis'tito] *pp di* **assistere** ♦ *sm/f* (*da mutua*) assisté(e).

asso ['asso] *sm* (*anche fig*) as *msg*; **piantare qn in** ~ laisser qn en plan.

associare [asso'tʃare] *vt*: ~ **a** (*idee, parole, fatti*) associer à; **associarsi** *vr*: **associarsi (a)** (*COMM, fig*) s'associer (à); (*ad organizzazione*) s'inscrire (à); ~ **qn alle carceri** écrouer qn.

associazione [assotʃat'tsjone] *sf* association *f*; ▶ **associazione a delinquere** (*DIR*) association de malfaiteurs; ▶ **associazione di categoria** association professionnelle; ▶ **Associazione Europea di Libero Scambio** Association européenne de libre-échange; ▶ **associazione in partecipazione** (*COMM*) association en participation.

assodare [asso'dare] *vt* (*muro, argine*) consolider, renforcer; (*fig*: *posizione, carattere*) affermir; (: *fatti, verità*) vérifier, prouver.

assodato, -a [asso'dato] *agg* (*fig*: *verità, fatto, posizione*) établi(e).

assoggettare [assoddʒet'tare] *vt* asservir, soumettre; **assoggettarsi** *vr*: **assoggettarsi (a)** s'assujettir (à).

assolato, -a [asso'lato] *agg* ensoleillé(e).

assoldare [assol'dare] *vt* (*MIL*) enrôler, recruter; (*killer, guardia del corpo*) soudoyer.

assolsi *etc* [as'sɔlsi] *vb vedi* **assolvere**.

assolto, -a [as'sɔlto] *pp di* **assolvere**.

assolutamente [assoluta'mente] *avv* (*completamente*) parfaitement; (*in ogni caso*) absolument.

assoluto, -a [asso'luto] *agg* absolu(e); **in** ~ dans l'absolu.

assoluzione [assolut'tsjone] *sf* (*DIR*) acquittement *m*; (*REL*) absolution *f*.

assolvere [as'sɔlvere] *vt* (*DIR*) acquitter; (*REL*) absoudre; (*compito, dovere*) accomplir, s'acquitter de.

assomigliare [assomiʎ'ʎare] *vi*: ~ **a** ressembler à; **assomigliarsi** *vr, vip* (*recipro-*

co) se ressembler.
assonnato, -a [asson'nato] *agg* endormi(e).
assopirsi [asso'pirsi] *vip* s'assoupir.
assorbente [assor'bɛnte] *agg* absorbant(e) ♦ *sm* absorbant *m*; **carta ~** buvard *m*; ▶ **assorbente esterno/igienico** serviette *f* hygiénique *o* périodique; ▶ **assorbente interno** tampon *m*.
assorbire [assor'bire] *vt* (*anche fig*: *impegnare*) absorber; (*fig*: *far proprio*) assimiler.
assordante [assor'dante] *agg* assourdissant(e).
assordare [assor'dare] *vt* assourdir; (*fig*) assommer.
assortimento [assorti'mento] *sm* assortiment *m*.
assortire [assor'tire] *vt* assortir.
assortito, -a [assor'tito] *agg* assorti(e); **ben ~** bien assorti(e).
assorto, -a [as'sɔrto] *agg* absorbé(e).
assottigliare [assottiʎ'ʎare] *vt* amincir; (*fig*) réduire, diminuer; **assottigliarsi** *vip* s'amincir; (*fig*) se réduire.
assuefare [assue'fare] *vt*: **~ (a)** (*a clima, sapore*) accoutumer (à); (*a farmaco, droga*) habituer (à), accoutumer (à); **assuefarsi** *vr*: **assuefarsi a** s'habituer à.
assuefatto, -a [assue'fatto] *pp di* **assuefare.**
assuefazione [assuefat'tsjone] *sf* accoutumance *f*.
assumere [as'sumere] *vt* (*impiegato*) embaucher; (*responsabilità*) assumer, endosser; (*contegno, espressione*) prendre; (*sostanza, droga*) ingérer.
assunsi *etc* [as'sunsi] *vb vedi* **assumere.**
assunto, -a [as'sunto] *pp di* **assumere** ♦ *sm* thèse *f*.
assunzione [assun'tsjone] *sf* (*di impiegato*) embauche *f*; (*di sostanza*) ingestion *f*; (*REL*): **l'A~** l'Assomption *f*.
assurdità [assurdi'ta] *sf inv* absurdité *f*.
assurdo, -a [as'surdo] *agg, sm* absurde *m*.
asta ['asta] *sf* bâton *m*; (*metodo di vendita*) vente *f* aux enchères.
astante [as'tante] *sm/f*: **gli astanti** l'assistance *fsg*.
astanteria [astante'ria] *sf* service *m* des urgences.
astemio, -a [as'tɛmjo] *agg* qui ne boit pas d'alcool ♦ *sm/f* personne *f* qui ne boit pas d'alcool.
astenersi [aste'nersi] *vr*: **~ (da)** s'abstenir (de).
astensione [asten'sjone] *sf* abstention *f*.
astensionista, -i, -e [astensjo'nista] *sm/f* (*POL*) abstentionniste *m/f*.
asterisco, -schi [aste'risko] *sm* astérisque *m*.
asteroide [aste'rɔide] *sm* astéroïde *m*.
astice ['astitʃe] *sm* homard *m*.
astigiano, -a [asti'dʒano] *agg* d'Asti.
astigmatico, -a, -ci, -che [astig'matiko] *agg* astigmate.
astinenza [asti'nɛntsa] *sf* abstinence *f*; **crisi di ~** état *m* de manque.
astio ['astjo] *sm* rancœur *f*; (*rabbia*) hargne *f*; **provare/avere dell'~ verso qc** éprouver/avoir de la rancœur envers qch; **agire con ~** agir avec hargne.
astioso, -a [as'tjoso] *agg* (*vedi sm*) rancunier(-ière); hargneux(-euse).
astrattismo [astrat'tizmo] *sm* (art *m*) abstrait *m*.
astratto, -a [as'tratto] *agg* abstrait(e).
astringente [astrin'dʒɛnte] *agg* astringent(e) ♦ *sm* astringent *m*.
astro ['astro] *sm* astre *m*.
astrologia [astrolo'dʒia] *sf* astrologie *f*.
astrologico, -a, -ci, -che [astro'lɔdʒiko] *agg* astrologique.
astrologo, -a, -ghi, -ghe [as'trɔlogo] *sm* astrologue *m/f*.
astronauta, -i, -e [astro'nauta] *sm/f* astronaute *m/f*.
astronautica [astro'nautika] *sf* astronautique *f*.
astronave [astro'nave] *sf* vaisseau *m* spatial.
astronomia [astrono'mia] *sf* astronomie *f*.
astronomico, -a, -ci, -che [astro'nɔmiko] *agg* astronomique.
astronomo [as'trɔnomo] *sm* astronome *m*.
astruso, -a [as'truzo] *agg* obscur(e).
astuccio, -ci [as'tuttʃo] *sm* (*di fucile, occhiali*) étui *m*; (*di collana*) écrin *m*.
astuto, -a [as'tuto] *agg* malin(-igne), rusé(e).
astuzia [as'tuttsja] *sf* (*scaltrezza*) ruse *f*; (*accorgimento, stratagemma*) astuce *f*.
AT *sigla* = *Asti.*
A.T. *abbr* (= *alta tensione*) HT; (= *Antico Testamento*) AT *m*.
ATA ['ata] *sigla f* = *Associazione Turistica Albergatori.*
atavico, -a, -ci, -che [a'taviko] *agg* atavique.
ateismo [ate'izmo] *sm* athéisme *m*.
atelier [atə'lje] *sm inv* atelier *m*.
Atene [a'tene] *sf* Athènes.
ateneo [ate'nɛo] *sm* université *f*.
ateniese [ate'njese] *agg* athénien(ne) ♦ *sm/f* Athénien(ne).
ateo, -a ['ateo] *agg, sm/f* athée *m/f*.
atipico, -a, -ci, -che [a'tipiko] *agg* atypique.
atlante [a'tlante] *sm* atlas *msg*; **i Monti dell'A~** l'Atlas *m*.
atlantico, -a, -ci, -che [a'tlantiko] *agg* atlantique ♦ *sm*: **l'(Oceano) A~** l'(océan *m*) Atlantique *m*.
atleta, -i, -e [a'tlɛta] *sm/f* athlète *m/f*.

atletica [a'tlɛtika] *sf* athlétisme *m*; ▶ **atletica leggera** athlétisme; ▶ **atletica pesante** haltérophilie et lutte *f*.
atmosfera [atmos'fɛra] *sf* (*anche fig*) atmosphère *f*.
atmosferico, -a, -ci, -che [atmos'fɛriko] *agg* atmosphérique.
atollo [a'tɔllo] *sm* atoll *m*.
atomico, -a, -ci, -che [a'tɔmiko] *agg* atomique.
atomizzatore [atomiddza'tore] *sm* atomiseur *m*.
atomo ['atomo] *sm* atome *m*.
atono ['atono] *agg* atone.
atrio ['atrjo] *sm* (*vestibolo*) entrée *f*; (*di edificio*) hall *m*.
atroce [a'trotʃe] *agg* atroce.
atrocità [atrotʃi'ta] *sf inv* atrocité *f*.
atrofia [atro'fia] *sf* atrophie *f*.
attaccabrighe [attakka'brige] *sm/f inv* querelleur(-euse), chamailleur(-euse).
attaccamento [attakka'mento] *sm* (*fig*) attachement *m*.
attaccapanni [attakka'panni] *sm inv* portemanteau *m*.
attaccare [attak'kare] *vt* (*unire*) attacher; (: *cucendo*) coudre; (*appendere*) accrocher; (*affiggere*) coller; (*avversario, nemico*) attaquer; (*fig*: *contagiare*) passer ♦ *vi* (*colla, fig*: *moda*) prendre; **attaccarsi** *vip* s'attacher; (*aderire al recipiente di cottura*) attacher, coller; **attaccarsi (a)** (*afferrarsi*) s'accrocher (à); (*fig*: *affezionarsi*) s'attacher (à); **la salsa si è attaccata** la sauce a attaché; **è sempre attaccato al telefono** il est tout le temps pendu au téléphone; ~ **discorso con qn** engager la conversation avec qn; **con me non attacca!** avec moi ça ne prend pas!
attaccaticcio, -a, -ci, -che [attakka'tittʃo] *agg* collant(e), poisseux(-euse); (*fig*) collant(e).
attaccatura [attakka'tura] *sf* (*di manica*) emmanchure *f*; (*dei capelli*) plantation *f*.
attacco, -chi [at'takko] *sm* (*MIL, SPORT, MED, fig*) attaque *f*; (*ELETTR*) prise *f*; **attacchi** *smpl* (*per sci*) fixations *fpl*.
attanagliare [attanaʎ'ʎare] *vt* serrer avec des tenailles; (*sogg*: *paura, angoscia*) tenailler.
attardarsi [attar'darsi] *vip* s'attarder; ~ **a fare qc** s'attarder à faire qch.
attecchire [attek'kire] *vi* (*pianta*) prendre, s'enraciner; (*fig*) prendre.
atteggiamento [atteddʒa'mento] *sm* attitude *f*.
atteggiarsi [atted'dʒarsi] *vr*: ~ **a** prendre des airs de.
attempato, -a [attem'pato] *agg* d'un certain âge.
attendente [atten'dɛnte] *sm* (*MIL*) ordonnance *f*.
attendere [at'tɛndere] *vt* attendre ♦ *vi* (*dedicarsi*): ~ **a** s'occuper de.
attendibile [atten'dibile] *agg* (*scusa, storia, persona*) digne de foi; (*notizia*) de source sûre.
attenersi [atte'nersi] *vr*: ~ **a** s'en tenir à.
attentare [atten'tare] *vi*: ~ **a** (*a vita*) attenter à; (*a libertà, diritto*) porter atteinte à.
attentato [atten'tato] *sm* attentat *m*; **commettere un ~ contro qn** commettre un attentat contre qn.
attento, -a [at'tɛnto] *agg* attentif(-ive) ♦ *escl* attention!; **stare ~ a** faire attention à; **attenti!** (*MIL*) garde-à-vous!; **attenti al cane** attention au chien.
attenuante [attenu'ante] *sf* (*DIR*) circonstance *f* atténuante.
attenuare [attenu'are] *vt* atténuer; **attenuarsi** *vip* s'atténuer.
attenuazione [attenuat'tsjone] *sf* atténuation *f*.
attenzione [atten'tsjone] *sf* attention *f* ♦ *escl* attention!; **attenzioni** *sfpl* (*premure*) attentions *fpl*; **fare ~ a** faire attention à; **coprire qn di attenzioni** entourer qn d'attentions.
atterraggio, -gi [atter'raddʒo] *sm* atterrissage *m*; ▶ **atterraggio di fortuna** atterrissage forcé.
atterrare [atter'rare] *vi* atterrir ♦ *vt* terrasser, mettre à terre.
atterrire [atter'rire] *vt* terrifier.
attesa [at'tesa] *sf vedi* **atteso**.
attesi *etc* [at'tesi] *vb vedi* **attendere**.
atteso, -a [at'teso] *pp di* **attendere** ♦ *sf* attente *f*; **essere in attesa di qc** être dans l'attente de qch; **in attesa di una vostra risposta** (*in lettera*) dans l'attente d'une réponse de votre part.
attestare [attes'tare] *vt* attester.
attestato [attes'tato] *sm* attestation *f*, certificat *m*.
attestazione [attestat'tsjone] *sf* (*dichiarazione*) attestation *f*; (*testimonianza*) témoignage *m*.
attico, -ci ['attiko] *sm* (*EDIL*) appartement *m* au dernier étage; (*ARCHIT*) attique *m*.
attiguo, -a [at'tiguo] *agg* contigu(-uë).
attillato, -a [attil'lato] *agg* (*abito*) collant(e), moulant(e); (*persona*: *elegante*) tiré(e) à quatre épingles.
attimo ['attimo] *sm* instant *m*; **in un ~** en un instant.
attinente [atti'nɛnte] *agg*: ~ **a** relatif(-ive) à, concernant.
attinenza [atti'nɛntsa] *sf* rapport *m*; **avere ~ con** avoir rapport avec.
attingere [at'tindʒere] *vt*: ~ **a** *o* **da** (*acqua*) puiser; (*notizie*) tenir de; (*forza etc*) tirer de.

attinto, -a [at'tinto] *pp di* **attingere**.
attirare [atti'rare] *vt* attirer; **attirarsi delle critiche** s'attirer des critiques; **l'idea mi attira** cela me tente, cela me dit.
attitudine [atti'tudine] *sf* disposition *f*, aptitude *f*.
attivare [atti'vare] *vt* (*dispositivo*) mettre en marche; (*pratica, trattativa*) accélérer; (*MED*) stimuler.
attivista, -i, -e [atti'vista] *sm/f* (*POL*) activiste *m/f*.
attività [attivi'ta] *sf inv* activité *f*; (*COMM*) actif *m*; ▸ **attività liquide** (*COMM*) liquidités *fpl*, disponibilités *fpl*.
attivo, -a [at'tivo] *agg* actif(-ive); (*COMM*: *impresa*) rentable ♦ *sm* actif *m*; **in** ~ à l'actif; **chiudere in** ~ réaliser des bénéfices; **avere qc al proprio** ~ (*fig*) avoir qch à son actif.
attizzare [attit'tsare] *vt* (*anche fig*) attiser.
attizzatoio [attittsa'tojo] *sm* tisonnier *m*.
atto, -a ['atto] *agg* (*idoneo*): ~ **a** apte à ♦ *sm* acte *m*; **atti** *smpl* (*processo*) pièces *fpl*; (*di congresso*) actes *mpl*; **essere in** ~ être en cours; **mettere in** ~ mettre à exécution; **fare** ~ **di fare qc** faire semblant *o* mine de faire qch; **all'**~ **pratico** en pratique; **dare** ~ **a qn di qc** donner acte à qn de qch; ▸ **atto di morte/di nascita** acte de décès/de naissance; ▸ **atto di proprietà** acte de propriété; ▸ **atto di vendita** acte de vente; ▸ **atto pubblico** acte public; ▸ **atti osceni (in luogo pubblico)** (*DIR*) outrage *m* public à la pudeur.
attonito, -a [at'tɔnito] *agg* stupéfait(e).
attorcigliare [attortʃiʎ'ʎare] *vt* entortiller; (*in modo ordinato*) enrouler; **attorcigliarsi** *vr, vip* s'entortiller.
attore, -trice [at'tore] *sm/f* acteur(-trice).
attorniare [attor'njare] *vt* entourer; **attorniarsi** *vr*: **attorniarsi di** s'entourer de.
attorno [at'torno] *avv* autour, tout autour ♦ *prep*: ~ **a** (*intorno a*) autour de; **darsi d'**~ **(per)** s'affairer (à).
attraccare [attrak'kare] *vt, vi* accoster.
attracco, -chi [at'trakko] *sm* (*NAUT*: *manovra*) accostage *m*; (: *punto*) quai *m*.
attrae *etc* [at'trae] *vb vedi* **attrarre**.
attraente [attra'ɛnte] *agg* (*persona*) séduisant(e); (*prospettiva*) attrayant(e), séduisant(e).
attraggo *etc* [at'traggo] *vb vedi* **attrarre**.
attrarre [at'trarre] *vt* attirer.
attrassi *etc* [at'trassi] *vb vedi* **attrarre**.
attrattiva [attrat'tiva] *sf* attrait *m*, charme *m*.
attratto, -a [at'tratto] *pp di* **attrarre**.
attraversamento [attraversa'mento] *sm*: ~ **pedonale** passage *m* clouté.
attraversare [attraver'sare] *vt* traverser.
attraverso [attra'vɛrso] *prep* à travers; (*mediante*) par.
attrazione [attrat'tsjone] *sf* (*magnetica, spettacolo*) attraction *f*; (*interesse, fisica*) attrait *m*.
attrezzare [attret'tsare] *vt* équiper; (*NAUT*) gréer; **attrezzarsi** *vr* s'équiper.
attrezzatura [attrettsa'tura] *sf* (*SPORT*) équipement *m*; (*attrezzi*) outillage *m*; ▸ **attrezzature per uffici** matériel *msg* de bureau.
attrezzo [at'trettso] *sm* outil *m*; (*SPORT*) agrès *mpl*.
attribuire [attribu'ire] *vt*: ~ **a** attribuer à.
attributo [attri'buto] *sm* attribut *m*.
attrice [at'tritʃe] *sf vedi* **attore**.
attrito [at'trito] *sm* frottement *m*; (*fig*) friction *f*.
attuabile [attu'abile] *agg* réalisable.
attuabilità [attuabili'ta] *sf* possibilité *f* de réalisation.
attuale [attu'ale] *agg* actuel(le).
attualità [attuali'ta] *sf inv* actualité *f*; **d'**~ d'actualité; **notizie d'**~ nouvelles *fpl* d'actualité.
attualizzare [attualid'dzare] *vt* actualiser.
attualmente [attual'mente] *avv* actuellement.
attuare [attu'are] *vt* mettre en œuvre, réaliser; **attuarsi** *vip* se réaliser.
attuazione [attuat'tsjone] *sf* réalisation *f*.
attutire [attu'tire] *vt* amortir; (*fig*) atténuer; **attutirsi** *vip* s'amortir; (*fig*) s'atténuer.
A.U. *abbr* = **allievo ufficiale**.
audace [au'datʃe] *agg* audacieux(-euse); (*provocante*) osé(e).
audacia [au'datʃa] *sf* audace *f*.
audio ['audjo] *sm* son *m*.
audiocassetta [audjokas'setta] *sf* (mini-) cassette *f*.
audioleso, -a [audjo'lezo] *sm/f* malentendant(e).
audiovisivo, -a [audjovi'zivo] *agg* audiovisuel(le) ♦ *sm* audiovisuel *m*.
auditorio [audi'tɔrjo] *sm* auditorium *m*.
auditorium [audi'tɔrjum] *sm inv* = **auditorio**.
audizione [audit'tsjone] *sf* audition *f*.
auge ['audʒe] *sf*: **in** ~ en vogue.
augurale [augu'rale] *agg* de vœux, de souhaits; **biglietto** ~ carte *f* de vœux.
augurare [augu'rare] *vt*: ~ **a** souhaiter à; **augurarsi** *vr*: **augurarsi qc/di fare qc** espérer qch/faire qch.
augurio [au'gurjo] *sm* vœux *mpl*; **essere di buon/cattivo** ~ être de bon/mauvais augure; **fare gli auguri a qn** présenter ses vœux à qn; **tanti auguri!** tous mes vœux!; (*per compleanno*) bon anniversaire!
aula ['aula] *sf* salle *f*; ▸ **aula di tribunale**

salle de tribunal; ▸ **aula magna** amphithéâtre *m*.
aumentare [aumen'tare] *vt, vi* augmenter; ~ **di peso** (*persona*) prendre du poids; **la produzione è aumentata del 50%** la production a augmenté de 50%.
aumento [au'mento] *sm* augmentation *f*; (*di prezzo*) hausse *f*; ▸ **aumento (di stipendio)** augmentation (de salaire).
aureo, -a ['aureo] *agg* d'or, en or; (*fig*: *colore*) doré(e); (*periodo*) d'or.
aureola [au'rɛola] *sf* auréole *f*.
aurora [au'rɔra] *sf* aurore *f*.
ausiliare [auzi'ljare] *agg*: **(verbo)** ~ (verbe *m*) auxiliaire *m*.
ausilio [au'ziljo] *sm* secours *msg*; **con l'~ di** à l'aide de.
auspicabile [auspi'kabile] *agg* souhaitable.
auspicare [auspi'kare] *vt* souhaiter.
auspicio, -ci [aus'pitʃo] *sm* (*previsione*) augure *m*; **sotto gli auspici di** sous les auspices de; **di buon** ~ de bon augure.
austerità [austeri'ta] *sf inv* austérité *f*.
austero, -a [aus'tɛro] *agg* austère.
australe [aus'trale] *agg* austral(e).
Australia [aus'tralja] *sf* Australie *f*.
australiano, -a [austra'ljano] *agg* australien(ne) ♦ *sm/f* Australien(ne).
Austria ['austria] *sf* Autriche *f*.
austriaco, -a, -ci, -che [aus'triako] *agg* autrichien(ne) ♦ *sm/f* Autrichien(ne).
autarchico, -a, -ci, -che [au'tarkiko] *agg* autarcique.
aut aut ['aut 'aut] *sm inv* ultimatum *m*.
autenticare [autenti'kare] *vt* authentifier.
autenticità [autentitʃi'ta] *sf* authenticité *f*.
autentico, -a, -ci, -che [au'tɛntiko] *agg* authentique.
autista, -i [au'tista] *sm* chauffeur *m*.
auto ['auto] *sf inv* auto *f*; ~ **blu** (*di rappresentanza*) voiture *f* officielle.
autoadesivo, -a [autoade'zivo] *agg* autocollant(e) ♦ *sm* autocollant *m*.
autoarticolato [autoartiko'lato] *sm* semi-remorque *f*.
autobiografia [autobiogra'fia] *sf* autobiographie *f*.
autobiografico, -a, -ci, -che [autobio'grafiko] *agg* autobiographique.
autoblinda [auto'blinda] *sf* blindé *m*.
autoblindo [auto'blindo] *sf inv* = **autoblinda**.
autobomba [auto'bomba] *sf inv* voiture *f* piégée.
autobotte [auto'botte] *sf* camion-citerne *m*.
autobus ['autobus] *sm inv* autobus *msg*.
autocarro [auto'karro] *sm* camion *m*, poids *msg* lourd.
autocisterna [autotʃis'tɛrna] *sf* camion-citerne *m*.
autocolonna [autoko'lonna] *sf* convoi *m*.
autocontrollo [autokon'trɔllo] *sm* self-control *m*, maîtrise *f* de soi.
autocopiativo, -a [autokopja'tivo] *agg*: **carta autocopiativa** papier *m* autocopiant.
autocorriera [autokor'rjɛra] *sf* (auto)car *m*.
autocratico, -a, -ci, -che [auto'kratiko] *agg* autocratique.
autocritica, -che [auto'kritika] *sf* autocritique *f*.
autoctono, -a [au'tɔktono] *agg, sm/f* autochtone *m/f*.
autodemolizione [autodemolit'tsjone] *sf* casse *f*.
autodidatta, -i, -e [autodi'datta] *sm/f* autodidacte *m/f*.
autodifesa [autodi'fesa] *sf* autodéfense *f*.
autoferrotranviario, -a [autoferrotran'vjarjo] *agg* des transports en commun.
autogestione [autodʒes'tjone] *sf* autogestion *f*.
autogestito, -a [autodʒes'tito] *agg* autogéré(e).
autografo, -a [au'tɔgrafo] *agg* autographe ♦ *sm* (*documento, firma*) autographe *m*; (*manoscritto*) manuscrit *m*.
autogrill ® [auto'gril] *sm inv* Restoroute ® *m*.
autolesionismo [autolezjo'nizmo] *sm* (*fig*) masochisme *m*.
autolinea [auto'linea] *sf* ligne *f* d'autobus.
automa, -i [au'tɔma] *sm* automate *m*.
automatico, -a, -ci, -che [auto'matiko] *agg* automatique ♦ *sm* (*bottone*) bouton-pression *m*; (*arma*) arme *f* automatique; **selezione automatica** (*TEL*) (téléphone *m*) automatique *m*.
automazione [automat'tsjone] *sf* automation *f*, automatisation *f*; ~ **delle procedure d'ufficio** bureautique *f*.
automezzo [auto'mɛddzo] *sm* véhicule *m* routier.
automobile [auto'mɔbile] *sf* auto(mobile) *f*, voiture *f*; ▸ **automobile da corsa** voiture *f* de course.
automobilismo [automobi'lizmo] *sm* automobilisme *m*.
automobilista, -i, -e [automobi'lista] *sm/f* automobiliste *m/f*.
automobilistico, -a, -ci, -che [automobi'listiko] *agg* automobile; **corsa automobilistica** course *f* automobile; **patente automobilistica** permis *msg* de conduire.
autonoleggio [autono'leddʒo] *sm* location *f* de voitures.
autonomia [autono'mia] *sf* autonomie *f*.
autonomo, -a [au'tɔnomo] *agg* autonome; (*lavoratore*) indépendant(e).
autoparco, -chi [auto'parko] *sm* (*parcheggio*) parking *m*, parc *m* (de stationne-

ment); (*automezzi*) parc automobile.
autopompa [auto'pompa] *sf* autopompe *f*.
autopsia [autop'sia] *sf* autopsie *f*.
autoradio [auto'radjo] *sf inv* (*apparecchio*) autoradio *m*; (*autoveicolo*) voiture *f* émettrice.
autore, -trice [au'tore] *sm/f* auteur *m*; **quadro d'~** tableau *m* de maître.
autoregolamentazione [autoregolamentat'tsjone] *sf* autoréglementation *f*.
autorevole [auto'revole] *agg* (*personaggio*) influent(e); (*giudizio, opinione*) qui fait autorité; **ho appreso la notizia da fonte ~** je le sais de bonne source.
autorimessa [autori'messa] *sf* garage *m*.
autorità [autori'ta] *sf inv* autorité *f*; **le ~** les autorités.
autoritratto [autori'tratto] *sm* autoportrait *m*.
autorizzare [autorid'dzare] *vt* autoriser.
autorizzazione [autoriddzat'tsjone] *sf* autorisation *f*; **~ a procedere** (*DIR*) autorisation de poursuites.
autoscatto [autos'katto] *sm* (*FOT*) déclencheur *m* automatique.
autoscontro [autos'kontro] *sm* auto *f* tamponneuse.
autoscuola [autos'kwɔla] *sf* auto-école *f*.
autosnodato [autozno'dato] *sm* autobus *msg* à soufflet.
autostop [autos'tɔp] *sm* (auto) stop *m*; **fare l'~** faire du stop, faire de l'auto-stop.
autostoppista, -i, -e [autostop'pista] *sm/f* auto-stoppeur(-euse).
autostrada [autos'trada] *sf* autoroute *f*; ▸**autostrada informatica** autoroute de l'information.
autosufficiente [autosuffi'tʃɛnte] *agg* qui se suffit à soi-même, autonome.
autosufficienza [autosuffi'tʃɛntsa] *sf* autosuffisance *f*.
autotassazione [autotassat'tsjone] *sf versement d'un impôt que le contribuable calcule lui-même sur ses revenus non sujets à retenue à la source.*
autotreno [auto'trɛno] *sm* semi-remorque *m*.
autoveicolo [autove'ikolo] *sm* véhicule *m*.
autovelox [auto'veloks] *sm inv* radar *m* (*de contrôle de vitesse*).
autovettura [autovet'tura] *sf* automobile *f*, voiture *f*.
autunnale [autun'nale] *agg* automnal(e).
autunno [au'tunno] *sm* automne *m*.
AV *sigla* = *Avellino*.
a/v *abbr* (= *a vista*) à/v.
avallare [aval'lare] *vt* (*anche fig*) avaliser.
avallo [a'vallo] *sm* aval *m*; **dare il proprio ~ (a)** donner son aval (à).
avambraccio [avam'brattʃo] (*pl(f)* **avambraccia**) *sm* avant-bras *msg*.
avamposto [avam'posto] *sm* (*MIL*) avant-poste *m*.
avana [a'vana] *sm inv* havane *m* ♦ *agg inv* (*colore*) havane ♦ *sf*: **L'A~** La Havane.
avanguardia [avan'gwardja] *sf* (*MIL, ARTE*) avant-garde *f*; **essere all'~** (*fig*) être à l'avant-garde.
avanscoperta [avansko'pɛrta] *sf* (*MIL*) reconnaissance *f*; **andare in ~** aller en reconnaissance.
avanti [a'vanti] *avv* (*stato in luogo*) devant; (*moto*: *andare, venire*) en avant; (*tempo*: *prima*) avant ♦ *prep* (*luogo*): **~ a** devant; (*tempo*): **~ Cristo** avant Jésus-Christ ♦ *escl* (*entrate*) entrez!; (*MIL*) en avant!; (*coraggio!*) allez! ♦ *sm inv* (*SPORT*) avant *m*; **andare ~** (*continuare*) continuer; (*orologio*) avancer; **andate ~, vi raggiungo** allez-y, je vous rejoins; **essere ~ negli studi** être en avance dans ses études; **il giorno ~** la veille; **la settimana ~** la semaine d'avant; **~ e indietro** de long en large; **fare ~ e indietro** faire la navette; **~ il prossimo!** au suivant!
avantreno [avan'trɛno] *sm* train *m* avant.
avanzamento [avantsa'mento] *sm* avancement *m*; (*progresso*) progrès *msg*.
avanzare [avan'tsare] *vt* avancer; (*fig*: *domanda, richiesta*) présenter; (: *promuovere*) monter en grade; (*essere creditore*): **~ qc da qn** devoir qch à qn ♦ *vi* (*anche fig*) avancer; **avanzano tre uova** il reste trois œufs.
avanzata [avan'tsata] *sf* (*MIL*) avance *f*.
avanzato, -a [avan'tsato] *agg* (*teoria*) avancé(e); (*tecnica*) avancé(e), de pointe; **siamo in primavera avanzata** le printemps est déjà bien avancé; **ha cominciato a scrivere in età avanzata** il a commencé à écrire à un âge avancé.
avanzo [a'vantso] *sm* reste *m*; (*COMM*) reliquat *m*; **averne d'~ di qc** en avoir assez de qch; ▸**avanzo di cassa** boni *m*; ▸**avanzo di galera** gibier *m* de potence.
avaria [ava'ria] *sf* avarie *f*; **motore in ~** moteur en panne.
avariato, -a [ava'rjato] *agg* avarié(e).
avarizia [ava'rittsja] *sf* avarice *f*; **crepi l'~!** au diable l'avarice!
avaro, -a [a'varo] *agg, sm/f* avare *m/f*.
avena [a'vena] *sf* avoine *f*.

PAROLA CHIAVE

avere [a'vere] *vt* **1** (*possedere*) avoir; **ha una bella casa** elle a une belle maison; **ha due bambini** il a deux enfants; **non ho da mangiare/bere** je n'ai rien à manger/boire; **avere pazienza** avoir de la patience

2 (*indossare, portare*) avoir; **aveva una maglietta rossa** il avait un T-shirt rouge;

ha gli occhiali elle a des lunettes; **ha i baffi** il a une moustache; **ha i capelli lunghi** elle a les cheveux longs
3 (*ricevere*) avoir; **hai avuto l'assegno?** as-tu reçu le chèque?
4 (*età, dimensione*) avoir; **ha 9 anni** elle a 9 ans; **la stanza ha 3 metri (di lunghezza)** la pièce fait 3 mètres (de long)
5 (*tempo*): **quanti ne abbiamo oggi?** quel jour sommes-nous aujourd'hui?; **ne hai per molto?** en as-tu pour longtemps?
6 (*fraseologia*): **avercela con qn** en vouloir à qn; **cos'hai?** qu'est-ce que tu as?; **non ha niente a che vedere** *o* **fare con me** cela n'a rien à voir avec moi, je n'ai rien à voir là-dedans
♦ *vb aus* **1** avoir; **aver bevuto/mangiato** avoir bu/mangé; **ci ha creduto?** y-a-t-il cru?
2 (+ *da* + *infinito*): **avere da fare qc** avoir qch à faire; **non ho niente da dire** je n'ai rien à dire; **non hai che da chiederlo** tu n'as qu'à le demander
♦ *sm* (*COMM*) avoir *m*; **gli averi** (*ricchezze*) l'avoir.

aviatore, -trice [avja'tore] *sm/f* aviateur (-trice).
aviazione [avjat'tsjone] *sf* aviation *f*; ▸ **aviazione civile/militare** aviation civile/militaire.
avicoltura [avikol'tura] *sf* aviculture *f*.
avidità [avidi'ta] *sf* avidité *f*.
avido, -a ['avido] *agg*: ~ **(di)** avide (de).
aviere [a'vjɛre] *sm* (*MIL*) aviateur *m*.
avitaminosi [avitami'nɔzi] *sf* avitaminose *f*.
avo ['avo] *sm* aïeul(e); **avi** *smpl* ancêtres *mpl*.
avocado [avo'kado] *sm* (*plante*) avocatier *m*; (*frutto*) avocat *m*.
avorio [a'vɔrjo] *sm* ivoire *m*.
avulso, -a [a'vulso] *agg*: **parole avulse dal contesto** mots *mpl* isolés de leur contexte; ~ **dalla società** en marge de la société.
Avv. *abbr* (= *avvocato*) Me.
avvalersi [avva'lersi] *vip*: ~ **di** (*trarre profitto*) profiter de; (*utilizzare*) se servir de.
avvallamento [avvalla'mento] *sm* affaissement *m*; (*depressione*) dépression *f*.
avvalorare [avvalo'rare] *vt* confirmer.
avvampare [avvam'pare] *vi* s'enflammer, prendre feu; (*fig*: *di ira etc*) s'enflammer.
avvantaggiare [avvantad'dʒare] *vt* favoriser, avantager; **avvantaggiarsi** *vr* (*approfittare*): **avvantaggiarsi di** tirer profit de, profiter de; **avvantaggiarsi nel lavoro** prendre de l'avance dans son travail.
avvedersi [avve'dersi] *vip*: ~ **di** s'apercevoir de.
avveduto, -a [avve'duto] *agg* avisé(e).
avvelenamento [avvelena'mento] *sm* empoisonnement *m*.
avvelenare [avvele'nare] *vt* (*anche fig*) empoisonner.
avvenente [avve'nɛnte] *agg* séduisant(e).
avvenenza [avve'nɛntsa] *sf* charme *m*.
avvengo *etc* [av'vɛngo] *vb vedi* **avvenire**.
avvenimento [avveni'mento] *sm* événement *m*.
avvenire [avve'nire] *vi* (*fatto, episodio*) se dérouler; (*incidente*) arriver, se passer; (*disgrazia*) arriver ♦ *vb impers* arriver ♦ *sm* avenir *m*; **in** ~ à l'avenir.
avvenni *etc* [av'venni] *vb vedi* **avvenire**.
avventarsi [avvent'tarsi] *vr*: ~ **su/contro** se jeter sur.
avventato, -a [avven'tato] *agg* (*persona*: *imprudente*) irréfléchi(e); (: *precipitoso*) impulsif(-ive); (*decisione*) hasardeux (-euse).
avventizio, -a [avven'tittsjo] *agg* temporaire.
avvento [av'vɛnto] *sm* avènement *m*; **l'A~** (*REL*) l'Avent.
avventore [avven'tore] *sm* client *m*.
avventura [avven'tura] *sf* aventure *f*; **avere spirito d'~** avoir l'esprit aventurier.
avventurarsi [avventu'rarsi] *vr* s'aventurer.
avventuriero, -a [avventu'rjɛro] *sm/f* aventurier(-ière).
avventuroso, -a [avventu'roso] *agg* aventureux(-euse).
avvenuto, -a [avve'nuto] *pp di* **avvenire**.
avverarsi [avve'rarsi] *vip* s'accomplir.
avverbio [av'vɛrbjo] *sm* adverbe *m*.
avverrò *etc* [avver'rɔ] *vb vedi* **avvenire**.
avversare [avver'sare] *vt* (*idea, progetto*) contrarier.
avversario, -a [avver'sarjo] *agg* adverse ♦ *sm/f* adversaire *m/f*.
avversione [avver'sjone] *sf* aversion *f*.
avversità [avversi'ta] *sf inv* adversité *f*; **l'~ della sorte** le mauvais sort; **le ~ della vita** les malheurs de la vie.
avverso, -a [av'vɛrso] *agg* adverse.
avvertenza [avver'tɛntsa] *sf* (*ammonimento*) avertissement *m*; (*consiglio*) conseil *m*; (*cautela*) précaution *f*; (*in libro*) avis *msg* au lecteur; **avvertenze** *sfpl* (*su medicinali*) précautions *fpl* d'emploi.
avvertimento [avverti'mento] *sm* avertissement *m*.
avvertire [avver'tire] *vt* (*persona*) avertir, prévenir; (*rumore*) percevoir; (*stanchezza*) ressentir; (*calore*) sentir.
avvezzo, -a [av'vettso] *agg*: ~ **a** habitué(e) à.
avviamento [avvia'mento] *sm* (*di lavoro, trattative*) mise *f* en train, mise en chantier, mise en route; (*di macchina*) démarrage *m*; (*di motore*) mise en route *o* en

marche; (: *dispositivo*) démarreur *m*.
avviare [avvi'are] *vt* (*persona*) acheminer; (*impresa*) mettre sur pied, lancer; (*costruzione*) mettre en chantier *o* en train; (*trattative*) engager; (*dialogo, colloquio*) entamer; (*motore*) mettre en marche; (*fig*: *indirizzare*) orienter; **avviarsi** *vip* s'acheminer; (*negli affari*) démarrer; **avviarsi alla conclusione** (*conferenza, incontro*) être sur le point de se conclure, toucher à sa fin.
avvicendamento [avvitʃenda'mento] *sm* alternance *f*; (*AGR*) rotation *f*.
avvicendare [avvitʃen'dare] *vt*: ~ **qc a** alterner qch avec; ~ **qn a** remplacer qn par; **avvicendarsi** *vr* se succéder; (*persone*) se relayer.
avvicinamento [avvitʃina'mento] *sm* rapprochement *m*.
avvicinare [avvitʃi'nare] *vt* rapprocher; (*uno all'altro*): ~ **a** approcher de; **avvicinarsi** *vip* (*essere imminente*) approcher; **avvicinarsi a** (*a meta, persona*) approcher de; (*somigliare*) se rapprocher de, être proche de; ~ **qn** (*per parlare etc*) s'approcher de.
avvilente [avvi'lɛnte] *agg* avilissant(e).
avvilimento [avvili'mento] *sm* découragement *m*; (*degradazione morale*) avilissement *m*.
avvilire [avvi'lire] *vt* (*deprimere*) démoraliser, décourager; (*umiliare*) humilier; (*degradare*) dégrader; **avvilirsi** *vip* (*abbattersi*) se démoraliser, se décourager.
avviluppare [avvilup'pare] *vt* (*avvolgere*) envelopper; (*ingarbugliare*) embrouiller, emmêler.
avvinazzato, -a [avvinat'tsato] *agg* aviné(e) ♦ *sm/f* ivrogne *m/f*.
avvincente [avvin'tʃɛnte] *agg* captivant(e).
avvincere [av'vintʃere] *vt* (*fig*) captiver, fasciner.
avvinghiare [avvin'gjare] *vt* serrer; **avvinghiarsi** *vr*: **avvinghiarsi a** s'accrocher à.
avvinsi *etc* [av'vinsi] *vb vedi* **avvincere**.
avvinto, -a [av'vinto] *pp di* **avvincere**.
avvio [av'vio] *sm* commencement *m*; **dare l'~ a qc** mettre qch en route; (*a studi, conferenza*) commencer qch; **prendere l'~** démarrer.
avvisaglia [avvi'zaʎʎa] *sf* (*di temporale*) signe *m*; (*di malattia*) symptôme *m*; (*combattimento*) escarmouche *f*.
avvisare [avvi'zare] *vt*: ~ **(di)** (*informare*) prévenir (de); (*mettere in guardia*) avertir (de).
avvisatore [avviza'tore] *sm* (*apparecchio*) avertisseur *m*; ▶ **avvisatore acustico** avertisseur sonore; ▶ **avvisatore d'incendio** avertisseur *m* d'incendie.
avviso [av'vizo] *sm* (*avvertimento, consiglio*) avertissement *m*; (*annuncio, affisso*) avis *msg*; (*inserzione pubblicitaria*) annonce *f*; **a mio ~** à mon avis; **mettere qn sull'~** mettre qn en garde; **fino a nuovo ~** jusqu'à nouvel ordre; ▶ **avviso di consegna** (*COMM*) avis de livraison; ▶ **avviso di garanzia** (*DIR*) avis d'ouverture d'enquête judiciaire; ▶ **avviso di pagamento/di spedizione** (*COMM*) avis de paiement/d'expédition; ▶ **avviso pubblicitario** annonce publicitaire.
avvistamento [avvista'mento] *sm* repérage *m*.
avvistare [avvis'tare] *vt* repérer.
avvitare [avvi'tare] *vt* visser.
avvizzire [avvit'tsire] *vi* (*anche fig*) se flétrir, se faner.
avvocato, -essa [avvo'kato] *sm/f* (*DIR, fig*) avocat(e); ▶ **avvocato di parte civile** avocat de la partie civile; ▶ **avvocato difensore** avocat défenseur.
avvolgere [av'vɔldʒere] *vt* enrouler; (*in carta, coperta*) envelopper; **avvolgersi** *vr* (*in coperta, mantello*) s'envelopper.
avvolgibile [avvol'dʒibile] *sm* store *m*.
avvolsi *etc* [av'vɔlsi] *vb vedi* **avvolgere**.
avvolto, -a [av'vɔlto] *pp di* **avvolgere**.
avvoltoio [avvol'tojo] *sm* (*anche fig*) vautour *m*.
azalea [addʒa'lɛa] *sf* azalée *f*.
Azerbaigian [addzɛrbai'dʒan] *sm* Azerbaïdjan *m*.
azienda [ad'dzjɛnda] *sf* entreprise *f*; ▶ **azienda a partecipazione statale** entreprise mixte; ▶ **azienda agricola** exploitation *f* agricole; ▶ **azienda (autonoma) di soggiorno** syndicat *m* d'initiative; ▶ **aziende pubbliche** entreprises publiques.
aziendale [addzjen'dale] *agg* d'entreprise; **organizzazione** ~ organisation *f* de l'entreprise.
azionare [attsjo'nare] *vt* actionner.
azionario, -a [attsjo'narjo] *agg* d'actions; **capitale** ~ capital-actions *m*; **mercato** ~ marché *m* des actions.
azione [at'tsjone] *sf* action *f*; (*di gas, veleno*) effet *m*; **mettere in** ~ mettre en marche; ▶ **azione sindacale** action syndicale; ▶ **azioni preferenziali** (*FIN*) actions privilégiées *o* de priorité.
azionista, -i, -e [attsjo'nista] *sm/f* actionnaire *m/f*.
azoto [ad'dzɔto] *sm* azote *m*.
azteco, -a, -ci, -che [as'tɛko] *agg* aztèque ♦ *sm/f* Aztèque *m/f*.
azzannare [attsan'nare] *vt* saisir entre ses crocs.
azzardare [addzar'dare] *vt* hasarder, risquer; **azzardarsi** *vip*: **azzardarsi a fare qc** se hasarder à faire qch.

azzardato, -a [addzar'dato] *agg* hasardé(e).
azzardo [ad'dzardo] *sm* risque *m*; (*caso*) hasard *m*; **gioco d'~** jeu *m* de hasard.
azzeccare [attsek'kare] *vt* atteindre; (*fig*) trouver, deviner.
azzeramento [addzera'mento] *sf* remise *f* à zéro.
azzerare [addze'rare] *vt* remettre à zéro.
azzimo, -a ['addzimo] *agg* (*pane*) azyme.
azzoppare [attsop'pare] *vt* estropier.
Azzorre [ad'dzɔrre] *sfpl* Açores *fpl*.
azzuffarsi [attsuf'farsi] *vr* se bagarrer.
azzurro, -a [ad'dzurro] *agg* bleu(e) ♦ *sm* bleu *m* clair, bleu ciel; (*SPORT*): **gli azzurri** les Italiens *mpl*, l'équipe *fsg* nationale italienne; **il principe ~** le prince charmant.
azzurrognolo, -a [addzur'roɲɲolo] *agg* bleuâtre.

B, b

B, b [bi] *sf o m inv* (*lettera*) B, b *m inv*; **~ come Bologna** ≈ B comme Berthe.
BA *sigla* = *Bari*.
babau [ba'bau] *sm inv* loup-garou *m*, croque-mitaine *m*.
babbeo [bab'bɛo] *sm* (*fam*) (gros) bêta *m*, grosse bêtasse *f*.
babbo ['babbo] *sm* papa *m*; ▶ **Babbo Natale** père Noël *m*.
babbuccia, -ce [bab'buttʃa] *sf* (*calzatura orientale*) babouche *f*; (*pantofola*) pantoufle *f*; (*per neonati*) chausson *m*.
babbuino [babbu'ino] *sm* babouin *m*.
babilonese [babilo'nese] *agg* babylonien(ne) ♦ *sm/f* Babylonien(ne).
Babilonia [babi'lɔnja] *sf* Babylone *f*.
babordo [ba'bordo] *sm* (*NAUT*): **a ~** à bâbord.
baby-sitter ['beibi 'sita] *sf inv* baby-sitter *m/f*.
bacato, -a [ba'kato] *agg* véreux(-euse); **avere la mente bacata** ne pas tourner rond.
bacca, -che ['bakka] *sf* baie *f*.
baccalà [bakka'la] *sm inv* morue *f* séchée; (*fig*) andouille *f*.
baccano [bak'kano] *sm* (*confusione*) vacarme *m*, tapage *m*.
baccello [bat'tʃɛllo] *sm* cosse *f*.
bacchetta [bak'ketta] *sf* baguette *f*; **comandare (qn) a ~** faire marcher (qn) à la baguette; ▶ **bacchetta magica** baguette magique.
bacheca, -che [ba'kɛka] *sf* (*mobile*) vitrine *f*; (*UNIV, in ufficio*) tableau *m* d'affichage.
baciamano [batʃa'mano] *sm*: **fare il ~ a qn** faire le baisemain à qn.
baciare [ba'tʃare] *vt* embrasser; **baciarsi** *vr* s'embrasser.
bacillo [ba'tʃillo] *sm* bacille *m*.
bacinella [batʃi'nɛlla] *sf* cuvette *f*.
bacino [ba'tʃino] *sm* bassin *m*; (*piccolo bacio*) bise *f*; ▶ **bacino carbonifero** bassin houiller; ▶ **bacino di carenaggio** bassin de radoub; ▶ **bacino petrolifero** gisement *m* pétrolifère.
bacio ['batʃo] *sm* baiser *m*; **dare un ~ a qn** donner un baiser à qn.
baco, -chi ['bako] *sm* ver *m*; ▶ **baco da seta** ver à soie.
bada ['bada] *sf*: **tenere a ~** (*nemico, debitori*) tenir en respect.
badare [ba'dare] *vi*: **~ a** (*fare attenzione*) faire attention à; (*occuparsi di*) s'occuper de; **non ~ a spese** ne pas regarder à la dépense; **bada ai fatti tuoi!** occupe-toi de tes affaires!
badia [ba'dia] *sf* abbaye *f*.
badile [ba'dile] *sm* pelle *f*.
baffi ['baffi] *smpl* moustache *fsg*; **leccarsi i ~** (*fig*) s'en lécher les doigts; **ridere sotto i ~** (*fig*) rire dans sa barbe.
bagagliaio [bagaʎ'ʎajo] *sm* (*AUT*) coffre *m*; (*deposito bagagli*) consigne *f*; (*FERR*) fourgon *m*.
bagaglio [ba'gaʎʎo] *sm* bagages *mpl*; **fare/disfare i bagagli** faire/défaire ses bagages; ▶ **bagaglio a mano** bagages à main; ▶ **bagaglio culturale** bagage *msg* culturel.
bagattella [bagat'tɛlla] *sf* bagatelle *f*.
Bagdad [bag'dad] *sf* Bagdad.
baggianata [baddʒa'nata] *sf* bêtise *f*; **dire baggianate** dire des bêtises.
bagliore [baʎ'ʎore] *sm* (*anche fig*) lueur *f*.
bagnante [baɲ'ɲante] *sm/f* baigneur (-euse).
bagnare [baɲ'ɲare] *vt* (*capelli, scarpe*) mouiller; (*stoffa*) faire tremper; (*sogg: fiume, anche fig: brindare*) arroser; (*sogg: mare*) baigner; **bagnarsi** *vr, vip* (*di pioggia, acqua*) se mouiller; (*al mare*) se baigner; (*in vasca*) prendre un bain; **~ le piante** arroser les plantes.
bagnato, -a [baɲ'ɲato] *agg* mouillé(e) ♦ *sm* (*terreno, strada*) mouillé *m*; **guidare sul ~** conduire sur une route mouillée.
bagnino, -a [baɲ'ɲino] *sm/f* maître-nageur *m*.
bagno ['baɲɲo] *sm* bain *m*; (*locale*) salle *f*

de bain; **bagni** *smpl* (*stabilimento*) bains *mpl*; **fare il** ~ (*in vasca*) prendre un bain; (*nel mare*) se baigner; **dove è il** ~? où sont les toilettes?; **fare il** ~ **a qn** baigner qn; **mettere a** ~ (*bucato, legumi*) faire tremper.
bagnomaria [baɲɲoma'ria] *sm*: **cuocere a** ~ faire cuire au bain-marie.
bagnoschiuma [baɲɲo'skjuma] *sm* bain moussant.
Bahama [ba'hama] *sfpl*: **le** ~ les Bahamas *fpl*.
Bahrein [ba'rein] *sm* Bahreïn *m*.
baia ['baja] *sf* baie *f*.
baionetta [bajo'netta] *sf* baïonnette *f*.
baita ['baita] *sf* chalet *m*.
balbettare [balbet'tare] *vi* bégayer ♦ *vt* (*scuse*) bredouiller, balbutier; (*fig*: *lingua straniera*) baragouiner (*fam*).
balbuzie [bal'buttsje] *sf* bégaiement *m*.
balbuziente [balbut'tsjɛnte] *agg, sm/f* bègue *m/f*.
Balcani [bal'kani] *smpl* Balkans *mpl*.
balcanico, -a, -ci, -che [bal'kaniko] *agg* balkanique.
balcone [bal'kone] *sm* balcon *m*.
baldacchino [baldak'kino] *sm* baldaquin *m*; **letto a** ~ lit *m* à baldaquin.
baldanza [bal'dantsa] *sf* crânerie *f*.
baldo, -a ['baldo] *agg* hardi(e).
baldoria [bal'dɔrja] *sf*: **fare** ~ (*festa*) faire la fête; (*allegria rumorosa*) faire la foire, faire la bringue.
Baleari [bale'ari] *sfpl* Baléares *fpl*.
balena [ba'lena] *sf* baleine *f*.
balenare [bale'nare] *vi* (*splendere*) étinceler; **balena** (*lampeggia*) il y a des éclairs; **mi balenò un'idea** une idée me traversa l'esprit.
baleniera [bale'njɛra] *sf* (*per la caccia*) baleinier *m*.
baleno [ba'leno] *sm*: **in un** ~ en un éclair.
balera [ba'lera] *sf* (*locale*) salle *f* des fêtes, guinguette *f*; (*pista*) piste *f* de bal.
balestra [ba'lɛstra] *sf* arbalète *f*.
balia[1] ['balja] *sf* nourrice *f*; ▸ **balia asciutta** nourrice sèche.
balia[2] [ba'lia] *sf*: **in** ~ **di** à la merci de; **in** ~ **di se stesso** être livré à soi-même.
balilla [ba'lilla] *sm inv* (*STORIA*) *garçon de 8 à 14 ans qui appartenait aux organisations de jeunesse fascistes.*
balistica [ba'listika] *sf* balistique *f*.
balistico, -a, -ci, -che [ba'listiko] *agg* balistique; **perito** ~ expert *m* balistique.
balla ['balla] *sf* (*di merci*) balle *f*; (*di paglia*) botte *f*; (*fandonia*) bobard *m*.
ballabile [bal'labile] *sm* air *m* de danse.
ballare [bal'lare] *vi, vt* danser; **andare a** ~ aller danser.
ballata [bal'lata] *sf* ballade *f*.
ballatoio [balla'tojo] *sm* (*all'interno*) couloir *m* d'escalier; (*all'esterno*) galerie *f*.
ballerina [balle'rina] *sf* danseuse *f*; (*scarpa*) ballerine *f*; ▸ **ballerina di rivista** danseuse de cabaret *o* variété.
ballerino [balle'rino] *sm* danseur *m*.
balletto [bal'letto] *sm* ballet *m*.
ballo ['ballo] *sm* (*danza*) danse *f*; (*festa*) bal *m*; **essere in** ~ (*fig*) être en jeu; **tirare in** ~ mettre en cause; ▸ **ballo in maschera** *o* **mascherato** bal masqué.
ballottaggio [ballot'taddʒo] *sm* (*POL*) ballottage *m*.
balneare [balne'are] *agg* balnéaire.
balocco, -chi [ba'lɔkko] *sm* jouet *m*.
balordo, -a [ba'lordo] *agg* (*idea*) saugrenu(e); (*merce*) qui ne vaut pas grand chose ♦ *sm/f* (*sciocco*) nigaud(e); **ragionamento** ~ raisonnement *m* qui ne tient pas debout; **un affare** ~ une drôle d'affaire; **un** ~ (*delinquente*) un voyou.
balsamico, -a, -ci, -che [bal'samiko] *agg* (*aria, brezza*) salubre; (*pomata*) balsamique.
balsamo ['balsamo] *sm* (*anche fig*) baume *m*.
baltico, -a, -ci, -che ['baltiko] *agg* balte; **il (mar) B**~ la mer Baltique.
baluardo [balu'ardo] *sm* bastion *m*, rempart *m*; (*fig*) rempart *m*.
balza ['baltsa] *sf* volant *m*.
balzano, -a [bal'tsano] *agg* saugrenu(e).
balzare [bal'tsare] *vi* bondir, sauter; ~ **su/in** (*sull'autobus, treno*) sauter dans; (*in macchina*) sauter dans/en; **la verità balza agli occhi** la vérité saute aux yeux.
balzo ['baltso] *sm* bond *m*; (*del terreno*) corniche *f*; **fare un** ~ faire un bond; **prendere la palla al** ~ (*fig*) saisir l'occasion.
bambagia [bam'badʒa] *sf* (*ovatta*) ouate *f*; (*cascame*) déchets *mpl* de coton; **tenere nella** ~ (*fig*) élever dans du coton.
bambina [bam'bina] *sf* petite fille *f*, enfant *f*; (*fig*) enfant ♦ *agg*: **moglie** ~ femme *f* enfant; **fare la** ~ faire l'enfant *o* la gamine.
bambinaia [bambi'naja] *sf* nurse *f*, bonne *f* d'enfants.
bambino [bam'bino] *sm* petit garçon *m*, enfant *m*; (*fig*) enfant; **fare il** ~ faire l'enfant *o* le gamin; **fare un** ~ avoir un enfant.
bamboccio [bam'bɔttʃo] *sm* poupon *m*; (*pupazzo*) poupée *f* de chiffon; (*fig*) grand bébé *m*.
bambola ['bambola] *sf* poupée *f*.
bambolotto [bambo'lɔtto] *sm* baigneur *m*.
bambù [bam'bu] *sm inv* bambou *m*.
banale [ba'nale] *agg* banal(e).
banalità [banali'ta] *sf inv* banalité *f*.
banana [ba'nana] *sf* banane *f*.

banano [ba'nano] *sm* bananier *m.*

banca, -che ['banka] *sf* banque *f*; ▶ **banca d'affari** banque d'affaires; ▶ **banca (di) dati** banque de données.

bancarella [banka'rɛlla] *sf* étal *m.*

bancario, -a [ban'karjo] *agg* bancaire ♦ *sm* employé *m* de banque.

bancarotta [banka'rotta] *sf* (*DIR*) banqueroute *f*; **fare** ~ faire faillite.

bancarottiere [bankarot'tjɛre] *sm* banqueroutier *m.*

banchetto [ban'ketto] *sm* banquet *m.*

banchiere [ban'kjɛre] *sm* banquier *m.*

banchina [ban'kina] *sf* (*di porto, di stazione*) quai *m*; (*per pedoni*) accotement *m*, bas-côté *m*; (*per ciclisti*) piste *f*; ▶ **banchina cedevole** (*AUT*) bas-côté non stabilisé; ▶ **banchina spartitraffico** (*AUT*) refuge *m.*

banchisa [ban'kiza] *sf* banquise *f.*

banco, -chi ['banko] *sm* banc *m*; (*di negozio*) comptoir *m*; (*banca*) banque *f*; **sotto** ~ (*fig*) en cachette; **tenere il** ~ (*nei giochi*) tenir la banque; **tener** ~ (*conversare*) entretenir la conversation; ▶ **banco degli imputati/dei testimoni** banc des accusés/des témoins; ▶ **banco dei pegni** mont-de-piété *m*; ▶ **banco del Lotto** ≈ PMU *m* (*Pari mutuel urbain*); ▶ **banco di chiesa** banc d'église; ▶ **banco di corallo** banc de coraux; ▶ **banco di nebbia** nappe *f* de brouillard; ▶ **banco di prova** (*fig*) banc d'essai.

bancogiro [banko'dʒiro] *sm* virement *m* bancaire.

Bancomat ® ['bankomat] *sm inv* distributeur *m* automatique de billets; (*tessera*) carte *f* bancaire de retrait.

banconota [banko'nɔta] *sf* billet *m* (de banque).

banda ['banda] *sf* bande *f*; (*MUS*) fanfare *f*; ▶ **banda perforata** (*INFORM*) bande perforée.

banderuola [bande'rwɔla] *sf* (*METEOR*) girouette *f*; **essere una** ~ (*fig*) être une girouette.

bandiera [ban'djɛra] *sf* drapeau *m*; **cambiare** ~ (*fig*) tourner sa veste; ▶ **bandiera di comodo** pavillon *m* de complaisance.

bandire [ban'dire] *vt* (*concorso*) publier un avis de; (*esiliare*) bannir; (*fig: pensieri, malinconia*) chasser.

bandito [ban'dito] *sm* bandit *m.*

banditore [bandi'tore] *sm* (*nelle aste*) commissaire-priseur *m.*

bando ['bando] *sm* avis *msg*; (*esilio*) bannissement *m*; **mettere al** ~ **qn** (*fig*) mettre qn au ban; ~ **alle chiacchiere!** assez bavardé!; ~ **agli scherzi** trêve de plaisanteries; ▶ **bando di concorso** avis de concours (de recrutement).

bandolo ['bandolo] *sm* (*di matassa*) bout *m* de l'écheveau; **trovare il** ~ **della matassa** (*fig*) trouver la solution.

Bangkok [ban'kɔk] *sf* Bangkok.

Bangladesh [bangla'dɛʃ] *sm* Bangladesh *m.*

bar [bar] *sm inv* bar *m.*

bara ['bara] *sf* cercueil *m.*

baracca, -che [ba'rakka] *sf* baraque *f*; **mandare avanti la** ~ (*fig: casa*) faire bouillir la marmite; (*: affari*) faire marcher les affaires, mener la barque; **piantare** ~ **e burattini** prendre ses cliques et ses claques.

baraccato, -a [barak'kato] *sm/f personne logée dans une baraque.*

baracchino [barak'kino] *sm* (*chiosco*) kiosque *m*; (*apparecchio*) C.B. *f.*

baraccone [barak'kone] *sm* (*di luna park*) baraque *f*; **baracconi** *smpl* (*luna park*) baraques *fpl* (foraines); **fenomeno da** ~ phénomène *m* de foire.

baraccopoli [barak'kɔpoli] *sf inv* bidonville *m*, baraquement *m*; ~ **di sinistrati/rifugiati** camp *m* de sinistrés/réfugiés.

baraonda [bara'onda] *sf* cohue *f*, pagaille *f.*

barare [ba'rare] *vi* tricher; ~ **al gioco** tricher au jeu.

baratro ['baratro] *sm* gouffre *m*; **sull'orlo del** ~ (*fig*) au bord du gouffre.

barattare [barat'tare] *vt* (*scambiare*): ~ **(con)** troquer (contre).

baratto [ba'ratto] *sm* troc *m.*

barattolo [ba'rattolo] *sm* (*di latta*) boîte *f*; (*di birra*) canette *f*; (*di vetro*) pot *m*, bocal *m*; (*di coccio*) pot; **in** ~ (*bibita*) en canette.

barba ['barba] *sf* barbe *f*; **farsi la** ~ se raser; **farla in** ~ **a qn** (*fig*) agir (au nez et) à la barbe de qn; **servire qn di** ~ **e capelli** (*fig*) bien arranger qn; **che** ~! quelle barbe!

barbabietola [barba'bjɛtola] *sf* betterave *f*; ▶ **barbabietola da zucchero** betterave sucrière.

Barbados [bar'bados] *sfsg* Barbade *f.*

barbarico, -a, -ci, -che [bar'bariko] *agg* barbare.

barbarie [bar'barje] *sf* barbarie *f.*

barbaro, -a ['barbaro] *agg, sm* barbare *m.*

barbecue ['baːbikjuː] *sm inv* barbecue *m.*

barbiere [bar'bjɛre] *sm* coiffeur *m* pour hommes.

barbiturico, -ci [barbi'turiko] *sm* barbiturique *m.*

barbone [bar'bone] *sm* (*cane*) caniche *m*; (*vagabondo*) clochard *m.*

barbuto, -a [bar'buto] *agg* barbu(e).

barca, -che ['barka] *sf* (*NAUT*) bateau *m*; **una** ~ **di** (*fig*) un tas de; **mandare avanti la** ~ (*fig*) conduire sa barque; ▶ **barca a**

remi barque *f* à rames; ▸ **barca a motore** bateau à moteur; ▸ **barca a vela** bateau à voile.
barcaiolo [barka'jɔlo] *sm* passeur *m*, batelier *m*.
barcamenarsi [barkame'narsi] *vip* se débrouiller.
Barcellona [bartʃel'lona] *sf* Barcelone.
barcollare [barkol'lare] *vi* chanceler.
barcone [bar'kone] *sm* (*grossa barca*) gros bateau *m*; (*per ponti di barche*) ponton *m*.
barella [ba'rɛlla] *sf* civière *f*, brancard *m*.
barese [ba'rese] *agg* de Bari.
Bari ['bari] *sf* Bari.
baricentro [bari'tʃɛntro] *sm* centre *m* de gravité.
barile [ba'rile] *sm* baril *m*, fût *m*.
barista, -i, -e [ba'rista] *sm* barman *m*, garçon *m* (de café) ♦ *sf* barmaid *f*.
baritono [ba'ritono] *sm* baryton *m*.
barlume [bar'lume] *sm* lueur *f*; **un ~ di speranza** une lueur d'espoir.
baro ['baro] *sm* (*CARTE*) tricheur *m*.
barocco, -a, -chi, -che [ba'rɔkko] *agg, sm* baroque *m*.
barometro [ba'rɔmetro] *sm* baromètre *m*.
barone [ba'rone] *sm* baron *m*; (*peg*: *fig*) baron, magnat *m*; **i baroni della medicina** les mandarins de la médecine.
baronessa [baro'nessa] *sf* baronne *f*.
barra ['barra] *sf* barre *f*.
barrare [bar'rare] *vt* barrer.
barricare [barri'kare] *vt* barricader.
barricata [barri'kata] *sf* barricade *f*; **dall'altra parte della ~** (*fig*) de l'autre côté de la barricade.
barriera [bar'rjɛra] *sf* barrière *f*; **la Grande B~ Corallina** la Grande Barrière.
barroccio [bar'rɔttʃo] *sm* charrette *f*.
baruffa [ba'ruffa] *sf* bagarre *f*; **fare ~ (con)** se bagarrer (avec).
barzelletta [barzel'letta] *sf* histoire *f* drôle, blague *f*.
basamento [baza'mento] *sm* (*parte inferiore, piedistallo*) soubassement *m*; (*TECN*) base *f*.
basare [ba'zare] *vt* baser; **basarsi** *vr*: **basarsi su** se baser sur.
basco, -a, -schi, -sche ['basko] *agg* basque ♦ *sm/f* Basque *m/f* ♦ *sm* (*LING*) basque *m*; (*copricapo*) béret *m* (basque).
basculla [bas'kulla] *sf* bascule *f*.
base ['baze] *sf* base *f*; **di ~** de base; **in ~ a** sur la base de, d'après; **in ~ a ciò ...** d'après cela ...; **a ~ di** (*latte etc*) à base de; **essere alla ~ di** être à la base de; **gettare le basi per** jeter les bases pour; **avere buone basi** (*culturali*) avoir de bonnes bases; ▸ **base di controllo** (*AER*) base de contrôle.
baseball ['beisbɔːl] *sm* base-ball *m*.
basetta [ba'zetta] *sf* pattes *fpl*.
BASIC ['beisik] *sigla m* (= *Beginner's All-Purpose Symbolic Instruction Code*) BASIC *m*.
basilare [bazi'lare] *agg* fondamental(e), de base.
Basilea [basi'lɛa] *sf* Bâle.
basilica, -che [ba'zilika] *sf* basilique *f*.
Basilicata [bazili'kata] *sf* Basilicate *f*.
basilico [ba'ziliko] *sm* basilic *m*.
bassezza [bas'settsa] *sf* bassesse *f*.
bassifondi [bassi'fondi] *smpl vedi* **bassofondo**.
basso, -a ['basso] *agg* bas(basse); (*persona*) petit(e) ♦ *sm* bas *msg*; (*MUS*) basse *f*; **a occhi bassi** les yeux baissés; **a ~ prezzo** à bas prix; **scendere da ~** descendre; **cadere in ~** (*fig*) tomber (bien) bas; **la bassa Italia** l'Italie du Sud; **il ~ Medioevo** le bas Moyen-Age.
bassofondo [basso'fondo] (*pl* **bassifondi**) *sm* (*GEO*) bas-fond *m*; **bassifondi** *smpl* (*fig*: *di città*) bas-fonds *mpl*.
bassorilievo [bassori'ljɛvo] *sm* bas-relief *m*.
bassotto, -a [bas'sɔtto] *agg* courtaud(e) ♦ *sm* (*cane*) basset *m*.
basta ['basta] *escl* assez!, ça suffit!; **punto e ~** un point, c'est tout.
bastardo, -a [bas'tardo] *agg* (*anche fig*) bâtard(e) ♦ *sm/f* bâtard(e); (*peg*) salaud *m*, conasse *f* (*fam*).
bastare [bas'tare] *vi*: **~ (a)** (*essere sufficiente*) suffire (à) ♦ *vb impers* suffire; **~ a se stessi** suffire à soi-même; **basta chiedere a un vigile** il suffit de le demander à un agent; **basti dire che ...** il suffit de dire que ... .
bastian [bas'tjan] *sm*: **~ contrario** esprit *m* de contradiction.
bastimento [basti'mento] *sm* bâtiment *m*.
bastione [bas'tjone] *sm* bastion *m*.
bastonare [basto'nare] *vt* donner des coups de bâton à, battre; **avere l'aria di un cane bastonato** avoir un air de chien battu.
bastonata [basto'nata] *sf* coup *m* de bâton; **prendere qn a bastonate** donner des coups de bâton à qn.
bastoncino [baston'tʃino] *sm* bâtonnet *m*; (*SCI*) bâton *m*; ▸ **bastoncini di pesce** (*CUC*) bâtonnets de poisson.
bastone [bas'tone] *sm* bâton *m*; (*SPORT*) crosse *f*; **bastoni** *smpl* (*CARTE*) *l'une des 4 couleurs d'un jeu de cartes italien*; **mettere i bastoni fra le ruote a qn** mettre des bâtons dans les roues à qn; ▸ **bastone da passeggio** canne *f*.
battage [ba'taʒ] *sm inv*: **~ promozionale** *o* **pubblicitario** battage *m*.
battaglia [bat'taʎʎa] *sf* bataille *f*; (*fig*) lutte

f; **dare ~** livrer bataille; ▶ **battaglia navale** (*GIOCO*) bataille navale.
battaglio [bat'taʎʎo] *sm* (*di campana*) battant *m*; (*di porta*) heurtoir *m*.
battaglione [battaʎ'ʎone] *sm* bataillon *m*.
battello [bat'tɛllo] *sm* bateau *m*.
battente [bat'tɛnte] *sm* battant *m*; (*per bussare*) heurtoir *m*; **chiudere i battenti** (*fig*: *concludersi*) fermer ses portes.
battere ['battere] *vt* battre; (*panni, tappeti*) battre, taper; (*porta*) cogner ♦ *vi* (*pioggia, cuore*) battre; (*sole*) taper; (*bussare*) frapper; (*urtare*): **~ (contro)** cogner (contre); (*TENNIS*) servir; **battersi** *vr, vip*: **battersi (per)** se battre (pour); **~ bandiera italiana** battre pavillon italien; **~ i denti** claquer des dents; **~ a macchina** taper à la machine; **~ le mani** applaudir; **~ (il marciapiede)** (*fig*) faire le trottoir; **~ le ore** sonner les heures; **~ i piedi** taper du pied; **~ un rigore** (*CALCIO*) tirer un penalty; **~ in testa** (*AUT*) cogner; **~ su un argomento** insister *o* revenir sur un sujet; **in un batter d'occhio** en un clin d'œil; **senza batter ciglio** sans broncher; **battersela** filer à l'anglaise.
batteria [batte'ria] *sf* (*anche MUS, TECN*) batterie *f*; ▶ **batteria da cucina** batterie de cuisine.
batterio [bat'tɛrjo] *sm* bactérie *f*.
batteriologia [batterjolo'dʒia] *sf* bactériologie *f*.
battesimo [bat'tezimo] *sm* baptême *m*; **tenere qn a ~** tenir qn sur les fonds baptismaux.
battezzare [batted'dzare] *vt* baptiser.
battibaleno [battiba'leno] *sm*: **in un ~** en un clin d'œil.
battibecco, -chi [batti'bekko] *sm* prise *f* de bec.
batticuore [batti'kwɔre] *sm* battement *m* de cœur; **avere il ~** (*fig*: *ansia*) battre la chamade; (: *paura*) avoir le trac.
battigia [bat'tidʒa] *sf* ligne *f* de brisement des vagues.
battimano [batti'mano] *sm* applaudissement *m*.
battipanni [batti'panni] *sm inv* tapette *f*.
battistero [battis'tɛro] *sm* baptistère *m*.
battistrada [battis'trada] *sm inv* (*di pneumatico*) bande *f* de roulement; (*di gara*) celui qui est en tête, celui qui mène.
battitappeto [battitap'peto] *sm inv* aspirateur(-batteur) *m*.
battito ['battito] *sm* (*di pioggia*) battement *m*; (*orologio*) tic-tac *m inv*; ▶ **battito cardiaco** battement du cœur.
battitore [batti'tore] *sm* (*SPORT*) batteur *m*; (*CACCIA*) rabatteur *m*.
battitura [batti'tura] *sf* (*anche*: **~ a macchina**) frappe *f*; (*del grano*) battage *m*.
battuta [bat'tuta] *sf* (*TIP*) frappe *f*; (*MUS*) mesure *f*; (*TEATRO*) réplique *f*; (*frase spiritosa*) boutade *f*; (*POLIZIA*) ratissage *m*; (*TENNIS*) service *m*; **fare una ~ (di spirito)** faire un trait d'esprit; **aver la ~ pronta** (*fig*) avoir la répartie facile, avoir de la répartie; **è ancora alle prime battute** il est à ses débuts; ▶ **battuta di caccia** partie *f* de chasse.
batuffolo [ba'tuffolo] *sm* (*di cotone, lana*) tampon *m*.
baule [ba'ule] *sm* (*cofano*) malle *f*; (*AUT*) coffre *m*.
bauxite [bauk'site] *sf* bauxite *f*.
bava ['bava] *sf* bave *f*; (*di vento*) souffle *m*.
bavaglino [bavaʎ'ʎino] *sm* bavette *f*, bavoir *m*.
bavaglio [ba'vaʎʎo] *sm* bâillon *m*.
bavarese [bava'rese] *agg* bavarois(e) ♦ *sm/f* Bavarois(e).
bavero ['bavero] *sm* col *m*, collet *m*.
Baviera [ba'vjɛra] *sf* Bavière *f*.
bazar [bad'dzar] *sm inv* bazar *m*.
bazzecola [bad'dzɛkola] *sf* bagatelle *f*.
bazzicare [battsi'kare] *vt* fréquenter ♦ *vi*: **~ in/con** traîner dans/avec.
BCE *sigla f* (= *Banca centrale europea*) BCE *f*.
bearsi [be'arsi] *vi* se délecter; **~ alla vista di** se délecter à la vue de.
beatitudine [beati'tudine] *sf* béatitude *f*.
beato, -a [be'ato] *agg, sm/f* bienheureux (-euse); **~ te!** tu as bien de la chance!
bebè [be'bɛ] *sm inv* bébé *m*.
beccaccia, -ce [bek'kattʃa] *sf* bécasse *f*.
beccare [bek'kare] *vt* picoter, picorer; (*fig*: *raffreddore*) choper; (: *ladro*) pincer; **beccarsi** *vr* (*fig*: *bisticciare*) se chamailler; **si è beccato l'influenza** il a chopé la grippe.
beccata [bek'kata] *sf* coup *m* de bec.
beccheggiare [bekked'dʒare] *vi* tanguer.
beccherò *etc* [bekke'rɔ] *vb vedi* **beccare**.
becchime [bek'kime] *sm* pâtée *f*.
becchino [bek'kino] *sm* fossoyeur *m*.
becco, -chi ['bekko] *sm* bec *m*; (*fam*: *fig*) cocu(e); **mettere il ~ in** (*fam*) fourrer son nez dans; **chiudi il ~!** (*fam*) ferme-la!, boucle-la!; **non ho il ~ di un quattrino** (*fam*) je n'ai pas un radis.
befana [be'fana] *sf* (*donna brutta*) vieille sorcière *f*; **la B~** *vieille femme qui, selon la légende, apporte des cadeaux aux enfants sages et du charbon aux méchants à la veille de l'Épiphanie.*
beffa ['bɛffa] *sf* farce *f*, tour *m*; **farsi beffe di qn** se moquer de qn.
beffardo, -a [bef'fardo] *agg* moqueur (-euse).
beffare [bef'fare] *vt* (*anche*: **beffarsi di**) se moquer de.
bega, -ghe ['bɛga] *sf* (*litigio*) dispute *f*; (*questione di poco conto*) histoire *f*.

begli ['bɛʎʎi] *agg vedi* **bello**.
bei ['bɛi] *agg vedi* **bello**.
beige [bɛʒ] *agg inv, sm inv* beige *m*.
Beirut [bei'rut] *sf* Beyrouth.
bel [bɛl] *agg vedi* **bello**.
belare [be'lare] *vi* bêler.
belato [be'lato] *sm* bêlement *m*.
belga, -gi, -ghe ['bɛlga] *agg* belge ♦ *sm/f* Belge *m/f*.
Belgio ['bɛldʒo] *sm* Belgique *f*.
Belgrado [bel'grado] *sf* Belgrade.
bella ['bɛlla] *sf vedi* **bello**.
bellezza [bel'lettsa] *sf* beauté *f*; **chiudere** *o* **finire in** ~ conclure *o* finir en beauté; **che** ~! c'est chouette!; **ho pagato la** ~ **di 60.000 lire** j'ai payé la jolie somme de 60 000 lires.
bellicoso, -a [belli'koso] *agg* belliqueux (-euse).
belligerante [bellidʒe'rante] *agg* belligérant(e).
bellimbusto [bellim'busto] *sm* dandy *m*.

PAROLA CHIAVE

bello, -a ['bɛllo] (*dav sm* **bel** + *C*, **bell'** + *V*, **bello** + *s impura, gn, pn, ps, x*) (*pl* **bei** + *C*, **begli** + *s impura etc o V*) *agg* **1** (*cosa, persona, tempo*) beau(belle); **le belle arti** les beaux-arts; **farsi bello di qc** (*vantarsi*) se vanter de qch; **fare la bella vita** avoir la belle vie; **oh, bella!, anche questa è bella!** ça alors! celle-là aussi elle est bien bonne!
2 (*quantità*): **una bella cifra** une jolie somme; **un bel niente** rien du tout
3 (*rafforzativo*): **è una truffa bella e buona!** c'est une véritable escroquerie!; **è bell'e finito** c'est bel et bien fini
♦ *sm* beau *m*; **adesso viene il bello** mais tu n'as pas entendu le meilleur; **sul più bello** au plus beau moment; **cosa fai di bello?** qu'est-ce que tu fais de beau?, qu'est-ce que tu deviens?
♦ *sf* (*innamorata, SPORT, CARTE*) belle *f*; (*anche*: **bella copia**) copie *f* mise au propre
♦ *avv*: **fa bello** il fait beau; **alla bell'e meglio** tant bien que mal.

bellunese [bellu'nese] *agg* de Belluno.
belva ['belva] *sf* fauve *m*; (*fig*) brute *f*.
belvedere [belve'dere] *sm inv* belvédère *m*.
benché [ben'ke] *cong* bien que, quoique; ~ **lo sappia molto bene ...** bien qu'il *o* quoiqu'il le sache très bien ... .
benda ['bɛnda] *sf* bande *f*; (*per coprire gli occhi*) bandeau *m*.
bendare [ben'dare] *vt* bander.
bendisposto, -a [bendis'posto] *agg* favorable, bien disposé(e).
bene ['bɛne] *avv* bien; (*molto*): **ben più lungo/caro** bien plus long/cher ♦ *agg inv*: **gente** ~ gens *mpl* bien ♦ *sm* bien *m*; **beni** *smpl* (*averi*) biens *mpl*; **io sto** ~ je vais bien; **io sto poco** ~ je ne vais pas très bien; **va** ~ ça va; **lo spero** ~ je l'espère bien; **fare** ~ bien faire; **fare** ~ **a** (*salute*) faire du bien à; **fare del** ~ **a qn** faire du bien à qn; **voler** ~ **a qn** aimer qn; **di** ~ **in meglio** de mieux en mieux; **l'avevo ben detto** je l'avais bien dit; **un uomo per** ~ un homme comme il faut; ▶ **beni ambientali** richesses *fpl* naturelles; ▶ **beni culturali** ≈ monuments historiques; ▶ **beni di consumo** biens de consommation; ▶ **beni di consumo durevole** biens de consommation durables; ▶ **beni immateriali** biens immatériels; ▶ **beni immobili** biens immeubles; ▶ **beni patrimoniali** biens patrimoniaux; ▶ **beni privati** biens privés; ▶ **beni pubblici** biens publics.
benedetto, -a [bene'detto] *pp di* **benedire** ♦ *agg* bénit(e); ~ **ragazzo!** sacré garçon!
benedire [bene'dire] *vt* bénir; **mandare qn a farsi** ~ envoyer qn promener.
benedizione [benedit'tsjone] *sf* bénédiction *f*.
beneducato, -a [benedu'kato] *agg* bien élevé(e).
benefattore, -trice [benefat'tore] *sm/f* bienfaiteur(-trice).
beneficenza [benefi'tʃɛntsa] *sf* bienfaisance *f*, charité *f*; **fare** ~ faire la charité; (*fig*) faire le bon Samaritain.
beneficiare [benefi'tʃare] *vt*: ~ **di** bénéficier de.
beneficiario, -a [benefi'tʃarjo] *sm/f* bénéficiaire *m/f*.
beneficio [bene'fitʃo] *sm* bénéfice *m*; **con** ~ **d'inventario** (*fig*) sous bénéfice d'inventaire.
benefico, -a, -ci, -che [be'nefiko] *agg* bénéfique.
Benelux ['bɛneluks] *sm* Benelux *m*.
benemerenza [beneme'rɛntsa] *sf* titre *m* de mérite.
benemerito, -a [bene'mɛrito] *agg* (*personaggio*) distingué(e); (*opera*) méritoire.
beneplacito [bene'platʃito] *sm* (*approvazione*) approbation *f*, consentement *m*; (*permesso*) autorisation *f*.
benessere [be'nɛssere] *sm* bien-être *m*; **la società del** ~ la société d'abondance.
benestante [benes'tante] *agg, sm/f* nanti(e).
benestare [benes'tare] *sm inv* autorisation *f*, permission *f*.
benevolenza [benevo'lɛntsa] *sf* bienveillance *f*.
benevolo, -a [be'nɛvolo] *agg* bienveillant(e).
Bengala [ben'gala] *sm* Bengale *m*.

bengodi [ben'gɔdi] *sm* pays *m* de cocagne.
beniamino, -a [benja'mino] *sm/f* chouchou(te), favori(te).
benigno, -a [be'niɲɲo] *agg* bienveillant(e); (*MED*) bénin(-igne).
benintenzionato, -a [benintentsjo'nato] *agg*: **essere ~** avoir de bonnes intentions, être bien intentionné(e).
beninteso [benin'teso] *avv* bien entendu; **~ che** à condition que.
benpensante [benpen'sante] *sm/f* bienpensant(e).
benservito [benser'vito] *sm*: **dare il ~ a qn** (*a dipendente*) donner son congé à qn; (*licenziare*) mettre qn à la porte; (*fig*) envoyer qn au diable.
bensì [ben'si] *cong* (*ma invece*) mais plutôt; (*certamente*) bien sûr.
benvenuto, -a [benve'nuto] *agg* bienvenu(e) ♦ *sm* bienvenue *f*; **dare il ~ a qn** souhaiter la bienvenue à qn.
benvisto, -a [ben'visto] *agg*: **essere ~ (da)** être bien vu(e) (de).
benvolere [benvo'lere] *vt*: **farsi ~ da tutti** se faire aimer de tout le monde; **prendere a ~ qn** se prendre d'amitié pour qn.
benzina [ben'dzina] *sf* essence *f*; **fare ~** prendre de l'essence; **rimanere senza ~** tomber en panne d'essence; **~ super** super *m*.
benzinaio, -a [bendzi'najo] *sm/f* pompiste *m/f*.
beone [be'one] *sm* (grand) buveur *m*.
bere ['bere] *vt* boire; **beve qualcosa?** vous buvez quelque chose?; **darla a ~ a qn** faire marcher qn.
bergamasco, -a, -schi, -sche [berga'masko] *agg* bergamasque.
berlina [ber'lina] *sf* (*AUT*) berline *f*; **mettere alla ~** (*fig*) exposer à la risée.
Berlino [ber'lino] *sf* Berlin; **~ est/ovest** Berlin-Est/-Ouest.
Bermuda [ber'muda] *sfpl* Bermudes *fpl*.
bermuda [ber'muda] *smpl* (*calzoncini*) bermuda *m*.
Berna ['bɛrna] *sf* Berne.
bernoccolo [ber'nɔkkolo] *sm* bosse *f*; **avere il ~ per qc** (*fig*) avoir la bosse de qch.
berretto [ber'retto] *sm* béret *m*.
berrò *etc* [ber'rɔ] *vb vedi* **bere**.
bersagliare [bersaʎ'ʎare] *vt* tirer sur; (*fig*) harceler.
bersagliere [bersaʎ'ʎɛre] *sm* bersaglier *m*.
bersaglio [ber'saʎʎo] *sm* (*anche fig: persona, cosa*) cible *f*; (*obiettivo*) but *m*.
bestemmia [bes'temmja] *sf* blasphème *m*; (*espressione irriverente*) juron *m*; (*sproposito*) énormité *f*.
bestemmiare [bestem'mjare] *vt* (*uso assoluto*; *vedi sf*) blasphémer; jurer; dire des énormités.
bestia ['bestja] *sf* bête *f*; **andare in ~** (*fig*) sortir de ses gonds; **lavorare come una ~** travailler comme un nègre; **una ~ rara** (*fig*: *persona*) une bête curieuse; **~!** imbécile!; **è una brutta ~** (*cosa*) ce n'est pas une mince affaire; (*persona*) c'est un dur de dur; ▸**bestia da soma** bête de somme.
bestiale [bes'tjale] *agg* (*disumano*) bestial(e); (*fam*: *freddo, fame*) terrible.
bestialità [bestjali'ta] *sf inv* bestialité *f*; (*fig*: *sproposito*) énormité *f*.
bestiame [bes'tjame] *sm* bétail *m*.
Betlemme [bet'lɛmme] *sf* Bethléem.
betoniera [beto'njɛra] *sf* bétonnière *f*.
bettola ['bettola] *sf* (*peg*) gargote *f*, bouiboui *m*.
betulla [be'tulla] *sf* bouleau *m*.
bevanda [be'vanda] *sf* boisson *f*.
bevitore, -trice [bevi'tore] *sm/f* buveur (-euse); **un forte ~** un grand buveur.
bevo *etc* ['bevo] *vb vedi* **bere**.
bevuta [be'vuta] *sf* (*con amici*) verre *m*; **fare una ~** boire un pot.
bevuto, -a [be'vuto] *pp di* **bere**.
bevvi *etc* ['bevvi] *vb vedi* **bere**.
BG *sigla* = *Bergamo*.
BI *abbr* = *Banca d'Italia*.
biada ['bjada] *sf* avoine *f*.
biancheria [bjanke'ria] *sf* linge *m*; ▸**biancheria femminile** lingerie *f*; ▸**biancheria intima** linge de corps.
bianco, -a, -chi, -che ['bjanko] *agg, sm/f* blanc(blanche) ♦ *sm* blanc *m*; **in ~** (*foglio, assegno*) en blanc; (*notte*) blanc(blanche); **in ~ e nero** (*TV, FOT*) en noir et blanc; **mangiare in ~** manger des plats sans sauce; **pesce in ~** poisson au court-bouillon; **andare in ~** faire chou blanc; **notte bianca** *o* **in ~** nuit blanche; **voce bianca** (*MUS*) voix *fsg* blanche; **votare scheda bianca** voter blanc; **mosca bianca** (*fig*) mouton *m* à cinq pattes; ▸**bianco dell'uovo** blanc d'œuf.
biancosegno [bjanko'seɲɲo] *sm* blancseing *m*.
biancospino [bjankos'pino] *sm* aubépine *f*.
biascicare [bjaʃʃi'kare] *vt* mâchonner.
biasimare [bjazi'mare] *vt* blâmer.
biasimo ['bjazimo] *sm* blâme *m*.
bibbia ['bibbja] *sf* bible *f*.
biberon [bibə'rɔn] *sm inv* biberon *m*.
bibita ['bibita] *sf* boisson *f*.
bibliografia [bibljogra'fia] *sf* bibliographie *f*.
biblioteca, -che [bibljo'tɛka] *sf* bibliothèque *f*.
bibliotecario, -a [bibljote'karjo] *sm/f* bibliothécaire *m/f*.
bicamerale [bikame'rale] *agg* (*POL*) bicaméral(e).
bicarbonato [bikarbo'nato] *sm*: **~ (di sodio)**

bicarbonate *m* (de soude).
bicchiere [bik'kjɛre] *sm* verre *m*; **è (facile) come bere un bicchier d'acqua** c'est simple comme bonjour, c'est bête comme chou.
bicchierino [bikkje'rino] *sm* (petit) verre *m*; **mi piace bere un ~ ogni tanto** j'aime boire un petit verre de temps en temps.
bicicletta [bitʃi'kletta] *sf* bicyclette *f*, vélo *m*; **andare in ~** aller à bicyclette, aller en vélo (*fam*).
bicipite [bi'tʃipite] *sm* biceps *msg*.
bidè [bi'dɛ] *sm inv* bidet *m*.
bidello, -a [bi'dɛllo] *sm/f* (*SCOL*) concierge *m/f*; (*UNIV*) appariteur *m*.
bidirezionale [bidirettsjo'nale] *agg* bidirectionnel(le).
bidonare [bido'nare] *vt* (*fam*: *imbrogliare*) rouler, avoir.
bidonata [bido'nata] *sf* (*fam*) sale tour *m*.
bidone [bi'done] *sm* bidon *m*; (*anche*: **~ dell'immondizia**) poubelle *f*; (*fam*: *truffa*) sale tour *m*; (*che non funziona*) cochonnerie *f*; **fare un ~ a qn** (*fam*) rouler qn, avoir qn.
bidonville [bidɔ̃'vil] *sf inv* bidonville *m*.
bieco, -a, -chi, -che ['bjɛko] *agg* oblique, en coin.
biella ['bjɛlla] *sf* bielle *f*.
Bielorussia [bjelo'russja] *sf* Biélorussie *f*.
biennale [bien'nale] *agg* biennal(e) ♦ *sf* (*manifestazione*): **la B~ di Venezia** la biennale de Venise.
biennio [bi'ɛnnjo] *sm* (*periodo di due anni*) période *f* de deux ans; (*SCOL*) *les deux premières années du deuxième cycle de l'enseignement secondaire en Italie*.
bierre [bi'ɛrrɛ] *sm/f* (*POL*) *membre des Brigades rouges*.
bietola ['bjɛtola] *sf* bette *f*.
bifocale [bifo'kale] *agg* bifocal(e).
bifolco, -a, -chi, -che [bi'folko] *sm/f* (*peg*) rustre *m*.
bifora ['bifora] *sf* (*ARCHIT*) fenêtre *f* géminée.
biforcarsi [bifor'karsi] *vip* bifurquer.
biforcazione [biforkat'tsjone] *sf* bifurcation *f*.
biforcuto, -a [bifor'kuto] *agg* fourchu(e); (*lingua*: *fig*) de vipère.
bigamia [biga'mia] *sf* bigamie *f*.
bigamo, -a ['bigamo] *agg, sm/f* bigame *m/f*.
bighellonare [bigello'nare] *vi* traîner, paresser.
bighellone, -a [bigel'lone] *sm/f* flâneur (-euse) *m/f*.
bigiotteria [bidʒotte'ria] *sf* bijou *m* (de) fantaisie; (*negozio*) bijouterie *f* de fantaisie.
bigliardo [biʎ'ʎardo] *sm* = **biliardo**.
bigliettaio, -a [biʎʎet'tajo] *sm/f* (*in treno, autobus*) receveur(-euse); (: *controllore*) contrôleur(-euse); (*CINE, TEATRO*) guichetier(-ière).
biglietteria [biʎʎette'ria] *sf* guichet *m*.
biglietto [biʎ'ʎetto] *sm* (*cartoncino*) carte *f*; (*spettacoli, di treni, aerei*) billet *m*; (*di metropolitana, autobus*) ticket *m*; (*anche*: **~ di banca**) billet; ▸ **biglietto da visita** carte de visite; ▸ **biglietto d'andata e ritorno** billet d'aller et retour; ▸ **biglietto d'auguri** carte de vœux; ▸ **biglietto omaggio** entrée *f* gratuite.
bignè [biɲ'ɲɛ] *sm inv* chou *m* à la crème.
bigodino [bigo'dino] *sm* bigoudi *m*.
bigotto, -a [bi'gɔtto] *agg, sm/f* bigot(e).
bikini [bi'kini] *sm inv* bikini *m*.
bilancia, -ce [bi'lantʃa] *sf* balance *f*; (*pesapersone*) balance, pèse-personne *m*; (*per bambini*) pèse-bébé *m*; (*ZODIACO*): **B~** Balance; **essere della B~** être (de la) Balance; ▸ **bilancia commerciale** balance commerciale; ▸ **bilancia dei pagamenti** balance des paiements.
bilanciare [bilan'tʃare] *vt* équilibrer; (*considerare attentamente*) mesurer, peser; **~ le uscite e le entrate** (*COMM*) équilibrer les dépenses et les recettes.
bilancio, -ci [bi'lantʃo] *sm* (*di previsione*) budget *m*; (*consuntivo*) bilan *m*; **chiudere il ~ in attivo/passivo** présenter un bilan positif/négatif; **fare il ~ di** (*fig*) faire le bilan de; ▸ **bilancio consolidato** bilan consolidé; ▸ **bilancio consuntivo** bilan; ▸ **bilancio di verifica** balance *f* de vérification; ▸ **bilancio preventivo** budget; ▸ **bilancio pubblico** budget de l'État.
bilaterale [bilate'rale] *agg* bilatéral(e).
bile ['bile] *sf* (*anche fig*) bile *f*.
biliardo [bi'ljardo] *sm* billard *m*.
bilico, -chi ['biliko] *sm*: **essere in ~** être en équilibre instable; (*fig*) être dans l'incertitude; **tenere in ~** (*fig*: *persona*) tenir en suspens.
bilingue [bi'lingwe] *agg* bilingue.
bilione [bi'ljone] *sm* (*mille milioni*) milliard *m*; (*milione di milioni*) billion *m*.
bimbo, -a ['bimbo] *sm/f* bébé *m*, petit garçon *m*, petite fille *f*.
bimensile [bimen'sile] *agg* bimensuel(le).
bimestrale [bimes'trale] *agg* bimestriel(le).
bimestre [bi'mɛstre] *sm* deux mois *mpl*; **ogni ~** tous les deux mois.
binario, -a [bi'narjo] *agg* binaire ♦ *sm* rail *m*, voie *f*; (*piattaforma*) quai *m*; ▸ **binario morto** voie de garage.
binocolo [bi'nɔkolo] *sm* jumelle *f*, jumelles *fpl*.
bio... ['bio] *pref* bio... .
biochimica [bio'kimika] *sf* biochimie *f*.
biodegradabile [biodegra'dabile] *agg* biodégradable.

bioetico, -a, -ci, -che ['bio'ɛtiko] *agg, sf* bioéthique *f.*
biofisica [bio'fizika] *sf* biophysique *f.*
biografia [biogra'fia] *sf* biographie *f.*
biografico, -a, -ci, -che [bio'grafiko] *agg* biographique.
biografo, -a [bi'ɔgrafo] *sm/f* biographe *m/f.*
biologia [biolo'dʒia] *sf* biologie *f.*
biologico, -a, -ci, -che [bio'lɔdʒiko] *agg* biologique.
biologo, -a, -ghi, -ghe [bi'ɔlogo] *sm/f* biologiste *m/f.*
bionda ['bjonda] *sf* blonde *f*; *vedi anche* **biondo**.
biondo, -a ['bjondo] *agg, sm/f* blond(e) ♦ *sm* (*colore*) blond *m*; ~ **cenere** blond cendré.
bionico, -a, -ci, -che [bi'ɔniko] *agg* (*fig*) bionique ♦ *sf* bionique *f.*
biopsia [bio'psia] *sf* biopsie *f.*
bioritmo [bio'ritmo] *sm* biorythme *m.*
bipartito, -a [bipar'tito] *agg* (*POL*) biparti(e), bipartite ♦ *sm* (*POL*) gouvernement *m* bipartite.
birba ['birba] *sf* (*monello*) coquin(e), (petit(e)) fripon(ne).
birbante [bir'bante] *sm* (*persona disonesta*) filou *m*, vaurien(ne); (*monello*) fripon(ne), coquin(e).
birbonata [birbo'nata] *sf* (*malefatta*) canaillerie *f*; (*birichinata*) gaminerie *f.*
birbone, -a [bir'bone] *sm/f* canaille *f*; **un tiro** ~ un mauvais tour.
birichino, -a [biri'kino] *agg, sm/f* (*vivace*) polisson(ne); (*malizioso*) espiègle *m/f.*
birillo [bi'rillo] *sm* quille *f*; **birilli** *smpl* (*gioco*) quilles *fpl.*
Birmania [bir'manja] *sf* Birmanie *f.*
birmano, -a [bir'mano] *agg* birman(e) ♦ *sm/f* Birman(e).
biro ® ['biro] *sf inv* bic ® *m*, stylo bille *m.*
birra ['birra] *sf* bière *f*; **una** ~, **per favore** (*al bar*) un demi *o* une bière, s'il vous plaît; **a tutta** ~ (*fig*) à toute pompe *o* allure; ▸**birra chiara/scura** bière blonde/brune.
birreria [birre'ria] *sf* brasserie *f.*
bis [bis] *escl* bis! ♦ *sm inv* bis *m* ♦ *agg inv* (*treno, autobus*) supplémentaire; **12** ~ (*numero*) 12 bis; **chiedere il** ~ **a qn** bisser qn.
bisaccia, -ce [bi'zattʃa] *sf* besace *f.*
Bisanzio [bi'zantsjo] *sf* Byzance *f.*
bisbetico, -a, -ci, -che [biz'bɛtiko] *agg* acariâtre.
bisbigliare [bizbiʎ'ʎare] *vi, vt* chuchoter.
bisbiglio[1] [bizbiʎ'ʎio] *sm* (*sussurro*) chuchotement *m.*
bisbiglio[2] [biz'biʎʎo] *sm* (*brusio*) bruissement *m.*
bisboccia, -ce [biz'bɔttʃa] *sf*: **fare** ~ faire bombance.
bisca, -sche ['biska] *sf* tripot *m.*
Biscaglia [bis'kkaʎʎa] *sf*: **il golfo di** ~ le golfe de Biscaye.
bischero ['biskero] *sm* (*MUS*) cheville *f* ♦ *sm/f* (*fam*: *sciocco*) con(ne), couillon(ne).
biscia, -sce ['biʃʃa] *sf* couleuvre *f*; ▸**biscia d'acqua** serpent *m* d'eau.
biscottato, -a [biskot'tato] *agg*: **fette biscottate** biscottes *fpl.*
biscotto [bis'kɔtto] *sm* biscuit *m.*
bisestile [bizes'tile] *agg*: **anno** ~ année *f* bissextile.
bislacco, -a, -chi, -che [biz'lakko] *agg* farfelu(e), loufoque.
bislungo, -a, -ghi, -ghe [biz'lungo] *agg* oblong(oblongue).
bisnonno, -a [biz'nɔnno] *sm/f* arrière-grand-père *m*, arrière-grand-mère *f.*
bisognare [bizoɲ'ɲare] *vb impers*: **bisogna partire** il faut partir; **bisogna che tu parta/lo faccia** il faut que tu partes/le fasses; **bisogna parlargli** il faut lui parler.
bisogno [bi'zoɲɲo] *sm* besoin *m*; **avere** ~ **di qc/di fare qc** avoir besoin de qch/de faire qch; **al** ~, **in caso di** ~ au besoin, si besoin est; **fare i propri bisogni** faire ses besoins.
bisognoso, -a [bizoɲ'ɲoso] *agg, sm/f* nécessiteux(-euse), indigent(e); ~ **di** qui a besoin de.
bisonte [bi'zonte] *sm* bison *m.*
bistecca, -che [bis'tekka] *sf* bifteck *m*, steak *m*; ~ **al sangue/ai ferri** bifteck saignant/grillé.
bisticciare [bistit'tʃare] *vi*; **bisticciarsi** *vr* se disputer, se chamailler (*fam*).
bisticcio, -ci [bis'tittʃo] *sm* dispute *f*; (*gioco di parole*) jeu *m* de mots.
bistrattare [bistrat'tare] *vt* maltraiter.
bisturi ['bisturi] *sm inv* (*MED*) bistouri *m.*
bisunto, -a [bi'zunto] *agg* crasseux(-euse).
bitorzolo [bi'tortsolo] *sm* loupe *f.*
bitter ['bitter] *sm inv* bitter *m.*
bitume [bi'tume] *sm* (*per strade*) bitume *m.*
bivaccare [bivak'kare] *vi* bivouaquer; (*fig*) camper.
bivacco, -chi [bi'vakko] *sm* bivouac *m.*
bivio ['bivjo] *sm* (*biforcazione*) bifurcation *f*; (*fig*) carrefour *m.*
bizantino, -a [biddzan'tino] *agg* byzantin(e).
bizza ['biddza] *sf* caprice *m*; **fare le bizze** (*bimbi*) faire des caprices; (*cavalli*) s'emballer.
bizzarro, -a [bid'dzarro] *agg* bizarre.
bizzeffe [bid'dzɛffe]: **a** ~ *avv* à foison, à gogo (*fam*).
BL *sigla* = *Belluno.*
blandire [blan'dire] *vt* flatter.
blando, -a ['blando] *agg* léger(-ère).
blasfemo, -a [blas'fɛmo] *agg* blasphéma-

toire ♦ *sm/f* blasphémateur(-trice).
blasone [bla'zone] *sm* blason *m*.
blaterare [blate'rare] *vi* jacasser.
blatta ['blatta] *sf* blatte *f*.
blindare [blin'dare] *vt* blinder.
blindato, -a [blin'dato] *agg* blindé(e) ♦ *sm* blindé *m*; **camera blindata** chambre *f* forte; **vetro** ~ vitre *f* blindée; **vita blindata** (*fig*: *di magistrato, giudice*) vie surprotégée.
bloccare [blok'kare] *vt* bloquer; **bloccarsi** *vip* se bloquer; ~ **il traffico** bloquer la circulation.
bloccasterzo [blokkas'tɛrtso] *sm* (*AUT*) verrouillage *m* de direction.
bloccherò *etc* [blokke'rɔ] *vb vedi* **bloccare**.
blocchetto [blok'ketto] *sm*: ~ **per appunti** bloc-notes *msg*, carnet *m*.
blocco, -chi ['blɔkko] *sm* bloc *m*; (*MIL*) blocus *m*; (*arresto*: *di meccanismo, di prezzi*) blocage *m*; **in** ~ en bloc; ▸**blocco cardiaco** arrêt *m* du cœur; ▸**blocco mentale** blocage (mental); ▸**blocco stradale** barrage *m* routier.
bloc-notes [blɔk'nɔt] *sm inv* bloc-notes *msg*.
blu [blu] *agg inv* bleu(e) ♦ *sm inv* bleu *m* (foncé).
bluff [blɛf] *sm inv* bluff *m*.
bluffare [bluf'fare] *vi* bluffer.
blusa ['bluza] *sf* (*camiciotto*) blouse *f*; (*camicetta*) chemisier *m*.
BMT *abbr* = *bollettino meteorologico*.
BN *sigla* = *Benevento*.
BO *sigla* = *Bologna*.
boa ['bɔa] *sm inv* (*anche sciarpa*) boa *m* ♦ *sf* (*galleggiante*) bouée *f*.
boato [bo'ato] *sm* détonation *f*.
bob [bɔb] *sm inv* bob(sleigh) *m*.
bobina [bo'bina] *sf* bobine *f*.
bocca, -che ['bokka] *sf* bouche *f*; (*apertura*) ouverture *f*; **essere di** ~ **buona** (*a tavola*) ne pas être fine bouche; (*fig*) ne pas être difficile; **acqua in** ~ bouche cousue; **essere sulla** ~ **di tutti** (*persona, notizia*) défrayer la chronique; **rimanere a** ~ **asciutta** rester sans manger; (*fig*) rester sur sa faim; **metter** ~ **(in qc)** mettre son grain de sel (dans qch); **in** ~ **al lupo!** bonne chance!; (*tra studenti, amici*) merde! (*fam*); ▸**bocca di leone** (*BOT*) gueule-de-loup *f*.
boccaccia [bok'kattʃa] *sf* (*malalingua*) mauvaise langue *f*; **fare le boccacce** (*smorfia*) faire la grimace.
boccaglio [bok'kaʎʎo] *sm* (*TECN*) bouche *f*; (*di respiratore*) embout *m*.
boccale [bok'kale] *sm* (*per birra*) chope *f*; (*vino*) pichet *m*.
boccascena [bokkaʃ'ʃɛna] *sm inv* ouverture *f* de scène.
boccata [bok'kata] *sf* (*di cibo*) bouchée *f*; (*di fumo*) bouffée *f*; **prendere una** ~ **d'aria** prendre l'air.
boccetta [bot'tʃetta] *sf* flacon *m*; (*bocce, biliardo*) cochonnet *m*.
boccheggiare [bokked'dʒare] *vi* haleter, s'essouffler.
bocchino [bok'kino] *sm* (*di pipa*) tuyau *m*; (*di sigaretta*) fume-cigarette *m inv*; (*di sigaro*) fume-cigare *m inv*; (*di strumenti musicali*) embouchure *f*, bec *m*.
boccia, -ce ['bɔttʃa] *sf* carafe *f*; (*palla di legno, metallo*) boule *f*; **gioco delle bocce** jeu *m* de boules.
bocciare [bot'tʃare] *vt* (*proposta, progetto*) repousser, rejeter; (*SCOL*) recaler, coller; (*BOCCE*) tirer; **essere bocciato ad un esame** être recalé *o* collé à un examen.
bocciatura [bottʃa'tura] *sf* (*di proposta, progetto*) rejet *m*; (*SCOL*) recalage *m*.
bocciolo [bot'tʃɔlo] *sm* bouton *m*.
boccolo ['bokkolo] *sm* boucle *f*.
bocconcino [bokkon'tʃino] *sm* (*cibo squisito*) morceau *m* de choix *o* roi.
boccone [bok'kone] *sm* bouchée *f*; **mangiare un** ~ manger un (petit) morceau.
bocconi [bok'koni] *avv* à plat ventre.
Boemia [bo'ɛmja] *sf* Bohême *f*, Bohème *f*.
boemo, -a [bo'ɛmo] *agg* bohémien(ne) ♦ *sm/f* Bohémien(ne).
bofonchiare [bofon'kjare] *vi* bougonner.
Bogotá [bogo'ta] *sf* Bogotá.
boia ['bɔja] *sm inv* bourreau *m*; **fa un freddo** ~ (*fam*) il fait un froid de canard; **mondo** ~!, ~ **d'un mondo ladro!** (*fam*) misère de misère!, nom d'un chien!
boiata [bo'jata] *sf* (*fam*: *cosa mal riuscita*) navet *m*; (*stupidaggine*) bêtise *f*.
boicottaggio [boikot'taddʒo] *sm* boycottage *m*.
boicottare [boikot'tare] *vt* boycotter.
bolgia ['bɔldʒa] *sf* (*fig*) cohue *f*.
bolide ['bɔlide] *sm* bolide *m*; **come un** ~ (*fig*) comme un bolide.
Bolivia [bo'livja] *sf* Bolivie *f*.
boliviano, -a [boli'vjano] *agg* bolivien(ne) ♦ *sm/f* Bolivien(ne).
bolla ['bolla] *sf* bulle *f*; (*MED*) cloque *f*; (*COMM*) bulletin *m*, bordereau *m*; **finire in una** ~ **di sapone** (*fig*) s'évanouir en fumée; ▸**bolla d'accompagnamento** bon de livraison; ▸**bolla di consegna** bulletin de livraison; ▸**bolla papale** bulle papale.
bollare [bol'lare] *vt* timbrer; (*fig*) marquer.
bollente [bol'lɛnte] *agg* bouillant(e); **calmare i bollenti spiriti** calmer les esprits.
bolletta [bol'letta] *sf* note *f*; (*ricevuta*) quittance *f*; **essere in** ~ être fauché(e); ▸**bolletta di consegna** bulletin *m* de livraison; ▸**bolletta di spedizione** borde-

reau *m* d'expédition; ▶ **bolletta doganale** acquit *m* de douane.
bollettino [bollet'tino] *sm* bulletin *m*; ▶ **bollettino di spedizione** bulletin d'expédition; ▶ **bollettino medico** bulletin de santé; ▶ **bollettino meteorologico** bulletin de la météo.
bollire [bol'lire] *vi* bouillir ♦ *vt* (*portare ad ebollizione*) faire bouillir; **qualcosa bolle in pentola** (*fig*) il se trame quelque chose.
bollito [bol'lito] *sm* (*CUC*) pot-au-feu *m*.
bollitore [bolli'tore] *sm* (*TECN*) bouilleur *m*; (*CUC*) bouilloire *f*.
bollo ['bollo] *sm* (*marchio*) timbre *m*, marque *f*; (*strumento*) timbre, tampon *m*; ▶ **bollo auto/di circolazione** vignette *f*; ▶ **bollo per patente** timbre; ▶ **bollo postale** cachet *m* de la poste.
bollore [bol'lore] *sm* bouillon *m*; **i bollori della gioventù** les ardeurs de la jeunesse.
Bologna [bo'lɔɲɲa] *sf* Bologne.
bolognese [boloɲ'ɲese] *agg* bolonais(e) ♦ *sm/f* Bolonais(e); **spaghetti alla** ~ spaghettis *mpl* à la bolognaise.
Bolzano [bol'tzano] *sf* Bolzano.
bomba ['bomba] *sf* bombe *f*; **sei stato una** ~! tu as été sensationnel!, tu as été du tonnerre!; ▶ **bomba a mano** grenade *f*; ▶ **bomba ad orologeria** bombe à retardement; ▶ **bomba atomica** bombe atomique.
bombardamento [bombarda'mento] *sm* bombardement *m*.
bombardare [bombar'dare] *vt* (*anche fig*) bombarder.
bombardiere [bombar'djɛre] *sm* bombardier *m*.
bombetta [bom'betta] *sf* (*cappello*) chapeau *m* melon *inv*.
bombola ['bombola] *sf* bouteille *f*; ▶ **bombola del gas** bouteille de gaz.
bomboniera [bombo'njɛra] *sf* bonbonnière *f*.
bonaccia, -ce [bo'nattʃa] *sf* calme *m* plat.
bonaccione, -a [bonat'tʃone] *agg* brave ♦ *sm/f* brave homme *m*, brave femme *f*.
bonario, -a [bo'narjo] *agg* affable.
bonifica, -che [bo'nifika] *sf* assainissement *m*.
bonifico, -ci [bo'nifiko] *sm* bonification *f*; (*BANCA*) virement *m*.
Bonn [bɔn] *sf* Bonn.
bontà [bon'ta] *sf inv* (*di persona*) bonté *f*; (*di prodotto*) (bonne) qualité *f*; (*di soluzione*) validité *f*; (*di pietanza*) délice *m*; **aver la** ~ **di fare qc** (*fig*) avoir la bonté de faire qch.
bonus-malus ['bɔnus'malus] *sm inv* bonus-malus *msg inv*.
borbonico, -a, -ci, -che [bor'bɔniko] *agg* bourbonien(ne); (*fig*) rétrograde.
borbottare [borbot'tare] *vi* grogner; (*stomaco*) gargouiller ♦ *vt* (*parole*) marmonner.
borbottio, -ii [borbot'tio] *sm* murmure *m*; (*di stomaco*) gargouillement *m*.
borchia ['bɔrkja] *sf* (*di chiodo*) tête *f*; (*per chiusure*) boucle *f*.
bordeaux [bɔr'do] *sm inv* bordeaux *msg*.
bordello [bor'dɛllo] *sm* (*anche fig*) bordel *m*.
bordo ['bordo] *sm* bord *m*; (*guarnizione*) bord, bordure *f*; **a** ~ **di** à bord de; **sul** ~ **della strada** au bord de la route; **persona d'alto** ~ (*fig*) personne *f* de haute condition.
bordura [bor'dura] *sf* bordure *f*.
borgata [bor'gata] *sf* bourgade *f*; (*a Roma*) faubourg *m* populaire.
borghese [bor'gese] *agg, sm/f* bourgeois(e); **abito** ~ habit *m* civil; **poliziotto in** ~ agent *m* en civil; **piccolo** ~ (*peg*) petit bourgeois.
borghesia [borge'zia] *sf* bourgeoisie *f*.
borgo, -ghi ['borgo] *sm* (*paesino*) bourg *m*; (*sobborgo, quartiere*) faubourg *m*.
boria ['bɔrja] *sf* suffisance *f*, morgue *f*.
borioso, -a [bo'rjoso] *agg* suffisant(e), hautain(e).
borlotto [bor'lɔtto] *sm* haricot *m* rouge (à écosser).
Borneo ['bɔrneo] *sm* Bornéo *m*.
borotalco, -chi [boro'talko] *sm* talc *m*.
borraccia, -ce [bor'rattʃa] *sf* gourde *f*.
borsa ['borsa] *sf* sac *m*; (*borsetta*) sac à main; (*ECON*): **la B~ (valori)** la Bourse (des valeurs); **avere le borse sotto gli occhi** avoir des poches sous les yeux; ▶ **borsa della spesa** sac à provisions; ▶ **borsa dell'acqua calda** bouillotte *f*; ▶ **borsa di studio** bourse *f* d'études; ▶ **Borsa merci** Bourse de marchandises *o* commerce; ▶ **borsa nera** marché *m* noir.
borsaiolo [borsa'jɔlo] *sm* pickpocket *m*.
borseggio [bor'seddʒo] *sm* vol *m* à la tire.
borsellino [borsel'lino] *sm* porte-monnaie *m*.
borsello [bor'sɛllo] *sm* sacoche *f*.
borsetta [bor'setta] *sf* sac *m* à main.
borsista, -i, -e [bor'sista] *sm/f* (*ECON, SCOL*) boursier(-ière).
boscaglia [bos'kaʎʎa] *sf* broussaille *f*.
boscaiolo [boska'jɔlo] *sm* bûcheron *m*.
boscaiuolo [boska'jwɔlo] *sm* = **boscaiolo**.
boschetto [bos'ketto] *sm* bosquet *m*.
bosco, -schi ['bɔsko] *sm* bois *msg*.
boscoso, -a [bos'koso] *agg* boisé(e).
Bosforo ['bɔsfɔrɔ] *sm* Bosphore *m*.
bosniaco, -a, -ci, -che [bo'zniako] *agg*

bosniaque ♦ *sm/f* Bosniaque *m/f.*

Bosnia Erzegovina ['boznja erdze'govina] *sf* Bosnie-Herzégovine *f.*

bossolo ['bɔssolo] *sm* douille *f.*

Bot [bɔt] *sigla m inv* (= *buono ordinario del Tesoro*) *bon du Trésor.*

botanica [bo'tanika] *sf* botanique *f.*

botanico, -a, -ci, -che [bo'taniko] *agg* botanique ♦ *sm* botaniste *m/f.*

botola ['bɔtola] *sf* trappe *f.*

Botswana [bots'wana] *sm* Botswana *m.*

botta ['bɔtta] *sf* coup *m*; (*fig*: *rumore*) bruit *m*; **dare un sacco di botte a qn** rouer qn de coups; ~ **e risposta** (*fig*) du tac au tac.

botte ['botte] *sf* tonneau *m*; **essere in una ~ di ferro** (*fig*) être à l'abri de tout danger; **volere la ~ piena e la moglie ubriaca** ménager la chèvre et le chou.

bottega, -ghe [bot'tega] *sf* boutique *f*; (*di artigiano, nel Medioevo*) atelier *m*; **stare a ~ (da qn)** faire son apprentissage (chez qn); **le Botteghe Oscure** *siège du PDS (partito democratico della sinistra).*

bottegaio, -a [botte'gajo] *sm/f* marchand(e); (*peg*) boutiquier(-ière).

botteghino [botte'gino] *sm* guichet *m*, bureau *m.*

bottiglia [bot'tiʎʎa] *sf* bouteille *f.*

bottiglieria [bottiʎʎe'ria] *sf* débit *m* de boissons.

bottino [bot'tino] *sm* butin *m*; **fare ~ di qc** (*anche fig*) filer avec qch.

botto ['bɔtto] *sm* coup *m*; **di ~** tout à coup; **in un ~** en un clin d'œil.

bottone [bot'tone] *sm* bouton *m*; **la stanza dei bottoni** (*fig*) les leviers de commande; **attaccare un ~ a qn** (*fig*) tenir la jambe à qn; ▸ **botton d'oro** bouton d'or.

bovino, -a [bo'vino] *agg* bovin(e) ♦ *sm* bovin *m*; **bovini** *smpl* (*ZOOL*) bovins *mpl.*

box [bɔks] *sm inv* (*per cavalli*) box *msg*; (*per macchina*) garage *m*; (*per macchina da corsa*) stand *m*; (*per bambini*) parc *m.*

boxe [bɔks] *sf* boxe *f.*

boxer ['bɔkser] *sm inv* (*cane*) boxer *m* ♦ *smpl* (*mutande*): **un paio di ~** un caleçon.

bozza ['bɔttsa] *sf* ébauche *f*; ▸ **bozza (di stampa)** épreuve *f*; (*di giornale*) morasse *f*; ▸ **bozza impaginata** épreuve de mise en pages.

bozzetto [bot'tsetto] *sm* ébauche *f*; (*racconto*) nouvelle *f.*

bozzolo ['bɔttsolo] *sm* cocon *m.*

BR [bi'ɛrre] *sigla fpl* = **Brigate Rosse** ♦ *sigla* = *Brindisi.*

braca, -che ['braka] *sf* (*gamba di pantalone*) jambe *f*; **brache** *sfpl* (*fam*: *pantaloni*) pantalon *msg*; **calare le brache** (: *fig*) se dégonfler.

braccare [brak'kare] *vt* traquer.

braccetto [brat'tʃetto] *sm*: **a ~** bras dessus bras dessous.

braccherò *etc* [brakke'rɔ] *vb vedi* **braccare.**

bracciale [brat'tʃale] *sm* bracelet *m*; (*distintivo*) brassard *m.*

braccialetto [brattʃa'letto] *sm* bracelet *m.*

bracciante [brat'tʃante] *sm/f* (*AGR*) journalier(-ière).

bracciata [brat'tʃata] *sf* brassée *f*; (*NUOTO*) brasse *f.*

braccio ['brattʃo] *sm* (*pl(f)* **braccia**) (*ANAT*) bras *msg*; (*pl(m)* **bracci**) (*di gru, fiume*) bras; (*di edificio*) aile *f*; **portare sotto ~** porter sous le bras; **è il suo ~ destro** c'est son bras droit; **~ di ferro** (*anche fig*) bras de fer; **mi sono cascate le braccia** (*fig*) les bras m'en sont tombés; ▸ **braccio di mare/di terra** bras de mer/de terre.

bracciolo [brat'tʃɔlo] *sm* accoudoir *m.*

bracco, -chi ['brakko] *sm* braque *m.*

bracconiere [brakko'njɛre] *sm* braconnier *m.*

brace ['bratʃe] *sf* braise *f*; **alla ~** (*CUC*) cuit(e) sur la braise.

braciere [bra'tʃɛre] *sm* brasero *m.*

braciola [bra'tʃɔla] *sf* (*CUC*) côtelette *f.*

bradipo ['bradipo] *sm* bradype *m.*

brado, -a ['brado] *agg*: **allo stato ~** à l'état sauvage; (*fig*) comme un(e) sauvage.

brama ['brama] *sf*: **~ (di/di fare)** soif *f* (de/de faire).

bramare [bra'mare] *vt* (*desiderare*): **~ qc** convoiter qch; **~ di fare** ambitionner de faire.

bramosia [bramo'sia] *sf* soif *f*, convoitise *f.*

branca, -che ['branka] *sf* (*fig*) branche *f.*

branchia ['brankja] *sf* branchie *f.*

branco, -chi ['branko] *sm* (*di cani, lupi*: *peg*: *di persone*) bande *f*; (*di pecore*) troupeau *m*; (*di pesci*) banc *m*; (*di uccelli*) volée *f.*

brancolare [branko'lare] *vi* tâtonner; **~ nel buio** (*fig*) avancer à tâtons *o* à l'aveuglette.

branda ['branda] *sf* lit *m* de camp.

brandello [bran'dɛllo] *sm* lambeau *m*; **a brandelli** en lambeaux; **fare a brandelli** mettre en lambeaux.

brandina [bran'dina] *sf* lit *m* de camp.

brandire [bran'dire] *vt* brandir.

brano ['brano] *sm* morceau *m.*

brasare [bra'zare] *vt* braiser.

brasato [bra'zato] *sm* bœuf *m* braisé.

Brasile [bra'zile] *sm* Brésil *m.*

Brasilia [bra'zilja] *sf* Brasilia.

brasiliano, -a [brazi'ljano] *agg* brésilien(ne) ♦ *sm/f* Brésilien(ne).

bravata [bra'vata] *sf* bravade *f.*

bravo, -a ['bravo] *agg* bon(ne); (*bambino*: *beneducato*) sage; **~ in** (*in materia etc*)

fort(e) en; ~! bravo!; **su da** ~! (*fam*) allez, courage!; **un** ~ **ragazzo** un bon garçon.
bravura [bra'vura] *sf* habileté *f*, capacité *f*.
breccia, -ce ['brettʃa] *sf* brèche *f*; **essere sulla** ~ (*fig*) être sur la brèche; **fare** ~ **nel cuore di qn** toucher qn profondément.
Brema ['brɛma] *sf* Brême.
bresaola [bre'zaola] *sf viande de bœuf salée et séchée.*
bresciano, -a [breʃ'ʃano] *agg* de Brescia.
Bretagna [bre'taɲɲa] *sf* Bretagne *f*.
bretella [bre'tɛlla] *sf* (*per pantaloni, gen pl*) bretelles *fpl*; (*AUT*) bretelle *f*; **bretelle** *sfpl* bretelles.
bretone ['brɛtone] *agg* breton(ne) ♦ *sm/f* Breton(ne).
breve ['brɛve] *agg* (*vita, corso, tempo*) court(e), bref(-ève); (*discorso*) bref(-ève); (*strada*) court(e); **in** ~ en bref; **per farla** ~ pour couper court, bref; **a** ~ (*COMM*) à court terme.
brevettare [brevet'tare] *vt* breveter.
brevetto [bre'vetto] *sm* brevet *m*; ▸ **brevetto di pilota** brevet de pilote.
brevità [brevi'ta] *sf* brièveté *f*.
brezza ['breddza] *sf* brise *f*.
bricco, -chi ['brikko] *sm* (*del latte*) pot *m*; (*del caffè*) cafetière *f*.
bricconata [brikko'nata] *sf* canaillerie *f*.
briccone, -a [brik'kone] *sm/f* (*peg*) canaille *f*; (*fam*: *fig, bambino*) polisson(ne), coquin(e).
briciola ['britʃola] *sf* (*anche fig*) miette *f*.
briciolo ['britʃolo] *sm* (*fig*) brin *m*; **non ha un** ~ **di cervello** il a une cervelle de moineau.
bridge [bridʒ] *sm* bridge *m*.
briga, -ghe ['briga] *sf* souci *m*; **attaccar** ~ chercher noise à qn; **prendersi la** ~ **di fare qc** se donner la peine de faire qch.
brigadiere [briga'djɛre] *sm* (*CARABINIERI etc*) brigadier *m*.
brigante [bri'gante] *sm* brigand *m*.
brigata [bri'gata] *sf* (*gruppo*) bande *f*; (*MIL*) brigade *f*; **le Brigate Rosse** (*POL*) les Brigades Rouges.
brigatismo [briga'tizmo] *sm* (*POL*) *phénomène des Brigades Rouges.*
brigatista, -i, -e [briga'tista] *sm/f* (*POL*) membre *m* des Brigades Rouges.
briglia ['briʎʎa] *sf* rêne *f*; **briglie** *sfpl* bride *fsg*; **a** ~ **sciolta** (*anche fig*) à bride abattue.
brillante [bril'lante] *agg* brillant(e) ♦ *sm* brillant *m*.
brillantina [brillan'tina] *sf* brillantine *f*.
brillare [bril'lare] *vi* (*anche fig*) briller; (*mina*) exploser ♦ *vt* (*mina*) faire sauter; (*riso*) décortiquer.
brillo, -a ['brillo] *agg* (*alticcio*) gris(e).
brina ['brina] *sf* givre *m*.
brindare [brin'dare] *vi*: ~ **(a qc/qn)** porter un toast (à qch/qn).
brindisi ['brindizi] *sm inv* toast *m*.
brio ['brio] *sm* entrain *m*; (*opera, libro*) brio *m*; **con** ~ (*MUS*) avec brio.
brioche [bri'ɔʃ] *sf inv sorte de croissant.*
brioso, -a [bri'oso] *agg* plein(e) d'entrain, enjoué(e).
briscola ['briskola] *sf* (*gioco*) *jeu de cartes à 2 ou à 4 joueurs*; (*seme, carta*) atout *m*.
britannico, -a, -ci, -che [bri'tanniko] *agg* britannique ♦ *sm/f* Britannique *m/f*.
brivido ['brivido] *sm* frisson *m*; (*fig*) griserie *f*; **racconti del** ~ histoires *fpl* à suspense.
brizzolato, -a [brittso'lato] *agg* grisonnant(e).
brocca, -che ['brɔkka] *sf* cruche *f*.
broccato [brok'kato] *sm* brocart *m*.
broccolo ['brɔkkolo] *sm* brocoli *m*.
brodaglia [bro'daʎʎa] *sf* (*peg*: *minestra*) lavasse *f*; (: *discorso*) verbiage *m*.
brodo ['brɔdo] *sm* bouillon *m*; **lasciare (cuocere) qn nel suo** ~ laisser mijoter qn dans son jus; **tutto fa** ~ tout peut servir; ▸ **brodo ristretto** consommé *m*.
broglio ['brɔʎʎo] *sm*: ~ **elettorale** manipulations *fpl* électorales, tripotages *mpl* électoraux; **brogli** *smpl* (*intrighi*) manipulations *fpl*, manœuvres *fpl*.
bromo ['brɔmo] *sm* brome *m*.
bronchite [bron'kite] *sf* bronchite *f*.
broncio ['brontʃo] *sm* moue *f*; **tenere il** ~ **(a qn)** bouder qn.
bronco, -chi ['bronko] *sm* bronche *f*.
brontolare [bronto'lare] *vi* grogner, bougonner; (*tuono, stomaco*) gronder.
brontolio [bronto'lio] *sm* bougonnement *m*; (*stomaco*) gargouillement *m*.
brontolone, -a [bronto'lone] *agg, sm/f* rouspéteur(-euse), râleur(-euse).
bronzina [bron'dzina] *sf* (*TECN*: *cuscinetto*) coussinet *m* en bronze; (: *auto*) bielle *f*.
bronzo ['brondzo] *sm* bronze *m*; **che faccia di** ~! quel culot!
bross. *abbr* (= *in brossura*) br.
brossura [bros'sura] *sf*: **in** ~ (*libro*) broché(e).
browser ['brauzer] *sm inv* (*INFORM*) navigateur *m*.
brucare [bru'kare] *vt* brouter.
brucherà *etc* [bruke'ra] *vb vedi* **brucare**.
bruciacchiare [brutʃak'kjare] *vt* roussir, cramer (*fam*).
bruciapelo [brutʃa'pelo]: **a** ~ *avv* à bout portant; (*fig*) à brûle-pourpoint.
bruciare [bru'tʃare] *vt* brûler; (*avversari*: *SPORT, fig*) griller ♦ *vi* brûler; **bruciarsi**

vip se brûler; (*fallire*) être cuit(e); ~ **le tappe** (*fig*) brûler les étapes; **bruciarsi la carriera** ruiner sa carrière.
bruciatore [brutʃa'tore] *sm* brûleur *m*.
bruciatura [brutʃa'tura] *sf* brûlure *f*.
bruciore [bru'tʃore] *sm* brûlure *f*.
bruco, -chi ['bruko] *sm* chenille *f*.
brufolo ['brufolo] *sm* bouton *m*.
brughiera [bru'gjɛra] *sf* bruyère *f*.
brulicare [bruli'kare] *vi* fourmiller, grouiller; ~ **di** (*fig*) grouiller de, fourmiller de.
brulichio [bruli'kio] *sm* grouillement *m*, fourmillement *m*.
brullo, -a ['brullo] *agg* dépouillé(e).
bruma ['bruma] *sf* brume *f*.
bruno, -a ['bruno] *agg* brun(e).
bruscamente [bruska'mente] *avv* (*frenare, reagire*) brusquement; (*rispondere*) sèchement.
brusco, -a, -schi, -sche ['brusko] *agg* brusque.
brusio, -ii [bru'zio] *sm* (*di foglie*) bruissement *m*; (*di persone, insetti*) bourdonnement *m*.
brutale [bru'tale] *agg* brutal(e).
brutalità [brutali'ta] *sf inv* brutalité *f*.
bruto, -a ['bruto] *agg* brut(e) ♦ *sm* brute *f*.
brutta ['brutta] *sf* (*anche*: ~ **copia**) brouillon *m*.
bruttezza [brut'tettsa] *sf* laideur *f*.
brutto, -a ['brutto] *agg* laid(e), moche (*fam*); (*situazione, strada*) mauvais(e); (*malattia*) grave ♦ *sm* laid *m*; (*brutto tempo*) mauvais temps *msg*; **il ~ è che ...** le malheur c'est que ...; **hai fatto una brutta figura** tu as fait piètre figure; **vedersela brutta** (*per un attimo*) avoir chaud; (*per un periodo*) passer un mauvais quart d'heure.
bruttura [brut'tura] *sf* laideur *f*.
Bruxelles [bry'sɛl] *sf* Bruxelles.
BS *sigla* = *Brescia*.
B.T. [biti] *abbr* (= *bassa tensione*) B.T. ♦ *sigla m inv* (= *buono del Tesoro*) bon du Trésor.
btg *abbr* (= *battaglione*) bat.
BU *abbr* = *bollettino ufficiale*.
bubbone [bub'bone] *sm* bubon *m*.
buca, -che ['buka] *sf* (*cavità*) trou *m*; (*avvallamento*) creux *m*; ▶ **buca delle lettere** boîte *f* aux lettres.
bucaneve [buka'neve] *sm inv* perce-neige *f o m*.
bucare [bu'kare] *vt* (*superficie, palloncino, biglietto*) percer; (*vestiti*) trouer; (*palloncino*) crever; (*biglietto*: *controllare*) poinçonner; **bucarsi** *vip* crever; (*fam*: *drogato*) se shooter, se piquer; ~ **(una gomma)** crever (un pneu); **avere le mani bucate** (*fig*) être un panier percé.
Bucarest ['bukarest] *sf* Bucarest.
bucato [bu'kato] *sm* lessive *f*; **fare il** ~ faire la lessive.
buccia, -ce ['buttʃa] *sf* (*di frutta*) peau *f*; (: *scorza dura*) écorce *f*; (: *sbucciata*) pelure *f*.
bucherellare [bukerel'lare] *vt* cribler de trous.
bucherò *etc* [buke'rɔ] *vb vedi* **bucare**.
buco, -chi ['buko] *sm* trou *m*; **fare un ~ nell'acqua** faire chou blanc; **farsi un** ~ (*fam*: *drogarsi*) se shooter.
Budapest ['budapest] *sf* Budapest.
Budda ['budda] *sm inv* Bouddha *m*.
buddismo [bud'dizmo] *sm* bouddhisme *m*.
budello [bu'dɛllo] *sm* (*ANAT*: *pl(f) budella*: *anche*: *pl(m) budelli*: *fig, vicolo*) boyau *m*; **budella** *sfpl* boyaux *mpl*.
budino [bu'dino] *sm* flan *m*, crème *f* renversée; ~ **di cioccolata** flan au chocolat.
bue ['bue] (*pl* **buoi**) *sm* bœuf *m*.
Buenos Aires [bwenos 'aires] *sf* Buenos Aires.
bufalo ['bufalo] *sm* buffle *m*.
bufera [bu'fɛra] *sf* tempête *f*.
buffetto [buf'fetto] *sm* chiquenaude *f*, pichenette *f*.
buffo, -a ['buffo] *agg* (*divertente*) drôle, marrant(e) (*fam*); (*bizzarro*) drôle (de); **è un individuo** ~ (*bizzarro*) c'est un drôle d'individu.
buffonata [buffo'nata] *sf* bêtise *f*, idiotie *f*.
buffone [buf'fone] *sm* (*attore*) bouffon *m*; (*burlone*) pitre *m*; (*peg*) fantoche *m*.
buggerare [buddʒe'rare] *vt* rouler.
bugia [bu'dʒia] *sf* mensonge *m*.
bugiardo, -a [bu'dʒardo] *agg, sm/f* menteur(-euse).
bugigattolo [budʒi'gattolo] *sm* (*stanzino*) cagibi *m*, réduit *m*.
buio, -a ['bujo] *agg* sombre ♦ *sm* obscurité *f*, noir *m*; **fa ~ pesto** il fait noir comme dans un four.
bulbo ['bulbo] *sm* (*BOT*) bulbe *m*, oignon *m*; ▶ **bulbo oculare** globe *m* oculaire.
Bulgaria [bulga'ria] *sf* Bulgarie *f*.
bulgaro, -a ['bulgaro] *agg* bulgare ♦ *sm/f* Bulgare *m/f* ♦ *sm* bulgare *m*.
bullo ['bullo] *sm* dur *m*.
bullone [bul'lone] *sm* boulon *m*.
buoi ['bwɔji] *smpl di* **bue**.
buonafede [bwona'fede] *sf* bonne foi *f*; **in** ~ en toute bonne foi.
buonanima [bwo'nanima] *sf* = **buon'anima**; *vedi* **anima**.
buonanotte [bwona'nɔtte] *escl* bonne nuit! ♦ *sf*: **dare la ~ a** dire bonne nuit à.
buonasera [bwona'sera] *escl* bonsoir!
buoncostume [bwonkos'tume] *sm* bonnes mœurs *fpl*; **la (squadra del)** ~ (*POLIZIA*) la police des mœurs.

buondì [bwon'di] *escl* bonjour!
buongiorno [bwon'dʒorno] *escl* bonjour!
buongrado [bwon'grado] *avv*: **di** ~ avec plaisir, volontiers.
buongustaio, -a [bwongus'tajo] *sm/f* gourmet *m*.
buongusto [bwɔn'gusto] *sm* (bon) goût *m*; **avere il** ~ **di fare qc** avoir la gentillesse de faire qch.

PAROLA CHIAVE

buono, -a ['bwɔno] (*dav sm:* **buon** + *C o V,* **buono** + *s impura, gn, pn, ps, x, z; dav sf:* **buon'** + *V*) *agg* **1** (*generoso, docile*: *persona, animale*) bon(ne); (: *bambino*) sage; **essere buono con qn** être gentil avec qn; **stai buono!** reste tranquille!, sois sage; **di buon cuore** de bon cœur; **di buon grado** de bon gré; **di buon occhio** d'un bon œil; **mettere una buona parola per qn** parler en faveur de qn
2 (*di qualità*: *ristorante, cibo, lavoro, idea*) bon(ne); **che buono!** comme c'est bon!, quel régal!; **la buona società** le beau monde, la bonne société; **le buone maniere** les bonnes manières; **alla buona** sans façon(s)
3 (*abile, idoneo*: *medico, studente etc*) bon(ne); **un buon scolaro** un bon élève; **buono a nulla** bon à rien; **in buone mani** en bonnes mains; **in buone condizioni** dans de bonnes conditions; **avere buon senso** avoir du bon sens
4 (*propizio, vantaggioso*) bon(ne); **a buon mercato** (à) bon marché; **un buon cambio** un taux de change favorable; **al momento buono** au bon moment; **buon pro ti faccia** grand bien te fasse; **Dio ce la mandi buona!** que Dieu nous aide!
5 (*quantità, dose, voto*) bon(ne); **buona parte dei soldi** une bonne partie de l'argent
6 (*con valore intensivo*): **di buon'ora** de bonne heure; **di buon mattino** de bon matin; **di buon passo** d'un bon pas
7 (*auguri*): **buon compleanno!** bon anniversaire!; **buon divertimento!** amuse-toi bien!, amusez-vous bien!; **buona fortuna!** bonne chance!; **buon riposo!** repose-toi bien!, reposez-vous bien!; **buon viaggio!** bon voyage!; **tante buone cose!** bien des choses!
♦ *sm/f* (*persona*): **essere un buono/una buona** être gentil/gentille; **i buoni e i cattivi** (*in storia, film*) les bons et les méchants; **con le buone o con le cattive** de gré ou de force
♦ *sm inv* (*ciò che è buono*) bon *m*; **un poco di buono** un vaurien, un pas grand-chose; **una poco di buono** une fille de rien, une pas grand-chose; **buon per me** tant mieux pour moi
♦ *sm* (*COMM*) bon *m*; ~ **del Tesoro** bon du Trésor.

buonsenso [bwon'sɛnso] *sm* = **buon senso**; *vedi* **buono**.
buontempone [bwontem'pone] *sm* joyeux luron *m*, bon vivant *m*.
buonuscita [bwonuʃ'ʃita] *sf* (*IND*) indemnité *f* de départ; (*di affitti*) indemnité.
burattinaio, -a [buratti'najo] *sm/f* marionnettiste *m/f*.
burattino [burat'tino] *sm* marionnette *f*.
burbero, -a ['burbero] *agg* bourru(e).
Burkina ['burkina] *sm* Burkina *m*.
burla ['burla] *sf* plaisanterie *f*.
burlare [bur'lare] *vt* se moquer de; **burlarsi** *vip* se moquer de.
burocrate [bu'rɔkrate] *sm* bureaucrate *m/f*.
burocratico, -a, -ci, -che [buro'kratiko] *agg* bureaucratique.
burocrazia [burokrat'tsia] *sf* bureaucratie *f*.
burrasca, -sche [bur'raska] *sf* orage *m*.
burrascoso, -a [burras'koso] *agg* orageux(-euse); (*fig*) agité(e).
burro ['burro] *sm* beurre *m*.
burrone [bur'rone] *sm* ravin *m*.
buscare [bus'kare] *vt* (*anche*: **buscarsi**: *raffreddore*) attraper; (*pugno*) recevoir; **buscarle** (*fam*) prendre une raclée.
buscherò *etc* [buske'rɔ] *vb vedi* **buscare**.
bussare [bus'sare] *vi* frapper; ~ **a quattrini** (*fig*) demander de l'argent.
bussola ['bussola] *sf* boussole *f*; **perdere la** ~ (*fig*) perdre le nord.
busta ['busta] *sf* (*da lettera*) enveloppe *f*; (*astuccio*) étui *m*, trousse *f*; **in** ~ **chiusa/aperta** sous pli cacheté/non cacheté; ▶ **busta paga** feuille *f* de paye.
bustarella [busta'rella] *sf* (*fig*) pot-de-vin *m*, dessous-de-table *m*.
bustina [bus'tina] *sf* (*di cibi, farmaci*) sachet *m*; (*MIL*) calot *m*; ▶ **bustina di tè** sachet de thé.
busto ['busto] *sm* buste *m*; (*corsetto*) corset *m*; **a mezzo** ~ (*ritratto*) en buste; (*fotografia*) à mi-corps.
butano [bu'tano] *sm* butane *m*.
buttare [but'tare] *vt* jeter; (*sprecare*: *tempo*) perdre; (: *denaro, energia*) gaspiller; **buttarsi** *vr* (*gettarsi*: *per terra, sul letto*) se jeter; (*fig*) se jeter à l'eau; ~ **giù** (*schizzare*: *scritto*) jeter sur le papier; (*cibo, boccone*) avaler; (*edificio*) abattre, démolir; (*pasta, verdura*) faire cuire; **buttarsi giù** (*avvilirsi*) se décourager; **ho buttato là una frase** j'ai lancé une remarque; **buttarsi dalla finestra** se jeter par la fenêtre; **buttarsi in acqua** sauter dans l'eau; ~ **fuori qn** chasser qn; ~ **via qc** jeter qch; **buttiamoci!** on y va!

buzzo ['buddzo] *sm*: **di ~ buono** (*con impegno*) avec beaucoup de zèle.

C, c

C, c [tʃi] *sf o m inv* (*lettera*) C, c *m inv*; **~ come Como** ≈ C comme Célestin.
C *abbr* (*GEO*) = **capo**; (= *Celsius, centigrado*) C.
c *abbr* (= *conto*) cpte.
CA *sigla* = *Cagliari*.
c.a. *abbr* (*ELETTR*) = **corrente alternata**; (*COMM* = *corrente anno*) année en cours, année courante.
cab. *abbr* = **cablogramma**.
cabaret [kaba'rɛ] *sm inv* cabaret *m*.
cabina [ka'bina] *sf* cabine *f*; (*da spiaggia*) cabine (de bain); (*di aereo*) cockpit *m*; (*di seggio elettorale*) isoloir *m*; ▸ **cabina di pilotaggio** cabine de pilotage; ▸ **cabina di proiezione** (*CINE*) cabine de projection; ▸ **cabina di registrazione** studio *m* d'enregistrement; ▸ **cabina telefonica** cabine téléphonique.
cabinato [kabi'nato] *sm* yacht *m*.
cablaggio [ka'bladdʒo] *sm* câblage *m*.
cablogramma [kablo'gramma] *sm* câblogramme *m*.
cacao [ka'kao] *sm* (*BOT*) cacaotier *m*, cacaoyer *m*; (*CUC*) cacao *m*.
cacca ['kakka] *sf* (*fam*) caca *m*.
caccia ['kattʃa] *sf* chasse *f* ♦ *sm inv* (*AER*) chasseur *m*; (*NAUT*) contre-torpilleur *m*; **andare a ~** aller à la chasse; **dare la ~ a qn** donner la chasse à qn; ▸ **caccia all'uomo** chasse à l'homme; ▸ **caccia grossa** chasse aux fauves.
cacciabombardiere [kattʃabombar'djɛre] *sm* chasseur-bombardier *m*.
cacciagione [kattʃa'dʒone] *sf* gibier *m*.
cacciare [kat'tʃare] *vt* (*anche fig*) chasser; (*ficcare*) fourrer ♦ *vi* chasser; **cacciarsi** *vr* (*fam*) se fourrer; **~ fuori qn** mettre qn à la porte; **~ un urlo** pousser un cri; **dove s'è cacciato?** où s'est-il fourré?; **cacciarsi nei guai** se fourrer dans le pétrin.
cacciatora [kattʃa'tora] *sf*: **alla ~** (*CUC*: *pollo etc*) (à la) chasseur; **(giacca alla) ~** veste *f* de chasseur.
cacciatore, -trice [kattʃa'tore] *sm* chasseur(-euse); ▸ **cacciatore di dote** coureur *m* de dot; ▸ **cacciatore di frodo** braconnier *m*.
cacciatorpediniere [kattʃatorpedi'njɛre] *sm* contre-torpilleur *m*, destroyer *m*.
cacciavite [kattʃa'vite] *sm inv* tournevis *msg*.
cachemire [kaʃ'mir] *sm inv* cachemire *m*.
cachet [ka'ʃɛ] *sm inv* (*MED*) cachet *m*, gélule *f*; (*compenso*) cachet; (*per capelli*) couleur *f*.
cachi ['kaki] *sm inv* kaki *m inv* ♦ *agg inv* kaki *ag inv*.
cacio ['katʃo] *sm* fromage *m*; **come il ~ sui maccheroni** à point, à pic.
cactus ['kaktus] *sm inv* cactus *msg*.
cadavere [ka'davere] *sm* cadavre *m*.
cadaverico, -a, -ci, -che [kada'vɛriko] *agg* cadavérique, cadavéreux(-euse).
caddi *etc* ['kaddi] *vb vedi* **cadere**.
cadente [ka'dɛnte] *agg* croulant(e).
cadenza [ka'dɛntsa] *sf* cadence *f*; (*dialettale, linguistica*) accent *m*.
cadere [ka'dere] *vi* tomber; **questa gonna cade bene** cette jupe tombe bien; **Natale cade di lunedì** Noël tombe un lundi; **lasciar ~** (*anche fig*) laisser tomber; **~ dal sonno** tomber de sommeil; **~ dalle nuvole** (*fig*) tomber des nues.
cadetto, -a [ka'detto] *agg* cadet(te) ♦ *sm* (*anche MIL*) cadet *m*; **squadra cadetta** équipe *f* de cadets *o* cadettes.
cadrò *etc* [ka'drɔ] *vb vedi* **cadere**.
caduta [ka'duta] *sf* chute *f*; **contro la ~ dei capelli** contre la chute des cheveux; **~ di tensione** chute de tension.
caduto, -a [ka'duto] *agg* mort(e) à la guerre ♦ *sm* mort *m* de la guerre; **monumento ai caduti** monument *m* aux Morts.
caffè [kaf'fɛ] *sm inv* (*pianta*) caféier *m*; (*bevanda, locale*) café *m*; ▸ **caffè corretto/macchiato** café arrosé/crème; ▸ **caffè in grani** café en grains; ▸ **caffè macinato** café moulu.
caffeina [kaffe'ina] *sf* caféine *f*.
caffel(l)atte [kaffe'l(l)atte] *sm inv* café *m* au lait.
caffetteria [kaffette'ria] *sf* cafétéria *f*.
caffettiera [kaffet'tjɛra] *sf* cafetière *f*.
cafone, -a [ka'fone] *sm/f, agg* (*peg*) plouc *m/f*.
cagionare [kadʒo'nare] *vt* (*morte, danno*) causer; (*preoccupazione, ritardo*) occasionner; **~ (qc a qn)** (*danno etc*) causer (qch à qn).
cagionevole [kadʒo'nevole] *agg* fragile, délicat(e).
cagliare [kaʎ'ʎare] *vi* cailler.
Cagliari ['kaʎʎari] *sf* Cagliari.
cagliaritano, -a [kaʎʎari'tano] *agg* de Cagliari.
cagna ['kaɲɲa] *sf* chienne *f*; (*peg*) garce *f*.
cagnara [kaɲ'ɲara] *sf* boucan *m*; (*fig*: *in*

classe) chahut *m*; **far ~** faire du chahut.
cagnesco, -a, -schi, -sche [kaɲ'ɲesko] *agg* (*fig*): **guardare qn in ~** regarder qn de travers; **guardarsi in ~** se regarder en chiens de faïence.
CAI ['kai] *sigla m* = *Club Alpino Italiano.*
Cairo ['kairo] *sm*: **il ~** Le Caire.
calabrese [kala'brese] *agg* calabrais(e) ♦ *sm/f* Calabrais(e).
Calabria [ka'labrja] *sf* Calabre *f*.
calabrone [kala'brone] *sm* bourdon *m*, frelon *m*.
Calahari [kala'ari] *sm*: **il Deserto di ~** le Désert de Kalahari.
calamaio [kala'majo] *sm* encrier *m*.
calamaro [kala'maro] *sm* calmar *m*.
calamita [kala'mita] *sf* aimant *m*.
calamità [kalami'ta] *sf inv* calamité *f*, catastrophe *f*; ▸**calamità naturale** catastrophe naturelle.
calare [ka'lare] *vt* (*corda*) faire descendre; (*scialuppa*) mettre à l'eau; (*ancora*) jeter; (*MAGLIA*) diminuer ♦ *vi* (*sole*) baisser, se coucher; (*notte, silenzio*) tomber; (*rumore, tensione, prezzo, inflazione*) baisser; (*febbre*) baisser, tomber; **~ di peso** maigrir.
calata [ka'lata] *sf* (*invasione*) invasion *f*.
calca ['kalka] *sf* cohue *f*, foule *f*; **farsi largo nella ~** fendre la foule.
calcagno [kal'kaɲɲo] *sm* talon *m*.
calcare [kal'kare] *sm* calcaire *m* ♦ *vt* (*coi piedi*) fouler; (*premere, fig*) appuyer sur; (*cappello*) enfoncer; **~ la mano** (*fig*) y aller (un peu) fort; **~ le scene** monter sur les planches; **~ le orme di qn** (*fig*) marcher sur les traces de qn.
calce ['kaltʃe] *sm*: **in ~** au bas de la page ♦ *sf* (*composto*) chaux *fsg*; ▸**calce viva** chaux vive.
calcestruzzo [kaltʃes'truttso] *sm* béton *m*.
calcherò *etc* [kalke'rɔ] *vb vedi* **calcare**.
calciare [kal'tʃare] *vi* (*animale*) ruer; (*persona*) donner des coups de pied ♦ *vt* (*persona, oggetto*) donner des coups de pied (à); **~ il pallone** tirer, shooter.
calciatore, -trice [kaltʃa'tore] *sm/f* footballeur(-euse).
calcinaccio [kaltʃi'nattʃo] *sm* plâtras *msg*; **calcinacci** *smpl* (*rovine*) décombres *mpl*.
calcio, -ci ['kaltʃo] *sm* (*di persona*) coup *m* de pied; (*di animale*) ruade *f*; (*SPORT*) football *m*; (*di pistola, fucile*) crosse *f*; (*CHIM*) calcium *m*; **dare un ~ a qn/qc** donner un coup de pied à qn/qch; **prendere qn/qc a calci** donner des coups de pied à qn/qch; ▸**calcio d'angolo** corner *m*; ▸**calcio di punizione** coup franc.
calco, -chi ['kalko] *sm* moulage *m*.
calcolare [kalko'lare] *vt* calculer; (*persona, fatto*) penser à, tenir compte de.
calcolatore, -trice [kalkola'tore] *agg, sm/f* (*fig*) calculateur(-trice) ♦ *sm* (*macchina*) calculateur *m* ♦ *sf* (*anche*: **macchina calcolatrice**) machine *f* à calculer, calculatrice *f*; ▸**calcolatore da tavolo** ordinateur *m* de bureau; ▸**calcolatore digitale** calculateur numérique; ▸**calcolatore elettronico** ordinateur; ▸**calcolatrice tascabile** calculatrice de poche, calculette *f*.
calcolo ['kalkolo] *sm* calcul *m*; **fare il ~ di** calculer; **far ~ su qn** compter sur qn; **fare i propri calcoli** (*fig*) faire ses calculs; **per ~** (*fig*) par calcul.
caldaia [kal'daja] *sf* (*TECN*) chaudière *f*.
caldarrosta [kaldar'rɔsta] *sf* marron *m* chaud.
caldeggiare [kalded'dʒare] *vt* soutenir, appuyer.
caldo, -a ['kaldo] *agg* chaud(e); (*fig*: *abbraccio etc*) chaleureux(-euse) ♦ *sm* chaleur *f*; **aver ~** avoir chaud; **fa ~** il fait chaud; **non mi fa né ~ né freddo** cela ne me fait ni chaud ni froid; **a ~** (*fig*) à chaud.
caleidoscopio [kaleidos'kɔpjo] *sm* kaléidoscope *m*.
calendario [kalen'darjo] *sm* calendrier *m*; (*taccuino*) agenda *m*; (*di teatro, cinema*) programme *m*.
calende [ka'lɛnde] *sfpl*: **rimandare qc alle ~ greche** renvoyer qch aux calendes grecques.
calesse [ka'lɛsse] *sm* cabriolet *m*.
calibro ['kalibro] *sm* calibre *m*; (*fig*) calibre, acabit *m*; **un personaggio di grosso ~** un gros bonnet.
calice ['kalitʃe] *sm* verre *m* à pied; (*REL*) calice *m*.
California [kali'fɔrnja] *sf* Californie *f*.
californiano, -a [kalifor'njano] *agg* californien(ne).
caligine [ka'lidʒine] *sf* brume *f*, brouillard *m*; (*nebbia, fumo*) smog *m*.
calligrafia [kalligra'fia] *sf* calligraphie *f*; (*scrittura*) écriture *f*.
callista, -i [kal'lista] *sm/f* pédicure *m/f*.
callo ['kallo] *sm* (*ai piedi*) cor *m*, durillon *m*; (*alle mani*) durillon; **fare il ~ a qc** (*fig*) se faire à qch.
calma ['kalma] *sf* calme *m*; **faccia con ~** prenez votre temps; **~ (di vento)** temps *msg* calme; ▸**calma equatoriale** calme équatorial.
calmante [kal'mante] *agg* calmant(e) ♦ *sm* calmant *m*.
calmare [kal'mare] *vt* calmer; **calmarsi** *vip* se calmer; (*vento, onde*) se calmer.
calmiere [kal'mjɛre] *sm* prix *msg* fixe.
calmo, -a ['kalmo] *agg* calme.
calo ['kalo] *sm* (*di prezzi, vendite*) baisse *f*,

diminution *f*; (*di volume, peso*) diminution; (*di vista, udito*) baisse; **essere in ~** (*popolarità*) être en baisse.
calore [ka'lore] *sm* chaleur *f*; **essere in ~** (*ZOOL*) être en chaleur.
caloria [kalo'ria] *sf* calorie *f*.
calorico, -a, -ci, -che [ka'lɔriko] *agg* calorifique; **a basso contenuto ~** pauvre en calories.
calorifero [kalo'rifero] *sm* calorifère *m*.
calorosamente [kalorosa'mente] *avv* (*accogliere*) chaleureusement, avec chaleur.
caloroso, -a [kalo'roso] *agg* (*persona*) qui n'est pas frileux(-euse); (*fig: accoglienza, applauso*) chaleureux(-euse); **essere ~** ne pas être frileux(-euse); (*fig*) être chaleureux(-euse).
calotta [ka'lɔtta] *sf* calotte *f*; ▸ **calotta dello spinterogeno** tête *f* de delco ®; ▸ **calotta sferica** calotte sphérique; ▸ **calotte polari** calottes glaciaires.
calpestare [kalpes'tare] *vt* piétiner; (*fig: diritti, sentimenti*) fouler aux pieds; **"è vietato ~ l'erba"** "défense de marcher sur la pelouse".
calunnia [ka'lunnja] *sf* calomnie *f*.
calunniare [kalun'njare] *vt* calomnier.
calvario [kal'varjo] *sm* (*anche fig*) calvaire *m*.
calvinismo [kalvi'nizmo] *sm* calvinisme *m*.
calvizie [kal'vittsje] *sf* calvitie *f*.
calvo, -a ['kalvo] *agg* chauve.
calza ['kaltsa] *sf* (*da donna*) bas *msg*; (*da uomo*) chaussette *f*; **fare la ~** tricoter; ▸ **calze di nailon** bas *mpl* de nylon.
calzamaglia [kaltsa'maʎʎa] *sf* collant *m*; (*per danza, ginnastica*) justaucorps *msg*.
calzare [kal'tsare] *vt* (*scarpe*) chausser; (*guanti*) mettre, enfiler; (*avere addosso*) porter ♦ *vi*: **~ a qn** (*giacca, gonna*) aller à qn; **~ a pennello** (*abito*) aller comme un gant; **è un esempio che calza a pennello** c'est un exemple on ne peut mieux choisi.
calzatura [kaltsa'tura] *sf* chaussure *f*.
calzaturificio [kaltsaturi'fitʃo] *sm* fabrique *f* de chaussures.
calzetta [kal'tsetta] *sf* chaussette *f*; **una mezza ~** (*fig*) une demi-portion.
calzettone [kaltset'tone] *sm* chaussette *f*.
calzino [kal'tsino] *sm* socquette *f*.
calzolaio [kaltso'lajo] *sm* chausseur *m*; (*che ripara scarpe*) cordonnier *m*.
calzoleria [kaltsole'ria] *sf* (*negozio*) magasin *m* de chaussures, cordonnerie *f*; (*arte*) fabrication *f* de chaussures.
calzoncini [kaltson'tʃini] *smpl* short *m*; ▸ **calzoncini da bagno** maillot *m* de bain.
calzone [kal'tsone] *sm* jambe *f* de pantalon; (*CUC*) chausson *m*; **calzoni** *smpl* (*pantaloni*) pantalon *msg*; **portare i calzoni** (*fig*) porter la culotte.
camaleonte [kamale'onte] *sm* (*anche fig*) caméléon *m*.
cambiale [kam'bjale] *sf* lettre *f* de change, effet *m*; (*pagherò cambiario*) billet *m* à ordre; ▸ **cambiale di comodo/favore** effet de complaisance.
cambiamento [kambja'mento] *sm* changement *m*.
cambiare [kam'bjare] *vt* changer; (*banconota: in spiccioli*) faire de la monnaie; (*barattare*): **~ (qc con qn/qc)** échanger (qch avec qn/contre qch) ♦ *vi* changer; **cambiarsi** *vr, vip*: **cambiarsi (d'abito)** se changer; **~ casa** déménager; **~ idea** changer d'idée; **~ (marcia)/(treno)** changer (de vitesse)/(de train); **cambiarsi la camicia** changer de chemise; **mi cambia 10.000 lire?** (*in spiccioli*) est-ce que vous avez la monnaie de 10 000 lires?; **~ le carte in tavola** (*fig*) changer les données du jeu; **~ (l')aria in una stanza** aérer une pièce, renouveler l'air d'une pièce; **è ora di ~ aria** (*andarsene*) il est temps de changer d'air.
cambiavalute [kambjava'lute] *sm inv* (*persona*) cambiste *m*, changeur *m*; (*ente*) bureau *m* de change.
cambio ['kambjo] *sm* changement *m*; (*sostituzione*) échange *m*; (*scambio, COMM*) change *m*; (*TECN, AUT*) boîte *f* de vitesses; **in ~ di** en échange de; **dare il ~ a qn** relayer qn, prendre la relève de qn; **fare il ~** échanger; **c'è stato il ~ della guardia nel partito** il y a eu un changement à la tête du parti; ▸ **cambio a termine** (*COMM*) change à terme; ▸ **cambio della guardia** relève *f* de la garde.
Cambital ['kambital] *sigla m* = *Ufficio Italiano dei Cambi*.
Cambogia [kam'bodʒa] *sf* Cambodge *m*.
cambogiano, -a [kambo'dʒano] *agg* cambodgien(ne) ♦ *sm/f* Cambodgien(ne).
cambusa [kam'buza] *sf* cambuse *f*.
camera ['kamera] *sf* (*anche POL*) chambre *f*; (*anche*: **~ da letto**) chambre (à coucher); ▸ **camera a gas** chambre à gaz; ▸ **camera a un letto/due letti** chambre à un lit/deux lits; ▸ **camera ardente** chapelle *f* ardente; ▸ **camera blindata** chambre forte; ▸ **camera da pranzo** salle *f* à manger; ▸ **camera d'aria** (*di pneumatico, pallone*) chambre à air; ▸ **Camera dei Deputati** Chambre des députés; ▸ **Camera dei Senatori** Sénat *m*; ▸ **camera del lavoro** chambre des Métiers; ▸ **camera di commercio** chambre de commerce; ▸ **camera di consiglio** chambre du conseil; ▸ **camera matrimoniale** chambre pour deux (person-

nes); ▸ **camera oscura** (*FOT*) chambre noire.
camerata, -i, -e [kame'rata] *sm/f* (*compagno: di studio*) camarade *m/f*; (*d'armi*) compagnon *m* ♦ *sf* chambrée *f*.
cameratismo [kamera'tizmo] *sm* camaraderie *f*.
cameriera [kame'rjɛra] *sf* (*domestica*) employée *f* de maison; (*di ristorante*) serveuse *f*; (*di albergo*) femme *f* de chambre.
cameriere [kame'rjɛre] *sm* (*domestico*) employé *m*; (*di ristorante*) serveur *m*, garçon *m*; (*di albergo*) garçon.
camerino [kame'rino] *sm* (*TEATRO*) loge *f*.
Camerun ['kamerun] *sm* Cameroun *m*.
camice ['kamitʃe] *sm* (*REL*) aube *f*; (*per medici, tecnici*) blouse *f*.
camicetta [kami'tʃetta] *sf* chemisier *m*.
camicia, -cie [ka'mitʃa] *sf* chemise *f*; **nato con la** ~ (*fig*) né coiffé; **sudare sette camicie** (*fig*) suer sang et eau; ▸ **camicia da notte** chemise de nuit; ▸ **camicia di forza** camisole *f* de force; ▸ **Camicia nera** (*POL*) chemise noire.
camiciaio, -a [kami'tʃajo] *sm/f* chemisier *m*.
camiciola [kami'tʃɔla] *sf* maillot *m* de corps.
camiciotto [kami'tʃɔtto] *sm* chemise *f* à manches courtes; (*per operai*) blouse *f*.
caminetto [kami'netto] *sm* cheminée *f*.
camino [ka'mino] *sm* cheminée *f*.
camion ['kamjon] *sm inv* camion *m*.
camioncino [kamjon'tʃino] *sm* camionnette *f*.
camionetta [kamjo'netta] *sf* camionnette *f*.
camionista, -i [kamjo'nista] *sm* routier *m*.
camma ['kamma] *sf* (*TECN*) came *f*; **albero a camme** arbre *m* à cames.
cammello [kam'mello] *sm* (*ZOOL*) chameau *m*; (*tessuto*) poil *m* de chameau.
cammeo [kam'mɛo] *sm* camée *m*.
camminare [kammi'nare] *vi* marcher.
camminata [kammi'nata] *sf* marche *f*; **fare una** ~ faire une promenade.
cammino [kam'mino] *sm* marche *f*; (*tratto percorso*) chemin *m*; (*direzione, tragitto*) chemin, route *f*; **mettersi in** ~ se mettre en route; **cammin facendo** chemin faisant; **riprendere il** ~ se remettre en route.
camomilla [kamo'milla] *sf* camomille *f*.
camorra [ka'mɔrra] *sf* *organisation secrète napolitaine analogue à la Mafia*; (*fig*) gang *m*.
camorrista, -i, -e [kamor'rista] *sm/f* (*vedi sf*) *membre de la camorra*; truand(e).
camoscio [ka'mɔʃʃo] *sm* chamois *msg*; (*pelle*) peau *f* de chamois.
campagna [kam'paɲɲa] *sf* campagne *f*; **in** ~ à la campagne; **andare in** ~ aller à la campagne; **fare una** ~ (*MIL*) faire campagne; (*POL*) faire une campagne électorale; ▸ **campagna promozionale vendite** campagne de promotion (des ventes); ▸ **campagna pubblicitaria** campagne publicitaire.
campagnola [kampaɲ'ɲɔla] *sf* (*AUT*) jeep *f*.
campagnolo, -a [kampaɲ'ɲɔlo] *agg* campagnard(e).
campale [kam'pale] *agg* de campagne; **una giornata** ~ (*fig*) une rude journée.
campana [kam'pana] *sf* cloche *f*; **sordo come una** ~ sourd comme un pot; **sentire l'altra** ~ (*fig*) entendre un autre son de cloche.
campanella [kampa'nɛlla] *sf* (*piccola campana*) clochette *f*; (*anello: su portone, muro*) heurtoir *m*; (*di tenda*) anneau *m*.
campanello [kampa'nɛllo] *sm* sonnette *f*; ▸ **campanello d'allarme** (*anche fig*) sonnette d'alarme; ▸ **campanello elettrico** sonnette électrique.
Campania [kam'panja] *sf* Campanie *f*.
campanile [kampa'nile] *sm* clocher *m*.
campanilismo [kampani'lizmo] *sm* (*peg*) esprit *m* de clocher.
campano, -a [kam'pano] *agg* campanien(ne) ♦ *sm/f* Campanien(ne).
campare [kam'pare] *vi* vivre; (*tirare avanti*) faire aller.
campato, -a [kam'pato] *agg*: ~ **in aria** (*ragionamento*) sans queue ni tête.
campeggiare [kamped'dʒare] *vi* faire du camping, camper; (*spiccare, risaltare*) ressortir, se détacher.
campeggiatore, -trice [kampeddʒa'tore] *sm/f* campeur(-euse).
campeggio, -gi [kam'peddʒo] *sm* camping *m*.
campestre [kam'pɛstre] *agg* champêtre.
camping ['kæmpiŋ] *sm inv* camping *m*.
campionamento [kampjona'mento] *sm* échantillonnage *m*.
campionario, -a [kampjo'narjo] *agg*: **fiera campionaria** foire-exposition *f* ♦ *sm* catalogue *m* d'échantillons.
campionato [kampjo'nato] *sm* championnat *m*.
campionatura [kampjona'tura] *sf* (*COMM*) échantillonnage *m*; (*STATISTICA*) échantillon *m*.
campione, -essa [kam'pjone] *sm/f* (*SPORT, fig*) champion(ne) ♦ *sm* (*saggio*) échantillon *m* ♦ *agg inv*: **squadra** ~ équipe *f* championne; **indagine** ~ analyse *f* d'un échantillon; **pugile/atleta** ~ champion de boxe/d'athlétisme; ▸ **campione del mondo** champion(ne) du monde; ▸ **campione di misura** étalon *m*; ▸ **campione**

gratuito échantillon gratuit.

campo ['kampo] *sm* (*AGR, spazio delimitato*) terrain *m*; (*MIL, sfondo*) champ *m*; (*accampamento*) camp *m*, campement *m*; (*settore, ambito*) domaine *m*; **i campi** (*campagna*) les champs; ▸**campo da aviazione** terrain d'aviation; ▸**campo da tennis** court *m* de tennis; ▸**campo di battaglia** (*MIL, fig*) champ de bataille; ▸**campo di concentramento** camp de concentration; ▸**campo di golf** terrain de golf; ▸**campo lungo** (*CINE, TV, FOT*) plan *m* général; ▸**campo profughi** camp de réfugiés; ▸**campo sportivo** terrain de sport; ▸**campo visivo** champ visuel; ▸**campi di neve** pistes *fpl*.

campobassano, -a [kampobas'sano] *agg* de Campobasso.

Campobasso [kampo'basso] *sf* Campobasso.

camposanto [kampo'santo] (*pl* **campisanti**) *sm* cimetière *m*.

camuffare [kamuf'fare] *vt* camoufler; **camuffarsi** *vr*: **camuffarsi (da)** se déguiser (en).

CAN *abbr* (= *Costo, Assicurazione e Nolo*) caf.

Can. *abbr* (*GEO*) = *canale*.

Canada [kana'da] *sm* Canada *m*.

canadese [kana'dese] *agg* canadien(ne) ♦ *sm/f* Canadien(ne); **(tenda)** ~ canadienne *f*.

canaglia [ka'naʎʎa] *sf* (*peg*) canaille *f*, crapule *f*.

canale [ka'nale] *sm* (*anche fig*) canal *m*; (*TV*) chaîne *f*.

canapa ['kanapa] *sf* chanvre *m*; ▸**canapa indiana** (*BOT*) chanvre indien.

Canarie [ka'narje] *sfpl*: **le (isole)** ~ les (îles) Canaries *fpl*.

canarino [kana'rino] *sm* canari *m* ♦ *agg inv* (*colore*): **(giallo)** ~ jaune canari *agg inv*.

cancellare [kantʃel'lare] *vt* (*depennare*) rayer, biffer; (*con gomma*) effacer; (*annullare*) annuler.

cancellata [kantʃel'lata] *sf* grille *f*.

cancelleria [kantʃelle'ria] *sf* (*AMM*: *ufficio e residenza del cancelliere*) chancellerie *f*; (: *per atti di pubbliche autorità*) greffe *m*; (*quanto necessario per scrivere*) fournitures *fpl* de bureau.

cancelliere [kantʃel'ljɛre] *sm* (*di tribunale*) greffier *m*; (*in Germania*) chancelier *m*.

cancello [kan'tʃɛllo] *sm* grille *f*.

cancerogeno, -a [kantʃe'rɔdʒeno] *agg* cancérigène ♦ *sm* substance *f* cancérigène.

cancerologo, -a, -gi, -ghe [kantʃe'rɔlogo] *sm/f* cancérologue *m/f*.

canceroso, -a [kantʃe'roso] *agg, sm/f* cancéreux(-euse).

cancrena [kan'krɛna] *sf* gangrène *f*.

cancro ['kankro] *sm* cancer *m*; (*ZODIACO*): **C~** Cancer; **essere del C~** être (du) Cancer.

candeggiare [kanded'dʒare] *vt* javelliser.

candeggina [kanded'dʒina] *sf* eau *f* de Javel.

candeggio [kan'deddʒo] *sm* javellisation *f*.

candela [kan'dela] *sf* (*anche AUT*): ~ **(di accensione)** bougie *f*; **una lampadina da 100 candele** (*ELETTR*) une ampoule de 100 candelas; **a lume di** ~ aux chandelles; **tenere la** ~ (*fig*) tenir la chandelle.

candelabro [kande'labro] *sm* candélabre *m*.

candeliere [kande'ljɛre] *sm* chandelier *m*.

candelotto [kande'lɔtto] *sm*: ~ **di dinamite** bâton *m* de dynamite; ▸**candelotto fumogeno** grenade *f* fumigène.

candidare [kandi'dare] *vt* (*per incarico, POL*) poser la candidature de; **candidarsi** *vr* poser sa candidature.

candidato, -a [kandi'dato] *sm/f* candidat(e).

candidatura [kandida'tura] *sf* candidature *f*.

candido, -a ['kandido] *agg* (*bianchissimo*) immaculé(e); (*fig*) candide.

candito, -a [kan'dito] *agg* glacé(e), confit(e) ♦ *sm* fruit *m* confit.

candore [kan'dore] *sm* (*vedi agg*) blancheur *f* immaculée; candeur *f*.

cane ['kane] *sm* (*anche di pistola, fucile*) chien *m*; **fa un freddo** ~ il fait un froid de canard; **non c'era un** ~ (*fig*) il n'y avait pas un chat; **quell'attore è un** ~ cet acteur joue comme un pied; ▸**cane da caccia/da guardia** chien de chasse/de garde; ▸**cane da salotto/da slitta** chien de salon/de traîneau; ▸**cane lupo** chien-loup *m*; ▸**cane pastore** chien de berger.

canestro [ka'nestro] *sm* corbeille *f*, panier *m*; (*SPORT*) panier; **fare un** ~ (*SPORT*) marquer un panier.

canfora ['kanfora] *sf* camphre *m*.

cangiante [kan'dʒante] *agg* changeant(e), chatoyant(e); **seta** ~ soie *f* chatoyante.

canguro [kan'guro] *sm* kangourou *m*.

canicola [ka'nikola] *sf* canicule *f*.

canile [ka'nile] *sm* niche *f*; (*allevamento*) chenil *m*; ▸**canile municipale** fourrière *f*.

canino, -a [ka'nino] *agg* canin(e) ♦ *sm* canine *f*.

canna ['kanna] *sf* (*pianta*) canne *f*, roseau *m*; (*bastone, tubo*) canne; (*di fucile*) canon *m*; (*di organo*) tuyau *m*; (*fam*: *spinello*) joint *m*; ▸**canna da pesca** canne à pêche; ▸**canna da zucchero** canne à sucre; ▸**canna fumaria** tuyau de cheminée.

cannella [kan'nɛlla] *sf* (*CUC*) cannelle *f*.
cannelloni [kannel'loni] *smpl* (*CUC*) cannelloni *mpl*.
canneto [kan'neto] *sm* cannaie *f*.
cannibale [kan'nibale] *sm/f* cannibale *m/f*.
cannocchiale [kannok'kjale] *sm* lunette *f*, longue-vue *f*.
cannonata [kanno'nata] *sf* coup *m* de canon; **quello spettacolo è una** ~ (*fig*) ce spectacle c'est du tonnerre (*fam*).
cannone [kan'none] *sm* canon *m*; (*di gonna*) pli *m* rond; (*fig*) crack *m*, champion *m* ♦ *agg inv*: **donna** ~ *très grosse femme montrée dans les foires*.
cannoniere [kanno'njɛre] *sm* (*NAUT*) canonnier *m*; (*CALCIO*) buteur *m*.
cannuccia, -ce [kan'nuttʃa] *sf* paille *f*.
canoa [ka'nɔa] *sf* (*NAUT*) canoë *m*.
canone ['kanone] *sm* (*mensile, annuo*) redevance *f*; (*criterio normativo*) canon *m*; **equo** ~ (*affitto*) *loyer maximum que le propriétaire peut exiger du locataire en vertu de la loi 392 de 1978*.
canonica, -che [ka'nɔnika] *sf* presbytère *m*, cure *f*.
canonico, -a, -ci, -che [ka'nɔniko] *agg* canonique ♦ *sm* chanoine *m*.
canonizzare [kanonid'dzare] *vt* canoniser.
canoro, -a [ka'nɔro] *agg* (*uccello*) chanteur(-euse); (*doti*) mélodieux(-euse).
canottaggio [kanot'taddʒo] *sm* aviron *m*.
canottiera [kanot'tjɛra] *sf* maillot *m* de corps.
canotto [ka'nɔtto] *sm* canot *m*.
canovaccio, -ci [kano'vattʃo] *sm* (*tela, trama teatrale, LETT*) canevas *msg*; (*strofinaccio*) torchon *m*.
cantante [kan'tante] *sm/f* chanteur(-euse).
cantare [kan'tare] *vi, vt* chanter; ~ **vittoria** chanter victoire; **fare** ~ **qn** (*fig*) faire chanter qn.
cantastorie [kantas'tɔrje] *sm/f inv* chanteur(-euse) ambulant(e).
cantautore, -trice [kantau'tore] *sm/f* compositeur-interprète *m*.
canticchiare [kantik'kjare] *vt* chantonner, fredonner ♦ *vi* chantonner.
cantiere [kan'tjere] *sm* (*EDIL*) chantier *m*; (*anche*: ~ **navale**) chantier naval.
cantilena [kanti'lɛna] *sf* (*filastrocca*) cantilène *f*, rengaine *m*; (*fig*) voix *fsg* monotone.
cantina [kan'tina] *sf* cave *f*; (*bottega*) débit *m* de vin; ▶ **cantina sociale** coopérative *f* vinicole.
canto ['kanto] *sm* chant *m*; (*melodia*) chanson *f*; (*POESIA*) poème *m*; (: *parte di una poesia*) strophe *f*; **da un** ~ (*parte, lato*) d'une part; **d'altro** ~ d'autre part.
cantonata [kanto'nata] *sf* (*angolo d'edificio*) coin *m* (de la rue); **prendere una** ~ (*fig*) se tromper complètement.
cantone [kan'tone] *sm* canton *m*.
cantoniera [kanto'njɛra] *agg*: **(casa)** ~ maison *f* cantonnière.
cantuccio [kan'tuttʃo] *sm* (*angolo tranquillo, fig*) coin *m*; (*angolo interno di stanza, di mobile*) recoin *m*.
canuto, -a [ka'nuto] *agg* blanc(blanche).
canzonare [kantso'nare] *vt* railler, se moquer de.
canzonatura [kantsona'tura] *sf* raillerie *f*.
canzone [kan'tsone] *sf* (*MUS*) chanson *f*; (*POESIA*) canzone *f*.
canzoniere [kantso'njɛre] *sm* (*MUS*) recueil *f* de chansons; (*LETT*) chansonnier *m*.
caos ['kaos] *sm inv* chaos *msg*.
caotico, -a, -ci, -che [ka'ɔtiko] *agg* chaotique.
CAP [kap] *sigla m* = *codice di avviamento postale*.
cap. *abbr* (= *capitolo*) chap.
capace [ka'patʃe] *agg* (*locale*) vaste; (*persona*) capable; **essere** ~ **di fare qc** être capable de faire qch; ~ **d'intendere e di volere** (*DIR*) en pleine possession de toutes ses facultés.
capacità [kapatʃi'ta] *sf inv* (*capienza*) capacité *f*, contenance *f*; (*abilità, DIR*) capacité; ▶ **capacità di memoria** (*INFORM*) capacité de mémoire; ▶ **capacità produttiva** capacité de production.
capacitarsi [kapatʃi'tarsi] *vip*: ~ **di** se rendre compte de.
capanna [ka'panna] *sf* cabane *f*, hutte *f*.
capannello [kapan'nello] *sm* groupe *m*.
capanno [ka'panno] *sm* (*di cacciatori*) affût *m*; (*da spiaggia*) cabine *f*.
capannone [kapan'none] *sm* hangar *m*.
caparbietà [kaparbje'ta] *sf* entêtement *m*, obstination *f*.
caparbio, -a [ka'parbjo] *agg* obstiné(e), entêté(e).
caparra [ka'parra] *sf* arrhes *fpl*.
capatina [kapa'tina] *sf*: **fare una** ~ **da qn/in centro** faire un saut chez qn/en ville.
capeggiare [kaped'dʒare] *vt* être à la tête de.
capello [ka'pello] *sm* cheveu *m*; **capelli** *smpl* cheveux *mpl*; **averne fin sopra i capelli di qc/qn** en avoir par-dessus la tête de qn/qch; **mi ci hanno tirato per i capelli** (*fig*) ils m'ont forcé la main; **tirato per i capelli** (*spiegazione*) tiré par les cheveux.
capellone, -a [kapel'lone] *sm/f* (*hippy*) hippy *m/f*.
capelluto, -a [kapel'luto] *agg*: **cuoio** ~ cuir *m* chevelu.
capezzale [kapet'tsale] *sm* chevet *m*.
capezzolo [ka'pettsolo] *sm* mamelon *m*.
capiente [ka'pjɛnte] *agg* grand(e), qui peut contenir beaucoup de choses.

capienza [ka'pjɛntsa] *sf* capacité *f*, contenance *f*.
capigliatura [kapiʎʎa'tura] *sf* chevelure *f*.
capillare [kapil'lare] *agg* capillaire; (*fig*: *organizzazione*) très ramifié(e) ♦ *sm* (*ANAT*: *anche*: **vaso** ~) (vaisseau *m*) capillaire *m*.
capire [ka'pire] *vt* comprendre; ~ **al volo** comprendre au vol; **si capisce!** (*certamente!*) bien sûr!
capitale [kapi'tale] *agg* capital(e) ♦ *sf* (*città*) capitale *f* ♦ *sm* (*FIN, ECON*) capital *m*; (*ricchezza*) fortune *f*, capital *m*; ▶ **capitale azionario** capital-actions *mpl*; ▶ **capitale d'esercizio** capital d'exploitation; ▶ **capitale di rischio/di ventura** capital-risque *m*; ▶ **capitale fisso** capital fixe; ▶ **capitale immobile** biens *mpl* immobiliers; ▶ **capitale liquido** liquidités *fpl*; ▶ **capitale mobile** biens meubles; ▶ **capitale sociale** (*di società*) capital social; (*di club*) fonds *mpl*.
capitalismo [kapita'lizmo] *sm* capitalisme *m*.
capitalista, -i, -e [kapita'lista] *agg, sm/f* capitaliste *m/f*.
capitalizzare [kapitalid'dzare] *vt* capitaliser.
capitalizzazione [kapitaliddzat'tsjone] *sf* capitalisation *f*.
capitanare [kapita'nare] *vt* commander.
capitaneria [kapitane'ria] *sf*: ~ **(di porto)** capitainerie *f*.
capitano [kapi'tano] *sm* capitaine *m*; (*AER*) commandant *m*; ▶ **capitano di lungo corso** capitaine au long cours; ▶ **capitano di ventura** (*STORIA*) condottiere *m*; ▶ **capitano d'industria** capitaine d'industrie.
capitare [kapi'tare] *vi* arriver; (*giungere casualmente*: *in situazione, male, bene*) tomber ♦ *vb impers* arriver; ~ **bene/male** bien/mal tomber; ~ **a proposito** tomber à point; **mi è capitato un guaio** j'ai eu un ennui; **se capita l'occasione** si l'occasion se présente.
capitello [kapi'tɛllo] *sm* (*ARCHIT*) chapiteau *m*.
capitolare [kapito'lare] *vi* capituler.
capitolazione [kapitolat'tsjone] *sf* capitulation *f*.
capitolo [ka'pitolo] *sm* chapitre *m*; **capitoli** *smpl* (*COMM*) articles *mpl*; **non ho voce in** ~ (*fig*) je n'ai pas voix au chapitre.
capitombolo [kapi'tombolo] *sm* culbute *f*.
capo ['kapo] *sm* (*ANAT*) tête *f*; (*persona*) chef *m*; (*estremità*: *di tavolo, filo*) bout *m*; (*di biancheria, abbigliamento*) article *m*; (*GEO*) cap *m*; **andare a** ~ aller à la ligne; **"punto a ~"** "point à la ligne"; **da** ~ depuis le début; **in** ~ **a** (*tempo*) dans; **da un** ~ **all'altro** d'un bout à l'autre; **fra** ~ **e collo** (*all'improvviso*) à l'improviste; **un discorso senza né** ~ **né coda** un discours sans queue ni tête; ▶ **capo d'accusa** (*DIR*) chef d'accusation; ▶ **capo di bestiame** tête de bétail; ▶ **Capo di Buona Speranza** cap de Bonne Espérance; ▶ **capo di vestiario** article vestimentaire; ▶ **capo storico** chef historique.
capo... ['kapo] *pref* en chef.
capobanda [kapo'banda] (*pl* **capibanda**) *sm* (*MUS*) chef *m* de fanfare; (*di malviventi*) chef *m* de bande.
capoccia [ka'pɔttʃa] *sm inv* (*di lavoranti*) contremaître *m*; (*peg*: *capobanda*) chef *m* de bande.
capoclasse [kapo'klasse] (*pl* **capiclasse**, *pl(f) inv*) *sm/f* (*SCOL*) chef *m* de classe.
capocuoco, -chi [kapo'kwɔkó] *sm* chef *m* de cuisine, chef cuisinier.
Capodanno [kapo'danno] *sm* jour *m* de l'An.
capofamiglia [kapofa'miʎʎa] (*pl* **capifamiglia**, *pl(f) inv*) *sm/f* chef *m* de famille.
capofitto [kapo'fitto]: **a** ~ *avv* (*in acqua*) la tête la première; (*in lavoro*) à corps perdu.
capogiro [kapo'dʒiro] *sm* vertige *f*; **da** ~ (*fig*: *prezzi*) vertigineux(-euse); (*lusso*) étourdissant(e).
capogruppo [kapo'gruppo] (*pl* **capigruppo**, *pl(f) inv*) *sm/f* (*di partito*) chef *m* de groupe; (*di studenti*: *adulto*) accompagnateur(-trice); (: *uno degli studenti*) chef de groupe.
capolavoro [kapola'voro] *sm* chef-d'œuvre *m*.
capolinea [kapo'linea] (*pl* **capilinea**) *sm* (*fermata finale*) terminus *msg*; (*punto di partenza*) tête *f* de ligne; **giungere al** ~ (*fig*: *finire*) toucher à son terme.
capolino [kapo'lino] *sm*: **fare** ~ passer la tête (à travers).
capolista [kapo'lista] (*pl* **capilista**, *pl(f) inv*) *sm/f* (*POL*) tête *f* de liste.
capoluogo [kapo'lwɔgo] (*pl* **–ghi**) *sm* (*AMM*) chef-lieu *m*.
capomastro [kapo'mastro] (*pl* **–i**) *sm* maître maçon *m*.
caporale [kapo'rale] *sm* (*MIL*) caporal *m*.
caporeparto [kapore'parto] (*pl* **capireparto**, *pl(f) inv*) *sm/f* (*di operai*) chef *m* d'atelier; (*di ufficio*) chef de service; (*di negozio*) chef de rayon.
caposala [kapo'sala] *sm/f inv* (*MED*) chef *m* de salle.
caposaldo [kapo'saldo] (*pl* **capisaldi**) *sm* point *m* d'appui; (*fig*: *fondamento*) fondement *m*.
caposquadra [kapos'kwadra] (*pl* **capisquadra**) *sm* (*di operai*) chef *m* d'équipe,

contremaître *m*; (*MIL*) chef d'escouade; (*SPORT*) capitaine *m* d'équipe.
capostazione [kapostat'tsjone] (*pl* **capistazione**) *sm* (*FERR*) chef *m* de gare.
capostipite [kapos'tipite] *sm* souche *f*; (*fig*) premier exemplaire *m*.
capotavola [kapo'tavola] (*pl* **capitavola**, *pl(f) inv*) *sm/f* (*persona*) qui est assis en bout de table; **sedere a** ~ être assis en bout de table, être à la place d'honneur.
capote [ka'pɔt] *sf inv* (*AUT*) capote *f*.
capotreno [kapo'treno] (*pl* **capitreno**) *sm* (*FERR*) chef *m* de train.
capoufficio [kapouf'fitʃo] (*pl* **capiufficio**, *pl(f) inv*) *sm/f* chef *m* de bureau.
Capo Verde ['kapo 'verde] *sm*: **il** ~ ~ le Cap Vert.
capoverso [kapo'vɛrso] *sm* (*di verso, periodo*) début *m*; (*TIP, DIR, paragrafo*) alinéa *m*.
capovolgere [kapo'vɔldʒere] *vt* (*bicchiere, immagine*) retourner; (*barca, fig*) renverser; **capovolgersi** *vip* (*barca*) se retourner, chavirer *vi*; (*macchina*) se retourner, capoter; (*fig*) se renverser.
capovolgimento [kapovoldʒi'mento] *sm* (*di barca*) chavirement *m*; (*di immagine*) renversement *m*; (*fig: di situazione*) retournement *m*, revirement *m*.
capovolto, -a [kapo'vɔlto] *pp di* **capovolgere** ♦ *agg* (*vedi vb*) renversé(e); retourné(e).
cappa ['kappa] *sf* (*mantello*) cape *f*; (*del camino*) manteau *m*, hotte *f* ♦ *sf o m inv* (*lettera*) k *m inv*.
cappella [kap'pɛlla] *sf* (*ARCHIT*) chapelle *f*.
cappellano [kappel'lano] *sm* chapelain *m*.
cappello [kap'pɛllo] *sm* chapeau *m*; **ti faccio tanto di** ~! (*fig*) chapeau!; ▶ **cappello a bombetta** chapeau melon; ▶ **cappello a cilindro** haut-de-forme *m*.
cappero ['kappero] *sm* câpre *f*.
cappone [kap'pone] *sm* chapon *m*.
cappottare [kappot'tare] *vi* (*AUT*) capoter.
cappotto [kap'pɔtto] *sm* manteau *m*; (*per uomo*) pardessus *msg*.
cappuccino [kapput'tʃino] *sm* (*frate*) capucin *m*; (*bevanda*) café *m* crème.
cappuccio [kap'puttʃo] *sm* (*copricapo*) capuche *f*; (*della biro*) capuchon *m*; (*fam: cappuccino*) crème *m*.
capra ['kapra] *sf* chèvre *f*.
caprese [ka'prese] *agg* de Capri.
capretto [ka'pretto] *sm* chevreau *m*, cabri *m*; (*pelle*) chevreau.
Capri ['kapri] *sf* Capri *f*.
capriccio, -ci [ka'prittʃo] *sm* caprice *m*; **fare i capricci** faire des caprices; **togliersi un** ~ se faire plaisir; ▶ **capriccio della sorte** caprice du hasard.
capriccioso, -a [kaprit'tʃoso] *agg* capricieux(-euse).
capricorno [kapri'kɔrno] *sm* bouquetin *m*; (*ZODIACO*): **C**~ Capricorne *m*; **essere del C**~ être (du) Capricorne.
caprifoglio [kapri'fɔʎʎo] *sm* chèvrefeuille *m*.
capriola [kapri'ɔla] *sf* cabriole *f*.
capriolo [kapri'ɔlo] *sm* chevreuil *m*.
capro ['kapro] *sm* bouc *m*; ▶ **capro espiatorio** (*fig*) bouc émissaire.
caprone [ka'prone] *sm* bouc *m*.
capsula ['kapsula] *sf* capsule *f*; ▶ **capsula spaziale** capsule spatiale.
captare [kap'tare] *vt* capter; (*fig: intuire*) saisir, comprendre; (*cattivarsi: attenzione*) capter; (*appoggio*) gagner.
CAR [kar] *sigla m* = *Centro Addestramento Reclute*.
carabina [kara'bina] *sf* carabine *f*.
carabiniere [karabi'njɛre] *sm* gendarme *m*.
Caracas [ka'rakas] *sf* Caracas.
caraffa [ka'raffa] *sf* carafe *f*.
Caraibi [kara'ibi] *smpl* Caraïbes *fpl*; **il mar dei** ~ la mer des Caraïbes.
caraibico, -a, -ci, -che [kara'ibiko] *agg* caraïbe.
caramella [kara'mɛlla] *sf* bonbon *m*.
caramello [kara'mɛllo] *sm* caramel *m*.
carato [ka'rato] *sm* (*di oro, diamante*) carat *m*.
carattere [ka'rattere] *sm* caractère *m*; **avere un buon** ~ avoir (un) bon caractère; **di** ~ **tecnico/confidenziale** à caractère technique/confidentiel; **essere in** ~ **con** (*intonarsi*) être en harmonie avec.
caratterino [karatte'rino] *sm* sale caractère *m*; **ha il suo** ~ il a un sacré caractère.
caratteristica, -che [karatte'ristika] *sf* caractéristique *f*.
caratteristico, -a, -ci, -che [karatte'ristiko] *agg* caractéristique.
caratterizzare [karatterid'dzare] *vt* caractériser.
carboidrato [karboi'drato] *sm* hydrate *m* de carbone, glucide *m*.
carbonaio [karbo'najo] *sm* charbonnier *m*.
carbone [kar'bone] *sm* charbon *m*; **essere** *o* **stare sui carboni ardenti** être sur des charbons ardents; ▶ **carbone fossile** houille *f*.
carbonio [kar'bɔnjo] *sm* (*CHIM*) carbone *m*.
carbonizzare [karbonid'dzare] *vt* carboniser; **morire carbonizzato** mourir carbonisé.
carburante [karbu'rante] *sm* carburant *m*.
carburatore [karbura'tore] *sm* carburateur *m*.
carcassa [kar'kassa] *sf* (*anche peg: fig*) carcasse *f*.
carcerato, -a [kartʃe'rato] *sm/f* détenu(e),

prisonnier(-ière).
carcere ['kartʃere] *sm* prison *f*; ▸ **carcere di massima sicurezza** quartier *m* de haute surveillance (dans une prison).
carceriere, -a [kartʃe'rjɛre] *sm/f* gardien *m* de prison, agent *m* de surveillance; (*di ostaggio*) ravisseur(-euse).
carciofo [kar'tʃɔfo] *sm* artichaut *m*.
cardellino [kardel'lino] *sm* chardonneret *m*.
cardiaco, -a, -ci, -che [kar'diako] *agg* cardiaque.
cardinale [kardi'nale] *agg* cardinal(e) ♦ *sm* cardinal *m*.
cardine ['kardine] *sm* gond *m*; (*fig*) pivot *m*.
cardiologia [kardjolo'dʒia] *sf* cardiologie *f*.
cardiologo, -gi [kar'djɔlogo] *sm* cardiologue *m*.
cardo ['kardo] *sm* chardon *m*.
carente [ka'rɛnte] *agg* (*struttura, organizzazione*): ~ **(di)** manquant (de); **è un discorso ~ di logica** c'est un discours manquant de logique.
carenza [ka'rɛntsa] *sf* manque *m*, pénurie *f*; ~ **vitaminica** carence *f* en vitamines.
carestia [kares'tia] *sf* famine *f*; (*penuria*) pénurie *f*, disette *f*.
carezza [ka'rettsa] *sf* caresse *f*; **dare** *o* **fare una ~ a** donner *o* faire des caresses à.
carezzare [karet'tsare] *vt* caresser.
carezzevole [karet'tsevole] *agg* caressant(e).
cargo, -ghi ['kargo] *sm* cargo *m*; (*AER*) avion-cargo *m*.
cariare [ka'rjare] *vt* (*MED*) carier; **cariarsi** *vip* (*MED*) se carier.
carica, -che ['karika] *sf* (*mansione ufficiale*) fonction *f*, charge *f*; (*MIL, TECN*) charge; (*ELETTR*): ~ **(elettrica)** charge (électrique); (*fig*: *erotica*) charge; (*di simpatia*) pouvoir *m*; **entrare in ~** entrer en fonction *o* exercice; **essere in ~** être en fonction *o* charge; **ricoprire** *o* **rivestire una ~** occuper une charge *o* fonction; **uscire di ~** quitter ses fonctions; **dare la ~ a** (*orologio*) remonter; (*fig*: *persona*) donner du tonus à; **tornare alla ~** (*fig*) revenir à la charge; **ha una forte ~ di simpatia** il inspire beaucoup de sympathie.
caricabatteria [karikabatte'ria] *sm inv* (*ELETTR*) chargeur *m* de batterie.
caricare [kari'kare] *vt* (*merce, camion, MIL, INFORM*) charger; (*orologio*) remonter; **caricarsi** *vr*: **caricarsi di** (*di pacchi etc*) se couvrir de; (*di responsabilità*) accepter beaucoup de; ~ **qc su/di** charger qch sur/de; ~ **qn di lavoro** donner beaucoup de travail à qn.
caricatura [karika'tura] *sf* caricature *f*.
carico, -a, -chi, -che ['kariko] *agg* (*che porta un peso*): ~ **(di)** chargé(e) (de); (*orologio*) remonté(e); (*fucile, batteria*) chargé(e); (*intenso*: *colore*) soutenu(e) ♦ *sm* (*il caricare*) chargement *m*, embarquement *m*; (*ciò che si carica*) charge *f*, chargement, cargaison *f*; (*COMM*) chargement; (*fig*: *peso*) poids *msg*; ~ **di debiti** criblé(e) de dettes; **essere a ~ di** (*accusa, prova*) constituer une charge contre; (*spese*) être à la charge de; **farsi ~ di** (*problema*) se charger de; (*responsabilità*) endosser, assumer; **persona a ~** personne *f* à charge; **testimone a ~** témoin *m* à charge; **a ~ del cliente** aux frais du client; **capacità di ~** capacité *f* de charge; ▸ **carico di lavoro** (*di ditta, reparto*) charge de travail; ▸ **carico utile** charge utile.
carie ['karje] *sf* (*MED*) carie *f*.
carino, -a [ka'rino] *agg* (*persona*: *piacevole, gentile*) mignon(ne); (: *bellino*) mignon(ne), joli(e); (*gentile*) gentil(le); (*simpatico*) sympathique; **è ~ da parte tua** c'est gentil de ta part.
carisma [ka'rizma] *sm* charisme *m*.
carismatico, -a, -ci, -che [kariz'matiko] *agg* charismatique.
carità [kari'ta] *sf* charité *f*; **chiedere la ~** demander la charité; **per ~!** (*escl di rifiuto*) pour l'amour de Dieu!
caritatevole [karita'tevole] *agg* charitable.
carnagione [karna'dʒone] *sf* teint *m*.
carnale [kar'nale] *agg* (*rapporto*) charnel(le); (*fratello*) de sang.
carne ['karne] *sf* (*ANAT*) chair *f*; (*CUC*) viande *f*; **in ~ e ossa** en chair et en os; **essere (bene) in ~** être (bien) en chair; **non essere né ~ né pesce** (*fig*) être mi-figue mi-raisin; ▸ **carne di maiale/manzo/pecora** viande de porc/bœuf/mouton; ▸ **carne in scatola** corned-beef *m*; ▸ **carne tritata** viande hachée.
carnefice [kar'nefitʃe] *sm* bourreau *m*.
carneficina [karnefi'tʃina] *sf* carnage *m*; (*fig*) désastre *m*.
carnevale [karne'vale] *sm* carnaval *m*.
carnivoro, -a [kar'nivoro] *agg, sm* carnivore *m/f*.
carnoso, -a [kar'noso] *agg* charnu(e).
caro, -a ['karo] *agg* (*amato*) cher(chère), aimé(e); (*gradito, simpatico*) aimable; (*importante, costoso*) cher(chère); **se ti è cara la vita** si tu tiens à la vie.
carogna [ka'roɲɲa] *sf* charogne *f*; (*fig*) charogne, crapule *f*.
carosello [karo'zɛllo] *sm* (*STORIA*) carrousel *m*; (*giostra*) manège *m*.
carota [ka'rɔta] *sf* carotte *f*.
carovana [karo'vana] *sf* caravane *f*.
carovita [karo'vita] *sm inv* vie *f* chère.
carpa ['karpa] *sf* carpe *f*.
Carpazi [kar'patsi] *smpl* Carpates *mpl*.

carpenteria [karpente'ria] *sf* charpenterie *f*.
carpentiere [karpen'tjɛre] *sm* charpentier *m*.
carpire [kar'pire] *vt*: ~ **qc a** arracher qch à.
carponi [kar'poni] *avv* à quatre pattes.
carrabile [kar'rabile] *agg* carrossable; **"passo ~"** "sortie de voitures".
carraio, -a [kar'rajo] *agg* (*transitabile*): **passo ~** sortie *f* de véhicules.
carré [ka're] *sm inv* (*acconciatura*) coupe *f* au carré.
carreggiata [karred'dʒata] *sf* chaussée *f*; **rimettersi in ~** (*fig*) rentrer dans *o* retrouver le droit chemin; **tenersi in ~** (*fig*) marcher droit.
carrellata [karrel'lata] *sf* (*CINE, TV*) travelling *m*; ▶**carrellata di successi** pot-pourri *m*.
carrello [kar'rɛllo] *sm* chariot *m*; (*AER*) train *m*; (*CINE, TEATRO, FOT*) chariot, grue *f*; (*tavolino a rotelle*) chariot, table *f* roulante.
carretta [kar'retta] *sf* (*peg*) tacot *m*; **tirare la ~** (*fig*) tout faire pour arriver à joindre les deux bouts.
carretto [kar'retto] *sm* charrette *f*.
carriera [kar'rjɛra] *sf* carrière *f*; **fare ~** faire carrière; **di ~** (*ufficiale*) de carrière; (*politico*) de métier; **di gran ~** à vive allure.
carriola [karri'ɔla] *sf* brouette *f*.
carro ['karro] *sm* (*veicolo*) chariot *m*, char *m*; (*materiale contenuto*) charretée *f*; **il Gran/Piccolo C~** (*ASTRON*) le Grand/Petit chariot; **mettere il ~ avanti ai buoi** (*fig*) mettre la charrue avant les bœufs; ▶**carro armato** (*MIL*) char d'assaut, tank *m*; ▶**carro attrezzi** (*AUT*) dépanneuse *f*; ▶**carro bestiame** (*FERR*) wagon *m* à bestiaux; ▶**carro funebre** fourgon *m* mortuaire; ▶**carro merci** (*FERR*) wagon de marchandises.
carrozza [kar'rɔttsa] *sf* (*vettura*) carrosse *f*; (*FERR*) voiture, wagon *m*; ▶**carrozza letto** (*FERR*) wagon-lit *m*; ▶**carrozza ristorante** (*FERR*) wagon-restaurant *m*.
carrozzella [karrot'tsɛlla] *sf* (*per bambini*) landau *m*, poussette *f*; (*per invalidi*) voiture *f* d'infirme, fauteuil *m* roulant; (*a cavalli per turisti*) fiacre *m*.
carrozzeria [karrottse'ria] *sf* carrosserie *f*.
carrozziere [karrot'tsjɛre] *sm* carrossier *m*.
carrozzina [karrot'tsina] *sf* poussette *f*, landau *m*.
carrozzone [karrot'tsone] *sm* roulotte *f*.
carrucola [kar'rukola] *sf* poulie *f*.
Carso ['karso] *sm* Karst *m*.
carta ['karta] *sf* papier *m*; (*GEO*) carte *f*; **carte** *sfpl* (*documenti*) papiers *mpl*; **alla ~** (*al ristorante*) à la carte; **dare ~ bianca a qn** (*fig*) donner carte blanche à qn; **cambiare le carte in tavola** (*fig*) brouiller les cartes; **fare carte false** (*fig*) faire des pieds et des mains; ▶**carta assegni** carte bancaire; ▶**carta assorbente** (*AMM*) (papier) buvard *m*; ▶**carta bollata** papier timbré; ▶**carta d'identità** carte d'identité; ▶**carta d'imbarco** (*AER, NAUT*) carte d'embarquement; ▶**carta da bollo** papier timbré; ▶**carta (da gioco)** carte (à jouer); ▶**carta da imballo** papier d'emballage; ▶**carta da lettere** papier à lettres; ▶**carta da pacchi** papier kraft; ▶**carta da parati** papier peint; ▶**carta da visita** carte de visite; ▶**carta di circolazione** carte grise; ▶**carta di credito** carte de crédit; ▶**carta di debito** carte de retrait; ▶**carta (geografica)** carte (géographique); ▶**carta igienica** papier hygiénique; ▶**carta legale** papier timbré; ▶**carta libera** (*AMM*) papier libre; ▶**carta millimetrata** papier millimétré; ▶**carta oleata** papier huilé; ▶**carta verde** (*AUT*) carte verte; ▶**carta vetrata** papier de verre.
cartacarbone [kartakar'bone] (*pl* **cartecarbone**) *sf* papier *m* carbone.
cartaccia, -ce [kar'tattʃa] *sf* (*peg*) paperasse *f*.
cartamodello [kartamo'dɛllo] *sm* patron *m*.
cartamoneta [kartamo'neta] *sf* papier-monnaie *m*.
cartapecora [karta'pɛkora] *sf* parchemin *m*.
cartapesta [karta'pesta] *sf* papier *m* mâché, carton-pâte *m*.
cartastraccia [kartas'trattʃa] *sf* vieux papiers *mpl*.
carteggio [kar'teddʒo] *sm* correspondance *f*.
cartella [kar'tɛlla] *sf* (*di tombola, lotteria*) billet *m*; (*custodia*: *di cartone*) chemise *f*; (: *di scolaro*) cartable *m*; (: *di impiegato*) serviette *f*; ▶**cartella clinica** (*MED*) fiche *f* clinique.
cartellino [kartel'lino] *sm* (*etichetta*) étiquette *f*; (*su porta*) plaque *f*; (*scheda*) fiche *f*; **timbrare il ~** (*in ufficio*) pointer; ▶**cartellino di presenza** carte *f* de pointage.
cartello [kar'tɛllo] *sm* (*avviso*) écriteau *m*, pancarte *f*; (*in dimostrazioni*) pancarte; (*FIN, POL*) cartel *m*; ▶**cartello pubblicitario** panneau *m* publicitaire; ▶**cartello stradale** panneau de signalisation.
cartellone [kartel'lone] *sm* (*manifesto, TEATRO*) affiche *f*; (*della tombola*) tableau *m*; **tenere il ~** (*spettacolo di grande successo*) tenir l'affiche; ▶**cartellone pubblicita-**

rio affiche publicitaire.
cartiera [kar'tjɛra] *sf* papeterie *f*.
cartilagine [karti'ladʒine] *sf* cartilage *m*.
cartina [kar'tina] *sf*: ~ **(geografica)** carton *m*; (*AUT, GEO*) carte *f*; ▸ **cartina (stradale)** carte (routière).
cartoccio, -ci [kar'tɔttʃo] *sm* cornet *m*; **cuocere al** ~ (*CUC*) cuire en papillote.
cartografia [kartogra'fia] *sf* cartographie *f*.
cartolaio, -a [karto'lajo] *sm/f* papetier (-ière).
cartoleria [kartole'ria] *sf* papeterie *f*.
cartolina [karto'lina] *sf*: ~ **(illustrata)** carte *f* postale; ▸ **cartolina di auguri** carte de vœux; ▸ **cartolina postale** carte-lettre *f*; ▸ **cartolina precetto** *o* **rosa** (*MIL*) feuille *f* d'appel.
cartomante [karto'mante] *sm/f* cartomancien(ne), tireur(-euse) de cartes.
cartoncino [karton'tʃino] *sm* (*materiale*) carton *m*; (*biglietto*) carte *f*.
cartone [kar'tone] *sm* carton *m*; (*per latte, succo di frutta etc*) berlingot *m*; ▸ **cartoni animati** (*CINE*) dessins *mpl* animés.
cartuccia, -ce [kar'tuttʃa] *sf* cartouche *f*; **mezza** ~ (*fig*: *persona*) demi-portion *f*; ▸ **cartuccia a salve** cartouche à blanc.
casa ['kasa] *sf* (*anche COMM*) maison *f*; (*a più piani*) immeuble *m*; (*industria*) établissement *m*, firme *f*; **essere a** *o* **in** ~ être à la maison; **vado a** ~ **mia** je vais à la maison *o* chez moi; **vado a** ~ **tua** je vais chez toi; ▸ **casa d'appuntamenti** maison de rendez-vous; ▸ **casa da gioco** maison de jeux; ▸ **casa dello studente** foyer *m* d'étudiants; ▸ **casa di correzione** maison de correction; ▸ **casa di cura** maison de santé; ▸ **casa di tolleranza** maison de tolérance; ▸ **casa editrice** maison d'édition; ▸ **casa di spedizione** entreprise *f* de roulage; ▸ **case popolari** ≈ HLM *m ou f* (habitation à loyer modéré).
Casablanca [kasa'blanka] *sf* Casablanca.
casacca, -che [ka'zakka] *sf* casaque *f*.
casale [ka'sale] *sm* (*gruppo di case*) hameau *m*; (*casa di campagna*) ferme *f*.
casalinga, -ghe [kasa'linga] *sf* femme *f* au foyer.
casalinghi [kasa'lingi] *smpl* (*oggetti*) articles *mpl* ménagers.
casalingo, -a, -ghi, -ghe [kasa'lingo] *agg* (*semplice*) simple; (*fatto a casa*) maison *ag inv*; (*persona*: *amante della casa*) casanier(-ière); **cucina casalinga** cuisine *f* bourgeoise.
casata [ka'sata] *sf* famille *f*, maison *f*.
casato [ka'sato] *sm* (*cognome*) nom *m* de famille; (*stirpe*) famille *f*.
Casc. *abbr* = **cascata**.
cascamorto [kaska'mɔrto] *sm* (*peg*) amoureux *msg* transi; **fare il** ~ jouer les amoureux transis.
cascare [kas'kare] *vi* (*cadere*) tomber; ~ **bene/male** (*fig*) tomber bien/mal; ~ **dalle nuvole** (*fig*) tomber des nues; ~ **dal sonno** tomber de sommeil; **caschi il mondo** le monde dût-il s'écrouler; **non cascherà il mondo se non ce la fai** si tu n'y arrives pas, on ne va pas en faire un drame.
cascata [kas'kata] *sf* cascade *f*; (*di grandi dimensioni*) chute *f*.
cascherò *etc* [kaske'rɔ] *vb vedi* **cascare**.
cascina [kaʃ'ʃina] *sf* ferme *f*.
cascinale [kaʃʃi'nale] *sm* (*gruppo di case*) hameau *m*; (*cascina*) ferme *f*.
casco, -schi ['kasko] *sm* casque *m*; (*di banane*) régime *m*; ▸ **casco blu** (*MIL*) casque bleu.
caseggiato [kased'dʒato] *sm* (*edificio*) immeuble *m*; (*gruppo di case*) pâté *m* de maisons.
caseificio [kazei'fitʃo] *sm* fromagerie *f*, laiterie *f*.
casella [ka'sɛlla] *sf* case *f*; ▸ **casella postale** boîte *f* postale.
casellario [kasel'larjo] *sm* casier *m*; ▸ **casellario giudiziale** casier judiciaire.
casello [ka'sɛllo] *sm* (*d'autostrada*) péage *m*.
casereccio, -a, -ci, -ce [kase'rettʃo] *agg* (*pane*) maison; (*cucina*) bourgeois(e).
caserma [ka'sɛrma] *sf* (*MIL*) caserne *f*; (*di carabinieri*) gendarmerie *f*.
casertano, -a [kazer'tano] *agg* de Caserte.
casino [ka'sino] *sm* bordel *m*; (*fam*: *fig*: *confusione*) bordel, foutoir *m*; **un** ~ **di** (*fam*: *fig, molto*) vachement de.
casinò [kazi'nɔ] *sm inv* casino *m*.
casistica [ka'zistika] *sf*: **la** ~ les statistiques *fpl*; **la** ~ **medica** la série (de cas); **la** ~ **degli incidenti stradali** les statistiques relatives aux accidents de la route.
caso ['kazo] *sm* hasard *m*; (*fatto, vicenda*) affaire *f*, cas *msg*; (*MED, LING*) cas; **a** ~ au hasard; **al** ~ le cas échéant; **per** ~ par hasard; **in ogni** ~, **in tutti i casi** en tout cas; **in nessun** ~ en aucun cas; **in** ~ **contrario** dans le cas contraire; **nel** ~ **che** au cas où, dans le cas où; ~ **mai** éventuellement; **far** ~ **a qc/qn** faire attention à qch/qn; **fare** *o* **porre** *o* **mettere il** ~ **che** admettre *o* supposer que; **guarda** ~ comme par hasard; **è il** ~ **che ce ne andiamo** il vaut mieux que nous nous en allions; ▸ **caso limite** cas limite.
casolare [kaso'lare] *sm* maison *f* de campagne.
Caspio ['kaspjo] *sm*: **il mar** ~ la mer Caspienne.
caspita ['kaspita] *escl* (*di sorpresa*) ça alors!; (*di impazienza, contrarietà*) mais

enfin!

cassa ['kassa] *sf* caisse *f*; (*mobile*) coffre *m*; (*di orologio*) boîtier *m*; ~ **(da morto)** (*bara*) cercueil *m*; **battere** ~ **da qn** taper qn; ▶ **cassa armonica** caisse de résonance; ▶ **cassa automatica prelievi** distributeur *m* automatique de billets; ▶ **cassa continua** coffre *m* de nuit; ▶ **Cassa del Mezzogiorno** *organisme public créé pour promouvoir le développement économique et social du sud de l'Italie*; ▶ **cassa di risonanza** (*MUS*) caisse de résonance; (*fig*) amplificateur *m*; ▶ **cassa di risparmio** caisse d'épargne; ▶ **cassa integrazione** ≈ chômage *m* partiel; ▶ **cassa mutua** *o* **malattia** ≈ caisse de Sécurité Sociale; ▶ **cassa rurale e artigiana** *caisse de mutualité (pour agriculteurs et artisans)*; ▶ **cassa toracica** (*ANAT*) cage *f* thoracique.

cassaforte [kassa'fɔrte] (*pl* **casseforti**) *sf* coffre-fort *m*.

cassapanca [kassa'panka] (*pl* **cassapanche**) *sf* bahut *m*.

casseruola [kasse'rwɔla] *sf* casserole *f*.

cassetta [kas'setta] *sf* caisse *f*; (*per registratore*) cassette *f*; **film di** ~ (*commerciale*) film *m* qui fait recette; **pane a** *o* **in** ~ pain *m* de mie; ▶ **cassetta delle lettere** boîte *f* aux lettres; ▶ **cassetta di sicurezza** coffre *m*.

cassetto [kas'setto] *sm* tiroir *m*.

cassettone [kasset'tone] *sm* commode *f*.

cassiere, -a [kas'sjɛre] *sm/f* caissier(-ière).

cassintegrato, -a [kassinte'grato] *sm/f* personne *f* au chômage partiel.

cassone [kas'sone] *sm* (*cassa*) caisse *f*.

Cast. *abbr* (= *castello*) Ch.au.

casta ['kasta] *sf* caste *f*.

castagna [kas'taɲɲa] *sf* châtaigne *f*, marron *m*; **prendere qn in** ~ (*fig*) prendre qn sur le fait *o* la main dans le sac.

castagno [kas'taɲɲo] *sm* châtaigner *m*.

castano, -a [kas'tano] *agg* châtain.

castello [kas'tɛllo] *sm* château *m*.

castigare [kasti'gare] *vt* punir.

castigato, -a [kasti'gato] *agg* (*casto, modesto*) sobre; (*emendato*: *prosa, versione*) expurgé(e).

Castiglia [kas'tiʎʎa] *sf* Castille *f*.

castigo, -ghi [kas'tigo] *sm* punition *f*.

castità [kasti'ta] *sf* chasteté *f*.

casto, -a ['kasto] *agg* chaste.

castoro [kas'tɔro] *sm* castor *m*.

castrante [kas'trante] *agg* (*fig*) frustrant(e).

castrare [kas'trare] *vt* châtrer, castrer; (*fig*: *persona*) frustrer, refroidir; (*iniziativa*) décourager, freiner.

castroneria [kastrone'ria] *sf* (*fam*) bêtise *f*.

casuale [kazu'ale] *agg* fortuit(e), accidentel(le).

casupola [ka'supola] *sf* masure *f*.

cataclisma, -i [kata'klizma] *sm* (*anche fig*) cataclysme *m*.

catacomba [kata'komba] *sf* catacombe *f*.

catafascio [kata'faʃʃo] *sm*: **andare a** ~ (*fig*) aller à la ruine; **mandare a** ~ détruire.

catalizzare [katalid'dzare] *vt* (*fig*) catalyser.

catalizzatore [kataliddza'tore] *sm* (*anche fig*) catalyseur *m*; (*AUT*) pot *m* catalytique.

Catalogna [kata'loɲɲa] *sf* Catalogne *f*.

catalogo, -ghi [ka'talogo] *sm* catalogue *m*; ▶ **catalogo dei prezzi** liste *f* des prix.

catanzarese [katandza'rese] *agg* de Catanzaro.

Catanzaro [katan'dzaro] *sf* Catanzaro.

catapecchia [kata'pekkja] *sf* (*peg*) taudis *msg*.

catapulta [kata'pulta] *sf* catapulte *f*.

catarifrangente [katarifran'dʒɛnte] *sm* (*AUT*) cataphote *m*, catadioptre *m*.

catarro [ka'tarro] *sm* catarrhe *m*.

catarsi [ka'tarsi] *sf inv* catharsis *fsg*.

catasta [ka'tasta] *sf* amas *msg*.

catasto [ka'tasto] *sm* cadastre *m*.

catastrofe [ka'tastrofe] *sf* catastrophe *f*.

catastrofico, -a, -ci, -che [katas'trɔfiko] *agg* (*evento*) catastrophique; (*persona, previsione*) catastrophiste.

catechismo [kate'kizmo] *sm* catéchisme *m*.

categoria [katego'ria] *sf* catégorie *f*; (*di albergo, di parrucchiere*) classe *f*.

categorico, -a, -ci, -che [kate'gɔriko] *agg* catégorique.

catena [ka'tena] *sf* chaîne *f*; **susseguirsi a** ~ s'enchaîner; ▶ **catena di montaggio** chaîne de montage; ▶ **catene da neve** (*AUT*) chaînes *fpl*.

catenaccio [kate'nattʃo] *sm* verrou *m*.

catenella [kate'nɛlla] *sf* (*ornamento*: *per uomo, bambino*) chaîne *f*; (: *per donna*) chaînette *f*; (*di orologio, di porta*) chaîne.

cateratta [kate'ratta] *sf* cataracte *f*; (*chiusa*) vanne *f*.

caterva [ka'tɛrva] *sf* tas *msg*.

catetere [kate'tɛre] *sm* cathéter *m*.

catinella [kati'nɛlla] *sf*: **piove a catinelle** il pleut à verse.

catino [ka'tino] *sm* (*recipiente*) bassine *f*, cuvette *f*; (*quantità contenuta*) bassine; (*GEO*) bassin *m*.

catodico, -a, -ci, -che [ka'tɔdiko] *agg* cathodique.

catorcio [ka'tɔrtʃo] *sm* (*peg*) tacot *m*, guimbarde *f*.

catrame [ka'trame] *sm* goudron *m*.

cattedra ['kattedra] *sf* bureau *m*; (*SCOL*) chaire *f*; **salire** *o* **montare in** ~ (*fig*) prendre un ton magistral.

cattedrale [katte'drale] *sf* cathédrale *f*.
cattedratico, -a, -ci, -che [katte'dratiko] *agg* (*insegnamento*) universitaire; (*iron*) pédant(e) ♦ *sm/f* professeur *m*.
cattiveria [katti'vɛrja] *sf* méchanceté *f*; **fare una ~** faire une méchanceté.
cattività [kattivi'ta] *sf* captivité *f*.
cattivo, -a [kat'tivo] *agg* mauvais(e); (*malvagio*) méchant(e), mauvais(e); (*turbolento*: *bambino*) méchant(e) ♦ *sm/f* méchant(e); **farsi ~ sangue** se faire du mauvais sang; **farsi un ~ nome** se faire une mauvaise réputation; **i cattivi** (*nei film*) les méchants.
cattolicesimo [kattoli'tʃezimo] *sm* catholicisme *m*.
cattolico, -a, -ci, -che [kat'tɔliko] *agg, sm/f* catholique *m/f*.
cattura [kat'tura] *sf* capture *f*.
catturare [kattu'rare] *vt* capturer.
caucasico, -a, -ci, -che [kau'kaziko] *agg* caucasien(ne) ♦ *sm/f* Caucasien(ne).
Caucaso ['kaukazo] *sm* Caucase *m*.
caucciù [kaut'tʃu] *sm inv* caoutchouc *m*.
causa ['kauza] *sf* cause *f*; (*DIR*) affaire *f*, procès *msg*; **a ~ di, per ~ di** à cause de; **fare ~ a** (*DIR*) porter plainte contre; **per ~ sua** par sa faute; **essere parte in ~** (*fig*) être en cause; ▶ **causa penale** procès pénal.
causale [kau'zale] *agg* (*LING*) causal(e) ♦ *sf* (*LING*) proposition *f* causale; (*di versamento, pagamento*) motif *m*.
causare [kau'zare] *vt* causer.
caustico, -a, -ci, -che ['kaustiko] *agg* (*anche fig*) caustique.
cautela [kau'tɛla] *sf* prudence *f*, précaution *f*.
cautelare [kaute'lare] *vt* protéger; **cautelarsi** *vr*: **cautelarsi (da)** se prémunir (contre).
cauto, -a ['kauto] *agg* prudent(e).
cauzionare [kauttsjo'nare] *vt* cautionner.
cauzione [kaut'tsjone] *sf* caution *f*; **rilasciare dietro ~** (*DIR*) mettre en liberté sous caution.
cav. *abbr* = **cavaliere**.
cava ['kava] *sf* carrière *f*.
cavalcare [kaval'kare] *vt* monter, chevaucher; (*sogg*: *ponte*) enjamber ♦ *vi* monter à cheval, faire du cheval.
cavalcata [kaval'kata] *sf* promenade *f* à cheval; (*LETT*) chevauchée *f*; (*gruppo*) cavalcade *f*.
cavalcavia [kavalka'via] *sm inv* viaduc *m*.
cavalcioni [kaval'tʃoni]: **a ~ (di)** *prep* à califourchon (sur), à cheval (sur).
cavaliere [kava'ljɛre] *sm* cavalier *m*; (*STORIA, titolo*) chevalier *m*.
cavalleggero [kavalled'dʒɛro] *sm* (*MIL*) cavalier *m*.
cavalleresco, -a, -schi, -sche [kavalle'resko] *agg* chevaleresque.
cavalleria [kavalle'ria] *sf* (*STORIA*) chevalerie *f*; (*MIL*) cavalerie *f*; (*fig*: *lealtà*) loyauté *f*; (: *generosità*) générosité *f*; (: *galanteria*) galanterie *f*.
cavallerizzo, -a [kavalle'rittso] *sm/f* (*chi cavalca*) cavalier(-ière); (*insegnante*) professeur *m* d'équitation; (*CIRCO*) écuyer (-ère).
cavalletta [kaval'letta] *sf* sauterelle *f*.
cavalletto [kaval'letto] *sm* (*FOT*) trépied *m*; (*PITTURA*) chevalet *m*.
cavallina [kaval'lina] *sf* (*GINNASTICA*) cheval *m* d'arçon; (*gioco*) saute-mouton *m*; **correre la ~** (*fig*) courir le guilledou.
cavallo [ka'vallo] *sm* cheval *m*; (*SCACCHI*) cavalier *m*; (*AUT*: *anche*: **~ vapore**) cheval(-vapeur) *m*; (*di pantaloni*) entrejambe *m*; **a ~** à cheval; **a ~ di** à cheval sur, à califourchon sur; **siamo a ~** (*fig*) ça y est, c'est bon; **da ~** (*fig*) de cheval; **a ~ tra due periodi** à cheval sur deux périodes; ▶ **cavallo a dondolo** cheval à bascule; ▶ **cavallo da corsa** cheval de course; ▶ **cavallo da sella/soma** cheval de selle/somme; ▶ **cavallo di battaglia** (*fig*) cheval de bataille.
cavare [ka'vare] *vt* (*togliere*) arracher; (: *giacca, scarpe*) ôter, enlever; (*soddisfare*: *fame*) calmer; (: *sete*) apaiser; (: *voglia*) satisfaire; **cavarsi** *vr*: **cavarsi da** (*guai, problemi*) se tirer de; **cavarsela** (*fig*) se débrouiller, s'en tirer; **non ci caverà un bel nulla** il n'en tirera rien.
cavatappi [kava'tappi] *sm inv* tire-bouchon *m*.
caverna [ka'vɛrna] *sf* caverne *f*.
cavernoso, -a [kaver'noso] *agg* caverneux(-euse).
cavia ['kavja] *sf* (*anche fig*) cobaye *m*.
caviale [ka'vjale] *sm* caviar *m*.
caviglia [ka'viʎʎa] *sf* cheville *f*.
cavillare [kavil'lare] *vi* ergoter, pinailler, chicaner.
cavillo [ka'villo] *sm* chicane *f*; (*sofisma*) argutie *f*.
cavilloso, -a [kavil'loso] *agg* captieux (-euse), spécieux(-euse).
cavità [kavi'ta] *sf inv* cavité *f*.
cavo, -a ['kavo] *agg* creux(-euse) ♦ *sm* (*ANAT*: *della mano*) creux *msg*; (: *orale*) cavité *f*; (*ELETTR, TEL, AUT, corda*) câble *m*; **via ~** (*collegamento, TV*) par câble.
cavolata [kavo'lata] *sf* (*fam*) ânerie *f*.
cavolfiore [kavol'fjore] *sm* chou-fleur *m*.
cavolo ['kavolo] *sm* chou *m*; **non m'importa un ~** (*fam*) je m'en fiche royalement; **che ~ vuoi?** (*fam*) qu'est-ce-que tu veux encore?; ▶ **cavolo di Bruxelles** chou de Bruxelles.

cazzata [kat'tsata] *sf* (*fam!*) connerie *f* (*fam!*).
cazzo ['kattso] *sm* (*fam!*) bitte *f* (*fam!*), queue *f* (*fam!*); ~! (*fam!: fig*) merde! (*fam!*); **non gliene importa un** ~ (*fam!: fig*) il (n')en a rien à foutre (*fam!*); **fatti i cazzi tuoi** (*fam!: fig*) occupe-toi de tes fesses (*fam!*).
cazzola [kat'tsɔla] *sf* truelle *f*.
cazzotto [kat'tsɔtto] *sm* (*pugno*) marron *m* (*fam*); **fare a cazzotti** se taper dessus.
cazzuola [kat'tswɔla] *sf* truelle *f*.
CB *sigla* = *Campobasso* ♦ *sigla m* (= *citizen's band*) CB *f*.
CC *abbr* = *Carabinieri*.
cc *abbr* (= *centimetro cubico*) cm³.
C.C. *abbr* (= *codice civile*) c. civ.
c.c. *abbr* (= *conto corrente*) CC; (*ELETTR* = *corrente continua*) c.c., Ct ct.
c/c *abbr* = *conto corrente*.
CCI *abbr* (= *Camera di Commercio Internazionale*) CCI *f*.
CCT [tʃi tʃi'ti] *sigla m inv* = *certificato di credito del Tesoro*.
CD [tʃi'di] *sigla m inv* (= *compact disc*) CD *m inv*.
C.D. *abbr* (= *Corpo Diplomatico*) CD *m*.
c.d. *abbr* = **cosiddetto**.
C.d.M. *abbr* (= *Cassa del Mezzogiorno*) *vedi* **cassa**.
CD-Rom [tʃidi'rɔm] *sigla m inv* (= *Compact Disc Read Only Memory*) CD-Rom *m*.
CE *sigla* = *Caserta* ♦ *abbr* (= *Comunità europea*) CE *f*.
C.E. *abbr* (= *Consiglio d'Europa*) CE *m*.
ce [tʃe] *pron vedi* **ci** ♦ *avv vedi* **ci**.
CECA ['tʃeka] *sigla f* (= *Comunità Europea del Carbone e dell'Acciaio*) CECA *f*.
cecchino [tʃek'kino] *sm* tireur *m* d'élite; (*fig: POL*) franc-tireur *m*.
cece ['tʃetʃe] *sm* pois *msg* chiche.
cecità [tʃetʃi'ta] *sf* cécité *f*.
ceco, -a, -chi, -che ['tʃɛko] *agg* tchèque ♦ *sm/f* Tchèque *m/f* ♦ *sm* tchèque *m*.
Cecoslovacchia [tʃekozlo'vakkja] *sf* Tchécoslovaquie *f*.
cecoslovacco, -a, -chi, -che [tʃekozlo'vakko] *agg* tchécoslovaque ♦ *sm/f* Tchécoslovaque *m/f*.
CED [tʃed] *sigla m* = *centro elaborazione dati*.
cedere ['tʃɛdere] *vt* (*posto, DIR*) céder; (*turno*) donner ♦ *vi* céder; ~ **a** (*insistenza*) céder devant; (*passione*) céder à; (*destino*) se résigner à; ~ **il passo (a)** céder le pas (à); ~ **la parola (a qn)** passer la parole (à qn).
cedevole [tʃe'devole] *agg* (*terreno*) mouvant(e); (*fig*) souple, maniable.
cedola ['tʃɛdola] *sf* coupon *m*.
cedrata [tʃe'drata] *sf* boisson *à base de cédrat*.
cedro ['tʃedro] *sm* (*Terebintali: albero*) cédratier *m*; (: *frutto*) cédrat *m*; (*conifere: albero, legno*) cèdre *m*.
CEE ['tʃee] *sigla f* (= *Comunità Economica Europea*) CEE *f*.
ceffo ['tʃɛffo] *sm* (*peg*) type *m* louche; **è un brutto** ~ c'est un type louche.
ceffone [tʃef'fone] *sm* gifle *f*, claque *f*.
celare [tʃe'lare] *vt* cacher; **celarsi** *vr* se cacher.
celebrare [tʃele'brare] *vt* (*anche fig*) célébrer; (*DIR: contratto*) rédiger; (: *processo*) faire; ~ **le lodi di** chanter les louanges de.
celebrazione [tʃelebrat'tsjone] *sf* célébration *f*; (*di contratto*) rédaction *f*; (*di processo*) déroulement *m*.
celebre ['tʃɛlebre] *agg* célèbre.
celebrità [tʃelebri'ta] *sf inv* célébrité *f*.
celere ['tʃɛlere] *agg* rapide; (*di breve durata: corso*) accéléré(e) ♦ *sf* (*POLIZIA*) ≈ CRS *mpl*, ≈ Compagnies *fpl* républicaines de sécurité.
celeste [tʃe'lɛste] *agg* céleste; (*azzurro*) bleu ciel *o* clair ♦ *sm* bleu *m* ciel *o* clair.
celia ['tʃɛlja] *sf* badinerie *f*; **per** ~ pour badiner.
celibato [tʃeli'bato] *sm* célibat *m*.
celibe ['tʃɛlibe] *agg, sm* célibataire *m*.
cella ['tʃɛlla] *sf* cellule *f*; ▶ **cella di isolamento** (*per pazzi*) cabanon *m*; (*per prigionieri*) cellule; **in** ~ **d'isolamento** (*prigioniero*) en isolement cellulaire; ▶ **cella di rigore** cellule disciplinaire de prison; ▶ **cella frigorifera** chambre *f* froide.
cellofan ® [tʃɛllofan] *sm* cellophane ® *f*.
cellula ['tʃɛllula] *sf* cellule *f*; ▶ **cellula fotoelettrica** cellule photo-électrique.
cellulare [tʃellu'lare] *agg* cellulaire ♦ *sm* (*anche*: **furgone** ~) voiture *f* cellulaire; (*telefono*) téléphone *m* portatif.
cellulite [tʃellu'lite] *sf* cellulite *f*.
celta ['tʃɛlta] *sm* Celte *m*.
celtico, -a, -ci, -che ['tʃɛltiko] *agg* celtique, celte.
cembalo ['tʃembalo] *sm* (*MUS*) clavecin *m*.
cementare [tʃemen'tare] *vt* cimenter; (*fig*) consolider.
cemento [tʃe'mento] *sm* ciment *m*; ▶ **cemento armato** béton *m* armé.
cena ['tʃena] *sf* dîner *m*; **l'Ultima C~** (*REL*) la Cène.
cenacolo [tʃe'nakolo] *sm* cénacle *m*; (*dipinto*) Cène *f*.
cenare [tʃe'nare] *vi* dîner.
cencio ['tʃentʃo] *sm* torchon *m*, chiffon *m*; (*per spolverare*) chiffon (à poussière); **bianco come un** ~ blanc comme un linge.
cenere ['tʃenere] *sf* cendre *f*.
Cenerentola [tʃene'rɛntola] *sf* Cendrillon *f*;

(*fig*) laissé(e) pour compte.
cenno ['tʃenno] *sm* signe *m*; (*breve notizia*) aperçu *m*, notice *f*; **far ~ a** (*alludere a*) faire allusion à; **far ~ di sì/no** faire signe que oui/non; **un ~ d'intesa** un signe d'accord; **cenni di storia dell'arte** introduction *fsg* à l'histoire de l'art.
censimento [tʃensi'mento] *sm* recensement *m*.
censire [tʃen'sire] *vt* recenser.
CENSIS ['tʃɛnsis] *sigla m* (= *Centro Studi Investimenti Sociali*) *centre de recherche dans le domaine social.*
censore [tʃen'sore] *sm* censeur *m*.
censura [tʃen'sura] *sf* (*anche fig: critica*) censure *f*.
censurare [tʃensu'rare] *vt* censurer.
cent. *abbr* (= *centesimo*) cent.
centellinare [tʃentelli'nare] *vt* siroter; (*fig*) savourer.
centenario, a [tʃente'narjo] *agg, sm/f* centenaire *m/f* ♦ *sm* centenaire *m*.
centesimo, -a [tʃen'tɛzimo] *agg* centième ♦ *sm* centième *m*; (*moneta*) centime *m*; **essere senza un ~** (*fig*) ne pas avoir un sou.
centigrado [tʃen'tigrado] *agg m* centigrade; **20 gradi centigradi** 20 degrés centigrades *o* Celsius.
centilitro [tʃen'tilitro] *sm* centilitre *m*.
centimetro [tʃen'timetro] *sm* centimètre *m*.
centinaio [tʃenti'najo] (*pl* **centinaia**) *sm* centaine *f*; **un ~ (di)** une centaine (de); **a centinaia** par centaines.
cento ['tʃɛnto] *agg inv, sm inv* cent *m inv*; **per ~** pour cent; **al ~ per ~** à cent pour cent; **~ di questi giorni!** bon anniversaire!; *vedi anche* **cinque**.
centodieci [tʃento'djɛtʃi] *agg inv, sm inv* cent dix *m inv*; **laurearsi con ~ e lode** (*UNIV*) ≈ avoir sa maîtrise avec la mention très bien et les félicitations du jury.
centomila [tʃento'mila] *agg inv, sm inv* cent mille *m inv*; **te l'ho detto ~ volte** (*fig*) je te l'ai dit cent fois.
Centrafrica [tʃen'trafrika] *sm* Centre-Afrique *m*.
centrale [tʃen'trale] *agg* central(e) ♦ *sf* (*anche: sede ~*) siège *m* central; ▸**centrale del latte** coopérative *f* laitière; ▸**centrale di polizia** commissariat *m* central; ▸**centrale elettrica** centrale *f* électrique; ▸**centrale telefonica** central *m* téléphonique.
centralinista [tʃentrali'nista] *sm/f* standardiste *m/f*.
centralino [tʃentra'lino] *sm* standard *m*.
centralizzare [tʃentralid'dzare] *vt* centraliser.
centrare [tʃen'trare] *vt* (*bersaglio*) faire mouche; (*canestro, porta*) marquer; (*immagine*) centrer; (*fig: problema*) cerner; (*personaggio*) entrer dans la peau du personnage.
centravanti [tʃentra'vanti] *sm inv* avant-centre *m*.
centrifuga [tʃen'trifuga] *sf* centrifugeuse *f*; (*per biancheria*) essoreuse *f*.
centrifugare [tʃentrifu'gare] *vt* (*vedi sf*) centrifuger; essorer.
centro ['tʃɛntro] *sm* centre *m*; (*di città*) centre ville; (*città*) agglomération *f*; **~ culturale/industriale** *etc* (*città*) centre culturel/industriel *etc*; **fare ~** marquer; (*fig*) mettre dans le mille; ▸**centro balneare** station *f* balnéaire; ▸**centro civico** *bureau décentralisé de la mairie fournissant des services*; ▸**centro commerciale** (*per acquisti, città*) centre commercial; ▸**centro d'igiene mentale** *centre fournissant une assistance psychiatrique*; ▸**centro elaborazione dati** centre de traitement des données; ▸**centro ospedaliero** centre hospitalier; ▸**centro sociale** centre social; ▸**centro storico** vieille ville *f*; ▸**centri nervosi** (*ANAT*) centres nerveux; ▸**centri vitali** (*ANAT*) centres vitaux; (*fig*) centre *msg* vital.
centromediano [tʃentrome'djano] *sm* demi-centre *m*.
ceppo ['tʃeppo] *sm* (*di pianta, stirpe*) souche *f*; (*da ardere*) bûche *f*.
cera ['tʃera] *sf* cire *f*; (*da scarpe*) cirage *m*; (*per mobili*) cire, encaustique *f*; (*fig: aspetto*) mine *f*; ▸**cera per pavimenti** encaustique.
ceralacca [tʃera'lakka] *sf* cire *f* à cacheter.
ceramica, -che [tʃe'ramika] *sf* céramique *f*; (*prodotto*) faïence *f*.
cerbiatto [tʃer'bjatto] *sm* faon *m*.
cerca ['tʃerka] *sf*: **in ~ di** à la recherche de, en quête de.
cercapersone [tʃerkaper'sone] *sm inv* bip (-bip) *m*.
cercare [tʃer'kare] *vt* chercher; (*desiderare: gloria, ricchezza*) rechercher ♦ *vi*: **~ di fare qc** essayer de faire qch.
cercherò *etc* [tʃerke'rɔ] *vb vedi* **cercare**.
cerchia ['tʃerkja] *sf* (*di mura*) enceinte *f*; (*di amici*) cercle *m*.
cerchiato, -a [tʃer'kjato] *agg*: **occhiali cerchiati d'osso** lunettes *fpl* à monture d'écaille; **avere gli occhi cerchiati** avoir les yeux cernés.
cerchio, -chi ['tʃerkjo] *sm* cercle *m*; (*di botte*) cerceau *m*; **dare un colpo al ~ e uno alla botte** (*fig*) ménager la chèvre et le chou.
cerchione [tʃer'kjone] *sm* jante *f*.
cereale [tʃere'ale] *sm* céréale *f*; **cereali** *smpl* (*BOT, per colazione*) céréales *fpl*.

cerebrale [tʃere'brale] *agg* cérébral(e).
cerimonia [tʃeri'mɔnja] *sf* cérémonie *f*; **senza tante cerimonie** (*senza formalità*) sans cérémonie; (*con semplicità*) sans façons; (*bruscamente*) sans autre forme de procès.
cerimoniale [tʃerimo'njale] *sm* cérémonial *m*.
cerimoniere [tʃerimo'njɛre] *sm* maître *m* de cérémonie.
cerimonioso, -a [tʃerimo'njoso] *agg* cérémonieux(-euse).
cerino [tʃe'rino] *sm* allumette *f*.
CERN [tʃɛrn] *sigla m* (= *Comitato Europeo di Ricerche Nucleari*) CERN *m*.
cernia ['tʃɛrnja] *sf* (*ZOOL*) mérou *m*.
cerniera [tʃer'njɛra] *sf* fermoir *m*; ▸ **cerniera lampo** fermeture *f* éclair.
cernita ['tʃɛrnita] *sf* tri *m*; **fare una ~** faire le tri.
cero ['tʃero] *sm* cierge *m*.
cerone [tʃe'rone] *sm* fard *m*.
cerotto [tʃe'rɔtto] *sm* sparadrap *m*.
certamente [tʃerta'mente] *avv* certainement, bien sûr.
certezza [tʃer'tettsa] *sf* certitude *f*.
certificare [tʃertifi'kare] *vt* certifier.
certificato [tʃertifi'kato] *sm* (*DIR*) certificat *m*; ▸ **certificato di credito del Tesoro** *titre de crédit émis par l'État italien*; ▸ **certificato di nascita/di morte** acte *m* de naissance/de décès; ▸ **certificato medico** certificat médical.
certificazione [tʃertifikat'tsjone] *sf* certification *f*; ▸ **certificazione di bilancio** (*COMM*) audit *m*.
certo, -a ['tʃɛrto] *agg* certain(e); (*vittoria, risultato*) certain(e), sûr(e); (*amico*) sûr(e) ♦ *pron pl*: **certi(e)** (*persone*) certains(certaines); (*cose*) quelques uns(unes) ♦ *avv* (*certamente*) certainement, sûrement; (*senz'altro*) bien sûr; **sono ~ di farcela** je suis certain *o* sûr d'y arriver; **un ~ signor Rossi** un certain M. Rossi; **certi amici miei** certains de mes amis; **dopo un ~ tempo** après un certain temps; **di una certa importanza** d'une certaine importance; **un uomo di una certa età** un homme d'un certain âge; **un ~ non so che** un je ne sais quoi; **di ~** certainement, sûrement; **no di ~!** certainement pas!; **~ che no!** bien sûr que non; **sì ~** oui, bien sûr.
certosino [tʃerto'zino] *sm* (*monaco*) chartreux *msg*; (*liquore*) chartreuse *f*; **un lavoro da ~** un travail de bénédictin; **pazienza certosina** patience *f* d'ange.
certuni [tʃer'tuni] *pron pl* certains.
cerume [tʃe'rume] *sm* cérumen *m*.
cerva ['tʃɛrva] *sf* biche *f*.
cervello, -i [tʃer'vɛllo] (*anche pl(f)* **cervella**) *sm* cerveau *m*; **avere il** *o* **essere un ~ fino** avoir l'esprit fin; **è uscito di ~, gli è dato di volta il ~** il a perdu la tête; ▸ **cervello elettronico** (*INFORM*) cerveau électronique.
cervicale [tʃervi'kale] *agg* cervical(e).
cervo ['tʃɛrvo] *sm* cerf *m*; **~ volante** cerf-volant *m*.
cesellare [tʃezel'lare] *vt* ciseler.
cesello [tʃe'zɛllo] *sm* ciselet *m*.
CESIS ['tʃesis] *sigla m* = *Comitato Esecutivo per i Servizi di Informazione e di Sicurezza*.
cesoie [tʃe'zoje] *sfpl* (*da giardiniere*) cisailles *fpl*; (*da sarto*) ciseaux *mpl*.
cespuglio [tʃes'puʎʎo] *sm* buisson *m*; (*coltivato*) arbuste *m*.
cessare [tʃes'sare] *vi* cesser ♦ *vt* cesser; **~ di fare qc** cesser de faire qch; **dare il cessate il fuoco** (*MIL*) décréter le cessez-le-feu; ▸ **"cessato allarme"** "fin d'alerte".
cessazione [tʃessat'tsjone] *sf* cessation *f*.
cessione [tʃes'sjone] *sf* (*di diritti, proprietà*) cession *f*; (*di turno*) relève *f*.
cesso ['tʃɛsso] *sm* (*fam*) chiottes *fpl*.
cesta ['tʃesta] *sf* panier *m*.
cestello [tʃes'tɛllo] *sm* (*per bottiglie*) casier *m* à bouteilles; (*di lavatrice*) tambour *m*.
cestinare [tʃesti'nare] *vt* mettre au panier; (*fig: proposta*) rejeter, repousser; (*romanzo*) refuser.
cestino [tʃes'tino] *sm* corbeille *f*; ▸ **cestino da lavoro** corbeille *f* à ouvrage; ▸ **cestino da viaggio** (*FERR*) panier-repas *msg*.
cesto ['tʃesto] *sm* panier *m*.
cesura [tʃe'zura] *sf* césure *f*.
cetaceo [tʃe'tatʃeo] *sm* cétacé *m*.
ceto ['tʃɛto] *sm* classe *f*.
cetra ['tʃetra] *sf* cithare *f*.
cetriolino [tʃetrio'lino] *sm* cornichon *m*.
cetriolo [tʃetri'ɔlo] *sm* concombre *m*.
Cf. *abbr* (= *confronta*) Cf., conf.
Cfc [tʃieffe'tʃi] *abbr m* (= *clorofluorocarburo*) CFC *m*.
Cfr. *abbr* (= *confronta*) cf., Conf.
CFS [tʃi'effe'ɛsse] *sigla m* = *Corpo Forestale dello Stato*.
cg *abbr* (= *centigrammo*) cg.
C.G.I.L. [tʃidʒi'ɛlle] *sigla f* = *Confederazione Generale Italiana del Lavoro*.
CH *sigla* = *Chieti*.
chalet [ʃa'lɛ] *sm inv* chalet *m*.
champagne [ʃã'paɲ] *sm inv* champagne *m*.
chance [ʃãs] *sf inv* chance *f*.
charme [ʃarm] *sm* charme *m*.
charter ['tʃaːtə] *agg inv* (*AER*) charter ♦ *sm inv* charter *m*.

PAROLA CHIAVE

che [ke] *pron* **1** (*relativo*: *soggetto*) qui; (: *oggetto*) que; (: *con valore temporale*) où; (: *complemento*) quoi; **il ragazzo che è venuto** le garçon qui est venu; **il libro che è sul tavolo** le livre qui est sur la table; **la città che preferisco** la ville que je préfère; **l'uomo/il libro che vedi** l'homme/le livre que tu vois; **la sera che ti ho visto** le soir où je t'ai vu
2 (*interrogativo diretto*: *soggetto*) qu'est-ce qui; (: *oggetto*) qu'est-ce que, que; (*interrogativo indiretto*: *soggetto*) ce qui; (: *oggetto*) ce que, que; (: *complemento indiretto*) quoi; **che succede?** que se passe-t-il?; **che fai?** qu'est-ce que tu fais?; **a che pensi?** à quoi penses-tu?; **non sa che fare** il ne sait pas quoi faire (*fam*), il ne sait que faire; **ma che dici!** mais que dis-tu!; **non so in che consista** je ne sais pas en quoi cela consiste
3 (*indefinito*): **un che di ...** un je ne sais quoi de ...; **quel tipo ha un che di losco** ce gars a un je ne sais quoi de louche; **un certo non so che** un (petit) je ne sais quoi; **non è un gran che** ça ne vaut pas grand-chose
♦ *agg* **1** (*interrogativo*) quel(le); (*pl*) quels(quelles); **che tipo di film preferisci?** quel genre de films préfères-tu?; **che vestito ti vuoi mettere?** quelle robe veux-tu mettre?; **che libri hai letto?** quels livres as-tu lus?
2 (*esclamativo*) quel(le); (: *pl*) quels(quelles); (: *con valore di come*) que; **che buono!** que c'est bon!; **che macchina!** quelle voiture!; **che bel vestito!** quelle belle robe!
♦ *cong* **1** (*con proposizioni subordinate*) que; **credo che verrà** je crois qu'il viendra; **voglio che tu studi** je veux que tu étudies; **so che tu c'eri** je sais que tu y étais; **sono contento che tu sia venuto** je suis content que tu sois venu; **non che sia sbagliato, ma ...** non pas que cela soit faux, mais ...
2 (*finale*) que; **vieni qua, che ti veda** viens ici, que je te voie; **stai attento che non cada** fais attention qu'il ne tombe pas
3 (*temporale*): **arrivai che eri già partito** j'arrivai après que tu étais déjà parti; **sono anni che non lo vedo** il y a des années que je ne le vois plus; **è da aprile che non ci va** il n'y va plus depuis avril
4 (*in frasi imperative, concessive*): **che venga pure!** qu'il vienne!; **che tu sia benedetto!** sois béni!; **che tu venga o no, partiamo lo stesso** que tu viennes ou pas, nous partons quand même
5 (*comparativo*) que; **più lungo che largo** plus long que large; **più che naturale** on ne peut plus naturel; **più bella che mai** plus belle que jamais; *vedi anche* **più**; **tanto**; **meno**; **prima**; **sia**; **così**.

checca, -che ['kekka] (*fam, peg*) *sf* (*omosessuale*) pédé *m*.
chef [ʃɛf] *sm inv* chef *m* (cuisinier).
cherosene [kero'zɛne] *sm* kérosène *m*.
cherubino [keru'bino] *sm* chérubin *m*.
chetare [ke'tare] *vt* calmer; **chetarsi** *vip* se calmer, s'apaiser.
chetichella [keti'kɛlla]: **alla** ~ *avv* en douce, à l'anglaise.
cheto, -a ['keto] *agg* tranquille.

PAROLA CHIAVE

chi [ki] *pron* **1** (*interrogativo*) qui, qu'est-ce que; **chi è?** qui est-ce?; **di chi è questo libro?** à qui est ce livre?; **con chi parli?** avec qui parles-tu?; **a chi pensi?** à qui penses-tu?; **chi di voi?** qui de vous?; **non so chi l'abbia detto** je ne sais pas qui l'a dit; **non so a chi rivolgermi** je ne sais pas à qui m'adresser
2 (*relativo*) celui(celle) qui; (*pl*) ceux(celles) qui; (: *dopo preposizione*) qui; **chi non lavora non mangia** (celui) qui ne travaille pas ne mange pas; **portate chi volete** amenez qui vous voulez; **dillo a chi vuoi** dis-le à qui tu veux; **so io di chi parlo** moi je sais de qui je parle
3 (*indefinito*): **chi ... chi ...** qui ... qui ...; **chi dice una cosa, chi dice un'altra** les uns disent une chose, les autres en disent une autre.

chiacchierare [kjakkje'rare] *vi* causer, parler; (*discorrere futilmente*) bavarder; (*far pettegolezzi*) jaser.
chiacchierata [kjakkje'rata] *sf* causette *f*; **farsi una** ~ faire la causette.
chiacchiere ['kjakkjere] *sfpl* bruit *m*, potin *m*; **fare due** *o* **quattro** ~ faire un brin de causette.
chiacchierone, -a [kjakkje'rone] *agg, sm/f* bavard(e).
chiamare [kja'mare] *vt* appeler; **chiamarsi** *vip* s'appeler; **mi chiamo Paolo** je m'appelle Paolo; **mandare a ~ qn** faire appeler qn; ~ **aiuto** appeler au secours; ~ **alle armi** appeler sous les drapeaux; ~ **in causa** (*fig*) prendre à parti; ~ **in giudizio** (*DIR*) citer en justice.
chiamata [kja'mata] *sf* (*TEL*) appel *m*; (*MIL*) appel (sous les drapeaux); **fare una ~ interurbana** appeler en dehors de la région; ▸ **chiamata alle urne** (*POL*) élection *f*; ▸ **chiamata in giudizio** (*DIR*) citation *f* en justice; ▸ **chiamata interurbana** (*con centralinista*) communication *f* in-

terurbaine.

chiappa ['kjappa] *sf* (*fam*) fesse *f*; **chiappe** *sfpl* fesses *fpl*.

chiara ['kjara] *sf* blanc *m* d'œuf.

chiarezza [kja'rettsa] *sf* clarté *f*.

chiarificare [kjarifi'kare] *vt* clarifier.

chiarificazione [kjarifikat'tsjone] *sf* clarification *f*.

chiarimento [kjari'mento] *sm* éclaircissement *m*.

chiarire [kja'rire] *vt* clarifier.

chiaro, -a ['kjaro] *agg* clair(e); (*fig*: *netto*) net(te) ♦ *avv* clair; **si sta facendo** ~ le jour se lève; **sia chiara una cosa** que ce soit clair; **mettere in** ~ **qc** préciser qch; **mettere le cose in** ~ mettre les choses au point; **parliamoci** ~ disons-le franchement; **trasmissione in** ~ (*TV*) émission *f* en clair.

chiarore [kja'rore] *sm* lueur *f*.

chiaroveggente [kjaroved'dʒɛnte] *sm/f* voyant(e).

chiasso ['kjasso] *sm* (*di persone*) tapage *m*, vacarme *m*; (*di cose, veicoli*) vacarme; **far** ~ faire du tapage/vacarme; (*fig*: *scalpore*) faire du bruit.

chiassoso, -a [kjas'soso] *agg* bruyant(e); (*vistoso*) tapageur(-euse).

chiatta ['kjatta] *sf* péniche *f*.

chiave ['kjave] *sf, agg inv* clef *f*, clé *f*; **chiudere a** ~ fermer à clé; **in** ~ **politica** en termes politiques, d'un point de vue politique; **chiavi in mano** clé en main; ▸**chiave a forcella** clé à fourche; ▸**chiave d'accensione** (*AUT*) clé de contact; ▸**chiave di volta** (*anche fig*) clé de voûte; ▸**chiave inglese** clé anglaise.

chiavistello [kjavis'tɛllo] *sm* verrou *m*.

chiazza ['kjattsa] *sf* tache *f*.

chiazzare [kjat'tsare] *vt* tacher.

chic [ʃik] *agg inv* chic *inv*.

chicchessia [kikkes'sia] *pron* qui que ce soit.

chicco, -chi ['kikko] *sm* (*seme*) grain *m*; ▸**chicco d'uva** grain de raisin.

chiedere ['kjɛdere] *vt* demander ♦ *vi*: ~ **di qn** (*informarsi su qn*) demander des nouvelles de qn; (*al telefono*) demander qn au téléphone; **chiedersi** *vr*: **chiedersi (se)** se demander (si); ~ **qc a qn** demander qch à qn; ~ **a qn di qc** s'informer de qch auprès de qn; **non chiedo altro** je ne demande pas mieux.

chierichetto [kjeri'ketto] *sm* enfant *m* de chœur.

chierico, -ci ['kjeriko] *sm* clerc *m*; (*chi serve la Messa*) servant *m*.

chiesa ['kjɛza] *sf* église *f*.

chiesi *etc* ['kjɛzi] *vb vedi* **chiedere**.

chiesto, -a ['kjɛsto] *pp di* **chiedere**.

Chigi [ki'dʒi]: **palazzo** ~ *sm* (*POL*) *bureau du Premier ministre italien*.

chiglia ['kiʎʎa] *sf* quille *f*.

chilo ['kilo] *sm* kilo *m*.

chilogrammo [kilo'grammo] *sm* kilogramme *m*.

chilometraggio [kilome'traddʒo] *sm* kilométrage *m*.

chilometrico, -a, -ci, -che [kilo'mɛtriko] *agg* kilométrique; (*fig*) interminable.

chilometro [ki'lɔmetro] *sm* kilomètre *m*.

chimica ['kimika] *sf* chimie *f*; *vedi anche* **chimico**.

chimico, -a, -ci, -che ['kimiko] *agg* chimique ♦ *sm/f* chimiste *m/f*.

chimono [ki'mɔno] *sm inv* kimono *m*.

china ['kina] *sf* (*pendio*) pente *f*; (*BOT*) quinquina *m*; **(inchiostro di)** ~ encre *f* de Chine; **risalire la** ~ (*fig*) remonter la pente.

chinare [ki'nare] *vt* pencher; **chinarsi** *vr* se pencher.

chincaglieria [kinkaʎʎe'ria] *sf* quincaillerie *f*.

chinino [ki'nino] *sm* quinine *f*.

chino, -a ['kino] *agg*: **a capo** ~, **a testa china** la tête basse.

chioccia, -ce ['kjɔttʃa] *sf* couveuse *f*.

chioccio, -a, -ci, -ce ['kjɔttʃo] *agg* rauque.

chiocciola ['kjɔttʃola] *sf* escargot *m*; **scala a** ~ escalier *m* en colimaçon.

chiodo ['kjɔdo] *sm* clou *m*; (*fig*) idée *f* fixe; ~ **scaccia** ~ (*proverbio*) un clou chasse l'autre; **roba da chiodi!** c'est inouï!, ce n'est pas croyable!; ▸**chiodo di garofano** (*CUC*) clou de girofle.

chioma ['kjɔma] *sf* (*capelli*) chevelure *f*; (*di albero*) feuillage *m*.

chiosco, -schi ['kjɔsko] *sm* (*del giornalaio*) kiosque *m*; (*di bibite*) buvette *f*.

chiostro ['kjɔstro] *sm* cloître *m*.

chiromante [kiro'mante] *sm/f* (*indovino*) chiromancien(ne), diseur(-euse) de bonne aventure.

chirurgia [kirur'dʒia] *sf* chirurgie *f*; ▸**chirurgia estetica** chirurgie esthétique.

chirurgico, -a, -ci, -che [ki'rurdʒiko] *agg* chirurgical(e).

chirurgo, -ghi *o* **gi** [ki'rurgo] *sm* chirurgien *m*.

chissà [kis'sa] *avv*: ~! qui sait!; ~, **forse hai ragione** va savoir, tu as peut-être raison.

chitarra [ki'tarra] *sf* guitare *f*.

chitarrista, -i, -e [kitar'rista] *sm/f* guitariste *m/f*.

chiudere ['kjudere] *vt* fermer; (*strada*) barrer; (*discorso*) clore, terminer; (*recingere*) entourer; (*porre termine a*: *incontro*) mettre fin à; (: *ciclo, rassegna*) clore ♦ *vi* fermer; **chiudersi** *vr, vip* (*meccanismo*) se fermer; (*ferita*) se refermer; (*persona*: *ritirarsi*) se retirer; (*fig*) se renfermer en

soi-même; **chiudersi in casa** s'enfermer chez soi; ~ **un occhio su** (*fig*) fermer les yeux sur; **chiudi la bocca!** *o* **il becco!** (*fam*) ferme-la!
chiunque [ki'unkwe] *pron* (*relativo*) tous(toutes) ceux(celles) qui; (*indefinito*) quiconque, n'importe qui; ~ **sia non gli parlerò** qui qu'il soit, je ne lui parlerai pas.
chiusa ['kjusa] *sf* (*di corso d'acqua*) écluse *f*; (*recinto*) clôture *f*; (*terreno recintato*) enclos *msg*; (*di componimento, discorso*) conclusion *f*.
chiusi *etc* ['kjusi] *vb vedi* **chiudere**.
chiuso, -a ['kjuso] *pp di* **chiudere** ♦ *agg* fermé(e); (*strada, passaggio*) barré(e); (*persona*: *introverso*) renfermé(e); (*mente*: *limitata*) borné(e), étriqué(e) ♦ *sm*: **al** ~ à l'abri; **"~"** (*negozio etc*) "fermé".
chiusura [kju'sura] *sf* fermeture *f*; (*di strada*) barrage *m*; (*di discorso*) conclusion *f*; (*di dibattito*) clôture *f*; (*di mente*) étroitesse *f*; (*di fucile*) cran *m* de l'abattu; ▸ **chiusura lampo** ® fermeture éclair ®.

PAROLA CHIAVE

ci [tʃi] (*dav lo, la, li, le, ne diventa* **ce**) *pron* **1** (*personale*: *noi*) nous; (*impersonale*): **ci si veste** on s'habille; **ci ha visti** il nous a vus; **non ci ha dato niente** elle ne nous a rien donné; **ci vestiamo** nous nous habillons, on s'habille; **ci siamo divertiti** nous nous sommes amusés, on s'est amusé; **ci aiutiamo a vicenda** on s'entraide, on s'aide mutuellement; **ci amiamo** nous nous aimons, on s'aime
2 (*dimostrativo*: *di ciò, su ciò, in ciò etc*) y; **che ci posso fare?** qu'est-ce que je peux y faire?; **non so cosa farci** je ne sais pas quoi y faire; **ci puoi contare** tu peux compter là-dessus, tu peux y compter; **che c'entro io?** qu'est-ce que j'ai à voir là-dedans?; **non ci capisco nulla** je n'y comprends rien
♦ *avv* (*qui, lì*) y; **ci abito da 1 anno** j'y habite depuis un an; **ci vado spesso** j'y vais souvent; **ci passa sopra un ponte** il y a un pont qui passe au-dessus; **esserci** *vedi* **essere**.

CIA ['tʃia] *sigla f* (= *Central Intelligence Agency*) CIA *f*.
C.ia *abbr* (= *compagnia*) Cie.
ciabatta [tʃa'batta] *sf* pantoufle *f*.
ciabattino [tʃabat'tino] *sm* cordonnier *m*.
ciac [tʃak] *sm* (*CINE*) claquette *f*, claquoir *m*; ~, **si gira!** silence, on tourne!
Ciad [tʃad] *sm* Tchad *m*.
cialda ['tʃalda] *sf* (*CUC*) gaufre *f*, gaufrette *f*.
cialtrone, -a [tʃal'trone] *sm/f* (*peg*) bon(ne) à rien.
ciambella [tʃam'bɛlla] *sf* (*CUC*) *gâteau en forme de couronne*; (*salvagente*) bouée *f* de sauvetage.
ciancia, -ce ['tʃantʃa] *sf* bavardage *m*, papotage *m*.
cianfrusaglie [tʃanfru'zaʎʎe] *sfpl* bric-à-brac *m*.
cianuro [tʃa'nuro] *sm* cyanure *m*.
ciao ['tʃao] *escl* salut!
ciarlare [tʃar'lare] *vi* (*peg*) jaser.
ciarlatano [tʃarla'tano] *sm* charlatan *m*.
ciascuno, -a [tʃas'kuno] (*dav sm* **ciascun** + *C, V,* **ciascuno** + *s impura, gn, pn, ps, x, z; dav sf:* **ciascuna** + *C,* **ciascun'** + *V*) *agg* chaque ♦ *pron* chacun(e); **ciascun bambino** chaque enfant; **ciascuna ragazza** chaque jeune fille; ~ **di voi avrà la sua parte** chacun d'entre vous aura sa part; **due caramelle per** ~ deux bonbons chacun.
cibare [tʃi'bare] *vt* nourrir; **cibarsi** *vr*: **cibarsi (di)** se nourrir (de).
cibarie [tʃi'barje] *sfpl* comestibles *mpl*.
cibernetica [tʃiber'nɛtika] *sf* cybernétique *f*.
cibo ['tʃibo] *sm* aliment *m*, nourriture *f*.
cicala [tʃi'kala] *sf* cigale *f*.
cicatrice [tʃika'tritʃe] *sf* cicatrice *f*.
cicatrizzarsi [tʃikatrid'dzarsi] *vip* se cicatriser.
cicca, -che ['tʃikka] *sf* (*gomma da masticare*) chewing-gum *m*; (*mozzicone*) mégot *m*; (*fam*: *sigaretta*) clope *m*; **non vale una** ~ (*fig*) cela ne vaut pas un sou.
ciccia ['tʃittʃa] *sf* (*fam*) graisse *f*, lard *m*.
ciccione, -a [tʃit'tʃone] *sm/f* (*fam*) gros lard *m*, grosse dondon *f*.
cicerone [tʃitʃe'rone] *sm* cicérone *m*.
ciclamino [tʃikla'mino] *sm* cyclamen *m*.
ciclismo [tʃi'klizmo] *sm* cyclisme *m*.
ciclista, -i, -e [tʃi'klista] *sm/f* cycliste *m/f*.
ciclo ['tʃiklo] *sm* cycle *m*; (*di una malattia*) évolution *f*.
ciclomotore [tʃiklomo'tore] *sm* cyclomoteur *m*.
ciclone [tʃi'klone] *sm* cyclone *m*.
ciclostile [tʃiklos'tile] *sm* machine *f* à polycopier.
cicogna [tʃi'koɲɲa] *sf* cigogne *f*.
cicoria [tʃi'kɔrja] *sf* chicorée *f*; ~ **belga** endive *f*.
cieco, -a, -chi, -che ['tʃɛko] *agg, sm/f* aveugle *m/f*; **alla cieca** à l'aveuglette.
ciellino [tʃiel'lino] *sm/f* (*POL*) membre *m* du CL.
cielo ['tʃɛlo] *sm* ciel *m*; **toccare il** ~ **con un dito** (*fig*) être aux anges; **per amor del** ~! pour l'amour du ciel!
cifra ['tʃifra] *sf* chiffre *m*; (*somma*) somme *f*.
cifrare [tʃi'frare] *vt* chiffrer.

ciglio ['tʃiʎʎo] *sm* (*di strada*) bord *m*; (*ANAT*: *pl(f) ciglia*) cil *m*; (: *sopracciglio*) sourcil *m*; **non ha battuto** ~ (*fig*) il n'a pas bronché.
cigno ['tʃiɲɲo] *sm* cygne *m*.
cigolante [tʃigo'lante] *agg* grinçant(e).
cigolare [tʃigo'lare] *vi* grincer.
CIIS *abbr* = *Comitato Interparlamentare per l'Informazione e la Sicurezza*.
Cile ['tʃile] *sm* Chili *m*.
cilecca [tʃi'lekka] *sf*: **fare** ~ faire long feu; (*fig*) rater, échouer.
cileno, -a [tʃi'lɛno] *agg* chilien(ne) ♦ *sm/f* Chilien(ne).
ciliegia, -gie *o* **ge** [tʃi'ljɛdʒa] *sf* cerise *f*.
ciliegina [tʃilje'dʒina] *sf* (*fig*): **come** ~ **sulla torta** ... pour couronner le tout ... .
ciliegio [tʃi'ljɛdʒo] *sm* (*albero*) cerisier *m*; (*legno*) merisier *m*.
cilindrata [tʃilin'drata] *sf* (*AUT*) cylindrée *f*; **di grossa/piccola** ~ (*macchina, moto*) de grosse/petite cylindrée.
cilindro [tʃi'lindro] *sm* cylindre *m*; (*cappello*) haut-de-forme *m*.
CIM *abbr* = *centro d'igiene mentale*.
cima ['tʃima] *sf* cime *f*, sommet *m*, faîte *m*; (*di campanile*) faîte, sommet; (*estremità*: *di asta, corda*) bout *m*; (*vetta*) sommet; (*NAUT*) haussière *f*; (*fig*: *persona*) crack *m*; **in** ~ **a** en haut de; **da** ~ **a fondo** d'un bout à l'autre; (*fig*) de fond en comble.
cimelio [tʃi'mɛljo] *sm* relique *f*.
cimentarsi [tʃimen'tarsi] *vr*: ~ **in** s'essayer à, se risquer à.
cimice ['tʃimitʃe] *sf* punaise *f*.
ciminiera [tʃimi'njɛra] *sf* cheminée *f*.
cimitero [tʃimi'tɛro] *sm* cimetière *m*.
cimurro [tʃi'murro] *sm* (*MED*) maladie *f* de Carré *o* du jeune âge.
Cina ['tʃina] *sf* Chine *f*.
cincin [tʃin'tʃin] *escl* à ta/votre santé, à la tienne/vôtre.
cine ['tʃine] *sm inv* (*fam*) ciné *m*.
cineasta, -i, -e [tʃine'asta] *sm/f* cinéaste *m/f*.
cinegiornale [tʃinedʒor'nale] *sm* actualités *fpl* (cinématographiques).
cinema ['tʃinema] *sm inv* cinéma *m*; ▸**cinema d'essai** cinéma d'art et d'essai; ▸**cinema muto** cinéma muet.
cinematografico, -a, -ci, -che [tʃinemato'grafiko] *agg* (*attore, sala*) de cinéma; (*festival*) du cinéma.
cinematografo [tʃinema'tɔgrafo] *sm* cinématographe *m*.
cinepresa [tʃine'presa] *sf* caméra *f*.
cinese [tʃi'nese] *agg* chinois(e) ♦ *sm/f* Chinois(e) ♦ *sm* chinois *m*.
cineteca, -che [tʃine'tɛka] *sf* cinémathèque *f*.
cinetico, -a, -ci, -che [tʃi'nɛtiko] *agg* cinétique.
cingere ['tʃindʒere] *vt* entourer; ~ **la vita con una cintura** mettre une ceinture autour de sa taille; ~ **d'assedio** assiéger; ~ **la spada** ceindre l'épée.
cinghia ['tʃingja] *sf* ceinture *f*; (*TECN*) courroie *f*; **tirare la** ~ (*fig*) se serrer la ceinture.
cinghiale [tʃin'gjale] *sm* sanglier *m*.
cinguettare [tʃingwet'tare] *vi* gazouiller.
cinico, -a, -ci, -che ['tʃiniko] *agg, sm/f* cynique *m/f*.
cinismo [tʃi'nizmo] *sm* cynisme *m*.
cinquanta [tʃin'kwanta] *agg inv, sm inv* cinquante *m inv*; *vedi anche* **cinque**.
cinquantenario [tʃinkwante'narjo] *sm* cinquantenaire *m*.
cinquantenne [tʃinkwan'tɛnne] *agg* (âgé(e)) de cinquante ans ♦ *sm/f* quinquagénaire *m/f*.
cinquantesimo, -a [tʃinkwan'tɛzimo] *agg, sm/f* cinquantième *m/f*; *vedi* **quinto**.
cinquantina [tʃinkwan'tina] *sf*: **una** ~ **(di)** une cinquantaine (de); **essere sulla** ~ (*età*) avoir la cinquantaine.
cinque ['tʃinkwe] *agg inv, sm inv* cinq *m*; **avere** ~ **anni** (*età*) avoir cinq ans; **il** ~ **dicembre 1989** le cinq décembre 1989; **alle** ~ (*ora*) à cinq heures; **siamo in** ~ nous sommes cinq.
cinquecentesco, -a, -schi, -sche [tʃinkwetʃen'tesko] *agg* du seizième siècle.
cinquecento [tʃinkwe'tʃɛnto] *agg inv, sm inv* cinq cents *m inv* ♦ *sm*: **il C**~ le seizième siècle.
cinquemila [tʃinkwe'mila] *agg inv, sm inv* cinq mille *m inv*.
cinsi *etc* ['tʃinsi] *vb vedi* **cingere**.
cinta ['tʃinta] *sf* (*anche*: ~ **muraria**) enceinte *f*.
cintare [tʃin'tare] *vt* enclore, clôturer.
cinto, -a ['tʃinto] *pp di* **cingere**.
cintola ['tʃintola] *sf* ceinture *f*.
cintura [tʃin'tura] *sf* ceinture *f*; ▸**cintura di salvataggio** ceinture de sauvetage; ▸**cintura di sicurezza** (*AUT, AER*) ceinture de sécurité; ▸**cintura (di) verde** ceinture verte; ▸**cintura industriale** zone *f* industrielle.
cinturino [tʃintu'rino] *sm* bracelet *m*.
ciò [tʃɔ] *pron* ceci, cela; ~ **che** ce qui, ce que; ~ **nonostante** *o* **nondimeno** néanmoins; **con tutto** ~ malgré tout.
ciocca, -che ['tʃɔkka] *sf* (*di capelli*) mèche *f*.
cioccolata [tʃokko'lata] *sf* chocolat *m*; ▸**cioccolata al latte/fondente** chocolat au lait/à croquer.
cioccolatino [tʃokkola'tino] *sm* chocolat *m*.
cioccolato [tʃokko'lato] *sm* chocolat *m*.
cioè [tʃo'ɛ] *avv* c'est-à-dire.

ciondolare [tʃondo'lare] *vt* (*far dondolare*: *gambe*) balancer; (: *testa*) dodeliner ♦ *vi* tituber; (*fig*) traîner, traînasser.
ciondolo ['tʃondolo] *sm* pendentif *m*.
ciondoloni [tʃondo'loni] *avv*: **con le braccia ~** les bras ballants.
ciononostante [tʃononos'tante] *avv* malgré cela.
ciotola ['tʃɔtola] *sf* bol *m*.
ciottolo ['tʃɔttolo] *sm* (*di fiume*) galet *m*; (*di strada*) caillou *m*.
Cip [tʃip] *sigla m* = *comitato interministeriale prezzi*.
cipiglio [tʃi'piʎʎo] *sm* froncement *m* de sourcils.
cipolla [tʃi'polla] *sf* oignon *m*.
cipresso [tʃi'prɛsso] *sm* cyprès *msg*.
cipria ['tʃiprja] *sf* poudre *f*.
cipriota, -i, -e [tʃipri'ɔta] *agg* cypriote ♦ *sm/f* Cypriote *m/f*.
Cipro ['tʃipro] *sf* Chypre *m*.
circa ['tʃirka] *avv* environ ♦ *prep* en ce qui concerne, quant à; **a mezzogiorno ~** à midi environ; **eravamo ~ cento** nous étions environ cent.
circo, -chi ['tʃirko] *sm* cirque *m*.
circolare [tʃirko'lare] *vi* circuler ♦ *agg* (*anche lettera*) circulaire; (*FIN, COMM*: *assegno*) de banque ♦ *sf* (*AMM*) circulaire *f*; (*linea di autobus*) ligne *f* circulaire d'autobus; **circola voce che ...** le bruit court que ... .
circolazione [tʃirkolat'tsjone] *sf* circulation *f*; **tassa di ~** vignette *f*; **libretto di ~** carte *f* grise; **sparire dalla ~** disparaître de la circulation.
circolo ['tʃirkolo] *sm* cercle *m*; ► **circolo vizioso** cercle vicieux.
circoncisione [tʃirkontʃi'zjone] *sf* circoncision *f*.
circondare [tʃirkon'dare] *vt* entourer; **circondarsi** *vr*: **circondarsi di** s'entourer de.
circondariale [tʃirkonda'rjale] *agg*: **casa di pena ~** ≈ prison *f* départementale.
circondario [tʃirkon'darjo] *sm* (*DIR*) circonscription *f* judiciaire; (*zona circostante*) alentours *mpl*.
circonferenza [tʃirkonfe'rɛntsa] *sf* circonférence *f*; (*di fianchi etc*) tour *m*.
circonvallazione [tʃirkonvallat'tsjone] *sf* boulevard *m* périphérique, rocade *f*.
circoscritto, -a [tʃirkos'kritto] *pp di* **circoscrivere**.
circoscrivere [tʃirkos'krivere] *vt* circonscrire.
circoscrizione [tʃirkoskrit'tsjone] *sf* circonscription *f*; ► **circoscrizione elettorale** circonscription électorale.
circospetto, -a [tʃirkos'pɛtto] *agg* circonspect(e).
circostante [tʃirkos'tante] *agg* environnant(e).
circostanza [tʃirkos'tantsa] *sf* circonstance *f*; **di ~** (*parole etc*) de circonstance.
circuire [tʃirku'ire] *vt* (*fig*) circonvenir.
circuito [tʃir'kuito] *sm* circuit *m*; **a ~ chiuso** (*televisione*) en circuit fermé; **c'è stato un corto ~** il y a eu un court-circuit; ► **circuito integrato** circuit intégré.
cirillico, -a, -ci, -che [tʃi'rilliko] *agg* cyrillique.
cirrosi [tʃir'rɔzi] *sf inv*: **~ epatica** cirrhose *f* du foie.
C.I.S.A.L. ['tʃizal] *sigla f* = *Confederazione Italiana Sindacati Autonomi dei Lavoratori*.
C.I.S.L. [tʃizl] *sigla f* = *Confederazione Italiana Sindacati Lavoratori*.
C.I.S.N.A.L. ['tʃiznal] *sigla f* = *Confederazione Italiana Sindacati Nazionali dei Lavoratori*.
ciste ['tʃiste] *sf* = **cisti**.
cisterna [tʃis'tɛrna] *sf* citerne *f*.
cisti ['tʃisti] *sf inv* kyste *m*.
cistite [tʃis'tite] *sf* cystite *f*.
C.I.T. [tʃit] *sigla f* = *Compagnia Italiana Turismo*.
cit. *abbr* (= *citato, citata*) cit.
citare [tʃi'tare] *vt* citer; **~ qn per danni** intenter une action en dommages et intérêts contre qn.
citazione [tʃitat'tsjone] *sf* citation *f*.
citofono [tʃi'tɔfono] *sm* interphone *m*.
citologico, -a, -ci, -che [tʃito'lɔdʒiko] *agg* cytologique.
citrico, -a, -ci, -che ['tʃitriko] *agg* citrique.
città [tʃit'ta] *sf inv* ville *f*; **in ~** en ville; ► **città d'arte** ville d'art; ► **Città del Capo** Le Cap; ► **città universitaria** ville universitaire.
cittadella [tʃitta'dɛlla] *sf* citadelle *f*.
cittadinanza [tʃittadi'nantsa] *sf* population *f*; (*DIR*) nationalité *f*.
cittadino, -a [tʃitta'dino] *agg* citadin(e), de la ville; (*traffico*) urbain(e) ♦ *sm/f* (*di stato*) citoyen(ne), ressortissant(e); (*che vive in città*) citadin(e).
ciuccio ['tʃiuttʃo] *sm* (*fam*) tétine *f*.
ciuco, -a, -chi, -che ['tʃuko] *sm/f* âne(ânesse).
ciuffo ['tʃuffo] *sm* (*di erba, di peli*) touffe *f*; (*di capelli*) touffe, mèche *f*; (*di penne*) plumeau *m*, huppe *f*.
ciurma ['tʃurma] *sf* chiourme *f*.
civetta [tʃi'vetta] *sf* (*ZOOL*) chouette *f*; (*fig*) coquette *f* ♦ *agg inv*: **auto ~** voiture *f* banalisée; **fare la ~ con qn** faire la coquette avec qn.
civettare [tʃivet'tare] *vt* faire la coquette.
civetteria [tʃivette'ria] *sf* coquetterie *f*.
civettuolo, -a [tʃivet'twɔlo] *agg* coquet(te).
civico, -a, -ci, -che ['tʃiviko] *agg* municipal(e); **guardia civica** gardien *m* de la

paix; **senso** ~ sens *msg* civique.
civile [tʃi'vile] *agg* (*DIR, non militare*) civil(e); (*nazione, popolo*) civilisé(e); (*cortese: persona, modi*) poli(e) ♦ *sm* civil *m*; **stato** ~ état *m* civil; **abiti civili** vêtements *mpl* civils.
civilista, -i, -e [tʃivi'lista] *sm/f* (*avvocato*) *avocat spécialisé en droit civil*; (*studioso*) civiliste *m/f*.
civilizzare [tʃivilid'dzare] *vt* civiliser.
civilizzazione [tʃiviliddzat'tsjone] *sf* civilisation *f*.
civiltà [tʃivil'ta] *sf inv* civilisation *f*; (*fig: buona educazione*) éducation *f*, politesse *f*.
civismo [tʃi'vizmo] *sm* civisme *m*.
CL [tʃi'ɛlle] *sigla f* (*POL = Comunione e Liberazione*) *mouvement catholique né à Milan en 1863* ♦ *sigla = Caltanissetta*.
cl *abbr* (= *centilitro*) cl.
clacson ['klakson] *sm inv* (*AUT*) klaxon *m*.
clamore [kla'more] *sm* (*frastuono: di persone*) clameur *f*; (*: di cose*) vacarme *m*; (*scalpore*) bruit *m*.
clamoroso, -a [klamo'roso] *agg* bruyant(e); (*fig*) retentissant(e), sensationnel(le).
clandestinità [klandestini'ta] *sf* clandestinité *f*; **vivere nella** ~ (*criminale*) vivre dans la clandestinité.
clandestino, -a [klandes'tino] *agg, sm/f* clandestin(e).
clarinetto [klari'netto] *sm* clarinette *f*.
classe ['klasse] *sf* classe *f*; **di** ~ (*fig*) de classe; ►**classe operaia** classe ouvrière; ►**classe turistica** (*AER*) classe économique.
classicismo [klassi'tʃizmo] *sm* classicisme *m*.
classico, -a, -ci, -che ['klassiko] *agg, sm* classique *m*; (*anche*: **liceo** ~) ≈ lycée *m* section lettres.
classifica, -che [klas'sifika] *sf* classement *m*; (*di dischi*) hit-parade *m*.
classificare [klassifi'kare] *vt* classer; (*valutare*) noter; **classificarsi** *vip* se classer.
classificatore [klassifika'tore] *sm* classeur *m*.
classificazione [klassifikat'tsjone] *sf* (*ordinamento*) classement *m*; (*valutazione*) notation *f*.
classista, -i, -e [klas'sista] *agg* (*fig: politica, stato*) élitiste.
claudicante [klaudi'kante] *agg* boiteux (-euse), claudicant(e).
clausola ['klauzola] *sf* (*DIR*) clause *f*.
clausura [klau'zura] *sf* clôture *f*; **monaca di** ~ (*REL*) religieuse *f* cloîtrée; **fare una vita di** ~ (*fig*) se cloîtrer.
clava ['klava] *sf* massue *f*.
clavicembalo [klavi'tʃembalo] *sm* clavecin *m*.
clavicola [kla'vikola] *sf* clavicule *f*.
clemente [kle'mɛnte] *agg* clément(e).
clemenza [kle'mɛntsa] *sf* (*anche di clima*) clémence *f*.
cleptomane [klep'tɔmane] *sm/f* kleptomane *m/f*, cleptomane *m/f*.
clericale [kleri'kale] *agg* clérical(e).
clero ['klɛro] *sm* clergé *m*.
clessidra [kles'sidra] *sf* (*a sabbia*) sablier *m*; (*ad acqua*) horloge *m* à eau.
cliccare [klik'kare] *vi* (*INFORM*) cliquer.
cliché [kli'ʃe] *sm inv* (*TIP, fig*) cliché *m*.
cliente [kli'ɛnte] *sm/f* client(e).
clientela [klien'tɛla] *sf* clientèle *f*.
clientelismo [kliente'lizmo] *sm* (*peg*) clientélisme *m*.
clima, -i ['klima] *sm* climat *m*.
climatico, -a, -ci, -che [kli'matiko] *agg* climatique.
climatizzazione [klimatiddzat'tsjone] *sf* climatisation *f*.
clinica, -che ['klinika] *sf* clinique *f*.
clinico, -a, -ci, -che ['kliniko] *agg* clinique ♦ *sm* clinicien *m*; **quadro** ~ bilan *m* clinique; **avere l'occhio** ~ (*fig*) avoir le coup d'œil; **un caso** ~ (*fig*) un cas pathologique.
clistere [klis'tɛre] *sm* (*MED*) lavement *m*; (*: apparecchio*) poire *f* à lavement.
cloaca, -che [klo'aka] *sf* cloaque *m*.
cloche [klɔʃ] *sf inv* (*AER*) manche *m* à balai; **cambio a** ~ (*AUT*) changement *m* de vitesse au plancher.
cloro ['klɔro] *sm* chlore *m*.
clorofilla [kloro'filla] *sf* chlorophylle *f*.
cloroformio [kloro'fɔrmjo] *sm* chloroforme *m*.
club [klub] *sm inv* club *m*.
cm *abbr* (= *centimetro*) cm.
c.m. *abbr* (= *corrente mese*) m.c.
CN *sigla = Cuneo*.
c/n *abbr* (= *conto nuovo*) c/n.
CNR [tʃi'ɛnne'ɛrre] *sigla m* (= *Consiglio Nazionale delle Ricerche*) ≈ CNRS *m*.
CO *sigla = Como*.
Co. *abbr* (= *compagnia*) Cie.
c/o *abbr* (= *care of*) c/o.
coabitare [koabi'tare] *vi* cohabiter.
coagulare [koagu'lare] *vi* (*sangue*) coaguler; (*latte*) cailler; **coagularsi** *vip* (*vedi vt*) se coaguler; se cailler.
coalizione [koalit'tsjone] *sf* coalition *f*; (*COMM*) groupement *m*.
coatto, -a [ko'atto] *agg* (*DIR*): **domicilio** ~ résidence *f* forcée *o* surveillée.
COBAS ['kɔbas] *sigla mpl* (= *Comitati di base*) *organisation syndicale autonome surtout présente dans le secteur public (enseignement, SNCF)*.
cobra ['kɔbra] *sm inv* cobra *m*.

coca cola ® ['kɔka 'kɔla] *sf* coca-cola ® *m.*
cocaina [koka'ina] *sf* cocaïne *f.*
coccarda [kok'karda] *sf* cocarde *f.*
cocchiere [kok'kjɛre] *sm* cocher *m.*
cocchio ['kɔkkjo] *sm* (*carrozza*) carrosse *m*; (*biga*) char *m.*
coccinella [kottʃi'nɛlla] *sf* coccinelle *f.*
coccio, -ci ['kɔttʃo] *sm* terre *f* cuite; (*frammento*) tesson *m*, débris *msg.*
cocciutaggine [kottʃu'taddʒine] *sf* entêtement *m.*
cocciuto, -a [kot'tʃuto] *agg* têtu(e), buté(e).
cocco, -chi ['kɔkko] *sm* (*pianta*) cocotier *m* ♦ *sm/f* (*fam*) chouchou(te), chéri(e); **noce di** ~ (*frutto*) noix *f* de coco; **è il** ~ **della mamma** c'est le chéri à sa maman.
coccodrillo [kokko'drillo] *sm* crocodile *m.*
coccolare [kokko'lare] *vt* cajoler, chouchouter.
cocente [ko'tʃɛnte] *agg* brûlant(e); (*fig*) cuisant(e).
cocerò *etc* [kotʃe'rɔ] *vb vedi* **cuocere.**
cocomero [ko'komero] *sm* pastèque *f.*
cocuzzolo [ko'kuttsolo] *sm* sommet *m*; (*di cappello*) calotte *f.*
cod. *abbr* = **codice.**
coda ['koda] *sf* queue *f*; **con la** ~ **dell'occhio** du coin de l'œil; **mettersi in** ~ se mettre à la queue; **avere la** ~ **di paglia** (*fig*) ne pas avoir la conscience tranquille; ▸**coda di cavallo** (*acconciatura*) queue de cheval; ▸**coda di rospo** (*CUC*) baudroie *f o* lotte *f* (de mer).
codardia [kodar'dia] *sf* lâcheté *f.*
codardo, -a [ko'dardo] *agg, sm/f* lâche *m/f.*
codesto, -a [ko'desto] *agg* ce(cette) ♦ *pron* celui-là(celle-là).
codice ['kɔditʃe] *sm* code *m*; (*manoscritto*) manuscrit *m*; ▸**codice a barre** code-barre *m*; ▸**codice civile** (*DIR*) code civil; ▸**codice della strada** (*AUT*) code de la route; ▸**codice di avviamento postale** code postal; ▸**codice fiscale** *code composé de chiffres et de lettres permettant d'identifier le sujet fiscal dans le registre des contributions*; ▸**codice penale** (*DIR*) code pénal; ▸**codice segreto** (*del Bancomat*) code confidentiel.
codifica [ko'difika] *sf* codification *f*; (*INFORM*) codage *m.*
codificare [kodifi'kare] *vt* (*DIR*) codifier; (*cifrare*: *dati, informazioni*) coder.
codificazione [kodifikat'tsjone] *sf* (*vedi vb*) codification *f*; codage *m.*
coercizione [koertʃit'tsjone] *sf* coercition *f.*
coerente [koe'rɛnte] *agg* cohérent(e).
coerenza [koe'rɛntsa] *sf* cohérence *f.*
coesione [koe'zjone] *sf* cohésion *f.*
coesistere [koe'zistere] *vi* coexister.
coetaneo, -a [koe'taneo] *agg* (*che ha la stessa età*) du même âge; (*coevo*) contemporain(e) ♦ *sm/f* personne *f* du même âge; **essere** ~ **di** avoir le même âge que.
cofanetto [kofa'netto] *sm* boîte *f*; (*EDITORIA*) coffret *m*; ▸**cofanetto dei gioielli** coffret à bijoux.
cofano ['kɔfano] *sm* (*AUT*) capot *m.*
coffa ['kɔffa] *sf* (*NAUT*) nid-de-pie *m.*
cogli ['koʎʎi] (= **con** + **gli**) *prep* + *art vedi* **con.**
cogliere ['kɔʎʎere] *vt* (*fiore, frutto*) cueillir; (*sorprendere*) prendre; (*bersaglio*) atteindre, toucher; (*fig*: *momento opportuno, significato*) saisir; ~ **l'occasione (per fare)** saisir l'occasion (pour faire); ~ **nel segno** (*fig*) mettre dans le mille.
coglione, -a [koʎ'ʎone] *sm* (*fam!*: *testicolo*): **coglioni** couilles *fpl* (*fam!*) ♦ *sm/f* (*fam!*: *fig*: *persona*) con(ne) (*fam!*); **rompere i coglioni a qn** casser les couilles à qn.
cognac [kɔ'ɲak] *sm inv* cognac *m.*
cognato, -a [koɲ'ɲato] *sm/f* beau-frère *m*, belle-sœur *f.*
cognizione [koɲɲit'tsjone] *sf* connaissance *f*; **cognizioni** *sfpl* notions *fpl*; **con** ~ **di causa** en connaissance de cause.
cognome [koɲ'ɲome] *sm* nom *m* (de famille).
coi ['koi] (= **con** + **i**) *prep* + *art vedi* **con.**
coincidenza [kointʃi'dɛntsa] *sf* coïncidence *f*; (*FERR, AER, di autobus, fig*) correspondance *f.*
coincidere [koin'tʃidere] *vi* coïncider.
coinciso, -a [koin'tʃizo] *pp di* **coincidere.**
coinquilino [koinkwi'lino] *sm* colocataire *m/f.*
cointeressenza [kointeres'sɛntsa] *sf* (*COMM*) participation *f* aux bénéfices, intéressement *m.*
coinvolgere [koin'vɔldʒere] *vt*: ~ **(in)** (*in lite, vicenda, scandalo*) impliquer (dans); (*in iniziativa*) faire participer (à).
coinvolgimento [koinvoldzi'mento] *sm* (*vedi vb*) implication *f*; participation *f.*
coinvolto, -a [koin'vɔlto] *pp di* **coinvolgere.**
Col. *abbr* (= *colonnello*) Col.
col [kol] (= **con** + **il**) *prep* + *art vedi* **con.**
colà [ko'la] *avv* là-bas.
colabrodo [kola'brɔdo] *sm inv* passoire *f.*
colapasta [kola'pasta] *sm inv* passoire *f.*
colare [ko'lare] *vt* (*liquido*) passer, filtrer; (*pasta*) égoutter; (*metallo*) fondre ♦ *vi* (*sudore*) couler; (*contenitore*) fuir; (*cera*) fondre; ~ **a picco** (*sogg*: *nave*) couler à pic; (: *oggetto*) couler.
colata [ko'lata] *sf* coulée *f.*
colazione [kolat'tsjone] *sf* (*anche*: **prima**

~) petit déjeuner *m*; (*anche*: **seconda** ~) déjeuner *m*; **fare** ~ prendre son petit déjeuner; ▸**colazione di lavoro** déjeuner d'affaires.

Coldiretti [koldi'rɛtti] *abbr f* = *Confederazione nazionale coltivatori diretti*.

colei [ko'lɛi] *pron vedi* **colui**.

colera [ko'lɛra] *sm* (*MED*) choléra *m*.

colesterolo [koleste'rɔlo] *sm* cholestérol *m*.

colf [kɔlf] *sf inv* employée *f* de maison.

colgo *etc* ['kɔlgo] *vb vedi* **cogliere**.

colibrì [koli'bri] *sm* colibri *m*.

colica, -che ['kɔlika] *sf* (*MED*) colique *f*; ~ **renale** colique néphrétique.

colino [ko'lino] *sm* petite passoire *f*.

colla ['kɔlla] (= **con** + **la**) *prep + art vedi* **con** ♦ *sf* colle *f*.

collaborare [kollabo'rare] *vi*: ~ **a** collaborer à.

collaboratore, -trice [kollabora'tore] *sm/f* collaborateur(-trice); ▸**collaboratore esterno** collaborateur externe; ▸**collaboratrice familiare** employée *f* de maison.

collaborazione [kollaborat'tsjone] *sf* collaboration *f*.

collana [kol'lana] *sf* collier *m*; (*di libri*) collection *f*.

collant [kɔ'lɑ̃] *sm inv* collant *m*.

collare [kol'lare] *sm* collier *m*.

collasso [kol'lasso] *sm* (*MED*: *cardiaco*) collapsus *msg*; (*nervoso*) crise *f* de nerfs.

collaterale [kollate'rale] *agg* collatéral(e); **effetti collaterali** (*di medicina*) effets *mpl* secondaires.

collaudare [kollau'dare] *vt* essayer, tester.

collaudo [kol'laudo] *sm* essai *m*.

colle ['kɔlle] (= **con** + **le**) *prep + art vedi* **con** ♦ *sm* colline *f*.

collega, -ghi, -ghe [kol'lɛga] *sm/f* collègue *m/f*.

collegamento [kollega'mento] *sm* liaison *f*; **ufficiale di** ~ officier *m* de liaison; **in** ~ **con Roma** (*TV*) en direct de Rome.

collegare [kolle'gare] *vt* (*fili, apparecchi*) connecter, brancher; (*città, zone*) relier, joindre; (*RADIO, TV*) relier, brancher; (*fig*) relier, mettre en rapport; **collegarsi** *vr, vip*: **collegarsi (con)** se mettre en communication (avec).

collegiale [kolle'dʒale] *agg* (*riunione, decisione*) collégial(e); (*SCOL*) de collège ♦ *sm/f* (*anche fig*) collégien(ne).

collegio [kol'lɛdʒo] *sm* (*di medici, avvocati*) ordre *m*; (*SCOL*) collège *m*; ▸**collegio elettorale** collège électoral.

collera ['kɔllera] *sf* colère *f*; **andare in** ~ se mettre en colère.

collerico, -a, -ci, -che [kol'lɛriko] *agg* coléreux(-euse).

colletta [kol'lɛtta] *sf* collecte *f*.

collettività [kollettivi'ta] *sf* collectivité *f*.

collettivo, -a [kollet'tivo] *agg* (*anche LING*) collectif(-ive); (*di gruppo*: *biglietto*) collectif(-ive), de groupe; (: *visita*) de groupe ♦ *sm* (*POL*) collectif *m*; **società in nome** ~ (*COMM*) société *f* en nom collectif.

colletto [kol'letto] *sm* col *m*; ▸**colletti bianchi** (*fig*) cols blancs.

collezionare [kollettsjo'nare] *vt* collectionner.

collezione [kollet'tsjone] *sf* collection *f*.

collezionista [kollettsjo'nista] *sm/f* collectionneur(-euse).

collimare [kolli'mare] *vi* coïncider; (*fig*) concorder.

collina [kol'lina] *sf* colline *f*.

collinare [kolli'nare] *agg* de colline.

collirio [kol'lirjo] *sm* collyre *m*.

collisione [kolli'zjone] *sf* collision *f*.

collo ['kɔllo] (= **con** + **lo**) *prep + art vedi* **con** ♦ *sm* (*ANAT*) cou *m*; (: *di femore, utero etc*) col *m*; (*di abito*) col; (*di bottiglia*) goulot *m*; (*del piede*) cou-de-pied *m*; (*pacco*) colis *msg*.

collocamento [kolloka'mento] *sm* place *f*, situation *f*; **Ufficio di** ~ ≈ bureau *m* de placement; ▸**collocamento a riposo** (*di lavoratore*) mise *f* à la retraite.

collocare [kollo'kare] *vt* (*oggetti*) ranger, placer; (*persona*: *in impiego*) placer; ~ **a riposo** mettre à la retraite.

collocazione [kollokat'tsjone] *sf* (*atto del collocare*) mise *f* en place; (*luogo*) emplacement *m*, place *f*; (*BIBLIOTECA*) cote *f*.

colloquiale [kollo'kwjale] *agg* familier (-ière).

colloquio [kol'lɔkwjo] *sm* entretien *m*, entrevue *f*; (*ufficiale, di lavoro*) entretien; (*SCOL*) *examen oral préliminaire universitaire*; **avviare un** ~ **con** entamer un dialogue avec.

colloso, -a [kol'loso] *agg* collant(e), visqueux(-euse).

collottola [kol'lɔttola] *sf* nuque *f*; **afferrare per la** ~ attraper qn par la peau du cou.

collusione [kollu'zjone] *sf* (*DIR*) collusion *f*.

colluttazione [kolluttat'tsjone] *sf* corps-à-corps *msg*.

colmare [kol'mare] *vt*: ~ **di** remplir de; (*fig*) combler de; ~ **un divario** (*fig*) combler un fossé.

colmo, -a ['kolmo] *agg*: ~ **(di)** rempli(e) (de) ♦ *sm* (*fig*) comble *m*; **è il** ~! c'est le comble!; **per** ~ **di sfortuna** par malheur.

colomba [ko'lomba] *sf* (*anche fig*) colombe *f*.

Colombia [ko'lombja] *sf* Colombie *f*.

colombiano, -a [kolom'bjano] *agg* colombien(ne) ♦ *sm/f* Colombien(ne).

colombo [ko'lombo] *sm* pigeon *m*; **colombi** (*fam*: *fig*) tourtereaux *mpl*.

Colonia [ko'lɔnja] *sf* Cologne.
colonia [ko'lɔnja] *sf* colonie *f*; **(acqua di)** ~ eau *m* de Cologne.
coloniale [kolo'njale] *agg* colonial(e) ♦ *sm/f* colonial(e), colon *m*.
colonico, -a, -ci, -che [ko'lɔniko] *agg*: **casa colonica** ferme *f*.
colonizzare [kolonid'dzare] *vt* coloniser.
colonna [ko'lonna] *sf* colonne *f*; (*di auto, dimostranti*) file *f*; ▸**colonna sonora** (*CINE*) bande *f* sonore; ▸**colonna vertebrale** colonne vertébrale.
colonnello [kolon'nɛllo] *sm* colonel *m*.
colono [ko'lɔno] *sm* colon *m*.
colorante [kolo'rante] *sm* colorant *m*.
colorare [kolo'rare] *vt* colorer; (*disegno*) colorier.
colore [ko'lore] *sm* couleur *f*; **a colori** en couleurs; **di** ~ (*persona*) de couleur; **diventare di tutti i colori** changer de couleur; **farne di tutti i colori** en faire voir de toutes les couleurs; **passarne di tutti i colori** en voir de toutes les couleurs.
colorito, -a [kolo'rito] *agg* coloré(e) ♦ *sm* (*tinta*) coloris *msg*; (*carnagione*) teint *m*.
coloro [ko'loro] *pron pl vedi* **colui**.
colossale [kolos'sale] *agg* colossal(e).
colosso [ko'lɔsso] *sm* colosse *m*; (*nazione*) colosse, géant *m*.
colpa ['kolpa] *sf* faute *f*; (*peccato*) péché *m*; **per** ~ **di** par la faute de; **di chi è la** ~**?** à qui la faute?; **è** ~ **sua** c'est (de) sa faute; **senso di** ~ sentiment *m* de culpabilité; **dare la** ~ **a qn di qc** rejeter sur qn la responsabilité de qch.
colpevole [kol'pevole] *agg, sm/f* coupable *m/f*.
colpevolizzare [kolpevolid'dzare] *vt* culpabiliser.
colpire [kol'pire] *vt* (*bersaglio*) toucher; (*ferire*) frapper; (: *arma da fuoco*) atteindre; (*danneggiare, fig*) frapper; **rimanere colpito da** être frappé(e) par; **è stato colpito da ordine di cattura** on a lancé un mandat d'arrêt contre lui; ~ **nel segno** (*fig*) faire mouche.
colpo ['kolpo] *sm* coup *m*; **di** ~**, tutto d'un** ~ tout d'un coup, tout à coup; **fare** ~ faire sensation; **fare** ~ **su qn** taper dans l'œil à qn; **morire sul** ~ mourir sur le coup; **perdere colpi** (*macchina*) avoir des ratés; (*persona*) perdre la boule; **far venire un** ~ **a qn** (*fig*) ficher un coup à qn; **ti venisse un** ~! (*fam*) va au diable!; **a** ~ **d'occhio** au premier coup d'œil; **a** ~ **sicuro** à coup sûr; ▸**colpo basso** (*PUGILATO, fig*) coup bas; ▸**colpo d'aria** coup de froid; ▸**colpo di fulmine** coup de foudre; ▸**colpo di grazia** coup de grâce; ▸**colpo di scena** coup de théâtre; ▸**colpo di sole** (*MED*) coup de soleil; ▸**colpo di Stato** coup d'État; ▸**colpo di telefono** coup de téléphone; ▸**colpo di testa** coup de tête; ▸**colpo di vento** coup de vent; ▸**colpo in banca** hold-up *m inv* (d'une banque); ▸**colpi di sole** (*sui capelli*) balayage *msg*.
colposo, -a [kol'poso] *agg* (*omicidio*) involontaire.
colsi *etc* ['kɔlsi] *vb vedi* **cogliere.**
coltellata [koltel'lata] *sf* coup *m* de couteau.
coltello [kol'tɛllo] *sm* couteau *m*; **avere il** ~ **dalla parte del manico** (*fig*) être maître de la situation; ▸**coltello a serramanico** couteau à cran d'arrêt.
coltivare [kolti'vare] *vt* (*anche fig*: *amicizia*) cultiver; (*verdura*) cultiver, faire pousser.
coltivatore, -trice [koltiva'tore] *sm/f* cultivateur(-trice); ▸**coltivatore diretto** exploitant *m*.
coltivazione [koltivat'tsjone] *sf* culture *f*; ▸**coltivazione intensiva** culture intensive.
colto, -a ['kolto] *pp di* **cogliere** ♦ *agg* cultivé(e).
coltre ['koltre] *sf* couverture *f*; (*fig*) manteau *m*.
coltura [kol'tura] *sf* culture *f*; ▸**coltura alternata** rotation *f* des cultures, assolement *m*.
colui, colei [ko'lui] (*pl* **coloro**) *pron* (*quello, quegli*) celui(celle, *pl* celles), *pl* ceux; ~ **che parla** celui qui parle; **colei che amo** celle que j'aime.
com. *abbr* (= *comunale*) municipal; (= *commissione*) com.
coma ['kɔma] *sm inv* coma *m*; **in** ~ dans le coma; ~ **irreversibile** coma dépassé.
comandamento [komanda'mento] *sm* commandement *m*.
comandante [koman'dante] *sm* commandant *m*; (*di reggimento*) colonel *m*.
comandare [koman'dare] *vi* commander; ~ **a qn di fare** (*imporre*) ordonner à qn de faire.
comando [ko'mando] *sm* (*ingiunzione*) ordre *m*, commandement *m*; (*autorità*) commandement; (*TECN*) commande *f*; ▸**comando a distanza** télécommande *f*; ▸**comando generale** quartier *m* général.
comare [ko'mare] *sf* (*madrina*) marraine *f*; (*donna pettegola*) commère *f*.
combaciare [komba'tʃare] *vi* coïncider (parfaitement); (*fig*) concorder.
combattente [kombat'tɛnte] *sm* combattant *m*; **ex-**~ ancien combattant.
combattere [kom'battere] *vt, vi* combattre.
combattimento [kombatti'mento] *sm* combat *m*; **mettere fuori** ~ mettre hors

de combat.

combattivo, -a [kombat'tivo] *agg* combatif(-ive).

combattuto, -a [kombat'tuto] *agg* (*persona*) indécis(e); (*gara, partita*) disputé(e).

combinare [kombi'nare] *vt* combiner; (*organizzare*) organiser; (*fam: fare*) fabriquer; **combinarsi** *vip* (*fam: conciarsi*) s'accoutrer; **ne ha combinato una delle sue** il a fait des siennes.

combinazione [kombinat'tsjone] *sf* combinaison *f*; (*caso fortuito*) coïncidence *f*, hasard *m*; (*di cassaforte*) combinaison *f*; **per ~** par hasard.

combriccola [kom'brikkola] *sf* (*gruppo*) bande *f*; (*banda*) bande, clique *f*.

combustibile [kombus'tibile] *agg, sm* combustible *m*.

combustione [kombus'tjone] *sf* combustion *f*.

combutta [kom'butta] *sf* (*peg*): **in ~** de connivence.

PAROLA CHIAVE

come ['kome] *avv* **1** (*alla maniera di*) comme; **ti comporti come lui** tu te conduis comme lui; **bianco come la neve** blanc comme neige

2 (*in qualità di*) comme, en tant que; **lavora come autista** il travaille comme chauffeur

3 (*interrogativo*) comment; **come ti chiami?** comment t'appelles-tu?; **come sta?** comment va-t-il?; **com'è il tuo amico?** comment est ton ami?; **come?** comment?; **come mai?** comment ça se fait?; **come mai non ci hai avvertiti?** comment se fait-il que tu ne nous aies pas avertis?

4 (*esclamativo*): **come sei bravo!** comme tu es fort!; **come mi dispiace!** comme je le regrette!

♦ *cong* **1** (*in che modo*) comment; **mi ha spiegato come l'ha conosciuto** il m'a expliqué comment il l'a connu; **non so come sia successo** je ne sais pas comment cela est arrivé

2 (*quasi se*) comme; **è come se fosse ancora qui** c'est comme s'il était encore là; **come niente fosse** comme si de rien n'était; **come non detto** fais (*o* faites) comme si je n'avais rien dit

3 (*correlativo, con comparativi*) que; **non è bravo come pensavo** il n'est pas aussi bon que je le pensais; **è meglio di come pensassi** il est mieux que je pensais

4 (*quando*) dès que; **come arrivò, iniziò a lavorare** dès qu'il arriva, il commença à travailler; *vedi anche* **così**; **oggi**; **ora**[2].

COMECON ['kɔmekon] *abbr m* (= *Consiglio di Mutua Assistenza Economica*) COMECON *m*.

comedone [kome'done] *sm* comédon *m*.

cometa [ko'meta] *sf* comète *f*.

comica, -che ['kɔmika] *sf* (*CINE*) film *m* comique.

comico, -a, -ci, -che ['kɔmiko] *agg, sm* comique *m*.

comignolo [ko'miɲɲolo] *sm* cheminée *f*.

cominciare [komin'tʃare] *vt* commencer ♦ *vi* commencer; (*nella vita, carriera*) débuter, commencer; **~ a fare/col fare** commencer à faire/par faire; **cominciamo bene!** (*iron*) cela commence bien!

comitato [komi'tato] *sm* comité *m*; ▶ **comitato di gestione** comité de gestion; ▶ **comitato direttivo** comité directeur.

comitiva [komi'tiva] *sf* groupe *m*.

comizio [ko'mittsjo] *sm* (*POL*) meeting *m*; ▶ **comizio elettorale** meeting électoral.

comma, -i ['kɔmma] *sm* (*DIR*) alinéa *m*.

commando [kom'mando] *sm inv* commando *m*.

commedia [kom'mɛdja] *sf* comédie *f*; (*TEATRO*) pièce *f* (de théâtre); (: *comica*) comédie; (*fig*) farce *f*; (: *finzione*) comédie.

commediante [komme'djante] *sm/f* (*peg*) tartufe *m*; (*fig*) comédien(ne).

commediografo, -a [komme'djɔgrafo] *sm/f* auteur *m* dramatique.

commemorare [kommemo'rare] *vt* commémorer.

commemorazione [kommemorat'tsjone] *sf* commémoration *f*.

commendatore [kommenda'tore] *sm* commandeur *m*.

commensale [kommen'sale] *sm/f* convive *m/f*.

commentare [kommen'tare] *vt* commenter.

commentatore, -trice [kommenta'tore] *sm/f* commentateur(-trice).

commento [kom'mento] *sm* commentaire *m*; ▶ **commento musicale** (*CINE*) musique *f*.

commerciale [kommer'tʃale] *agg* commercial(e).

commercialista, -i, -e [kommertʃa'lista] *sm/f* diplômé(e) en sciences économiques; (*consulente*) (expert-)comptable *m*.

commercializzare [kommertʃalid'dzare] *vt* commercialiser.

commercializzazione [kommertʃaliddzat'tsjone] *sf* commercialisation *f*.

commerciante [kommer'tʃante] *sm/f* négociant(e); (*negoziante*) commerçant(e); ▶ **commerciante all'ingrosso** commerçant(e) de gros.

commerciare [kommer'tʃare] *vt* commercer ♦ *vi*: **~ in** faire du commerce de.

commercio [kom'mɛrtʃo] *sm* commerce *m*; **in** ~ (*prodotto*) dans le commerce; **essere nel** ~ (*persona*) être dans le commerce; ▸ **commercio al minuto/all'ingrosso** commerce de détail/en gros.

commessa [kom'messa] *sf* (*COMM*) commande *f*; *vedi anche* **commesso**.

commesso, -a [kom'messo] *pp di* **commettere** ♦ *sm/f* vendeur(-euse); ▸ **commesso viaggiatore** commis voyageur.

commestibile [kommes'tibile] *agg* comestible; **commestibili** *smpl* comestibles *mpl*.

commettere [kom'mettere] *vt* commettre.

commiato [kom'mjato] *sm* congé *m*; **prendere** ~ **da qn** prendre congé de qn.

comminare [kommi'nare] *vt* (*DIR*) prévoir, prescrire.

commiserare [kommize'rare] *vt* plaindre.

commiserazione [kommizerat'tsjone] *sf* commisération *f*.

commisi *etc* [kom'mizi] *vb vedi* **commettere**.

commissariare [kommissa'rjare] *vt* désigner un administrateur judiciaire pour.

commissariato [kommissa'rjato] *sm* commissariat *m*; ▸ **commissariato di polizia** commissariat de police.

commissario [kommis'sarjo] *sm* commissaire *m*; (*di pubblica sicurezza*) ≈ commissaire de police; (*SCOL*) membre *m* (d'un jury d'examen); **alto** ~ haut-commissaire *m*; ▸ **commissario d'esame** (*SCOL*) membre d'un jury d'examen; ▸ **commissario di bordo** (*NAUT*) commissaire du bord; ▸ **commissario di gara** (*SPORT*) commissaire de course; ▸ **commissario tecnico** (*SPORT*) entraîneur *m* (de l'équipe nationale).

commissionare [kommissjo'nare] *vt* commissionner.

commissionario [kommissjo'narjo] *sm* (*COMM*) commissionnaire *m*.

commissione [kommis'sjone] *sf* commission *f*; (*COMM*: *ordinazione*) commande *f*; (: *percentuale*) commission; **commissioni** *sfpl* (*acquisti*) commissions *fpl*, courses *fpl*; ▸ **commissione d'esame** jury *m* d'examen; ▸ **commissione d'inchiesta** commission d'enquête; ▸ **commissione permanente** commission permanente; ▸ **commissioni bancarie** frais *mpl* bancaires.

committente [kommit'tɛnte] *sm/f* (*COMM*) commettant *m*.

commosso, -a [kom'mɔsso] *pp di* **commuovere**.

commovente [kommo'vɛnte] *agg* émouvant(e).

commozione [kommot'tsjone] *sf* émotion *f*; ▸ **commozione cerebrale** (*MED*) commotion *f* cérébrale.

commuovere [kom'mwɔvere] *vt* émouvoir; **commuoversi** *vip* s'émouvoir.

commutare [kommu'tare] *vt* commuer; (*ELETTR*) commuter.

commutazione [kommutat'tsjone] *sf* (*DIR, ELETTR*) commutation *f*.

comò [ko'mɔ] *sm inv* commode *f*.

comodino [komo'dino] *sm* table *f* de nuit.

comodità [komodi'ta] *sf inv* confort *m*.

comodo, -a ['kɔmodo] *agg* confortable; (*facile*) facile, pratique; (*conveniente, utile*) commode ♦ *sm* commodité *m*; **con** ~ en prenant son temps; **fare il proprio** ~ en faire à son aise; **far** ~ **(a qn)** arranger (qn); **stia** ~! ne vous dérangez pas!

compact disc [kəm'pækt ˌdisk] *sm inv* disque *m* compact, compact disc *m*.

compaesano, -a [kompae'zano] *sm/f* compatriote *m/f*.

compagine [kom'padʒine] *sf* (*squadra*) équipe *f*.

compagna [kom'paɲɲa] *sf vedi* **compagno**.

compagnia [kompaɲ'ɲia] *sf* compagnie *f*; (*gruppo*) groupe *m*, bande *f*; **fare** ~ **a** tenir compagnie à; **essere di** ~ être sociable.

compagno, -a [kom'paɲɲo] *sm/f* (*di classe, gioco*) camarade *m/f*, copain(copine); (*POL, di prigionia*) camarade; (*SPORT*) coéquipier(-ière); ▸ **compagno di lavoro/di scuola** camarade de travail/d'école; ▸ **compagno di viaggio** compagnon *m* de voyage.

compaio *etc* [kom'pajo] *vb vedi* **comparire**.

comparare [kompa'rare] *vt* comparer.

comparativo, -a [kompara'tivo] *agg* comparatif(-ive) ♦ *sm* comparatif *m*.

compare [kom'pare] *sm* (*padrino*) parrain *m*; (*complice*) compère *m*; (*fam*: *amico*) compagnon *m*.

comparire [kompa'rire] *vi* apparaître; ▸ **comparire in giudizio** (*DIR*) comparaître en justice.

comparizione [komparit'tsjone] *sf* (*DIR*): **mandato di** ~ mandat *m* de comparution.

comparsa [kom'parsa] *sf* apparition *f*; (*TEATRO, CINE*) figurant(e).

comparso, -a [kom'parso] *pp di* **comparire**.

compartecipare [kompartetʃi'pare] *vi*: ~ **(a)** participer (à).

compartecipazione [kompartetʃipat'tsjone] *sf* coparticipation *f*; (*quota*) participation *f*; **in** ~ en nom collectif; ▸ **compartecipazione agli utili** intéressement *m*.

compartimento [komparti'mento] *sm* compartiment *m*; (*AMM*: *marittimo*) arrondissement *m*.

comparvi *etc* [kom'parvi] *vb vedi* **comparire**.

compassato, -a [kompas'sato] *agg* compassé(e).
compassione [kompas'sjone] *sf* compassion *f*; **avere ~ di** avoir pitié de; **fare ~ (a)** faire pitié (à).
compassionevole [kompassjo'nevole] *agg* compatissant(e).
compasso [kom'passo] *sm* compas *msg*.
compatibile [kompa'tibile] *agg* (*conciliabile, INFORM*) compatible.
compatimento [kompati'mento] *sm* compassion *f*, commisération *f*; **con aria di ~** avec un air compatissant.
compatire [kompa'tire] *vt* (*aver compassione di*: *qualcosa*) compatir à; (: *persone*) avoir de la compassion pour.
compatriota, -i, -e [kompatri'ɔta] *sm/f* compatriote *m/f*.
compattezza [kompat'tettsa] *sf* (*solidità*) compacité *f*; (*fig*: *unità*) cohésion *f*.
compatto, -a [kom'patto] *agg* (*anche fig*) compact(e).
compendio [kom'pɛndjo] *sm* résumé *m*; (*libro*) précis *msg*, abrégé *m*.
compensare [kompen'sare] *vt* (*rimunerare*) rétribuer, rémunérer; (*equilibrare*) compenser; **compensarsi** *vr* (*reciproco*) se compenser; **~ qn di** (*risarcire*) dédommager qn de; (*fig*: *di fatiche, dolori*) récompenser qn de.
compensato [kompen'sato] *sm* (*anche*: **legno ~**) contreplaqué *m*.
compenso [kom'pɛnso] *sm* rétribution *f*; (*risarcimento*) dédommagement *m*; (*fig*) récompense *f*; **in ~** (*d'altra parte*) en revanche.
compera ['kompera] *sf* achat *m*; **fare le compere** faire les courses.
comperare [kompe'rare] *vt* = **comprare**.
competente [kompe'tɛnte] *agg* compétent(e); **rivolgersi all'autorità ~** s'adresser à l'autorité compétente.
competenza [kompe'tɛntsa] *sf* compétence *f*; (*compito*) ressort *m*; **competenze** *sfpl* (*onorari*) honoraires *mpl*; **definire le competenze** définir les tâches (de chacun).
competere [kom'pɛtere] *vi* (*essere in competizione*): **~ (con)** rivaliser (avec); **~ a** (*rientrare nella competenza*) être du ressort de; (*riguardare, spettare*) revenir à.
competitivo, -a [kompeti'tivo] *agg* (*spirito*) de compétition, compétitif(-ive).
competitore, -trice [kompeti'tore] *sm/f* concurrent(e).
competizione [kompetit'tsjone] *sf* compétition *f*; **spirito di ~** esprit *m* de compétition.
compiacente [kompja'tʃɛnte] *agg* complaisant(e), obligeant(e).
compiacenza [kompja'tʃɛntsa] *sf* complaisance *f*.
compiacere [kompja'tʃere] *vi*: **~ (a)** complaire (à) ♦ *vt* (*fare piacere*) satisfaire; **compiacersi** *vip* (*provare soddisfazione*): **compiacersi di** *o* **per qc** se féliciter de qch; **compiacersi con qn** (*rallegrarsi, congratularsi*) féliciter qn; **compiacersi di fare** (*degnarsi*) daigner faire.
compiacimento [kompjatʃi'mento] *sm* complaisance *f*.
compiaciuto, -a [kompja'tʃuto] *pp di* **compiacere**.
compiangere [kom'pjandʒere] *vt* plaindre.
compianto, -a [kom'pjanto] *pp di* **compiangere** ♦ *agg* regretté(e) ♦ *sm* douleur *f*, peine *f*.
compiere ['kompjere] *vt* (*concludere*) achever; (*adempiere*) accomplir; **compiersi** *vip* (*avverarsi*) s'accomplir; **~ gli anni** fêter son anniversaire.
compilare [kompi'lare] *vt* (*modulo*) remplir; (*elenco*) dresser; (*dizionario, grammatica*) compiler.
compilatore, -trice [kompila'tore] *sm/f* (*vedi vb*) compilateur(-trice).
compilazione [kompilat'tsjone] *sf* (*elenco, dizionario*) compilation *f*.
compimento [kompi'mento] *sm* achèvement *m*; **portare a ~ qc** mener qch à terme.
compire [kom'pire] *vt* = **compiere**.
compito[1] ['kompito] *sm* (*incarico*) tâche *f*; (*dovere*) devoir *m*; (*SCOL*: *in classe*) devoir (sur table), interrogation *f* écrite; (: *a casa*) devoir; **fare i compiti** faire ses devoirs.
compito[2], **-a** [kom'pito] *agg* (*persona*) courtois(e), affable; (*modi*) courtois(e).
compiutezza [kompju'tettsa] *sf* (*completezza*) caractère *m* exhaustif; (*perfezione*) achèvement *m*.
compiuto, -a [kom'pjuto] *pp di* **compiere** ♦ *agg*: **a venti anni compiuti** à l'âge de vingt ans (révolus); **un fatto ~** un fait accompli.
compleanno [komple'anno] *sm* anniversaire *m*.
complementare [komplemen'tare] *agg* complémentaire; (*SCOL*: *materia*) à option.
complemento [komple'mento] *sm* complément *m*; (*MIL*) réserve *f*; ▸ **complemento oggetto** (*LING*) complément d'objet.
complessato, -a [komples'sato] *agg, sm/f* complexé(e).
complessità [komplessi'ta] *sf inv* complexité *f*.
complessivamente [komplessiva'mente] *avv* (*nell'insieme*) globalement; (*in tutto*) en tout, au total.
complessivo, -a [komples'sivo] *agg* (*globale*) global(e); (*totale*: *cifra*) total(e).

complesso, -a [kom'plɛsso] *agg* complexe ♦ *sm* (*PSIC, industriale etc*) complexe *m*; (*MUS*) ensemble *m* instrumental; (: *corale*) ensemble vocal; (: *orchestrina*) petit orchestre *f*; (: *di musica pop*) groupe *m*; **in** *o* **nel** ~ dans l'ensemble; ▸ **complesso alberghiero** complexe hôtelier; ▸ **complesso edilizio** grand ensemble.

completamento [kompleta'mento] *sm* achèvement *m*.

completare [komple'tare] *vt* (*serie, collezione*) compléter; (*portare a termine*) achever.

completo, -a [kom'plɛto] *agg* complet (-ète); (*fig*: *fiducia*) entier(-ière), total(e) ♦ *sm* ensemble *m*; **essere al** ~ être au complet; ▸ **completo da sci** tenue *f* de ski.

complicare [kompli'kare] *vt* compliquer; **complicarsi** *vip* se compliquer.

complicazione [komplikat'tsjone] *sf* complication *f*; **salvo complicazioni** sauf complications.

complice ['kɔmplitʃe] *sm/f* complice *m/f*.

complicità [komplitʃi'ta] *sf inv* complicité *f*; **di** ~ (*sguardo, sorriso*) complice.

complimentarsi [komplimen'tarsi] *vip*: ~ **(con)** complimenter.

complimento [kompli'mento] *sm* compliment *m*; **complimenti** *smpl* (*eccessiva formalità*) façons *fpl*, manières *fpl*; (*ossequi*) compliments *mpl*; **complimenti!** mes compliments!; **senza complimenti!** sans façons!

complottare [komplot'tare] *vi* conspirer, comploter.

complotto [kom'plɔtto] *sm* complot *m*.

compone *etc* [kom'pone] *vb vedi* **comporre**.

componente [kompo'nɛnte] *sm/f* membre *m* ♦ *sm* composant *m*.

compongo *etc* [kom'pongo] *vb vedi* **comporre**.

componibile [kompo'nibile] *agg* (*mobile*) en kit; **cucina** ~ bloc-cuisine *m*.

componimento [komponi'mento] *sm* pièce *f*; (*SCOL*) rédaction *f*, composition *f*.

comporre [kom'porre] *vt* composer; (*mettere in ordine*) arranger; (*DIR*) régler; **comporsi** *vip*: **comporsi di** se composer de, être formé(e) de.

comportamentale [komportamen'tale] *agg* comportemental(e).

comportamento [komporta'mento] *sm* comportement *m*.

comportare [kompor'tare] *vt* comporter, entraîner; **comportarsi** *vip* se comporter, se conduire.

composi *etc* [kom'pozi] *vb vedi* **comporre**.

compositore, -trice [kompozi'tore] *sm/f* compositeur(-trice); (*TIP*) compositeur *m*.

composizione [kompozit'tsjone] *sf* composition *f*; (*DIR*) règlement *m*.

composta [kom'posta] *sf* (*CUC*) compote *f*.

compostezza [kompos'tettsa] *sf* tenue *f*.

composto, -a [kom'posto] *pp di* **comporre** ♦ *agg* composé(e) ♦ *sm* composé *m* ♦ *sf* (*CUC*) mélange *m*; **stai** ~! tiens-toi bien!

comprare [kom'prare] *vt* acheter.

compratore, -trice [kompra'tore] *sm/f* acheteur(-euse).

compravendita [kompra'vendita] *sf* (*COMM*) contrat *m* de vente; **atto di** ~ acte *m* de vente.

comprendere [kom'prɛndere] *vt* comprendre.

comprendonio [kompren'dɔnjo] *sm*: **è duro di** ~ il comprend vite mais il faut lui expliquer longtemps.

comprensibile [kompren'sibile] *agg* compréhensible.

comprensione [kompren'sjone] *sf* compréhension *f*.

comprensivo, -a [kompren'sivo] *agg* (*prezzo, totale*): ~ **di** comprenant ♦ *agg* (*indulgente*) compréhensif(-ive); **il totale è** ~ **di** ... le total comprend ... .

comprensorio [kompren'sɔrjo] *sm* zone *f*, région *f*; (*AMM*) *zone du territoire faisant l'objet de travaux publics particuliers*.

compreso, -a [kom'preso] *pp di* **comprendere** ♦ *agg* compris(e); **tutto** ~ tout compris.

compressa [kom'prɛssa] *sf* (*MED*: *pastiglia*) comprimé *m*; (: *garza*) compresse *f*.

compressione [kompres'sjone] *sf* compression *f*.

compresso, -a [kom'prɛsso] *pp di* **comprimere** ♦ *agg* comprimé(e).

compressore [kompres'sore] *sm* (*TECN*) compresseur *m*; (*anche*: **rullo** ~) rouleau *m* compresseur.

comprimario, -a [kompri'marjo] *sm/f* (*TEATRO*) second rôle *m*.

comprimere [kom'primere] *vt* comprimer.

compromesso, -a [kompro'messo] *pp di* **compromettere** ♦ *sm* compromis *msg*.

compromettere [kompro'mettere] *vt* compromettre; **compromettersi** *vr* se compromettre.

comproprietà [komproprje'ta] *sf* (*DIR*) copropriété *f*.

comprovare [kompro'vare] *vt* prouver, démontrer.

compunto, -a [kom'punto] *agg* contrit(e); **con fare** ~ d'un air contrit.

compunzione [kompun'tsjone] *sf* componction *f*.

computare [kompu'tare] *vt* calculer.

computer [kəm'pju:tər] *sm inv* ordinateur *m*.

computerizzato, -a [kompjuterid'dzato]

agg informatisé(e).

computerizzazione [kompjuterid-dzat'tsjone] *sf* informatisation *f*.

computo ['kɔmputo] *sm* calcul *m*; **fare il ~ di** faire le calcul de.

comunale [komu'nale] *agg* communal(e), municipal(e); **consiglio ~** conseil *m* municipal; **palazzo ~** hôtel *m* de ville; **è un impiegato ~** c'est un employé municipal.

comune [ko'mune] *agg* commun(e); (*consueto*) courant(e); (*di livello medio*) moyen(ne); (*ordinario*) ordinaire ♦ *sm* (*AMM: ente*) commune *f*, municipalité *f*; (*: sede*) mairie *f*, hôtel *m* de ville ♦ *sf* communauté *f*; **fuori del ~** hors du commun; **avere in ~** avoir en commun; **mettere in ~** mettre en commun; **un nostro ~ amico** un ami commun; **fare cassa ~** faire bourse commune.

comunicare [komuni'kare] *vt* communiquer; (*malattia*) transmettre, passer; (*calore etc*) transmettre; (*REL*) communier ♦ *vi* communiquer; **comunicarsi** *vip* (*propagarsi*): **comunicarsi a** se communiquer à.

comunicativa [komunika'tiva] *sf*: **avere poco ~** être peu commmunicatif(-ive).

comunicativo, -a [komunika'tivo] *agg* communicatif(-ive).

comunicato, -a [komuni'kato] *sm* communiqué *m*; ▸ **comunicato stampa** communiqué de presse.

comunicazione [komunikat'tsjone] *sf* communication *f*; (*a congresso*) exposé *m*, communication; **comunicazioni** *sfpl* (*terrestri, marittime*) communications *fpl*; **essere in ~ con** être en communication avec; **mettere in ~** mettre en communication; **dare la ~ a qn** passer la communication à qn; **ottenere la ~** obtenir la ligne; **salvo comunicazioni contrarie da parte Vostra** sauf contrordre de votre part; ▸ **comunicazione (telefonica)** (*TEL*) communication (téléphonique).

comunione [komu'njone] *sf* communion *f*; ▸ **comunione dei beni** (*DIR*) communauté *f* entre époux.

comunismo [komu'nizmo] *sm* communisme *m*.

comunista, -i, -e [komu'nista] *agg, sm/f* communiste *m/f*.

comunità [komuni'ta] *sf inv* communauté *f*; ▸ **Comunità Economica Europea** Communauté économique européenne; ▸ **Comunità di Stati Indipendenti** Communauté des États indépendants.

comunitario, -a [komuni'tarjo] *agg* communautaire.

comunque [ko'munkwe] *cong* quoi que ♦ *avv* (*in ogni modo*) de toute façon; (*tuttavia*) quand même; **~ sia** quoi qu'il en soit.

con [kon] (*nei seguenti casi* **con** *può fondersi con l'articolo determinativo: con + il =* **col**, *con + lo =* **collo**, *con + l'=* **coll'**, *con + la =* **colla**, *con + i =* **coi**, *con + gli =* **cogli**, *con + le =* **colle**) *prep* avec; (*modo*) avec, de; (*mezzo*) par, en; (*nonostante*) malgré; (*tempo*) par; **vieni ~ me** viens avec moi; **portiamoli ~ noi** emmenons-les avec nous; **posso venire ~ voi?** je peux venir avec vous?; **~ pazienza/rabbia/amore** avec patience/colère/amour; **~ enfasi** avec emphase; **~ mio grande stupore** à mon grand étonnement; **~ il treno/l'aereo/la macchina/la bici** en train/avion/voiture/vélo; **~ una scala a pioli** avec une échelle; **condito ~ burro** au beurre; **~ tutto ciò** malgré tout cela; **villa ~ piscina** villa avec piscine; **camera ~ vista** chambre avec vue; **uomo ~ i baffi** homme avec une moustache; **~ questo freddo non si può uscire** avec ce froid, on ne peut pas sortir; **come va ~ te?** comment vas-tu?; **come va ~ tuo fratello?** comment va ton frère?; **confrontare qc ~ qc** comparer qch avec qch; **~ tutti i suoi difetti riesce ugualmente simpatico** malgré tous ses défauts il est sympathique; **~ l'autunno ricomincia la scuola** l'école recommence en automne; **~ la bella stagione ricominciano a fiorire gli alberi** à la belle saison, les arbres recommencent à fleurir; **~ la fine della guerra ...** à la fin de la guerre ...; **partire col treno** partir par le train; **~ la forza** par la force; **~ il primo di ottobre** à partir du premier octobre; **~ tutto che era arrabbiato** bien qu'en colère; **e ~ questo?** et alors?

conato [ko'nato] *sm*: **~ di vomito** haut-le-cœur *m*.

conca, -che ['konka] *sf* (*GEO*) cuvette *f*, bassin *m*.

concatenare [konkate'nare] *vt* enchaîner; **concatenarsi** *vr* s'enchaîner.

concavo, -a ['kɔnkavo] *agg* concave.

concedere [kon'tʃedere] *vt* accorder; (*ammettere*) concéder; **concedersi qc** s'accorder qch.

concentramento [kontʃentra'mento] *sm* concentration *f*.

concentrare [kontʃen'trare] *vt* concentrer; **concentrarsi** *vr* se concentrer.

concentrato [kontʃen'trato] *sm* concentré *m*; ▸ **concentrato di pomodoro** concentré de tomate.

concentrazione [kontʃentrat'tsjone] *sf* concentration *f*.

concentrico, -a, -ci, -che [kon'tʃɛntriko] *agg* concentrique.

concepibile [kontʃe'pibile] *agg* concevable.

concepimento [kontʃepi'mento] *sm* conception *f*.

concepire [kontʃe'pire] *vt* concevoir.

concernere [kon'tʃɛrnere] *vt* concerner; **per quanto mi concerne** en ce qui me concerne.
concertare [kontʃer'tare] *vt* (*MUS*) orchestrer; (*ordire*) tramer.
concertista, -i, -e [kontʃer'tista] *sm/f* (*MUS*) concertiste *m/f*.
concerto [kon'tʃɛrto] *sm* (*MUS*) concert *m*; (: *componimento*) concerto *m*.
concessi *etc* [kon'tʃɛssi] *vb vedi* **concedere**.
concessionario [kontʃessjo'narjo] *sm* (*COMM*) concessionnaire *m*.
concessione [kontʃes'sjone] *sf* concession *f*, octroi *m*; (*di prestito*) accord *m*; (*AMM*) concession.
concesso, -a [kon'tʃɛsso] *pp di* **concedere**.
concetto [kon'tʃɛtto] *sm* (*pensiero, idea*) concept *m*, notion *f*; (*opinione, giudizio*) opinion *f*; **impiegato di ~** *personne occupant un poste de responsabilité*.
concezione [kontʃet'tsjone] *sf* conception *f*; (*di piano*) élaboration *f*.
conchiglia [kon'kiʎʎa] *sf* coquillage *m*.
concia, -ce ['kontʃa] *sf* (*di pelle*) tannage *m*; (*di tabacco*) traitement *m*; (*sostanza*) tan *m*.
conciare [kon'tʃare] *vt* (*pelli*) tanner; (*tabacco*) traiter; (*fig*: *ridurre in cattivo stato*) mettre en piteux état; **conciarsi** *vr* (*fam*) s'arranger; (*vestirsi male*) s'accoutrer; **ti hanno conciato male** *o* **per le feste!** ils t'ont drôlement arrangé!
conciliabile [kontʃi'ljabile] *agg* conciliable.
conciliabolo [kontʃi'ljabolo] *sm* conciliabule *m*.
conciliante [kontʃi'ljante] *agg* conciliant(e).
conciliare [kontʃi'ljare] *vt* concilier; (*DIR*: *contravvenzione*) régler sur le champ; (*sonno*) favoriser; (*procurare*: *simpatia*) gagner; **conciliarsi qc** gagner qch, s'attirer qch; **conciliarsi con** se mettre d'accord avec.
conciliazione [kontʃiljat'tsjone] *sf* conciliation *f*; **la C~** (*STORIA*) les accords *mpl* du Latran.
concilio [kon'tʃiljo] *sm* (*REL*) concile *m*.
concimare [kontʃi'mare] *vt* engraisser, fertiliser.
concime [kon'tʃime] *sm* engrais *msg*.
concisione [kontʃi'zjone] *sf* concision *f*.
conciso, -a [kon'tʃizo] *agg* concis(e).
concitato, -a [kontʃi'tato] *agg* (*persona*) excité(e), agité(e); (*discorso*) animé(e).
concittadino, -a [kontʃitta'dino] *sm/f* concitoyen(ne).
conclave [kon'klave] *sm* conclave *m*.
concludere [kon'kludere] *vt* conclure; (*DIR*: *nozze*) contracter; (*dedurre*) déduire; **concludersi** *vip* se terminer; **non ~ nulla** n'aboutir à rien.
conclusione [konklu'zjone] *sf* conclusion *f*.
conclusivo, -a [konklu'zivo] *agg* concluant(e); (*finale*) final(e).
concluso, -a [kon'kluzo] *pp di* **concludere**.
concomitanza [konkomi'tantsa] *sf* concomitance *f*.
concordanza [konkor'dantsa] *sf* concordance *f*; (*corrispondenza*) correspondance *f*; (*LING*: *tempo*) concordance; (: *genere, caso, persona*) accord *m*.
concordare [konkor'dare] *vt* (*prezzo*) fixer; (*tregua*) conclure; (*LING*) s'accorder ♦ *vi* (*essere d'accordo*) être d'accord; (*corrispondere*) concorder.
concordato [konkor'dato] *sm* accord *m*; (*DIR, REL*) concordat *m*.
concorde [kon'kɔrde] *agg* d'accord.
concordia [kon'kɔrdia] *sf* concorde *f*.
concorrente [konkor'rɛnte] *sm/f* concurrent(e).
concorrenza [konkor'rɛntsa] *sf* concurrence *f*; **a prezzi di ~** à des prix compétitifs; ▸**concorrenza sleale** concurrence déloyale.
concorrenziale [konkorren'tsjale] *agg* concurrentiel(le).
concorrere [kon'korrere] *vi*: **~ (a)** (*competere*) être en compétition (pour); (: *a posto, cattedra*) concourir (pour); (*partecipare*: *a un'impresa*) concourir (à).
concorso, -a [kon'korso] *pp di* **concorrere** ♦ *sm* concours *msg*; ▸**concorso di bellezza** concours de beauté; ▸**concorso di circostanze** concours de circonstances; ▸**concorso di colpa** responsabilité *f* collective/partagée; ▸**concorso in reato** (*DIR*) complicité *f*; ▸**concorso ippico** concours hippique; ▸**concorso per titoli** concours avec recrutement sur titre; ▸**concorso (a impiego) pubblico** concours administratif.
concreto, -a [kon'krɛto] *agg* concret(-ète) ♦ *sm*: **in ~** concrètement.
concubina [konku'bina] *sf* concubine *f*.
concussione [konkus'sjone] *sf* (*DIR*) concussion *f*.
condanna [kon'danna] *sf* condamnation *f*; ▸**condanna a morte** condamnation à mort.
condannare [kondan'nare] *vt* condamner; (*DIR*): **~ a** condamner à; **~ per** condamner pour; **~ qn a morte/all'ergastolo** condamner qn à mort/à la prison à vie.
condannato, -a [kondan'nato] *sm/f* condamné(e).
condensa [kon'dɛnsa] *sf* buée *f*.
condensare [konden'sare] *vt* condenser; **condensarsi** *vr* se condenser.
condensatore [kondensa'tore] *sm* condensateur *m*.
condensazione [kondensat'tsjone] *sf* condensation *f*.

condimento [kondi'mento] *sm* assaisonnement *m*.
condire [kon'dire] *vt* assaisonner.
condiscendente [kondiʃʃen'dɛnte] *agg* condescendant(e).
condiscendenza [kondiʃʃen'dɛntsa] *sf* (*disponibilità*) obligeance *f*; (*arrendevolezza*) complaisance *f*.
condiscendere [kondiʃ'ʃendere] *vi*: ~ **a** consentir à.
condisceso, -a [kondiʃ'ʃeso] *pp di* **condiscendere**.
condividere [kondi'videre] *vt* partager.
condiviso, -a [kondi'vizo] *pp di* **condividere**.
condizionale [kondittsjo'nale] *agg* conditionnel(le) ♦ *sf* (*DIR*) sursis *msg* ♦ *sm* (*LING*) conditionnel *m*.
condizionamento [kondittsjona'mento] *sm* conditionnement *m*; ▸**condizionamento d'aria** climatisation *f*.
condizionare [kondittsjo'nare] *vt* conditionner; **ad aria condizionata** climatisé(e).
condizionatore [kondittsjona'tore] *sm* climatiseur *m*.
condizione [kondit'tsjone] *sf* condition *f*; **a ~ che** à condition que; **a nessuna ~** sous aucune condition; **condizioni a convenirsi** conditions à définir; ▸**condizioni di lavoro** conditions de travail; ▸**condizioni di vendita** conditions de vente.
condoglianze [kondoʎ'ʎantse] *sfpl* condoléances *fpl*.
condominiale [kondomi'njale] *agg* de copropriété.
condominio [kondo'minjo] *sm* copropriété *f*; (*edificio*) immeuble *m* en copropriété.
condomino [kon'domino] *sm* copropriétaire *m/f*.
condonare [kondo'nare] *vt* (*DIR*) remettre.
condono [kon'dono] *sm* remise *f*; ▸**condono edilizio** *amnistie accordée aux personnes ayant édifié des bâtiments sans permis de construire*; ▸**condono fiscale** *amnistie accordée aux fraudeurs du fisc*.
condotta [kon'dotta] *sf* conduite *f*; (*incarico sanitario*) *territoire confié à un médecin dépendant d'une commune*.
condotto, -a [kon'dotto] *pp di* **condurre** ♦ *agg*: **medico ~** médecin *m* (*au service d'une commune*) ♦ *sm* (*anche ANAT*) conduit *m*.
conducente [kondu'tʃɛnte] *sm/f* conducteur(-trice).
conduco *etc* [kon'duko] *vb vedi* **condurre**.
condurre [kon'durre] *vt* (*azienda*) diriger; (*combattimento*) mener; (*accompagnare, guidare*) conduire; (*trasportare*: *acqua, gas, fig*: *indurre*) conduire, amener ♦ *vi* (*SPORT*) mener; (*strada, fig*): ~ **a** conduire à; **condursi** *vr* se conduire; ~ **a termine** mener à terme.
condussi *etc* [kon'dussi] *vb vedi* **condurre**.
conduttore, -trice [kondut'tore] *agg* conducteur(-trice) ♦ *sm* conducteur *m*; (*RADIO*: *di trasmissione*) animateur *m*; **filo ~** (*anche fig*) fil *m* conducteur; **motivo ~** leitmotiv *m*.
conduttura [kondut'tura] *sf* canalisation *f*.
conduzione [kondut'tsjone] *sf* (*di affari, ditta*) gestion *f*; (*DIR*: *locazione*) location *f*; (*FIS*) conduction *f*.
confabulare [konfabu'lare] *vi* parler à voix basse, manigancer.
confacente [konfa'tʃɛnte] *agg* (*adatto*): ~ **a** adapté(e) à.
CONFAGRICOLTURA [konfagrikol'tura] *abbr f* (= *Confederazione generale dell'Agricoltura Italiana*) ≈ C.G.A. *f*.
Confapi [kon'fapi] *abbr f* (= *Confederazione Nazionale della Piccola Industria*) ≈ C.G.P.M.E. *f*.
confarsi [kon'farsi] *vip*: ~ **a** convenir à.
CONFARTIGIANATO [konfartidʒa'nato] *abbr f* = *Confederazione Generale dell'Artigianato Italiano*.
confatto, -a [kon'fatto] *pp di* **confarsi**.
CONFCOMMERCIO [konfkom'mɛrtʃo] *abbr f* = *Confederazione Generale del Commercio*.
confederazione [konfederat'tsjone] *sf* confédération *f*; ▸**confederazione sindacale** confédération syndicale.
conferenza [konfe'rɛntsa] *sf* conférence *f*; ▸**conferenza stampa** conférence de presse.
conferenziere, -a [konferen'tsjɛre] *sm/f* conférencier(-ière).
conferimento [konferi'mento] *sm* remise *f*.
conferire [konfe'rire] *vt*: ~ **a** conférer à; (*premio*) décerner à.
conferma [kon'ferma] *sf* confirmation *f*.
confermare [konfer'mare] *vt* confirmer.
confessare [konfes'sare] *vt* avouer; (*REL*) confesser; **confessarsi** *vr* (*REL*) se confesser; (*confidarsi*) se confier; **andare a confessarsi** (*REL*) aller se confesser.
confessionale [konfessjo'nale] *agg* (*REL*) confessionnel(le) ♦ *sm* confessionnal *m*.
confessione [konfes'sjone] *sf* confession *f*, aveu *m*; (*REL*) confession.
confesso, -a [kon'fɛsso] *agg*: **reo ~** accusé(e) passé(e) aux aveux.
confessore [konfes'sore] *sm* (*REL*) confesseur *m*.
confetto [kon'fɛtto] *sm* dragée *f*.
confettura [konfet'tura] *sf* confiture *f*.
confezionare [konfettsjo'nare] *vt* (*vestito*) confectionner; (*merci, pacchi*) emballer.
confezione [konfet'tsjone] *sf* (*di abiti*) confection *f*; (*imballaggio*) emballage *m*; **confezioni** *sfpl* (*abbigliamento*) confection

fsg, prêt-à-porter *msg*; **in ~ da viaggio** de voyage; ▶ **confezione regalo** paquet-cadeau *m*; ▶ **confezione risparmio** paquet *m* familial *o* économique; ▶ **confezioni da uomo** vêtements *mpl* d'homme; ▶ **confezioni per signora** vêtements de femme.

conficcare [konfik'kare] *vt*: ~ **qc in** planter qch dans, enfoncer qch dans; **conficcarsi** *vip* se planter, se loger.

confidare [konfi'dare] *vi*: ~ **in** compter sur ♦ *vi* confier; **confidarsi** *vr*: **confidarsi con qn** se confier à qn.

confidente [konfi'dɛnte] *sm/f* confident(e); (*della polizia*) indicateur(-trice).

confidenza [konfi'dɛntsa] *sf* (*familiarità*) familiarité *f*; (*fiducia*) confiance *f*; (*rivelazione*) confidence *f*; **prendersi (troppe) confidenze** se permettre des familiarités; **fare una ~ a qn** faire une confidence à qn.

confidenziale [konfiden'tsjale] *agg* familier(-ière); (*segreto*) confidentiel(le); **in via ~** confidentiellement, en confidence.

configurare [konfigu'rare] *vt* (*INFORM*) configurer; **configurarsi** *vip*: **configurarsi in** se traduire par.

configurazione [konfigurat'tsjone] *sf* (*anche INFORM*) configuration *f*.

confinante [konfi'nante] *agg* limitrophe, voisin(e).

confinare [konfi'nare] *vi*: ~ **(con)** confiner (à *o* avec) ♦ *vt* (*DIR*) condamner à la relégation; (*fig*) reléguer; **confinarsi** *vr*: **confinarsi in** se confiner, s'isoler.

confinato, -a [konfi'nato] *agg* relégué(e) ♦ *sm/f* personne *f* condamnée à la relégation.

Confindustria [konfin'dustrja] *abbr f* (= *Confederazione Generale dell'Industria Italiana*) ≈ CNPF *m*.

confine [kon'fine] *sm* limite *f*; (*di paese*) frontière *f*; (*limite*) frontière *f*, limite *f*; **territorio di ~** territoire *m* frontalier.

confino [kon'fino] *sm* relégation *f*.

confisca [kon'fiska] *sf* confiscation *f*.

confiscare [konfis'kare] *vt* confisquer.

conflagrazione [konflagrat'tsjone] *sf* conflagration *f*.

conflitto [kon'flitto] *sm* conflit *m*; **essere in ~ con** être en conflit avec.

conflittuale [konflittu'ale] *agg* conflictuel(le).

conflittualità [konflittuali'ta] *sf* conflit *m*.

confluenza [konflu'ɛntsa] *sf* (*di fiumi*) confluence *f*; (*di strade, di idee*) convergence *f*.

confluire [konflu'ire] *vi* (*vedi sf*) confluer; converger.

confondere [kon'fondere] *vt* (*mescolare confusamente*) mélanger, embrouiller; (*una persona o cosa per un'altra*) confondre; (*imbarazzare*) embarrasser; **confondersi** *vip* (*mescolarsi*) se confondre; (*turbarsi*) se troubler; (*sbagliare*) confondre; ~ **le idee a qn** embrouiller qn.

conformare [konfor'mare] *vt*: ~ **a** conformer à; **conformarsi** *vr*, *vip*: **conformarsi (a)** se conformer (à).

conforme [kon'forme] *agg*: ~ **(a)** conforme (à) ♦ *avv*: ~ **a** conformément à.

conformismo [konfor'mizmo] *sm* conformisme *f*.

conformista, -i, -e [konfor'mista] *sm/f* conformiste *m/f*.

conformità [konformi'ta] *sf* conformité *f*; **in ~ a** en conformité avec.

confortare [konfor'tare] *vt* réconforter.

confortevole [konfor'tevole] *agg* réconfortant(e); (*comodo*) confortable.

conforto [kon'fɔrto] *sm* (*consolazione, sollievo*) réconfort *m*; (*conferma*) appui *m*; **a ~ di qc** à l'appui de qch; **i conforti (religiosi)** les derniers sacrements.

confraternita [konfra'tɛrnita] *sf* confrérie *f*.

confrontare [konfron'tare] *vt* comparer; **confrontarsi** *vr* s'affronter.

confronto [kon'fronto] *sm* comparaison *f*; (*DIR*) confrontation *f*; (*MIL, POL*) affrontement *m*; **in** *o* **a ~ (di)** par rapport (à); **nei miei/tuoi confronti** à mon/ton égard.

confusi *etc* [kon'fuzi] *vb vedi* **confondere**.

confusione [konfu'zjone] *sf* confusion *f*; (*turbamento, agitazione*) confusion, trouble *m*; **far ~** (*disordine*) mettre le fouillis; (*chiasso*) faire du chahut; (*confondere*) confondre.

confuso, -a [kon'fuzo] *pp di* **confondere** ♦ *agg* confus(e).

confutare [konfu'tare] *vt* réfuter.

congedare [kondʒe'dare] *vt* congédier; (*MIL*) renvoyer; **congedarsi** *vr* prendre congé; (*MIL*) être libéré(e).

congedo [kon'dʒɛdo] *sm* congé *m*; (*MIL*) libération *f*; **prendere ~ da** prendre congé de; ▶ **congedo assoluto** (*MIL*) libération définitive.

congegnare [kondʒeɲ'ɲare] *vt* assembler, monter; (*fig*) monter.

congegno [kon'dʒeɲɲo] *sm* mécanisme *m*, dispositif *m*.

congelamento [kondʒela'mento] *sm* congélation *f*; (*MED*) gelure *f*, engelure *f*; ▶ **congelamento salariale** gel *m* des salaires.

congelare [kondʒe'lare] *vt* congeler; (*POL, ECON*) geler; **congelarsi** *vip* geler.

congelatore [kondʒela'tore] *sm* congélateur *m*.

congenito, -a [kon'dʒɛnito] *agg* congénital(e).

congerie [kon'dʒɛrje] *sf inv* fatras *msg.*

congestionare [konʒestjo'nare] *vt* congestionner; **essere congestionato** (*persona, viso*) être congestionné; (*zona*: *per traffico*) être embouteillé.

congestione [kondʒes'tjone] *sf* (*vedi vb*) congestion *f*; embouteillage *m.*

congettura [kondʒet'tura] *sf* conjecture *m.*

congiungere [kon'dʒundʒere] *vt* joindre, relier; (*mani*) joindre; **congiungersi** *vip* (*unirsi*: *fiumi etc*) se rejoindre; **congiungersi in matrimonio** s'unir par les liens du mariage.

congiuntivite [kondʒunti'vite] *sf* conjonctivite *f.*

congiuntivo [kondʒun'tivo] *sm* (*LING*) subjonctif *m.*

congiunto, -a [kon'dʒunto] *pp di* **congiungere** ♦ *agg* joint(e); (*legato da parentela, amicizia*) proche ♦ *sm/f* (*parente*) parent(e).

congiuntura [kondʒun'tura] *sf* conjoncture *f*; (*ANAT*) jointure *f.*

congiunturale [kondʒuntu'rale] *agg* conjoncturel(le).

congiunzione [kondʒun'tsjone] *sf* conjonction *f.*

congiura [kon'dʒura] *sf* conjuration *f.*

congiurare [kondʒu'rare] *vi*: ~ **(contro)** conspirer (contre).

conglomerato [konglome'rato] *sm* conglomérat *m*; (*EDIL*) aggloméré *m.*

Congo ['kɔngo] *sm* Congo *m.*

congolese [kongo'lese] *agg* congolais(e) ♦ *sm/f* Congolais(e).

congratularsi [kongratu'larsi] *vip*: ~ **con qn per qc** féliciter qn pour *o* de qch.

congratulazioni [kongratulat'tsjoni] *sfpl* félicitations *fpl.*

congrega, -ghe [kon'grɛga] *sf* bande *f.*

congregazione [kongregat'tsjone] *sf* congrégation *f.*

congressista, -i, -e [kongres'sista] *sm/f* congressiste *m/f.*

congresso [kon'grɛsso] *sm* congrès *msg*; (*POL*) Congrès.

congruo, -a ['kɔngruo] *agg* (*prezzo, compenso*) convenable, adéquat(e); (*ragionamento*) cohérent(e).

conguagliare [kongwaʎ'ʎare] *vt* (*conto*) balancer.

conguaglio [kon'gwaʎʎo] *sm* (*in contabilità*) balance *f*; (*somma*) solde *m*; **pagare il** ~ payer le solde.

coniare [ko'njare] *vt* (*moneta*) frapper; (*fig*: *vocaboli, slogan*) forger, créer.

coniazione [konjat'tsjone] *sf* (*vedi vt*) frappe *f*; création *f.*

conico, -a, -ci, -che ['kɔniko] *agg* conique.

Conifere [ko'nifere] *sfpl* conifères *mpl.*

conigliera [koniʎ'ʎɛra] *sf* (*gabbia*) clapier *m*; (*recinto*) lapinière *f.*

coniglietta [koniʎ'ʎetta] *sf serveuse en tenue légère dans une boîte de nuit.*

coniglio [ko'niʎʎo] *sm* lapin *m*; (*fig*) poule *f* mouillée.

coniugale [konju'gale] *agg* conjugal(e).

coniugare [konju'gare] *vt* conjuger; **coniugarsi** *vip* (*sposarsi*) se marier.

coniugato, -a [konju'gato] *agg* marié(e).

coniugazione [konjugat'tsjone] *sf* conjugaison *f.*

coniuge ['kɔnjudʒe] *sm/f* conjoint(e).

connaturato, -a [konnatu'rato] *agg* congénital(e).

connazionale [konnattsjo'nale] *sm/f* compatriote *m/f.*

connessione [konnes'sjone] *sf* liaison *f*; (*fig*) lien *m*, rapport *m.*

connesso, -a [kon'nɛsso] *pp di* **connettere.**

connettere [kon'nɛttere] *vt* relier, brancher; (*ELETTR*) connecter; (*fig*) mettre en rapport ♦ *vi*: **non** ~ divaguer, ne plus avoir les idées claires.

connettore [konnet'tore] *sm* connecteur *m.*

connivente [konni'vɛnte] *agg* complice.

connotati [konno'tati] *smpl* signalement *m*; **rispondere ai** ~ correspondre au signalement; **cambiare i** ~ **a qn** (*fam*) abîmer le portrait à qn.

connubio [kon'nubjo] *sm* mariage *m*; (*fig*) union *f.*

cono ['kɔno] *sm* cône *m*; ▸ **cono (gelato)** cornet *m.*

conobbi *etc* [ko'nobbi] *vb vedi* **conoscere.**

conoscente [konoʃ'ʃɛnte] *sm/f* connaissance *f.*

conoscenza [konoʃ'ʃɛntsa] *sf* connaissance *f*; **essere a** ~ **di qc** avoir connaissance de qch; **portare qn a** ~ **di qc** mettre qn au courant de qch; **per vostra** ~ pour information; **fare la** ~ **di qn** faire la connaissance de qn; **perdere** ~ (*svenire*) perdre connaissance; ▸ **conoscenza tecnica** savoir-faire *m.*

conoscere [ko'noʃʃere] *vt* connaître; **conoscersi** *vr* se connaître; ~ **qn di vista** connaître qn de vue; **farsi** ~ (*fig*) se faire un nom.

conoscitore, -trice [konoʃʃi'tore] *sm/f* connaisseur(-euse).

conosciuto, -a [konoʃ'ʃuto] *pp di* **conoscere** ♦ *agg* connu(e).

conquista [kon'kwista] *sf* conquête *f.*

conquistare [konkwis'tare] *vt* conquérir.

conquistatore, -trice [konkwista'tore] *sm/f* conquérant(e).

cons. *abbr* (= *consiglio*) conseil.

consacrare [konsa'krare] *vt* (*re, imperatore*) sacrer; (*REL, sancire*: *uso etc*) consacrer; (*dedicare*) dédier; **consacrarsi** *vr*: **consa-**

crarsi a se consacrer à.

consanguineo, -a [konsan'gwineo] *sm/f* consanguin(e).

consapevole [konsa'pevole] *agg*: ~ **di** conscient(e) de.

consapevolezza [konsapevo'lettsa] *sf* conscience *f*.

consciamente [konʃa'mente] *avv* consciemment.

conscio, -a, -sci, -sce ['kɔnʃo] *agg* conscient(e) ♦ *sm* (*PSIC*) conscient *m*; ~ **di** conscient de.

consecutivo, -a [konseku'tivo] *agg* consécutif(-ive).

consegna [kon'seɲɲa] *sf* (*di merce*) livraison *f*; (*di dispaccio, documento*) remise *f*; (*MIL*) consigne *f*; **dare in** ~ livrer; **prendere in** ~ **qc** prendre livraison de qch; **alla** ~ à la livraison; **dare qc in** ~ **a** confier la garde de qch à; **passare le consegne a** passer le relais à; **pagamento alla** ~ paiement *m* à la livraison; ▸ **consegna a domicilio** livraison à domicile; ▸ **consegna sollecita** livraison immédiate.

consegnare [konseɲ'ɲare] *vt* (*pacco*) remettre; (*merce*) livrer; (*affidare*) confier; (*alla memoria, alla posterità*) transmettre; (*MIL*) consigner.

conseguentemente [konsegwente'mente] *avv* par conséquent.

conseguenza [konse'gwɛntsa] *sf* conséquence *f*; **in** ~ **di** en conséquence de; **per** *o* **di** ~ par conséquent.

conseguimento [konsegwi'mento] *sm* (*di risultato, vittoria*) obtention *f*; (*di obiettivo*) réalisation *f*; **al** ~ **della laurea** ≈ à l'obtention de la maîtrise.

conseguire [konse'gwire] *vt* remporter; (*risultato*) obtenir ♦ *vi* s'ensuivre, découler; ~ **la laurea** ≈ obtenir sa maîtrise.

consenso [kon'sɛnso] *sm* approbation *f*; (*conformità di opinioni*) consensus *msg*; (*assenso*) consentement *m*.

consensuale [konsensu'ale] *agg* consensuel(le).

consentire [konsen'tire] *vi*: ~ **a** consentir à, accéder à ♦ *vt* permettre; **mi si consenta di ringraziare** permettez-moi de remercier.

consenziente [konsen'tsjɛnte] *agg* consentant(e).

conserto, -a [kon'sɛrto] *agg*: **a braccia conserte** les bras croisés.

conserva [kon'sɛrva] *sf* (*CUC*) conserve *f*; ▸ **conserva di frutta/di pomodoro** conserve de fruits/de tomates; ▸ **conserve alimentari** conserves (alimentaires).

conservare [konser'vare] *vt* (*CUC*) conserver; (*lettere, oggetto, ricordo*) conserver, garder; (*innocenza, anonimato*) garder; **conservarsi** *vip* se conserver, se garder; (*giovane*) rester.

conservatore, -trice [konserva'tore] *agg, sm/f* (*POL*) conservateur(-trice).

conservatorio [konserva'tɔrjo] *sm* (*MUS*) conservatoire *m*.

conservazione [konservat'tsjone] *sf* conservation *f*; **istinto di** ~ instinct *m* de conservation; **a lunga** ~ longue conservation.

consesso [kon'sɛsso] *sm* (*assemblea*) assemblée *f*; (*riunione*) réunion *f*.

considerabile [konside'rabile] *agg* digne de considération.

considerare [konside'rare] *vt* considérer; (*possibilità*) considérer, envisager; (*persona, idea: reputare*) considérer comme; (*contemplare, prevedere*) prévoir; **considerarsi** *vr* se considérer; ~ **qc molto/poco** attacher beaucoup/peu d'importance à qch.

considerato, -a [konside'rato] *agg* (*stimato*) considéré(e), estimé(e).

considerazione [konsiderat'tsjone] *sf* (*esame attento*) considération *f*; (*stima*) considération, estime *f*; **prendere in** ~ (*candidato*) retenir; (*fattore*) prendre en considération, faire entrer en ligne de compte.

considerevole [konside'revole] *agg* considérable.

consigliabile [konsiʎ'ʎabile] *agg* conseillé(e).

consigliare [konsiʎ'ʎare] *vt* conseiller; **consigliarsi** *vip*: **consigliarsi con qn** demander conseil à qn; ~ **a qn qc** conseiller qch à qn; ~ **a qn di fare qc** conseiller à qn de faire qch.

consigliere, -a [konsiʎ'ʎɛre] *sm/f, sm* conseiller(-ère); ▸ **consigliere comunale** conseiller municipal; ▸ **consigliere d'amministrazione** administrateur *m*; ▸ **consigliere delegato** (*COMM*) administrateur délégué.

consiglio [kon'siʎʎo] *sm* conseil *m*; ▸ **consiglio d'amministrazione** conseil d'administration; ▸ **Consiglio dei Ministri** (*POL*) Conseil des ministres; ▸ **Consiglio d'Europa** Conseil de l'Europe; ▸ **consiglio di fabbrica** comité *m* d'entreprise; ▸ **Consiglio di stato** Conseil d'État; ▸ **Consiglio Superiore della Magistratura** ≈ Conseil supérieur de la magistrature.

consistente [konsis'tɛnte] *agg* consistant(e).

consistenza [konsis'tɛntsa] *sf* consistance *f*; (*di stoffa*) tenue *f*; **senza** ~ (*sospetti, voci*) sans consistance; ▸ **consistenza di cassa** encaisse *f*; ▸ **consistenza di magazzino** stock *m*; ▸ **consistenza patri-**

moniale patrimoine *m*.
consistere [kon'sistere] *vi*: ~ **in** consister en.
consistito, -a [konsis'tito] *pp di* **consistere**.
CONSOB ['kɔnsob] *sigla f* (= *Commissione per il controllo delle Società e delle Borse*) ≈ COB *f*.
consociarsi [konso'tʃarsi] *vr* s'associer.
consociativo, -a [konsotʃa'tivo] *agg* (*democrazia*) consensuel(le).
consociato, -a [konso'tʃato] *agg, sm/f* associé(e).
consolante [konso'lante] *agg* consolant(e).
consolare [konso'lare] *agg* consulaire ♦ *vt* consoler; **consolarsi** *vip* se consoler.
consolato [konso'lato] *sm* consulat *m*.
consolazione [konsolat'tsjone] *sf* consolation *f*.
console[1] ['kɔnsole] *sm* (*AMM*) consul *m*.
console[2] [kɔ̃'sɔl] *sf inv* (*tavolo, quadro di comando*) console *f*.
consolidamento [konsolida'mento] *sm* consolidation *f*.
consolidare [konsoli'dare] *vt* consolider; (*MIL, fig*) consolider, affermir; **consolidarsi** *vr, vip* se consolider, s'affermir.
consolidazione [konsolidat'tsjone] *sf* consolidation *f*.
consommé [kɔ̃sɔ'me] *sm inv* consommé *m*.
consonante [konso'nante] *sf* consonne *f*.
consonanza [konso'nantsa] *sf* consonance *f*; (*fig*) correspondance *f*.
consono, -a ['kɔnsono] *agg*: ~ **a** conforme à.
consorte [kon'sɔrte] *sm/f* époux(épouse).
consorzio [kon'sɔrtsjo] *sm* consortium *m*; ▶**consorzio agrario** coopérative *f* d'agriculteurs; ▶**consorzio di garanzia** (*COMM*) syndicat *m* de garantie.
constare [kon'stare] *vi*: ~ **di** se composer de, comprendre ♦ *vb impers*: **mi consta che ...** il m'apparaît que ...; **a quanto mi consta** que je sache, à ma connaissance.
constatare [konsta'tare] *vt* constater.
constatazione [konstatat'tsjone] *sf* constatation *f*; ▶**constatazione amichevole** (*ASSICURAZIONE*) constat *m* amiable.
consueto, -a [konsu'ɛto] *agg* coutumier (-ière), habituel(le) ♦ *sm*: **come di** ~ comme d'habitude.
consuetudinario, -a [konsuetudi'narjo] *agg*: **diritto** ~ (*DIR*) droit *m* coutumier.
consuetudine [konsue'tudine] *sf* (*abitudine*) habitude *f*; (*usanza*) coutume *m*.
consulente [konsu'lɛnte] *sm/f* consultant *m*; ▶**consulente aziendale** conseiller *m* de gestion; ▶**consulente legale** avocat-conseil *m*; ▶**consulente tecnico** ingénieur-conseil *m*; ▶**consulente tributario** conseil fiscal.
consulenza [konsu'lɛntsa] *sf* consultation *f*; **ufficio di** ~ **fiscale** cabinet *m* de conseiller fiscal; ▶**consulenza legale** avis *m* d'un avocat-conseil; ▶**consulenza medica** avis médical; ▶**consulenza tecnica** avis d'un conseiller technique.
consultare [konsul'tare] *vt* consulter; **consultarsi** *vr, vip* se consulter; **consultarsi (con)** consulter.
consultazione [konsultat'tsjone] *sf* consultation *f*; **consultazioni** *sfpl* (*POL*) entretiens *mpl*; **testo di** ~ ouvrage *f* de référence.
consultivo, -a [konsul'tivo] *agg* consultatif(-ive).
consultorio [konsul'tɔrjo] *sm*: ~ **familiare** *o* **matrimoniale** ≈ centre *m* de planification et d'éducation familiale; ▶**consultorio pediatrico** centre de pédiatrie.
consumare [konsu'mare] *vt* consommer; (*logorare*: *scarpe, abito*) user; **consumarsi** *vip* s'user.
consumato, -a [konsu'mato] *agg* usé(e); (*persona*: *esperto*) consommé(e).
consumatore [konsuma'tore] *sm* consommateur *m*.
consumazione [konsumat'tsjone] *sf* consommation *f*.
consumismo [konsu'mizmo] *sm* attitude *f* typique de la société de consommation.
consumo [kon'sumo] *sm* consommation *f*; **generi** *o* **beni di** ~ biens *mpl* de consommation; **beni di largo** ~ produits *mpl* de base.
consuntivo, -a [konsun'tivo] *agg*: **bilancio** ~ bilan *m*.
consunto, -a [kon'sunto] *agg* usé(e); (*viso*) émacié(e).
conta ['konta] *sf* (*nei giochi*): **fare la** ~ chanter une comptine.
contabile [kon'tabile] *agg, sm/f* comptable *m/f*.
contabilità [kontabili'ta] *sf* comptabilité *f*; **(ufficio)** ~ (service *m* de) comptabilité; ▶**contabilità di gestione** comptabilité de gestion.
contachilometri [kontaki'lɔmetri] *sm inv* compteur *m* kilométrique.
contadino, -a [konta'dino] *sm/f* (*anche peg*) paysan(ne).
contagiare [konta'dʒare] *vt* contaminer.
contagio, -gi [kon'tadʒo] *sm* contagion *f*.
contagioso, -a [konta'dʒoso] *agg* contagieux(-euse).
contagiri [konta'dʒiri] *sm inv* compte-tours *msg*.
contagocce [konta'gottʃe] *sm inv* compte-gouttes *msg*; **col** ~ (*fig*) au compte-gouttes.
contaminare [kontami'nare] *vt* contaminer, infecter.
contaminazione [kontaminat'tsjone] *sf* contamination *f*.

contante [kon'tante] *sm* comptant *m*; **pagare in contanti** payer comptant.
contare [kon'tare] *vt* compter ♦ *vi* compter; ~ **su** compter sur; ~ **di fare qc** compter faire qch; **ha i giorni contati** ses jours sont comptés; **ha le ore contate** ses heures sont comptées; **la gente che conta** les personnalités en vue, le jet-set; **uno che conta** un personnage influent.
contascatti [konta'skatti] *sm inv compteur d'unités téléphoniques*.
contatore [konta'tore] *sm* compteur *m*.
contattare [kontat'tare] *vt* contacter.
contatto [kon'tatto] *sm* contact *m*; **mettersi in ~ con** se mettre en contact avec; **essere in ~ con** être en contact avec; **fare ~** (*ELETTR*: *fili*) faire un court-circuit.
conte ['konte] *sm* comte *m*.
contea [kon'tɛa] *sf* comté *m*.
conteggiare [konted'dʒare] *vt* compter, calculer.
conteggio [kon'teddʒo] *sm* compte *m*.
contegno [kon'teɲɲo] *sm* tenue *f*; **darsi un ~** se donner une contenance; (*ricomporsi*) reprendre contenance.
contegnoso, -a [konteɲ'ɲoso] *agg* réservé(e).
contemplare [kontem'plare] *vt* contempler; (*considerare*) prévoir.
contemplativo, -a [kontempla'tivo] *agg* contemplatif(-ive).
contemplazione [kontemplat'tsjone] *sf* contemplation *f*.
contempo [kon'tɛmpo] *sm*: **nel ~** en même temps.
contemporaneamente [kontemporanea'mente] *avv* en même temps, simultanément.
contemporaneo, -a [kontempo'raneo] *agg, sm/f* contemporain(e).
contendente [konten'dɛnte] *sm/f* adversaire *m/f*.
contendere [kon'tɛndere] *vt*: ~ **qc a qn** disputer qch à qn ♦ *vi* rivaliser.
contenere [konte'nere] *vt* contenir, renfermer; (*reprimere*) contenir; **contenersi** *vr, vip* se contenir.
contenitore [konteni'tore] *sm* récipient *m*.
contentare [konten'tare] *vt* contenter; **contentarsi** *vip*: **contentarsi di** se contenter de; **si contenta di poco** il se contente de peu.
contentezza [konten'tettsa] *sf* contentement *m*, joie *f*.
contentino [konten'tino] *sm* lot *m o* prix *msg* de consolation.
contento, -a [kon'tɛnto] *agg* content(e); ~ **di** content(e) de.
contenuto, -a [konte'nuto] *agg* contenu(e) ♦ *sm* contenu *m*.
contenzioso, -a [konten'tsjoso] *agg* (*DIR*) contentieux(-euse) ♦ *sm* contentieux *msg*.
contesa [kon'tesa] *sf* querelle *f*.
conteso, -a [kon'teso] *pp di* **contendere**.
contessa [kon'tessa] *sf* comtesse *f*.
contestare [kontes'tare] *vt* (*DIR*) notifier; (*fig*) contester; ~ **il sistema** contester le système.
contestatore, -trice [kontesta'tore] *agg, sm/f* contestataire *m/f*.
contestazione [kontestat'tsjone] *sf* (*DIR*: *ricusazione*) récusation *f*; (: *notifica*) notification *f*; (*protesta*) contestation *f*; (*disputa*) querelle *f*; **in caso di ~** en cas de contestation.
contesto [kon'tɛsto] *sm* contexte *m*.
contiguo, -a [kon'tiguo] *agg*: ~ **(a)** contigu(-uë) (à).
continentale [kontinen'tale] *agg, sm/f* continental(e).
continente [konti'nɛnte] *sm* continent *m* ♦ *agg* sobre.
continenza [konti'nɛntsa] *sf* sobriété *f*; (*MED*) continence *f*.
contingente [kontin'dʒɛnte] *agg* contingent(e) ♦ *sm* (*COMM*) contingent *m*; ~ **di leva** (*MIL*) contingent de recrutement.
contingenza [kontin'dʒɛntsa] *sf* contingence *f*; **(indennità di) ~** (*ECON*) *ajustement des salaires en fonction de l'inflation*.
continuamente [kontinua'mente] *avv* continuellement; (*frequentemente, ripetutamente*) tout le temps.
continuare [kontinu'are] *vt, vi* continuer; ~ **a fare qc** continuer à faire qch; **continua a nevicare/a fare freddo** il continue à neiger/à faire froid.
continuativo, -a [kontinua'tivo] *agg* continu(e).
continuazione [kontinuat'tsjone] *sf* (*di lavoro, cammino*) continuation *f*; (*di racconto, discorso, film*) suite *f*; **in ~** sans arrêt.
continuità [kontinui'ta] *sf* continuité *f*.
continuo, -a [kon'tinuo] *agg* continuel(le); (*MAT, ELETTR*) continu(e); **di ~** continuellement.
conto ['konto] *sm* compte *m*; (*di ristorante*) addition *f*; (*di albergo*) note *f*; (*fig*) considération *f*, estime *f*; **fare i conti con qn** (*fig*) régler ses comptes avec qn; **fare ~ su qn/qc** compter sur qn/qch; **fare ~ che** (*supporre*) supposer que; **rendere ~ a qn di qc** rendre compte à qn de qch; **rendersi ~ di qc/che** se rendre compte de qch/que; **tener ~ di qn/qc** tenir compte de qn/qch; **tenere qc da ~** prendre soin de qch; **per ~ di** pour le compte de; **per ~ mio** pour mon compte; (*da solo*) tout seul; **a conti fatti, in fin dei conti** tout compte fait; **ad ogni buon ~** en tout cas; **di poco ~** de peu d'importance; **di nessun**

~ d'aucune importance; **avere un ~ in sospeso con qn** devoir de l'argent à qn, être en dette avec qn; (*fig*) avoir un compte à régler avec qn; **mi hanno detto strane cose sul suo ~** ils m'ont dit des choses étranges sur son compte; ▶**conto alla rovescia** compte à rebours; ▶**conto capitale** compte capital; ▶**conto cifrato** compte numéroté; ▶**conto corrente** compte courant; ▶**conto corrente postale** compte chèque postal; ▶**conto economico** compte des profits et pertes; ▶**conto in partecipazione** compte joint; ▶**conto passivo** compte passif; ▶**conto profitti e perdite** compte profits et pertes; ▶**conto valutario** compte en devises.

contorcere [kon'tɔrtʃere] *vt* tordre; **contorcersi** *vr* se tordre.

contornare [kontor'nare] *vt* entourer; **contornarsi** *vr*: **contornarsi di** s'entourer de.

contorno [kon'torno] *sm* (*linea*) contour *m*; (*ornamento*) bordure *f*; (*CUC*) garniture *f*; **fare da ~ a** entourer.

contorsione [kontor'sjone] *sf* contorsion *f*.

contorto, -a [kon'tɔrto] *pp di* **contorcere** ♦ *agg* tordu(e); (*fig*) compliqué(e), contourné(e).

contrabbandare [kontrabban'dare] *vt* faire de la contrebande (de).

contrabbandiere, -a [kontrabban'djɛre] *sm/f* contrebandier(-ière).

contrabbando [kontrab'bando] *sm* contrebande *f*; **merce di ~** marchandise *f* de contrebande.

contrabbasso [kontrab'basso] *sm* (*MUS*) contrebasse *f*.

contraccambiare [kontrakkam'bjare] *vt* rendre; **per ~** pour rendre la politesse.

contraccettivo, -a [kontrattʃet'tivo] *agg* contraceptif(-ive) ♦ *sm* contraceptif *m*.

contraccolpo [kontrak'kolpo] *sm* choc *m* en retour; (*di arma da fuoco*) recul *m*.

contrada [kon'trada] *sf* (*strada*) rue *f*; (*rione*) quartier *m*; (*regione*) région *f*.

contraddetto, -a [kontrad'detto] *pp di* **contraddire**.

contraddire [kontrad'dire] *vt* contredire; **contraddirsi** *vr* se contredire; (*testimonianze*) être contradictoire.

contraddistinguere [kontraddis'tingwere] *vt* distinguer; (*merce*) estampiller; (*oggetto*) marquer.

contraddistinto, -a [kontraddis'tinto] *pp di* **contraddistinguere**.

contraddittorio, -a [kontraddit'tɔrjo] *agg* contradictoire.

contraddizione [kontraddit'tsjone] *sf* contradiction *f*; **essere in ~** être en contradiction; **cadere in ~** se contredire; **spirito di ~** esprit *m* de contradiction.

contrae *etc* [kon'trae] *vb vedi* **contrarre**.

contraente [kontra'ɛnte] *sm/f* contractant(e).

contraerea [kontra'ɛrea] *sf* artillerie *f* antiaérienne.

contraereo, -a [kontra'ɛreo] *agg* antiaérien(ne).

contraffare [kontraf'fare] *vt* (*voce*) contrefaire; (*firma*) contrefaire, imiter.

contraffatto, -a [kontraf'fatto] *pp di* **contraffare** ♦ *agg* (*voce*) contrefait(e); (*firma*) faux(fausse).

contraffazione [kontraffat'tsjone] *sf* (*di voce*) imitation *f*; (*di firma*) falsification *f*, imitation; (*cosa contraffatta*) contrefaçon *f*.

contrafforte [kontraf'fɔrte] *sm* contrefort *m*.

contraggo *etc* [kon'traggo] *vb vedi* **contrarre**.

contralto [kon'tralto] *sm* contralto *m*.

contrappello [kontrap'pɛllo] *sm* contre-appel *m*.

contrappesare [kontrappe'sare] *vt* équilibrer; (*fig*) peser.

contrappeso [kontrap'peso] *sm* contrepoids *msg*.

contrapporre [kontrap'porre] *vt*: **~ qc a** opposer qch à; (*paragonare*) comparer qch à; **contrapporsi** *vr* (*essere in opposizione*): **contrapporsi a** s'opposer à.

contrapposto, -a [kontrap'posto] *pp di* **contrapporre**.

contrariamente [kontrarja'mente] *avv*: **~ a** contrairement à.

contrariare [kontra'rjare] *vt* contrarier; **contrariarsi** *vr* se contrarier.

contrariato, -a [kontra'rjato] *agg* contrarié(e).

contrarietà [kontrarje'ta] *sf inv* adversité *f*.

contrario, -a [kon'trarjo] *agg* (*opposto*): **~ (a)** contraire (à); (*avverso*: *vento*) contraire, debout; (*stagione, giudizio*) défavorable ♦ *sm* contraire *m*; **essere ~ a** (*sfavorevole*) être contre, s'opposer à; **avere qualcosa in ~** avoir quelque chose contre; **non ho niente in ~** je n'ai rien contre; **in caso ~** dans le cas contraire; **al ~** au contraire.

contrarre [kon'trarre] *vt* contracter; (*muscolo*) contracter, crisper; **contrarsi** *vip* se contracter; **~ matrimonio** contracter mariage.

contrassegnare [kontrasseɲ'ɲare] *vt* marquer.

contrassegno [kontras'seɲɲo] *sm* marque *f*; **spedire in ~** (*COMM*) faire un envoi contre remboursement.

contrassi *etc* [kon'trassi] *vb vedi* **contrarre**.

contrastante [kontras'tante] *agg* contrastant(e).

contrastare [kontras'tare] *vt* faire obstacle à, empêcher; (*diritto*) contester; (*amore*) contrarier ♦ *vi*: ~ **(con)** (*essere in disaccordo*) être en contraste (avec); (*persona*: *litigare*) se disputer (avec); (*giudizio, idea*) être en contraste (avec).

contrasto [kon'trasto] *sm* (*di luci, colori, TV, FOT*) contraste *m*; (*conflitto*) conflit *m*; (*litigio*) dispute *f*.

contrattacco [kontrat'takko] *sm* contre-attaque *f*; (*fig*) contre-attaque, riposte *f*; **passare al** ~ (*fig*) contre-attaquer.

contrattare [kontrat'tare] *vt* négocier.

contrattempo [kontrat'tɛmpo] *sm* contretemps *msg*.

contratto, -a [kon'tratto] *pp di* **contrarre** ♦ *sm* (*DIR*) contrat *m*; ▶ **contratto a termine** contrat à terme; ▶ **contratto collettivo di lavoro** convention *f* collective; ▶ **contratto di acquisto** contrat d'achat; ▶ **contratto di affitto** bail *m*, contrat de location; ▶ **contratto di lavoro** contrat de travail; ▶ **contratto di locazione** contrat de location; ▶ **contratto di vendita** contrat de vente.

contrattuale [kontrattu'ale] *agg* contractuel(le); **avere forza** ~ (*di sindacato*) être en position de force dans les négociations.

contravvenire [kontravve'nire] *vi*: ~ **a** contrevenir à.

contravventore, -trice [kontravven'tore] *sm/f* contrevenant(e).

contravvenuto, -a [kontravve'nuto] *pp di* **contravvenire**.

contravvenzione [kontravven'tsjone] *sf* contravention *f*.

contrazione [kontrat'tsjone] *sf* contraction *f*; (*di prezzi*) réduction *f*.

contribuente [kontribu'ɛnte] *sm/f* contribuable *m/f*.

contribuire [kontribu'ire] *vi*: ~ **a** contribuer à; ~ **a fare qc** contribuer à faire qch.

contributivo, -a [kontribu'tivo] *agg* contributif(-ive).

contributo [kontri'buto] *sm* contribution *f*; (*tassa*) cotisation *f*; ▶ **contributi previdenziali** cotisation *fsg* de sécurité sociale; ▶ **contributi sindacali** cotisation syndicale.

contrito, -a [kon'trito] *agg* contrit(e).

contro ['kontro] *prep* contre ♦ *sm*: **il pro e il** ~ le pour et le contre; ~ **di me/lui** contre moi/lui; **pastiglie** ~ **la tosse** pastilles *fpl* contre la toux; **girarsi** ~ **il muro** se tourner vers le mur; **sbattere** ~ **il tavolo** se cogner à la table; ~ **ogni mia aspettativa** contre toute attente; **per** ~ par contre; ▶ **contro pagamento** (*COMM*) contre paiement *m*.

contro... ['kontro] *pref* contre... .

controbattere [kontro'battere] *vt* riposter à.

controbilanciare [kontrobilan'tʃare] *vt* contrebalancer.

controcorrente [kontrokor'rɛnte] *avv* à contre-courant; **andare** ~ (*fig*) aller à contre-courant.

controcultura [kontrokul'tura] *sf* contre-culture *f*.

controffensiva [kontroffen'siva] *sf* contre-offensive *f*.

controfigura [kontrofi'gura] *sf* (*CINE*) doublure *f*.

controfirmare [kontrofir'mare] *vt* contresigner.

controinformazione [kontroinformat'tsjone] *sf* information *f* non officielle.

controllare [kontrol'lare] *vt* (*verificare*) contrôler; (*sorvegliare*) surveiller; (*fig*: *dominare*) maîtriser; **controllarsi** *vr* se contrôler, se maîtriser.

controllato, -a [kontrol'lato] *agg* (*persona*) maître de soi; **amministrazione controllata** (*COMM*) administration *f* contrôlée.

controllo [kon'trɔllo] *sm* contrôle *m*; (*sorveglianza*) surveillance *f*; (*di sé*) maîtrise *f*; **sotto** ~ (*TEL*) sous écoute; **di** ~ (*visita*) de contrôle; ▶ **controllo delle nascite** contrôle des naissances; ▶ **controllo di gestione** contrôle de gestion; ▶ **controllo di qualità** contrôle de qualité; ▶ **controllo doganale** contrôle douanier.

controllore [kontrol'lore] *sm* contrôleur (-euse); ▶ **controllore del traffico aereo** *o* **di volo** contrôleur de la navigation aérienne, contrôleur aérien, aiguilleur *m* du ciel.

controluce [kontro'lutʃe] *sf inv* (*FOT*) contre-jour *m* ♦ *avv*: **(in)** ~ (*essere, fotografare*) à contre-jour.

contromano [kontro'mano] *avv* en sens contraire.

contropartita [kontropar'tita] *sf* (*fig*) contrepartie *f*.

contropiede [kontro'pjɛde] *sm* (*SPORT*): **azione di** ~ contre-attaque *f*; **prendere qn in** ~ (*fig*) prendre qn au dépourvu.

controproducente [kontroprodu'tʃɛnte] *agg* contre-productif(-ive).

controrrdine [kon'trordine] *sm* contrordre *m*; **salvo** ~ sauf contrordre.

controsenso [kontro'sɛnso] *sm* contresens *msg*.

controspionaggio [kontrospio'naddʒo] *sm* (*MIL*) contre-espionnage *m*.

controvalore [kontrova'lore] *sm* contre-valeur *f*.

controvento [kontro'vɛnto] *avv* contre le vent.

controversia [kontro'vɛrsja] *sf* controverse

f; (*DIR*) différend *m*; ▸ **controversia sindacale** conflit *m* syndical.
controverso, -a [kontro'vɛrso] *agg* controversé(e).
controvoglia [kontro'vɔʎʎa] *avv* à contrecœur.
contumace [kontu'matʃe] *agg* (*DIR*): **rendersi** ~ se mettre en état de contumace ♦ *sm/f* (*DIR*) contumace *f*.
contumacia [kontu'matʃa] *sf* (*DIR*) contumace *f*; **condannare in** ~ condamner par contumace.
contundente [kontun'dɛnte] *agg*: **corpo** ~ objet *m* contondant.
conturbante [kontur'bante] *agg* troublant(e).
contusione [kontu'zjone] *sf* (*MED*) contusion *f*.
convalescente [konvaleʃ'ʃɛnte] *agg, sm/f* convalescent(e).
convalescenza [konvaleʃ'ʃɛntsa] *sf* convalescence *f*.
convalida [kon'valida] *sf* (*DIR*) certification *f*; (*di biglietto*) oblitération *f*.
convalidare [konvali'dare] *vt* (*DIR*) valider; (*biglietto*) composter; (*fig*: *dubbio, sospetto*) confirmer.
convegno [kon'veɲɲo] *sm* (*congresso*) congrès *msg*; (*luogo*) lieu *m* de rendez-vous; **darsi** ~ se donner rendez-vous.
convenevoli [konve'nevoli] *smpl* politesses *fpl*.
conveniente [konve'njɛnte] *agg* avantageux(-euse), intéressant(e).
convenienza [konve'njɛntsa] *sf* compte *m*; **convenienze** *sfpl* convenances *fpl*; **non trovare la propria** ~ **in un affare** ne pas trouver son compte dans une affaire.
convenire [konve'nire] *vi* (*riunirsi*) affluer; (*concordare*): ~ **su** se mettre d'accord sur; (*tornare vantaggioso*): ~ **a** être avantageux(-euse) pour ♦ *vt* convenir de ♦ *vb impers* (*essere doveroso*): **conviene andarsene** il vaut mieux s'en aller; (*essere vantaggioso*): **conviene fare/che facciamo** il vaut mieux faire, nous avons intérêt à faire; **ne convengo** j'en conviens; **come convenuto** comme convenu; **in data da** ~ à une date ultérieure; **come (si) conviene ad una signorina** comme il convient à une demoiselle.
conventicola [konven'tikola] *sf* clique *f*.
convento [kon'vɛnto] *sm* (*di frati*) monastère *m*; (*di suore*) couvent *m*.
convenuto, -a [konve'nuto] *pp di* **convenire** ♦ *sm* (*cosa pattuita*) ce qui a été convenu ♦ *sm/f* (*DIR*) défendeur(-eresse); **i convenuti** (*i presenti*) les personnes *fpl* présentes; **secondo il** ~ d'après les accords.
convenzionale [konventsjo'nale] *agg* conventionnel(le).
convenzionato, -a [konventsjo'nato] *agg* conventionné(e).
convenzione [konven'tsjone] *sf* convention *f*; **le convenzioni** (*sociali*) les conventions (sociales).
convergente [konver'dʒɛnte] *agg* convergent(e).
convergenza [konver'dʒɛntsa] *sf* convergence *f*; (*AUT*) parallélisme *m*.
convergere [kon'vɛrdʒere] *vi* converger.
conversa [kon'vɛrsa] *sf* (*REL*) sœur *f* converse.
conversare [konver'sare] *vi* converser, bavarder.
conversazione [konversat'tsjone] *sf* conversation *f*; **fare** ~ causer, bavarder.
conversione [konver'sjone] *sf* (*anche INFORM*) conversion *f*; ~ **ad U** (*AUT*) demi-tour *m*.
converso, -a [kon'vɛrso] *pp di* **convergere** ♦ *agg*: **per** ~ au contraire.
convertire [konver'tire] *vt* (*anche INFORM*) convertir; **convertirsi** *vr, vip*: **convertirsi (a)** se convertir (à).
convertito, -a [konver'tito] *sm/f* converti(e).
convertitore [konverti'tore] *sm* (*ELETTR*) convertisseur *m*.
convesso, -a [kon'vɛsso] *agg* convexe.
convincente [konvin'tʃɛnte] *agg* convaincant(e).
convincere [kon'vintʃere] *vt* convaincre; **convincersi** *vr*: **convincersi (di qc)** se convaincre (de qch); ~ **qn di qc** (*anche DIR*) convaincre qn de qch; ~ **qn a fare qc** convaincre qn de faire qch.
convinto, -a [kon'vinto] *pp di* **convincere** ♦ *agg*: **reo** ~ (*DIR*) accusé(e) convaincu(e) de culpabilité.
convinzione [konvin'tsjone] *sf* conviction *f*.
convissuto, -a [konvis'suto] *pp di* **convivere**.
convitato, -a [konvi'tato] *sm/f* convive *m/f*.
convitto [kon'vitto] *sm* collège *m*, internat *m*.
convivenza [konvi'vɛntsa] *sf* vie *f* en commun, cohabitation *f*; (*DIR*) concubinage *m*.
convivere [kon'vivere] *vi* cohabiter, vivre ensemble.
convocare [konvo'kare] *vt* convoquer.
convocazione [konvokat'tsjone] *sf* convocation *f*; **lettera di** ~ lettre *f* de convocation.
convogliare [konvoʎ'ʎare] *vt* diriger; (*trasportare*: *fiume*) charrier.
convoglio [kon'vɔʎʎo] *sm* (*gruppo di veicoli*) convoi *m*; (*FERR*) rame *f*; ▸ **convoglio funebre** convoi funèbre.
convolare [konvo'lare] *vi*: ~ **a (giuste) noz-**

ze (*scherz*) convoler (en justes noces).
convulsione [konvul'sjone] *sf* convulsion *f*.
convulso, -a [kon'vulso] *agg* (*attività*) fébrile; (*pianto*) convulsif(-ive).
COOP [kɔp] *abbr f* = **cooperativa**.
cooperare [koope'rare] *vi*: ~ **(a)** coopérer (à).
cooperativa [koopera'tiva] *sf* coopérative *f*.
cooperazione [kooperat'tsjone] *sf* coopération *f*.
coordinamento [koordina'mento] *sm* coordination *f*.
coordinare [koordi'nare] *vt* coordonner.
coordinata [koordi'nata] *sf* coordonnée *f*; **coordinate** *sfpl* coordonnées *fpl*.
coordinato, -a [koordi'nato] *agg* coordonné(e); **coordinati** *smpl* coordonnés *mpl*.
coordinazione [koordinat'tsjone] *sf* coordination *f*.
Copenaghen [kope'nagen] *sf* Copenhague.
coperchio, -chi [ko'pɛrkjo] *sm* couvercle *m*.
coperta [ko'pɛrta] *sf* couverture *f*; (*da viaggio*) plaid *m*, couverture (de voyage); (*NAUT*) pont *m*.
copertina [koper'tina] *sf* couverture *f*; (*di quaderno*) couverture, protège-cahier *m*.
coperto, -a [ko'pɛrto] *pp di* **coprire** ♦ *agg* couvert(e) ♦ *sm* (*a tavola*) couvert *m*; ~ **di** couvert(e) de; **al** ~ à couvert.
copertone [koper'tone] *sm* (*AUT*) pneu *m*; (*telo*) bâche *f*.
copertura [koper'tura] *sf* couverture *f*; **fare un gioco di** ~ (*SPORT*) avoir un jeu défensif; ▸ **copertura assicurativa** couverture (d'un risque) par une assurance.
copia ['kɔpja] *sf* copie *f*; (*FOT*) épreuve *f*; (*libro*) exemplaire *m*; **brutta** ~ brouillon *m*; **bella** ~ propre *m*; ▸ **copia conforme** (*DIR*) copie conforme; ▸ **copia omaggio** exemplaire gratuit.
copiare [ko'pjare] *vt* copier; (*imitare*) imiter.
copiatrice [kopja'tritʃe] *sf* copieur *m*.
copione [ko'pjone] *sm* (*CINE, TEATRO*) scénario *m*; (*CINE*) script *m*.
coppa ['kɔppa] *sf* coupe *f*; **coppe** *sfpl* (*CARTE*) coupe *fsg*; ▸ **coppa dell'olio** (*AUT*) carter *m* d'huile.
coppia ['kɔppja] *sf* couple *m*; (*due oggetti*) paire *f*; (*SPORT*) double *m*.
coprente [ko'prɛnte] *agg* (*colore, cosmetico*) couvrant(e); (*calze*) opaque.
copricapo [kopri'kapo] *sm* coiffure *f*.
coprifuoco, -chi [kopri'fwɔko] *sm* couvre-feu *m*.
copriletto [kopri'lɛtto] *sm inv* couvre-lit *m*, dessus-de-lit *m*.
coprire [ko'prire] *vt* couvrir; (*occupare*: *carica, posto*) occuper; **coprirsi** *vr, vip* se couvrir; ~ **qn di baci** couvrir qn de baisers; **coprirsi di** (*macchie, muffa*) se couvrir de; ~ **le spese** couvrir les frais; **coprirsi le spalle** (*fig*) assurer ses arrières.
coque [kɔk] *sf*: **uovo alla** ~ œuf *m* à la coque.
coraggio [ko'raddʒo] *sm* courage *m*; ~! courage!; **farsi** ~ se donner du courage; **hai un bel** ~! (*sfacciataggine*) tu as un sacré toupet!
coraggioso, -a [korad'dʒoso] *agg* courageux(-euse).
corale [ko'rale] *agg* choral(e); (*approvazione*) unanime.
corallo [ko'rallo] *sm* corail *m*; **il mar dei Coralli** la mer de Corail.
corano [ko'rano] *sm* (*REL*) Coran *m*.
corazza [ko'rattsa] *sf* cuirasse *f*; (*di animali*) carapace *f*; (*MIL*) blindage *m*.
corazzata [korat'tsata] *sf* (*NAUT*) cuirassé *m*.
corazzato, -a [korat'tsato] *agg* (*MIL*) blindé(e).
corazziere [korat'tsjɛre] *sm* (*STORIA*) cuirassier *m*; (*guardia presidenziale*) *gendarme de la garde présidentielle italienne*.
corbelleria [korbelle'ria] *sf* sottise *f*, bêtise *f*.
corda ['kɔrda] *sf* corde *f*; **dare** ~ **a qn** (*fig*) écouter qn; **tenere sulla** ~ **qn** (*fig*) tenir qn sur des charbons ardents; **tagliare la** ~ (*fig*) filer à l'anglaise; **essere giù di** ~ ne pas être en forme; (*essere depresso*) ne pas avoir le moral; ▸ **corda vocale** corde vocale.
cordata [kor'data] *sf* (*ALPINISMO*) cordée *f*; (*fig*: *di imprese*) coalition *f*.
cordiale [kor'djale] *agg* cordial(e) ♦ *sm* cordial *m*.
cordialità [kordjali'ta] *sf inv* cordialité *f* ♦ *sfpl* (*saluti*) cordiales salutations *fpl*.
cordoglio [kor'dɔʎʎo] *sm* condoléances *fpl*.
cordone [kor'done] *sm* cordon *m*; ▸ **cordone ombelicale** cordon ombilical; ▸ **cordone sanitario** cordon sanitaire.
Cordova ['kɔrdova] *sf* Cordoue.
Corea [ko'rɛa] *sf* Corée *f*; **la** ~ **del Nord/Sud** la Corée du Nord/Sud.
coreano, -a [kore'ano] *agg* coréen(ne) ♦ *sm/f* Coréen(ne) ♦ *sm* coréen *m*.
coreografia [koreogra'fia] *sf* chorégraphie *f*.
coreografo, -a [kore'ɔgrafo] *sm/f* chorégraphe *m/f*.
Corfù [kor'fu] *sf* Corfou *f*.
coriaceo, -a [ko'rjatʃeo] *agg* coriace.
coriandolo [ko'rjandolo] *sm* coriandre *f*; **coriandoli** *smpl* (*per carnevale etc*) confettis *mpl*.
coricare [kori'kare] *vt* coucher; **coricarsi** *vip* se coucher.

coricherò *etc* [korike'rɔ] *vb vedi* **coricare**.
Corinto [ko'rinto] *sf* Corinthe.
corista, -i, -e [ko'rista] *sm/f* choriste *m/f*.
corna ['kɔrna] *sfpl vedi* **corno**.
cornacchia [kor'nakkja] *sf* corneille *f*.
cornamusa [korna'muza] *sf* cornemuse *f*.
cornea ['kɔrnea] *sf* (*ANAT*) cornée *f*.
corner ['kɔrner] *sm inv* (*CALCIO*) corner *m*; **salvarsi in** ~ (*fig*: *in gara, esame*) s'en tirer in extremis.
cornetta [kor'netta] *sf* (*MUS*) cornet *m* (à pistons); (*TEL*) récepteur *m*, combiné *m*.
cornetto [kor'netto] *sm* (*CUC*) croissant *m*; ▸**cornetto acustico** (*MED*) cornet *m* acoustique.
cornice [kor'nitʃe] *sf* cadre *m*, encadrement *m*; (*fig*) cadre *m*, décor *m*.
cornicione [korni'tʃone] *sm* corniche *f*.
corno ['kɔrno] *sm* (*ZOOL*: *pl(f) corna, sostanza*) corne *f*; (*MUS*) cor *m*; **le corna del cervo** les bois du cerf; **fare le corna a qn** tromper qn; **dire peste e corna di qn** dire pis que pendre de qn; **un** ~! des clous!, des prunes!
Cornovaglia [korno'vaʎʎa] *sf* Cornouaille *f*.
cornuto, -a [kor'nuto] *agg* cornu(e); (*fam!*: *marito, moglie*) cocu(e).
coro ['kɔro] *sm* chœur *m*.
corollario [korol'larjo] *sm* corollaire *m*.
corona [ko'rona] *sf* couronne *f*.
coronamento [korona'mento] *sm* couronnement *m*; **il** ~ **dei propri sogni** la réalisation de ses rêves.
coronare [koro'nare] *vt* couronner.
coronaria [koro'narja] *sf* artère *f* coronaire.
corpo ['kɔrpo] *sm* corps *msg*; (*di opere*) corpus *msg*; **a** ~ **a** ~ corps à corps; **prendere** ~ prendre corps; **darsi anima e** ~ **a** se vouer corps et âme à; ▸**corpo celeste** corps céleste; ▸**corpo d'armata** corps d'armée; ▸**corpo dei carabinieri** ≈ corps de gendarmerie; ▸**corpo del reato** corps du délit; ▸**corpo di ballo** corps de ballet; ▸**corpo di guardia** corps de garde; ▸**corpo diplomatico** corps diplomatique; ▸**corpo insegnante** corps enseignant.
corporale [korpo'rale] *agg* corporel(le).
corporatura [korpora'tura] *sf* taille *f*, corps *msg*.
corporazione [korporat'tsjone] *sf* corporation *f*.
corporeo, -a [kor'pɔreo] *agg* corporel(le).
corposo, -a [kor'poso] *agg* (*vino*) qui a du corps.
corpulento, -a [korpu'lɛnto] *agg* corpulent(e).
corpulenza [korpu'lɛntsa] *sf* corpulence *f*.
corpuscolo [kor'puskolo] *sm* corpuscule *m*.
corredare [korre'dare] *vt*: ~ **di** (*strumenti*) équiper de; (*documenti*) accompagner de.
corredo [kor'rɛdo] *sm* équipement *m*, matériel *m*; (*di sposa*) trousseau *m*.
correggere [kor'rɛddʒere] *vt* corriger.
corrente [kor'rɛnte] *agg* courant(e) ♦ *sm*: **essere/mettere al** ~ **(di)** être/mettre au courant (de) ♦ *sf* courant *m*; **la vostra lettera del 5** ~ **mese** (*COMM*) votre lettre du 5 courant; **articoli di qualità** ~ articles *mpl* de qualité courante; **contro** ~ à contre-courant; ▸**corrente alternata/continua** courant alternatif/continu.
correntemente [korrente'mente] *avv* couramment; **parlare una lingua** ~ parler couramment une langue.
correntista, -i, -e [korren'tista] *sm/f* titulaire *m/f* d'un compte courant.
correo, -a ['kɔrreo] *sm/f* (*DIR*) complice *m/f*.
correre ['korrere] *vi* courir; (*veicolo*) rouler ♦ *vt* (*gara, rischio*) courir; ~ **dietro a qn** courir après qn; **corre voce che ...** le bruit court que ... .
corresponsabilità [korresponsabili'ta] *sf* (*di persona*) coresponsabilité *f*; (: *DIR*) responsabilité *f* solidaire.
corresponsione [korrespon'sjone] *sf* paiement *m*.
corressi *etc* [kor'rɛssi] *vb vedi* **correggere**.
correttezza [korret'tettsa] *sf* correction *f*; (*SPORT*) fair-play *m*, franc-jeu *m*.
corretto, -a [kor'rɛtto] *pp di* **correggere** ♦ *agg* correct(e); **caffè** ~ café *m* arrosé.
correttore, -trice [korret'tore] *sm/f*: ~ **di bozze** correcteur(-trice) (d'épreuves) ♦ *sm* (*liquido, per trucco*) correcteur *m*.
correzione [korret'tsjone] *sf* correction *f*; ▸**correzione di bozze** correction d'épreuves.
corrida [kor'rida] *sf* corrida *f*.
corridoio [korri'dojo] *sm* couloir *m*; **manovre di** ~ (*POL*) intrigues *mpl* de couloir.
corridore [korri'dore] *sm* coureur *m*.
corriera [kor'rjɛra] *sf* car *m*, autocar *m*.
corriere [kor'rjɛre] *sm* courrier *m*; (*per trasporto merci*) messagerie *f*.
corrimano [korri'mano] *sm* main *f* courante.
corrispettivo [korrispet'tivo] *sm* rémunération *f*; **versare a qn il** ~ **di una prestazione** verser à qn la rémunération de ses prestations.
corrispondente [korrispon'dɛnte] *agg, sm/f* correspondant(e).
corrispondenza [korrispon'dɛntsa] *sf* correspondance *f*; (*lettere*) correspondance, courrier *m*; ~ **in arrivo/in partenza** courrier du jour/en partance.
corrispondere [korris'pondere] *vt* (*sentimenti*) payer de retour, partager; (*sti-*

pendio) payer, verser ♦ *vi* (*equivalere*): ~ **a** correspondre à; ~ **con** (*essere in rapporto epistolare*) correspondre avec.

corrisposto, -a [korris'posto] *pp di* **corrispondere.**

corroborare [korrobo'rare] *vt* fortifier; (*fig*) corroborer.

corrodere [kor'rodere] *vt* corroder.

corrompere [kor'rompere] *vt* corrompre.

corrosione [korro'zjone] *sf* corrosion *f*.

corrosivo, -a [korro'sivo] *agg* corrosif (-ive).

corroso, -a [kor'roso] *pp di* **corrodere.**

corrotto, -a [kor'rotto] *pp di* **corrompere** ♦ *agg* corrompu(e).

corrucciarsi [korrut'tʃarsi] *vip* s'irriter.

corrugare [korru'gare] *vt*: ~ **la fronte** plisser le front.

corruppi *etc* [kor'ruppi] *vb vedi* **corrompere.**

corruttela [korrut'tɛla] *sf* corruption *f* des mœurs, dépravation *f*.

corruzione [korrut'tsjone] *sf* corruption *f*; ~ **di minorenne** (*DIR*) détournement *m* de mineur.

corsa ['korsa] *sf* course *f*; (*di autobus*) trajet *m*; **fare una** ~ faire une course; (*fig*) faire un saut; (*SPORT*) courir; **andare** *o* **essere di** ~ être pressé(e); ▸ **corsa ad ostacoli** (*IPPICA*) course d'obstacles; (*ATLETICA*) course de haies; ▸ **corsa campestre** cross-country *m*.

corsaro, -a [kor'saro] *agg*: **nave corsara** corsaire *m* ♦ *sm* corsaire *m*.

corsi *etc* ['korsi] *vb vedi* **correre.**

corsia [kor'sia] *sf* (*AUT*) voie *f*; (*di pista*) couloir *m*; (*di ospedale*) salle *f*; ▸ **corsia di sorpasso** (*AUT*) voie de dépassement; ▸ **corsia preferenziale** couloir d'autobus; (*fig*) traitement *m* de faveur.

Corsica ['korsika] *sf* Corse *f*.

corsivo, -a [kor'sivo] *agg* cursif(-ive) ♦ *sm* (*TIP*) italique *m*; **in** ~ en italique.

corso, -a ['korso] *pp di* **correre** ♦ *agg* corse ♦ *sm/f* Corse *m/f* ♦ *sm* cours *msg*; (*strada*) boulevard *m*, cours; (: *per passeggiare*) cours; **dar libero** ~ **a** donner libre cours à; **nel** ~ **di** au cours de; **in** ~ (*anno*) courant(e); **"lavori in** ~**"** "travaux"; **aver** ~ **legale** avoir cours; ▸ **corso d'acqua** (*naturale*) cours d'eau; (*artificiale*) voie *f* d'eau; ▸ **corso serale** cours *mpl* du soir.

corte ['korte] *sf* cour *f*; **fare la** ~ **a qn** faire la cour à qn; ▸ **Corte Costituzionale** Cour constitutionnelle; ▸ **corte d'appello** cour d'appel; ▸ **Corte dei Conti** Cour des comptes; ▸ **corte di cassazione** cour de cassation; ▸ **corte marziale** cour martiale.

corteccia, -ce [kor'tettʃa] *sf* écorce *f*.

corteggiamento [korteddʒa'mento] *sm* cour *f*.

corteggiare [korted'dʒare] *vt* courtiser.

corteggiatore [korteddʒa'tore] *sm* soupirant *m*.

corteo [kor'tɛo] *sm* cortège *m*; ▸ **corteo funebre** cortège funèbre; ▸ **corteo nuziale** cortège nuptial.

cortese [kor'teze] *agg* aimable, poli(e).

cortesia [korte'zia] *sf* courtoisie *f*; **per** ~ s'il te plaît, s'il vous plaît; **fare una** ~ **a qn** rendre un service à qn; **per** ~**, dov'è** ...? pardon, où est ...?

cortigiana [korti'dʒana] *sf* (*fig*) courtisane *f*; *vedi anche* **cortigiano.**

cortigiano, -a [korti'dʒano] *sm/f* courtisan(e).

cortile [kor'tile] *sm* cour *f*.

cortina [kor'tina] *sf* rideau *m*.

cortisone [korti'zone] *sm* cortisone *f*.

corto, -a ['korto] *agg* court(e) ♦ *avv*: **tagliare** ~ couper court; **essere a** ~ **di qc** être à court de qch; **la settimana corta** la semaine anglaise; ▸ **corto circuito** court-circuit *m*.

cortocircuito [kortotʃir'kuito] *sm* = **corto circuito.**

cortometraggio [kortome'traddʒo] *sm* court métrage *m*.

corvino, -a [kor'vino] *agg* (*capelli*) de jais.

corvo ['kɔrvo] *sm* corbeau *m*.

cosa ['kɔsa] *sf* (*oggetto*) chose *f*; (*faccenda*) affaire *f*; **(che)** ~? quoi?, hein?; **(che) cos'è?** qu'est-ce que c'est?; **a** ~ **pensi?** à quoi penses-tu?; **a cose fatte** (*dopo breve tempo*) après coup; (*dopo lungo tempo*) rétrospectivement; **tante belle cose!** bien des choses!; **ormai è** ~ **fatta!** (*positivo*) voilà qui est fait!; (*negativo*) maintenant c'est fait!; **è una** ~ **da niente** ce n'est pas grave.

cosca, -sche ['kɔska] *sf* (*di mafiosi*) clan *m*.

coscia, -sce ['kɔʃʃa] *sf* (*ANAT*) cuisse *f*; ▸ **coscia di pollo** cuisse de poulet.

cosciente [koʃ'ʃɛnte] *agg* conscient(e); ~ **di** conscient(e) de.

coscienza [koʃ'ʃɛntsa] *sf* conscience *f*; **perdere la** ~ (*sensi*) perdre connaissance; ▸ **coscienza politica** conscience politique.

coscienzioso, -a [koʃʃen'tsjoso] *agg* consciencieux(-euse).

cosciotto [koʃ'ʃɔtto] *sm* (*CUC*: *di agnello*) gigot *m*; (: *di vitello*) cuisseau *m*.

coscritto [kos'kritto] *sm* (*MIL*) conscrit *m*.

coscrizione [koskrit'tsjone] *sf* (*MIL*) conscription *f*.

PAROLA CHIAVE

così [ko'si] *avv* **1** (*in questo modo*) ainsi, comme cela; (*in tal modo*) de cette façon; **le cose stanno così** il en est ainsi; **non ho detto così!** je n'ai pas dit cela!, ce n'est pas ce que j'ai dit!; **come stai? – così così** comment vas-tu? – comme ci comme ça; **e così via** et ainsi de suite; **per così dire** pour ainsi dire
2 (*tanto*) (aus)si; **così lontano** (aus)si loin; **è un ragazzo così intelligente** c'est un garçon si intelligent
♦ *agg inv* (*tale*) tel(le), pareil(le); **non ho mai visto un film così** je n'ai jamais vu un film pareil
♦ *cong* **1** (*perciò*) comme ça, et ainsi; **e così ho deciso di lasciarlo** et alors j'ai décidé de le quitter
2: **così ... come** comme, aussi ... que; **non è così bravo come te** il n'est pas aussi fort que toi; **non è così intelligente come sembra** il n'est pas aussi intelligent qu'il le paraît; **non sei venuto così presto come avevi promesso** tu n'es pas venu aussi tôt que tu l'avais promis; **così ... che** si ... que; **ero così stanco che non riuscivo a lavorare** j'étais si fatigué que je n'arrivais pas à travailler; **così sia** (*amen*) ainsi soit-il.

cosicché [kosik'ke] *cong* si bien que.
cosiddetto, -a [kosid'detto] *agg* soi-disant *inv*.
cosmesi [koz'mɛzi] *sf* (*scienza*) cosmétologie *f*; (*prodotti*) produits *mpl* de beauté; (*trattamento*) traitement *m* de beauté.
cosmetico, -a, -ci, -che [koz'metiko] *agg, sm* cosmétique *m*.
cosmico, -a, -ci, -che ['kɔzmiko] *agg* cosmique.
cosmo ['kɔzmo] *sm* cosmos *msg*.
cosmonauta, -i, -e [kozmo'nauta] *sm/f* cosmonaute *m/f*.
cosmopolita, -i, -e [kozmopo'lita] *agg, sm/f* cosmopolite *m/f*.
coso ['kɔso] *sm* (*fam*: *oggetto*) truc *m*, machin *m*; (: *aggeggio*) engin *m*, truc; (: *persona*) machin, chose *f*.
cospargere [kos'pardʒere] *vt*: ~ **di** (*di sale*) saupoudrer de; (*di cenere*) cendrer; (*di ghiaia*) couvrir de.
cosparso, -a [kos'parzo] *pp di* **cospargere**.
cospetto [kos'pɛtto] *sm*: **al ~ di** en présence de, devant.
cospicuità [kospikui'ta] *sf* importance *f*.
cospicuo, -a [kos'pikuo] *agg* considérable, important(e).
cospirare [kospi'rare] *vi* conspirer.
cospiratore, -trice [kospira'tore] *sm/f* conspirateur(-trice).
cospirazione [kospirat'tsjone] *sf* conspiration *f*.
cossi *etc* [kɔssi] *vb vedi* **cuocere**.
Cost. *abbr* (= *costituzione*) constitution *f*.
costa ['kɔsta] *sf* côte *f*; **navigare sotto ~** longer la côte; **velluto a coste** velours *msg* côtelé; **la C~ Azzurra** la Côte d'Azur; **la C~ d'Avorio** la Côte d'Ivoire.
costà [kos'ta] *avv* là.
costante [kos'tante] *agg* constant(e) ♦ *sf* constante *f*.
costanza [kos'tantsa] *sf* constance *f*; **il lago di C~** le lac de Constance.
costare [kos'tare] *vi, vt* coûter; ~ **caro** coûter cher; **costi quel che costi** coûte que coûte.
Costa Rica ['kɔsta 'rika] *sf* Costa Rica *m*.
costata [kos'tata] *sf* (*CUC*) entrecôte *f*.
costato [kos'tato] *sm* (*ANAT*) côté *m*, flanc *m*.
costeggiare [kosted'dʒare] *vt* côtoyer, longer.
costei [kos'tɛi] *pron vedi* **costui**.
costellazione [kostellat'tsjone] *sf* constellation *f*.
costernare [koster'nare] *vt* consterner.
costernato, -a [koster'nato] *agg* consterné(e).
costernazione [kosternat'tsjone] *sf* consternation *f*.
costiera [kos'tjɛra] *sf* côte *f*, littoral *m*.
costiero, -a [kos'tjɛro] *agg* côtier(-ière).
costipato, -a [kosti'pato] *agg* (*MED*) constipé(e).
costituire [kostitu'ire] *vt* constituer; **costituirsi** *vip* se constituer; **costituirsi alla polizia** se constituer prisonnier; **costituirsi parte civile** (*DIR*) se constituer partie civile; **il fatto non costituisce reato** ce fait ne constitue pas un délit.
costitutivo, -a [kostitu'tivo] *agg* constitutif(-ive); **atto ~** (*DIR*: *di società*) acte *m* constitutif.
costituzionale [kostituttsjo'nale] *agg* constitutionnel(le).
costituzione [kostitut'tsjone] *sf* constitution *f*.
costo ['kɔsto] *sm* coût *m*; **a ~ di** au risque de; **a ~ di rimpiangere di ...** quitte à regretter de ...; **a ogni** *o* **qualunque ~, a tutti i costi** à tout prix; **sotto ~** au-dessous du prix; ►**costi di esercizio** frais *mpl* d'exploitation; ►**costi fissi** coûts *o* frais fixes; ►**costi di gestione** frais de gestion; ►**costi di produzione** frais de production.
costola ['kɔstola] *sf* (*ANAT*) côte *f*; **avere qn alle costole** (*fig*) avoir qn sur le dos.
costoletta [kosto'letta] *sf* (*CUC*) côtelette *f*.
costoro [kos'toro] *pron pl vedi* **costui**.
costoso, -a [kos'toso] *agg* coûteux(-euse).

costretto, -a [kos'tretto] *pp di* **costringere**.
costringere [kos'trindʒere] *vt* obliger, contraindre; ~ **qn a fare qc** obliger qn à faire qch.
costrittivo, -a [kostrit'tivo] *agg* coercitif (-ive).
costrizione [kostrit'tsjone] *sf* contrainte *f*.
costruire [kostru'ire] *vt* construire, bâtir; (*LING, fig*: *teoria*) construire.
costruttivo, -a [kostrut'tivo] *agg* (*EDIL*) de construction; (*fig*) constructif(-ive).
costruzione [kostrut'tsjone] *sf* (*atto del costruire, LING*) construction *f*; (*opera costruita*) construction, bâtiment *m*; **di ~ inglese** fabriqué en Grande Bretagne.
costui, costei [kos'tui] (*pl* **costoro**) *pron* celui-ci(celle-ci); **si può sapere chi è ~?** (*peg*) peut-on savoir qui est cet individu?
costume [kos'tume] *sm* (*abitudine*) habitude *f*; (*uso, di Carnevale, tradizionale*) coutume *f*; (*condotta morale*) mœurs *fpl*; **i costumi** (*di popolazione*) les coutumes; **donna di facili costumi** femme *f* de mœurs légères; ▸ **costume (da bagno)** maillot *m* de bain.
costumista, -i, -e [kostu'mista] *sm/f* costumier(-ière).
cotenna [ko'tenna] *sf* couenne *f*.
cotogna [ko'toɲɲa] *sf* coing *m*.
cotoletta [koto'letta] *sf* (*CUC*) côtelette *f*.
cotonare [koto'nare] *vt* (*capelli*) crêper.
cotone [ko'tone] *sm* coton *m*; ▸ **cotone idrofilo** coton hydrophile.
cotonificio [kotoni'fitʃo] *sm* filature *f* de coton.
cotta ['kɔtta] *sf* (*fam*: *innamoramento*) béguin *m*.
cottimo ['kɔttimo] *sm* rétribution *f* à la pièce; **a ~** (*lavorare, pagare*) à la pièce.
cotto, -a ['kɔtto] *pp di* **cuocere** ♦ *agg* cuit(e); (*fam*: *innamorato*) amoureux fou(amoureuse folle) ♦ *sm* (*terracotta*) terre *f* cuite; ~ **a puntino** cuit à point; **dirne di cotte e di crude a qn** dire à qn ses quatre vérités; **farne di cotte e di crude** en faire des vertes et des pas mûres; **mattone di ~** brique *f*; **pavimento in ~** sol *m* carrelé.
cottura [kot'tura] *sf* cuisson *f*; ~ **a fuoco lento** cuisson à feu doux.
covare [ko'vare] *vt, vi* (*anche fig*) couver.
covata [ko'vata] *sf* (*anche fig*) couvée *f*.
covo ['kovo] *sm* tanière *f*; (*di ladri, malviventi*) repaire *m*; ▸ **covo di terroristi** repaire de terroristes.
covone [ko'vone] *sm* gerbe *f*, meule *f*.
cozza ['kɔttsa] *sf* moule *f*.
cozzare [kot'tsare] *vi*: ~ **contro** cogner (contre); (*fig*) se heurter à.
C.P. *abbr* (= *cartolina postale*) carte-lettre *f*; (*POSTA* = *casella postale*) ≈ BP *f*; (*DIR* = *codice penale*) C.P. *m*.
Cracovia [kra'kɔvja] *sf* Cracovie.
crampo ['krampo] *sm* crampe *f*.
cranio ['kranjo] *sm* crâne *m*.
cratere [kra'tɛre] *sm* cratère *m*.
cravatta [kra'vatta] *sf* cravate *f*; ▸ **cravatta a farfalla** nœud *m* papillon.
cravattino [kravat'tino] *sm* nœud *m* papillon.
creanza [kre'antsa] *sf* éducation *f*, politesse *f*; **buona ~** bonnes manières *fpl*, savoir-vivre *m*.
creare [kre'are] *vt* créer.
creatività [kreativi'ta] *sf* créativité *f*.
creato [kre'ato] *sm* création *f*.
creatore, -trice [krea'tore] *agg* créateur (-trice) ♦ *sm/f* créateur(-trice); (*REL*): **il C~** le Créateur; **un ~ di alta moda** un grand couturier; **andare al C~** rendre l'âme.
creatura [krea'tura] *sf* créature *f*; (*bambino*) enfant *m*.
creazione [kreat'tsjone] *sf* création *f*.
crebbi *etc* ['krebbi] *vb vedi* **crescere**.
credente [kre'dɛnte] *sm/f* (*REL*) croyant(e).
credenza [kre'dɛntsa] *sf* (*fede*) croyance *f*; (*convinzione*) conviction *f*; (*fiducia*) créance *f*; (*armadio*) buffet *m*, desserte *f*.
credenziali [kreden'tsjali] *sfpl* lettres *fpl* de créance; (*fig*) références *fpl*.
credere ['kredere] *vt* croire ♦ *vi* croire; **credersi** *vr*: **credersi furbo** se croire malin; ~ **in Dio/in qn** croire en Dieu/en qn; ~ **a** *o* **in** (*amicizia, valori, parole*) croire à *o* en; **gli credo** je le crois; **lo credo bene!** je crois bien!; **fai quello che credi, fai come credi** fais comme tu veux, fais ce que tu veux.
credibile [kre'dibile] *agg* croyable.
credibilità [kredibili'ta] *sf* crédibilité *f*.
creditizio, -a [kredi'tittsjo] *agg* de crédit.
credito ['kredito] *sm* (*anche COMM*) crédit *m*; (*considerazione*) considération *f*; **comprare a ~** acheter à crédit; ▸ **credito agevolato** facilités *fpl* de crédit; ▸ **credito d'imposta** crédit d'impôt; ▸ **credito esigibile** créance *f* exigible.
creditore, -trice [kredi'tore] *sm/f* créancier(-ière).
credo ['krɛdo] *sm inv* credo *m inv*.
credulone, -a [kredu'lone] *sm/f* jobard(e), gobeur(-euse).
crema ['krɛma] *sf* (*anche fig*: *élite*) crème *f*; (*CUC*: *di zucchero, uova*) flan *m*; (*da scarpe*) cirage *m*; ▸ **crema idratante** crème hydratante; ▸ **crema pasticciera** crème pâtissière; ▸ **crema solare** crème solaire.
cremare [kre'mare] *vt* incinérer.
crematorio [krema'tɔrjo] *sm* crématorium *m*.
cremazione [kremat'tsjone] *sf* incinération

f.
cremisi ['krɛmizi] *agg inv* cramoisi(e) ♦ *sm inv* cramoisi *m.*
Cremlino [krem'lino] *sm*: **il** ~ le Kremlin.
cremonese [kremo'nese] *agg* de Crémone.
cremoso, -a [kre'moso] *agg* crémeux (-euse).
crepa ['krɛpa] *sf* (*nel terreno*) crevasse *f*; (*nel muro, nel pavimento*) fissure *f*, lézarde *f.*
crepaccio, -ci [kre'pattʃo] *sm* crevasse *f.*
crepacuore [krepa'kwɔre] *sm*: **morire di** ~ mourir de chagrin.
crepapelle [krepa'pɛlle] *avv*: **ridere a** ~ rire comme un bossu, rire à gorge déployée.
crepare [kre'pare] *vi* crever; ~ **dalle risa/d'invidia** crever de rire/de jalousie.
crepitare [krepi'tare] *vi* crépiter.
crepitio [krepi'tio] *sm* crépitement *m.*
crepuscolo [kre'puskolo] *sm* crépuscule *m.*
crescendo [kreʃ'ʃɛndo] *sm* (*MUS*) crescendo *m.*
crescente [kreʃ'ʃɛnte] *agg* croissant(e); (*luna*) montant(e).
crescere ['kreʃʃere] *vi* grandir; (*pianta*) pousser, croître; (*rumore, prezzo, paura*) augmenter; (*numero*) augmenter, croître ♦ *vt* (*figli*) élever.
crescione [kreʃ'ʃone] *sm* cresson *m.*
crescita ['kreʃʃita] *sf* croissance *f*, pousse *f*; (*di numero*) augmentation *f.*
cresciuto, -a [kreʃ'ʃuto] *pp di* **crescere**.
cresima ['krɛzima] *sf* (*REL*) confirmation *f.*
cresimare [krezi'mare] *vt* (*REL*) confirmer.
crespo, -a ['krespo] *agg* (*capelli*) crépu(e); (*tessuto*) crêpé(e) ♦ *sm* crêpe *m.*
cresta ['kresta] *sf* crête *f*; **alzare la** ~ (*fig*) devenir trop sûr(e) de soi; **abbassare la** ~ (*fig*) se dégonfler; **fare abbassare la** ~ **a qn** rabaisser son caquet à qn; **essere sulla** ~ **dell'onda** (*fig: persona*) être au sommet de la gloire.
Creta ['kreta] *sf* Crète *f.*
creta ['kreta] *sf* craie *f* argileuse.
cretese [kre'tese] *agg* crétois(e) ♦ *sm/f* Crétois(e).
cretinata [kreti'nata] *sf* (*fam*): **dire/fare una** ~ dire/faire une ânerie.
cretino, -a [kre'tino] *agg, sm/f* crétin(e).
CRI [kri] *sigla f* (= *Croce Rossa Italiana*) ≈ CRF *f.*
cric [krik] *sm inv* (*TECN*) cric *m*, vérin *m.*
cricca, -che ['krikka] *sf* clique *f*, bande *f.*
cricco, -chi ['krikko] *sm* (*TECN*) = **cric**.
criceto [kri'tʃɛto] *sm* hamster *m.*
criminale [krimi'nale] *agg, sm/f* criminel(le).
Criminalpol [kriminal'pɔl] *abbr f* (= *polizia criminale*) ≈ PJ *f.*
crimine ['krimine] *sm* (*DIR*) crime *m.*
criminologia [kriminolo'dʒia] *sf* criminologie *f.*
criminoso, -a [krimi'noso] *agg* criminel(le).
crinale [kri'nale] *sm* arête *f.*
crine ['krine] *sm* crin *m.*
criniera [kri'njɛra] *sf* crinière *f.*
cripta ['kripta] *sf* crypte *f.*
crisantemo [krizan'tɛmo] *sm* chrysanthème *m.*
crisi ['krizi] *sf inv* crise *f*; **essere in** ~ (*partito, impresa etc*) être en crise; ▸ **crisi di nervi** (*persona*) crise de nerfs; ▸ **crisi energetica** crise énergétique.
cristalleria [kristalle'ria] *sf* cristallerie *f.*
cristallino, -a [kristal'lino] *agg* cristallin(e) ♦ *sm* (*ANAT*) cristallin *m.*
cristallizzare [kristallid'dzare] *vi* cristalliser; **cristallizzarsi** *vip* se cristalliser; (*fig*) se figer, se fossiliser.
cristallo [kris'tallo] *sm* cristal *m*; ▸ **cristalli liquidi** cristaux liquides.
cristianesimo [kristja'nezimo] *sm* christianisme *m.*
cristianità [kristjani'ta] *sf* chrétienté *f.*
cristiano, -a [kris'tjano] *agg, sm/f* chrétien(ne); **un povero** ~ (*fig*) un pauvre homme; **comportarsi da** ~ (*fig*) se comporter de façon civilisée.
Cristo ['kristo] *sm* Christ *m*; **(un) povero c~** un pauvre homme.
criterio [kri'tɛrjo] *sm* critère *m*; (*buon senso*) jugement *m.*
critica, -che ['kritika] *sf* critique *f.*
criticare [kriti'kare] *vt* critiquer.
critico, -a, -ci, -che ['kritiko] *agg, sm* critique *m.*
criticone, -a [kriti'kone] *sm/f* critiqueur (-euse).
crivellare [krivel'lare] *vt*: ~ **(di)** cribler (de).
crivello [kri'vɛllo] *sm* crible *m.*
croato, -a [kro'ato] *agg* croate ♦ *sm/f* Croate *m/f.*
Croazia [kro'attsja] *sf* Croatie *f.*
croccante [krok'kante] *agg* croustillant(e) ♦ *sm* (*CUC*) nougat *m.*
crocchia ['krɔkkja] *sf* chignon *m.*
crocchio ['krɔkkjo] *sm* groupe *m.*
croce ['krotʃe] *sf* croix *fsg*; **in** ~ (*di traverso*) en croix; (*fig*) sur des charbons ardents; **mettere in** ~ (*fig*) tourmenter; ▸ **Croce Rossa** Croix-Rouge *f*; ▸ **croce uncinata** croix gammée.
crocefiggere *etc* [krotʃe'fiddʒere] = **crocifiggere** *etc.*
crocerossina [krotʃeros'sina] *sf* infirmière *f* de la Croix-Rouge.
crocevia [krotʃe'via] *sm inv* croisement *m*, carrefour *m.*
crociata [kro'tʃata] *sf* croisade *f.*
crociato, -a [kro'tʃato] *agg* (*scudo*) en forme de croix ♦ *sm* croisé *m.*

crocicchio [kro'tʃikkjo] *sm* carrefour *m*.
crociera [kro'tʃɛra] *sf* croisière *f*; **velocità di** ~ (*AER, NAUT*) vitesse *f* de croisière.
crocifiggere [krotʃi'fiddʒere] *vt* crucifier.
crocifissione [krotʃifis'sjone] *sf* crucifixion *f*.
crocifisso, -a [krotʃi'fisso] *pp di* **crocifiggere** ♦ *sm* crucifix *msg*.
crogiolarsi [krodʒo'larsi] *vip*: ~ **al sole** lézarder.
crogiolo [kro'dʒɔlo] *sm* (*anche fig*) creuset *m*.
crogiuolo [kro'dʒwɔlo] *sm* = **crogiolo**.
crollare [krol'lare] *vi* (*anche fig*) s'écrouler, s'effondrer; (*fig*: *per stress*) flancher, lâcher; **dopo mesi di lavoro è crollato** après des mois de travail il a flanché; **i suoi nervi sono crollati** ses nerfs ont lâché.
crollo ['krɔllo] *sm* écroulement *m*, effondrement *m*; (*fig, ECON*) effondrement; ▸ **crollo in Borsa** krach *m* boursier.
croma ['krɔma] *sf* (*MUS*) croche *f*.
cromato, -a [kro'mato] *agg* chromé(e).
cromo ['krɔmo] *sm* chrome *m*.
cromosoma, -i [kromo'sɔma] *sm* chromosome *m*.
cronaca, -che ['krɔnaka] *sf* chronique *f*; **fatto** *o* **episodio di** ~ fait *m* divers; ▸ **cronaca nera** faits *mpl* divers.
cronico, -a, -ci, -che ['krɔniko] *agg* chronique.
cronista, -i [kro'nista] *sm/f* (*STAMPA*) chroniqueur(-euse).
cronistoria [kronis'tɔrja] *sf* compte rendu *m*; **fare la** ~ **di un episodio** (*iron*) raconter l'épisode en long, en large et en travers.
cronografo [kro'nɔgrafo] *sm* chronographe *m*.
cronologia [kronolo'dʒia] *sf* chronologie *f*.
cronometrare [kronome'trare] *vt* chronométrer.
cronometro [kro'nɔmetro] *sm* (*orologio*) chronomètre *m*; (*cronografo*) chronographe *m*.
crosta ['krɔsta] (*anche peg*) *sf* (*anche fig*: *quadro*) croûte *f*; (*di ghiaccio*) couche *f*; (*ZOOL*) carapace *f*.
crostacei [kros'tatʃei] *smpl* crustacés *mpl*.
crostata [kros'tata] *sf* (*CUC*) tarte *f*.
crostino [kros'tino] *sm* (*CUC*) croûton *m*.
crucciare [krut'tʃare] *vt* tourmenter; **crucciarsi** *vip*: **crucciarsi per** se tourmenter pour.
cruccio ['kruttʃo] *sm* souci *m*.
cruciverba [krutʃi'vɛrba] *sm inv* mots *mpl* croisés.
crudele [kru'dɛle] *agg* cruel(le).
crudeltà [krudel'ta] *sf inv* cruauté *f*.
crudo, -a ['krudo] *agg* cru(e); (*clima, inverno*) rude; (*fig*: *parole*) dur(e); (: *spietato*) cruel(le).
cruento, -a [kru'ɛnto] *agg* sanglant(e).
crumiro [kru'miro] *sm* (*peg*) briseur *m* de grève, jaune *m*.
cruna ['kruna] *sf* chas *msg*.
crusca ['kruska] *sf* son *m* (*résidu de mouture*).
cruscotto [krus'kɔtto] *sm* (*AUT*) tableau *m* de bord.
CS *sigla* = *Cosenza*.
C.S. *sigla* (*MIL*) = *comando supremo*; (*AUT*) = *codice della strada*.
Csce [tʃi'ɛssetʃi'e] *sigla f* (= *Conferenza sulla sicurezza e la cooperazione in Europa*) CSCE *f*.
CSI [tʃi'ɛsse'i] *sigla f* (= *Comunità di Stati Indipendenti*) CEI *f*.
Csm [tʃi'ɛsse'ɛmme] *sigla m* (= *Consiglio superiore della magistratura*) CSM *m*.
c.t. [tʃi'ti] *sigla m* (= *commissario tecnico*) *vedi* **commissario**.
Cuba ['kuba] *sf* Cuba *m*.
cubano, -a [ku'bano] *agg* cubain(e) ♦ *sm/f* Cubain(e).
cubetto [ku'betto] *sm* petit cube *m*; ▸ **cubetto di ghiaccio** glaçon *m*.
cubico, -a, -ci, -che ['kubiko] *agg* cubique.
cubo, -a ['kubo] *agg* cube ♦ *sm* cube *m*; **elevare al** ~ (*MAT*) élever au cube.
cuccagna [kuk'kaɲɲa] *sf*: **albero della** ~ mât *m* de cocagne; **paese della** ~ pays *m* de cocagne.
cuccetta [kut'tʃetta] *sf* (*FERR, NAUT*) couchette *f*.
cucchiaiata [kukkja'jata] *sf* cuillerée *f*.
cucchiaino [kukkja'ino] *sm* (petite) cuiller *f*, cuillère *f* à café.
cucchiaio [kuk'kjajo] *sm* cuiller *f*, cuillère *f*; (*cucchiaiata*) cuillerée *f*.
cuccia, -ce ['kuttʃa] *sf* niche *f*; **a** ~! couché!
cucciolata [kuttʃo'lata] *sf* portée *f* de chiots.
cucciolo ['kuttʃolo] *sm* chiot *m*; (*piccolo*) petit *m*.
cucina [ku'tʃina] *sf* cuisine *f*; (*apparecchio*) cuisinière *f*; ▸ **cucina componibile** bloc-cuisine *m*; ▸ **cucina economica** fourneau *m*.
cucinare [kutʃi'nare] *vt* cuisiner.
cucinino [kutʃi'nino] *sm* cuisinette *f*, kitchenette *f*.
cucire [ku'tʃire] *vt* coudre; ~ **la bocca a qn** (*fig*) clore le bec à qn.
cucito, -a [ku'tʃito] *sm* (*lavoro*) couture *f*; (*cosa da cucire*) ouvrage *m*.
cucitrice [kutʃi'tritʃe] *sf* (*per fogli*) agrafeuse *f*; (*per libri*) brocheuse *f*.
cucitura [kutʃi'tura] *sf* couture *f*.

cucù [ku'ku] *sm inv* (*ZOOL, nel gioco*) coucou *m*; **orologio a** ~ (pendule *f* à) coucou.
cuculo [ku'kulo] *sm* coucou *m*.
cuffia ['kuffja] *sf* coiffe *f*; (*da bagno*) bonnet *m* de bain; (*per ascoltare*) casque *m*, écouteurs *mpl*.
cugino, -a [ku'dʒino] *sm/f* cousin(e).

PAROLA CHIAVE

cui ['kui] *pron* **1** (*complemento di termine*): **(a) cui** (*persona*) à qui, auquel(à laquelle); (*animale, cosa*) auquel(à laquelle); (*ai quali*) à qui, auxquels(auxquelles); **la persona a cui accennavo** la personne à qui *o* à laquelle je faisais allusion; **le persone (a) cui accennavo** les personnes à qui *o* auxquelles je faisais allusion
2 (*con altre preposizioni*: *persona*) qui, lequel(laquelle); (: *cosa*) lequel(laquelle); (*pl*) lesquels(lesquelles); **la penna con cui scrivo** le stylo avec lequel j'écris; **il paese da cui viene** le pays d'où il vient; **il medico da cui è in cura** le médecin chez qui il va; **parla varie lingue, fra** *o* **tra cui l'inglese** elle parle plusieurs langues, dont l'anglais; **il quartiere in cui abita** le quartier dans lequel il habite; **vista la maniera in cui ti ha trattato** vu la façon dont il t'a traité; **la ragione per cui ho taciuto** la raison pour laquelle je me suis tu; **per cui non so più che fare** si bien que je ne sais plus quoi faire
3 (*inserito tra articolo e sostantivo*) dont; **la donna i cui figli sono scomparsi** la femme dont les enfants ont disparu; **il signore, dal cui figlio ho avuto il libro** le monsieur dont le fils m'a donné le livre; **uno scienziato il cui nome tutti ricordano** un savant dont tout le monde se rappelle le nom; **la signora, la cui figlia ho incontrato** la dame dont j'ai rencontré la fille.

culinaria [kuli'narja] *sf* art *m* culinaire.
culinario, -a [kuli'narjo] *agg* culinaire.
culla ['kulla] *sf* berceau *m*.
cullare [kul'lare] *vt* bercer; **cullarsi** *vr*: **cullarsi in vane speranze** (*fig*) se bercer de vaines illusions; **cullarsi nel dolce far niente** (*fig*) se laisser aller au farniente.
culminante [kulmi'nante] *agg* culminant(e); **punto** *o* **momento** ~ (*fig*) point *m* culminant.
culminare [kulmi'nare] *vi*: ~ **in** *o* **con** finir par, aboutir à.
culmine ['kulmine] *sm* sommet *m*, faîte *m*.
culo ['kulo] *sm* (*fam!*) cul *m* (*fam!*); (: *fig*: *fortuna*) **aver** ~ avoir du pot; **prendere qn per il** ~ (*fam!*) se foutre de qn (*fam!*).
culto ['kulto] *sm* culte *m*.
cultura [kul'tura] *sf* culture *f*; **di** ~ (*persona*) cultivé(e); (*istituto*) culturel(le); ▶ **cultura di massa** culture de masse; ▶ **cultura generale** culture générale.
culturale [kultu'rale] *agg* culturel(le).
culturismo [kultu'rizmo] *sm* culturisme *m*.
cumulare [kumu'lare] *vt* accumuler.
cumulativo, -a [kumula'tivo] *agg* (*prezzo*) d'ensemble; (*biglietto*) de groupe.
cumulo ['kumulo] *sm* (*mucchio*) tas *msg*; (*METEOR*) cumulus *msg*; ▶ **cumulo dei redditi** (*FISCO*) cumul *m* des revenus; ▶ **cumulo delle pene** (*DIR*) cumul des peines.
cuneo ['kuneo] *sm* coin *m*.
cunetta [ku'netta] *sf* (*di strada*) dos *msg* d'âne; (*scolo*) caniveau *m*.
cunicolo [ku'nikolo] *sm* boyau *m*, galerie *f*.
cuoca ['kwɔka] *sf vedi* **cuoco**.
cuocere ['kwɔtʃere] *vt, vi* cuire; ~ **a vapore/al forno/in padella/in umido** cuire à la vapeur/au four/à la poêle/à l'étouffée.
cuoco, -a, -chi, -che ['kwɔko] *sm/f* cuisinier(-ière).
cuoiame [kwo'jame] *sm* maroquinerie *f*.
cuoio ['kwɔjo] *sm* cuir *m*; **cuoia** *sfpl*: **tirare le cuoia** (*morire*) casser sa pipe; ▶ **cuoio capelluto** (*ANAT*) cuir chevelu.
cuore ['kwɔre] *sm* cœur *m*; **cuori** *smpl* (*CARTE*) cœur *msg*; **avere buon** ~ avoir bon cœur; **stare a** ~ **a qn** tenir à cœur à qn; **un grazie di** ~ merci de tout cœur; **ringraziare di** ~ remercier de tout cœur; **nel profondo del (mio)** ~ au fond de mon cœur; **con la morte nel** ~ la mort dans l'âme.
cupidigia [kupi'didʒa] *sf* convoitise *f*.
cupo, -a ['kupo] *agg* (*colore*) foncé(e), sombre; (*notte, fig*: *persona, tono*) sombre; (*suono*) sourd(e).
cupola ['kupola] *sf* coupole *f*, dôme *m*.
cura ['kura] *sf* soin *m*; (*MED*) traitement *m*; **aver** ~ **di qn** (*occuparsi di*) avoir soin de qn; **prendersi** ~ **di** prendre soin de; **a** ~ **di** (*libro, articolo*) sous la direction de; **fare una** ~ suivre un traitement; ▶ **cura dimagrante** cure *f* d'amaigrissement, régime *m*; ▶ **cure termali** cure *fsg* thermale.
curabile [ku'rabile] *agg* curable.
curante [ku'rante] *agg*: **medico** ~ médecin *m* traitant.
curare [ku'rare] *vt* soigner; (*aver cura di*) avoir *o* prendre soin de; (*testo*) préparer pour la publication; **curarsi** *vr, vip* se soigner; **curarsi di** (*prestare attenzione*) prêter attention à; (*occuparsi di*) s'occuper de.
curato [ku'rato] *sm* curé *m*; (*protestante*) pasteur *m*.
curatore, -trice [kura'tore] *sm/f* (*DIR*) syndic *m*; (*di antologia, raccolta*) directeur (-trice) (*d'une publication*); ▶ **curatore fallimentare** syndic de faillite.

curdo, -a ['kurdo] *agg* (*popolo*) kurde ♦ *sm/f* Kurde *m/f*.
curia ['kurja] *sf* (*REL*): **la ~ romana** la curie romaine; ▸ **curia notarile** notariat *m*.
curiosaggine [kurjo'saddʒine] *sf* (*peg*) curiosité *f*.
curiosare [kurjo'sare] *vi* fureter, fouiller; ~ **nei negozi** fouiner dans les magasins; ~ **nelle faccende altrui** mettre son nez dans les affaires des autres.
curiosità [kurjosi'ta] *sf inv* curiosité *f*.
curioso, -a [ku'rjoso] *agg* (*anche bizzarro*) curieux(-euse); (*ficcanaso*) curieux (-euse), fouineur(-euse) ♦ *sm/f* curieux (-euse); **essere ~ di sapere se ...** être curieux(-euse) de savoir si ...; **una folla di curiosi** une foule de curieux.
curriculum [kur'rikulum] *sm inv*: ~ **(vitae)** curriculum vitae *m inv*, CV *m*.
cursore [kur'sore] *sm* (*INFORM*) curseur *m*.
curva ['kurva] *sf* courbe *f*; (*stradale*) virage *m*, tournant *m*.
curvare [kur'vare] *vt* courber ♦ *vi* tourner; **curvarsi** *vip* (*diventar curvo*) se courber.
curvo, -a ['kurvo] *agg* (*linea*) courbe; (*schiena, persona*) courbé(e); (: *verso qc o qn*) penché(e); (: *con le spalle*) voûté(e).
CUS [kus] *sigla m* (= *Centro Universitario Sportivo*) ≈ C.S.U. *m*.
cuscinetto [kuʃʃi'netto] *sm* (*TECN*) roulement *m*, palier *m*; ▸ **cuscinetto a sfere** (*TECN*) roulement à billes.
cuscino [kuʃ'ʃino] *sm* oreiller *m*; (*su divano*) coussin *m*.
cuspide ['kuspide] *sf* (*ARCHIT*) pointe *f*.
custode [kus'tɔde] *sm/f* gardien(ne).
custodia [kus'tɔdja] *sf* garde *f*; (*astuccio*) étui *m*; **avere qc in ~** garder qch; **dare qc in ~ a qn** confier qch à qn; **agente di ~** gardien(ne) de prison; ▸ **custodia cautelare** (*DIR*) détention *f* préventive; ▸ **custodia delle carceri** surveillance *f* des prisons.
custodire [kusto'dire] *vt* garder.
cute ['kute] *sf* peau *f*.
cuticola [ku'tikola] *sf* cuticule *f*.
CV *abbr* (= *curriculum vitae*) CV *m*.
C.V. *abbr* (= *cavallo vapore*) CV *m*.
c.v.d. *abbr* (= *come volevasi dimostrare*) CQFD.
c.vo *abbr* (= *corsivo*) Ital.
cyclette ® [si'klɛt] *sf inv* vélo *m* d'appartement.
CZ *sigla* = *Catanzaro*.

D, d

D, d [di] *sf o m inv* (*lettera*) D, d *m inv*; ~ **come Domodossola** ≈ D comme Désiré.
D *abbr* (= *destra*) droite; (*FERR*) = *diretto*.

PAROLA CHIAVE

da [da] (*da* + *il* = **dal**, *da* + *lo* = **dallo**, *da* + *l'* = **dall'**, *da* + *la* = **dalla**, *da* + *i* = **dai**, *da* + *gli* = **dagli**, *da* + *le* = **dalle**) *prep* **1** (*agente*) par; **scritto da un ragazzo di 15 anni** écrit par un garçon de 15 ans; **dipinto da un grande artista** peint par un grand artiste
2 (*causa*) de; **tremare dalla paura/dal freddo** trembler de peur/de froid; **urlare dal dolore** hurler de douleur
3 (*stato in luogo*) chez; **abito da lui** j'habite chez lui; **sono dal giornalaio** je suis chez le marchand de journaux; **ero da Francesco** j'étais chez Francesco
4 (*moto a luogo*) chez; (*moto per luogo*) par; **vado dal giornalaio** je vais chez le marchand de journaux; **vado da Pietro** je vais chez Pietro; **sono passati dalla finestra** ils sont passés par la fenêtre; **è meglio che passi dal retro** il vaut mieux qu'il passe par derrière
5 (*provenienza, allontanamento*) de; **arrivare/partire da Milano** arriver/partir de Milan; **scendere dal treno/dalla macchina** descendre du train/de (la) voiture; **arrivo ora dalla stazione** j'arrive à l'instant de la gare; **viene dalla Francia** il vient de France; **ti chiamo da una cabina** je t'appelle d'une cabine; **viene da una famiglia povera** il vient d'une famille pauvre; **si trova a 5 km da Roma** c'est à 5 km de Rome; **devi fuggire da qui** tu dois t'enfuir d'ici
6 (*tempo*) depuis; (: *nel futuro*) à partir de; **vivo qui da un anno** je vis ici depuis un an; **è dalle 3 che ti aspetto** je t'attends depuis 3 heures; **da bambino piangevo sempre** quand j'étais enfant, je pleurais toujours; **da mattina a sera** du matin au soir; **da oggi in poi** à partir d'aujourd'hui
7 (*modo, maniera*) en, en tant que, comme; **comportarsi da uomo** se comporter comme un homme; **non è da lui** cela ne lui ressemble pas; **l'ho fatto da me** je l'ai fait tout seul

8 (*descrittivo*): **una macchina da corsa** une voiture de course; **una ragazza dai capelli biondi** une fille aux cheveux blonds; **sordo da un orecchio** sourd d'une oreille; **abbigliamento da uomo** vêtements *mpl* pour homme; **qualcosa da bere/mangiare** quelque chose à boire/manger; **un vestito da 400.000 lire** une robe de 400 000 lires; **una banconota da 5000** un billet de 5 000; **è una cosa da poco** ce n'est pas grave; (*regalo etc*) c'est peu de chose.

dà [da] *vb vedi* **dare**.
dabbene [dab'bɛne] *agg inv* (*onesto*) honnête, comme il faut.
Dacca ['dakka] *sf* Dacca.
daccapo, da capo [dak'kapo] *avv* de nouveau; (*dal principio*) depuis le début.
dacché [dak'ke] *cong* depuis que.
dado ['dado] *sm* (*anche GIOCO*) dé *m*; (*CUC*) cube *m*; (*TECN*) écrou *m*; **dadi** *smpl* (*GIOCO*) dés *mpl*.
daffare [daf'fare] *sm inv*: **avere un gran ~** avoir beaucoup à faire.
dagli ['daʎʎi] (= **da** + **gli**) *prep + art vedi* **da**.
dai [dai] (= **da** + **i**) *prep + art vedi* **da**.
daino ['daino] *sm* daim *m*; **(pelle di) ~** peau *f* de chamois.
Dakar [da'kar] *sf* Dakar.
dal [dal] (= **da** + **il**) *prep + art vedi* **da**.
dall' [dall] (= **da** + **l'**) *prep + art vedi* **da**.
dalla ['dalla] (= **da** + **la**) *prep + art vedi* **da**.
dalle ['dalle] (= **da** + **le**) *prep + art vedi* **da**.
dallo ['dallo] (= **da** + **lo**) *prep + art vedi* **da**.
daltonico, -a, -ci, -che [dal'tɔniko] *agg* (*MED*) daltonien(ne).
d'altronde [dal'tronde] *avv* d'ailleurs, par ailleurs.
dama ['dama] *sf* dame *f*; (*di ballerino*) cavalière *f*; (*GIOCO*) jeu *m* de dames; **giocare a ~** jouer aux dames; **far ~** damer; ▶**dama di compagnia** dame *o* demoiselle *f* de compagnie; ▶**dama di corte** dame d'honneur.
damigella [dami'dʒɛlla] *sf* (*STORIA*) demoiselle *f*; ▶**damigella d'onore** demoiselle d'honneur.
damigiana [dami'dʒana] *sf* bonbonne *f*.
dammeno [dam'meno] *agg inv*: **per non essere ~ di ...** pour ne pas être redevable à ...; **per non essere ~ ha deciso di ...** pour ne pas être en reste il a décidé de ... .
DAMS [dams] *sigla m* (= *Disciplina delle Arti, della Musica, dello Spettacolo*) *section art, musique et spectacle de la faculté de Bologne*.
danaro [da'naro] *sm* = **denaro**.
danaroso, -a [dana'roso] *agg* riche, cossu(e).
danese [da'nese] *agg* danois(e) ♦ *sm/f* Danois(e) ♦ *sm* (*LING*) danois *m*.
Danimarca [dani'marka] *sf* Danemark *m*.
dannare [dan'nare] *vt* damner; **dannarsi** *vr* (*fig*): **dannarsi per** se tracasser pour; **far ~ qn** (*fig*) faire damner qn; **dannarsi l'anima per** remuer ciel et terre pour; (*tormentarsi*) se tracasser pour.
dannato, -a [dan'nato] *agg* damné(e).
dannazione [dannat'tsjone] *sf* damnation *f* ♦ *escl* misère!
danneggiare [danned'dʒare] *vt* abîmer; (*macchina, apparecchio*) endommager; (*persona, reputazione*) faire *o* causer du tort à; **la parte danneggiata** (*DIR*) la partie lésée.
danno ['danno] *vb vedi* **dare** ♦ *sm* dommage *m*; (*a persone*) préjudice *m*, tort *m*; **danni** *smpl* (*DIR*) dommages et intérêts *mpl*; **subire/causare** *o* **far ~** (*persona*) subir/causer un préjudice; **a ~ di qn** au détriment de qn; **chiedere i danni** demander des dommages et intérêts; **risarcire i danni a qn** dédommager qn.
dannoso, -a [dan'noso] *agg*: **~ (a, per)** nuisible (à), mauvais(e) (pour).
dantesco, -a, -schi, -sche [dan'tesko] *agg* dantesque; **l'opera dantesca** l'œuvre *m* de Dante.
Danubio [da'nubjo] *sm* Danube *m*.
danza ['dantsa] *sf* danse *f*.
danzante [dan'tsante] *agg* dansant(e).
danzare [dan'tsare] *vt, vi* danser.
danzatore, -trice [dantsa'tore] *sm/f* danseur(-euse).
dappertutto [dapper'tutto] *avv* partout.
dappoco [dap'pɔko] *agg inv* (*persona*) de peu de valeur; (*questione, cosa*) sans importance.
dapprima [dap'prima] *avv* tout d'abord.
Dardanelli [darda'nɛlli] *smpl* Dardanelles *fpl*.
dardo ['dardo] *sm* flèche *f*.
dare ['dare] *sm* (*COMM*) doit *m*, débit *m* ♦ *vt* donner ♦ *vi* (*guardare*): **~ su** donner sur; **darsi** *vr, vip* se donner; **darsi a** (*dedicarsi*) se consacrer à; (*al gioco, ai vizi*) s'adonner à; **il ~ e l'avere** (*ECON*) le doit et l'avoir; **~ a intendere a qn che** donner à entendre à qn que; **~ da mangiare a qn** donner à manger à qn; **~ per buono** croire; **~ qn per morto** donner qn pour mort; **~ sui nervi** taper sur les nerfs; **~ qc per scontato** donner qch pour sûr; **~ alla testa** (*vino, fig*) monter à la tête; **darsi al bere** s'adonner à la boisson; **darsi alla bella vita** mener joyeuse vie; **darsi ammalato** se faire porter malade; **darsi da fare per fare qc** se donner de la peine *o* du mal pour faire qch; **darsi per vinto** (*fig*) s'avouer vaincu; **può darsi** peut-être; **può darsi che** il se peut que, peut-être que; **darsela a gambe** se sauver à

toutes jambes; **si dà il caso che ...** il se trouve que ...; **quanti anni mi dai?** quel âge me donnes-tu?; **danno ancora quel film?** il passe encore ce film?; **gli ha dato un figlio** elle lui a donné un enfant; **ciò mi dà da pensare** cela me fait penser.

Dar-es-Salaam [daresa'lam] *sf* Dar es-Sala(a)m.

darsena ['darsena] *sf* darse *f*.

data ['data] *sf* date *f*; **in ~ da destinarsi** à une date ultérieure; **in ~ odierna** à ce jour; **amicizia di lunga** *o* **vecchia ~** amitié de longue *o* vieille date; ▸ **data di emissione** date d'émission; ▸ **data di nascita** date de naissance; ▸ **data di scadenza** (*di cambiale*) date d'échéance; (*di prodotto*) date d'expiration.

datare [da'tare] *vt* dater ♦ *vi* (*avere inizio*): **~ da** dater de.

datato, -a [da'tato] *agg* daté(e); (*vecchio*) qui date.

dativo [da'tivo] *sm* datif *m*.

dato, -a ['dato] *agg* donné(e) ♦ *sm* donnée *f*; **dati** *smpl* (*informazioni*) données *fpl*; **~ che** étant donné que; **in dati casi** dans certains cas; **un ~ di fatto** un fait établi.

datore, -trice [da'tore] *sm/f*: **~ di lavoro** employeur *m*.

dattero ['dattero] *sm* datte *f*.

dattilografare [dattilogra'fare] *vt* dactylographier.

dattilografia [dattilogra'fia] *sf* dactylographie *f*.

dattilografo, -a [datti'lɔgrafo] *sm/f* dactylo *m/f*.

dattiloscritto [dattilos'kritto] *sm* texte *m* dactylographié.

davanti [da'vanti] *avv* devant; (*dirimpetto*) en face; (*anche AUT*) à l'avant ♦ *agg inv* (*zampe*) de devant; (*parte*) avant ♦ *sm inv* devant *m* ♦ *prep*: **~ a** devant.

davanzale [davan'tsale] *sm* rebord *m*.

davanzo [da'vantso] *avv* en surplus.

davvero [dav'vero] *avv* vraiment; **dico ~** je parle sérieusement.

dazio ['dattsjo] *sm* droit *m*; ▸ **dazio d'importazione** droits *mpl* à l'importation.

db *abbr* (= *decibel*) dB.

DC [di'tʃi] *sigla f* = *Democrazia Cristiana*.

d.C. *abbr avv* (= *dopo Cristo*) ap. J.-C.

DDT [didi'ti] *abbr m* (= *dicloro-difenil-tricloroetano*) DDT *m*.

dea ['dɛa] (*pl* **dee**) *sf* déesse *f*.

debbo *etc* ['dɛbbo] *vb vedi* **dovere**.

debellare [debel'lare] *vt* vaincre; (*fig*) juguler.

debilitare [debili'tare] *vt* débiliter.

debitamente [debita'mente] *avv* dûment.

debito, -a ['debito] *agg* dû(due), voulu(e); (*meritato, proporzionato*) approprié(e) ♦ *sm* (*DIR, anche fig*) dette *f*; (*COMM*) débit *m*; **a tempo ~** en temps voulu; **trattare qn col ~ rispetto** traiter qn avec le respect qui lui est dû; ▸ **debito consolidato** dette consolidée; ▸ **debito d'imposta** assujettissement *m* à l'impôt; ▸ **debito pubblico** dette publique; ▸ **debiti contabili** débits comptables.

debitore, -trice [debi'tore] *sm/f* (*anche fig*) débiteur(-trice).

debole ['debole] *agg* faible ♦ *sm* point *m* faible; **avere un ~ per qc/qn** avoir un faible pour qch/qn.

debolezza [debo'lettsa] *sf* faiblesse *f*.

debuttante [debut'tante] *sm/f* (*anche TEATRO*) débutant(e).

debuttare [debut'tare] *vi* débuter; (*TEATRO, CINE*) faire ses débuts.

debutto [de'butto] *sm* débuts *mpl*.

decade ['dɛkade] *sf* décade *f*.

decadente [deka'dɛnte] *agg* (*palazzo*) en ruine; (*gusto, stile, società*) décadent(e).

decadenza [deka'dɛntsa] *sf* décadence *f*, déchéance *f*; (*di diritto, del corpo*) déchéance.

decadere [deka'dere] *vi* (*da carriera, privilegi, fisicamente*) déchoir; (*impero, costumi*) être *o* tomber en décadence.

decaduto, -a [deka'duto] *agg* déchu(e); (*norma*) caduc(caduque).

decaffeinato, -a [dekaffei'nato] *agg*: **(caffè) ~** (café *m*) décaféiné *m*.

decalogo [de'kalogo] *sm* décalogue *m*; (*fig*) guide *m*.

decano [de'kano] *sm* doyen *m*.

decantare [dekan'tare] *vt* vanter.

decapitare [dekapi'tare] *vt* décapiter.

decappottabile [dekappot'tabile] *agg, sf* décapotable *f*.

deceduto, -a [detʃe'duto] *agg* décédé(e).

decelerare [detʃele'rare] *vi* décélérer.

decennale [detʃen'nale] *agg* décennal(e) ♦ *sm* dixième anniversaire *m*.

decenne [de'tʃɛnne] *agg* âgé(e) de dix ans.

decennio [de'tʃɛnnjo] *sm* décennie *f*.

decente [de'tʃɛnte] *agg* décent(e); (*accettabile*) acceptable.

decentralizzare [detʃentralid'dzare] *vt* décentraliser.

decentramento [detʃentra'mento] *sm* décentralisation *f*.

decentrare [detʃen'trare] *vt* décentraliser.

decenza [de'tʃɛntsa] *sf* décence *f*.

decesso [de'tʃɛsso] *sm* décès *m*.

decidere [de'tʃidere] *vt* décider; (*questione, lite*) régler ♦ *vi* décider; **decidersi** *vip*: **decidersi (a fare qc)** se décider (à faire qch); **~ che/di fare** décider que/de faire; **~ di qc** décider de qch.

decifrare [detʃi'frare] *vt* (*anche fig*) déchiffrer.

decilitro [de'tʃilitro] *sm* décilitre *m*.

decimale [detʃi'male] *agg* décimal(e).
decimare [detʃi'mare] *vt* décimer.
decimetro [de'tʃimetro] *sm* décimètre *m*.
decimo, -a ['dɛtʃimo] *agg, sm/f* dixième *m/f* ♦ *sm* dixième *m*; *vedi anche* **quinto**.
decina [de'tʃina] *sf* dizaine *f*; **una ~ di** une dizaine de.
decisi *etc* [de'tʃizi] *vb vedi* **decidere**.
decisionale [detʃizjo'nale] *agg* de décision, décisionnel(le); **ha grandi capacità decisionali** il a l'esprit de décision.
decisione [detʃi'zjone] *sf* décision *f*; **prendere una ~** prendre une décision; **con ~** avec décision.
decisivo, -a [detʃi'zivo] *agg* décisif(-ive).
deciso, -a [de'tʃizo] *pp di* **decidere** ♦ *agg* décidé(e).
declassare [deklas'sare] *vt* déclasser; **1ª declassata** (*FERR*) *voiture de première classe accessible aux passagers munis d'un billet de deuxième classe.*
declinare [dekli'nare] *vi, vt* décliner; **~ le proprie generalità** décliner son identité.
declinazione [deklinat'tsjone] *sf* déclinaison *f*.
declino [de'klino] *sm* déclin *m*; **in ~** en déclin.
declivio [de'klivjo] *sm* pente *f*.
decodificare [dekodifi'kare] *vt* décoder.
decodificatore [dekodifika'tore] *sm* décodeur *m*.
decollare [dekol'lare] *vi* décoller.
décolleté [dekolə'te] *agg inv* décolleté(e) ♦ *sm inv* décolleté *m*.
decollo [de'kɔllo] *sm* décollage *m*.
decolorare [dekolo'rare] *vt* décolorer.
decomporre [dekom'porre] *vt* décomposer; **decomporsi** *vip* se décomposer.
decomposizione [dekompozit'tsjone] *sf* décomposition *f*.
decomposto, -a [dekom'posto] *pp di* **decomporre**.
decompressione [dekompres'sjone] *sf* décompression *f*.
decongelare [dekondʒe'lare] *vt* décongeler.
decongestionare [dekondʒestjo'nare] *vt* (*anche MED*) décongestionner.
decorare [deko'rare] *vt* décorer.
decorativo, -a [dekora'tivo] *agg* décoratif(-ive).
decoratore, -trice [dekora'tore] *sm/f* décorateur(-trice).
decorazione [dekorat'tsjone] *sf* décoration *f*.
decoro [de'kɔro] *sm* dignité *f*; (*ornamento*) ornement *m*; (*della patria, della famiglia*) honneur *m*; **essere privo di ~** manquer de dignité.
decoroso, -a [deko'roso] *agg* (*aria, contegno*) digne; (*che conferisce prestigio*: *scelta, matrimonio*) honorable; (*conforme alla posizione sociale*) convenable.
decorrenza [dekor'rɛntsa] *sf* commencement *m*; **con ~ da** à partir *o* compter de.
decorrere [de'korrere] *vi* (*DIR*) prendre effet; (*tempo*) passer.
decorso, -a [de'korso] *pp di* **decorrere** ♦ *sm* évolution *f*.
decrebbi *etc* [de'krebbi] *vb vedi* **decrescere**.
decrepito, -a [de'krɛpito] *agg* délabré(e); (*fig*) décrépit(e).
decrescere [de'kreʃʃere] *vi* décroître; (*prezzi*) baisser.
decresciuto, -a [dekreʃ'ʃuto] *pp di* **decrescere**.
decretare [dekre'tare] *vt* décréter; (*norma*) arrêter; **~ lo stato d'emergenza** décréter l'état d'urgence; **~ la nomina di qn** décréter la nomination de qn.
decreto [de'kreto] *sm* décret *m*; ▶ **decreto legge** décret-loi *m*.
decurtare [dekur'tare] *vt* réduire, diminuer; **~ il 10% dal salario** retrancher 10% du salaire.
decurtazione [dekurtat'tsjone] *sf* réduction *f*, diminution *f*.
dedica, -che ['dɛdika] *sf* dédicace *f*.
dedicare [dedi'kare] *vt* (*libro*) dédicacer; (*vittoria*) dédier; (*sforzi, vita*) consacrer, vouer; **dedicarsi** *vr*: **dedicarsi a** se consacrer à.
dedicherò *etc* [dedike'rɔ] *vb vedi* **dedicare**.
dedito, -a ['dɛdito] *agg*: **~ a** qui se consacre à; (*a vizio*) qui s'adonne à, adonné(e) à.
dedotto, -a [de'dotto] *pp di* **dedurre**.
deduco *etc* [de'duco] *vb vedi* **dedurre**.
dedurre [de'durre] *vt* déduire; (*derivare*) tirer.
dedussi *etc* [de'dussi] *vb vedi* **dedurre**.
deduzione [dedut'tsjone] *sf* déduction *f*.
defalcare [defal'kare] *vt* défalquer.
defenestrare [defenes'trare] *vt* (*fig*) limoger.
deferente [defe'rɛnte] *agg* respectueux (-euse).
deferire [defe'rire] *vt*: **~ (a)** soumettre (à).
defezione [defet'tsjone] *sf* défection *f*.
deficiente [defi'tʃɛnte] *agg* (*carente*) déficient(e); (*peg*) idiot(e), crétin(e) ♦ *sm/f* débile *m/f*; (*peg*) idiot(e), crétin(e).
deficienza [defi'tʃɛntsa] *sf* lacune *f*; (*carenza*) manque *m*.
deficit ['dɛfitʃit] *sm inv* (*ECON*) déficit *m*.
definire [defi'nire] *vt* définir; (*risolvere*: *questione*) régler.
definitiva [defini'tiva] *sf*: **in ~** (*dopotutto*) en définitive; (*dunque*) en fin de compte.
definitivo, -a [defini'tivo] *agg* définitif (-ive).
definito, -a [defi'nito] *agg* défini(e).

definizione [definit'tsjone] *sf* définition *f*; (*di disputa, vertenza*) règlement *m*.
deflagrazione [deflagrat'tsjone] *sf* déflagration *f*.
deflazione [deflat'tsjone] *sf* (*ECON*) déflation *f*.
deflettore [deflet'tore] *sm* (*AUT*) déflecteur *m*.
defluire [deflu'ire] *vi*: ~ **da** (*anche fig*) s'écouler de.
deflusso [de'flusso] *sm* écoulement *m*; (*di marea*) reflux *m*.
deformare [defor'mare] *vt* déformer; **deformarsi** *vip* se déformer.
deformazione [deformat'tsjone] *sf* déformation *f*; ▶ **deformazione professionale** déformation professionnelle.
deforme [de'forme] *agg* difforme.
deformità [deformi'ta] *sf inv* (*anche MED*) difformité *f*.
defraudare [defrau'dare] *vt*: ~ **di** frustrer de; ~ **i cittadini dei loro diritti** léser les droits des citoyens.
defunto, -a [de'funto] *agg, sm/f* défunt(e).
degenerare [dedʒene'rare] *vi* dégénérer.
degenerazione [dedʒenerat'tsjone] *sf* dégénération *f*.
degenere [de'dʒɛnere] *agg* dégénéré(e).
degente [de'dʒɛnte] *sm/f* (*costretto a letto*) personne *f* alitée; (*in ospedale*) malade *m/f* (hospitalisé(e)).
degenza [de'dʒɛntsa] *sf* alitement *m*; ▶ **degenza ospedaliera** hospitalisation *f*.
degli ['deʎʎi] (= **di** + **gli**) *prep + art vedi* **di**.
deglutire [deglu'tire] *vt* déglutir.
degnare [deɲ'ɲare] *vt*: ~ **di** daigner; **degnarsi** *vip*: **degnarsi di fare qc** daigner faire qch.
degno, -a ['deɲɲo] *agg* digne; ~ **di lode** digne d'éloges.
degradare [degra'dare] *vt* (*anche MIL*) dégrader ♦ *vi* (*sentiero*) descendre; **degradarsi** *vr, vip*: **degradarsi (a fare qc)** s'abaisser (à faire qch).
degrado [de'grado] *sm*: ~ **urbano** dégradation *f* de l'environnement urbain.
degustare [degus'tare] *vt* déguster.
degustazione [degustat'tsjone] *sf* dégustation *f*; (*pubblico esercizio*) lieu *m* de dégustation; ▶ **degustazione di caffè/di vini** *établissement spécialisé dans la vente et la dégustation du café/des vins*.
dei ['dei] (= **di** + **i**) *prep + art vedi* **di** ♦ *smpl di* **dio**.
del [del] (= **di** + **il**) *prep + art vedi* **di**.
delatore, -trice [dela'tore] *sm/f* délateur (-trice).
delazione [delat'tsjone] *sf* délation *f*.
delega, -ghe ['dɛlega] *sf* (*DIR*) délégation *f*; **per ~ notarile** par l'intermédiaire d'un avocat.
delegare [dele'gare] *vt* (*anche DIR*): ~ **(a)** déléguer (à).
delegato, -a [dele'gato] *agg* délégué(e) ♦ *sm* délégué *m*.
delegazione [delegat'tsjone] *sf* délégation *f*.
delegherò *etc* [delege'rɔ] *vb vedi* **delegare**.
deleterio, -a [dele'tɛrjo] *agg* délétère, nuisible; **il fumo è ~ per la salute** la fumée est nuisible à la santé.
delfino [del'fino] *sm* (*anche STORIA, fig*) dauphin *m*; (*stile di nuoto*) brasse *f* papillon.
delibera [de'libera] *sf* délibération *f*.
deliberare [delibe'rare] *vt* délibérer ♦ *vi* (*DIR*): ~ **(su)** statuer (sur).
delicatezza [delika'tettsa] *sf* (*anche discrezione*) délicatesse *f*; (*di meccanismo, cristallo, porcellana*) fragilité *f*; (*CUC*) mets *msg* raffiné; **questa dolce è una vera ~** ce gâteau est un vrai délice.
delicato, -a [deli'kato] *agg* (*anche fig*: *persona*) délicat(e); (*meccanismo, cristallo, porcelana*) fragile; (*pietanza, palato*) fin(e), délicat(e).
delimitare [delimi'tare] *vt* délimiter.
delineare [deline'are] *vt* dessiner, tracer; (*fig*) exposer à grands traits; **delinearsi** *vip* se dessiner; (*fig*) se profiler.
delinquente [delin'kwɛnte] *sm/f* délinquant(e); (*fig scherz*) voyou *m*.
delinquenza [delin'kwɛntsa] *sf* délinquance *f*; ▶ **delinquenza minorile** délinquance juvénile.
deliquio [de'likwjo] *sm*: **cadere in ~** s'évanouir.
delirante [deli'rante] *agg* (*anche fig*) délirant(e).
delirare [deli'rare] *vi* délirer; (*fig*) délirer, divaguer.
delirio [de'lirjo] *sm* délire *m*; **andare in ~** (*fig*) délirer; **mandare in ~** (*fig*) faire délirer.
delitto [de'litto] *sm* (*DIR*) délit *m*; (*omicidio*) meurtre *m*; (*fig*) crime *m*; ▶ **delitto d'onore** crime d'honneur; ▶ **delitto perfetto** crime parfait.
delittuoso, -a [delittu'oso] *agg* criminel(le).
delizia [de'littsja] *sf* plaisir *m*; (*dell'amore*) délice *m*; **è una ~ per gli occhi** c'est un régal pour les yeux.
deliziare [delit'tsjare] *vt* charmer; **deliziarsi** *vip*: **deliziarsi di qc/a fare qc** se délecter de qch/à faire qch.
delizioso, -a [delit'tsjoso] *agg* (*persona, cibo etc*) délicieux(-euse), exquis(e); (*spettacolo, luogo*) charmant(e).
dell' [dell] (= **di** + **l'**) *prep + art vedi* **di**.
della ['della] (= **di** + **la**) *prep + art vedi* **di**.
dello ['dello] (= **di** + **lo**) *prep + art vedi* **di**.

delta ['dɛlta] *sm inv* delta *m* ♦ *sm o f inv* (*LING*) delta *m*.
deltaplano [delta'plano] *sm* deltaplane *m*; **volo col** ~ vol en deltaplane.
delucidazione [delutʃidat'tsjone] *sf* éclaircissement *m*.
deludente [delu'dɛnte] *agg* décevant(e).
deludere [de'ludere] *vt* décevoir.
delusi *etc* [de'luzi] *vb vedi* **deludere**.
delusione [delu'zjone] *sf* déception *f*.
deluso, -a [de'luzo] *pp di* **deludere** ♦ *agg* déçu(e).
demagogico, -a, -ci, -che [dema'gɔdʒiko] *agg* démagogique.
demagogo, -ghi [dema'gɔgo] *sm* démagogue *m*.
demanio [de'manjo] *sm* domaine *m* (de l'État).
demente [de'mɛnte] *agg* dément(e); (*fig*) fou(folle).
demenza [de'mɛntsa] *sf* démence *f*; (*fam*) bêtise *f*; ▸ **demenza senile** démence sénile.
demenziale [demen'tsjale] *agg* démentiel(le); (*fig*) dément(e).
demmo ['demmo] *vb vedi* **dare**.
democratico, -a, -ci, -che [demo'kratiko] *agg* démocratique.
democrazia [demokrat'tsia] *sf* démocratie *f*; ▸ **Democrazia Cristiana** Démocratie chrétienne.
democristiano, -a [demokris'tjano] *agg, sm/f* démocrate-chrétien(ne).
demografia [demogra'fia] *sf* démographie *f*.
demografico, -a, -ci, -che [demo'grafiko] *agg* démographique.
demolire [demo'lire] *vt* démolir.
demolizione [demolit'tsjone] *sf* démolition *f*.
demone ['dɛmone] *sm* démon *m*.
demonio [de'mɔnjo] *sm* (*anche fig*) démon *m*; **il D~** le Démon.
demonizzare [demonid'dzare] *sf* sataniser, diaboliser.
demonizzazione [demoniddzat'tsjone] *sf* satanisation *f*, diabolisation *f*.
demoralizzare [demoralid'dzare] *vt* démoraliser; **demoralizzarsi** *vip* se démoraliser.
demordere [de'mɔrdere] *vi*: **non** ~ **(da)** ne pas démordre (de).
demotivare [demoti'vare] *vt* démotiver.
demotivato, -a [demoti'vato] *agg* démotivé(e).
denaro [de'naro] *sm* argent *m*; **denari** *smpl* (*CARTE*) *une des quatre couleurs dans un jeu de quarante cartes italien.*
denaturato, -a [denatu'rato] *agg* dénaturé(e).
denigrare [deni'grare] *vt* dénigrer.
denominare [denomi'nare] *vt* dénommer; **denominarsi** *vip* s'appeler.
denominatore [denomina'tore] *sm* dénominateur *m*.
denominazione [denominat'tsjone] *sf* dénomination *f*; (*nome*) nom *m*; ▸ **denominazione d'origine controllata** appellation d'origine contrôlée.
denotare [deno'tare] *vt* dénoter, déceler.
densità [densi'ta] *sf* (*FIS*) densité *f*; (*compattezza*: *anche fig*) épaisseur *f*, densité; **ad alta/bassa** ~ **di popolazione** fortement/faiblement peuplé(e).
denso, -a ['dɛnso] *agg* (*liquido, fumo, nebbia, nubi*) dense, épais(se); (*popolazione, traffico, discorso*) dense; **un periodo** ~ **di avvenimenti** une période riche en événements.
dentale [den'tale] *agg* dentaire; (*LING*) dental(e).
dentario, -a [den'tarjo] *agg* dentaire.
dentatura [denta'tura] *sf* dentition *f*; (*TECN*: *di ruota*) denture *f*.
dente ['dɛnte] *sm* (*anche TECN, GEO*) dent *f*; **al** ~ (*CUC*) pas trop cuit(e), al dente; **mettere i denti** faire ses dents; **mettere qc sotto i denti** se mettre qch sous la dent; **avere il** ~ **avvelenato contro qn** avoir une dent contre qn; ▸ **dente di leone** (*BOT*) pissenlit *m*, dent-de-lion *f*; ▸ **denti da latte** dents de lait; ▸ **denti del giudizio** dents de sagesse.
dentice ['dɛntitʃe] *sm* (*ZOOL*) brème *f* de mer.
dentiera [den'tjɛra] *sf* dentier *m*.
dentifricio [denti'fritʃo] *sm* dentifrice *m*.
dentista, -i, -e [den'tista] *sm/f* dentiste *m/f*.
dentro ['dentro] *avv* (*nell'interno*) dedans, à l'intérieur; (*fig*: *nell'intimo*) intérieurement; (*in prigione*) en prison ♦ *prep*: ~ **(a)** dans; **essere/andare** ~ (*in casa*) être/aller à l'intérieur; (*in prigione*) être/aller en prison; **qui** ~, **là** ~ là-dedans; **piegato in** ~ plié (vers l'intérieur); ~ **(al)la casa/macchina/tasca/il** *o* **al cassetto** dans la maison/la voiture/la poche/le tiroir; ~ **di sé** en soi-même, intérieurement; **tenere tutto** ~ garder tout pour soi; **darci** ~ (*fam*: *fig*) s'y mettre à fond.
denuclearizzato, -a [denuklearid'dzato] *agg* dénucléarisé(e).
denudare [denu'dare] *vt* déshabiller; (*parte del corpo, fig*) dénuder; **denudarsi** *vr* se dénuder.
denuncia, -ce *o* **cie** [de'nuntʃa] *sf* (*DIR*) déclaration *f*; (*fig*) dénonciation *f*; **fare una** *o* **sporgere** ~ **contro qn** porter plainte contre qn; ▸ **denuncia dei redditi** déclaration d'impôts.
denunciare [denun'tʃare] *vt* dénoncer; (*reddito*) déclarer; ~ **qn/qc alla polizia** dé-

noncer qn/qch à la police.
denunzia *etc* [de'nuntsja] *vedi* **denuncia** *etc.*
denutrito, -a [denu'trito] *agg* sous-alimenté(e), dénutri(e).
denutrizione [denutrit'tsjone] *sf* dénutrition *f*, sous-alimentation *f.*
deodorante [deodo'rante] *agg, sm* déodorant *m.*
deontologia [deontolo'dʒia] *sf* déontologie *f.*
depenalizzazione [depenaliddzat'tsjone] *sf* dépénalisation *f.*
dépendance [depɑ̃'dɑ̃s] *sf inv* dépendance *f*, annexe *f.*
deperibile [depe'ribile] *agg* périssable.
deperimento [deperi'mento] *sm* dépérissement *m*; (*di merci*) détérioration *f.*
deperire [depe'rire] *vi* dépérir; (*merce*) se détériorer.
depilare [depi'lare] *vt* dépiler.
depilatorio, -a [depila'tɔrjo] *agg* épilatoire.
depilazione [depilat'tsjone] *sf* épilation *f.*
depistaggio [depis'taddʒo] *sm* dépistage *m.*
depistare [depis'tare] *vt* dépister.
dépliant [depli'ɑ̃] *sm inv* dépliant *m*, prospectus *msg.*
deplorare [deplo'rare] *vt* déplorer.
deplorevole [deplo'revole] *agg* déplorable.
depone *etc* [de'pone] *vb vedi* **deporre**.
depongo *etc* [de'pongo] *vb vedi* **deporre**.
deporre [de'porre] *vt* déposer; (*DIR*) déposer, témoigner; ~ **le armi** déposer les armes; ~ **le uova** pondre; ~ **contro/a favore** déposer contre/en faveur.
deportare [depor'tare] *vt* déporter.
deportato, -a [depor'tato] *sm/f* déporté(e).
deportazione [deportat'tsjone] *sf* déportation *f.*
deposi *etc* [de'posi] *vb vedi* **deporre**.
depositare [depozi'tare] *vt* déposer; (*merci*) entreposer; **depositarsi** *vip* se déposer.
depositario [depozi'tarjo] *sm* (*COMM, anche fig*) dépositaire *m.*
deposito [de'pɔzito] *sm* (*anche CHIM, MIL*) dépôt *m*; (*per merci*) dépôt, entrepôt *m*; ▸**deposito a risparmio** compte *m* de dépôt; ▸**deposito bagagli** consigne *f*; ▸**deposito di munizioni** dépôt de munitions.
deposizione [depozit'tsjone] *sf* (*DIR*) déposition *f*, témoignage *m*; ▸**deposizione (dalla croce)** (*in pittura*) déposition de croix.
deposto, -a [de'posto] *pp di* **deporre**.
depravare [depra'vare] *vt* dépraver.
depravato, -a [depra'vato] *agg, sm/f* dépravé(e).
deprecare [depre'kare] *vt* désapprouver.
depredare [depre'dare] *vt* piller; (*persona*) dépouiller.
depressione [depres'sjone] *sf* (*anche ECON, METEOR*) dépression *f*; **area** *o* **zona di** ~ (*METEOR*) zone *f* de dépression.
depresso, -a [de'prɛsso] *pp di* **deprimere** ♦ *agg* déprimé(e); (*zona*) sous-développé(e).
deprezzamento [deprettsa'mento] *sm* dépréciation *f.*
deprezzare [depret'tsare] *vt* déprécier.
deprimente [depri'mɛnte] *agg* dépressif (-ive); (*fig*) déprimant(e).
deprimere [de'primere] *vt* déprimer.
depurare [depu'rare] *vt* épurer.
depuratore [depura'tore] *sm*: ~ **d'acqua** épurateur *m* d'eau; ▸**depuratore di gas** épurateur de gaz.
deputato, -a *o* **essa** [depu'tato] *sm/f* député(e).
deputazione [deputat'tsjone] *sf* députation *f.*
deragliamento [deraʎʎa'mento] *sm* déraillement *m.*
deragliare [deraʎ'ʎare] *vi* dérailler.
derapare [dera'pare] *vi* (*anche SCI*) déraper.
derattizzazione [derattiddzat'tsjone] *sf* dératisation *f.*
deregolamentare [deregolamen'tare] *vt* déréglementer.
deregolamentazione [deregolamentat'tsjone] *sf* déréglementation *f.*
derelitto, -a [dere'litto] *agg* abandonné(e), délaissé(e) ♦ *sm/f* laissé(e) pour compte.
deretano [dere'tano] *sm* (*fam*) derrière *m.*
deridere [de'ridere] *vt* railler.
derisi *etc* [de'risi] *vb vedi* **deridere**.
derisione [deri'zjone] *sf* dérision *f.*
deriso, -a [de'rizo] *pp di* **deridere**.
derisorio, -a [deri'zɔrjo] *agg* moqueur (-euse), railleur(-euse).
deriva [de'riva] *sf* (*NAUT, AER*) dérive *f*; **andare alla** ~ (*anche fig*) aller à la dérive.
derivare [deri'vare] *vt* dériver ♦ *vi*: ~ **da** prendre sa source dans; (*essere causato*) résulter de, dériver de.
derivato [deri'vato] *sm* (*anche LING*) dérivé *m.*
derivazione [derivat'tsjone] *sf* (*LING, ELETTR, TEL*) dérivation *f*; **opera di** ~ barrage *m* pour la dérivation des eaux.
dermatite [derma'tite] *sf* dermatite *f.*
dermatologia [dermatolo'dʒia] *sf* dermatologie *f.*
dermatologo, -a, -gi, -ghe [derma'tɔlogo] *sm/f* dermatologue *m/f.*
deroga, -ghe ['dɛroga] *sf* dérogation *f*; **in** ~ **a** par dérogation à.
derogare [dero'gare] *vi*: ~ **a** déroger à.
derrate [der'rate] *sfpl*: ~ **alimentari** denrées *fpl* alimentaires.
derubare [deru'bare] *vt* voler; ~ **qn di qc**

voler *o* dérober qch à qn.
descritto, -a [des'kritto] *pp di* **descrivere**.
descrivere [des'krivere] *vt* décrire.
descrizione [deskrit'tsjone] *sf* description *f*.
deserto, -a [de'zɛrto] *agg* désert(e) ♦ *sm* désert *m*.
desiderabile [deside'rabile] *agg* souhaitable; (*persona*) désirable.
desiderare [deside'rare] *vt* désirer; (*riforme, tranquillità, guerra*) vouloir; (*amicizia*) rechercher; ~ **fare qc** désirer faire qch; ~ **che qn faccia qc** désirer que qn fasse qch; **desidero sottolineare che** ... je voudrais souligner que ...; **farsi** ~ se faire désirer *o* attendre; **lasciare a** ~ laisser à désirer; **desidera?** (*in un negozio*) vous désirez quelque chose?; **desidera bere qualcosa?** voulez-vous boire quelque chose?; **è desiderato al telefono** il est demandé au téléphone.
desiderio [desi'dɛrjo] *sm* désir *m*; (*bisogno*) besoin *m*.
desideroso, -a [deside'roso] *agg*: ~ **di** désireux(-euse) de.
designare [desiɲ'ɲare] *vt* désigner; (*data*) indiquer; **la vittima designata** la victime désignée.
designazione [desiɲɲat'tsjone] *sf* désignation *f*.
desinare [dezi'nare] *vi* déjeuner; (*la sera*) dîner ♦ *sm* (*vedi vi*) déjeuner *m*; dîner *m*.
desinenza [dezi'nɛntsa] *sf* désinence *f*.
desistere [de'sistere] *vi* renoncer; (*DIR*) se désister; ~ **dal fare qc** renoncer à faire qch.
desistito, -a [desis'tito] *pp di* **desistere**.
desolante [dezo'lante] *agg* désolant(e).
desolato, -a [dezo'lato] *agg* désolé(e).
desolazione [dezolat'tsjone] *sf* désolation *f*.
despota, -i ['dɛspota] *sm* despote *m*.
dessi *etc* ['dessi] *vb vedi* **dare**.
destabilizzare [destabilid'dzare] *vt* déstabiliser.
destare [des'tare] *vt* réveiller; (*fig*) susciter, éveiller; **destarsi** *vr* (*vedi vt*) se réveiller; s'éveiller.
deste *etc* ['deste] *vb vedi* **dare**.
destinare [desti'nare] *vt*: ~ **a** (*somma, fondi*) destiner à, affecter à; (*posto*) affecter à, assigner à; (*sorte*) destiner à; (*lettera, pacco*) adresser à; **in data da destinarsi** à une date ultérieure.
destinatario, -a [destina'tarjo] *sm/f* destinataire *m/f*.
destinazione [destinat'tsjone] *sf* destination *f*; (*di funzionario*) affectation *f*.
destino [des'tino] *sm* destin *m*.
destituire [destitu'ire] *vt* destituer.
destituzione [destitut'tsjone] *sf* destitution *f*.
desto, -a ['desto] *agg* éveillé(e).
destra ['dɛstra] *sf* (*mano*) main *f* droite; (*parte*) droite *f*; **la** ~ (*POL*) la droite; **a** ~ à droite; **tenere la** ~ (*AUT*) tenir *o* garder sa droite.
destreggiarsi [destred'dʒarsi] *vr* se débrouiller.
destrezza [des'trettsa] *sf* habileté *f*, adresse *f*; (*fig: accortezza*) sagacité *f*.
destro, -a ['dɛstro] *agg* droit (e); (*fig: abile*) adroit(e), habile; (: *accorto*) sagace ♦ *sm* (*PUGILATO*) droit *m*.
desumere [de'sumere] *vt* déduire; (*trarre: informazione*) tirer; **se ne desume che** ... on en déduit que ... .
desunto, -a [de'sunto] *pp di* **desumere**.
detenere [dete'nere] *vt* (*anche DIR*) détenir; (*incarico*) occuper.
detengo *etc* [de'tɛngo] *vb vedi* **detenere**.
detenni *etc* [de'tenni] *vb vedi* **detenere**.
detentivo, -a [deten'tivo] *agg*: **mandato** ~ mandat *m* de dépôt; **pena detentiva** détention *f*.
detentore, -trice [deten'tore] *sm/f* détenteur(-trice).
detenuto, -a [dete'nuto] *sm/f* détenu(e).
detenzione [deten'tsjone] *sf* détention *f*.
detergente [deter'dʒɛnte] *agg* détergent(e); (*latte, crema*) démaquillant(e) ♦ *sm* (*prodotto*) détergent *m*.
detergere [de'tɛrdʒere] *vt* déterger; (*pelle, viso, piaga*) nettoyer; (*sudore*) essuyer.
deterioramento [deterjora'mento] *sm* détérioration *f*.
deteriorare [deterjo'rare] *vt* détériorer; **deteriorarsi** *vr* se détériorer.
deteriore [dete'rjore] *agg* (*merce, prodotto*) de mauvaise qualité.
determinante [determi'nante] *agg* déterminant(e).
determinare [determi'nare] *vt* déterminer; (*data, prezzo*) fixer; (*peggioramento, cambiamento*) provoquer.
determinativo, -a [determina'tivo] *agg* (*aggettivo*) déterminatif(-ive); (*articolo*) défini(e).
determinato, -a [determi'nato] *agg* déterminé(e).
determinazione [determinat'tsjone] *sf* détermination *f*; (*decisione*) décision *f*; **agire con** ~ agir avec détermination.
deterrente [deter'rɛnte] *sm* force *f* de dissuasion ♦ *agg* de dissuasion.
deterrò *etc* [deter'rɔ] *vb vedi* **detenere**.
detersivo [deter'sivo] *sm* produit *m* à vaisselle; (*per bucato*) lessive *f*; (*per pavimenti*) produit d'entretien.
deterso, -a [de'tɛrso] *pp vedi* **detergere**.
detestare [detes'tare] *vt* détester.
detiene *etc* [de'tjɛne] *vb vedi* **detenere**.
detonare [deto'nare] *vi* détoner.
detonatore [detona'tore] *sm* détonateur *m*.

detonazione [detonat'tsjone] *sf* détonation *f*.
detrae *etc* [de'trae] *vb vedi* **detrarre**.
detraggo *etc* [de'traggo] *vb vedi* **detrarre**.
detrarre [de'trarre] *vt*: ~ **(da)** déduire (de).
detrassi *etc* [de'trassi] *vb vedi* **detrarre**.
detratto, -a [de'tratto] *pp di* **detrarre**.
detrazione [detrat'tsjone] *sf* retenue *f*; ▸ **detrazione d'imposta** abattement *m*.
detrimento [detri'mento] *sm* préjudice *m*; **a ~ di** au détriment de.
detrito [de'trito] *sm* (*GEO*) roche *f* détritique.
detronizzare [detronid'dzare] *vt* détrôner.
detta ['detta] *sf*: **a ~ di** au dire de.
dettagliante [dettaʎ'ʎante] *sm/f* (*COMM*) détaillant(e).
dettagliatamente [dettaʎʎata'mente] *avv* en détail.
dettaglio [det'taʎʎo] *sm* détail *m*; **al ~** (*COMM*) au détail.
dettame [det'tame] *sm* loi *f*, précepte *m*; **i dettami della moda** les impératifs de la mode.
dettare [det'tare] *vt* dicter; **~ legge** (*fig*) faire la loi.
dettato [det'tato] *sm* dictée *f*.
dettatura [detta'tura] *sf* dictée *f*.
detto, -a ['detto] *pp di* **dire** ♦ *agg* (*chiamato, stabilito*) dit(e); (*già nominato*) susdit(e) ♦ *sm* dicton *m*.
deturpare [detur'pare] *vt* défigurer; (*fig*) gâcher.
devastante [devas'tante] *agg* (*anche fig*) dévastateur(-trice), ravageur(-euse).
devastare [devas'tare] *vt* dévaster, ravager.
devastazione [devastat'tsjone] *sf* dévastation *f*, ravage *m*.
deviare [devi'are] *vi*: ~ **(da)** (*anche fig*) dévier de, s'écarter de ♦ *vt* dévier; (*fig*) détourner.
deviazione [deviat'tsjone] *sf* déviation *f*; **fare una ~** faire un détour.
devo *etc* ['devo] *vb vedi* **dovere**.
devoluto, -a [devo'luto] *pp di* **devolvere**.
devolvere [de'vɔlvere] *vt*: ~ **(a)** (*somma*) affecter (à); (*controversia*) transmettre (à); **~ qc in beneficenza** faire don de qch au profit d'une œuvre de bienfaisance.
devoto, -a [de'vɔto] *agg* (*religioso*) pieux (-euse); (*affezionato*) dévoué(e); **essere ~ a** (*alla patria, a tradizioni*) être fidèle à.
devozione [devot'tsjone] *sf* (*REL*) dévotion *f*; (*affetto*) dévouement *m*.
dg *abbr* (= *decigrammo*) dg.

PAROLA CHIAVE

di [di] (*di + il* = **del,** *di + lo* = **dello,** *di + l'* = **dell',** *di + la* = **della,** *di + i* = **dei,** *di + gli* = **degli,** *di + le* = **delle**) *prep* **1** (*specificazione, argomento*) de; (*possesso*) de, à; **la grandezza della casa** la grandeur de la maison; **le foto delle vacanze** les photos des vacances; **un'amica di mia madre** une amie de ma mère; **una commedia di Goldoni** une comédie de Goldoni; **la macchina di mio fratello** la voiture de mon frère; **il libro è di Paolo** le livre est à Paolo; **parlare di politica/d'affari** parler de politique/d'affaires; **la città di Venezia** la ville de Venise
2 (*partitivo*) de; **alcuni di voi** quelques-uns d'entre vous; **il più bravo di tutti** le meilleur de tous; **non c'è niente di peggio** il n'y a rien de pire
3 (*paragone*) que; **più veloce di me** plus rapide que moi
4 (*provenienza*) de; **partì di casa alle 6** il partit de la maison à 6 heures; **è originario di Firenze** il est originaire de Florence
5 (*mezzo, strumento, causa*) de; **spalmare di crema** enduire de crème; **ricoprire di vernice** enduire de vernis; **tremare di paura/freddo** trembler de peur/froid; **morire di cancro** mourir d'un cancer
6 (*tempo*) en; **di mattina** le matin; **di notte** la nuit; **d'estate** en été; **di lunedì** le lundi; **di ora in ora** d'heure en heure
7 (*materia*) de, en; **mobile di legno** meuble *m* de *o* en bois; **camicia di seta** chemise *f* de *o* en soie
8 (*età, peso, misura, qualità*) de; **una bimba di tre anni** une petite fille de trois ans; **una trota di 1 kg** une truite d'un kilo; **una strada di 10 km** une route de 10 km; **un quadro di valore** un tableau de valeur
♦ *art partitivo* (*una certa quantità di*) du(de la); (: *negativo*) de; **del pane** du pain; **delle caramelle** des bonbons; **degli amici miei** certains de mes amis; **degli amici mi dissero che ...** des amis me dirent que ...; **vuoi del vino?** est-ce que tu veux du vin?

dì [di] *sm* jour *m*; **buon ~!** bonjour!; **a ~ = addì**.
diabete [dia'bɛte] *sm* diabète *m*.
diabetico, -a, -ci, -che [dia'bɛtiko] *agg, sm/f* diabétique *m/f*.
diabolico, -a, -ci, -che [dja'bɔliko] *agg* (*anche fig*) diabolique.
diacono [di'akono] *sm* (*REL*) diacre *m*.
diadema, -i [dia'dɛma] *sm* diadème *m*.
diafano, -a [di'afano] *agg* diaphane.
diaframma, -i [dia'framma] *sm* (*ANAT, FOT*) diaphragme *m*; (*contraccettivo*) stérilet *m*.
diagnosi [di'aɲɲozi] *sf* diagnostic *m*.
diagnosticare [diaɲɲosti'kare] *vt* diagnostiquer.
diagnostico, -a, -ci, -che [diaɲ'ɲɔstiko]

agg diagnostique.
diagonale [diago'nale] *agg* diagonal(e) ♦ *sf* diagonale *f*.
diagramma, -i [dia'gramma] *sm* diagramme *m*; ▶ **diagramma di flusso** graphique *m* de flux.
dialettale [dialet'tale] *agg* dialectal(e); **poesia** ~ poésie *f* en dialecte.
dialetto [dia'lɛtto] *sm* dialecte *m*.
dialisi [di'alizi] *sf inv* (*MED*) dialyse *f*.
dialogante [dialo'gante] *agg*: **unità** ~ (*INFORM*) terminal *m*.
dialogare [dialo'gare] *vi*: ~ **(con)** (*conversare*) converser (avec), s'entretenir (avec); (*con avversari*) dialoguer (avec).
dialogo, -ghi [di'alogo] *sm* dialogue *m*.
diamante [dia'mante] *sm* diamant *m*.
diametro [di'ametro] *sm* diamètre *m*.
diamine ['djamine] *escl* (*esprime meraviglia*): **che** ~! mince!; **che** ~ **fai?** mais qu'est-ce-que tu fais?; **lo posso prendere? – ma** ~! est-ce que je peux le prendre? – mais bien sûr!
diapositiva [diapozi'tiva] *sf* diapositive *f*.
diaria [di'arja] *sf* indemnité *f* journalière.
diario [di'arjo] *sm* (*anche opera letteraria*) journal *m*; (*registro*) registre *m*; (*agenda*) agenda *m*; (*SCOL*) cahier *m* de textes; ▶ **diario degli esami** (*SCOL*) calendrier *m* des examens; ▶ **diario di bordo** (*NAUT*) journal de bord; ▶ **diario di classe** (*SCOL*) registre (de classe).
diarrea [diar'rɛa] *sf* diarrhée *f*.
diatriba [di'atriba] *sf* diatribe *f*.
diavoleria [djavole'ria] *sf* (*azione*) diablerie *f*; (*aggeggio*) astuce *f*.
diavolo, -essa ['djavolo] *sm/f* diable(diablesse); **è un buon** ~ c'est un bon diable; **avere un** ~ **per capello** avoir les nerfs en boule; **fa un freddo del** ~ il fait un froid du diable; **fare il** ~ **a quattro** faire le diable à quatre; **mandare qn al** ~ envoyer qn au diable; ~ **diavolo** pauvre diable.
dibattere [di'battere] *vt* débattre; **dibattersi** *vr* se débattre.
dibattimento [dibatti'mento] *sm* débat *m*; (*DIR*) débats *mpl*.
dibattito [di'battito] *sm* débat *m*; ~ **parlamentare** débat parlementaire.
dicastero [dikas'tɛro] *sm* ministère *m*.
dice ['ditʃe] *vb vedi* **dire**.
dicembre [di'tʃɛmbre] *sm* décembre *m*; *vedi anche* **luglio**.
diceria [ditʃe'ria] *sf* racontar *m*; **corrono certe dicerie su** ... des bruits courent sur ... .
dichiarare [dikja'rare] *vt* déclarer; (*sciopero*) annoncer; **dichiararsi** *vr* se déclarer; **si dichiara che** ... le soussigné déclare que ...; **dichiararsi vinto** s'avouer vaincu; **niente da** ~ (*dogana*) rien à déclarer.
dichiarato, -a [dikja'rato] *agg* déclaré(e).
dichiarazione [dikjarat'tsjone] *sf* (*vedi vb*) déclaration *f*; annonce *f*; ▶ **dichiarazione dei redditi** déclaration d'impôts.
diciannove [ditʃan'nɔve] *agg inv, sm inv* dix-neuf *m inv*; *vedi anche* **cinque**.
diciannovenne [ditʃanno'vɛnne] *agg* (âgé(e)) de dix-neuf ans ♦ *sm/f* jeune homme(jeune fille) de dix-neuf ans.
diciassette [ditʃas'sɛtte] *agg inv, sm inv* dix-sept *m inv*; *vedi anche* **cinque**.
diciassettenne [ditʃasset'tɛnne] *agg* (âgé(e)) de dix-sept ans ♦ *sm/f* jeune homme(jeune fille) de dix-sept ans.
diciottenne [ditʃot'tɛnne] *agg* (âgé(e)) de dix-huit ans ♦ *sm/f* jeune homme(jeune fille) de dix-huit ans.
diciotto [di'tʃɔtto] *agg inv, sm inv* dix-huit *m inv*; **prendere un** ~ (*UNIV*) ≈ avoir juste la moyenne; *vedi anche* **cinque**.
dicitura [ditʃi'tura] *sf* légende *f*.
dico *etc* ['diko] *vb vedi* **dire**.
didascalia [didaska'lia] *sf* légende *f*; (*CINE*) sous-titre *m*; (*TEATRO*) notes *fpl*.
didattica, -che [di'dattika] *sf* didactique *f*.
didattico, -a, -ci, -che [di'dattiko] *agg* didactique; (*programma, testo*) scolaire.
didentro [di'dentro] *sm*: **il** ~ l'intérieur *m*.
didietro [di'djɛtro] *avv* derrière ♦ *agg inv* (*ruote, fanali*) arrière; (*giardino, casa, zampe*) de derrière ♦ *sm inv* derrière *m*; (*fam*: *sedere*) derrière, postérieur *m*.
dieci ['djɛtʃi] *agg inv, sm inv* dix *m inv*; *vedi anche* **cinque**.
diecimila [djetʃi'mila] *agg inv, sm inv* dix mille *m inv*.
diecina [dje'tʃina] *sf* = **decina**.
diedi *etc* ['djɛdi] *vb vedi* **dare**.
dieresi [di'ɛrezi] *sf inv* (*LING*) tréma *m*.
diesel ['diːzəl] *sm inv* diesel *m*.
dieta ['djɛta] *sf* régime *m*; **essere a** ~ être au régime; ▶ **dieta dimagrante** régime amaigrissant.
dietetica [die'tɛtika] *sf* diététique *f*.
dietologo, -a, -gi, -ghe [dje'tɔlogo] *sm/f* diététicien(ne).
dietro ['djɛtro] *avv* derrière; (*nella parte posteriore*: *in una macchina*) à l'arrière ♦ *prep* derrière; (*dopo*) après ♦ *agg inv* arrière ♦ *sm* (*di foglio*) verso *m*; (*di giacca*) dos *msg*; (*di casa*) derrière *m*; ~ **la casa** derrière la maison; **uno** ~ **l'altro** l'un après l'autre; **le zampe di** ~ les pattes de derrière; ~ **richiesta** sur demande; ~ **richiesta di** à la demande de; ~ **compenso** moyennant finances; ~ **ricevuta** sur présentation du reçu; **andare** ~ **a** (*anche fig*) suivre; **stare** ~ **a qn** ne pas quitter qn d'un pas; (*corteggiare*) courir après qn; **portarsi** ~ **qn** amener qn avec soi; **portar-**

si ~ qc apporter qch; **ridere ~ a qn** rire dans le dos de qn.

dietro front ['djɛtro 'front] *escl* demi-tour droite! ♦ *sm* (*MIL*) demi-tour *m*; (*fig*) volte-face *f*; **fare ~ ~** faire demi-tour; (*fig*) faire volte-face.

difatti [di'fatti] *cong* en effet.

difendere [di'fɛndere] *vt* (*anche DIR*) défendre; (*causa, diritto etc*) plaider; **difendersi** *vr*: **difendersi (da)** se défendre (contre); **difendersi dal freddo** se défendre contre le *o* du froid; **sapersi ~** savoir se défendre.

difensivo, -a [difen'sivo] *agg* défensif(-ive) ♦ *sf*: **essere** *o* **stare sulla difensiva** (*fig*) être sur la défensive.

difensore [difen'sore] *sm* défenseur *m*; **(avvocato) ~** (*DIR*) avocat *m* de la défense.

difesa [di'fesa] *sf* défense *f*; **prendere le difese di qn** prendre la défense de qn.

difesi *etc* [di'fesi] *vb vedi* **difendere**.

difeso, -a [di'feso] *pp di* **difendere**.

difettare [difet'tare]: **~ di** *vi* manquer de.

difettivo, -a [difet'tivo] *agg* (*LING*) défectif(-ive).

difetto [di'fɛtto] *sm* défaut *m*; (*scarsità, mancanza*) manque *m*; **far ~** faire défaut; **essere in ~** être en faute; **essere in ~ di qc** manquer de qch; **per ~** par défaut; **~ di fabbricazione** défaut *o* vice *m* de fabrication.

difettoso, -a [difet'toso] *agg* défectueux (-euse).

diffamare [diffa'mare] *vt* diffamer.

diffamatorio, -a [diffama'tɔrjo] *agg* diffamatoire.

diffamazione [diffamat'tsjone] *sf* calomnie *f*; (*DIR*) diffamation *f*.

differente [diffe'rɛnte] *agg* différent(e).

differenza [diffe'rɛntsa] *sf* différence *f*; **a ~ di** à la différence de, contrairement à; **non fare ~ (tra)** ne faire aucune différence (entre); **per me non fa ~** ça m'est égal.

differenziale [differen'tsjale] *agg* (*MAT*) différentiel(le) ♦ *sm* différentiel *m*; **classi differenziali** (*SCOL*) ≈ CPPN (*classe pré-professionnelle de niveau*).

differenziare [differen'tsjare] *vt* différencier; **differenziarsi** *vr*: **differenziarsi da** (*distinguersi*) se différencier de; (*essere diverso*) différer de.

differire [diffe'rire] *vt* différer ♦ *vi* (*essere diverso*): **~ da** différer de.

difficile [dif'fitʃile] *agg* difficile; (*poco probabile*): **è ~ che sia libero** il est peu probable qu'il soit libre ♦ *sm/f*: **fare il (la) ~** faire le (la) difficile ♦ *sm* difficulté *f*; **il ~ è superato** le plus dur est fait; **essere ~ nel mangiare** être difficile sur la nourriture.

difficilmente [diffitʃil'mente] *avv* difficilement; **~ verrà** il est très peu probable qu'il vienne.

difficoltà [diffikol'ta] *sf inv* difficulté *f*; **fare ~** faire des difficultés.

difficoltoso, -a [diffikol'toso] *agg* difficile, ardu(e); (*persona*) difficile.

diffida [dif'fida] *sf* (*DIR*) sommation *f*.

diffidare [diffi'dare] *vi*: **~ di** se méfier de ♦ *vt* (*DIR*) sommer; **~ qn dal fare qc** défier qn de faire qch.

diffidente [diffi'dɛnte] *agg* méfiant(e).

diffidenza [diffi'dɛntsa] *sf* méfiance *f*.

diffondere [dif'fondere] *vt* diffuser, répandre; (*acqua, gioia, profumo*) répandre; **diffondersi** *vr* (*vedi vt*) se diffuser, se répandre; se répandre.

diffusi *etc* [dif'fuzi] *vb vedi* **diffondere**.

diffusione [diffu'zjone] *sf* diffusion *f*.

diffuso, -a [dif'fuzo] *pp di* **diffondere** ♦ *agg* diffus(e); (*malattia, fenomeno*) répandu(e); **è opinione diffusa che ...** tout le monde pense que ... .

difilato [difi'lato] *avv* (*dritto*) directement; (*rapido*) tout de suite; (*di seguito*) d'affilée.

difterite [difte'rite] *sf* diphtérie *f*.

diga, -ghe ['diga] *sf* barrage *m*; (*portuale*) digue *f*.

digerente [didʒe'rɛnte] *agg* digestif(-ive).

digerire [didʒe'rire] *vt* digérer.

digestione [didʒes'tjone] *sf* digestion *f*.

digestivo, -a [didʒes'tivo] *agg* digestif (-ive) ♦ *sm* digestif *m*.

Digione [di'dʒone] *sf* Dijon.

digitale [didʒi'tale] *agg* digital(e); (*INFORM, orologio*) digital(e), numérique.

digitare [didʒi'tare] *vt, vi* (*INFORM*) taper.

digiunare [didʒu'nare] *vi* jeûner.

digiuno, -a [di'dʒuno] *agg* à jeun ♦ *sm* jeûne *m*; **a ~** à jeun.

dignità [diɲɲi'ta] *sf inv* dignité *f*.

dignitario [diɲɲi'tarjo] *sm* dignitaire *m*.

dignitoso, -a [diɲɲi'toso] *agg* digne; (*modi, lavoro*) convenable.

DIGOS ['digos] *sigla f* (= *Divisione Investigazioni Generali e Operazioni Speciali*) service secret.

digressione [digres'sjone] *sf* digression *f*.

digrignare [digriɲ'ɲare] *vt*: **~ i denti** grincer des dents.

dilagare [dila'gare] *vi* (*anche fig*) se répandre.

dilaniare [dila'njare] *vt* déchiqueter; (*fig*) déchirer.

dilapidare [dilapi'dare] *vt* dilapider.

dilatare [dila'tare] *vt* dilater; (*cavità, passaggio*) élargir; **dilatarsi** *vr* (*vedi vt*) se dilater; s'élargir.

dilatazione [dilatat'tsjone] *sf* (*vedi vb*) dilatation *f*; élargissement *m*.

dilazionare [dilattsjo'nare] *vt* échelonner, étaler.

dilazione [dilat'tsjone] *sf* délai *m*; (*di pagamento*) échelonnement *m*.

dileggiare [diled'dʒare] *vt* railler.

dileguare [dile'gware] *vi* disparaître; (*fig*) s'évanouir; **dileguarsi** *vr* (*vedi vt*) disparaître; s'évanouir.

dilemma, -i [di'lɛmma] *sm* dilemme *m*.

dilettante [dilet'tante] *agg, sm/f* amateur *m*, dilettante *m/f*; (*SPORT, anche peg*) amateur.

dilettare [dilet'tare] *vt* délecter; (*divertire*) amuser; **dilettarsi** *vr*: **dilettarsi (a fare qc)** s'amuser (à faire qch).

dilettevole [dilet'tevole] *agg* agréable, plaisant(e).

diletto, -a [di'lɛtto] *agg* chéri(e), bien-aimé(e); (*amico*) cher(chère) ♦ *sm/f* chéri(e) ♦ *sm* plaisir *m*.

diligente [dili'dʒɛnte] *agg* appliqué(e); (*lavoro*) soigné(e).

diligenza [dili'dʒɛntsa] *sf* application *f*; (*carrozza*) diligence *f*.

diluire [dilu'ire] *vt* diluer.

dilungarsi [dilun'garsi] *vr* (*fig*): ~ **(su)** (*su argomento*) s'étendre (sur); (*su spiegazioni, dettagli*) se perdre (dans).

diluviare [dilu'vjare] *vb impers* pleuvoir à verse ♦ *vi* (*fig*: *insulti*) pleuvoir.

diluvio [di'luvjo] *sm* déluge *m*; (*fig*: *di parole*) déluge; (: *di ingiurie, infamie*) torrent *m*; (*d'applausi*) tonnerre *m*; **il ~ universale** le Déluge.

dimagrante [dima'grante] *agg* amaigrissant(e).

dimagrire [dima'grire] *vi* maigrir.

dimenare [dime'nare] *vt* remuer; **dimenarsi** *vr* s'agiter; ~ **la coda** remuer la queue.

dimensione [dimen'sjone] *sf* (*MAT, fig*) dimension *f*; **di grandi dimensioni** (*fig*: *fenomeno etc*) de grande envergure; **la ~ sociale** la dimension sociale.

dimenticanza [dimenti'kantsa] *sf* oubli *m*; (*distrazione*) distraction *f*.

dimenticare [dimenti'kare] *vt* oublier; **dimenticarsi** *vr*: **dimenticarsi di** oublier de; **dimenticarsi di qc** oublier qch.

dimenticatoio [dimentika'tojo] *sm* (*scherz*): **cadere nel ~** tomber aux oubliettes.

dimentico, -a, -ci, -che [di'mentiko] *agg*: ~ **di** oublieux(-euse) de.

dimesso, -a [di'messo] *pp di* **dimettere** ♦ *agg* (*umile*) humble, modeste; (*voce*) bas(basse); (*trasandato*) négligé(e).

dimestichezza [dimesti'kettsa] *sf* familiarité *f*; **prendere ~ con** se familiariser avec.

dimettere [di'mettere] *vt*: ~ **(da)** (*da ospedale*) faire sortir (de); (*da ufficio*) renvoyer (de), congédier (de); **dimettersi** *vr*: **dimettersi (da)** démissionner (de), se démettre (de); **è stato dimesso la settimana scorsa** (*malato*) il est sorti de l'hôpital la semaine dernière.

dimezzare [dimed'dzare] *vt* réduire de moitié.

diminuire [diminu'ire] *vt, vi* diminuer.

diminutivo, -a [diminu'tivo] *agg* diminutif(-ive) ♦ *sm* diminutif *m*.

diminuzione [diminut'tsjone] *sf* diminution *f*; **in ~** en baisse.

dimisi *etc* [di'mizi] *vb vedi* **dimettere**.

dimissionario, -a [dimissjo'narjo] *agg* démissionnaire.

dimissioni [dimis'sjoni] *sfpl* démission *fsg*; **dare** *o* **presentare le ~** donner *o* présenter sa démission, démissionner.

dimora [di'mɔra] *sf* demeure *f*; (*DIR*) domicile *m*; **senza fissa ~** sans domicile fixe.

dimorare [dimo'rare] *vt* demeurer.

dimostrante [dimos'trante] *sm/f* (*POL*) manifestant(e).

dimostrare [dimos'trare] *vt* montrer; (*colpevolezza, teorema*) démontrer; (*simpatia, affetto*) témoigner, montrer; (*ad una manifestazione pubblica*) manifester; **dimostrarsi** *vr* se montrer; **dimostrarsi abile** se montrer habile; **dimostra 30 anni** il paraît *o* fait 30 ans; **non dimostra la sua età** il ne fait pas son âge.

dimostrativo, -a [dimostra'tivo] *agg* (*LING*) démonstratif(-ive).

dimostrazione [dimostrat'tsjone] *sf* démonstration *f*, preuve *f*; (*di prodotto, di un teorema*) démonstration; (*sindacale, politica*) manifestation *f*.

dinamica, -che [di'namika] *sf* (*FIS*) dynamique *f*; (*di fatto, avvenimento*) déroulement *m*.

dinamico, -a, -ci, -che [di'namiko] *agg* (*anche FIS*) dynamique.

dinamismo [dina'mizmo] *sm* dynamisme *m*.

dinamitardo, -a [dinami'tardo] *agg* (*attentato*) à la dynamite ♦ *sm/f* dynamiteur (-euse).

dinamite [dina'mite] *sf* dynamite *f*.

dinamo ['dinamo] *sf inv* dynamo *f*.

dinanzi [di'nantsi]: ~ **a** *prep* devant; (*a persona*) devant, en présence de.

dinaro [dinaro] *sm* (*moneta*) dinar *m*.

dinastia [dinas'tia] *sf* dynastie *f*.

diniego, -ghi [di'njɛgo] *sm* refus *msg*.

dinoccolato, -a [dinokko'lato] *agg* dégingandé(e).

dinosauro [dino'sauro] *sm* dinosaure *m*.

dintorno [din'torno] *avv* alentour; **dintorni** *smpl*: **i dintorni di** les environs de, les alentours de; **nei dintorni di** aux environs de, aux alentours de.

dio ['dio] (*pl* **dei**) *sm* dieu *m*; **D~** Dieu; **gli dei** les dieux; **D~ mio!** mon Dieu!; **D~ ce la mandi buona** espérons!; **D~ ce ne scampi e liberi!** Dieu nous en garde!; **si crede un ~** il ne se prend pas pour n'importe qui.

diocesi [di'ɔtʃezi] *sf inv* diocèse *f*.

diossina [dios'sina] *sf* dioxyne *f*.

dipanare [dipa'nare] *vt* dévider; (*fig*) débrouiller, démêler.

dipartimento [diparti'mento] *sm* département *m*; (*UNIV*) département, ≈ UFR *f* (*unité de formation et de recherche*).

dipendente [dipen'dɛnte] *agg* dépendant(e); (*lavoratore*) salarié(e); (*LING*) subordonné(e) ♦ *sm/f* salarié(e); (*impiegato*) employé(e); **i dipendenti dell'azienda** le personnel de l'entreprise; ▸ **dipendente statale** fonctionnaire *m/f*.

dipendenza [dipen'dɛntsa] *sf* dépendance *f*; **essere alle dipendenze di qn** être sous la dépendance de qn.

dipendere [di'pɛndere] *vi*: **~ da** dépendre de; **dipende!** cela dépend!; **dipende da te** cela dépend de toi.

dipesi *etc* [di'pesi] *vb vedi* **dipendere**.

dipeso, -a [di'peso] *pp di* **dipendere**.

dipingere [di'pindʒere] *vt* peindre.

dipinsi *etc* [di'pinsi] *vb vedi* **dipingere**.

dipinto, -a [di'pinto] *pp di* **dipingere** ♦ *sm* peinture *f*, tableau *m*.

diploma, -i [di'plɔma] *sm* diplôme *m*.

diplomare [diplo'mare] *vt* diplômer; **diplomarsi** *vr* obtenir un diplôme.

diplomatico, -a, -ci, -che [diplo'matiko] *agg* diplomatique; (*fig*) diplomate ♦ *sm* (*anche fig*) diplomate *m*.

diplomato, -a [diplo'mato] *agg, sm/f* diplômé(e).

diplomazia [diplomat'tsia] *sf* (*anche fig*) diplomatie *f*.

diporto [di'pɔrto] *sm*: **da ~** de plaisance.

diradare [dira'dare] *vt* dissiper; (*vegetazione*) éclaircir; (*visite*) espacer; **diradarsi** *vr* se dissiper; (*vegetazione*) s'éclaircir; (*folla*) se disperser.

diramare [dira'mare] *vt* diffuser; **diramarsi** *vr* se ramifier; **tre strade si diramano dal centro** trois avenues rayonnent du centre.

dire ['dire] *vt* dire; **~ qc a qn** dire qch à qn; **~ a qn di fare qc** dire à qn de faire qch; **~ di sì/no** dire oui/non; **si dice che ...** on dit que ...; **mi si dice che ...** on me dit que ...; **si ~bbe che ...** on dirait que ...; **per così ~** pour ainsi dire; **a dir poco** pour le moins; **dica, signora?** (*in negozio*) madame, vous désirez?; **sa quello che dice** il sait de quoi il parle; **lascialo ~** (*esprimersi*) laisse-le parler; (*ignoralo*) laisse-le dire; **come sarebbe a ~?** comment cela?; **che ne ~sti di andarcene?** qu'est-ce-que tu en dis, on s'en va?; **chi l'avrebbe mai detto!** je ne l'aurais jamais cru!; **non c'è che ~** il n'y a pas à dire; **non dico di no** ce n'est pas de refus; **il che è tutto ~** c'est tout dire; **dico bene?** n'est-ce pas?; **non ti dico la scena!** je ne te raconte pas la scène!; **dico sul serio** je parle sérieusement; **detto fatto** (aus)sitôt dit (aus)sitôt fait; **(è) presto detto!** c'est vite dit!

diressi *etc* [di'rɛssi] *vb vedi* **dirigere**.

diretta [di'rɛtta] *sf*: **in (linea) ~** (*RADIO, TV*) en direct.

direttamente [diretta'mente] *avv* directement.

direttissima [diret'tissima] *sf* ligne *f* directe; (*DIR*): **giudizio per ~** procédure *f* en référé.

direttissimo [diret'tissimo] *sm* (*FERR*) express *msg*.

direttiva [diret'tiva] *sf* directive *f*.

direttivo, -a [diret'tivo] *agg* (*comitato etc*) de direction ♦ *sm* direction *f*.

diretto, -a [di'rɛtto] *pp di* **dirigere** ♦ *agg* direct(e) ♦ *sm* (*FERR*) direct *m*; **il mio ~ superiore** mon supérieur direct.

direttore, -trice [diret'tore] *sm/f* (*anche SCOL*) directeur(-trice); ▸ **direttore amministrativo** directeur administratif; ▸ **direttore del carcere** directeur de prison; ▸ **direttore di produzione** (*CINE*) directeur de production; ▸ **direttore d'orchestra** chef *m* d'orchestre; ▸ **direttore sportivo** directeur sportif; ▸ **direttore tecnico** (*SPORT*) entraîneur *m*; ▸ **direttore vendite** chef des ventes.

direzione [diret'tsjone] *sf* direction *f*; **in ~ di** en direction de.

dirigente [diri'dʒɛnte] *agg* dirigeant(e) ♦ *sm/f* (*POL*) dirigeant(e); **~ (di azienda)** (*AMM*) chef *m* d'entreprise; **il personale ~** (*in azienda*) les cadres *mpl*.

dirigenza [diri'dʒɛntsa] *sf* direction *f*.

dirigenziale [diridʒen'tsjale] *agg* de direction.

dirigere [di'ridʒere] *vt* (*anche MUS, impresa, attività*) diriger; (*traffico*) régler; (*lettera, parola*) adresser; **dirigersi** *vr*: **dirigersi verso** *o* **a** se diriger vers; **~ i propri passi verso** diriger *o* tourner ses pas vers; **il treno era diretto a Pavia** le train allait à destination de Pavie.

dirigibile [diri'dʒibile] *sm* dirigeable *m*.

dirimpetto [dirim'pɛtto] *avv* en face; **~ a** en face de.

diritto, -a [di'ritto] *agg* droit(e) ♦ *avv* (tout) droit; (*direttamente*) droit ♦ *sm* (*di moneta*) face *f*; (*TENNIS*) coup *m* droit; (*MAGLIA*) maille *f* à l'endroit; (*prerogativa*) droit *m*; (*leggi, scienza*): **il ~** le droit; **di-**

ritti *smpl* (*tasse*) les droits *mpl*; **andare** ~ aller tout droit; **stare** ~ (*stare in piedi*) être debout, se tenir debout; **stai** ~! tiens-toi droit!; **aver** ~ **a qc** avoir droit à qch; **avere il** ~ **di fare qc** avoir le droit de faire qch; **a buon** ~ à bon droit, à juste titre; **lavorare a** ~ (*MAGLIA*) tricoter au point mousse; ▶**diritto penale** droit pénal; ▶**diritto privato/pubblico** droit privé/public; ▶**diritti d'autore** droits d'auteur; ▶**diritti doganali** droits de douane.

dirittura [dirit'tura] *sf* (*SPORT*): ~ **di arrivo** ligne *f* d'arrivée; ~ **morale** (*fig*) droiture *f* (morale).

diroccato, -a [dirok'kato] *agg* délabré(e).

dirompente [dirom'pɛnte] *agg* explosif (-ive).

dirottamento [dirotta'mento] *sm* détournement *m*.

dirottare [dirot'tare] *vt* détourner ♦ *vi* changer de route.

dirottatore, -trice [dirotta'tore] *sm/f* pirate *m* de l'air.

dirotto, -a [di'rotto] *agg* désespéré(e); **piovere a** ~ pleuvoir à verse; **piangere a** ~ pleurer à chaudes larmes.

dirupo [di'rupo] *sm* précipice *m*.

disabitato, -a [dizabi'tato] *agg* inhabité(e).

disabituarsi [disabitu'arsi] *vip*: ~ **(a)** se déshabituer (de).

disaccordo [dizak'kɔrdo] *sm* désaccord *m*.

disadattato, -a [dizadat'tato] *agg, sm/f* inadapté(e).

disadorno, -a [diza'dorno] *agg* nu(e); (*fig*) dépouillé(e).

disaffezione [dizaffet'tsjone] *sf* désaffection *f*.

disagevole [diza'dʒevole] *agg* pénible.

disagiato, -a [diza'dʒato] *agg* (*bisognoso*) indigent(e), nécessiteux(-euse); (*scomodo*) peu commode.

disagio [di'zadʒo] *sm* (*dovuto a difficoltà economiche*) gêne *f*; (*inconveniente*) désagrément *m*; (*disturbo*) malaise *m*; (*fig*: *imbarazzo*) gêne, embarras *msg*; **essere a** ~ être mal à l'aise.

disamina [di'zamina] *sf* examen *m* minutieux.

disapprovare [dizappro'vare] *vt* désapprouver.

disapprovazione [dizapprovat'tsjone] *sf* désapprobation *f*.

disappunto [dizap'punto] *sm* déception *f*.

disarcionare [dizartʃo'nare] *vt* désarçonner.

disarmante [dizar'mante] *agg* désarmant(e).

disarmare [dizar'mare] *vt, vi* (*anche fig*) désarmer.

disarmo [di'zarmo] *sm* (*MIL*) désarmement *m*.

disastro [di'zastro] *sm* désastre *m*; (*fig*: *persona*) nullité *f*.

disastroso, -a [dizas'troso] *agg* désastreux(-euse).

disattento, -a [dizat'tɛnto] *agg* inattentif (-ive), distrait(e).

disattenzione [dizatten'tsjone] *sf* inattention *f*; (*svista*) distraction *f*, étourderie *f*.

disattivare [dizatti'vare] *vt* désamorcer.

disavanzo [diza'vantso] *sm* (*ECON*) déficit *m*.

disavventura [dizavven'tura] *sf* mésaventure *f*.

disbrigo, -ghi [diz'brigo] *sm* exécution *f*, expédition *f*.

discapito [dis'kapito] *sm*: **a** ~ **di** au détriment de.

discarica, -che [dis'karika] *sf* décharge *f*.

discendente [diʃʃen'dɛnte] *agg, sm/f* descendant(e).

discendere [diʃ'ʃendere] *vt, vi* descendre; ~ **da** (*famiglia*) descendre de.

discepolo, -a [diʃ'ʃepolo] *sm/f* disciple *m*.

discernere [diʃ'ʃɛrnere] *vt* discerner.

discernimento [diʃʃerni'mento] *sm* discernement *m*.

discesa [diʃ'ʃesa] *sf* (*pendio*) descente *f*, pente *f*; (*calata*: *dei barbari etc*) descente; **in** ~ (*strada*) en pente; ▶**discesa libera** (*SCI*) descente libre.

discesista [diʃʃe'sista] *sm/f* (*SCI*) descendeur(-euse).

disceso, -a [diʃ'ʃeso] *pp di* **discendere**.

dischiudere [dis'kjudere] *vt* entrouvrir; (*fig*: *rivelare*) dévoiler.

dischiusi *etc* [dis'kjusi] *vb vedi* **dischiudere**.

dischiuso, -a [dis'kjuso] *pp di* **dischiudere**.

discinto, -a [diʃ'ʃinto] *agg* débraillé(e).

disciogliere [diʃ'ʃɔʎʎere] *vt* dissoudre; (*neve*) (faire) fondre; **disciogliersi** *vr, vip* (*vedi vt*) se dissoudre; fondre.

disciolto, -a [diʃ'ʃɔlto] *pp di* **disciogliere**.

disciplina [diʃʃi'plina] *sf* discipline *f*; (*DIR*) réglementation *f*.

disciplinare [diʃʃipli'nare] *agg* disciplinaire ♦ *vt* discipliner; (*DIR*) réglementer.

disco, -chi ['disko] *sm* disque *m*; ▶**disco magnetico/rigido** (*INFORM*) disque magnétique/dur; ▶**disco orario** (*AUT*) disque de stationnement; ▶**disco volante** soucoupe *f* volante.

discografia [diskogra'fia] *sf* discographie *f*; (*industria*) industrie *f* du disque.

discografico, -a, -ci, -che [disko'grafiko] *agg* (*mercato*) du disque ♦ *sm/f* producteur(-trice) de disques; **casa discografica** maison *f* de disques.

discolo, -a ['diskolo] *agg* polisson(ne) ♦ *sm/f* polisson(ne).

discolpare [diskol'pare] *vt* disculper; **di-**

scolparsi *vr* se disculper.
disconoscere [disko'noʃʃere] *vt* méconnaître; (*DIR*) désavouer.
disconosciuto, -a [diskonoʃ'ʃuto] *pp di* **disconoscere**.
discontinuo, -a [diskon'tinuo] *agg* discontinu(e).
discorde [dis'kɔrde] *agg* discordant(e).
discordia [dis'kɔrdja] *sf* discorde *f*.
discorrere [dis'korrere] *vi*: ~ **(di)** parler (de).
discorso, -a [dis'korso] *pp di* **discorrere** ♦ *sm* (*pubblico, LING*) discours *msg*; (*chiacchierata*) conversation *f*; **discorsi frivoli** propos *mpl* frivoles; **pochi discorsi!** parlons peu, parlons bien; **questi sono discorsi che non hanno né capo né coda** cela n'a ni queue ni tête; **cambiamo ~** parlons d'autre chose.
discosto, -a [dis'kɔsto] *agg* éloigné(e) ♦ *avv* à l'écart; ~ **da** loin de.
discoteca, -che [disko'tɛka] *sf* discothèque *f*.
discreditare [diskredi'tare] *vt* discréditer.
discrepanza [diskre'pantsa] *sf* discordance *f*.
discretamente [diskreta'mente] *avv* (*con discrezione*) discrètement, avec discrétion; (*abbastanza bene*) assez bien.
discreto, -a [dis'kreto] *agg* discret(-ète); (*abbastanza buono*) assez bon(ne), pas mal.
discrezione [diskret'tsjone] *sf* (*riservatezza*) discrétion *f*; (*discernimento*) discernement *m*; **a ~ di** à la discrétion de.
discriminante [diskrimi'nante] *agg* discriminant(e) ♦ *sf* (*DIR*) circonstance *f* atténuante.
discriminare [diskrimi'nare] *vt* discriminer.
discriminazione [diskriminat'tsjone] *sf* discrimination *f*.
discussi *etc* [dis'kussi] *vb vedi* **discutere**.
discussione [diskus'sjone] *sf* discussion *f*; **mettere in ~** remettre en question; **fuori ~** hors de question.
discusso, -a [dis'kusso] *pp di* **discutere**.
discutere [dis'kutere] *vt* discuter ♦ *vi* discuter; (*litigare*) se disputer; ~ **di un avvenimento** discuter sur un événement; ~ **di politica** discuter (de) politique.
discutibile [disku'tibile] *agg* discutable.
disdegnare [dizdeɲ'ɲare] *vt* dédaigner.
disdegno [diz'deɲɲo] *sm* dédain *m*.
disdegnoso, -a [dizdeɲ'ɲoso] *agg* dédaigneux(-euse).
disdetta [diz'detta] *sf* annulation *f*; (*di contratto*) résiliation *f*; (*sfortuna*) malchance *f*.
disdetto, -a [dis'detto] *pp di* **disdire**.
disdicevole [dizdi'tʃevole] *agg* inconvenant(e).
disdire [diz'dire] *vt* annuler; (*contratto*) résilier; ~ **un contratto d'affitto** résilier un bail.
disegnare [diseɲ'ɲare] *vt* dessiner; (*progettare*) projeter.
disegnatore, -trice [diseɲɲa'tore] *sm/f* dessinateur(-trice).
disegno [di'seɲɲo] *sm* (*anche su stoffa*) dessin *m*; (*abbozzo, schema*) esquisse *f*; (*progetto*) projet *m*; (*fig*) dessein *m*; ▶ **disegno di legge** projet de loi; ▶ **disegno industriale** dessin industriel.
diserbante [dizer'bante] *sm* désherbant *m*.
diseredare [dizere'dare] *vt* déshériter.
disertare [dizer'tare] *vt, vi* (*anche MIL*) déserter; (*amici*) délaisser.
disertore [dizer'tore] *sm* (*MIL*) déserteur *m*.
diserzione [dizer'tsjone] *sf* (*anche MIL*) désertion *f*.
disfacimento [disfatʃi'mento] *sm* décomposition *f*; (*fig: di istituzione, impero*) désagrégation *f*.
disfare [dis'fare] *vt* défaire; (*neve*) faire fondre; **disfarsi** *vr, vip* se défaire; (*neve*) fondre; **disfarsi di** (*liberarsi*) se défaire de, se débarrasser de.
disfatta [dis'fatta] *sf* défaite *f*.
disfattista, -i, -e [disfat'tista] *agg, sm/f* défaitiste *m/f*.
disfatto, -a [dis'fatto] *pp di* **disfare** ♦ *agg* (*vedi vt*) défait(e); fondu(e).
disfunzione [disfun'tsjone] *sf* (*MED*) trouble *m*, dysfonctionnement *m*; (*POL, AMM*) mauvais fonctionnement *m*; ▶ **disfunzione cardiaca** trouble cardiaque, dysfonctionnement cardiaque.
disgelare [dizdʒe'lare] *vt, vi* dégeler; **disgelarsi** *vip* se dégeler.
disgelo [diz'dʒɛlo] *sm* (*anche fig*) dégel *m*.
disgrazia [diz'grattsja] *sf* malheur *m*, malchance *f*; (*incidente*) accident *m*.
disgraziato, -a [dizgrat'tsjato] *agg* malheureux(-euse); (*sfortunato*) malchanceux(-euse) ♦ *sm/f* malheureux (-euse); (*sciagurato*) pauvre type(pauvre fille).
disgregare [dizgre'gare] *vt* (*anche fig*) désagréger; **disgregarsi** *vip* se désagréger.
disguido [diz'gwido] *sm* erreur *f*; ▶ **disguido postale** retard *m* dans l'acheminement du courrier.
disgustare [dizgus'tare] *vt* dégoûter; **disgustarsi** *vr, vip*: **disgustarsi di** se dégoûter de.
disgusto [diz'gusto] *sm*: ~ **(di)** dégoût *m* (de).
disgustoso, -a [dizgus'toso] *agg* (*anche fig*) dégoûtant(e).
disidratare [dizidra'tare] *vt* déshydrater.

disidratato, -a [dizidra'tato] *agg* déshydraté(e).
disilludere [dizil'ludere] *vt* faire perdre ses illusions à; **disilludersi** *vip* perdre ses illusions.
disillusione [dizillu'zjone] *sf* désillusion *f*.
disimparare [dizimpa'rare] *vt* oublier, désapprendre.
disimpegnare [dizimpeɲ'ɲare] *vt* (*persona*: *da obblighi*) désengager; (*oggetto dato in pegno*) dégager; **disimpegnarsi** *vr*: **disimpegnarsi da** (*da obblighi*) se dégager de.
disincagliare [dizinkaʎ'ʎare] *vt* déséchouer; (*fig*) débloquer; **disincagliarsi** *vr* être renfloué(e).
disincantato, -a [dizinkan'tato] *agg* désenchanté(e).
disincentivare [dizintʃenti'vare] *vt* décourager.
disinfestare [dizinfes'tare] *vt* (*da ratti*) dératiser; (*da insetti*) désinsectiser.
disinfestazione [dizinfestat'tsjone] *sf* (*vedi vt*) dératisation *f*; désinsectisation *f*.
disinfettante [dizinfet'tante] *agg* désinfectant(e) ♦ *sm* désinfectant *m*.
disinfettare [dizinfet'tare] *vt* désinfecter.
disinfezione [dizinfet'tsjone] *sf* désinfection *f*.
disingannare [dizingan'nare] *vt* détromper.
disinganno [dizin'ganno] *sm* désillusion *f*.
disinibito, -a [dizini'bito] *agg* sans complexes.
disinnescare [dizinnes'kare] *vt* désamorcer.
disinnestare [disinnes'tare] *vt* (*marcia*) débrayer; (*spina*) débrancher; ~ **la frizione** débrayer.
disinquinare [dizinkwi'nare] *vt* dépolluer.
disintegrare [dizinte'grare] *vt* désintégrer; **disintegrarsi** *vip* se désintégrer.
disinteressarsi [disinteres'sarsi] *vip*: ~ **di** se désintéresser de.
disinteresse [dizinte'rɛsse] *sm* manque *m* d'intérêt; (*generosità*) désintéressement *m*.
disintossicare [dizintossi'kare] *vt* désintoxiquer; **disintossicarsi** *vr* se désintoxiquer.
disintossicazione [dizintossikat'tsjone] *sf* désintoxication *f*.
disinvolto, -a [dizin'vɔlto] *agg* désinvolte.
disinvoltura [dizinvol'tura] *sf* (*sicurezza*) assurance *f*; (*peg*) désinvolture *f*.
dislessia [dizles'sia] *sf* (*MED*) dyslexie *f*.
dislivello [dizli'vɛllo] *sm* dénivellation *f*; (*fig*) différence *f*.
dislocare [dizlo'kare] *vt* répartir; (*MIL*) déployer.
dismisura [dizmi'sura] *sf*: **a** ~ démesurément.
disobbedire [dizobbe'dire] *vi* = **disubbidire**.
disoccupato, -a [dizokku'pato] *agg* en *o* au chômage ♦ *sm/f* chômeur(-euse).
disoccupazione [dizokkupat'tsjone] *sf* chômage *m*.
disonestà [dizones'ta] *sf* malhonnêteté *f*.
disonesto, -a [dizo'nɛsto] *agg* malhonnête.
disonorare [dizono'rare] *vt* déshonorer.
disonore [dizo'nore] *sm* déshonneur *m*.
disopra [di'sopra] *avv* en haut; (*prima*) plus haut, ci-dessus ♦ *agg inv* au-dessus ♦ *sm inv* dessus *msg*; **il piano** ~ l'étage du dessus; **dal** ~ d'en haut.
disordinare [dizordi'nare] *vt* mettre en désordre.
disordinato, -a [dizordi'nato] *agg* désordonné(e); (*racconto, discorso*) décousu(e); (*vita*) désordonné(e), déréglé(e).
disordine [di'zordine] *sm* désordre *m*; (*sregolatezza*) excès *msg*; **disordini** *smpl* (*tumulti*) désordres *mpl*; **in** ~ en désordre.
disorganico, -a, -ci, -che [dizor'ganiko] *agg* décousu(e).
disorganizzato, -a [dizorganid'dzato] *agg* désorganisé(e).
disorientamento [dizorjenta'mento] *sm* égarement *m*.
disorientare [dizorjen'tare] *vt* (*anche fig*) désorienter; **disorientarsi** *vip* s'égarer.
disorientato, -a [dizorjen'tato] *agg* désorienté(e).
disossare [dizos'sare] *vt* (*CUC*) désosser.
disotto [di'sotto] *avv* en bas ♦ *agg inv* au-dessous ♦ *sm inv* dessous *m*; **devi leggere quanto è scritto** ~ tu dois lire ce qui est écrit ci-dessous; **al** ~ **della media** au-dessous de la moyenne; **il piano** ~ l'étage du dessous.
dispaccio [dis'pattʃo] *sm* dépêche *f*.
disparato, -a [dispa'rato] *agg* disparate.
dispari ['dispari] *agg inv* (*MAT*) impair(e); (*forze*) inégal(e).
disparità [dispari'ta] *sf* disparité *f*.
disparte [dis'parte]: **in** ~ *avv* à l'écart, de côté; **tenersi** *o* **starsene in** ~ se tenir *o* rester à l'écart.
dispendio [dis'pɛndjo] *sm* gaspillage *m*.
dispendioso, -a [dispen'djoso] *agg* onéreux(-euse).
dispensa [dis'pɛnsa] *sf* (*mobile*) garde-manger *m*; (*DIR, REL*) dispense *f*; (*fascicolo*) fascicule *m*; ~ **universitaria** (cours *msg*) polycopié *m*.
dispensare [dispen'sare] *vt* (*doni etc*) distribuer; (*esonerare*) dispenser.
disperare [dispe'rare] *vi*: ~ **(di)** désespérer (de); **disperarsi** *vip* se désespérer.
disperato, -a [dispe'rato] *agg* désespéré(e) ♦ *sm/f* pauvre type(pauvre fille).
disperazione [disperat'tsjone] *sf* désespoir *m*.

disperdere [dis'pɛrdere] *vt* disperser; **disperdersi** *vip* se disperser.
dispersione [disper'sjone] *sf* (*anche FIS, CHIM*) dispersion *f*.
dispersivo, -a [disper'sivo] *agg* brouillon (ne); **lavoro ~** travail sans méthode; **è molto ~** il se disperse beaucoup.
disperso, -a [dis'pɛrso] *pp di* **disperdere** ♦ *sm/f* disparu(e).
dispetto [dis'pɛtto] *sm* (petite) méchanceté *f*; (*stizza, irritazione*) dépit *m*; **a ~ di** en dépit de; **fare un ~ a qn** (*senza cattiveria*) taquiner qn; (*infastidire*) embêter qn; **con suo grande ~** à son grand dépit; **farlo per ~** le faire exprès.
dispettoso, -a [dispet'toso] *agg* (*senza cattiveria*) taquin(e); (*fastidioso*) agaçant(e).
dispiacere [dispja'tʃere] *sm* chagrin *m*, peine *f* ♦ *vi*: **~ a** déplaire à ♦ *vb impers*: **mi dispiace (che)** je regrette (que); **dispiaceri** *smpl* (*preoccupazioni, problemi*) soucis *mpl*; **se non le dispiace me ne vado** si cela ne vous ennuie pas, je m'en vais.
dispiaciuto, -a [dispja'tʃuto] *pp di* **dispiacere** ♦ *agg* désolé(e).
dispone *etc* [di'spone] *vb vedi* **disporre**.
dispongo *etc* [di'spongo] *vb vedi* **disporre**.
disponibile [dispo'nibile] *agg* (*anche fig*) disponible.
disponibilità [disponibili'ta] *sf inv* disponibilité *f* ♦ *sfpl* (*economiche*) disponibilités *fpl*.
disporre [dis'porre] *vt* (*anche DIR*) disposer; (*preparare*) préparer ♦ *vi* disposer; (*usufruire*): **~ di** disposer de; **disporsi** *vr* se disposer; **disporsi a fare** se disposer à faire; **disporsi all'attacco** se préparer à l'attaque; **disporsi in cerchio** se mettre en rond.
disposi *etc* [di'sposi] *vb vedi* **disporre**.
dispositivo [dispozi'tivo] *sm* dispositif *m*; ▸ **dispositivo di controllo** dispositif de contrôle; ▸ **dispositivo di sicurezza** dispositif de sécurité.
disposizione [disposit'tsjone] *sf* (*anche DIR*) disposition *f*; **a ~ di qn** à la disposition de qn; **per ~ di legge** aux termes de la loi; ▸ **disposizioni testamentarie** dispositions testamentaires.
disposto, -a [dis'posto] *pp di* **disporre** ♦ *agg* (*incline*): **~ a** disposé à.
dispotico, -a, -ci, -che [dis'pɔtiko] *agg* despotique.
dispotismo [dispo'tizmo] *sm* despotisme *m*.
disprezzare [dispret'tsare] *vt* mépriser.
disprezzo [dis'prɛttso] *sm* mépris *msg*.
disputa ['disputa] *sf* (*discussione*) discussion *f*; (*lite*) dispute *f*; (*di torneo, campionato*) épreuve *f*.
disputare [dispu'tare] *vt* disputer ♦ *vi*: **~ di** discuter de; **disputarsi qc** se disputer qch.
disquisire [diskwi'zire] *vt* disserter.
disquisizione [diskwizit'tsjone] *sf* (*orale*) exposé *m* minutieux; (*scritta*) dissertation *f*.
dissacrare [dissa'krare] *vt* (*fig*) désacraliser, démythifier.
dissanguamento [dissangwa'mento] *sm* hémorragie *f*.
dissanguare [dissan'gware] *vt* (*persona*) faire perdre tout son sang à; (*animale*) saigner; (*fig: patrimonio*) épuiser; **dissanguarsi** *vip* (*MED*) perdre tout son sang; **dissanguarsi per qn** (*fig*) se saigner aux quatre veines pour qn; **morire dissanguato** mourir d'une hémorragie.
dissapore [dissa'pore] *sm* désaccord *m*.
disse ['disse] *vb vedi* **dire**.
disseccare [dissek'kare] *vt* dessécher; **disseccarsi** *vip* se dessécher.
disseminare [dissemi'nare] *vt* disséminer; (*fig: notizie*) propager.
dissennatezza [dissenna'tettsa] *sf* sottise *f*.
dissenso [dis'sɛnso] *sm* désaccord *m*; (*disapprovazione*) désapprobation *f*.
dissenteria [dissente'ria] *sf* dysenterie *f*.
dissentire [dissen'tire] *vi*: **~ (da)** ne pas être d'accord (avec).
disseppellire [disseppel'lire] *vt* (*anche fig*) déterrer.
dissertazione [dissertat'tsjone] *sf* dissertation *f*.
disservizio [disser'vittsjo] *sm* mauvais fonctionnement *m*.
dissestare [disses'tare] *vt* (*economia*) mettre en difficulté; (*bilancio*) déséquilibrer.
dissestato, -a [disses'tato] *agg* (*strada*) défoncé(e); (*economia, finanze*) en difficulté.
dissesto [dis'sɛsto] *sm* débâcle *m*, faillite *f*; (*fig: squilibrio*) déroute *f*.
dissetante [disse'tante] *agg* désaltérant(e).
dissetare [disse'tare] *vt* désaltérer; **dissetarsi** *vr* se désaltérer.
dissezione [disset'tsjone] *sf* dissection *f*.
dissi ['dissi] *vb vedi* **dire**.
dissidente [dissi'dɛnte] *sm/f* dissident(e).
dissidio [dis'sidjo] *sm* désaccord *m*.
dissimile [dis'simile] *agg* dissemblable.
dissimulare [dissimu'lare] *vt* dissimuler; (*nascondere*) cacher.
dissimulatore, -trice [dissimula'tore] *sm/f* dissimulateur(-trice).
dissimulazione [dissimulat'tsjone] *sf* dissimulation *f*.
dissipare [dissi'pare] *vt* dissiper.
dissipatezza [dissipa'tettsa] *sf* débauche *f*.
dissipato, -a [dissi'pato] *agg* dissipé(e).
dissociare [disso'tʃare] *vt* (*anche CHIM*) dissocier; **dissociarsi** *vr* se dissocier.

dissolto, -a [dis'sɔlto] *pp di* **dissolvere**.
dissolutezza [dissolu'tettsa] *sf* débauche *f*.
dissoluto, -a [disso'luto] *pp di* **dissolvere** ♦ *agg* dissolu(e).
dissolvenza [dissol'vɛntsa] *sf* (*CINE*) fondu *m*.
dissolvere [dis'sɔlvere] *vt* dissoudre; (*neve*) fondre; (*nebbia, fumo*) dissiper; (*gruppo*) désunir; **dissolversi** *vip* (*v vt*) se dissoudre; fondre; se dissiper; se diviser.
dissonanza [disso'nantsa] *sf* dissonance *f*; (*fig*: *di colori*) discordance *f*.
dissotterrare [dissotter'rare] *vt* (*anche fig*: *sentimenti, odio*) déterrer, exhumer.
dissuadere [dissua'dere] *vt*: ~ **(da)** dissuader (de).
dissuasione [dissua'zjone] *sf* dissuasion *f*.
dissuaso, -a [dissu'azo] *pp di* **dissuadere**.
distaccamento [distakka'mento] *sm* (*MIL*) détachement *m*.
distaccare [distak'kare] *vt* détacher; (*in gara*) distancer; **distaccarsi** *vip* se détacher.
distacco, -chi [dis'takko] *sm* séparation *f*; (*fig*: *indifferenza*) détachement *m*; (*in gara*) écart *m*; (: *vantaggio*) avance *f*.
distante [dis'tante] *avv* loin ♦ *agg* (*lontano*) éloigné(e), loin; (*fig*: *persona, sguardo*) distant(e); **è ~ da qui?** c'est loin d'ici?; **essere ~ nel tempo** être éloigné(e) dans le temps.
distanza [dis'tantsa] *sf* (*anche fig*) distance *f*; **a ~ di 2 giorni** à 2 jours de distance; **tenere qn a ~** tenir qn à distance; **prendere le distanze da qc/qn** prendre ses distances de qch/qn; **tenere** *o* **mantenere le distanze** garder ses distances; ▸ **distanza di sicurezza** (*AUT*) distance de sécurité; ▸ **distanza focale** distance focale.
distanziare [distan'tsjare] *vt* (*nel tempo*) espacer; (*avversario*) distancer.
distare [dis'tare] *vi* (*essere lontano*): ~ **da** être loin de; **dista molto da qui?** c'est très loin d'ici?; **non dista molto** ce n'est pas très loin.
distendere [dis'tɛndere] *vt* étendre; (*gambe*) étendre, allonger; (*muscoli*) relâcher; (*rilassare*: *persona, nervi*) détendre; **distendersi** *vr, vip* s'étendre, s'allonger; (*rilassarsi*) se détendre.
distensione [disten'sjone] *sf* (*rilassamento, anche POL*) détente *f*; (*di muscolo*) décontraction *f*.
distensivo, -a [disten'sivo] *agg* (*anche POL*) de détente; (*farmaco*) relaxant(e); (*lettura*) délassant(e).
distesa [dis'tesa] *sf* étendue *f*; **a ~** (*suonare*) à toute volée.
disteso, -a [dis'teso] *pp di* **distendere** ♦ *agg* allongé(e); (*rilassato*) détendu(e).
distillare [distil'lare] *vt* (*anche CHIM*) distiller.
distillato [distil'lato] *sm* (*CHIM*) distillat *m*; (*bevanda*) eau *f* de vie.
distillazione [distillat'tsjone] *sf* distillation *f*.
distilleria [distille'ria] *sf* distillerie *f*.
distinguere [dis'tingwere] *vt* distinguer; **distinguersi** *vip* se distinguer.
distinguo [dis'tingwo] *sm inv* distinguo *m*.
distinta [dis'tinta] *sf* liste *f*; ▸ **distinta di pagamento** bordereau *m* de paiement; ▸ **distinta di versamento** bordereau de versement.
distintivo, -a [distin'tivo] *agg* distinctif (-ive) ♦ *sm* insigne *m*.
distinto, -a [dis'tinto] *pp di* **distinguere** ♦ *agg* distingué(e); ▸ **"distinti saluti"** (*in lettera*) "salutations distinguées".
distinzione [distin'tsjone] *sf* distinction *f*; **non fare distinzioni** (*tra persone*) ne pas faire de différence; (*tra cose*) ne pas faire de distinction; **senza ~ di razza** sans distinction de race.
distogliere [dis'tɔʎʎere] *vt*: ~ **(da)** (*anche fig*) détourner (de).
distolto, -a [dis'tɔlto] *pp di* **distogliere**.
distorcere [dis'tɔrtʃere] *vt* tordre; (*fig*: *significato*) déformer; **distorcersi** *vr* se tordre.
distorsione [distor'sjone] *sf* (*MED*) entorse *f*; (*FIS*) distorsion *f*.
distorto, -a [dis'tɔrto] *pp di* **distorcere**.
distrarre [dis'trarre] *vt* (*fig*: *persona, attenzione*) distraire; (: *intrattenere, divertire*) divertir; **distrarsi** *vr, vip* se distraire; ~ **lo sguardo** détourner le regard; **non distrarti!** fais attention!
distrattamente [distratta'mente] *avv* distraitement.
distratto, -a [dis'tratto] *pp di* **distrarre** ♦ *agg* distrait(e); (*sbadato*) étourdi(e).
distrazione [distrat'tsjone] *sf* distraction *f*; **errore di ~** faute *f* d'étourderie.
distretto [dis'tretto] *sm* (*AMM, MIL*) circonscription *f*.
distribuire [distribu'ire] *vt* distribuer; (*posti*) assigner; (*ripartire*) répartir.
distributore [distribu'tore] *sm* (*anche AUT*) distributeur *m*; ▸ **distributore automatico** distributeur automatique.
distribuzione [distribut'tsjone] *sf* (*anche COMM, TECN*) distribution *f*; (*di lavoro*) répartition *f*.
districare [distri'kare] *vt* (*anche fig*) débrouiller, démêler; **districarsi** *vr* se débrouiller; **districarsi da** (*fig*: *tirarsi fuori*) se libérer de.
distrofia [distro'fia] *sf* dystrophie *f*.
distruggere [dis'truddʒere] *vt* (*anche fig*)

détruire.
distruttivo, -a [distrut'tivo] *agg* destructif(-ive).
distrutto, -a [dis'trutto] *pp di* **distruggere.**
distruzione [distrut'tsjone] *sf* destruction *f.*
disturbare [distur'bare] *vt* déranger; (*sonno, lezione*) troubler; **disturbarsi** *vr* se déranger; **non si disturbi** ne vous dérangez pas.
disturbo [dis'turbo] *sm* dérangement *m*; (*MED*) trouble *m*; (*RADIO, TV*) brouillage *m*; ~ **della quiete pubblica** trouble de la tranquillité publique; **le tolgo il** ~ je ne vous dérangerai pas plus longtemps; ▶ **disturbi di stomaco** troubles digestifs.
disubbidiente [dizubbi'djɛnte] *agg* désobéissant(e).
disubbidienza [dizubbi'djɛntsa] *sf* désobéissance *f*; ▶ **disubbidienza civile** désobéissance civile.
disubbidire [dizubbi'dire] *vi*: ~ **(a)** désobéir (à).
disuguaglianza [dizugwaʎ'ʎantsa] *sf* inégalité *f.*
disuguale [dizu'gwale] *agg* (*anche superficie, terreno*) inégal(e).
disumanità [dizumani'ta] *sf* inhumanité *f.*
disumano, -a [dizu'mano] *agg* inhumain(e).
disunione [dizu'njone] *sf* désunion *f.*
disunire [dizu'nire] *vt* désunir.
disuso [di'zuzo] *sm*: **andare** *o* **cadere in** ~ tomber en désuétude.
dita ['dita] *sfpl di* **dito.**
ditale [di'tale] *sm* dé *m* à coudre.
ditata [di'tata] *sf* coup *m* de doigt; (*segno*) trace *f* de doigt.
dito ['dito] (*pl* (*f*) **dita**) *sm* doigt *m*; (*del piede*) orteil *m*; **mettersi le dita nel naso** se mettre les doigts dans le nez; **mettere il** ~ **sulla piaga** (*fig*) mettre le doigt sur la difficulté; **non ha mosso un** ~ **(per aiutarmi)** il n'a pas remué le petit doigt (pour m'aider); **ormai è segnato a** ~ désormais on le montre du doigt.
ditta ['ditta] *sf* firme *f*, maison *f.*
dittafono ® [dit'tafono] *sm* dictaphone ® *m.*
dittatore [ditta'tore] *sm* dictateur *m.*
dittatura [ditta'tura] *sf* dictature *f.*
dittongo, -ghi [dit'tɔngo] *sm* diphtongue *f.*
diurno, -a [di'urno] *agg* de jour ♦ *sm* (*anche*: **albergo** ~) bains *mpl* publics; **spettacolo** ~ matinée *f.*
diva ['diva] *sf* étoile *f*, vedette *f*; (*attrice di cinema*) star *f*, vedette.
divagare [diva'gare] *vi* (*fig*: *da argomento*) s'écarter.
divagazione [divagat'tsjone] *sf* divagation *f*; **fare delle divagazioni sul tema** faire des digressions.
divampare [divam'pare] *vi* (*incendio, fig*) éclater.
divano [di'vano] *sm* canapé *m*; (*senza schienale*) divan *m*; ▶ **divano letto** canapé-lit *m.*
divaricare [divari'kare] *vt* écarter.
divario [di'varjo] *sm* (*di opinioni*) divergence *f*; (*squilibrio*) écart *m*, décalage *m.*
divengo *etc* [di'vɛngo] *vb vedi* **divenire.**
divenire [dive'nire] *vi* = **diventare.**
divenni *etc* [de'venni] *vb vedi* **divenire.**
diventare [diven'tare] *vi* devenir; ~ **vecchio** vieillir; **c'è da** ~ **matti** il y a de quoi devenir fou.
divenuto, -a [dive'nuto] *pp di* **divenire.**
diverbio [di'vɛrbjo] *sm* dispute *f*, querelle *f.*
divergente [diver'dʒɛnte] *agg* (*anche fig*) divergent(e).
divergenza [diver'dʒɛntsa] *sf* (*anche fig*) divergence *f*; ~ **d'opinioni** divergence d'opinions.
divergere [di'vɛrdʒere] *vi* (*anche fig*) diverger.
diverrò *etc* [diver'rɔ] *vb vedi* **divenire.**
diversamente [diversa'mente] *avv* différemment, diversement; (*altrimenti*) autrement; ~ **da quanto stabilito** à l'inverse de ce qui a été convenu.
diversificare [diversifi'kare] *vt* diversifier; **diversificarsi** *vip* se différencier.
diversificazione [diversifikat'tsjone] *sf* diversification *f.*
diversione [diver'sjone] *sf* détournement *m*; (*MIL*) diversion *f.*
diversità [diversi'ta] *sf inv* diversité *f.*
diversivo, -a [diver'sivo] *agg* de diversion ♦ *sm* dérivatif *m*; **fare un'azione diversiva** essayer de détourner l'attention.
diverso, -a [di'vɛrso] *agg* différent(e) ♦ *sm* (*omosessuale*) homosexuel *m*; **diversi, –e** *agg pl* différents(-es); (*vari*) divers(es); (*molteplici*) plusieurs ♦ *pron pl* (*vari*) plusieurs.
divertente [diver'tɛnte] *agg* amusant(e).
divertimento [diverti'mento] *sm* amusement *m*; (*passatempo*) passe-temps *m*, distraction *f*; **buon** ~! amusez-vous bien!; **bel** ~! (*iron*) drôle d'amusement!
divertire [diver'tire] *vt* amuser; **divertirsi** *vr, vip* s'amuser; **divertiti!** amuse-toi bien!; **divertirsi alle spalle di qn** s'amuser aux dépens de qn.
divertito, -a [diver'tito] *agg* amusé(e).
dividendo [divi'dɛndo] *sm* (*MAT, ECON*) dividende *m.*
dividere [di'videre] *vt* (*anche fig*) diviser; (*ripartire*) partager; (*separare*) séparer; **dividersi** *vr, vip* se séparer; **dividersi in** se diviser en; **è diviso dalla moglie** il s'est

séparé de sa femme; **si divide tra casa e lavoro** il partage son temps entre la maison et le travail.

divieto [di'vjɛto] *sm* (*DIR*) interdiction *f*, défense *f*; **"~ di sosta"** (*AUT*) "stationnement interdit"; **"~ di accesso"** "défense d'entrer"; **"~ di caccia"** "chasse interdite"; **"~ di parcheggio"** "stationnement interdit".

divincolarsi [divinko'larsi] *vr* se démener, se débattre.

divinità [divini'ta] *sf inv* divinité *f*.

divino, -a [di'vino] *agg* (*anche fig*) divin(e).

divisa [di'viza] *sf* uniforme *m*; (*COMM*) devise *f*.

divisi *etc* [di'vizi] *vb vedi* **dividere**.

divisione [divi'zjone] *sf* (*anche MIL, SPORT*) division *f*; (*separazione*) séparation *f*; ▸ **divisione in sillabe** division en syllabes.

divismo [di'vizmo] *sm* culte *m* des vedettes.

diviso, -a [di'vizo] *pp di* **dividere**.

divisorio, -a [divi'zɔrjo] *agg* mitoyen(ne) ♦ *sm* cloison *f*.

divo ['divo] *sm* vedette *f*, star *f*.

divorare [divo'rare] *vt* (*anche fig*) dévorer; **~ qc con gli occhi** dévorer qch des yeux.

divorziare [divor'tsjare] *vi*: **~ (da)** divorcer (de).

divorziato, -a [divor'tsjato] *agg, sm/f* divorcé(e).

divorzio [di'vɔrtsjo] *sm* divorce *m*.

divulgare [divul'gare] *vt* divulguer; (*rendere comprensibile*) vulgariser; **divulgarsi** *vip* se répandre.

divulgazione [divulgat'tsjone] *sf* (*vedi vb*) divulgation *f*; vulgarisation *f*.

dizionario [dittsjo'narjo] *sm* dictionnaire *m*.

dizione [dit'tsjone] *sf* diction *f*.

Djakarta [dʒa'karta] *sf* Djakarta, Jakarta.

dl *abbr* (= *decilitro*) dl.

dm *abbr* (= *decimetro*) dm.

DNA [dienne'a] *sigla m* (*BIOL* = *deoxyribonucleic acid*) ADN *m*.

do [dɔ] *sm inv* (*MUS*) do *m*, ut *m*; (*solfeggiando la scala*) do.

dobbiamo [dob'bjamo] *vb vedi* **dovere**.

D.O.C. [dɔk] *sigla* (= *Denominazione di Origine Controllata*) A.O.C. *f*.

doc. *abbr* (= *documento*) doc.

doccia, -ce ['dottʃa] *sf* douche *f*; (*condotto*) gouttière *f*; **fare la ~** prendre une douche; ▸ **doccia fredda** (*fig*) douche froide.

docente [do'tʃɛnte] *agg* enseignant(e) ♦ *sm/f* professeur *m*.

docenza [do'tʃɛntsa] *sf* enseignement *m*; **libera ~** *titre universitaire, aujourd'hui supprimé, qui permettait d'enseigner dans les universités.*

D.O.C.G. *abbr* = *denominazione di origine controllata e garantita*.

docile ['dɔtʃile] *agg* docile.

docilità [dotʃili'ta] *sf* docilité *f*.

documentare [dokumen'tare] *vt* documenter; **documentarsi** *vr*: **documentarsi (su)** se documenter (sur).

documentario [dokumen'tarjo] *sm* documentaire *m*.

documentazione [dokumentat'tsjone] *sf* documentation *f*.

documento [doku'mento] *sm* document *m*; **documenti** *smpl* (*AMM*) papiers *mpl*; ▸ **documenti d'identità** papiers d'identité.

Dodecanneso [dodeka'nɛsso] *sm*: **le Isole del ~** les îles *fpl* du Dodécanèse.

dodicenne [dodi'tʃɛnne] *agg* (âgé(e)) de douze ans ♦ *sm/f* garçon(fille) de douze ans.

dodicesimo, -a [dodi'tʃɛzimo] *agg, sm/f* douzième *m/f* ♦ *sm* douzième *m*; *vedi anche* **quinto**.

dodici ['doditʃi] *agg inv, sm inv* douze *m inv*; *vedi anche* **cinque**.

dogana [do'gana] *sf* douane *f*; **passare la ~** passer la douane.

doganale [doga'nale] *agg* de douane; (*tariffa*) douanier(-ière).

doganiere [doga'njɛre] *sm* douanier *m*.

doglie ['dɔʎʎe] *sfpl* douleurs *fpl* de l'accouchement.

dogma, -i ['dɔgma] *sm* dogme *m*.

dogmatico, -a, -ci, -che [dog'matiko] *agg* dogmatique.

dolce ['doltʃe] *agg* (*anche fig*) doux(douce); (*zuccherato*) sucré(e) ♦ *sm* (*sapore*) sucré *m*; (*portata*) dessert *m*; (*torta*) gâteau *m*; **il ~ far niente** le farniente.

dolcezza [dol'tʃettsa] *sf* douceur *f*.

dolciario, -a [dol'tʃarjo] *agg* de la pâtisserie; **prodotto ~** pâtisserie *f*.

dolciastro, -a [dol'tʃastro] *agg* douceâtre.

dolcificante [doltʃifi'kante] *agg* édulcorant(e) ♦ *sm* édulcorant *m*.

dolciumi [dol'tʃumi] *smpl* friandises *fpl*, sucreries *fpl*.

dolente [do'lɛnte] *agg* (*dolorante*) douloureux(-euse); **essere ~ di** être désolé(e) de.

dolere [do'lere] *vi* avoir mal; **dolersi** *vip*: **dolersi di** (*rammaricarsi*) être désolé(e) de, regretter; **mi duole la testa** j'ai mal à la tête.

dolgo *etc* ['dɔlgo] *vb vedi* **dolere**.

dollaro ['dɔllaro] *sm* dollar *m*.

dolo ['dɔlo] *sm* (*DIR*) dol *m*.

Dolomiti [dolo'miti] *sfpl* Dolomites *fpl*.

dolorante [dolo'rante] *agg* endolori(e).

dolore [do'lore] *sm* douleur *f*; **se lo scoprono sono dolori!** s'ils le découvrent, ça va mal aller!

doloroso, -a [dolo'roso] *agg* douloureux

(-euse).
doloso, -a [do'loso] *agg* (*DIR*) dolosif(-ive); **incendio** ~ incendie *m* criminel.
dolsi *etc* ['dɔlsi] *vb vedi* **dolere**.
domanda [do'manda] *sf* (*anche ECON*) demande *f*; (*interrogazione*) question *f*; **fare una** ~ **a qn** poser une question à qn; **fare** ~ **per un lavoro** faire une demande d'emploi; **presentare regolare** ~ adresser une demande conforme; **fare** ~ **all'autorità giudiziaria** présenter une requête aux autorités judiciaires; ▶**domanda di divorzio/matrimonio** demande en divorce/mariage.
domandare [doman'dare] *vt* demander; **domandarsi** *vr, vip* se demander; ~ **qc a qn** demander qch à qn; ~ **di qn** demander des nouvelles de qn; (*al telefono etc*) demander qn.
domani [do'mani] *avv* demain ♦ *sm* demain *m*; (*il futuro*) avenir *m*; **dall'oggi al** ~ du jour au lendemain; ~ **sera** demain soir; ~ **(a) otto** demain en huit; ~ **l'altro** après-demain; **a** ~! à demain!; **un** ~ un jour; ~! (*iron*) tu peux attendre!
domare [do'mare] *vt* dompter; (*fig*) maîtriser.
domatore, -trice [doma'tore] *sm/f* dompteur(-euse) *m/f*; ▶**domatore di cavalli/leoni** dompteur *m* de chevaux/lions.
domattina [domat'tina] *avv* demain matin.
domenica, -che [do'menika] *sf* dimanche *m*; *vedi anche* **martedì**.
domenicale [domeni'kale] *agg* du dimanche; (*riposo*) dominical(e).
domenicano, -a [domeni'kano] *agg* (*REL*) dominicain(e).
domestico, -a, -ci, -che [do'mɛstiko] *agg* domestique; (*abitudini, tradizioni*) familial(e) ♦ *sm* domestique *m*, employé *m* de maison ♦ *sf* domestique *f*, employée *f* de maison; **rimanere tra le pareti domestiche** rester chez soi.
domiciliare [domitʃi'ljare] *agg* domiciliaire.
domiciliarsi [domitʃi'ljarsi] *vr* élire domicile.
domicilio [domi'tʃiljo] *sm* domicile *m*; **a** ~ (*lavoro, consegna*) à domicile.
dominante [domi'nante] *agg* dominant(e).
dominare [domi'nare] *vt* (*anche fig*) dominer ♦ *vi* dominer; (*fig*: *prevalere*) l'emporter; **dominarsi** *vr* se dominer, se maîtriser.
dominatore, -trice [domina'tore] *sm/f* dominateur(-trice).
dominazione [dominat'tsjone] *sf* domination *f*.
dominicano, -a [domini'kano] *agg* dominicain(e).
dominio [do'minjo] *sm* domination *f*; (*padronanza*) maîtrise *f*; (*fig*: *campo, ambito*) domaine *m*; **essere di** ~ **pubblico** être de notoriété publique; ▶**domini coloniali** colonies *fpl*.
don [dɔn] *sm* (*REL*) abbé *m*.
donare [do'nare] *vt*: ~ **(a)** (*regalare*) offrir (à); (*in beneficenza*) faire don de (à) ♦ *vi* (*fig*: *colore, abito*): ~ **(a)** aller bien (à); ~ **sangue** donner son sang; ~ **organi** faire un don d'organes.
donatore, -trice [dona'tore] *sm/f* (*MED*) donneur(-euse); ▶**donatore di organi** donneur d'organes; ▶**donatore di sangue** donneur de sang.
donazione [donat'tsjone] *sf* donation *f*; **atto di** ~ (*DIR*) acte *m* de donation.
donde ['donde] *avv* d'où.
dondolare [dondo'lare] *vt* balancer; **dondolarsi** *vr* se balancer.
dondolo ['dondolo] *sm*: **a** ~ à bascule; **sedia a** ~ rocking-chair *m*.
dongiovanni [dondʒo'vanni] *sm inv* don Juan *m*.
donna ['dɔnna] *sf* femme *f*; (*titolo*) madame *f*; (*CARTE*) dame *f*; **figlio di buona** ~! (*fam*) salaud!; ▶**donna a ore, donna delle pulizie** femme de ménage; ▶**donna di casa** femme d'intérieur; ▶**donna di servizio** femme de ménage.
donnaiolo [donna'jɔlo] *sm* coureur *m* (de jupons).
donnola ['dɔnnola] *sf* belette *f*.
dono ['dono] *sm* cadeau *m*; (*fig*: *grazia, qualità*) don *m*.
dopo ['dopo] *avv* (*tempo, spazio*) après; (*più tardi*) plus tard ♦ *prep* après ♦ *cong* (*temporale*): ~ **aver studiato** après avoir étudié ♦ *agg inv*: **il giorno** ~ le jour suivant, le lendemain; ~ **mangiato va a dormire** après manger, il dort; **un anno** ~ un an après; ~ **di me/lui** après moi/lui; **è subito** ~ **la chiesa** c'est juste après l'église.
dopo... ['dopo] *pref* après... .
dopobarba [dopo'barba] *sm inv* après-rasage *m*, after-shave *m*.
dopoché [dopo'ke] *cong* après que.
dopodiché [dopodi'ke] *avv* après quoi.
dopodomani [dopodo'mani] *avv* après-demain ♦ *sm inv* surlendemain *m*.
dopoguerra [dopo'gwɛrra] *sm inv* après-guerre *m*.
dopolavoro [dopola'voro] *sm* *cercle de loisirs au sein d'une entreprise.*
dopopranzo [dopo'prandzo] *avv, sm* après-midi *m inv*; **ci vediamo** ~ on se voit cet après-midi.
doposci [dopoʃ'ʃi] *sm inv* après-ski *m*.
doposcuola [dopos'kwɔla] *sm inv* étude *f*.
dopotutto [dopo'tutto] *avv* après tout.
doppiaggio [dop'pjaddʒo] *sm* (*CINE*) doublage *m*.

doppiare [dop'pjare] *vt* (*capo, CINE*) doubler.

doppiatore, -trice [doppja'tore] *sm/f* (*CINE*) comédien(ne) de doublage, comédien(ne) de postsynchro(nisation).

doppietta [dop'pjetta] *sf* fusil *m* à deux canons; (*sparo*) doublé *m*; (*CALCIO*) deux buts *msg*; (*PUGILATO*) une-deux *m*; (*AUT*) double débrayage *m*.

doppiezza [dop'pjettsa] *sf* (*fig*) duplicité *f*.

doppio, -a ['doppjo] *agg* double; (*fig: falso*) faux(fausse) ♦ *sm* (*quantità, numero, misura*): **il ~ (di)** le double (de); (*TENNIS*) double *m* ♦ *avv* double; **battere una lettera in doppia copia** taper une lettre en double exemplaire; **fare il ~ gioco** (*fig*) jouer un double jeu; **chiudere a doppia mandata** fermer à double tour; **frase a ~ senso** phrase à double sens; **un utensile a ~ uso** un outil à double emploi; ▶ **doppio mento** double menton *m*; ▶ **doppio senso** double sens *msg*.

doppiofondo [doppjo'fondo] *sm* (*anche NAUT*) double fond *m*.

doppione [dop'pjone] *sm* double *m*.

doppiopetto [doppjo'pɛtto] *sm* (*giacca*) veste *f* croisée; (*mantello*) manteau *m* croisé.

doppista [dop'pista] *sm/f* (*TENNIS*) joueur (-euse) de double.

dorare [do'rare] *vt* (*anche CUC*) dorer; **~ la pillola** (*fig*) dorer la pilule.

dorato, -a [do'rato] *agg* doré(e).

doratura [dora'tura] *sf* dorure *f*.

dormicchiare [dormik'kjare] *vi* sommeiller.

dormiglione, -a [dormiʎ'ʎone] *sm/f* (grand(e)) dormeur(-euse).

dormire [dor'mire] *vi, vt* (*anche fig*) dormir; **~ come un ghiro** dormir comme un loir; **~ della grossa** dormir d'un sommeil de plomb; **~ in piedi** dormir debout.

dormita [dor'mita] *sf* somme *m*; **farsi una ~** faire un somme.

dormitorio [dormi'tɔrjo] *sm* dortoir *m*; **città ~** ville-dortoir *f*; ▶ **dormitorio pubblico** asile *m* de nuit.

dormiveglia [dormi'veʎʎa] *sm inv* demi-sommeil *m*.

dorrò *etc* [dor'rɔ] *vb vedi* **dolere**.

dorsale [dor'sale] *agg*: **spina ~** épine *f* dorsale.

dorso ['dɔrso] *sm* dos *msg*; **a ~ di cavallo/mulo** à dos de cheval/mulet.

dosaggio [do'zaddʒo] *sm* dosage *m*.

dosare [do'zare] *vt* (*anche MED*) doser.

dose ['dɔze] *sf* (*anche MED*) dose *f*.

dossier [do'sje] *sm inv* dossier *m*.

dosso ['dɔsso] *sm* (*di strada*) dos *msg* d'âne; (*di monte*) mamelon *m*; **levarsi di ~** ôter; **levarsi un peso di ~** (*fig*) se libérer d'un poids.

dotare [do'tare] *vt*: **~ di** doter de, équiper de.

dotato, -a [do'tato] *agg*: **~ di** (*di attrezzature etc*) doté(e) de, équipé(e) de; (*di talento etc*) doué(e); **una persona molto dotata** une personne très douée.

dotazione [dotat'tsjone] *sf* dotation *f*; (*di macchine*) équipement *m*; **dare qc in ~ a qn** doter qn de qch; **i macchinari in ~ alla fabbrica** la machinerie dont est dotée l'usine.

dote ['dɔte] *sf* dot *f*; (*fig*) qualité *f*.

Dott. *abbr* (= *dottore*) ≈ Dr.

dotto, -a ['dɔtto] *agg* cultivé(e) ♦ *sm* savant *m*; (*ANAT*) canal *m*.

dottorato [dotto'rato] *sm* (*UNIV*) doctorat *m*; ▶ **dottorato di ricerca** ≈ doctorat.

dottore, -essa [dot'tore] *sm/f* (*medico*) docteur *m*; (*laureato*) *titre donné au titulaire d'une 'laurea'*.

dottrina [dot'trina] *sf* (*anche REL*) doctrine *f*; (*catechismo*) catéchisme *m*; (*cultura*) culture *f*.

Dott.ssa *abbr* (= *dottoressa*) ≈ Dr.

double-face ['dublə'fas] *agg inv* double face.

PAROLA CHIAVE

dove ['dove] *avv* **1** (*in interrogative*) où; **dove sei?** où es-tu?; **dove vai?** où vas-tu?; **dimmi dov'è!** dis-moi où il est!; **da dove viene?** d'où vient-il?; **di dove sei?** d'où es-tu?; **per dove si passa?** par où passe-t-on?

2 (*in relative*) où; (: *nel luogo in cui*) (là) où; **qui è dove l'han trovato** c'est ici qu'ils l'ont trouvé; **t'aiuto fin dove posso** je t'aide de autant que je peux; **la città dove sono nato** la ville où je suis né; **dove va combina guai** où qu'il aille, il fait des bêtises; **si sieda dove preferisce** asseyez-vous où vous voulez; **resta dove sei** reste (là) où tu es

♦ *cong* (*mentre*) alors que; **ha preso la colpa dove non era sua** il a endossé la faute alors qu'il n'était pas coupable.

dovere [do'vere] *sm* devoir *m* ♦ *vt* (*somma, favore*): **~ qc (a qn)** devoir qch (à qn) ♦ *vi* (*seguito da infinito: obbligo*): **~ fare qc** devoir faire qch; (: *necessità*): **è dovuto partire** il a dû partir; (: *intenzione*): **devo partire domani** je dois partir demain; (: *probabilità*): **dev'essere tardi** il doit être tard; (: *divieto*): **non devi prenderlo** tu ne dois pas le prendre; (: *assenza di obbligo*): **non devi venire se non vuoi** tu n'es pas obligé de venir; **avere il senso del ~** avoir le sens du devoir; **rivolgersi a chi di ~** s'adresser à qui de droit; **doveva acca-**

dere cela devait arriver; **a** ~ comme il se doit; **come si deve** comme il faut; **una persona come si deve** une personne comme il faut.
doveroso, -a [dove'roso] *agg* (*dovuto*) juste.
dovizia [do'vittsja] *sf* abondance *f*.
dovrò *etc* [do'vrɔ] *vb vedi* **dovere**.
dovunque [do'vunkwe] *avv* n'importe où; (*dappertutto*) partout; ~ **io vada ...** où que j'aille ... .
dovutamente [dovuta'mente] *avv* dûment.
dovuto, -a [do'vuto] *pp di* **dovere** ♦ *agg* (*causato*): ~ **a** dû(due) à ♦ *sm* dû *m*; **nel modo** ~ comme de juste; **lavorare più del** ~ travailler plus qu'il ne faut.
dozzina [dod'dzina] *sf* douzaine *f*; **una** ~ **di uova** une douzaine d'œufs; **di** *o* **da** ~ (*scrittore, spettacolo*) médiocre, de second ordre.
dozzinale [doddzi'nale] *agg* ordinaire.
DP [di'pi] *sigla f* = *Democrazia Proletaria*.
drachma ['drakma] *sf* drachme *f*.
draga, -ghe ['draga] *sf* drague *f*.
dragare [dra'gare] *vt* draguer.
dragherò *etc* [drage'rɔ] *vb vedi* **dragare**.
drago, -ghi ['drago] *sm* dragon *m*; (*fam*: *fig*) as *msg*, champion(ne).
dramma, -i ['dramma] *sm* (*anche fig*) drame *m*; **fare un** ~ **di qc** faire un drame de qch.
drammatico, -a, -ci, -che [dram'matiko] *agg* (*anche fig*) dramatique.
drammatizzare [drammatid'dzare] *vt* (*anche fig*) dramatiser.
drammaturgo, -ghi [dramma'turgo] *sm* dramaturge *m*.
drappeggiare [drapped'dʒare] *vt* draper.
drappeggio [drap'peddʒo] *sm* (*tendaggio*) draperie *f*; (*di abito*) drapé *m*.
drappello [drap'pɛllo] *sm* groupe *m*; (*MIL*) détachement *m*.
drappo ['drappo] *sm* drap *m*.
drastico, -a, -ci, -che ['drastiko] *agg* draconien(ne).
drenaggio [dre'naddʒo] *sm* (*anche MED*) drainage *m*.
drenare [dre'nare] *vt* (*anche MED*) drainer.
Dresda ['drɛsda] *sf* Dresde.
dribblare [drib'blare] *vi, vt* (*CALCIO*) dribbler.
dritta ['dritta] *sf* droite *f*; (*NAUT*) tribord *m*; **a** ~ **e a manca** à droite et à gauche; *vedi anche* **dritto**.
dritto, -a ['dritto] *agg, avv* = **diritto** ♦ *sm/f* (*fam*: *furbo*): **è un** ~ c'est un malin.
drizzare [drit'tsare] *vt* redresser; (*sguardo, occhi*) tourner; (*antenna*) installer; (*muro*) élever; **drizzarsi** *vr, vip* (*alzarsi*): **drizzarsi (in piedi)** se mettre debout; ~ **le orecchie** dresser l'oreille; **drizzarsi a sedere** se mettre sur son séant.
droga, -ghe ['drɔga] *sf* (*stupefacente*: *anche fig*) drogue *f*; (*spezia*) épice *f*; ▶ **droghe leggere** drogues douces; ▶ **droghe pesanti** drogues dures.
drogare [dro'gare] *vt* (*persona*) droguer; (*animale*) doper; (*CUC*) épicer; **drogarsi** *vr* se droguer.
drogato, -a [dro'gato] *sm/f* drogué(e).
drogheria [droge'ria] *sf* droguerie *f*; (*negozio di alimentari*) épicerie *f*.
drogherò *etc* [droge'rɔ] *vb vedi* **drogare**.
droghiere, -a [dro'gjɛre] *sm/f* (*vedi sf*) droguiste *m/f*; épicier(-ière).
dromedario [drome'darjo] *sm* dromadaire *m*.
D.T. *abbr* = *direttore tecnico*.
dubbio, -a ['dubbjo] *agg* incertain(e); (*equivoco*) douteux(-euse) ♦ *sm* doute *m*; **mettere in** ~ **qc** mettre qch en doute; **avere il** ~ **che** avoir la sensation que; **essere in** ~ **fra** hésiter entre; **nutrire seri dubbi su qc** avoir de sérieux doutes sur qch; **senza** ~ sans aucun doute.
dubbioso, -a [dub'bjoso] *agg* (*espressione*) dubitatif(-ive); (*persona*) plein(e) de doutes; (*esito, successo*) douteux(-euse).
dubitare [dubi'tare] *vi* douter; ~ **di qc/qn** douter de qch/qn; ~ **di sé** douter de soi; **ne dubito** j'en doute.
Dublino [du'blino] *sf* Dublin.
duca, -chi ['duka] *sm* duc *m*.
duce ['dutʃe] *sm* (*STORIA*) chef *m*; (: *del fascismo*): **il** ~ Le Duce.
duchessa [du'kessa] *sf* duchesse *f*.
due ['due] *agg inv, sm inv* deux *m inv*; **a** ~ **a** ~ deux par deux; **dire** ~ **parole** dire deux mots; **ci metti** ~ **minuti** ça prend deux minutes; *vedi anche* **cinque**.
duecentesco, -a, -schi, -sche [duetʃen'tesko] *agg* du treizième siècle.
duecento [due'tʃɛnto] *agg inv, sm inv* deux cents *m inv* ♦ *sm*: **il D**~ le treizième siècle.
duellare [duel'lare] *vi* se battre en duel.
duello [du'ɛllo] *sm* duel *m*.
duemila [due'mila] *agg inv, sm inv* deux mille *m inv* ♦ *sm inv*: **il** ~ l'an *m* deux mille.
duepezzi [due'pɛttsi] *sm inv* deux-pièces *msg*, bikini *m*; (*abito*) deux-pièces.
duetto [du'etto] *sm* (*MUS*) duo *m*.
dulcis in fundo ['dultʃis in'fundo] *avv* et pour terminer en beauté.
duna ['duna] *sf* dune *f*.
dunque ['dunkwe] *cong* donc ♦ *sm inv*: **venire al** ~ venir au fait.
duo ['duo] *sm inv* duo *m*.
duole *etc* ['dwɔle] *vb vedi* **dolere**.
duomo ['dwɔmo] *sm* cathédrale *f*; **il** ~ **di Milano** le dôme de Milan.
duplex ['dupleks] *sm inv* (*TEL*) duplex *m*.

duplicato [dupli'kato] *sm* (*DIR*) duplicata *m inv*; (*copia*) double *m*.
duplice ['duplitʃe] *agg* double; **in ~ copia** en double exemplaire.
duplicità [duplitʃi'ta] *sf* dualité *f*; (*fig*) duplicité *f*.
durante [du'rante] *prep* pendant; **vita naturale ~** durant toute sa vie.
durare [du'rare] *vi* durer; (*cibo*) se conserver; (*protrarsi*) durer, continuer; **~ fatica a** avoir de la peine à; **~ in carica** rester en fonction; **non può ~** cela ne peut pas continuer *o* durer.
durata [du'rata] *sf* durée *f*; **per tutta la ~ di** pendant toute la durée de; **~ media della vita** durée moyenne de la vie.
duraturo, -a [dura'turo] *agg* durable.
durevole [du'revole] *agg* durable.
durezza [du'rettsa] *sf* (*vedi agg*) dureté *f*; difficulté *f*; entêtement *m*; sévérité *f*.
duro, -a ['duro] *agg* dur(e); (*problema*) difficile; (*persona*: *ostinato*) têtu(e); (: *severo*) sévère ♦ *sm* dur *m*; (*difficoltà*) difficultés *fpl* ♦ *sm/f* dur(e) *m/f* ♦ *avv*: **tener ~** tenir bon; **avere la pelle dura** (*fig*) avoir la peau dure; **~ di comprendonio** dur de la comprenette (*fam*); **~ d'orecchi** dur d'oreille; **fare il ~** jouer les durs.
durone [du'rone] *sm* durillon *m*.
duttile ['duttile] *agg* ductile; (*fig*: *carattere*) souple.

E, e

E, e [e] *sf o m inv* (*lettera*) E, e *m inv*; **~ come Empoli** ≈ E comme Émile.
E *abbr* (= *est*) E.
e [e] (*dav V anche* **ed**) *cong* et.
è [ɛ] *vb vedi* **essere**.
E.A.D. *abbr* = *elaborazione automatica dei dati*.
ebanisteria [ebaniste'ria] *sf* ébénisterie *f*; (*negozio*) atelier *m* d'ébéniste.
ebano ['ɛbano] *sm* (*BOT*) ébénier *m*; (*legno*) ébène *f*.
ebbe ['ɛbbe] *vb vedi* **avere**.
ebbene [eb'bɛne] *cong* eh bien.
ebbi ['ɛbbi] *vb vedi* **avere**.
ebbrezza [eb'brettsa] *sf* ivresse *f*; (*fig*) griserie *f*, ivresse.
ebbro, -a ['ɛbbro] *agg* (*anche fig*) ivre.
ebete ['ɛbete] *agg, sm/f* idiot(e).
ebetismo [ebe'tizmo] *sm* hébétude *f*.
ebollizione [ebollit'tsjone] *sf* ébullition *f*; **punto di ~** point *m* d'ébullition.
ebraico, -a, -ci, -che [e'braiko] *agg* hébraïque ♦ *sm* hébreu *m*; **popolo ~** peuple *m* hébreu.
ebreo, -a [e'brɛo] *agg, sm/f* juif(-ive).
Ebridi ['ɛbridi] *sfpl*: **le (isole) ~** les (îles) Hébrides *fpl*.
E/C *abbr* (= *estratto conto*) relevé de compte.
ecatombe [eka'tombe] *sf* hécatombe *f*.
ecc. *abbr avv* (= *eccetera*) etc.
eccedenza [ettʃe'dɛntsa] *sf* excédent *m*, surplus *m*.
eccedere [et'tʃɛdere] *vt* (*limite*) dépasser ♦ *vi* exagérer; **~ nel fare qc** faire qch avec excès; **~ nel mangiare** manger avec excès.
eccellente [ettʃel'lɛnte] *agg* excellent(e); (*fig*: *cadavere*) exquis(e); **omicidio ~** *assassinat d'un personnage en vue*.
eccellenza [ettʃel'lɛntsa] *sf* excellence *f*; **Sua E~** Son Excellence *f*; **per ~** par excellence.
eccellere [et'tʃɛllere] *vi*: **~ (in)** exceller (dans), être fort(e) (en).
eccelso, -a [et'tʃɛlso] *pp di* **eccellere** ♦ *agg* (*cima etc*) très haut(e); (*fig*) sublime.
eccentrico, -a, -ci, -che [et'tʃɛntriko] *agg* excentrique.
eccessivo, -a [ettʃes'sivo] *agg* excessif (-ive).
eccesso [et'tʃɛsso] *sm* excès *m*; **dare in eccessi** (*fig*) s'emporter; **per ~** (*arrotondare*) par excès; ►**eccesso di velocità** excès de vitesse; ►**eccesso di zelo** excès de zèle.
eccetera [et'tʃɛtera] *avv* et cetera.
eccetto [et'tʃɛtto] *prep* (*tranne*) sauf, excepté; **è permesso tutto ~ che fumare** on peut tout faire sauf fumer; **verrò domani ~ che non piova** je viendrai demain sauf s'il pleut, je viendrai demain à moins qu'il ne pleuve.
eccettuare [ettʃettu'are] *vt* excepter.
eccezionale [ettʃettsjo'nale] *agg* exceptionnel(le); **in via del tutto ~** exceptionnellement.
eccezione [ettʃet'tsjone] *sf* (*anche DIR*) exception *f*; **a ~ di** à l'exception de, sauf; **d'~** exceptionnel(le), de marque; **fare ~** faire exception; **fare un'~ (alla regola)** faire une exception (à la règle).
ecchimosi [ek'kimozi] *sf inv* ecchymose *f*.
eccidio [et'tʃidjo] *sm* massacre *m*, carnage *m*.
eccitante [ettʃi'tante] *agg* excitant(e) ♦ *sm* excitant *m*.
eccitare [ettʃi'tare] *vt* exciter; **eccitarsi** *vip* s'exciter.

eccitazione [ettʃitat'tsjone] *sf* excitation *f.*
ecclesiastico, -a, -ci, -che [ekkle'zjastiko] *agg, sm* ecclésiastique *m.*
ecco ['ɛkko] *avv* voilà; ~**mi!** me voilà!, me voici!; (*vengo!*) j'arrive!; ~ **fatto!** ça y est, c'est fait!; ~**ci arrivati!** nous voilà arrivés!
eccome [ek'kome] *avv* et comment, évidemment; **ti piace?** – ~! ça te plaît? – et comment!
ECG [etʃi'dzhi] *sigla m* (= *elettrocardiogramma*) ECG *m.*
echeggiare [eked'dʒare] *vi* retentir, résonner.
eclettico, -a, -ci, -che [e'klɛttiko] *agg* éclectique.
eclettismo [eklet'tizmo] *sm* éclectisme *m.*
eclissare [eklis'sare] *vt* (*anche fig*) éclipser; **eclissarsi** *vip* (*anche fig*) s'éclipser.
eclissi [e'klissi] *sf inv* éclipse *f*; ▸ **eclissi lunare** éclipse de lune; ▸ **eclissi solare** éclipse de soleil.
eco ['ɛko] (*pl(m)* **echi**) *sm o f* écho *m*; (*fig*) retentissement *m*, résonance *f*; **suscitare una vasta** ~ avoir un grand retentissement.
ecografia [ekogra'fia] *sf* échographie *f.*
ecologia [ekolo'dʒia] *sf* écologie *f.*
ecologico, -a, -ci, -che [eko'lɔdʒiko] *agg* écologique.
ecologista, -i, -e [ekolo'dʒista] *agg, sm/f* écologiste *m/f.*
ecologo, -a, -gi, -ghe [e'kɔlogo] *sm/f* écologiste *m/f.*
economato [ekono'mato] *sm* économat *m.*
economia [ekono'mia] *sf* économie *f*; **fare** ~ faire des économies; ▸ **economia sommersa** *o* **sotterranea** économie souterraine.
economico, -a, -ci, -che [eko'nɔmiko] *agg* économique; **edizione economica** édition bon marché.
economista, -i [ekono'mista] *sm/f* économiste *m/f.*
economizzare [ekonomid'dzare] *vt* économiser ♦ *vi* (*risparmiare*) économiser, faire des économies.
economo, -a [e'kɔnomo] *agg, sm/f* économe *m/f.*
ecosistema, -i [ekosis'tɛma] *sm* écosystème *m.*
ECU ['ɛku] *abbr m inv* (= *European Currency Unit*) ECU *m.*
Ecuador [ekwa'dɔr] *sm* (République *f* de l')Équateur *m.*
ecumenico, -a, -ci, -che [eku'mɛniko] *agg* œcuménique.
eczema [ek'dzɛma] *sm* eczéma *m.*
Ed. *abbr* (= *editore*) éd.
ed [ed] *cong vedi* **e**.
ed. *abbr* (= *edizione*) éd.
edera ['edera] *sf* lierre *m.*
edicola [e'dikola] *sf* kiosque *m* (à journaux).
edicolante [ediko'lante] *sm/f* marchand(e) de journaux.
edificabile [edifi'kabile] *agg*: **terreno** ~ terrain *m* à bâtir.
edificante [edifi'kante] *agg* édifiant(e).
edificare [edifi'kare] *vt* bâtir, édifier; (*fig*: *impero, teoria*) bâtir.
edificio [edi'fitʃo] *sm* édifice *m*, bâtiment *m*; (*abitazione*) immeuble *m*; (*fig*) édifice *m.*
edile [e'dile] *agg* (*imprenditore, impresa*) de bâtiment; (*industria*) du bâtiment.
edilizia [edi'littsja] *sf* bâtiment *m*; ▸ **edilizia privata** *travaux de construction à titre privé*; ▸ **edilizia pubblica** ≈ travaux *mpl* publics.
edilizio, -a [edi'littsjo] *agg* du bâtiment.
Edimburgo [edim'burgo] *sf* Édimbourg.
edito, -a ['ɛdito] *agg* publié(e), édité(e).
editore, -trice [edi'tore] *agg* (*società, casa*) d'édition, éditeur(-trice) ♦ *sm/f* éditeur (-trice).
editoria [edito'ria] *sf* édition *f.*
editoriale [edito'rjale] *agg* (*direttore*) de l'édition; (*successo*) de librairie, de l'édition ♦ *sm* éditorial *m.*
editorialista, -i, -e [editorja'lista] *sm/f* éditorialiste *m/f.*
editto [e'ditto] *sm* édit *m*, ordonnance *f.*
edizione [edit'tsjone] *sf* édition *f*; **una bella** ~ **della Traviata** une belle représentation de la Traviata; **la trentesima** ~ **della Fiera di Milano** la trentième Foire de Milan; ▸ **edizione straordinaria** édition spéciale.
edonismo [edo'nizmo] *sm* hédonisme *m.*
edotto, -a [e'dɔtto] *agg*: **rendere qn** ~ **su qc** instruire qn de qch.
educanda [edu'kanda] *sf* pensionnaire *f.*
educare [edu'kare] *vt* éduquer, élever; (*gusto, mente*) éduquer.
educativo, -a [eduka'tivo] *agg* éducatif (-ive).
educato, -a [edu'kato] *agg* bien élevé(e), poli(e); (*modi*) courtois(e); **in modo** ~ poliment.
educazione [edukat'tsjone] *sf* éducation *f*; (*comportamento*) politesse *f*, bonnes manières *fpl*; **per** ~ par politesse; ▸ **educazione fisica** (*SCOL*) éducation physique.
educherò *etc* [eduke'rɔ] *vb vedi* **educare**.
E.E.D. *abbr* (= *elaborazione elettronica dei dati*) traitement électronique des données.
EEG [ee'dʒi] *sigla m* (= *elettroencefalogramma*) EEG *m.*
efelide [e'fɛlide] *sf* éphélide *f.*
effe ['ɛffe] *sf o m inv* (*lettera*) f *m inv.*

effeminato, -a [effemi'nato] *agg* efféminé(e).
efferato, -a [effe'rato] *agg* atroce.
effervescente [efferveʃ'ʃɛnte] *agg* effervescent(e); (*fig*) effervescent(e), bouillonnant(e).
effettivamente [effettiva'mente] *avv* en vérité.
effettivo, -a [effet'tivo] *agg* effectif(-ive), réel(le), (*AMM*) en fonction; (*SCOL*) en titre, titulaire; (*socio*) actif(-ive) ♦ *sm* (*AMM, SCOL*) personnel *m*; (*MIL*) effectif *m*.
effetto [ef'fɛtto] *sm* (*anche COMM*) effet *m*; **in effetti** en réalité, effectivement; **fare ~** (*medicina*) faire de l'effet; **cercare l'~** (re)chercher l'effet; ▶ **effetto serra** effet de serre; ▶ **effetti personali** affaires *fpl*; ▶ **effetti attivi** (*COMM*) effets à recevoir; ▶ **effetti passivi** (*COMM*) effets à payer.
effettuare [effettu'are] *vt* (*azione*) réaliser, effectuer; (*servizio*) rendre; **il treno effettua due fermate** le train dessert deux gares.
efficace [effi'katʃe] *agg* efficace.
efficacia [effi'katʃa] *sf* efficacité *f*.
efficiente [effi'tʃɛnte] *agg* (*persona*) capable, efficient(e); (*macchina*) qui a un bon rendement, performant(e).
efficientismo [effitʃen'tizmo] *sm* (*peg*) excès *m* de zèle.
efficienza [effi'tʃɛntsa] *sf* efficacité *f*, efficience *f*; (*di macchina*) rendement *m*.
effigiare [effi'dʒare] *vt* (*ritrarre*) faire le portrait de; (*ornare*) orner.
effigie [ef'fidʒe] *sf inv* effigie *f*.
effimero, -a [ef'fimero] *agg* éphémère.
effluvio [ef'fluvjo] *sm* effluve *m*.
effusione [effu'zjone] *sf* (*fig*) effusion *f*, épanchement *m*.
e.g. *abbr* (= *exempli gratia*) p. ex.
egemonia [edʒemo'nia] *sf* hégémonie *f*.
Egeo [e'dʒɛo] *sm*: **l'~, il mar ~** la mer *f* Égée.
egida ['ɛdʒida] *sf* (*fig*): **sotto l'~ di** sous l'égide de.
Egitto [e'dʒitto] *sm* l'Égypte *f*.
egiziano, -a [edʒit'tsjano] *agg* égyptien(ne) ♦ *sm/f* Égyptien(ne).
egizio, -a [e'dʒittsjo] *agg* d'Égypte, égyptien(ne) ♦ *sm/f* Égyptien(ne).
egli ['eʎʎi] *pron* il; **~ stesso** lui-même.
ego ['ɛgo] *sm inv* ego *m inv*, moi *m inv*.
egocentrico, -a, -ci, -che [ego'tʃɛntriko] *agg, sm/f* égocentrique *m/f*.
egocentrismo [egotʃen'trizmo] *sm* égocentrisme *m*.
egoismo [ego'izmo] *sm* égoïsme *m*.
egoista, -i, -e [ego'ista] *agg, sm/f* égoïste *m/f*.
egoistico, -a, -ci, -che [ego'istiko] *agg* égoïste.
egotismo [ego'tizmo] *sm* égotisme *m*.
egotista, -i, -e [ego'tista] *agg* égotiste.
Egr. *abbr* = *Egregio*; **~ Sig.** Monsieur.
egregio, -a, -gi, -gie [e'grɛdʒo] *agg* remarquable; **~ signore** (*in lettera*) Monsieur.
eguaglianza *etc* [egwaʎ'ʎantsa] = **uguaglianza** *etc*.
egualitario, -a [egwali'tarjo] *agg* égalitaire ♦ *sm/f* égalitariste *m/f*.
E.I. *abbr* = *Esercito Italiano*.
eiaculazione [ejakulat'tsjone] *sf* éjaculation *f*; **~ precoce** éjaculation précoce.
elaborare [elabo'rare] *vt* élaborer; (*dati*) traiter.
elaboratore [elabora'tore] *sm* (*INFORM*): **~ elettronico** ordinateur *m*.
elaborazione [elaborat'tsjone] *sf* élaboration *f*; (*INFORM*) traitement *m*; ▶ **elaborazione automatica dei dati** traitement automatique des données; ▶ **elaborazione elettronica dei dati** traitement électronique des données; ▶ **elaborazione testi** traitement de textes.
elargire [elar'dʒire] *vt* prodiguer.
elargizione [elardʒit'tsjone] *sf* don *m*.
elasticizzato, -a [elastitʃid'dzato] *agg* élastique.
elastico, -a, -ci, -che [e'lastiko] *agg* (*materiale*) élastique; (*fig*) souple ♦ *sm* élastique *m*.
Elba ['elba] *sf* Elbe *f*.
elefante, -essa [ele'fante] *sm/f* éléphant(e).
elegante [ele'gante] *agg* élégant(e).
eleganza [ele'gantsa] *sf* élégance *f*.
eleggere [e'lɛddʒere] *vt* élire.
elementare [elemen'tare] *agg* élémentaire; **le (scuole) elementari** (*SCOL*) ≈ l'école *fsg* primaire; **prima ~** (*SCOL*) ≈ C.P. *m*, cours préparatoire.
elemento [ele'mento] *sm* (*anche fig, CHIM*) élément *m*; **elementi** *smpl* (*di scienza, arte*) notions *fpl*, éléments *mpl*.
elemosina [ele'mɔzina] *sf* aumône *f*; **chiedere l'~** demander l'aumône.
elemosinare [elemozi'nare] *vt, vi* mendier.
elencare [elen'kare] *vt* (*mettere in elenco*) dresser la liste de; (*enumerare*) énumérer.
elencherò *etc* [elenke'rɔ] *vb vedi* **elencare**.
elenco, -chi [e'lɛnko] *sm* liste *f*; ▶ **elenco telefonico** annuaire *m* (des téléphones).
elessi *etc* [e'lɛssi] *vb vedi* **eleggere**.
elettivo, -a [elet'tivo] *agg* électif(-ive).
eletto, -a [e'lɛtto] *pp di* **eleggere** ♦ *agg, sm/f* (*popolo*) élu(e); (*animo etc*) élevé(e).
elettorale [eletto'rale] *agg* électoral(e).
elettorato [eletto'rato] *sm* électorat *m*.
elettore, -trice [elet'tore] *sm/f* électeur (-trice).

elettrauto [elet'trauto] *sm inv* (*officina*) garage *m*; (*negozio*) *magasin spécialisé dans l'équipement électrique pour autos*; (*tecnico*) mécanicien *m* (*spécialisé dans les installations électriques pour autos*).
elettricista, -i [elettri'tʃista] *sm* électricien *m*.
elettricità [elettritʃi'ta] *sf* électricité *f*.
elettrico, -a, -ci, -che [e'lɛttriko] *agg* électrique.
elettrizzante [elettrid'dzante] *agg* (*fig*) électrisant(e).
elettrizzare [elettrid'dzare] *vt* (*anche fig*) électriser; **elettrizzarsi** *vip* se charger; (*fig*) être galvanisé(e).
elettro... [e'lɛttro] *pref* électro... .
elettrocardiogramma, -i [elettrokardjo'gramma] *sm* électrocardiogramme *m*.
elettrodo [e'lɛttrodo] *sm* électrode *f*.
elettrodomestico, -a, -ci, -che [elettrodo'mɛstiko] *agg* électroménager(-ère) ♦ *sm* électroménager *m*; **apparecchio ~** appareil *m* électroménager.
elettroencefalogramma, -i [elettroentʃefalo'gramma] *sm* électro-encéphalogramme *m*.
elettrogeno, -a [elet'trɔdʒeno] *agg*: **gruppo ~** groupe *m* électrogène.
elettrolisi [elet'trɔlizi] *sf* électrolyse *f*.
elettromagnetico, -a, -ci, -che [elettromaɲ'ɲetiko] *agg* électromagnétique.
elettromotrice [elettromo'tritʃe] *sf* automotrice *f*.
elettrone [elet'trone] *sm* électron *m*.
elettronica [elet'trɔnika] *sf* électronique *f*.
elettronico, -a, -ci, -che [elet'trɔniko] *agg* électronique.
elettroshock [elettroʃ'ʃɔk] *sm inv* électrochoc *m*.
elettrotecnica [elettro'tɛknika] *sf* électrotechnique *f*.
elettrotecnico, -a, -ci, -che [elettro'tɛkniko] *agg* électrotechnique ♦ *sm* électrotechnicien *m*.
elevare [ele'vare] *vt* élever; (*protesto, multa*) dresser; **~ un numero al quadrato** élever un nombre au carré.
elevatezza [eleva'tettsa] *sf* élévation *f*.
elevato, -a [ele'vato] *agg* élevé(e); (*fig*) élevé(e), noble.
elevazione [elevat'tsjone] *sf* (*anche MAT*) élévation *f*; (*SPORT*) élan *m*.
elezione [elet'tsjone] *sf* élection *f*; **elezioni** *sfpl* (*amministrative, politiche*) élections *fpl*; **patria d'~** patrie *f* d'élection.
elica, -che ['ɛlika] *sf* (*di nave, aereo*) hélice *f*.
elicottero [eli'kɔttero] *sm* hélicoptère *m*.
elidere [e'lidere] *vt* (*FONETICA*) élider.
eliminare [elimi'nare] *vt* éliminer; (*dubbi*) dissiper.
eliminatoria [elimina'tɔrja] *sf* (épreuve *f*) éliminatoire *f*.
eliminazione [eliminat'tsjone] *sf* élimination *f*.
elio ['ɛljo] *sm* hélium *m*.
eliporto [eli'pɔrto] *sm* héliport *m*.
elisabettiano, -a [elizabet'tjano] *agg* élisabéthain(e).
elisir [eli'zir] *sm inv* élixir *m*.
eliso, -a [e'lizo] *pp di* **elidere**.
elisoccorso [elisok'korso] *sm* *service d'hélicoptères de secours*.
elitario, -a [eli'tarjo] *agg* élitaire.
élite [e'lit] *sf inv* élite *f*.
ella ['ella] *pron* (*femminile*) elle; (*forma di cortesia*) vous; **~ stessa** elle-même.
elle ['ɛlle] *sf o m inv* (*lettera*) l *m inv*.
ellisse [el'lisse] *sf* ellipse *f*.
ellittico, -a, -ci, -che [el'littiko] *agg* elliptique.
elmetto [el'metto] *sm* casque *m*.
elmo ['elmo] *sm* casque *m*.
elogiare [elo'dʒare] *vt* faire l'éloge de.
elogio, -gi [e'lɔdʒo] *sm* éloge *m*; (*lode*) éloge, compliment *m*; ▶ **elogio funebre** éloge funèbre.
eloquente [elo'kwɛnte] *agg* éloquent(e); (*fig*) éloquent(e), parlant(e); **questi dati sono eloquenti** ces chiffres sont éloquents.
eloquenza [elo'kwɛntsa] *sf* éloquence *f*.
eloquio [e'lɔkwjo] *sm* élocution *f*.
elucubrare [eluku'brare] *vt* élaborer; (*iron*) combiner.
elucubrazioni [elukubrat'tsjoni] *sfpl* méditations *fpl*; (*iron*) élucubrations *fpl*.
eludere [e'ludere] *vt* (*domanda*) éluder; (*regolamento, leggi*) contourner; (*sorveglianza*) échapper à.
elusi *etc* [e'luzi] *vb vedi* **eludere**.
elusione [elu'zjone] *sf*: **~ d'imposta** évasion *f* fiscale, fraude *f* fiscale.
elusivo, -a [elu'zivo] *agg* évasif(-ive).
eluso, -a [e'luzo] *pp di* **eludere**.
elvetico, -a, -ci, -che [el'vetiko] *agg* helvétique.
emaciato, -a [ema'tʃato] *agg* émacié(e).
emanare [ema'nare] *vt* (*odore, calore*) exhaler, dégager; (*fig*: *leggi*) promulguer; (: *circolari*) envoyer ♦ *vi* (*fig*): **~ da** se dégager de, émaner de.
emanazione [emanat'tsjone] *sf* (*anche CHIM*) émanation *f*, dégagement *m*; (*fig*: *di leggi*) promulgation *f*; (*di circolari*) envoi *m*.
emancipare [emantʃi'pare] *vt* émanciper; (*schiavo*) affranchir; **emanciparsi** *vr* (*vedi vt*) s'émanciper; s'affranchir.
emancipazione [emantʃipat'tsjone] *sf* (*vedi vb*) émancipation *f*; affranchissement *m*; **l'~ della donna** l'émancipation de la fem-

me.

emarginare [emardʒi'nare] *vt* marginaliser.

emarginato, -a [emardʒi'nato] *sm/f* marginal(e).

ematologia [ematolo'dʒia] *sf* hématologie *f*.

ematoma, -i [ema'tɔma] *sm* hématome *m*.

emblema, -i [em'blɛma] *sm* emblème *m*.

emblematico, -a, -ci, -che [emble'matiko] *agg* emblématique; (*linguaggio*) représentatif(-ive), typique.

embolia [embo'lia] *sf* embolie *f*.

embrionale [embrio'nale] *agg* (*anche fig*) embryonnaire.

embrione [embri'one] *sm* (*anche BOT*) embryon *m*; **in ~** (*fig*) à l'état embryonnaire.

emendamento [emenda'mento] *sm* correction *f*; (*DIR*) amendement *m*.

emendare [emen'dare] *vt* corriger; (*DIR*) amender.

emergente [emer'dʒɛnte] *agg* émergent(e); (*fig*: *ceto*) montant(e); **artista/astro ~** étoile *f* montante.

emergenza [emer'dʒɛntsa] *sf* urgence *f*; **in caso di ~** en cas d'urgence; **stato di ~** état *m* d'urgence.

emergere [e'mɛrdʒere] *vi* émerger; (*fig*: *apparire*) se révéler; (: *distinguersi*) se distinguer; **emerge che** ... il ressort que ... .

emerito, -a [e'mɛrito] *agg* éminent(e), illustre; **è un ~ cretino!** c'est un sacré crétin!

emersi *etc* [e'mɛrsi] *vb vedi* **emergere**.

emerso, -a [e'mɛrso] *pp di* **emergere** ♦ *agg*: **terre emerse** terres *fpl* émergées.

emesso, -a [e'messo] *pp di* **emettere**.

emettere [e'mettere] *vt* (*suono, luce, onde radio etc*) émettre; (*grido, sospiro*) pousser; (*assegno*) tirer; (*francobollo*) mettre en circulation; (*ordine, mandato*) délivrer; (*DIR*: *sentenza*) rendre.

emicrania [emi'kranja] *sf* migraine *f*.

emigrante [emi'grante] *sm/f* émigrant(e).

emigrare [emi'grare] *vi* émigrer; (*uccelli*) migrer.

emigrato, -a [emi'grato] *agg, sm/f* émigré(e).

emigrazione [emigrat'tsjone] *sf* émigration *f*; (*di valuta, capitali*) fuite *f*.

emiliano, -a [emi'ljano] *agg* émilien(e) ♦ *sm/f* Émilien(e).

Emilia-Romagna [emiljaro'maɲɲa] *sf* Émilie-Romagne *f*.

eminente [emi'nente] *agg* éminent(e).

eminenza [emi'nɛntsa] *sf* éminence *f*; ▸**eminenza grigia** (*fig*) éminence grise.

emirato [emi'rato] *sm* émirat *m*; **gli Emirati Arabi Uniti** les Émirats arabes unis.

emiro [e'miro] *sm* émir *m*.

emisfero [emis'fɛro] *sm* hémisphère *m*; ▸**emisfero australe** hémisphère austral; ▸**emisfero boreale** hémisphère boréal.

emisi *etc* [e'mizi] *vb vedi* **emettere**.

emissario [emis'sarjo] *sm* (*di fiume, agente*) émissaire *m*; (*agente*) espion *m*.

emissione [emis'sjone] *sf* émission *f*; (*di assegno*) tirage *m*.

emittente [emit'tɛnte] *agg* émetteur(-trice) ♦ *sf* (*RADIO, TV*) émetteur *m*; ▸**emittente privata** émetteur privé.

emme ['ɛmme] *sf o m inv* (*lettera*) m *m inv*.

emofilia [emofi'lia] *sf* hémophilie *f*.

emofiliaco, -a, -ci, -che [emofi'liako] *agg, sm* hémophile *m*.

emoglobina [emoglo'bina] *sf* hémoglobine *f*.

emolliente [emol'ljɛnte] *sm* émollient *m*.

emorragia, -gie [emorra'dʒia] *sf* hémorragie *m*.

emorroidi [emor'rɔidi] *sfpl* hémorroïdes *fpl*.

emostatico, -a, -ci, -che [emos'tatiko] *agg* hémostatique; **laccio ~** garrot *m*; **matita emostatica** crayon *m* hémostatique.

emotività [emotivi'ta] *sf* émotivité *f*.

emotivo, -a [emo'tivo] *agg* émotif(-ive).

emozionante [emottsjo'nante] *agg* émouvant(e); (*appassionante*) passionnant(e), palpitant(e).

emozionare [emottsjo'nare] *vt* (*commuovere*) émouvoir; (*appassionare*) passionner; **emozionarsi** *vip* s'émouvoir.

emozione [emot'tsjone] *sf* émotion *f*; (*agitazione*) émotion, émoi *m*.

empio, -a ['empjo] *agg* (*sacrilego*) sacrilège, impie; (*spietato, malvagio*) cruel(le).

empirico, -a, -ci, -che [em'piriko] *agg* empirique.

emporio [em'pɔrjo] *sm* (*centro commerciale*) centre *m* commercial; (*negozio, magazzino*) bazar *m*.

emulare [emu'lare] *vt* chercher à égaler.

emulo, -a ['ɛmulo] *sm/f* émule *m/f*.

emulsione [emul'sjone] *sf* émulsion *f*.

EN *sigla* = *Enna*.

enciclica, -che [en'tʃiklika] *sf* encyclique *f*.

enciclopedia [entʃiklope'dia] *sf* encyclopédie *f*.

encomiabile [enko'mjabile] *agg* louable.

encomiare [enko'mjare] *vt* louer.

encomio [en'kɔmjo] *sm* éloge *m*; ▸**encomio solenne** (*MIL*) citation *f* à l'ordre.

endovenoso, -a [endove'noso] *agg* intraveineux(-euse) ♦ *sf* (*iniezione*) intraveineuse *f*.

ENEA [e'nɛa] *sigla m* = *Comitato nazionale per la ricerca e lo sviluppo dell'Energia Nucleare e delle Energie Alternative*.

E.N.E.L. ['enel] *sigla m* (= *Ente Nazionale*

per l'Energia Elettrica) ≈ EDF *f*.

energetico, -a, -ci, -che [ener'dʒɛtiko] *agg* énergétique.

energia, -gie [ener'dʒia] *sf* énergie *f*; (*fig*: *di stile, carattere*) force *f*; ▸ **energia atomica** énergie atomique; ▸ **energia elettrica** énergie électrique; ▸ **energia solare** énergie solaire.

energico, -a, -ci, -che [e'nɛrdʒiko] *agg* énergique.

enfasi ['ɛnfazi] *sf* emphase *f*.

enfatico, -a, -ci, -che [en'fatiko] *agg* emphatique.

enfatizzare [enfatid'dzare] *vt* (*parola*) prononcer avec emphase; (*fatto, notizia*) gonfler.

enfisema [enfi'zɛma] *sm* emphysème *m*; ▸ **enfisema polmonare** emphysème pulmonaire.

ENI ['ɛni] *sigla m* (= *Ente Nazionale Idrocarburi*) *agence nationale pour la recherche dans le domaine des hydrocarbures*.

enigma, -i [e'nigma] *sm* (*anche fig*) énigme *f*.

enigmatico, -a, -ci, -che [enig'matiko] *agg* énigmatique.

ENIT ['ɛnit] *sigla m* = *Ente Nazionale Italiano per il Turismo*.

enne ['ɛnne] *sf o m inv* n *m inv*.

ennesimo, -a [en'nɛzimo] *agg* (*MAT*) énième, nième; **per l'ennesima volta** pour la énième fois.

enologia [enolo'dʒia] *sf* œnologie *f*.

enologo, -gi [e'nɔlogo] *sm* œnologue *m*.

enorme [e'norme] *agg* énorme.

enormità [enormi'ta] *sf inv* (*anche fig*) énormité *f*.

enoteca, -che [eno'tɛka] *sf* œnothèque *f*.

E.N.P.A. ['ɛnpa] *sigla m* (= *Ente Nazionale Protezione Animali*) ≈ SPA *f*.

E.N.P.A.S. ['ɛnpas] *sigla m* (= *Ente Nazionale di Previdenza e Assistenza per i Dipendenti Statali*) *caisse nationale d'assurance maladie des fonctionnaires*.

ente ['ɛnte] *sm* (*istituzione*) organisme *m*; (*FILOSOFIA*) être *m*; ▸ **ente di ricerca** centre *m* de recherche; ▸ **enti locali** ≈ collectivités *fpl* locales; ▸ **enti pubblici** établissements *mpl* publics.

enterite [ente'rite] *sf* entérite *f*.

entità [enti'ta] *sf inv* (*FILOSOFIA*) entité *f*; (*di perdita, danni*) importance *f*, étendue *f*; (*di investimenti*) montant *m*; **di molta/poca** ~ (*avvenimento etc*) de grande/petite importance.

entrambi, -e [en'trambi] *pron pl* tous(toutes) les deux ♦ *agg pl*: ~ **i ragazzi** les deux garçons.

entrante [en'trante] *agg* (*mese, anno*) prochain(e).

entrare [en'trare] *vi*: ~ **(in)** entrer (dans); (*in convento*) entrer (au); (*in macchina*) monter (en); **far ~ qn** faire entrer qn; ~ **in società con qn** (*COMM*) s'associer à *o* avec qn; ~ **in vigore** entrer en vigueur; **questo non c'entra** (*fig*) cela n'a rien à voir; **che c'entra?** et alors?

entrata [en'trata] *sf* entrée *f*; **entrate** *sfpl* (*COMM, ECON*) recettes *fpl*; **con l'~ in vigore dei nuovi provvedimenti ...** avec l'entrée en vigueur des nouvelles mesures ...; "~ **libera**" "entrée libre"; ▸ **entrate tributarie** recettes fiscales.

entro ['entro] *prep* dans; ~ **domani** d'ici demain; ~ **il 25 marzo** avant le 25 mars; ~ **e non oltre il 25 aprile** le 25 avril dernière limite.

entroterra [entro'tɛrra] *sm inv* arrière-pays *m inv*.

entusiasmante [entuzjaz'mante] *agg* enthousiasmant(e).

entusiasmare [entuzjaz'mare] *vt* enthousiasmer; **entusiasmarsi** *vip*: **entusiasmarsi (per)** s'enthousiasmer (pour).

entusiasmo [entu'zjazmo] *sm* enthousiasme *m*.

entusiasta, -i, -e [entu'zjasta] *agg, sm/f* enthousiaste *m/f*.

entusiastico, -a, -ci, -che [entu'zjastiko] *agg* enthousiaste.

enumerare [enume'rare] *vt* énumérer.

enunciare [enun'tʃare] *vt* énoncer.

enzima, -i [en'dzima] *sm* enzyme *m o f*.

epatico, -a, -ci, -che [e'patiko] *agg* hépatique.

epatite [epa'tite] *sf*: ~ **virale** hépatite *f* virale.

epico, -a, -ci, -che ['ɛpiko] *agg* épique ♦ *sf* (*genere*) poésie *f* épique.

epidemia [epide'mia] *sf* (*anche fig*) épidémie *f*.

epidermico, -a, -ci, -che [epi'dɛrmiko] *agg* (*anche fig*) épidermique.

epidermide [epi'dɛrmide] *sf* épiderme *m*.

Epifania [epifa'nia] *sf* Épiphanie *f*.

epigono [e'pigono] *sm* épigone *m*.

epigrafe [e'pigrafe] *sf* (*iscrizione*) inscription *f*, épigraphe *f*; (*su libro*) épigraphe.

epilessia [epiles'sia] *sf* épilepsie *f*.

epilettico, -a, -ci, -che [epi'lɛttiko] *agg* épileptique.

epilogo, -ghi [e'pilogo] *sm* épilogue *m*; (*fig*) dénouement *m*.

episodico, -a, -ci, -che [epi'zɔdiko] *agg* (*fig*: *occasionale*) épisodique; (*romanzo*) à épisodes; (*narrazione*) fragmenté(e), à épisodes.

episodio [epi'zɔdjo] *sm* épisode *m*; **a episodi** (*sceneggiato, telefilm*) à épisodes.

epistola [e'pistola] *sf* épître *f*.

epistolare [episto'lare] *agg* épistolaire; **essere in rapporto** *o* **relazione** ~ **con qn** être

en relations épistolaires avec qn.
epiteto [e'piteto] *sm* (*appellativo*) épithète *f*; (: *offensivo*) injure *f*.
epoca, -che ['ɛpoka] *sf* (*periodo storico*) époque *f*; (*tempo*) période *f*; (*GEO*) ère *f*; **d'~** (*edificio, mobile*) d'époque, authentique; **fare ~** faire époque, faire date.
epopea [epo'pɛa] *sf* épopée *f*.
eppure [ep'pure] *cong* (*nondimeno*) et pourtant.
epurare [epu'rare] *vt* épurer.
equanime [e'kwanime] *agg* impartial(e).
equatore [ekwa'tore] *sm* équateur *m*.
equazione [ekwat'tsjone] *sf* équation *f*.
equestre [e'kwɛstre] *agg* équestre.
equilatero, -a [ekwi'latero] *agg* équilatéral(e).
equilibrare [ekwili'brare] *vt* équilibrer.
equilibrato, -a [ekwili'brato] *agg* (*anche fig*) équilibré(e).
equilibrio [ekwi'librjo] *sm* équilibre *m*; **perdere l'~** perdre l'équilibre; **stare in ~ su** (*persona, oggetto*) être en équilibre sur.
equilibrismo [ekwili'brizmo] *sm* (*in circo*) tours *mpl* o exercices *mpl* d'équilibre; (*fig, POL*) acrobaties *fpl*.
equino, -a [e'kwino] *agg* (*razza*) chevalin(e); (*carne*) de cheval.
equinozio [ekwi'nɔttsjo] *sm* équinoxe *m*.
equipaggiamento [ekwipaddʒa'mento] *sm* équipement *m*.
equipaggiare [ekwipad'dʒare] *vt*: **~ (di)** équiper (de); **equipaggiarsi** *vr* s'équiper.
equipaggio, -ggi [ekwi'paddʒo] *sm* équipage *m*.
equiparare [ekwipa'rare] *vt* (*parificare*) égaliser, mettre au même niveau.
équipe [e'kip] *sf inv* équipe *f*.
equipollenza [ekwipol'lɛntsa] *sf* (*diploma*) équivalence *f*.
equità [ekwi'ta] *sf* équité *f*.
equitazione [ekwitat'tsjone] *sf* équitation *f*.
equivalente [ekwiva'lɛnte] *agg* équivalent(e) ♦ *sm* équivalent *m*.
equivalenza [ekwiva'lɛntsa] *sf* équivalence *f*.
equivalere [ekwiva'lere] *vi*: **~ a** équivaloir à; **equivalersi** *vr* être équivalent; **equivale a dire che ...** cela revient à dire que ... .
equivalso, -a [ekwi'valso] *pp di* **equivalere**.
equivocare [ekwivo'kare] *vi* se méprendre.
equivoco, -a, -ci, -che [e'kwivoko] *agg, sm* équivoque *f*; **a scanso di equivoci** pour éviter tout malentendu; **giocare sull'~** jouer sur les mots.
equo, -a ['ɛkwo] *agg* (*risultato, giudizio, spartizione*) équitable; (*prezzo*) raisonnable.
era ['ɛra] *sf* ère *f*.
era *etc* ['ɛra] *vb vedi* **essere**.
erariale [era'rjale] *agg* du Trésor public; ▸ **imposte erariali** *impôts dont le produit alimente directement le budget de l'État*; ▸ **ufficio erariale** bureau *m* des contributions.
erario [e'rarjo] *sm* (*finanze dello Stato*) Trésor *m* public.
erba ['ɛrba] *sf* herbe *f*; **in ~** (*fig*) en herbe; **fare di ogni ~ un fascio** (*fig*) mettre tout dans le même sac; ▸ **erba medica** luzerne *f*; ▸ **erbe aromatiche** herbes aromatiques, fines herbes.
erbaccia, -ce [er'battʃa] *sf* mauvaise herbe *f*.
erbivoro, -a [er'bivoro] *agg, sm/f* herbivore *m/f*.
erborista, -i, -e [erbo'rista] *sm/f* herboriste *m/f*.
erboristeria [erboriste'ria] *sf* (*scienza*) *discipline qui étudie les plantes médicales*; (*negozio*) herboristerie *f*.
erboso, -a [er'boso] *agg* herbeux(-euse); ▸ **tappeto erboso** gazon *m*.
erede [e'rɛde] *sm/f* (*anche fig*) héritier (-ière).
eredità [eredi'ta] *sf inv* (*anche fig*) héritage *m*; **lasciare qc in ~ a qn** laisser qch en héritage à qn.
ereditare [eredi'tare] *vt* hériter.
ereditario, -a [eredi'tarjo] *agg* héréditaire.
ereditiera [eredi'tjɛra] *sf* héritière *f*.
eremita, -i [ere'mita] *sm* ermite *m*.
eremitaggio [eremi'taddʒo] *sm* ermitage *m*.
eremo ['ɛremo] *sm* ermitage *m*.
eresia [ere'zia] *sf* hérésie *f*.
eressi *etc* [e'rɛssi] *vb vedi* **erigere**.
eretico, -a, -ci, -che [e'rɛtiko] *agg, sm/f* hérétique *m/f*.
eretto, -a [e'rɛtto] *pp di* **erigere** ♦ *agg* droit(e).
erezione [eret'tsjone] *sf* érection *f*.
ergastolano, -a [ergasto'lano] *sm/f* condamné(e) à la réclusion à perpétuité.
ergastolo [er'gastolo] *sm* réclusion *f* à perpétuité.
ergonomico, -a, -ci, -che [ergo'nɔmiko] *agg* ergonomique.
erica ['ɛrika] *sf* bruyère *f*.
erigere [e'ridʒere] *vt* élever, construire.
eritema [eri'tɛma] *sm* érythème *m*; ▸ **eritema solare** érythème *m* solaire.
ermellino [ermel'lino] *sm* hermine *f*.
ermetico, -a, -ci, -che [er'mɛtiko] *agg* hermétique.
ernia ['ɛrnja] *sf* hernie *f*; ▸ **ernia del disco** hernie discale.
ero ['ɛro] *vb vedi* **essere**.
erodere [e'rodere] *vt* éroder.

eroe [e'rɔe] *sm* héros *msg.*
erogare [ero'gare] *vt* (*capitali*) affecter; (*gas, servizi*) distribuer.
eroico, -a, -ci, -che [e'rɔiko] *agg* héroïque.
eroina [ero'ina] *sf* (*persona, CHIM*) héroïne *f.*
eroismo [ero'izmo] *sm* héroïsme *m.*
eros ['ɛros] *sm* éros *msg.*
erosione [ero'zjone] *sf* érosion *f.*
eroso, -a [e'roso] *pp di* **erodere.**
erotico, -a, -ci, -che [e'rɔtiko] *agg* érotique.
erotismo [ero'tizmo] *sm* érotisme *m.*
erpete ['ɛrpete] *sm* herpès *msg.*
erpice ['erpitʃe] *sm* herse *f.*
errare [er'rare] *vi* (*vagare*) errer; (*sbagliare*) se tromper.
erre ['ɛrre] *sf o m inv* (*lettera*) r *m inv.*
erroneo, -a [er'rɔneo] *agg* erroné(e).
errore [er'rore] *sm* erreur *f*, faute *f*; (*colpa*) faute; **per** ~ par erreur; ▸ **errore giudiziario** erreur judiciaire.
erta ['erta] *sf* (*salita*) escarpement *m*; **stare all'**~ (*fig*) se tenir sur ses gardes.
erto, -a ['erto] *agg* raide.
erudire [eru'dire] *vt* instruire.
erudito, -a [eru'dito] *agg* cultivé(e), érudit(e) ♦ *sm/f* érudit(e).
eruttare [erut'tare] *vt* vomir, cracher.
eruzione [erut'tsjone] *sf* (*GEO, MED*) éruption *f.*
E.S. *abbr* (= *elettroshock*) électrochoc.
es. *abbr* (= *esempio*) ex.
ESA ['eza] *sigla m* (= *Ente Spaziale Europeo*) ASE *f.*
esacerbare [ezatʃer'bare] *vt* exacerber.
esagerare [ezadʒe'rare] *vt, vi* exagérer; **senza** ~ sans exagérer; ~ **nel bere** boire à l'excès.
esagerato, -a [ezadʒe'rato] *agg* exagéré(e) ♦ *sm/f*: **sei il solito** ~! tu exagères comme toujours!
esagerazione [ezadʒerat'tsjone] *sf* exagération *f.*
esagonale [ezago'nale] *agg* hexagonal(e).
esagono [e'zagono] *sm* hexagone *m.*
esalare [eza'lare] *vt* (*vapori*) dégager; (*profumo*) exhaler ♦ *vi*: ~ **(da)** se dégager (de), émaner (de); ~ **l'ultimo respiro** rendre le dernier soupir.
esalazione [ezalat'tsjone] *sf* émanation *f*; (*odore*) émanation, exhalaison *f.*
esaltante [ezal'tante] *agg* exaltant(e).
esaltare [ezal'tare] *vt* exalter; **esaltarsi** *vr, vip*: **esaltarsi (per)** s'exalter (pour).
esaltato, -a [ezal'tato] *sm/f* exalté(e).
esaltazione [ezaltat'tsjone] *sf* exaltation *f*; (*elogio*) exaltation, glorification *f.*
esame [e'zame] *sm* examen *m*; **fare** *o* **dare un** ~ passer un examen; **passare** *o* **superare un** ~ réussir un examen; **fare un** ~ **di coscienza** faire son examen de conscience; ▸ **esame del sangue** analyse *f* du sang; ▸ **esame di guida** permis *m.*
esaminare [ezami'nare] *vt* examiner.
esangue [e'zangwe] *agg* exsangue; (*fig*: *pallido*) exsangue, blême.
esanime [e'zanime] *agg* inanimé(e).
esasperare [ezaspe'rare] *vt* exaspérer; **esasperarsi** *vip* s'exaspérer.
esasperazione [ezasperat'tsjone] *sf* exaspération *f.*
esattamente [ezatta'mente] *avv* exactement.
esattezza [ezat'tettsa] *sf* exactitude *f*, précision *f*; (*diligenza*) application *f*; **per l'**~ pour être précis.
esatto, -a [e'zatto] *pp di* **esigere** ♦ *agg* exact(e).
esattore [ezat'tore] *sm* (*di imposte*) percepteur *m.*
esattoria [ezatto'ria] *sf*: ~ **(comunale/provinciale)** ≈ perception *f* (municipale/départementale).
esaudire [ezau'dire] *vt* (*desideri etc*) exaucer.
esauriente [ezau'rjɛnte] *agg* exhaustif (-ive).
esaurimento [ezauri'mento] *sm* (*di scorte*) épuisement *m*; (*MED*) dépression *f*; **svendita fino ad** ~ **della merce** soldes jusqu'à épuisement du stock; ▸ **esaurimento nervoso** dépression nerveuse.
esaurire [ezau'rire] *vt* épuiser; **esaurirsi** *vr, vip* s'épuiser.
esaurito, -a [ezau'rito] *agg* (*scorte etc*) épuisé(e); (*posto*: *al cinema, teatro*) complet(-ète); (*persona*) déprimé(e); **tutto** ~ (*TEATRO*) complet; **i posti erano tutti esauriti** la salle était complète; **il teatro ha registrato il tutto** ~ le théâtre a affiché "complet".
esausto, -a [e'zausto] *agg* épuisé(e).
esautorare [ezauto'rare] *vt* (*funzionario*) destituer, révoquer.
esca ['eska] (*pl* **esche**) *sf* (*anche fig*) appât *m.*
escamotage [eskamɔ'taʒ] *sm* escamotage *m.*
escandescenza [eskandeʃ'ʃɛntsa] *sf*: **dare in escandescenze** sortir de ses gonds.
esce ['ɛʃʃe] *vb vedi* **uscire.**
eschimese [eski'mese] *agg* esquimau *inv*, eskimo *inv* ♦ *sm/f* Esquimau(de) ♦ *sm* esquimau *m.*
esci ['ɛʃʃi] *vb vedi* **uscire.**
escl. *abbr* (= *escluso*) exclus.
esclamare [eskla'mare] *vi* s'exclamer.
esclamativo, -a [esklama'tivo] *agg*: **punto** ~ point *m* d'exclamation.

esclamazione [esklamat'tsjone] *sf* exclamation *f*.
escludere [es'kludere] *vt* exclure.
esclusi *etc* [es'kluzi] *vb vedi* **escludere**.
esclusione [esklu'zjone] *sf* exclusion *f*; **a ~ di, fatta ~ per** à l'exception de, à l'exclusion de; **senza ~ di colpi** (*fig*) tous les coups sont permis; **senza ~ (alcuna)** sans exception; **procedere per ~** procéder par élimination.
esclusiva [esklu'ziva] *sf* exclusivité *f*; **in ~** en exclusivité; **avere l'~ (di)** (*di notizia, prodotto*) avoir l'exclusivité (de).
esclusivamente [eskluziva'mente] *avv* exclusivement.
esclusivo, -a [esklu'zivo] *agg* exclusif (-ive); (*circolo*) fermé(e).
escluso, -a [es'kluzo] *pp di* **escludere** ♦ *agg*: **nessuno ~** tous sans exception; **IVA esclusa** hors taxes.
esco ['ɛsko] *vb vedi* **uscire**.
escogitare [eskodʒi'tare] *vt* inventer, imaginer.
escono ['ɛskono] *vb vedi* **uscire**.
escoriazione [eskorjat'tsjone] *sf* excoriation *f*.
escrementi [eskre'menti] *smpl* excréments *mpl*.
escudo [es'kudo] *sm* escudo *m*.
escursione [eskur'sjone] *sf* excursion *f*; ▸ **escursione termica** amplitude *f* (thermique).
escursionista, -i, -e [eskursjo'nista] *sm/f* excursionniste *m/f*.
esecrare [eze'krare] *vt* exécrer.
esecutivo, -a [ezeku'tivo] *agg* exécutif (-ive) ♦ *sm* (*governo*) exécutif *m*.
esecutore, -trice [ezeku'tore] *sm/f* exécutant(e); ▸ **esecutore testamentario** exécuteur *m* testamentaire.
esecuzione [ezekut'tsjone] *sf* exécution *f*, réalisation *f*; (*MUS, DIR*) exécution; ▸ **esecuzione capitale** exécution capitale.
esegeta, -i [eze'dʒɛta] *sm* exégète *m*.
eseguire [eze'gwire] *vt* exécuter.
esempio [e'zɛmpjo] *sm* exemple *m*; **fare un ~** donner un exemple; **per ~** par exemple.
esemplare [ezem'plare] *agg, sm* exemplaire *m*.
esemplificare [ezemplifi'kare] *vt* exemplifier.
esentare [ezen'tare] *vt*: **~ (da)** exempter (de).
esentasse [ezen'tasse] *agg inv* exempt(e) d'impôts.
esente [e'zɛnte] *agg*: **~ da** (*da tasse*) exempt(e) de; (*da contagio*) à l'abri de.
esenzione [ezen'tsjone] *sf* exemption *f*.
esequie [e'zɛkwje] *sfpl* obsèques *fpl*.
esercente [ezer'tʃɛnte] *sm/f* (*di negozio*) commerçant(e); (*di impresa*) gérant(e).
esercitare [ezertʃi'tare] *vt* exercer; **esercitarsi** *vr* s'exercer; **esercitarsi nella guida** s'entraîner à conduire.
esercitazione [ezertʃitat'tsjone] *sf* exercices *mpl*; (*militare*) exercice *m*; ▸ **esercitazioni di tiro** entraînement *msg* au tir.
esercito [e'zɛrtʃito] *sm* (*anche fig*) armée *f*.
esercizio [ezer'tʃittsjo] *sm* exercice *m*; (*allenamento*) exercice, entraînement *m*; (*attività commerciale*) magasin *m*; (*gestione*) gestion *f*; **costi di ~** (*COMM*) frais *mpl* d'exploitation; **nell'~ delle proprie funzioni** dans l'exercice de ses fonctions; **fuori ~** (*persona*) rouillé(e); (*non funzionante*) hors d'usage; ▸ **esercizio pubblico** (*COMM*) établissement *m*.
esibire [ezi'bire] *vt* exhiber; (*prove, documenti*: *DIR*) exhiber; (: *far vedere*) montrer; **esibirsi** *vr* (*attore, musicista*) se produire, s'exhiber.
esibizione [ezibit'tsjone] *sf* exhibition *f*; (*di documento*) présentation *f*; (*spettacolo*) représentation *f*.
esibizionista [ezibittsjo'nista] *sm/f* (*anche MED*) exhibitionniste *m/f*.
esigente [ezi'dʒɛnte] *agg* exigeant(e).
esigenza [ezi'dʒɛntsa] *sf* exigence *f*.
esigere [e'zidʒere] *vt* exiger; (*imposte*) percevoir.
esigibile [ezi'dʒibile] *agg* exigible.
esiguo, -a [e'ziguo] *agg* modeste, modique.
esilarante [ezila'rante] *agg* hilarant(e); **gas ~** gaz *m* hilarant.
esile ['ɛzile] *agg* mince; (*voce*) fluet(te).
esiliare [ezi'ljare] *vt* exiler.
esiliato, -a [ezi'ljato] *agg, sm/f* exilé(e).
esilio [e'ziljo] *sm* exil *m*.
esimere [e'zimere] *vt*: **~ (da)** dispenser (de); **esimersi** *vr*: **esimersi da** (*da obbligo, impegno*) se dispenser de.
esistente [ezis'tɛnte] *agg* existant(e).
esistenza [ezis'tɛntsa] *sf* existence *f*.
esistenzialismo [ezistentsja'lizmo] *sm* existentialisme *m*.
esistere [e'zistere] *vi* exister; **esistono molte interpretazioni di questa opera** il existe *o* il y a beaucoup d'interprétations de cet opéra; **non esiste!** (*fam*) jamais de la vie!
esistito, -a [ezis'tito] *pp di* **esistere**.
esitante [ezi'tante] *agg* hésitant(e).
esitare [ezi'tare] *vi* hésiter; **~ a fare** hésiter à faire.
esitazione [ezitat'tsjone] *sf* hésitation *f*.
esito ['ɛzito] *sm* (*di esame, partita*) résultat *m*; (*di incontro, battaglia*) issue *f*.
eskimo ['ɛskimo] *sm* (*giaccone*) parka *f o m*.
esodo ['ɛzodo] *sm* exode *m*.
esofago, -gi [e'zɔfago] *sm* œsophage *m*.

esonerare [ezone'rare] *vt*: ~ **(da)** exonérer (de).
esorbitante [ezorbi'tante] *agg* exorbitant(e).
esorcista, -i [ezor'tʃista] *sm* exorciste *m*.
esorcizzare [ezortʃid'dzare] *vt* exorciser.
esordiente [ezor'djɛnte] *sm/f* débutant(e).
esordio [e'zɔrdjo] *sm* début *m*.
esordire [ezor'dire] *vi* commencer; (*in teatro, attività*) débuter; **esordì dicendo che ...** il commença par dire que ... .
esortare [ezor'tare] *vt*: ~ **(a/a fare)** exhorter (à/à faire).
esortazione [ezortat'tsjone] *sf* exhortation *f*.
esoso, -a [e'zɔzo] *agg* (*prezzo*) exorbitant(e), excessif(-ive); (*persona*: *avaro*) avide; (: *odioso*) odieux(-euse).
esoterico, -a, -ci, -che [ezo'tɛriko] *agg* ésotérique.
esotico, -a, -ci, -che [e'zɔtiko] *agg* exotique.
espandere [es'pandere] *vt* étendre; **espandersi** *vip* (*FIS*) se détendre; (*azienda*) s'agrandir; (*paese*) s'étendre.
espansione [espan'sjone] *sf* (*FIS*) détente *f*, expansion *f*; (*POL*) expansion; **essere in** ~ (*azienda etc*) être en expansion, être en essor.
espansività [espansivi'ta] *sf* expansivité *f*.
espansivo, -a [espan'sivo] *agg* expansif (-ive).
espanso, -a [es'panso] *pp di* **espandere**.
espatriare [espa'trjare] *vi* s'expatrier.
espatrio [es'patrjo] *sm* expatriation *f*; **permesso di** ~ permis *msg* d'émigration.
espediente [espe'djɛnte] *sm* expédient *m*; **vivere di espedienti** vivre d'expédients.
espellere [es'pɛllere] *vt* (*da partito, società*) expulser; (*da scuola*) renvoyer.
esperienza [espe'rjɛntsa] *sf* expérience *f*; **parlare per** ~ parler en connaissance de cause.
esperimento [esperi'mento] *sm* (*prova, verifica*) essai *m*; (*SCIENZA*) expérience *f*; **fare un** ~ faire un essai; faire une expérience.
esperto, -a [es'pɛrto] *agg, sm/f* expert(e).
espiare [espi'are] *vt* expier.
espiatorio, -a [espia'tɔrjo] *agg*: **capro** ~ (*fig*) bouc *m* émissaire.
espiazione [espiat'tsjone] *sf* expiation *f*.
espirare [espi'rare] *vt, vi* expirer.
espletamento [espleta'mento] *sm* (*di funzioni, operazioni*) accomplissement *m*.
espletare [esple'tare] *vt* (*funzioni*) remplir; (*operazione*) accomplir.
esplicare [espli'kare] *vt* (*mansioni etc*) exercer.
esplicativo, -a [esplika'tivo] *agg* explicatif(-ive).
esplicito, -a [es'plitʃito] *agg* (*anche LING*) explicite.
esplodere [es'plɔdere] *vi* exploser; (*fig*: *persona, fenomeno*) éclater ♦ *vt* (*colpo*) tirer.
esplorare [esplo'rare] *vt* explorer.
esploratore, -trice [esplora'tore] *sm/f* explorateur(-trice); (*anche*: **giovane** ~) éclaireur(-euse) ♦ *sm* (*NAUT*) patrouilleur *m*.
esplorazione [esplorat'tsjone] *sf* exploration *f*; **mandare qn in** ~ envoyer qn en reconnaissance.
esplosione [esplo'zjone] *sf* (*anche fig*) explosion *f*.
esplosivo, -a [esplo'zivo] *agg* explosif(-ive) ♦ *sm* explosif *m*.
esploso, -a [es'plɔzo] *pp di* **esplodere**.
espone *etc* [e'spone] *vb vedi* **esporre**.
esponente [espo'nɛnte] *sm/f* représentant(e); (*MAT*) exposant *m*.
esponenziale [esponen'tsjale] *agg* exponentiel(le).
espongo *etc* [e'spongo] *vb vedi* **esporre**.
esponi *etc* [e'sponi] *vb vedi* **esporre**.
esporre [es'porre] *vt* (*anche FOT*) exposer; **esporsi** *vr*: **esporsi a** (*sole, pericolo*) s'exposer à.
esportare [espor'tare] *vt* exporter.
esportatore, -trice [esporta'tore] *agg, sm/f* exportateur(-trice).
esportazione [esportat'tsjone] *sf* exportation *f*.
espose *etc* [e'spose] *vb vedi* **esporre**.
esposimetro [espo'zimetro] *sm* posemètre *m*.
esposizione [espozit'tsjone] *sf* (*di quadri etc, FOT*) exposition *f*; (*racconto*) exposé *m*.
esposto, -a [es'posto] *pp di* **esporre** ♦ *agg*: ~ **a nord** exposé(e) au nord ♦ *sm* (*AMM*) requête *f*; (: *petizione*) pétition *f*.
espressione [espres'sjone] *sf* (*anche MAT*) expression *f*.
espressivo, -a [espres'sivo] *agg* expressif(-ive).
espresso, -a [es'prɛsso] *pp di* **esprimere** ♦ *agg* express ♦ *sm* (*lettera, francobollo*) exprès *m*; (*anche*: **treno** ~) (train *m*) express *m*; (*anche*: **caffè** ~) express.
esprimere [es'primere] *vt* exprimer; **esprimersi** *vip* s'exprimer.
espropriare [espro'prjare] *vt* exproprier.
espropriazione [esproprjat'tsjone] *sf* expropriation *f*.
esproprio [es'prɔprjo] *sm* = **espropriazione**.
espugnare [espuɲ'ɲare] *vt* s'emparer de.
espulsi *etc* [es'pulsi] *vb vedi* **espellere**.
espulsione [espul'sjone] *sf* (*da partito, società*) expulsion *f*; (*da scuola*) renvoi *m*.

espulso, -a [es'pulso] *pp di* **espellere**.
essa ['essa] *pron vedi* **esso**.
esse[1] ['ɛsse] *pron pl vedi* **esso**.
esse[2] ['ɛsse] *sf o m inv* (*lettera*) s *m inv*.
essenza [es'sɛntsa] *sf* essence *f*.
essenziale [essen'tsjale] *agg* essentiel(le) ♦ *sm*: **l'~** l'essentiel *m*.

PAROLA CHIAVE

essere ['ɛssere] *vi* **1** (*esistere, trovarsi, stare*) être; **sono a casa** je suis à la maison; **essere in piedi** être debout; **essere seduto** être assis
2: **esserci**: **c'è** il y a; **che c'è?** qu'est-ce qu'il y a?; **non c'è niente da fare** il n'y rien à faire; **ci sono!** (*anche fig*) j'y suis!
3 (*con attributo, sostantivo*) être; **è giovane** il est jeune; **è medico** il est médecin
4: **essere da** être à; **è da farsi subito** c'est à faire tout de suite; **c'è da sperare che ...** il est à espérer que ...
5: **essere di** (*appartenere*) être à; (*provenire*) être de; **di chi è la penna?** à qui est le stylo?; **è di Carla** il est à Carla; **è di Venezia** il est de Venise
6 (*data, ora*): **è il 15 agosto** c'est le 15 août; **è lunedì** c'est lundi; **che ora è?, che ore sono?** quelle heure est-il?; **è l'una** il est une heure; **sono le due** il est deux heures; **è mezzanotte** il est minuit
7 (*costare*): **quant'è?** combien ça fait?, c'est combien?; **sono 20.000 lire** ça fait 20 000 lires
♦ *vb aus* **1** (*attivo, passivo*) être; **essere arrivato/venuto** être arrivé/venu; **se n'è andata** elle s'en est allée; **essere fatto da** être fait de; **è stata uccisa** elle a été tuée
2 (*riflessivo*): **si è pettinato** il s'est peigné; **si sono lavati** ils se sont lavés
♦ *vb impers*: **è tardi** il est tard; **è bello/caldo/freddo** il fait beau/chaud/froid; **è possibile che venga** il est possible qu'il vienne; **è così** c'est comme ça
♦ *sm* (*individuo, essenza*) être *m*; **essere umano** être humain.

essi ['essi] *pron pl vedi* **esso**.
essiccare [essik'kare] *vt* dessécher; (*legname, vernice*) sécher; (*bacino, palude*) assécher; **essiccarsi** *vip* (*fiume*) s'assécher.
esso, -a ['esso] *pron* (*soggetto*) il(elle); (: *complemento*) lui(elle); (*pl*: *soggetto*) ils(elles); (: *complemento*) eux(elles); **~(a) stesso(a)** lui-même(elle-même); **essi(e) stessi(e)** eux-mêmes(elles-mêmes).
est [ɛst] *sm* est *m*; **i paesi dell'~** les pays de l'Est.
estasi ['ɛstazi] *sf* extase *f*.
estasiare [esta'zjare] *vt* ravir; **estasiarsi** *vip*: **estasiarsi (davanti a)** extasier (devant).
estate [es'tate] *sf* été *m*; **d'~, in ~** en été.
estatico, -a, -ci, -che [es'tatiko] *agg* extatique.
estemporaneo, -a [estempo'raneo] *agg* improvisé(e); **poeta ~** poète *m* improvisateur.
estendere [es'tɛndere] *vt* étendre; **estendersi** *vip* s'étendre; (*propagarsi*: *incendio, contagio*) se propager.
estensione [esten'sjone] *sf* extension *f*; (*di superficie, di voce*) étendue *f*.
estenuante [estenu'ante] *agg* exténuant(e).
estenuare [estenu'are] *vt* exténuer.
esteriore [este'rjore] *agg* extérieur(e).
esteriorità [esterjori'ta] *sf inv* extériorité *f*.
esteriorizzare [esterjorid'dzare] *vt* extérioriser.
esternare [ester'nare] *vt* manifester, exprimer.
esterno, -a [es'tɛrno] *agg* extérieur(e); (*alunno*) externe ♦ *sm* extérieur *m* ♦ *sm/f* (*allievo*) externe *m/f*; **esterni** *smpl* (*CINE*) extérieurs *mpl*; **per uso ~** pour *o* à usage externe; **all'~** à l'extérieur.
estero, -a ['ɛstero] *agg* étranger(-ère) ♦ *sm*: **all'~** à l'étranger; **Ministero degli Esteri, gli Esteri** ministère *m* des Affaires étrangères.
esterofilia [esterofi'lia] *sf* xénophilie *f*.
esterrefatto, -a [esterre'fatto] *agg* (*atterrito*) terrifié(e); (*sbalordito*) hébété(e).
estesi *etc* [e'stesi] *vb vedi* **estendere**.
esteso, -a [es'teso] *pp di* **estendere** ♦ *agg* vaste; **scrivere per ~** écrire en toutes lettres, écrire intégralement.
estetica [es'tɛtika] *sf* esthétique *f*; *vedi anche* **estetico**.
esteticamente [estetika'mente] *avv* esthétiquement.
estetico, -a, -ci, -che [es'tɛtiko] *agg* esthétique; **cura estetica** soins *mpl* esthétiques.
estetista [este'tista] *sm/f* esthéticien(ne).
estimo ['ɛstimo] *sm* (*COMM*) estimation *f*; (*disciplina*) *discipline qui a pour objet l'évaluation des biens économiques en relation avec le but poursuivi*.
estinguere [es'tingwere] *vt* (*incendio, debito*) éteindre; (*conto corrente*) clôturer; **estinguersi** *vip* s'éteindre.
estinsi *etc* [es'tinsi] *vb vedi* **estinguere**.
estinto, -a [es'tinto] *pp di* **estinguere** ♦ *sm/f* défunt(e); **il caro ~** notre cher défunt.
estintore [estin'tore] *sm* extincteur *m*.
estinzione [estin'tsjone] *sf* (*vedi vb*) extinction *f*, fermeture *f*; **in via di ~** en voie de disparition *o* d'extinction.
estirpare [estir'pare] *vt* (*erbacce, dente*) arracher; (*tumore, vizio*) extirper.
estivo, -a [es'tivo] *agg* d'été, estival(e).
estone ['ɛstone] *agg* estonien(ne) ♦ *sm/f* Es-

tonien(ne).
Estonia [es'tɔnja] *sf* Estonie *f*.
estorcere [es'tɔrtʃere] *vt* extorquer.
estorsione [estor'sjone] *sf* extorsion *f*.
estorto, -a [es'tɔrto] *pp di* **estorcere**.
estradare [estra'dare] *vt* extrader.
estradizione [estradit'tsjone] *sf* extradition *f*.
estrae *etc* [e'strae] *vb vedi* **estrarre**.
estraggo *etc* [e'straggo] *vb vedi* **estrarre**.
estraneo, -a [es'traneo] *agg, sm/f* étranger(-ère); **rimanere ~ a qc** rester étranger à qch; **sentirsi ~ a** se sentir étranger à.
estraniarsi [estra'njarsi] *vr*: ~ **(da)** se tenir en dehors (de), se tenir à l'écart (de).
estrarre [es'trarre] *vt* (*minerali, MAT*) extraire; (*dente*) arracher, extraire; (*pistola*) sortir; (*sorteggiare*) tirer; ~ **a sorte** tirer au sort.
estrassi *etc* [es'trassi] *vb vedi* **estrarre**.
estratto, -a [es'tratto] *pp di* **estrarre** ♦ *sm* extrait *m*; ▶ **estratto conto** relevé *m* de compte; ▶ **estratto di carne** extrait de viande; ▶ **estratto di nascita** extrait de naissance.
estrazione [estrat'tsjone] *sf* extraction *f*; (*sorteggio*) tirage *m*.
estremamente [estrema'mente] *avv* extrêmement.
estremismo [estre'mizmo] *sm* extrémisme *m*.
estremista, -i, -e [estre'mista] *sm/f* extrémiste *m/f*.
estremità [estremi'ta] *sf inv* extrémité *f*, bout *m* ♦ *sfpl* (*del corpo*) extrémités *fpl*.
estremo, -a [es'trɛmo] *agg* extrême; (*ora*) dernier(-ière) ♦ *sm* (*limite*) bout *m*; **estremi** *smpl* (*AMM*: *dati essenziali*) éléments *mpl* principaux; **gli estremi di un reato** les éléments constitutifs d'un crime; **da un ~ all'altro** d'un extrême à l'autre; **l'E~ Oriente** l'Extrême-Orient *m*.
estrinsecare [estrinse'kare] *vt* exprimer, manifester.
estro ['ɛstro] *sm* (*capriccio*) fantaisie *f*; (*ispirazione creativa*) inspiration *f*.
estromesso, -a [estro'messo] *pp di* **estromettere**.
estromettere [estro'mettere] *vt*: ~ **(da)** expulser (de); (*da discussione*) exclure (de).
estromissione [estromis'sjone] *sf* (*vedi vb*) expulsion *f*; exclusion *f*.
estroso, -a [es'troso] *agg* (*capriccioso*) capricieux(-euse); (*creativo*) original(e).
estroverso, -a [estro'vɛrso] *agg, sm/f* extraverti(e), extroverti(e).
estuario [estu'arjo] *sm* estuaire *m*.
esuberante [ezube'rante] *agg* (*produzione, raccolto*) abondant(e); (*COMM*) en excédent; (*fig*: *persona*) exubérant(e).
esuberanza [ezube'rantsa] *sf* exubérance *f*.
esubero [e'zubero] *sm*: **personale in ~** personnel *m* en sureffectif.
esulare [ezu'lare] *vi*: ~ **da** être en dehors de, sortir de.
esule ['ɛzule] *sm/f* exilé(e).
esultanza [ezul'tantsa] *sf* exultation *f*, jubilation *f*.
esultare [ezul'tare] *vi* exulter.
esumare [ezu'mare] *vt* (*salma*) exhumer.
età [e'ta] *sf inv* (*di persona, animale*) âge *m*; (*epoca*) époque *f*, ère *f*; **all'~ di 8 anni** à (l'âge de) 8 ans; **raggiungere la maggiore ~** atteindre la majorité; **ha la mia ~** il a mon âge; **di mezza ~** entre deux âges; **in ~ avanzata** d'un âge avancé; **la minore ~** (*DIR*) la minorité *f*; ▶ **età del bronzo** âge du bronze; ▶ **età della pietra** âge de la pierre.
etanolo [eta'nɔlo] *sm* éthanol *m*.
etc *abbr* etc.
etere ['ɛtere] *sm* (*CHIM, aria*) éther *m*; **trasmissione via ~** transmission *f* par voie hertzienne.
etereo, -a [e'tɛreo] *agg* éthéré(e).
eternità [eterni'ta] *sf* éternité *f*.
eterno, -a [e'tɛrno] *agg* éternel(le); (*attesa*) interminable; **in ~** pour l'éternité, à jamais.
eterogeneo, -a [etero'dʒɛneo] *agg* hétérogène.
eterosessuale [eterosessu'ale] *agg, sm/f* hétérosexuel(le).
etica ['ɛtika] *sf* éthique *f*.
etichetta [eti'ketta] *sf* (*cartellino, galateo*) étiquette *f*.
etico, -a, -ci, -che ['ɛtiko] *agg* éthique.
etilometro [eti'lɔmetro] *sm* alcootest *m*.
etimologia, -gie [etimolo'dʒia] *sf* étymologie *f*.
etimologico, -a, -chi, -che [etimo'lɔdʒiko] *agg* étymologique.
etiope [e'tiope] *agg* éthiopien(ne) ♦ *sm/f* Éthiopien(ne).
Etiopia [eti'ɔpja] *sf* Éthiopie *f*.
etiopico, -a, -ci, -che [eti'ɔpiko] *agg* éthiopien(ne) ♦ *sm* éthiopien *m*.
Etna ['ɛtna] *sm* Etna *m*.
etnico, -a, -ci, -che ['ɛtniko] *agg* ethnique.
etnografia [etnogra'fia] *sf* ethnographie *f*.
etrusco, -a, -schi, -sche [e'trusko] *agg, sm/f* étrusque.
ettaro ['ɛttaro] *sm* hectare *m*.
etto ['ɛtto] *sm* cent grammes *mpl*.
etto ['ɛtto] *abbr m* (= *ettogrammo*) hectogramme.
ettogrammo [etto'grammo] *sm* hectogramme *m*.
ettolitro [et'tɔlitro] *sm* hectolitre *m*, cent litres *mpl*.
ettometro [et'tɔmetro] *sm* hectomètre *m*, cent mètres *mpl*.

EU *abbr* (= *Europa*) EU.
eucalipto [euka'lipto] *sm* eucalyptus *msg.*
Eucaristia [eukaris'tia] *sf* Eucharistie *f.*
eufemismo [eufe'mizmo] *sm* euphémisme *m.*
eufemistico, -a, -ci, -che [eufe'mistiko] *agg* euphémique.
euforia [eufo'ria] *sf* euphorie *f.*
euforico, -a, -ci, -che [eu'fɔriko] *agg* euphorique.
Eurasia [eu'razja] *sf* Eurasie *f.*
eurasiatico, -a, -ci, -che [eura'zjatiko] *agg* eurasiatique ♦ *sm/f* Eurasien(ne).
Euratom ['euratom] *sigla f* (= *European Atomic Energy Commission*) Euratom *f.*
euro ['euro] *sm inv* (*divisa*) euro *m.*
eurodeputato [eurodepu'tato] *sm* député *m* européen.
eurodivisa [eurodi'viza] *sf* eurodevise *f.*
Eurolandia [euro'landia] *sf* Euroland *m.*
euromercato [euromer'kato] *sm* euromarché *m.*
euromissile [euro'missile] *sm* euromissile *m.*
Europa [eu'rɔpa] *sf* Europe *f.*
europeo, -a [euro'pɛo] *agg* européen(ne) ♦ *sm/f* Européen(ne).
eurovisione [eurovi'zjone] *sf* eurovision *f.*
eutanasia [eutana'zia] *sf* euthanasie *f.*
E.V. *abbr* = *Eccellenza Vostra.*
evacuare [evaku'are] *vt* (*anche MED*) évacuer.
evacuazione [evakuat'tsjone] *sf* (*anche MED*) évacuation *f.*
evadere [e'vadere] *vi*: ~ **(da)** s'évader (de); (*da routine*) échapper (à) ♦ *vt* (*ordine*) expédier; (*lettera, pratica*) donner suite à; (*fisco*) frauder.
evangelico, -a, -ci, -che [evan'dʒɛliko] *agg, sm* évangélique.
evangelista, -i [evandʒe'lista] *sm* évangéliste *m.*
evaporare [evapo'rare] *vi* s'évaporer.
evaporazione [evaporat'tsjone] *sf* évaporation *f.*
evasi *etc* [e'vazi] *vb vedi* **evadere**.
evasione [eva'zjone] *sf* (*anche fig*) évasion *f*; (*COMM*: *di ordine*) expédition *f*; **letteratura d'~** littérature *f* d'évasion; ▸ **evasione fiscale** évasion fiscale, fraude *f* fiscale.
evasivo, -a [eva'zivo] *agg* évasif(-ive).
evaso, -a [e'vazo] *pp di* **evadere** ♦ *sm/f* évadé(e).
evasore [eva'zore] *sm*: ~ **(fiscale)** fraudeur *m* du fisc.
evenienza [eve'njɛntsa] *sf*: **per ogni ~** pour parer à toute éventualité; **nell'~ che ciò accada** au cas où cela arriverait; **essere pronto ad ogni ~** être prêt à toute éventualité.
evento [e'vɛnto] *sm* événement *m.*
eventuale [eventu'ale] *agg* éventuel(le).
eventualità [eventuali'ta] *sf inv* éventualité *f*; **nell'~ di** dans l'éventualité de.
eventualmente [eventual'mente] *avv* éventuellement.
Everest ['ɛverest] *sm*: **l'~, il Monte ~** l'Everest *m*, le Mont Everest.
eversione [ever'sjone] *sf* subversion *f.*
eversivo, -a [ever'sivo] *agg* subversif(-ive).
evidente [evi'dɛnte] *agg* évident(e).
evidentemente [evidente'mente] *avv* (*palesemente*) de toute évidence; (*sicuramente*) évidemment.
evidenza [evi'dɛntsa] *sf* évidence *f*; **mettere in ~** mettre en évidence.
evidenziare [eviden'tsjare] *vt* (*sottolineare*: *su un testo*) mettre en évidence; (: *in un discorso*) souligner; (*con evidenziatore*) surligner.
evidenziatore [evidentsja'tore] *sm* (*penna*) surligneur *m.*
evirare [evi'rare] *vt* émasculer.
evitabile [evi'tabile] *agg* évitable.
evitare [evi'tare] *vt* éviter; ~ **di fare** éviter de faire; ~ **qc a qn** épargner qch à qn.
evo ['ɛvo] *sm* époque *f.*
evocare [evo'kare] *vt* évoquer.
evocativo, -a [evoka'tivo] *agg* évocateur (-trice).
evocherò *etc* [evoke'rɔ] *vb vedi* **evocare**.
evolutivo, -a [evolu'tivo] *agg* évolutif (-ive).
evoluto, -a [evo'luto] *pp di* **evolversi** ♦ *agg* évolué(e).
evoluzione [evolut'tsjone] *sf* évolution *f.*
evolversi [e'vɔlversi] *vip* évoluer; **con l'~ della situazione** en suivant l'évolution des événements.
evviva [ev'viva] *escl* hourra!; ~ **il re/la libertà!** vive le roi/la liberté!
ex [ɛks] *pref* ancien(ne), ex– ♦ *sm/f inv* (*fidanzato etc*) ex *m/f inv*; ~ **presidente** ancien *o* ex-président *m.*
ex aequo [ɛg'z ɛkwo] *avv* ex aequo.
extra ['ɛkstra] *agg inv* extra ♦ *sm inv* (*pagare, ricevere*) extra *m inv.*
extracomunitario, -a [ekstracomuni'tario] *agg* non ressortissant de la CEE ♦ *sm/f* immigré(e) du Tiers-Monde.
extraconiugale [ekstrakonju'gale] *agg* extraconjugal(e).
extraparlamentare [ekstraparlamen'tare] *agg* extraparlementaire ♦ *sm/f membre d'un mouvement extraparlementaire*; **la sinistra ~** ≈ les gauchistes *mpl.*
extrasensoriale [ekstrasenso'rjale] *agg* extrasensoriel(le).
extraterrestre [ekstrater'rɛstre] *agg, sm/f* extraterrestre *m/f.*
extraurbano, -a [ekstraur'bano] *agg* suburbain(e).

F, f

F, f ['effe] *sf o m inv* (*lettera*) F, f *m inv*; ~ **come Firenze** ≈ F comme François.
F *abbr* (= *Fahrenheit*) F.
F. *abbr* (= *fiume*) riv., fl.
fa [fa] *vb vedi* **fare** ♦ *sm inv* (*MUS*) fa *m* ♦ *avv*: **dieci anni** ~ il y a dix ans.
fabbisogno [fabbi'zoɲɲo] *sm* (*di ditta*) besoins *mpl*; (*nazionale*) demande *f*; **il ~ nazionale di petrolio** la demande nationale de pétrole; ~ **del settore pubblico** *somme des déficits de l'Administration et des entreprises publiques*.
fabbrica, -che ['fabbrika] *sf* usine *f*; **una piccola** ~ une fabrique.
fabbricante [fabbri'kante] *sm* fabriquant *m*.
fabbricare [fabbri'kare] *vt* (*casa, palazzo*) construire; (*produrre, fig*) fabriquer.
fabbricato [fabbri'kato] *sm* bâtiment *m*; **imposta sui fabbricati** ≈ impôt *m* foncier sur les propriétés bâties.
fabbricazione [fabbrikat'tsjone] *sf* (*vedi vb*) construction *f*; fabrication *f*.
fabbro ['fabbro] *sm* forgeron *m*.
faccenda [fat'tʃɛnda] *sf* affaire *f*; (*cosa da fare*) occupation *f*; **le faccende domestiche** le ménage.
faccendiere [fattʃen'djɛre] *sm* intrigant *m*.
faccetta [fat'tʃetta] *sf* (*di pietra preziosa*) facette *f*.
facchino [fak'kino] *sm* porteur *m*.
faccia, -ce ['fattʃa] *sf* figure *f*; (*di moneta, medaglia*) face *f*; ~ **a** ~ face à face; **di ~ a** face à; **dire qc in ~ a qn** dire qch en face à qn; **avere la ~ (tosta) di dire/fare qc** avoir le toupet de dire/faire qch; **fare qc alla ~ di qn** faire qch au nez et à la barbe de qn.
facciata [fat'tʃata] *sf* (*di edificio*) façade *f*; (*di foglio*) page *f*.
faccio ['fattʃo] *vb vedi* **fare**.
facente [fa'tʃɛnte] *sm/f* (*AMM*): ~ **funzione** adjoint(e).
facessi *etc* [fa'tʃessi] *vb vedi* **fare**.
faceto, -a [fa'tʃɛto] *agg* facétieux(-euse).
facevo *etc* [fa'tʃevo] *vb vedi* **fare**.
facezia [fa'tʃɛttsja] *sf* facétie *f*.
fachiro [fa'kiro] *sm* fakir *m*.
facile ['fatʃile] *agg* facile; (*carattere*) accommodant(e); (*peg*: *assunzione*) obtenu(e) par piston; ~ **a** (*incline*) enclin(e) à; **è ~ che piova** il est probable qu'il pleuve; **donna di facili costumi** femme *f* de petite vertu.
facilità [fatʃili'ta] *sf* facilité *f*.
facilitare [fatʃili'tare] *vt* faciliter.
facilitazione [fatʃilitat'tsjone] *sf* facilités *fpl*; ▸ **facilitazioni di pagamento** facilités de paiement.
facilmente [fatʃil'mente] *avv* (*con facilità*) facilement; (*probabilmente*) probablement.
facilone, -a [fatʃi'lone] *sm/f* (*peg*): **è un** ~ il traite tout par-dessus la jambe.
facinoroso, -a [fatʃino'roso] *agg* violent(e).
facoltà [fakol'ta] *sf inv* faculté *f*; (*CHIM*) propriété *f*.
facoltativo, -a [fakolta'tivo] *agg* facultatif(-ive).
facoltoso, -a [fakol'toso] *agg* aisé(e).
facsimile [fak'simile] *sm inv* (*copia*) facsimilé *m*; (*sistema*) télécopie *f*.
faggio ['faddʒo] *sm* hêtre *m*; **di** ~ en hêtre.
fagiano [fa'dʒano] *sm* faisan *m*.
fagiolino [fadʒo'lino] *sm* haricot *m* vert.
fagiolo [fa'dʒɔlo] *sm* haricot *m*; **capitare a** ~ tomber à pic.
fagocitare [fagotʃi'tare] *vt* (*anche fig*) phagocyter.
fagotto [fa'gɔtto] *sm* ballot *m*; (*MUS*) basson *m*; **far** ~ (*fig*) plier bagage.
Fahrenheit ['faːrənhait] *sm* Fahrenheit *m*.
fai ['fai] *vb vedi* **fare**.
faida ['faida] *sf* (*tra famiglie etc*) vendetta *f*.
fai-da-te ['fai da t'te] *sm inv* bricolage *m*.
faina [fa'ina] *sf* fouine *f*.
falange [fa'landʒe] *sf* (*ANAT, MIL*) phalange *f*.
falcata [fal'kata] *sf* courbette *f*.
falce ['faltʃe] *sf* faucille *f*; ▸ **falce e martello** (*POL*) la faucille et le marteau.
falcetto [fal'tʃetto] *sm* serpette *f*.
falciare [fal'tʃare] *vt* (*anche fig*) faucher.
falciatrice [faltʃa'tritʃe] *sf* faucheuse *f*.
falco, -chi ['falko] *sm* (*anche fig*) faucon *m*.
falcone [fal'kone] *sm* faucon *m*.
falda ['falda] *sf* (*GEO*) couche *f*; (*di cappello*) bord *m*; (*di cappotto*) basque *f*; (*di monte*) pied *m*; (*di tetto*) pente *f*; **abito a falde** frac *m*; **nevica a larghe falde** il neige à gros flocons.
falegname [faleɲ'ɲame] *sm* menuisier *m*.
falena [fa'lɛna] *sf* (*ZOOL*) phalène *f*.
Falkland ['fɔːlklənd] *sfpl*: **le (isole)** ~ les (îles) Malouines *fpl*.
fallace [fal'latʃe] *agg* fallacieux(-euse).
fallico, -a, -ci, -che ['falliko] *agg* phallique.
fallimentare [fallimen'tare] *agg* (*COMM*) de faillite; **bilancio** ~ (*fig*) constat *m*

d'échec; **diritto** ~ droit *m* de la faillite; **procedura** ~ procédure *f* de faillite.
fallimento [falli'mento] *sm* échec *m*; (*DIR*) faillite *f*.
fallire [fal'lire] *vt* manquer, rater ♦ *vi* (*non riuscire*): ~ **(in)** échouer (dans); (*DIR*) faire faillite.
fallito, -a [fal'lito] *agg* manqué(e); (*DIR*) failli(e) ♦ *sm/f* (*fig*) raté(e).
fallo ['fallo] *sm* (*anche SPORT*) faute *f*; (*difetto*) défaut *m*; (*ANAT*) phallus *msg*; **senza** ~ sans faute; **cogliere qn in** ~ prendre qn en faute *o* en défaut; **mettere il piede in** ~ faire un faux pas; ▸**fallo intenzionale** (*SPORT*) irrégularité *f*; ▸**fallo tecnico** (*SPORT*) faute *f* technique.
fallocrate [fal'lɔkrate] *sm* phallocrate *m*.
falò [fa'lɔ] *sm inv* feu *m* (de camp).
falsare [fal'sare] *vt* fausser.
falsariga, -ghe [falsa'riga] *sf* modèle *m*, exemple *m*; **sulla** ~ **di** ... (*fig*) sur le modèle de ...; **seguire la** ~ **di qn** suivre les traces de qn.
falsario, -a [fal'sarjo] *sm/f* (*di banconote, monete*) faux-monnayeur *m*; (*di documenti*) faussaire *m*.
falsificare [falsifi'kare] *vt* (*banconote, monete*) contrefaire; (*firma, documento, conti*) falsifier.
falsità [falsi'ta] *sf inv* (*di persona, notizia*) fausseté *f*; (*bugia*) mensonge *m*.
falso, -a ['falso] *agg* faux(fausse) ♦ *sm* (*DIR*) faux *m*; **essere un** ~ **magro** être un faux maigre; **giurare il** ~ se parjurer; (*DIR*) faire un faux serment; ~ **in atto pubblico** faux et usage de faux.
fama ['fama] *sf* célébrité *f*; (*reputazione*) renommée *f*.
fame ['fame] *sf* faim *f*; **aver** ~ avoir faim; **fare la** ~ (*fig*) crever la faim.
famelico, -a, -ci, -che [fa'mɛliko] *agg* affamé(e).
famigerato, -a [famidʒe'rato] *agg* mal famé(e); (*persona*) tristement célèbre.
famiglia [fa'miʎʎa] *sf* famille *f*; **essere di** ~ (*anche fig*) faire partie de la famille.
famigliare, famigliarità *etc vedi* **familiare, familiarità** *etc*.
familiare [fami'ljare] *agg* (*della famiglia*: *patrimonio, beni*) familial(e); (*anche peg*: *abituale, ordinario*) familier(-ière) ♦ *sm/f* parent(e); **una vettura** ~ une (voiture) familiale, un break.
familiarità [familjari'ta] *sf* familiarité *f*.
familiarizzare [familjarid'dzare] *vi*: ~ **con qn** lier amitié avec qn.
famoso, -a [fa'moso] *agg* célèbre; (*memorabile*) fameux(-euse).
fanale [fa'nale] *sm* (*AUT*) phare *m*; (*luce stradale*) lanterne *f*; (*di faro*) fanal *m*; (*NAUT*) feu *m*.
fanatico, -a, -ci, -che [fa'natiko] *agg* fanatique ♦ *sm/f* (*di sport, musica*) fana *m/f*; **essere** ~ **di qc** être fana(tique) de qch, être accro de qch (*fam*).
fanatismo [fana'tizmo] *sm* fanatisme *m*.
fanciullezza [fantʃul'lettsa] *sf* enfance *f*.
fanciullo, -a [fan'tʃullo] *sm/f* enfant *m/f*.
fandonia [fan'dɔnja] *sf* histoire *f*.
fanfara [fan'fara] *sf* fanfare *f*.
fanfarone [fanfa'rone] *sm* fanfaron *m*, crâneur *m*.
fanghiglia [fan'giʎʎa] *sf* boue *f*; (*deposito argilloso*) vase *f*.
fango, -ghi ['fango] *sm* boue *f*; **fanghi** *smpl* (*MED*) bains *mpl* de boue; **fare i fanghi** prendre des bains de boue.
fangoso, -a [fan'goso] *agg* boueux(-euse).
fanno ['fanno] *vb vedi* **fare**.
fannullone, -a [fannul'lone] *sm/f* fainéant(e).
fantascienza [fantaʃ'ʃɛntsa] *sf* science-fiction *f*.
fantasia [fanta'zia] *sf* imagination *f* ♦ *agg inv*: **vestito** ~ robe *f* fantaisie.
fantasioso, -a [fanta'zjoso] *agg* (*dotato di fantasia*) plein(e) d'imagination; (*bizzarro*) fantaisiste.
fantasma, -i [fan'tazma] *sm* fantôme *m*.
fantasticare [fantasti'kare] *vi* rêvasser.
fantasticheria [fantastike'ria] *sf* rêverie *f*.
fantastico, -a, -ci, -che [fan'tastiko] *agg* (*straordinario*) fantastique; (*della fantasia*: *potenza, ingegno*) d'imagination.
fante ['fante] *sm* (*MIL*) fantassin *m*; (*CARTE*) valet *m*.
fanteria [fante'ria] *sf* infanterie *f*.
fantino [fan'tino] *sm* jockey *m*.
fantoccio [fan'tɔttʃo] *sm* pantin *m*, fantoche *m*; (*fig*) fantoche; ▸**un governo fantoccio** un gouvernement fantoche.
fantomatico, -a, -ci, -che [fanto'matiko] *agg* (*nave, esercito*) fantôme; (*personaggio*) mystérieux(-euse).
FAO ['faɔ] *sigla f* (= *Food and Agriculture Organisation*) FAO *f*.
farabutto [fara'butto] *sm* crapule *f*.
faraona [fara'ona] *sf* (*ZOOL*) pintade *f*.
faraone [fara'one] *sm* (*STORIA*) pharaon *m*.
faraonico, -a, -ci, -che [fara'ɔniko] *agg* pharaonien(ne); (*fig*) somptueux(-euse).
farcire [far'tʃire] *vt* (*carni, peperoni etc*) farcir; (*torte*) garnir.
fard [far] *sm inv* fard *m*.
fardello [far'dello] *sm* (*anche fig*) fardeau *m*.

PAROLA CHIAVE

fare ['fare] *vt* **1** (*creare, costruire*) faire; **fare la cena** faire le dîner; **fare un film** faire un film; **fare una promessa** faire une promesse; **fare rumore** faire du bruit

2 (*effettuare, praticare: attività, studi, sport*) faire; **cosa fa?** (*adesso*) qu'est-ce qu'il est en train de faire?; (*di professione*) qu'est-ce qu'il fait?; **fare giurisprudenza** faire du droit; **fare il medico** être médecin; **fare un viaggio/una passeggiata** faire un voyage/une promenade; **fare la spesa** faire les courses
3 (*simulare*): **fare il malato** faire semblant d'être malade; **fare l'indifferente** faire l'indifférent
4 (*suscitare: pena, ribrezzo*) faire; **fare paura a qn** faire peur à qn; **mi fa rabbia** ça me fait enrager, ça me met en rage; **(non) fa niente** (*non importa*) ça ne fait rien
5 (*ammontare a*): **3 più 3 fa 6** 3 et 3 font 6; **fanno 6.000 lire** ça fait 6000 lires; **Roma fa 2.000.000 di abitanti** Rome a 2000000 d'habitants; **che ora fai?** quelle heure as-tu?
6 (+ *infinito*): **far fare qc a qn** faire faire qch à qn; **fammi vedere** fais-moi voir; **far partire il motore** mettre le moteur en marche *o* en route; **far riparare la macchina** faire réparer la voiture; **far costruire una casa** faire construire une maison
7 (*dire*) faire, dire; **"davvero?" fece** "vraiment?" fit-il; **"e con questo?" mi fa ...** "et alors?" me dit-il ...
8: **farsi** se faire; **farsi una gonna** se faire une jupe; **farsi un nome** se faire un nom; **farsi la permanente** se faire faire une permanente; **farsi tagliare i capelli** se faire couper les cheveux; **farsi operare** se faire opérer
9 (*fraseologia*): **farcela** y arriver; **non ce la faccio più** je n'en peux plus; **ce la faremo** nous y arriverons; **me l'hanno fatta!** ils m'ont eu!; **lo facevo più giovane** je le croyais plus jeune; **fare sì/no con la testa** faire oui/non de la tête
♦ *vi* **1** (*agire*) faire; **fate come volete** faites comme vous voulez; **fare presto** faire vite, se dépêcher; **fare da** (*fungere*) tenir lieu de; **non c'è niente da fare** il n'y rien à faire; **saperci fare con qn/qc** savoir s'y prendre avec qn/qch; **faccia pure!** faites donc!
2: **fare per** (*essere adatto*) convenir; **fare per fare qc** (*essere sul punto di*) aller faire qch, être sur le point de faire qch; **fece per andarsene** il fit mine de s'en aller
3: **farsi**: **si fa così** on fait comme ça; **non si fa così!** (*rimprovero*) on n'agit pas ainsi!; **la festa non si fa** la fête n'a pas lieu
4: **fare a gara con qn** se mesurer avec *o* à qn; **fare a pugni** se battre à coups de poing; **fare in tempo a fare** avoir le temps de faire
♦ *vb impers*: **fa bel tempo** il fait beau temps; **fa caldo/freddo** il fait chaud/froid; **fa notte** il fait nuit
♦ *vr* **1**: **farsi** (*diventare*) se faire, devenir; **farsi prete** se faire prêtre; **farsi vecchio** se faire vieux; **si è fatto grande** il a grandi
2 (*spostarsi*): **farsi avanti/indietro/da parte** s'avancer/reculer/se mettre de côté
3 (*fam: drogarsi*) se défoncer
♦ *sm* **1** (*modo di fare*): **con fare distratto** d'un air distrait; **ha un fare simpatico** il a des manières agréables
2: **sul far del giorno/della notte** au lever du jour/à la tombée de la nuit.

faretra [fa'rɛtra] *sf* carquois *msg*.
farfalla [far'falla] *sf* papillon *m*.
farfugliare [farfuʎ'ʎare] *vt* bredouiller ♦ *vi* bafouiller.
farina [fa'rina] *sf* farine *f*; **questa non è ~ del tuo sacco** (*fig*) ça n'est pas de ton cru; ▶ **farina gialla** farine de maïs; ▶ **farina integrale** farine complète.
farinacei [fari'natʃei] *smpl* féculents *mpl*.
faringe [fa'rindʒe] *sf* pharynx *msg*.
faringite [farin'dʒite] *sf* (*MED*) pharyngite *f*.
farinoso, -a [fari'noso] *agg* (*patate, mela*) farineux(-euse); (*neve*) poudreux(-euse).
farmaceutico, -a, -ci, -che [farma'tʃɛutiko] *agg* pharmaceutique.
farmacia, -cie [farma'tʃia] *sf* pharmacie *f*.
farmacista, -i, -e [farma'tʃista] *sm/f* pharmacien(ne).
farmaco, -ci *o* **chi** ['farmako] *sm* médicament *m*.
farneticare [farneti'kare] *vi* délirer.
faro ['faro] *sm* (*NAUT, AUT*) phare *m*; (*AER*) feu *m*.
farraginoso, -a [farradʒi'noso] *agg* (*confuso*) confus(e); (*sconclusionato*) décousu(e).
farsa ['farsa] *sf* farce *f*; (*fig*) comédie *f*.
farsesco, -a, -schi, -sche [far'sesko] *agg* burlesque.
fasc. *abbr* (= *fascicolo*) fasc.
fascia, -sce ['faʃʃa] *sf* (*di tessuto, carta, territorio, MED*) bande *f*; (*ANAT*) fascia *m*; (*di sindaco*) écharpe *f*; (*TECN*) bague *f*; (*di contribuenti, ascoltatori*) catégorie *f*; **in fasce** (*neonato*) dans les langes; ▶ **fascia d'ozono** couche *f* d'ozone; ▶ **fascia oraria** créneau *m* horaire; ▶ **fasce d'ascolto** (*RADIO, TV*) heures *fpl* d'écoute.
fasciare [faʃ'ʃare] *vt* (*anche MED*) bander; (*bambino*) langer.
fasciatura [faʃʃa'tura] *sf* bandage *m*.
fascicolo [faʃ'ʃikolo] *sm* (*di documenti*) dossier *m*; (*di rivista, opuscolo*) fascicule *m*.
fascino ['faʃʃino] *sm* fascination *f*.

fascio ['faʃʃo] *sm* (*di erba, fieno*) botte *f*; (*di legna*) fagot *m*; (*di fiori*) gerbe *f*; (*di luce*) faisceau *m*; (*POL*): **il F~** le parti fasciste.
fascismo [faʃ'ʃizmo] *sm* fascisme *m*.
fascista, -i, -e [faʃ'ʃista] *agg, sm/f* fasciste *m/f*.
fase ['faze] *sf* phase *f*; **fuori ~** (*motore*) déréglé(e); **in ~ di espansione** en phase d'expansion.
fastidio [fas'tidjo] *sm* (*disturbo*) gêne *f*; (*grana*) embêtement *m*; **dare ~ a qn** déranger qn; **avere fastidi con la polizia** avoir des démêlés avec la police.
fastidioso, -a [fasti'djoso] *agg* (*noioso*) ennuyeux(-euse); (*che infastidisce*: *bambino*) désagréable, agaçant(e); (*schifiltoso*) difficile.
fasto ['fasto] *sm* faste *m*.
fastoso, -a [fas'toso] *agg* fastueux(-euse).
fasullo, -a [fa'zullo] *agg* faux(fausse); (*persona*) incapable.
fata ['fata] *sf* fée *f*.
fatale [fa'tale] *agg* fatal(e).
fatalismo [fata'lizmo] *sm* fatalisme *m*.
fatalità [fatali'ta] *sf inv* fatalité *f*; (*sfortuna*) malchance *f*.
fatato, -a [fa'tato] *agg* (*spada, chiave*) magique; (*castello*) enchanté(e).
fatica, -che [fa'tika] *sf* (*anche TECN*) fatigue *f*; (*sforzo*) effort *m*; (*difficoltà*) peine *f*; **a ~** avec peine; **respirare a ~** respirer à grand-peine; **fare ~ a fare qc** avoir de la peine à faire qch, avoir du mal à faire qch; **animale da ~** bête *f* de somme.
faticaccia, -ce [fati'kattʃa] *sf* sacré travail *m*.
faticare [fati'kare] *vi* peiner; **~ a fare qc** avoir de la peine *o* du mal à faire qch.
faticata [fati'kata] *sf* corvée *f*.
fatichi *etc* [fa'tiki] *vb vedi* **faticare**.
faticoso, -a [fati'koso] *agg* (*gravoso, pesante*) pénible; (*che richiede sforzo*) fatigant(e).
fatidico, -a, -ci, -che [fa'tidiko] *agg* fatidique.
fato ['fato] *sm* destin *m*, sort *m*.
Fatt. *abbr* (= *fattura*) facture.
fattaccio [fat'tattʃo] *sm* sale histoire *f*.
fattezze [fat'tettse] *sfpl* traits *mpl*.
fattibile [fat'tibile] *agg* faisable.
fattispecie [fattis'pɛtʃe] *sf*: **nella** *o* **in ~** en l'espèce.
fatto, -a ['fatto] *pp di* **fare** ♦ *agg*: **un uomo ~** un homme fait ♦ *sm* (*avvenimento*) fait *m*; (*azione, di romanzo, film*) action *f*; **~ a mano/in casa** fait(e) main/maison; **è ben fatta** elle est bien faite; **cogliere qn sul ~** prendre qn sur le fait; **il ~ è che ...** le fait est que ...; **~ sta che ...** il reste que ...; **in ~ di ...** en fait de ...; **fare i fatti propri** s'occuper de ses affaires; **è uno che sa il ~ suo** c'est quelqu'un qui connaît son affaire; **gli ho detto il ~ suo** je lui ai dit ses quatre vérités; **porre qn di fronte al ~ compiuto** mettre qn devant le fait accompli.
fattore [fat'tore] *sm* (*MAT, elemento*) facteur *m*; (*AGR*) fermier *m*.
fattoria [fatto'ria] *sf* ferme *f*.
fattorino [fatto'rino] *sm* (*di negozio*) livreur *m*; (*di ufficio*) garçon *m* de bureau; (*d'albergo*) chasseur *m*.
fattucchiera [fattuk'kjɛra] *sf* sorcière *f*.
fattura [fat'tura] *sf* (*COMM*) facture *f*; (*di abito*) façon *f*; (*stregoneria*) sorcellerie *f*; **pagamento contro ~** paiement *m* contre facture.
fatturare [fattu'rare] *vt* (*COMM*) facturer; (*prodotto*) frelater.
fatturato [fattu'rato] *sm* (*COMM*) chiffre *m* d'affaires; **~ lordo** chiffre d'affaires brut.
fatturazione [fatturat'tsjone] *sf* (*COMM*) facturation *f*.
fatuo, -a ['fatuo] *agg* futile.
fauci ['fautʃi] *sfpl* gueule *fsg*.
fauna ['fauna] *sf* faune *f*.
fausto, -a ['fausto] *agg* heureux(-euse); **un ~ presagio** un heureux présage.
fautore, -trice [fau'tore] *sm/f* partisan(e).
fava ['fava] *sf* fève *f*.
favella [fa'vɛlla] *sf* parole *f*.
favilla [fa'villa] *sf* étincelle *f*.
favo ['favo] *sm* rayon *m*.
favola ['favola] *sf* (*fiaba*) conte *m*; (*fandonia*) histoire *f*; **le favole di Esopo/La Fontaine** les fables d'Ésope/de La Fontaine; **essere la ~ del paese** être la risée de tout le monde; **la morale della ~** la morale de l'histoire.
favoloso, -a [favo'loso] *agg* fabuleux (-euse).
favore [fa'vore] *sm* faveur *f*, service *m*; **per ~** s'il vous/te plaît; **di ~** (*prezzo, trattamento*) de faveur; **fare un ~ a qn** rendre un service à qn; **col ~ delle tenebre** à la faveur de la nuit; **prezzo di ~** (*COMM*) prix *m* de faveur.
favoreggiamento [favoreddʒa'mento] *sm* (*DIR*) complicité *f*.
favorevole [favo'revole] *agg* favorable; **essere ~ a** être favorable à.
favorire [favo'rire] *vt* favoriser; **vuole ~?** voulez-vous partager mon repas?; **favorisca in salotto** installez-vous au salon; **favorisca i documenti** vos papiers, s'il vous plaît.
favoritismo [favori'tizmo] *sm* favoritisme *m*.
favorito, -a [favo'rito] *agg, sm/f* favori(te).
fazione [fat'tsjone] *sf* faction *f*.
faziosità [fattsjosi'ta] *sf* (*di persona*) partia-

lité *f*; (*di gruppo*) sectarisme *m*.
fazzoletto [fattso'letto] *sm* mouchoir *m*; (*per la testa*) foulard *m*.
FBI [efbi'ai] *sigla f* (= *Federal Bureau of Investigation*) FBI *m*.
f.co *abbr* = *franco*.
FE *sigla* = *Ferrara*.
febbraio [feb'brajo] *sm* février *m*; *vedi anche* **luglio**.
febbre ['fɛbbre] *sf* (*anche fig*) fièvre *f*; **avere la** ~ avoir de la fièvre; ~ **da fieno** rhume *m* des foins.
febbrile [feb'brile] *agg* (*anche fig*) fébrile.
feccia, -ce ['fɛttʃa] *sf* (*anche fig*) lie *f*.
feci ['fetʃi] *sfpl* selles *fpl*.
feci *etc* ['fetʃi] *vb vedi* **fare**.
fecola ['fɛkola] *sf* fécule *f*.
fecondare [fekon'dare] *vt* féconder.
fecondazione [fekondat'tsjone] *sf* fécondation *f*; ~ **artificiale** fécondation artificielle.
fecondità [fekondi'ta] *sf* fécondité *f*.
fecondo, -a [fe'kondo] *agg* fécond(e).
Fedcom [fed'kɔm] *sigla m* (= *Fondo Europeo di Cooperazione Monetaria*) FECOM *m*.
fede ['fede] *sf* foi *f*; (*fiducia*: *nell'avvenire, nel futuro*) foi, confiance *f*; (*fedeltà*) fidélité *f*; (*anello*) alliance *f*; **aver** ~ **in qn** avoir foi en qn; **in buona/cattiva** ~ de bonne/mauvaise foi; **in** ~ (*DIR*) sur ma foi; **far** ~ faire foi; **tener** ~ **a** (*a ideale*) rester fidèle à; (*a giuramento, promessa*) tenir.
fedele [fe'dele] *agg, sm/f* fidèle *m/f*; **i fedeli** *smpl* (*REL*) les fidèles *mpl*; **fidele a** fidèle à.
fedeltà [fedel'ta] *sf* fidélité *f*; ▸ **alta fedeltà** (*RADIO*) haute fidélité.
federa ['fɛdera] *sf* taie *f* d'oreiller.
federale [fede'rale] *agg* fédéral(e).
federalismo [federa'lizmo] *sm* fédéralisme *m*.
federalista [federa'lista] *agg, sm/f* fédéraliste *m/f*.
federazione [federat'tsjone] *sf* fédération *f*.
Federcaccia [feder'kattʃa] *abbr f* = *Federazione Italiana della Caccia*.
Federcalcio [feder'kaltʃo] *abbr f* (= *Federazione Italiana Gioco Calcio*) ≈ FFF *f*.
Federconsorzi [federkon'sɔrtsi] *abbr f* = *Federazione Italiana dei Consorzi Agrari*.
fedifrago, -a, -ghi, -ghe [fe'difrago] *agg* traître(traîtresse).
fedina [fe'dina] *sf* (*DIR*): ~ **(penale)** casier *m* judiciaire; **avere la** ~ **penale sporca** avoir un casier judiciaire chargé.
fegato ['fegato] *sm* foie *m*; (*fig*) courage *m*; **mangiarsi** *o* **rodersi il** ~ se faire de la bile.
felce ['feltʃe] *sf* fougère *f*.
felice [fe'litʃe] *agg* heureux(-euse).
felicità [felitʃi'ta] *sf inv* bonheur *m*.
felicitarsi [felitʃi'tarsi] *vip* (*congratularsi*): ~ **con qn per qc** féliciter qn pour *o* de qch.
felicitazioni [felitʃitat'tsjoni] *sfpl* félicitations *fpl*.
felino, -a [fe'lino] *agg* félin(e) ♦ *sm* félin *m*.
felpa ['felpa] *sf* sweat(-shirt) *m*.
felpato, -a [fel'pato] *agg* (*tessuto*) molletonné(e); (*passo*) feutré(e); **con passo** ~ à pas feutrés.
feltro ['feltro] *sm* feutre *m*.
femmina ['femmina] *sf* (*ZOOL, TECN*) femelle *f*; (*figlia*) fille *f* ♦ *agg* femelle.
femminile [femmi'nile] féminin(e); *sm* (*LING*) féminin *m*.
femminilità [femminili'ta] *sf* féminité *f*.
femminismo [femmi'nizmo] *sm* féminisme *m*.
femminista, -i, -e [femmi'nista] *sm/f* féministe *m/f*.
femore ['femore] *sm* fémur *m*.
fendere ['fɛndere] *vt* (*aria, flutti*) fendre; (*nebbia*) percer.
fendinebbia [fendi'nebbja] *sm inv* (*AUT*) antibrouillard *m*.
fenditura [fendi'tura] *sf* fissure *f*.
fenomenale [fenome'nale] *agg* phénoménal(e).
fenomeno [fe'nɔmeno] *sm* phénomène *m*.
feretro ['fɛretro] *sm* cercueil *m*, bière *f*.
feriale [fe'rjale] *agg*: **giorno** ~ jour *m* ouvrable.
ferie ['fɛrje] *sfpl* vacances *fpl*, congé *m*; **andare in** ~ aller en vacances.
ferimento [feri'mento] *sm*: **l'incidente provocò il** ~ **di due persone** l'accident a fait deux blessés.
ferire [fe'rire] *vt* blesser; **ferirsi** *vr*: **ferirsi (con)** se blesser (avec).
ferito, -a [fe'rito] *sm/f* blessé(e) ♦ *sf* blessure *f*.
feritoia [feri'toja] *sf* lucarne *f*.
ferma ['ferma] *sf* (*MIL*) service *m* (militaire); (*CACCIA*): **cane da** ~ chien *m* d'arrêt.
fermacarte [ferma'karte] *sm inv* presse-papiers *m inv*.
fermacravatta [fermakra'vatta] *sm inv* épingle *f* de cravate.
fermaglio [fer'maʎʎo] *sm* fermoir *m*.
fermamente [ferma'mente] *avv* fermement.
fermare [fer'mare] *vt* arrêter; (*porta*) fermer; (*bottone*) fixer ♦ *vi, vip* s'arrêter; **fermarsi a fare qc** s'arrêter pour faire qch.
fermata [fer'mata] *sf* arrêt *m*; ▸ **fermata dell'autobus** arrêt d'autobus.
fermentare [fermen'tare] *vi* fermenter.
fermentazione [fermentat'tsjone] *sf* fermentation *f*.
fermento [fer'mento] *sm* ferment *m*; (*fig*) agitation *f*, ébullition *f*; **in** ~ (*popolazione, masse*) en effervescence.

fermezza [fer'mettsa] *sf* (*fig*) fermeté *f*.
fermo, -a ['fermo] *agg* immobile; (*veicolo, traffico, orologio*) arrêté(e); (*voce, mano, fig*) ferme ♦ *sm* (*chiusura*) fermeture *f*; ~ **restando che** ... étant bien entendu que ...; ~! ne bouge pas!; ▶ **fermo di polizia** (*DIR*) arrestation *f*.
fermo posta ['fermo 'pɔsta] *sm inv* poste *f* restante ♦ *avv* en poste restante.
feroce [fe'rotʃe] *agg* (*animale*) féroce; (*persona, gesto*) cruel(le); (*dolore*) atroce; (*fame*) terrible.
ferocia [fe'rɔtʃa] *sf* (*di animale*) férocité *f*; (*di persona, gesto*) cruauté *f*.
Ferr. *abbr* (= *ferrovia*) chemin de fer.
ferraglia [fer'raʎʎa] *sf* ferraille *f*.
ferragosto [ferra'gosto] *sm* (*festa*) le quinze août; (*periodo*) la période du quinze août.
ferramenta [ferra'menta] *sfpl*: **(negozio di)** ~ quincaillerie *f*.
ferrare [fer'rare] *vt* ferrer.
ferrato, -a [fer'rato] *agg* ferré(e); **essere** ~ **in materia** (*fig*) être fort(e) en la matière.
ferravecchio [ferra'vɛkkjo] *sm* ferrailleur *m*.
ferreo, -a ['fɛrreo] *agg* (*anche fig*) de fer.
ferriera [fer'rjɛra] *sf* forge *f*.
ferro ['fɛrro] *sm* fer *m*; (*strumento*) instrument *m*; **ai ferri** (*bistecca, scampi*) grillé(e); **mettere a** ~ **e fuoco** mettre à feu et à sang; **essere ai ferri corti** (*fig*) être à couteaux tirés; **tocca** ~! touche du bois!; **i ferri del mestiere** (*fig*) les outils *mpl*; ▶ **ferro battuto** fer forgé; ▶ **ferro da calza** aiguille *f* à tricoter; ▶ **ferro da stiro** fer à repasser; ▶ **ferro di cavallo** fer à cheval.
ferrotranviario, -a [ferrotran'vjarjo] *agg* (*categoria, sciopero*) des cheminots et des conducteurs de tramway.
Ferrotranvieri [ferrotran'vjɛri] *abbr f* = *Federazione Nazionale Lavoratori Autoferrotranvieri e Internavigatori*.
ferrovecchio [ferro'vɛkkjo] *sm* = **ferravecchio**.
ferrovia [ferro'via] *sf* chemin *m* de fer, voie *f* ferrée; **le ferrovie** (*servizi*) les chemins de fer.
ferroviario, -a [ferro'vjarjo] *agg* ferroviaire, de chemin de fer.
ferroviere [ferro'vjɛre] *sm* cheminot *m*, employé *m* du chemin de fer.
fertile ['fɛrtile] *agg* fertile; (*fig*) fécond(e).
fertilità [fertili'ta] *sf* fertilité *f*; (*fig*) fécondité *f*.
fertilizzante [fertilid'dzante] *sm* fertilisant *m*.
fertilizzare [fertilid'dzare] *vt* fertiliser.
fervente [fer'vɛnte] *agg* fervent(e).
fervere ['fɛrvere] *vi*: **fervono i preparativi per** ... les préparatifs pour ... battent leur plein.
fervido, -a ['fɛrvido] *agg* (*augurio, congratulazioni*) chaleureux(-euse); (*preghiera*) fervent(e).
fervore [fer'vore] *sm* (*intensità*) ardeur *f*; (*alacrità*) ferveur *f*; (*culmine*) feu *m*.
fesa ['feza] *sf* noix *fsg*.
fesseria [fesse'ria] *sf* (*fam*) bêtise *f*; **dire fesserie** dire des bêtises.
fesso, -a ['fesso] *pp di* **fendere** ♦ *agg* (*fam*) crétin(e), idiot(e).
fessura [fes'sura] *sf* fissure *f*; (*per moneta, gettone*) fente *f*.
festa ['fɛsta] *sf* (*anche onomastico*) fête *f*; (*compleanno*) anniversaire *m*; (*vacanza*) jour *m* férié; **far** ~ (*dal lavoro*) avoir congé, chômer; (*far baldoria*) faire la fête; **far** ~ **a qn** faire fête à qn; **essere vestito a** ~ être endimanché; **la** ~ **della mamma/del papa** la fête des mères/des pères; ▶ **festa comandata** fête religieuse.
festeggiamenti [festeddʒa'menti] *smpl* fêtes *fpl*, réjouissances *fpl*.
festeggiare [fested'dʒare] *vt* fêter.
festino [fes'tino] *sm* festin *m*.
festivo, -a [fes'tivo] *agg* de fête; **giorno** ~ jour *m* férié.
festoso, -a [fes'toso] *agg* joyeux(-euse).
fetente [fe'tɛnte] *agg* (*puzzolente*) malodorant(e); (*comportamento*) odieux(-euse) ♦ *sm/f* (*fam*) ordure *f*.
feticcio [fe'tittʃo] *sm* fétiche *m*.
feto ['fɛto] *sm* fœtus *msg*.
fetore [fe'tore] *sm* puanteur *f*.
fetta ['fetta] *sf* tranche *f*; (*fig*) part *f*.
fettuccia, -ce [fet'tuttʃa] *sf* ruban *m*; (*per misurare*) mètre *m* à ruban.
fettuccine [fettut'tʃine] *sfpl* (*CUC*) *pâtes alimentaires coupées en longs rubans*.
feudale [feu'dale] *agg* féodal(e).
feudo ['fɛudo] *sm* (*anche fig*) fief *m*.
ff *abbr* (*AMM*) = *facente funzione*; (= *fogli*) p.p.
FF.AA *abbr* = *forze armate*.
FF.SS. *abbr* (= *Ferrovie dello Stato*) ≈ SNCF *f*.
FG *sigla* = *Foggia*.
FI *sigla* = *Firenze*.
fiaba ['fjaba] *sf* conte *m* de fées.
fiabesco, -a, -schi, -sche [fja'besko] *agg* de contes de fées.
fiacca ['fjakka] *sf* fatigue *f*, lassitude *f*; (*svogliatezza*) mollesse *f*; **battere la** ~ tirer sa flemme.
fiaccare [fjak'kare] *vt* affaiblir.
fiaccherò *etc* [fjakke'rɔ] *vb vedi* **fiaccare**.
fiacco, -a, -chi, -che ['fjakko] *agg* (*stanco*) fatigué(e); (*svogliato*) las(lasse); (*debole,*

anche mercato) faible.

fiaccola ['fjakkola] *sf* flambeau *m*.

fiaccolata [fjakko'lata] *sf* retraite *f* aux flambeaux.

fiala ['fjala] *sf* ampoule *f*.

fiamma ['fjamma] *sf* (*fuoco, fig: dell'amore, di libertà etc*) flamme *f*; (*fig: persona amata*) amour *m*.

fiammante [fjam'mante] *agg* (*colore*) vif(vive); **nuovo** ~ flambant neuf(neuve).

fiammata [fjam'mata] *sf* flambée *f*.

fiammeggiare [fjammed'dʒare] *vi* flamboyer.

fiammifero [fjam'mifero] *sm* allumette *f*.

fiammingo, -a, -ghi, -ghe [fjam'mingo] *agg* flamand(e) ♦ *sm/f* Flamand(e) ♦ *sm* (*LING*) flamand *m*; (*ZOOL*) flamant *m*; **i Fiamminghi** les Flamands.

fiancata [fjan'kata] *sf* (*di nave*) flanc *m*; (*di macchina, edificio*) côté *m*.

fiancheggiare [fjanked'dʒare] *vt* border, longer; (*MIL*) flanquer; (*fig*) soutenir, appuyer.

fianco, -chi ['fjanko] *sm* (*di persona*) hanche *f*; (*di nave, di monte*) flanc *m*; (*di edificio*) côté *m*; **di** ~ de côté; ~ **a** ~ côte à côte; **prestare il** ~ **alle critiche** (*fig*) prêter le flanc à la critique; ~ **destr/sinistr!** (*MIL*) droite/gauche!

Fiandre ['fjandre] *sfpl* Flandres *fpl*.

fiaschetteria [fjaskette'ria] *sf* débit *m* de vin.

fiasco, -schi ['fjasko] *sm* fiasque *f*; (*fig*) fiasco *m*, échec *m*; **fare** ~ faire fiasco.

fiatare [fja'tare] *vi* (*fig: parlare*): **senza** ~ sans souffler mot.

fiato ['fjato] *sm* souffle *m*; **fiati** *smpl* (*MUS*) instruments *mpl* à vent; **avere il** ~ **grosso** avoir le souffle court; **prendere** ~ reprendre haleine; **strumento a** ~ instrument à vent; **bere qc tutto d'un** ~ boire qch d'un trait.

fibbia ['fibbja] *sf* boucle *f*.

fibra ['fibra] *sf* fibre *f*; (*fig*) constitution *f*; ▸ **fibra di vetro** fibre de verre; ▸ **fibra ottica** fibre optique.

ficcanaso [fikka'naso] (*pl(m)* **ficcanasi**, *pl(f) inv*) *sm/f* fouineur(-euse).

ficcare [fik'kare] *vt* (*infilare*) fourrer; (*con forza*) enfoncer; (*chiodo, palo*) enfoncer; **ficcarsi** *vr* se fourrer; ~ **il naso negli affari altrui** fourrer son nez dans les affaires des autres; **ficcarsi nei pasticci** *o* **nei guai** se fourrer dans le pétrin.

ficcherò *etc* [fikke'rɔ] *vb vedi* **ficcare**.

fiche [fiʃ] *sf inv* jeton *m*.

fico, -a, -chi, -che ['fiko] *sm* (*pianta*) figuier *m*; (*frutto*) figue *f* ♦ *sm/f* (*fam: persona: bello*) beau mec(belle nana); **che** ~! super!; ▸ **fico d'India** figuier de Barbarie; ▸ **fico secco** figue sèche.

fidanzamento [fidantsa'mento] *sm* fiançailles *fpl*.

fidanzarsi [fidan'tsarsi] *vr*: ~ **(con)** se fiancer (avec) *o* (à).

fidanzato, -a [fidan'tsato] *sm/f* fiancé(e).

fidarsi [fi'darsi] *vr, vip*: ~ **di** avoir confiance en; ~ **è bene non** ~ **è meglio** (*proverbio*) prudence est mère de sûreté.

fidato, -a [fi'dato] *agg* sûr(e).

fideiussore [fidejus'sore] *sm* (*DIR*) caution *f*.

fido, -a ['fido] *agg* fidèle ♦ *sm* (*COMM*) crédit *m*.

fiducia [fi'dutʃa] *sf* confiance *f*; **avere** ~ **in qn/se stessi** avoir confiance en qn/soi; **incarico di** ~ mission *f* de confiance; **persona di** ~ personne *f* de confiance; **è il mio uomo di** ~ c'est mon homme de confiance; **porre la questione di** ~ (*POL*) poser la question de confiance.

fiducioso, -a [fidu'tʃoso] *agg* confiant(e).

fiele ['fjɛle] *sm* (*MED*) bile *f*; (*fig*) amertume *f*.

fienile [fje'nile] *sm* grenier *m* à foin, grange *f*.

fieno ['fjɛno] *sm* foin *m*.

fiera ['fjɛra] *sf* (*locale*) kermesse *f*; (*nazionale, internazionale*) Salon *m*, foire *f*; (*di beneficenza*) vente *f* de charité; (*animale*) foire; ▸ **fiera campionaria** foire-exposition *f*; ▸ **fiera del libro** Salon du livre; ▸ **la fiera di Milano** la Foire de Milan.

fierezza [fje'rettsa] *sf* fierté *f*.

fiero, -a ['fjɛro] *agg* fier(fière); (*crudele*) cruel(le), farouche; (*intrepido*) intrépide.

fievole ['fjɛvole] *agg* faible.

FIFA ['fifa] *sigla f* (= *Fédération Internationale de Football Association*) FIFA *f*.

fifa ['fifa] *sf* (*fam*): **aver** ~ avoir la trouille.

fifone, -a [fi'fone] (*fam*) *sm/f* (*scherz*) trouillard(e).

fig. *abbr* (= *figura*) fig.

FIGC [fidʒi'tʃi] *sigla f* (= *Federazione Italiana Gioco Calcio*) ≈ FFF *f*.

Figi ['fidʒi] *sfpl*: **le (isole)** ~ les îles *fpl* Fidji.

figlia ['fiʎʎa] *sf* fille *f*; (*ricevuta*) volant *m*.

figliare [fiʎ'ʎare] *vi* mettre bas.

figliastro, -a [fiʎ'ʎastro] *sm/f* beau-fils(belle-fille).

figlio ['fiʎʎo] *sm* fils *msg*; (*senza distinzione di sesso*) enfant *m*; **quanti figli hai?** tu as combien d'enfants?; ▸ **figlio d'arte** enfant de la balle; ▸ **figlio di papà** fils à papa; ▸ **figlio di puttana** (*fam!*) fils de pute (*fam!*); ▸ **figlio unico** fils unique.

figlioccio, -a, -ci, -ce [fiʎ'ʎɔttʃo] *sm/f* filleul(e).

figliola [fiʎ'ʎɔla] *sf* fille *f*; (*fig*) jeune fille.

figliolo [fiʎ'ʎɔlo] *sm* fils *msg*; (*fig*) jeune

homme.
figura [fi'gura] *sf* (*forma, aspetto esterno*) forme *f*; (*corporatura*) silhouette *f*; (*MAT, illustrazione*) figure *f*; (*in un libro*) illustration *f*; **far** ~ faire de l'effet; **fare una brutta** ~ faire une mauvaise impression; **che** ~! quelle honte!
figuraccia, -ce [figu'rattʃa] *sf*: **fare una** ~ faire piètre figure.
figurare [figu'rare] *vi* figurer ♦ *vt*: **figurarsi qc** se figurer qch; **figurarsi** *vip*: **figurati!** tu parles!
figurativo, -a [figura'tivo] *agg* figuratif (-ive).
figurina [figu'rina] *sf* (*statuetta*) figurine *f*; (*cartoncino*) image *f*.
figurinista, -i, -e [figuri'nista] *sm/f* dessinateur(-trice) de mode.
figurino [figu'rino] *sm* croquis *msg*.
figuro [fi'guro] *sm*: **un losco** ~ un individu louche.
figurone [figu'rone] *sm*: **fare un** ~ faire une excellente impression.
fila ['fila] *sf* file *f*; (*coda*) queue *f*; (*serie*) série *f*; **di** ~ d'affilée, de suite; **fare la** ~ faire la queue; **in** ~ **indiana** en file indienne.
filamento [fila'mento] *sm* filament *m*; (*BOT*) filet *m*.
filanca ® [fi'lanka] *sf tissu synthétique extensible*.
filanda [fi'landa] *sf* filature *f*.
filante [fi'lante] *agg*: **stella** ~ étoile *f* filante; (*striscia di carta*) serpentin *m*.
filantropia [filantro'pia] *sf* philanthropie *f*.
filantropico, -a, -ci, -che [filan'trɔpiko] *agg* philanthropique.
filantropo [fi'lantropo] *sm* philanthrope *m*.
filare [fi'lare] *vt* filer ♦ *vi* filer; (*fig: discorso, ragionamento*) se tenir; (*sfrecciare*) foncer; (*fam: amoreggiare*) flirter ♦ *sm* (*di alberi etc*) rangée *f*; ~ **diritto** (*fig*) marcher droit; **filarsela** (*svignarsela*) filer à l'anglaise.
filarmonica, -che [filar'mɔnika] *sf* philharmonie *f*.
filarmonico, -a, -ci, -che [filar'mɔniko] *agg* philharmonique.
filastrocca, -che [filas'trɔkka] *sf* comptine *f*.
filatelia [filate'lia] *sf* philatélie *f*.
filato, -a [fi'lato] *agg*: **per tre ore filate** pendant trois heures d'affilée ♦ *sm* fil *m* ♦ *avv*: **vai dritto** ~ **a casa** tu files tout droit à la maison; **3 giorni filati** 3 jours d'affilée.
filatura [fila'tura] *sf* filage *m*; (*luogo*) filature *f*.
filetto [fi'letto] *sm* filet *m*; (*di ornamento*) passepoil *m*.
filiale [fi'ljale] *agg* filial(e) ♦ *sf* (*COMM*) filiale *f*.
filibustiere [filibus'tjɛre] *sm* flibustier *m*; (*fig*) pirate *m*, bandit *m*.
filigrana [fili'grana] *sf* filigrane *m*.
filippica [fi'lippika] *sf* philippique *f*.
Filippine [filip'pine] *sfpl* Philippines *fpl*.
filippino, -a [filip'pino] *agg* philippin(e) ♦ *sm/f* Philippin(e).
film [film] *sm inv* film *m*.
filmare [fil'mare] *vt* filmer.
filmato [fil'mato] *sm* film *m*.
filmina [fil'mina] *sf* film *m* pour projection fixe.
filo ['filo] *sm* (*anche fig*) fil *m*; (*di perle*) rang *m*; **un** ~ **d'aria** (*fig*) un souffle d'air; **dare del** ~ **da torcere a qn** donner du fil à retordre à qn; **fare il** ~ **a qn** (*corteggiare*) faire du plat à qn; **per** ~ **e per segno** en détail; **con un** ~ **di voce** avec un filet de voix; ▸**filo a piombo** fil à plomb; ▸**filo d'erba** brin *m* d'herbe; ▸**filo di perle** rang de perles; ▸**filo di Scozia** fil d'Écosse; ▸**filo spinato** barbelé *m*.
filoamericano, -a [filoameri'kano] *agg* pro-américain(e).
filobus ['filobus] *sm inv* trolleybus *msg*.
filodiffusione [filodiffu'zjone] *sf* télédiffusion *f*.
filodrammatico, -a, -ci, -che [filodram'matiko] *agg*: **(compagnia) filodrammatica** troupe *f* de comédiens amateurs ♦ *sm/f* comédien(ne) amateur.
filoncino [filon'tʃino] *sm* ≈ baguette *f*.
filone [fi'lone] *sm* (*di minerali*) filon *m*; (*di pane*) ≈ baguette *f*; (*fig*) courant *m*.
filosofia [filozo'fia] *sf* philosophie *f*.
filosofico, -a, -ci, -che [filo'zɔfiko] *agg* philosophique.
filosofo, -a [fi'lɔzofo] *sm/f* philosophe *m/f*.
filosovietico, -a, -ci, -che [filoso'vjɛtiko] *agg* pro-soviétique.
filovia [filo'via] *sf* (*linea*) ligne *f* de trolleybus; (*bus*) trolleybus *msg*.
filtrare [fil'trare] *vt, vi* filtrer.
filtro ['filtro] *sm* filtre *m*; (*pozione*) philtre *m*; **senza** ~ (*sigaretta*) sans filtre; ▸**filtro dell'olio** (*AUT*) filtre à huile.
filza ['filtsa] *sf* rang *m*; (*fig*) kyrielle *f*.
fin [fin] *avv, prep* = **fino**.
finale [fi'nale] *agg* final(e) ♦ *sm* finale *m* ♦ *sf* finale *f*.
finalità [finali'ta] *sf inv* but *m*.
finalizzare [finalid'dzare] *vt*: ~ **a** viser à.
finalmente [final'mente] *avv* enfin, à la fin.
finanza [fi'nantsa] *sf* finance *f*; **finanze** *sfpl* (*di Stato, individuo*) finances *fpl*; **la (Guardia di)** ~ (*di frontiera*) ≈ la Police des Frontières; **(Intendenza di)** ~ ≈ recette *f* des finances; **Ministro delle finanze** ministre *m* des Finances.
finanziamento [finantsja'mento] *sm* (*azio-*

ne) financement *m*; (*denaro*) crédit *m*.
finanziare [finan'tsjare] *vt* financer.
finanziaria [finan'tsjarja] *sf* (*anche*: **società** ~) société *f* financière.
finanziario, -a [finan'tsjarjo] *agg* financier(-ière).
finanziatore, -trice [finantsja'tore] *agg* (*ente, società*) qui sponsorise.
finanziere [finan'tsjɛre] *sm* financier *m*; (*guardia di finanza*) agent *m* de la police fiscale.
finché [fin'ke] *cong* (*per tutto il tempo che*) tant que; (*fino al momento in cui*) jusqu'à ce que, jusqu'au moment où; **aspetta ~ io (non) sia tornato** attends que je sois revenu; ~ **vorrai** tant que tu voudras; **aspetta ~ (non) esca** attends qu'il sorte.
fine ['fine] *agg* (*sottile, raffinato*) fin(e); (*persona*) raffiné(e), distingué(e) ♦ *sf* fin *f* ♦ *sm* fin *f*; (*esito*) issue *f*; **in** *o* **alla** ~ enfin; **alla fin** ~ en fin de compte; **che ~ ha fatto?** qu'est ce qu'il est devenu?; **buona ~ e miglior principio!** (*augurio*) bonne année!; **a fin di bene** dans une bonne intention; **al ~ di fare qc** afin de faire qch; **condurre qc a buon** ~ mener qch à bon port; **secondo** ~ arrière-pensée *f*; **lieto** ~ heureux dénouement *m*.
fine settimana ['fine setti'mana] *sm o f inv* week-end *m*.
finestra [fi'nɛstra] *sf* fenêtre *f*.
finestrino [fines'trino] *sm* (*di treno*) fenêtre; (*di macchina*) vitre *f*, glace *f*; (*di aereo*) hublot *m*.
finezza [fi'nettsa] *sf* (*vedi agg*) finesse *f*; raffinement *m*, distinction *f*.
fingere ['findʒere] *vt* feindre; **fingersi** *vr*: **fingersi ubriaco/pazzo** feindre d'être ivre/fou; ~ **di fare qc** feindre de faire qch.
finimenti [fini'menti] *smpl* (*di cavallo*) harnachement *msg*.
finimondo [fini'mondo] *sm* vacarme *m*, pagaille *f*.
finire [fi'nire] *vt* finir, terminer ♦ *vi* se terminer, s'achever ♦ *sm*: **sul ~ della festa** vers la fin de la fête; ~ **di fare qc** (*completare*) terminer de faire qch; (*smettere*) arrêter de faire qch; ~ **in galera** finir en prison; **farla finita** (*con la vita*) en finir; (*smetterla*) arrêter; **com'è andata a ~?** comment ça s'est terminé/fini?; **finiscila!** ça suffit!
finitura [fini'tura] *sf* finition *f*.
finlandese [finlan'dese] *agg* finlandais(e) ♦ *sm/f* Finlandais(e) ♦ *sm* finnois *m*.
Finlandia [fin'landja] *sf* Finlande *f*.
fino, -a ['fino] *agg* fin(e) ♦ *prep* (*spesso troncato in* **fin**) ~ **a** jusqu'à; ~ **a non farcela più** jusqu'à n'en plus pouvoir; ~ **a quando?, fin quando?** jusqu'à quand?; **fin qui** jusqu'ici; **fin dal 1960** dès 1960; **fin dalla nascita** dès la naissance; **fin da ieri** depuis hier.
finocchio [fi'nɔkkjo] *sm* fenouil *m*; (*fam, peg*: *omosessuale*) pédé *m*, tapette *f*.
finora [fi'nora] *avv* jusqu'à présent.
finsi *etc* ['finsi] *vb vedi* **fingere**.
finta ['finta] *sf* (*simulazione*) comédie *f*; (*SPORT*) feinte *f*; **fare ~ (di)** faire semblant (de); **l'ho detto per** ~ (*mentendo*) j'ai dit ça pour voir; (*per scherzo*) je l'ai dit pour rire.
finto, -a ['finto] *pp di* **fingere** ♦ *agg* (*capelli, denti*) faux(fausse); (*fiori*) artificiel(le); (*fig*) feint(e); **in finta pelle** en imitation cuir.
finzione [fin'tsjone] *sf* dissimulation *f*.
fioccare [fjok'kare] *vi* tomber à gros flocons; (*fig*: *proteste etc*) pleuvoir.
fiocco, -chi ['fjɔkko] *sm* (*di nastro*) nœud *m*; (*di lana, stoffa, neve*) flocon *m*; (*NAUT*) foc *m*; **coi fiocchi** (*fig*: *di prima qualità*) hors pair; ▸**fiocchi di avena/di granturco** flocons d'avoine/de maïs.
fiocina ['fjɔtʃina] *sf* harpon *m*.
fioco, -a, -chi, -che ['fjɔko] *agg* faible.
fionda ['fjonda] *sf* fronde *f*.
fioraio, -a [fjo'rajo] *sm/f* fleuriste *m/f*.
fiordaliso [fjorda'lizo] *sm* bleuet *m*.
fiordo ['fjɔrdo] *sm* fjord *m*.
fiore ['fjore] *sm* fleur *f*; **fiori** *smpl* (*CARTE*) trèfle *msg*; **a fior d'acqua** à fleur d'eau; **dire qc a fior di labbra** susurrer qch; **nel ~ degli anni** dans la fleur de l'âge; **avere i nervi a fior di pelle** avoir les nerfs à fleur de peau; **è costato fior di soldi** cela a coûté une petite fortune; **il fior ~ della società** la fine fleur de la société; **il ~ all'occhiello** le (plus beau) fleuron; ▸**fior di latte** crème *f* (du lait); ▸**fiori di campo** fleurs des champs.
fiorente [fjo'rɛnte] *agg* florissant(e).
fiorentina [fjoren'tina] *sf* (*CUC*) *côte de bœuf grillée*.
fiorentino, -a [fjoren'tino] *agg* florentin(e).
fioretto [fjo'retto] *sm* (*SCHERMA*) fleuret *m*.
fiorino [fjo'rino] *sm* florin *m*.
fiorire [fjo'rire] *vi* fleurir; (*fig*) être florissant(e).
fiorista, -i, -e [fjo'rista] *sm/f* fleuriste *m/f*.
fioritura [fjori'tura] *sf* floraison *f*; (*fig*) épanouissement *m*.
fiotto ['fjɔtto] *sm* flot *m*.
Firenze [fi'rɛntse] *sf* Florence.
firma ['firma] *sf* signature *f*; (*di artista, stilista*) griffe *f*.
firmamento [firma'mento] *sm* firmament *m*.
firmare [fir'mare] *vt* signer; **un abito firmato** une robe griffée.
firmatario, -a [firma'tarjo] *sm/f* signataire *m/f*.

fisarmonica, -che [fizar'mɔnika] *sf* (*MUS*) accordéon *m*.
fiscale [fis'kale] *agg* (*sistema, evasione*) fiscal(e); (*severo, meticoloso*) tatillon(ne); **medico** ~ médecin-conseil *m*.
fiscalista, -i, -e [fiska'lista] *sm/f* fiscaliste *m/f*.
fiscalizzare [fiskalid'dzare] *vt* fiscaliser.
fischiare [fis'kjare] *vt, vi* siffler; **mi fischiano le orecchie** j'ai les oreilles qui bourdonnent; (*fig*) j'ai les oreilles qui sifflent.
fischiettare [fiskjet'tare] *vi, vt* siffloter.
fischietto [fis'kjetto] *sm* (*strumento*) sifflet *m*.
fischio ['fiskjo] *sm* sifflement *m*; **prendere fischi per fiaschi** prendre des vessies pour des lanternes.
fisco ['fisko] *sm* fisc *m*.
fisica ['fizika] *sf* physique *f*; *vedi anche* **fisico**.
fisicamente [fizika'mente] *avv* physiquement.
fisico, -a, -ci, -che ['fiziko] *agg* physique ♦ *sm/f* physicien(ne) ♦ *sm* physique *m*.
fisima ['fizima] *sf* lubie *f*.
fisiologia [fizjolo'dʒia] *sf* physiologie *f*.
fisionomia [fizjono'mia] *sf* physionomie *f*.
fisioterapia [fizjotera'pia] *sf* physiothérapie *f*.
fisioterapista [fizjotera'pista] *sm/f* kinésithérapeute *m/f*.
fissaggio [fis'saddʒo] *sm* (*FOT*) fixage *m*.
fissare [fis'sare] *vt* fixer; (*stanza, albergo*) retenir; **fissarsi** *vip*: **fissarsi su** (*sogg*: *sguardo, attenzione*) se fixer sur; **fissarsi su qc** (*fig*: *su idea*) se mettre qch dans la tête.
fissazione [fissat'tsjone] *sf* idée *f* fixe.
fisso, -a ['fisso] *agg* fixe ♦ *avv*: **guardare** ~ **(qc/qn)** regarder fixement (qch/qn); **avere un ragazzo** ~ avoir un petit ami de longue date; **senza fissa dimora** sans domicile fixe.
fitta ['fitta] *sf* élancement *m*; **una** ~ **al cuore** (*fig*) un coup au cœur.
fittavolo [fit'tavolo] *sm* locataire *m*.
fittizio, -a [fit'tittsjo] *agg* fictif(-ive).
fitto, -a ['fitto] *agg* (*nebbia*) épais(se); (*boscaglia*) touffu(e); (*pioggia*) dru(e) ♦ *sm* (*di bosco*) cœur *m*; (*affitto*) loyer *m*; **nel** ~ **del bosco** au cœur de la forêt.
fiumana [fju'mana] *sf* torrent *m*.
fiume ['fjume] *sm* fleuve *m* ♦ *agg inv*: **processo** ~ procès-fleuve *m*; **scorrere a fiumi** (*acqua, sangue*) couler à flots.
fiutare [fju'tare] *vt* (*annusare*) sentir; (*sogg*: *animale, fig*: *inganno, pista*) flairer; (*tabacco, cocaina*) priser.
fiuto ['fjuto] *sm* (*anche fig*) flair *m*.
flaccido, -a ['flattʃido] *agg* flasque.
flacone [fla'kone] *sm* flacon *m*.
flagellare [fladʒel'lare] *vt* flageller; (*sogg*: *onde*) fouetter.
flagello [fla'dʒɛllo] *sm* fouet *m*; (*fig*: *calamità*) fléau *m*.
flagrante [fla'grante] *agg* flagrant(e); **cogliere qn in** ~ (*DIR*) prendre qn en flagrant délit; (*fig*) prendre qn sur le fait.
flanella [fla'nɛlla] *sf* flanelle *f*.
flash [flæʃ] *sm inv* flash *m*.
flautista, -i [flau'tista] *sm/f* flûtiste *m/f*.
flauto ['flauto] *sm* flûte *f*.
flebile ['flɛbile] *agg* faible.
flebite [fle'bite] *sf* phlébite *f*.
flemma ['flɛmma] *sf* flegme *m*.
flemmatico, -a, -ci, -che [flem'matiko] *agg* flegmatique.
flessibile [fles'sibile] *agg* (*anche fig*) souple, flexible.
flessione [fles'sjone] *sf* (*piegamento, LING*) flexion *f*; (*GINNASTICA*: *a terra*) pompes *fpl*; (: *in piedi*) fléchissement *m*; (: *sulle gambe*) flexion; (*di prezzo, moneta*) fléchissement; **fare una** ~ se pencher en avant; ~ **economica** ralentissement *m* de l'activité économique.
flesso, -a ['flɛsso] *pp di* **flettere**.
flessuoso, -a [flessu'oso] *agg* souple.
flettere ['flɛttere] *vt* fléchir.
flipper ['flipper] *sm inv* flipper *m*.
flirt [flə:t] *sm inv* flirt *m*.
flirtare [flir'tare] *vi*: ~ **(con)** flirter (avec).
F.lli *abbr* (= *fratelli*) Frères.
flora ['flɔra] *sf* flore *f*.
florido, -a ['flɔrido] *agg* (*economia, industria*) florissant(e); (*aspetto*) épanoui(e).
floscio, -a, -sci, -sce ['flɔʃʃo] *agg* mou(molle).
flotta ['flɔtta] *sf* flotte *f*.
flottante [flot'tante] *sm* (*ECON*) flottant(e), fluctuant(e).
fluido, -a ['fluido] *agg, sm* fluide *m*.
fluire [flu'ire] *vi* couler à flots.
fluorescente [fluoreʃ'ʃɛnte] *agg* fluorescent(e).
fluoro [flu'ɔro] *sm* fluor *m*.
fluoruro [fluo'ruro] *sm* fluorure *m*.
flusso ['flusso] *sm* flux *msg*; ~ **e riflusso** flux et reflux *msg*; ▶ **flusso di cassa** (*COMM*) cash-flow *m*, marge *f* brute d'autofinancement.
flutti ['flutti] *smpl* flots *mpl*.
fluttuare [fluttu'are] *vi* ondoyer; (*ECON*) fluctuer.
fluviale [flu'vjale] *agg* fluvial(e).
FM *abbr* (= *frequency modulation*) FM *f*.
FMI ['effe'ɛmme'i] *sigla m* (= *Fondo Monetario Internazionale*) FMI *m*.
FO *sigla* = *Forlì*.
fobia [fo'bia] *sf* phobie *f*.

foca, -che ['fɔka] *sf* phoque *m*.
focaccia, -ce [fo'kattʃa] *sf* (*CUC*) *sorte de pain assaisonné d'huile et de sel*; (: *dolce*) *sorte de brioche*; **rendere pan per ~** rendre à qn la monnaie de sa pièce.
focale [fo'kale] *agg* focal(e).
focalizzare [fokalid'dzare] *vt* (*immagine*) mettre au point; (*fig*: *problema*) cerner.
foce ['fotʃe] *sf* embouchure *f*.
fochista, -i [fo'kista] *sm* (*FERR*) chauffeur *m*.
focolaio [foko'lajo] *sm* (*MED, fig*) foyer *m*.
focolare [foko'lare] *sm* (*fig*: *famiglia*) foyer *m*; (*caminetto*) âtre *m*; (*TECN*) foyer; ▸ **focolare domestico** foyer.
focoso, -a [fo'koso] *agg* fougueux(-euse).
fodera ['fɔdera] *sf* (*di vestito*) doublure *f*; (*di libro*) couverture *f*; (*di poltrona*) housse *f*.
foderare [fode'rare] *vt* (*vedi sf*) doubler; recouvrir.
fodero ['fɔdero] *sm* (*di spada*) fourreau *m*, gaine *f*; (*di pugnale, di pistola*) gaine.
foga ['foga] *sf* fougue *f*.
foggia, -ge ['fɔddʒa] *sf* (*maniera*) façon *f*; (*aspetto*) forme *f*; (*moda*) coupe *f*.
foggiare [fod'dʒare] *vt* façonner.
foglia ['fɔʎʎa] *sf* feuille *f*; **ha mangiato la ~** (*fig*) il a compris le truc.
fogliame [foʎ'ʎame] *sm* feuillage *m*.
foglietto [foʎ'ʎetto] *sm* (*piccolo foglio*) feuillet *m*; (*manifestino*) tract *m*.
foglio ['fɔʎʎo] *sm* feuille *f*; (*banconota*) billet *m*; ▸ **foglio di via** (*DIR*) feuille de route; ▸ **foglio rosa** (*AUT*) ≈ permis *m* de conduire provisoire.
fogna ['foɲɲa] *sf* égout *m*.
fognatura [foɲɲa'tura] *sf* égouts *mpl*.
föhn [fø:n] *sm inv* (*asciugacapelli*) sèche-cheveux *m inv*, séchoir *m*.
folata [fo'lata] *sf* rafale *f*.
folclore [fol'klore] *sm* folklore *m*.
folcloristico, -a, -ci, -che [folklo'ristiko] *agg* folklorique.
folgorare [folgo'rare] *vt* foudroyer.
folgorazione [folgorat'tsjone] *sf* foudroiement *m*; (*fig*: *idea*) illumination *f*.
folgore ['folgore] *sf* foudre *f*.
folla ['folla] *sf* foule *f*.
folle ['fɔlle] *agg* fou(folle); **in ~** (*AUT*) au point mort.
folleggiare [folled'dʒare] *vi* (*divertirsi*) folâtrer.
folletto [fol'letto] *sm* follet *m*.
follia [fol'lia] *sf* folie *f*; **amare qn alla ~** aimer qn à la folie; **costare una ~** coûter une petite fortune.
folto, -a ['folto] *agg* (*capelli, peluria, bosco*) touffu(e); (*barba*) épais(se); (*schiera*) nombreux(-euse).
fomentare [fomen'tare] *vt* fomenter.
fon [fɔn] *sm inv vedi* **föhn**.
fondale [fon'dale] *sm* (*del mare*) fond *m*; (*TEATRO*) toile *f* de fond; **il ~ marino** le fond de la mer.
fondamenta [fonda'menta] *sfpl* fondations *fpl*.
fondamentale [fondamen'tale] *agg* fondamental(e).
fondamentalista, -i, -e [fondamenta'lista] *agg, sm/f* fondamentaliste *m/f*.
fondamento [fonda'mento] *sm* fondement *m*.
fondare [fon'dare] *vt* fonder; (*fig*: *teoria, supposizione*): **~ su** fonder sur, baser sur; **fondarsi** *vr* (*teorie*): **fondarsi su** se fonder sur.
fondatezza [fonda'tettsa] *sf* bien-fondé *m*.
fondato, -a [fon'dato] *agg* fondé(e).
fondazione [fondat'tsjone] *sf* fondation *f*.
fondere ['fondere] *vt* fondre; (*unire*: *imprese, gruppi*) fusionner; (*fig*: *colori*) mélanger ♦ *vi* fondre; **fondersi** *vr, vip* fondre; (*fig*: *partiti*) fusionner.
fonderia [fonde'ria] *sf* fonderie *f*.
fondiario, -a [fon'djarjo] *agg* foncier (-ière).
fondina [fon'dina] *sf* (*piatto fondo*) assiette *f* creuse; (*per pistola*) gaine *f*.
fondo, -a ['fondo] *agg* (*lago, buca*) profond(e); (*piatto*) creux(-euse); (*fig*: *notte*) noir(e) ♦ *sm* (*di recipiente, anche SPORT*) fond *m*; (*di lista*) bas *msg*; (*di strada*) revêtement *m*; (*bene immobile, somma di denaro*) fonds *msg*; **fondi** *smpl* (*denaro*) fonds *mpl*; **a notte fonda** en pleine nuit; **in ~ a** (*pozzo, stanza*) au fond de; (*strada*) au bout de; **laggiù in ~** (*lontano*) là-bas au bout; (*in profondità*) tout au fond; **andare a ~** (*nave*) couler; **in ~** (*fig*) au fond; **conoscere a ~** connaître à fond; **dar ~ a** (*fig*: *a provviste, soldi*) épuiser; **toccare il ~ (di)** (*fig*) toucher le fond (de); **andare fino in ~** (*fig*) aller jusqu'au bout; **a ~ perduto** (*COMM*) à fonds perdu; ▸ **fondo comune di investimento** fonds commun de placement; ▸ **fondo di previdenza** fonds de prévoyance; ▸ **Fondo Monetario Internazionale** Fonds monétaire international; ▸ **fondo tinta** = **fondotinta**; ▸ **fondo urbano** propriété *f* urbaine; ▸ **fondi di caffè** marc *msg* de café; ▸ **fondi d'esercizio** fonds *msg* de commerce; ▸ **fondi di magazzino** invendus *mpl*; ▸ **fondi liquidi** liquide *msg*; ▸ **fondi neri** caisse *fsg* noire.
fondotinta [fondo'tinta] *sm inv* fond *m* de teint.
fonema [fo'nɛma] *sm* phonème *m*.
fonetica [fo'nɛtika] *sf* phonétique *f*.
fonetico, -a, -ci, -che [fo'nɛtiko] *agg* phonétique.

fontana [fon'tana] *sf* fontaine *f*.
fonte ['fonte] *sf* source *f* ♦ *sm* (*REL*): ~ **battesimale** fonts *mpl* baptismaux; ▸**fonte energetica** source d'énergie *o* énergétique.
fontina [fon'tina] *sm fromage à pâte molle du Val d'Aoste.*
footing ['futiŋ] *sm* footing *m*.
foraggiare [forad'dʒare] *vt* (*bestiame*) affourager; (*peg*: *sovvenzionare*) arroser.
foraggio [fo'raddʒo] *sm* (*per bestiame*) fourrage *m*.
forare [fo'rare] *vt* crever; (*biglietto*) perforer; (*lamiera*) percer, trouer; (*sogg*: *proiettile*) trouer; **forarsi** *vip* crever; ~ **(una gomma)** crever (un pneu).
foratura [fora'tura] *sf* crevaison *f*.
forbici ['fɔrbitʃi] *sfpl* ciseaux *mpl*.
forbicina [forbi'tʃina] *sf* perce-oreille *m*.
forbito, -a [for'bito] *agg* recherché(e).
forca, -che ['forka] *sf* (*AGR*) fourche *f*; (*patibolo*) potence *f*.
forcella [for'tʃɛlla] *sf* (*TECN*) fourche *f*; (*di monte*) col *m*.
forchetta [for'ketta] *sf* fourchette *f*; **essere una buona** ~ (*fig*) avoir un bon *o* joli coup de fourchette.
forcina [for'tʃina] *sf* (*per capelli*) épingle *f* à cheveux.
forcipe ['fɔrtʃipe] *sm* forceps *msg*.
forcone [for'kone] *sm* fourche *f*.
forense [fo'rɛnse] *agg* juridique; **avvocato** ~ avocat *m* inscrit au barreau.
foresta [fo'rɛsta] *sf* forêt *f*; **la F~ Nera** la Forêt Noire.
forestale [fores'tale] *agg* forestier(-ière); **guardia** ~ garde *m* forestier.
foresteria [foreste'ria] *sf* (*di convento, palazzo*) hôtellerie *f*; **per uso** ~ (*appartamento*) de fonction.
forestiero, -a [fores'tjɛro] *agg, sm/f* étranger(-ère).
forfait [for'fɛ] *sm inv*: **(prezzo a)** ~ forfait *m*; **dichiarare** ~ (*SPORT, fig*) déclarer forfait.
forfetario, -a [forfe'tarjo] *agg*: **prezzo** ~ prix *msg* forfaitaire.
forfora ['forfora] *sf* pellicules *fpl*.
forgia, -ge ['fɔrdʒa] *sf* forge *f*.
forgiare [for'dʒare] *vt* (*moneta*) frapper; (*metallo*) forger; (*fig*) former.
forma ['forma] *sf* forme *f*; (*stampo da cucina*) moule *m*; **forme** *sfpl* (*del corpo*) formes *fpl*; **errori di** ~ fautes *fpl* de style; **essere in** ~ être en forme; **tenersi in** ~ garder la forme; **in** ~ **ufficiale/privata** à titre officiel/privé; **una** ~ **di formaggio** une meule de fromage.
formaggino [formad'dʒino] *sm* fromage fondu *o* à tartiner.
formaggio [for'maddʒo] *sm* fromage *m*.
formale [for'male] *agg* formel(le).
formalità [formali'ta] *sf inv* formalité *f*.
formalizzare [formalid'dzare] *vt* formaliser.
formare [for'mare] *vt* (*anche fig*) former; (*numero di telefono*) composer; **formarsi** *vip* se former; **il treno si forma a Milano** le train est formé à Milan.
formato [for'mato] *sm* format *m*; **confezione** ~ **famiglia** paquet *m* familial; ▸**formato tascabile** de poche.
formattare [format'tare] *vt* (*INFORM*) formater.
formattazione [formattat'tsjone] *sf* (*INFORM*) formatage *m*.
formazione [format'tsjone] *sf* formation *f*; ▸**formazione professionale** formation professionnelle.
formica[1] ['fɔrmika] ® *sf* (*materiale*) formica ® *m*.
formica[2], **-che** [for'mika] *sf* (*ZOOL*) fourmi *f*.
formicaio [formi'kajo] *sm* fourmilière *f*.
formicolare [formiko'lare] *vi*: **mi formicola il braccio/la gamba** j'ai des fourmis dans le bras/la jambe.
formicolio [formiko'lio] *sm* fourmillement *m*.
formidabile [formi'dabile] *agg* formidable.
formoso, -a [for'moso] *agg* (*corpo*) épanoui(e); **una donna formosa** une femme plantureuse.
formula ['fɔrmula] *sf* formule *f*; ~ **di cortesia** (*in lettere*) formule *f* de politesse.
formulare [formu'lare] *vt* formuler.
fornace [for'natʃe] *sf* four *m*.
fornaio [for'najo] *sm* boulanger *m*.
fornello [for'nɛllo] *sm* (*elettrico, a gas*) réchaud *m*; (*di pipa*) fourneau *m*.
fornire [for'nire] *vt*: ~ **qc (a qn)** fournir qch (à qn); **fornirsi** *vr*: **fornirsi di** (*procurarsi*) se munir de; ~ **qn di qc** (*provviste, merci*) approvisionner qn en qch; (*abiti, merci*) fournir qch à qn.
fornito, -a [for'nito] *agg*: **ben** ~ (*negozio*) bien achalandé(e).
fornitore, -trice [forni'tore] *agg* qui fournit ♦ *sm/f* fournisseur(-euse).
fornitura [forni'tura] *sf* (*di merci, prodotti*) fourniture *f*; (*di gas, benzina, carbone*) approvisionnement *m*.
forno ['forno] *sm* four *m*; **fare i forni** (*MED*) suivre un traitement par la chaleur.
foro ['foro] *sm* (*buco*) trou *m*; (*STORIA*) forum *m*; (*tribunale*) tribunal *m*.
forse ['forse] *avv* (*può darsi che*) peut-être; (*circa*) à peu près; **essere in** ~ être en doute.
forsennato, -a [forsen'nato] *agg* forcené(e).
forte ['fɔrte] *agg* fort(e) ♦ *avv* (*a voce alta,*

colpire) fort; (*velocemente*) vite ♦ *sm* (*edificio, specialità*) fort *m*; **piatto** ~ (*CUC*) plat *m* de résistance; **andare** ~ (*avere successo*) avoir du succès; **avere un** ~ **mal di testa** avoir très mal à la tête; **avere un** ~ **raffreddore** avoir un gros rhume; **essere** ~ **in qc** (*bravo*) être fort en qch; **farsi** ~ **di qc** s'appuyer sur qch.

fortezza [for'tettsa] *sf* forteresse *f*.

fortificare [fortifi'kare] *vt* fortifier.

fortuito, -a [for'tuito] *agg* fortuit(e).

fortuna [for'tuna] *sf* (*destino*) sort *m*; (*buona sorte*) chance *f*; (*averi*) fortune *f*; **per** ~ heureusement; **di** ~ de fortune; **atterraggio di** ~ atterrissage *m* forcé; **avere** ~ avoir de la chance; **portare** ~ porter chance.

fortunale [fortu'nale] *sm* tempête *f*.

fortunatamente [fortunata'mente] *avv* heureusement.

fortunato, -a [fortu'nato] *agg* (*persona*) chanceux(-euse), qui a de la chance; (*coincidenza, incontro*) heureux(-euse).

fortunoso, -a [fortu'noso] *agg* (*vita*) mouvementé(e); (*avvenimento*) malheureux (-euse).

foruncolo [fo'runkolo] *sm* (*MED*) furoncle *m*.

forviare [forvi'are] *vt, vi* = **fuorviare**.

forza ['fɔrtsa] *sf* force *f* ♦ *escl* courage!; **forze** *sfpl* (*fisiche, MIL*) forces *fpl*; **per** ~ de force; (*naturalmente*) forcément; **per** ~ **di cose** par la force des choses; **a viva** ~ de vive force; **a** ~ **di** à force de; **farsi** ~ (*coraggio*) prendre son courage à deux mains; **bella** ~! (*iron*) tu parles!; **per causa di** ~ **maggiore** (*DIR*) dû à un cas de force majeure; (*per estensione*) en cas de force majeure; ▸**forza di vendita** (*COMM*) ensemble *m* des représentants; ▸**forza di volontà** force de volonté; ▸**forza lavoro** main *f* d'œuvre; ▸**forza motrice** force motrice; ▸**forza pubblica** force publique; ▸**forze armate** forces armées; ▸**forze dell'ordine** forces de l'ordre.

forzare [for'tsare] *vt* forcer; ~ **qn a fare qc** forcer qn à faire qch; ~ **la mano** (*fig: esagerare*) forcer la dose; ~ **la mano a qn** forcer la main à qn.

forzato, -a [for'tsato] *agg* forcé(e) ♦ *sm* (*DIR*) forçat *m*.

forziere [for'tsjɛre] *sm* coffre-fort *m*.

forzuto, -a [for'tsuto] *agg* robuste.

foschia [fos'kia] *sf* brume *f*.

fosco, -a, -schi, -sche ['fosko] *agg* (*colore, fig*) sombre; (*cielo*) gris(e); **dipingere qc a tinte fosche** (*fig*) faire un tableau bien noir de qch.

fosfato [fos'fato] *sm* phosphate *m*.

fosforescente [fosforeʃ'ʃɛnte] *agg* phosphorescent(e).

fosforo ['fɔsforo] *sm* phosphore *m*.

fossa ['fɔssa] *sf* fosse *f*; ▸**fossa biologica** fosse septique; ▸**fossa comune** fosse commune.

fossato [fos'sato] *sm* fossé *m*; (*di fortezza*) douve *f*.

fossetta [fos'setta] *sf* fossette *f*.

fossi *etc* ['fossi] *vb vedi* **essere**.

fossile ['fɔssile] *agg, sm* fossile *m*.

fosso ['fɔsso] *sm* (*fossa*) fossé *m*; (*MIL*) tranchée *f*.

foste *etc* ['foste] *vb vedi* **essere**.

foto ['fɔto] *sf inv* photo *f* ♦ *pref*: ~ **ricordo** photo souvenir; ▸**foto tessera** photo d'identité.

fotocompositrice [fotokompozi'tritʃe] *sf* photocomposeuse *f*.

fotocomposizione [fotokomposit'tsjone] *sf* photocomposition *f*.

fotocopia [foto'kɔpja] *sf* photocopie *f*.

fotocopiare [fotoko'pjare] *vt* photocopier.

fotogenico, -a, -ci, -chi [foto'dʒɛniko] *agg* photogénique.

fotografare [fotogra'fare] *vt* photographier.

fotografia [fotogra'fia] *sf* photographie *f*; **fare una** ~ prendre une photographie; **una** ~ **a colori/in bianco e nero** une photographie en couleurs/en noir et blanc.

fotografico, -a, -ci, -che [foto'grafiko] *agg* (*mostra, riproduzione*) de photographie; (*pellicola, memoria*) photographique; **macchina fotografica** appareil *m* photo(graphique).

fotografo, -a [fo'tɔgrafo] *sm/f* photographe *m/f*.

fotogramma, -i [foto'gramma] *sm* photogramme *m*.

fotomodello, -a [fotomo'dɛllo] *sm/f* mannequin *m*.

fotomontaggio [fotomon'taddʒo] *sm* photomontage *m*.

fotoreporter [fotore'pɔrter] *sm/f inv* reporter *m* photographe.

fotoromanzo [fotoro'mandzo] *sm* photoroman *m*, roman-photo *m*.

fotosintesi [foto'sintezi] *sf* photosynthèse *f*.

fottere ['fottere] *vt* (*fam!*: *avere rapporti sessuali*) baiser (*fam!*); (: *rubare*) dépouiller; (: *fregare*) rouler, entuber; **mi hanno fottuto** ils m'ont entubé; **vai a farti** ~! va te faire foutre!

fottuto, -a [fot'tuto] *agg* (*fam!*) putain de (*fam!*).

foulard [fu'lar] *sm inv* foulard *m*.

FR *sigla* = *Frosinone*.

fr. *abbr* (*COMM* = *franco*) franco.

fra [fra] *prep* = **tra**.

fracassare [frakas'sare] *vt* fracasser; **fracassarsi** *vip* se fracasser.
fracasso [fra'kasso] *sm* fracas *msg*.
fradicio, -a ['fraditʃo] *agg* (*bagnato*) trempé(e); (*guasto*) pourri(e); **ubriaco** ~ ivre mort.
fragile ['fradʒile] *agg* fragile.
fragilità [fradʒili'ta] *sf* fragilité *f*.
fragola ['fragola] *sf* fraise *f*; (*pianta*) fraisier *m*.
fragore [fra'gore] *sm* (*di risate*) éclat *m*; (*di applausi*) tonnerre *f*; (*di cascata*) grondement *m*.
fragoroso, -a [frago'roso] *agg* retentissant(e).
fragrante [fra'grante] *agg* parfumé(e).
fraintendere [frain'tɛndere] *vt* se méprendre, mal comprendre.
fraintendimento [fraintendi'mento] *sm* malentendu *m*.
frainteso, -a [frain'teso] *pp di* **fraintendere**.
frammento [fram'mento] *sm* fragment *m*; (*di oggetto rotto*) débris *msg*, éclat *m*.
frammisto, -a [fram'misto] *agg*: ~ **a** mélangé(e) à.
frana ['frana] *sf* éboulement *m*; **essere una** ~ (*fig*: *incapace*) être une nullité.
franare [fra'nare] *vi* (*terreno, sassi*) s'ébouler; (*fig*) s'écrouler.
Franca Contea ['franka kon'tɛa] *sf* Franche-Comté *f*.
francamente [franka'mente] *avv* franchement.
francese [fran'tʃeze] *agg* français(e) ♦ *sm/f* Français(e) ♦ *sm* français *m*.
franchezza [fran'kettsa] *sf* franchise *f*.
franchigia, -gie [fran'kidʒa] *sf* (*AMM, DIR*) franchise *f*; (*NAUT*) *permission de descendre à terre*; ▸**franchigia doganale** franchise douanière.
Francia ['frantʃa] *sf* France *f*.
franco, -a, -chi, -che ['franko] *agg* (*leale, aperto*) franc(franche); (*COMM*) franco; (*STORIA*) franc(franque) ♦ *sm* (*moneta*) franc *m*; **farla franca** (*fig*) s'en tirer; **porto** ~ port *m* franc; ▸**franco a bordo** franco à bord; ▸**franco di dogana** hors taxe; ▸**franco di porto** franco de port; ▸**franco fabbrica** départ *m* usine; ▸**franco francese/svizzero** (*moneta*) franc français/suisse; ▸**franco magazzino** départ entrepôt; ▸**franco tiratore** (*MIL, POL*) franc-tireur *m*; ▸**franco vagone** franco wagon *m*.
francobollo [franko'bollo] *sm* timbre *m*.
franco-canadese [frankokana'dese] *agg* franco-canadien(ne) ♦ *sm/f* Franco-canadien(ne).
Francoforte [franko'fɔrte] *sf* Francfort.
frangente [fran'dʒɛnte] *sm* (*onda*) lame *f*; (*scoglio emergente*) écueil *m*; **in quel** ~ (*fig*) en cette circonstance.
frangia, -ge ['frandʒa] *sf* frange *f*.
frangiflutti [frandʒi'flutti] *sm inv* brise-lames *m*.
frangivento [frandʒi'vento] *sm* brise-vent *m*.
frantoio [fran'tojo] *sm* (*AGR*) pressoir *m*; (*TECN*) concasseur *m*, broyeur *m*.
frantumare [frantu'mare] *vt* casser (en mille morceaux), briser; **frantumarsi** *vip* se casser (en mille morceaux), se briser.
frantumi [fran'tumi] *smpl* débris *mpl*, éclats *mpl*; **andare in** ~ voler en éclats, se réduire en miettes; **mandare in** ~ réduire en miettes.
frappé [frap'pe] *sm inv* milk-shake *m*.
frasario [fra'zarjo] *sm* (*gergo*) jargon *m*.
frasca, -sche ['fraska] *sf* branche *f*; **saltare di palo in** ~ sauter du coq à l'âne.
frase ['fraze] *sf* phrase *f*; ▸**frase fatta** cliché *m*.
fraseologia [frazeolo'dʒia] *sf* phraséologie *f*.
frassino ['frassino] *sm* frêne *m*.
frastagliato, -a [frastaʎ'ʎato] *agg* découpé(e).
frastornare [frastor'nare] *vt* (*sogg*: *rumore*) déconcentrer; (: *chiacchiere, alcool*) abrutir; (*colpo*) étourdir.
frastornato, -a [frastor'nato] *agg* (*vedi vt*) déconcentré(e); abruti(e); étourdi(e).
frastuono [fras'twɔno] *sm* (*di automobili, di grida*) vacarme *m*; (*di gente*) tapage *m*.
frate ['frate] *sm* moine *m*, frère *m*.
fratellanza [fratel'lantsa] *sf* fraternité *f*; (*associazione*) confrérie *f*.
fratellastro [fratel'lastro] *sm* demi-frère *m*.
fratello [fra'tɛllo] *sm* frère *m*; **fratelli** *smpl* (*fratelli e sorelle*) frères et sœurs *mpl*.
fraterno, -a [fra'tɛrno] *agg* fraternel(le).
fratricida, -i, -e [fratri'tʃida] *agg* fratricide.
frattaglie [frat'taʎʎe] *sfpl* (*CUC*) abats *mpl*.
frattanto [frat'tanto] *avv* en attendant.
frattempo [frat'tɛmpo] *sm*: **nel** ~ entre temps *o* entre-temps.
frattura [frat'tura] *sf* (*anche fig*) fracture *f*.
fratturare [frattu'rare] *vt* fracturer.
fraudolento, -a [fraudo'lɛnto] *agg* frauduleux(-euse).
frazionamento [frattsjona'mento] *sm* fractionnement *m*.
frazionare [frattsjo'nare] *vt* fractionner.
frazione [frat'tsjone] *sf* fraction *f*; (*borgata*): ~ **(di comune)** hameau *m*.
freccia, -ce ['frettʃa] *sf* flèche *f*; (*AUT*) clignotant *m*; **mettere la** ~ **a destra/sinistra** mettre son clignotant à droite/gauche.
frecciata [fret'tʃata] *sf*: **lanciare una** ~ **(a)** lancer des piques (à).

freddare [fred'dare] *vt* descendre.

freddezza [fred'dettsa] *sf* froideur *f.*

freddo, -a ['freddo] *agg* froid(e) ♦ *sm* froid *m*; **aver ~** avoir froid; **fa ~** il fait froid; **soffrire il ~** craindre le froid; **a ~** (*fig*) froidement.

freddoloso, -a [freddo'loso] *agg* frileux (-euse).

freddura [fred'dura] *sf* (*battuta*) boutade *f*; (*gioco di parole*) calembour *m.*

fregare [fre'gare] *vt* frotter; (*fam: truffare*) rouler; (*: rubare*) piquer, faucher; **fregarsene** (*fam!*): **chi se ne frega?** qu'est-ce que j'en ai à foutre (*fam!*)?

fregata [fre'gata] *sf* frottement *m*; (*NAUT*) frégate *f*; (*fam*) arnaque *f*, escroquerie *f.*

fregatura [frega'tura] *sf* (*fam: imbroglio*) escroquerie *f*, arnaque *f*; **per lui è stata una ~** il s'est fait avoir *o* rouler.

fregherò *etc* [frege'rɔ] *vb vedi* **fregare.**

fregio ['fredʒo] *sm* (*ARCHIT*) frise *f*; (*ornamento*) ornement *m.*

fremere ['frɛmere] *vi*: **~ (di)** frémir (de).

fremito ['frɛmito] *sm* frémissement *m*, frisson *m.*

frenare [fre'nare] *vt* freiner; (*lacrime*) retenir ♦ *vi* freiner; **frenarsi** *vr* (*fig: trattenersi*) se retenir; (*controllarsi*) se maîtriser.

frenata [fre'nata] *sf* freinage *m*; **fare una ~** freiner.

frenesia [frene'zia] *sf* frénésie *f.*

frenetico, -a, -ci, -che [fre'nɛtiko] *agg* frénétique.

freno ['freno] *sm* frein *m*; (*morso*) mors *msg*; **tenere a ~** (*passioni etc*) réprimer; **porre ~ a** mettre un frein à; **tenere a ~ la lingua** tenir sa langue; ▶ **freno a disco** frein à disque; ▶ **freno a mano** frein à main.

freon ® ['frɛon] *sm inv* (*CHIM*) fréon ® *m.*

frequentare [frekwen'tare] *vt* fréquenter.

frequentato, -a [frekwen'tato] *agg* fréquenté(e).

frequente [fre'kwɛnte] *agg* fréquent(e); **di ~** fréquemment, souvent.

frequenza [fre'kwɛntsa] *sf* fréquence *f*; (*SCOL*) présence *f.*

freschezza [fres'kettsa] *sf* fraîcheur *f.*

fresco, -a, -schi, -sche ['fresko] *agg* frais(fraîche) ♦ *sm* (*temperatura*): **il ~** le frais *msg*; **godere il ~** prendre le frais; **~ di bucato** tout frais lavé; **al ~** (*anche fig: prigione*) au frais; **se aspetti lui stai ~!** si tu comptes sur lui, tu n'es pas au bout de tes peines!

frescura [fres'kura] *sf* fraîcheur *f.*

fresia ['frɛzja] *sf* freesia *m.*

fretta ['fretta] *sf* hâte *f*; **avere ~** être pressé; **in ~** vite, en vitesse; **in ~ e furia** à toute vitesse; **far ~ a qn** presser qn, bousculer qn.

frettolosamente [frettolosa'mente] *avv* à la hâte, en toute hâte.

frettoloso, -a [fretto'loso] *agg* (*persona*) pressé(e); (*lavoro*) hâtif(-ive), bâclé(e).

friabile [fri'abile] *agg* friable.

friggere ['friddʒere] *vt, vi* frire; **vai a farti ~!** (*fam*) va te faire voir!

frigidità [fridʒidi'ta] *sf* frigidité *f.*

frigido, -a ['fridʒido] *agg* frigide.

frignare [friɲ'ɲare] *vi* pleurnicher.

frignone, -a [friɲ'ɲone] *sm/f* pleurnichard(e), gnangnan *m/f.*

frigo, -ghi ['frigo] *sm* frigo *m.*

frigorifero, -a [frigo'rifero] *agg* frigorifique ♦ *sm* réfrigérateur *m*, frigidaire ® *m.*

fringuello [frin'gwɛllo] *sm* pinson *m.*

frissi *etc* ['frissi] *vb vedi* **friggere.**

frittata [frit'tata] *sf* omelette *f*; **fare una ~** (*fig*) faire une bêtise.

frittella [frit'tɛlla] *sf* (*CUC*) beignet *m.*

fritto, -a ['fritto] *pp di* **friggere** ♦ *agg* frit(e) ♦ *sm* friture *f*; **siamo fritti!** (*fam: fig*) on est cuit!; **patatine fritte** frites *fpl*; (*in pacchetti*) chips *fpl*; ▶ **fritto misto** (*di pesce*) friture de poisson.

frittura [frit'tura] *sf* friture *f*; **~ di pesce** friture de poisson.

friulano, -a [friu'lano] *agg* frioulan(e).

Friuli-Venezia Giulia [fri'uli-ve'nɛtsia-'dʒjulja] *sm* Frioul-Vénétie Julienne *m.*

frivolezza [frivo'lettsa] *sf* frivolité *f.*

frivolo, -a ['frivolo] *agg* frivole.

frizione [frit'tsjone] *sf* (*anche FIS*) friction *f*; (*lozione*) lotion *f*; (*AUT*) embrayage *m.*

frizzante [frid'dzante] *agg* (*vino*) mousseux(-euse); (*acqua*) gazeux(-euse), pétillant(e); (*fig: persona*) plein(e) d'entrain.

frizzo ['friddzo] *sm* mot *m* d'esprit.

frodare [fro'dare] *vt* (*fisco, Stato*) frauder; (*persona*) escroquer; **~ una somma di denaro a qn** escroquer une somme d'argent à qn.

frode ['frɔde] *sf* fraude *f*; ▶ **frode fiscale** fraude fiscale.

frodo ['frɔdo] *sm*: **di ~** (*sigari, merce*) de contrebande; **cacciare/pescare di ~** faire du braconnage; **cacciatore/pescatore di ~** braconnier *m.*

frogia, -gie ['frɔdʒa] *sf* naseau *m.*

frollo, -a ['frɔllo] *agg* (*carne*) tendre; (*selvaggina*) faisandé(e); **pasta frolla** pâte *f* brisée.

fronda ['fronda] *sf* branche *f*; (*di partito*) fronde *f*; **fronde** *sfpl* (*fogliame*) feuillage *msg.*

frontale [fron'tale] *agg* frontal(e); (*scontro*) de plein fouet.

fronte ['fronte] *sf* (*ANAT*) front *m*; (*di edificio*) façade *f* ♦ *sm* (*MIL, POL, METEOR*) front *m*; **di ~** en face; **di ~ a** (*dall'altra parte*) en face de; (*davanti*) devant; (*a pa-

ragone di) au vu de; **far ~ a** faire face à; **testo a ~** texte *m* en regard.
fronteggiare [fronted'dʒare] *vt* faire face à; (*star di fronte a*) être en face de.
frontespizio [frontes'pittsjo] *sm* (*ARCHIT, di libro*) frontispice *m*.
frontiera [fron'tjɛra] *sf* (*anche fig*) frontière *f*.
frontone [fron'tone] *sm* fronton *m*.
fronzolo ['frondzolo] *sm* fanfreluches *fpl*.
frotta ['frɔtta] *sf* bande *f*; **in ~, a frotte** en bande.
frottola ['frɔttola] *sf* baliverne *f*, histoire *f*; **raccontare un sacco di frottole** raconter des histoires.
frugale [fru'gale] *agg* frugal(e).
frugare [fru'gare] *vt* fouiller ♦ *vi*: **~ in** fouiller dans.
frugherò *etc* [fruge'rɔ] *vb vedi* **frugare**.
fruitore [frui'tore] *sm* bénéficiaire *m/f*.
fruizione [fruit'tsjone] *sf* jouissance *f*.
frullare [frul'lare] *vt* (*CUC*) fouetter, battre ♦ *vi* (*uccelli*) s'envoler avec un battement d'ailes; **che ti frulla per la testa?** qu'est-ce qui te passe par la tête?
frullato [frul'lato] *sm boisson à base de fruits et de lait passés au mixer*.
frullatore [frulla'tore] *sm* mixer *m*, mixeur *m*.
frullino [frul'lino] *sm* fouet *m*, batteur *m*.
frumento [fru'mento] *sm* froment *m*.
frusciare [fruʃ'ʃare] *vi* (*tessuto*) froufrouter; (*carta, foglie*) bruisser.
fruscio [fruʃ'ʃio] *sm* (*di tessuto*) froufrou *m*, frou-frou *m*; (*di foglie, di acque*) bruissement *m*; (*di carta*) bruissement *m*, froissement *m*; (*su disco*) grésillement *m*.
frusta ['frusta] *sf* (*anche CUC*) fouet *m*.
frustare [frus'tare] *vt* fouetter.
frustata [frus'tata] *sf* coup *m* de fouet.
frustino [frus'tino] *sm* cravache *f*.
frustrare [frus'trare] *vt* frustrer.
frustrato, -a [frus'trato] *agg* frustré(e).
frustrazione [frustrat'tsjone] *sf* frustration *f*.
frutta ['frutta] *sf* fruit *m*; **essere alla ~** (*commensali*) en être au dessert; ▶ **frutta candita** fruits confits *mpl*.
fruttare [frut'tare] *vi* fructifier; **~ (a)** (*investimento, attività*) rapporter (à); **il deposito in banca mi frutta il 10%** mon dépôt à la banque me rapporte 10% d'intérêts; **quella gara gli fruttò la medaglia d'oro** cette compétition lui valut la médaille d'or.
frutteto [frut'teto] *sm* verger *m*.
frutticoltura [fruttikol'tura] *sf* arboriculture *f*.
fruttifero, -a [frut'tifero] *agg* fruitier (-ière); (*fig*) fructueux(-euse).
fruttivendolo, -a [frutti'vendolo] *sm/f* marchand(e) de fruits et légumes.
frutto ['frutto] *sm* (*anche fig*: *di sforzi, lavoro*) fruit *m*; (*fig*: *di investimento*) rapport *m*; **è ~ della tua immaginazione** c'est le fruit de ton imagination; ▶ **frutti di mare** fruits de mer.
fruttuoso, -a [fruttu'oso] *agg* fructueux (-euse).
FS *abbr* (= *Ferrovie dello Stato*) ≈ SNCF *f*.
f.t. *abbr* = *fuori testo*.
f.to. *abbr* (= *firmato*) signé.
fu [fu] *vb vedi* **essere** ♦ *agg inv*: **il ~ Paolo Bianchi** feu Paolo Bianchi.
fucilare [futʃi'lare] *vt* fusiller.
fucilata [futʃi'lata] *sf* coup *m* de fusil.
fucilazione [futʃilat'tsjone] *sf* fusillade *f*.
fucile [fu'tʃile] *sm* fusil *m*; ▶ **fucile a canne mozze** fusil à canon scié.
fucina [fu'tʃina] *sf* forge *f*; (*di artisti*) pépinière *f*.
fuco, -chi ['fuko] *sm* faux-bourdon *m*.
fuga, -ghe ['fuga] *sf* (*da prigione, istituto, di gas, liquidi*) fuite *f*; (*da casa, MUS*) fugue *f*; **mettere qn in ~** mettre qn en fuite; ▶ **fuga di cervelli** exode *m* des cerveaux.
fugace [fu'gatʃe] *agg* fugace.
fugare [fu'gare] *vt* dissiper.
fuggevole [fud'dʒevole] *agg* (*attimo*) fugace; (*sguardo*) furtif(-ive).
fuggiasco, -a, -schi, -sche [fud'dʒasko] *sm/f* fugitif(-ive).
fuggifuggi [fuddʒi'fuddʒi] *sm* débandade *f*.
fuggire [fud'dʒire] *vi* (*di casa, città*) s'enfuir; (*di prigione, situazione, pericolo*) s'échapper ♦ *vt* fuir; **il tempo fugge** le temps passe vite; **~ davanti a** (*a nemico, situazione*) fuir devant.
fuggitivo, -a [fuddʒi'tivo] *sm/f* fugitif(-ive).
fui ['fui] *vb vedi* **essere**.
fulcro ['fulkro] *sm* (*FIS*) point *m* d'appui; (*fig*: *di teoria*) cœur *m*.
fulgore [ful'gore] *sm* éclat *m*, splendeur *f*.
fuliggine [fu'liddʒine] *sf* suie *f*.
fulminare [fulmi'nare] *vt* (*sogg*: *fulmine*) foudroyer; (: *elettricità*) électrocuter; (*con arma da fuoco*) abattre; **fulminarsi** *vip* griller, brûler; **~ qn (con lo sguardo)** foudroyer qn du regard.
fulmine ['fulmine] *sm* foudre *f*; **un ~ a ciel sereno** (*fig*) un coup de tonnerre.
fulmineo, -a [ful'mineo] *agg* (*fig*: *scatto*) rapide (comme l'éclair); (: *minaccioso*) fulminant(e).
fulvo, -a ['fulvo] *agg* fauve.
fumaiolo [fuma'jɔlo] *sm* cheminée *f*.
fumante [fu'mante] *agg* fumant(e).
fumare [fu'mare] *vi, vt* fumer.

fumario, -a [fu'marjo] *agg*: **canna fumaria** tuyau *m* de cheminée.
fumata [fu'mata] *sf* (*segnale*) fumée *f*; ▸ **fumata bianca/nera** (*in Vaticano*) fumée blanche/noire.
fumatore, -trice [fuma'tore] *sm/f* fumeur (-euse); **"non fumatori"** "non fumeurs"; ~ **passivo** fumeur(-euse) passif(-ive).
fumetto [fu'metto] *sm* bande *f* dessinée, BD *f*; **fumetti** *smpl* bandes *fpl* dessinées.
fummo ['fummo] *vb vedi* **essere**.
fumo ['fumo] *sm* fumée *f*; (*il fumare*) tabac *m*; **fumi** *smpl* (*industriali*) fumées *fpl*; **il ~ fa male** le tabac est mauvais pour la santé; **vendere ~** (*fig*) tromper (par de vaines promesses); **è tutto ~ e niente arrosto** ce n'est que du vent; **andare in ~** (*fig*) tomber à l'eau; **i fumi dell'alcool** (*fig*) les vapeurs de l'alcool; ▸ **fumo passivo** tabagisme *m* passif.
fumogeno, -a [fu'mɔdʒeno] *agg* fumigène ♦ *sm* (engin *m*) fumigène *m*; **cortina fumogena** rideau *m o* écran *m* de fumée.
fumoso, -a [fu'moso] *agg* enfumé(e); (*fig*) fumeux(-euse).
funambolo, -a [fu'nambolo] *sm/f* (*equilibrista*) funambule *m/f*.
fune ['fune] *sf* corde *f*; (*più grossa*) câble *m*.
funebre ['funebre] *agg* funèbre.
funerale [fune'rale] *sm* enterrement *m*.
funesto, -a [fu'nɛsto] *agg* (*incidente*) funeste; (*errore, decisione*) fatal(e); (*atmosfera*) funèbre.
fungere ['fundʒere] *vi*: ~ **da** (*persona*) faire fonction de; (*cosa*) servir de, tenir lieu de.
fungo, -ghi ['fungo] *sm* champignon *m*; (*MED*) mycose *f*; ~ **velenoso** champignon vénéneux; **crescere come i funghi** (*fig*) pousser comme des champignons.
funicolare [funiko'lare] *sf* funiculaire *m*.
funivia [funi'via] *sf* téléphérique *m*.
funsi *etc* ['funsi] *vb vedi* **fungere**.
funto, -a ['funto] *pp di* **fungere**.
funzionare [funtsjo'nare] *vi* (*macchina*) marcher, fonctionner; (*sistema, idea*) marcher; (*fungere*): ~ **da** faire fonction de.
funzionario [funtsjo'narjo] *sm* fonctionnaire *m*; ▸ **funzionario statale** fonctionnaire.
funzione [fun'tsjone] *sf* fonction *f*; **in ~** (*motore*) en marche; (*meccanismo*) en service; **in ~ di** (*come*) comme; **far ~ di** faire fonction de; **verbo usato in ~ di sostantivo** verbe employé comme substantif; **vivere in ~ dei figli** vivre pour ses enfants.
fuoco, -chi ['fwɔko] *sm* (*anche CHIM*) feu *m*; (*OTTICA, FOT, FIS*) foyer *m*; **dare ~ a qc** mettre le feu à qch; **fare ~** (*sparare*) faire feu; **prendere ~** prendre feu; **mettere a ~** (*FOT*) mettre au point; ▸ **fuoco d'artificio** feu d'artifice; ▸ **fuoco di paglia** feu de paille; ▸ **fuoco di Sant'Antonio** *o* **sacro** (*MED*) zona *m*; ▸ **fuoco fatuo** feu follet.
fuorché [fwor'ke] *cong* sauf ♦ *prep* (*eccetto*) sauf, excepté.
FUORI ['fwɔri] *sigla m* = *Fronte Unitario Omosessuale Rivoluzionario Italiano*.
fuori ['fwɔri] *avv* dehors ♦ *prep*: ~ **(di)** hors (de) ♦ *sm* dehors *msg*, extérieur *m*; **~!** (*esci!*) sors!; (*esca!, uscire!*) sortez!; **essere in ~** (*sporgere*) dépasser; **lasciar ~ qc** omettre qch; **lasciar ~ qn** exclure qn; **ceniamo a casa o ~?** on mange à la maison ou au restaurant?; **mangiamo ~ o dentro?** on mange dedans ou dehors?; **far ~** (*fam*: *soldi*) croquer; (: *cioccolatini*) dévorer; (: *rubare*) piquer; **far ~ qn** (*fam*) descendre qn; **essere tagliato ~** (*da un gruppo, ambiente*) être exclu; **essere ~ di sé** (*dalla rabbia*) être hors de soi; **Marco è ~ città** Marco est parti; ~ **luogo** (*inopportuno*) déplacé(e); ~ **mano** (*luogo, località*) éloigné(e); **Chiara abita ~ mano** Chiara habite au diable; ~ **pasto** en dehors des repas; ~ **pericolo** hors de danger; **(andate) ~ dai piedi!** allez ouste!; ~ **servizio** (*distributore, ascensore*) en panne; (*telefono*) en dérangement; ~ **stagione** hors saison; **illustrazione ~ testo** hors-texte *m*; ~ **uso** hors d'usage.
fuori... ['fwɔri] *pref* hors.
fuoribordo [fwori'bordo] *sm inv* (*imbarcazione*) hors-bord *m inv*; (*motore*) (moteur *m*) hors-bord *m inv*.
fuoribusta [fwori'busta] *sm inv* *prime non imposée*.
fuoriclasse [fwori'klasse] *sm/f inv* champion(ne) hors pair *o* hors ligne.
fuorigioco [fwori'dʒɔko] *sm inv* hors-jeu *m*.
fuorilegge [fwori'leddʒe] *sm/f inv* hors-la-loi *m inv*.
fuoriprogramma [fworipro'gramma] *sm inv* (*TV, RADIO*) émission *f* qui n'est pas programmée; (*fig*) changement *m* de programme, imprévu *m*.
fuoriserie [fwori'sɛrje] *agg inv* hors série ♦ *sf* voiture *f* hors série.
fuoristrada [fwori'strada] *sm inv* (*AUT*) voiture *f* tout-terrain.
fuoriuscito, -a [fwor(i)uʃ'ʃito] *sm/f* (*POL*) réfugié(e) politique ♦ *sf* (*di gas*) fuite *f*; (*di sangue, linfa*) écoulement *m*.
fuorviare [fworvi'are] *vi* détourner ♦ *vt* dépister; (*fig*) détourner du droit chemin.
furbacchione, -a [furbak'kjone] *sm/f* (*bambino*) coquin(e); (*volpone*) vieux renard *m*, fine mouche *f*.

furbizia [fur'bittsja] *sf* ruse *f*.
furbo, -a ['furbo] *agg* rusé(e), malin(-igne), futé(e); (*peg*) fourbe ♦ *sm/f* malin(-igne); **fare il** ~ faire le malin; **farsi** ~ apprendre à se méfier.
furente [fu'rɛnte] *agg* furieux(-euse), furibond(e).
fureria [fure'ria] *sf* (*MIL*) salle *f* des rapports.
furetto [fu'retto] *sm* furet *m*.
furfante [fur'fante] *sm* vaurien *m*, canaille *f*.
furgoncino [furgon'tʃino] *sm* fourgonnette *f*.
furgone [fur'gone] *sm* fourgon *m*.
furia ['furja] *sf* (*ira*) colère *f*; (*impeto*) fureur *f*; (*fretta*) précipitation *f*; **a** ~ **di** à force de; **andare su tutte le furie** sortir de ses gonds, entrer dans une colère noire.
furibondo, -a [furi'bondo] *agg* furibond(e).
furiere [fu'rjɛre] *sm* fourrier *m*.
furioso, -a [fu'rjoso] *agg* furieux(-euse).
furono ['furono] *vb vedi* **essere**.
furore [fu'rore] *sm* fureur *f*; **far** ~ faire fureur.
furtivamente [furtiva'mente] *avv* furtivement.
furtivo, -a [fur'tivo] *agg* furtif(-ive).
furto ['furto] *sm* (*sottrazione*) vol *m*; (*refurtiva*) butin *m*; ▸**furto con scasso** vol avec effraction.
fusa ['fusa] *sfpl*: **fare le** ~ ronronner.
fuscello [fuʃ'ʃɛllo] *sm* brindille *f*; **magro come un** ~ maigre comme un clou.
fuseaux [fy'zo] *smpl* caleçon *msg*; (*con il passante sotto il piede*) fuseau *msg*, fuseaux *mpl*.
fusi *etc* ['fuzi] *vb vedi* **fondere**.
fusibile [fu'zibile] *sm* fusible *m*.
fusione [fu'zjone] *sf* (*di metalli, fig*) fusion *f*; (*colata*) fonte *f*; (*COMM*) fusion, fusionnement *m*.
fuso, -a ['fuzo] *pp di* **fondere** ♦ *sm* (*FILATURA*) fuseau *m*; **diritto come un** ~ raide comme un piquet; ▸**fuso orario** fuseau horaire.
fusoliera [fuzo'ljɛra] *sf* (*AER*) fuselage *m*.
fustagno [fus'taɲɲo] *sm* futaine *f*.
fustella [fus'tɛlla] *sf* (*su scatola di medicinali*) vignette *f*.
fustigare [fusti'gare] *vt* fouetter; (*fig*: *costumi*) fustiger.
fustino [fus'tino] *sm* (*di detersivo*) baril *m*.
fusto ['fusto] *sm* (*di albero, ANAT*) tronc *m*; (*recipiente*) bidon *m*; (*di candeliere*) pied *m*; (*ARCHIT*) tige *f*, fût *m*; (*fam*: *uomo*) gaillard *m*.
futile ['futile] *agg* futile.
futilità [futili'ta] *sf* futilité *f*.
futurismo [futu'rizmo] *sm* futurisme *m*.
futuro, -a [fu'turo] *agg* futur(e) ♦ *sm* (*anche LING*) futur *m*; (*il tempo a venire*) avenir *m*.

G, g

G, g [dʒi] *sf o m inv* (*lettera*) G, g *m inv*; ~ **come Genova** ≈ G comme Gaston.
g. *abbr* (= *grammo*) g.
gabardine [gabar'din] *sm* gabardine *f*.
gabbare [gab'bare] *vt* (*imbrogliare*) duper; (*deridere*) berner; **gabbarsi** *vip*: **gabbarsi di qn** se moquer de qn.
gabbia ['gabbja] *sf* (*per animali, di ascensore*) cage *f*; (*in tribunale*) box *msg*; **la** ~ **degli accusati** (*DIR*) le box des accusés; **una** ~ **di matti** une maison de fous; ▸**gabbia toracica** cage thoracique.
gabbiano [gab'bjano] *sm* mouette *f*.
gabinetto [gabi'netto] *sm* cabinet *m*; (*sanitario*: *stanza*) W.-C. *mpl*, toilettes *fpl*; (: *apparecchio*) cuvette *f*; (*SCOL*: *di fisica etc*) laboratoire *m*.
Gabon [ga'bon] *sm* Gabon *m*.
gaelico, -a, -ci, -che [ga'ɛliko] *agg, sm* gaélique *m*.
gaffe [gaf] *sf inv* gaffe *f*; **fare una** ~ faire une gaffe.
gagliardo, -a [gaʎ'ʎardo] *agg* gaillard(e).
gaiezza [ga'jettsa] *sf* gaieté *f*.
gaio, -a ['gajo] *agg* gai(e).
gala ['gala] *sf* gala *f*; **serata di** ~ soirée *f* de gala.
galante [ga'lante] *agg* galant(e).
galanteria [galante'ria] *sf* galanterie *f*.
galantuomo [galan'twɔmo] (*pl* **galantuomini**) *sm* honnête homme *m*.
Galapagos [ga'lapagos] *sfpl*: **le (isole)** ~ les (îles) Galapagos *fpl*.
galassia [ga'lassja] *sf* galaxie *f*.
galateo [gala'tɛo] *sm* bienséance *f*, bonnes manières *fpl*.
galeotto [gale'ɔtto] *sm* (*rematore*) galérien *m*; (*carcerato*) forçat *m*, bagnard *m*.
galera [ga'lɛra] *sf* (*nave da guerra*) galère *f*; (*prigione*) prison *f*.
galla ['galla] *sf*: **a** ~ à la surface; **venire a** ~ remonter à la surface; (*fig*: *verità*) percer, se faire jour.
galleggiamento [galleddʒa'mento] *sm* flottaison *f*; **linea di** ~ (*di nave*) ligne *f* de flottaison.

galleggiante [galled'dʒante] *agg* flottant(e) ♦ *sm* (*sughero, boa*) bouée *f*; (*di rete, per liquidi*) flotteur *m*; (*di pescatore, lenza*) flotteur, bouchon *m*.
galleggiare [galled'dʒare] *vi* flotter.
galleria [galle'ria] *sf* galerie *f*; (*traforo*) tunnel *m*; (*TEATRO, CINE*) galerie, balcon *m*; ~ **d'arte** galerie d'art; ~ **del vento** *o* **aerodinamica** soufflerie *f*.
Galles ['galles] *sm*: **il** ~ le pays de Galles.
gallese [gal'lese] *agg* gallois(e) ♦ *sm/f* Gallois(e) ♦ *sm* gallois *msg*.
galletta [gal'letta] *sf* galette *f*.
galletto [gal'letto] *sm* coquelet *m*; (*fig*) coq *m*; **fare il** ~ faire le coq.
Gallia ['gallja] *sf* Gaule *f*.
gallina [gal'lina] *sf* poule *f*; **andare a letto con le galline** se coucher comme les poules.
gallismo [gal'lizmo] *sm* donjuanisme *m*.
gallo ['gallo] *sm* coq *m*; (*STORIA*) Gaulois *msg* ♦ *agg inv*: **peso** ~ poids *msg* coq; **al canto del** ~ au chant du coq; **fare il** ~ (*fig*) faire le coq.
gallone [gal'lone] *sm* galon *m*; (*unità di misura*) gallon *m*.
galoppare [galop'pare] *vi* galoper.
galoppino [galop'pino] *sm* garçon *m* de courses.
galoppo [ga'lɔppo] *sm* galop *m*; **al** *o* **di** ~ au galop.
gamba ['gamba] *sf* jambe *f*; (*di sedia, tavolo*) pied *m*; (*asta*: *di lettera*) jambage *m*, hampe *f*; **in** ~ (*in buona salute*) en forme; (*sveglio*) dégourdi(e), débrouillard(e); **per la sua età è ancora in** ~ il est encore vert pour son âge; **è una persona in** ~ (*bravo, intelligente*) c'est une personne bien; **prendere qc sotto** ~ (*fig*) prendre qch par-dessous la jambe; **scappare a gambe levate** s'enfuir à toutes jambes; **gambe!** filons!; **in** ~! porte-toi bien!
gambale [gam'bale] *sm* tige *f*.
gamberetto [gambe'retto] *sm* crevette *f*.
gambero ['gambero] *sm* (*di acqua dolce*) écrevisse *f*; (*di mare*) grosse crevette *f*.
Gambia ['gambja] *sm* Gambie *f*.
gambo ['gambo] *sm* (*di fiore*) tige *f*; (*di frutta*) queue *f*; (*di bicchiere*) pied *m*.
gamella [ga'mɛlla] *sf* gamelle *f*.
gamma ['gamma] *sf* gamme *f*; ▸ **gamma di prodotti** gamme de produits.
ganascia, -sce [ga'naʃʃa] *sf* mâchoire *f*; (*AUT*: *di freno*) patin *m*.
gancio ['gantʃo] *sm* crochet *m*.
Gange ['gandʒe] *sm* Gange *m*.
gangheri ['gangeri] *smpl*: **uscire dai** ~ (*fig*) sortir de ses gonds.
gangrena [gan'grɛna] *sf* = **cancrena**.
gara ['gara] *sf* compétition *f*; **facciamo a** ~ **a chi arriva primo** on joue à qui arrive le premier; ▸ **gara d'appalto** (*COMM*) appel *m* d'offres.
garage [ga'raʒ] *sm inv* garage *m*.
garante [ga'rante] *sm/f* garant(e).
garantire [garan'tire] *vt* garantir; (*aiuto, sostegno*) assurer.
garantismo [garan'tizmo] *sm* (*DIR*) sauvegarde *f* des garanties constitutionnelles.
garantista, -i, -e [garan'tista] *agg défenseur des garanties constitutionnelles*.
garanzia [garan'tsia] *sf* garantie *f*; (*pegno*) gage *m*; **in** ~ sous garantie.
garbare [gar'bare] *vi*: **non mi garba** cela ne me plaît pas.
garbatezza [garba'tettsa] *sf* courtoisie *f*, politesse *f*.
garbato, -a [gar'bato] *agg* courtois(e), poli(e).
garbo ['garbo] *sm* grâce *f*.
garbuglio [gar'buʎʎo] *sm* enchevêtrement *m*; (*fig*) troubles *mpl*.
gareggiare [gared'dʒare] *vi*: ~ **(in)** rivaliser (en).
garganella [garga'nɛlla] *sf*: **a** ~ à la régalade.
gargarismo [garga'rizmo] *sm* gargarisme *m*; **fare i gargarismi** faire des gargarismes.
garitta [ga'ritta] *sf* (*di caserma*) guérite *f*.
garofano [ga'rɔfano] *sm* œillet *m*.
garretto [gar'retto] *sm* (*anche fam*: *di persona*) jarret *m*.
garrire [gar'rire] *vi* piailler.
garrulo, -a ['garrulo] *agg* (*uccello*) qui piaille, qui gazouille; (*persona*) loquace.
garza ['gardza] *sf* gaze *f*.
garzone [gar'dzone] *sm* (*di bottega*) garçon *m*.
gas [gas] *sm inv* gaz *msg*; **dare** ~ (*AUT*) accélérer; **a tutto** ~ (*fig*) à pleins gaz; ▸ **gas lacrimogeno** gaz lacrymogène; ▸ **gas naturale** gaz naturel.
gasare [ga'zare] *vt* (*bibita*) gazéifier; (*asfissiare*) gazer; (*fig*: *persona*: *rendere euforico*) emballer; (: *esaltare*) monter la tête à; **gasarsi** *vr* (*vedi fig*) s'emballer; se monter la tête.
gasato, -a [ga'zato] *agg*: **bibita gasata** boisson *f* gazeuse ♦ *sm/f*: **quello è un** ~ il s'y croit celui-là.
gasdotto [gaz'dotto] *sm* gazoduc *m*.
gasolio [ga'zɔljo] *sm* gas-oil *m*, gazole *m*.
gassare [gas'sare] *vt* = **gasare**.
gassato, -a [gas'sato] *agg* gazeux(-euse).
gassoso, -a [gas'soso] *agg* gazeux(-euse) ♦ *sf* limonade *f*.
gastrico, -a, -ci, -che ['gastriko] *agg* gastrique.
gastrite [gas'trite] *sf* gastrite *f*.
gastroenterite [gastroente'rite] *sf* gastro-

entérite *f*.
gastronomia [gastrono'mia] *sf* gastronomie *f*.
gastronomo, -a [gas'trɔnomo] *sm/f* gastronome *m/f*.
GATT [gat] *sigla m* (= *General Agreement on Tariffs and Trade*) GATT *m*.
gatta ['gatta] *sf* chatte *f*; **è una bella ~ da pelare** cela va te donner du fil à retordre; **qui ~ ci cova!** il y a anguille sous roche!
gattabuia [gatta'buja] (*fam*) *sf* (*scherz*) prison *f*.
gattino [gat'tino] *sm* chaton *m*.
gatto ['gatto] *sm* chat *m*; ▸**gatto a nove code** martinet *m*, chat à neuf queues; ▸**gatto delle nevi** (*AUT*) autoneige *f*; (*SCI*) chenillette *f* pour damer les pistes; ▸**gatto selvatico** chat sauvage.
gattopardo [gatto'pardo] *sm*: ~ **(africano)** guépard *m*, serval *m*; ~ **americano** ocelot *m*.
gattuccio [gat'tuttʃo] *sm* roussette *f*.
gaudente [gau'dɛnte] *sm/f* fêtard(e).
gaudio ['gaudjo] *sm* joie *f*, bonheur *m*.
gavetta [ga'vetta] *sf* (*MIL*) gamelle *f*; **venire dalla ~** (*fig*) partir de rien; **fare la ~** (*fig*) gravir tous les échelons (de la hiérarchie).
gazza ['gaddza] *sf* pie *f*.
gazzarra [gad'dzarra] *sf* chahut *m*, boucan *m*.
gazzella [gad'dzɛlla] *sf* gazelle *f*; (*dei carabinieri*) voiture *f* de la police routière.
gazzetta [gad'dzetta] *sf* gazette *f*; (*medica, dei tribunali*) journal *m*; ▸**Gazzetta Ufficiale** Journal officiel.
gazzoso, -a [gad'dzoso] *agg* = **gassoso**.
Gazz. Uff. *abbr* (= *Gazzetta Ufficiale*) ≈ JO *m*.
GB *sigla* (= *Gran Bretagna*) GB.
G.C. *abbr* (= *genio civile*) génie civil; (= *Gesù Cristo*) J.-C.
G.d.F. *abbr* = *guardia di finanza*.
GE *sigla* = *Genova*.
gel ['dʒel] *sm inv* gel *m*.
gelare [dʒe'lare] *vt* (*congelare*) geler; (*fig: piedi, mani*) geler, glacer; (: *con sguardo, osservazione*) glacer ♦ *vi* geler ♦ *vb impers* geler; **mi ha gelato il sangue** (*fig*) mon sang s'en est glacé.
gelata [dʒe'lata] *sf* gelée *f*.
gelataio, -a [dʒela'tajo] *sm/f* glacier *m*, marchand(e) de glaces.
gelateria [dʒelate'ria] *sf* glacier *m*.
gelatina [dʒela'tina] *sf* (*CUC*) gelée *f*; ▸**gelatina di frutta** gelée; ▸**gelatina esplosiva** gélatine *f* explosive.
gelatinoso, -a [dʒelati'noso] *agg* gélatineux(-euse).
gelato, -a [dʒe'lato] *agg* (*mare, lago etc*) gelé(e); (*bevanda, vivanda*) glacé(e); (*strada*) verglacé(e); (*mani, piedi*) glacé(e), gelé(e) ♦ *sm* glace *f*; **essere ~ per il freddo/la paura** être transi(e) (de froid)/ de peur.
gelido, -a ['dʒɛlido] *agg* glacé(e), glacial(e); (*fig: accoglienza, sguardo*) glacial(e).
gelo ['dʒɛlo] *sm* (*temperatura*) gel *m*; (*brina*) gelée *f* blanche; (*fig: della morte, di terrore*) froid *m*.
gelone [dʒe'lone] *sm* engelure *f*.
gelosia [dʒelo'sia] *sf* jalousie *f*.
geloso, -a [dʒe'loso] *agg* jaloux(-se).
gelso ['dʒɛlso] *sm* mûrier *m*.
gelsomino [dʒelso'mino] *sm* jasmin *m*.
gemellaggio [dʒemel'laddʒo] *sm* jumelage *m*.
gemellare [dʒemel'lare] *agg* gémellaire, de jumeaux ♦ *vt* (*città*) jumeler.
gemello, -a [dʒe'mɛllo] *agg* jumeau(jumelle) ♦ *sm/f* (frère) jumeau *m f*; **gemelli** *smpl* (*persone*) jumeaux; (*di camicia*) boutons *mpl* de manchette; **letti gemelli** lits jumeaux; **Gemelli** (*ZODIACO*) Gémeaux *mpl*; **essere dei Gemelli** être Gémeaux.
gemere ['dʒɛmere] *vi* (*lamentarsi*) gémir; (*cigolare*) grincer.
gemito ['dʒɛmito] *sm* gémissement *m*, plainte *f*.
gemma ['dʒɛmma] *sf* (*BOT*) bourgeon *m*; (*pietra preziosa*) gemme *f*.
Gen. *abbr* (*MIL* = *generale*) Gal.
gen. *abbr* (= *generale, generalmente*) gen.
gendarme [dʒen'darme] *sm* (*anche fig*) gendarme *m*.
gene ['dʒɛne] *sm* gène *m*.
genealogia, -gie [dʒenealo'dʒia] *sf* généalogie *f*.
genealogico, -a, -ci, -che [dʒenea'lɔdʒiko] *agg*: **albero ~** arbre *m* généalogique.
generale [dʒene'rale] *agg* général(e) ♦ *sm* (*MIL*) général *m*; **in ~** en général; **a ~ richiesta** à la demande générale; **direttore ~** directeur *m* général.
generalità [dʒenerali'ta] *sfpl* (*dati personali*) identité *fsg*.
generalizzare [dʒeneralid'dzare] *vt, vi* généraliser.
generalizzazione [dʒeneraliddzat'tsjone] *sf* généralisation *f*.
generalmente [dʒeneral'mente] *avv* généralement.
generare [dʒene'rare] *vt* (*dar vita a*) engendrer; (: *specie umana*) procréer; (*cagionare: conseguenze, problemi*) engendrer; (*risultati*) causer, entraîner; (*far sorgere: sospetti, problemi, desideri, passioni*) créer; (*elettricità*) produire, générer.

generatore [dʒenera'tore] *sm* (*ELETTR*) générateur *m*.
generazione [dʒenerat'tsjone] *sf* génération *f*.
genere ['dʒɛnere] *sm* genre *m*; (*tipo*) genre *m*, sorte *f*; (*merce, articolo*) article *m*, produit *m*; **in** ~ en général; **cose del** *o* **di questo** ~ des choses de ce genre; ▸ **genere umano** genre humain; ▸ **generi alimentari** denrées *fpl o* produits alimentaires; ▸ **generi di consumo** produits de consommation; ▸ **generi di prima necessità** biens *mpl* de première nécessité.
generico, -a, -ci, -che [dʒe'nɛriko] *agg* général(e); (*vago, impreciso*) vague.
genero ['dʒɛnero] *sm* gendre *m*, beau-fils *m*.
generosità [dʒenerosi'ta] *sf* générosité *f*.
generoso, -a [dʒene'roso] *agg* généreux(-euse).
genesi ['dʒɛnezi] *sf inv* genèse *f*.
genetica [dʒe'nɛtika] *sf* génétique *f*.
genetico, -a, -ci, -che [dʒe'nɛtiko] *agg* génétique.
gengiva [dʒen'dʒiva] *sf* (*ANAT*) gencive *f*.
genia [dʒe'nia] *sf* (*peg*) race *f*, engeance *f*.
geniale [dʒe'njale] *agg* génial(e).
genio ['dʒɛnjo] *sm* génie *m*; **andare a** ~ **a qn** plaire à qn; ▸ **genio civile** (*MIL*) génie civil.
genitale [dʒeni'tale] *agg* génital(e); **genitali** *smpl* organes *mpl* génitaux.
genitore [dʒeni'tore] *sm* géniteur(-trice); **i miei genitori** mes parents *mpl*.
gennaio [dʒen'najo] *sm* janvier *m*; *vedi anche* **luglio**.
genocidio [dʒeno'tʃidjo] *sm* génocide *m*.
Genova ['dʒɛnova] *sf* Gênes.
genovese [dʒeno'vese] *agg* génois(e) ♦ *sm/f* Génois(e).
gentaglia [dʒen'taʎʎa] *sf* (*peg*) sales gens *mpl*, racaille *f*.
gente ['dʒɛnte] *sf* (*persone*) gens *mpl*, monde *m*; ~ **di campagna** gens de la campagne; **ho** ~ **a cena** j'ai du monde à dîner; **brava** ~ des braves gens.
gentildonna [dʒentil'dɔnna] *sf* dame *f*; (*fig*) grande dame.
gentile [dʒen'tile] *agg* (*persona, atto*) gentil(e); (: *garbato*) aimable; (: *aggraziato*) gracieux(-euse), agréable; (*nelle lettere*): **G~ Signore** Cher Monsieur; (: *sulla busta*): **Gentil Signor Fernando Villa** Monsieur Fernando Villa.
gentilezza [dʒenti'lettsa] *sf* (*vedi agg*) gentillesse *f*; amabilité *f*; grâce *f*; **per** ~ (*per favore*) s'il vous plaît.
gentiluomo [dʒenti'lwɔmo] (*pl* **gentiluomini**) *sm* (*di nobile origine*) gentilhomme *m*; (*di modi cavallereschi*) gentleman *m*.
genuflessione [dʒenufles'sjone] *sf* génuflexion *f*.
genuino, -a [dʒenu'ino] *agg* (*prodotto*) naturel(le); (*persona*) spontané(e), franc(franche); (*sentimento*) sincère.
geografia [dʒeogra'fia] *sf* géographie *f*.
geografico, -a, -ci, -che [dʒeo'grafiko] *agg* géographique.
geografo, -a [dʒe'ɔgrafo] *sm/f* géographe *m/f*.
geologia [dʒeolo'dʒia] *sf* géologie *f*.
geologico, -a, -ci, -che [dʒeo'lɔdʒiko] *agg* géologique.
geometra, -i, -e [dʒe'ɔmetra] *sm/f* géomètre *m/f*.
geometria [dʒeome'tria] *sf* géométrie *f*.
geometrico, -a, -ci, -che [dʒeo'mɛtriko] *agg* géométrique.
geopolitica [dʒeopo'litika] *sf* géopolitique *f*.
Georgia [dʒe'ɔrdʒa] *sf* Géorgie *f*.
geranio [dʒe'ranjo] *sm* géranium *m*.
gerarca, -chi [dʒe'rarka] *sm* (*in gerarchia*) dignitaire *m*, chef *m*; (*STORIA*: *nel fascismo*) *dirigeant du parti fasciste italien*.
gerarchia [dʒerar'kia] *sf* hiérarchie *f*.
gerarchico, -a, -ci, -che [dʒe'rarkiko] *agg* hiérarchique.
gerente [dʒe'rɛnte] *sm/f* gérant(e).
gerenza [dʒe'rɛntsa] *sf* gérance *f*.
gergale [dʒer'gale] *agg* argotique.
gergo, -ghi ['dʒɛrgo] *sm* (*militare, politico*) jargon *m*; (*della malavita*) argot *m*.
geriatria [dʒerja'tria] *sf* gériatrie *f*.
geriatrico, -a, -ci, -che [dʒe'rjatriko] *agg* gériatrique.
gerla ['dʒɛrla] *sf* hotte *f*.
Germania [dʒer'manja] *sf* Allemagne *f*; ▸ **Germania occidentale/orientale** Allemagne de l'Ouest/de l'Est.
germe ['dʒɛrme] *sm* germe *m*; **in** ~ (*fig*) en germe.
germinazione [dʒerminat'tsjone] *sf* germination *f*.
germogliare [dʒermoʎ'ʎare] *vi* (*seme*) germer; (*ramo*) bourgeonner.
germoglio [dʒer'moʎʎo] *sm* pousse *f*; (*di gemma*) jet *m*, rejet *m*; (*fig*) germe *m*.
geroglifico, -ci [dʒero'glifiko] *sm* hiéroglyphe *m*.
gerundio [dʒe'rundjo] *sm* gérondif *m*.
Gerusalemme [dʒeruza'lɛmme] *sf* Jérusalem.
gesso ['dʒɛsso] *sm* (*minerale*) gypse *m*; (*EDIL, MED, statua*) plâtre *m*; (*per scrivere*) (bâton *m* de) craie *f*; **avere una gamba in** ~ avoir une jambe dans le plâtre.
gesta ['dʒɛsta] *sfpl* (*letterario*) geste *fsg*.
gestante [dʒes'tante] *sf* femme *f* enceinte.
gestazione [dʒestat'tsjone] *sf* gestation *f*.
gesticolare [dʒestiko'lare] *vi* gesticuler.

gestionale [dʒestjo'nale] *agg* gestionnaire.
gestione [dʒes'tjone] *sf* (*di affari, ditta*) gestion *f*; (*di bar*) gérance *f*; ▶ **gestione di magazzino** gestion des stocks; ▶ **gestione patrimoniale** gestion de patrimoine.
gestire [dʒes'tire] *vt* gérer.
gesto ['dʒɛsto] *sm* geste *m*.
gestore [dʒes'tore] *sm* gérant(e).
Gesù [dʒe'zu] *sm* Jésus; ▶ **Gesù bambino** l'Enfant Jésus.
gesuita, -i [dʒezu'ita] *sm* jésuite *m*.
gettare [dʒet'tare] *vt* jeter; (*metalli, cera*) couler; **gettarsi** *vr*: **gettarsi in** se jeter dans; **gettarsi dalla finestra** se jeter par la fenêtre; ~ **uno sguardo a** jeter un coup d'œil à.
gettata [dʒet'tata] *sf* (*di metallo, gesso, cemento*) coulée *f*; (*diga*) jetée *f*.
gettito ['dʒɛttito] *sm* recette *f*.
getto ['dʒɛtto] *sm* jet *m*; **a ~ continuo** à jet continu; **di** ~ (*fig*) d'un seul jet.
gettone [dʒet'tone] *sm* jeton *m*; **apparecchio a gettoni** (*automatico*) distributeur *m* automatique; ▶ **gettone di presenza** jeton de présence; ▶ **gettone telefonico** jeton de téléphone.
gettoniera [dʒetto'njɛra] *sf* distributeur *m* automatique de jetons.
geyser ['gaizə] *sm inv* geyser *m*.
Ghana ['gana] *sm* Ghana *m*.
ghenga, -ghe ['gɛnga] *sf* (*fam*) bande *f*, compagnie *f*.
ghepardo [ge'pardo] *sm* guépard *m*.
ghermire [ger'mire] *vt* saisir; (*oggetto*) saisir, agripper.
ghetta ['getta] *sf* guêtre *f*.
ghettizzare [gettid'dzare] *vt* enfermer dans un ghetto; (*fig*) isoler *o* enfermer dans un ghetto.
ghetto ['getto] *sm* ghetto *m*.
ghiacciaia [gjat'tʃaja] *sf* (*anche fig*) glacière *f*.
ghiacciaio [gjat'tʃajo] *sm* glacier *m*.
ghiacciare [gjat'tʃare] *vt* geler; (*fig*) glacer ♦ *vi* geler.
ghiacciato, -a [gjat'tʃato] *agg* gelé(e); (*bevanda, mani*) glacé(e).
ghiaccio ['gjattʃo] *sm* glace *f*.
ghiacciolo [gjat'tʃɔlo] *sm* glace *f*; (*tipo di gelato*) glace à l'eau.
ghiaia ['gjaja] *sf* (*detriti*) gravier *m*; (*per strade*) gravillon *m*.
ghianda ['gjanda] *sf* (*BOT*) gland *m*.
ghiandola ['gjandola] *sf* glande *f*.
ghiandolare [gjando'lare] *agg* glandulaire, glanduleux(-euse).
ghigliottina [giʎʎot'tina] *sf* guillotine *f*.
ghignare [giɲ'ɲare] *vi* ricaner.
ghigno ['giɲɲo] *sm* (*espressione*) sourire *m* sarcastique; (*risata*) ricanement *m*.
ghingheri ['gingeri] *smpl*: **in** ~ sur son trente et un; **mettersi in** ~ se mettre sur son trente et un.
ghiotto, -a ['gjotto] *agg* gourmand(e); (*cibo*) appétissant(e).
ghiottone, -a [gjot'tone] *sm/f* glouton(ne) ♦ *sm* (*ZOOL*) glouton *m*.
ghiottoneria [gjottone'ria] *sf* gourmandise *f*; (*cibo*) gourmandises *fpl*.
ghiribizzo [giri'biddzo] *sm* lubie *f*, caprice *m*.
ghirigoro [giri'gɔro] *sm* gribouillage *m*, gribouillis *msg*.
ghirlanda [gir'landa] *sf* guirlande *f*.
ghiro ['giro] *sm* loir *m*; **dormire come un** ~ dormir comme une marmotte *o* un loir.
ghisa ['giza] *sf* fonte *f*.
GI *abbr m* = *giudice istruttore*.
già [dʒa] *avv* (*prima*) déjà; (*ex, in precedenza*) ex, ancien(ne) ♦ *escl* oui!, bien sûr!; ~ **che ci sei** ... pendant que tu y es ... .
giacca, -che ['dʒakka] *sf* (*da uomo*) veste *f*, veston *m*; (*da donna*) veste, jaquette *f*; ~ **a vento** anorak *m*; (*senza imbottitura*) coupe-vent *m*.
giacché [dʒak'ke] *cong* puisque, du moment que.
giacchetta [dʒak'ketta] *sf* veste *f*, jaquette *f*.
giaccio *etc* ['dʒattʃo] *vb vedi* **giacere**.
giaccone [dʒak'kone] *sm* parka *f*.
giacenza [dʒa'tʃɛntsa] *sf* (*COMM*): **merce in** ~ marchandise *f* en souffrance; **giacenze di magazzino** stocks *mpl*.
giacere [dʒa'tʃere] *vi* (*stare disteso*) être allongé(e), être étendu(e); (*trovarsi*) se trouver, être situé(e); ~ **sul fianco/supino/bocconi** être couché(e) sur le côté/le dos/le ventre.
giacimento [dʒatʃi'mento] *sm* gisement *m*.
giacinto [dʒa'tʃinto] *sm* jacinthe *f*.
giaciuto, -a [dʒa'tʃuto] *pp di* **giacere**.
giacqui *etc* ['dʒakkwi] *vb vedi* **giacere**.
giada ['dʒada] *sf* jade *m*.
giaggiolo [dʒad'dʒɔlo] *sm* iris *msg*.
giaguaro [dʒa'gwaro] *sm* jaguar *m*.
giallastro, -a [dʒal'lastro] *agg* jaunâtre.
giallo, -a ['dʒallo] *agg* jaune ♦ *sm* jaune *m*; (*anche*: **film** ~) film *m* policier; (*anche*: **romanzo** ~) roman *m* policier; **il mar G~** la Mer Jaune; **diventare ~ di paura** être vert de peur.
giallognolo, -a [dʒal'loɲɲolo] *agg* jaunâtre.
Giamaica [dʒa'maika] *sf* Jamaïque *f*.
giamaicano, -a [dʒamai'kano] *agg* jamaïquain(e) ♦ *sm/f* Jamaïquain(e).
giammai [dʒam'mai] *avv* jamais.
Giappone [dʒap'pone] *sm* Japon *m*.
giapponese [dʒappo'nese] *agg* japonais(e) ♦ *sm/f* Japonais(e) ♦ *sm* japonais *m*.

giara ['dʒara] *sf* jarre *f*.
giardinaggio [dʒardi'naddʒo] *sm* jardinage *m*.
giardinetta [dʒardi'netta] *sf* (*AUT*) break *m*.
giardiniera [dʒardi'njɛra] *sf* (*misto di sottaceti*) pickles *mpl*; (*AUT*) break *m*; *vedi anche* **giardiniere**.
giardiniere, -a [dʒardi'njɛre] *sm/f* jardinier(-ière).
giardino [dʒar'dino] *sm* jardin *m*; ▸ **giardino d'infanzia** jardin d'enfants, garderie *f*; ▸ **giardino pubblico** jardin public; ▸ **giardino zoologico** jardin zoologique.
giarrettiera [dʒarret'tjɛra] *sf* jarretière *f*; (*elastico*) jarretelle *f*.
Giava ['dʒava] *sf* Java *f*.
giavellotto [dʒavel'lɔtto] *sm* javelot *m*.
gibboso, -a [dʒib'boso] *agg* (*superficie*) ondulé(e); (*naso*) gibbeux(-euse).
Gibilterra [dʒibil'tɛrra] *sf* Gibraltar *f*.
gigante, -essa [dʒi'gante] *agg, sm/f* géant(e); **confezione** ~ paquet *m* géant.
gigantesco, -a, -schi, -sche [dʒigan'tesko] *agg* gigantesque.
gigantografia [dʒigantogra'fia] *sf* (*FOT*) gigantographie *f*.
giglio ['dʒiʎʎo] *sm* lis *msg*.
gilè [dʒi'lɛ] *sm inv* gilet *m*.
gin [dʒin] *sm inv* gin *m*.
gincana [dʒin'kana] *sf* gymkhana *m*.
ginecologia [dʒinekolo'dʒia] *sf* gynécologie *f*.
ginecologo, -a, -gi, -ghe [dʒine'kɔlogo] *sm/f* gynécologue *m/f*.
ginepro [dʒi'nepro] *sm* (*arbusto*) genévrier *m*; (*bacca*) genièvre *f*.
ginestra [dʒi'nɛstra] *sf* genêt *m*.
Ginevra [dʒi'nevra] *sf* Genève; **il Lago di** ~ le Lac Léman.
gingillarsi [dʒindʒil'larsi] *vip* (*giocare*) s'amuser; (*perdere tempo*) lanterner, traînasser.
gingillo [dʒin'dʒillo] *sm* bibelot *m*.
ginnasio [dʒin'nazjo] *sm* (*SCOL*) *les deux premières années de lycée en Italie, uniquement section littéraire*.
ginnasta, -i, -e [dʒin'nasta] *sm/f* gymnaste *m/f*.
ginnastica [dʒin'nastika] *sf* gymnastique *f*; (*SCOL*) sport *m*.
ginnico, -a, -ci, -che ['dʒinniko] *agg* gymnique.
ginocchio [dʒi'nɔkkjo] (*pl(m)* **ginocchi**, *pl(f)* **ginocchia**) *sm* genou *m*; **mettersi in** ~ se mettre à genoux; **stare in** ~ être à genoux; (*fig*) être mal en point.
ginocchioni [dʒinok'kjoni] *avv* à genoux.
giocare [dʒo'kare] *vt, vi* jouer; ~ **(a)** jouer (à); **ciò gioca a suo favore** cela joue en sa faveur; ~ **d'astuzia** faire preuve d'astuce; **giocarsi il posto** risquer sa place; **a che gioco giochiamo?** à quel jeu jouez-vous?; ~ **sull'equivoco** jouer sur l'ambiguïté.
giocatore, -trice [dʒoka'tore] *sm/f* joueur(-euse).
giocattolo [dʒo'kattolo] *sm* jouet *m*.
giocherellare [dʒokerel'lare] *vi*: ~ **con** jouer avec.
giocherò *etc* [dʒoke'rɔ] *vb vedi* **giocare**.
giochetto [dʒo'ketto] *sm* (*cosa molto facile*) jeu *m* (d'enfant); (*tranello*) tour *m*.
gioco, -chi ['dʒɔko] *sm* jeu *m*; (*puntata*) mise *f*; **entrare in** ~ (*fig*) entrer en jeu; **far buon viso a cattivo** ~ faire contre mauvaise fortune bon cœur; **fare il doppio** ~ jouer double jeu; **mettere in** ~ (*rischiare*) mettre en jeu; **per** ~ pour rire; **prendersi** ~ **di qn** se moquer de qn, se jouer de qn; **stare al** ~ **di qn** jouer le jeu de qn; **è in** ~ **la mia reputazione** ma réputation est en jeu; ▸ **gioco d'azzardo** jeu de hasard; ▸ **gioco degli scacchi** jeu d'échecs; ▸ **gioco del calcio** football *m*; ▸ **gioco di società** jeu de société; ▸ **giochi olimpici** jeux olympiques.
giocoforza [dʒoko'fɔrtsa] *sm* (*inevitabile*): **fu** ~ **andarsene** il a fallu absolument partir.
giocoliere [dʒoko'ljɛre] *sm* jongleur *m*.
giocoso, -a [dʒo'koso] *agg* gai(e).
giogaia [dʒo'gaja] *sf* chaîne *f*.
giogo, -ghi ['dʒogo] *sm* (*anche fig*) joug *m*.
gioia ['dʒɔja] *sf* joie *f*; (*pietra preziosa*) bijou *m*.
gioielleria [dʒojelle'ria] *sf* bijouterie *f*.
gioielliere [dʒojel'ljɛre] *sm* bijoutier(-ière).
gioiello [dʒo'jɛllo] *sm* bijou *m*; (*oggetto da collezione, museo*) joyau *m*; (*fig*: *persona*) perle *f*; (: *cosa*) bijou; **gioielli** *smpl* (*anelli, collane etc*) bijoux *mpl*; **i gioielli della corona** les joyaux de la couronne.
gioioso, -a [dʒo'joso] *agg* joyeux(-euse), gai(e).
Giordania [dʒor'danja] *sf* Jordanie *f*.
Giordano [dʒor'dano] *sm* Jourdain *m*.
giordano, -a [dʒor'dano] *agg* jordanien(ne) ♦ *sm/f* Jordanien(ne).
giornalaio, -a [dʒorna'lajo] *sm/f* marchand(e) de journaux.
giornale [dʒor'nale] *sm* (*anche COMM*) journal *m*; (*diario*) journal (intime); ~ **di bordo** (*NAUT*) journal de bord; ~ **radio** (bulletin *m* d')informations *fpl* (à la radio).
giornaletto [dʒorna'letto] *sm* = **giornalino**.
giornaliero, -a [dʒorna'ljɛro] *agg* quotidien(ne), journalier(-ière); (*che varia*) journalier(-ière) ♦ *sm/f* journalier(-ière).
giornalino [dʒorna'lino] *sm* magazine *m* pour enfants; (*periodico con fumetti*) bande *f* dessinée, BD *f*.

giornalismo [dʒorna'lizmo] *sm* journalisme *m*.
giornalista, -i, -e [dʒorna'lista] *sm/f* journaliste *m/f*.
giornalistico, -a, -ci, -che [dʒorna'listiko] *agg* journalistique.
giornalmente [dʒornal'mente] *avv* journellement, tous les jours.
giornata [dʒor'nata] *sf* journée *f*; **durante la ~ di ieri** pendant la journée d'hier; **fresco di ~** (*uovo*) du jour; **vivere alla ~** vivre au jour le jour; ▸ **giornata lavorativa** journée (de travail).
giorno ['dʒorno] *sm* jour *m*; **al ~** par jour; **di ~** de jour; **~ per ~** (*alla giornata*) au jour le jour; **del ~** (*notizia, avvenimento*) du jour; **da un ~ all'altro** du jour au lendemain; **al ~ d'oggi** de nos jours, à l'heure actuelle; **tutto il santo ~** toute la (sainte) journée; **metter fine ai propri giorni** mettre fin à ses jours.
giostra ['dʒɔstra] *sf* (*per bimbi*) manège *m*; (*torneo storico*) joute *f*.
giostrare [dʒos'trare] *vi* (*STORIA*) jouter; (*fig*) jongler; **giostrarsi** *vr* jongler.
giovamento [dʒova'mento] *sm* avantage *m*, bénéfice *m*.
giovane ['dʒovane] *agg* jeune ♦ *sm/f* jeune homme *m*, jeune fille *f*; **i giovani** les jeunes; **è ~ del mestiere** il est jeune dans le métier.
giovanetto, -a [dʒova'netto] *sm/f* jeune garçon *m*, jeune fille *f*.
giovanile [dʒova'nile] *agg* (*aspetto, aria*) juvénile; (*scritti, errore*) de jeunesse.
giovanotto [dʒova'nɔtto] *sm* jeune homme *m*.
giovare [dʒo'vare] *vi*: **~ (a)** (*essere utile*) être utile (à), servir (à); (*far bene*) faire du bien (à) ♦ *vb impers* être bon, être utile; **giovarsi** *vip*: **giovarsi di** (*di un esempio, argomento*) se servir de; (*avvalersi*) tirer profit de; **a che giova prendersela?** à quoi bon s'en faire?
Giove ['dʒɔve] *sm* Jupiter *m*.
giovedì [dʒove'di] *sm inv* jeudi *m*; *vedi anche* **martedì**.
giovenca, -che [dʒo'vɛnka] *sf* génisse *f*.
gioventù [dʒoven'tu] *sf* jeunesse *f*.
gioviale [dʒo'vjale] *agg* jovial(e).
giovinastro [dʒovi'nastro] *sm* (*peg*) voyou *m*.
giovincello [dʒovin'tʃɛllo] *sm* jeunot(te), petit(e) jeune.
giovinezza [dʒovi'nettsa] *sf* jeunesse *f*.
gip [dʒip] *abbr m* = *giudice per le indagini preliminari*.
giradischi [dʒira'diski] *sm inv* tournedisque *m*.
giraffa [dʒi'raffa] *sf* (*anche TV, CINE*) girafe *f*.
giramento [dʒira'mento] *sm*: **un ~ di testa** des vertiges *mpl*.
giramondo [dʒira'mondo] *sm/f inv* (*persona*) globe-trotteur *m*, bourlingueur(-euse) (*fam*).
girandola [dʒi'randola] *sf* (*fuoco d'artificio*) girandole *f*; (*giocattolo*) petit moulin *m*; (*banderuola*) girouette *f*.
girare [dʒi'rare] *vt* tourner; (*città, paese*) parcourir; (*assegno*) endosser ♦ *vi* tourner; (*andare in giro*: *a piedi*) se promener; (: *in macchina, autobus*) circuler; **girarsi** *vr* se tourner, se retourner; **~ attorno a** faire le tour de; (*un ostacolo*) contourner; **~ per la città/le strade/la campagna** se promener en ville/dans les rues/à la campagne; **si girava e rigirava nel letto** il se retournait sans cesse dans son lit; **far ~ la testa a qn** (*altezza*) donner le vertige à qn; (*fig*) tourner la tête à qn; **una somma che fa ~ la testa** (*fig*) une somme vertigineuse; **gira al largo!** au large!; **girala come ti pare** (*fig*) prends ça comme tu veux; **gira e rigira il problema non cambia** on a beau faire *o* on a beau dire le problème reste le même; **cosa ti gira?** (*fam*) qu'est-ce qui te prend?; **mi ha fatto ~ le scatole** (*fam*) il m'a cassé les pieds.
girarrosto [dʒirar'rɔsto] *sm* (*CUC*) tournebroche *m*.
girasole [dʒira'sole] *sm* tournesol *m*.
girata [dʒi'rata] *sf* (*di assegno*) endos *msg*, endossement *m*.
giratario, -a [dʒira'tarjo] *sm/f* endossataire *m/f*.
giravolta [dʒira'vɔlta] *sf* pirouette *f*.
girello [dʒi'rɛllo] *sm* (*di bambino*) chariot *m*; (*taglio di carne*) gîte *m*.
giretto [dʒi'retto] *sm* petit tour *m*.
girevole [dʒi'revole] *agg* tournant(e).
girino [dʒi'rino] *sm* têtard *m*.
giro ['dʒiro] *sm* tour *m*; (*viaggio*) circuit *m*; (*CARTE*) main *f*; (*di denaro, di droga, ambiente*) milieu *m*; (*di amici*) cercle *m*; **fare un ~** faire un tour; **fare il ~ di** faire le tour de; **andare in ~** se promener; **guardarsi in ~** regarder autour de soi; **prendere in ~ qn** (*fig*) se moquer de qn; **a stretto ~ di posta** par retour du courrier; **nel ~ di un mese** en l'espace d'un mois; **essere nel ~** (*fig*: *giornalistico, teatro, politico etc*) avoir ses entrées; (: *di droga, prostituzione etc*) être impliqué(e) dans; **essere fuori dal ~** ne pas *o* plus être dans le coup; ▸ **giro d'affari** (*viaggio*) voyage *m* d'affaires; (*COMM*) chiffre *m* d'affaires; ▸ **giro di parole** détour *m*; ▸ **giro di prova** (*SPORT, AUT*) tour d'essai; ▸ **giro turistico** voyage organisé; ▸ **giro vita** tour de taille.

girocollo [dʒiro'kɔllo] *sm*: **a** ~ ras du cou.
girone [dʒi'rone] *sm* (*SPORT*) tour *m*; ▸ **girone di andata/di ritorno** (*CALCIO*) match *m* aller/retour.
gironzolare [dʒirondzo'lare] *vi* flâner, se balader.
girotondo [dʒiro'tondo] *sm* ronde *f*; **in** ~ en rond.
girovagare [dʒirova'gare] *vi* vagabonder; (*andare a zonzo*) flâner.
girovago, -a, -ghi, -ghe [dʒi'rɔvago] *sm/f* (*vagabondo*) vagabond(e); (*venditore*) marchand(e) ambulant(e); **una compagnia di girovaghi** (*attori*) une compagnie d'acteurs ambulants.
gita ['dʒita] *sf* excursion *f*; **fare una** ~ faire une excursion.
gitano, -a [dʒi'tano] *sm/f* gitan(e).
gitante [dʒi'tante] *sm/f* excursionniste *m/f*.
giù [dʒu] *avv* en bas; (*allontanamento*) làbas; **in** ~ en bas; **venire/andare** ~ descendre; **la mia casa è un po' più in** ~ ma maison est un peu plus bas; **dai 6 anni in** ~ au-dessous de 6 ans; ~ **di lì** (*pressappoco*) à peu près; **correre** ~ **per la strada** dévaler la rue; **cadere** ~ **per le scale** tomber dans les escaliers; **essere** ~ (*fig*: *di morale*) être déprimé(e), ne pas avoir le moral; (: *di salute*) être patraque, ne pas être en forme; ~ **le mani!** bas les pattes!; **quel tipo non mi va** ~ il ne me plaît pas, ce type-là.
giubba ['dʒubba] *sf* crinière *f*.
giubbotto [dʒub'bɔtto] *sm* blouson *m*; ▸ **giubbotto antiproiettile** gilet *m* pareballes.
giubilare [dʒubi'lare] *vi* exulter.
giubilo ['dʒubilo] *sm* jubilation *f*, allégresse *f*.
giudicare [dʒudi'kare] *vt* juger; ~ **qn/qc bello** trouver qn/qch beau.
giudicato [dʒudi'kato] *sm* (*DIR*): **passare in** ~ passer en force de chose jugée.
giudice ['dʒuditʃe] *sm* (*di gara, DIR*) juge *m*; ▸ **giudice conciliatore** juge de paix; ▸ **giudice istruttore** juge d'instruction; ▸ **giudice popolare** juré(e); ▸ **giudice tutelare** juge des tutelles.
giudiziale [dʒudit'tsjale] *agg* judiciaire.
giudiziario, -a [dʒudit'tsjarjo] *agg* judiciaire.
giudizio [dʒu'dittsjo] *sm* (*capacità di valutazione*) jugement *m*; (*opinione*) avis *msg*; (*discernimento*) bon sens *msg*, raison *f*; (*DIR*: *processo*) justice *f*, procès *msg*; (: *verdetto*) jugement, sentence *f*; **aver** ~ avoir du bon sens; **dente del** ~ dent *f* de sagesse; **essere in attesa di** ~ être dans l'attente d'un jugement; **a mio** ~ à mon avis; **citare in** ~ assigner *o* citer en justice; **rinviare a** ~ poursuivre en justice.
giudizioso, -a [dʒudit'tsjoso] *agg* (*persona*) sage; (*risposta, opinione*) judicieux(-euse).
giuggiola ['dʒuddʒola] *sf*: **andare in brodo di giuggiole** (*fam*) être aux anges, boire du petit lait.
giugno ['dʒuɲɲo] *sm* juin *m*; *vedi anche* **luglio**.
giulivo, -a [dʒu'livo] *agg* joyeux(-euse).
giullare [dʒul'lare] *sm* jongleur *m*.
giumenta [dʒu'menta] *sf* jument *f*.
giunco, -chi ['dʒunko] *sm* (*BOT*) jonc *m*.
giungere ['dʒundʒere] *vi*: ~ **(a/in)** (*arrivare*) parvenir (à); (*spingersi fino*): ~ **a** en arriver à ♦ *vt* (*congiungere*) joindre; ~ **in porto/alla meta** (*fig*) toucher *o* parvenir au but; **questo non mi giunge nuovo** je le savais déjà.
giungla ['dʒungla] *sf* (*anche fig*) jungle *f*.
giunsi *etc* ['dʒunsi] *vb vedi* **giungere**.
giunta ['dʒunta] *sf* (*aggiunta*) rallonge *f*; (*AMM*) conseil *m*; **per** ~ en plus; ~ **militare** junte *f* militaire.
giunto, -a ['dʒunto] *pp di* **giungere** ♦ *sm* (*TECN, MECCANICA*) joint *m*.
giuntura [dʒun'tura] *sf* jointure *f*.
giuocare ['dʒwɔ'kare] *vt, vi* = **giocare**.
giuramento [dʒura'mento] *sm* serment *m*; ~ **falso** faux serment.
giurare [dʒu'rare] *vt* jurer ♦ *vi* jurer; (*DIR*) prêter serment; ~ **il falso** se parjurer; **glie'ho giurata** je lui ai juré que je me vengerai.
giurato, -a [dʒu'rato] *agg, sm/f* juré(e).
giuria [dʒu'ria] *sf* jury *m*.
giuridico, -a, -ci, -che [dʒu'ridiko] *agg* juridique.
giurisdizione [dʒurizdit'tsjone] *sf* juridiction *f*.
giurisprudenza [dʒurispru'dɛntsa] *sf* droit *m*.
giurista, -i, -e [dʒu'rista] *sm/f* juriste *m/f*.
giustapporre [dʒustap'porre] *vt* juxtaposer.
giustapposizione [dʒustappozit'tsjone] *sf* juxtaposition *f*.
giustapposto, -a [dʒustap'posto] *pp di* **giustapporre**.
giustificare [dʒustifi'kare] *vt* justifier; **giustificarsi** *vr* se justifier; **giustificarsi (di** *o* **per)** s'excuser (de).
giustificativo, -a [dʒustifika'tivo] *agg* (*AMM*): **nota** *o* **pezza giustificativa** pièce *f* justificative.
giustificazione [dʒustifikat'tsjone] *sf* justification *f*; (*SCOL*) mot *m* d'excuse.
giustizia [dʒus'tittsja] *sf* justice *f*; **fare** ~ rendre justice; **farsi** ~ **(da sé)** se faire justice (à soi-même).
giustiziare [dʒustit'tsjare] *vt* exécuter.
giustiziere [dʒustit'tsjɛre] *sm* justicier *m*;

(*esecutore*) bourreau *m*.
giusto, -a ['dʒusto] *agg* (*equo, vero*) juste; (*adatto*: *momento*) bon(ne); (*preciso*: *misura, prezzo, peso, ora*) exact(e); (: *bilancia*) précis(e) ♦ *avv* (*esattamente*) juste; (*per l'appunto, appena*) justement; **arrivare ~** arriver à point (nommé); **ho ~ bisogno di te** j'ai justement besoin de toi.
glabro, -a ['glabro] *agg* glabre.
glaciale [gla'tʃale] *agg* (*anche fig*) glacial(e).
gladiolo [gla'diolo] *sm* glaïeul *m*.
glandola ['glandola] *sf* = **ghiandola**.
glassa ['glassa] *sf* (*CUC*) glace *f*.
glaucoma [glau'kɔma] *sm* glaucome *m*.
gli [ʎi] (*dav V, s impura, gn, pn, ps, x, z*) *art mpl* les ♦ *pron* (*a lui, esso*) lui; (*in coppia con lo, la, li, le, ne: a lui etc*) **gliele do** je les lui donne; **gliene ho parlato** je lui en ai parlé; *vedi anche* **il**.
glicemia [glitʃe'mia] *sf* glycémie *f*.
glicerina [glitʃe'rina] *sf* glycérine *f*.
glicine ['glitʃine] *sm* glycine *f*.
gliela *etc* ['ʎela] *vedi* **gli**.
globale [glo'bale] *agg* global(e).
globo ['glɔbo] *sm* globe *m*.
globulo ['glɔbulo] *sm* (*ANAT*): **~ rosso/bianco** globule *m* rouge/blanc.
gloria ['glɔrja] *sf* gloire *f*; **farsi ~ di** se faire gloire de.
gloriarsi [glo'rjarsi] *vip*: **~ di** se glorifier de.
glorificare [glorifi'kare] *vt* glorifier.
glorioso, -a [glo'rjoso] *agg* glorieux(-euse).
glossario [glos'sarjo] *sm* glossaire *m*.
glucosio [glu'kɔzjo] *sm* glucose *m*.
gluteo ['gluteo] *sm* fessier *m*; **glutei** *smpl* fesses *fpl*.
GM *abbr* (= *genio militare*) GM.
gnocchi ['ɲɔkki] *smpl* (*CUC*) gnocchis *mpl*.
gnomo ['ɲɔmo] *sm* gnome *m*.
gnorri ['ɲɔrri] *sm/f inv*: **fare lo ~** faire l'innocent.
GO *sigla* = *Gorizia*.
goal ['goul] *sm inv* (*SPORT*) but *m*.
gobba ['gɔbba] *sf* bosse *f*.
gobbo, -a ['gɔbbo] *agg* bossu(e); (*ricurvo*: *schiena, persona*) voûté(e); (: *vecchio*) courbé(e) ♦ *sm/f* bossu(e).
Gobi ['gɔbi] *smpl*: **il Deserto dei ~** le Désert de Gobi.
goccia, -ce ['gottʃa] *sf* goutte *f*; **somigliarsi come due gocce d'acqua** se ressembler comme deux gouttes d'eau; **è la ~ che fa traboccare il vaso!** c'est la goutte d'eau qui fait déborder le vase!; ▶ **goccia di rugiada** goutte de rosée.
goccio ['gottʃo] *sm* goutte *f*.
gocciolare [gottʃo'lare] *vi* (*uscire a gocce*) couler goutte à goutte; (*versare a gocce*) verser goutte à goutte.
gocciolio [gottʃo'lio] *sm* égouttement *m* (continu).
godere [go'dere] *vi*: **~ (di)** jouir (de); (*compiacersi*) se réjouir (de), être heureux(-euse) (de); (*trarre vantaggio da*) bénéficier (de) ♦ *vt* jouir de; **~ il fresco** profiter de l'air frais; **godersi la vita** se donner du bon temps; **godersela** s'amuser.
godimento [godi'mento] *sm* plaisir *m*; (*DIR*) jouissance *f*.
godrò *etc* [go'drɔ] *vb vedi* **godere**.
goffaggine [gof'faddʒine] *sf* gaucherie *f*.
goffo, -a ['gɔffo] *agg* (*persona*) gauche; (: *timido*) emprunté(e).
gogna ['goɲɲa] *sf* carcan *m*.
gol [gɔl] *sm inv* = **goal**.
gola ['gola] *sf* (*ANAT, di monte*) gorge *f*; (*golosità*) gourmandise *f*; (*di camino*) tuyau *m*; **a piena ~** (*cantare, gridare*) à pleine gorge; **fare ~** (*pietanza, prospettiva*) faire envie; **prendere qn per la ~** (*fig*: *con cibo*) séduire qn en lui faisant des petits plats; (: *costringere*) prendre qn à la gorge.
goletta [go'letta] *sf* (*NAUT*) goélette *f*.
golf [gɔlf] *sm inv* (*SPORT*) golf *m*; (*maglia*) pull-over *m*.
golfo ['golfo] *sm* golfe *m*; **la guerra del G~** la guerre du Golfe.
goliardico, -a, -ci, -che [go'ljardiko] *agg* d'étudiant(e), estudiantin(e).
goloso, -a [go'loso] *agg* gourmand(e).
golpe ['golpe] *sm inv* (*POL*) coup *m* d'État (militaire), putsch *m*.
gomitata [gomi'tata] *sf*: **dare una ~ a** donner un coup de coude à; **farsi avanti a (forza** *o* **furia di) gomitate** jouer des coudes; **fare a gomitate per qc** se battre pour qch.
gomito ['gomito] *sm* coude *m*; (*di strada*) tournant *m*; **alzare il ~** (*fig*) lever le coude; **curva a ~** virage *m* en épingle à cheveux.
gomitolo [go'mitolo] *sm* pelote *f*.
gomma ['gomma] *sf* caoutchouc *m*; (*per cancellare*) gomme *f*; (*di veicolo*) pneu *m*; **trasporto su ~** transport *m* routier; ▶ **gomma americana** (*da masticare*) chewing-gum *m*.
gommapiuma ® [gomma'pjuma] *sf* caoutchouc *m* mousse.
gommino [gom'mino] *sm* (*per tappare, fermare*) bouchon *m* en caoutchouc.
gommista, -i, -e [gom'mista] *sm/f* vendeur(-euse) et réparateur(-trice) de pneus.
gommone [gom'mone] *sm* canot *m* pneumatique.
gommoso, -a [gom'moso] *agg* caoutchouteux(-euse); (*caramella*) mou(molle).

gondola ['gondola] *sf* gondole *f*.
gondoliere [gondo'ljɛre] *sm* gondolier *m*.
gonfalone [gonfa'lone] *sm* étendard *m*.
gonfiare [gon'fjare] *vt* (*pallone, vele*) gonfler; (*fiume, fig*: *notizia etc*) gonfler, grossir; (*sogg*: *cibi*) gonfler l'estomac à, ballonner; **gonfiarsi** *vip* se gonfler; (*mano*) enfler; (*viso*) se bouffir.
gonfio, -a ['gonfjo] *agg* (*pallone, vela*) gonflé(e); (*fiume*) gonflé(e), grossi(e); (*stomaco*) ballonné(e); (*mano*) enflé(e); (*viso*) bouffi(e); **occhi gonfi di pianto** yeux gonflés de larmes; ~ **di orgoglio** gonflé(e) *o* bouffi(e) d'orgueil; **avere il portafoglio** ~ avoir un portefeuille bien garni.
gonfiore [gon'fjore] *sm* (*ai piedi*) enflure *f*; (*allo stomaco*) ballonnement *m*.
gongolare [gongo'lare] *vi*: ~ **(di gioia)** jubiler.
gonna ['gonna] *sf* jupe *f*; ~ **pantalone** jupe-culotte *f*.
gonzo ['gondzo] *sm* nigaud(e), niais(e).
gorgheggiare [gorged'dʒare] *vi* (*MUS*) faire des roulades; (*uccello*) gazouiller.
gorgheggio [gor'geddʒo] *sm* (*vedi vb*) roulades *fpl*; gazouillement *m*.
gorgo, -ghi ['gorgo] *sm* (*di fiume*: *cavità*) gouffre *m*; (: *mulinello*) tourbillon *m*.
gorgogliare [gorgoʎ'ʎare] *vi* (*acqua*) gargouiller; (*gas*) barboter.
gorgoglio [gorgoʎ'ʎio] *sm* gargouillement *m*, gargouillis *msg*.
gorilla [go'rilla] *sm inv* (*anche guardia del corpo*) gorille *m*.
gotico, -a, -ci, -che ['gɔtiko] *agg, sm* gothique *m*.
gotta ['gotta] *sf* goutte *f*.
governante [gover'nante] *sm/f* dirigeant(e) ♦ *sf* (*di bambini*) nurse *f*, gouvernante *f*; **i governanti** les gouvernants *mpl*.
governare [gover'nare] *vt* (*stato*) gouverner; (*azienda*) diriger; (*pilotare, guidare*) piloter; (*bestiame*) soigner.
governativo, -a [governa'tivo] *agg* gouvernemental(e).
governatore [governa'tore] *sm* gouverneur *m*.
governo [go'vɛrno] *sm* gouvernement *m*.
gozzo ['gottso] *sm* (*ZOOL*) jabot *m*; (*MED*) goitre *m*; (*fam*: *fig*) panse *f*; **avere qc sul** ~ (*fig*) avoir qch sur l'estomac.
gozzovigliare [gottsoviʎ'ʎare] *vi* faire la bringue *o* la fête.
gpm *abbr* (= *giri per minuto*) t/mn.
GR *sigla* = *Grosseto* ♦ *sigla m* (= *giornale radio*) (les) informations.
gracchiare [grak'kjare] *vi* (*corvo*) croasser; (*gazza, anche fig*: *persona*) jacasser.
gracidare [gratʃi'dare] *vi* coasser.
gracidio, -ii [gratʃi'dio] *sm* coassement *m*.
gracile ['gratʃile] *agg* frêle, grêle, fluet(te).
gradasso [gra'dasso] *sm* (*spaccone*) fanfaron *m*.
gradatamente [gradata'mente] *avv* graduellement.
gradazione [gradat'tsjone] *sf* nuance *f*; ~ **alcolica** degré *m* d'alcool.
gradevole [gra'devole] *agg* agréable.
gradimento [gradi'mento] *sm* goût *m*; **è di suo ~?** est-ce à votre goût?; **indice di** ~ (*RADIO, TV*) indice *m* d'écoute; **a basso/alto** ~ (*RADIO, TV*) de faible/grande écoute.
gradinata [gradi'nata] *sf* escalier *m*; (*di stadio, teatro*) gradins *mpl*.
gradino [gra'dino] *sm* marche *f*.
gradire [gra'dire] *vt* (*accettare con piacere*) apprécier; (*desiderare*) aimer; **gradisce una tazza di tè?** désirez-vous une tasse de thé?
gradito, -a [gra'dito] *agg* apprécié(e), agréable.
grado ['grado] *sm* (*MAT, FIS etc*) degré *m*; (*MIL, carriera*) grade *m*; (*sociale*) rang *m*; **essere in** ~ **di fare qc** être à même *o* en mesure de faire qch; **di buon** ~ de bon gré; **per gradi** par paliers *o* étapes; **cugino di primo/secondo** ~ cousin *m* au premier/deuxième degré; **subire il terzo** ~ (*anche fig*) subir un interrogatoire; **essere al** ~ **più alto della carriera** être à l'échelon le plus haut de sa carrière; **aumentare di** ~ monter en grade.
graduale [gradu'ale] *agg* graduel(le).
graduare [gradu'are] *vt* graduer.
graduato, -a [gradu'ato] *agg* gradué(e) ♦ *sm* (*MIL*) gradé *m*.
graduatoria [gradua'tɔrja] *sf* (*di concorso*) classement *m*; (*SPORT*) classement; (*per promozione*) tableau *m* d'avancement; **essere il primo in** ~ être le premier au classement.
graffa ['graffa] *sf* (*gancio*) agrafe *f*; (*segno grafico*) accolade *f*.
graffetta [graf'fetta] *sf* collier *m*.
graffiare [graf'fjare] *vt* égratigner; (*con unghie*) griffer; (*su vernice, muro*) égratigner, érafler; **graffiarsi** *vr* s'égratigner; (*con unghie*) se griffer.
graffiatura [graffja'tura] *sf* (*con unghie*) griffure *f*; (*ferita*) égratignure *f*; (*su vernice, superficie*) éraflure *f*, égratignure *f*.
graffio ['graffjo] *sm* (*vedi vt*) égratignure *f*; griffure *f*; égratignure, éraflure *f*; **è solo un** ~ ce n'est qu'une petite égratignure.
graffiti [graf'fiti] *smpl* graffiti *mpl*.
grafia [gra'fia] *sf* graphie *f*; (*scrittura*) écriture *f*.
grafica ['grafika] *sf* arts *mpl* graphiques.
grafico, -a, -ci, -che ['grafiko] *agg* graphique ♦ *sm* (*disegno*) graphique *m*; (*persona*) graphiste *m/f*; ~ **a torta** (graphique

de type) "camembert" *m*.
gramigna [gra'miɲɲa] *sf* chiendent *m*.
grammatica, -che [gram'matika] *sf* grammaire *f*.
grammaticale [grammati'kale] *agg* grammatical(e).
grammo ['grammo] *sm* gramme *m*.
grammofono [gram'mɔfono] *sm* phonographe *m*.
gramo, -a ['gramo] *agg* misérable.
gran [gran] *agg vedi* **grande**.
grana ['grana] *sf* (*di minerali*) grain *m*; (*fig*: *seccatura*) ennui *m*, histoire *f*; (: *soldi*) fric *m*, pognon *m* ♦ *sm inv* (*formaggio*) ≈ parmesan *m*.
Granada [gra'nada] *sf* Grenade *f*.
granaglie [gra'naʎʎe] *sfpl* grain *msg*, grains *mpl*.
granaio [gra'najo] *sm* grenier *m*, grange *f*.
granata [gra'nata] *sf* (*arma*) obus *msg*; (: *STORIA, BOT*) grenade *f*; (*pietra preziosa*) grenat *m*.
granatiere [grana'tjɛre] *sm* (*MIL, anche fig*) grenadier *m*.
Gran Bretagna [granbre'taɲɲa] *sf* Grande Bretagne *f*.
grancassa [gran'kassa] *sf* (*MUS*) grosse caisse *f*.
granchio ['grankjo] *sm* crabe *m*; **prendere un ~** (*fig*) commettre une bévue.
grandangolare [grandango'lare] *sm* grand-angulaire *m*.
grandangolo [gran'dangolo] *sm* (objectif *m*) grand angle *m*.
grande ['grande] (*a volte* **gran** + *C*, **grand'** + *V*) *agg* grand(e); (*pioggia*) gros(grosse); (*bevitore*) grand(e), gros(grosse); (*bugiardo, fumatore*) gros(grosse) ♦ *sm/f* (*persona adulta*) grande personne *f*, adulte *m/f*; (*persona importante*) grand(e); **mio fratello più ~** mon frère aîné; **il gran pubblico** le grand public; **di gran classe** (*prodotto*) haut de gamme; **una gran bella donna** une très belle femme; **non è un gran che** *o* **una gran cosa** ce n'est pas fameux, ce n'est pas terrible; **non ne so gran che** je ne sais pas grand-chose à ce sujet; **cosa farai da ~?** qu'est-ce que tu feras quand tu seras grand?; **fare le cose in ~** faire les choses en grand, faire grand; **fare il ~** (*strafare*) jouer les grands seigneurs.
grandeggiare [granded'dʒare] *vi* (*torre, edificio*): **~ su** dominer; (*darsi arie*) prendre de grands airs.
grandezza [gran'dettsa] *sf* (*anche fig*) grandeur *f*; **in ~ naturale** grandeur nature; **manie di ~** folie *fsg* des grandeurs.
grandinare [grandi'nare] *vb impers* grêler.
grandine ['grandine] *sf* grêle *f*.
grandioso, -a [gran'djoso] *agg* grandiose.
granduca, -chi [gran'duka] *sm* grand-duc *m*.
granducato [grandu'kato] *sm* grand-duché *m*.
granduchessa [grandu'kessa] *sf* grande-duchesse *f*.
granello [gra'nɛllo] *sm* (*di sabbia, pepe, cereali*) grain *m*; (*di frutta*: *seme*) pépin *m*.
granita [gra'nita] *sf* granité *m*.
granito [gra'nito] *sm* granit *m*.
grano ['grano] *sm* (*BOT*) blé *m*; (*chicco, di rosario*) grain *m*; (*di collana*) perle *f*; ▶ **grano di pepe** grain de poivre.
granturco [gran'turko] *sm* maïs *msg*.
granulo ['granulo] *sm* granule *m*.
grappa ['grappa] *sf* eau-de-vie *f*, marc *m*.
grappolo ['grappolo] *sm* grappe *f*.
graspo ['graspo] *sm* grappe *f*.
grassetto [gras'setto] *sm* (*TIP*) (caractère *m*) gras *m*.
grasso, -a ['grasso] *agg* gras(grasse); (*persona*) gras(grasse), gros(grosse); (*fig*: *annata*) bon(ne); (: *volgare*) paillard(e), grossier(-ière) ♦ *sm* graisse *f*; **grassi animali/vegetali** graisses animales/végétales; **farsi grasse risate** rire comme des fous.
grassoccio, -a, -ci, -ce [gras'sɔttʃo] *agg* (*persona*) grassouillet(te), rondelet(te); (*mani*) potelé(e).
grassone, -a [gras'sone] *sm/f* (*fam*: *persona*) gros lard *m*, gros plein *m* de soupe.
grata ['grata] *sf* grille *f*.
graticcio [gra'tittʃo] *sm* (*stuoia*) claie *f*.
graticola [gra'tikola] *sf* (*CUC*) gril *m*; (*grata*) grille *f*.
gratifica, -che [gra'tifika] *sf* gratification *f*; ▶ **gratifica natalizia** étrennes *fpl*.
gratificazione [gratifikat'tsjone] *sf* gratification *f*.
gratinare [grati'nare] *vt* (*CUC*) gratiner.
gratis ['gratis] *avv* gratis.
gratitudine [grati'tudine] *sf* gratitude *f*.
grato, -a ['grato] *agg* (*riconoscente*) reconnaissant(e); (*gradito*) apprécié(e).
grattacapo [gratta'kapo] *sm* tracas *msg*, ennui *m*.
grattacielo [gratta'tʃɛlo] *sm* gratte-ciel *m inv*.
grattare [grat'tare] *vt* (*pelle*) gratter; (*raschiare*) gratter, racler; (*pane, formaggio, carote*) râper; (*fam*: *rubare*) faucher, piquer ♦ *vi* (*disco*) frotter; (*AUT*) faire grincer les vitesses; **grattarsi** *vr* se gratter; **grattarsi la pancia** (*fig*) se tourner les pouces.
grattata [grat'tata] *sf* grattement *m*; (*AUT*) grincement *m* des vitesses.
grattugia, -gie [grat'tudʒa] *sf* râpe *f*.
grattugiare [grattu'dʒare] *vt* râper; **pane grattugiato** chapelure *f*.
gratuità [gratui'ta] *sf* (*fig*) gratuité *f*.

gratuito, -a [gra'tuito] *agg* (*anche fig*) gratuit(e).
gravame [gra'vame] *sm* (*anche fig*) poids *msg*, charge *f*.
gravare [gra'vare] *vt* charger, surcharger; ~ **di** (*persona*) accabler de, écraser de; ♦ *vi*: ~ **(su)** (*su persona*) peser (sur), reposer (sur); (*su economia, bilancio*) grever.
grave ['grave] *agg* (*suono, errore, contegno, accento*) grave; (*pericolo*) grand(e); (*responsabilità*) lourd(e), gros(grosse) ♦ *sm* (*FIS*) corps *msg*; **un malato** ~ un grand malade.
gravemente [grave'mente] *avv* gravement.
gravidanza [gravi'dantsa] *sf* grossesse *f*.
gravido, -a ['gravido] *agg* (*animale*) plein(e); (*persona*) enceinte.
gravità [gravi'ta] *sf* gravité *f*; **forza di** ~ force *f* de gravité.
gravitare [gravi'tare] *vi*: ~ **(intorno a)** graviter (autour de).
gravoso, -a [gra'voso] *agg* lourd(e).
grazia ['grattsja] *sf* (*anche DIR*) grâce *f*; (*favore*) gentillesse *f*, plaisir *m*; **di** ~ (*iron*) de grâce; **troppa** ~! (*iron*) c'est trop!; **quanta** ~ **di Dio!** quelle abondance!; **entrare nelle grazie di qn** rentrer dans les bonnes grâces de qn; **Ministero di G~ e Giustizia** ministère *m* de la Justice.
graziare [grat'tsjare] *vt* (*DIR*) gracier.
grazie ['grattsje] *escl* merci!; ~ **mille!/tante!/infinite!** merci mille fois!/beaucoup!/infiniment!
grazioso, -a [grat'tsjoso] *agg* (*persona*) mignon(ne); (*abito*) joli(e).
Grecia ['grɛtʃa] *sf* Grèce *f*.
greco, -a, -ci, -che ['grɛko] *agg* grec(grecque) ♦ *sm/f* Grec(Grecque) ♦ *sm* grec *m*.
gregge, -i ['greddʒe] *sm* troupeau *m*.
greggio, -a, -gi, -ge ['greddʒo] *agg* (*materia*) brut(e); (*tessuto*) brut(e), cru(e); (*fig*: *ingegno*) (à l'état) brut(e) ♦ *sm* (*anche*: **petrolio** ~) pétrole *m* brut.
grembiule [grem'bjule] *sm* tablier *m*; (*sopravveste, di commessa*) blouse *f*; (*di bambino*) tablier.
grembo ['grɛmbo] *sm* giron *m*; (*di madre*) sein *m*.
gremito, -a [gre'mito] *agg*: ~ **(di)** plein(e) (de).
greto ['greto] *sm* grève *f*.
gretto, -a ['gretto] *agg* avare, pingre; (*fig*) mesquin(e).
greve ['grɛve] *agg* lourd(e).
grezzo, -a ['greddzo] *agg* = **greggio**.
gridare [gri'dare] *vi, vt* crier; ~ **aiuto** crier au secours.
grido ['grido] (*pl(m)* **-i**, *pl(f)* **-a**) *sm* cri *m*; **di** ~ en renom; **all'ultimo** ~ du dernier cri.
grigio, -a, -gi, -gie ['gridʒo] *agg* (*anche fig*) gris(e) ♦ *sm* gris *m*.
griglia ['griʎʎa] *sf* (*per arrostire*) gril *m*; (*ELETTR, inferriata*) grille *f*; **alla** ~ (*CUC*) au gril, grillé(e).
grigliata [griʎ'ʎata] *sf* (*CUC*): ~ **di carne/pesce** grillade *f* de viande/poisson; ~ **mista** (*di carne*) assortiment *m* de viande grillée; (*di pesce*) assortiment de poisson grillé.
grilletto [gril'letto] *sm* gâchette *f*, détente *f*.
grillo ['grillo] *sm* grillon *m*; (*fig*) lubie *f*; **ha dei grilli per la testa** il a des lubies; **gli è saltato il** ~ **di provare** la fantaisie lui a pris d'essayer.
grimaldello [grimal'dɛllo] *sm* rossignol *m*.
grinfia ['grinfja] *sf*: **cadere nelle grinfie di qn** (*fig*) tomber sous la griffe de qn.
grinta ['grinta] *sf* poigne *f*; **avere molta** ~ avoir du punch *o* du mordant; **un atleta di** ~ un athlète déterminé.
grintoso, -a [grin'toso] *agg* fonceur(-euse); **è un tipo** ~ c'est un battant.
grinza ['grintsa] *sf* (*di pelle*) ride *f*; (*di stoffa*) pli *m*; **non fa una** ~ (*fig*: *ragionamento*) cela ne fait pas un pli.
grinzoso, -a [grin'tsoso] *agg* (*pelle*) ridé(e), fripé(e); (*tessuto*) froissé(e).
grippare [grip'pare] *vi* (*TECN*) gripper.
grissino [gris'sino] *sm* (*CUC*) gressin *m*.
groenlandese [groenlan'dese] *agg* groenlandais(e) ♦ *sm/f* Groenlandais(e).
Groenlandia [groen'landja] *sf* Groenland *m*.
gronda ['gronda] *sf* avant-toit *m*.
grondaia [gron'daja] *sf* gouttière *f*, chéneau *m*.
grondante [gron'dante] *agg*: ~ **(di)** ruisselant(e) (de).
grondare [gron'dare] *vi* ruisseler; (*dalla grondaia*) couler ♦ *vt* ruisseler; ~ **di sudore** ruisseler de sueur.
groppa ['grɔppa] *sf* croupe *f*; (*fam*: *di persona*) dos *m*.
groppo ['groppo] *sm* nœud *m*; **avere un** ~ **in gola** avoir une boule dans la gorge.
grossa ['grɔssa] *sf* (*unità di misura*) grosse *f*.
grossezza [gros'settsa] *sf* (*dimensione*) grosseur *f*; (*spessore*) épaisseur *f*.
grossista, -i, -e [gros'sista] *sm/f* (*COMM*) grossiste *m/f*, marchand(e) en gros.
grosso, -a ['grɔsso] *agg* gros(grosse); (*fig*: *dolore, personaggio, nome etc*) grand(e); (: *perdita, rischio, mare*) gros(grosse); (: *errore*) grossier(-ière), gros(grosse) ♦ *sm*: **il** ~ **di** le gros de; **farla grossa** (*fig*) en faire de belles; **dirle grosse** (*fig*) dire des énormités; **questa è grossa!** c'est un peu fort!; **sbagliarsi di** ~ se tromper lourdement; **un pezzo** ~ (*fig*) un gros bonnet;

avere il fiato ~ avoir le souffle court; **dormire della grossa** dormir à poings fermés.

grossolanità [grossolani'ta] *sf* grossièreté *f*.

grossolano, -a [grosso'lano] *agg* grossier(-ière).

grossomodo [grosso'mɔdo] *avv* grosso modo.

grotta ['grɔtta] *sf* grotte *f*.

grottesco, -a, -schi, -sche [grot'tesko] *agg, sm* grotesque *m*.

groviera [gro'vjɛra] *sm o f* gruyère *m*.

groviglio [gro'viʎʎo] *sm* (*di rami*) enchevêtrement *m*; (*di corde*) nœud *m*; (*fig*) embrouillement *m*.

gru [gru] *sf inv* (*ZOOL, TECN*) grue *f*.

gruccia, -ce ['gruttʃa] *sf* (*per camminare*) béquille *f*; (*per abiti*) cintre *m*.

grugnire [gruɲ'ɲire] *vi* grogner.

grugnito [gruɲ'ɲito] *sm* grognement *m*.

grugno ['gruɲɲo] *sm* groin *m*; (*peg*: *fig*: *di persona*: *ceffo*) gueule *f*; **rompere il ~ a qn** casser la gueule à qn.

grullo, -a ['grullo] *agg* niais(e), sot(te).

grumo ['grumo] *sm* (*di sangue*) caillot *m*; (*di farina, vernice*) grumeau *m*.

grumoso, -a [gru'moso] *agg* grumeleux(-euse).

gruppo ['gruppo] *sm* groupe *m*; ▸ **gruppo finanziario** groupe financier; ▸ **gruppo parlamentare** groupe parlementaire; ▸ **gruppo sanguigno** groupe sanguin.

gruviera [gru'vjɛra] *sm o f* = **groviera**.

gruzzolo ['gruttsolo] *sm* (*di denaro*) magot *m*, bas *msg* de laine.

GT [dzhi'ti] *abbr, agg* (*AUT* = *gran turismo*) GT.

G.U. *abbr* (= *Gazzetta Ufficiale*) JO *m*.

guadagnare [gwadaɲ'ɲare] *vt* gagner; **tanto di guadagnato**! c'est toujours cela de gagné!

guadagno [gwa'daɲɲo] *sm* gain *m*; (*COMM*) gain, bénéfice *m*; (*fig*) bénéfice, profit *m*; ▸ **guadagno lordo/netto** bénéfice brut/net.

guadare [gwa'dare] *vt* passer à gué.

guado ['gwado] *sm* gué *m*; **passare a** ~ passer à gué.

guai ['gwai] *escl*: ~ **a te/a lui**! gare à toi/à lui!

guaina [gwa'ina] *sf* (*fodero*) fourreau *m*; (*indumento per donna*) gaine *f*.

guaio ['gwajo] *sm* ennui *m*, embêtement *m*; **trovarsi in un brutto** ~ être dans une sale situation; **passare un brutto** ~ avoir un sale ennui *o* embêtement.

guaire [gwa'ire] *vi* couiner, japper.

guaito [gwa'ito] *sm* couinement *m*, jappement *m*.

guancia, -ce ['gwantʃa] *sf* joue *f*; (*di animale macellato*) bajoue *f*.

guanciale [gwan'tʃale] *sm* oreiller *m*; **dormire fra due guanciali** (*fig*) dormir sur ses deux oreilles.

guanto ['gwanto] *sm* gant *m*; **trattare qn con i guanti** (*fig*) prendre des gants avec qn; **gettare il** ~ (*fig*) jeter le gant.

guantone [gwan'tone] *sm* gant *m*.

guarda... ['gwarda] *pref* garde-.

guardaboschi [gwarda'bɔski] *sm inv* garde *m* forestier.

guardacaccia [gwarda'kattʃa] *sm inv* garde-chasse *m*.

guardacoste [gwarda'kɔste] *sm inv* garde-côte *m*.

guardalinee [gwarda'linee] *sm inv* (*SPORT*) juge *m* de touche.

guardamacchine [gwarda'makkine] *sm/f inv* gardien(ne) de parking.

guardare [gwar'dare] *vt* regarder; (*custodire*: *casa, bambini*) garder; (*proteggere*: *persona*) protéger; (: *la salute*) préserver ♦ *vi* (*badare*: *a spese, rischio*): ~ **a** faire attention à; (*essere rivolto*): ~ **a** regarder vers, se tourner vers; **guardarsi** *vr* se regarder; ~ **su** (*su mare, piazza*) donner sur; ~ **di fare qc** tâcher de faire qch; **guardarsi da** (*astenersi*) se garder de; (*stare in guardia*) prendre garde à; **guardarsi dal fare qc** se garder de faire qch; **ma guarda un po'**! regarde-moi ça!; **e guarda caso** ... et comme par hasard ...; ~ **qn dall'alto in basso** regarder qn de haut en bas; **non** ~ **in faccia a nessuno** (*fig*) agir sans scrupules; ~ **di traverso** regarder de travers; ~ **a vista qn** garder qn à vue; **guarda di non sbagliare**! tâche de ne pas te tromper!

guardaroba [gwarda'rɔba] *sm inv* penderie *f*; (*stanza, in teatro*) vestiaire *m*; (*insieme degli abiti*) garde-robe *f*.

guardarobiere, -a [gwardaro'bjɛre] *sm/f* préposé(e) au vestiaire ♦ *sf* dame *f* du vestiaire.

guardasigilli [gwardasi'dʒilli] *sm inv* garde *m* des Sceaux.

guardia ['gwardja] *sf* garde *m*; **fare la** ~ monter la garde; **stare in** ~ (*fig*) être *o* se tenir sur ses gardes; **il medico di** ~ le médecin de garde; **il fiume ha raggiunto il livello di** ~ le fleuve a atteint la cote d'alerte; **giocare a** ~ **e ladri** jouer au gendarme et au voleur; ▸ **guardia carceraria** gardien *m* de prison; ▸ **guardia costiera** garde-côte *m*; ▸ **guardia del corpo** garde du corps; ▸ **guardia di finanza** (*corpo*) police *f* fiscale; (*individuo*) agent *m* de la police fiscale; ▸ **guardia di pubblica sicurezza** agent *m* de police; ▸ **guardia forestale** garde forestier; ▸ **guardia giurata** vigile *m*; ▸ **guardia**

medica (*servizio notturno*) service *m* de garde; ▸ **guardia municipale** gardien de la paix; ▸ **guardia notturna** veilleur *m* de nuit.

guardiacaccia [gwardja'kattʃa] *sm inv* = **guardacaccia.**

guardiano, -a [gwar'djano] *sm/f* gardien(ne); ▸ **guardiano dei porci** porcher *m*; ▸ **guardiano notturno** veilleur *m* de nuit.

guardiasigilli [gwardasi'dʒilli] *sm inv* garde *m* des Sceaux.

guardina [gwar'dina] *sf* poste *m* de police.

guardingo, -a, -ghi, -ghe [gwar'dingo] *agg* prudent(e), circonspect(e).

guardiola [gwar'djɔla] *sf* loge *f*; (*MIL*) guérite *f*.

guarigione [gwari'dʒone] *sf* guérison *f*, rétablissement *m*; **auguri di pronta ~!** tous mes vœux pour un prompt rétablissement!

guarire [gwa'rire] *vt, vi* guérir.

guarnigione [gwarni'dʒone] *sf* garnison *f*.

guarnire [gwar'nire] *vt* garnir.

guarnizione [gwarnit'tsjone] *sf* garniture *f*; (*TECN*) joint *m*.

guastafeste [gwasta'fɛste] *sm/f inv* trouble-fête *m/f inv*, rabat-joie *m inv*.

guastare [gwas'tare] *vt* (*raccolto*) endommager; (*meccanismo*) détraquer, dérégler; (*motore*) détraquer; (*cibo*) gâter; (*tempo*) se gâter; (*rapporto*) gâcher; **guastarsi** *vip* (*cibo, tempo, rapporto*) se gâter; (*meccanismo, motore*) tomber en panne, se détraquer.

guasto, -a ['gwasto] *agg* (*motore, macchina, telefono*) en panne; (*cibo*) abîmé(e), gâté(e); (*dente*) gâté(e); (*fig*: *corrotto*) corrompu(e), détraqué(e) ♦ *sm* panne *f*; "~" "en panne".

Guatemala [gwate'mala] *sm* Guatemala *m*.

guatemalteco, -a, -ci, -che [gwatemal'tɛko] *agg* guatémaltèque ♦ *sm/f* Guatémaltèque *m/f*.

guazzabuglio [gwattsa'buʎʎo] *sm* fouillis *msg*, méli-mélo *m*.

guercio, -a, -ci, -ce ['gwertʃo] *agg* qui louche.

guerra ['gwɛrra] *sf* guerre *f*; **fare la ~ (a)** faire la guerre (à); ▸ **guerra lampo** guerre éclair; ▸ **guerra mondiale** guerre mondiale.

guerrafondaio [gwerrafon'dajo] *sm* belliciste *m*.

guerreggiare [gwerred'dʒare] *vi* faire la guerre.

guerresco, -a, -schi, -sche [gwer'resko] *agg* de guerre; (*incline alla guerra*) guerrier(-ière), belliqueux(-euse).

guerriero, -a [gwer'rjɛro] *agg, sm/f* guerrier(-ière).

guerriglia [gwer'riʎʎa] *sf* guérilla *f*.

guerrigliero, -a [gwerriʎ'ʎɛro] *sm/f* guérillero *m/f*.

gufo ['gufo] *sm* hibou *m*.

guglia ['guʎʎa] *sf* (*ARCHIT*) flèche *f*; (*di roccia*) aiguille *f*.

Guiana [gu'jana] *sf*: **la ~ Francese** la Guyane française.

guida ['gwida] *sf* (*capo, libro per turisti*) guide *m*; (*manuale*) manuel *m*; (*direzione*: *di azienda, paese, gruppo*) direction *f*; (*AUT*: *azione*) conduite *f*; (: *insieme di strumenti*) direction; (*tappeto*) tapis *msg*, chemin *m* d'escalier; (*di cassetto, tenda*) glissière *f*, coulisse *f*; **essere alla ~ di** être à la tête de; **far da ~ a qn** (*mostrare la strada*) montrer le chemin à qn; (*in una città*) servir de guide à qn; ▸ **guida a destra/a sinistra** (*AUT*) conduite à droite/à gauche; ▸ **guida alpina** guide de montagne; ▸ **guida telefonica** annuaire *m* du téléphone; ▸ **guida turistica** guide touristique.

guidare [gwi'dare] *vt* (*gruppo, persona, ospite*) guider, conduire; (*esercito, partito, paese, ribelli*) diriger; (*automobile, barca, aereo, nave*) conduire; (*classifica*) être en tête de; **sai ~?** tu sais conduire?

guidatore, -trice [gwida'tore] *sm/f* conducteur(-trice).

Guinea [gwi'nɛa] *sf*: **la Repubblica di ~** la république de Guinée; **la ~ Equatoriale** la Guinée équatoriale.

guinzaglio [gwin'tsaʎʎo] *sm* laisse *f*; **tenere al ~** (*anche fig*) tenir en laisse.

guisa ['gwisa] *sf*: **a ~ di** en guise de.

guizzare [gwit'tsare] *vi* (*pesce*) frétiller; (*fiamma*) vaciller; **~ via** (*fuggire*) filer.

guizzo ['gwittso] *sm* (*di pesce*) frétillement *m*; (*di fiamme*) vacillement *m*; (*di fulmine*) zig-zag *m*.

guru ['guru] *sm inv* (*anche fig*) gourou *m*.

guscio, -sci ['guʃʃo] *sm* coquille *f*; (*di rettili*) carapace *f*.

gustare [gus'tare] *vt* (*assaggiare, anche fig*: *film, scena etc*) goûter; (*assaporare*: *cibi*) savourer, déguster ♦ *vi*: **~ a** plaire à; **non mi gusta affatto** cela ne me plaît pas du tout.

gustativo, -a [gusta'tivo] *agg*: **papille gustative** papilles *fpl* gustatives.

gusto ['gusto] *sm* goût *m*; (*godimento, soddisfazione*) plaisir *m*; (*di gelato*) parfum *m*; **al ~ di fragola** à la fraise; **di ~ barocco** de style baroque; **mangiare di ~** manger de bon cœur; **prenderci ~** y prendre goût.

gustoso, -a [gus'toso] *agg* (*cibo*) savoureux(-euse); (*fig*: *scenetta, libro*) savoureux(-euse); (: *compagnia*) plaisant(e).

gutturale [guttu'rale] *agg* guttural(e).

Guyana [gu'jana] *sf* Guyane *f*.

H, h

H, h ['akka] *sf o m inv* (*lettera*) H, h *m inv*; ~ **come hotel** ≈ H comme Henri.

H, h *abbr* (= *ora*) h; (= *etto*) hg; (= *altezza*) h; (= *idrogeno*) H.

ha, hai [a, ai] *vb vedi* **avere**.

ha *abbr* (= *ettaro*) ha.

Haiti [a'iti] *sf* Haïti *m*.

haitiano, -a [ai'tjano] *agg* haïtien(ne) ♦ *sm/f* Haïtien(ne).

hall [hɔːl] *sf inv* (*di hotel*) hall *m*.

handicap ['hændikap] *sm inv* (*MED, SPORT*) handicap *m*.

handicappato, -a [andikap'pato] *agg, sm/f* handicapé(e).

hanno ['anno] *vb vedi* **avere**.

hascisc [aʃ'ʃiʃ] *sm* haschisch *m*, hachisch *m*, haschich *m*.

hawaiano, -a [ava'jano] *agg* hawaïen(ne) ♦ *sm/f* Hawaïen(ne).

Hawaii [ə'waːiː] *sfpl*: **le** ~ les (îles *fpl*) Hawaï *o* Hawaii *m*.

Helsinki ['ɛlsinki] *sf* Helsinki.

herpes ['ɛrpes] *sm* (*MED*) herpès *m*; ▸**herpes zoster** zona *m*.

hg *abbr* (= *ettogrammo*) hg.

hi-fi ['haifai] *sm inv* hi-fi *f* ♦ *agg inv* hi-fi *inv*.

Himalaia [ima'laja] *sm* Himalaya *m*.

hl *abbr* (= *ettolitro*) hl.

ho [ɔ] *vb vedi* **avere**.

hobby ['hɔbi] *sm inv* hobby *m*.

hockey ['hɔki] *sm* hockey *m*; ▸**hockey su ghiaccio** hockey sur glace.

holding ['houldiŋ] *sf inv* holding *m*.

Honduras [on'duras] *sm* Honduras *m*; **le** ~ **britanniche** Belize *m* (*l'ex Honduras britannique*).

Hong Kong [ong'kɔng] *sf* Hong Kong *f*.

Honolulu [ono'lulu] *sf* Honolulu.

hostess ['houstis] *sf inv* hôtesse *f* (de l'air).

hotel [o'tɛl] *sm inv* hôtel *m*.

Hz *abbr* (= *hertz*) Hz.

I, i

I, i [i] *sf o m inv* (*lettera*) I, i *m inv*; ~ **lungo** j *m*; ~ **come Imola** ≈ I comme Irma.

i [i] *art mpl* les; *vedi anche* **il**.

IACP [iatʃi'pi] *sigla m* (= *Istituto Autonomo per le Case Popolari*) association des habitations à loyer modéré.

iato [i'ato] *sm* hiatus *msg*.

iberico, -a, -ci, -che [i'bɛriko] *agg* ibérique; **la Penisola Iberica** la péninsule ibérique.

ibernare [iber'nare] *vi* hiberner.

ibernazione [ibernat'tsjone] *sf* hibernation *f*.

ibid. *abbr* (= *ibidem*) ibid.

ibrido, -a ['ibrido] *agg, sm* hybride *m*.

ICE ['itʃe] *sigla m* = *Istituto nazionale per il Commercio Estero*.

icona [i'kɔna] *sf* icône *f*.

id *abbr* (= *idem*) id.

Iddio [id'dio] *sm* Dieu *m*.

idea [i'dɛa] *sf* idée *f*; (*aspirazione, proposito*) intention *f*; **avere le idee chiare** avoir les idées claires; **cambiare** ~ changer d'avis; **bella** ~! bonne idée!; (*iron*) tu parles d'une idée!; **dare l'**~ **di** (*sembrare*) avoir l'air de; **neanche** *o* **neppure per** ~! jamais de la vie!; **un'**~ **di** (*un po'*) un soupçon de; ▸**idea fissa** idée fixe; ▸**idee politiche** idées politiques.

ideale [ide'ale] *agg* idéal(e) ♦ *sm* idéal *m*.

idealismo [idea'lizmo] *sm* idéalisme *m*.

idealista, -i, -e [idea'lista] *sm/f* idéaliste *m/f*.

idealistico, -a, -ci, -che [idea'listiko] *agg* idéaliste.

idealizzare [idealid'dzare] *vt* idéaliser.

ideare [ide'are] *vt* (*progetto*) concevoir; (*poesia*) créer.

ideatore, -trice [idea'tore] *sm/f* auteur *m*, créateur(-trice).

identico, -a, -ci, -che [i'dɛntiko] *agg* identique.

identificare [identifi'kare] *vt* identifier; **identificarsi** *vr*: **identificarsi (con)** s'identifier (à).

identificazione [identifikat'tsjone] *sf* identification *f*.

identità [identi'ta] *sf inv* identité *f*.

ideologia, -gie [ideolo'dʒia] *sf* idéologie *f*.

ideologico, -a, -ci, -che [ideo'lɔdʒiko] *agg* idéologique.
idilliaco, -a, -ci, -che [idil'liako] *agg* = **idillico.**
idillico, -a, -ci, -che [i'dilliko] *agg* idyllique.
idillio [i'dilljo] *sm* idylle *f*; **tra di loro è nato un ~** une idylle est née entre eux.
idioma, -i [i'djɔma] *sm* idiome *m*.
idiomatico, -a, -ci, -che [idjo'matiko] *agg* idiomatique; **frase idiomatica** phrase *f* idiomatique.
idiosincrasia [idjosinkra'zia] *sf* (*MED*) idiosyncrasie *f*; (*fig*: *incompatibilità, avversione*) aversion *f*.
idiota, -i, -e [i'djɔta] *agg, sm/f* (*anche MED*) idiot(e).
idiozia [idjot'tsia] *sf* (*anche MED*) idiotie *f*.
idolatra, -i, -e [ido'latra] *agg, sm/f* idolâtre *m/f*.
idolatrare [idola'trare] *vt* idolâtrer.
idolatria [idola'tria] *sf* idolâtrie *f*.
idolo ['idolo] *sm* (*anche fig*) idole *f*.
idoneità [idonei'ta] *sf* (*vedi agg*) aptitude *f*; **esame di ~** examen *m* d'aptitude.
idoneo, -a [i'dɔneo] *agg* (*anche MIL*): **~ (a)** apte (à).
idrante [i'drante] *sm* bouche *f* d'eau.
idratante [idra'tante] *agg* hydratant(e) ♦ *sm* hydratant *m*.
idratare [idra'tare] *vt* hydrater.
idratazione [idratat'tsjone] *sf* hydratation *f*.
idraulica [i'draulika] *sf* hydraulique *f*.
idraulico, -a, -ci, -che [i'drauliko] *agg* hydraulique ♦ *sm* plombier *m*.
idrico, -a, -ci, -che ['idriko] *agg* hydrique.
idrocarburo [idrokar'buro] *sm* hydrocarbure *m*.
idroelettrico, -a, -ci, -che [idroe'lɛttriko] *agg* hydro-électrique.
idrofilo, -a [i'drɔfilo] *agg* hydrophile.
idrofobia [idrofo'bia] *sf* (*MED*) hydrophobie *f*.
idrofobo, -a [i'drɔfobo] *agg* (*MED*) hydrophobe; (*fig*: *furioso*) enragé(e).
idrogeno [i'drɔdʒeno] *sm* hydrogène *m*.
idroporto [idro'pɔrto] *sm* hydrobase *f*.
idrorepellente [idrorepel'lɛnte] *agg* hydrofuge.
idroscalo [idros'kalo] *sm* hydrobase *f*.
idrovolante [idrovo'lante] *sm* hydravion *m*.
iella ['jɛlla] *sf* guigne *f*, déveine *f*; **avere ~** avoir la guigne; **che ~!** quelle déveine!
iellato, -a [jel'lato] *agg* malchanceux(-euse).
iena ['jɛna] *sf* hyène *f*; (*fig*) chacal *m*.
ieri ['jɛri] *avv* hier; (*tempo passato*) autrefois; **il giornale di ~** le journal d'hier; **~ l'altro** avant-hier; **~ sera** hier soir.
iettatore, -trice [jetta'tore] *sm/f* jeteur(-euse) de sort; **fare lo ~** porter la guigne.
igiene [i'dʒɛne] *sf* hygiène *f*; **norme d'~** règles *fpl* d'hygiène; **ufficio d'~** bureau *m* d'hygiène; ▶ **igiene mentale** hygiène mentale; ▶ **igiene pubblica** hygiène publique.
igienico, -a, -ci, -che [i'dʒɛniko] *agg* hygiénique; (*impianto*) sanitaire; (*fam*: *fig*: *consigliabile*) conseillé(e).
IGM *abbr* (= *Ispettorato Generale della Motorizzazione*) *inspection de la circulation routière*.
ignaro, -a [iɲ'ɲaro] *agg*: **~ (di)** ignorant(e) (de).
ignifugo, -a, -ghi, -ghe [iɲ'ɲifugo] *agg* ignifuge.
ignobile [iɲ'ɲɔbile] *agg* ignoble.
ignominia [iɲɲo'minja] *sf* ignominie *f*; (*fig*: *cosa brutta*) horreur *f*.
ignorante [iɲɲo'rante] *agg* ignorant(e); (*zotico, grezzo*) grossier(-ière).
ignoranza [iɲɲo'rantsa] *sf* ignorance *f*.
ignorare [iɲɲo'rare] *vt* ignorer.
ignoto, -a [iɲ'ɲɔto] *agg* inconnu(e) ♦ *sm* (*ciò che non si sa*): **l'~** l'inconnu *m* ♦ *sm/f* inconnu(e).

PAROLA CHIAVE

il [il] (*pl* **i**) (*diventa* **lo** (*pl* **gli**) *davanti a s impura, gn, pn, ps, x, z; f* **la** (*pl* **le**)) *art* **1** le(la); **il libro/lo studente/l'acqua** le livre/l'étudiant/l'eau; **il coraggio/l'amore** le courage/l'amour; **gli scolari** les élèves; **le automobili** les voitures

2 (*possesso*): **aprire gli occhi** ouvrir les yeux; **rompersi la gamba** se casser la jambe; **avere i capelli neri** avoir les cheveux noirs; **mettiti le scarpe** mets tes chaussures

3 (*tempo*): **il mattino** le matin; **il venerdì** le vendredi; **la settimana prossima** la semaine prochaine

4 (*distributivo*) le(la); **2.500 lire il chilo/il paio** 2 500 lires le kilo/la paire; **110 km l'ora** 110 km à l'heure

5 (*partitivo*) du(de la); **hai messo lo zucchero?** as-tu mis du sucre?; **hai comprato il latte?** as-tu acheté du lait?

6 (*con nomi propri*): **il Petrarca** Pétrarque; **il Presidente Clinton** le Président Clinton; **dov'è la Donatella?** où est Donatella?

7 (*con nomi geografici*): **il Tevere** le Tibre; **l'Italia** l'Italie; **la Sardegna** la Sardaigne; **l'Everest** l'Everest; **le Alpi** les Alpes.

ilare ['ilare] *agg* hilare.
ilarità [ilari'ta] *sf* hilarité *f*.
ill. *abbr* (= *illustrazione*) illustration; (= *illustrato*) ill.
illanguidire [illangwi'dire] *vt* alanguir ♦ *vi* s'alanguir.

illazione [illat'tsjone] *sf* affirmation *f* (gratuite).
illecito, -a [il'letʃito] *agg* illicite ♦ *sm* (*DIR*) délit *m*.
illegale [ille'gale] *agg* illégal(e).
illegalità [illegali'ta] *sf* illégalité *f*.
illeggibile [illed'dʒibile] *agg* illisible.
illegittimità [illedʒittimi'ta] *sf* illégitimité *f*.
illegittimo, -a [ille'dʒittimo] *agg* (*anche DIR*) illégitime.
illeso, -a [il'lezo] *agg* indemne.
illetterato, -a [illette'rato] *agg* illettré(e).
illibatezza [illiba'tettsa] *sf* virginité *f*.
illibato, -a [illi'bato] *agg* vierge.
illimitato, -a [illimi'tato] *agg* illimité(e).
illividire [illivi'dire] *vi* blêmir; (*mani*) bleuir.
ill.mo *abbr* (= *illustrissimo*) illustrissime.
illogico, -a, -ci, -che [il'lɔdʒiko] *agg* illogique.
illudere [il'ludere] *vt* tromper, leurrer; **illudersi** *vr* se faire des illusions; **illudersi di fare qc** croire pouvoir faire qch.
illuminare [illumi'nare] *vt* (*anche fig*: *mente etc*) éclairer; (*fig*: *volto, sguardo*) illuminer, éclairer; **illuminarsi** *vip* (*anche fig*: *volto etc*) s'éclairer; ~ **a giorno** éclairer a giorno.
illuminato, -a [illumi'nato] *agg* (*anche fig*: *sovrano, spirito*) éclairé(e).
illuminazione [illuminat'tsjone] *sf* (*anche fig*: *ispirazione*) illumination *f*; (*luce*) éclairage *m*.
illuminismo [illumi'nizmo] *sm* (*STORIA*): **l'I~** le siècle des Lumières.
illusi *etc* [il'luzi] *vb vedi* **illudere**.
illusione [illu'zjone] *sf* illusion *f*; **farsi delle illusioni** se faire des illusions; ▶ **illusione ottica** illusion d'optique.
illusionismo [illuzjo'nizmo] *sm* illusionnisme *m*.
illusionista, -i, -e [illuzjo'nista] *sm/f* illusionniste *m/f*.
illuso, -a [il'luzo] *pp di* **illudere**.
illusorio, -a [illu'zɔrjo] *agg* illusoire, trompeur(-euse).
illustrare [illus'trare] *vt* illustrer.
illustrativo, -a [illustra'tivo] *agg* explicatif(-ive), illustratif(-ive).
illustrazione [illustrat'tsjone] *sf* illustration *f*.
illustre [il'lustre] *agg* illustre.
illustrissimo, -a [illus'trissimo] *agg*: **I~ Presidente** Monsieur le président; **Illustrissima Professoressa** Madame le professeur.
ILOR ['ilor] *sigla f* = *imposta locale sui redditi*.
IM *sigla* = *Imperia*.
imbacuccare [imbakuk'kare] *vt* emmitoufler; **imbacuccarsi** *vr* s'emmitoufler.
imbaldanzire [imbaldan'tsire] *vt* enhardir; **imbaldanzirsi** *vip* s'enhardir.
imballaggio [imbal'laddʒo] *sm* emballage *m*.
imballare [imbal'lare] *vt* (*anche AUT*) emballer; (*lana*) faire des balles de; **imballarsi** *vip* (*AUT*) s'emballer.
imbalsamare [imbalsa'mare] *vt* embaumer.
imbalsamato, -a [imbalsa'mato] *agg* embaumé(e).
imbambolato, -a [imbambo'lato] *agg* (*persona*) ahuri(e), stupéfait(e); (*sguardo*) ébahi(e).
imbandire [imban'dire] *vt* préparer.
imbandito, -a [imban'dito] *agg* (*tavola*) dressé(e).
imbarazzante [imbarat'tsante] *agg* embarrassant(e), gênant(e).
imbarazzare [imbarat'tsare] *vt* gêner, embarrasser; (*stomaco*) déranger; **imbarazzarsi** *vip* se sentir gêné(e).
imbarazzato, -a [imbarat'tsato] *agg* (*vedi vt*) gêné(e); embarrassé(e).
imbarazzo [imba'rattso] *sm* embarras *msg*; (*disagio*) gêne *f*; **essere** *o* **trovarsi in** ~ être *o* se trouver dans l'embarras; **mettere in** ~ mettre dans l'embarras.
imbarbarimento [imbarbari'mento] *sm* retour *m* à la barbarie.
imbarcadero [imbarka'dɛro] *sm* embarcadère *m*.
imbarcare [imbar'kare] *vt* (*NAUT, AER*) embarquer; **imbarcarsi** *vr, vip*: **imbarcarsi (su)** s'embarquer (sur); **imbarcarsi (per)** s'embarquer (pour); **imbarcarsi in** (*fig*: *in affare, situazione*) s'embarquer dans.
imbarcazione [imbarkat'tsjone] *sf* (*barca*) embarcation *f*, bateau *m*; ▶ **imbarcazione di salvataggio** bateau de sauvetage.
imbarco, -chi [im'barko] *sm* (*NAUT, AER*) embarquement *m*.
imbastardire [imbastar'dire] *vt* abâtardir; **imbastardirsi** *vip* s'abâtardir.
imbastire [imbas'tire] *vt* bâtir, faufiler; (*fig*: *abbozzare*) ébaucher.
imbattersi [im'battersi] *vip*: ~ **in** tomber sur.
imbattibile [imbat'tibile] *agg* imbattable.
imbavagliare [imbavaʎ'ʎare] *vt* bâillonner; (*fig*) museler.
imbeccare [imbek'kare] *vt* donner la becquée à; (*fig*: *suggerire a*) souffler à.
imbeccata [imbek'kata] *sf* (*fig*: *TEATRO*) réplique *f* soufflée; (: *spunto*) idée *f*.
imbecille [imbe'tʃille] *agg, sm/f* imbécile *m/f*.
imbecillità [imbetʃilli'ta] *sf inv* imbécillité *f*; (*azione, affermazione*) sottise *f*, idiotie *f*.
imbellettare [imbellet'tare] *vt* maquiller, farder; **imbellettarsi** *vr* se maquiller, se farder.
imbellire [imbel'lire] *vt, vi* embellir.
imberbe [im'bɛrbe] *agg* imberbe; (*fig*: *ine-*

sperto) inexpérimenté(e).
imbestialirsi [imbestja'lirsi] *vip* devenir fou(folle) de rage, voir rouge.
imbevere [im'bevere] *vt* imbiber; **imbeversi** *vip*: **imbeversi di** s'imbiber de, s'imprégner de.
imbevuto, -a [imbe'vuto] *agg* (*spugna, tessuto, sostanza*): ~ **(di)** imbibé(e) (de), imprégné(e) (de).
imbiancare [imbjan'kare] *vt* blanchir ♦ *vi* blanchir, pâlir.
imbiancatura [imbjanka'tura] *sf* (*con bianco di calce*) blanchiment *m*; (*con altre pitture*) badigeonnage *m*.
imbianchino [imbjan'kino] *sm* peintre *m* en bâtiment.
imbiondire [imbjon'dire] *vt* blondir, éclaircir; (*CUC*) blondir; **imbiondirsi** *vip* s'éclaircir, se décolorer; (*messi*) blondir.
imbizzarrire [imbiddzar'rire] *vi* (*cavallo*) s'emballer; **imbizzarrirsi** *vip* s'emballer.
imboccare [imbok'kare] *vt* (*malato, bambino*) nourrir; (*strada*) emprunter, prendre.
imboccatura [imbokka'tura] *sf* entrée *f*; (*di fiume, strumento musicale etc*) embouchure *f*; (*di damigiana*) goulot *m*.
imbocco, -chi [im'bokko] *sm* entrée *f*.
imbonitore [imboni'tore] *sm* bonimenteur *m*; (*di merce*) camelot *m*.
imborghesire [imborge'zire] *vi* embourgeoiser; **imborghesirsi** *vip* s'embourgeoiser.
imboscare [imbos'kare] *vt* cacher; (*soldato*) embusquer; **imboscarsi** *vr, vip* (*vedi vt*) se cacher; s'embusquer.
imboscata [imbos'kata] *sf* embuscade *f*; **tendere un'~** a tendre une embuscade à.
imboscato [imbos'kato] *sm* embusqué(e) ♦ *sm/f* planqué *m*.
imboschimento [imboski'mento] *sm* boisement *m*.
imbottigliare [imbottiʎ'ʎare] *vt* mettre en bouteilles; (*flotta, veicoli*) embouteiller; **imbottigliarsi** *vip* (*veicoli*) être pris(e) dans une embouteillage.
imbottire [imbot'tire] *vt* rembourrer; (*panino*) garnir; (*fig*: *riempire*) bourrer; **imbottirsi** *vr*: **imbottirsi di** (*di cibo, sonniferi*) se bourrer de.
imbottita [imbot'tita] *sf* couverture *f* piquée, courtepointe *f*.
imbottito, -a [imbot'tito] *agg* rembourré(e); (*giacca*) matelassé(e); **panino ~** sandwich *m*.
imbottitura [imbotti'tura] *sf* rembourrage *m*.
imbracciare [imbrat'tʃare] *vt* (*fucile*) épauler.
imbranato, -a [imbra'nato] *agg, sm/f* empoté(e).
imbrattacarte [imbratta'karte] *sm/f* (*peg*) écrivassier(-ière).
imbrattare [imbrat'tare] *vt* salir, barbouiller; **imbrattarsi** *vr*: **imbrattarsi di** se salir avec.
imbrattatele [imbratta'tele] *sm/f* (*peg*) barbouilleur(-euse).
imbrigliare [imbriʎ'ʎare] *vt* brider.
imbroccare [imbrok'kare] *vt* deviner, trouver.
imbrogliare [imbroʎ'ʎare] *vt* embrouiller; (*fig*: *raggirare*) tromper; **imbrogliarsi** *vip* s'embrouiller.
imbroglio [im'brɔʎʎo] *sm* (*groviglio*) enchevêtrement *m*; (*situazione confusa*) imbroglio *m*; (*truffa, inganno*) escroquerie *f*.
imbroglione, -a [imbroʎ'ʎone] *sm/f* escroc *m*.
imbronciarsi [imbron'tʃarsi] *vip* bouder.
imbronciato, -a [imbron'tʃato] *agg* boudeur(-euse), renfrogné(e).
imbrunire [imbru'nire] *vi* (*divenir bruno*) s'assombrir ♦ *vb impers* faire nuit, faire sombre ♦ *sm*: **all'~** à la tombée du jour, entre chien et loup.
imbruttire [imbrut'tire] *vt, vi* enlaidir.
imbucare [imbu'kare] *vt* mettre à la poste, poster.
imburrare [imbur'rare] *vt* beurrer.
imbuto [im'buto] *sm* entonnoir *m*.
imene [i'mɛne] *sm* hymen *m*.
imitare [imi'tare] *vt* imiter; (*riprodurre*) contrefaire.
imitatore, -trice [imita'tore] *sm/f* imitateur(-trice).
imitazione [imitat'tsjone] *sf* imitation *f*.
immacolato, -a [immako'lato] *agg* immaculé(e).
immagazzinare [immagaddzi'nare] *vt* emmagasiner; (*fig*: *dati, informazioni*) emmagasiner, stocker.
immaginabile [immadʒi'nabile] *agg* imaginable.
immaginare [immadʒi'nare] *vt* imaginer; (*ipotizzare, supporre*) supposer; (*creare, inventare*) imaginer, concevoir; (*intuire*) comprendre; (*ritenere, illudersi*) s'imaginer; **s'immagini!** mais pensez-vous!
immaginario, -a [immadʒi'narjo] *agg* imaginaire ♦ *sm* imaginaire *m*; **l'~ collettivo** l'imaginaire collectif.
immaginativa [immadʒina'tiva] *sf* imagination *f*, fantaisie *f*.
immaginazione [immadʒinat'tsjone] *sf* imagination *f*; (*cosa immaginata*) invention *f*.
immagine [im'madʒine] *sf* image *f*.
immaginoso, -a [immadʒi'noso] *agg* imagé(e).
immalinconire [immalinko'nire] *vt* attris-

ter; **immalinconirsi** *vip* s'attrister.
immancabile [imman'kabile] *agg* immanquable, inévitable.
immancabilmente [immankabil'mente] *avv* immanquablement.
immane [im'mane] *agg* démesuré(e), énorme; (*spaventoso, inumano*) horrible, effroyable.
immanente [imma'nɛnte] *agg* (*FILOSOFIA*) immanent(e).
immangiabile [imman'dʒabile] *agg* immangeable.
immatricolare [immatriko'lare] *vt* (*AUT*) immatriculer; (*SCOL*) inscrire; **immatricolarsi** *vr* (*SCOL*) s'inscrire.
immatricolazione [immatrikolat'tsjone] *sf* (*vedi vb*) immatriculation *f*, inscription *f*.
immaturità [immaturi'ta] *sf* immaturité *f*.
immaturo, -a [imma'turo] *agg* (*frutto*) vert(e); (*persona*) pas mûr(e), immature; (*MED*: *prematuro*) prématuré(e).
immedesimarsi [immedezi'marsi] *vr*: ~ **in** s'identifier à.
immediatamente [immedjata'mente] *avv* immédiatement, tout de suite.
immediatezza [immedja'tettsa] *sf* promptitude *f*.
immediato, -a [imme'djato] *agg* immédiat(e).
immemorabile [immemo'rabile] *agg* immémorial(e); **da tempo** ~ de temps immémorial.
immemore [im'mɛmore] *agg*: ~ **di** oublieux(-euse) de.
immensità [immensi'ta] *sf* immensité *f*.
immenso, -a [im'mɛnso] *agg* immense; (*odio*) profond(e).
immergere [im'mɛrdʒere] *vt* plonger, tremper; **immergersi** *vr* plonger; **immergersi in** (*fig*: *dedicarsi a*) se plonger dans.
immeritato, -a [immeri'tato] *agg* immérité(e).
immeritevole [immeri'tevole] *agg* indigne.
immersione [immer'sjone] *sf* immersion *f*; (*di sommergibile, subacqueo*) plongée *f*; **linea di** ~ (*NAUT*) ligne *f* de flottaison.
immerso, -a [im'mɛrso] *pp di* **immergere**.
immesso, -a [im'messo] *pp di* **immettere**.
immettere [im'mettere] *vt*: ~ **(in)** introduire (dans).
immigrante [immi'grante] *agg, sm/f* immigrant(e).
immigrare [immi'grare] *vi* immigrer.
immigrato, -a [immi'grato] *agg, sm/f* immigré(e).
immigrazione [immigrat'tsjone] *sf* immigration *f*.
imminente [immi'nɛnte] *agg* imminent(e).
imminenza [immi'nɛntsa] *sf* imminence *f*.
immischiare [immis'kjare] *vt*: ~ **in** mêler à; **immischiarsi** *vip*: **immischiarsi in** se mêler de.
immiserire [immize'rire] *vt* appauvrir.
immissario [immis'sarjo] *sm* (*GEO*) affluent *m*.
immissione [immis'sjone] *sf* introduction *f*; ▸ **immissione di dati** (*INFORM*) saisie *f* de données.
immobile [im'mɔbile] *agg* immobile ♦ *sm* (*DIR*: *anche*: **bene** ~) immeuble *m*.
immobiliare [immobi'ljare] *agg* (*DIR*) immobilier(-ière); **patrimonio** ~ patrimoine *m* immobilier; **società** ~ société *f* immobilière.
immobilismo [immobi'lizmo] *sm* immobilisme *m*.
immobilità [immobili'ta] *sf* immobilité *f*.
immobilizzare [immobilid'dzare] *vt* (*anche ECON*) immobiliser.
immobilizzo [immobi'liddzo] *sm* (*ECON*) immobilisation *f*.
immodestia [immo'dɛstja] *sf* manque *m* de modestie.
immodesto, -a [immo'dɛsto] *agg* prétentieux(-euse); (*privo di pudore*) impudique, indécent(e).
immolare [immo'lare] *vt* immoler; **immolarsi** *vr* s'immoler.
immondezzaio [immondet'tsajo] *sm* dépôt *m* d'ordures.
immondizia [immon'dittsja] *sf* saleté *f*; (*anche*: **immondizie**: *spazzatura, rifiuti*) ordures *fpl*, immondices *fpl*.
immondo, -a [im'mondo] *agg* (*anche fig*) immonde.
immorale [immo'rale] *agg* immoral(e).
immoralità [immorali'ta] *sf* immoralité *f*.
immortalare [immorta'lare] *vt* (*anche fig*) immortaliser.
immortale [immor'tale] *agg* immortel(le).
immortalità [immortali'ta] *sf* immortalité *f*.
immune [im'mune] *agg*: ~ **(da)** (*MED*) immunisé(e) (contre); (*da critiche etc*) exempt(e) (de).
immunità [immuni'ta] *sf inv* (*DIR, MED*) immunité *f*; ▸ **immunità parlamentare** immunité parlementaire; ~ **diplomatica** immunité diplomatique.
immunizzare [immunid'dzare] *vt* immuniser.
immunizzazione [immuniddzat'tsjone] *sf* immunisation *f*.
immunodeficienza [immunodefi'tʃɛntsa] *sf* (*MED*): ~ **acquisita** immunodéficience *f* acquise.
immunologico, -a, -ci, -che [immuno'lɔdʒiko] *agg* immunologique.
immutabile [immu'tabile] *agg* immuable; (*fisso*) inaltérable.
impaccare [impak'kare] *vt* empaqueter.
impacchettare [impakket'tare] *vt* empa-

queter.
impacciare [impat'tʃare] *vt* gêner, entraver.
impacciato, -a [impat'tʃato] *agg* gêné(e), embarrassé(e); (*goffo*) gauche.
impaccio, -ci [im'pattʃo] *sm* embarras *msg*; (*intralcio*) empêchement *m*, obstacle *m*.
impacco, -chi [im'pakko] *sm* (*MED*) compresse *f*.
impadronirsi [impadro'nirsi] *vip*: ~ **di** (*impossessarsi*) s'emparer de; (*fig*: *apprendere a fondo*) acquérir la maîtrise de.
impagabile [impa'gabile] *agg* inestimable, irremplaçable.
impaginare [impadʒi'nare] *vt* (*TIP*) mettre en pages.
impaginazione [impadʒinat'tsjone] *sf* (*TIP*) mise *f* en pages.
impagliare [impaʎ'ʎare] *vt* empailler.
impalato, -a [impa'lato] *agg* (*fig*) cloué(e) sur place.
impalcatura [impalka'tura] *sf* (*EDIL*) échafaudage *m*; (*fig*) charpente *f*, ossature *f*.
impallidire [impalli'dire] *vi* (*anche fig*) pâlir.
impallinare [impalli'nare] *vt* cribler de plombs.
impalpabile [impal'pabile] *agg* impalpable.
impanare [impa'nare] *vt* (*CUC*) paner.
impantanare [impanta'nare] *vt* transformer en bourbier; **impantanarsi** *vip* s'embourber, s'enliser; (*fig*) s'enfoncer, s'embourber.
impaperarsi [impape'rarsi] *vip* s'embrouiller; **mi sono impaperato** je me suis mis à bafouiller.
impappinarsi [impappi'narsi] *vip* s'embrouiller, s'empêtrer.
imparare [impa'rare] *vt*: ~ **qc/a fare qc** apprendre qch/à faire qch.
imparaticcio [impara'tittʃo] *sm* travail *m* de débutant.
impareggiabile [impared'dʒabile] *agg* incomparable.
imparentare [imparen'tare] *vt* apparenter; **imparentarsi** *vip*: **imparentarsi con** s'apparenter à.
impari ['impari] *agg inv* inégal(e); (*dispari*) impair(e); **una lotta** ~ un combat inégal.
impartire [impar'tire] *vt* donner.
imparziale [impar'tsjale] *agg* impartial(e).
imparzialità [impartsjali'ta] *sf* impartialité *f*.
impassibile [impas'sibile] *agg* impassible.
impastare [impas'tare] *vt* pétrir; (*cemento*) gâcher; (*mescolare*: *colori*) mélanger.
impasticcarsi [impastik'karsi] *vr* se barbouiller.
impasto [im'pasto] *sm* (*l'impastare*: *di pane*) pétrissage *m*; (: *di cemento*) gâchage *m*; (*pasta*) pâte *f*; (*miscuglio*) mélange *m*.
impatto [im'patto] *sm* (*atto*) impact *m*; **punto d'**~ point *m* d'impact; ▸ **impatto ambientale** impact *m* sur l'environnement.
impaurire [impau'rire] *vt* effrayer, effaroucher ♦ *vi* (*anche*: **impaurirsi**) s'effrayer, s'épouvanter.
impavido, -a [im'pavido] *agg* intrépide.
impaziente [impat'tsjɛnte] *agg* impatient(e).
impazienza [impat'tsjɛntsa] *sf* impatience *f*.
impazzata [impat'tsata] *sf*: **all'**~ comme un(e) fou(folle); (*colpire*) n'importe où; (*parlare*) à tort et à travers.
impazzire [impat'tsire] *vi* devenir fou(folle); ~ **per qn** être fou(folle) de qn; ~ **per qc** raffoler de qch; **è da** ~! c'est fou!
impeccabile [impek'kabile] *agg* impeccable.
impedimento [impedi'mento] *sm* (*anche DIR*) empêchement *m*; (*MED*) handicap *m*.
impedire [impe'dire] *vt* empêcher; ~ **qc a qn** interdire qch à qn; ~ **a qn di fare qc** empêcher qn de faire qch.
impegnare [impeɲ'ɲare] *vt* engager; (*prenotare*) réserver, retenir; (*MIL*: *nemico*) obliger à s'engager; (*SPORT*: *avversario*) mettre à rude épreuve; **impegnarsi** *vr* (*vincolarsi*): **impegnarsi (a fare qc)** s'engager (à faire qch); **impegnarsi in** (*in lavoro, compito*) se consacrer à; **impegnarsi con qn** s'engager vis-à-vis de qn.
impegnativo, -a [impeɲɲa'tivo] *agg* important(e); (*lettura*) qui demande de la concentration; (*lavoro*) important(e), absorbant(e) ♦ *sf*: **impegnativa del medico** *demande d'admission à l'hôpital faite par le médecin de famille.*
impegnato, -a [impeɲ'ɲato] *agg* (*anche fig*: *romanzo, autore*) engagé(e); (*dato in pegno*) mis(e) en gage; (*occupato*) occupé(e), pris(e).
impegno [im'peɲɲo] *sm* engagement *m*; (*zelo*) application *f*, zèle *m*; ▸ **impegni di lavoro** obligations *fpl* professionnelles.
impegolarsi [impego'larsi] *vr* (*fig*): ~ **in** se fourrer dans.
impelagarsi [impela'garsi] *vr* = **impegolarsi.**
impellente [impel'lɛnte] *agg* impérieux(-euse), urgent(e).
impenetrabile [impene'trabile] *agg* (*anche fig*) impénétrable.
impennarsi [impen'narsi] *vip* (*anche AER, fig*) se cabrer.
impennata [impen'nata] *sf* cabrement *m*; (*di aereo*) cabrage *m*; (*fig*: *scatto d'ira*) emportement *m*; (*di prezzi*) flambée *f*.
impensabile [impen'sabile] *agg* impensa-

ble; (*difficile da concepire*) inconcevable.
impensato, -a [impen'sato] *agg* imprévu(e).
impensierire [impensje'rire] *vt* inquiéter, préoccuper; **impensierirsi** *vip* s'inquiéter, se préoccuper.
imperante [impe'rante] *agg* (*fig*: *tendenza, opinione*) dominant(e).
imperare [impe'rare] *vi* régner.
imperativo, -a [impera'tivo] *agg* (*anche fig*) impératif(-ive) ♦ *sm* (*LING*) impératif *m*.
imperatore, -trice [impera'tore] *sm/f* empereur(impératrice).
impercettibile [impertʃet'tibile] *agg* imperceptible.
imperdonabile [imperdo'nabile] *agg* impardonnable.
imperfetto, -a [imper'fɛtto] *agg* (*anche LING*) imparfait(e) ♦ *sm* (*LING*) imparfait *m*.
imperfezione [imperfet'tsjone] *sf* imperfection *f*.
imperiale [impe'rjale] *agg* impérial(e).
imperialismo [imperja'lizmo] *sm* impérialisme *m*.
imperialista, -i, -e [imperja'lista] *agg* impérialiste.
imperioso, -a [impe'rjoso] *agg* impérieux(-euse).
imperituro, -a [imperi'turo] *agg* impérissable.
imperizia [impe'rittsja] *sf* maladresse *f*; (*inesperienza*) inexpérience *f*.
impermalirsi [imperma'lirsi] *vip* s'offenser, se vexer.
impermeabile [imperme'abile] *agg, sm* imperméable *m*.
imperniare [imper'njare] *vt*: ~ **(su)** (*fig*: *trama, racconto*) centrer (sur), axer (sur); (*fig*: *discorso, relazione etc*) baser (sur), fonder (sur); **imperniarsi** *vip*: **imperniarsi (su)** se baser (sur), se fonder (sur).
impero [im'pɛro] *sm* empire *m*; (*forza, autorità*) puissance *f*, autorité *f*.
imperscrutabile [imperskru'tabile] *agg* impénétrable, insondable.
impersonale [imperso'nale] *agg* (*anche LING*) impersonnel(le).
impersonare [imperso'nare] *vt* interpréter, incarner; (*dare vita concreta a un concetto*) personnifier, symboliser; **impersonarsi** *vr, vip* (*attore*): **impersonarsi in** se mettre dans la peau de.
imperterrito, -a [imper'tɛrrito] *agg* imperturbable.
impertinente [imperti'nɛnte] *agg* impertinent(e).
impertinenza [imperti'nɛntsa] *sf* impertinence *f*.
imperturbabile [impertur'babile] *agg* imperturbable; (*impassibile*) tranquille.
imperversare [imperver'sare] *vi* sévir; (*tempesta*) faire rage.
impervio, -a [im'pɛrvjo] *agg* inaccessible.
impeto ['impeto] *sm* (*di corrente, vento*) violence *f*; (*assalto*) charge *f*; (*fig*: *impulso, trasporto*) élan *m*, transport *m*; (: *calore, foga*) ardeur *f*, fougue *f*; **con** ~ avec violence; (*con irruenza*) avec impétuosité; **d'**~ impulsivement.
impettito, -a [impet'tito] *agg* tout(e) droit(e), raide; **camminare** ~ marcher en bombant le torse.
impetuoso, -a [impetu'oso] *agg* impétueux(-euse).
impiantare [impjan'tare] *vt* installer; (*avviare*: *azienda*) implanter.
impiantistica [impjan'tistika] *sf* *secteur de la conception des équipements industriels*.
impianto [im'pjanto] *sm* installation *f*; (*apparecchiature*) équipement *m*; ▶ **impianto di risalita** (*SCI*) remontée *f* mécanique; ▶ **impianto di riscaldamento** installation de chauffage; ▶ **impianto elettrico** installation électrique; ▶ **impianto sportivo** équipement sportif.
impiastricciare [impjastrit'tʃare] *vt* salir, barbouiller.
impiastro [im'pjastro] *sm* (*MED*) emplâtre *m*; (*fam*: *fig*: *rompiscatole*) raseur *m*.
impiccagione [impikka'dʒone] *sf* pendaison *f*.
impiccare [impik'kare] *vt* pendre; **impiccarsi** *vr* se pendre.
impicciare [impit'tʃare] *vt* gêner, embarrasser; **impicciarsi** *vip* (*immischiarsi*): **impicciarsi (in)** se mêler (de); **impicciati degli affari tuoi!** mêle-toi de ce qui te regarde!
impiccio, -ci [im'pittʃo] *sm* embarras *msg*; (*seccatura, briga*) ennui *m*; **essere d'**~ être une gêne; **cavare** *o* **togliere qn dagli impicci** tirer qn d'embarras.
impiccione, -a [impit'tʃone] *sm/f* intrigant(e).
impiegare [impje'gare] *vt* utiliser, se servir de; (*tempo*) occuper; (*denaro*) investir; (*assumere*) embaucher, engager; **impiegarsi** *vr* trouver une place *o* un emploi; **impiego un'ora per andare a casa** je mets une heure pour aller chez moi.
impiegatizio, -a [impjega'tittsjo] *agg* de bureau; (*ceto*) des employés.
impiegato, -a [impje'gato] *sm/f* employé(e); ▶ **impiegato statale** fonctionnaire *m/f*.
impiego, -ghi [im'pjɛgo] *sm* (*uso*) usage *m*, emploi *m*; (*occupazione*) emploi *m*; (*posto di lavoro*) poste *m*, place *f*, emploi; (*ECON*) investissement *m*, placement *m*; **pubblico** ~ fonction *f* publique.
impietosire [impjeto'sire] *vt* apitoyer, attendrir; **impietosirsi** *vip* s'apitoyer, s'at-

tendrir.
impietoso, -a [impje'toso] *agg* impitoyable.
impietrire [impje'trire] *vi*: **essere impietrito da** être pétrifié par.
impigliare [impiʎ'ʎare] *vt* accrocher; **impigliarsi** *vip* se prendre.
impigrire [impi'grire] *vt* rendre paresseux(-euse) ♦ *vi* (*divenire pigro*: *anche*: **impigrirsi**) devenir paresseux (-euse).
impinguare [impin'gware] *vt* (*fig*: *tasche, casse dello Stato*) remplir.
impiombare [impjom'bare] *vt* souder; (*pacco*) plomber.
implacabile [impla'kabile] *agg* implacable.
implementare [implemen'tare] *vt* (*INFORM*) implémenter.
implicare [impli'kare] *vt* impliquer; **implicarsi** *vip* (*coinvolgersi*): **implicarsi (in)** s'engager (dans), se mêler (à).
implicazione [implikat'tsjone] *sf* implication *f*.
implicito, -a [im'plitʃito] *agg* implicite, tacite.
implorare [implo'rare] *vt* implorer.
implorazione [implorat'tsjone] *sf* supplication *f*.
impollinare [impolli'nare] *vt* pratiquer la pollinisation de.
impollinazione [impollinat'tsjone] *sf* pollinisation *f*.
impolverare [impolve'rare] *vt* couvrir de poussière; **impolverarsi** *vip* se couvrir de poussière.
impomatare [impoma'tare] *vt* passer de la crème; (*capelli, baffi*) pommader; **impomatarsi** *vr* se gominer.
imponderabile [imponde'rabile] *agg* impondérable.
impone *etc* [im'pone] *vb vedi* **imporre.**
imponente [impo'nɛnte] *agg* imposant(e).
impongo *etc* [im'pongo] *vb vedi* **imporre**.
imponibile [impo'nibile] *agg* imposable ♦ *sm* (*ECON*) assiette *f* de l'impôt.
impopolare [impopo'lare] *agg* impopulaire.
impopolarità [impopolari'ta] *sf* impopularité *f*.
imporre [im'porre] *vt* (*regola*) imposer; (*nome*) donner; **imporsi** *vr, vip* (*farsi valere*): **imporsi (su)** s'imposer (sur); ~ **a qn di fare qc** imposer à qn de faire qch.
importante [impor'tante] *agg* important(e); (*abito, arredamento*) riche.
importanza [impor'tantsa] *sf* importance *f*; **dare ~ a qc** donner de l'importance à qch; **darsi ~** se donner des airs; **non ha ~** (*non fa nulla*) cela ne fait rien.
importare [impor'tare] *vt* importer ♦ *vi*: ~ **(a)** importer (à) ♦ *vb impers* (*essere necessario*) falloir; (*interessare*) importer; **non importa!** ça ne fait rien!; **non me ne importa!** je m'en moque!; **non importa che ...** (*non serve*) il n'est pas nécessaire que ... .
importatore, -trice [importa'tore] *agg, sm/f* importateur(-trice).
importazione [importat'tsjone] *sf* importation *f*; (*merci importate*) importations *fpl*.
importo [im'pɔrto] *sm* montant *m*, somme *f*.
importunare [importu'nare] *vt* importuner.
importuno, -a [impor'tuno] *agg* importun(e).
imposi *etc* [im'posi] *vb vedi* **imporre.**
imposizione [impozit'tsjone] *sf* (*ingiunzione, ordine*) imposition *f*, ordre *m*; (*ECON*) imposition; (*di nome*) (le fait de) donner un nom.
impossessarsi [imposses'sarsi] *vip*: ~ **di** s'emparer de.
impossibile [impos'sibile] *agg, sm* impossible *m*; **fare l'~** faire l'impossible.
impossibilità [impossibili'ta] *sf* impossibilité *f*; **essere nell'~ di fare qc** être dans l'impossibilité de faire qch.
impossibilitato, -a [impossibili'tato] *agg*: **essere ~ a fare qc** être dans l'impossibilité de faire qch.
imposta [im'pɔsta] *sf* (*tassa*) impôt *m*; (*di finestra*) volet *m*; ▸ **imposta di successione** droits *mpl* de succession; ▸ **imposta diretta/indiretta** impôt direct/ indirect; ▸ **imposta indiretta sui consumi** impôt indirect sur les biens de consommation; ▸ **imposta locale sui redditi** redevance *f* locale sur les revenus; ▸ **imposta patrimoniale** impôt foncier; ▸ **imposta sugli utili** impôt sur les bénéfices; ▸ **imposta sul reddito** impôt sur le revenu; ▸ **imposta sul reddito delle persone fisiche** impôt sur le revenu des personnes physiques; ▸ **imposta sul valore aggiunto** taxe *f* à *o* sur la valeur ajoutée.
impostare [impos'tare] *vt* (*imbucare*) poster; (*preparare, predisporre*) organiser; (*avviare*) mettre en route; (*resoconto, rapporto*) baser; (*problema*) poser, formuler; (*TIP*: *pagina*) agencer; ~ **la voce** (*MUS*) poser la voix.
impostazione [impostat'tsjone] *sf* (*di lettera*) postage *m*; (*di problema, questione*) formulation *f*; (*di lavoro*) organisation *f*, mise *f* en train; (*di attività*) mise en route; (*di voce*) pose *f*.
imposto, -a [im'pɔsto] *pp di* **imporre.**
impostore [impos'tore] *sm/f* imposteur *m*.
impotente [impo'tɛnte] *agg* (*anche MED*) impuissant(e).
impotenza [impo'tɛntsa] *sf* (*anche MED*) impuissance *f*.

impoverire [impove'rire] *vt* appauvrir ♦ *vi* (anche: **impoverirsi**) s'appauvrir.
impraticabile [imprati'kabile] *agg* impraticable.
impratichire [imprati'kire] *vt* entraîner; **impratichirsi** *vip* (*prender pratica*): **impratichirsi (in)** s'entraîner (à), s'exercer (à).
imprecare [impre'kare] *vi* jurer; ~ **contro qn** pester contre qn.
imprecazione [imprekat'tsjone] *sf* imprécation *f*.
imprecisato, -a [impretʃi'zato] *agg* non précisé(e), non spécifié(e).
imprecisione [impretʃi'zjone] *sf* imprécision *f*.
impreciso, -a [impre'tʃizo] *agg* imprécis(e); (*calcolo*) approximatif(-ive).
impregnare [impreɲ'ɲare] *vt*: ~ **(di)** imprégner (de); (*fig*: *riempire*) remplir.
imprenditore [imprendi'tore] *sm* entrepreneur *m*; **piccolo** ~ petit entrepreneur.
imprenditoria [imprendito'ria] *sf*: **l'**~ (*imprese*) les entreprises *fpl*; (*imprenditori*) les entrepreneurs *mpl*.
imprenditoriale [imprendito'rjale] *agg*: **la classe** ~ les chefs d'entreprise; **spirito** ~ esprit *m* d'entreprise.
impreparato, -a [imprepa'rato] *agg*: **essere** ~ ne pas être préparé(e); (*alunno*) être mal préparé(e); **essere** ~ **a** (*a situazione, attacco*) ne pas être préparé(e) à; **cogliere qn** ~ prendre qn au dépourvu.
impreparazione [impreparat'tsjone] *sf* impréparation *f*.
impresa [im'presa] *sf* entreprise *f*; ▶ **impresa familiare/pubblica** entreprise familiale/publique.
impresario [impre'sarjo] *sm* (*TEATRO*) imprésario *m*; ▶ **impresario di pompe funebri** entrepreneur *m* de pompes funèbres.
imprescindibile [impreʃʃin'dibile] *agg* incontournable.
impressi *etc* [ɪm'prɛssi] *vb vedi* **imprimere**.
impressionante [impressjo'nante] *agg* impressionnant(e).
impressionare [impressjo'nare] *vt* (*anche FOT*) impressionner; **impressionarsi** *vip* se laisser impressionner; (*FOT*) être impressionné(e); **s'impressiona alla vista del sangue** il ne supporte pas la vue du sang.
impressione [impres'sjone] *sf* (*traccia*) empreinte *f*, trace *f*; (*fig*: *sensazione fisica*) sensation *f*; (: *turbamento*) impression *f*; **fare** ~ (*colpire*) être impressionnant(e); (*turbare*) impressionner; **fare buona/cattiva** ~ **(a)** faire bonne/mauvaise impression (à); **avere l'**~ **che** avoir l'impression que.
impresso, -a [im'prɛsso] *pp di* **imprimere** ♦ *agg*: **rimanere** ~ (*fig*: *in mente*) rester gravé(e).
imprestare [impres'tare] *vt*: ~ **(a)** prêter (à).
imprevedibile [impreve'dibile] *agg* imprévisible.
imprevidente [imprevi'dɛnte] *agg* imprévoyant(e).
imprevidenza [imprevi'dɛntsa] *sf* imprévoyance *f*.
imprevisto, -a [impre'visto] *agg* imprévu(e) ♦ *sm* imprévu *m*; **salvo imprevisti** sauf imprévu.
impreziosire [imprettsjo'sire] *vt* enrichir.
imprigionamento [impridʒona'mento] *sm* emprisonnement *m*.
imprigionare [impridʒo'nare] *vt* emprisonner; (*intrappolare*) bloquer.
imprimere [im'primere] *vt* imprimer; (*ricordo*) graver.
improbabile [impro'babile] *agg* improbable.
improbo, -a ['improbo] *agg* dur(e), ingrat(e).
improduttivo, -a [improdut'tivo] *agg* improductif(-ive); (*fig*: *sforzo*) stérile.
impronta [im'pronta] *sf* (*anche fig*: *segno caratteristico*) empreinte *f*; ▶ **impronta digitale** empreinte digitale; ▶ **impronta genetica** empreinte génétique.
improperio [impro'pɛrjo] *sm* injure *f*.
improponibile [impropo'nibile] *agg* qu'on ne peut pas proposer.
improprietà [improprje'ta] *sf inv*: ~ **di linguaggio** impropriété *f* de langage.
improprio, -a [im'prɔprjo] *agg* (*non corretto*) impropre; (*sconveniente*) inconvenant(e).
improrogabile [improro'gabile] *agg* qui ne peut être prorogé(e).
improvvisamente [improvviza'mente] *avv* à l'improviste.
improvvisare [improvvi'zare] *vt* improviser; **improvvisarsi** *vr* s'improviser.
improvvisata [improvvi'zata] *sf* surprise *f*; **fare un'**~ **a qn** faire une surprise à qn.
improvvisazione [improvvizat'tsjone] *sf* improvisation *f*.
improvviso, -a [improv'vizo] *agg* imprévu(e); (*subitaneo*: *amore*) soudain(e); **d'**~ tout à coup; **all'**~ soudainement.
imprudente [impru'dɛnte] *agg* imprudent(e).
imprudenza [impru'dɛntsa] *sf* imprudence *f*; **è stata un'**~ cela a été une imprudence.
impudente [impu'dɛnte] *agg* impudent(e).
impudenza [impu'dɛntsa] *sf* impudence *f*.
impudicizia [impudi'tʃittsja] *sf* impudicité *f*.
impudico, -a, -chi, -che [impu'diko] *agg*

impudique.

impugnare [impuɲ'ɲare] *vt* saisir; (*DIR*: *sentenza*) attaquer, faire opposition à.

impugnatura [impuɲɲa'tura] *sf* (*di spada, cinepresa*) poignée *f*; (*di racchetta*) manche *m*.

impulsività [impulsivi'ta] *sf* impulsivité *f*.

impulsivo, -a [impul'sivo] *agg, sm/f* impulsif(-ive).

impulso [im'pulso] *sm* (*anche fig*: *stimolo*) impulsion *f*; **d'~** de manière impulsive; **dare ~ alle vendite** donner une impulsion *o* un essor aux ventes; ▸**impulso elettrico** impulsion électrique.

impunemente [impune'mente] *avv* impunément.

impunità [impuni'ta] *sf* impunité *f*.

impunito, -a [impu'nito] *agg* impuni(e).

impuntarsi [impun'tarsi] *vip* se refuser à avancer; (*fig*: *ostinarsi*) s'entêter, se buter.

impuntura [impun'tura] *sf* piqûre *f*.

impurità [impuri'ta] *sf inv* (*anche fig*) impureté *f*.

impuro, -a [im'puro] *agg* impur(e).

imputare [impu'tare] *vt*: ~ **qc a** imputer qch à; ~ **qn di** (*accusare*) accuser qn de, inculper qn de.

imputato, -a [impu'tato] *sm/f* accusé(e), inculpé(e).

imputazione [imputat'tsjone] *sf* accusation *f*, inculpation *f*; (*di spese*) imputation *f*; **capo d'~** chef *m* d'accusation.

imputridire [imputri'dire] *vi* pourrir.

PAROLA CHIAVE

in [in] (*in* + *il* = **nel**, *in* + *lo* = **nello**, *in* + *l'* = **nell'**, *in* + *la* = **nella**, *in* + *i* = **nei**, *in* + *gli* = **negli**, *in* + *le* = **nelle**) *prep* **1** (*stato in luogo*) à, en; (*dentro*) dans; **vivo in Italia/in Portogallo** je vis en Italie/au Portugal; **abito in città** j'habite en ville; **abito in montagna/campagna** j'habite à la montagne/campagne; **essere in casa** être à la maison; **essere in ufficio** être au bureau; **è nel cassetto/in salotto** c'est dans le tiroir/dans le salon; **se fossi in te** si j'étais à ta place

2 (*moto a luogo*) à, en; (: *dentro*) dans; **andare in Francia/in Portogallo** aller en France/au Portugal; **andare in montagna/campagna** aller à la montagne/campagne; **andare in città** aller en ville; **entrare in casa** entrer à la maison; **andare in ufficio** aller au bureau; **entrare in macchina** monter en voiture

3 (*tempo*: *determinato*) en, à; (: *continuato*) en, dans; **nel 1992/giugno/estate** en 1992/juin/été; **l'ho fatto in sei mesi/in due ore** je l'ai fait en six mois/en deux heures; **in gioventù, io ...** dans ma jeunesse, je

4 (*modo, maniera*) en; **in silenzio** en silence; **in abito da sera** en robe du soir; **in guerra** (*nazione, popolo*) en guerre; **in vacanza** en vacances; **Maria Bianchi in Rossi** Maria Bianchi épouse Rossi; **parlare in tedesco** parler en allemand

5 (*mezzo*) en; **viaggiare in autobus/treno/aereo** voyager en autobus/train/avion

6 (*materia*) en, de; **statua in marmo** statue en *o* de marbre; **una collana in oro** un collier en or

7 (*misura*) en; **siamo in quattro** nous sommes quatre; **in tutto vengono tre metri** cela fait trois mètres en tout

8 (*fine*): **dare in dono** faire un cadeau; **spende tutto in alcool** il dépense tout en alcool; **in onore di** en l'honneur de.

inabile [i'nabile] *agg* (*anche MIL*): ~ **(a)** inapte (à).

inabilità [inabili'ta] *sf* incapacité *f*, inaptitude *f*.

inabissare [inabis'sare] *vt* faire sombrer; **inabissarsi** *vip* sombrer, couler.

inabitabile [inabi'tabile] *agg* inhabitable.

inabitato, -a [inabi'tato] *agg* inhabité(e).

inaccessibile [inattʃes'sibile] *agg* (*luogo*) inaccessible; (*persona*) inabordable; (*mistero*) impénétrable.

inaccettabile [inattʃet'tabile] *agg* inacceptable.

inacerbire [inatʃer'bire] *vt* exacerber; **inacerbirsi** *vip* s'exacerber.

inacidire [inatʃi'dire] *vt* (*anche fig*) aigrir ♦ *vi*: **inacidirsi** *vip* (*anche fig*) s'aigrir.

inadatto, -a [ina'datto] *agg*: ~ **(a)** inadapté(e) (à).

inadeguato, -a [inade'gwato] *agg* inadéquat(e).

inadempiente [inadem'pjɛnte] *agg, sm/f* défaillant(e).

inadempienza [inadem'pjɛntsa] *sf* défaillance *f*, manquement *m*.

inadempimento [inadempi'mento] *sm* inaccomplissement *m*, non-exécution *f*.

inafferrabile [inaffer'rabile] *agg* insaisissable; (*concetto, senso*) incompréhensible.

INAIL ['inail] *sigla m* = *Istituto Nazionale per l'Assicurazione contro gli Infortuni sul Lavoro*.

inalare [ina'lare] *vt* inhaler.

inalatore [inala'tore] *sm* inhalateur *m*; ▸**inalatore di ossigeno** (*AER*) inhalateur d'oxygène.

inalazione [inalat'tsjone] *sf* inhalation *f*.

inalberare [inalbe'rare] *vt* (*NAUT*) arborer; **inalberarsi** *vip* (*fig*: *arrabbiarsi*) s'emporter.

inalterabile [inalte'rabile] *agg* inaltérable.

inalterato, -a [inalte'rato] *agg* inchangé(e).

inamidare [inami'dare] *vt* amidonner, empeser.
inamidato, -a [inami'dato] *agg* amidonné(e), empesé(e).
inammissibile [inammis'sibile] *agg* inadmissible.
inanimato, -a [inani'mato] *agg* inanimé(e).
inappagabile [inappa'gabile] *agg* insatiable, inassouvissable.
inappellabile [inappel'labile] *agg* (*anche DIR*) sans appel.
inappetenza [inappe'tɛntsa] *sf* inappétence *f*.
inappuntabile [inappun'tabile] *agg* irréprochable, impeccable.
inarcare [inar'kare] *vt* courber, cambrer; (*sopracciglia*) hausser, lever; **inarcarsi** *vip* se courber, se cambrer.
inaridimento [inaridi'mento] *sm* (*anche fig*) dessèchement *m*.
inaridire [inari'dire] *vt* dessécher; (*fig*: *persona*) endurcir ♦ *vi* (*vedi vt*) se dessécher; s'endurcir.
inarrestabile [inarres'tabile] *agg* qu'on ne peut arrêter.
inascoltato, -a [inaskol'tato] *agg* inécouté(e); **rimanere** ~ (*domanda, richiesta*) rester sans réponse.
inaspettatamente [inaspettata'mente] *avv* de façon inattendue, inopinément.
inaspettato, -a [inaspet'tato] *agg* inattendu(e).
inasprire [inas'prire] *vt* (*disciplina*) durcir; (*carattere*) aigrir; (*rapporti*) envenimer; **inasprirsi** *vip* (*vedi vt*) se durcir; s'aigrir; s'envenimer.
inattaccabile [inattak'kabile] *agg* inattaquable.
inattendibile [inatten'dibile] *agg* qui n'est pas digne de foi.
inatteso, -a [inat'teso] *agg* inattendu(e).
inattivo, -a [inat'tivo] *agg* (*anche CHIM*) inactif(-ive); (*vulcano*) éteint(e).
inattuabile [inattu'abile] *agg* irréalisable.
inaudito, -a [inau'dito] *agg* inouï(e).
inaugurale [inaugu'rale] *agg* inaugural(e).
inaugurare [inaugu'rare] *vt* inaugurer.
inaugurazione [inaugurat'tsjone] *sf* inauguration *f*.
inavveduto, -a [inavve'duto] *agg* maladroit(e); (*incurante, distratto*) distrait(e).
inavvertenza [inavver'tɛntsa] *sf* inadvertance *f*, légèreté *f*; (*trascuranza*) négligence *f*.
inavvertitamente [inavvertita'mente] *avv* par mégarde, par inadvertance.
inavvicinabile [inavvitʃi'nabile] *agg* inabordable.
inca ['ɪnka] *agg inv* inca ♦ *sm/f inv* Inca *m/f*.
incagliare [inkaʎ'ʎare] *vi* (*NAUT*: *anche*: **incagliarsi**) (s')échouer.
incalcolabile [inkalko'labile] *agg* incalculable.
incallito, -a [inkal'lito] *agg* (*mani*) calleux(-euse); (*pelle*) endurci(e); (*fig*: *peccatore, fumatore*) invétéré(e).
incalzante [inkal'tsante] *agg* pressant(e); (*crisi*) menaçant(e).
incalzare [inkal'tsare] *vt* harceler, talonner; (*fig*: *sogg*: *pericolo*) menacer ♦ *vi* presser; (*essere imminente*) presser, être imminent(e); **il tempo incalza** le temps presse.
incamerare [inkame'rare] *vt* s'approprier.
incamminare [inkammi'nare] *vt* (*persona*) diriger, orienter; (*affare*) lancer; **incamminarsi** *vip* (*avviarsi*) s'acheminer.
incanalare [inkana'lare] *vt* canaliser; **incanalarsi** *vip* (*acque*) se diriger; (*folla*) s'acheminer.
incancrenire [inkankre'nire] *vi* (*MED*: *anche*: **incancrenirsi**) se gangrener.
incandescente [inkandeʃ'ʃɛnte] *agg* incandescent(e).
incantare [inkan'tare] *vt* (*meccanismo*) enrayer; (*ammaliare*) enchanter, charmer; **incantarsi** *vip* (*meccanismo*) s'enrayer, se coincer; (*essere ammaliato*) s'extasier, être en extase; (*restare intontito*) rester hébété; (*ad esame*) sécher.
incantatore, -trice [inkanta'tore] *agg* séducteur(-trice) ♦ *sm/f* séducteur(-trice), charmeur(-euse).
incantesimo [inkan'tezimo] *sm* enchantement *m*; (*l'incantare*) enchantement, charme *m*.
incantevole [inkan'tevole] *agg* ravissant(e), charmant(e).
incanto [in'kanto] *sm* (*incantesimo*) enchantement *m*, charme *m*; (*meraviglia, stupore*) merveille *f*; (*asta*) enchères *fpl*; **come per** ~ comme par enchantement; **ti sta d'**~! il te va à ravir!; **mettere all'**~ mettre aux enchères, mettre à l'encan.
incanutire [inkanu'tire] *vi* blanchir.
incapace [inka'patʃe] *agg* incapable; ~ **d'intendere e di volere** (*DIR*) incapable d'entendre et de vouloir.
incapacità [inkapatʃi'ta] *sf* (*anche DIR*) incapacité *f*.
incaponirsi [inkapo'nirsi] *vip* s'obstiner, s'entêter.
incappare [inkap'pare] *vi*: ~ **in qc/qn** tomber sur qch/qn.
incappucciare [inkapput'tʃare] *vt* encapuchonner; **incappucciarsi** *vr* (*persona*) s'encapuchonner.
incapricciarsi [inkaprit'tʃarsi] *vip*: ~ **di** s'enticher de, s'amouracher de.
incapsulare [inkapsu'lare] *vt* recouvrir d'une capsule; (*dente*) mettre une couronne à.

incarcerare [inkartʃe'rare] *vt* incarcérer.
incaricare [inkari'kare] *vt*: ~ **qn (di fare qc)** charger qn (de faire qch); **incaricarsi** *vip*: **incaricarsi di qc/di fare qc** se charger de qch/de faire qch.
incaricato, -a [inkari'kato] *agg*: ~ **di** chargé(e) de; (*responsabile*) responsable de; (*SCOL*: *professore*) chargé(e) de cours ♦ *sm/f* (*vedi agg*) employé(e), préposé(e); **docente** ~ chargé *m* de cours; **professore** ~ maître-auxiliaire *m*; ▸ **incaricato d'affari** chargé d'affaires.
incarico, -chi [in'kariko] *sm* charge *f*; (*incombenza, compito*) tâche *f*; (*SCOL*) suppléance *f*.
incarnare [inkar'nare] *vt* incarner; **incarnarsi** *vip* s'incarner.
incarnazione [inkarnat'tsjone] *sf* incarnation *f*.
incartamento [inkarta'mento] *sm* dossier *m*.
incartapecorito, -a [inkartapeko'rito] *agg* parcheminé(e), tanné(e).
incartare [inkar'tare] *vt* envelopper, empaqueter.
incasellare [inkasel'lare] *vt* (*anche fig*) classer.
incassare [inkas'sare] *vt* (*merce*) mettre en caisse, emballer; (*soldi, fig*) encaisser; (*assegno*) toucher.
incasso [in'kasso] *sm* (*introito*) recette *f*.
incastonare [inkasto'nare] *vt* sertir, enchâsser.
incastonatura [inkastona'tura] *sf* sertissage *m*, enchâssement *m*.
incastrare [inkas'trare] *vt* encastrer; (*far combaciare*) emboîter; (*fig*: *intrappolare*) coincer; **incastrarsi** *vip* s'encastrer, s'emboîter; (*restare bloccato*) se coincer.
incastro [in'kastro] *sm* encastrement *m*, adent *m*; (*punto di unione*) emboîture *f*; **gioco a** ~ jouet *m* emboîtable.
incatenare [inkate'nare] *vt* (*anche fig*) enchaîner; ~ **qn a qc** enchaîner qn à qch.
incatramare [inkatra'mare] *vt* goudronner.
incattivire [inkatti'vire] *vt* rendre méchant(e); **incattivirsi** *vip* devenir méchant(e).
incauto, -a [in'kauto] *agg* imprudent(e).
incavare [inka'vare] *vt* creuser.
incavato, -a [inka'vato] *agg* creux(-euse); (*occhi*) enfoncé(e).
incavo [in'kavo] *sm* creux *msg*; (*solco*) rainure *f*.
incavolarsi [inkavo'larsi] *vip* (*fam*) se mettre en rogne.
incazzarsi [inkat'tsarsi] *vip* (*fam!*) se foutre en rogne (*fam!*).
incedere [in'tʃɛdere] *vi* avancer (majestueusement) ♦ *sm* démarche *f* (majestueuse).
incendiare [intʃen'djare] *vt* incendier; (*fig*) enflammer; **incendiarsi** *vip* prendre feu.
incendiario, -a [intʃen'djarjo] *agg* incendiaire ♦ *sm/f* pyromane *m/f*.
incendio [in'tʃɛndjo] *sm* incendie *m*.
incenerire [intʃene'rire] *vt* incinérer; **incenerirsi** *vip* être réduit(e) en cendres; ~ **con lo sguardo** foudroyer du regard.
inceneritore [intʃeneri'tore] *sm* incinérateur *m*.
incenso [in'tʃɛnso] *sm* encens *msg*.
incensurato, -a [intʃensu'rato] *agg* (*DIR*) qui a un casier judiciaire vierge.
incentivare [intʃenti'vare] *vt* stimuler, encourager; (*persona*) encourager.
incentivo [intʃen'tivo] *sm* encouragement *m*; (*economico*) mesure *f* incitative; ~ **alla produzione** prime *f* de production.
incentrarsi [intʃen'trarsi] *vip* (*fig*): ~ **su** être axé(e) sur.
inceppare [intʃep'pare] *vt* entraver; **incepparsi** *vip* s'enrayer, se coincer.
incerata [intʃe'rata] *sf* toile *f* cirée; (*impermeabile*) ciré *m*.
incertezza [intʃer'tettsa] *sf* incertitude *f*; (*dubbio, indecisione*) doute *m*.
incerto, -a [in'tʃɛrto] *agg* incertain(e) ♦ *sm* incertain *m*; (*imprevisto*) imprévu *m*; **gli incerti del mestiere** les aléas du métier.
incespicare [intʃespi'kare] *vi*: ~ **(in)** trébucher (sur/contre).
incessante [intʃes'sante] *agg* incessant(e).
incesto [in'tʃɛsto] *sm* inceste *m*.
incestuoso, -a [intʃestu'oso] *agg* incestueux(-euse).
incetta [in'tʃɛtta] *sf* accaparement *m*; **fare** ~ **di qc** accaparer qch.
inchiesta [in'kjɛsta] *sf* (*anche DIR*) enquête *f*; (*STAMPA*) reportage *m*; ▸ **inchiesta giudiziaria/parlamentare** enquête judiciaire/parlementaire.
inchinare [inki'nare] *vt* baisser, incliner; **inchinarsi** *vip* se baisser; (*per riverenza*) s'incliner.
inchino [in'kino] *sm* (*della persona*) révérence *f*; (*del capo*) inclination *f*; **fare un** ~ faire une révérence.
inchiodare [inkjo'dare] *vt* clouer; ~ **(la macchina)** stopper net; **inchiodato a letto** cloué(e) au lit.
inchiostro [in'kjostro] *sm* encre *f*; (*di seppia, calamaro*) encre de seiche; ▸ **inchiostro simpatico** encre sympathique.
inciampare [intʃam'pare] *vi*: ~ **(in)** trébucher (sur).
inciampo [in'tʃampo] *sm* obstacle *m*; **essere d'**~ **a qn** (*fig*) gêner qn.
incidentale [intʃiden'tale] *agg* secondaire; (*casuale*) accidentel(le); (*DIR*) incident(e).
incidentalmente [intʃidental'mente] *avv* incidemment, accidentellement; (*per inci-*

so) en passant.
incidente [intʃi'dɛnte] *sm* accident *m*; (*episodio, disturbo*) incident *m*; **e con questo l'~ è chiuso** et ainsi l'incident est clos; ▶ **incidente automobilistico** *o* **d'auto** accident de voiture; ▶ **incidente diplomatico** incident diplomatique.
incidenza [intʃi'dɛntsa] *sf* incidence *f*; **avere una forte ~ su qc** avoir une forte incidence sur qch.
incidere [in'tʃidere] *vi*: ~ **su** (*ricadere, gravare*) avoir des répercussions sur; (*influire*) avoir des conséquences sur; (*su bilancio*) grever ♦ *vt* inciser, entailler; (*intagliare*) graver; (*disco, nastro*) enregistrer.
incinta [in'tʃinta] *agg f* enceinte.
incipiente [intʃi'pjɛnte] *agg* qui commence; **paralisi ~** début de paralysie.
incipriare [intʃi'prjare] *vt* poudrer; **incipriarsi** *vr* se poudrer.
incirca [in'tʃirka] *avv*: **all'~** à peu près, environ.
incisi *etc* [in'tʃizi] *vb vedi* **incidere**.
incisione [intʃi'zjone] *sf* entaille *f*; (*ARTE*) gravure *f*; (*registrazione*) enregistrement *m*; (*MED*) incision *f*.
incisivo, -a [intʃi'zivo] *agg* (*anche fig*: *pungente, efficace*) incisif(-ive); **(dente) ~** (*ANAT*) incisive *f*.
inciso, -a [in'tʃizo] *pp di* **incidere** ♦ *sm*: **fare un ~** faire une incise; **per ~** incidemment; (*in modo accessorio*) en passant.
incisore [intʃi'zore] *sm* (*ARTE*) graveur *m*.
incitamento [intʃita'mento] *sm* encouragement *m*, incitation *f*.
incitare [intʃi'tare] *vt* inciter, exhorter.
incivile [intʃi'vile] *agg* barbare, sauvage; (*villano*) grossier(-ière).
incivilire [intʃivi'lire] *vt* civiliser; (*modi*: *dirozzare*) dégrossir, affiner; **incivilirsi** *vip* se civiliser.
inciviltà [intʃivil'ta] *sf* barbarie *f*; (*grossolanità, maleducazione*) grossièreté *f*, impolitesse *f*; (*fig*: *di trattamento*) rudesse *f*.
incl. *abbr* (= *incluso*) inclus.
inclemente [inkle'mɛnte] *agg* (*giudice*) impitoyable; (*sentenza*) implacable; (*fig*: *tempo, clima*) inclément(e).
inclemenza [inkle'mɛntsa] *sf* (*di giudice, sentenza*) sévérité *f*; (*del tempo*) inclémence *f*.
inclinabile [inkli'nabile] *agg* inclinable.
inclinare [inkli'nare] *vt* incliner ♦ *vi* pencher; **inclinarsi** *vip* s'incliner.
inclinato, -a [inkli'nato] *agg* incliné(e); (*strada*) en pente.
inclinazione [inklinat'tsjone] *sf* (*pendenza*: *anche MAT*) inclinaison *f*; (*fig*: *disposizione*) penchant *m*, inclination *f*.
incline [in'kline] *agg*: ~ **a** enclin(e) à.
includere [in'kludere] *vt* inclure, joindre; (*inserire*) insérer.
inclusione [inklu'zjone] *sf* inclusion *f*, insertion *f*.
inclusivo, -a [inklu'zivo] *agg*: ~ **di** qui comprend, qui inclut.
incluso, -a [in'kluzo] *pp di* **includere** ♦ *agg* ci-inclus(e), ci-joint(e); (*compreso*) inclus(e).
incoerente [inkoe'rɛnte] *agg* incohérent(e).
incoerenza [inkoe'rɛntsa] *sf* incohérence *f*.
incognita [in'kɔɲɲita] *sf* surprise *f*, imprévu *m*; (*MAT*) inconnue *f*.
incognito, -a [in'kɔɲɲito] *agg* inconnu(e) ♦ *sm*: **in ~** incognito *inv*.
incollare [inkol'lare] *vt* encoller; (*attaccare*) coller; ~ **gli occhi addosso a qn** (*fig*) fixer qn des yeux.
incollatura [inkolla'tura] *sf* (*IPPICA*) encolure *f*.
incolonnare [inkolon'nare] *vt* mettre en colonne; **incolonnarsi** *vip* se mettre en colonne.
incolore [inko'lore] *agg* incolore.
incolpare [inkol'pare] *vt*: ~ **(di)** accuser (de).
incolto, -a [in'kolto] *agg* inculte.
incolume [in'kɔlume] *agg* indemne.
incolumità [inkolumi'ta] *sf* sécurité *f*.
incombente [inkom'bɛnte] *agg* (*pericolo*) imminent(e).
incombenza [inkom'bɛntsa] *sf* tâche *f*.
incombere [in'kombere] *vi*: ~ **(su)** planer (sur).
incominciare [inkomin'tʃare] *vt, vi* commencer.
incomodare [inkomo'dare] *vt* déranger; **incomodarsi** *vr* se déranger.
incomodo, -a [in'kɔmodo] *agg* incommode; (*inopportuno*) inopportun(e) ♦ *sm* ennui *m*, désagrément *m*; **il terzo ~** l'intrus *msg*.
incomparabile [inkompa'rabile] *agg* incomparable.
incompatibile [inkompa'tibile] *agg* incompatible.
incompatibilità [inkompatibili'ta] *sf* incompatibilité *f*; ~ **di carattere** incompatibilité de caractère.
incompetente [inkompe'tɛnte] *agg* incompétent(e) ♦ *sm/f* (*persona*) incapable *m/f*.
incompetenza [inkompe'tɛntsa] *sf* incompétence *f*.
incompiuto, -a [inkom'pjuto] *agg* inachevé(e).
incompleto, -a [inkom'plɛto] *agg* incomplet(-ète).
incomprensibile [inkompren'sibile] *agg* incompréhensible.

incomprensione [inkompren'sjone] *sf* incompréhension *f*.
incompreso, -a [inkom'preso] *agg* incompris(e).
inconcepibile [inkontʃe'pibile] *agg* inconcevable.
inconciliabile [inkontʃi'ljabile] *agg* inconciliable.
inconcludente [inkonklu'dɛnte] *agg* (*discorso*) qui n'aboutit à rien; (*persona*) qui ne fait rien de bon.
incondizionato, -a [inkondittsjo'nato] *agg* inconditionnel(le); (*resa*) sans condition.
inconfessabile [inkonfes'sabile] *agg* inavouable.
inconfondibile [inkonfon'dibile] *agg* incomparable; **è un tipo** ~ il est unique en son genre.
inconfutabile [inkonfu'tabile] *agg* irréfutable.
incongruente [inkongru'ɛnte] *agg* incohérent(e).
incongruenza [inkongru'ɛntsa] *sf* incohérence *f*.
incongruo, -a [in'kɔngruo] *agg* disproportionné(e), insuffisant(e), incohérent(e).
inconsapevole [inkonsa'pevole] *agg*: ~ **di** inconscient(e) de.
inconsapevolezza [inkonsapevo'lettsa] *sf* inconscience *f*.
inconscio, -a, -sci, -sce [in'kɔnʃo] *agg* inconscient(e) ♦ *sm* (*PSIC*) inconscient *m*.
inconsistente [inkonsis'tɛnte] *agg* inconsistant(e).
inconsistenza [inkonsis'tɛntsa] *sf* inconsistance *f*.
inconsolabile [inkonso'labile] *agg* inconsolable.
inconsueto, -a [inkonsu'ɛto] *agg* insolite.
inconsulto, -a [inkon'sulto] *agg* irréfléchi(e); **gesto** ~ geste *m* insensé.
incontenibile [inkonte'nibile] *agg* irrésistible.
incontentabile [inkonten'tabile] *agg* difficile *o* impossible à contenter; (*artista*) exigeant(e).
incontestabile [inkontes'tabile] *agg* incontestable.
incontestato, -a [inkontes'tato] *agg* incontesté(e).
incontinenza [inkonti'nɛntsa] *sf* incontinence *f*.
incontrare [inkon'trare] *vt* rencontrer; **incontrarsi** *vr, vip* se rencontrer.
incontrario [inkon'trarjo] *avv*: **all'**~ (*sottosopra*) au contraire, de travers; (*alla rovescia*) à l'envers; (*all'indietro*) à la renverse; (*nel senso contrario*) dans le sens contraire.
incontrastabile [inkontras'tabile] *agg* incontestable.
incontrastato, -a [inkontras'tato] *agg* incontesté(e).
incontro [in'kontro] *avv*: ~ **a** à la rencontre de, au devant de ♦ *sm* (*fortuito*) rencontre *f*; (*riunione, convegno*) rencontre, réunion *f*; (*gara, partita, scontro*) rencontre, match *m*; (*MAT*) point *m* d'intersection; **andare** *o* **venire** ~ **a** (*richieste, esigenze*) aller *o* venir au-devant de; ▸ **incontro di calcio** rencontre *o* match de football; ▸ **incontro di pugilato** combat *m* de boxe.
incontrollabile [inkontrol'labile] *agg* incontrôlable.
inconveniente [inkonve'njɛnte] *sm* inconvénient *m*.
incoraggiamento [inkoraddʒa'mento] *sm* encouragement *m*; **premio d'**~ prix *m* d'encouragement.
incoraggiare [inkorad'dʒare] *vt* (*anche fig*) encourager.
incornare [inkor'nare] *vt* encorner.
incorniciare [inkorni'tʃare] *vt* encadrer.
incoronare [inkoro'nare] *vt* couronner.
incoronazione [inkoronat'tsjone] *sf* couronnement *m*.
incorporare [inkorpo'rare] *vt* (*aggiungere*) incorporer; (*annettere*) annexer.
incorreggibile [inkorred'dʒibile] *agg* incorrigible; (*compito*) impossible à corriger.
incorrere [in'korrere] *vi*: ~ **in** s'exposer à.
incorruttibile [inkorrut'tibile] *agg* incorruptible.
incorso, -a [in'korso] *pp di* **incorrere**.
incosciente [inkoʃ'ʃɛnte] *agg* inconscient(e).
incoscienza [inkoʃ'ʃɛntsa] *sf* inconscience *f*.
incostante [inkos'tante] *agg* inconstant(e); (*carattere*) inconstant(e), versatile; (*rendimento*) inégal(e).
incostanza [inkos'tantsa] *sf* (*vedi agg*) inconstance *f*; versatilité *f*; inégalité *f*.
incostituzionale [inkostituttsjo'nale] *agg* inconstitutionnel(le).
incredibile [inkre'dibile] *agg* incroyable.
incredulità [inkreduli'ta] *sf* incrédulité *f*.
incredulo, -a [in'krɛdulo] *agg* incrédule.
incrementare [inkremen'tare] *vt* augmenter; (*commercio, turismo*) développer.
incremento [inkre'mento] *sm* développement *m*; (*aumento numerico*) accroissement *m*.
increscioso, -a [inkreʃ'ʃoso] *agg* fâcheux(-euse), ennuyeux(-euse).
increspare [inkres'pare] *vt* (*capelli*) friser, crêper; (*stoffa*) froncer, plisser; (*acque*) rider; **incresparsi** *vip* (*acque*) se rider.
incriminare [inkrimi'nare] *vt* inculper, incriminer.

incriminazione [inkriminat'tsjone] *sf* incrimination *f.*
incrinare [inkri'nare] *vt* fêler; (*fig*: *rapporti, amicizia*) gâter, compromettre; **incrinarsi** *vip* (*vedi vt*) se fêler; se gâter, se compromettre.
incrinatura [inkrina'tura] *sf* fêlure *f*; (*fig*: *in rapporti, gruppo*) faille *f.*
incrociare [inkro'tʃare] *vt, vi* (*anche BIOL, NAUT, AER*) croiser; **incrociarsi** *vr* (*strade, veicoli etc*) se croiser; ~ **le braccia** croiser les bras.
incrociatore [inkrotʃa'tore] *sm* croiseur *m.*
incrocio, -ci [in'krotʃo] *sm* (*anche BIOL*) croisement *m*; (*stradale*) croisement, carrefour *m*; (*FERR*) nœud *m* ferroviaire.
incrollabile [inkrol'labile] *agg* (*anche fig*) inébranlable.
incrostare [inkros'tare] *vt* incruster; **incrostarsi** *vip*: **incrostarsi (di)** s'incruster (de).
incrostazione [inkrostat'tsjone] *sf* incrustation *f.*
incruento, -a [inkru'ɛnto] *agg* (*scontro*) sans effusion de sang.
incubatrice [inkuba'tritʃe] *sf* couveuse *f*, incubateur *m.*
incubazione [inkubat'tsjone] *sf* incubation *f.*
incubo ['inkubo] *sm* (*anche fig*) cauchemar *m.*
incudine [in'kudine] *sf* enclume *f*; **trovarsi tra l'~ e il martello** (*fig*) être entre l'enclume et le marteau.
inculcare [inkul'kare] *vt*: ~ **(in)** inculquer (à).
incupire [inku'pire] *vt* (*anche fig*) assombrir ♦ *vi* s'assombrir.
incurabile [inku'rabile] *agg* incurable.
incurante [inku'rante] *agg*: ~ **(di)** insouciant(e) de.
incuria [in'kurja] *sf* incurie *f.*
incuriosire [inkurjo'sire] *vt* intéresser, intriguer; **incuriosirsi** *vip* être intrigué(e).
incursione [inkur'sjone] *sf* incursion *f*; ▶ **incursione aerea** raid *m* aérien.
incurvare [inkur'vare] *vt* courber; **incurvarsi** *vip* se courber.
incusso, -a [in'kusso] *pp di* **incutere**.
incustodito, -a [inkusto'dito] *agg* laissé(e) sans surveillance.
incutere [in'kutere] *vt*: ~ **(a)** inspirer (à); ~ **rispetto a qn** inspirer du respect à qn.
indaco ['indako] *sm* indigo *m.*
indaffarato, -a [indaffa'rato] *agg* affairé(e).
indagare [inda'gare] *vt* rechercher, chercher à connaître ♦ *vi*: ~ **(su)** enquêter (sur).
indagatore, -trice [indaga'tore] *agg* investigateur(-trice).
indagine [in'dadʒine] *sf* investigation *f*, enquête *f*; (*ricerca, studio*) recherche *f*, étude *f*; ▶ **indagine di mercato** analyse *f o* étude de marché.
indebitamente [indebita'mente] *avv* indûment.
indebitare [indebi'tare] *vt* endetter; **indebitarsi** *vr* s'endetter.
indebito, -a [in'debito] *agg* indu(e).
indebolimento [indeboli'mento] *sm* affaiblissement *m*; (*debolezza*) défaillance *f.*
indebolire [indebo'lire] *vt* affaiblir ♦ *vi* (*anche*: **indebolirsi**) s'affaiblir.
indecente [inde'tʃɛnte] *agg* indécent(e).
indecenza [inde'tʃɛntsa] *sf* indécence *f*; **è un ~!** c'est une honte!
indecifrabile [indetʃi'frabile] *agg* (*anche fig*) indéchiffrable.
indecisione [indetʃi'zjone] *sf* indécision *f.*
indeciso, -a [inde'tʃizo] *agg* indécis(e); (*questione*) non résolu(e).
indecoroso, -a [indeko'roso] *agg* inconvenant(e).
indefesso, -a [inde'fɛsso] *agg* infatigable.
indefinibile [indefi'nibile] *agg* indéfinissable.
indefinito, -a [indefi'nito] *agg* (*anche LING*) indéfini(e).
indeformabile [indefor'mabile] *agg* indéformable.
indegno, -a [in'deɲɲo] *agg* indigne.
indelebile [inde'lɛbile] *agg* indélébile.
indelicatezza [indelika'tettsa] *sf* indélicatesse.
indelicato, -a [indeli'kato] *agg* indélicat(e).
indemoniato, -a [indemo'njato] *agg* (*posseduto*) possédé(e); (*agitato*) endiablé(e).
indenne [in'dɛnne] *agg* indemne.
indennità [indenni'ta] *sf inv* indemnité *f*; ▶ **indennità di fine rapporto** indemnité de départ; ▶ **indennità di trasferta** indemnité de déplacement.
indennizzare [indennid'dzare] *vt* indemniser.
indennizzo [inden'niddzo] *sm* indemnité *f*, indemnisation *f*; (*somma*) dommages-intérêts *mpl.*
inderogabile [indero'gabile] *agg* inéluctable.
indescrivibile [indeskri'vibile] *agg* indescriptible.
indesiderabile [indeside'rabile] *agg* indésirable.
indesiderato, -a [indeside'rato] *agg* non souhaité(e).
indeterminatezza [indetermina'tettsa] *sf* indétermination *f.*
indeterminativo, -a [indetermina'tivo] *agg* (*LING*) indéfini(e).
indeterminato, -a [indetermi'nato] *agg* indéterminé(e); (*LING*) indéfini(e).
indetto, -a [in'detto] *pp di* **indire**.

India ['indja] *sf* Inde *f*; **le Indie occidentali** les Indes *fpl* occidentales.
indiano, -a [in'djano] *agg* indien(ne) ♦ *sm/f* (*d'India, d'America*) Indien(ne); **l'Oceano I~** l'Océan *m* Indien.
indiavolato, -a [indjavo'lato] *agg* endiablé(e); (*fig*: *bambino*) déchaîné(e); (*chiasso*) infernal(e), d'enfer.
indicare [indi'kare] *vt* (*mostrare, significare*) indiquer; (*col dito*) montrer du doigt; (*consigliare*) conseiller.
indicativo, -a [indika'tivo] *agg* (*anche* LING) indicatif(-ive) ♦ *sm* (LING) indicatif *m*.
indicato, -a [indi'kato] *agg*: ~ **(per)** indiqué(e) (pour).
indicatore, -trice [indika'tore] *agg* indicateur(-trice) ♦ *sm* (TECN, ECON) indicateur *m*; ▸ **indicatore della benzina** (AUT) jauge *f* de l'essence; ▸ **indicatore di velocità** (AUT) compteur *m* de vitesse.
indicazione [indikat'tsjone] *sf* indication *f*; ▸ **indicazioni** (MED) indications.
indice ['inditʃe] *sm* (ANAT) index *m inv*; (*lancetta*) aiguille *f*; (*di libro, volume*) table *f* des matières; (TECN, MAT, ECON, *fig*) indice *m*; ▸ **indice azionario** indice des valeurs; ▸ **indice dei prezzi al consumo** indice des prix à la consommation; ▸ **indice di ascolto** indice d'écoute; ▸ **indice di gradimento** (RADIO, TV) indice *f* de satisfaction.
indicherò *etc* [indike'rɔ] *vb vedi* **indicare**.
indicibile [indi'tʃibile] *agg* indicible.
indicizzare [inditʃid'dzare] *vt* indexer.
indicizzato, -a [inditʃid'dzato] *agg* indexé(e).
indicizzazione [inditʃiddzat'tsjone] *sf* indexation *f*.
indietreggiare [indjetred'dʒare] *vi* reculer.
indietro [in'djɛtro] *avv* (*guardare*) en arrière; **(all')~** à reculons; (*cadere*) à la renverse; **essere ~** (*col lavoro, nello studio*) être en retard; (*orologio*) retarder; **lasciare ~ qc** (*ometterla*) oublier qch; **rimandare qc ~** renvoyer qch; **rimanere ~** se laisser distancer; **tornare un passo ~** (*fig*) revenir en arrière; **non andare né avanti né dietro** (*fig*) piétiner; **far marcia ~** (*anche fig*) faire marche arrière.
indifeso, -a [indi'feso] *agg* sans défense.
indifferente [indiffe'rɛnte] *agg* indifférent(e) ♦ *sm/f*: **fare l'~** faire l'indifférent(e).
indifferenza [indiffe'rɛntsa] *sf* indifférence *f*.
indigeno, -a [in'didʒeno] *agg, sm/f* indigène *m/f*.
indigente [indi'dʒɛnte] *agg* indigent(e).
indigenza [indi'dʒɛntsa] *sf* indigence *f*.
indigestione [indidʒes'tjone] *sf* indigestion *f*.
indigesto, -a [indi'dʒɛsto] *agg* indigeste.
indignare [indiɲ'ɲare] *vt* indigner; **indignarsi** *vip* s'indigner.
indignazione [indiɲɲat'tsjone] *sf* indignation *f*.
indimenticabile [indimenti'kabile] *agg* inoubliable.
indio, -a ['indjo] *agg* des Indiens d'Amérique du Sud ♦ *sm/f* Indien(ne) d'Amérique du Sud.
indipendente [indipen'dɛnte] *agg* indépendant(e).
indipendentemente [indipendente'mente] *avv* indépendamment; ~ **dal fatto che gli piaccia o meno ...** que cela lui plaise ou non ... .
indipendenza [indipen'dɛntsa] *sf* indépendance *f*.
indire [in'dire] *vt* (*concorso*) ouvrir; (*elezione*) fixer.
indiretto, -a [indi'rɛtto] *agg* indirect(e).
indirizzare [indirit'tsare] *vt* adresser; (*sforzi, energia*) concentrer; (*persona*) orienter.
indirizzario [indirit'tsarjo] *sm* carnet *m* d'adresses.
indirizzo [indi'rittso] *sm* adresse *f*; (*avvio*) orientation *f*; (*scientifico, linguistico*) branche *f*; (SCOL) section *f*; **studi ad ~ scientifico** études *fpl* scientifiques; ▸ **indirizzo letterario** section *f* littéraire; ▸ **indirizzo assoluto** (INFORM) adresse absolue.
indisciplina [indiʃʃi'plina] *sf* indiscipline *f*.
indisciplinato, -a [indiʃʃipli'nato] *agg* indiscipliné(e).
indiscreto, -a [indis'kreto] *agg* indiscret(-ète).
indiscrezione [indiskret'tsjone] *sf* indiscrétion *f*; **secondo alcune indiscrezioni ...** d'après certaines indiscrétions ... .
indiscriminato, -a [indiskrimi'nato] *agg* sans discrimination, sans discernement; **uso ~** usage *m* aveugle.
indiscusso, -a [indis'kusso] *agg* indiscuté(e).
indiscutibile [indisku'tibile] *agg* indiscutable.
indispensabile [indispen'sabile] *agg* indispensable.
indispettire [indispet'tire] *vt* irriter, agacer ♦ *vi* (*anche*: **indispettirsi**) s'irriter, se fâcher.
indisponente [indispo'nɛnte] *agg* agaçant(e).
indisporre [indis'porre] *vt* indisposer.
indisposizione [indispozit'tsjone] *sf* indisposition *f*.
indisposto, -a [indis'posto] *pp di* **indisporre** ♦ *agg* indisposé(e).
indissolubile [indisso'lubile] *agg* indissoluble.

indissolubilmente [indissolubil'mente] *avv* indissolublement.
indistintamente [indistinta'mente] *avv* indistinctement.
indistinto, -a [indis'tinto] *agg* indistinct(e).
indistruttibile [indistrut'tibile] *agg* indestructible.
indivia [in'divja] *sf*: ~ **riccia** (salade *f*) frisée *f*.
individuale [individu'ale] *agg* individuel(le).
individualismo [individua'lizmo] *sm* individualisme *m*.
individualista, -i, -e [individua'lista] *sm/f* individualiste *m/f*.
individualità [individuali'ta] *sf inv* individualité *f*.
individualmente [individual'mente] *avv* individuellement.
individuare [individu'are] *vt* (*punto, posizione*) repérer, localiser; (*persona*) identifier, reconnaître.
individuo [indi'viduo] *sm* individu *m*; (*peg*) type *m*.
indivisibile [indivi'zibile] *agg* indivisible; (*amici*) inséparable.
indiziare [indit'tsjare] *vt*: ~ **(di)** soupçonner (de).
indiziato, -a [indit'tsjato] *agg, sm/f* suspect(e).
indizio [in'dittsjo] *sm* signe *m*, symptôme *m*; (*DIR*) indice *m*.
Indocina [indo'tʃina] *sf* Indochine *f*.
indole ['indole] *sf* caractère *m*, tempérament *m*.
indolente [indo'lɛnte] *agg* indolent(e).
indolenza [indo'lɛntsa] *sf* indolence *f*.
indolenzire [indolen'tsire] *vt* (*gambe, braccia etc*) endolorir, courbaturer; (: *intorpidire*) engourdir; **indolenzirsi** *vip* s'engourdir.
indolenzito, -a [indolen'tsito] *agg* endolori(e), engourdi(e).
indolore [indo'lore] *agg* (*anche fig*) indolore.
indomani [indo'mani] *sm*: **l'~** le lendemain.
Indonesia [indo'nɛzja] *sf* Indonésie *f*.
indonesiano, -a [indone'zjano] *agg* indonésien(ne) ♦ *sm/f* Indonésien(ne) ♦ *sm* indonésien *m*.
indorare [indo'rare] *vt* (*anche CUC*) dorer; ~ **la pillola** (*fig*) dorer la pilule.
indossare [indos'sare] *vt* (*mettere indosso*) endosser; (*avere indosso*) porter.
indossatore, -trice [indossa'tore] *sm/f* mannequin *m*.
indotto, -a [in'dotto] *pp di* **indurre**.
indottrinare [indottri'nare] *vt* endoctriner.
indovinare [indovi'nare] *vt* deviner; **tirare a ~** essayer de deviner, répondre au petit bonheur.
indovinato, -a [indovi'nato] *agg* (*film etc*) réussi(e); (*scelta*) heureux(-euse).
indovinello [indovi'nɛllo] *sm* devinette *f*.
indovino, -a [indo'vino] *sm/f* voyant(e).
indù [in'du] *agg* hindou(e) ♦ *sm/f* Hindou(e).
indubbiamente [indubbja'mente] *avv* sans aucun doute, indubitablement.
indubbio, -a [in'dubbjo] *agg* certain(e), incontestable.
induco *etc* [in'duko] *vb vedi* **indurre**.
indugiare [indu'dʒare] *vi* hésiter, temporiser; ~ **a fare qc** tarder à faire qch.
indugio, -gi [in'dudʒo] *sm* retard *m*, délai *m*; **senza** ~ sur le champ.
indulgente [indul'dʒɛnte] *agg* indulgent(e).
indulgenza [indul'dʒɛntsa] *sf* indulgence *f*.
indulgere [in'duldʒere] *vi*: ~ **a** être indulgent(e) envers; (*abbandonarsi*) s'abandonner à, se laisser aller à.
indulto, -a [in'dulto] *pp di* **indulgere** ♦ *sm* (*DIR*) remise *f* de peine.
indumento [indu'mento] *sm* vêtement *m*; **indumenti** *smpl* effets *fpl*; ▸ **indumenti intimi** sous-vêtements *mpl*.
indurimento [induri'mento] *sm* durcissement *m*.
indurire [indu'rire] *vt* durcir; (*fig*) endurcir ♦ *vip*: **indurirsi** durcir, s'endurcir.
indurre [in'durre] *vt*: ~ **qn a fare qc** pousser qn à faire qch; ~ **qn al male** pousser qn au vice; ~ **qn in tentazione** induire qn en tentation.
indussi *etc* [in'dussi] *vb vedi* **indurre**.
industria [in'dustrja] *sf* industrie *f*; **la piccola/grande** ~ la petite/grande industrie; ▸ **industria leggera/pesante** industrie légère/lourde.
industriale [indus'trjale] *agg* industriel(le) ♦ *sm* industriel *m*.
industrializzare [industrjalid'dzare] *vt* industrialiser.
industrializzazione [industrjaliddzat'tsjone] *sf* industrialisation *f*.
industriarsi [indus'trjarsi] *vip* s'ingénier, s'évertuer.
industrioso, -a [indus'trjoso] *agg* industrieux(-euse).
induzione [indut'tsjone] *sf* induction *f*.
inebetito, -a [inebe'tito] *agg* hébété(e).
inebriare [inebri'are] *vt* (*anche fig*) enivrer, griser; **inebriarsi** *vip* (*anche fig*) s'enivrer, se griser.
ineccepibile [inettʃe'pibile] *agg* irréprochable.
inedia [i'nɛdja] *sf* inanition *f*; **morire d'~** (*fig*) mourir d'ennui.
inedito, -a [i'nɛdito] *agg* inédit(e).
ineffabile [inef'fabile] *agg* ineffable.
inefficace [ineffi'katʃe] *agg* inefficace.
inefficacia [ineffi'katʃa] *sf* inefficacité *f*.

inefficiente [ineffi'tʃɛnte] *agg* inefficace, qui manque d'efficience.
inefficienza [ineffi'tʃɛntsa] *sf* manque *m* d'efficacité, manque d'efficience.
ineguagliabile [inegwaʎ'ʎabile] *agg* inégalable.
ineguaglianza [inegwaʎ'ʎantsa] *sf* inégalité *f*.
ineguale [ine'gwale] *agg* inégal(e).
ineluttabile [inelut'tabile] *agg* inéluctable.
ineluttabilità [ineluttabili'ta] *sf* inéluctabilité *f*.
inenarrabile [inenar'rabile] *agg* inénarrable.
inequivocabile [inekwivo'kabile] *agg* sans équivoque, formel(le).
inerente [ine'rɛnte] *agg*: ~ **a** (*facente parte di*) inhérent(e) à; (*concernente*) relatif(-ive) à; **le qualità inerenti all'uomo** les qualités inhérentes à l'homme.
inerme [i'nɛrme] *agg* (*indifeso*) sans défense; (*disarmato*) désarmé(e).
inerpicarsi [inerpi'karsi] *vip*: ~ **(su)** grimper (sur).
inerte [i'nɛrte] *agg* inerte; (*inattivo*) inactif(-ive).
inerzia [i'nɛrtsja] *sf* inertie *f*.
inesattezza [inezat'tettsa] *sf* inexactitude *f*.
inesatto, -a [ine'zatto] *agg* inexact(e).
inesauribile [inezau'ribile] *agg* inépuisable.
inesistente [inezis'tɛnte] *agg* inexistant(e).
inesorabile [inezo'rabile] *agg* inexorable.
inesorabilmente [inezorabil'mente] *avv* inexorablement.
inesperienza [inespe'rjɛntsa] *sf* inexpérience *f*.
inesperto, -a [ines'pɛrto] *agg* inexpérimenté(e), inexpert(e).
inesplicabile [inespli'kabile] *agg* inexplicable.
inesplorato, -a [inesplo'rato] *agg* inexploré(e).
inesploso, -a [ines'plɔzo] *agg* non explosé(e).
inespressivo, -a [inespres'sivo] *agg* inexpressif(-ive).
inespresso, -a [ines'prɛsso] *agg* inexprimé(e).
inesprimibile [inespri'mibile] *agg* inexprimable.
inespugnabile [inespuɲ'ɲabile] *agg* inexpugnable.
inestetismo [ineste'tizmo] *sm* imperfection *f*.
inestimabile [inesti'mabile] *agg* inestimable.
inestricabile [inestri'kabile] *agg* inextricable.
inettitudine [inetti'tudine] *sf* inaptitude *f*.
inetto, -a [i'nɛtto] *agg* inapte, incapable ♦ *sm/f* incapable *m/f*.
inevaso, -a [ine'vazo] *agg* (*pratica*) non expédié(e).
inevitabile [inevi'tabile] *agg* inévitable.
inevitabilmente [inevitabil'mente] *avv* inévitablement.
inezia [i'nɛttsja] *sf* bagatelle *f*; **per un'~** pour un rien.
infagottare [infagot'tare] *vt* (*fig*) emmitoufler; **infagottarsi** *vr* s'emmitoufler; (*vestirsi goffamente*) se fagoter.
infallibile [infal'libile] *agg* infaillible.
infallibilità [infallibili'ta] *sf* infaillibilité *f*.
infamante [infa'mante] *agg* infamant(e).
infamare [infa'mare] *vt* diffamer.
infame [in'fame] *agg* infâme; (*fig*: *pessimo*) ignoble, infect(e); **un tempo** ~ (*fig*) un temps infect.
infamia [in'famja] *sf* infamie *f*.
infangare [infan'gare] *vt* couvrir de boue; (*fig*: *nome, reputazione*) souiller, éclabousser; **infangarsi** *vr* se couvrir de boue; **infangarsi la reputazione** souiller sa réputation.
infantile [infan'tile] *agg* (*MED, PSIC*) infantile; (*linguaggio*) enfantin(e); (*immaturo*) infantile, enfantin(e); **letteratura** ~ littérature *f* pour enfants.
infanzia [in'fantsja] *sf* enfance *f*; **la prima** ~ la première enfance.
infarinare [infari'nare] *vt* fariner; ~ **con** (*con zucchero etc*) saupoudrer de.
infarinatura [infarina'tura] *sf* (*fig*) vernis *m*, vagues notions *fpl*.
infarto [in'farto] *sm* (*MED*): ~ **(cardiaco)** infarctus *m* (du myocarde).
infastidire [infasti'dire] *vt* embêter, agacer; **infastidirsi** *vip* s'énerver, s'impatienter.
infaticabile [infati'kabile] *agg* infatigable.
infatti [in'fatti] *cong* (*in realtà*) en fait, en réalité; (*in effetti*) en effet; ~! c'est vrai!
infatuarsi [infatu'arsi] *vip*: ~ **(di)** s'enticher (de).
infatuazione [infatuat'tsjone] *sf* engouement *m*.
infausto, -a [in'fausto] *agg* funeste.
infecondità [infekondi'ta] *sf* stérilité *f*.
infecondo, -a [infe'kondo] *agg* stérile.
infedele [infe'dele] *agg* infidèle.
infedeltà [infedel'ta] *sf* infidélité *f*; (*inesattezza*) inexactitude *f*.
infelice [infe'litʃe] *agg* malheureux(-euse); (*lavoro*) manqué(e); (*non adatto*: *momento*) inopportun(e).
infelicità [infelitʃi'ta] *sf* malheur *m*.
infeltrire [infel'trire] *vi* feutrer; **infeltrirsi** *vip* se feutrer.
inferenza [infe'rɛntsa] *sf* inférence *f*.
inferiore [infe'rjore] *agg, sm/f* inférieur(e) ♦ *sm/f*: ~ **a** inférieur(e) à; ~ **alla media** inférieur(e) à la moyenne.

inferiorità [inferjori'ta] *sf* infériorité *f*; **complesso di** ~ complexe *m* d'infériorité.
inferire [infe'rire] *vt* inférer.
infermeria [inferme'ria] *sf* infirmerie *f*.
infermiere, -a [infer'mjɛre] *sm/f* infirmier(-ière).
infermità [infermi'ta] *sf inv* infirmité *f*; ▶ **infermità mentale** infirmité mentale, maladie *f* mentale.
infermo, -a [in'fermo] *agg, sm/f* infirme *m/f*; ~ **di mente** malade *m/f* mental.
infernale [infer'nale] *agg* infernal(e), d'enfer; (*malvagio*: *proposito, piano*) diabolique; **un baccano** ~ un vacarme infernal, un bruit d'enfer.
inferno [in'fɛrno] *sm* enfer *m*; **soffrire le pene dell'**~ (*fig*) souffrir les peines de l'enfer.
inferocire [infero'tʃire] *vt* rendre furieux(-euse) ♦ *vi* devenir furieux(-euse).
inferriata [infer'rjata] *sf* grille *f*.
infervorare [infervo'rare] *vt* passionner, exciter; **infervorarsi** *vip* se passionner, s'enflammer.
infestare [infes'tare] *vt* infester.
infettare [infet'tare] *vt* infecter; (*trasmettere un'infezione*) contaminer; **infettarsi** *vip* s'infecter.
infettivo, -a [infet'tivo] *agg* infectieux(-euse).
infetto, -a [in'fɛtto] *agg* infecté(e); (*acque*) pollué(e).
infezione [infet'tsjone] *sf* infection *f*.
infiacchire [infjak'kire] *vt* affaiblir; **infiacchirsi** *vr* s'affaiblir.
infiammabile [infjam'mabile] *agg* inflammable.
infiammare [infjam'mare] *vt* (*anche MED*) enflammer; **infiammarsi** *vip* (*anche MED*) s'enflammer.
infiammazione [infjammat'tsjone] *sf* (*MED*) inflammation *f*.
infiascare [infjas'kare] *vt* mettre en fiasques.
inficiare [infi'tʃare] *vt* (*DIR*) invalider.
infido, -a [in'fido] *agg* déloyal(e), à qui on ne peut (pas) se fier.
infierire [infje'rire] *vi*: ~ **(su/contro)** s'acharner (sur/contre); (*epidemia*) sévir (dans), faire rage (dans).
infiggere [in'fiddʒere] *vt*: ~ **(in)** enfoncer (dans); **infiggersi** *vip* s'enfoncer.
infilare [infi'lare] *vt* enfiler; (*chiave*) introduire; (*anello*) passer; (*strada, uscio*) prendre; **infilarsi** *vr*: **infilarsi in** (*in letto, bagno*) se glisser dans; **infilarsi la giacca** enfiler sa veste.
infiltrarsi [infil'trarsi] *vip* s'infiltrer; (*fig*) s'infiltrer, pénétrer.
infiltrato [infil'trato] *sm* taupe *f*, indicateur *m*.
infiltrazione [infiltrat'tsjone] *sf* (*anche fig*) infiltration *f*.
infilzare [infil'tsare] *vt* (*infilare*) enfiler, transpercer; (*trafiggere*) embrocher.
infimo, -a ['infimo] *agg* très bas(basse); **un albergo di** ~ **ordine** un hôtel de troisième ordre.
infine [in'fine] *avv* enfin, finalement; (*insomma*) enfin, à la fin.
infingardo, -a [infin'gardo] *sm/f* paresseux(-euse), fainéant(e).
infinità [infini'ta] *sf* infinité *f*; **un'**~ **di** une grande quantité de, un tas de.
infinitesimale [infinitezi'male] *agg* infinitésimal(e).
infinito, -a [infi'nito] *agg* infini(e); (*LING*) infinitif(-ive) ♦ *sm* infini *m*; (*LING*) infinitif *m*; **all'**~ à l'infini.
infinocchiare [infinok'kjare] *vt* (*fam*) rouler, avoir.
infiorescenza [infjoreʃ'ʃɛntsa] *sf* inflorescence *f*.
infirmare [infir'mare] *vt* (*DIR*) infirmer.
infischiarsi [infis'kjarsi] *vip*: ~ *o* **infischiarsene di** se moquer de, se ficher de.
infisso, -a [in'fisso] *pp di* **infiggere** ♦ *sm* (*in edificio*) cadre *m*, châssis *msg*; (*di vani*) portes *fpl* et fenêtres.
infittire [infit'tire] *vt* épaissir; **infittirsi** *vip* devenir plus dense, s'épaissir; (*pioggia*) redoubler.
inflazione [inflat'tsjone] *sf* inflation *f*.
inflazionistico, -a, -ci, -che [inflattsjo'nistiko] *agg* inflationniste.
inflessibile [infles'sibile] *agg* inflexible.
inflessione [infles'sjone] *sf* inflexion *f*.
infliggere [in'fliddʒere] *vt*: ~ **(a)** infliger (à).
inflissi *etc* [in'flissi] *vb vedi* **infliggere**.
inflitto, -a [in'flitto] *pp di* **infliggere**.
influente [influ'ɛnte] *agg* influent(e).
influenza [influ'ɛntsa] *sf* influence *f*; (*MED*) grippe *f*.
influenzare [influen'tsare] *vt* influencer.
influire [influ'ire] *vi*: ~ **(su)** influer (sur).
influsso [in'flusso] *sm* influence *f*.
infocato, -a [info'kato] *agg* incandescent(e), rouge.
infognarsi [infoɲ'ɲarsi] *vip*: ~ **(in)** s'enfoncer (dans).
infoltire [infol'tire] *vt* épaissir, rendre plus touffu(e) ♦ *vi* s'épaissir, devenir plus touffu(e).
infondato, -a [infon'dato] *agg* sans fondement, injustifié(e).
infondere [in'fondere] *vt*: ~ **(in)** (*coraggio*) insuffler (à); (*speranza*) donner (à); ~ **fiducia in qn** inspirer de la confiance à qn.
inforcare [infor'kare] *vt* (*infilare con la forca*) ramasser avec une fourche; (*biciclet-*

ta, moto) enfourcher; (*occhiali*) chausser.

informale [infor'male] *agg* (*colloquio, incontro*) non officiel(le), informel(le); (*persona*) sans manières.

informare [infor'mare] *vt* informer, renseigner; **informarsi** *vip*: **informarsi (di)/(su)** s'informer (de)/(sur), se renseigner (sur).

informatica [infor'matika] *sf* informatique *f*.

informatico, -a, -ci, -che [infor'matiko] *agg* informatique.

informativo, -a [informa'tivo] *agg* d'information; **a titolo** ~ à titre d'information.

informatizzare [informatid'dzare] *vt* informatiser.

informato, -a [infor'mato] *agg* informé(e), renseigné(e); **tenersi** ~ se tenir informé(e).

informatore [informa'tore] *sm* (*di polizia*) indicateur(-trice).

informazione [informat'tsjone] *sf* renseignement *m*; (*notizie*) information *f*; **informazioni** *sfpl* informations *fpl*; **chiedere un'**~ demander un renseignement; ~ **di garanzia** (*DIR*) information judiciaire.

informe [in'forme] *agg* informe.

informicolarsi [informiko'larsi] *vip*: **mi si è informicolata una gamba** j'ai des fourmis dans la jambe.

informicolirsi [informico'lirsi] *vip* = **informicolarsi**.

infornare [infor'nare] *vt* enfourner.

infornata [infor'nata] *sf* (*anche fig*) fournée *f*.

infortunarsi [infortu'narsi] *vip* avoir un accident.

infortunato, -a [infortu'nato] *agg* accidenté(e), victime d'un accident ♦ *sm/f* (*persona*) victime *f*, blessé(e).

infortunio [infor'tunjo] *sm* accident *m*; ▸ **infortunio sul lavoro** accident du travail.

infortunistica [infortu'nistika] *sf* *étude et prévention des accidents du travail.*

infossarsi [infos'sarsi] *vip* (*terreno*) s'affaisser; (*guance*) se creuser.

infossato, -a [infos'sato] *agg* (*vedi vip*) affaissé(e); creux(-euse).

infradiciare [infradi'tʃare] *vt* tremper; **infradiciarsi** *vip* se tremper.

infrangere [in'frandʒere] *vt* briser, casser; (*fig*: *patto*) rompre; (: *legge*) enfreindre; **infrangersi** *vip* se briser.

infrangibile [infran'dʒibile] *agg* incassable.

infranto, -a [in'franto] *pp di* **infrangere** ♦ *agg* (*spezzato*) brisé(e), cassé(e).

infrarosso, -a [infra'rosso] *agg* infrarouge ♦ *sm* infrarouge *m*.

infrasettimanale [infrasettima'nale] *agg* qui tombe en semaine.

infrastruttura [infrastrut'tura] *sf* infrastructure *f*.

infrazione [infrat'tsjone] *sf* infraction *f*.

infreddatura [infredda'tura] *sf* (*raffreddore leggero*) léger rhume *m*, refroidissement *m*.

infreddolito, -a [infreddo'lito] *agg* transi(e) de froid.

infrequente [infre'kwɛnte] *agg* peu fréquent(e), rare.

infrollire [infrol'lire] *vi* se faisander.

infruttuoso, -a [infruttu'oso] *agg* improductif(-ive); (*fig*) infructueux(-euse).

infuocato, -a [infwo'kato] *agg* (*metallo*) incandescent(e), rouge; (*sabbia*) brûlant(e); (*fig*: *discorso*) enflammé(e); (: *atmosfera*) surchauffé(e).

infuori [in'fwɔri] *avv* en dehors; **all'**~ **di** excepté, sauf, à part.

infuriare [infu'rjare] *vi* faire rage, sévir; **infuriarsi** *vip* s'emporter, se mettre en fureur.

infusione [infu'zjone] *sf* infusion *f*.

infuso, -a [in'fuzo] *pp di* **infondere** ♦ *agg*: **scienza infusa** (*anche iron*) science *f* infuse ♦ *sm* (*bevanda*) infusion *f*; ▸ **infuso di camomilla** infusion de camomille.

Ing. *abbr* (= *ingegnere*) ingénieur.

ingabbiare [ingab'bjare] *vt* mettre en cage, encager.

ingaggiare [ingad'dʒare] *vt* (*equipaggio etc*) engager, recruter; (*combattimento*) engager.

ingaggio [in'gaddʒo] *sm* (*assunzione*) engagement *m*, recrutement *m*; (*somma*) prime *f* d'embauche.

ingagliardire [ingaʎʎar'dire] *vt* fortifier; **ingagliardirsi** *vr* se fortifier.

ingannare [ingan'nare] *vt* tromper; (*fisco*) frauder; (*fiducia*) trahir; (*sorveglianza*) tromper, trahir; (*fig*: *tempo*) tuer; **ingannarsi** *vip* se tromper; ~ **il tempo/l'attesa** tuer le temps; **l'apparenza inganna** l'apparence est trompeuse; **se la memoria non m'inganna** si j'ai bonne mémoire.

ingannatore, -trice [inganna'tore] *agg* trompeur(-euse).

ingannevole [ingan'nevole] *agg* trompeur(-euse).

inganno [in'ganno] *sm* ruse *f*; (*menzogna, frode*) mensonge *f*; (*errore, illusione*) erreur *f*, illusion *f*; **trarre qn in** ~ induire qn en erreur.

ingarbugliare [ingarbuʎ'ʎare] *vt* (*anche fig*) embrouiller; **ingarbugliarsi** *vip* (*anche fig*) s'embrouiller.

ingarbugliato, -a [ingarbuʎ'ʎato] *agg* (*anche fig*) embrouillé(e), emmêlé(e).

ingegnarsi [indʒeɲ'ɲarsi] *vip*: ~ **(a fare qc)** s'ingénier (à faire qch); ~ **per vivere** vivre d'expédients; **basta** ~ **un po'** il suffit de se donner un peu de mal.

ingegnere [indʒeɲ'ɲɛre] *sm* ingénieur *m*; ▸ **ingegnere civile** ingénieur civil; ▸ **ingegnere navale** ingénieur des constructions navales.

ingegneria [indʒeɲɲe'ria] *sf* ingénierie *f*; ▸ **ingegneria civile** ingénierie civile, génie *m* civil; ▸ **ingegneria genetica** ingénierie génétique, génie génétique.

ingegno [in'dʒeɲɲo] *sm* esprit *m*, intelligence *f*; (*disposizione*) talent *m*.

ingegnosità [indʒeɲɲosi'ta] *sf* ingéniosité *f*.

ingegnoso, -a [indʒeɲ'ɲoso] *agg* ingénieux(-euse).

ingelosire [indʒelo'sire] *vt* rendre jaloux(-se); **ingelosirsi** *vr* devenir jaloux(-se).

ingente [in'dʒɛnte] *agg* considérable.

ingentilire [indʒenti'lire] *vt* affiner, adoucir; **ingentilirsi** *vip* s'affiner, s'adoucir.

ingenuità [indʒenui'ta] *sf inv* (*innocenza*) ingénuité *f*; (*dabbenaggine, azione*) naïveté *f*.

ingenuo, -a [in'dʒɛnuo] *agg* ingénu(e); (*credulone*) naïf(naïve).

ingerenza [indʒe'rɛntsa] *sf* ingérence *f*.

ingerire [indʒe'rire] *vt* ingérer, avaler.

ingessare [indʒes'sare] *vt* (*MED*) plâtrer.

ingessatura [indʒessa'tura] *sf* (*MED*) plâtre *m*.

Inghilterra [ingil'tɛrra] *sf* Angleterre *f*.

inghiottire [ingjot'tire] *vt* (*anche fig*) avaler.

inghippo [in'gippo] *sm* combine *f*.

ingiallire [indʒal'lire] *vt, vi* jaunir.

ingigantire [indʒigan'tire] *vt* agrandir; (*fig*) exagérer, grossir ♦ *vi* devenir gigantesque.

inginocchiarsi [indʒinok'kjarsi] *vip* s'agenouiller.

inginocchiatoio [indʒinokkja'tojo] *sm* prie-Dieu *m inv*.

ingioiellare [indʒojel'lare] *vt* parer de bijoux.

ingiù, in giù [in'dʒu] *avv* en bas; **all'**~ vers le bas.

ingiungere [in'dʒundʒere] *vt*: ~ **a qn di fare qc** ordonner à qn de faire qch, sommer qn de faire qch.

ingiunto, -a [in'dʒunto] *pp di* **ingiungere**.

ingiunzione [indʒun'tsjone] *sf* injonction *f*, sommation *f*; ▸ **ingiunzione di pagamento** sommation de payer.

ingiuria [in'dʒurja] *sf* injure *f*.

ingiuriare [indʒu'rjare] *vt* insulter.

ingiurioso, -a [indʒu'rjoso] *agg* injurieux(-euse).

ingiustamente [indʒusta'mente] *avv* injustement.

ingiustificabile [indʒustifi'kabile] *agg* injustifiable.

ingiustificato, -a [indʒustifi'kato] *agg* injustifié(e).

ingiustizia [indʒus'tittsja] *sf* injustice *f*.

ingiusto, -a [in'dʒusto] *agg* injuste.

inglese [in'glese] *agg* anglais(e) ♦ *sm/f* Anglais(e) ♦ *sm* (*LING*) anglais *m*; **andarsene** *o* **filare all'**~ s'en aller *o* filer à l'anglaise.

inglorioso, -a [inglo'rjoso] *agg* sans gloire; (*ignominioso*) honteux(-euse).

ingobbire [ingob'bire] *vi* devenir bossu(e); **ingobbirsi** *vip* se voûter.

ingoiare [ingo'jare] *vt* avaler, engloutir; (*fig*) dévorer.

ingolfare [ingol'fare] *vt* (*AUT*) noyer; **ingolfarsi** *vip* (*AUT*) se noyer, être noyé(e).

ingolosire [ingolo'sire] *vt* faire envie; (*fig*) allécher; **ingolosirsi** *vr* devenir gourmand(e).

ingombrare [ingom'brare] *vt* encombrer.

ingombro, -a [in'gombro] *agg*: ~ **(di)** encombré(e) (de) ♦ *sm* obstacle *m*; **essere d'**~ être encombrant(e); **per ragioni di** ~ pour des raisons d'encombrement.

ingordigia [ingor'didʒa] *sf* gloutonnerie *f*, goinfrerie *f*.

ingordo, -a [in'gordo] *agg*: ~ **(di)** glouton(ne) (de), goulu(e) de; (*di denaro, gloria*) avide (de) ♦ *sm/f* gourmand(e), glouton(ne).

ingorgare [ingor'gare] *vt* engorger; (*strada*) embouteiller, encombrer; **ingorgarsi** *vip* se boucher; (*strada*) se congestionner.

ingorgo, -ghi [in'gorgo] *sm* engorgement *m*; ~ **(stradale)** embouteillage *m*, bouchon *m*, encombrement *m*.

ingozzare [ingot'tsare] *vt* (*anche fig*) gaver; **ingozzarsi** *vr*: **ingozzarsi (di)** se gaver (de), s'empiffrer (de).

ingranaggio, -gi [ingra'naddʒo] *sm* (*TECN*) engrenage *m*; (*fig*: *di burocrazia*) rouages *mpl*; **gli ingranaggi della burocrazia** les rouages de la bureaucratie.

ingranare [ingra'nare] *vi* s'engrener; (*fig*: *persona*) embrayer; (: *cosa*) marcher ♦ *vt*: ~ **la marcia** (*AUT*) engager la vitesse, passer la vitesse.

ingrandimento [ingrandi'mento] *sm* (*anche FOT*) agrandissement *m*; (*OTTICA*) grossissement *m*.

ingrandire [ingran'dire] *vt* agrandir; (*esagerare*) exagérer, grossir ♦ *vi* (*anche*: **ingrandirsi**) s'agrandir; (*capitale*) s'accroître.

ingranditore [ingrandi'tore] *sm* (*FOT*) agrandisseur *m*.

ingrassaggio [ingras'saddʒo] *sm* graissage *m*.

ingrassare [ingras'sare] *vt* engraisser; (*lubrificare*) graisser ♦ *vi* (*anche*: **ingrassarsi**) grossir, s'engraisser.

ingratitudine [ingrati'tudine] *sf* ingratitude *f*.
ingrato, -a [in'grato] *agg* ingrat(e).
ingraziarsi [ingrat'tsjarsi] *vt*: ~ **qn** s'attirer les bonnes grâces de qn.
ingrediente [ingre'djɛnte] *sm* ingrédient *m*.
ingresso [in'grɛsso] *sm* entrée *f*; ▶ **ingresso di servizio** entrée de service; ▶ **ingresso libero** entrée libre; ▶ **ingresso principale** entrée principale.
ingrossare [ingros'sare] *vt* grossir ♦ *vi* (*anche*: **ingrossarsi**) grossir.
ingrosso [in'grɔsso] *avv*: **all'~** (*COMM*) en gros, de gros ♦ *avv* (*all'incirca*) en gros, à peu près.
inguaiarsi [ingwa'jarsi] *vr* se mettre dans le pétrin.
inguainare [ingwai'nare] *vt* engainer, rengainer.
ingualcibile [ingwal'tʃibile] *agg* infroissable.
inguaribile [ingwa'ribile] *agg* incurable.
inguine ['ingwine] *sm* (*ANAT*) aine *f*.
ingurgitare [ingurdʒi'tare] *vt* ingurgiter.
inibire [ini'bire] *vt* interdire; (*PSIC*) inhiber; **inibirsi** *vr* être inhibé(e).
inibito, -a [ini'bito] *agg, sm/f* inhibé(e).
inibitorio, -a [inibi'tɔrjo] *agg* prohibitif(-ive); (*PSIC*) inhibiteur(-trice).
inibizione [inibit'tsjone] *sf* (*PSIC*) inhibition *f*; (*divieto*) prohibition *f*, défense *f*.
iniettare [injet'tare] *vt* injecter; **iniettarsi** *vip*: **iniettarsi di sangue** (*occhi*) s'injecter de sang.
iniettore [injet'tore] *sm* injecteur *m*.
iniezione [injet'tsjone] *sf* (*MED*) piqûre *f*, injection *f*; (*TECN*) injection.
inimicare [inimi'kare] *vt*: **inimicarsi qn** se brouiller avec qn; **si è inimicato gli amici di un tempo** il s'est mis à dos ses anciens amis.
inimicizia [inimi'tʃittsja] *sf* inimitié *f*.
inimitabile [inimi'tabile] *agg* inimitable.
inimmaginabile [inimmadʒi'nabile] *agg* inimaginable.
ininfiammabile [ininfjam'mabile] *agg* ininflammable.
inintelligibile [inintelli'dʒibile] *agg* inintelligible.
ininterrottamente [ininterrotta'mente] *avv* sans interruption.
ininterrotto, -a [ininter'rotto] *agg* ininterrompu(e).
iniquità [inikwi'ta] *sf inv* iniquité *f*; (*atto*) méchanceté *f*.
iniquo, -a [i'nikwo] *agg* (*non giusto*) inique; (*malvagio*) malfaisant(e).
iniziale [init'tsjale] *agg* initial(e) ♦ *sf* initiale *f*.
inizializzare [inittsjalid'dzare] *vt* (*INFORM*) initialiser.
inizialmente [inittsjal'mente] *avv* initialement, au début.
iniziare [init'tsjare] *vi* commencer ♦ *vt*: ~ **qn a** initier qn à; ~ **delle trattative** entamer des pourparlers; ~ **a fare qc** commencer à faire qch.
iniziativa [inittsja'tiva] *sf* initiative *f*; **prendere l'~** prendre l'initiative; ▶ **iniziativa privata** (*COMM*) initiative privée.
iniziatore, -trice [inittsja'tore] *sm/f* initiateur(-trice).
inizio [i'nittsjo] *sm* début *m*, commencement *m*; **all'~** au début; **dare ~ a qc** commencer qch; **essere agli inizi** être au début.
innaffiare *etc* [innaf'fjare] = **annaffiare** *etc*.
innalzare [innal'tsare] *vt* (*occhi*) lever; (*vessillo*) hisser; (*livello*) faire monter; (*monumento*) élever; **innalzarsi** *vr, vip* s'élever.
innamoramento [innamora'mento] *sm* amour *m*; **l'~** le fait de tomber amoureux.
innamorare [innamo'rare] *vt* rendre qn amoureux(-euse); **innamorarsi** *vip*: **innamorarsi (di)** (*di persona*) tomber amoureux(-euse) (de), s'éprendre (de); (*di oggetto, luogo*) tomber amoureux(-euse) (de).
innamorato, -a [innamo'rato] *agg, sm/f* amoureux(-euse); ~ **di** amoureux(-euse) de.
innanzi [in'nantsi] *avv* (*luogo*: *avanti*) avant; (: *moto*) en avant; (*tempo*: *prima*) avant, auparavant ♦ *prep*: ~ **a** devant ♦ *agg*: **il giorno** ~ le jour précédent, la veille; **d'ora** ~ dorénavant; **farsi** ~ avancer, s'avancer; ~ **tempo** avant le temps; ~ **tutto** avant tout.
innato, -a [in'nato] *agg* inné(e).
innaturale [innatu'rale] *agg* qui n'est pas naturel(le); (*comportamento*) affecté(e).
innegabile [inne'gabile] *agg* indéniable.
inneggiare [inned'dʒare] *vi*: ~ **(a)** célébrer, acclamer.
innervosire [innervo'sire] *vt* énerver; **innervosirsi** *vip* s'énerver.
innescare [innes'kare] *vt* amorcer.
innesco, -schi [in'nesko] *sm* amorce *f*.
innestare [innes'tare] *vt* (*BOT, MED*) greffer; (*presa*) brancher; (*frizione*) embrayer; (*marcia*) passer, engager.
innesto [in'nɛsto] *sm* (*BOT, MED*) greffe *f*; (*TECN*) embrayage *m*, accouplement *m*; (*ELETTR*) branchement *m*; ▶ **innesto a denti** clabotage *m*; ▶ **innesto a frizione** embrayage à cônes de friction.
inno ['inno] *sm* hymne *m*; ▶ **inno nazionale** hymne national.
innocente [inno'tʃɛnte] *agg* innocent(e).
innocenza [inno'tʃɛntsa] *sf* innocence *f*.

innocuo, -a [in'nɔkuo] *agg* inoffensif(-ive).
innominato, -a [innomi'nato] *agg* innommé(e).
innovare [inno'vare] *vt* innover.
innovativo, -a [innova'tivo] *agg* innovateur(-trice), novateur(-trice).
innovazione [innovat'tsjone] *sf* innovation *f*.
innumerevole [innume'revole] *agg* innombrable.
inoculare [inoku'lare] *vt* (*MED*) inoculer.
inodoro, -a [ino'doro] *agg* inodore.
inoffensivo, -a [inoffen'sivo] *agg* inoffensif(-ive).
inoltrare [inol'trare] *vt* (*domanda*) présenter; (*lettera*) expédier; **inoltrarsi** *vip*: **inoltrarsi (in)** s'avancer (dans); (*fig*) avancer.
inoltrato, -a [inol'trato] *agg*: **a notte inoltrata** en pleine nuit; **a primavera inoltrata** au beau milieu du printemps.
inoltre [i'noltre] *avv* (*in più*) de plus; (*per di più*) en outre.
inoltro [i'noltro] *sm* (*di domanda, pratica*) présentation *f*; (*di corrispondenza*) expédition *f*.
inondare [inon'dare] *vt* inonder.
inondazione [inondat'tsjone] *sf* (*anche fig*) inondation *f*.
inoperoso, -a [inope'roso] *agg* inactif(-ive); (*persone*) oisif(-ive), inactif(-ive).
inopinato, -a [inopi'nato] *agg* inopiné(e).
inopportuno, -a [inoppor'tuno] *agg* inopportun(e).
inoppugnabile [inoppuɲ'ɲabile] *agg* (*tesi*) inattaquable; (*prova, testimonianza*) irréfutable.
inorganico, -a, -ci, -che [inor'ganiko] *agg* inorganique; (*incoerente*) confus(e), désordonné(e).
inorgoglire [inorgoʎ'ʎire] *vt* enorgueillir ♦ *vi* (*anche*: **inorgoglirsi**) s'enorgueillir; **inorgoglirsi di qc** s'enorgueillir de qch.
inorridire [inorri'dire] *vt* horrifier, remplir d'horreur ♦ *vi* être saisi(e) d'horreur.
inospitale [inospi'tale] *agg* inhospitalier(-ière).
inosservante [inosser'vante] *agg*: ~ **(di)** qui n'observe pas, qui ne respecte pas.
inosservato, -a [inosser'vato] *agg* (*persona*) inaperçu(e); (*regolamento*) inobservé(e); **passare** ~ passer inaperçu(e).
inossidabile [inossi'dabile] *agg* inoxydable.
INPS [inps] *sigla m* (= *Istituto Nazionale Previdenza Sociale*) ≈ SS *f*.
inquadrare [inkwa'drare] *vt* encadrer; (*CINE, FOT*) cadrer; (*fig*) situer.
inquadratura [inkwadra'tura] *sf* (*CINE, FOT*: *atto*) cadrage *m*; (: *immagine*) encadrement *m*; (: *sequenza*) prise *f* de vue, plan *m*.
inqualificabile [inkwalifi'kabile] *agg* inqualifiable.
inquietante [inkwje'tante] *agg* inquiétant(e).
inquietare [inkwje'tare] *vt* inquiéter, préoccuper; **inquietarsi** *vip* s'inquiéter, se faire du souci; (*stizzirsi*) se fâcher.
inquieto, -a [in'kwjɛto] *agg* (*irrequieto*) agité(e); (*preoccupato*) inquiet(-ète); (*stizzito*) fâché(e).
inquietudine [inkwje'tudine] *sf* inquiétude *f*; (*causa di apprensione*) souci *m*.
inquilino, -a [inkwi'lino] *sm/f* locataire *m/f*.
inquinamento [inkwina'mento] *sm* pollution *f*; ~ **atmosferico** pollution atmosphérique; ~ **acustico** pollution sonore.
inquinare [inkwi'nare] *vt* polluer; (*prove*) falsifier.
inquirente [inkwi'rɛnte] *agg* (*DIR*): **magistrato** ~ juge *m* chargé de l'enquête; **commissione** ~ commission *f* d'enquête.
inquisire [inkwi'zire] *vt* enquêter sur ♦ *vi* s'enquérir de.
inquisitore, -trice [inkwizi'tore] *agg* inquisiteur(-trice) ♦ *sm* inquisiteur *m*.
inquisizione [inkwizit'tsjone] *sf* inquisition *f*.
insabbiamento [insabbja'mento] *sm* (*fig*) enterrement *m*.
insabbiare [insab'bjare] *vt* (*fig*) enterrer; **insabbiarsi** *vip* s'ensabler; (*fig*) être enterré(e).
insaccare [insak'kare] *vt* (*grano, farina*) mettre en sac, ensacher; (*carne*) mettre en saucisses.
insaccati [insak'kati] *smpl* (*CUC*) *saucisses et saucissons*.
insalata [insa'lata] *sf* salade *f*; **in** ~ en salade; ▶ **insalata belga** endive *f*; ▶ **insalata mista** (*CUC*) salade mélangée; ▶ **insalata russa** (*CUC*) salade russe.
insalatiera [insala'tjɛra] *sf* saladier *m*.
insalubre [insa'lubre] *agg* insalubre.
insanabile [insa'nabile] *agg* (*piaga*) incurable; (*fig*: *situazione*) irrémédiable; (*odio*) implacable.
insanguinare [insangwi'nare] *vt* ensanglanter.
insano, -a [in'sano] *agg* fou(folle); (*gesto*) insensé(e).
insaponare [insapo'nare] *vt* savonner; **insaponarsi le mani** se savonner les mains.
insaponata [insapo'nata] *sf*: **dare un'**~ **a qc** savonner qch.
insaporire [insapo'rire] *vt* donner du goût à, relever; (*con spezie*) épicer.
insaporo, -a [insa'poro] *agg* insipide.
insaputa [insa'puta] *sf*: **all'**~ **di** à l'insu de; **a sua** ~ à son insu.
insaziabile [insat'tsjabile] *agg* insatiable; (*fig*) insatiable, inassouvissable.

inscatolare [inskato'lare] *vt* mettre en boîte(s).
inscenare [inʃe'nare] *vt* (*TEATRO*) mettre en scène; (*fig*) simuler.
inscindibile [inʃin'dibile] *agg* (*fattori*) inséparable; (*legame*) indissoluble.
insecchire [insek'kire] *vt* dessécher ♦ *vi* se dessécher.
insediamento [insedja'mento] *sm* (*in carica*) installation *f*; (*villaggio*) établissement *m*; (*industria*) implantation *f*.
insediare [inse'djare] *vt* (*in carica*) installer; **insediarsi** *vip* (*in carica*) s'installer; (*popolo, colonia, MIL*) s'établir.
insegna [in'seɲɲa] *sf* (*emblema*) emblème *m*; (*bandiera*) étendard *m*; (*di albergo, negozio*) enseigne *f*; **insegne** *sfpl* insignes *mpl*.
insegnamento [inseɲɲa'mento] *sm* enseignement *m*; (*precetto*) leçon *f*; **trarre ~ da** tirer la leçon de.
insegnante [inseɲ'ɲante] *agg* enseignant(e) ♦ *sm/f* (*scuola elementare*) instituteur(-trice); (*scuola media, superiore, UNIV*) professeur *m*.
insegnare [inseɲ'ɲare] *vt* enseigner, apprendre; ~ **qc a qn** enseigner qch à qn; ~ **a qn a fare qc** apprendre à qn à faire qch; **insegna matematica** il enseigne les mathématiques; **come lei ben m'insegna ...** (*iron*) comme vous me le faites si bien remarquer ... .
inseguimento [insegwi'mento] *sm* poursuite *f*; **darsi all'~ di** se mettre à la poursuite de.
inseguire [inse'gwire] *vt* poursuivre; (*fig: sogni*) poursuivre, caresser; (: *speranza*) nourrir.
inseguitore, -trice [insegwi'tore] *sm/f* poursuivant(e).
insellare [insel'lare] *vt* seller.
inselvatichire [inselvati'kire] *vt* rendre sauvage ♦ *vi* devenir sauvage.
inseminazione [inseminat'tsjone] *sf* insémination *f*; ~ **artificiale** insémination artificielle.
insenatura [insena'tura] *sf* (*di lago, mare*) crique *f*; (*di fiume*) anse *f*.
insensato, -a [insen'sato] *agg* insensé(e).
insensibile [insen'sibile] *agg* insensible.
insensibilità [insensibili'ta] *sf* insensibilité *f*.
inseparabile [insepa'rabile] *agg* inséparable.
inserimento [inseri'mento] *sm* introduction *f*; (*di spina*) branchement *m*; (*di documento*) insertion *f*; **problemi di ~** (*di persona*) problèmes *mpl* d'insertion.
inserire [inse'rire] *vt* introduire; (*spina*) brancher; (*allegare*) joindre; (*annuncio*) publier; **inserirsi** *vip*: **inserirsi (in)** s'insérer (dans); (*fig*) s'intégrer (dans), s'insérer (dans); ~ **un annuncio sul giornale** publier une annonce dans le journal.
inserto [in'sɛrto] *sm* (*pubblicazione*) supplément *m*; (*pubblicitario*) encart *m*; ▶ **inserto filmato** insert *m* (filmé).
inservibile [inser'vibile] *agg* inutilisable.
inserviente [inser'vjɛnte] *sm/f* (*addetto alla pulizia: casa*) domestique *m*; (: *scuola*) personnel *m* de service; (: *ospedale*) garçon *m*/fille *f* (de salle).
inserzione [inser'tsjone] *sf* (*l'introdurre*) introduction *f*; (*l'aggiungere*) insertion *f*; (*avviso, comunicato*) (petite) annonce *f*; **fare un'~ sul giornale** passer une petite annonce dans le journal.
inserzionista, -i, -e [insertsjo'nista] *sm/f* annonceur *m*.
insetticida, -i, -e [insetti'tʃida] *agg, sm* insecticide *m*.
insetto [in'sɛtto] *sm* insecte *m*.
insicurezza [insicu'rettsa] *sf* insécurité *f*.
insicuro, -a [insi'kuro] *agg*: **essere ~** (*persona*) ne pas être sûr(e) de soi.
insidia [in'sidja] *sf* piège *m*, embûche *f*; **tender un'~ a qn** tendre un piège à qn.
insidiare [insi'djare] *vt* attenter à; (*MIL*) attirer dans un guet-apen.
insidioso, -a [insi'djoso] *agg* insidieux(-euse).
insieme [in'sjɛme] *avv* ensemble; (*contemporaneamente*) en même temps, à la fois ♦ *sm* ensemble *m* ♦ *prep*: ~ **a** *o* **con** avec; **tutti ~** tous ensemble; **tutto ~** tout en même temps; (*in una volta*) à la fois, en même temps; **nell'~** dans l'ensemble; **d'~** (*veduta, quadro*) d'ensemble.
insigne [in'siɲɲe] *agg* célèbre; (*scrittore*) éminent(e).
insignificante [insiɲɲifi'kante] *agg* insignifiant(e).
insignire [insiɲ'ɲire] *vt*: ~ **qn di** décorer qn de, conférer le titre de.
insincero, -a [insin'tʃɛro] *agg* qui n'est pas sincère, faux(fausse).
insindacabile [insinda'kabile] *agg* inattaquable; (*giudizio*) sans appel.
insinuante [insinu'ante] *agg* insinuant(e).
insinuare [insinu'are] *vt*: ~ **(in)** introduire (dans) ♦ *vt* (*fig*) insinuer; **insinuarsi** *vip*: **insinuarsi (in)** pénétrer (dans); (*fig*) s'insinuer (dans), se glisser (dans).
insinuazione [insinuat'tsjone] *sf* insinuation *f*.
insipido, -a [in'sipido] *agg* insipide, fade.
insistente [insis'tɛnte] *agg* (*persona, tono*) insistant(e); (*dolore, pioggia*) persistant(e).
insistentemente [insis'tɛntemente] *avv* avec insistance, instamment.
insistenza [insis'tɛntsa] *sf* (*vedi agg*) insis-

tance *f*; persistance *f*.
insistere [in'sistere] *vi*: ~ **su qc** insister sur qch; ~ **in qc/a fare qc** persister dans qch/à faire qch.
insistito, -a [insis'tito] *pp di* **insistere**.
insito, -a ['insito] *agg*: ~ **in** inhérent(e) à, inné(e).
insoddisfatto, -a [insoddis'fatto] *agg* insatisfait(e).
insoddisfazione [insoddisfat'tsjone] *sf* insatisfaction *f*.
insofferente [insoffe'rɛnte] *agg* intolérant(e).
insofferenza [insoffe'rɛntsa] *sf* intolérance *f*.
insolazione [insolat'tsjone] *sf* (*MED*) insolation *f*.
insolente [inso'lɛnte] *agg* insolent(e).
insolentire [insolen'tire] *vi* se montrer insolent(e) ♦ *vt* dire des insolences à, insulter.
insolenza [inso'lɛntsa] *sf* insolence *f*.
insolito, -a [in'sɔlito] *agg* insolite, inhabituel(le).
insolubile [inso'lubile] *agg* insoluble.
insoluto, -a [inso'luto] *agg* non résolu(e); (*non pagato*) impayé(e).
insolvente [insol'vɛnte] *agg* (*DIR*) insolvable.
insolvenza [insol'vɛntsa] *sf* (*DIR*) insolvabilité *f*.
insolvibile [insol'vibile] *agg* (*DIR*) insolvable.
insomma [in'somma] *avv* (*in breve, in conclusione*) bref, en définitive; (*dunque*) donc ♦ *escl* enfin!, à la fin!
insondabile [inson'dabile] *agg* (*fig*) insondable.
insonne [in'sɔnne] *agg* insomniaque; **notte** ~ nuit *f* blanche.
insonnia [in'sɔnnja] *sf* insomnie *f*.
insonnolito, -a [insonno'lito] *agg* ensommeillé(e).
insonorizzazione [insonoriddzat'tsjone] *sf* insonorisation *f*.
insopportabile [insoppor'tabile] *agg* insupportable.
insopprimibile [insoppri'mibile] *agg* irrépressible.
insorgenza [insor'dʒɛntsa] *sf* apparition *f*.
insorgere [in'sordʒere] *vi* se soulever, s'insurger; (*sintomo, malattia*) se déclarer; (*difficoltà*) surgir.
insormontabile [insormon'tabile] *agg* insurmontable.
insorsi *etc* [in'sorsi] *vb vedi* **insorgere**.
insorto, -a [in'sorto] *pp di* **insorgere** ♦ *sm/f* insurgé(e).
insospettabile [insospet'tabile] *agg* insoupçonnable; (*inatteso*) inattendu(e).
insospettato, -a [insospet'tato] *agg* insoupçonné(e).
insospettire [insospet'tire] *vt* éveiller les soupçons de ♦ *vi* (*anche*: **insospettirsi**) avoir des soupçons.
insostenibile [insoste'nibile] *agg* (*peso, angoscia*) insoutenable; (*spesa*) au-dessus de ses moyens.
insostituibile [insostitu'ibile] *agg* irremplaçable.
insozzare [insot'tsare] *vt* salir; (*fig*) souiller; **insozzarsi** *vr* (*anche fig*) se salir.
insperabile [inspe'rabile] *agg* inespéré(e).
insperato, -a [inspe'rato] *agg* inespéré(e).
inspiegabile [inspje'gabile] *agg* inexplicable.
inspirare [inspi'rare] *vt* inspirer.
instabile [in'stabile] *agg* instable.
instabilità [instabili'ta] *sf* instabilité *f*.
installare [instal'lare] *vt* installer; **installarsi** *vip*: **installarsi (in)** s'installer (dans).
installazione [installat'tsjone] *sf* installation *f*.
instancabile [instan'kabile] *agg* infatigable.
instaurare [instau'rare] *vt* instaurer; **instaurarsi** *vip* s'établir, être instauré(e).
instaurazione [instaurat'tsjone] *sf* instauration *f*.
instillare [instil'lare] *vt* instiller.
instradare [instra'dare] *vt*: ~ **(verso)** acheminer (vers); (*fig*) orienter.
insù [in'su] *avv* en haut; **guardare all'**~ regarder vers le haut; **naso all'**~ nez *m* retroussé, nez en trompette.
insubordinazione [insubordinat'tsjone] *sf* insubordination *f*.
insuccesso [insut'tʃɛsso] *sm* insuccès *m*, échec *m*.
insudiciare [insudi'tʃare] *vt* salir; **insudiciarsi** *vr* se salir.
insufficiente [insuffi'tʃɛnte] *agg* insuffisant(e); (*compito, candidato*) au dessous de la moyenne.
insufficienza [insuffi'tʃɛntsa] *sf* insuffisance *f*; (*SCOL*) note *f* au-dessous de la moyenne; ▸ **insufficienza di prove** (*DIR*) manque *m* de preuves; ▸ **insufficienza renale** insuffisance rénale.
insulare [insu'lare] *agg* insulaire.
insulina [insu'lina] *sf* insuline *f*.
insulso, -a [in'sulso] *agg* (*fig*: *sciocco*) niais(e), sot(te); (: *privo di interesse*) insignifiant(e).
insultare [insul'tare] *vt* insulter.
insulto [in'sulto] *sm* insulte *f*.
insuperabile [insupe'rabile] *agg* (*ostacolo, difficoltà*) infranchissable, insurmontable; (*eccellente*: *qualità, prodotto*) imbattable; (: *persona, interpretazione*) incomparable.
insuperbire [insuper'bire] *vi* (*anche*: **insuperbirsi**) s'enorgueillir.
insurrezione [insurret'tsjone] *sf* insurrec-

tion *f*.
insussistente [insussis'tɛnte] *agg* (*pericolo, rischio*) inexistant(e); (*accusa, affermazione*) sans fondement.
intaccare [intak'kare] *vt* (*sogg*: *ruggine, acido*) attaquer, ronger; (*fig*: *risparmi*) entamer; (: *reputazione, qualità*) porter atteinte à.
intagliare [intaʎ'ʎare] *vt* graver.
intagliatore, -trice [intaʎʎa'tore] *sm/f* graveur(-euse).
intaglio [in'taʎʎo] *sm* gravure *f*.
intangibile [intan'dʒibile] *agg* intangible.
intanto [in'tanto] *avv* (*nel frattempo*) pendant ce temps, en attendant; (*per cominciare*) d'abord; ~ **che** pendant que.
intarsiare [intar'sjare] *vt* marqueter.
intarsio [in'tarsjo] *sm* (*operazione*) marqueterie *f*; (*opera*) objet *m* en marqueterie.
intasamento [intasa'mento] *sm* engorgement *m*; (*AUT*: *ingorgo*) embouteillage *m*, bouchon *m*, encombrement *m*.
intasare [inta'sare] *vt* engorger; (*strada, traffico*) embouteiller; **intasarsi** *vip* se boucher.
intascare [intas'kare] *vt* (*mettere in tasca*) mettre dans sa poche; (*soldi*) empocher.
intatto, -a [in'tatto] *agg* intact(e).
intavolare [intavo'lare] *vt* entamer, engager.
integerrimo, -a [inte'dʒɛrrimo] *agg* très intègre.
integrale [inte'grale] *agg* intégral(e); (*pane*) complet(-ète) ♦ *sm* (*MAT*) intégrale *f*; **edizione** ~ édition *f* intégrale; **versione** ~ (*film, documentario*) version *f* intégrale.
integrante [inte'grante] *agg*: **essere parte** ~ **di** être partie intégrante de.
integrare [inte'grare] *vt* compléter; (*MAT*) intégrer; **integrarsi** *vr* s'intégrer.
integrativo, -a [integra'tivo] *agg* complémentaire; **esame** ~ (*SCOL*) examen *m* complémentaire.
integrazione [integrat'tsjone] *sf* intégration *f*.
integrità [integri'ta] *sf* intégrité *f*.
integro, -a ['integro] *agg* (*intero, intatto*) intact(e); (*retto*) intègre.
intelaiatura [intelaja'tura] *sf* châssis *msg*, structure *f*.
intelletto [intel'lɛtto] *sm* raison *f*, esprit *m*; (*intelligenza*) intelligence *f*.
intellettuale [intellettu'ale] *agg, sm/f* intellectuel(le).
intellettualoide [intellettua'lɔide] (*peg*) *agg, sm/f* pseudo-intellectuel(le).
intelligente [intelli'dʒɛnte] *agg* intelligent(e).
intelligenza [intelli'dʒɛntsa] *sf* intelligence *f*.
intellighenzia [intelli'gɛntsia] *sf* intelligentsia *f*.
intelligibile [intelli'dʒibile] *agg* intelligible.
intemerato, -a [inteme'rato] *agg* (*persona, vita*) intègre; (*coscienza*) pur(e); (*fama*) sans tache.
intemperante [intempe'rante] *agg* intempérant(e).
intemperanza [intempe'rantsa] *sf* intempérance *f*; **intemperanze** *sfpl* (*eccessi*) excès *mpl*.
intemperie [intem'pɛrje] *sfpl* intempéries *fpl*.
intempestivo, -a [intempes'tivo] *agg* intempestif(-ive).
intendente [inten'dɛnte] *sm* intendant *m*; ▸ **intendente di Finanza** ≈ directeur *m* du fisc, percepteur *m*.
intendenza [inten'dɛntsa] *sf* intendance *f*; ▸ **Intendenza di Finanza** ≈ perception *f*.
intendere [in'tɛndere] *vt* (*capire, interpretare*) comprendre; (*udire, voler dire*) entendre; **intendersi** *vr, vip*: **intendersi di** s'entendre en, se connaître en; **intendersi (su qc)** (*accordarsi*) s'entendre (sur qch), s'accorder (sur qch); **intende andarsene** il a l'intention de s'en aller; **dare ad** ~ **a qn che** ... faire croire à qn que ...; **intendersela con qn** (*avere una relazione*) avoir une liaison avec qn; **non vuole** ~ **ragione** il ne veut pas entendre raison; **s'intende!** bien entendu!, cela va sans dire!; **intendiamoci** entendons-nous; **(ci siamo) intesi?** d'accord?, c'est entendu?
intendimento [intendi'mento] *sm* (*proposito*) intention *f*; (*intelligenza*) intelligence *f*.
intenditore, -trice [intendi'tore] *sm/f* connaisseur(-euse); **a buon intenditor poche parole** (*proverbio*) à bon entendeur, salut!
intenerire [intene'rire] *vt* attendrir; **intenerirsi** *vip* s'attendrir.
intensificare [intensifi'kare] *vt* intensifier; **intensificarsi** *vip* s'intensifier.
intensità [intensi'ta] *sf* intensité *f*.
intensivo, -a [inten'sivo] *agg* intensif(-ive).
intenso, -a [in'tɛnso] *agg* intense.
intentare [inten'tare] *vt*: ~ **causa (contro qn)** (*DIR*) intenter un procès (à qn).
intentato, -a [inten'tato] *agg*: **non lasciare nulla d'**~ tout essayer.
intento, -a [in'tɛnto] *agg*: ~ **a qc** absorbé(e) par qch; ~ **a fare qc** occupé(e) à faire qch; *sm* (*fine*) but *m*; (*proposito*) intention *f*; **fare qc con l'**~ **di** faire qch dans l'intention de; **riuscire nel proprio** ~**/nell'**~ réussir dans son entreprise.
intenzionale [intentsjo'nale] *agg* (*anche DIR*) intentionnel(le); **fallo** ~ (*SPORT*) faute *f* intentionnelle.
intenzionato, -a [intentsjo'nato] *agg*: **essere** ~ **a fare qc** avoir l'intention de faire qch; **bene/male** ~ bien/mal intention-

né(e).

intenzione [inten'tsjone] *sf* intention *f*; **avere (l)'~ di fare qc** avoir l'intention de faire qch.

interagire [intera'dʒire] *vi* interagir.

interamente [intera'mente] *avv* entièrement.

interattivo, -a [interat'tivo] *agg* interactif(-ive).

interazione [interat'tsjone] *sf* interaction *f*.

intercalare [interka'lare] *sm* tic *m* de langage ♦ *vt* intercaler.

intercapedine [interka'pɛdine] *sf* interstice *m*.

intercedere [inter'tʃɛdere] *vi*: ~ **(presso)** intercéder (auprès).

intercessione [intertʃes'sjone] *sf* intercession *f*.

intercettare [intertʃet'tare] *vt* intercepter.

intercettazione [intertʃettat'tsjone] *sf* interception *f*; ▶ **intercettazione telefonica** écoute *f* téléphonique.

intercity [inter'siti] *sm inv* (*FERR*) train *m* de grandes lignes.

interconnettere [interkon'nɛttere] *vt* interconnecter.

intercorrere [inter'korrere] *vi* (*tempo*) s'écouler; **tra noi intercorrono buoni rapporti** nous entretenons de bons rapports.

intercorso, -a [inter'korso] *pp di* **intercorrere**.

interdetto, -a [inter'detto] *pp di* **interdire** ♦ *agg* interdit(e) ♦ *sm* (*REL*) interdit *m*; **rimanere** ~ demeurer interdit(e).

interdire [inter'dire] *vt* interdire.

interdizione [interdit'tsjone] *sf* interdiction *f*; ▶ **interdizione dai pubblici uffici** interdiction d'exercer des charges publiques.

interessamento [interessa'mento] *sm* intérêt *m*; (*intervento*) intercession *f*.

interessante [interes'sante] *agg* intéressant(e); **essere in stato** ~ être enceinte.

interessare [interes'sare] *vt* intéresser ♦ *vi*: ~ **a** intéresser; **interessarsi** *vip* (*mostrare interesse*): **interessarsi a** s'intéresser à; **interessarsi di** (*occuparsi*) s'occuper de; **precipitazioni che interessano le regioni settentrionali** précipitations qui touchent les régions du Nord; **si è interessato di farmi avere quei biglietti** il s'est chargé de me procurer ces billets.

interessato, -a [interes'sato] *agg, sm/f* intéressé(e); **la sua è un'amicizia interessata** son amitié est intéressée; **a tutti gli interessati** à tous les intéressés.

interesse [inte'rɛsse] *sm* intérêt *m*; **interessi** *smpl* (*affari*) intérêts *mpl*, affaires *fpl*; (*hobby*) hobby *msg*; (*tornaconto*): **fare qc per** ~ faire qch par intérêt; ▶ **interesse maturato** (*ECON*) intérêt échu; ▶ **interesse privato in atti di ufficio** (*AMM*) usage *m* abusif d'écritures publiques.

interessenza [interes'sɛntsa] *sf* (*ECON*) intéressement *m*, participation *f* aux bénéfices.

interfaccia, -ce [inter'fattʃa] *sf* (*INFORM*) interface *f*; ▶ **interfaccia utente** interface utilisateur(-trice).

interferenza [interfe'rɛntsa] *sf* interférence *f*.

interferire [interfe'rire] *vi* interférer.

interfono [inter'fono] *sm* interphone *m*.

interiezione [interjet'tsjone] *sf* interjection *f*.

interim ['interim] *sm inv* intérim *m*; **ministro ad** ~ ministre *m* par intérim.

interiora [inte'rjora] *sfpl* entrailles *fpl*.

interiore [inte'rjore] *agg* intérieur(e).

interiorità [interjori'ta] *sf* vie *f* intérieure.

interiorizzare [interjorid'dzare] *vt* intérioriser.

interlinea [inter'linea] *sf* interligne *m*; **doppia** ~ interligne deux.

interlocutore, -trice [interloku'tore] *sm/f* interlocuteur(-trice).

interludio [inter'ludjo] *sm* (*MUS*) interlude *m*.

intermediario, -a [interme'djarjo] *agg, sm/f* intermédiaire *m/f*.

intermedio, -a [inter'mɛdjo] *agg* intermédiaire.

intermezzo [inter'mɛddzo] *sm* (*intervallo*) entracte *m*; (*TEATRO*: *breve rappresentazione*) intermède *m*.

interminabile [intermi'nabile] *agg* interminable.

intermittente [intermit'tɛnte] *agg* intermittent(e).

intermittenza [intermit'tɛntsa] *sf* intermittence *f*.

internamento [interna'mento] *sm* internement *m*.

internare [inter'nare] *vt* interner.

internato, -a [inter'nato] *agg, sm/f* interné(e) ♦ *sm* (*in collegio, collegio, di studente, di medico*) internat *m*.

internazionale [internattsjo'nale] *agg* international(e) ♦ *sf*: **l'I~** l'Internationale *f*.

Internet ['internet] *sf* Internet *m*; **in** ~ sur l'Internet.

internista, -i, -e [inter'nista] *sm/f* (*MED*) spécialiste *m/f* de médecine interne.

interno, -a [in'tɛrno] *agg* interne; (*nazionale, fig*) intérieur(e) ♦ *sm* (*di edificio, PITTURA, CINE*) intérieur *m*; (*TEL*) poste *m* ♦ *sm/f* (*SCOL*) interne *m/f*; **interni** *smpl* (*CINE*) scènes *fpl* tournées en studio *o* en intérieur; **all'~** à l'intérieur; **commissione interna** (*SCOL*) *en Italie, jury d'examen composé de professeurs de l'école*; **per uso** ~ (*MED*) pour usage interne; **Ministero**

degli Interni, gli Interni ministère *m* de l'Intérieur; **notizie dall'~** (*STAMPA*) nouvelles *fpl* de l'intérieur.

intero, -a [in'tero] *agg* entier(-ière); (*prezzo, biglietto*) plein tarif; **pagare il biglietto ~** payer place entière.

interpellanza [interpel'lantsa] *sf* interpellation *f*; **▶ interpellanza parlamentare** interpellation parlementaire.

interpellare [interpel'lare] *vt* consulter.

INTERPOL [inter'pɔl] *sigla f* Interpol *m*.

interporre [inter'porre] *vt* interposer; **interporsi** *vip* s'interposer; **interporsi fra** s'interposer entre; **~ appello** (*DIR*) interjeter appel.

interposto, -a [inter'posto] *pp di* **interporre** ♦ *agg*: **per interposta persona** par personne interposée.

interpretare [interpre'tare] *vt* interpréter; **farsi interprete della volontà di qn** se faire l'interprète de la volonté de qn.

interpretariato [interpreta'rjato] *sm* interprétariat *m*.

interpretazione [interpretat'tsjone] *sf* interprétation *f*; **~ consecutiva/simultanea** interprétation consécutive/simultanée.

interprete [in'tɛrprete] *sm/f* interprète *m/f*; **farsi ~ di** se faire l'interprète de.

interpunzione [interpun'tsjone] *sf* ponctuation *f*; **segni di ~** signes *mpl* de ponctuation.

interrare [inter'rare] *vt* enterrer, enfouir; (*MIL*) ensevelir; (*riempire di terra*: *canale*) combler.

interregionale [interredʒo'nale] *agg* (*anche*: **treno ~**) ≈ rapide *m*.

interrogare [interro'gare] *vt* interroger.

interrogativo, -a [interroga'tivo] *agg* (*occhi, sguardo*) interrogateur(-trice); (*LING*) interrogatif(-ive) ♦ *sm* question *f*; (*fig*) point *m* d'interrogation; **punto ~** point *m* d'interrogation.

interrogatorio, -a [interroga'tɔrjo] *agg* interrogateur(-trice) ♦ *sm* (*DIR*) interrogatoire *m*.

interrogazione [interrogat'tsjone] *sf* interrogation *f*; **~ (parlamentare)** (*POL*) interpellation *f* (parlementaire).

interrompere [inter'rompere] *vt* interrompre; **interrompersi** *vip* s'interrompre.

interrotto, -a [inter'rotto] *pp di* **interrompere**.

interruttore [interrut'tore] *sm* interrupteur *m*.

interruzione [interrut'tsjone] *sf* interruption *f*; **▶ interruzione di gravidanza** interruption de grossesse.

intersecare [interse'kare] *vt* couper, entrecouper; **intersecarsi** *vip* se croiser, s'entrecouper.

interstizio [inter'stittsjo] *sm* interstice *m*.

interurbana [interur'bana] *sf* (*TEL*) interurbain *m*, inter *m*.

interurbano, -a [interur'bano] *agg* interurbain(e).

intervallo [inter'vallo] *sm* intervalle *m*; (*CINE, TEATRO*) entracte *m*; **▶ intervallo pubblicitario** page *f* de publicité.

intervenire [interve'nire] *vi*: **~ (in)** intervenir (dans); **~ (a)** prendre part (à); (*MED*) intervenir.

interventista, -i, -e [interven'tista] *agg, sm/f* interventionniste *m/f*.

intervento [inter'vɛnto] *sm* (*anche MED*) intervention *f*; (*partecipazione*) participation *f*, présence *f*; **fare un ~** faire une intervention.

intervenuto, -a [interve'nuto] *pp di* **intervenire** ♦ *sm*: **gli intervenuti** les participants *mpl*.

intervista [inter'vista] *sf* interview *f*.

intervistare [intervis'tare] *vt* interviewer.

intervistatore, -trice [intervista'tore] *sm/f* interviewer(-euse).

intesa [in'tesa] *sf* (*amicizia*) entente *f*; (*accordo*) accord *m*; **uno sguardo d'~** un regard d'intelligence.

inteso, -a [in'teso] *pp di* **intendere** ♦ *agg* entendu(e); **resta ~ che ...** il est entendu que ...; **non darsi per ~** faire la sourde oreille.

intessere [in'tɛssere] *vt* tresser; (*fig*) tramer.

intestare [intes'tare] *vt* (*libro*) donner un titre à; (*lettera*) mettre un en-tête à; **~ a** (*proprietà, assegno etc*) mettre au nom de.

intestatario, -a [intesta'tarjo] *sm/f* titulaire *m/f*.

intestato, -a [intes'tato] *agg* au nom de; **carta intestata** papier *m* à en-tête.

intestazione [intestat'tsjone] *sf* en-tête *m*.

intestinale [intesti'nale] *agg* intestinal(e).

intestino, -a [intes'tino] *agg* intestin(e) ♦ *sm* intestin *m*.

intiepidire [intjepi'dire] *vt* (*riscaldare*) tiédir; (*raffreddare, fig*) refroidir; **intiepidirsi** *vip* (*vedi vt*) tiédir; se refroidir.

intimamente [intima'mente] *avv* profondément, intimement; **sono ~ convinto che ...** je suis profondément convaincu que ...; **le vicende sono ~ connesse** les événements sont intimement liés.

intimare [inti'mare] *vt* intimer; **~ la resa (a)** (*MIL*) intimer l'ordre de se rendre (à).

intimazione [intimat'tsjone] *sf* ordre *m*, intimation *f*, sommation *f*.

intimidatorio, -a [intimida'tɔrjo] *agg* intimidateur(-trice).

intimidazione [intimidat'tsjone] *sf* intimidation *f*.

intimidire [intimi'dire] *vt* intimider ♦ *vi* (*anche*: **intimidirsi**) être intimidé(e).

intimità [intimi'ta] *sf* intimité *f*.

intimo, -a ['intimo] *agg* intime; (*più interno*) profond(e), intime; (*biancheria intima*: *da donna*) lingerie *f*; (: *da uomo*) linge *m* de corps; (*fig*) profond(e) ♦ *sm* (*dell'animo*) fond *m*, for *m* intérieur; **parti intime** (*del corpo*) parties *fpl* intimes; **rapporti intimi** rapports *mpl* intimes.

intimorire [intimo'rire] *vt* effrayer; **intimorirsi** *vip* s'effrayer.

intingere [in'tindʒere] *vt* tremper.

intingolo [in'tingolo] *sm* (*CUC*: *sugo*) sauce *f*; (: *pietanza*) ragoût *m*.

intinto, -a [in'tinto] *pp di* **intingere**.

intirizzire [intirid'dzire] *vt* engourdir; (*sogg*: *freddo*) transir ♦ *vi* (*anche*: **intirizzirsi**) geler.

intirizzito, -a [intirid'dzito] *agg* gelé(e).

intitolare [intito'lare] *vt* intituler; ~ **a qn** (*monumento etc*) donner le nom de qn à; **intitolarsi** *vip* s'intituler.

intollerabile [intolle'rabile] *agg* intolérable.

intollerante [intolle'rante] *agg* intolérant(e).

intolleranza [intolle'rantsa] *sf* intolérance *f*.

intonacare [intona'kare] *vt* crépir, enduire.

intonaco, -ci *o* **chi** [in'tɔnako] *sm* crépi *m*.

intonare [into'nare] *vt* (*canto*) entonner; (*armonizzare*) accorder; (*adattare*) assortir; **intonarsi** *vip*: **intonarsi (a)** (*colore*) s'harmoniser (avec); (: *abito*) aller bien (avec); (*uso reciproco*) s'assortir.

intonazione [intonat'tsjone] *sf* intonation *f*.

intontire [inton'tire] *vt* étourdir, abrutir ♦ *vi* s'abrutir; **intontirsi** *vip* s'abrutir.

intontito, -a [inton'tito] *agg* abruti(e); ~ **dal sonno** hébété(e) de sommeil.

intoppo [in'tɔppo] *sm* obstacle *m*, entrave *f*.

intorbidire [intorbi'dire] *vt* troubler.

intorno [in'torno] *avv* autour, tout autour; ~ **a** (*attorno a*) autour de; (*sull'argomento di*) sur, à propos de; (*circa*) à peu près, environ.

intorpidire [intorpi'dire] *vt* (*anche fig*) engourdir ♦ *vi* (*anche*: **intorpidirsi**: *divenir torpido*) s'engourdir.

intossicare [intossi'kare] *vt* intoxiquer.

intossicazione [intossikat'tsjone] *sf* intoxication *f*.

intraducibile [intradu'tʃibile] *agg* intraduisible.

intralciare [intral'tʃare] *vt* entraver, gêner.

intralcio [in'traltʃo] *sm* obstacle *m*, entrave *f*.

intrallazzare [intrallat'tsare] *vi* magouiller, intriguer.

intrallazzo [intral'lattso] *sm* combine *f*, magouille *f*; (*POL*) intrigue *f*, magouille *f*.

intramontabile [intramon'tabile] *agg* éternel(le).

intramuscolare [intramusko'lare] *agg* intramusculaire.

Intranet ['intranet] *sf* intranet *m*.

intransigente [intransi'dʒɛnte] *agg* intransigeant(e).

intransigenza [intransi'dʒɛntsa] *sf* intransigeance *f*.

intransitivo, -a [intransi'tivo] *agg* intransitif(-ive) ♦ *sm* intransitif *m*.

intrappolare [intrappo'lare] *vt* prendre au piège; **rimanere intrappolato** rester pris au piège; **farsi** ~ se laisser prendre, se faire avoir.

intraprendente [intrapren'dɛnte] *agg* entreprenant(e).

intraprendenza [intrapren'dɛntsa] *sf* (esprit *m* d')initiative *f*, audace *f*.

intraprendere [intra'prɛndere] *vt* entreprendre.

intrapreso, -a [intra'preso] *pp di* **intraprendere**.

intrattabile [intrat'tabile] *agg* intraitable.

intrattenere [intratte'nere] *vt* entretenir; **intrattenersi** *vip* s'attarder, rester; **intrattenersi su qc** s'entretenir de qch.

intrattenimento [intratteni'mento] *sm*: **occuparsi degli ospiti** s'occuper des invités.

intravedere [intrave'dere] *vt* (*anche fig*) entrevoir.

intrecciare [intret'tʃare] *vt* (*capelli*) tresser, natter; (*trama, fig*) tramer; (*relazione, rapporti*) nouer; **intrecciarsi** *vr* s'entrelacer, s'entremêler; ~ **le mani** joindre les mains en croisant les doigts; ~ **una relazione amorosa** nouer une relation sentimentale; **s'intreccino le danze!** que le bal commence!

intreccio, -ci [in'trettʃo] *sm* enchevêtrement *m*; (*fig*) intrigue *f*.

intrepido, -a [in'trɛpido] *agg* intrépide.

intricare [intri'kare] *vt* embrouiller, enchevêtrer; **intricarsi** *vip* s'embrouiller, s'enchevêtrer.

intrico, -chi [in'triko] *sm* enchevêtrement *m*.

intrigante [intri'gante] *agg, sm/f* intrigant(e).

intrigare [intri'gare] *vt, vi* intriguer.

intrigo, -ghi [in'trigo] *sm* intrigue *f*.

intrinseco, -a, -ci, -che [in'trinseko] *agg* intrinsèque.

intriso, -a [in'trizo] *agg*: ~ **di** trempé(e) de.

intristire [intris'tire] *vi* dépérir.

introdotto, -a [intro'dotto] *pp di* **introdurre**.

introdurre [intro'durre] *vt*: ~ **(in)** introduire (dans); **introdursi** *vip*: **introdursi in**

s'introduire dans.
introduzione [introdut'tsjone] *sf* introduction *f*; (*prefazione*) introduction, avant-propos *msg*.
introito [in'trɔito] *sm* recette *f*; **introiti fiscali** rentrées *fpl* fiscales, recettes fiscales.
intromesso, -a [intro'messo] *pp di* **intromettersi**.
intromettersi [intro'mettersi] *vr*: ~ **(in)** se mêler (de), s'interposer (dans).
intromissione [intromis'sjone] *sf* ingérence *f*, intervention *f*.
introspezione [introspet'tsjone] *sf* introspection *f*.
introvabile [intro'vabile] *agg* introuvable.
introverso, -a [intro'vɛrso] *agg, sm/f* introverti(e).
intrufolarsi [intrufo'larsi] *vr*: ~ **(in)** se glisser (dans), se faufiler (parmi).
intruglio [in'truʎʎo] *sm* mixture *f*.
intrusione [intru'zjone] *sf* intrusion *f*.
intruso, -a [in'truzo] *sm/f* intrus(e).
intuire [intu'ire] *vt* pressentir, avoir l'intuition que; **intuiva che non sarebbe venuto** il avait l'intuition qu'il ne viendrait pas.
intuito [in'tuito] *sm* intuition *f*.
intuizione [intuit'tsjone] *sf* intuition *f*.
inturgidire [inturdʒi'dire] *vi* gonfler; **inturgidirsi** *vip* se gonfler.
inumanità [inumani'ta] *sf inv* inhumanité *f*.
inumano, -a [inu'mano] *agg* inhumain(e).
inumare [inu'mare] *vt* inhumer.
inumazione [inumat'tsjone] *sf* inhumation *f*.
inumidire [inumi'dire] *vt* humidifier, humecter; **inumidirsi** *vip* s'humecter.
inurbamento [inurba'mento] *sm* urbanisation *f*.
inusitato, -a [inuzi'tato] *agg* inusité(e).
inutile [i'nutile] *agg* inutile; **è stato tutto** ~! tout a été inutile!
inutilità [inutili'ta] *sf* inutilité *f*.
inutilizzabile [inutilid'dzabile] *agg* inutilisable.
inutilmente [inutil'mente] *avv* inutilement; **l'ho cercato** ~ je l'ai cherché en vain; **ti preoccupi** ~ tu t'inquiètes inutilement.
invadente [inva'dɛnte] *agg* envahissant(e).
invadenza [inva'dɛntsa] *sf* sans-gêne *m*.
invadere [in'vadere] *vt* envahir.
invaghirsi [inva'girsi] *vip*: ~ **(di)** s'éprendre (de), s'enticher (de).
invalicabile [invali'kabile] *agg* (*anche fig*) infranchissable.
invalidare [invali'dare] *vt* invalider.
invalidità [invalidi'ta] *sf* invalidité *f*; (*DIR*) nullité *f*.
invalido, -a [in'valido] *agg, sm/f* invalide *m/f*; (*DIR*) nul(le); ▸ **invalido del lavoro** invalide du travail; ▸ **invalido di guerra** invalide de guerre.
invalso, -a [in'valso] *agg* établi(e), affirmé(e).
invano [in'vano] *avv* en vain.
invariabile [inva'rjabile] *agg* invariable.
invariato, -a [inva'rjato] *agg* inchangé(e).
invasare [inva'zare] *vt* mettre en pot.
invasato, -a [inva'zato] *agg, sm/f* possédé(e); **urlare come un** ~ crier comme un possédé.
invasione [inva'zjone] *sf* invasion *f*; (*fig*) propagation *f*.
invaso, -a [in'vaso] *pp di* **invadere**.
invasore [inva'zore] *sm* envahisseur(-euse).
invecchiamento [invekkja'mento] *sm* vieillissement *m*; **12 anni di** ~ (*di whisky*) 12 ans d'âge.
invecchiare [invek'kjare] *vi* vieillir ♦ *vt* (*stagionare*) faire vieillir; (*far apparire più vecchio*) vieillir; **lo trovo invecchiato** je trouve qu'il a vieilli.
invece [in'vetʃe] *avv* au contraire; ~ **di** au lieu de, à la place de; ~ **che** au lieu de.
inveire [inve'ire] *vi*: ~ **contro** invectiver contre.
invelenire [invele'nire] *vt* irriter, envenimer; **invelenirsi** *vip* s'irriter.
invenduto, -a [inven'duto] *agg* invendu(e).
inventare [inven'tare] *vt* inventer.
inventariare [inventa'rjare] *vt* inventorier.
inventario [inven'tarjo] *sm* inventaire *m*; **fare l'~ di** (*fig*) passer en revue.
inventiva [inven'tiva] *sf* imagination *f*.
inventivo, -a [inven'tivo] *agg* inventif(-ive).
inventore, -trice [inven'tore] *sm/f* inventeur(-trice).
invenzione [inven'tsjone] *sf* invention *f*; (*immaginazione*) imagination *f*.
inverecondia [invere'kondja] *sf* impudeur *f*, impudence *f*.
invernale [inver'nale] *agg* hivernal(e).
inverno [in'vɛrno] *sm* hiver *m*; **d'**~ en hiver, l'hiver.
inverosimile [invero'simile] *agg* invraisemblable.
inversione [inver'sjone] *sf* inversion *f*; ~ **di marcia** (*AUT*) demi-tour *m*.
inverso, -a [in'vɛrso] *agg, sm* inverse *m*; **in senso** ~ dans le sens inverse; **in ordine** ~ dans l'ordre inverse.
invertebrato, -a [inverte'brato] *agg* invertébré(e) ♦ *sm* invertébré *m*.
invertire [inver'tire] *vt* (*direzione*) faire demi-tour, rebrousser chemin; (*ruoli*) renverser, intervertir; (*posto, disposizione*) changer, permuter; ~ **la marcia** (*AUT*) faire marche arrière; ~ **la rotta** (*NAUT*) changer de cap; (*fig*) faire

volte-face.
invertito, -a [inver'tito] *sm/f* inverti(e).
investigare [investi'gare] *vt* sonder; (*causa*) rechercher ♦ *vi* enquêter.
investigativo, -a [investiga'tivo] *agg* investigateur(-trice).
investigatore, -trice [investiga'tore] *sm/f* investigateur(-trice); ▸ **investigatore privato** détective *m* (privé).
investigazione [investigat'tsjone] *sf* recherche *f*, enquête *f*.
investimento [investi'mento] *sm* accident *m*, collision *f*; (*ECON*) investissement *m*.
investire [inves'tire] *vt* (*denaro*) investir; (*pedone, ciclista*) renverser; (*apostrofare*) assaillir; **investirsi** *vr* (*fig*): **investirsi di una parte** entrer dans la peau d'un personnage; ~ **qn di** (*di potere, carica*) investir qn de.
investitore, -trice [investi'tore] *sm/f* (*AUT*) *personne qui a provoqué un accident de la route*; (*ECON*) investisseur *m*.
investitura [investi'tura] *sf* investiture *f*.
inveterato, -a [invete'rato] *agg* invétéré(e).
invettiva [invet'tiva] *sf* invective *f*.
inviare [invi'are] *vt* envoyer, expédier.
inviato, -a [invi'ato] *sm/f* envoyé(e); ▸ **inviato speciale** envoyé(e) spécial(e).
invidia [in'vidja] *sf* envie *f*; **fare ~ a qn** faire envie à qn.
invidiabile [invi'djabile] *agg* enviable.
invidiare [invi'djare] *vt*: ~ **qn (per qc)** envier qn (de qch), jalouser qn (pour qch); ~ **qc (a qn)** envier qch (à qn); **non aver nulla da ~ a nessuno** n'avoir rien à envier à personne.
invidioso, -a [invi'djoso] *agg* envieux(-euse).
invincibile [invin'tʃibile] *agg* invincible.
invio, -vii [in'vio] *sm* envoi *m*.
inviolabile [invio'labile] *agg* inviolable.
inviolato, -a [invio'lato] *agg* (*diritto, segreto*) inviolé(e); (*foresta*) vierge; (*montagna, vetta*) pas encore conquis(e).
inviperire [invipe'rire] *vi* (*anche*: **inviperirsi**) devenir furieux(-euse).
inviperito, -a [invipe'rito] *agg* furieux(-euse).
invischiare [invis'kjare] *vt* (*fig*): ~ **(in)** entraîner (dans); **invischiarsi** *vip*: **invischiarsi (con qn)** se laisser entraîner (par qn); **invischiarsi in qc** se fourrer dans qch.
invisibile [invi'zibile] *agg* invisible.
inviso, -a [in'vizo] *agg*: ~ **a** mal vu(e) de.
invitante [invi'tante] *agg* engageant(e), tentant(e).
invitare [invi'tare] *vt* inviter; ~ **qn a fare qc** inviter qn à faire qch; ~ **qn a cena** inviter qn à dîner.
invitato, -a [invi'tato] *sm/f* invité(e).
invito [in'vito] *sm* invitation *f*; **dietro ~ del sig. Rossi** sur (l')invitation de M. Rossi.
invocare [invo'kare] *vt* invoquer; ~ **aiuto** appeler à l'aide; (*pace*) désirer, implorer.
invogliare [invoʎ'ʎare] *vt*: ~ **(qn a fare)** donner (à qn) envie (de faire).
involontario, -a [involon'tarjo] *agg* involontaire.
involtino [invol'tino] *sm* (*CUC*) paupiette *f*.
involto [in'vɔlto] *sm* paquet *m*.
involucro [in'vɔlukro] *sm* enveloppe *f*, emballage *m*.
involutivo, -a [involu'tivo] *agg* régressif(-ive).
involuto, -a [invo'luto] *agg* compliqué(e), embrouillé(e); (*stile*) contourné(e).
involuzione [involut'tsjone] *sf* involution *f*; (*regresso*) régression *f*.
invulnerabile [invulne'rabile] *agg* invulnérable.
inzaccherare [intsakke'rare] *vt* éclabousser, crotter; **inzaccherarsi** *vr* se couvrir de boue, se crotter.
inzuppare [intsup'pare] *vt* tremper; (*terreno*) détremper; **inzupparsi** *vip* (*imbeversi*) s'imprégner; (*sotto la pioggia*) se tremper.
io ['io] *pron* je ♦ *sm inv*: **l'~** le moi; ~ **stesso(a)** moi-même; **sono ~** c'est moi; ~ **credo che ...** moi, je crois que ... .
iodio ['jɔdjo] *sm* iode *m*.
iogurt ['jɔgurt] *sm inv* = **yogurt**.
ione ['jone] *sm* ion *m*.
ionico ['jɔniko] *agg*: **il Mar ~** la Mer ionienne.
Ionio ['jɔnjo] *sm*: **lo ~, il Mar ~** la Mer ionienne.
iosa ['jɔsa]: **a ~** *avv* en abondance.
iperbole [i'pɛrbole] *sf* hyperbole *f*.
iperbolico, -a, -ci, -che [iper'bɔliko] *agg* hyperbolique.
ipermercato [ipermer'kato] *sm* hypermarché *m*.
ipersensibile [ipersen'sibile] *agg* hypersensible.
ipertensione [iperten'sjone] *sf* hypertension *f*.
ipertesto [iper'testo] *sm* hypertexte *m*.
ipnosi [ip'nɔzi] *sf* hypnose *f*.
ipnotico, -a, -ci, -che [ip'nɔtiko] *agg* hypnotique; **(farmaco) ~** (médicament *m*) hypnotique *m*.
ipnotismo [ipno'tizmo] *sm* hypnotisme *m*.
ipnotizzare [ipnotid'dzare] *vt* hypnotiser.
ipoallergico, -a, -ci, -che [ipoal'lɛrdʒiko] *agg* hypoallergique.
ipocondria [ipokon'dria] *sf* hypocondrie *f*.
ipocondriaco, -a, -ci, -che [ipokon'driako] *agg, sm/f* hypocondriaque *m/f*.

ipocrisia [ipokri'zia] *sf* hypocrisie *f.*
ipocrita, -i, -e [i'pɔkrita] *agg, sm/f* hypocrite *m/f.*
ipoteca, -che [ipo'tɛka] *sf* hypothèque *f.*
ipotecare [ipote'kare] *vt* hypothéquer.
ipotesi [i'pɔtezi] *sf inv* hypothèse *f*; **per ~** par hypothèse; **facciamo l'~ che ...** supposons que ...; **ammettiamo per ~ che ...** admettons l'hypothèse selon laquelle ...; **nella peggiore/migliore delle ~** dans le pire/meilleur des cas; **nell'~ che venga** au cas où il viendrait, dans l'hypothèse où il viendrait; **se per ~ io partissi ...** au cas où je partirais ... .
ipotetico, -a, -ci, -che [ipo'tɛtiko] *agg* hypothétique; **periodo ~** (*LING*) proposition *f* hypothétique.
ipotizzare [ipotid'dzare] *vt* supposer.
ippica ['ippika] *sf* hippisme *m.*
ippico, -a, -ci, -che ['ippiko] *agg* hippique.
ippocastano [ippokas'tano] *sm* marronnier *m* (d'Inde).
ippodromo [ip'pɔdromo] *sm* hippodrome *m.*
ippopotamo [ippo'pɔtamo] *sm* hippopotame *m.*
ipsilon ['ipsilon] *sf o m inv* i grec *m*; (*dell'alfabeto greco*) upsilon *m.*
IPSOA [i'psoa] *sigla m* = *Istituto Post-Universitario per lo Studio dell'Organizzazione Aziendale.*
IRA ['ira] *sigla f* (= *Irish Republican Army*) IRA *f.*
ira ['ira] *sf* colère *f*; **costare un'~ di Dio** (*fig*) coûter les yeux de la tête.
iracheno, -a [ira'kɛno] *agg* irakien(ne) ♦ *sm/f* Irakien(ne).
Iran ['iran] *sm* Iran *m.*
iraniano, -a [ira'njano] *agg* iranien(ne) ♦ *sm/f* Iranien(ne).
Iraq ['irak] *sm* Irak *m.*
irascibile [iraʃ'ʃibile] *agg* irascible.
IRCE ['irtʃe] *sigla m* = *Istituto per le relazioni culturali con l'Estero.*
IRI ['iri] *sigla m* (= *Istituto per la Ricostruzione Industriale*) *organisme public d'investissements dans le secteur industriel.*
iride ['iride] *sf* (*arcobaleno*) arc-en-ciel *m*; (*ANAT, BOT*) iris *m.*
Irlanda [ir'landa] *sf* Irlande *f*; **l'~ del Nord** l'Irlande du Nord; **la Repubblica d'~** la République d'Irlande; **il mar d'~** la mer d'Irlande.
irlandese [irlan'dese] *agg* irlandais(e) ♦ *sm/f* Irlandais(e).
ironia [iro'nia] *sf* ironie *f*; **fare dell'~** ironiser.
ironico, -a, -ci, -che [i'rɔniko] *agg* ironique.
ironizzare [ironid'dzare] *vi*: **~ (su)** ironiser (sur).
iroso, -a [i'roso] *agg* (*sguardo, tono*) coléreux(-euse); (*persona*) colérique, coléreux(-euse).
IRPEF ['irpef] *sigla f* (= *imposta sul reddito delle persone fisiche*) ≈ IRPP *m.*
irpino, -a [ir'pino] *agg* de l'Irpinia.
irradiare [irra'djare] *vt* (*illuminare*) éclairer, illuminer; (*emettere*: *luce, energia*) diffuser, répandre ♦ *vi* (*anche*: **irradiarsi**: *diffondersi*) se répandre.
irradiazione [irradjat'tsjone] *sf* rayonnement *m.*
irraggiungibile [irraddʒun'dʒibile] *agg* impossible à atteindre; (*posto*) inaccessible; (*persona*) impossible à joindre; (*fig*) irréalisable.
irragionevole [irradʒo'nevole] *agg* (*persona*) déraisonnable; (*decisione*) irraisonné(e).
irrazionale [irrattsjo'nale] *agg* irrationnel(le).
irreale [irre'ale] *agg* irréel(le).
irrealizzabile [irrealid'dzabile] *agg* irréalisable.
irrealtà [irreal'ta] *sf* irréalité *f.*
irrecuperabile [irrekupe'rabile] *agg* (*oggetto perso*) irrécupérable; (*fig*: *svantaggio*) impossible à rattraper; (: *somma, crediti*) irrécouvrable.
irrecusabile [irreku'zabile] *agg* irrécusable.
irredentista, -i, -e [irreden'tista] *agg, sm/f* irrédentiste *m/f.*
irrefrenabile [irrefre'nabile] *agg* (*ondata*) irrésistible; (*passione*) irrépressible.
irrefutabile [irrefu'tabile] *agg* irréfutable.
irregolare [irrego'lare] *agg* irrégulier(-ière).
irregolarità [irregolari'ta] *sf inv* irrégularité *f.*
irremovibile [irremo'vibile] *agg* (*fig*) inébranlable.
irreparabile [irrepa'rabile] *agg* irréparable.
irreperibile [irrepe'ribile] *agg* introuvable.
irreprensibile [irrepren'sibile] *agg* irrépréhensible, irréprochable.
irrequieto, -a [irre'kwjɛto] *agg* agité(e).
irresistibile [irresis'tibile] *agg* irrésistible.
irresoluto, -a [irreso'luto] *agg* indécis(e), hésitant(e).
irrespirabile [irrespi'rabile] *agg* (*anche fig*) irrespirable.
irresponsabile [irrespon'sabile] *agg* irresponsable.
irrestringibile [irrestrin'dʒibile] *agg* irrétrécissable.
irretire [irre'tire] *vt* (*fig*) séduire.
irreversibile [irrever'sibile] *agg* irréversible.
irrevocabile [irrevo'kabile] *agg* irrévocable.
irriconoscibile [irrikonoʃ'ʃibile] *agg* méconnaissable.
irriducibile [irridu'tʃibile] *agg* irréductible.

irriflessivo, -a [irrifles'sivo] *agg* (*persona*) étourdi(e), irréfléchi(e); (*azione*) irréfléchi(e).
irrigare [irri'gare] *vt* (*campo*) irriguer; (*sogg*: *fiume*) arroser.
irrigazione [irrigat'tsjone] *sf* (*AGR, MED*) irrigation *f*.
irrigidimento [irridʒidi'mento] *sm* (*vedi vt*) durcissement *m*; raidissement *m*.
irrigidire [irridʒi'dire] *vt* (*anche fig*) durcir; (*muscolo*) raidir; **irrigidirsi** *vip* (*anche persona*) se raidir; (: *fig*) se durcir.
irriguardoso, -a [irrigwar'doso] *agg* irrespectueux(-euse).
irrilevante [irrile'vante] *agg* insignifiant(e).
irrimediabile [irrime'djabile] *agg* irrémédiable.
irrinunciabile [irrinun'tʃabile] *agg* auquel(à laquelle) on ne peut pas renoncer, indispensable.
irripetibile [irripe'tibile] *agg* unique.
irrisolto, -a [irri'sɔlto] *agg* irrésolu(e).
irrisorio, -a [irri'zɔrjo] *agg* dérisoire.
irrispettoso, -a [irrispet'toso] *agg* irrespectueux(-euse).
irritabile [irri'tabile] *agg* irritable.
irritante [irri'tante] *agg* irritant(e).
irritare [irri'tare] *vt* irriter; **irritarsi** *vip* s'irriter.
irritazione [irritat'tsjone] *sf* irritation *f*.
irriverente [irrive'rɛnte] *agg* irrévérencieux(-euse).
irrobustire [irrobus'tire] *vt* (*pianta*) rendre vigoureux(-euse); (*persona, muscoli*) fortifier; **irrobustirsi** *vip* (*vedi vt*) devenir robuste; se fortifier.
irrompere [ir'rompere] *vi*: ~ **in** faire irruption dans.
irrorare [irro'rare] *vt* baigner; (*AGR*) pulvériser.
irrotto, -a [ir'rotto] *pp di* **irrompere**.
irruente [irru'ɛnte] *agg* (*fig*) impétueux(-euse).
irruenza [irru'ɛntsa] *sf* impétuosité *f*; **con ~** avec impétuosité.
irruppi *etc* [ir'ruppi] *vb vedi* **irrompere**.
irruvidire [irruvi'dire] *vt* (*superficie, pelle*) rendre rugueux(-euse) ♦ *vi* (*anche*: **irruvidirsi**) devenir rugueux(-euse).
irruzione [irrut'tsjone] *sf* irruption *f*; (*polizia*) descente *f*; **fare ~ in** faire irruption dans.
irsuto, -a [ir'suto] *agg* hirsute.
irto, -a ['irto] *agg* hérissé(e); **~ di** hérissé(e) de.
Is. *abbr* (= *isola*) I.
ISBN *abbr* (= *International Standard Book Number*) ISBN *m*.
iscrissi *etc* [is'krissi] *vb vedi* **iscrivere**.
iscritto, -a [is'kritto] *pp di* **iscrivere** ♦ *sm/f* inscrit(e); **gli iscritti alla gara** les concurrents *mpl*; **per o in ~** par écrit.
iscrivere [is'krivere] *vt*: **~ (a)** inscrire (à); **~ (in)** inscrire (à); **iscriversi** *vr* s'inscrire.
iscrizione [iskrit'tsjone] *sf* inscription *f*.
ISEF ['izef] *sigla m* = *Istituto Superiore di Educazione Fisica*.
Islam [iz'lam] *sm* Islam *m*.
islamico, -a, -ci, -che [iz'lamiko] *agg* islamique.
Islanda [iz'landa] *sf* Islande *f*.
islandese [izlan'dese] *agg* islandais(e) ♦ *sm/f* Islandais(e) ♦ *sm* islandais *m*.
isola ['izola] *sf* île *f*; ▸ **isola pedonale** (*AUT*) zone *f* piétonnière.
isolamento [izola'mento] *sm* isolement *m*; (*TECN*: *acustico, termico*) isolation *f*; ▸ **isolamento acustico** insonorisation *f*; ▸ **isolamento termico** isolation thermique; (*tubi*) calorifugeage *m*.
isolano, -a [izo'lano] *agg, sm/f* insulaire *m/f*.
isolante [izo'lante] *agg* isolant(e) ♦ *sm* isolant *m*.
isolare [izo'lare] *vt* isoler; (*suono*) insonoriser; **isolarsi** *vip* s'isoler, se retirer.
isolato, -a [izo'lato] *agg* isolé(e) ♦ *sm* (*edificio*) pâté *m* de maisons.
isolazionismo [izolattsjo'nizmo] *sm* isolationnisme *m*.
isotopo [i'zɔtopo] *sm* isotope *m*.
ispessimento [ispessi'mento] *sm* épaississement *m*.
ispessire [ispes'sire] *vt* épaissir; **ispessirsi** *vip* s'épaissir.
ispettorato [ispetto'rato] *sm* (*incarico*) inspectorat *m*; (*organo statale, sede*) inspection *f*; ▸ **Ispettorato del Lavoro** Inspection du travail.
ispettore, -trice [ispet'tore] *sm/f* inspecteur(-trice); ▸ **ispettore di Polizia** inspecteur de police; ▸ **ispettore di reparto** chef *m* de rayon.
ispezionare [ispettsjo'nare] *vt* inspecter.
ispezione [ispet'tsjone] *sf* inspection *f*.
ispido, -a ['ispido] *agg* hirsute.
ispirare [ispi'rare] *vt* inspirer; **ispirarsi** *vip*: **ispirarsi a** s'inspirer de; **l'idea m'ispira** cette idée m'inspire.
ispiratore, -trice [ispira'tore] *agg, sm/f* inspirateur(-trice).
ispirazione [ispirat'tsjone] *sf* inspiration *f*; **secondo l'~ del momento** selon l'inspiration du moment.
Israele [izra'ɛle] *sm* Israël *m*.
israeliano, -a [izrae'ljano] *agg* israélien(ne) ♦ *sm/f* Israélien(ne).
israelita, -i, -e [izrae'lita] *sm/f* israélite *m/f*.
israelitico, -a, -ci, -che [izrae'litiko] *agg* israélite.
issare [is'sare] *vt* hisser; **~ l'ancora** lever

l'ancre.

Istanbul [istan'bul] *sf* Istanbul.

istantanea [istan'tanea] *sf* (*FOT*) instantané *m*.

istantaneo, -a [istan'taneo] *agg* instantané(e).

istante [is'tante] *sm* instant *m*; **all'~, sull'~** à l'instant, sur le champ.

istanza [is'tantsa] *sf* instance *f*; **giudice di prima ~** (*DIR*) juge *m* de première instance; **giudizio di seconda ~** jugement *m* en appel; **in ultima ~** (*fig*) en dernier ressort; ▸**istanza di divorzio** instance de divorce.

ISTAT ['istat] *sigla m* (= *Istituto Centrale di Statistica*) ≈ INSEE *m*.

ISTEL [i'stel] *sigla f* = *Indagine sull'ascolto delle televisioni in Italia*.

isterico, -a, -ci, -che [is'tɛriko] *agg* hystérique.

isterilire [isteri'lire] *vt* (*anche fig*) épuiser, rendre stérile; **isterilirsi** *vip* devenir stérile; (*fig*) se tarir.

isterismo [iste'rizmo] *sm* hystérie *f*.

istigare [isti'gare] *vt*: ~ **(qn a qc/a fare qc)** inciter (qn à qch/à faire qch).

istigazione [istigat'tsjone] *sf* instigation *f*, incitation *f*; ▸**istigazione a delinquere** (*DIR*) incitation au crime.

istintivo, -a [istin'tivo] *agg* instinctif(-ive).

istinto [is'tinto] *sm* instinct *m*; **d'~** (*fare, reagire*) d'instinct.

istituire [istitu'ire] *vt* instituer, fonder; (*inchiesta*) ouvrir.

istituto [isti'tuto] *sm* (*ente*) institution *f*; (*scuola*) établissement *m*; (*di università*) institut *m*; ▸**istituto di bellezza** institut de beauté; ▸**istituto di credito** établissement *m* de crédit; ▸**istituto di ricerca** institut de recherche; ▸**istituto tecnico commerciale** ≈ établissement *m* d'études secondaires (*préparation au Bac G*).

istitutore, -trice [istitu'tore] *sm/f* (*fondatore*) fondateur(-trice); (*precettore*) précepteur(-trice).

istituzione [istitut'tsjone] *sf* institution *f*; **istituzioni** *sfpl* (*DIR*) institutions *fpl*; **lotta alle istituzioni** lutte *f* contre les pouvoirs établis.

istmo ['istmo] *sm* isthme *m*.

istogramma, -i [isto'gramma] *sm* histogramme *m*.

istradare [istra'dare] *vt* = **instradare**.

istriano, -a [istri'ano] *agg* istrien(ne) ♦ *sm/f* Istrien(ne).

istrice ['istritʃe] *sm* porc-épic *m*.

istrione [istri'one] *sm* (*peg*) histrion *m*.

istruire [istru'ire] *vt* (*insegnare*) instruire, apprendre à; (*informare*) conseiller; ~ **una causa** (*DIR*) instruire une affaire.

istruito, -a [istru'ito] *agg* instruit(e).

istruttivo, -a [istrut'tivo] *agg* instructif(-ive).

istruttore, -trice [istrut'tore] *sm/f* moniteur(-trice) ♦ *agg*: **giudice ~** juge *m* d'instruction.

istruttoria [istrut'tɔrja] *sf* (*DIR*) instruction *f*.

istruzione [istrut'tsjone] *sf* (*insegnamento, DIR*) instruction *f*; (*sapere*) culture *f*; (*norma*) instructions *fpl*; (*cultura*) culture, instruction; **Ministero della Pubblica I~** ministère *m* de l'Éducation nationale; **istruzioni per l'uso** mode *m* d'emploi; ~ **obbligatoria** (*SCOL*) scolarité *f* obligatoire.

istupidire [istupi'dire] *vt* abrutir; **istupidirsi** *vip* s'abrutir.

Italia [i'talja] *sf* Italie *f*.

italiano, -a [ita'ljano] *agg* italien(ne) ♦ *sm/f* Italien(ne) ♦ *sm* italien *m*.

ITC *abbr* (= *istituto tecnico commerciale*) ≈ lycée section G.

iter ['iter] *sm* (*percorso*) procédure *f*; **l'~ burocratico** la procédure administrative.

itinerante [itine'rante] *agg* itinérant(e).

itinerario [itine'rarjo] *sm* itinéraire *m*.

ITIS ['itis] *sigla m* (= *istituto tecnico industriale statale*) ≈ lycée section F.

itterizia [itte'rittsja] *sf* (*MED*) jaunisse *f*.

ittico, -a, -ci, -che ['ittiko] *agg* du poisson; **il patrimonio ~** la richesse en poissons.

IUD [i'ud] *sigla m inv* (= *intra-uterine device*) DIU *m*.

Iugoslavia [jugoz'lavja] *sf* = **Jugoslavia**.

iugoslavo, -a [jugoz'lavo] *agg, sm/f* = **jugoslavo**.

iuta ['juta] *sf* jute *m*.

I.V.A. ['iva] *sigla f* (= *imposta sul valore aggiunto*) TVA *f*.

ivi ['ivi] *avv* (*formale, poetico*) là, dans cet endroit.

J, j

J, j [i'lunga] *sf o m inv* (*lettera*) J, j *m inv*; ~ **come Jersey** ≈ J comme Joseph.

jazz [dʒaz] *sm* jazz *m*.

jazzista, -i [dʒad'dzista] *sm* jazzman *m*.

jeans [dʒinz] *smpl* (*calzoni*): **(un paio di) ~** jean *m*.

jeep ® [dʒip] *sf inv* jeep ® *f*.

jersey ['dʒɛrzi] *sm inv* jersey *m*.

jockey ['dʒɔki] *sm inv* (*CARTE*) valet *m*; (*fantino*) jockey *m*.
jogging ['dʒɔgiŋ] *sm inv* jogging *m*; **fare ~** faire du jogging.
jolly ['dʒɔli] *sm inv* joker *m*.
jr. *abbr* (= *junior*) Jr.
judo [dʒu'dɔ] *sm* judo *m*.
Jugoslavia [jugoz'lavja] *sf* Yougoslavie *f*.
jugoslavo, -a [jugoz'lavo] *agg* yougoslave ♦ *sm/f* Yougoslave *m/f*.
juke box ['dʒu:k bɔks] *sm inv* juke-box *m*.
juta ['juta] *sf* = **iuta**.

K, k

K, k ['kappa] *sf o m inv* (*lettera*) K, k *m inv*; ~ **come Kursaal** ≈ K comme Kléber.
K, k *abbr* (= *kilo-, chilo-*) K, k; (*INFORM*) K *m*.
Kampala [kam'pala] *sf* Kampala.
karakiri [kara'kiri] *sm* hara-kiri *m*.
karatè [kara'tɛ] *sm* karaté *m*.
Kasakistan [ka'zakistan] *sm* Kazakhstan *m*.
Kashmir [kaʃ'mir] *sm* (*GEO*) Cachemire *m*; (*tessuto*) cachemire *m*.
kayak [ka'jak] *sm inv* kayac *m*, kayak *m*.
Kenia ['kɛnja] *sm* Kenya *m*.
keniano, -a [ke'njano] *agg* kenyan(e) ♦ *sm/f* Kenyan(e).
keniota, -i, -e [ke'njɔta] *agg, sm/f* = **keniano, a**.
kerosene [kero'zɛne] *sm* = **cherosene**.
kg *abbr* (= *chilogrammo*) kg.
kibbutz [kib'buts] *sm inv* kibboutz *m inv*.
Kijev ['kief] *sf* Kiev.
Kilimangiaro [kiliman'dʒaro] *sm* Kilimandjaro *m*.
killer ['killer] *sm inv* tueur *m* à gages.
kilo *etc* ['kilo] = **chilo** *etc*.
kilt [kilt] *sm inv* kilt *m*.
kimono [ki'mɔno] *sm* = **chimono**.
kitsch [kitʃ] *sm* kitsch *m*, kitch *m*.
kiwi ['kiwi] *sm inv* kiwi *m*.
km *abbr* (= *chilometro*) km.
kmq *abbr* (= *chilometro quadrato*) km^2.
koala [ko'ala] *sm inv* koala *m*.
krapfen ['krapfən] *sm inv* ≈ beignet *m* à la crème *o* à la confiture.
Kuala Lumpar ['kwa:lalumpar] *sf* Kuala Lumpur.
Kurdistan ['kurdistan] *sm* Kurdistan *m*.
Kuwait [ku'vait] *sm* Koweït *m*.
kW *abbr* (= *kilowatt, chilowatt*) kW.
kWh *abbr* (= *kilowattora*) kWh.

L, l

L, l ['ɛlle] *sf o m inv* (*lettera*) L, l *m inv*; ~ **come Livorno** ≈ L comme Louis.
L, l *abbr* = **lira**.
l *abbr* (= *litro*) l.
l' *det vedi* **la, lo**.
la [la] (*dav V* **l'**) *art f* la *f* ♦ *pron* la *f*; (*forma di cortesia*) vous ♦ *sm inv* (*MUS*) la *m inv*; *vedi anche* **il**.
là [la] *avv* là; **di ~** de là; (*moto per luogo*) par là; (*dall'altra parte*) de l'autre côté; **di ~ di** au-delà de, de l'autre côté de; **per di ~** par là; **più in ~** (*spazio*) plus loin; (*tempo*) plus tard; **~ dentro/sopra/sotto** là dedans/dessus/dessous; **fatti in ~** pousse-toi; **~ per ~** sur le moment, à brûle-pourpoint; **essere in ~ con gli anni** être d'un âge avancé; **essere più di ~ che di qua** (*fig*) être plus mort(e) que vif(vive); **ma va' ~!** (*sorpresa*) tu parles!; (*incredulità*) sans blague!; **stavolta è andato troppo in ~** cette fois-ci il a exagéré; *vedi anche* **quello**.
labbro ['labbro] *sm* (*pl(f)* **labbra** *solo nel senso ANAT*) lèvre *f*.
labile ['labile] *agg* (*memoria*) faible, défaillant(e); (*persona*) fragile.
labirinto [labi'rinto] *sm* (*anche fig*) labyrinthe *m*.
laboratorio [labora'tɔrjo] *sm* laboratoire *m*; (*di arti, mestieri*) atelier *m*; ▸ **laboratorio linguistico** laboratoire de langues.
laborioso, -a [labo'rjoso] *agg* laborieux(-euse).
laburista, -i, -e [labu'rista] *agg, sm/f* travailliste *m/f*.
lacca, -che ['lakka] *sf* (*anche per capelli*) laque *f*; **~ per le unghie** vernis *msg* (à ongles).
laccare [lak'kare] *vt* laquer.
laccio, -ci ['lattʃo] *sm* (*con nodo scorsoio*) collet *m*; (*tirante, delle scarpe*) lacet *m*; ▸ **laccio emostatico** (*MED*) garrot *m*.
lacerante [latʃe'rante] *agg* (*anche fig*) déchirant(e).
lacerare [latʃe'rare] *vt* déchirer; **lacerarsi** *vip* se déchirer.

lacerazione [latʃerat'tsjone] *sf* déchirement *m*; (*MED*) déchirure *f*.
lacero, -a ['latʃero] *agg* (*cencioso*) déguenillé(e); (*MED*) déchiré(e); **ferita ~-contusa** plaie *f* contuse.
laconico, -a, -ci, -che [la'kɔniko] *agg* laconique.
lacrima ['lakrima] *sf* larme *f*; **in lacrime** en larmes.
lacrimare [lakri'mare] *vi* pleurer.
lacrimevole [lakri'mevole] *agg* larmoyant(e).
lacrimogeno, -a [lakri'mɔdʒeno] *agg*: **(gas) ~** gaz *m* lacrymogène.
lacrimoso, -a [lakri'moso] *agg* (*racconto*) pathétique, émouvant(e).
lacuna [la'kuna] *sf* (*fig*) lacune *f*.
lacustre [la'kustre] *agg* lacustre.
laddove [lad'dove] *cong* alors que, tandis que.
ladro ['ladro] *sm* voleur *m*; **al ~!** au voleur!
ladrocinio [ladro'tʃinjo] *sm* vol *m*.
ladruncolo, -a [la'drunkolo] *sm/f* (*peg*) petit(e) voleur(-euse).
laggiù [lad'dʒu] *avv* (*là in basso*) là-bas.
lagna ['laɲɲa] *sf* (*fam*: *persona*) raseur(-euse); **fare la ~** pleurnicher.
lagnanza [laɲ'ɲantsa] *sf* plainte *f*.
lagnarsi [laɲ'ɲarsi] *vip*: **~ (di)** se plaindre (de).
lago, -ghi ['lago] *sm* lac *m*; (*fig*) mare *f*; **un ~ di sangue** une mare de sang; **L~ di Como** lac de Côme; **L~ di Costanza** lac de Constance; **L~ di Garda** lac de Garde; **L~ Maggiore** lac Majeur.
Lagos ['lagos] *sm* Lagos.
lagrima *etc* ['lagrima] = **lacrima** *etc*.
laguna [la'guna] *sf* lagune *f*.
lagunare [lagu'nare] *agg* lagunaire.
laico, -a, -ci, -che ['laiko] *agg, sm/f* laïc(laïque) ♦ *sm* (*frate*) frère *m* convers.
laido, -a ['laido] *agg* (*sporco*) crasseux(-euse), immonde; (*turpe*) obscène.
lama ['lama] *sf* lame *f* ♦ *sm inv* (*ZOOL, REL*) lama *m*.
lambire [lam'bire] *vt* (*sogg*: *acque, fiamme*) effleurer, lécher.
lambretta ® [lam'bretta] *sf* scooter *m*.
lamella [la'mɛlla] *sf* (*BOT*) lamelle *f*; (*di metallo*) lame *f*.
lamentare [lamen'tare] *vt* (*perdita etc*) déplorer; **lamentarsi** *vip* (*gemere*): **lamentarsi (per)** gémir (pour); **lamentarsi (di)** (*rammaricarsi*) se plaindre (de).
lamentela [lamen'tɛla] *sf* plainte *f*.
lamentevole [lamen'tevole] *agg* (*voce*) plaintif(-ive); (*destino*) navrant(e).
lamento [la'mento] *sm* gémissement *m*; (*POESIA*) complainte *f*.
lamentoso, -a [lamen'toso] *agg* (*voce, tono*) plaintif(-ive).
lametta [la'metta] *sf*: **~ da barba** lame *f* de rasoir.
lamiera [la'mjɛra] *sf* tôle *f*.
lamina ['lamina] *sf* lame *f*, feuille *f*; ▸ **lamina d'oro** feuille d'or.
laminare [lami'nare] *vt* (*ridurre in lamine*) laminer; (*rivestire*) plaquer.
laminato, -a [lami'nato] *agg* (*TECN*) laminé(e); (*tessuto*) lamé(e) ♦ *sm* laminé *m*.
lampada ['lampada] *sf* lampe *f*; ▸ **lampada a gas** lampe à gaz; ▸ **lampada a petrolio** lampe à pétrole; ▸ **lampada a spirito** (*da saldatore*) lampe à souder; ▸ **lampada a stelo** lampadaire *m*; ▸ **lampada da tavolo** lampe de bureau.
lampadario [lampa'darjo] *sm* lustre *m*, suspension *f*.
lampadina [lampa'dina] *sf* ampoule *f*; ▸ **lampadina tascabile** lampe *f* de poche.
lampante [lam'pante] *agg* (*fig*) évident(e).
lampara [lam'para] *sf* lamparo *m*.
lampeggiare [lamped'dʒare] *vi* (*sogg*: *luce*) étinceler; (*AUT*) clignoter ♦ *vb impers*: **lampeggia** il y a des éclairs.
lampeggiatore [lampeddʒa'tore] *sm* (*AUT*) clignotant *m*.
lampione [lam'pjone] *sm* réverbère *m*.
lampo ['lampo] *sm* éclair *m* ♦ *agg inv*: **cerniera ~** fermeture *f* éclair; **come un ~** (*passare etc*) comme un éclair; **in un ~** en un éclair; **la giornata è passata in un ~** la journée a passé en un clin d'œil; **un ~ di genio** un éclair de génie.
lampone [lam'pone] *sm* (*pianta*) framboisier *m*; (*frutto*) framboise *f*.
lana ['lana] *sf* laine *f*; **di ~** (*maglia etc*) en laine; **pura ~ vergine** pure laine vierge; ▸ **lana d'acciaio** paille *f* de fer; ▸ **lana di vetro** laine de verre.
lancetta [lan'tʃetta] *sf* aiguille *f*.
lancia ['lantʃa] *sf* (*arma, di pompa*) lance *f*; (*NAUT*) canot *m*, chaloupe *f*; **partire ~ in resta** (*fig*) partir en guerre; **spezzare una ~ in favore di qn** (*fig*) faire un plaidoyer en faveur de qn; ▸ **lancia di salvataggio** canot de sauvetage.
lanciabombe [lantʃa'bombe] *sm inv* lance-bombes *m inv*.
lanciafiamme [lantʃa'fjamme] *sm inv* lance-flammes *m inv*.
lanciamissili [lantʃa'missili] *agg inv, sm inv* lance-missiles *m inv*.
lanciarazzi [lantʃa'raddzi] *agg inv, sm inv* lance-roquettes *m inv*.
lanciare [lan'tʃare] *vt* lancer; **lanciarsi** *vr*: **lanciarsi contro/su** se lancer contre/sur; **~ un grido** lancer un cri; **~ il disco/il peso** (*SPORT*) lancer le disque/le poids; **lanciarsi col paracadute** sauter en para-

chute; **lanciarsi in acqua** sauter dans l'eau; **lanciarsi in un'impresa** se lancer dans une entreprise; **lanciarsi all'inseguimento di qn** se lancer à la poursuite de qn; **si è lanciata!** (*fig*) elle s'est jetée à l'eau!
lanciasiluri [lantʃasi'luri] *sm inv* lance-torpilles *m inv*.
lanciato, -a [lan'tʃato] *agg* (*attore, prodotto*) lancé(e); **chilometro** ~ (*prova*) kilomètre *m* lancé.
lancinante [lantʃi'nante] *agg* lancinant(e).
lancio, -ci ['lantʃo] *sm* (*anche AER, SPORT*) lancement *m*; **il** ~ **di un prodotto** le lancement d'un produit; ~ **col paracadute** saut *m* en parachute; ▶ **lancio del disco** lancer *m* de disque; ▶ **lancio del peso** lancer de poids.
landa ['landa] *sf* lande *f*.
languido, -a ['langwido] *agg* langoureux(-euse).
languire [lan'gwire] *vi* (*indebolirsi*) dépérir; (*conversazione, attività*) languir.
languore [lan'gwore] *sm* (*fiacchezza*) dépérissement *m*; ▶ **languore di stomaco** creux *m* à l'estomac.
laniero, -a [la'njɛro] *agg* lainier(-ière).
lanificio [lani'fitʃo] *sm* filature *f* de laine.
lanolina [lano'lina] *sf* lanoline *f*.
lanoso, -a [la'noso] *agg* laineux(-euse).
lanterna [lan'tɛrna] *sf* lanterne *f*; (*faro*) phare *m*.
lanternino [lanter'nino] *sm*: **cercare qc col** ~ (*fig*) chercher qch minutieusement.
lanugine [la'nudʒine] *sf* duvet *m*.
Laos ['laos] *sm* Laos *m*.
lapalissiano, -a [lapalis'sjano] *agg* de la Palice; **è lapalissiana** c'est une lapalissade.
La Paz [la'pats] *sf* La Paz.
lapidare [lapi'dare] *vt* lapider.
lapidario [lapi'darjo] *agg* (*fig*: *stile*) lapidaire.
lapide ['lapide] *sf* (*di sepolcro*) pierre *f* tombale; (*commemorativa*) plaque *f*.
lapin [la'pɛ̃] *sm inv* lapin *m*.
lapis ['lapis] *sm inv* crayon *m*.
lappone ['lappone] *agg* lapon(e) ♦ *sm/f* Lapon(e) ♦ *sm* lapon *m*.
Lapponia [lap'ponja] *sf* Laponie *f*.
lapsus ['lapsus] *sm inv* lapsus *m*; ~ **freudiano** lapsus révélateur.
L'Aquila ['lakwila] *sf* L'Aquila *f*.
lardo ['lardo] *sm* lard *m*.
larga ['larga] *sf*: **stare** *o* **tenersi alla** ~ **(da)** se tenir à distance (de).
larghezza [lar'gettsa] *sf* largeur *f*; (*liberalità*) largesse *f*; (*abbondanza*: *di particolari etc*) large *m*; **una strada di venti metri di** ~ une route de vingt mètres de large; **con** ~ **di mezzi** avec de gros moyens; ▶ **larghezza di vedute** largeur de vues.
largire [lar'dʒire] *vt* prodiguer.
largo, -a, -ghi, -ghe ['largo] *agg* large; (*fig*: *ricompensa, presenza*) gros(grosse) ♦ *sm* (*piazza*) place *f*; **al** ~ (*in mare*) au large; ~ **due metri** large de deux mètres; ~ **di spalle** large d'épaules; **di larghe vedute** large d'idées; **in larga misura** dans une large mesure; **su larga scala** sur une grande échelle; **al** ~ **di Genova** au large de Gênes; **farsi** ~ **tra la folla** se frayer un chemin dans la foule.
larice ['laritʃe] *sm* mélèze *m*.
laringe [la'rindʒe] *sf* larynx *m*.
laringite [larin'dʒite] *sf* laryngite *f*.
laringoiatra, -i, -e [laringo'jatra] *sm/f* laryngologue *m/f*.
larva ['larva] *sf* larve *f*.
lasagne [la'zaɲɲe] *sfpl* lasagne *f*.
lasciapassare [laʃʃapas'sare] *sm inv* laissez-passer *m inv*.
lasciare [laʃ'ʃare] *vt* (*paese, casa, marito*) quitter; (*briglie, volante*) lâcher; (*dimenticare*: *occhiali etc*) laisser; (*affidare*: *compito*) confier; **lasciarsi** *vr* (*coppia*) se quitter; ~ **qn fare qc** laisser qn faire qch; **lasciar fare qn** laisser faire qn; **lasciar andare/correre/perdere** laisser aller/courir/tomber; **lascia stare!** (*non toccare*) ne touche pas!; **lascia perdere** *o* **stare!** laisse tomber!; **lasciar qn erede** faire de qn son héritier; ~ **qc in eredità** laisser qch en héritage; ~ **la presa** lâcher prise; ~ **il segno (su qc)** (*fig*) laisser des traces (sur qch); ~ **a desiderare** laisser à désirer; **ci ha lasciato la vita** il y a laissé la vie; **lasciarsi andare (a)** se laisser aller (à); **lasciarsi truffare** se faire avoir.
lascito ['laʃʃito] *sm* legs *msg*.
lascivia [laʃ'ʃivja] *sf* lasciveté *f*, lascivité *f*.
lascivo, -a [laʃ'ʃivo] *agg* libidineux(-euse), lascif(-ive).
laser ['lazer] *agg inv* laser *inv* ♦ *sm inv* laser *m*.
lassativo, -a [lassa'tivo] *agg* laxatif(-ive) ♦ *sm* laxatif *m*.
lassismo [las'sizmo] *sm* laxisme *m*.
lasso ['lasso] *sm*: ~ **di tempo** laps *msg* de temps.
lassù [las'su] *avv* là-haut.
lastra ['lastra] *sf* (*anche FOT*) plaque *f*; (*di pietra*) dalle *f*; (*radiografia*) radiographie *f*.
lastricare [lastri'kare] *vt* paver.
lastricato [lastri'kato] *sm* pavé *m*.
lastrico, -ci *o* **chi** ['lastriko] *sm* (*stradale*) pavé *m*; **essere sul** ~ (*fig*) être sur la paille; **gettare qn sul** ~ (*fig*) mettre qn sur la paille.
lastrone [las'trone] *sm* (*ALPINISMO*) paroi *f* lisse.

latente [la'tɛnte] *agg* latent(e).
laterale [late'rale] *agg* latéral(e) ♦ *sm* (*CALCIO*) demi *m*.
lateralmente [lateral'mente] *avv* latéralement.
laterizio [late'rittsjo] *sm* brique *f*.
latifondista, -i, -e [latifon'dista] *sm/f* grand propriétaire *m/f* foncier, latifundiste *m*.
latifondo [lati'fondo] *sm* grande propriété *f* foncière, latifundium *m*.
latino, -a [la'tino] *agg* latin(e) ♦ *sm* latin *m*.
latino-americano, -a [la'tino ameri'kano] *agg* latino-américain(e) ♦ *sm/f* Latino-américain(e).
latitante [lati'tante] *agg* en fuite; (*fig*) absent(e), inexistant(e) ♦ *sm* contumace *m*, contumax *m*; **il boss mafioso è ~ da due mesi** le patron de la mafia est en cavale depuis deux mois.
latitanza [lati'tantsa] *sf* (*di un imputato*) état *m* de contumace; (*fig*) absence *f*; **darsi alla ~** prendre la fuite.
latitudine [lati'tudine] *sf* latitude *f*.
lato, -a ['lato] *sm* côté *m* ♦ *agg*: **in senso ~** au sens large; **d'altro ~** d'un autre côté.
latrare [la'trare] *vi* aboyer.
latrato [la'trato] *sm* aboiement *m*.
latrina [la'trina] *sf* latrines *fpl*.
latta ['latta] *sf* (*materiale*) fer-blanc *m*; (*recipiente*) bidon *m*.
lattaio, -a [lat'tajo] *sm/f* laitier(-ière), crémier(-ière).
lattante [lat'tante] *sm/f* nourrisson *m*.
latte ['latte] *sm* lait *m*; **fratello di ~** frère *m* de lait; **tutto ~ e miele** (*fig*) tout sucre et tout miel; ▸ **latte detergente** lait démaquillant; ▸ **latte di cocco** lait de coco; ▸ **latte in polvere** lait en poudre; ▸ **latte intero** lait entier; ▸ **latte magro** *o* **scremato** lait écrémé; ▸ **latte solare** lait solaire.
latteria [latte'ria] *sf* crémerie *f*.
latticini [latti'tʃini] *smpl* laitages *mpl*.
lattina [lat'tina] *sf* boîte *f*; **una ~ d'aranciata** une orangeade en boîte.
lattuga, -ghe [lat'tuga] *sf* laitue *f*.
laurea ['laurea] *sf* (*SCOL*) ≈ maîtrise *f*; ▸ **laurea in lettere** ≈ maîtrise de lettres; ▸ **laurea in ingegneria** diplôme *m* d'ingénieur.
laureando, -a [laure'ando] *sm/f* *étudiant(e) de dernière année de faculté*.
laureare [laure'are] *vt* ≈ décerner une maîtrise à; **laurearsi** *vip* ≈ passer sa maîtrise.
laureato, -a [laure'ato] *agg* diplômé(e) de l'université; (*poeta*) couronné(e) ♦ *sm/f* titulaire *m/f* d'un diplôme de maîtrise; **~ in ingegneria** ingénieur diplômé.
lauro ['lauro] *sm* laurier *m*.
lauto, -a ['lauto] *agg* (*pranzo*) somptueux(-euse), copieux(-euse); (*mancia*) généreux(-euse); **lauti guadagni** de jolis bénéficices *mpl*.
lava ['lava] *sf* lave *f*.
lavabiancheria [lavabjanke'ria] *sf inv* machine *f* à laver.
lavabo [la'vabo] *sm* lavabo *m*.
lavaggio [la'vaddʒo] *sm* (*di macchina etc*) lavage *m*; (*di bucato*) lessive *f*; ▸ **lavaggio a mano** lavage à la main; ▸ **lavaggio a secco** nettoyage *m* à sec; ▸ **lavaggio del cervello** lavage de cerveau.
lavagna [la'vaɲɲa] *sf* (*di scuola*) tableau *m*; ▸ **lavagna luminosa** tableau lumineux.
lavanda [la'vanda] *sf* lavande *f*; (*MED*) lavage *m*; (: *intestinale*) lavement *m*; ▸ **lavanda gastrica** lavage d'estomac.
lavandaia [lavan'daja] *sf* blanchisseuse *f*.
lavanderia [lavande'ria] *sf* blanchisserie *f*; ▸ **lavanderia a secco** teinturerie *f*, pressing *m*; ▸ **lavanderia automatica** laverie *f* automatique.
lavandino [lavan'dino] *sm* (*in bagno*) lavabo *m*; (*in cucina*) évier *m*.
lavapiatti [lava'pjatti] *sm/f inv* plongeur(-euse) ♦ *sf inv* (*macchina*) lave-vaisselle *m inv*.
lavare [la'vare] *vt* laver; **lavarsi** *vr* se laver; **~ i piatti** laver la vaisselle; **~ a secco** nettoyer à sec; **lavarsi le mani/i capelli/i denti** se laver les mains/les cheveux/les dents; **~ i panni sporchi in pubblico** (*fig*) laver son linge sale en public.
lavasecco [lava'sekko] *sm o f inv* (*stabilimento*) teinturerie *f*, pressing *m*.
lavastoviglie [lavasto'viʎʎe] *sf inv* (*macchina*) lave-vaisselle *m inv*.
lavata [la'vata] *sf*: **dare una ~ a qc** laver qch; **dare una ~ di capo a qn** (*fig*) passer un savon à qn.
lavativo, -a [lava'tivo] *sm/f* (*fig*: *fannullone*) tire-au-flanc *m*.
lavatoio [lava'tojo] *sm* (*pubblico*) lavoir *m*.
lavatrice [lava'tritʃe] *sf* machine *f* à laver.
lavatura [lava'tura] *sf* lavage *m*; ▸ **lavatura di piatti** (*fig*) lavasse *f*.
lavello [la'vɛllo] *sm* (*acquaio*) évier *m*.
lavina [la'vina] *sf* avalanche *f*.
lavorante [lavo'rante] *sm/f* (*manovale*) ouvrier(-ière).
lavorare [lavo'rare] *vi* (*persona*) travailler; (*fig*: *bar, studio etc*) marcher ♦ *vt* (*creta, pane etc*) travailler, pétrir; **~ a qc** travailler à qch; **~ a maglia** tricoter; **~ di fantasia** rêver; **lavorarsi qn** travailler qn.
lavorativo, -a [lavora'tivo] *agg* (*giorno*) ouvrable; (*capacità, ore*) de travail.
lavoratore, -trice [lavora'tore] *sm/f, agg* travailleur(-euse).
lavorazione [lavorat'tsjone] *sf* (*di legno,*

pietra, metallo) travail *m*; (*di materie prime, prodotto*) transformation *f*, usinage *m*; (*di pane, pasta*) pétrissage *m*; (*di film*) tournage *m*.
lavorio [lavo'rio] *sm* travail *m* intense.
lavoro [la'voro] *sm* travail *m*; (*opera intellettuale*) œuvre *f*; **Ministero del L~** ministère *m* du Travail; **i lavori del parlamento** les travaux parlementaires; ▸ **lavoro manuale** travail manuel; ▸ **lavoro nero** travail noir; ▸ **lavori di casa/domestici** travaux ménagers/domestiques; ▸ **lavori forzati** travaux forcés; ▸ **lavori pubblici** travaux publics.
laziale [lat'tsjale] *agg* du Latium.
Lazio ['lattsjo] *sf* Latium *m*.
lazzaretto [laddza'retto] *sm* lazaret *m*.
lazzarone, -a [laddza'rone] *sm/f* (*canaglia*) filou *m*, fripouille *f*; (: *bambino*) fripon(ne); (*pigrone*) fainéant(e).
lazzo ['laddzo] *sm* badinerie *f*.
LE *sigla* = *Lecce*.
le [le] *art fpl* les ♦ *pron* (*oggetto*) les; (: *a lei, a essa*) lui; (: *forma di cortesia*) vous; ~ **ho viste ieri** je les ai vues hier; ~ **ho detto la verità** je leur ai dit la vérité; ~ **chiedo scusa, signora** excusez-moi, Madame; *vedi anche* **il**.
leale [le'ale] *agg* loyal(e).
lealista, -i, -e [lea'lista] *sm/f* loyaliste *m/f*.
lealtà [leal'ta] *sf* loyauté *f*.
leasing ['li:ziŋ] *sm* leasing *m*, crédit-bail *m*.
lebbra ['lebbra] *sf* lèpre *f*.
lebbroso, -a [leb'broso] *agg, sm/f* lépreux(-euse).
lecca lecca ['lekka 'lekka] *sm inv* sucette *f*.
leccapiedi [lekka'pjɛdi] *sm/f inv* (*peg*) lèche-bottes *m inv*.
leccare [lek'kare] *vt* lécher; (*fig*: *adulare*) flatter; **leccarsi i baffi** (*fig*) se lécher les babines.
leccata [lek'kata] *sf* coup *m* de langue; (*fig*) flatterie *f*.
leccato, -a [lek'kato] *agg* (*affettato*) léché(e); (*persona*) tiré(e) à quatre épingles.
leccherò *etc* [lekke'rɔ] *vb vedi* **leccare**.
leccio, -ci ['lettʃo] *sm* chêne *m* vert.
leccornia [lekkor'nia] *sf* gourmandises *fpl*.
lecito, -a ['letʃito] *agg* permis(e); **se mi è ~** si vous me le permettez; **mi sia ~ far presente che ...** permettez-moi de vous faire remarquer que ... .
ledere ['lɛdere] *vt* (*MED*) léser; ~ **gli interessi di qn** nuire aux intérêts de qn.
lega, -ghe ['lega] *sf* (*alleanza, unione*) ligue *f*; (*di metalli*) alliage *m*; (*misura*) lieue *f*; (*POL*) *parti régionaliste en Italie*; **di bassa ~** (*metallo*) de bas aloi; (*gente*) de bas étage.
legaccio [le'gattʃo] *sm* lacet *m*.
legale [le'gale] *agg* légal(e); (*domicilio*) fixe ♦ *sm* (*avvocato*) avocat *m*; **domicilio ~** domicile *m* (fixe).
legalità [legali'ta] *sf* légalité *f*.
legalizzare [legalid'dzare] *vt* légaliser.
legalizzazione [legalid'dzattsjone] *sf* légalisation *f*.
legame [le'game] *sm* (*anche fig*) lien *m*; ▸ **legame affettivo/di sangue** lien affectif/du sang.
legamento [lega'mento] *sm* ligament *m*.
legare [le'gare] *vt* (*prigioniero*) attacher, ligoter; (*capelli, cane*) attacher; (*CHIM*) allier; (*fig*: *collegare*) lier ♦ *vi* (*far lega, fondersi*) s'allier; (*andare d'accordo*) se lier; **è pazzo da ~** (*fam*) il est fou à lier.
legatario, -a [lega'tarjo] *sm/f* légataire *m/f*.
legato [le'gato] *sm* (*REL*) légat *m*; (*DIR*) legs *msg*.
legatoria [legato'ria] *sf* (*attività*) reliure *f*; (*negozio*) atelier *m* de reliure.
legatura [lega'tura] *sf* (*di libro*) reliure *f*; (*MUS*) liaison *f*.
legazione [legat'tsjone] *sf* légation *f*.
legenda [le'dʒɛnda] *sf* = **leggenda**.
legge ['leddʒe] *sf* loi *f*; (*giurisprudenza*) droit *m*; **facoltà di ~** faculté *f* de droit.
leggenda [led'dʒɛnda] *sf* légende *f*.
leggendario, -a [leddʒen'darjo] *agg* légendaire.
leggere ['lɛddʒere] *vt* lire; ~ **il pensiero di qn** lire au fond des pensées de qn; ~ **la mano a qn** lire les lignes de la main à qn.
leggerezza [leddʒe'rettsa] *sf* légèreté *f*.
leggero, -a [led'dʒɛro] *agg* léger(-ère); (*lavoro*) pas fatigant(e); **una ragazza leggera** (*fig*) une fille légère; **alla leggera** (*non seriamente*) à la légère.
leggiadro, -a [led'dʒadro] *agg* gracieux(-euse).
leggibile [led'dʒibile] *agg* lisible.
leggio, -gi [led'dʒio] *sm* pupitre *m*.
legherò *etc* [lege'rɔ] *vb vedi* **legare**.
leghista [le'gista] *sm/f* (*POL*) *sympathisant d'une "lega"*.
legiferare [ledʒife'rare] *vi* légiférer.
legionario [ledʒo'narjo] *sm* légionnaire *m*.
legione [le'dʒone] *sf* (*anche fig*: *moltitudine*) légion *f*; ▸ **legione straniera** légion étrangère.
legislativo, -a [ledʒizla'tivo] *agg* législatif(-ive).
legislatore [ledʒizla'tore] *sm* législateur *m*.
legislatura [ledʒizlas'tura] *sf* législature *f*.
legislazione [ledʒizlat'tsjone] *sf* législation *f*.
legittimare [ledʒitti'mare] *vt* légitimer.
legittimità [ledʒittimi'ta] *sf* légitimité *f*.
legittimo, -a [le'dʒittimo] *agg* légitime;

▸ **legittima difesa** (*DIR*) légitime défense *f*.

legna ['leɲɲa] *sf* bois *msg* à brûler.

legnaia [leɲ'ɲaja] *sf* bûcher *m*.

legname [leɲ'ɲame] *sm* bois *msg*.

legnata [leɲ'ɲata] *sf* coup *m* de bâton; **dare a qn un sacco di legnate** donner une bonne correction à qn.

legno ['leɲɲo] *sm* bois *msg*; **un pezzo di ~** un bout de bois; **di ~** en bois; ▸ **legno compensato** contreplaqué *m*.

legnoso, -a [leɲ'ɲoso] *agg* (*di legno*) ligneux(-euse); (*fig*: *carne*) filandreux(-euse).

legume [le'gume] *sm* féculent *m*.

lei ['lɛi] *pron* elle; (*forma di cortesia*: *anche*: **L~**) vous ♦ *sf inv*: **la mia ~** ma tendre moitié ♦ *sm*: **dare del ~ a qn** vouvoyer qn; **~ stessa** elle-même; **è ~** c'est elle.

lembo ['lembo] *sm* (*orlo, bordo*) bord *m*; (*stricia sottile*: *di terra*) langue *f*.

lemma, -i ['lɛmma] *sm* (*LING*) article *m*.

lemme lemme ['lɛmme 'lɛmme] *avv* tout doucement.

lena ['lena] *sf* (*fig*: *vigore*) énergie *f*, vigueur *f*; **di buona ~** avec entrain.

lenire [le'nire] *vt* lénifier.

lentamente [lenta'mente] *avv* lentement.

lente ['lɛnte] *sf* (*OTTICA*) lentille *f* ♦ *sfpl* (*occhiali*) lunettes *fpl*; ▸ **lente d'ingrandimento** loupe *f*; ▸ **lenti a contatto** verres *mpl* de contact, lentilles *fpl*; ▸ **lenti (a contatto) morbide/rigide** verres de contact *o* lentilles souples/rigides.

lentezza [len'tettsa] *sf* lenteur *f*.

lenticchia [len'tikkja] *sf* lentille *f*.

lentiggine [len'tiddʒine] *sf* tache *f* de rousseur.

lento, -a ['lɛnto] *agg* lent(e); (*fune, vite, nodo*) lâche; (*MUS*) lento *inv* ♦ *sm* (*ballo*) slow *m*.

lenza ['lɛntsa] *sf* (*PESCA*) ligne *f*.

lenzuolo [len'tswɔlo] *sm* drap *m*; **sotto le lenzuola** sous les draps; ▸ **lenzuolo da bagno** drap de bain; ▸ **lenzuolo funebre** linceul *m*.

leone [le'one] *sm* lion *m*; (*ZODIACO*): **L~** Lion; **essere del L~** être (du) Lion.

leopardo [leo'pardo] *sm* léopard *m*.

leporino, -a [lepo'rino] *agg*: **labbro ~** bec-de-lièvre *m*.

lepre ['lɛpre] *sf* lièvre *m*.

lercio, -a ['lɛrtʃo] *agg* crasseux(-euse).

lerciume [ler'tʃume] *sm* crasse *f*.

lesbico, -a, -ci, -che ['lɛzbiko] *agg* lesbien(ne) ♦ *sf* lesbienne *f*.

lesi *etc* ['lezi] *vb vedi* **ledere**.

lesinare [lezi'nare] *vt* lésiner ♦ *vi*: **~ (su)** lésiner (sur).

lesione [le'zjone] *sf* (*anche DIR*) lésion *f*; (*in costruzione*) lézarde *f*.

lesivo, -a [le'zivo] *agg*: **~ (di)** qui porte atteinte (à).

leso, -a ['lezo] *pp di* **ledere** ♦ *agg* lésé(e); **parte lesa** (*DIR*) partie *f* lésée; **lesa maestà** lèse-majesté *f*.

Lesotho [le'sɔto] *sm* Lesotho *m*.

lessare [les'sare] *vt* faire cuire à l'eau.

lessi *etc* ['lɛssi] *vb vedi* **leggere**.

lessicale [lessi'kale] *agg* lexical(e).

lessico, -ci ['lɛssiko] *sm* (*LING*) lexique *m*.

lessicografia [lessikogra'fia] *sf* lexicographie *f*.

lesso, -a ['lesso] *agg* cuit(e) à l'eau ♦ *sm* pot-au-feu *m*.

lesto, -a ['lɛsto] *agg* (*agile, svelto*) agile; **essere ~ di mano** (*fig*: *ladro*) avoir la main leste.

lestofante [lesto'fante] *sm* filou *m*.

letale [le'tale] *agg* mortel(le); (*dose*) létal(e).

letamaio [leta'majo] *sm* fosse *f* à fumier; (*fig*: *luogo sudicio*) porcherie *f*.

letame [le'tame] *sm* fumier *m*.

letargo, -ghi [le'targo] *sm* (*ZOOL*) hibernation *f*; (*MED*) léthargie *f*; **andare in ~** entrer en hibernation.

letizia [le'tittsja] *sf* joie *f*.

letta ['letta] *sf*: **dare una ~ a qc** jeter un coup d'œil à qch.

lettera ['lɛttera] *sf* lettre *f*; **lettere** *sfpl* (*studi umanistici*) lettres *fpl*; **alla ~** (*citare, eseguire etc*) à la lettre; (*tradurre*) mot à mot, littéralement; **diventar ~ morta** (*legge*) devenir lettre morte; **restar ~ morta** (*fig*) rester lettre morte; ▸ **lettera assicurata** lettre chargée; ▸ **lettera di accompagnamento** lettre d'accompagnement; ▸ **lettera di cambio** lettre de change; ▸ **lettera di credito** lettre de crédit; ▸ **lettera di presentazione** lettre d'introduction; ▸ **lettera di raccomandazione** lettre de recommandation; ▸ **lettera di trasporto aereo** lettre de transport aérien; ▸ **lettera di vettura** lettre de voiture; ▸ **lettera raccomandata** lettre recommandée.

letterale [lette'rale] *agg* littéral(e).

letteralmente [letteral'mente] *avv* littéralement.

letterario, -a [lette'rarjo] *agg* littéraire.

letterato, -a [lette'rato] *agg* lettré(e) ♦ *sm/f* homme *m*/femme *f* de lettres.

letteratura [lettera'tura] *sf* littérature *f*.

lettiga, -ghe [let'tiga] *sf* (*anticamente*) litière *f*; (*portantina, barella*) civière *f*.

lettino [let'tino] *sm* (*per bambini*) lit *m* d'enfant; ▸ **lettino solare** solarium *m*.

letto, -a ['lɛtto] *pp di* **leggere** ♦ *sm* lit *m*; **andare a ~** aller au lit; **mettersi a ~** (*ammalarsi*) s'aliter; **figlio di primo ~** enfant *m* d'un premier lit; **il ~ di un fiume** le lit d'un fleuve; ▸ **letto a castello** lits *mpl* superposés; ▶ **letto a una piazza** lit à une place; ▶ **letto matrimoniale/a due piazze** lit à deux places; ▶ **letto di morte** lit de mort.

lettone ['lɛttone] *agg* letton(ne) ♦ *sm/f* Letton(ne).

Lettonia [let'tɔnja] *sf* Lettonie *f*.

lettorato [letto'rato] *sm* lectorat *m*.

lettore, -trice [let'tore] *sm/f* lecteur(-trice) ♦ *sm* (*INFORM*): ~ **ottico (di caratteri)** lecteur *m* optique; ▶ **lettore CD** lecteur *m* laser *o* de CD.

lettura [let'tura] *sf* lecture *f*.

leucemia [leutʃe'mia] *sf* leucémie *f*.

leva ['lɛva] *sf* levier *m*; (*MIL*) recrutement *m*; **far** ~ **su** (*fig*: *cosa*) spéculer sur, se servir de; (: *persona*) avoir prise sur; **fare il servizio di** ~ (*MIL*) faire son service militaire; **le nuove leve** (*fig*: *del cinema etc*) la relève; ▶ **leva del cambio** (*AUT*) levier de changement de vitesse.

levante [le'vante] *sm* levant *m*; (*vento*) vent *m* d'est; **il L~** le Levant.

levare [le'vare] *vt* (*alzare*: *occhi etc*) lever; (*togliere*: *tassa, indumento, coperchio*) enlever; (: *dente*) arracher; (: *fame*) assouvir; (: *sete*) étancher; **levarsi** *vr, vip* (*persona, vento, sole*) se lever; **levarsi (in piedi)** se mettre debout; **levarsi (dal letto)** se lever (du lit); ~ **le tende** (*fig*) décamper; **levarsi il pensiero** se libérer d'un souci; ~ **un grido** pousser un cri; **levarsi di mezzo** *o* **dai piedi** ficher le camp.

levata [le'vata] *sf* (*di posta*) levée *f*.

levataccia, -ce [leva'tattʃa] *sf*: **è stata una** ~ j'ai eu du mal à me lever.

levatoio, -a [leva'tojo] *agg*: **ponte** ~ pont-levis *msg*.

levatrice [leva'tritʃe] *sf* sage-femme *f*.

levatura [leva'tura] *sf* (*intellettuale, morale*) niveau *m*.

levigare [levi'gare] *vt* (*superficie*) polir.

levigato, -a [levi'gato] *agg* (*anche fig*: *stile*) poli(e); (: *viso*) lisse.

levità [levi'ta] *sf* légèreté *f*.

levriere [le'vrjɛre] *sm* lévrier *m*.

lezione [let'tsjone] *sf* leçon *f*; (: *scuole superiori, UNIV*) cours *msg*; **andare a** ~ aller en cours; **fare** ~ (*SCOL*) faire cours; ▶ **lezioni private** cours particuliers.

lezioso, -a [let'tsjoso] *agg* maniéré(e).

lezzo ['leddzo] *sm* puanteur *f*.

lg *abbr* (= *lira sterlina*) £.

LI *sigla* = *Livorno*.

li [li] *pron pl* (*oggetto*) les.

lì [li] *avv* là; **di** *o* **da** ~ de là; **per di** ~ par là; **di** ~ **a pochi giorni** au bout de quelques jours; ~ **per** ~ sur le moment; **essere** ~ **(lì) per fare** être sur le point de faire; ~ **dentro** là-dedans; ~ **sotto** là-dessous; ~ **sopra** là-dessus; **tutto** ~ c'est tout; **la questione è finita** ~ l'affaire en est restée là; *vedi anche* **quello**.

libagione [liba'dʒone] *sf* libation *f*.

libanese [liba'nese] *agg* libanais(e) ♦ *sm/f* Libanais(e).

Libano ['libano] *sm* Liban *m*.

libbra ['libbra] *sf* livre *f*.

libeccio [li'bettʃo] *sm* suroît *m*.

libello [li'bɛllo] *sm* libelle *m*.

libellula [li'bɛllula] *sf* libellule *f*.

liberale [libe'rale] *agg, sm/f* (*anche POL*) libéral(e).

liberalizzare [liberalid'dzare] *vt* libéraliser.

liberare [libe'rare] *vt* (*prigioniero, popolo*) libérer, délivrer; (*stanza*) débarrasser; (*passaggio*) dégager; (*energia*) libérer; **liberarsi** *vr* se libérer, se délivrer; **liberarsi di qc/qn** se libérer de qch/qn.

liberatore, -trice [libera'tore] *sm/f* libérateur(-trice).

liberazione [liberat'tsjone] *sf* libération *f*.

libercolo [li'bɛrkolo] *sm* (*peg*) livre *m* de quatre sous.

Liberia [li'bɛrja] *sf* Libéria *m*.

liberiano, -a [libe'rjano] *agg* libérien(ne) ♦ *sm/f* Libérien(ne).

liberismo [libe'rizmo] *sm* libéralisme *m*.

libero, -a ['libero] *agg* libre; ~ **di fare qc** libre de faire qch; ~ **da** (*obblighi, doveri etc*) libre de; **una donna dai liberi costumi** une femme de mœurs légères; **avere via libera** avoir le feu vert; **dare via libera a qn** donner le feu vert à qn; **via libera!** vas-y!, allez-y!; ▶ **libero arbitrio** libre arbitre *m*; ▶ **libero professionista** membre *m* d'une profession libérale; ▶ **libero scambio** libre-échange *m*; ▶ **libera professione** profession *f* libérale; ▶ **libera uscita** (*MIL*) quartier *m* libre.

liberoscambismo [liberoskam'bizmo] *sm* (*ECON*) libre-échangisme *m*.

libertà [liber'ta] *sf inv* liberté *f* ♦ *sfpl*: **prendersi delle** ~ **(con qn)** prendre des libertés (avec qn); ▶ **libertà di stampa** liberté de la presse; ▶ **libertà provvisoria/vigilata** (*DIR*) liberté provisoire/surveillée.

libertario, -a [liber'tarjo] *sm/f* libertaire *m/f*.

libertino, -a [liber'tino] *agg, sm/f* libertin(e).

liberty ['liberti] *agg inv, sm inv* art nouveau *m inv*, modern style *m inv*.

Libia ['libja] *sf* Libye *f*.

libico, -a, -ci, -che ['libiko] *agg* libyen(ne) ♦ *sm/f* Libyen(ne).

libidine [li'bidine] *sf* luxure *f*.

libidinoso, -a [libidi'noso] *agg* libidineux(-euse).

libido [li'bido] *sf* libido *f*.

libraio [li'brajo] *sm* libraire *m*.

librario, -a [li'brarjo] *agg* (*produzione*) de

livres; (*industria*) du livre.
librarsi [li'brarsi] *vr* planer.
libreria [libre'ria] *sf* (*negozio*) librairie *f*; (*stanza, mobile*) bibliothèque *f*.
libretto [li'bretto] *sm* (*piccolo libro*) petit livre *m*; (*taccuino*) carnet *m*; (*fascicoletto*) fascicule *m*; (*registro*: *anche MUS*) livret *m*; ▸ **libretto degli assegni** carnet de chèques; ▸ **libretto di circolazione** (*AUT*) carte *f* grise; ▸ **libretto di risparmio** livret de caisse d'épargne; ▸ **libretto di lavoro** *livret faisant état des emplois occupés par un travailleur au cours de sa carrière*; ▸ **libretto universitario** *livret universituire attestant des examens réussis par l'étudiant au cours de son cursus*.
libro ['libro] *sm* livre *m*; ▸ **libro bianco** (*POL*) livre blanc; ▸ **libro di cassa** livre de caisse; ▸ **libro di consultazione** ouvrage *m* de référence; ▸ **libro di testo** manuel *m* scolaire; ▸ **libro mastro** grand livre; ▸ **libro nero** (*fig*) liste *f* noire; ▸ **libro paga** registre *m* des traitements et salaires; ▸ **libro tascabile** livre de poche; ▸ **libri contabili/sociali** livres de comptabilité.
licantropo [li'kantropo] *sm* lycanthrope *m*.
liceale [litʃe'ale] *agg* du lycée ♦ *sm/f* lycéen(ne).
licenza [li'tʃɛntsa] *sf* licence *f*; (*di pesca, circolazione etc*) permis *msg*; (*MIL*: *congedo*) permission *f*; (*libertà, arbitrio*) liberté *f*; **andare in** ~ (*MIL*) avoir une permission; **su** ~ **di ...** (*COMM*) sous licence de ...; ▸ **licenza di esportazione** licence d'exportation; ▸ **licenza di fabbricazione** licence de fabrication; ▸ **licenza elementare** (*SCOL*) *certificat d'études primaires*; ▸ **licenza media** (*SCOL*) *brevet du premier cycle des études secondaires*; ▸ **licenza poetica** licence poétique.
licenziamento [litʃentsja'mento] *sm* licenciement *m*.
licenziare [litʃen'tsjare] *vt* licencier; (*SCOL*) diplômer; **licenziarsi** *vr* (*impiegato*) démissionner.
licenziosità [litʃentsjosi'ta] *sf* licence *f*.
licenzioso, -a [litʃen'tsjoso] *agg* (*dissoluto, lascivo*) licencieux(-euse).
liceo [li'tʃɛo] *sm* (*SCOL*) lycée *m*; ▸ **liceo classico/linguistico/scientifico** ≈ lycée section littéraire/langues/scientifique.
lichene [li'kɛne] *sm* lichen *m*.
lido ['lido] *sm* plage *f*.
Liechtenstein ['liktenʃtain] *sm* Liechtenstein *m*.
lieto, -a ['ljɛto] *agg* (*allegro*) joyeux(-euse); (*soddisfatto, contento*) content(e); (*che dà letizia*: *notizia*) bon(ne); "**molto** ~" (*in presentazioni*) "enchanté"; ~ **fine** happy end *m*; **una storia a** ~ **fine** une histoire qui finit bien.
lieve ['ljɛve] *agg* léger(-ère).
lievitare [ljevi'tare] *vi* lever; (*fig*) monter, augmenter.
lievito ['ljɛvito] *sm* levain *m*; ▸ **lievito di birra** levure *f* de bière.
ligio, -a, -gi, -gie ['lidʒo] *agg*: ~ **(a)** fidèle (à).
lignaggio [liɲ'ɲaddʒo] *sm* lignée *f*.
ligure ['ligure] *agg* ligurien(ne); **la Riviera L**~ la Riviera.
Liguria [li'gurja] *sf* Ligurie *f*.
Lilla ['lilla] *sf* Lille.
lilla ['lilla] *agg inv, sm inv* = **lillà**.
lillà [lil'la] *agg inv, sm inv* lilas *msg*.
Lima ['lima] *sf* Lima.
lima ['lima] *sf* lime *f*; ▸ **lima da unghie** lime à ongles.
limaccioso, -a [limat'tʃoso] *agg* boueux(-euse).
limare [li'mare] *vt* limer; (*fig*) fignoler.
limbo ['limbo] *sm* (*REL, fig*) limbes *mpl*.
limetta [li'metta] *sf* lime *f*.
limitare [limi'tare] *vt* délimiter; (*fig*) limiter; **limitarsi** *vr*: **limitarsi (in)** se limiter (dans); **limitarsi a qc/a fare qc** se limiter *o* se borner à qch/à faire qch.
limitatamente [limitata'mente] *avv* d'une manière limitée; ~ **alle mie possibilità** dans les limites de mes possibilités.
limitativo, -a [limita'tivo] *agg* limitatif(-ive).
limitato, -a [limi'tato] *agg* (*circoscritto*) délimité(e); (*ristretto*) limité(e); (*poco dotato*: *persona*) borné(e).
limitazione [limitat'tsjone] *sf* limitation *f*.
limite ['limite] *sm* limite *f* ♦ *agg inv*: **caso** ~ cas *m* limite; **al** ~ (*fig*) à la limite; ▸ **limite di velocità** limitation *f* de vitesse.
limitrofo, -a [li'mitrofo] *agg* limitrophe.
limo ['limo] *sm* (*fango*) boue *f*; (*materiale fertile*: *in fiumi*) limon *m*.
limonata [limo'nata] *sf* citronnade *f*; (*spremuta*) citron *m* pressé.
limone [li'mone] *sm* (*pianta*) citronnier *m*; (*frutto*) citron *m*.
Limosino [limo'zino] *sm* Limousin *m*.
limpidezza [limpi'dettsa] *sf* (*anche fig*) limpidité *f*.
limpido, -a ['limpido] *agg* (*anche fig*) limpide.
lince ['lintʃe] *sf* lynx *msg*.
linciaggio [lin'tʃaddʒo] *sm* (*anche fig*) lynchage *m*.
linciare [lin'tʃare] *vt* lyncher.
lindo, -a ['lindo] *agg* net(te); (*biancheria*) propre.
linea ['linea] *sf* ligne *f*; (*fig*: *di prodotto*) ligne *f*; (: *stile*) style *m*; **a grandi linee** à grands traits; **mantenere la** ~ garder la

ligne; **è caduta la** ~ (*TEL*) la conversation a été coupée; **rimanga in** ~ (*TEL*) ne quittez pas; **di** ~ (*aereo, autobus etc*) de ligne; **volo di** ~ vol *m* régulier; **aereo di** ~ avion *m* (de ligne); **in** ~ **d'aria** à vol d'oiseau; **in** ~ **diretta da** (*TV, RADIO*) en direct de; **la nuova** ~ **di questi mobili** ... le nouveau design de ces meubles ...; **di** ~ **moderna** de style moderne; ▶ **linea aerea** ligne aérienne; ▶ **linea continua** ligne continue; ▶ **linea d'arrivo/di partenza** (*SPORT*) ligne d'arrivée/de départ; ▶ **linea di tiro** (*di arma da fuoco*) ligne de tir; ▶ **linea punteggiata** pointillés *mpl*.

lineamenti [linea'menti] *smpl* (*di volto*) traits *mpl*.

lineare [line'are] *agg* (*anche fig*) linéaire.

lineetta [line'etta] *sf* tiret *m*; (*in composti*) trait *m* d'union.

linfa ['linfa] *sf* (*BIOL*) lymphe *f*; (*BOT*) sève *f*; ▶ **linfa vitale** (*fig*) sève.

lingotto [lin'gɔtto] *sm* lingot *m*.

lingua ['lingwa] *sf* langue *f*; **mostrare la** ~ tirer la langue; **di** ~ **italiana** de langue italienne; ▶ **lingua madre** langue maternelle.

linguaccia [lin'gwattʃa] *sf* (*fig: persona*) mauvaise langue *f*.

linguacciuto, -a [lingwat'tʃuto] *agg* (*fig: pettegolo*) médisant(e), cancanier(-ière).

Linguadoca [lingwa'dɔka] *sf* Languedoc *m*.

linguaggio, -gi [lin'gwaddʒo] *sm* langage *m*; ▶ **linguaggio giuridico** langage juridique; ▶ **linguaggio macchina/di programmazione** (*INFORM*) langage machine/de programmation.

linguetta [lin'gwetta] *sf* languette *f*, patte *f*; (*di busta*) languette; (*TECN*) clavette *f*.

linguista, -i, -e [lin'gwista] *sm/f* linguiste *m/f*.

linguistica [lin'gwistika] *sf* linguistique *f*.

linguistico, -a, -ci, -che [lin'gwistiko] *agg* linguistique.

linimento [lini'mento] *sm* liniment *m*.

lino ['lino] *sm* lin *m*.

linoleum [li'nɔleum] *sm inv* linoléum *m*.

liofilizzare [liofilid'dzare] *vt* lyophiliser.

liofilizzato [liofilid'dzato] *sm* produit *m* lyophilisé.

Lione [li'one] *sf* Lyon.

liposuzione [liposut'tsjone] *sf* (*MED*) liposuccion *f*.

LIPU ['lipu] *sigla f* (= *Lega Italiana Protezione Uccelli*) ≈ LPO *f*.

liquame [li'kwame] *sm* purin *m*.

liquefare [likwe'fare] *vt* (*gas*) liquéfier; (*metallo*) fondre; **liquefarsi** *vip* (*vedi vt*) se liquéfier; fondre.

liquefatto, -a [likwe'fatto] *pp di* **liquefare**.

liquidare [likwi'dare] *vt* (*anche fig*) liquider; (*pensione*) allouer; ~ **qn** (*fig: ucciderlo*) liquider qn; (: *sbarazzarsene*) se débarrasser de qn.

liquidazione [likwidat'tsjone] *sf* liquidation *f*; (*indennità di lavoro*) indemnité *f* de licenciement.

liquidità [likwidi'ta] *sf* (*denaro*) liquidité *f*.

liquido, -a ['likwido] *agg, sm* liquide *m*; ▶ **liquido per freni** liquide de freins.

liquigas ® [likwi'gas] *sm inv* gaz *m* liquéfié.

liquirizia [likwi'rittsja] *sf* (*pianta*) réglisse *f*; (*sostanza*) réglisse *f o m*.

liquore [li'kwore] *sm* (*dolce*) liqueur *f*; (*secco*) alcool *m*.

liquoroso, -a [likwo'roso] *agg* liquoreux(-euse).

lira ['lira] *sf* (*moneta italiana*) lire *f*; (: *di altri paesi*) livre *f*; (*MUS*) lyre *f*; ▶ **lira pesante** lire lourde; ▶ **lira sterlina** livre sterling; ▶ **lira verde** lire verte.

lirica ['lirika] *sf* (*poesia: genere*) poésie *f* lyrique; (: *componimento*) poème *m* lyrique; (*insieme di poesie*) œuvre *f* lyrique; (*MUS*) opéra *m*.

lirico, -a, -ci, -che ['liriko] *agg* lyrique; **cantante** ~ chanteur(cantatrice) lyrique; **teatro** ~ théâtre *m* lyrique.

lirismo [li'rizmo] *sm* lyrisme *m*.

Lisbona [lis'bona] *sf* Lisbonne.

lisca, -sche ['liska] *sf* arête *f*.

lisciare [liʃ'ʃare] *vt* polir; (*fig*) flatter; **lisciarsi i capelli** se lisser les cheveux.

liscio, -a, -sci, -sce ['liʃʃo] *agg* lisse; (*whisky, gin*) nature; (*fig: senza intoppi*) sans problèmes ♦ *sm* (*MUS*) bal-musette *m* ♦ *avv*: **andare** ~ bien se passer; **passarla liscia** bien s'en tirer.

liso, -a ['lizo] *agg* râpé(e), usé(e).

lista ['lista] *sf* liste *f*; ▶ **lista delle vivande** menu *m*; ▶ **lista dei vini** carte *f* des vins; ▶ **lista elettorale** liste électorale.

listare [lis'tare] *vt* (*fregiare*): ~ **(di)** border (de).

listato [lis'tato] *sm* (*INFORM*) listage *m*.

listino [lis'tino] *sm* catalogue *m*; **al** ~ au barème; ▶ **listino dei cambi** cours *mpl* du change; ▶ **listino dei prezzi** liste *f* des prix; ▶ **listino di borsa** cours *mpl* de la Bourse, cote *f* de la Bourse.

litania [lita'nia] *sf* litanie *f*.

lite ['lite] *sf* querelle *f*, dispute *f*; (*DIR*) procès *msg*, litige *m*.

litigare [liti'gare] *vi* se disputer, se quereller; (*DIR*) être en procès.

litigio [li'tidʒo] *sm* (*lite*) querelle *f*, dispute *f*.

litigioso, -a [liti'dʒoso] *agg* querelleur(-euse); (*DIR*) litigieux(-euse).

litografia [litogra'fia] *sf* lithographie *f*.

litografico, -a, -ci, -che [lito'grafiko] *agg* lithographique.

litorale [lito'rale] *sm* littoral *m*, côte *f*.
litoraneo, -a [lito'raneo] *agg* littoral(e).
litro ['litro] *sm* litre *m*.
Lituania [litu'anja] *sf* Lituanie *f*.
lituano, -a [litu'ano] *agg* lituanien(ne) ♦ *sm/f* Lituanien(ne).
liturgia, -gie [litur'dʒia] *sf* liturgie *f*.
liuto [li'uto] *sm* luth *m*.
livella [li'vɛlla] *sf* niveau *m*; ▸ **livella a bolla d'aria** niveau *m* à bulle (d'air).
livellare [livel'lare] *vt* niveler.
livellatrice [livella'tritʃe] *sf* niveleuse *f*.
livello [li'vɛllo] *sm* niveau *m*; **ad alto** ~ (*fig*) de haut niveau; **a** ~ **mondiale** à l'échelon mondial; **a** ~ **psicologico** au niveau psychologique; **a** ~ **di confidenza** en confidence; **sul** ~ **del mare** au-dessus du niveau de la mer; ▸ **livello di magazzino** niveau de stock; ▸ **livello occupazionale** niveau de l'emploi; ▸ **livello retributivo** niveau des salaires; ▸ **livello soglia** niveau-seuil *m*.
livido, -a ['livido] *agg* (*di rabbia, gelosia etc*) livide; (*malato*) blême, livide; (*per percosse*) couvert(e) de bleus; (*cielo*) orageux(-euse), de plomb ♦ *sm* (*su pelle*) bleu *m*.
livore [li'vore] *sm* rancœur *f*.
Livorno [li'vorno] *sf* Livourne.
livrea [li'vrɛa] *sf* livrée *f*.
lizza ['littsa] *sf* (*fig*): **scendere in** ~ entrer en lice; **essere in** ~ **(per)** (*fig*) être en lice (pour).
lo [lo] (*dav s impura, gn, pn, ps, x, z; dav V* **l'**) *art m* le ♦ *pron* le; ~ **sapevo** je le savais; ~ **so** je le sais; *vedi anche* **il**.
lobbista, -i [lob'bista] *sm* (*fig*) membre *m* d'un groupe de pression.
lobby ['lɔbi] *sf inv* (*fig*) lobby *m*.
lobo ['lɔbo] *sm* lobe *m*; ▸ **lobo dell'orecchio** lobe de l'oreille.
locale [lo'kale] *agg* local(e) ♦ *sm* (*stanza, ambiente*) pièce *f*; (*COMM, AMM*) local *m*; (*esercizio*) établissement *m*; ▸ **locale notturno** boîte *f* de nuit.
località [lokali'ta] *sf inv* localité *f*.
localizzare [lokalid'dzare] *vt* localiser.
locanda [lo'kanda] *sf* auberge *f*.
locandiere, -a [lokan'djɛre] *sm/f* aubergiste *m/f*.
locandina [lokan'dina] *sf* affiche *f*.
locare [lo'kare] *vt* louer.
locatario, -a [loka'tarjo] *sm/f* locataire *m/f*.
locatore, -trice [loka'tore] *sm/f* (*casa*) bailleur(-eresse); (*voiture*) loueur(-euse).
locazione [lokat'tsjone] *sf* location *f*; **(contratto di)** ~ contrat *m* de location, bail *m*; **(canone di)** ~ loyer *m*; **dare in** ~ donner en location.
locomotiva [lokomo'tiva] *sf* (*anche fig*) locomotive *f*.
locomotore [lokomo'tore] *sm* locomotive *f* électrique.
locomotrice [lokomo'tritʃe] *sf* = **locomotore**.
locomozione [lokomot'tsjone] *sf* locomotion *f*; **mezzi di** ~ moyens *mpl* de locomotion.
loculo ['lɔkulo] *sm* niche *f* funéraire.
locusta [lo'kusta] *sf* locuste *f*.
locuzione [lokut'tsjone] *sf* locution *f*.
lodare [lo'dare] *vt* louer.
lode ['lɔde] *sf* (*elogio*) éloge *m*; **trenta e** ~ (*UNIV*) ≈ mention très bien avec félicitations du jury; **laurearsi con 110 e** ~ *obtenir son diplôme universitaire avec le maximum de points et les félicitations du jury*.
loden ['lodən] *sm inv* loden *m*.
lodevole [lo'devole] *agg* louable.
logaritmo [loga'ritmo] *sm* logarithme *m*.
loggia, -ge ['lɔddʒa] *sf* loge *f*; (*massonica*) Loge *f*; (*ARCHIT*) loggia *f*, loge.
loggione [lod'dʒone] *sm* (*TEATRO*) poulailler *m*.
logica ['lɔdʒika] *sf* logique *f*.
logicamente [lodʒika'mente] *avv* logiquement.
logicità [lodʒitʃi'ta] *sf* logique *f*.
logico, -a, -ci, -che ['lɔdʒiko] *agg* logique.
logistica [lo'dʒistika] *sf* logistique *f*.
logo ['lɔgo] *sm inv* logo *m*.
logoramento [logora'mento] *sm* (*vedi vt*) usure *f*; épuisement *m*.
logorante [logo'rante] *agg* épuisant(e).
logorare [logo'rare] *vt* (*anche fig*) user; (*persona*) épuiser; **logorarsi** *vip* (*vedi vt*) s'user; s'épuiser.
logorio [logo'rio] *sm* (*vedi vt*) usure *f*; épuisement *m*.
logoro, -a ['logoro] *agg* (*tappeto etc*) usé(e); (*persona*) épuisé(e).
Loira ['lɔira] *sf* Loire *f*.
lombaggine [lom'baddʒine] *sf* lumbago *m*.
Lombardia [lombar'dia] *sf* Lombardie *f*.
lombardo, -a [lom'bardo] *agg* lombard(e) ♦ *sm/f* Lombard(e).
lombare [lom'bare] *agg* lombaire.
lombata [lom'bata] *sf* longe *f*; (*manzo*) aloyau *m*.
lombo ['lombo] *sm* lombes *fpl*; (*lombata di carne*) longe *f*.
lombrico, -chi [lom'briko] *sm* lombric *m*.
londinese [londi'nese] *agg, sm/f* londonien(ne) ♦ *sm/f* Londonien(ne).
Londra ['londra] *sf* Londres.
longanime [lon'ganime] *agg* indulgent(e).
longevità [londʒevi'ta] *sf* longévité *f*.
longevo, -a [lon'dʒɛvo] *agg* d'une grande longévité.
longilineo, -a [londʒi'lineo] *agg* longiligne.
longitudine [londʒi'tudine] *sf* longitude *f*.

lontanamente [lontana'mente] *avv* vaguement; **non ci pensavo neppure** ~ je n'y pensais pas le moins du monde.
lontananza [lonta'nantsa] *sf* distance *f*; (*assenza*) séparation *f*, absence *f*; **vedere una casa in** ~ apercevoir une maison dans le lointain.
lontano, -a [lon'tano] *agg* lointain(e); (*distante*) lointain(e), éloigné(e); (*assente*) absent(e); (*alieno, avverso*) distant(e) ♦ *avv* loin; **più** ~ plus loin; **da** *o* **di** ~ de loin; ~ **da** (*a grande distanza da*) loin de; **è lontana la casa?** elle est loin, la maison?; **è** ~ **un chilometro** c'est à un kilomètre; **alla lontana** plus ou moins; (*in modo vago*) vaguement; **siamo lontani dal dire/fare** nous sommes loin de dire/faire.
lontra ['lontra] *sf* loutre *f*.
loquace [lo'kwatʃe] *agg* (*persona*) loquace; (*fig*: *gesto etc*) éloquent(e).
loquacità [lokwatʃi'ta] *sf* loquacité *f*.
lordo, -a ['lordo] *agg* (*sporco*) sale; (*peso, stipendio*) brut(e); ▸ **lordo d'imposta** avant impôts.
Lorena [lo'rɛna] *sf* Lorraine *f*.
loro ['loro] *pron* eux *mpl*, elles *fpl*; (*complemento*): **(a)** ~ leur; (*forma di cortesia*: *anche*: **L**~) vous; **il(la)** ~, **i(le)** ~ (*possessivo*) le(la) leur, les leurs; (: *forma di cortesia*: *anche*: **L**~) le(la) vôtre, les vôtres; *agg*: **il(la)** ~, **i(le)** ~ leur, leurs; (*forma di cortesia*: *anche*: **L**~) votre, vos *pl*; ~ **stessi/stesse** eux-mêmes/elles-mêmes; (*forma di cortesia*: *anche*: **L**~ **stessi**) vous-même; **di'** ~ **che verrò** dis-leur que je viendrai; **i** ~ (*genitori*) les leurs *mpl*; **una** ~ **amica** une de leurs amies; (*forma di cortesia*) une de vos amies; **i** ~ **libri** leurs livres; **il** ~ **padre** leur père; **è dalla** ~ (*parte*) il est de leur côté; **hanno detto la** ~ (*opinione*) ils ont tous eu leur mot à dire; **hanno avuto le** ~ (*guai*) ils ont eu leur part de problèmes; **hanno fatto una delle** ~ ils ont encore fait une bêtise.
losanga, -ghe [lo'zanga] *sf* losange *m*.
losco, -a, -schi, -sche ['losko] *agg* (*fig*) louche.
loto ['lɔto] *sm* lotus *msg*.
lotta ['lɔtta] *sf* lutte *f*; (*fig*) désaccord *m*; **essere in** ~ **(con)** être en désaccord (avec); **fare la** ~ **(con)** se battre (avec); ▸ **lotta armata** lutte armée; ▸ **lotta di classe** (*POL*) lutte des classes; ▸ **lotta libera** (*SPORT*) lutte libre.
lottare [lot'tare] *vi*: ~ **(contro/per)** lutter (contre/pour).
lottatore, -trice [lotta'tore] *sm/f* lutteur(-euse).
lotteria [lotte'ria] *sf* loterie *f*.
lottizzare [lottid'dzare] *vt* lotir; ~ **un ente pubblico** (*fig*) *répartir les postes-clés d'un organisme public entre les partis politiques*.
lottizzazione [lottiddzat'tsjone] *sf* lotissement *m*; (*fig*) *répartition des postes-clés d'un organisme public entre les partis politiques*.
lotto ['lɔtto] *sm* lot *m*; (*gioco*) loto *m*; **vincere un terno al** ~ (*anche fig*) gagner le gros lot.
lozione [lot'tsjone] *sf* lotion *f*.
L.st. *abbr* (= *lire sterline*) £.
LT *sigla* = *Latina*.
LU *sigla* = *Lucca*.
lubrificante [lubrifi'kante] *agg* lubrifiant(e) ♦ *sm* lubrifiant *m*.
lubrificare [lubrifi'kare] *vt* lubrifier.
lucano, -a [lu'kano] *agg* de la Lucanie.
lucchetto [luk'ketto] *sm* cadenas *msg*.
luccicare [luttʃi'kare] *vi* briller.
luccichio [luttʃi'kio] *sm* scintillement *m*.
luccicone [luttʃi'kone] *sm*: **avere i lucciconi agli occhi** avoir les yeux pleins de larmes.
luccio, -ci ['luttʃo] *sm* brochet *m*.
lucciola ['luttʃola] *sf* luciole *f*; (*fig*) prostituée *f*.
luce ['lutʃe] *sf* lumière *f*; (*AUT*) feu *m*; (*corrente elettrica*) électricité *f*; **fare** ~ **su** (*fig*) tirer au clair; **venire alla** ~ (*fig*: *bimbo*) venir au monde, voir le jour; **dare alla** ~ (*fig*: *partorire*) donner le jour à; **alla** ~ **dei fatti** à la lumière des événements; **mettere in** ~ mettre en lumière; **mettere in buona/cattiva** ~ présenter sous un jour favorable/défavorable; **fare qc alla** ~ **del sole** faire qch au grand jour; **anno** ~ année-lumière *f*.
lucente [lu'tʃɛnte] *agg* étincelant(e), luisant(e).
lucentezza [lutʃen'tettsa] *sf* brillant *m*, éclat *m*.
lucerna [lu'tʃɛrna] *sf* lampe *f* à huile.
lucernario [lutʃer'narjo] *sm* lucarne *f*.
lucertola [lu'tʃɛrtola] *sf* lézard *m*.
lucidare [lutʃi'dare] *vt* cirer.
lucidatrice [lutʃida'tritʃe] *sf* cireuse *f*.
lucidità [lutʃidi'ta] *sf* (*fig*) lucidité *f*.
lucido, -a ['lutʃido] *agg* brillant(e), luisant(e); (*lucidato*) ciré(e); (*fig*) lucide ♦ *sm* luisant *m*; (*disegno*) calque *m*; ▸ **lucido per scarpe** cirage *m*.
lucrare [lu'krare] *vt* gagner.
lucrativo, -a [lukra'tivo] *agg* lucratif(-ive); **a scopo** ~ dans un but lucratif.
lucro ['lukro] *sm* profit *m*, gain *m*; **a scopo di** ~ dans un but lucratif; **organizzazione senza scopo di** ~ organisation *f* à but non lucratif.
lucroso, -a [lu'kroso] *agg* lucratif(-ive).
luculliano, -a [lukul'ljano] *agg* (*pasto*) somptueux(-euse).

ludibrio [lu'dibrjo] *sm* moquerie *f*; (*oggetto di scherno*) risée *f*.
luglio ['luʎʎo] *sm* juillet *m*; **nel mese di** ~ au mois de juillet; **in** *o* **a** ~ en juillet; **il primo** ~ le premier juillet; **arrivare il 2** ~ arriver le 2 juillet; **all'inizio/alla fine di** ~ début/fin juillet; **durante il mese di** ~ pendant le mois de juillet; **a** ~ **del prossimo anno** au mois de juillet de l'année prochaine; **ogni anno a** ~ tous les ans en juillet.
lugubre ['lugubre] *agg* lugubre.
lui ['lui] *pron* (*soggetto*) il; (*oggetto*: *per dare rilievo, con preposizione*) lui ♦ *sm inv*: **il mio** ~ mon homme (*fam*); ~ **stesso** lui-même; **è** ~ c'est lui.
lumaca, -che [lu'maka] *sf* (*senza conchiglia*) limace *f*; (*con conchiglia, fig*) escargot *m*.
lumacone [luma'kone] *sm* limace *f*; (*fig*) escargot *m*; (: *ipocrita*) faux-jeton *m*.
lume ['lume] *sm* lampe *f*; (*sorgente luminosa*) lumière *f*; **a** ~ **di naso** à vue de nez; **perdere il** ~ **della ragione** perdre la raison; **chiedere lumi a qn** (*fig*) avoir recours aux lumières de qn; ▸ **lume a gas/a petrolio** lampe à gaz/à pétrole.
lumicino [lumi'tʃino] *sm* petite lumière *f*, lumignon *m*; **essere (ridotto) al** ~ (*fig*) n'avoir plus qu'un souffle de vie.
luminare [lumi'nare] *sm* (*persona*) lumière *f*, sommité *f*.
luminaria [lumi'narja] *sf* (*per feste*) illuminations *fpl*.
luminescente [lumineʃ'ʃɛnte] *agg* qui illumine.
lumino [lu'mino] *sm* veilleuse *f*; ▸ **lumino per i morti** cierge *m*.
luminosità [luminosi'ta] *sf* (*anche fig*) luminosité *f*.
luminoso, -a [lumi'noso] *agg* (*anche fig*) lumineux(-euse); **insegna luminosa** enseigne *f* lumineuse.
luna ['luna] *sf* lune *f*; **avere la** ~ être mal luné(e); ▸ **luna di miele** lune de miel; ▸ **luna nuova/piena** nouvelle/pleine lune.
luna park ['luna 'park] *sm inv* fête *f* foraine.
lunare [lu'nare] *agg* lunaire.
lunario [lu'narjo] *sm*: **sbarcare il** ~ joindre les deux bouts.
lunatico, -a, -ci, -che [lu'natiko] *agg* lunatique.
lunedì [lune'di] *sm inv* lundi *m*; *vedi anche* **martedì**.
lungaggine [lun'gaddʒine] *sf* lenteur *f*.
lungamente [lunga'mente] *avv* longuement.
lungarno [lun'garno] *sm* quai *m* de l'Arno.
lunghezza [lun'gettsa] *sf* longueur *f*; ▸ **lunghezza d'onda** (*FIS*) longueur d'onde; **essere sulla stessa** ~ **d'onda** (*fig*) être sur la même longueur d'onde.
lungi ['lundʒi]: ~ **da** *prep* loin de.
lungimirante [lundʒimi'rante] *agg* prévoyant(e).
lungo, -a, -ghi, -ghe ['lungo] *agg* long(longue); (*diluito*: *caffè, brodo*) léger(-ère) ♦ *sm*: **per (il)** ~ (*nel verso della lunghezza*) dans le sens de la longueur ♦ *sf*: **alla lunga** à la longue ♦ *prep* (*rasente*) le long de; (*durante*) pendant; **essere** ~ **tre metri** faire trois mètres de long; **avere la barba lunga** avoir une longue barbe; **avere i capelli lunghi** avoir les cheveux longs; **avere la lingua lunga** (*fig*) avoir la langue bien pendue; **a** ~ **andare** à la longue; **di** ~ **corso** (*NAUT*) au long cours; **a** ~ (*per molto tempo*) longtemps; **in** ~ **e in largo** en long et en large; **essere in** ~ (*in abito lungo*) porter du long; **saperla lunga** en savoir long; **andare per le lunghe** traîner en longueur; ~ **la strada** le long de la route; ~ **il corso dei secoli** au cours des siècles.
lungofiume [lungo'fjume] *sm* (*in città*) quai *m*; (*fuori città*) bords *mpl* du fleuve.
lungolago [lungo'lago] *sm* bord *m* du lac.
lungomare [lungo'mare] *sm* bord *m* de mer.
lungometraggio [lungome'traddʒo] *sm* long métrage *m*.
lungotevere [lungo'tevere] *sm* quai *m* du Tibre.
lunotto [lu'nɔtto] *sm* (*AUT*) vitre *f* arrière; ▸ **lunotto termico** lunette *f* arrière chauffante.
luogo, -ghi ['lwɔgo] *sm* lieu *m*; (*posizione, passo di un libro*) endroit *m*; **in** ~ **di** au lieu de; **in primo** ~ en premier lieu; **aver** ~ avoir lieu; **parlare fuori** ~ parler hors de propos; **dar** ~ **a** donner lieu à; ▸ **il luogo del delitto** le lieu du crime; ▸ **luogo comune** lieu commun; ▸ **luogo di nascita/di provenienza** lieu de naissance/de provenance; ▸ **luogo di pena** maison *f* d'arrêt; ▸ **luogo geometrico** lieu géométrique; ▸ **luogo pubblico** lieu public.
luogotenente [lwogote'nɛnte] *sm* lieutenant *m*.
lupa ['lupa] *sf vedi* **lupo**.
lupacchiotto [lupak'kjɔtto] *sm* louveteau *m*.
lupara [lu'para] *sf* fusil *m* à canon scié.
lupetto [lu'petto] *sm* (*anche negli scouts*) louveteau *m*.
lupo, -a ['lupo] *sm/f* loup(louve); **cane** ~ chien *m* loup; **tempo da lupi** temps *m* de chien.
luppolo ['luppolo] *sm* houblon *m*.

lurido, -a ['lurido] *agg* crasseux(-euse); (*fig*) sale.
luridume [luri'dume] *sm* crasse *f*.
lusinga, -ghe [lu'zinga] *sf* flatterie *f*.
lusingare [luzin'gare] *vt* flatter.
lusinghiero, -a [luzin'gjɛro] *agg* flatteur(-euse).
lussare [lus'sare] *vt* luxer.
lussazione [lussat'tsjone] *sf* luxation *f*.
lussemburghese [lussembur'gese] *agg* luxembourgeois(e) ♦ *sm/f* Luxembourgeois(e).
Lussemburgo [lussem'burgo] *sm* Luxembourg *m* ♦ *sf* Luxembourg.
lusso ['lusso] *sm* luxe *m*; **di ~** de luxe.
lussuoso, -a [lussu'oso] *agg* luxueux(-euse).
lussureggiare [lussured'dʒare] *vi* être luxuriant(e).
lussuria [lus'surja] *sf* luxure *f*.
lussurioso, -a [lussu'rjoso] *agg* luxurieux(-euse).
lustrare [lus'trare] *vt* faire briller.
lustrascarpe [lustras'karpe] *sm/f inv* cireur(-euse) de chaussures.
lustrino [lus'trino] *sm* paillette *f*.
lustro, -a ['lustro] *agg* (*superficie*) reluisant(e); (*pelliccia*) lustré(e); (*occhi, faccia*) brillant(e) ♦ *sm* (*lucentezza, quinquennio*) lustre *m*; **dare ~ a** (*fig*) rehausser l'éclat de.
luterano, -a [lute'rano] *agg, sm/f* luthérien(ne).
lutto ['lutto] *sm* deuil *m*; **essere in ~** être en deuil; **portare il ~** porter le deuil.
luttuoso, -a [luttu'oso] *agg* funeste.

M, m

M, m ['ɛmme] *sf o m inv* (*lettera*) M, m *m inv*; **~ come Milano** ≈ M comme Marcel.
m *abbr* (= *metro*) m.
m. *abbr* (= *mese*) mois; (= *metro*) m.
ma [ma] *cong* mais; **~ insomma!** mais enfin!; **~ no!** mais non!
macabro, -a ['makabro] *agg* macabre.
macaco, -chi [ma'kako] *sm* macaque *m*.
Macao [ma'kao] *sf* Macao *f*.
macché [mak'ke] *escl* mais non!
maccheroni [makke'roni] *smpl* macaroni *mpl*.
macchia ['makkja] *sf* tache *f*; (*tipo di boscaglia*) maquis *m*; **una ~ d'inchiostro** une tache d'encre; **la notizia si è diffusa a ~ d'olio** (*fig*) la nouvelle a fait tache d'huile; **darsi alla ~** (*fig*) prendre le maquis.
macchiare [mak'kjare] *vt* tacher; **macchiarsi** *vip*: **macchiarsi (di)** se tacher (de); **macchiarsi di una colpa/di un delitto** se rendre coupable d'une faute/d'un crime.
macchiato, -a [mak'kjato] *agg* taché(e); (*pelo, mantello*) tacheté(e); **~ di** taché(e) de; **caffè ~** café *m* avec une goutte de lait.
macchietta [mak'kjetta] *sf* (*TEATRO*) caricature *f*; (*fig*: *persona*) drôle *m* de type.
macchina ['makkina] *sf* (*TECN, fig*) machine *f*; (*automobile*) voiture *f*; **andare in ~** (*AUT*) aller en voiture; (*giornali etc*) être mis(e) sous presse; **salire in ~** monter dans la voiture; ▶ **macchina a vapore** machine à vapeur; ▶ **macchina agricola** machine agricole; ▶ **macchina da cucire** machine à coudre; ▶ **macchina da presa** caméra *f*; ▶ **macchina da scrivere** machine à écrire; ▶ **macchina fotografica** appareil *m* photographique; ▶ **macchina utensile** machine-outil *f*.
macchinalmente [makkinal'mente] *avv* machinalement.
macchinare [makki'nare] *vt* manigancer.
macchinario [makki'narjo] *sm* machinerie *f*.
macchinazione [makkinat'tsjone] *sf* machination *f*.
macchinetta [makki'netta] *sf* (*fam*: *caffettiera*) cafetière *f*; (: *accendino*) briquet *m*; (: *per i denti*) appareil *m*.
macchinista, -i [makki'nista] *sm* (*FERR*) mécanicien *m*; (*TEATRO*) machiniste *m*.
macchinoso, -a [makki'noso] *agg* (*peg*) compliqué(e).
Macedonia [matʃe'dɔnja] *sf* Macédoine *f*.
macedonia [matʃe'dɔnja] *sf* macédoine *f* de fruits, salade *f* de fruits.
macellaio [matʃel'lajo] *sm* boucher *m*.
macellare [matʃel'lare] *vt* abattre.
macellazione [matʃellat'tsjone] *sf* abattage *m*.
macelleria [matʃelle'ria] *sf* boucherie *f*.
macello [ma'tʃɛllo] *sm* abattoir *m*; (*fig*) massacre *m*; (*fam*: *disastro*) désastre *m*.
macerare [matʃe'rare] *vt* (*canapa, lino*) rouir; (*CUC*) macérer.
macerazione [matʃerat'tsjone] *sf* (*vedi vt*) rouissage *m*; macération *f*.
macerie [ma'tʃɛrje] *sfpl* décombres *mpl*.
macero ['matʃero] *sm* (*macerazione*) macération *f*; (*vasca*) macérateur *m*; **carta da ~** vieux papiers *mpl*.
machiavellico, -a, -ci, -che [makja'vɛlliko] *agg* machiavélique.
macigno [ma'tʃiɲɲo] *sm* roc *m*, rocher *m*.

macilento, -a [matʃi'lɛnto] *agg* maigre, émacié(e).
macina ['matʃina] *sf* meule *f.*
macinacaffè [matʃinakaf'fɛ] *sm inv* moulin *m* à café.
macinapepe [matʃina'pepe] *sm inv* moulin *m* à poivre.
macinare [matʃi'nare] *vt* moudre.
macinato [matʃi'nato] *sm* (*cereali, farina*) farine *f*; (*carne tritata*) hachis *msg*, viande *f* hachée.
macinino [matʃi'nino] *sm* (*per caffè*) moulin *m* à café; (*per pepe*) moulin à poivre; (*fam: macchina*) tacot *m.*
maciullare [matʃul'lare] *vt* broyer; (*canapa, lino*) macquer.
macro... ['makro] *pref* macro... .
macrobiotica [makrobi'ɔtika] *sf* macrobiotique *f.*
maculato, -a [maku'lato] *agg* tacheté(e).
Madagascar [madagas'kar] *sm* Madagascar *f.*
Madama [ma'dama]: **palazzo** ~ *sm le siège du Sénat italien.*
Madera [ma'dɛra] *sf* Madère *f* ♦ *sm inv* (*vino*) madère *m.*
madido, -a ['madido] *agg*: ~ **(di)** moite (de).
Madonna [ma'dɔnna] *sf* Sainte Vierge *f*; (*raffigurazione*) Madone *f.*
madornale [mador'nale] *agg* (*errore*) énorme.
madre ['madre] *sf* mère *f*; (*di bolletta*) talon *m* ♦ *agg inv*: **ragazza** ~ mère célibataire; **scena** ~ (*TEATRO*) scène *f* principale; (*fig*) grande scène.
madrelingua [madre'lingwa] *sf* langue *f* maternelle.
madrepatria [madre'patrja] *sf* mère patrie *f*, patrie *f* d'origine.
madreperla [madre'pɛrla] *sf* nacre *f.*
Madrid [ma'drid] *sf* Madrid.
madrigale [madri'gale] *sm* madrigal *m.*
madrileno, -a [madri'lɛno] *agg* madrilène ♦ *sm/f* Madrilène *m/f.*
madrina [ma'drina] *sf* marraine *f.*
maestà [maes'ta] *sf* majesté *f*; **Sua M~ la Regina** Sa Majesté la Reine.
maestosità [maestosi'ta] *sf* majesté *f.*
maestoso, -a [maes'toso] *agg* majestueux(-euse).
maestra [ma'ɛstra] *sf vedi* **maestro**.
maestrale [maes'trale] *sm* vent *m* du nord-ouest.
maestranze [maes'trantse] *sfpl* ouvriers *mpl.*
maestria [maes'tria] *sf* dextérité *f*, habileté *f.*
maestro, -a [ma'ɛstro] *sm/f* (*di scuola elementare*) instituteur(-trice), maître (maîtresse); (*di ballo*) professeur *m/f*; (*di sci*) moniteur(-trice); (*esperto*) maître (maîtresse) ♦ *sm* (*anche fig*) maître *m*; (*MUS*) maître, maestro *m* ♦ *agg* (*principale*): **muro** ~ mur *m* principal; **un colpo da** ~ (*fig*) un coup de maître; **strada maestra** grand-route *f*; ▸ **maestra d'asilo** maîtresse de l'école maternelle; ▸ **maestro di ballo** professeur de danse; ▸ **maestro di cerimonie** maître des cérémonies; ▸ **maestro di scherma** maître *m* d'armes; ▸ **maestro di sci** moniteur *m* de ski; ▸ **maestro d'orchestra** chef *m* d'orchestre.
mafia ['mafja] *sf* (*anche fig*) mafia *f*, maffia *f.*
mafioso, -a [ma'fjoso] *agg* mafieux(-euse) ♦ *sm/f* mafioso *m*, maffioso *m*, mafieux(-euse).
maga, -ghe ['maga] *sf* magicienne *f.*
magagna [ma'gaɲɲa] *sf* défaut *m*, vice *m.*
magari [ma'gari] *escl* (*esprime desiderio*): ~ **fosse vero!** si seulement c'était vrai! ♦ *avv* (*anche*) même; (*forse*) peut-être; **ti piacerebbe andare in Scozia? – ~!** aimerais-tu aller en Écosse? – et comment!
magazzinaggio [magaddzi'naddʒo] *sm*: **(spese di)** ~ (frais *mpl* de) magasinage *m.*
magazziniere [magaddzi'njɛre] *sm* magasinier *m.*
magazzino [magad'dzino] *sm* magasin *m*, entrepôt *m*; **grande** ~ grand magasin; ▸ **magazzino doganale** entrepôt en douane.
maggio ['maddʒo] *sm* mai *m*; *vedi anche* **luglio**.
maggiorana [maddʒo'rana] *sf* marjolaine *f.*
maggioranza [maddʒo'rantsa] *sf* majorité *f*; **la** ~ **(di)** la plupart (de); **nella** ~ **dei casi** dans la plupart des cas.
maggiorare [maddʒo'rare] *vt* majorer, relever.
maggiorazione [maddʒorat'tsjone] *sf* majoration *f.*
maggiordomo [maddʒor'dɔmo] *sm* majordome *m.*
maggiore [mad'dʒore] *agg* plus grand(e); (*più importante: artista, opera*) plus important(e), principal(e); (*di grado superiore: caporale*) supérieur(e); (*più vecchio: sorella, fratello*) aîné(e); (*MUS*) majeur ♦ *sm/f* (*di grado*) supérieur(e); (*di età*) aîné(e) ♦ *sm* (*MIL, AER*) commandant *m*; **la maggior parte** la plupart; **a maggior ragione** à plus forte raison; **andare per la** ~ (*cantante, attore etc*) être en vogue *o* à la mode.
maggiorenne [maddʒo'rɛnne] *agg, sm/f* majeur(e).
maggioritario, -a [maddʒori'tarjo] *agg* majoritaire.
maggiormente [maddʒor'mente] *avv* enco-

re plus; (*con senso superlativo*) le plus.
magia [ma'dʒia] *sf* magie *f*.
magico, -a, -ci, -che ['madʒiko] *agg* magique.
magio ['madʒo] *sm*: **i re Magi** les Rois mages *mpl*.
magistero [madʒis'tɛro] *sm* (*SCOL*) enseignement *m*; **facoltà di** ~ ≈ école normale supérieure.
magistrale [madʒis'trale] *agg* (*concorso, abilitazione*) de l'école normale; (*abile*) magistral(e); **istituto** ~ ≈ école *f* normale.
magistrato [madʒis'trato] *sm* magistrat *m*.
magistratura [madʒistra'tura] *sf* magistrature *f*.
maglia ['maʎʎa] *sf* (*intreccio di fili, di rete*) maille *f*; (*lavoro ai ferri*) tricot *m*; (*lavoro all'uncinetto*) crochet *m*; (*tessuto*) jersey *m*; (*indumento*) tricot, maillot *m* (de corps); (*pull-over*) chandail *m*; (*SPORT*) maillot; (*di catena, rete*) chaînon *m*; **lavorare a/fare la** ~ tricoter; ▶ **maglia diritta/rovescia** maille à l'endroit/à l'envers.
magliaia [maʎ'ʎaja] *sf* tricoteuse *f*.
maglieria [maʎʎe'ria] *sf* (*negozio*) bonneterie *f*; (*indumenti*) tricots *mpl*; **macchina per** ~ machine *f* à tricoter.
maglietta [maʎ'ʎetta] *sf* (*sotto la camicia*) maillot *m* (de corps); (*T-shirt*) tee-shirt *m*.
maglificio, -ci [maʎʎi'fitʃo] *sm* manufacture *f* de tricots.
maglina [maʎ'ʎina] *sm* (*tessuto*) jersey *m*.
maglio ['maʎʎo] *sm* (*utensile*) maillet *m*; (*macchina*) marteau-pilon *m*.
maglione [maʎ'ʎone] *sm* pull-over *m*.
magma ['magma] *sm* (*anche fig*) magma *m*.
magnaccia [maɲ'ɲattʃa] *sm inv* (*peg*) maquereau *m*.
magnanimità [maɲɲanimi'ta] *sf* magnanimité *f*.
magnanimo, -a [maɲ'ɲanimo] *agg* magnanime.
magnate [maɲ'ɲate] *sm* magnat *m*.
magnesia [maɲ'ɲɛzja] *sf* (*CHIM*) magnésie *f*.
magnesio [maɲ'ɲɛzjo] *sm* (*CHIM*) magnésium *m*; **al** ~ (*lampada, flash*) au magnésium.
magnete [maɲ'ɲɛte] *sm* (*calamita*) aimant *m*; (*apparecchiatura*) magnéto *f*.
magnetico, -a, -ci, -che [maɲ'ɲɛtiko] *agg* (*anche fig*) magnétique.
magnetismo [maɲɲe'tizmo] *sm* (*anche fig*) magnétisme *m*.
magnetizzare [maɲɲetid'dzare] *vt* magnétiser, aimanter.
magnetofono [maɲɲe'tɔfono] *sm* magnétophone *m*.
magnificamente [maɲɲifika'mente] *avv* magnifiquement, remarquablement.
magnificenza [maɲɲifi'tʃɛntsa] *sf* magnificence *f*.
magnifico, -a, -ci, -che [maɲ'ɲifiko] *agg* magnifique, superbe; (*ospite*) généreux(-euse); (*pranzo*) excellent(e).
magnolia [maɲ'ɲɔlja] *sf* magnolia *m*.
mago, -ghi ['mago] *sm* (*anche fig*) magicien *m*; (*illusionista*) prestidigitateur *m*, illusionniste *m*.
magra ['magra] *sf* (*di fiume*) étiage *m*; (*fig: scarsezza*) pénurie *f*; (*fam: figuraccia*) piètre figure *f*.
Magreb [ma'grɛb] *sm* Maghreb *m*.
magrebino, -a [magre'bino] *agg* maghrébin(e).
magrezza [ma'grettsa] *sf* maigreur *f*.
magro, -a ['magro] *agg* (*anche fig*) maigre; (*scusa*) faible, mauvais(e) ♦ *sm* (*di carne*) maigre *m*; **mangiare di** ~ (*REL*) faire maigre.
mai ['mai] *avv* (*nessuna volta*) jamais; (*talvolta*) déjà; **non ...** ~ ne ... jamais; ~ **più** plus jamais; **come** ~**?** pourquoi (donc)?; **chi** ~**?** qui (donc)?; **dove** ~**?** où (donc)?; **quando** ~**?** quand (donc)?
maiale [ma'jale] *sm* porc *m*, cochon *m*; (*carne*) porc; (*fig: persona: sporco*) cochon; (*: depravato*) porc.
maiolica [ma'jɔlika] *sf* faïence *f*.
maionese [majo'nese] *sf* mayonnaise *f*.
Maiorca [ma'jɔrka] *sf* Majorque *f*.
mais ['mais] *sm inv* maïs *msg*.
maiuscola [ma'juskola] *sf* majuscule *f*.
maiuscolo, -a [ma'juskolo] *agg* majuscule ♦ *sm* majuscule *f*; (*TIP*) capitale *f*; **scrivere (in)** ~ *o* **in lettere maiuscole** écrire en capitales *o* en (lettres) majuscules.
mal ['mal] *avv, sm vedi* **male**.
mala ['mala] *sf* (*malavita*) milieu *m*, pègre *f*.
Malabar [mala'bar] *sm*: **la costa del** ~ la côte de Malabar.
malaccorto, -a [malak'kɔrto] *agg* maladroit(e).
malafede [mala'fede] *sf* mauvaise foi *f*.
malaffare [malaf'fare] *agg*: **di** ~ (*gente*) louche; **donna di** ~ femme *f* de mauvaise vie.
malagevole [mala'dʒevole] *agg* difficile.
malagrazia [mala'grattsja] *sf*: **con** ~ impoliment.
malalingua [mala'lingwa] (*pl* **malelingue**) *sf* mauvaise langue *f*.
malamente [mala'mente] *avv* (*male*) mal; (*sgarbatamente*) mal, impoliment; **finire** ~ (*vicenda*) mal finir; (*persona*) mal tourner.
malandato, -a [malan'dato] *agg* (*persona: di salute*) mal en point; (*: finanziariamen-*

te) dans une mauvaise passe; (*trascurato*: *cosa*) en mauvais état; (: *persona*) négligé(e).

malanimo [ma'lanimo] *sm* animosité *f*; **di** ~ à contre-cœur.

malanno [ma'lanno] *sm* (*acciacco*) maladie *f*; (*disgrazia*) malheur *m*.

malapena [mala'pena] *sf*: **a** ~ à grand-peine.

malaria [ma'larja] *sf* malaria *f*, paludisme *m*.

malarico, -a, -ci, -che [ma'lariko] *agg* paludéen(ne).

malasorte [mala'sɔrte] *sf* malchance *f*.

malaticcio, -a, -ci, -ce [mala'tittʃo] *agg* maladif(-ive).

malato, -a [ma'lato] *agg, sm/f* malade *m/f*; **darsi** ~ se faire porter malade.

malattia [malat'tia] *sf* maladie *f*; **mettersi in** ~ se mettre en congé de maladie; **farne una** ~ en faire une maladie; ~ **infettiva** maladie infectieuse.

malaugurato, -a [malaugu'rato] *agg* néfaste, funeste.

malaugurio [malau'gurjo] *sm*: **di** ~ de mauvais augure; **uccello del** ~ oiseau *m* de mauvais augure.

malavita [mala'vita] *sf* milieu *m*, pègre *f*; **della** ~ du milieu.

malavitoso, -a [malavi'toso] *agg* (*ambiente*) louche ♦ *sm/f* (*persona*) membre *m* du milieu *o* de la pègre.

malavoglia [mala'vɔʎʎa] *sf*: **di** ~ de mauvaise grâce, à contre-cœur.

Malawi [ma'lawi] *sm* Malawi *m*.

Malaysia [ma'laizja] *sf* Malaisie *f*.

malaysiano, -a [malai'zjano] *agg* malais(e) ♦ *sm/f* Malais(e).

malcapitato, -a [malkapi'tato] *agg, sm/f* malheureux(-euse), malchanceux(-euse).

malconcio, -a, -ci, -ce [mal'kontʃo] *agg* en mauvais état.

malcontento [malkon'tɛnto] *sm* mécontentement *m*.

malcostume [malkos'tume] *sm* (*disonestà*) corruption *f*; (*immoralità*) débauche *f*.

maldestro, -a [mal'dɛstro] *agg* maladroit(e).

maldicente [maldi'tʃɛnte] *agg* médisant(e).

maldicenza [maldi'tʃɛntsa] *sf* médisance *f*.

maldisposto, -a [maldis'posto] *agg*: ~ **(verso)** mal disposé(e) (envers).

Maldive [mal'dive] *sfpl* Maldives *fpl*.

male ['male] *avv* mal ♦ *sm* mal *m*; (*sventura*) malheur *m*; **far** ~ faire mal; **far** ~ **alla salute** ne pas être bon pour la santé; **far del** ~ **a qn** faire du mal à qn; **parlar** ~ **di qn** dire du mal de qn; **restare** *o* **rimanere** ~ être déçu(e), être contrarié(e); **stare** ~ (*fisicamente, moralmente*) ne pas être bien; **stare** ~ **a** (*abito, colore*) aller mal à; **trattar** ~ **qn** maltraiter qn; **andare a** ~ (*cibo*) se gâter, s'abîmer; (*latte*) tourner; **aversela a** ~ le prendre mal, se vexer; **come va? – non c'è** ~ comment ça va? – pas mal; **di** ~ **in peggio** de mal en pis; **per** ~ **che vada** au pis aller; **mal comune mezzo gaudio** douleur partagée est plus facile à supporter; **un** ~ **necessario** un mal nécessaire; **avere mal di testa** avoir mal à la tête; ▸ **mal d'auto** mal de la route; ▸ **mal di cuore** maladie *f* du cœur; ▸ **mal di denti** mal de dents; ▸ **mal di fegato** maladie *f* du foie; ▸ **mal di gola** mal de gorge; ▸ **mal di mare** mal de mer; ▸ **mal di testa** mal de tête; ▸ **mal d'orecchi** mal d'oreille(s).

maledetto, -a [male'detto] *pp di* **maledire** ♦ *agg* maudit(e).

maledire [male'dire] *vt* maudire.

maledizione [maledit'tsjone] *sf* malédiction *f*; (*disgrazia*) malheur *m*; ~! malédiction!

maleducato, -a [maledu'kato] *agg* mal élevé(e).

maleducazione [maledukat'tsjone] *sf* impolitesse *f*.

malefatta [male'fatta] *sf* méfait *m*.

maleficio, -ci [male'fitʃo] *sm* maléfice *m*, sortilège *m*.

malefico, -a, -ci, -che [ma'lɛfiko] *agg* maléfique.

malese [ma'lese] *agg* malais(e) ♦ *sm/f* Malais(e) ♦ *sm* malais *m*.

Malesia [ma'lesja] *sf* Malaisie *f*.

malessere [ma'lɛssere] *sm* (*anche fig*) malaise *m*.

malevolenza [malevo'lɛntsa] *sf* malveillance *f*.

malevolo, -a [ma'lɛvolo] *agg* malveillant(e).

malfamato, -a [malfa'mato] *agg* mal famé(e).

malfatto, -a [mal'fatto] *agg* mal fait(e).

malfattore [malfat'tore] *sm* malfaiteur *m*.

malfermo, -a [mal'fermo] *agg* chancelant(e).

malformazione [malformat'tsjone] *sf* malformation *f*.

malga, -ghe ['malga] *sf* (*costruzione*) cabane *f* de berger, refuge *m*; (*pascolo*) pâturage *m* alpin.

malgascio, -a [mal'gaʃʃo] *agg* malgache.

malgoverno [malgo'vɛrno] *sm* mauvaise administration *f*.

malgrado [mal'grado] *prep* malgré ♦ *cong* bien que, quoique; **mio** (*o* **tuo** *etc*) ~ malgré moi (*o* toi *etc*).

Mali ['mali] *sm* Mali *m*.

malia [ma'lia] *sf* maléfice *m*, envoûtement *m*; (*fig*: *fascino*) charme *m*.

maliarda [mali'arda] *sf* ensorceleuse *f*, en-

voûteuse *f*.
maliardo, -a [mali'ardo] *agg* ensorcelant(e), charmeur(-euse).
malignamente [maliɲɲa'mente] *avv* méchamment.
malignare [maliɲ'ɲare] *vi*: ~ **(su)** médire (de), dire du mal (de).
malignità [maliɲɲi'ta] *sf inv* méchanceté *f*, malignité *f*; (*osservazione*) méchanceté, médisance *f*; **con** ~ méchamment.
maligno, -a [ma'liɲɲo] *agg* méchant(e), mauvais(e); (*MED*: *tumore*) malin(-igne).
malinconia [malinko'nia] *sf* mélancolie *f*.
malinconico, -a, -ci, -che [malin'kɔniko] *agg* mélancolique.
malincuore [malin'kwɔre]: **a** ~ *avv* à contre-cœur, à regret.
malinformato, -a [malinfor'mato] *agg* mal informé(e), mal renseigné(e).
malintenzionato, -a [malintentsjo'nato] *agg* malintentionné(e).
malinteso, -a [malin'teso] *agg* mal compris(e) ♦ *sm* malentendu *m*, méprise *f*.
malizia [ma'littsja] *sf* (*cattiveria*) méchanceté *f*; (*furbizia*) malice *f*; (*trucco*) truc *m*.
malizioso, -a [malit'tsjoso] *agg* malicieux(-euse).
malleabile [malle'abile] *agg* malléable.
malloppo [mal'lɔppo] *sm* (*involto*) baluchon *m*; (*fam*: *refurtiva*) butin *m*.
malmenare [malme'nare] *vt* (*picchiare*) frapper; (*fig*: *trattar male*) malmener.
malmesso, -a [mal'mɛsso] *agg* négligé(e).
malnutrito, -a [malnu'trito] *agg* mal nourri(e).
malnutrizione [malnutrit'tsjone] *sf* malnutrition *f*.
malo, -a ['malo] *agg*: **in** ~ **modo** mal; **mala femmina** (*prostituta*) femme *f* de mauvaise vie.
malocchio [ma'lɔkkjo] *sm* mauvais œil *m*; **gettare il** ~ **su qn** jeter un sort à qn.
malora [ma'lora] *sf* (*fam*): **andare in** ~ se ruiner; **va in** ~! va-t'en au diable!
malore [ma'lore] *sm* malaise *m*.
malridotto, -a [malri'dotto] *agg* (*scarpe, macchina etc*) en mauvais état, en piteux état; (*persona*) mal en point.
malsano, -a [mal'sano] *agg* malsain(e).
malsicuro, -a [malsi'kuro] *agg* peu sûr(e), instable.
Malta ['malta] *sf* Malte *f*.
malta ['malta] *sf* (*EDIL*) mortier *m*.
maltempo [mal'tɛmpo] *sm* mauvais temps *msg*.
maltenuto, -a [malte'nuto] *agg* (*casa*) mal tenu(e); (*macchina*) mal entretenu(e).
maltese [mal'tese] *agg* maltais(e) ♦ *sm/f* Maltais(e).
malto ['malto] *sm* malt *m*.
maltolto [mal'tɔlto] *sm* bien *m* mal acquis.
maltrattamento [maltratta'mento] *sm* mauvais traitements *mpl*.
maltrattare [maltrat'tare] *vt* (*persona, dipendente*) maltraiter; (*abito, macchina*) maltraiter, ne pas prendre soin de.
malumore [malu'more] *sm* (*di persona*) mauvaise humeur *f*; (*discordia*) mécontentement *m*; **essere di** ~ être de mauvaise humeur.
malva ['malva] *sf* (*BOT*) mauve *f* ♦ *agg, sm inv* mauve *m*.
malvagio, -a, -gi, -gie [mal'vadʒo] *agg* méchant(e), mauvais(e).
malvagità [malvadʒi'ta] *sf inv* méchanceté *f*.
malvasia [malva'zia] *sf* malvoisie *m*.
malversazione [malversat'tsjone] *sf* (*DIR*) malversation *f*.
malvestito, -a [malves'tito] *agg* mal habillé(e), mal vêtu(e).
malvisto, -a [mal'visto] *agg*: ~ **(da)** mal vu(e) (de *o* par).
malvivente [malvi'vɛnte] *sm* malfaiteur *m*, délinquant *m*.
malvolentieri [malvolen'tjɛri] *avv* à contrecœur.
malvolere [malvo'lere] *vt*: **farsi** ~ **da qn** se faire mal voir par qn ♦ *sm*: **prendere qn a** ~ prendre qn en grippe.
mamma ['mamma] *sf* (*fam*) maman *f*; ~ **mia!** mon Dieu!
mammario, -a [mam'marjo] *agg* mammaire.
mammella [mam'mɛlla] *sf* mamelle *f*; (*di mucca*) pis *msg*.
mammifero [mam'mifero] *sm* mammifère *m*.
mammismo [mam'mizmo] *sm* (*di figli*) assujettissement *m* à la mère; (*di madri*) comportement *m* de mère abusive.
mammola ['mammola] *sf* violette *f*.
manager ['mænidʒə] *sm/f inv* (*anche SPORT*) manager *m*; (*di cantante*) imprésario *m*.
manageriale [manadʒe'rjale] *agg* de manager.
manata [ma'nata] *sf* tape *f*.
manca ['manka] *sf* main *f* gauche; **a destra e a** ~ à droite et à gauche.
mancamento [manka'mento] *sm* évanouissement *m*.
mancanza [man'kantsa] *sf* (*carenza*) manque *m*; (*fallo, colpa*) faute *f*; (*imperfezione*) erreur *f*; **per** ~ **di tempo** faute de temps; **in** ~ **di meglio** faute de mieux; **sento la** ~ **di Piero** Piero me manque.
mancare [man'kare] *vi* (*essere insufficiente, venir meno*) manquer; (*non esserci*) manquer, faire défaut; (*essere lontano*): ~ **(da)** être absent(e) (de), être loin (de); (*morire*) mourir, disparaître; (*sbagliare*)

se tromper, commettre une faute; (*essere privo*): ~ **di** manquer de ♦ *vt* (*bersaglio, colpo*) manquer, rater; ~ **da casa** être absent(e) de chez soi; ~ **di rispetto a** *o* **verso qn** manquer de respect à l'égard de qn; ~ **di parola** ne pas tenir parole; **sentirsi** ~ se sentir défaillir; **mi manchi** tu me manques; **mancò poco che morisse** il s'en est fallu de peu qu'il ne meure; **mancano ancora 10 sterline** il manque encore 10 livres sterling; **manca un quarto alle 6** il est six heures moins le quart; **manca poco alle 6** il n'est pas loin de six heures; **non mancherò!** je n'y manquerai pas!; **ci mancherebbe altro!** il ne manquerait plus que cela!

mancato, -a [man'kato] *agg* (*tentativo*) manqué(e), raté(e); (*artista*) raté(e).

manche [mãʃ] *sf inv* (*SPORT*) manche *f*.

mancherò *etc* [manke'ro] *vb vedi* **mancare**.

manchevole [man'kevole] *agg* défectueux(-euse).

manchevolezza [mankevo'lettsa] *sf* défectuosité *f*; (*atto scorretto*) manquement *m*.

mancia, -ce ['mantʃa] *sf* pourboire *m*.

manciata [man'tʃata] *sf* poignée *f*.

mancino, -a [man'tʃino] *agg* gauche; (*persona*) gaucher(-ère).

Manciuria [man'tʃurja] *sf* Mandchourie *f*.

manco ['manko] *avv*: ~ **per sogno!**, ~ **per idea!** jamais de la vie!

mandante [man'dante] *sm/f* (*di omicidio*) commanditaire *m*; (*DIR*) mandant *m*, commettant *m*.

mandarancio [manda'rantʃo] *sm* clémentine *f*.

mandare [man'dare] *vt* envoyer; (*grido*) pousser; ~ **a chiamare qn** faire appeler qn; ~ **a prendere qn** envoyer chercher qn; ~ **avanti** (*persona*) envoyer en reconnaissance; (*fig*: *famiglia*) subvenir aux besoins de; (: *ditta*) diriger; (: *pratica*) faire suivre; ~ **giù qc** avaler qch; (*fig*) digérer qch; ~ **in onda** (*RADIO, TV*) diffuser, transmettre; ~ **in rovina** ruiner; ~ **via qn** renvoyer qn; (*licenziare*) licencier qn.

mandarino [manda'rino] *sm* mandarine *f*; (*funzionario cinese*) mandarin *m*.

mandata [man'data] *sf* tour *m*; **chiudere a doppia** ~ fermer à double tour.

mandatario [manda'tarjo] *sm* (*DIR*) mandataire *m*.

mandato [man'dato] *sm* mandat *m*; ▸ **mandato d'arresto** mandat d'arrêt; ▸ **mandato di cattura** mandat d'arrêt; ▸ **mandato di comparizione/di perquisizione** mandat de comparution/de perquisition; ▸ **mandato di pagamento** mandat de paiement.

mandibola [man'dibola] *sf* mandibule *f*, mâchoire *f* inférieure.

mandolino [mando'lino] *sm* mandoline *f*.

mandorla ['mandorla] *sf* amande *f*; **occhi a** ~ yeux *mpl* en amande, yeux bridés.

mandorlato [mandor'lato] *sm* *gâteau aux amandes à base de sucre caramélisé*.

mandorlo ['mandorlo] *sm* amandier *m*.

mandria ['mandrja] *sf* troupeau *m*.

mandriano [mandri'ano] *sm* gardien *m* de troupeaux.

maneggevole [maned'dʒevole] *agg* maniable.

maneggiare [maned'dʒare] *vt* (*arnesi*) manier; (*creta, cera*) travailler; (*fig*: *capitali*) manier, brasser.

maneggio, -gi [ma'neddʒo] *sm* maniement *m*; (*di creta, cera*) travail *m*; (*intrigo*) intrigue *f*, manœuvre *f*; (*per cavalli*) manège *m*.

manesco, -a, -schi, -sche [ma'nesko] *agg* brutal(e).

manette [ma'nette] *sfpl* menottes *fpl*.

manganello [manga'nɛllo] *sm* matraque *f*.

manganese [manga'nese] *sm* manganèse *m*.

mangereccio, -a, -ci, -ce [mandʒe'rettʃo] *agg* comestible.

mangiabile [man'dʒabile] *agg* mangeable.

mangiadischi [mandʒa'diski] *sm inv* mange-disque *m*.

mangianastri [mandʒa'nastri] *sm inv* magnétophone *m* à cassettes.

mangiare [man'dʒare] *vt* manger; (*fig*: *intaccare*) manger, ronger; (*CARTE, SCACCHI*) prendre ♦ *sm* manger *m*; (*cibo*) nourriture *f*; **fare da** ~ faire *o* préparer à manger; **mangiarsi le parole** manger *o* avaler ses mots; **mangiarsi le unghie** se ronger les ongles; **mangiarsi le mani** *o* **il fegato** s'en mordre les doigts; ~ **la foglia** comprendre le manège.

mangiasoldi [mandʒa'sɔldi] *agg inv* (*fam*): **macchinetta** ~ machine *f* à sous.

mangiatoia [mandʒa'toja] *sf* mangeoire *f*.

mangime [man'dʒime] *sm* fourrage *m*.

mangiucchiare [mandʒuk'kjare] *vt* (*svogliatamente*) manger du bout des dents; (*poco e spesso*) grignoter.

mango, -ghi ['mango] *sm* (*frutto*) mangue *f*; (*albero*) manguier *m*.

mania [ma'nia] *sf* manie *f*; **avere la** ~ **di fare qc** avoir la manie de faire qch; ▸ **mania di persecuzione** manie *o* délire *m* de persécution.

maniacale [mania'kale] *agg* maniaque.

maniaco, -a, -ci, -che [ma'niako] *agg, sm/f* maniaque *m/f*; ▸ **maniaco sessuale** obsédé *m* sexuel.

manica, -che ['manika] *sf* manche *f*; (*fig*: *di delinquenti etc*) bande *f*; **la M~, il Canale della M~** la Manche; **senza maniche** sans manches; **in maniche di camicia** en manches de chemise; **di ~ larga** (*fig*) pas regardant(e); (: *in valutazione*) indulgent(e); **di ~ stretta** (*fig*: *persona*) sévère; **è un altro paio di maniche** c'est une autre paire de manches; ▶ **manica a vento** (*AER*) manche à air.

manicaretto [manika'retto] *sm* bon petit plat *m*.

manichetta [mani'ketta] *sf* (*TECN*) tuyau *m*.

manichino [mani'kino] *sm* mannequin *m*.

manico, -ci ['maniko] *sm* manche *m*; (*di spada, fioretto*) poignée *f*; ▶ **manico di scopa** manche à *o* de balai.

manicomio [mani'kɔmjo] *sm* hôpital *m* psychiatrique; (*fig*) maison *f* de fous.

manicotto [mani'kɔtto] *sm* (*anche TECN*) manchon *m*.

manicure [mani'kure] *sm o f inv* manucure *f o m* ♦ *sf inv* (*persona*) manucure *f o m*.

maniera [ma'njɛra] *sf* manière *f*, façon *f*; (*ARTE*) manière; **maniere** *sfpl* (*modi*) manières *fpl*; **alla ~ di** à la manière de; **in ~ che** de manière que; **in una ~ o nell'altra** d'une manière ou d'une autre; **buone/cattive maniere** bonnes/mauvaises manières; **in tutte le maniere** par tous les moyens; **usare buone maniere con qn** être poli(e) avec qn; **usare le maniere forti** employer les grands moyens; **di ~** (*artista*) maniériste *m/f*.

manierato, -a [manje'rato] *agg* maniéré(e).

maniero [ma'njɛro] *sm* manoir *m*.

manifattura [manifat'tura] *sf* (*lavorazione*) fabrication *f*; (*stabilimento*) manufacture *f*.

manifatturiero, -a [manifattu'rjɛro] *agg* de transformation.

manifestante [manifes'tante] *sm/f* manifestant(e).

manifestare [manifes'tare] *vt, vi* manifester; **manifestarsi** *vr* se manifester.

manifestazione [manifestat'tsjone] *sf* manifestation *f*.

manifestino [manifes'tino] *sm* tract *m*.

manifesto, -a [mani'fɛsto] *agg* manifeste ♦ *sm* affiche *f*; (*scritto ideologico, programmatico*) manifeste *m*.

maniglia [ma'niʎʎa] *sf* poignée *f*; (*GINNASTICA*) poignée (du cheval d'arçons).

Manila [ma'nila] *sf* Manille.

manipolare [manipo'lare] *vt* (*anche fig*) manipuler; (*creta, cera*) travailler; (*alterare*: *vino*) frelater.

manipolazione [manipolat'tsjone] *sf* manipulation *f*; (*cera, creta*) travail *m*.

manipolo [ma'nipolo] *sm* poignée *f*.

maniscalco, -chi [manis'kalko] *sm* maréchal-ferrant *m*.

manna ['manna] *sf* (*fig*) manne *f*.

mannaia [man'naja] *sf* (*del boia*) hache *f*; (*per carni*) couperet *m*.

mannaro [man'naro]: **lupo ~** *sm* loup-garou *m*.

mano, -i ['mano] *sf* main *f*; (*strato*: *di vernice etc*) couche *f*; **darsi** *o* **stringersi la ~** se serrer la main; **a ~** (*cucire, tagliare*) à la main; **fatto a ~** fait main *o* à la main; **darsi/stringersi la ~** se serrer la main; **dare una ~ (a qn)** (*fig*) donner un coup de main (à qn); **chiedere la ~ di qn** demander la main de qn; **di prima ~** (*notizia*) de première main; **di seconda ~** (*notizia*) de seconde main; (*macchina*) d'occasion; **alla ~** (*persona*) simple, sans façons; **fuori ~** éloigné(e); **man ~** petit à petit; **man ~ che** au fur et à mesure que; **dare una ~ di vernice a qc** passer une couche de peinture sur qch; **mani in alto!** haut les mains!; **a piene mani** (*fig*) par poignées, généreusement; **avere qc per le mani** (*lavoro*) travailler sur qch; (*informazione*) détenir; **avere le mani bucate** (*fig*) être un panier percé; **avere le mani in pasta** (*fig*) être dans le bain; **venire alle mani** en venir aux mains; **dare man forte a qn** prêter main forte à qn; **restare a mani vuote** (*fig*) rester les mains vides; **mettere le mani avanti** (*fig*) être circonspect(e); **forzare la ~** forcer la main à qn.

manodopera [mano'dɔpera] *sf* main-d'œuvre *f inv*.

manomesso, -a [mano'messo] *pp di* **manomettere**.

manometro [ma'nɔmetro] *sm* manomètre *m*.

manomettere [mano'mettere] *vt* falsifier; (*lettera*) ouvrir; (*serratura*) forcer.

manomissione [manomis'sjone] *sf* (*di documenti, prove*) falsification *f*; (*di lettera*) ouverture *f* illicite, violation *f*.

manopola [ma'nɔpola] *sf* (*di armatura*) gantelet *m*; (*tipo di guanto*) moufle *f*; (*di impugnatura*) poignée *f*; (*pomello di apparecchio*) bouton *m*.

manoscritto, -a [manos'kritto] *agg* manuscrit(e) ♦ *sm* manuscrit *m*.

manovalanza [manova'lantsa] *sf* manœuvres *mpl*.

manovale [mano'vale] *sm* manœuvre *m*.

manovella [mano'vɛlla] *sf* manivelle *f*.

manovra [ma'nɔvra] *sf* manœuvre *f*; (*fig*) manœuvre, manège *m*; (: *fiscale, economica*) train *m* de mesures; ▶ **manovre di corridoio** (*fig*: *POL*) intrigues *fpl* de couloir.

manovrare [mano'vrare] *vt* (*anche fig*: *persona*) manœuvrer ♦ *vi* manœuvrer; (*fig*) manœuvrer, manigancer.

manrovescio [manro'vɛʃʃo] *sm* gifle *f*.

mansarda [man'sarda] *sf* mansarde *f*.

mansione [man'sjone] *sf* fonction *f*.
mansueto, -a [mansu'ɛto] *agg* (*animale*) docile; (*persona*) doux(douce).
mansuetudine [mansue'tudine] *sf* (*vedi agg*) docilité *f*; douceur *f*.
mantello [man'tɛllo] *sm* (*abbigliamento*) manteau *m*, cape *f*; (*ZOOL*) robe *f*, pelage *m*; (*fig*: *di neve etc*) manteau, couche *f*.
mantenere [mante'nere] *vt* (*posizione*) garder; (*disciplina*) maintenir; (*promessa*) tenir; (*impegno*) respecter; (*figli, famiglia*) entretenir, subvenir aux besoins de; (*rotta, cammino*) suivre; **mantenersi** *vr* (*finanziariamente*) subvenir à ses besoins; **mantenersi calmo/giovane** rester calme/jeune; ~ **i contatti con qn** rester en contact avec qn.
mantenimento [manteni'mento] *sm* (*di famiglia*) subsistance *f*, entretien *m*; (*di istituzioni etc*) maintien *m*; (*di viabilità*) entretien.
mantenuto, -a [mante'nuto] *sm/f* (*peg*: *uomo*) homme *m* entretenu, gigolo *m* (*fam*); (*donna*) femme *f* entretenue.
mantice [man'titʃe] *sm* soufflet *m*; (*di carrozza, automobile*) capote *f*.
manto ['manto] *sm* (*indumento*) manteau *m*; (*strato protettivo*) couche *f*, surface *f*; ▸ **manto stradale** revêtement *m* (de la route).
Mantova ['mantova] *sf* Mantoue.
mantovano, -a [manto'vano] *agg* mantouan(e) ♦ *sm/f* Mantouan(e).
manuale [manu'ale] *agg* manuel(le) ♦ *sm* manuel *m*.
manualistico, -a, -ci, -che [manua'listiko] *agg* livresque.
manualmente [manual'mente] *avv* manuellement.
manubrio [ma'nubrjo] *sm* manette *f*, poignée *f*; (*di bicicletta etc*) guidon *m*; (*GINNASTICA*) haltère *m*.
manufatto [manu'fatto] *sm* produit *m* manufacturé.
manutenzione [manuten'tsjone] *sf* entretien *m*; (*di impianto*) entretien *m*, maintenance *f*.
manzo ['mandzo] *sm* bœuf *m*.
Maometto [mao'metto] *sm* Mahomet *m*.
mappa ['mappa] *sf* carte *f*.
mappamondo [mappa'mondo] *sm* (*disegno*) mappemonde *f*; (*globo*) globe *m*.
marasma, -i [ma'razma] *sm* marasme *m*; (*fig*: *grande confusione*) chaos *m*.
maratona [mara'tona] *sf* marathon *m*.
marca, -che ['marka] *sf* (*anche COMM*: *di prodotti*) marque *f*; (*contrassegno, scontrino*) ticket *m*; **di (gran)** ~ (*prodotto*) de (grande) marque; ▸ **marca da bollo** timbre *m* fiscal.
marcare [mar'kare] *vt* (*anche SPORT*) marquer; (*a fuoco*) marquer au fer rouge; ~ **visita** (*MIL*) se faire porter malade.
marcato, -a [mar'kato] *agg* (*lineamenti*) marqué(e), prononcé(e); (*accento*) prononcé(e).
Marche ['marke] *sfpl* Marches *fpl*.
marcherò *etc* [marke'rɔ] *vb vedi* **marcare**.
marchese, -a [mar'keze] *sm/f* marquis(e).
marchiare [mar'kjare] *vt* marquer au fer rouge.
marchigiano, -a [marki'dʒano] *agg* des Marches.
marchio, -chi ['markjo] *sm* (*di bestiame, COMM, fig*) marque *f*; (*incisione*) poinçon *m*; ▸ **marchio depositato** marque *f* déposée; ▸ **marchio di fabbrica** marque *f* de fabrique.
marcia, -ce ['martʃa] *sf* (*anche MIL, MUS*) marche *f*; (*AUT*) vitesse *f*; **mettersi in** ~ se mettre en marche; **mettere in** ~ mettre en marche; **far** ~ **indietro** (*AUT, fig*) faire marche arrière; ▸ **marcia forzata** marche forcée; ▸ **marcia funebre** marche funèbre.
marciapiede [martʃa'pjɛde] *sm* (*di strada*) trottoir *m*; (*FERR*) quai *m*.
marciare [mar'tʃare] *vi* marcher; (*treno, macchina*) rouler.
marcio, -a, -ci, -ce ['martʃo] *agg* (*anche fig*) pourri(e); (*ferita, piaga*) purulent(e) ♦ *sm*: **c'è del** ~ **in questa storia** (*fig*) cette histoire est louche; **avere torto** ~ avoir complètement tort.
marcire [mar'tʃire] *vi* (*anche fig*) pourrir; (*suppurare*) suppurer.
marciume [mar'tʃume] *sm* (*anche fig*) pourriture *f*.
marco, -chi ['marko] *sm* mark *m*.
mare ['mare] *sm* (*anche fig*) mer *f*; (*grande quantità*) tas *msg*; **di** ~ de mer; **per** ~ par mer; **sul** ~ au bord de la mer; **andare al** ~ (*in vacanza etc*) aller à la mer; **in alto** ~ (*al largo*) en haute mer; (*fig*) dans l'impasse; **il** ~ **Adriatico** la mer Adriatique; **i mari del Sud** les mers du Sud.
marea [ma'rɛa] *sf* marée *f*; **alta/bassa** ~ marée haute/basse; ▸ **marea nera** marée noire.
mareggiata [mared'dʒata] *sf* tempête *f*, bourrasque *f*.
maremma [ma'remma] *sf* maremme *f*; **M~ Toscana** Maremme.
maremmano, -a [marem'mano] *agg* maremmatique.
maremoto [mare'mɔto] *sm* raz *m* de marée.
maresciallo [mareʃ'ʃallo] *sm* (*MIL*) maréchal *m*; (*sottufficiale*) adjudant *m*.
margarina [marga'rina] *sf* margarine *f*.
margherita [marge'rita] *sf* (*anche di stampante*) marguerite *f*.

margheritina [margeri'tina] *sf* pâquerette *f*.
marginale [mardʒi'nale] *agg* (*nota, appunto*) en marge; (*costo*) marginal(e).
margine ['mardʒine] *sm* (*di foglio, fig*: *di tempo, guadagno*) marge *f*; (*di bosco*) lisière *f*; (*di via*) bord *m*; **avere un buon ~ di tempo** avoir de la marge; ▸ **margine di guadagno** marge bénéficiaire; ▸ **margine di sicurezza** marge de sécurité.
marina [ma'rina] *sf* (*costa*) bord *m* de mer; (*quadro, MIL*) marine *f*; ▸ **marina mercantile/militare** marine marchande/militaire.
marinaio [mari'najo] *sm* marin *m*.
marinare [mari'nare] *vt* (*CUC*) mariner; **~ la scuola** (*fig*) faire l'école buissonnière.
marinaro, -a [mari'naro] *agg* (*tradizione, popolo*) de marins; (*città*) maritime; **alla marinara** (*vestito, cappello*) marin *inv*; (*CUC*) (à la) marinière.
marinata [mari'nata] *sf* marinade *f*.
marino, -a [ma'rino] *agg* (*acqua*) de mer; (*brezza*) marin(e).
marionetta [marjo'netta] *sf* marionnette *f*.
maritare [mari'tare] *vt* marier; **maritarsi** *vip*: **maritarsi a** *o* **con qn** se marier avec qn.
maritato, -a [mari'tato] *agg* marié(e).
marito [ma'rito] *sm* mari *m*; **prendere ~** prendre un mari; **ragazza (in età) da ~** fille *f* à marier.
marittimo, -a [ma'rittimo] *agg* maritime ♦ *sm* (*marinaio*) marin *m*; (*in cantieri, porti etc*) docker *m*.
marmaglia [mar'maʎʎa] *sf* racaille *f*.
marmellata [marmel'lata] *sf* confiture *f*.
marmitta [mar'mitta] *sf* (*pentolone*) marmite *f*; (*AUT*) pot *m* d'échappement; ▸ **marmitta catalitica** pot *m* catalytique.
marmo ['marmo] *sm* marbre *m*.
marmocchio, -chi [mar'mɔkkjo] *sm* (*fam*) marmot *m*, gosse *m/f*.
marmotta [mar'mɔtta] *sf* marmotte *f*.
marocchino, -a [marok'kino] *agg* marocain(e) ♦ *sm/f* Marocain(e).
Marocco [ma'rɔkko] *sm* Maroc *m*.
maroso [ma'roso] *sm* lame *f*.
Marrakesh [marra'kɛʃʃ] *sf* Marrakech.
marrone [mar'rone] *agg inv*, *sm* marron *m*.
marsala [mar'sala] *sm inv* marsala *m*.
Marsiglia [mar'siʎʎa] *sf* Marseille.
marsina [mar'sina] *sf* frac *m*.
marsupio [mar'supjo] *sm* poche *f* marsupiale; (*per bambini*) porte-bébé *m*.
Marte ['marte] *sm* Mars *m*.
martedì [marte'di] *sm inv* mardi *m*; **di** *o* **il ~** le mardi; **oggi è ~ 3 aprile** aujourd'hui nous sommes le mardi 3 avril; **~ stavo male** mardi j'étais malade; **il giornale di ~** le journal du mardi; **tutti i ~** tous les mardis; **"a ~"** "à mardi"; ▸ **martedì grasso** mardi gras.
martellante [martel'lante] *agg* (*fig*: *dolore*) lancinant(e).
martellare [martel'lare] *vt* (*metalli*) marteler; (*picchiare, percuotere*) taper, frapper ♦ *vi* (*pulsare*: *tempie, cuore*) battre.
martelletto [martel'letto] *sm* (*di pianoforte, di giudice*) marteau *m*; (*MED*) marteau à percussion *o* réflexes.
martello [mar'tɛllo] *sm* (*anche SPORT*) marteau *m*; **suonare a ~** (*campane*) sonner le tocsin; ▸ **martello pneumatico** marteau pneumatique.
martinetto [marti'netto] *sm* vérin *m*.
martingala [martin'gala] *sf* (*anche di cavallo*) martingale *f*.
Martinica [marti'nika] *sf* Martinique *f*.
martire ['martire] *sm/f* martyr(e).
martirio [mar'tirjo] *sm* martyre *m*.
martora ['martora] *sf* martre *f*, marte *f*.
martoriare [marto'rjare] *vt* torturer.
marxismo [mark'sizmo] *sm* marxisme *m*.
marxista, -i, -e [mark'sista] *agg*, *sm/f* marxiste *m/f*.
marzapane [martsa'pane] *sm* massepain *m*.
marziale [mar'tsjale] *agg* martial(e).
marzo ['martso] *sm* mars *m*; *vedi anche* **luglio**.
mascalzonata [maskaltso'nata] *sf* canaillerie *f*, crapulerie *f*.
mascalzone [maskal'tsone] *sm* voyou *m*, crapule *f*.
mascara [mas'kara] *sm inv* mascara *m*.
mascarpone [maskar'pone] *sm* *fromage blanc crémeux*.
mascella [maʃ'ʃɛlla] *sf* mâchoire *f* supérieure.
maschera ['maskera] *sf* (*anche fig*) masque *m*; (*travestimento, per ballo*) déguisement *m*; (*TEATRO*: *personaggio*) personnage *m*; (*TEATRO, CINE*: *inserviente*) ouvreuse *f*; **in ~** (*mascherato*) déguisé(e); **ballo in ~** bal *m* masqué; **gettare la ~** (*fig*) lever *o* jeter le masque; ▸ **maschera antigas/subacquea** masque à gaz/de plongée; ▸ **maschera di bellezza** masque de beauté.
mascherare [maske'rare] *vt* masquer; (*fig*: *orgoglio, ambizioni*) masquer, dissimuler; **mascherarsi** *vr*: **mascherarsi da** se déguiser en; (*fig*) prendre l'apparence de.
mascherina [maske'rina] *sf* (*piccola maschera*) petit masque *m*, loup *m*; (*di animale*) tache *f* sur le museau; (*AUT*) calandre *f*.
maschile [mas'kile] *agg* (*anche LING*) masculin(e); (*per ragazzi*: *scuola*) de garçons; (*campionato*) hommes *inv* ♦ *sm* (*LING*) masculin *m*.

maschio, -a ['maskjo] *agg* mâle ♦ *sm* (*animale*) mâle *m*; (*uomo*) homme *m*; (*ragazzo, figlio*) garçon *m*; (*TECN*) taraud *m*.
mascolino, -a [masko'lino] *agg* masculin(e).
mascotte [mas'kɔt] *sf inv* mascotte *f*.
masochismo [mazo'kismo] *sm* masochisme *m*.
masochista, -i, -e [mazo'kista] *agg, sm/f* masochiste *m/f*.
massa ['massa] *sf* (*anche FIS, ELETTR*) masse *f*; (*di errori*) tas *msg*; **in ~** (*accorrere*) en masse; (*produrre*) en série; **di ~** (*cultura, manifestazione*) de masse; **adunata in ~** grand rassemblement *m*; **la ~ (del popolo), le masse** les masses *fpl*.
massacrante [massa'krante] *agg* épuisant(e), tuant(e).
massacrare [massa'krare] *vt* massacrer.
massacro [mas'sakro] *sm* massacre *m*; (*fig*) désastre *m*.
massaggiare [massad'dʒare] *vt* masser.
massaggiatore, -trice [massaddʒa'tore] *sm/f* masseur(-euse).
massaggio [mas'saddʒo] *sm* massage *m*; ▶ **massaggio cardiaco** massage cardiaque.
massaia [mas'saja] *sf* ménagère *f*.
masserizie [masse'rittsje] *sfpl* mobilier *m*.
massicciata [massit'tʃata] *sf* (*di strada*) macadam *m*; (*di ferrovia*) ballast *m*.
massiccio, -a, -ci, -ce [mas'sittʃo] *agg* massif(-ive); (*corporatura*) massif(-ive), trapu(e) ♦ *sm* (*montagna*) massif *m*; **il M~ Centrale** le Massif Central.
massima ['massima] *sf* maxime *f*; (*regola*) règle *f*, principe *m*; (*temperatura*) température *f* maximale; **in linea di ~** en principe.
massimale [massi'male] *sm* maximum *m*, plafond *m*.
massimo, -a ['massimo] *agg* maximum, maximal(e); (*SPORT*: *peso*) lourd(e) ♦ *sm* maximum *m*; **al ~** (*non più di*) au maximum, au plus; **erano presenti le massime autorità** les plus hautes autorités étaient présentes; **sfruttare qc al ~** exploiter pleinement qch; **arriverò al ~ alle 5** j'arriverai à cinq heures au plus tard; **arrivare entro il tempo ~** arriver dans les délais; **il ~ della pena** (*DIR*) le maximum (de la peine).
masso ['masso] *sm* rocher *m*, roc *m*.
massone [mas'sone] *sm* franc-maçon *m*.
massoneria [massone'ria] *sf* franc-maçonnerie *f*; (*fig*: *consorteria*) clique *f*.
massonico, -a, -ci, -che [mas'sɔniko] *agg* maçonnique.
mastello [mas'tɛllo] *sm* baquet *m*.
masticare [masti'kare] *vt* mastiquer, mâcher.
mastice ['mastitʃe] *sm* mastic *m*.
mastino [mas'tino] *sm* mâtin *m*.
mastodontico, -a, -ci, -che [masto'dɔntiko] *agg* gigantesque, énorme.
masturbarsi [mastur'barsi] *vr* se masturber.
masturbazione [masturbat'tsjone] *sf* masturbation *f*.
matassa [ma'tassa] *sf* écheveau *m*.
matematica [mate'matika] *sf* mathématiques *fpl*.
matematico, -a, -ci, -che [mate'matiko] *agg* mathématique ♦ *sm/f* mathématicien(ne).
materassino [materas'sino] *sm* tapis *msg*; ▶ **materassino gonfiabile** matelas *msg* pneumatique.
materasso [mate'rasso] *sm* matelas *msg*; ▶ **materasso a molle** matelas à ressorts.
materia [ma'tɛrja] *sf* matière *f*; (*disciplina*) matière, discipline *f*; (*argomento*) sujet *m*, question *f*; **in ~ di** (*per quanto concerne*) en matière de; **un esperto in ~** (*di musica etc*) un expert en la matière; **prima di entrare in ~** avant d'entrer dans le vif du sujet; **sono ignorante in ~** je suis ignorant en la matière; ▶ **materia cerebrale** substance *f* grise (cérébrale); ▶ **materia grassa** matières *fpl* grasses; ▶ **materia grigia** (*anche fig*) matière grise; ▶ **materie plastiche** matière *fsg* plastique; ▶ **materie prime** matières premières.
materiale [mate'rjale] *agg* matériel(le); (*fig*: *grossolano*) grossier(-ière) ♦ *sm* matériel *m*; ▶ **materiale da costruzione** matériau *m* de construction.
materialista, -i, -e [materja'lista] *agg, sm/f* matérialiste *m/f*.
materializzarsi [materjalid'dzarsi] *vip* se matérialiser.
materialmente [materjal'mente] *avv* matériellement.
maternità [materni'ta] *sf* maternité *f*; **in (congedo di) ~** en congé de maternité.
materno, -a [ma'tɛrno] *agg* maternel(le); (*terra*) natal(e); **scuola materna** école *f* maternelle.
matita [ma'tita] *sf* crayon *m*; ▶ **matita per gli occhi** crayon pour les yeux; ▶ **matite colorate** crayons de couleur.
matrice [ma'tritʃe] *sf* (*TECN, BIOL, MAT*) matrice *f*; (*COMM*) souche *f*, talon *m*; (*fig*: *culturale*) origine *f*, souche.
matricola [ma'trikola] *sf* (*registro*) matricule *f*; (*persona, numero*) matricule *m*; (*UNIV*) bleu *m*, bizut *m*.
matrigna [ma'triɲɲa] *sf* belle-mère *f*.
matrimoniale [matrimo'njale] *agg* matrimonial(e); (*camera*) pour deux; (*banchet-*

to) de mariage; **letto** ~ grand lit *m*.
matrimonio [matri'mɔnjo] *sm* mariage *m*.
matrona [ma'trɔna] *sf* (*fig*) matrone *f*.
matta ['matta] *sf* (*CARTE*) joker *m*; *vedi anche* **matto**.
mattatoio [matta'tojo] *sm* abattoir *m*.
mattina [mat'tina] *sf* (*parte del giorno*) matin *m*; **la** *o* **di** ~ le matin; **di prima** ~, **la** ~ **presto** tôt le matin, le matin de bonne heure; **dalla** ~ **alla sera** (*continuamente*) du matin au soir; (*improvvisamente*) du jour au lendemain.
mattinata [matti'nata] *sf* matinée *f*; **in** ~ dans la matinée; **nella tarda** ~ en fin de matinée; **nella tarda** ~ **di sabato** samedi en fin de matinée.
mattiniero, -a [matti'njɛro] *agg* matinal(e).
mattino [mat'tino] *sm* matin *m*; **di buon** ~ de bon matin.
matto, -a ['matto] *agg* (*pazzo, folle*) fou(folle); (*fig*: *falso*) faux(fausse) ♦ *sm/f* fou(folle) ♦ *sf* (*CARTE*) joker *m*; **avere una voglia matta di qc** avoir une envie folle de qch; **far diventare** ~ **qn** rendre qn fou(folle).
mattone [mat'tone] *sm* brique *f*; (*peg*: *fig*: *film*) navet *m*; (: *libro*) pavé *m*.
mattonella [matto'nɛlla] *sf* carreau *m*; (*di biliardo*) bande *f*; **pavimento a mattonelle** carrelage *m*.
mattutino, -a [mattu'tino] *agg* du matin, matinal(e).
maturare [matu'rare] *vt* (*anche fig*) mûrir, faire mûrir ♦ *vi* (*anche*: **maturarsi**) mûrir; (*interessi*) rapporter; ~ **una decisione** décider après mûre réflexion.
maturità [maturi'ta] *sf* maturité *f*; (*SCOL*) ≈ baccalauréat *m*.
maturo, -a [ma'turo] *agg* mûr(e); (*fig*: *tempo*) idéal(e); (*SCOL*) ≈ bachelier(-ière); **il tempo è** ~ **per** ... c'est le bon moment pour ... .
matusa [ma'tuza] *sm/f inv* (*scherz*) croulant *m*, fossile *m*.
Mauritania [mauri'tanja] *sf* Mauritanie *f*.
Maurizio [mau'rittsjo] *sf*: **(l'isola di)** ~ l'île *f* Maurice.
mausoleo [mauzo'lɛo] *sm* mausolée *m*.
max. *abbr* (= *massimo*) max.
maxi... ['maksi] *pref* maxi... .
mazza ['mattsa] *sf* (*bastone*) gourdin *m*; (*martello*) masse *f*, massue *f*; ▶ **mazza da baseball** batte *f* de base-ball; ▶ **mazza da golf** crosse *f*.
mazzata [mat'tsata] *sf* coup *m* de massue; (*fig*) coup dur.
mazzetta [mat'tsetta] *sf* liasse *f*; (*fig*: *tangente*) pot-de-vin *m*, dessous-de-table *m*.
mazzo ['mattso] *sm* (*di fiori*) bouquet *m*; (*di ortaggi*) botte *f*; (*CARTE*) jeu *m*; (*di chiavi*) trousseau *m*; (*di matite*) assortiment *m*.
MC *sigla* = *Macerata*.
m.c.d. *abbr* (= *minimo comune denominatore*) p.p.d.c. *m*.
m.c.m. *abbr* (= *minimo comune multiplo*) p.p.c.m. *m*.
ME *sigla* = *Messina*.
me [me] *pron* moi; ~ **stesso(a)** moi-même; **sei bravo quanto** ~ tu es aussi fort que moi; *vedi anche* **mi**.
meandro [me'andro] *sm* méandre *m*.
M.E.C. [mɛk] *abbr m* = *Mercato Comune Europeo*.
Mecca ['mɛkka] *sf*: **La** ~ La Mecque; (*fig*) le paradis.
meccanica, -che [mek'kanika] *sf* mécanique *f*; (*di fatti*) déroulement *m*.
meccanicamente [mekkanika'mente] *avv* mécaniquement, machinalement.
meccanico, -a, -ci, -che [mek'kaniko] *agg* mécanique; (*fig*) mécanique, machinal(e) ♦ *sm* mécanicien *m*, mécano *m* (*fam*).
meccanismo [mekka'nizmo] *sm* (*anche fig*) mécanisme *m*.
meccanizzare [mekkanid'dzare] *vt* mécaniser.
meccanizzazione [mekkaniddzat'tsjone] *sf* mécanisation *f*.
meccanografia [mekkanogra'fia] *sf* mécanographie *f*.
meccanografico, -a, -ci, -che [mekkano'grafiko] *agg*: **centro** ~ centre *m* mécanographique.
mecenate [metʃe'nate] *sm* mécène *m*.
mèche [mɛʃ] *sf inv* mèche *f*; **farsi le** ~ se faire des mèches.
medaglia [me'daʎʎa] *sf* médaille *f*; ▶ **medaglia d'oro** (*SPORT*) médaille d'or.
medaglione [medaʎ'ʎone] *sm* (*anche ARCHIT, CUC*) médaillon *m*.
medesimo, -a [me'dezimo] *agg* même; **io** ~ (*in persona*) moi-même.
media ['mɛdja] *sf* moyenne *f*; **le medie** *sfpl* (*SCOL*) *le premier cycle de l'enseignement secondaire*, ≈ collège *m*; **al di sopra/al di sotto della** ~ au-dessus/au-dessous de la moyenne; **viaggiare ad una** ~ **di** ... rouler à une moyenne de ...; *vedi anche* **medio**.
mediamente [medja'mente] *avv* en moyenne.
mediano, -a [me'djano] *agg* médian(e) ♦ *sm* (*SPORT*) demi *m*.
mediante [me'djante] *prep* au moyen de.
mediare [me'djare] *vi* (*fare da mediatore*) servir de médiateur.
mediato, -a [me'djato] *agg* indirect(e).
mediatore, -trice [medja'tore] *sm/f* médiateur(-trice); (*COMM*) courtier(-ière); **fare da** ~ **fra** servir d'intermédiaire entre.
mediazione [medjat'tsjone] *sf* médiation *f*; (*COMM*: *azione, compenso*) courtage *m*.
medicamento [medika'mento] *sm* médica-

ment *m*.

medicare [medi'kare] *vt* soigner.

medicato, -a [medi'kato] *agg* (*garza*) antiseptique; (*shampoo*) traitant(e).

medicazione [medikat'tsjone] *sf* (*azione*) soin *m*; (*insieme di bende, cerotti etc*) pansement *m*; **fare una ~ a qn** faire un pansement à qn.

medicina [medi'tʃina] *sf* médecine *f*; (*farmaco, medicamento*) médicament *m*; ▸ **medicina legale** médecine légale.

medicinale [meditʃi'nale] *agg* médicinal(e) ♦ *sm* médicament *m*.

medico, -a, -ci, -che ['mɛdiko] *agg* médical(e) ♦ *sm* médecin *m*; ▸ **medico di bordo** médecin du bord; ▸ **medico di famiglia** médecin de famille; ▸ **medico fiscale** *médecin chargé d'effectuer les visites de contrôle*; ▸ **medico generico** (médecin) généraliste *m*.

medievale [medje'vale] *agg* médiéval(e); (*fig*) moyenâgeux(-euse).

medio, -a ['mɛdjo] *agg* moyen(ne) ♦ *sm* (*dito*) majeur *m*; **licenza media** ≈ brevet *m* d'études du premier cycle; **scuola media** *premier cycle de l'enseignement secondaire*, ≈ collège *m*; **il M~ Oriente** le Moyen-Orient *m*.

mediocre [me'djɔkre] *agg* médiocre.

mediocrità [medjokri'ta] *sf* médiocrité *f*.

medioevale [medjoe'vale] *agg* = **medievale**.

Medioevo [medjo'ɛvo] *sm* moyen âge *m*, moyen-âge *m*.

meditabondo, -a [medita'bondo] *agg* méditatif(-ive).

meditare [medi'tare] *vt* méditer; (*progettare*) méditer, projeter ♦ *vi* (*riflettere attentamente*) méditer.

meditato, -a [medi'tato] *agg* (*decisione*) médité(e); (*parole*) pesé(e); (*vendetta*) prémédité(e); **ben ~** (*piano*) bien médité(e).

meditazione [meditat'tsjone] *sf* méditation *f*.

mediterraneo, -a [mediter'raneo] *agg* méditerranéen(ne); **il (mare) M~** la (mer) Méditerranée.

medium ['mɛdjum] *sm/f inv* médium *m/f*.

medusa [me'duza] *sf* méduse *f*.

megafono [me'gafono] *sm* mégaphone *m*.

megalomane [mega'lɔmane] *agg, sm/f* mégalomane *m/f*.

megera [me'dʒɛra] *sf* (*peg*) mégère *f*.

meglio ['mɛʎʎo] *avv* mieux; (*superlativo*) le(la) mieux ♦ *agg inv* mieux ♦ *sm/f*: **il(la) ~** le mieux, le(la) meilleur(e); **sto ~ di ieri** je vais mieux qu'hier; **(va) ~ così** c'est mieux ainsi; **faresti ~ ad andartene** tu ferais mieux de t'en aller; **per ~ dire** pour mieux dire; **o ~** ou plutôt; **andare di bene in ~** aller de mieux en mieux; **è ~ di lei** il est mieux qu'elle; **alla (bell'e) ~** tant bien que mal; **fare del proprio ~** faire de son mieux; **il ~ che ci sia** ce qu'il y a de mieux; **per il ~** pour le mieux; **avere la ~ su qn** l'emporter sur qn, avoir le dessus.

mela ['mela] *sf* pomme *f*; ▸ **mela cotogna** coing *m*.

melagrana [mela'grana] *sf* grenade *f*.

melanzana [melan'dzana] *sf* aubergine *f*.

melassa [me'lassa] *sf* mélasse *f*.

melenso, -a [me'lɛnso] *agg* bête, sot(te).

melissa [me'lissa] *sf* mélisse *f*.

mellifluo, -a [mel'lifluo] *agg* (*peg*) mielleux(-euse).

melma ['melma] *sf* boue *f*.

melo ['melo] *sm* pommier *m*.

melodia [melo'dia] *sf* mélodie *f*.

melodico, -a, -ci, -che [me'lɔdiko] *agg* mélodique.

melodioso, -a [melo'djoso] *agg* mélodieux(-euse).

melodramma, -i [melo'dramma] *sm* mélodrame *m*.

melone [me'lone] *sm* melon *m*.

membra ['mɛmbra] *sfpl vedi* **membro**.

membrana [mem'brana] *sf* membrane *f*.

membro ['mɛmbro] *sm* membre *m*; (*ANAT*: *pl(f)* **membra**) membre *m*.

memorabile [memo'rabile] *agg* mémorable.

memorandum [memo'randum] *sm inv* mémorandum *m*.

memore ['mɛmore] *agg*: **~ di** (*che conserva il ricordo*) se souvenant de.

memoria [me'mɔrja] *sf* (*anche INFORM*) mémoire *f*; (*ricordo*) mémoire, souvenir *m*; **memorie** *sfpl* (*opera autobiografica*) mémoires *mpl*; **a ~** (*imparare*) par cœur; (*sapere*) par cœur, de mémoire; **a ~ d'uomo** de mémoire d'homme; ▸ **memoria di sola lettura** (*INFORM*) mémoire morte; ▸ **memoria tampone** (*INFORM*) mémoire tampon.

memoriale [memo'rjale] *sm* mémorial *m*.

memorizzare [memorid'dzare] *vt* (*anche INFORM*) mémoriser.

memorizzazione [memoriddzat'tsjone] *sf* mémorisation *f*; (*INFORM*) mise *f* en mémoire.

mena ['mena] *sf* intrigue *f*.

menadito [mena'dito]: **a ~** *avv* à la perfection.

menagramo [mena'gramo] *sm/f inv* jeteur(-euse) de sort.

menare [me'nare] *vt* mener; (*picchiare*) frapper, taper; (*colpi*) donner; **~ la coda** (*cane*) remuer la queue; **~ qc per le lunghe** faire traîner qch en longueur; **~ il can per l'aia** (*fig*) tourner autour du pot.

mendicante [mendi'kante] *sm/f* mendiant(e).
mendicare [mendi'kare] *vt, vi* mendier.
menefreghismo [menefre'gizmo] *sf* (*fam*) je-m'en-foutisme *m*.
meninge [me'nindʒe] *sf* méninge *f*; **spremersi le meningi** se fatiguer *o* se creuser les méninges.
meningite [menin'dʒite] *sf* méningite *f*.
menisco, -schi [me'nisko] *sm* ménisque *m*.

PAROLA CHIAVE

meno ['meno] *avv* **1** (*in minore misura*) moins; **(di) meno** moins; **lavorare/costare meno** travailler/coûter moins; **ne voglio di meno** j'en veux moins; **in meno** en moins; **mille lire in meno** mille lires de *o* en moins; **meno fumo più mangio** moins je fume et plus je mange; **è sempre meno semplice** c'est de moins en moins simple
2 (*comparativo*) moins; **meno di** moins que; **lavora meno di te** il travaille moins que toi; **meno di quanto pensassi** moins que je ne pensais; **meno ... di** moins ... que; **meno alto di me** moins grand que moi; **meno tardi di quanto pensassi** moins tard que je ne pensais; **meno ... che** moins ... que; **è meno intelligente che ricco** il est moins intelligent que riche
3 (*superlativo*) moins; **il meno pericoloso** le moins dangereux; **il meno dotato degli studenti** le moins doué des étudiants
4 (*MAT*) moins; **8 meno 5 uguale 3** 8 moins 5 font trois; **sono le 8 meno un quarto** il est huit heures moins le quart; **ha preso 6 meno** (*SCOL*) il a eu tout juste la moyenne; **meno 5 gradi** moins 5 (degrés)
5 (*fraseologia*): **quanto meno poteva telefonare** il pouvait au moins téléphoner; **non so se accettare o meno** je ne sais si je dois accepter ou pas; **fare a meno di qc/qn** (*privarsene*) se passer de qch/qn; **non potevo fare a meno di ridere** je ne pouvais m'empêcher de rire; **meno male!** heureusement!; **meno male che sei arrivato** heureusement que tu es arrivé; **non essere da meno di** ne pas être inférieur à; *vedi anche* **più**
♦ *agg inv*: **meno ... (di)** moins ... (que); **ha fatto meno errori di tutti** il a fait moins de fautes que tous les autres
♦ *sm inv* **1**: **il meno** (*il minimo*) le moins; **era il meno che ti potesse succedere** c'était le moins qu'il pouvait t'arriver; *vedi anche* **più**
2 (*MAT*) signe *m* moins
♦ *prep* (*eccetto*) sauf, excepté; **tutti meno lui** tout le monde sauf lui; **100.000 lire meno le spese** 100 000 lires sans (compter) les frais; **a meno che non piova** à moins qu'il ne pleuve; **non posso, a meno di prendere ferie** je ne peux pas, à moins de prendre un congé.

menomare [meno'mare] *vt* mutiler, rendre infirme.
menomato, -a [meno'mato] *agg, sm/f* infirme *m/f*.
menomazione [menomat'tsjone] *sf* infirmité *f*.
menopausa [meno'pauza] *sf* ménopause *f*.
mensa ['mɛnsa] *sf* table *f*; (*pasto, pranzo*) repas *m*; (*locale*: *MIL, SCOL*) cantine *f*.
mensile [men'sile] *agg* mensuel(le) ♦ *sm* (*periodico*) mensuel *m*; (*stipendio*) mois *msg*, salaire *m*.
mensilmente [mensil'mente] *avv* mensuellement, tous les mois.
mensola ['mɛnsola] *sf* étagère *f*.
menta ['menta] *sf* menthe *f*; (*bibita*) menthe, sirop *m* de menthe; (*liquore*) liqueur *m* de menthe; (*caramella*) bonbon *m* à la menthe; ▸ **menta piperita** menthe poivrée.
mentale [men'tale] *agg* mental(e).
mentalità [mentali'ta] *sf inv* mentalité *f*.
mentalmente [mental'mente] *avv* mentalement.
mente ['mente] *sf* esprit *m*; (*memoria*) esprit *m*, tête *f*; (*intelletto, intelligenza*) intelligence *f*; **imparare qc a ~** apprendre qch par cœur; **sapere qc a ~** savoir qch par cœur; **avere in ~ (di fare) qc** avoir l'intention de faire qch; **far venire in ~ qc a qn** rappeler qch à qn; **mettersi in ~ di fare qc** se mettre dans la tête de faire qch; **passare di ~ a qn** sortir de l'esprit à qn; **tenere a ~ qc** se rappeler qch; **a ~ fredda** froidement; **lasciami fare ~ locale** laisse-moi me concentrer.
mentecatto, -a [mente'katto] *agg* fou(folle), idiot(e) ♦ *sm/f* fou(folle).
mentire [men'tire] *vi*: **~ (a)** mentir (à).
mentito, -a [men'tito] *agg*: **sotto mentite spoglie** sous de fausses apparences.
mento ['mento] *sm* menton *m*; **doppio ~** double menton.
mentolo [men'tɔlo] *sm* menthol *m*.
mentre ['mentre] *cong* (*temporale*) pendant que; (*avversativa*: *invece*) tandis que, alors que ♦ *sm*: **in quel ~** à ce moment-là, sur ces entrefaites.
menù [me'nu] *sm inv* menu *m*; ▸ **menù turistico** menu touristique.
menzionare [mentsjo'nare] *vt* mentionner.
menzione [men'tsjone] *sf* mention *f*; **fare ~ di** faire mention de.
menzogna [men'tsoɲɲa] *sf* mensonge *m*.
menzognero, -a [mentsoɲ'ɲɛro] *agg* mensonger(-ère).

meraviglia [mera'viʎʎa] *sf* étonnement *m*, surprise *f*; (*persona, cosa*) merveille *f*; **a** ~ (*benissimo*) à merveille.
meravigliare [meraviʎ'ʎare] *vt* étonner, surprendre; **meravigliarsi** *vip*: **meravigliarsi (di)** s'étonner (de); **mi meraviglio di te!** cela m'étonne de toi!; **non c'è da meravigliarsi** ce n'est pas étonnant.
meraviglioso, -a [meraviʎ'ʎoso] *agg* merveilleux(-euse).
mercante [mer'kante] *sm* marchand *m*; ▸ **mercante d'arte** marchand de tableaux; ▸ **mercante di cavalli** marchand de chevaux.
mercanteggiare [merkanted'dʒare] *vi* marchander.
mercantile [merkan'tile] *agg* marchand(e) ♦ *sm* cargo *m*.
mercanzia [merkan'tsia] *sf* marchandise *f*.
mercatino [merka'tino] *sm* (*rionale*) petit marché *m*; (*ECON*) marché hors cote.
mercato [mer'kato] *sm* marché *m*; **di** ~ (*economia, prezzo, ricerche*) de marché; **mettere** *o* **lanciare sul** ~ mettre sur le marché; **a buon** ~ (à) bon marché; ▸ **mercato a termine** marché à terme; ▸ **mercato al rialzo/al ribasso** (*BORSA*) marché à la hausse/à la baisse; ▸ **Mercato Comune (Europeo)** Marché commun (européen); ▸ **mercato dei cambi** marché des changes; ▸ **mercato del lavoro** marché du travail; ▸ **mercato nero** marché noir; ▸ **mercato unico europeo** marché unique européen.
merce ['mɛrtʃe] *sf* marchandise *f*; **treno/vagone merci** train *m*/wagon *m* de marchandises; ▸ **merce deperibile** denrée *f* périssable.
mercé [mer'tʃe] *sf*: **essere alla** ~ **di qn** être à la merci de qn.
mercenario, -a [mertʃe'narjo] *agg, sm* mercenaire *m*.
merceria [mertʃe'ria] *sf* (*bottega, articoli*) mercerie *f*.
mercoledì [merkole'di] *sm inv* mercredi *m*; ▸ **Mercoledì delle Ceneri** mercredi des Cendres; *vedi anche* **martedì**.
mercurio [mer'kurjo] *sm* mercure *m*.
merda ['mɛrda] *sf* (*fam!*) merde *f* (*fam!*).
merenda [me'rɛnda] *sf* goûter *m*; **fare** ~ goûter.
meridiana [meri'djana] *sf* cadran *m* solaire.
meridiano, -a [meri'djano] *agg* de midi; (*ASTRON*) méridien(ne) ♦ *sm* (*semicirconferenza*) méridien *m*.
meridionale [meridjo'nale] *agg* méridional(e); (*dell'Italia del sud*) du Sud de l'Italie ♦ *sm/f* Méridional(e); (*italiano del sud*) Italien(ne) du Sud.
meridione [meri'djone] *sm* (*punto cardinale*) sud *m*; (*di paese*) midi *m*, sud.
meringa, -ghe [me'ringa] *sf* (*CUC*) meringue *f*.
meritare [meri'tare] *vt* mériter ♦ *vb impers* (*valere la pena*): **merita andare** cela vaut la peine d'y aller; **non merita neanche parlarne** cela ne vaut même pas la peine d'en parler; **per quel che merita** pour ce que ça vaut.
meritevole [meri'tevole] *agg* digne.
merito ['mɛrito] *sm* mérite *m*; (*compenso*) récompense *f*; **in** ~ **a** à propos de; **dare a qn il** ~ **di** attribuer à qn le mérite de; **a pari** ~ à égalité, ex aequo; **entrare nel** ~ **di una questione** entrer dans le vif du sujet; **non so niente in** ~ je n'en sais rien.
meritocrazia [meritokrat'tsia] *sf* méritocratie *f*.
meritorio, -a [meri'tɔrjo] *agg* méritoire.
merletto [mer'letto] *sm* dentelle *f*.
merlo ['mɛrlo] *sm* (*ZOOL*) merle *m*; (*ARCHIT*) créneau *m*.
merluzzo [mer'luttso] *sm* morue *f*.
mescere ['meʃʃere] *vt* verser.
meschinità [meskini'ta] *sf* mesquinerie *f*.
meschino, -a [mes'kino] *agg* (*gretto*) mesquin(e); (*abitazione, tenore di vita*) misérable; **fare una figura meschina** faire piètre figure.
mescita ['meʃʃita] *sf* débit *m* de boissons, buvette *f*.
mesciuto, -a [meʃ'ʃuto] *pp di* **mescere**.
mescolanza [mesko'lantsa] *sf* mélange *m*.
mescolare [mesko'lare] *vt* mélanger; (*salsa*) remuer; (*mettere in disordine*) mêler, mélanger; (*carte*) battre; **mescolarsi** *vip* (*unirsi*) se mêler, se mélanger; (*confondersi*) se confondre; **mescolarsi (in)** (*fig: immischiarsi, impicciarsi*) se mêler (de).
mese ['mese] *sm* mois *m*; **il** ~ **scorso** le mois dernier; **il corrente** ~ le mois courant.
Mesopotamia [mezopo'tamja] *sf* Mésopotamie *f*.
messa ['messa] *sf* (*REL, MUS*) messe *f*; ▸ **messa a fuoco** (*FOT*) mise *f* au point; ▸ **messa a punto** (*TECN, fig*) mise au point; ▸ **messa a terra** (*ELETTR*) mise à la terre; ▸ **messa in moto** (*AUT, fig*) démarrage *m*; ▸ **messa in opera** mise en œuvre; ▸ **messa in piega** mise en plis; ▸ **messa in scena** *vedi* **messinscena**.
messaggerie [messaddʒe'rie] *sfpl* (*ditta di distribuzione*) messageries *fpl*.
messaggero [messad'dʒɛro] *sm* (*di notizia*) messager *m*; (*POSTA*) porteur *m*.
messaggio [mes'saddʒo] *sm* (*anche fig*) message *m*; (*discorso*) discours *msg*; (: *breve*) allocution *f*, message.
messale [mes'sale] *sm* missel *m*.

messe ['mɛsse] *sf* moisson *f*.
Messia [mes'sia] *sm inv*: **il** ~ le Messie.
messicano, -a [messi'kano] *agg* mexicain(e) ♦ *sm/f* Mexicain(e).
Messico ['mɛssiko] *sm* Mexique *m*; **Città del** ~ Mexico.
messinscena [messin'ʃɛna] *sf* mise *f* en scène.
messo, -a ['messo] *pp di* **mettere** ♦ *sm* messager *m*; (*comunale, giudiziario*) huissier *m*.
mestierante [mestje'rante] *sm/f* (*peg*) *personne qui ne travaille que pour l'argent.*
mestiere [mes'tjɛre] *sm* métier *m*; **i mestieri** (*lavori domestici*) les travaux *mpl* ménagers; **di** ~ de métier; **essere del** ~ être du métier.
mestizia [mes'tittsja] *sf* tristesse *f*, mélancolie *f*.
mesto, -a ['mɛsto] *agg* triste, mélancolique.
mestola ['mestola] *sf* (*CUC*) louche *f*; (: *bucherellato*) écumoire *f*; (*EDIL*) truelle *f*.
mestolo ['mestolo] *sm* (*CUC*) louche *f*.
mestruale [mestru'ale] *agg* menstruel(le).
mestruazione [mestruat'tsjone] *sf* menstruation *f*; **avere le mestruazioni** avoir ses règles.
meta ['mɛta] *sf* destination *f*, but *m*; (*fig*) but, objectif *m*.
metà [me'ta] *sf inv* moitié *f*; (*punto di mezzo*) milieu *m*; **dividere qc a** *o* **per** ~ partager qch en deux; **fare a** ~ partager; **a** ~ **prezzo** à moitié prix; **a** ~ **strada** à mi-chemin; **a** ~ **settimana** en milieu de semaine; **verso la** ~ **del mese** vers le milieu du mois; **dire le cose a** ~ dire les choses à moitié; **fare le cose a** ~ faire les choses à moitié; **la mia dolce** ~ (*fam*: *scherz*) ma chère moitié.
metabolismo [metabo'lizmo] *sm* métabolisme *m*.
metadone [meta'done] *sm* méthadone *f*.
metafisica [meta'fizika] *sf* métaphysique *f*.
metafora [me'tafora] *sf* métaphore *f*.
metaforico, -a, -ci, -che [meta'fɔriko] *agg* métaphorique.
metallico, -a, -ci, -che [me'talliko] *agg* métallique.
metallizzato, -a [metallid'dzato] *agg* métallisé(e).
metallo [me'tallo] *sm* métal *m*; **di** ~ en métal; **metalli preziosi** métaux précieux.
metallurgia [metallur'dʒia] *sf* métallurgie *f*.
metalmeccanico, -a, -ci, -che [metalmek'kaniko] *agg* métallurgiste, de la métallurgie ♦ *sm* métallurgiste *m*, métallo *m* (*fam*).
metamorfosi [meta'mɔrfozi] *sf inv* (*anche fig*) métamorphose *f*.
metano [me'tano] *sm* méthane *m*.
meteora [me'tɛora] *sf* météore *m*.
meteorite [meteo'rite] *sm o f* météorite *m o f*.
meteorologia [meteorolo'dʒia] *sf* météorologie *f*.
meteorologico, -a, -ci, -che [meteoro'lɔdʒiko] *agg* météorologique.
meteorologo, -a, -ghi, -ghe [meteo'rɔlogo] *sm/f* météorologue *m/f*.
meticcio, -a, -ci, -ce [me'tittʃo] *sm/f* métis(se).
meticolosità [metikolosi'ta] *sf* méticulosité *f*.
meticoloso, -a [metiko'loso] *agg* méticuleux(-euse).
metodico, -a, -ci, -che [me'tɔdiko] *agg* méthodique.
metodo ['mɛtodo] *sm* méthode *f*; **fare qc con/senza** ~ faire qch avec /sans méthode.
metraggio [me'traddʒo] *sm* (*SARTORIA, CINE*) métrage *m*; **film a lungo/corto** ~ long/court métrage.
metratura [metra'tura] *sf* métrage *m*.
metrica ['mɛtrika] *sf* métrique *f*.
metrico, -a, -ci, -che ['mɛtriko] *agg* (*anche POESIA*) métrique.
metro ['mɛtro] *sm* mètre *m*; (*fig*: *criterio di giudizio*) critère *m*.
metrò [me'tro] *sm inv* (*metropolitana*) métro *m*.
metronotte [metro'nɔtte] *sm inv* veilleur *m o* gardien *m* de nuit.
metropoli [me'trɔpoli] *sf inv* métropole *f*.
metropolitana [metropoli'tana] *sf* métropolitain *m*, métro *m*; ▶ **metropolitana leggera** métro *m* aérien.
metropolitano, -a [metropoli'tano] *agg* métropolitain(e).
mettere ['mettere] *vt* mettre; (*abiti*: *portare*) porter; **mettersi** *vr, vip* se mettre; ~ **allegria a qn** rendre qn joyeux; ~ **un annuncio sul giornale** mettre une annonce dans le journal; ~ **a confronto** comparer; ~ **in conto** (*somma etc*) mettre sur le compte; (*considerare*) prendre en compte; ~ **fame a qn** donner faim à qn; ~ **in luce** (*problemi, errori*) mettre en lumière; ~ **a tacere qn** faire taire qn; ~ **a tacere qc** étouffer qch; ~ **su casa** monter son ménage; ~ **su un negozio** ouvrir un magasin; ~ **su peso** prendre du poids; ~ **via** (*spostare*) ranger; (*risparmiare*: *soldi*) mettre de côté; **mettiamo che ...** mettons que ...; **mettersi il cappello** mettre son chapeau; **metterci**: **metterci molta cura** y mettre beaucoup de soin; **metterci molto tempo** y mettre beaucoup de temps; **ci ho messo 3 ore per venire** j'ai mis 3 heures pour venir; **mettercela tutta** (*impe-

gnarsi) faire tout son possible; **mettersi bene/male** (*disporsi*: *faccenda*) être en bonne/mauvaise voie; **mettersi in lungo** (*vestirsi*) se mettre en robe du soir; **mettersi in bianco** s'habiller en blanc; **mettersi con qn** (*in coppia*: *gioco, relazione*) se mettre avec qn; **mettersi nei guai** se mettre dans le pétrin; **ci siamo messi insieme il mese scorso** (*coppia*) nous nous sommes mis ensemble le mois passé; **mettersi al lavoro** *o* **a lavorare** se mettre au travail *o* à travailler; **mettersi a letto** (*per dormire*) se mettre au lit; (*per malattia*) s'aliter; **mettersi a piangere/ridere** se mettre à pleurer/rire; **mettersi a sedere** s'asseoir; **mettersi in società con qn** (*in società*) s'associer à *o* avec qn.

mezza ['mɛddza] *sf*: **la** ~ (*mezzogiorno e mezzo*) midi et demi.

mezzadro [med'dzadro] *sm* métayer *m*.

mezzaluna [meddza'luna] *sf* demi-lune *f*; (*coltello*) hachoir *m*; (*di islamismo*) croissant *m*.

mezzanino [meddza'nino] *sm* entresol *m*, mezzanine *f*.

mezzano, -a [med'dzano] *agg* moyen(ne); (*figlio*) deuxième ♦ *sm/f* (*intermediario*) médiateur(-trice), intermédiaire *m/f*; (*ruffiano*) entremetteur(-euse).

mezzanotte [meddza'nɔtte] *sf* minuit *m*; **a** ~ à minuit.

mezzo, -a ['mɛddzo] *agg* demi(e) ♦ *avv* (*a metà*): ~ **distrutto/morto** à moitié détruit/mort ♦ *sm* (*metà*) demi *m*, moitié *f*; (*parte centrale*: *di strada, piazza etc*) milieu *m*; (*per raggiungere un fine*) moyen *m*; (*veicolo*) moyen de transport; **mezzi** *smpl* (*possibilità economiche*) moyens *mpl*; **nove e** ~ neuf heures et demi; **mezzanotte e** ~ minuit et demi; **mezzogiorno e** ~ midi et demi; **di mezza età** entre deux âges; **aver una mezza idea di fare qc** avoir plus ou moins envie de faire qch; **di mezza stagione** de demi-saison; **un soprabito di mezza stagione** un pardessus de demi-saison; **è stata una mezza tragedia** ça a presque été une tragédie; **a mezza voce** à mi-voix; **una volta e** ~ **più grande** une fois et demi plus grand; **di** ~ (*centrale*) central(e), du milieu; **andarci di** ~ (*subire danno*) subir les conséquences; **esserci di** ~ (*ostacolo*) empêcher; **levarsi** *o* **togliersi di** ~ s'en aller, se tirer; **mettersi di** ~ s'en mêler; **togliere di** ~ (*persona*) écarter, se débarrasser de; (*cosa*) enlever, débarrasser; (*fam*: *uccidere*) supprimer, se débarrasser de; **non c'è una via di** ~ il n'y a pas de compromis possible; **in** ~ **a** au milieu de; **nel bel** ~ **(di)** en plein milieu (de); **per** *o* **a** ~ **di** au moyen de; **a** ~ **corriere** par un service de messageries, par l'intermédiaire d'un transporteur; ▸ **mezzo chilo** demi-kilo *m*; ▸ **mezzo litro** demi-litre *m*; ▸ **mezz'ora** demi-heure *f*; ▸ **mezzi di comunicazione di massa** mass media *mpl*; ▸ **mezzi di trasporto** moyens de transport; ▸ **mezzi pubblici** transports *mpl* en commun.

mezzogiorno [meddzo'dʒorno] *sm* midi *m*; (*GEO*) midi, sud *m*; **a** ~ à midi; **il M~** (*in Italia*) le Sud de l'Italie.

mezzora [med'dzora] *sf vedi* **mezzo**.

MI *sigla* = *Milano*.

mi[1] [mi] *sm inv* (*MUS*) mi *m*.

mi[2] [mi] (*dav lo, la, li, le, ne diventa* **me**) *pron* (*oggetto, riflessivo*) me; (*complemento di termine*) me, moi; ~ **aiuti?** tu m'aides ?; **me ne ha parlato** il m'en a parlé; ~ **servo da solo** je me sers tout seul.

mia ['mia] *sf vedi* **mio**.

miagolare [mjago'lare] *vi* miauler.

MIB [mib] *sigla m* = *Milano Indice Borsa*.

mica ['mika] *sf* mica *f* ♦ *avv* (*fam*): **non ...** ~ pas du tout; **non sono** ~ **stanco** je ne suis pas du tout fatigué; **non sarà** ~ **partito?** il n'est quand même pas parti?; ~ **male** pas mal.

miccia, -ce ['mittʃa] *sf* mèche *f*.

micidiale [mitʃi'djale] *agg* mortel(le); (*clima*) terrible; (*effetto*) néfaste.

micio, -a, -ci, -cie ['mitʃo] *sm/f* minou *m*, minet(te).

micro... ['mikro] *pref* micro ... .

microbiologia [mikrobiolo'dʒia] *sf* microbiologie *f*.

microbo ['mikrobo] *sm* microbe *m*.

microcircuito [mikrotʃir'kuito] *sm* microcircuit *m*.

microfilm [mikro'film] *sm inv* microfilm *m*.

microfono [mi'krɔfono] *sm* (*TECN*) microphone *m*, micro *m*.

microinformatica [mikroinfor'matika] *sf* micro-informatique *f*.

microonda [mikro'onda] *sf* micro-onde *f*; **forno a microonde** (four *m* à) micro-ondes *msg*.

microprocessore [mikroprotʃes'sore] *sm* microprocesseur *m*.

microscopico, -a, -ci, -che [mikros'kɔpiko] *agg* microscopique.

microscopio [mikros'kɔpjo] *sm* microscope *m*.

microsolco, -chi [mikro'solko] *sm* microsillon *m*.

microspia [mikros'pia] *sf* micro *m* caché.

midollo [mi'dollo] (*pl* **midolla**) *sm* moelle *f*; **fino al** ~ (*fig*) jusqu'aux os; ▸ **midollo spinale** moelle épinière.

mie ['mie] *vedi* **mio**.

miei ['mjɛi] *vedi* **mio**.

miele ['mjɛle] *sm* miel *m*; *vedi anche* **luna**.

mietere ['mjɛtere] *vt* moissonner, récolter;

(*fig*: *vite*) faucher; (: *vittime*) faire; (: *successo*) récolter, remporter; (: *consensi*) obtenir.

mietitrebbiatrice [mjetitrebbja'tritʃe] *sf* moissonneuse-batteuse *f*.

mietitrice [mjeti'tritʃe] *sf* moissonneuse *f*.

mietitura [mjeti'tura] *sf* moisson *m*.

miglia ['miʎʎa] *sfpl di* **miglio**.

migliaio [miʎ'ʎajo] (*pl* **migliaia**) *sm* (*mille*) millier *m*; **un** ~ **(di)** un millier (de); **a migliaia** par milliers.

miglio ['miʎʎo] *sm* (*pl(f)* **miglia**) mille *m*; (*BOT*) millet *m*; ▶ **miglio marino** *o* **nautico** mille marin.

miglioramento [miʎʎora'mento] *sm* amélioration *f*.

migliorare [miʎʎo'rare] *vt* améliorer ♦ *vi* s'améliorer.

migliore [miʎ'ʎore] *agg* (*comparativo*): ~ **(di)** meilleur(e) (que); (*superlativo*): **il(la)** ~ le meilleur(la meilleure) ♦ *sm/f*: **il(la)** ~ le meilleur(la meilleure); **il miglior vino di questa regione** le meilleur vin de cette région; **nel** ~ **dei casi** dans la meilleure des hypothèses; **con i migliori auguri** avec mes/nos meilleurs vœux.

miglioria [miʎʎo'ria] *sf* amélioration *f*.

mignolo ['miɲɲolo] *sm* (*di mano*) auriculaire *m*, petit doigt *m*; (*del piede*) petit orteil *m*.

migrare [mi'grare] *vi* migrer.

migrazione [migrat'tsjone] *sf* migration *f*.

mila ['mila] *pl di* **mille**.

milanese [mila'nese] *agg* milanais(e); **cotoletta alla** ~ (*CUC*) escalope *f* panée; **risotto alla** ~ (*CUC*) *risotto à base de safran*.

Milano [mi'lano] *sf* Milan.

miliardario, -a [miljar'darjo] *agg, sm/f* milliardaire *m/f*.

miliardo [mi'ljardo] *sm* milliard *m*; **un** ~ **di lire** un milliard de lires.

miliare [mi'ljare] *agg*: **pietra** ~ (*fig*) événement *m* capital, étape *f* capitale.

milionario, -a [miljo'narjo] *agg, sm/f* millionnaire *m/f*.

milione [mi'ljone] *sm* million *m*; **un** ~ **di lire** un million de lires.

militante [mili'tante] *agg, sm/f* militant(e).

militanza [mili'tantsa] *sf* militantisme *m*.

militare [mili'tare] *vi* (*in marina, artiglieria etc*) faire son service militaire; (*fig*: *in movimento, partito*) militer ♦ *agg, sm* militaire *m*; **fare il** ~ faire son service (militaire); ▶ **militare di carriera** militaire de carrière.

militaresco, -a, -schi, -sche [milita'resko] *agg* soldatesque.

milite ['milite] *sm* soldat *m*; ▶ **milite ignoto** soldat inconnu.

milizia [mi'littsja] *sf* milice *f*.

miliziano [milit'tsjano] *sm* milicien *m*.

millantatore, -trice [millanta'tore] *sm/f* vantard(e).

millanteria [millante'ria] *sf* vantardise *f*.

mille ['mille] (*pl* **mila**) *agg, sm* mille *m inv*; **dieci mila** dix mille; *vedi anche* **cinque**.

millefoglie [mille'fɔʎʎe] *sm inv* (*CUC*) mille-feuille *m*.

millennio [mil'lɛnnjo] *sm* millénaire *m*.

millepiedi [mille'pjɛdi] *sm inv* mille-pattes *m inv*.

millesimo, -a [mil'lɛzimo] *agg, sm* millième *m*.

milligrammo [milli'grammo] *sm* milligramme *m*.

millilitro [mil'lilitro] *sm* millilitre *m*.

millimetro [mil'limetro] *sm* millimètre *m*.

milza ['miltsa] *sf* rate *f*.

mimetico, -a, -ci, -che [mi'mɛtiko] *agg* mimétique; **tuta mimetica** (*MIL*) tenue *f* de camouflage, tenue léopard.

mimetismo [mime'tizmo] *sm* (*anche fig*) mimétisme *m*; (*MIL*) camouflage *m*.

mimetizzare [mimetid'dzare] *vt* camoufler; **mimetizzarsi** *vr* (*MIL*) se camoufler; (*animale, pianta*) se confondre par mimétisme.

mimica ['mimika] *sf* mimique *f*.

mimo ['mimo] *sm* mime *m*.

mimosa [mi'mosa] *sf* mimosa *m*.

min. *abbr* (= *minuto*) mn; (= *minimo*) min.

mina ['mina] *sf* mine *f*.

minaccia, -ce [mi'nattʃa] *sf* menace *f*; **sotto la** ~ **di** sous la menace de.

minacciare [minat'tʃare] *vt* menacer; ~ **qn di morte** menacer qn de mort; ~ **di fare qc** menacer de faire qch; **minaccia di piovere** le temps est à la pluie.

minaccioso, -a [minat'tʃoso] *agg* menaçant(e).

minare [mi'nare] *vt* (*anche fig*: *salute*) miner; (: *tranquillità*) troubler.

minatore [mina'tore] *sm* mineur *m*.

minatorio, -a [mina'tɔrjo] *agg* (*messaggio*) menaçant(e); (*lettera*) de menaces.

minchione, -a [min'kjone] *sm/f* (*fam*) nouille *f*.

minerale [mine'rale] *agg* minéral(e) ♦ *sm* minéral *m*; (*TECN*: *estrazione mineraria*) minerai *m* ♦ *sf* (*bibita*: *anche*: **acqua** ~) eau *f* minérale.

mineralogia [mineralo'dʒia] *sf* minéralogie *f*.

minerario, -a [mine'rarjo] *agg* minier(-ière).

minestra [mi'nɛstra] *sf* soupe *f*, potage *m*; ▶ **minestra di verdure** soupe de légumes; ▶ **minestra in brodo** bouillon *m* avec des pâtes.

minestrone [mines'trone] *sm* (*CUC*) minestrone *m*.

mingherlino, -a [minger'lino] *agg* maigre-

let(te), chétif(-ive).
mini ['mini] *agg inv* mini ♦ *sf inv* (*minigonna*) mini-jupe *f*.
miniatura [minja'tura] *sf* miniature *f*; (*genere di pittura*) enluminure *f*, miniature; **in** ~ en miniature.
minielaboratore [minielabora'tore] *sm* (*INFORM*) mini-ordinateur *m*.
miniera [mi'njɛra] *sf* (*anche fig*) mine *f*; ▸ **miniera di carbone** mine de charbon.
minigonna [mini'gonna] *sf* mini-jupe *f*.
minimalista, -i, -e [minima'lista] *agg, sm/f* minimaliste *m/f*.
minimizzare [minimid'dzare] *vt* minimiser.
minimo, -a ['minimo] *agg* (*il più piccolo*) le plus petit(la plus petite), le(la) moindre; (*piccolissimo*) très petit(e), très court(e), infime; (*il più basso*) le plus bas (la plus basse), minimum ♦ *sm* minimum *m*; (*AUT*) ralenti *m*; **come** ~ au moins; **girare al** ~ (*AUT*) tourner au ralenti; **il** ~ **indispensabile** le minimum indispensable; **è il** ~ **che possa fare** c'est la moindre des choses; **il** ~ **della pena** (*DIR*) le minimum (de la peine).
ministero [minis'tɛro] *sm* (*POL, REL*) ministère *m*; **Pubblico M**~ (*DIR*) ministère public; ▸ **ministero delle Finanze** ministère des Finances.
ministro [mi'nistro] *sm* (*POL, REL*) ministre *m*; ▸ **ministro della Pubblica Istruzione** ministre de l'Éducation Nationale.
minoranza [mino'rantsa] *sf* minorité *f*; **essere in** ~ être en minorité.
minorato, -a [mino'rato] *agg, sm/f* handicapé(e).
minorazione [minorat'tsjone] *sf* handicap *m*; (*di prezzo*) diminution *f*.
Minorca [mi'nɔrka] *sf* Minorque *f*.
minore [mi'nore] *agg* (*comparativo*: *più piccolo*) plus petit(e), moindre; (: *meno importante*) mineur(e); (: *più giovane*) cadet(te), plus jeune; (: *meno grave*) moins important(e), moins grave; (*MAT*) inférieur(e) ♦ *sm/f* (*minorenne*) mineur(e); **in misura** ~ dans une moindre mesure; **il male** ~ le moindre mal; **il fratello** ~ le frère cadet; **le opere minori** les œuvres mineures.
minorenne [mino'rɛnne] *agg, sm/f* mineur(e).
minorile [mino'rile] *agg*: **carcere** ~ ≈ centre *m* d'éducation surveillée; **delinquenza** ~ délinquance *f* juvénile.
minoritario, -a [minori'tarjo] *agg* minoritaire.
minuscolo, -a [mi'nuskolo] *agg, sm/f* minuscule *f*; **scrivere tutto (in)** ~ écrire tout en (lettres) minuscules.
minuta [mi'nuta] *sf* brouillon *m*.
minuto, -a [mi'nuto] *agg* (*scrittura, lineamenti*) fin(e); (*corporatura*) menu(e); (*fig*: *lavoro, relazione*) détaillé(e), minutieux(-euse) ♦ *sm* minute *f*; **sbrigati, abbiamo i minuti contati** dépêche-toi, on n'a pas une minute à perdre; **al** ~ (*COMM*) au détail.
minuzia [mi'nuttsja] *sf* détail *m*.
minuziosamente [minuttsjosa'mente] *avv* minutieusement.
minuzioso, -a [minut'tsjoso] *agg* minutieux(-euse).
mio, mia ['mio] (*pl* **miei, mie**) *agg*: **(il)** ~, **(la) mia** mon, ma; (*pl*): **i miei, le mie** mes ♦ *pron*: **il** ~, **la mia** le mien, la mienne; **i miei** (*genitori*) mes parents; **una mia amica** une de mes amies; **i miei guanti** mes gants; ~ **padre** mon père; **mia madre** ma mère; **è** ~ c'est à moi; **è dalla mia (parte)** il est de mon côté; **ho detto la mia** j'ai dit ce que j'avais à dire; **anch'io ho avuto le mie** (*guai*) moi aussi j'ai eu ma part de problèmes; **ne ho fatta una delle mie!** (*sciocchezze*) j'ai encore fait une bêtise!; **cerco di stare sulle mie** j'essaie de me tenir sur la réserve.
miope ['miope] *agg* myope.
miopia [mio'pia] *sf* myopie *f*.
mira ['mira] *sf* mire *f*; (*fig*: *fine, scopo*) but *m*, objectif *m*; **mire** *sfpl* (*ambizioni*) visées *fpl*; **avere una buona** ~ bien viser; **avere une cattiva** ~ mal viser; **prendere la** ~ viser; **prendere di** ~ **qn** (*fig*) prendre qn pour cible, avoir qn dans le collimateur.
mirabile [mi'rabile] *agg* admirable.
miracolo [mi'rakolo] *sm* miracle *m*.
miracoloso, -a [mirako'loso] *agg* miraculeux(-euse).
miraggio [mi'raddʒo] *sm* mirage *m*.
mirare [mi'rare] *vi*: ~ **a** viser à; (*fig*: *successo, potere*) aspirer à, viser à.
miriade [mi'riade] *sf* (*fig*) myriade *f*.
mirino [mi'rino] *sm* (*TECN*) guidon *m*; (*FOT*) viseur *m*.
mirtillo [mir'tillo] *sm* myrtille *f*.
mirto ['mirto] *sm* myrte *m*.
misantropo [mi'zantropo] *sm/f* misanthrope *m/f*.
miscela [miʃ'ʃɛla] *sf* mélange *m*.
miscellanea [miʃʃel'lanea] *sf* (*mescolanza*) mélange *m*; (*raccolta di articoli*) recueil *m*.
mischia ['miskja] *sf* bagarre *f*; (*SPORT*) mêlée *f*.
mischiare [mis'kjare] *vt* mélanger; (*carte*) battre.
misconoscere [misko'noʃʃere] *vt* méconnaître.
miscredente [miskre'dɛnte] *agg, sm/f* (*REL*) mécréant(e).
miscuglio [mis'kuʎʎo] *sm* mélange *m*, mixture *f*; (*fig*) mélange.

mise ['mize] *vb vedi* **mettere**.
miserabile [mize'rabile] *agg* misérable, de misère; (*spregevole*) méprisable.
miseria [mi'zɛrja] *sf* misère *f*, dénuement *m*; (*infelicità*) misère; (*meschinità*) mesquinerie *f*; **miserie** *sfpl* (*della vita etc*) malheurs *mpl*; **costare una** ~ coûter une misère; **piangere** ~ crier *o* pleurer misère; **ridursi in** ~ tomber dans la misère; **porca** ~! (*fam*) misère!, nom d'un chien!
misericordia [mizeri'kɔrdja] *sf* miséricorde *f*.
misericordioso, -a [mizerikor'djoso] *agg* miséricordieux(-euse).
misero, -a ['mizero] *agg* misérable; (*stipendio, salario*) misérable, de misère; (*meschino*) mesquin(e).
misfatto [mis'fatto] *sm* méfait *m*.
misi ['mizi] *vb vedi* **mettere**.
misogino [mi'zɔdʒino] *sm* misogyne *m*.
missile ['missile] *sm* missile *m*, fusée *f*; ▶ **missile balistico** missile balistique; ▶ **missile terra-aria** missile sol-air.
missionario, -a [missjo'narjo] *agg, sm/f* missionnaire *m/f*.
missione [mis'sjone] *sf* mission *f*.
misterioso, -a [miste'rjoso] *agg* mystérieux(-euse).
mistero [mis'tɛro] *sm* mystère *m*; **fare** ~ **di qc** faire mystère de qch; **quanti misteri!** en voilà des mystères!
mistico, -a, -ci, -che ['mistiko] *agg, sm* mystique *m*.
mistificare [mistifi'kare] *vt* (*alterare la verità*) altérer; (*ingannare*) mystifier.
misto, -a ['misto] *agg* mixte; (*gelato*) panaché(e); (*tessuto*) mélangé(e); (*piatto*) varié(e); (*emozioni*) mêlé(e) ♦ *sm* mélange *m*; **un tessuto in** ~ **lino** un (tissu) métis.
mistura [mis'tura] *sf* mélange *m*, mixture *f*.
misura [mi'zura] *sf* (*anche MUS, fig*) mesure *f*; (*di abiti*) taille *f*; (*di scarpe*) pointure *f*; **nella** ~ **in cui** dans la mesure où; **in giusta** ~ dans la juste mesure; **su** ~ sur mesure; **oltre** ~ outre mesure; **in ugual** ~ de la même façon; (*allo stesso modo*) de la même façon; **a** ~ **d'uomo** à la mesure de l'homme; **passare la** ~ dépasser *o* excéder la mesure; **non avere il senso della** ~ ne pas avoir le sens de la mesure; **prendere le misure a/di qn** prendre les mesures de qn; **ho preso le mie misure** j'ai pris mes dispositions; ▶ **misura di capacità/lunghezza** mesure de capacité/longueur; ▶ **misure di prevenzione/sicurezza** mesures de prévention/sécurité.
misurare [mizu'rare] *vt* mesurer; (*abito*) essayer; (*pesare, anche fig*) peser ♦ *vi* mesurer; **misurarsi** *vr*: **misurarsi con** (*fig*) se mesurer à.
misurato, -a [mizu'rato] *agg* mesuré(e).
misurazione [mizurat'tsjone] *sf* mesure *f*.
mite ['mite] *agg* doux(douce).
mitico, -a, -ci, -che ['mitiko] *agg* mythique.
mitigare [miti'gare] *vt* (*dolore*) apaiser; (*prezzi*) abaisser; (*freddo*) atténuer; **mitigarsi** *vip* (*tempo*) s'adoucir.
mitilo [mi'tilo] *sm* moule *f*.
mito ['mito] *sm* mythe *m*.
mitologia [mitolo'dʒia] *sf* mythologie *f*.
mitologico, -a, -ci, -che [mito'lɔdʒiko] *agg* mythologique.
mitra ['mitra] *sm inv* (*arma*) mitraillette *f* ♦ *sf* (*REL*) mitre *f*.
mitragliare [mitraʎ'ʎare] *vt* mitrailler.
mitragliatore, -trice [mitraʎʎa'tore] *agg*: **fucile** ~ fusil-mitrailleur *m*.
mitragliatrice [mitraʎʎa'tritʃe] *sf* mitrailleuse *f*.
mitteleuropeo, -a [mitteleuro'pɛo] *agg* de la Mitteleuropa.
mittente [mit'tɛnte] *sm/f* expéditeur(-trice).
ml *abbr* (= *millilitro*) ml.
MM *abbr* = *Metropolitana Milanese*.
M.M. *abbr* = *marina militare*.
mm *abbr* (= *millimetro*) mm.
MN *sigla* = *Mantova*.
MO *sigla* = *Modena*.
mo' [mɔ]: **a** ~ **di** *prep* en guise de; **a** ~ **di esempio** à titre d'exemple.
mobile ['mɔbile] *agg* mobile; (*DIR: bene*) mobilier(-ière) ♦ *sm* (*arredamento*) meuble *m*; **mobili** *smpl* mobilier *msg*, meubles *mpl*.
mobilia [mo'bilja] *sf* mobilier *m*, meubles *mpl*.
mobiliare [mobi'ljare] *agg* mobilier(-ière).
mobilio [mo'biljo] *sm* = **mobilia**.
mobilità [mobili'ta] *sf* mobilité *f*.
mobilitare [mobili'tare] *vt* mobiliser; ~ **l'opinione pubblica** mobiliser l'opinion publique.
mobilitazione [mobilitat'tsjone] *sf* mobilisation *f*.
mocassino [mokas'sino] *sm* mocassin *m*.
moccioso, -a [mot'tʃoso] *sm/f* (*peg*) morveux(-euse).
moccolo ['mɔkkolo] *sm* (*di candela*) cire *f* de bougie; (*fam: bestemmia*) juron *m*; (: *moccio*) morve *f*; **reggere il** ~ tenir la chandelle.
moda ['mɔda] *sf* mode *f*; **alla/di** ~ à la mode; **fuori** ~ démodé(e).
modalità [modali'ta] *sf inv* modalité *f*; **seguire attentamente le** ~ **d'uso** bien suivre le mode d'emploi; ▶ **modalità di pagamento** modalité de paiement; ▶ **modalità giuridiche** procédure *f* juridique.

modella [mo'dɛlla] *sf* (*di pittore, scultore*) modèle *m*; (*indossatrice*) mannequin *m*.
modellare [model'lare] *vt* modeler.
modello [mo'dɛllo] *sm* modèle *m*; (*stampo*) moule *m*; (*modulo amministrativo*) formulaire *m*; (*schema teorico*) plan *m* ♦ *agg inv* modèle *inv*.
modem ['mɔdem] *sm inv* modem *m*.
Modena ['mɔdena] *sf* Modène.
modenese [mode'nese] *agg* modénais(e).
moderare [mode'rare] *vt* modérer; **moderarsi** *vr* se modérer; ~ **la velocità** limiter la vitesse; ~ **i termini** modérer son langage.
moderato, -a [mode'rato] *agg* modéré(e); (*MUS*) moderato.
moderatore, -trice [modera'tore] *sm/f* président(e); (*TV*) animateur(-trice).
moderazione [moderat'tsjone] *sf* modération *f*.
modernizzare [modernid'dzare] *vt* moderniser; **modernizzarsi** *vr* se moderniser.
moderno, -a [mo'dɛrno] *agg* moderne.
modestia [mo'dɛstja] *sf* modestie *f*; ~ **a parte, posso dire che ...** sans me vanter, je peux dire que ... .
modesto, -a [mo'dɛsto] *agg* modeste; **secondo il mio ~ parere** à mon humble avis.
modico, -a, -ci, -che ['mɔdiko] *agg* modique.
modifica, -che [mo'difika] *sf* modification *f*; **subire delle modifiche** subir des modifications.
modificabile [modifi'kabile] *agg* modifiable.
modificare [modifi'kare] *vt* modifier; **modificarsi** *vip* se modifier.
modista [mo'dista] *sf* modiste *f*.
modo ['mɔdo] *sm* (*di essere, agire, sentire*) façon *f*, manière *f*; (*mezzo, espediente, occasione*) moyen *m*; (*regola, limite*) règle *f*; (*misura*) mesure *f*; (*LING, MUS*) mode *m*; **modi** *smpl* (*comportamento*) manières *fpl*, façons *fpl*; **a suo ~, a ~ suo** à sa façon, à sa manière; **di** *o* **in ~ che** (*così da*) de manière *o* façon à; **in ~ da fare qc** de manière *o* façon à faire qch; **in** *o* **ad ogni ~** de toute façon, de toute manière; **in tutti i modi** (*comunque sia*) quoi qu'il en soit; (*in ogni caso*) en tous les cas; **in un certo qual ~** d'une certaine manière; **in qualche ~** en quelque sorte; **oltre ~** outre mesure; **un ~ di dire** une tournure (de phrase), une locution; **per ~ di dire** pour ainsi dire; **fare a ~ proprio** faire à sa façon, faire à sa tête; **fare le cose a ~** faire les choses comme il se doit; **una persona a ~** une personne comme il faut; **c'è ~ e ~ di ...** il y a l'art et la manière pour ... .
modulare [modu'lare] *vt* moduler ♦ *agg* modulaire.
modulazione [modulat'tsjone] *sf* modulation *f*; ▸ **modulazione di frequenza** modulation de fréquence.
modulo ['mɔdulo] *sm* (*documento*) document *m*; (*modello*) formulaire *m*; (*schema stampato*) formulaire, imprimé *m*; (*ARCHIT, lunare, di comando*) module *m*; ▸ **modulo continuo** papier *m* en continu; ▸ **modulo d'iscrizione** demande *f* d'inscription; ▸ **modulo di domanda** demande; ▸ **modulo di versamento** bordereau *m* de versement.
Mogadiscio [moga'diʃʃo] *sm* Mogadiscio, Mogadishu.
mogano ['mɔgano] *sm* acajou *m*; **di ~** en acajou.
mogio, -a, -gi, -gie ['mɔdʒo] *agg* penaud(e), mortifié(e).
moglie ['moʎʎe] *sf* femme *f*.
mohair [mɔ'ɛr] *sm* mohair *m*.
moine [mo'ine] *sfpl* câlineries *fpl*, cajoleries *fpl*; (*leziosità*) simagrées *fpl*, minauderies *fpl*; **fare le ~ a qn** faire des cajoleries à qn.
mola ['mɔla] *sf* meule *f*.
molare [mo'lare] *sm* molaire *f*.
Moldavia [mol'davja] *sf* Moldavie *f*.
mole ['mɔle] *sf* (*dimensioni*) grandeur *f*; (*costruzione*) édifice *m* imposant; (*fig*) quantité *f*; **una ~ di lavoro** beaucoup de travail.
molecola [mo'lɛkola] *sf* molécule *f*.
molestare [moles'tare] *vt* importuner, agacer.
molestia [mo'lɛstja] *sf* ennui *m*, tracas *m*; **recar ~ a qn** importuner qn; **molestie sessuali** harcèlement *msg* sexuel.
molesto, -a [mo'lɛsto] *agg* agaçant(e), énervant(e).
molisano, -a [moli'zano] *agg* de la Molise.
Molise [mo'lize] *sf* Molise *f*.
molla ['mɔlla] *sf* ressort *m*; **molle** *sfpl* (*per camino*) pincettes *fpl*; **materasso a molle** matelas *msg* à ressorts; **prendere qn con le molle** prendre qn avec des pincettes.
mollare [mol'lare] *vt* lâcher; (*lavoro*) quitter; (*ragazzo*) larguer (*fam*); (*fig*: *ceffone*) flanquer ♦ *vi* (*cedere*) lâcher; ~ **gli ormeggi** (*NAUT*) larguer les amarres; ~ **la presa** lâcher prise.
molle ['mɔlle] *agg* mou(molle); (*muscoli*) flasque.
molleggiato, -a [molled'dʒato] *agg* (*letto*) moelleux(-euse); (*auto*) suspendu(e).
molleggio [mol'leddʒo] *sm* (*per veicoli*) suspension *f*; (*elasticità*) élasticité *f*; (*GINNASTICA*) fléchissement *m* des genoux.
molletta [mol'letta] *sf* (*per capelli*) barrette *f*; (*per panni stesi*) pince *f* à linge; **mollet-**

te *sfpl* (*per zollette di zucchero*) pince *fsg* à sucre.
mollezza [mol'lettsa] *sf* mollesse *f*; **mollezze** *sfpl* (*agi*) luxe *msg*.
mollica, -che [mol'lika] *sf* mie *f* de pain.
molliccio, -a, -ci, -ce [mol'littʃo] *agg* (*terreno*) détrempé(e); (*impasto, sostanza*) mou(molle).
mollusco, -schi [mol'lusko] *sm* mollusque *m*.
molo ['mɔlo] *sm* jetée *f*, quai *m*.
molteplice [mol'teplitʃe] *agg* multiple; **molteplici ragioni** de nombreuses raisons.
molteplicità [molteplitʃi'ta] *sf* multiplicité *f*.
moltiplicare [moltipli'kare] *vt* multiplier; **moltiplicarsi** *vip* se multiplier.
moltiplicazione [moltiplikat'tsjone] *sf* multiplication *f*.
moltitudine [molti'tudine] *sf* foule *f*; (*grande quantità di cose*) multitude *f*; **una ~ di** une multitude de.

PAROLA CHIAVE

molto, -a ['molto] *agg* (*quantità*) beaucoup de, bien du(de la); **molta neve/gente/pioggia** beaucoup de neige/gens/pluie; **molto pane/carbone** beaucoup de pain/charbon; **molto tempo** longtemps; **molti libri** beaucoup de livres; **molte persone** beaucoup de personnes; **non ho molto tempo** je n'ai pas beaucoup de temps; **per molto** (*tempo*) pendant longtemps; **ci vuole molto (tempo)?** est-ce qu'il y en a pour longtemps?; **ne hai per molto?** tu en as pour longtemps?
♦ *avv* **1** (*parlare, capire, amare*) beaucoup; **viaggia molto** il voyage beaucoup; **non viaggia molto** il ne voyage pas beaucoup; **arriverà tra non molto** il arrivera dans peu de temps, il arrivera sous peu
2 (*intensivo*: *con agg, avv*) très; (: *con pp, in frasi negative*) beaucoup; **molto buono** très bon; **molto meglio** beaucoup *o* bien mieux; **molto peggiore** bien pire; **non è molto buono** il n'est pas très bon; **non piove molto** il ne pleut pas beaucoup
♦ *pron* beaucoup; **c'era gente, ma non molta** il y avait du monde mais pas tant que cela; **non ho molto danaro con me** je n'ai pas beaucoup d'argent sur moi; **molti credono che ...** beaucoup croient que ...; **molte sono rimaste a casa** beaucoup sont restées chez elles.

momentaneamente [momentanea'mente] *avv* momentanément.
momentaneo, -a [momen'taneo] *agg* momentané(e).
momento [mo'mento] *sm* moment *m*; **da un ~ all'altro** d'un moment à l'autre; (*all'improvviso*) tout à coup; **per il ~** pour le moment; **dal ~ che** du moment que, étant donné que; **a momenti** d'un moment à l'autre, d'une minute à l'autre; (*molto presto*) dans un instant; (*quasi*) presque; **sul ~** sur le moment; **all'ultimo ~** au dernier moment; **del ~** (*campione, fatto*) du moment.
monaca, -che ['mɔnaka] *sf* religieuse *f*, sœur *f*.
Monaco ['mɔnako] *sf*: **~ (di Baviera)** Munich; **Principato di ~** principauté *f* de Monaco.
monaco, -ci ['mɔnako] *sm* moine *m*.
monarca, -chi [mo'narka] *sm* monarque *m*.
monarchia [monar'kia] *sf* monarchie *f*.
monarchico, -a, -ci, -che [mo'narkiko] *agg* (*stato, autorità*) monarchique; (*partito, fede*) monarchiste, royaliste ♦ *sm/f* (*persona*) monarchiste *m/f*, royaliste *m/f*.
monastero [monas'tɛro] *sm* (*di monaci*) monastère *m*; (*di monache*) couvent *f*.
monastico, -a, -ci, -che [mo'nastiko] *agg* monastique.
monco, -a, -chi, -che ['monco] *agg* manchot(e); (*fig*) incomplet(-ète); **~ d'un braccio** manchot(e), amputé(e) d'un bras.
moncone [mon'kone] *sm* moignon *m*.
mondana [mon'dana] *sf* prostituée *f*.
mondanità [mondani'ta] *sf* mondanité *f*; **le ~** (*piaceri*) les mondanités.
mondano, -a [mon'dano] *agg* mondain(e).
mondare [mon'dare] *vt* (*frutta, patate*) éplucher; (*piselli*) écosser; (*fig*: *anima*) purifier.
mondezzaio [mondet'tsajo] *sm* dépotoir *m*.
mondiale [mon'djale] *agg* mondial(e); (*campionato*) du monde; **di fama ~** de renommée mondiale.
mondo ['mondo] *sm* monde *m*; **un ~ di** (*fig*: *grande quantità*) un tas de, une foule de; **il gran** *o* **bel ~** le grand *o* beau monde; **venire/mettere al ~** (*nascere*) venir/mettre au monde; **andare all'altro ~** passer dans l'autre monde; **mandare qn all'altro ~** envoyer *o* expédier qn dans l'autre monde; **di ~** (*uomo, donna*) du monde; **per niente** *o* **per nessuna cosa al ~** pour rien au monde; **da che ~ è ~** depuis que le monde est monde; **vivere fuori dal ~** vivre dans un autre monde; **(sono) cose dell'altro ~!** c'est incroyable!; **com'è piccolo il ~!** (que) le monde est petit!
monegasco, -a, -schi, -sche [mone'gasko] *agg* monégasque ♦ *sm/f* Monégasque *m/f*.
monelleria [monelle'ria] *sf* espièglerie *f*.
monello [mo'nɛllo] *sm* (*ragazzo di strada*) titi *m*, galopin *m* (*fam*); (*ragazzo vivace*) polisson *m*, gamin *m*.
moneta [mo'neta] *sf* pièce *f* de monnaie;

(*ECON*: *valuta*) monnaie *f*; (*denaro spicciolo*) petite monnaie; ▶ **moneta estera** devise *f* étrangère; ▶ **moneta legale** monnaie légale.
monetario, -a [mone'tarjo] *agg* monétaire.
Mongolia [mon'gɔlja] *sf* Mongolie *f*.
mongolico, -a, -ci, -che [mon'gɔliko] *agg* mongol(e).
mongolismo [mongo'lizmo] *sm* mongolisme *m*.
mongolo, -a ['mɔngolo] *agg* mongol(e) ♦ *sm/f* Mongol(e) ♦ *sm* mongol *m*.
mongoloide [mongo'lɔide] *sm/f* mongolien(ne).
monito ['mɔnito] *sm* avertissement *m*.
monitor ['mɔnitə] *sm inv* moniteur *m*.
monitoraggio [monito'raddʒo] *sm* monitorage *m*.
monitorare [monito'rare] *vt* faire le monitorage de.
monocolo, -a [mo'nɔkolo] *sm* monocle *m*.
monocolore [monoko'lore] *agg* d'une seule couleur, unicolore; (*fig*: *governo*) d'un seul parti.
monogamia [monoga'mia] *sf* monogamie *f*.
monogamo, -a [mo'nɔgamo] *agg, sm* monogame *m/f*.
monografia [monogra'fia] *sf* monographie *f*.
monogramma, -i [mono'gramma] *sm* monogramme *m*.
monolingue [mono'lingwe] *agg* monolingue.
monolocale [monolo'kale] *sm* (*appartamento*) studio *m*.
monologo, -ghi [mo'nɔlogo] *sm* monologue *m*.
monopattino [mono'pattino] *sm* patinette *f*, trottinette *f*.
monopolio [mono'pɔljo] *sm* (*anche fig*) monopole *m*; ▶ **monopolio di stato** monopole d'État.
monopolizzare [monopolid'dzare] *vt* monopoliser.
monosillabo, -a [mono'sillabo] *agg* monosyllabique, monosyllabe ♦ *sm* monosyllabe *m*.
monotonia [monoto'nia] *sf* monotonie *f*.
monotono, -a [mo'nɔtono] *agg* monotone.
monouso [mono'uzo] *agg inv* (*siringa*) jetable.
Mons. *abbr* (= *Monsignore*) Mgr.
monsignore [monsiɲ'ɲore] *sm* monseigneur *m*.
monsone [mon'sone] *sm* mousson *f*.
montacarichi [monta'kariki] *sm inv* monte-charge *m inv*.
montaggio, -gi [mon'taddʒo] *sm* (*anche CINE*) montage *m*.
montagna [mon'taɲɲa] *sf* montagne *f*; **andare in ~** aller à la montagne; **aria/strada di ~** air *m*/route *f* de la montagne; **una casa in ~** une maison à la montagne; **le Montagne Rocciose** les (montagnes) Rocheuses *fpl*; ▶ **montagne russe** montagnes *fpl* russes.
montagnoso, -a [montaɲ'ɲoso] *agg* montagneux(-euse).
montanaro, -a [monta'naro] *agg, sm/f* montagnard(e).
montano, -a [mon'tano] *agg* des montagnes.
montante [mon'tante] *sm* montant *m*; (*CALCIO*: *palo*) poteau *m*; (*PUGILATO*) uppercut *m*.
montare [mon'tare] *vt* (*anche CINE, FOT*) monter; (*ZOOL*) monter, saillir; (*apparecchiatura*) monter, assembler; (*uova*) monter, battre; (*panna*) fouetter; (*brillante*) monter, enchâsser; (*fig*: *esagerare*) grossir, gonfler ♦ *vi* monter; (*maionese*) prendre; **~ la guardia** (*MIL*) monter la garde; **~ qn** *o* **la testa a qn** monter la tête à qn; **montarsi (la testa)** se monter la tête; **~ in bicicletta** monter à bicyclette; **~ a cavallo** monter à cheval; **~ in macchina/in treno** monter en voiture/dans le train.
montatura [monta'tura] *sf* monture *f*; (*fig*) bluff *m*, coup *m* monté; ▶ **montatura pubblicitaria** coup de pub.
montavivande [montavi'vande] *sm inv* monte-plats *m inv*.
monte ['monte] *sm* mont *m*; (*fig*: *mucchio*) tas *msg*; **a ~** en amont; **andare a ~** (*fig*) échouer; **mandare a ~ qc** (*fig*) faire échouer qch; **il M~ Bianco** le Mont-Blanc; **il M~ Everest** le Mont Everest, l'Everest *m*; **il M~ Cervino** le Cervin; **il M~ Rosa** le (Mont) Rose; ▶ **monte di pietà** mont-de-piété *m*; ▶ **monte premi** total *m* des gains.
Montecitorio [montetʃi'tɔrjo] *sm* (*POL*): **(palazzo) ~** *siège de la Chambre des Députés en Italie*.
montgomery [mənt'gʌməri] *sm inv* duffle-coat *m*.
montone [mon'tone] *sm* mouton *m* (mâle), bélier *m*; (*giacca*) veste *f* en peau de mouton; **carne di ~** viande *f* de mouton.
montuosità [montuosi'ta] *sf* relief *m*.
montuoso, -a [montu'oso] *agg* montagneux(-euse).
monumento [monu'mento] *sm* monument *m*.
moquette [mɔ'kɛt] *sf* moquette *f*.
mora ['mɔra] *sf* (*del rovo*) mûre *f*; (*del gelso*) mûre (du mûrier); (*DIR*) retard *m*; (: *somma*) amende *f*.
morale [mo'rale] *agg* moral(e) ♦ *sf* morale *f*; (*complesso di norme*) morale, éthique *f* ♦ *sm* (*condizione psichica*) moral *m*; **la ~**

della favola la morale de l'histoire; **essere giù di** ~ ne pas avoir le moral, ne pas avoir bon moral; **avere il** ~ **a terra** avoir le moral à zéro.
moralista, -i, -e [mora'lista] *agg, sm/f* moraliste *m/f*.
moralità [morali'ta] *sf* moralité *f*.
moralizzare [moralid'dzare] *vt* moraliser.
moralizzazione [moraliddzat'tsjone] *sf* moralisation *f*.
moratoria [mora'tɔrja] *sf* (*ECON*) moratoire *m*.
Moravia [mo'ravja] *sf* Moravie *f*.
morbidezza [morbi'dettsa] *sf* (*al tatto*) douceur *f*; (*di cuscino, letto*) moelleux *m*; (*di carne*) tendreté *f*.
morbido, -a ['mɔrbido] *agg* (*al tatto*) doux(douce); (*cuscino, letto*) moelleux(-euse); (*carne*) tendre; (*fig*: *atteggiamento*) souple.
morbillo [mor'billo] *sm* rougeole *f*.
morbo ['mɔrbo] *sm* maladie *f*.
morboso, -a [mor'boso] *agg* morbide.
morchia ['mɔrkja] *sf* dépôt *m* gras.
mordace [mor'datʃe] *agg* (*fig*) mordant(e), à l'emporte-pièce.
mordente [mor'dɛnte] *sm* (*fig*: *di satira, critica*) mordant *m*, causticité *f*; (: *di persona*) mordant, énergie *f*.
mordere ['mɔrdere] *vt* (*sogg*: *persona, cane*) mordre; (*addentare*) mordre, croquer.
mordicchiare [mordik'kjare] *vt* mordiller.
morente [mo'rɛnte] *agg, sm/f* mourant(e).
morfina [mor'fina] *sf* morphine *f*.
moria [mo'ria] *sf* grande mortalité *f*.
moribondo, -a [mori'bondo] *agg, sm/f* moribond(e), mourant(e).
morigerato, -a [moridʒe'rato] *agg* sobre.
morire [mo'rire] *vi* (*anche fig*) mourir; ~ **di dolore** mourir de douleur; ~ **di fame** mourir de faim; ~ **di freddo** mourir de froid; ~ **d'invidia** crever de jalousie; ~ **di noia/di paura** mourir d'ennui/de peur; ~ **dalla voglia di fare qc** mourir d'envie de faire qch; **un caldo da** ~ une chaleur épouvantable.
mormorare [mormo'rare] *vi* (*anche acque*) murmurer; (*fronde*) murmurer, bruire; **si mormora che ...** le bruit court que ..., on dit que ...; **la gente mormora** les gens parlent.
mormorio [mormo'rio] *sm* murmure *m*.
moro, -a ['mɔro] *agg* (*di capelli scuri*) brun(e); (*di carnagione scura*) basané(e) ♦ *sm/f* (*vedi agg*) brun(e); personne *f* au teint basané *o* mat; **i mori** (*STORIA*) les Maures *mpl*.
moroso, -a [mo'roso] *agg* en retard ♦ *sm/f* (*fam*: *innamorato*) petit(e) ami(e).
morsa ['mɔrsa] *sf* étau *m*; (*fig*: *del ghiaccio*) étreinte *f*; (: *del terrore*) emprise *f*.
morsetto [mor'setto] *sm* (*TECN*) étau *m*; (*ELETTR*) borne *f*.
morsicare [morsi'kare] *vt* mordre.
morso, -a ['mɔrso] *pp di* **mordere** ♦ *sm* morsure *f*; (*parte della briglia*) mors *msg*; **dare un** ~ **a** mordre; **i morsi della fame** les affres de la faim.
mortadella [morta'dɛlla] *sf* mortadelle *f*.
mortaio [mor'tajo] *sm* mortier *m*.
mortale [mor'tale] *agg* mortel(le) ♦ *sm* mortel *m*.
mortalità [mortali'ta] *sf* mortalité *f*.
morte ['mɔrte] *sf* mort *f*; (*fig*: *rovina, fine*) fin *f*; **in punto di** ~ à l'article de la mort; **ferito a** ~ mortellement blessé; **essere annoiato a** ~ s'ennuyer à mourir; **avercela a** ~ **con qn** en vouloir à mort à qn; **avere la** ~ **nel cuore** avoir la mort dans l'âme.
mortificare [mortifi'kare] *vt* mortifier; **mortificarsi** *vip* (*avvilirsi*) être mortifié(e).
morto, -a ['mɔrto] *pp di* **morire** ♦ *agg* (*anche fig*) mort(e); (*fig*: *corpo*) inerte ♦ *sm/f* mort(e); **i morti** (*defunti*) les morts; ~ **di sonno/stanchezza** mort(e) de sommeil/fatigue; **fare il** ~ (*in acqua*) faire la planche; **un** ~ **di fame** (*fig, peg*) un crève-la-faim *m*; **le campane suonavano a** ~ les cloches sonnaient le glas; **il Mar M**~ la mer Morte.
mortorio [mor'tɔrjo] *sm* (*fig*) enterrement *m*.
mosaico, -ci [mo'zaiko] *sm* mosaïque *f*; **l'ultimo tassello del** ~ (*fig*) le dernier maillon de la chaîne.
Mosca ['moska] *sf* Moscou.
mosca, -sche ['moska] *sf* mouche *f* ♦ *agg inv*: **peso** ~ poids *msg* mouche; **rimanere** *o* **restare con un pugno di mosche** (*fig*) se retrouver les mains vides; **non si sentiva volare una** ~ (*fig*) on aurait entendu une mouche voler; ▶ **mosca bianca** (*fig*) mouton *m* à cinq pattes; ▶ **mosca cieca** colin-maillard *m*.
moscato [mos'kato] *sm* muscat *m*.
moscerino [moʃʃe'rino] *sm* moucheron *m*.
moschea [mos'kɛa] *sf* mosquée *f*.
moschetto [mos'ketto] *sm* (*fucile militare*) mousqueton *m*; (*archibugio*) mousquet *m*.
moschettone [mosket'tone] *sm* mousqueton *m*.
moschicida, -i, -e [moski'tʃida] *agg* tue-mouche; **carta** ~ papier *m* tue-mouche.
moscio, -a, -sci, -sce ['moʃʃo] *agg* (*fig*) mou(molle); **ha la "r" moscia** il grasseye les "r".
moscone [mos'kone] *sm* (*ZOOL*) grosse mouche *f*; (*barca*) pédalo *m*.
moscovita, -i, -e [mosko'vita] *agg* moscovite ♦ *sm/f* Moscovite *m/f*.

mossa ['mɔssa] *sf* mouvement *m*; (*fig*) manœuvre *f*; (*gesto*) geste *m*; (*nel gioco*) coup *m*; **darsi una** ~ (*fig*) se dépêcher, se dégrouiller (*fam*); **prendere le mosse da** partir de, commencer par.
mossi *etc* ['mɔssi] *vb vedi* **muovere**.
mosso, -a ['mɔsso] *pp di* **muovere** ♦ *agg* (*foto*) flou(e); (*mare*) agité(e); (*capelli*) ondulé(e).
mostarda [mos'tarda] *sf* moutarde *f*.
mosto ['mosto] *sm* moût *m*.
mostra ['mostra] *sf* exposition *f*; (*ostentazione*) étalage *m*; **far ~ di** (*fingere*) faire semblant de; **far ~ di sé** se pavaner; **in** ~ en vitrine; **mettersi in** ~ se faire remarquer.
mostrare [mos'trare] *vt* montrer, faire voir; (*ostentare*) étaler; (*fingere*: *dolore etc*) feindre ♦ *vi*: ~ **di fare** faire semblant de faire; **mostrarsi** *vr* (*in pubblico*) se montrer; **mostrarsi malato** feindre la maladie, feindre d'être malade; ~ **la lingua** tirer la langue.
mostro ['mostro] *sm* monstre *m*.
mostruoso, -a [mostru'oso] *agg* (*anche fig*) monstrueux(-euse).
motel [mo'tɛl] *sm inv* motel *m*.
motivare [moti'vare] *vt* (*causare*) causer; (*giustificare*) justifier; (*stimolare*) motiver.
motivazione [motivat'tsjone] *sf* motifs *mpl*; (*PSIC*) motivation *f*.
motivo [mo'tivo] *sm* raison *f*; (*movente*) motif *m*, mobile *m*; (*letterario*) thème *m*; (*disegno*) motif *m*; (*MUS*) thème, motif; **per quale ~?** pour quelle raison?; **per motivi di salute** pour des raisons de santé; **per motivi personali** pour des raisons personnelles.
moto ['mɔto] *sm* (*anche FIS, MUS*) mouvement *m* ♦ *sf inv* (*motocicletta*) moto *f*; **fare del** ~ faire de l'exercice; **un ~ d'impazienza** un mouvement d'impatience; **mettere in** ~ (*veicolo*) mettre en route, démarrer; (*fig*) mettre en mouvement *o* branle.
moto... ['mɔto] *pref* moto... .
motocarro [moto'karro] *sm* triporteur *m* à moteur.
motocicletta [mototʃi'kletta] *sf* motocyclette *f*, moto *f* (*fam*).
motociclismo [mototʃi'klizmo] *sm* motocyclisme *m*.
motociclista, -i, -e [mototʃi'klista] *sm/f* motocycliste *m/f*.
motonave [moto'nave] *sf* navire *m* à moteur, motorship *m*.
motopeschereccio [motopeske'rettʃo] *sm* bateau *m* de pêche à moteur.
motore, -trice [mo'tore] *agg* moteur(-trice) ♦ *sm* moteur *m*; **a** ~ à moteur; ▶ **motore a combustione interna/a reazione** moteur à combustion interne/à réaction; ▶ **motore elettrico** moteur électrique.
motorino [moto'rino] *sm* (*piccolo ciclomotore*) mobylette *f*, cyclomoteur *m*; ▶ **motorino di avviamento** démarreur *m*.
motorizzato, -a [motorid'dzato] *agg* motorisé(e).
motorizzazione [motoriddzat'tsjone] *sf*: **(ufficio della)** ~ *bureau s'occupant de toutes les formalités relatives aux véhicules à moteur*.
motoscafo [motos'kafo] *sm* bateau *m* à moteur.
motovedetta [motove'detta] *sf* vedette *f*.
motrice [mo'tritʃe] *sf* motrice *f*.
motteggio [mot'teddʒo] *sm* plaisanterie *f*.
motto ['mɔtto] *sm* (*battuta scherzosa*) boutade *f*, plaisanterie *f*; (*frase emblematica*) devise *f*.
mouse ['maus] *sm inv* (*INFORM*) souris *f*.
movente [mo'vɛnte] *sm* mobile *m*.
movenza [mo'vɛntsa] *sf* mouvement *m*.
movimentare [movimen'tare] *vt* (*festa, riunione*) animer; (*vita*) mouvementer.
movimentato, -a [movimen'tato] *agg* (*vedi vt*) animé(e); mouvementé(e).
movimento [movi'mento] *sm* (*anche MUS*) mouvement *m*; (*fig*: *animazione, vivacità*) animation *f*; **essere sempre in** ~ être toujours sur la brèche; **fare un po' di** ~ (*esercizio fisico*) faire un peu d'exercice; **c'è molto ~ in città** il y a beaucoup d'animation en ville; ▶ **movimento di capitali** mouvement de capitaux; ▶ **Movimento per la Liberazione della Donna** Mouvement de libération de la femme.
moviola [mo'vjɔla] *sf* moviola *f*; **rivedere qc alla** ~ revoir qch au ralenti.
Mozambico [mottsam'biko] *sm* Mozambique *m*.
mozione [mot'tsjone] *sf* (*POL*) motion *f*; ▶ **mozione d'ordine** (*POL*) motion d'ordre.
mozzafiato [mottsa'fjato] *agg inv* à couper le souffle.
mozzare [mot'tsare] *vt* couper; ~ **il fiato a qn** (*fig*) couper le souffle à qn.
mozzarella [mottsa'rɛlla] *sf* mozzarella *f*.
mozzicone [mottsi'kone] *sm* (*di sigaretta*) mégot *m*; (*di candela*) bout *m*.
mozzo ['mottso] *sm* (*MECCANICA*) moyeu *m*; (*NAUT*) mousse *m*; ▶ **mozzo di stalla** valet *m* d'écurie.
mq *abbr* (= *metro quadro*) m^2.
MS *sigla* = *Massa Carrara*.
ms. *abbr* (= *manoscritto*) ms.
Mti *abbr* (= *monti*) monts.
mucca, -che ['mukka] *sf* vache *f*.
mucchio ['mukkjo] *sm* (*anche fig*) tas *msg*;

un ~ di un tas de.
mucillagine [mutʃil'ladʒine] *sf* mucilage *m*.
muco, -chi ['muko] *sm* mucus *msg*.
mucosa [mu'kosa] *sf* muqueuse *f*.
muffa ['muffa] *sf* moisissure *f*; **fare la ~** moisir.
mugghiare [mug'gjare] *vi* (*fig*: *mare, vento*) mugir; (: *tuono*) gronder.
muggire [mud'dʒire] *vi* mugir.
muggito [mud'dʒito] *sm* mugissement *m*.
mughetto [mu'getto] *sm* muguet *m*.
mugnaio, -a [muɲ'ɲajo] *sm/f* meunier(-ière).
mugolare [mugo'lare] *vi* (*cane*) glapir, gémir; (*fig*: *persona*) bougonner.
mugugnare [muguɲ'ɲare] *vi* (*fam*) bougonner, ronchonner.
mulattiera [mulat'tjɛra] *sf* chemin *m* muletier.
mulatto, -a [mu'latto] *agg, sm/f* mulâtre(mulâtresse).
mulinare [muli'nare] *vi* tournoyer.
mulinello [muli'nɛllo] *sm* (*vortice*) tourbillon *m*, remous *msg*; (*di canna da pesca*) moulinet *m*; (*NAUT*) treuil *m*.
mulino [mu'lino] *sm* moulin *m*; ▸ **mulino a vento** moulin à vent.
mulo ['mulo] *sm* mulet *m*.
multa ['multa] *sf* amende *f*, contravention *f*.
multare [mul'tare] *vt* donner une contravention à.
multi... ['multi] *pref* multi... .
multicolore [multiko'lore] *agg* multicolore.
multiforme [multi'forme] *agg* multiforme.
multimediale [multime'djale] *agg* multimédia.
multinazionale [multinattsjo'nale] *agg* multinational(e) ♦ *sf* multinationale *f*.
multiplo, -a ['multiplo] *agg, sm* multiple *m*.
multiutenza [multiu'tɛntsa] *sf* (*INFORM*) temps *m* partagé.
mummia ['mummja] *sf* momie *f*.
mungere ['mundʒere] *vt* traire; (*fig*) exploiter.
mungitura [mundʒi'tura] *sf* traite *f*.
municipale [munitʃi'pale] *agg* municipal(e); **palazzo ~** hôtel *m* de ville; **autorità municipali** autorités *fpl* de la ville.
municipio [muni'tʃipjo] *sm* mairie *f*; (*edificio*) mairie, hôtel *m* de ville; **sposarsi in ~** se marier civilement.
munificenza [munifi'tʃɛntsa] *sf* générosité *f*, largesse *f*.
munifico, -a, -ci, -che [mu'nifiko] *agg* généreux(-euse), large.
munire [mu'nire] *vt*: **~ di** munir de, pourvoir de; **~ di firma** (*documento*) signer.
munizioni [munit'tsjoni] *sfpl* (*MIL*) munitions *fpl*.
munsi *etc* ['munsi] *vb vedi* **mungere**.
munto, -a ['munto] *pp di* **mungere**.
muoio *etc* ['mwɔjo] *vb vedi* **morire**.
muovere ['mwɔvere] *vt* (*cassa, libro*) déplacer; (*braccia, gambe*) bouger, remuer; (*macchina, ingranaggio*) mouvoir; (*sollevare*: *questione, obiezione*) soulever; (: *accusa*) porter; **muoversi** *vr* (*spostarsi*) bouger; (*mettersi in marcia*) se mettre en marche; (*adoperarsi, darsi da fare*) se remuer, se démener; (*sbrigarsi*) se dépêcher; **~ causa a qn** (*DIR*) porter plainte contre qn, intenter une action en justice contre qn; **~ a compassione** apitoyer; **~ al pianto** faire pleurer; **~ guerra a** *o* **contro qn** faire la guerre à qn; **~ mari e monti** remuer ciel et terre; **~ i primi passi** (*anche fig*) faire ses premiers pas; **muoviti!** dépêche-toi!
mura ['mura] *sfpl* (*cinta cittadina*) remparts *mpl*.
muraglia [mu'raʎʎa] *sf* muraille *f*.
muraglione [muraʎ'ʎone] *sm* grande muraille *f*.
murale [mu'rale] *agg* mural(e).
murare [mu'rare] *vt* (*porta, finestra*) murer, condamner; (*persona*) emmurer.
murario, -a [mu'rarjo] *agg* de maçonnerie; **arte muraria** art *m* de la maçonnerie.
muratore [mura'tore] *sm* maçon *m*.
muratura [mura'tura] *sf* murage *m*; (*lavoro murario*) maçonnerie *f*; **casa in ~** (*di pietra*) maison *f* en pierre; (*di mattoni*) maison en brique.
muro ['muro] *sm* (*anche fig*: *di nebbia, ghiaccio*) mur *m*; **armadio a ~** placard *m*; **mettere al ~** (*fucilare*) mettre *o* envoyer au poteau; ▸ **muro del suono** mur du son; ▸ **muro di cinta** mur d'enceinte; ▸ **muro di gomma** (*fig*) mur (de silence); ▸ **muro divisorio** mur de refend, cloison *f*.
musa ['muza] *sf* muse *f*.
muschio ['muskjo] *sm* (*BOT*) mousse *f*; (*in profumeria*) musc *m*.
muscolare [musko'lare] *agg* musculaire.
muscolatura [muskola'tura] *sf* musculature *f*.
muscolo ['muskolo] *sm* muscle *m*.
muscoloso, -a [musko'loso] *agg* musclé(e).
museo [mu'zɛo] *sm* musée *m*.
museruola [muze'rwɔla] *sf* muselière *f*.
musica ['muzika] *sf* musique *f*; ▸ **musica da ballo/camera** musique de danse/chambre; ▸ **musica leggera** musique légère.
musicale [muzi'kale] *agg* musical(e).
musicassetta [muzikas'setta] *sf* cassette *f* (enregistrée).
musicista, -i, -e [muzi'tʃista] *sm/f* musicien(ne).
muso ['muzo] *sm* museau *m*; (*peg*: *di per-*

sona) figure *f*, gueule *f* (*fam*); (*fig*: *di auto, aereo*) nez *m*; **tenere il ~ a qn** faire la tête à qn.
musone, -a [mu'zone] *sm/f* boudeur(-euse).
mussola ['mussola] *sf* mousseline *f*.
mus(s)ulmano, -a [mus(s)ul'mano] *agg, sm/f* musulman(e).
muta ['muta] *sf* (*di cani*) meute *f*; (*ZOOL*) mue *f*; (*di subacqueo*) combinaison *f* de plongée.
mutabile [mu'tabile] *agg* (*variabile*) variable; (*incostante*) changeant(e).
mutamento [muta'mento] *sm* changement *m*.
mutande [mu'tande] *sfpl* (*da uomo*) slip *m*; (*da donna*) slip *m*, culotte *f*.
mutandine [mutan'dine] *sfpl* (*femminili, infantili*) culotte *f*, slip *m*; ▸ **mutandine di plastica** couches *fpl*.
mutare [mu'tare] *vt, vi* changer.
mutazione [mutat'tsjone] *sf* changement *m*; (*BIOL*) mutation *f*.
mutevole [mu'tevole] *agg* changeant(e); (*fig*: *incostante*) changeant(e), inconstant(e).
mutilare [muti'lare] *vt* mutiler.
mutilato, -a [muti'lato] *sm/f* mutilé(e); ▸ **mutilato di guerra** mutilé de guerre.
mutilazione [mutilat'tsjone] *sf* mutilation *f*.
mutismo [mu'tizmo] *sm* mutisme *m*.
muto, -a ['muto] *agg* (*anche CINE, LING*) muet(te); **~ per lo stupore** muet(te) d'étonnement.
mutua ['mutua] *sf* (*cassa mutua*) mutuelle *f*; **medico della ~** médecin *m* conventionné.
mutuare [mutu'are] *vt* (*fig*) emprunter.
mutuato, -a [mutu'ato] *sm/f* assuré(e).
mutuo, -a ['mutuo] *agg* mutuel(le) ♦ *sm* (*ECON*) prêt *m*, crédit *m*; ▸ **mutuo ipotecario** prêt hypothécaire.

N, n

N, n ['ɛnne] *sf o m inv* (*lettera*) N, n *m inv*; **~ come Napoli** ≈ N comme Nicolas.
N *abbr* (= *nord*) N.
n *abbr* (= *numero*) No, no.
NA *sigla* = *Napoli*.
nababbo [na'babbo] *sm* (*fig*) nabab *m*.
nacchere ['nakkere] *sfpl* (*MUS*) castagnettes *fpl*.
nadir [na'dir] *sm* (*ASTRON*) nadir *m*.
nafta ['nafta] *sf* (*CHIM*) naphte *m*; (*per motori diesel*) gazole *m*; (*da riscaldamento*) mazout *m*.
naftalina [nafta'lina] *sf* naphtaline *f*.
naia ['naja] *sf* (*MIL*) service *m* (militaire).
naïf [na'if] *agg inv* naïf(naïve).
nailon ['nailon] *sm* = **nylon**.
Namibia [na'mibja] *sf* Namibie *f*.
nanna ['nanna] *sf*: **fare la ~** faire dodo; **andare/mettere a ~** aller/mettre au dodo.
nano, -a ['nano] *agg, sm/f* nain(e).
napoletano, -a [napole'tano] *agg* napolitain(e) ♦ *sm/f* Napolitain(e) ♦ *sm* (*zona*): **il ~** la région de Naples ♦ *sf* (*per caffè*) cafetière *f* napolitaine.
Napoli ['napoli] *sf* Naples.
nappa ['nappa] *sf* (*ornamento*) gland *m*; (*fiocco*) touffe *f* de poils; (*tipo di pelle*) peau *f* fine.
narciso [nar'tʃizo] *sm* (*BOT*) narcisse *m*.
narcosi [nar'kɔzi] *sf* narcose *f*.
narcotico [nar'kɔtiko] *sm* narcotique *m*.
narice [na'ritʃe] *sf* narine *f*.
narrare [nar'rare] *vt* raconter.
narrativa [narra'tiva] *sf* prose *f*; **la ~ dell'800** le roman du XIXe siècle.
narrativo, -a [narra'tivo] *agg* narratif(-ive).
narratore, -trice [narra'tore] *sm/f* narrateur(-trice).
narrazione [narrat'tsjone] *sf* (*di fatto, avvenimento*) narration *f*; (*racconto*) récit *m*.
NASA ['naza] *sigla f* (= *National Aeronautics and Space Administration*) NASA *f*.
nasale [na'sale] *agg* nasal(e).
nascente [naʃ'ʃɛnte] *agg* levant(e).
nascere ['naʃʃere] *vi* (*anche fig*) naître; (*pianta*) pousser; (*fiume*) prendre sa source; (*sole*) poindre; **è nata nel 1962** elle est née en 1962; **da cosa nasce cosa** de fil en aiguille.
nascita ['naʃʃita] *sf* (*anche fig*) naissance *f*; (*di pianta*) croissance *f*; (*di sole*) lever *m*; **la ~ del fiume** l'endroit où la rivière prend sa source.
nascituro, -a [naʃʃi'turo] *sm/f* enfant *m* qui va naître; **come si chiamerà il ~?** comment s'appellera le bébé?
nascondere [nas'kondere] *vt* cacher; **nascondersi** *vr, vip* se cacher.
nascondiglio [naskon'diʎʎo] *sm* cachette *f*.
nascondino [naskon'dino] *sm* cache-cache *m*.
nascosi *etc* [nas'kosi] *vb vedi* **nascondere**.
nascosto, -a [nas'kosto] *pp di* **nascondere** ♦ *agg* (*anche fig*) caché(e); **di ~** en cachette.
nasello [na'sɛllo] *sm* merlan *m*.
naso ['naso] *sm* nez *m*; (*fig*) flair *m*.
Nassau [nas'sau] *sf* Nassau.
nastro ['nastro] *sm* (*anche TIP*) ruban *m*;

▶ **nastro adesivo** ruban adhésif; ▶ **nastro magnetico** bande *f* magnétique; ▶ **nastro trasportatore** tapis *msg* roulant.
nasturzio [nas'turtsjo] *sm* capucine *f*.
natale [na'tale] *agg* (*città*) natal(e) ♦ *sm*: **N~** Noël *m*; **natali** *smpl* (*nascita*) naissance *fsg*; **di illustri natali** de haute naissance; **giorno ~** jour *m* de naissance.
natalità [natali'ta] *sf* natalité *f*.
natalizio, -a [nata'littsjo] *agg* de Noël.
natante [na'tante] *sm* embarcation *f*.
natica, -che ['natika] *sf* fesse *f*.
natio, -a, -tii, -tie [na'tio] *agg* natal(e).
Natività [nativi'ta] *sf* (*REL*) Nativité *f*.
nativo, -a [na'tivo] *agg* natal(e) ♦ *sm/f* natif(-ive).
N.A.T.O. ['nato] *sigla f* (= *North Atlantic Treaty Organisation*) OTAN *f*.
nato, -a ['nato] *pp di* **nascere** ♦ *agg*: **un oratore/artista ~** un orateur/artiste né; **nata Pieri** née Pieri.
natura [na'tura] *sf* nature *f*; **problemi di ~ finanziaria** problèmes financiers; ▶ **natura morta** nature morte.
naturale [natu'rale] *agg* naturel(le) ♦ *sm*: **al ~** (*alimenti*) au naturel, nature; (*ritratto*) d'après nature; **(ma) è ~!** (*ovviamente*) (mais) bien sûr!; **a grandezza ~** grandeur nature; **acqua ~** eau naturelle.
naturalezza [natura'lettsa] *sf* naturel *m*.
naturalista, -i, -e [natura'lista] *sm/f* naturaliste *m/f*.
naturalizzare [naturalid'dzare] *vt* naturaliser; **naturalizzarsi** *vr* se faire naturaliser.
naturalmente [natural'mente] *avv* naturellement.
naturismo [natu'rizmo] *sm* naturisme *m*.
naturista, -i, -e [natu'rista] *agg, sm/f* naturiste *m/f*.
naufragare [naufra'gare] *vi* faire naufrage; (*fig*) échouer.
naufragio [nau'fradʒo] *sm* naufrage *m*.
naufrago, -ghi ['naufrago] *sm* naufragé *m*.
nausea ['nauzea] *sf* (*anche fig*) nausée *f*; **avere la ~** avoir mal au cœur; **fino alla ~** jusqu'à en avoir la nausée; (*fig*) à satiété.
nauseabondo, -a [nauzea'bondo] *agg* (*odore*) nauséabond(e); (*sapore*) écœurant(e); (*fig*) répugnant(e), écœurant(e).
nauseante [nauze'ante] *agg* = **nauseabondo**.
nauseare [nauze'are] *vt* (*anche fig*) écœurer, dégoûter.
nautico, -a, -ci, -che ['nautiko] *agg* nautique ♦ *sf* nautisme *m*; **salone ~** salon *m* nautique.
navale [na'vale] *agg* naval(e).
navata [na'vata] *sf* (*centrale, laterale*) nef *f*.
nave ['nave] *sf* navire *m*, bateau *m*; ▶ **nave cisterna** bateau citerne; ▶ **nave da carico** cargo *m*; ▶ **nave da guerra** navire de guerre; ▶ **nave passeggeri** paquebot *m*; ▶ **nave portaerei** porte-avions *msg*; ▶ **nave spaziale** vaisseau *m* spatial.
navetta [na'vetta] *sf* navette *f* ♦ *agg inv* (*treno, pullman*) qui fait la navette; **servizio di ~** navette; ▶ **navetta spaziale** navette spatiale.
navicella [navi'tʃɛlla] *sf* nacelle *f*.
navigabile [navi'gabile] *agg* navigable.
navigante [navi'gante] *sm* navigateur *m*.
navigare [navi'gare] *vi* naviguer; **~ in cattive acque** (*fig*) être dans une mauvaise passe; **~ in Internet** surfer sur le net.
navigato, -a [navi'gato] *agg* (*fig*) expérimenté(e).
navigatore, -trice [naviga'tore] *sm/f* navigateur(-trice); ▶ **navigatore solitario** navigateur solitaire.
navigazione [navigat'tsjone] *sf* navigation *f*; **dopo una settimana di ~** après une semaine de navigation; ▶ **navigazione interna/spaziale** navigation intérieure/spatiale.
naviglio [na'viʎʎo] *sm* flotte *f*; (*canale artificiale*) canal *m*; ▶ **naviglio da pesca** flotte de pêche.
Nazaret(h) ['naddzaret] *sf* Nazareth.
nazionale [nattsjo'nale] *agg* national(e) ♦ *sf* (*SPORT*) équipe *f* nationale.
nazionalismo [nattsjona'lizmo] *sm* nationalisme *m*.
nazionalista, -i, -e [nattsjona'lista] *agg, sm/f* nationaliste *m/f*.
nazionalità [nattsjonali'ta] *sf inv* nationalité *f*.
nazionalizzare [nattsjonalid'dzare] *vt* nationaliser.
nazionalizzazione [nattsjonaliddzat'tsjone] *sf* nationalisation *f*.
nazione [nat'tsjone] *sf* nation *f*.
nazismo [nat'tsizmo] *sm* nazisme *m*.
nazista, -i, -e [nat'tsista] *agg, sm/f* nazi(e).
NB *abbr* (= *nota bene*) NB.
N.d.A. *abbr* (= *nota dell'autore*) NDA.
N.d.D. *abbr* (= *nota della direzione*) note de la direction.
N.d.E. *abbr* (= *nota dell'editore*) NDE.
N.d.R. *abbr* (= *nota della redazione*) NDLR.
N.d.T. *abbr* (= *nota del traduttore*) N.d.T.
N.E. *abbr* (= *nordest*) N.-E.

PAROLA CHIAVE

ne [ne] *pron* **1** (*di lui*) de lui; (*di lei*) d'elle; (*di loro*) d'eux(d'elles); **ne riconosco la voce** je reconnais sa (*o* leur, leurs) voix; **ne ricordo gli occhi** je me souviens de ses (*o* leurs) yeux
2 (*di questa, quella cosa*) en; **ne voglio ancora** j'en veux encore; **non parliamone più** n'en parlons plus; **dammene ancora** donne m'en encore
3 (*da ciò*) en; **ne deduco che ...** j'en déduis que ...; **ne consegue ...** il en résulte ..., il s'ensuit ...
4 (*con valore partitivo*): **hai dei libri? – sì, ne ho** as-tu des livres? – oui, j'en ai; **hai del pane? – no, non ne ho** as-tu du pain? – non, je n'en ai pas; **quanti anni hai? – ne ho 17** quel âge as-tu? – j'ai 17 ans
♦ *avv* (*moto da luogo*: *da lì*) en; **ne vengo ora** j'en viens.

né [ne] *cong*: ~ ... ~ ni ... ni; ~ **l'uno** ~ **l'altro lo vuole** ni l'un ni l'autre ne le veut; **non parla** ~ **l'italiano** ~ **il tedesco** il ne parle ni l'italien ni l'allemand; **non piove** ~ **nevica** il ne pleut pas et il ne neige pas.
neanche [ne'anke] *avv* non plus ♦ *cong* même; **non l'ho** ~ **chiamato** je ne l'ai même pas appelé; ~ **se volesse potrebbe venire** même s'il le voulait, il ne pourrait pas venir; **non l'ho visto – neanch'io** je ne l'ai pas vu – moi non plus; ~ **per idea** *o* **sogno!** jamais de la vie!; **non ci penso** ~! je n'y pense même pas!; ~ **un bambino ci crederebbe!** même un enfant n'y croirait pas!; ~ **a pagarlo lo farebbe** même si on le payait il ne le ferait pas.
nebbia ['nebbja] *sf* brouillard *m.*
nebbioso, -a [neb'bjoso] *agg* brumeux(-euse).
nebulizzatore [nebuliddza'tore] *sm* vaporisateur *m*, atomiseur *m.*
nebulosa [nebu'losa] *sf* nébuleuse *f.*
nebulosità [nebulosi'ta] *sf* nébulosité *f.*
nebuloso, -a [nebu'loso] *agg* (*anche fig*) nébuleux(-euse).
nécessaire [nesɛ'sɛr] *sm inv*: ~ **da viaggio** nécessaire *m* (de voyage).
necessariamente [netʃessarja'mente] *avv* nécessairement; (*conseguentemente*) forcément.
necessario, -a [netʃes'sarjo] *agg* nécessaire ♦ *sm*: **fare il** ~ faire le nécessaire; **lo stretto** ~ le strict nécessaire.
necessità [netʃessi'ta] *sf inv* nécessité *f*; **di** ~ nécessairement; **avere** ~ **di fare qc** avoir besoin de faire qch; **fare di** ~ **virtù** faire de nécessité vertu.
necessitare [netʃessi'tare] *vt* nécessiter ♦ *vi* (*aver bisogno*): ~ **di** avoir besoin de.
necrologio, -gi [nekro'lɔdʒo] *sm* nécrologie *f.*
nefando, -a [ne'fando] *agg* infâme.
nefasto, -a [ne'fasto] *agg* néfaste.
negare [ne'gare] *vt* nier; (*rifiutare*) refuser; ~ **di aver fatto/che** nier avoir fait/que.
negativa [nega'tiva] *sf* (*FOT*) négatif *m.*
negativamente [negativa'mente] *avv* négativement.
negativo, -a [nega'tivo] *agg* (*anche MAT, FIS, FOT*) négatif(-ive) ♦ *sm* (*FOT*) négatif *m.*
negazione [negat'tsjone] *sf* négation *f.*
negherò *etc* [nege'rɔ] *vb vedi* **negare**.
negletto, -a [ne'glɛtto] *agg* négligé(e).
negli ['neʎʎi] (= **in** + **gli**) *prep + art vedi* **in**.
négligé [negli'ʒe] *sm inv* négligé *m.*
negligente [negli'dʒɛnte] *agg* négligent(e).
negligenza [negli'dʒɛntsa] *sf* négligence *f.*
negoziabile [negot'tsjabile] *agg* négociable.
negoziante [negot'tsjante] *sm/f* négociant(e), commerçant(e).
negoziare [negot'tsjare] *vt* négocier.
negoziato [negot'tsjato] *sm* négociation *f.*
negoziatore, -trice [negottsja'tore] *sm/f* négociateur(-trice).
negozio [ne'gɔttsjo] *sm* magasin *m*; (*affare*) affaire *f*; ~ **giuridico** (*DIR*) acte *m* juridique.
negriere [ne'grjɛre] *sm* (*anche fig*) négrier *m.*
negro, -a ['negro] *agg* noir(e); (*arte, musica*) nègre ♦ *sm/f* noir(e).
negromante [negro'mante] *sm/f* nécromancien(ne).
negromanzia [negroman'tsia] *sf* nécromancie *f.*
nei ['nei] (= **in** + **i**) *prep + art vedi* **in**.
nel [nel] (= **in** + **il**) *prep + art vedi* **in**.
nell' [nell] (= **in** + **l'**) *prep + art vedi* **in**.
nella ['nella] (= **in** + **la**) *prep + art vedi* **in**.
nelle ['nelle] (= **in** + **le**) *prep + art vedi* **in**.
nello ['nello] (= **in** + **lo**) *prep + art vedi* **in**.
nembo ['nembo] *sm* nimbostratus *msg*; (*banco di nuvole*) cumulonimbus *msg.*
nemico, -a, -ci, -che [ne'miko] *agg, sm/f* ennemi(e); **essere** ~ **di** (*contrario a*) être contre; (*nocivo a*) être nuisible à.
nemmeno [nem'meno] *avv, cong* = **neanche**.
nenia ['nɛnja] *sf* cantilène *f*; (*fig*) litanie *f.*
neo ['nɛo] *sm* grain *m* de beauté; (*MED*) nævus *msg*; (*fig*) imperfection *f.*
neo... ['nɛo] *pref* néo... .
neofascista, -i, -e [neofaʃ'ʃista] *sm/f* néofasciste *m/f.*
neologismo [neolo'dʒizmo] *sm* néologisme *m.*
neon ['nɛon] *sm inv* néon *m*; **lampada al** ~ lampe *f* au néon.

neonato, -a [neo'nato] *agg, sm/f* nouveau-né(e).
neozelandese [neoddzelan'dese] *agg, sm/f* néo-zélandais(e).
Nepal ['nepal] *sm* Népal *m.*
nepotismo [nepo'tizmo] *sm* népotisme *m.*
neppure [nep'pure] *avv, cong* = **neanche**.
nerbata [ner'bata] *sf* coup *m* de nerf de bœuf.
nerbo ['nɛrbo] *sm* nerf *m* de bœuf; (*fig*) nerf.
nerboruto, -a [nerbo'ruto] *agg* musclé(e).
neretto [ne'retto] *sm* (*TIP*) (caractères *mpl*) gras *m.*
nero, -a ['nero] *agg* (*anche fig*) noir(e) ♦ *sm* noir *m*; **cronaca nera** faits *mpl* divers; **il Mar N~** la Mer Noire; **nella miseria più nera** dans la misère la plus noire; **essere di umore ~, essere ~** être d'une humeur noire; **mettere ~ su bianco** mettre noir sur blanc; **vedere tutto ~** voir tout en noir.
nerofumo [nero'fumo] *sm* noir *m* de fumée.
nervatura [nerva'tura] *sf* (*anche BOT, ARCHIT*) nervure *f*; (*di libro*) nerf *m*; (*TECN*) bourrelet *m.*
nervo ['nɛrvo] *sm* nerf *m*; (*BOT*) nervure *f*; **avere i nervi a fior di pelle** avoir les nerfs à fleur de peau; **dare sui nervi a qn** énerver qn; **tenere/avere i nervi saldi** garder/avoir les nerfs solides; **che nervi!** que c'est énervant!
nervosismo [nervo'sizmo] *sm* nervosité *f.*
nervoso, -a [ner'voso] *agg* nerveux(-euse) ♦ *sm* (*malumore, ira*): **far venire il ~ a qn** énerver qn; **farsi prendere dal ~** s'énerver.
nespola ['nɛspola] *sf* nèfle *f.*
nespolo ['nɛspolo] *sm* néflier *m.*
nesso ['nɛsso] *sm* lien *m.*

PAROLA CHIAVE

nessuno, -a [nes'suno] (*dav sm* **nessun** + *C, V,* **nessuno** + *s impura, gn, pn, ps, x, z; dav sf* **nessuna** + *C,* **nessun'** + *V*) *agg* **1** (*nemmeno uno*) aucun(e), pas un(e), nul(le); **non c'è nessun libro** il n'y a aucun livre; **nessun altro** personne d'autre; **nessun'altra cosa** aucune autre chose; **in nessun luogo** nulle part

2 (*qualche*) aucun(e); **hai nessuna obiezione?** tu n'as aucune objection?

♦ *pron* **1** (*persona*) personne, aucun(e); (*cosa*) aucun(e); **non è venuto nessuno?** personne n'est venu?

2 (*qualcuno*) personne, quelqu'un; **ha telefonato nessuno?** personne n'a téléphoné?, est-ce que quelqu'un a téléphoné?

nettamente [netta'mente] *avv* nettement.
nettare[1] ['nettare] *sm* nectar *m.*
nettare[2] [net'tare] *vt* nettoyer.
nettezza [net'tettsa] *sf* propreté *f*; ▸ **nettezza urbana** service *m* de voirie.
netto, -a ['netto] *agg* (*pulito*) propre; (*risposta, guadagno, peso*) net(nette); **tagliare qc di ~** couper *o* trancher net qch; **un taglio ~ col passato** (*fig*) une coupure nette avec le passé.
netturbino [nettur'bino] *sm* éboueur *m.*
neuro... ['neuro] *pref* neuro... .
neurochirurgia [neurokirur'dʒia] *sf* neurochirurgie *f.*
neurologia [neurolo'dʒia] *sf* neurologie *f.*
neurologico, -a, -ci, -che [neuro'lɔdʒiko] *agg* neurologique.
neurologo, -a, -gi, -ghe [neu'rɔlogo] *sm/f* neurologue *m/f*, neurologiste *m/f.*
neurosi [neu'rɔzi] *sf inv* = **nevrosi**.
neutrale [neu'trale] *agg* neutre.
neutralità [neutrali'ta] *sf* neutralité *f.*
neutralizzare [neutralid'dzare] *vt* neutraliser.
neutro, -a ['nɛutro] *agg, sm* neutre *m.*
neutrone [neu'trone] *sm* neutron *m.*
nevaio [ne'vajo] *sm* névé *m.*
neve ['neve] *sf* neige *f*; **montare a ~** (*CUC*) battre en neige; ▸ **nevi perenni** neiges éternelles.
nevicare [nevi'kare] *vb impers* neiger; **nevica** il neige.
nevicata [nevi'kata] *sf* chute *f* de neige.
nevischio [ne'viskjo] *sm* neige *f* fondue.
nevoso, -a [ne'voso] *agg* neigeux(-euse).
nevralgia [nevral'dʒia] *sf* névralgie *f.*
nevralgico, -a, -ci, -che [ne'vraldʒiko] *agg* névralgique; **punto ~** (*MED, fig*) point *m* névralgique.
nevrastenico, -a, -ci, -che [nevras'tɛniko] *agg, sm/f* (*MED, fig*) neurasthénique *m/f.*
nevrosi [ne'vrɔzi] *sf inv* névrose *f.*
nevrotico, -a, -ci, -che [ne'vrɔtiko] *agg* (*MED, fig*) névrotique ♦ *sm/f* névrosé(e).
Niagara [nja'gara] *sm*: **le cascate del ~** les chutes *fpl* du Niagara.
nibbio ['nibbjo] *sm* milan *m.*
Nicaragua [nika'ragwa] *sm* Nicaragua *m.*
nicaraguense [nikara'gwɛnse] *agg* nicaraguayen(ne).
nicchia ['nikkja] *sf* (*anche fig*) niche *f*; (*naturale*) cavité *f*; ▸ **nicchia di mercato** (*COMM*) créneau *m* (de vente).
nicchiare [nik'kjare] *vi* hésiter, tergiverser.
nichel ['nikel] *sm* nickel *m.*
nichilismo [niki'lizmo] *sm* nihilisme *m.*
Nicosia [niko'zia] *sf* Nicosie.
nicotina [niko'tina] *sf* nicotine *f.*
nidiata [ni'djata] *sf* nichée *f*, couvée *f*; (*fig: di bambini*) nichée.
nidificare [nidifi'kare] *vi* nicher, nidifier.

nido ['nido] *sm* nid *m* ♦ *agg inv*: **asilo ~** crèche *f*; **a ~ d'ape** à nid d'abeilles.

PAROLA CHIAVE

niente ['njɛnte] *pron* **1** rien; **niente può fermarlo** rien ne peut l'arrêter; **niente di niente** rien de rien; **nient'altro** rien d'autre; **come se niente fosse** comme si de rien n'était; **cose da niente** des riens, des bagatelles; **per niente** pour rien; **poco o niente** presque rien, trois fois rien; **grazie! – di niente** merci! – de rien; **non per niente, ma ...** ce n'est pas pour dire, mais ...; **un uomo da niente** un rien du tout

2 (*qualcosa*): **hai bisogno di niente?** as-tu besoin de quelque chose?, tu n'as besoin de rien?

3: **non ... niente** ne ... rien; **non ho visto niente** je n'ai rien vu; **non ho niente da dire** je n'ai rien à dire; **non può farci niente** il ne peut rien y faire; **(non) fa niente** cela ne fait rien

♦ *sm* rien *m*; **un bel niente** rien du tout; **basta un niente per farla piangere** il suffit d'un rien pour la faire pleurer; **finire in niente** ne pas avoir de suite, s'en aller en eau de boudin (*fam*)

♦ *avv* (*in nessuna misura*): **non ... niente** ne ... pas du tout; **non ... (per) niente** ne ... pas du tout; **non è (per) niente male** il n'est pas mal du tout; **non ci penso per niente** je n'y pense pas du tout; **niente affatto** pas du tout, pas le moins du monde

♦ *agg*: **niente paura!** n'ayez pas peur!

nientedimeno [njentedi'meno] *avv* (*indica stupore, meraviglia*) vraiment; **~!** rien que ça!

nientemeno [njente'meno] *avv* = **nientedimeno**.

Niger ['nidʒer] *sm* Niger *m*.

Nigeria [ni'dʒɛrja] *sf* Nigéria *m o f*.

nigeriano, -a [nidʒe'rjano] *agg* nigérian(e).

Nilo ['nilo] *sm* Nil *m*.

ninfa ['ninfa] *sf* nymphe *f*.

ninfea [nin'fɛa] *sf* nymphéa *m*, nénuphar *m*.

ninfomane [nin'fɔmane] *sf* nymphomane *f*.

ninna-nanna [ninna'nanna] *sf* berceuse *f*.

ninnolo ['ninnolo] *sm* joujou *m*; (*gingillo*) bibelot *m*.

nipote [ni'pote] *sm/f* (*di zii*) neveu(nièce); (*di nonni*) petit-fils(petite-fille).

nipponico, -a, -chi, -che [nip'pɔniko] *agg* nippon(e).

nitidezza [niti'dettsa] *sf* (*vedi agg*) propreté *f*; netteté *f*; clarté *f*.

nitido, -a ['nitido] *agg* (*immagine*) net(nette).

nitrato [ni'trato] *sm* nitrate *m*.

nitrico, -a, -ci, -che ['nitriko] *agg* nitrique.

nitrire [ni'trire] *vi* hennir.

nitrito[1] [ni'trito] *sm* (*verso*) hennissement *m*.

nitrito[2] [ni'trito] *sm* (*CHIM*) nitrite *m*.

nitroglicerina [nitroglitʃe'rina] *sf* nitroglycérine *f*.

Nizza ['nittsa] *sf* Nice.

nn *abbr* (= *numeri*) Nos.

NO *sigla* = *Novara*.

N.O. *abbr* (= *nordovest*) N.-O.

no [nɔ] *avv* non; **vieni o ~?** tu viens oui ou non?; **perché ~?** pourquoi pas?; **lo conosciamo? – tu ~ ma io sì** est-ce que nous le connaissons? – toi, non mais moi, oui; **verrai, ~?** tu viendras, n'est-ce pas?

nobildonna [nobil'dɔnna] *sf* noble *f*.

nobile ['nɔbile] *agg, sm/f* noble *m/f*.

nobiliare [nobi'ljare] *agg* nobiliaire.

nobilitare [nobili'tare] *vt* ennoblir; **nobilitarsi** *vr* s'ennoblir.

nobiltà [nobil'ta] *sf* noblesse *f*.

nobiluomo [nobi'lwɔmo] (*pl* **nobiluomini**) *sm* gentilhomme *m*.

nocca, -che ['nɔkka] *sf* jointure *f* (des doigts).

noccio *etc* ['nɔttʃo] *vb vedi* **nuocere**.

nocciola [not'tʃɔla] *agg inv, sf* noisette *f*.

nocciolina [nottʃo'lina] *sf* (*anche*: **~ americana**) cacahuète *f*.

nocciolo ['nɔttʃolo] *sm* (*in frutto*) noyau *m*; (*fig*: *punto essenziale*) nœud *m*; (*BOT*: *albero*) [not'tʃɔlo] noisetier *m*.

noce ['notʃe] *sm* noyer *m* ♦ *sf* noix *fsg* ♦ *agg inv* marron, brun(e); **una ~ di burro** une noix de beurre; ▸ **noce di cocco** noix de coco; ▸ **noce moscata** (noix) muscade *f*.

nocepesca, -sche [notʃe'pɛska] *sf* brugnon *m*, nectarine *f*.

nocevo *etc* [no'tʃevo] *vb vedi* **nuocere**.

nociuto, -a [no'tʃuto] *pp di* **nuocere**.

nocivo, -a [no'tʃivo] *agg* nuisible.

nocqui *etc* ['nɔkkwi] *vb vedi* **nuocere**.

nodo ['nɔdo] *sm* nœud *m*; (*fig*: *legame*) lien *m*; **avere un ~ alla gola** avoir la gorge nouée; **tutti i nodi vengono al pettine** (tôt ou tard) tous les problèmes finissent par émerger.

nodoso, -a [no'doso] *agg* noueux(-euse).

nodulo ['nɔdulo] *sm* nodule *m*.

noi ['noi] *pron* nous; **~ stessi(e)** nous-mêmes.

noia ['nɔja] *sf* ennui *m*; **mi è venuto a ~** je m'en suis lassé; **dare ~ a** déranger; **avere delle noie con** avoir des ennuis avec.

noialtri [no'jaltri] *pron* nous autres.

noioso, -a [no'joso] *agg* ennuyeux(-euse); (*fastidioso*) agaçant(e).

noleggiare [noled'dʒare] *vt* louer.

noleggiatore, -trice [noleddʒa'tore] *sm/f*

loueur(-euse).
noleggio [no'leddʒo] *sm* location *f*.
nolente [no'lɛnte] *agg*: **volente o ~** bon gré mal gré.
nolo ['nɔlo] *sm* fret *m*.
nomade ['nɔmade] *agg, sm/f* nomade *m/f*.
nomadismo [noma'dizmo] *sm* nomadisme *m*.
nome ['nome] *sm* nom *m*; (*fig*) renommée *f*; **a ~ di** de la part de; **in ~ di** au nom de; **chiamare qn per ~** appeler qn par son prénom; **conoscere qn di ~** connaître qn de nom; **fare il ~ di qn** nommer qn; **farsi un ~** se faire un nom; **faccia pure il mio ~** vous pouvez dire que vous me connaissez; ▶ **nome da ragazza/da sposata** nom de jeune fille/d'épouse; ▶ **nome d'arte** pseudonyme *m*; ▶ **nome depositato** nom déposé; ▶ **nome di battesimo** nom de baptême.
nomea [no'mɛa] *sf* mauvaise réputation *f*.
nomenclatura [nomenkla'tura] *sf* nomenclature *f*.
nomignolo [no'miɲɲolo] *sm* surnom *m*, sobriquet *m*.
nomina ['nɔmina] *sf* nomination *f*.
nominale [nomi'nale] *agg* (*anche LING*) nominal(e).
nominare [nomi'nare] *vt* nommer; **non l'ho mai sentito ~** je n'en ai jamais entendu parler.
nominativo, -a [nomina'tivo] *agg* nominatif(-ive) ♦ *sm* (*AMM*) nom *m* et prénom; (*LING*) nominatif *m*.
non [non] *avv* ne ... pas ♦ *pref vedi anche* **affatto, appena**.
nonché [non'ke] *cong* (*e non solo*) non seulement ... mais aussi; (*inoltre*) ainsi que.
nonconformista, -i, -e [nonkonfor'mista] *agg, sm/f* non conformiste.
noncurante [nonku'rante] *agg* (*persona, atteggiamento*): **~ (di)** insouciant(e) (de); **con fare ~** d'une façon nonchalante.
noncuranza [nonku'rantsa] *sf* insouciance *f*, nonchalance *f*.
nondimeno [nondi'meno] *cong* néanmoins.
nonno, -a ['nɔnno] *sm/f* grand-père(grand-mère); **i nonni** *smpl* (*nonno e nonna*) les grands-parents *mpl*.
nonnulla [non'nulla] *sm inv*: **un ~** un rien.
nono, -a ['nɔno] *agg, sm/f* neuvième *m/f* ♦ *sm* neuvième *m*.
nonostante [nonos'tante] *prep* malgré, en dépit de ♦ *cong* bien que, quoique; **ciò ~** malgré cela.
non plus ultra ['non plus 'ultra] *sm inv*: **il ~ ~ ~ (di)** le nec plus ultra (de).
nontiscordardimé [nontiskordardi'me] *sm inv* myosotis *msg*.
nord [nɔrd] *agg inv, sm* nord *m*; **a ~ (di)** au nord (de); **verso ~** vers le nord; **il mare del N~** la mer du Nord; **l'America del N~** l'Amérique du Nord.
nordest [nor'dɛst] *sm* nord-est *m*.
nordico, -a, -ci, -che ['nɔrdiko] *agg* nordique.
nordista, -i, -e [nor'dista] *agg, sm/f* nordiste *m/f*.
nordovest [nor'dɔvest] *sm* nord-ouest *m*.
Norimberga [norim'bɛrga] *sf* Nuremberg.
norma ['norma] *sf* norme *f*; (*regola, consuetudine*) règle *f*; **di ~** d'habitude, normalement; **a ~ di legge** aux termes de la loi; **per tua ~ e regola** pour ta gouverne; **al di sopra della ~** supérieur à la norme; ▶ **norma giuridica** norme, règle de droit; ▶ **norme di sicurezza** consignes *fpl* de sécurité; ▶ **norme per l'uso** mode *m* d'emploi.
normale [nor'male] *agg* normal(e) ♦ *sf* (*GEOM*) normale *f*.
normalità [normali'ta] *sf* normalité *f*.
normalizzare [normalid'dzare] *vt* normaliser; (*industria, produzione*) normaliser, standardiser.
normalmente [normal'mente] *avv* normalement.
Normandia [norman'dia] *sf* Normandie *f*.
normanno, -a [nor'manno] *agg* normand(e) ♦ *sm/f* Normand(e).
normativa [norma'tiva] *sf* réglementation *f*.
normativo, -a [norma'tivo] *agg* (*grammatica*) normatif(-ive); (*potere, quadro*) de réglementation, réglementaire.
norvegese [norve'dʒese] *agg* norvégien(ne) ♦ *sm/f* Norvégien(ne) ♦ *sm* norvégien *m*.
Norvegia [nor'vɛdʒa] *sf* Norvège *f*.
nosocomio [nozo'kɔmjo] *sm* hôpital *m*.
nostalgia [nostal'dʒia] *sf* nostalgie *f*.
nostalgico, -a, -ci, -che [nos'taldʒiko] *agg* nostalgique ♦ *sm/f* (*POL*) nostalgique *m/f* (du fascisme).
nostrano, -a [nos'trano] *agg* du pays.
nostro, -a ['nɔstro] *agg*: **(il) ~, (la) nostra** notre ♦ *pron*: **il ~, la nostra** le nôtre, la nôtre; **i nostri** (*genitori*) nos parents; **una nostra amica** une de nos amies; **i nostri libri** nos livres; **~ padre** notre père; **è ~** il est à nous, c'est le nôtre; **l'ultima nostra** (*COMM*) notre dernière lettre; **è dalla nostra** il est de notre côté; **vogliamo dire la nostra** nous avons notre mot à dire; **alla nostra!** (*brindisi*) à notre santé!; **abbiamo avuto le nostre** nous avons eu notre part de malheurs; **ne abbiamo fatta una delle nostre!** nous avons encore fait une bêtise!; **arrivano i nostri!** les renforts arrivent!
nostromo [nos'trɔmo] *sm* (*in marina*) maître *m*.
nota ['nɔta] *sf* (*anche MUS*) note *f*; (*elenco*)

liste *f*; (*segno*) caractéristique *f*; **prendere ~ di qc** prendre note de qch; (*fig*) prendre bonne note de qch; **degno di ~** digne d'être remarqué, remarquable; ▸**note a piè di pagina** notes en bas de page; ▸**note caratteristiche** caractéristiques dominantes.

notabile [no'tabile] *agg* remarquable ♦ *sm* notable *m*.

notaio [no'tajo] *sm* notaire *m*.

notare [no'tare] *vt* remarquer; (*segnare*) marquer; (*registrare*) annoter; **farsi ~** (*anche peg*) se faire remarquer.

notarile [nota'rile] *agg*: **atto ~** acte *m* notarié; **studio ~** étude *f* de notaire.

notazione [notat'tsjone] *sf* (*anche MUS*) notation *f*.

notevole [no'tevole] *agg* (*talento, capacità*) considérable, remarquable; (*peso*) considérable.

notifica, -che [no'tifika] *sf* notification *f*.

notificare [notifi'kare] *vt* (*DIR*): **~ qc a qn** notifier qch à qn.

notificazione [notifikat'tskjone] *sf* notification *f*.

notizia [no'tittsja] *sf* nouvelle *f*; (*conoscenza, nozione*) notion *f*; **ultime notizie** dernières nouvelles; ▸**notizie sportive** nouvelles sportives.

notiziario [notit'tsjarjo] *sm* (*RADIO, TV*) nouvelles *fpl*, informations *fpl*.

noto, -a ['nɔto] *agg* connu(e).

notorietà [notorje'ta] *sf* notoriété *f*; **atto di ~** acte *m* de notoriété.

notorio, -a [no'tɔrjo] *agg* notoire; **atto ~** acte *m* de notoriété.

nottambulo, -a [not'tambulo] *sm/f* noctambule *m/f*.

nottata [not'tata] *sf* nuit *f*.

notte ['nɔtte] *sf* nuit *f*; **di ~** la nuit; **buona ~**! bonne nuit!; (*fig*) n'en parlons plus!; **dammi 10.000 lire e buona ~**! donne-moi 10 000 lires et n'en parlons plus!; **sì, buona ~**! mais oui, c'est ça!; **questa ~** cette nuit; **nella ~ dei tempi** dans la nuit des temps; ▸**notte bianca** nuit blanche.

nottetempo [notte'tɛmpo] *avv* pendant la nuit.

nottola ['nɔttola] *sf* (*ZOOL*) noctule *f*.

notturno, -a [not'turno] *agg* nocturne ♦ *sm* (*MUS*) nocturne *m* ♦ *sf* (*SPORT*) match *m* nocturne.

novanta [no'vanta] *agg inv, sm inv* quatre-vingt-dix *m*; *vedi anche* **cinque**.

novantenne [novan'tɛnne] *agg* (âgé(e)) de quatre-vingt-dix ans♦*sm/f* nonagénaire *m/f*.

novantesimo, -a [novan'tɛzimo] *agg, sm/f* quatre-vingt-dixième *m/f*.

novantina [novan'tina] *sf*: **una ~ di** environ quatre-vingt-dix.

nove ['nɔve] *agg inv, sm inv* neuf *m inv*; *vedi anche* **cinque**.

novecentesco, -a, -schi, -sche [novetʃen'tesko] *agg* du vingtième siècle.

novecento [nove'tʃɛnto] *agg inv, sm inv* neuf cents *m inv* ♦ *sm*: **il N~** le vingtième siècle.

novella [no'vɛlla] *sf* nouvelle *f*, conte *m*.

novellino, -a [novel'lino] *agg* novice.

novellista, -i, -e [novel'lista] *sm/f* nouvelliste *m/f*.

novellistica [novel'listika] *sf* nouvelles *fpl*, contes *mpl*.

novello, -a [no'vɛllo] *agg* nouveau(nouvelle); **sposi novelli** jeunes mariés *mpl*.

novembre [no'vɛmbre] *sm* novembre *m*; *vedi anche* **luglio**.

novemila [nove'mila] *agg inv, sm inv* neuf mille *m inv*.

novennale [noven'nale] *agg* (*che dura 9 anni*) de neuf ans; (*che ricorre ogni 9 anni*) tous les neuf ans.

novilunio [novi'lunjo] *sm* nouvelle lune *f*.

novità [novi'ta] *sf inv* nouveauté *f*; (*notizia*) nouvelle *f*; **le ~ della moda** les nouveautés de la mode.

noviziato [novit'tsjato] *sm* noviciat *m*; (*fig*) apprentissage *m*.

novizio, -a [no'vittsjo] *sm/f* novice *m/f*; (*tirocinante*) débutant(e).

nozione [not'tsjone] *sf* notion *f*; **nozioni** *sfpl* (*rudimenti*) notions *fpl*.

nozionismo [nottsjo'nizmo] *sm* (*peg*) connaissances *fpl* superficielles.

nozionistico, -a, -ci, -che [nottsjo'nistiko] *agg* (*peg*) superficiel(le).

nozze ['nɔttse] *sfpl* noces *fpl*; ▸**nozze d'argento/d'oro** noces d'argent/d'or.

ns. *abbr* (*COMM* = *nostro*) notre.

NU *sigla* = *Nuoro*.

N.U. *sigla* (= *Nazioni Unite*) NU *fpl*.

nube ['nube] *sf* (*anche fig*) nuage *m*.

nubifragio [nubi'fradʒo] *sm* orage *m* violent.

nubile ['nubile] *agg* célibataire.

nuca, -che [nuka] *sf* nuque *f*.

nucleare [nukle'are] *agg, sm* nucléaire *m*.

nucleo ['nukleo] *sm* (*anche fig*) noyau *m*; (*MIL, POLIZIA*) détachement *m*; ▸**nucleo antidroga** ≈ brigade *f* des stupéfiants; ▸**nucleo familiare** noyau familial.

nudismo [nu'dizmo] *sm* nudisme *m*.

nudista, -i, -e [nu'dista] *sm/f* nudiste *m/f*.

nudità [nudi'ta] *sf inv* nudité *f* ♦ *sfpl* (*parti nude del corpo*) nudité *fsg*.

nudo, -a ['nudo] *agg* nu(e) ♦ *sm* (*ARTE*) nu *m*; **a occhio ~** à l'œil nu; **a piedi nudi** nu-pieds, pieds-nus; **mettere a ~** mettre à nu; **gli ha detto ~ e crudo che ...** il lui a carrément dit que ... .

nugolo ['nugolo] *sm* (*anche fig*) nuée *f*.

nulla ['nulla] *pron, avv* = **niente** ♦ *sm*: **il** ~ le néant; **svanire nel** ~ disparaître sans laisser de traces; **basta un** ~ **per farlo arrabbiare** il suffit d'un rien pour qu'il se mette en colère.
nullaosta [nulla'ɔsta] *sm inv* autorisation *f*, permis *msg*.
nullatenente [nullate'nɛnte] *agg, sm/f* indigent(e).
nullità [nulli'ta] *sf inv* (*anche DIR*) nullité *f*.
nullo, -a ['nullo] *agg* nul(le).
numerale [nume'rale] *agg* numéral(e) ♦ *sm* numéral *m*.
numerare [nume'rare] *vt* numéroter.
numeratore [numera'tore] *sm* (*MAT*) numérateur *m*; (*macchina*) numéroteur *m*.
numerazione [numerat'tsjone] *sf* numérotage *m*; (*araba, romana, decimale*) numération *f*.
numerico, -a, -ci, -che [nu'mɛriko] *agg* numérique.
numero ['numero] *sm* (*anche LING*) nombre *m*; (*romano, arabo*) chiffre *m*; (*di matricola, giornale etc*) numéro *m*; **tanto per fare** ~ juste pour qu'on soit plus nombreux; **che** ~ **tuo fratello!** quel numéro, ton frère!; **dare i numeri** dérailler, débloquer; **ha tutti i numeri per riuscire** il a toutes les qualités pour réussir; ▸ **numero chiuso** (*UNIV*) numerus clausus *m*; ▸ **numero civico** numéro (*d'une maison*); ▸ **numero di scarpe** pointure *f*; ▸ **numero di telefono** numéro de téléphone; ▸ **numero doppio** (*di rivista*) numéro double; ▸ **numero verde** (*TEL*) numéro vert.
numeroso, -a [nume'roso] *agg* nombreux(-euse).
numismatica [numis'matika] *sf* numismatique *f*.
nunzio ['nuntsjo] *sm* nonce *m*.
nuoccio *etc* ['nwɔttʃo] *vb vedi* **nuocere**.
nuocere ['nwɔtʃere] *vi*: ~ **a** nuire à; **tentar non nuoce** qui ne risque rien n'a rien.
nuora ['nwɔra] *sf* belle-fille *f*.
nuotare [nwo'tare] *vi* nager; (*galleggiare*) flotter; ~ **nell'oro** rouler sur l'or.
nuotata [nwo'tata] *sf*: **fare una** ~ nager, faire quelques brasses.
nuotatore, -trice [nwota'tore] *sm/f* nageur(-euse).
nuoto ['nwɔto] *sm* natation *f*; **a** ~ à la nage.
nuova ['nwɔva] *sf* (*notizia*) nouvelle *f*.
nuovamente [nwɔva'mente] *avv* de nouveau.
Nuova York ['nwɔva 'jork] *sf* New-York.
Nuova Zelanda ['nwɔva dze'landa] *sf* Nouvelle-Zélande *f*.
nuovo, -a ['nwɔvo] *agg* nouveau(nouvelle); (*in buono stato, non usato*) neuf(neuve); **come** ~ comme neuf(neuve); ~ **fiammante,** ~ **di zecca** flambant neuf(neuve); **di** ~ de nouveau; **fino a** ~ **ordine** jusqu'à nouvel ordre; **il suo volto non mi è** ~ son visage ne m'est pas étranger; **rimettere a** ~ remettre à neuf.
nutrice [nu'tritʃe] *sf* nourrice *f*.
nutriente [nutri'ɛnte] *agg* nourrissant(e).
nutrimento [nutri'mento] *sm* nourriture *f*.
nutrire [nu'trire] *vt* (*anche fig*) nourrir; **nutrirsi** *vr*: **nutrirsi di** se nourrir de.
nutritivo, -a [nutri'tivo] *agg* nutritif(-ive); (*alimento*) nutritif(-ive), nourrissant(e).
nutrito, -a [nu'trito] *agg* nombreux(-euse); **ben/mal** ~ bien/mal nourri.
nutrizione [nutrit'tsjone] *sf* nutrition *f*; (*cibo*) nourriture *f*.
nuvola ['nuvola] *sf* nuage *m*.
nuvolo, -a ['nuvolo] *agg* nuageux(-euse).
nuvolosità [nuvolosi'ta] *sf inv* nébulosité *f*.
nuvoloso, -a [nuvo'loso] *agg* nuageux(-euse).
nuziale [nut'tsjale] *agg* nuptial(e).
nylon ['nailən] *sm* nylon *m*.

O, o

O, o [o] *sf o m inv* (*lettera*) O, o *m inv*; ~ **come Otranto** ≈ O comme Oscar.
O. *abbr* (= *ovest*) O.
o [o] (*dav V spesso* **od**) *cong* ou; ~ ... ~ ou ... ou, soit ... soit; ~ **l'uno** ~ **l'altro** l'un ou l'autre.
oasi ['ɔazi] *sf inv* (*anche fig*) oasis *fsg*.
obbediente *etc* [obbe'djɛnte] = **ubbidiente** *etc*.
obbligare [obbli'gare] *vt*: ~ **(qn a fare qc)** obliger (qn à faire qch); **obbligarsi** *vr* (*DIR*) s'obliger; **obbligarsi a fare qc** (*impegnarsi*) s'engager à faire qch.
obbligatissimo, -a [obbliga'tissimo] *agg* (*ringraziamento*): ~! merci mille fois!
obbligato, -a [obbli'gato] *agg* obligé(e); (*fig: tappa*) obligatoire; **passaggio** ~ (*fig*) passage *m* obligé.
obbligatorio, -a [obbliga'tɔrjo] *agg* obligatoire.
obbligazione [obbligat'tsjone] *sf* (*anche COMM, DIR*) obligation *f*; ▸ **obbligazioni convertibili** obligations convertibles.
obbligazionista, -i, -e [obbligattsjo'nista] *sm/f* obligataire *m/f*.

obbligo, -ghi ['ɔbbligo] *sm* obligation *f*; (*dovere*) devoir *m*; **avere l'~ di fare qc** être dans l'obligation de faire qch; **essere d'~** être obligatoire; (*discorso, applauso*) être de rigueur; **avere degli obblighi con** *o* **verso qn** avoir des obligations envers qn; **la scuola dell'~** la scolarité obligatoire; **le formalità d'~** les formalités *fpl* requises.
obb.mo *abbr* (= *obbligatissimo*) très dévoué.
obbrobrio [ob'brɔbrjo] *sm* (*infamia*) opprobre *m*, déshonneur *m*; (*fig*) horreur *f*.
obelisco, -schi [obe'lisko] *sm* obélisque *m*.
oberato, -a [obe'rato] *agg*: ~ **(di)** (*di lavoro*) accablé(e) (de); (*di debiti*) accablé(e) (de), obéré(e) (par).
obesità [obesi'ta] *sf* obésité *f*.
obeso, -a [o'beso] *agg* obèse.
obiettare [objet'tare] *vt*: ~ **(su/che)** objecter (à/que).
obiettivamente [objettiva'mente] *avv* objectivement.
obiettività [objettivi'ta] *sf* objectivité *f*.
obiettivo, -a [objet'tivo] *agg* objectif(-ive) ♦ *sm* (*FOT, MIL, fig*) objectif *m*.
obiettore [objet'tore] *sm* objecteur *m*; ▸**obiettore di coscienza** objecteur de conscience.
obiezione [objet'tsjone] *sf* objection *f*.
obitorio [obi'tɔrjo] *sm* morgue *f*.
obliquo, -a [o'blikwo] *agg* oblique; (*fig*: *indiretto*) indirect(e); (: *non onesto*) louche.
obliterare [oblite'rare] *vt* oblitérer.
obliteratrice [oblitera'tritʃe] *sf* (*anche*: **macchina** ~) oblitérateur *m*.
oblò [o'blɔ] *sm inv* hublot *m*.
oblungo, -a, -ghi, -ghe [o'blungo] *agg* oblong(oblongue).
oboe ['ɔboe] *sm* hautbois *msg*.
obolo ['ɔbolo] *sm* obole *f*.
obsolescenza [obsoleʃ'ʃɛntsa] *sf* obsolescence *f*.
obsoleto, -a [obso'lɛto] *agg* obsolète.
OC *abbr* (= *onde corte*) OC.
oca ['ɔka] (*pl* **oche**) *sf* (*anche peg*) oie *f*; ▸**oca giuliva** bécasse *f*.
ocaggine [o'kaddʒine] *sf* (*peg*) bêtise *f*.
occasionale [okkazjo'nale] *agg* occasionnel(le).
occasione [okka'zjone] *sf* occasion *f*; **cogliere l'~** saisir l'occasion; **all'~** à l'occasion; **alla prima** ~ à la première occasion; **d'~** d'occasion.
occhiaia [ok'kjaja] *sf* orbite *f*; **occhiaie** *sfpl* (*per stanchezza*) cernes *mpl*; **avere le occhiaie** avoir les yeux cernés.
occhiali [ok'kjali] *smpl* lunettes *fpl*; ▸**occhiali da sole/da vista** lunettes de soleil/de vue.
occhiata [ok'kjata] *sf* coup d'œil *m*; **dare un'~ a** jeter un coup d'œil à; **un'~ d'intesa** un coup d'œil complice.
occhieggiare [okkjed'dʒare] *vi* poindre ça et là.
occhiello [ok'kjɛllo] *sm* boutonnière *f*; (*di libro*) faux-titre *m*.
occhio ['ɔkkjo] *sm* œil *m*; ~! attention!; **a ~ nudo** à l'œil nu; **a quattr'occhi** entre quatre yeux; **avere ~** avoir le compas dans l'œil; **chiudere un ~ (su)** (*fig*) fermer les yeux (sur); **costare un ~ della testa** coûter les yeux de la tête; **dare all'~** *o* **nell'~ a qn** taper dans l'œil de qn; **fare l'~ a qc** s'habituer à qch; **tenere d'~ qn** avoir *o* tenir qn à l'œil; **tener d'~ qc** surveiller qch; **vedere di buon/cattivo ~ qc/qn** voir qch/qn d'un bon/mauvais œil.
occhiolino [okkjo'lino] *sm*: **fare l'~ a qn** faire un clin d'œil à qn.
occidentale [ottʃiden'tale] *agg, sm/f* occidental(e).
occidente [ottʃi'dɛnte] *sm* ouest *m*; (*POL*): **l'O~** l'Occident *m*; **a ~** à l'ouest.
occipite [ot'tʃipite] *sm* occiput *m*.
occludere [ok'kludere] *vt* occlure.
occlusione [okklu'zjone] *sf* occlusion *f*.
occluso, -a [ok'kluzo] *pp di* **occludere**.
occorrente [okkor'rɛnte] *agg, sm* nécessaire *m*; **ho tutto l'~** j'ai tout ce qu'il faut.
occorrenza [okkor'rɛntsa] *sf*: **all'~** au besoin.
occorrere [ok'korrere] *vi* falloir, être nécessaire; **(mi) occorre una penna** il (me) faut un stylo; *vb impers*: **occorre farlo** il faut le faire; **occorre che tu parta** il faut que tu partes; **gli occorrono dei libri** il lui faut des livres; **mi occorre un'ora di tempo** il me faut une heure; **non occorre che si disturbi** il n'est pas nécessaire que vous vous dérangiez.
occorso, -a [ok'korso] *pp di* **occorrere**.
occultamento [okkulta'mento] *sm* dissimulation *f*.
occultare [okkul'tare] *vt* dissimuler.
occulto, -a [ok'kulto] *agg* occulte.
occupante [okku'pante] *sm/f* occupant(e); ▸**occupante abusivo** squatter *m*.
occupare [okku'pare] *vt* occuper; **occuparsi** *vip*: **occuparsi di** s'occuper de.
occupato, -a [okku'pato] *agg* occupé(e).
occupazionale [okkupattsjo'nale] *agg* de l'emploi; **la crisi ~** la crise de l'emploi.
occupazione [okkupat'tsjone] *sf* occupation *f*; (*impiego, lavoro*) emploi *m*.
Oceania [otʃe'anja] *sf* Océanie *f*.
oceano [o'tʃɛano] *sm* océan *m*.
ocra ['ɔkra] *sf* ocre *f*.
OCSE ['ɔkse] *sigla f* (= *Organizzazione per la Cooperazione e lo Sviluppo Economico*) OCDE *f*.
oculare [oku'lare] *agg* (*ANAT, testimone*)

oculaire.

oculatezza [okula'tettsa] *sf* sagesse *f*.

oculato, -a [oku'lato] *agg* (*persona*) avisé(e), circonspect(e); (*cosa*) judicieux(-euse).

oculista, -i, -e [oku'lista] *sm/f* oculiste *m/f*.

od [od] *cong vedi* **o**.

ode ['ɔde] *sf* ode *f*.

ode *etc* ['ɔde] *vb vedi* **udire**.

odiare [o'djare] *vt* (*nemico etc*) haïr; (*caffè, violenza etc*) détester; **odiarsi** *vr* se haïr, se détester; **odio stirare** je déteste repasser.

odierno, -a [o'djɛrno] *agg* (*di oggi*) d'aujourd'hui; (*attuale*) actuel(le); **in data odierna** ce jour.

odio ['ɔdjo] *sm* haine *f*; **avere in ~ qc/qn** haïr qch/qn.

odioso, -a [o'djoso] *agg* odieux(-euse); **rendersi ~ (a)** se rendre odieux(-euse) (à).

odo *etc* ['ɔdo] *vb vedi* **udire**.

odontoiatra, -i, -e [odonto'jatra] *sm/f* chirurgien dentiste *m*, odontologiste *m/f*.

odorare [odo'rare] *vt, vi* sentir; **odora di lavanda** cela sent la lavande.

odorato [odo'rato] *sm* odorat *m*.

odore [o'dore] *sm* odeur *f*; **odori** *smpl* (*CUC*) aromates *mpl*; **sento ~ di bruciato/di fumo** cela sent le brûlé/la fumée; **buon/cattivo ~** bonne/mauvaise odeur; **in ~ di** (*fig*) en odeur de.

odoroso, -a [odo'roso] *agg* odoriférant(e), parfumé(e).

offendere [of'fɛndere] *vt* blesser, vexer; (*morale*) offenser; (*vista*) choquer; (*libertà, diritti*) violer; **offendersi** *vr, vip* (*reciproco*) s'injurier; (*risentirsi*) se vexer, se froisser.

offensivo, -a [offen'sivo] *agg* offensant(e); (*MIL*) offensif(-ive) ♦ *sf* (*MIL, fig*) offensive *f*.

offensore [offen'sore] *sm* offenseur *m*.

offerente [offe'rɛnte] *sm/f*: **al miglior ~** au plus offrant.

offerta [of'fɛrta] *sf* (*donazione, ECON*) offre *f*; (*REL*) offrande *f*; (*in gara d'appalto*) soumission *f*; (*in aste*) enchère *f*; **fare un'~** (*in chiesa*) faire une offrande; (*per appalto*) soumissionner; (*ad un'asta*) faire une enchère; ▸ **offerta di matrimonio** demande *f* en mariage; ▸ **offerta pubblica di acquisto/di vendita** offre publique d'achat/de vente; ▸ **offerta reale** offre réelle; ▸ **offerta speciale** promotion *f*; ▸ **"offerte d'impiego"** "offres d'emploi".

offerto, -a [of'fɛrto] *pp di* **offrire**.

offeso, -a [of'feso] *pp di* **offendere** ♦ *agg* blessé(e), vexé(e) ♦ *sm/f* offensé(e) ♦ *sf* offense *f*; (*MIL*) offensive *f*; **essere ~ con qn** être brouillé avec qn; **parte offesa** (*DIR*) partie lésée.

officiare [offi'tʃare] *vi* (*REL*) officier.

officina [offi'tʃina] *sf* atelier *m*; ▸ **officina meccanica** garage *m*.

offrire [of'frire] *vt* offrir; **offrirsi** *vr, vip* s'offrir; **offrirsi (di fare)** proposer (de faire); **ti offro da bere/un caffè** je t'offre à boire/un café; **"offresi posto di segretaria"** "recherchons secrétaire"; **"segretaria offresi"** "recherche poste de secrétaire".

offuscare [offus'kare] *vt* assombrir, obscurcir; (*fig: intelletto*) troubler; (*: fama*) ternir; **offuscarsi** *vip* (*immagine*) s'assombrir, s'obscurcir; (*fama*) se ternir.

oftalmico, -a, -ci, -che [of'talmiko] *agg* ophtalmique.

oggettività [oddʒettivi'ta] *sf* objectivité *f*.

oggettivo, -a [oddʒet'tivo] *agg* objectif(-ive).

oggetto [od'dʒɛtto] *sm* objet *m*; **essere ~ di** (*di critiche, controversia*) être l'objet de, faire l'objet de; **essere ~ di scherno** être un objet de risée; **donna ~** femme-objet *f*; **(ufficio) oggetti smarriti** (bureau *m* des) objets trouvés; ▸ **oggetti preziosi** objets précieux.

oggi ['ɔddʒi] *avv, sm* aujourd'hui; **~ stesso** aujourd'hui même; **~ come ~** aujourd'hui; **dall'~ al domani** du jour au lendemain; **a tutt'~** jusqu'à aujourd'hui; **~ a otto** aujourd'hui en huit.

oggigiorno [oddʒi'dʒorno] *avv* aujourd'hui, de nos jours.

OGM *sigla m* (= *organismo geneticamente modificato*) OGM *m* (= *organisme génétiquement modifié*).

ogni ['oɲɲi] *agg* chaque, tous(toutes) les; **~ volta che ...** chaque fois que ...; **~ sera** chaque soir, tous les soirs; **~ giorno** chaque jour, tous les jours; **~ donna** chaque femme, toutes les femmes; **viene ~ due giorni** il vient tous les deux jours; **~ cosa** tout; **ad ~ costo** à tout prix; **in ~ luogo** en tout lieu; **~ tanto** de temps en temps.

Ognissanti [oɲɲis'santi] *sm* Toussaint *f*.

ognuno, -a [oɲ'ɲuno] *pron* chacun(e).

ohi ['ɔi] *escl* aïe!

ohimè [oi'mɛ] *escl* hélas!

OIL ['ɔil] *sigla f* (= *Organizzazione Internazionale del Lavoro*) OIT *f*.

OL *abbr* (= *onde lunghe*) OL.

Olanda [o'landa] *sf* Hollande *f*.

olandese [olan'dese] *agg* hollandais(e) ♦ *sm/f* Hollandais(e) ♦ *sm* hollandais *m*.

oleandro [ole'andro] *sm* laurier-rose *m*.

oleato, -a [ole'ato] *agg*: **carta oleata** papier *m* huilé.

oleodotto [oleo'dɔtto] *sm* oléoduc *m*, pipe-line *f*.

oleoso, -a [ole'oso] *agg* huileux(-euse);

(*che contiene olio*) oléagineux(-euse).
olezzo [o'leddzo] *sm* senteur *f*, parfum *m*.
olfatto [ol'fatto] *sm* odorat *m*.
oliare [o'ljare] *vt* huiler.
oliatore [olja'tore] *sm* burette *f*.
oliera [o'ljɛra] *sf* huilier *m*.
oligarchia [oligar'kia] *sf* oligarchie *f*.
Olimpiadi [olim'piadi] *sfpl* Jeux *mpl* olympiques.
olimpico, -a, -ci, -che [o'limpiko] *agg* olympique.
olio ['ɔljo] *sm* huile *f*; **un (quadro a)** ~ une huile; **sott'**~ (*CUC*) à l'huile; ▸ **olio di fegato di merluzzo** huile de foie de morue; ▸ **olio di semi vari/d'oliva** huile végétale/d'olive; ▸ **olio santo** huile sainte; ▸ **olio solare** huile solaire.
oliva [o'liva] *sf* olive *f* ♦ *agg inv*: **verde** ~ vert olive.
olivastro, -a [oli'vastro] *agg* olivâtre.
oliveto [oli'veto] *sm* oliveraie *f*.
olivo [o'livo] *sm* olivier *m*.
olmo ['ɔlmo] *sm* orme *m*.
olocausto [olo'kausto] *sm* holocauste *m*.
OLP [ɔlp] *sigla f* (= *Organizzazione per la Liberazione della Palestina*) OLP *f*.
oltraggiare [oltrad'dʒare] *vt* outrager.
oltraggio [ol'traddʒo] *sm* (*anche DIR*) outrage *m*; ▸ **oltraggio a pubblico ufficiale** outrage à agent de la force publique; ▸ **oltraggio al pudore** outrage à la pudeur; ▸ **oltraggio alla corte** outrage à la Cour.
oltraggioso, -a [oltrad'dʒoso] *agg* outrageant(e).
oltralpe [ol'tralpe] *sm*: **d'**~ transalpin(e).
oltranza [ol'trantsa] *sf*: **a** ~ à outrance.
oltranzismo [oltran'tsismo] *sm* jusqu'auboutisme *m*.
oltranzista, -i, -e [oltran'tsista] *sm/f* jusqu'au-boutiste *m/f*.
oltre ['oltre] *avv* (*più in là*) plus loin; (*di più*) davantage; (*nel tempo*) plus longtemps ♦ *prep* (*di là da*) au-delà de; (*più di*) plus de; (*in aggiunta a*) en plus de, outre; ~ **a** (*eccetto*) à part; ~ **a tutto** qui plus est; ~ **il fiume** de l'autre côté du fleuve; ~ **a ciò** en plus (de cela).
oltre... ['oltre] *pref* outre... .
oltrecortina [oltrekor'tina] *avv* au-delà du rideau de fer; **paesi d'**~ pays de l'autre côté du rideau de fer.
oltremanica [oltre'manika] *avv* outre-Manche.
oltremare [oltre'mare] *avv* outre-mer ♦ *sm*: **d'**~ d'outre-mer.
oltremodo [oltre'mɔdo] *avv* extrêmement, énormément.
oltreoceano [oltreo'tʃɛano] *avv* outre-Atlantique ♦ *sm*: **d'**~ d'outre-Atlantique.
oltrepassare [oltrepas'sare] *vt* dépasser; (*fig*) dépasser, outrepasser.
oltretomba [oltre'tomba] *sm inv*: **l'**~ l'au-delà *m*; **d'**~ d'outre-tombe.
OM *abbr* (= *onde medie*) OM; (*MIL* = *ospedale militare*) hôpital militaire.
omaggio [o'maddʒo] *sm* (*dono*) cadeau *m*; (*segno di rispetto*) hommage *m*; **omaggi** *smpl* (*complimenti*) hommages *mpl*; **dare qc in** ~ faire cadeau de qch; **campione in** ~ échantillon gratuit; **rendere** ~ **a** rendre hommage à; **presentare i propri omaggi a qn** présenter ses hommages à qn.
Oman [o'man] *sm* Oman *m*.
ombelicale [ombeli'kale] *agg* ombilical(e).
ombelico, -chi [ombe'liko] *sm* nombril *m*.
ombra ['ombra] *sf* ombre *f* ♦ *agg inv*: **governo** ~ gouvernement fantôme; **sedere all'**~ être assis(e) à l'ombre; **restare nell'**~ (*fig*) rester dans l'ombre; **senza** ~ **di dubbio** sans l'ombre d'un doute.
ombreggiare [ombred'dʒare] *vt* ombrager; (*sfumare*) ombrer.
ombrello [om'brɛllo] *sm* parapluie *m*.
ombrellone [ombrel'lone] *sm* parasol *m*.
ombretto [om'bretto] *sm* fard *m* à paupières.
ombroso, -a [om'broso] *agg* (*luogo*) ombragé(e); (*che dà ombra*) ombreux(-euse); (*fig*) ombrageux(-euse).
omelette [ɔmə'lɛt] *sf inv* omelette *f*.
omelia [ome'lia] *sf* homélie *f*.
omeopatia [omeopa'tia] *sf* homéopathie *f*.
omeopatico, -a, -ci, -che [omeo'patiko] *agg* homéopathique ♦ *sm* homéopathe *m*.
omertà [omer'ta] *sf* loi *f* du silence.
omesso, -a [o'messo] *pp di* **omettere**.
omettere [o'mettere] *vt* omettre; ~ **di fare qc** omettre de faire qch.
omicida, -i, -e [omi'tʃida] *agg, sm/f* meurtrier(-ière).
omicidio [omi'tʃidjo] *sm* meurtre *m*, homicide *m*; ▸ **omicidio colposo** homicide volontaire; ▸ **omicidio premeditato** meurtre avec préméditation.
omisi *etc* [o'mizi] *vb vedi* **omettere**.
omissione [omis'sjone] *sf* omission *f*; **reato d'**~ délit *m* d'omission; ▸ **omissione di atti d'ufficio** ≈ négligence *f* (*commise par un fonctionnaire*); ▸ **omissione di denuncia** non-dénonciation *f* de crime; ▸ **omissione di soccorso** non-assistance *f* à personne en danger.
omogeneizzato, -a [omodʒeneid'dzato] *agg* homogénéisé(e) ♦ *sm* petit pot *m*.
omogeneo, -a [omo'dʒɛneo] *agg* homogène.
omologare [omolo'gare] *vt* homologuer.
omologazione [omologat'tsjone] *sf* homologation *f*.
omologo, -a, -ghi, -ghe [o'mɔlogo] *agg* homologue.

omonimo, -a [o'mɔnimo] *agg, sm* homonyme *m*; **questa città e la regione omonima** cette ville et la région du même nom.
omosessuale [omosessu'ale] *agg, sm/f* homosexuel(le).
O.M.S. [o'ɛmme'ɛsse] *sigla f* (= *Organizzazione Mondiale della Sanità*) OMS *f*.
On. *abbr* (*POL* = *onorevole*) *député*.
oncia, -ce ['ontʃa] *sf* once *f*.
onda ['onda] *sf* vague *f*; (*di capelli*) ondulation *f*; (*FIS*) onde *f*; **andare in ~** (*RADIO, TV*) être diffusé(e); **mandare in ~** diffuser; **~ verde** (*AUT*) feux *mpl* synchronisés de signalisation; ▸**onde corte/lunghe/medie** ondes courtes/longues/moyennes.
ondata [on'data] *sf* (*anche fig*) vague *f*; ▸**ondata di caldo/freddo** vague de chaleur/froid.
onde ['onde] *cong* (*con il congiuntivo*) afin que, pour que; (*con l'infinito*) pour.
ondeggiare [onded'dʒare] *vi* (*gen, fig*: *spighe, fiamme*) ondoyer; (*barca*) se balancer.
ondoso, -a [on'doso] *agg* ondulatoire.
ondulato, -a [ondu'lato] *agg* ondulé(e).
ondulatorio, -a [ondula'tɔrjo] *agg* ondulatoire.
ondulazione [ondulat'tsjone] *sf* ondulation *f*.
onere ['ɔnere] *sm* (*DIR, fig*) charge *f*; ▸**oneri finanziari** charges financières; ▸**oneri fiscali** charges fiscales.
oneroso, -a [one'roso] *agg* onéreux(-euse).
onestà [ones'ta] *sf* honnêteté *f*.
onestamente [onesta'mente] *avv* honnêtement.
onesto, -a [o'nɛsto] *agg* honnête.
onice ['ɔnitʃe] *sf* onyx *msg*.
onirico, -a, -ci, -che [o'niriko] *agg* onirique.
onnipotente [onnipo'tɛnte] *agg* tout-puissant(e).
onnipresente [onnipre'zɛnte] *agg* omniprésent(e).
onnisciente [onniʃ'ʃɛnte] *agg* omniscient(e).
onniveggente [onnived'dʒɛnte] *agg* qui voit tout.
onomastico, -ci [ono'mastiko] *sm* fête *f*; **oggi è il mio ~** aujourd'hui c'est ma fête.
onomatopea [onomato'pɛa] *sf* onomatopée *f*.
onomatopeico, -a, -ci, -che [onomato'pɛiko] *agg* onomatopéique.
onoranze [ono'rantse] *sfpl* honneurs *mpl*; ▸**onoranze funebri** honneurs funèbres.
onorare [ono'rare] *vt* honorer; **onorarsi** *vr*: **onorarsi di** (*pregiarsi*) s'honorer de.
onorario, -a [ono'rarjo] *agg* honoraire ♦ *sm* (*compenso*) honoraires *mpl*.
onoratissimo, -a [onora'tissimo] *agg* (*in presentazioni*) enchanté(e).
onorato, -a [ono'rato] *agg* honorable; **essere ~ di** être honoré(e) de; **~ di conoscerla** enchanté de faire votre connaissance.
onore [o'nore] *sm* honneur *m*; **in ~ di** en l'honneur de; **fare ~ a** faire honneur à; **fare gli onori di casa** faire les honneurs de la maison; **farsi ~** se distinguer; **a onor del vero** à vrai dire; **medaglia d'~** médaille *f* d'honneur; **posto d'~** place *f* d'honneur; **uomo d'~** homme *m* d'honneur.
onorevole [ono'revole] *agg* honorable ♦ *sm/f* membre *m* du Parlement italien; **l'~ ministro** Monsieur(Madame) le ministre; **l'~ Bianchi** Monsieur/Madame le député Bianchi.
onorificenza [onorifi'tʃɛntsa] *sf* (*titolo*) titre *m* honorifique; (*decorazione*) décoration *f*.
onorifico, -a, -ci, -che [ono'rifiko] *agg* honorifique.
onta ['onta] *sf* honte *f*; **ad ~ di** au mépris de.
ontano [on'tano] *sm* aulne *m*.
O.N.U. ['ɔnu] *sigla f* (= *Organizzazione delle Nazioni Unite*) ONU *f*.
OO.PP. *abbr* = **opere pubbliche**.
OPA *abbr* (= *offerta pubblica d'acquisto*) OPA *f*.
opaco, -a, -chi, -che [o'pako] *agg* (*non trasparente*) opaque; (*metallo*) mat(e).
opale [o'pale] *sm o f* opale *f*.
OPEC ['opek] *sigla f* (= *Organization of Petroleum Exporting Countries*) OPEP *f*.
opera ['ɔpera] *sf* œuvre *f*; (*lavoro, fatica intellettuale*) travail *m*; (*costruzione*) ouvrage *m*; (*MUS*) opéra *m*; **per ~ sua** grâce à lui; **fare ~ di persuasione presso qn** user de persuasion à l'égard de qn; **mettersi/essere all'~** se mettre/être à l'œuvre; ▸**opera d'arte** œuvre d'art; ▸**opera lirica** opéra lyrique; ▸**opera pia** œuvre pie; ▸**opere pubbliche** travaux publics; ▸**opere di restauro** (*ARTE*) travaux *mpl* de restauration; (*ARCHIT*) travaux de rénovation; ▸**opere di scavo** fouilles *fpl*; ▸**opera teatrale** pièce *f* de théâtre.
operaio, -a [ope'rajo] *agg, sm/f* ouvrier(-ière); ▸**operaio non specializzato** ouvrier spécialisé, O.S. *m inv*; ▸**operaio specializzato** ouvrier qualifié *o* professionnel, O.P. *m inv*.
operare [ope'rare] *vt, vi* (*anche MED*) opérer; **operarsi** *vip* s'opérer; **~ qn d'urgenza** opérer qn d'urgence; **~ a favore di qn** agir en faveur de qn; **~ nel settore dei trasporti** travailler dans le secteur des transports; **operarsi d'appendicite** se faire opérer de l'appendicite.
operativo, -a [opera'tivo] *agg* opérationnel(le); **piano ~** plan *m* des opérations.

operato [ope'rato] *sm* actes *mpl*.
operatore, -trice [opera'tore] *sm/f* (*TV, CINE*) opérateur(-trice); **gli operatori del settore sanitario/scolastico** le personnel du secteur médical/scolaire; ▸ **operatore del suono** ingénieur *m* du son; ▸ **operatore di borsa** opérateur boursier; ▸ **operatore ecologico** éboueur *m*; ▸ **operatore economico** opérateur financier; ▸ **operatore turistico** professionnel(le) du tourisme.
operatorio, -a [opera'tɔrjo] *agg* opératoire.
operazione [operat'tsjone] *sf* (*anche MIL, MAT, MED*) opération *f*; **un'~ al cuore** une opération du cœur; **operazioni in Borsa** opérations boursières.
operetta [ope'retta] *sf* opérette *f*.
operosità [operosi'ta] *sf* activité *f*.
operoso, -a [ope'roso] *agg* actif(-ive).
opificio [opi'fitʃo] *sm* usine *f*.
opinabile [opi'nabile] *agg* discutable.
opinione [opi'njone] *sf* opinion *f*; **avere il coraggio delle proprie opinioni** avoir le courage de ses opinions; ▸ **opinione pubblica** opinion publique.
opinionista, -i, -e [opinjo'nista] *sm/f journaliste qui exprime ses propres opinions sur les événements d'actualité*.
op là [op'la] *escl* hop là!, et hop!
oppio ['ɔppjo] *sm* opium *m*.
oppiomane [op'pjɔmane] *sm/f* opiomane *m/f*.
opponente [oppo'nɛnte] *sm/f, agg* opposant(e).
oppongo *etc* [op'pongo] *vb vedi* **opporre**.
opporre [op'porre] *vt* opposer; **opporsi** *vip*: **opporsi (a)** s'opposer (à).
opportunista, -i, -e [opportu'nista] *sm/f* opportuniste *m/f*.
opportunità [opportuni'ta] *sf inv* occasion *f*; (*di scelta, decisione*) opportunité *f*; **cogliere l'~** saisir l'occasion.
opportuno, -a [oppor'tuno] *agg* convenable, approprié(e); (*propizio, favorevole*) opportun(e); **a tempo ~** en temps utile.
opposi *etc* [op'posi] *vb vedi* **opporre**.
oppositore, -trice [oppozi'tore] *sm/f* opposant(e).
opposizione [oppozit'tsjone] *sf* (*anche POL*) opposition *f*; **essere in netta ~** être en nette opposition; **fare ~ a qc** faire *o* mettre opposition à qch.
opposto, -a [op'posto] *pp di* **opporre** ♦ *agg* opposé(e) ♦ *sm* contraire *m*; **all'~** au contraire.
oppressione [oppres'sjone] *sf* (*anche fig*) oppression *f*.
oppressivo, -a [oppres'sivo] *agg* (*caldo*) accablant(e); (*regime*) tyrannique.
oppresso, -a [op'prɛsso] *pp di* **opprimere**.
oppressore [oppres'sore] *sm* oppresseur *m*.
opprimente [oppri'mɛnte] *agg* (*vedi vt*) oppressant(e); opprimant(e).
opprimere [op'primere] *vt* (*sogg*: *peso, caldo, dovere*) oppresser; (*discorso, tiranno*) opprimer.
oppugnare [oppuɲ'ɲare] *vt* (*fig*) réfuter.
oppure [op'pure] *cong* ou, ou bien; (*altrimenti*) sinon, autrement.
optare [op'tare] *vi* (*anche BORSA*) opter; **~ per** opter pour.
optimum ['ɔptimum] *sm inv*: **l'~** l'optimum *m*.
opulento, -a [opu'lɛnto] *agg* opulent(e).
opulenza [opu'lɛntsa] *sf* opulence *f*.
opuscolo [o'puskolo] *sm* brochure *f*.
OPV *abbr* (= *offerta pubblica di vendita*) OPV *f*.
opzionale [optsjo'nale] *agg* facultatif(-ive), optionnel(le).
opzione [op'tsjone] *sf* option *f*; **diritto di ~** droit *m* d'option.
OR *sigla* = *Oristano*.
ora[1] ['ora] *sf* heure *f*; (*momento*) temps *msg*; **che ~ è?, che ore sono?** quelle heure est-il?; **domani a quest'~** demain à cette heure-ci; **fare le ore piccole** veiller jusqu'à une heure avancée; **è ~ di partire** il est temps de partir; **non veder l'~ di fare qc** avoir hâte de faire qch; **di buon'~** de bonne heure; **alla buon'~** à la bonne heure; **~ di pranzo** heure du repas; **~ di punta** heure de pointe; ▸ **ora estiva/legale** heure d'été/légale; ▸ **ora locale** heure locale.
ora[2] ['ora] *avv* (*adesso*) maintenant; (*tra poco*) sous peu; **~ ... ~** tantôt ... tantôt; **d'~ in poi** désormais; **d'~ in avanti** dorénavant; **or ~** à l'instant; **~ come ~** pour le moment; **10 anni or sono** il y a 10 ans; **è uscito proprio ~** il vient juste de sortir.
oracolo [o'rakolo] *sm* oracle *m*.
orafo ['ɔrafo] *sm* orfèvre *m*.
orale [o'rale] *agg* oral(e) ♦ *sm* (*SCOL*) oral *m*.
oralmente [oral'mente] *avv* oralement.
oramai [ora'mai] *avv* = **ormai**.
orario, -a [o'rarjo] *agg, sm* horaire *m*; **disco ~** disque *m* bleu *o* de stationnement; ▸ **orario di apertura/di chiusura** heures *fpl* d'ouverture/de fermeture; ▸ **orario di lavoro** heures de travail; ▸ **orario d'ufficio** heures de bureau; ▸ **orario elastico** horaire souple *o* variable *o* flexible; ▸ **orario ferroviario** indicateur *m* des chemins de fer; ▸ **orario spezzato** journée *f* (de travail) non continue.
orata [o'rata] *sf* daurade *f*.
oratore, -trice [ora'tore] *sm/f* orateur(-trice).
oratoria [ora'tɔrja] *sf* art *m* oratoire.
oratorio, -a [ora'tɔrjo] *agg* oratoire ♦ *sm*

(*edificio*) oratoire *m*; (*MUS*) oratorio *m*.
orazione [orat'tsjone] *sf* (*REL*) oraison *f*; (*discorso*) harangue *f*; ▶ **orazione funebre** oraison funèbre.
orbene [or'bɛne] *cong* donc.
orbita ['ɔrbita] *sf* orbite *f*.
orbitare [orbi'tare] *vi* orbiter.
orbo, -a ['ɔrbo] *agg* aveugle.
Orcadi ['ɔrkadi] *sfpl*: **le (isole)** ~ les (îles) Orcades *fpl*.
orchestra [or'kɛstra] *sf* (*MUS*) orchestre *m*; (*TEATRO*) fosse *f* d'orchestre.
orchestrale [orkes'trale] *agg* orchestral(e) ♦ *sm/f* exécutant(e).
orchestrare [orkes'trare] *vt* (*MUS, fig*) orchestrer.
orchidea [orki'dɛa] *sf* orchidée *f*.
orcio ['ortʃo] *sm* jarre *f*.
orco, -chi ['ɔrko] *sm* ogre *m*.
orda ['ɔrda] *sf* horde *f*.
ordigno [or'diɲɲo] *sm* engin *m*; ▶ **ordigno esplosivo** engin explosif.
ordinale [ordi'nale] *agg* ordinal(e) ♦ *sm* ordinal *m*.
ordinamento [ordina'mento] *sm* (*sistemazione*) ordonnance *f*; (*disposizioni*) système *m*; ▶ **ordinamento giuridico/scolastico** système juridique/scolaire.
ordinanza [ordi'nantsa] *sf* (*DIR, MIL*) ordonnance *f*; **d'**~ (*pistola, divisa*) d'ordonnance; **ufficiale d'**~ officier *m* d'ordonnance; ▶ **ordinanza (amministrativa)** arrêté *m*; ▶ **ordinanza municipale** arrêté municipal.
ordinare [ordi'nare] *vt* (*mettere in ordine*) mettre en ordre, ranger; (*merce*) commander; (*medicina, cura*) prescrire; (*REL*) ordonner; **ordinarsi** *vip* se ranger; ~ **qc a qn** (*comandare*) ordonner qch à qn; ~ **a qn di fare qc** ordonner à qn de faire qch.
ordinario, -a [ordi'narjo] *agg* (*comune*) ordinaire, normal(e); (*grossolano, rozzo*) ordinaire; (*SCOL*) titulaire ♦ *sm* (*a scuola*) professeur *m* titulaire; (*UNIV*) titulaire *m/f* d'une chaire.
ordinativo, -a [ordina'tivo] *agg* ordinateur(-trice) ♦ *sm* (*COMM*) commande *f*.
ordinato, -a [ordi'nato] *agg* (*persona*) ordonné(e); (*stanza, vita*) rangé(e).
ordinazione [ordinat'tsjone] *sf* (*COMM*) commande *f*; (*REL*) ordination *f*; **fare un'**~ **di qc** passer une commande de qch; **su** ~ sur commande.
ordine ['ordine] *sm* (*anche REL*) ordre *m*; **d'**~ **pratico** (*problema*) d'ordre pratique; **essere in** ~ (*stanza*) être en ordre; (*documento*) être en règle; (*persona*) être bien mis(e) *o* soigné(e); **mettere in** ~ mettre en ordre, ranger; **all'**~ (*COMM*) à ordre; **di prim'**~ de premier ordre; **fino a nuovo** ~ jusqu'à nouvel ordre; **richiamare all'**~ rappeler à l'ordre; **all'**~ **del giorno** (*fig*) à l'ordre du jour; **l'**~ **degli avvocati/dei medici** l'ordre des avocats/des médecins; ▶ **ordine d'acquisto** ordre d'achat; ▶ **ordine di pagamento** ordre de paiement; ▶ **ordine del giorno** (*anche MIL*) ordre du jour; ▶ **ordini (sacri)** (*REL*) ordres.
ordire [or'dire] *vt* ourdir; (*fig*) tramer.
ordito [or'dito] *sm* chaîne *f*.
orecchiabile [orek'kjabile] *agg* (*motivo, canzone*) facile à retenir.
orecchino [orek'kino] *sm* boucle *f* d'oreille.
orecchio [o'rekkjo] (*pl(f)* **orecchie**) *sm* oreille *f*; **avere** ~ avoir de l'oreille; **a** ~ (*senza leggere la musica*) sans partition, de mémoire; **venire all'**~ **di qn** arriver aux oreilles de qn; **fare orecchie da mercante** faire la sourde oreille.
orecchioni [orek'kjoni] *smpl* (*MED*) oreillons *mpl*.
orefice [o'refitʃe] *sm* orfèvre *m*.
oreficeria [orefitʃe'ria] *sf* orfèvrerie *f*; (*gioielleria*) bijouterie *f*.
orfano, -a ['ɔrfano] *agg, sm/f* orphelin(e); ▶ **orfano di madre/padre** orphelin(e) de mère/père.
orfanotrofio [orfano'trɔfjo] *sm* orphelinat *m*.
organetto [orga'netto] *sm* (*MUS*) orgue *m* de Barbarie.
organico, -a, -ci, -che [or'ganiko] *agg* organique; (*piano, progetto*) organisé(e); (*omogeneo*) homogène, cohérent(e) ♦ *sm* (*personale*) personnel *m*; (*MIL*) effectif *m*.
organigramma, -i [organi'gramma] *sm* organigramme *m*.
organismo [orga'nizmo] *sm* (*anche AMM*) organisme *m*.
organista, -i, -e [orga'nista] *sm/f* organiste *m/f*.
organizzare [organid'dzare] *vt* organiser; **organizzarsi** *vr* s'organiser.
organizzativo, -a [organiddza'tivo] *agg* d'organisation, organisationnel(le).
organizzatore, -trice [organiddza'tore] *agg, sm/f* organisateur(-trice).
organizzazione [organiddzat'tsjone] *sf* organisation *f*; ▶ **Organizzazione Mondiale della Sanità** Organisation mondiale de la santé.
organo ['ɔrgano] *sm* (*ANAT, AMM*) organe *m*; (*MUS*) orgue *m*; ▶ **organo di controllo/di informazione** organe de contrôle/d'information; ▶ **organo di trasmissione** organe de transmission.
orgasmo [or'gazmo] *sm* orgasme *m*; (*ansia*) surexcitation *f*.
orgia, -ge ['ɔrdʒa] *sf* orgie *f*; (*fig*: *di colori,*

luci) débauche *f*.
orgoglio [or'goʎʎo] *sm* orgueil *m*; (*fierezza*) fierté *f*.
orgoglioso, -a [orgoʎ'ʎoso] *agg* orgueilleux(-euse); ~ **(di)** (*fiero*) fier(-ière) (de).
orientabile [orjen'tabile] *agg* orientable.
orientale [orjen'tale] *agg, sm/f* oriental(e).
orientamento [orjenta'mento] *sm* orientation *f*; **senso di** ~ sens *msg* de l'orientation; **perdere l'**~ ne plus savoir où l'on est; ▶ **orientamento professionale** orientation professionnelle.
orientare [orjen'tare] *vt* (*anche fig*) orienter; **orientarsi** *vr* (*anche fig*) s'orienter.
orientativo, -a [orjenta'tivo] *agg* d'orientation; **a scopo** ~ à titre indicatif.
oriente [o'rjɛnte] *sm* est *m*; **l'O**~ l'Orient *m*; **il Medio/l'Estremo O**~ le Moyen-/l'Extrême-Orient; **a** ~ à l'est.
orificio [ori'fitʃo] *sm* orifice *m*.
orifizio [ori'fittsjo] *sm* = **orificio**.
origano [o'rigano] *sm* origan *m*.
originale [oridʒi'nale] *agg* original(e) ♦ *sm* original *m*.
originalità [oridʒinali'ta] *sf* originalité *f*.
originare [oridʒi'nare] *vt* engendrer ♦ *vi*: ~ **da** naître de, dériver de.
originario, -a [oridʒi'narjo] *agg* (*paese, persona*) originaire; (*primitivo*) primitif(-ive) originel(le); (*testo etc*: *autentico*) d'origine.
origine [o'ridʒine] *sf* origine *f*; **avere** ~ **(da)** tirer son origine (de), avoir son origine (dans); **dare** ~ **a** être à l'origine de, engendrer; **in** ~ à l'origine; **d'**~ **italiana** d'origine italienne.
origliare [oriʎ'ʎare] *vi, vt* écouter (en cachette).
orina [o'rina] *sf* urine *f*.
orinale [ori'nale] *sm* vase *m* de nuit, pot *m* de chambre.
orinare [ori'nare] *vi, vt* uriner.
orinatoio [orina'tojo] *sm* urinoir *m*.
oriundo, -a [o'rjundo] *agg*: ~ **di** originaire de ♦ *sm* (*CALCIO*) *footballeur étranger d'origine italienne qui joue dans une équipe italienne*.
orizzontale [oriddzon'tale] *agg* horizontal(e).
orizzonte [orid'dzonte] *sm* (*anche fig*) horizon *m*.
ORL *abbr* (*MED* = *otorinolaringoiatria*) ORL *f*.
orlare [or'lare] *vt* ourler.
orlatura [orla'tura] *sf* (*atto*) lisérage *m*; (*orlo*) ourlet *m*.
orlo ['orlo] *sm* (*di bicchiere etc, fig*) bord *m*; (*di gonna, vestito*) ourlet *m*; **pieno fino all'**~ plein à ras bords; **sull'**~ **della pazzia/della rovina** au bord de la folie/de la ruine; ▶ **orlo a giorno** ourlet à jours.
orma ['orma] *sf* (*di persona, animale*) trace *f*; (*fig*) empreinte *f*; **seguire** *o* **calcare le orme di** (*fig*) suivre les traces de.
ormai [or'mai] *avv* (*già, adesso*) maintenant; (*a questo punto*) désormais; (*quasi*) presque.
ormeggiare [ormed'dʒare] *vt* amarrer; **ormeggiarsi** *vip* s'amarrer.
ormeggio [or'meddʒo] *sm* (*atto*) amarrage *m*; (*luogo*) mouillage *m*; **ormeggi** *smpl* (*cavi*) amarres *fpl*.
ormonale [ormo'nale] *agg* hormonal(e).
ormone [or'mone] *sm* hormone *f*.
ornamentale [ornamen'tale] *agg* ornemental(e).
ornamento [orna'mento] *sm* ornement *m*.
ornare [or'nare] *vt* orner, décorer; **ornarsi** *vr*: **ornarsi (di)** s'orner (de).
ornato, -a [or'nato] *agg* orné(e); (*fig*: *stile*) fleuri(e).
ornitologia [ornitolo'dʒia] *sf* ornithologie *f*.
ornitologo, -a, -gi, -ghe [orni'tɔlogo] *sm/f* ornithologiste *m/f*, ornithologue *m/f*.
oro ['ɔro] *sm* or *m*; **in** ~ en or; **d'**~ (*anche fig*: *occasione*) en or; **un ragazzo/un affare d'**~ un garçon/une affaire en or; **prendere qc per** ~ **colato** prendre qch pour argent comptant; ▶ **oro zecchino** or pur.
orologeria [orolodʒe'ria] *sf* horlogerie *f*; **bomba a** ~ bombe *f* à retardement.
orologiaio [orolo'dʒajo] *sm* horloger *m*.
orologio [oro'lɔdʒo] *sm* horloge *f*; ▶ **orologio a sveglia** réveil *m*; ▶ **orologio al quarzo** horloge à quartz; ▶ **orologio biologico** horloge biologique; ▶ **orologio da polso** montre *f*.
oroscopo [o'rɔskopo] *sm* horoscope *m*.
orrendo, -a [or'rɛndo] *agg* (*spaventoso*) épouvantable, terrifiant(e); (*bruttissimo*) horrible.
orribile [or'ribile] *agg* horrible; (*tempo, giornata*) horrible, affreux(-euse).
orrido, -a ['ɔrrido] *agg* horrible.
orripilante [orripi'lante] *agg* horripilant(e).
orrore [or'rore] *sm* horreur *f*; **avere** ~ **di** avoir horreur de; **mi fai** ~ tu me fais horreur.
orsacchiotto [orsak'kjɔtto] *sm* nounours *msg*.
orso ['orso] *sm* (*anche fig*) ours *msg*; ▶ **orso bianco/bruno** ours blanc/brun; ▶ **orso polare** ours polaire.
orsù [or'su] *escl* sus (donc)!
ortaggio [or'taddʒo] *sm* légume *m*.
ortensia [or'tɛnsja] *sf* hortensia *m*.
ortica, -che [or'tika] *sf* ortie *f*.
orticaria [orti'karja] *sf* urticaire *f*.
orticoltura [ortikol'tura] *sf* horticulture *f*.
orto ['ɔrto] *sm* potager *m*; ▶ **orto botanico** jardin *m* botanique.
ortodosso, -a [orto'dɔsso] *agg* orthodoxe.
ortofrutticolo, -a [ortofrut'tikolo] *agg*: **mer-**

cato ~ marché *m* des fruits et légumes.
ortogonale [ortogo'nale] *agg* orthogonal(e).
ortografia [ortogra'fia] *sf* orthographe *f*.
ortolano, -a [orto'lano] *sm/f* marchand(e) de fruits et légumes.
ortopedia [ortope'dia] *sf* orthopédie *f*.
ortopedico, -a, -ci, -che [orto'pɛdiko] *agg* orthopédique ♦ *sm* orthopédiste *m*.
orzaiolo [ordza'jɔlo] *sm* (*MED*) orgelet *m*.
orzaiuolo [ordza'jwɔlo] *sm* = **orzaiolo**.
orzata [or'dzata] *sf* orgeat *m*.
orzo ['ɔrdzo] *sm* orge *f*.
osare [o'zare] *vt, vi* oser; ~ **fare qc** oser faire qch; **come osi?** comment oses-tu?
oscenità [oʃʃeni'ta] *sf inv* obscénité *f*; (*fig*: *opera, oggetto*) horreur *f*.
osceno, -a [oʃ'ʃɛno] *agg* obscène; (*ripugnante*) affreux(-euse).
oscillare [oʃʃil'lare] *vi* osciller; (*dondolare*) se balancer; (*indice*) varier; (*prezzi*) fluctuer.
oscillazione [oʃʃillat'tsjone] *sf* oscillation *f*; (*di temperatura*) variation *f*; (*di prezzi*) fluctuation *f*.
oscuramento [oskura'mento] *sm* obscurcissement *m*; (*in tempo di guerra*) black-out *m*.
oscurare [osku'rare] *vt* (*anche fig*) obscurcir; **oscurarsi** *vip* s'obscurcir; **si oscurò in volto** son visage s'assombrit.
oscurità [oskuri'ta] *sf* obscurité *f*.
oscuro, -a [os'kuro] *agg* (*anche fig*) obscur(e) ♦ *sm* (*fig*): **essere all'~ (di)** ignorer; **tenere qn all'~ (di)** tenir qn dans l'ignorance (de); **io sono completamente all'~** je n'en sais absolument rien.
Oslo ['ɔslo] *sf* Oslo.
ospedale [ospe'dale] *sm* hôpital *m*; ~ **militare** hôpital militaire.
ospedaliero, -a [ospeda'ljɛro] *agg* hospitalier(-ière).
ospitale [ospi'tale] *agg* hospitalier(-ière).
ospitalità [ospitali'ta] *sf* hospitalité *f*.
ospitare [ospi'tare] *vt* offrir l'hospitalité à; (*sogg*: *albergo*) accueillir, recevoir; (: *museo*) contenir.
ospite ['ɔspite] *sm/f* (*chi ospita*) hôte(-esse); (*chi è ospitato*) invité(e); **la squadra** ~ l'équipe visiteuse.
ospizio [os'pittsjo] *sm* hospice *m*.
ossa ['ɔssa] *sfpl vedi* **osso**.
ossario [os'sarjo] *sm* ossuaire *m*.
ossatura [ossa'tura] *sf* (*anche fig*) ossature *f*.
osseo, -a ['ɔsseo] *agg* osseux(-euse).
ossequio [os'sɛkwjo] *sm* respect *m*, déférence *f*; **ossequi alla signora!** mes hommages à votre femme!; **porgere i propri ossequi a qn** (*formale*) présenter ses hommages à qn.
ossequioso, -a [osse'kwjoso] *agg* respectueux(-euse), déférent(e).
osservanza [osser'vantsa] *sf* observation *f*; (*REL*) observance *f*.
osservare [osser'vare] *vt* observer; (*rilevare*) remarquer; **far ~ qc a qn** (*sottolineare*) faire remarquer qch à qn.
osservatore, -trice [osserva'tore] *agg, sm/f* observateur(-trice).
osservatorio [osserva'tɔrjo] *sm* observatoire *m*.
osservazione [osservat'tsjone] *sf* (*esame attento*) observation *f*; (*rimprovero*) observation, remarque *f*; **fare un'~ (a qn)** faire une observation *o* une remarque (à qn); **tenere in ~** garder en observation.
ossessionare [ossessjo'nare] *vt* obséder.
ossessione [osses'sjone] *sf* (*anche PSIC*) obsession *f*; (*l'essere invasato*) hantise *f*.
ossessivo, -a [osses'sivo] *agg* obsédant(e).
ossesso, -a [os'sɛsso] *agg* possédé(e) ♦ *sm/f*: **urlare come un** ~ crier comme un enragé *o* un fou.
ossia [os'sia] *cong* ou, à savoir, c'est-à-dire.
ossibuchi [ossi'buki] *smpl di* **ossobuco**.
ossidare [ossi'dare] *vt* oxyder; **ossidarsi** *vip* s'oxyder.
ossidazione [ossidat'tsjone] *sf* oxydation *f*.
ossido ['ɔssido] *sm* oxyde *m*; ▸ **ossido di carbonio** oxyde de carbone.
ossigenare [ossidʒe'nare] *vt* (*CHIM, capelli*) oxygéner.
ossigeno [os'sidʒeno] *sm* oxygène *m*; **dare ~ a** (*fig*) donner un second souffle à.
osso ['ɔsso] (*pl(f)* **ossa**) *sm* (*anche ANAT*) os *msg*; (*nocciolo*) noyau *m*; **d'~** en os; **avere le ossa rotte** (*fig*) être rompu de fatigue; **bagnato fino all'~** trempé jusqu'aux os; **essere ridotto all'~** (*fig*: *al limite estremo*) être réduit à la portion congrue; **rompersi l'~ del collo** se casser le cou; ▸ **osso di seppia** os de seiche; ▸ **osso duro** (*persona*) dur(e) à cuire; (*difficoltà*) os.
ossobuco [osso'buko] (*pl* **ossibuchi**) *sm* osso buco *m*.
ossuto, -a [os'suto] *agg* ossu(e).
ostacolare [ostako'lare] *vt* entraver.
ostacolo [os'takolo] *sm* (*anche fig, SPORT*) obstacle *m*; **essere di ~ (a)** faire obstacle (à).
ostaggio [os'taddʒo] *sm* otage *m*; **prendere qn in ~** prendre qn en otage.
oste ['ɔste] *sm* patron *m*.
osteggiare [osted'dʒare] *vt* contrarier, s'opposer à.
ostello [os'tɛllo] *sm*: ~ **della gioventù** auberge *f* de jeunesse.
Ostenda [os'tɛnda] *sf* Ostende.
ostensorio [osten'sɔrjo] *sm* ostensoir *m*.
ostentare [osten'tare] *vt* (*lusso*) étaler; (*disprezzo*) afficher.

ostentazione [ostentat'tsjone] *sf* ostentation *f*, étalage *m*.
osteria [oste'ria] *sf* petit restaurant *m*; (*bettola*) bistrot *m*.
ostessa [os'tessa] *sf* hôtesse *f*.
ostetrico, -a, -ci, -che [os'tɛtriko] *agg* obstétrique ♦ *sm/f* obstétricien(ne).
ostia ['ɔstja] *sf* (*REL*) hostie *f*; (*per medicinali*) cachet *m*.
ostico, -a, -ci, -che ['ɔstiko] *agg* (*fig*) difficile, dur(e).
ostile [os'tile] *agg* hostile.
ostilità [ostili'ta] *sf inv* hostilité *f* ♦ *sfpl* (*MIL*) hostilités *fpl*.
ostinarsi [osti'narsi] *vip* s'obstiner; ~ **in qc/a fare qc** s'obstiner dans qch/à faire qch.
ostinato, -a [osti'nato] *agg* obstiné(e).
ostinazione [ostinat'tsjone] *sf* obstination *f*.
ostracismo [ostra'tʃizmo] *sm* ostracisme *m*.
ostrica, -che ['ɔstrika] *sf* huître *f*.
ostruire [ostru'ire] *vt* obstruer, boucher.
ostruzione [ostrut'tsjone] *sf* obstruction *f*.
ostruzionismo [ostruttsjo'nizmo] *sm* obstructionnisme *m*; **fare** ~ **(a)** faire de l'obstruction (à); ▶ **ostruzionismo sindacale** grève *f* du zèle.
otite [o'tite] *sf* otite *f*.
otorino(laringoiatra), -i, -e [oto'rino(laringo'jatra)] *sm/f* oto-rhino(-laryngologiste) *m/f*.
otre ['otre] *sm* outre *f*.
ottagonale [ottago'nale] *agg* octogonal(e).
ottagono [ot'tagono] *sm* octogone *m*.
ottano [ot'tano] *sm* octane *m*; **numero di ottani** indice *m* d'octane.
ottanta [ot'tanta] *agg inv, sm inv* quatre-vingts *m inv*; *vedi anche* **cinque**.
ottantenne [ottan'tɛnne] *agg, sm/f* octogénaire *m/f*.
ottantesimo, -a [ottan'tɛzimo] *agg, sm/f* quatre-vingtième *m/f*.
ottantina [ottan'tina] *sf* (*serie*): **un'~ di** à peu près quatre-vingts; **essere sull'~** avoir à peu près quatre-vingts ans.
ottava [ot'tava] *sf* octave *f*.
ottavo, -a [ot'tavo] *agg, sm* huitième *m*.
ottemperanza [ottempe'rantsa] *sf*: **in** ~ **a** conformément à.
ottemperare [ottempe'rare] *vi*: ~ **a** obtempérer à.
ottenebrare [ottene'brare] *vt* obscurcir, assombrir; (*fig*) obscurcir, obnubiler.
ottenere [otte'nere] *vt* obtenir.
ottico, -a, -ci, -che ['ɔttiko] *agg* optique ♦ *sm* opticien(ne) ♦ *sf* optique *f*.
ottimale [otti'male] *agg* optimal(e).
ottimamente [ottima'mente] *avv* très bien, à merveille.
ottimismo [otti'mizmo] *sm* optimisme *m*.
ottimista, -i, -e [otti'mista] *sm/f* optimiste *m/f*.
ottimizzare [ottimid'dzare] *vt* optimiser.
ottimo, -a ['ɔttimo] *agg* excellent(e).
otto ['ɔtto] *agg inv, sm inv* huit *m inv*; *vedi anche* **cinque**.
ottobre [ot'tobre] *sm* octobre *m*; *vedi anche* **luglio**.
ottocentesco, -a, -schi, -sche [ottotʃen'tesko] *agg* du dix-neuvième siècle.
ottocento [otto'tʃɛnto] *agg inv, sm inv* huit cents *m inv* ♦ *sm inv*: **l'O~** le dix-neuvième siècle.
ottomila [otto'mila] *agg inv, sm inv* huit mille *m inv*.
ottone [ot'tone] *sm* laiton *m*, cuivre *m* (jaune); **ottoni** *smpl* (*MUS*) cuivres *mpl*.
ottuagenario, -a [ottuadʒe'narjo] *agg, sm/f* octogénaire *m/f*.
ottundere [ot'tundere] *vt* (*fig*) émousser.
otturare [ottu'rare] *vt* obstruer, boucher; (*dente*) obturer, plomber; **otturarsi** *vip* se boucher.
otturatore, -trice [ottura'tore] *sm* obturateur *m*.
otturazione [otturat'tsjone] *sf* obturation *f*; (*di dente*) plombage *m*.
ottusità [ottuzi'ta] *sf* stupidité *f*.
ottuso, -a [ot'tuzo] *pp di* **ottundere** ♦ *agg* obtus(e); (*peg*: *fig*) obtus(e), borné(e).
ovaia [o'vaja] *sf* ovaire *m*.
ovale [o'vale] *agg, sm* ovale *m*; **palla** ~ (*gioco*) ballon *m* ovale.
ovatta [o'vatta] *sf* ouate *f*.
ovattare [ovat'tare] *vt* (*imbottire*) ouater; (*fig*) feutrer.
ovazione [ovat'tsjone] *sf* ovation *f*.
ovest ['ɔvest] *sm* ouest *m*; **a** ~ **(di)** à l'ouest (de); **verso** ~ vers l'ouest.
ovile [o'vile] *sm* bergerie *f*; **tornare all'~** (*fig*) rentrer au bercail.
ovino, -a [o'vino] *agg* ovin(e).
ovulazione [ovulat'tsjone] *sf* ovulation *f*.
ovulo ['ɔvulo] *sm* ovule *m*.
ovunque [o'vunkwe] *avv* = **dovunque**.
ovvero [ov'vero] *cong* (*ossia*) c'est-à-dire; (*oppure*) ou, ou bien.
ovviare [ovvi'are] *vi*: ~ **a** remédier à.
ovvio, -a ['ɔvvjo] *agg* évident(e).
oziare [ot'tsjare] *vi* paresser.
ozio ['ɔttsjo] *sm* (*inattività*) oisiveté *f*; (*tempo libero*) loisir *m*; **stare in** ~ être oisif(-ive).
ozioso, -a [ot'tsjoso] *agg* oisif(-ive); (*inutile*) oiseux(-euse).
ozono [od'dzɔno] *sm* ozone *m*; **buco dell'~** trou *m* d'ozone.
ozonosfera [oddzonos'fɛra] *sf* ozonosphère *f*.

P, p

P, p [pi] *sf o m inv* (*lettera*) P, p *m inv*; ~ **come Padova** ≈ P comme Pierre.
P *abbr* (= *peso*) P; (= *posteggio*) P.
P2 [pi'due] *abbr f*: **la (loggia)** ~ la loge maçonnique P2.
p *abbr* (= *pagina*) p.
PA *sigla* = *Palermo*.
P.A. *abbr* = *pubblica amministrazione*.
pacare [pa'kare] *vt* apaiser; **pacarsi** *vip* s'apaiser.
pacatezza [paka'tettsa] *sf* calme *m*.
pacato, -a [pa'kato] *agg* calme.
pacca, -che ['pakka] *sf* tape *f*.
pacchetto [pak'ketto] *sm* paquet *m*; (*POL*) ensemble *m* de propositions; ▸ **pacchetto applicativo** (*INFORM*) progiciel *m*; ▸ **pacchetto azionario** paquet d'actions; ▸ **pacchetto regalo** paquet-cadeau *m*; ▸ **pacchetto turistico** forfait-vacances *m*.
pacchiano, -a [pak'kjano] *agg* tape-à-l'œil; (*gusto*) de mauvais goût.
pacco, -chi ['pakko] *sm* paquet *m*; ▸ **pacco postale** colis *msg* postal.
paccottiglia [pakkot'tiʎʎa] *sf* (*peg*) pacotille *f*.
pace ['patʃe] *sf* paix *f*; **darsi** ~ en prendre son parti; **fare (la)** ~ **con qn** faire la paix avec qn; **lasciare qn in** ~ laisser qn en paix; **oggi voglio stare in** ~ aujourd'hui je veux qu'on me laisse tranquille.
pachistano, -a [pakis'tano] *agg* pakistanais(e) ♦ *sm/f* Pakistanais(e).
pacificare [patʃifi'kare] *vt* (*nemici*) réconcilier; (*animo*) pacifier; **pacificarsi** *vr, vip* se réconcilier.
pacificazione [patʃifikat'tsjone] *sf* (*vedi vt*) réconciliation *f*; pacification *f*.
pacifico, -a, -ci, -che [pa'tʃifiko] *agg* (*persona, popolo*) pacifique; (*vita*) paisible; (*fig*: *ovvio*) évident(e) ♦ *sm*: **il P~, l'Oceano P~** le Pacifique, l'océan *m* Pacifique.
pacifismo [patʃi'fizmo] *sm* pacifisme *m*.
pacifista, -i, -e [patʃi'fista] *sm/f* pacifiste *m/f*.
padano, -a [pa'dano] *agg* de la vallée du Pô; **la pianura padana** la vallée du Pô.
padella [pa'dɛlla] *sf* poêle *f*; (*per infermi*) bassin *m* (hygiénique).
padiglione [padiʎ'ʎone] *sm* pavillon *m*; ▸ **padiglione auricolare** (*ANAT*) pavillon de l'oreille.
Padova ['padova] *sf* Padoue.
padovano, -a [pado'vano] *agg* padouan(e).
padre ['padre] *sm* père *m*; (*Dio*) Père *m*; **padri** *smpl* (*avi*) ancêtres *mpl*; **il Santo P~** le Saint-Père.
Padreterno [padre'tɛrno] *sm*: **il** ~ le Père éternel.
padrino [pa'drino] *sm* (*anche di mafia*) parrain *m*.
padrona [pa'drona] *sf vedi* **padrone**.
padronale [padro'nale] *agg* (*scala, entrata*) principal(e); (*casa*) de maître; (*politica*) du patronat.
padronanza [padro'nantsa] *sf* maîtrise *f*; **ha una buona** ~ **del francese** il maîtrise bien le français.
padronato [padro'nato] *sm* patronat *m*.
padrone, -a [pa'drone] *sm/f* (*proprietario*) propriétaire *m/f*; (*datore di lavoro*) patron(ne); (*dominatore*) maître (maîtresse); (*profondo conoscitore*) expert(e); **essere** ~ **di una lingua** maîtriser une langue; **essere** ~ **di sé** être maître de soi; ▸ **padrone del campo** (*fig*) maître de la situation; ▸ **padrone di casa** (*ospite*) maître(maîtresse) de maison; (*per inquilino*) propriétaire.
padroneggiare [padroned'dʒare] *vt* maîtriser; **padroneggiarsi** *vr* se maîtriser.
paesaggio [pae'zaddʒo] *sm* paysage *m*.
paesaggista, -i, -e [paezad'dʒista] *sm/f* paysagiste *m/f*.
paesano, -a [pae'zano] *agg* villageois(e) ♦ *sm/f* paysan(e).
paese [pa'eze] *sm* (*regione, territorio*) pays *msg*; (*villaggio*) village *m*; **il** ~ **d'origine** *o* **di provenienza** le pays d'origine; **mandare qn a quel** ~ envoyer promener qn; **i Paesi Bassi** les Pays Bas.
paffuto, -a [paf'futo] *agg* (*bimbo*) potelé(e), joufflu(e); (*viso*) joufflu(e).
paga, -ghe ['paga] *sf* paye *f*, paie *f*; (*di impiegato*) traitement *m*; (*di domestico*) gages *mpl*; **giorno di** ~ jour *m* de paie; *vedi anche* **busta**.
pagabile [pa'gabile] *agg* payable; ~ **alla consegna** payable à la livraison; ~ **a vista** payable à vue.
pagaia [pa'gaja] *sf* pagaie *f*.
pagamento [paga'mento] *sm* paiement *m*; ▸ **pagamento alla consegna/all'ordine** paiement à la livraison/à la commande; ▸ **pagamento anticipato** paiement anticipé.
pagano, -a [pa'gano] *agg, sm/f* païen(ne).
pagare [pa'gare] *vt* (*anche fig*) payer; (*conto, acquisto*) payer, régler; (*debito*)

payer, acquitter; **quanto l'hai pagato?** combien l'as-tu payé?; ~ **in contanti** payer comptant; ~ **con carta di credito** payer avec une carte de crédit; ~ **da bere a qn** payer à boire à qn (*fam*); ~ **di persona** (*fig*) payer de sa personne; **pagarla cara** (*fig*) payer cher.

pagella [pa'dʒɛlla] *sf* (*SCOL*) bulletin *m*, livret *m* scolaire.

paggio ['paddʒo] *sm* (*a corte*) page *m*; (*a nozze*) garçon *m* d'honneur.

pagherò [page'rɔ] *vb vedi* **pagare** ♦ *sm inv* (*anche*: ~ **cambiario**) billet *m* à ordre.

pagina ['padʒina] *sf* page *f*; **a** ~ **5** à la page 5; **voltare pagina** (*anche fig*) tourner la page; ▸ **pagine gialle** (*TEL*) pages jaunes.

paglia ['paʎʎa] *sf* paille *f*; **avere la coda di** ~ (*fig*) ne pas avoir la conscience tranquille; **fuoco di** ~ (*fig*) feu *m* de paille; ▸ **paglia di ferro** (*per stoviglie*) paille de fer; ▸ **paglia e fieno** (*pasta*) *mélange de tagliatelles nature et aux épinards.*

pagliaccetto [paʎʎat'tʃetto] *sm* (*indumento femminile*) body *m*; (*per bambini*) barboteuse *f*.

pagliacciata [paʎʎat'tʃata] *sf* clownerie *f*, pitrerie *f*.

pagliaccio [paʎ'ʎattʃo] *sm* clown *m*; (*fig*: *divertente*) clown, pitre *m*; (*ridicolo*) guignol *m*.

pagliaio [paʎ'ʎajo] *sm* (*all'aperto*) meule *f* de paille; (*capanno*) pailler *m*.

paglierìccio [paʎʎe'rittʃo] *sm* paillasse *f*.

paglierino, -a [paʎʎe'rino] *agg*: **giallo** ~ jaune paille *ag inv*.

paglietta [paʎ'ʎetta] *sf* (*cappello per uomo*) canotier *m*; (*per stoviglie*) paille *f* de fer.

pagliuzza [paʎ'ʎuttsa] *sf* brin *m* de paille; (*d'oro etc*) paillette *f*.

pagnotta [paɲ'ɲɔtta] *sf* miche *f*; (*fig*) croûte *f*.

pago, -a, -ghi, -ghe ['pago] *agg* (*soddisfatto*): ~ **(di)** satisfait(e) (de).

pagoda [pa'gɔda] *sf* (*edificio*) pagode *f*.

paillette [pa'jɛt] *sf inv* paillette *f*.

paio ['pajo] (*pl(f)* **paia**) *sm* paire *f*; **un** ~ **di** (*alcuni*) quelques; **un** ~ **di pantaloni** un pantalon; **un** ~ **di occhiali** une paire de lunettes; **un** ~ **di volte** une ou deux fois; **è un altro** ~ **di maniche** (*fig*) c'est une autre paire de manches.

paio *etc* ['pajo] *vb vedi* **parere**.

paiolo [pa'jɔlo] *sm* chaudron *m*.

Pakistan [pakis'tan] *sm* Pakistan *m*.

pakistano, -a [pakis'tano] *agg, sm/f* = **pachistano**.

pal. *abbr* = *palude*.

pala ['pala] *sf* (*attrezzo*) pelle *f*; (*di remo, ventilatore, elica*) pale *f*; (*di timone*) safran *m*; (*di mulino*) aile *f*; ▸ **pala meccanica** pelle mécanique, pelleteuse *f*.

palandrana [palan'drana] *sf* houppelande *f*.

palata [pa'lata] *sf* pelletée *f*; **fare soldi a palate** ramasser de l'argent à la pelle.

palatale [pala'tale] *agg* (*ANAT*) palatin(e); (*LING*) palatal(e).

Palatino [pala'tino] *sm*: **il (colle)** ~ le (mont) Palatin.

palato [pa'lato] *sm* palais *msg*.

palazzo [pa'lattso] *sm* palais *msg*; (*edificio*) immeuble *m*; (: *signorile*) hôtel *m* particulier; **il P**~ (*fig*: *sede di potere politico*) ≈ le Château; ▸ **palazzo dello sport** palais des sports; ▸ **palazzo di giustizia** palais de justice; ▸ **palazzo di vetro** (*dell'ONU*) siège *m* des Nations Unies.

palchetto [pal'ketto] *sm* (*ripiano*) rayon *m*; (*TEATRO*) loge *f*; (*di giornale*) entrefilet *m*.

palco, -chi ['palko] *sm* (*TEATRO*: *palcoscenico*) scène *f*; (: *palchetto*) loge *f*; (*tavolato*) estrade *f*; (*ripiano*) rayon *m*.

palcoscenico, -ci [palkoʃ'ʃɛniko] *sm* (*TEATRO*) scène *f*, planches *fpl*.

palermitano, -a [palermi'tano] *agg* palermitain(e).

Palermo [pa'lɛrmo] *sf* Palerme.

palesare [pale'zare] *vt* manifester; **palesarsi** *vr, vip* se manifester, se révéler.

palese [pa'leze] *agg* manifeste; (*errore*) évident(e).

Palestina [pales'tina] *sf* Palestine *f*.

palestinese [palesti'nese] *agg* palestinien(ne) ♦ *sm/f* Palestinien(ne).

palestra [pa'lɛstra] *sf* (*locale*) gymnase *m*; (*esercizi ginnici*) gymnastique *f*; (*fig*) apprentissage *m*.

paletot [pal'to] *sm inv* paletot *m*.

paletta [pa'letta] *sf* (*giocattolo, di netturbino*) pelle *f*; (*per dolci*) pelle à tarte; (*per gelato*) pelle à glace; (*di vigile, capostazione*) disque *m*.

paletto [pa'letto] *sm* (*di metallo, legno*) pieu *m*, piquet *m*; (*di porta, finestra*) verrou *m*.

palinsesto [palin'sɛsto] *sm* (*STORIA*) palimpseste *m*; (*TV, RADIO*) grille *f* des programmes.

palio ['paljo] *sm* (*gara*): **il P**~ *course de chevaux dont la tradition remonte au moyen-âge*; **mettere qc in** ~ mettre qch en jeu.

palissandro [palis'sandro] *sm* palissandre *m*.

palizzata [palit'tsata] *sf* palissade *f*.

palla ['palla] *sf* (*per gioco, proiettile*) balle *f*; (*BILIARDO*) bille *f*; (*di cannone*) boulet *m*; **prendere la** ~ **al balzo** (*fig*) saisir la balle au bond; **essere una** ~ **al piede** (*fig*) être un boulet à traîner; ▸ **palla di neve** boule de neige; ▸ **palla ovale** (*RUGBY*) ballon *m* ovale.

pallacanestro [pallaka'nɛstro] *sf* basket

m(-ball) *m*.
pallanuoto [palla'nwɔto] *sf* water-polo *m*.
pallavolo [palla'volo] *sf* volley *m*(-ball) *m*.
palleggiare [palled'dʒare] *vi* (*BASKET*) dribbler; (*CALCIO*) s'échauffer, jongler avec la balle; (*TENNIS*) faire des balles.
palliativo [pallja'tivo] *sm* palliatif *m*.
pallido, -a ['pallido] *agg* pâle; (*luce*) blafard(e); **non avere la più pallida idea di qc** ne pas avoir la moindre idée de qch.
pallina [pal'lina] *sf* bille *f*; (*di gomma*) balle *f*.
pallino [pal'lino] *sm* (*BILIARDO*) bille *f*; (*BOCCE*) cochonnet *m*; (*proiettile*) plomb *m*; (*pois*) pois *msg*; **bianco a pallini blu** blanc à pois bleus; **ha il ~ dello sport** (*fig*) c'est un mordu du sport, le sport c'est son dada.
palloncino [pallon'tʃino] *sm* ballon *m*; (*lampioncino*) lanterne *f* vénitienne.
pallone [pal'lone] *sm* (*palla, aerostato*) ballon *m*; **(gioco del) ~** football *m*.
pallore [pal'lore] *sm* pâleur *f*.
pallottola [pal'lɔttola] *sf* (*di pistola*) balle *f*; (*di carta*) boule *f*.
palma ['palma] *sf* (*BOT*: *pianta*) palmier *m*; (: *ramo*) palme *f*; (*ANAT*) paume *f*; **Domenica delle Palme** dimanche *m* des Rameaux; ▶ **palma da cocco** cocotier *m*; ▶ **palma da datteri** dattier *m*.
palmato, -a [pal'mato] *agg* palmé(e).
palmipede [pal'mipede] *agg* palmipède.
palmizio [pal'mittsjo] *sm* (*BOT*: *palma*) dattier *m*; (: *ramo*) palme *f*, rameau *m*.
palmo ['palmo] *sm* (*ANAT*) paume *f*; (*misura di lunghezza*) empan *m*; **essere alto un ~** (*fig*) être haut comme trois pommes; **restare con un ~ di naso** rester tout penaud.
palo ['palo] *sm* pieu *m*, piquet *m*; (*sostegno*) pilier *m*; **fare da** *o* **il ~** (*fig*) faire le guet; **saltare di ~ in frasca** (*fig*) sauter du coq à l'âne.
palombaro [palom'baro] *sm* plongeur(-euse).
palombo [pa'lombo] *sm* (*ZOOL*) émissole *f*, chien *m* de mer.
palpare [pal'pare] *vt* palper.
palpebra ['palpebra] *sf* paupière *f*.
palpitare [palpi'tare] *vi* (*anche fig*) palpiter.
palpitazione [palpitat'tsjone] *sf* palpitation *f*.
palpito ['palpito] *sm* (*del cuore*) palpitation *f*; (*fig*: *d'amore etc*) frémissement *m*.
paltò [pal'tɔ] *sm inv* manteau *m*.
palude [pa'lude] *sf* marécage *m*, marais *msg*.
paludoso, -a [palu'doso] *agg* marécageux(-euse).
palustre [pa'lustre] *agg* palustre.
pampino ['pampino] *sm* pampre *m*.
panacea [pana'tʃɛa] *sf* panacée *f*.
Panama ['panama] *sm* Panama *f*; **il canale di ~** le canal de Panama.
panamense [pana'mɛnse] *agg* panaméen(ne) ♦ *sm/f* Panaméen(ne).
panca, -che ['panka] *sf* banc *m*.
pancarrè [pankar'rɛ] *sm* pain *m* de mie.
pancetta [pan'tʃetta] *sf* (*CUC*) lard *m*; (*scherz*: *pancia*) brioche *f*, bedaine *f*; ▶ **pancetta affumicata** lard fumé, bacon *m*.
panchetto [pan'ketto] *sm* (*panca*) escabeau *m*; (*sgabello*) tabouret *m*.
panchina [pan'kina] *sf* banc *m*; (*SPORT*: *sedile, anche fig*) banc de touche; (: *allenatore*) entraîneur *m*; (: *riserve*) remplaçants *mpl*; **sedere** *o* **stare in ~** (*fig*: *allenatore*) être l'entraîneur.
pancia, -ce ['pantʃa] *sf* ventre *m*; **avere mal di ~** avoir mal au ventre; **a ~ piena** le ventre plein.
panciera [pan'tʃɛra] *sf* gaine *f*.
panciolle [pan'tʃɔlle] *avv*: **stare in ~** se tourner les pouces.
panciotto [pan'tʃɔtto] *sm* gilet *m*.
panciuto, -a [pan'tʃuto] *agg* (*persona*) pansu(e), ventru(e), bedonnant(e) (*fam*); (*vaso*) pansu(e), renflé(e).
pancreas ['pankreas] *sm inv* pancréas *msg*.
panda ['panda] *sm inv* panda *m*.
pandemonio [pande'mɔnjo] *sm* vacarme *m*, boucan *m* (*fam*).
pandoro [pan'dɔro] *sm sorte de grosse brioche que l'on mange traditionnellement à Noël*.
pane ['pane] *sm* pain *m*; (*forma*: *di burro*) motte *f*; **guadagnarsi il ~** gagner son pain; **dire ~ al ~, vino al vino** appeler un chat un chat; **rendere pan per focaccia** rendre à qn la monnaie de sa pièce; ▶ **pan di Spagna** génoise *f*; ▶ **pane a cassetta** pain de mie; ▶ **pane bianco** pain blanc; ▶ **pane casereccio** pain de ménage; ▶ **pane di segale** pain de seigle; ▶ **pane integrale** pain complet; ▶ **pane nero** pain noir; ▶ **pane tostato** pain grillé.
panegirico [pane'dʒiriko] *sm* panégyrique *m*.
panetteria [panette'ria] *sf* boulangerie *f*.
panettiere, -a [panet'tjɛre] *sm/f* boulanger(-ère).
panettone [panet'tone] *sm sorte de grosse brioche avec des fruits confits que l'on mange traditionnellement à Noël*.
panfilo ['panfilo] *sm* yacht *m*.
panforte [pan'fɔrte] *sm gâteau typique de Sienne à base de fruits secs, de fruits confits et d'épices*.

pangrattato [pangrat'tato] *sm* chapelure *f.*
panico, -a, -ci, -che ['paniko] *agg*: **timor** ~ peur *f* panique ♦ *sm* panique *f*; **essere in preda al** ~ être en proie à la panique; **lasciarsi prendere dal** ~ paniquer.
paniere [pa'njɛre] *sm* (*anche ECON*) panier *m.*
panificatore, -trice [panifika'tore] *sm/f* boulanger(-ère).
panificio, -ci [pani'fitʃo] *sm* boulangerie *f.*
panino [pa'nino] *sm* petit pain *m*; ~ **(imbottito)** sandwich *m*; ▶ **panino caldo** *sandwich qui se mange chaud.*
paninoteca, -che [panino'tʃka] *sf bar dans lequel on peut manger différentes sortes de sandwichs.*
panna ['panna] *sf* crème *f*; (*AUT*) = **panne**; ▶ **panna da cucina** crème fraîche; ▶ **panna montata** crème fouettée, (crème) Chantilly *f.*
panne ['pan] *sf inv*: **essere in** ~ (*AUT*) être en panne.
pannello [pan'nɛllo] *sm* panneau *m*; (*ELETTR*) tableau *m*; ▶ **pannello di controllo** tableau de contrôle; ▶ **pannello isolante** panneau isolant; ▶ **pannello solare** panneau solaire.
panno ['panno] *sm* tissu *m*; **panni** *smpl* (*abiti*) vêtements *mpl*; **mettersi nei panni di qn** (*fig*) se mettre à la place de qn.
pannocchia [pan'nɔkkja] *sf* (*di mais etc*) épi *m.*
pannolino [panno'lino] *sm* (*per bambini*) couche *f*; (*per donne*) serviette *f* hygiénique.
panorama, -i [pano'rama] *sm* panorama *m.*
panoramico, -a, -ci, -che [pano'ramiko] *agg* (*anche fig*: *visione*) panoramique ♦ *sf* (*FOT*) vue *f* panoramique; (*CINE*) panoramique *m*; (*strada*) route *f* panoramique; (*quadro d'insieme*) tour *m* d'horizon; **esame** ~ **di** ... (*fig*) tour *m* d'horizon de ... .
pantalone [panta'lone] *agg inv*: **gonna** ~ jupe-culotte *f*; **pantaloni** *smpl* pantalon *msg.*
pantano [pan'tano] *sm* bourbier *m.*
pantera [pan'tɛra] *sf* panthère *f*; (*macchina*) ≈ voiture de la Police.
pantheon ['panteon] *sm* panthéon *m.*
pantofola [pan'tɔfola] *sf* pantoufle *f*, chausson *m.*
pantomima [panto'mima] *sf* pantomime *f.*
panzana [pan'tsana] *sf* blague *f*, bêtise *f.*
paonazzo, -a [pao'nattso] *agg* violacé(e).
papa, -i ['papa] *sm* pape *m.*
papà [pa'pa] *sm inv* papa *m.*
papale [pa'pale] *agg* papal(e).
papato [pa'pato] *sm* papauté *f.*
papavero [pa'pavero] *sm* pavot *m*; (*selvatico*) coquelicot *m*; **gli alti papaveri** les gros bonnets.
papera ['papera] *sf* (*fig*) lapsus *msg*; **ha preso una** ~ il a fait un lapsus, sa langue a fourché (*fam*).
papero, -a ['papero] *sm/f* oison *m.*
papillon [papi'jɔ̃] *sm inv* nœud *m* papillon.
papiro [pa'piro] *sm* papyrus *msg*; (*fig*: *scritto*) volume *m.*
pappa ['pappa] *sf* bouillie *f*; ▶ **pappa reale** gelée *f* royale.
pappagallo [pappa'gallo] *sm* perroquet *m*; (*fig*: *uomo*) dragueur *m* (*fam*); (*per malati*) urinal *m*, pistolet *m.*
pappagorgia, -ge [pappa'gɔrdʒa] *sf* double menton *m.*
pappardella [pappar'dɛlla] *sf* (*fig*) tartine *f.*
pappare [pap'pare] *vt* (*anche*: **papparsi**) bouffer (*fam*); (*fig*) rafler (*fam*).
Papua Nuova Guinea ['papua 'nwɔva gwi'nɛa] *sf* Papouasie-Nouvelle-Guinée *f.*
par. *abbr* = *paragrafo.*
para ['para] *sf* crêpe *m.*
parà [pa'ra] *abbr m inv* (= *paracadutista*) para *m.*
parabola [pa'rabola] *sf* parabole *f.*
parabolico, -a, -ci, -che [para'bɔliko] *agg* parabolique.
parabrezza [para'breddza] *sm inv* pare-brise *m inv.*
paracadutare [parakadu'tare] *vt* parachuter; **paracadutarsi** *vr* sauter en parachute.
paracadute [paraka'dute] *sm inv* parachute *m.*
paracadutismo [parakadu'tizmo] *sm* parachutisme *m.*
paracadutista, -i, -e [parakadu'tista] *sm/f* parachutiste *m/f.*
paracarro [para'karro] *sm* borne *f.*
paradisiaco, -a, -ci, -che [paradi'ziako] *agg* paradisiaque.
paradiso [para'dizo] *sm* paradis *msg*; ▶ **paradiso fiscale** paradis fiscal; ▶ **paradiso terrestre** paradis terrestre.
paradossale [parados'sale] *agg* paradoxal(e).
paradosso [para'dɔsso] *sm* paradoxe *m.*
parafango, -ghi [para'fango] *sm* (*di auto*) aile *f*; (*di bicicletta*) garde-boue *m.*
paraffina [paraf'fina] *sf* paraffine *f.*
parafrasare [parafra'zare] *vt* paraphraser.
parafrasi [pa'rafrazi] *sf inv* paraphrase *f.*
parafulmine [para'fulmine] *sm* paratonnerre *m.*
paraggi [pa'raddʒi] *smpl* parages *mpl*; **nei** ~ dans les parages.
paragonare [parago'nare] *vt*: ~ **con** *o* **a** comparer à *o* avec.
paragone [para'gone] *sm* comparaison *f*; **in** ~ **a, a** ~ **di** en comparaison de; **non avere paragoni** ne pas avoir son pareil.

paragrafo [pa'ragrafo] *sm* paragraphe *m.*
paraguaiano, -a [paragwa'jano] *agg* paraguayen(ne) ♦ *sm/f* Paraguayen(ne).
Paraguay [para'gwai] *sm* Paraguay *m.*
paralisi [pa'ralizi] *sf inv* paralysie *f.*
paralitico, -a, -ci, -che [para'litiko] *agg, sm/f* paralytique *m/f.*
paralizzare [paralid'dzare] *vt* paralyser.
parallela [paral'lɛla] *sf* parallèle *f*; **parallele** *sfpl* (*GINNASTICA*) barres *fpl* parallèles.
parallelamente [parallela'mente] *avv* parallèlement.
parallelepipedo [parallele'pipedo] *sm* parallélépipède *m.*
parallelismo [paralle'lizmo] *sm* parallélisme *m.*
parallelo, -a [paral'lɛlo] *agg* parallèle ♦ *sm* (*GEOM*) parallèle *m*; **fare un ~ tra** faire *o* établir un parallèle entre.
paralume [para'lume] *sm* abat-jour *m inv.*
paramedico, -a, -ci, -che [para'mɛdiko] *agg* paramédical(e).
paramenti [para'menti] *smpl* (*REL*): **~ sacri** parements *mpl* d'autel.
parametro [pa'rametro] *sm* paramètre *m*; (*fig*) critère *m.*
paramilitare [paramili'tare] *agg* paramilitaire.
paranco, -chi [pa'ranko] *sm* palan *m.*
paranoia [para'nɔja] *sf* paranoïa *f*; (*fam*: *fig*) galère *f* (*fam*); **andare in ~** (*fam*: *fig*) flipper.
paranoico, -a, -ci, -che [para'nɔiko] *agg, sm/f* paranoïaque *m/f.*
paranormale [paranor'male] *agg* paranormal(e).
paraocchi [para'ɔkki] *sm inv* œillère *f*; **avere i ~** (*fig*) avoir des œillères.
parapetto [para'pɛtto] *sm* parapet *m*, garde-fou *m.*
parapiglia [para'piʎʎa] *sm inv* (*confusione*) bousculade *f*; (*tafferuglio*) bagarre *f.*
parapsicologia [parapsikolɔ'dʒia] *sf* parapsychologie *f.*
parare [pa'rare] *vt* (*addobbare, scansare*) parer; (*proteggere*) protéger; (*CALCIO*) bloquer ♦ *vi*: **dove vuole andare a ~?** où veut-il en venir?; **pararsi** *vr*: **pararsi davanti a qc/qn** se placer devant qn/qch; (*all'improvviso*) surgir devant qn/qch.
parascolastico, -a, -ci, -che [parasko'lastiko] *agg* parascolaire.
parasole [para'sole] *sm inv* parasol *m.*
parassita, -i [paras'sita] *sm* (*anche fig*) parasite *m.*
parassitario, -a [parassi'tarjo] *agg* parasitaire.
parastatale [parasta'tale] *agg* semi-public(-ique) ♦ *sm/f* (*dipendente*) employé(e) d'un organisme semi-public.
parata [pa'rata] *sf* (*SPORT*) arrêt *m*; (*rivista militare*) parade *f*; **vista la mala ~** vu que les choses se gâtent.
parati [pa'rati] *smpl*: **carta da ~** papier *m* peint.
paratia [para'tia] *sf* (*di nave*) cloison *f.*
paraurti [para'urti] *sm inv* (*AUT*) pare-chocs *m inv.*
paravento [para'vɛnto] *sm* paravent *m*; **fare da ~ a** (*fig*) servir de couverture à.
parcella [par'tʃɛlla] *sf* (note *f* d')honoraires *mpl.*
parcheggiare [parked'dʒare] *vt* garer.
parcheggio [par'keddʒo] *sm* (*piazzale, viale*) parking *m*; (*sosta*) stationnement *m*; (*manovra*) manœuvre *f*; (*singolo posto*) place *f.*
parchimetro [par'kimetro] *sm* parc(o)mètre *m.*
parco, -a, -chi, -che ['parko] *agg* (*sobrio*) sobre, modéré(e); (*avaro*) avare ♦ *sm* parc *m*; ▶ **parco macchine** parc automobile; ▶ **parco nazionale** parc national.
parecchio, -a [pa'rekkjo] *agg* beaucoup de; (*numerosi*): **parecchi(e)** plusieurs ♦ *pron* beaucoup; (*tempo*) longtemps ♦ *avv* (*con agg*) très, fort; (*con vb*) beaucoup, bien.
pareggiare [pared'dʒare] *vt* (*terreno*) égaliser; (*bilancio*) équilibrer ♦ *vi* (*SPORT*) égaliser.
pareggiato, -a [pared'dʒato] *agg* = **parificato, a.**
pareggio [pa'reddʒo] *sm* (*ECON*) équilibre *m*; (*SPORT*) égalisation *f*; (: *esito*) match *m* nul.
parentado [paren'tado] *sm* famille *f.*
parente [pa'rɛnte] *sm/f* parent(e); **abbiamo dei parenti a Parigi** nous avons de la famille à Paris.
parentela [paren'tɛla] *sf* parenté *f.*
parentesi [pa'rɛntezi] *sf inv* parenthèse *f*; (*fig*) période *f*; **tra ~** (*anche fig*) entre parenthèses; **~ tonde/quadre/grafe** parenthèses *fpl*/crochets *mpl*/accolades *fpl.*
parere [pa'rere] *sm* avis *msg*; (*consiglio*) conseil *m* ♦ *vi* sembler, paraître ♦ *vb impers*: **pare che ...** il semble que ...; **a mio ~** à mon avis; **mi pare che ...** il me semble que ...; **mi pare di sì/no** je crois que oui/non; **fai come ti pare** fais comme tu veux; **che ti pare del mio libro?** que penses-tu de mon livre?
parete [pa'rete] *sf* mur *m*; (*di monte, organo*) paroi *f.*
pargolo, -a ['pargolo] *sm/f* enfant *m/f.*
pari ['pari] *agg inv* même, égal(e); (*in giochi*) ex-aequo, à égalité; (*MAT*) pair(e) ♦ *sm inv* égalité *f*; (*in Gran Bretagna*) lord *m*; (*GIOCO*) numéro *m* pair ♦ *sm/f inv* égal(e); pareil(le) ♦ *avv*: **~ ~** (*copiare etc*) mot à mot; **essere ~ a qn in qc** égaler qn en qch; **siamo ~** nous sommes quittes; **sen-**

za ~ sans égal(e), sans pareil(le); **andare di** ~ **passo con qn** aller de pair avec qn; **al** ~ **di** comme; **mettersi in** ~ **con** se tenir au courant de; **alla** ~ (*allo stesso livello*) à égalité; (*BORSA*) au pair; **ragazza alla** ~ fille au pair; **mettersi alla** ~ **con** se mettre sur un pied d'égalité avec; **i tuoi** ~ tes semblables.

parificare [parifi'kare] *vt* égaliser; (*scuola*) reconnaître officiellement.

parificato, -a [parifi'kato] *agg*: **scuola parificata** *école privée reconnue par l'État.*

Parigi [pa'ridʒi] *sf* Paris.

parigino, -a [pari'dʒino] *agg* parisien(ne) ♦ *sm/f* Parisien(ne).

pariglia [pa'riʎʎa] *sf*: **rendere la** ~ rendre la pareille.

parità [pari'ta] *sf* égalité *f.*

paritetico, -a, -ci, -che [pari'tɛtiko] *agg* d'égal à égal; **commissione paritetica** commission *f* paritaire.

parlamentare [parlamen'tare] *agg* parlementaire ♦ *sm/f* parlementaire *m/f* ♦ *vi* parlementer.

parlamento [parla'mento] *sm* parlement *m.*

parlantina [parlan'tina] *sf* (*fam*) baratin *m*; **avere** ~ avoir du bagout.

parlare [par'lare] *vi* parler ♦ *vt* parler; ~ **(a qn) di** parler (à qn) de; ~ **con qn** parler avec qn; ~ **chiaro** parler (haut et) clair; ~ **male di qn** dire du mal de qn; ~ **male di qc** parler en mal de qch; ~ **del più e del meno** parler de choses et d'autres; **ne ho sentito** ~ j'en ai entendu parler; **non parliamone più** n'en parlons plus; **i dati parlano** (*fig*) les faits parlent d'eux mêmes; **non se ne parla!** (il n'en est) pas question!

parlata [par'lata] *sf* (*modo di parlare*) parler *m.*

parlatore, -trice [parla'tore] *sm/f* orateur(-trice).

parlatorio [parla'tɔrjo] *sm* parloir *m.*

parlottare [parlot'tare] *vi* parler à voix basse.

Parma ['parma] *sf* Parme.

parmigiano, -a [parmi'dʒano] *agg* parmesan(e) ♦ *sm* parmesan *m*; **alla parmigiana** (*CUC*) *à base de sauce tomate, de parmesan et de mozzarella.*

parodia [paro'dia] *sf* parodie *f.*

parodiare [paro'djare] *vt* parodier.

parola [pa'rɔla] *sf* mot *m*; (*DIR, facoltà, promessa*) parole *f*; **parole** *sfpl* (*chiacchiere*) mots *mpl*, paroles *fpl*; **chiedere la** ~ demander la parole; **non una** ~**, mi raccomando!** surtout pas un mot!; **dare la** ~ **a qn** (*in assemblea*) passer la parole à qn; **dare la propria** ~ **a qn** donner sa parole à qn; **non ne ha fatto** ~ **con nessuno** il n'en a touché mot à personne; **mantenere la** ~ tenir (sa) parole; **mettere una buona** ~ **per qn** intercéder en faveur de qn; **passare dalle parole ai fatti** passer à l'action; **prendere la** ~ prendre la parole; **rimanere senza parole** rester coi, rester bouche bée; **rimangiarsi la** ~ retirer sa parole; **non ho parole per ringraziarla** je ne sais comment vous remercier; **rivolgere la** ~ **a qn** adresser la parole à qn; **non è detta l'ultima** ~ je n'ai pas dit mon dernier mot; **è un uomo di** ~ c'est un homme de parole; **in parole povere** en peu de mots; **sulla** ~ (*credere*) sur parole; **è una** ~**!** c'est facile à dire!; ▶ **parola d'onore** parole d'honneur; ▶ **parola d'ordine** mot d'ordre; (*MIL*) mot de passe; ▶ **parole incrociate** mots croisés.

parolaccia, -ce [paro'lattʃa] *sf* gros mot *m.*

parossismo [paros'sizmo] *sm* paroxysme *m.*

parquet [par'kɛ] *sm inv* parquet *m.*

parrò *etc* [par'rɔ] *vb vedi* **parere**.

parrocchia [par'rɔkkja] *sf* paroisse *f.*

parrocchiano, -a [parrok'kjano] *sm/f* paroissien(ne).

parroco, -ci ['parroko] *sm* curé *m.*

parrucca, -che [par'rukka] *sf* perruque *f.*

parrucchiere, -a [parruk'kjɛre] *sm/f* coiffeur(-euse).

parruccone [parruk'kone] *sm* (*peg*) vieille perruque *f.*

parsimonia [parsi'mɔnja] *sf* parcimonie *f.*

parsimonioso, -a [parsimo'njoso] *agg* parcimonieux(-euse).

parso, -a ['parso] *pp di* **parere**.

parte ['parte] *sf* partie *f*; (*lato, direzione*) côté *m*; (*quota spettante a ciascuno*) part *f*; (*POL: partito*) parti *m*; (*TEATRO, compito*) rôle *m*; **a** ~ à part; **scherzi a** ~ toute plaisanterie à part, blague *f* à part (*fam*); **a** ~ **ciò** à part cela, cela mis à part; **è un caso a** ~ c'est un cas à part; **inviare a** ~ (*campioni etc*) envoyer séparément; **in** ~ en partie; **da** ~ (*in disparte*) à l'écart; **mettere da** ~ mettre de côté; **prendere da** ~ prendre à part; **d'altra** ~ d'ailleurs; **da** ~ **di** (*per conto di*) de la part de; **da** ~ **mia** pour ma part, quant à moi; **da** ~ **di madre** du côté de leur mère; **essere dalla** ~ **della ragione** avoir raison; **da** ~ **a** ~ de part en part; **da qualche** ~ quelque part; **da nessuna** ~ nulle part; **da questa** ~ (*in questa direzione*) par ici; **da ogni** ~ de toute(s) part(s); **far** ~ **di qc** faire partie de qch; **prendere** ~ **a qc** prendre part à qch; **prendere le parti di qn** prendre parti pour qn, prendre le parti de qn; **mettere qn a** ~ **di qc** mettre qn au courant de qch; **costituirsi** ~ **civile contro qn** (*DIR*) se constituer partie civile contre qn; **la** ~ **lesa** (*DIR*) la partie lésée; **le parti in causa**

les parties en cause.

partecipante [partetʃi'pante] *sm/f* participant(e).

partecipare [partetʃi'pare] *vi*: ~ **(a)** participer (à), prendre part (à).

partecipazione [partetʃipat'tsjone] *sf* participation *f*; (*biglietto*) faire-part *m*; ~ **agli utili** participation aux bénéfices; ~ **a banda armata** (*DIR*) appartenance *f* à un groupe terroriste; ~ **di maggioranza/minoranza** participation majoritaire/minoritaire; ~ **di nozze** faire-part de mariage; **ministro delle Partecipazioni Statali** *ministre responsable des entreprises semi-publiques.*

partecipe [par'tetʃipe] *agg*: **essere** ~ **(di)** prendre part (à), partager.

parteggiare [parted'dʒare] *vi*: ~ **per** prendre le parti de, se ranger du côté de.

partenza [par'tɛntsa] *sf* départ *m*; **"partenze"** (*in aeroporto etc*) "départs"; **essere in** ~ être sur le point de partir; **il treno in** ~ **per Parigi ha un'ora di ritardo** le train à destination de Paris a un retard d'une heure; **tornare al punto di** ~ (*fig*) revenir au point de départ; **falsa** ~ faux départ.

particella [parti'tʃɛlla] *sf* particule *f*.

participio [parti'tʃipjo] *sm* participe *m*; ▸ **participio passato/presente** participe passé/présent.

particolare [partiko'lare] *agg* particulier(-ière); (*speciale, fuori dal comune*) spécial(e) ♦ *sm* détail *m*; **in** ~ en particulier; **entrare nei particolari** entrer dans les détails.

particolareggiato, -a [partikolared'dʒato] *agg* détaillé(e), fouillé(e).

particolarità [partikolari'ta] *sf inv* (*caratteristica*) particularité *f*, caractéristique *f*; (*carattere eccezionale*) particularité; (*dettaglio*) détail *m*.

partigiano, -a [parti'dʒano] *agg* partisan(e) ♦ *sm* partisan *m*.

partire [par'tire] *vi* partir; **sono partita da Roma alle 7** je suis partie de Rome à 7 heures; **il volo parte da Linate** le vol part de Linate; **a** ~ **da** à partir de, à compter de; **la seconda a** ~ **da destra** la deuxième en partant de la droite.

partita [par'tita] *sf* (*SPORT*) match *m*; (*di carte, scacchi*) partie *f*; (*COMM*: *di merce*) lot *m*; (*ECON*: *registrazione*) écriture *f*; ▸ **partita di caccia** partie de chasse; ▸ **partita semplice/doppia** (*COMM*) comptabilité *f* en partie simple/double; ▸ **partita IVA** *numéro de TVA attribué aux commerçants, aux professions libérales, aux artistes etc.*

partito [par'tito] *sm* parti *m*; **un buon** ~ (*da sposare*) un bon parti; **per** ~ **preso** de parti pris, c'est du parti pris; **l'ha detto per** ~ **preso** il l'a dit par parti pris; **mettere la testa a** ~ se ranger, s'assagir.

partitocrazia [partitokrat'tsia] *sf* partitocratie *f*.

partitura [parti'tura] *sf* (*MUS*) partition *f*.

parto ['parto] *sm* (*MED*) accouchement *m*; (*fig*: *di fantasia*) création *f*; **sala** ~ salle *f* d'accouchement; **morire di** ~ mourir en couches.

partoriente [parto'rjɛnte] *sf* parturiente *f*.

partorire [parto'rire] *vt* (*MED, fig*) accoucher de.

parvenza [par'vɛntsa] *sf* semblant *m*.

parvi *etc* ['parvi] *vb vedi* **parere**.

parziale [par'tsjale] *agg* (*incompleto*) partiel(le); (*fazioso*) partial(e).

parzialità [partsjali'ta] *sf* partialité *f*.

pascere ['paʃʃere] *vt* (*brucare*) paître; (*far pascolare*) faire *o* mener paître ♦ *vi* paître, pâturer.

pasciuto, -a [paʃ'ʃuto] *pp di* **pascere** ♦ *agg*: **ben** ~ rondelet(te), bien gras(se).

pascolare [pasko'lare] *vt* mener paître ♦ *vi* paître, pâturer.

pascolo ['paskolo] *sm* pâturage *m*.

Pasqua ['paskwa] *sf* (*cristiana*) Pâques *fpl*; (*ebraica*) pâque *f*; **isola di** ~ île *f* de Pâques.

pasquale [pas'kwale] *agg* pascal(e), de Pâques.

pasquetta [pas'kwetta] *sf* lundi *m* de Pâques.

passabile [pas'sabile] *agg* passable.

passaggio [pas'saddʒo] *sm* passage *m*; (*SPORT*) passe *f*; **di** ~ (*persona*) de passage; (*di sfuggita*) en passant; **dare un** ~ **a qn** accompagner qn (en voiture); **mi ha chiesto un** ~ **fino a casa** il m'a demandé de le ramener chez lui; ▸ **passaggio a livello** passage à niveau; ▸ **passaggio di proprietà** transfert *m* de propriété; ▸ **passaggio pedonale** passage clouté.

passamaneria [passamane'ria] *sf* passementerie *f*.

passamontagna [passamon'taɲɲa] *sm inv* passe-montagne *m*, cagoule *f*.

passante [pas'sante] *sm/f* passant(e) ♦ *sm* passant *m*.

passaporto [passa'pɔrto] *sm* passeport *m*.

passare [pas'sare] *vi* passer ♦ *vt* (*pacco, messaggio*) passer; (*esame*) être reçu(e) (à), réussir; (*proposta*: *approvare*) approuver; (*sorpassare, anche fig*) dépasser; (*verdura*: *triturare*) passer au moulin à légume; ~ **attraverso** (*passaggio*) passer à travers; (*fig*: *esperienza*) connaître; ~ **avanti a qn** (*in fila*) passer avant qn; (*fig*) dépasser qn; ~ **in banca** passer à la banque; ~ **oltre** passer son chemin; (*fig*) passer à autre chose; ~ **per** (*luogo*) passer par; (*fig*: *esperienza*) vivre, connaître; **ci siamo passati tutti** on est tous passés par là; ~ **per stupido** passer pour un idiot; ~ **sopra qc** (*fig*) passer sur qch; ~ **ad altro** (*in riunione*) passer à un autre sujet; ~ **un esame** être reçu *o* réussir à un examen; ~ **inosservato** passer inaperçu; **passere a prendere qn/qc** passer prendre qn/qch; ~ **di moda** passer de mode; ~ **alla storia** passer à la postérité; **le passo Mario** (*TEL*) je vous passe Mario; **farsi ~ per qn** se faire passer pour qn; **ti è passato il mal di testa?** ton mal de tête s'est-il passé?; **lasciar ~** (*persona, veicolo*) laisser passer; (*errore, svista*) omettre; **ha 30 anni e passa** il a passé la trentaine; (*tempo fa*) il y a plus de 30 ans; **passarsela: come te la passi?** comment ça va?

passata [pas'sata] *sf* (*di vernice*) couche *f*; **dare una ~ a** (*con straccio*) donner un coup de chiffon à.

passatempo [passa'tɛmpo] *sm* passe-temps *m*.

passato, -a [pas'sato] *agg* passé(e) ♦ *sm* passé *m*; (*CUC*) potage *m*; **l'anno ~** l'année passée, l'année dernière; **nel corso degli anni passati** au cours de ces dernières années; **nei tempi passati** dans le passé, autrefois; **sono le otto passate** il est huit heures passées; **è acqua passata** (*fig*) c'est du passé, cela appartient au passé; ▸**passato di verdura** (*CUC*) potage de légumes; ▸**passato prossimo/remoto** (*LING*) passé composé/simple.

passatutto [passa'tutto] *sm inv* moulin *m* à légumes.

passaverdura [passaver'dura] *sm inv* moulin *m* à légumes.

passeggero, -a [passed'dʒɛro] *agg, sm/f* passager(-ère).

passeggiare [passed'dʒare] *vi* se promener.

passeggiata [passed'dʒata] *sf* promenade *f*; **fare una ~** faire une promenade.

passeggino [passed'dʒino] *sm* poussette *f*.

passeggio [pas'seddʒo] *sm* promenade *f*; **andare a ~** aller se promener.

passerella [passe'rɛlla] *sf* passerelle *f*; (*per indossatrici*) estrade *f*.

passero ['passero] *sm* moineau *m*.

passibile [pas'sibile] *agg*: ~ **di** (*di ammenda*) passible de; (*di variazioni*) sujet(te) à, susceptible de.

passionale [passjo'nale] *agg* passionné(e); **delitto ~** crime *m* passionnel.

passione [pas'sjone] *sf* passion *f*; (*REL*) Passion.

passività [passivi'ta] *sf* (*qualità*) passivité *f*; (*COMM*) passif *m*.

passivo, -a [pas'sivo] *agg* passif(-ive); (*ECON*) débiteur(-trice) ♦ *sm* (*LING, ECON*) passif *m*.

passo ['passo] *sm* pas *msg*; (*andatura*) pas, train *m*; (*fig*: *brano*) passage *m*, extrait *m*; (*valico*) col *m*; **a ~ d'uomo** au pas; **~ (a) ~** pas à pas; **fare due** *o* **quattro passi** faire un petit tour; **andare al ~ coi tempi** vivre avec son temps; **di questo ~** (*in questo modo*) du train où vont les choses; **fare i primi passi** (*anche fig*) faire les premiers pas; **fare il gran ~** (*fig*) franchir le pas; **fare un ~ falso** (*fig*) faire un faux pas; **tornare sui propri passi** revenir sur ses pas; ▸**"passo carraio"** "sortie de véhicules".

pasta ['pasta] *sf* pâte *f*; (*spaghetti etc*) pâtes *fpl*; (*fig*: *indole*) caractère *m*; **paste** *sfpl* (*pasticcini*) pâtisseries *fpl*, gâteaux *mpl*; **essere una ~ d'uomo** être une bonne pâte; ▸**pasta dentifricia** (*dentifricio*) pâte dentifrice; ▸**pasta in brodo** bouillon *m* avec des pâtes; ▸**pasta sfoglia** pâte feuilletée.

pastasciutta [pastaʃ'ʃutta] *sf* pâtes *fpl*.

pasteggiare [pasted'dʒare] *vi*: ~ **a** *o* **con** déjeuner *o* dîner à.

pastella [pas'tɛlla] *sf* pâte *f* à frire.

pastello [pas'tɛllo] *sm* pastel *m* ♦ *agg inv*: **rosa/verde ~** rose/vert pastel *inv*.

pasticca, -che [pas'tikka] *sf* = **pastiglia**.

pasticceria [pastittʃe'ria] *sf* pâtisserie *f*; (*assortimento di dolci*) pâtisseries.

pasticciare [pastit'tʃare] *vt* (*fare pasticci*) bâcler; (*rovinare*) gâcher ♦ *vi* bâcler.

pasticciere, -a [pastit'tʃɛre] *sm/f* pâtissier(-ière).

pasticcino [pastit'tʃino] *sm* petit four *m*.

pasticcio [pas'tittʃo] *sm* (*CUC*) tourte *f*; (*fig*: *lavoro etc*) gâchis *msg*; (: *confusione*) imbroglio *m*; **essere nei pasticci** être dans le pétrin; **mettersi in un bel ~** se mettre dans de beaux draps.

pastificio [pasti'fitʃo] *sm* (*fabbrica*) fabrique *f* de pâtes.

pastiglia [pas'tiʎʎa] *sf* pastille *f*.

pastina [pas'tina] *sf* pâtes *fpl* à potage.

pasto ['pasto] *sm* repas *msg*.

pastoia [pas'toja] *sf* (*fig*): ~ **burocratica** tracasseries *fpl* administratives.

pastone [pas'tone] *sm* (*miscuglio per animali*) pâtée *f*; (*cibo troppo cotto*) bouillie *f*.

pastorale [pasto'rale] *agg* pastoral(e).

pastore [pas'tore] *sm* berger *m*; (*REL*) pasteur *m*; ▸**pastore scozzese** (*ZOOL*) colley *m*; ▸**pastore tedesco** (*ZOOL*) berger allemand.

pastorizia [pasto'rittsja] *sf* élevage *m*.

pastorizzare [pastorid'dzare] *vt* pasteuriser.

pastorizzazione [pastoriddzat'tsjone] *sf* pasteurisation *f*.

pastoso, -a [pas'toso] *agg* pâteux(-euse); (*fig*: *vino, voce*) moelleux(-euse); (: *colore*) fondu(e).
pastrano [pas'trano] *sm* pardessus *msg*.
pastura [pas'tura] *sf* pâture *f*.
patacca, -che [pa'takka] *sf* (*macchia*) tache *f*; **è una** ~ (*peg*: *fig*) c'est de la pacotille *o* de la camelote.
Patagonia [pata'gonja] *sf* Patagonie *f*.
patata [pa'tata] *sf* pomme *f* de terre; ▶ **patata americana** patate *f* douce; ▶ **patata bollente** (*fig*) problème *m* épineux; **passare la** ~ **bollente** refiler le bébé; ▶ **patata dolce** patate douce; ▶ **patate fritte** frites *fpl*.
patatine [pata'tine] *sfpl* (*in sacchetto*) chips *fpl*; ▶ **patatine fritte** frites *fpl*.
patatrac [pata'trak] *sm* (*fallimento*) krach *m*; (*disastro*) désastre *m*; (*onomatopeico*) patatras.
pâté [pa'te] *sm inv* pâté *m*; ▶ **pâté di fegato d'oca** foie *m* gras.
patella [pa'tɛlla] *sf* (*ZOOL*) patelle *f*.
patema, -i [pa'tɛma] *sm* douleur *f*; ▶ **patema d'animo** angoisse *f*.
patentato, -a [paten'tato] *agg* diplômé(e); (*fig scherz*) fieffé(e), fini(e).
patente [pa'tɛnte] *sf* permis *msg*; ▶ **patente (di guida)** permis (de conduire).
patentino [paten'tino] *sm* permis *msg* provisoire, autorisation *f* provisoire.
paternalismo [paterna'lizmo] *sm* paternalisme *m*.
paternalista [paterna'lista] *sm* paternaliste *m*.
paternalistico, -a, -ci, -che [paterna'listiko] *agg* paternaliste.
paternità [paterni'ta] *sf* paternité *f*.
paterno, -a [pa'tɛrno] *agg* paternel(le).
patetico, -a, -ci, -che [pa'tɛtiko] *agg* pathétique.
pathos ['patos] *sm* pathos *msg*.
patibolo [pa'tibolo] *sm* échafaud *m*.
patimento [pati'mento] *sm* souffrance *f*.
patina ['patina] *sf* (*su rame etc*) patine *f*; (*sulla lingua*) enduit *m*.
patire [pa'tire] *vt* subir, endurer ♦ *vi* souffrir.
patito, -a [pa'tito] *sm/f* mordu(e), fana *m/f* (*fam*).
patologia [patolo'dʒia] *sf* pathologie *f*.
patologico, -a, -ci, -che [pato'lɔdʒiko] *agg* pathologique; **caso** ~ (*fig scherz*) cas *msg*.
patologo, -a, -gi, -ghe [pa'tɔlogo] *sm/f* pathologiste *m/f*.
patria ['patrja] *sf* patrie *f*; (*città e luogo natale*) pays *msg*.
patriarca, -chi [patri'arka] *sm* patriarche *m*.
patrigno [pa'triɲɲo] *sm* beau-père *m*.
patrimoniale [patrimo'njale] *agg* patrimonial(e) ♦ *sf* (*tassa*) impôt *m* sur la fortune.
patrimonio [patri'mɔnjo] *sm* (*DIR, fig*) patrimoine *m*; **costare un** ~ coûter une fortune; ▶ **patrimonio culturale** patrimoine culturel; ▶ **patrimonio ereditario** patrimoine héréditaire; ▶ **patrimonio naturale/costiero/boschivo** richesses *fpl* naturelles/côtières/en bois; ▶ **patrimonio pubblico** biens *mpl* publics; ▶ **patrimonio spirituale** patrimoine spirituel.
patrio, -a, -ii, -ie ['patrjo] *agg* de la patrie; **patria potestà** (*DIR*) puissance *f* paternelle; **amor** ~ amour *m* de la patrie.
patriota, -i, -e [patri'ɔta] *sm/f* patriote *m/f*.
patriottico, -a, -ci, -che [patri'ɔttiko] *agg* patriotique.
patriottismo [patriot'tizmo] *sm* patriotisme *m*.
patrocinare [patrotʃi'nare] *vt* (*DIR*: *causa*) plaider; (*candidatura*) soutenir.
patrocinio [patro'tʃinjo] *sm* (*vedi vt*) assistance *f*, défense *f*; soutien *m*.
patronato [patro'nato] *sm* patronage *m*.
patrono [pa'trɔno] *sm* (*DIR*) défenseur *m*, avocat *m*; (*santo*) patron *m*; (*promotore*) parrain *m*.
patta ['patta] *sf* (*sopra bottoni*) patte *f*; (*sopra tasca*) rabat *m*.
patteggiamento [patteddʒa'mento] *sm* (*DIR*) *négociation de la peine entre avocats*.
patteggiare [patted'dʒare] *vt* négocier ♦ *vi* pactiser, négocier.
pattinaggio [patti'naddʒo] *sm* patin *m*; (*spettacolo*) patinage *m*; ▶ **pattinaggio a rotelle/sul ghiaccio** patin à roulettes/à glace.
pattinare [patti'nare] *vi* patiner, faire du patin; ~ **sul ghiaccio** faire du patin à glace.
pattinatore, -trice [pattina'tore] *sm/f* patineur(-euse).
pattino¹ ['pattino] *sm* (*anche AER*) patin *m*; (: *coda*) béquille *f*; ▶ **pattini da ghiaccio/a rotelle** patins à glace/à roulettes.
pattino² [pat'tino] *sm* (*barca*) pédalo *m*.
patto ['patto] *sm* (*accordo*) pacte *m*; (*condizione*) condition *f*; **a** ~ **che** à condition que; **a nessun** ~ à aucun prix; **venire** *o* **scendere a patti (con qn)** transiger (avec qn); **venir meno ai patti** manquer à ses engagements.
pattuglia [pat'tuʎʎa] *sf* patrouille *f*.
pattugliare [pattuʎ'ʎare] *vt* patrouiller.
pattuire [pattu'ire] *vt* négocier.
pattumiera [pattu'mjɛra] *sf* poubelle *f*.
paura [pa'ura] *sf* peur *f*; **aver** ~ **di** avoir peur de; **aver** ~ **di fare** avoir peur de fai-

re; **aver ~ che** avoir peur que; **far ~ a** faire peur à; **per ~ di/che** par *o* de peur de/que; **ho ~ di sì/no** je crains que oui/non.

pauroso, -a [pau'roso] *agg* (*che fa paura*) épouvantable, effroyable; (*che ha paura*) peureux(-euse), craintif(-ive); (*fig: straordinario*) incroyable.

pausa ['pauza] *sf* pause *f*; **fare una ~** faire une pause.

pavido, -a ['pavido] *agg* couard(e), peureux(-euse).

pavimentare [pavimen'tare] *vt* (*con piastrelle*) carreler; (*con parquet*) parqueter; (*con lastre*) daller; (*strada*) paver.

pavimentazione [pavimentat'tsjone] *sf* (*vedi vt*) carrelage *m*; parquetage *m*; dallage *m*; pavage *m*.

pavimento [pavi'mento] *sm* sol *m*, plancher *m*.

pavone [pa'vone] *sm* (*anche fig*) paon *m*.

pavoneggiarsi [pavoned'dʒarsi] *vip* se pavaner.

pazientare [pattsjen'tare] *vi* patienter.

paziente [pat'tsjɛnte] *agg, sm/f* patient(e).

pazienza [pat'tsjɛntsa] *sf* patience *f*; **perdere la ~** perdre patience.

pazzamente [pattsa'mente] *avv* comme un fou(une folle); **essere ~ innamorato** être follement amoureux.

pazzesco, -a, -schi, -sche [pat'tsesko] *agg* (*fig*) fou(folle), incroyable.

pazzia [pat'tsia] *sf* folie *f*; **è stata una ~!** cela a été une folie!

pazzo, -a ['pattso] *agg, sm/f* fou(folle); **andare ~ per** être fou de; **~ di gioia/d'amore** fou de joie/d'amour; **cose da pazzi!** c'est de la folie!; **~ da legare** fou(folle) à lier.

PC *sigla = Piacenza.*

P.C. *abbr* (= *polizza di carico*) connaissement.

p.c. *abbr* (= *per conoscenza*) pour information.

p.c.c. *abbr* (= *per copia conforme*) PCC.

PCI [pi'tʃi] *sigla m = Partito Comunista Italiano.*

PCUS [pkus] *sigla m* (= *Partito Comunista dell'Unione Sovietica*) PCUS *m*.

PD *sigla = Padova.*

P.D. *abbr* (= *partita doppia*) comptabilité en partie double.

PDS [pidi'ɛsse] *sigla m = Partito Democratico della Sinistra.*

PE *sigla = Pescara.*

pecca, -che ['pɛkka] *sf* défaut *m*.

peccaminoso, -a [pekkami'noso] *agg* (*vita*) pécheur(-eresse); (*fig*) mauvais(e), immoral(e).

peccare [pek'kare] *vi* pécher; **~ di negligenza** pécher par négligence.

peccato [pek'kato] *sm* péché *m*; **è un ~ che** ... c'est dommage que ...; **che ~!** quel dommage!; ▸**peccato di gioventù/di gola** (*fig*) péché de jeunesse/de gourmandise; ▸**peccato originale** péché originel.

peccatore, -trice [pekka'tore] *sm/f* pécheur(-eresse).

peccherò *etc* [pekke'rɔ] *vb vedi* **peccare**.

pece ['petʃe] *sf* poix *fsg*.

pechinese [peki'nese] *agg* pékinois(e) ♦ *sm/f* Pékinois(e) ♦ *sm* (*ZOOL*) pékinois *m*.

Pechino [pe'kino] *sf* Pékin.

pecora ['pɛkora] *sf* mouton *m*, brebis *fsg*; (*fig*) brebis; **~ nera** (*fig*) brebis galeuse.

pecoraio [peko'rajo] *sm* berger *m*; (*peg*) paysan(ne).

pecorella [peko'rɛlla] *sf* jeune brebis *fsg*; **la ~ smarrita** la brebis égarée; **cielo a pecorelle** ciel *m* pommelé.

pecorino [peko'rino] *sm* fromage *m* de brebis.

peculato [peku'lato] *sm* (*DIR*) péculat *m*.

peculiare [peku'ljare] *agg* caractéristique, particulier(-ière).

peculiarità [pekuljari'ta] *sf* caractéristique *f*, particularité *f*.

pecuniario, -a [peku'njarjo] *agg* pécuniaire.

pedaggio [pe'daddʒo] *sm* péage *m*.

pedagogia [pedago'dʒia] *sf* pédagogie *f*.

pedagogico, -a, -ci, -che [peda'gɔdʒiko] *agg* pédagogique.

pedagogo, -a, -ghi, -ghe [peda'gɔgo] *sm/f* pédagogue *m/f*.

pedalare [peda'lare] *vi* pédaler.

pedale [pe'dale] *sm* pédale *f*.

pedana [pe'dana] *sf* estrade *f*; (*SPORT: nel salto*) sautoir *m*; (*: nella scherma*) piste *f*.

pedante [pe'dante] *agg* (*peg*) pointilleux(-euse), ergoteur(-euse) ♦ *sm/f* (*peg*) ergoteur(-euse), chicaneur(-euse).

pedanteria [pedante'ria] *sf* (*peg*) ergotage *m*, chicanerie *f*.

pedata [pe'data] *sf* (*calcio*) coup *m* de pied; **prendere qn a pedate** donner des coups de pied à qn; **prendere qc a pedate** donner des coups de pied dans qch.

pederasta, -i [pede'rasta] *sm* pédéraste *m*.

pediatra, -i, -e [pe'djatra] *sm/f* pédiatre *m/f*.

pediatria [pedja'tria] *sf* pédiatrie *f*.

pediatrico, -a, -ci, -che [pe'djatriko] *agg* de pédiatrie; **clinica pediatrica** clinique pour enfants; **per uso ~** pour enfants.

pedicure [pedi'kure] *sm/f inv* pédicure *m/f*.

pedigree ['pedigri:] *sm inv* pedigree *m*.

pediluvio [pedi'luvjo] *sm* bain *m* de pieds.

pedina [pe'dina] *sf* (*anche fig*) pion *m*.

pedinare [pedi'nare] *vt* filer, prendre en filature.

pedonale [pedo'nale] *agg* piéton(ne), piétonnier(-ière); *vedi anche* **passaggio**; **isola**.

pedone, -a [pe'done] *sm/f* piéton(ne) ♦ *sm* (*SCACCHI*) pion *m*.

peeling ['pi:liŋ] *sm inv* peeling *m*.

peggio ['pɛddʒo] *avv* (*stare, andare etc*) plus mal; (*meno*: *riuscito, informato*) moins bien ♦ *agg* (*peggiore*) pire, plus mauvais(e); (*meno opportuno*) pire ♦ *sm/f*: **il(la)** ~ le(la) pire; **sto** ~ **di ieri** je vais plus mal qu'hier; ~ **così** tant pis; ~ **per te!** tant pis pour toi!; **o,** ~ ou, pire encore; **è** ~ **di lei** il est pire qu'elle; **alla (meno)** ~ (*in qualche modo*) tant bien que mal; (*nella peggior ipotesi*) au pis aller; **avere la** ~ avoir le dessous.

peggioramento [peddʒora'mento] *sm* aggravation *f*.

peggiorare [peddʒo'rare] *vt* empirer, aggraver ♦ *vi* empirer, s'aggraver; **il paziente è peggiorato** l'état du patient s'est empiré *o* aggravé.

peggiorativo, -a [peddʒora'tivo] *sm* péjoratif *m*.

peggiore [ped'dʒore] *agg* (*comparativo*): ~ **(di)** pire (que) ♦ *agg* (*superlativo*): **il(la)** ~ le(la) pire ♦ *sm/f*: **il(la)** ~ le(la) pire; **il peggior posto del mondo** le pire endroit du monde; **nel** ~ **dei casi** dans le pire des cas, au pis aller.

pegno ['peɲɲo] *sm* gage *m*; **dare qc in** ~ mettre qch en gage; **in** ~ **d'amicizia** en signe d'amitié.

pelapatate [pelapa'tate] *sm inv* économe *m*, épluche-légumes *m*.

pelare [pe'lare] *vt* peler; (*spennare, fig*) plumer; (*spellare*) écorcher, dépouiller; (*sbucciare*) éplucher; **pelarsi** *vip* (*perdere i capelli*) se dégarnir; (*perdere la pelle*) peler.

pelato, -a [pe'lato] *agg* (*sbucciato*) épluché(e); (*calvo*) chauve; **(pomodori) pelati** tomates *fpl* pelées.

pellame [pel'lame] *sm* peaux *fpl*.

pelle ['pɛlle] *sf* peau *f*; (*cuoio*) cuir *m*; **essere** ~ **ed ossa** n'avoir que la peau sur les os; **avere la** ~ **d'oca** avoir la chair de poule; **avere i nervi a fior di** ~ avoir les nerfs à vif; **non stare più nella** ~ **dalla gioia** ne plus se sentir de joie; **lasciarci la** ~ y laisser sa peau; **amici per la** ~ amis pour la vie.

pellegrinaggio [pellegri'naddʒo] *sm* pèlerinage *m*.

pellegrino, -a [pelle'grino] *sm/f* pèlerin(e).

pellerossa [pelle'rossa] (*pl* **pellirosse**) *sm/f* peau-rouge *m/f*.

pelletteria [pellette'ria] *sf* maroquinerie *f*.

pellicano [pelli'kano] *sm* pélican *m*.

pellicceria [pellittʃe'ria] *sf* (*lavorazione*) pelleterie *f*; (*negozio*) magasin *m* de fourrures.

pelliccia, -ce [pel'littʃa] *sf* fourrure *f*; ▸**pelliccia ecologica** fourrure *f* synthétique.

pellicciaio, -a [pellit'tʃajo] *sm/f* fourreur *m*.

pellicola [pel'likola] *sf* pellicule *f*; (*film*) film *m*.

pellirossa [pelli'rossa] (*pl* **pellirosse**) *sm/f* = **pellerossa**.

pelo ['pelo] *sm* poil *m*; (*pelliccia*) fourrure *f*; (*superficie*: *dell'acqua*) fil *m*; **per un** ~ de justesse; **c'è mancato un** ~ **che affogasse** il s'en est fallu d'un cheveu qu'il ne se noie; **cercare il** ~ **nell'uovo** (*fig*) chercher la petite bête; **non avere peli sulla lingua** ne pas mâcher ses mots.

peloso, -a [pe'loso] *agg* poilu(e).

peltro ['peltro] *sm* étain *m*.

peluche [pə'lyʃ] *sm* peluche *f*; **di** ~ en peluche.

peluria [pe'lurja] *sf* duvet *m*.

pelvi ['pɛlvi] *sf inv* pelvis *msg*.

pelvico, -a, -ci, -che ['pɛlviko] *agg* pelvien(ne).

pena ['pena] *sf* peine *f*; **mi fa** ~ il me fait de la peine; **far** ~ (*peg*) faire pitié; **essere** *o* **stare in** ~ **per qc/qn** se faire du souci pour qch/qn; **prendersi** *o* **darsi la** ~ **di fare qc** prendre *o* se donner la peine de faire qch; **valere la** ~ valoir la peine; **non ne vale la** ~ cela n'en vaut pas la peine; ▸**pena detentiva** peine d'emprisonnement *o* de détention; ▸**pena di morte** peine de mort; ▸**pena pecuniaria** peine pécuniaire.

penale [pe'nale] *agg* pénal(e) ♦ *sf* (*anche*: **clausola** ~) clause *f* pénale; (*somma*) amende *f*.

penalista, -i, -e [pena'lista] *sm/f* pénaliste *m/f*; (*avvocato*) avocat(e) pénaliste.

penalità [penali'ta] *sf inv* pénalité *f*.

penalizzare [penalid'dzare] *vt* pénaliser.

penalizzazione [penaliddzat'tsjone] *sf* pénalisation *f*.

penare [pe'nare] *vi* souffrir; ~ **a fare qc** avoir du mal à faire qch.

pendente [pen'dɛnte] *agg* penché(e); (*DIR*) pendant(e) ♦ *sm* (*ciondolo*) pendentif *m*; (*orecchino*) pendant *m* d'oreille.

pendenza [pen'dɛntsa] *sf* inclinaison *f*; (*di strada*) pente *f*, déclivité *f*; (*DIR*) question *f* pendante; (*questione irrisolta*) problème *m* non résolu.

pendere ['pɛndere] *vi* pencher ♦ *vi* (*fig*: *incombere*): ~ **su** peser sur; ~ **da** (*essere appeso*) être suspendu(e) à, pendre à.

pendice [pen'ditʃe] *sf* pente *f*.

pendio, -dii [pen'dio] *sm* pente *f*; **in** ~ en pente.

pendola ['pɛndola] *sf* pendule *f*.

pendolare [pendo'lare] *agg* pendulaire ♦

sm/f (*anche*: **lavoratore** ~) *personne faisant la navette entre son domicile et son lieu de travail*; (*a Parigi*) banlieusard(e).
pendolarismo [pendola'rizmo] *sm déplacements quotidiens des personnes entre leur domicile et leur lieu de travail.*
pendolo ['pɛndolo] *sm* (*peso*) fil *m* à plomb; **(orologio a)** ~ pendule *f.*
pene ['pɛne] *sm* pénis *msg.*
penetrante [pene'trante] *agg* pénétrant(e).
penetrare [pene'trare] *vi*: ~ **(in)** pénétrer (dans) ♦ *vt* pénétrer.
penetrazione [penetrat'tsjone] *sf* pénétration *f.*
penicillina [penitʃil'lina] *sf* pénicilline *f.*
peninsulare [peninsu'lare] *agg* péninsulaire; **l'Italia** ~ la péninsule italienne.
penisola [pe'nizola] *sf* péninsule *f.*
penitente [peni'tɛnte] *sm/f* pénitent(e).
penitenza [peni'tɛntsa] *sf* pénitence *f*; (*punizione*) punition *f*; (*in giochi*) gage *m.*
penitenziario, -a [peniten'tsjarjo] *agg* pénitentiaire ♦ *sm* pénitencier *m.*
penna ['penna] *sf* (*di uccello*) plume *f*; (*per scrivere*) stylo *m*; **penne** *sfpl* (*CUC*) *type de pâtes alimentaires en forme de cylindre court*; ▸ **penna a feltro** (crayon *m*) feutre *m*; ▸ **penna a sfera** stylo *m* (à) bille; ▸ **penna stilografica** stylo (à plume).
pennacchio, -chi [pen'nakkjo] *sm* (*anche fig*: *di fumo*) panache *m.*
pennarello [penna'rɛllo] *sm* (crayon *m*) feutre *m.*
pennellare [pennel'lare] *vi* peindre.
pennellata [pennel'lata] *sf* coup *m* de pinceau; (*fig*) trait *m.*
pennello [pen'nɛllo] *sm* pinceau *m*; **a** ~ à merveille, parfaitement; ▸ **pennello per la barba** blaireau *m.*
Pennini [pen'nini] *smpl* Pennines *fpl.*
pennino [pen'nino] *sm* plume *f.*
pennone [pen'none] *sm* (*NAUT*) vergue *f*; (*di bandiera*) hampe *f.*
pennuto [pen'nuto] *sm* oiseau *m.*
penombra [pe'nombra] *sf* pénombre *f.*
penoso, -a [pe'noso] *agg* pénible; (*peg*: *figura, risultato*) lamentable.
pensare [pen'sare] *vi* penser ♦ *vt* penser; ~ **a** penser à; ~ **di fare qc** penser faire qch; **devo pensarci su** je dois y réfléchir; **penso di sì/no** je pense que oui/non; **a pensarci bene** tout bien considéré; **non voglio nemmeno pensarci** c'est hors de question; **ci penso io** je m'en charge, je m'en occupe.
pensata [pen'sata] *sf* idée *f.*
pensatore [pensa'tore] *sm* penseur *m.*
pensierino [pensje'rino] *sm* petite pensée *f*; (*dono*) petit cadeau *m*; **ci farò un** ~ j'y penserai, j'y songerai.
pensiero [pen'sjɛro] *sm* pensée *f*; (*ansia, preoccupazione*) souci *m*, inquiétude *f*; (*fig*: *dono*) (petit) cadeau *m*; **darsi** ~ **per qc** se faire du souci pour qch; **stare in** ~ **per qn** être inquiet pour qn; **un** ~ **gentile** (*fig*) une gentille attention.
pensieroso, -a [pensje'roso] *agg* pensif(-ive).
pensile ['pɛnsile] *agg* (*giardino*) suspendu(e); **(mobili) pensili** meubles *mpl* muraux.
pensilina [pensi'lina] *sf* marquise *f.*
pensionamento [pensjona'mento] *sm* mise *f* à la retraite; ▸ **pensionamento anticipato** préretraite *f.*
pensionante [pensjo'nante] *sm/f* (*presso famiglia*) pensionnaire *m/f*; (*di albergo*) client(e).
pensionato, -a [pensjo'nato] *sm/f* retraité(e) ♦ *sm* (*istituto*) pensionnat *m.*
pensione [pen'sjone] *sf* (*di lavoratore*) retraite *f*; (*vitto e alloggio*) pension *f*; (*albergo*) pension de famille; **andare in** ~ prendre sa retraite; **mezza** ~ demi-pension *f*; ▸ **pensione completa** pension complète; ▸ **pensione d'invalidità** pension d'invalidité.
pensionistico, -a, -ci, -che [pensjo'nistiko] *agg* de retraite.
pensoso, -a [pen'soso] *agg* pensif(-ive).
pentagono [pen'tagono] *sm* pentagone *m*; **il P~** (*POL*) le Pentagone.
pentagramma, -i [penta'gramma] *sm* portée *f.*
pentapartito [pentapar'tito] *sm* (*POL*) *coalition de cinq partis au gouvernement.*
pentathlon ['pɛntatlon] *sm inv* (*SPORT*) pentathlon *m.*
Pentecoste [pente'kɔste] *sf* Pentecôte *f.*
pentimento [penti'mento] *sm* repentir *m*, remords *msg.*
pentirsi [pen'tirsi] *vip*: ~ **(di)** se repentir (de); (*rammaricarsi*) regretter (de).
pentitismo [penti'tizmo] *sm collaboration avec la police et la magistrature de terroristes ou de membres de la mafia.*
pentito [pen'tito] *sm terroriste ou membre de la mafia repenti qui passe aux aveux et dénonce ses anciens complices.*
pentola ['pentola] *sf* casserole *f*, marmite *f*; (*contenuto*) casserole; ▸ **pentola a pressione** cocotte *f* minute, autocuiseur *m.*
penultimo, -a [pe'nultimo] *agg, sm/f* avant-dernier(-ière).
penuria [pe'nurja] *sf* pénurie *f.*
penzolare [pendzo'lare] *vi*: ~ **(da)** pendre (de).
penzoloni [pendzo'loni] *avv* pendant(e), ballant(e); **con le gambe** ~ les jambes pendantes.
pepato, -a [pe'pato] *agg* (*condito con pepe*)

poivré(e); (*piccante*: *cibo*) relevé(e), épicé(e); (*fig*) cinglant(e), mordant(e).
pepe ['pepe] *sm* (*BOT*) poivrier *m*; (*spezie*) poivre *m*; **tutto** ~ (*fig*: *persona*) sémillant(e), pétillant(e); ▶ **pepe di Caienna** poivre de Cayenne; ▶ **pepe in grani/macinato** poivre en grains/moulu.
peperonata [pepero'nata] *sf* (*CUC*) *plat à base de poivrons, de tomates, d'ail et d'oignons cuits à l'huile.*
peperoncino [peperon'tʃino] *sm* piment *m*; ▶ **peperoncino rosso** piment rouge.
peperone [pepe'rone] *sm* (*BOT*: *pianta*) piment *m*; (: *frutto*) poivron *m*; **rosso come un** ~ rouge comme une pivoine; ▶ **peperone (verde)** poivron vert; ▶ **peperoni ripieni** poivrons farcis.
pepita [pe'pita] *sf* pépite *f*.

PAROLA CHIAVE

per [per] *prep* **1** (*moto attraverso luogo*) par; **i ladri sono passati per la finestra** les voleurs sont passés par la fenêtre; **passare per il giardino** passer par le jardin; **l'ho cercato per tutta la casa** je l'ai cherché dans toute la maison
2 (*moto a luogo*) pour; **partire per la Germania/il mare** partir pour l'Allemagne/la mer; **il treno per Roma** le train pour Rome; **proseguire per Londra** continuer jusqu'à Londres
3 (*stato in luogo*): **seduto/sdraiato per terra** assis/allongé par terre
4 (*tempo*: *durante*) pendant; (: *entro*) pour; **per anni/molto tempo** pendant des années/longtemps; **per tutta l'estate non l'ho visto** je ne l'ai pas vu pendant tout l'été; **lo rividi per Natale** je le revis à Noël; **lo faccio per lunedì** je le fais pour lundi
5 (*mezzo, maniera*) par; **per lettera** par lettre; **per via aerea** par avion; **prendere qn per un braccio** prendre qn par le bras; **per abitudine** par habitude
6 (*causa, scopo*) pour; **assente per malattia** absent pour cause de maladie; **arrestato per furto** arrêté pour vol; **lavora per la famiglia** il travaille pour sa famille; **ottimo per il mal di gola** excellent pour le mal de gorge
7 (*limitazione*) pour; **è troppo difficile per lui** c'est trop difficile pour lui; **per quel che mi riguarda** en ce qui me concerne; **per poco che sia** si peu que ce soit; **per quello che mi interessa** pour ce que ça m'intéresse; **per questa volta ti perdono** pour cette fois je te pardonne
8 (*prezzo, misura*) pour; (*distributivo*) par; **venduto per 3 milioni** vendu (pour) 3 millions; **la strada continua per 3 km** la route continue sur 3 km; **1000 lire per persona** 1 000 lires par personne; **entrare uno per volta** entrer un par un; **giorno per giorno** jour après jour; **analizzare uno per uno** analyser un par un; **due per parte** deux de chaque côté; **5 per cento** 5 pour cent; **3 per 4 fa 12** 3 fois 4 font 12; **dividere/moltiplicare 12 per 4** diviser/multiplier 12 par 4
9 (*in qualità di*) comme; (*al posto di*) pour; **avere qn per professore** avoir qn comme professeur; **ti ho preso per Mario** je t'ai pris pour Mario; **dare per morto qn** donner qn pour mort; **prendere per pazzo** prendre pour un fou
10 (*seguito da vb*: *finale*): **per fare qc** pour faire qch; (: *causale*): **per aver fatto qc** pour avoir fait qch; **è abbastanza grande per andarci da solo** il est assez grand pour y aller tout seul.

pera ['pera] *sf* poire *f*; (*fam*: *iniezione di eroina*) dose *f*, shoot *m*.
peraltro [pe'raltro] *avv* d'autre part, d'ailleurs.
perbacco [per'bakko] *escl* parbleu!
perbene [per'bɛne] *agg inv* bien, comme il faut ♦ *avv* (*con cura*) comme il faut.
perbenismo [perbe'nizmo] *sm* respectabilité *f* (apparente), conformisme *m*.
percentuale [pertʃentu'ale] *agg* en pour cent ♦ *sf* pourcentage *m*.
percepire [pertʃe'pire] *vt* percevoir.
percettibile [pertʃet'tibile] *agg* perceptible.
percezione [pertʃet'tsjone] *sf* perception *f*.

PAROLA CHIAVE

perché [per'ke] *avv* pourquoi; **perché no?** pourquoi pas?; **perché non vuoi andarci?** pourquoi ne veux-tu pas y aller?; **spiegami perché l'hai fatto** explique-moi pourquoi tu l'as fait
♦ *cong* **1** (*causale*) parce que; **dormo perché sono stanco** je dors parce que je suis fatigué; **non posso uscire perché ho da fare** je ne peux pas sortir parce que j'ai des choses à faire
2 (*finale*) pour que; **te lo do perché tu lo legga** je te le donne pour que tu le lises; **te lo dico perché tu lo sappia** je te le dis pour que tu le saches
3 (*consecutivo*): **è troppo forte perché si possa batterlo** il est trop fort pour qu'on puisse le battre
♦ *sm inv* (*motivo*) pourquoi *m*, raison *f*, motif *m*; **chiedigli il perché di questa scelta** demande-lui la raison de ce choix; **non c'è un vero perché** il n'y a pas de vraie raison.

perciò [per'tʃɔ] *cong* c'est pourquoi, par conséquent.

percorrere [per'korrere] *vt* parcourir.
percorribile [perkor'ribile] *agg* (*strada*) qui peut être emprunté(e); **strada ~ a 120 km/h** route sur laquelle on peut rouler à 120 km/h.
percorso, -a [per'korso] *pp di* **percorrere** ♦ *sm* (*tragitto*) parcours *msg*; (*tratto*) trajet *m*.
percossa [per'kɔssa] *sf* coup *m*.
percosso, -a [per'kɔsso] *pp di* **percuotere**.
percuotere [per'kwɔtere] *vt* (*picchiare*) frapper; (*urtare con violenza*) se cogner contre.
percussione [perkus'sjone] *sf* percussion *f*; **strumenti a ~** (*MUS*) instruments *mpl* à percussion.
perdente [per'dɛnte] *agg, sm/f* perdant(e).
perdere ['pɛrdere] *vt* perdre; (*lasciarsi sfuggire: treno, lezione*) manquer, rater ♦ *vi* (*serbatoio etc*) fuir; (*avere la peggio*) perdre; **perdersi** *vip* se perdre; **saper ~** être bon perdant; **lascia ~!** laisse tomber!; **non aver niente da ~** n'avoir rien à perdre; **un'occasione da non ~** une occasion à ne pas manquer; **~ al gioco** perdre au jeu; **~ di vista qn** perdre qn de vue; **perdersi di vista** se perdre de vue; **perdersi alla vista** disparaître de la vue; **perdersi in chiacchiere** se perdre en bavardages.
perdifiato [perdi'fjato]: **a ~** *avv* (*correre*) à perdre haleine; (*gridare*) à tue-tête.
perdigiorno [perdi'dʒorno] *sm/f inv* fainéant(e).
perdita ['pɛrdita] *sf* perte *f*; (*dispersione: di gas*) fuite *f*; **essere in ~** (*COMM*) être en déficit; **a ~ d'occhio** à perte de vue.
perdizione [perdit'tsjone] *sf* perdition *f*; **luogo di ~** lieu *m* de perdition.
perdonare [perdo'nare] *vt* pardonner; **per farsi ~** pour se faire pardonner; **perdona la domanda ...** pardon si je te pose cette question ...; **vogliate ~ il (mio) ritardo** veuillez pardonner mon retard; **un male che non perdona** une maladie qui ne pardonne pas.
perdono [per'dono] *sm* pardon *m*; **chiedere ~ (a)** demander pardon (à).
perdurare [perdu'rare] *vi* persister.
perdutamente [perduta'mente] *avv* éperdument.
perduto, -a [per'duto] *pp di* **perdere** ♦ *agg* perdu(e); **sentirsi** *o* **vedersi ~** (*fig*) se sentir perdu(e); **una donna perduta** (*fig*) une fille perdue.
peregrinare [peregri'nare] *vi* faire des pérégrinations.
perenne [pe'rɛnne] *agg* éternel(le).
perentorio, -a [peren'tɔrjo] *agg* péremptoire.
perfettamente [perfetta'mente] *avv* parfaitement; **sai ~ che ...** tu sais parfaitement que
perfetto, -a [per'fetto] *agg* parfait(e) ♦ *sm* (*LING*) parfait *m*.
perfezionamento [perfettsjona'mento] *sm* perfectionnement *m*; **corso di ~** stage *m* de perfectionnement.
perfezionare [perfettsjo'nare] *vt* perfectionner, parfaire; (*compiere*) réaliser; **perfezionarsi** *vip* se perfectionner.
perfezione [perfet'tsjone] *sf* perfection *f*; **a ~** à la perfection.
perfezionismo [perfettsjo'nizmo] *sm* perfectionnisme *m*.
perfezionista, -i, -e [perfettsjo'nista] *sm/f* perfectionniste *m/f*.
perfidia [per'fidja] *sf* perfidie *f*.
perfido, -a ['pɛrfido] *agg* perfide.
perfino [per'fino] *avv* même.
perforare [perfo'rare] *vt* perforer; (*roccia*) percer.
perforatore [perfora'tore] *sm* (*operaio*) perforateur(-trice); (*per tecnica mineraria, schede, banda*) perforatrice *f*.
perforatrice [perfora'tritʃe] *sf* (*TECN, INFORM*) perforatrice *f*.
perforazione [perforat'tsjone] *sf* (*di galleria*) percement *m*; (*di pozzo*) forage *m*; (*INFORM, MED*) perforation *f*.
pergamena [perga'mɛna] *sf* parchemin *m*.
pergola ['pɛrgola] *sf* pergola *f*, tonnelle *f*.
pergolato [pergo'lato] *sm* pergola *f*, tonnelle *f*; (*in vigneto*) treille *f*.
pericolante [periko'lante] *agg* croulant(e); **edificio ~** bâtiment *m* qui risque de s'écrouler.
pericolo [pe'rikolo] *sm* danger *m*; **non c'è ~ che paghi** (*scherz*) il n'y a pas de danger qu'il paye; **fuori ~** hors de danger; **essere in ~** être en danger; **mettere in ~** mettre en danger; ▶ **pericolo pubblico** danger public.
pericoloso, -a [periko'loso] *agg* dangereux(-euse).
periferia [perife'ria] *sf* périphérie *f*, banlieue *f*; **in ~** en banlieue.
periferico, -a, -ci, -che [peri'fɛriko] *agg* périphérique.
perifrasi [pe'rifrazi] *sf inv* périphrase *f*.
perimetro [pe'rimetro] *sm* périmètre *m*.
periodico, -a, -ci, -che [peri'ɔdiko] *agg, sm* périodique.
periodo [pe'riodo] *sm* période *f*; ▶ **periodo contabile** exercice *m* comptable; ▶ **periodo di prova** période d'essai.
peripezie [peripet'tsie] *sfpl* péripéties *fpl*.
periplo ['pɛriplo] *sm* périple *m*.
perire [pe'rire] *vi* périr.
periscopio [peris'kɔpjo] *sm* périscope *m*.
perito, -a [pe'rito] *agg* expert(e) ♦ *sm* (*esperto*) expert *m*; ▶ **perito agronomo** agronome *m* diplômé; ▶ **perito chimico**

chimiste *m* diplômé.
peritonite [perito'nite] *sf* péritonite *f*.
perizia [pe'rittsja] *sf* (*abilità*) habileté *f*; (*giudizio tecnico*) expertise *f*; ▶ **perizia psichiatrica** expertise psychiatrique.
perla ['pɛrla] *sf* perle *f* ♦ *agg inv*: **grigio** ~ gris perle *inv*; ▶ **perla coltivata** perle de culture.
perlina [per'lina] *sf* perle *f*.
perlinato [perli'nato] *sm* lambris *msg*.
perlomeno [perlo'meno] *avv* au moins.
perlopiù [perlo'pju] *avv* la plupart du temps, en général.
perlustrare [perlus'trare] *vt* explorer.
perlustrazione [perlustrat'tsjone] *sf* exploration *f*; **andare in** ~ aller en reconnaissance.
permaloso, -a [perma'loso] *agg* susceptible.
permanente [perma'nɛnte] *agg* permanent(e) ♦ *sf* permanente *f*.
permanenza [perma'nɛntsa] *sf* permanence *f*; (*soggiorno*) séjour *m*; **buona** ~! bon séjour!
permanere [perma'nere] *vi* demeurer.
permango *etc* [per'mango] *vb vedi* **permanere**.
permasi *etc* [per'masi] *vb vedi* **permanere**.
permeabile [perme'abile] *agg* perméable.
permeare [perme'are] *vt* imprégner.
permesso, -a [per'messo] *pp di* **permettere** ♦ *sm* (*autorizzazione, a militare*) permission *f*; (*a impiegato*) congé *m*; (*foglio*) permis *msg*; **chiedere il** ~ **di fare qc** demander la permission de faire qch; ~?, **è** ~? (*entrando*) on peut entrer?; (*passando*) pardon, excusez-moi; ▶ **permesso di lavoro** permis de travail; ▶ **permesso di pesca** permis de pêche; ▶ **permesso di soggiorno** permis de séjour.
permettere [per'mettere] *vt* permettre; **permettersi** *vip* se permettre; ~ **a qn qc/di fare qc** permettre à qn qch/de faire qch; **permette?** (*nel presentarsi, per ballare*) vous permettez?; (*entrando*) on peut entrer?; **mi sia permesso sottolineare che** ... permettez-moi de souligner que ...; **potersi** ~ **qc/di fare qc** pouvoir se permettre qch/de faire qch.
permisi *etc* [per'mizi] *vb vedi* **permettere**.
permissivo, -a [permis'sivo] *agg* permissif(-ive).
permuta ['pɛrmuta] *sf* (*DIR*) échange *m*; **valore di** ~ valeur *f* d'échange.
permutare [permu'tare] *vt* échanger, troquer; (*MAT*) permuter.
pernacchia [per'nakkja] *sf*: **fare una** ~ faire "pfft" (en signe de dérision).
pernice [per'nitʃe] *sf* perdrix *fsg*.
pernicioso, -a [perni'tʃoso] *agg* pernicieux(-euse).
perno ['pɛrno] *sm* pivot *m*, axe *m*; (*fig*) pivot.
pernottamento [pernotta'mento] *sm* (*in albergo*) nuit *f*, nuitée *f*; ~ **a Milano** nuit à Milan.
pernottare [pernot'tare] *vi* passer la nuit.
pero ['pero] *sm* poirier *m*.
però [pe'rɔ] *cong* (*ma*) mais; (*tuttavia*) cependant; ~, **non è male!** pas mal du tout!
perorare [pero'rare] *vt* plaider.
perpendicolare [perpendiko'lare] *agg, sf* perpendiculaire *f*; ~ **a** perpendiculaire à.
perpendicolo [perpen'dikolo] *sm*: **a** ~ à pic, d'aplomb.
perpetrare [perpe'trare] *vt* perpétrer.
perpetuare [perpetu'are] *vt* perpétuer.
perpetuità [perpetui'ta] *sf* perpétuité *f*.
perpetuo, -a [per'pɛtuo] *agg* perpétuel(le).
perplessità [perplessi'ta] *sf inv* perplexité *f*.
perplesso, -a [per'plɛsso] *agg* perplexe.
perquisire [perkwi'zire] *vt* (*persona*) fouiller; (*stanza*) perquisitionner.
perquisizione [perkwizit'tsjone] *sf* (*vedi vt*) fouille *f*; perquisition *f*.
perse *etc* ['pɛrse] *vb vedi* **perdere**.
persecutore, -trice [perseku'tore] *sm/f* persécuteur(-trice).
persecuzione [persekut'tsjone] *sf* persécution *f*; (*fig*) cauchemar *m*; **mania di** ~ (*PSIC*) manie *f* de persécution.
perseguibile [perse'gwibile] *agg* (*DIR*): **essere** ~ **per legge** être passible de poursuites judiciaires.
perseguire [perse'gwire] *vt* poursuivre.
perseguitare [persegwi'tare] *vt* persécuter.
perseverante [perseve'rante] *agg* persévérant(e).
perseveranza [perseve'rantsa] *sf* persévérance *f*.
perseverare [perseve'rare] *vi*: ~ **(in)** persévérer (dans).
persi *etc* ['pɛrsi] *vb vedi* **perdere**.
Persia ['pɛrsja] *sf* Perse *f*.
persiana [per'sjana] *sf* volet *m*, persienne *f*; ▶ **persiana avvolgibile** store *m*.
persiano, -a [per'sjano] *agg* persan(e) ♦ *sm/f* Persan(e); ▶ **(gatto) persiano** chat *m* persan.
persico, -a, -ci, -che ['pɛrsiko] *agg*: **il golfo P**~ le golfe Persique; **pesce** ~ perche *f*.
persino [per'sino] *avv* = **perfino**.
persistente [persis'tɛnte] *agg* persistant(e).
persistenza [persis'tɛntsa] *sf* persistance *f*.
persistere [per'sistere] *vi* persister; ~ **in qc** persister dans qch; ~ **a fare qc** persister à faire qch.
persistito, -a [persis'tito] *pp di* **persistere**.
perso, -a ['pɛrso] *pp di* **perdere** ♦ *agg* perdu(e); **a tempo** ~ à temps perdu; **è tempo** ~ c'est du temps perdu; ~ **per** ~ per-

du pour perdu.

persona [per'sona] *sf* personne *f*; **c'erano delle persone** il y avait des gens; **di** ~ personnellement; **curare la propria** ~ être très soigneux(-euse) de sa personne; ▸ **persona fisica/giuridica** (*DIR*) personne physique/juridique.

personaggio [perso'naddʒo] *sm* personnage *m*; **un** ~ **politico** une personnalité politique.

personale [perso'nale] *agg* personnel(le) ♦ *sm* personnel *m*; (*figura fisica*) physique *m* ♦ *sf* (*mostra*) exposition *f*.

personalità [personali'ta] *sf inv* personnalité *f*.

personalizzare [personalid'dzare] *vt* personnaliser.

personalizzato, -a [personalid'dzato] *agg* personnalisé(e).

personalmente [personal'mente] *avv* personnellement.

personificare [personifi'kare] *vt* personnifier.

personificazione [personifikat'tsjone] *sf* personnification *f*.

perspicace [perspi'katʃe] *agg* perspicace.

perspicacia [perspi'katʃa] *sf* perspicacité *f*.

persuadere [persua'dere] *vt*: ~ **(qn di qc/a fare)** persuader (qn de qch/de faire).

persuasione [persua'zjone] *sf* persuasion *f*; (*convinzione*) conviction *f*.

persuasivo, -a [persua'zivo] *agg* persuasif(-ive), convaincant(e).

persuaso, -a [persu'azo] *pp di* **persuadere**.

pertanto [per'tanto] *cong* (*quindi*) par conséquent, donc; (*tuttavia*) néanmoins.

pertica, -che ['pɛrtika] *sf* perche *f*; (*attrezzo ginnico*) mât *m*.

pertinace [perti'natʃe] *agg* tenace.

pertinacia [perti'natʃa] *sf* ténacité *f*.

pertinente [perti'nɛnte] *agg* pertinent(e); ~ **a** relatif(-ive) à, concernant.

pertinenza [perti'nɛntsa] *sf* pertinence *f*; **essere di** ~ **di qn** être du ressort de qn.

pertosse [per'tosse] *sf* coqueluche *f*.

pertugio [per'tudʒo] *sm* trou *m*.

perturbare [pertur'bare] *vt* perturber.

perturbazione [perturbat'tsjone] *sf*: ~ **(atmosferica)** perturbation *f* (atmosphérique).

Perù [pe'ru] *sm* Pérou *m*.

Perugia [pe'rudʒa] *sf* Pérouse.

perugino, -a [peru'dʒino] *agg* pérugin(e).

peruviano, -a [peru'vjano] *agg* péruvien(ne) ♦ *sm/f* Péruvien(ne).

pervadere [per'vadere] *vt* envahir.

pervaso, -a [per'vazo] *pp di* **pervadere**.

pervenire [perve'nire] *vi*: ~ **a** parvenir à, arriver à; **far** ~ **qc a qn** faire parvenir qch à qn; **non pervenuto** (*dati, risultati*) qui n'est pas parvenu.

pervenuto, -a [perve'nuto] *pp di* **pervenire**.

perversione [perver'sjone] *sf* perversion *f*.

perverso, -a [per'vɛrso] *agg* pervers(e).

pervertire [perver'tire] *vt* pervertir.

pervertito, -a [perver'tito] *sm/f* perverti(e).

pervicace [pervi'katʃe] *agg* opiniâtre.

pervicacia [pervi'katʃa] *sf* opiniâtreté *f*.

pervinca, -che [per'vinka] *sf* pervenche *f* ♦ *agg inv* pervenche *inv*.

p.es. *abbr* (= *per esempio*) p. ex.

pesa ['pesa] *sf* pesage *m*, pesée *f*; (*luogo*) bascule *f*; ▸ **pesa pubblica** bascule publique.

pesante [pe'sante] *agg* (*anche fig*: *cibo, aria, silenzio*) lourd(e); (*fig*: *persona*) assommant(e), fatigant(e); (: *battuta*) cru(e), de mauvais goût; (: *libro*) ennuyeux(-euse); (: *lavoro*) pénible, fatigant(e); **avere il sonno** ~ avoir le sommeil lourd; *vedi anche* **atletica**; **industria**.

pesantezza [pesan'tettsa] *sf* (*anche fig*: *di cibo, aria*) lourdeur *f*, pesanteur *f*; (: *di silenzio, rimorso etc*) poids *msg*; (*TECN*) pesanteur; **avere** ~ **di stomaco** avoir l'estomac lourd.

pesapersone [pesaper'sone] *agg inv*: **(bilancia)** ~ pèse-personne *m*.

pesare [pe'sare] *vt* peser ♦ *vi* peser; (*essere pesante*) peser lourd; **pesarsi** *vr* se peser; ~ **le parole** peser ses mots; ~ **sulla coscienza** peser sur la conscience; ~ **sullo stomaco** peser sur l'estomac; **mi pesa ammetterlo** cela me coûte de l'admettre; **tutta la responsabilità pesa su di lui** toute la responsabilité pèse sur lui; **è una situazione che mi pesa** c'est une situation pénible pour moi; **il suo parere pesa molto** son avis a beaucoup de poids.

pesca[1] ['pɛska] (*pl* **pesche**) *sf* (*BOT*) pêche *f*.

pesca[2] ['peska] (*pl* **pesche**) *sf* (*attività, SPORT*) pêche *f*; **andare a** ~ aller à la pêche; ▸ **pesca con la lenza** pêche à la ligne; ▸ **pesca di beneficenza** tombola *f*; ▸ **pesca subacquea** pêche sous-marine.

pescaggio [pes'kaddʒo] *sm* (*NAUT*) tirant *m* d'eau.

pescare [pes'kare] *vt* pêcher; (*qc dall'acqua*) repêcher; (*prendere a caso*) piocher; (*fig*: *trovare*) pêcher, trouver.

pescatore, -trice [peska'tore] *sm/f* pêcheur(-euse).

pesce ['peʃʃe] *sm* poisson *m*; (*ZODIACO*): **Pesci** Poissons; **essere dei Pesci** être (des) Poissons; **non saper che pesci prendere** *o* **pigliare** (*fig*) ne pas savoir sur quel pied danser; ▸ **pesce d'aprile!** poisson d'avril!; ▸ **pesce martello** requin *m* marteau; ▸ **pesce rosso** poisson rouge; ▸ **pesce spada** espadon *m*.

pescecane [peʃʃe'kane] *sm* requin *m*.
peschereccio, -ci [peske'rettʃo] *sm* bateau *m* de pêche, chalutier *m*.
pescheria [peske'ria] *sf* poissonnerie *f*.
pescherò *etc* [peske'rɔ] *vb vedi* **pescare**.
pescivendolo, -a [peʃʃi'vendolo] *sm/f* poissonnier(-ière).
pesco, -schi ['pɛsko] *sm* pêcher *m*.
pescoso, -a [pes'koso] *agg* poissonneux(-euse).
peseta [pe'zɛta] *sf* peseta *f*.
peso ['peso] *sm* poids *msg*; (*moneta*) peso *m*; **sollevare qc di ~** soulever qch à bout de bras; **dar ~ a qc** (*fig*) donner du poids à qch; **essere di ~ a qn** (*fig*) être un poids pour qn; **essere un ~ morto** être un poids mort; **avere due pesi e due misure** (*fig*) avoir deux poids, deux mesures; **sollevamento pesi** haltérophilie *f*, poids et haltères *mpl*; ▶**peso lordo/netto** poids brut/net; ▶**peso massimo/medio** (*PUGILATO*) poids lourd/moyen; ▶**peso specifico** poids spécifique.
pessimismo [pessi'mizmo] *sm* pessimisme *m*.
pessimista, -i, -e [pessi'mista] *agg, sm/f* pessimiste *m/f*.
pessimo, -a ['pɛssimo] *agg* très mauvais(e); (*riprovevole*: *persona*) détestable; **essere di ~ umore** être de très mauvaise humeur; **di pessima qualità** de très mauvaise qualité.
pestare [pes'tare] *vt* (*calpestare*) marcher sur; (*frantumare*) écraser, broyer; (*fig*: *picchiare*) frapper, passer à tabac; **~ i piedi** marcher sur les pieds; **~ i piedi a qn** (*anche fig*) marcher sur les pieds de qn.
peste ['pɛste] *sf* peste *f*; (*fig*: *persona*) peste *f*, teigne *f*.
pestello [pes'tɛllo] *sm* pilon *m*.
pesticida, -i [pesti'tʃida] *sm* pesticide *m*.
pestifero, -a [pes'tifero] *agg* (*ragazzo*) mauvais(e) comme une peste; (*odore*) pestilentiel(le).
pestilenza [pesti'lɛntsa] *sf* épidémie *f* de peste.
pesto, -a ['pesto] *agg* (*viso, persona*) couvert(e) de bleus ♦ *sm* (*CUC*) *sauce à base de basilic et d'ail écrasés, d'huile d'olive et de fromage de brebis, typique de la cuisine génoise*; **buio ~** nuit *f* noire; **occhio ~** œil *m* poché *o* au beurre noir.
petalo ['pɛtalo] *sm* pétale *m*.
petardo [pe'tardo] *sm* pétard *m*.
petizione [petit'tsjone] *sf* pétition *f*.
peto ['peto] *sm* pet *m*.
petrodollaro [petro'dɔllaro] *sm* pétrodollar *m*.
petrolchimica [petrol'kimika] *sf* pétrochimie *f*.
petroliera [petro'ljɛra] *sf* (*nave*) pétrolier *m*.
petroliere [petro'ljɛre] *sm* pétrolier *m*; (*tecnico*) employé *m* d'une compagnie pétrolière.
petroliero, -a [petro'ljɛro] *agg* pétrolier(-ière).
petrolifero, -a [petro'lifero] *agg* (*industria, società*) pétrolier(-ière); (*giacimento*) pétrolifère.
petrolio [pe'trɔljo] *sm* pétrole *m*; ▶**petrolio grezzo** pétrole brut.
pettegolare [pettego'lare] *vi* potiner, jaser.
pettegolezzo [pettego'leddzo] *sm* potin *m*, commérage *m*, ragot *m*; **fare pettegolezzi** jaser, faire des commérages.
pettegolo, -a [pet'tegolo] *agg* cancanier(-ière) ♦ *sm/f* concierge *m/f*, pipelet(te).
pettinare [petti'nare] *vt* peigner, coiffer; **pettinarsi** *vr* se peigner, se coiffer.
pettinatura [pettina'tura] *sf* coiffure *f*.
pettine ['pɛttine] *sm* peigne *m*; **a ~** (*parcheggio*) en épi.
pettirosso [petti'rosso] *sm* rouge-gorge *m*.
petto ['pɛtto] *sm* (*ANAT*) poitrine *f*; (*di animale*) poitrail *m*; (*di abito*) devant *m*; **prendere qn/qc di ~** prendre qn/qch à bras-le-corps; **prendere il toro per le corna** prendre le taureau par les cornes; **a doppio ~** (*abito*) croisé(e); **~ di pollo** blanc *m* de poulet.
pettorale [petto'rale] *agg* pectoral(e) ♦ *sm* (*di cavallo*) poitrinière *f*; (*di concorrente*) dossard *m*.
pettorina [petto'rina] *sf* (*di abito*) plastron *m*; (*di grembiule*) bavette *f*.
pettoruto, -a [petto'ruto] *agg* qui a une forte poitrine.
petulante [petu'lante] *agg* impertinent(e), insolent(e).
petunia [pe'tunja] *sf* pétunia *m*.
pezza ['pɛttsa] *sf* morceau *m* de tissu; (*toppa*) pièce *f*; (*cencio*) chiffon *m*; **~ d'appoggio** *o* **giustificativa** (*AMM*) pièce justificative; **di ~** (*bambola*) de chiffon; **trattare qn come una ~ da piedi** traiter qn comme un chien.
pezzato, -a [pet'tsato] *agg* pie *inv*.
pezzente [pet'tsɛnte] *sm/f* pouilleux(-euse).
pezzo ['pɛttso] *sm* morceau *m*, bout *m*; (*parte, brandello*) bout; (*di macchina, arnese, scacchi*) pièce *f*; (*MUS*: *brano*) morceau; (*STAMPA*) article *m*; **aspettare un ~** attendre un bon bout de temps; **andare a pezzi** se briser en mille morceaux; **essere a pezzi** (*fig*: *persona*) être à bout; **fare a pezzi** (*oggetto*) casser; (*fig*: *persona*) anéantir, détruire; **essere tutto d'un ~** (*fig*) être tout d'une seule pièce; **un bel ~ di ragazza** un beau brin de fille; **due**

pezzi = **duepezzi**; ▶ **pezzo di cronaca** (*STAMPA*) fait *m* divers; ▶ **pezzo di ricambio** (*AUT*) pièce détachée; ▶ **pezzo grosso da novanta** (*fig*) gros bonnet *m*.

P.F. *abbr* (= *per favore*) SVP.

PG *sigla* = *Perugia*.

P.G. *abbr* (= *procuratore generale*) P.G.

PI *sigla* = *Pisa*.

P.I. *abbr* (= *Pubblica Istruzione*) ≈ E.N. *f*.

piaccio *etc* ['pjattʃo] *vb vedi* **piacere**.

piacente [pja'tʃɛnte] *agg* plaisant(e), agréable.

piacere [pja'tʃere] *vi*: ~ **(a)** plaire (à) ♦ *sm* plaisir *m*; (*favore*) service *m*; **mi piace la poesia** j'aime la poésie; **non mi piace il caffè** je n'aime pas le café; **gli piace viaggiare** il aime voyager; **le ~bbe andare al cinema** elle aimerait aller au cinéma; **il suo discorso è piaciuto molto** son discours a beaucoup plu; ~! (*nelle presentazioni*) enchanté(e)!; **con ~!** avec plaisir!; **per ~!** s'il te/vous plaît!; **fare un ~ a qn** rendre un service à qn; **mi fa ~ per lui** je suis content pour lui; **mi farebbe ~ rivederlo** j'aurais plaisir à le revoir; **ma fammi il ~!** oh, je t'en prie!

piacevole [pja'tʃevole] *agg* agréable, plaisant(e).

piacimento [pjatʃi'mento] *sm*: **a ~** à discrétion.

piaciuto, -a [pja'tʃuto] *pp di* **piacere**.

piacqui *etc* ['pjakkwi] *vb vedi* **piacere**.

piaga, -ghe ['pjaga] *sf* (*anche fig*) plaie *f*; **mettere il dito sulla ~** (*fig*) retourner le couteau dans la plaie.

piagnisteo [pjaɲɲis'tɛo] *sm* pleurnichement *m*.

piagnucolare [pjaɲɲuko'lare] *vi* pleurnicher.

piagnucolio, -ii [pjaɲɲuko'lio] *sm* pleurnichement *m*.

piagnucoloso, -a [pjaɲɲuko'loso] *agg* pleurnicheur(-euse), geignard(e).

pialla ['pjalla] *sf* rabot *m*.

piallare [pjal'lare] *vt* raboter.

piallatrice [pjalla'tritʃe] *sf* raboteuse *f*.

piana ['pjana] *sf* plaine *f*.

pianeggiante [pjaned'dʒante] *agg* plat(e).

pianerottolo [pjane'rɔttolo] *sm* palier *m*.

pianeta, -i [pja'neta] *sm* planète *f*.

piangere ['pjandʒere] *vi, vt* pleurer; ~ **di gioia** pleurer de joie; ~ **la morte di qn** pleurer la mort de qn; **mi piange il cuore** cela me fait mal au cœur.

pianificare [pjanifi'kare] *vt* planifier.

pianificazione [pjanifikat'tsjone] *sf* planning *m*; (*ECON*) planification *f*; ▶ **pianificazione aziendale** planification d'entreprise; ▶ **pianificazione familiare** planning familial.

pianista, -i, -e [pja'nista] *sm/f* pianiste *m/f*.

piano, -a ['pjano] *agg* (*piatto*) plat(e); (*MAT*) plan(e); (*fig*) simple, facile ♦ *avv* (*lentamente*) doucement, lentement; (*a bassa voce*) à voix basse, doucement; (*con cautela*) doucement ♦ *sm* plan *m*; (*pianura*) plaine *f*; (*livello*) niveau *m*; (*di edificio*) étage *m*; (*MUS*: *pianoforte*) piano *m*; **pian ~** tout doucement; **una palazzina di cinque piani** un immeuble à cinq étages; **al ~ di sopra/di sotto** à l'étage supérieur/inférieur; **all'ultimo ~** au dernier étage; **in primo ~** (*FOT, CINE etc*) au premier plan; **in secondo ~** (*FOT, CINE etc*) à l'arrière-plan; **di primo ~** (*fig*) de premier plan; **di secondo ~** d'importance secondaire; **un fattore di secondo ~** un facteur secondaire; **passare in secondo ~** passer au second plan; **mettere tutto sullo stesso ~** mettre tout sur le même plan; **tutto secondo i piani** tout marche comme prévu; ▶ **piano di lavoro** (*superficie*) plan de travail; (*programma*) plan de travail, planning *m*; ▶ **piano regolatore** (*URBANISTICA*) plan d'aménagement; ▶ **piano stradale** chaussée *f*; ▶ **piano terra** = **pianoterra**.

pianoforte [pjano'fɔrte] *sm* (*MUS*) piano *m*.

pianoterra [pjano'tɛrra] *sm inv* rez-de-chaussée *m*; **al ~** au rez-de-chaussée.

piansi *etc* ['pjansi] *vb vedi* **piangere**.

pianta ['pjanta] *sf* (*BOT, ANAT*) plante *f*; (*grafico, carta topografica*) plan *m*; **in ~ stabile** en permanence, définitivement; ▶ **pianta stradale** plan des rues.

piantagione [pjanta'dʒone] *sf* plantation *f*.

piantagrane [pjanta'grane] *sm/f inv* casse-pieds *m/f inv* (*fam*), chicaneur(-euse).

piantare [pjan'tare] *vt* planter; (*fam*: *fig*: *persona*) laisser en plan, planter (*fam*); (: *marito, fidanzato*) plaquer (*fam*); **piantarsi** *vr, vip* (*conficcarsi*: *proiettile*) s'enfoncer; **piantarsi davanti a** (*mettersi*) se planter devant; ~ **qn in asso** laisser qn en plan; ~ **grane** (*fig*) faire des histoires; **piantala!** (*fam*) arrête!, ça suffit!

piantato, -a [pjan'tato] *agg*: **ben ~** (*persona*) bien charpenté(e).

piantatore [pjanta'tore] *sm* planteur (-euse).

pianterreno [pjanter'reno] *sm* = **pianoterra**.

pianto, -a ['pjanto] *pp di* **piangere** ♦ *sm* larmes *fpl*.

piantonare [pjanto'nare] *vt* surveiller.

piantone [pjan'tone] *sm* (*MIL*) planton *m*; (*chi vigila*) garde *m*; (*AUT*) colonne *f*.

pianura [pja'nura] *sf* plaine *f*.

piastra ['pjastra] *sf* plaque *f*; **alla ~** (*CUC*) grillé(e); ▶ **piastra di registrazione** platine *f* cassettes *inv*.

piastrella [pjas'trɛlla] *sf* carreau *m*.

piastrellare [pjastrel'lare] *vt* carreler.
piastrina [pjas'trina] *sf* (*ANAT*) plaquette *f*; (*MIL*) plaque *f*.
piattaforma [pjatta'forma] *sf* plate-forme *f*; ▶ **piattaforma continentale** plateau *m* continental; ▶ **piattaforma di lancio** plate-forme de lancement; ▶ **piattaforma girevole** plaque *f* tournante; ▶ **piattaforma rivendicativa** *ensemble des revendications d'une catégorie professionnelle.*
piattello [pjat'tɛllo] *sm* (*di candeliere*) bobèche *f*; **tiro al ~** tir *m* au pigeon (d'argile).
piattino [pjat'tino] *sm* (*di tazza*) soucoupe *f*.
piatto, -a ['pjatto] *agg* plat(e) ♦ *sm* assiette *f*; (*vivanda, portata*) plat *m*; (*di bilancia, giradischi*) plateau *m*; (*recipiente, quantità*) assiette *f*; **piatti** *smpl* (*MUS*) cymbales *fpl*; **un ~ di minestra** une assiette de soupe; **primo ~** entrée *f*; **secondo ~** plat principal; ▶ **piatto del giorno** plat du jour; ▶ **piatto fondo** assiette creuse; ▶ **piatto forte** plat de résistance.
piazza ['pjattsa] *sf* place *f*; **a una ~** (*letto, lenzuolo*) à une place; **a due piazze** à deux places; **scendere in ~** (*manifestanti*) descendre dans la rue; **far ~ pulita** (*fig*) faire place nette; **mettere in ~** (*fig*) faire étalage de; **~ d'armi** (*MIL*) place d'armes.
piazzaforte [pjattsa'forte] (*pl* **piazzeforti**) *sf* (*MIL*) place *f* forte.
piazzale [pjat'tsale] *sm* esplanade *f*.
piazzamento [pjattsa'mento] *sm* classement *m*.
piazzare [pjat'tsare] *vt* placer; **piazzarsi** *vr* (*in gara*) se classer; **piazzarsi bene** (*sistemarsi*) se faire une situation; (*SPORT*) se classer parmi les premiers.
piazzista, -i [pjat'tsista] *sm/f* (*COMM*) représentant(e) de commerce.
piazzola [pjat'tsɔla] *sf* (*AUT*) emplacement *m*.
picca, -che ['pikka] *sf* pique *f*; **picche** *sfpl* (*CARTE*) pique *msg*; **rispondere picche a qn** (*fig*) refuser tout net.
piccante [pik'kante] *agg* piquant(e); (*fig*) osé(e).
Piccardia [pik'kardja] *sf* Picardie *f*.
piccarsi [pik'karsi] *vip* se piquer.
picchettaggio [pikket'taddʒo] *sm* (formation *f* de) piquets *mpl* de grève.
picchettare [pikket'tare] *vt* piqueter, jalonner; (*fabbrica*) former des piquets de grève devant.
picchetto [pik'ketto] *sm* piquet *m*; (*gruppo di scioperanti*) piquet de grève.
picchiare [pik'kjare] *vt* frapper, taper ♦ *vi* frapper; **~ contro** (*sbattere*) heurter.
picchiata [pik'kjata] *sf* piqué *m*; **scendere in ~** piquer, descendre en piqué.
picchiettare [pikkjet'tare] *vt* (*punteggiare*) moucheter; (*colpire leggermente*) tapoter, tambouriner.
picchio, -chi ['pikkjo] *sm* pic *m*.
piccino, -a [pit'tʃino] *agg, sm/f* petit(e).
picciolo [pit'tʃɔlo] *sm* (*BOT*) pétiole *m*, queue *f*.
piccionaia [pittʃo'naja] *sf* (*colombaia*) pigeonnier *m*, colombier *m*; **la ~** (*TEATRO*) le poulailler.
piccione [pit'tʃone] *sm* pigeon *m*; **pigliare due piccioni con una fava** (*fig*) faire d'une pierre deux coups; ▶ **piccione viaggiatore** pigeon voyageur.
picco, -chi ['pikko] *sm* (*vetta*) pic *m*, sommet *m*; **colare a ~** couler à pic; (*fig*: *persona*) se ruiner; (*azienda*) faire faillite.
piccolezza [pikko'lettsa] *sf* petitesse *f*; (*fig*: *grettezza*) étroitesse *f*, mesquinerie *f*; (: *inezia*) vétille *f*, bagatelle *f*.
piccolo, -a ['pikkolo] *agg* petit(e); (*errore*) petit(e), léger(-ère) ♦ *sm/f* petit(e) ♦ *sm*: **nel mio ~** dans la faible mesure de mes moyens; **piccoli** *smpl* (*di animale*) petits *mpl*; **in ~** en miniature, en petit; **una piccola casa in campagna** une petite maison à la campagne; **una cosa piccola** une petite chose; **la piccola borghesia** la petite bourgeoisie.
piccone [pik'kone] *sm* pioche *f*.
piccozza [pik'kɔttsa] *sf* piolet *m*.
picnic [pik'nik] *sm inv* pique-nique *m*; **fare un ~** pique-niquer.
pidocchio, -chi [pi'dɔkkjo] *sm* pou *m*.
pidocchioso, -a [pidok'kjoso] *agg* pouilleux(-euse); (*taccagno*) pingre.
piduista, -i, -e [pidu'ista] *agg* de la loge maçonnique P2.
piè [pjɛ] *sm inv*: **a ogni ~ sospinto** (*fig*) à tout bout de champ; **saltare a ~ pari** (*omettere*) sauter; **a ~ di pagina** au bas de la page; **note a ~ di pagina** notes *fpl*.
piede ['pjɛde] *sm* pied *m*; **a piedi** à pied; **a piedi nudi** pieds nus; **essere in piedi** être debout; **stare in piedi** rester debout; **andare a piedi** aller à pied; **a ~ libero** (*DIR*) en liberté; **su due piedi** au pied levé; **mettere in piedi** (*fig*: *preparare*) mettre sur pied; **prendere ~** (*fig*) prendre pied; **puntare i piedi** (*fig*) s'obstiner; **sentirsi mancare la terra sotto i piedi** sentir la terre se dérober sous ses pieds; **non sta in piedi** il ne tient pas debout; (*fig*) cela ne tient pas debout; **tenere in piedi** (*persona*) maintenir debout; (*fig*: *mantenere*) faire marcher, faire fonctionner; **sul ~ di guerra** sur le pied de guerre; **alzarsi col ~ sbagliato** se lever du pied gauche; ▶ **piede di porco** pince *f* monseigneur; ▶ **piedi piatti** (*ANAT*) pieds plats.
piedestallo [pjedes'tallo] *sm* = **piedistallo**.

piedipiatti [pjedi'pjatti] *sm inv* (*peg*: *poliziotto*) flic *m*.
piedistallo [pjedis'tallo] *sm* piédestal *m*.
piega, -ghe ['pjɛga] *sf* pli *m*; **prendere una brutta** *o* **cattiva** ~ (*fig*: *avvenimenti*) prendre une mauvaise tournure; **il tuo ragionamento non fa una** ~ ton raisonnement est correct; **non ha fatto una** ~ (*fig*: *persona*) il n'a pas sourcillé.
piegamento [pjega'mento] *sm* fléchissement *m*.
piegare [pje'gare] *vt* plier, courber; (*braccia, gambe*) plier, fléchir; (*testa*) pencher; (*tovagliolo, foglio, abito*) plier ♦ *vi* tourner; **piegarsi** *vr, vip* se plier.
piegatura [pjega'tura] *sf* (*forma*) pliage *m*, pliure *f*; (*segno*) pliure; (*LEGATORIA*) pliage.
piegherò *etc* [pjege'rɔ] *vb vedi* **piegare**.
pieghettare [pjeget'tare] *vt* plisser.
pieghevole [pje'gevole] *agg* pliant(e) ♦ *sm* dépliant *m*.
Piemonte [pje'monte] *sm* Piémont *m*.
piemontese [pjemon'tese] *agg* piémontais(e).
piena ['pjɛna] *sf* (*di fiume*) crue *f*; (*gran folla*) foule *f*; **essere in** ~ être en crue.
pienezza [pje'nettsa] *sf* plénitude *f*; (*viso*) épanouissement *m*.
pieno, -a ['pjɛno] *agg* plein(e); (*viso, fianchi*) plein(e), rebondi(e) ♦ *sm* (*di benzina*) plein *m*; (*di gente*) foule *f*; ~ **di** plein(e) de; **a piene mani** à pleines mains; **a tempo** ~ à plein temps; **a pieni voti** (*eleggere*) à l'unanimité; (*laurearsi*) avec mention; **in** ~ **giorno/piena notte** en plein jour/pleine nuit; **in** ~ **inverno** en plein hiver; **in piena stagione** en pleine saison; **avere pieni poteri** avoir les pleins pouvoirs; **in** ~ (*sbagliare*) complètement; (*colpire, centrare*) en plein dans le mille; **fare il** ~ (*di benzina*) faire le plein.
pienone [pje'none] *sm*: **c'era il** ~ **ieri sera** (*a spettacolo, concerto*) il y avait foule *o* un monde fou hier soir.
pietà [pje'ta] *sf* pitié *f*; **avere** ~ **di** avoir pitié de; **far** ~ faire pitié; **senza** ~ sans pitié, sans merci.
pietanza [pje'tantsa] *sf* plat *m*.
pietoso, -a [pje'toso] *agg* (*compassionevole*) compatissant(e); (*che fa pietà*) piteux(-euse).
pietra ['pjɛtra] *sf* pierre *f*; **l'età della** ~ l'âge de la pierre; **di** ~ (*anche fig*) en pierre; **mettiamoci una** ~ **sopra** (*fig*) tirons le rideau sur cette affaire; ▸**pietra dello scandalo** (*fig*: *persona*) personne par qui le scandale arrive; (: *cosa*) la cause du scandale; ▸**pietra di paragone** (*fig*) pierre de touche; ▸**pietra preziosa** pierre précieuse.
pietraia [pje'traja] *sf* pierraille *f*.
pietrificare [pjetrifi'kare] *vt* pétrifier.
pietrina [pje'trina] *sf* (*per accendino*) pierre *f* à briquet.
pietrisco, -schi [pje'trisko] *sm* cailloutis *msg*.
pieve ['pjɛve] *sf* église *f* paroissiale.
piffero ['piffero] *sm* fifre *m*, pipeau *m*.
pigiama, -i [pi'dʒama] *sm* pyjama *m*.
pigia pigia ['pidʒa 'pidʒa] *sm inv* bousculade *f*.
pigiare [pi'dʒare] *vt* (*terreno*) tasser; (*folla*) pousser; (*pulsante*) appuyer sur; (*uva*) écraser, fouler.
pigiatrice [pidʒa'tritʃe] *sf* (*per uva*) fouloir *m*.
pigione [pi'dʒone] *sf* loyer *m*.
pigliare [piʎ'ʎare] *vt* (*fam*) prendre.
piglio ['piʎʎo] *sm*: **con** ~ **deciso** d'un air décidé.
pigmento [pig'mento] *sm* pigment *m*.
pigmeo, -a [pig'mɛo] *sm/f* pygmée *m/f*.
pigna ['piɲɲa] *sf* pomme *f* de pin.
pignoleria [piɲɲole'ria] *sf* maniaquerie *f*.
pignolo, -a [piɲ'ɲɔlo] *agg* (*persona*) tatillon(ne), pointilleux(-euse); (*esame*) méticuleux(-euse).
pignorare [piɲɲo'rare] *vt* (*DIR*) saisir.
pigolare [pigo'lare] *vi* pépier.
pigolio [pigo'lio] *sm* pépiement *m*.
pigramente [pigra'mente] *avv* paresseusement.
pigrizia [pi'grittsja] *sf* paresse *f*.
pigro, -a ['pigro] *agg* paresseux(-euse), fainéant(e), feignant(e).
PIL [pil] *sigla m* (= *prodotto interno lordo*) PIB *m*.
pila ['pila] *sf* (*di libri, piatti*) pile *f*; (*fam*: *torcia*) lampe *f* (de poche); (*per acqua benedetta*) bénitier *m*; **a** ~, **a pile** à piles.
pilastro [pi'lastro] *sm* pilier *m*.
pile ['pail] *sm inv* laine *f* polaire.
pillola ['pillola] *sf* pilule *f*; **prendere la** ~ prendre la pilule.
pilone [pi'lone] *sm* (*di ponte*) pile *f*; (*linea elettrica*) pylône *m*.
pilota, -i, -e [pi'lɔta] *agg inv, sm/f* pilote *m*; ▸**pilota automatico** pilote automatique.
pilotaggio [pilo'taddʒo] *sm* pilotage *m*.
pilotare [pilo'tare] *vt* piloter.
piluccare [piluk'kare] *vt* picorer, grignoter.
pimento [pi'mento] *sm* piment *m*.
pimpante [pim'pante] *agg* pétillant(e), plein(e) de dynamisme.
pinacoteca, -che [pinako'tɛka] *sf* pinacothèque *f*.
pineta [pi'neta] *sf* pinède *f*.
ping-pong [ping 'pɔng] *sm inv* ping-pong *m*.
pingue ['pingwe] *agg* gras(grasse), rondelet(te).

pinguedine [pin'gwɛdine] *sf* embonpoint *m*.
pinguino [pin'gwino] *sm* pingouin *m*.
pinna ['pinna] *sf* (*di pesce*) nageoire *f*; (*di gomma*) palme *f*.
pinnacolo [pin'nakolo] *sm* pinacle *m*.
pino ['pino] *sm* pin *m*; **di** ~ de pin; ▸**pino marittimo/silvestre** pin maritime/sylvestre.
pinolo [pi'nɔlo] *sm* pignon *m*.
pinta ['pinta] *sf* pinte *f*.
pinza ['pintsa] *sf* (*anche*: **pinze**) pince *f*.
pinzette [pin'tsette] *sfpl* pince *fsg* à épiler.
pio, -a, pii, pie ['pio] *agg* pieux(-euse); (*opera, istituzione*) saint(e).
pioggerella [pjoddʒe'rɛlla] *sf* bruine *f*, crachin *m*.
pioggia, -ge ['pjɔddʒa] *sf* (*anche fig*: *di regali, fiori etc*) pluie *f*; **sotto la** ~ sous la pluie; ▸**pioggia acida** pluie acide.
piolo [pi'ɔlo] *sm* (*paletto*) pieu *m*, piquet *m*; (*di scala*) barreau *m*.
piombare [pjom'bare] *vi* (*cadere*) tomber; (*fig*: *nell'angoscia*) sombrer; (: *arrivare improvvisamente*) arriver à l'improviste ♦ *vt* plomber; ~ **su** (*su nemico, vittima*) se jeter sur.
piombatura [pjomba'tura] *sf* plombage *m*.
piombino [pjom'bino] *sm* plomb *m*.
piombo ['pjombo] *sm* plomb *m*; **a** ~ (*cadere*) d'aplomb; (*muro etc*) à plomb; **senza** ~ (*benzina*) sans plomb; **andare con i piedi di** ~ (*fig*) être prudent; *vedi anche* **filo**.
pioniere, -a [pjo'njɛre] *sm/f* (*anche fig*) pionnier(-ière).
pioppo ['pjɔppo] *sm* peuplier *m*.
piovano, -a [pjo'vano] *agg*: **acqua piovana** de pluie.
piovere ['pjɔvere] *vb impers, vi* pleuvoir; **piove** il pleut; **non ci piove sopra** (*fig*) il n'y a pas l'ombre d'un doute, c'est hors de doute.
piovigginare [pjoviddʒi'nare] *vb impers* bruiner, crachiner.
piovosità [pjovosi'ta] *sf* pluviosité *f*.
piovoso, -a [pjo'voso] *agg* pluvieux(-euse).
piovra ['pjɔvra] *sf* pieuvre *f*.
piovve *etc* [pjɔvve] *vb vedi* **piovere**.
pipa ['pipa] *sf* pipe *f*.
pipì [pi'pi] *sf* pipi *m*; **fare** ~ faire pipi.
pipistrello [pipis'trɛllo] *sm* chauve-souris *fsg*.
piramide [pi'ramide] *sf* pyramide *f*.
piranha [pi'raɲa] *sm inv* piranha *m*.
pirata, -i [pi'rata] *sm* pirate *m* ♦ *agg inv*: **nave** ~ bateau *m* pirate; **radio** ~ radio *f* pirate; ▸**pirata della strada** chauffard *m*.
Pirenei [pire'nɛi] *smpl* Pyrénées *fpl*.
piretro [pi'rɛtro] *sm* pyrèthre *m*.
pirico, -a, -ci, -che ['piriko] *agg*: **polvere pirica** poudre *f* (à canon).
pirite [pi'rite] *sf* pyrite *f*.
piroetta [piro'etta] *sf* pirouette *f*.
pirofila [pi'rɔfila] *sf* pyrex *m*.
pirofilo, -a [pi'rɔfilo] *agg* résistant(e) au feu.
piroga, -ghe [pi'rɔga] *sf* pirogue *f*.
piromane [pi'rɔmane] *sm/f* pyromane *m/f*.
piroscafo [pi'rɔskafo] *sm* bateau *m* à vapeur.
Pisa ['pisa] *sf* Pise.
pisano, -a [pi'sano] *agg* pisan(e).
pisciare [piʃ'ʃare] *vi* (*fam*) pisser.
piscina [piʃ'ʃina] *sf* piscine *f*.
pisello [pi'sɛllo] *sm* (*pianta*) pois *msg*; (*seme*) petit pois; (*fam*) zizi *m*.
pisolino [pizo'lino] *sm* petit somme *m*; **fare un** ~ faire un petit somme.
pista ['pista] *sf* piste *f*; ▸**pista ciclabile** piste cyclable; ▸**pista da ballo** piste de danse; ▸**pista di lancio** rampe *f* de lancement; ▸**pista di rullaggio** voie *f* de circulation; ▸**pista di volo** piste d'envol.
pistacchio, -chi [pis'takkjo] *sm* (*albero*) pistachier *m*; (*seme*) pistache *f* ♦ *agg inv*: **verde** ~ vert pistache *inv*.
pistillo [pis'tillo] *sm* pistil *m*.
pistola [pis'tɔla] *sf* pistolet *m*; ▸**pistola a spruzzo** pistolet (pulvérisateur); ▸**pistola a tamburo** revolver *m*.
pistone [pis'tone] *sm* piston *m*.
pitone [pi'tone] *sm* python *m*.
pittima ['pittima] *sf* (*fig*) pot *m* de colle.
pittore, -trice [pit'tore] *sm/f* peintre(femme-peintre); (*imbianchino*) peintre (en bâtiments).
pittoresco, -a, -schi, -sche [pitto'resko] *agg* pittoresque.
pittorico, -a, -ci, -che [pit'tɔriko] *agg* pictural(e).
pittura [pit'tura] *sf* peinture *f*.
pitturare [pittu'rare] *vt* peindre.

PAROLA CHIAVE

più [pju] *avv* **1** (*in maggiore quantità*) plus; **di più** davantage, plus; **costa di più** ça coûte plus cher; **ne voglio di più** j'en veux plus *o* davantage; **una volta di più** une fois de plus; **per di più** (*inoltre*) de plus, en outre; **in più** en plus; **3 persone/5000 lire in più** 3 personnes/5 000 lires en plus; **più dormo e più dormirei** plus je dors et plus j'ai envie de dormir; **più o meno** plus ou moins; **né più né meno** ni plus ni moins; **chi più chi meno** certains plus que d'autres; **è sempre più difficile** c'est de plus en plus difficile; **a più non posso** (*urlare*) à tue-tête; (*correre*) à perdre haleine
2 (*comparativo*) plus; **più di** plus que; **la-**

voro più di te je travaille plus que toi; **più di quanto pensassi** plus que je ne pensais; **più ... di** plus ... que; **più buono di lui** meilleur que lui; **più tardi di me** plus tard que moi; **è più tardi di quanto pensassi** il est plus tard que je ne pensais; **più ... che** plus ... que; **è più intelligente che ricco** il est plus intelligent que riche; **più che altro** surtout; **più che bene/buono** plus que bien/bon; **più che mai** plus que jamais

3 (*superlativo*) plus; **il più grande** le plus grand; **il più dotato degli studenti** le plus doué des étudiants; **è quello che compro più spesso** c'est celui que j'achète le plus souvent; **al più presto** au plus tôt; **al più tardi** au plus tard; **il più delle volte** le plus souvent

4 (*negazione*): **non ... più** ne ... plus; **non ho più soldi** je n'ai plus d'argent; **non parlo più** je ne parle plus; **non l'ho più rivisto** je ne l'ai plus revu

5 (*MAT*) plus; **4 più 5 fa 9** 4 plus 5 font 9; **più 5 gradi** 5 degrés (au-dessus de zéro); **6 più** (*voto*) juste au-dessus de la moyenne

♦ *prep* (*con l'aggiunta di*) plus; **500.000 più le spese** 500 000 plus les frais; **siamo in 4 più il nonno** nous sommes quatre plus grand-père

♦ *agg inv* **1**: **più ... (di)** (*quantità*) plus de ... (que); **ci vuole più denaro/tempo** il faut plus d'argent/de temps; **più persone di quante ci aspettassimo** plus de monde que nous n'en attendions

2 (*numerosi, diversi*) plusieurs; **l'aspettai per più giorni** je l'attendis plusieurs jours

♦ *sm* **1** (*la maggior parte*): **il più è fatto** le plus gros est fait; **parlare del più e del meno** parler de tout et de rien, parler de la pluie et du beau temps

2 (*MAT*) plus *m*; **se aggiungiamo un più la funzione diventa ...** si nous ajoutons un (signe) plus, la fonction devient ...

3: **i più** (*la maggioranza*) la plupart, la majorité.

piuccheperfetto [piukkeper'fɛtto] *sm* (*LING*) plus-que-parfait *m*.

piuma ['pjuma] *sf* plume *f*; (*per pescare*) leurre *m* ♦ *agg inv*: **peso ~** (*SPORT*) poids *msg* plume; **piume** *sfpl* (*piumaggio*) plumes *fpl*.

piumaggio [pju'maddʒo] *sm* plumage *m*.

piumino [pju'mino] *sm* (*per letto*) édredon *m*; (: *tipo danese*) couette *f*; (*giacca*) anorak *m*; (*per cipria*) houppette *f*; (*per spolverare*) plumeau *m*.

piuttosto [pjut'tɔsto] *avv* plutôt; **~ che** (*anziché*) plutôt que.

piva ['piva] *sf*: **con le pive nel sacco** (*fig*) bredouille.

pivello, -a [pi'vɛllo] *sm/f* (*peg*) débutant(e).

pizza ['pittsa] *sf* (*CUC*) pizza *f*; (*CINE*) bobine *f*; **che ~!** (*fig*) quelle barbe!

pizzeria [pittse'ria] *sf* pizzeria *f*.

pizzicagnolo, -a [pittsi'kaɲɲolo] *sm/f* charcutier(-ière).

pizzicare [pittsi'kare] *vt* (*anche fig*: *ladro*) pincer; (*solleticare, pungere*) piquer ♦ *vi* (*prudere*) démanger; (*essere piccante*) piquer.

pizzicheria [pittsike'ria] *sf* charcuterie *f*.

pizzico, -chi ['pittsiko] *sm* (*pizzicotto*) pinçon *m*; (*piccola quantità*) pincée *f*; (*puntura d'insetto*) piqûre *f*; **un ~ di fantasia** un peu d'imagination.

pizzicotto [pittsi'kɔtto] *sm* pinçon *m*; **dare un ~ a qn** pincer qn.

pizzo ['pittso] *sm* (*merletto*) dentelle *f*; (*barbetta*) barbiche *f*; (*fig*: *tangente*) *somme d'argent exigée régulièrement par la mafia dans ses activités de racket*.

placare [pla'kare] *vt* (*persona*) calmer; (*rabbia, fame*) apaiser; **placarsi** *vip* (*vedi vt*) se calmer; s'apaiser.

placca, -che ['plakka] *sf* plaque *f*; **~ (dentaria)** plaque (dentaire).

placcare [plak'kare] *vt* plaquer; **placcato (in) oro/argento** plaqué or/argent.

placenta [pla'tʃɛnta] *sf* placenta *m*.

placidità [platʃidi'ta] *sf* (*vedi agg*) placidité *f*; calme *m*.

placido, -a ['platʃido] *agg* (*persona*) placide; (*mare*) calme.

plafoniera [plafo'njɛra] *sf* plafonnier *m*.

plagiare [pla'dʒare] *vt* plagier; (*DIR*) suggestionner.

plagio ['pladʒo] *sm* plagiat *m*; (*DIR*) suggestion *f*.

plaid [plɛd] *sm inv* plaid *m*.

planare [pla'nare] *vi* planer.

plancia, -ce ['plantʃa] *sf* (*di nave*) passerelle *f*; (*AUT*: *cruscotto*) tableau *m* de bord.

plancton ['plankton] *sm inv* plancton *m*.

planetario, -a [plane'tarjo] *agg* planétaire ♦ *sm* planétarium *m*.

planisfero [planis'fɛro] *sm* planisphère *m*.

plantare [plan'tare] *sm* semelle *f* orthopédique.

plasma, -i ['plazma] *sm* plasma *m*.

plasmare [plaz'mare] *vt* (*anche fig*) modeler.

plastica ['plastika] *sf* plastique *m*; (*MED*) chirurgie *f* plastique; **di ~** en plastique; ▸ **plastica facciale** chirurgie faciale.

plastico, -a, -ci, -che ['plastiko] *agg* plastique ♦ *sm* (*TOPOGRAFIA*) plastique *m*; (*modello*) maquette *f*; (*anche*: **esplosivo ~**) plastic *m*; **modello ~** maquette.

plastilina® [plasti'lina] *sf* pâte *f* à modeler.
platano ['platano] *sm* platane *m*.
platea [pla'tɛa] *sf* parterre *m*; (*fig: spettatori*) public *m*.
plateale [plate'ale] *agg* théâtral(e).
platealmente [plateal'mente] *avv* de façon théâtrale.
platino ['platino] *sm* platine *m* ♦ *agg inv*: **biondo** ~ blond platine.
platonico, -a, -ci, -che [pla'tɔniko] *agg* platonique.
plaudire [plau'dire] *vi*: ~ **a** applaudir à.
plausibile [plau'zibile] *agg* plausible.
plauso ['plauzo] *sm* approbation *f*.
playback ['pleibæk] *sm inv* (*TV, CINE*) playback *m inv*.
playboy ['pleibɔi] *sm inv* play-boy *m*.
playmaker ['pleimeika] *sm inv* (*BASKET*) pivot *m*.
play-off ['plei 'ɔːf] *sm inv* (*SPORT*) finale *f*.
plebaglia [ple'baʎʎa] *sf* (*peg*) populace *f*, racaille *f*.
plebe ['plɛbe] *sf* plèbe *f*, peuple *m*.
plebeo, -a [ple'bɛo] *agg* plébéien(ne); (*fig*) populaire.
plebiscito [plebiʃ'ʃito] *sm* plébiscite *m*.
plenario, -a [ple'narjo] *agg* plénier(-ière).
plenilunio [pleni'lunjo] *sm* pleine lune *f*.
plenipotenziario, -a [plenipoten'tsjarjo] *agg* plénipotentiaire.
plenum ['plɛnum] *sm inv* plenum *m*.
plettro ['plɛttro] *sm* (*MUS*) médiator *m*.
pleura ['plɛura] *sf* plèvre *f*.
pleurite [pleu'rite] *sf* pleurésie *f*.
PLI [pi'ɛlle'i] *sigla m* (*POL*) = *Partito Liberale Italiano*.
plico, -chi ['pliko] *sm* pli *m*; **in** ~ **a parte** dans un pli à part.
plissé [pli'se] *agg inv* plissé(e) ♦ *sm inv* (*tessuto*) tissu *m* plissé.
plissettato, -a [plisset'tato] *agg* = **plissé**.
plotone [plo'tone] *sm* (*MIL*) peloton *m*; ► **plotone d'esecuzione** peloton d'exécution.
plumbeo, -a ['plumbeo] *agg* de plomb, en plomb; (*cielo, nube*) de plomb.
plurale [plu'rale] *agg* pluriel(le) ♦ *sm* pluriel *m*.
pluralismo [plura'lizmo] *sm* pluralisme *m*.
pluralità [plurali'ta] *sf* pluralité *f*; **la** ~ **dei presenti** (*maggioranza*) la majorité des présents.
plusvalenza [pluzva'lɛntsa] *sf* (*ECON*) plus-value *f*.
plusvalore [plusva'lore] *sm* (*ECON*) plus-value *f*.
plutonio [plu'tɔnjo] *sm* plutonium *m*.
pluviale [plu'vjale] *agg* pluvial(e).
pluviometro [plu'vjɔmetro] *sm* pluviomètre *m*.
P.M. *abbr* (*POL* = *Pubblico Ministero*) Ministère public; (= *Polizia Militare*) P.M.
pm *abbr* (= *peso molecolare*) p. mol.
PN *sigla* = *Pordenone*.
pneumatico, -a, -ci, -che [pneu'matiko] *agg* pneumatique ♦ *sm* (*AUT*) pneu *m*.
PNL [pi'ɛnne'ɛlle] *sigla m* (= *prodotto nazionale lordo*) PNB *m*.
P.O. *abbr* (= *posta ordinaria*) régime ordinaire.
Po [pɔ] *sm* Pô *m*.
po' [pɔ] *avv vedi* **poco** ♦ *sm vedi* **poco**.
pochezza [po'kettsa] *sf* pénurie *f*; (*meschinità*) mesquinerie *f*.

PAROLA CHIAVE

poco, -a, -chi, -che ['pɔko] *agg* (*quantità*) peu de; **poco pane/denaro/spazio** peu de pain/d'argent/de place; **poche persone/notizie** peu de personnes/nouvelles; **con poca spesa** à peu de frais; **ci vediamo tra poco** à bientôt; (*fra pochissimo tempo*) à tout de suite

♦ *avv* **1** peu; **guadagna/parla poco** il gagne/parle peu

2 (*con agg*) peu; (*con avv*) pas très; **è poco espansivo/socievole** il est peu expansif/sociable; **sta poco bene** il ne va pas très bien; **è poco più vecchia di lui** elle n'est guère plus vieille que lui

3 (*tempo*): **poco prima/dopo** peu avant/après; **il film dura poco** le film ne dure pas longtemps; **ci vediamo molto poco** nous nous voyons très peu

4: **un po'** un peu; **è un po' corto** il est un peu court; **arriverà fra un po'** il arrivera dans peu de temps; **un po' prima/dopo** un peu avant/après; **un po' meglio** un peu mieux

5 (*fraseologia*): **a dir poco** au bas mot, pour le moins; **a poco a poco** peu à peu; **per poco non cadevo** il s'en est fallu de peu que je ne tombe, j'ai failli tomber; **è una cosa da poco** c'est peu de chose

♦ *pron* peu; **pochi** (*persone*) peu (de gens *o* personnes); (*cose*) peu; **ci vuole tempo ed io ne ho poco** il faut du temps et j'en ai peu; **pochi lo sanno** peu (de gens) le savent

♦ *sm* **1** peu *m*; **vive del poco che ha** il vit du peu qu'il a; **vi ho detto quel poco che so** je vous ai dit le peu que je sais

2: **un po'** un peu; **un po' di zucchero/soldi/tempo** un peu de sucre/d'argent/de temps; **un bel po' di denaro** beaucoup d'argent; **un po' per ciascuno** un peu (à) chacun.

podere [po'dere] *sm* domaine *m*.
poderoso, -a [pode'roso] *agg* puissant(e), fort(e).

podestà [podes'ta] *sm inv* podestat *m*; (*durante il fascismo*) maire *m*.
podio ['pɔdjo] *sm* (*palco*) estrade *f*; (*SPORT*) podium *m*.
podismo [po'dizmo] *sm* (*SPORT*: *marcia*) marche *f*; (: *corsa*) course *f* à pied.
podista, -i, -e [po'dista] *sm/f* (*marcia*) marcheur(-euse); (*corsa*) coureur(-euse) (à pied).
poema, -i [po'ɛma] *sm* poème *m*; ▸ **poema sinfonico** poème symphonique.
poesia [poe'zia] *sf* poésie *f*.
poeta, -essa [po'ɛta] *sm/f* poète(poétesse).
poetare [poe'tare] *vi* écrire des poèmes, faire des vers.
poetica, -che [po'ɛtika] *sf* poétique *f*.
poetico, -a, -ci, -che [po'ɛtiko] *agg* poétique.
poggiare [pod'dʒare] *vt* appuyer ♦ *vi* reposer.
poggiatesta [poddʒa'tɛsta] *sm inv* appuitête *m*.
poggio ['pɔddʒo] *sm* coteau *m*.
poggiolo [pod'dʒɔlo] *sm* balcon *m*.
poi ['pɔi] *avv* (*dopo*) puis, après; (*alla fine*) en définitive, après tout; **e** ~ ... (*inoltre*) d'ailleurs ..., du reste ...; **questa** ~ **(è bella)!** (*iron*) ça par exemple (elle est bien bonne)!
poiana [po'jana] *sf* buse *f*.
poiché [poi'ke] *cong* puisque.
pois [pwa] *sm inv* pois *msg*; **a** ~ à pois.
poker ['pɔker] *sm inv* poker *m*; (*di assi, re*) carré *m*, poker *m*.
polacco, -a, -chi, -che [po'lakko] *agg* polonais(e) ♦ *sm/f* Polonais(e) ♦ *sm* polonais *m*.
polare [po'lare] *agg* polaire.
polarizzare [polarid'dzare] *vt* (*anche fig*) polariser.
polca, -che ['pɔlka] *sf* polka *f*.
polemica, -che [po'lɛmika] *sf* polémique *f*; **fare polemiche** faire de la polémique.
polemico, -a, -ci, -che [po'lɛmiko] *agg* polémique.
polemizzare [polemid'dzare] *vi*: ~ **(su)** polémiquer (sur).
polenta [po'lɛnta] *sf* (*CUC*) polenta *f*.
polentone, -a [polen'tone] *sm/f* lambin(e); (*peg*: *del Nord Italia*) "mangeur de polenta", *(expression péjorative utilisée par les Italiens du Sud à l'égard des Italiens du Nord)*.
POLFER ['polfer] *abbr f* = *Polizia Ferroviaria*.
poli... ['pɔli] *pref* poly... .
poliambulatorio [poliambula'tɔrjo] *sm* centre *m* médical.
policlinico, -ci [poli'kliniko] *sm* polyclinique *f*.
poliedro [poli'ɛdro] *sm* polyèdre *m*.
poliestere [poli'ɛstere] *sm* polyester *m*.
poligamia [poliga'mia] *sf* polygamie *f*.
poliglotta, -i, -e [poli'glɔtta] *agg, sm/f* polyglotte *m/f*.
poligono [po'ligono] *sm* polygone *m*; ▸ **poligono di tiro** polygone de tir.
Polinesia [poli'nɛzja] *sf* Polynésie *f*.
polinesiano, -a [polinɛ'zjano] *agg* polynésien(ne) ♦ *sm/f* Polynésien(ne).
polio ['pɔljo] *sf* = **poliomielite**.
poliomielite [poljomie'lite] *sf* poliomyélite *f*.
polipo ['pɔlipo] *sm* (*ZOOL*) poulpe *m*; (*MED*) polype *m*.
polistirolo [polisti'rɔlo] *sm* polystyrène *m*.
politecnico, -ci [poli'tɛkniko] *sm* école *f* d'ingénieurs.
politica, -che [po'litika] *sf* (*anche fig*) politique *f*; **darsi alla** ~ se lancer dans la politique; **fare** ~ faire de la politique; **la** ~ **del governo** la politique du gouvernement; ▸ **politica aziendale** politique de l'entreprise; ▸ **politica dei prezzi** politique des prix; ▸ **politica dei redditi** politique des revenus; ▸ **politica economica** politique économique; ▸ **politica estera** politique internationale.
politicante [politi'kante] *sm/f* (*peg*) politicard(e).
politicizzare [polititʃid'dzare] *vt* politiser.
politico, -a, -ci, -che [po'litiko] *agg* politique ♦ *sm* (*anche*: **uomo** ~) politicien(ne), (homme *m*) politique *m*.
polivalente [poliva'lɛnte] *agg* polyvalent(e).
polizia [polit'tsia] *sf* police *f*; ▸ **polizia guidiziaria/sanitaria** police judiciaire/sanitaire; ▸ **polizia stradale** police de la route; ▸ **polizia tributaria** ≈ inspection *f* des impôts.
poliziesco, -a, -schi, -sche [polit'tsjesko] *agg* policier(-ière).
poliziotto, -a [polit'tsjɔtto] *sm/f* agent *m* de police, policier *m* ♦ *agg inv*: **cane** ~ chien *m* policier; **donna** ~ femme *f* policier.
polizza ['pɔlittsa] *sf* police *f*; ▸ **polizza di assicurazione** police d'assurance; ▸ **polizza di carico** connaissement *m*.
pollaio [pol'lajo] *sm* poulailler *m*.
pollaiolo, -a [polla'jɔlo] *sm/f* volailler *m*.
pollame [pol'lame] *sm* volaille *f*.
pollastra [pol'lastra] *sf* poulet *m*; (*fig*: *ragazza*) poulette *f*.
pollastro [pol'lastro] *sm* poulet *m*; (*fig*: *sempliciotto*) dindon *m*, pigeon *m*.
pollice ['pɔllitʃe] *sm* pouce *m*.
polline ['pɔlline] *sm* pollen *m*.
pollivendolo, -a [polli'vendolo] *sm/f* volailler *m*, marchand(e) de volaille.
pollo ['pollo] *sm* poulet *m*; (*fig*: *credulone*) pigeon *m*, dindon *m*; **far ridere i polli** (*situazione, persona*) être grotesque.
polmonare [polmo'nare] *agg* pulmonaire.

polmone [pol'mone] *sm* poumon *m*; (*fig*: *di città*) réserve *f* d'oxygène; ▸ **polmone d'acciaio** (*MED*) poumon d'acier.
polmonite [polmo'nite] *sf* pneumonie *f*.
Polo ['pɔlo] *sm* (*POL*) *coalition de centre-droite*.
polo ['pɔlo] *sm* (*anche fig*) pôle *m*; (*gioco, maglia*) polo *m* ♦ *sf inv* (*maglia*) polo *m*; **essere ai poli opposti** (*fig*) être aux antipodes; ▸ **polo negativo/positivo** pôle négatif/positif; ▸ **polo nord/sud** pôle nord/sud.
Polonia [po'lɔnja] *sf* Pologne *f*.
polpa ['polpa] *sf* pulpe *f*; (*carne*) noix *fsg*.
polpaccio [pol'pattʃo] *sm* mollet *m*.
polpastrello [polpas'trɛllo] *sm* pulpe *f* des doigts.
polpetta [pol'petta] *sf* boulette *f*.
polpettone [polpet'tone] *sm* (*CUC*) pain *m* de viande hachée; (*peg, fig*) salade *f*; (: *film*): **che polpettone!** quel navet!
polpo ['polpo] *sm* poulpe *m*.
polposo, -a [pol'poso] *agg* pulpeux(-euse).
polsino [pol'sino] *sm* manchette *f*; (*bottone*) bouton *m* de manchette.
polso ['polso] *sm* (*ANAT*) poignet *m*; (*pulsazione*) pouls *msg*; (*fig*: *forza*) poigne *f*; **avere ~** (*fig*) avoir de la poigne; **un uomo di ~** un homme à poigne; **tastare il ~** (*MED*) prendre le pouls; **tastava il ~ della situazione** il prenait la température (de la situation).
poltiglia [pol'tiʎʎa] *sf* bouillie *f*.
poltrire [pol'trire] *vi* paresser.
poltrona [pol'trona] *sf* (*anche fig*) fauteuil *m*; (*TEATRO*) fauteuil *m* d'orchestre.
poltroncina [poltron'tʃina] *sf* (*TEATRO*) fauteuil *m* de parterre.
poltrone, -a [pol'trone] *sm/f* paresseux(-euse), fainéant(e).
polvere ['polvere] *sf* poussière *f*; (*frammento minutissimo*) poudre *f*; **in ~** en poudre; (*caffè*) soluble; ▸ **polvere d'oro** poudre d'or; ▸ **polvere da sparo/pirica** poudre (à canon); ▸ **polvere di ferro** limaille *f* de fer.
polveriera [polve'rjɛra] *sf* poudrière *f*.
polverina [polve'rina] *sf* poudre *f*; (*cocaina*) came *f*.
polverizzare [polverid'dzare] *vt* pulvériser.
polverone [polve'rone] *sm* nuage *m* de poussière; **sollevare un gran ~** (*fig*) faire grand bruit.
polveroso, -a [polve'roso] *agg* poussiéreux(-euse).
pomata [po'mata] *sf* pommade *f*.
pomello [po'mɛllo] *sm* pommeau *m*.
pomeridiano, -a [pomeri'djano] *agg* de l'après-midi.
pomeriggio [pome'riddʒo] *sm* après-midi *m*; **nel primo/tardo ~** en début/fin d'après-midi.
pomice ['pomitʃe] *sf* ponce *f*.
pomiciare [pomi'tʃare] *vi* (*fam*) se bécoter (*fam*).
pomo ['pomo] *sm* pomme *f*; (*oggetto ornamentale*) pommeau *m*; ▸ **pomo d'Adamo** (*ANAT*) pomme d'Adam.
pomodoro [pomo'dɔro] *sm* tomate *f*; ▸ **pomodori pelati** tomates pelées.
pompa ['pompa] *sf* pompe *f*; ▸ **pompa antincendio** pompe à incendie; ▸ **pompa di benzina** pompe à essence; ▸ **(impresa di) pompe funebri** pompes funèbres.
pompare [pom'pare] *vt* (*liquido, aria*) pomper; (*ruota, materassino*) gonfler; (*fig*: *esagerare*) gonfler, grossir.
Pompei [pom'pɛi] *sf* Pompéi.
pompeiano, -a [pompe'jano] *agg* pompéien(ne).
pompelmo [pom'pɛlmo] *sm* pamplemousse *m*; ▸ **(succo di) pompelmo** jus *msg* de pamplemousse.
pompiere [pom'pjɛre] *sm* pompier *m*.
pompon [pɔ̃pɔ̃] *sm inv* pompon *m*.
pomposo, -a [pom'poso] *agg* pompeux(-euse).
ponderare [ponde'rare] *vt* peser.
ponderoso, -a [ponde'roso] *agg* (*fig*) lourd(e).
ponente [po'nɛnte] *sm* ouest *m*; (*vento*) vent *m* d'ouest.
pongo, poni *etc* ['pongo, 'poni] *vb vedi* **porre**.
ponte ['ponte] *sm* (*anche fig*: *giorno di festa*) pont *m*; (*impalcatura*) échafaudage *m*; (*MED*: *protesi dentaria*) bridge *m*; **vivere sotto i ponti** vivre sous les ponts; **tagliare i ponti (con)** (*fig*) couper les ponts (avec); **governo ~** (*POL*) gouvernement *m* provisoire *o* transitoire; ▸ **ponte aereo** pont aérien; ▸ **ponte di barche** (*MIL*) pont de bateaux; ▸ **ponte di comando** (*NAUT*) passerelle *f* de commandement; ▸ **ponte di coperta** (*NAUT*) pont supérieur; ▸ **ponte di lancio** (*su portaerei*) pont d'envol; ▸ **ponte levatoio** pont-levis *msg*; ▸ **ponte radio** liaison *f* radio; ▸ **ponte sospeso** pont suspendu.
pontefice [pon'tefitʃe] *sm* pontife *m*.
ponticello [ponti'tʃɛllo] *sm* (*di occhiali*) arcade *f*; (*di strumento*) chevalet *m*.
pontificare [pontifi'kare] *vi* pontifier.
pontificato [pontifi'kato] *sm* pontificat *m*.
pontificio, -a, -ci, -cie [ponti'fitʃo] *agg* pontifical(e); **Stato P~** État *m* Pontifical.
pontile [pon'tile] *sm* appontement *m*.
pony ['pouni] *sm inv* poney *m*.
pool [pu:l] *sm inv* pool *m*.
pop [pɔp] *agg inv* pop *inv*.
pop-corn ['pɔp kɔ:n] *sm inv* pop-corn *m inv*.
popeline ['pɔpelin] *sf inv* popeline *f*.

popò [po'pɔ] *sm* popotin *m* ♦ *sf* caca *m*.
popolano, -a [popo'lano] *agg* du peuple ♦ *sm/f* homme(femme) du peuple.
popolare [popo'lare] *agg* populaire ♦ *vt* (*territorio, città*) peupler; (*locale, stadio*) remplir; **popolarsi** *vip* se remplir.
popolarità [popolari'ta] *sf* popularité *f*.
popolazione [popolat'tsjone] *sf* population *f*.
popolo ['pɔpolo] *sm* peuple *m*.
popoloso, -a [popo'loso] *agg* populeux(-euse).
poppa ['poppa] *sf* poupe *f*, arrière *m*; (*mammella*) téton *m*; **a ~** à l'arrière.
poppante [pop'pante] *sm/f* nourrisson *m*; (*fig*) gamin(e).
poppare [pop'pare] *vt* téter.
poppata [pop'pata] *sf* tétée *f*.
poppatoio [poppa'tojo] *sm* biberon *m*.
populista, -i, -e [popu'lista] *agg* populiste.
porcaio [por'kajo] *sm* (*fig*) porcherie *f*.
porcata [por'kata] *sf* vacherie *f*.
porcellana [portʃel'lana] *sf* porcelaine *f*.
porcellino, -a [portʃel'lino] *sm/f* porcelet *m*, cochonnet *m*; ▸ **porcellino d'India** cochon *m* d'Inde.
porcheria [porke'ria] *sf* saleté *f*; (*fig: discorso maleducato*) cochonneries *fpl*, grossièreté *f*; (: *azione disonesta*) sale coup *m*; (: *cosa mal fatta*) cochonnerie.
porchetta [por'ketta] *sf* (*CUC*) *cochon de lait rôti et farci d'herbes aromatiques et d'épices*.
porcile [por'tʃile] *sm* (*anche fig*) porcherie *f*.
porcino, -a [por'tʃino] *agg* porcin(e) ♦ *sm* (*fungo*) cèpe *m*, bolet *m*.
porco, -ci ['pɔrko] *sm* (*maiale*) cochon *m*; (*carne*) porc *m*; (*peg: fig*) cochon *m*; ~! gros dégoûtant!
porcospino [porkos'pino] *sm* porc-épic *m*.
porfido ['pɔrfido] *sm* porphyre *m*.
porgere ['pɔrdʒere] *vt*: ~ **(a)** tendre (à).
porno ['pɔrno] *agg inv* = **pornografico**.
pornografia [pornogra'fia] *sf* pornographie *f*.
pornografico, -a, -ci, -che [porno'grafiko] *agg* pornographique.
poro ['pɔro] *sm* pore *m*.
poroso, -a [po'roso] *agg* poreux(-euse).
porpora ['porpora] *sf* pourpre *f*; (*colore*) pourpre *m*.
porre ['porre] *vt* (*mettere*) mettre; (*collocare, posare*) poser; (*fig: supporre*) mettre, supposer; **porsi** *vr* se mettre; ~ **le basi di** (*fig*) jeter les bases de; **poniamo (il caso) che ...** mettons que ..., supposons que ...; ~ **una domanda a qn** poser une question à qn; ~ **freno a** mettre un frein à; **posto che ...** en admettant que ...; **porsi in salvo** se mettre à l'abri.
porro ['pɔrro] *sm* (*BOT*) poireau *m*; (*MED*) verrue *f*.
porsi *etc* ['pɔrsi] *vb vedi* **porgere**.
porta ['porta] *sf* porte *f*; (*CALCIO*) but *m*; ~ **a** ~ (*vendita*) porte à porte; **a porte chiuse** (*DIR*) à huis clos; **mettere alla** ~ (*persona*) mettre à la porte; **essere alle porte** (*fig: crisi, inverno*) approcher, être imminent(e); ▸ **porta di servizio/sicurezza** porte de service/secours; ▸ **porta stagna** porte étanche.
porta... ['porta] *pref* porte... .
portabagagli [portaba'gaʎʎi] *sm inv* (*facchino*) porteur *m*; (*AUT*) galerie *f*; (*FERR*) porte-bagages *m*.
portabandiera [portaban'djɛra] *sm inv* porte-drapeau *m*.
portaborse [porta'borse] *sm inv* *assistant servile d'un personnage influent*.
portabottiglie [portabot'tiʎʎe] *sm inv* porte-bouteilles *msg inv*.
portacenere [porta'tʃenere] *sm inv* cendrier *m*.
portachiavi [porta'kjavi] *sm inv* porte-clefs *msg inv*, porte-clés *msg inv*.
portacipria [porta'tʃipria] *sm inv* poudrier *m*.
portaerei [porta'ɛrei] *agg inv*, *sf inv* porte-avions *m inv*.
portafinestra [portafi'nɛstra] (*pl* **portefinestre**) *sf* porte-fenêtre *f*.
portafoglio [porta'fɔʎʎo] *sm* (*anche POL, BORSA*) portefeuille *m*; (*cartella*) porte-documents *m*, serviette *f*; **senza** ~ (*ministro*) sans portefeuille; ▸ **portafoglio titoli** portefeuille titres.
portafortuna [portafor'tuna] *sm inv* porte-bonheur *m*.
portagioie [porta'dʒɔje] *sm inv* coffret *m* à bijoux.
portagioielli [portadʒo'jɛlli] *sm inv* coffret *m* à bijoux.
portale [por'tale] *sm* portail *m*.
portalettere [porta'lɛttere] *sm/f inv* facteur *m*.
portamento [porta'mento] *sm* allure *f*.
portamonete [portamo'nete] *sm inv* porte-monnaie *m inv*.
portante [por'tante] *agg* portant(e).
portantina [portan'tina] *sf* chaise *f* à porteur; (*per ammalati*) brancard *m*.
portaoggetti [portaod'dʒɛtti] *agg inv*: **vano** ~ boîte *f* à gants, vide *m* poche.
portaombrelli [portaom'brɛlli] *sm inv* porte-parapluies *msg inv*.
portapacchi [porta'pakki] *sm inv* (*portabagagli*) porte-bagages *msg inv*.
portare [por'tare] *vt* porter; (*condurre*) amener; (: *sogg: strada*) mener, conduire; (*bagagli*) apporter; (*serbare: odio*) nourrir; (: *rancore*) garder; **portarsi** *vip* (*recarsi*) se rendre, aller; ~ **qc a qn** (*recare*) apporter qch à qn; ~ **qn a** (*fig: indur-*

re) mener qn à; ~ **avanti** (*discorso, idea*) poursuivre; ~ **via qc** (*rimuovere*) emmener qch, emporter qch; (*rubare*) emporter qch; ~ **i bambini a spasso** emmener les enfants en promenade; **mi porta un caffè, per favore?** vous m'apportez un café, s'il vous plaît?; ~ **fortuna/sfortuna a** porter chance/malheur à; ~ **qc alla bocca** porter qch à ses lèvres; ~ **bene gli anni** ne pas paraître *o* porter son âge; **il documento porta la tua firma** le document porte ta signature; **la polizia si è portata sul luogo del disastro** la police s'est rendue sur les lieux de la catastrophe.

portaritratti [portari'tratti] *sm inv* cadre *m* (pour photos).

portariviste [portari'viste] *sm inv* porte-revues *msg inv*.

portasapone [portasa'pone] *sm inv* porte-savon *m*.

portascì [portaʃ'ʃi] *sm inv* porte-skis *msg inv*.

portasigarette [portasiga'rette] *sm inv* étui *m* à cigarettes.

portata [por'tata] *sf* (*vivanda*) plat *m*; (*di veicolo*) charge *f* utile; (*di arma, anche fig: limite*) portée *f*; (*volume d'acqua*) débit *m*; (*fig: importanza*) portée, envergure *f*; **alla** ~ **di tutti** (*conoscenza*) à la portée de tout le monde; (*prezzo*) à la portée de toutes les bourses; **a** ~ **di** à (la) portée de; **fuori** ~ hors de portée; **a** ~ **di mano** à portée de la main; **di grande** ~ de grande envergure.

portatile [por'tatile] *agg* portatif(-ive), portable.

portato, -a [por'tato] *agg*: **essere** ~ **a qc/a fare qc** être doué(e) pour qch.

portatore, -trice [porta'tore] *sm/f* (*anche MED*) porteur(-euse); **al** ~ (*COMM*) au porteur; ~ **di handicap** handicapé(e); ▸**portatore sano** (*MED*) porteur(-euse) sain(e).

portatovagliolo [portatovaʎ'ʎɔlo] *sm* rond *m* de serviette.

portauovo [porta'wɔvo] *sm inv* coquetier *m*.

portavoce [porta'votʃe] *sm/f inv* porte-parole *m/f*.

portello [por'tɛllo] *sm* (*di portone*) porte *f*; (*NAUT*) sabord *m*; (*AER*) trappe *f*.

portellone [portel'lone] *sm* (*NAUT*) sabord *m*; (*AER*) trappe *f*.

portento [por'tɛnto] *sm* prodige *m*.

portentoso, -a [porten'toso] *agg* prodigieux(-euse).

porticato [porti'kato] *sm* portique *m*.

portico, -ci ['pɔrtiko] *sm* arcade *f*.

portiere, -a [por'tjɛre] *sm/f* (*di caseggiato, hotel*) concierge *m/f* ♦ *sm* (*CALCIO*) gardien *m* de but ♦ *sf* (*AUT*) portière *f*.

portinaio, -a [porti'najo] *sm/f* concierge *m/f*.

portineria [portine'ria] *sf* (*di palazzo*) loge *f* du concierge; (*di castello*) conciergerie *f*.

porto, -a ['pɔrto] *pp di* **porgere** ♦ *sm* (*NAUT*) port *m* ♦ *sm inv* (*vino*) porto *m*; **andare** *o* **giungere in** ~ (*fig*) aboutir; **condurre qc in** ~ mener qch à bien; **la tua casa è un** ~ **di mare** on entre chez toi comme dans un moulin; ▸**porto d'armi** port d'armes; ▸**porto di mare** port maritime; ▸**porto di scalo** port d'escale; ▸**porto fluviale** port fluvial; ▸**porto franco** port franc; ▸**porto marittimo** port maritime; ▸**porto militare** port militaire; ▸**porto pagato** port payé.

Portogallo [porto'gallo] *sm* Portugal *m*.

portoghese [porto'gese] *agg* portugais(e) ♦ *sm/f* Portugais(e); (*fig*) resquilleur(-euse) ♦ *sm* portugais *m*.

portone [por'tone] *sm* porte *f* principale, porte d'entrée; (*per vetture*) porte cochère.

portoricano, -a [portori'kano] *agg* portoricain(e) ♦ *sm/f* Portoricain(e).

Portorico [porto'riko] *sf* Porto Rico *f*.

portuale [portu'ale] *agg* portuaire ♦ *sm* docker *m*.

porzione [por'tsjone] *sf* partie *f*; (*di cibo*) portion *f*.

posa ['pɔsa] *sf* pose *f*; (*atteggiamento*) attitude *f*; **senza** ~ sans répit; **mettersi in** ~ poser; **teatro di** ~ studio *m* de cinéma; ▸**posa in opera** mise *f* en œuvre.

posacenere [posa'tʃenere] *sm inv* cendrier *m*.

posare [po'sare] *vt, vi* poser; **posarsi** *vip* se poser; ~ **su** (*ponte, teoria*) reposer sur.

posata [po'sata] *sf* couvert *m*; **posate** *sfpl* (*cucchiaio, forchetta etc*) couverts *mpl*.

posatezza [posa'tettsa] *sf* caractère *m* posé.

posato, -a [po'sato] *agg* posé(e).

poscritto [pos'kritto] *sm* post-scriptum *m inv*.

posi *etc* ['posi] *vb vedi* **posare**.

positiva [pozi'tiva] *sf* (*FOT*) épreuve *f* positive.

positivamente [positiva'mente] *avv* (*concludersi*) positivement; (*rispondere*) par l'affirmative.

positivo, -a [pozi'tivo] *agg* positif(-ive).

posizione [pozit'tsjone] *sf* (*anche economica*) position *f*; (*luogo*) site *m*, position; **farsi una** ~ se faire une situation; ~ **eretta** station *f o* position debout; **prendere** ~ (*fig*) prendre position; **luci di** ~ (*AUT*) feux *mpl* de position, veilleuses *fpl*.

posologia, -gie [pozolo'dʒia] *sf* posologie *f*.

posporre [pos'porre] *vt* (*differire*) remettre,

renvoyer.

posposto, -a [pos'posto] *pp di* **posporre.**

possedere [posse'dere] *vt* posséder; **essere posseduto da** (*fig*: *ira, rabbia*) être en proie à.

possedimento [possedi'mento] *sm* propriété *f*.

possente [pos'sɛnte] *agg* puissant(e).

possessivo, -a [posses'sivo] *agg* possessif(-ive).

possesso [pos'sɛsso] *sm* (*DIR*) possession *f*; (*proprietà*) propriété *f*; **essere/entrare in ~ di** être/entrer en possession de; **prendere ~ di qc** prendre possession de qch; **nel pieno ~ delle proprie facoltà** en pleine possession de ses moyens.

possessore [posses'sore] *sm* possesseur *m*.

possibile [pos'sibile] *agg* possible ♦ *sm*: **fare tutto il ~** faire tout son possible; **prima ~** le plus tôt possible; **al più tardi ~** le plus tard possible; **nei limiti del ~** dans les limites du possible.

possibilista, -i, -e [possibi'lista] *agg* qui n'exclut aucune solution.

possibilità [possibili'ta] *sf inv* possibilité *f* ♦ *sfpl* (*mezzi*) moyens *mpl*; **aver la ~ di fare qc** avoir la possibilité de faire qch; **nei limiti delle nostre ~** dans la limite de nos moyens.

possibilmente [possibil'mente] *avv* si possible.

possidente [possi'dɛnte] *sm/f* propriétaire *m/f*.

possiedo *etc* [pos'sjɛdo] *vb vedi* **possedere.**

posso *etc* ['pɔsso] *vb vedi* **potere.**

post... [pɔst] *pref* post... .

posta ['pɔsta] *sf* (*servizio, ufficio postale*) poste *f*; (*corrispondenza*) courrier *m*; (*nei giochi d'azzardo*: *somma che si punta*) mise *f*, enjeu *m*; (: *vincita*) mise; (*CACCIA*) affût *m*; **Poste** *sfpl* ≈ P. et T. *fpl*; **piccola ~** (*su giornale*) courrier *m* des lecteurs; **ministro delle Poste e Telecomunicazioni** ≈ ministre des Postes et des Télécommunications; **la ~ in gioco è troppo alta** (*fig*) l'enjeu est trop important; **fare la ~ a qn** (*fig*) guetter qn; **a bella ~** (*apposta*) délibérément; ▸**posta aerea** poste aérienne; ▸**posta elettronica** courrier électronique; ▸**posta ordinaria** courrier à tarif réduit; ▸**Poste e Telecomunicazioni** Postes et Télécommunications *fpl*.

postagiro [posta'dʒiro] *sm* virement *m* postal.

postale [pos'tale] *agg* postal(e) ♦ *sm* (*treno*) train *m* postal; (*nave*) bateau *m* postal; (*furgone*) fourgon *m* postal; *vedi anche* **codice.**

postazione [postat'tsjone] *sf* (*MIL*) position *f*.

postbellico, -a, -ci, -che [post'bɛlliko] *agg* de l'après-guerre.

postdatare [postda'tare] *vt* postdater.

posteggiare [posted'dʒare] *vt* garer ♦ *vi* se garer.

posteggiatore, -trice [posteddʒa'tore] *sm/f* gardien(ne) de parking.

posteggio [pos'teddʒo] *sm* (*di taxi, autobus*) station *f*; (*per custodia veicoli*) parking *m*.

postelegrafonico, -a, -ci, -che [postelegra'fɔniko] *agg* des postes et télécommunications ♦ *sm* agent *m* des postes et télécommunications.

posteri ['pɔsteri] *smpl* postérité *f*.

posteriore [poste'rjore] *agg* postérieur(e) ♦ *sm* (*fam*: *sedere*) postérieur *m*.

posterità [posteri'ta] *sf* postérité *f*.

posticcio, -a, -ci, -ce [pos'tittʃo] *agg, sm* postiche *m*.

posticipare [postitʃi'pare] *vt* renvoyer, remettre.

postilla [pos'tilla] *sf* note *f*.

postino [pos'tino] *sm* facteur *m*.

posto, -a ['posto] *pp di* **porre** ♦ *sm* (*luogo*) lieu *m*, endroit *m*; (*spazio libero, di parcheggio, al teatro, in treno, anche impiego*) place *f*; (*MIL*) poste *m*; **prender ~** prendre place; **a ~** (*stanza, documento*) en ordre; (*persona*) bien, comme il faut; (*problema*: *risolto*) résolu(e); **al ~ di** à la place de, au lieu de; **sul ~** sur place; **mettere a ~** (*riordinare*) ranger; (*faccenda*: *sistemare*) mettre bon ordre (à), mettre en ordre; (*persona*) remettre à sa place; **aver un buon ~** (*impiego*) avoir une bonne place; ▸**posto di blocco** barrage *m*; ▸**posto di lavoro** emploi *m*; ▸**posto di polizia** poste de police; ▸**posto di responsabilità** poste de responsabilité; ▸**posto di villeggiatura** lieu de vacances; ▸**posto telefonico pubblico** téléphone *m* public; ▸**posti in piedi** (*in teatro, in autobus*) place *fsg* debout.

postoperatorio, -a [postopera'tɔrjo] *agg* postopératoire.

postribolo [pos'tribolo] *sm* lupanar *m*.

postscriptum [post'skriptum] *sm inv* = **poscritto.**

postumo, -a ['pɔstumo] *agg* posthume; **postumi** *smpl* (*di malattia*) séquelles *fpl*, suites *fpl*; **i postumi della sbornia** les lendemains de cuite.

potabile [po'tabile] *agg* potable.

potare [po'tare] *vt* tailler.

potassio [po'tassjo] *sm* potassium *m*.

potatura [pota'tura] *sf* taille *f*.

potente [po'tɛnte] *agg* puissant(e); (*veleno*) violent(e).

potentino, -a [poten'tino] *agg* de Potenza.

Potenza [po'tɛntsa] *sf* Potenza.

potenza [po'tɛntsa] *sf* puissance *f*; (*di veleno*) virulence *f*; **le Grandi Potenze** les

Grandes Puissances; **all'ennesima** ~ (*fig*) au plus haut degré, à la nième puissance; ▶**potenza economica** puissance économique; ▶**potenza militare** puissance militaire.

potenziale [poten'tsjale] *agg* potentiel(le) ♦ *sm* potentiel *m*.

potenziamento [potentsja'mento] *sm* développement *m*, essor *m*.

potenziare [poten'tsjare] *vt* développer.

PAROLA CHIAVE

potere [po'tere] *sm* pouvoir *m*; **al potere** (*partito etc*) au pouvoir; **potere d'acquisto** pouvoir d'achat; **potere esecutivo** pouvoir exécutif; **potere giudiziario** pouvoir judiciaire; **potere legislativo** pouvoir législatif

♦ *vb aus* **1** (*essere in grado di*) pouvoir; **non ha potuto ripararlo** il n'a pas pu le réparer; **non è potuto venire** il n'a pas pu venir; **spiacente di non poter aiutare** désolé de ne pas pouvoir être utile; **non ne posso più** je n'en peux plus

2 (*avere il permesso*) pouvoir; **posso entrare?** puis-je entrer?; **si può sapere dove sei stato?** peut-on savoir où tu as été?

3 (*eventualità*) pouvoir; **potrebbe essere vero** cela pourrait être vrai; **può aver avuto un incidente** il a pu avoir un accident; **può darsi** ça se peut; **può darsi** *o* **essere che non venga** il se peut qu'il ne vienne pas

4 (*augurio, suggerimento*): **potessi almeno parlargli!** si je pouvais au moins lui parler!; **potresti almeno scusarti!** tu pourrais au moins t'excuser!

5 (*avere potere*) pouvoir; **può molto per noi** il peut faire beaucoup pour nous.

potestà [potes'ta] *sf* (*DIR*): **patria** ~ puissance *f* paternelle.

potrò *etc* [po'trɔ] *vb vedi* **potere**.

poveraccio, -a, -ci, -ce [pove'rattʃo] *sm/f* pauvre diable/femme.

povero, -a ['pɔvero] *agg* pauvre; (*scarso: risultati*) maigre ♦ *sm/f* pauvre *m/f*; **i poveri** les pauvres; ~ **di** pauvre en; **un minerale ~ di ferro** un minerai pauvre en fer; **un paese ~ di risorse** un pays pauvre en ressources; ~ **me!** pauvre de moi!

povertà [pover'ta] *sf* pauvreté *f*.

pozione [pot'tsjone] *sf* potion *f*.

pozza ['pottsa] *sf* mare *f*.

pozzanghera [pot'tsangera] *sf* flaque *f*.

pozzo ['pottso] *sm* puits *msg*; ▶**pozzo nero** fosse *f* d'aisances; ▶**pozzo petrolifero** puits de pétrole.

pp. *abbr* (= *pagine*) p.

p.p. *abbr* (= *per procura*) p.p.

PP.SS. *abbr* (= *partecipazioni statali*) secteur de l'économie géré en partie par l'État.

PP.TT. *abbr* (= *Poste e Telecomunicazioni*) P et T *fpl*.

PR *sigla* = *Parma* ♦ *abbr* (*POL*) = *Partito Radicale*.

P.R. *abbr* = **piano regolatore**.

Praga ['praga] *sf* Prague.

pragmatico, -a, -ci, -che [prag'matiko] *agg* pragmatique.

prammatica [pram'matika] *sf*: **essere di** ~ être de règle.

pranzare [pran'dzare] *vi* déjeuner.

pranzo ['prandzo] *sm* repas *msg*; (*a mezzogiorno*) déjeuner *m*.

prassi ['prassi] *sf inv* pratique *f*, usage *m*.

pratica, -che ['pratika] *sf* pratique *f*; (*esperienza*) expérience *f*; (*tirocinio*) apprentissage *m*; (*AMM: affare*) affaire *f*; (: *incartamento*) dossier *m*; **avere ~ di un luogo/usi** connaître un endroit/les coutumes; **in** ~ pratiquement, en fait; **mettere in** ~ mettre en pratique; **fare le pratiche per** (*AMM*) faire les démarches nécessaires pour; ▶**pratica restrittiva** pratique restrictive; ▶**pratiche illecite** agissements *mpl* illicites.

praticabile [prati'kabile] *agg* praticable.

praticamente [pratika'mente] *avv* pratiquement.

praticante [prati'kante] *agg* pratiquant(e) ♦ *sm/f* (*tirocinante*) apprenti(e), stagiaire *m/f*.

praticare [prati'kare] *vt* pratiquer; (*eseguire: apertura, incisione*) faire, pratiquer; (*sconto*) faire.

praticità [pratitʃi'ta] *sf* caractère *m* pratique; **per** ~ pour plus de commodité.

pratico, -a, -ci, -che ['pratiko] *agg* pratique; **essere ~ di** (*di tecnica, professione*) avoir de l'expérience dans; (*di luogo, ambiente*) bien connaître; **all'atto** ~ dans la pratique; **è ~ del mestiere** il connaît bien le métier; **mi è più ~ venire di pomeriggio** il m'est plus commode de venir dans l'après-midi.

prato ['prato] *sm* pré *m*, prairie *f*; (*in giardino*) gazon *m*, pelouse *f*; **su** ~ (*SPORT*) sur gazon; ▶**prato inglese** gazon anglais.

preallarme [preal'larme] *sm* alerte *f*.

Prealpi [pre'alpi] *sfpl* Préalpes *fpl*.

prealpino, -a [preal'pino] *agg* préalpin(e).

preambolo [pre'ambolo] *sm* préambule *m*; **senza tanti preamboli** sans préambule.

preannunciare [preannun'tʃare] *vt* annoncer.

preannunziare [preannun'tsjare] *vt* = **preannunciare**.

preavvisare [preavvi'zare] *vt* prévenir.

preavviso [preav'vizo] *sm* préavis *msg*; **te-**

lefonata con ~ communication *f* avec préavis *o* avec avis d'appel.
prebellico, -a, -ci, -che [pre'bɛlliko] *agg* d'avant-guerre.
precariato [preka'rjato] *sm* emploi *m* temporaire; (*SCOL*) situation *f* du personnel non titulaire.
precarietà [prekarje'ta] *sf* précarité *f*.
precario, -a [pre'karjo] *agg* précaire; (*lavoratore, SCOL*) temporaire ♦ *sm/f* (*SCOL*) vacataire *m/f*.
precauzionale [prekauttsjo'nale] *agg* de précaution.
precauzione [prekaut'tsjone] *sf* précaution *f*; **prendere precauzioni** prendre des *o* ses précautions.
precedente [pretʃe'dɛnte] *agg* précédent(e) ♦ *sm* précédent *m*; **il giorno** ~ le jour précédent, la veille; **senza precedenti** sans précédents; **buoni/cattivi precedenti** (*fig: di persona*) bons/mauvais antécédents; ▶ **precedenti penali** (*DIR*) condamnations *fpl* antérieures.
precedentemente [pretʃedente'mente] *avv* précédemment, auparavant.
precedenza [pretʃe'dɛntsa] *sf* priorité *f*; **dare** ~ **assoluta a qc** accorder la priorité absolue à qch; **dare la** ~ **(a)** (*AUT*) laisser la priorité (à).
precedere [pre'tʃɛdere] *vt* précéder; (*nel parlare, nell'agire, secolo*) devancer; **volevo dirglielo ma mi ha preceduto** je voulais le lui dire mais il m'a devancé.
precettazione [pretʃettat'tsjone] *sf réquisition du personnel en cas de grève dans les services publics*.
precetto [pre'tʃɛtto] *sm* (*REL*) précepte *m*; (*norma*) règle *f*; (*DIR*) injonction *f*; (*MIL*) appel *m*.
precettore [pretʃet'tore] *sm* précepteur *m*.
precipitare [pretʃipi'tare] *vi* (*cadere*) tomber; (*aereo*) s'écraser; (*CHIM*) précipiter; (*fig: situazione*) se détériorer ♦ *vt* (*fig: affrettare*) précipiter; **precipitarsi** *vr, vip* (*gettarsi*) se précipiter, se ruer; (*affrettarsi*) se précipiter.
precipitato, -a [pretʃipi'tato] *agg* précipité(e), hâtif(-ive) ♦ *sm* (*CHIM*) précipité *m*.
precipitazione [pretʃipitat'tsjone] *sf* précipitation *f*.
precipitoso, -a [pretʃipi'toso] *agg* (*caduta, fuga*) précipité(e); (*fig: avventato*) hâtif(-ive).
precipizio [pretʃi'pittsjo] *sm* précipice *m*; **a** ~ abrupt(e); (*fig: con gran fretta*) avec précipitation.
precipuo, -a [pre'tʃipuo] *agg* principal(e).
precisamente [pretʃiza'mente] *avv* avec précision; (*per l'appunto*) précisément, justement.
precisare [pretʃi'zare] *vt* préciser, spécifier; **vi preciseremo la data in seguito** nous vous préciserons la date ultérieurement; **tengo a** ~ **che ...** je tiens à préciser que ... .
precisazione [pretʃizat'tsjone] *sf* précision *f*.
precisione [pretʃi'zjone] *sf* précision *f*; **strumenti di** ~ instruments *mpl* de précision.
preciso, -a [pre'tʃizo] *agg* précis(e); (*uguale*) identique; **due disegni precisi** deux dessins identiques; **sono le 9 precise** il est 9 heures précises.
precludere [pre'kludere] *vt* barrer, entraver.
precluso, -a [pre'kluzo] *pp di* **precludere**.
precoce [pre'kɔtʃe] *agg* précoce.
precocità [prekotʃi'ta] *sf* précocité *f*.
preconcetto, -a [prekon'tʃɛtto] *agg* préconçu(e) ♦ *sm* préjugé *m*.
precorrere [pre'korrere] *vt* devancer; ~ **i tempi** être en avance sur son temps.
precorritore, -trice [prekorri'tore] *sm/f* précurseur *m*.
precorso, -a [pre'korso] *pp di* **precorrere**.
precursore [prekur'sore] *sm* précurseur *m*.
preda ['prɛda] *sf* (*bottino*) butin *m*; (*animale, fig*) proie *f*; **essere** ~ **di** être la proie de; (*in balia di*) être en proie à.
predare [pre'dare] *vt* piller.
predatore [preda'tore] *sm* prédateur *m*.
predecessore, -a [predetʃes'sore] *sm/f* prédécesseur *m*.
predella [pre'dɛlla] *sf* marchepied *m*.
predestinare [predesti'nare] *vt* prédestiner.
predestinazione [predestinat'tsjone] *sf* prédestination *f*.
predetto, -a [pre'detto] *pp di* **predire** ♦ *agg* prédit(e).
predica, -che ['prɛdika] *sf* sermon *m*.
predicare [predi'kare] *vt, vi* prêcher.
predicativo, -a [predika'tivo] *agg* prédicatif(-ive).
predicato [predi'kato] *sm* (*LING*) prédicat *m*.
prediletto, -a [predi'lɛtto] *pp di* **prediligere** ♦ *agg* favori(e), préféré(e) ♦ *sm/f* préféré(e).
predilezione [predilet'tsjone] *sf* prédilection *f*; **avere una** ~ **per** avoir une prédilection pour.
prediligere [predi'lidʒere] *vt* préférer.
predire [pre'dire] *vt* prédire, annoncer.
predisporre [predis'porre] *vt* prévoir, préparer; ~ **qn a qc** préparer qn à qch.
predisposizione [predisposit'tsjone] *sf*: ~ **(a)** (*MED*) prédisposition *f* (à); (*a musica, materia*) penchant *m* (pour).
predisposto, -a [predis'posto] *pp di* **predisporre**.

predizione [predit'tsjone] *sf* prédiction *f*.
predominante [predomi'nante] *agg* prédominant(e).
predominare [predomi'nare] *vi*: ~ **(su)** l'emporter (sur), avoir le dessus (sur).
predominio [predo'minjo] *sm* suprématie *f*, prépondérance *f*.
preesistente [preezis'tɛnte] *agg* préexistant(e).
preesistere [pree'zistere] *vi* préexister.
preesistito, -a [preezis'tito] *pp di* **preesistere**.
prefabbricato, -a [prefabbri'kato] *agg* préfabriqué(e) ♦ *sm* préfabriqué *m*.
prefazione [prefat'tsjone] *sf* préface *f*, avant-propos *msg*.
preferenza [prefe'rɛntsa] *sf* préférence *f*; **di** ~ de préférence; **dare la** ~ **a** donner la préférence à; **(voto di)** ~ (*POL*) vote *m* préférentiel.
preferenziale [preferen'tsjale] *agg* préférentiel(le); **corsa** ~ (*AUT*) couloir *m* d'autobus.
preferibile [prefe'ribile] *agg*: ~ **(a)** préférable (à); **sarebbe** ~ **andarsene** il serait préférable de s'en aller.
preferibilmente [preferibil'mente] *avv* de préférence, préférablement.
preferire [prefe'rire] *vt* préférer; ~ **fare qc** préférer faire qch; ~ **qc a qc** préférer qch à qch.
prefetto [pre'fɛtto] *sm* préfet *m*.
prefettura [prefet'tura] *sf* préfecture *f*.
prefiggersi [pre'fiddʒersi] *vr* se proposer, se fixer.
prefigurare [prefigu'rare] *vt* préfigurer.
prefisso, -a [pre'fisso] *pp di* **prefiggersi** ♦ *sm* (*LING*) préfixe *m*; (*TEL*) indicatif *m*.
Preg. *abbr* = *pregiatissimo*; ~ **Ditta** Messieurs.
pregare [pre'gare] *vi, vt* prier; ~ **qn di fare qc** prier qn de faire qch; **farsi** ~ se faire prier; **si sieda, la prego** asseyez-vous, je vous en prie.
pregevole [pre'dʒevole] *agg* de valeur.
pregherò *etc* [prege'rɔ] *vb vedi* **pregare**.
preghiera [pre'gjɛra] *sf* prière *f*.
pregiarsi [pre'dʒarsi] *vr*: **mi pregio di informarla che ...** j'ai l'honneur de vous informer que ... .
pregiatissimo, -a [predʒa'tissimo] *agg* (*in lettere*): ~ **Signor G. Alberti** monsieur G. Alberti.
pregiato, -a [pre'dʒato] *agg* (*metallo*) précieux(-euse); (*stoffa*) riche; (*valuta*) fort(e); (*vino*) grand(e).
pregio ['prɛdʒo] *sm* (*stima*) estime *f*; (*qualità*) qualité *f*; (*valore*) valeur *f*; **di** ~ de valeur; **il** ~ **di questo sistema è ...** le mérite de ce système est ... .
pregiudicare [predʒudi'kare] *vt* (*interessi*) porter préjudice à, compromettre; (*avvenire, esito*) compromettre.
pregiudicato, -a [predʒudi'kato] *sm/f* (*DIR*) repris(e) de justice.
pregiudiziale [predʒudit'tsjale] *agg* (*DIR*): **questione** ~ question *f* préjudicielle.
pregiudizio [predʒu'dittsjo] *sm* préjugé *m*.
pregnante [preɲ'ɲante] *agg* (*fig*) prégnant(e).
pregno, -a ['preɲɲo] *agg* (*saturo*): ~ **di** imprégné(e) de, plein(e) de.
prego ['prɛgo] *escl* (*a chi ringrazia*) je vous/t'en prie; ~, **sedetevi** je vous en prie, asseyez-vous; ~, **dopo di lei** je vous en prie, après vous; ~? (*desidera*) vous désirez?; (*come ha detto?*) pardon?
pregustare [pregus'tare] *vt* savourer à l'avance.
preistoria [preis'tɔrja] *sf* préhistoire *f*.
preistorico, -a, -ci, -che [preis'tɔriko] *agg* préhistorique.
prelato [pre'lato] *sm* prélat *m*.
prelavaggio [prela'vaddʒo] *sm* prélavage *m*.
prelazione [prelat'tsjone] *sf* (*in acquisto*) préemption *f*; (*di creditore*) privilège *m*.
prelevamento [preleva'mento] *sm* prélèvement *m*; (*di merce*) retrait *m*.
prelevare [prele'vare] *vt* (*BANCA*) prélever, retirer; (*campione*) prélever; (*merce*) retirer; (*persona*) appréhender.
prelibato, -a [preli'bato] *agg* exquis(e), fin(e).
prelievo [pre'ljɛvo] *sm* (*BANCA*) retrait *m*; (*MED*) prélèvement *m*; ▶ **prelievo di sangue** prise *f* de sang; ▶ **prelievo fiscale** prélèvement fiscal.
preliminare [prelimi'nare] *agg* préliminaire, préalable ♦ *sm* préliminaire *m*.
preludere [pre'ludere] *vi*: ~ **a** (*preannunciare: crisi, guerra, temporale*) faire *o* laisser présager; (*introdurre: dibattito etc*) introduire.
preludio [pre'ludjo] *sm* (*MUS*) prélude *m*; (*di discorso*) préambule *m*, introduction *f*.
preluso, -a [pre'luzo] *pp di* **preludere**.
pré-maman [pre ma'mɑ̃] *sm inv* robe *f* de grossesse ♦ *agg inv* de grossesse.
prematrimoniale [prematrimo'njale] *agg* prénuptial(e).
prematuro, -a [prema'turo] *agg, sm/f* prématuré(e).
premeditare [premedi'tare] *vt* préméditer.
premeditazione [premeditat'tsjone] *sf* (*anche DIR*) préméditation *f*; **con** ~ avec préméditation.
premere ['prɛmere] *vt* appuyer (sur), presser ♦ *vi* appuyer; ~ **il grilletto** appuyer sur la gâchette; ~ **su** appuyer sur; (*fig*) faire pression sur; **una faccenda che mi preme tanto** une affaire qui me tient à cœur.

premessa [pre'messa] *sf* préliminaire *m*, préambule *m*; **mancano le premesse per una buona riuscita** il manque les prémisses du succès.

premesso, -a [pre'messo] *pp di* **premettere**.

premettere [pre'mettere] *vt* dire d'abord; **premetto che ...** je dois dire avant tout que ...; **premesso che ...** étant donné que ...; **ciò premesso ...** ceci étant dit ... .

premiare [pre'mjare] *vt* récompenser.

premiazione [premjat'tsjone] *sf* distribution *f* des prix.

premier ['premjə] *sm inv* premier ministre *m*.

première [prə'mjɛr] *sf inv* (*di spettacolo*) première *f*.

preminente [premi'nɛnte] *agg* (*personaggio*) prééminent(e); **problema/fattore di ~ importanza** problème *m*/facteur *m* de toute première importance.

premio ['prɛmjo] *sm* prix *msg*; (*ricompensa*) récompense *f*; (*di lotteria*) lot *m*; (*AMM, BORSA*: *indennità*) prime *f* ♦ *agg inv* (*vacanza, viaggio*) gratuit(e); **vincere il primo ~** gagner le premier prix; ▶ **premio di assicurazione** prime d'assurance; ▶ **premio di consolazione** lot de consolation; ▶ **premio di produzione** prime de rendement; ▶ **premio d'ingaggio** (*SPORT*) prime d'engagement.

premisi *etc* [pre'mizi] *vb vedi* **premettere**.

premonitore, -trice [premoni'tore] *agg* prémonitoire.

premonizione [premonit'tsjone] *sf* prémonition *f*.

premunirsi [premu'nirsi] *vr*: **~ (di)** s'armer (de), se munir (de); **~ (contro)** se prémunir (contre).

premura [pre'mura] *sf* (*fretta*) hâte *f*; (*riguardo*) attention *f*, soin *m*; **premure** *sfpl* (*attenzioni, cure*) attentions *fpl*, prévenances *fpl*; **aver ~** être pressé(e); **far ~ a qn** presser qn; **usare ogni ~ nei riguardi di qn** être plein d'attentions à l'égard de qn.

premuroso, -a [premu'roso] *agg* empressé(e), prévenant(e).

prenatale [prena'tale] *agg* prénatal(e).

prendere ['prɛndere] *vt* prendre; (*portare con sé*) prendre, emporter; (*catturare*: *ladro, pesce*) prendre, attraper; (*guadagnare, centrare*) toucher; (*raffreddore etc*) attraper ♦ *vi* prendre; **prendersi** *vr*: **prendersi a pugni** se donner des coups de poing; **prendersi a botte** se bagarrer; **andare a ~** aller chercher; **~ (qc) da** (*ereditare*) tenir (qch) de; **~ qn/qc per** (*scambiare*) prendre qn/qch pour; **~ in giro qn** se moquer de qn; **~ l'abitudine di** prendre l'habitude de; **~ qn in braccio** prendre qn dans ses bras; **~ fuoco** prendre feu; **~ le generalità di qn** relever l'identité de qn; **~ nota di** prendre note de; **~ parte a** prendre part à; **~ posto** (*sedersi*) prendre place; **~ il sole** se (faire) bronzer; **prendersi cura di qn/qc** prendre soin de qn/qch; **prendi qualcosa?** (*da bere, da mangiare*) tu prends quelque chose?; **prendo un caffè** je prends un café; **prendersi un impegno** prendre un engagement; **~ a fare qc** commencer à faire qch; **~ a destra** prendre à droite; **prendersela** (*preoccuparsi*) s'en faire; (*adirarsi*) se fâcher; **prendersela con qn** s'en prendre à qn.

prendisole [prendi'sole] *sm inv* bain-de-soleil *m*.

prenotare [preno'tare] *vt* (*tavolo, stanza*) réserver, retenir; (*volo*) réserver.

prenotazione [prenotat'tsjone] *sf* réservation *f*.

prensile ['prɛnsile] *agg* préhensile.

preoccupante [preokku'pante] *agg* inquiétant(e), préoccupant(e).

preoccupare [preokku'pare] *vt* inquiéter, tracasser, préoccuper; **preoccuparsi** *vip*: **preoccuparsi (per)** s'inquiéter (pour), se tracasser (pour); **preoccuparsi di qc/di fare qc** (*occuparsene*) se charger de qch/de faire qch.

preoccupazione [preokkupat'tsjone] *sf* (*apprensione*) inquiétude *f*; (*pensiero inquietante*) souci *m*, préoccupation *f*.

preparare [prepa'rare] *vt* préparer; **prepararsi** *vr* se préparer; **~ da mangiare** préparer à manger; **prepararsi (a)** se préparer (à); **prepararsi a fare qc** se préparer à faire qch.

preparativi [prepara'tivi] *smpl* préparatifs *mpl*.

preparato, -a [prepa'rato] *agg* préparé(e); (*concorrente*) bien préparé(e); (*studioso*) compétent(e) ♦ *sm* (*prodotto*) préparation *f*.

preparatorio, -a [prepara'tɔrjo] *agg* préparatoire.

preparazione [preparat'tsjone] *sf* préparation *f*; (*conoscenze, competenza*) formation *f*; (*SPORT*) entraînement *m*.

prepensionamento [prepensjona'mento] *sm* préretraite *f*.

preponderante [preponde'rante] *agg* prépondérant(e).

preporre [pre'porre] *vt*: **~ a** placer avant; (*porre a capo*) préposer à.

preposizione [preposit'tsjone] *sf* (*LING*) préposition *f*; ▶ **preposizione articolata** article *m* contracté.

preposto, -a [pre'posto] *pp di* **preporre**.

prepotente [prepo'tɛnte] *agg* tyrannique, autoritaire; (*fig*: *bisogno, desiderio*) impérieux(-euse), irrésistible ♦ *sm/f* tyran *m*, despote *m.*

prepotenza [prepo'tɛntsa] *sf* arrogance *f*; (*sopruso*) abus *msg.*

prerogativa [preroga'tiva] *sf* (*DIR*) prérogative *f*, privilège *m*; (*caratteristica*) caractéristique *f*, qualité *f.*

presa ['presa] *sf* prise *f*; (*ELETTR*): ~ **(di corrente)** prise (de courant); (*piccola quantità*: *di sale*) pincée *f*; **far** ~ (*colla*) prendre; (*fig*: *su pubblico*) avoir prise; **a** ~ **rapida** (*cemento*) à prise rapide; **di forte** ~ (*fig*) qui a beaucoup d'impact; **una** ~ **in giro** (*fig*) une raillerie, une moquerie; **in** ~ **diretta** (*CINE*) en direct; **essere alle prese con qc** (*fig*) être aux prises avec qch; ▶ **presa d'acqua/d'aria** prise d'eau/d'air; ▶ **presa di posizione** (*fig*) prise de position.

presagio [pre'zadʒo] *sm* présage *m.*

presagire [preza'dʒire] *vt* (*sogg*: *cosa*) présager; (: *persona*) pressentir.

presalario [presa'larjo] *sm* (*SCOL*) présalaire *m.*

presbite ['prɛzbite] *agg* presbyte.

presbiteriano, -a [prezbite'rjano] *agg, sm/f* presbytérien(ne).

presbiterio [prezbi'tɛrjo] *sm* presbytère *m.*

prescindere [preʃ'ʃindere] *vi*: ~ **da** faire abstraction de; **a** ~ **da** abstraction faite de.

prescisso, -a [preʃ'ʃisso] *pp di* **prescindere.**

prescolastico, -a, -ci, -che [presko'lastiko] *agg* préscolaire.

prescritto, -a [pres'kritto] *pp di* **prescrivere.**

prescrivere [pres'krivere] *vt* prescrire.

prescrizione [preskrit'tsjone] *sf* (*MED*) ordonnance *f*; (*DIR, norma*) prescription *f*; ▶ **prescrizione penale** (*DIR*) prescription pénale.

prese *etc* ['prese] *vb vedi* **prendere.**

presentare [prezen'tare] *vt* présenter; **presentarsi** *vr, vip* se présenter; ~ **qn a** présenter qn à; **le presento Anna** je vous présente Anna; **presentarsi a qn** (*farsi conoscere*) se présenter à qn; **presentarsi come candidato (per/a)** se porter candidat (pour/à); **presentarsi bene/male** se présenter bien/mal; **la situazione si presenta difficile** la situation s'annonce difficile; **permetta che mi presenti** permettez-moi de me présenter.

presentazione [prezentat'tsjone] *sf* présentation *f*; **una lettera di** ~ une lettre d'introduction; **fare le presentazioni** faire les présentations.

presente [pre'zɛnte] *agg* présent(e) ♦ *sm/f* (*persona*) personne *f* présente ♦ *sm* présent *m* ♦ *sf* (*lettera*) présente *f*; **presenti** *smpl* (*persone*) les personnes *fpl* présentes, les présents *mpl*; **aver** ~ **qc/qn** avoir qch/qn à l'esprit; **con la** ~ **vi comunico ...** par la présente, je vous communique ...; **essere** ~ **a una riunione** être présent(e) à une réunion; **tenere** ~ **qn/qc** tenir compte de qn/qch; **esclusi i presenti** exception faite des personnes ici présentes.

presentimento [presenti'mento] *sm* pressentiment *m*; **avere un** ~ avoir un pressentiment.

presenza [pre'zɛntsa] *sf* présence *f*; (*aspetto esteriore*) allure *f*; **alla** *o* **in** ~ **di** en présence de; **di bella** ~ d'un bel aspect; ▶ **presenza di spirito** présence d'esprit.

presenziare [prezen'tsjare] *vt, vi*: ~ **(a)** assister à.

presepe [pre'zɛpe] *sm* = **presepio.**

presepio [pre'zɛpjo] *sm* crèche *f.*

preservare [preser'vare] *vt*: ~ **(da)** préserver (de).

preservativo [preserva'tivo] *sm* préservatif *m.*

presi *etc* ['presi] *vb vedi* **prendere.**

preside ['prɛside] *sm/f* (*SCOL*) directeur(-trice), proviseur *m*; ▶ **preside di facoltà** (*UNIV*) doyen(ne).

presidente [presi'dɛnte] *sm/f* président *m*; ▶ **Presidente del Consiglio (dei Ministri)** Président du Conseil; ▶ **Presidente della Repubblica** Président de la République; ▶ **Presidente della Camera** Président de la Chambre des députés, ≈ Président de l'Assemblée nationale.

presidentessa [presiden'tessa] *sf* présidente *f*; (*moglie del presidente*) épouse *f* du président.

presidenza [presi'dɛntsa] *sf* présidence *f*; **assumere la** ~ être nommé à la présidence; **essere alla** ~ être président.

presidenziale [presi'dɛntsjale] *agg* présidentiel(le).

presidiare [presi'djare] *vt* occuper; (*fig*: *difendere*) défendre.

presidio [pre'sidjo] *sm* garnison *f*; (*AMM*) *ensemble des structures sanitaires présentes dans une circonscription*; (*fig*: *difesa*) défense *f.*

presiedere [pre'sjɛdere] *vt* présider ♦ *vi*: ~ **(a)** (*a dibattito, incontro*) présider (à).

preso, -a ['preso] *pp di* **prendere.**

pressa ['prɛssa] *sf* (*TECN*) presse *f.*

pressante [pres'sante] *agg* (*richiesta*) pressant(e); (*questione*) urgent(e).

pressappoco [pressap'pɔko] *avv* environ, à peu près.

pressare [pres'sare] *vt* presser, tasser; (*fig*) presser, harceler.

pressi ['prɛssi] *smpl*: **nei** ~ **di** dans les environs de.

pressione [pres'sjone] *sf* pression *f*; **far** ~

su qn faire pression sur qn; **essere sotto ~** (*fig*) être sous pression; ▸**pressione atmosferica** pression atmosphérique; ▸**pressione sanguigna** tension *f* (artérielle).

presso ['prɛsso] *prep* (*vicino a*) près de; (*in dato ambiente, cerchia*) auprès de; **~ qn** (*a casa di*) chez qn; **~ la banca** à la banque; **~ una banca** dans une banque; **lavora ~ di noi** il travaille chez nous; **ha avuto successo ~ i giovani** il a eu du succès chez les jeunes.

pressoché [presso'ke] *avv* presque.

pressurizzare [pressurid'dzare] *vt* pressuriser.

prestabilire [prestabi'lire] *vt* établir d'avance.

prestanome [presta'nome] *sm/f inv* prête-nom *m*.

prestante [pres'tante] *agg* avenant(e), agréable.

prestanza [pres'tantsa] *sf* prestance *f*.

prestare [pres'tare] *vt*: **~ (qc a qn)** prêter (qch à qn); **prestarsi** *vr, vip* (*offrirsi*): **prestarsi (a fare qc)** accepter (de faire qch); **prestarsi (per** *o* **a qc)** (*essere adatto*) se prêter (à qch); **~ aiuto (a)** prêter son aide (à); **~ ascolto** *o* **orecchio (a)** prêter l'oreille (à); **~ attenzione (a)** prêter attention (à); **~ fede (a)** ajouter foi (à); **~ giuramento** prêter serment; **la frase si presta a molteplici interpretazioni** la phrase se prête à de multiples interprétations.

prestazione [prestat'tsjone] *sf* (*di macchina, atleta*) performance *f*; (*di professionista*) prestation *f*.

prestigiatore, -trice [prestidʒa'tore] *sm/f* prestidigitateur(-trice).

prestigio [pres'tidʒo] *sm* prestige *m*; **gioco di ~** tour *m* de prestidigitation.

prestito ['prɛstito] *sm* prêt *m*; (*LING*) emprunt *m*; **dare qc in** *o* **a ~** prêter qch; **prendere qc in** *o* **a ~** emprunter qch; ▸**prestito pubblico** emprunt public.

presto ['prɛsto] *avv* (*tra poco*) bientôt; (*in fretta*) vite; (*di buon'ora*) tôt; **a ~** à bientôt; **al più ~** au plus tôt; **fai ~** fais vite; **si fa ~ a criticare** c'est facile de critiquer.

presumere [pre'zumere] *vt* présumer; (*avere la pretesa*) prétendre.

presumibile [prezu'mibile] *agg* probable.

presunsi *etc* [pre'zunsi] *vb vedi* **presumere**.

presunto, -a [pre'zunto] *pp di* **presumere** ♦ *agg*: **il ~ colpevole** le coupable présumé.

presuntuoso, -a [prezuntu'oso] *agg* présomptueux(-euse).

presunzione [prezun'tsjone] *sf* (*anche DIR*) présomption *f*.

presupporre [presup'porre] *vt* (*supporre*) supposer, imaginer; (*implicare*) présupposer.

presupposto, -a [presup'posto] *pp di* **presupporre** ♦ *sm* (*di teoria*) fondement *m*; (*di ragionamento, problema*) prémisses *fpl*; **partendo dal ~ che ...** en supposant que ...; **mancano i presupposti necessari** les conditions nécessaires ne sont pas réunies.

prete ['prɛte] *sm* prêtre *m*.

pretendente [preten'dɛnte] *sm/f* prétendant(e); **il ~ al trono** le prétendant au trône.

pretendere [pre'tɛndere] *vt* (*esigere*) exiger, demander; **~ che** (*sostenere*) prétendre que; **pretende di aver sempre ragione** il veut toujours avoir raison.

pretenzioso, -a [preten'tsjoso] *agg* prétentieux(-euse).

preterintenzionale [preterintentsjo'nale] *agg* (*DIR: omicidio*) par imprudence.

pretesa [pre'tesa] *sf* (*esigenza*) exigence *f*; (*presunzione*) prétention *f*; (*sfarzo*) luxe *m* ostentatoire; **avanzare una ~** exprimer une revendication; **senza pretese** sans prétention.

preteso, -a [pre'teso] *pp di* **pretendere**.

pretesto [pre'tɛsto] *sm* prétexte *m*; **con il ~ di** sous (le) prétexte de.

pretestuoso, -a [pretestu'oso] *agg* allégué(e) comme prétexte.

pretore [pre'tore] *sm* (*DIR*) juge *m* de paix.

pretura [pre'tura] *sf* tribunal *m* de première instance.

prevalente [preva'lɛnte] *agg* dominant(e), prédominant(e).

prevalentemente [prevalente'mente] *avv* essentiellement, principalement.

prevalenza [preva'lɛntsa] *sf* supériorité *f*, prédominance *f*; **in ~** principalement.

prevalere [preva'lere] *vi* prévaloir; (*vincere*) l'emporter.

prevalso, -a [pre'valso] *pp di* **prevalere**.

prevaricare [prevari'kare] *vi* abuser de son pouvoir.

prevaricazione [prevarikat'tsjone] *sf* (*DIR*) prévarication *f*; (*abuso*) abus *msg* de pouvoir.

prevedere [preve'dere] *vt* prévoir; **nulla lasciava ~ che ...** rien ne laissait prévoir que ...; **come previsto** comme prévu; **spese previste** dépenses *fpl* prévues; **previsto per martedì** prévu pour mardi.

prevedibile [preve'dibile] *agg* prévisible; **non era assolutamente ~ che ...** on ne pouvait absolument pas prévoir que ... .

prevedibilmente [prevedibil'mente] *avv* de façon prévisible.

prevenire [preve'nire] *vt* prévenir; (*avvertire*): **~ qn (di)** prévenir qn (de).

preventivare [preventi'vare] *vt* (*COMM*): ~ **una spesa di ...** évaluer le coût de ...; (*prevedere*) prévoir.

preventivo, -a [preven'tivo] *agg* préventif(-ive) ♦ *sm* (*COMM*) devis *msg*; **bilancio** ~ budget *m*; **carcere** ~ détention *f* préventive; **fare un** ~ faire *o* établir un devis.

prevenuto, -a [preve'nuto] *agg*: ~ **(contro qc/qn)** prévenu(e) (contre qch/qn).

prevenzione [preven'tsjone] *sf* prévention *f*.

previdente [previ'dɛnte] *agg* prévoyant(e).

previdenza [previ'dɛntsa] *sf* prévoyance *f*; ▶ **previdenza sociale** ≈ Sécurité *f* sociale.

previdi *etc* [pre'vidi] *vb vedi* **prevedere**.

previo, -a ['prɛvjo] *agg* (*COMM*): ~ **accordo** après accord; ~ **avviso** sur avis; ▶ **previo pagamento** contre paiement.

previsione [previ'zjone] *sf* prévision *f*; **in** ~ **di** en prévision de; ▶ **previsioni meteorologiche** *o* **del tempo** prévisions météorologiques.

previsto, -a [pre'visto] *pp di* **prevedere** ♦ *sm*: **meno/più del** ~ (*quantità*) moins/plus que prévu; (*tempo*) prévu *m*; **prima del** ~ plus tôt que prévu.

prezioso, -a [pret'tsjoso] *agg* précieux(-euse) ♦ *sm* bijou *m* ♦ *sm/f*: **fare il/la** ~**(a)** se faire désirer.

prezzemolo [pret'tsemolo] *sm* persil *m*.

prezzo ['prɛttso] *sm* prix *msg*; **a** ~ **di costo** à prix coûtant; **a caro** ~ (*fig*) cher; ▶ **prezzo d'acquisto/di vendita** prix d'achat/de vente; ▶ **prezzo di fabbrica** prix de fabrique; ▶ **prezzo di mercato** prix du marché; ▶ **prezzo scontato** prix réduit; ▶ **prezzo unitario** prix unitaire.

PRI [pi'ɛrre'i] *sigla m* (*POL*) = *Partito Repubblicano Italiano*.

prigione [pri'dʒone] *sf* (*anche fig*) prison *f*.

prigionia [pridʒo'nia] *sf* captivité *f*.

prigioniero, -a [pridʒo'njɛro] *agg, sm/f* prisonnier(-ière); **fare qn** ~ faire qn prisonnier(-ière).

prima ['prima] *sf* première *f*; (*SCOL*: *elementare*) ≈ CP *m* (cours préparatoire); (: *media*) ≈ sixième *f*; *vedi anche* **primo** ♦ *avv* (*tempo prima*) avant; (*in anticipo*) d'avance, à l'avance; (*nel passato*) autrefois; (*più presto*) plus tôt, avant; (*in primo luogo*) d'abord; ~ **di** *prep* (*di incontro etc*) avant ♦ *cong* (*di incontrare etc*) avant de; (*piuttosto che*) plutôt que; ~ **o poi** tôt ou tard; **non l'avevo mai vista** ~ je ne l'avais jamais vue avant *o* auparavant; **quanto** ~ le plus tôt possible; ~ **viene lui** lui d'abord; ~ **di tutto** avant tout; ~ **che si pagasse** avant de payer.

primario, -a [pri'marjo] *agg* (*precedente*) primaire; (*principale*) principal(e) ♦ *sm* (*MED*) médecin-chef *m*; **l'era primaria** l'ère primaire, le primaire.

primate [pri'mate] *sm* (*REL*) primat *m*; (*ZOOL*) primate *m*.

primatista, -i, -e [prima'tista] *sm/f* (*SPORT*) recordman(recordwoman).

primato [pri'mato] *sm* primauté *f*; (*SPORT*) record *m*.

primavera [prima'vɛra] *sf* printemps *msg*.

primaverile [primave'rile] *agg* printanier(-ière).

primeggiare [primed'dʒare] *vi* se distinguer, briller.

primitivo, -a [primi'tivo] *agg* primitif(-ive).

primizie [pri'mittsje] *sfpl* primeurs *mpl*.

primo, -a ['primo] *agg* premier(-ière) ♦ *sm/f* (*persona*) premier(-ière) ♦ *sm* (*CUC*: *anche*: ~ **piatto**) entrée *f*; (*anche*: **minuto** ~) minute *f*; **il** ~ **luglio** le premier juillet; *avv* primo, premièrement; **in prima pagina** à la une; **la prima (casa/macchina) è la mia** la première (maison/voiture) c'est la mienne; **per prima cosa** avant toute chose, avant tout; **in prima classe** (*viaggiare*) en première classe; (*SCOL*) ≈ au CP *o* Cours Préparatoire; **di prima mattina** tôt le matin; **in un** ~ **tempo** *o* **momento** dans un premier temps, sur le moment; **in** ~ **luogo** en premier lieu; **di prim'ordine** *o* **prima qualità** de premier ordre, de première qualité; **ai primi freddi** aux premiers froids; **ai primi di maggio** début mai; **i primi del Novecento** le début du vingtième siècle; ▶ **primo attore** (*TEATRO*) acteur *m* principal; ▶ **prima donna** (*TEATRO*) prima donna *f*.

primogenito, -a [primo'dʒɛnito] *agg, sm/f* aîné(e).

primordi [pri'mɔrdi] *smpl* origines *fpl*, débuts *mpl*.

primordiale [primor'djale] *agg* primordial(e).

primula ['primula] *sf* (*BOT*) primevère *f*.

principale [printʃi'pale] *agg* principal(e) ♦ *sm* patron *m*.

principalmente [printʃipal'mente] *avv* principalement.

principato [printʃi'pato] *sm* principauté *f*.

principe ['printʃipe] *sm* prince *m*; ▶ **principe ereditario** prince héritier.

principesco, -a, -schi, -sche [printʃi'pesko] *agg* (*anche fig*) princier(-ière).

principessa [printʃi'pessa] *sf* princesse *f*.

principiante [printʃi'pjante] *sm/f* débutant(e).

principio [prin'tʃipjo] *sm* (*inizio*) commencement *m*, début *m*; (*origine*) origine *f*; (*concetto, norma*) principe *m*; **principi** *smpl* (*concetti fondamentali*) principes *mpl*; **al** *o*

in ~ au commencement, au début; **fin dal** ~ dès le début; **per** ~ par principe; **una questione di** ~ une question de principe; **una persona di sani principi morali** une personne ayant de sains principes moraux; ▶ **principio attivo** (*CHIM, in farmaco*) principe actif.

priore [pri'ore] *sm* prieur *m*.

priori [pri'ori]: **a** ~ à priori.

priorità [priori'ta] *sf inv* priorité *f*; **avere la** ~ **(su)** avoir la priorité (sur).

prioritario, -a [priori'tarjo] *agg* prioritaire.

prisma, -i ['prizma] *sm* prisme *m*.

privare [pri'vare] *vt*: ~ **qn/qc di** priver qn/qch de; **privarsi** *vr*: **privarsi di** se priver de.

privativa [priva'tiva] *sf* (*ECON*) monopole *m*, régie *f*.

privatizzare [privatid'dzare] *vt* privatiser.

privatizzazione [privatiddzat'tsjone] *sf* privatisation *f*.

privato, -a [pri'vato] *agg* privé(e); (*casa, macchina*) particulier(-ière) ♦ *sm* (*anche*: ~ **cittadino**) particulier *m*; **in** ~ en privé; **ritirarsi a vita privata** se retirer de la vie publique; **"non vendiamo a privati"** "pas de vente au détail"; **lezione privata** cours *msg* particulier.

privazione [privat'tsjone] *sf* privation *f*.

privilegiare [privile'dʒare] *vt* privilégier.

privilegiato, -a [privile'dʒato] *agg* privilégié(e); (*trattamento*) préférentiel(le); **azioni privilegiati** (*FIN*) actions *fpl* privilégiées.

privilegio [privi'lɛdʒo] *sm* privilège *m*; **avere il** ~ **di fare** avoir le privilège de faire.

privo, -a ['privo] *agg*: ~ **di** dépourvu(e) de, sans.

pro [prɔ] *prep* au bénéfice de, au profit de ♦ *sm inv* (*utilità*) avantage *m*, bénéfice *m*; **a che** ~? à quoi bon?; **i** ~ **e i contro** le pour et le contre.

probabile [pro'babile] *agg* probable.

probabilità [probabili'ta] *sf inv* (*anche MAT*) probabilité *f*; (*possibilità di riuscita*) chance *f*; **con molta** ~ selon toute probabilité.

probabilmente [probabil'mente] *avv* probablement.

probante [pro'bante] *agg* probant(e).

problema, -i [pro'blɛma] *sm* problème *m*.

problematica, -che [proble'matika] *sf* problèmes *mpl*.

problematico, -a, -ci, -che [proble'matiko] *agg* compliqué(e); (*incerto*) problématique.

probo, -a ['prɔbo] *agg* probe.

proboscide [pro'bɔʃʃide] *sf* trompe *f*.

procacciare [prokat'tʃare] *vt* procurer.

procace [pro'katʃe] *agg* provocant(e).

procedere [pro'tʃɛdere] *vi* (*avanzare*) avancer; (*fig: proseguire*) continuer; (*seguire il proprio corso: affare*) marcher; (*comportarsi*) procéder; (*iniziare*): ~ **(a fare qc)** commencer (à faire qch) ♦ *vi* (*DIR*): ~ **contro** intenter une action contre; **prima di** ~ **oltre** avant de continuer; **gli affari procedono bene** les affaires marchent; **bisogna** ~ **con cautela** il faut procéder avec prudence; **non luogo a** ~ (*DIR*) non-lieu *m*.

procedimento [protʃedi'mento] *sm* procédé *m*; ~ **penale** (*DIR*) procès *msg* criminel.

procedura [protʃe'dura] *sf* procédure *f*; ▶ **procedura civile/penale** (*DIR*) procédure *f* civile/pénale.

processare [protʃes'sare] *vt* (*DIR*) juger.

processione [protʃes'sjone] *sf* procession *f*.

processo [pro'tʃɛsso] *sm* (*metodo*) procédé *m*; (*procedimento*) processus *msg*; (*DIR*) procès *msg*; **essere sotto** ~ être en procès; **mettere sotto** ~ (*fig*) mettre en accusation; ▶ **processo chimico** procédé chimique; ▶ **processo di crescita** processus de croissance; ▶ **processo di fabbricazione** procédé de fabrication.

processuale [protʃessu'ale] *agg* (*DIR: atto*) de procédure; (*: spese*) de justice.

Proc. Gen. *abbr* (= *procuratore generale*) P. G. *m*.

procinto [pro'tʃinto] *sm*: **in** ~ **di fare** sur le point de faire.

procione [pro'tʃone] *sm* raton *m* laveur.

proclama, -i [pro'klama] *sm* manifeste *m*.

proclamare [prokla'mare] *vt* proclamer.

proclamazione [proklamat'tsjone] *sf* proclamation *f*.

procrastinare [prokasti'nare] *vt* différer.

procreare [prokre'are] *vt* procréer.

procura [pro'kura] *sf* (*DIR*) procuration *f*; **per** ~ par procuration; **la P~ della Repubblica** ≈ le Parquet.

procurare [proku'rare] *vt* (*procacciare*) procurer; (*causare: guai, problemi*) causer; ~ **che** (*fare in modo*) faire en sorte que.

procuratore [prokura'tore] *sm* (*rappresentante*) mandataire *m*; (*DIR*) procureur *m*; ▶ **procuratore della Repubblica** procureur de la République; ▶ **procuratore generale** procureur général; ▶ **procuratore legale** avoué *m*.

prodigare [prodi'gare] *vt* prodiguer; **prodigarsi** *vr*: **prodigarsi (per)** se prodiguer (pour).

prodigio [pro'didʒo] *sm* (*anche fig*) prodige *m*.

prodigioso, -a [prodi'dʒoso] *agg* prodigieux(-euse).

prodigo, -a, -ghi, -ghe ['prɔdigo] *agg* prodigue.

prodotto, -a [pro'dotto] *pp di* **produrre** ♦ *sm* produit *m*; ▶ **prodotto di base** produit de base; ▶ **prodotto finale** produit final; ▶ **prodotto interno lordo** produit intérieur brut; ▸**prodotto nazionale lordo** produit national brut; ▸**prodotti agricoli** produits agricoles; ▸**prodotti chimici** produits chimiques; ▸**prodotti di bellezza** produits de beauté.

produco *etc* [pro'duko] *vb vedi* **produrre**.

produrre [pro'durre] *vt* produire; ~ **in giudizio** (*DIR*) produire en justice.

produssi *etc* [pro'dussi] *vb vedi* **produrre**.

produttività [produttivi'ta] *sf* productivité *f*.

produttivo, -a [produt'tivo] *agg* productif(-ive); (*della produzione*) de production.

produttore, -trice [produt'tore] *agg, sm/f* producteur(-trice); **paese ~ di petrolio** pays *msg* producteur de pétrole.

produzione [produt'tsjone] *sf* production *f*; ▸**produzione in serie** production en série.

proemio [pro'ɛmjo] *sm* préambule *m*.

Prof. *abbr* (= *professore*) Prof.

profanare [profa'nare] *vt* profaner.

profano, -a [pro'fano] *agg* (*mondano*) profane; (*sacrilego*) profanateur(-trice).

proferire [profe'rire] *vt* proférer.

professare [profes'sare] *vt* (*esprimere*) professer; (*praticare*) exercer.

professionale [professjo'nale] *agg* professionnel(le); **scuola ~** école *f* professionnelle.

professione [profes'sjone] *sf* (*attività*) profession *f*; **di ~** de profession; **libera ~** profession libérale.

professionista, -i, -e [professjo'nista] *sm/f* personne *f* qui exerce une profession libérale; (*SPORT*) professionnel(le).

professore, -essa [profes'sore] *sm/f* professeur *m/f*; ▸**professore d'orchestra** instrumentiste *m/f*.

profeta, -i [pro'fɛta] *sm* prophète *m*.

profetico, -a, -ci, -che [pro'fɛtiko] *agg* prophétique.

profetizzare [profetid'dzare] *vt* prophétiser.

profezia [profet'tsia] *sf* prophétie *f*.

proficuo, -a [pro'fikuo] *agg* profitable, avantageux(-euse).

profilare [profi'lare] *vt* esquisser; (*ornare: vestito*) passepoiler, border; **profilarsi** *vip* se dessiner.

profilassi [profi'lassi] *sf inv* prophylaxie *f*.

profilattico, -a [profi'lattiko] *agg* prophylactique ♦ *sm* (*preservativo*) préservatif *m*.

profilo [pro'filo] *sm* profil *m*; (*di corpo*) silhouette *f*; (*sommaria descrizione*) aperçu *m*; **di ~** de profil; **sotto il ~ giuridico** du point de vue juridique.

profittare [profit'tare] *vi*: ~ **di** profiter de.

profitto [pro'fitto] *sm* profit *m*; (*fig*) progrès *mpl*; (*COMM*) bénéfice *m*; **trarre ~ da** tirer profit de; **vendere con ~** vendre en faisant du bénéfice; **conto profitti e perdite** compte *m* de profits et pertes.

profondere [pro'fondere] *vt* prodiguer; **profondersi** *vip*: **profondersi in** se confondre en.

profondità [profondi'ta] *sf inv* profondeur *f*.

profondo, -a [pro'fondo] *agg* profond(e) ♦ *sm* profondeurs *fpl*, profond *m*; ~ **8 metri** de 8 mètres de profondeur; **nel ~ sud** dans le sud profond; **nel ~ del cuore** du plus profond du cœur.

proforma [pro'forma] *agg inv* pro forma *inv* ♦ *sm inv* formalité *f* ♦ *avv* pour la forme.

profugo, -a, -ghi, -ghe ['prɔfugo] *sm/f* réfugié(e).

profumare [profu'mare] *vt* parfumer ♦ *vi* sentir bon; **profumarsi** *vr* se parfumer.

profumatamente [profumata'mente] *avv* grassement.

profumato, -a [profu'mato] *agg* parfumé(e).

profumeria [profume'ria] *sf* parfumerie *f*.

profumo [pro'fumo] *sm* parfum *m*.

profuso, -a [pro'fuzo] *pp di* **profondere**.

progenitore, -trice [prodʒeni'tore] *sm/f* ancêtre *m/f*, aïeul(e).

progettare [prodʒet'tare] *vt* projeter; (*edificio*) faire le plan de; ~ **di fare qc** projeter de faire qch.

progettazione [prodʒettat'tsjone] *sf* projet *m*; (*di edificio*) conception *f*; **in corso di ~** en projet.

progettista, -i, -e [prodʒet'tista] *sm/f* auteur *m/f* d'un projet.

progetto [pro'dʒɛtto] *sm* projet *m*; (*per edificio, macchina*) plan *m*; **avere in ~ di fare qc** envisager de faire qch, projeter de faire qch; **fare progetti** faire des projets; ▸**progetto di legge** projet de loi.

prognosi ['proɲɲozi] *sf inv* (*MED*) pronostic *m*; **è in ~ riservata** les médecins ont réservé leur pronostic.

programma, -i [pro'gramma] *sm* programme *m*; **avere in ~ di fare qc** envisager de faire qch; **i programmi della settimana** (*TV, RADIO*) les programmes de la semaine; **fuori ~** = **fuoriprogramma**; ▸**programma applicativo** (*INFORM*) programme d'application.

programmare [program'mare] *vt* (*viaggio, vacanze*) projeter; (*INFORM, spettacolo*) programmer; (*ECON*) planifier.

programmatore, -trice [programma'tore] *sm/f* (*INFORM*) programmeur(-euse).

programmazione [programmat'tsjone] *sf* programmation *f*; (*ECON*) planification *m*; ▸**programmazione didattica** (*SCOL*) enseignement *m* programmé.

progredire [progre'dire] *vi* avancer; ~ **(in)**

(*migliorare*) progresser (dans).
progressione [progres'sjone] *sf* progression *f*.
progressista, -i, -e [progres'sista] *agg, sm/f* progressiste *m/f*.
progressivamente [progressiva'mente] *avv* progressivement.
progressivo, -a [progres'sivo] *agg* progressif(-ive).
progresso [pro'grɛsso] *sm* progrès *msg*; **fare progressi (in)** faire des progrès (dans).
proibire [proi'bire] *vt*: ~ **(qc a qn)** interdire (qch à qn), défendre (qch à qn); ~ **a qn di fare qc** (*vietare*) interdire à qn de faire qch, défendre à qn de faire qch; (*impedire*) empêcher qn de faire qch.
proibitivo, -a [proibi'tivo] *agg* prohibitif(-ive).
proibito, -a [proi'bito] *agg* interdit(e), défendu(e); **"è ~ l'accesso"** "accès interdit"; **"è ~ fumare"** "interdiction de fumer".
proibizione [proibit'tsjone] *sf* défense *f*, interdiction *f*.
proibizionismo [proibittsjo'nismo] *sm* prohibition *f*.
proiettare [projet'tare] *vt* projeter; (*film*: *presentare*) passer.
proiettile [pro'jɛttile] *sm* projectile *m*, balle *f*.
proiettore [projet'tore] *sm* (*AUT*) phare *m*; (*CINE, FOT*) projecteur *m*.
proiezione [projet'tsjone] *sf* projection *f*; ▸ **proiezione elettorale** prévisions *fpl* électorales.
prole ['prɔle] *sf* enfants *mpl*, progéniture *f*.
proletariato [proleta'rjato] *sm* prolétariat *m*.
proletario, -a [prole'tarjo] *agg* prolétarien(ne) ♦ *sm* prolétaire *m/f*.
proliferare [prolife'rare] *vi* proliférer; (*fig*) se répandre.
prolifico, -a, -ci, -che [pro'lifiko] *agg* prolifique; (*fig*) fécond(e).
prolisso, -a [pro'lisso] *agg* prolixe.
prologo, -ghi ['prɔlogo] *sm* prologue *m*.
prolunga, -ghe [pro'lunga] *sf* rallonge *f*.
prolungamento [prolunga'mento] *sm* (*di discorso, attesa, esami*) prolongation *f*; (*di linea, strada*) prolongement *m*.
prolungare [prolun'gare] *vt* prolonger; (*termine*) différer.
promemoria [prome'mɔrja] *sm inv* mémento *m*.
promessa [pro'messa] *sf* promesse *f*; (*fig*) espoir *m*; **fare una ~ (a qn)** faire une promesse (à qn).
promesso, -a [pro'messo] *pp di* **promettere**.
promettente [promet'tɛnte] *agg* prometteur(-euse).
promettere [pro'mettere] *vt*: ~ **(a qn qc/di fare qc)** promettre (à qn qch/de faire qch).
prominente [promi'nɛnte] *agg* proéminent(e), saillant(e).
prominenza [promi'nɛntsa] *sf* proéminence *f*.
promiscuità [promiskui'ta] *sf* promiscuité *f*.
promiscuo, -a [pro'miskuo] *agg* mixte; (*LING*) épicène.
promisi *etc* [pro'mizi] *vb vedi* **promettere**.
promontorio [promon'tɔrjo] *sm* promontoire *m*.
promosso, -a [pro'mɔsso] *pp di* **promuovere**.
promotore, -trice [promo'tore] *sm/f* promoteur(-trice).
promozionale [promottsjo'nale] *agg* promotionnel(le).
promozione [promot'tsjone] *sf* promotion *f*; ▸ **promozione delle vendite** promotion des ventes.
promulgare [promul'gare] *vt* (*DIR*) promulguer.
promulgazione [promulgat'tsjone] *sf* promulgation *f*.
promuovere [pro'mwɔvere] *vt* promouvoir; (*studente*) faire passer, recevoir; (*SPORT*) faire passer dans la catégorie supérieure.
pronipote [proni'pote] *sm/f* (*di nonni*) arrière-petit-fils(arrière-petite-fille); (*di zii*) petit-neveu(petite-nièce); **pronipoti** *smpl* (*discendenti*) descendants *mpl*.
pronome [pro'nome] *sm* pronom *m*.
pronominale [pronomi'nale] *agg* pronominal(e).
pronosticare [pronosti'kare] *vt* pronostiquer.
pronostico, -ci [pro'nɔstiko] *sm* pronostic *m*.
prontezza [pron'tettsa] *sf* rapidité *f*; ~ **di riflessi** bons réflexes *mpl*; ~ **di spirito** présence *f* d'esprit.
pronto, -a ['pronto] *agg* prêt(e); (*rapido*) rapide, prompt(e); (*propenso*): ~ **a** enclin(e) à; **essere ~ a fare qc** être prêt(e) à faire qch; ~, **chi parla?** (*TEL*) allô, qui est à l'appareil?; **avere la risposta pronta** avoir de la répartie; **a pronta cassa** (*COMM*) comptant; ▸ **pronta consegna** (*COMM*) livraison *f* immédiate; ▸ **pronto soccorso** (*MED*) service *m* des urgences.
prontuario [prontu'arjo] *sm* précis *msg*.
pronuncia [pro'nuntʃa] *sf* prononciation *f*.
pronunciare [pronun'tʃare] *vt* prononcer; **pronunciarsi** *vip* se prononcer; **pronunciarsi a favore di/contro** se prononcer en faveur de/contre; **non mi pronuncio** je ne me prononce pas.

pronunciato, -a [pronun'tʃato] *agg* prononcé(e).
pronunzia *etc* [pro'nuntsja] *sf* = **pronuncia** *etc.*
propaganda [propa'ganda] *sf* propagande *f*; (*commerciale*) publicité *f*.
propagandare [propagan'dare] *vt* (*idea*) diffuser; (*prodotto*) lancer, faire connaître; (*invenzione*) faire connaître.
propagare [propa'gare] *vt* propager; **propagarsi** *vip* se propager, se répandre; (*FIS*) se propager.
propagazione [propagat'tsjone] *sf* propagation *f*.
propedeutico, -a, -ci, -che [prope'dɛutiko] *agg* propédeutique.
propendere [pro'pɛndere] *vi*: ~ **per** (*ipotesi, idee*) pencher pour; (*persona*) être favorable à.
propensione [propen'sjone] *sf* (*disposizione*) propension *f*, penchant *m*; **avere ~ a fare qc** (*tendere*) avoir une propension à faire qch.
propenso, -a [pro'pɛnso] *pp di* **propendere** ♦ *agg*: **essere ~ a qc/a fare qc** être enclin(e) à qch/à faire qch.
propinare [propi'nare] *vt* administrer.
propizio, -a [pro'pittsjo] *agg* propice.
proporre [pro'porre] *vt* proposer; ~ **a qn qc/di fare qc** proposer à qn qch/de faire qch; **proporsi qc** se proposer qch, se fixer qch; **proporsi di fare qc** se proposer de faire qch; **proporsi una meta** se proposer un but.
proporzionale [proportsjo'nale] *agg* proportionnel(le); **direttamente/inversamente ~ (a)** directement/inversement proportionnel(le) à.
proporzionare [proportsj'onare] *vt*: ~ **qc a** proportionner qch à.
proporzionato, -a [proportsjo'nato] *agg*: ~ **(a)** proportionné(e) (à).
proporzione [propor'tsjone] *sf* proportion *f*; **proporzioni** *sfpl* (*dimensioni*) proportions *fpl*; **in ~ (a)** proportionnellement (à).
proposito [pro'pɔzito] *sm* (*proponimento*) résolution *f*, intention *f*; **a ~ di** (*quanto a*) à propos de; **di ~** (*apposta*) à dessein, exprès; **a ~, ...** à propos ...; **a questo ~** à ce propos; **capitare a ~** arriver au bon moment.
proposizione [propozit'tsjone] *sf* (*LING, MAT*) proposition *f*.
proposta [pro'posta] *sf* proposition *f*; **fare una ~ (a)** faire une proposition (à); ▶ **proposta di legge** proposition de loi.
proposto, -a [pro'posto] *pp di* **proporre**.
propriamente [proprja'mente] *avv* (*in modo specifico*) spécialement; (*in senso proprio*) proprement, au sens propre; ~ **detto** proprement dit.
proprietà [proprje'ta] *sf inv* propriété *f*; **essere di ~ di qn** appartenir à qn; ▶ **proprietà edilizia** propriété bâtie; ▶ **proprietà letteraria** propriété littéraire; ▶ **proprietà privata** propriété privée.
proprietario, -a [proprje'tarjo] *sm/f* propriétaire *m/f*; ▶ **proprietario terriero** propriétaire foncier *o* terrien.
proprio, -a ['prɔprjo] *agg* (*tipico*): ~ **di** propre à; (*di lui, lei, impersonale*) son(sa); (*di loro*) leur; (: *rafforzativo*) son(sa) propre; leur propre; (*LING*: *nome*) propre ♦ *avv* (*precisamente*) précisément, juste; (*davvero*) vraiment; (*affatto*): **non ...** ~ ne ... pas du tout ♦ *sm*: **in ~** (*COMM*: *essere, mettersi*) à son compte; **con i miei propri occhi** de mes propres yeux; **amare i propri figli** aimer ses enfants; **il bar è ~ lì** le bar est juste là; ~ **così!** absolument!, parfaitement!
propugnare [propuɲ'ɲare] *vt* se battre pour.
propulsione [propul'sjone] *sf* propulsion *f*; (*fig*) élan *m*, impulsion *f*; **a ~ atomica** à propulsion atomique.
propulsore [propul'sore] *sm* (*TECN*) propulseur *m*.
prora ['prɔra] *sf* proue *f*.
proroga, -ghe ['prɔroga] *sf* délai *m*.
prorogare [proro'gare] *vt* proroger.
prorompere [pro'rompere] *vi*: ~ **da** (*da argini*) déborder de; ~ **in lacrime/in una risata** (*fig*) éclater en sanglots/de rire.
prorotto, -a [pro'rotto] *pp di* **prorompere**.
proruppi *etc* [pro'ruppi] *vb vedi* **prorompere**.
prosa ['prɔza] *sf* prose *f*; **di ~** (*compagnia*) théâtral(e); (*attore*) de théâtre.
prosaico, -a, -ci, -che [pro'zaiko] *agg* en prose; (*fig*) prosaïque.
prosciogliere [proʃ'ʃɔʎʎere] *vt*: ~ **(da)** (*da giuramento, obbligo*) libérer (de); (*DIR*) acquitter (de).
proscioglimento [proʃʃoʎʎi'mento] *sm* (*vedi vt*) dégagement *m*; acquittement *m*.
prosciolto, -a [proʃ'ʃɔlto] *pp di* **prosciogliere**.
prosciugare [proʃʃu'gare] *vt* assécher, dessécher; **prosciugarsi** *vip* se dessécher.
prosciutto [proʃ'ʃutto] *sm* jambon *m*; ▶ **prosciutto cotto/crudo** jambon cuit *o* blanc/cru.
proscritto, -a [pros'kritto] *pp di* **proscrivere** ♦ *sm/f* proscrit(e).
proscrivere [pros'krivere] *vt* proscrire.
proscrizione [proskrit'tsjone] *sf* proscription *f*.
prosecuzione [prosekut'tsjone] *sf* continuation *f*.
proseguimento [prosegwi'mento] *sm* (*di studi, cammino, ricerche*) suite *f*; (*di impre-*

sa) continuation *f*; **buon ~!** (*augurio*) bonne continuation!; (*a chi viaggia*) bonne fin de voyage!

proseguire [prose'gwire] *vt* poursuivre ♦ *vi* continuer.

proselito [pro'zɛlito] *sm* prosélyte *m/f*.

prosperare [prospe'rare] *vi* prospérer.

prosperità [prosperi'ta] *sf* prospérité *f*.

prospero, -a ['prɔspero] *agg* prospère.

prosperoso, -a [prospe'roso] *agg* robuste; (*ragazza*) plantureux(-euse).

prospettare [prospet'tare] *vt* (*fig*: *situazione*) exposer, présenter; (: *ipotesi*) avancer; **prospettarsi** *vr, vip* s'annoncer, se présenter.

prospettiva [prospet'tiva] *sf* perspective *f*; (*veduta*) vue *f*; **avere buone prospettive** avoir des chances.

prospetto [pros'pɛtto] *sm* (*in grafico*) élévation *f*; (*veduta*) perspective *f*, vue *f*; (*facciata*) façade *f*; (*tabella*) tableau *m*; (*sommario*: *capi principali*) grandes lignes *fpl*; (*riassunto*) résumé *m*.

prospiciente [prospi'tʃɛnte] *agg* donnant sur.

prossimamente [prossima'mente] *avv* prochainement; **~ (sui vostri schermi)** (*CINE*) prochainement (sur vos écrans).

prossimità [prossimi'ta] *sf* proximité *f*; **in ~ di** à proximité de; (*temporale*) à l'approche de.

prossimo, -a ['prɔssimo] *agg* prochain(e); (*parente*) proche ♦ *sm* prochain *m*; **~ a** (*vicino*) proche de; **nei prossimi giorni** dans les jours à venir; **in un ~ futuro** dans un avenir proche; **venerdì ~ venturo** vendredi prochain; **essere ~ a fare qc** être sur le point de faire qch.

prostata ['prɔstata] *sf* prostate *f*.

prostituirsi [prostitu'irsi] *vr* se prostituer.

prostituta [prosti'tuta] *sf* prostituée *f*.

prostituzione [prostitut'tsjone] *sf* prostitution *f*.

prostrare [pros'trare] *vt* (*fig*) abattre; **prostrarsi** *vr* (*fig*) se prosterner.

prostrazione [prostrat'tsjone] *sf* prostration *f*.

protagonista, -i, -e [protago'nista] *sm/f* (*attore*) acteur(-trice) principal(e); (*di romanzo*) héros(héroïne), personnage *m* principal; (*di vicenda*) protagoniste *m/f*.

proteggere [pro'tɛddʒere] *vt*: **~ (da)** protéger (de).

proteggislip [protɛddʒi'slip] *sm inv* protège-slip *m*.

proteico, -a, -ci, -che [pro'tɛiko] *agg* protéique.

proteina [prote'ina] *sf* protéine *f*.

protendere [pro'tɛndere] *vt* tendre.

protesi ['prɔtezi] *sf inv* prothèse *f*.

proteso, -a [pro'teso] *pp di* **protendere**.

protesta [pro'tɛsta] *sf* protestation *f*.

protestante [protes'tante] *agg, sm/f* protestant(e).

protestare [protes'tare] *vt* (*innocenza etc*) protester de; (*DIR*) protester ♦ *vi* (*disapprovare*): **~ (contro)** protester (contre); **protestarsi** *vr*: **protestarsi innocente** protester de son innocence.

protesto [pro'tɛsto] *sm* (*DIR*) protêt *m*; **mandare una cambiale in ~** protester un billet.

protettivo, -a [protet'tivo] *agg* (*misure, schermo*) de protection; (*persona, atteggiamento*) protecteur(-trice).

protetto, -a [pro'tɛtto] *pp di* **proteggere**.

protettorato [protetto'rato] *sm* protectorat *m*.

protettore, -trice [protet'tore] *sm/f* protecteur(-trice); (*peg*: *sfruttatore*) souteneur *m*, proxénète *m* ♦ *agg* (*REL*): **santo ~, santa protettrice** patron(ne).

protezione [protet'tsjone] *sf* protection *f*; ▸ **protezione civile** protection civile.

protezionismo [protettsjo'nizmo] *sm* protectionnisme *m*.

protocollare [protokol'lare] *vt* enregistrer ♦ *agg* protocolaire.

protocollo [proto'kɔllo] *sm* protocole *m* ♦ *agg inv*: **foglio ~** papier *m* ministre; **numero di ~** numéro *m* d'enregistrement.

protone [pro'tone] *sm* proton *m*.

prototipo [pro'tɔtipo] *sm* prototype *m*.

protrarre [pro'trarre] *vt* (*prolungare*) prolonger; (*rimandare*) différer, renvoyer; **protrarsi** *vip* se prolonger, durer.

protratto, -a [pro'tratto] *pp di* **protrarre**.

protuberanza [protube'rantsa] *sf* protubérance *f*.

Prov. *abbr* (= *provincia*) prov.

prova ['prɔva] *sf* (*esperimento, tentativo*) essai *m*; (*momento difficile, cimento, SCOL, SPORT*) épreuve *f*; (*DIR, MAT*) preuve *f*; (*TEATRO*) répétition *f*; (*di abito*) essayage *m*; **di ~** (*giro, corsa*) d'essai; **fare una ~** (*tentativo*) faire un essai; **mettere alla ~** mettre à l'épreuve; **in ~** (*assumere, essere*) à l'essai; **dar ~ di** faire preuve de; **a ~ di** (*di fuoco*) à l'épreuve de; (*in testimonianza di*) en témoignage de; **a ~ di bomba** (*fig*) à toute épreuve; ▸ **prova a carico** (*DIR*) charge *f*; ▸ **prova del fuoco** (*fig*) preuve décisive, test *m* décisif; ▸ **prova del nove** (*MAT*) preuve par neuf; (*fig*) preuve; ▸ **prova di velocità** (*AUT*) essai de vitesse; ▸ **prova generale** (*anche fig*) répétition générale.

provare [pro'vare] *vt* (*sperimentare*) tester; (*tentare, abito*) essayer; (*assaggiare*) goûter; (*sentire*: *emozione*) éprouver, ressentir; (*mettere alla prova*) éprouver; (*confermare*) prouver; **provarsi** *vip*: **pro-**

varsi (a fare) essayer (de faire); ~ **a fare qc** essayer de faire qch.
provenienza [prove'njɛntsa] *sf* (*di merci*) provenance *f*; (*di persone*) origine *f*.
provenire [prove'nire] *vi*: ~ **da** (*merci*) provenir de; (*persona, passeggero*) venir de; (*situazione, conseguenze*) découler de.
proventi [pro'vɛnti] *smpl* revenu *msg*.
provenuto, -a [prove'nuto] *pp di* **provenire**.
Provenza [pro'vɛntsa] *sf* Provence *f*.
provenzale [provɛn'tsale] *agg* provençal(e).
proverbio [pro'vɛrbjo] *sm* proverbe *m*.
provetta [pro'vetta] *sf* éprouvette *f*; **bambino in** ~ bébé-éprouvette *m*.
provetto, -a [pro'vɛtto] *agg* expérimenté(e).
provider [pro'vaider] *sm inv* fournisseur *m* d'accès.
provincia, -ce *o* **cie** [pro'vintʃa] *sf* province *f*.
provinciale [provin'tʃale] *agg* provincial(e) ♦ *sf* (*anche*: **strada** ~) ≈ route *f* départementale.
provino [pro'vino] *sm* (*CINE*) bout *m* d'essai; (*FOT*) épreuves *fpl*.
provocante [provo'kante] *agg* provocant(e).
provocare [provo'kare] *vt* provoquer.
provocatore, -trice [provoka'tore] *agg*: **agente** ~ agent *m* provocateur.
provocatorio, -a [provoka'tɔrjo] *agg* provocateur(-trice).
provocazione [provokat'tsjone] *sf* provocation *f*.
provvedere [provve'dere] *vi* (*intervenire*) prendre les mesures nécessaires, faire le nécessaire; ~ **a qc** pourvoir à qch; ~ **a fare qc** veiller à ce que qch soit fait; **provvedi perchè tutto sia pronto** veille à ce que tout soit prêt.
provvedimento [provvedi'mento] *sm* (*misura*) mesure *f*; (*DIR*) disposition *f*; **prendere provvedimenti** prendre des mesures; ▸**provvedimento disciplinare** mesure disciplinaire.
provveditorato [provvedito'rato] *sm*: ~ **agli studi** ≈ inspection *f* d'académie.
provveditore [provvedi'tore] *sm*: ~ **agli studi** ≈ inspecteur *m* d'académie.
provvidenza [provvi'dɛntsa] *sf*: **la** ~ la providence.
provvidenziale [provviden'tsjale] *agg* providentiel(le).
provvigione [provvi'dʒone] *sf* (*percentuale*) commission *f*.
provvisorio, -a [provvi'zɔrjo] *agg* provisoire.
provvista [prov'vista] *sf* provision *f*; **fare provviste** faire des provisions.
provvisto, -a [prov'visto] *pp di* **provvedere**.
prozio, -a, -zii, -zie [prot'tsio] *sm/f* grand-oncle(grande-tante).
prua ['prua] *sf* = **prora**.
prudente [pru'dɛnte] *agg* prudent(e).
prudenza [pru'dɛntsa] *sf* prudence *f*; **per** ~ par prudence.
prudere ['prudere] *vi* démanger, picoter.
prugna ['pruɲɲa] *sf* prune *f*; ▸**prugna secca** pruneau *m*.
pruriginoso, -a [pruridʒi'noso] *agg* prurigineux(-euse).
prurito [pru'rito] *sm* démangeaison *f*.
Prussia ['prussja] *sf* Prusse *f*.
PS *sigla* = *Pesaro*.
P.S. *abbr* (= *post-scriptum*) P.S. *m*; (*COMM* = *partita semplice*) comptabilité en partie simple ♦ *sigla f* = *Pubblica Sicurezza*.
PSDI [pi'ɛssedi] *sigla m* (*POL*) = *Partito Socialista Democratico Italiano*.
pseudonimo [pseu'dɔnimo] *sm* pseudonyme *m*.
PSI [pi'ɛsse'i] *sigla m* (*POL*) = *Partito Socialista Italiano*.
psicanalisi [psika'nalizi] *sf* psychanalyse *f*.
psicanalista, -i, -e [psikana'lista] *sm/f* psychanalyste *m/f*.
psicanalizzare [psikanalid'dzare] *vt* psychanalyser.
psiche ['psike] *sf* psyché *f*.
psichedelico, -a, -ci, -che [psike'dɛliko] *agg* psychédélique.
psichiatra, -i, -e [psi'kjatra] *sm/f* psychiatre *m/f*.
psichiatria [psikja'tria] *sf* psychiatrie *f*.
psichiatrico, -a, -ci, -che [psi'kjatriko] *agg* psychiatrique.
psichico, -a, -ci, -che ['psikiko] *agg* psychique.
psicofarmaco, -ci [psiko'farmako] *sm* psycholeptique *m*.
psicologia [psikolo'dʒia] *sf* psychologie *f*.
psicologico, -a, -ci, -che [psiko'lɔdʒiko] *agg* psychologique.
psicologo, -a, -gi, -ghe [psi'kɔlogo] *sm/f* psychologue *m/f*.
psicopatico, -a, -ci, -che [psiko'patiko] *agg* psychopathique ♦ *sm/f* psychopathe *m/f*.
psicosi [psi'kɔzi] *sf inv* psychose *f*.
psicosomatico, -a, -ci, -che [psikoso'matiko] *agg* psychosomatique.
PT *sigla* = *Pistoia*.
P.T. *abbr* (= *Posta e Telegrafi*) P. et T. *fpl*; (*FISCO* = *polizia tributaria*) *organisme chargé du contrôle des fraudes fiscales*.
Pt. *abbr* (*GEO* = *punta*) pte.
P.ta *abbr* (= *porta*) Pte.
P.T.P. *abbr* (= *posto telefonico pubblico*) *cabine téléphonique*.
pubblicare [pubbli'kare] *vt* publier.

pubblicazione [pubblikat'tsjone] *sf* publication *f*; **pubblicazioni** *sfpl* (*anche*: **pubblicazioni matrimoniali**) bans *mpl* de mariage.
pubblicista, -i, -e [pubbli'tʃista] *sm/f* (*STAMPA*) pigiste *m/f*.
pubblicità [pubblitʃi'ta] *sf inv* publicité *f*; **fare ~ a qc** faire de la publicité *o* réclame pour qch.
pubblicitario, -a [pubblitʃi'tarjo] *agg, sm/f* publicitaire *m/f*.
pubblico, -a, -ci, -che ['pubbliko] *agg* public(-ique) ♦ *sm* public *m*; **in ~** en public; **la pubblica amministrazione** l'Administration *f*; ▶ **pubblico esercizio** (*COMM*) établissement *m*; ▶ **pubblico funzionario** fonctionnaire *m/f*.
pube ['pube] *sm* pubis *msg*.
pubertà [puber'ta] *sf* puberté *f*.
pudico, -a, -ci, -che [pu'diko] *agg* pudique.
pudore [pu'dore] *sm* pudeur *f*.
puericultura [puerikul'tura] *sf* puériculture *f*.
puerile [pue'rile] *agg* puéril(e).
puerpera [pu'ɛrpera] *sf* accouchée *f*.
pugilato [pudʒi'lato] *sm* boxe *f*.
pugile ['pudʒile] *sm* boxeur *m*.
Puglia [puʎʎa] *sf* Pouille *f*, Pouilles *fpl*.
pugliese [puʎ'ʎese] *agg* de la Pouille, des Pouilles.
pugnalare [puɲɲa'lare] *vt* poignarder.
pugnalata [puɲɲa'lata] *sf* coup *m* de poignard.
pugnale [puɲ'ɲale] *sm* poignard *m*.
pugno ['puɲɲo] *sm* poing *m*; (*colpo*) coup *m* de poing; (*quantità*) poignée *f*; **di proprio ~** de sa main; **avere qn in ~** avoir qn en main; **tenere la situazione in ~** avoir la situation (bien) en main.
pulce ['pultʃe] *sf* puce *f*; **mettere la ~ nell'orecchio a qn** mettre la puce à l'oreille de qn; **mercato delle pulci** marché *m* aux puces.
pulcino [pul'tʃino] *sm* poussin *m*.
puledro, -a [pu'ledro] *sm/f* poulain *m*.
puleggia, -ge [pu'leddʒa] *sf* poulie *f*.
pulire [pu'lire] *vt* nettoyer; **~ a secco** nettoyer à sec.
pulito, -a [pu'lito] *agg* propre, net(te); (*fig*) honnête ♦ *sf* nettoyage *m* (rapide); **una faccenda poco pulita** une affaire pas claire; **avere la coscienza pulita** avoir la conscience tranquille; **dare una pulita** faire un peu de nettoyage; **dare una pulita a qc** nettoyer rapidement qch.
pulitura [puli'tura] *sf* nettoyage *m*; ▶ **pulitura a secco** nettoyage à sec.
pulizia [pulit'tsia] *sf* (*atto*) nettoyage *m*; (*condizione*) propreté *f*; **fare le pulizie** faire le ménage; **fare ~** (*fig*) faire place nette; ▶ **pulizia etnica** purification *f* ethnique.
pullman ['pulman] *sm inv* car *m*, autocar *m*.
pullover [pul'lɔver] *sm inv* pull-over *m*, pull *m*.
pullulare [pullu'lare] *vi* pulluler.
pulmino [pul'mino] *sm* minibus *msg*.
pulpito ['pulpito] *sm* chaire *f*.
pulsante [pul'sante] *sm* bouton *m*.
pulsare [pul'sare] *vi* battre; (*fig*) palpiter.
pulsazione [pulsat'tsjone] *sf* pulsation *f*.
pulviscolo [pul'viskolo] *sm* poussières *fpl*; ▶ **pulviscolo atmosferico** poussières de l'air.
puma ['puma] *sm inv* puma *m*.
pungente [pun'dʒɛnte] *agg* (*freddo*) vif(vive); (*odore*) piquant(e); (*ironia, commento*) piquant(e), mordant(e).
pungere ['pundʒere] *vt* piquer; (*freddo*) mordre; **~ qn sul vivo** (*fig*) piquer qn au vif.
pungiglione [pundʒiʎ'ʎone] *sm* dard *m*, aiguillon *m*.
pungolare [pungo'lare] *vt* aiguillonner.
punire [pu'nire] *vt* punir.
punitivo, -a [puni'tivo] *agg* punitif(-ive).
punizione [punit'tsjone] *sf* punition *f*; (*SPORT*) coup *m* franc.
punsi *etc* ['punsi] *vb vedi* **pungere**.
punta ['punta] *sf* pointe *f*; (*parte terminale*) bout *m*; (*di monte*) pic *m*; (*di trapano*) mèche *f*, foret *m*; **in ~ di piedi** sur la pointe des pieds; **sulla ~ della lingua** (*fig*) sur le bout de la langue; **di ~** (*personaggio*) important(e); **ore di ~** heures de pointe.
puntare [pun'tare] *vt* (*chiodo, piedi, gomiti*) appuyer; (*pistola*) pointer; (*scommettere*): **~ su** miser sur; (*mirare*): **~ a** viser à; **~ su** (*avviarsi*) se diriger vers; (*fig*: *contare*) compter sur.
puntaspilli [puntas'pilli] *sm inv* pelote *f* à épingles.
puntata [pun'tata] *sf* (*gita*) pointe *f*; (*scommessa*) mise *f*; (*di sceneggiato*) épisode *m*; **farò una ~ a Parigi** je ferai une pointe *o* je pousserai jusqu'à Paris; **romanzo a puntate** roman-feuilleton *m*.
punteggiare [punted'dʒare] *vt* (*con punto*) pointiller; (*forare*) trouer; (*fig*) ponctuer.
punteggiatura [punteddʒa'tura] *sf* (*punti*) pointillage *m*; (*LING*) ponctuation *f*.
punteggio [pun'teddʒo] *sm* (*in gara, partita*) score *m*.
puntellare [puntel'lare] *vt* (*sorreggere*) soutenir; **puntellarsi** *vr* s'appuyer.
puntello [pun'tɛllo] *sm* (*trave*) étai *m*.
punteruolo [punte'rwɔlo] *sm* poinçon *m*.
puntiglio [pun'tiʎʎo] *sm* obstination *f*, entêtement *m*.
puntiglioso, -a [puntiʎ'ʎoso] *agg* obsti-

né(e), entêté(e).

puntina [pun'tina] *sf* pointe *f*; (*AUT*) vis *fsg* platinée; ▶ **puntina da disegno** punaise *f*.

puntino [pun'tino] *sm* point *m*; **a** ~ (*benissimo*) à la perfection; **cotto a** ~ (cuit) à point; **mettere i puntini sulle i** (*fig*) mettre les points sur les i.

punto, -a ['punto] *pp di* **pungere** ♦ *sm* point *m*; (*posto, luogo*) lieu *m*, endroit *m* ♦ *avv*: **non ...** ~ ne ... point; **due punti** (*LING*) deux-points *mpl*; **ad un certo** ~ à un moment donné; **a tal** ~ à tel point; **di** ~ **in bianco** de but en blanc; **essere a buon** ~ avoir bien avancé; **fare il** ~ (*NAUT*) faire le point; **fare il** ~ **della situazione** faire le point (de la situation); **le 6 in** ~ 6 heures juste; **mezzogiorno in** ~ midi juste; **mettere a** ~ (*anche fig*) mettre au point; **sul** ~ **di fare** sur le point de faire; **venire al** ~ en venir à l'essentiel; **vestito di tutto** ~ habillé de pied en cap; ▶ **punto cardinale** point cardinal; ▶ **punto d'arrivo** point d'arrivée; ▶ **punto d'incontro** point de contact; ▶ **punto debole** point faible; ▶ **punto di partenza** (*anche fig*) point de départ; ▶ **punto di riferimento** point de repère; ▶ **punto di vendita** point de vente; ▶ **punto di vista** point de vue; ▶ **punto esclamativo** point d'exclamation; ▶ **punto e virgola** point-virgule *m*; ▶ **punto morto** point mort; ▶ **punto nero** (*ANAT*) point noir; ▶ **punto nevralgico** (*anche fig*) point névralgique; ▶ **punti di sospensione** points de suspension.

puntuale [puntu'ale] *agg* circonstancié(e), précis(e); (*persona*) ponctuel(le); (*treno, autobus*) à l'heure.

puntualità [puntuali'ta] *sf* ponctualité *f*; (*esattezza*) exactitude *f*.

puntualizzare [puntualid'dzare] *vt*: ~ **(qc)** faire le point (sur qch).

puntualmente [puntual'mente] *avv* (*arrivare, finire*) avec ponctualité; (*eseguire*) avec précision, minutieusement; (*iron*: *al solito*) régulièrement.

puntura [pun'tura] *sf* piqûre *f*; (*MED*) ponction *f*; (*fam*: *iniezione*) piqûre *f*; (*dolore*) élancement *m*; ▶ **puntura d'insetto** piqûre d'insecte.

punzecchiare [puntsek'kjare] *vt* piquer; (*fig*) taquiner.

punzone [pun'tsone] *sm* poinçon *m*.

può *etc* [pwɔ] *vb vedi* **potere**.

pupa ['pupa] *sf* poupée *f*.

pupazzo [pu'pattso] *sm* pantin *m*.

pupillo, -a [pu'pillo] *sm/f* protégé(e), préféré(e); (*DIR*) pupille *m/f* ♦ *sf* (*ANAT*) pupille *f*.

purché [pur'ke] *cong* pourvu que.

pure ['pure] *cong* (*tuttavia*) pourtant, cependant; (*sebbene*) même si ♦ *avv* (*anche*) aussi, également; **pur di** (*al fine di*) pour; **faccia** ~! allez-y!, je vous en prie!

purè [pu'rɛ] *sm*: ~ **di patate** purée *f* de pommes de terre.

purea [pu'rɛa] *sf* (*CUC*) = **purè**.

purezza [pu'rettsa] *sf* pureté *f*.

purga, -ghe ['purga] *sf* (*MED, POL*) purge *f*.

purgante [pur'gante] *sm* (*MED*) purgatif *m*.

purgare [pur'gare] *vt* (*MED*) purger; (*POL*) épurer; (*pulire*) nettoyer.

purgatorio [purga'tɔrjo] *sm* purgatoire *m*.

purificare [purifi'kare] *vt* purifier; **purificarsi** *vip* se purifier.

purificazione [purifikat'tsjone] *sf* purification *f*.

puritano, -a [puri'tano] *agg, sm/f* puritain(e).

puro, -a ['puro] *agg* pur(e); **di pura razza** de pure race; **per** ~ **caso** par pur hasard.

purosangue [puro'sangwe] *agg* pur-sang *inv* ♦ *sm/f inv* (*ZOOL*) pur-sang *m*.

purtroppo [pur'trɔppo] *avv* malheureusement.

pus [pus] *sm* pus *msg*.

pustola ['pustola] *sf* pustule *f*.

putacaso [puta'kazo] *avv* supposons; **se,** ~, **tu diventassi ricco** si, par hasard, tu devenais milliardaire.

putiferio [puti'fɛrjo] *sm* pagaille *f*.

putrefare [putre'fare] *vt* pourrir; **putrefarsi** *vi, vip* pourrir, se putréfier.

putrefatto, -a [putre'fatto] *pp di* **putrefare** ♦ *agg* pourri(e), putréfié(e).

putrefazione [putrefat'tsjone] *sf* putréfaction *f*.

putrido, -a ['putrido] *agg* putride, pourri(e).

puttana [put'tana] *sf* (*fam!*) putain *f* (*fam!*).

putto ['putto] *sm* putto *m*.

puzza ['puttsa] *sf* = **puzzo**.

puzzare [put'tsare] *vi* puer, sentir mauvais; **la faccenda puzza (d'imbroglio)** cette affaire sent le roussi.

puzzo ['puttso] *sm* mauvaise odeur *f*, puanteur *f*.

puzzola ['puttsola] *sf* putois *msg*.

puzzolente [puttso'lɛnte] *agg* puant(e).

PV *sigla* = *Pavia*.

pv *abbr* (= *prossimo venturo*) p.

P.V.C. [pivi'tʃi] *sigla m* (= *polyvinyl chloride*) PVC *m*.

PZ *sigla* = *Potenza*.

p.zza *abbr* (= *piazza*) Pl.

Q, q

Q, q [ku] *sf o m inv* (*lettera*) Q, q *m inv*; ~ **come Quarto** ≈ Q comme Quintal.
q *abbr* (= *quintale*) q.
qc *abbr* (= *qualcosa*) qch.
Q.G. *abbr* (= *quartiere generale*) QG *m*.
Q.I. *abbr* (= *quoziente d'intelligenza*) QI *m*.
qn *abbr* (= *qualcuno*) qn.
qua [kwa] *avv* ici; **in** ~ de ce côté; **fatti più in** ~ pousse-toi un peu; ~ **dentro** là-dedans; ~ **fuori** dehors; ~ **sotto** là-dessous; **da un anno in** ~ depuis un an; **da quando in** ~? depuis quand?; **per di** ~ par ici; **al di** ~ **di** (*fiume, strada*) en deçà de; *vedi anche* **questo**.
quacchero, -a ['kwakkero] *sm/f* quaker(quakeresse).
quaderno [kwa'dɛrno] *sm* cahier *m*.
quadrangolo [kwa'drangolo] *sm* quadrangle *m*.
quadrante [kwa'drante] *sm* (*anche ASTRON*) cadran *m*; (*MAT*) quadrant *m*.
quadrare [kwa'drare] *vi* (*bilancio, conto*) tomber juste; ~ **(con)** (*descrizione*) concorder (avec) ♦ *vt* (*MAT*) carrer; **far** ~ **il bilancio** équilibrer le budget; **non mi quadra** (*fig*) ça ne me va pas.
quadrato, -a [kwa'drato] *agg* carré(e); (*fig*: *robusto*) solide; (: *assennato*) rangé(e) ♦ *sm* (*MAT*) carré *m*; (*PUGILATO*) ring *m*; **5 al** ~ 5 au carré.
quadrettato, -a [kwadret'tato] *agg* (*foglio*) quadrillé(e); (*tessuto*) à (petits) carreaux.
quadretto [kwa'dretto] *sm*: **a quadretti** (*foglio*) quadrillé(e); (*tessuto*) à (petits) carreaux.
quadriennale [kwadrien'nale] *agg* quadriennal(e).
quadrifoglio [kwadri'fɔʎʎo] *sm* trèfle *m* à quatre feuilles.
quadrimestre [kwadri'mɛstre] *sm* quadrimestre *m*; (*SCOL*) *division de l'année scolaire*.
quadro ['kwadro] *sm* (*anche fig*) tableau *m*; (*quadrato*) carré *m* ♦ *agg inv*: **legge** ~ loi-cadre *f*; **quadri** *smpl* (*POL*) dirigeants *mpl*; (*MIL, AMM*) cadres *mpl*; (*CARTE*) carreau *msg*; **a quadri** à carreaux; **fare un** ~ **della situazione** brosser un tableau de la situation; ▸ **quadro clinico** (*MED*) bilan *m* clinique; ▸ **quadro di comando** tableau de bord; ▸ **quadri intermedi** (*AMM*) cadres moyens.
quadrupede [kwa'drupede] *sm* quadrupède *m*.
quadruplicare [kwadrupli'kare] *vt* quadrupler.
quadruplo, -a ['kwadruplo] *agg, sm* quadruple *m*.
quaggiù [kwad'dʒu] *avv* ici; (*sulla terra*) ici-bas.
quaglia ['kwaʎʎa] *sf* caille *f*.
qualche ['kwalke] *agg* (*alcuni*) quelques; (*un certo, parecchio*) certain(e); **ho comprato** ~ **libro** j'ai acheté quelques livres; ~ **volta** quelquefois; **hai** ~ **sigaretta?** est-ce que tu as des cigarettes?; **un personaggio di** ~ **rilievo** un personnage d'une certaine importance; **c'è** ~ **medico?** y a-t-il un médecin?; **in** ~ **modo** d'une façon ou d'une autre; ~ **cosa** = **qualcosa**.
qualcheduno [kwalke'duno] *pron* = **qualcuno**.
qualcosa [kwal'kɔsa] *pron* quelque chose; **qualcos'altro** quelque chose d'autre, autre chose; ~ **di nuovo** quelque chose de neuf; ~ **da mangiare** quelque chose à manger; **c'è** ~ **che non va?** y a-t-il quelque chose qui ne va pas?
qualcuno [kwal'kuno] *pron* quelqu'un; (*alcuni*) quelques-uns *mpl*, certains *mpl*; ~ **è dalla nostra parte** certains sont de notre côté; **qualcun altro** quelqu'un d'autre.

PAROLA CHIAVE

quale ['kwale] (*spesso troncato in* **qual**) *agg* **1** (*interrogativo*) quel(le); **quale uomo?** quel homme?; **quale denaro?** quel argent?; **quali sono i tuoi programmi?** quels sont tes projets?; **quale stanza preferisci?** quelle pièce préfères-tu?
2 (*relativo*: *come*): **il risultato fu quale ci si aspettava** le résultat fut celui que l'on attendait
3 (*esclamativo*) quel(le); **quale disgrazia!** quel malheur!
♦ *pron* **1** (*interrogativo*) lequel(laquelle); **quale dei due scegli?** lequel des deux choisis-tu?; **qual è il più bello?** lequel est le plus beau?
2 (*relativo*): **il(la) quale** (*soggetto*) qui, lequel(laquelle); (*oggetto*) que; (: *persona*: *con preposizione*) qui, lequel(laquelle); (*cosa*) lequel(laquelle); (*possessivo*) dont; **suo padre, il quale è avvocato, ...** son père, qui est avocat, ...; **il signore con il quale parlavo** le monsieur avec qui *o* lequel je parlais; **la donna per la quale ...** la femme pour qui *o* laquelle ...; **il palazzo nel quale abito** l'immeuble où *o* dans lequel j'habi-

te; **l'arma con la quale ha sparato** l'arme avec laquelle il a tiré; **il ritratto del quale vediamo una riproduzione** le portrait dont nous voyons une reproduction; **l'albergo al quale ci siamo fermati** l'hôtel où *o* dans lequel nous sommes descendus; **la signora della quale ammiriamo l'abilità** la dame dont nous admirons l'habileté
3 (*relativo*: *in elenchi*) tel(le) que, comme; **piante quali l'edera** des plantes telles que le lierre, des plantes comme le lierre; **quale sindaco di questa città** en tant que maire de cette ville
♦ *escl*: **quale gioia!** quelle joie!

qualifica, -che [kwa'lifika] *sf* qualification *f*; (*titolo*) titre *m*.
qualificare [kwalifi'kare] *vt* qualifier; (*caratterizzare*) définir; **qualificarsi** *vr* se qualifier; **qualificarsi (come)** (*presentarsi*) se présenter (comme); **qualificarsi a un concorso** réussir un concours.
qualificativo, -a [kwalifika'tivo] *agg* (*LING*) qualificatif(-ive).
qualificato, -a [kwalifi'kato] *agg* qualifié(e); (*esperto, abile*) compétent(e); **non mi ritengo ~ per questo lavoro** je ne me considère pas qualifié pour ce travail; **operaio ~** ouvrier *m* qualifié.
qualificazione [kwalifikat'tsjone] *sf* qualification *f*; **gara di ~** (*SPORT*) épreuve *f* de qualification.
qualità [kwali'ta] *sf inv* qualité *f*; **di ottima** *o* **di prima ~** de première qualité; **in ~ di** en qualité de; **articoli di ogni ~** articles *mpl* de toutes sortes; **prodotto di ~** produit *m* de première qualité; **fare una scelta di ~** choisir la qualité.
qualitativo, -a [kwalita'tivo] *agg* qualitatif(-ive).
qualora [kwa'lora] *cong* au cas où.
qualsiasi [kwal'siasi] *agg inv* n'importe quel(le); (*mediocre*) quelconque; **~ cosa/persona** n'importe quoi/qui; **mettiti un vestito ~** mets n'importe quelle robe; **~ cosa accada** quoi qu'il arrive; **a ~ costo** à n'importe quel prix; **l'uomo ~** Monsieur *m* Tout-le-monde, l'homme *m* de la rue.
qualunque [kwa'lunkwe] *agg inv* = **qualsiasi**.
qualunquista, -i, -e [kwalun'kwista] *sm/f* je-m'en-foutiste *m/f*.
quando ['kwando] *cong* quand, lorsque ♦ *avv* quand; **~ sarò ricco** quand je serai riche; **da ~** depuis que; **quand'anche** même si, quand bien même; **da ~ sei qui?** depuis quand es-tu arrivé?; **di ~ in ~** de temps en temps.
quantificare [kwantifi'kare] *vt* quantifier.
quantità [kwanti'ta] *sf inv* quantité *f*; **una ~ di** une quantité de; **in grande ~** en grande quantité.
quantitativo, -a [kwantita'tivo] *agg* quantitatif(-ive) ♦ *sm* (*di merce, articoli*): **il ~ (di)** la quantité (de); **un ~ di merci** une certaine quantité de marchandises.

PAROLA CHIAVE

quanto, -a ['kwanto] *agg* **1** (*interrogativo*) combien de; **quanto denaro?** combien d'argent?; **quanto vino prendo?** j'achète combien de bouteilles de vin?; **quanti libri/ragazzi?** combien de livres/garçons?; **quanto tempo ti fermi?** combien de temps restes-tu?; **quanti anni hai?** quel âge as-tu?
2 (*esclamativo*): **quante storie!** que d'histoires!; **quanto fracasso!** quel vacarme; **quante storie racconta!** que d'histoires il raconte!; **quanto tempo sprecato!** que de temps gaspillé!
3 (*relativo*: *quantità, numero*) (tout) le ... que, autant de ... que; **ho quanto denaro mi occorre** j'ai tout l'argent qu'il me faut; **prendi quanto pane ti serve** prends tout le pain dont tu as besoin; **prendi quanti libri vuoi** prends tous les livres *o* autant de livres que tu veux
♦ *pron* **1** (*interrogativo*) combien; **quanti, quante** (*persone*) combien; **quanto mi dai?** combien me donnes-tu?; **pensa a quanto puoi ottenere** pense à tout ce que tu peux obtenir; **quanti me ne hai portati?** combien m'en as-tu apporté?; **quanti ne abbiamo oggi?** (*data*) le combien sommes-nous aujourd'hui?; **quanto starai via?** combien de temps resteras-tu absent?; **da quanto sei qui?** depuis combien de temps es-tu ici?
2 (*relativo*: *quantità, numero*) tout ce que; **quanti** (*soggetto*) tous ceux qui; (*oggetto*) tous ceux que; **quante** (*soggetto*) toutes celles qui; (*oggetto*) toutes celles que; **farò quanto posso** je ferai ce que je peux; **a quanto dice lui** à ce qu'il dit; **possono venire quanti sono stati invitati** tous ceux qui ont été invités peuvent venir
♦ *avv* **1** (*interrogativo*: *con agg, avv*) à quel point; (: *con vb*) combien; **quanto stanco ti sembrava?** à quel point te semblait-il fatigué?; **quanto costa?** combien ça coûte?; **quant'è?** combien est-ce?
2 (*esclamativo*: *con agg, avv*) que, comme; (: *con vb*) comme; **quanto sono felice!** que je suis heureux!; **quanto più bella è ora!** elle est tellement plus belle maintenant!; **lo farò quanto prima** je le ferai le plus tôt possible; **sapessi quanto abbiamo camminato!** si tu savais combien nous avons marché!
3: **in quanto** (*in qualità di*) en tant que;

(*perché, per il fatto che*) puisque, car; **in quanto legale della signora** en tant qu'avocat de Madame; **non è possibile, in quanto non abbiamo i mezzi** ce n'est pas possible puisque *o* car nous n'en avons pas les moyens; **(in) quanto a** (*per ciò che riguarda*) quant à; **quanto a lui ...** quant à lui ...
4: **per quanto** (*nonostante, anche se*) bien que, quoique; **per quanto si sforzi, non ce la farà** il a beau faire des efforts, il n'y arrivera pas; **per quanto sia brava, fa degli errori** si forte qu'elle soit, elle fait des fautes; **per quanto io sappia** autant que je sache.

quantunque [kwan'tunkwe] *cong* bien que, quoique.
quaranta [kwa'ranta] *agg inv, sm inv* quarante *m inv*; *vedi anche* **cinque**.
quarantena [kwaran'tɛna] *sf* quarantaine *f*.
quarantenne [kwaran'tɛnne] *agg* (âgé(e)) de quarante ans ♦ *sm/f* quadragénaire *m/f*; **ho conosciuto un ~** j'ai connu un homme d'une quarantaine d'années.
quarantennio [kwaran'tɛnnjo] *sm* (période *f* de) quarante ans.
quarantesimo, -a [kwaran'tɛzimo] *agg, sm/f* quarantième *m/f*; *vedi anche* **quinto**.
quarantina [kwaran'tina] *sf*: **una ~ (di)** une quarantaine (de); **essere sulla ~** avoir la quarantaine; *vedi anche* **cinquantina**.
quarantotto [kwaran'tɔtto] *sm inv* quarante-huit *m inv*; **fare un ~** (*fam*) faire le diable à quatre.
Quaresima [kwa'rezima] *sf* Carême *m*.
quarta ['kwarta] *sf* (*SCOL: elementare*) ≈ CM 1 *m*, première année *f*; (: *superiore*) ≈ première *f*; (*AUT*) quatrième *f* (vitesse *f*); **partire in ~** partir à toute vitesse; *vedi anche* **quarto**.
quartetto [kwar'tetto] *sm* (*anche MUS*) quatuor *m*; (*jazz*) quartette *m*.
quartiere [kwar'tjɛre] *sm* quartier *m*; (*MIL*) quartier(s); **i quartieri alti** les beaux quartiers; **lotta senza ~** lutte *f* sans merci; ▶ **quartiere residenziale** quartier résidentiel; ▶ **quartiere generale** (*MIL, fig*) quartier général.
quarto, -a ['kwarto] *agg, sm/f* quatrième *m/f* ♦ *sm* quart *m*; **un ~ di vino** un quart de vin; **un ~ d'ora** un quart d'heure; **tre quarti d'ora** trois quarts d'heure; **le sei e un ~** six heures et quart; **le nove meno un ~** neuf heures moins le quart; **le otto e tre quarti** neuf heures moins le quart; **passare un brutto ~ d'ora** passer un mauvais quart d'heure; **il ~ potere** la presse; ▶ **quarti di finale** quarts de finale.
quarzo ['kwartso] *sm* quartz *msg*; **al ~** (*orologio, lampada*) à quartz.

quasi ['kwazi] *avv* presque ♦ *cong* (*anche*: **~ che**) comme si; **ha ~ vinto** il a presque gagné; **~ fosse lui il padre** comme si c'était lui le père; **non piove ~ mai** il ne pleut presque jamais; **~ ~ me ne andrei** j'aurais presque envie de m'en aller, je serais bien tenté de partir.
quassù [kwas'su] *avv* ici.
quatto, -a ['kwatto] *agg*: **~ ~** en douce.
quattordicenne [kwattordi'tʃɛnne] *agg* (âgé(e)) de quatorze ans ♦ *sm/f* garçon *m* de quatorze ans, fille *f* de quatorze ans.
quattordici [kwat'torditʃi] *agg inv, sm inv* quatorze *m inv*; *vedi anche* **cinque**.
quattrini [kwat'trini] *smpl* argent *msg*.
quattro ['kwattro] *agg inv, sm inv* quatre *m inv*; **farsi in ~ per qn** se mettre en quatre pour qn; **in ~ e quattr'otto** en moins de deux; **dirne ~ a qn** dire ses quatre vérités à qn; **fare ~ chiacchiere** bavarder, papoter; *vedi anche* **cinque**.
quattrocchi [kwat'trɔkki] *sm inv*: **a ~** (*tra 2 persone*) en tête à tête, entre quatre yeux; (*privatamente*) en privé.
quattrocentesco, -a, -schi, -sche [kwattrotʃen'tesko] *agg* (*edificio, letteratura*) du quinzième siècle.
quattrocento [kwattro'tʃɛnto] *agg inv, sm inv* quatre cents *m* ♦ *sm*: **il Q~** le quinzième siècle.
quattromila [kwattro'mila] *agg inv, sm inv* quatre mille *m inv*.
Quebec [kwe'bɛk] *sm* Québec.

PAROLA CHIAVE

quello, -a ['kwello] (*dav sm* **quel** + *C*, **quell'** + *V*, **quello** + *s impura, gn, pn, ps, x, z; pl* **quei** + *C*, **quegli** + *V o s impura etc; dav sf* **quella** +*C*, **quell'**+ *V; pl* **quelle**) *agg* ce, cet + *V o h*, cette *f*; **quello stivale** cette botte; **quell'uomo** cet homme; **quella casa** cette maison; **quegli uomini** ces hommes; **quelle piante** ces plantes; **quei fatti** ces faits; **quel libro lì** *o* **là** ce livre-là
♦ *pron* **1** (*dimostrativo*) celui-là(celle-là); (*ciò*) cela; **quello è mio fratello** voilà mon frère; **conosci quella?** tu la connais celle-là?; **prendo quello bianco** je prends le blanc; **chi è quello?** qui est-ce?; **prendiamo quelli/quelle** prenons ceux-là/ celles-là; **gli ho detto proprio quello** c'est exactement ce que je lui ai dit
2 (*relativo*): **quello che** celui(celle) qui; **quelli/quelle che** ceux/celles qui; **è lui quello che non voleva venire** c'est lui qui ne voulait pas venir; **è quella che ti ho prestato** c'est celle que je t'ai prêtée; **ho fatto quello che potevo** j'ai fait ce que je pouvais; **in quel di Milano** près de *o* aux alentours de Milan.

quercia, -ce ['kwɛrtʃa] *sf* chêne *m*; **di ~** en chêne; **forte come una ~** fort(e) comme un chêne.

querela [kwe'rɛla] *sf* (*DIR*) plainte *f*.

querelare [kwere'lare] *vt* (*DIR*) porter plainte contre.

quesito [kwe'sito] *sm* (*interrogativo*) question *f*; (*problema*) problème *m*.

questi ['kwesti] *pron* (*poetico*) celui-ci.

questionario [kwestjo'narjo] *sm* questionnaire *m*.

questione [kwes'tjone] *sf* (*problema*) question *f*; (*litigio*) dispute *f*; (*politica, sociale*) problème *m*, question; **il caso in ~** l'affaire en question; **la persona in ~** la personne en question; **non voglio essere chiamato in ~** je ne veux pas être mis en cause; **è ~ di tempo** c'est une question de temps; **la ~ meridionale** la question du développement du Sud de l'Italie.

PAROLA CHIAVE

questo, -a ['kwesto] *agg* **1** (*dimostrativo*) ce, cet + *V o h*, cette *f*; **questi/queste** ces; **questo ragazzo è molto in gamba** c'est un garçon très capable; **questo libro (qui** *o* **qua)** ce livre(-ci); **io prendo questo cappotto, tu quello** moi, je prends ce manteau, toi, celui-là; **quest'oggi** aujourd'hui même; **questa sera** ce soir

2 (*enfatico*): **non fatemi più prendere di queste paure** ne me faites plus peur comme ça

♦ *pron* (*dimostrativo*) celui-ci(celle-ci); (*ciò*) ceci; **questi/queste** ceux-ci/celles-ci; **voglio questo** je veux celui-ci; **prendo questo (qui** *o* **qua)** je prends celui-ci; **preferisci questi o quelli?** tu préfères ceux-ci ou ceux-là?; **questo intendevo io** c'est ce que je voulais dire; **questo non dovevi dirlo** ça, tu ne devais pas le dire; **vengono Paolo e Mario: questo da Roma, quello da Palermo** Paolo et Mario viennent, l'un de Rome, l'autre de Palerme; **e con questo?** et alors?; **e con questo se n'è andato** sur ce, il est parti; **questo è quanto** c'est tout.

questore [kwes'tore] *sm* préfet *m* de Police.

questua ['kwɛstua] *sf* quête *f*.

questura [kwes'tura] *sf* préfecture *f* de Police.

questurino [kwestu'rino] *sm* (*fam*: *poliziotto*) flic *m*.

qui [kwi] *avv* ici; **da** *o* **di ~** d'ici; **di ~ in avanti** dorénavant; **di ~ a poco/a una settimana** d'ici peu/une semaine; **~ dentro** là-dedans; **~ sopra** là-dessus; **~ vicino** près d'ici; *vedi anche* **questo**.

quiescenza [kwjeʃ'ʃɛntsa] *sf* (*AMM*): **porre in ~** mettre à la retraite; **trattamento di ~** (*pensione*) (pension *f* de) retraite *f*.

quietanza [kwje'tantsa] *sf* (*ricevuta*) quittance *f*, acquit *m*; **per ~** pour acquit.

quietare [kwje'tare] *vt* calmer, apaiser; **quietarsi** *vip* se calmer.

quiete ['kwjɛte] *sf* calme *m*, tranquillité *f*; **turbare la ~ pubblica** (*DIR*) troubler l'ordre public.

quieto, -a ['kwjeto] *agg* (*persona*) calme, tranquille; (*mare, notte*) calme; **il ~ vivere** la vie tranquille.

quindi ['kwindi] *avv* (*poi, in seguito*) ensuite, puis ♦ *cong* (*perciò, di conseguenza*) donc, par conséquent.

quindicenne [kwindi'tʃɛnne] *agg* (âgé(e)) de quinze ans ♦ *sm/f* garçon *m* de quinze ans, fille *f* de quinze ans.

quindici ['kwinditʃi] *agg inv, sm inv* quinze *m inv*; **~ giorni** quinze jours; *vedi anche* **cinque**.

quindicina [kwindi'tʃina] *sf*: **una ~ (di)** une quinzaine (de); **fra una ~ di giorni** dans une quinzaine (de jours).

quindicinale [kwinditʃi'nale] *agg* (*che dura 15 giorni*) qui dure quinze jours, de 15 jours; (*che avviene ogni 15 giorni*) tous les 15 jours ♦ *sm* (*rivista*) revue *f* bimensuelle.

quinquennale [kwinkwen'nale] *agg* quinquennal(e).

quinquennio [kwin'kwɛnnjo] *sm* quinquennat *m*.

quinta ['kwinta] *sf* (*SCOL*: *elementare*) ≈ CM 2 *m*, ≈ cours *m* moyen deuxième année; (: *superiore*) terminale *f*; (*AUT*) cinquième *f* (vitesse *f*); (*TEATRO*) coulisse *f*; **dietro le quinte** (*fig*) dans les coulisses; *vedi anche* **quinto**.

quintale [kwin'tale] *sm* quintal *m*.

quintetto [kwin'tetto] *sm* (*MUS*: *complesso*) quintette *m*; (*gruppetto*) groupe *m* de cinq.

quinto, -a ['kwinto] *agg, sm/f* cinquième *m/f* ♦ *sm* cinquième *m*; **un ~ della popolazione** un cinquième de la population; **tre quinti** trois cinquièmes; **in quinta pagina** en page cinq; **il ~ potere** les mass media *mpl*.

qui pro quo ['kwiprɔ'kwɔ] *sm inv* quiproquo *m*.

quiz [kwidz] *sm inv* (*indovinello*) devinette *f*; (*TV*: *anche*: **gioco a ~**) jeu *m* télévisé.

quorum ['kwɔrum] *sm inv* quorum *m*.

quota ['kwɔta] *sf* (*parte*) part *f*; (*somma*: *d'ingresso, di società*) cotisation *f*; (*altitudine, AER*) altitude *f*; (*IPPICA*) cote *f*; **ad alta/bassa ~** (*AER*) à haute/basse altitude; **prendere/perdere ~** (*AER*) prendre/

perdre de l'altitude; ▸ **quota di mercato** part de marché; ▸ **quota d'iscrizione** droit *m* d'inscription; ▸ **quota imponibile** tranche *f* d'imposition du revenu.

quotare [kwo'tare] *vt* (*BORSA*) coter; (*valutare*) coter, apprécier; **un pittore molto quotato** un peintre très coté; **titoli quotati in Borsa** titres *mpl* cotés en Bourse.

quotazione [kwotat'tsjone] *sf* (*BORSA*) cotation *f*.

quotidianamente [kwotidjana'mente] *avv* quotidiennement, tous les jours.

quotidiano, -a [kwoti'djano] *agg* quotidien(ne) ♦ *sm* (*giornale*) quotidien *m*.

quoziente [kwot'tsjɛnte] *sm* (*anche MAT*) quotient *m*; ▸ **quoziente di crescita** taux *m* de croissance; ▸ **quoziente d'intelligenza** quotient intellectuel, QI *m*.

R, r

R, r ['ɛrre] *sf o m inv* (*lettera*) R, r *m inv*; ~ **come Roma** ≈ R comme Raoul.

R *abbr* (*POSTA* = *raccomandata*) R.; (*FERR*) = *rapido*.

RA *sigla* = *Ravenna*.

rabarbaro [ra'barbaro] *sm* (*BOT*) rhubarbe *f*; (*liquore*) liqueur *f* de rhubarbe.

Rabat [ra'bat] *sf* Rabat.

rabberciare [rabber'tʃare] *vt* rafistoler; (*fig*) arranger.

rabbia ['rabbja] *sf* (*collera*) colère *f*; (*stizza, MED*) rage *f*; (*furia*) fureur *f*; **fare ~ a qn** faire enrager qn; **il tuo modo d'agire mi fa ~** ta façon de faire me tape sur les nerfs; **mi fai ~ quando dici queste cose** tu m'énerves quand tu dis cela.

rabbino [rab'bino] *sm* rabbin *m*.

rabbioso, -a [rab'bjoso] *agg* furieux(-euse); (*facile all'ira*) coléreux(-euse); (*MED*) enragé(e).

rabbonire [rabbo'nire] *vt* calmer, apaiser; **rabbonirsi** *vip* se calmer, s'apaiser.

rabbrividire [rabbrivi'dire] *vi* frissonner; (*fig*: *per orrore, ribrezzo*) frémir.

rabbuiarsi [rabbu'jarsi] *vip* s'obscurcir; (*fig*) s'assombrir.

rabdomante [rabdo'mante] *sm/f* rhabdomancien(ne).

racc. *abbr* (*POSTA* = *raccomandata*) R.

raccapezzarsi [rakkapet'tsarsi] *vip*: **non raccapezzarcisi** ne pas s'y retrouver.

raccapricciante [rakkaprit'tʃante] *agg* affreux(euse), horrible.

raccapriccio [rakka'prittʃo] *sm* horreur *f*.

raccattapalle [rakkatta'palle] *sm inv* (*SPORT*) ramasseur(-euse) de balles.

raccattare [rakkat'tare] *vt* ramasser.

racchetta [rak'ketta] *sf* (*per tennis, ping-pong*) raquette *f*; ▸ **racchetta da neve** raquette (pour la neige); ▸ **racchetta da sci** bâton *m* de ski.

racchio, -a ['rakkjo] *agg* (*fam*) moche.

racchiudere [rak'kjudere] *vt* (*circondare*) renfermer; (*contenere*) contenir.

racchiuso, -a [rak'kjuso] *pp vedi* **racchiudere**.

raccogliere [rak'kɔʎʎere] *vt* (*oggetti*) ramasser; (*persone*) rassembler; (*fiori*) cueillir; (*AGR*) récolter; (*voti, applausi*) recueillir; (*francobolli*) collectionner; (*capelli*) attacher; (*fig*: *energie*) rassembler; (: *allusione*) relever; **raccogliersi** *vr, vip* se réunir, se rassembler; (*fig*) se recueillir; **non ha raccolto (l'allusione)** il n'a pas relevé (l'allusion); ~ **i frutti del proprio lavoro** recueillir le fruit de son travail; ~ **le idee** rassembler ses idées; **essere raccolto in preghiera** être recueilli.

raccoglimento [rakkoʎʎi'mento] *sm* recueillement *m*.

raccoglitore [rakkoʎʎi'tore] *sm* classeur *m*, chemise *f*; ▸ **raccoglitore a fogli mobili** classeur.

raccolta [rak'kɔlta] *sf* récolte *f*; (*collezione*) collection *f*; (*di poesie*) recueil *m*; (*di dati*) collecte *f*; **chiamare a ~** battre le rappel; **fare la ~ di qc** faire collection de qch.

raccolto, -a [rak'kɔlto] *pp vedi* **raccogliere** ♦ *agg* (*fondi*) recueilli(e); (*appartato*) intime; (*capelli*) attaché(e); (*fig*: *composto*) contenu(e) ♦ *sm* (*AGR*) récolte *f*.

raccomandabile [rakkoman'dabile] *agg* recommandable; **un tipo poco ~** un type peu recommandable.

raccomandare [rakkoman'dare] *vt* recommander; (*persona*: *per lavoro, concorso*) recommander, pistonner; **raccomandarsi** *vr*: **raccomandarsi a qn** se recommander à qn; ~ **a qn di fare qc** recommander à qn de faire qch; ~ **a qn di non fare qc** recommander à qn de ne pas faire qch; ~ **qn a qn/alle cure di qn** confier qn à qn/aux soins de qn; **mi raccomando!** je t'en (*o* vous en) prie!, je compte sur toi (*o* vous)!

raccomandata [rakkoman'data] *sf* lettre *f* recommandée; ▸ **raccomandata con ricevuta di ritorno** lettre recommandée avec accusé de réception; *vedi anche* **raccomandato**.

raccomandato, -a [rakkoman'dato] *agg*

(*lettera, pacco*) recommandé(e); (*candidato*) recommandé(e), pistonné(e) ♦ *sm/f* (*a concorso, per lavoro*) personne *f* recommandée; **un ~ di ferro** un pistonné.
raccomandazione [rakkomandat'tsjone] *sf* recommandation *f.*
raccomodare [rakkomo'dare] *vt* réparer; (*fig: situazione*) arranger.
raccontare [rakkon'tare] *vt*: ~ **(a)** raconter (à); **cosa mi racconti di nuovo?** qu'est-ce que tu me racontes de neuf?; **a me non la racconti!** tu ne me feras pas croire ça!
racconto [rak'konto] *sm* récit *m*; ▸**racconti per bambini** contes *mpl* pour enfants.
raccorciare [rakkor'tʃare] *vt* raccourcir.
raccordare [rakkor'dare] *vt* raccorder.
raccordo [rak'kɔrdo] *sm* (*TECN: giunzione*) raccord *m*; (*AUT*) raccordement *m*; ▸**raccordo anulare** (*AUT*) périphérique *m*; ▸**raccordo autostradale** bretelle *f*; ▸**raccordo ferroviario** embranchement *m* ferroviaire; ▸**raccordo stradale** embranchement.
rachitico, -a, -ci, -che [ra'kitiko] *agg* (*MED, anche fig*) rachitique.
rachitismo [raki'tizmo] *sm* (*MED*) rachitisme *m.*
racimolare [ratʃimo'lare] *vt* (*fig: somma*) rassembler (à grand-peine).
rada ['rada] *sf* rade *f.*
radar ['radar] *sm inv, agg inv* radar *m.*
raddolcire [raddol'tʃire] *vt* adoucir; **raddolcirsi** *vip* se radoucir.
raddoppiamento [raddoppja'mento] *sm* doublement *m*; (*LING*) redoublement *m.*
raddoppiare [raddop'pjare] *vt* doubler; (*fig: premure*) redoubler de ♦ *vi* doubler.
raddoppio [rad'doppjo] *sm* doublement *m*; (*IPPICA*) terre à terre *m*; (*BILIARDO*) doublé *m.*
raddrizzare [raddrit'tsare] *vt* redresser; (*occhiali*) rajuster; (*fig: correggere*) corriger.
radere ['radere] *vt* raser; (*fig: rasentare*) raser; **radersi** *vr* se raser; ~ **al suolo** raser le sol.
radiale [ra'djale] *agg* radial(e).
radiante [ra'djante] *agg* radiant(e) ♦ *sm* (*MAT*) radiant *m.*
radiare [ra'djare] *vt* radier, rayer.
radiatore [radja'tore] *sm* radiateur *m.*
radiazione [radjat'tsjone] *sf* radiation *f.*
radica ['radika] *sf*: ~ **di noce** ronce *f* de noyer.
radicale [radi'kale] *agg* radical(e) ♦ *sm* (*MAT*) radical *m* ♦ *sm/f* (*POL*) radical(e).
radicato, -a [radi'kato] *agg* enraciné(e).
radicchio [ra'dikkjo] *sm* chicorée *f.*
radice [ra'ditʃe] *sf* racine *f*; **segno di ~** (*MAT*) racine; **colpire alla ~** (*fig: problema etc*) attaquer à la racine; **mettere radici** (*anche fig*) prendre racine; (*fig: odio, idee etc*) s'enraciner; (: *persona*) prendre racine, s'incruster; ▸**radice cubica/quadrata** (*MAT*) racine cubique/carrée.
radio ['radjo] *sf inv* radio *f*; (*ricetrasmittente*) (poste *m* de) radio ♦ *sm* (*CHIM*) radium *m* ♦ *agg inv*: **stazione ~** station *f* de radiodiffusion; **giornale ~** (bulletin *m* d')informations *fpl* (à la radio); **trasmettere per ~** transmettre par radio; ▸**radio libera** radio libre.
radio... ['radjo] *pref* radio... .
radioabbonato, -a [radjoabbo'nato] *sm/f* abonné(e) à la radio.
radioamatore, -trice [radjoama'tore] *sm/f* radioamateur *m.*
radioascoltatore, -trice [radjoaskolta'tore] *sm/f* auditeur(-trice).
radioattività [radjoattivi'ta] *sf* radioactivité *f.*
radioattivo, -a [radjoat'tivo] *agg* radioactif(-ive).
radiocomandare [radjokoman'dare] *vt* radioguider.
radiocomandato, -a [radjokoman'dato] *agg* radioguidé(e).
radiocomando [radjoko'mando] *sm* radioguidage *m.*
radiocomunicazione [radjokomunikat'tsjone] *sf* radiocommunication *f.*
radiocronaca, -che [radjo'krɔnaka] *sf* radioreportage *m.*
radiocronista, -i, -e [radjokro'nista] *sm/f* radioreporter *m.*
radiodiffusione [radjodiffu'zjone] *sf* radiodiffusion *f.*
radiofonico, -a, -ci, -che [radjo'fɔniko] *agg* radiophonique.
radiografare [radjogra'fare] *vt* radiographier.
radiografia [radjogra'fia] *sf* radiographie *f*; (*lastra*) radio(graphie) *f.*
radiolina [radjo'lina] *sf* transistor *m.*
radiologia [radjolo'dʒia] *sf* radiologie *f.*
radiologo, -a, -gi, -ghe [ra'djɔlogo] *sm/f* radiologue *m/f.*
radioricevente [radjoritʃe'vɛnte] *sf* radiorécepteur *m.*
radioso, -a [ra'djoso] *agg* radieux(-euse), rayonnant(e).
radiostazione [radjostat'tsjone] *sf* station *f* (de) radio.
radiosveglia [radjoz'veʎʎa] *sf* radioréveil *m.*
radiotaxi [radjo'taksi] *sm inv* radio-taxi *m.*
radiotecnica [radjo'tɛknika] *sf* radiotechnique *f.*
radiotelegrafista, -i, -e [radjotelegra'fista] *sm/f* radio(télégraphiste) *m/f.*
radioterapia [radjotera'pia] *sf* radiothérapie *f.*

radiotrasmittente [radjotrazmit'tɛnte] *sf* émetteur *m*.

rado, -a ['rado] *agg* rare; (*capelli*) clairsemé(e), rare; **di ~** rarement; **non di ~** assez souvent.

radunare [radu'nare] *vt* rassembler; **radunarsi** *vip* se rassembler.

radunata [radu'nata] *sf* (*riunione*) réunion *f*; (*il radunare*) rassemblement *m*.

raduno [ra'duno] *sm* (*SPORT*) meeting *m*; (*di fan*) rassemblement *m*.

radura [ra'dura] *sf* clairière *f*.

raffazzonare [raffattso'nare] *vt* rafistoler, retaper.

raffermo, -a [raf'fermo] *agg* rassis(e).

raffica, -che ['raffika] *sf* rafale *f*.

raffigurare [raffigu'rare] *vt* représenter.

raffigurazione [raffigurat'tsjone] *sf* représentation *f*.

raffinare [raffi'nare] *vt* raffiner; (*fig*) affiner.

raffinatezza [raffina'tettsa] *sf* raffinement *m*.

raffinato, -a [raffi'nato] *agg* (*anche fig*) raffiné(e).

raffinazione [raffinat'tsjone] *sf* raffinage *m*; ▸ **raffinazione del petrolio** raffinage du pétrole.

raffineria [raffine'ria] *sf* raffinerie *f*.

rafforzare [raffor'tsare] *vt* renforcer; (*persona*) fortifier.

rafforzativo, -a [raffortsa'tivo] *agg* (*LING*) intensif(-ive) ♦ *sm* (*LING*) intensif *m*.

raffreddamento [raffredda'mento] *sm* refroidissement *m*; ▸ **raffreddamento ad acqua/aria** refroidissement par eau/air.

raffreddare [raffred'dare] *vt* refroidir; (*stanza, aria*) rafraîchir; **raffreddarsi** *vip* se refroidir; (*prendere un raffreddore*) s'enrhumer.

raffreddato, -a [raffred'dato] *agg* (*MED*) enrhumé(e).

raffreddore [raffred'dore] *sm* (*MED*) rhume *m*.

raffrontare [raffron'tare] *vt* confronter, comparer.

raffronto [raf'fronto] *sm* comparaison *f*.

rafia ['rafja] *sf* raphia *m*.

raganella [raga'nɛlla] *sf* (*ZOOL*) rainette *f*; (*MUS*) crécelle *f*.

ragazza [ra'gattsa] *sf* fille *f*; (*giovane donna*) jeune fille; (*fam*: *fidanzata*) petite amie *f*; **nome da ~** nom *m* de jeune fille; ▸ **ragazza madre** fille mère; ▸ **ragazza squillo** call-girl *f*.

ragazzo [ra'gattso] *sm* garçon *m*; (*giovane uomo*) jeune homme *m*; (*figlio*) fils *msg*; (*fam*: *fidanzato*) petit ami *m*; **ragazzi** *smpl* enfants *mpl*; (*amici*) gars *mpl*; **per ragazzi** pour enfants.

raggelare [raddʒe'lare] *vt* geler ♦ *vi* glacer; **raggelarsi** *vip* se glacer.

raggiante [rad'dʒante] *agg* rayonnant(e), radieux(-euse).

raggiera [rad'dʒɛra] *sf* rayons *mpl*; **a ~** en étoile.

raggio ['raddʒo] *sm* rayon *m*; **nel ~ di 20 km** à 20 km à la ronde, dans un rayon de 20 km; **a largo ~** (*inchiesta, esplorazione*) de grande envergure; ▸ **raggio d'azione** rayon d'action; ▸ **raggio laser** rayon laser; ▸ **raggi X** rayons x.

raggirare [raddʒi'rare] *vt* (*fig*) duper, embobiner.

raggiro [rad'dʒiro] *sm* machination *f*.

raggiungere [rad'dʒundʒere] *vt* (*persona*) rejoindre; (*luogo*) arriver à; (*toccare*) toucher, atteindre; (*fig*: *successo, meta*) atteindre, arriver à; (: *eguagliare*) égaler, rattraper; **~ il proprio scopo** atteindre son but, arriver à ses fins; **~ un accordo** parvenir à un accord.

raggiunto, -a [rad'dʒunto] *pp di* **raggiungere**.

raggomitolarsi [raggomito'larsi] *vr* (*fig*) se pelotonner.

raggranellare [raggranel'lare] *vt* rassembler (petit à petit).

raggrinzire [raggrin'tsire] *vt* rider; (*stoffa*) froisser ♦ *vi* (*anche*: **raggrinzirsi**) se ratatiner; (*stoffa*) se froisser, se friper.

raggrumarsi [raggru'marsi] *vip* (*sangue*) faire des caillots; (*latte*) cailler.

raggruppamento [raggruppa'mento] *sm* regroupement *m*; (*gruppo*) groupe *m*.

raggruppare [raggrup'pare] *vt* regrouper.

ragguagliare [raggwaʎ'ʎare] *vt* (*paragonare*) comparer; (*informare*) renseigner, informer.

ragguaglio [rag'gwaʎʎo] *sm* (*raffronto*) comparaison *f*; (*relazione*) renseignement *m*, information *f*.

ragguardevole [raggwar'devole] *agg* remarquable; (*somma*) considérable.

ragionamento [radʒona'mento] *sm* raisonnement *m*.

ragionare [radʒo'nare] *vi* raisonner; **~ di** (*discorrere*) parler (de), discuter (de); **cerca di ~** essaie de réfléchir!

ragione [ra'dʒone] *sf* raison *f*; **aver ~** avoir raison; **perdere la ~** perdre la raison; **a ragion veduta** en connaissance de cause; **a maggior ~** à plus forte raison; **aver ~ (di)** avoir raison (de); **dare ~ a qn** donner raison à qn; **a/con ~** avec raison, à juste titre; **picchiare qn di santa ~** rouer qn de coups; **farsi una ~ (di)** se faire une raison (de); **in ~ di** à raison de; ▸ **ragione di scambio** taux *msg* d'échange; ▸ **ragion di stato** raison d'État; ▸ **ragione sociale** (*COMM*) raison sociale.

ragioneria [radʒone'ria] *sf* comptabilité *f*.

ragionevole [radʒo'nevole] *agg* raisonnable.
ragioniere, -a [radʒo'njɛre] *sm/f* comptable *m/f.*
ragliare [raʎ'ʎare] *vi* braire.
ragnatela [raɲɲa'tela] *sf* toile *f* d'araignée.
ragno ['raɲɲo] *sm* araignée *f*; **non cavare un ~ dal buco** (*fig*) n'aboutir à rien.
ragù [ra'gu] *sm inv* (*CUC*: *sugo*) sauce *f* bolognaise; (: *stufato*) ragoût *m.*
RAI-TV ['raiti'vu] *sigla f* (= *Radio televisione italiana*) ≈ RTF *f.*
rallegramenti [rallegra'menti] *smpl* félicitations *fpl.*
rallegrare [ralle'grare] *vt* égayer; **rallegrarsi** *vip* se réjouir; **rallegrarsi con qn** féliciter qn.
rallentamento [rallenta'mento] *sm* ralentissement *m.*
rallentare [rallen'tare] *vt, vi* ralentir; **~ il passo** ralentir le pas.
rallentatore [rallenta'tore] *sm* (*CINE*) ralenti *m*; **al ~** (*anche fig*) au ralenti.
ramanzina [raman'dzina] *sf* réprimande *f*; **ricevere una ~** recevoir un bon savon; **fare una ~ a qn** passer un savon à qn.
ramare [ra'mare] *vt* (*AGR*) sulfater.
ramarro [ra'marro] *sm* lézard *m* vert.
ramato, -a [ra'mato] *agg* cuivré(e).
rame ['rame] *sm* (*CHIM*) cuivre *m*; **di ~** en cuivre; **incisione su ~** gravure *f* sur cuivre.
ramificare [ramifi'kare] *vi* se ramifier; **ramificarsi** *vip* (*anche fig*) se ramifier.
ramificazione [ramifikat'tsjone] *sf* (*anche fig*) ramification *f.*
ramingo, -a, -ghi, -ghe [ra'mingo] *agg*: **andare ~** errer.
ramino [ra'mino] *sm* (*CARTE*) rami *m.*
rammaricarsi [rammari'karsi] *vip*: **~ (di)** regretter (de).
rammarico, -chi [ram'mariko] *sm* regret *m.*
rammendare [rammen'dare] *vt* raccommoder, repriser.
rammendo [ram'mɛndo] *sm* (*il rammendare*) raccommodage *m*; (*parte rammendata*) reprise *f.*
rammentare [rammen'tare] *vt* rappeler, se souvenir de; (*menzionare*) rappeler; **rammentarsi** *vip*: **rammentarsi (di qc)** se souvenir (de qch), se rappeler (qch); **~ qc a qn** rappeler qch à qn.
rammollire [rammol'lire] *vt* (*anche fig*) ramollir ♦ *vi* se ramollir.
rammollito, -a [rammol'lito] *agg, sm/f* (*fig*) ramolli(e).
ramo ['ramo] *sm* (*anche fig*) branche *f*; (*di fiume*) bras *msg*; **non è il mio ~** ce n'est pas ma partie.
ramoscello [ramoʃ'ʃɛllo] *sm* rameau *m.*
rampa ['rampa] *sf* rampe *f*; ▶ **rampa di accesso** rampe d'accès; ▶ **rampa di lancio** (*AER*) rampe de lancement.
rampicante [rampi'kante] *agg* grimpant(e) ♦ *sm* (*BOT*) plante *f* grimpante.
rampino [ram'pino] *sm* (*gancio*) crochet *m*, croc *m*; (*NAUT*) grappin *m.*
rampollo [ram'pollo] *sm* (*fig*: *discendente*) descendant *m*; (: *figlio, scherz*) rejeton *m.*
rampone [ram'pone] *sm* harpon *m*; (*ALPINISMO*) crampon *m.*
rana ['rana] *sf* grenouille *f*; (*anche*: **nuoto a ~**) brasse *f*; ▶ **rana pescatrice** baudroie *f*, lotte *f* de mer.
rancido, -a ['rantʃido] *agg, sm* rance *m.*
rancio ['rantʃo] *sm* (*MIL*) soupe *f.*
rancore [ran'kore] *sm* rancune *f*; (*forte risentimento*) rancœur *f*; **serbare ~ verso qn** avoir de la rancune contre qn.
randagio, -a, -gi, -gie *o* **ge** [ran'dadʒo] *agg*: **cane ~** chien *m* errant.
randello [ran'dɛllo] *sm* matraque *f*, gourdin *m.*
rango, -ghi ['rango] *sm* rang *m*; **rientrare nei ranghi** rentrer dans les rangs; **uscire dai ranghi** sortir du rang; **di basso ~** d'un rang inférieur.
rannicchiarsi [rannik'kjarsi] *vr* se blottir.
rannuvolarsi [rannuvo'larsi] *vip* se couvrir.
ranocchio [ra'nɔkkjo] *sm* grenouille *f.*
rantolare [ranto'lare] *vi* râler.
rantolio [ranto'lio] *sm* râle *m* (prolongé).
rantolo ['rantolo] *sm* râle *m.*
ranuncolo [ra'nunkolo] *sm* (*BOT*) renoncule *f.*
rapa ['rapa] *sf* (*BOT*) navet *m.*
rapace [ra'patʃe] *agg, sm* rapace *m.*
rapare [ra'pare] *vt* raser.
rapida ['rapida] *sf* rapide *m.*
rapidamente [rapida'mente] *avv* rapidement.
rapidità [rapidi'ta] *sf* rapidité *f.*
rapido, -a ['rapido] *agg* rapide ♦ *sm* (*FERR*) rapide *m.*
rapimento [rapi'mento] *sm* enlèvement *m*, kidnapping *m*, rapt *m*; (*fig*: *estasi*) ravissement *m.*
rapina [ra'pina] *sf* vol *m*; ▶ **rapina a mano armata** vol à main armée; ▶ **rapina in banca** hold-up *m.*
rapinare [rapi'nare] *vt* (*persona*) voler, dévaliser; (*banca*) dévaliser.
rapinatore, -trice [rapina'tore] *sm/f* voleur(-euse).
rapire [ra'pire] *vt* kidnapper, enlever; (*fig*) ravir.
rapito, -a [ra'pito] *agg* kidnappé(e), enlevé(e); (*fig*: *in estasi*) extasié(e) ♦ *sm/f* kidnappé(e).
rapitore, -trice [rapi'tore] *sm/f* ravisseur(-euse).

rappacificare [rappatʃifi'kare] *vt* réconcilier; **rappacificarsi** *vr* se réconcilier.
rappacificazione [rappatʃifikat'tsjone] *sf* réconciliation *f*.
rappezzare [rappet'tsare] *vt* rapiécer.
rapportare [rappor'tare] *vt* comparer; ~ **a** comparer à.
rapporto [rap'pɔrto] *sm* rapport *m*; (*di marce*) vitesse *f*; **rapporti** *smpl* (*tra persone, paesi*) rapports *mpl*; **fare ~ a qn su qc** faire un rapport à qn sur qch; **andare a ~ da qn** aller au rapport auprès de qn; **chiamare qn a ~** appeler qn au rapport; **in ~ a quanto è successo** par rapport à ce qui est arrivé; **essere in buoni/cattivi rapporti con qn** être en bons/mauvais termes avec qn; ▸ **rapporto d'affari/di lavoro** rapport d'affaires/de travail; ▸ **rapporto sentimentale** relation *f* sentimentale; ▸ **rapporti coniugali** rapports conjugaux; ▸ **rapporti intimi** relations intimes; ▸ **rapporti sessuali** rapports sexuels.
rapprendersi [rap'prɛndersi] *vip* (*sangue*) se coaguler; (*latte*) se cailler.
rappresaglia [rappre'saʎʎa] *sf* représailles *fpl*.
rappresentante [rapprezen'tante] *sm/f* représentant(e); ▸ **rappresentante di commercio** représentant de commerce; ▸ **rappresentante sindacale** représentant syndical.
rappresentanza [rapprezen'tantsa] *sf* représentation *f*; (*gruppo*) délégation *f*; **in ~ di** comme représentant de; **spese di ~** frais *mpl* de représentation; **macchina di ~** voiture *f* officielle; ▸ **rappresentanza esclusiva** (*COMM*) représentation exclusive; ▸ **rappresentanza nazionale** (*di parlamento*) représentation nationale.
rappresentare [rapprezen'tare] *vt* représenter; (*TEATRO*) représenter, jouer; (*CINE*) passer; **farsi ~ dal proprio legale** se faire représenter par son avocat.
rappresentativa [rapprezenta'tiva] *sf* (*di partito, sindacale*) assemblée *f* représentative; (*SPORT*) équipe *f* représentative.
rappresentativo, -a [rapprezenta'tivo] *agg* représentatif(-ive).
rappresentazione [rapprezentat'tsjone] *sf* représentation *f*; **prima ~ assoluta** première *f*.
rappreso, -a [rap'preso] *pp di* **rapprendersi**.
rapsodia [rapso'dia] *sf* r(h)apsodie *f*.
raptus ['raptus] *sm inv* raptus *msg*.
raramente [rara'mente] *avv* rarement.
rarefare [rare'fare] *vt* raréfier; **rarefarsi** *vip* se raréfier.
rarefatto, -a [rare'fatto] *pp di* **rarefare** ♦ *agg* raréfié(e).
rarefazione [rarefat'tsjone] *sf* raréfaction *f*.
rarità [rari'ta] *sf inv* rareté *f*.
raro, -a ['raro] *agg* rare.
rasare [ra'sare] *vt* (*barba, capelli*) raser; (*siepi, erba*) tondre; **rasarsi** *vr* se raser.
rasato, -a [ra'sato] *agg* (*persona, capo*) rasé(e); (*tessuto*) ras(e); **punto ~** (*maglieria*) point *m* de jersey.
rasatura [rasa'tura] *sf* rasage *m*.
raschiamento [raskja'mento] *sm* grattage *m*, raclage *m*; (*MED*) grattage; ▸ **raschiamento uterino** (*MED*) curetage *m*.
raschiare [ras'kjare] *vt* racler ♦ *vi* (*con la gola*) se racler la gorge.
rasentare [razen'tare] *vt* (*andar rasente*) raser; (*sfiorare*) frôler; (*fig*) friser.
rasente [ra'zɛnte] *prep*: ~ **(a)** au ras (de).
raso, -a ['raso] *pp di* **radere** ♦ *agg* ras(e) ♦ *sm* (*tessuto*) satin *m* ♦ *prep*: ~ **terra** à ras de terre, au ras du sol.
rasoio [ra'sojo] *sm* rasoir *m*; ▸ **rasoio elettrico** rasoir électrique.
raspare [ras'pare] *vt* (*levigare*) râper; (*grattare*) gratter.
raspo ['raspo] *sm* (*di uva*) rafle *f*, râpe *f*.
rassegna [ras'seɲɲa] *sf* (*MIL, pubblicazione*) revue *f*; (*resoconto*) compte rendu *m*; (*mostra*) exposition *f*; (*CINE*) festival *m*; **passare in ~** (*MIL, fig*) passer en revue.
rassegnare [rasseɲ'ɲare] *vt*: ~ **le dimissioni** donner sa démission, démissionner; **rassegnarsi** *vip*: **rassegnarsi (a qc/a fare qc)** se résigner (à qch/à faire qch).
rassegnazione [rasseɲɲat'tsjone] *sf* résignation *f*.
rasserenare [rassere'nare] *vt* rasséréner; **rasserenarsi** *vip* (*cielo*) s'éclaircir; (*persona*) se rasséréner.
rassettare [rasset'tare] *vt* (*riordinare*) ranger; (*aggiustare*) raccommoder.
rassicurante [rassiku'rante] *agg* rassurant(e).
rassicurare [rassiku'rare] *vt* rassurer; **rassicurarsi** *vip* se rassurer.
rassicurazione [rassikurat'tsjone] *sf* assurance *f*; (*parole, discorso*) propos *mpl* rassurants.
rassodare [rasso'dare] *vt* (*anche fig*) raffermir; **rassodarsi** *vip* se raffermir.
rassomiglianza [rassomiʎ'ʎantsa] *sf* ressemblance *f*.
rassomigliare [rassomiʎ'ʎare] *vi*: ~ **a** ressembler à.
rastrellamento [rastrella'mento] *sm* (*MIL, di polizia*) ratissage *m*.
rastrellare [rastrel'lare] *vt* ratisser; (*fieno*) râteler.
rastrelliera [rastrel'ljɛra] *sf* (*AGR*) râtelier *m*; (*per piatti*) égouttoir *m*.
rastrello [ras'trɛllo] *sm* râteau *m*.
rata ['rata] *sf* versement *m*; **a rate** à crédit,

à tempérament.

rateale [rate'ale] *agg* à tempérament, à crédit.

rateare [rate'are] *vt* échelonner.

rateazione [rateat'tsjone] *sf* paiement *m* échelonné, paiement à tempérament.

rateizzare [rateid'dzare] *vt* échelonner.

rateo ['rateo] *sm* (*COMM*) taux *msg*; ▸ **rateo d'interesse** quote-part *f*.

ratifica [ra'tifika] *sf* ratification *f*.

ratificare [ratifi'kare] *vt* ratifier.

ratto ['ratto] *sm* (*DIR*) enlèvement *m*; (*ZOOL*) rat *m*.

rattoppare [rattop'pare] *vt* rapiécer.

rattoppo [rat'tɔppo] *sm* (*il rattoppare*) rapiéçage *m*; (*toppa*) pièce *f*.

rattrappire [rattrap'pire] *vt* contracter; **rattrappirsi** *vip* se contracter.

rattristare [rattris'tare] *vt* rendre triste, attrister; **rattristarsi** *vip* s'attrister.

raucedine [rau'tʃɛdine] *sf* enrouement *m*.

rauco, -a, -chi, -che ['rauko] *agg* rauque; (*persona*) enroué(e).

ravanello [rava'nɛllo] *sm* radis *msg*.

Ravenna [ra'vɛnna] *sf* Ravenne.

ravennate [raven'nate] *agg* de Ravenne.

ravioli [ravi'ɔli] *smpl* (*CUC*) raviolis *mpl*.

ravvedersi [ravve'dersi] *vip* reconnaître ses torts.

ravviare [ravvi'are] *vt*: ~ **i capelli** se donner un coup de peigne.

ravvicinamento [ravvitʃina'mento] *sm* rapprochement *m*.

ravvicinare [ravvitʃi'nare] *vt*: ~ **(a)** rapprocher (de); (*fig*: *riconciliare*) réconcilier (avec); **ravvicinarsi** *vr* (*vedi vt*) se rapprocher; se réconcilier.

ravvisare [ravvi'zare] *vt* reconnaître.

ravvivare [ravvi'vare] *vt* raviver; (*malato*) ramener à la vie; (*fig*) raviver, ranimer; **ravvivarsi** *vip* (*fig*) se ranimer.

raziocinio [rattsjo'tʃinjo] *sm* jugement *m*; **mancare di** ~ manquer de jugement.

razionale [rattsjo'nale] *agg* rationnel(le).

razionalità [rattsjonali'ta] *sf* rationalité *f*.

razionalizzare [rattsjonalid'dzare] *vt* rationaliser.

razionamento [rattsjona'mento] *sm* rationnement *m*.

razionare [rattsjo'nare] *vt* rationner.

razione [rat'tsjone] *sf* ration *f*.

razza ['rattsa] *sf* race *f*; (*discendenza, stirpe*) souche *f*; (*pesce*) raie *f*; **di** ~ (*animale*) de race; **che** ~ **di domande!** mais quelle question!; ~ **d'imbecille!** espèce d'imbécile!

razzia [rat'tsia] *sf* razzia *f*.

razziale [rat'tsjale] *agg* racial(e).

razzismo [rat'tsizmo] *sm* racisme *m*.

razzista, -i, -e [rat'tsista] *agg, sm/f* raciste *m/f*.

razzo ['raddzo] *sm* fusée *f*; **come un** ~ (*fig*) comme une flèche; ▸ **razzo di segnalazione** fusée de signalisation; ▸ **razzo vettore** lanceur *m*.

razzolare [rattso'lare] *vi* gratter; (*fig*) fouiller.

RC *sigla* = *Reggio Calabria*.

RDT ['ɛrredi'ti] *sigla f* (= *Repubblica Democratica Tedesca*) RDA *f*.

RE *sigla* = *Reggio Emilia*.

re [re] *sm inv* roi *m*; (*MUS*) ré *m*.

reagente [rea'dʒɛnte] *sm* (*CHIM*) réactif *m*.

reagire [rea'dʒire] *vi* réagir.

reale [re'ale] *agg* réel(le); (*di, da re*) royal(e) ♦ *sm*: **il** ~ le réel *m*; **i Reali, la coppia** ~ les souverains *mpl*.

realismo [rea'lizmo] *sm* réalisme *m*.

realista, -i, -e [rea'lista] *sm/f* réaliste *m/f*.

realistico, -a, -ci, -che [rea'listiko] *agg* réaliste.

realizzare [realid'dzare] *vt* (*anche COMM*) réaliser; (*goal, punto*) marquer; **realizzarsi** *vip* se réaliser.

realizzazione [realiddzat'tsjone] *sf* réalisation *f*; ▸ **realizzazione scenica** (*TEATRO*) mise *f* en scène.

realizzo [rea'liddzo] *sm* (*di titoli*) réalisation *f*; (*ricavo*) produit *m* d'une vente; ~ **a prezzo di costo** vente *f* à prix coûtant.

realmente [real'mente] *avv* réellement.

realtà [real'ta] *sf inv* réalité *f*; **in** ~ en réalité.

reame [re'ame] *sm* royaume *m*.

reato [re'ato] *sm* (*DIR*) délit *m*.

reattore [reat'tore] *sm* (*AER*) réacteur *m*; ▸ **reattore nucleare** réacteur nucléaire.

reazionario, -a [reattsjo'narjo] *agg, sm/f* (*POL*) réactionnaire *m/f*.

reazione [reat'tsjone] *sf* réaction *f*; **a** ~ (*motore, aereo*) à réaction; **forze della** ~ forces *fpl* réactionnaires; ▸ **reazione a catena** (*anche fig*) réaction en chaîne; ▸ **reazione nucleare** réaction nucléaire.

rebus ['rɛbus] *sm inv* rébus *msg*; (*fig*) énigme *f*.

recapitare [rekapi'tare] *vt*: ~ **(a)** remettre (à).

recapito [re'kapito] *sm* (*indirizzo*) adresse *f*; (*consegna*) remise *f*; ▸ **recapito a domicilio** livraison *f* à domicile; ▸ **recapito telefonico** numéro *m* de téléphone.

recare [re'kare] *vt* (*sogg*: *persona*) apporter; (: *documento, foglio*) porter; (*cagionare*) causer; **recarsi** *vip* aller, se rendre; ~ **danno a qn** porter préjudice à qn.

recedere [re'tʃɛdere] *vi*: ~ **da** (*fig*: *da decisione*) revenir sur; (: *da impegno*) renoncer à; (*da contratto*) résilier.

recensione [retʃen'sjone] *sf* critique *f*.

recensire [retʃen'sire] *vt* faire la critique de.

recensore, -a [retʃen'sore] *sm/f* critique *m/f*.
recente [re'tʃɛnte] *agg* récent(e); **di ~** récemment.
recentemente [retʃɛnte'mente] *avv* récemment.
recepire [retʃe'pire] *vt* (*istanza*) accepter; (*in ordinamento giuridico*) transposer.
recessione [retʃes'sjone] *sf* récession *f*.
recesso [re'tʃɛsso] *sm* (*luogo*) lieu *m* solitaire; (*fig*) recoin *m*, repli *m*; (*DIR*: *da contratto*) résiliation *f*.
recherò *etc* [reke'rɔ] *vb vedi* **recare**.
recidere [re'tʃidere] *vt* couper.
recidivo, -a [retʃi'divo] *sm/f* (*DIR*) récidiviste *m/f*; (*MED*) personne *f* sujette à une récidive ♦ *sf* (*MED, DIR*) récidive *f*.
recintare [retʃin'tare] *vt* clôturer.
recinto [re'tʃinto] *sm* (*spazio*) enceinte *f*, enclos *msg*; (*reticolato*) clôture *f*.
recinzione [retʃin'tsjone] *sf* (*azione*) installation *f* d'une clôture; (*recinto*) clôture *f*.
recipiente [retʃi'pjɛnte] *sm* récipient *m*.
reciproco, -a, -ci, -che [re'tʃiproko] *agg* réciproque.
reciso, -a [re'tʃizo] *pp di* **recidere**.
recita ['rɛtʃita] *sf* représentation *f*.
recital [retʃi'tal] *sm inv* récital *m*.
recitare [retʃi'tare] *vt* réciter; (*ruolo, dramma*) jouer ♦ *vi* (*attore*) jouer; (*sogg*: *articolo*) dire; **~ (la commedia)** (*fig*) jouer (la comédie).
recitazione [retʃitat'tsjone] *sf* récitation *f*; (*di attore*) jeu *m*.
reclamare [rekla'mare] *vi, vt* réclamer.
réclame [re'klam] *sf inv* réclame *f*.
reclamizzare [reklamid'dzare] *vt* faire de la réclame *o* de la publicité (pour).
reclamo [re'klamo] *sm* réclamation *f*; **sporgere ~ a** déposer une réclamation auprès de.
reclinabile [rekli'nabile] *agg* (*sedile*) inclinable.
reclinare [rekli'nare] *vt* baisser.
reclusione [reklu'zjone] *sf* réclusion *f*.
recluso, -a [re'kluzo] *sm/f* détenu(e).
recluta ['rɛkluta] *sf* recrue *f*.
reclutamento [rekluta'mento] *sm* recrutement *m*.
reclutare [reklu'tare] *vt* (*MIL*) recruter; (*personale*) recruter, embaucher.
recondito, -a [re'kɔndito] *agg* (*anche fig*) secret(-ète), caché(e).
record ['rɛkord] *agg inv, sm inv* record *m*; **a tempo di ~** en un temps record; ▶ **record mondiale** record du monde.
recriminare [rekrimi'nare] *vi*: **~ (su)** se plaindre (de).
recriminazione [rekriminat'tsjone] *sf* récrimination *f*.
recrudescenza [rekrudeʃ'ʃɛntsa] *sf* recrudescence *f*.
recuperare [rekupe'rare] *vt* = **ricuperare**.
redarguire [redar'gwire] *vt* réprimander.
redassi *etc* [re'dassi] *vb vedi* **redigere**.
redatto, -a [re'datto] *pp di* **redigere**.
redattore, -trice [redat'tore] *sm/f* rédacteur(-trice); ▶ **redattore capo** rédacteur en chef.
redazione [redat'tsjone] *sf* rédaction *f*.
redditizio, -a [reddi'tittsjo] *agg* rentable.
reddito ['rɛddito] *sm* revenu *m*; ▶ **reddito complessivo** revenu global; ▶ **reddito da lavoro** revenu du travail; ▶ **reddito disponibile** revenu disponible; ▶ **reddito fisso** revenu fixe; ▶ **reddito imponibile/non imponible** revenu imposable/non imposable; ▶ **reddito nazionale** revenu national; ▶ **reddito pubblico** revenus *mpl* publics, revenus de l'État.
redensi *etc* [re'dɛnsi] *vb vedi* **redimere**.
redento, -a [re'dɛnto] *pp di* **redimere**.
redentore [reden'tore] *sm*: **il R~** le Rédempteur.
redenzione [reden'tsjone] *sf* rédemption *f*.
redigere [re'didʒere] *vt* rédiger.
redimere [re'dimere] *vt* affranchir; (*REL*) racheter.
redini ['rɛdini] *sfpl* rênes *fpl*; **le ~ dello Stato** (*fig*) les rênes de l'État.
redivivo, -a [redi'vivo] *agg* ressuscité(e) ♦ *sm/f* (*fig*): **oh, ecco il ~!** oh, un revenant!
reduce ['rɛdutʃe] *agg*: **~ da** de retour de ♦ *sm/f* rescapé(e); (*combattente*) ancien combattant *m*; **essere ~ da** (*da esame*) venir de passer; (*da colloquio*) venir d'avoir; (*da malattia*) sortir de.
refe ['refe] *sm* fil *m*.
referendum [refe'rɛndum] *sm inv* référendum *m*.
referenza [refe'rɛntsa] *sf* référence *f*.
referto [re'fɛrto] *sm* (*MED*) rapport *m*.
refettorio [refet'tɔrjo] *sm* réfectoire *m*.
refezione [refet'tsjone] *sf* (*a scuola*) repas *msg* scolaire.
refrattario, -a [refrat'tarjo] *agg* réfractaire; (*fig*) insensible.
refrigerante [refridʒe'rante] *agg* (*TECN*) réfrigérant(e) ♦ *sm* fluide *m* réfrigérant; (*apparecchio*) refroidisseur *m*, réfrigérant *m*.
refrigerare *vt* réfrigérer; (*rinfrescare*) rafraîchir.
refrigerazione [refridzerat'tsjone] *sf* réfrigération *f*.
refrigerio [refri'dʒɛrjo] *sm* fraîcheur *f*.
refurtiva [refur'tiva] *sf* butin *m*.
Reg. *abbr* (= *reggimento*) rég.; (*AMM* = *regolamento*) règlement.
regalare [rega'lare] *vt*: **~ qc (a qn)** offrir qch (à qn).

regale [re'gale] *agg* royal(e).
regalo [re'galo] *sm* cadeau *m* ♦ *agg inv*: **confezione** ~ paquet-cadeau *m*; **fare un ~ a qn** faire un cadeau à qn; **"articoli da ~"** "cadeaux".
regata [re'gata] *sf* régate *f*.
reggente [red'dʒɛnte] *agg* (*LING*) principal(e) ♦ *sm/f* régent(e); **principe** ~ prince *m* régent.
reggenza [red'dʒɛntsa] *sf* régence *f*.
reggere ['rɛddʒere] *vt* (*tenere*) tenir; (*sostenere, sopportare*) soutenir; (*impresa*) diriger; (*paese*) gouverner; (*LING*) régir ♦ *vi* (*a peso etc*): ~ **a** résister à; (*durare*) durer; (*fig*: *teoria etc*) tenir debout; **reggersi** *vr* (*stare ritto*) se tenir; (*fig*: *dominarsi*) se contrôler; **reggersi a** (*tenersi*) se tenir à; **reggersi sulle gambe** *o* **in piedi** tenir debout; **reggiti forte** (*anche fig*) tiens-toi bien.
reggia ['rɛddʒa] *sf* palais *msg* royal; (*fig*) palais.
reggicalze [reddʒi'kaltse] *sm inv* porte-jarretelles *m inv*.
reggimento [reddʒi'mento] *sm* (*MIL*) régiment *m*.
reggipetto [reddʒi'pɛtto] *sm* soutien-gorge *m*.
reggiseno [reddʒi'seno] *sm* soutien-gorge *m*.
regia, -gie [re'dʒia] *sf* mise *f* en scène.
regime [re'dʒime] *sm* régime *m*; ▸**regime alimentare** régime alimentaire; ▸**regime torrentizio** régime torrentiel; ▸**regime vegetariano** régime végétarien.
regina [re'dʒina] *sf* reine *f*; (*SCACCHI*) reine, dame *f*; (*CARTE*) dame.
regio, -a, -gi, -gie ['rɛdʒo] *agg* royal(e).
regionale [redʒo'nale] *agg* régional(e) ♦ *sm* (*FERR*) (train *m*) omnibus *m inv*.
regione [re'dʒone] *sf* région *f*.
regista, -i, -e [re'dʒista] *sm/f* metteur *m* en scène.
registrare [redʒis'trare] *vt* enregistrer; (*annotare*) inscrire; (*freni, congegno*) régler; ~ **il bagaglio** (*AER*) faire enregistrer les bagages.
registratore [redʒistra'tore] *sm* enregistreur *m*; ▸**registratore a cassette** magnétophone *m* à cassettes; ▸**registratore di cassa** caisse *f* enregistreuse; ▸**registratore di volo** enregistreur de vol, boîte *f* noire.
registrazione [redʒistrat'tsjone] *sf* enregistrement *m*; ▸**registrazione bagagli** (*AER*) enregistrement des bagages.
registro [re'dʒistro] *sm* registre *m*; **ufficio del** ~ (administration *f* de l') Enregistrement *m*; ▸**registro di bordo** journal *m* de bord; ▸**registro (di cassa)** livre *m* (de caisse); ▸**registri contabili** livres *mpl* de comptabilité.
regnante [reɲ'ɲante] *agg* régnant(e) ♦ *sm/f* souverain(e).
regnare [reɲ'ɲare] *vi* (*anche fig*) régner.
regno ['reɲɲo] *sm* royaume *m*; (*periodo, fig*) règne *m*; **il R~ Unito** le Royaume-Uni; ▸**regno animale/vegetale** règne animal/végétal.
regola ['rɛgola] *sf* règle *f*; **di** ~ en général; **essere in** ~ (*anche fig*) être en règle; **mettersi in** ~ se mettre en règle; **avere le carte in** ~ (*fig*) avoir tous les atouts (en main); **per tua (norma e)** ~ pour ta gouverne; **a** ~ **d'arte** dans les règles de l'art.
regolabile [rego'labile] *agg* réglable.
regolamentare [regolamen'tare] *agg* réglementaire ♦ *vt* réglementer; **entro il tempo** ~ dans les temps.
regolamento [regola'mento] *sm* règlement *m*; ▸**regolamento di conti** (*fig*) règlement de comptes.
regolare [rego'lare] *agg* régulier(-ière) ♦ *vt* régler; (*commercio, scambi*) réglementer; (*governare*) régir; **regolarsi** *vr* (*comportarsi*) se comporter; **presentare** ~ **domanda** présenter une demande en bonne et due forme; ~ **i conti con qn** (*fig*) régler ses comptes avec qn; **regolarsi nel bere** se modérer dans la boisson.
regolarità [regolari'ta] *sf* régularité *f*.
regolarizzare [regolarid'dzare] *vt* régulariser.
regolata [rego'lata] *sf*: **darsi una** ~ s'assagir; (*calmarsi*) se calmer.
regolatezza [regola'tettsa] *sf* modération *f*.
regolato, -a [rego'lato] *agg* réglé(e); (*moderato*) modéré(e).
regolatore [regola'tore] *sm* (*TECN*) régulateur *m*; ▸**regolatore di frequenza/di volume** bouton *m* de réglage de la frequence/du volume.
regolo ['rɛgolo] *sm* règle *f*; ▸**regolo calcolatore** règle à calcul.
regredire [regre'dire] *vi* régresser.
regresso [re'grɛsso] *sm* régression *f*.
reietto, -a [re'jɛtto] *sm/f*: **i reietti** les laissés-pour-compte *mpl*.
reincarnazione [reinkarnat'tsjone] *sf* réincarnation *f*.
reintegrare [reinte'grare] *vt* reconstituer; (*dipendente*) réintégrer.
reintegrazione [reintegrat'tsjone] *sf* (*vedi vt*) reconstitution *f*; réintégration *f*.
relativa [rela'tiva] *sf* (*LING*) proposition *f* relative; *vedi anche* **relativo**.
relativamente [relativa'mente] *avv* relativement; ~ **a** quant à, en ce qui concerne.
relatività [relativi'ta] *sf* relativité *f*.
relativo, -a [rela'tivo] *agg* relatif(-ive); ~ **a**

(*dati, commenti*) concernant.
relatore, -trice [rela'tore] *sm/f* rapporteur(-euse); (*UNIV*) directeur *m* de maîtrise.
relax [re'laks] *sm* relax *msg.*
relazione [relat'tsjone] *sf* (*rapporto: fra cose, fenomeni*) relation *f*; (: *fra persone*) relation; (: *fra amanti*) liaison *f*; (*rapporto scritto, orale, MAT*) rapport *m*; **relazioni** *sfpl* (*conoscenze*) relations *fpl*; **essere in ~** être en relation; **mettere in ~** mettre en rapport; **in ~ a** relativement à; **in ~ alla sua richiesta** suite à votre demande; **fare una ~** présenter un rapport; ▸ **relazioni pubbliche** relations publiques.
relegare [rele'gare] *vt* reléguer.
religione [reli'dʒone] *sf* religion *f*.
religioso, -a [reli'dʒoso] *agg, sm/f* religieux(-euse); **in ~ silenzio** dans un silence religieux.
reliquia [re'likwja] *sf* relique *f*.
relitto [re'litto] *sm* (*NAUT*) épave *f*; (*fig*) épave, loque *f*.
remainder [ri'meində] *sm inv* (*libro*) exemplaire *m* invendu.
remake ['riː'meik] *sm inv* (*CINE, TEATRO*) remake *m*.
remare [re'mare] *vi* ramer.
reminiscenze [reminiʃ'ʃɛntse] *sfpl* réminiscences *fpl*.
remissione [remis'sjone] *sf* rémission *f*; (*di debito*) remise *f*; ▸ **remissione di querela** (*DIR*) désistement *m* d'action.
remissività [remissivi'ta] *sf* soumission *f*.
remissivo, -a [remis'sivo] *agg* soumis(e); (*DIR*) de rémission.
remo ['rɛmo] *sm* rame *f*.
remora ['rɛmora] *sf* (*indugio*) frein *m*; **agire senza remore** agir sans hésitation.
remoto, -a [re'mɔto] *agg* (*nel tempo*) lointain(e); (*nello spazio*) éloigné(e); *vedi* **passato**.
remunerare *etc* [remune'rare] *vb* = **rimunerare** *etc*.
rena ['rena] *sf* sable *m*.
renale [re'nale] *agg* rénal(e).
rendere ['rɛndere] *vt* (*restituire, far diventare*) rendre; (*produrre*) rapporter ♦ *vi* (*fruttare*) rapporter; **rendersi** *vip*: **rendersi utile/antipatico** se rendre utile/antipathique; **~ qc possibile** rendre qch possible; **~ grazie a qn** rendre grâce à qn; **~ omaggio a qn** rendre hommage à qn; **~ un servizio a qn** rendre un service à qn; **~ una testimonianza** fournir un témoignage; **~ la visita a qn** rendre à qn sa visite; **non so se rendo l'idea** je ne sais pas si vous voyez ce que je veux dire; **rendersi conto di qc** se rendre compte de qch.
rendiconto [rendi'konto] *sm* (*relazione*) compte *m* rendu; (*AMM, COMM*) rapport *m*; (: *consuntivo*) bilan *m*.
rendimento [rendi'mento] *sm* rendement *m*.
rendita ['rɛndita] *sf* rente *f*; **vivere di ~** vivre de ses rentes; ▸ **rendita annua** rente annuelle; ▸ **rendita vitalizia** rente viagère.
rene ['rɛne] *sm* rein *m*; ▸ **rene artificiale** rein artificiel.
reni ['reni] *sfpl* (*anche fig*) reins *mpl*.
renitente [reni'tɛnte] *sm*: **~ alla leva** (*MIL*) insoumis *m*.
renna ['rɛnna] *sf* renne *m*; (*pelle*) daim *m*.
Reno ['reno] *sm* Rhin *m*.
reo, -a ['rɛo] *sm/f* coupable *m/f*; ▸ **reo confesso** qui s'avoue coupable.
reparto [re'parto] *sm* (*di ospedale*) service *m*; (*di negozio*) rayon *m*; (*di ufficio*) secteur *m*; (*di fabbrica*) atelier *m*; (*MIL*) détachement *m*; ▸ **reparto elettrodomestici** rayon (de l')électroménager; ▸ **reparto personale** service du personnel; ▸ **reparto vendite** service des ventes.
repellente [repel'lɛnte] *agg* (*fig*) rebutant(e), repoussant(e).
repentaglio [repen'taʎʎo] *sm*: **mettere a ~** mettre en danger.
repentino, -a [repen'tino] *agg* subit(e), soudain(e).
reperibile [repe'ribile] *agg* trouvable; **è ~ dalle 3 alle 4** on peut le joindre de 3 heures à 4 heures.
reperire [repe'rire] *vt* trouver.
reperto [re'pɛrto] *sm* pièce *f*; (*MED*) rapport *m*; ▸ **reperto archeologico** pièce archéologique; ▸ **reperto giudiziario** pièce à conviction.
repertorio [reper'tɔrjo] *sm* répertoire *m*.
replica, -che ['rɛplika] *sf* (*ripetizione*) répétition *f*; (*risposta, copia*) réplique *f*; (*TEATRO*) représentation *f*.
replicare [repli'kare] *vt* répéter; (*rispondere*) répliquer; (*TEATRO*) rejouer; (*CINE*) repasser.
reportage [rəpɔr'taʒ] *sm inv* (*STAMPA*) reportage *m*.
repressione [repres'sjone] *sf* répression *f*.
repressivo, -a [repres'sivo] *agg* répressif(-ive).
represso, -a [re'prɛsso] *pp di* **reprimere**.
reprimere [re'primere] *vt* réprimer.
repubblica, -che [re'pubblika] *sf* république *f*; **la R~ Democratica Tedesca** la République démocratique allemande; **la R~ Federale Tedesca** la République fédérale d'Allemagne.
repubblicano, -a [repubbli'kano] *agg, sm/f* républicain(e).
reputare [repu'tare] *vt* considérer, estimer.

reputazione [reputat'tsjone] *sf* réputation *f*; **avere una buona ~** avoir une bonne réputation.
requie ['rɛkwje] *sf*: **senza ~** sans répit; **dare ~ a qn** accorder un répit à qn.
requiem ['rɛkwjem] *sm inv* requiem *m*.
requisire [rekwi'zire] *vt* réquisitionner.
requisito [rekwi'zito] *sm* qualité *f* requise.
requisitoria [rekwizi'tɔrja] *sf* (*DIR*) réquisitoire *m*.
requisizione [rekwizit'tsjone] *sf* réquisition *f*.
resa ['resa] *sf* (*l'arrendersi*) reddition *f*, capitulation *f*; (*restituzione*) retour *m*; (*utilità, rendimento*) rendement *m*; **la ~ dei conti** (*fig*) le moment de rendre des comptes.
rescindere [reʃ'ʃindere] *vt* (*DIR*: *contratto, obbligazione*) résilier.
rescisso, -a [reʃ'ʃisso] *pp di* **rescindere**.
resettare [reset'tare] *vt* (*INFORM*) remettre à zéro.
resi *etc* ['resi] *vb vedi* **rendere**.
residente [resi'dɛnte] *agg* résident(e).
residenza [resi'dɛntsa] *sf* résidence *f*.
residenziale [residen'tsjale] *agg* résidentiel(le).
residuo, -a [re'siduo] *agg* restant(e) ♦ *sm* reste *m*; (*CHIM*) résidu *m*; ▶ **residuo di bilancio** boni *m* (de budget); ▶ **residui industriali** déchets *mpl* industriels.
resina ['rɛzina] *sf* résine *f*.
resistente [resis'tɛnte] *agg*: **~ (a)** résistant(e) (à).
resistenza [resis'tɛntsa] *sf* résistance *f*; (*di persona*: *fisica*) endurance *f*, résistance; (: *mentale*) résistance; (*STORIA*): **la R~** la Résistance; ▶ **resistenza elettrica** résistance électrique.
resistere [re'sistere] *vi*: **~ (a)** résister (à).
resistito, -a [resis'tito] *pp di* **resistere**.
reso, -a ['reso] *pp di* **rendere**.
resoconto [reso'konto] *sm* (*relazione*) compte *m* rendu; (*rendiconto*) relevé *m* de comptes.
respingente [respin'dʒɛnte] *sm* (*FERR*) tampon *m*.
respingere [res'pindʒere] *vt* repousser; (*pacco, lettera*) renvoyer, retourner; (*SCOL*: *bocciare*) recaler.
respinto, -a [res'pinto] *pp di* **respingere**.
respirare [respi'rare] *vi, vt* respirer; **ora finalmente posso ~!** enfin, je respire!
respiratore [respira'tore] *sm* (*MED*) respirateur *m*; (*per subacqueo*) tuba *m*.
respiratorio, -a [respira'tɔrjo] *agg* respiratoire.
respirazione [respirat'tsjone] *sf* respiration *f*; ▶ **respirazione artificiale** respiration artificielle.
respiro [res'piro] *sm* souffle *m*; (*atto di respirare*) respiration *f*; (*fig*) répit *m*; **di ampio ~** (*opera, lavoro*) de longue haleine; **concedersi un attimo di ~** s'accorder un moment de répit; **fino all'ultimo ~** (*fig*) jusqu'au dernier soupir; **lavorare senza ~** travailler sans répit.
responsabile [respon'sabile] *agg, sm/f*: **~ (di)** responsable *m/f* (de).
responsabilità [responsabili'ta] *sf inv* responsabilité *f*; **assumersi le proprie ~** assumer ses responsabilités; ▶ **responsabilità civile/penale** responsabilité civile/pénale; ▶ **responsabilità patrimoniale** responsabilité patrimoniale.
responsabilizzare [responsabilid'dzare] *vt* responsabiliser.
responso [res'pɔnso] *sm* verdict *m*.
ressa ['rɛssa] *sf* cohue *f*.
ressi *etc* ['rɛssi] *vb vedi* **reggere**.
restare [res'tare] *vi* rester; **~ in buoni rapporti** rester en bons termes; **~ senza parole** rester bouche bée; **~ sorpreso** être étonné(e); **restarci male** être déçu(e); **restano pochi giorni** il reste peu de jours; **non resta più niente** il ne reste plus rien; **non resta che andare** il ne reste plus qu'à partir; **che resti tra noi** que cela reste entre nous.
restaurare [restau'rare] *vt* restaurer; (*fig*) rétablir.
restauratore, -trice [restaura'tore] *sm/f* restaurateur(-trice).
restaurazione [restaurat'tsjone] *sf* (*ARTE, POL*) restauration *f*; **la R~** la Restauration.
restauro [res'tauro] *sm* restauration *f*; **sotto ~** (*dipinto*) en restauration; **chiuso per restauri** fermé pour travaux.
restio, -a [res'tio] *agg*: **~ a fare qc** peu enclin(e) à faire qch.
restituire [restitu'ire] *vt* rendre; (*energie, forze*) redonner.
restituzione [restitut'tsjone] *sf* restitution *f*.
resto ['rɛsto] *sm* reste *m*; (*denaro*) monnaie *f*; **resti** *smpl* (*di cibo, di civiltà*) restes *mpl*; (*di città*) ruines *fpl*; **del ~** du reste, d'ailleurs; ▶ **resti mortali** dépouille *fsg* mortelle.
restringere [res'trindʒere] *vt* rétrécir; (*fig*: *limitare*) restreindre, limiter; **restringersi** *vip* (*strada*) se rétrécir; (*spazio*) se serrer; (*stoffa*) rétrécir.
restrittivo, -a [restrit'tivo] *agg* restrictif(-ive).
restrizione [restrit'tsjone] *sf* restriction *f*.
resurrezione [resurret'tsjone] *sf* = **risurrezione**.
resuscitare [resuʃʃi'tare] *vt, vi* = **risuscitare**.
retata [re'tata] *sf* (*fig*) rafle *f*, descente *f*;

una ~ della polizia une rafle.
rete ['rete] *sf* (*intreccio, per pesca, caccia, TENNIS, in circo*) filet *m*; (*di recinzione*) grillage *m*; (*del letto*) sommier *m* métallique; (*fig*: *sistema di collegamenti*) réseau *m*; (: *insidia*) piège *m*; (*CALCIO*) but *m*; **segnare una ~** (*CALCIO*) marquer un but; ▸ **rete da pesca** filet de pêche; ▸ **rete di distribuzione** réseau de distribution; ▸ **rete ferroviaria** réseau ferroviaire; ▸ **rete stradale** réseau routier; ▸ **rete (televisiva)** (*sistema*) réseau de télévision; (*canale*) chaîne *f*.
reticente [reti'tʃɛnte] *agg* réticent(e).
reticenza [reti'tʃɛntsa] *sf* réticence *f*.
reticolato [retiko'lato] *sm* (*rete*) grillage *m*; (*di filo spinato*) barbelés *mpl*.
retina ['rɛtina] *sf* (*ANAT*) rétine *f*.
retorica, -che [re'tɔrika] *sf* rhétorique *f*.
retorico, -a, -ci, -che [re'tɔriko] *agg* rhétorique.
retribuire [retribu'ire] *vt* rétribuer.
retributivo, -a [retribu'tivo] *agg* de la rétribution.
retribuzione [retribut'tsjone] *sf* rétribution *f*.
retro ['retro] *sm inv* derrière *m* ♦ *avv* (*dietro*): **vedi ~** voir au verso.
retro... ['retro] *pref* rétro... .
retroattivo, -a [retroat'tivo] *agg* rétroactif(-ive).
retrobottega [retrobot'tega] *sm inv* arrière-boutique *f*.
retrocedere [retro'tʃɛdere] *vi* reculer ♦ *vt* (*MIL*) rétrograder; **la squadra è retrocessa in serie B** l'équipe est descendue *o* passée en seconde division.
retrocessione [retrotʃes'sjone] *sf* recul *m*; (*di soldato*: *in gerarchia*) rétrogradation *f*; (*SPORT*) passage *m* dans une division inférieure.
retrocesso, -a [retro'tʃɛsso] *pp di* **retrocedere**.
retrodatare [retroda'tare] *vt* antidater.
retrogrado, -a [re'trɔgrado] *agg* rétrograde.
retroguardia [retro'gwardja] *sf* (*MIL*) arrière-garde *f*.
retromarcia [retro'martʃa] *sf* (*AUT*) marche *f* arrière.
retroscena [retroʃ'ʃɛna] *sf* (*TEATRO*) arrière-scène *f* ♦ *sm inv* (*TEATRO, fig*) coulisses *fpl*; **conoscere i ~ (di qc)** connaître les dessous (de qch).
retrospettivo, -a [retrospet'tivo] *agg* rétrospectif(-ive) ♦ *sf* (*ARTE*) rétrospective *f*.
retrostante [retros'tante] *agg*: **~ (a)** (situé(e)) derrière.
retroterra [retro'tɛrra] *sm* arrière-pays *msg inv*, hinterland *m*; (*fig*) background *m*.
retrovia [retro'via] *sf* (*MIL*) arrière *m*.
retrovisore [retrovi'zore] *sm* (*AUT*) rétroviseur *m*.
retta ['rɛtta] *sf* (*MAT*) droite *f*; (*di convitto*) pension *f*; **dar ~ a qn** (*fig*) écouter qn, suivre les conseils de qn; **dammi ~!** crois-moi!
rettangolare [rettango'lare] *agg* rectangulaire.
rettangolo, -a [ret'tangolo] *agg, sm* rectangle *m*.
rettifica, -che [ret'tifika] *sf* rectification *f*.
rettificare [rettifi'kare] *vt* rectifier.
rettile ['rɛttile] *sm* reptile *m*; **i Rettili** les Reptiles.
rettilineo, -a [retti'lineo] *agg* rectiligne; (*andatura*) droit(e) ♦ *sm* (*AUT, FERR*) ligne *f* droite.
rettitudine [retti'tudine] *sf* rectitude *f*.
retto, -a ['rɛtto] *pp di* **reggere** ♦ *agg* (*linea*) droit(e) ♦ *sm* (*ANAT*) rectum *m*.
rettore [ret'tore] *sm* (*UNIV, REL*) recteur *m*.
reumatismo [reuma'tizmo] *sm* rhumatisme *m*.
Rev. *abbr* (= *Reverendo*) Révd.
reverendo, -a [reve'rɛndo] *agg* révérend(e) ♦ *sm* (*appellativo*) Père; (*nella chiesa anglicana*) révérend *m*.
reverente [reve'rɛnte] *agg* = **riverente**.
reverenza [reve'rɛntsa] *sf* = **riverenza**.
reversibile [rever'sibile] *agg* réversible.
revisionare [revizjo'nare] *vt* réviser.
revisione [revi'zjone] *sf* révision *f*; ▸ **revisione contabile** audit *m*; ▸ **revisione di bozze** correction *f* des épreuves.
revisore [revi'zore] *sm* réviseur *m*; ▸ **revisore di bozze** correcteur *m* d'épreuves; ▸ **revisore di conti** commissaire *m* aux comptes.
revoca, -che ['rɛvoka] *sf* révocation *f*.
revocare [revo'kare] *vt* révoquer.
revolver [re'vɔlver] *sm inv* revolver *m*.
revolverata [revolve'rata] *sf* coup *m* de revolver.
Reykjavik ['reikjavik] *sf* Reykjavik.
RFT ['erre'effe'ti] *sigla f* (= *Repubblica Federale Tedesca*) RFA *f*.
riabbia *etc* [ri'abbja] *vb vedi* **riavere**.
riabilitare [riabili'tare] *vt* (*DIR, fig*) réhabiliter; (*MED*) rééduquer.
riabilitazione [riabilitat'tsjone] *sf* (*vedi vt*) réhabilitation *f*; rééducation *f*; ▸ **centro di riabilitazione** centre *m* de rééducation.
riaccendere [riat'tʃɛndere] *vt* rallumer; **riaccendersi** *vip* se rallumer.
riacceso, -a [riat'tʃeso] *pp di* **riaccendere**.
riacquistare [riakkwis'tare] *vt* (*ricomprare*) racheter; (*fig*: *buonumore*) retrouver; (: *sangue freddo, forze*) reprendre; (: *salute, libertà*) recouvrer.

Riad [ri'ad] *sf* Riad, R(i)yad.
riaddormentare [riaddormen'tare] *vt* rendormir; **riaddormentarsi** *vip* se rendormir.
riallacciare [riallat'tʃare] *vt* rattacher; (*linea telefonica*) rétablir; (*fig*: *rapporti*) renouer; **riallacciarsi** *vr* (*fig*: *a discorso*) se rattacher.
rialzare [rial'tsare] *vt* relever; (*alzare di più*) surélever; (*prezzi*) augmenter.
rialzato, -a [rial'tsato] *agg*: **piano** ~ entresol *m*.
rialzista, -i [rial'tsista] *sm* (*BORSA*) haussier *m*.
rialzo [ri'altso] *sm* hausse *f*; **giocare al** ~ (*BORSA*) jouer à la hausse.
riandare [rian'dare] *vi* retourner.
rianimare [riani'mare] *vt* (*anche fig*) ranimer; **rianimarsi** *vip* se ranimer.
rianimazione [rianimat'tsjone] *sf* (*MED*) réanimation *f*; **centro di** ~ centre *m* de réanimation.
riaperto, -a [ria'pɛrto] *pp di* **riaprire**.
riapertura [riaper'tura] *sf* réouverture *f*.
riapparire [riappa'rire] *vi* réapparaître.
riapparso, -a [riap'parso] *pp di* **riapparire**.
riappendere [riap'pɛndere] *vt* (*anche TEL*) raccrocher.
riaprire [ria'prire] *vt*; **riaprirsi** *vip* rouvrir.
riarmo [ri'armo] *sm* (*MIL*) réarmement *m*; **corsa al** ~ course *f* aux armements.
riarso, -a [ri'arso] *agg* sec(sèche); (*terreno*) brûlé(e).
riassettare [riasset'tare] *vt* (*stanza*) remettre en ordre; (*ordinamento*) réorganiser; (*bilancio*) redresser.
riassetto [rias'sɛtto] *sm* (*vedi vb*) rangement *m*; réorganisation *f*; redressement *m*.
riassumere [rias'sumere] *vt* (*riprendere*: *attività*) reprendre; (: *dipendente*) réembaucher; (*sintetizzare*) résumer.
riassunto, -a [rias'sunto] *pp di* **riassumere** ♦ *sm* résumé *m*; ~ **delle puntate precedenti** (*TV, su giornale*) résumé des épisodes précédents.
riattaccare [riattak'kare] *vt* (*manifesto, francobollo*) recoller; (*bottoni*: *ricucire*) recoudre; (*TEL, quadro*) raccrocher.
riavere [ria'vere] *vt* avoir de nouveau; (*avere indietro*) récupérer; **riaversi** *vip* (*da svenimento, stordimento*) revenir à soi; (*dallo spavento*) se remettre.
ribadire [riba'dire] *vt* (*fig*) confirmer; ~ **un concetto** insister sur une idée.
ribalta [ri'balta] *sf* (*sportello*) abattant *m*; (*TEATRO*: *proscenio*) avant-scène *f*; (*apparecchio d'illuminazione, fig*) rampe *f*; **tornare alla** ~ (*personaggio*) revenir sur le devant de la scène; (*problema*) revenir à l'ordre du jour, redevenir d'actualité.
ribaltabile [ribal'tabile] *agg* (*sedile*) inclinable.
ribaltare [ribal'tare] *vt* renverser ♦ *vi* (*anche*: **ribaltarsi**) se renverser.
ribassare [ribas'sare] *vt, vi* baisser.
ribassista, -i [ribas'sista] *sm* (*BORSA*) baissier *m*.
ribasso [ri'basso] *sm* baisse *f*; (*sconto*) rabais *msg*; **essere in** ~ être en baisse; **giocare al** ~ (*BORSA*) jouer à la baisse.
ribattere [ri'battere] *vt* (*battere di nuovo*) rebattre; (*lettera*: *a macchina*) retaper; (*palla*) renvoyer; (*confutare*) réfuter; ~ **che** répliquer que.
ribattezzare [ribatted'dzare] *vt* rebaptiser.
ribellarsi [ribel'larsi] *vip*: ~ **(a)** se révolter (contre); (*rifiutare di ubbidire*) se rebeller (contre).
ribelle [ri'bɛlle] *agg, sm/f* rebelle *m/f*.
ribellione [ribel'ljone] *sf* rébellion *f*.
ribes ['ribes] *sm inv* (*pianta*) groseillier *m*; (*frutto*) groseille *f*; ▶ **ribes nero** cassis *msg*.
ribollire [ribol'lire] *vt* faire rebouillir ♦ *vi* rebouillir; **sentire** ~ **la rabbia** bouillir de colère; **si è sentito** ~ **il sangue nelle vene** son sang n'a fait qu'un tour.
ribrezzo [ri'breddzo] *sm* dégoût *m*; **far** ~ **a** faire horreur à.
ributtante [ribut'tante] *agg* répugnant(e).
ricacciare [rikat'tʃare] *vt* (*invasore*) refouler, repousser; (*lacrime*) ravaler.
ricadere [rika'dere] *vi* retomber; ~ **su** (*anche fig*: *fatiche, colpe*) retomber sur.
ricaduta [rika'duta] *sf* (*MED*) rechute *f*.
ricalcare [rikal'kare] *vt* (*disegni*) calquer, décalquer; (*fig*) copier.
ricalcitrare [rikaltʃi'trare] *vi* ruer.
ricamare [rika'mare] *vt* broder.
ricambiare [rikam'bjare] *vt* rechanger; (*contraccambiare*) rendre.
ricambio [ri'kambjo] *sm* rechange *m*; (*MED*) métabolisme *m*; **malattie del** ~ troubles *mpl* du métabolisme; **pezzi di** ~, **ricambi** pièces *fpl* de rechange; ▶ **ricambio della manodopera** rotation *f* du personnel.
ricamo [ri'kamo] *sm* broderie *f*; **senza ricami** (*fig*) sans broder.
ricapitolare [rikapito'lare] *vt* récapituler.
ricapitolazione [rikapitolat'tsjone] *sf* récapitulation *f*.
ricaricare [rikari'kare] *vt* recharger; (*orologio, giocattolo, fig*) remonter; (*pipa*) bourrer de nouveau.
ricattare [rikat'tare] *vt* faire du chantage à, faire chanter.
ricattatore, -trice [rikatta'tore] *sm/f* maître chanteur *m*.
ricatto [ri'katto] *sm* (*anche morale*) chantage *m*; **subire un** ~ être victime d'un

chantage.

ricavare [rika'vare] *vt* tirer; (*dedurre*) déduire.

ricavato [rika'vato] *sm* produit *m*, recette *f*.

ricavo [ri'kavo] *sm* produit *m*, recette *f*.

ricchezza [rik'kettsa] *sf* richesse *f*; **ricchezze** *sfpl* (*beni*) richesses *fpl*; ▶ **ricchezze naturali** richesses naturelles.

riccio, -a ['rittʃo] *agg* frisé(e) ♦ *sm* (*ZOOL*) hérisson *m*; (*BOT*) bogue *f*; ▶ **riccio di mare** (*ZOOL*) oursin *m*.

ricciolo ['rittʃolo] *sm* boucle *f*.

ricciuto, -a [rit'tʃuto] *agg* frisé(e).

ricco, -a, -chi, -che ['rikko] *agg* riche; (*fantasia*) fertile ♦ *sm/f* (*persona*) riche *m/f*; ~ **di** (*di materie prime, risorse*) riche en; (*di idee, illustrazioni, di fantasia*) plein(e) de; **i ricchi** les riches.

ricerca, -che [ri'tʃerka] *sf* recherche *f*; **essere alla** ~ **di** être à la recherche de; **mettersi alla** ~ **di** se mettre à la recherche de; **avviare le ricerche** entreprendre les recherches; ▶ **ricerca di mercato** étude de marché; ▶ **ricerca operativa** recherche opérationnelle.

ricercare [ritʃer'kare] *vt* rechercher.

ricercatezza [ritʃerka'tettsa] *sf* (*raffinatezza*) recherche *f*; (*affettazione*) préciosité *f*.

ricercato, -a [ritʃer'kato] *agg* recherché(e) ♦ *sm/f* (*dalla polizia*) personne *f* recherchée.

ricercatore, -trice [ritʃerka'tore] *sm/f* chercheur(-euse).

ricetrasmittente [ritʃetrazmit'tɛnte] *sf* émetteur-récepteur *m*.

ricetta [ri'tʃɛtta] *sf* (*MED*) ordonnance *f*; (*CUC*) recette *f*; (*fig*: *antidoto*) remède *m*.

ricettacolo [ritʃet'takolo] *sm* (*peg*) repaire *m*.

ricettario [ritʃet'tarjo] *sm* (*MED*) bloc *m* d'ordonnances; (*CUC*) livre *m* de recettes.

ricettatore, -trice [ritʃetta'tore] *sm/f* receleur(-euse).

ricettazione [ritʃettat'tsjone] *sf* recel *m*.

ricettivo, -a [ritʃet'tivo] *agg* réceptif(-ive).

ricevente [ritʃe'vɛnte] *agg* (*RADIO, TV*) récepteur(-trice) ♦ *sm/f* destinataire *m/f*.

ricevere [ri'tʃevere] *vt* (*anche TEL, RADIO*) recevoir; (*stipendio*) toucher.

ricevimento [ritʃevi'mento] *sm* réception *f*; **al** ~ **della merce** à la réception de la marchandise.

ricevitore [ritʃevi'tore] *sm* (*TEL, TECN*) récepteur *m*; ▶ **ricevitore delle imposte** receveur *m* des contributions, percepteur *m*.

ricevitoria [ritʃevito'ria] *sf bureau de pari pour le loto ou le loto sportif*; (*FISCO*): ~ **delle imposte** bureau *m* du receveur.

ricevuta [ritʃe'vuta] *sf* reçu *m*, récépissé *m*; (*di merci*) récépissé; **accusare** ~ **di qc** (*COMM*) accuser réception de qch; ▶ **ricevuta di ritorno** (*POSTA*) accusé *m* de réception; ▶ **ricevuta di versamento** (*BANCA*) bordereau *m* de versement; ▶ **ricevuta fiscale** (*per beni*) ticket *m* de caisse; (*per servizi*) facture *f*.

ricezione [ritʃet'tsjone] *sf* (*RADIO, TV*) réception *f*.

richiamare [rikja'mare] *vt* (*chiamare di nuovo*) rappeler; (*chiamare indietro*) réclamer; (*rimproverare*) réprimander, reprendre; (*attirare*) attirer; **richiamarsi** *vip*: **richiamarsi a** se référer à; ~ **qn all'ordine** rappeler qn à l'ordre; **desidero** ~ **la vostra attenzione su ...** je désire attirer votre attention sur ... .

richiamo [ri'kjamo] *sm* (*di truppe*) rappel *m*; (*segno, gesto*) appel *m*; (*ammonimento*) avertissement *m*; (*attrazione*) attrait *m*; (*in testo*) renvoi *m*.

richiedente [rikje'dɛnte] *sm/f* requérant(e).

richiedere [ri'kjɛdere] *vt* (*chiedere di nuovo*) redemander; (*chiedere*: *informazioni, documento, cure*) demander; (*pretendere*) exiger; **essere molto richiesto** être très demandé.

richiesta [ri'kjɛsta] *sf* demande *f*; (*AMM*: *istanza*) requête *f*; **a** ~ sur demande; **a gran** ~ à la demande générale.

richiesto, -a [ri'kjɛsto] *pp di* **richiedere**.

riciclare [ritʃi'klare] *vt* (*anche fig*) recycler.

ricino ['ritʃino] *sm*: **olio di** ~ huile *f* de ricin.

ricognitore [rikoɲɲi'tore] *sm* (*AER*) avion *m* de reconnaissance.

ricognizione [rikoɲɲit'tsjone] *sf* (*MIL, DIR*) reconnaissance *f*.

ricollegare [rikolle'gare] *vt* (*fatti*) mettre en rapport, relier; (*TECN*) raccorder; **ricollegarsi** *vr, vip* (*reciproco*: *fatti, aspetti*) être liés; **ricollegarsi a** (*in discorso*) se référer à; (*TV, RADIO*) rendre l'antenne à.

ricolmo, -a [ri'kolmo] *agg*: ~ **(di)** plein(e) (de), rempli(e) (de).

ricominciare [rikomin'tʃare] *vt, vi* recommencer; ~ **a fare qc** recommencer à faire qch, se remettre à faire qch.

ricompensa [rikom'pensa] *sf* récompense *f*.

ricompensare [rikompen'sare] *vt* récompenser.

ricomporsi [rikom'porsi] *vip* se ressaisir.

ricomposto, -a [rikom'posto] *pp di* **ricomporsi**.

riconciliare [rikontʃi'ljare] *vt* réconcilier; **riconciliarsi** *vr* se réconcilier.

riconciliazione [rikontʃiliat'tsjone] *sf* réconciliation *f*.

ricondotto, -a [rikon'dotto] *pp di* **ricondur-**

re.
ricondurre [rikon'durre] *vt* ramener.
riconferma [rikon'ferma] *sf* confirmation *f*; (*di incarico*) renouvellement *m*.
riconfermare [rikonfer'mare] *vt* (*vedi sf*) confirmer; renouveler.
riconoscente [rikonoʃ'ʃɛnte] *agg* reconnaissant(e).
riconoscenza [rikonoʃ'ʃɛntsa] *sf* reconnaissance *f*.
riconoscere [riko'noʃʃere] *vt* reconnaître; ~ **qn colpevole** reconnaître la culpabilité de qn.
riconoscimento [rikonoʃʃi'mento] *sm* reconnaissance *f*; **come ~ dei servizi resi** en reconnaissance de services rendus; **documento di ~** papiers *mpl* d'identité; **segno di ~** signe *m* de reconnaissance.
riconosciuto, -a [rikonoʃ'ʃuto] *pp di* **riconoscere**.
riconquistare [rikonkwis'tare] *vt* (*MIL*) reconquérir; (*libertà*) recouvrer; (*stima*) regagner.
ricoperto, -a [riko'pɛrto] *pp di* **ricoprire**.
ricopiare [riko'pjare] *vt* recopier.
ricoprire [riko'prire] *vt* recouvrir; (*carica*) occuper.
ricordare [rikor'dare] *vt* se rappeler, se souvenir de; (*menzionare*) mentionner, rappeler; (*rassomigliare*) rappeler; **ricordarsi** *vip*: **ricordarsi (di)** se rappeler, se souvenir (de); **ricordarsi di aver fatto qc** se rappeler avoir fait qch, se souvenir d'avoir fait qch; ~ **qc a qn** rappeler qch à qn.
ricordo [ri'kɔrdo] *sm* souvenir *m*; ▶ **ricordo di famiglia** souvenir de famille.
ricorrente [rikor'rɛnte] *agg* qui revient, qui se répète; (*MED*) récurrent(e).
ricorrenza [rikor'rɛntsa] *sf* répétition *f*; (*festività*) fête *f*.
ricorrere [ri'korrere] *vi* (*data, festa*) être; (*fenomeno*) se répéter; ~ **a** (*a persona, autorità*) recourir à, avoir recours à; ~ **alla violenza** recourir à la violence; ~ **in appello** interjeter appel.
ricorso, -a [ri'korso] *pp di* **ricorrere** ♦ *sm* recours *msg*; **far ~ a** recourir à, avoir recours à.
ricostituente [rikostitu'ɛnte] *agg*: **cura ~** traitement *m* reconstituant ♦ *sm* (*MED*) fortifiant *m*.
ricostituire [rikostitu'ire] *vt* reconstituer; **ricostituirsi** *vip* se reconstituer.
ricostruire [rikostru'ire] *vt* reconstruire.
ricostruzione [rikostrut'tsjone] *sf* reconstruction *f*.
ricotta [ri'kɔtta] *sf* ricotta *f*.
ricoverare [rikove'rare] *vt*: ~ **(in)** (*in ospedale*) hospitaliser (à); (*in manicomio*) interner (à).
ricoverato, -a [rikove'rato] *sm/f* hospitalisé(e).
ricovero [ri'kovero] *sm* (*in ospedale*) hospitalisation *f*; (*in manicomio*) internement *m*; (*per anziani*) hospice *m*; (*rifugio*) abri *m*, refuge *m*.
ricreare [rikre'are] *vt* recréer; (*fig: distrarre*) distraire.
ricreativo, -a [rikrea'tivo] *agg* (*circolo*) de loisirs; (*attività*) récréatif(-ive).
ricreazione [rikreat'tsjone] *sf* (*distrazione*) distraction *f*; (*SCOL*) récréation *f*; (*riposo*) repos *msg*.
ricredersi [ri'kredersi] *vip* changer d'avis, se raviser.
ricuperare [rikupe'rare] *vt* récupérer; (*salute*) retrouver, recouvrer; (*ritardo*) rattraper; (*fig: delinquente, emarginato*) réinsérer; (*: centro storico*) réhabiliter; (*: verde*) aménager.
ricupero [ri'kupero] *sm* récupération *f*; (*di delinquente*) réinsertion *f*; (*di salute*) recouvrement *m*; **avere una grande capacità di ~** récupérer facilement.
ricusare [riku'zare] *vt* refuser.
ridacchiare [ridak'kjare] *vi* ricaner.
ridare [ri'dare] *vt* redonner; (*restituire*) rendre.
ridda ['ridda] *sf* (*di ammiratori*) foule *f*; (*di pensieri*) flot *m*.
ridente [ri'dɛnte] *agg* riant(e).
ridere ['ridere] *vi* rire; ~ **di** (*deridere*) se moquer de; **c'è poco da ~** il n'y a pas de quoi rire.
ridestare [rides'tare] *vt* réveiller.
ridetto, -a [ri'detto] *pp di* **ridire**.
ridicolaggine [ridiko'laddʒine] *sf* (*di situazione*) ridicule *m*; (*azione, affermazione*) bêtise *f*.
ridicolizzare [ridikolid'dzare] *vt* ridiculiser.
ridicolo, -a [ri'dikolo] *agg* ridicule ♦ *sm* ridicule *m*; **rendersi ~** se ridiculiser; **cadere nel ~** tomber dans le ridicule.
ridimensionamento [ridimensjona'mento] *sm* réorganisation *f*; (*di fatto storico*) réduction *f* à de plus justes proportions.
ridimensionare [ridimensjo'nare] *vt* réorganiser; (*fig*) ramener à de justes proportions.
ridire [ri'dire] *vt* redire; (*narrare*) raconter; (*: per spettegolare*) répéter; **avere/trovare da ~** avoir/trouver à redire.
ridondante [ridon'dante] *agg* redondant(e).
ridosso [ri'dɔsso] *sm*: **a ~ di** à l'abri de.
ridotto, -a [ri'dotto] *pp di* **ridurre**.
riduco *etc* [ri'duko] *vb vedi* **ridurre**.
ridurre [ri'durre] *vt* réduire; (*opera letteraria, RADIO, TV*) adapter; **ridursi** *vip* (*rimpicciolire*) se rétrécir; **ridursi a** (*limitarsi*) se réduire à; ~ **a pezzi** réduire en morceaux; ~ **qc in polvere** réduire qch en

poudre; ~ **al silenzio** réduire au silence; ~ **qn in fin di vita** (*sogg*: *incidente*) blesser qn mortellement; **ridursi male** se mettre en piteux état; **ridursi a pelle e ossa** n'avoir plus que la peau et les os.

ridussi *etc* [ri'dussi] *vb vedi* **ridurre**.

riduttore [ridut'tore] *sm* (*TECN, CHIM*) réducteur *m*; (*ELETTR*) transformateur *m*.

riduzione [ridut'tsjone] *sf* réduction *f*; (*RADIO, TV*) adaptation *f*.

riebbi *etc* [ri'ɛbbi] *vb vedi* **riavere**.

riecheggiare [rieked'dʒare] *vt* (*fig*) rappeler, évoquer.

rieducare [riedu'kare] *vt* rééduquer.

rieducazione [riedukat'tsjone] *sf* rééducation *f*; **centro di** ~ centre *m* de rééducation.

rieleggere [rie'lɛddʒere] *vt* réélire.

rieletto, -a [rie'lɛtto] *pp di* **rieleggere**.

riempimento [riempi'mento] *sm* remplissage *m*.

riempire [riem'pire] *vt*: ~ **(di)** remplir (de); **riempirsi** *vr, vip* se remplir; ~ **qn di gioia** combler qn de joie.

rientranza [rien'trantsa] *sf* renfoncement *m*.

rientrare [rien'trare] *vi* rentrer; (*fare una rientranza*) présenter un renfoncement; ~ **in** (*anche fig*) rentrer dans; ~ **(a casa)** rentrer (chez soi); ~ **nelle spese** rentrer dans ses frais.

rientro [ri'entro] *sm* retour *m*.

riepilogare [riepilo'gare] *vt* récapituler.

riepilogo, -ghi [rie'pilogo] *sm* récapitulation *f*; **fare il** ~ **di qc** faire la récapitulation de qch, récapituler qch.

riesame [rie'zame] *sm* réexamen *m*.

riesaminare [riezami'nare] *vt* réexaminer.

riesco *etc* [ri'ɛsko] *vb vedi* **riuscire**.

riessere [ri'ɛssere] *vi*: **ci risiamo!** (*fam*) nous y revoilà!

rievocare [rievo'kare] *vt* (*passato, meriti*) évoquer; (*personaggio*) évoquer la mémoire de.

rievocazione [rievokat'tsjone] *sf* évocation *f*; (*di personaggio*) commémoration *f*.

rifacimento [rifatʃi'mento] *sm* remaniement *m*.

rifare [ri'fare] *vt* refaire; (*imitare*) imiter; **rifarsi** *vip*: **rifarsi a** (*riferirsi, alludere*) se référer à; (: *scrittore, stile*) renvoyer à; **rifarsi delle spese** rentrer dans ses frais; **rifarsi di una perdita (di denaro)** récupérer son argent; **rifarsi una vita** refaire sa vie.

rifatto, -a [ri'fatto] *pp di* **rifare**.

riferimento [riferi'mento] *sm* (*rimando*) référence *f*; (*allusione*) allusion *f*; **punto di** ~ point *m* de repère; **in** *o* **con** ~ **a** suite à; **far** ~ **a** se référer à; (*alludere*) faire allusion à.

riferire [rife'rire] *vt* rapporter ♦ *vi*: ~ **(su qc a qn)** faire un compte rendu (sur qch à qn); **riferirsi** *vip*: **riferirsi a** se référer à; (*alludere*) faire allusion à; **riferirò** je ferai la commission, je le dirai.

rifilare [rifi'lare] *vt* (*tagliare a filo*) rogner, ébarber; ~ **qc a qn** (*fam*) refiler qch à qn.

rifinire [rifi'nire] *vt* (*perfezionare*) mettre la dernière main à.

rifinitura [rifini'tura] *sf* finissage *m*; **rifiniture** *sfpl* (*di mobile, auto*) finitions *fpl*.

rifiutare [rifju'tare] *vt* refuser; ~ *o* **rifiutarsi di fare qc** refuser de faire qch.

rifiuto [ri'fjuto] *sm* refus *msg*; **rifiuti** *smpl* (*spazzatura*) ordures *fpl*; ▶ **rifiuti solidi urbani** déchets *mpl* solides urbains.

riflessione [rifles'sjone] *sf* réflexion *f*.

riflessivo, -a [rifles'sivo] *agg* (*anche LING*) réfléchi(e).

riflesso, -a [ri'flesso] *pp di* **riflettere** ♦ *agg* réfléchi(e) ♦ *sm* reflet *m*; (*FISIOL*) réflexe *m*; **di** *o* **per** ~ indirectement, par ricochet; **avere i riflessi pronti** avoir de bons réflexes.

riflettere [ri'flɛttere] *vt* réfléchir ♦ *vi* (*meditare*): ~ **(su)** réfléchir (sur); **riflettersi** *vr*: **riflettersi (su)** se refléter (dans); (*ripercuotersi*) se répercuter (sur).

riflettore [riflet'tore] *sm* (*TV, TEATRO*) projecteur *m*; (*CINE*) sunlight *m*; (*RADIO*) réflecteur *m*.

riflusso [ri'flusso] *sm* (*anche fig*) reflux *msg*.

rifocillarsi [rifotʃil'larsi] *vr* se restaurer.

rifondere [ri'fondere] *vt* (*risarcire*) rembourser.

riforma [ri'forma] *sf* réforme *f*; (*REL*): **la R~** la Réforme.

riformare [rifor'mare] *vt* réformer.

riformatore, -trice [riforma'tore] *agg, sm/f* réformateur(-trice).

riformatorio [riforma'tɔrjo] *sm* maison *f* de correction.

riformista, -i, -e [rifor'mista] *agg, sm/f* réformiste *m/f*.

rifornimento [riforni'mento] *sm* ravitaillement *m*; **rifornimenti** *smpl* (*viveri, materiale*) provisions *fpl*; **fare** ~ **di** (*di viveri etc*) faire provision de; **fare** ~ **di benzina** prendre de l'essence; **posto di** ~ centre *m* de ravitaillement.

rifornire [rifor'nire] *vt*: ~ **di** ravitailler en; **rifornirsi** *vr*: **rifornirsi di qc** s'approvisionner en qch.

rifrangere [ri'frandʒere] *vt* réfracter.

rifratto, -a [ri'fratto] *pp di* **rifrangere**.

rifrazione [rifrat'tsjone] *sf* réfraction *f*.

rifuggire [rifud'dʒire] *vi*: ~ **da** (*fig*) avoir horreur de.

rifugiarsi [rifu'dʒarsi] *vip* se réfugier.

rifugiato, -a [rifu'dʒato] *sm/f* réfugié(e).

rifugio [ri'fudʒo] *sm* abri *m*; (*fig*) refuge *m*;

(*in montagna*) refuge; ▶ **rifugio antiaereo** abri antiaérien; ▶ **rifugio (anti)atomico** abri antiatomique.

rifuso, -a [ri'fuzo] *pp di* **rifondere**.

riga, -ghe ['riga] *sf* ligne *f*; (*fila*) rangée *f*; (*MIL*) rang *m*; (*scriminatura*) raie *f*; (*righello*) règle *f*; **in** ~ (*persone etc*) en rang; **a righe** (*foglio*) rayé(e); (*vestito*) à rayures; **buttare giù due righe** écrire quelques lignes; **mandami due righe appena arrivi** écris-moi un mot dès que tu arrives.

rigagnolo [ri'gaɲɲolo] *sm* ruisseau *m*.

rigare [ri'gare] *vt* (*foglio*) régler; (*superficie*) rayer ♦ *vi*: ~ **diritto** (*fig*) bien se comporter.

rigatoni [riga'toni] *smpl* (*CUC*) *gros macaronis cannelés*.

rigattiere [rigat'tjɛre] *sm* brocanteur(-euse); (*di vestiario*) fripier(-ière).

rigatura [riga'tura] *sf* (*di pagina*) réglage *m*; (*di fucile*) rayage *m*.

rigenerare [ridʒene'rare] *vt* régénérer; (*gomma*) rechaper; **rigenerarsi** *vip* se régénérer; **gomma rigenerata** pneu *m* rechapé.

rigenerazione [ridʒenerat'tsjone] *sf* régénération *f*.

rigettare [ridʒet'tare] *vt* rejeter; (*vomitare*) rendre.

rigetto [ri'dʒɛtto] *sm* (*anche MED*) rejet *m*.

righello [ri'gɛllo] *sm* règle *f*.

righerò *etc* [rige'rɔ] *vb vedi* **rigare**.

rigidezza [ridʒi'dettsa] *sf* rigidité *f*.

rigidità [rigidi'ta] *sf* rigidité *f*; (*di clima*) rigueur *f*; (*di membra*) raideur *f*.

rigido, -a ['ridʒido] *agg* (*anche fig*: *persona, sistema*) rigide; (*clima*) rigoureux(-euse); (*membra*) raide; (: *dal freddo*) engourdi(e).

rigirare [ridʒi'rare] *vt* retourner; **rigirarsi** *vr* se retourner; ~ **il discorso** changer de sujet; **rigirarsi nel letto** ne pas arrêter de se retourner dans son lit.

rigo, -ghi ['rigo] *sm* ligne *f*; (*MUS*) portée *f*.

rigoglioso, -a [rigoʎ'ʎoso] *agg* (*pianta*) luxuriant(e); (*fig*: *commercio, sviluppo*) florissant(e).

rigonfiamento [rigonfja'mento] *sm* (*ANAT*) grosseur *f*; (*su legno, intonaco etc*) gonflement *m*.

rigonfio, -a [ri'gonfjo] *agg* gonflé(e); ~ **di** rempli(e) de; (*fig*) enflé(e) de.

rigore [ri'gore] *sm* rigueur *f*; (*anche*: **calcio di** ~) penalty *m*; **"è di ~ l'abito da sera"** "la tenue de soirée est de rigueur"; **a rigor di termini** strictement parlant; **area di** ~ (*CALCIO*) surface *f* de réparation.

rigorosità [rigorosi'ta] *sf* rigueur *f*.

rigoroso, -a [rigo'roso] *agg* rigoureux(-euse).

rigovernare [rigover'nare] *vt*: ~ **(le stoviglie)** faire la vaisselle.

riguardare [rigwar'dare] *vt* regarder (de nouveau); (*considerare*) considérer; (*esaminare*: *conti*) revoir; (*concernere*) concerner, regarder; **riguardarsi** *vr* (*aver cura di sé*) se ménager; **per quel che mi riguarda** en ce qui me concerne; **sono affari che non ti riguardano** ce sont des choses qui ne te regardent pas.

riguardo [ri'gwardo] *sm* (*attenzione*) précaution *f*; (*considerazione*) égard *m*; (*attinenza*) rapport *m*; ~ **a** quant à; **per** ~ **a** par égard pour; **un'ospite di** ~ un invité de marque; **non aver riguardi nel fare qc** ne pas avoir peur de faire qch.

riguardoso, -a [rigwar'doso] *agg* plein(e) d'égards.

rigurgitare [rigurdʒi'tare] *vt* régurgiter, rendre.

rigurgito [ri'gurdʒito] *sm* (*di acque*) débordement *m*; (*di latte*) renvoi *m*; (*fig*) retour *m*.

rilanciare [rilan'tʃare] *vt* relancer; ~ **un'offerta** (*ad asta*) surenchérir.

rilancio [ri'lantʃo] *sm* (*CARTE, di offerta*) relance *f*.

rilasciare [rilaʃ'ʃare] *vt* (*prigioniero*) relâcher; (*documento*) délivrer; (*intervista*) accorder.

rilascio [ri'laʃʃo] *sm* (*di prigioniero*) mise *f* en liberté; (*di documento*) délivrance *f*; **dopo il** ~ **dell'intervista da parte del presidente ...** après l'interview accordée par le président ... .

rilassamento [rilassa'mento] *sm* (*vedi vb*) détente *f*; relâchement *m*.

rilassare [rilas'sare] *vt* détendre; (*fig*: *disciplina*) relâcher; **rilassarsi** *vr, vip* se relaxer, se détendre; (*fig*: *disciplina*) se relâcher.

rilassatezza [rilassa'tettsa] *sf* (*fig*: *di costumi, disciplina*) relâchement *m*.

rilassato, -a [rilas'sato] *agg* (*persona, muscoli*) détendu(e); (*fig*: *disciplina, costumi*) relâché(e).

rilegare [rile'gare] *vt* ficeler (de nouveau); (*libro*) relier.

rilegatura [rilega'tura] *sf* (*di libro*) reliure *f*.

rileggere [ri'lɛddʒere] *vt* relire.

rilento [ri'lɛnto]: **a** ~ *avv* au ralenti.

riletto, -a [ri'lɛtto] *pp di* **rileggere**.

rilettura [rilet'tura] *sf* relecture *f*.

rilevamento [rileva'mento] *sm* (*statistico*) relevé *m*; (*NAUT*) relèvement *m*; ▶ **rilevamento topografico** levé *m* topographique.

rilevante [rile'vante] *agg* (*notevole*) considérable; (*importante*) important(e), majeur(e).

rilevanza [rile'vantsa] *sf* importance *f*.

rilevare [rile'vare] *vt* (*notare*) remarquer; (*raccogliere*: *dati*) enregistrer; (*MIL*) relever; (*COMM*) racheter; **dalle indagini si rileva che ...** l'enquête a montré que ... .
rilevazione [rilevat'tsjone] *sf* relevé *m*.
rilievo [ri'ljɛvo] *sm* (*GEO, ARTE*) relief *m*; (*fig*: *rilevanza*) importance *f*; (*osservazione, appunto*) remarque *f*; (*TOPOGRAFIA*) levé *m*; **in** ~ en relief; **dar** ~ **a qc** (*fig*) donner de l'importance à qch; **mettere in** ~ **qc** (*fig*) mettre qch en relief; **di poco/nessun** ~ (*fig*) de peu d'importance/d'aucune importance; **un personaggio di** ~ un personnage important.
riluttante [rilut'tante] *agg* réticent(e).
riluttanza [rilut'tantsa] *sf* réticence *f*.
rima ['rima] *sf* rime *f*; **rime** *sfpl* (*versi*) vers *mpl*; **far** ~ **con** rimer avec; **mettere in** ~ mettre en vers; **rispondere per le rime a qn** répondre à qn du tac au tac.
rimandare [riman'dare] *vt* (*mandare di nuovo, indirizzare*) renvoyer; (*rinviare*) remettre; (*studente*) recaler, coller; ~ **qc al giorno dopo** remettre qch au lendemain; **essere rimandato in matematica** (*SCOL*) être recalé *o* collé en math(ématique).
rimando [ri'mando] *sm* renvoi *m*; (*dilazione*) délai *m*; **di** ~ en retour.
rimaneggiare [rimaned'dʒare] *vt* remanier.
rimanente [rima'nɛnte] *agg* restant(e) ♦ *sm* restant *m*; **i rimanenti** (*persone*) les autres *mpl*.
rimanenza [rima'nɛntsa] *sf* reste *m*; **rimanenze** *sfpl* (*COMM*) stock *msg*.
rimanere [rima'nere] *vi* rester; ~ **vedovo** rester veuf; **rimangono poche settimane a Pasqua** il ne reste que quelques semaines avant Pâques; **rimane da vedere se ...** reste à savoir si ...; **non ci rimane che accettare** il ne nous reste qu'à accepter; **c'è rimasto male** il s'est vexé, cela ne lui a pas plu.
rimangiare [riman'dʒare] *vt* remanger; **rimangiarsi la parola** (*ritrattare*) revenir sur ce qu'on a dit.
rimango *etc* [ri'mango] *vb vedi* **rimanere**.
rimare [ri'mare] *vt, vi* rimer.
rimarginare [rimardʒi'nare] *vt* cicatriser; **rimarginarsi** *vi, vr* se cicatriser.
rimasto, -a [ri'masto] *pp di* **rimanere**.
rimasugli [rima'suʎʎi] *smpl* restes *mpl*.
rimbalzare [rimbal'tsare] *vi* rebondir; (*proiettile*) ricocher.
rimbalzo [rim'baltso] *sm* bond *m*; (*di proiettile, sasso*) ricochet *m*; **di** ~ (*fig*) par ricochet.
rimbambire [rimbam'bire] *vi* devenir gâteux(-euse).
rimbambito, -a [rimbam'bito] *agg* gâteux(-euse); **un vecchio** ~ un vieux gâteux.
rimbeccare [rimbek'kare] *vt* répliquer.
rimbecillire [rimbetʃil'lire] *vi*; **rimbecillirsi** *vr* s'abêtir, devenir bête.
rimboccare [rimbok'kare] *vt* (*orlo, coperta*) border; (*pantaloni*) retrousser; **rimboccarsi le maniche** (*fig*) retrousser ses manches.
rimbombare [rimbom'bare] *vi* résonner, retentir.
rimbombo [rim'bombo] *sm* retentissement *m*.
rimborsare [rimbor'sare] *vt* rembourser; ~ **qc a qn** rembourser qch à qn; ~ **qn di qc** rembourser qn de qch.
rimborso [rim'borso] *sm* remboursement *m*; ▸ **rimborso spese** remboursement des frais.
rimboschimento [rimboski'mento] *sm* reboisement *m*.
rimboschire [rimbos'kire] *vt* reboiser.
rimbrottare [rimbrot'tare] *vt* faire des reproches à.
rimbrotto [rim'brɔtto] *sm* reproche *m*.
rimediare [rime'djare] *vi*: ~ **a** remédier à ♦ *vt* (*fam*: *procurarsi*) se procurer.
rimedio [ri'mɛdjo] *sm* remède *m*; **porre** ~ **a qc** remédier à qch; **non c'è** ~ on ne peut rien y faire.
rimescolare [rimesko'lare] *vt* remuer, mélanger; (*carte*) battre, mêler; **sentirsi** ~ **il sangue** bouillir de colère.
rimessa [ri'messa] *sf* (*locale*: *per veicoli, macchine*) garage *m*; (: *di autobus*) dépôt *m*; (: *di aerei*) hangar *m*; (*COMM*: *di merce*) livraison *f*; (*denaro*) versement *m*; ▸ **rimessa in gioco** (*TENNIS, CALCIO*) remise *f* en jeu.
rimesso, -a [ri'messo] *pp di* **rimettere**.
rimestare [rimes'tare] *vt* remuer.
rimettere [ri'mettere] *vt* remettre; (*condonare, COMM*) remettre; (*merci*) livrer; (*vomitare*) rendre; (*perdere*: *anche*: **rimetterci**) perdre, y laisser; (*affidare*: *decisione*): ~ **(a)** remettre (à); **rimettersi** *vip*: **rimettersi a** s'en remettre à; ~ **a nuovo** (*casa etc*) remettre à neuf; **rimetterci di tasca propria** en être de sa poche; **rimettersi al bello** (*tempo*) se remettre au beau; **rimettersi in cammino** se remettre en route; **rimettersi al lavoro** se remettre au travail; **rimettersi in salute** se remettre, se rétablir.
riminese [rimi'nese] *agg* de Rimini.
Rimini ['rimini] *sf* Rimini.
rimisi *etc* [ri'mizi] *vb vedi* **rimettere**.
rimmel ® ['rimmel] *sm inv* rimmel ® *m*.
rimodernamento [rimoderna'mento] *sm* modernisation *f*.
rimodernare [rimoder'nare] *vt* (*locale*) moderniser; (*casa*) remettre à neuf.
rimonta [ri'monta] *sf* (*SPORT*) remontée *f*.

rimontare [rimon'tare] *vt, vi* (*anche SPORT*) remonter; ~ **a cavallo/in bici** remonter à cheval/à vélo.
rimorchiare [rimor'kjare] *vt* remorquer; (*fam: fig: ragazza*) draguer.
rimorchiatore [rimorkja'tore] *sm* (*NAUT*) remorqueur *m*.
rimorchio [ri'mɔrkjo] *sm* (*manovra*) remorquage *m*; (*veicolo, cavo*) remorque *f*; **prendere a** ~ prendre en remorque, remorquer; **cavo da** ~ (câble *m* de) remorque; **autocarro con** ~ camion *m* à remorque.
rimorso [ri'mɔrso] *sm* remords *msg*.
rimosso, -a [ri'mɔsso] *pp di* **rimuovere**.
rimostranza [rimos'trantsa] *sf* protestation *f*; **fare le proprie rimostranze a qn** protester auprès de qn.
rimozione [rimot'tsjone] *sf* déplacement *m*; (*da un impiego*) destitution *f*; (*PSIC*) refoulement *m*; ~ **forzata** (*AUT*) mise *f* en fourrière des véhicules en stationnement interdit.
rimpastare [rimpas'tare] *vt* (*fig: ministero*) remanier.
rimpasto [rim'pasto] *sm* (*fig*): ~ **ministeriale** remaniement *m* ministériel.
rimpatriare [rimpa'trjare] *vi* retourner dans son pays ♦ *vt* rapatrier.
rimpatrio [rim'patrio] *sm* rapatriement *m*.
rimpiangere [rim'pjandʒere] *vt* regretter; ~ **di non aver fatto qc** regretter de ne pas avoir fait qch.
rimpianto, -a [rim'pjanto] *pp di* **rimpiangere** ♦ *sm* regret *m*.
rimpiattino [rimpjat'tino] *sm*: **giocare a** ~ jouer à cache-cache.
rimpiazzare [rimpjat'tsare] *vt* remplacer.
rimpicciolire [rimpittʃo'lire] *vt, vi* (*anche*: **rimpicciolirsi**) rapetisser.
rimpinzare [rimpin'tsare] *vt*: ~ **(di)** bourrer (de); **rimpinzarsi** *vr* se bourrer, s'empiffrer.
rimproverare [rimprove'rare] *vt* reprocher; (*bambini*) gronder, réprimander.
rimprovero [rim'prɔvero] *sm* reproche *m*; **di** ~ (*tono, occhiata etc*) de reproche.
rimuginare [rimudʒi'nare] *vt* (*fig*) ruminer.
rimunerare [rimune'rare] *vt* rémunérer.
rimunerativo, -a [rimunera'tivo] *agg* rentable.
rimunerazione [rimunerat'tsjone] *sf* rémunération *f*; **a titolo di** ~ à titre de rémunération.
rimuovere [ri'mwɔvere] *vt* enlever; (*fig: ostacolo*) éliminer; (*dipendente*) destituer; (*PSIC*) refouler.
rinascimentale [rinaʃʃimen'tale] *agg* de la Renaissance.
Rinascimento [rinaʃʃi'mento] *sm*: **il** ~ la Renaissance.
rinascita [ri'naʃʃita] *sf* (*culturale*) renaissance *f*, renouveau *m*; (*economica*) reprise *f*.
rincalzare [rinkal'tsare] *vt* (*palo, albero*) butter; (*mobile*) caler; (*lenzuola*) border.
rincalzo [rin'kaltso] *sm* (*MIL*) renfort *m*; (*SPORT*) remplaçant *m*.
rincarare [rinka'rare] *vt* augmenter le prix de ♦ *vi* augmenter; ~ **la dose** (*fig*) renchérir.
rincaro [rin'karo] *sm* augmentation *f o* hausse *f* du prix, renchérissement *m*.
rincasare [rinka'sare] *vi* rentrer (chez soi).
rinchiudere [rin'kjudere] *vt* enfermer; **rinchiudersi** *vr* (*in casa etc*) s'enfermer; **rinchiudersi in se stesso** se renfermer en soi-même.
rinchiuso, -a [rin'kjuso] *pp di* **rinchiudere**.
rincitrullirsi [rintʃitrul'lirsi] *vip* s'abêtir.
rincorrere [rin'korrere] *vt* poursuivre.
rincorsa [rin'korsa] *sf* élan *m*; **prendere la** ~ prendre son élan.
rincorso, -a [rin'korso] *pp di* **rincorrere**.
rincrescere [rin'kreʃʃere] *vb impers*: **mi rincresce (che/di)** je regrette (que/de).
rincrescimento [rinkreʃʃi'mento] *sm* regret *m*.
rincresciuto, -a [rinkreʃ'ʃuto] *pp di* **rincrescere**.
rinculare [rinku'lare] *vi* reculer.
rinfacciare [rinfat'tʃare] *vt*: ~ **qc a qn** reprocher qch à qn.
rinfocolare [rinfoko'lare] *vt* (*fig: odio etc*) attiser, ranimer.
rinforzare [rinfor'tsare] *vt* (*muscoli*) raffermir; (*edificio*) consolider; (*fig*) renforcer ♦ *vi* (*anche*: **rinforzarsi**) se renforcer.
rinforzo [rin'fɔrtso] *sm* renforcement *m*; (*aiuto*) renfort *m*; **rinforzi** *smpl* (*MIL*) renforts.
rinfrancare [rinfran'kare] *vt* redonner confiance à.
rinfrescante [rinfres'kante] *agg* rafraîchissant(e).
rinfrescare [rinfres'kare] *vt* rafraîchir ♦ *vi* (*tempo*) se rafraîchir; **rinfrescarsi** *vr* se rafraîchir; ~ **la memoria a qn** rafraîchir la mémoire à qn.
rinfresco, -schi [rin'fresko] *sm* (*festa*) réception *f*, cocktail *m*; **rinfreschi** *smpl* (*bevande, dolci*) rafraîchissements *mpl*.
rinfusa [rin'fuza] *sf*: **alla** ~ pêle-mêle, en vrac.
ringhiare [rin'gjare] *vi* grogner.
ringhiera [rin'gjɛra] *sf* (*parapetto*) balustrade *f*; (*di ballatoio*) garde-fou *m*; (*di scale*) rampe *f*.
ringhio ['ringjo] *sm* grognement *m*.
ringhioso, -a [rin'gjoso] *agg* (*cane*) qui grogne.
ringiovanire [rindʒova'nire] *vt* rajeunir ♦

vi (*anche*: **ringiovanirsi**) rajeunir.
ringraziamento [ringrattsja'mento] *sm* remerciement *m*; **lettera/biglietto di** ~ lettre *f*/billet *m* de remerciement.
ringraziare [ringrat'tsjare] *vt* remercier; ~ **qn di qc** remercier qn de qch; ~ **qn per aver fatto qc** remercier qn d'avoir fait qch.
rinnegare [rinne'gare] *vt* renier.
rinnegato, -a [rinne'gato] *sm/f* renégat(e).
rinnovamento [rinnova'mento] *sm* renouveau *m*; (*economico*) reprise *f*; (*di impianti*) renouvellement *m*.
rinnovare [rinno'vare] *vt* (*casa*) rénover; (*contratto*) renouveler; **rinnovarsi** *vip* se renouveler.
rinnovo [rin'nɔvo] *sm* (*di contratto*) renouvellement *m*; **"chiuso per** ~ **(dei) locali"** "fermé pour travaux (de rénovation)".
rinoceronte [rinotʃe'ronte] *sm* rhinocéros *msg*.
rinomato, -a [rino'mato] *agg* renommé(e).
rinsaldare [rinsal'dare] *vt* renforcer, consolider.
rinsavire [rinsa'vire] *vi* revenir à la raison; (*fig*) s'assagir.
rinsecchito, -a [rinsek'kito] *agg* (*albero, persona*) sec(sèche).
rintanarsi [rinta'narsi] *vip* (*animale*) rentrer dans sa tanière; (*fig*: *persona*) se cloîtrer.
rintoccare [rintok'kare] *vi* (*orologio*) sonner; (*campana*) tinter.
rintocco, -chi [rin'tokko] *sm* (*di orologio*) coup *m*; (*di campana*) tintement *m*.
rintracciare [rintrat'tʃare] *vt* (*persona scomparsa, documento*) retrouver; ~ **qn telefonicamente** joindre qn par téléphone.
rintronare [rintro'nare] *vi* retentir, résonner ♦ *vt* étourdir.
rinuncia [ri'nuntʃa] *sf* renoncement *m*; (*di eredità*) renonciation *f*.
rinunciare [rinun'tʃare] *vi*: ~ **a** renoncer à; ~ **a fare qc** renoncer à faire qch.
rinunciatario, -a [rinuntʃa'tarjo] *agg* défaitiste.
rinunzia *etc* [ri'nuntsja] *sf* = **rinuncia** *etc*.
rinvenimento [rinveni'mento] *sm* découverte *f*.
rinvenire [rinve'nire] *vt* retrouver; (*scoprire*) découvrir ♦ *vi* reprendre connaissance.
rinvenuto, -a [rinve'nuto] *pp di* **rinvenire**.
rinverdire [rinver'dire] *vi* reverdir.
rinviare [rinvi'are] *vt* (*rimandare indietro*) renvoyer; ~ **qc (a)** (*differire*) remettre qch (à); ~ **qn a** (*fare un rimando*) renvoyer qn à; ~ **a giudizio** (*DIR*) mettre en accusation.
rinvigorire [rinvigo'rire] *vt* fortifier ♦ *vi* (*anche*: **rinvigorirsi**) se fortifier.
rinvio, -vii [rin'vio] *sm* (*di merci, in un testo*) renvoi *m*; (*di seduta*) ajournement *m*; ▸ **rinvio a giudizio** (*DIR*) mise *f* en accusation.
riò *etc* [ri'ɔ] *vb vedi* **riavere**.
Rio de Janeiro ['riodeʒa'neiro] *sf* Rio de Janeiro.
rionale [rio'nale] *agg* de *o* du quartier.
rione [ri'one] *sm* quartier *m*.
riordinamento [riordina'mento] *sm* (*di ente, azienda*) réorganisation *f*.
riordinare [riordi'nare] *vt* (*rimettere in ordine*) ranger; (*riorganizzare*) réorganiser.
riorganizzare [riorganid'dzare] *vt* réorganiser.
riorganizzazione [riorganiddzat'tsjone] *sf* réorganisation *f*.
ripagare [ripa'gare] *vt* (*pagare di nuovo*) repayer; (*ricompensare*) récompenser.
riparare [ripa'rare] *vt* (*proteggere*) protéger; (*correggere, aggiustare*) réparer; (*SCOL*) passer un examen de repêchage ♦ *vi* (*rifugiarsi*) se réfugier; (*mettere rimedio*): ~ **a** remédier à; **ripararsi** *vr* (*dalla pioggia etc*) se protéger, se mettre à l'abri.
riparato, -a [ripa'rato] *agg* abrité(e).
riparazione [riparat'tsjone] *sf* réparation *f*; (*DIR*: *risarcimento*) dédommagement *m*; **esame di** ~ (*SCOL*) examen *m* de repêchage.
riparo [ri'paro] *sm* (*protezione*) abri *m*; (*rimedio, provvedimento*) remède *m*; **al** ~ **da** (*da sole, vento*) à l'abri de; **mettersi al** ~ se mettre à l'abri; **correre ai ripari** (*fig*) prendre des mesures (d'urgence).
ripartire [ripar'tire] *vt, vi* répartir.
ripartizione [ripartit'tsjone] *sf* répartition *f*; (*AMM*: *dipartimento*) service *m*, division *f*.
ripassare [ripas'sare] *vi* repasser ♦ *vt* (*scritto*) relire, revoir; (*lezione*) réviser, repasser; (*camicia*) repasser.
ripasso [ri'passo] *sm* (*di lezione*) révision *f*.
ripensamento [ripensa'mento] *sm* (*cambiamento d'idea*) changement *m* d'avis; **avere un** ~ changer d'avis.
ripensare [ripen'sare] *vi* repenser; ~ **a qc** repenser à qch; **a ripensarci** ... réflexion faite ... .
ripercorrere [riper'korrere] *vt* reparcourir; (*fig*: *ricordi, passato*) revivre.
ripercorso, -a [riper'korso] *pp di* **ripercorrere**.
ripercosso, -a [riper'kɔsso] *pp di* **ripercuotersi**.
ripercuotersi [riper'kwɔtersi] *vip*: ~ **su** (*fig*) se répercuter sur.
ripercussione [riperkus'sjone] *sf* (*fig*) répercussion *f*; **avere delle ripercussioni su** avoir des répercussions sur.
ripescare [ripes'kare] *vt* repêcher; (*fig*: *ri-*

trovare) dénicher.
ripetente [ripe'tɛnte] *sm/f* (*SCOL*) redoublant(e).
ripetere [ri'pɛtere] *vt* répéter; (*SCOL*: *anno, classe*) redoubler; (: *lezione*) réviser, repasser.
ripetitore [ripeti'tore] *sm* (*RADIO, TV*) relais *msg*.
ripetizione [ripetit'tsjone] *sf* répétition *f*; (*di lezione*) révision *f*; **ripetizioni** *sfpl* (*SCOL*: *lezione privata*) cours *mpl* particuliers; **fucile a ~** fusil *m* à répétition.
ripetutamente [ripetuta'mente] *avv* plusieurs fois, à plusieurs reprises.
ripiano [ri'pjano] *sm* étagère *f*, rayon *m*.
ripicca, -cche [ri'pikka] *sf*: **per ~** par dépit.
ripido, -a ['ripido] *agg* raide.
ripiegamento [ripjega'mento] *sm* (*MIL*) repli *m*.
ripiegare [ripje'gare] *vt* replier ♦ *vi* (*MIL*) se replier; **ripiegarsi** *vip* (*incurvarsi*) se courber; **~ su** (*fig*: *accontentarsi*) se rabattre sur.
ripiego, -ghi [ri'pjɛgo] *sm* expédient *m*, pis-aller *m inv*; **soluzione di ~** pis-aller.
ripieno, -a [ri'pjɛno] *agg* rempli(e); (*CUC*) farci(e) ♦ *sm* (*CUC*) farce *f*.
ripone, ripongo *etc* [ri'pone, ri'pongo] *vb vedi* **riporre**.
riporre [ri'porre] *vt* remettre; (*mettere via*) ranger; **~ la propria fiducia in qn** placer sa confiance en qn.
riportare [ripor'tare] *vt* reporter; (*portare indietro*) rapporter, rendre; (*riferire*) rapporter; (*citare*) citer; (*vittoria, successo*) remporter; (*MAT*) retenir; **riportarsi** *vip*: **riportarsi a** (*riferirsi*) se reporter à; **~ danni** subir des dommages; **ha riportato gravi ferite** il a été grièvement blessé.
riporto [ri'pɔrto] *sm* (*MAT*) retenue *f*.
riposante [ripo'sante] *agg* reposant(e).
riposare [ripo'sare] *vt* (*posare di nuovo*) poser de nouveau; (*dar riposo a*) reposer; **riposarsi** *vi, vip* se reposer; **qui riposa ...** (*su tomba*) ici repose ..., ci-gît ... .
riposato, -a [ripo'sato] *agg* reposé(e).
riposi *etc* [ri'posi] *vb vedi* **riporre**.
riposo [ri'pɔso] *sm* repos *msg*; **~!** (*MIL*) repos!; **a ~** (*in pensione*) à la retraite; **giorno di ~** (*CINE, TEATRO*) relâche *f*; (*ristorante*) fermeture *f* hebdomadaire.
ripostiglio [ripos'tiʎʎo] *sm* débarras *msg*.
riposto, -a [ri'posto] *pp di* **riporre** ♦ *agg* (*fig*: *senso, significato*) caché(e).
riprendere [ri'prɛndere] *vt* reprendre; (*riacchiappare*) rattraper; (*FOT*) prendre; (*CINE*) filmer; **riprendersi** *vip* (*da malattia*) se remettre; (*correggersi*) se reprendre; **~ il cammino** reprendre la route; **~ i sensi** reprendre connaissance; **~ sonno** se rendormir; **~ a fare qc** recommencer à faire qch.
ripresa [ri'presa] *sf* (*anche SPORT, ECON*) reprise *f*; (*da malattia*) rétablissement *m*; (*FOT*) prise *f* de vue; (*CALCIO*) deuxième mi-temps *f*; **a più riprese** à plusieurs reprises; ▶ **ripresa cinematografica** tournage *m*.
ripresentare [riprezen'tare] *vt* représenter; **ripresentarsi** *vr* se représenter; **ripresentarsi a** (*a esame, concorso*) se représenter à; **ripresentarsi come candidato** représenter sa candidature.
ripreso, -a [ri'preso] *pp di* **riprendere**.
ripristinare [ripristi'nare] *vt* (*tradizione*) rétablir; (*legge*) remettre en vigueur; (*edificio*) restaurer.
ripristino [ri'pristino] *sm* (*vedi vt*) rétablissement *m*; remise *f* en vigueur; restauration *f*.
riprodotto, -a [ripro'dotto] *pp di* **riprodurre**.
riprodurre [ripro'durre] *vt* (*immagine*) reproduire; (*stampare*) réimprimer; (*ritrarre*) représenter; **riprodursi** *vip* se reproduire; (*riformarsi*) se réformer.
riproduttivo, -a [riprodut'tivo] *agg* reproductif(-ive).
riproduttore, -trice [riprodut'tore] *agg* reproducteur(-trice) ♦ *sm*: **~ acustico** lecteur *m*; ▶ **riproduttore a cassetta** magnétophone *m* à cassettes.
riproduzione [riprodut'tsjone] *sf* reproduction *f*; **~ vietata** reproduction interdite.
ripromesso, -a [ripro'messo] *pp di* **ripromettersi**.
ripromettersi [ripro'mettersi] *vi*: **~ qc/di fare qc** se promettre qch/de faire qch.
riproporre [ripro'porre] *vt* proposer de nouveau; **riproporsi** *vr, vip* (*problema etc*) se représenter; **riproporsi come candidato** se représenter.
riproposto, -a [ripro'posto] *pp di* **riproporre**.
riprova [ri'prɔva] *sf* (nouvelle) preuve *f*, démonstration *f*; **a ~ di** pour prouver.
riprovare [ripro'vare] *vt* essayer de nouveau; (*sensazione*) revivre ♦ *vi* (*tentare*): **~ (a fare qc)** réessayer (de faire qch), essayer de nouveau (de faire qch); **riproverò più tardi** je réessaierai plus tard.
riprovevole [ripro'vevole] *agg* blâmable.
ripudiare [ripu'djare] *vt* (*persona*) répudier; (*cose, idee*) renier.
ripudio [ri'pudjo] *sm* (*persona*) répudiation *f*; (*cose*) reniement *m*.
ripugnante [ripuɲ'ɲante] *agg* répugnant(e).
ripugnanza [ripuɲ'ɲantsa] *sf* répugnance *f*.
ripugnare [ripuɲ'ɲare] *vi*: **~ a** répugner à.
ripulire [ripu'lire] *vt* (*pulire di nuovo*) net-

toyer de nouveau; (*pulire bene*) nettoyer, briquer; (*fig*: *gioielleria*) nettoyer; (: *persona*) dépouiller; **ho ripulito la mia stanza** j'ai fait un grand nettoyage dans ma chambre.

ripulsione [ripul'sjone] *sf* (*FIS, fig*) répulsion *f*.

riquadro [ri'kwadro] *sm* carré *m*; (*ARCHIT*) panneau *m*.

risacca, -che [ri'sakka] *sf* ressac *m*.

risaia [ri'saja] *sf* rizière *f*.

risalire [risa'lire] *vi* remonter; ~ **a** (*fig*) remonter à.

risalita [risa'lita] *sf*: **impianti di** ~ (*SCI*) remontées *fpl* mécaniques.

risaltare [risal'tare] *vi* (*colori etc*) ressortir; (*fig*: *distinguersi*) se distinguer.

risalto [ri'salto] *sm* relief *m*; **mettere** *o* **porre in** ~ **qc** mettre qch en relief.

risanamento [risana'mento] *sm* (*economico*) redressement *m*; (*bonifica*) assainissement *m*; ▸ **risanamento del bilancio** assainissement du bilan; ▸ **risanamento edilizio** amélioration *f* de l'habitat.

risanare [risa'nare] *vt* assainir; (*economia*) redresser; (*persona, ferita*) guérir.

risaputo, -a [risa'puto] *agg*: **è** ~ **che** ... tout le monde sait que ... .

risarcimento [risartʃi'mento] *sm* dédommagement *m*; ▸ **risarcimento danni** dommages-intérêts *mpl*.

risarcire [risar'tʃire] *vt*: ~ **qn di qc** dédommager qn de qch; ~ **i danni a qn** payer les dommages-intérêts à qn.

risata [ri'sata] *sf* rire *m*; **farsi una** ~ bien rigoler (*fam*).

riscaldamento [riskalda'mento] *sm* chauffage *m*; (*aumento di temperatura*) échauffement *m*; ▸ **riscaldamento autonomo/centrale** chauffage central.

riscaldare [riskal'dare] *vt* (*anche fig*: *ambiente, atmosfera*) réchauffer; (*fig*: *eccitare*) échauffer; **riscaldarsi** *vr, vip* se réchauffer; (*fig*: *infervorarsi*) s'échauffer.

riscaldo [ris'kaldo] *sm* (*MED*) inflammation *f*.

riscattare [riskat'tare] *vt* délivrer; (*DIR*) racheter; **riscattarsi** *vr* se racheter.

riscatto [ris'katto] *sm* (*liberazione*) rachat *m*; (*somma pagata*) rançon *f*; (*DIR*) délivrance *f*.

rischiarare [riskja'rare] *vt* (*illuminare*) éclairer; (*colore*) éclaircir; **rischiararsi** *vr* (*tempo, cielo*) s'éclaircir; (*fig*: *volto*) se rasséréner.

rischiare [ris'kjare] *vt* risquer; ~ **di fare qc** risquer de faire qch; **rischia di piovere** il risque de pleuvoir.

rischio ['riskjo] *sm* risque *m*; **a mio** ~ **e pericolo** à mes risques et périls; **correre il** ~ **di fare qc** courir le risque de faire qch; **a** ~ **di** ... au risque de ...; **c'è il** ~ **che scoppi la guerra** la guerre risque d'éclater; **a** ~ (*fig*: *quartiere, ragazzi*) en difficulté; **soggetto a** ~ (*MED*) sujet à risque; ▸ **i rischi del mestiere** les risques du métier.

rischioso, -a [ris'kjoso] *agg* risqué(e).

risciacquare [riʃʃak'kware] *vt* rincer.

risciacquo [riʃ'ʃakkwo] *sm* rinçage *m*; (*MED*) gargarisme *m*.

riscontrare [riskon'trare] *vt* (*confrontare*) comparer; (*esaminare*) vérifier, contrôler; (*rilevare*) relever.

riscontro [ris'kontro] *sm* (*confronto*) comparaison *f*; (*controllo*) vérification *f*, contrôle *m*; (*AMM*: *lettera*) réponse *f*; **mettere a** ~ comparer; **in attesa di un vostro cortese** ~ dans l'attente d'une réponse de votre part.

riscoperto, -a [risko'pɛrto] *pp di* **riscoprire**.

riscoprire [risko'prire] *vt* redécouvrir.

riscossa [ris'kɔssa] *sf* (*riconquista*) reconquête *f*; (*insurrezione*) révolte *f*.

riscossione [riskos'sjone] *sf* encaissement *m*; (*di imposte*) perception *f*.

riscosso, -a [ris'kɔsso] *pp di* **riscuotere**.

riscuotere [ris'kwɔtere] *vt* (*stipendio*) toucher; (*tasse, affitto*) percevoir; (*assegno*) encaisser, toucher; (*fig*: *successo*) remporter; **riscuotersi** *vip*: **riscuotersi (da)** (*da indolenza etc*) sortir (de).

rise *etc* ['rise] *vb vedi* **ridere**.

risentimento [risenti'mento] *sm* ressentiment *m*.

risentire [risen'tire] *vt* (*rumore*) réentendre; (*provare*) ressentir ♦ *vi*: ~ **di** se ressentir de; **risentirsi** *vip*: **risentirsi (di** *o* **per)** se vexer (de *o* pour).

risentito, -a [risen'tito] *agg* vexé(e).

riserbo [ri'sɛrbo] *sm* (*riservatezza*) réserve *f*.

riserva [ri'sɛrva] *sf* réserve *f*; (*SPORT*) remplaçant *m*; **di** ~ de réserve; **fare** ~ **di** (*di cibo etc*) faire provision de; **tenere in** ~ tenir en réserve; **essere in** ~ (*AUT*) être sur la réserve; **avere delle riserve su** avoir des réserves sur; **con le dovute riserve** sous toutes réserves; **ha accettato con la** ~ **di potersi ritirare** il a accepté sous réserve de pouvoir se retirer.

riservare [riser'vare] *vt* (*tenere in serbo*) garder; (*prenotare*) réserver, retenir; (*differire*: *decisione*) réserver; **riservarsi** *vr*: **riservarsi di fare qc** se réserver de faire qch; **riservarsi il diritto di fare qc** se réserver le droit de faire qch.

riservatezza [riserva'tettsa] *sf* (*riserbo*) réserve *f*; (*di notizia*) caractère *m* confidentiel, confidentialité *f*.

riservato, -a [riser'vato] *agg* réservé(e); (*segreto*) confidentiel(le).

risi *etc* ['risi] *vb vedi* **ridere**.
risibile [ri'sibile] *agg* risible.
risicato, -a [rizi'kato] *agg* (*ridotto*) restreint(e).
risiedere [ri'sjɛdere] *vi*: ~ **a/in** résider à/en.
risma ['rizma] *sf* (*di carta*) rame *f*; (*fig*) espèce *f*, acabit *m*.
riso, -a ['riso] *pp di* **ridere** ♦ *sm* (*pl(f)* **risa** *il ridere*) rire *m*; (*BOT*) riz *m*; **uno scoppio di risa** un éclat de rire.
risolino [riso'lino] *sm* petit rire *m* (moqueur).
risollevare [risolle'vare] *vt* soulever de nouveau; (*fig*: *questione*) remettre en cause; (: *morale*) remonter; **risollevarsi** *vr* (*da terra*) se relever; (*fig*: *da malattia*) se remettre; ~ **le sorti di qc** relever qch.
risolsi *etc* [ri'sɔlsi] *vb vedi* **risolvere**.
risolto, -a [ri'sɔlto] *pp di* **risolvere**.
risolutezza [risolu'tettsa] *sf* résolution *f*.
risolutivo, -a [risolu'tivo] *agg* décisif(-ive); (*DIR*) résolutoire.
risoluto, -a [riso'luto] *agg* résolu(e).
risoluzione [risolut'tsjone] *sf* (*anche OTTICA, MAT*) résolution *f*; (*DIR*: *di contratto*) résolution, résiliation *f*.
risolvere [ri'sɔlvere] *vt* résoudre; **risolversi** *vip* (*decidersi*): **risolversi a fare qc** se résoudre à faire qch; **risolversi in** (*andare a finire*) se terminer en; ~ **di fare qc** (*decidere*) décider de faire qch; **risolversi in bene** bien se terminer; **risolversi in nulla** finir en queue de poisson.
risolvibile [risol'vibile] *agg* soluble, résoluble.
risonanza [riso'nantsa] *sf* (*FIS*) résonance *f*; (*fig*) retentissement *m*; **avere vasta** ~ (*fig*: *fatto, scandalo*) avoir un grand retentissement.
risonare [riso'nare] *vt, vi* = **risuonare**.
risorgere [ri'sordʒere] *vi* (*REL*) ressusciter; (*sole*) se lever; (*fig*: *problemi*) réapparaître; (: *cultura, movimento*) renaître.
risorgimentale [risordʒimen'tale] *agg* du Risorgimento.
risorgimento [risordʒi'mento] *sm* (*fig*) renaissance *f*; **il R~** le Risorgimento.
risorsa [ri'sorsa] *sf* ressource *f*; **risorse** *sfpl* (*naturali, finanziarie*) ressources *fpl*; **pieno di risorse** (*persona*) plein de ressources.
risorsi *etc* [ri'sorsi] *vb vedi* **risorgere**.
risorto, -a [ri'sorto] *pp di* **risorgere**.
risotto [ri'sɔtto] *sm* risotto *m*.
risparmiare [rispar'mjare] *vt* épargner; (*forze*) ménager ♦ *vi* faire des économies; ~ **qc a qn** épargner qch à qn; ~ **fatica** éviter des efforts inutiles; **risparmiati il disturbo**! ce n'est pas la peine de te déranger!
risparmiatore, -trice [risparmja'tore] *sm/f* épargnant(e).
risparmio [ris'parmjo] *sm* épargne *f*; (*di forza, tempo*) économie *f*; **risparmi** *smpl* (*denaro*) économies *fpl*.
rispecchiare [rispek'kjare] *vt* (*anche fig*) refléter.
rispedire [rispe'dire] *vt* (*lettera, pacco*) renvoyer; (*persona*) réexpédier.
rispettabile [rispet'tabile] *agg* respectable; (*considerevole*) considérable.
rispettabilità [rispettabili'ta] *sf* respectabilité *f*.
rispettare [rispet'tare] *vt* respecter; **farsi** ~ se faire respecter; ~ **le distanze** respecter les distances; ~ **i tempi** respecter les délais; **ogni persona che si rispetti** toute personne qui se respecte.
rispettivamente [rispettiva'mente] *avv* respectivement.
rispettivo, -a [rispet'tivo] *agg* respectif(-ive).
rispetto [ris'pɛtto] *sm* respect *m*; **rispetti** *smpl* (*saluti*) respects *mpl*; ~ **a** par rapport à; **portare** ~ **a** témoigner du respect à; **mancare di** ~ **a qn** manquer de respect envers qn; **con** ~ **parlando** sauf votre respect; **(porga) i miei rispetti alla signora** (présentez) mes hommages à votre femme.
rispettoso, -a [rispet'toso] *agg* respectueux(-euse).
risplendente [risplen'dɛnte] *agg* resplendissant(e).
risplendere [ris'plɛndere] *vi* briller, resplendir.
rispondente [rispon'dɛnte] *agg*: ~ **a** qui correspond à.
rispondenza [rispon'dɛntsa] *sf* correspondance *f*.
rispondere [ris'pondere] *vi*: ~ **(a)** répondre (à); ~ **di sì** répondre oui; ~ **di qc** (*essere responsabile*) répondre de qch; ~ **a qn di qc** être responsable de qch envers qn.
risposarsi [rispo'zarsi] *vip* se remarier.
risposta [ris'posta] *sf* réponse *f*; **in** ~ **a** en réponse à; **dare una** ~ donner une réponse; **diamo** ~ **alla vostra lettera del ...** en réponse à votre lettre du ... .
risposto, -a [ris'posto] *pp di* **rispondere**.
rissa ['rissa] *sf* bagarre *f*.
rissoso, -a [ris'soso] *agg* bagarreur(-euse).
rist. *abbr* (= *ristampa*) rééd.
ristabilire [ristabi'lire] *vt* rétablir; **ristabilirsi** *vip* se rétablir.
ristagnare [ristaɲ'ɲare] *vi* (*anche fig*) stagner.
ristagno [ris'taɲɲo] *sm* stagnation *f*; (*di sangue*) stase *f*; **c'è un** ~ **delle vendite** il y a une stagnation des ventes.
ristampa [ris'tampa] *sf* (*il ristampare*) réimpression *f*; (*opera*) réédition *f*, nouvelle

édition *f*.

ristampare [ristam'pare] *vt* (*stampare di nuovo*) réimprimer; (*ripubblicare*) rééditer.

ristorante [risto'rante] *sm* restaurant *m*.

ristorare [risto'rare] *vt* (*persona*) redonner des forces à; **ristorarsi** *vr* (*rifocillarsi*) se restaurer; (*riposarsi*) reprendre ses forces.

ristoratore, -trice [ristora'tore] *agg* réparateur(-trice) ♦ *sm/f* restaurateur(-trice).

ristoro [ris'tɔro] *sm*: **posto di** ~ (*FERR*) buffet *m*.

ristrettezza [ristret'tettsa] *sf* (*strettezza*) étroitesse *f*; (*fig*: *scarsezza*) manque *m*; (: *meschinità*) étroitesse *f*; **ristrettezze** *sfpl* (*povertà*) difficultés *fpl* économiques.

ristretto, -a [ris'tretto] *pp di* **restringere** ♦ *agg* (*spazio, anche fig*: *mentalità*) étroit(e); (*fig*: *significato, uso, gruppo*) restreint(e); ~ **a** (*limitato*) limité(e) à; **brodo** ~ consommé *m*; **caffè** ~ ≈ express *m* (serré).

ristrutturare [ristruttu'rare] *vt* restructurer.

ristrutturazione [ristrutturat'tsjone] *sf* restructuration *f*.

risucchiare [risuk'kjare] *vt* engloutir.

risucchio [ri'sukkjo] *sm* remous *msg*.

risultare [risul'tare] *vi* (*derivare*) résulter, découler; (*dimostrarsi*) se révéler; ~ **vincitore** être le vainqueur; **mi risulta che ...** il me semble que ...; **(ne) risulta che ...** il en résulte que ...; **non mi risulta che sia così** il ne me semble pas qu'il en soit ainsi; **le tue previsioni sono risultate esatte** tes prévisions se sont avérées exactes; **da quanto mi risulta ...** que je sache ... .

risultato [risul'tato] *sm* résultat *m*.

risuonare [riswo'nare] *vi* résonner.

risurrezione [risurret'tsjone] *sf* résurrection *f*.

risuscitare [risuʃʃi'tare] *vt, vi* ressusciter.

risvegliare [rizveʎ'ʎare] *vt* (*anche fig*) réveiller; **risvegliarsi** *vip* se réveiller.

risveglio [riz'veʎʎo] *sm* (*anche fig*) réveil *m*.

risvolto [riz'vɔlto] *sm* (*di giacca*) revers *msg*; (*di manica*) manchette *f*; (*di libro*) volet *m*; (*fig*: *aspetto*) aspect *m*; (: *conseguenza*) conséquence *f*.

ritagliare [ritaʎ'ʎare] *vt* (*tagliare di nuovo*) recouper; (*tagliar via*) découper.

ritaglio [ri'taʎʎo] *sm* (*di giornale*) coupure *f*; (*di stoffa*) chute *f*; **nei ritagli di tempo** à mes (*o* tes, ses *etc*) moments perdus.

ritardare [ritar'dare] *vi* retarder ♦ *vt* retarder; (*viaggio, pagamento*) retarder, différer.

ritardatario, -a [ritarda'tarjo] *sm/f* retardataire *m/f*.

ritardato, -a [ritar'dato] *agg* (*PSIC*) retardé(e).

ritardo [ri'tardo] *sm* retard *m*; **in** ~ en retard.

ritegno [ri'teɲɲo] *sm* retenue *f*.

ritemprare [ritem'prare] *vt* fortifier.

ritenere [rite'nere] *vt* (*giudicare*) estimer, penser; (*trattenere*) retenir.

ritengo, ritenni *etc* [ri'tɛngo, ri'tenni] *vb vedi* **ritenere**.

ritentare [riten'tare] *vt* retenter.

ritenuta [rite'nuta] *sf* retenue *f*; ▸ **ritenuta alla fonte/d'acconto** retenue à la source.

riterrò, ritiene *etc* [riter'ro, ri'tjɛne] *vb vedi* **ritenere**.

ritirare [riti'rare] *vt* retirer; (*esercito*) replier; **ritirarsi** *vr, vip* se retirer; (*MIL*) se replier; (*stoffa*) rétrécir; ~ **dalla circolazione** (*banconote etc*) retirer de la circulation; **gli hanno ritirato la patente** on lui a retiré son permis; **ritirarsi a vita privata** se retirer.

ritirata [riti'rata] *sf* (*MIL*) retraite *f*; (*latrina*) toilettes *fpl*.

ritirato, -a [riti'rato] *agg* retiré(e); **fare vita ritirata** mener une vie retirée.

ritiro [ri'tiro] *sm* retrait *m*; (*luogo appartato, REL*) retraite *f*; (*SPORT*: *rinuncia*) abandon *m*; (: *prima di un incontro*) stage *m* de préparation.

ritmato, -a [rit'mato] *agg* rythmé(e).

ritmico, -a, -ci, -che ['ritmiko] *agg* rythmique.

ritmo ['ritmo] *sm* rythme *m*; **ballare al** ~ **di valzer** danser au rythme de la valse; **il** ~ **della vita moderna** le rythme de la vie moderne.

rito ['rito] *sm* rite *m*; **di** ~ d'usage; **sposarsi secondo il** ~ **civile** faire un mariage civil.

ritoccare [ritok'kare] *vt* retoucher.

ritocco, -chi [ri'tokko] *sm* retouche *f*.

ritorcere [ri'tɔrtʃere] *vt* (*filato*) retordre; (*fig*: *accusa, insulto*) retourner; **ritorcersi** *vip*: **ritorcersi contro** se retourner contre.

ritornare [ritor'nare] *vi* revenir; (*ridiventare*) redevenir ♦ *vt* (*restituire*): ~ **qc a qn** rendre qch à qn.

ritornello [ritor'nɛllo] *sm* refrain *m*.

ritorno [ri'torno] *sm* retour *m*; **al** ~ au retour; **essere di** ~ être de retour; **far** ~ revenir; **avere un** ~ **di fiamma** (*anche fig*) avoir un retour de flamme; **viaggio di** ~ voyage *m* de retour.

ritorsione [ritor'sjone] *sf* rétorsion *f*.

ritorto, -a [ri'tɔrto] *pp di* **ritorcere** ♦ *agg* retors(e).

ritrarre [ri'trarre] *vt* (*mano*) retirer; (*sguardo*) détourner; (*in dipinto*: *persona*) faire un portrait de; (: *paesaggio*) représenter.

ritrattare [ritrat'tare] *vt* (*trattare nuovamente*) traiter de nouveau; ~ **una dichiarazio-**

ne revenir sur une déclaration, se rétracter.
ritrattazione [ritrattat'tsjone] *sf* rétractation *f.*
ritrattista, -i, -e [ritrat'tista] *sm/f* portraitiste *m/f.*
ritratto, -a [ri'tratto] *pp di* **ritrarre** ♦ *sm* portrait *m.*
ritrosia [ritro'sia] *sf* (*riluttanza*) réticence *f*; (*timidezza*) timidité *f.*
ritroso, -a [ri'troso] *agg* (*vedi sf*) réticent(e); timide; **andare a** ~ aller à reculons.
ritrovamento [ritrova'mento] *sm* découverte *f.*
ritrovare [ritro'vare] *vt* retrouver; **ritrovarsi** *vr* se retrouver; (*raccapezzarsi*) s'y retrouver.
ritrovato [ritro'vato] *sm* découverte *f.*
ritrovo [ri'trɔvo] *sm* lieu *m* de rendez-vous; ▶ **ritrovo notturno** boîte *f* de nuit.
ritto, -a ['ritto] *agg* (*persona*) debout; (*capelli*) dressé(e); (*palo*) droit(e).
rituale [ritu'ale] *agg* (*REL*) rituel(le); (*abituale*) traditionnel(le) ♦ *sm* (*REL, fig*) rituel *m.*
riunione [riu'njone] *sf* (*adunanza*) réunion *f*; **essere in** ~ être en réunion.
riunire [riu'nire] *vt* réunir; (*riconciliare*) réconcilier; **riunirsi** *vip* (*adunarsi*) se réunir; **siamo qui riuniti per festeggiare ...** nous sommes réunis ici pour fêter ... .
riuscire [riuʃ'ʃire] *vi* réussir; (*essere, apparire*) être; ~ **in qc** réussir dans qch; ~ **a fare qc** réussir *o* arriver à faire qch; **ciò mi riesce nuovo** cela est tout à fait nouveau pour moi.
riuscita [riuʃ'ʃita] *sf* réussite *f*, succès *msg.*
riutilizzare [riutilid'dzare] *vt* réutiliser.
riva ['riva] *sf* (*di fiume, lago*) rive *f*, bord *m*; (*del mare*) rivage *m*; **in** ~ **al mare** au bord de la mer.
rivale [ri'vale] *agg, sm/f* rival(e); **non avere rivali** ne pas avoir de rivaux; (*fig*) ne pas avoir son pareil.
rivaleggiare [rivaled'dʒare] *vi* rivaliser.
rivalità [rivali'ta] *sf inv* rivalité *f.*
rivalsa [ri'valsa] *sf* revanche *f*; **prendersi una** ~ **su** prendre sa revanche sur.
rivalutare [rivalu'tare] *vt* (*ECON*) réévaluer; (*fig*: *opera d'arte etc*) réhabiliter.
rivalutazione [rivalutat'tsjone] *sf* (*vedi vt*) réévaluation *f*; réhabilitation *f.*
rivangare [rivan'gare] *vt* (*fig*) remâcher.
rivedere [rive'dere] *vt* revoir; (*riesaminare*) revoir, réviser.
rivedrò *etc* [rive'drɔ] *vb vedi* **rivedere**.
rivelare [rive'lare] *vt* révéler; **rivelarsi** *vr* se révéler; **rivelarsi onesto** se révéler honnête.
rivelatore [rivela'tore] *sm* (*TECN*) détecteur *m*; (*FOT*) révélateur *m.*
rivelazione [rivelat'tsjone] *sf* révélation *f.*
rivendere [ri'vendere] *vt* revendre.
rivendicare [rivendi'kare] *vt* revendiquer.
rivendicazione [rivendikat'tsjone] *sf* revendication *f*; ▶ **rivendicazioni salariali** revendications salariales.
rivendita [ri'vendita] *sf* magasin *m*; ▶ **rivendita di tabacchi** débit *m* de tabac.
rivenditore, -trice [rivendi'tore] *sm/f* détaillant(e); ▶ **rivenditore autorizzato** (*COMM*) revendeur officiel.
riverberare [riverbe'rare] *vt* réverbérer; (*suono*) renvoyer.
riverbero [ri'vɛrbero] *sm* (*di luce, calore*) réverbération *f*; (*di suono*) réflexion *f.*
riverente [rive'rɛnte] *agg* respectueux(-euse).
riverenza [rive'rɛntsa] *sf* (*rispetto*) respect *m*; (*inchino*) révérence *f.*
riverire [rive'rire] *vt* respecter; **la riverisco!** mes respects!
riversare [river'sare] *vt* renverser; (*fig*) déverser; **riversarsi** *vip* (*acque*) se déverser; (*persone*) se déverser, se répandre; ~ **la colpa su qn** faire retomber la responsabilité sur qn.
rivestimento [rivesti'mento] *sm* revêtement *m.*
rivestire [rives'tire] *vt* rhabiller; (*fig*: *avere, assumere*) revêtir; (: *carica*) occuper; **rivestirsi** *vr* se rhabiller; ~ **di/con** (*ricoprire*: *con stoffa, carta*) recouvrir de/avec; (: *con sostanza, vernice*) enduire de.
rividi *etc* [ri'vidi] *vb vedi* **rivedere**.
riviera [ri'vjɛra] *sf* bord *m* de la mer, côte *f*; **la** ~ **ligure** la Riviera.
rivincita [ri'vintʃita] *sf* (*anche fig*) revanche *f*; **prendersi la** ~ **(su)** prendre sa revanche (sur).
rivissuto, -a [rivis'suto] *pp di* **rivivere**.
rivista [ri'vista] *sf* revue *f.*
rivisto, -a [ri'visto] *pp di* **rivedere**.
rivitalizzare [rivitalid'dzare] *vt* revitaliser.
rivivere [ri'vivere] *vi, vt* revivre.
rivo ['rivo] *sm* ruisseau *m.*
rivolgere [ri'vɔldʒere] *vt*: ~ **(a)** (*parole*) adresser (à); (*attenzione*) diriger (sur); (*pensieri, sguardo*) tourner (vers); (*domanda*) poser (à); **rivolgersi** *vr* se retourner; **rivolgersi a** (*fig*: *per informazioni*) s'adresser à; ~ **un'accusa/una critica a qn** adresser une accusation/une critique à qn; **rivolgersi all'ufficio competente** s'adresser au bureau concerné.
rivolgimento [rivoldʒi'mento] *sm* (*fig*) bouleversement *m.*
rivolsi *etc* [ri'vɔlsi] *vb vedi* **rivolgere**.
rivolta [ri'vɔlta] *sf* (*fig*) révolte *f.*
rivoltante [rivol'tante] *agg* écœurant(e).
rivoltare [rivol'tare] *vt* retourner; (*disgu-*

stare: *anche fig*) écœurer; **rivoltarsi** *vip, vr* (*rigirarsi*) se retourner; (*ribellarsi*) se révolter.
rivoltella [rivol'tɛlla] *sf* révolver *m*.
rivolto, -a [ri'vɔlto] *pp di* **rivolgere**.
rivoltoso, -a [rivol'toso] *agg, sm/f* rebelle *m/f*.
rivoluzionare [rivoluttsjo'nare] *vt* révolutionner.
rivoluzionario, -a [rivoluttsjo'narjo] *agg, sm/f* révolutionnaire *m/f*.
rivoluzione [rivolut'tsjone] *sf* révolution *f*.
rizzare [rit'tsare] *vt* (*tenda*) dresser; (*bandiera*) hisser; **rizzarsi** *vr, vip* (*persona*) se dresser; (*capelli*) se hérisser; **rizzarsi in piedi** se mettre debout.
RNA [ɛrre'ɛnne'a] *sigla m* (= *ribonucleic acid*) ARN *m*.
RO *sigla* = *Rovigo*.
roba ['rɔba] *sf* (*cosa*) chose *f*; (*beni*) affaires *fpl*; (*tessuto, indumento*) vêtement *m*; (*merce*) marchandise *f*; (*materiale*) objet *m*; (*fam*: *droga*) came *f* (*fam*); ~ **da mangiare** choses *fpl* à manger; ~ **da matti!** c'est de la folie!
robivecchi [robi'vɛkki] *sm/f inv* chiffonnier(-ière).
robot ['rɔbot] *sm inv* (*anche fig*) robot *m*.
robotica [ro'bɔtika] *sf* robotique *f*.
robustezza [robus'tettsa] *sf* (*vedi agg*) robustesse *f*; solidité *f*.
robusto, -a [ro'busto] *agg* (*persona*) robuste; (*catena, pianta, fig*) solide; (*vino*) fort(e).
rocca, -che ['rɔkka] *sf* forteresse *f*.
roccaforte [rokka'fɔrte] *sf* citadelle *f*; (*fig*) citadelle, bastion *m*.
rocchetto [rok'ketto] *sm* bobine *f*.
roccia, -ce [rɔttʃa] *sf* (*minerale*) roche *f*; (*masso di pietra*) rocher *m*; **fare** ~ (*ALPINISMO*) faire de la varappe, faire du rocher; **è una** ~ (*fig*: *persona*) c'est un roc.
rocciatore, -trice [rottʃa'tore] *sm/f* varappeur(-euse), rochassier(-ière).
roccioso, -a [rot'tʃoso] *agg* rocheux(-euse); **le Montagne Rocciose** les Montagnes Rocheuses.
roco, -a, -chi, -che ['rɔko] *agg* rauque.
rodaggio [ro'daddʒo] *sm* rodage *m*; **essere in** ~ (*macchina*) être en rodage; **periodo di** ~ (*anche fig*) période *f* de rodage.
Rodano ['rɔdano] *sm* Rhône *m*.
rodare [ro'dare] *vt* (*AUT, TECN*) roder.
rodeo [ro'deo] *sm* rodéo *m*.
rodere ['rodere] *vt* ronger.
Rodi ['rɔdi] *sf* Rhodes *f*.
roditore [rodi'tore] *sm* rongeur *m*.
rododendro [rodo'dɛndro] *sm* rhododendron *m*.
rogito ['rɔdʒito] *sm* (*DIR*) acte *m* notarié.
rogna ['roɲɲa] *sf* (*MED*) gale *f*; (*fig*: *guaio*) embêtement *m*.
rognone [roɲ'ɲone] *sm* (*CUC*) rognon *m*.
rognoso, -a [roɲ'ɲoso] *agg* (*MED*) galeux(-euse); (*fig*: *persona, cosa*) embêtant(e).
rogo, -ghi ['rɔgo] *sm* bûcher *m*; (*incendio*) incendie *m*; **mettere al** ~ condamner au bûcher.
rollare [rol'lare] *vi* (*NAUT, AER*) rouler.
rollino [rol'lino] *sm* = **rullino**.
rollio [rol'lio] *sm* roulis *msg*.
Roma ['roma] *sf* Rome.
romagnolo, -a [romaɲ'ɲɔlo] *agg* romagnol(e).
romanesco, -a, -schi, -sche [roma'nesko] *agg* romain(e) ♦ *sm* Romain(e).
Romania [roma'nia] *sf* Roumanie *f*.
romanico, -a, -ci, -che [ro'maniko] *agg* roman(e).
romano, -a [ro'mano] *agg* romain(e) ♦ *sm/f* Romain(e); **i Romani** les Romains *mpl*; **pagare alla romana** payer chacun sa part *o* son écot.
romanticheria [romantike'ria] *sf* (*peg*) sensiblerie *f*.
romanticismo [romanti'tʃizmo] *sm* romantisme *m*; **il R~** le Romantisme.
romantico, -a, -ci, -che [ro'mantiko] *agg, sm/f* romantique *m/f*.
romanza [ro'mandza] *sf* romance *f*.
romanzare [roman'dzare] *vt* romancer.
romanzesco, -a, -schi, -sche [roman'dzesko] *agg* romanesque.
romanziere [roman'dzjɛre] *sm* romancier(-ière).
romanzo, -a [ro'mandzo] *agg* (*LING*) roman(e) ♦ *sm* roman *m*; ▶ **romanzo cavalleresco** roman de cape et d'épée; ▶ **romanzo d'appendice** roman-feuilleton *m*; ▶ **romanzo giallo/poliziesco** roman policier, polar *m* (*fam*); ▶ **romanzo rosa** roman à l'eau de rose.
rombare [rom'bare] *vi* (*motore*) vrombir; (*cannone, tuono*) gronder.
rombo ['rombo] *sm* (*di motore*) vrombissement *m*; (*di cannone, tuono*) grondement *m*; (*GEOM*) losange *m*; (*ZOOL*) turbot *m*.
romeno, -a [ro'mɛno] *agg, sm/f* = **rumeno**.
rompere ['rompere] *vt* casser; (*fig*: *silenzio, incanto, fidanzamento, contratto*) rompre; (: *sonno, conversazione*) interrompre; **rompersi** *vip* (*spezzarsi*) se rompre; (*guastarsi*) se casser; ~ **con qn/qc** rompre avec qn/qch; ~ **(le scatole) a qn** (*fam*) casser les pieds à qn; **rompersi un braccio/una gamba** se casser un bras/une jambe; **mi sono rotto** j'en ai marre.
rompicapo [rompi'kapo] *sm* casse-tête *m inv*.
rompicollo [rompi'kɔllo] *sm*: **a** ~ à tombeau ouvert.

rompighiaccio [rompi'gjattʃo] *sm inv* (*NAUT*) brise-glace *m inv*.
rompiscatole [rompis'katole] *sm/f inv* (*fam*) casse-pieds *m/f*.
ronda ['ronda] *sf* (*MIL*) ronde *f*.
rondella [ron'dɛlla] *sf* (*di bullone*) rondelle *f*.
rondine ['rondine] *sf* (*ZOOL*) hirondelle *f*; **coda di ~** queue *f* de pie.
rondone [ron'done] *sm* (*ZOOL*) martinet *m*.
ronfare [ron'fare] *vi* (*russare*) ronfler; (*gatto*) ronronner.
ronzare [ron'dzare] *vi* (*insetto*) bourdonner; (*motore*) ronfler.
ronzino [ron'dzino] *sm* (*peg*: *cavallo*) canasson *m*.
ronzio, -ii [ron'dzio] *sm* (*vedi vi*) bourdonnement *m*; ronflement *m*.
rosa ['rɔza] *sf* rose *f* ♦ *agg inv, sm inv* (*colore*) rose *m*; **la ~ dei candidati** le groupe de candidats.
rosaio [ro'zajo] *sm* (*pianta*) rosier *m*; (*gruppo di piante*) roseraie *f*.
rosario [ro'zarjo] *sm* (*REL*) chapelet *m*.
rosato, -a [ro'zato] *agg* rosé(e) ♦ *sm* (*vino*) rosé *m*.
roseo, -a ['rɔzeo] *agg* rosé(e); (*fig*: *avvenire*) (tout) rose.
roseto [ro'zeto] *sm* roseraie *f*.
rosetta [ro'zetta] *sf* (*diamante*) rosette *f*; (*rondella*) rondelle *f*.
rosi ['rosi] *vb vedi* **rodere**.
rosicchiare [rosik'kjare] *vt* ronger; (*mangiucchiare*) grignoter.
rosmarino [rozma'rino] *sm* romarin *m*.
roso, -a ['roso] *pp di* **rodere**.
rosolare [rozo'lare] *vt* (*CUC*) rissoler.
rosolia [rozo'lia] *sf* (*MED*) rubéole *f*.
rosone [ro'zone] *sm* rosace *f*.
rospo ['rɔspo] *sm* crapaud *m*; **ingoiare un ~** (*fig*) avaler des couleuvres; **sputare il ~** (*fig*) cracher le morceau; **è (brutto come) un ~** il est laid comme un pou.
rossetto [ros'setto] *sm* rouge *m* à lèvres.
rosso, -a ['rosso] *agg* (*colore*) rouge; (*capelli, peli*) roux(rousse) ♦ *sm* (*colore*) rouge *m* ♦ *sm/f* (*POL*) rouge *m/f*; **diventare ~ (per la vergogna)** rougir (de honte); **essere in ~** (*senza soldi*) être dans le rouge; **il Mar R~** la Mer Rouge; **a luce rossa** (*CINE*) porno *inv*; ▸**rosso d'uovo** jaune *m* d'œuf.
rossore [ros'sore] *sm* rougeur *f*.
rosticceria [rostittʃe'ria] *sf* charcuterie *f*; **andare a mangiare in ~** aller chez le (charcutier-)traiteur.
rosticciere [rostit'tʃɛre] *sm* (charcutier-) traiteur *m*.
rostro ['rɔstro] *sm* (*becco*) bec *m*; (*sperone*) rostre *m*.
rotabile [ro'tabile] *agg*: **strada ~** route *f* carrossable; **materiale ~** (*FERR*) matériel *m* roulant.
rotaia [ro'taja] *sf* (*FERR*) rail *m*; (*solco*) ornière *f*.
rotare [ro'tare] *vi* = **ruotare**.
rotazione [rotat'tsjone] *sf* rotation *f*; (*fig*: *avvicendamento*) roulement *m*; (*AGR*) assolement *m*.
roteare [rote'are] *vi* (*occhi*) tourner ♦ *vt* (*spada*) faire tournoyer; (*occhi*) rouler.
rotella [ro'tɛlla] *sf* roulette *f*; (*di meccanismo*) roue *f*; **gli manca qualche ~** il lui manque une case, il a un petit grain.
rotocalco, -chi [roto'kalko] *sm* (*TIP*) rotogravure *f*; (*rivista*) magazine *m* illustré.
rotolare [roto'lare] *vt, vi* rouler; **rotolarsi** *vr* se rouler.
rotolio [roto'lio] *sm* roulement *m* continu.
rotolo ['rɔtolo] *sm* rouleau *m*; **andare a rotoli** (*fig*: *azienda*) péricliter.
rotondo, -a [ro'tondo] *agg* rond(e) ♦ *sf* (*edificio*) rotonde *f*.
rotore [ro'tore] *sm* rotor *m*.
rotta ['rotta] *sf* (*AER, NAUT*) route *f*; **fare ~ su/per/verso** mettre le cap sur, faire route vers; **cambiare ~** (*anche fig*) changer de cap; **ufficiale di ~** officier *m* des montres *o* de navigation; **a ~ di collo** à toute vitesse; **essere in ~ con qn** (*fig*) être brouillé(e) avec qn.
rottame [rot'tame] *sm* débris *msg*; **rottami** *smpl* (*di aereo, macchina*) débris *mpl*; (*di nave*) épave *fsg*; **è un ~** (*fig*: *persona*) c'est une épave; ▸**rottami di ferro** ferraille *f*.
rotto, -a ['rotto] *pp di* **rompere** ♦ *agg* (*spezzato*) cassé(e); (*lacerato*) déchiré(e); (*voce*) cassé(e) ♦ *sm*: **per il ~ della cuffia** de justesse; **~ a** (*persona*) rompu(e) à; **20.000 lire e rotti** 20 000 lires et des poussières.
rottura [rot'tura] *sf* (*anche fig*) rupture *f*; (*MED*) fracture *f*; **che ~ (di scatole)!** (*fam*) que c'est emmerdant!
roulotte [ru'lɔt] *sf inv* caravane *f*.
rovente [ro'vɛnte] *agg* brûlant(e).
rovere ['rovere] *sm* (*BOT*) rouvre *m*; (*legno*) chêne *f*.
rovescia [ro'vɛʃʃa] *sf*: **alla ~** à l'envers.
rovesciare [roveʃ'ʃare] *vt* (*anche fig*) renverser; (*rivoltare*: *tasche*) retourner; **rovesciarsi** *vip* se renverser; (*liquido*) se répandre; (*macchina*) se retourner; (*barca*) chavirer.
rovescio, -sci [ro'vɛʃʃo] *sm* (*anche TENNIS*) revers *msg*; (*MAGLIA*: *anche*: **punto ~**) point *m* à l'envers; **a ~** à l'envers; **il ~ della medaglia** (*fig*) l'envers de la médaille; ▸**rovescio di fortuna** revers de fortune; ▸**rovescio (di pioggia)** averse *f*.
rovina [ro'vina] *sf* ruine *f*; **rovine** *sfpl* (*rude-*

ri) ruines *fpl*; **andare in ~** (*edificio*) tomber en ruine; (*persona*) se ruiner; (*società*) aller à la ruine; **mandare in ~** ruiner.
rovinare [rovi'nare] *vi* s'écrouler ♦ *vt* ruiner; (*abito*) abîmer; (*serata, festa*) gâcher; **rovinarsi** *vr* se ruiner.
rovinato, -a [rovi'nato] *agg* ruiné(e); (*abito*) abîmé(e); (*serata, festa*) gâché(e).
rovinoso, -a [rovi'noso] *agg* (*speculazione*) ruineux(-euse); (*temporale*) désastreux(-euse).
rovistare [rovis'tare] *vt* fouiller.
rovo ['rovo] *sm* ronce *f*.
rozzezza [rod'dzettsa] *sf* grossièreté *f*.
rozzo, -a ['roddzo] *agg* (*non rifinito*) brut(e); (*mobile*) grossier(-ière); (*fig*) fruste, rude.
RP [ɛrre'pi] *sigla fpl* (= *relazioni pubbliche*) RP *fpl*.
R.R. *abbr* (*POSTA* = *ricevuta di ritorno*) AR.
Rrr *abbr* (*POSTA* = *raccomandata con ricevuta di ritorno*) R. avec A.R.
RSVP *abbr* (= *répondez s'il vous plaît*) RSVP.
ruba ['ruba] *sf*: **andare a ~** se vendre comme des petits pains.
rubacuori [ruba'kwɔri] *sm inv* bourreau *m* des cœurs.
rubare [ru'bare] *vt* voler; **~ qc a qn** voler qch à qn.
rubicondo, -a [rubi'kondo] *agg* rougeaud(e).
Rubicone [rubi'cone] *sm* Rubicon *m*.
rubinetto [rubi'netto] *sm* robinet *m*.
rubino [ru'bino] *sm* rubis *msg*.
rubizzo, -a [ru'bittso] *agg* bien portant(e).
rublo ['rublo] *sm* rouble *m*.
rubrica, -che [ru'brika] *sf* (*quaderno*) répertoire *m*; (*STAMPA*) rubrique *f*; (*TV, RADIO*) émission *f*; ▸ **rubrica d'indirizzi** carnet *m* (d'adresses); ▸ **rubrica telefonica** répertoire *m* du téléphone.
rude ['rude] *agg* rude.
rudere ['rudere] *sm* (*rovine*) ruines *fpl*; (*fig: persona*) ruine *f*, épave *f*.
rudimentale [rudimen'tale] *agg* rudimentaire.
rudimenti [rudi'menti] *smpl* rudiments *mpl*.
ruffiano, -a [ruf'fjano] *sm/f* (*mezzano: uomo*) souteneur *m*, maquereau *m*; (: *donna*) maquerelle *f*, entremetteuse *f*; (*adulatore*) lèche-bottes *m/f inv*.
ruga, -ghe ['ruga] *sf* ride *f*.
ruggine ['ruddʒine] *sf* rouille *f*.
ruggire [rud'dʒire] *vi* rugir.
ruggito [rud'dʒito] *sm* rugissement *m*.
rugiada [ru'dʒada] *sf* rosée *f*.
rugoso, -a [ru'goso] *agg* (*volto*) ridé(e); (*mani*) rugueux(-euse).
rullare [rul'lare] *vi* (*anche AER*) rouler.
rullino [rul'lino] *sm* pellicule *f* (photographique).
rullio, -ii [rul'lio] *sm* (*di tamburi*) roulement *m*.
rullo ['rullo] *sm* rouleau *m*; (*di tamburi*) roulement *m*; ▸ **rullo compressore** rouleau compresseur.
rum [rum] *sm inv* rhum *m*.
rumeno, -a [ru'mɛno] *agg* roumain(e) ♦ *sm/f* Roumain(e) ♦ *sm* (*LING*) roumain *m*.
ruminante [rumi'nante] *sm* ruminant *m*.
ruminare [rumi'nare] *vt* ruminer.
rumore [ru'more] *sm* bruit *m*; **fare ~** faire du bruit; **un ~ di passi** un bruit de pas; **la notizia ha fatto molto ~** la nouvelle a fait beaucoup de bruit.
rumoreggiare [rumored'dʒare] *vi* (*fig: folla*) murmurer, gronder.
rumoroso, -a [rumo'roso] *agg* bruyant(e).
ruolo ['rwɔlo] *sm* rôle *m*; (*AMM: elenco*) cadre *m*; **di ~** titulaire; **il personale fuori ~** les vacataires *mpl*.
ruota ['rwɔta] *sf* roue *f*; (*di roulette*) roulette *f*; (*in luna park*) grande roue; **a ~** (*a forma circolare*) en forme de cercle; **fare la ~** faire la roue; **l'ultima ~ del carro** (*fig*) la cinquième roue du carrosse; **la ~ della fortuna** la roue de la fortune; **parlare a ~ libera** parler librement; ▸ **ruota di scorta** roue de secours.
ruotare [rwo'tare] *vt, vi* tourner.
rupe ['rupe] *sf* rocher *m*.
rupestre [ru'pɛstre] *agg* rupestre.
rupia [ru'pia] *sf* roupie *f*.
ruppi *etc* ['ruppi] *vb vedi* **rompere**.
rurale [ru'rale] *agg* rural(e).
ruscello [ruʃ'ʃɛllo] *sm* ruisseau *m*.
ruspa ['ruspa] *sf* scraper *m*, décapeuse *f*.
ruspante [rus'pante] *agg* (*pollo*) de ferme, fermier(-ière).
russare [rus'sare] *vi* ronfler.
Russia ['russja] *sf* Russie *f*.
russo, -a ['russo] *agg* russe ♦ *sm/f* Russe *m/f* ♦ *sm* (*LING*) russe *m*.
rustico, -a, -ci, -che ['rustiko] *agg* rustique; (*fig*) rude ♦ *sm* (*EDIL*) maison *f* rustique.
ruta ['ruta] *sf* (*BOT*) rue *f*.
ruttare [rut'tare] *vi* roter.
rutto ['rutto] *sm* rot *m*.
ruvido, -a ['ruvido] *agg* rugueux(-euse).
ruzzolare [ruttso'lare] *vi* dégringoler (*fam*).
ruzzolone [ruttso'lone] *sm* (*caduta*) dégringolade *f* (*fam*).
ruzzoloni [ruttso'loni] *avv* (*cadere*) en dégringolant; **fare le scale ~** dégringoler dans l'escalier.

S, s

S, s ['ɛsse] *sf o m inv* (*lettera*) S, s *m inv*; ~ **come Savona** ≈ S comme Suzanne.
S. *abbr* (= *sud*) S.; (= *santo*) St(e).
s *abbr* (= *secondo*) sec.
SA *sigla* = *Salerno* ♦ *abbr* (= *società anonima*) SA *f*.
sa [sa] *vb vedi* **sapere**.
sabato ['sabato] *sm* samedi *m*; *vedi anche* **martedì**.
sabbia ['sabbja] *agg inv, sf* sable *m*; ▶ **sabbie mobili** sables mouvants.
sabbiatura [sabbja'tura] *sf* (*MED*) bain *m* de boue; (*TECN*) sablage *m*; **fare le sabbiature** prendre des bains de boue.
sabbioso, -a [sab'bjoso] *agg* sableux(-euse).
sabotaggio [sabo'taddʒo] *sm* sabotage *m*.
sabotare [sabo'tare] *vt* saboter.
sabotatore, -trice [sabota'tore] *sm/f* saboteur(-euse).
sacca, -che ['sakka] *sf* sac *m*; (*bisaccia*) musette *f*, besace *f*; (*insenatura, rientranza*) anse *f*; (*ANAT, BIOL*) poche *f*; ▶ **sacca da viaggio** sac de voyage; ▶ **sacca d'aria** trou *m* d'air.
saccarina [sakka'rina] *sf* saccharine *f*.
saccente [sat'tʃɛnte] *agg, sm/f* pédant(e).
saccheggiare [sakked'dʒare] *vt* piller, saccager.
saccheggio [sak'keddʒo] *sm* pillage *m*, sac *m*.
sacchetto [sak'ketto] *sm* sachet *m*; ▶ **sacchetto di carta/di plastica** sachet en papier/en plastique.
sacco, -chi ['sakko] *sm* sac *m*; **un** ~ **di** (*fig*) un tas de; **mangiare al** ~ faire un pique-nique; **cogliere** *o* **prendere qn con le mani nel** ~ (*fig*) prendre qn la main dans le sac; **mettere qn nel** ~ (*fig*) avoir qn; **vuotare il** ~ (*fig*) vider son sac; ▶ **sacco a pelo** sac de couchage; ▶ **sacco per i rifiuti** sac poubelle.
sacerdote [satʃer'dɔte] *sm* prêtre *m*.
sacerdozio [satʃer'dɔttsjo] *sm* sacerdoce *m*.
sacramento [sakra'mento] *sm* sacrement *m*.
sacrario [sa'krarjo] *sm* sanctuaire *m*; ~ **dei caduti in guerra** monument *m* aux morts de la guerre.
sacrestano [sakres'tano] *sm* = **sagrestano**.
sacrestia [sakres'tia] *sf* = **sagrestia**.
sacrificare [sakrifi'kare] *vt* sacrifier; **sacrificarsi** *vr* se sacrifier.
sacrificato, -a [sakrifi'kato] *agg* sacrifié(e).
sacrificio [sakri'fitʃo] *sm* sacrifice *m*.
sacrilegio [sakri'lɛdʒo] *sm* sacrilège *m*.
sacrilego, -a, -ghi, -ghe [sa'krilego] *agg* sacrilège.
sacro, -a ['sakro] *agg* sacré(e).
sacrosanto, -a [sakro'santo] *agg* (*anche iron*) sacro-saint(e); **una lezione sacrosanta** (*fig*) une leçon bien méritée.
sadico, -a, -ci, -che ['sadiko] *agg, sm/f* sadique *m/f*.
sadismo [sa'dizmo] *sm* sadisme *m*.
saetta [sa'etta] *sf* éclair *m*.
safari [sa'fari] *sm inv* safari *m*.
sagace [sa'gatʃe] *agg* sagace.
sagacia [sa'gatʃa] *sf* sagacité *f*.
saggezza [sad'dʒettsa] *sf* sagesse *f*.
saggiare [sad'dʒare] *vt* titrer; (*fig*) sonder; ~ **il terreno** tâter le terrain.
saggio, -a, -gi, -ge ['saddʒo] *agg* sage ♦ *sm* (*persona*) sage *m*; (*campione indicativo*) échantillon *m*, spécimen *m*; (*ricerca, esame critico*) essai *m*; (*SCOL*) petit spectacle *m* (de fin d'année); **dare** ~ **di** faire preuve de; **in** ~ spécimen; ▶ **saggio ginnico** spectacle de gymnastique.
saggistica [sad'dʒistika] *sf* essais *mpl*.
Sagittario [sadʒit'tarjo] *sm* (*ZODIACO*) Sagittaire *m*; **essere del** ~ être (du) Sagittaire.
sagoma ['sagoma] *sf* silhouette *f*; (*modello*) modèle *m*, patron *m*; (*bersaglio*) silhouette de tir; (*fig*: *persona*) (drôle *m* de) numéro *m*.
sagra ['sagra] *sf* (*festa popolare*) kermesse *f*, fête *f*.
sagrato [sa'grato] *sm* parvis *msg*.
sagrestano [sagres'tano] *sm* sacristain *m*.
sagrestia [sagres'tia] *sf* sacristie *f*.
Sahara [sa'ara] *sm*: **il (deserto del)** ~ le (désert du) Sahara.
sahariana [saa'rjana] *sf* saharienne *f*.
sai ['sai] *vb vedi* **sapere**.
Saigon [sai'gɔn] *sf* Saigon.
saio ['sajo] *sm* habit *m* monacal, bure *f*; **prendere** *o* **vestire il** ~ prendre l'habit.
sala ['sala] *sf* salle *f*; ▶ **sala da ballo/da gioco** salle de bal *o* de danse/de jeu; ▶ **sala da pranzo** salle à manger; ▶ **sala d'aspetto** salle d'attente; ▶ **sala (dei) comandi** salle des commandes; ▶ **sala delle udienze** (*DIR*) salle d'audience; ▶ **sala macchine** (*NAUT*) salle des machines, machinerie *f*; ▶ **sala operatoria** (*MED*) salle d'opération; ▶ **sala per conferenze** salle de réunion; ▶ **sala per ricevimenti** salle de réception.

salace [sa'latʃe] *agg* (*spinto, piccante*) grivois(e), osé(e); (*mordace*) mordant(e).
salamandra [sala'mandra] *sf* salamandre *f*.
salame [sa'lame] *sm* saucisson *m*; (*fig*: *persona goffa*) andouille *f*.
salamoia [sala'mɔja] *sf* (*CUC*) saumure *f*; **in ~** dans la saumure, saumuré(e).
salare [sa'lare] *vt* saler.
salariale [sala'rjale] *agg* salarial(e).
salariato, -a [sala'rjato] *sm/f* salarié(e); (*dello stato*) fonctionnaire *m/f*.
salario [sa'larjo] *sm* salaire *m*; ▶ **salario base** salaire de base; ▶ **salario minimo garantito** salaire minimum interprofessionnel de croissance, SMIC *m inv*.
salassare [salas'sare] *vt* (*MED*) saigner; (*fig*: *far sborsare*) saigner (à blanc).
salasso [sa'lasso] *sm* (*MED, fig*) saignée *f*.
salatino [sala'tino] *sm* biscuit *m* salé, amuse-gueule *m inv*.
salato, -a [sa'lato] *agg* (*anche fig*) salé(e) ♦ *sm* (*sapore*) salé *m*.
saldare [sal'dare] *vt* (*congiungere*) lier; (: *parti metalliche, con saldatura autogena*) souder; (*conto*) solder; (*debito*) régler.
saldatore, -trice [salda'tore] *sm* (*operaio*) soudeur(-euse); (*utensile*) soudeuse *f* ♦ *sf* (*macchina*) soudeuse *f*, machine *f* à souder; ▶ **saldatrice ad arco** soudeuse à arc.
saldatura [salda'tura] *sf* soudure *f*; ▶ **saldatura autogena/dolce** soudure autogène/tendre.
saldezza [sal'dettsa] *sf* fermeté *f*.
saldo, -a ['saldo] *agg* (*resistente, anche fig*) solide; (*fig*: *irremovibile*) ferme ♦ *sm* (*svendita, cifra da pagare*) solde *m*; (*di conto*) règlement *m*; **saldi** *smpl* (*COMM*) soldes *mpl*; **un'amicizia salda** (*fig*) une amitié solide; **essere ~ nella propria fede** (*fig*) être ferme dans sa foi; ▶ **saldo attivo/passivo** solde créditeur/débiteur; ▶ **saldo da riportare** solde à reporter.
sale ['sale] *sm* sel *m*; **sali** *smpl* (*MED*: *da annusare*) sels *mpl*; **sotto ~** dans le sel; **mettere sotto ~** saler; **avere poco ~ in zucca** ne pas être futé(e); **restare di ~** (*fig*) rester baba; ▶ **sale da cucina** sel de cuisine; ▶ **sale fino** sel fin; ▶ **sale grosso** gros sel; ▶ **sale marino** sel marin; ▶ **sali da bagno** sels de bain; ▶ **sali e tabacchi** bureau *m* de tabac; ▶ **sali minerali** sels minéraux.
salgemma [sal'dʒɛmma] *sm* sel *m* gemme.
salgo *etc* ['salgo] *vb vedi* **salire**.
salice ['salitʃe] *sm* saule *m*; ▶ **salice piangente** saule pleureur.
saliente [sa'ljɛnte] *agg* saillant(e).
saliera [sa'ljɛra] *sf* salière *f*.
salina [sa'lina] *sf* (*serie di vasche*) marais *msg* salant; (*miniera*) mine *f* de sel gemme.
salino, -a [sa'lino] *agg* salin(e).
salire [sa'lire] *vi* monter; (*aereo etc*) monter, s'élever ♦ *vt* (*scale, pendio*) monter; **~ da qn** (*andare a trovare*) monter chez qn; **~ su** monter sur; **~ sul treno/sull'autobus** monter dans le train/dans l'autobus; **~ in macchina** monter en voiture; **~ a cavallo** monter à cheval; **~ al potere** arriver *o* accéder au pouvoir; **~ al trono** monter sur le trône; **~ alle stelle** (*prezzi*) monter en flèche.
saliscendi [saliʃ'ʃendi] *sm inv* loquet *m*.
salita [sa'lita] *sf* montée *f*; (*erta*) montée, côte *f*; **in ~** en côte.
saliva [sa'liva] *sf* salive *f*.
salma ['salma] *sf* dépouille *f* mortelle.
salmastro, -a [sal'mastro] *agg* saumâtre ♦ *sm* (*sapore*) goût *m* saumâtre; (*odore*) odeur *f* d'embruns.
salmì [sal'mi] *sm* (*CUC*) civet *m*; **in ~** en civet.
salmo ['salmo] *sm* psaume *m*.
salmone [sal'mone] *sm* saumon *m* ♦ *agg inv* (*colore*) saumon *inv*.
salmonella [salmo'nɛlla] *sf* salmonelle *f*.
Salomone [salo'mone]: **le isole ~** *sfpl* les îles *fpl* Salomon.
salone [sa'lone] *sm* (*stanza, in albergo, su nave*) salle *f*; (*mostra, di parrucchiere*) salon *m*; ▶ **salone dell'automobile** Salon de l'automobile; ▶ **salone di ricevimento** salon de réception; ▶ **salone di bellezza** salon de beauté.
salopette [salɔ'pɛt] *sf inv* salopette *f*.
salottiero, -a [salot'tjɛro] *agg* salonnier(-ière), de salon.
salotto [sa'lɔtto] *sm* salon *m*; **fare ~** (*chiacchierare*) faire la causette.
salpare [sal'pare] *vi* partir, appareiller ♦ *vt*: **~ l'ancora** lever l'ancre.
salsa ['salsa] *sf* sauce *f*; **in tutte le salse** (*fig*) à toutes les sauces; ▶ **salsa di pomodoro** sauce tomate.
salsedine [sal'sɛdine] *sf* (*del mare, vento*) salinité *f*; (*incrostazione*) sel *m*.
salsiccia [sal'sittʃa] *sf* saucisse *f*.
salsiera [sal'sjɛra] *sf* saucière *f*.
salso ['salso] *sm* sel *m*.
saltare [sal'tare] *vi* sauter ♦ *vt* (*anche CUC*) sauter; **~ addosso a qn** (*aggredire*) sauter sur qn; **gli è saltato addosso** il lui a sauté dessus; **~ fuori** (*fig*) sortir; **~ fuori con** (*con frase, commento*) lâcher; **~ giù da** (*da treno, muro*) sauter de; **~ da un argomento all'altro** sauter d'un sujet à l'autre; **far ~** (*anche serratura*) faire sauter; **far ~ il banco** (*GIOCO*) faire sauter la banque; **far ~ il governo** faire sauter le gouvernement; **farsi ~ le cervella** se faire sauter la cervelle; **ma che ti salta in men-**

te? mais qu'est-ce qui te passe par la tête?, mais qu'est-ce qui te prend?
saltellare [saltel'lare] *vi* sautiller.
saltello [sal'tɛllo] *sm* petit saut *m*.
saltimbanco, -chi [saltim'banko] *sm* saltimbanque *m*.
salto ['salto] *sm* (*anche SPORT*) saut *m*; **fare un ~** faire un saut; **fare un ~ da qn** (*fig*) faire un saut chez qn; **fare un ~ nel buio** faire le saut; **fare quattro salti** danser; ▸**salto con l'asta** (*SPORT*) saut à la perche; ▸**salto di qualità** saut de qualité; ▸**salto in alto/lungo** (*SPORT*) saut en hauteur/longueur; ▸**salto mortale** saut périlleux *o* de la mort.
saltuario [saltu'arjo] *agg* irrégulier(-ière), intermittent(e).
salubre [sa'lubre] *agg* salubre.
salume [sa'lume] *sm* charcuterie *f*; **salumi** *smpl* (*insaccati*) charcuterie *fsg*.
salumeria [salume'ria] *sf* charcuterie *f*.
salumiere, -a [salu'mjɛre] *sm/f* charcutier(-ière).
salumificio [salumi'fitʃo] *sm* fabrique *f* de charcuterie.
salutare [salu'tare] *agg* salutaire ♦ *vt* (*amico, conoscente*: *incontrando*) dire bonjour (à); (: *nel congedarsi*) dire au revoir (à); (*MIL*) saluer; (*accogliere con gioia, applausi*) acclamer; **mi saluti sua moglie** dites bonjour à votre femme de ma part.
salute [sa'lute] *sf* santé *f*; ~! (*a chi starnutisce*) à tes/vos souhaits!; (*nei brindisi*) santé!, à la tienne/vôtre!; **essere in ~, godere di buona ~** être en bonne santé; **è tutta ~**! c'est excellent pour la santé!; **la ~ pubblica** le salut public; **bere alla ~ di qn** boire à la santé de qn.
saluto [sa'luto] *sm* salut *m*; **togliere il ~ a qn** ne plus dire bonjour à qn; **"cari/tanti saluti"** "meilleurs souvenirs"; **"distinti saluti"** "salutations distinguées"; **vogliate gradire i nostri più distinti saluti** veuillez agréer nos salutations distinguées; **i miei saluti alla sua signora** mon bon souvenir à votre épouse, bien des choses à votre épouse; ▸**saluto militare** salut militaire.
salva ['salva] *sf*: **sparare a ~** tirer à blanc.
salvacondotto [salvakon'dotto] *sm* (*MIL*) sauf-conduit *m*.
salvadanaio [salvada'najo] *sm* tirelire *f*.
salvadoregno, -a [salvado'reɲɲo] *agg* du Salvador ♦ *sm/f* habitant(e) du Salvador.
salvagente [salva'dʒɛnte] *sm* (*NAUT*: *a ciambella*) bouée *f* de sauvetage; (: *a giubbotto*) gilet *m* de sauvetage; (*stradale*) refuge *m*.
salvaguardare [salvagwar'dare] *vt* sauvegarder.
salvaguardia [salva'gwardja] *sf* sauvegarde *f*; **a ~ di** pour la sauvegarde de, pour sauvegarder.
salvare [sal'vare] *vt* (*trarre da un pericolo*) sauver; (*proteggere*) protéger, préserver; **salvarsi** *vr* échapper à; (*difendersi*) se protéger de; **~ la vita a qn** sauver la vie à qn; **~ le apparenze/la faccia** sauver les apparences/la face.
salvataggio [salva'taddʒo] *sm* sauvetage *m*; **di ~** de sauvetage.
salvatore, -trice [salva'tore] *sm/f* sauveur *m*.
salvazione [salvat'tsjone] *sf* (*REL*) salut *m*.
salve ['salve] *escl* (*fam*) salut! ♦ *sf* = **salva**.
salvezza [sal'vettsa] *sf* salut *m*.
salvia ['salvja] *sf* sauge *f*.
salvietta [sal'vjetta] *sf* serviette *f*.
salvo, -a ['salvo] *agg* (*scampato a pericolo*) sauf(sauve); (*fuori pericolo*) sauvé(e) ♦ *sm*: **in ~** à l'abri, en sûreté ♦ *prep* (*eccetto*) sauf, excepté, à part; **~ che** (*tranne*) à moins que; **~ errori ed omissioni** sauf erreur ou omission; **mettersi in ~** se mettre à l'abri; **portare in ~** sauver; **~ imprevisti** sauf imprévus.
sambuca [sam'buka] *sf liqueur semblable à l'anisette*.
sambuco [sam'buko] *sm* sureau *m*.
sanare [sa'nare] *vt* guérir; (*economia*) assainir, redresser.
sanatoria [sana'tɔrja] *sf* (*DIR*) acte *m* de régularisation.
sanatorio [sana'tɔrjo] *sm* sanatorium *m*.
sancire [san'tʃire] *vt* sanctionner.
sandalo ['sandalo] *sm* (*BOT*) santal *m*; (*calzatura*) sandale *f*.
sangria [san'gria] *sf* sangria *f*.
sangue ['sangwe] *sm* sang *m*; **al ~** (*bistecca*) saignant(e); **all'ultimo ~** (*duello, lotta*) à mort; **fatto di ~** crime *m* sanglant; **farsi cattivo ~ (per)** se faire du mauvais sang (pour); **non corre buon ~ tra di loro** ils ne sont pas en bons termes; **buon ~ non mente!** bon sang ne peut mentir!; **a ~ freddo** (*fig*) de sang-froid; ▸**sangue blu** sang bleu.
sanguigno, -a [san'gwiɲɲo] *agg* sanguin(e); (*colore*) rouge sang *inv*.
sanguinante [sangwi'nante] *agg* sanglant(e).
sanguinare [sangwi'nare] *vi* saigner.
sanguinario, -a [sangwi'narjo] *agg* sanguinaire.
sanguinoso, -a [sangwi'noso] *agg* sanglant(e).
sanguisuga, -ghe [sangwi'suga] *sf* (*anche fig*) sangsue *f*.
sanità [sani'ta] *sf* santé *f*; (*salubrità*) salubrité *f*; **Ministero della S~** ministère *m* de la Santé publique; ▸**sanità mentale** santé mentale; ▸**sanità pubblica** santé

publique.

sanitario, -a [sani'tarjo] *agg* sanitaire ♦ *sm* (*persona*) médecin *m*; **sanitari** *smpl* (*impianti*) sanitaire *msg*, sanitaires *mpl*.

San Marino [san ma'rino] *sf* Saint-Marin *m*.

sanno ['sanno] *vb vedi* **sapere**.

sano, -a ['sano] *agg* sain(e); (*integro*) entier(-ière), intact(e); ~ **di mente** sain(e) d'esprit; **di sana pianta** entièrement; (*inventare, creare*) de toutes pièces; ~ **e salvo** sain(e) et sauf(sauve).

Santiago [santi'ago] *sf*: ~ **(del Cile)** Santiago (du Chili).

santificare [santifi'kare] *vt* (*luoghi, cose, feste*) sanctifier; (*persona*) canoniser.

santino [san'tino] *sm* image *f* pieuse.

santissimo, -a [san'tissimo] *agg*: **il S~ Sacramento** le saint sacrement; **il Padre S~** le Saint-Père.

santità [santi'ta] *sf* sainteté *f*; (*di giuramento, affetto*) caractère *m* sacré; **Vostra S~** Votre Sainteté.

santo, -a ['santo] (*usato dav s impura, gn, pn, ps, x, z*) *agg* saint(e); (*inviolabile*) sacré(e), saint(e) ♦ *sm/f* saint(e); **parole sante!** la voix de la vérité!; **tutto il ~ giorno** toute la sainte journée; **non c'è ~ che tenga!** il n'y a rien à faire!, c'est peine perdue!; ▸**Santo Padre** Saint-Père *m*; ▸**Santa Sede** Saint-Siège *m*.

santone [san'tone] *sm* marabout *m*.

santuario [santu'arjo] *sm* sanctuaire *m*.

sanzionare [santsjo'nare] *vt* sanctionner.

sanzione [san'tsjone] *sf* sanction *f*; ▸**sanzioni economiche** sanctions économiques.

sapere [sa'pere] *vt* (*conoscere*: *lingua, mestiere*) connaître; (*essere al corrente di*) savoir; (*apprendere*: *notizia*) apprendre, savoir ♦ *vi*: ~ **di** (*aver sapore*) avoir un goût de; (*aver odore*) sentir ♦ *sm*: **il** ~ le savoir; **saper fare qc** savoir faire qch; **far ~ qc a qn** faire savoir qch à qn; **venire a ~ qc** apprendre qch; **venire a ~ qc da qn** savoir qch par qn; **non ne vuole più ~ di lei** il ne veut plus entendre parler d'elle; **che io sappia, per quanto ne so** que je sache; **mi sa che non sia vero** il me semble que ce n'est pas vrai; **saperla lunga** en savoir long.

sapiente [sa'pjɛnte] *agg* savant(e) ♦ *sm* savant *m*; (*nell'antichità*) sage *m*.

sapientone, -a [sapjen'tone] *sm/f* (*peg*) Monsieur(Madame) je-sais-tout.

sapienza [sa'pjɛntsa] *sf* sagesse *f*.

sapone [sa'pone] *sm* savon *m*; ▸**sapone da barba** savon à barbe; ▸**sapone da bucato** savon pour la lessive; ▸**sapone liquido** savon liquide.

saponetta [sapo'netta] *sf* savonnette *f*.

sapore [sa'pore] *sm* saveur *f*, goût *m*; (*fig*) ton *m*.

saporito, -a [sapo'rito] *agg* savoureux(-euse); (*ben condito*) relevé(e).

sappiamo [sap'pjamo] *vb vedi* **sapere**.

saprò *etc* [sa'prɔ] *vb vedi* **sapere**.

saputello, -a [sapu'tɛllo] *sm/f* Monsieur(Madame) je-sais-tout.

sarà *etc* [sa'ra] *vb vedi* **essere**.

sarabanda [sara'banda] *sf* sarabande *f*.

saracinesca [saratʃi'neska] *sf* rideau *m* de fer.

sarcasmo [sar'kazmo] *sm* sarcasme *m*.

sarcastico, -a, -ci, -che [sar'kastiko] *agg* sarcastique.

sarchiare [sar'kjare] *vt* (*AGR*) sarcler, biner.

sarcofago, -gi *o* **ghi** [sar'kɔfago] *sm* sarcophage *m*.

Sardegna [sar'deɲɲa] *sf* Sardaigne *f*.

sardina [sar'dina] *sf* sardine *f*.

sardo, -a ['sardo] *agg* sarde.

sardonico, -a, -ci, -che [sar'dɔniko] *agg* sardonique.

sarei *etc* [sa'rɛi] *vb vedi* **essere**.

sarta ['sarta] *sf* couturière *f*.

sarto ['sarto] *sm* (*per uomini*) tailleur *m*; (*per donne*) couturier *m*; ▸**sarto d'alta moda** grand couturier.

sartoria [sarto'ria] *sf* (*locale*) atelier *m* de couture; (*casa di moda*) maison *f* de couture; (*arte*) haute couture *f*.

sassaiola [sassa'jɔla] *sf* bataille *f* à coups de pierre.

sassata [sas'sata] *sf* coup *m* de pierre.

sasso ['sasso] *sm* caillou *m*; (*masso*) roc *m*, rocher *m*; **caduta sassi** chute *f* de pierres; **restare di ~** rester pétrifié(e); (*sorpreso*) rester sidéré(e) *o* médusé(e).

sassofonista, -i, -e [sassofo'nista] *sm/f* saxophoniste *m/f*.

sassofono [sas'sɔfono] *sm* saxophone *m*.

sassone ['sassone] *agg* saxon(ne) ♦ *sm/f* Saxon(ne) ♦ *sm* saxon *m*.

sassoso, -a [sas'soso] *agg* pierreux(-euse), caillouteux(-euse).

Satana ['satana] *sm* Satan *m*.

satanico, -a, -ci, -che [sa'taniko] *agg* (*fig*) satanique.

satellite [sa'tɛllite] *agg inv, sm* satellite *m*; **via ~** par satellite; ~ **(artificiale)** satellite (artificiel).

satira ['satira] *sf* satire *f*.

satireggiare [satired'dʒare] *vt* satiriser ♦ *vi* écrire des satires.

satirico, -a, -ci, -che [sa'tiriko] *agg* satirique.

satollo, -a [sa'tollo] *agg* repu(e), rassasié(e).

saturare [satu'rare] *vt* (*anche fig*) saturer.

saturazione [saturat'tsjone] *sf* (*anche fig*)

saturation *f*; **punto di** ~ point *m* de saturation.
saturo, -a ['saturo] *agg* saturé(e); ~ **d'acqua** (*terreno*) gorgé d'eau.
sauna ['sauna] *sf* sauna *m o f*; **fare la** ~ prendre un sauna.
savana [sa'vana] *sf* savane *f*.
savio, -a ['savjo] *agg* sage.
Savoia [sa'voja] *sf* Savoie *f*.
savoiardo, -a [savo'jardo] *agg* savoyard(e) ♦ *sm/f* Savoyard(e) ♦ *sm* (*biscotto*) biscuit *m* à la cuiller.
saziare [sat'tsjare] *vt* (*persona, appetito*) rassasier; (*fig*) assouvir; **saziarsi** *vip*: **saziarsi (di)** se rassasier (de); (*fig*) se lasser (de).
sazietà [sattsje'ta] *sf* satiété *f*; **a** ~ à satiété.
sazio, -a ['sattsjo] *agg* rassasié(e); (*fig*: *appagato*) assouvi(e), repu(e); (: *stufo*) las(se).
sbadataggine [zbada'taddʒine] *sf* (*sventatezza*) étourderie *f*, distraction *f*.
sbadato, -a [zba'dato] *agg* étourdi(e), distrait(e).
sbadigliare [zbadiʎ'ʎare] *vi* bâiller.
sbadiglio [zba'diʎʎo] *sm* bâillement *m*; **fare uno** ~ bâiller.
sbafo ['zbafo] *sm*: **a** ~ (*mangiare*) à l'œil; (*vivere*) aux crochets (de qn).
sbagliare [zbaʎ'ʎare] *vt* (*conto, pronuncia, somma*) se tromper dans; (*persona, strada, indirizzo*) se tromper de ♦ *vi* se tromper; (*comportarsi male*) avoir tort, mal agir; **sbagliarsi** *vip* se tromper; ~ **la mira** mal viser; ~ **strada** se tromper de route; **scusi, ho sbagliato numero** (*TEL*) excusez-moi, je me suis trompé de numéro; **non c'è da sbagliarsi** on ne peut pas se tromper.
sbagliato, -a [zbaʎ'ʎato] *agg* faux(fausse); (*conto, somma*) inexact(e); (*conclusione, citazione, idea*) erroné(e); **è** ~! c'est faux!; **è l'indirizzo** ~ ce n'est pas la bonne adresse.
sbaglio ['zbaʎʎo] *sm* erreur *f*; (*in compito*) faute *f*; **per** ~ par mégarde; **fare uno** ~ se tromper; (*per sbadataggine*) faire une bêtise.
sbalestrato, -a [zbales'trato] *agg* dérangé(e); (*disorientato*) dépaysé(e).
sballare [zbal'lare] *vt* (*merce*) déballer ♦ *vi* (*in calcolo*) se tromper; (*fam*: *con droga*) se défoncer.
sballato, -a [zbal'lato] *agg* (*calcolo*) qui n'est pas juste; (*fam*: *ragionamento*) qui ne tient pas debout; (*persona*: *sotto l'effetto della droga*) pété(e), défoncé(e); (: *fuori di testa*) cinglé(e).
sballo ['zballo] *sm* (*fam*: *con droga*) trip *m*, défonce *f*.
sballottare [zballot'tare] *vt* ballotter.
sbalordire [zbalor'dire] *vt* (*stordire*) étourdir; (*stupire*) abasourdir ♦ *vi* stupéfier, ébahir.
sbalorditivo, -a [zbalordi'tivo] *agg* stupéfiant(e); (*esagerato*) ahurissant(e); (*prezzo*) exorbitant(e).
sbalzare [zbal'tsare] *vt* jeter, projeter ♦ *vi* (*balzare di scatto*) bondir; (*rimbalzare*) rebondir; (*saltare*) sauter.
sbalzo ['zbaltso] *sm* écart *m*, bond *m*; (*fig*) écart; **a sbalzi** par à-coups; **uno** ~ **di temperatura** un écart de température; **sbalzi di umore** sautes *fpl* d'humeur.
sbancare [zban'kare] *vt* (*nei giochi*) faire sauter la banque; (*fig*) ruiner.
sbandamento [zbanda'mento] *sm* (*di esercito*) débâcle *f*, déroute *f*; (*NAUT*) bande *f*, gîte *f*; (*di veicolo*) embardée *f*; (*fig*) confusion *f*, débandade *f*.
sbandare [zban'dare] *vi* (*nave*) donner de la bande, donner de la gîte; (*veicolo*) faire une embardée.
sbandata [zban'data] *sf*: **fare una** ~ (*nave*) donner de la bande *o* gîte; (*veicolo*) faire une embardée; **prendere una** ~ **per qn** (*fig*) s'enticher de qn.
sbandato, -a [zban'dato] *sm/f* marginal(e); (*non inserito socialmente*) zonard(e).
sbandierare [zbandje'rare] *vt* (*bandiera*) déployer; (*fig*) étaler, faire étalage de.
sbando [zbando] *sm*: **allo** ~ à la dérive.
sbaraccare [zbarak'kare] *vt* (*libri, piatti etc*) enlever; (*andarsene*) déguerpir, décamper.
sbaragliare [zbaraʎ'ʎare] *vt* mettre en déroute.
sbaraglio [zba'raʎʎo] *sm* (*fig*): **mandare qn allo** ~ envoyer qn à la ruine; **buttarsi allo** ~ (*fig*) risquer le tout pour le tout.
sbarazzarsi [zbarat'tsarsi] *vr*: ~ **di** (*di peso*) se décharger de; (*di seccatore*) se débarrasser de.
sbarazzino, -a [zbarat'tsino] *agg* (*aria, viso*) espiègle, malicieux(-euse).
sbarbare [zbar'bare] *vt* raser; **sbarbarsi** *vr* se raser.
sbarbatello [zbarba'tɛllo] *sm* blanc-bec *m*.
sbarcare [zbar'kare] *vt* débarquer ♦ *vi*: ~ **(da)** débarquer (de); *vedi anche* **lunario**.
sbarco ['zbarko] *sm* débarquement *m*; **lo** ~ **in Normandia** le Débarquement (en Normandie).
sbarra ['zbarra] *sf* (*bastone, spranga*) barre *f*, barreau *m*; (*di passaggio a livello, cancello*) barrière *f*; (*SPORT*) barre; (*per sollevamento pesi*) haltère *m*; **presentarsi alla** ~ (*DIR*) se présenter à la barre; **dietro le sbarre** (*fig*) derrière les barreaux.
sbarramento [zbarra'mento] *sm* barrage

m.

sbarrare [zbar'rare] *vt* (*chiudere con sbarre*) barricader; (*impedire, bloccare*) barrer; ~ **il passo (a qn)** barrer la route (à qn); ~ **gli occhi** écarquiller les yeux.

sbarrato, -a [zbar'rato] *agg* (*vedi vt*) barricadé(e); barré(e); **con gli occhi sbarrati** les yeux écarquillés.

sbattere ['zbattere] *vt* (*porta*) claquer; (*panni, tappeti, ali*) battre; (*CUC*) battre, fouetter; (*urtare*) cogner ♦ *vi* (*porta, finestra*) claquer; (*ali, vele*) battre; ~ **contro qc/qn** se cogner contre qch/qn; ~ **qn fuori** flanquer qn à la porte; ~ **qn in galera** jeter qn en prison; **sbattersene** (*fam!*) s'en foutre (*fam!*); **me ne sbatto di tutto ciò** (*fam!*) je m'en fous de tout ça (*fam!*).

sbattuto, -a [zbat'tuto] *agg* (*viso, aria*) abattu(e); (*uovo*) battu(e).

sbavare [zba'vare] *vi* baver.

sbavatura [zbava'tura] *sf* (*di colore, rossetto*) bavure *f*; (*di lumache*) traînée *f* de bave.

sbellicarsi [zbelli'karsi] *vip*: ~ **dalle risa** se tordre de rire.

sberla ['zbɛrla] *sf* gifle *f*, claque *f*.

sberleffo [zber'lɛffo] *sm*: **fare uno** ~ **a** faire la nique à.

sbiadire [zbja'dire] *vt* décolorer ♦ *vi* se décolorer, passer.

sbiadito, -a [zbja'dito] *agg* décoloré(e), déteint(e); (*fig*: *bellezza*) fané(e).

sbiancare [zbjan'kare] *vt* blanchir ♦ *vi* (*diventare bianco*) pâlir; (*impallidire*) blêmir, pâlir.

sbieco, -a, -ci, -che ['zbjɛko] *agg* oblique; **di** ~ (*tagliare*) en biais; (*guardare*) de travers.

sbigottire [zbigot'tire] *vt* consterner ♦ *vi* être frappé(e) de stupeur.

sbilanciare [zbilan'tʃare] *vt* déséquilibrer; **sbilanciarsi** *vip* perdre l'équilibre; (*fig*) se compromettre.

sbilenco, -a, -chi, -che [zbi'lɛnko] *agg* (*persona*) boiteux(-euse), bancal(e); (*fig*: *idea, ragionamento*) biscornu(e), tordu(e).

sbirciare [zbir'tʃare] *vt* lorgner.

sbirciata [zbir'tʃata] *sf*: **dare una** ~ **a** jeter un coup d'œil à.

sbirro ['zbirro] *sm* (*peg*) flic *m*.

sbizzarrirsi [zbiddzar'rirsi] *vip* se faire plaisir; (*artista etc*) donner libre cours à sa fantaisie.

sbloccare [zblok'kare] *vt* débloquer; (*affitti*) libérer, débloquer; **sbloccarsi** *vip* se débloquer.

sblocco, -chi ['zblɔkko] *sm* déblocage *m*.

sboccare [zbok'kare] *vi*: ~ **in** (*fiume*) se jeter dans; (*strada, corteo*) déboucher sur; (*fig*: *concludersi*) aboutir à.

sboccato, -a [zbok'kato] *agg* (*persona*) grossier(-ière), mal embouché(e); (*linguaggio*) grossier(-ière).

sbocciare [zbot'tʃare] *vi* (*fiore*) éclore, s'épanouir; (*fig*: *sentimento*) naître.

sbocco, -chi ['zbokko] *sm* (*di fiume*) embouchure *f*; (*di strada, valle, ECON*) débouché *m*; **una situazione senza sbocchi** une situation sans issue, une impasse; **cercare uno** ~ **professionale** chercher un débouché professionnel.

sbocconcellare [zbokkontʃel'lare] *vt* grignoter.

sbollentare [zbollen'tare] *vt* (*CUC*) ébouillanter.

sbollire [zbol'lire] *vi* (*fig*) se calmer, s'apaiser.

sbornia ['zbɔrnja] *sf* (*fam*) cuite *f*; **prendersi una** ~ prendre une cuite.

sborsare [zbor'sare] *vt* débourser.

sbottare [zbot'tare] *vi* éclater.

sbottonare [zbotto'nare] *vt* déboutonner.

sbracato, -a [zbra'kato] *agg* (*senza pantaloni*) déculotté(e); (*in disordine*) débraillé(e).

sbracciarsi [zbrat'tʃarsi] *vip* gesticuler.

sbracciato, -a [zbrat'tʃato] *agg* (*camicetta*) sans manches; (*persona*) bras nus.

sbraitare [zbrai'tare] *vi* brailler, gueuler.

sbranare [zbra'nare] *vt* dévorer.

sbriciolare [zbritʃo'lare] *vt* émietter; **sbriciolarsi** *vip* s'émietter, s'effriter.

sbrigare [zbri'gare] *vt* (*pratica*) expédier; (*faccenda*) régler; (*cliente*) s'occuper de; **sbrigarsi** *vip* se dépêcher.

sbrigativo [zbriga'tivo] *agg* (*persona, modi*) expéditif(-ive); (*giudizio*) hâtif(-ive).

sbrinamento [zbrina'mento] *sm* dégivrage *m*.

sbrinare [zbri'nare] *vt* dégivrer.

sbrindellato, -a [zbrindel'lato] *agg* en lambeaux, en loques.

sbrodolare [zbrodo'lare] *vt* salir, tacher.

sbronza ['zbrontsa] *sf* cuite *f*; **prendersi una** ~ prendre une cuite.

sbronzarsi [zbron'tsarsi] *vr* (*fam*) se soûler, se cuiter.

sbronzo, -a ['zbrontso] *agg* (*fam*) soûl(e), rond(e).

sbruffone, -a [zbruf'fone] *sm/f* frimeur(-euse), fanfaron(ne).

sbucare [zbu'kare] *vi* (*apparire all'improvviso*) sortir; ~ **da** déboucher de, sortir de.

sbucciare [zbut'tʃare] *vt* (*patata*) éplucher; (*frutta*) peler; (*piselli*) écosser; **sbucciarsi un ginocchio** s'écorcher un genou.

sbucherò *etc* [zbuke'rɔ] *vb vedi* **sbucare**.

sbudellarsi [zbudel'larsi] *vr*: ~ **dalle risa** se tordre de rire.

sbuffare [zbuf'fare] *vi* (*persona*) souffler; (*cavallo*) s'ébrouer; (*treno*) jeter des bouffées de fumée.

sbuffo ['zbuffo] *sm* bouffée *f*; **a ~** (*maniche*) bouffant(e).
S.C. *abbr* (= *stato civile*) état civil; (= *Suprema Corte (di Cassazione)*) Cour suprême (de cassation).
sc. *abbr* (*TEATRO* = *scena*) sc.
scabbia ['skabbja] *sf* (*MED*) gale *f*.
scabroso, -a [ska'broso] *agg* (*fig*: *difficile*) épineux(-euse); (: *imbarazzante, sconcio*) scabreux(-euse).
scacchiera [skak'kjɛra] *sf* échiquier *m*; **sciopero a ~** grève *f* tournante.
scacchiere [skak'kjɛre] *sm* (*MIL*) zone *f*, secteur *m*; **lo ~ europeo** l'échiquier européen; **Cancelliere dello S~** (*POL*) chancelier *m* de l'Échiquier.
scacciacani [skattʃa'kani] *sm o f inv* faux pistolet *m*.
scacciapensieri [skattʃapen'sjɛri] *sm inv* (*MUS*) guimbarde *f*.
scacciare [skat'tʃare] *vt* chasser; **~ qn di casa** chasser qn de chez soi.
scacco, -chi ['skakko] *sm* (*pezzo*) pièce *f* d'échecs; (*quadretto di scacchiera*) case *f*; (*fig*) échec *m*, revers *msg*; **scacchi** *smpl* (*gioco*) échecs *mpl*; **a scacchi** (*tessuto*) à carreaux; **subire uno ~** (*fig*: *sconfitta*) subir un échec.
scaccomatto [skakko'matto] *sm* (*GIOCO*) échec et mat *m inv*; **dare ~ a qn** (*fig*) infliger un échec à qn.
scaddi *etc* ['skaddi] *vb vedi* **scadere**.
scadente [ska'dɛnte] *agg* (*materiale*) de mauvaise qualité, médiocre; (*studente*) mauvais(e), piètre.
scadenza [ska'dɛntsa] *sf* échéance *f*; **a breve/lunga ~** à courte/longue échéance, à court/long terme; **data di ~** (*di alimenti*) date *f* limite; ▸ **scadenza a termine** échéance à terme.
scadere [ska'dere] *vi* (*cambiale, contratto, impegno*) échoir, expirer; (*tempo*) échoir; **~ agli occhi di qn** baisser dans l'estime de qn; **il mio passaporto è scaduto** mon passeport est périmé.
scafandro [ska'fandro] *sm* scaphandre *m*.
scaffalatura [skaffala'tura] *sf* rayonnage *m*.
scaffale [skaf'fale] *sm* étagère *f*.
scafo ['skafo] *sm* (*NAUT, di carro armato*) coque *f*.
scagionare [skadʒo'nare] *vt* disculper.
scaglia ['skaʎʎa] *sf* (*ZOOL*) écaille *f*; (*scheggia*) éclat *m*.
scagliare [skaʎ'ʎare] *vt* (*anche fig*) jeter; **scagliarsi** *vr*: **scagliarsi su/contro** s'élancer sur, se jeter sur; (*fig*) se dresser contre.
scaglionamento [skaʎʎona'mento] *sm* échelonnement *m*.
scaglionare [skaʎʎo'nare] *vt* échelonner.
scaglione [skaʎ'ʎone] *sm* (*MIL*) échelon *m*; (*di monte*) gradin *m*, terrasse *f*; (*di reddito*) tranche *f*; **a scaglioni** par échelons.
scagnozzo [skaɲ'ɲɔttso] *sm* (*peg*) homme *m* de main, sous-fifre *m*.
scala ['skala] *sf* escalier *m*; (*di corda, in disegno, valore*) échelle *f*; (*MUS, di colori*) gamme *f*; (*nel poker*) séquence *f*; **scale** *sfpl* (*scalinata*) escalier *msg*; **su larga** *o* **vasta ~** sur une grande échelle; **su piccola ~, su ~ ridotta** sur une petite échelle; **economie di ~** économies *fpl* d'échelle; **su ~ nazionale/mondiale** à l'échelle nationale/mondiale; **in ~ di 1 a 100.000** à l'échelle de 1 pour 100 000; **riproduzione in ~** reproduction *f* à l'échelle; ▸ **scala a chiocciola** escalier en colimaçon; ▸ **scala a libretto** escabeau *m*; ▸ **scala di misure** échelle d'évaluation; ▸ **scala di sicurezza** escalier de secours; ▸ **scala mobile** escalier roulant, escalator *m*; ▸ **scala mobile (dei salari)** échelle mobile; ▸ **scala reale** (*CARTE*) quinte *f* flush.
scalare [ska'lare] *vt* (*ALPINISMO*) faire l'ascension de, escalader; (*muro*) escalader; (*debito, somma*) défalquer.
scalata [ska'lata] *sf* (*ALPINISMO*) ascension *f*; (*di muro*) escalade *f*; **dare la ~ a** (*a titolo, potere*) partir à la conquête de; (*a società*) prendre le contrôle de.
scalatore, -trice [skala'tore] *sm/f* (*ALPINISMO*) alpiniste *m/f*, grimpeur(-euse).
scalcagnato, -a [skalkaɲ'ɲato] *agg* (*logoro*) usé(e); (*scarpe*) éculé(e); (*persona*) débraillé(e).
scalciare [skal'tʃare] *vi* ruer.
scalcinato, -a [skaltʃi'nato] *agg* (*fig*: *persona*) débraillé(e); (: *cosa*) délabré(e).
scaldabagno [skalda'baɲɲo] *sm* chauffe-bain *m*, chauffe-eau *m inv*.
scaldare [skal'dare] *vt* chauffer, réchauffer; **scaldarsi** *vr, vip* (*al fuoco, al sole*) se chauffer, se réchauffer; (*fig*: *eccitarsi*) s'échauffer; (: *arrabbiarsi*) s'emporter; **~ la sedia** (*fig*) faire simplement acte de présence; **scaldarsi i muscoli** s'échauffer.
scaldavivande [skaldavi'vande] *sm inv* chauffe-plats *mpl inv*.
scaldino [skal'dino] *sm* chaufferette *f*; (*per letto*) bassinoire *f*.
scalfire [skal'fire] *vt* (*superficie*) érafler, rayer; (*pelle*) égratigner, érafler.
scalfittura [skalfit'tura] *sf* (*vedi vt*) rayure *f*; égratignure *f*, éraflure *f*.
scalinata [skali'nata] *sf* escalier *m*.
scalino [ska'lino] *sm* (*gradino*) marche *f*; (*ALPINISMO*) baignoire *f*; (*fig*) échelon *m*.
scalmana [skal'mana] *sf* (*MED*) rhume *m*; (*vampata di calore*) bouffée *f* de chaleur.
scalmanarsi [skalma'narsi] *vip* (*affaticarsi*) s'agiter, se démener; (*darsi da fare*) se donner du mal.

scalmanato, -a [skalma'nato] *sm/f* exalté(e), fanatique *m/f*.
scalo ['skalo] *sm* (*NAUT, AER*) escale *f*; (*FERR*) gare *f*; **fare ~ a** (*NAUT, AER*) faire escale à; ▸ **scalo aereo** escale (d'une ligne aérienne); ▸ **scalo merci** (*FERR*) gare de marchandises.
scalogna [ska'loɲɲa] *sf* (*fam*) manque *m* de pot, poisse *f*.
scalognato, -a [skaloɲ'ɲato] *agg* (*fam*) qui a la guigne, qui n'a pas de pot.
scaloppina [skalop'pina] *sf* (*CUC*) escalope *f*.
scalpello [skal'pɛllo] *sm* burin *m*; (*di scultore*) ciseau *m*; (*MED*) scalpel *m*.
scalpitare [skalpi'tare] *vi* (*cavallo*) piaffer; **~ d'impazienza** (*persona*) piaffer *o* trépigner d'impatience.
scalpore [skal'pore] *sm* (*risonanza*) bruit *m*, tapage *m*; **far ~** (*notizia etc*) faire du bruit.
scaltro, -a ['skaltro] *agg* avisé(e), adroit(e).
scalzare [skal'tsare] *vt* (*albero, muro*) déchausser; (*fig*: *autorità*) saper.
scalzo, -a ['skaltso] *agg* nu-pieds *inv*, pieds nus *inv*.
scambiare [skam'bjare] *vt* échanger; **scambiarsi** *vr* (*auguri, confidenze, visite*) échanger; **~ qn/qc per** (*confondere*) prendre qn/qch pour.
scambievole [skam'bjevole] *agg* réciproque, mutuel(le).
scambio ['skambjo] *sm* échange *m*; (*errore*) erreur *f*; (*FERR*) aiguillage *m*; **fare (uno) ~** échanger; **libero ~** libre-échange *m*; **scambi con l'estero** échanges avec l'étranger.
scamosciato, -a [skamoʃ'ʃato] *agg* (*pelle*) de daim.
scampagnata [skampaɲ'ɲata] *sf* partie *f* de campagne; **fare una ~** faire une partie de campagne.
scampanare [skampa'nare] *vi* carillonner, sonner à toute volée.
scampare [skam'pare] *vt* (*evitare*) échapper à; (*salvare*) sauver ♦ *vi*: **~ a** (*a morte etc*) échapper à; **~ qc da** sauver qch de; **scamparla bella** l'échapper belle.
scampo[1] ['skampo] *sm* (*salvezza*) issue *f*, salut *m*; **cercare ~ nella fuga** chercher son salut dans la fuite; **non c'è (via di) ~** il n'y a pas d'issue.
scampo[2] ['skampo] *sm* (*ZOOL*) langoustine *f*.
scampolo ['skampolo] *sm* coupon *m*.
scanalatura [skanala'tura] *sf* rainure *f*, cannelure *f*.
scandagliare [skandaʎ'ʎare] *vt* (*NAUT, fig*) sonder.
scandalistico, -a, -ci, -che [skanda'listiko] *agg* (*stampa*) à scandales.
scandalizzare [skandalid'dzare] *vt* scandaliser; **scandalizzarsi** *vip* se scandaliser.
scandalo ['skandalo] *sm* scandale *m*; **dare ~** faire scandale.
scandaloso, -a [skanda'loso] *agg* scandaleux(-euse).
Scandinavia [skandi'navja] *sf* Scandinavie *f*.
scandinavo, -a [skandi'navo] *agg* scandinave ♦ *sm/f* Scandinave *m/f*.
scandire [skan'dire] *vt* (*versi*) scander; (*parole, sillabe*) scander, articuler; **~ il tempo** (*MUS*) battre la mesure.
scannare [skan'nare] *vt* (*animale*) égorger; (*persona*) massacrer.
scanno ['skanno] *sm* siège *m*.
scansafatiche [skansafa'tike] *sm/f inv* fainéant(e).
scansare [skan'sare] *vt* (*evitare*) esquiver; (: *pericolo*) éviter; (*spostare*) déplacer; **scansarsi** *vr* s'écarter, se garer.
scansia [skan'sia] *sf* étagère *f*.
scanso ['skanso] *sm*: **a ~ di equivoci** pour éviter tout malentendu.
scantinato [skanti'nato] *sm* sous-sol *m*.
scantonare [skanto'nare] *vi* (*voltare angolo*) tourner au coin de la rue, changer de trottoir; (*svignarsela*) s'esquiver, se défiler.
scanzonato, -a [skantso'nato] *agg* désinvolte.
scapaccione [skapat'tʃone] *sm* taloche *f* (*fam*), calotte *f* (*fam*).
scapestrato, -a [skapes'trato] *agg* dissipé(e).
scapito ['skapito] *sm*: **a ~ di** au détriment de, au préjudice de.
scapola ['skapola] *sf* omoplate *f*.
scapolo ['skapolo] *sm* célibataire *m*.
scappamento [skappa'mento] *sm* (*AUT*) échappement *m*.
scappare [skap'pare] *vi* (*fuggire*) fuir, s'enfuir; (*andare via in fretta*) courir, se sauver; **scappo a telefonare** je cours téléphoner; **scusatemi devo ~** excusez-moi je dois me sauver; **~ di prigione** s'évader de prison; **~ di mano** (*oggetto*) échapper (des mains); **~ di mente a qn** sortir de l'esprit à qn, échapper à qn; **lasciarsi ~** laisser échapper; **mi sono lasciata ~ questo dettaglio** ce détail m'a échappé; **mi scappò detto/da dire** je n'ai pu m'empêcher de dire.
scappata [skap'pata] *sf* saut *m*; **fare una ~ da** faire un saut chez.
scappatella [skappa'tɛlla] *sf* escapade *f*.
scappatoia [skappa'toja] *sf* échappatoire *f*.
scarabeo [skara'bɛo] *sm* scarabée *m*.
scarabocchiare [skarabok'kjare] *vt* griffonner, gribouiller.
scarabocchio [skara'bɔkkjo] *sm* griffonna-

ge *m*, gribouillage *m*.
scarafaggio [skara'faddʒo] *sm* cafard *m*.
scaramanzia [skaraman'tsia] *sf*: **per ~** pour conjurer le mauvais sort.
scaramuccia, -ce [skara'muttʃa] *sf* escarmouche *f*, accrochage *m*.
scaraventare [skaraven'tare] *vt* jeter, flanquer; **scaraventarsi** *vr* se ruer.
scarcerare [skartʃe'rare] *vt* libérer, remettre en liberté.
scarcerazione [skartʃerat'tsjone] *sf* libération *f*, mise *f* en liberté.
scardinare [skardi'nare] *vt* tirer de ses gonds.
scarica, -che ['skarika] *sf* (*ELETTR, di più armi*) décharge *f*; (*di mitra*) rafale *f*; (*di sassi, di improperi*) grêle *f*; (*di pugni*) volée *f*.
scaricare [skari'kare] *vt* décharger; (*passeggeri*) déposer; (*sogg: corso d'acqua*) déverser; (*fig*) libérer, soulager; **scaricarsi** *vr, vip* (*orologio*) s'arrêter; (*batteria, accumulatore*) se décharger; (*fulmine*) tomber; (*fig*) se détendre, se défouler; **~ le proprie responsabilità su qn** décharger ses responsabilités sur qn; **~ la colpa addosso a qn** rejeter la faute sur qn; **il fulmine si scaricò su un albero** la foudre tomba sur un arbre.
scaricatore [skarika'tore] *sm* débardeur *m*; (*di porto*) docker *m*.
scarico, -a, -chi, -che ['skariko] *agg* déchargé(e); (*orologio*) arrêté(e) ♦ *sm* (*di merci, materiali*) déchargement *m*; (*di immondizie*) décharge *f*; (*luogo*) dépotoir *m*, décharge; (*TECN: deflusso*) évacuation *f*, écoulement *m*; (*AUT*) échappement *m*; **divieto di ~** décharge interdite; ▶ **scarico del lavandino** tuyau *m* d'écoulement de l'évier.
scarlattina [skarlat'tina] *sf* scarlatine *f*.
scarlatto, -a [skar'latto] *agg* écarlate.
scarno, -a ['skarno] *agg* (*magro*) décharné(e), maigre; (*fig: linguaggio*) dépouillé(e); (*: povero di contenuto*) pauvre.
scarpa ['skarpa] *sf* chaussure *f*, soulier *m*; **fare le scarpe a qn** (*fig*) poignarder qn dans le dos; **è una vecchia ~** (*fam*) c'est une vieille peau; ▶ **scarpe coi tacchi (alti)** chaussures à talons (hauts); ▶ **scarpe col tacco basso** chaussures à talons plats; ▶ **scarpe da ginnastica** chaussures de gymnastique; ▶ **scarpe da tennis** (chaussures de) tennis *mpl*.
scarpata [skar'pata] *sf* talus *msg*.
scarpiera [skar'pjɛra] *sf* placard *m* à chaussures.
scarpone [skar'pone] *sm* brodequin *m*, gros soulier *m*; ▶ **scarponi da montagna** chaussures *fpl* de montagne; ▶ **scarponi da sci** chaussures de ski.
scarrozzare [skarrot'tsare] *vt* promener (en voiture).
scarseggiare [skarsed'dʒare] *vi* manquer; **~ di** manquer de, être à court de.
scarsezza [skar'settsa] *sf* manque *m*, pénurie *f*.
scarso, -a ['skarso] *agg* (*insufficiente*) insuffisant(e); (*povero: annata*) maigre; (*risultato, voto*) médiocre; **~ di** dépourvu(e) de, maigre en; **3 chili scarsi** à peine 3 kilos.
scartabellare [skartabel'lare] *vt* feuilleter.
scartafaccio [skarta'fattʃo] *sm* cahier *m* de brouillon.
scartamento [skarta'mento] *sm* (*FERR*) écartement *m*; ▶ **scartamento ridotto** écartement réduit, voie réduite.
scartare [skar'tare] *vt* (*pacco*) dépaqueter, défaire; (*idea*) écarter, repousser; (*candidato*) éliminer; (*soldato*) réformer; (*carte da gioco*) écarter, se défausser de; (*CALCIO*) dribbler ♦ *vi* (*animale, veicolo*) faire un écart.
scarto ['skarto] *sm* (*esclusione*) élimination *f*; (*cosa esclusa, materiale di cattiva qualità*) rebut *m*; (*: prodotto*) déchet *m*; (*movimento, differenza*) écart *m*.
scartoffie [skar'tɔffje] *sfpl* (*peg*) paperasses *fpl*.
scassare [skas'sare] *vt* (*fam: rompere*) esquinter, bousiller.
scassinare [skassi'nare] *vt* forcer, crocheter.
scasso ['skasso] *sm* (*DIR*) effraction *f*; **furto con ~** vol *m* avec effraction.
scatenare [skate'nare] *vt* (*fig*) déchaîner, exciter; **scatenarsi** *vip* (*temporale, rivolta*) éclater; (*persona*) se déchaîner.
scatenato, -a [skate'nato] *agg* déchaîné(e).
scatola ['skatola] *sf* boîte *f*; **in ~** (*cibi*) en boîte, en conserve; **una ~ di cioccolatini** une boîte de chocolats; **comprare qc a ~ chiusa** acheter qch les yeux fermés; ▶ **scatola cranica** boîte crânienne; ▶ **scatola nera** (*AER*) boîte noire.
scattante [skat'tante] *agg* rapide; (*motore, macchina*) nerveux(-euse).
scattare [skat'tare] *vt* (*fotografia*) prendre ♦ *vi* (*congegno, molla etc*) se déclencher; (*balzare*) bondir; (*correndo: SPORT*) sprinter; (*fig: per l'ira*) s'emporter; (*: avere inizio*) commencer; (*legge, provvedimento*) entrer en vigueur; **~ in piedi** se lever d'un bond; **far ~** (*anche fig*) déclencher, provoquer.
scatto ['skatto] *sm* (*dispositivo*) déclenchement *m*, déclic *m*; (*: di arma da fuoco*) détente *f*; (*rumore*) déclic; (*balzo*) bond *m*; (*TEL*) unité *f*; (*accelerazione, SPORT*) sprint *m*; (*fig: di ira etc*) accès *msg*; (*: di stipendio*) augmentation *f*; **a ~** (*serratura*)

à déclic; **di ~** brusquement; **~ di anzianità** avancement *m* à l'ancienneté.
scaturire [skatu'rire] *vi* (*liquido*) jaillir; (*fig*) provenir, découler.
scavalcare [skaval'kare] *vt* (*ostacolo, staccionata*) sauter, franchir; (*fig*) dépasser.
scavare [ska'vare] *vt* creuser; (*tesoro etc*) déterrer.
scavatrice [skava'tritʃe] *sf* (*macchina*) pelle *f* mécanique, excavateur *m*.
scavezzacollo [skavettsa'kɔllo] *sm* cassecou *m inv*.
scavo ['skavo] *sm* creusement *m*, percement *m*; (*ARCHEOLOGIA*) fouille *f*.
scazzottare [skattsot'tare] *vt* (*fam*) rouer de coups, cogner.
scegliere ['ʃeʎʎere] *vt* choisir; **~ di fare** choisir de faire.
sceicco, -chi [ʃe'ikko] *sm* cheik *m*, cheikh *m*.
scelgo *etc* ['ʃelgo] *vb vedi* **scegliere**.
scellerato, -a [ʃelle'rato] *agg* scélérat(e).
scellino [ʃel'lino] *sm* schilling *m*.
scelto, -a ['ʃelto] *pp di* **scegliere** ♦ *agg* (*gruppo*) choisi(e); (*MIL*) d'élite ♦ *sf* choix *m*; **fare una scelta** faire un choix; **a scelta** (*frutta, formaggi*) au choix; **di prima scelta** de premier choix; **non avere scelta** ne pas avoir le choix.
scemare [ʃe'mare] *vt* réduire ♦ *vi* diminuer, baisser.
scemenza [ʃe'mɛntsa] *sf* stupidité *f*; (*cosa, azione scema*) idiotie *f*, bêtise *f*.
scemo, -a ['ʃemo] *agg* bête, stupide, idiot(e) ♦ *sm/f* idiot(e), imbécile *m/f*.
scempio ['ʃempjo] *sm* massacre *m*; (*fig*) horreur *f*; **far ~ di** (*fig*: *deturpare*) massacrer.
scena ['ʃɛna] *sf* (*TEATRO*) scène *f*; (: *luogo dell'azione teatrale*) décor *m*; (: *palcoscenico*) scène, plateau *m*; (*spettacolo naturale*) scène, tableau *m*; **scene** *sfpl* (*fig*: *teatro*) planches *fpl*; (: *scenata*) scène *fsg*; **andare in ~** jouer; **mettere in ~** mettre en scène; **uscire di ~** sortir de scène; (*fig*: *uomo politico*) se retirer de la vie publique; **fare scene** (*fig*) faire des histoires; **fare ~ muta** (*fig*) sécher.
scenario [ʃe'narjo] *sm* (*TEATRO*) décor *m*; (*paesaggio naturale*) cadre *m*; (*di film*) scénario *m*.
scenata [ʃe'nata] *sf* scène *f*; **fare una ~** faire une scène.
scendere ['ʃendere] *vi* descendre; (*notte, sera*) tomber; (*temperatura, prezzo*) baisser, diminuer ♦ *vt* (*scale, pendio*) descendre; **~ da cavallo** descendre de cheval; **~ dalle scale/le scale** descendre l'escalier; **~ dal treno** descendre du train; **~ dalla macchina** descendre de voiture; **~ ad un albergo** descendre dans un hôtel; **~ in piazza** (*per protestare*) descendre dans la rue.
sceneggiato [ʃened'dʒato] *sm* feuilleton *m*.
sceneggiatore, -trice [ʃeneddʒa'tore] *sm/f* scénariste *m/f*.
sceneggiatura [ʃeneddʒa'tura] *sf* (*ripartizione in scene*) découpage *m*; (*testo, copione*) scénario *m*, script *m*.
scenico, -a, -ci, -che ['ʃɛniko] *agg* scénique.
scenografia [ʃenogra'fia] *sf* (*arte*) scénographie *f*; (*elementi scenici*) décors *mpl*.
scenografo, -a [ʃe'nɔgrafo] *sm/f* décorateur(-trice).
sceriffo [ʃe'riffo] *sm* shérif *m*.
scervellarsi [ʃervel'larsi] *vip* se creuser la cervelle.
scervellato, -a [ʃervel'lato] *agg* écervelé(e).
sceso, -a ['ʃeso] *pp di* **scendere**.
scetticismo [ʃetti'tʃizmo] *sm* scepticisme *m*.
scettico, -a, -ci, -che ['ʃɛttiko] *agg* sceptique.
scettro ['ʃɛttro] *sm* sceptre *m*; (*fig*) titre *m*.
scheda ['skɛda] *sf* fiche *f*; (*breve testo*) encadré *m*; ►**scheda bianca** bulletin *m* blanc; ►**scheda elettorale** bulletin de vote; ►**scheda magnetica** (*TEL*) carte *f* magnétique; ►**scheda perforata** carte *o* fiche perforée; ►**scheda telefonica** télécarte *f*.
schedare [ske'dare] *vt* (*anche criminale*) ficher, mettre sur fiches.
schedario [ske'darjo] *sm* fichier *m*.
schedato, -a [ske'dato] *agg* catalogué(e), classé(e) par fiches ♦ *sm/f personne fichée dans les services de la police*.
schedina [ske'dina] *sf fiche établie pour les paris mutuels*.
scheggia, -ge ['skeddʒa] *sf* (*di pietra, vetro*) éclat *m*; (*di legno*) écharde *f*.
scheletrico, -a, -ci, -che [ske'lɛtriko] *agg* squelettique.
scheletro ['skɛletro] *sm* squelette *m*; **avere uno ~ nell'armadio** (*fig*) taire un secret compromettant.
schema, -i ['skɛma] *sm* (*abbozzo, progetto*) plan *m*, schéma *m*; (*diagramma*) figure *f*, schéma; (*sistema, modello base*) système *m*, règle *f*; **ribellarsi agli schemi** se rebeller contre les contraintes; **secondo gli schemi tradizionali** selon les modèles traditionnels.
schematico, -a, -ci, -che [ske'matiko] *agg* schématique.
schematizzare [skematid'dzare] *vt* schématiser.
scherma ['skerma] *sf* escrime *f*.
schermaglia [sker'maʎʎa] *sf* altercation *f*.
schermirsi [sker'mirsi] *vr*: **~ (da)** esquiver.

schermo ['skermo] *sm* écran *m*; **il piccolo ~** (*TV*) le petit écran; **il grande ~** (*CINE*) l'écran (de cinéma).
schermografia [skermogra'fia] *sf* radiophotographie *f*.
schernire [sker'nire] *vt* bafouer.
scherno ['skerno] *sm* moquerie *f*, raillerie *f*; **farsi ~ di qn** tourner qn en ridicule; **essere oggetto di ~** être un objet de risée.
scherzare [sker'tsare] *vi* plaisanter.
scherzo ['skertso] *sm* plaisanterie *f*, blague *f* ♦ *sm* (*MUS*) scherzo *m*; **per ~** pour rire, pour plaisanter; **fare uno ~ a qn** jouer un tour à qn; **è uno ~!** (*fig*: *facile*) c'est un jeu d'enfants!; **scherzi a parte** blague à part; ▶ **scherzi di luce** jeux *mpl* de lumière.
scherzoso, -a [sker'tsoso] *agg* (*tono, gesto*) amusant(e), plaisant(e); (*osservazione*) amusant(e); (*persona*) blagueur(-euse); **è un tipo ~** c'est un plaisantin, c'est un blagueur.
schiaccianoci [skjattʃa'notʃi] *sm inv* casse-noisettes *msg inv*.
schiacciante [skjat'tʃante] *agg* (*vittoria*) écrasant(e); (*prova*) accablant(e).
schiacciare [skjat'tʃare] *vt* (*rompere*) écraser; (*sgusciare*: *noci*) casser; (*fig*) écraser, accabler; **schiacciarsi** *vip* (*appiattirsi*) s'aplatir; (*frantumarsi*) s'écraser; **~ un pisolino** faire un petit somme, piquer un roupillon (*fam*).
schiaffeggiare [skjaffed'dʒare] *vt* gifler.
schiaffo ['skjaffo] *sm* gifle *f*, claque *f*; (*fig*: *mortificazione, umiliazione*) affront *m*, gifle; **dare uno ~ a qn** donner une gifle à qn; **prendere qn a schiaffi** gifler qn; **uno ~ morale** une gifle.
schiamazzare [skjamat'tsare] *vi* (*galline*) caqueter; (*persone*) faire du tapage.
schiamazzo [skja'mattso] *sm* (*fig*) vacarme *m*, tapage *m*; ▶ **schiamazzi notturni** tapage *msg* nocturne.
schiantare [skjan'tare] *vt* fracasser, écraser ♦ *vi* (*fam*: *morire*) crever; **schiantarsi** *vip* se fracasser; **schiantarsi al suolo** (*aereo*) s'écraser.
schianto ['skjanto] *sm* fracas *msg*; **di ~** soudain, tout à coup; **è uno ~** (*fam*: *fig*: *cosa*) c'est du tonnerre, c'est super; (*persona*) il *o* elle est du tonnerre, il *o* elle est super.
schiarire [skja'rire] *vt* éclaircir; (*capelli*) décolorer ♦ *vi* (*anche*: **schiarirsi**) s'éclaircir; **schiarirsi la voce** s'éclaircir la voix.
schiarita [skja'rita] *sf* (*METEOR*) éclaircie *f*; (*fig*) éclaircie, embellie *f*.
schiattare [skjat'tare] *vi* crever; **~ d'invidia/di rabbia** crever d'envie/de rage.
schiavitù [skjavi'tu] *sf* esclavage *m*.
schiavizzare [skjavid'dzare] *vt* rendre esclave, réduire en esclavage.
schiavo, -a ['skjavo] *sm/f* esclave *m/f*.
schiena ['skjɛna] *sf* dos *msg*.
schienale [skje'nale] *sm* (*di poltrona*) dossier *m*.
schiera ['skjɛra] *sf* (*MIL*: *allineamento*) rang *m*; (: *insieme di soldati*) troupe *f*; (*gruppo*) groupe *m*, bande *f*; **villette a ~** lotissement *msg* (de pavillons mitoyens).
schieramento [skjera'mento] *sm* (*MIL*) déploiement *m*; (*SPORT*) formation *f*; (*fig*) coalition *f*.
schierare [skje'rare] *vt* aligner, ranger; **schierarsi** *vr* s'aligner; **schierarsi con** *o* **dalla parte di/contro** (*fig*) se ranger avec *o* du côté de/contre.
schietto, -a ['skjɛtto] *agg* (*persona*) franc(franche), sincère ♦ *avv* franchement.
schifare [ski'fare] *vt* dégoûter.
schifezza [ski'fettsa] *sf* saleté *f*; (*libro, film*) nullité *f*; **è una ~!** (*comportamento, scena*) c'est dégoûtant!
schifiltoso, -a [skifil'toso] *agg* chichiteux(-euse); (*nel mangiare*) difficile.
schifo ['skifo] *sm* dégoût *m*; **fare ~** dégoûter, répugner; **mi fa ~** c'est dégoûtant, cela me dégoûte; **quel libro è uno ~** ce livre est nul.
schifoso, -a [ski'foso] *agg* (*ripugnante*) dégoûtant(e), répugnant(e); (*molto scadente*) nul(le).
schioccare [skjok'kare] *vt* faire claquer.
schioppettata [skjoppet'tata] *sf* coup *m* de fusil.
schioppo ['skjɔppo] *sm* fusil *m*.
schiudere ['skjudere] *vt* (*labbra*) entrouvrir; (*fiore*) épanouir; **schiudersi** *vip* (*fiore*) s'épanouir, éclore; (*labbra*) s'entrouvrir, se desserrer.
schiuma ['skjuma] *sf* (*di sapone, latte*) mousse *f*; (*di birra*) mousse, faux-col *m*; **avere la ~ alla bocca** (*fig*) écumer (de rage).
schiumare [skju'mare] *vt* écumer ♦ *vi* mousser.
schiuso, -a ['skjuso] *pp di* **schiudere**.
schivare [ski'vare] *vt* esquiver.
schivo, -a ['skivo] *agg* (*ritroso*) réservé(e); (*timido*) qui se dérobe.
schizofrenia [skiddzofre'nia] *sf* schizophrénie *f*.
schizofrenico, -a, -ci, -che [skiddzo'frɛniko] *agg, sm/f* schizophrène *m/f*.
schizzare [skit'tsare] *vt* (*spruzzare*) éclabousser; (*fig*: *abbozzare*) esquisser, croquer ♦ *vi* jaillir, gicler; (*saltar fuori*) bondir, s'élancer; **~ via** (*animale, persona*) partir comme une flèche; (*macchina,*

moto) démarrer en flèche.

schizzinoso, -a [skittsi'noso] *agg* difficile, délicat(e).

schizzo ['skittso] *sm* (*di liquido*) éclaboussure *f*; (*abbozzo*) esquisse *f*, croquis *msg*.

sci [ʃi] *sm inv* ski *m*; ▸ **sci alpinismo** ski alpin; ▸ **sci d'acqua/nautico** ski nautique; ▸ **sci di fondo** ski de fond.

scia, scie ['ʃia] *sf* (*di imbarcazione*) sillage *m*; (*di odore*) traînée *f*; **sulla ~ di** (*fig*) à la suite de; **seguire la ~ di qn** marcher sur les traces de qn.

scià [ʃa] *sm inv* shah *m*, chah *m*, schah *m*.

sciabola ['ʃabola] *sf* sabre *m*.

sciacallo [ʃa'kallo] *sm* (*anche fig*) chacal *m*.

sciacquare [ʃak'kware] *vt* rincer.

sciagura [ʃa'gura] *sf* (*disgrazia*) catastrophe *f*; (*sfortuna*) malheur *m*.

sciagurato, -a [ʃagu'rato] *agg* malheureux(-euse); (*malvagio*) méchant(e).

scialacquare [ʃalak'kware] *vt* dilapider, dissiper.

scialare [ʃa'lare] *vi* jeter l'argent par les fenêtres, dépenser sans compter.

scialbo, -a ['ʃalbo] *agg* (*pallido*) pâle; (*smorto*) blafard(e); (*fig*) insignifiant(e).

scialle ['ʃalle] *sm* châle *m*.

scialo ['ʃalo] *sm* (*spreco*) gaspillage *m*.

scialuppa [ʃa'luppa] *sf* (*NAUT*) chaloupe *f*; ▸ **scialuppa di salvataggio** chaloupe de sauvetage.

sciamare [ʃa'mare] *vi* essaimer.

sciame ['ʃame] *sm* essaim *m*.

sciancato, -a [ʃan'kato] *agg* (*persona*) boiteux(-euse), éclopé(e); (*mobile*) bancal(e).

sciare [ʃi'are] *vi* skier, faire du ski; **andare a ~** aller faire du ski.

sciarpa ['ʃarpa] *sf* écharpe *f*, cache-nez *m*; (*fascia*) écharpe.

sciatore, -trice [ʃia'tore] *sm/f* skieur(-euse).

sciattezza [ʃat'tettsa] *sf* (*di persona*) négligé *m*, laisser-aller *m*; (*di lavoro*) négligence *f*.

sciatto, -a ['ʃatto] *agg* négligé(e).

scibile ['ʃibile] *sm*: **lo ~ umano** le savoir humain.

scientifico, -a, -ci, -che [ʃen'tifiko] *agg* scientifique; **la (polizia) scientifica** la police scientifique.

scienza ['ʃɛntsa] *sf* science *f*; (*conoscenza*) connaissance *f*; **scienze** *sfpl* (*SCOL*) sciences *fpl*; ▸ **scienze naturali** sciences naturelles; ▸ **scienze politiche** sciences politiques.

scienziato, -a [ʃen'tsjato] *sm/f* savant(e), scientifique *m/f*.

Scilly ['ʃilli] *sfpl* (îles) Scilly *fpl* o Sorlingues *fpl*.

scimmia ['ʃimmja] *sf* singe *m*; (*femmina*) guenon *f*.

scimmiottare [ʃimmjot'tare] *vt* singer.

scimpanzé [ʃimpan'tse] *sm inv* chimpanzé *m*.

scimunito, -a [ʃimu'nito] *agg* imbécile, idiot(e).

scindere ['ʃindere] *vt* scinder, séparer; **scindersi** *vip* se scinder.

scintilla [ʃin'tilla] *sf* (*anche fig*) étincelle *f*.

scintillare [ʃintil'lare] *vi* scintiller, étinceler; (*acqua*) miroiter; (*occhi*) étinceler.

scintillio [ʃintil'lio] *sm* scintillement *m*, étincellement *m*.

scioccare [ʃok'kare] *vt* choquer.

sciocchezza [ʃok'kettsa] *sf* sottise *f*, bêtise *f*; (*inezia*) bagatelle *f*, rien *m*; **dire/fare delle sciocchezze** dire/faire des bêtises.

sciocco, -a, -chi, -che ['ʃɔkko] *agg* bête, sot(te).

sciogliere ['ʃɔʎʎere] *vt* (*in acqua*) dissoudre; (*neve*) faire fondre; (*disfare*: *nodo*) défaire; (: *capelli*) dénouer; (*slegare*) détacher; (*fig*: *persona*: *da obbligo*) délier, relever; (: *contratto*) résilier; (: *parlamento, matrimonio, società*) dissoudre; (: *riunione*) clore; (: *seduta*) lever; (: *muscoli*) assouplir; (: *enigma*) résoudre; (: *mistero*) dissiper, débrouiller; (: *voto*) accomplir; **sciogliersi** *vr, vip* (*vedi vt*) se dissoudre; fondre; se défaire; se dénouer; (*fig*: *da legame*) se libérer; **~ i muscoli** s'assouplir les muscles; **~ il ghiaccio** (*fig*) rompre *o* briser la glace; **~ le vele** larguer les voiles.

sciolgo *etc* ['ʃɔlgo] *vb vedi* **sciogliere**.

scioltezza [ʃol'tettsa] *sf* souplesse *f*; (*fig*) aisance *f*.

sciolto, -a ['ʃɔlto] *pp di* **sciogliere** ♦ *agg* (*franco, disinvolto*) désinvolte, dégagé(e); (*agile*) souple; (*verso*) blanc(blanche); **essere ~ nei movimenti** avoir de l'aisance dans les mouvements.

scioperante [ʃope'rante] *sm/f* gréviste *m/f*.

scioperare [ʃope'rare] *vi* faire grève.

sciopero ['ʃɔpero] *sm* grève *f*; **fare ~** faire grève; **entrare in ~** se mettre en grève; ▸ **sciopero a singhiozzo** grève perlée; ▸ **sciopero bianco** grève du zèle; ▸ **sciopero della fame** grève de la faim; ▸ **sciopero di solidarietà** grève de solidarité; ▸ **sciopero selvaggio** grève sauvage.

sciorinare [ʃori'nare] *vt* (*ostentare*) étaler, faire étalage de.

sciovia [ʃio'via] *sf* remonte-pente *m*, téléski *m*, tire-fesses *m* (*fam*).

sciovinismo [ʃovi'nizmo] *sm* chauvinisme *m*.

sciovinista, -i, -e [ʃovi'nista] *sm/f* chauvin(e).

scipito, -a [ʃi'pito] *agg* fade, insipide; (*fig*) sot(te), lourd(e).
scippare [ʃip'pare] *vt*: ~ **qn** voler qn (*en lui arrachant son sac etc*).
scippatore [ʃippa'tore] *sm* voleur *m* à la tire.
scippo ['ʃippo] *sm* vol *m* à la tire.
scirocco [ʃi'rɔkko] *sm* sirocco *m*.
sciroppo [ʃi'rɔppo] *sm* sirop *m*; ▸ **sciroppo per la tosse** sirop contre la toux.
scisma, -i ['ʃizma] *sm* schisme *m*.
scissione [ʃis'sjone] *sf* (*anche fig*) scission *f*; ▸ **scissione nucleare** fission *f* nucléaire.
scisso, -a ['ʃisso] *pp di* **scindere**.
sciupare [ʃu'pare] *vt* (*abito, libro*) abîmer; (*appetito*) couper; (*tempo, denaro*) gaspiller; **sciuparsi** *vip* (*abito etc*) se chiffonner; (*rovinarsi la salute*) s'user la santé, s'user.
scivolare [ʃivo'lare] *vi* glisser.
scivolo ['ʃivolo] *sm* (*TECN*) glissière *f*; (*gioco*) toboggan *m*.
scivoloso, -a [ʃivo'loso] *agg* glissant(e).
sclerosi [skle'rɔzi] *sf* sclérose *f*; ▸ **sclerosi a placche** sclérose en plaques.
scoccare [skok'kare] *vt* (*freccia*) décocher; (*ore*) sonner; (*bacio*) envoyer ♦ *vi* (*scintilla, bagliore*) jaillir; (*ore*) sonner.
scoccherò *etc* [skokke'rɔ] *vb vedi* **scoccare**.
scocciare [skot'tʃare] *vt* (*fam*) embêter, casser les pieds à (*fam*); **scocciarsi** *vip* s'embêter, en avoir marre.
scocciatore, -trice [skottʃa'tore] *sm/f* casse-pieds *m/f inv*, enquiquineur(-euse) (*fam*).
scocciatura [skottʃa'tura] *sf* (*seccatura*) embêtement *m*, ennui *m*; (*noia*) barbe *f*.
scodella [sko'dɛlla] *sf* (*piatto fondo*) assiette *f* creuse; (*ciotola*) bol *m*.
scodinzolare [skodintso'lare] *vi* (*cane*) remuer la queue, frétiller de la queue.
scogliera [skoʎ'ʎɛra] *sf* rochers *mpl*; (*costa rocciosa*) falaise *f*.
scoglio ['skɔʎʎo] *sm* roche *f*, rocher *m*; (*fig*) écueil *m*.
scoglioso, -a [skoʎ'ʎoso] *agg* rocheux(-euse).
scoiattolo [sko'jattolo] *sm* écureuil *m*.
scolapasta [skola'pasta] *sm inv* passoire *f*.
scolare [sko'lare] *agg* scolaire ♦ *vt* (*bottiglie*) vider; (*spaghetti, verdure*) égoutter ♦ *vi* (*liquido*) s'écouler, s'égoutter; **scolarsi una bottiglia** siffler une bouteille.
scolaresca [skola'reska] *sf* (*in una classe*) classe *f*; (*in una scuola*) écoliers *mpl*.
scolaro, -a [sko'laro] *sm/f* écolier(-ière).
scolastico, -a, -ci, -che [sko'lastiko] *agg* scolaire.
scollare [skol'lare] *vt* décoller; **scollarsi** *vip* se décoller.
scollato, -a [skol'lato] *agg* décolleté(e).
scollatura [skolla'tura] *sf* décolleté *m*.
scolo ['skolo] *sm* (*di liquidi, rifiuti*) écoulement *m*; **canale di** ~ canal *m* d'écoulement; **tubo di** ~ tuyau *m* d'écoulement.
scolorire [skolo'rire] *vt* décolorer, déteindre; (*fig*) estomper ♦ *vi* (*anche*: **scolorirsi**) se décolorer; (*impallidire*) pâlir.
scolpire [skol'pire] *vt* sculpter.
scombinare [skombi'nare] *vt* bouleverser.
scombinato, -a [skombi'nato] *agg* embrouillé(e), brouillon(ne).
scombussolare [skombusso'lare] *vt* (*progetto*) bouleverser; (*stomaco*) déranger.
scommessa [skom'messa] *sf* (*atto*) pari *m*; (*somma di denaro*) enjeu *m*; **fare una** ~ parier, faire un pari.
scommesso, -a [skom'messo] *pp di* **scommettere**.
scommettere [skom'mettere] *vt* parier.
scomodare [skomo'dare] *vt* déranger; **scomodarsi** *vr* se déranger; **scomodarsi a fare qc** prendre la peine de faire qch; **non si scomodi** ne vous dérangez pas.
scomodità [skomodi'ta] *sf inv* incommodité *f*.
scomodo, -a ['skɔmodo] *agg* (*poltrona etc*) inconfortable; (*sistemazione*) pas pratique, pas commode; (*orario*) peu pratique; (*personaggio*) qui dérange; (*fig: posizione*) difficile.
scompaginare [skompadʒi'nare] *vt* bouleverser.
scompagnato, -a [skompaɲ'ɲato] *agg* (*calzini, guanti*) dépareillé(e), désassorti(e).
scomparire [skompa'rire] *vi* disparaître; (*fig: morire*) disparaître, s'éteindre; ~ **di fronte a** (*fig: fare cattiva figura*) faire piètre figure vis-à-vis de.
scomparso, -a [skom'parso] *pp di* **scomparire** ♦ *sm/f* (*defunto*) défunt(e) ♦ *sf* disparition *f*; (*fig*) mort *f*; **il caro** ~ notre cher défunt.
scompartimento [skomparti'mento] *sm* (*di treno*) compartiment *m*; (*di borsa*) poche *f*; (*ambiente*) division *f*.
scomparto [skom'parto] *sm* compartiment *m*.
scompenso [skom'pɛnso] *sm* déséquilibre *m*; (*MED*) insuffisance *f*.
scompigliare [skompiʎ'ʎare] *vt* ébouriffer, décoiffer.
scompiglio [skom'piʎʎo] *sm* pagaille *f*, pagaïe *f*, pagaye *f*.
scomporre [skom'porre] *vt* décomposer; **scomporsi** *vip*: **senza scomporsi** sans perdre contenance, sans se démonter.
scomposto, -a [skom'posto] *pp di* **scomporre** ♦ *agg*: **stare seduto** ~ se tenir mal sur sa chaise.
scomunica, -che [sko'munika] *sf* ex-

communication *f*.

scomunicare [skomuni'kare] *vt* excommunier.

sconcertante [skontʃer'tante] *agg* déconcertant(e), déroutant(e).

sconcertare [skontʃer'tare] *vt* déconcerter, dérouter.

sconcio, -a, -ci, -ce ['skontʃo] *agg* obscène ♦ *sm* (*cosa fatta male*) horreur *f*; **è uno ~!** c'est une honte!

sconclusionato, -a [skonkluzjo'nato] *agg* incohérent(e), décousu(e).

sconfessare [skonfes'sare] *vt* renier, désavouer.

sconfiggere [skon'fiddʒere] *vt* (*nemico*) battre; (*malattia, corruzione*) vaincre.

sconfinare [skonfi'nare] *vi* franchir la frontière; **~ in** (*in proprietà privata etc*) pénétrer dans, empiéter sur; **~ (da)** (*fig*) s'écarter (de).

sconfinato, -a [skonfi'nato] *agg* sans bornes, illimité(e).

sconfitta [skon'fitta] *sf* défaite *f*.

sconfitto, -a [skon'fitto] *pp di* **sconfiggere**.

sconfortante [skonfor'tante] *agg* décourageant(e).

sconfortare [skonfor'tare] *vt* décourager; **sconfortarsi** *vip* se décourager.

sconforto [skon'fɔrto] *sm* découragement *m*.

scongelare [skondʒe'lare] *vt* décongeler.

scongiurare [skondʒu'rare] *vt* (*persona, fig: pericolo*) conjurer.

scongiuro [skon'dʒuro] *sm* conjuration *f*; **fare gli scongiuri** conjurer le mauvais sort.

sconnesso, -a [skon'nɛsso] *agg* disjoint(e); (*parti di macchinario*) disloqué(e); (*fig: discorso, ragionamento*) décousu(e).

sconosciuto, -a [skonoʃ'ʃuto] *agg, sm/f* inconnu(e).

sconquassare [skonkwas'sare] *vt* fracasser, démolir.

sconquasso [skon'kwasso] *sm* désastre *m*, destruction *f*; (*scompiglio*) remue-ménage *m*, branle-bas *msg*.

sconsiderato, -a [skonside'rato] *agg* (*persona*) étourdi(e), irréfléchi(e); (*gesto*) inconsidéré(e).

sconsigliare [skonsiʎ'ʎare] *vt*: **~ (qc a qn)** déconseiller (qch à qn); **~ qn di fare qc** déconseiller à qn de faire qch.

sconsolato, -a [skonso'lato] *agg* (*addolorato*) inconsolable; (*deluso*) affligé(e).

scontare [skon'tare] *vt* (*COMM: detrarre*) déduire; (*: cambiale*) escompter; (*: debito*) éteindre; (*prezzo*) faire une réduction sur; (*colpa*) expier; (*eccessi, errori*) payer, expier; (*pena, condanna*) purger.

scontato, -a [skon'tato] *agg* (*prezzo*) réduit(e); (*merce*) à prix réduit; (*risultato*) prévu(e), escompté(e); **dare per ~ qc/che** donner pour sûr qch/que.

scontentare [skonten'tare] *vt* mécontenter.

scontentezza [skonten'tettsa] *sf* mécontentement *m*.

scontento, -a [skon'tɛnto] *agg*: **~ (di)** mécontent(e) (de) ♦ *sm* mécontentement *m*.

sconto ['skonto] *sm* (*bancario*) escompte *m*; (*riduzione*) réduction *f*, remise *f*; **fare lo ~ (a)** faire une réduction (à); **uno ~ del 10%** une remise de 10%.

scontrarsi [skon'trarsi] *vr, vip* (*persona, veicolo*): **~ con** entrer en collision avec; (*reciproco: veicoli*) entrer en collision; (*fig: eserciti*) s'affronter; (*: persone*) s'opposer.

scontrino [skon'trino] *sm* (*anche fiscale*) ticket *m* de caisse; (*COMM*) reçu *m*, récépissé *m*.

scontro ['skontro] *sm* (*di veicoli*) collision *f*; (*tra eserciti*) combat *m*, affrontement *m*; (*tra persone*) affrontement; ▶ **scontro a fuoco** fusillade *f*, échange *m* de coups de feu.

scontroso, -a [skon'troso] *agg* ombrageux(-euse).

sconveniente [skonve'njɛnte] *agg* (*contegno, parole*) inconvenant(e); (*prezzo etc*) désavantageux(-euse).

sconvolgente [skonvol'dʒɛnte] *agg* (*notizia, esperienza*) bouleversant(e); (*bellezza*) troublant(e); (*passione*) ravageur(-euse).

sconvolgere [skon'vɔldʒere] *vt* bouleverser.

sconvolto, -a [skon'vɔlto] *pp di* **sconvolgere** ♦ *agg* (*persona*) bouleversé(e).

scopa ['skopa] *sf* balai *m*; (*CARTE*) *jeu de cartes italien à deux ou à quatre joueurs.*

scopare [sko'pare] *vt* balayer; (*fam!*) baiser (*fam!*).

scopata [sko'pata] *sf* coup *m* de balai; (*fam!*) baise *f* (*fam!*).

scoperchiare [skoper'kjare] *vt* (*pentola*) enlever le couvercle de; (*casa*) arracher le toit de.

scoperto, -a [sko'pɛrto] *pp di* **scoprire** ♦ *agg* (*pentola*) découvert(e), sans couvercle; (*capo, spalle*) nu(e); (*macchina*) décapoté(e); (*assegno, conto*) sans provision ♦ *sm*: **allo ~** (*dormire etc*) à la belle étoile; (*agire*) à découvert ♦ *sf* découverte *f*; **a viso ~** à découvert; **andare alla scoperta di qc** aller à la découverte de qch; **che scoperta!** tu parles d'une découverte!

scopo ['skɔpo] *sm* but *m*; **a che ~?** dans quel but?; **adatto allo ~** fait pour; **allo ~ di fare qc** dans le but de faire qch, avec l'intention de faire qch; **a ~ di lucro** pour de l'argent; **senza ~** sans but.

scoppiare [skop'pjare] *vi* (*anche fig: guerra, epidemia*) éclater; (*caldaia, bomba*) exploser; (*pneumatico*) éclater, crever; ~ **in lacrime** *o* **a piangere** fondre en larmes; ~ **a ridere** éclater de rire; ~ **dal caldo** crever de chaud; ~ **di salute** respirer la santé.

scoppiettare [skoppjet'tare] *vi* crépiter.

scoppio ['skɔppjo] *sm* éclatement *m*; (*esplosione*) explosion *f*; **uno ~ di risa** un éclat de rire; **uno ~ di collera** une explosion de colère.

scoprire [sko'prire] *vt* découvrir; (*lapide, monumento*) dévoiler; **scoprirsi** *vr* se découvrir; (*fig*) se découvrir, dévoiler son jeu.

scoraggiare [skorad'dʒare] *vt* décourager; **scoraggiarsi** *vip* se décourager.

scorbutico, -a, -ci, -che [skor'butiko] *agg* (*fig*) revêche.

scorciatoia [skortʃa'toja] *sf* raccourci *m*; (*fig*) biais *msg*.

scorcio ['skortʃo] *sm* (*ARTE*) raccourci *m*; (*di secolo, periodo*) fin *f*; **di ~** (*vedere*) en raccourci; ▸ **scorcio panoramico** panorama *m*.

scordare [skor'dare] *vt* oublier; **scordarsi** *vip*: **scordarsi di qc/di fare qc** oublier qch/ de faire qch.

scoreggia [sko'reddʒa] (*fam*) *sf* pet *m*.

scoreggiare [skored'dʒare] (*fam*) *vi* péter.

scorgere ['skɔrdʒere] *vt* apercevoir; (*fig*: *difficoltà etc*) entrevoir.

scoria ['skɔrja] *sf* scorie *f*; ▸ **scorie radioattive** déchets *mpl* radioactifs.

scorno ['skɔrno] *sm* humiliation *f*.

scorpacciata [skorpat'tʃata] *sf* bombance *f*, gueuleton *m* (*fam*); **fare una ~ di** s'empiffrer de, se gaver de.

scorpione [skor'pjone] *sm* scorpion *m*; (*ZODIACO*): **S~** Scorpion; **essere dello S~** être (du) Scorpion.

scorrazzare [skorrat'tsare] *vi* (*bambini*) s'ébattre, gambader; (*per la città etc*) courir.

scorrere ['skorrere] *vt* (*lettera, giornale*) parcourir ♦ *vi* (*fiume, lacrime*) couler; (*fune, cassetto*) glisser; (*tempo*) passer.

scorreria [skorre'ria] *sf* incursion *f*.

scorrettezza [skorret'tettsa] *sf* incorrection *f*.

scorretto, -a [skor'rɛtto] *agg* (*sbagliato, sleale*) incorrect(e); (*sgarbato*) impoli(e), grossier(-ière); (*sconveniente*) inconvenant(e).

scorrevole [skor'revole] *agg* (*porta*) coulissant(e); (*fig*: *prosa, stile*) fluide, coulant(e); (: *traffico*) fluide; **nastro ~** tapis *msg* roulant.

scorribanda [skorri'banda] *sf* (*MIL*) incursion *f*.

scorsa ['skorsa] *sf* coup *m* d'œil; **dare una ~ al giornale** jeter un coup d'œil dans le journal, parcourir le journal.

scorsi *etc* ['skɔrsi] *vb vedi* **scorgere**.

scorso, -a ['skorso] *pp di* **scorrere** ♦ *agg* passé(e), dernier(-ière); **l'anno ~** l'année dernière, l'an passé; **lo ~ mese** le mois dernier.

scorsoio, -a [skor'sojo] *agg* (*nodo*) coulant(e).

scorta ['skɔrta] *sf* (*di personalità*) escorte *f*; (*convoglio*) convoi *m*; (*provvista*) provision *f*, réserve *f*; **sotto la ~ di due agenti** escorté de deux agents; **fare ~ di** faire des provisions de, stocker; **di ~** (*materiali*) de réserve; (*ruota*) de secours.

scortare [skor'tare] *vt* escorter.

scortese [skor'tese] *agg* impoli(e), désobligeant(e).

scortesia [skorte'zia] *sf* impolitesse *f*.

scorticare [skorti'kare] *vt* écorcher.

scorto, -a ['skɔrto] *pp di* **scorgere**.

scorza ['skɔrdza] *sf* écorce *f*; (*CUC*) zeste *m*.

scosceso, -a [skoʃ'ʃeso] *agg* escarpé(e), abrupt(e).

scosso, -a ['skɔsso] *pp di* **scuotere** ♦ *agg* (*persona*) secoué(e); (*nervi*) ébranlé(e) ♦ *sf* (*sussulto*) secousse *f*; (*fig*) choc *m*; **prendere la scossa** prendre une décharge; **scossa elettrica** (*ELETTR*) décharge *f*; ▸ **scossa di terremoto** secousse sismique.

scossone [skos'sone] *sm* violente secousse *f*; **a scossoni** par secousses.

scostante [skos'tante] *agg* (*atteggiamento*) rébarbatif(-ive); (*individuo*) antipathique.

scostare [skos'tare] *vt* écarter, éloigner; **scostarsi** *vr, vip* s'écarter.

scostumato, -a [skostu'mato] *agg* débauché(e), dévergondé(e).

scotch ['skɔtʃ] *sm inv* (*whisky*) scotch *m*; ® (*nastro adesivo*) scotch ® *m*.

scottante [skot'tante] *agg* (*fig*: *faccenda, affare*) brûlant(e).

scottare [skot'tare] *vt* (*ustionare*) brûler; (*CUC*: *pollo*) échauder; (: *verdura*) blanchir, ébouillanter ♦ *vi* brûler; (*fig*: *faccenda*) être brûlant(e); **scottarsi** *vr, vip* se brûler; (*fig*) être échaudé(e).

scottatura [skotta'tura] *sf* brûlure *f*.

scotto, -a ['skɔtto] *agg* trop cuit(e) ♦ *sm* (*fig*): **pagare lo ~ (di)** payer les conséquences (de).

scovare [sko'vare] *vt* débusquer; (*fig*) dénicher, dégoter (*fam*).

Scozia ['skɔttsja] *sf* Écosse *f*.

scozzese [skot'tsese] *agg* écossais(e) ♦ *sm/f* Écossais(e).

screanzato, -a [skrean'tsato] *agg* grossier(-ière), rustre ♦ *sm/f* malotru(e), mufle *m*.

screditare [skredi'tare] *vt* discréditer;

screditarsi *vip* se discréditer.
scremare [skre'mare] *vt* écrémer.
scremato, -a [skre'mato] *agg* écrémé(e).
screpolare [skrepo'lare] *vt* gercer; **screpolarsi** *vip* (*pelle*) se gercer.
screpolatura [skrepola'tura] *sf* (*di pelle*) gerçure *f*.
screziato, -a [skret'tsjato] *agg* bariolé(e), bigarré(e).
screzio ['skrɛttsjo] *sm* désaccord *m*, brouille *f*.
scribacchino [skribak'kino] *sm* (*peg*: *impiegato*) gratte-papier *m inv*, scribouillard(e); (: *scrittore*) écrivailleur (-euse), écrivassier(-ière).
scricchiolare [skrikkjo'lare] *vi* (*pavimento, sedia*) craquer; (*porta*) grincer.
scricchiolio [skrikkjo'lio] *sm* (*vedi vb*) craquement *m*; grincement *m*.
scricciolo ['skrittʃolo] *sm* (*ZOOL*) troglodyte *m*.
scrigno ['skriɲɲo] *sm* coffret *m*, écrin *m*.
scriminatura [skrimina'tura] *sf* raie *f*.
scrissi *etc* ['skrissi] *vb vedi* **scrivere**.
scritto, -a ['skritto] *pp di* **scrivere** ♦ *agg* écrit(e) ♦ *sm* écrit *m*; (*lettera*) lettre *f* ♦ *sf* inscription *f*; **scritti** *smpl* écrits *mpl*, œuvres *fpl*; **per ~** par écrit.
scrittoio [skrit'tojo] *sm* bureau *m*.
scrittore, -trice [skrit'tore] *sm/f* écrivain((femme) écrivain).
scrittura [skrit'tura] *sf* (*anche DIR*) écriture *f*; (*CINE, TEATRO*) engagement *m*; **le Sacre Scritture** les Saintes Écritures; ▸ **scrittura privata** écriture privée, acte *m* sous seing privé; ▸ **scritture contabili** écritures.
scritturare [skrittu'rare] *vt* (*attore etc*) engager; (*COMM*: *importo*) transcrire.
scrivania [skriva'nia] *sf* bureau *m*.
scrivano [skri'vano] *sm* (*amanuense*) copiste *m/f*; (*impiegato*) employé *m* de bureau.
scrivente [skri'vʃnte] *sm/f* soussigné(e).
scrivere ['skrivere] *vt* écrire; **come si scrive?** comment est-ce que cela s'écrit?; **~ qc a qn** écrire qch à qn; **~ qc a macchina** écrire qch à la machine; **~ a penna/a matita** écrire au stylo/au crayon; **~ qc maiuscolo/minuscolo** écrire qch en majuscules/minuscules.
scroccare [skrok'kare] *vt* (*fam*: *soldi, sigaretta*) taper; **~ una cena** se faire inviter à dîner.
scroccone, -a [skrok'kone] *sm/f* tapeur(-euse); (*a cena*) pique-assiette *m/f inv*.
scrofa ['skrɔfa] *sf* truie *f*.
scrollare [skrol'lare] *vt* secouer; **scrollarsi** *vip* (*anche fig*) se secouer; **~ il capo** hocher la tête; **~ le spalle** hausser les épaules; **scrollarsi di dosso la malinconia** chasser la mélancolie.
scrollata [skrol'lata] *sf* (*di testa*) hochement *m*; **~ di spalle** haussement d'épaules.
scrosciante [skroʃ'ʃante] *agg* (*pioggia*) battant(e); **applausi scroscianti** des salves d'applaudissements.
scrosciare [skroʃ'ʃare] *vi* (*pioggia*) tomber à verse; (*applausi*) crépiter.
scroscio ['skrɔʃʃo] *sm* (*di pioggia*) crépitement *m*; (*di fiume*) grondement *m*; (*di applausi*) tonnerre *m*.
scrostare [skros'tare] *vt* (*vernice*) écailler; (*intonaco*) décrépir; **scrostarsi** *vip* (*vedi vt*) s'écailler; se décrépir.
scrupolo ['skrupolo] *sm* scrupule *m*; (*meticolosità*) méticulosité *f*; **senza scrupoli** sans scrupules.
scrupoloso, -a [skrupo'loso] *agg* (*persona*) scrupuleux(-euse); (*lavoro*) méticuleux(-euse).
scrutare [skru'tare] *vt* scruter.
scrutatore, -trice [skruta'tore] *sm/f* (*DIR*) scrutateur(-trice).
scrutinare [skruti'nare] *vt*: **~ i voti** dépouiller le scrutin.
scrutinio [skru'tinjo] *sm* (*spoglio*) scrutin *m*; (*SCOL*) *conseil de classe*; ▸ **scrutinio segreto** scrutin secret.
scucire [sku'tʃire] *vt* découdre; **scucirsi** *vip* se découdre.
scuderia [skude'ria] *sf* (*anche AUT*) écurie *f*.
scudetto [sku'detto] *sm* (*SPORT*) championnat *m*; (*distintivo*) écusson *m*.
scudiscio [sku'diʃʃo] *sm* cravache *f*.
scudo ['skudo] *sm* (*arma*) bouclier *m*; (*rivestimento*) écran *m*; (*ZOOL*) écusson *m*; (*ARALDICA*) écu *m*; **farsi ~ di** *o* **con qc** se retrancher derrière qch; ▸ **scudo aereo** défense *f* antiaérienne; ▸ **scudo crociato** (*POL*) *symbole du parti démocrate-chrétien en Italie*; ▸ **scudo missilistico** défense antimissile; ▸ **scudo termico** bouclier thermique.
sculacciare [skulat'tʃare] *vt* fesser, donner une fessée à.
sculaccione [skulat'tʃone] *sm* fessée *f*.
scultore, -trice [skul'tore] *sm/f* sculpteur((femme) sculpteur).
scultura [skul'tura] *sf* sculpture *f*.
scuola ['skwɔla] *sf* école *f*; (*insieme di istituzioni*) enseignement *m*; (*di cucito etc*) cours *msg*; ▸ **scuola dell'obbligo** enseignement obligatoire; ▸ **scuola elementare/materna** école primaire/maternelle; ▸ **scuola guida** auto-école *f*; ▸ **scuola media** ≈ collège *m*; ▸ **scuola privata/pubblica** école privée/publique; ▸ **scuola tecnica** ≈ collège technique; ▸ **scuole serali** cours *mpl* du soir.

scuotere ['skwɔtere] *vt* secouer, remuer; (*fig*: *turbare*) secouer; **scuotersi** *vip* sursauter; (*fig*: *da apatia*) se secouer; (: *turbarsi*) s'émouvoir.

scure ['skure] *sf* hache *f*, cognée *f*.

scurire [sku'rire] *vt* foncer.

scuro, -a ['skuro] *agg* (*stanza, notte*) sombre; (*colore, capelli, occhi*) foncé(e); (*tabacco, birra*) brun(e); (*fig*) sombre ♦ *sm* (*buio*) obscurité *f*; (*imposta*) volet *m*; **verde/rosso** ~ vert/rouge foncé.

scurrile [skur'rile] *agg* obscène.

scusa ['skuza] *sf* excuse *f*; (*perdono*) pardon *m*; **chiedere ~ a qn (per/di)** demander pardon à qn (pour/de); **chiedo** ~ (*mi dispiace*) excuse-/excusez-moi; (*disturbando etc*) excuse-/excusez-moi, pardon; **porgere le proprie scuse a qn** présenter ses excuses à qn; **tutte scuse!** ce n'est qu'un prétexte *o* une excuse!

scusare [sku'zare] *vt* (*giustificare*) excuser; (*perdonare*) pardonner; **scusarsi** *vr*: **scusarsi (di)** s'excuser (de); **scusa!, scusami!** pardon!, excuse-moi!; **(mi) scusi!** pardon!, excusez-moi!; (*per richiamare l'attenzione*) (je vous demande) pardon.

S.C.V. *sigla* = *Stato della Città del Vaticano*.

sdebitarsi [zdebi'tarsi] *vt*: ~ **(con qn di** *o* **per qc)** s'acquitter (de qch envers qn).

sdegnare [zdeɲ'ɲare] *vt* dédaigner; **sdegnarsi** *vip* s'indigner.

sdegnato, -a [zdeɲ'ɲato] *agg* indigné(e).

sdegno ['zdeɲɲo] *sm* (*ira*) indignation *f*; (*disprezzo*) dédain *m*.

sdegnoso, -a [zdeɲ'ɲoso] *agg* dédaigneux(-euse).

sdilinquirsi [zdilin'kwirsi] *vip* minauder; (*svenire*) défaillir.

sdoganare [zdoga'nare] *vt* dédouaner.

sdolcinato, -a [zdoltʃi'nato] *agg* doucereux(-euse).

sdoppiamento [zdoppja'mento] *sm* dédoublement *m*; ~ **della personalità** dédoublement de la personnalité.

sdoppiare [zdop'pjare] *vt* dédoubler.

sdraiarsi [zdra'jarsi] *vr* s'étendre.

sdraio ['zdrajo] *sm*: **sedia a** ~ chaise *f* longue, transatlantique *m*.

sdrammatizzare [zdrammatid'dzare] *vt* dédramatiser.

sdrucciolare [zdruttʃo'lare] *vi* glisser.

sdrucciolevole [zdruttʃo'levole] *agg* glissant(e).

sdrucito, -a [zdru'tʃito] *agg* (*strappato*) décousu(e); (*logoro*) déchiré(e).

S.E. *abbr* (= *sud-est*) S.-E.; (= *Sua Eccellenza*) SE *f*.

se [se] *pron vedi* **si** ♦ *cong* si; ~ **nevica non vengo** s'il neige je ne viens pas; ~ **fossi in te** si j'étais toi; **resta qui ~ preferisci** reste ici si tu préfères; **sarei rimasto ~ me l'avessero chiesto** je serais resté s'ils me l'avaient demandé; **non puoi fare altro ~ non telefonare** tu ne peux rien faire d'autre que téléphoner; ~ **mai venisse** ... si jamais il venait ...; **siamo noi ~ mai che le siamo grati** s'il y a quelqu'un qui doit vous être reconnaissant, c'est bien nous; ~ **solo potessi avvertirlo!** si seulement je pouvais l'avertir!; ~ **non altro** au moins, du moins; ~ **no** (*altrimenti*) sinon; **non so ~ chiederlo** je ne sais pas si je dois le demander; **guarda lì sotto ~ c'è** regarde là-dessous s'il y est; **non so ~ scrivere o telefonare** je ne sais pas si je dois écrire ou téléphoner.

sé [se] *pron* (*indefinito*) soi; (*definito*: *singolare*) lui(elle); (: *plurale*) eux(elles); **di per ~ non è un problema** ce n'est pas un problème en soi; **parlare tra ~ e ~** se parler à soi-même; **ridere tra ~ e ~** rire dans sa barbe; **va da ~ che ...** il va de soi que ...; **è un caso a ~ (stante)** c'est un cas à part, c'est un cas particulier; *vedi anche* **stesso**.

SEATO [se'ato] *sigla f* (= *Southeast Asia Treaty Organization*) O.T.A.S.E. *f*.

sebbene [seb'bɛne] *cong* bien que, quoique.

sebo ['sɛbo] *sm* sébum *m*.

sec. *abbr* (= *secolo*) s.

SECAM ['sɛkam] *sigla m* (= *séquentiel couleur à mémoire*) SECAM *m*.

secca ['sekka] *sf* (*del mare*) bas-fond *m*.

seccare [sek'kare] *vt* (*rendere secco*) sécher; (*prosciugare*) assécher; (*fig*: *importunare*) ennuyer, embêter ♦ *vi* (*diventare secco*) sécher; (*prosciugarsi*) s'assécher; **seccarsi** *vip* se dessécher; (*fig*) se fâcher; **si è seccato molto** cela l'a beaucoup contrarié.

seccato, -a [sek'kato] *agg* séché(e); (*fig*: *infastidito*) fâché(e), contrarié(e); (: *stufo*) fatigué(e).

seccatore, -trice [sekka'tore] *sm/f* casse-pieds *m/f inv*.

seccatura [sekka'tura] *sf* (*fig*) embêtement *m*, ennui *m*.

seccherò *etc* [sekke'rɔ] *vb vedi* **seccare**.

secchia ['sekkja] *sf* seau *m*.

secchiello [sek'kjɛllo] *sm* (petit) seau *m*.

secchio ['sekkjo] *sm* seau *m*.

secco, -a, -chi, -che ['sekko] *agg* (*anche fig*) sec(sèche); (*pozzo, sorgente*) à sec, tari(e); (*ramo, foglia*) mort(e) ♦ *sm* (*siccità*) sécheresse *f*; **avere la gola secca** avoir la gorge sèche; **far ~ qn** (*fig*) tuer qn sur le coup; **restarci** ~ (*fig*: *morire*) mourir sur le coup; **lavare a** ~ nettoyer à sec; **tirare a** ~ (*barca etc*) mettre en cale sèche; **rimanere in** *o* **a secca** (*NAUT*) s'échouer; (*fig*: *senza soldi*) être à sec, être fauché(e).

secentesco, -a, -schi, -sche [setʃen'tesko] *agg* = **seicentesco**.

secernere [se'tʃɛrnere] *vt* sécréter.

secolare [seko'lare] *agg* séculaire; (*laico*) séculier(-ière).

secolo ['sɛkolo] *sm* siècle *m*; **la scoperta del ~** la découverte du siècle; **al ~** (*con nomi*) de son vrai nom.

seconda [se'konda] *sf* (*SCOL*: *elementare*) ≈ CE1 *m* (cours élémentaire 1); (: *media*) ≈ cinquième *f*; (*AUT, FERR*) seconde *f*; **comandante in ~** commandant *m* en second; **a ~ che** selon que, suivant que; **a ~ di** selon; *vedi anche* **secondo**.

secondariamente [sekondarja'mente] *avv* deuxièmement.

secondario, -a [sekon'darjo] *agg* (*aspetto, problema*) secondaire; (*proposizione*) subordonné(e); **scuole secondarie** écoles *fpl* secondaires.

secondino [sekon'dino] *sm* gardien *m* de prison.

secondo, -a [se'kondo] *agg* second(e), deuxième ♦ *sm/f* second *m/f*, deuxième *m/f* ♦ *sm* (*anche*: **minuto ~**) seconde *f*; (*portata*) plat *m* de résistance ♦ *prep*: **~ me/lui** d'après moi/lui; **in ~ luogo** en second lieu; **di seconda mano** (*merce*) d'occasion; (*notizia*) de seconde main; **passare in ~ piano** passer au second plan; **~ la legge** selon la loi; ▶ **seconda classe** (*FERR*) deuxième classe *f*, seconde *f* (classe); ▶ **seconda colazione** déjeuner *m*; *vedi anche* **seconda**.

secondogenito, -a [sekondo'dʒɛnito] *sm/f* cadet(te).

secrezione [sekret'tsjone] *sf* sécrétion *f*.

sedano ['sɛdano] *sm* céleri *m*.

sedare [se'dare] *vt* (*dolore*) calmer, apaiser; (*rivolta*) réprimer.

sedativo, -a [seda'tivo] *agg* sédatif(-ive) ♦ *sm* sédatif *m*.

sede ['sɛde] *sf* siège *m*; **in ~ di** (*in occasione di*) pendant; **in altra ~** dans un autre lieu; **in separata ~** (*fig*: *privatamente*) entre quatre yeux; **in ~ legislativa** *au sein d'une commission parlementaire ayant le pouvoir d'approuver une loi*; **un'azienda con diverse sedi in città** une entreprise ayant plusieurs succursales en ville; **la Santa S~** le Saint-Siège; ▶ **sede centrale** maison *f* mère; ▶ **sede sociale** siège social; ▶ **sede stradale** chaussée *f*.

sedentario, -a [seden'tarjo] *agg* sédentaire.

sedere [se'dere] *vi* être assis(e); (*in adunanza, tribunale etc*) siéger ♦ *sm* (*ANAT*) derrière *m*; **sedersi** *vip* s'asseoir; **posto a ~** place *f* assise.

sedia ['sɛdja] *sf* chaise *f*; ▶ **sedia a rotelle** fauteuil *m* roulant; ▶ **sedia elettrica** chaise électrique.

sedicenne [sedi'tʃɛnne] *agg* (âgé(e)) de seize ans ♦ *sm/f* garçon *m* de seize ans, fille *f* de seize ans.

sedicente [sedi'tʃɛnte] *agg* soi-disant *inv*, prétendu(e).

sedicesimo, -a [sedi'tʃɛzimo] *agg, sm/f* seizième *m/f*; (*di personaggio, capitolo, volume*) seize.

sedici ['seditʃi] *agg inv, sm inv* seize *m inv*; *vedi anche* **cinque**.

sedile [se'dile] *sm* (*in veicoli*) siège *m*; (*panchina*) banquette *f*.

sedimentare [sedimen'tare] *vi* se sédimenter; (*fig*) se décanter.

sedimento [sedi'mento] *sm* sédiment *m*.

sedizioso, -a [sedit'tsjoso] *agg* séditieux(-euse).

sedotto, -a [se'dotto] *pp di* **sedurre**.

seducente [sedu'tʃɛnte] *agg* séduisant(e).

sedurre [se'durre] *vt* séduire.

seduta [se'duta] *sf* (*riunione*) séance *f*; (*con medico, legale*) consultation *f*; **essere in ~** être en conférence; ▶ **seduta spiritica** séance de spiritisme; ▶ **seduta stante** (*fig*) séance tenante, sur le champ.

seduttore, -trice [sedut'tore] *sm/f* séducteur(-trice).

seduzione [sedut'tsjone] *sf* séduction *f*; (*fascino*) charme *m*.

SEeO *abbr* (= *salvo errori e omissioni*) SEO.

sega, -ghe ['sega] *sf* scie *f*.

segale ['segale] *sf* seigle *m*.

segare [se'gare] *vt* scier; (*stringere*) couper.

segatura [sega'tura] *sf* (*azione*) sciage *m*; (*residuo*) sciure *f*.

seggio ['sɛddʒo] *sm* siège *m*; ▶ **seggio elettorale** (*per votazioni*) bureau *m* de vote.

seggiola ['sɛddʒola] *sf* chaise *f*.

seggiolino [seddʒo'lino] *sm* (*per bambini*) siège *m* pour enfants; (*pieghevole*) siège pliant, pliant *m*; ▶ **seggiolino di sicurezza** (*AUT*) siège de sécurité.

seggiolone [seddʒo'lone] *sm* (*per bambini*) chaise *f* d'enfants, chaise haute.

seggiovia [seddʒo'via] *sf* télésiège *m*.

segheria [sege'ria] *sf* scierie *f*.

segherò *etc* [sege'rɔ] *vb vedi* **segare**.

seghettato, -a [seget'tato] *agg* en dents de scie.

seghetto [se'getto] *sm* (*per metallo*) scie *f* à métaux.

segmento [seg'mento] *sm* (*MAT*) segment *m*; (*striscia, fascia*) bout *m*.

segnalare [seɲɲa'lare] *vt* signaler; (*persona*: *per lavoro*) recommander; **segnalarsi** *vr* (*per abilità etc*) se distinguer.

segnalazione [seɲɲalat'tsjone] *sf* (*vedi vb*) signalisation *f*; recommandation *f*.

segnale [seɲ'ɲale] *sm* signal *m*; **il telefono dà il ~ di occupato** le téléphone sonne occupé; ▸**segnale acustico** signal acoustique; ▸**segnale d'allarme** signal d'alarme; ▸**segnale elettrico/luminoso** signal électrique/lumineux; ▸**segnale orario** signal horaire; ▸**segnale stradale** signal de route.

segnaletica [seɲɲa'lɛtika] *sf* signalisation *f*; ▸**segnaletica stradale** signalisation routière.

segnalibro [seɲɲa'libro] *sm* signet *m*.

segnapunti [seɲɲa'punti] *sm/f inv* marqueur(-euse).

segnare [seɲ'ɲare] *vt* marquer; (*prendere nota*) noter, enregistrer; (*SPORT*: *goal*) marquer; **segnarsi** *vr* (*REL*) faire le signe de la croix; **~ il passo** marquer le pas; **l'orologio segna le quattro** l'horloge indique quatre heures; **segnò la fine della loro amicizia** ceci marqua la fin de leur amitié.

segno ['seɲɲo] *sm* signe *m*; (*impronta*) trace *f*; **fare ~ di sì/no** faire signe que oui/non; **fare ~ a qn di fermarsi** faire signe à qn de s'arrêter; **cogliere** *o* **colpire nel ~** (*fig*: *indovinare*) deviner juste; (*raggiungere l'effetto*) faire mouche; **in** *o* **come ~ d'amicizia** en signe d'amitié; **lasciare il ~** (*anche fig*) laisser des traces; **superare il ~** dépasser les bornes; **il ~ della croce** le signe de la croix; ▸**segno zodiacale** signe du zodiaque *o* zodiacal; ▸**segni particolari** (*su documento*) signes particuliers.

segregare [segre'gare] *vt* isoler.

segregazione [segregat'tsjone] *sf* ségrégation *f*; ▸**segregazione razziale** ségrégation raciale.

segreta [se'greta] *sf* (*cella*) cachot *m*.

segretario, -a [segre'tarjo] *sm/f* secrétaire *m/f*; ▸**segretario comunale** secrétaire de mairie; ▸**segretario di partito** secrétaire de parti; ▸**segretario di Stato** (*USA*) secrétaire d'État.

segreteria [segrete'ria] *sf* secrétariat *m*; ▸**segreteria telefonica** répondeur *m* téléphonique.

segretezza [segre'tettsa] *sf* (*di informazioni, incontro*) secret *m*; **in tutta ~** en grand secret; **notizie della massima ~** informations *fpl* extrêmement confidentielles.

segreto, -a [se'greto] *agg* secret(-ète) ♦ *sm* secret *m*; **in ~** en secret; ▸**segreto professionale** secret professionnel.

seguace [se'gwatʃe] *sm/f* (*di dottrina*) disciple *m/f*; (*di ideologia*) partisan(e).

seguente [se'gwɛnte] *agg* suivant(e).

segugio [se'gudʒo] *sm* (*anche fig*) limier *m*.

seguire [se'gwire] *vt, vi* suivre; **~ i consigli di qn** suivre les conseils de qn; **come segue** ainsi, de la façon suivante; **"segue"** "à suivre".

seguitare [segwi'tare] *vt* continuer, poursuivre ♦ *vi*: **~ (a fare qc)** continuer (à/de faire qch).

seguito ['segwito] *sm* (*continuazione*) suite *f*; (*discepoli*) disciple *m*, adepte *m/f*; (*consenso*) succès *msg*; **di ~** de suite, sans arrêt; **in ~** ensuite, par la suite; **in ~ a, a ~ di** (*dopo*) suite à; (*a causa di*) à la suite de; **essere al ~ di qn** faire partie de la suite de qn; **non aver ~** (*conseguenze*) ne pas avoir de suite(s); **facciamo ~ alla lettera del 9/1/93** suite à la lettre du 9/1/93.

sei ['sɛi] *vb vedi* **essere** ♦ *agg inv, sm inv* six *m inv*; *vedi anche* **cinque**.

Seicelle [sei'tʃɛlle] *sfpl* Seychelles *fpl*.

seicentesco, -a, -schi, -sche [seitʃen'tesko] *agg* du dix-septième siècle.

seicento [sei'tʃɛnto] *agg inv, sm inv* six cents *m inv* ♦ *sm*: **il S~** le dix-septième siècle.

seimila [sei'mila] *agg inv, sm inv* six mille *m inv*.

selce ['seltʃe] *sf* silex *m*.

selciato [sel'tʃato] *sm* pavé *m*.

selettivo, -a [selet'tivo] *agg* sélectif(-ive).

selettore [selet'tore] *sm* (*TECN*) sélecteur *m*.

selezionare [selettsjo'nare] *vt* sélectionner.

selezione [selet'tsjone] *sf* sélection *f*; **fare una ~** faire une sélection.

sella ['sɛlla] *sf* selle *f*.

sellare [sel'lare] *vt* seller.

sellino [sel'lino] *sm* selle *f*.

seltz [sɛlts] *sm inv* (eau *f* de) Seltz *f*.

selva ['selva] *sf* (*bosco*) bois *msg*; (*foresta*) forêt *f*; **la S~ nera** la Forêt-Noire.

selvaggina [selvad'dʒina] *sf* gibier *m*.

selvaggio, -a, -gi, -ge [sel'vaddʒo] *agg, sm/f* sauvage *m/f*.

selvatico, -a, -ci, -che [sel'vatiko] *agg* sauvage.

S.Em. *abbr* (= *Sua Eminenza*) S.Em.

semaforo [se'maforo] *sm* feu *m*.

semantico, -a, -ci, -che [se'mantiko] *agg, sf* sémantique *f*.

sembianza [sem'bjantsa] *sf* aspect *m*, apparence *f*; **sembianze** *sfpl* (*lineamenti*) traits *mpl*.

sembrare [sem'brare] *vi* sembler, paraître ♦ *vb impers*: **sembra che** il semble que, on dirait que; **questa macchina sembra nuova** cette voiture semble *o* paraît neuve; **sembrava un gentiluomo** il semblait *o* il paraissait être un gentleman; **sembra nuovo** il a l'air neuf, on dirait qu'il est neuf; **mi sembra che** il me semble que; **sembrava volerci aiutare** il avait l'air de vouloir nous aider, on aurait dit qu'il voulait nous aider; **non mi sembra vero!**

je n'en crois pas mes oreilles!

seme ['seme] *sm* (*BOT*) graine *f*; (: *di pere, mele, uva*) pépin *m*; (*semente*) semence *f*; (*sperma*) sperme *m*; (*CARTE*) couleur *f*; (*fig*: *causa, origine*) germe *m*.

semente [se'mente] *sf* semence *f*.

semestrale [semes'trale] *agg* semestriel(le); (*che dura 6 mesi*) qui dure six mois.

semestre [se'mɛstre] *sm* semestre *m*.

semicerchio [semi'tʃerkjo] *sm* demi-cercle *m*.

semiconduttore [semikondut'tore] *sm* semi-conducteur *m*.

semifinale [semifi'nale] *sf* demi-finale *f*.

semifreddo [semi'freddo] *sm* (*dolce*) entremets *msg* glacé, parfait *m*.

semilibertà [semiliber'ta] *sf* semi-liberté *f*.

semina ['semina] *sf* semailles *fpl*, ensemencement *m*.

seminare [semi'nare] *vt* semer.

seminario [semi'narjo] *sm* séminaire *m*.

seminato [semi'nato] *sm*: **uscire dal** ~ (*fig*) s'éloigner du sujet, s'écarter du sujet.

seminterrato [seminter'rato] *sm* sous-sol *m*.

semiotica [se'mjɔtika] *sf* sémiotique *f*.

semitico, -a, -ci, -che [se'mitiko] *agg* sémitique.

semmai [sem'mai] = **se mai**; *voir* **se**.

semola ['semola] *sf* semoule *f*; ▸ **semola di grano duro** semoule de blé dur.

semolato [semo'lato] *agg*: **zucchero** ~ sucre *m* semoule.

semolino [semo'lino] *sm* semoule *f*.

semplice ['semplitʃe] *agg* simple; **è una** ~ **formalità** ce n'est qu'une formalité, c'est une simple formalité.

semplicemente [semplitʃe'mente] *avv* simplement.

semplicistico, -a, -ci, -che [sempli'tʃistiko] *agg* simpliste.

semplicità [semplitʃi'ta] *sf* simplicité *f*.

semplificare [semplifi'kare] *vt* simplifier.

semplificazione [semplifikat'tsjone] *sf* simplification *f*.

sempre ['sɛmpre] *avv* toujours; **da** ~ depuis toujours; **per** ~ pour toujours, à jamais; **una volta per** ~ une fois pour toutes; ~ **che** à condition que, si toutefois, en admettant que; ~ **più** de plus en plus; ~ **meno** de moins en moins; **va** ~ **meglio** cela va de mieux en mieux; **è** ~ **meglio che niente** c'est toujours mieux que rien; **è (pur)** ~ **tuo fratello** il n'empêche que c'est ton frère, il n'en est pas moins ton frère; **posso** ~ **tentare** je peux toujours essayer; **c'è** ~ **la possibilità che** ... il y a toujours la possibilité que ..., il reste quand même la possibilité que ... .

sempreverde [sempre'verde] *agg* (*BOT*) à feuilles persistantes, semper virens *inv* ♦ *sm o f* plante *f o* arbre *m* à feuilles persistantes, semper virens *msg inv*.

Sen. *abbr* (= *senatore*) sénateur.

senape ['sɛnape] *sf* (*CUC*) moutarde *f*.

senato [se'nato] *sm* sénat *m*.

senatore [sena'tore] *sm* sénateur.

Senegal ['sɛnegal] *sm* Sénégal *m*.

senegalese [senega'lese] *agg* sénégalais(e) ♦ *sm/f* Sénégalais(e).

senese [se'nese] *agg* siennois(e).

senile [se'nile] *agg* sénile.

Senna ['senna] *sf* Seine *f*.

senno ['senno] *sm* sagesse *f*, bon sens *msg*; **col** ~ **di poi** avec un peu de recul, après coup.

sennò [sen'nɔ] *avv* = **se no**; *voir* **se**.

seno ['seno] *sm* (*anche fig*) sein *m*; (*petto*) sein, poitrine *f*; (*MAT, fig*: *cavità*) sinus *msg*; (*GEO*) anse *f*, crique *f*; **in** ~ **a** (*entro, nell'ambito di*) au sein de.

sensale [sen'sale] *sm/f* intermédiaire *m/f*, courtier(-ière).

sensatezza [sensa'tettsa] *sf* bon sens *msg*.

sensato, -a [sen'sato] *agg* sensé(e), judicieux(-euse).

sensazionale [sensattsjo'nale] *agg* sensationnel(le), super *inv* (*fam*).

sensazione [sensat'tsjone] *sf* sensation *f*; (*impressione, presentimento*) sensation, impression *f*; **avere la** ~ **che** avoir la sensation *o* l'impression que; **fare** ~ faire sensation.

sensibile [sen'sibile] *agg* sensible; ~ **a** sensible à.

sensibilità [sensibili'ta] *sf inv* sensibilité *f*.

sensibilizzare [sensibilid'dzare] *vt* sensibiliser.

senso ['sɛnso] *sm* sens *msg*; (*impressione, sensazione*) sensation *f*, impression *f*; **sensi** *smpl* (*sensualità*) sens *mpl*; (*coscienza*) connaissance *fsg*, sens *mpl*; **avere** ~ **pratico** avoir le sens pratique; **avere un sesto** ~ avoir un sixième sens; **fare** ~ **(a)** (*ripugnare*) répugner (à); **ciò non ha** ~ (*non significa nulla*) cela ne veut rien dire; (*è illogico*) cela ne rime à rien; **nel** ~ **che** en ce sens que; **nel vero** ~ **della parola** au sens propre du mot; **nel** ~ **della lunghezza/della larghezza** dans le sens de la longueur/de la largeur; **in** ~ **opposto** en sens inverse; **in** ~ **orario/antiorario** dans le sens des aiguilles d'une montre/dans le sens contraire à celui des aiguilles d'une montre; **ho dato disposizioni in quel** ~ j'ai donné des instructions dans ce sens; ▸ **senso comune** sens commun; ▸ **senso di colpa** sentiment *m* de culpabilité; ▸ **senso del dovere** sens du devoir; ▸ **senso dell'umorismo** sens de l'humour; ▸ **senso unico**

sens unique; ▶ **senso vietato** sens interdit.
sensuale [sensu'ale] *agg* sensuel(le).
sensualità [sensuali'ta] *sf* sensualité *f*.
sentenza [sen'tɛntsa] *sf* (*DIR*) sentence *f*, jugement *m*; (*massima*) maxime *f*.
sentenziare [senten'tsjare] *vt* (*DIR*) statuer; (*fig*) pontifier.
sentiero [sen'tjɛro] *sm* (*anche fig*) sentier *m*.
sentimentale [sentimen'tale] *agg* sentimental(e).
sentimento [senti'mento] *sm* sentiment *m*.
sentinella [senti'nɛlla] *sf* sentinelle *f*.
sentire [sen'tire] *vt* sentir; (*al tatto*) sentir, toucher; (*sapore*) goûter; (*udire*) entendre; (*ascoltare, dar retta a*) écouter; (*consultare*) consulter; (*provare*: *sentimento, sensazione*) ressentir, éprouver ♦ *vi*: ~ **di** sentir; **sentirsi** *vr* se sentir; **ho sentito dire che** ... j'ai entendu dire que ...; **a ~ lui** ... à l'entendre ..., à l'en croire ...; **fatti ~!** donne de tes nouvelles!; **intendo ~ il mio legale** j'ai l'intention de consulter mon avocat; ~ **il polso a qn** tâter le pouls de qn; ~ **la mancanza di qn** ressentir l'absence de qn; **sento molto la sua mancanza** elle me manque beaucoup; **come ti senti?** comment te sens-tu?; **non mi sento bene** je ne me sens pas bien; **te la senti di farlo?** tu penses pouvoir le faire?; **non me la sento** je n'en ai pas le courage; **ci sentiamo!** à un de ces jours!; (*al telefono*) on se rappelle!
sentitamente [sentita'mente] *avv* (*ringraziare*) vivement.
sentito, -a [sen'tito] *agg* (*ringraziamenti, auguri*) sincère; **per ~ dire** par ouï-dire.
sentore [sen'tore] *sm*: **aver ~ di** avoir vent de.
senza ['sɛntsa] *prep, cong* sans; ~ **dir nulla** sans rien dire; ~ **contare che** ... sans compter que ...; ~ **di me** sans moi; ~ **che io lo sapessi** sans que je le sache; **senz'altro** sans faute, certainement; ~ **dubbio** sans aucun doute; ~ **scrupoli** sans scrupules; **fare ~ qc** se passer de qch.
senzatetto [sentsa'tetto] *sm/f inv* sans-abri *m/f inv*, sans-logis *m/f inv*; **i ~** les sans-abri.
separare [sepa'rare] *vt* séparer; **separarsi** *vr* se séparer; **separarsi da** se séparer de.
separatamente [separata'mente] *avv* séparément.
separato, -a [sepa'rato] *agg* séparé(e).
separazione [separat'tsjone] *sf* séparation *f*; ▶ **separazione dei beni** séparation de biens.
séparé [sepa're] *sm inv* arrière-salle *f*.
sepolcro [se'polkro] *sm* tombeau *m*, sépulcre *m*.
sepolto, -a [se'polto] *pp di* **seppellire**.
sepoltura [sepol'tura] *sf* sépulture *f*; **dare ~ a qn** enterrer qn.
seppellire [seppel'lire] *vt* enterrer, ensevelir; (*oggetto*) ensevelir, enfouir.
seppi *etc* ['sɛppi] *vb vedi* **sapere**.
seppia ['seppja] *sf* seiche *f* ♦ *agg inv* sépia *inv*.
seppure [sep'pure] *cong* quand bien même; (*ammesso che*) si toutefois.
sequela [se'kwɛla] *sf* (*di avvenimenti*) série *f*; (*di offese, ingiurie*) kyrielle *f*.
sequenza [se'kwɛntsa] *sf* (*serie*) suite *f*; (*CINE, serie di carte*) séquence *f*.
sequenziale [sekwen'tsjale] *agg* séquentiel(le).
sequestrare [sekwes'trare] *vt* (*DIR*) saisir, confisquer; (*rapire*) enlever, kidnapper; (*tenere in isolamento*) séquestrer.
sequestro [se'kwɛstro] *sm* (*DIR*) séquestre *m*, saisie *f*; ▶ **sequestro di persona** enlèvement *m* de personne, rapt *m*, kidnapping *m*.
sequoia [se'kwɔja] *sf* séquoia *m*.
sera ['sera] *sf* soir *m*; **di ~** le soir; **domani ~** demain soir; **questa ~** ce soir.
serale [se'rale] *agg* du soir.
serata [se'rata] *sf* soirée *f*; (*spettacolo*) représentation *f*.
serbare [ser'bare] *vt* (*danaro*) mettre de côté; (*segreto*) garder; ~ **rancore verso qn** garder rancune envers qn.
serbatoio [serba'tojo] *sm* réservoir *m*; (*cisterna*) citerne *f*.
Serbia ['sɛrbja] *sf* Serbie *f*.
serbo[1] ['sɛrbo] *sm*: **tenere** *o* **avere in ~ qc** garder *o* avoir qch de côté.
serbo[2], **-a** ['sɛrbo] *agg* serbe ♦ *sm/f* Serbe *m/f* ♦ *sm* serbe *m*.
serbocroato, -a [serbokro'ato] *agg, sm* serbo-croate *m*.
serenamente [serena'mente] *avv* sereinement.
serenata [sere'nata] *sf* sérénade *f*.
serenità [sereni'ta] *sf* sérénité *f*.
sereno, -a [se'reno] *agg* serein(e) ♦ *sm* beau temps *msg*; **un fulmine a ciel ~** (*fig*) un coup de massue.
serg. *abbr* = *sergente*.
sergente [ser'dʒɛnte] *sm* sergent *m*; ▶ **sergente maggiore** sergent-major *m*.
seriale [se'rjale] *agg* (*INFORM*) sériel(le).
seriamente [serja'mente] *avv* (*con serietà*) sérieusement; (*in modo grave*) sérieusement, gravement.
serie ['sɛrje] *sf inv* série *f*; (*CALCIO*) division *f*; **modello di ~/fuori ~** (*COMM*) modèle *m* de série/hors série; **squadra di ~ A/B** ≈ équipe de 1ère/2ème division; **in ~** (*produzione*) en série; **tutta una ~ di problemi** toute une série de problèmes.

serietà [serje'ta] *sf* sérieux *m.*
serio, -a ['sɛrjo] *agg* sérieux(-euse) ♦ *sm*: **sul** ~ (*davvero*) sérieusement; (*seriamente*) sérieusement, pour de bon; **dico sul** ~ je parle sérieusement; **faccio sul** ~ je ne plaisante pas; **prendere qc/qn sul** ~ prendre qch/qn au sérieux.
serioso, -a [se'rjoso] *agg* (*modi, persone*) trop sérieux(-euse).
sermone [ser'mone] *sm* sermon *m.*
serpe ['sɛrpe] *sf* serpent *m*; (*peg*: *fig*) vipère *f.*
serpeggiare [serped'dʒare] *vi* serpenter; (*fig*) s'insinuer, se répandre.
serpente [ser'pɛnte] *sm* serpent *m*; (*pelle*) peau *f* de serpent; (*peg*: *fig*) vipère *f*; ▸ **serpente a sonagli** serpent à sonnettes.
serra ['sɛrra] *sf* (*BOT, GEO*) serre *f.*
serramanico [serra'maniko] *sm*: **coltello a** ~ couteau *m* à cran d'arrêt.
serranda [ser'randa] *sf* rideau *m* de fer.
serrare [ser'rare] *vt* fermer; (*pugni, labbra, nemico*) serrer; ~ **le file** serrer les rangs; ~ **il ritmo** accélérer le rythme.
serrata [ser'rata] *sf* (*ECON*) lock-out *m inv.*
serrato, -a [ser'rato] *agg*: **a ritmo** ~ à un rythme soutenu.
serratura [serra'tura] *sf* serrure *f.*
serva ['sɛrva] *sf* servante *f*, domestique *f.*
server ['server] *sm inv* serveur *m.*
servigio [ser'vidʒo] *sm* service *m*; **rendere un** ~ **a** rendre un service à.
servire [ser'vire] *vt* servir; (*CALCIO etc*) passer le ballon à; (: *rimessa*) remettre en jeu; (*CARTE*) distribuer; (*sogg*: *servizio pubblico*) desservir ♦ *vi* (*anche SPORT*) servir; **servirsi** *vip* se servir; ~ **Messa** servir la Messe; ~ **a/a fare** servir à/à faire; ~ **(a qn) di** servir (à qn) de; **non mi serve più** je n'en ai plus besoin; **non serve che lei vada** il n'est pas utile que vous y alliez; **servirsi di qc** se servir de qch; **servirsi da** (*in negozio*) se servir chez.
servitù [servi'tu] *sf* esclavage *m*; (*personale di servizio*) domestiques *mpl.*
servizievole [servit'tsjevole] *agg* serviable.
servizio [ser'vittsjo] *sm* service *m*; (*STAMPA, TV, RADIO*) reportage *m*; **servizi** *smpl* (*strutture*) services *mpl*; (*di casa*) salle *fsg* de bains et toilettes; **prendere a** ~ (*domestica*) engager, prendre à son service; **donna a mezzo** ~ femme *f* de ménage à mi-temps; **entrata di** ~ entrée *f* de service; **essere di** ~ être de service; **fuori** ~ (*telefono*) en dérangement; (*toilette*) hors d'usage; (*macchine*) en panne; ~ **compreso/escluso** service compris/non compris; **casa con doppi servizi** maison *f* avec deux salles de bains; ▸ **servizio assistenza clienti** service après-vente; ▸ **servizio d'ordine** service d'ordre; ▸ **servizio da tè** service à thé; ▸ **servizio di posate** ménagère *f*; ▸ **servizio fotografico** reportage photographique; ▸ **servizio militare** service militaire; ▸ **servizi di sicurezza** services de la Sûreté; ▸ **servizi segreti** services secrets.
servo, -a ['sɛrvo] *sm/f* serviteur(servante).
servofreno [servo'freno] *sm* (*AUT*) servofrein *m.*
servosterzo [servos'tɛrtso] *sm* (*AUT*) servodirection *f*, direction *f* assistée.
sessanta [ses'santa] *agg inv, sm inv* soixante *m inv*; *vedi anche* **cinque**.
sessantenne [sessan'tɛnne] *agg* (âgé(e)) de soixante ans ♦ *sm/f* sexagénaire *m/f.*
sessantesimo, -a [sessan'tɛzimo] *agg, sm/f* soixantième *m/f.*
sessantina [sessan'tina] *sf*: **una** ~ **(di)** une soixantaine (de) ♦ *sf*: **essere sulla** ~ avoir la soixantaine.
sessione [ses'sjone] *sf* session *f.*
sesso ['sɛsso] *sm* sexe *m*; **il** ~ **debole/forte** le sexe faible/fort.
sessuale [sessu'ale] *agg* sexuel(le).
sessualità [sessuali'ta] *sf* sexualité *f.*
sessuologo, -a, -gi, -ghe [sessu'ɔlogo] *sm/f* sexologue *m/f.*
sestante [ses'tante] *sm* sextant *m.*
sesto, -a ['sɛsto] *agg, sm/f* sixième *m/f* ♦ *sm* sixième *m*; **rimettere in** ~ (*aggiustare*) remettre en état; (*fig*: *persona*) remettre sur pied, remettre d'aplomb.
seta ['seta] *sf* soie *f.*
setacciare [setat'tʃare] *vt* (*farina etc*) tamiser; (*fig*: *zona*) passer au crible.
setaccio [se'tattʃo] *sm* tamis *msg*, crible *m*; **passare al** ~ (*fig*) passer au crible.
sete ['sete] *sf* soif *f*; **avere** ~ avoir soif; ~ **di potere** soif de pouvoir.
setificio [seti'fitʃo] *sm* fabrique *f* de soie.
setola ['setola] *sf* (*di maiale, cinghiale*) soie *f*; (*di cavallo*) crin *m.*
setta ['sɛtta] *sf* secte *f.*
settanta [set'tanta] *agg inv, sm inv* soixante-dix *m inv*; *vedi anche* **cinque**.
settantenne [settan'tɛnne] *agg* (âgé(e)) de soixante-dix ans ♦ *sm/f* septuagénaire *m/f.*
settantesimo, -a [settan'tɛzimo] *agg, sm/f* soixante-dixième *m/f.*
settantina [settan'tina] *sf*: **una** ~ **(di)** environ soixante-dix ♦ *sf*: **essere sulla** ~ avoir environ soixante-dix ans.
sette ['sɛtte] *agg inv, sm inv* sept *m inv*; *vedi anche* **cinque**.
settecentesco, -a, -schi, -sche [settetʃen'tesko] *agg* du dix-huitième siècle.
settecento [sette'tʃɛnto] *agg inv, sm inv* sept

cent *m* ♦ *sm*: **il S~** le dix-huitième siècle.

settembre [set'tɛmbre] *sm* septembre *m*; *vedi anche* **luglio**.

settemila [sette'mila] *agg inv, sm inv* sept mille *m inv*.

settentrionale [settentrjo'nale] *agg* septentrional(e), du Nord ♦ *sm/f* (*in Italia*) habitant(e) du Nord (de l'Italie).

settentrione [setten'trjone] *sm* Nord *m*.

settimana [setti'mana] *sf* semaine *f*; **a metà ~** au milieu de la semaine; ▶ **settimana corta** semaine anglaise; ▶ **settimana santa** semaine sainte.

settimanale [settima'nale] *agg, sm* hebdomadaire *m*.

settimo, -a ['sɛttimo] *agg, sm/f, sm* septième *m*; **essere al ~ cielo** être au septième ciel.

settore [set'tore] *sm* secteur *m*; ▶ **settore privato/pubblico** secteur privé/public; ▶ **settore terziario** secteur tertiaire.

severità [severi'ta] *sf* sévérité *f*.

severo, -a [se'vɛro] *agg* sévère.

seviziare [sevit'tsjare] *vt* exercer des sévices (sur), torturer.

sevizie [se'vittsje] *sfpl* sévices *mpl*.

sexy ['seksi] *agg inv* sexy *inv*.

sez. *abbr* (= *sezione*) sect.

sezionare [settsjo'nare] *vt* sectionner; (*MED*) disséquer.

sezione [set'tsjone] *sf* section *f*; (*MED*) dissection *f*; (*DISEGNO*) section, coupe *f*.

sfaccendato, -a [sfattʃen'dato] *agg* désœuvré(e).

sfaccettatura [sfattʃetta'tura] *sf* (*azione*) taille *f* à facettes; (*parte sfaccettata, fig*) facette *f*.

sfacchinare [sfakki'nare] *vi* (*fam*) trimer.

sfacchinata [sfakki'nata] *sf* (*fam*) corvée *f*.

sfacciataggine [sfattʃa'taddʒine] *sf* toupet *m*.

sfacciato, -a [sfat'tʃato] *agg* effronté(e).

sfacelo [sfa'tʃɛlo] *sm* (*fig*) ruine *f*, débâcle *f*; **andare in ~** aller à la ruine.

sfaldarsi [sfal'darsi] *vip* se cliver, s'exfolier.

sfalsare [sfal'sare] *vt* décaler.

sfamare [sfa'mare] *vt* nourrir, rassasier; **sfamarsi** *vr* se nourrir, manger à sa faim.

sfarzo ['sfartso] *sm* faste *m*.

sfarzoso, -a [sfar'tsoso] *agg* fastueux(-euse).

sfasamento [sfaza'mento] *sm* (*anche fig*) déphasage *m*.

sfasato, -a [sfa'zato] *agg* (*anche fig*) déphasé(e).

sfasciare [sfaʃ'ʃare] *vt* (*ferita*) débander; (*neonato*) enlever les langes à; (*distruggere*) démolir, mettre en pièces; **sfasciarsi** *vip* (*rompersi*) se fracasser; (*fig*: *dissolversi*) se disloquer.

sfatare [sfa'tare] *vt* démystifier, démythifier.

sfaticato, -a [sfati'kato] *sm/f* fainéant(e).

sfatto, -a ['sfatto] *agg* (*letto, viso*) défait(e); (*orlo etc*) décousu(e); (*gelato, neve*) fondu(e); (*frutta*) blet(te), gâté(e); (*riso, pasta etc*) trop cuit(e); (*fam*: *persona, corpo*) avachi(e), flasque.

sfavillare [sfavil'lare] *vi* étinceler.

sfavore [sfa'vore] *sm* défaveur *f*; **a ~ di** au détriment de.

sfavorevole [sfavo'revole] *agg* défavorable.

sfegatato, -a [sfega'tato] *agg* fanatique, enragé(e).

sfera ['sfɛra] *sf* sphère *f*; (*fig*: *condizione sociale*) milieu *m*; (: *ambito, settore*) sphère, domaine *m*; ▶ **sfera di influenza** sphère d'influence.

sferico, -a, -ci, -che ['sfɛriko] *agg* sphérique.

sferrare [sfer'rare] *vt* (*fig*: *pugno, calcio*) lancer; (: *attacco*) déclencher.

sferzante [sfer'tsante] *agg* cinglant(e).

sferzare [sfer'tsare] *vt* fouetter.

sfiancare [sfjan'kare] *vt* épuiser, éreinter; **sfiancarsi** *vip* s'échiner, s'éreinter.

sfiatare [sfja'tare] *vi* (*gas, vapore*) s'échapper; **sfiatarsi** *vip* (*persona*) perdre haleine.

sfiatatoio [sfjata'tojo] *sm* (*TECN*) évent *m*, canal *m* d'aération; (*ZOOL*) évent.

sfibrante [sfi'brante] *agg* épuisant(e).

sfibrare [sfi'brare] *vt* épuiser, éreinter.

sfibrato, -a [sfi'brato] *agg* épuisé(e), éreinté(e).

sfida ['sfida] *sf* défi *m*.

sfidante [sfi'dante] *agg* qui a lancé le défi ♦ *sm/f* challenger *m*.

sfidare [sfi'dare] *vt* (*a duello, gara*) défier; (*fig*) défier, braver; **~ qn a fare qc** défier qn de faire qch; **~ il pericolo** braver le danger; **sfido che ...** je parie que ... .

sfiducia [sfi'dutʃa] *sf* méfiance *f*, manque *m* de confiance; (*sconforto*) découragement *m*; **voto di ~** (*POL*) motion *f* de censure.

sfiduciato, -a [sfidu'tʃato] *agg* (*persona, sguardo*) découragé(e).

sfigurare [sfigu'rare] *vt* défigurer ♦ *vi* faire piètre figure.

sfilacciare [sfilat'tʃare] *vt* effilocher, effiler; **sfilacciarsi** *vi, vip* s'effilocher, s'effiler.

sfilare [sfi'lare] *vt* (*ago*) désenfiler; (*abito, scarpe*) enlever ♦ *vi* défiler; **sfilarsi** *vip* (*perle*) se désenfiler; (*orlo, tessuto*) s'effiler; (*calza*) filer; **sfilarsi la gonna** enlever sa jupe.

sfilata [sfi'lata] *sf* défilé *m*; ▶ **sfilata di moda** défilé de mode.

sfilza ['sfiltsa] *sf* (*di case*) enfilade *f*; (*di er-*

rori) série *f*, kyrielle *f*.

sfinge ['sfindʒe] *sf* sphinx *m*.

sfinimento [sfini'mento] *sm* épuisement *m*.

sfinito, -a [sfi'nito] *agg* épuisé(e).

sfiorare [sfjo'rare] *vt* frôler; (*argomento*) effleurer; (*successo*) friser; ~ **la velocità di 150 km/h** friser les 150 km/h.

sfiorire [sfjo'rire] *vi* se faner, se flétrir; (*fig*) se faner.

sfitto, -a ['sfitto] *agg* libre.

sfocato, -a [sfo'kato] *agg* (*FOT*) flou(e).

sfociare [sfo'tʃare] *vi*: ~ **in** (*corso d'acqua*) se jeter dans; (*fig*: *malcontento*) aboutir à.

sfoderato, -a [sfode'rato] *agg* sans doublure.

sfogare [sfo'gare] *vt* donner libre cours à; (*ansia*) se soulager de; (*malcontento*) laisser éclater ♦ *vi* (*gas*) s'échapper; **sfogarsi** *vip* (*persona*) se défouler; **sfogarsi con qn** (*confidarsi*) s'épancher auprès de qn, ouvrir son cœur à qn; **sfogarsi su qn** passer sa colère sur qn.

sfoggiare [sfod'dʒare] *vt* (*eleganza, erudizione*) étaler, faire étalage de; (*vestito*) exhiber, arborer ♦ *vi* (*vivere nel lusso*) mener grand train; **sfoggiava nel vestire** il faisait étalage de ses toilettes.

sfoggio ['sfɔddʒo] *sm* étalage *m*; **fare ~ di** faire étalage de.

sfogherò *etc* [sfoge'rɔ] *vb vedi* **sfogare**.

sfoglia ['sfɔʎʎa] *sf* (*CUC*) abaisse *f*; **pasta ~** pâte *f* feuilletée.

sfogliare [sfoʎ'ʎare] *vt* feuilleter.

sfogo, -ghi ['sfogo] *sm* (*di gas, liquidi*) sortie *f*; (*di ambiente*) ouverture *f*; (*MED*: *eruzione cutanea*) éruption *f*; (*fig*: *di dolore*) épanchement *m*; (: *di collera*) explosion *f*; **dare ~ a** (*fig*) donner libre cours à.

sfolgorante [sfolgo'rante] *agg* (*luce*) éblouissant(e); (*fig*: *vittoria*) éclatant(e).

sfollagente [sfolla'dʒɛnte] *sm inv* matraque *f*.

sfollare [sfol'lare] *vt* (*zona*: *sogg*: *abitanti*) quitter; (: *autorità*) évacuer ♦ *vi*: ~ **(da)** quitter.

sfollato, -a [sfol'lato] *agg, sm/f* évacué(e).

sfoltire [sfol'tire] *vt* éclaircir; **sfoltirsi** *vip* s'éclaircir.

sfondare [sfon'dare] *vt* (*scatola, sedia*) défoncer; (*porta*) enfoncer, défoncer; (*MIL, scarpe*) percer ♦ *vi* (*attore, artista*) percer.

sfondato, -a [sfon'dato] *agg* (*vedi vt*) défoncé(e); enfoncé(e), défoncé(e); percé(e); **essere ricco ~** être plein aux as, être cousu d'or.

sfondo ['sfondo] *sm* (*ARTE*) fond *m*, arrière-plan *m*; (*fig*: *di film, romanzo etc*) toile *f* de fond.

sforare [sfo'rare] *vi* dépasser le temps.

sformare [sfor'mare] *vt* déformer; (*dolce*) démouler; **sformarsi** *vip* se déformer.

sformato, -a [sfor'mato] *agg* déformé(e) ♦ *sm* (*CUC*) gratin *m*.

sfornare [sfor'nare] *vt* (*pane*) sortir du four; (*fig*) produire; (: *scritti*) produire, pondre (*fam*).

sfornito, -a [sfor'nito] *agg* (*negozio*) mal approvisionné(e), mal fourni(e); (*biblioteca*) pauvre; ~ **di** (*privo, carente*) dépourvu(e) de.

sfortuna [sfor'tuna] *sf* malchance *f*; **avere ~** avoir de la malchance; **che ~!** ce n'est vraiment pas de chance!, quelle déveine! (*fam*).

sfortunato, -a [sfortu'nato] *agg* malchanceux(-euse); ~ **al gioco** malchanceux(-euse) au jeu.

sforzare [sfor'tsare] *vt* (*voce*) forcer; (*occhi*) fatiguer; **sforzarsi** *vip*: **sforzarsi di** *o* **a fare qc** s'efforcer de faire qch; ~ **qn (a fare qc)** forcer qn (à faire qch).

sforzo ['sfɔrtso] *sm* effort *m*; **fare uno ~** faire un effort; **essere sotto ~** (*motore, macchina*) être trop poussé(e).

sfottere ['sfottere] *vt* (*fam*) se ficher de, se payer la tête de.

sfracellare [sfratʃel'lare] *vt* écraser; **sfracellarsi** *vip* s'écraser.

sfrattare [sfrat'tare] *vt* expulser.

sfratto ['sfratto] *sm* (*DIR*) expulsion *f*; **dare lo ~ a qn** expulser qn, sommer qn de déménager.

sfrecciare [sfret'tʃare] *vi* filer à toute vitesse.

sfregare [sfre'gare] *vt* (*strofinare*) frotter; (*graffiare*) rayer; **sfregarsi le mani** se frotter les mains; ~ **un fiammifero** frotter une allumette.

sfregiare [sfre'dʒare] *vt* (*persona*) balafrer; (*quadro*) rayer.

sfregio ['sfredʒo] *sm* (*vedi vb*) balafre *f*; rayure *f*.

sfrenato, -a [sfre'nato] *agg* (*corsa*) effréné(e); (*lusso*) effréné(e), démesuré(e).

sfrondare [sfron'dare] *vt* (*anche fig*) élaguer.

sfrontatezza [sfronta'tettsa] *sf* effronterie *f*.

sfrontato, -a [sfron'tato] *agg* effronté(e).

sfruttamento [sfrutta'mento] *sm* exploitation *f*; (*anche fig*) utilisation *f*; ▶ **sfruttamento della prostituzione** proxénétisme *m*.

sfruttare [sfrut'tare] *vt* exploiter; (*utilizzare*: *spazio*) utiliser; (*fig*: *occasione, potere*) profiter de.

sfruttatore, -trice [sfrutta'tore] *sm/f* exploiteur(-euse); (*di donne*) souteneur *m*, entremetteuse *f*.

sfuggente [sfud'dʒɛnte] *agg* (*fig*) fuyant(e).

sfuggire [sfud'dʒire] *vi* fuir; ~ **a** échapper à; ~ **di mano a qn** (*vaso*) échapper des mains à qn; (*situazione*) échapper à qn; **lasciarsi** ~ **un'occasione** rater une occasion; ~ **al controllo** échapper au contrôle; **mi sfugge il nome** le nom m'échappe.
sfuggita [sfud'dʒita] *sf*: **di** ~ en passant.
sfumare [sfu'mare] *vt* (*colore, contorni*) estomper; (*capelli*) couper en dégradé ♦ *vi* (*nebbia*) se dissiper; (*colori, contorni*) s'estomper; (*fig*: *speranze*) s'évanouir.
sfumatura [sfuma'tura] *sf* nuance *f*; (*fig*: *ironica, di disprezzo*) pointe *f*; (*di capelli*) (coupe *f* en) dégradé *m*.
sfuocato, -a [sfwo'kato] *agg* = **sfocato, a**.
sfuriata [sfu'rjata] *sf* sortie *f*; **fare una** ~ **a qn** faire une sortie contre qn.
sfuso, -a ['sfuso] *agg* (*caramelle etc*) à la pièce; (*vino, birra*) au détail.
S.G. *abbr* (= *Sua Grazia*) S.G.
sg. *abbr* (= *seguente*) suiv.
sgabello [zga'bɛllo] *sm* tabouret *m*.
sgabuzzino [zgabud'dzino] *sm* débarras *msg*, cagibi *m*.
sgambettare [zgambet'tare] *vi* gigoter; (*camminare*) trottiner.
sgambetto [zgam'betto] *sm*: **far lo** ~ **a qn** faire un croche-pied à qn, faire un croc-en-jambe à qn; (*fig*) couper l'herbe sous le pied de qn, supplanter qn.
sganasciarsi [zganaʃ'ʃarsi] *vip*: ~ **dalle risa** rire à se décrocher la mâchoire.
sganciare [zgan'tʃare] *vt* décrocher; (*bomba*) lâcher, larguer; (*missile*) lancer; (*fam*: *fig*: *soldi*) lâcher; **sganciarsi** *vip* se décrocher; **sganciarsi (da)** (*fig*) se débarrasser (de).
sgangherato, -a [zgange'rato] *agg* (*porta*) dégondé(e); (*auto*) démoli(e), déglingué(e) (*fam*); **una risata sgangherata** un gros rire.
sgarbato, -a [zgar'bato] *agg* (*gesto*) grossier(-ière); (*persona*) impoli(e).
sgarbo ['zgarbo] *sm* impolitesse *f*, incorrection *f*; **fare uno** ~ **a qn** commettre une impolitesse envers qn.
sgargiante [zgar'dʒante] *agg* voyant(e).
sgarrare [zgar'rare] *vi* (*persona*) ne pas suivre les règles; (*apparecchio*) mal marcher; **il mio orologio non sgarra di un secondo** ma montre indique l'heure à la minute près.
sgarro ['zgarro] *sm* négligence *f*; (*nella malavita*) offense *f*.
sgattaiolare [zgattajo'lare] *vi* s'éclipser, s'esquiver.
sgelare [zdʒe'lare] *vt, vi* dégeler.
sghembo, -a ['zgembo] *agg* (*obliquo*) oblique; (*storto*) de travers.
sghignazzare [zgiɲɲat'tsare] *vi* ricaner.
sghignazzata [zgiɲɲat'tsata] *sf* ricanement *m*.
sgobbare [zgob'bare] *vi* (*fam*) bosser, trimer.
sgocciolare [zgottʃo'lare] *vt* égoutter ♦ *vi* s'égoutter.
sgoccioli ['zgottʃoli] *smpl*: **essere agli** ~ (*lavoro, fondi*) toucher à sa fin; **siamo agli** ~ **(di)** nous touchons à la fin (de).
sgolarsi [zgo'larsi] *vt* s'égosiller.
sgomberare [zgombe'rare] *vt* (*tavolo*) débarrasser; (*stanza*) débarrasser, déblayer; (*piazza, città*) évacuer ♦ *vi* déménager.
sgombero ['zgombero] *sm* (*trasloco*) déménagement *m*.
sgombrare [zgom'brare] *vt* = **sgomberare**.
sgombro, -a ['zgombro] *agg* (*stanza, mobile*) vide; (*fig*: *mente*) libre ♦ *sm* (ZOOL) maquereau *m*; (*di feriti etc*) évacuation *f*.
sgomentare [zgomen'tare] *vt* effarer, effrayer.
sgomento, -a [zgo'mento] *agg* effaré(e), effrayé(e) ♦ *sm* effarement *m*, effroi *m*.
sgominare [zgomi'nare] *vt* (*nemico*) mettre en déroute, disperser; (*avversario*) éliminer.
sgonfiare [zgon'fjare] *vt* (*pneumatico*) dégonfler; (*caviglie, ematoma*) désenfler; **sgonfiarsi** *vip* (*vedi vt*) se dégonfler; se désenfler.
sgonfio, -a ['zgonfjo] *agg* (*vedi vt*) dégonflé(e); désenflé(e).
sgorbio ['zgɔrbjo] *sm* griffonnage *m*, gribouillis *msg*.
sgorgare [zgor'gare] *vi* (*sorgente, sangue*) jaillir ♦ *vt* (*condotto*) déboucher.
sgozzare [zgot'tsare] *vt* égorger.
sgradevole [zgra'devole] *agg* désagréable, déplaisant(e).
sgradito, -a [zgra'dito] *agg* désagréable.
sgraffignare [zgraffiɲ'ɲare] *vt* (*fam*) chiper, piquer.
sgrammaticato, -a [zgrammati'kato] *agg* (*persona*) qui fait des fautes de grammaire; (*tema*) plein(e) de fautes de grammaire.
sgranare [zgra'nare] *vt* (*piselli*) écosser; ~ **gli occhi** (*fig*) écarquiller les yeux.
sgranchirsi [zgran'kirsi] *vr* se dégourdir; ~ **le gambe** se dégourdir les jambes.
sgranocchiare [zgranok'kjare] *vt* croquer.
sgrassare [zgras'sare] *vt* dégraisser.
sgravio ['zgravjo] *sm*: ~ **fiscale** dégrèvement *m* (d'impôt).
sgraziato, -a [zgrat'tsjato] *agg* disgracieux(-euse).
sgretolare [zgreto'lare] *vt* (*anche fig*) effriter; **sgretolarsi** *vip* s'effriter.
sgridare [zgri'dare] *vt* gronder.
sgridata [zgri'data] *sf* réprimande *f*, savon

m (*fam*).
sguaiato, -a [zgwa'jato] *agg* grossier(-ière), vulgaire; (*risata*) vulgaire.
sguainare [zgwai'nare] *vt* dégainer.
sgualcire [zgwal'tʃire] *vt* froisser, chiffonner.
sgualdrina [zgwal'drina] *sf* garce *f*.
sguardo ['zgwardo] *sm* regard *m*; (*occhiata*) coup *m* d'œil; **dare uno** ~ **a qc** jeter un coup d'œil à qch; **alzare** *o* **sollevare lo** ~ lever les yeux; **cercare qc/qn con lo** ~ chercher qch/qn des yeux.
sguattero, -a ['zgwattero] *sm/f* plongeur(-euse).
sguazzare [zgwat'tsare] *vi* (*nell'acqua*) patauger; ~ **in** (*fig*: *trovarsi bene*) être à son aise dans; ~ **nell'oro** (*fig*) rouler sur l'or.
sguinzagliare [zgwintsaʎ'ʎare] *vt* lâcher; (*fig*: *persona*) lancer; ~ **qn dietro a qn** lancer qn à la recherche de qn.
sgusciare [zguʃ'ʃare] *vt* (*uova*) éplucher; (*piselli*) écosser; (*castagne*) décortiquer ♦ *vi* (*scivolare*) glisser; (*sfuggire di mano*) s'échapper; ~ **via** s'esquiver, se dérober.
shaker ['ʃeikə] *sm inv* shaker *m*.
shampoo [ʃæm'puː] *sm inv* shampooing *m*, shampoing *m*.
shoccare [ʃok'kare] *vt* = **shockare**.
shock [ʃɔk] *sm inv* choc *m*.
shockare [ʃok'kare] *vt* choquer.
SI *sigla* = *Siena*.

PAROLA CHIAVE

si [si] (*dav lo, la, li, le, ne diventa* **se**) *pron* **1** (*in riflessivi*) se; **lavarsi** se laver; **si è lavata** elle s'est lavée; **si è tagliato** il s'est coupé; **si credono importanti** ils se croient importants; **odiarsi** se détester; **si amano** ils s'aiment
2 (*con complemento oggetto*): **lavarsi le mani** se laver les mains; **sporcarsi i pantaloni** salir son pantalon; **si sta lavando i capelli** il est en train de se laver les cheveux
3 (*passivo*): **si ripara facilmente** cela se répare facilement; **affittasi camera** chambre à louer
4 (*impersonale*) on; **si dice che ...** on dit que ...; **si vede che è vecchio** on voit qu'il est vieux; **non si fa credito** on ne fait pas crédit; **ci si sbaglia facilmente** on s'y trompe facilement
5 (*noi*) on; **tra poco si parte** on part sous peu, on part bientôt
♦ *sm inv* (*MUS*) si *m*.

sì [si] *avv* oui; (*in risposte ad interrogative negative*) si ♦ *sm* oui *m*; **dire (di)** ~ dire (que) oui; **spero/penso di** ~ j'espère/je pense que oui; **fece di** ~ **col capo** il fit signe que oui de la tête; **uno** ~ **e uno no** un sur deux; **un giorno** ~ **e uno no** un jour sur deux, tous les deux jours; **saranno stati** ~ **e no in venti** ils étaient environ une vingtaine; **la finite,** ~ **o no?** vous avez fini, oui ou non?; **"non ti interessa?" – "~!"** "ça ne t'intéresse pas?" – "si!"; **per me è** ~ pour moi c'est oui; **e** ~ **che ...** et dire que ...; **non mi aspettavo un** ~ je ne m'attendais pas à un oui.
sia[1] ['sia] *cong*: ~ **che lavori,** ~ **che non lavori** qu'il travaille ou non; **verranno** ~ **Luigi che suo fratello** Luigi et son frère viendront l'un comme l'autre; **questa sedia è** ~ **bella che comoda** cette chaise est aussi belle que confortable.
sia[2] *etc* ['sia] *vb vedi* **essere**.
SIAE [si'ae] *sigla f* = *Società Italiana Autori ed Editori*.
siamese [sia'mese] *agg* siamois(e); **fratelli siamesi** frères *mpl* siamois.
siamo ['sjamo] *vb vedi* **essere**.
Siberia [si'bɛrja] *sf* Sibérie *f*.
siberiano, -a [sibe'rjano] *agg* sibérien(ne) ♦ *sm/f* Sibérien(ne).
sibilare [sibi'lare] *vi* siffler.
sibilo ['sibilo] *sm* sifflement *m*.
sicario [si'karjo] *sm* tueur *m* à gages.
sicché [sik'ke] *cong* (*perciò*) de sorte que, c'est pourquoi; (*e quindi*) donc, alors.
siccità [sittʃi'ta] *sf* sécheresse *f*.
siccome [sik'kome] *cong* comme, puisque.
Sicilia [si'tʃilja] *sf* Sicile *f*.
siciliano, -a [sitʃi'ljano] *agg* sicilien(ne) ♦ *sm/f* Sicilien(ne).
sicomoro [siko'mɔro] *sm* sycomore *m*.
siculo, -a ['sikulo] *agg* sicilien(ne) ♦ *sm/f* Sicilien(e); (*antichi abitanti*) Sicules *mpl*.
sicura [si'kura] *sf* (*di arma*) cran *m* de sûreté; (*di spilla*) fermoir *m* de sécurité.
sicuramente [sikura'mente] *avv* sûrement.
sicurezza [siku'rettsa] *sf* sécurité *f*; (*di persona*) sûreté *f*; (: *fiducia in sé*) assurance *f*; (*certezza*) certitude *f*; (*di guadagno, notizia*) assurance *f*; **avere la** ~ **che ...** avoir la certitude que ..., être sûr que ...; **lo so con** ~ je le sais avec certitude; **ha risposto con molta** ~ il a répondu avec beaucoup d'assurance; **di** ~ (*valvola etc*) de sûreté; **pubblica** ~ sûreté publique; **agente di pubblica** ~ agent *m* de Police; ▸ **sicurezza stradale** sécurité routière.
sicuro, -a [si'kuro] *agg* sûr(e); (*guadagno, risultato*) assuré(e) ♦ *avv* (*certamente*) bien sûr ♦ *sm*: **dare per** ~ **che** donner pour certain *o* pour sûr que; **sentirsi** ~ (*non in pericolo*) se sentir en sécurité; (*ad esame*) être sûr(e) de soi; **sono** ~ **di averlo visto** je suis sûr de l'avoir vu;

sono ~ che non c'era je suis sûr qu'il n'y était pas; **~ di sé** sûr(e) de soi; **andare a colpo ~** (*fig*) aller à coup sûr; **di ~** (*sicuramente*) sûrement; **andare sul ~** ne pas courir de risques; **mettere al ~** mettre en lieu sûr, mettre à l'abri.

siderurgia [siderur'dʒia] *sf* sidérurgie *f*.

siderurgico, -a, -ci, -che [side'rurdʒiko] *agg* sidérurgique.

sidro ['sidro] *sm* cidre *m*.

siedo *etc* ['sjɛdo] *vb vedi* **sedere**.

Siena ['sjɛnna] *sf* Sienne.

siepe ['sjɛpe] *sf* haie *f*.

siero ['sjɛro] *sm* (lacto)sérum *m*; (*del sangue*) sérum sanguin; (*MED*) sérum; ▸ **siero antivipera** sérum antivenimeux.

sieronegatività [sjɛronegativi'ta] *sf* séronégativité *f*.

sieronegativo, -a [sjɛronega'tivo] *agg, sm/f* séronégatif(-ive).

sieropositività [sjɛropozitivi'ta] *sf* séropositivité *f*.

sieropositivo, -a [sjɛropozi'tivo] *agg, sm/f* séropositif(-ive).

sierra ['sjɛrra] *sf* sierra *f*.

Sierra Leone ['sjɛrra le'one] *sf* Sierra Leone *f*.

siesta ['sjɛsta] *sf* sieste *f*.

siete ['sjɛte] *vb vedi* **essere**.

sifilide [si'filide] *sf* syphilis *fsg*.

sifone [si'fone] *sm* siphon *m*.

Sig. *abbr* (= *signore*) M.

sigaretta [siga'retta] *sf* cigarette *f*.

sigaro ['sigaro] *sm* cigare *m*.

Sigg. *abbr* (= *signori*) MM.

sigillare [sidʒil'lare] *vt* sceller; (*busta*) cacheter.

sigillo [si'dʒillo] *sm* sceau *m*; (*per lettera*) cachet *m*; **sigilli** *smpl* (*DIR*) scellés *mpl*.

sigla ['sigla] *sf* sigle *m*; (*firma*) paraphe *m*; ▸ **sigla automobilistica** *lettres indiquant sur les plaques d'immatriculation la province italienne*; ▸ **sigla musicale** (*RADIO, TV*) indicatif *m*.

siglare [si'glare] *vt* (*anche fig*) parafer, parapher.

Sig.na *abbr* (= *signorina*) Mlle.

significare [siɲɲifi'kare] *vt* signifier; **cosa significa?** qu'est-ce que cela signifie?

significativo, -a [siɲɲifika'tivo] *agg* significatif(-ive).

significato [siɲɲifi'kato] *sm* signification *f*; (*fig*) valeur *f*.

signora [siɲ'ɲora] *sf* (*termine di cortesia, padrona*) madame *f*; (*donna, persona benestante*) dame *f*; **la ~ Bianchi** Madame Bianchi; **buon giorno S~/Signore/Signorina** (*in negozio etc*) bonjour Madame/Monsieur/Mademoiselle; **gentile S~/Signor/Signorina Rossi** (*in lettere*) Madame/Monsieur/Mademoiselle Rossi; **il signor Rossi e ~** monsieur et madame Rossi; **signore e signori** Mesdames et Messieurs; **le presento la mia ~** je vous présente mon épouse.

signore [siɲ'ɲore] *sm* (*anche termine di cortesia*) monsieur *m*; (*principe, sovrano*) seigneur *m*; (*individuo ricco, colto etc*) monsieur, gentleman *m*; (*REL*): **il S~** le Seigneur; **il signor Bianchi** monsieur Bianchi; **i signori Bianchi** (*coniugi*) monsieur et madame Bianchi; *vedi anche* **signora**.

signoria [siɲɲo'ria] *sf* (*STORIA*) seigneurie *f*; **prego la S~ Vostra di accettare** je vous prie, (Monsieur/Madame), de bien vouloir accepter.

signorile [siɲɲo'rile] *agg* (*comportamento*) distingué(e); (*abitazione*) de grand standing; (*quartiere*) résidentiel(le).

signorilità [siɲɲorili'ta] *sf* (*di comportamento*) distinction *f*; (*di abitazione, quartiere*) classe *f*.

signorina [siɲɲo'rina] *sf* (*termine di cortesia*) mademoiselle *f*; (*donna giovane, nubile*) demoiselle *f*, jeune fille *f*; **la ~ Bianchi** Mademoiselle Bianchi; *vedi anche* **signora**.

signorino [siɲɲo'rino] *sm* monsieur *m*.

Sig.ra *abbr* (= *signora*) Mme.

silenziatore [silentsja'tore] *sm* silencieux *msg*.

silenzio [si'lɛntsjo] *sm* silence *m*; **passare qc sotto ~** passer qch sous silence; **fate ~!** taisez-vous!

silenzioso, -a [silen'tsjoso] *agg* silencieux(-euse).

silice ['silitʃe] *sf* silice *f*.

silicio [si'litʃo] *sm* silicium *m*.

silicone [sili'kone] *sm* silicone *m*.

sillaba ['sillaba] *sf* syllabe *f*.

silurare [silu'rare] *vt* (*nave, fig: legge*) torpiller; (*fig: rimuovere da un carico*) limoger.

siluro [si'luro] *sm* torpille *f*.

simbiosi [simbi'ɔzi] *sf* symbiose *f*.

simboleggiare [simboled'dʒare] *vt* symboliser.

simbolico, -a, -ci, -che [sim'bɔliko] *agg* symbolique.

simbolismo [simbo'lizmo] *sm* symbolisme *m*.

simbolo ['simbolo] *sm* symbole *m*.

similare [simi'lare] *agg* similaire.

simile ['simile] *agg* semblable, pareil(le); (*analogo*): **~ (a)** semblable (à) ♦ *sm/f* (*persona*) semblable *m/f*; **non ho mai visto niente di ~** je n'ai jamais rien vu de pareil; **è insegnante o qualcosa di ~** il est enseignant ou quelque chose de ce genre; **vendono vasi e simili** ils vendent des vases et d'autres articles de ce genre; **i propri simili** ses semblables.

similitudine [simili'tudine] *sf* (*anche LING*)

similitude *f*.
simmetria [simme'tria] *sf* symétrie *f*.
simmetrico, -a, -ci, -che [sim'mɛtriko] *agg* symétrique.
simpatia [simpa'tia] *sf* (*per persona*) sympathie *f*; (*per cosa*) penchant *m*; **avere ~ per qn** avoir de la sympathie pour qn; **con ~** (*su lettera etc*) bien cordialement.
simpatico, -a, -ci, -che [sim'patiko] *agg* (*anche inchiostro*) sympathique; (*casa, albergo*) agréable; (*film, libro*) chouette.
simpatizzante [simpatid'dzante] *sm/f* sympathisant(e).
simpatizzare [simpatid'dzare] *vi*: **~ con** sympathiser avec; **~ per il comunismo** être un(e) sympathisant(e) communiste.
simposio [sim'pɔzjo] *sm* symposium *m*.
simulacro [simu'lakro] *sm* statue *f*; (*fig*) simulacre *m*.
simulare [simu'lare] *vt* simuler.
simulazione [simulat'tsjone] *sf* simulation *f*.
simultaneo, -a [simul'taneo] *agg* simultané(e).
sin. *abbr* = *sinistra*.
sinagoga, -ghe [sina'gɔga] *sf* synagogue *f*.
Sinai ['sinai] *sm* Sinaï *m*.
sinceramente [sintʃera'mente] *avv* sincèrement.
sincerarsi [sintʃe'rarsi] *vip*: **~ di** s'assurer de.
sincerità [sintʃeri'ta] *sf* sincérité *f*.
sincero, -a [sin'tʃɛro] *agg* sincère; (*vino*) pur(e).
sincope ['sinkope] *sf* syncope *f*.
sincronia [sinkro'nia] *sf* synchronisme *m*.
sincronico, -a, -ci, -che [sin'krɔniko] *agg* synchronique.
sincronizzare [sinkronid'dzare] *vt* synchroniser.
sindacale [sinda'kale] *agg* syndical(e).
sindacalista, -i [sindaka'lista] *sm/f* syndicaliste *m/f*.
sindacare [sinda'kare] *vt* (*anche fig*) contrôler.
sindacato [sinda'kato] *sm* (*di lavoratori*) syndicat *m*; (*ECON*) contrôle *m*.
sindaco, -ci ['sindako] *sm* maire *m*; (*in società*) commissaire *m* aux comptes.
sindrome ['sindrome] *sf* syndrome *m*.
sinergia, -gie [siner'dʒia] *sf* synergie *f*.
sinfonia [sinfo'nia] *sf* symphonie *f*.
sinfonico, -a, -ci, -che [sin'fɔniko] *agg* symphonique.
Singapore [singa'pore] *sf* Singapour *f*.
singhiozzare [singjot'tsare] *vi* avoir le hoquet; (*piangere*) sangloter.
singhiozzo [sin'gjottso] *sm* hoquet *m*; (*pianto convulso*) sanglot *m*; **avere il ~** avoir le hoquet; **a ~** (*fig: procedere*) par à-coups; (*sciopero*) perlé(e).
singolare [singo'lare] *agg* singulier(-ière) ♦ *sm* (*LING*) singulier *m*; **~ maschile/femminile** (*TENNIS*) simple *m* messieurs/dames.
singolarmente [singolar'mente] *avv* (*separatamente*) individuellement; (*in modo strano*) singulièrement, bizarrement.
singolo, -a ['singolo] *agg* (*articolo*) chaque; (*fatto*) unique; (*cabina*) individuel(le); (*letto*) à une place ♦ *sm* (*individuo*) chacun(e); (*SPORT*) = **singolare**; **un volume ~** un seul volume; **ogni ~ individuo** chaque individu; **camera singola** chambre *f* pour une personne, chambre individuelle; **esaminare i singoli articoli di una legge** examiner les articles d'une loi un par un.
sinistra [si'nistra] *sf* (*anche POL*) gauche *f*; **a ~** à gauche; **a ~ di** à la gauche de; **di ~** de gauche; **tenere la ~** tenir sa gauche; **guida a ~** conduite *f* à gauche.
sinistrato, -a [sinis'trato] *agg, sm/f* sinistré(e).
sinistro, -a [si'nistro] *agg* gauche; (*fig*) sinistre ♦ *sm* (*incidente*) sinistre *m*; (*PUGILATO*) gauche *m*; (*CALCIO*) tir *m* du pied gauche.
sino ['sino] *prep* = **fino**.
sinonimo, -a [si'nɔnimo] *agg, sm* synonyme *m*.
sintassi [sin'tassi] *sf inv* syntaxe *f*.
sintattico, -a, -ci, -che [sin'tattiko] *agg* syntactique.
sintesi ['sintezi] *sf* synthèse *f*; **in ~** en résumé.
sintetico, -a, -ci, -che [sin'tɛtiko] *agg* synthétique; (*essenziale*) concis(e).
sintetizzare [sintetid'dzare] *vt* synthétiser.
sintetizzatore [sintetiddza'tore] *sm* synthétiseur *m*.
sintomatico, -a, -ci, -che [sinto'matiko] *agg* symptomatique.
sintomo ['sintomo] *sm* (*anche fig*) symptôme *m*.
sintonia [sinto'nia] *sf* syntonie *f*; **essere in ~ con** (*fig*) être en harmonie avec.
sintonizzare [sintonid'dzare] *vt* syntoniser; **sintonizzarsi** *vip*: **sintonizzarsi su** se brancher sur.
sintonizzatore [sintoniddza'tore] *sm* syntonisateur *m*.
sinuoso, -a [sinu'oso] *agg* (*strada*) sinueux(-euse).
sinusite [sinu'zite] *sf* sinusite *f*.
SIP [sip] *sigla f* (= *Società Italiana per l'esercizio telefonico*) ≈ TELECOM *m*.
sipario [si'parjo] *sm* rideau *m*; **calare il ~** (*fig*) tirer le rideau.
sirena [si'rɛna] *sf* sirène *f*; ▶ **sirena d'allarme** sirène d'alarme.
Siria ['sirja] *sf* Syrie *f*.

siriano, -a [si'rjano] *agg* syrien(ne) ♦ *sm/f* Syrien(ne).
siringa, -ghe [si'ringa] *sf* seringue *f*.
sisma, -i ['sizma] *sm* séisme *m*.
SISMI ['sizmi] *sigla m* = *Servizio per l'Informazione e la Sicurezza Militari.*
sismico, -a, -ci, -che ['sizmiko] *agg* sismique.
sismografo [siz'mɔgrafo] *sm* sismographe *m*, séismographe *m*.
sissignore [sissiɲ'ɲore] *avv*: ~! (*a un superiore*) oui, Monsieur!; (*enfatico*) parfaitement!; (*iron*) oui, chef!
sistema, -i [sis'tɛma] *sm* système *m*; (*procedimento*) système, méthode *f*; **trovare il ~ per fare qc** trouver la façon pour faire qch; ▶ **sistema di vita** mode *m* de vie; ▶ **sistema metrico decimale** système métrique décimal; ▶ **sistema monetario** système monétaire; ▶ **sistema nervoso** système nerveux; ▶ **sistema operativo** (*INFORM*) système d'exploitation; ▶ **sistema solare** système solaire.
sistemare [siste'mare] *vt* (*ordinare*) ranger; (*questione*) régler; (*persona*: *procurare un lavoro a*) placer, trouver un travail à; (: *dare alloggio a*) installer, loger; **sistemarsi** *vr* (*problema*) se régler; (*persona*) se caser; (: *trovare lavoro*) trouver un travail; (: *trovare alloggio*) s'installer; ~ **qn in un albergo** loger qn à l'hôtel; **ti sistemo io!** (*fig*) tu vas avoir affaire à moi!
sistematicamente [sistematika'mente] *avv* systématiquement.
sistematico, -a, -ci, -che [siste'matiko] *agg* systématique.
sistemazione [sistemat'tsjone] *sf* (*di oggetti*) rangement *m*; (*di questione*) règlement *m*; **trovare una ~** (*per persona*) se caser; (: *trovare lavoro*) trouver un travail.
sito, -a ['sito] *agg* (*situato*) situé(e) ♦ *sm* (*luogo*) site *m*; ~ **Internet** site Internet.
situare [situ'are] *vt* situer, placer; **essere situato a/su** être situé(e) à/sur.
situazione [situat'tsjone] *sf* situation *f*; **vista la sua ~ familiare** vu sa situation familiale; **mi trovo in una ~ critica** je me trouve dans une situation critique.
skai ® ['skai] *sm* skaï ® *m*.
ski-lift ['ski:lift] *sm inv* remonte-pente *m*, téléski *m*.
slacciare [zlat'tʃare] *vt* (*camicia*) déboutonner; (*cintura*) défaire; **slacciarsi le scarpe** délier/défaire les lacets de ses chaussures.
slanciarsi [zlan'tʃarsi] *vr, vip* (*gettarsi*) se lancer, s'élancer; (*protendersi*) s'élancer, se dresser.
slanciato, -a [zlan'tʃato] *agg* élancé(e).
slancio ['zlantʃo] *sm* bond *m*; (*rincorsa, fig*) élan *m*; **di ~** avec élan; **in uno ~ di simpatia** dans un élan de sympathie.
slavato, -a [zla'vato] *agg* (*fig*: *colore*) délavé(e); (: *viso*) pâle.
slavina [zla'vina] *sf* avalanche *f*.
slavo, -a ['zlavo] *agg* slave ♦ *sm/f* Slave *m/f* ♦ *sm* slave *m*.
sleale [zle'ale] *agg* déloyal(e).
slealtà [zleal'ta] *sf* déloyauté *f*.
slegare [zle'gare] *vt* détacher; (*pacco*) défaire, déficeler.
slip [zlip] *sm inv* slip *m*.
slitta ['zlitta] *sf* (*veicolo*) traîneau *m*; (*per giocare*) luge *f*.
slittamento [zlitta'mento] *sm* (*scivolata*) glissement *m*; (*di veicolo*) dérapage *m*; (*di ruota*) patinage *m*; (*fig*: *di moneta*) dévaluation *f*, baisse *f*; (: *di incontro*) renvoi *m*.
slittare [zlit'tare] *vi* (*scivolare*: *con slitta*) aller en traîneau; (: *accidentalmente*: *veicolo*) déraper; (: *persona*) glisser; (: *ruota*) patiner; (*fig*: *incontro, conferenza*) être reporté(e).
s.l.m. *abbr* (= *sul livello del mare*) au-dessus du niveau de la mer.
slogare [zlo'gare] *vt* (*MED*) luxer, déboîter; **slogarsi la spalla** se luxer *o* se déboîter l'épaule; **slogarsi la caviglia** se fouler la cheville.
slogatura [zloga'tura] *sf* (*MED*) luxation *f*, déboîtement *m*.
sloggiare [zlod'dʒare] *vt* (*inquilino*) déloger ♦ *vi* (*andarsene*) déménager; (*fam*) décamper, dégager.
Slovacchia [zlo'vakkja] *sf* Slovaquie *f*.
slovacco, -a [zlo'vakko] *agg* slovaque ♦ *sm/f* Slovaque *m/f*.
Slovenia [zlo'vɛnja] *sf* Slovénie *f*.
sloveno, -a [zlo'vɛno] *agg* slovène ♦ *sm/f* Slovène *m/f* ♦ *sm* slovène *m*.
S.M. *abbr* (*MIL* = *Stato Maggiore*) E.-M.; (= *Sua Maestà*) SM.
smaccato, -a [zmak'kato] *agg* (*fig*) exagéré(e), outré(e).
smacchiare [zmak'kjare] *vt* détacher.
smacchiatore [zmakkja'tore] *sm* détachant *m*.
smacco, -chi ['zmakko] *sm* échec *m*.
smagliante [zmaʎ'ʎante] *agg* éclatant(e); **in forma ~** dans une forme éblouissante.
smagliare [zmaʎ'ʎare] *vt* démailler; **smagliarsi** *vip* se démailler.
smagliatura [zmaʎʎa'tura] *sf* échelle *f*, démaillage *m*; (*MED*) vergeture *f*.
smagrire [zma'grire] *vt* amaigrir ♦ *vi* maigrir.
smaliziato, -a [zmalit'tsjato] *agg* (*persona*) dégourdi(e); (*aspetto, aria*) déluré(e).
smaltare [zmal'tare] *vt* (*pentola, vaso*)

émailler; (*unghie*) mettre du vernis sur.
smaltimento [zmalti'mento] *sm* (*di acque*) écoulement *m*; (*di rifiuti*) élimination *f*; (*del traffico*) décongestionnement *m*.
smaltire [zmal'tire] *vt* (*cibo*) digérer; (*peso*) réduire; (*acque*) faire couler; (*rifiuti*) éliminer; (*rabbia*) faire passer; (*sbornia*) cuver; (*merce*) écouler.
smalto ['zmalto] *sm* émail *m*; ▶ **smalto per unghie** vernis *msg* à ongles.
smancerie [zmantʃe'rie] *sfpl* manières *fpl*.
smania ['zmanja] *sf* agitation *f*; **avere la ~ addosso** être agité(e), être énervé(e); **avere la ~ di fare qc** brûler d'envie *o* d'impatience de faire qch.
smaniare [zma'njare] *vi* s'agiter; **~ di fare qc** (*fig*) brûler d'envie *o* d'impatience de faire qch.
smantellamento [zmantella'mento] *sm* (*anche fig*) démantèlement *m*.
smantellare [zmantel'lare] *vt* (*anche fig*) démanteler.
smarcare [zmar'kare] *vt* (*SPORT*) démarquer.
smargiasso [zmar'dʒasso] *sm* fanfaron *m*.
smarrimento [zmarri'mento] *sm* (*di oggetto*) perte *f*; (*fig*: *turbamento*) égarement *m*, désarroi *m*.
smarrire [zmar'rire] *vt* perdre, égarer; **smarrirsi** *vip* se perdre, s'égarer.
smarrito, -a [zmar'rito] *agg* perdu(e), égaré(e); (*fig*: *sguardo, persona*) égaré(e); **ufficio oggetti smarriti** bureau *m* des objets trouvés.
smascherare [zmaske'rare] *vt* (*colpevole etc*) démasquer.
SME [zmɛ] *abbr* (= *Stato Maggiore Esercito*) E.M.A. ♦ *sigla m* (= *Sistema Monetario Europeo*) SME *m*.
smembrare [zmem'brare] *vt* démembrer; **smembrarsi** *vip* se disloquer.
smemorato, -a [zmemo'rato] *agg* amnésique; (*sbadato*) étourdi(e).
smentire [zmen'tire] *vt* (*notizia, testimone*) démentir; (*reputazione*) manquer à; **smentirsi** *vr* se contredire.
smentita [zmen'tita] *sf* démenti *m*.
smeraldo [zme'raldo] *sm* émeraude *f* ♦ *agg inv*: **verde ~** vert émeraude *inv*.
smerciare [zmer'tʃare] *vt* écouler.
smercio ['zmɛrtʃo] *sm* écoulement *m*, débit *m*; **avere poco/molto ~** avoir un petit/gros débit.
smerigliato, -a [zmeriʎ'ʎato] *agg* (*carta*) (d')émeri; (*vetro*) dépoli(e).
smeriglio [zme'riʎʎo] *sm* émeri *m*.
smesso, -a ['zmesso] *pp di* **smettere** ♦ *agg* (*abito*) qu'on ne porte plus.
smettere ['zmettere] *vt* arrêter; (*indumenti*) ne plus porter, ne plus mettre ♦ *vi* arrêter, cesser; **~ di fare qc** arrêter de faire qch.
smidollato, -a [zmidol'lato] *agg* sans moelle ♦ *sm/f* lavette *f*, mollasson(ne).
smilitarizzazione [zmilitariddzat'tsjone] *sf* démilitarisation *f*.
smilzo, -a ['zmiltso] *agg* mince.
sminuire [zminu'ire] *vt* diminuer, amoindrir.
sminuzzare [zminut'tsare] *vt* hacher, émincer.
smisi *etc* ['zmizi] *vb vedi* **smettere**.
smistamento [zmista'mento] *sm* tri *m*, triage *m*.
smistare [zmis'tare] *vt* trier.
smisurato, -a [zmizu'rato] *agg* démesuré(e).
smitizzare [zmitid'dzare] *vt* démythifier.
smobilitare [zmobili'tare] *vt* démobiliser.
smobilitazione [zmobilitat'tsjone] *sf* démobilisation *f*.
smodato [zmo'dato] *agg* effréné(e), démesuré(e).
smoderato, -a [zmode'rato] *agg* qui n'a pas de mesure, excessif(-ive).
smog [zmɔg] *sm inv* smog *m*.
smoking ['smoukiŋ] *sm inv* smoking *m*.
smontare [zmon'tare] *vt* (*anche fig*) démonter ♦ *vi* (*scendere*: *da cavallo, treno*): **~ (da)** descendre (de); (*terminare il lavoro*) finir son service; **smontarsi** *vip* (*scoraggiarsi*) se décourager, se dégonfler (*fam*).
smorfia ['zmɔrfja] *sf* grimace *f*; (*atteggiamento lezioso*) minauderies *fpl*, manières *fpl*; **fare smorfie** faire des grimaces; (*lezioso*) faire des simagrées.
smorfioso, -a [zmor'fjoso] *agg* (*lezioso*) minaudier(-ière), maniéré(e).
smorto, -a ['zmɔrto] *agg* (*carnagione*) pâle, blême; (*colore*) pâle, terne.
smorzare [zmor'tsare] *vt* (*suoni, colori*) atténuer, amortir; (*luce*) tamiser, voiler; (*sete*) étancher; (*entusiasmo*) calmer, refroidir; **smorzarsi** *vip* (*suono*) s'atténuer; (*luce*) se voiler; (*entusiasmo*) tomber.
smosso, -a ['zmɔsso] *pp di* **smuovere**.
smottamento [zmotta'mento] *sm* éboulement *m*, éboulis *msg*.
smunto, -a ['zmunto] *agg* pâle, émacié(e).
smuovere ['zmwɔvere] *vt* déplacer; (*fig*: *da inerzia, ozio*) secouer; **smuoversi** *vip* bouger; **~ qn da un proposito** faire changer qn d'avis.
smussare [zmus'sare] *vt* (*angolo etc*) arrondir; (*lama*) émousser; **smussarsi** *vip* (*lama*) s'émousser.
s.n. *abbr* (= *senza numero*) sans numéro.
snaturato, -a [znatu'rato] *agg* dénaturé(e).
snellimento [znelli'mento] *sm* (*di procedura*) assouplissement *m*; **~ del traffico** décongestionnement *m* de la circulation.

snellire [znel'lire] *vt* (*persona*) amincir; (*traffico*) rendre plus fluide; (*procedura*) assouplir; **snellirsi** *vip* (*persona*) mincir.
snello, -a ['znɛllo] *agg* svelte, élancé(e).
snervante [zner'vante] *agg* énervant(e), crispant(e).
snervare [zner'vare] *vt* énerver.
snidare [zni'dare] *vt* dénicher; (*fig*) débusquer.
snobbare [znob'bare] *vt* snober.
snobismo [zno'bizmo] *sm* snobisme *m*.
snocciolare [znottʃo'lare] *vt* (*olive etc*) dénoyauter.
snodabile [zno'dabile] *agg* (*tubo, braccio*) articulé(e); (*testina*) réglable.
snodare [zno'dare] *vt* (*articolazioni*) dénouer, délier; (*elemento rigido*) articuler; **snodarsi** *vip* (*strada, fiume*) se dérouler, serpenter.
SO *sigla* = *Sondrio*.
S.O. *abbr* (= *sudovest*) S.-O.
so [so] *vb vedi* **sapere**.
soave [so'ave] *agg* suave; (*volto*) gracieux(-euse).
soavità [soavi'ta] *sf* (*vedi agg*) suavité *f*; grâce *f*.
sobbalzare [sobbal'tsare] *vi* cahoter; (*trasalire*) tressaillir, sursauter.
sobbalzo [sob'baltso] *sm* cahot *m*; (*per l'emozione*) sursaut *m*.
sobbarcarsi [sobbar'karsi] *vr*: ~ **a** (*a spese*) engager; (*a fatica*) s'astreindre à.
sobborgo, -ghi [sob'borgo] *sm* faubourg *m*, banlieue *f*.
sobillare [sobil'lare] *vt* monter, inciter.
sobrio, -a ['sɔbrjo] *agg* sobre.
Soc. *abbr* (= *società*) Sté.
socchiudere [sok'kjudere] *vt* (*porta*) entrebâiller, entrouvrir; (*occhi*) entrouvrir.
socchiuso, -a [sok'kjuso] *pp di* **socchiudere** ♦ *agg* (*vedi vt*) entrebâillé(e); entrouvert(e).
soccombere [sok'kombere] *vi*: ~ **(a)** succomber (à).
soccorrere [sok'korrere] *vt* secourir.
soccorritore, -trice [sokkorri'tore] *sm/f* secouriste *m/f*; **un** ~ un secouriste, un sauveteur.
soccorso, -a [sok'korso] *pp di* **soccorrere** ♦ *sm* secours *msg*; **prestare ~ a qn** porter secours à qn; **venire in ~ di qn** venir au secours de qn; **operazioni di** ~ opérations *fpl* de secours; ▶ **soccorso stradale** secours routier; *vedi anche* **pronto**; **società**.
socialdemocratico, -a, -ci, -che [sotʃaldemo'kratiko] *agg, sm/f* social-démocrate *m/f*.
sociale [so'tʃale] *agg* social(e); (*di associazione: gita etc*) de l'association.
socialismo [sotʃa'lizmo] *sm* socialisme *m*.
socialista, -i, -e [sotʃa'lista] *agg, sm/f* socialiste *m/f*.
socializzare [sotʃalid'dzare] *vi* socialiser.
società [sotʃe'ta] *sf inv* (*anche COMM*) société *f*; (*sportiva*) association *f*, club *m*; **mettersi in ~ con qn** s'associer à *o* avec qn; **l'alta** ~ la haute société; ▶ **società a responsabilità limitata** société à responsabilité limitée; ▶ **società anonima** société anonyme; ▶ **società di mutuo soccorso** association *f* de secours mutuel; ▶ **società fiduciaria** société fiduciaire; ▶ **società per azioni** société par actions.
socievole [so'tʃevole] *agg* sociable.
socievolezza [sotʃevo'lettsa] *sf* sociabilité *f*.
socio ['sɔtʃo] *sm* (*DIR, COMM*) associé(e), sociétaire *m/f*; (*di associazione*) membre *m*.
sociologia [sotʃolo'dʒia] *sf* sociologie *f*.
sociologo, -a, -gi, -ghe [so'tʃɔlogo] *sm/f* sociologue *m/f*.
soda ['sɔda] *sf* (*CHIM*) soude *f*; (*acqua gassata*) soda *m*.
sodalizio [soda'littsjo] *sm* (*associazione*) association *f*; (*legame d'amicizia*) amitié *f*.
soddisfacente [soddisfa'tʃɛnte] *agg* satisfaisant(e).
soddisfare [soddis'fare] *vt* satisfaire ♦ *vi*: ~ **a** satisfaire à, répondre à.
soddisfatto, -a [soddis'fatto] *pp di* **soddisfare** ♦ *agg* satisfait(e); ~ **di** satisfait(e) de.
soddisfazione [soddisfat'tsjone] *sf* satisfaction *f*.
sodio ['sɔdjo] *sm* sodium *m*.
sodo, -a ['sɔdo] *agg* (*muscolo*) ferme; (*uovo*) dur(e) ♦ *sm*: **venire al** ~ en venir au fait ♦ *avv* (*picchiare, lavorare*) dur; (*dormire*) profondément.
sofà [so'fa] *sm inv* sofa *m*, canapé *m*.
sofferenza [soffe'rɛntsa] *sf* souffrance *f*; **in** ~ (*COMM*) en souffrance.
sofferto, -a [sof'fɛrto] *pp di* **soffrire** ♦ *agg* (*vittoria, decisione*) difficile.
soffiare [sof'fjare] *vt, vi* souffler; ~ **qc a qn** (*fig: portar via*) souffler qch à qn; **soffiarsi il naso** se moucher.
soffiata [sof'fjata] *sf* (*fam*) cafardage *m*, mouchardage *m*; **fare una ~ alla polizia** moucharder.
soffice ['sɔffitʃe] *agg* (*lana*) moelleux(-euse); (*letto*) douillet(te).
soffietto [sof'fjetto] *sm* (*MUS, per fuoco*) soufflet *m*; **porta a** ~ porte *f* à soufflet.
soffio ['soffjo] *sm* souffle *m*.
soffione [sof'fjone] *sm* (*BOT*) pissenlit *m*.
soffitta [sof'fitta] *sf* (*solaio*) grenier *m*; (*stanza*) mansarde *f*.
soffitto [sof'fitto] *sm* plafond *m*.
soffocamento [soffoka'mento] *sm* étouffement *m*, suffocation *f*; (*fig: oppressione*)

étouffement.
soffocante [soffo'kante] *agg* (*odore*) suffocant(e); (*caldo, anche fig*) étouffant(e).
soffocare [soffo'kare] *vt* (*anche fig*) étouffer; (*uccidere*) étouffer, suffoquer ♦ *vi* (*anche*: **soffocarsi**: *morire*) étouffer, suffoquer; (*dal caldo etc*) étouffer.
soffocazione [soffokat'tsjone] *sf* étouffement *m*, suffocation *f*; (*fig*: *di rivolta, oppressione*) étouffement.
soffriggere [sof'friddʒere] *vt* faire revenir.
soffrire [sof'frire] *vt* souffrir; (*sopportare*) souffrir, supporter ♦ *vi* souffrir; ~ **di** souffrir de.
soffritto, -a [sof'fritto] *pp di* **soffriggere** ♦ *sm* (*CUC*) *hachis d'oignons, de fines herbes et de lard maigre que l'on fait revenir dans l'huile*.
soffuso, -a [sof'fuzo] *agg* diffus(e).
Sofia ['sɔfja] *sf* Sofia.
sofisticare [sofisti'kare] *vt* (*alimenti*) frelater.
sofisticato, -a [sofisti'kato] *agg* sophistiqué(e); (*vino*) frelaté(e).
sofisticazione [sofistikat'tsjone] *sf* (*di vino*) frelatage *m*.
software [sɔft'wɛa] *sm inv* logiciel *m*, software *m*.
soggettivo, -a [soddʒet'tivo] *agg* subjectif(-ive); **proposizione soggettiva** proposition *f* sujet *inv*.
soggetto, -a [sod'dʒɛtto] *agg*: ~ **a** (*sottomesso*) soumis(e) à, assujetti(e) à; (*esposto*: *a danni etc*) sujet(te) à ♦ *sm* sujet *m*; ~ **a tassa** assujetti(e) à l'impôt; **recitare a** ~ (*TEATRO*) improviser.
soggezione [soddʒet'tsjone] *sf* (*sottomissione*) assujettissement *m*, soumission *f*; (*timidezza*) timidité *f*; **avere** ~ **di qn** être intimidé(e) par qn.
sogghignare [soggiɲ'ɲare] *vi* ricaner.
sogghigno [sog'giɲɲo] *sm* ricanement *m*.
soggiacere [soddʒa'tʃere] *vi*: ~ **a** se soumettre à, se plier à.
soggiogare [soddʒo'gare] *vt* dominer.
soggiornare [soddʒor'nare] *vi* séjourner.
soggiorno [sod'dʒorno] *sm* séjour *m*; (*stanza*) (salle *f* de) séjour; **azienda di turismo e di** ~ ≈ syndicat *m* d'initiative.
soggiungere [sod'dʒundʒere] *vt* ajouter.
soggiunto, -a [sod'dʒunto] *pp di* **soggiungere**.
soglia ['sɔʎʎa] *sf* seuil *m*; **l'inverno è alle soglie** l'hiver approche.
sogliola ['sɔʎʎola] *sf* sole *f*.
sognante [soɲ'ɲante] *agg* rêveur(-euse).
sognare [soɲ'ɲare] *vt, vi* rêver; ~ **di qc** (*anche*: **sognarsi**) rêver de qch; ~ **di fare qc** rêver de faire qch; ~ **a occhi aperti** se faire des illusions.
sognatore, -trice [soɲɲa'tore] *sm/f* rêveur(-euse).
sogno ['soɲɲo] *sm* rêve *m*; **neanche per** ~ jamais de la vie.
soia ['sɔja] *sf* soja *m*.
sol [sɔl] *sm inv* (*MUS*) sol *m inv*.
solaio [so'lajo] *sm* grenier *m*.
solamente [sola'mente] *avv* seulement.
solare [so'lare] *agg* solaire.
solcare [sol'kare] *vt* labourer; (*fig*: *mare, volto*) sillonner.
solco ['solko] *sm* (*in terreno, di disco*: *ruga*) sillon *m*; (*di ruota*) ornière *f*.
soldato [sol'dato] *sm* soldat *m*; ▸ **soldato di leva** recrue *f*, conscrit *m*; ▸ **soldato semplice** simple soldat.
soldo ['sɔldo] *sm* sou *m*; **soldi** *smpl* (*denaro*) argent *msg*; **non avere un** ~ ne pas avoir un sou; **non valere un** ~ ne rien valoir.
sole ['sole] *sm* soleil *m*; **prendere il** ~ prendre un bain de soleil; **agire alla luce del** ~ agir au grand jour.
soleggiato, -a [soled'dʒato] *agg* ensoleillé(e).
solenne [so'lɛnne] *agg* solennel(le); (*castigo*) magistral(e); (*bugiardo*) fieffé(e).
solennità [solenni'ta] *sf* solennité *f*.
solere [so'lere] *vt*: ~ **fare qc** avoir l'habitude de faire qch ♦ *vb impers*: **come suole accadere** comme il arrive d'ordinaire; **come si suol dire** comme on dit.
solerte [so'lɛrte] *agg* zélé(e), diligent(e).
solerzia [so'lɛrtsja] *sf* zèle *m*, diligence *f*.
soletta [so'letta] *sf* (*per scarpe*) semelle *f*.
solfato [sol'fato] *sm* sulfate *m*.
solforico, -a, -ci, -che [sol'fɔriko] *agg* sulfurique; **acido** ~ acide *m* sulfurique.
solfuro [sol'furo] *sm* sulfure *m*.
solidale [soli'dale] *agg*: ~ **(con)** solidaire (de).
solidarietà [solidarje'ta] *sf* solidarité *f*.
solidificare [solidifi'kare] *vt* solidifier ♦ *vi* (*anche*: **solidificarsi**) se solidifier.
solidità [solidi'ta] *sf* solidité *f*.
solido, -a ['sɔlido] *agg* solide; (*GEOM*) dans l'espace ♦ *sm* (*GEOM*) solide *m*; **in** ~ (*DIR*) solidairement.
soliloquio [soli'lɔkwjo] *sm* soliloque *m*.
solista, -i, -e [so'lista] *agg, sm/f* soliste *m/f*.
solitamente [solita'mente] *avv* habituellement.
solitario, -a [soli'tarjo] *agg* solitaire ♦ *sm* (*CARTE*) réussite *f*; (*gioiello*) solitaire *m*.
solito, -a ['sɔlito] *agg* habituel(le) ♦ *sm* (*modo abituale*) habitude *f*; **essere** ~ **fare qc** avoir l'habitude de faire qch; **di** ~ d'habitude; **come al** ~ comme d'habitude; **più tardi del** ~ plus tard que d'habitude; **sei sempre il** ~! tu es toujours le même!; **"cosa bevi?" – "il** ~**!"** "qu'est-ce-que tu bois?" – "comme d'habitu-

de!"; **siamo alle solite!** (*fam*) ça recommence!, nous y revoilà!
solitudine [soli'tudine] *sf* solitude *f*.
sollazzare [sollat'tsare] *vt* divertir, amuser; **sollazzarsi** *vip* se divertir, s'amuser.
sollazzo [sol'lattso] *sm* amusement *m*.
sollecitare [solletʃi'tare] *vt* solliciter; (*persona*) inciter, pousser; (*debitore*) relancer; (*fantasia*) stimuler; (*MECCANICA*) soumettre à des contraintes; ~ **qn a fare qc** inciter qn à faire qch.
sollecitazione [solletʃitat'tsjone] *sf* démarche *f*, sollicitation *f*; **lettera di** ~ lettre *f* de rappel.
sollecito, -a [sol'letʃito] *agg* (*solerte*) zélé(e); (*rapido*) prompt(e) ♦ *sm* (*lettera*) relance *f*; ▶**sollecito di pagamento** rappel *m* de paiement.
sollecitudine [solletʃi'tudine] *sf* sollicitude *f*.
solleticare [solleti'kare] *vt* chatouiller; (*fig*: *vanità*) flatter.
solletico [sol'letiko] *sm* chatouillement *m*, chatouille *f* (*fam*); **fare il** ~ **a qn** chatouiller qn; **soffrire il** ~ être chatouilleux(-euse).
sollevamento [solleva'mento] *sm* soulèvement *m*; ▶**sollevamento pesi** haltérophilie *f*, poids et haltères *mpl*.
sollevare [solle'vare] *vt* (*anche fig*) soulever; **sollevarsi** *vip* se lever, se relever; (*fig*: *riprendersi*) se remettre; (: *ribellarsi*) se soulever; **sollevarsi da terra** (*persona*) se relever; (*aereo*) décoller; **sentirsi sollevato** se sentir soulagé.
sollievo [sol'ljɛvo] *sm* soulagement *m*; (*conforto*) réconfort *m*; **con mio grande** ~ à mon grand soulagement.
solo, -a ['solo] *agg* seul(e); (*senza altri*): **eravamo soli** nous étions tout seuls; (*con numerale*): **noi tre soli** nous trois seulement ♦ *avv* seulement, ne ... que; **un** ~ **libro** un seul livre, un livre seulement; **da** ~ tout seul; **faccio da sola** je le fais toute seule; **vive (da)** ~ il vit seul; **possiamo vederci da soli?** pouvons-nous nous voir seul à seul?; **è il** ~ **proprietario** c'est le seul propriétaire; **l'incontrò due sole volte** il ne le rencontra que deux fois; **non** ~ **... ma anche** non seulement ... mais aussi; ~ **che** mais.
solstizio [sol'stittsjo] *sm* solstice *m*.
soltanto [sol'tanto] *avv* seulement, ne ... que.
solubile [so'lubile] *agg* soluble; **caffè** ~ café *m* soluble.
soluzione [solut'tsjone] *sf* solution *f*; ▶**soluzione di continuità** solution de continuité.
solvente [sol'vɛnte] *agg* (*CHIM*) dissolvant(e); (*debitore*) solvable ♦ *sm* solvant *m*, dissolvant *m*.
solvenza [sol'vɛntsa] *sf* (*COMM*) solvabilité *f*.
soma ['sɔma] *sf*: **bestia da** ~ bête *f* de somme.
Somalia [so'malja] *sf* Somalie *f*.
somalo, -a ['sɔmalo] *agg* somalien(ne) ♦ *sm/f* Somalien(ne).
somaro, -a [so'maro] *sm/f* âne *m*; (*fig*: *persona*) ignorant(e); (: *alunno*) cancre *m*.
somatico, -a, -ci, -che [so'matiko] *agg* somatique.
somiglianza [somiʎ'ʎantsa] *sf* ressemblance *f*.
somigliare [somiʎ'ʎare] *vi*: ~ **a** ressembler à; **somigliarsi** *vr* se ressembler.
somma ['somma] *sf* somme *f*; **tirare le somme** (*fig*) tirer les conclusions.
sommare [som'mare] *vt* (*MAT*) additionner; (*aggiungere*) ajouter; **tutto sommato** tout compte fait, tout bien considéré.
sommario, -a [som'marjo] *agg*, *sm* sommaire *m*.
sommergere [som'mɛrdʒere] *vt* submerger.
sommergibile [sommer'dʒibile] *sm* submersible *m*, sous-marin *m*.
sommerso, -a [som'mɛrso] *pp di* **sommergere** ♦ *agg* (*sott'acqua, fig*: *di lavoro*) submergé(e); (: *economia*) souterrain(e) ♦ *sm*: **il** ~ l'économie *f* souterraine.
sommesso, -a [som'messo] *agg* (*suono*) étouffé(e); (*voce*) bas(basse).
somministrare [somminis'trare] *vt* administrer.
sommità [sommi'ta] *sf inv* sommet *m*; (*fig*) summum *m*.
sommo, -a ['sommo] *agg* (*vetta*) le plus haut(la plus haute); (*artista, rispetto*) le plus grand(la plus grande); **per sommi capi** sommairement.
sommossa [som'mɔssa] *sf* émeute *f*, soulèvement *m*.
sommozzatore [sommottsa'tore] *sm* homme-grenouille *m*; (*MIL*) nageur *m* de combat.
sonaglio [so'naʎʎo] *sm* grelot *m*; *vedi anche* **serpente**.
sonante [so'nante] *agg*: **denaro** *o* **moneta** ~ argent *m* comptant, espèces *fpl* sonnantes et trébuchantes.
sonare *etc* [so'nare] = **suonare** *etc*.
sonda ['sonda] *sf* sonde *f* ♦ *agg inv*: **pallone** ~ ballon *m* sonde; ▶**sonda spaziale** sonde spatiale.
sondaggio [son'daddʒo] *sm* sondage *m*; ▶**sondaggio d'opinioni** sondage d'opinion.
sondare [son'dare] *vt* (*anche fig*) sonder.
sonetto [so'netto] *sm* sonnet *m*.
sonnambulo, -a [son'nambulo] *sm/f* som-

nambule *m/f*.
sonnecchiare [sonnek'kjare] *vi* sommeiller.
sonnellino [sonnel'lino] *sm* somme *m*, roupillon *m* (*fam*); (*pomeridiano*) sieste *f*.
sonnifero [son'nifero] *sm* somnifère *m*.
sonno ['sonno] *sm* sommeil *m*; **aver** ~ avoir sommeil; **prendere** ~ s'endormir.
sonnolento, -a [sonno'lɛnto] *agg* somnolent(e).
sonnolenza [sonno'lɛntsa] *sf* somnolence *f*.
sono ['sono] *vb vedi* **essere**.
sonorizzare [sonorid'dzare] *vt* sonoriser.
sonoro, -a [so'nɔro] *agg* sonore; (*fig: sconfitta, ceffone*) retentissant(e) ♦ *sm* (*anche*: **cinema** ~): **il** ~ le cinéma parlant *o* sonore; *vedi anche* **colonna**.
sontuoso, -a [sontu'oso] *agg* somptueux(-euse).
sopire [so'pire] *vt* apaiser.
soporifero, -a [sopo'rifero] *agg* soporifique.
sopperire [soppe'rire] *vi*: ~ **a** pourvoir à.
soppesare [soppe'sare] *vt* soupeser; (*fig*) peser.
soppiantare [soppjan'tare] *vt* supplanter.
soppiatto [sop'pjatto] *avv*: **di** ~ en cachette, à la dérobée.
sopportabile [soppor'tabile] *agg* supportable.
sopportare [soppor'tare] *vt* supporter.
sopportazione [sopportat'tsjone] *sf* patience *f*; **avere spirito di** ~ avoir une patience d'ange.
soppressione [soppres'sjone] *sf* suppression *f*; (*uccisione*) élimination *f*.
soppresso, -a [sop'prɛsso] *pp di* **sopprimere**.
sopprimere [sop'primere] *vt* supprimer.
sopra ['sopra] *prep* sur; (*più in su di*) au-dessus de; (*di più di*) plus de ♦ *avv* dessus; (*nella parte superiore*) dessus, au-dessus; (*più in alto*) au-dessus; (*in testo*) plus haut, par-dessus ♦ *sm inv* (*parte superiore*) dessus *msg*; **di** ~ (*al piano superiore*) au-dessus, en haut; ~ **il livello del mare** au-dessus du niveau de la mer; **5 gradi** ~ **lo zero** 5 degrés au-dessus de zéro; **al di** ~ **di ogni sospetto** au-dessus de tout soupçon; ~ **i 30 anni** au-dessus de 30 ans, de plus de 30 ans; **per i motivi** ~ **illustrati** pour les raisons illustrées plus haut; **dormiamoci** ~ la nuit porte conseil; **passar** ~ **qc** (*fig*) passer sur qch, fermer les yeux sur qch.
sopra... ['sopra] *pref* supra... .
soprabito [so'prabito] *sm* (*da uomo*) pardessus *msg*; (*da donna*) paletot *m*.
sopraccennato, -a [soprattʃen'nato] *agg* susmentionné(e).
sopracciglio [soprat'tʃiʎʎo] (*pl* (*f*) **sopracciglia**) *sm* sourcil *m*.
sopraccoperta [soprakko'pɛrta] *sf* (*di letto*) couvre-lit *m*, dessus *msg* de lit; (*di libro*) jaquette *f*.
sopraddetto, -a [soprad'detto] *agg* susdit(e).
sopraffare [sopraf'fare] *vt* accabler; (*superare, vincere*) écraser.
sopraffatto, -a [sopraf'fatto] *pp di* **sopraffare**.
sopraffazione [sopraffat'tsjone] *sf* abus *msg* (de pouvoir); (*vessazione*) brimade *f*, vexation *f*.
sopraffino, -a [sopraf'fino] *agg* (*pranzo*) raffiné(e); (*vino, intenditore*) fin(e).
sopraggiungere [soprad'dʒundʒere] *vi* survenir.
sopraggiunto, -a [soprad'dʒunto] *pp di* **sopraggiungere**.
sopralluogo, -ghi [sopral'lwɔgo] *sm* (*di esperti*) inspection *f*; (*DIR*) descente *f* de justice; (: *di polizia*) descente de police.
soprammobile [sopram'mɔbile] *sm* bibelot *m*.
soprannaturale [soprannatu'rale] *agg* surnaturel(le).
soprannome [sopran'nome] *sm* surnom *m*, sobriquet *m*.
soprannominare [sopprannomi'nare] *vt* surnommer.
soprannumero [sopran'numero] *avv*: **in** ~ en surnombre.
soprano, -a [so'prano] *sm/f* soprano *m/f* ♦ *sm* (*voce*) soprano *m*.
soprappensiero ['soprappen'sjɛro] *avv* distrait(e).
soprappiù [soprap'pju] *sm* surplus *msg*; **in** ~ en plus, de surcroît.
soprassalto [sopras'salto] *sm*: **di** ~ en sursaut.
soprassedere [soprasse'dere] *vi*: ~ **(a)** surseoir (à), différer (à).
soprattassa [soprat'tassa] *sf* surtaxe *f*.
soprattutto [soprat'tutto] *avv* surtout.
sopravvalutare [sopravvalu'tare] *vt* surestimer, surévaluer.
sopravvenire [sopravve'nire] *vi* survenir.
sopravvento [soprav'vɛnto] *sm*: **avere/prendere il** ~ **(su)** avoir/prendre le dessus (sur).
sopravvissuto, -a [sopravvis'suto] *pp di* **sopravvivere** ♦ *sm/f* survivant(e).
sopravvivenza [sopravvi'vɛntsa] *sf* survie *f*.
sopravvivere [soprav'vivere] *vi* survivre; ~ **a** survivre à.
soprelevata [soprele'vata] *sf* (*strada*) rocade *f* surélevée.
soprintendente [soprinten'dɛnte] *sm/f* directeur(-trice); (*di museo*) conservateur(-trice).
soprintendenza [soprinten'dɛntsa] *sf* direc-

tion *f*; ▸ **Soprintendenza alle Belle Arti** ≈ direction générale des Beaux-Arts.
soprintendere [soprin'tɛndere] *vi*: ~ **a** diriger.
soprinteso, -a [soprin'teso] *pp di* **soprintendere**.
sopruso [so'pruzo] *sm* abus *msg*.
soqquadro [sok'kwadro] *sm*: **mettere a** ~ mettre sens dessus dessous.
sorbetto [sor'betto] *sm* sorbet *m*.
sorbire [sor'bire] *vt* siroter; (*fig*: *anche*: **sorbirsi**) supporter, se farcir.
sorcio ['sortʃo] *sm* souris *fsg*.
sordido, -a ['sɔrdido] *agg* sordide.
sordina [sor'dina] *sf*: **in** ~ en sourdine.
sordità [sordi'ta] *sf* surdité *f*.
sordo, -a ['sordo] *agg, sm/f* sourd(e).
sordomuto, -a [sordo'muto] *agg, sm/f* sourd-muet(sourde-muette).
sorella [so'rɛlla] *sf* sœur *f*.
sorellastra [sorel'lastra] *sf* demi-sœur *f*.
sorgente [sor'dʒɛnte] *sf* source *f*; **acqua di** ~ eau *f* de source; ▸ **sorgente luminosa** source lumineuse; ▸ **sorgente termale** source thermale.
sorgere ['sordʒere] *vi* se lever; (*fig*: *complicazione, difficoltà*) naître, surgir ♦ *sm*: **al** ~ **del sole** au lever du soleil.
soriano, -a [so'rjano] *agg* tigré(e) ♦ *sm/f* chat tigré(chatte tigrée).
sormontare [sormon'tare] *vt* dépasser; (*fig*: *difficoltà*) surmonter.
sornione, -a [sor'njone] *agg* sournois(e).
sorpassare [sorpas'sare] *vt* (*AUT*) doubler; ~ **(in)** (*fig*: *persona*) dépasser (en).
sorpassato, -a [sorpas'sato] *agg* (*metodo, moda*) dépassé(e), démodé(e).
sorpasso [sor'passo] *sm* (*AUT*) dépassement *m*; (*POL*) *le fait de dépasser le parti adversaire par le nombre de voix obtenu*.
sorprendente [sorpren'dɛnte] *agg* surprenant(e), étonnant(e).
sorprendere [sor'prɛndere] *vt* surprendre; **sorprendersi** *vip*: **sorprendersi (di)** s'étonner (de), être surpris(e) (de).
sorpresa [sor'presa] *sf* surprise *f*; **fare una** ~ **a qn** faire une surprise à qn; **prendere qn di** ~ prendre qn au dépourvu.
sorpreso, -a [sor'preso] *pp di* **sorprendere**.
sorreggere [sor'rɛddʒere] *vt* (*peso*) soutenir; (*fig*) soutenir, aider; **sorreggersi** *vr* (*tenersi ritto*) se tenir debout; **sorreggersi a** se tenir à.
sorretto, -a [sor'rɛtto] *pp di* **sorreggere**.
sorridere [sor'ridere] *vi* sourire.
sorriso, -a [sor'riso] *pp di* **sorridere** ♦ *sm* sourire *m*; **fare un** ~ **a qn** faire un sourire à qn.
sorsata [sor'sata] *sf* gorgée *f*, goutte *f*.
sorseggiare [sorsed'dʒare] *vt* siroter.
sorsi *etc* ['sorsi] *vb vedi* **sorgere**.
sorso ['sorso] *sm* gorgée *f*, coup *m*; **d'un** ~ d'un coup, d'un trait.
sorta ['sɔrta] *sf* sorte *f*; **di** ~ (*in negative*) aucun(e); **ogni** ~ **di** toute sorte de; **di ogni** ~ de toute sorte, de tout genre; **che** ~ **di persone frequenti?** quel genre de personnes fréquentes-tu?
sorte ['sɔrte] *sf* (*destino*) sort *m*, destin *m*; (*condizioni di vita*) sort; (*caso*) hasard *m*; **tirare a** ~ tirer au sort; **tentare la** ~ tenter sa chance.
sorteggiare [sorted'dʒare] *vt* tirer au sort.
sorteggio [sor'teddʒo] *sm* tirage *m* au sort.
sortilegio [sorti'lɛdʒo] *sm* sortilège *m*, sort *m*; **fare un** ~ **a qn** jeter un sort à qn, envoûter qn.
sortire [sor'tire] *vt* obtenir.
sortita [sor'tita] *sf* (*MIL*) sortie *f*; (*battuta*) mot *m* d'esprit.
sorto, -a ['sorto] *pp di* **sorgere**.
sorvegliante [sorveʎ'ʎante] *sm/f* surveillant(e).
sorveglianza [sorveʎ'ʎantsa] *sf* surveillance *f*.
sorvegliare [sorveʎ'ʎare] *vt* surveiller.
sorvolare [sorvo'lare] *vt* survoler ♦ *vi*: ~ **su** (*fig*) glisser sur, passer sur.
S.O.S. ['esseɔ'ɛsse] *sigla m inv* (= *Save Our Souls*) S.O.S. *m*.
sosia ['sɔzja] *sm/f inv* sosie *m*.
sospendere [sos'pɛndere] *vt* suspendre; ~ **qn da un incarico** relever qn de ses fonctions.
sospensione [sospen'sjone] *sf* suspension *f*; ▸ **sospensione condizionale della pena** (*DIR*) sursis *msg*.
sospeso, -a [sos'peso] *pp di* **sospendere** ♦ *agg* suspendu(e); **in** ~ (*accordo*) en suspens; (*pratica, consegna*) en souffrance; **tenere in** ~ tenir en suspens; **il volo è stato** ~ le vol a été annulé; **stare col fiato** ~ retenir son souffle.
sospettare [sospet'tare] *vt* soupçonner ♦ *vi*: ~ **di** soupçonner; (*diffidare*) se méfier de; ~ **qn di qc** soupçonner qn de qch.
sospetto, -a [sos'pɛtto] *agg* suspect(e) ♦ *sm* soupçon *m* ♦ *sm/f* (*persona sospetta*) suspect(e); **destare sospetti** éveiller des soupçons.
sospettoso, -a [sospet'toso] *agg* (*carattere*) soupçonneux(-euse); (*sguardo*) suspicieux(-euse).
sospingere [sos'pindʒere] *vt* pousser.
sospinto, -a [sos'pinto] *pp di* **sospingere**.
sospirare [sospi'rare] *vi* soupirer ♦ *vt* (*vacanze etc*) attendre impatiemment; (*patria etc*) regretter.
sospiro [sos'piro] *sm* soupir *m*; ▸ **sospiro di sollievo** soupir de soulagement.
sosta ['sɔsta] *sf* (*fermata*) arrêt *m*, halte *f*; (*pausa*) pause *f*, répit *m*; **senza** ~ sans

répit; **divieto di** ~ (*AUT*) stationnement interdit.

sostantivato, -a [sostanti'vato] *agg* substantivé(e).

sostantivo [sostan'tivo] *sm* substantif *m*.

sostanza [sos'tantsa] *sf* substance *f*; (*elemento fondamentale*) essence *f*; **sostanze** *sfpl* (*patrimonio*) biens *mpl*, richesses *fpl*; **in** ~ en somme, en définitive; **la** ~ **del discorso** la substance d'un discours.

sostanziale [sostan'tsjale] *agg* essentiel(le).

sostanzioso, -a [sostan'tsjoso] *agg* (*cibo*) nourrissant(e); (*fig*) substantiel(le).

sostare [sos'tare] *vi* s'arrêter; (*AUT*) stationner; (*fare una pausa*) faire une halte, faire une pause.

sostegno [sos'teɲɲo] *sm* (*anche fig*) soutien *m*; **a** ~ **di** à l'appui de; **di** ~ (*trave, muro*) de soutènement; **insegnante di** ~ *instituteur ou professeur s'occupant des élèves à problèmes ou handicapés d'une classe*.

sostenere [soste'nere] *vt* soutenir; **sostenersi** *vr* se tenir; (*fig*) s'appuyer; ~ **qn** soutenir qn; ~ **un esame** passer un examen; ~ **il confronto** soutenir la comparaison, supporter la comparaison.

sostenibile [soste'nibile] *agg* soutenable.

sostenitore, -trice [sosteni'tore] *sm/f* défenseur *m*, partisan(e); (*SPORT*) supporter *m/f*.

sostentamento [sostenta'mento] *sm* subsistance *f*; **mezzi di** ~ moyens *mpl* de subsistance.

sostenuto, -a [soste'nuto] *agg* (*velocità, ritmo, discorso*) soutenu(e); (*prezzo*) élevé(e); (*persona*) réservé(e) ♦ *sm/f*: **fare il** ~ prendre un air supérieur.

sostituire [sostitu'ire] *vt*: ~ **(con)** remplacer (par); ~ **a** substituer à.

sostitutivo, -a [sostitu'tivo] *agg* qui remplace, de remplacement; (*MED*) substitutif(-ive).

sostituto, -a [sosti'tuto] *sm/f* substitut *m*; ▸ **sostituto procuratore della Repubblica** substitut du procureur de la République.

sostituzione [sostitut'tsjone] *sf* (*vedi vb*) remplacement *m*, substitution *f*; **in** ~ **di** à la place de.

sottaceti [sotta'tʃeti] *smpl* (*CUC*) pickles *mpl*.

sottana [sot'tana] *sf* (*sottoveste*) jupon *m*; (*gonna*) jupe *f*.

sottecchi [sot'tekki] *avv*: **di** ~ à la dérobée.

sotterfugio [sotter'fudʒo] *sm* subterfuge *m*.

sotterraneo, -a [sotter'raneo] *agg* souterrain(e) ♦ *sm* (*locale*) sous-sol *m*; (*passaggio*) souterrain *m* ♦ *sf* métropolitain *m*, métro *m*.

sotterrare [sotter'rare] *vt* enterrer, ensevelir.

sottigliezza [sottiʎ'ʎettsa] *sf* minceur *f*; (*fig*: *acutezza*) finesse *f*; **sottigliezze** *sfpl* (*dettagli*) subtilités *fpl*.

sottile [sot'tile] *agg* (*filo, lama, figura*) mince; (*caviglia, polvere, capelli, olfatto*) fin(e); (*fig*: *leggero*) léger(-ère); (: *vista*) perçant(e); (: *mente, discorso*) subtil(e), fin(e) ♦ *sm*: **non andare per il** ~ ne pas y aller par quatre chemins.

sottilizzare [sottilid'dzare] *vi* subtiliser.

sottintendere [sottin'tɛndere] *vt* sous-entendre; **lasciare** ~ **che** laisser sous-entendre que.

sottinteso, -a [sottin'teso] *pp di* **sottintendere** ♦ *sm* sous-entendu *m*; **parlare per sottintesi** parler par sous-entendus.

sotto ['sotto] *prep* sous; (*ai piedi di*: *montagna, mura*) au pied de; (*più in basso*) au-dessous de; (*poco prima di*: *feste, esami*) à l'approche de ♦ *avv* (*più in basso*) dessous; (*nella parte inferiore*) en dessous ♦ *sm* (*parte inferiore*) dessous *msg*; **di** ~ (*al piano inferiore*) en bas, au-dessous; (*in scritto*) ci-dessous; ~ **il livello del mare** au-dessous du niveau de la mer; ~ **terra** sous terre; ~ **il sole/la pioggia** sous le soleil/la pluie; ~ **casa** en bas; **5 gradi** ~ **lo zero** 5 degrés au-dessous de zéro; ~ **il chilo** moins d'un kilo; ~ **i 18 anni** au-dessous de 18 ans, de moins de 18 ans; **ha 5 impiegati** ~ **di sé** il a 5 employés sous ses ordres; ~ **falso nome** sous un faux nom; ~ **forma di** sous forme de; ~ **vuoto** = **sottovuoto**; ~ **Natale** vers (la) Noël; ~ **un certo punto di vista** d'un certain point de vue.

sotto... ['sotto] *pref* sous-.

sottobanco [sotto'banko] *avv* en cachette.

sottobicchiere [sottobik'kjɛre] *sm* napperon *m*.

sottobosco, -schi [sotto'bɔsko] *sm* sous-bois *m inv*.

sottobraccio [sotto'brattʃo] *avv* bras dessus bras dessous; **prendere qn** ~ donner le bras à qn; **camminare** ~ **a qn** marcher en donnant le bras à qn.

sottochiave [sotto'kjave] *avv* sous clef.

sottocoperta [sottoko'pɛrta] *avv* (*NAUT*) sous le pont.

sottocosto [sotto'kɔsto] *avv* au-dessous du prix coûtant.

sottocutaneo, -a [sottoku'taneo] *agg* sous-cutané(e).

sottoesposto, -a [sottoes'posto] *agg* (*FOT*) sous-exposé(e).

sottofondo [sotto'fondo] *sm* fond *m* sonore; **musica di** ~ fond musical.

sottogamba [sotto'gamba] *avv*: **prendere qc**

~ prendre qch par-dessus la jambe.
sottogonna [sotto'gonna] *sf* jupon *m*.
sottogoverno [sottogo'vɛrno] *sm politique consistant à attribuer les postes clé de l'Administration à des alliés politiques.*
sottogruppo [sotto'gruppo] *sm* sous-groupe *m*.
sottolineare [sottoline'are] *vt* souligner.
sott'olio [sot'tɔljo] *avv* dans l'huile ♦ *agg inv* à l'huile.
sottomano [sotto'mano] *avv* (*a portata di mano*) sous la main; (*di nascosto*) en sous-main.
sottomarino, -a [sottoma'rino] *agg* sous-marin(e) ♦ *sm* sous-marin *m*.
sottomesso, -a [sotto'messo] *pp di* **sottomettere** ♦ *agg* soumis(e).
sottomettere [sotto'mettere] *vt* soumettre; **sottomettersi** *vip*: **sottomettersi (a)** se soumettre (à).
sottomissione [sottomis'sjone] *sf* soumission *f*.
sottopassaggio [sottopas'saddʒo] *sm* passage *m* souterrain.
sottoporre [sotto'porre] *vt*: ~ **(a)** soumettre (à); **sottoporsi** *vip*: **sottoporsi (a)** se soumettre (à).
sottoposto, -a [sotto'posto] *pp di* **sottoporre**.
sottoprodotto [sottopro'dotto] *sm* sous-produit *m*.
sottoproduzione [sottoprodut'tsjone] *sf* sous-production *f*.
sottoproletariato [sottoproleta'rjato] *sm* sous-prolétariat *m*.
sottordine [sot'tordine] *avv*: **passare in** ~ passer au second plan.
sottoscala [sotto'skala] *sm inv* (*ripostiglio*) dessous *msg* d'escalier; (*stanza*) soupente *f*.
sottoscritto, -a [sottos'kritto] *pp di* **sottoscrivere** ♦ *sm/f*: **il/la ~(a), io ~(a)** je soussigné(e).
sottoscrivere [sottos'krivere] *vt* signer ♦ *vi*: ~ **a** souscrire à.
sottoscrizione [sottoskrit'tsjone] *sf* signature *f*; (*di firme, azioni*) souscription *f*.
sottosegretario [sottosegre'tarjo] *sm* sous-secrétaire *m*.
sottosopra [sotto'sopra] *avv* à l'envers; (*fig: in grande disordine*) sens dessus dessous.
sottostante [sottos'tante] *agg* (situé(e)) en-dessous.
sottostare [sottos'tare] *vi*: ~ **(a)** être soumis(e) (à); (*a prova*) subir.
sottosuolo [sotto'swɔlo] *sm* sous-sol *m*.
sottosviluppato, -a [sottozvilup'pato] *agg* sous-développé(e).
sottosviluppo [sottozvi'luppo] *sm* sous-développement *m*.
sottotenente [sottote'nɛnte] *sm* sous-lieutenant *m*.
sottoterra [sotto'tɛrra] *avv* sous terre.
sottotetto [sotto'tetto] *sm* grenier *m*.
sottotitolo [sotto'titolo] *sm* sous-titre *m*.
sottovalutare [sottovalu'tare] *vt* sous-estimer.
sottovento [sotto'vɛnto] *avv, agg inv* sous le vent.
sottoveste [sotto'vɛste] *sf* combinaison *f*.
sottovoce [sotto'votʃe] *avv* à voix basse.
sottovuoto [sotto'vwɔto] *avv, agg* sous vide.
sottrarre [sot'trarre] *vt* (*MAT*) soustraire; **sottrarsi** *vr*: **sottrarsi (a)** se soustraire (à), se dérober à; ~ **qc a qn** soustraire qch à qn; ~ **qn al pericolo** sauver qn d'un danger.
sottratto, -a [sot'tratto] *pp di* **sottrarre**.
sottrazione [sottrat'tsjone] *sf* soustraction *f*.
sottufficiale [sottuffi'tʃale] *sm* sous-officier *m*.
soufflé [su'fle] *sm inv* soufflé *m*.
souvenir [suvə'nir] *sm inv* souvenir *m*.
sovente [so'vɛnte] *avv* souvent.
soverchiare [sover'kjare] *vt* déborder; (*fig: superare*) dépasser; (*: sopraffare*) opprimer, écraser.
soverchieria [soverkje'ria] *sf* abus *msg*, violence *f*.
sovietico, -a, -ci, -che [so'vjɛtiko] *agg* soviétique ♦ *sm/f* Soviétique *m/f*.
sovrabbondante [sovrabbon'dante] *agg* surabondant(e).
sovrabbondanza [sovrabbon'dantsa] *sf* surabondance *f*; **in** ~ en surabondance, à profusion.
sovraccaricare [sovrakkari'kare] *vt*: ~ **(di)** surcharger (de).
sovraccarico, -a, -chi, -che [sovrak'kariko] *agg*: ~ **(di)** surchargé(e) (de) ♦ *sm* surcharge *f*.
sovraesposizione [sovraespozit'tsjone] *sf* (*FOT*) surexposition *f*.
sovraffollato, -a [sovraffol'lato] *agg* bondé(e).
sovranità [sovrani'ta] *sf* souveraineté *f*; (*fig*) supériorité *f*.
sovrannaturale [sovrannatu'rale] *agg* = **soprannaturale**.
sovrano, -a [so'vrano] *agg* souverain(e); (*fig: sommo*) suprême ♦ *sm/f* souverain(e); **i sovrani** les souverains.
sovrappopolazione [sovrappopolat'tsjone] *sf* surpopulation *f*.
sovrapporre [sovrap'porre] *vt*: ~ **(a)** superposer (à); **sovrapporsi** *vip*: **sovrapporsi (a)** se superposer (à).
sovrapposizione [sovrapposit'tsjone] *sf* superposition *f*.

sovrapposto, -a [sovrap'posto] *pp di* **sovrapporre**.
sovrapproduzione [sovrapprodut'tsjone] *sf* surproduction *f*.
sovrastante [sovras'tante] *agg* (situé(e)) au-dessus.
sovrastare [sovras'tare] *vt* dominer ♦ *vi* dominer; (*fig*: *pericolo*) menacer.
sovrastruttura [sovrastrut'tura] *sf* superstructure *f*.
sovreccitare [sovrettʃi'tare] *vt* surexciter.
sovrimpressione [sovrimpres'sjone] *sf* (*FOT, CINE*) surimpression *f*; **in ~** en surimpression.
sovrintendente [sovrinten'dɛnte] *sm/f* = **soprintendente**.
sovrintendenza [sovrinten'dɛntsa] *sf* = **soprintendenza**.
sovrumano, -a [sovru'mano] *agg* surhumain(e).
sovvenire [sovve'nire] *vi*: **mi sovvenne che ...** je me souvins que ... .
sovvenzionare [sovventsjo'nare] *vt* subventionner.
sovvenzione [sovven'tsjone] *sf* subvention *f*.
sovversivo, -a [sovver'sivo] *agg* subversif(-ive).
sovvertimento [sovverti'mento] *sm* renversement *m*.
sovvertire [sovver'tire] *vt* (*ordine, stato*) renverser.
sozzo, -a ['sottso] *agg* crasseux(-euse).
SP *sigla* = *La Spezia*.
S.P. *abbr* (= *strada provinciale*) ≈ R.D. *f*.
S.p.A. ['ɛssepi'ɑ] *abbr f* (= *società per azioni*) S.p.A.
spaccare [spak'kare] *vt* (*legna*) fendre; (*piatto*) briser, casser; **spaccarsi** *vip* se fendre, se briser; **~ il minuto** être ultraprécis(e); **un sole che spacca le pietre** un soleil de plomb.
spaccatura [spakka'tura] *sf* (*anche fig*) cassure *f*; (*fenditura, punto di rottura*) fente *f*.
spaccherò *etc* [spakke'rɔ] *vb vedi* **spaccare**.
spacciare [spat'tʃare] *vt* (*vendere*) vendre; (*mettere in circolazione*) écouler; **spacciarsi** *vr*: **spacciarsi per** se faire passer pour; **~ qc per** faire passer qch pour; **~ droga** vendre de la drogue.
spacciato, -a [spat'tʃato] *agg* perdu(e), fichu(e).
spacciatore, -trice [spattʃa'tore] *sm/f*: **~ (di droga)** revendeur(-euse) de drogue, dealer *m* (*fam*).
spaccio ['spattʃo] *sm* (*di merce rubata, denaro falso*) trafic *m*; (*vendita*) débit *m*, vente *f*; (*bottega*) magasin *m*; **~ di droga** trafic de drogue.
spacco, -chi ['spakko] *sm* (*strappo*) déchirure *f*, accroc *m*; (*di gonna*) fente *f*.
spaccone [spak'kone] *sm/f* fanfaron(e).
spada ['spada] *sf* épée *f*; **spade** *sfpl* (*CARTE*) épées *fpl* (*dans un jeu de 40 cartes italiennes*); **~ di Damocle** épée de Damoclès.
spadroneggiare [spadroned'dʒare] *vi* faire la loi.
spaesato, -a [spae'zato] *agg* dépaysé(e).
spaghettata [spaget'tata] *sf* plat *m* de spaghettis; **farsi una ~** se faire des spaghettis.
spaghetti [spa'getti] *smpl* spaghettis *mpl*.
Spagna ['spaɲɲa] *sf* Espagne *f*.
spagnolo, -a [spaɲ'ɲɔlo] *agg* espagnol(e) ♦ *sm/f* Espagnol(e) ♦ *sm* espagnol *m*.
spago, -ghi ['spago] *sm* ficelle *f*; **dare ~ a qn** (*fig*) laisser faire qn.
spaiato, -a [spa'jato] *agg* dépareillé(e).
spalancare [spalan'kare] *vt* ouvrir tout(e) grand; (*occhi*) écarquiller; **spalancarsi** *vip* s'ouvrir tout(e) grand(e).
spalare [spa'lare] *vt* déblayer.
spalla ['spalla] *sf* épaule *f*; (*fig*: *attore*) faire-valoir *m inv*; **spalle** *sfpl* (*dorso*) dos *msg*; **di spalle** de dos; **seduto alle mie spalle** assis derrière moi; **colpire qn alle spalle** frapper qn dans le dos; **gettarsi qc dietro alle spalle** (*fig*) laisser qch derrière soi; **avere tutto sulle proprie spalle** (*fig*) tout avoir sur les bras; **ridere alle spalle di qn** rire dans le dos de qn; **mettere qn con le spalle al muro** (*fig*) mettre qn au pied du mur; **vivere alle spalle di qn** (*fig*) vivre aux dépens *o* aux crochets de qn.
spallata [spal'lata] *sf* coup *m* d'épaule.
spalleggiare [spalled'dʒare] *vt* épauler.
spalliera [spal'ljɛra] *sf* (*di sedia*) dossier *m*; (*di letto*: *da capo*) tête *f* de lit; (: *da piede*) pied *m* de lit; (*GINNASTICA*) espalier *m*.
spallina [spal'lina] *sf* (*MIL, imbottitura*) épaulette *f*; (*di sottoveste*) bretelle *f*.
spalmare [spal'mare] *vt* étaler.
spalti ['spalti] *smpl* gradins *mpl*.
spandere ['spandere] *vt* verser; (*effondere*) répandre; **spandersi** *vip* se répandre.
spanto, -a ['spanto] *pp di* **spandere**.
sparare [spa'rare] *vt* tirer; (*pugni, calci*) décocher, lancer; (*fig*: *fandonie*) raconter ♦ *vi* faire feu; **~ a qn/qc** tirer sur qn/qch.
sparato [spa'rato] *sm* (*di camicia*) plastron *m*.
sparatore, -trice [spara'tore] *sm/f* tireur(-euse).
sparatoria [spara'tɔrja] *sf* fusillade *f*; (*scontro a fuoco*) échange *m* de coups de feu.
sparecchiare [sparek'kjare] *vt*: **~ (la tavola)** desservir *o* débarrasser (la table).
spareggio [spa'reddʒo] *sm* (*SPORT*) belle *f*.
spargere ['spardʒere] *vt* répandre; (*versare*) verser; **spargersi** *vip* se répandre; ~

una voce faire courir un bruit.
spargimento [spardʒi'mento] *sm* effusion *f*; ▸ **spargimento di sangue** effusion de sang.
sparire [spa'rire] *vi* disparaître; ~ **dalla circolazione** disparaître de la circulation.
sparizione [sparit'tsjone] *sf* disparition *f*.
sparlare [spar'lare] *vi* parler à tort et à travers; ~ **di qn** dire du mal de qn, médire de qn.
sparo ['sparo] *sm* décharge *f*; (*rumore*) détonation *f*.
sparpagliare [sparpaʎ'ʎare] *vt* éparpiller; **sparpagliarsi** *vip* se disperser.
sparso, -a ['sparso] *pp di* **spargere** ♦ *agg* (*capelli*) dénoué(e); (*fogli*) éparpillé(e); **in ordine** ~ (*MIL*) en ordre dispersé.
spartiacque [sparti'akkwe] *sm* ligne *f* de partage des eaux.
spartineve [sparti'neve] *sm inv* chasse-neige *m inv*.
spartire [spar'tire] *vt* partager, diviser.
spartito [spar'tito] *sm* (*MUS*) partition *f*.
spartitraffico [sparti'traffiko] *sm inv* (*AUT*): **banchina** ~ refuge *m*.
spartizione [spartit'tsjone] *sf* partage *m*.
sparuto, -a [spa'ruto] *agg* (*aspetto, figura*) chétif(-ive); (*viso*) émacié(e); (*gruppo*) restreint(e), petit(e).
sparviero [spar'vjɛro] *sm* épervier *m*.
spasimante [spazi'mante] *sm/f* soupirant(e).
spasimare [spazi'mare] *vi* souffrir cruellement; ~ **per qn** brûler d'amour pour qn.
spasimo ['spazimo] *sm* (*fisico*) douleur *f*; (*dell'anima*) affres *fpl*.
spasmo ['spazmo] *sm* spasme *m*.
spasmodico, -a, -ci, -che [spaz'mɔdiko] *agg* spasmodique.
spassarsela [spas'sarsela] *vi* se payer du bon temps.
spassionato, -a [spassjo'nato] *agg* impartial(e), sans parti pris.
spasso ['spasso] *sm* distraction *f*; **darsi agli spassi** se donner du bon temps; **andare a** ~ aller se promener; **mandare qn a** ~ (*fig*: *mandare via*) envoyer promener qn; (: *licenziare*) mettre qn à la porte; **essere a** ~ (*fig*: *disoccupato*) être au chômage.
spassoso, -a [spas'soso] *agg* drôle, marrant(e) (*fam*).
spastico, -a, -ci, -che ['spastiko] *agg, sm/f* handicapé(e) moteur(-trice).
spatola ['spatola] *sf* spatule *f*.
spauracchio [spau'rakkjo] *sm* (*fig*: *persona*) bête *f* noire; (: *cosa*) hantise *f*.
spaurire [spau'rire] *vt* effrayer, épouvanter.
spavalderia [spavalde'ria] *sf* crânerie *f*; (*atto*) bravade *f*.
spavaldo, -a [spa'valdo] *agg* effronté(e), fanfaron(e).
spaventapasseri [spaventa'passeri] *sm inv* épouvantail *m*.
spaventare [spaven'tare] *vt* effrayer, épouvanter; **spaventarsi** *vip* s'effrayer, s'épouvanter.
spavento [spa'vento] *sm* frayeur *f*; **far** ~ **a qn** faire peur à qn, effrayer qn.
spaventoso, -a [spaven'toso] *agg* épouvantable, affreux(-euse); (*fam*: *fortuna, fame*) terrible.
spaziale [spat'tsjale] *agg* spatial(e); (*geometria*) de l'espace.
spaziatura [spattsja'tura] *sf* (*TIP*) espacement *m*.
spazientire [spattsjen'tire] *vi* (*anche*: **spazientirsi**) s'impatienter.
spazio ['spattsjo] *sm* espace *m*; (*posto, anche fig*) place *f*; (*MUS*) interligne *m*; **fare** ~ **per qc/qn** faire de la place pour qch/à qn; **nello** ~ **di un giorno** en l'espace d'un jour; **dare** ~ **a** (*fig*: *a persona*) laisser de la marge à; ▸ **spazio aereo** espace aérien.
spazioso, -a [spat'tsjoso] *agg* spacieux(-euse).
spazzacamino [spattsaka'mino] *sm* ramoneur *m*.
spazzaneve [spattsa'neve] *sm inv* chasse-neige *m inv*.
spazzare [spat'tsare] *vt* balayer.
spazzatura [spattsa'tura] *sf* ordures *fpl*.
spazzino [spat'tsino] *sm* balayeur *m* (de rues); (*netturbino*) éboueur *m*.
spazzola ['spattsola] *sf* brosse *f*; (*ELETTR*: *di tergicristalli*) balai *m*; **capelli a** ~ cheveux *mpl* en brosse.
spazzolare [spattso'lare] *vt* brosser.
spazzolino [spattso'lino] *sm* (petite) brosse *f*; ▸ **spazzolino da denti** brosse à dents.
specchiarsi [spek'kjarsi] *vr, vip* se regarder (dans une glace); (*riflettersi*) se refléter.
specchiera [spek'kjɛra] *sf* (*specchio*) miroir *m*, glace *f*; (*mobile*) coiffeuse *f*.
specchietto [spek'kjetto] *sm* glace *f*, miroir *m*; (*prospetto*) tableau *m*; ▸ **specchietto per le allodole** (*fig*) miroir aux alouettes; ▸ **specchietto retrovisore** (*AUT*) rétroviseur *m*.
specchio ['spɛkkjo] *sm* glace *f*, miroir *m*; (*tabella*) tableau *m*; **uno** ~ **d'acqua** une étendue d'eau.
speciale [spe'tʃale] *agg* spécial(e); **in special modo** en particulier, tout particulièrement; **leggi speciali** lois *fpl* d'exception.
specialista, -i, -e [spetʃa'lista] *sm/f* (*anche MED*) spécialiste *m/f*.
specialistico, -a, -ci, -che [spetʃa'listiko] *agg* de spécialiste.
specialità [spetʃali'ta] *sf inv* spécialité *f*.

specializzare [spetʃalid'dzare] *vt* spécialiser; **specializzarsi** *vr* se spécialiser.
specializzato, -a [spetʃalid'dzato] *agg* spécialisé(e).
specializzazione [spetʃaliddzat'tsjone] *sf* spécialisation *f*; **prendere la ~ in** se spécialiser en.
specialmente [spetʃal'mente] *avv* spécialement, surtout.
specie ['spɛtʃe] *sf inv* (*BIOL, BOT, ZOOL*) espèce *f*; (*tipo, qualità*) sorte *f*, espèce, genre *m* ♦ *avv* spécialement, surtout; **ogni ~ di verdura** toutes sortes de légumes; **una ~ di** une espèce de; **nella ~** en l'occurrence; **fare ~ a qn** étonner qn; **la ~ umana** le genre humain.
specifica, -che [spe'tʃifika] *sf* note *f* détaillée; *vedi anche* **specifico.**
specificare [spetʃifi'kare] *vt* spécifier, préciser.
specificatamente [spetʃifikata'mente] *avv* en détail.
specifico, -a, -ci, -che [spe'tʃifiko] *agg* spécifique.
speck [ʃpɛk] *sm inv variété de jambon cru, salé et fumé, typique de la charcuterie allemande et autrichienne.*
speculare [speku'lare] *vi*: **~ (su)** spéculer (sur).
speculatore, -trice [spekula'tore] *sm/f* spéculateur(-trice).
speculazione [spekulat'tsjone] *sf* spéculation *f*.
spedire [spe'dire] *vt* expédier, envoyer; (*fig*: *persona*) envoyer; **~ per posta** expédier *o* envoyer par la poste.
speditamente [spedita'mente] *avv* rapidement, très vite.
spedito, -a [spe'dito] *agg* rapide.
spedizione [spedit'tsjone] *sf* expédition *f*, envoi *m*; (*collo spedito*) envoi; (*scientifica, di soccorso*) expédition; **fare una ~** faire une expédition; **agenzia di ~** entreprise *f* de transport *o* de roulage; **spese di ~** frais *mpl* de transport.
spedizioniere [spedittsjo'njɛre] *sm* expéditionnaire *m/f*, transporteur(-euse).
spegnere ['spɛɲɲere] *vt* éteindre; **spegnersi** *vip* (*anche fig*: *morire*) s'éteindre; (*apparecchi elettrici*) s'arrêter.
speleologia [speleolo'dʒia] *sf* spéléologie *f*.
speleologo, -a, -gi, -ghe [spele'ɔlogo] *sm/f* spéléologue *m/f*.
spellare [spel'lare] *vt* (*scuoiare*) dépouiller; (*scorticare*) écorcher; **spellarsi** *vip* s'écorcher.
spendaccione, -a [spendat'tʃone] *sm/f* dépensier(-ière).
spendere ['spɛndere] *vt* dépenser; (*fig*) employer; **~ una buona parola per qn** dire un mot en faveur de qn.
spengo *etc* ['spɛngo] *vb vedi* **spegnere.**
spennare [spen'nare] *vt* (*anche fig*) plumer.
spensi *etc* ['spɛnsi] *vb vedi* **spegnere.**
spensieratezza [spensjera'tettsa] *sf* insouciance *f*.
spensierato, -a [spensje'rato] *agg* insouciant(e).
spento, -a ['spɛnto] *pp di* **spegnere** ♦ *agg* éteint(e).
speranza [spe'rantsa] *sf* espoir *m*; (*REL*) espérance *f*; **pieno di speranze** plein d'espoirs; **senza ~** sans espoir; **nella ~ di rivederti** dans l'espoir de te revoir.
speranzoso, -a [speran'tsoso] *agg* plein(e) d'espoir.
sperare [spe'rare] *vt* espérer ♦ *vi*: **~ in** espérer en; **~ che/di fare** espérer que/faire; **lo spero** j'espère bien; **spero di sì** j'espère que oui; **tutto fa ~ per il meglio** tout laisse à penser que cela ira pour le mieux.
sperduto, -a [sper'duto] *agg* (*posto*) perdu(e); (*persona*: *imbarazzato, a disagio*) perdu(e), dépaysé(e).
spergiuro, -a [sper'dʒuro] *agg, sm/f* parjure *m/f* ♦ *sm* parjure *m*.
spericolato, -a [speriko'lato] *agg* (*persona*) téméraire, casse-cou (*fam*); (*corsa*) dangereux(-euse).
sperimentale [sperimen'tale] *agg* expérimental(e); (*teatro, cinema*) d'avant-garde, d'essai; **in via ~** expérimentalement.
sperimentare [sperimen'tare] *vt* expérimenter; (*fig*: *sapere per esperienza*) faire l'expérience de; (: *tentare*) tenter.
sperimentazione [sperimentat'tsjone] *sf* expérimentation *f*.
sperma, -i ['spɛrma] *sm* sperme *m*.
spermatozoo, -i [spermatod'dzɔo] *sm* spermatozoïde *m*.
sperone [spe'rone] *sm* éperon *m*.
sperperare [sperpe'rare] *vt* dilapider.
sperpero ['spɛrpero] *sm* gaspillage *m*, dilapidation *f*.
spesa ['spesa] *sf* (*versamento*) dépense *f*; (*somma*) frais *mpl*; (*acquisto*) achat *m*; (*quotidiana*) courses *fpl*, commissions *fpl*; **fare la ~** faire les courses; **uscire a fare spese** sortir faire des emplettes *o* des achats; **con la modica ~ di ...** pour la modique somme de ...; **ho avuto tante spese** j'ai fait beaucoup de dépenses; **100.000 lire più le spese** 100 000 lires sans compter les frais; **a spese di** (*a carico di*) aux frais de; (*fig*: *a danno di*) aux dépens de; ▶ **spesa pubblica** dépenses *fpl* publiques; ▶ **spese accessorie** faux frais; ▶ **spese d'impianto** frais d'établissement; ▶ **spese di gestione** frais de gestion; ▶ **spese di manutenzione** frais d'entretien; ▶ **spese di sbarco e sdoga-**

namento frais de débarquement et de dédouanement; ▸**spese di trasporto** frais de transport; ▸**spese di viaggio** frais de déplacement; ▸**spese generali** frais généraux; ▸**spese legali** frais de justice; ▸**spese postali** frais d'envoi.
spesare [spe'sare] *vt* défrayer.
speso, -a ['speso] *pp di* **spendere**.
spesso, -a ['spesso] *agg* épais(se) ♦ *avv* souvent; **spesse volte** souvent, fréquemment; ~ **e volentieri** bien souvent.
spessore [spes'sore] *sm* (*anche fig*) épaisseur *f*; **ha uno ~ di 20cm** il a 20 cm d'épaisseur.
Spett. *abbr* = *spettabile*; ~ **Ditta** (*sur enveloppe*) Maison; (*dans une lettre*) Messieurs.
spettabile [spet'tabile] *agg*: ~ **ditta Bianchi** (*sulla busta*) Maison Bianchi; (*nella lettera*) Messieurs.
spettacolare [spettako'lare] *agg* spectaculaire.
spettacolo [spet'takolo] *sm* spectacle *m*; (*CINE*) séance *f*; (*TEATRO*) représentation *f*; **dare ~ (di sé)** se donner en spectacle.
spettacoloso, -a [spettako'loso] *agg* (*scenario, festa*) spectaculaire; (*successo*) fabuleux(-euse), extraordinaire.
spettanza [spet'tantsa] *sf* (*competenza*) ressort *m*; **spettanze** *sfpl* (*per lavoro*) honoraires *mpl*.
spettare [spet'tare] *vi*: ~ **a** revenir à; **spetta a te decidere** c'est à toi de décider.
spettatore, -trice [spetta'tore] *sm/f* (*CINE, TEATRO*) spectateur(-trice); (*di avvenimento, incidente*) témoin *m*.
spettegolare [spettego'lare] *vi* faire des commérages, cancaner.
spettinare [spetti'nare] *vt* décoiffer; **spettinarsi** *vr, vip* se décoiffer.
spettrale [spet'trale] *agg* spectral(e).
spettro ['spɛttro] *sm* (*anche fig*) spectre *m*.
spezie ['spɛttsje] *sfpl* (*CUC*) épices *fpl*.
spezzare [spet'tsare] *vt* casser; (*fig*) couper; (*in varie parti*) diviser; (*per una pausa*) interrompre; **spezzarsi** *vip* se casser; ~ **il cuore a qn** (*fig*) briser *o* fendre le cœur à qn.
spezzatino [spettsa'tino] *sm* (*CUC*) ragoût *m*; (: *di pollo, coniglio*) fricassée *f*; (: *di vitello*) ≈ blanquette *f*; (: *di montone*) ≈ navarin *m*.
spezzato, -a [spet'tsato] *agg* cassé(e) ♦ *sm costume élégant dont la veste est d'une couleur différente du pantalon.*
spezzettare [spettset'tare] *vt* couper en petits morceaux.
spezzino, -a [spet'tsino] *agg* de La Spezia.
spezzone [spet'tsone] *sm* morceau *m*, bout *m*; (*CINE*) morceau (de pellicule).
spia ['spia] *sf* espion(ne); (*confidente della polizia*) indicateur(-trice), mouchard(e); (*bambino*) rapporteur(-euse); (*ELETTR*) voyant *m*; (*fessura*) judas *msg*; (*fig*) indice *m*; ▸**spia dell'olio** (*AUT*) voyant d'huile.
spiaccicare [spjattʃi'kare] *vt* écraser, écrabouiller (*fam*).
spiacente [spja'tʃɛnte] *agg* désolé(e), navré(e); **essere ~ di qc/di fare qc** être désolé(e) de qch/de faire qch.
spiacevole [spja'tʃevole] *agg* (*incidente, avvenimento*) fâcheux(-euse); (*esperienza, dovere*) déplaisant(e), désagréable.
spiaggia, -ge ['spjaddʒa] *sf* plage *f*; **l'ultima ~** (*fig*) la dernière chance; ▸**spiaggia libera** (*dove non si paga*) plage publique.
spianare [spja'nare] *vt* (*terreno*) aplanir, niveler; (*pasta*) étendre; (*edificio, quartiere*) raser; (*fucile*) épauler; (*pistola*) braquer; ~ **il cammino a qn** aplanir la voie à qn.
spiano ['spjano] *sm*: **a tutto ~** (*lavorare*) à toute allure, à plein régime; (*spendere*) sans compter.
spiantato, -a [spjan'tato] *agg* ruiné(e), désargenté(e) ♦ *sm/f* sans-le-sou *m/f inv*.
spiare [spi'are] *vt* (*nemico, mossa*) épier; (*occasione*) guetter.
spiata [spi'ata] *sf* délation *f*.
spiattellare [spjattel'lare] *vt* (*fam*) dire carrément.
spiazzo ['spjattso] *sm* étendue *f*.
spiccare [spik'kare] *vt* (*mandato*) émettre ♦ *vi* (*risaltare*) se détacher, ressortir; ~ **un salto** faire un bond; ~ **il volo** s'envoler; (*fig*) prendre son vol.
spiccato, -a [spik'kato] *agg* marqué(e), prononcé(e).
spiccherò *etc* [spikke'rɔ] *vb vedi* **spiccare**.
spicchio ['spikkjo] *sm* (*di agrumi*) quartier *m*; (*di aglio*) gousse *f*; (*parte*) tranche *f*.
spicciare [spit'tʃare] *vt* (*faccenda*) expédier; **spicciarsi** *vip* se dépêcher, se presser.
spiccio, -a ['spittʃo] *agg* expéditif(-ive); **andare per le spicce** ne pas y aller par quatre chemins.
spicciolata [spittʃo'lata] *avv*: **alla ~** par petits groupes.
spicciolo, -a ['spittʃolo] *agg*: **moneta spicciola** petite monnaie *f*; **spiccioli** *smpl* (*soldi*) monnaie *fsg*.
spicco, -chi ['spikko] *sm*: **di ~** (*fatto*) marquant(e); (*personaggio*) en vue; **fare ~** se distinguer, ressortir.
spiedino [spje'dino] *sm* brochette *f*.
spiedo ['spjɛdo] *sm* (*CUC*) broche *f*; **pollo allo ~** poulet *m* à la broche.
spiegamento [spjega'mento] *sm* déploiement *m*; ▸**spiegamento di forze** déploiement de forces.

spiegare [spje'gare] *vt* (*concetto etc*) expliquer; (*ali*) déployer; (*tovaglia*) déplier; **spiegarsi** *vr, vip* s'expliquer; ~ **qc a qn** expliquer qch à qn; **non mi spiego come** ... je ne m'explique pas comment ... .
spiegazione [spjegat'tsjone] *sf* explication *f*; **avere una ~ con qn** avoir une explication avec qn.
spiegazzare [spjegat'tsare] *vt* froisser, chiffonner.
spiegherò *etc* [spjege'rɔ] *vb vedi* **spiegare**.
spietato, -a [spje'tato] *agg* impitoyable.
spifferare [spiffe'rare] *vt* (*fam*) moucharder.
spiffero ['spiffero] *sm* (*fam*) courant *m* d'air, vent coulis *msg*.
spiga, -ghe ['spiga] *sf* (*BOT*) épi *m*; **tessuto a ~** tissu *m* à chevrons.
spigliato, -a [spiʎ'ʎato] *agg* désinvolte.
spigolo ['spigolo] *sm* coin *m*; (*GEOM*) arête *f*.
spigoloso, -a [spigo'loso] *agg* anguleux(-euse); (*fig*) anguleux(-euse), difficile.
spilla ['spilla] *sf* (*gioiello*) broche *f*; (*da cravatta, cappello*) épingle *f*.
spillare [spil'lare] *vt* (*fig*: *denaro*): ~ **(a)** soutirer (à).
spillo ['spillo] *sm* épingle *f*; **tacchi a ~** talons *mpl* aiguilles; ▸ **spillo da balia** *o* **di sicurezza** épingle de nourrice *o* de sûreté.
spilorceria [spilortʃe'ria] *sf* pingrerie *f*.
spilorcio, -a, -ci, -ce [spi'lortʃo] *agg* radin(e) ♦ *sm/f* radin(e), grippe-sou *m/f*.
spilungone, -a [spilun'gone] *sm/f* (grande) perche *f* (*fig*), échalas *msg* (*fig*).
spina ['spina] *sf* (*BOT*) épine *f*; (*ZOOL*: *di istrice*) piquant *m*; (: *di pesce*) arête *f* ♦ *sf* (*ELETTR*) fiche *f*; (*di botte*) cannelle *f*; **una birra alla ~** une bière (à la) pression; **stare sulle spine** (*fig*) être sur des charbons ardents; **a ~ di pesce** (*disegno*) à chevrons; ▸ **spina dorsale** épine dorsale.
spinacio [spi'natʃo] *sm* épinard *m*; **spinaci** *smpl* (*CUC*) épinards *mpl*.
spinale [spi'nale] *agg* spinal(e); **midollo ~** moelle *f* épinière.
spinato, -a [spi'nato] *agg* (*tessuto*) à chevrons; **filo ~** fil *m* de fer barbelé, barbelés *mpl*.
spinello [spi'nɛllo] *sm* (*fam*) joint *m*.
spingere ['spindʒere] *vt* pousser; (*pulsante*) appuyer sur; (*fig*: *sguardo*) diriger, porter; **spingersi** *vip* (*inoltrarsi*) s'avancer; ~ **qn a fare qc** pousser qn à faire qch; **spingersi troppo lontano** aller trop loin.
spinoso, -a [spi'noso] *agg* (*anche fig*) épineux(-euse).
spinsi *etc* ['spinsi] *vb vedi* **spingere**.
spinta ['spinta] *sf* poussée *f*; (*fig*: *stimolo*) impulsion *f*; (: *appoggio, raccomandazione*) coup *m* de piston, coup de pouce; **dare una ~ a qn** pousser qn; (*fig*: *aiutare*) donner un coup de pouce à qn.
spinterogeno [spinte'rɔdʒeno] *sm* (*AUT*) delco ® *m*, allumeur *m*.
spinto, -a ['spinto] *pp di* **spingere** ♦ *agg* (*scabroso*) osé(e); (*posizione, idea*) extrémiste.
spintonare [spinto'nare] *vt* bousculer.
spintone [spin'tone] *sm* (*spinta*): **dare uno ~ a qn** pousser *o* bousculer qn; (*raccomandazione*) coup *m* de pouce.
spionaggio [spio'naddʒo] *sm* espionnage *m*; ▸ **spionaggio industriale** espionnage industriel.
spioncino [spion'tʃino] *sm* judas *msg*.
spione, -a [spi'one] *sm/f* (*peg*) mouchard(e).
spionistico, -a, -ci, -che [spio'nistiko] *agg* d'espionnage.
spiovere ['spjɔvere] *vi* (*scorrere*) couler; (*ricadere*) tomber.
spira ['spira] *sf* (*voluta*) spirale *f*; (*ELETTR*) spire *f*; **spire** *sfpl* (*di serpente*) anneaux *mpl*, nœuds *mpl*.
spiraglio [spi'raʎʎo] *sm* (*fessura*) fente *f*; (*di luce*) rayon *m*; (*di aria*) filet *m*; (*fig*: *barlume*) lueur *f*.
spirale [spi'rale] *sf* (*MAT*) spirale *f*; (*contraccettivo*) stérilet *m*; (*fig*: *di violenza, terrore*) escalade *f*; **a ~** en spirale, en vrille.
spirare [spi'rare] *vi* (*vento*) souffler; (*persona*) expirer.
spiritato, -a [spiri'tato] *agg* (*espressione*) démoniaque; (*occhi*) exorbité(e); (*persona*) possédé(e).
spiritismo [spiri'tizmo] *sm* spiritisme *m*.
spirito ['spirito] *sm* esprit *m*; **di ~** d'esprit; **fare dello ~** faire de l'esprit; ▸ **spirito di classe** esprit de caste; ▸ **spirito di contraddizione** esprit de contradiction; ▸ **spirito di parte** esprit partisan.
spiritosaggine [spirito'saddʒine] *sf* plaisanterie *f* (d'un goût douteux).
spiritoso, -a [spiri'toso] *agg* (*persona*) spirituel(le), plein(e) d'esprit; (*battuta*) spirituel(le), drôle ♦ *sm/f*: **fare lo ~** (*peg*) faire le malin.
spirituale [spiritu'ale] *agg* spirituel(le).
splendente [splen'dɛnte] *agg* éclatant(e), resplendissant(e).
splendere ['splɛndere] *vi* briller, resplendir; (*fig*: *volto*) resplendir; (: *occhi*) briller; (: *pavimento*) briller, reluire.
splendido, -a ['splɛndido] *agg* splendide; (*munifico*) généreux(-euse).
splendore [splen'dore] *sm* splendeur *f*.
spodestare [spodes'tare] *vt* détrôner.
spoglia ['spɔʎʎa] *sf*: **sotto mentite spoglie**

sous de fausses apparences; ▸**spoglie mortali** dépouille *fsg* mortelle.
spogliare [spoʎ'ʎare] *vt* déshabiller; **spogliarsi** *vr* se déshabiller; ~ **qn di** (*fig*) dépouiller qn de.
spogliarello [spoʎʎa'rɛllo] *sm* strip-tease *m*.
spogliatoio [spoʎʎa'tojo] *sm* vestiaire *m*.
spoglio, -a ['spɔʎʎo] *agg* dépouillé(e); (*fig: privo*): ~ **di** dépourvu(e) de ♦ *sm* (*di voti, corrispondenza*) dépouillement *m*.
spola ['spɔla] *sf* navette *f*; **fare la** ~ **(fra)** (*fig*) faire la navette (entre).
spoletta [spo'letta] *sf* (*CUCITO*) canette *f*; (*di bomba*) fusée *f*.
spolpare [spol'pare] *vt* (*osso*) dépecer; (*fig*) dépouiller.
spolverare [spolve'rare] *vt* (*mobile*) épousseter; (*vestito*) brosser, dépoussiérer; (*torta*) saupoudrer; (*fig: mangiare avidamente*) engloutir, dévorer ♦ *vi* enlever la poussière.
spolverino [spolve'rino] *sm* (*soprabito*) pardessus *msg* léger.
sponda ['sponda] *sf* (*di fiume*) berge *f*, rive *f*; (*di mare, lago*) rivage *m*, bord *m*; (*bordo*) bord.
sponsor ['spɔnsə] *sm inv* sponsor *m*.
sponsorizzare [sponsorid'dzare] *vt* sponsoriser, parrainer.
sponsorizzazione [sponsoriddzat'tsjone] *sf* parrainage *m*, sponsoring *m*, sponsorisation *f*.
spontaneamente [spontanea'mente] *avv* spontanément.
spontaneo, -a [spon'taneo] *agg* spontané(e); **di sua spontanea volontà** de son plein gré.
spopolare [spopo'lare] *vt* dépeupler ♦ *vi* (*aver successo*) faire fureur; **spopolarsi** *vip* se dépeupler.
sporadico, -a, -ci, -che [spo'radiko] *agg* sporadique.
sporcaccione, -a [sporkat'tʃone] *sm/f* (*bambino etc*) petit cochon *m*; (*licenzioso*) cochon(ne).
sporcare [spor'kare] *vt* (*anche fig*) salir; **sporcarsi** *vr, vip* se salir.
sporcizia [spor'tʃittsja] *sf* saleté *f*; (*sudiciume*) saleté, crasse *m*.
sporco, -a, -chi, -che ['spɔrko] *agg* (*anche fig: faccenda, denaro*) sale; (*: film etc*) cochon(ne); **avere la fedina penale sporca** avoir un casier judiciaire chargé; **avere la coscienza sporca** ne pas avoir la conscience tranquille, avoir quelque chose sur la conscience.
sporgenza [spor'dʒɛntsa] *sf* saillie *f*.
sporgere ['spɔrdʒere] *vt* (*braccia*) tendre; (*viso*) pencher; (*denuncia*) déposer ♦ *vi* dépasser; **sporgersi** *vr*: **sporgersi (da)** se pencher (de); ~ **querela contro qn** (*DIR*) porter plainte contre qn.
sporsi *etc* ['spɔrsi] *vb vedi* **sporgere**.
sport [spɔrt] *sm inv* sport *m*; **fare dello** ~ faire du sport; **per** ~ (*fig*) pour son plaisir; ▸**sport invernali** sports *mpl* d'hiver.
sporta ['spɔrta] *sf* cabas *msg*, sac *m* à provisions.
sportello [spor'tɛllo] *sm* (*di treno, auto*) portière *f*; (*di banca, ufficio*) guichet *m*; ▸**sportello automatico** (*per prelievi*) guichet automatique.
sportivo, -a [spor'tivo] *agg* sportif(-ive); (*abito, giacca*) de sport ♦ *sm/f* sportif(-ive).
sporto, -a ['spɔrto] *pp di* **sporgere**.
sposa ['spɔza] *sf* mariée *f*; (*moglie*) femme *f*, épouse *f*; **abito da** ~ robe *f* de mariée.
sposalizio [spoza'littsjo] *sm* mariage *m*.
sposare [spo'zare] *vt* (*anche fig*) épouser; (*unire in matrimonio*) marier; **sposarsi** *vr* se marier; **sposarsi con qn** se marier avec qn.
sposato, -a [spo'zato] *agg* marié(e).
sposo ['spɔzo] *sm* marié *m*; (*marito*) mari *m*, époux *msg*; **gli sposi** les mariés.
spossante [spos'sante] *agg* épuisant(e).
spossatezza [spossa'tettsa] *sf* épuisement *m*.
spossato, -a [spos'sato] *agg* épuisé(e), éreinté(e).
spostamento [sposta'mento] *sm* (*vedi vb*) déplacement *m*; renvoi *m*.
spostare [spos'tare] *vt* déplacer; (*riunione, incontro*) reporter, renvoyer; **spostarsi** *vr, vip* se déplacer; **hanno spostato la partenza di qualche giorno** ils ont reculé le départ de quelques jours.
spot [spɔt] *sm inv* spot *m*.
spranga, -ghe ['spranga] *sf* barre *f*.
sprangare [spran'gare] *vt* barricader.
spray ['sprai] *sm inv* (*dispositivo*) atomiseur *m*, bombe *f* (aérosol) ♦ *agg inv* (*bombola, confezione*) en atomiseur, en bombe (aérosol).
sprazzo ['sprattso] *sm* échappée *f*; **a sprazzi** de façon intermittente.
sprecare [spre'kare] *vt* gaspiller.
spreco, -chi ['sprɛko] *sm* gaspillage *m*.
spregevole [spre'dʒevole] *agg* méprisable.
spregio ['sprɛdʒo] *sm* mépris *msg*.
spregiudicato, -a [spredʒudi'kato] *agg* sans préjugés, anticonformiste; (*peg*) sans scrupules.
spremere ['sprɛmere] *vt* presser; (*fig: popolo*) pressurer; **spremersi le meningi** (*fig*) se creuser la cervelle *o* les méninges.
spremuta [spre'muta] *sf* jus *msg*; ▸**spremuta d'arancia** jus d'orange, orange *f* pressée.
sprezzante [spret'tsante] *agg* méprisant(e).

sprezzo ['sprɛttso] *sm* mépris *msg*.
sprigionare [spridʒo'nare] *vt* dégager; **sprigionarsi** *vip* se dégager; (*fiamme*) s'échapper.
sprizzare [sprit'tsare] *vt* (*gioia*) rayonner de ♦ *vi* (*zampillare*) gicler, jaillir; ~ **salute** respirer la santé.
sprofondare [sprofon'dare] *vi* (*casa, tetto, pavimento*) s'effondrer; (*terreno*) s'affaisser; (*nel fango, nella melma*) s'embourber, s'enliser; (*fig*) sombrer; **sprofondarsi** *vr*: **sprofondarsi in** (*in poltrona, divano*) s'affaler dans *o* sur; (*in studio, lavoro*) se plonger dans.
sproloquiare [sprolo'kwjare] *vi* palabrer.
sproloquio [spro'lɔkwjo] *sm* palabre *m o f*.
spronare [spro'nare] *vt* éperonner; (*fig*) pousser, encourager.
sprone ['sprone] *sm* éperon *m*; (*fig*) stimulant *m*, aiguillon *m*.
sproporzionato, -a [sproportsjo'nato] *agg* disproportionné(e); (*eccessivo*) excessif(-ive); ~ **a** disproportionné(e) par rapport à.
sproporzione [spropor'tsjone] *sf* disproportion *f*.
spropositato, -a [spropozi'tato] *agg* (*fig*) démesuré(e), excessif(-ive).
sproposito [spro'pɔzito] *sm* bévue *f*; (*errore*) grosse faute *f*; **a** ~ (*intervenire*) mal à propos, à tort et à travers.
sprovveduto, -a [sprovve'duto] *agg* peu averti(e), naïf(-ïve) ♦ *sm/f* faible *m/f*.
sprovvisto, -a [sprov'visto] *agg*: ~ **(di)** dépourvu(e) (de); **ne siamo sprovvisti** (*negozio*) nous n'en avons pas; **alla sprovvista** au dépourvu.
spruzzare [sprut'tsare] *vt* (*con nebulizzatore*) vaporiser; (*aspergere*) asperger, humecter; (*spargere sopra*) saupoudrer.
spruzzatore [spruttsa'tore] *sm* vaporisateur *m*.
spruzzo ['spruttso] *sm* jet *m*, éclaboussure *f*; **verniciatura a** ~ peinture *f* au pistolet.
spudoratezza [spudora'tettsa] *sf* impudeur *f*.
spudorato, -a [spudo'rato] *agg* dévergondé(e), impudent(e).
spugna ['spuɲɲa] *sf* (*ZOOL*) éponge *f*; (*tessuto*) tissu *m* éponge; **gettare la** ~ (*fig*) jeter l'éponge.
spugnoso, -a [spuɲ'ɲoso] *agg* spongieux(-euse).
spulciare [spul'tʃare] *vt* épucer; (*fig*: *testo*) éplucher.
spuma ['spuma] *sf* (*del mare*) écume *f*; (*di birra etc*) mousse *f*.
spumante [spu'mante] *sm* mousseux *msg*.
spumeggiante [spumed'dʒante] *agg* (*birra etc*) mousseux(-euse); (*fig*) brillant(e), pétillant(e).
spumone [spu'mone] *sm* *gâteau à base de blancs d'œufs, de lait et de sucre; mousse glacée*.
spuntare [spun'tare] *vt* (*coltello*) épointer; (*capelli*) rafraîchir, couper les pointes de; (*elenco*) pointer ♦ *vi* (*germogli, capelli*) pousser; (*denti*) percer; (*apparire improvvisamente*) surgir ♦ *sm*: **allo** ~ **del sole** au lever du soleil; **spuntarsi** *vip* (*perdere la punta*) s'épointer; **spuntarla** y arriver; **spuntarla con qn** l'emporter sur qn.
spuntino [spun'tino] *sm* casse-croûte *m inv*.
spunto ['spunto] *sm* (*TEATRO*) premier mots *mpl* d'une réplique; (*MUS*) première mesure *f*; **dare lo** ~ **a** (*fig*) fournir l'occasion de; **prendere** ~ **da** (*fig*: *artista etc*) s'inspirer de.
spurgare [spur'gare] *vt* (*canale*) curer; (*fogna*) vidanger.
sputare [spu'tare] *vt, vi* (*anche fig*) cracher; ~ **sentenze** pontifier; *vedi anche* **rospo**.
sputo ['sputo] *sm* crachat *m*.
sputtanare [sputta'nare] *vt* (*fam*) débiner (*fam*).
squadra ['skwadra] *sf* (*di operai, pompieri, SPORT*) équipe *f*; (*strumento*) équerre *f*; (*MIL*) escouade *f*; (*AER, NAUT*) escadre *f*; **a squadre** (*gioco, lavoro etc*) par équipes; ▸ **squadra di calcio** équipe de football; ▸ **squadra mobile** ≈ garde *f* mobile.
squadrare [skwa'drare] *vt* (*foglio, terreno*) diviser à l'équerre; (*trave*) équarrir; (*osservare*) dévisager; ~ **qn da capo a piedi** regarder qn de la tête aux pieds.
squadriglia [skwa'driʎʎa] *sf* escadrille *f*.
squadrone [skwa'drone] *sm* escadron *m*.
squagliarsi [skwaʎ'ʎarsi] *vip* fondre, se liquéfier; (*fig*) filer en douce, filer à l'anglaise.
squalifica, -che [skwa'lifika] *sf* disqualification *f*.
squalificare [skwalifi'kare] *vt* disqualifier.
squallido, -a ['skwallido] *agg* minable; (*ambiente, faccenda*) sordide.
squallore [skwal'lore] *sm* misère *f*; (*di vita*) grisaille *f*.
squalo ['skwalo] *sm* requin *m*.
squama ['skwama] *sf* (*ZOOL, BOT*) écaille *f*; (*ANAT*) squame *f*.
squamare [skwa'mare] *vt* écailler; **squamarsi** *vip* se desquamer.
squarciagola [skwartʃa'gola] *avv*: **a** ~ à tue-tête.
squarciare [skwar'tʃare] *vt* déchirer, lacérer; (*fig*: *tenebre, silenzio*) déchirer; (: *nuvole*) trouer, percer.
squarcio ['skwartʃo] *sm* déchirure *f*; **uno** ~ **di cielo** un bout de ciel.
squartare [skwar'tare] *vt* (*animale*) équarrir; (*corpo*) écarteler.

squattrinato, -a [skwattri'nato] *agg* fauché(e) (*fam*), sans-le-sou *inv* ♦ *sm/f* fauché(e), sans-le-sou *m/f inv*.
squilibrare [skwili'brare] *vt* déséquilibrer.
squilibrato, -a [skwili'brato] *agg, sm/f* déséquilibré(e).
squilibrio [skwi'librjo] *sm* déséquilibre *m*.
squillante [skwil'lante] *agg* (*voce*) aigu(-uë); (*fig*: *colore*) vif(vive).
squillare [skwil'lare] *vi* (*campanello, telefono*) sonner; (*tromba*) retentir.
squillo ['skwillo] *sm* sonnerie *f*; (*di campanello*) coup *m* de sonnette ♦ *agg inv*: **ragazza** ~ call-girl *f*.
squisito, -a [skwi'zito] *agg* exquis(e); (*cibo, vino*) exquis(e), délicieux(-euse).
squittire [skwit'tire] *vi* (*uccello*) piailler; (*topo*) couiner.
SR *sigla* = *Siracusa*.
sradicare [zradi'kare] *vt* déraciner; (*fig*) extirper.
sragionare [zradʒo'nare] *vi* divaguer, déraisonner.
sregolatezza [zregola'tettsa] *sf* dérèglement *m*.
sregolato, -a [zrego'lato] *agg* déréglé(e).
Sri Lanka ['sri 'lanka] *sm* Sri Lanka *m*.
S.r.l. ['ɛsse'ɛrre'ɛlle] *abbr f* (= *società a responsabilità limitata*) S.A.R.L. *f*.
srotolare [zroto'lare] *vt* dérouler.
SS *sigla* = *Sassari*.
S.S. *abbr* (*REL* = *Sua Santità*) SS; (= *Santa Sede*) S.S.; (= *santi*) SS.; (= *santissimo*) Très-Saint; (*AUT* = *strada statale*) ≈ RN *f*.
SSN *abbr* (= *Servizio Sanitario Nazionale*) ≈ CPAM *f*.
sta *etc* [sta] *vb vedi* **stare**.
stabile ['stabile] *agg* stable ♦ *sm* immeuble *m*; **teatro** ~ ≈ théâtre *m* municipal.
stabilimento [stabili'mento] *sm* (*balneare, termale*) établissement *m*; (*fabbrica*) usine *f*; ▸ **stabilimento tessile** usine textile.
stabilire [stabi'lire] *vt* (*residenza, leggi*) établir; (*prezzi, data*) fixer; (*decidere*) décider; **stabilirsi** *vr* (*prendere dimora*) s'établir, se fixer; **resta stabilito che ...** il est convenu que ... .
stabilità [stabili'ta] *sf* stabilité *f*.
stabilizzare [stabilid'dzare] *vt* stabiliser.
stabilizzatore [stabiliddza'tore] *sm* régulateur *m*; (*AER*) équilibreur *m*.
stabilizzazione [stabiliddzat'tsjone] *sf* stabilisation *f*.
stacanovista, -i, -e [stakano'vista] *sm/f* stakhanoviste *m/f*.
staccare [stak'kare] *vt* détacher; (*quadro*) décrocher; (*apparecchio elettrico*) débrancher; (*fig*: *da luogo, genitori*) éloigner; (*SPORT*) distancer ♦ *vi* (*fam*: *al lavoro*) débrayer; **staccarsi** *vip*: **staccarsi (da)** (*bottone*) se découdre (de); (*cerotto*) se décoller (de); (*persona*) se détacher (de); ~ **un assegno** tirer *o* émettre un chèque; ~ **un biglietto** vendre un billet; ~ **il telefono** décrocher le téléphone; **non** ~ **gli occhi da qn** ne pas quitter qn des yeux.
staccionata [stattʃo'nata] *sf* (*recinto*) palissade *f*; (*IPPICA*) barrière *f*.
stacco, -chi ['stakko] *sm* (*intervallo*) intervalle *m*; (*colori*) contraste *m*; (*pubblicitario*) spot *m* publicitaire; ▸ **stacco musicale** interlude *m* musical.
stadera [sta'dɛra] *sf* balance *f* romaine.
stadio ['stadjo] *sm* (*SPORT, fase*) stade *m*.
staffa ['staffa] *sf* (*di sella*) étrier *m*; (*TECN*) bride *f*, patte *f*; **perdere le staffe** (*fig*) sortir de ses gonds.
staffetta [staf'fetta] *sf* (*messo*) estafette *f*; (*SPORT*) relais *msg*.
stagflazione [stagflat'tsjone] *sf* (*ECON*) stagflation *f*.
stagionale [stadʒo'nale] *agg, sm/f* saisonnier(-ière).
stagionare [stadʒo'nare] *vt* (*formaggi*) faire affiner; (*vino*) faire vieillir; (*legname*) faire sécher.
stagionato, -a [stadʒo'nato] *agg* (*formaggio*) affiné(e), fait(e); (*vino*) vieux(vieille), vieilli(e); (*legname*) sec(sèche); (*fig scherz*: *persona*) d'âge mûr, d'un certain âge.
stagione [sta'dʒone] *sf* saison *f*; **alta/bassa** ~ haute/basse saison; **in alta** ~ en pleine saison; **in bassa** ~ hors saison.
stagliarsi [staʎ'ʎarsi] *vip* se découper, se détacher.
stagnante [staɲ'ɲante] *agg* (*anche fig*) stagnant(e).
stagnare [staɲ'ɲare] *vt* (*vaso, tegame*) étamer; (*barca, botte*) étancher, rendre étanche; (*sangue*) étancher ♦ *vi* (*acqua*) stagner, croupir; (*aria*) ne pas circuler; (*fig*: *commercio etc*) stagner, être stagnant(e).
stagnino [staɲ'ɲino] *sm* rétameur *m*, ferblantier *m*.
stagno, -a ['staɲɲo] *agg* étanche ♦ *sm* (*CHIM*) étain *m*; (*acquitrino*) étang *m*.
stagnola [staɲ'ɲɔla] *sf* papier *m* d'aluminium, papier alu (*fam*).
stalagmite [stalag'mite] *sf* stalagmite *f*.
stalattite [stalat'tite] *sf* stalactite *f*.
stalinismo [stali'nizmo] *sm* stalinisme *m*.
stalla ['stalla] *sf* (*per mucche*) étable *f*; (*per cavalli*) écurie *f*; (*per pecore*) bergerie *f*.
stalliere [stal'ljɛre] *sm* garçon *m* d'écurie, palefrenier *m*.
stallo ['stallo] *sm* (*SCACCHI*) pat *m*; **essere in una situazione di** ~ (*fig*) être dans une impasse.
stallone [stal'lone] *sm* étalon *m*.

stamane, stamani [sta'mani] *avv* ce matin.
stamattina [stamat'tina] *avv* ce matin.
stambecco [stam'bekko] *sm* bouquetin *m*.
stamberga, -ghe [stam'bɛrga] *sf* taudis *msg*.
stampa ['stampa] *sf* (*tecnica*) imprimerie *f*; (*procedimento*) impression *f*; (*copia, POSTA*) imprimé *m*; (*FOT*) tirage *m*; (*insieme di quotidiani, giornalisti etc*) presse *f*; (*riproduzione artistica*) estampe *f*, gravure *f*; **andare in** ~ aller sous presse; **mandare in** ~ mettre sous presse; **errore di** ~ coquille *f*; **prova di** ~ épreuve *f*; **libertà di** ~ liberté *f* de presse.
stampante [stam'pante] *sf* imprimante *f*; ▸ **stampante a getto d'inchiostro** imprimante à jet d'encre; ▸ **stampante laser** imprimante *f* laser *inv*; ▸ **stampante seriale** imprimante série; ▸ **stampante termica** imprimante thermique, thermo-imprimante *f*.
stampare [stam'pare] *vt* imprimer; (*pubblicare*) publier; (*FOT*) tirer; (*ARTE*) graver; (*coniare*) estamper.
stampatello [stampa'tɛllo] *sm* caractère *m* d'imprimerie; **in** ~ en caractères d'imprimerie.
stampato, -a [stam'pato] *agg* imprimé(e) ♦ *sm* imprimé *m*.
stampella [stam'pɛlla] *sf* béquille *f*.
stampigliare [stampiʎ'ʎare] *vt* estampiller.
stampigliatura [stampiʎʎa'tura] *sf* estampillage *m*; (*marchio*) poinçonnage *m*.
stampo ['stampo] *sm* (*CUC, TECN*) moule *m*; **di vecchio** ~ (*fig*) vieux jeu *inv*.
stanare [sta'nare] *vt* débusquer; (*fig*) dénicher.
stancare [stan'kare] *vt* fatiguer; **stancarsi** *vip* se fatiguer; **stancarsi (di qc/di fare qc)** se lasser (de qch/de faire qch).
stanchezza [stan'kettsa] *sf* (*vedi agg*) fatigue *f*; lassitude *f*.
stanco, -a, -chi, -che ['stanko] *agg* fatigué(e); ~ **(di qc/di fare qc)** (*infastidito*) las(lasse) (de qch/de faire qch).
stand [stænd] *sm inv* (*in fiera*) stand *m*.
standard ['standard] *sm inv* standard *m*.
standardizzare [standardid'dzare] *vt* (*ECON, fig*) standardiser.
standista, -i, -e [stan'dista] *sm/f* (*chi allestisce*) installateur(-trice) d'un stand; (*espositore*) exposant(e).
stanga, -ghe ['stanga] *sf* barre *f*, bâcle *f*.
stangare [stan'gare] *vt* (*ad esame*) coller; **in questo ristorante stangano** dans ce restaurant, c'est le coup de masse.
stangata [stan'gata] *sf* (*colpo, fig*) coup *m* de barre; **prendere una** ~ ramasser une gamelle; (*fig: ad esame*) se faire sacquer; **abbiamo preso una** ~ **in questo ristorante** (*fig*) c'est le coup de masse dans ce restaurant.
stanghetta [stan'getta] *sf* (*di occhiali*) branche *f*; (*MUS*) barre *f* de mesure.
stanno ['stanno] *vb vedi* **stare**.
stanotte [sta'nɔtte] *avv* cette nuit.
stante ['stante] *prep*: **a sé** ~ (*storia, caso, ufficio*) indépendant(e), à part; *vedi anche* **seduta**.
stantio, -a, -tii, -tie [stan'tio] *agg* (*burro, formaggio*) rance; (*fig*) dépassé(e).
stantuffo [stan'tuffo] *sm* piston *m*.
stanza ['stantsa] *sf* pièce *f*; (*POESIA*) stance *f*; **essere di** ~ **a** (*MIL*) être en garnison à; ▸ **stanza da bagno/da pranzo** salle *f* de bains/à manger; ▸ **stanza da letto** chambre *f* à coucher.
stanziamento [stantsja'mento] *sm* (*di fondi*) allocation *f*; (*somma stanziata*) crédit *m*; (*di truppe*) cantonnement *m*.
stanziare [stan'tsjare] *vt* (*fondi*) allouer, affecter; (*truppe*) cantonner; **stanziarsi** *vip* (*truppe*) s'établir, tenir garnison.
stanzino [stan'tsino] *sm* (*ripostiglio*) débarras *msg*, cagibi *m*.
stappare [stap'pare] *vt* déboucher.
star [sta:] *sf inv* (*attore, attrice*) vedette *f*, star *f*; (*figura di spicco*) vedette.

PAROLA CHIAVE

stare ['stare] *vi* **1** (*rimanere*) rester; **stare a casa** rester à la maison; **stare in piedi** rester debout; **stare fermo** rester immobile, ne pas bouger; **starò via due giorni** je serai absent (pendant) deux jours
2 (*abitare*) habiter; **sta a Roma da due anni** il habite (à) Rome depuis deux ans; **sto qui vicino** j'habite (tout) près d'ici
3 (*essere, trovarsi*) être, se trouver; **sta sopra il tavolo** il est sur la table; **stavo dal dentista** j'étais chez le dentiste; **stando così le cose** puisqu'il en est ainsi; **stare a dieta** être au régime; **non sta bene!** (*non è decenza*) ça ne se fait pas!; **puoi starne certo!** tu peux en être sûr!; **starsene in un angolo** rester dans un coin
4 (*sentirsi*): **stare bene/male** (*di salute*) aller bien/mal; **come stai?** comment vastu?; **sto bene con lui** je me sens bien avec lui
5 (*abito, scarpe*): **come mi sta?** comment ça me va?; **ti sta molto bene** ça te va très bien
6 (*seguito da gerundio*) être en train de (+ *inf*); **sto aspettando** je suis en train d'attendre
7: **stare a fare qc** rester faire qch; **stare a sentire** rester écouter; **stiamo a vedere** nous verrons; **sono stati a parlare per ore** ils ont parlé pendant des heures; **sta' un po' a sentire** écoute un peu

8 (*essere in procinto*): **stare per fare qc** être sur le point de faire qch, aller faire qch; **stavo per andarmene** j'allais m'en aller
9 (*spettare*): **stare a** être à ... (de); **sta a me giudicare** c'est à moi de juger; **non sta a lui decidere** ce n'est pas à lui de décider
10: **starci** (*essere contenuto*) entrer; (*essere d'accordo*) être d'accord; **non ci sta più nulla** il n'y a plus de place; **ci stai ad uscire a cena?** ça te va de sortir dîner?; **mi spiace, ma non ci sto** je regrette, mais je ne suis pas d'accord; **una che ci sta** une fille facile.

starnazzare [starnat'tsare] *vi* criailler.
starnutire [starnu'tire] *vi* éternuer.
starnuto [star'nuto] *sm* éternuement *m*.
stasera [sta'sera] *avv* ce soir.
stasi ['stazi] *sf* (*MED*) stase *f*; (*fig*) stagnation *f*.
statale [sta'tale] *agg* d'État, de l'État ♦ *sm/f* (*dipendente statale*) fonctionnaire *m/f* ♦ *sf* (*anche*: **strada** ~) route *f* nationale.
statalizzare [statalid'dzare] *vt* étatiser.
statico, -a, -chi, -che ['statiko] *agg* statique.
statista, -i [sta'tista] *sm* homme *m* d'État.
statistica [sta'tistika] *sf* statistique *f*; **fare una** ~ faire des statistiques.
statistico, -a, -ci, -che [sta'tistiko] *agg* statistique.
stato, -a ['stato] *pp di* **essere**, **stare** ♦ *sm* état *m*; (*ceto*) condition *f*; **in** ~ **d'accusa/di arresto** (*DIR*) en état d'accusation/d'arrestation; **in** ~ **interessante** enceinte; **gli Stati Uniti (d'America)** les États-Unis *mpl* (d'Amérique); ▸ **stato civile** (*AMM*) état civil; ▸ **stato d'assedio/d'emergenza** état de siège/d'urgence; ▸ **stato d'animo** état d'âme; ▸ **stato di famiglia** situation *f* de famille; ▸ **stato maggiore** (*MIL*) état-major *m*; ▸ **stato patrimoniale** situation patrimoniale.
statua ['statua] *sf* statue *f*.
statunitense [statuni'tɛnse] *agg* des États-Unis ♦ *sm/f* Américain(e) (des États-Unis).
statura [sta'tura] *sf* taille *f*; (*fig*) valeur *f*; **essere alto/basso di** ~ être de grande/petite taille.
statuto [sta'tuto] *sm* (*DIR*) statut *m*; **regione a** ~ **speciale** *région italienne ayant une autonomie dans certains secteurs*; ▸ **statuto della società** (*COMM*) statuts *mpl* de la société.
stavolta [sta'vɔlta] *avv* cette fois.
stazionamento [stattsjona'mento] *sm* stationnement *m*; **freno di** ~ frein *m* à main.
stazionare [stattsjo'nare] *vi* stationner.
stazionario, -a [stattsjo'narjo] *agg* stationnaire.
stazione [stat'tsjone] *sf* (*dei treni*) gare *f*; (*RADIO, di villeggiatura*) station *f*; ▸ **stazione balneare** station balnéaire; ▸ **stazione centrale** gare centrale; ▸ **stazione climatica** station climatique; ▸ **stazione degli autobus** gare routière; ▸ **stazione di lavoro** (*INFORM*) poste *m* de travail; ▸ **stazione di polizia** poste de police; ▸ **stazione di servizio** station-service *f*; ▸ **stazione di transito** gare de transit; ▸ **stazione (ferroviaria)** gare (ferroviaire); ▸ **stazione invernale** station de sports d'hiver; ▸ **stazione termale** station thermale.
stazza ['stattsa] *sf* jauge *f*.
st. civ. *abbr* (= *stato civile*) état civil.
stecca, -che ['stekka] *sf* (*assicella*) latte *f*; (*di ombrello*) baleine *f*; (*di biliardo*) queue *f*; (*di sigarette*) cartouche *f*; (*MED*) attelle *f*; **fare** *o* **prendere una** ~ (*stonatura*) faire un canard.
steccato [stek'kato] *sm* palissade *f*, barrière *f*.
stecchito, -a [stek'kito] *agg* desséché(e); **lasciare qn** ~ (*fig*: *sbalordito*) sidérer qn, méduser qn; **morto** ~ raide mort.
stella ['stella] *sf* étoile *f*; (*fig*: *del cinema, teatro*) étoile, vedette *f*; **vedere le stelle** (*fig*) voir 36 chandelles; **i prezzi sono saliti alle stelle** les prix ont monté en flèche; ▸ **stella alpina** edelweiss *m*; ▸ **stella cadente** étoile filante; ▸ **stella di mare** étoile de mer; ▸ **stella filante** serpentin *m*.
stellato, -a [stel'lato] *agg* étoilé(e).
stelo ['stɛlo] *sm* (*BOT*) tige *f*; **lampada a** ~ lampadaire *m*.
stemma ['stɛmma] *sm* armoiries *fpl*.
stemmo ['stɛmmo] *vb vedi* **stare**.
stemperare [stempe'rare] *vt* (*calce, colori*) délayer, détremper.
stempiato, -a [stem'pjato] *agg* aux tempes dégarnies.
stempiatura [stempja'tura] *sf* calvitie *f*.
stendardo [sten'dardo] *sm* étendard *m*.
stendere ['stɛndere] *vt* étendre; (*colore*) étaler; (*relazione*) rédiger; **stendersi** *vr, vip* s'étendre; (*a letto etc*) s'étendre, s'allonger.
stenodattilografia [stenodattilogra'fia] *sf* sténodactylo(graphie) *f*.
stenodattilografo, -a [stenodatti'lɔgrafo] *sm/f* sténodactylo(graphe) *m/f*.
stenografare [stenogra'fare] *vt* sténographier.
stenografia [stenogra'fia] *sf* sténo(graphie) *f*.
stenografo, -a [ste'nɔgrafo] *sm/f* sténo(graphe) *m/f*.

stentare [sten'tare] *vi*: ~ **a fare qc** avoir du mal *o* de la peine à faire qch.
stentato, -a [sten'tato] *agg* (*compito, stile*) pénible, laborieux(-euse); (*sorriso*) forcé(e).
stento ['stɛnto] *sm* (*fatica*) peine *f*, difficulté *f*; **stenti** *smpl* (*privazioni*) privations *fpl*; **a** ~ avec peine, à grand-peine.
steppa ['steppa] *sf* steppe *f*.
sterco, -chi ['stɛrko] *sm* excrément *m*.
stereo ['stɛreo] *agg inv* stéréo ♦ *sm inv* (*impianto*) chaîne *f* stéréo.
stereofonia [stereofo'nia] *sf* stéréo(phonie) *f*.
stereofonico, -a, -ci, -che [stereo'fɔniko] *agg* stéréo(phonique).
stereotipato, -a [stereoti'pato] *agg* stéréotypé(e); (*sorriso*) figé(e).
stereotipo [stere'ɔtipo] *sm* stéréotype *m*.
sterile ['stɛrile] *agg* stérile; (*siringa*) stérilisé(e).
sterilità [sterili'ta] *sf* stérilité *f*.
sterilizzare [sterilid'dzare] *vt* stériliser.
sterilizzazione [steriliddzat'tsjone] *sf* stérilisation *f*.
sterlina [ster'lina] *sf* (*anche*: **lira** ~) (livre *f*) sterling *f*.
sterminare [stermi'nare] *vt* exterminer.
sterminato, -a [stermi'nato] *agg* immense, infini(e).
sterminio [ster'minjo] *sm* extermination *f*; **campo di** ~ camp *m* d'extermination.
sterno ['stɛrno] *sm* (*ANAT*) sternum *m*.
sterpaglia [ster'paʎʎa] *sf* broussailles *fpl*.
sterpo ['stɛrpo] *sm* ronce *f*.
sterrare [ster'rare] *vt* terrasser.
sterzare [ster'tsare] *vt, vi* braquer.
sterzo ['stɛrtso] *sm* direction *f*.
steso, -a ['steso] *pp di* **stendere**.
stessi *etc* ['stessi] *vb vedi* **stare**.
stesso, -a ['stesso] *agg, pron* même; **lo** ~ **ministro** (*rafforzativo*) le ministre en personne; **se** ~ lui-même, soi-même; **se stessa** elle-même, soi-même; **se stessi, se stesse** eux-mêmes; **quello** ~ **giorno** le même jour; **lo** ~ le même; **la stessa** la même; **fa lo** ~ c'est la même chose, cela revient au même; **parto lo** ~ je pars quand même; **per me è lo** ~ pour moi, c'est pareil, pour moi, c'est la même chose; *vedi anche* **io, tu** *etc*.
stesura [ste'sura] *sf* (*di contratto*) rédaction *f*; (*di libro*) version *f*.
stetoscopio [stetos'kɔpjo] *sm* stéthoscope *m*.
stetti *etc* ['stɛtti] *vb vedi* **stare**.
stia *etc* ['stia] *vb vedi* **stare**.
stigma ['stigma] *sm* marque *f*.
stigmate ['stigmate] *sfpl* stigmates *mpl*.
stilare [sti'lare] *vt* (*contratto*) dresser; (*documento*) rédiger.
stile ['stile] *sm* style *m*; **mobili in** ~ meubles *mpl* de style; **in grande** ~ (*fig*) en grande pompe; **vecchio** ~ vieux jeu; **è proprio nel suo** ~ (*fig*) c'est bien dans son style; ▸ **stile libero** (*SPORT*) nage *f* libre, crawl *m*.
stilismo [sti'lizmo] *sm* stylisme *m*.
stilista, -i, -e [sti'lista] *sm/f* styliste *m/f*.
stilistico, -a, -ci, -che [sti'listiko] *agg* stylistique.
stilizzato, -a [stilid'dzato] *agg* stylisé(e).
stillare [stil'lare] *vi* (*trasudare*) suinter; (*gocciolare*) goutter.
stillicidio [stilli'tʃidjo] *sm* (*fig*): **uno** ~ **di** (*di richieste etc*) une succession monotone de.
stilografica, -che [stilo'grafika] *sf* (*anche*: **penna** ~) stylo *m*.
Stim. *abbr* = *stimata*.
stima ['stima] *sf* (*apprezzamento*) estime *f*; (*valutazione*) estimation *f*, évaluation *f*; **avere** ~ **di qn** avoir de l'estime pour qn; **godere della** ~ **di qn** jouir de l'estime de qn; **fare la** ~ **di qc** estimer qch, expertiser qch.
stimare [sti'mare] *vt* estimer; ~ **che** (*ritenere*) estimer que.
Stim.ma *abbr* = *stimatissima*.
stimolante [stimo'lante] *agg* stimulant(e) ♦ *sm* (*MED*) fortifiant *m*.
stimolare [stimo'lare] *vt* stimuler; ~ **qn a fare qc** pousser qn à faire qch.
stimolazione [stimolat'tsjone] *sf* stimulation *f*.
stimolo ['stimolo] *sm* stimulant *m*, stimulation *f*; (*acustico, ottico*) stimulus *msg*; **sentire lo** ~ **della fame** avoir faim.
stinco, -chi ['stinko] *sm* tibia *m*; **non è uno** ~ **di santo** ce n'est pas un petit saint.
stingere ['stindʒere] *vi* (*anche*: **stingersi**) déteindre.
stinto, -a ['stinto] *pp di* **stingere**.
stipare [sti'pare] *vt* entasser; **stiparsi** *vip* s'entasser.
stipendiare [stipen'djare] *vt* rétribuer.
stipendiato, -a [stipen'djato] *agg* rétribué(e) ♦ *sm/f* salarié(e).
stipendio [sti'pɛndjo] *sm* salaire *m*, paye *f*; (: *di impiegato*) appointements *mpl*; (: *di dipendente statale*) traitement *m*.
stipite ['stipite] *sm* montant *m*.
stipulare [stipu'lare] *vt* stipuler.
stipulazione [stipulat'tsjone] *sf* stipulation *f*.
stiracchiarsi [stirak'kjarsi] *vr* s'étirer.
stiramento [stira'mento] *sm* (*MED*) élongation *f*.
stirare [sti'rare] *vt* (*abito*) repasser; (*distendere*) étirer; **stirarsi** *vr* (*persona*) s'étirer; **stirarsi un muscolo** se faire une élongation.

stiratura [stira'tura] *sf* (*di panni*) repassage *m*; (*MED*) élongation *f*.
stirpe ['stirpe] *sf* (*lignaggio*) souche *f*, origine *f*; (*discendenti*) lignée *f*.
stitichezza [stiti'kettsa] *sf* constipation *f*.
stitico, -a, -ci, -che ['stitiko] *agg* constipé(e).
stiva ['stiva] *sf* (*di nave*) cale *f*, soute *f*.
stivale [sti'vale] *sm* botte *f*.
stivaletto [stiva'letto] *sm* bottine *f*.
stivare [sti'vare] *vt* arrimer.
stizza ['stittsa] *sf* dépit *m*, agacement *m*.
stizzire [stit'tsire] *vt* agacer, irriter; **stizzirsi** *vip* s'emporter, se fâcher.
stizzoso, -a [stit'tsoso] *agg* (*persona*) irritable; (*risposta*) rageur(-euse).
stoccafisso [stokka'fisso] *sm* merluche *f*, stockfish *m*.
Stoccarda [stok'karda] *sf* Stuttgart.
stoccata [stok'kata] *sf* (*SCHERMA*) estocade *f*; (*fig*) pointe *f*.
Stoccolma [stok'kolma] *sf* Stockholm.
stock [stɔk] *sm inv* (*di merci*) stock *m*.
stoffa ['stɔffa] *sf* tissu *m*, étoffe *f*; **avere la ~ di** (*fig*) avoir l'étoffe de; **avere della ~** (*fig*) avoir de l'étoffe.
stoicismo [stoi'tʃizmo] *sm* stoïcisme *m*.
stoico, -a, -ci, -che ['stɔiko] *agg* stoïcien(ne); (*fig*) stoïque.
stoino [sto'ino] *sm* paillasson *m*.
stola ['stɔla] *sf* étole *f*.
stoltezza [stol'tettsa] *sf* sottise *f*.
stolto, -a ['stolto] *agg, sm/f* sot(te).
stomaco, -chi ['stɔmako] *sm* (*anche fig*) estomac *m*; **dare di ~** vomir.
stonare [sto'nare] *vi* (*suonando*) faire une fausse note; (*cantando*) chanter faux; (*fig*: *colore, oggetto*) jurer, détonner.
stonato, -a [sto'nato] *agg* (*strumento*) désaccordé(e); (*persona*): **essere ~** chanter faux; **nota stonata** (*fig*) fausse note *f*.
stonatura [stona'tura] *sf* (*anche fig*) fausse note *f*.
stop [stɔp] *sm inv* stop *m*; (*CALCIO*) blocage *m*.
stoppa ['stoppa] *sf* étoupe *f*.
stoppia ['stoppja] *sf* (*AGR*) chaume *m*.
stoppino [stop'pino] *sm* mèche *f*.
storcere ['stɔrtʃere] *vt* tordre; **storcersi** *vr, vip* se tordre; **~ il naso** (*fig*) faire la grimace; **storcersi la caviglia** se fouler la cheville.
stordimento [stordi'mento] *sm* étourdissement *m*; (*fig*) abasourdissement *m*, ahurissement *m*.
stordire [stor'dire] *vt* étourdir; (*fig*: *sbalordire*) abasourdir, ahurir; **stordirsi** *vr* s'étourdir.
stordito, -a [stor'dito] *agg* étourdi(e); (*fig*) abasourdi(e), ahuri(e).
storia ['stɔrja] *sf* histoire *f*; **storie** *sfpl* (*pretesti*) histoires *fpl*; (*smancerie*) manières *fpl*; **passare alla ~** passer à l'histoire; **non ha fatto storie** il n'a pas fait d'histoires; ▸ **storia naturale** histoire naturelle.
storico, -a, -ci, -che ['stɔriko] *agg* historique ♦ *sm/f* historien(ne).
storiografia [storjogra'fia] *sf* historiographie *f*.
storione [sto'rjone] *sm* esturgeon *m*.
stormire [stor'mire] *vi* bruire.
stormo ['stormo] *sm* (*di uccelli*) vol *m*, volée *f*.
stornare [stor'nare] *vt* (*fig*: *distogliere*) détourner; (*somma*) virer.
stornello [stor'nɛllo] *sm* chanson *f* populaire.
storno ['storno] *sm* (*ZOOL*) étourneau *m*.
storpiare [stor'pjare] *vt* estropier; (*fig*: *parole*) estropier, écorcher.
storpiatura [storpja'tura] *sf* déformation *f*.
storpio, -a ['stɔrpjo] *agg* estropié(e).
storsi *etc* ['stɔrsi] *vb vedi* **storcere**.
storto, -a ['stɔrto] *pp di* **storcere** ♦ *agg* (*gamba, riga, chiodo*) tordu(e); (*quadro*) de travers; (*fig*: *ragionamento*) faux(fausse) ♦ *sf* (*distorsione*) entorse *f*, foulure *f* ♦ *avv*: **guardare ~ qn** (*fig*) regarder qn de travers; **avere gli occhi storti** loucher; **è andato tutto ~** tout est allé de travers.
stoviglie [sto'viʎʎe] *sfpl* vaisselle *fsg*.
str. *abbr* (*GEO* = *stretto*) étroit.
strabico, -a, -ci, -che ['strabiko] *agg* strabique; **è ~** il louche.
strabiliante [strabi'ljante] *agg* époustouflant(e).
strabiliare [strabi'ljare] *vi* ébahir, époustoufler.
strabismo [stra'bizmo] *sm* strabisme *m*.
strabuzzare [strabud'dzare] *vt*: **~ gli occhi** écarquiller les yeux.
stracarico, -a, -chi, -che [stra'kariko] *agg*: **~ (di)** surchargé(e) (de).
stracchino [strak'kino] *sm* *fromage gras non fermenté de Lombardie*.
stracciare [strat'tʃare] *vt* déchirer; (*fam*: *avversario*) écraser; **stracciarsi** *vip* se déchirer.
straccio, -a, -ci, -ce ['strattʃo] *agg*: **carta straccia** vieux papiers *mpl* ♦ *sm* (*cencio*) guenille *f*; (: *per pulire*) chiffon *m*; (: *per pavimenti*) serpillière *f*; **stracci** *smpl* (*peg*: *indumenti, cose proprie*) nippes *fpl*, frusques *fpl*; **si è ridotto a uno ~** c'est une loque; **non ha uno ~ di lavoro** il n'a même pas de quoi gagner sa vie.
straccione, -a [strat'tʃone] *sm/f* clochard(e).
straccivendolo [strattʃi'vendolo] *sm* chiffonnier *m*.
stracco, -a, -chi, -che ['strakko] *agg*

éreinté(e), harassé(e).
stracotto, -a [stra'kɔtto] *agg* trop cuit(e) ♦ *sm* (*CUC*) bœuf braisé *m*.
strada ['strada] *sf* (*di paese, campagna*) route *f*; (*in città*) rue *f*; (*cammino, fig*) chemin *m*; (*varco, passaggio*) chemin *m*, voie *f*; ~ **facendo** chemin faisant, en route; **tre ore di ~ (a piedi)/(in macchina)** trois heures de route (à pied)/(en voiture); **fare ~ a qn** montrer le chemin à qn; **farsi ~** (*fig*: *persona*) faire du *o* son chemin; **essere sulla buona ~** (*con indagine etc*) être sur la bonne voie; **essere fuori ~** (*fig*) faire fausse route; **portare qn sulla cattiva ~** détourner qn du droit chemin; **donna di ~** fille *f* des rues; **ragazzi di ~** gamins *mpl* des rues; ▸ **strada ferrata** voie ferrée, chemin de fer; ▸ **strada maestra** grand-route *f*; ▸ **strada principale** (*città*) rue principale; ▸ **strada senza uscita** voie sans issue; (*fig*) impasse *f*.
stradale [stra'dale] *agg* routier(-ière) ♦ *sf* (*anche*: **polizia ~**) police *f* de la route.
stradario [stra'darjo] *sm* indicateur *m* des rues.
stradino [stra'dino] *sm* cantonnier *m*.
strafalcione [strafal'tʃone] *sm* énormité *f*, bourde *f*.
strafare [stra'fare] *vi* en faire trop, faire du zèle.
strafatto, -a [stra'fatto] *pp di* **strafare**.
straforo [stra'foro] *sm*: **di ~** (*di nascosto*) en cachette.
strafottente [strafot'tɛnte] *agg, sm/f* arrogant(e), insolent(e).
strafottenza [strafot'tɛntsa] *sf* arrogance *f*, insolence *f*.
strage ['stradʒe] *sf* massacre *m*.
stragrande [stra'grande] *agg*: **la ~ maggioranza (di)** la très grande majorité (de).
stralciare [stral'tʃare] *vt* supprimer, barrer.
stralcio ['straltʃo] *agg inv*: **legge ~** loi *f* provisoire.
stralunato, -a [stralu'nato] *agg* (*persona*) hagard(e), égaré(e); (*occhi*) hagard(e).
stramazzare [stramat'tsare] *vi* s'abattre, s'écrouler.
stramberia [strambe'ria] *sf* bizarrerie *f*, extravagance *f*.
strambo, -a ['strambo] *agg* bizarre, loufoque.
strampalato, -a [strampa'lato] *agg* farfelu(e).
stranamente [strana'mente] *avv* étrangement, bizarrement.
stranezza [stra'nettsa] *sf* étrangeté *f*; (*discorso, comportamento*) singularité *f*.
strangolare [strango'lare] *vt* étrangler; **strangolarsi** *vip* s'étrangler.
straniero, -a [stra'njɛro] *agg, sm/f* étranger(-ère).
stranito, -a [stra'nito] *agg* (*intontito*) hagard(e).
strano, -a ['strano] *agg* étrange, bizarre.
straordinario, -a [straordi'narjo] *agg* extraordinaire; (*caso, treno*) spécial(e) ♦ *sm* (*lavoro*) heures *fpl* supplémentaires.
strapazzare [strapat'tsare] *vt* maltraiter, rudoyer; **strapazzarsi** *vr* se surmener.
strapazzato, -a [strapat'tsato] *agg* (*uova*) brouillé(e).
strapazzo [stra'pattso] *sm* (*grave fatica*) surmenage *m*, excès *msg* de fatigue; **da ~** (*fig*) de quatre sous.
strapieno, -a [stra'pjɛno] *agg* bondé(e), plein(e) à craquer.
strapiombo [stra'pjombo] *sm* précipice *m*; **a ~** en surplomb.
strapotere [strapo'tere] *sm* toute-puissance *f*, pouvoir *m* absolu.
strappalacrime [strappa'lakrime] *agg inv*: **una storia ~** une histoire à faire pleurer dans les chaumières.
strappare [strap'pare] *vt* arracher; (*carta, muscolo*) déchirer; (*vittoria*) remporter; **strapparsi** *vip* (*lacerarsi*) se déchirer; (*corda*) se rompre; **~ qc a qn** arracher qch à qn; **strapparsi i capelli** s'arracher les cheveux.
strappato, -a [strap'pato] *agg* déchiré(e).
strappo ['strappo] *sm* (*lacerazione*) déchirure *f*, accroc *m*; (*strattone*) secousse *f*; (*MED*) déchirure; (*fig*: *infrazione, eccezione*) entorse *f*; **dare uno ~ a qn** (*fam*: *fig*: *passaggio*) accompagner qn en voiture; **fare uno ~ alla regola** faire une entorse au règlement; ▸ **strappo muscolare** déchirure musculaire.
strapuntino [strapun'tino] *sm* strapontin *m*.
straripare [strari'pare] *vi* déborder.
Strasburgo [straz'burgo] *sf* Strasbourg.
strascicare [straʃʃi'kare] *vt* traîner; **~ le parole** parler d'une voix traînante.
strascico, -chi ['straʃʃiko] *sm* (*di abito*) traîne *f*; (*fig*: *conseguenza*) séquelle *f*, suite *f*.
stratagemma, -i [strata'dʒɛmma] *sm* stratagème *m*.
stratega, -ghi [stra'tɛga] *sm* stratège *m*.
strategia, -gie [strate'dʒia] *sf* stratégie *f*.
strategico, -a, -ci, -che [stra'tɛdʒiko] *agg* stratégique.
strato ['strato] *sm* (*anche fig*) couche *f*; (*GEO*) couche, strate *f*; (*METEOR*) stratus *msg*; ▸ **strato d'ozono** couche d'ozone.
stratosfera [stratos'fɛra] *sf* stratosphère *f*.
strattone [strat'tone] *sm* forte secousse *f*; **dare uno ~ a qc** donner un coup sec à qch.

stravaccato, -a [stravak'kato] *agg* vautré(e).
stravagante [strava'gante] *agg* extravagant(e).
stravaganza [strava'gantsa] *sf* extravagance *f.*
stravecchio, -a [stra'vɛkkjo] *agg* (*vino*) très vieux(vieille); (*formaggio*) très affiné(e).
stravedere [strave'dere] *vi* (*fig*): ~ **per** être fou(folle) de, adorer.
stravisto, -a [stra'visto] *pp di* **stravedere**.
stravizio [stra'vittsjo] *sm* (*nel mangiare, nel bere*) excès *msg*; (*sessuale*) débauche *f.*
stravolgere [stra'vɔldʒere] *vt* (*volto*) déformer, altérer; (*fig: verità*) fausser, dénaturer; (*: persona*) bouleverser.
stravolto, -a [stra'vɔlto] *pp di* **stravolgere** ♦ *agg* (*vedi vt*) déformé(e), altéré(e); dénaturé(e); bouleversé(e).
straziante [strat'tsjante] *agg* (*scena*) déchirant(e), poignant(e); (*urlo*) déchirant(e); (*dolore*) poignant(e).
straziare [strat'tsjare] *vt* (*persona*) torturer, supplicier; (*cuore*) déchirer.
strazio ['strattsjo] *sm* torture *f*, supplice *m*; **fare ~ di** (*di corpo*) mutiler; **essere uno ~** (*fig: persona*) être une vraie calamité; (*: film, scena*) être lamentable.
strega, -ghe ['strega] *sf* sorcière *f*; (*fig*) mégère *f.*
stregare [stre'gare] *vt* ensorceler; (*fig*) ensorceler, envoûter.
stregone [stre'gone] *sm* sorcier *m.*
stregoneria [stregone'ria] *sf* sorcellerie *f*; (*incantesimo*) ensorcellement *m.*
stregua ['stregwa] *sf*: **alla ~ di** comme, de la même manière que.
stremare [stre'mare] *vt* épuiser.
stremo ['strɛmo] *sm*: **allo ~ (delle forze)** à bout (de forces).
strenna ['strɛnna] *sf*: **~ natalizia** cadeau *m* de Noël.
strenuo, -a ['strɛnuo] *agg* vaillant(e); (*instancabile*) infatigable.
strepitare [strepi'tare] *vi* faire du vacarme *o* du tapage.
strepito ['strɛpito] *sm* (*fracasso*) vacarme *m*; **fare ~** (*fig*) faire du bruit.
strepitoso, -a [strepi'toso] *agg* bruyant(e); (*fig: successo*) retentissant(e), éclatant(e).
stressante [stres'sante] *agg* stressant(e).
stressare [stres'sare] *vt* stresser.
stretta ['stretta] *sf* étreinte *f*; **essere alle strette** être au pied du mur; **una ~ al cuore** un serrement de cœur; **una ~ di mano** une poignée de main; ▸**stretta creditizia** encadrement *m* du crédit.
strettamente [stretta'mente] *avv* (*in modo stretto*) étroitement; (*rigorosamente*) strictement.
strettezza [stret'tettsa] *sf* étroitesse *f.*
stretto, -a ['stretto] *pp di* **stringere** ♦ *agg* étroit(e); (*nodo, curva*) serré(e); (*intimo: amico*) intime; (*parente*) proche; (*preciso: significato*) strict(e) ♦ *sm* (*braccio di mare*) détroit *m*; **a denti stretti** en serrant les dents; **lo ~ necessario** *o* **indispensabile** le strict nécessaire.
strettoia [stret'toja] *sf* (*di strada*) chaussée *f* rétrécie; (*fig*) situation *f* difficile.
striato, -a [stri'ato] *agg* à rayures, rayé(e).
striatura [stria'tura] *sf* rayure *f.*
stricnina [strik'nina] *sf* strychnine *f.*
strida ['strida] *sfpl vedi* **strido**.
stridente [stri'dɛnte] *agg* éclatant(e).
stridere ['stridere] *vi* (*porta*) grincer; (*passi, ruote, freni*) crisser; (*animale*) pousser des cris aigus; (*fig: colori*) jurer; (*parole, situazione*) détonner.
strido ['strido] (*pl(f)* **strida**) *sm* cri *m.*
stridore [stri'dore] *sm* (*di porta, denti*) grincement *m.*
stridulo, -a ['stridulo] *agg* strident(e).
striglia ['striʎʎa] *sf* étrille *f.*
strigliare [striʎ'ʎare] *vt* (*cavallo*) étriller; (*fig: strapazzare*) houspiller, passer un savon à (*fam*).
strigliata [striʎ'ʎata] *sf* (*di cavallo*) coup *m* d'étrille; **dare una ~ a qn** (*fig*) passer un savon à qn, sonner les cloches à qn.
strillare [stril'lare] *vt, vi* crier.
strillo ['strillo] *sm* cri *m.*
strillone [stril'lone] *sm* crieur *m* de journaux.
striminzito, -a [strimin'tsito] *agg* (*misero*) étriqué(e); (*molto magro*) malingre, maigrichon(ne).
strimpellare [strimpel'lare] *vt* (*violino, chitarra*) racler; **~ il piano** pianoter.
stringa, -ghe ['stringa] *sf* lacet *m*; (*numerica*) chaîne *f.*
stringato, -a [strin'gato] *agg* (*discorso, resoconto*) concis(e).
stringere ['strindʒere] *vt* (*pugno, mascella, denti, viti*) serrer; (*occhi*) plisser; (*abito*) rétrécir; (*discorso*) abréger; (*patto*) conclure; (*passo*) accélérer ♦ *vi* (*essere stretto*) serrer; **stringersi** *vr*: **stringersi (a)** se serrer (contre); **~ la mano a qn** serrer la main à qn; **~ gli occhi** plisser les yeux; **~ amicizia con qn** se lier d'amitié avec qn; **una scena che stringe il cuore** un spectacle qui vous serre le cœur; **stringi stringi** en fin de compte; **il tempo stringe** le temps presse.
strinsi *etc* ['strinsi] *vb vedi* **stringere**.
striscia, -sce ['striʃʃa] *sf* (*di carta, tessuto*) bande *f*; (*riga*) raie *f*, rayure *f*; **a strisce** à rayures, rayé(e); ▸**strisce (pedonali)** passage *msg* clouté.

strisciante [striʃ'ʃante] *agg* (*peg*: *fig*: *persona*) rampant(e); (*inflazione*) latent(e).
strisciare [striʃ'ʃare] *vt* (*piedi*) traîner; (*muro, macchina*) érafler ♦ *vi* ramper.
striscio ['striʃʃo] *sm* (*MED*) frottis *msg*; (*segno*) éraflure *f*; **di** ~ (*colpire*) de biais; (*ferire*) superficiellement.
striscione [striʃ'ʃone] *sm* banderole *f*.
stritolare [strito'lare] *vt* broyer.
strizzare [strit'tsare] *vt* (*panni*) tordre, essorer; (*spugna*) presser; ~ **l'occhio (a)** cligner de l'œil (à).
strizzata [strit'tsata] *sf*: **dare una** ~ **a qc** tordre qch; **una** ~ **d'occhio** un clin d'œil.
strofa ['strɔfa] *sf* (*di poesia*) strophe *f*; (*di canzone*) couplet *m*.
strofe ['strɔfe] *sf inv* = **strofa**.
strofinaccio [strofi'nattʃo] *sm* (*per piatti*) torchon *m*; (*per pavimenti*) serpillière *f*; (*per spolverare*) chiffon *m*.
strofinare [strofi'nare] *vt* frotter.
stroncare [stron'kare] *vt* (*ribellione*) écraser; (*film, libro*) démolir; (*sogg*: *infarto etc*) emporter.
stronzo ['strontso] *sm* (*sterco*) crotte *f*, excrément *m*; (*fam!*: *fig*: *stupido*) con(ne) (*fam!*); (: *malvagio*) salaud(salope) (*fam!*).
stropicciare [stropit'tʃare] *vt* (*strofinare*) frotter; (*spiegazzare*) froisser; **stropicciarsi gli occhi/le mani** se frotter les yeux/les mains.
strozzare [strot'tsare] *vt* (*soffocare*) étrangler; (*occludere*) obstruer; **strozzarsi** *vip* s'étrangler.
strozzatura [strottsa'tura] *sf* (*di tubo, strada*) rétrécissement *m*; (*di bottiglia*) goulot *m*.
strozzino, -a [strot'tsino] *sm/f* usurier(-ière); (*fig*) voleur *m*.
struccare [struk'kare] *vt* démaquiller; **struccarsi** *vr* se démaquiller.
struggersi ['struddʒersi] *vip*: ~ **(di)** (*fig*) se consumer (de), brûler (de).
struggimento [struddʒi'mento] *sm* (*fig*) chagrin *m*, peine *f*.
strumentale [strumen'tale] *agg* instrumental(e).
strumentalizzare [strumentalid'dzare] *vt* se servir de, exploiter.
strumentalizzazione [strumentaliddzat'tsjone] *sf* exploitation *f*.
strumentazione [strumentat'tsjone] *sf* (*MUS*) instrumentation *f*, orchestration *f*; (*strumenti*) instruments *mpl*; (: *AUT*) tableau *m* de bord.
strumento [stru'mento] *sm* (*anche fig*) instrument *m*; (*arnese*) outil *m*; ~ **(musicale)** instrument (de musique); ▶ **strumento a fiato/a corda** *o* **ad arco** instrument à vent/à cordes; ▶ **strumenti di bordo** (*NAUT, AER*) instruments de bord; ▶ **strumenti di precisione** instruments de précision.
strussi *etc* ['strussi] *vb vedi* **struggersi**.
strutto ['strutto] *sm* saindoux *m*.
struttura [strut'tura] *sf* (*di edificio*) structure *f*; (*di macchina*) châssis *msg*; (*LING, di racconto, fig*) structure.
strutturare [struttu'rare] *vt* structurer.
struzzo ['struttso] *sm* autruche *f*; **fare come lo** ~ pratiquer la politique de l'autruche.
stuccare [stuk'kare] *vt* mastiquer; (*decorare con stucchi*) stuquer.
stuccatore [stukka'tore] *sm* stucateur *m*.
stucchevole [stuk'kevole] *agg* écœurant(e).
stucco, -chi ['stukko] *sm* (*per muro*) plâtre *m*; (*per legno, vetro*) mastic *m*; (*ornamentale*) stuc *m*; **rimanere di** ~ (*fig*) être sidéré(e), en rester baba.
studente, -essa [stu'dɛnte] *sm/f* (*di università*) étudiant(e); (*di scuola superiore*) lycéen(ne).
studentesco, -a, -schi, -sche [studen'tesko] *agg* d'étudiants, estudiantin(e).
studiare [stu'djare] *vt, vi* étudier; **oggi devo** ~ aujourd'hui je dois travailler.
studiato, -a [stu'djato] *agg* (*modi, sorriso*) étudié(e).
studio ['studjo] *sm* étude *f*; (*stanza*) bureau *m*; (: *di artista*) atelier *m*; (: *di notaio, procuratore*) étude; (: *di medico, dentista*) cabinet *m*; (*CINE, TV, RADIO*) studio *m*; **studi** *smpl* (*SCOL*) études *fpl*; **alla fine degli studi** à la fin des études; **secondo recenti studi** d'après de récentes études; **essere allo** ~ être à l'étude; ▶ **studio legale** étude d'avocat; ▶ **studio medico** cabinet de consultation.
studioso, -a [stu'djoso] *agg* studieux(-euse) ♦ *sm/f* savant *m*; **uno** ~ **di politica industriale** un spécialiste de politique industrielle.
stufa ['stufa] *sf* (*a gas, legna, carbone*) poêle *m*; (*elettrica*) radiateur *m*.
stufare [stu'fare] *vt* (*CUC*) cuire à l'étouffée; (*fam*: *fig*) embêter, ennuyer; **stufarsi** *vip* (*fam*: *fig*) en avoir assez, en avoir marre.
stufato [stu'fato] *sm* (*CUC*) viande *f* braisée.
stufo, -a ['stufo] *agg* (*fam*): **essere** ~ **(di qc/fare qc)** en avoir assez (de qch/de faire qch), en avoir marre (de qch/de faire qch).
stuoia ['stwɔja] *sf* natte *f*.
stuolo ['stwɔlo] *sm* foule *f*, multitude *f*.
stupefacente [stupefa'tʃɛnte] *agg* stupéfiant(e); (*meraviglia*) splendide ♦ *sm* (*anche*: **sostanza** ~) stupéfiant *m*.
stupefare [stupe'fare] *vt* stupéfier.
stupefatto, -a [stupe'fatto] *pp di* **stupefa-**

re.

stupefazione [stupefat'tsjone] *sf* stupéfaction *f*.

stupendo, -a [stu'pɛndo] *agg* superbe, magnifique.

stupidaggine [stupi'daddʒine] *sf* stupidité *f*; (*azione*) bêtise *f*, idiotie *f*; **è una** ~ (*inezia*) c'est une bagatelle.

stupidità [stupidi'ta] *sf* stupidité *f*.

stupido, -a ['stupido] *agg* stupide, bête.

stupire [stu'pire] *vt* étonner, surprendre; **stupirsi** *vip*: **stupirsi (di)** s'étonner (de); **non c'è da stupirsi** il n'y a pas de quoi s'étonner, ce n'est pas étonnant.

stupore [stu'pore] *sm* stupeur *f*.

stuprare [stu'prare] *vt* violer.

stupratore [stupra'tore] *sm* violeur *m*.

stupro ['stupro] *sm* viol *m*.

sturare [stu'rare] *vt* déboucher.

stuzzicadenti [stuttsika'dɛnti] *sm inv* cure-dents *msg*.

stuzzicante [stuttsi'kante] *agg* (*cibo*) appétissant(e); (*scena*) excitant(e).

stuzzicare [stuttsi'kare] *vt* (*ferita*) toucher; (*persona*) taquiner; (*cane*) agacer, énerver; (*appetito*) aiguiser; (: *curiosità*) piquer.

PAROLA CHIAVE

su [su] (*su + il =* **sul**, *su + lo =* **sullo**, *su + l' =* **sull'**, *su + la =* **sulla**, *su + i =* **sui**, *su + gli =* **sugli**, *su + le =* **sulle**) *prep* **1** (*posizione*) sur; **è sul tavolo** il est sur la table; **mettilo sul tavolo** mets-le sur la table; **fare rotta su Palermo** faire route vers Palerme; **un paesino sul mare** un petit village au bord de la mer; **un paesino sulla montagna** un petit village dans la montagne; **salire sul treno** monter dans le train; **tre casi su dieci** trois cas sur dix

2 (*argomento*) sur; **un'opera su Cesare** un œuvre sur César; **un articolo sull'argomento** un article sur le sujet

3 (*circa*) environ; **costerà sui 3 milioni** cela coûtera environ 3 millions; **una ragazza sui 17 anni** une fille d'environ 17 ans; **peserà sui 30 chili** cela doit peser environ 30 kilos

4 (*modo*): **su misura** sur mesure; **su ordinazione** sur commande; **su richiesta** sur demande

♦ *avv* **1** (*in alto*) en haut; (*verso l'alto*) vers le haut; **rimani su** reste en haut; **vieni su** monte; **guarda su** regarde en haut; **andare su e giù** (*passeggiare*) faire les cent pas; **su le mani!** haut les mains!; **in su** (*verso l'alto*) en haut; (*in poi*) à partir de; **vieni su da me?** tu montes chez moi?; **dai 20 anni in su** à partir de 20 ans; **dal milione in su** à partir d'un million

2 (*addosso*) sur; **cos'hai su?** qu'est-ce que tu as sur toi?; **metti su questo** mets-toi ça

♦ *escl* allons!; **su coraggio!** allons, courage!; **su avanti, muoviti!** allons vite, dépêche-toi!

sua ['sua] *agg, pron vedi* **suo**.

suadente [sua'dɛnte] *agg* persuasif(-ive).

sub [sub] *sm/f inv* (*subacqueo*) plongeur(-euse).

sub... [sub] *pref* sous... .

subacqueo, -a [su'bakkweo] *agg* sous-marin(e) ♦ *sm/f* plongeur(-euse).

subaffittare [subaffit'tare] *vt* sous-louer.

subaffitto [subaf'fitto] *sm* sous-location *f*; **in** ~ en sous-location.

subalterno, -a [subal'tɛrno] *agg, sm/f* subalterne *m/f*.

subappaltare [subappal'tare] *vt* sous-traiter.

subappalto [subap'palto] *sm* sous-traitance *f*.

subbuglio [sub'buʎʎo] *sm* agitation *f*, émoi *m*; **essere/mettere in** ~ être/mettre en émoi.

subconscio, -a [sub'kɔnʃo] *agg* = **subcosciente**.

subcosciente [subkoʃ'ʃɛnte] *agg* subconscient(e) ♦ *sm* subconscient *m*.

subdolo, -a ['subdolo] *agg* sournois(e).

subentrare [suben'trare] *vi*: ~ **a qn** succéder à qn; **gli subentrò alla guida dell'azienda** il lui succéda à la tête de l'entreprise; **sono subentrati altri problemi** d'autres problèmes ont surgi.

subire [su'bire] *vt* subir.

subissare [subis'sare] *vt*: ~ **di** (*fig*: *di lodi, applausi*) couvrir de; (: *di domande*) harceler de.

subitaneo, -a [subi'taneo] *agg* soudain(e), subit(e).

subito ['subito] *avv* tout de suite; ~ **dopo** tout de suite après.

sublimare [subli'mare] *vt* sublimer.

sublime [su'blime] *agg* sublime.

sublocare [sublo'kare] *vt* sous-louer.

sublocazione [sublokat'tsjone] *sf* sous-location *f*.

subnormale [subnor'male] *agg, sm/f* arriéré(e), attardé(e).

subodorare [subodo'rare] *vt* subodorer, flairer.

subordinare [subordi'nare] *vt* subordonner.

subordinato, -a [subordi'nato] *agg* subordonné(e); **lavoro** ~ travail *m* salarié; **proposizione subordinata** proposition *f* subordonnée.

subordinazione [subordinat'tsjone] *sf* subordination *f*.

suburbano, -a [subur'bano] *agg* suburbain(e).
succedaneo, -a [suttʃe'daneo] *agg* succédané(e) ♦ *sm* succédané *m*, ersatz *m inv*.
succedere [sut'tʃɛdere] *vi* (*accadere*) arriver, se passer; (*seguire*): ~ **a** succéder à; **succedersi** *vip* se succéder, se suivre; ~ **al trono** succéder au trône; **sono cose che succedono** ce sont des choses qui arrivent.
successione [suttʃes'sjone] *sf* succession *f*; **tassa di** ~ droits *mpl* de succession.
successivo, -a [suttʃes'sivo] *agg* (*mese*) suivant(e); (*fase*) successif(-ive); **il giorno** ~ le jour suivant, le lendemain; **in un momento** ~ dans un deuxième temps.
successo, -a [sut'tʃɛsso] *pp di* **succedere** ♦ *sm* succès *msg*, réussite *f*; **di** ~ (*libro, personaggio*) à succès; **avere** ~ avoir du succès.
successore [suttʃes'sore] *sm* successeur *m*.
succhiare [suk'kjare] *vt* sucer.
succhiotto [suk'kjɔtto] *sm* tétine *f*, sucette *f*.
succinto, -a [sut'tʃinto] *agg* (*discorso*) succinct(e); (*stile*) concis(e); (*abito*) très court(e).
succo, -chi ['sukko] *sm* (*di arancia etc*) jus *msg*; (*gastrico*) suc *m*; (*fig*) substance *f*; ▶ **succo di frutta/pomodoro** jus de fruits/tomate.
succoso, -a [suk'koso] *agg* juteux(-euse); (*fig*: *romanzo, discorso*) dense.
succube ['sukkube] *sm/f*: **essere** ~ **di** être complètement soumis(e) à.
succulento, -a [sukku'lɛnto] *agg* succulent(e).
succursale [sukkur'sale] *sf* succursale *f*.
sud [sud] *agg inv, sm* sud *m*; **verso** ~ vers le Sud; **l'Italia del S**~ le Sud de l'Italie; **l'America del S**~ l'Amérique du Sud.
Sudafrica [su'dafrika] *sm* Afrique *f* du Sud.
sudafricano, -a [sudafri'kano] *agg* sud-africain(e) ♦ *sm/f* Sud-Africain(e).
Sudamerica [suda'merika] *sm* Amérique *f* du Sud.
sudamericano, -a [sudameri'kano] *agg* sud-américain(e) ♦ *sm/f* Sud-Américain(e).
Sudan [su'dan] *sm* Soudan *m*.
sudanese [suda'nese] *agg* soudanais(e) ♦ *sm/f* Soudanais(e).
sudare [su'dare] *vi* transpirer; (*fig*) suer, trimer; ~ **freddo** avoir des sueurs froides.
sudata [su'data] *sf* suée *f*; (*fig*) boulot *m*.
sudato, -a [su'dato] *agg* (*persona*) en sueur; (*mani*) moite; (*fig*: *denaro*) gagné(e) à la sueur de son front.
suddetto, -a [sud'detto] *agg* susdit(e).
sudditanza [suddi'tantsa] *sf* sujétion *f*.
suddito, -a ['suddito] *sm/f* (*di monarca*) sujet(te); ~ **britannico** ressortissant(e) britannique.
suddividere [suddi'videre] *vt* (*testo, libro*) subdiviser; (*ripartire*: *credita, somma*) partager.
suddivisione [suddivi'zjone] *sf* subdivision *f*.
suddiviso, -a [suddi'vizo] *pp di* **suddividere**.
sudest [su'dɛst] *sm* sud-est *m*; **vento di** ~ vent *m* de sud-est; ▶ **sudest asiatico** Asie *f* du Sud-Est.
sudicio, -a, -ci, -ce ['suditʃo] *agg* sale, crasseux(-euse); (*fig*) sale, louche.
sudiciume [sudi'tʃume] *sm* (*anche fig*) saleté *f*.
sudore [su'dore] *sm* sueur *f*.
sudovest [su'dɔvest] *sm* sud-ouest *m*; **vento di** ~ vent *m* du sud-ouest, suroît *m*.
sue ['sue] *agg, pron vedi* **suo**.
Suez ['suez] *sf*: **il Canale di** ~ le Canal de Suez.
sufficiente [suffi'tʃɛnte] *agg* suffisant(e); (*SCOL*) passable.
sufficientemente [suffitʃente'mente] *avv* suffisamment.
sufficienza [suffi'tʃɛntsa] *sf* suffisance *f*; (*SCOL*) moyenne *f*; **a** ~ assez, suffisamment; **ne ho avuto a** ~! j'en ai eu assez!, ça m'a suffi!; **un'aria di** ~ un air de suffisance.
suffisso [suf'fisso] *sm* suffixe *m*.
suffragare [suffra'gare] *vt* appuyer; (*tesi*) étayer.
suffragio [suf'fradʒo] *sm* suffrage *m*; ▶ **suffragio universale** suffrage universel.
suggellare [suddʒel'lare] *vt* (*fig*) sceller.
suggerimento [suddʒeri'mento] *sm* suggestion *f*; (*consiglio*) conseil *m*; **dietro suo** ~ sur son conseil.
suggerire [suddʒe'rire] *vt* (*risposta, battuta*) souffler; (*consigliare, proporre*) suggérer; (*richiamare alla mente*) évoquer; ~ **a qn di fare qc** suggérer à qn de faire qch.
suggeritore, -trice [suddʒeri'tore] *sm/f* (*TEATRO*) souffleur(-euse).
suggestionare [suddʒestjo'nare] *vt* suggestionner, influencer.
suggestione [suddʒes'tjone] *sf* (*PSIC*) suggestion *f*; (*fig*) charme *m*, attrait *m*.
suggestivo, -a [suddʒes'tivo] *agg* suggestif(-ive).
sughero ['sugero] *sm* liège *m*.
sugli ['suʎʎi] (= **su** + **gli**) *prep + art vedi* **su**.
sugo, -ghi ['sugo] *sm* (*di arrosto, verdure, frutta*) jus *msg*; (*condimento*) sauce *f*; (*fig*) substance *f*.
sugoso, -a [su'goso] *agg* juteux(-euse).
sui ['sui] (= **su** + **i**) *prep + art vedi* **su**.

suicida, -i, -e [sui'tʃida] *agg* suicidaire ♦ *sm/f* suicidé(e).
suicidarsi [suitʃi'darsi] *vr* se suicider.
suicidio [sui'tʃidjo] *sm* suicide *m*.
suino, -a [su'ino] *agg* de porc ♦ *sm* porc *m*, cochon *m*; **carne suina** viande *f* de porc; **i suini** les porcins *mpl*.
sul [sul] (= **su** + **il**) *prep + art vedi* **su**.
sulfamidico, -a, -ci, -che [sulfa'midiko] *agg* sulfamidé(e) ♦ *sm* sulfamide *m*.
sull' [sull] (= **su** + **l'**) *prep + art vedi* **su**.
sulla ['sulla] (= **su** + **la**) *prep + art vedi* **su**.
sulle ['sulle] (= **su** + **le**) *prep + art vedi* **su**.
sullo ['sullo] (= **su** + **lo**) *prep + art vedi* **su**.
sultanina [sulta'nina] *sf* raisin *m* sec.
sultano, -a [sul'tano] *sm/f* sultan(e).
summit ['sʌmit] *sm inv* sommet *m*.
Sunia [su'nia] *sigla m* = *sindacato unitario nazionale inquilini e assegnatari*.
sunto ['sunto] *sm* résumé *m*.
suo ['suo] (*f* **sua**) (*pl* **~i, sue**) *agg*: **(il) ~, (la) sua** son, sa; (*forma di cortesia*: *anche*: **S~**) votre ♦ *pron*: **il ~** le sien; **la sua** la sienne; **i ~i** (*genitori*) ses parents; **una sua amica** une de ses amies; (*forma di cortesia*) une de vos amies; **i ~i guanti** ses gants; (*forma di cortesia*) vos gants; **~ padre** son père; (*forma di cortesia*) votre père; **è ~!** (*di lui*) c'est le sien!, il est à lui!; (*di lei*) c'est le sien!, il est à elle!; (*forma di cortesia*) c'est le vôtre, il est à vous!; **è dalla sua** (*parte*) il est de son côté; (: *forma di cortesia*) il est de votre côté; **lui ha detto la sua** il a donné son avis, il a dit ce qu'il pensait; **alla sua!** (*brindisi*) à sa santé!; (: *forma di cortesia*) à votre santé!; **anche lui ha avuto le sue** (*guai*) lui aussi il a eu sa part de malheurs; **Marco ne ha fatta una delle sue** Marco a encore fait des siennes; **Sandra sta sulle sue** Sandra garde ses distances.
suocero, -a ['swɔtʃero] *sm/f* beau-père *m*, belle-mère *f*; **i suoceri** les beaux-parents *mpl*.
suoi ['swɔi] *vedi* **suo**.
suola ['swɔla] *sf* semelle *f*.
suolo ['swɔlo] *sm* sol *m*; ▶ **suolo pubblico** terrain *m* public.
suonare [swo'nare] *vt* (*brano*) jouer; (*strumento*) jouer de; (*campana, ore, allarme*) sonner ♦ *vi* sonner; **~ il clacson** klaxonner; **questa storia non mi suona bene** cette histoire ne me convainc pas; **gliele ha suonate** il lui a donné une raclée.
suonato, -a [swo'nato] *agg* (*rimbambito*) sonné(e), cinglé(e); **ha cinquant'anni suonati** il a cinquante ans bien sonnés.
suonatore, -trice [swona'tore] *sm/f* joueur(-euse); ▶ **suonatore ambulante** musicien *m* ambulant.
suoneria [swone'ria] *sf* sonnerie *f*.
suono ['swɔno] *sm* son *m*; **a suon di** (*fig*) à coups de.
suora ['swɔra] *sf* sœur *f*, religieuse *f*; **Suor Maria** Sœur Marie.
super ['super] *agg inv* (*anche*: **benzina ~**) super *inv* ♦ *sf inv* super *m*.
superamento [supera'mento] *sm* (*di limite, veicolo*) dépassement *m*; (*di esame*) réussite *f*.
superare [supe'rare] *vt* (*limite*) dépasser; (*bivio*) passer; (*percorso*) parcourir; (*fiume*) franchir, traverser; (*veicolo*) dépasser, doubler; (*fig*: *difficoltà, malattia*) surmonter, vaincre; (: *esame*) réussir, être reçu à; (: *risultare migliore di*) surpasser, l'emporter sur; **~ qn in altezza/peso** être plus grand(e)/plus gros(grosse) que qn; **ha superato la cinquantina** il a passé la cinquantaine; **~ i limiti di velocità** dépasser les limites de vitesse; **ha superato se stesso** il s'est surpassé.
superato, -a [supe'rato] *agg* dépassé(e); **essere ~** avoir fait son temps.
superattico, -ci [supe'rattiko] *sm appartement de luxe au dernier étage*.
superbia [su'pɛrbja] *sf* morgue *f*, suffisance *f*.
superbo, -a [su'pɛrbo] *agg* hautain(e); (*fig*: *magnifico*) superbe.
Superenalotto [superena'lɔtto] *sm loterie nationale italienne*.
superficiale [superfi'tʃale] *agg* superficiel(le).
superficialità [superfitʃali'ta] *sf* superficialité *f*.
superficie, -ci [super'fitʃe] *sf* surface *f*; **tornare in ~** (*a galla*) remonter à la surface; (*fig*: *problemi*) refaire surface; ▶ **superficie alare** (*AER*) surface alaire; ▶ **superficie velica** (*NAUT*) (surface de) voilure *f*.
superfluo [su'pɛrfluo] *agg* superflu(e).
superiora [supe'rjora] *sf* (*REL*: *anche*: **madre ~**) supérieure *f*.
superiore [supe'rjore] *agg* supérieur(e); (*temperatura, livello*): **~ (a)** au-dessus de ♦ *sm/f* supérieur(e); **le superiori** *sfpl* (*SCOL*) *les cinq dernières années de l'enseignement secondaire en Italie*.
superiorità [superjori'ta] *sf* supériorité *f*.
superlativo, -a [superla'tivo] *agg* exceptionnel(le) ♦ *sm* (*LING*) superlatif *m*.
superlavoro [superla'voro] *sm* surmenage *m*, excès *msg* de travail.
supermarket ['sju:pəma:kit] *sm inv* = **supermercato**.
supermercato [supermer'kato] *sm* supermarché *m*.
superpotenza [superpo'tentsa] *sf* superpuissance *f*.
supersonico, -a, -chi, -che [super'sɔniko] *agg* supersonique.

superstite [su'pɛrstite] *sm/f* survivant(e), rescapé(e).
superstizione [superstit'tsjone] *sf* superstition *f*.
superstizioso, -a [superstit'tsjoso] *agg* superstitieux(-euse).
superstrada [super'strada] *sf* voie *f* express.
supervisione [supervi'zjone] *sf* supervision *f*.
supervisore [supervi'zore] *sm* superviseur *m*.
supino, -a [su'pino] *agg* sur le dos.
suppellettile [suppel'lɛttile] *sf* bibelot *m*.
suppergiù [supper'dʒu] *avv* à peu près, environ.
suppl. *abbr* (= *supplemento*) suppl.
supplementare [supplemen'tare] *agg* supplémentaire; **tempi supplementari** (*SPORT*) prolongations *fpl*.
supplemento [supple'mento] *sm* supplément *m*.
supplente [sup'plɛnte] *agg* suppléant(e) ♦ *sm/f* (*insegnante*) remplaçant(e), ≈ maître-auxiliaire *m*; (*impiegato*) remplaçant(e).
supplenza [sup'plɛntsa] *sf* suppléance *f*, remplacement *m*.
suppletivo, -a [supple'tivo] *agg* supplémentaire; (*LING*) supplétif(-ive).
supplica, -che ['supplika] *sf* (*preghiera*) supplication *f*; (*domanda scritta*) supplique *f*, requête *f*.
supplicare [suppli'kare] *vt* supplier.
supplichevole [suppli'kevole] *agg* suppliant(e).
supplire [sup'plire] *vi*: ~ **a** suppléer à.
supplizio [sup'plittsjo] *sm* (*anche fig*) supplice *m*.
suppongo *etc* [sup'pongo] *vb vedi* **supporre**.
supponi *etc* [sup'poni] *vb vedi* **supporre**.
supporre [sup'porre] *vt* supposer; **supponiamo che ...** supposons que ... .
supporto [sup'pɔrto] *sm* support *m*.
supposizione [suppozit'tsjone] *sf* supposition *f*.
supposta [sup'posta] *sf* suppositoire *m*.
supposto, -a [sup'posto] *pp di* **supporre**.
suppurare [suppu'rare] *vi* suppurer.
supremazia [supremat'tsia] *sf* suprématie *f*.
supremo, -a [su'prɛmo] *agg* suprême; **Corte Suprema** Cour *f* suprême.
surclassare [surklas'sare] *vt* surclasser.
surgelare [surdʒe'lare] *vt* surgeler.
surgelato, -a [surdʒe'lato] *agg* surgelé(e) ♦ *sm* surgelé *m*.
surmenage [syrmə'naʒ] *sm* surmenage *m*.
surplus [syr'ply] *sm inv* surplus *msg*; (*eccesso di produzione*) surproduction *f*.
surreale [surre'ale] *agg* surréel(le).
surriscaldamento [surriskalda'mento] *sm* surchauffe *f*.
surriscaldare [surriskal'dare] *vt* surchauffer.
surrogato [surro'gato] *sm* succédané *m*, ersatz *msg inv*.
suscettibile [suʃʃet'tibile] *agg* susceptible.
suscettibilità [suʃʃettibili'ta] *sf* susceptibilité *f*.
suscitare [suʃʃi'tare] *vt* susciter.
susina [su'sina] *sf* prune *f*.
susino [su'sino] *sm* prunier *m*.
susseguire [susse'gwire] *vt* suivre ♦ *vi* succéder à; **susseguirsi** *vr* se succéder, se suivre.
sussidiario, -a [sussi'djarjo] *agg* (*esercito*) auxiliaire; (*fermata*) facultatif(-ive).
sussidio [sus'sidjo] *sm* subside *m*, allocation *f*; (*dello stato*) subvention *f*; ▸ **sussidio di disoccupazione** allocation de chômage; ▸ **sussidio per malattia** allocation de maladie; ▸ **sussidi audiovisivi** moyens *mpl* audiovisuels; ▸ **sussidi didattici** matériel *m* didactique.
sussiego [sus'sjɛgo] *sm* suffisance *f*, condescendance *f*.
sussistenza [sussis'tɛntsa] *sf* subsistance *f*; **mezzi di** ~ moyens *mpl* de subsistance.
sussistere [sus'sistere] *vi* exister; **non sussiste alcuna prova della sua colpevolezza** il n'y a aucune preuve de sa culpabilité.
sussultare [sussul'tare] *vi* (*trasalire*) sursauter; (*muoversi*) trembler.
sussulto [sus'sulto] *sm* (*vedi vb*) sursaut *m*; tremblement *m*.
sussurrare [sussur'rare] *vt* chuchoter, murmurer ♦ *vi* chuchoter, murmurer; (*fig*: *foglie, vento*) murmurer; **si sussurra che ...** on murmure que ... .
sussurro [sus'surro] *sm* chuchotement *m*, murmure *m*; (*fig*: *di foglie etc*) murmure.
sutura [su'tura] *sf* suture *f*.
suturare [sutu'rare] *vt* suturer.
suvvia [suv'via] *escl* allons!
S.V. *abbr* (= *Signoria Vostra*) Vous.
svagare [zva'gare] *vt* distraire; **svagarsi** *vip* se distraire, se changer les idées.
svagato, -a [zva'gato] *agg* distrait(e).
svago, -ghi ['zvago] *sm* (*riposo, ricreazione*) distraction *f*; (*passatempo*) passe-temps *msg inv*, distraction.
svaligiare [zvali'dʒare] *vt* (*banca, negozio*) cambrioler; (*casa*) cambrioler, dévaliser.
svaligiatore, -trice [zvalidʒa'tore] *sm/f* cambrioleur(-euse).
svalutare [zvalu'tare] *vt* dévaluer; (*fig*) sous-estimer; **svalutarsi** *vip* se dévaluer.
svalutazione [zvalutat'tsjone] *sf* (*ECON*) dévaluation *f*.
svampito, -a [zvam'pito] *agg* écervelé(e),

évaporé(e).

svanire [zva'nire] *vi* (*odore*) s'évaporer; (*fumo*) se dissiper; (*immagine*) s'estomper; (*sogno, fig*) s'évanouir.

svanito, -a [zva'nito] *agg* (*fig*: *sbadato*) étourdi(e); (*persona anziana*) gâteux(-euse).

svantaggiato, -a [zvantad'dʒato] *agg* défavorisé(e).

svantaggio [zvan'taddʒo] *sm* désavantage *m*; (*SPORT*) retard *m*; **essere in ~** être défavorisé(e); **tornare a ~ di** désavantager.

svantaggioso, -a [zvantad'dʒoso] *agg* défavorable, désavantageux(-euse).

svaporare [zvapo'rare] *vi* (*esaurirsi*) s'évaporer; (*perdere profumo, aroma*) s'éventer.

svaporato, -a [zvapo'rato] *agg* (*bibita*) éventé(e).

svariato, -a [zva'rjato] *agg* varié(e); **svariate volte** plusieurs fois.

svastica, -che ['zvastika] *sf* svastika *m*, swastika *m*; (*simbolo nazista*) croix *fsg* gammée.

svedese [zve'dese] *agg* suédois(e) ♦ *sm/f* Suédois(e) ♦ *sm* suédois *m*.

sveglia ['zveʎʎa] *sf* réveil *m*; ▶ **sveglia telefonica** réveil téléphonique.

svegliare [zveʎ'ʎare] *vt* réveiller; (*fig*) éveiller; **svegliarsi** *vip* (*anche fig*) se réveiller.

sveglio, -a, -gli, -glie ['zveʎʎo] *agg* réveillé(e); (*fig*: *vivace, furbo*) éveillé(e), dégourdi(e).

svelare [zve'lare] *vt* dévoiler.

sveltezza [zvel'tettsa] *sf* (*vedi agg*) rapidité *f*; vivacité *f*; sveltesse *f*.

sveltire [zvel'tire] *vt* (*procedura*) accélérer; (*snellire*) amincir.

svelto, -a ['zvɛlto] *agg* (*passo*) rapide; (*intelligenza*) vif(vive), vivace; (*figura*) svelte, élancé(e); **alla svelta** en vitesse, rapidement; **un tipo ~** un type dégourdi, un type débrouillard; **essere ~ di mano** (*incline a rubare*) être habile à voler; (*manesco*) avoir la main leste.

svendere ['zvendere] *vt* solder, brader.

svendita ['zvendita] *sf* solde *m*.

svenevole [zve'nevole] *agg* minaudier(-ière).

svengo *etc* ['zvɛngo] *vb vedi* **svenire**.

svenimento [zveni'mento] *sm* évanouissement *m*.

svenire [zve'nire] *vi* s'évanouir.

sventare [zven'tare] *vt* éventer.

sventatezza [zventa'tettsa] *sf* étourderie *f*.

sventato, -a [zven'tato] *agg* (*distratto*) étourdi(e), écervelé(e); (*imprudente*) imprudent(e).

sventola ['zvɛntola] *sf* (*colpo*) gifle *f*, claque *f*; **orecchie a ~** oreilles *fpl* en feuilles de chou.

sventolare [zvento'lare] *vt* agiter ♦ *vi* flotter.

sventrare [zven'trare] *vt* (*persona*) éventrer; (*animale*) vider; (*fig*: *edificio etc*) détruire.

sventura [zven'tura] *sf* (*cattiva sorte*) malchance *f*; (*disgrazia*) malheur *m*.

sventurato, -a [zventu'rato] *agg* malheureux(-euse).

svenuto, -a [sve'nuto] *pp di* **svenire**.

svergognare [zvergoɲ'ɲare] *vt* couvrir de honte.

svergognato, -a [zvergoɲ'ɲato] *agg, sm/f* effronté(e), impudent(e).

svernare [zver'nare] *vi* hiberner; (*truppe*) hiverner.

sverrò *etc* [zver'rɔ] *vb vedi* **svenire**.

svestire [zves'tire] *vt* déshabiller; **svestirsi** *vr* se déshabiller.

Svezia ['zvɛtsja] *sf* Suède *f*.

svezzare [zvet'tsare] *vt* sevrer.

sviare [zvi'are] *vt* détourner; **~ (da)** (*fig*) détourner (de).

svicolare [zviko'lare] *vi* se dérober.

svignarsela [zviɲ'ɲarsela] *vip* s'esquiver, filer à l'anglaise.

svilimento [zvili'mento] *sm* avilissement *m*.

svilire [zvi'lire] *vt* avilir.

sviluppare [zvilup'pare] *vt* développer; **svilupparsi** *vr, vip* se développer.

sviluppo [zvi'luppo] *sm* développement *m*; **in via di ~** en voie de développement; **paesi in via di ~** pays *mpl* en voie de développement.

svincolare [zvinko'lare] *vt* (*persona*) libérer; (*merce*) dédouaner.

svincolo ['zvinkolo] *sm* (*di deposito, merci*) dédouanement *m*; (*raccordo stradale*) bretelle *f*; (: *fra autostrade*) échangeur *m*.

sviscerare [zviʃʃe'rare] *vt* (*argomento*) approfondir, fouiller.

sviscerato, -a [zviʃʃe'rato] *agg* (*amore*) passionné(e); (*lodi, complimenti*) outré(e).

svista ['zvista] *sf* faute *f* d'étourderie.

svitare [zvi'tare] *vt* dévisser.

Svizzera ['zvittsera] *sf* Suisse *f*.

svizzero, -a ['zvittsero] *agg* suisse ♦ *sm/f* Suisse *m/f*.

svogliatezza [zvoʎʎa'tettsa] *sf* manque *m* d'entrain.

svogliato, -a [zvoʎ'ʎato] *agg* sans entrain; **essere ~** n'avoir goût à rien.

svolazzare [zvolat'tsare] *vi* voltiger; (*capelli*) flotter.

svolgere ['zvɔldʒere] *vt* (*gomitolo, nastro*) dérouler; (*fig*: *tema, argomento*) développer; (: *piano, programma*) exécuter; **svolgersi** *vip* (*dispiegarsi*) se dérouler; (*fig*: *accadere*) se dérouler, se passer; **tutto si**

è svolto secondo i piani tout s'est passé comme prévu.
svolgimento [zvoldʒi'mento] *sm* (*di tema, argomento*) développement *m*; (*di piano, vicenda*) déroulement *m*.
svolsi *etc* ['zvɔlsi] *vb vedi* **svolgere**.
svolta ['zvɔlta] *sf* (*anche fig*) tournant *m*; (*curva*) virage *m*; **essere ad una ~ nella propria vita** être à un tournant de sa vie.
svoltare [zvol'tare] *vi* tourner; **~ a destra/sinistra** tourner à droite/gauche.
svolto, -a ['zvɔlto] *pp di* **svolgere**.
svuotare [zvwo'tare] *vt* vider.

T, t

T, t [ti] *sf o m inv* (*lettera*) T, t *m inv*; **~ come Taranto** ≈ T comme Thérèse.
T *abbr* (= *tabaccheria*) bureau de tabac.
t *abbr* (= *tara*) tare; (= *tonnellata*) T., t.
TA *sigla* = *Taranto*.
tabaccaio, -a [tabak'kajo] *sm/f* marchand(e) de tabac.
tabaccheria [tabakke'ria] *sf* bureau *m* de tabac.
tabacchiera [tabak'kjɛra] *sf* tabatière *f*.
tabacco, -chi [ta'bakko] *sm* tabac *m*.
tabella [ta'bɛlla] *sf* (*tavola, elenco*) tableau *m*; (*di interessi, salari*) barème *m*; ▶ **tabella dei prezzi** liste *f* des prix; ▶ **tabella di marcia** planning *m*, plan *m* de travail; (*SPORT*) plan de route; (*fig*) planning.
tabellone [tabel'lone] *sm* (*per pubblicità*) panneau *m*; (*per informazioni*) tableau *m* d'affichage; (: *in stazione*) tableau (des départs *o* arrivées).
tabernacolo [taber'nakolo] *sm* (*REL*) tabernacle *m*.
tabù [ta'bu] *agg inv, sm inv* tabou *m*.
tabula rasa ['tabula 'raza] *sf*: **fare ~ ~** (*fig*) faire table rase.
tabulare [tabu'lare] *vt* (*INFORM*) tabuler; (*MAT*) disposer sous forme de tableau.
tabulato [tabu'lato] *sm* (*INFORM, MAT*) listing *m*, imprimés *mpl*.
tabulatore [tabula'tore] *sm* tabulateur *m*.
TAC ['tak] *sigla f* (*MED*) = *Tomografia Assiale Computerizzata*; *vedi* **tomografia**.
tacca, -che ['takka] *sf* encoche *f*, entaille *f*; **di mezza ~** (*fig*) de peu de valeur.
taccagneria [takkaɲɲe'ria] *sf* pingrerie *f*.
taccagno, -a [tak'kaɲɲo] *agg* pingre.
taccheggio [tak'keddʒo] *sm* vol *m* à l'étalage.
tacchino [tak'kino] *sm* dindon *m*; (*CUC*) dinde *f*.
tacciare [tat'tʃare] *vt*: **~ qn di qc** taxer qn de qch.
taccio *etc* ['tattʃo] *vb vedi* **tacere**; **tacciare**.
tacco, -chi ['takko] *sm* talon *m*; ▶ **tacchi alti/a spillo** talons hauts/aiguilles.
taccuino [takku'ino] *sm* carnet *m*, calepin *m*.
tacere [ta'tʃere] *vi* se taire ♦ *vt* taire; **far ~ qn** faire taire qn; **mettere a ~ qc** étouffer qch.
tachicardia [takikar'dia] *sf* tachycardie *f*.
tachimetro [ta'kimetro] *sm* compte-tours *m inv*; (*AUT*) compteur *m* de vitesse.
tacito, -a ['tatʃito] *agg* tacite; **una tacita intesa** un accord tacite.
taciturno, -a [tatʃi'turno] *agg* taciturne.
taciuto, -a [ta'tʃuto] *pp di* **tacere**.
tacqui *etc* ['takkwi] *vb vedi* **tacere**.
tafano [ta'fano] *sm* taon *m*.
tafferuglio [taffe'ruʎʎo] *sm* bagarre *f*.
taffettà [taffet'ta] *sm* taffetas *msg*.
taglia ['taʎʎa] *sf* (*statura, misura*) taille *f*; (*ricompensa*) récompense *f*; ▶ **taglie forti** (*ABBIGLIAMENTO*) grandes tailles.
tagliaboschi [taʎʎa'bɔski] *sm inv* bûcheron.
tagliacarte [taʎʎa'karte] *sm inv* coupe-papier *m*.
taglialegna [taʎʎa'leɲɲa] *sm inv* bûcheron.
tagliando [taʎ'ʎando] *sm* coupon *m*.
tagliare [taʎ'ʎare] *vt* couper; (*carne*) couper, découper; (*droga*) mêler ♦ *vi* couper; **tagliarsi** *vip* se couper; **~ la curva** couper un virage, prendre un virage à la corde; **~ corto** (*fig*) couper court; **~ la corda** (*fig*) filer; **~ i ponti (con)** (*fig*) couper les ponts (avec); **~ la strada a qn** couper la route à qn; (*fig*) barrer la route à qn; **~ la testa al toro** (*fig*) trancher; **essere tagliati fuori dal mondo** être coupés du monde.
tagliatelle [taʎʎa'tɛlle] *sfpl* nouilles *fpl*, tagliatelles *fpl*.
tagliato, -a [taʎ'ʎato] *agg*: **essere ~ per qc** (*fig*) être doué(e) pour qch.
tagliatrice [taʎʎa'tritʃe] *sf* (*TECN*) découpeuse *f*, tronçonneuse *f*.
tagliaunghie [taʎʎa'ungje] *sm inv* coupe-ongles *m inv*.
taglieggiare [taʎʎed'dʒare] *vt* rançonner.
tagliente [taʎ'ʎɛnte] *agg* coupant(e), tranchant(e); (*fig*) mordant(e).
tagliere [taʎ'ʎɛre] *sm* planche *f* à découper.
taglio ['taʎʎo] *sm* (*atto*: *di stoffa*) découpage *m*; (: *di capelli, erba*) coupe *f*; (: *di arto*) amputation *f*; (: *di vino*) coupage *m*; (: *di droga*) mélange *m*; (*effetto*: *su stoffa,*

carta) entaille *f*; (: *ferita, anche di film, banconota*) coupure *f*; (*quantità*: *di carne*) morceau *m*; (: *di tessuto*) coupe, coupon *m*; (*stile*: *di capelli, abito*) coupe; **di ~ classico** (*abito*) classique; **colpire la palla di ~** (*TENNIS*) couper la balle; **dare un ~ netto a** (*fig*: *a rapporto*) rompre; **di grosso/piccolo ~** (*banconote*) grosses/petites coupures; ▶ **taglio cesareo** césarienne *f*.

tagliola [taʎ'ʎɔla] *sf* piège *m*.

taglione [taʎ'ʎone] *sm*: **la legge del ~** la loi du talion.

tagliuzzare [taʎʎut'tsare] *vt* taillader.

Tahiti [ta'iti] *sf* Tahiti *f*.

tailandese [tailan'dese] *agg* thaïlandais(e) ♦ *sm/f* Thaïlandais(e) ♦ *sm* thaï *m*.

Tailandia [tai'landja] *sf* Thaïlande *f*.

tailleur [ta'jœr] *sm inv* tailleur *m*.

Taiwan [tai'wan] *sm* Taiwan *f*.

Tajikistan [ta'dʒikistan] *sm* Tadjikistan *m*.

talamo ['talamo] *sm* lit *m* nuptial.

talco, -chi ['talko] *sm* talc *m*.

PAROLA CHIAVE

tale ['tale] *agg* **1** (*simile, così grande*) tel(le); **un/una tale** un tel/une telle; **non accetto tali discorsi** je n'accepte pas de tels propos; **la mia rabbia era tale che lo colpii** ma colère était telle que je le frappai; **è di una tale arroganza!** il est d'une telle arrogance!; **fa un tale chiasso** il fait un de ces boucans

2 (*indefinito*) certain(e); **ha telefonato una tale Michela** une certaine Michela a téléphoné; **il giorno tale all'ora tale** tel jour à telle heure; **la tal persona** cette personne

3 (*nelle similitudini*): **tale ... tale** tel(le) ... tel(le); **tale padre tale figlio** tel père tel fils; **hai il vestito tale quale il mio** tu as exactement la même robe que moi

♦ *pron* (*indefinito*: *persona*): **un/una tale** un tel/une telle; **quel/quella tale** celui-là/celle-là; **il tal dei tali** Monsieur Untel.

talento [ta'lɛnto] *sm* talent *m*.

talismano [taliz'mano] *sm* talisman *m*.

tallonare [tallo'nare] *vt* (*anche SPORT*) talonner.

talloncino [tallon'tʃino] *sm* talon *m*; (*di medicinali*) vignette *f*.

tallone [tal'lone] *sm* talon *m*.

talmente [tal'mente] *avv* tellement, si.

talora [ta'lora] *avv* = **talvolta**.

talpa ['talpa] *sf* (*anche fig*) taupe *f*.

talvolta [tal'vɔlta] *avv* parfois, quelquefois.

tamburello [tambu'rɛllo] *sm* tambourin *m*.

tamburo [tam'buro] *sm* tambour *m*; (*di pistola*) barillet *m*; **freni a ~** freins *mpl* à tambour; **pistola a ~** revolver *m*; **a ~ battente** (*fig*) tambour battant.

Tamigi [ta'midʒi] *sm* Tamise *f*.

tamponamento [tampona'mento] *sm* télescopage *m*; ▶ **tamponamento a catena** carambolage *m*.

tamponare [tampo'nare] *vt* boucher, tamponner; (*macchina*) tamponner.

tampone [tam'pone] *sm* tampon *m*; (*assorbente interno*) tampon hygiénique *o* périodique; (*per timbri*) tampon encreur.

tamtam [tam'tam] *sm inv* (*fig*) téléphone *m* arabe.

tana ['tana] *sf* tanière *f*; (*fig*: *di malviventi*) repaire *m*; (: *tugurio*) taudis *msg*.

tanfo ['tanfo] *sm* puanteur *f*.

tangente [tan'dʒɛnte] *agg* tangent(e) ♦ *sf* tangente *f*; (*quota*) quote-part *f*; (*denaro estorto*) pot-de-vin *m*.

tangenziale [tandʒen'tsjale] *sf* boulevard *m* périphérique.

Tangeri ['tandʒeri] *sf* Tanger.

tangibile [tan'dʒibile] *agg* tangible.

tango, -ghi ['tango] *sm* tango *m*.

tanica, -che ['tanika] *sf* jerricane *m*.

tannino [tan'nino] *sm* tanin *m*.

tantino [tan'tino]: **un ~** *avv* un peu.

PAROLA CHIAVE

tanto, -a ['tanto] *agg* **1** (*molto*: *quantità*) très, beaucoup de; (: *numero*) beaucoup de, nombreux(-euse); **tanto pane/latte** beaucoup de pain/lait; **tante volte** de nombreuses fois; **tante persone** de nombreuses personnes; **tanti auguri!** tous mes vœux!; **tante grazie** merci beaucoup; **tanto tempo** longtemps; **ogni tanti chilometri** tous les x kilomètres

2: **tanto ... quanto** autant de ... que (de); **ho tanta pazienza quanta ne hai tu** j'ai autant de patience que toi; **ho tanti amici quanti nemici** j'ai autant d'amis que d'ennemis

3 (*rafforzativo*) tant de; **tanta fatica per niente!** tant de fatigue pour rien!; **tanto ... che** tant ... que, tellement ... que; **ha tanta volontà che riesce in ogni cosa** elle a tellement de volonté qu'elle en réussit en tout

♦ *pron* **1** (*molto*) beaucoup; (*così tanto*) tant; **tanti, tante** (*persone*) de nombreuses personnes, beaucoup de gens; (*cose*) beaucoup de choses; **non credevo ce ne fosse tanto** je ne croyais pas qu'il y en avait tant; **una persona come tante** une personne comme beaucoup d'autres; **è passato tanto** (*tempo*) il y a si longtemps; **è tanto che aspetto** il y a longtemps que j'attends; **due volte tanto** deux fois plus; **tempo? ne ho tanto quanto basta** du temps? mais j'ai tout le temps qu'il me faut

2 (*indeterminato*) tant; **tanto per l'affitto, tanto per il gas** tant pour le loyer, tant

pour le gaz; **riceve un tanto al mese** il reçoit tant par mois; **di tanto in tanto** de temps en temps; **ogni tanto** de temps en temps; **se tanto mi dà tanto** si c'est comme ça; **tanto vale partire** *o* **che partiamo subito** autant partir immédiatement
3 (*dimostrativo*) tant; **tanto meglio!** tant mieux!; **tanto peggio per lui!** tant pis pour lui!; **tanto di guadagnato** autant de gagné
♦ *avv* **1** (*molto*: *con agg, avv*) si, tellement; (: *con vb*) tant, tellement; **è tanto intelligente** elle est si intelligente; **vengo tanto volentieri** je viens très volontiers; **non ci vuole tanto a capirlo** ça n'est pas dur à comprendre
2 (*così tanto*: *con agg, avv*) si; (: *con vb*) beaucoup; **è tanto bella!** elle est si belle!; **sta tanto meglio adesso!** il va beaucoup mieux maintenant!; **non urlare tanto** ne crie pas si fort; **ha tanto urlato che l'hanno lasciato andare** il a tellement hurlé qu'ils l'ont laissé partir; **era tanto bella da non credere** elle était si belle qu'on n'en croyait pas ses yeux
3: **tanto ... quanto** autant que, aussi ... que; **conosco tanto Carlo quanto suo padre** je connais Carlo autant que son père; **è tanto bella quanto buona** elle est aussi belle que gentille; **non è poi tanto complicato quanto sembri** en fin de compte ce n'est pas aussi compliqué que cela en a l'air; **tanto più ... tanto più** plus ... plus; **tanto più insisti, tanto più non mollerà** plus tu insistes, moins il cédera; **quanto più ... tanto meno** plus ... moins; **quanto più lo conosco tanto meno mi piace** plus je le connais moins il me plaît
4 (*solamente*) histoire de, pour; **tanto per cambiare/scherzare/dire** histoire de changer/blaguer/dire; **una volta tanto** une fois de temps en temps
♦ *cong* (*comunque, perché*) en toutes façons; **non insistere, tanto è inutile** n'insiste pas, de toute façon c'est inutile.

Tanzania [tan'dzanja] *sf* Tanzanie *f*.
tapiro [ta'piro] *sm* tapir *m*.
tappa ['tappa] *sf* (*anche fig*) étape *f*; (*fermata*) halte *f*; **a tappe** (*corsa, gara*) par étapes; **bruciare le tappe** (*fig*) brûler les étapes.
tappabuchi [tappa'buki] *sm inv* bouche-trou *m*.
tappare [tap'pare] *vt* boucher; **tapparsi** *vr*: **tapparsi in casa** s'enfermer chez soi; **tapparsi la bocca** se taire; **tapparsi le orecchie** se boucher les oreilles.
tapparella [tappa'rɛlla] *sf* store *m*.
tappeto [tap'peto] *sm* (*anche PUGILATO*) tapis *msg*; (*di tavolo*: *rivestimento*) tapis de table; **mandare al** ~ (*fig*) envoyer au tapis; **bombardamento a** ~ pilonnage *m*; ▸**tappeto persiano** tapis de Perse; ▸**tappeto verde** (*tavolo da gioco*) tapis vert.
tappezzare [tappet'tsare] *vt* tapisser.
tappezzeria [tappettse'ria] *sf* (*anche ARTE*) tapisserie *f*; (*carta da parati*) papier *m* peint; (*in una macchina*) habillage *m*; **fare da** ~ (*fig*) faire tapisserie.
tappezziere [tappet'tsjɛre] *sm* tapissier *m*.
tappo ['tappo] *sm* bouchon *m*; (*fig*: *persona bassa*) petit bout *m* d'homme/de femme; ▸**tappo a corona** capsule *f*; ▸**tappo a vite** bouchon (à vis).
TAR [tar] *sigla m* (= *Tribunale Amministrativo Regionale*) *tribunal régional qui juge les litiges administratifs*.
tara ['tara] *sf* (*anche MED*) tare *f*.
tarantella [taran'tɛlla] *sf* tarentelle *f*.
tarantola [ta'rantola] *sf* tarentule *f*.
tarare [ta'rare] *vt* (*COMM*) tarer; (*TECN*) étalonner; (*valvola*) calibrer.
taratura [tara'tura] *sf* (*vedi vb*) tarage *m*; étalonnage *m*; calibrage *m*.
tarchiato, -a [tar'kjato] *agg* trapu(e).
tardare [tar'dare] *vi* être en retard; ~ **a fare qc** tarder à faire qch.
tardi ['tardi] *avv* tard; **più** ~ plus tard; **al più** ~ au plus tard; **sul** ~ (*verso sera*) tard dans la soirée; **far** ~ (*ad appuntamento*) être en retard; (*restare alzato*) se coucher tard; **ho lavorato fino a** ~ j'ai travaillé tard.
tardivo, -a [tar'divo] *agg* tardif(-ive); (*fig*: *persona*) retardé(e).
tardo, -a ['tardo] *agg* (*lento, fig*: *ottuso*) lent(e); **nella tarda mattinata** tard dans la matinée; **a notte tarda** tard dans la nuit.
tardona [tar'dona] *sf* (*peg*) vieux tableau *m*.
targa, -ghe ['targa] *sf* plaque *f*; (*AUT*) plaque minéralogique *o* d'immatriculation.
targare [tar'gare] *vt* (*AUT*) immatriculer.
targhetta [tar'getta] *sf* (*con nome, indirizzo*) étiquette *f*.
tariffa [ta'riffa] *sf* tarif *m*; **la** ~ **in vigore** le tarif en vigueur; ▸**tariffa normale** plein tarif; ▸**tariffa ridotta** tarif réduit; ▸**tariffa salariale** niveau *m* des salaires; ▸**tariffa unica** tarif unique; ▸**tariffe doganali/postali/telefoniche** tarifs douaniers/postaux/du téléphone.
tariffario, -a [tarif'farjo] *agg* tarifaire ♦ *sm* barème *m*.
tarlo ['tarlo] *sm* ver *m* du bois; **roso dal** ~ **della gelosia/del rimorso** (*fig*) rongé par la jalousie/le remords.
tarma ['tarma] *sf* mite *f*.
tarmicida, -i [tarmi'tʃida] *agg, sm* antimite *m*.

tarocco, -chi ['tarɔkko] *sm* tarot *m*; **tarocchi** *smpl* (*gioco*) tarots *mpl*.
tarpare [tar'pare] *vt* (*fig*): ~ **le ali a qn** rogner les ailes à qn.
tartagliare [tartaʎ'ʎare] *vi* bégayer ♦ *vt* bredouiller.
tartaro, -a ['tartaro] *agg* tartare ♦ *sm/f* Tartare *m/f* ♦ *sm* (*MED*) tartre *m*; **bistecca alla tartara** steak *m* tartare; **salsa tartara** sauce *f* tartare.
tartaruga, -ghe [tarta'ruga] *sf* (*anche fig*) tortue *f*; (*materiale*) écaille *f*.
tartassare [tartas'sare] *vt* malmener, maltraiter; (*ad esame*) tenir sur la sellette.
tartina [tar'tina] *sf* canapé *m*.
tartufo [tar'tufo] *sm* (*BOT*) truffe *f*; ▸**tartufo bianco/nero** truffe blanche/noire.
tasca, -sche ['taska] *sf* (*anche ANAT*) poche *f*; **da** ~ de poche; **fare i conti in** ~ **a qn** (*fig*) se mêler des finances de qn; **conoscere come le proprie tasche** (*fig*) connaître comme sa poche.
tascabile [tas'kabile] *agg* de poche ♦ *sm* (*libro*) livre *m* de poche.
tascapane [taska'pane] *sm* musette *f*.
taschino [tas'kino] *sm* gousset *m*.
Tasmania [taz'manja] *sf* Tasmanie *f*.
tassa ['tassa] *sf* taxe *f*; (*per iscrizione*: *a scuola etc*) droits *mpl*; (*doganale*) droits de douane; ▸**tassa di circolazione** (*AUT*) vignette *f* automobile; ▸**tassa di soggiorno** taxe de séjour.
tassametro [tas'sametro] *sm* (*di taxi*) taximètre *m*; (*di parcheggio*) parcmètre *m*.
tassare [tas'sare] *vt* taxer.
tassativo, -a [tassa'tivo] *agg* péremptoire.
tassazione [tassat'tsjone] *sf* taxation *f*, imposition *f*.
tassello [tas'sɛllo] *sm* morceau *m*; (*fig*: *di vicenda*) élément *m*.
tassì [tas'si] *sm inv* = **taxi**.
tassista, -i, -e [tas'sista] *sm/f* chauffeur *m* de taxi.
tasso ['tasso] *sm* (*anche MED*) taux *msg*; (*ZOOL*) blaireau *m*; ▸**tasso di cambio/d'interesse** taux de change/d'intérêt; ▸**tasso di crescita** taux de croissance.
tastare [tas'tare] *vt* tâter; ~ **il terreno** (*fig*) tâter le terrain.
tastiera [tas'tjera] *sf* clavier *m*.
tastierino [tastje'rino] *sm*: ~ **numerico** clavier *m* numérique.
tasto ['tasto] *sm* (*di piano, computer etc*) touche *f*; (*di radio, TV*) bouton *m*; **toccare un** ~ **delicato** (*fig*) toucher une corde sensible.
tastoni [tas'toni] *avv*: **procedere (a)** ~ avancer à tâtons.
tata ['tata] *sf* nounou *f*.
tattico, -a, -ci, -che ['tattiko] *agg* tactique ♦ *sf* tactique *f*.
tatto ['tatto] *sm* (*senso*) toucher *m*; (*fig*) tact *m*; **al** ~ au toucher; **avere** ~ avoir du tact.
tatuaggio [tatu'addʒo] *sm* tatouage *m*.
tatuare [tatu'are] *vt* tatouer.
taverna [ta'vɛrna] *sf* taverne *f*.
tavola ['tavola] *sf* (*asse, illustrazione*) planche *f*; (*mobile, prospetto*) table *f*; (*lastra*) plaque *f*; (*quadro*) tableau *m*; **è in** ~! (*cena, pranzo*) à table!; **la buona** ~ (*fig*: *cucina*) la bonne table; ▸**tavola calda** snack *m*; ▸**tavola da stiro** planche à repasser; ▸**tavola rotonda** (*fig*) table ronde.
tavolata [tavo'lata] *sf* tablée *f*.
tavolato [tavo'lato] *sm* (*pavimento*) cloison *f* en bois; (*altipiano*) plateau *m*.
tavoletta [tavo'letta] *sf* tablette *f*; **a** ~ (*AUT*: *a massima velocità*) le pied au plancher; **andare a** ~ appuyer sur le champignon.
tavolino [tavo'lino] *sm* (petite) table *f*; (*scrivania*) bureau *m*; **decidere qc a** ~ (*fig*) décider qch sur le papier; ▸**tavolino da gioco/da tè** table de jeu/de salon.
tavolo ['tavolo] *sm* table *f*; ▸**tavolo da lavoro** table de travail; ▸**tavolo da disegno** table à dessin; ▸**tavolo da gioco/da ping-pong** table de jeu/de ping-pong; ▸**tavolo operatorio** (*MED*) table d'opération.
tavolozza [tavo'lɔttsa] *sf* palette *f*.
taxi ['taksi] *sm inv* taxi *m*.
tazza ['tattsa] *sf* tasse *f*; (*del water*) cuvette *f*; ▸**tazza da tè/caffè** tasse à thé/café; **una** ~ **di tè** une tasse de thé.
tazzina [tat'tsina] *sf*: ~ **(da caffè)** tasse *f* à café.
TBC [tibi'tʃi] *abbr f* = **tubercolosi**.
TCI *sigla m* = *Touring Club Italiano*.
TE *sigla* = *Teramo*.
te [te] *pron* toi.
tè [te] *sm inv* thé *m*; ~ **danzante** thé dansant.
teatrale [tea'trale] *agg* théâtral(e).
teatro [te'atro] *sm* théâtre *m*; (*spettacolo*) représentation *f* théâtrale; ▸**teatro comico** comédie *f*; ▸**teatro di posa** studio *m*; ▸**teatro di prosa** théâtre.
tecnico, -a, -ci, -che ['tɛkniko] *agg* technique ♦ *sm/f* technicien(ne) ♦ *sf* technique *f*.
tecnologia [teknolo'dʒia] *sf* technologie *f*; **alta** ~ technologie de pointe.
tecnologico, -a, -ci, -che [tekno'lɔdʒiko] *agg* technologique.
tedesco, -a, -schi, -sche [te'desko] *agg* allemand(e) ♦ *sm/f* Allemand(e) ♦ *sm* allemand *m*; ▸**tedesco occidentale/orientale** Allemand(e) de l'Ouest/de l'Est.

tediare [te'djare] *vt* ennuyer.
tedio ['tɛdjo] *sm* ennui *m*.
tedioso, -a [te'djoso] *agg* ennuyeux(-euse).
tegame [te'game] *sm* poêle *f*; **al ~** (*zucchine*) sauté(e); **uova al ~** œufs *mpl* au *o* sur le plat.
teglia ['teʎʎa] *sf* (*per dolci*) moule *m* à gâteau; (*per arrosti*) plat *m* à rôti.
tegola ['tegola] *sf* tuile *f*.
Teheran [te'ran] *sf* Téhéran.
teiera [te'jɛra] *sf* théière *f*.
teina [te'ina] *sf* théine *f*.
tel. *abbr* (= *telefono*) tél.
tela ['tela] *sf* toile *f*; **di ~** (*calzoni etc*) en toile; ▸ **tela cerata** toile cirée; ▸ **tela di ragno** toile d'araignée.
telaio [te'lajo] *sm* (*apparecchio*) métier *m*; (*struttura*) armature *f*; (*di macchina*) châssis *msg*; (*di finestra*) bâti *m*; (*ELETTR*) cadre *m*.
Tel Aviv [tela'viv] *sf* Tel-Aviv.
tele... ['tɛle] *pref* télé... .
teleabbonato [teleabbo'nato] *sm téléspectateur payant la redevance télévision*.
telecamera [tele'kamera] *sf* caméra *f* de télévision.
telecomandare [telekoman'dare] *vt* télécommander.
telecomando [teleko'mando] *sm* télécommande *f*.
telecomunicazioni [telekomunikat'tsjoni] *sfpl* télécommunications *fpl*.
teleconferenza [telekonfe'rɛntsa] *sf* téléconférence *f*.
telecronaca, -che [tele'krɔnaka] *sf* reportage *m* télévisé, téléreportage *m*.
telecronista, -i, -e [telekro'nista] *sm/f* commentateur(-trice).
teleferica, -che [tele'fɛrika] *sf* téléphérique *m*.
telefilm [tele'film] *sm inv* téléfilm *m*.
telefonare [telefo'nare] *vi* téléphoner; **~ a qn** téléphoner à qn.
telefonata [telefo'nata] *sf* coup *m* de téléphone, coup de fil (*fam*); **fare una ~ (a qn)** téléphoner (à qn); ▸ **telefonata a carico del destinatario** communication *f* en PCV; ▸ **telefonata con preavviso** communication avec préavis; ▸ **telefonata urbana/interurbana** ≈ communication locale/en-dehors de la région.
telefonicamente [telefonika'mente] *avv* par téléphone.
telefonico, -a, -ci, -che [tele'fɔniko] *agg* téléphonique.
telefonino [telefo'nino] *sm* (*cellulare*) téléphone *m* portable, téléphone cellulaire.
telefonista, -i, -e [telefo'nista] *sm/f* standardiste *m/f*.
telefono [te'lɛfono] *sm* téléphone *m*; **avere il ~** avoir le téléphone; ▸ **telefono a gettoni** téléphone à jetons; ▸ **telefono azzurro** ≈ numéro *m* vert pour l'enfance maltraitée; ▸ **telefono interno** interphone *m*; ▸ **telefono pubblico** téléphone public; ▸ **telefono rosa** ≈ SOS femmes battues.
telegiornale [teledʒor'nale] *sm* journal *m* télévisé.
telegrafare [telegra'fare] *vi* télégraphier.
telegrafia [telegra'fia] *sf* télégraphie *f*.
telegrafico, -a, -ci, -che [tele'grafiko] *agg* (*anche fig*) télégraphique.
telegrafista, -i, -e [telegra'fista] *sm/f* télégraphiste *m/f*.
telegrafo [te'lɛgrafo] *sm* télégraphe *m*; (*ufficio*) bureau *m* télégraphique.
telegramma, -i [tele'gramma] *sm* télégramme *m*.
telelavoro [telela'voro] *sm* télétravail *m*.
telematica [tele'matika] *sf* télématique *f*.
telenovela, s [teleno'bela] *sf* feuilleton *m* télévisé.
teleobiettivo [teleobjet'tivo] *sm* téléobjectif *m*.
telepatia [telepa'tia] *sf* télépathie *f*.
telequiz [tele'kwits] *sm inv* jeu *m* télévisé.
teleschermo [teles'kermo] *sm* (*schermo*) écran *m* de télévision; (*TV*) petit écran.
telescopio [teles'kɔpjo] *sm* télescope *m*.
telescrivente [teleskri'vɛnte] *sf* téléscripteur *m*.
teleselettivo, -a [teleselet'tivo] *agg* automatique; ▸ **prefisso teleselettivo** indicatif *m* (téléphonique).
teleselezione [teleselet'tsjone] *sf* automatique *m*; **in ~** en automatique.
telespettatore, -trice [telespetta'tore] *sm/f* téléspectateur(-trice).
teletext [tele'tɛkst] *sm inv* ≈ télétexte *m*.
televendita [tele'vendita] *sf* télévente *f*.
televideo [tele'video] *sm* ≈ vidéotex *m inv*.
televisione [televi'zjone] *sf* télévision *f*; **~ digitale** télévision numérique.
televisore [televi'zore] *sm* téléviseur *m*, poste *m* de télévision.
telex ['tɛleks] *sm inv* télex *m inv*.
telo ['telo] *sm* toile *f*.
telone [te'lone] *sm* (*per merci etc*) bâche *f*; (*sipario*) rideau *m*.
tema, -i ['tɛma] *sm* sujet *m*, thème *m*; (*MUS, LETT*) thème; (*SCOL*) composition *f*, rédaction *f*, dissertation *f*; (*LING*) thème.
tematica [te'matika] *sf* thématique *f*; **la ~ ambientale** le thème de l'environnement.
temerario, -a [teme'rarjo] *agg* téméraire.
temere [te'mere] *vt* craindre, redouter; (*fig: freddo*) craindre ♦ *vi* (*aver paura*) avoir peur; (*essere preoccupato*) craindre; **~ di/che/per** craindre de/que/pour.
tempera ['tɛmpera] *sf* détrempe *f*.
temperamatite [temperama'tite] *sm inv*

taille-crayon *m*.

temperamento [tempera'mento] *sm* tempérament *m*.

temperante [tempe'rante] *agg* sobre, modéré(e).

temperare [tempe'rare] *vt* tempérer; (*aguzzare*) tailler.

temperato, -a [tempe'rato] *agg* (*clima*) tempéré(e); (*persona*: *nel bere etc*) sobre, modéré(e).

temperatura [tempera'tura] *sf* température *f*; **a ~ ambiente** à température ambiante.

temperino [tempe'rino] *sm* canif *m*.

tempesta [tem'pɛsta] *sf* tempête *f*; (*fig*: *di colpi*) grêle *f*; ▶**tempesta di neve/di sabbia** tempête de neige/de sable.

tempestare [tempes'tare] *vt*: **~ qn di domande** assaillir qn de questions; (*ornare*) orner.

tempestività [tempestivi'ta] *sf* opportunité *f*; **con la massima ~** dans les plus brefs délais.

tempestivo, -a [tempes'tivo] *agg* opportun(e); **il tuo intervento è stato ~** ton intervention est arrivée à point nommé.

tempestoso, -a [tempes'toso] *agg* (*anche fig*) orageux(-euse).

tempia ['tɛmpja] *sf* tempe *f*.

tempio ['tɛmpjo] *sm* temple *m*.

tempismo [tem'pizmo] *sm* à-propos *msg*.

tempo ['tɛmpo] *sm* (*anche LING, MUS*) temps *msg*; (*durata*) durée *f*; (*termine*) délai *m*; (*di film, gioco*: *parte*) partie *f*; (*SPORT*) mi-temps *fsg*; **un ~** jadis, autrefois; **da ~** depuis longtemps; **~ fa** il y a quelque temps; **poco ~ dopo** peu de temps après; **a ~ e luogo** en temps et lieu; **ogni cosa a suo ~** chaque chose en son temps; **al ~ stesso, a un ~** en même temps; **per ~** promptement; **a/in ~** à temps; **per qualche ~** pendant quelque temps; **trovare il ~ di fare qc** trouver le temps de faire qch; **avere fatto il proprio ~** avoir fait son temps; **fare a** *o* **in ~** avoir le temps; **rispettare i tempi** respecter les délais; **primo/secondo ~** (*di film*) première/seconde partie; (*SPORT*) première/seconde mi-temps; **stringere i tempi** accélérer; **con i tempi che corrono** par les temps qui courent; **in questi ultimi tempi** ces derniers temps; **ai miei tempi** de mon temps; **in ~ reale** en temps réel; **in ~ utile** en temps utile; ▶**tempo di cottura** temps de cuisson; ▶**tempo libero** loisirs *mpl*; ▶**tempi di esecuzione/di lavorazione** délai *msg* d'exécution/de fabrication; ▶**tempi morti** temps *mpl* morts.

temporale [tempo'rale] *agg* temporel(le); (*ANAT*) temporal(e) ♦ *sm* (*METEOR*) orage *m*.

temporalesco, -a, -schi, -sche [tempora'lesko] *agg* orageux(-euse).

temporaneo, -a [tempo'raneo] *agg* temporaire.

temporeggiare [tempored'dʒare] *vi* temporiser.

tempra ['tɛmpra] *sf* (*anche fig*) trempe *f*; **un uomo della sua ~** un homme de cette trempe.

temprare [tem'prare] *vt* tremper; (*fig*) endurcir.

tenace [te'natʃe] *agg* tenace.

tenacia [te'natʃa] *sf* ténacité *f*.

tenaglie [te'naʎʎe] *sfpl* tenaille *fsg*; (*per denti*) davier *msg*; (*ZOOL*) pinces *fpl*.

tenda ['tɛnda] *sf* (*riparo, per campeggio*) tente *f*; (*di negozio*) store *m*; (*di finestra*) rideau *m*.

tendaggio [ten'daddʒo] *sm* (*tenda*) rideau *m*; (*insieme di tende*) tenture *f*.

tendenza [ten'dɛntsa] *sf* tendance *f*; (*disposizione*) tendance, penchant *m*; **avere ~ a** *o* **per** avoir tendance à; ▶**tendenza al rialzo/ribasso** (*BORSA*) tendance à la hausse/à la baisse.

tendenziosità [tendentsjosi'ta] *sf* caractère *m* tendancieux.

tendenzioso, -a [tenden'tsjoso] *agg* tendancieux(-euse).

tendere ['tɛndere] *vt* tendre ♦ *vi*: **~ a qc/a fare qc** avoir tendance à qch/à faire qch; **il tempo tende al bello** le temps se met au beau; **tutti i nostri sforzi sono tesi a ...** tous nos efforts tendent à ...; **~ l'orecchio** tendre l'oreille; **un blu che tende al verde** un bleu qui tire sur le vert.

tendina [ten'dina] *sf* rideau *m*.

tendine ['tɛndine] *sm* tendon *m*.

tendone [ten'done] *sm* (*di negozio*) store *m*; (*di camion*) bâche *f*; ▶**tendone da circo** chapiteau *m*.

tendopoli [ten'dɔpoli] *sf inv* village *m* de toile.

tenebre ['tɛnebre] *sfpl* ténèbres *fpl*.

tenebroso, -a [tene'broso] *agg* ténébreux(-euse).

tenente [te'nɛnte] *sm* lieutenant *m*; ▶**tenente colonnello** lieutenant-colonel *m*; ▶**tenente di vascello** lieutenant de vaisseau.

tenere [te'nere] *vt* tenir; (*conservare*) garder; (*contenere*) contenir; (*seguire*: *strada*) suivre; (*conferenza*) tenir, donner; (*lezione*) donner ♦ *vi* tenir; **tenersi** *vr*: **tenersi (a)** (*aggrapparsi*) se tenir (à); (*attenersi*) s'en tenir (à); **~ a qc/a fare qc** tenir à qch/à faire qch; **~ in gran conto** *o* **considerazione qn** tenir qn en estime; **tener conto di qc** tenir compte de qch; **tener d'occhio** avoir à l'œil; **tener presente**

qc avoir qch à l'esprit; ~ **la porta aperta** laisser la porte ouverte; ~ **per una squadra** supporter une équipe; **non ci sono scuse che tengano** il n'y a pas d'excuses qui tiennent; **ci tengo molto** j'y tiens beaucoup; **tenersi per mano** se tenir par la main; **tenersi in piedi** se tenir debout.

tenerezza [tene'rettsa] *sf* tendresse *f*.

tenero, -a ['tɛnero] *agg* tendre ♦ *sm*: **tra quei due c'è del** ~ il y a quelque chose entre eux deux; **pianticelle tenere** jeunes plantes; **tenera età** âge tendre.

tengo *etc* ['tɛngo] *vb vedi* **tenere**.

tenia ['tɛnja] *sf* ténia *m*, tænia *m*.

tenni *etc* ['tenni] *vb vedi* **tenere**.

tennis ['tɛnnis] *sm inv* tennis *msg inv*; ▸ **tennis da tavolo** tennis de table.

tennista, -i, -e [ten'nista] *sm/f* joueur(-euse) de tennis.

tenore [te'nore] *sm* (*tono*) ton *m*; (*MUS*) ténor *m*; ▸ **tenore di vita** train *m* de vie.

tensione [ten'sjone] *sf* tension *f*; **alta** ~ haute tension.

tentacolare [tentako'lare] *agg* tentaculaire.

tentacolo [ten'takolo] *sm* tentacule *m*.

tentare [ten'tare] *vt* tenter; ~ **qc/di fare qc** tenter qch/de faire qch; ~ **la sorte** tenter sa chance.

tentativo [tenta'tivo] *sm* tentative *f*; **fare un** ~ faire une tentative.

tentazione [tentat'tsjone] *sf* tentation *f*; **avere la** ~ **di fare** être tenté(e) de faire.

tentennamento [tentenna'mento] *sm* (*fig*) hésitation *f*; **dopo molti tentennamenti** après bien des hésitations.

tentennare [tenten'nare] *vi* tituber, chanceler; (*fig*) hésiter ♦ *vt*: ~ **il capo** hocher la tête.

tentoni [ten'toni] *avv*: **a** ~ à tâtons; **camminare a** ~ marcher à tâtons.

tenue ['tɛnue] *agg* (*anche fig*) ténu(e); (*colore*) pâle.

tenuta [te'nuta] *sf* (*capacità*) capacité *f*; (*abito*) tenue *f*; (*AGR*) domaine *m*, propriété *f*; **a** ~ **d'aria** hermétique; **a** ~ **stagna** étanche; ▸ **tenuta da lavoro** vêtement *m* de travail; **tenuta da sci** combinaison *f* de ski; ▸ **tenuta di strada** tenue *f* de route.

teologia [teolo'dʒia] *sf* théologie *f*.

teologico, -a, -ci, -che [teo'lɔdʒiko] *agg* théologique.

teologo, -gi [te'ɔlogo] *sm* théologien *m*.

teorema, -i [teo'rɛma] *sm* théorème *m*.

teoria [teo'ria] *sf* théorie *f*; **in** ~ en théorie.

teorico, -a, -ci, -che [te'ɔriko] *agg* théorique ♦ *sm/f* théoricien(ne); **in linea teorica** en théorie, théoriquement.

teorizzare [teorid'dzare] *vt* théoriser.

tepido ['tɛpido] *agg* = **tiepido**.

tepore [te'pore] *sm* (*anche fig*) tiédeur *f*.

teppa ['teppa] *sf* pègre *f*.

teppismo [tep'pizmo] *sm* vandalisme *m*.

teppista, -i [tep'pista] *sm* voyou *m*, blouson noir *m*.

terapeutico, -a, -ci, -che [tera'pɛutiko] *agg* thérapeutique.

terapia [tera'pia] *sf* thérapeutique *f*.

terapista, -i, -e [tera'pista] *sm/f* thérapeute *m/f*.

tergicristallo [terdʒikris'tallo] *sm* essuie-glace *m*.

tergiversare [terdʒiver'sare] *vi* tergiverser.

tergo ['tɛrgo] *sm*: **a** ~ au verso, au dos; **vedi a** ~ voir au dos, tournez s'il vous plaît.

terital ® ['tɛrital] *sm inv* térylène ® *m*.

termale [ter'male] *agg* thermal(e).

terme ['tɛrme] *sfpl* thermes *fpl*.

termico, -a, -ci, -che ['tɛrmiko] *agg* thermique.

terminale [termi'nale] *agg* terminal(e) ♦ *sm* terminal *m*.

terminare [termi'nare] *vt* terminer, achever ♦ *vi* finir, se terminer; ~ **di fare qc** finir de faire qch.

terminazione [terminat'tsjone] *sf* fin *f*, achèvement *m*; (*LING*) terminaison *f*; ▸ **terminazioni nervose** (*ANAT*) terminaisons nerveuses.

termine ['tɛrmine] *sm* (*anche MAT, LING*) terme *m*; (*di tempo*) limite *f*, délai *m*; **termini** *smpl* (*fig*) termes *mpl*; **fissare un** ~ fixer un délai; **aver** ~ prendre fin; **portare a** ~ mener à terme; **a breve/lungo** ~ à court/à long terme; **contratto a** ~ (*COMM*) contrat *m* à terme; **ai termini di legge** aux termes de la loi; **complemento di** ~ (*LING*) complément *m* d'attribution; **ridurre ai minimi termini** (*MAT*) réduire à sa plus simple expression; **in altri termini** en d'autres termes; **senza mezzi termini** (*fig*) sans mâcher ses mots; ▸ **termine di paragone** terme de comparaison.

terminologia [terminolo'dʒia] *sf* terminologie *f*.

termite ['tɛrmite] *sf* termite *f*.

termocoperta [termoko'pɛrta] *sf* couverture *f* chauffante.

termometro [ter'mɔmetro] *sm* thermomètre *m*.

termonucleare [termonukle'are] *agg* thermonucléaire.

termos ['tɛrmos] *sm inv* = **thermos**.

termosifone [termosi'fone] *sm* (*impianto*) thermosiphon *m*; (*radiatore*) radiateur *m*.

termostato [ter'mɔstato] *sm* thermostat *m*.

terna ['tɛrna] *sf* triade *f*; (*tre nomi*) groupe *m* de trois personnes.

terno ['tɛrno] *sm* (*al lotto etc*) terne *m*; **un** ~ **al lotto** (*fig*) une aubaine; **è come vincere un** ~ **al lotto** c'est une question de chance.

terra ['tɛrra] *sf* terre *f*; **terre** *sfpl* (*possedimenti*) terres *fpl*; **a** *o* **per** ~ par terre; **avere una gomma a** ~ avoir un pneu à plat; **essere a** ~ (*fig*) être à plat; **sotto** ~ sous terre; **via** ~ (*viaggiare*) par terre; **la T~ Santa** la Terre Sainte; ~ ~ (*fig*) terre à terre; **sentirsi mancare la** ~ **sotto i piedi** (*fig*) se sentir perdu(e); ▸**terra battuta** terre battue; ▸**Terra del Fuoco** Terre de Feu; ▸**terra di nessuno** terrain *m* neutre; ▸**terra di Siena** terre de Sienne.

terracotta [terra'kɔtta] *sf* terre *f* cuite.

terraferma [terra'ferma] *sf* terre *f* ferme.

terraglia [ter'raʎʎa] *sf* faïence *f*; **terraglie** *sfpl* (*oggetti*) vaisselle *fsg* en faïence, poteries *fpl*.

Terranova [terra'nɔva] *sf* Terre-Neuve *f*.

terrapieno [terra'pjɛno] *sm* terre-plein *m*.

terrazza [ter'rattsa] *sf* terrasse *f*.

terrazzo [ter'rattso] *sm* terrasse *f*; (*AGR*) étagement *m*.

terremotato, -a [terremo'tato] *agg* touché(e) par un tremblement de terre ♦ *sm/f* victime *f* d'un tremblement de terre.

terremoto [terre'mɔto] *sm* tremblement *m* de terre; (*fig*) ouragan *m*.

terreno, -a [ter'reno] *agg* (*beni, vita*) terrestre ♦ *sm* terrain *m*; (*area coltivabile*) terre *f*; (*suolo*) sol *m*; **preparare/tastare il** ~ (*fig*) préparer/tâter le terrain; **gli è mancato il** ~ **sotto i piedi** il a perdu pied; **guadagnare** ~ (*fig*) gagner du terrain; ▸**terreno di gioco** (*SPORT*) terrain de jeu.

terreo, -a ['tɛrreo] *agg* terreux(-euse).

terrestre [ter'rɛstre] *agg* terrestre ♦ *sm/f* terrien(ne).

terribile [ter'ribile] *agg* terrible.

terriccio [ter'rittʃo] *sm* terreau *m*.

terriero, -a [ter'rjɛro] *agg*: **proprietà terriera** propriété *f* foncière; **proprietario** ~ propriétaire *m* foncier *o* terrien.

terrificante [terrifi'kante] *agg* terrifiant(e).

terrina [ter'rina] *sf* (*CUC*) terrine *f*.

territoriale [territo'rjale] *agg* territorial(e).

territorio [terri'tɔrjo] *sm* territoire *m*.

terrone, -a [ter'rone] *sm/f terme péjoratif utilisé par les Italiens du Nord pour qualifier les Italiens du Sud.*

terrore [ter'rore] *sm* terreur *f*; **avere il** ~ **di qc** être terrorisé(e) par qch; **ho il** ~ **che/di** ... ma terreur est que/de ... .

terrorismo [terro'rizmo] *sm* terrorisme *m*.

terrorista, -i, -e [terro'rista] *sm/f* terroriste *m/f*.

terrorizzare [terrorid'dzare] *vt* terroriser.

terso, -a ['tɛrso] *agg* net(te); (*aria, acqua*) limpide.

terza ['tɛrtsa] *sf* (*SCOL*: *elementare*) ≈ CE2 *m* (cours élémentaire 2); (: *media*) *dernière année de la scolarité obligatoire*; (: *superiore*) ≈ seconde *f*; (*AUT*) troisième *f* (vitesse); (*terza pagina*) rubrique *f* culturelle.

terzetto [ter'tsetto] *sm* (*MUS, di persone*) trio *m*.

terziario, -a [ter'tsjarjo] *agg* (*GEO, ECON*) tertiaire ♦ *sm* (*ECON*) tertiaire *m*.

terzino [ter'tsino] *sm* (*CALCIO*) arrière *m*.

terzo, -a ['tɛrtso] *agg, sm/f* troisième *m/f* ♦ *sm* (*anche DIR*) tiers *msg*; **terzi** *smpl* (*altri*) tiers *mpl*; **la terza età** le troisième âge; **il** ~ **mondo** le tiers monde; **di terz'ordine** de troisième ordre; **agire per conto di terzi** agir pour le compte d'un tiers; **assicurazione contro terzi** assurance au tiers; ▸**terza pagina** (*di quotidiano*) rubrique *f* culturelle.

tesa ['tesa] *sf* bord *m*; **a larghe tese** à large bord.

teschio ['tɛskjo] *sm* crâne *m*.

tesi[1] ['tɛzi] *sf* (*da dimostrare*) thèse *f*; (*di teorema*) proposition *f*; ▸**tesi di laurea** ≈ mémoire *m* de maîtrise.

tesi[2] *etc* ['tɛsi] *vb vedi* **tendere**.

teso, -a ['teso] *pp di* **tendere** ♦ *agg* tendu(e).

tesoreria [tezore'ria] *sf* trésorerie *f*.

tesoriere [tezo'rjɛre] *sm* trésorier *m*.

tesoro [te'zɔro] *sm* trésor *m*; **Ministero del T~** ≈ ministère *m* des Finances; **far** ~ **di** mettre à profit.

tessera ['tɛssera] *sf* carte *f*; (*di mosaico*) tesselle *f*; ▸**tessera magnetica** carte magnétique.

tesserare [tesse'rare] *vt* inscrire.

tesserato, -a [tesse'rato] *sm/f* (*di società sportiva etc*) licencié(e); (*POL*) adhérent(e), membre *m/f*.

tessere ['tɛssere] *vt* tisser; (*fig*: *complotto*) tramer, ourdir; ~ **le lodi di qn** chanter les louanges de qn.

tessile ['tɛssile] *agg, sm* textile *m*.

tessitore, -trice [tessi'tore] *sm/f* tisseur(-euse), tisserand(e).

tessitura [tessi'tura] *sf* tissage *m*.

tessuto [tes'suto] *sm* tissu *m*; ▸**tessuto muscolare** tissu musculaire.

testa ['tɛsta] *sf* (*anche fig*) tête *f*; **a** ~ **alta/bassa** la tête haute/basse; **di** ~ (*tuffarsi*) la tête la première; **avere la** ~ **dura** (*fig*) avoir la tête dure; **dare alla** ~ **a qn** (*fig*) monter à la tête de qn; **fare di** ~ **propria** (*fig*) n'en faire qu'à sa tête; **tenere** ~ **a** (*a nemico etc*) tenir tête à; **sei fuori di** ~? ça ne va pas la tête?; **di** ~ (*vettura*) de tête; **essere in** ~ (*in gara*) être en tête; **in** ~ **alla classifica** en tête du classement; **essere alla** ~ **di** (*di società, esercito*) être à la tête de; ~ **o croce?** pile ou face?; ▶ **testa d'aglio** tête d'ail; ▶ **testa di serie** (*TENNIS*) tête de série; ▶ **testa d'uovo** tête d'œuf; ▶ **teste di cuoio** *membres de la police spécialisés dans les opérations paramilitaires.*

testa-coda ['tɛsta 'koda] *sm inv* (*AUT*) tête-à-queue *m.*

testamentario, -a [testamen'tarjo] *agg* testamentaire.

testamento [testa'mento] *sm* testament *m*; **fare** ~ faire son testament; **Antico/Nuovo T~** Ancien/Nouveau Testament.

testardaggine [testar'daddʒine] *sf* entêtement *m.*

testardo, -a [tes'tardo] *agg* têtu(e), entêté(e).

testare [tes'tare] *vt* tester.

testata [tes'tata] *sf* (*di letto, colonna, missile*) tête *f*; (*colpo*) coup *m* de tête; (*di giornale*) titre *m*; (*giornale*) journal *m*; ▶ **testata nucleare** tête nucléaire.

teste ['tɛste] *sm/f* témoin *m.*

testicolo [tes'tikolo] *sm* testicule *m.*

testiera [tes'tjɛra] *sf* tête *f.*

testimone [testi'mɔne] *sm/f* témoin *m*; ▶ **testimone oculare** témoin oculaire.

testimonianza [testimo'njantsa] *sf* témoignage *m*; **rilasciare una** ~ produire un témoignage; **falsa** ~ faux témoignage.

testimoniare [testimo'njare] *vt, vi* témoigner; ~ **il falso** faire un faux témoignage; ~ **la propria amicizia** témoigner de son amitié.

testina [tes'tina] *sf* (*TECN*) tête *f*; (*CUC*) tête de veau.

testo ['tɛsto] *sm* texte *m*; (*SCOL*) manuel *m*; **fare** ~ faire autorité.

testuale [testu'ale] *agg* (*del testo*) de texte, du texte; (*corrispondente*) textuel(le); **le sue testuali parole** ses propres mots.

testuggine [tes'tuddʒine] *sf* tortue *f.*

tetano ['tɛtano] *sm* (*MED*) tétanos *msg.*

tetro, -a ['tɛtro] *agg* sombre, lugubre; (*fig*) maussade.

tetta ['tetta] *sf* (*fam*) téton *m.*

tettarella [tetta'rɛlla] *sf* tétine *f.*

tetto ['tetto] *sm* toit *m*; (*fig*: *limite*) plafond *m*; **abbandonare il** ~ **coniugale** abandonner le domicile conjugal.

tettoia [tet'toja] *sf* hangar *m*; (*di stazione*) marquise *f.*

Tevere ['tevere] *sm* Tibre *m.*

TG, Tg [ti'dʒi] *abbr m* (= *telegiornale*) JT *m.*

thermos ® ['tɛrmos] *sm inv* thermos ® *m o f sg.*

thriller ['θrilə] *sm inv* thriller *m.*

thrilling ['θriliŋ] *sm inv* = **thriller**.

ti [ti] (*dav lo, la, li, le, ne diventa* **te**) *pron* te; **vestiti!** habille-toi!; ~ **aiuto?** je peux t'aider?; **te lo ha dato?** il te l'a donné?; ~ **sei lavato?** tu t'es lavé?

tiara ['tjara] *sf* tiare *f.*

Tibet ['tibet] *sm* Tibet *m.*

tibetano, -a [tibe'tano] *agg* tibétain(e) ♦ *sm/f* Tibétain(e).

tibia ['tibja] *sf* tibia *m.*

tic [tik] *sm inv*: ~ **nervoso** tic *m* nerveux.

ticchettio [tikket'tio] *sm* (*di orologio*) tic-tac *m*; (*di pioggia*) crépitement *m*; (*di macchina da scrivere*) cliquetis *msg.*

ticchio ['tikkjo] *sm* (*tic*) tic *m*; (*ghiribizzo*) envie *f*, fantaisie *f.*

ticket ['tikit] *sm inv* (*MED*) ticket *m* modérateur.

tiene *etc* ['tjɛne] *vb vedi* **tenere**.

tiepido, -a ['tjɛpido] *agg* tiède.

tifare [ti'fare] *vi*: ~ **per** (*per squadra*) être un supporter de; (*per candidato*) être pour; (*per cantante*) être un fan de.

tifo ['tifo] *sm* (*MED*) typhus *msg*; **fare il** ~ **per** (*SPORT*) être un supporter de.

tifoidea [tifoi'dɛa] *sf* typhoïde *f.*

tifone [ti'fone] *sm* typhon *m.*

tifoso, -a [ti'foso] *sm/f* (*SPORT etc*) supporter *m.*

tight ['tait] *sm inv frac avec pantalon gris à rayures.*

tiglio ['tiʎʎo] *sm* tilleul *m.*

tigna ['tiɲɲa] *sf* (*MED*) teigne *f.*

tigrato, -a [ti'grato] *agg* tigré(e).

tigre ['tigre] *sf* tigre *m.*

tilt [tilt] *sm*: **andare in** ~ (*fig*) perdre les pédales; **dopo 8 ore di studio, vado in** ~ après avoir étudié pendant 8 heures, je suis KO.

timballo [tim'ballo] *sm* timbale *f.*

timbrare [tim'brare] *vt* timbrer, tamponner; (*francobollo*) oblitérer; ~ **il cartellino** pointer.

timbro ['timbro] *sm* timbre *m*, tampon *m*; (*bollo*) cachet *m*; (*di voce, musica*) timbre; ▶ **timbro postale** cachet de la poste.

timidezza [timi'dettsa] *sf* timidité *f.*

timido, -a ['timido] *agg* timide.

timo ['timo] *sm* thym *m.*

timone [ti'mone] *sm* (*NAUT, AER, fig*) gouvernail *m.*

timoniere [timo'njɛre] *sm* timonier *m*, homme *m* de barre.

timorato, -a [timo'rato] *agg* consciencieux(-euse); ~ **di Dio** très croyant (e).

timore [ti'more] *sm* peur *f*, appréhension *f*; (*rispetto*) crainte *f*; **avere** ~ **di sbagliare** craindre de se tromper; **aver** ~ **del dolore** craindre la douleur; ▶ **timor di Dio** crainte de Dieu; ▶ **timore reverenziale** crainte révérencielle.

timoroso, -a [timo'roso] *agg* craintif(-ive), peureux(-euse).

timpano ['timpano] *sm* (*ANAT*) tympan *m*; (*MUS*) timbale *f*.
tinca, -che ['tinka] *sf* tanche *f*.
tinello [ti'nɛllo] *sm* salle *f* à manger.
tingere ['tindʒere] *vt* teinter; (*capelli, vestito*) teindre.
tino ['tino] *sm* cuve *f*.
tinozza [ti'nɔttsa] *sf* (*tino basso*) baquet *m*; (*vasca*) baignoire *f* sabot.
tinsi *etc* ['tinsi] *vb vedi* **tingere**.
tinta ['tinta] *sf* (*materia colorante*) teinture *f*; (*anche fig*: *colore*) teinte *f*; **in ~** assorti(e).
tintarella [tinta'rɛlla] *sf* (*fam*) bronzage *m*.
tintinnare [tintin'nare] *vi* tinter.
tintinnio [tintin'nio] *sm* tintement *m*.
tinto, -a ['tinto] *pp di* **tingere**.
tintoria [tinto'ria] *sf* teinturerie *f*.
tintura [tin'tura] *sf* teinture *f*; ▶ **tintura di iodio** teinture d'iode.
tipico, -a, -ci, -che ['tipiko] *agg* typique.
tipo ['tipo] *sm* type *m*; (*genere*) type, sorte *f*; (*individuo*) numéro *m* ♦ *agg inv* type; **sul ~ di questo** dans ce-genre là; **di tutti i tipi** en tous genres, de toutes sortes; **che ~!** quel numéro!
tipografia [tipogra'fia] *sf* typographie *f*; (*laboratorio*) imprimerie *f*.
tipografico, -a, -ci, -che [tipo'grafiko] *agg* typographique.
tipografo [ti'pɔgrafo] *sm* (*vedi sf*) typographe *m*; imprimeur *m*.
tip tap [tip tap] *sm* (*ballo*) claquettes *fpl*.
TIR [tir] *sigla mpl* (= *Transports internationaux routiers*) TIR *mpl* ♦ *sm inv* camion *m*.
tiraggio [ti'raddʒo] *sm* (*di camino etc*) tirage *m*.
tiranneggiare [tiranned'dʒare] *vt* tyranniser.
tirannia [tiran'nia] *sf* tyrannie *f*.
tiranno, -a [ti'ranno] *agg* tyrannique ♦ *sm* tyran *m*.
tirante [ti'rante] *sm* (*NAUT*) tirant *m*; (*di tenda*) tendeur *m*.
tirapiedi [tira'pjɛdi] *sm inv* (*peg*) larbin *m*.
tirapugni [tira'puɲɲi] *sm inv* coup-de-poing *m*.
tirare [ti'rare] *vt* tirer; (*distendere*: *corda, molla*) tendre; (*lanciare*) jeter, lancer; (*palla*) lancer ♦ *vi* tirer; (*vento*) souffler; (*SPORT*) faire du tir; **tirarsi** *vr*: **tirarsi indietro** reculer; (*fig*) reculer, se dérober; **~ qn da parte** prendre qn à part; **~ un sospiro** (*di sollievo*) pousser un soupir; **~ a indovinare** essayer de deviner; **~ sul prezzo** marchander; **~ avanti** vivoter; **si tira avanti** on fait aller; **tirar dritto** (*camminare*) continuer; **~ fuori** (*estrarre*) sortir; **~ giù** (*abbassare*) baisser; (*buttare in basso*) jeter; **~ su** remonter; (*capelli*) relever; (*fig*: *col naso*) renifler; (: *bambino*) élever; **mi ha tirato su** il m'a remonté le moral; **tirati su!** secoue-toi!; **~ le cuoia** casser sa pipe; **~ via** enlever, ôter.
tirato, -a [ti'rato] *agg* tendu(e); (*fig*: *stanco*) tiré(e); (: *teso*) tendu(e).
tiratore, -trice [tira'tore] *sm/f* tireur(-euse); **un buon ~** un bon tireur; ▶ **tiratore scelto** tireur d'élite.
tiratura [tira'tura] *sf* tirage *m*; **edizione a ~ limitata** édition *f* à tirage limité.
tirchieria [tirkje'ria] *sf* pingrerie *f*.
tirchio, -a ['tirkjo] *agg* pingre.
tiritera [tiri'tɛra] *sf* rengaine *f*, refrain *m*.
tiro ['tiro] *sm* tir *m*; (*colpo, sparo, fig*) coup *m*; (*traiettoria*) portée *f*; **da ~** (*cavallo*) de trait; **giocare un brutto ~ a qn** jouer un mauvais tour à qn; **se mi capita a ~ ...** si je l'attrape ...; ▶ **tiro a segno** tir à la cible; ▶ **tiro al piccione** tir au pigeon; ▶ **tiro con l'arco** tir à l'arc; ▶ **tiro mancino** coup bas.
tirocinante [tirotʃi'nante] *agg* stagiaire ♦ *sm/f* stagiaire *m/f*; (*di lavori manuali*) apprenti(e).
tirocinio [tiro'tʃinjo] *sm* apprentissage *m*.
tiroide [ti'rɔide] *sf* thyroïde *f*.
tirolese [tiro'lese] *agg* tyrolien(ne) ♦ *sm/f* Tyrolien(ne).
Tirolo [ti'rɔlo] *sm* Tyrol *m*.
tirrennico, -a, -ci, -che [tir'rɛnniko] *agg* tyrrhénien(ne).
Tirreno [tir'rɛno] *sm*: **il (mar) ~** la mer Tyrrhénienne.
tisana [ti'zana] *sf* tisane *f*.
tisi ['tizi] *sf* (*MED*) phtisie *f*.
tisico, -a, -ci, -che ['tiziko] *agg, sm/f* (*MED*) phtisique *m/f*.
titanico, -a, -ci, -che [ti'taniko] *agg* titanesque.
titano [ti'tano] *sm* (*anche fig*) titan *m*.
titolare [tito'lare] *sm/f* (*di ufficio*) titulaire *m/f*; (*di locale, negozio, attività*) propriétaire *m/f*; (*SPORT*: *di squadra*) joueur(-euse) professionnel(le).
titolato, -a [tito'lato] *agg* titré(e).
titolo ['titolo] *sm* titre *m*; **a ~ di** (*come sottofirma di*) à titre de; **a che ~?** de quel droit?; **a ~ di cronaca** à titre d'information; **a ~ di premio** en guise de récompense; ▶ **titolo di credito** titre de crédit; ▶ **titolo obbligazionario** obligation *f*; ▶ **titoli accademici** titres universitaires; ▶ **titoli di stato** bons *mpl* du trésor; ▶ **titoli di testa** (*CINE*) générique *m*.
titubante [titu'bante] *agg* hésitant(e).
tivù [ti'vu] *sf inv* télé *f*; **la ~ dei ragazzi** les émissions *fpl* pour la jeunesse.
tizio, -a ['tittsjo] *sm/f* (*uomo*) type *m*; (*donna*) femme *f*.
tizzone [tit'tsone] *sm* tison *m*.
T.M.G. *abbr* (= *tempo medio di Greenwich*)

GMT *m.*
TN *sigla* = *Trento.*
TO *sigla* = *Torino.*
toast ['toust] *sm inv* toast *m*; (*farcito*) ≈ croque-monsieur *m.*
toccante [tok'kante] *agg* touchant(e).
toccare [tok'kare] *vt* (*anche commuovere*) toucher; (*spostare, manomettere*) toucher à; (*far cenno a: argomento*) aborder; (*fig: persona: riguardare*) regarder, concerner; (*: ferire*) blesser, vexer ♦ *vi*: ~ **a** (*succedere*) arriver à; (*spettare*) appartenir à, être à; ~ **il fondo** (*in acqua*) avoir pied; (*fig*) être au plus bas; ~ **con mano** (*fig*) faire l'expérience de; ~ **la meta** arriver au bout; ~ **da vicino** toucher de près; ~ **qn sul vivo** piquer qn au vif; **a chi tocca?** à qui le tour?; **tocca a te giocare** c'est à toi de jouer; **mi toccò pagare** j'ai été obligé de payer.
toccasana [tokka'sana] *sm inv* panacée *f.*
toccherò *etc* [tokke'rɔ] *vb vedi* **toccare.**
tocco, -chi ['tokko] *sm* (*il toccare*) toucher *m*; (*di artista*) main *f*; (*di pittore*) touche *f*; (*di pianista*) doigté *m*; **un** ~ **di classe** une touche de chic.
toeletta [toe'lɛtta] *sf* = **toilette.**
toga, -ghe ['tɔga] *sf* toge *f*; (*di magistrato, professore*) toge, robe *f.*
togliere ['tɔʎʎere] *vt* enlever, ôter; (*riprendere*) reprendre; **togliersi** *vr* (*allontanarsi*) s'en aller; ~ **qc a qn** priver qn de qch; ~ **4 da 6** ôter 4 de 6; ~ **il saluto a qn** ne plus dire bonjour à qn; **ciò non toglie che ...** il n'empêche que ...; **togliersi il cappello/i guanti** enlever son chapeau/ses gants; **togliersi la vita** se suicider; **togliersi di mezzo** se tirer; **togliti di mezzo** *o* **dai piedi!** tire-toi de là!
Togo ['tɔgo] *sm* Togo *m.*
toilette [twa'lɛt] *sf inv* (*mobile*) toilette *f*, coiffeuse *f*; (*stanza*) cabinet *m* de toilette; (*gabinetto*) toilettes *fpl*; (*cosmesi, abito*) toilette.
Tokyo ['tɔkjo] *sf* Tokyo.
tolgo *etc* ['tɔlgo] *vb vedi* **togliere.**
tollerante [tolle'rante] *agg* tolérant(e).
tolleranza [tolle'rantsa] *sf* tolérance *f*; *vedi anche* **casa.**
tollerare [tolle'rare] *vt* tolérer; (*dolori, disagi*) supporter; **non tollero repliche** je n'admets pas de répliques; **non sono tollerati i ritardi** les retards ne sont pas tolérés.
Tolosa [to'loza] *sf* Toulouse.
tolsi *etc* ['tɔlsi] *vb vedi* **togliere.**
tolto, -a ['tɔlto] *pp di* **togliere.**
tomaia [to'maja] *sf* (*di scarpe*) empeigne *f.*
tomba ['tomba] *sf* tombe *f.*
tombale [tom'bale] *agg* tombal(e).
tombino [tom'bino] *sm* bouche *f* d'égout.
tombola ['tombola] *sf* (*gioco*) loto *m*; (*ruzzolone*) dégringolade *f.*
tomo ['tɔmo] *sm* tome *m.*
tomografia [tomogra'fia] *sf* (*MED*) tomographie *f*; ▸ **tomografia assiale computerizzata** scanner *m.*
tonaca, -che ['tɔnaka] *sf* soutane *f.*
tonare [to'nare] *vi* = **tuonare.**
tondo, -a ['tondo] *agg* rond(e).
tonfo ['tonfo] *sm* bruit *m* sourd; **fare un** ~ (*cadere*) tomber.
tonico, -a, -ci, -che ['tɔniko] *agg* tonique ♦ *sm* (*ricostituente*) tonifiant *m*, remontant *m*; (*cosmetico*) lotion *f* tonique.
tonificante [tonifi'kante] *agg* tonifiant(e).
tonificare [tonifi'kare] *vt* tonifier.
tonnara [ton'nara] *sf* thonaire *m.*
tonnato, -a [ton'nato] *agg* (*CUC*): **salsa tonnata** *sauce à base de thon, de mayonnaise, d'anchois et de câpres*; **vitello** ~ *tranches de veau recouvertes de cette sauce.*
tonnellaggio [tonnel'laddʒo] *sm* (*NAUT*) tonnage *m.*
tonnellata [tonnel'lata] *sf* tonne *f.*
tonno ['tonno] *sm* thon *m.*
tono ['tɔno] *sm* ton *m*; (*di muscoli, corpo*) tonus *msg*; **rispondere a** ~ répondre avec répartie; **darsi un** ~ se donner des airs; ▸ **tono muscolare** tonus musculaire.
tonsilla [ton'silla] *sf* amygdale *f.*
tonsillite [tonsil'lite] *sf* amygdalite *f*, angine *f.*
tonsura [ton'sura] *sf* tonsure *f.*
tonto, -a ['tonto] *agg, sm/f* imbécile *m/f*, ahuri(e); **fare il finto** ~ faire l'âne.
top [tɔp] *sm inv* (*vertice*) sommet *m*; (*camicetta*) bustier *m.*
topaia [to'paja] *sf* nid *m* de rats; (*fig: casa etc*) taudis *msg.*
topazio [to'pattsjo] *sm* topaze *f.*
topicida, -i [topi'tʃida] *sm* mort-aux-rats *f.*
topless ['tɔplis] *sm inv* monokini *m.*
topo ['tɔpo] *sm* rat *m*; ▸ **topo d'albergo** (*fig*) rat d'hôtel; ▸ **topo di biblioteca** (*fig*) rat de bibliothèque; ▸ **topo muschiato** (*anche pelliccia*) rat musqué.
topografia [topogra'fia] *sf* topographie *f.*
topografico, -a, -ci, -che [topo'grafiko] *agg* topographique.
toponimo [to'pɔnimo] *sm* toponyme *m.*
toppa ['tɔppa] *sf* (*pezza*) pièce *f*; (*serratura*) trou *m* de serrure.
torace [to'ratʃe] *sm* thorax *msg.*
torba ['torba] *sf* tourbe *f.*
torbido, -a ['torbido] *agg* (*liquido*) trouble; (*fiume*) boueux(-euse); (*fig*) sombre ♦ *sm* louche *m*; **pescare nel** ~ pêcher en eau trouble.
torcere ['tɔrtʃere] *vt* tordre; **torcersi** *vr* (*contorcersi*) se tordre; ~ **la bocca** faire la moue; **non** ~ **un capello a qn** ne pas toucher à un cheveu de qn; **dare del filo**

da ~ a qn donner du fil à retordre à qn.
torchiare [tor'kjare] *vt* presser.
torchio ['tɔrkjo] *sm* pressoir *m*; (*TIP*) presse *f*; **mettere qn sotto il ~** (*fam*: *fig*) mettre qn sur la sellette.
torcia, -ce ['tɔrtʃa] *sf* torche *f*; ▸ **torcia elettrica** torche électrique.
torcicollo [tortʃi'kɔllo] *sm* torticolis *msg*.
tordo ['tordo] *sm* grive *f*.
torero [to'rɛro] *sm* torero *m*.
torinese [tori'nese] *agg* turinois(e).
Torino [to'rino] *sf* Turin.
tormenta [tor'menta] *sf* tempête *f* de neige.
tormentare [tormen'tare] *vt* tourmenter; **tormentarsi** *vr* se tourmenter.
tormento [tor'mento] *sm* tourment *m*; (*fig*) plaie *f*.
tornaconto [torna'konto] *sm* profit *m*, intérêt *m*.
tornado [tor'nado] *sm* tornade *f*.
tornante [tor'nante] *sm* tournant *m*.
tornare [tor'nare] *vi* revenir; (*venire via*: *da teatro, cinema*) rentrer; (: *dalla guerra*) revenir; (*andare di nuovo*) retourner; (*ridiventare*) redevenir; (*riuscire*: *conto*) être juste; **~ a casa** rentrer (chez soi), rentrer à la maison; **~ al punto di partenza** revenir au point de départ; **~ utile** être utile; **i conti tornano** les comptes sont justes; (*fig*) tout est clair.
tornasole [torna'sole] *sm inv* tournesol *m*.
torneo [tor'nɛo] *sm* tournoi *m*.
tornio ['tornjo] *sm* tour *m*.
tornire [tor'nire] *vt* tourner.
tornito, -a [tor'nito] *agg* (*fig*) galbé(e).
toro ['tɔro] *sm* taureau *m*; (*ZODIACO*): **T~** Taureau *m*; **essere del T~** être (du) Taureau.
torpedine [tor'pɛdine] *sf* torpille *f*.
torpediniera [torpedi'njɛra] *sf* torpilleur *m*.
torpore [tor'pore] *sm* torpeur *f*.
torre ['torre] *sf* tour *f*; ▸ **torre di controllo** tour de contrôle; ▸ **torre di lancio** rampe *f* de lancement.
torrefazione [torrefat'tsjone] *sf* torréfaction *f*.
torreggiare [torred'dʒare] *vi*: **~ (su)** dominer.
torrente [tor'rɛnte] *sm* torrent *m*.
torrentizio, -a [torren'tittsjo] *agg* torrentiel(le).
torrenziale [torren'tsjale] *agg* torrentiel(le).
torretta [tor'retta] *sf* tourelle *f*.
torrido, -a ['tɔrrido] *agg* torride.
torrione [tor'rjone] *sm* (*di castello*) donjon *m*; (*NAUT*) tourelle *f*; (*roccia*) piton *m*.
torrone [tor'rone] *sm* nougat *m*.
torsi *etc* ['tɔrsi] *vb vedi* **torcere**.
torsione [tor'sjone] *sf* (*anche FIS*) torsion *f*; (*GINNASTICA*) rotation *f* (du tronc).
torso ['torso] *sm* trognon *m*; (*tronco, statua*) torse *m*; **a ~ nudo** torse nu.
torsolo ['torsolo] *sm* (*di pianta*) tige *f*; (*di frutta*) trognon *m*.
torta ['torta] *sf* gâteau *m*.
tortellino [tortel'lino] *sm* (*CUC*): **un piatto di tortellini** un plat de tortellinis.
tortiera [tor'tjɛra] *sf* moule *m* à tarte.
torto, -a ['tɔrto] *pp di* **torcere** ♦ *agg* tordu(e) ♦ *sm* tort *m*; **fare un ~ a qn** faire du tort à qn; **aver ~** avoir tort; **a ~** à tort; **a ~ o a ragione** à tort ou à raison; **passare dalla parte del ~** se mettre dans son tort; **non hai tutti i torti** tu n'as pas tout à fait tort.
tortora ['tortora] *sf* tourterelle *f* ♦ *agg inv*: **grigio ~** gris tourterelle.
tortuoso, -a [tortu'oso] *agg* (*anche fig*) tortueux(-euse).
tortura [tor'tura] *sf* torture *f*.
torturare [tortu'rare] *vt* torturer.
torvo, -a ['torvo] *agg* sinistre; (*occhio*) torve.
tosaerba [toza'ɛrba] *sm o f inv* tondeuse *f* à gazon.
tosare [to'zare] *vt* (*animale, persona*) tondre; (*siepi etc*) tailler.
tosatura [toza'tura] *sf* (*di animale*) tonte *f*; (*di siepi etc*) taille *f*; (*di persona*: *scherz*) boule *f* à zéro.
Toscana [tos'kana] *sf* Toscane *f*.
toscano, -a [tos'kano] *agg* toscan(e) ♦ *sm* *cigare de fabrication italienne*.
tosse ['tosse] *sf* toux *fsg*.
tossicità [tossitʃi'ta] *sf* toxicité *f*.
tossico, -a, -ci, -che ['tɔssiko] *agg* toxique.
tossicodipendente [tossikodipen'dɛnte] *sm/f* toxicomane *m/f*.
tossicomane [tossi'kɔmane] *sm/f* toxicomane *m/f*.
tossicomania [tossikoma'nia] *sf* toxicomanie *f*.
tossina [tos'sina] *sf* toxine *f*.
tossire [tos'sire] *vi* tousser.
tostapane [tosta'pane] *sm inv* grille-pain *m inv*.
tostare [tos'tare] *vt* griller; (*caffè*) torréfier.
tostatura [tosta'tura] *sf* (*vedi vt*) grillage *m*; torréfaction *f*.
tosto, -a ['tɔsto] *agg*: **faccia tosta** toupet *m* ♦ *avv*: **~ che** dès que.
totale [to'tale] *agg* total(e) ♦ *sm* total *m*.
totalità [totali'ta] *sf* totalité *f*.
totalitario, -a [totali'tarjo] *agg* totalitaire.
totalitarismo [totalita'rizmo] *sm* totalitarisme *m*.
totalizzare [totalid'dzare] *vt* totaliser.
totalizzatore [totaliddza'tore] *sm* (*di calcolatrice*) totalisateur *m*; (*in ippodromo*: *gioco*) pari *m* mutuel; (: *banco*) guichet du

pari mutuel.

totip [to'tip] *sm pari national hebdomadaire sur les courses de chevaux,* ≈ P.M.U. *m.*

totocalcio [toto'kaltʃo] *sm* ≈ loto *m* sportif.

toupet [tu'pɛ] *sm inv* postiche *m.*

tour [tur] *sm inv* (*giro turistico*) circuit *m*; (*CICLISMO*) tour *m.*

tour de force ['tur d 'fɔrs] *sm inv* tour *m* de force.

tournée [tur'ne] *sf inv* tournée *f*; **essere in ~** être en tournée.

tovaglia [to'vaʎʎa] *sf* nappe *f.*

tovagliolo [tovaʎ'ʎɔlo] *sm* serviette *f.*

tozzo, -a ['tɔttso] *agg* trapu(e) ♦ *sm*: **un ~ di pane** un morceau de pain, un quignon.

TP *sigla = Trapani.*

TR *sigla = Terni.*

Tr *abbr* (*COMM*) = *tratta.*

tra [tra] *prep* (*due persone, cose*) entre; (*più persone, cose*) parmi; (*tempo*: *entro*) dans; **prendere qn ~ le braccia** prendre qn dans ses bras; **litigano ~ (di) loro** ils se disputent; **~ 5 giorni** dans 5 jours; **~ breve** *o* **poco** sous peu, d'ici peu; **~ sé e sé** (*parlare etc*) en son for intérieur; **sia detto ~ noi** entre nous soit dit; **~ una cosa e l'altra, non sono riuscito a chiamarlo** avec tout ce que j'ai eu à faire, je n'ai pas réussi à l'appeler.

traballante [trabal'lante] *agg* bancal(e); (*persona*) titubant(e).

traballare [trabal'lare] *vi* (*tavolo*) vaciller; (*persona*) tituber, chanceler.

trabiccolo [tra'bikkolo] *sm* (*peg*: *auto*) guimbarde *f*, tacot *m.*

traboccare [trabok'kare] *vi* déborder.

trabocchetto [trabok'ketto] *sm* (*fig*) piège *m* ♦ *agg inv*: **domanda ~** question *f* piège.

tracagnotto, -a [trakaɲ'ɲɔtto] *agg* courtaud(e).

tracannare [trakan'nare] *vt* boire à grandes gorgées, avaler d'un trait.

traccia, -ce ['trattʃa] *sf* (*segno, striscia*) trace *f*; (*orma*) trace, piste *f*; (*abbozzo*) plan *m*; **essere sulle tracce di qn** être sur la piste de qn; **perdere le tracce di qn** perdre la trace de qn.

tracciare [trat'tʃare] *vt* tracer; (*fig*: *tratteggiare*) esquisser, ébaucher; **~ il quadro della situazione** brosser le tableau de la situation.

tracciato [trat'tʃato] *sm* tracé *m*; ▸ **tracciato di gara** (*SPORT*) parcours *msg.*

trachea [tra'kɛa] *sf* trachée *f.*

tracolla [tra'kɔlla] *sf* bandoulière *f*; **(borsa a) ~** sac *m* à bandoulière; **portare qc a ~** porter qch en bandoulière.

tracollare [trakol'lare] *vi* perdre l'équilibre; (*fig*) s'effondrer.

tracollo [tra'kɔllo] *sm* (*caduta*) trébuchement *m*; (*fig*: *rovina, crollo*) faillite *f*, krach *m*, débâcle *f*; **ha avuto un ~** sa santé s'est brusquement détériorée; ▸ **tracollo finanziario** krach financier.

tracotante [trako'tante] *agg* arrogant(e).

tracotanza [trako'tantsa] *sf* arrogance *f.*

trad. *abbr* (= *traduzione*) trad.

tradimento [tradi'mento] *sm* trahison *f*; (*coniuge*) infidélité *f*; **a ~** (*con l'inganno*) en traître; (*all'improvviso*) par surprise; **alto ~** haute trahison.

tradire [tra'dire] *vt* trahir; (*coniuge*) tromper; (*segreto*) livrer, trahir; **tradirsi** *vr* se trahir.

traditore, -trice [tradi'tore] *sm/f* traître(traîtresse) ♦ *agg* (*sguardo*) enjôleur(-euse).

tradizionale [tradittsjo'nale] *agg* traditionnel(le).

tradizione [tradit'tsjone] *sf* tradition *f.*

tradotta [tra'dotta] *sf* (*MIL*) train *m* militaire.

tradotto, -a [tra'dotto] *pp di* **tradurre.**

tradurre [tra'durre] *vt* traduire; (*DIR*: *persona*) transférer; **~ dall'italiano al** *o* **in francese** traduire de l'italien en français; **~ in cifre** chiffrer; **~ in atto** mettre en pratique.

traduttore, -trice [tradut'tore] *sm/f* traducteur(-trice).

traduzione [tradut'tsjone] *sf* traduction *f*; (*SCOL*: *dalla propria lingua*) thème *m*; (: *dalla lingua straniera*) version *f*; (*DIR*) transfert *m.*

trae ['trae] *vb vedi* **trarre.**

traente [tra'ɛnte] *sm/f* (*ECON*) tireur(-euse).

trafelato, -a [trafe'lato] *agg* haletant(e).

trafficante [traffi'kante] *sm/f* commerçant(e); (*peg*) trafiquant(e).

trafficare [traffi'kare] *vi* (*commerciare*): **~ (in)** faire le commerce (de); (*affaccendarsi*) s'affairer, bricoler ♦ *vt* (*peg*) trafiquer.

trafficato, -a [traffi'kato] *agg* (*strada, zona*) à grande circulation.

traffico, -ci ['traffiko] *sm* trafic *m*; (*commercio*) commerce *m*; (*movimento*) circulation *f*; **~ stradale** circulation; ▸ **traffico di armi/droga** trafic d'armes/de stupéfiants.

trafiggere [tra'fiddʒere] *vt* transpercer.

trafila [tra'fila] *sf* filière *f.*

trafiletto [trafi'letto] *sm* (*di giornale*) entrefilet *m.*

trafitto, -a [tra'fitto] *pp di* **trafiggere.**

traforare [trafo'rare] *vt* percer, perforer; (*metallo, legno*: *intagliare*) chantourner; (*stoffa*) ajourer.

traforo [tra'foro] *sm* (*azione*) percement *m*; (*galleria*) tunnel *m*; (*intaglio*) chantournement *m.*

trafugare [trafu'gare] *vt* dérober.

tragedia [tra'dʒɛdja] *sf* (*anche fig*) tragédie *f*.
traggo *etc* ['traggo] *vb vedi* **trarre**.
traghettare [traget'tare] *vt* faire passer.
traghetto [tra'getto] *sm* passage *m*; (*barca*) bac *m* ♦ *agg inv*: **nave** ~ ferry-boat *m*; ▸ **traghetto spaziale** navette *f* spatiale.
tragicità [tradʒitʃi'ta] *sf* caractère *m* tragique.
tragico, -a, -ci, -che ['tradʒiko] *agg* tragique ♦ *sm* tragédien *m*; **prendere tutto sul** ~ prendre tout au tragique.
tragicomico, -a, -ci, -che [tradʒi'kɔmiko] *agg* tragi-comique.
tragitto [tra'dʒitto] *sm* trajet *m*, chemin *m*.
traguardo [tra'gwardo] *sm* (*SPORT*) ligne *f* d'arrivée; (*fig*) but *m*, objectif *m*.
trai *etc* ['trai] *vb vedi* **trarre**.
traiettoria [trajet'tɔrja] *sf* trajectoire *f*.
trainante [trai'nante] *agg* qui entraîne; (*fig*: *entusiasmante*) stimulant(e); (*ECON*: *settore*) de pointe; **l'elemento** ~ **del gruppo** le boute-en-train du groupe.
trainare [trai'nare] *vt* tirer, tracter; (*rimorchiare*) remorquer; (*fig*: *stimolare*) stimuler.
training ['treiniŋ] *sm inv* stage *m*; ~ **autogeno** training *m* autogène.
traino ['traino] *sm* remorque *f*; (*tiro*) remorquage *m*.
tralasciare [tralaʃ'ʃare] *vt* (*studi*) interrompre; (*particolari*) omettre; ~ **di fare qc** omettre de faire qch.
tralcio ['traltʃo] *sm* (*BOT*) sarment *m*.
traliccio [tra'littʃo] *sm* (*ELETTR*) pylône *m*.
tram [tram] *sm inv* tram(way) *m*.
trama ['trama] *sf* trame *f*; (*fig*: *argomento*) intrigue *f*; (: *maneggio*) machination *f*.
tramandare [traman'dare] *vt* transmettre.
tramare [tra'mare] *vt* tramer.
trambusto [tram'busto] *sm* chahut *m*.
tramestio [trames'tio] *sm* remue-ménage *m*.
tramezzino [tramed'dzino] *sm* sandwich *m*.
tramezzo [tra'mɛddzo] *sm* cloison *f*.
tramite ['tramite] *prep* par, par l'intermédiaire de ♦ *sm* intermédiaire *m*; **agire/fare da** ~ servir d'intermédiaire.
tramontana [tramon'tana] *sf* tramontane *f*; **perdere la** ~ (*fig*) être déboussolé(e).
tramontare [tramon'tare] *vi* (*sole*) se coucher; (*fig*: *fama*) se ternir; (: *personaggio*) être en baisse.
tramonto [tra'monto] *sm* coucher *m*; (*fig*) déclin *m*.
tramortire [tramor'tire] *vi* s'évanouir ♦ *vt* assommer.
trampolino [trampo'lino] *sm* (*per tuffi*) plongeoir *m*; (*per sci, fig*) tremplin *m*; (*in palestra*) trampoline *m*; **gli è servito da** ~ **per la carriera** ça lui est servi de tremplin pour sa carrière.
trampolo ['trampolo] *sm* échasse *f*.
tramutare [tramu'tare] *vt* transformer; **tramutarsi** *vr, vip* se transformer.
trance ['traːns] *sf* transe *f*; **cadere in** ~ entrer en transe.
trancia, -ce ['trantʃa] *sf* tranche *f*; (*cesoia*) cisaille *f*.
tranciare [tran'tʃare] *vt* (*TECN*) trancher, cisailler.
trancio ['trantʃo] *sm* tranche *f*.
tranello [tra'nɛllo] *sm* piège *m*; **tendere un** ~ **a qn** tendre un piège à qn; **cadere in un** ~ tomber dans un piège.
trangugiare [trangu'dʒare] *vt* avaler.
tranne ['tranne] *prep* sauf, excepté; ~ **che** à moins que; **tutti i giorni** ~ **il venerdì** tous les jours, excepté le vendredi.
tranquillante [trankwil'lante] *sm* (*MED*) tranquillisant *m*.
tranquillità [trankwilli'ta] *sf* tranquillité *f*.
tranquillizzare [trankwillid'dzare] *vt* tranquilliser.
tranquillo, -a [tran'kwillo] *agg* tranquille; **sta'** ~ (*non preoccuparti*) ne t'inquiète pas; (*bambino*) reste tranquille.
transatlantico [transat'lantiko] *sm* transatlantique *m*; **il T**~ *la salle des pas perdus de la Chambre des députés italienne.*
transatto, -a [tran'satto] *pp di* **transigere**.
transazione [transat'tsjone] *sf* transaction *f*.
transenna [tran'senna] *sf* (*barriera*) barrière *f*.
transetto [tran'sɛtto] *sm* transept *m*, croisillon *m*.
transiberiano, -a [transibe'rjano] *agg* transsibérien(ne).
transigere [tran'sidʒere] *vi* (*DIR*) transiger; **su ciò non transigo** je ne transigerai pas là-dessus.
transistor [tran'sistor] *sm inv* transistor *m*.
transitabile [transi'tabile] *agg* praticable.
transitare [transi'tare] *vi* passer.
transitivo, -a [transi'tivo] *agg* transitif(-ive).
transito ['transito] *sm* transit *m*; **"divieto di** ~**"** "circulation interdite"; **"**~ **interrotto"** "route barrée".
transitorio, -a [transi'tɔrjo] *agg* transitoire.
transizione [transit'tsjone] *sf* transition *f*.
tran tran [tran 'tran] *sm* train-train *m*, routine *f*; **il solito** ~ ~ le train-train habituel.
tranvia [tran'via] *sf* tramway *m*.
tranviario, -a [tran'vjarjo] *agg* de tramway; **linea tranviaria** ligne *f* de tramway.
tranviere [tran'vjɛre] *sm* traminot *m*; (*conducente*) conducteur *m* de tramway; (*bigliettaio*) receveur *m* du tramway.
trapanare [trapa'nare] *vt* percer; (*MED*)

trépaner; (*in odontoiatria*) passer la roulette à.
trapano ['trapano] *sm* perceuse *f*; (*MED*) fraise *f*; (*in odontoiatria*) roulette *f*.
trapassare [trapas'sare] *vt* transpercer.
trapassato [trapas'sato] *sm* (*LING*) passé *m*.
trapasso [tra'passo] *sm* (*fig*) passage *m*, transition *f*; (: *morte*) trépas *msg*.
trapelare [trape'lare] *vi* filtrer.
trapezio [tra'pɛttsjo] *sm* trapèze *m*.
trapezista, -i, -e [trapet'tsista] *sm/f* trapéziste *m/f*.
trapiantare [trapjan'tare] *vt* transplanter; (*MED*) greffer.
trapianto [tra'pjanto] *sm* transplantation *f*, repiquage *m*; (*MED*) greffe *f*; ▸ **trapianto cardiaco** greffe du cœur.
trappola ['trappola] *sf* piège *m*; **tendere una ~ (a qn)** tendre un piège (à qn).
trapunta [tra'punta] *sf* édredon *m*.
trarre ['trarre] *vt* (*vantaggio*) tirer; (*guadagno*) retirer; ~ **beneficio da** tirer profit de; ~ **le conclusioni** tirer les conclusions; ~ **esempio da qn** prendre exemple sur qn; ~ **qn d'impaccio** tirer qn d'embarras; ~ **in inganno** induire en erreur; ~ **origine da** tirer son origine de; ~ **in salvo** sauver.
trasalire [trasa'lire] *vi* tressaillir.
trasandato, -a [trazan'dato] *agg* négligé(e).
trasbordare [trazbor'dare] *vt* transborder.
trascendentale [traʃʃenden'tale] *agg* transcendantal(e); (*eccezionale*) extraordinaire.
trascendere [traʃ'ʃendere] *vt* transcender; (*limiti*) dépasser.
trasceso, -a [traʃ'ʃeso] *pp di* **trascendere**.
trascinare [traʃʃi'nare] *vt* traîner; **trascinarsi** *vr* (*strisciare*) se traîner.
trascorrere [tras'korrere] *vt, vi* passer.
trascorso, -a [tras'korso] *pp di* **trascorrere** ♦ *sm* erreur *f*.
trascritto, -a [tras'kritto] *pp di* **trascrivere**.
trascrivere [tras'krivere] *vt* transcrire.
trascrizione [traskrit'tsjone] *sf* transcription *f*.
trascurare [trasku'rare] *vt* négliger; ~ **di fare qc** négliger de faire qch.
trascuratezza [traskura'tettsa] *sf* négligence *m*.
trascurato, -a [trasku'rato] *agg* négligé(e).
trasecolato, -a [traseko'lato] *agg* stupéfait(e), ébahi(e).
trasferimento [trasferi'mento] *sm* transfert *m*; (*somme*) virement *m*; (*abitazione*) déplacement *m*.
trasferire [trasfe'rire] *vt* transférer; (*dipendente*) muter; (*somma*) virer; **trasferirsi** *vip* (*cambiare casa*) déménager; (*ufficio*) être transféré(e); **trasferirsi a** s'installer à, s'établir à.
trasferta [tras'fɛrta] *sf* (*di impiegato*) déplacement *m*, mutation *f*; (*indennità*) indemnité *f* de déplacement; (*SPORT*) déplacement *m*.
trasfigurare [trasfigu'rare] *vt* transfigurer; **trasfigurarsi** *vip* se transfigurer.
trasformare [trasfor'mare] *vt* transformer; **trasformarsi** *vip* se transformer.
trasformatore [trasforma'tore] *sm* transformateur *m*.
trasformazione [trasformat'tsjone] *sf* transformation *f*.
trasformista, -i, -e [trasfor'mista] *sm/f* (*artista*) *acteur de théâtre spécialisé dans les métamorphoses*; (*fig*) girouette *f*, caméléon *m*; (: *POL*) *partisan d'une méthode de gouvernement consistant à utiliser des membres de différents groupes politiques de façon à éviter la formation d'une opposition*.
trasfusione [trasfu'zjone] *sf* (*MED*) transfusion *f*.
trasgredire [trazgre'dire] *vt* transgresser.
trasgressione [trazgres'sjone] *sf* transgression *f*.
trasgressivo, -a [trazgres'sivo] *agg* transgressif(-ive).
trasgressore [trazgres'sore] *sm* transgresseur *m*.
traslato, -a [traz'lato] *agg* figuré(e).
traslocare [trazlo'kare] *vt* transférer; **traslocarsi** *vi, vip* déménager; (*trasferirsi*) aller s'installer.
trasloco, -chi [traz'lɔko] *sm* déménagement *m*.
trasmesso, -a [traz'messo] *pp di* **trasmettere**.
trasmettere [traz'mettere] *vt* transmettre; (*TV, RADIO*) diffuser ♦ *vi* transmettre.
trasmettitore [trazmetti'tore] *sm* émetteur *m*.
trasmissione [trazmis'sjone] *sf* transmission *f*; (*RADIO, TV*) diffusion *f*; (: *programma*) émission *f*.
trasmittente [trazmit'tɛnte] *sf* (*stazione*) émetteur *m*; (*apparecchio*) (poste *m*) émetteur *m*.
trasognato, -a [trasoɲ'ɲato] *agg* dans les nuages.
trasparente [traspa'rɛnte] *agg* (*anche fig*) transparent(e) ♦ *sm* (*per audiovisivi*) transparent *m*.
trasparenza [traspa'rɛntsa] *sf* (*anche fig*) transparence *f*; **guardare qc in ~** regarder qch à contre-jour.
trasparire [traspa'rire] *vi* (*luce*) transparaître.
trasparso, -a [tras'parso] *pp di* **trasparire**.
traspirare [traspi'rare] *vi* transpirer.
traspirazione [traspirat'tsjone] *sf* transpi-

ration *f*.
trasporre [tras'porre] *vt* transposer.
trasportare [traspor'tare] *vt* transporter; **lasciarsi ~ (da)** (*fig*) se laisser transporter (par), se laisser emporter (par).
trasporto [tras'pɔrto] *sm* transport *m*; (*fig*) transport, élan *m*; **compagnia di ~** compagnie *f* de transports; **mezzi di ~** moyens *mpl* de transport; **con ~** (*fig*) avec passion, avec ardeur; ▶ **trasporto funebre** enterrement *m*; ▶ **trasporto pubblico** transports *mpl* publics; ▶ **trasporto stradale** transports routiers *o* par route.
trasposto, -a [tras'posto] *pp di* **trasporre**.
trassi *etc* ['trassi] *vb vedi* **trarre**.
trastullare [trastul'lare] *vt* amuser; **trastullarsi** *vr* s'amuser.
trastullo [tras'tullo] *sm* amusement *m*.
trasudare [trasu'dare] *vt* laisser filtrer ♦ *vi* (*sudare*) suinter.
trasversale [trazver'sale] *agg* transversal(e); **via ~** rue *f* transversale.
trasvolare [trazvo'lare] *vt* survoler.
tratta ['tratta] *sf* (*anche ECON*) traite *f*; **la ~ delle bianche** la traite des blanches; ▶ **tratta documentaria** traite documentaire.
trattamento [tratta'mento] *sm* traitement *m*; (*servizio*) service *m*; **~ economico** conditions *fpl* salariales; ▶ **trattamento di fine rapporto** (*ECON*) prime *f* de fin de carrière; (*per licenziamento*) indemnité *f* de licenciement; (*per dimissioni*) indemnité de départ.
trattare [trat'tare] *vt, vi* traiter; **~ bene qn** bien traiter qn; **~ male qn** traiter mal qn; **~ con qn** négocier avec qn; **si tratta di ...** il s'agit de ...; **si tratterebbe solo di poche ore** ce ne serait que pour quelques heures.
trattativa [tratta'tiva] *sf* négociation *f*; **trattative** *sfpl* négociations *fpl*, pourparlers *mpl*; **essere in trattative con** être en pourparlers avec.
trattato [trat'tato] *sm* traité *m*; ▶ **trattato commerciale** traité de commerce; ▶ **trattato di pace** traité de paix.
trattazione [trattat'tsjone] *sf* (*di discorso etc*) développement *m*; (*contenuto, testo*) dissertation *f*.
tratteggiare [tratted'dʒare] *vt* (*disegnare*) hachurer; (*abbozzare*: *disegno*) esquisser; (: *fig*) décrire; **~ una linea** tracer une ligne en pointillés.
tratteggio [trat'teddʒo] *sm* hachure *f*.
trattenere [tratte'nere] *vt* retenir; (*intrattenere*) distraire; (*astenersi dal consegnare*) garder; **trattenersi** *vr, vip* (*soffermarsi*) rester; **trattenersi (da)** (*astenersi*) se retenir *o* s'empêcher (de); **sono stato trattenuto in ufficio** j'ai été retenu au bureau.
trattenimento [tratteni'mento] *sm* distraction *f*; (*festa*) fête *f*; (*ricevimento*) réception *f*.
trattenuta [tratte'nuta] *sf* retenue *f*.
trattino [trat'tino] *sm* tiret *m*; (*in parole composte*) trait *m* d'union.
tratto, -a ['tratto] *pp di* **trarre** ♦ *sm* trait *m*; (*parte*) morceau *m*, bout *m*; (*di strada, mare, cielo*) bout; (*di autostrada*) tronçon *m*; (*di tempo*) moment *m*; **a tratti** par moments; **a un ~, d'un ~** tout à coup; **a grandi tratti** (*fig*) à grands traits.
trattore [trat'tore] *sm* tracteur *m*.
trattoria [tratto'ria] *sf* petit restaurant *m*.
trauma, -i ['trauma] *sm* traumatisme *m*; ▶ **trauma cranico/psichico** traumatisme crânien/psychique.
traumatico, -a, -ci, -che [trau'matiko] *agg* (*MED*) traumatique; (*fig*) traumatisant(e).
traumatizzare [traumatid'dzare] *vt* traumatiser.
travaglio [tra'vaʎʎo] *sm* (*angoscia*) tourment *m*; (*parto*) travail *m*; **sala ~** salle *f* de travail.
travasare [trava'zare] *vt* transvaser.
travaso [tra'vazo] *sm* transvasement *m*; (*MED*) épanchement *m*.
trave ['trave] *sf* poutre *f*.
traveggole [tra'veggole] *sfpl*: **avere le ~** avoir la berlue.
traversa [tra'vɛrsa] *sf* (*trave*) entretoise *f*; (*di sedia*) barreau *m*; (*via traversa*) rue *f* transversale; (*FERR*) traverse *f*; (*CALCIO*) barre *f* transversale.
traversare [traver'sare] *vt* traverser.
traversata [traver'sata] *sf* traversée *f*.
traversie [traver'sie] *sfpl* (*fig*) malheurs *mpl*.
traversina [traver'sina] *sf* (*FERR*) traverse *f*.
traverso, -a [tra'vɛrso] *agg* transversal(e); **andare di ~** (*cibo*) avaler de travers; **guardare qn di ~** regarder qn de travers; **via traversa** rue *f* transversale; (*fig*) voie *f* détournée.
travestimento [travesti'mento] *sm* déguisement *m*.
travestire [traves'tire] *vt* déguiser; **travestirsi** *vr* se déguiser.
travestito [traves'tito] *sm* travesti *m*.
traviare [travi'are] *vt* (*fig*) détourner du droit chemin.
travisare [travi'zare] *vt* (*fig*) altérer, déformer.
travolgere [tra'vɔldʒere] *vt* emporter; (*AUT*) renverser; (*fig*) affecter; (*passione*) emporter.
travolto, -a [tra'vɔlto] *pp di* **travolgere**.
trazione [trat'tsjone] *sf* (*forza*) traction *f*; (*MED*) extension *f*; ▶ **trazione anteriore/**

posteriore (*AUT*) traction avant/arrière.
tre [tre] *agg inv, sm inv* trois *m inv; vedi anche* **cinque.**
trealberi [tre'alberi] *sm inv* (*NAUT*) trois-mâts *m inv.*
trebbia ['trebbja] *sf* (*AGR*: *macchina*) batteuse *f*; (: *operazione*) battage *m.*
trebbiare [treb'bjare] *vt* battre.
trebbiatrice [trebbja'tritʃe] *sf* batteuse *f.*
trebbiatura [trebbja'tura] *sf* battage *m.*
treccia, -ce ['trettʃa] *sf* tresse *f*; (*di capelli*) tresse, natte *f*; **lavorato a trecce** (*pullover etc*) à torsades.
trecentesco, -a, -schi, -sche [tretʃen'tesko] *agg* du quatorzième siècle.
trecento [tre'tʃɛnto] *agg inv, sm inv* trois cents *m inv* ♦ *sm*: **il T~** le quatorzième siècle.
tredicenne [tredi'tʃɛnne] *agg* (âgé(e)) de treize ans ♦ *sm/f* enfant *m* âgé de treize ans.
tredicesima [tredi'tʃɛzima] *sf* (*ECON*) treizième mois *msg.*
tredicesimo, -a [tredi'tʃɛzimo] *agg, sm/f* treizième *m/f*; *vedi anche* **quinto.**
tredici ['treditʃi] *agg inv, sm inv* treize *m inv* ♦ *sm inv*: **fare ~** *gagner au totocalcio*; *vedi anche* **cinque.**
tregua ['tregwa] *sf* trêve *f*; (*fig*) temps *m* de répit, arrêt *m*; **senza ~** (*fig*) sans répit.
tremante [tre'mante] *agg* tremblant(e).
tremare [tre'mare] *vi* trembler; **~ di** (*di freddo*) trembler de, grelotter de.
tremarella [trema'rɛlla] *sf* tremblote *f*; **avere la ~** avoir la tremblote.
tremendo, -a [tre'mɛndo] *agg* terrible, affreux(-euse); (*fam*) terrible.
tremila [tre'mila] *agg inv, sm inv* trois mille *m inv.*
tremito ['trɛmito] *sm* tremblement *m.*
tremolare [tremo'lare] *vi* trembler; (*voce*) trembloter.
tremolio [tremo'lio] *sm* tremblement *m.*
tremore [tre'more] *sm* tremblement *m*; (*fig*: *agitazione*) frisson *m.*
treno ['trɛno] *sm* train *m*; **~ di gomme** (*AUT*) train de pneus; ▸**treno diretto** (train) direct; ▸**treno merci** train de marchandises; ▸**treno straordinario** train spécial; ▸**treno viaggiatori** train de voyageurs.
trenta ['trenta] *agg inv, sm inv* trente *m inv* ♦ *sm* (*SCOL*): **~ e lode** *note maximum avec les félicitations du jury (à l'université)*; *vedi anche* **cinque.**
trentenne [tren'tɛnne] *agg* (âgé(e)) de trente ans ♦ *sm/f* homme *m* de trente ans, femme *f* de trente ans.
trentennio [tren'tɛnnjo] *sm* période *f* de trente ans.
trentesimo, -a [tren'tɛzimo] *agg, sm/f inv* trentième *m/f.*
trentina [tren'tina] *sf*: **una ~ (di)** une trentaine (de); *vedi anche* **cinquantina.**
trentino, -a [tren'tino] *agg* du Trentin.
Trentino-Alto Adige [tren'tino 'alto adidʒe] *sm* Trentin-Haut Adige *m.*
Trento ['trento] *sf* Trente.
trepidante [trepi'dante] *agg* anxieux(-euse).
trepidare [trepi'dare] *vi*: **~ (per)** être anxieux(-euse) (de).
trepido, -a ['trɛpido] *agg* anxieux(-euse).
treppiede [trep'pjede] *sm* (*per arma, FOT*) trépied *mm.*
trequarti [tre'kwarti] *sm inv* (*giaccone*) trois-quarts *m inv.*
tresca, -sche ['treska] *sf* (*fig*: *intrigo*) intrigue *f*; (: *relazione amorosa*) liaison *f.*
trespolo ['trespolo] *sm* tréteau *m.*
trevigiano, -a [trevi'dʒano] *agg* trévisan(e).
triangolare [triango'lare] *agg* triangulaire.
triangolo [tri'angolo] *sm* triangle *m*; (*AUT*: *segnale*) triangle de signalisation.
tribolare [tribo'lare] *vi* souffrir.
tribolazione [tribolat'tsjone] *sf* tribulation *f.*
tribordo [tri'bordo] *sm* tribord *m.*
tribù [tri'bu] *sf inv* tribu *f.*
tribuna [tri'buna] *sf* tribune *f*; (*SPORT*: *palco fisso*) tribunes *fpl*; ▸**tribuna della stampa** tribunes de la presse.
tribunale [tribu'nale] *sm* tribunal *m*; **presentarsi in ~** comparaître en justice; ▸**tribunale militare** tribunal militaire; ▸**tribunale supremo** cour *f* suprême.
tributare [tribu'tare] *vt* (*onori*) rendre; (*lodi*) chanter.
tributario, -a [tribu'tarjo] *agg* (*imposta*) fiscal(e); (*fiume*) tributaire.
tributo [tri'buto] *sm* contribution *f*, impôt *m*; (*fig*) tribut *m.*
tricheco, -chi [tri'kɛko] *sm* morse *m.*
triciclo [tri'tʃiklo] *sm* tricycle *m.*
tricolore [triko'lore] *agg* tricolore ♦ *sm* (*bandiera italiana*) drapeau *m* tricolore.
tridente [tri'dɛnte] *sm* trident *m.*
triennale [trien'nale] *agg* triennal(e).
triennio [tri'ɛnnjo] *sm* période *f* de trois ans.
Trieste [tri'ɛste] *sf* Trieste.
triestino, -a [tries'tino] *agg* triestin(e).
trifase [tri'faze] *agg* (*ELETTR*) triphasé(e).
trifoglio [tri'fɔʎʎo] *sm* trèfle *m.*
trifolato, -a [trifo'lato] *agg* (*CUC*) truffé(e); (*rognone, funghi*) *coupé en fines tranches et préparé avec de l'huile, de l'ail et du persil.*
triglia ['triʎʎa] *sf* rouget *m.*
trigonometria [trigonome'tria] *sf* trigono-

métrie *f.*

trillare [tril'lare] *vi* triller.

trillo ['trillo] *sm* trille *m.*

trimestre [tri'mɛstre] *sm* trimestre *m.*

trimotore [trimo'tore] *sm* (*AER*) trimoteur *m.*

trina ['trina] *sf* dentelle *f.*

trincea [trin'tʃɛa] *sf* tranchée *f.*

trincerare [trintʃe'rare] *vt* retrancher; **trincerarsi** *vip* se retrancher; **trincerarsi dietro** *o* **in qc** (*fig*) se retrancher derrière *o* dans qch.

trinciare [trin'tʃare] *vt* (*sminuzzare*) hacher; (*tagliare*) découper.

Trinidad ['trinidad] *sm*: ~ **e Tobago** Trinité *f* et Tobago *m.*

Trinità [trini'ta] *sf* (*REL*) Trinité *f.*

trio ['trio] (*pl* **trii**) *sm* (*MUS, anche fig*) trio *m.*

trionfale [trion'fale] *agg* triomphal(e).

trionfante [trion'fante] *agg* triomphant(e).

trionfare [trion'fare] *vi* (*anche fig*): ~ **(su)** triompher (de); (*fig*: *esultare*) triompher.

trionfo [tri'onfo] *sm* triomphe *m.*

triplicare [tripli'kare] *vt* tripler.

triplice ['triplitʃe] *agg* triple; **in** ~ **copia** en trois exemplaires.

triplo, -a ['triplo] *agg* triple ♦ *sm*: **il** ~ **di** le triple de.

tripode ['tripode] *sm* (*sedile, tavolo a tre piedi*) trépied *m.*

Tripoli ['tripoli] *sf* Tripoli.

trippa ['trippa] *sf* (*CUC*) tripes *fpl*; (*fam*: *pancia*) ventre *m*, brioche *f* (*fam*).

tripudio [tri'pudjo] *sm* allégresse *f*; (*fig*: *di colori, luci*) festival *m.*

tris [tris] *sm inv* (*CARTE*) brelan *m.*

triste ['triste] *agg* triste.

tristezza [tris'tettsa] *sf* tristesse *f.*

tristo, -a ['tristo] *agg* (*cattivo*) méchant(e); (*meschino*) piètre.

tritacarne [trita'karne] *sm inv* hachoir *m* à viande.

tritaghiaccio [trita'gjattʃo] *sm inv* *appareil à piler la glace.*

tritare [tri'tare] *vt* hacher.

trito, -a ['trito] *agg* haché(e); (*fig*: *ripetuto*) rebattu(e); ~ **e ritrito** ressassé(e), rabâché(e).

tritolo [tri'tɔlo] *sm* tolite *f.*

tritone [tri'tone] *sm* triton *m.*

trittico, -ci ['trittiko] *sm* triptyque *m.*

triturare [tritu'rare] *vt* triturer, broyer.

trivella [tri'vɛlla] *sf* (*per terreno*) sonde *f*; (*per legno*) vrille *f.*

trivellare [trivel'lare] *vt* (*terreno*) sonder; (*legno*) forer.

trivellazione [trivellat'tsjone] *sf* forage *m*; **torre di** ~ tour *m* de forage.

triviale [tri'vjale] *agg* trivial(e).

trivialità [trivjali'ta] *sf inv* trivialité *f.*

trofeo [tro'fɛo] *sm* trophée *m*; ▸**trofeo di caccia** trophée de chasse.

trogolo ['trɔgolo] *sm* (*per maiali*) auge *f.*

troia ['trɔja] *sf* (*ZOOL*) truie *f*; (*fam! peg*: *fig*) putain *f* (*fam!*).

tromba ['tromba] *sf* (*MUS*) trompette *f*; (*AUT*) klaxon *m*, avertisseur *m*; ▸**tromba d'aria** tornade *f*; ▸**tromba delle scale** cage *f* d'escalier; ▸**tromba marina** cyclone *m.*

trombettista, -i, -e [trombet'tista] *sm/f* trompettiste *m/f.*

trombone [trom'bone] *sm* trombone *m.*

trombosi [trom'bɔzi] *sf inv* thrombose *f.*

troncare [tron'kare] *vt* couper, trancher; (*LING*) faire une apocope à; (*fig*) rompre; (: *carriera*) briser.

tronco, -a, -chi, -che ['tronko] *agg* tronqué(e); (*LING*) *accentué sur la dernière syllabe*; (: *per troncamento*) apocopé(e); (*fig*) interrompu(e) ♦ *sm* (*BOT, ANAT*) tronc *m*; (*fig*: *pezzo, parte*) tronçon *m*; **in** ~ (*licenziare*) sur-le-champ.

troneggiare [troned'dʒare] *vi*: ~ **(su)** trôner (sur).

tronfio, -a ['tronfjo] *agg* hautain(e).

trono ['trɔno] *sm* trône *m*; **salire al** ~ monter sur le trône.

tropicale [tropi'kale] *agg* tropical(e).

tropico, -ci ['trɔpiko] *sm* tropique *m*; **tropici** *smpl* tropiques *mpl*; ▸**tropico del Cancro/del Capricorno** tropique du Cancer/du Capricorne.

troppo, -a ['trɔppo] *agg* trop *inv*; (*seguito da sostantivo*) trop de ♦ *pron, avv* trop; **c'era troppa gente** il y avait trop de gens; **fa** ~ **caldo** il fait trop chaud; **troppe difficoltà** trop de difficultés; **ne hai messo** ~ tu en as mis trop; ~ **amaro** trop amer; ~ **tardi** trop tard; **lavora** ~ il travaille trop; **essere di** ~ être de trop; ~ **buono da parte tua** c'est trop gentil de ta part.

trota ['trɔta] *sf* truite *f.*

trottare [trot'tare] *vi* trotter.

trotterellare [trotterel'lare] *vi* trottiner.

trotto ['trɔtto] *sm* trot *m.*

trottola ['trɔttola] *sf* toupie *f.*

trovare [tro'vare] *vt* trouver; **trovarsi** *vr, vip* (*essere situato*) se trouver; (*essere, stare*) être; (*capitare*) arriver; (*reciproco*: *incontrarsi*) se voir; **andare a** ~ **qn** aller voir qn; ~ **qn molto deperito** trouver qn très affaibli; ~ **qn colpevole** reconnaître qn coupable; **trovo giusto fare ...** je trouve qu'il est juste de faire ...; **trovo giusto che tu venga** je pense qu'il est juste que tu viennes; **trovo sbagliato che ...** je trouve que c'est injuste que ...; **trovo che ...** (*giudicare*) je trouve que ...; **trovarsi bene/male** (*in un luogo*) se plaire/ne

pas se plaire; **trovarsi bene/male con qn** bien/mal s'entendre avec qn; **trovarsi d'accordo con qn** tomber d'accord avec qn.
trovata [tro'vata] *sf* bonne idée *f*; ▶ **trovata pubblicitaria** trouvaille *f* publicitaire.
trovatello, -a [trova'tɛllo] *sm/f* enfant *m/f* trouvé(e).
truccare [truk'kare] *vt* maquiller; (*travestire*) déguiser; (*SPORT*) truquer; (*AUT*) trafiquer; **truccarsi** *vr* se maquiller.
truccatore, -trice [trukka'tore] *sm/f* (*CINE, TEATRO*) maquilleur(-euse).
trucco, -chi ['trukko] *sm* truc *m*, combine *f*; (*artificio scenico*) trucage *m*; (*cosmesi, insieme di cosmetici*) maquillage *m*; **i trucchi del mestiere** les secrets du métier.
truce ['trutʃe] *agg* (*sguardo*) torve; (*delitto*) atroce.
trucidare [trutʃi'dare] *vt* massacrer.
truciolo ['trutʃolo] *sm* copeau *m*.
truffa ['truffa] *sf* escroquerie *f*.
truffare [truf'fare] *vt* escroquer.
truffatore, -trice [truffa'tore] *sm/f* escroc *m*.
truppa ['truppa] *sf* troupe *f*.
TS *sigla* = *Trieste*.
tu [tu] *pron* (*soggetto*) tu; ~ **stesso(a)** toi-même; **dare del ~ a qn** tutoyer qn; **trovarsi a ~ per ~ con qn** se trouver en tête-à-tête avec qn.
tua ['tua] *agg, pron vedi* **tuo**.
tuba ['tuba] *sf* (*MUS*) tuba *m*; (*cappello*) haut-de-forme *m*.
tubare [tu'bare] *vi* (*anche fig*) roucouler.
tubatura [tuba'tura] *sf* tuyauterie *f*.
tubazione [tubat'tsjone] *sf* = **tubatura**.
tubercolosi [tuberko'lɔzi] *sf* tuberculose *f*.
tubero ['tubero] *sm* tubercule *m*.
tubetto [tu'betto] *sm* tube *m*.
tubino [tu'bino] *sm* (*cappello*) (chapeau *m*) melon *m*; (*abito da donna*) fourreau *m*.
tubo ['tubo] *sm* (*cavo*) tuyau *m*; (*ELETTR, ANAT*) tube *m*; ▶ **tubo di scappamento** (*AUT*) tuyau d'échappement; ▶ **tubo digerente** tube digestif.
tubolare [tubo'lare] *agg* tubulaire ♦ *sm* boyau *m*.
tue ['tue] *agg, pron vedi* **tuo**.
tuffare [tuf'fare] *vt* plonger; **tuffarsi** *vr*: **tuffarsi (in)** (*anche fig*) plonger (dans).
tuffatore, -trice [tuffa'tore] *sm/f* (*SPORT*) plongeur(-euse).
tuffo ['tuffo] *sm* plongeon *m*; (*breve bagno*) trempette *f*; **un ~ al cuore** un coup au cœur.
tugurio [tu'gurjo] *sm* taudis *msg*.
tulipano [tuli'pano] *sm* tulipe *f*.
tulle ['tulle] *sm inv* tulle *m*.
tumefare [tume'fare] *vt* tuméfier; **tumefarsi** *vip* se tuméfier.
tumido, -a ['tumido] *agg* enflé(e).
tumore [tu'more] *sm* (*MED*) tumeur *f*; ▶ **tumore benigno/maligno** tumeur bénigne/maligne.
tumulazione [tumulat'tsjone] *sf* ensevelissement *m*, enterrement *m*.
tumulto [tu'multo] *sm* (*fracasso, agitazione*) tumulte *m*; (*sommossa*) émeute *f*; (*fig*) tempête *f*.
tumultuoso, -a [tumultu'oso] *agg* tumultueux(-euse); (*fig*) tumultueux(-euse), orageux(-euse).
tungsteno [tung'stɛno] *sm* tungstène *m*.
tunica, -che ['tunika] *sf* tunique *f*.
Tunisi ['tunizi] *sf* Tunis.
Tunisia [tuni'zia] *sf* Tunisie *f*.
tunisino, -a [tuni'zino] *agg* tunisien(ne) ♦ *sm/f* Tunisien(ne).
tunnel ['tunnel] *sm inv* tunnel *m*.
tuo ['tuo] (*f* **tua**) (*pl* **~i, tue**) *agg*: **(il) ~, (la) tua** ton(ta) ♦ *pron*: **il ~, la tua** le tien(la tienne); **i ~i** les tiens; **le tue** les tiennes; **i ~i** (*genitori*) tes parents; **una tua amica** une de tes amies; **i ~i guanti** tes gants; **le tue scarpe** tes chaussures; ~ **padre** ton père; **è ~!** c'est à toi!; **vuoi dire la tua?** (*opinione*) veux-tu donner ton avis?; **è dalla tua** il est de ton côté; **alla tua!** (*brindisi*) à la tienne!; **anche tu hai avuto le tue** (*guai*) toi aussi tu as eu ta part (de problèmes); **ne hai fatta una delle tue!** tu as encore fait des tiennes!; **cerca di stare sulle tue** essaie de garder tes distances.
tuonare [two'nare] *vb impers* tonner, gronder ♦ *vi* (*fig*) tonner.
tuono ['twɔno] *sm* tonnerre *m*.
tuorlo ['twɔrlo] *sm* jaune *m* d'œuf.
turacciolo [tu'rattʃolo] *sm* bouchon *m*.
turare [tu'rare] *vt* boucher; **turarsi** *vip* se boucher; **turarsi il naso/le orecchi** se boucher le nez/les oreilles.
turba ['turba] *sf* (*folla*) foule *f*; (: *peg*) bande *f*, clique *f*; **turbe** *sfpl* troubles *mpl*; ▶ **turbe nervose** troubles nerveux.
turbamento [turba'mento] *sm* trouble *m*.
turbante [tur'bante] *sm* turban *m*.
turbare [tur'bare] *vt* troubler, perturber; (*fig*) troubler; ~ **la quiete pubblica** (*DIR*) troubler l'ordre public.
turbina [tur'bina] *sf* turbine *f*.
turbinare [turbi'nare] *vi* tourbillonner.
turbine ['turbine] *sm* tourbillon *m*; (*fig: grande quantità*) déchaînement *m*.
turbinoso, -a [turbi'noso] *agg* tourbillonnant(e); (*danza*) tournoyant(e).
turbolento, -a [turbo'lɛnto] *agg* (*persona*) turbulent(e); (*periodo*) troublé(e).
turbolenza [turbo'lɛntsa] *sf* turbulence *f*; (*di periodo*) agitation *f*, désordre *m*.
turboreattore [turboreat'tore] *sm* turboréacteur *m*.

turchese [tur'kese] *agg, sm* turquoise *m* ♦ *sf* (*minerale*) turquoise *f.*
Turchia [tur'kia] *sf* Turquie *f.*
turchino, -a [tur'kino] *agg* bleu foncé *inv.*
turco, -a, -chi, -che ['turko] *agg* turc(turque) ♦ *sm/f* Turc(Turque) ♦ *sm* turc *m*; **per me parla** ~ pour moi, c'est du chinois *o* de l'hébreu; **fumare come un** ~ fumer comme un pompier.
turgido, -a ['turdʒido] *agg* gonflé(e).
turismo [tu'rizmo] *sm* tourisme *m.*
turista, -i, -e [tu'rista] *sm/f* touriste *m/f.*
turistico, -a, -ci, -che [tu'ristiko] *agg* touristique.
turnista, -i, -e [tur'nista] *sm/f* ≈ ouvrier(-ière) qui fait les trois-huit.
turno ['turno] *sm* (*di lavoro*) roulement *m*; (*di servizi*) service *m*; (*SPORT*) tour *m*; **a** ~ (*rispondere*) chacun(e) (à) son tour; (*lavorare*) en équipe; **di** ~ (*soldato, medico*) de garde; (*custode*) de service; **fare a** ~ **(a fare qc)** se relayer (pour faire qch); **è il suo** ~ c'est son tour; **chiuso per** ~ repos hebdomadaire; **farmacia di** ~ pharmacie de garde.
turpe ['turpe] *agg* abject(e); (*atto*) obscène.
turpiloquio [turpi'lɔkwjo] *sm* langage *m* obscène.
tuta ['tuta] *sf* combinaison *f*, bleu *m*; (*indumento sportivo*) survêtement *m*, jogging *m*, ▶ **tuta da ginnastica** jogging *m*; ▶ **tuta mimetica** (*MIL*) tenue *f* de camouflage, tenue léopard; ▶ **tuta spaziale** scaphandre *m*; ▶ **tuta subacquea** combinaison de plongée.
tutela [tu'tɛla] *sf* (*DIR*: *potestà, protezione*) tutelle *f*; (*difesa*) défense *f*, protection *f*; (*di interesse*) sauvegarde *f*; **a** ~ **del consumatore** pour la protection du consommateur; ▶ **tutela dell'ambiente** protection de l'environnement.
tutelare [tute'lare] *vt* défendre, protéger; (*interesse*) sauvegarder ♦ *agg* (*DIR*): **giudice** ~ juge *m* des tutelles.
tutore, -trice [tu'tore] *sm/f* (*DIR*) tuteur(-trice); ▶ **tutore dell'ordine pubblico** gardien *m* de la paix.
tuttavia [tutta'via] *cong* toutefois, cependant.

PAROLA CHIAVE

tutto, -a ['tutto] *agg* **1** (*intero*) tout(e); (*pl*) tous(toutes); **tutta la notte** toute la nuit; **tutto il libro** tout le livre; **tutta una bottiglia** toute une bouteille; **in tutto il mondo** dans le monde entier; **tutti i ragazzi** tous les garçons; **tutte le notti** toutes les nuits; **a tutt'oggi** jusqu'à présent; **a tutta velocità** à toute vitesse; **tutti e due** tous les deux; **tutti e cinque** tous les cinq
2 (*completamente*): **era tutta sporca** elle était toute sale; **è tutta sua madre** c'est tout le portrait de sa mère
♦ *pron* (*ogni cosa*) tout; (*pl*) tous; **ha mangiato tutto** il a tout mangé; **tutto considerato** tout bien considéré, tout compte fait; **in tutto** en tout; **in tutto eravamo 50** en tout nous étions 50; **tutto è in ordine** tout est en ordre; **dimmi tutto** dis-moi tout; **tutto compreso** tout compris; **in tutto e per tutto** en tout et pour tout; **con tutto che** (*malgrado*) bien que; **del tutto** du tout; **il che è tutto dire** et c'est tout dire; **tutti sanno che** tout le monde sait que; **vengono tutti** ils viennent tous; **tutti quanti** tous
♦ *avv* (*completamente*) tout; **è tutto il contrario** c'est tout le contraire; **tutt'al più** tout au plus; **saranno stati tutt'al più 50** ils auront été tout au plus 50; **tutt'altro** pas du tout; **ti dispiace? – no, tutt'altro** ça t'embête? – non, pas du tout; **è tutt'altro che felice** il est loin d'être heureux; **tutt'a un tratto** tout d'un coup; **tutt'intorno** tout autour
♦ *sm*: **il tutto** le tout; **il tutto si è svolto senza incidenti** le tout s'est déroulé sans incidents; **il tutto le costerà tre milioni** cela lui coûtera trois millions en tout.

tuttofare [tutto'fare] *agg inv* (*domestico, impiegato*) à tout faire *inv* ♦ *sm/f inv* factotum *m.*
tuttora [tut'tora] *avv* toujours, encore.
tutù [tu'tu] *sm inv* tutu *m.*
TV [ti'vu] *sigla f inv* (= *televisione*) télé *f*; = *Treviso.*

U, u

U, u [u] *sf o m inv* U, u *m inv*; ~ **come Udine** ≈ U comme Ursule; **inversione ad U** demi-tour *m.*
ubbia [ub'bia] *sf* lubie *f.*
ubbidiente [ubbi'djɛnte] *agg* obéissant(e).
ubbidienza [ubbi'djɛntsa] *sf* obéissance *f.*
ubbidire [ubbi'dire] *vi*: ~ **(a)** obéir (à).
ubicazione [ubikat'tsjone] *sf* position *f*, emplacement *m.*
ubiquità [ubikwi'ta] *sf* ubiquité *f*; **non ho il dono dell'**~ je n'ai pas le don d'ubiquité.
ubriacare [ubria'kare] *vt* enivrer; (*fig*) gri-

ser; **ubriacarsi** *vip* s'enivrer, se soûler (*fam*); **ubriacarsi di** (*fig*) se griser de.

ubriachezza [ubria'kettsa] *sf* ivresse *f*; **in stato di** ~ en état d'ivresse.

ubriaco, -a, -chi, -che [ubri'ako] *agg* ivre ♦ *sm/f* ivrogne *m/f*.

ubriacone, -a [ubria'kone] *sm/f* poivrot(e), ivrogne *m/f*.

uccellagione [uttʃella'dʒone] *sf* chasse *f* aux oiseaux.

uccelliera [uttʃel'ljεra] *sf* volière *f*.

uccellino [uttʃel'lino] *sm* oisillon *m*.

uccello [ut'tʃεllo] *sm* oiseau *m*; ~ **del malaugurio** oiseau de mauvais augure.

uccidere [ut'tʃidere] *vt* (*anche fig*) tuer; **uccidersi** *vr* se tuer.

uccisione [uttʃi'zjone] *sf* meurtre *m*; (*di animali*) abattage *m*.

ucciso, -a [ut'tʃizo] *pp di* **uccidere**.

uccisore [uttʃi'zore] *sm* meurtrier *m*.

Ucraina [u'kraina] *sf* Ukraine *f*.

UD *sigla* = *Udine*.

udente [u'dεnte] *sm/f*: **non** ~ malentendant(e).

udienza [u'djεntsa] *sf* (*anche DIR*) audience *f*; **dare** ~ **a** recevoir; ▸ **udienza pubblica** audience publique; ▸ **udienza a porte chiuse** audience à huis clos.

udire [u'dire] *vt* entendre; (*venire a sapere*) apprendre.

uditivo, -a [udi'tivo] *agg* auditif(-ive).

udito [u'dito] *sm* ouïe *f*.

uditore, -trice [udi'tore] *sm/f* (*UNIV*) auditeur(-trice) libre; ▸ **uditore giudiziario** magistrat *m*.

uditorio [udi'tɔrjo] *sm* auditoire *m*.

UE *sigla f* (= *Unione Europea*) UE *f*.

UEFA ['wεfa] *sigla f* (= *Union of European Football Associations*) UEFA *f*.

UEM *sigla f* (= *Unione economica e monetaria*) UEM *f*.

uffa ['uffa] *escl* (*di impazienza*) zut!; (*di noia*) la barbe!, quelle barbe!

ufficiale [uffi'tʃale] *agg* officiel(le) ♦ *sm* (*AMM, MIL*) officier *m*; **in forma** ~ officiellement; **pubblico** ~ officier ministériel; ▸ **ufficiale di marina** officier de marine; ▸ **ufficiale di stato civile** officier d'état civil; ▸ **ufficiale giudiziario** huissier *m*; ▸ **ufficiale medico** médecin-major *m*; ▸ **ufficiale sanitario** officier de santé.

ufficializzare [uffitʃalid'dzare] *vt* rendre officiel(le).

ufficio [uf'fitʃo] *sm* (*posto di lavoro*) bureau *m*; (*dovere, compito*) charge *f*; (*agenzia*) agence *f*, office *m*; (*DIR*: *organo*) office; **d'**~ d'office; ▸ **ufficio brevetti** bureau des brevets; ▸ **ufficio (del) personale** bureau du personnel; ▸ **ufficio di collocamento** bureau de placement; ▸ **ufficio funebre** (*REL*) office funèbre, service *m* funèbre; ▸ **ufficio informazioni** bureau de renseignements; ▸ **ufficio oggetti smarriti** bureau des objets trouvés; ▸ **ufficio postale** bureau de poste; ▸ **ufficio vendite** service *m* des ventes.

ufficioso, -a [uffi'tʃoso] *agg* officieux(-euse).

UFO ['ufo] *sigla m inv* (= *unidentified flying object*) OVNI *m*.

ufo ['ufo]: **a** ~ *avv* à l'œil.

Uganda [u'ganda] *sf* Ouganda *m*.

uggia ['uddʒa] *sf* ennui *m*; **avere qn in** ~ ne pas aimer qn.

uggioso, -a [ud'dʒoso] *agg* ennuyeux(-euse); (*tempo*) maussade.

ugola ['ugola] *sf* luette *f*.

uguaglianza [ugwaʎ'ʎantsa] *sf* égalité *f*.

uguagliare [ugwaʎ'ʎare] *vt* (*rendere uguale*) égaliser; (*record*) égaler.

uguale [u'gwale] *agg* égal(e); (*identico*: *cose, persone*) pareil(le); (*diritti, doveri*) le(la) même ♦ *avv* (*costare, valere*) pareil; ~ **a** (*cosa*) le(la) même que; (*persona*) comme; **essere** ~ **a se stesso** être égal à soi-même; **per me è** ~ pour moi c'est la même chose, pour moi c'est pareil; **due ragazzi uguali d'età** deux garçons du même âge; **sono bravi** ~ ils sont aussi bons l'un que l'autre.

ugualmente [ugwal'mente] *avv* également, pareillement; (*lo stesso*) quand même.

UIL [wil] *sigla f* = *Unione Italiana del Lavoro*.

ulcera ['ultʃera] *sf* ulcère *m*; ▸ **ulcera gastrica** ulcère à l'estomac.

ulcerazione [ultʃerat'tsjone] *sf* ulcération *f*.

uliva *etc* [u'liva] = **oliva** *etc*.

Ulivo [u'livo] *sm* (*POL*) *coalition de centre-gauche*.

ulteriore [ulte'rjore] *agg* ultérieur(e); (*aggiuntivo*) supplémentaire.

ultimamente [ultima'mente] *avv* dernièrement.

ultimare [ulti'mare] *vt* achever, terminer.

ultimatum [ulti'matum] *sm inv* (*DIR, fig*) ultimatum *m*.

ultimissime [ulti'missime] *sfpl* toutes dernières nouvelles *fpl*.

ultimo, -a ['ultimo] *agg* dernier(-ière); (*fig*: *sommo, fondamentale*) fondamental(e) ♦ *sm/f* dernier(-ière); **fino all'**~ jusqu'à la fin, jusqu'au bout; **da** ~, **in** ~ enfin, à la fin; **all'**~ **piano** au dernier étage; **per** ~ (*entrare, arrivare*) le dernier(la dernière); **in ultima pagina** (*di giornale*) en dernière page; **negli ultimi tempi** ces derniers temps; **all'**~ **momento** au dernier moment; **la vostra lettera del 7 aprile** ~ **scorso** ... votre lettre du 7 avril dernier ...; **in ultima analisi** en conclusion; **in** ~ **luogo**

en dernier lieu; **l'~ grido (della moda)** le dernier cri (de la mode).
ultrà [ul'tra] *sm/f inv* (*POL*) extrémiste *m/f*; (*SPORT*) supporter *m*.
ultrasinistra [ultrasi'nistra] *sf* (*POL*) extrême-gauche *f*.
ultrasuono [ultra'swɔno] *sm* ultrason *m*.
ultravioletto, -a [ultravio'letto] *agg* ultraviolet(te) ♦ *sm* ultraviolet *m*.
ululare [ulu'lare] *vi* hurler.
ululato [ulu'lato] *sm* hurlement *m*.
umanamente [umana'mente] *avv* humainement.
umanesimo [uma'nezimo] *sm* humanisme *m*.
umanità [umani'ta] *sf* humanité *f*.
umanitario, -a [umani'tarjo] *agg* humanitaire.
umanizzare [umanid'dzare] *vt* humaniser.
umano, -a [u'mano] *agg* humain(e).
umbilico [umbi'liko] *sm* = **ombelico**.
Umbria ['umbrja] *sf* Ombrie *f*.
umbro, -a ['umbro] *agg* ombrien(ne).
umettare [umet'tare] *vt* humecter.
umidificare [umidifi'kare] *vt* humidifier.
umidificatore [umidifika'tore] *sm* humidificateur *m*, saturateur *m*.
umidità [umidi'ta] *sf* humidité *f*.
umido, -a ['umido] *agg* humide; (*mano*) moite; (*occhi*) mouillé(e) ♦ *sm* humidité *f*; **in ~** (*CUC*) en sauce.
umile ['umile] *agg* humble; (*non superbo*) modeste.
umiliante [umi'ljante] *agg* humiliant(e).
umiliare [umi'ljare] *vt* humilier; **umiliarsi** *vr* s'humilier; **umiliarsi a** s'abaisser à.
umiliazione [umiljat'tsjone] *sf* humiliation *f*.
umiltà [umil'ta] *sf* humilité *f*.
umore [u'more] *sm* humeur *f*; **di buon/cattivo ~** de bonne/mauvaise humeur; ▸**umor vitreo** humeur vitrée.
umorismo [umo'rizmo] *sm* humour *m*; **avere il senso dell'~** avoir le sens de l'humour.
umorista, -i, -e [umo'rista] *sm/f* humoriste *m/f*.
umoristico, -a, -ci, -che [umo'ristiko] *agg* humoristique.
un, un', una *vedi* **uno**.
unanime [u'nanime] *agg* unanime.
unanimità [unanimi'ta] *sf* unanimité *f*; **all'~** à l'unanimité.
una tantum ['una 'tantum] *agg* extraordinaire ♦ *sf* (*tassa*) impôt *m* exceptionnel.
uncinato, -a [untʃi'nato] *agg* crochu(e); **croce ~a** croix *fsg* gammée.
uncinetto [untʃi'netto] *sm* crochet *m*; **lavoro all'~** travail *m* au crochet.
uncino [un'tʃino] *sm* croc *m*, crochet *m*.
undicenne [undi'tʃɛnne] *agg* (âgé(e)) de onze ans ♦ *sm/f* garçon(fille) de onze ans.
undicesimo, -a [undi'tʃɛzimo] *agg, sm/f* onzième *m/f*.
undici ['unditʃi] *agg inv, sm inv* onze *m inv*; *vedi anche* **cinque**.
UNESCO [u'nesko] *sigla f* (= *United Nations Educational, Scientific and Cultural Organizations*) UNESCO *f*.
ungere ['undʒere] *vt* graisser, huiler; (*REL*) oindre; (*fig*: *ingraziarsi*) graisser la patte à; **ungersi** *vr, vip* s'enduire; (*sporcarsi*) se tacher.
ungherese [unge'rese] *agg* hongrois(e) ♦ *sm/f* Hongrois(e) ♦ *sm* hongrois *m*.
Ungheria [unge'ria] *sf* Hongrie *f*.
unghia ['ungja] *sf* ongle *m*; (*di gatto*) griffe *f*; (*di bovini, suini*) onglon *m*; (*di rapace*) serre *f*; (*di cavallo*) sabot *m*; **pagare sull'~** (*fig*) payer rubis sur l'ongle.
unghiata [un'gjata] *sf* coup *m* de griffe; (*ferita*) égratignure *f*.
unguento [un'gwɛnto] *sm* onguent *m*, baume *m*.
unicamente [unika'mente] *avv* uniquement.
UNICEF ['unitʃef] *sigla m* (= *United Nations International Children's Emergency Fund*) UNICEF *m*.
unico, -a, -ci, -che ['uniko] *agg* unique; (*solo*) unique, seul(e); **agente ~** (*COMM*) agent *m* exclusif; **atto ~** (*TEATRO*) pièce *f* en un acte; **figlio ~** fils *msg* unique.
unicorno [uni'kɔrno] *sm* unicorne *m*, licorne *f*.
unificare [unifi'kare] *vt* unifier; (*standardizzare*) normaliser, standardiser.
unificazione [unifikat'tsjone] *sf* (*vedi vb*) unification *f*; normalisation *f*, standardisation *f*.
uniformare [unifor'mare] *vt* uniformiser; **uniformarsi** *vr*: **uniformarsi a** s'adapter à, se conformer à; **~ qc a** conformer qch à.
uniforme [uni'forme] *agg* uniforme ♦ *sf* uniforme *m*, tenue *f*; **alta ~** grand uniforme, grande tenue.
uniformità [uniformi'ta] *sf* uniformité *f*; (*di vedute, opinioni*) conformité *f*.
unilaterale [unilate'rale] *agg* unilatéral(e); (*fig*: *visione, interpretazione*) partiel(le).
unione [u'njone] *sf* union *f*; ▸**Unione economica e monetaria** Union économique et monétaire; ▸**Unione Europea** Union européenne; ▸**unione monetaria** union monétaire; ▸**Unione Sovietica** Union soviétique.
unire [u'nire] *vt*: **~ (a)** unir (à), joindre (à); (*congiungere*) relier (à); **unirsi** *vr, vip* (*reciproco*) s'unir; **unirsi a** se joindre à; **~ in matrimonio** unir (en mariage).
unisono [u'nisono] *sm*: **all'~** à l'unisson.

unità [uni'ta] *sf inv* unité *f*; **una squadriglia di otto** ~ (*MIL*) une escadrille de huit avions; ▸ **unità centrale (di elaborazione)** (*INFORM*) unité centrale; ▸ **unità di misura** unité de mesure; ▸ **unità disco** (*INFORM*) lecteur *m* de disques; ▸ **unità monetaria** unité monétaire; ▸ **unità periferica** (*INFORM*) périphérique *m*; ▸ **Unità Sanitaria Locale** (*AMM*) *centre local de sécurité sociale*.

unitario, -a [uni'tarjo] *agg* unitaire; (*stile, metodo*) homogène; **prezzo** ~ prix *msg* unitaire.

unito, -a [u'nito] *agg* uni(e); **in tinta unita** uni(e); **uniti in matrimonio** unis par les liens du mariage.

universale [univer'sale] *agg* universel(le).

universalità [universali'ta] *sf* universalité *f*.

universalmente [universal'mente] *avv* universellement.

università [universi'ta] *sf inv* université *f*; ▸ **università popolare** université populaire.

universitario, -a [universi'tarjo] *agg* universitaire ♦ *sm/f* (*studente*) étudiant(e) (universitaire); (*insegnante*) universitaire *m/f*.

universo [uni'vɛrso] *sm* univers *msg*.

univoco, -a, -ci, -che [u'nivoko] *agg* univoque.

PAROLA CHIAVE

uno, -a ['uno] (*dav sm* **un** + *C, V,* **uno** + *s impura, gn, pn, ps, x, z; dav sf* **un'** + *V,* **una** + *C*) *art indef* **1** un(e); **un bambino** un enfant; **una strada** une route; **uno zingaro** un tzigane

2 (*intensivo*): **ho avuto una paura!** j'ai eu une de ces peurs!

♦ *pron* **1** un; **su, prendine uno** allez, prends-en un; **guarda se ce n'è uno qui** regarde s'il y en a un ici; **l'uno o l'altro** l'un ou l'autre; **l'uno e l'altro** l'un et l'autre; **aiutarsi l'un l'altro** s'aider les uns les autres; **sono entrati l'uno dopo l'altro** ils sont entrés l'un après l'autre; **a uno a uno** un par un; **metà per uno** moitié moitié

2 (*tale*) un tel(une telle); **ho incontrato uno che ti conosce** j'ai rencontré quelqu'un qui te connaît

3 (*con valore impersonale*) quelqu'un; **se uno vuole può andarci** si on veut, on peut y aller; **cosa può fare uno in quella situazione?** qu'est-ce qu'on peut faire dans cette situation?

♦ *agg* un(e); **una mela e due pere** une pomme et deux poires; **uno più uno fa due** un plus un font deux

♦ *sm* (*primo numero*) un *m*

♦ *sf*: **l'una** (*ora*): **è l'una di notte** il est une heure du matin.

unsi *etc* ['unsi] *vb vedi* **ungere**.

unto, -a ['unto] *pp di* **ungere** ♦ *agg* graisseux(-euse) ♦ *sm* graisse *f*.

untuoso, -a [untu'oso] *agg* (*capelli, cibo*) gras(grasse); (*peg*: *fig*) onctueux(-euse), mielleux(-euse).

unzione [un'tsjone] *sf*: **l'Estrema U~** l'extrême-onction *f*.

uomo ['wɔmo] (*pl* **uomini**) *sm* homme *m*; (*in squadra*) joueur *m*; **un brav'~** un brave homme; **da** ~ (*abito, scarpe*) d'homme; **a memoria d'~** de mémoire d'homme; **a passo d'~** au pas; **l'~ della strada** l'homme de la rue; ▸ **uomo d'affari/d'azione** homme d'affaires/d'action; ▸ **uomo di fiducia/di mondo/di paglia** homme de confiance/du monde/de paille; ▸ **uomo politico** homme politique; ▸ **uomo radar** (*AER*) contrôleur *m* aérien; ▸ **uomo rana** homme-grenouille *m*.

uopo ['wɔpo] *sm*: **all'~** au besoin, en cas de nécessité.

uovo ['wɔvo] (*pl* **uova**) *sm* œuf *m*; **cercare il pelo nell'~** (*fig*) chercher la petite bête; ▸ **uovo affogato/alla coque** (*CUC*) œuf poché/à la coque; ▸ **uovo bazzotto/sodo** (*CUC*) œuf mollet/dur; ▸ **uovo di Pasqua** œuf de Pâques; ▸ **uovo in camicia** œuf poché; ▸ **uova strapazzate/al tegame** (*CUC*) œufs brouillés/au plat.

uragano [ura'gano] *sm* ouragan *m*; (*fig*: *di applausi etc*) tonnerre *m*, tempête *f*.

Urali [u'rali] *smpl*: **gli** ~, **i Monti** ~ l'Oural *m*.

uranio [u'ranjo] *sm* uranium *m*.

urbanesimo [urba'nezimo] *sm* urbanisation *f*.

urbanista, -i, -e [urba'nista] *sm/f* urbaniste *m/f*.

urbanistica [urba'nistika] *sf* urbanisme *m*.

urbanità [urbani'ta] *sf* urbanité *f*.

urbano, -a [ur'bano] *agg* urbain(e); (*fig*: *civile, cortese*) courtois(e).

urgente [ur'dʒɛnte] *agg* urgent(e).

urgenza [ur'dʒɛntsa] *sf* urgence *f*; **d'~** d'urgence; **non c'è** ~ cela ne presse pas, rien ne presse; **questo lavoro va fatto con** ~ ce travail doit être fait immédiatement.

urgere ['urdʒere] *vi* être urgent(e).

urina [u'rina] *sf* = **orina**.

urlare [ur'lare] *vi* hurler ♦ *vt* (*insulti*) hurler; (*canzone*) chanter à tue-tête.

urlo ['urlo] (*pl(m)* **urli**, *pl(f)* **urla**) *sm* hurlement *m*, cri *m*.

urna ['urna] *sf* urne *f*; **andare alle urne** aller aux urnes.

urrà [ur'ra] *escl* hourra!

U.R.S.S. ['urs] *sigla f* (= *Unione delle Re-*

pubbliche Socialiste Sovietiche) URSS *f*.

urtare [ur'tare] *vt* heurter, bousculer; (*fig*: *colpire*) choquer; (: *irritare*) contrarier ♦ *vi*: ~ **contro** *o* **in** se heurter contre *o* à; **urtarsi** *vr, vip* (*reciproco*) se heurter; (: *fig*) se brouiller; (*persona*: *irritarsi*) se fâcher; ~ **i nervi** taper sur les nerfs.

urto ['urto] *sm* coup *m*; (*scontro, collisione*) choc *m*, collision *f*; (*fig*: *contrasto*) heurt *m*, conflit *m*; **terapia d'~** (*MED*) thérapie *f* de choc.

uruguaiano, -a [urugwa'jano] *agg* uruguayen(ne) ♦ *sm/f* Uruguayen(ne).

Uruguay [uru'gwai] *sm* Uruguay *m*.

u.s. *abbr* (= *ultimo scorso*) der.

USA ['uza] *sigla mpl* (= *United States of America*) USA *mpl*.

usanza [u'zantsa] *sf* usage *m*, coutume *f*; (*abitudine*) habitude *f*.

usare [u'zare] *vt* (*adoperare*) utiliser, se servir de; (: *forza, astuzia*) user de ♦ *vi* (*andare di moda*) être à la mode ♦ *vb impers*: **qui usa così** ici c'est la coutume; ~ **fare qc** (*essere solito*) avoir l'habitude de faire qch; ~ **la massima cura nel fare qc** prendre le plus grand soin à faire qch; ~ **violenza a qn** abuser de qn.

usato, -a [u'zato] *agg* (*non nuovo*: *abiti*) usagé(e); (: *macchina*) d'occasion ♦ *sm* occasions *fpl*; **mercato dell'~** marché *m* de l'occasion.

uscente [uʃ'ʃɛnte] *agg* (*AMM*) sortant(e).

usciere [uʃ'ʃɛre] *sm* (*AMM*) huissier *m*; (*UNIV*) appariteur *m*.

uscio ['uʃʃo] (*pl* **usci**) *sm* seuil *m*, porte *f*.

uscire [uʃ'ʃire] *vi* sortir; (*gas, acqua*) s'échapper; (*giornale*) paraître, sortir; ~ **da** (*da edificio, luogo*) sortir de; ~ **da** *o* **di casa** sortir de chez soi; ~ **in macchina** sortir en voiture; ~ **di strada** (*macchina*) quitter la route; **questo esce dalle mie competenze** ce n'est pas de mon ressort; ~ **con una battuta** répondre par une pirouette.

uscita [uʃ'ʃita] *sf* sortie *f*; (*di libro*) parution *f*; (*ECON*) dépense *f*; (*fig*: *battuta*) boutade *f*; **"vietata l'~"** "sortie interdite"; **libera ~** (*MIL*) quartier *m* libre; ▸**uscita di sicurezza** sortie de secours.

usignolo [uziɲ'ɲɔlo] *sm* rossignol *m*.

U.S.L. [uzl] *sigla f* = **Unità Sanitaria Locale**.

uso ['uzo] *sm* emploi *m*, usage *m*; (*esercizio*) usage *m*; (*abitudine*) usage, coutume *f*; **fare ~ di** utiliser, employer; **essere in ~** être en usage; **a ~ di** à l'usage de; **fuori ~** hors d'usage; **fotografia ~ tessera** photo(graphie) *f* d'identité; **norme d'~** règles *fpl* en vigueur; ▸**uso esterno** usage externe.

ustionare [ustjo'nare] *vt* brûler; **ustionarsi** *vr, vip* se brûler.

ustione [us'tjone] *sf* brûlure *f*.

usuale [uzu'ale] *agg* usuel(le), courant(e).

usufruire [uzufru'ire] *vi*: ~ **di** jouir de.

usufrutto [uzu'frutto] *sm* (*DIR*) usufruit *m*.

usura [u'zura] *sf* usure *f*.

usuraio, -a [uzu'rajo] *sm/f* usurier(-ière).

usurpare [uzur'pare] *vt* usurper.

usurpatore, -trice [uzurpa'tore] *sm/f* usurpateur(-trice).

utensile [uten'sile] *sm* outil *m* ♦ *agg*: **macchina ~** machine-outil *f*; ▸**utensili da cucina** ustensiles *mpl* de cuisine.

utensileria [utensile'ria] *sf* (*utensili*) outillage *m*.

utente [u'tɛnte] *sm/f* usager(-ère).

utero ['utero] *sm* utérus *msg*; **l'~ in affitto** le prêt d'utérus.

utile ['utile] *agg* utile ♦ *sm* profit *m*; (*vantaggio*) avantage *m*; (*ECON*) bénéfice *m*; **rendersi ~** se rendre utile; **tempo ~ per** délai *m* pour; **unire l'~ al dilettevole** joindre l'utile à l'agréable; **partecipare agli utili** participer aux bénéfices.

utilità [utili'ta] *sf* utilité *f*; **essere di grande ~** être d'une grande utilité.

utilitario, -a [utili'tarjo] *agg* utilitaire; **(vettura) ~a** véhicule *m* utilitaire.

utilizzare [utilid'dzare] *vt* utiliser.

utilizzazione [utiliddzat'tsjone] *sf* utilisation *f*, emploi *m*.

utilizzo [uti'liddzo] *sm* utilisation *f*.

utilmente [util'mente] *avv* utilement.

utopia [uto'pia] *sf* utopie *f*.

utopistico, -a, -ci, -che [uto'pistiko] *agg* utopique.

UVA ['uva] *abbr* (= *ultravioletto prossimo*) U.V.A.

uva ['uva] *sf* raisin *m*; ▸**uva da tavola** raisin de table; ▸**uva passa** raisin sec; ▸**uva spina** groseille *f* à maquereau.

uvetta [u'vetta] *sf* raisin *m* sec.

V, v

V, v [vu, vi] *sf o m inv* (*lettera*) V, v *m inv*; ~ **come Venezia** ≈ V comme Victor.

V *abbr* (= *volt*) V.

v. *abbr* (= *vedi*) v.; (= *verso*) V.

VA *sigla* = *Varese*.

va, va' [va] *vb vedi* **andare**.
vacante [va'kante] *agg* vacant(e).
vacanza [va'kantsa] *sf* congé *m*; (*l'essere vacante*) vacance *f*; **vacanze** *sfpl* (*estive, SCOL*) vacances *fpl*; **essere/andare in** ~ être/aller en vacances; **prendersi una** ~ prendre des vacances; **far** ~ ne pas travailler, prendre un congé; **le scuole fanno** ~ **il 15 febbraio** les écoles sont fermées le 15 février; ▶ **vacanze estive** grandes vacances; ▶ **vacanze natalizie** vacances de Noël.
vacca, -che ['vakka] *sf* vache *f*; (*fig*: *donnaccia*) putain *f* (*fam!*).
vaccinare [vattʃi'nare] *vt* vacciner; **farsi** ~ se faire vacciner.
vaccinazione [vattʃinat'tsjone] *sf* vaccination *f*.
vaccino [vat'tʃino] *sm* vaccin *m*.
vacillante [vatʃil'lante] *agg* vacillant(e), chancelant(e).
vacillare [vatʃil'lare] *vi* vaciller, chanceler; **la sua fede vacillava** sa foi vacillait.
vacuo, -a ['vakuo] *agg* (*fig*: *vuoto, futile*) vide ♦ *sm* vide *m*.
vado *etc* ['vado] *vb vedi* **andare**.
vagabondaggio [vagabon'daddʒo] *sm* vagabondage *m*.
vagabondare [vagabon'dare] *vi* vagabonder.
vagabondo, -a [vaga'bondo] *sm/f* vagabond(e); (*fig*: *fannullone*) fainéant(e).
vagare [va'gare] *vi* errer.
vagheggiare [vaged'dʒare] *vt* aspirer à, rêver de.
vagherò *etc* [vage'rɔ] *vb vedi* **vagare**.
vaghezza [va'gettsa] *sf* imprécision *f*; (*leggiadria*) charme *m*, grâce *f*.
vagina [va'dʒina] *sf* vagin *m*.
vagire [va'dʒire] *vi* vagir.
vagito [va'dʒito] *sm* vagissement *m*.
vaglia ['vaʎʎa] *sm inv*; ▶ **vaglia postale** mandat-poste *m*, mandat *m* postal; ▶ **vaglia cambiario** billet *m* à ordre.
vagliare [vaʎ'ʎare] *vt* cribler, tamiser; (*fig*: *valutare*) passer au crible.
vaglio ['vaʎʎo] *sm* crible *m*, tamis *msg*; (*fig*) examen *m*; **passare al** ~ (*anche fig*) passer au crible.
vago, -a, -ghi, -ghe ['vago] *agg* vague, flou(e); (*leggiadro*) gracieux(-euse), agréable.
vagone [va'gone] *sm* wagon *m*; ▶ **vagone letto** wagon-lit *m*; ▶ **vagone merci** wagon de marchandises; ▶ **vagone ristorante** wagon-restaurant *m*.
vai ['vai] *vb vedi* **andare**.
vaiolo [va'jɔlo] *sm* variole *f*.
val. *abbr* (= *valuta*) val.
valanga, -ghe [va'langa] *sf* (*anche fig*) avalanche *f*.
Valence [va'lãs] *sf* Valence.
valente [va'lɛnte] *agg* doué(e), talentueux(-euse).
Valenza [va'lɛntsa] *sf* Valence.
valenza [va'lɛntsa] *sf* valence *f*; (*fig*: *significato*) valeur *f*.
valere [va'lere] *vi* valoir; (*documento, obiezione etc*) être valable ♦ *vt* (*prezzo, sforzo*) valoir; (*fruttare*) rendre; **valersi** *vip*: **valersi di** se servir de; ~ **qc a qn** (*procurare*) valoir qch à qn; **far** ~ (*autorità etc*) faire valoir; **far** ~ **le proprie ragioni** faire valoir ses raisons; **farsi** ~ se faire valoir; **vale a dire** c'est-à-dire; ~ **la pena** valoir la peine; **non ne vale la pena** cela ne vaut pas la peine; **l'uno vale l'altro** ils se valent; **non vale niente** cela ne vaut rien; **tanto vale non farlo** autant ne pas le faire; **valersi dei consigli di qn** se servir des conseils de qn.
valeriana [vale'rjana] *sf* valériane *f*.
valevole [va'levole] *agg* valable; ~ **per .../ai fini di ...** valable pour .../en vue de ... .
valgo *etc* ['valgo] *vb vedi* **valere**.
valicare [vali'kare] *vt* franchir.
valico, -chi ['valiko] *sm* (*passo*) col *m*.
validità [validi'ta] *sf* validité *f*; **ha la** ~ **di un anno** il est valable un an.
valido, -a ['valido] *agg* valable; (*rimedio, aiuto, contributo*) valable, efficace; **essere di** ~ **aiuto a qn** apporter une aide efficace à qn.
valigeria [validʒe'ria] *sf* (*industria, negozio*) maroquinerie *f*.
valigia, -gie *o* **ge** [va'lidʒa] *sf* valise *f*; **fare le valigie** (*anche fig*) faire ses valises; ▶ **valigia diplomatica** valise diplomatique.
vallata [val'lata] *sf* vallée *f*.
valle ['valle] *sf* vallée *f*; **a** ~ en aval; **scendere a** ~ descendre dans la vallée.
Valle d'Aosta [valle da'ɔsta] *sf* Val *m* d'Aoste.
valletto, -a [val'letto] *sm* valet *m* ♦ *sf* (*TV*) *assistante d'un présentateur à la télévision.*
valligiano, -a [valli'dʒano] *sm/f* habitant(e) de la vallée.
valore [va'lore] *sm* valeur *f*; (*coraggio*) courage *m*, bravoure *f*; **valori** *smpl* (*oggetti preziosi*) objets *mpl* de valeur; (*BORSA, anche sociali, morali*) valeurs *fpl*; **di** ~ de valeur; **non avere alcun** ~ n'avoir aucune valeur; **avere** ~ **di** (*valere come*) équivaloir à; ▶ **valore aggiunto** valeur ajoutée; ▶ **valore civile** ≈ courage *m*; ▶ **valore d'uso/di scambio** valeur d'usage/d'échange; ▶ **valore di realizzo/di riscatto** valeur de réalisation/de rachat; ▶ **valore legale/nominale** valeur légale/nominale; ▶ **valore militare** va-

leur militaire; ▸**valori bollati** timbres fiscaux et postaux; ▸**valori umani** valeurs humaines.
valorizzare [valorid'dzare] *vt* valoriser; (*fig: mettere in risalto*) mettre en valeur.
valoroso, -a [valo'roso] *agg* valeureux(-euse).
valso, -a ['valso] *pp di* **valere**.
valuta [va'luta] *sf* monnaie *f*, devise *f*; (*BANCA: per conteggio di interessi*) valeur *f*; ~ **15 gennaio** valeur 15 janvier; ▸**valuta estera** devise étrangère.
valutare [valu'tare] *vt* (*terreno, danno*) évaluer, estimer; **la casa è valutata 200 milioni** la maison est évaluée à 200 millions; ~ **il pro e il contro** peser le pour et le contre.
valutario, -a [valu'tarjo] *agg* monétaire.
valutazione [valutat'tsjone] *sf* évaluation *f*, estimation *f*; (*SCOL*) évaluation.
valva ['valva] *sf* valve *f*.
valvola ['valvola] *sf* (*TECN*) soupape *f*, vanne *f*; (*ELETTR*) fusible *m*, plomb *m*; (*ANAT*) valvule *f*; ▸**valvola a farfalla** (*AUT*) (vanne *f*) papillon *m*; ▸**valvola di sfogo** (*fig*) soupape de sûreté, exutoire *m*; ▸**valvola di sicurezza** soupape de sûreté.
valzer ['valtser] *sm inv* valse *f*.
vampata [vam'pata] *sf* bouffée *f*.
vampiro [vam'piro] *sm* vampire *m*.
vanagloria [vana'glɔrja] *sf* gloriole *f*.
vandalico, -a, -ci, -che [van'daliko] *agg* (*fig*) de vandalisme.
vandalismo [vanda'lizmo] *sm* vandalisme *m*.
vandalo ['vandalo] *sm* vandale *m*.
vaneggiamento [vaneddʒa'mento] *sm* délire *m*, divagation *f*.
vaneggiare [vaned'dʒare] *vi* délirer, divaguer.
vanesio, -a [va'nɛzjo] *agg* vaniteux(-euse).
vanga, -ghe ['vanga] *sf* bêche *f*.
vangare [van'gare] *vt* bêcher.
vangelo [van'dʒɛlo] *sm* évangile *m*.
vanificare [vanifi'kare] *vt* rendre vain(e).
vaniglia [va'niʎʎa] *sf* (*BOT*) vanillier *m*; (*essenza*) vanille *f*.
vanigliato, -a [vaniʎ'ʎato] *agg*: **zucchero** ~ sucre *m* vanillé.
vanità [vani'ta] *sf* vanité *f*; (*futilità*) inutilité *f*.
vanitoso, -a [vani'toso] *agg* vaniteux(-euse).
vanno ['vanno] *vb vedi* **andare**.
vano, -a ['vano] *agg* vain(e) ♦ *sm* (*di porta, finestra*) embrasure *f*; (*stanza, locale*) pièce *f*; ▸**vano portabagagli** (*AUT*) coffre *m* à bagages.
vantaggio [van'taddʒo] *sm* avantage *m*; (*distacco, anche SPORT*) avance *f*; **trarre** ~ **da** tirer profit de; **essere in** ~ **su qn** avoir un avantage sur qn; **essere in** ~ (*in gara*) mener; **portarsi in** ~ (*in gara*) prendre de l'avance.
vantaggioso, -a [vantad'dʒoso] *agg* avantageux(-euse).
vantare [van'tare] *vt* vanter; **vantarsi** *vr*: **vantarsi (di qc/di aver fatto qc)** se vanter (de qch/d'avoir fait qch).
vanteria [vante'ria] *sf* vantardise *f*.
vanto ['vanto] *sm* (*esaltazione*) orgueil *m*; (*vanteria*) vantardise *f*; (*merito, pregio*) mérite *m*.
vanvera ['vanvera] *sf*: **parlare a** ~ parler à tort et à travers; **fare le cose a** ~ faire les choses sans réfléchir.
vapore [va'pore] *sm* vapeur *f*; **vapori** *smpl* (*esalazioni*) vapeurs *fpl*; **a** ~ (*caldaia etc*) à vapeur; **al** ~ (*CUC*) à la vapeur.
vaporetto [vapo'retto] *sm* (bateau *m* à) vapeur *m*.
vaporiera [vapo'rjɛra] *sf* locomotive *f* à vapeur.
vaporizzare [vaporid'dzare] *vt* vaporiser.
vaporizzatore [vaporiddza'tore] *sm* vaporisateur *m*.
vaporizzazione [vaporiddzat'tsjone] *sf* vaporisation *f*.
vaporoso, -a [vapo'roso] *agg* vaporeux(-euse).
varare [va'rare] *vt* (*NAUT*) lancer; (*fig: legge, provvedimento*) approuver.
varcare [var'kare] *vt* (*soglia, confine*) franchir; (*fig: limiti etc*) dépasser.
varco, -chi ['varko] *sm* passage *m*; **aprirsi un** ~ **tra la folla** se frayer un passage dans la foule; **aspettare qn al** ~ attendre qn au tournant.
varechina [vare'kina] *sf* eau *f* de javel.
variabile [va'rjabile] *agg, sf* variable *f*.
variante [va'rjante] *sf* variante *f*.
variare [va'rjare] *vt* varier ♦ *vi* changer.
variazione [varjat'tsjone] *sf* variation *f*, changement *m*; (*MUS*) variation; **una** ~ **di programma** un changement de programme; ▸**variazione sul tema** (*MUS*) variation sur le thème.
varice [va'ritʃe] *sf* varice *f*.
varicella [vari'tʃɛlla] *sf* varicelle *f*.
varicoso, -a [vari'koso] *agg* variqueux(-euse); **avere le vene varicose** avoir des varices.
variegato, -a [varje'gato] *agg* (*anche fig*) bigarré(e).
varietà [varje'ta] *sf inv* variété *f* ♦ *sm inv*: **(spettacolo di)** ~ spectacle *m* de variétés, variétés *fpl*.
vario, -a ['varjo] *agg* (*variato*) varié(e); (*instabile, mutevole*) variable ♦ *pron pl*: **vari, varie** (*persone*) plusieurs personnes *fpl*; **ci sono varie possibilità** il y a plu-

sieurs possibilités; **varie ed eventuali** divers *mpl*.

variopinto, -a [varjo'pinto] *agg* multicolore, bariolé(e).

varo ['varo] *sm* (*NAUT*) lancement *m*; (*fig*: *di legge, progetto*) mise *f* en vigueur, promulgation *f*.

varrò *etc* [var'rɔ] *vb vedi* **valere**.

Varsavia [var'savja] *sf* Varsovie.

vasaio [va'zajo] *sm* potier *m*.

vasca, -sche ['vaska] *sf* (*recipiente*) bac *m*; (*TECN*) cuve *f*; (*bacino*) bassin *m*; ▶ **vasca da bagno** baignoire *f*.

vascello [vaʃ'ʃɛllo] *sm* vaisseau *m*.

vaschetta [vas'ketta] *sf* (*per gelato*) barquette *f*; (*del frigorifero*) bac *m*; (*per sviluppare fotografie*) cuvette *f*.

vaselina [vaze'lina] *sf* vaseline *f*.

vasellame [vazel'lame] *sm* vaisselle *f*; (*di porcellana*) porcelaine *f*; ▶ **vasellame d'oro** vaisselle en or.

vaso ['vazo] *sm* pot *m*; (*decorativo*) vase *m*; (*ANAT*) vaisseau *m*; ▶ **vaso da fiori** (*per fiori*) vase; (*per piante*) pot *m* de fleurs; ▶ **vaso da notte** pot de chambre; ▶ **vasi comunicanti** vases communicants.

vassallo [vas'sallo] *sm* vassal *m*.

vassoio [vas'sojo] *sm* plateau *m*.

vastità [vasti'ta] *sf* étendue *f*.

vasto, -a ['vasto] *agg* vaste; **di vaste proporzioni** (*incendio*) d'énormes proportions; (*fenomeno, rivolta*) de grande importance; **su vasta scala** sur une grande échelle.

vaticano, -a [vati'kano] *agg* du Vatican ♦ *sm*: **il V~** le Vatican; **la Città del V~** la cité du Vatican.

VC *sigla* = *Vercelli*.

VE *sigla* = *Venezia* ♦ *abbr* (= *Vostra Eccellenza*) V. Exc.

ve [ve] *pron vedi* **vi** ♦ *avv vedi* **vi**.

vecchia ['vɛkkja] *sf vedi* **vecchio**.

vecchiaia [vek'kjaja] *sf* vieillesse *f*.

vecchio, -a ['vekkjo] *agg* vieux(vieille); (*antico, antiquato, di prima*) ancien(ne) ♦ *sm/f* vieux(vieille); **i vecchi** (*gli anziani*) les vieux *mpl*; **di vecchia data** de longue date; **è un mio ~ amico** c'est un de mes vieux amis; **una vecchia storia** une vieille histoire; **essere ~ del mestiere** être un vieux routier.

vece ['vetʃe] *sf*: **in ~ di** à la place de, au lieu de; **fare le veci di** remplacer; **firma del padre o di chi ne fa le veci** signature du père ou du représentant légal.

vedente [ve'dɛnte] *sm/f*: **non ~** non voyant(e).

vedere [ve'dere] *vt* voir; **vedersi** *vr* se voir; **far ~ qc a qn** faire voir qch à qn; **non (ci) si vede** on n'y voit rien; **vedi pagina 8** voir à la page 8; **farsi ~** (*farsi vivo*) donner signe de vie, donner de ses nouvelles; (*pavoneggiarsi*) se pavaner; **fatti ~!** viens ici que je te voie!; **farsi ~ da un medico** aller voir un médecin; **ci vediamo!** à bientôt!; **ci vediamo domani!** à demain!; **si vede che ...** (*è chiaro*) on voit bien que ...; **si vede che non ha avuto tempo** il n'a probablement pas eu le temps; **è da ~ se ...** il faut voir si ...; **vederci chiaro** (*fig*) voir clair; **non ~ l'ora di fare qc** avoir hâte de faire qch; **non vedo l'ora di ...** il me tarde de ...; **non aver niente a che ~ con qc/qn** ne rien avoir à voir avec qch/qn; **non poter ~ qn** (*anche fig*) ne pas pouvoir voir qn; **~ di fare qc** essayer de faire qch; **te la farò ~ io!** tu vas avoir affaire à moi!; **vedersi costretto a fare qc** se voir dans l'obligation de faire qch; **vedersela con qn** s'arranger avec qn.

vedetta [ve'detta] *sf* vedette *f*; (*NAUT*) vigie *f*; **essere di ~** être en vedette.

vedette [və'dɛt] *sf inv* vedette *f*.

vedovo, -a ['vedovo] *sm/f* veuf(veuve); **rimaner ~** rester veuf(veuve).

vedrò *etc* [ve'drɔ] *vb vedi* **vedere**.

veduta [ve'duta] *sf* vue *f*; **vedute** *sfpl* (*fig*: *opinioni*) idées *fpl*; **di larghe** *o* **ampie vedute** aux idées larges; **di vedute limitate** aux idées étroites.

veemente [vee'mɛnte] *agg* véhément(e).

veemenza [vee'mɛntsa] *sf* véhémence *f*.

vegetale [vedʒe'tale] *agg* végétal(e); (*brodo*) de légumes ♦ *sm* végétal *m*; (*fig*: *invalido*) légume *m* (*fam*); (*privo di vivacità, di iniziative*) mollasson(ne).

vegetare [vedʒe'tare] *vi* (*anche fig*) végéter.

vegetariano, -a [vedʒeta'rjano] *agg, sm/f* végétarien(ne).

vegetazione [vedʒetat'tsjone] *sf* végétation *f*.

vegeto, -a ['vɛdʒeto] *agg*: **essere vivo e ~** avoir bon pied bon œil.

veggente [ved'dʒɛnte] *sm/f* voyant(e).

veglia ['veʎʎa] *sf* (*anche MIL*) veille *f*; (*a malato, salma*) veillée *f*; **tra il sonno e la ~** entre la veille et le sommeil; ▶ **veglia di Natale** veillée de Noël; ▶ **veglia funebre** veillée funèbre.

vegliardo [veʎ'ʎardo] *sm* vieillard *m*.

vegliare [veʎ'ʎare] *vi, vt* veiller.

veglione [veʎ'ʎone] *sm* bal *m*; ▶ **veglione di Capodanno** réveillon *m* du Jour de l'An.

veicolo [ve'ikolo] *sm* véhicule *m*; ▶ **veicolo ferroviario** train *m*; ▶ **veicolo spaziale** engin *m* spatial.

vela ['vela] *sf* (*anche SPORT*) voile *f*; **far ~ per** faire voile vers; **andare a gonfie vele** (*fig*) marcher comme sur des roulettes.

velare [ve'lare] *agg* (*LING*) vélaire ♦ *vt* voiler; **velarsi** *vr, vip* se voiler.
velato, -a [ve'lato] *agg* voilé(e).
velatura [vela'tura] *sf* voilure *f*.
veleggiare [veled'dʒare] *vi* naviguer à la voile; (*AER*) planer.
veleno [ve'leno] *sm* poison *m*; (*di serpenti, insetti*) venin *m*.
velenoso, -a [vele'noso] *agg* (*sostanza*) toxique; (*pianta*) vénéneux(-euse); (*animale, fig*) venimeux(-euse).
veletta [ve'letta] *sf* voilette *f*.
veliero [ve'ljɛro] *sm* voilier *m*.
velina [ve'lina] *sf* (*per imballaggio*) papier *m* de soie; (*per copie*) papier pelure; (*copia*) double *m*.
velista, -i, -e [ve'lista] *sm/f* yachtman(yachtwoman).
velivolo [ve'livolo] *sm* avion *m*.
velleità [vellei'ta] *sf inv* velléité *f*.
velleitario, -a [vellei'tarjo] *agg* velléitaire.
vello ['vɛllo] *sm* (*di pecora, capra*) toison *f*; (*pellame*) fourrure *f*.
vellutato, -a [vellu'tato] *agg* velouté(e).
velluto [vel'luto] *sm* velours *msg*; ▸ **velluto a coste** velours côtelé.
velo ['velo] *sm* voile *m*; (*fig*: *di polvere etc*) couche *f*; **prendere il** ~ (*monaca*) prendre le voile; **stendere un** ~ **pietoso su un episodio** jeter un voile sur un incident; **avere un** ~ **di tristezza negli occhi** avoir un voile de tristesse dans les yeux; ▸ **velo nuziale** voile de la mariée.
veloce [ve'lotʃe] *agg* rapide ♦ *avv* rapidement, vite.
velocista, -i, -e [velo'tʃista] *sm/f* (*SPORT*) sprinter *m*.
velocità [velotʃi'ta] *sf inv* vitesse *f*; **cambio di** ~ (*AUT*) changement *m* de vitesse; **a forte** *o* **grande** ~ à grande vitesse; **alta** ~ (*FERR*) grande vitesse; ▸ **velocità del suono** vitesse du son; ▸ **velocità di crociera** vitesse de croisière.
velodromo [ve'lɔdromo] *sm* vélodrome *m*.
ven. *abbr* (*REL*) = *venerabile*.
vena ['vena] *sf* veine *f*; (*acqua*) source *f*; (: *sotterranea*) nappe *f*; **la** ~ **poetica** la veine poétique; **essere in** ~ **di qc/di fare qc** être en veine de qch/de faire qch; **non è in** ~ **di scherzi oggi** il n'est pas d'humeur à plaisanter aujourd'hui.
venale [ve'nale] *agg* vénal(e).
venalità [venali'ta] *sf* vénalité *f*.
venato, -a [ve'nato] *agg* veiné(e).
venatorio, -a [vena'tɔrjo] *agg* (*attività, stagione*) de (la) chasse.
venatura [vena'tura] *sf* veinure *f*, veine *f*.
vendemmia [ven'demmja] *sf* (*raccolta*) vendange *f*, vendanges *fpl*; (*quantità, vino*) vendange.
vendemmiare [vendem'mjare] *vt* vendanger ♦ *vi* vendanger, faire les vendanges.
vendere ['vendere] *vt* vendre; ~ **all'asta** vendre aux enchères; ~ **all'ingrosso** vendre en gros; **"vendesi"** "à vendre"; **aver ragione da** ~ avoir mille fois raison.
vendetta [ven'detta] *sf* vengeance *f*.
vendicare [vendi'kare] *vt* venger; **vendicarsi** *vr*: **vendicarsi (di)** se venger (de); **vendicarsi su qn** se venger sur qn.
vendicativo, -a [vendika'tivo] *agg* vindicatif(-ive).
vendita ['vendita] *sf* vente *f*; (*negozio*) magasin *m*; **essere in** ~ être en vente; **mettere in** ~ mettre en vente; **reparto vendite** service *m* des ventes; ▸ **vendita al dettaglio** *o* **al minuto** vente au détail; ▸ **vendita all'asta** vente aux enchères; ▸ **vendita all'ingrosso** vente en gros.
venditore, -trice [vendi'tore] *sm/f* vendeur(-euse); (*gestore di negozio*) marchand(e).
venduto, -a [ven'duto] *agg* (*anche fig*) vendu(e).
venefico, -a, -ci, -che [ve'nɛfiko] *agg* (*velenoso*) toxique; (*fig*: *pernicioso*) pernicieux(-euse).
venerabile [vene'rabile] *agg, sm* vénérable *m*.
venerando, -a [vene'rando] *agg* vénérable.
venerare [vene'rare] *vt* vénérer.
venerazione [venerat'tsjone] *sf* vénération *f*.
venerdì [vener'di] *sm inv* vendredi *m*; ▸ **Venerdì Santo** vendredi saint; *vedi anche* **martedì**.
Venere ['vɛnere] *sf* Vénus *f*.
venereo, -a [ve'nɛreo] *agg* vénérien(ne).
Veneto ['vɛneto] *sm* Vénétie *f*.
veneto, -a ['vɛneto] *agg* de la Vénétie.
veneto-giuliano, -a [vɛnetodʒu'ljano] *agg* de la Vénétie Julienne.
Venezia [ve'nettsja] *sf* Venise.
veneziano, -a [venet'tsjano] *agg* vénitien(ne); **alla veneziana** (*CUC*) à la vénitienne.
Venezuela [venet'tswɛla] *sm* Venezuela *m*.
venezuelano, -a [venettsue'lano] *agg* vénézuélien(ne) ♦ *sm/f* Vénézuélien(ne).
vengo *etc* ['vɛngo] *vb vedi* **venire**.
veniale [ve'njale] *agg* véniel(le).
venire [ve'nire] *vi* (*avvicinarsi*) venir; (*giungere, capitare*) arriver; (*riuscire*: *dolce, fotografia*) réussir; (*come ausiliare*: *essere*) être; **quanto viene?** c'est combien?; **viene 2500 lire il chilo** cela coûte 2 500 lires le kilo; ~ **ammirato da tutti** être admiré de tous; ~ **a capo di qc** venir à bout de qch; ~ **bene in fotografia** être bien en photo; ~ **al dunque** *o* **al nocciolo** *o* **al fatto** (en) venir au fait; **venir fuori** sortir; ~ **giù** descendre; (*cadere*: *neve*) tomber; ~ **meno** (*svenire*) s'évanouir; ~ **meno a qc**

(*a promessa, impegno*) manquer à qch; ~ **su** monter; (*crescere*) grandir, pousser; ~ **via** partir; (*staccarsi*) se détacher; ~ **a sapere qc** avoir connaissance de qch, apprendre qch; ~ **a trovare qn** venir voir qn; **negli anni a** ~ dans les années à venir; **è venuto il momento di ...** le moment est venu de ...; **mi fa** ~ **i brividi** cela me donne le frisson; **li facciamo** ~ **per la festa?** on les invite à la fête?

venni *etc* ['venni] *vb vedi* **venire**.

ventaglio [ven'taʎʎo] *sm* éventail *m*.

ventata [ven'tata] *sf* coup *m* de vent; **una** ~ **di allegria** un souffle de joie.

ventennale [venten'nale] *agg* vicennal(e) ♦ *sm* vingtième anniversaire *m*.

ventenne [ven'tɛnne] *agg* (âgé(e)) de vingt ans ♦ *sm/f* garçon(jeune fille) de vingt ans.

ventennio [ven'tɛnnjo] *sm* (période *f* de) vingt ans; **il** ~ **fascista** les vingt ans de fascisme.

ventesimo, -a [ven'tɛzimo] *agg, sm/f* vingtième *m/f*.

venti ['venti] *agg inv, sm inv* vingt *m inv*; *vedi anche* **cinque**.

ventilare [venti'lare] *vt* ventiler, aérer; (*fig: idea*) proposer; ~ **una proposta** faire une proposition.

ventilato, -a [venti'lato] *agg* ventilé(e), aéré(e).

ventilatore [ventila'tore] *sm* ventilateur *m*.

ventilazione [ventilat'tsjone] *sf* ventilation *f*; (*corrente*) courant *m* d'air.

ventina [ven'tina] *sf*: **una** ~ **di** une vingtaine de; **essere sulla** ~ avoir une vingtaine d'années.

ventiquattr'ore [ventikwat'trore] *sfpl* (*giorno*) vingt-quatre heures *fpl* ♦ *sf inv* (*SPORT*) vingt-quatre heures *fpl*; (*valigetta*) mallette *f* de voyage; (*per l'ufficio*) attaché-case *m*.

ventisette [venti'sɛtte] *agg inv, sm inv* vingt-sept *m*; **il** ~ (*giorno di paga*) le jour de paie.

ventitré [venti'tre] *agg inv, sm inv* vingt-trois *m* ♦ *sfpl*: **portare il cappello sulle** ~ porter son chapeau sur l'oreille.

vento ['vɛnto] *sm* vent *m*; **c'è** ~ il y a du vent; **un colpo di** ~ un coup de vent; **contro** ~ contre le vent; ~ **contrario** vent contraire.

ventola ['vɛntola] *sf* (*AUT*) ventilateur *m*.

ventosa [ven'tosa] *sf* ventouse *f*.

ventoso, -a [ven'toso] *agg* venteux(-euse).

ventotto [ven'tɔtto] *agg inv, sm inv* vingt-huit *m*.

ventre ['vɛntre] *sm* ventre *m*.

ventriloquo [ven'trilokwo] *sm* ventriloque *m*.

ventuno [ven'tuno] *agg inv, sm inv* vingt et un *m*.

ventura [ven'tura] *sf*: **andare alla** ~ aller à l'aventure; **soldato di** ~ mercenaire *m*; **compagnia di** ~ troupe *f* de mercenaires.

venturo, -a [ven'turo] *agg* prochain(e).

venuto, -a [ve'nuto] *pp di* **venire** ♦ *sm/f*: **il primo/l'ultimo** ~ le premier/le dernier venu, la première/la dernière venue.

ver. *abbr* (= *versamento*) versement.

vera ['vera] *sf* alliance *f* (*anneau*).

verace [ve'ratʃe] *agg* authentique.

veramente [vera'mente] *avv* vraiment; (*ma, tuttavia, nondimeno*) à dire vrai, à vrai dire; ~? c'est vrai?

veranda [ve'randa] *sf* véranda *f*.

verbale [ver'bale] *agg* (*anche LING*) verbal(e) ♦ *sm* procès-verbal *m*; **mettere a** ~ verbaliser.

verbalizzare [verbalit'tsare] *vt* verbaliser.

verbo ['vɛrbo] *sm* (*LING*) verbe *m*; (*parola*) mot *m*, parole *f*; (*REL*): **il V~** le Verbe.

verboso, -a [ver'boso] *agg* verbeux(-euse).

verdastro, -a [ver'dastro] *agg* verdâtre.

verde ['verde] *agg* (*anche fig*) vert(e); (*benzina*) sans plomb ♦ *sm* (*colore, zona*) vert *m* ♦ *sm/f* (*POL*) vert(e); **i Verdi** *smpl* (*POL*) les Verts *mpl*; **essere al** ~ (*fig*) être sans le sou; ~ **bottiglia** vert bouteille; ~ **pubblico** espaces *mpl* verts.

verdeggiante [verded'dʒante] *agg* verdoyant(e).

verderame [verde'rame] *sm* vert-de-gris *m*.

verdetto [ver'detto] *sm* verdict *m*.

verdura [ver'dura] *sf* légumes *mpl*.

verecondia [vere'kondja] *sf* pudeur *f*.

verecondo, -a [vere'kondo] *agg* pudique.

verga, -ghe ['verga] *sf* verge *f*.

vergato, -a [ver'gato] *agg* vergé(e).

verginale [verdʒi'nale] *agg* virginal(e).

vergine ['verdʒine] *agg, sf* vierge *f*; (*REL, ZODIACO*): **V~** Vierge; **essere della V~** être (de la) Vierge; **pura lana** ~ pure laine *f* vierge; **olio** ~ **d'oliva** huile *f* d'olive vierge.

verginità [verdʒini'ta] *sf* virginité *f*.

vergogna [ver'goɲɲa] *sf* honte *f*.

vergognarsi [vergoɲ'ɲarsi] *vip*: ~ **(di)** avoir honte (de).

vergognoso, -a [vergoɲ'ɲoso] *agg* (*persona, cosa*) honteux(-euse).

veridicità [veriditʃi'ta] *sf* véracité *f*.

veridico, -a, -ci, -che [ve'ridiko] *agg* véridique.

verifica, -che [ve'rifika] *sf* vérification *f*; **fare una** ~ **di** faire un contrôle de; ▶ **verifica contabile** vérification des comptes.

verificare [verifi'kare] *vt* vérifier; (*FIN*) contrôler.

verità [veri'ta] *sf inv* vérité *f*; **in** ~ en vérité; **a dir la** ~, **per la** ~ à vrai dire.

veritiero, -a [veri'tjɛro] *agg* véridique.
verme ['vɛrme] *sm* ver *m*; **sei un ~!** tu es ignoble!
vermicelli [vermi'tʃɛlli] *smpl* (*per minestra*) vermicelles *mpl*; (*spaghetti*) spaghettis *mpl*.
vermiglio [ver'miʎʎo] *sm* vermeil *m*.
vermut ['vɛrmut] *sm inv* vermout *m*, vermouth *m*.
vernacolo [ver'nakolo] *sm* dialecte *m*.
vernice [ver'nitʃe] *sf* (*colorazione*) peinture *f*; (*trasparente*) vernis *msg*; **scarpe di ~** chaussures *fpl* vernies; **"~ fresca"** "peinture fraîche".
verniciare [verni'tʃare] *vt* (*colorare*) peindre; (*con vernice trasparente*) vernir.
verniciatura [vernitʃa'tura] *sf* (*applicazione*: *di colore*) peinture *f*; (: *trasparente*) vernissage *m*; (*strato di vernice*: *vedi vt*) peinture; vernis *msg*.
vero, -a ['vero] *agg* vrai(e); (*intenso, profondo*: *affetto*) véritable ♦ *sm* (*verità*) vrai *m*; (*natura, realtà*): **dipingere dal ~** peindre d'après nature; **un ~ e proprio disastro** un véritable désastre; **tant'è ~ che ...** la preuve en est que ...; **dire il ~** dire la vérité; **a onor del ~, a dire il ~** à vrai dire.
Verona [ve'rona] *sf* Vérone.
veronese [vero'nese] *agg* véronais(e).
verosimile [vero'simile] *agg* vraisemblable.
verrò *etc* [ver'rɔ] *vb vedi* **venire**.
verruca, -che [ver'ruka] *sf* verrue *f*.
versamento [versa'mento] *sm* (*in banca*) versement *m*; (*MED*) épanchement *m*.
versante [ver'sante] *sm* (*GEO*) versant *m*; **sul ~ di ...** (*fig*: *per quanto riguarda*) en ce qui concerne ..., pour ce qui est de ... .
versare [ver'sare] *vt* (*anche ECON*) verser; (*rovesciare*: *sale, liquido*) renverser ♦ *vi*: **~ in gravi difficoltà** se trouver dans de graves difficultés; **versarsi** *vip* (*rovesciarsi*) se renverser; **versarsi (in)** (*folla*) se déverser (dans); (*fiume*) se jeter (dans).
versatile [ver'satile] *agg* (*fig*) éclectique.
versatilità [versatili'ta] *sf* (*fig*) souplesse *f*.
versato, -a [ver'sato] *agg*: **~ in** fort(e) en.
versetto [ver'setto] *sm* verset *m*.
versione [ver'sjone] *sf* version *f*; (*traduzione*) traduction *f*.
verso[1] ['vɛrso] *sm* (*di poesia*) vers *msg*; (*di animale, uccello*) cri *m*; **versi** *smpl* (*poesia*) poèmes *mpl*; **rifare il ~ a qn** singer qn; **per un ~ o per l'altro** d'une façon ou de l'autre; **prendere qn per il ~ giusto** savoir prendre qn; **non c'è ~ di persuaderlo** il n'y a pas moyen de le persuader.
verso[2] ['vɛrso] *prep* (*in direzione di, in senso temporale*) vers; (*nei pressi di*) du côté de; (*nei confronti di*) envers, à l'égard de; **~ di me** envers moi; **~ l'alto/il basso** vers le haut/le bas; **guarda ~ di qua/di là** regarde par ici/par là; **~ le nove** vers neuf heures.
vertebra ['vɛrtebra] *sf* vertèbre *f*.
vertebrale [verte'brale] *agg* vertébral(e); **colonna ~** colonne *f* vertébrale.
vertebrato, -a [verte'brato] *agg* vertébré(e) ♦ *sm* vertébré *m*.
vertenza [ver'tɛntsa] *sf* différend *m*; ▶ **vertenza sindacale** conflit *m* syndical.
vertere ['vɛrtere] *vi* (*DIR*) être pendant(e); **~ su** porter sur, se rapporter à.
verticale [verti'kale] *agg* vertical(e) ♦ *sf* (*MAT*) verticale *f*; (*GINNASTICA*) équilibre *m*.
vertice ['vɛrtitʃe] *sm* (*anche MAT*) sommet *m*; **al ~** (*riunione, conferenza*) au sommet.
vertigine [ver'tidʒine] *sf* vertige *m*; **avere le vertigini** avoir des vertiges.
vertiginoso, -a [vertidʒi'noso] *agg* (*anche fig*) vertigineux(-euse).
verza ['verdza] *sf* chou *m*.
vescica, -che [veʃ'ʃika] *sf* (*urinaria*) vessie *f*; (*MED*) ampoule *f*, cloque *f*; ▶ **vescica (biliare)** vésicule *f* (biliaire).
vescovile [vesko'vile] *agg* épiscopal(e).
vescovo ['veskovo] *sm* évêque *m*.
vespa ['vɛspa] *sf* (*ZOOL*) guêpe *f*.
vespaio [ves'pajo] *sm* guêpier *m*; **suscitare un ~** (*fig*) faire scandale.
vespasiano [vespa'zjano] *sm* vespasienne *f*, urinoir *m*.
vespro ['vɛspero] *sm* (*REL*) vêpres *fpl*.
vessare [ves'sare] *vt* brimer; (*con tasse*) accabler (de).
vessazione [vessat'tsjone] *sf* brimade *f*, vexation *f*.
vessillo [ves'sillo] *sm* drapeau *m*, étendard *m*.
vestaglia [ves'taʎʎa] *sf* robe *f* de chambre.
veste ['vɛste] *sf* (*abito, vestito*) vêtement *m*; (: *da donna*) robe *f*; (*copertura, rivestimento*) revêtement *m*; (*fig*: *forma, aspetto*) forme *f*, apparence *f*; (: *qualità, facoltà*) qualité *f*; **vesti** *sfpl* (*abiti*) vêtements *mpl*; **in ~ ufficiale** (*fig*) à titre officiel; **in ~ di** en qualité de; ▶ **veste da camera** robe de chambre; ▶ **veste editoriale** présentation *f*.
vestiario [ves'tjarjo] *sm* garde-robe *f*.
vestibolo [ves'tibolo] *sm* vestibule *m*.
vestigia [ves'tidʒa] *sfpl* vestiges *mpl*, ruines *fpl*.
vestire [ves'tire] *vt* habiller; (*avere indosso*) porter; **vestirsi** *vr* s'habiller; **vestirsi da** (*da sarto*) s'habiller chez; (*in maschera*) se déguiser en; **vestirsi di rosso** s'habiller en rouge.
vestito, -a [ves'tito] *agg* habillé(e), vêtu(e) ♦ *sm* (*da donna*) robe *f*; (*da uomo*) costume *m*, complet *m*; **vestiti** *smpl* (*indumenti,*

abiti) vêtements *mpl.*

Vesuvio [ve'zuvjo] *sm* Vésuve *m.*

veterano, -a [vete'rano] *agg* vieux(vieille) ♦ *sm/f* vétéran *m.*

veterinario, -a [veteri'narjo] *agg, sm* vétérinaire *m* ♦ *sf* médecine *f* vétérinaire.

veto ['vɛto] *sm inv* veto *m*; **porre il ~ a qc** mettre son veto à qch.

vetraio [ve'trajo] *sm* (*operaio*) verrier *m*; (*venditore*) vitrier *m.*

vetrata [ve'trata] *sf* (*chiusura*) baie *f* vitrée; (*di chiesa*) vitrail *m.*

vetrato, -a [ve'trato] *agg* vitré(e); **carta vetrata** papier *m* de verre.

vetreria [vetre'ria] *sf* (*stabilimento*) vitrerie *f*; (*oggetti di vetro, per laboratorio*) verrerie *f.*

vetrina [ve'trina] *sf* vitrine *f.*

vetrinista, -i, -e [vetri'nista] *sm/f* étalagiste *m/f.*

vetrino [ve'trino] *sm* lamelle *f* de verre.

vetriolo [vetri'ɔlo] *sm* (*anche fig*) vitriol *m.*

vetro ['vetro] *sm* (*materiale*) verre *m*; (*oggetto di vetro*) verrerie *f*; (*frammento di vetro*) bout *m* de verre; (*lastra per finestre, porte*) vitre *f*, carreau *m*; ▸ **vetro blindato** vitre blindée; ▸ **vetro di sicurezza** verre de sécurité; ▸ **vetro infrangibile** verre incassable; ▸ **vetri di Murano** verre *msg* de Murano.

vetroso, -a [ve'troso] *agg* vitreux(-euse).

vetta ['vetta] *sf* sommet *m*; (*fig*) tête *f*, première place *f*; **in ~ alla classifica** en tête du classement.

vettore [vet'tore] *sm* (*MAT, FIS*) vecteur *m*; (*anche*: **razzo** ~) lanceur *m*; (*marittimo, aereo*) transporteur *m.*

vettovaglie [vetto'vaʎʎe] *sfpl* victuailles *fpl*, vivres *mpl.*

vettura [vet'tura] *sf* (*anche FERR*) voiture *f*; ▸ **vettura di piazza** fiacre *m.*

vetturino [vettu'rino] *sm* cocher *m.*

vezzeggiare [vettsed'dʒare] *vt* cajoler.

vezzeggiativo [vettseddʒa'tivo] *sm* (*LING*) diminutif *m.*

vezzo ['vettso] *sm* habitude *f*; **vezzi** *smpl* (*moine*) minauderies *fpl*; (*leggiadria*) charme *msg*, grâce *fsg.*

vezzoso, -a [vet'tsoso] *agg* (*grazioso*) gracieux(-euse); (*lezioso*) maniéré(e).

V.F. *abbr* (= *vigili del fuoco*) pompiers.

V.G. *abbr* (= *Vostra Grazia*) V.G.

VI *sigla* = *Vicenza.*

vi [vi] (*dav lo, la, li, le, ne diventa* **ve**) *pron* vous ♦ *avv* (*qui, lì*) y; ~ **è**, ~ **sono** il y a.

via ['via] *sf* (*strada*) route *f*; (*di città*) rue *f*; (*sentiero, passaggio*) chemin *m*; (*percorso, ANAT*) voie *f*; (: *fig*) chemin ♦ *avv*: **andare ~** s'en aller; **essere ~** être absent(e); *prep* (*passando per*) via ♦ *escl*: ~! (*per allontanare*) va-t'en!; allez-vous-en!; (*SPORT*) partez!; (*per incoraggiare*) allez!; allons! ♦ *sm* (*segnale di partenza*: *SPORT*) départ *m*; **per ~ aerea** par avion; **per ~ di** à cause de; **in ~ amichevole** à l'amiable; **in ~ di guarigione** en voie de guérison; **in ~ eccezionale** exceptionnellement, à titre exceptionnel; **in ~ privata** en privé; **in ~ provvisoria** provisoirement, à titre provisoire; ~ ~ peu à peu; ~ ~ **che** (au fur et) à mesure que; **e ~ dicendo, e ~ di questo passo** et ainsi de suite, etc; **dare il ~ (a)** (*in gara*) donner le départ (à); (*fig*) donner le feu vert (à); **essere una ~ di mezzo tra ...** être à mi-chemin entre ...; **non ci sono vie di mezzo** on n'a pas le choix; ▸ **via d'uscita** (*fig*) issue *f*; ▸ **via di scampo** (*fig*) moyen de s'en sortir; ▸ **Via Lattea** Voie lactée; ▸ **vie di comunicazione** voies de communication; ▸ **vie respiratorie** voies respiratoires.

viabilità [viabili'ta] *sf* viabilité *f*; (*rete stradale*) réseau *m* routier.

viadotto [via'dotto] *sm* viaduc *m.*

viaggiare [viad'dʒare] *vi* voyager; (*veicolo*) rouler; ~ **in treno** voyager en train.

viaggiatore, -trice [viaddʒa'tore] *agg, sm/f* voyageur(-euse); *vedi* **commesso, piccione.**

viaggio [vi'addʒo] *sm* voyage *m*; (*cammino, tragitto*) route *f*; (*fam*: *con droghe*) voyage, trip *m*; **buon ~!** bon voyage!; ▸ **viaggio d'affari** voyage d'affaires; ▸ **viaggio di nozze** voyage de noces; ▸ **viaggio di piacere/di studio** voyage d'agrément/d'études; ▸ **viaggio organizzato** voyage organisé.

viale [vi'ale] *sm* avenue *f*, boulevard *m*; **il ~ del tramonto** (*fig*) le déclin.

viandante [vian'dante] *sm/f* passant(e).

viatico, -ci [vi'atiko] *sm* viatique *m.*

viavai [via'vai] *sm inv* va-et-vient *m.*

vibrare [vi'brare] *vt* (*colpo*) donner, asséner ♦ *vi*: ~ **(di)** vibrer (de).

vibrazione [vibrat'tsjone] *sf* vibration *f*; (*fremito*) tremblement *m.*

vicario [vi'karjo] *sm* vicaire *m.*

vice ['vitʃe] *sm/f inv* adjoint(e).

vice... ['vitʃe] *pref* vice..., sous... .

viceconsole [vitʃe'kɔnsole] *sm* vice-consul *m.*

vicedirettore, -trice [vitʃediret'tore] *sm/f* sous-directeur(-trice), directeur(-trice) adjoint(e).

vicenda [vi'tʃɛnda] *sf* événement *m*; **a ~** à tour de rôle; (*reciprocamente*) réciproquement, mutuellement; **con alterne vicende** avec des hauts et des bas.

vicendevole [vitʃen'devole] *agg* réciproque mutuel(le).

vicentino, -a [vitʃen'tino] *agg* de Vicence.

vicepresidente [vitʃepresi'dɛnte] *sm* vice-

président *m*.
vicesindaco [vitʃe'sindako] *sm* adjoint *m* au maire.
viceversa [vitʃe'vɛrsa] *avv* vice(-)versa; (*al contrario*) inversement ♦ *cong* au contraire.
vichingo, -a, -ghi, -ghe [vi'kingo] *agg* viking ♦ *sm/f* Viking *m/f*.
vicinanza [vitʃi'nantsa] *sf* voisinage *m*; **nelle vicinanze** dans les environs, dans les alentours.
vicinato [vitʃi'nato] *sm* voisinage *m*; (*vicini*) voisins *mpl*.
vicino, -a [vi'tʃino] *agg* voisin(e); (*accanto*) à côté; (*nel tempo*) proche ♦ *sm/f*: ~ **(di casa)** voisin(e) ♦ *avv* près; **da** ~ de près; ~ **a** près de, à côté de; **essere** ~ **alla meta** être près du but; **mi sono stati molto vicini** (*fig*) ils m'ont beaucoup soutenu; **i vicini (di casa)** les voisins *mpl*.
vicissitudini [vitʃissi'tudini] *sfpl* vicissitudes *fpl*.
vicolo ['vikolo] *sm* ruelle *f*; ▸ **vicolo cieco** (*anche fig*) impasse *f*, cul-de-sac *m*.
video ['video] *sm inv* écran *m*.
video... ['video] *pref* vidéo... .
videocassetta [videokas'setta] *sf* vidéocassette *f*, cassette *f* vidéo.
videogioco, -chi [video'dʒɔko] *sm* jeu *m* vidéo.
videoregistratore [videoredʒistra'tore] *sm* magnétoscope *m*.
videoteca [video'tɛka] *sf* vidéothèque *f*.
videoterminale [videotermi'nale] *sm* terminal *m* vidéo.
vidi *etc* ['vidi] *vb vedi* **vedere**.
vidimare [vidi'mare] *vt* viser.
vidimazione [vidimat'tsjone] *sf* visa *m*.
Vienna ['vjenna] *sf* Vienne.
viennese [vjen'nese] *agg* viennois(e) ♦ *sm/f* Viennois(e).
vietare [vje'tare] *vt* interdire, défendre; ~ **qc a qn** interdire *o* défendre qch à qn; ~ **a qn di fare qc** interdire *o* défendre à qn de faire qch.
vietato, -a [vje'tato] *agg* interdit(e); **"~ fumare"** "défense de fumer"; **"~ l'ingresso"** "entrée interdite"; **"~ ai minori di 14/18 anni"** "interdit aux moins de 14/18 ans"; **"senso ~"** (*AUT*) "sens interdit"; **"sosta vietata"** (*AUT*) "stationnement interdit".
Vietnam [vjet'nam] *sm* Vietnam *m*.
vietnamita, -i, -e [vjetna'mita] *agg* vietnamien(ne) ♦ *sm/f* Vietnamien(ne).
vieto, -a ['vjɛto] *agg* suranné(e), vieillot(te).
vigente [vi'dʒɛnte] *agg* (*norma etc*) en vigueur.
vigere ['vidʒere] *vi* être en vigueur; **la legge che vige nel paese ...** la loi qui est en vigueur dans le pays ... .
vigilante [vidʒi'lante] *sm/f* vigile *m*.
vigilanza [vidʒi'lantsa] *sf* (*sorveglianza*) surveillance *f*; (*attenzione, controllo*) vigilance *f*; ▸ **vigilanza notturna/speciale** surveillance de nuit/spéciale.
vigilare [vidʒi'lare] *vt* surveiller ♦ *vi*: ~ **(a)** veiller (à).
vigilato, -a [vidʒi'lato] *sm/f* (*DIR*) individu *m* surveillé par la police.
vigilatrice [vidʒila'tritʃe] *sf*: ~ **d'infanzia** jardinière *f* d'enfants; ▸ **vigilatrice scolastica** infirmière *f* scolaire, assistante *f* médicale scolaire.
vigile ['vidʒile] *agg* vigilant(e) ♦ *sm*; ▸ **vigile (urbano)** agent *m* (de police), gardien *m* de la paix; ▸ **vigile del fuoco** pompier *m*, sapeur-pompier *m*.
vigilessa [vidʒi'lessa] *sf* femme *f* agent de police, agent *m* de police.
vigilia [vi'dʒilja] *sf* veille *f*; **la ~ di Natale** la veille de Noël.
vigliaccheria [viʎʎakke'ria] *sf* lâcheté *f*.
vigliacco, -a, -chi, -che [viʎ'ʎakko] *agg*, *sm/f* lâche *m/f*.
vigna ['viɲɲa] *sf* vigne *f*.
vigneto [viɲ'ɲeto] *sm* vignoble *m*.
vignetta [viɲ'ɲetta] *sf* illustration *f*; ~ **umoristica** dessin *m* humoristique.
vigogna [vi'goɲɲa] *sf* vigogne *f*.
vigore [vi'gore] *sm* vigueur *f*; **essere/entrare in** ~ être/entrer en vigueur.
vigoroso, -a [vigo'roso] *agg* vigoureux(-euse).
vile ['vile] *agg* (*spregevole*) vil(e); (*codardo*) lâche.
vilipendere [vili'pɛndere] *vt* vilipender.
vilipendio [vili'pɛndjo] *sm* outrage *m*, offense *f*.
vilipeso, -a [vili'peso] *pp di* **vilipendere**.
villa ['villa] *sf* (*casa signorile*) manoir *m*; (*casa con giardino*) villa *f*.
villaggio [vil'laddʒo] *sm* village *m*; ▸ **villaggio turistico** village touristique.
villania [villa'nia] *sf* grossièreté *f*, muflerie *f*.
villano, -a [vil'lano] *agg* grossier(-ière) ♦ *sm/f* goujat *m*, malotru(e).
villeggiante [villed'dʒante] *sm/f* vacancier(-ière).
villeggiatura [villeddʒa'tura] *sf* vacances *fpl*; **luogo di** ~ lieu *m* de villégiature, lieu de vacances.
villetta [vil'letta] *sf* pavillon *m*.
villino [vil'lino] *sm* pavillon *m*.
villoso, -a [vil'loso] *agg* poilu(e), velu(e).
viltà [vil'ta] *sf* (*codardia*) lâcheté *f*.
vimine ['vimine] *sm* osier *m*; (*oggetti*) vannerie *f*; **di vimini** en osier.
vinaio [vi'najo] *sm* marchand *m* de vins.
vincere ['vintʃere] *vt* gagner; (*fig: difficoltà,*

malattia) surmonter; (: *timore, timidezza*) vaincre ♦ *vi* gagner; **vinca il migliore!** que le meilleur gagne!

vincita ['vintʃita] *sf* victoire *f*; (*premio*) gain *m*, lot *m*.

vincitore, -trice [vintʃi'tore] *sm/f* vainqueur *m*; (*di gara, partita*) vainqueur *m*, gagnant(e).

vincolante [vinko'lante] *agg* contraignant(e).

vincolare [vinko'lare] *vt* (*movimenti*) entraver; (*denaro*) bloquer; (*fig*: *persona*) lier.

vincolato, -a [vinko'lato] *agg* (*deposito*) à terme, à échéance fixe.

vincolo ['vinkolo] *sm* obligation *f*; (*tra persone*) lien *m*.

vinicolo, -a [vi'nikolo] *agg* vinicole.

vinificazione [vinifikat'tsjone] *sf* vinification *f*.

vino ['vino] *sm* vin *m*; ▸**vino bianco/rosato/rosso** vin blanc/rosé/rouge; ▸**vino da pasto** vin de table.

vinsi *etc* ['vinsi] *vb vedi* **vincere**.

vinto, -a ['vinto] *pp di* **vincere** ♦ *agg*: **darla vinta a qn** céder à qn, donner gain de cause à qn; **non darsi per** ~ ne pas s'avouer vaincu.

viola [vi'ɔla] *sf* (*BOT*) violette *f*; (*MUS*) viole *f* ♦ *agg inv* (*colore*) violet(te) ♦ *sm inv* (*colore*) violet *m*.

violare [vio'lare] *vt* (*legge*) violer, enfreindre.

violazione [violat'tsjone] *sf* violation *f*; ▸**violazione di domicilio** (*DIR*) violation de domicile.

violentare [violen'tare] *vt* violer.

violento, -a [vio'lɛnto] *agg, sm/f* violent(e).

violenza [vio'lɛntsa] *sf* violence *f*; **non** ~ (*POL*) non-violence *f*; **usare** ~ **a** faire violence à; ▸**violenza carnale** viol *m*.

violetto, -a [vio'letto] *agg* violet(te) ♦ *sm* (*colore*) violet *m* ♦ *sf* (*BOT*) violette *f*.

violinista, -i, -e [violi'nista] *sm/f* violoniste *m/f*.

violino [vio'lino] *sm* violon *m*.

violoncellista, -i, -e [violontʃel'lista] *sm/f* violoncelliste *m/f*.

violoncello [violon'tʃɛllo] *sm* violoncelle *m*.

viottolo [vi'ɔttolo] *sm* sentier *m*.

VIP [vip] *sigla m/f inv* (= *Very Important Person*) VIP *m*.

vipera ['vipera] *sf* (*anche fig*) vipère *f*.

viraggio [vi'raddʒo] *sm* virage *m*.

virale [vi'rale] *agg* viral(e).

virare [vi'rare] *vt* virer ♦ *vi*: ~ **di bordo** (*NAUT*) virer de bord.

virata [vi'rata] *sf* virage *m*.

virgola ['virgola] *sf* virgule *f*.

virgolette [virgo'lette] *sfpl* guillemets *mpl*; **tra** ~ (*anche fig*) entre guillemets.

virile [vi'rile] *agg* viril(e).

virilità [virili'ta] *sf* virilité *f*.

virtù [vir'tu] *sf inv* vertu *f*; **in** *o* **per** ~ **di** en vertu de.

virtuale [virtu'ale] *agg* virtuel(le).

virtuoso, -a [virtu'oso] *agg* vertueux(-euse) ♦ *sm/f* (*artista*) virtuose *m/f*.

virulento, -a [viru'lɛnto] *agg* virulent(e).

virus ['virus] *sm inv* virus *msg*.

visagista, -i, -e [viza'dʒista] *sm/f* visagiste *m/f*.

viscerale [viʃʃe'rale] *agg* (*anche fig*) viscéral(e).

viscere ['viʃʃere] *sm* (*anche fig*) viscère *m* ♦ *sfpl* (*di animale, fig*: *della terra*) entrailles *fpl*.

vischio ['viskjo] *sm* gui *m*; (*sostanza*) glu *f*.

vischioso, -a [vis'kjoso] *agg* visqueux(-euse).

viscidità [viʃʃidi'ta] *sf* viscosité *f*.

viscido, -a ['viʃʃido] *agg* (*anche fig*) visqueux(-euse); (*strada etc*) glissant(e); (*fig*: *individuo*) abject(e), infect(e).

visconte, -essa [vis'konte] *sm/f* vicomte(vicomtesse).

viscosità [viskosi'ta] *sf* viscosité *f*.

viscoso, -a [vis'koso] *agg* visqueux(-euse).

visibile [vi'zibile] *agg* visible.

visibilio [vizi'biljo] *sm*: **andare in** ~ s'extasier, être aux anges.

visibilità [vizibili'ta] *sf* visibilité *f*.

visiera [vi'zjɛra] *sf* visière *f*.

visionare [vizjo'nare] *vt* visionner.

visionario, -a [vizjo'narjo] *agg, sm/f* visionnaire *m/f*.

visione [vi'zjone] *sf* vision *f*; **prendere** ~ **di qc** prendre connaissance de qch; **film in prima** ~ première exclusivité *f*; **film in seconda** ~ reprise *f*.

visita ['vizita] *sf* visite *f*; **avere visite** recevoir des visites; **far** ~ **a qn** rendre visite à qn; **in** ~ **ufficiale** en visite officielle; **orario di visite** (*in ospedale*) heures *fpl* de visite; ▸**visita a domicilio** visite à domicile; ▸**visita di controllo** (*MED*) visite de contrôle; ▸**visita fiscale** visite de la médecine du travail; ▸**visita guidata** visite guidée; ▸**visita medica** visite médicale.

visitare [vizi'tare] *vt* (*persona*) rendre visite à; (*luogo*) visiter; (*MED*) examiner.

visitatore, -trice [vizita'tore] *sm/f* visiteur(-euse).

visivo, -a [vi'zivo] *agg* (*organi, memoria*) visuel(le).

viso ['vizo] *sm* visage *m*, figure *f*; **fare buon** ~ **a cattivo gioco** faire contre mauvaise fortune bon cœur; **vai a lavarti il** ~ va te laver la figure.

visone [vi'zone] *sm* vison *m*.

visore [vi'zore] *sm* (*FOT*) visionneuse *f*.

vispo, -a ['vispo] *agg* vif(vive), alerte.
vissi *etc* ['vissi] *vb vedi* **vivere**.
vissuto, -a [vis'suto] *pp di* **vivere** ♦ *agg* (*persona, aria*) blasé(e).
vista ['vista] *sf* vue *f*; **a ~** (*anche COMM*) à vue; **a prima ~** à première vue; (*fig*: *sulle prime*) de prime abord; **a ~ d'occhio** à vue d'œil; **di ~** de vue; **perdere di ~** perdre de vue; **in ~** en vue; **avere qc in ~** avoir qch en vue; **mettersi in ~** se faire remarquer; **in ~ di** en vue de; **far ~ di fare qc** faire semblant de faire qch.
vistare [vis'tare] *vt* viser.
visto, -a ['visto] *pp di* **vedere** ♦ *sm* visa *m*; **~ che ...** vu que ...; ▶ **visto d'ingresso/di soggiorno** visa d'entrée/de séjour; ▶ **visto di transito/permanente** visa de transit/permanent.
vistoso, -a [vis'toso] *agg* (*appariscente*) voyant(e); (*ingente*) considérable.
visuale [vizu'ale] *agg* visuel(le) ♦ *sf* (*vista, panorama*) vue *f*.
visualizzare [vizualid'dzare] *vt* visualiser.
visualizzatore [vizualiddza'tore] *sm* visuel *m*.
visualizzazione [vizualiddzat'tsjone] *sf* visualisation *f*.
vita ['vita] *sf* vie *f*; (*ANAT*) taille *f*; **essere in ~** être en vie; **pieno di ~** plein de vie; **a ~** (*senatore etc*) à vie; **fare la ~** (*prostituirsi*) se prostituer; ▶ **vita di campagna/di famiglia** vie à la campagne/de famille; ▶ **vita notturna** vie nocturne; ▶ **vita privata** vie privée.
vitale [vi'tale] *agg* vital(e).
vitalità [vitali'ta] *sf* vitalité *f*.
vitalizio, -a [vita'littsjo] *agg* viager(-ère) ♦ *sm* viager *m*, rente *f* viagère.
vitamina [vita'mina] *sf* vitamine *f*; ▶ **vitamina C** vitamine C.
vite ['vite] *sf* (*BOT*) vigne *f*; (*MECCANICA*) vis *fsg*; (*AER*) vrille *f*; **a ~** à vis; **giro di ~** (*fig*) tour *m* de vis.
vitello [vi'tɛllo] *sm* veau *m*.
viticcio [vi'tittʃo] *sm* vrille *f*.
viticoltore [vitikol'tore] *sm* viticulteur *m*.
viticoltura [vitikol'tura] *sf* viticulture *f*.
vitreo, -a ['vitreo] *agg* vitreux(-euse).
vittima ['vittima] *sf* victime *f*; **fare la ~** jouer les martyrs.
vittimismo [vitti'mizmo] *sm* tendance *f* à se prendre pour une victime.
vitto ['vitto] *sm* nourriture *f*; ▶ **vitto e alloggio** le vivre et le couvert; **con ~ e alloggio** logé et nourri.
vittoria [vit'tɔrja] *sf* victoire *f*.
vittoriano, -a [vitto'rjano] *agg* victorien(ne).
vittorioso, -a [vitto'rjoso] *agg* victorieux(-euse).
vituperare [vitupe'rare] *vt* vitupérer (contre).
viuzza [vi'uttsa] *sf* ruelle *f*.
viva ['viva] *escl* vive; **~ la libertà!** vive la liberté!
vivacchiare [vivak'kjare] *vi* vivoter.
vivace [vi'vatʃe] *agg* vif(vive).
vivacità [vivatʃi'ta] *sf* vivacité *f*.
vivacizzare [vivatʃid'dzare] *vt* animer; (*colore, disegno*) raviver.
vivaio [vi'vajo] *sm* (*PESCA*) vivier *m*; (*AGR*) pépinière *f*.
vivamente [viva'mente] *avv* vivement.
vivanda [vi'vanda] *sf* (*cibo*) mets *msg*; (*piatto*) plat *m*.
vivente [vi'vɛnte] *agg, sm/f* vivant(e).
vivere ['vivere] *vi, vt* vivre ♦ *sm* vie *f*; **viveri** *smpl* (*vettovaglie*) vivres *mpl*; **~ di** (*di elemosina, pesca*) vivre de; **il quieto ~** la vie tranquille.
viveur [vi'vœr] *sm inv* viveur *m*.
vivido, -a ['vivido] *agg* vif(vive).
vivificare [vivifi'kare] *vt* donner la vie à; (*dare vigore a*) vivifier; (*fig*: *rendere più vivace*) vivifier.
vivisezione [viviset'tsjone] *sf* vivisection *f*.
vivo, -a ['vivo] *agg* vif(vive); (*fig*: *vivente*) vivant(e) ♦ *sm*: **pungere qn nel ~** (*fig*) piquer qn au vif; **i vivi** les vivants *mpl*; **essere ~ e vegeto** avoir bon pied bon œil; **farsi ~** (*fig*) se manifester, donner de ses nouvelles; **con ~ rammarico** avec un vif regret; **congratulazioni vivissime** toutes mes (*o* nos) félicitations; **con i più vivi ringraziamenti** tous mes (*o* nos) remerciements; **ritrarre dal ~** faire un portrait d'après nature; **entrare nel ~ di una questione** entrer dans le vif du sujet.
vivrò *etc* [viv'rɔ] *vb vedi* **vivere**.
viziare [vit'tsjare] *vt* (*bambino*) gâter; (*corrompere*) corrompre; (*DIR*) vicier.
viziato, -a [vit'tsjato] *agg* (*bambino*) gâté(e); (*corrotto*) corrompu(e); (*DIR*) vicié(e); **aria viziata** air *m* vicié.
vizio ['vittsjo] *sm* (*anche DIR*) vice *m*; ▶ **vizio di forma** vice de forme; ▶ **vizio procedurale** vice de procédure.
vizioso, -a [vit'tsjoso] *agg* vicieux(-euse).
V.le *abbr* (= *viale*) av.
vocabolario [vokabo'larjo] *sm* (*dizionario*) dictionnaire *m*; (*lessico*) vocabulaire *m*.
vocabolo [vo'kabolo] *sm* vocable *m*, mot *m*.
vocale [vo'kale] *agg* vocal(e) ♦ *sf* (*LING*) voyelle *f*.
vocazione [vokat'tsjone] *sf* vocation *f*.
voce ['votʃe] *sf* (*anche LING*) voix *fsg*; (*di animale*) cri *m*; (*diceria*) rumeur *f*, bruit *m*; (*di dizionario*) entrée *f*; (*vocabolo*) mot *m*; (*di elenco*) rubrique *f*; **parlare ad alta/a bassa ~** parler à haute voix/à voix basse; **fare la ~ grossa** faire la grosse voix;

dar ~ a qc exprimer qch; **a gran ~** à pleine voix; **te lo dico a ~** je te le dis de vive voix; **a una ~** à une voix; (*tutti insieme*) d'une seule voix; **aver ~ in capitolo** avoir voix au chapitre; ▶ **voce bianca** voix blanche; ▶ **voce di bilancio** poste *m* budgétaire; ▶ **voci di corridoio** bruits de couloir.

vociare [vo'tʃare] *vi* crier, brailler ♦ *sm* brouhaha *m*.

vociferante [votʃife'rante] *agg* vociférant(e).

vocio [vo'tʃio] *sm* brouhaha *m*.

vodka ['vɔdka] *sf inv* vodka *f*.

voga ['voga] *sf* (*NAUT*) nage *f*; **essere in ~** (*fig*) être en vogue.

vogare [vo'gare] *vi* nager, ramer.

vogatore, -trice [voga'tore] *sm/f* rameur(-euse) ♦ *sm* (*attrezzo*) rameur *m*.

vogherò *etc* [voge'rɔ] *vb vedi* **vogare**.

voglia ['vɔʎʎa] *sf* envie *f*; **aver ~ di qc/di fare qc** avoir envie de qch/de faire qch; **di buona ~** de bon cœur; **fare qc contro ~** faire qch à contre cœur.

voglio *etc* ['vɔʎʎo] *vb vedi* **volere**.

voglioso, -a [voʎ'ʎoso] *agg* envieux(-euse); (*più forte*) avide.

voi ['voi] *pron* vous; **~ stessi** vous-mêmes.

voialtri ['vojaltri] *pron* vous autres.

vol. *abbr* (= *volume*) vol.

volano [vo'lano] *sm* volant *m*.

volant [vɔ'lã] *sm inv* volant *m*.

volante [vo'lante] *agg* volant(e) ♦ *sm* volant *m* ♦ *sf* (*anche*: **squadra ~**) police *f* secours; **otto ~** montagnes *fpl* russes.

volantinaggio [volanti'naddʒo] *sm* distribution *f* de tracts.

volantinare [volanti'nare] *vt* distribuer (des tracts).

volantino [volan'tino] *sm* tract *m*; (*pubblicitario*) prospectus *msg*.

volare [vo'lare] *vi* voler; (*viaggiare in aereo*) aller en avion; (*schiaffi*) pleuvoir; **~ via** s'envoler; **il tempo vola** le temps passe vite.

volata [vo'lata] *sf* vol *m*; (*d'uccelli*) volée *f*; (*corsa*) saut *m*; **in ~** (*SPORT*) au sprint; **di ~** (*di corsa*) tout de suite; (*in fretta*) à toute vitesse, à la va-vite; **faccio una ~ dal giornalaio** je fais un saut chez le marchand de journaux; **preparare di ~ la cena** préparer le dîner en deux temps trois mouvements.

volatile [vo'latile] *agg* (*CHIM*) volatil(e) ♦ *sm* (*ZOOL*) oiseau *m*.

volatilizzarsi [volatilid'dzarsi] *vip* (*anche fig*) se volatiliser.

volente [vo'lɛnte] *agg*: **~ o nolente** bon gré mal gré, de gré ou de force.

volenteroso, -a [volente'roso] *agg* plein(e) de bonne volonté.

volentieri [volen'tjɛri] *avv* volontiers.

PAROLA CHIAVE

volere [vo'lere] *vt* **1** (*esigere, desiderare*) vouloir; **voler fare** vouloir faire; **ti vogliono al telefono** on te demande au téléphone; **volere che qn faccia** vouloir que qn fasse; **volete del caffè?** vous vouliez du café?; **vorrei questo** je voudrais ça; **vorrei andarmene** je voudrais partir; **che lei lo voglia o no** que vous le vouliez ou non; **volevo parlartene** je voulais t'en parler; **come vuoi** comme tu veux; **senza volere** *o* **volerlo** (*inavvertitamente*) sans le vouloir

2 (*consentire*): **vogliate attendere, per piacere** si vous voulez attendre, s'il vous plaît; **vogliamo andare?** on y va?; **vuole** *o* **vorrebbe essere così gentile da ...?** auriez-vous l'amabilité de ...?; **non ha voluto ricevermi** elle n'a pas voulu me recevoir

3: **volerci** (*essere necessario*) falloir; **quanta farina ci vuole per questa torta?** combien de farine faut-il pour ce gâteau?; **ci vogliono due ore per arrivare a Venezia** il faut deux heures pour aller à Venise; **è quel che ci vuole** c'est ça qu'il faut

4: **voler bene a qn** (*amore*) aimer qn; (*affetto*) bien aimer qn; **voler male a qn** détester qn; **non gliene voglio** (*non ce l'ho con lui*) je ne lui en veux pas; **voler dire** (*significare*) vouloir dire; **voglio dire ...** (*per correggersi*) je veux dire ...; **volevo ben dire!** c'est bien ce que je voulais dire!; **la leggenda vuole che ...** la légende veut que ...; **te la sei voluta** tu l'as voulue ♦ *sm* volonté *f*; **contro il volere di** contre la volonté de; **per volere di qn** selon la volonté de qn.

volgare [vol'gare] *agg* vulgaire; (*rozzo*) vulgaire, grossier(-ière).

volgarità [volgari'ta] *sf* vulgarité *f*; (*parola, gesto volgare*) grossièreté *f*.

volgarizzare [volgarid'dzare] *vt* vulgariser; (*tradurre in volgare*) traduire dans la langue vulgaire.

volgarmente [volgar'mente] *avv* (*in modo volgare*) vulgairement; (*del popolo*) communément.

volgere ['vɔldʒere] *vt* tourner ♦ *vi*: **~ a** tourner à; **volgersi** *vr, vip* (*persona*) se tourner, se retourner; **~ al termine** toucher à sa fin; **~ al bello** (*tempo*) se mettre au beau; **~ al peggio** prendre une mauvaise tournure, se gâter; **essere volto a** être tourné(e) vers; **essere volto a fare qc** (*tentativo, iniziativa*) être destiné(e) à faire qch.

volgo ['volgo] *sm* peuple *m*, populace *f*.

voliera [vo'ljɛra] *sf* volière *f.*
volitivo, -a [voli'tivo] *agg* volontaire.
volli *etc* ['vɔlli] *vb vedi* **volere.**
volo ['volo] *sm* vol *m*; **prendere al** ~ (*autobus etc*) prendre au vol; (*palla, occasione*) saisir au vol; **capire al** ~ comprendre tout de suite; **veduta a** ~ **d'uccello** vue *f* à vol d'oiseau; ▶ **volo charter** vol charter; ▶ **volo di linea** vol régulier; ▶ **volo spaziale** vol spatial.
volontà [volon'ta] *sf inv* volonté *f*; **buona/cattiva** ~ bonne/mauvaise volonté; **a** ~ à volonté; **le sue ultime** ~ (*testamento*) ses dernières volontés.
volontariamente [volontarja'mente] *avv* volontairement.
volontariato [volonta'rjato] *sm* (*MIL*) volontariat *m*; (*lavoro*) bénévolat *m.*
volontario, -a [volon'tarjo] *agg* volontaire ♦ *sm/f* volontaire *m/f*, bénévole *m/f.*
volpe ['volpe] *sf* renard *m.*
volpino, -a [vol'pino] *agg* de renard ♦ *sm* (*cane*) loulou *m* (de Poméranie).
volpone, -a [vol'pone] *sm/f* (*fig*) vieux renard *m*, fine mouche *f.*
volsi *etc* ['vɔlsi] *vb vedi* **volgere.**
volt [vɔlt] *sm inv* volt *m.*
volta ['vɔlta] *sf* (*momento, circostanza*) fois *fsg*; (*turno, giro*) tour *m*; (*curva*) tournant *m*; (*ARCHIT*) voûte *f*; **a mia/tua** ~ à mon/ton tour; **due volte** deux fois; **una** ~ une fois; (*nel passato*) autrefois, jadis; **una** ~ **sola** une seule fois; **per una** ~ pour une fois; **c'era una** ~ il était une fois; **una cosa per** ~ une chose à la fois; **molte volte** souvent; **a volte** parfois; **una** ~ **o l'altra** une fois ou l'autre; **una** ~ **tanto** pour une fois; **una** ~ **per tutte** une fois pour toutes; **una** ~ **che ...** une fois que ...; **alla** ~ **di** (*direzione*) en direction de, à destination de, pour; **lo facciamo un'altra** ~ nous le ferons une autre fois; **di** ~ **in** ~ d'une fois à l'autre; **3 volte 4 fa 12** 3 fois 4 douze; **ti ha dato di** ~ **il cervello?** tu as perdu la tête?
voltafaccia [volta'fattʃa] *sm inv* volte-face *f*; **fare un** ~ faire volte-face.
voltaggio [vol'taddʒo] *sm* voltage *m.*
voltare [vol'tare] *vt* (*occhi, spalle*) tourner; (*girare, rigirare*) retourner ♦ *vi* tourner; **voltarsi** *vr, vip* se tourner, se retourner; ~ **l'angolo** tourner le coin de la rue.
voltastomaco [voltas'tɔmako] *sm* nausée *f*; **avere il** ~ avoir la nausée; **dare il** ~ **a** donner la nausée à; (*fig*) dégoûter, écœurer.
volteggiare [volted'dʒare] *vi* voltiger; (*in equitazione*) volter; (*ginnastica*) faire de la voltige.
volto[1] ['vɔlto] *sm* visage *m.*
volto[2], **-a** ['vɔlto] *pp di* **volgere.**
volubile [vo'lubile] *agg* changeant(e).
volume [vo'lume] *sm* volume *m.*
voluminoso, -a [volumi'noso] *agg* volumineux(-euse).
voluta [vo'luta] *sf* volute *f.*
voluttà [volut'ta] *sf* volupté *f.*
voluttuoso, -a [voluttu'oso] *agg* voluptueux(-euse).
vomitare [vomi'tare] *vt* vomir, rendre ♦ *vi* vomir.
vomito ['vɔmito] *sm* vomissement *m*; (*materia*) vomissure *f.*
vongola ['vongola] *sf* coque *f*, palourde *f.*
vorace [vo'ratʃe] *agg* vorace.
voracità [voratʃi'ta] *sf* voracité *f.*
voragine [vo'radʒine] *sf* gouffre *m.*
vorrò *etc* [vor'rɔ] *vb vedi* **volere.**
vortice ['vɔrtitʃe] *sm* (*anche fig*) tourbillon *m.*
vorticoso, -a [vorti'koso] *agg* (*anche fig*) tourbillonnant(e).
Vosgi ['vɔzsʒi] *smpl*: **i** ~ les Vosges *fpl.*
vostro, -a ['vɔstro] *agg*: **(il)** ~, **(la) vostra** votre; (*forma di cortesia*: *anche*: **V**~) votre ♦ *pron*: **il** ~, **la vostra** le(la) vôtre; **i vostri** (*genitori*) vos parents; **una vostra amica** une de vos amies; **i vostri libri** vos livres; ~ **padre** votre père; **l'ultima vostra** (*COMM*: *lettera*) votre dernière lettre; **è dalla vostra** (*parte*) il est de votre côté; **dite la vostra!** donnez votre opinion!; **alla vostra!** (*brindisi*) à votre santé!, à la vôtre!; **voi due avete avuto le vostre** (*fig*) vous deux, vous avez eu votre part de malheurs.
votante [vo'tante] *sm/f* votant(e).
votare [vo'tare] *vt* voter; (*REL*) vouer ♦ *vi* voter; **votarsi** *vr*: **votarsi a** se vouer à.
votazione [votat'tsjone] *sf* vote *m*; **votazioni** *sfpl* (*POL*) vote *msg*; (*elezioni*) élections *fpl*; (*SCOL*) notes *fpl*; ▶ **votazione segreta** scrutin *m* secret.
voto ['voto] *sm* (*REL*) vœu *m*; (*POL*) vote *m*; (*SCOL*) note *f*; **prendere i voti** (*REL*) entrer en religion; **avere bei/brutti voti** (*SCOL*) avoir de bonnes/mauvaises notes; **a pieni voti** (*SCOL*) avec mention; ▶ **voto di fiducia** vote de confiance.
V.P. *abbr* (= *vicepresidente*) VP *m.*
VR *sigla* = *Verona.*
v.r. *abbr* (= *vedi retro*) TSVP.
V.S. *abbr* (= *Vostra Santità*) Votre Sainteté; (= *Vostra Signoria*) Monsieur.
vs. *abbr* (= *vostro*) v/.
v.s. *abbr* (= *vedi sopra*) voir ci-dessus.
VT *sigla* = *Viterbo.*
V.U. *abbr* (= *vigile urbano*) agent de police.
vulcanico, -a, -ci, -che [vul'kaniko] *agg* volcanique.
vulcanizzazione [vulkaniddzat'tsjone] *sf*

vulcanisation *f*.
vulcano [vul'kano] *sm* volcan *m*.
vulnerabile [vulne'rabile] *agg* vulnérable.
vulnerabilità [vulnerabili'ta] *sf* vulnérabilité *f*.
vuoi, vuole ['vwɔi, 'vwɔle] *vb vedi* **volere**.
vuotare [vwo'tare] *vt* vider; **vuotarsi** *vip* se vider.
vuoto, -a ['vwɔto] *agg* (*anche fig*) vide; (*minacce*) vain(e) ♦ *sm* (*anche fig*) vide *m*; **a mani vuote** (*anche fig*) les mains vides; **a** ~ (*assegno*) sans provision; **il nostro tentativo è andato a** ~ notre tentative a échoué; ▸ **vuoto a perdere** verre non consigné, verre perdu; ▸ **vuoto a rendere** verre consigné; ▸ **vuoto d'aria** trou *m* d'air.
v.v. *abbr* (= *vostro*) v/.

W, w

W, w ['dɔppjo vu] *sf o m inv* (*lettera*) W, w *m*; ~ **come Washington** ≈ W comme William.
W *abbr* (= *(ev)viva*) Vive.
wafer ['vafer] *sm inv* (*CUC*) gaufrette *f*; (*ELETTR*) tranche *f* (semi-conductrice).
wagon-lit [vagɔ̃'li] *sm inv* (*FERR*) wagon-lit *m*.
water closet ['wɔːtə 'klɔzit] *sm inv* water-closets *mpl*, waters *mpl*, W-C *mpl*.
watt [vat] *sm inv* (*ELETTR*) watt *m*.
wattora [vat'tora] *sm inv* (*ELETTR*) wattheure *m*.
WC *sm inv* W-C *mpl*.
week-end ['wiːkend] *sm inv* week-end *m*, fin *f* de semaine.
western ['wɛstern] *agg, sm inv* (*CINE*) western *m*; ~ **all'italiana** western-spaghetti *m*.
whisky ['wiski] *sm inv* whisky *m*.
windsurf ['windsəːf] *sm inv* planche *f* à voile.
würstel ['vyrstəl] *sm inv* saucisse *f* de Francfort.

X, x

X, x [iks] *sf o m inv* (*lettera*) X, x *m*; ~ **come Xeres** ≈ X comme Xavier.
xenofobia [ksenofo'bia] *sf* xénophobie *f*.
xenofobo, -a [kse'nɔfobo] *agg, sm/f* xénophobe *m/f*.
xerocopia [ksero'kɔpja] *sf* xérocopie *f*.
xerocopiare [kseroko'pjare] *vt* faire une xérocopie de.
xilofono [ksi'lɔfono] *sm* xylophone *m*.

Y, y

Y, y ['ipsilon] *sf o m inv* (*lettera*) Y, y *m*; ~ **come Yacht** ≈ Y comme Yvonne.
yacht [jɔt] *sm inv* yacht *m*.
yankee ['jæŋki] *sm/f inv* yankee *m/f*.
Y.C.I. *abbr* (= *Yacht Club d'Italia*) ≈ Y.C.F. *m*.
Yemen ['jɛmen] *sm* Yémen *m*.
yen [jen] *sm inv* yen *m*.
yiddish ['jidiʃ] *agg inv, sm inv* yiddish *m*, yddisch *m*.
yoga ['jɔga] *agg inv* de yoga ♦ *sm* yoga *m*.
yogurt ['jɔgurt] *sm inv* yog(h)ourt *m*, yaourt *m*.

Z, z

Z, z ['dzɛta] *sf o m inv* (*lettera*) Z, z *m inv*; ~ **come Zara** ≈ Z comme Zoé.
zabaione [dzaba'jone] *sm* sabayon *m*.
zaffata [tsaf'fata] *sf* (*tanfo*) mauvaise odeur *f*.
zafferano [dzaffe'rano] *sm* safran *m*.
zaffiro [dzaf'firo] *sm* saphir *m*.
zaino ['dzaino] *sm* sac *m* à dos.
Zaire [dza'ire] *sm* Zaïre *m*.
Zambia ['dzambja] *sm* Zambie *f*.
zampa ['tsampa] *sf* patte *f*; **a quattro zampe** (*carponi*) à quatre pattes; **giù le zampe!** (*fig*) bas les pattes!; ▸ **zampe di gallina** (*calligrafia*) pattes de mouche; (*rughe*) pattes(-)d'oie.
zampata [tsam'pata] *sf* coup *m* de patte.
zampettare [tsampet'tare] *vi* trottiner.
zampillare [tsampil'lare] *vi* jaillir.
zampillo [tsam'pillo] *sm* jet *m*.
zampino [tsam'pino] *sm* (*fig*): **mettere lo ~ in qc** se mêler de qch.
zampogna [tsam'poɲɲa] *sf* musette *f*.
zanna ['tsanna] *sf* (*di elefante*) défense *f*; (*di carnivori*) croc *m*.
zanzara [dzan'dzara] *sf* moustique *m*.
zanzariera [dzandza'rjɛra] *sf* moustiquaire *f*.
zappa ['tsappa] *sf* pioche *f*.
zappare [tsap'pare] *vt* piocher.
zappatore [tsappa'tore] *sm* piocheur *m*.
zappatura [tsappa'tura] *sf* piochage *m*.
zar [tsar] *sm inv* tsar *m*, tzar *m*.
zarina [tsa'rina] *sf* tsarine *f*.
zattera ['tsattera] *sf* radeau *m*.
zavorra [dza'vɔrra] *sf* lest *m*; (*fig peg*: *cose*) choses *fpl* inutiles; (: *persone*) personnes *fpl* inutiles.
zazzera ['tsattsera] *sf* tignasse *f*.
zebra ['dzɛbra] *sf* zèbre *m*; **zebre** *sfpl* (*AUT*) passage *msg* clouté.
zebrato, -a [dze'brato] *agg* zébré(e); **attraversamento** ~ passage *m* clouté.
zecca, -che ['tsekka] *sf* (*ZOOL*) tique *f*; (*officina di monete*) (hôtel *m* de la) Monnaie *f*; **nuovo di** ~ (*fig*) flambant neuf.
zecchino [tsek'kino] *sm* (*moneta veneziana*) sequin *m*; ▸ **oro (di) zecchino** or *m* pur.
zelante [dze'lante] *agg* zélé(e).
zelo ['dzelo] *sm* zèle *m*.
zenit ['dzɛnit] *sm* zénith *m*.
zenzero ['dzendzero] *sm* gingembre *m*.
zeppa ['tseppa] *sf* cale *f*.
zeppo, -a ['tseppo] *agg*: ~ **di** bourré(e) de; **pieno** ~ plein(e) à craquer.
zerbino [dzer'bino] *sm* paillasson *m*.
zero ['dzɛro] *sm* zéro *m*; **vincere per tre a** ~ gagner par trois à zéro; **sta per scoccare l'ora** ~ l'heure H approche.
zeta ['dzɛta] *sf o m inv* (*lettera*) z *m inv*.
zia ['tsia] *sf* tante *f*.
zibellino [dzibel'lino] *sm* zibeline *f*.
zigano, -a [tsi'gano] *agg, sm/f* tzigane *m/f*, tsigane *m/f*.
zigomo ['dzigomo] *sm* pommette *f*.
zigrinare [dzigri'nare] *vt* (*pellame*) chagriner; (*monete*) créneler.
zigzag [dzig'dzag] *sm inv* zigzag *m*; **andare a** ~ faire des zigzags, zigzaguer.
Zimbabwe [dzim'babwe] *sm* Zimbabwe *m*.
zimbello [tsim'bɛllo] *sm* (*fig*) souffre-douleur *m inv*, tête *f* de Turc.
zinco ['tsinko] *sm* zinc *m*.
zingaresco, -a, -schi, -sche [tsinga'resko] *agg* de bohémien(ne).
zingaro, -a ['tsingaro] *sm/f* tzigane *m/f*, tsigane *m/f*; (*peg*) bohémien(ne).
zio ['tsio] (*pl* **zii**) *sm* oncle *m*; **gli zii** (*zio e zia*) l'oncle et la tante.
zitella [tsi'tɛlla] *sf* vieille fille *f*.
zittire [tsit'tire] *vt* faire taire; **zittirsi** *vi, vip* se taire.
zitto, -a ['tsitto] *agg* silencieux(-euse); **sta'** ~! tais-toi!, chut!
zizzania [dzid'dzanja] *sf* (*BOT*) ivraie *f*; **gettare** *o* **seminare** ~ (*fig*) semer la zizanie.
zoccolo ['tsɔkkolo] *sm* (*ZOOL, calzatura*) sabot *m*; (*basamento*: *di marmo, pietra*) socle *m*; (*di parete*) plinthe *f*; (*di armadio*) base *f*.
zodiacale [dzodia'kale] *agg* zodiacal(e); **segno** ~ signe *m* zodiacal *o* du zodiaque.
zodiaco, -ci [dzo'diako] *sm* zodiaque *m*.
zolfanello [tsolfa'nɛllo] *sm* allumette *f*.
zolfo ['tsolfo] *sm* soufre *m*.
zolla ['dzolla] *sf* motte *f* de terre.
zolletta [dzol'letta] *sf* morceau *m* de sucre.
zona ['dzɔna] *sf* zone *f*; ▸ **zona di depressione** (*METEOR*) zone de dépression; ▸ **zona disco** (*AUT*) zone bleue; ▸ **zona industriale** zone industrielle; ▸ **zona pedonale** zone piétonnière; ▸ **zona verde** espace *m* vert.
zonzo ['dzondzo]: **a** ~ *avv*: **andare a** ~ se balader.
zoo ['dzɔo] *sm inv* zoo *m*.
zoo... ['dzɔo] *pref* zoo... .
zoologia [dzoolo'dʒia] *sf* zoologie *f*.
zoologico, -a, -ci, -che [dzoo'lɔdʒiko] *agg* zoologique; *vedi anche* **giardino**.
zoologo, -a, -gi, -ghe [dzo'ɔlogo] *sm/f*

zoologiste *m/f*.
zoosafari [dzoosa'fari] *sm inv* parc *m* animalier.
zootecnico, -a, -ci, -che [dzoo'tɛkniko] *agg* zootechnique; **patrimonio** ~ cheptel *m*.
zoppicare [tsoppi'kare] *vi* boiter; (*fig*: *in matematica etc*) être faible.
zoppo, -a ['tsɔppo] *agg* boiteux(-euse).
zoticone [dzoti'kone] *sm* rustre *m*.
zuava [dzu'ava] *sf*: **pantaloni alla** ~ knicker(bockers) *mpl*.
zucca, -che ['tsukka] *sf* (*BOT*) courge *f*; (: *giallo arancione*) citrouille *f*; (*peg, scherz*) caboche *f*.
zuccherare [tsukke'rare] *vt* sucrer.
zuccherato, -a [tsukke'rato] *agg* sucré(e).
zuccheriera [tsukke'rjɛra] *sf* sucrier *m*.
zuccherificio [tsukkeri'fitʃo] *sm* sucrerie *f*.
zuccherino, -a [tsukke'rino] *agg* sucré(e) ♦ *sm* morceau *m* de sucre.
zucchero ['tsukkero] *sm* sucre *m*; (*fig*) bonne pâte *f*; ▸ **zucchero a velo** sucre glace; ▸ **zucchero caramellato** sucre caramélisé; ▸ **zucchero di canna** sucre de canne; ▸ **zucchero filato** barbe *f* à papa.
zuccheroso, -a [tsukke'roso] *agg* sucré(e); (*fig*: *lusinghiero*) mielleux(-euse); (: *sdolcinato*: *film, romanzo*) (à la) guimauve; (: *persona, voce*) doucereux(-euse).
zucchina [tsuk'kina] *sf* courgette *f*.
zucchino [tsuk'kino] *sm* = **zucchina**.
zuccotto [tsuk'kɔtto] *sm* (*CUC*) *gâteau avec de la crème glacée et du chocolat*.
zuffa ['tsuffa] *sf* bagarre *f*; (*mischia*) mêlée *f*.
zufolo ['tsufolo] *sm* pipeau *m*.
zulù [dzu'lu] *sm/f* zoulou(e).
zuppa ['tsuppa] *sf* soupe *f*; ▸ **zuppa inglese** (*CUC*) *gâteau à base de génoise imbibée d'alcool, de crème pâtissière et de chocolat*.
zuppiera [tsup'pjɛra] *sf* soupière *f*.
zuppo, -a ['tsuppo] *agg* trempé(e).
Zurigo [dzu'rigo] *sf* Zurich.

L'ITALIEN EN SITUATION
FRANCESE ATTIVO

Collaborateurs/Collaboratori

Rose Rociola   Loredana Riu
Gabriella Bacchelli   Giovanna Ferraguti

Coordination/Coordinamento

Isobel Gordon

INTRODUZIONE

Il supplemento FRANCESE ATTIVO vi aiuterà ad esprimervi in modo semplice e corretto, usando espressioni tipiche della lingua realmente parlata.

La sezione LOCUZIONI DI BASE contiene centinaia di frasi seguite dalla traduzione degli elementi chiave, utilizzabili nella costruzione di moltissime altre frasi.

Nella sezione sulla corrispondenza troverete diversi modelli di lettere in francese, sia personali che commerciali, le formule più comuni usate per iniziare e concludere una lettera, indicazioni su dove e come scrivere indirizzo e mittente sulla busta e così via. Troverete anche un esempio di curriculum vitae, una domanda di assunzione e utili consigli su come adattare questi modelli alle vostre particolari esigenze.

C'è inoltre una sezione a parte sull'invio di fax e di messaggi di posta elettronica e sui diversi tipi di conversazioni telefoniche.

Siamo sicuri che, assieme al dizionario, il supplemento FRANCESE ATTIVO, sarà uno strumento prezioso per aiutarvi a scrivere e a comunicare in francese nel modo più corretto, naturale e adatto ad ogni situazione.

INDICE

INTRODUCTION

L'ITALIEN EN SITUATION a pour objectif de vous aider à vous exprimer en italien, dans un style simple et naturel.

Dans le MÉMO DES TOURNURES ESSENTIELLES, vous trouverez des centaines d'expressions italiennes de base, qui vous permettront de construire vos propres phrases dans toutes sortes de contextes.

La partie correspondance contient des modèles de lettres de tous genres, dont vous pourrez vous inspirer pour rédiger à votre tour vos lettres, que ce soit dans un contexte privé ou professionnel. Si vous êtes à la recherche d'un travail, vous y trouverez également des exemples de curriculum vitæ et de lettres de candidature. Pour vous permettre d'adapter ces modèles à vos besoins, nous vous donnons en outre une liste des formules de politesse employées en début et en fin de lettre.

La dernière partie est consacrée à la communication par télécopie, par courrier électronique et par téléphone, et comprend une liste des expressions de base les plus couramment utilisées au téléphone.

L'ITALIEN EN SITUATION, complément indispensable de votre dictionnaire, vous permettra de vous exprimer avec aisance dans toutes les situations.

TABLE DES MATIÈRES

GUSTI E PREFERENZE

Per dire ciò che ci piace

J'aime les gâteaux.	*Mi piacciono ...*
J'aime que les choses soient à leur place.	*Mi piace che ...*
J'ai bien aimé le film.	*... mi è piaciuto molto.*
J'adore sortir en boîte.	*Adoro ...*
Ce que je préfère chez Laurent, c'est son enthousiasme.	*Quello che mi piace di più ...*
Ce que j'aime par-dessus tout, c'est son sourire.	*Ciò che mi piace soprattutto è ...*
La visite des vignobles **m'a beaucoup plu.**	*... mi è piaciuta molto.*
J'ai un faible pour le chocolat.	*Ho un debole per ...*
Rien ne vaut un bon café.	*Non c'è niente come ...*
Rien de tel qu'un bon bain chaud !	*Non c'è niente di meglio di ...*
Le couscous est **mon** plat **favori.**	*Il mio ... preferito ...*
La lecture est **une de mes** activités **préférées.**	*... uno dei miei ... preferiti.*
Cela ne me déplaît pas de sortir seule.	*Non mi dispiace ...*

Per dire ciò che non ci piace

Je n'aime pas le poisson.	*Non mi piace ...*
Je n'aime pas beaucoup parler en public.	*Non mi piace molto ...*
Je ne l'**aime pas du tout.**	*... non mi piace per niente.*
Cette idée **ne m'emballe pas.**	*Non è che ... mi faccia impazzire.*
Je déteste la chimie.	*Odio ...*
J'ai horreur du sport.	*Detesto ...*
Je ne supporte pas qu'on me mente.	*Non sopporto che ...*
Sa façon d'agir **ne me plaît pas du tout.**	*... non mi piace per niente.*
Ce que je déteste le plus, c'est le repassage.	*Se c'è una cosa che odio è ...*

Per esprimere una preferenza

Je préfère le rock **à** la musique classique.	*Preferisco ... alla ...*
Je préférerais vivre à Paris.	*Preferirei ...*
J'aimerais mieux mourir de faim **que de** lui demander un service.	*Preferirei ... piuttosto che ...*

Per esprimere indifferenza

Ça m'est égal. — *Per me fa lo stesso.*

Je n'ai pas de préférence. — *Non ho preferenze.*

C'est comme vous voudrez. — *Come vuole.*

Cela n'a aucune importance. — *Non ha nessuna importanza.*

Peu importe. — *Non ha importanza.*

Rivolgendosi ad altri

Est-ce que vous aimez les frites ? — *Le piacciono ...*

Est-ce que vous aimez faire la cuisine ? — *Le piace ...*

Est-ce que cela vous plaît de vivre en ville ? — *Le piace ...*

Qu'est-ce que vous préférez : la mer ou la montagne ? — *Cosa preferisce ...*

Vous préférez lequel, le rouge ou le noir ? — *Quale preferisce ...*

Est-ce que vous préférez vivre à la campagne ou en ville ? — *Preferisce ...*

Qu'est-ce que vous aimez le plus à la télévision ? — *Cosa le piace di più ...*

OPINIONI

Per chiedere l'opinione di qualcuno

Qu'en pensez-vous ? — *Cosa ne pensa?*

Que pensez-vous de sa façon d'agir ? — *Che ne pensa di ...*

Je voudrais savoir ce que vous pensez de son travail. — *Vorrei sapere cosa ne pensa del ...*

J'aimerais connaître votre avis sur ce problème. — *Mi piacerebbe conoscere il suo parere su ...*

Est-ce que vous pourriez me donner votre opinion sur cette émission ? — *Potrebbe dirmi la sua opinione su ...*

Quelle est votre opinion sur la peine de mort ? — *Qual è la sua opinione sulla ...*

À votre avis, hommes et femmes sont-ils égaux ? — *A suo parere ...*

Selon vous, faut-il donner plus de liberté aux jeunes ? — *Secondo lei ...*

Per esprimere un'opinione

Vous avez raison.	*Ha ragione.*
Il a tort.	*Ha torto.*
Il a eu tort de démissionner.	*Ha sbagliato a ...*
Je pense que ce sera possible.	*Penso che ...*
Je crois que c'est un peu prématuré.	*Credo che ...*
Je trouve que c'est normal.	*Mi sembra che ...*
Personnellement, je pense que c'est trop cher.	*Personalmente, ritengo che ...*
Il me semble que vous vous trompez.	*Penso che ...*
J'ai l'impression que ses parents ne la comprennent pas.	*Ho l'impressione che ...*
Je suis certain qu'il est tout à fait sincère.	*Sono certo che ...*
Je suis sûr que Marc va gagner.	*Sono sicuro che ...*
Je suis persuadé qu'il y a d'autres solutions.	*Sono convinto che ...*
À mon avis, il n'a pas changé.	*A mio parere ...*
D'après moi, il a fait une erreur.	*Per me ...*
Selon moi, c'est impossible.	*Secondo me ...*

Per rispondere senza dare un'opinione

Ça dépend.	*Dipende.*
Tout dépend de ce que vous entendez par là.	*Dipende da cosa intende per ...*
Je ne peux pas me prononcer.	*Preferisco non pronunciarmi.*
Je n'ai pas d'opinion bien précise à ce sujet.	*Non ho un'opinione precisa al riguardo.*
Je ne me suis jamais posé la question.	*Non ci ho mai pensato.*

APPROVAZIONE E ACCORDO

Je trouve que c'est une excellente idée.	*Mi sembra una magnifica idea.*
Quelle bonne idée !	*Ottima idea!*
J'ai beaucoup apprécié son article.	*Ho apprezzato moltissimo ...*
C'est une très bonne chose.	*È un'ottima cosa.*
Je trouve que vous avez raison de vous méfier.	*Secondo me ha ragione a ...*
Les journaux **ont raison de** publier ces informations.	*... fanno bene a ...*

Vous avez bien fait de laisser vos bagages à la consigne. — *Ha fatto bene a ...*

Vous n'avez pas tort de critiquer le gouvernement. — *Non ha torto a ...*

Je partage cette opinion. — *Condivido l'opinione.*

Je partage votre inquiétude. — *Condivido pienamente la sua ...*

Nous sommes favorables à la création d'emplois. — *Siamo favorevoli alla ...*

Nous sommes en faveur d'une Europe unie. — *Siamo a favore dell' ...*

Il est exact que c'est un risque à prendre. — *È vero che ...*

Il est vrai que cette erreur aurait pu être évitée. — *È vero che ...*

Je suis d'accord avec vous. — *Sono d'accordo con lei.*

Je suis entièrement d'accord avec toi. — *Sono completamente d'accordo con te.*

DISAPPROVAZIONE E DISSENSO

Je trouve qu'il a eu tort d'emprunter autant d'argent. — *Trovo che abbia sbagliato a ...*

Il est dommage qu'il ait réagi ainsi. — *È un peccato che ...*

Il est regrettable qu'ils ne nous aient pas prévenus. — *È un peccato che ...*

Cette idée **me déplaît profondément.** — *... non mi piace per niente.*

Je ne supporte pas le mensonge. — *Non sopporto ...*

Nous sommes contre la chasse. — *Siamo contro ...*

Je refuse cette solution. — *Rifiuto ...*

Je suis opposé à toute forme de censure. — *Sono contrario a ...*

Je ne partage pas ce point de vue. — *Non condivido questo punto di vista.*

Je suis déçu par son attitude. — *Sono deluso da ...*

Je suis profondément déçu. — *Sono profondamente deluso.*

Tu n'aurais pas dû lui parler sur ce ton. — *Non avresti dovuto ...*

Nous ne pouvons accepter de voir la situation se dégrader. — *Non possiamo permettere che ...*

De quel droit agit-il de la sorte ? — *Che diritto ha di ...*

Je ne suis pas d'accord. — *Non sono d'accordo.*

Nous ne sommes pas d'accord avec eux. — *Non siamo d'accordo con ...*

Je ne suis absolument pas d'accord avec ce qu'il a dit. — *Non sono affatto d'accordo con ...*

C'est faux de dire que cette erreur était inévitable. — *Non è vero che ...*

Vous vous trompez ! — *Si sbaglia!*

SCUSE

Per chiedere scusa

Excusez-moi.	*Scusi.*
Excusez-moi de vous déranger.	*Scusi se disturbo.*
Oh, pardon ! J'ai dû faire un faux numéro.	*Oh, scusi!*
Je suis désolé de vous avoir réveillé.	*Mi dispiace di ...*
Je suis désolé pour tout ce qui s'est passé.	*Mi dispiace di ...*
Je vous prie de m'excuser.	*La prego di scusarmi.*
Nous prions nos lecteurs **de bien vouloir excuser** cette omission.	*Preghiamo ... di scusare ...*

... ammettendo responsabilità

C'est (de) ma faute : j'aurais dû partir plus tôt.	*È colpa mia, sarei dovuto ...*
Je n'aurais pas dû me moquer d'elle.	*Non avrei dovuto ...*
Nous avons eu tort de ne pas vérifier cette information.	*Abbiamo sbagliato a non ...*
J'assume seul l'entière responsabilité de cette erreur.	*Mi assumo la piena responsabilità di ...*
Si seulement j'avais préparé ma leçon !	*Se solo avessi ...*

... declinando responsabilità

Ce n'est pas (de) ma faute.	*Non è colpa mia.*
Ce n'est pas (de) ma faute si nous sommes en retard.	*Non è colpa mia se ...*
Je ne l'ai pas fait exprès.	*Non l'ho fatto apposta.*
Je ne pouvais pas faire autrement.	*Non ho potuto fare altrimenti.*
J'avais pourtant cru comprendre que je pouvais me garer là.	*Mi era sembrato di capire che ...*
J'avais cru bien faire en le prévenant.	*Credevo di fare bene a ...*

Per esprimere rammarico

Je regrette, mais ce n'est pas possible.	*Mi dispiace, ma ...*
Je suis désolé, mais je ne peux pas vous aider.	*Mi dispiace ...*
Il nous est malheureusement impossible d'accéder à votre demande.	*Siamo spiacenti di ...*

SPIEGAZIONI

Cause

Je n'ai rien acheté **parce que** je n'ai pas d'argent.	*... perché ...*
Je suis arrivé en retard **à cause des** embouteillages.	*... a causa di ...*
Puisque tu insistes, je rentre dans une semaine.	*Visto che ...*
Comme j'habitais près de la bibliothèque, j'y allais souvent.	*Siccome ...*
J'ai réussi à m'en sortir **grâce au** soutien de mes amis.	*... grazie all' ...*
Je ne pourrai pas venir **car** je n'ai pas fini.	*... perché ...*
Vu la situation actuelle, nous ne pouvons pas nous prononcer.	*Vista ...*
Étant donné la crise, il est difficile de trouver du travail.	*Vista ...*
C'est une rupture d'essieu **qui a provoqué** le déraillement.	*È stata ... che ha causato ...*
Le théâtre va fermer **faute de** moyens.	*... per mancanza di ...*
Il a donné sa démission **pour des raisons de** santé.	*... per motivi di ...*
Le projet a été abandonné **en raison de** problèmes juridiques.	*... a causa di ...*
Le malaise des enseignants **est lié à** la difficulté de leur métier.	*... è legato a ...*
Le problème vient de ce que les gens ont peur des ordinateurs.	*Il problema deriva dal fatto che ...*
Le ralentissement des exportations **provient de** la chute de la demande européenne.	*... è dovuto a ...*
La haine **résulte de** l'incompréhension.	*... proviene da ...*

Per spiegare le conseguenze di una situazione

Je dois partir ce soir. Je ne pourrai **donc** pas venir avec vous.	*... quindi ...*
La distribution a été améliorée, **de telle sorte que** les lecteurs trouveront leur journal plus tôt.	*... cosicché ...*
Le cidre nouveau est très peu fermenté et **par conséquent** très peu alcoolisé.	*... di conseguenza ...*
Ce manque de concertation **a eu pour conséquence** une duplication inutile de nos efforts.	*... ha avuto come conseguenza ...*
Voilà pourquoi on s'en souvient.	*Ecco perché ...*

PARAGONI

On peut comparer la télévision **à** une drogue.	*Si può paragonare ... a ...*
C'est une très belle performance **que l'on peut comparer à** celle des meilleurs athlètes.	*... paragonabile a ...*
Le Centre Pompidou **est souvent comparé à** un paquebot.	*... è spesso paragonato a ...*
Le bruit **était comparable à** celui d'une moto dépourvue de silencieux.	*... era paragonabile a ...*
L'Afrique reste un continent sous-peuplé **comparé à** l'Asie.	*... paragonato all' ...*
Par comparaison avec l'Islande, l'Irlande a un climat tropical.	*In confronto a ...*
Les investissements publicitaires ont connu une légère progression **par rapport à** l'année dernière.	*... rispetto all' ...*
Cette histoire **ressemble à** un conte de fées.	*... sembra ...*
Il adorait cette campagne qui **lui rappelait** la Toscane.	*... gli ricordava ...*
Des taux de chômage effrayants, **rappelant** ceux des années 30.	*... che ricordano ...*
Il me fait penser à mon frère.	*Fa pensare a ...*
Le surf des neiges **est l'équivalent** sur neige **de** la planche à roulettes.	*... è l'equivalente ... dello ...*
Cette somme **correspond à** six mois de salaire.	*... corrisponde a ...*
C'est la même chose.	*È lo stesso.*
Cela revient au même.	*Fa lo stesso.*
Ce disque **n'est ni meilleur ni moins bon que** les autres.	*... non è né meglio né peggio degli ...*

Sottolineando le differenze

Aucune catastrophe **ne peut être comparée à** celle de Tchernobyl.	*Nessuna ... può essere paragonata ...*
On ne peut pas comparer les usines modernes **à** celles où travaillaient nos grands-parents.	*... non si possono paragonare a ...*
Les actions de ce groupe **n'ont rien de comparable avec** les agissements des terroristes.	*... non hanno niente in comune con ...*
Sa démarche le **différencie** de son frère.	*... distingue ...*
L'histoire des États-Unis **ne ressemble en rien à** la nôtre.	*... non assomiglia affatto alla ...*

Il y a des événements bien plus tragiques que de perdre une finale de Coupe d'Europe.	*Ci sono tragedie ben peggiori che ...*
Le gruyère **est meilleur que** le comté.	*... è meglio del ...*
Son deuxième film **est moins** réussi **que** le premier.	*... è meno ... del ...*
L'espérance de vie des femmes est de 81 ans, **tandis que** celle des hommes est de 72 ans.	*... mentre ...*
Alors que la consommation de vin et de bière diminue, l'eau minérale est un marché en expansion.	*Mentre ...*

RICHIESTE E OFFERTE

Richieste

Je voudrais trois tartelettes.	*Vorrei ...*
Je voudrais connaître les horaires des trains pour Lille.	*Vorrei ...*
Pourriez-vous nous donner un coup de main ?	*Potrebbe ...*
Est-ce que vous pouvez annoncer la bonne nouvelle à Éliane ?	*Può ...*
Est-ce que vous pourriez venir me chercher ?	*Potrebbe ...*
Sois gentille, fais un saut chez le boulanger.	*Sii gentile ...*
Auriez-vous l'amabilité de m'indiquer la sortie ?	*Potrebbe per cortesia ...*
Auriez-vous la gentillesse de nous donner la recette ?	*Sarebbe così gentile da ...*
Auriez-vous l'obligeance de me garder ma place ?	*Potrebbe farmi la cortesia di ...*
Puis-je vous demander de m'accorder un instant ?	*Può concedermi ...*
Merci de bien vouloir patienter.	*Se non le dispiace ...*
Est-ce que cela vous dérangerait d'ouvrir la fenêtre ?	*Le spiacerebbe ...*
Je vous serais reconnaissant de me prévenir dès que possible.	*Le sarei grato se ...*
Je vous serais reconnaissant de bien vouloir me communiquer votre décision d'ici vendredi.	*Gradirei che ...*

Offerte

Je peux passer vous prendre, **si** vous voulez.	*Posso ..., se ...*
Je pourrais vous accompagner.	*Potrei ...*
Ça te dit, une glace ?	*Ti va ...*

Ça vous dirait d'aller faire un tour ?	*Le piacerebbe ...*
Que diriez-vous d'une balade en forêt ?	*Cosa ne direbbe di ...*
Est-ce que vous voulez que j'aille chercher votre voiture ?	*Vuole che ...*
Est-ce que vous voulez dîner avec nous un soir ?	*Le andrebbe di ...*

CONSIGLI E SUGGERIMENTI

Per chiedere un consiglio

À ma place, que feriez-vous ?	*Cosa farebbe, al mio posto?*
Quel est votre avis sur la question ?	*Cosa ne pensa?*
Qu'est-ce que vous me conseillez, les Baléares ou les Canaries ?	*Cosa mi consiglia ...*
Que me conseillez-vous de faire ?	*Cosa mi consiglia di fare?*
Parmi les excursions à faire, **laquelle nous conseilleriez-vous ?**	*... quale ci raccomanderebbe?*
Quelle stratégie **proposez-vous ?**	*Che ... propone?*
Que proposez-vous pour réduire la pollution ?	*Cosa bisognerebbe fare, secondo lei, per ...*
Qu'est-ce que vous proposez contre le chômage ?	*Cosa propone contro ...*

Per dare un suggerimento

À votre place, je me méfierais.	*Se fossi in lei ...*
Si j'étais toi, je ne dirais rien.	*Al tuo posto ...*
Je peux vous donner un conseil : achetez votre billet à l'avance.	*Se posso darle un consiglio ...*
Un conseil : lisez le mode d'emploi.	*Un consiglio ...*
Un bon conseil : n'attendez pas le dernier moment pour faire votre réservation.	*Un consiglio ...*
Vous devriez voir un spécialiste.	*Dovrebbe ...*
Vous feriez bien de consulter un avocat.	*Farebbe bene a ...*
Vous feriez mieux d'acheter une nouvelle voiture.	*Farebbe meglio a ...*
Vous pourriez peut-être demander à quelqu'un de vous le traduire.	*Forse potrebbe ...*

Vous pourriez montrer un peu plus de compréhension.	*Potrebbe ...*
Pourquoi ne pas lui téléphoner ?	*Perché non ...*
Il faudrait peut-être essayer autre chose.	*Forse dovremmo ...*
Et si on allait au cinéma ?	*E se ...*
Je vous propose le 3 mars à 10 h 30.	*Io proporrei ...*
Il vaudrait mieux lui offrir de l'argent qu'un bijou.	*Sarebbe meglio ...*
Il serait préférable d'attendre le résultat.	*Sarebbe meglio ...*

Avvertimenti

Je vous préviens, je ne me laisserai pas faire.	*L'avverto ...*
Je te préviens que ça ne sera pas facile.	*Ti avverto che ...*
N'oubliez pas de conserver le double de votre déclaration d'impôts.	*Si ricordi di ...*
Méfiez-vous des apparences.	*Non si fidi delle ...*
Surtout, n'y allez **jamais** le samedi.	*Soprattutto, non ... mai ...*
Si tu ne viens pas, **tu risques de** le regretter.	*... rischi di ...*

INTENZIONI E DESIDERI

Per chiedere a qualcuno cosa intenda fare

Qu'est-ce que vous allez faire ?	*Cosa pensa di fare?*
Qu'est-ce que tu vas faire si tu rates ton examen ?	*Cosa fai se ...*
Qu'allez-vous faire en rentrant? **Avez-vous des projets ?**	*Cosa conta di fare ... Ha dei progretti?*
Quels sont vos projets ?	*Che progetti ha?*
Est-ce que tu comptes passer tes vacances ici ?	*Conti di ...*
Vous comptez rester longtemps ?	*Conta di ...*
Que comptez-vous faire de votre collection ?	*Cosa conta di fare della ...*
Comment comptez-vous faire ?	*Come pensa di fare?*
Tu as l'intention de passer des concours ?	*Hai intenzione di ...*
Songez-vous à refaire un film en Europe ?	*Pensa di ...*

Per esprimere le proprie intenzioni

Je comptais m'envoler pour Ajaccio le 8 juillet.	*Pensavo di ...*
Elle prévoit de voyager pendant un an.	*Prevede di ...*
Il est prévu de construire un nouveau stade.	*Si prevede di ...*
Ils envisagent d'avoir plusieurs enfants.	*Stanno pensando di ...*
Cette banque **a l'intention de** fermer un grand nombre de succursales.	*... ha intenzione di ...*
Je songe à abandonner la politique.	*Sto pensando di ...*
J'ai décidé de changer de carrière.	*Ho deciso di ...*
Je suis décidée à arrêter de fumer.	*Ho deciso di ...*
Je me suis décidée à y aller.	*Mi sono decisa a ...*
C'est décidé, nous partons à la campagne.	*È deciso ...*
Il n'a jamais été dans nos intentions de lui cacher la vérité.	*Non è mai stata nostra intenzione ...*
Il n'est pas question pour moi **de** renoncer à ce projet.	*... è fuori discussione.*

Desideri

Je veux faire du cinéma.	*Voglio ...*
Je voudrais savoir jouer aussi bien que lui.	*Vorrei ...*
J'aimerais faire du deltaplane.	*Mi piacerebbe ...*
J'aimerais que mes photos soient publiées dans la presse.	*Vorrei che ...*
J'aurais aimé avoir un frère.	*Mi sarebbe piaciuto ...*
Lionel **voulait à tout prix** partir le soir-même.	*... voleva a tutti i costi ...*
Nous souhaitons préserver notre indépendance.	*È nostro desiderio ...*
J'espère avoir des enfants.	*Spero di ...*
Nous espérons que les enfants regarderont cette émission avec leurs parents.	*Ci auguriamo che ...*
Vous rêvez de faire le tour du monde ?	*Sogna di ...*
Mon rêve serait d'avoir une grande maison.	*Il mio sogno sarebbe di ...*

OBBLIGO

Il faut que je me trouve un logement.	*Devo ...*
Il faut absolument qu'on se revoie avant le 23 !	*Dobbiamo assolutamente ...*
Si vous allez en Pologne, **vous devez** venir nous voir.	*... deve ...*
Les auteurs du détournement **ont exigé que** l'avion reparte vers New York.	*... hanno richiesto che ...*
Ça **me force à** faire de l'exercice.	*... mi obbliga a ...*
Une violente crise d'asthme **m'a obligé à** consulter un médecin.	*... mi ha costretto a ...*
Je suis obligé de partir.	*Sono costretto a ...*
Il est obligé de travailler, **il n'a pas le choix.**	*... deve ..., non ha scelta.*
On ne peut pas faire autrement que d'accepter.	*Non c'è altro da fare che ...*
L'école **est obligatoire** jusqu'à seize ans.	*... è obbligatoria ...*
Il est indispensable de voyager pour comprendre les autres.	*È indispensabile ...*

PERMESSO

Per chiedere il permesso

Je peux téléphoner ?	*Posso ...*
Je peux vous demander quelque chose ?	*Posso ...*
Est-ce que je peux passer vous dire un petit bonjour tout à l'heure ?	*Posso ...*
Ça ne vous dérange pas si j'arrive en avance ?	*Va bene se ...*
Ça ne vous dérange pas que je fume ?	*Le dà fastidio se ...*
Est-ce que ça vous dérange si j'ouvre la fenêtre ?	*Le spiace se ...*
Vous permettez, Madame, **que** je regarde ce qu'il y a dans votre sac ?	*Permette che ...*

Per concedere il permesso

(Vous) faites comme vous voulez. — *Faccia come vuole.*

Allez-y ! — *Faccia pure!*

Je n'y vois pas d'inconvénient. — *Non ho niente in contrario.*

Vous avez le droit de porter plainte. — *Può ...*

Per negare il permesso

Je te défends de sortir ! — *Ti proibisco di ...*

C'est défendu. — *È vietato.*

Il est interdit de fumer dans les toilettes. — *È vietato ...*

Le travail des enfants **est formellement interdit par** une convention de l'ONU. — *... è formalmente proibito da ...*

Défense d'entrer. — *Vietato l'ingresso.*

Stationnement interdit. — *Sosta vietata.*

Interdiction de stationner. — *Divieto di sosta.*

C'est interdit. — *Non è permesso.*

Elle interdit à ses enfants **d'**ouvrir la porte. — *Proibisce ai ... di ...*

Tu n'as pas le droit. — *Non puoi.*

On n'avait pas le droit de manger ni de boire pendant le service. — *Non potevamo ...*

Il n'en est pas question. — *È fuori discussione.*

CERTEZZA, PROBABILITÀ E POSSIBILITÀ

Certezza

Il est certain qu'il y aura des problèmes. — *... senz'altro ...*

Il ne fait aucun doute que ce produit connaîtra un réel succès. — *Non c'è alcun dubbio che ...*

Il est évident qu'il traverse une période difficile. — *È evidente che ...*

C'est **de toute évidence** la seule chose à faire.	*... ovviamente ...*
Il est indéniable qu'il a eu tort d'agir ainsi.	*È innegabile che ...*
Je suis sûre que mon frère te plaira.	*Sono sicura che ...*
Je suis sûr de gagner.	*Sono sicuro di ...*
Je suis certain que nous sommes sur la bonne voie.	*Sono certo che ...*
J'ai la certitude qu'en travaillant avec lui, je ne m'ennuierai pas.	*Ho la certezza di ...*
Je suis persuadé qu'il y a d'autres solutions.	*Sono convinto che ...*

Probabilità

Il est probable que le prix du pétrole va continuer d'augmenter.	*È probabile che ...*
Le taux d'inflation dépassera **très probablement** les 10 %.	*... molto probabilmente ...*
80 % des problèmes de peau sont **sans doute** d'origine psychique.	*... probabilmente ...*
Ils avaient **sans doute** raison.	*... con ogni probabilità ...*
Les travaux **devraient** débuter au mois d'avril.	*... dovrebbero ...*
Il se pourrait bien qu'ils cherchent à tester nos réactions.	*Potrebbe ben darsi che ...*
On dirait que tout lui est égal.	*Si direbbe che ...*
Il a dû oublier d'ouvrir les fenêtres.	*Deve avere ...*

Possibilità

C'est possible.	*È possibile.*
Il est possible que cela coûte plus cher.	*Può darsi che ...*
Il n'est pas impossible qu'il soit parti à Paris.	*Non è da escludere che ...*
Il se pourrait que l'Amérique ait été découverte par des Chinois.	*È possibile che ...*
Il se peut que ce virus soit particulièrement virulent.	*... potrebbe ...*
En quelques mois tout **peut** changer.	*... potrebbe ...*
Il a **peut-être** mal compris.	*Forse ...*
Peut-être que je me trompe.	*Magari ...*

DUBBIO, IMPROBABILITÀ E IMPOSSIBILITÀ

Dubbio

Je ne suis pas sûr que ce soit utile.	*Non sono sicuro che ...*
Je ne suis pas sûre d'y arriver.	*Non sono sicura di ...*
Je ne suis pas certain d'avoir raison.	*Non sono certo di ...*
Il n'est pas certain que cela soit une bonne idée.	*Non è convinto che ...*
Il n'est pas certain qu'un vaccin puisse être mis au point.	*Non è sicuro che ...*
Je me demande si nous avons fait beaucoup de progrès dans ce domaine.	*Mi domando se ...*
Est-ce sage ? **J'en doute.**	*Ne dubito.*
Il se mit à **douter de** la compétence de son médecin.	*... dubitare della ...*
Je doute fort qu'il accepte de rester inactif.	*Dubito fortemente che ...*
On ne sait pas exactement ce qui s'est passé.	*Non si sa esattamente ...*

Improbabilità

Il **ne** changera **probablement pas** d'avis.	*Probabilmente non ...*
Il est peu probable qu'il reste encore des places.	*È poco probabile che ...*
Ça m'étonnerait qu'ils aient ta pointure.	*Mi meraviglierei se ...*
Il serait étonnant que tout se passe conformément aux prévisions.	*Sarebbe strano se ...*
Nous ne risquons pas de nous ennuyer.	*Non c'è pericolo di ...*
Elles ne risquent pas d'avoir le prix Nobel d'économie.	*Non c'è pericolo che ...*
Il y a peu de chances que le taux de croissance dépasse 1,5 %.	*Ci sono poche probabilità che ...*

Impossibilità

C'est impossible.	*È impossibile.*
Il n'est pas possible qu'il n'y ait rien à faire.	*Non è possibile che ...*
Il est impossible que ces renseignements soient faux.	*È impossibile che ...*
Il n'y a aucune chance qu'ils viennent à notre secours.	*Non c'è alcuna possibilità che ...*

SALUTI

Bonjour !	*Buongiorno!*
Bonsoir !	*Buonasera!*
Salut !	*Ciao!*
Comment allez-vous ?	*Come sta?*
Comment ça va ?	*Come va?*

Come rispondere

Très bien, merci, et vous ?	*Molto bene grazie, e lei?*
Ça va, et toi ?	*Bene, e tu?*
Super bien !	*Benone!*
On fait aller.	*Si tira avanti.*
Couci-couça.	*Così così.*

Per fare le presentazioni

Je vous présente Charles.	*Questo è ...*
Je vous présente mon amie.	*Le presento ...*
Marc ; Laurent	*Piacere, Marc; Lorenzo.*
Je ne crois pas que vous vous connaissiez.	*Vi conoscete?*

Cosa dire durante le presentazioni

Enchanté.	*Piacere.*
Enchanté *o* **Ravi de faire votre connaissance.**	*Piacere di conoscerla.*
Salut, moi c'est Dominique.	*Ciao, io sono ...*

Accomiatarsi

Au revoir !	*Arrivederci!*
Bonne nuit !	*Buonanotte!*
Salut !	*Ciao!*
À bientôt !	*A presto!*
À demain !	*A domani!*

À la semaine prochaine !	*Alla settimana prossima!*
À jeudi !	*A giovedì!*

Auguri

Bon anniversaire !	*Buon compleanno!*
Joyeux Noël !	*Buon Natale!*
Bonne année !	*Buon anno!*
Félicitations !	*Congratulazioni!*
Bon voyage !	*Buon viaggio!*
Bonne chance !	*Buona fortuna!*
Bienvenue !	*Benvenuti!*
Amusez-vous bien !	*Si diverta!*
(À votre) santé !	*Salute!*
Tchin-tchin !	*Cin cin!*
Bon appétit !	*Buon appetito!*

CORRISPONDENZA

Come intestare una busta

Sul fronte

Francobollo

Il numero civico e il nome della strada sono sempre separati da una virgola.

Monsieur Léon Mougeot
45, avenue de la République
75010 Paris

Il codice postale viene sempre prima del nome della città.

Sul retro

Exp. Marcel Gautier
71, rue Montserrat
69000 Lyon

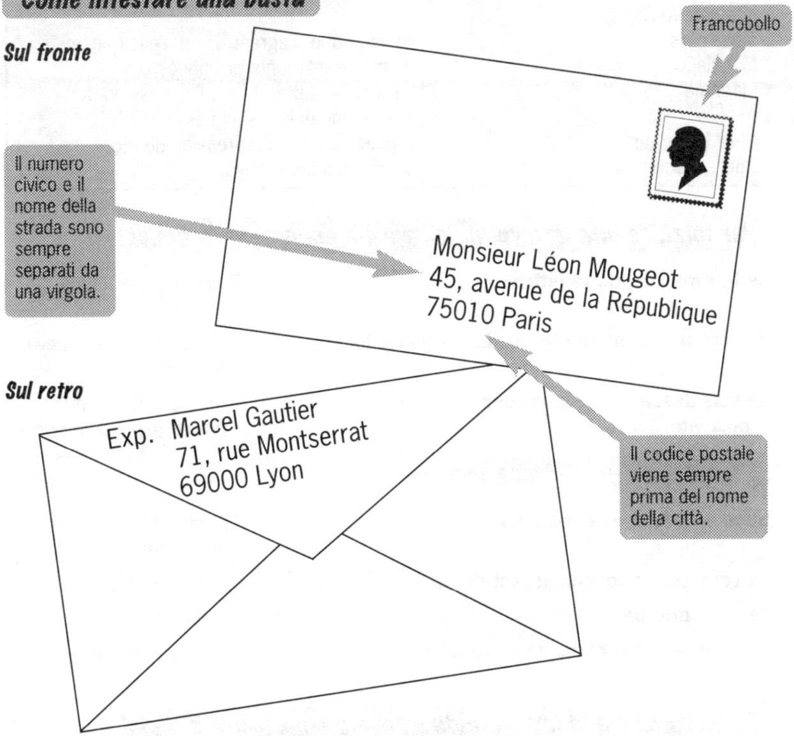

Abbreviazioni usate comunemente negli indirizzi

av. = avenue
bd = boulevard
Exp. = expéditeur
fg = faubourg
pas. = passage
pl. = place

Formule di apertura e chiusura standard

Per scrivere a conoscenti o amici

Cher Monsieur	Je vous envoie mes bien amicales pensées *(abbastanza formale)*
Chers Jean et Sylvie Chère tante Laure Mon cher Laurent	Bien amicalement Je t'embrasse bien affectueusement Grosses bises *(molto informale)*

Nella corrispondenza formale

Monsieur le Directeur (*o* le Maire *etc*) Madame le Directeur Messieurs Monsieur Madame Cher Monsieur Chère Madame	Je vous prie d'agréer, [. . .], l'assurance de ma considération distinguée Je vous prie d'agréer, [. . .], l'assurance de mes sentiments distingués *o* Veuillez accepter, [. . .], l'expression de mes sentiments distingués Croyez, [. . .], à l'expression de mes sentiments les meilleurs

Per iniziare una lettera indirizzata a conoscenti o amici

Je te remercie de ta lettre ... — *Ti ringrazio per la tua lettera ...*

J'ai été très content d'avoir de tes nouvelles. — *Sono felice di aver ricevuto tue notizie.*

Je suis désolé de ne pas vous avoir répondu plus vite. — *Mi dispiace non averle potuto rispondere prima.*

Per iniziare una lettera formale

Suite à ... je vous écris pour ... — *Con riferimento a ... le scrivo per ...*

Je vous serais reconnaissant de ... — *Le sarei grato di ...*

Je vous prie de ... — *La prego di ...*

Nous vous remercions de votre lettre ... — *La ringraziamo per la sua lettera ...*

Per chiudere una lettera indirizzata a conoscenti o amici

Transmettez mes amitiés à ... — *Porti i miei saluti a ...*

Dis bonjour à ... de ma part. — *Saluta ... da parte mia.*

... t'embrasse ... — *... ti abbraccia ...*

Embrasse ... pour moi. — *Abbraccia ... da parte mia.*

Per chiudere una lettera formale

Dans l'attente de votre réponse ... — *In attesa di un suo cortese riscontro ...*

Je demeure à votre entière disposition pour toute information complémentaire. — *Rimango a sua disposizione per ulteriori informazioni.*

Je vous remercie dès à présent de ... — *La ringrazio anticipatamente per ...*

LETTERA DI RINGRAZIAMENTO

Nome e indirizzo del mittente.

La località da dove viene scritta la lettera deve precedere la data. L'articolo **le** è compreso nella data.

Anne et Cyrille Legendre
25, rue des Grillons
69000 LYON

Lyon, le 24 octobre 1999

Chers oncle et tante,

Le grand jour, c'était il y a presqu'un mois déjà ... Ce fut une merveilleuse fête et nous étions très heureux de vous avoir parmi nous.

Nous tenons à vous remercier chaleureusement de votre gentil cadeau et nous vous inviterons bientôt pour inaugurer ce superbe service à raclette comme il se doit.

Vous trouverez aussi ci-joint une photo-souvenir.

Nous vous embrassons tous les deux,

Anne et Cyrille

Per le alternative, vedi pag.21.

PRENOTAZIONE ALBERGHIERA

Nome e indirizzo del destinatario della lettera.

Jeanne Judon
89, bd des Tertres
75008 PARIS

Hôtel Renoir
15, rue de Beaumanoir
59000 LILLE

Paris, le 3 novembre 1999

Madame ou Monsieur,

Per le alternative, vedi pag.22.

Me rendant à Lille le mois prochain à l'occasion du Salon de l'esthétique, j'aimerais réserver une chambre avec salle de bains pour deux nuits le mercredi ler et le jeudi 2 décembre 1999.

Je vous saurais gré de me communiquer vos tarifs et de me confirmer que vous avez bien une chambre libre à cette époque.

Je vous prie de croire, Madame, Monsieur, à l'assurance de mes sentiments distingués.

Jeanne Judon

LETTERA DI RECLAMO

M et Mme DAUNAY
La Longue Haie
35135 CHANTEPIE

Hôtel “Au Bon Accueil”
17, rue Nationale
86000 POITIERS

Chantepie, le 29 décembre 1999

Madame, Monsieur,

Mon mari et moi avons passé la nuit du 23 décembre dans votre hôtel, où nous avions préalablement réservé une chambre. Nous tenons à vous faire savoir que nous avons été très déçus par vos services, en particulier par le bruit – nous avons pourtant demandé une chambre calme – et l'impossibilité de se faire servir un petit déjeuner avant notre départ à 6 h 30.

Cet arrêt dans votre hôtel qui devait nous permettre de nous reposer au cours d'un long voyage en voiture n'a fait que nous fatiguer davantage. Sachez que nous prendrons bien soin de déconseiller votre établissement à nos amis.

Je vous prie d'agréer, Madame, Monsieur, mes salutations distinguées.

Per le alternative, vedi pag.22.

CURRICULUM VITAE

Nel Canada di lingua francese si usa **courriel** al posto di **adresse électronique**.

CURRICULUM VITÆ

LEGUEN Maxime
29, rue de Vannes
35000 RENNES
Tél : 56 02 71 28
Adresse électronique : mleguen@agriventes.com.fr

29 ans
célibataire
nationalité française

EXPÉRIENCE PROFESSIONNELLE

Du 10.3.95 à ce jour : Adjointe du directeur à l'exportation, Agriventes, Rennes

Du 8.10.93 au 30.1.95 : Secrétaire de direction, France-Exportations, Cognac

DIPLÔMES

1993 : Diplôme de secrétaire bilingue, délivré par l'École de commerce de Poitiers

1992 : Licence de langues étrangères appliquées (anglais et russe), Université de Poitiers – plusieurs mentions

1988 : Baccalauréat (langues) – mention assez bien

AUTRES RENSEIGNEMENTS

Langues étrangères : anglais et russe (courant), allemand (bonnes connaissances)

Stage d'information dans le cadre de la formation continue, 1995

Permis de conduire

Nombreux voyages en Europe et aux États-Unis

In caso di titoli di studio italiani, per cercare lavoro in un paese di lingua francese occorre indicare **"équivalence baccalauréat (maturità), équivalence licence de lettres (laurea)"**.

RICERCA DI LAVORO

Questo è il testo adatto per rivolgersi ad una società. Tuttavia, se si scrive al titolare di un posto ben preciso si consiglia di usare il testo seguente:

Monsieur (o **Madame**) **le Directeur des ressources humaines**
Société GERBAULT ecc.

e di iniziare la lettera con:

Monsieur le Directeur des ressources humaines,

Se si conosce il nome della persona è meglio usare la seguente formula:

Monsieur Alain Dupont
Directeur des ressources humaines
Société GERBAULT ecc.

e iniziare la lettera con:

Monsieur,

Maxime LEGUEN
29, rue de Vannes
35000 RENNES

Service du Personnel
Société GERBAULT
85, bd de la Liberté
35000 RENNES

Rennes, le 12 juillet 1999

Madame, Monsieur,

Votre annonce parue dans le Monde du 8 juillet concernant un poste d'assistante de direction dans votre service Import-Export m'a particulièrement intéressée.

Mon expérience de quatre ans en tant qu'assistante de direction dans le service d'exportation d'une petite entreprise m'a permis d'acquérir un sens des responsabilités ainsi qu'une grande capacité d'adaptation. Le poste que vous proposez m'intéresse tout particulièrement car j'aimerais beaucoup pouvoir utiliser ma connaissance de la langue et de la culture russe dans le cadre de mon travail.

Je me tiens à votre disposition pour vous apporter de plus amples renseignements sur ma formation et mon expérience.

Je vous prie, Madame, Monsieur, de bien vouloir agréer mes salutations distinguées.

Maxime Leguen

Maxime Leguen

P.J. : CV

= **pièces jointes.** Da aggiungere se si allegano alla lettera ulteriori informazioni, p. es. un curriculum vitae.

CONVOCAZIONE AD UN COLLOQUIO DI LAVORO

SOCIÉTÉ GERBAULT

85, bd de la Liberté
35000 RENNES
***TÉLÉPHONE* : 02 99 45 32 88 • *TÉLÉCOPIE* : 02 99 45 32 90**

Maxime LEGUEN
29, rue de Vannes
35000 RENNES

Rennes, le 19 juillet

Madame,

Per le alternative, vedi pag.22.

Votre candidature au poste d'assistante de direction au sein de notre Compagnie a retenu notre attention.

Nous vous proposons, dans le but de faire plus ample connaissance de part et d'autre, de rencontrer :

Monsieur LAURENT

notre Directeur Régional, le 26 juillet prochain, à 9 h, à l'adresse suivante :

2, bd de Lattre de Tassigny
35000 RENNES

Si cette date ne vous convenait pas, vous seriez aimable d'avertir notre secrétariat (Tél : 02 99 45 32 88) afin de convenir d'un autre rendez-vous.

Nous vous prions de croire, Madame, à l'expression de nos sentiments distingués.

Jean Minet

Jean Minet

FAX

France-Sanitaires S.A

55, rue de Strasbourg
75012 Paris
Téléphone : 01 63 13 84 20
Télécopie : 01 63 13 84 32

TELECOPIE

À : Mme Robin

Date : le 7 janvier 1999

De : M. Edmond
Service clientèle

Nombre de pages à suivre : 1

Réf. : Devis pour installation salle de bains.

Madame,

Suite à notre visite d'avant-hier, veuillez trouver ci-joint notre devis pour l'installation d'une salle de bains dans votre appartement. Les prix comprennent la fourniture du matériel ainsi que la main d'œuvre.

Dans l'attente de votre réponse, je vous prie, Madame, d'agréer l'expression de mes meilleurs sentiments,

Y. Edmond

POSTA ELETTRONICA

Mandare un messaggio

Nouveau message

Fichier Edition Affichage Outils **Composer** Aide Envoyer

A: fabienne@europost.fr

Cc:

Copie cachée:

Objet: Réunion

- Nouveau message
- Répondre
- Répondre à tous
- Faire suivre
- Fichier joint

Est-ce qu'on pourrait se voir demain à 15 h pour faire un point sur les opérations en cours ? Si tu ne peux pas demain, je suis libre vendredi midi, on pourrait déjeuner ensemble.

À plus

Nadia

Fichier	File
Édition	Modifica
Affichage	Visualizza
Outils	Strumenti
Composer	Componi
Aide	Help
Envoyer	Invia
Nouveau message	Componi messaggio
Répondre	Rispondi all'autore

POSTA ELETTRONICA

Ricevere un messaggio

Réunion

Fichier   Edition   Affichage   Outils   Composer   Aide

De: Fabienne Mercier (fabienne@europost.fr)

Date: 30 novembre 1999 11 h 30

A: nadia.martin@europost.fr

Objet: Réunion

In francese per comunicare a qualcuno il proprio indirizzo di posta elettronica si dice: **"fabienne arrobas europost point fr".**

C'est bon pour vendredi. Disons 13 h à la brasserie ?

Je ne serai pas joignable demain, je suis en formation toute la journée.

Bon courage et à vendredi.

Fabienne

Répondre à tous	Rispondi a tutti
Faire suivre	Inoltra
Fichier joint	Inserisci file
À	A
Cc	Cc
Copie cachée	Ccn
Objet	Oggetto
De	Da
Date	Data

TELEFONO

Diversi tipi di telefonate

Communication locale/interurbaine. — *Comunicazione urbana/ interurbana.*

Je voudrais appeler l'étranger. — *Vorrei chiamare all'estero.*

Je voudrais appeler Londres **en PCV.** — *Vorrei fare una chiamata a ... con addebito al destinatario.*

Comment est-ce que je peux téléphoner à l'extérieur ? — *Come faccio ad avere la linea esterna?*

Come chiedere informazioni

Quel est le numéro des renseignements ? — *Qualè il numero delle informazioni?*

Je voudrais le numéro de la société Europost, 20, rue de la Marelle, à Pierrefitte. — *Vorrei il numero di ...*

Quel est l'indicatif de la Martinique ? — *Qualè il prefisso di ...*

Quel est le numéro de l'horloge parlante ? — *Qualè il numero dell'ora esatta?*

Come ricevere informazioni

Le numéro que vous avez demandé est le 01 40 32 37 12. *(zéro un quarante trente-deux trente-sept douze)* — *Il numero da lei richiesto è il ...*

Je regrette, mais il n'y a pas d'abonné à ce nom. — *Spiacente, non c'è nessun abbonato con questo nome.*

Le numéro que vous avez demandé est sur liste rouge. — *Il numero da lei richiesto è riservato.*

Quando l'abbonato risponde

Je voudrais parler à *o* **Pourrais-je parler à** M. Wolff, s'il vous plaît ? — *Vorrei* o *Potrei parlare con ...*

Pourriez-vous me passer le docteur Brun, s'il vous plaît ? — *Può passarmi ...*

Pourriez-vous me passer le poste 52 64, s'il vous plaît ? — *Può passarmi l'interno ...*

Je rappellerai dans une demi-heure. — *Richiamo tra ...*

Pourriez-vous lui demander de me rappeler à son retour ? — *Può chiedergli di richiamarmi appena rientra?*

Risponde il centralino/la centralinista

C'est de la part de qui ? — *Chi parla?*

Je vous le passe. — *Glielo passo.*

J'ai un appel de Tokyo **pour** Mme Thomson. — *Ho una chiamata da ... per ...*

J'ai Mlle Martin **en ligne.** — *Ho in linea ...*

Le docteur Roberts **est en ligne, vous patientez ?** — *... è occupato sull'altra linea, attende?*

Ne quittez pas. — *Attenda, prego.*

Ça ne répond pas. — *Non risponde.*

Voulez-vous laisser un message ? — *Desidera lasciare un messaggio?*

Messaggi registrati

Le numéro de votre correspondant n'est plus attribué. Veuillez consulter l'annuaire ou votre centre de renseignements. — *Il numero selezionato è inesistente. La preghiamo di consultare l'elenco o il servizio informazioni elenco abbonati.*

Le numéro de votre correspondant a changé. Veuillez composer désormais le 33 42 21 70. — *L'abbonato ha cambiato numero. Il nuovo numero è ...*

Par suite de l'encombrement des lignes, votre appel ne peut aboutir. Veuillez rappeler ultérieurement. — *A causa dell'ingente traffico, non ci è possibile dar seguito alla sua chiamata. La preghiamo di richiamare più tardi.*

Bonjour, vous êtes en communication avec le service des ventes. **Veuillez patienter, nous allons donner suite à votre appel dans quelques instants.** — *Buongiorno, siete in linea con ... Vi preghiamo di attendere, un operatore risponderà appena possibile.*

Bonjour, vous êtes bien chez M. et Mme Martin. **Laissez un message après le bip sonore et nous vous rappellerons dès notre retour.** Merci. — *Buongiorno, risponde la segreteria telefonica di ... Lasciate un messaggio dopo il bip, sarete richiamati al più presto.*

Per rispondere al telefono

Allô, c'est Anne **à l'appareil.** — *Pronto, sono ...*

C'est moi *o* **lui-même (***o* **elle-même).** — *Sono io.*

Qui est à l'appareil ? — *Chi parla?*

In caso di difficoltà

Je n'arrive pas à avoir le numéro. — *Non riesco a prendere la linea.*

Leur téléphone est en dérangement. — *Il loro telefono è guasto.*

Nous avons été coupés. — *È caduta la linea.*

J'ai dû faire un faux numéro. — *Credo di aver sbagliato numero.*

Il y a quelqu'un d'autre sur la ligne. — *C'è un'interferenza sulla linea.*

La ligne est très mauvaise. — *La linea è molto disturbata.*

GOÛTS ET PRÉFÉRENCES

Pour dire ce que l'on aime

Mi piacciono i dolci.	*J'aime ...*
Mi piace che le cose siano al loro posto.	*J'aime que ...*
Il film **mi è piaciuto.**	*J'ai bien aimé ...*
La visita ai vigneti **mi è piaciuta molto.**	*... m'a beaucoup plu.*
Adoro andare in discoteca.	*J'adore ...*
La cosa che mi piace di più è passare una serata con amici.	*Ce que j'aime par-dessus tout, c'est ...*
Il mio piatto **preferito** è il risotto.	*... mon ... favori.*
Leggere è **uno dei miei** passatempi **preferiti.**	*... une de mes ... préférées.*
Ho un debole per i dolci al cioccolato.	*J'ai un faible pour ...*
Vado matto per la musica jazz.	*J'ai une passion pour ...*
Non c'è niente di meglio di un bel bagno caldo!	*Rien de tel que ...*
Non mi dispiace stare da solo.	*Cela ne me déplaît pas de ...*

Pour dire ce que l'on n'aime pas

Non mi piace il pesce.	*Je n'aime pas ...*
Non mi piace molto parlare in pubblico.	*Je n'aime pas beaucoup ...*
La birra **non mi piace per niente.**	*Je n'aime pas du tout ...*
Il suo comportamento **non mi piace per niente.**	*... ne me plaît pas du tout.*
Odio la chimica.	*Je déteste ...*
Detesto lo sport.	*J'ai horreur du ...*
Non sopporto che mi si dicano bugie.	*Je ne supporte pas que ...*
Se c'è una cosa che odio è aspettare sotto la pioggia.	*Ce que je déteste le plus, c'est de ...*
Non è che l'idea **mi faccia impazzire.**	*... ne m'emballe pas.*

Préférences

Preferisco il rock **alla** musica classica.	*Je préfère ... à ...*
Preferirei vivere a Parigi.	*Je préférerais ...*

Preferirei morire di fame **piuttosto che** chiedergli un favore.	*J'aimerais mieux ... que de ...*
Mi piacerebbe di più lavorare a casa.	*Je préférerais ...*

Indifférence

Per me fa lo stesso.	*Ça m'est égal.*
Non ho preferenze.	*Je n'ai pas de préférence.*
Come vuole *ou* **preferisce.**	*C'est comme vous voudrez.*
Non ha nessuna importanza.	*Cela n'a aucune importance.*
È indifferente.	*Peu importe.*
Fai come credi, **per me è uguale.**	*... ça m'est égal.*

Comment demander à quelqu'un ce qu'il aime

Ti piacciono le patate fritte?	*Est-ce que tu aimes ...*
Ti piace cucinare?	*Est-ce que tu aimes ...*
Le piace vivere in città?	*Est-ce que cela vous plaît de ...*
Cosa preferisci: il mare o la montagna?	*Qu'est-ce que tu préfères ...*
Quale prefereisci: il rosso o il nero?	*Lequel préfères-tu ...*
Preferisci vivere in città o in campagna?	*Est-ce que tu préfères ...*
Cosa ti piace di più in un uomo?	*Qu'est-ce que tu aimes le plus ...*

OPINIONS

Comment demander l'avis de quelqu'un

Cosa pensa del divorzio?	*Que pensez-vous du ...*
Cosa ne pensa?	*Qu'en pensez-vous ?*
Potrebbe dirmi la sua opinone su questo programma?	*Est-ce que vous pourriez me donner votre avis sur ...*
Vorrei sapere cosa pensi del suo lavoro.	*Je voudrais savoir ce que tu penses de ...*
Qual è la sua opinione sulle probabilità di successo?	*Quelle est votre opinion sur ...*
Mi piacerebbe sentire il suo parere su questo problema.	*J'aimerais connaître votre avis sur ...*
Come ti sembra il suo modo di fare?	*Que penses-tu de ...*
A suo parere, c'è parità tra uomini e donne?	*À votre avis ...*

A suo avviso, lui c'entra? — *À votre avis ...*

Secondo te, bisognerebbe ripensarci? — *Selon toi ...*

Comment donner son avis

Hai ragione. — *Tu as raison.*

Ha torto. — *Il a tort.*

Ha sbagliato a dimettersi. — *Il a eu tort de ...*

Sono sicuro che sia del tutto sincero. — *Je suis certain que ...*

Sono convinto che esistano altre soluzioni. — *Je suis persuadé que ...*

Sono convinto che sia la soluzione migliore. — *Je suis persuadé que c'est ...*

Penso che sarà possibile. — *Je pense que ...*

Penso che tu sbagli. — *Je pense que ...*

Credo che sia un po' prematuro. — *Je crois que ...*

Credo che sia in ritardo. — *Je crois qu'il est ou qu'elle est ...*

Mi sembra che sia normale. — *Je trouve que ...*

A mio parere, non è cambiato. — *À mon avis ...*

A mio avviso, è il caso di intervenire. — *À mon avis ...*

Per me, ha sbagliato. — *D'après moi ...*

Secondo me, è stato un grave errore. — *Selon moi ...*

Personalmente, ritengo che sia denaro sprecato. — *Personnellement, je pense que ...*

Ho l'impressione che i suoi non la capiscano. — *J'ai l'impression que ...*

Comment éviter de donner son avis

Non ho un'opinione precisa al riguardo. — *Je n'ai pas d'opinion bien précise à ce sujet.*

A dire il vero, non ci ho mai pensato. — *À vrai dire, je ne me suis jamais posé la question.*

Dipende da cosa intendi per patriottismo. — *Tout dépend de ce que tu entends par ...*

Dipende. — *Ça dépend.*

Preferisco non pronunciarmi. — *Je préfère ne pas me prononcer.*

APPROBATION ET ACCORD

Mi sembra una magnifica idea. — *Je trouve que c'est une excellente idée.*

Ottima idea! — *Quelle bonne idée !*

Hai fatto bene a lasciare le valigie al deposito bagagli. — *Tu as bien fait de ...*

Ho apprezzato moltissimo il suo articolo sul razzismo. — *J'ai beaucoup apprécié ...*

I giornali **fanno bene a** pubblicare queste notizie. — *... ont raison de ...*

Secondo me lei ha ragione a diffidarne. — *Je trouve que vous avez raison de ...*

È un'ottima cosa. — *C'est une très bonne chose.*

Non hai torto a lamentarti. — *Tu n'as pas tort de ...*

Condivido la sua opinione. — *Je partage votre opinion.*

Condivido pienamente la sua apprensione. — *Je partage votre ...*

Siamo favorevoli alla creazione di posti di lavoro. — *Nous sommes favorables à ...*

Siamo a favore dell'Europa unita. — *Nous sommes en faveur de ...*

Ritengono giustamente che l'inquinamento provenga dalla fabbrica. — *... estiment à juste titre que ...*

Sono d'accordo con lei. — *Je suis d'accord avec vous.*

Sono pienamente d'accordo con te. — *Je suis entièrement d'accord avec toi.*

È vero che ci sono meno matrimoni oggi. — *Il est vrai que ...*

DÉSAPPROBATION ET DÉSACCORD

Non sono d'accordo. — *Je ne suis pas d'accord.*

Non siamo d'accordo con loro. — *Nous ne sommes pas d'accord avec ...*

Non sono affatto d'accordo con quello che ha detto. — *Je ne suis absolument pas d'accord avec ...*

Non è vero che il risultato era inevitabile. — *C'est faux de dire que ...*

Si sbaglia! — *Vous vous trompez !*

Non condivido il punto di vista degli euroscettici. — *Je ne partage pas le point de vue des ...*

Siamo contro la caccia. — *Nous sommes contre ...*

L'idea **non mi piace per niente.** — *... ne me plaît pas du tout.*

Non sopporto le bugie. — *Je ne supporte pas ...*

La violenza **è ingiustificabile.** — *... est injustifiable.*

Sono contrario al test obbligatorio per l'AIDS. — *Je suis opposé au ...*

Trovo che abbia sbagliato a chiedere un prestito così grosso. — *Je trouve qu'il a eu tort de ...*

Non avresti dovuto parlargli così. — *Tu n'aurais pas dû ...*

Sono deluso del suo atteggiamento. — *Je suis déçu par ...*

Sono profondamente deluso. — *Je suis profondément déçu.*

È un peccato che costi così caro. — *C'est dommage que ...*

È deplorevole che non siano in grado di trovare una soluzione. — *Il est regrettable que ...*

Non possiamo permettere che la situazione peggiori. — *Nous ne pouvons accepter de voir ...*

Che diritto ha di agire così? — *De quel droit ...*

EXCUSES

Pour s'excuser

Scusi. — *Excusez-moi.*

Oh, scusi! Devo aver sbagliato piano. — *Oh, pardon !*

Scusi se disturbo. — *Excusez-moi de vous déranger.*

Scusa se ti ho svegliato. — *Je suis désolé de ...*

Mi dispiace per tutto quello che è successo. — *Je suis désolé pour ...*

La prego di scusarmi. — *Je vous prie de m'excuser.*

Preghiamo i lettori **di** scusare questa omissione. — *Nous prions ... de bien vouloir ...*

En assumant la responsabilité de ce qui s'est passé

È colpa mia, sarei dovuto partire prima. — *C'est (de) ma faute : j'aurais dû ...*

Non avrei dovuto ridere di lei. — *Je n'aurais pas dû ...*

Abbiamo sbagliato a non verificare questa informazione. — *Nous avons eu tort de ne pas ...*

Mi assumo la piena responsabilità delle mie azioni. — *J'assume seul l'entière responsabilité de ...*

Abbiamo purtroppo commesso un errore nel conteggio. — *Nous avons malheureusement fait une erreur ...*

En niant toute responsabilité

Non è colpa mia.	*Ce n'est pas (de) ma faute.*
Non è colpa mia se siamo in ritardo.	*Ce n'est pas (de) ma faute si ...*
Non l'ho fatto apposta.	*Je ne l'ai pas fait exprès.*
Non ho potuto fare altrimenti.	*Je n'ai pas pu faire autrement.*
Mi era sembrato di capire che potevo parcheggiare qui.	*J'avais pourtant cru comprendre que ...*
Credevo di far bene a dirglielo.	*J'avais cru bien faire ...*

En exprimant ses regrets

Mi dispiace, ma è impossibile.	*Je regrette, mais ...*
Non posso fare altrimenti.	*Il ne m'est pas possible de faire autrement.*
Sono spiacente, ma purtroppo siamo al completo.	*Je suis désolé(e), mais malheureusement ...*
Siamo desolati di non poter soddisfare la sua richiesta.	*Il nous est malheureusement impossible de ...*

EXPLICATIONS

Causes

Sono arrivato in ritardo **a causa del** traffico.	*... à cause de ...*
Il programma è stato abbandonato **a causa di** problemi legali.	*... en raison de ...*
Ha detto che è qui **per via del** fratello.	*... à cause de son ...*
Sono riuscito a cavermela **grazie all'**aiuto dei miei amici.	*... grâce à ...*
Non ho comprato niente **perché** non ho soldi.	*... parce que ...*
Visto *ou* **dato che** insisti, tornerò domani.	*Puisque ...*
Siccome abitavo vicino alla biblioteca ci andavo spesso.	*Comme ...*
Vista la situazione attuale, non si può sperare in un miglioramento immediato.	*Vu ...*
Dato che c'è una crisi economica, è difficile trovare lavoro.	*Étant donné ...*
Dati i problemi che abbiamo avuto, non ce la siamo cavata male.	*Étant donné ...*
È stata la rottura di un asse **che ha causato** il deragliamento.	*C'est ... qui a provoqué ...*

Si è dimesso **per motivi di** salute.	*... pour des raisons de ...*
Il teatro chiude, **per mancanza di** fondi.	*... faute de ...*
Molte forme di tumore **sono legate al** fumo.	*La cause de ... est ...*
Il problema è che la gente è intimorita dai computer.	*Le problème vient de ce que ...*
Il calo delle vendite **è il risultato dei** tassi d'interesse alti.	*... provient de ...*

Conséquences

Devo partire stasera, **quindi** non potrò venire con te.	*... donc ...*
I contadini ora possono coltivare più terra, **col risultato che** la produzione di riso è aumentata.	*... si bien que ...*
La distribuzione è stata migliorata, **e dunque** i lettori avranno il loro giornale prima.	*... de telle sorte que ...*
Il nuovo sidro viene fermentato molto poco e **di conseguenza** ha un basso contenuto alcolico.	*... par conséquent ...*
La mancanza di fondi **ha avuto come conseguenza** un rallentamento del progetto.	*... a eu pour conséquence*
Sono tutti uguali **e perciò** è facile confondersi.	*... donc ...*

COMPARAISONS

Questo trattamento costa poco **se lo si paragona ad** altri.	*... comparé à ...*
Si può paragonare il gioco d'azzardo **a** una droga.	*On peut comparer ... à ...*
Il gas di scarico ha un odore **simile a** quello delle uova marce.	*... que l'on peut comparer à ...*
Il Vittoriale di d'Annunzio **è spesso paragonato a** una nave.	*.. est souvent comparé à ...*
Il rumore **era paragonabile a** quello di una grossa moto.	*... était comparable à ...*
L'Africa è ancora un continente sottopopolato **paragonato all'**Asia.	*... comparé à ...*
L'Irlanda **a paragone dell'**Islanda ha un clima tropicale.	*... par comparaison avec ...*
In Francia, gli investimenti pubblicitari sono aumentati leggermente **rispetto all'**anno precedente.	*... par rapport à ...*
Questa storia **sembra** una favola.	*... ressemble à ...*
Amava questa campagna che **gli ricordava** l'Irlanda.	*... lui rappelait ...*
Livelli di disoccupazione spaventosi, **che ricordano** quelli degli anni 30.	*... rappelant ceux ...*

La televisione **è l'equivalente** moderno **dei** circhi romani. — *... est l'équivalent ... du ...*

Questa cifra **corrisponde a** sei mesi di stipendio. — *... correspond à ...*

'La schiacciata'? **È la stessa cosa che** la focaccia. — *... c'est la même chose que ...*

In termini di calorie **è equivalente.** — *Ça revient au même ...*

Questo disco **non è né migliore né peggiore dell'**ultimo. — *... n'est ni meilleur ni moins bon que ...*

Pour souligner une différence

Nessuna catastrofe **può essere paragonata a** quella di Chernobyl. — *Aucune ... ne peut être comparée à ...*

Le fabbriche moderne **non si possono paragonare a** quelle in cui lavoravano i nostri nonni. — *On ne peut pas comparer ... à ...*

Le azioni di questo gruppo **non hanno niente in comune con** le attività terroristiche. — *... n'ont rien de comparable avec ...*

I due personaggi **si differenziano** anche nei loro rapporti con le donne. — *... se différencient ...*

La storia degli Stati Uniti **non assomiglia affatto alla** nostra. — *... ne ressemble en rien à ...*

C'è di peggio che perdere la finale di coppa Europa. — *Il y a des événements bien plus tragiques que ...*

Questo film **è meno** interessante **del** suo film d'esordio. — *... est moins ... que ...*

Questo programma **è più** interessante **rispetto a** quello che ho visto ieri. — *... est plus ... que ...*

La durata media della vita delle donne è di 81 anni, **mentre** quella degli uomini è di 72. — *... tandis que ...*

DEMANDES ET PROPOSITIONS

Demandes

Vorrei un'altra birra. — *Je voudrais ...*

Vorrei sapere gli orari dei treni per Padova. — *Je voudrais ...*

Potrebbe darci una mano? — *Pourriez-vous ...*

Può dare lei la buona notizia a Cinzia? — *Est-ce que vous pouvez ...*

Sii gentile, fai un salto in panetteria.	*Sois gentil ...*
Se non le dispiace attendere un attimo.	*Merci de bien vouloir ...*
Sarebbe così gentile da darci la ricetta?	*Auriez-vous la gentillesse de ...*
Potrebbe farmi la cortesia di tenermi il posto?	*Auriez-vous l'obligeance de ...*
Potrebbe per cortesia indicarmi l'uscita?	*Auriez-vous l'obligeance de ...*
Può concedermi qualche minuto?	*Puis-je vous demander de ...*
Le spiacerebbe aprire la finestra?	*Est-ce que cela vous dérangerait de ...*
Gradirei che mi comunicaste la decisione entro venerdì.	*Je vous serais reconnaissant de bien vouloir ...*
Le sarei grato se provvedesse affinché questo non si ripeta più.	*Je vous serais reconnaissant de ...*

Propositions

Posso passare a prenderti, **se** vuoi.	*Je peux ... si ...*
Potrei accompagnarti io.	*Je pourrais ...*
Ti va un po' di gelato?	*Ça te dit ...*
Vi piacerebbe vedere le mie foto?	*Ça vous dirait de ...*
Che ne diresti di una crostata alle pere?	*Que dirais-tu de ...*
Vuoi che vada a prendere la macchina?	*Est-ce que tu veux que ...*
Le andrebbe di venire a cena con me una di queste sere?	*Est-ce que vous voulez ...*

CONSEILS ET SUGGESTIONS

Comment demander conseil

Cosa faresti, al posto mio?	*À ma place, que ferais-tu ?*
È una questione complicata. **Tu cosa ne pensi?**	*Qu'est-ce que tu en penses ?*
Lei **quale consiglia**, il braccialetto o l'anello?	*Qu'est-ce que vous me conseillez ...*
Cosa mi consiglia?	*Que me conseillez-vous ?*
Cosa mi consiglia di fare?	*Que me conseillez-vous de faire ?*
Se volessimo sponsorizzare un corridore, **chi raccomanderebbe?**	*... lequel nous conseilleriez-vous ?*
Che strategia **proponi?**	*Quelle ... proposes-tu ?*

Cosa bisognerebbe fare, secondo voi, per ridurre l'inquinamento?	*Que proposez-vous pour ...*
Come affrontereste la disoccupazione?	*Qu'est-ce que vous proposez contre ...*

Comment donner un conseil

Se posso darle un consiglio, tenga le negative.	*Je peux vous donner un conseil ...*
Un consiglio: leggete le istruzioni.	*Un conseil ...*
Se fossi in lei non mi fiderei.	*À votre place ...*
Al posto tuo non ne farei parola.	*À ta place ...*
Perché non gli telefoni?	*Pourquoi ne pas ...*
Lei dovrebbe andare da uno specialista.	*Vous devriez ...*
Forse dovresti parlarne ad un idraulico.	*Il faudrait peut-être que ...*
Farebbe bene a consultare un avvocato.	*Vous feriez bien de ...*
Faresti meglio a spendere quei soldi per comprare una macchina nuova.	*Tu ferais mieux de ...*
Forse potrebbe chiedere a qualcuno di tradurglielo.	*Vous pourriez peut-être ...*
Potresti essere un po' più comprensivo.	*Tu pourrais ...*
Dato che hai senso del ritmo **dovresti** imparare a ballare.	*... tu devrais ...*
Forse dovremmo tentare un approccio diverso .	*Il faudrait peut-être ...*
E se noleggiassimo un video?	*Et si on ...*
Io proporrei il 3 marzo alle 10 e 30.	*Je vous propose ...*
Sarebbe bello se potessimo rivederci a Parigi.	*Nous serions heureux de ...*
Forse sarebbe meglio regalarle dei soldi anziché dei gioielli.	*Il vaudrait mieux ...*
Sarebbe meglio attendere i risultati del referendum.	*Il serait préférable de ...*

Mises en garde

Soprattutto, non lasciare **mai** la macchina fotografica in auto.	*Surtout, ne ... jamais ...*
Diffidate dei bagarini.	*Méfiez-vous des ...*
Non si fidi delle apparenze.	*Méfiez-vous des ...*
Se non prenoti per tempo **rischi di** non trovare posto.	*... tu risques de ...*
Ti avverto, mi vendicherò.	*Je te préviens ...*
Si ricordi di tenere una copia della dichiarazione dei redditi.	*N'oubliez pas de ...*

INTENTIONS ET SOUHAITS

Pour demander à quelqu'un ce qu'il compte faire

Che progetti avete?
Quels sont vos projets ?

Cosa conta di fare quando torna? **Ha dei progetti?**
Qu'allez-vous faire ... Avez-vous des projets ?

Cosa conta di fare della sua collezione?
Que comptez-vous faire de ...

Conta di restare molto tempo?
Vous comptez ...

Conta di girare un altro film in Europa?
Songez-vous à ...

Come pensi di fare?
Comment comptes-tu faire ?

Cosa pensi di fare dopo la laurea?
Qu'est-ce que tu vas faire ...

Cosa farai se non passi gli esami?
Qu'est-ce que tu vas faire si ...

Vi aspettiamo domenica prossima, d'accordo?
On vous attend ...

Hai intenzione di seguire questa carriera?
Est-ce que tu as l'intention de ...

Pour dire ce qu'on a l'intention de faire

Pensavo di andare ad Ajaccio l'8 luglio.
Je comptais ...

Contiamo di vendere oltre centomila dischi.
Nous comptons ...

Sto pensando di ritirarmi dalla politica.
Je songe à ...

Prevede di trascorrere un anno in India.
Elle prévoit de ...

È prevista la costruzione di un nuovo stadio.
Il est prévu de ...

Ho deciso di divorziare.
J'ai décidé de ...

È deciso, andiamo in Florida.
C'est décidé ...

È mia intenzione dirglielo prima possibile.
J'ai l'intention de ...

La banca **ha intenzione di** chiudere oltre un centinaio di succursali.
... a l'intention de ...

Non è mai stata nostra intenzione parlare male della stampa.
Il n'a jamais été dans nos intentions de ...

Per me vivere all'estero **è fuori discussione.**
Il n'est pas question ... de ...

Souhaits

Voglio fare del cinema. — *Je veux ...*

Vorrei suonare come Louis Armstrong. — *Je voudrais ...*

Vorrei che le mie foto venissero pubblicate. — *J'aimerais que ...*

Mi piacerebbe fare qualche sport. — *J'aimerais ...*

Mi sarebbe piaciuto avere un fratello. — *J'aurais aimé ...*

Spero di potermi sposare e avere dei bambini. — *J'espère ...*

Ci auguriamo che i bambini guardino questo programma con i genitori. — *Nous espérons que ...*

Carlos **voleva a tutti i costi** impedire al capo di scoprirlo. — *... voulait à tout prix ...*

Sogni di vincere alla lotteria? — *Tu rêves de ...*

Il mio sogno è quello di avere una casa grande. — *Mon rêve serait de ...*

È nostro desiderio mantenere buoni rapporti. — *Nous souhaitons ...*

OBLIGATION

Devo trovare un alloggio. — *Il faut que je ...*

Dobbiamo assolutamente rivederci prima del 23! — *Il faut absolument qu'on ...*

Se vieni in Polonia **devi** imparare il polacco. — *... tu dois ...*

La scuola **è obbligatoria** come il servizio militare. — *... est obligatoire ...*

Esigeva che la sua guardia del corpo dormisse nel corridoio. — *... exigeait que ...*

Mia madre **mi forza a** mangiare spinaci. — *... me force à ...*

I dirottatori **hanno richiesto che** l'aereo ripartisse alla volta di New York. — *... ont exigé que ...*

Un attacco d'asma **mi ha costretto a** interrompere il viaggio. — *... m'a obligé à ...*

Ha dovuto chiedere in prestito sempre più soldi. — *Il a dû ...*

Non puoi fare altro che rifiutare. — *Tu ne peux pas faire autrement que de ...*

Ha dato il bambino in adozione perché **non poteva fare altrimenti.** — *... elle ne pouvait pas faire autrement.*

Molte madri **sono obbligate a** lavorare, non hanno scelta. — *... sont obligées de ... elles n'ont pas le choix.*

È indispensabile conoscere un po' la storia per comprendere la situazione. — *Il est indispensable de ...*

PERMISSION

Pour demander la permission de faire quelque chose

Posso usare il telefono?	*Je peux ...*
Posso chiederle qualcosa?	*Je peux ...*
Va bene se vengo ora, o è troppo presto?	*Ça ne vous dérange pas si ...*
Le spiace se apro la finestra?	*Est-ce que ça vous dérange si ...*
Le dà fastidio se fumo?	*Ça ne vous dérange pas que ...*
Permette che guardi nella sua valigetta, signora?	*Vous permettez ... que ...*
Posso avere il permesso di andare via prima?	*Est-ce que je peux vous demander la permission de ...*

Autorisation

Fate come volete.	*(Vous) faites comme vous voulez.*
Vai pure!	*Vas-y !*
Non ho niente in contrario.	*Je n'y vois pas d'inconvénient.*
Alle 8 **mi hanno detto che potevo** andarmene.	*... ils m'ont dit que je pouvais ...*
I ragazzi **possono** uscire due volte alla settimana.	*... peuvent ...*
Ti permetto di andarci se mi prometti di telefonare quando arrivi.	*Je te laisse ...*

Interdiction

Ti proibisco di uscire!	*Je te défends de ...*
È proibito.	*C'est défendu.*
È vietato fumare nella toilette.	*Il est interdit de ...*
Vietato l'ingresso.	*Défense d'entrer.*
Sosta vietata.	*Stationnement interdit.*
Divieto di sosta.	*Interdiction de stationner.*

Non è permesso.	*C'est interdit.*
Proibisce ai bambini **di** vedere i nonni.	*Elle interdit à ... de ...*
Il lavoro infantile è **formalmente proibito da** una convenzione dell'ONU.	*... formellement interdit par ...*
Non potevamo né mangiare né bere, in servizio.	*On n'avait pas le droit de ...*
È fuori discussione.	*Il n'en est pas question.*
Non se ne parla nemmeno.	*Il n'en est pas question.*

CERTITUDE, PROBABILITÉ ET POSSIBILITÉ

Certitude

Ci saranno **senz'altro** dei problemi.	*Il est certain que ...*
È evidente che l'azienda è in difficoltà.	*Il est évident que ...*
È innegabile che era in parte colpa sua.	*Il est indéniable que ...*
Non c'è alcun dubbio che l'immagine del paese ne abbia risentito.	*Il ne fait aucun doute que ...*
Vedere un turista è **ovviamente** una cosa rarissima.	*... de toute évidence ...*
Sono sicura che mio fratello ti piacerà.	*Je suis sûre que ...*
Sono sicuro che siamo sulla pista giusta.	*Je suis certain que ...*
Sono sicuro di vincere.	*Je suis sûr de ...*
Ho la certezza di non annoiarmi, lavorando con lui.	*J'ai la certitude que ...*
Sono convinto che esistano altre soluzioni.	*Je suis persuadé que ...*

Probabilité

L'80% dei problemi dermatologici è **senza dubbio** di origine psicologica.	*... sans doute ...*
È probabile che il costo della benzina aumenti.	*Il est probable que ...*
Bisogna **probabilmente** rivedere i dati.	*... probablement ...*
L'inflazione supererà **molto probabilmente** il 100%.	*... très probablement ...*
Deve avere dimenticato di aprire la finestra.	*Il a dû ...*
I lavori di costruzione **dovrebbero** iniziare ad aprile.	*... devraient ...*
Potrebbe darsi che stiano osservando le nostre reazioni.	*Il se pourrait bien que ...*

Possibilité

È possibile.	*C'est possible.*
È possibile che l'America sia stata scoperta dai Cinesi.	*Il se pourrait que ...*
Potrebbe essere più costoso.	*Il est possible que ...*
Tra qualche mese **potrebbe** cambiare tutto.	*... peut ...*
Questo virus **potrebbe** essere estremamente contagioso.	*Il se peut que ...*
Non è da escludersi che sia andato a Parigi.	*Il n'est pas impossible que ...*
Può darsi che ci voglia del tempo per concludere la pace.	*Il se peut que ...*
Magari sbaglio.	*Peut-être que ...*

INCERTITUDE, IMPROBABILITÉ ET IMPOSSIBILITÉ

Incertitude

Non sono sicuro che sia utile.	*Je ne suis pas sûr que ...*
Non sono sicuro di aver ragione.	*Je ne suis pas certain de ...*
Non sono certo che sia una buona idea.	*Je ne suis pas sûr que ...*
Mi domando se abbiamo fatto molti progressi in questo campo.	*Je me demande si ...*
È saggio? **Ne dubito.**	*J'en doute.*
Cominciò a **dubitare della** competenza del proprio medico.	*... douter de ...*
Dubito fortemente che possa adattarsi alla situazione.	*Je doute fort que ...*
Non è sicuro che riesca ad arrivare in tempo.	*Il n'est pas certain que ...*
Non sappiamo con certezza se è stato lui.	*Nous ne pouvons pas affirmer que ...*
Non si sa esattamente cosa sia successo.	*On ne sait pas exactement ...*

Improbabilité

Probabilmente non cambierà idea.	*... ne ... probablement pas ...*
È poco probabile che siano rimasti dei biglietti.	*Il est peu probable que ...*
Mi sorprenderebbe che avessero il tuo numero.	*Ça m'étonnerait que ...*

Non rischiamo di annoiarci. — *Nous ne risquons pas de ...*

Ci sono poche probabilità che il tasso di crescita superi l'1,5%. — *Il y a peu de chances que ...*

Sarebbe da stupirsi se tutto andasse liscio. — *Il serait étonnant que ...*

Impossibilité

È impossibile. — *C'est impossible.*

Non è possibile per l'80% dei giovani continuare gli studi superiori. — *Il n'est pas possible que ...*

È impossibile che quest'informazione sia falsa. — *Il est impossible que ...*

Non c'è alcuna possibilità che ci aiutino. — *Il n'y a aucune chance que ...*

SALUTATIONS

Ciao! — *Salut !*

Salve! *(plus formel)* — *Bonjour !*

Come sta? — *Comment allez-vous ?*

Come va? — *Comment ça va ?*

Come vanno le cose? — *Comment ça va ?*

Come va la vita? — *Comment ça va ?*

Buongiorno! — *Bonjour !*

Buonasera! — *Bonsoir !*

Réponses

Molto bene grazie, e lei? — *Très bien, merci, et vous ?*

Benone! — *Très bien !*

Così così. — *Comme ci comme ça.*

Non c'è male. — *Pas mal.*

Présentations

Questo è Carlo. — *Je te ou vous présente ...*

Le presento la mia ragazza. — *Je vous présente ...*

Le voglio far conoscere mio marito. — *Je vous présente ...*

Une fois qu'on a été présenté

Piacere.	*Enchanté.*
Salve, come sta?	*Bonjour, comment allez-vous ?*

Pour prendre congé

Arrivederci!	*Au revoir !*
Buonanotte!	*Bonne nuit !*
Ciao!	*Salut !*
Ci vediamo!	*Ciao !*
A più tardi!	*À bientôt !*
A presto!	*À bientôt !*
A domani!	*À demain !*
Alla settimana prossima!	*À la semaine prochaine !*
A giovedì!	*À jeudi !*

Vœux et félicitations

Buon compleanno!	*Bon anniversaire !*
Cento di questi giorni!	*Bon anniversaire !*
Buon anniversario!	*Bon anniversaire de mariage !*
Buon Natale!	*Joyeux Noël !*
Buon anno!	*Bonne année !*
Buona Pasqua!	*Joyeuses Pâques !*
Congratulazioni!	*Félicitations !*
Buon viaggio!	*Bon voyage !*
Buon appetito!	*Bon appétit !*
Buona fortuna!	*Bonne chance !*
Divertiti!	*Amuse-toi bien !*
Cin cin!	*Tchin-tchin !*
Buon riposo!	*Bonne nuit !*
Benvenuti!	*Bienvenue !*
Guarisci presto!	*Bon rétablissement !*
Stammi bene!	*Fais bien attention à toi !*

CORRESPONDANCE

La rédaction de l'adresse

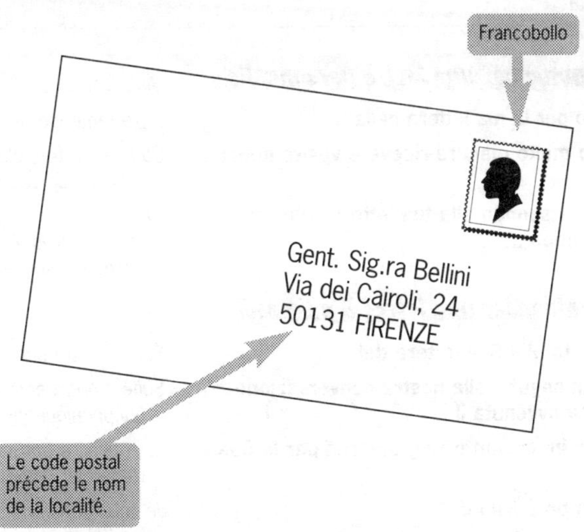

Abréviations couramment employées dans les adresses

Egr. = Egregio
Gent. = Gentile
P.le = Piazzale

P.zza = Piazza
Sig. = Signor
Sig.ra = Signora

Spett. = Spettabile
V. = Via
V.le = Viale

Les formes d'adresse et les formules de politesse

Dans les lettres personnelles

Caro signor Bianchi Cara Giovanna Carissimo Pietro Cari Anna e Marco Cara zia Bruna	Cari saluti *(familier)* A presto Ti abbraccio affettuosamente Un abbraccio Baci *(plus familier)*

Dans les lettres d'affaires

Egregio Sig. Millo Egr. Dott. Marsi Gent. Sig.ra Coretti Gent. Dott. Milesi Spett. Ditta	Distinti saluti Cordiali saluti

Pour commencer une lettre personnelle

Ti ringrazio per la tua lettera della ...	*Je te remercie de ta lettre ...*
Mi ha fatto molto piacere ricevere vostre notizie.	*Ça m'a fait très plaisir de recevoir de vos nouvelles.*
Scusami se rispondo alla tua lettera solo ora, ma purtroppo ...	*Excuse-moi de ne pas t'avoir répondu plus tôt, mais malheureusement ...*

Pour commencer une lettre d'affaires

In riferimento alla Sua lettera del ...	*Suite à votre courrier du ...*
Le scrivo in seguito alla nostra conversazione telefonica avvenuta il ...	*Suite à notre entretien téléphonique du ...*
... desidero innanzitutto ringraziarLa per la Sua lettera.	*... je tiens avant tout à vous remercier de votre lettre.*
Le scrivo a proposito di ...	*Je vous écris au sujet de ...*
Abbiamo il piacere d'informarLa che ...	*Nous avons le plaisir de vous informer que ...*
... ci dispiace doverLa informare che ...	*... nous avons le regret de vous informer que ...*

Pour terminer une lettre personnelle

Tanti saluti anche a ...	*Mes amitiés à ...*
Dà un bacione da parte mia anche a ...	*Embrasse ... de ma part.*
Mi raccomando, scrivimi presto!	*Surtout, écris-moi vite !*
Non vedo l'ora di avere vostre notizie.	*J'ai hâte d'avoir de vos nouvelles.*

Pour terminer une lettre d'affaires

RingraziandoLa anticipatamente, Le porgo i miei più cordiali saluti.	*En vous remerciant d'avance, je vous prie d'agréer mes salutations distinguées.*
In attesa di una Vostra gentile risposta, invio distinti saluti.	*Dans l'attente de votre réponse, veuillez agréer mes salutations distinguées.*

LETTRE DE REMERCIEMENT

Livorno, 7 gennaio 1999

Date.

Cari Simona e Gianluca,

grazie ancora per la stupenda festa di Capodanno. È stato un piacere immenso rivedere tanti vecchi amici che avevamo un po' perso di vista.

Non vediamo l'ora di incontrarvi di nuovo per fare una chiacchierata e per mostrarvi le foto che Stefano ha scattato durante la festa. Che ne dite di venire da noi a prendere un aperitivo e vedere le foto? Vi telefoneremo la settimana prossima per accordarci sulla data.

Una caro abbraccio

Annamaria e Stefano

Voir également les formules p.51.

POUR RÉSERVER UNE CHAMBRE D'HÔTEL

Massimo Lupini
Via G. Murat, 12
00190 Roma

Nom et adresse de l'expéditeur.

Roma, 3 maggio 1999

Date.

Nom et adresse du destinataire.

Spett. Direzione
Hotel Roma
Piazza Garibaldi, 4
38100 Trento

Spett. Direzione,

in seguito alla nostra conversazione telefonica del 28 aprile, vi scrivo per prenotare una camera singola per le notti del 16, 17 e 18 c.m. presso il vostro albergo. Arriverò a Trento mercoledì 16 verso le 23 e ripartirò sabato 19 in tarda mattinata.

Vi sarei grato se poteste confermarmi le tariffe e la prenotazione via fax al numero 06-6389836.

In attesa di un vostro gentile riscontro, invio cordiali saluti.

Massimo Lupini

LETTRE DE RÉCLAMATION

Sig. e Sig.ra Colli
Via Ibsen, 3
10100 Torino

Torino, 2 gennaio 1999

Hotel da Vinci
Via Cavour, 2
56100 Pisa

Spett. Direzione,

mio marito ed io abbiamo trascorso la notte del 22 dicembre presso il vostro albergo, avendo regolarmente prenotato una camera per quella data. Vi scriviamo per esprimere il nostro disappunto per il servizio riservatoci.

Avevamo chiesto espressamente una camera silenziosa ed invece ci è stata assegnata una camera che dava sulla strada con la conseguenza che il rumore del traffico ci ha tenuti svegli tutta la notte. Come se ciò non bastasse, la mattina dopo è stato impossibile avere la colazione prima della nostra partenza alle 6 e 30.

La sosta presso di voi, che doveva permetterci di riposare nel corso di un lungo viaggio, non ha fatto che stancarci ancora di più.

Non solo non faremo mai più uso del vostro albergo, ma lo sconsiglieremo vivamente ai nostri amici.

Distinti saluti

H. Colli

Voir également les formules p.52.

CURRICULUM VITÆ

Pour les diplômes obtenus en France, mettre le nom du diplôme suivi d'une brève description en italien entre parenthèses.

CURRICULUM VITAE

Nome e cognome	Michela Grini
Indirizzo	Piazza Annali 23, Varese
Telefono	0332 45 67 89
Data di nascita	7 novembre 1971
Nazionalità	italiana
Titoli di studio	Diploma di ragioneria conseguito presso Istituto Fermi di Varese nel 1989 Diploma di dattilografia conseguito presso l'Istituto Manzoni di Varese.
Lingue	Ottima conoscenza della lingua inglese parlata e scritta Buona conoscenza della lingua francese parlata e scritta

Esperienze Professionali

1995 a oggi	Asole Costruzioni S.p.A. di Varese, con mansioni di segretaria personale dell'Amministratore unico
1993 - 1995	Presti S.p.A. di Varese, con mansioni di segretaria personale dell'Amministratore
1990 - 1992	Impresa Lanic di Varese, con mansioni di segretaria dattilografa
Varie	Conoscenza dei principali programmi di videoscrittura e di gestione ufficio Patente di guida

LETTRE DE CANDIDATURE

Michela Grini
Piazza Annali, 23
21100 Varese

Varese, 20 ottobre 1999

INFOCOMP Sistemi Informatici
Ufficio Assunzioni
Via del Fiore, 9
25100 Brescia

Spett. INFOCOMP,

ho letto con molto interesse il Vostro annuncio pubblicato su “la Gazzetta di Brescia” di oggi e vorrei propormi per l’incarico di segretaria bilingue. Come risulta dalla copia del curriculum che allego, ho maturato una vasta esperienza come segretaria, ho un’ottima conoscenza delle lingue e possiedo buone conoscenze informatiche.

Resto in attesa di una Vostra cortese risposta e colgo l’occasione per inviarVi i miei più cordiali saluti.

Voir également les formules p.52.

Michela Grini

POUR PROPOSER UN ENTRETIEN

Il est de plus en plus courant de préciser son adresse électronique dans la correspondance.

INFOCOMP SISTEMI INFORMATICI
Via del Fiore, 9 • 25100 BRESCIA
Tel.: 030-4829847 • e-mail: infocomp@com.it

Sig.ra Michela Grini
Piazza Annali, 23
21100 VARESE

Brescia, 29 ottobre 1999

Rif: am6

Cette mention est utilisée pour classer le courrier.

Gent. Sig.ra Grini,

in risposta alla Sua recente candidatura al posto di segretaria bilingue, sono lieto di invitarLa ad un colloquio con il nostro direttore generale, Dott. Carlo Robini, luned 7 novembre alle ore 10 presso i nostri uffici di Brescia.

Qualora fosse impossibilitata a presentarsi al colloquio in tale data, La prego di contattare la nostra segretaria, Sig.ra Maria Ponzi (tel. 030-4829850), per concordare un altro appuntamento.

Cordiali saluti

Giancarlo Marchesini

Dott. Giancarlo Marchesini
Capo Ufficio Personale

Les titres **Dott.** et **Dott.ssa** précèdent le nom de toute personne titulaire d'une 'laurea', dans quelque domaine que ce soit.

TÉLÉCOPIE

Studio legale Dott. Bini

Via Ghiberti, 25
33105 FIRENZE
Tel: 055-3453821
Fax: 055-3453822

FAX

Per: Sig. Carlo Salesi
Da: Maria Nelli
Oggetto: richiesta listini

Data: 19 novembre, 1999
Pagine: 1, inclusa questa

Gent. Sig. Salesi,

dovendo acquistare urgentemente 2 stampanti laser per il nostro studio, Le scrivo per avere qualche informazione sulle stampanti fornite dalla Sua ditta. Avremmo bisogno di un modello adatto alla stampa della modulistica per le dichiarazioni dei redditi che possa servire anche per le normali operazioni d'ufficio (invio lettere, ecc.).

Le sarei estremamente grata se potesse inviarmi al più presto via fax un elenco completo delle stampanti attualmente disponibili specificando le caratteristiche tecniche di ciascun esemplare e il prezzo.

Distinti saluti

Maria Nelli

PER PROBLEMI DI RICEZIONE DEL FAX CONTATTARE IL NUMERO 055-3453821

COURRIER ÉLECTRONIQUE

Envoyer des messages

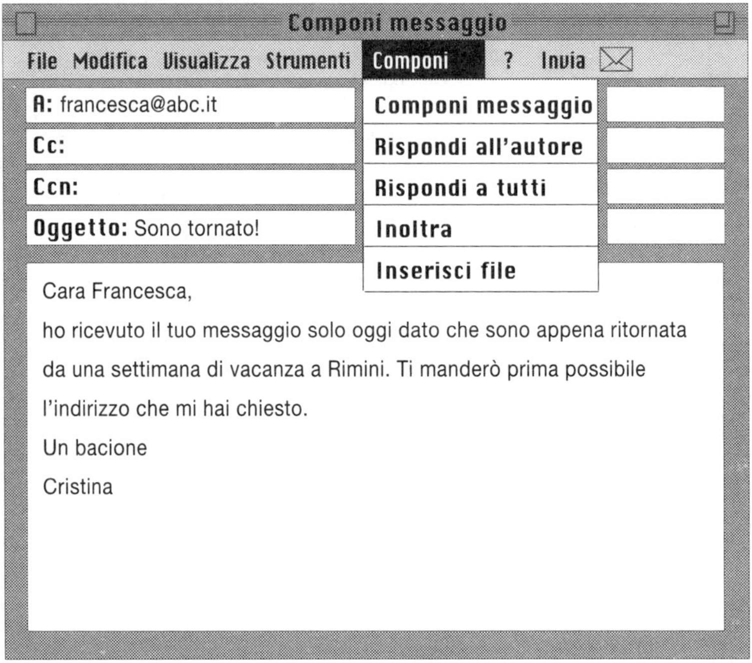

Componi messaggio

File Modifica Visualizza Strumenti **Componi** ? Invia

A: francesca@abc.it

Cc:

Ccn:

Oggetto: Sono tornato!

- Componi messaggio
- Rispondi all'autore
- Rispondi a tutti
- Inoltra
- Inserisci file

Cara Francesca,

ho ricevuto il tuo messaggio solo oggi dato che sono appena ritornata da una settimana di vacanza a Rimini. Ti manderò prima possibile l'indirizzo che mi hai chiesto.

Un bacione

Cristina

File	Fichier
Modifica	Édition
Visualizza	Vue
Strumenti	Outils
Componi	Composer
Invia	Envoyer
Componi messaggio	Nouveau message
Rispondi all'autore	Répondre
Rispondi a tutti	Répondre à tous

COURRIER ÉLECTRONIQUE

Recevoir des messages

Re: Sono tornata!

File **Modifica** **Visualizza** **Strumenti** **Componi** **?**

Da: Francesca Maggi (francesca@abc.it)

Data: 28 giugo, 1999

A: cristina_benelli@abc.it

Oggetto: Re: Sono tornata!

En italien, l'adresse électronique s'énonce de la manière suivante : **"francesca chiocciolina abc punto it".**

Cara Cristina,

adesso capisco dov'eri finita per tutto questo tempo! Ti sei divertita a Rimini? Scrivimi presto e raccontami tutto.

Ciao

Francesca

PS. Non preoccuparti per quell'indirizzo: l'ho già trovato.

Inoltra	Faire suivre
Inserisci file	Fichier joint
A	À
Cc (copia carbone)	Cc
Ccn (copia carbone nascosta)	Copie cachée
Oggetto	Objet
Da	De
Data	Date

TÉLÉPHONE

Les différents types de communication

Chiamata urbana/interurbana/internazionale.	*Appel local/interurbain/ international.*
Vorrei fare una telefonata internazionale.	*Je voudrais appeler l'étranger.*
Vorrei fare una chiamata in teleselezione.	*Je voudrais appeler par l'automatique.*
Vorrei fare una telefonata a carico del destinatario.	*Je voudrais appeler en PCV.*

Les renseignements

Vorrei il numero della ditta Decapex di Vercelli.	*Je voudrais le numéro de la ...*
Qual è il prefisso di Livorno?	*Quel est l'indicatif de ...*
Posso telefonare in Colombia **direttamente?**	*Est-ce que c'est possible d'appeler ... par l'automatique ?*
Qual è il prefisso per telefonare in Francia?	*Quel est l'indicatif de la ...*

Réponses

Il numero da lei richiesto è: 0432 37 49 95. *(zero quattro tre due tre sette quattro nove nove)*	*Le numéro que vous avez demandé est le ...*
Mi dispiace, ma non c'è nessun abbonato con questo nome.	*Je regrette, mais il n'y a pas d'abonné à ce nom.*
Mi dispiace, **il loro numero è fuori elenco.**	*... le numéro que vous avez demandé est sur liste rouge.*

Lorsque l'abonné répond

Vorrei parlare con il signor Matta, per favore.	*Je voudrais parler à ...*
Mia può passare l'interno 516, per cortesia?	*Pouvez-vous me passer le poste ...*
Richiamerò più tardi.	*Je rappellerai plus tard.*
Potrei lasciare un messaggio?	*Est-ce que je peux laissesr un message ?*
Potrebbe chiedergli di chiamarmi quando rientra?	*Pourriez-vous lui demander de me rappeler à son retour?*

Au standard

Pronto, Hotel Rex, desidera?	*... bonjour !*
Chi parla, per cortesia?	*C'est de la part de qui ...*
Glielo passo subito.	*Je vous le passe tout de suite.*
C'è una telefonata in linea da Tokyo **per** la signora Marelli.	*Il y a un appel de ... pour ...*
C'è la signorina Martini **in linea.**	*... est en ligne.*

Non risponde nessuno.	*Ça ne répond pas.*
Attenda in linea, prego *ou* **Rimanga in linea,** per favore.	*Ne quittez pas ...*
Vuole lasciare un messaggio?	*Voulez-vous laisser un message ?*

Messages enregistrés

Telecom Italia: **informazione gratuita. Il numero da voi selezionato è inesistente.**	*... appel gratuit. Le numéro que vous avez demandé n'est pas attribué.*
Telecom Italia: **servizio gratuito. L'utente da lei chiamato ha cambiato numero. Attenda in linea senza riagganciare poiché stiamo inoltrando automaticamente la sua chiamata al nuovo numero** 040-45 63 02. **Per le prossime comunicazioni la preghiamo di utilizzare la nuova numerazione.** Grazie.	*... appel gratuit. Le numéro de votre correspondant a changé. Ne quittez pas, nous allons transférer votre appel. Veuillez à l'avenir composer le nouveau numéro ...*
Benvenuti al servizio assistenza della ditta Se.Ge.Co.	*Bonjour, vous êtes en communication avec le service d'assistance téléphonique de la ...*
Tutte le linee sono momentaneamente occupate. La preghiamo di attendere. La sua chiamata sarà inoltrata prima possibile.	*Toutes nos lignes sont actuellement occupées. Veuillez patienter, nous allons donner suite à votre appel dans quelques instants.*
Risponde la segreteria telefonica della famiglia Boni. Lasciate un messaggio dopo il segnale acustico. Grazie.	*Vous êtes bien chez M. et Mme Boni. Veuillez laisser un message après le bip sonore.*

Pour répondre au téléphone

Pronto, sono Anna.	*Allô, bonjour, c'est ...*
Sì, sono io.	*C'est moi-même* ou *lui-même* (ou *elle-même*).
Chi parla?	*Qui est à l'appareil ?*

En cas de difficulté

Non riesco a prendere la linea.	*Je n'arrive pas à avoir le numéro.*
L'apparecchio è fuori servizio.	*Le téléphone est en dérangement.*
È caduta la linea.	*Nous avons été coupés.*
Ho sbagliato numero.	*J'ai dû faire un faux numéro.*
C'è un'interferenza sulla linea.	*Il y a des parasites sur la ligne.*
La linea è molto disturbata.	*La ligne est très mauvaise.*

INDICE

TABLE DES MATIÈRES